La reine dans le palais
des courants d'air

STIEG LARSSON

La reine dans le palais des courants d'air

MILLÉNIUM 3

roman traduit du suédois
par Lena Grumbach et Marc de Gouvenain

ÉDITIONS FRANCE LOISIRS

Titre original : Luftslottett som sprängdes
Editeur original : Norstedts Forlag, Stockholm

Édition du Club France Loisirs,
avec l'autorisation des Éditions Actes Sud.

Éditions France Loisirs,
123, boulevard de Grenelle, Paris.
www.franceloisirs.com

Publié avec l'accord de Norstedts Agency
© Stieg Larsson, 2007

© ACTES SUD, 2007 pour la traduction française
ISBN: 978-2-298-01015-2

I

RENCONTRE DANS UN COULOIR

8 au 12 avril

On évalue à six cents le nombre des femmes soldats qui combattirent dans la guerre de Sécession. Elles s'étaient engagées déguisées en hommes. Hollywood a raté là tout un pan d'histoire culturelle – à moins que celui-ci ne dérange d'un point de vue idéologique ? Les livres d'histoire ont toujours eu du mal à parler des femmes qui ne respectent pas le cadre des sexes et nulle part cette limite n'est aussi marquée qu'en matière de guerre et de maniement des armes.

De l'Antiquité aux Temps modernes, l'histoire abonde cependant en récits mettant en scène des guerrières – les amazones. Les exemples les plus connus figurent dans les livres d'histoire où ces femmes ont le statut de "reines", c'est-à-dire de représentantes de la classe au pouvoir. La succession politique, fût-ce une vérité désagréable à entendre, place en effet régulièrement une femme sur le trône. Les guerres étant insensibles au genre et se déroulant même lorsqu'une femme dirige le pays, le résultat est que les livres d'histoire sont obligés de répertorier un certain nombre de reines guerrières, amenées par conséquent à se comporter comme n'importe quel Churchill, Staline ou Roosevelt. Sémiramis de Ninive, fondatrice de l'Empire assyrien, et Boadicée, qui mena une des révoltes les plus sanglantes contre les Romains, en sont deux exemples. Cette dernière a d'ailleurs sa statue au bord de la Tamise, en face de Big Ben. On ne manquera pas de la saluer si l'on passe par là.

En revanche, les livres d'histoire sont globalement assez discrets sur les guerrières sous forme de simples soldats qui s'entraînaient au maniement des armes, faisaient partie des régiments et participaient aux batailles contre les armées ennemies aux mêmes conditions que les hommes. Ces femmes ont pourtant toujours existé. Pratiquement aucune guerre ne s'est déroulée sans une participation féminine.

1

VENDREDI 8 AVRIL

PEU AVANT 1 H 30, le Dr Anders Jonasson fut réveillé par une infirmière, Hanna Nicander.

— Que se passe-t-il ? demanda-t-il à moitié dans les vapes.

— Hélicoptère entrant. Deux patients. Un homme âgé et une jeune femme. Elle est blessée par balle.

— On y a va, on y va, fit Anders Jonasson, fatigué.

Il se sentait mal réveillé alors même qu'il n'avait pas véritablement dormi, seulement sommeillé une demi-heure. Il était de garde aux urgences de l'hôpital Sahlgrenska à Göteborg. La soirée avait été particulièrement éreintante. Dès 18 heures, quand il avait pris la garde, l'hôpital avait reçu quatre personnes à la suite d'une collision frontale près de Lindome. Une d'elles était grièvement blessée et une autre avait été déclarée morte peu après son arrivée. Il avait aussi soigné une serveuse d'un restaurant d'Avenyn qui ait eu les jambes ébouillantées dans les cuisines, puis il avait sauvé la vie d'un garçon de quatre ans, admis à l'hôpital en arrêt respiratoire après avoir avalé une roue de voiture miniature. De plus, il avait eu le temps de rafistoler une adolescente qui était tombée dans un trou avec son vélo. Les Ponts et Chaussées avaient astucieusement choisi de placer ce trou près de la sortie d'une piste cyclable et quelqu'un avait évidemment aussi balancé les barrières de protection dans le trou. Elle avait eu droit à quatorze points de suture sur la figure et elle allait avoir besoin de deux incisives neuves. Jonasson avait également recousu un bout de pouce qu'un menuisier du dimanche plein d'enthousiasme s'était raboté par inadvertance.

Vers 23 heures, le nombre de patients aux urgences avait diminué. Il avait fait sa visite et contrôlé l'état des patients hospitalisés, puis il s'était retiré dans une pièce de repos pour essayer de se détendre un moment. Il était de garde jusqu'à 6 heures. Il dormait rarement quand il était de service, même s'il n'y avait pas d'admission, mais cette nuit, justement, il s'était assoupi presque immédiatement. Hanna Nicander lui tendit un mug de thé. Elle n'avait pas encore de détails concernant les entrées.

Anders Jonasson jeta un coup d'œil par la fenêtre et vit de gros éclairs zébrer le ciel au-dessus de la mer. Ça allait être limite pour l'hélicoptère. Soudain une pluie violente se mit à tomber. La tempête s'était abattue sur Göteborg.

Il était toujours devant la fenêtre quand il entendit le bruit de moteur et vit l'hélicoptère ballotté par les rafales s'approcher de l'aire d'atterrissage. Il retint sa respiration quand il vit que le pilote semblait avoir du mal à maîtriser son approche. Puis l'appareil disparut de son champ de vision et il entendit la turbine passer au ralenti. Il but une gorgée et reposa le mug.

ANDERS JONASSON ACCUEILLIT les brancardiers à l'entrée des urgences. Sa collègue de garde, Katarina Holm, prit en charge le premier patient qui arriva sur une civière, un homme âgé avec une importante blessure au visage. Il échut au Dr Jonasson de s'occuper de l'autre patient, la femme avec des blessures par balle. Une rapide évaluation lui permit de constater qu'il s'agissait d'une adolescente, grièvement blessée et entièrement couverte de terre et de sang. Il souleva la couverture dont les Services de secours l'avaient entourée et nota que quelqu'un avait refermé les plaies à la hanche et à l'épaule avec du ruban adhésif argenté large, ce qu'il estima être une initiative particulièrement futée. Le ruban barrait l'entrée aux bactéries et la sortie au sang. Une balle l'avait atteinte sur l'extérieur de la hanche et avait traversé le tissu musculaire de part en part. Il souleva son épaule et localisa le trou d'entrée dans le dos. Il n'y avait pas de trou de sortie, ce qui signifiait que la balle était fichée quelque part dans l'épaule. Restait à espérer qu'elle n'avait pas perforé le poumon et, comme il ne voyait pas de sang dans la bouche de la fille, il tira la conclusion que ce ne devait pas être le cas.

— Radio, dit-il à l'infirmière qui l'assistait. Et cela suffisait comme indication.

Pour finir, il découpa le pansement que les secouristes avaient enroulé autour du crâne de la fille. Un frisson le parcourut quand il tâta le trou d'entrée du bout des doigts et qu'il comprit qu'elle avait pris une balle dans la tête. Là non plus il n'y avait pas de trou de sortie. Anders Jonasson s'arrêta une seconde et contempla la fille. Il se sentit pessimiste, tout d'un coup. Il avait souvent comparé son travail à celui d'un gardien de but. Tous les jours arrivaient à son lieu de travail des gens dans des états divers et variés mais avec une seule intention – obtenir de l'aide. Parmi eux, cette dame de soixante-quatorze ans qui avait fait un arrêt cardiaque dans la galerie marchande de Nordstan et s'était effondrée, le garçon de quatorze ans qui avait eu le poumon gauche perforé par un tournevis et la fille de seize ans qui avait bouffé de l'ecstasy et dansé pendant dix-huit heures d'affilée pour s'écrouler ensuite, le visage tout bleu. Il y avait des victimes d'accidents du travail et de mauvais traitements. Il y avait de petits enfants qui avaient été attaqués par des chiens de combat sur la place Vasa et des hommes habiles de leurs mains dont le projet se limitait à couper quelques planches avec leur scie sauteuse et qui s'étaient tranché le poignet jusqu'à l'os.

Anders Jonasson était le gardien de but entre les patients et les pompes funèbres. Son boulot consistait à être l'individu qui décidait des mesures appropriées. S'il prenait la mauvaise décision, le patient mourrait ou peut-être se réveillerait avec une invalidité permanente. Le plus souvent, il prenait la bonne décision, et ce parce que la majorité des blessés avait un problème spécifique et compréhensible. Un coup de couteau dans un poumon ou une contusion après un accident de voiture étaient des blessures intelligibles et claires. La survie du patient dépendant de la nature de la blessure et de l'habileté de Jonasson.

Il existait deux types de blessures qu'Anders Jonasson détestait entre toutes. D'une part certaines brûlures, qui dans presque tous les cas, indépendamment des moyens qu'il mettait en œuvre, mèneraient à une vie de souffrance. D'autre part, les blessures à la tête.

Cette fille qu'il avait devant lui pouvait vivre avec une balle dans la hanche et une balle dans l'épaule. Mais une balle quelque part dans son cerveau était un problème d'un tout autre gabarit. Soudain, il réalisa que l'infirmière disait quelque chose.

— Pardon ?

— C'est elle.

— Qu'est-ce que tu veux dire ?

— Lisbeth Salander. La fille qu'ils traquent depuis des semaines pour le triple meurtre à Stockholm.

Anders Jonasson regarda le visage de la patiente. Hanna avait bien vu. C'était la photo d'identité de cette fille que lui-même et quasiment tous les Suédois avaient vue placardée depuis Pâques sur les devantures des marchands de journaux. Et à présent, la meurtrière était blessée elle-même, ce qui constituait sans doute une forme de justice saisissante.

Mais cela ne le concernait pas. Son boulot était de sauver la vie de sa patiente, fût-elle triple meurtrière ou lauréate du prix Nobel. Ou les deux à la fois.

PUIS CE FUT LE RAMDAM SOUS CONTRÔLE qui caractérise un service d'urgences. Le personnel qui travaillait avec Jonasson était chevronné et savait ce qu'il devait faire. Les vêtements que portait encore Lisbeth Salander furent découpés. Une infirmière rapporta la tension artérielle – 100/70 – pendant qu'il posait le stéthoscope sur la poitrine de la patiente et écoutait les battements du cœur qui semblaient relativement réguliers, et la respiration qui ne l'était pas autant.

Le Dr Jonasson n'hésita pas à qualifier d'emblée l'état de Lisbeth Salander de critique. Les plaies de l'épaule et de la hanche pouvaient attendre pour l'instant, en appliquant quelques compresses ou même en laissant les bouts de ruban adhésif qu'une âme inspirée avait collés. Le primordial était la tête. Jonasson ordonna qu'on la passe au scanner dans lequel l'hôpital avait investi les sous du contribuable.

Anders Jonasson était un homme blond aux yeux bleus, originaire du Nord de la Suède, d'Umeå plus précisément. Cela faisait vingt ans qu'il travaillait aux hôpitaux Sahlgrenska et Östra, en alternant les fonctions de chercheur, pathologiste et urgentiste. Il était doté d'une particularité qui troublait ses collègues et qui rendait le personnel fier de travailler avec lui ; il avait pour principe qu'aucun patient ne devait mourir pendant ses gardes, et d'une façon miraculeuse il avait réussi à conserver son score de zéro. Quelques-uns de ses patients étaient décédés, certes, mais cela s'était passé au cours des soins ultérieurs ou pour de tout autres raisons que son intervention.

Par moments, Jonasson avait aussi une vision de la médecine peu orthodoxe. Selon lui, les médecins avaient tendance à tirer des conclusions qu'ils ne pouvaient absolument pas justifier et de ce fait à déclarer forfait franchement trop vite, ou alors à consacrer trop de temps à essayer de définir exactement le problème pour pouvoir prescrire le traitement approprié à leur patient. C'était effectivement la méthode que préconisait le manuel, le seul hic était que le patient risquait de mourir alors que le corps médical en était encore à ses réflexions. Au pire, le médecin arriverait à la conclusion que le cas était désespéré, et il interromprait le traitement.

C'était cependant la première fois qu'Anders Jonasson avait un patient avec une balle dans le crâne. L'intervention d'un neurochirurgien allait probablement s'imposer. Il se sentait insuffisant, mais réalisa tout à coup qu'il avait probablement plus de chance qu'il ne le méritait. Avant de se laver les mains et d'enfiler sa casaque stérile, il cria à Hanna Nicander :

— Il y a un professeur américain qui s'appelle Frank Ellis, il travaille au Karolinska à Stockholm mais en ce moment il se trouve à Göteborg. C'est un neurologue célèbre et de surcroît un bon ami à moi. Il loge à l'hôtel Radisson sur Avenyn. Essaie de trouver le numéro de téléphone.

Alors qu'Anders Jonasson attendait toujours les radios, Hanna Nicander revint avec le numéro de téléphone de l'hôtel Radisson. Anders Jonasson jeta un coup d'œil à sa montre – 1 h 42 – et souleva le combiné. Le gardien de nuit du Radisson fut très hostile à l'idée de passer une communication à cette heure de la nuit et le docteur dut avoir recours à quelques formulations extrêmement vives pour expliquer le sérieux de la situation avant que la communication soit établie.

— Salut Frank, dit Anders Jonasson lorsque enfin on décrocha. C'est Anders. J'ai appris que tu es à Göteborg. Ça te dirait de faire un saut à Sahlgrenska et de m'assister pour une opération du cerveau ?

— *Are you bullshitting me ?* fit une voix sceptique à l'autre bout du fil. Frank Ellis avait beau habiter en Suède depuis de nombreuses années et parler couramment suédois – avec un accent américain, certes –, sa langue de base restait l'anglais. Anders Jonasson parla en suédois et Ellis répondit en anglais.

— Frank, je suis désolé d'avoir loupé ta conférence, mais je me suis dit que tu pourrais donner des cours particuliers. J'ai ici une jeune femme qui a reçu une balle dans la tête. Trou d'entrée juste au-dessus de l'oreille gauche. Je ne t'aurais pas appelé si je n'avais pas besoin d'un avis complémentaire. Et j'ai du mal à imaginer quelqu'un de plus compétent que toi pour ce genre de choses.

— Ce n'est pas une blague ? demanda Frank Ellis.

— Elle a dans les vingt-cinq ans, cette fille.

— Et comment se présente la blessure ?

— Trou d'entrée, aucun trou de sortie.

— Mais elle vit ?

— Pouls faible mais régulier, respiration moins régulière, tension 100/70. Elle a aussi une balle dans l'épaule et une blessure par balle à la hanche. Je saurai me charger de ces deux problèmes-là.

— Voilà qui me paraît prometteur, dit le professeur Ellis.

— Prometteur ?

— Quand quelqu'un a une blessure par balle dans la tête et qu'il est encore en vie, la situation doit être considérée comme pleine d'espoir.

— Est-ce que tu peux m'assister ?

— Je dois t'avouer que j'ai passé la soirée en compagnie de quelques amis. Je me suis couché à 1 heure et j'ai probablement un taux d'alcool impressionnant dans le sang…

— C'est moi qui prendrai les décisions et qui opérerai. Mais j'ai besoin de quelqu'un pour m'assister et me dire si je fais un truc aberrant. Et, très franchement, un professeur Ellis, même complètement bourré, est certainement mieux placé que moi pour évaluer des dommages au cerveau.

— D'accord. J'arrive. Mais tu me devras un service.

— Il y a un taxi qui t'attend devant l'hôtel.

LE PROFESSEUR FRANK ELLIS REPOUSSA SES LUNETTES sur le front et se gratta la nuque. Il concentra son regard sur l'écran du moniteur affichant tous les coins et recoins du cerveau de Lisbeth Salander. Ellis avait cinquante-trois ans, des cheveux aile de corbeau avec çà et là un cheveu blanc, une barbe naissante sombre et il ressemblait à un second rôle dans *Urgences*. Son corps laissait entendre qu'il passait un certain nombre d'heures par semaine dans une salle de sport.

Frank Ellis se plaisait en Suède. Il était arrivé comme jeune chercheur d'un protocole d'échange à la fin des années 1970 et était resté deux ans. Par la suite, il était revenu à de nombreuses occasions jusqu'à ce qu'on lui offre un poste de professeur à l'institut Karolinska. Son nom était alors déjà respecté dans le monde entier.

Anders Jonasson connaissait Frank Ellis depuis quatorze ans. Ils s'étaient rencontrés la première fois lors d'un séminaire à Stockholm et avaient découvert leur enthousiasme commun pour la pêche à la mouche. Anders l'avait invité à une partie de pêche en Norvège. Ils avaient gardé le contact au fil des ans et il y avait eu d'autres parties de pêche. En revanche, ils n'avaient jamais travaillé ensemble.

— C'est un mystère, le cerveau, dit le professeur Ellis. Ça fait vingt ans que je fais de la recherche dessus. Plus que ça même.

— Je sais. Pardon de t'avoir bousculé, mais...

— Laisse tomber. Frank Ellis agita une main dédramatisante. Ça va te coûter une bouteille de Cragganmore la prochaine fois qu'on ira à la pêche.

— D'accord. Tu ne prends pas cher.

— Ton affaire me rappelle un cas il y a quelques années quand je travaillais à Boston – je l'ai décrit dans le *New England Journal of Medicine*. C'était une fille du même âge que ta patiente. Elle se rendait à l'université lorsque quelqu'un lui a tiré dessus avec une arbalète. La flèche est entrée par le bord de son sourcil gauche et a traversé toute la tête pour sortir presque au milieu de la nuque.

— Et elle a survécu ? demanda Jonasson sidéré.

— C'était un merdier pas possible quand elle est arrivée aux urgences. On a coupé la flèche et enfourné son crâne dans un scanner. La flèche traversait le cerveau de part en part. La logique et le bon sens auraient voulu qu'elle soit

17

morte ou en tout cas dans le coma, vu l'étendue du trauma-tisme.

— Et elle était dans quel état ?

— Elle est restée consciente tout le temps. Et ce n'est pas tout ; elle avait naturellement une trouille épouvantable, mais elle était totalement cohérente. Son seul problème, c'était qu'elle avait une flèche à travers le cerveau.

— Qu'est-ce que tu as fait ?

— Eh ben, j'ai pris une pince et j'ai sorti la flèche, puis j'ai mis un pansement. A peu de choses près.

— Elle s'en est sortie ?

— Son état est évidemment resté critique pendant une longue période avant qu'elle puisse quitter l'hôpital mais, très franchement, on aurait pu la renvoyer chez elle le jour où elle avait été admise chez nous. Je n'ai jamais eu un patient en meilleure santé.

Anders Jonasson se demanda si le professeur Ellis se payait sa tête.

— D'un autre côté, poursuivit Ellis, j'ai eu un patient de quarante-deux ans à Stockholm il y a quelques années qui s'était cogné la tête sur un rebord de fenêtre, un petit coup sur le crâne. Il avait des nausées et son état a empiré tellement vite qu'on l'a transporté en ambulance aux urgences. Il était sans connaissance quand je l'ai reçu. Il présentait une petite bosse et une toute petite hémorragie. Mais il ne s'est jamais réveillé et il est mort au bout de neuf jours aux soins intensifs. Aujourd'hui encore, je ne sais pas pourquoi il est mort. Dans le rapport d'autopsie, nous avons indiqué "hémorragie céré-brale à la suite d'un accident", mais aucun de nous n'était satisfait de cette analyse-là. L'hémorragie était extrêmement petite et située de telle sorte qu'elle n'aurait pas dû nuire à quoi que ce soit. Pourtant le foie, les reins, le cœur et les pou-mons ont cessé de fonctionner, à tour de rôle. Plus je vieillis et plus je me dis que ça ressemble à une loterie. Pour ma part, je crois que nous ne trouverons jamais exactement comment le cerveau fonctionne. Qu'est-ce que tu comptes faire ?

Il tapota sur l'écran avec un stylo.

— J'espérais que tu me le dirais.

— Dis d'abord comment tu vois les choses.

— Bon, premièrement on dirait une balle de petit calibre. Elle est entrée par la tempe et s'est fichée à environ quatre centimètres dans le cerveau. Elle repose contre le ventricule latéral et il y a une hémorragie.

— Dispositions à prendre ?

— Pour utiliser la même terminologie que toi : aller chercher une pince et sortir la balle par où elle est entrée.

— Excellente proposition. Mais je te conseille d'utiliser la pince la plus fine que vous ayez.

— Ça sera aussi simple que ça ?

— Dans un cas pareil, que peut-on faire d'autre ? On peut laisser la balle là où elle est, et la fille vivra peut-être jusqu'à cent ans, mais ce n'est qu'un pari. Elle peut devenir sujette à l'épilepsie, souffrir de migraines atroces, toutes sortes de saloperies. Et on n'a pas très envie de lui ouvrir le crâne pour l'opérer dans un an, quand la plaie proprement dite sera déjà guérie. La balle se situe un peu à l'écart des grandes veines. Je te conseille de l'enlever, mais…

— Mais quoi ?

— Ce n'est pas la balle qui m'inquiète le plus. C'est ça qui est fascinant avec les traumatismes au cerveau – si elle a survécu à l'entrée de la balle dans son crâne, c'est un signe qu'elle survivra aussi à sa sortie. Le problème se situe plutôt ici. Frank Ellis posa le doigt sur l'écran. Autour du trou d'entrée, tu as un tas d'éclats d'os. Je vois au moins une douzaine de fragments de quelques millimètres de long. Certains se sont enfoncés dans le tissu cérébral. Voilà ce qui la tuera si tu ne fais pas attention.

— Cette partie-là du cerveau est associée à la parole et à l'aptitude aux chiffres.

Ellis haussa les épaules.

— Du baratin, tout ça. Je n'ai pas la moindre idée de ce à quoi peuvent bien servir ces cellules grises. Toi, tu ne peux que faire de ton mieux. C'est toi qui opères. Je serai derrière ton dos. Est-ce que je peux passer une tenue et où est-ce que je peux me laver les mains ?

MIKAEL BLOMKVIST LORGNA SUR LA MONTRE et constata qu'il était 3 heures et des poussières. Il avait des menottes aux poignets. Il ferma les yeux pendant une seconde. Il était exténué mais l'adrénaline lui faisait tenir le coup. Il rouvrit les yeux et regarda hargneusement le commissaire Thomas

Paulsson qui lui rendit un regard embêté. Ils étaient assis autour d'une table de cuisine dans une ferme d'un patelin qui s'appelait Gosseberga, quelque part près de Nossebro, et dont Mikael avait entendu parler pour la première fois de sa vie moins de douze heures auparavant.

La catastrophe venait d'être confirmée.

— Imbécile, dit Mikael.

— Ecoutez-moi...

— Imbécile, répéta Mikael. Je l'ai dit, putain de merde, qu'il était un danger de mort ambulant. J'ai dit qu'il fallait le manier comme une grenade dégoupillée. Il a tué au moins trois personnes, il est bâti comme un char d'assaut et il tue à mains nues. Et vous, vous envoyez deux gardiens de la paix pour le cueillir comme s'il était un simple poivrot à la fête du village.

Mikael ferma les yeux de nouveau. Il se demanda ce qui allait bien pouvoir encore foirer au cours de cette nuit.

Il avait trouvé Lisbeth Salander peu après minuit, grièvement blessée. Il avait appelé la police et réussi à persuader les Services de secours d'envoyer un hélicoptère pour évacuer Lisbeth à l'hôpital Sahlgrenska. Il avait décrit en détail ses blessures et le trou que la balle avait laissé dans son crâne, et il avait trouvé un appui auprès d'une personne intelligente et sensée qui avait compris que Lisbeth avait besoin de soins immédiats.

Il avait pourtant fallu une demi-heure à l'hélicoptère pour arriver. Mikael était allé sortir deux voitures de la grange, qui faisait aussi fonction de garage, et avait allumé les phares pour indiquer une zone d'atterrissage en éclairant le champ devant la maison.

Le pilote de l'hélico et les deux secouristes avaient agi en professionnels avisés. L'un des secouristes avait prodigué des soins d'urgence à Lisbeth Salander tandis que l'autre s'occupait de Karl Axel Bodin, de son vrai nom Zalachenko, père de Lisbeth Salander et son pire ennemi. Il avait voulu la tuer, mais avait échoué. Mikael avait trouvé le type grièvement blessé dans la remise à bois attenante à cette ferme isolée, avec un coup de hache de mauvais augure en travers de la figure et une blessure à la jambe.

En attendant l'hélicoptère, Mikael avait fait ce qu'il pouvait pour Lisbeth. Il était allé chercher un drap propre dans l'armoire à linge, l'avait découpé et s'en était servi pour un bandage de fortune. Il avait constaté que le sang avait coagulé pour former un bouchon dans le trou d'entrée à la tête et il n'avait pas très bien su s'il oserait poser un pansement ou pas. Pour finir, il avait noué le drap très souplement autour de sa tête, surtout pour éviter que la plaie ne soit exposée aux bactéries et aux saletés. En revanche, il avait arrêté l'hémorragie causée par les balles à la hanche et à l'épaule de la manière la plus simple qui soit. Dans un placard, il avait trouvé un gros rouleau de ruban adhésif argenté et il avait tout simplement scotché les plaies. Il avait tamponné son visage avec une serviette humide et essayé de nettoyer la saleté de son mieux.

Il n'était pas allé dans la remise à bois donner de soins à Zalachenko. En son for intérieur, il constatait que, très franchement, il se fichait complètement de cet homme.

En attendant les Services de secours, il avait également appelé Erika Berger pour expliquer la situation.

— Tu es indemne ? demanda Erika.

— Moi, ça va, répondit Mikael. C'est Lisbeth qui est blessée.

— Pauvre fille, dit Erika Berger. J'ai lu le rapport de Björck à la Säpo ce soir. Comment est-ce que tu vas gérer tout ça ?

— Je n'ai même pas la force d'y penser, dit Mikael.

Tout en parlant avec Erika, assis par terre à côté de la banquette, il gardait un œil attentif sur Lisbeth. Il lui avait enlevé chaussures et pantalon pour pouvoir panser la blessure de sa hanche et, un moment, sa main rencontra le vêtement qu'il avait lancé par terre au pied de la banquette. Il sentit un objet dans une des poches et en tira un Palm Tungsten T3.

Il fronça les sourcils et contempla pensivement l'ordinateur de poche. En entendant le bruit de l'hélicoptère, il glissa le Palm dans la poche intérieure de sa veste. Ensuite – pendant qu'il était encore seul –, il se pencha et fouilla toutes les poches de Lisbeth. Il trouva un autre trousseau de clés pour l'appartement à Mosebacke et un passeport au nom d'Irene Nesser. Sans tarder, il les rangea dans la poche extérieure de sa sacoche d'ordinateur.

LA PREMIÈRE VOITURE DE POLICE, avec Fredrik Torstensson et Gunnar Andersson de la police de Trollhättan, était arrivée quelques minutes après que l'hélicoptère des secours avait atterri. Ils étaient accompagnés du commissaire délégué Thomas Paulsson, qui avait immédiatement pris la direction des opérations. Mikael s'était avancé et avait commencé à expliquer ce qui s'était passé. Le commissaire lui fit l'impression d'un adjudant obtus et imbu de lui-même. Avec l'arrivée de Paulsson, les choses allèrent tout de suite de travers.

Paulsson ne comprenait manifestement rien de ce que Mikael expliquait. Il semblait curieusement affolé et la seule donnée qu'il avait captée était que la fille en piteux état, couchée par terre devant la banquette de cuisine, était Lisbeth Salander, triple meurtrière recherchée par la police, et que c'était une capture de taille. A trois reprises, Paulsson demanda au secouriste débordé si la fille était en état d'être appréhendée tout de suite. Pour finir, le secouriste se leva et hurla à Paulsson de se tenir à l'écart.

Ensuite, Paulsson avait focalisé sur Alexander Zalachenko, bien amoché dans la remise à bois, et Mikael avait entendu Paulsson annoncer à la radio que Salander avait de toute évidence essayé de tuer une autre personne.

A ce stade, Mikael était si irrité contre Paulsson, qui manifestement n'écoutait pas un traître mot de ce qu'il essayait de dire, qu'il avait haussé le ton et conseillé à Paulsson d'appeler immédiatement l'inspecteur Jan Bublanski à Stockholm. Il avait sorti son téléphone portable et proposé de composer le numéro. Paulsson n'était pas intéressé.

Là-dessus, Mikael avait commis deux erreurs.

Il avait résolument déclaré que le véritable triple meurtrier était un homme nommé Ronald Niedermann, bâti comme un robot antichar et souffrant d'analgésie congénitale, et qui pour l'heure se trouvait empaqueté et ficelé dans un fossé sur la route de Nossebro. Mikael indiqua où Niedermann se trouvait et recommanda à la police de mobiliser un bataillon d'infanterie avec armement renforcé pour le cueillir. Paulsson demanda comment Niedermann s'était retrouvé dans ce fossé et Mikael reconnut le cœur sur la main que c'était lui qui, en le menaçant d'une arme, l'avait mis dans cette situation.

— Menace d'une arme, renchérit le commissaire Paulsson.

A ce moment, Mikael aurait dû comprendre que Paulsson était un crétin. Il aurait dû prendre son portable et appeler lui-même Jan Bublanski pour lui demander d'intervenir et de dissiper le brouillard dans lequel Paulsson semblait nager. Au lieu de cela, Mikael avait commis sa deuxième erreur en essayant de lui remettre l'arme qu'il avait dans sa poche – le Colt 1911 Government qu'il avait trouvé dans l'appartement de Lisbeth Salander à Stockholm plus tôt dans la journée et dont lui-même s'était servi pour maîtriser Ronald Niedermann.

Geste malencontreux qui avait amené Paulsson à arrêter Mikael Blomkvist séance tenante pour détention illégale d'arme. Là-dessus, Paulsson avait ordonné aux agents Torstensson et Andersson de se rendre à l'endroit indiqué par Mikael sur la route de Nossebro afin de déterminer s'il y avait une once de vérité dans l'histoire de cet individu qui leur racontait qu'un homme se trouvait là, attaché à un panneau de la route signalant un passage d'élans. Si tel était le cas, les policiers devaient menotter cette personne et l'emmener à la ferme de Gosseberga.

Mikael avait immédiatement protesté en expliquant que Ronald Niedermann n'était pas quelqu'un qu'on pouvait simplement arrêter comme ça en lui passant des menottes mais un redoutable assassin. Paulsson ayant choisi d'ignorer les protestations de Mikael, la fatigue reprit ses droits. Mikael traita Paulsson de couillon incompétent et hurla à Torstensson et Andersson de bien se garder de détacher Ronald Niedermann avant d'avoir fait venir des renforts.

Le résultat de son coup de gueule fut qu'on le menotta et le fourra sur le siège arrière de la voiture du commissaire Paulsson, d'où il put assister, en fulminant, au départ de Torstensson et Andersson dans leur voiture. La seule lueur dans ce noir total était que Lisbeth Salander avait été transportée dans l'hélicoptère qui disparaissait au-dessus des cimes des arbres en direction de Sahlgrenska. Mikael se sentit totalement impuissant et à l'écart du flot d'informations. Il ne lui restait plus qu'à espérer que Lisbeth serait mise entre des mains compétentes.

LE DR ANDERS JONASSON PRATIQUA deux profondes incisions jusqu'à l'os du crâne et replia la peau autour du trou d'entrée. Il maintint l'ouverture avec des pinces. Une infirmière inséra un aspirateur pour vider le sang. Ensuite vint l'étape désagréable où le Dr Jonasson utilisa une perceuse pour élargir le trou dans l'os. La manœuvre progressa avec une lenteur exaspérante.

Ayant finalement obtenu un trou assez large pour avoir accès au cerveau de Lisbeth Salander, il y introduisit doucement une sonde et élargit la trouée de la plaie de quelques millimètres. Ensuite, il introduisit une sonde plus fine et localisa la balle. Grâce à la radio du crâne, il put voir que la balle avait tourné pour se placer dans un angle de quarante-cinq degrés par rapport à la trouée de la lésion. Il utilisa la sonde pour toucher doucement le bord de la balle et, après une série de tentatives ratées, il put la soulever suffisamment pour la remettre à sa place initiale.

Finalement, il introduisit une longue pince très fine, réussit à attraper la base de la balle et serra fort. Il tira la pince droit vers lui. La balle suivit presque sans la moindre résistance. Il la tint face à la lumière pendant une seconde et constata qu'elle semblait intacte, puis il la laissa tomber dans un bol.

— Eponge, dit-il et son ordre fut immédiatement suivi d'effet.

Il jeta un regard sur l'électrocardiogramme qui indiquait que sa patiente bénéficiait encore d'une activité cardiaque régulière.

— Pince.

Il tira à lui une loupe puissante suspendue et focalisa sur la région dénudée.

— Doucement, dit le professeur Frank Ellis.

Au cours des trois quarts d'heure suivants, Anders Jonasson ne retira pas moins de trente-deux petits éclats d'os fichés autour du trou d'entrée. Le plus petit de ces éclats était invisible à l'œil nu.

TANDIS QUE, FRUSTRÉ, MIKAEL BLOMKVIST essayait d'extirper son téléphone portable de la poche de poitrine de sa veste – tâche qui se révéla impossible avec les mains menottées –, plusieurs véhicules arrivèrent à Gosseberga, avec des policiers et du personnel technique. Briefés par le commissaire Paulsson, ils furent chargés de récolter des preuves techniques irréfutables dans la remise à bois et de procéder à un examen approfondi de la maison d'habitation où plusieurs armes avaient été saisies. Résigné, Mikael suivit leurs agissements depuis son point d'observation à l'arrière de la voiture de Paulsson.

Au bout d'une bonne heure seulement, Paulsson sembla prendre conscience que les agents Torstensson et Andersson n'étaient pas encore revenus de leur mission d'arrêter Ronald Niedermann. Il eut soudain l'air soucieux et fit amener Mikael Blomkvist dans la cuisine où il lui demanda de nouveau de décrire la route.

Mikael ferma les yeux.

Il était toujours dans la cuisine avec Paulsson au retour des renforts qui avaient été envoyés pour secourir les deux policiers. L'agent de police Gunnar Andersson avait été retrouvé mort, la nuque brisée. Son collègue Fredrik Torstensson était encore en vie, mais il était grièvement blessé. Tous deux avaient été retrouvés dans le fossé à côté du panneau signalant un passage d'élans. Leurs armes de service et le véhicule de police manquaient.

Si, au départ, le commissaire Thomas Paulsson avait eu à gérer une situation relativement claire, il se retrouvait maintenant avec sur les bras un homicide de policier et un desperado armé en fuite.

— Imbécile, répéta Mikael Blomkvist.

— Injurier la police ne sert à rien.

— Nous sommes d'accord là-dessus. Mais j'ai l'intention de vous épingler pour faute professionnelle, et ça va saigner. Avant que j'en aie terminé avec vous, toutes les manchettes du pays vous auront désigné policier le plus stupide de la Suède.

La menace d'être jeté en pâture aux médias était apparemment la seule chose qui pouvait impressionner Thomas Paulsson. Il eut l'air inquiet.

— Qu'est-ce que vous proposez ?

— J'exige que vous appeliez l'inspecteur Jan Bublanski à Stockholm. Tout de suite.

L'INSPECTRICE SONJA MODIG se réveilla en sursaut quand son portable, qu'elle avait mis à charger à l'autre bout de la chambre, sonna. Elle tourna les yeux vers le réveil sur la table de chevet et constata avec désespoir qu'il n'était qu'un peu plus de 4 heures. Elle regarda son mari qui ronflait toujours paisiblement. Subiraient-ils une attaque d'artillerie qu'il continuerait à dormir. Elle tituba hors du lit et trouva le bouton sur son portable pour répondre.

Jan Bublanski, pensa-t-elle, *qui d'autre ?*

— C'est la cata totale du côté de Trollhättan, lui annonça son chef sans autre forme de politesse. Le X2000 pour Göteborg part à 5 h 10.

— Qu'est-ce qui s'est passé ?

— Blomkvist a trouvé Salander et Niedermann et Zalachenko. Il est arrêté pour insulte à policier, résistance et détention illégale d'arme. Salander a été transportée à l'hôpital Sahlgrenska avec une balle dans la tête. Zalachenko est à Sahlgrenska avec une hache dans le crâne. Niedermann se balade dans la nature. Il a tué un policier cette nuit.

Sonja Modig cilla deux fois et sentit la fatigue. Elle avait surtout envie de retourner dans son lit et de prendre un mois de vacances.

— X2000 à 5 h 10. D'accord. Qu'est-ce que je dois faire ?

— Tu prends un taxi pour la gare. Tu seras accompagnée de Jerker Holmberg. Vous allez prendre contact avec un dénommé Thomas Paulsson, commissaire à Trollhättan, qui est apparemment responsable du bordel de cette nuit et qui selon Blomkvist est un, je cite, connard d'envergure, fin de citation.

— Tu as parlé avec Blomkvist ?

— Manifestement, ils l'ont mis aux fers. J'ai réussi à convaincre Paulsson de me le passer un court instant. Je suis en route pour Kungsholmen et, du centre des opérations, je vais essayer de savoir ce qui se trame. On reste en contact sur le portable.

Sonja Modig regarda l'heure encore une fois. Puis elle appela un taxi et alla se mettre sous la douche pendant une minute. Elle se lava les dents, tira un peigne à travers ses cheveux, enfila un pantalon noir, un tee-shirt noir et une veste grise. Elle glissa son arme de service dans sa sacoche et choisit un trois-quarts en cuir rouge sombre comme pardessus.

Puis elle secoua son mari et expliqua où elle se rendait et qu'il devait s'occuper des enfants le matin venu. Elle franchit la porte de l'immeuble au moment même où le taxi s'arrêtait dans la rue.

Elle n'eut pas à chercher son collègue, Jerker Holmberg, sachant qu'il se trouvait probablement dans le wagon-restaurant, et elle ne s'était pas trompée. Il lui avait déjà acheté un sandwich et du café. Ils se turent pendant cinq minutes pendant lesquelles ils prirent leur petit-déjeuner. Finalement, Holmberg repoussa sa tasse de café.

— On devrait peut-être changer de métier, dit-il.

A 4 HEURES, l'inspecteur Marcus Ackerman de la brigade criminelle de Göteborg arriva enfin à Gosseberga et reprit l'enquête de Thomas Paulsson, croulant sous la tâche. Ackerman était un quinquagénaire grisonnant et replet. Une de ses premières mesures fut de débarrasser Mikael Blomkvist de ses menottes et de lui offrir des brioches et du café d'un thermos. Ils s'installèrent dans le séjour pour un entretien particulier.

— J'ai parlé avec Bublanski à Stockholm, dit Ackerman. On se connaît depuis des années. Lui comme moi, nous regrettons le comportement de Paulsson.

— Il a réussi à faire tuer un policier cette nuit, dit Mikael.

Ackerman hocha la tête.

— Je connaissais personnellement l'agent Gunnar Andersson. Il avait servi à Göteborg avant de déménager à Trollhättan. Il était le père d'une fillette de trois ans.

— Je suis désolé. J'ai essayé de les prévenir…

— Je l'ai compris. Vous avez parlé trop fort à son goût et c'est pour ça qu'il vous a menotté. C'est vous qui avez coincé Wennerström. Bublanski dit que vous êtes un fichu fouineur de journaliste et un investigateur privé complètement azimuté, mais que vous savez probablement de quoi vous parlez. Vous pourriez me faire un topo compréhensible ?

— Nous en sommes au dénouement des meurtres de mes amis Dag Svensson et Mia Bergman à Enskede, et du meurtre d'une personne qui n'était pas mon ami… l'avocat Nils Bjurman, le tuteur de Lisbeth Salander.

Ackerman fit oui de la tête.

— Comme vous le savez, la police traque Lisbeth Salander depuis Pâques. On l'a soupçonnée de triple homicide. Pour commencer, il faut que vous admettiez que Lisbeth Salander n'est pas coupable de ces meurtres. Si elle est quelque chose dans cette affaire, c'est une victime.

— Je n'ai pas été mis sur le cas Salander, mais après tout ce que les médias ont écrit, j'ai un peu de mal à digérer qu'elle serait totalement innocente.

— C'est pourtant la vérité. Elle est innocente. Point final. Le véritable meurtrier est Ronald Niedermann, celui qui a tué votre collègue Gunnar Andersson cette nuit. Il travaille pour Karl Axel Bodin.

— Le Bodin donc qui se trouve à Sahlgrenska avec une hache dans le crâne.

— D'un point de vue purement technique, la hache n'est plus dans son crâne. J'imagine que c'est Lisbeth qui l'a agressé. Son véritable nom est Alexander Zalachenko. Il est le père de Lisbeth, c'est un ex-agent des services secrets militaires russes. Il a déserté dans les années 1970 et a ensuite travaillé pour la Säpo jusqu'à la chute de l'Union soviétique. Depuis, il opère en free-lance comme gangster.

Ackerman contempla pensivement le gars qui était assis en face de lui sur la banquette. Mikael Blomkvist était luisant de sueur et avait l'air à la fois gelé et épuisé. Jusque-là, il avait argumenté de façon rationnelle et cohérente mais le commissaire Thomas Paulsson – à qui Ackerman n'accordait pas grande confiance – l'avait prévenu que Blomkvist délirait au sujet d'agents russes et d'assassins allemands, ce qui ne faisait guère partie du lot quotidien de la police suédoise. Blomkvist était apparemment arrivé au point dans son histoire que Paulsson avait préféré rejeter. Mais il y avait un policier mort et un autre grièvement blessé sur le bas-côté de la route de Nossebro, et Ackerman était prêt à écouter. Il ne put cependant pas empêcher une touche d'incrédulité d'apparaître dans sa voix.

— Bon, d'accord. Un agent russe.

Blomkvist afficha un sourire pâle, de toute évidence conscient que son histoire paraissait farfelue.

— Un ancien agent russe. Je peux prouver toutes mes affirmations.

— Continuez.

— Zalachenko était au sommet de sa carrière d'espion dans les années 1970. Il a quitté le navire et la Säpo lui a accordé l'asile. Pour autant que j'ai compris, ce n'est pas une situation unique dans le sillage du démantèlement de l'Union soviétique.

— D'accord.

— Je ne sais pas exactement ce qui s'est passé ici cette nuit, mais apparemment Lisbeth a traqué son père qu'elle n'avait pas vu depuis quinze ans. Il avait maltraité la mère de Lisbeth au point qu'elle en est morte. Il a essayé de tuer Lisbeth, c'est lui qui, par l'intermédiaire de Ronald Niedermann, est derrière les meurtres de Dag Svensson et de Mia Bergman. De plus, il est responsable de l'enlèvement de Miriam Wu, l'amie de Lisbeth – c'est le fameux match pour le titre que Paolo Roberto a livré à Nykvarn.

— Si Lisbeth Salander a planté une hache dans la tête de son père, on ne peut pas vraiment dire qu'elle soit innocente.

— Lisbeth Salander, pour sa part, a pris trois balles dans le corps. Je crois qu'on va pouvoir faire valoir un certain degré de légitime défense. Je me demande...

— Oui ?

— Lisbeth était tellement couverte de terre et de boue que ses cheveux n'étaient qu'une seule croûte d'argile durcie. Elle avait plein de sable dans ses vêtements. On aurait dit qu'elle avait été enterrée. Et Niedermann a manifestement une certaine tendance à enterrer les gens. La police de Södertälje a trouvé deux tombes dans l'entrepôt près de Nykvarn dont le MC Svavelsjö est propriétaire.

— Trois, en fait. Ils en ont trouvé une autre tard hier soir. Mais si on a tiré sur Lisbeth Salander et qu'on l'a enterrée ensuite, comment ça se fait qu'elle vadrouillait avec une hache à la main ?

— Je l'ai dit, je ne sais pas ce qui s'est passé, mais Lisbeth est remarquablement riche en ressources. J'ai essayé de convaincre Paulsson de faire venir ici une patrouille de chiens...

— Ils arrivent.

— Bien.

— Paulsson vous a arrêté pour insulte à agent de police.

— Je conteste. Je l'ai appelé imbécile, couillon incompétent et crétin. Dans la situation présente, aucune de ces épithètes n'est insultante.

— Mais vous êtes arrêté aussi pour détention illégale d'arme.

— J'ai commis l'erreur de vouloir lui remettre une arme. Pour le reste, je n'ai pas de déclaration à faire avant d'avoir pu parler à mon avocat.

— OK. On laisse tomber ça pour l'instant. On a des choses plus sérieuses à débattre. Qu'est-ce que vous savez sur ce Niedermann ?

— C'est un assassin. Il a quelque chose qui cloche : il mesure plus de deux mètres et il est bâti comme un char d'assaut. Demandez à Paolo Roberto qui l'a affronté. Il souffre d'analgésie congénitale. C'est une maladie qui signifie que la transmission dans ce qu'ils appellent les fibres C ne fonctionne pas et il est incapable de ressentir de la douleur. Il est allemand, né à Hambourg et il était skinhead dans sa jeunesse. Il est extrêmement dangereux et il est en liberté.

— Est-ce que vous avez idée de l'endroit où il pourrait se réfugier ?

— Non. Je sais seulement que je l'avais ficelé comme il faut, il n'y avait qu'à le cueillir lorsque ce crétin de Trollhättan a pris la situation en main.

PEU AVANT 5 HEURES, Anders Jonasson retira ses gants en latex souillés et les jeta dans la poubelle. Une infirmière appliqua des compresses sur la plaie à la hanche. L'opération avait duré trois heures. Il regarda la tête rasée et malmenée de Lisbeth Salander, déjà empaquetée dans des bandages.

Il ressentit une tendresse soudaine, la même qu'il ressentait souvent pour les patients qu'il avait opérés. Selon les journaux, Lisbeth Salander était une tueuse en série psychopathe, mais à ses yeux elle ressemblait surtout à un moineau meurtri. Il secoua la tête puis regarda Frank Ellis qui le contempla d'un œil amusé.

— Tu es un excellent chirurgien, dit Ellis.

— Je t'offre un petit-déjeuner ?

— C'est possible d'avoir des pancakes avec de la confiture ici ?

— Des gaufres, dit Anders Jonasson. Chez moi. Je vais prévenir ma femme, puis on prend un taxi. Il s'arrêta et regarda l'heure. Réflexion faite, je crois qu'on va s'abstenir d'appeler.

MAÎTRE ANNIKA GIANNINI, AVOCATE, se réveilla en sursaut. Elle tourna la tête à droite et constata qu'il était 5 h 58. Elle avait un premier rendez-vous avec un client dès 8 heures. Elle tourna la tête à gauche et regarda son mari Enrico Giannini qui dormait paisiblement et qui, dans le meilleur des cas, se réveillerait vers 8 heures. Elle cligna résolument des paupières à plusieurs reprises, sortit du lit et alla brancher la cafetière avant de se mettre sous la douche. Elle prit son temps dans la salle de bains et s'habilla ensuite d'un pantalon noir, d'un col roulé blanc et d'une veste rouge. Elle fit griller deux tranches de pain qu'elle garnit de marmelade d'oranges, de fromage et de quelques morceaux de pomme, porta son petit-déjeuner dans le séjour juste à temps pour les informations de 6 h 30 à la télé. Elle but une gorgée de café et elle venait d'ouvrir la bouche pour croquer une tartine lorsqu'elle entendit le titre.

Un policier tué et un autre grièvement blessé. Nuit dramatique lors de l'arrestation de la triple meurtrière Lisbeth Salander.

Elle eut tout d'abord du mal à faire la part des choses, puisque sa première impression fut que Lisbeth Salander avait tué un policier. Les informations étaient sporadiques, mais elle finit par comprendre que c'était un homme qu'on recherchait pour le meurtre du policier. Un avis de recherche national avait été lancé pour un homme de trente-sept ans dont on ne connaissait pas encore l'identité. Lisbeth Salander se trouvait apparemment grièvement blessée à l'hôpital Sahlgrenska à Göteborg.

Annika passa sur l'autre chaîne mais elle n'y comprit pas plus pour autant. Elle attrapa son téléphone portable et pianota le numéro de son frère, Mikael Blomkvist. Un message lui répondit que l'abonné était injoignable. Elle ressentit une pique de crainte. Mikael l'avait appelée la veille au soir, en route pour Göteborg. Il était à la recherche de Lisbeth Salander. Et d'un meurtrier du nom de Ronald Niedermann.

AU LEVER DU JOUR, un policier observateur repéra des traces de sang sur le terrain derrière la remise à bois. Un chien policier suivit la trace jusqu'à un trou creusé dans une clairière à environ quatre cents mètres au nord-est de la ferme de Gosseberga.

Mikael accompagna l'inspecteur Ackerman. Ils examinèrent pensivement l'endroit. Ils n'eurent aucun mal à découvrir une grande quantité de sang dans le trou et tout autour.

Ils trouvèrent également un étui à cigarettes cabossé qui avait manifestement été utilisé comme pelle. Ackerman plaça l'étui à cigarettes dans un sac à preuves et étiqueta sa trouvaille. Il ramassa aussi des échantillons de mottes de terre teintées de sang. Un policier en uniforme attira son attention sur un mégot sans filtre de la marque Pall Mall à quelques mètres du trou. Celui-ci fut aussi placé dans un sac à preuves étiqueté. Mikael se rappela avoir vu un paquet de Pall Mall sur le plan de travail dans la cuisine de Zalachenko.

Ackerman jeta un coup d'œil sur le ciel et vit de lourds nuages de pluie. La tempête qui avait sévi à Göteborg au cours de la nuit passait manifestement au sud de la région de Nossebro, et d'ici peu la pluie allait tomber. Il se tourna vers un agent de police et lui demanda de trouver une bâche pour couvrir le trou.

— Je crois que vous avez raison, dit finalement Ackerman à Mikael. Une analyse du sang va probablement établir que Lisbeth Salander a été enterrée ici et je parie que nous trouverons ses empreintes sur l'étui. On lui a tiré dessus, on l'a enterrée, mais d'une façon ou d'une autre elle a survécu et réussi à se sortir de la tombe et…

— … et est retournée à la ferme et a balancé la hache à la tête de Zalachenko, termina Mikael. Dans le genre obstiné, elle se pose là.

— Mais comment a-t-elle fait pour Niedermann ?

Mikael haussa les épaules. Sur ce point, il était tout aussi perplexe qu'Ackerman.

2

VENDREDI 8 AVRIL

SONJA MODIG ET JERKER HOLMBERG arrivèrent à la gare centrale de Göteborg peu après 8 heures. Bublanski avait appelé et donné de nouvelles instructions ; ils devaient laisser tomber Gosseberga et prendre un taxi pour l'hôtel de police à Nya Ullevi, le siège de la police criminelle départementale du Västra Götaland. Ils attendirent presque une heure avant que l'inspecteur Ackerman arrive de Gosseberga accompagné de Mikael Blomkvist. Mikael salua Sonja Modig qu'il avait déjà rencontrée et serra la main de Jerker Holmberg. Puis vint se joindre à eux un collègue d'Ackerman avec une mise à jour dans la chasse à Ronald Niedermann. Le rapport était bref.

— Nous disposons d'un groupe d'investigation sous la direction de la Crim départementale. Un avis de recherche national a été lancé, évidemment. Nous avons retrouvé la voiture de police à Alingsås à 6 heures. La piste s'arrête là, pour le moment. Nous soupçonnons qu'il a changé de véhicule, mais nous n'avons enregistré aucune plainte pour vol de voiture.

— Les médias ? demanda Modig avec un coup d'œil d'excuse à Mikael Blomkvist.

— Il s'agit du meurtre d'un policier et la mobilisation est totale. Il y aura une conférence de presse à 10 heures.

— Est-ce que quelqu'un sait quelque chose sur l'état de Lisbeth Salander ? demanda Mikael. Il se sentait étrangement peu concerné par tout ce qui relevait de la chasse à Niedermann.

— On l'a opérée au cours de la nuit. Ils lui ont sorti une balle de la tête. Elle ne s'est pas encore réveillée.

— Y a-t-il un pronostic ?

— J'ai cru comprendre que nous ne saurons rien avant qu'elle soit réveillée. Mais le médecin qui l'a opérée dit qu'il a bon espoir qu'elle survive s'il n'y a pas de complications en cours de route.

— Et Zalachenko ?

— Qui ? demanda le collègue d'Ackerman, qui n'était pas encore au courant de toutes les ramifications embrouillées de l'histoire.

— Karl Axel Bodin.

— Ah oui, lui aussi a été opéré cette nuit. Il a reçu un vilain coup de hache dans la figure et un autre juste sous la rotule. Il est mal en point, mais les blessures ne mettent pas sa vie en danger.

Mikael hocha la tête.

— Vous avez l'air fatigué, dit Sonja Modig.

— On peut le dire. J'entame ma troisième journée sans pratiquement aucun sommeil.

— Il s'est endormi dans la voiture en revenant de Nossebro, dit Ackerman.

— Vous auriez la force de nous raconter toute l'histoire depuis le début ? demanda Holmberg. On dirait que les investigateurs privés mènent trois à zéro contre la police.

Mikael tenta de sourire.

— Ça, c'est une réplique que je voudrais entendre Bublanski prononcer, dit-il.

Ils s'installèrent dans la cafétéria de l'hôtel de police pour prendre le petit-déjeuner. Mikael passa une demi-heure à expliquer, pas à pas, comment il avait reconstitué l'histoire complexe de Zalachenko. Quand il eut terminé, les policiers observèrent un silence pensif.

— Il y a quelques blancs dans votre histoire, finit par dire Jerker Holmberg.

— Fort possible, dit Mikael.

— Vous n'expliquez pas comment vous êtes entré en possession du rapport secret de la Säpo concernant Zalachenko.

Mikael hocha la tête.

— Je l'ai trouvé hier chez Lisbeth Salander après avoir enfin déniché sa cachette. Pour sa part, elle l'avait sans doute trouvé dans la maison de campagne de maître Nils Bjurman.

— Vous avez donc découvert la cachette de Salander, dit Sonja Modig.

Mikael acquiesça de la tête.

— Et ?

— Je vous laisse le soin de trouver cette adresse-là par vos propres moyens. Lisbeth s'était donné beaucoup de peine pour se procurer une adresse secrète et je n'ai pas l'intention d'être à l'origine de fuites.

Modig et Holmberg se rembrunirent un peu.

— Mikael... il s'agit d'une enquête sur un homicide, dit Sonja Modig.

— Et vous, vous n'avez pas encore pigé que Lisbeth Salander est innocente et que la police a empiété sur sa vie privée d'une façon qui dépasse l'entendement. Des lesbiennes satanistes, où est-ce que vous allez pêcher tout ça ? Si elle a envie de vous raconter où elle habite, je suis persuadé qu'elle le fera.

— Mais il y a autre chose que j'ai du mal à comprendre, insista Holmberg. Comment est-ce que Bjurman intervient dans cette histoire ? Vous nous dites que c'est lui qui a tout mis en branle en contactant Zalachenko et en lui demandant de tuer Salander... mais pourquoi faire une chose pareille ?

Mikael hésita longuement.

— Je me dis qu'il a engagé Zalachenko pour se débarrasser de Lisbeth Salander. Le but était qu'elle se retrouve dans l'entrepôt à Nykvarn.

— Il était son tuteur. Quel motif aurait-il de se débarrasser d'elle ?

— C'est compliqué.

— Expliquez-vous.

— Il avait un putain de bon motif. Il avait fait quelque chose dont Lisbeth était au courant. Elle était une menace pour tout son avenir et sa prospérité.

— Qu'est-ce qu'il avait fait ?

— Je crois qu'il vaut mieux que Lisbeth elle-même explique cela.

Il croisa le regard de Holmberg.

— Laissez-moi deviner, dit Sonja Modig. Bjurman avait mal agi envers votre protégée.

Mikael hocha la tête.

— Dois-je penser qu'il l'avait exposée à une forme de violence sexuelle ?

Mikael haussa les épaules et s'abstint de tout commentaire.

— Vous êtes au courant du tatouage sur le ventre de Bjurman ?

— Tatouage ?

— Un tatouage réalisé par un amateur et dont le texte s'étale sur tout le ventre... *Je suis un porc sadique, un salaud et un violeur.* Nous nous sommes posé des questions sur la signification de tout ça.

Mikael éclata soudain de rire.

— Qu'est-ce qu'il y a ?

— Je me suis demandé ce que Lisbeth avait fait pour se venger. Mais je vous le dis, je ne veux pas discuter de ça avec vous, pour la même raison que tout à l'heure. Il s'agit de sa vie privée. C'est Lisbeth qui a été l'objet d'un crime. C'est elle, la victime. C'est à elle de déterminer ce qu'elle veut vous raconter. Désolé.

Il eut presque l'air de s'excuser.

— On doit porter plainte quand il y a eu viol, dit Sonja Modig.

— Je suis d'accord. Mais ce viol a eu lieu il y a deux ans et Lisbeth n'en a pas encore parlé à la police. Ce qui indique qu'elle n'a pas l'intention de le faire. Je ne partage peut-être pas son avis sur le principe, mais c'est elle qui décide. De plus...

— Oui ?

— Elle n'a pas de raison particulière de se confier à la police. La dernière fois qu'elle a essayé d'expliquer à quel point Zalachenko était un salaud, on l'a enfermée dans un hôpital psychiatrique.

RICHARD EKSTRÖM, le responsable de l'enquête préliminaire, avait des papillons dans le ventre ce vendredi matin lorsque, peu avant 9 heures, il demanda au chef des investigations, Jan Bublanski, de s'asseoir de l'autre côté du bureau. Ekström ajusta ses lunettes et frotta sa barbe bien entretenue. Il vivait la situation comme chaotique et menaçante. Un mois durant, il avait été le responsable de l'enquête

36

préliminaire, l'homme qui chassait Lisbeth Salander. Il l'avait décrite en long et en large comme une psychopathe malade mentale et dangereuse pour la population. Il avait laissé fuir des informations qui auraient été à son propre avantage dans un futur procès. Tout semblait aller pour le mieux.

Dans son esprit, il ne faisait pas le moindre doute que Lisbeth Salander était réellement coupable du triple homicide et que le procès allait devenir une victoire facile, une pure représentation de propagande avec lui-même dans le rôle principal. Ensuite, tout avait foiré et soudain il se retrouvait avec un tout autre meurtrier et un chaos qui paraissait sans fin. *Saloperie de Salander.*

— C'est un véritable foutoir qu'on a sur les bras, dit-il. Qu'est-ce que tu as trouvé ce matin ?

— On a lancé un avis de recherche national de Ronald Niedermann, mais il court toujours. Pour l'instant il n'est recherché que pour le meurtre de l'agent de police Gunnar Andersson, mais je suppose que nous devrions aussi inclure les trois meurtres ici à Stockholm. Tu pourras peut-être organiser une conférence de presse ?

Si Bublanski ajoutait cette proposition d'une conférence de presse, c'était uniquement pour emmerder Ekström qui les détestait.

— Je crois que pour ça on va attendre un moment, dit Ekström rapidement.

Bublanski s'efforça à ne pas sourire.

— Ce qui se passe concerne en premier lieu la police de Göteborg, reprit Ekström pour plus de clarté.

— Oui, mais on a Sonja Modig et Jerker Holmberg sur place à Göteborg et on a entamé une collaboration…

— On attendra d'en savoir un peu plus avant de faire une conférence de presse, trancha Ekström d'une voix autoritaire. Ce que je voudrais savoir, c'est à quel point tu es sûr que c'est réellement Niedermann qui est mêlé aux meurtres ici à Stockholm.

— En tant que policier, j'en suis convaincu. Mais, effectivement, on n'est pas très bien placé en matière de preuves. On n'a aucun témoin des meurtres et il n'y a pas de preuves techniques imparables. Magge Lundin et Benny Nieminen du MC Svavelsjö refusent de se prononcer et prétendent ne jamais avoir entendu parler de Niedermann. Ce qui est sûr, par contre, c'est qu'il sera condamné pour l'homicide de Gunnar Andersson.

— C'est ça, dit Ekström. C'est le meurtre du policier qui nous intéresse en ce moment. Mais, dis-moi... y a-t-il quoi que ce soit qui indique que Salander serait malgré tout mêlée aux meurtres ? Peut-on imaginer qu'elle et Niedermann les aient commis ensemble ?

— J'en doute. Et je me garderais bien de diffuser une telle théorie.

— Mais alors quel est son rôle dans tout ça ?

— C'est une histoire extrêmement compliquée. Comme Mikael Blomkvist l'a dit dès le début, il s'agit de ce type, Zala... Alexander Zalachenko.

Au nom de Mikael Blomkvist, le procureur Ekström fut visiblement parcouru d'un frisson.

— Zala est un espion russe retiré des affaires, manifestement dénué de scrupules, qui opérait du temps de la guerre froide, poursuivit Bublanski. Il est arrivé ici dans les années 1970, et il est le géniteur de Lisbeth Salander. Il a été épaulé par une fraction de la Säpo qui le couvrait quand il enfreignait la loi. Un policier de la Säpo a également veillé à ce que Lisbeth Salander soit enfermée dans une clinique de pédopsychiatrie à l'âge de treize ans quand elle menaçait de révéler la vérité sur Zalachenko.

— Admets que tout cela est un peu difficile à gober. On ne peut pas rendre publique une histoire pareille. Si j'ai bien compris, tout ce qui concerne Zalachenko est des données estampillées secret-défense.

— Et pourtant c'est la vérité. J'ai des documents qui le prouvent.

— Est-ce que je peux les voir ?

Bublanski poussa vers lui le classeur avec le rapport de police datant de 1991. Ekström contempla pensivement le tampon indiquant que ce document était qualifié secret-défense, et le numéro d'archivage qu'il identifia immédiatement comme provenant de la Säpo. Il feuilleta rapidement la centaine de pages et en lut quelques-unes au hasard. Il finit par poser le rapport.

— Il faut qu'on essaie de calmer le jeu pour que la situation ne nous échappe pas. Lisbeth Salander a donc été enfermée chez les fous parce qu'elle avait essayé de tuer son père... ce Zalachenko. Et ce coup-ci elle lui a planté une hache dans la tête. Il faut quand même ranger ça dans la rubrique tentative d'homicide. Et il faut l'inculper pour avoir tiré sur Magge Lundin à Stallarholmen.

— Inculpe qui tu veux, mais à ta place, j'avancerais sur des œufs.

— Il y aura un scandale du feu de Dieu si toute cette histoire impliquant la Säpo est divulguée.

Bublanski haussa les épaules. Sa mission était d'élucider des crimes, pas de gérer des scandales.

— Ce salopard de la Säpo, Gunnar Björck. Qu'est-ce qu'on sait sur le rôle qu'il a joué ?

— Il est l'un des acteurs principaux. Il est actuellement en arrêt maladie pour une hernie discale, il passe quelque temps à Smådalarö.

— OK... on ne dit rien sur la Säpo pour l'instant. Il est question d'un policier tué et de rien d'autre. Notre tâche n'est pas de créer de la confusion.

— Je pense que ça sera difficile à étouffer.

— Comment ça ?

— J'ai envoyé Curt Bolinder cueillir Björck pour interrogatoire. Bublanski consulta sa montre. Je pense qu'il est en pleine action à l'heure qu'il est.

— Quoi ?

— En fait j'avais projeté d'avoir le plaisir moi-même de me rendre à Smådalarö, mais cet assassinat d'un policier m'en a empêché.

— Je n'ai délivré aucune autorisation d'arrêter Björck.

— Exact. Mais ce n'est pas une arrestation. Je le fais venir pour l'interroger.

— Je n'aime pas du tout ça.

Bublanski se pencha en avant et prit un air confidentiel.

— Richard... voici les faits. Lisbeth Salander a été victime d'une série d'abus judiciaires qui ont commencé quand elle était enfant. Je n'ai pas l'intention de laisser cela se poursuivre. Tu peux choisir de m'écarter des investigations, mais alors je serai obligé d'écrire un mémo incisif là-dessus.

Richard Ekström eut l'air d'avoir avalé un citron.

GUNNAR BJÖRCK, EN ARRÊT MALADIE de son poste de chef adjoint à la brigade des étrangers à la Säpo, ouvrit la porte de sa maison de campagne à Smådalarö et se trouva face à un homme robuste aux cheveux blonds coupés court, en blouson de cuir noir.

— Je cherche Gunnar Björck.

— C'est moi.

— Curt Bolinder, des Affaires criminelles.

L'homme montra sa carte.

— Oui ?

— Vous êtes prié de me suivre à l'hôtel de police à Kungsholmen pour assister la police dans l'enquête sur Lisbeth Salander.

— Euh… il doit y avoir une erreur.

— Il n'y a pas d'erreur, dit Curt Bolinder.

— Vous ne comprenez pas. Moi aussi je suis policier. Je pense que vous devriez vérifier avec votre chef.

— C'est mon chef qui veut vous parler.

— Il faut que je passe un coup de fil et…

— Vous pourrez téléphoner de Kungsholmen.

Gunnar Björck sentit tout à coup qu'il abandonnait. Putain de saloperie de Blomkvist. Saloperie de Salander.

— Vous m'arrêtez ? demanda-t-il.

— Pas pour l'instant. Mais je pense que ça peut s'arranger si vous y tenez.

— Non… non, je vais vous suivre, bien sûr. Il est évident que je tiens à aider mes collègues du secteur visible.

— Tant mieux, dit Curt Bolinder en entrant dans la maison. Il garda un œil attentif sur Gunnar Björck pendant que celui-ci allait chercher son manteau et arrêter la cafetière.

A 11 HEURES, Mikael Blomkvist pouvait constater que sa voiture de location se trouvait toujours garée derrière une grange à l'entrée de Gosseberga, mais dans l'état d'épuisement où il se trouvait, il n'avait pas la force d'aller la chercher, et encore moins de la conduire sur une certaine distance sans représenter un danger pour la circulation. Il demanda conseil à l'inspecteur Marcus Ackerman et celui-ci proposa généreusement de faire en sorte qu'un technicien de la Crim de Göteborg passe chercher la voiture.

— Considère ça comme une contrepartie de la façon dont tu as été traité cette nuit.

Mikael hocha la tête et prit un taxi pour le City Hotel dans Lorensbergsgatan près d'Avenyn. Il réserva une chambre simple à 800 couronnes pour une nuit et monta immédiatement. Il se déshabilla, s'assit tout nu sur le lit, sortit le Palm Tungsten T3 de Lisbeth Salander de sa poche intérieure et le soupesa dans la main. Il était toujours stupéfait que l'ordinateur de poche n'ait pas été saisi lorsque le commissaire Thomas Paulsson l'avait fouillé, mais Paulsson était parti du principe que c'était l'ordinateur de Mikael, et il n'avait jamais été formellement inculpé et dépouillé de ses affaires. Il réfléchit brièvement et plaça ensuite le Palm dans le compartiment de sa sacoche d'ordinateur où il gardait le DVD de Lisbeth marqué *Bjurman*, que Paulsson avait loupé aussi. Il avait bien conscience que, d'un point de vue légal, c'était de la rétention de preuves, mais il s'agissait d'objets que Lisbeth ne voulait vraisemblablement pas voir atterrir entre de mauvaises mains.

Il ouvrit son téléphone portable, constata que la batterie était presque à plat et le mit à charger. Il passa un coup de fil à sa sœur, maître Annika Giannini.

— Salut, frangine.

— Quel est ton rapport avec le meurtre du policier de cette nuit ? demanda-t-elle immédiatement.

Il expliqua brièvement ce qui s'était passé.

— Bon. Salander se trouve donc aux soins intensifs.

— Exact. On ne connaîtra pas la gravité de ses blessures avant qu'elle se réveille, mais elle aura besoin d'un avocat.

Annika Giannini réfléchit un instant.

— Tu penses qu'elle voudra de moi ?

— Il est probable qu'elle ne voudra pas d'avocat du tout. Ce n'est pas son genre de demander de l'aide.

— Tout indique que c'est un avocat pénal qu'il lui faudra. Laisse-moi jeter un coup d'œil sur les documents dont tu disposes.

— Adresse-toi à Erika Berger pour lui en demander une copie.

Dès la conversation avec sa sœur terminée, Mikael appela Erika Berger. Comme elle ne répondait pas sur son portable, il composa son numéro à la rédaction de *Millénium*. Ce fut Henry Cortez qui décrocha.

— Erika est sortie, dit Henry.

Mikael résuma la situation et demanda à Henry Cortez de transmettre l'information à la directrice de *Millénium*.

— OK. Qu'est-ce qu'on fait ? dit Henry.

— Rien aujourd'hui, dit Mikael. Il faut que je dorme. Je retourne à Stockholm demain si rien d'imprévu n'intervient. *Millénium* donnera sa version dans le prochain numéro, ce qui veut dire dans presque un mois.

Il raccrocha, se glissa dans le lit et s'endormit en moins de trente secondes.

L'ADJOINTE AU PRÉFET DE POLICE du département, Monica Spångberg, tapota le bord de son verre d'eau minérale avec un stylo pour réclamer le silence. Dix personnes – trois femmes et sept hommes – étaient rassemblées autour de la table de conférence dans son bureau à l'hôtel de police. L'assemblée était composée du directeur de la brigade criminelle, de l'adjoint au directeur de la brigade criminelle, de trois inspecteurs criminels dont Marcus Ackerman, ainsi que du chargé de communication de la police de Göteborg. A cette réunion avaient aussi été convoqués la responsable de l'enquête préliminaire, Agneta Jervas du ministère public, et les inspecteurs criminels Sonja Modig et Jerker Holmberg de Stockholm. Ces derniers étaient là pour afficher la bonne volonté que les collègues de Stockholm avaient de collaborer et peut-être aussi pour montrer comment se mène une véritable enquête.

Spångberg, souvent seule femme dans un entourage masculin, n'avait pas la réputation de gaspiller du temps en formalités et propos de complaisance. Elle expliqua que le préfet de police du département était en déplacement professionnel, une conférence d'Europol à Madrid, qu'il avait interrompu son voyage lorsqu'il avait été prévenu du meurtre d'un policier, mais qu'on ne l'attendait que tard dans la soirée. Puis, se tournant directement vers le directeur de la brigade criminelle, Arne Pehrzon, elle lui demanda de résumer la situation.

— Cela fait maintenant un peu plus de dix heures que notre collègue Gunnar Andersson a été tué sur la route de Nossebro. Nous connaissons le nom du meurtrier, Ronald Niedermann, mais nous n'avons pas de photo de cet individu.

— A Stockholm, nous avons une photo de lui, qui date d'il y a vingt ans. C'est Paolo Roberto qui nous l'a procurée, mais elle est quasi inutilisable, dit Jerker Holmberg.

— Bon. La voiture de police qu'il a volée a été retrouvée à Alingsås ce matin. Elle était garée dans une rue latérale à environ trois cent cinquante mètres de la gare. Nous n'avons aucune plainte pour vol de voiture dans le secteur ce matin.

— La situation des investigations ?

— Nous vérifions les trains qui arrivent à Stockholm et Malmö. Nous avons lancé un avis de recherche national et nous avons informé la police en Norvège et au Danemark. Nous avons en ce moment environ trente policiers qui travaillent directement sur cette enquête et tous nos agents gardent évidemment les yeux ouverts.

— Aucune piste ?

— Non. Pas encore. Mais il ne devrait pas être impossible de repérer quelqu'un de doté du physique particulier de Niedermann.

— Est-ce que quelqu'un a des nouvelles de Fredrik Torstensson ? demanda l'un des inspecteurs de la Crim.

— Il est hospitalisé à Sahlgrenska. Il est très amoché, un peu comme s'il sortait d'un accident de voiture. On a du mal à croire qu'un être humain ait pu causer de telles blessures rien qu'avec ses mains. Outre des fractures et des côtes cassées, il a une vertèbre abîmée et il risque de se retrouver avec une paralysie partielle.

Tout le monde médita la situation du collègue pendant quelques secondes avant que Spångberg reprenne la parole. Elle se tourna vers Ackerman.

— Que s'est-il réellement passé à Gosseberga ?

— A Gosseberga ? Il s'est passé Thomas Paulsson.

Un gémissement monta à l'unisson de la part de plusieurs participants à la réunion.

— Pourquoi personne ne le fout à la retraite ? Ce type est une putain de catastrophe ambulante.

— Je connais très bien Paulsson, dit Monica Spångberg sur un ton cassant. Mais personne ne s'est plaint de lui pendant… disons ces deux dernières années.

— Le préfet là-bas est une vieille connaissance de Paulsson et il a dû vouloir bien faire en le gardant sous son aile. Ça part d'un bon sentiment, bien entendu, et ce n'est pas une critique envers lui. Mais cette nuit, Paulsson a eu un comportement tellement bizarre que plusieurs collègues ont rapporté la chose.

— Qu'est-ce qu'il a fait ?

Marcus Ackerman jeta un regard en coin vers Sonja Modig et Jerker Holmberg. Il était apparemment gêné d'afficher des imperfections dans son organisation devant les collègues de Stockholm.

— Le plus bizarre est sans doute qu'il a détaché un agent du département technique pour procéder à un inventaire de la remise à bois où on a trouvé Zalachenko.

— Un inventaire de la remise à bois ? s'étonna Spångberg.

— Oui… c'est-à-dire… il voulait savoir exactement combien de bûches il y avait. Pour que le rapport soit exact.

Un silence parlant s'installa autour de la table de conférence avant qu'Ackerman poursuive :

— Ce matin, nous avons appris que Paulsson carbure à au moins deux psychotropes, du Xanor et de l'Efexor. Il aurait en fait dû se trouver en arrêt maladie, mais il a caché son état à ses collègues.

— Quel état ? demanda Spångberg vertement.

— Je ne sais évidemment pas exactement de quoi il souffre – le secret professionnel des médecins, vous savez – mais ces psychotropes qu'il prend sont un puissant anxiolytique d'un côté et un excitant de l'autre. Il était tout simplement chargé cette nuit.

— Mon Dieu, dit Spångberg en appuyant sur les mots. Elle ressemblait à l'orage qui était passé au-dessus de Göteborg dans la matinée. Je veux Paulsson ici pour un entretien. Maintenant.

— Ça sera un peu difficile. Il s'est effondré ce matin et il est hospitalisé pour surmenage. Vraiment dommage pour nous qu'il ait été de service.

— Une question, dit le directeur de la brigade criminelle. Paulsson a donc demandé l'inculpation de Mikael Blomkvist au cours de la nuit ?

— Il a laissé un rapport où il fait état d'insulte, résistance violente envers fonctionnaire et détention illégale d'arme.

— Blomkvist reconnaît quelque chose ?

— Il reconnaît l'insulte, mais soutient que c'était de la légitime défense. D'après lui, la résistance consistait en une tentative verbale un peu poussée d'empêcher Torstensson et Andersson d'aller coffrer Niedermann tout seuls et sans renforts.

— Des témoins ?

— Seulement les agents Torstensson et Andersson. Laissez-moi dire que je ne crois pas un instant au rapport de Paulsson mentionnant une résistance violente. C'est de toute évidence une manière de parer à d'éventuelles futures plaintes de la part de Blomkvist.

— Mais Blomkvist, lui, avait réussi à maîtriser Niedermann tout seul ? demanda la procureur Agneta Jervas.

— En le menaçant d'une arme.

— Blomkvist avait donc une arme. Alors l'inculpation de Blomkvist serait quand même fondée. D'où tenait-il cette arme ?

— Blomkvist ne veut pas se prononcer là-dessus avant d'avoir parlé à un avocat. Mais Paulsson a inculpé Blomkvist alors que celui-ci essayait de lui *remettre* l'arme.

— Puis-je faire une proposition informelle ? dit Sonja Modig avec précaution.

Tout le monde la regarda.

— J'ai rencontré Mikael Blomkvist à plusieurs occasions au cours de l'enquête, et j'estime que c'est une personne assez sensée bien qu'il soit journaliste. Je suppose que c'est vous qui allez prendre la décision d'une mise en examen... Elle regarda Agneta Jervas qui hocha la tête. Dans ce cas, cette histoire d'insulte et de résistance, c'est des bêtises, et j'imagine que vous allez les classer automatiquement.

— Probablement. Mais détention illégale d'arme, c'est un peu plus sérieux.

— Je propose que vous attendiez avant d'appuyer sur la détente. Blomkvist a reconstitué cette histoire tout seul et il a beaucoup d'avance sur la police. On ferait mieux de rester en bons termes avec lui et de coopérer, ce serait plus utile que de lui ouvrir un boulevard pour exécuter la police tout entière dans les médias.

Elle se tut. Après quelques secondes, Marcus Ackerman s'éclaircit la gorge. Si Sonja Modig pouvait pointer le menton, lui ne voulait pas être en reste.

— Je suis d'accord. Moi aussi je vois Blomkvist comme une personne sensée. Je lui ai présenté nos excuses pour le traitement qu'il a subi cette nuit. Il semble prêt à en rester là. De plus, il est intègre. Il a trouvé le domicile de Lisbeth Salander, mais refuse de nous donner l'adresse. Il n'a pas peur d'affronter une discussion ouverte avec la police... et il se trouve dans une position où sa voix pèsera autant dans les médias que n'importe quelle dénonciation de Paulsson.

— Mais il refuse de donner des informations sur Salander à la police ?

— Il dit que nous n'avons qu'à demander à Lisbeth.

— C'est quoi comme arme ? demanda Jervas.

— C'est un Colt 1911 Government. Numéro de série inconnu. Je l'ai envoyé au labo et nous ne savons pas encore s'il a été utilisé dans un contexte criminel en Suède. Si tel est le cas, il faudra reconsidérer les choses.

Monica Spångberg leva son stylo.

— Agneta, à toi de voir si tu veux entamer une enquête préliminaire sur Blomkvist. Je propose que tu attendes d'avoir le rapport du labo. Poursuivons. Ce type, là, Zalachenko... vous qui venez de Stockholm, qu'est-ce que vous pouvez nous dire sur lui ?

— Il se trouve que, aussi tard qu'hier après-midi encore, nous n'avions jamais entendu parler ni de Zalachenko ni de Niedermann, répondit Sonja Modig.

— Je croyais qu'à Stockholm vous étiez aux trousses d'une bande de lesbiennes satanistes, dit l'un des policiers de Göteborg. Quelques-uns esquissèrent un sourire. Jerker Holmberg inspecta ses ongles. A Sonja Modig de répondre à cette question.

— Entre nous, je peux vous dire que nous avons notre "Thomas Paulsson" à la brigade aussi, et cette histoire d'une bande de lesbiennes satanistes est plutôt une impasse que nous lui devons.

Sonja Modig et Jerker Holmberg consacrèrent ensuite une bonne demi-heure à rendre compte de leurs percées dans l'enquête.

Quand ils eurent terminé, un long silence s'installa autour de la table.

— Si l'information concernant Gunnar Björck est correcte, c'est la Säpo qui va avoir les oreilles qui chauffent, précisa finalement l'adjoint au directeur de la brigade criminelle.

Tout le monde opina du chef. Agneta Jervas leva la main.

— Si j'ai bien compris, vos soupçons reposent en grande partie sur des suppositions et des présomptions. En tant que procureur, je m'inquiète un peu pour l'absence de preuves réelles.

— On en a conscience, dit Jerker Holmberg. On pense savoir ce qui s'est passé en gros, mais il y a pas mal de points d'interrogation à résoudre.

— J'ai cru comprendre que vous vous occupez des fouilles à Nykvarn près de Södertälje, dit Spångberg. Combien d'homicides y a-t-il donc dans cette affaire ?

Jerker Holmberg cilla, fatigué.

— On a commencé avec trois meurtres à Stockholm – ce sont les meurtres pour lesquels Lisbeth Salander a été recherchée, ceux de maître Bjurman, du journaliste Dag Svensson et de la thésarde Mia Bergman. A l'entrepôt de Nykvarn, on a trouvé trois tombes jusque-là. On a identifié un receleur et petit malfrat notoire découpé en morceaux dans une des tombes. On a trouvé une femme non identifiée dans la deuxième. Et on n'a pas encore eu le temps de dégager entièrement la troisième tombe. Elle semble être plus ancienne. De plus, Mikael Blomkvist a établi le lien avec le meurtre d'une prostituée à Södertälje il y a quelques mois.

— Si bien qu'avec l'agent Gunnar Andersson à Gosseberga, il s'agit au moins de huit homicides... le nombre fait froid dans le dos. Est-ce que nous soupçonnons ce Niedermann pour l'ensemble des meurtres ? Ça voudrait dire que c'est un fou furieux et un tueur en série.

Sonja Modig et Jerker Holmberg échangèrent un regard. Maintenant il fallait déterminer jusqu'où ils étaient prêts à aller dans leurs affirmations. Sonja Modig finit par prendre la parole.

— Même si les preuves réelles nous font défaut, mon chef, l'inspecteur Jan Bublanski donc, et moi-même, nous sommes prêts à croire Mikael Blomkvist quand il affirme que les trois premiers meurtres sont l'œuvre de Niedermann. Cela signifierait l'innocence de Salander. Pour ce qui concerne les tombes à Nykvarn, Niedermann est lié à l'endroit par l'enlèvement de l'amie de Salander, Miriam Wu. De toute évidence elle était la quatrième sur la liste et une tombe l'attendait, elle aussi. Mais l'entrepôt en question est la propriété d'un parent du président du MC Svavelsjö et tant que nous n'aurons pas identifié les restes, il nous faudra attendre pour tirer des conclusions.

— Et ce malfrat que vous avez identifié…

— Kenneth Gustafsson, quarante-quatre ans, receleur notoire et délinquant dès l'adolescence. Spontanément, je dirais qu'il s'agit d'un règlement de comptes interne. Le MC Svavelsjö est associé à diverses formes de criminalité, y compris la distribution de métamphétamine. L'endroit peut donc être considéré comme un cimetière sauvage pour des gens qui se seraient brouillés avec le MC Svavelsjö. Mais…

— Oui ?

— Cette prostituée qui a été tuée à Södertälje… elle s'appelle Irina Petrova, vingt-deux ans.

— Oui.

— L'autopsie montre qu'elle a été victime de coups particulièrement sauvages. Même type de blessures que celles qu'on trouverait chez quelqu'un de tué à coups de batte de baseball ou ce genre d'outil. Les traumatismes étaient difficiles à interpréter et le médecin légiste n'a pas été en mesure d'indiquer quel outil en particulier avait été utilisé. Blomkvist nous l'a bien fait remarquer : les blessures d'Irina Petrova auraient parfaitement pu être causées par des mains nues…

— Niedermann ?

— C'est une supposition plausible. Les preuves manquent encore.

— Qu'est-ce qu'on fait maintenant ? demanda Spångberg.

— Il faut que je voie avec Bublanski, mais la prochaine étape logique serait d'interroger Zalachenko. De notre côté, on est intéressé par ce qu'il a à dire sur les homicides de Stockholm et, de votre côté, l'enjeu est de coincer Niedermann.

Un des inspecteurs de Göteborg leva l'index.

— J'ai une question… qu'avons-nous trouvé dans cette ferme à Gosseberga ?

— Très peu de choses. Quatre armes de poing. Un Sig Sauer qui était démonté et en cours de graissage sur la table de la cuisine. Un Wanad P-83 polonais par terre à côté de la banquette. Un Colt 1911 Government – c'est le pistolet que

Blomkvist essayait de remettre à Paulsson. Et pour finir un Browning calibre 22, qui a plutôt l'air d'un joujou au milieu des autres. On soupçonne que c'est cette arme-là qui a été utilisée contre Salander, puisqu'elle est encore en vie avec une balle dans le cerveau.

— Autre chose ?

— On a saisi un sac contenant un peu plus de 200 000 couronnes. Le sac se trouvait dans une chambre à l'étage qu'utilisait Niedermann.

— Comment vous savez que c'est sa chambre ?

— Ben, il s'habille en XXL. Zalachenko prend à la rigueur du M.

— Y a-t-il quoi que ce soit qui relie Zalachenko à une activité criminelle ? demanda Jerker Holmberg.

Ackerman secoua la tête.

— Tout dépend de notre manière d'interpréter les saisies d'armes. Mais à part les armes et le fait que Zalachenko dispose d'une surveillance électronique très pointue de son domicile, nous n'avons rien trouvé qui distingue la ferme de Gosseberga de n'importe quelle maison paysanne. Il y a très peu de meubles.

Peu avant midi, un policier en uniforme frappa à la porte et tendit un papier à l'adjointe au préfet de police, Monica Spångberg. Elle leva un doigt.

— Nous avons reçu un appel concernant une disparition à Alingsås. Une assistante dentaire de vingt-sept ans, Anita Kaspersson, a quitté son domicile à 7 h 30. Elle a déposé son enfant à la crèche et aurait dû arriver ensuite à son travail avant 8 heures. Elle n'est pas arrivée. Elle travaille chez un dentiste dont le cabinet est à environ cent cinquante mètres de l'endroit où on a trouvé la voiture de police volée.

Ackerman et Sonja Modig regardèrent leurs montres, tous les deux en même temps.

— Alors il a quatre heures d'avance. Qu'est-ce qu'elle a comme voiture ?

— Une vieille Renault bleu sombre. Voici le numéro d'immatriculation.

— Lancez immédiatement un avis de recherche du véhicule. A cette heure-ci, il peut se trouver n'importe où entre Oslo, Malmö et Stockholm.

Quelques échanges de paroles plus tard, ils terminèrent la conférence en décidant que Sonja Modig et Marcus Ackerman allaient interroger Zalachenko ensemble.

HENRY CORTEZ FRONÇA LES SOURCILS et suivit Erika Berger du regard quand elle sortit de son bureau pour s'engouffrer dans la kitchenette. Elle en ressortit quelques secondes après avec un mug de café et retourna dans son bureau. Elle ferma la porte derrière elle.

Henry Cortez n'arrivait pas vraiment à mettre le doigt sur ce qui clochait. *Millénium* était un petit lieu de travail où les différents employés devenaient très proches. Il travaillait à mi-temps à ce journal depuis quatre ans et il avait vécu quelques tempêtes phénoménales, surtout la période où Mikael Blomkvist purgeait trois mois de prison pour diffamation, et où le journal avait failli sombrer. Il avait aussi vécu les meurtres de leur collaborateur Dag Svensson et de sa compagne Mia Bergman.

Durant toutes les tempêtes, Erika Berger avait été un pilier que rien ne semblait pouvoir ébranler. Il n'était pas surpris qu'elle les ait appelés si tôt le matin pour les mettre au boulot, lui et Lottie Karim. L'affaire Salander avait implosé et Mikael Blomkvist était mêlé au meurtre d'un policier à Göteborg. Jusque-là, tout était clair. Lottie Karim avait fait du sit-in à l'hôtel de police pour essayer d'obtenir des renseignements sensés. Henry avait passé la matinée au téléphone pour tenter de reconstituer les événements de la nuit. Blomkvist ne répondait pas à son portable mais, grâce à plusieurs sources, Henry avait une image relativement bonne de ce qui s'était déroulé pendant la nuit.

Erika Berger, par contre, avait été mentalement absente tout au long de la matinée. C'était extrêmement rare qu'elle ferme la porte de son bureau. Cela arrivait presque uniquement lorsqu'elle avait de la visite ou qu'elle travaillait intensément sur un problème. Ce matin, elle n'avait pas eu de visites et elle ne travaillait pas. Henry avait frappé à sa porte deux-trois fois pour lui apporter des nouvelles, et il l'avait trouvée dans le fauteuil devant la fenêtre, plongée dans ses pensées et fixant le flot de gens en bas dans Götgatan d'un regard absent.

Quelque chose n'allait pas.

La sonnette de la porte interrompit ses réflexions. Il alla ouvrir et se trouva devant Annika Giannini. Henry Cortez avait rencontré la sœur de Mikael Blomkvist à plusieurs reprises, mais il ne la connaissait pas particulièrement bien.

— Bonjour Annika, dit-il. Mikael n'est pas là aujourd'hui.

— Je sais. C'est Erika que je viens voir.

Dans son fauteuil devant la fenêtre, Erika Berger leva les yeux et se ressaisit rapidement lorsque Henry fit entrer Annika. Les deux femmes se retrouvèrent seules.

— Bonjour, dit Erika. Mikael n'est pas là aujourd'hui.

Annika sourit. Mais elle avait très vite perçu le malaise.

— Oui, je sais. Je suis ici pour le rapport de Björck à la Säpo. Micke m'a demandé d'y jeter un coup d'œil, dans l'idée de pouvoir éventuellement représenter Salander.

Erika hocha la tête. Elle se leva et prit un dossier sur le bureau.

Annika le prit, hésita un instant, sur le point de quitter la pièce. Puis elle changea d'avis et s'assit en face d'Erika.

— Bon, à part ça, qu'est-ce qui ne va pas ?

— J'arrête de travailler à *Millénium*. Et je n'ai pas pu le dire à Mikael. Il a été tellement empêtré dans cette histoire de Salander que je n'ai jamais trouvé le moment de le faire et je ne peux pas le dire aux autres avant lui. Et voilà pourquoi je me sens comme une merde.

Annika Giannini se mordit la lèvre inférieure.

— Alors à la place, c'est à moi que tu le dis. Qu'est-ce que tu as en projet ?

— Je vais devenir rédactrice en chef de *Svenska Morgon-Posten*.

— Rien que ça ! Dans ce cas, les félicitations seraient plus appropriées que les pleurs et les lamentations.

— Mais ce n'était pas comme ça que j'avais imaginé mon départ de *Millénium*. Au milieu d'un tourbillon pas possible. Ça m'est tombé dessus comme un coup de foudre et je n'ai pas pu dire non. Je veux dire, c'est une opportunité qui ne reviendra jamais. Mais j'ai eu cette offre juste avant que Dag et Mia soient tués, et ça a été un tel bazar ici que je n'ai rien dit. Et maintenant j'ai mauvaise conscience, tu ne peux pas savoir.

— Si, je comprends. Et tu as peur de le raconter à Micke.

— Je ne l'ai dit à personne. Je croyais que je n'allais prendre mon poste à SMP qu'une fois l'été passé, et que j'avais tout mon temps pour l'annoncer. Mais maintenant ils veulent que je commence dès que possible.

Elle se tut et regarda Annika, elle était au bord des larmes.

— Très concrètement, cela veut dire que j'en suis à ma dernière semaine à *Millénium*. La semaine prochaine, je suis en voyage et ensuite... il me faudra une semaine de vacances pour recharger les batteries. Mais je commence à SMP le 1er Mai.

— Et qu'est-ce qui serait arrivé si tu t'étais fait écraser par une voiture ? En moins d'une minute ils se seraient retrouvés sans rédacteur en chef.

Erika leva les yeux.

— Mais je n'ai pas été écrasée par une voiture. J'ai sciemment caché la chose pendant des semaines.

— Je comprends qu'il s'agit d'une situation difficile mais j'ai le sentiment que Micke et Christer et les autres sauront faire face. Cela dit, je trouve que tu devrais le leur annoncer tout de suite.

— Oui, mais ton fichu frère est à Göteborg aujourd'hui. Il dort et ne répond pas au téléphone.

— Je sais. Peu de gens sont aussi doués que Mikael pour ne pas répondre au téléphone. Mais ça ne concerne pas que toi et Micke. Je sais que vous travaillez ensemble depuis vingt ans et que vous avez fricoté et tout ça, mais tu dois penser à Christer et aux autres de la rédaction.

— Mais Mikael va...

— Mikael va sauter au plafond. Bien sûr. Mais s'il ne sait pas digérer que toi, au bout de vingt ans, tu aies envie de mener ta propre barque, alors il ne vaut pas tout ce temps que tu lui as consacré.

Erika soupira.

— Allez, du courage. Demande à Christer et aux autres de venir. Maintenant.

CHRISTER MALM RESTA ÉBRANLÉ quelques secondes après qu'Erika eut rassemblé les collaborateurs dans la petite salle de réunion de *Millénium*. Elle les avait appelés sur leurs postes l'un après l'autre, au moment où il se préparait à partir tôt, vu qu'on était vendredi. Il échangea des regards avec Henry Cortez et Lottie Karim tout aussi surpris que lui. La secrétaire de rédaction, Malou Eriksson, ne comprenait pas trop, elle non plus, tout comme la journaliste Monika Nilsson et le responsable pub Sonny Magnusson. Le seul qui manquait au tableau était Mikael Blomkvist, en déplacement à Göteborg.

Mon Dieu. Mikael n'est pas au courant, pensa Christer Malm. *Je me demande comment il va réagir.*

Puis il réalisa qu'Erika Berger avait fini de parler et qu'un ange passait dans la salle. Il secoua la tête, se leva, serra Erika dans ses bras et lui planta une bise sur la joue.

— Félicitations, Ricky, dit-il. Rédactrice en chef de *SMP*. Pas mal comme grimpette à partir de notre petit navire.

Henry Cortez se réveilla et entama une ovation spontanée. Erika leva les mains.

— Stop, dit-elle. Je ne mérite pas d'applaudissements aujourd'hui.

Elle fit une courte pause et observa ses collaborateurs de cette petite rédaction.

— Ecoutez… je suis terriblement désolée de la tournure que ça a prise. J'avais l'intention de vous le dire il y a plusieurs semaines, mais ça a été noyé dans le cataclysme après les meurtres. Mikael et Malou ont travaillé comme des fous et l'occasion ne s'est simplement pas présentée. Voilà pourquoi on se retrouve ainsi.

Malou Eriksson comprit avec une terrible lucidité à quel point la rédaction était en manque d'effectifs et à quel point le départ d'Erika allait laisser un vide. Quoi qu'il arrive et quel que soit le chaos environnant, elle avait toujours été le roc sur lequel Malou avait pu s'appuyer, toujours inébranlable dans la tempête. Eh oui… rien d'étonnant à ce que l'honorable journal du matin l'ait recrutée. Mais comment allait-on s'en sortir maintenant ? Erika avait toujours été une personne-clé à *Millénium*.

— Il y a quelques petits points qu'on doit mettre au clair. Je comprends parfaitement que mon départ soit susceptible d'entraîner un climat de désarroi à la rédaction. Ce n'était vraiment pas mon intention, mais bon, c'est comme ça. Premièrement : je n'abandonnerai pas totalement *Millénium*. Je resterai en tant qu'associée et je participerai aux réunions du CA. En revanche, je n'aurai naturellement aucune influence sur le travail rédactionnel – ce serait source de conflits d'intérêts.

Christer Malm hocha pensivement la tête.

— Deuxièmement : formellement, je m'arrête le 30 avril. Mais en réalité, mon dernier jour de travail c'est aujourd'hui. Je pars en voyage la semaine prochaine, vous le savez, la chose est décidée depuis un bon moment. Et je ne vais pas revenir prendre les commandes juste pour assurer quelques jours de jonction.

Elle se tut un bref moment.

— Le prochain numéro est prêt dans ma bécane. Il ne reste que des broutilles à régler. Ce sera mon dernier numéro. Ensuite, il faut que quelqu'un d'autre reprenne les rênes. Je fais le ménage sur mon bureau ce soir.

Le silence était compact.

— Le mieux serait que le conseil d'administration décide d'engager un rédacteur en chef. Mais c'est une chose qui doit être discutée parmi vous à la rédaction aussi.

— Mikael, dit Christer Malm.

— Non. Surtout pas Mikael. Il est indéniablement le pire rédacteur en chef que vous puissiez choisir. Il est parfait comme gérant responsable de la publication et il est génial pour mettre à plat et rafistoler des textes impossibles qu'il faut publier. Mais il retient le mouvement, aussi. Le rédacteur en chef doit être une personne qui mise sur l'offensif. De plus, Mikael a tendance à s'enterrer dans ses propres histoires et à rester absent parfois des semaines entières. Il est parfait en période de chauffe, mais il est absolument nul pour le travail routinier. Vous le savez tous.

Christer Malm hocha la tête.

— Si *Millénium* a si bien fonctionné, c'est parce que toi et Mikael vous vous complétez.

— Mais pas seulement. Rappelez-vous quand Mikael est resté à bouder dans ce bled de Hedestad pendant près d'un an. Alors *Millénium* fonctionnait sans lui, tout comme le journal doit fonctionner sans moi à présent.

— OK. C'est quoi, ton plan ?

— Moi, je te choisirais comme rédacteur en chef, Christer...

— Jamais de la vie. Christer Malm freina des deux mains.

— … mais comme je savais que tu allais dire non, j'ai une autre solution. Malou. Tu deviens rédactrice en chef temporaire à partir d'aujourd'hui.

— Moi ?! dit Malou.

— Oui, toi. Exactement. Tu as fait un putain de bon boulot comme secrétaire de rédaction.

— Mais je…

— Fais un essai. Je nettoie mon bureau ce soir. Tu peux emménager dès lundi matin. Le numéro de mai est quasiment prêt – voilà une corvée de réglée. En juin, c'est un numéro double et ensuite on a un mois de vacances. Si ça ne marche pas, le bureau devra trouver quelqu'un d'autre en août. Henry, tu passeras à temps plein et tu remplaceras Malou comme SR. Ensuite il vous faut recruter un nouveau collaborateur. Mais ce sera à vous de choisir, à vous et au CA.

Elle se tut un instant et contempla pensivement l'assemblée.

— Encore une chose. Je vais travailler pour un autre journal. SMP et *Millénium* ne se font pas concurrence à proprement parler mais cela signifie que je ne veux pas savoir plus que ce que je sais déjà sur le contenu du prochain numéro. Vous vous adresserez à Malou pour ça à partir de maintenant.

— Qu'est-ce qu'on fait pour l'affaire Salander ? demanda Henry Cortez.

— Tu verras ça avec Mikael. J'ai des infos sur Salander, mais je mettrai l'histoire sous scellés. Elle ne sera pas transmise à SMP.

Erika ressentit tout à coup un immense soulagement.

— Voilà, c'est tout, dit-elle en mettant ainsi fin à la réunion, puis elle se leva et retourna dans son bureau sans autres commentaires.

La rédaction de *Millénium* resta abasourdie. Une heure plus tard, Malou Eriksson vint frapper à la porte du bureau d'Erika.

— Coucou.

— Oui ? fit Erika.

— Le personnel a quelque chose à dire.

— Quoi ?

— Il faut que tu viennes.

Erika se leva et vint la rejoindre. Le café était servi, avec un gros gâteau sur la table.

— J'ai pensé qu'on allait attendre quelque temps pour la véritable fête d'adieu, dit Christer Malm. Pour l'instant, un gâteau avec du café fera l'affaire.

Pour la première fois ce jour-là, Erika Berger sourit.

3

VENDREDI 8 AVRIL – SAMEDI 9 AVRIL

ALEXANDER ZALACHENKO ÉTAIT RÉVEILLÉ depuis huit heures quand Sonja Modig et Marcus Ackerman vinrent le voir vers 19 heures. Il avait subi une opération relativement importante, impliquant que l'os malaire avait été ajusté et fixé avec des vis de titane. Sa tête était tellement empaquetée que seul son œil gauche était visible. Un médecin leur avait expliqué que le coup de hache avait brisé l'os malaire et endommagé le frontal, fendu une grande partie de la chair du côté droit du visage et déplacé l'orbite. Ses blessures étaient très douloureuses. Zalachenko avait reçu de fortes doses d'antalgiques mais était malgré tout à peu près cohérent et il pouvait parler. La police ne devait cependant pas le fatiguer.

— Bonsoir, monsieur Zalachenko, salua Sonja Modig. Elle se présenta, puis présenta son collègue Ackerman.

— Je m'appelle Karl Axel Bodin, dit Zalachenko péniblement entre des dents serrées. Sa voix était calme.

— Je sais très bien qui vous êtes. J'ai lu votre palmarès à la Säpo.

Ce qui n'était pas tout à fait vrai, puisque la Säpo n'avait pas encore livré le moindre papier concernant Zalachenko.

— C'était il y a très longtemps, dit Zalachenko. Aujourd'hui, je suis Karl Axel Bodin.

— Comment ça va ? poursuivit Modig. Etes-vous en état de mener une conversation ?

— Je voudrais porter plainte contre ma fille. Elle a essayé de me tuer.

— Nous le savons. Cela fera l'objet d'une enquête en son temps, dit Ackerman. En ce moment, nous avons des choses plus urgentes à discuter.

— Qu'y a-t-il de plus urgent qu'une tentative de meurtre ?

— Nous voudrions vous interroger au sujet de trois homicides à Stockholm, d'au moins trois homicides à Nykvarn ainsi que d'un enlèvement.

— Je ne sais rien là-dessus. Qui a été tué ?

— Monsieur Bodin, nous avons de bonnes raisons de soupçonner que votre associé, Ronald Niedermann, trente-sept ans, est coupable de ces actes, dit Ackerman. De plus, la nuit dernière, Niedermann a tué un policier de Troll-hättan.

Sonja Modig fut un peu surprise qu'Ackerman se conforme aux volontés de Zalachenko et utilise le nom de Bodin. Zalachenko tourna un peu la tête de manière à voir Ackerman. Sa voix s'adoucit.

— J'en suis… désolé. Je ne sais rien sur les occupations de Niedermann. Pour ma part, je n'ai tué aucun policier. En revanche, on a essayé de me tuer cette nuit.

— Ronald Niedermann est actuellement recherché. Avez-vous une idée d'où il pourrait se cacher ?

— Je ne sais pas dans quels cercles il a ses habitudes. Je… Zalachenko hésita quelques secondes. Sa voix se fit confidentielle. Je dois reconnaître… entre nous… que parfois je me suis fait du souci pour Niedermann.

Ackerman se pencha un peu vers lui.

— Comment cela ?

— J'ai découvert qu'il pouvait être violent. Oui, j'ai peur de lui.

— Vous voulez dire que vous vous sentiez menacé par Niedermann ? demanda Ackerman.

— Exactement. Je suis un homme âgé. Je ne peux pas me défendre.

— Pouvez-vous expliquer votre relation avec Niedermann ?

— Je suis handicapé. Zalachenko montra son pied. C'est la deuxième fois que ma fille essaie de me tuer. J'ai engagé Niedermann comme aide il y a de nombreuses années. Je croyais qu'il pourrait me protéger… mais en réalité, il a pris possession de ma vie. Il va et vient à sa guise, je n'ai aucune voix au chapitre.

— Et il vous aide à quoi ? coupa Sonja Modig. A faire les choses que vous n'arrivez pas à faire vous-même ?

Zalachenko jeta un long regard sur Sonja Modig avec son seul œil visible.

— J'ai cru comprendre qu'elle a jeté une bombe incendiaire dans votre voiture il y a plus de dix ans, dit Sonja Modig. Pourriez-vous m'expliquer ce qui l'a incitée à commettre un acte pareil ?

— Vous feriez mieux de poser la question à ma fille. C'est une malade mentale.

Sa voix était de nouveau hostile.

— Vous voulez dire que vous ne voyez aucune raison pour laquelle Lisbeth Salander vous aurait attaqué en 1991 ?

— Ma fille est une malade mentale. Il y a des documents qui l'attestent.

Sonja Modig inclina la tête. Elle nota que Zalachenko répondait de façon beaucoup plus agressive et négative lorsque c'était elle qui posait les questions. Elle comprit qu'Ackerman lui aussi l'avait remarqué. *OK... le bon flic, le mauvais flic.* Sonja Modig haussa la voix.

— Vous ne pensez pas que son geste ait pu avoir un rapport quelconque avec le fait que vous aviez maltraité sa mère au point qu'elle s'est retrouvée avec des lésions cérébrales irréversibles ?

Zalachenko regarda calmement Sonja Modig.

— Des conneries, tout ça. Sa mère était une pute. C'est probablement des clients à elle qui l'ont tabassée. Moi, je passais juste par là.

Sonja Modig leva les sourcils.

— Vous êtes donc totalement innocent ?

— Naturellement.

— Zalachenko... voyons voir si je vous ai bien compris. Vous niez donc avoir maltraité votre amie de l'époque, Agneta Sofia Salander, la mère de Lisbeth Salander, bien que cela ait fait l'objet d'un long rapport secret de la part de votre mentor à la Säpo, Gunnar Björck.

— Je n'ai jamais été condamné pour quoi que ce soit. Je n'ai même pas été mis en examen. Je ne suis pas responsable des délires d'un charlot à la police secrète. Si j'avais été soupçonné, j'aurais au moins eu droit à un interrogatoire.

Sonja Modig était abasourdie. Zalachenko avait l'air de sourire derrière son bandage.

— Je voudrais donc faire une déposition concernant ma fille. Elle a essayé de me tuer.

Sonja Modig soupira.

— Je commence à comprendre pourquoi Lisbeth Salander a ressenti le besoin de vous planter une hache dans la tête.

Ackerman s'éclaircit la gorge.

— Pardon, monsieur Bodin… on pourrait peut-être revenir vers ce que vous savez des activités de Ronald Niedermann.

SONJA MODIG APPELA L'INSPECTEUR Jan Bublanski du couloir de l'hôpital, devant la chambre de Zalachenko.

— Rien, dit-elle.

— Rien ? répéta Bublanski.

— Il a déposé une plainte contre Lisbeth Salander pour coups et blessures aggravés et tentative d'assassinat. Il prétend qu'il n'a rien à voir avec les meurtres à Stockholm.

— Et comment explique-t-il que Lisbeth Salander ait été enterrée sur son terrain à Gosseberga ?

— Il dit qu'il avait un rhume et qu'il a dormi presque toute la journée. Si on a tiré sur Salander à Gosseberga, ça doit être une initiative de Ronald Niedermann.

— OK. De quoi on dispose ?

— Elle a été touchée par un Browning calibre 22. C'est pour ça qu'elle est en vie. Nous avons retrouvé l'arme. Zalachenko reconnaît que c'est la sienne.

— Aha. Il sait donc que nous allons y trouver ses empreintes digitales.

— Exactement. Mais il dit que la dernière fois qu'il l'a vue, elle était rangée dans un tiroir de son bureau.

— Donc, l'excellent Ronald Niedermann a dû prendre l'arme pendant que Zalachenko dormait et il a tiré sur Salander. Pouvons-nous prouver le contraire ?

Sonja Modig réfléchit quelques secondes avant de répondre.

— Il est probablement au courant de la législation suédoise et des méthodes de la police. Il ne reconnaît que dalle et il a Niedermann comme bouc émissaire. Je ne sais pas trop ce que nous pouvons prouver. J'ai demandé à Ackerman d'envoyer ses vêtements au labo pour vérifier s'il y a des traces de poudre, mais il va probablement soutenir qu'il s'est entraîné à tirer avec cette arme-là justement deux jours auparavant.

LISBETH SALANDER SENTIT UNE ODEUR d'amandes et d'éthanol. Comme si elle avait de l'alcool dans la bouche, et elle essaya d'avaler mais sa langue paraissait engourdie et paralysée. Elle essaya d'ouvrir les yeux, mais sans y arriver. Elle entendit une voix lointaine qui semblait lui parler, mais elle était incapable de saisir les mots. Puis la voix devint claire et nette.

— Je crois qu'elle est en train de se réveiller.

Elle sentit quelqu'un toucher son front et elle voulut éloigner la main importune. Au même moment, une douleur fulgurante lui transperça l'épaule gauche. Elle se détendit.

— Tu m'entends ?

Casse-toi.

— Est-ce que tu peux ouvrir les yeux ?

C'est quoi, ce connard qui me harcèle ?

Finalement, elle ouvrit les yeux. Tout d'abord elle ne vit que d'étranges points lumineux, puis une silhouette se dessina au milieu de son champ de vision. Elle essaya de mettre au point son regard, mais la silhouette se dérobait sans cesse. Elle avait l'impression d'avoir une gueule de bois monumentale et que le lit n'arrêtait pas de basculer en arrière.

— Grmlml, dit-elle.

— Qu'est-ce que tu as dit ?

— Onnard, dit-elle.

— Ça me va. Peux-tu ouvrir les yeux encore une fois ?

Elle afficha deux minces fentes. Elle vit un visage inconnu et mémorisa chaque détail. Un homme blond avec des yeux bleus intenses et un visage anguleux et de traviole à quelques dizaines de centimètres du sien.

— Salut. Je m'appelle Anders Jonasson. Je suis médecin. Tu te trouves dans un hôpital. Tu as été gravement blessée et tu es en train de te réveiller après une opération. Tu sais comment tu t'appelles ?

— Pschalandr, dit Lisbeth Salander.

— D'accord. Je voudrais que tu me rendes un service. Compte jusqu'à dix.

— Un deux quatre… non… trois quatre cinq six…

Puis elle se rendormit.

Le Dr Anders Jonasson était cependant satisfait de la réaction qu'il avait rencontrée. Elle avait dit son nom et commencé à compter. Cela indiquait que son intellect était à peu près intact et qu'elle n'allait pas se réveiller comme un yucca. Il nota l'heure de son réveil, 21 h 06, un peu plus de seize heures après qu'il avait fini de l'opérer. Il avait dormi la plus grande partie de la journée et était retourné à Sahlgrenska vers 19 heures. En réalité, il était en congé, mais il avait plein de paperasse à rattraper.

Et il n'avait pas pu s'empêcher de passer aux soins intensifs pour voir la patiente dont il avait trifouillé le cerveau tôt dans la matinée.

— Laissez-la dormir encore, mais gardez un œil sur son électro-encéphalogramme. Il pourrait y avoir apparition d'œdèmes ou d'hémorragies dans le cerveau. J'ai eu l'impression qu'elle avait très mal à l'épaule quand elle essayait de bouger son bras. Si elle se réveille, vous pouvez lui donner deux milligrammes de morphine par heure.

Il se sentit bizarrement optimiste en sortant par l'entrée principale de Sahlgrenska.

PEU AVANT 2 HEURES, Lisbeth Salander se réveilla de nouveau. Elle ouvrit lentement les yeux et vit un cône de lumière au plafond. Après plusieurs minutes, elle tourna la tête et se rendit compte qu'elle portait une minerve. Elle avait mal à la tête et ressentit une vive douleur à l'épaule quand elle essaya de déplacer le poids de son corps. Elle ferma les yeux.

Hôpital. Qu'est-ce que je fous ici ?

Elle se sentait totalement épuisée.

Tout d'abord, elle eut du mal à centrer ses pensées. Puis des souvenirs épars revinrent.

L'espace de quelques secondes, elle fut prise de panique lorsque des fragments de souvenirs affluèrent, elle se voyait en train de creuser pour sortir d'une tombe. Puis elle serra fort les dents et se concentra sur sa respiration.

Elle constata qu'elle était en vie. Elle ne savait pas vraiment si c'était une bonne chose, ou une mauvaise.

Lisbeth Salander ne se souvenait pas très bien de ce qui s'était passé, mais elle avait en tête une mosaïque floue d'images de la remise à bois. Elle se voyait soulever une hache avec rage et frapper son père au visage. Zalachenko. Elle ne savait pas s'il était mort ou vivant.

Elle n'arrivait pas à se souvenir de ce qui s'était passé avec Niedermann. Elle avait un vague sentiment d'avoir été étonnée de le voir détaler à toutes jambes et elle ne comprenait pas pourquoi.

Soudain, elle se rappela avoir vu Foutu Super Blomkvist. Elle avait peut-être rêvé, mais elle se souvenait d'une cuisine – probablement la cuisine de Gosseberga – et elle avait l'impression qu'il s'était avancé vers elle. *J'ai dû halluciner.*

Les événements de Gosseberga semblaient déjà très lointains ou à la rigueur comme un rêve insensé. Elle se concentra sur le présent.

Elle était blessée. Personne n'avait besoin de l'en informer. Elle leva la main droite et tâta sa tête, qui était entièrement couverte de bandages. Puis tout à coup elle se souvint. Niedermann. Zalachenko. Le vieux con avait eu un pistolet, lui aussi. Un Browning, calibre 22. Qui en comparaison de presque n'importe quelle autre arme de poing était à considérer comme relativement inoffensif. Voilà pourquoi elle était encore en vie.

J'ai été touchée à la tête. Je pouvais mettre le doigt dans le trou d'entrée de la balle et toucher mon cerveau.

Elle était étonnée d'être en vie. Elle nota qu'elle se sentait étrangement peu concernée, qu'en fait elle s'en foutait. Si la mort était le vide noir d'où elle venait juste d'émerger, alors la mort n'avait rien d'inquiétant. Elle ne remarquerait jamais de différence.

Sur cette réflexion ésotérique, elle ferma les yeux et se rendormit.

ELLE N'AVAIT SOMNOLÉ QUE QUELQUES MINUTES quand elle entendit un mouvement et entrouvrit les paupières en une mince fente. Elle vit une infirmière en tenue blanche se pencher sur elle. Elle ferma les yeux et fit semblant de dormir.

— Je crois bien que tu es réveillée, dit l'infirmière.

— Mmm, dit Lisbeth Salander.

— Salut, je m'appelle Marianne. Tu comprends ce que je dis ?

Lisbeth essaya de hocher la tête mais réalisa que sa nuque était bloquée par la minerve.

— Non, n'essaie pas de bouger. Tu n'as rien à craindre. Tu as été blessée et on t'a opérée.

— Je voudrais de l'eau.

Marianne lui donna de l'eau à boire avec une paille. En buvant, elle enregistra qu'une autre personne surgissait à sa gauche.

— Salut Lisbeth. Est-ce que tu m'entends ?

— Mmm, répondit Lisbeth.

— Je suis le Dr Helena Endrin. Tu sais où tu te trouves ?

— Hôpital.

— Tu te trouves à l'hôpital Sahlgrenska à Göteborg. Tu viens d'être opérée et tu es maintenant dans le service des soins intensifs.

— Mm.

— N'aie pas peur.

— J'ai été touchée à la tête.

Le Dr Endrin hésita une seconde.

— C'est exact. Tu te rappelles ce qui s'est passé ?

— Le vieux con avait un pistolet.

— Euh… oui, c'est ça.

— Calibre 22.

— Ah bon. Ça, je ne savais pas.

— Je suis très amochée ?

— Ton pronostic est bon. Tu as été très mal en point mais on pense que tu as de grandes chances d'être entièrement rétablie.

Lisbeth médita l'information. Puis elle fixa son regard sur le Dr Endrin. Elle nota qu'elle voyait flou.

— Qu'est-ce qu'il s'est passé pour Zalachenko ?

— Qui ?

— Le vieux con. Il vit ?

— Tu veux dire Karl Axel Bodin.

— Non. Je veux dire Alexander Zalachenko. C'est son véritable nom.

— Je ne suis pas au courant. Mais l'homme âgé qui a été admis en même temps que toi est en assez mauvais état mais hors de danger.

Le cœur de Lisbeth ralentit un peu. Elle réfléchit aux paroles du médecin.

— Où il est ?

— Il se trouve dans la chambre voisine. Mais ne t'occupe pas de lui maintenant. Tout ce que tu dois faire, c'est te concentrer sur ton rétablissement à toi.

Lisbeth ferma les yeux. Elle se demanda un instant si elle aurait la force de sortir du lit, de trouver quelque chose qui pourrait servir d'arme et de terminer ce qu'elle avait commencé. Puis elle écarta ces idées. Elle avait à peine la force de garder les paupières ouvertes. Autrement dit, elle avait échoué dans sa résolution de tuer Zalachenko. *Il va m'échapper de nouveau.*

— Je voudrais t'examiner un petit peu. Ensuite tu pourras te rendormir, dit le Dr Endrin.

MIKAEL BLOMKVIST SE RÉVEILLA subitement et sans raison apparente. Pendant quelques secondes, il ne sut pas où il se trouvait, puis il se rappela qu'il avait pris une chambre au City Hotel. Il faisait nuit noire dans la chambre. Il alluma la lampe de chevet et regarda l'heure. 2 h 30. Il avait dormi quinze heures sans interruption.

Il se leva, alla aux toilettes uriner. Puis il réfléchit un instant. Il savait qu'il ne pourrait pas se rendormir et il se mit sous la douche. Puis il enfila un jean et un sweat-shirt bordeaux qui avaient grand besoin de passer dans un lave-linge. Il avait une faim de loup et il appela la réception pour savoir s'il était possible de trouver du café et des sandwiches à cette heure matinale. C'était possible.

Il mit ses mocassins et sa veste et descendit à la réception acheter un café et un sandwich sous plastique, et remonta ensuite dans sa chambre. Pendant qu'il mangeait le pâté de foie-salade, il démarra son iBook et se connecta au câble. Il ouvrit l'édition Web d'*Aftonbladet*. L'arrestation de Lisbeth Salander était, comme prévu, leur info principale. L'article de une était confus au possible, mais prenait désormais la bonne direction. Ronald Niedermann, trente-sept ans, était traqué pour le meurtre du policier et la police désirait aussi l'entendre pour les homicides à Stockholm. La police ne s'était pas encore prononcée sur la situation de

Lisbeth Salander, et Zalachenko n'était pas nommé. On le mentionnait comme un propriétaire terrien de soixante-six ans domicilié à Gosseberga et apparemment les médias le considéraient encore comme une possible victime.

Quand Mikael eut fini de lire, il ouvrit son téléphone portable et constata qu'il avait vingt messages. Trois lui demandaient de rappeler Erika Berger. Deux émanaient d'Annika Giannini. Quatorze étaient des messages laissés par des journalistes de différents journaux. Un était de Christer Malm qui lui envoyait un SMS vigoureux : *Il vaudrait mieux que tu rentres avec le premier train.*

Mikael fronça les sourcils. C'était étrange comme message, venant de Christer Malm. Le SMS avait été envoyé à 19 heures la veille. Il étouffa une impulsion de téléphoner et réveiller quelqu'un à 3 heures. Au lieu de cela, il vérifia les horaires de train sur le Net et vit que le premier train pour Stockholm partait à 5 h 20.

Il ouvrit un nouveau fichier sous Word. Puis il alluma une cigarette et resta immobile pendant trois minutes en fixant l'écran blanc. Il finit par lever les doigts et commença à écrire.

[Son nom est Lisbeth Salander et la Suède a appris à la connaître par l'intermédiaire des conférences de presse de la police et par les titres des journaux du soir. Elle a vingt-sept ans et elle mesure un mètre cinquante. On l'a décrite comme étant une psychopathe, une meurtrière et une lesbienne sataniste. Il n'y a guère eu de limites aux élucubrations qu'on a formulées sur son dos. Dans ce numéro, *Millénium* raconte l'histoire de Lisbeth Salander, victime des machinations de fonctionnaires de l'Etat pour protéger un assassin pathologique.]

Il écrivit lentement et corrigea peu son premier jet. Il travailla avec concentration pendant cinquante minutes et réalisa pendant ce laps de temps deux pages A4, essentiellement centrées sur une récapitulation de la nuit où il avait trouvé Dag Svensson et Mia Bergman, et une explication de pourquoi la police avait focalisé sur Lisbeth Salander comme meurtrier possible. Il citait les titres des journaux du soir évoquant des lesbiennes satanistes, et leurs espoirs que les meurtres soient teintés de sadomaso croustillant.

Finalement il jeta un regard sur sa montre et ferma rapidement son iBook. Il fit son sac et descendit à la réception.

Il paya avec sa carte de crédit et prit un taxi pour la gare centrale de Göteborg.

MIKAEL BLOMKVIST SE DIRIGEA immédiatement vers le wagon-restaurant et commanda un petit-déjeuner. Puis il ouvrit son iBook de nouveau et relut le texte qu'il avait eu le temps d'écrire aux toutes premières heures de la matinée. Il était à tel point plongé dans la formulation de l'histoire Zalachenko qu'il ne remarqua l'inspectrice Sonja Modig que quand elle s'éclaircit la gorge et demanda si elle pouvait se joindre à lui. Il leva les yeux et ferma son ordinateur.

— Tu rentres ? demanda Modig.

Il fit oui de la tête. Il avait noté le tutoiement employé, mais à cette heure, il n'allait pas en faire un plat.

— Toi aussi, j'imagine.

Elle fit oui de la tête.

— Mon collègue reste un jour de plus.

— Est-ce que tu sais quelque chose sur l'état de Lisbeth Salander ? J'ai dormi depuis qu'on a été séparés.

— Elle s'est réveillée hier soir seulement. Mais les médecins estiment qu'elle va s'en sortir et se rétablir. Elle a eu une chance incroyable.

Mikael hocha la tête. Il réalisa soudain qu'il ne s'était pas inquiété pour elle. Il était parti du principe qu'elle allait survivre. Toute autre possibilité était inimaginable.

— Est-ce qu'il y a eu autre chose ? demanda-t-il.

Sonja Modig le contempla en hésitant. Elle se demandait jusqu'où elle pourrait se confier au journaliste, qui en vérité en savait plus sur l'histoire qu'elle-même. D'un autre côté, c'était elle qui était venue s'asseoir à sa table, et une bonne centaine de journalistes avaient probablement déjà compris ce qui se passait dans l'hôtel de police.

— Je ne tiens pas à ce que tu me cites, dit-elle.

— Je pose la question par intérêt personnel.

Elle hocha la tête et expliqua que la police traquait Ronald Niedermann dans tout le pays en ratissant large, mais surtout dans la région de Malmö.

— Et Zalachenko ? Vous l'avez interrogé ?

— Oui, nous l'avons interrogé.

— Et ?

— Je ne peux pas raconter.

— A d'autres, Sonja. Je saurai exactement de quoi vous avez parlé dans l'heure qui suivra mon retour à la rédaction à Stockholm. Et je ne vais pas écrire un mot de ce que tu me raconteras.

Elle hésita un long moment avant de croiser son regard.

— Il a porté plainte contre Lisbeth Salander parce qu'elle aurait essayé de le tuer. Elle sera peut-être mise en examen pour coups et blessures aggravés assortis de tentative d'homicide.

— Et elle invoquera selon toute vraisemblance la légitime défense.

— J'espère bien, dit Sonja Modig.

Mikael lui jeta un regard brusque.

— Ce n'est pas une remarque qu'on attend d'un policier, dit-il sur un ton neutre.

— Bodin… Zalachenko nous glisse entre les mains et il a réponse à toutes les questions. Je suis entièrement convaincue que ce que tu nous as raconté hier est vrai, grosso modo. Cela signifie que Salander a été victime d'abus judiciaires constants depuis l'âge de douze ans.

Mikael hocha la tête.

— C'est cette histoire-là que je vais publier, dit-il.

— Et ça ne va pas plaire dans certains milieux.

Elle hésita encore un moment. Mikael attendit.

— J'ai parlé à Bublanski il y a une demi-heure. Il ne dit pas grand-chose, mais l'enquête préliminaire à l'encontre de Salander pour les meurtres de tes amis semble abandonnée. Ils focalisent sur Niedermann à présent.

— Ce qui veut dire…

Il laissa la question en suspens entre eux. Sonja Modig haussa les épaules.

— Qui sera chargé de l'enquête sur Salander ?

— Je ne sais pas. L'affaire de Gosseberga revient probablement à Göteborg en priorité. Mais je dirais que quelqu'un à Stockholm va recevoir pour mission de rassembler tout le matériel en vue d'une mise en examen.

— Je vois. Tu veux qu'on parie que l'enquête sera transférée à la Säpo ?

Elle secoua la tête.

Peu avant Alingsås, Mikael se pencha vers elle.

— Sonja... je crois que tu comprends ce qui nous pend au nez. Si l'histoire de Zalachenko devient publique, ça signifie un énorme scandale. Des activistes de la Säpo ont collaboré avec un psychiatre pour enfermer Salander chez les fous. La seule chose qu'ils peuvent faire, c'est soutenir mordicus que Lisbeth Salander est réellement malade mentale et que l'internement d'office en 1991 était justifié.

Sonja Modig acquiesça.

— Je vais tout faire pour mettre des bâtons dans les roues à ce genre de projets. Je veux dire, Lisbeth Salander est tout aussi sensée que toi et moi. Bizarre, certes, mais on ne peut pas mettre en question ses facultés intellectuelles.

Sonja Modig hocha la tête. Mikael fit une pause et laissa ses paroles faire leur chemin.

— J'aurais besoin de quelqu'un de confiance à l'intérieur, dit-il.

Elle croisa son regard.

— Je n'ai pas la compétence pour déterminer si Lisbeth Salander est psychiquement malade, répondit-elle.

— Non, mais tu as la compétence pour juger si elle est victime d'un abus judiciaire ou pas.

— Qu'est-ce que tu proposes ?

— Je ne te demande pas de cafter tes collègues, mais je voudrais que tu m'informes si tu te rends compte qu'on se prépare à exposer Salander à de nouveaux abus judiciaires.

Sonja Modig resta silencieuse.

— Je ne veux pas que tu révèles quoi que ce soit concernant des détails techniques de l'enquête. A toi d'en juger. Mais j'ai besoin de savoir où en est l'action judiciaire contre Lisbeth Salander.

— Ça m'a tout l'air d'un bon moyen de se faire virer.

— Tu es une source. Je ne te nommerai jamais et je ne te mettrai pas dans le pétrin.

Il sortit un carnet et nota une adresse mail.

— Ça, c'est une adresse anonyme sur hotmail. Si tu veux me raconter quelque chose, tu peux l'utiliser. De préférence, ne te sers pas de ton adresse habituelle que tout le monde connaît. Crée une adresse temporaire sur hotmail.

Elle prit le bout de papier et le fourra dans la poche intérieure de sa veste. Elle ne promit rien.

A 7 HEURES LE SAMEDI, l'inspecteur Marcus Ackerman fut réveillé par la sonnerie du téléphone. Il entendit des voix à la télé et sentit l'odeur de café dans la cuisine où sa femme s'affairait déjà. Il était rentré chez lui à Mölndal à 1 heure et il avait dormi cinq heures. Avant cela, il avait fonctionné à plein régime pendant presque exactement vingt-deux heures. Il était donc loin d'avoir eu son quota de sommeil quand il se tendit pour répondre.

— Salut, c'est Lundqvist, du bureau des investigations, garde de nuit. Tu es réveillé ?

— Non, répondit Ackerman. J'ai à peine eu le temps de m'endormir. Qu'est-ce qu'il se passe ?

— Du nouveau. On a retrouvé Anita Kaspersson.

— Où ?

— Tout près de Seglora au sud de Borås.

Ackerman visualisa une carte dans son esprit.

— Vers le sud, dit-il. Il choisit des routes secondaires. Il a dû prendre la nationale 180 par Borås, puis il a bifurqué vers le sud. Est-ce qu'on a averti Malmö ?

— Et Helsingborg, Landskrona et Trelleborg. Et Karlskrona. Je pense aux ferries de la Baltique.

Ackerman se dressa et se frotta la nuque.

— Il a presque vingt-quatre heures d'avance maintenant. Si ça se trouve, il a déjà quitté le pays. Comment a-t-on retrouvé Kaspersson ?

— Elle est venue frapper à la porte d'une villa à l'entrée de Seglora.

— Quoi ?

— Elle a frappé…

— J'ai entendu. Tu veux dire qu'elle est vivante ?

— Pardon. Je suis fatigué et sans doute un peu flou dans mes formulations. Anita Kaspersson a réussi à rejoindre Seglora à 3 h 10. Elle a réveillé et affolé une famille avec des petits enfants en cognant contre leur porte. Elle était pieds nus, en hypothermie avancée et elle avait les mains attachées dans le dos. Elle se trouve actuellement à l'hôpital de Borås où son mari l'a rejointe.

— Eh ben, ça alors. Je crois que personne ici n'imaginait qu'elle serait encore en vie.

— Parfois on a des surprises.

— Et des bonnes, qui plus est.

— Alors c'est le moment de te livrer les mauvaises nouvelles. L'adjointe au préfet de police, Mme Spångberg, est ici depuis 5 heures. Elle te prie de te réveiller dare-dare pour aller à Borås prendre la déposition de Kaspersson.

COMME ON ÉTAIT SAMEDI MATIN, Mikael supposa que la rédaction de *Millénium* serait vide. Il appela Christer Malm alors que le X2000 franchissait le pont d'Årsta et lui demanda ce qui se cachait derrière son SMS.

— Tu as pris ton petit-déjeuner ? demanda Christer Malm.

— Dans le train.

— OK. Viens chez moi, je te donnerai quelque chose de plus consistant.

— Il s'agit de quoi ?

— Je te raconterai quand tu seras ici.

Mikael prit le métro jusqu'à Medborgarplatsen et rejoignit ensuite Allhelgonagatan à pied. Le compagnon de Christer, Arnold Magnusson, ouvrit la porte. Mikael avait beau essayer, il n'arrivait jamais à se défaire du sentiment de regarder une pub quand il le voyait. Arnold Magnusson était passé par le théâtre Dramaten, et il était un des comédiens les plus demandés en Suède. C'était toujours aussi dérangeant de le rencontrer en vrai. En général, Mikael n'était pas impressionné par les stars, mais Arnold Magnusson avait un physique vraiment particulier et il était tellement associé à certains rôles au cinéma et à la télé, surtout le rôle de Gunnar Frisk, commissaire coléreux dans une série télévisée immensément populaire, que Mikael s'attendait toujours à ce qu'il se comporte comme Gunnar Frisk justement.

— Salut Micke, dit Arnold.

— Salut, dit Mikael.

— Dans la cuisine, dit Arnold en le faisant entrer.

Christer Malm servit des gaufres chaudes avec de la confiture de mûres jaunes et du café. Mikael en avait l'eau à la bouche avant même d'avoir eu le temps de s'asseoir et il se jeta sur son assiette. Christer Malm le questionna sur ce qui s'était passé à Gosseberga, et Mikael récapitula les détails. Il en était à sa troisième gaufre quand il demanda ce qui se tramait.

— On a eu un petit problème à *Millénium* pendant que tu étais à Göteborg, dit-il.

Mikael haussa les sourcils.

— Quoi donc ?

— Rien de grave. Mais Erika Berger est devenue rédactrice en chef à *Svenska Morgon-Posten*. Hier était son dernier jour de travail à *Millénium*.

Mikael resta figé, une gaufre à la main à vingt centimètres de sa bouche. Il lui fallut plusieurs secondes avant que l'étendue du message fasse son chemin en lui.

— Pourquoi est-ce qu'elle ne l'a pas dit avant ? finit-il par demander.

— Parce qu'elle voulait te le dire à toi en premier, et ça fait plusieurs semaines maintenant que tu te balades dans la nature sans qu'on puisse te joindre. Elle estimait sans doute que tu avais suffisamment de problèmes avec l'histoire Salander. Et comme elle voulait te le dire à toi en premier, elle ne nous a donc rien dit à nous autres non plus et les jours sont venus s'additionner aux jours… Et voilà. Tout à coup elle s'est retrouvée avec une putain de mauvaise conscience et elle n'avait vraiment pas le moral. Et nous, on n'a strictement rien vu venir.

Mikael ferma les yeux.

— Merde, dit-il.

— Je sais. Pour finir, tu es le dernier de la rédaction à l'apprendre. Je tenais à te le dire pour pouvoir t'expliquer comment ça s'est passé et que tu n'ailles pas penser qu'on a voulu agir dans ton dos.

— Je ne pense pas ça une seconde. Mais alors, dis donc ! C'est chouette pour elle d'avoir eu ce boulot, du moins si elle tient à travailler pour *SMP*… mais nous, comment on va se sortir de ce bazar à la rédaction ?

— On nomme Malou rédactrice en chef temporaire à partir du prochain numéro.

— Malou ?

— Si tu n'as pas envie, toi, d'être rédacteur en chef…

— Oh que non !

— C'est bien ce que je pensais. Donc, Malou prendra le poste.

— Et qui sera secrétaire de rédaction ?

— Henry Cortez. Ça fait quatre ans qu'il travaille pour nous et il n'est plus exactement un stagiaire balbutiant.

Mikael considéra les propositions.

— Est-ce que j'ai mon mot à dire ? demanda-t-il.

— Non, dit Christer Malm.

— OK. On fait comme vous avez décidé. Malou n'a pas froid aux yeux mais elle n'est pas très sûre d'elle. Henry tire au hasard sur tout ce qui bouge un peu trop souvent. Il faudra qu'on les ait à l'œil.

— C'est ça.

Mikael se taisait. Il pensa au vide qu'allait laisser Erika et se dit qu'il ignorait tout de l'avenir du journal.

— Il faut que j'appelle Erika et…

— Non, ce n'est pas une bonne idée.

— Pourquoi pas ?

— Elle dort à la rédaction. Tu ferais mieux d'y aller la réveiller.

MIKAEL TROUVA ERIKA BERGER profondément endormie sur le canapé-lit de son bureau à la rédaction. Elle avait passé la nuit à vider les étagères et les tiroirs de ses affaires personnelles et à trier des papiers qu'elle voulait conserver. Elle avait rempli cinq cartons de déménagement. Mikael la contempla un long moment depuis la porte avant d'entrer et d'aller s'asseoir au bord du lit pour la réveiller.

— Tu peux m'expliquer pourquoi tu ne vas pas dormir chez moi, c'est juste à côté, si tu dois à tout prix passer la nuit au boulot, dit-il.

— Salut Mikael, dit-elle.

— Christer m'a expliqué.

Elle commença à dire quelque chose mais il se pencha en avant et lui fit une bise sur la joue.

— Tu es fâché ?

— Prodigieusement, dit-il sèchement.

— Je suis désolée. Je ne pouvais tout simplement pas dire non à cette offre. Mais ça ne me paraît pas juste, j'ai l'impression de vous laisser dans un merdier pas possible, ici à *Millénium*.

— Je ne pense pas être la bonne personne pour te critiquer d'abandonner le navire. Il y a deux ans, je suis parti en te laissant dans une merde autrement plus corsée que celle d'aujourd'hui.

— Ce sont deux situations complètement différentes. Toi, tu as fait une pause. Moi, je démissionne pour de bon et je vous l'ai caché. Je suis plus que désolée.

Mikael garda le silence un moment. Puis il afficha un pâle sourire.

— Quand c'est l'heure, c'est l'heure. Quand une femme a une mission, il faut qu'elle la remplisse, et à vos ordres, mon colonel !

Erika sourit. A un mot près, elle lui avait dit ça quand il était allé vivre à Hedeby. Il tendit la main et lui ébouriffa amicalement les cheveux.

— Que tu veuilles arrêter de travailler dans cette maison de cinglés, je le comprends, mais que tu veuilles devenir chef au journal de vieux schnocks le plus ringard de Suède, il me faudra quelque temps pour le digérer.

— Il y a pas mal de nanas qui y travaillent.

— Conneries. Regarde l'éditorial. Ça date, tout ça, ça date. Tu es complètement maso, ou quoi ? On va prendre un café ?

Erika s'assit.

— Tu dois me dire ce qui s'est passé à Göteborg cette nuit.

— Je suis en train d'écrire l'histoire, dit Mikael. Et ça va déclencher la guerre, une fois qu'on aura publié.

— Quand *vous* aurez publié. Pas nous.

— Je sais. On va la publier au moment du procès. Mais je suppose que tu n'emporteras pas le sujet à SMP. Le fait est que je voudrais que tu écrives un truc sur l'histoire Zalachenko avant d'arrêter à *Millénium*.

— Micke, je…

— Ton dernier éditorial. Tu peux l'écrire quand tu veux. Il ne sera probablement pas publié avant le procès, et Dieu sait quand ça sera.

— Ce n'est peut-être pas une très bonne idée. Il devrait traiter de quoi ?

— De morale, dit Mikael Blomkvist. Et du fait que l'un de nos collaborateurs a été tué parce que l'Etat n'a pas fait son boulot il y a quinze ans.

Il n'avait pas besoin d'expliquer davantage. Erika Berger savait exactement quel éditorial il voulait. Elle réfléchit un court instant. Après tout, elle s'était trouvée aux commandes le jour où Dag Svensson avait été tué. Brusquement, elle se sentit beaucoup mieux.

— D'accord, dit-elle. Le dernier éditorial.

4

SAMEDI 9 AVRIL – DIMANCHE 10 AVRIL

A 13 HEURES LE SAMEDI, la procureur Martina Fransson à Södertälje avait terminé ses réflexions. Le cimetière sauvage
dans la forêt de Nykvarn était un méchant sac de nœuds et
la section criminelle avait cumulé une quantité incroyable
d'heures supplémentaires depuis le mercredi où Paolo
Roberto avait livré son match de boxe contre Ronald Niedermann dans le hangar. Ils avaient sur les bras au moins
trois homicides de personnes qui avaient été enterrées sur le
terrain, un enlèvement avec violence et des coups et blessures aggravés à l'encontre de l'amie de Lisbeth Salander,
Miriam Wu, et, pour finir, un incendie criminel. Il leur fallait
aussi associer Nykvarn avec l'incident à Stallarholmen, qui
n'était pas situé dans le même district de police, mais où
Carl-Magnus Lundin du MC Svavelsjö était un personnage-
clé. Pour l'instant, Lundin était à l'hôpital de Södertälje, un
pied dans le plâtre et une plaque d'acier dans la mâchoire.
Et quoi qu'il en soit, tous ces crimes tombaient sous l'autorité de la police départementale, ce qui signifiait que Stockholm aurait le dernier mot.

Au cours du vendredi, ils avaient délibéré pour les lance-
ments de mandats d'arrêt. Lundin était lié à Nykvarn, avec
certitude. Avec un peu de retard, on avait pu établir que l'entrepôt était la propriété d'une Anneli Karlsson, cinquante-
deux ans, domiciliée à Puerto Banus en Espagne. C'était une
cousine de Magge Lundin, elle n'était pas fichée et dans ce
contexte elle semblait surtout faire office de prête-nom.

Martina Fransson referma le dossier de l'enquête préliminaire. L'instruction n'en était encore qu'au stade initial et
serait complétée de plusieurs centaines de pages avant de

pouvoir aboutir à un procès. Mais Martina Fransson devait dès maintenant prendre une décision concernant certains points. Elle regarda ses collègues policiers.

— Nous avons assez de matériel pour entamer une action judiciaire contre Lundin pour complicité d'enlèvement de Miriam Wu. Paolo Roberto l'a identifié comme étant le chauffeur de la fourgonnette. Je vais également l'arrêter pour complicité probable d'incendie criminel. Nous attendrons avec les poursuites pour complicité de meurtre des trois personnes que nous avons déterrées sur le terrain, en tout cas jusqu'à ce que toutes soient identifiées.

Les policiers hochèrent la tête. Ils ne s'étaient pas attendus à autre chose.

— Qu'est-ce qu'on fait pour Benny Nieminen ?

Martina Fransson feuilleta les documents sur son bureau jusqu'à ce qu'elle trouve Nieminen.

— Ce monsieur a un palmarès impressionnant. Vol à main armée, détention illégale d'arme, coups et blessures aggravés ou non, homicide et infractions liées à la drogue. Il a donc été arrêté en même temps que Lundin à Stallarholmen. Je suis absolument convaincue qu'il est mêlé à tout ça – le contraire serait invraisemblable. Mais le problème est que nous n'avons rien contre lui.

— Il dit qu'il n'est jamais allé à l'entrepôt à Nykvarn et qu'il est seulement venu faire un tour de moto avec Lundin, dit l'inspecteur criminel qui était chargé de Stallarholmen pour le compte de Södertälje. Il prétend qu'il ignorait tout de ce que Lundin devait faire à Stallarholmen.

Martina Fransson se demanda s'il y avait un moyen de refiler l'affaire au procureur Richard Ekström à Stockholm.

— Nieminen refuse de dire ce qui s'est passé, mais nie farouchement être complice d'un crime, poursuivit l'inspecteur criminel.

— Effectivement, on en arriverait à dire que lui et Lundin sont les victimes à Stallarholmen, dit Martina Fransson en tambourinant, agacée, du bout des doigts. Lisbeth Salander, ajouta-t-elle d'une voix dans laquelle perçait un doute manifeste. Nous parlons donc d'une fille qui a l'air d'être tout juste pubère, qui mesure un mètre cinquante et qui n'a certainement pas la force physique exigée pour maîtriser Nieminen et Lundin.

— A moins d'être armée. Avec un pistolet, elle peut compenser les défauts de son physique de moineau.

— Mais ça ne colle pas tout à fait avec la reconstitution.

— Non. Elle a utilisé du gaz lacrymogène et elle a donné des coups de pied à l'entrejambe et au visage de Lundin avec une telle rage qu'elle lui a éclaté un testicule et brisé la mâchoire. La balle dans le pied a dû être tirée après les coups. Mais j'ai dû mal à croire que c'était elle qui était armée.

— Le labo a identifié l'arme qui a tiré sur Lundin. C'est un Wanad P-83 polonais avec des munitions Makarov. Il a été retrouvé à Gosseberga près de Göteborg et il porte les empreintes de Salander. On peut se permettre de supposer qu'elle a emporté le pistolet à Gosseberga.

— Oui. Mais le numéro de série démontre qu'il a été volé il y a quatre ans dans le cambriolage d'une armurerie à Örebro. Le cambrioleur a fini par se faire coincer, mais il s'était débarrassé des armes. Il s'agissait d'un talent local avec des problèmes de drogue, qui évoluait dans les cercles proches du MC Svavelsjö. J'ai plutôt envie de caser le pistolet soit chez Lundin, soit chez Nieminen.

— Ça peut être simplement que Lundin portait le pistolet et que Salander l'a désarmé et qu'un coup est parti qui l'a touché au pied. Je veux dire, l'intention n'a en aucun cas pu être de le tuer, puisqu'il est en vie.

— Ou alors elle lui a tiré dans le pied par sadisme. Qu'est-ce que j'en sais ? Mais comment est-elle venue à bout de Nieminen ? Il n'a aucune blessure apparente.

— Si, il a quelque chose. Deux petites brûlures sur la poitrine.

— Et ?

— Je dirais une matraque électrique.

— Salander aurait donc été armée d'une matraque électrique, de gaz lacrymogène et d'un pistolet. Combien est-ce que ça pèse, tout ça ? Non, je suis plutôt d'avis que c'est soit Lundin, soit Nieminen qui a apporté l'arme et qu'elle les a désarmés. Nous ne saurons exactement comment Lundin a reçu la balle que lorsque l'un des protagonistes se mettra à table.

— OK.

— La situation est donc la suivante : Lundin est mis en détention provisoire sous les chefs d'accusation que j'ai déjà mentionnés. En revanche, nous n'avons strictement rien contre Nieminen. Je vais être obligée de le libérer cet aprèsmidi.

BENNY NIEMINEN ÉTAIT d'une humeur exécrable en quittant la cellule de dépôt de l'hôtel de police de Stockholm. Il avait soif aussi, au point qu'il s'arrêta tout de suite dans un tabac acheter un Pepsi qu'il siffla directement. Il acheta aussi un paquet de Lucky Strike et une boîte de tabac à priser. Il ouvrit son téléphone portable, vérifia l'état de la batterie et composa ensuite le numéro de Hans-Åke Waltari, trentetrois ans et numéro trois dans la hiérarchie interne du MC Svavelsjö. Il entendit quatre sonneries avant que Waltari réponde.

— Nieminen. Je suis sorti.

— Félicitations.

— T'es où ?

— A Nyköping.

— Et qu'est-ce que tu fous à Nyköping ?

— On a décidé de se faire tout petits quand vous avez été arrêtés, toi et Magge, jusqu'à ce qu'on connaisse les positions.

— Maintenant tu les connais, les positions. Où ils sont, tous ?

Hans-Åke Waltari expliqua où se trouvaient les cinq membres restants du MC Svavelsjö. L'explication ne suffit pas à calmer ni à satisfaire Benny Nieminen.

— Et qui mène la barque pendant que vous vous planquez comme des foutues gonzesses ?

— C'est pas juste. Toi et Magge, vous vous tirez pour un putain de boulot dont on ignore tout et puis brusquement vous êtes impliqués dans une fusillade avec cette salope qui a tous les flics de Suède au cul, et Magge se ramasse une bastos et toi tu te fais coffrer. Et pour couronner le tout, les flics déterrent des macchabs dans l'entrepôt à Nykvarn.

— Oui, et alors ?

— Alors on a commencé à se demander si toi et Magge, vous nous cachez pas quelque chose.

— Et ça serait quoi d'après toi ? C'est nous qui amenons le business à la boîte, non ?

— Mais je n'ai jamais entendu dire que l'entrepôt serait aussi un cimetière planqué dans les bois. C'est qui, ces macchabées ?

Benny Nieminen avait une réplique tranchante au bout de la langue, mais il se retint. Hans-Åke Waltari était un connard fini, mais la situation n'était pas la mieux choisie pour démarrer une dispute. Il fallait agir vite pour consolider les forces. Après s'être sorti de cinq interrogatoires en niant tout en bloc, ce ne serait pas très malin de claironner qu'il possédait malgré tout des connaissances en la matière dans un téléphone portable à deux cents mètres du commissariat.

— J'en sais rien, moi, dit-il. T'occupe pas des macchabées. Mais Magge est dans la merde. Il va rester en taule pendant un moment, et pendant son absence, c'est moi le boss.

— D'accord. La suite des opérations, c'est quoi ? demanda Waltari.

— Qui s'occupe de la surveillance du local si vous vous terrez tous ?

— Danny Karlsson est resté là-bas pour garder les positions. La police a fait une descente le jour où vous avez été arrêtés. Ils n'ont rien trouvé.

— Danny K. ! s'exclama Nieminen. Danny K., mais c'est un putain de débutant, un chiard qu'a encore la morve au nez !

— T'inquiète. Il est avec le blondinos, tu sais, le mec que toi et Magge vous traînez des fois avec vous.

Benny Nieminen devint soudain tout glacé. Il jeta un rapide coup d'œil autour de lui et s'éloigna ensuite de quelques mètres de la porte du tabac.

— Qu'est-ce que t'as dit ? demanda-t-il à voix basse.

— Tu sais, cet enfoiré blond que vous voyez, toi et Magge, il s'est pointé et il voulait qu'on l'aide à trouver une planque.

— Mais bordel de merde, Waltari, il est recherché dans tout le putain de pays pour le meurtre d'un poulet.

— Oui… c'est pour ça qu'il avait besoin d'une planque. Qu'est-ce qu'on pouvait faire ? C'est votre pote, à toi et Magge.

Benny Nieminen ferma les yeux pendant dix secondes. Ronald Niedermann avait fourni au MC Svavelsjö beaucoup de boulots et de gros bénéfices pendant plusieurs années. Mais ce n'était absolument pas un ami. C'était un redoutable salopard et un psychopathe, et qui plus est un psychopathe que la police traquait au lance-flammes. Benny Nieminen ne faisait pas confiance à Ronald Niedermann une seule seconde. Le top serait qu'on le retrouve avec une balle dans le crâne. Ça calmerait en tout cas l'ardeur des flics.

— Et qu'est-ce que vous avez fait de lui ?

— Danny K. s'en occupe. Il l'a emmené chez Viktor.

Viktor Göransson était le trésorier du club et son expert-comptable, il habitait du côté de Järna. Göransson avait un bac en économie et avait débuté sa carrière comme conseiller financier d'un Yougoslave régnant sur quelques cabarets jusqu'à ce que toute la bande se fasse coincer pour criminalité économique aggravée. Il avait rencontré Magge Lundin dans la prison de Kumla au début des années 1990. Il était le seul au MC Svavelsjö à toujours se balader en costard-cravate.

— Waltari, tu prends ta caisse et tu me retrouves à Södertälje. Viens me chercher devant la gare des trains de banlieue d'ici trois quarts d'heure.

— Bon, bon. Pourquoi t'es si pressé ?

— Parce qu'il faut absolument qu'on prenne la situation en main au plus vite.

HANS-ÅKE WALTARI OBSERVAIT en douce Benny Nieminen qui gardait un silence boudeur tandis qu'ils roulaient vers Svavelsjö. Contrairement à Magge Lundin, Nieminen n'était jamais très sympa à côtoyer. Il était beau et il paraissait doux, mais en réalité il explosait vite et il pouvait être vachement redoutable, surtout quand il avait picolé. Pour l'instant il était sobre, mais Waltari ressentit une certaine inquiétude à l'idée que Nieminen allait prendre la direction. Magge avait toujours, d'une façon ou d'une autre, su calmer le jeu de Nieminen. Il se demandait de quoi serait fait l'avenir avec Nieminen comme président temporaire du club.

Danny K. n'était pas au local. Nieminen essaya deux fois de l'appeler sur son portable, mais n'obtint pas de réponse.

Ils rentrèrent chez Nieminen, à un bon kilomètre du club. La police avait opéré une perquisition là aussi, mais sans rien trouver d'utilisable dans l'enquête concernant Nykvarn. La police n'ayant trouvé aucune charge contre lui, Nieminen se retrouvait en liberté.

Il prit une douche et se changea pendant que Waltari attendait patiemment dans la cuisine. Ensuite ils marchèrent cent cinquante mètres dans la forêt derrière la maison de Nieminen et enlevèrent la terre qui couvrait un coffre superficiellement enterré, contenant six armes de poing, dont un AK-5, une grande quantité de munitions et deux bons kilos d'explosifs. C'était le petit stock personnel de Nieminen. Deux des armes dans le coffre étaient des Wanad P-83 polonais. Ils provenaient du même lot que le pistolet dont Lisbeth Salander avait délesté Nieminen à Stallarholmen.

Nieminen écarta Lisbeth Salander de son esprit. Le sujet était sensible. Dans la cellule à l'hôtel de police à Stockholm, il n'avait cessé de se rejouer mentalement la scène quand lui et Magge Lundin étaient arrivés à la maison de campagne de Nils Bjurman et avaient trouvé Salander dans la cour.

Le déroulement des événements avait été totalement inattendu. Magge Lundin et lui étaient allés là-bas pour foutre le feu à cette baraque. Ils suivaient les ordres de ce putain de géant blond. Et ils étaient tombés sur cette saloperie de Salander – toute seule, un mètre cinquante de haut et maigre comme un clou. Nieminen se demandait combien elle pesait réellement. Ensuite tout avait foiré pour partir en vrille dans une orgie de violence à laquelle aucun des deux n'avait été préparé.

D'un point de vue purement technique, il pouvait expliquer le déroulement. Salander avait vidé une cartouche de gaz lacrymogène à la gueule de Magge Lundin. Magge aurait dû s'y attendre mais ça n'avait pas été le cas. Elle lui avait balancé deux coups de tatane et il ne faut pas énormément de force musculaire pour briser une mâchoire. Elle l'avait pris par surprise. Ça pouvait s'expliquer.

Mais ensuite elle s'était attaquée aussi à lui, Benny Nieminen, l'homme que des mecs bien entraînés hésitaient à venir titiller. Elle se déplaçait tellement vite. Il avait eu du mal à sortir son arme. Elle l'avait écrasé avec une facilité aussi humiliante que si elle avait simplement écarté un moustique de la main. Elle avait une matraque électrique. Elle avait…

En se réveillant, il ne s'était souvenu de presque rien, Magge Lundin avait une balle dans le pied et la police était en route. Après des palabres entre la police de Strängnäs et celle de Södertälje, il s'était retrouvé au violon à Södertälje. Et cette meuf avait volé la Harley Davidson de Magge Lundin. Elle avait découpé dans son blouson de cuir le logo du MC Svavelsjö – le symbole même qui faisait s'écarter les gens dans les troquets et qui lui conférait un prestige que le simple Suédois de base ne pouvait pas comprendre. Elle l'avait humilié.

Benny Nieminen se mit soudain à bouillir intérieurement. Il s'était tu tout au long des interrogatoires. Jamais il ne pourrait raconter ce qui s'était passé à Stallarholmen. Jusqu'à cet instant, Lisbeth Salander n'avait signifié que dalle pour lui. Elle était un petit projet secondaire dont s'occupait Magge Lundin – encore une fois à la demande de ce foutu Niedermann. A présent, il la haïssait avec une passion qui l'étonnait. Habituellement, il restait froid et lucide, alors que maintenant il sentait qu'un de ces jours il aurait la possibilité de se venger et d'effacer la honte. Mais d'abord il devait mettre de l'ordre dans le chaos que Salander et Niedermann réunis avaient causé dans le MC Svavelsjö.

Nieminen prit les deux pistolets polonais qui restaient dans le coffre, les arma et en donna un à Waltari.

— T'as un plan particulier ?

— On va aller bavarder un peu avec ce Niedermann. Il n'est pas des nôtres et il n'a jamais été arrêté avant. Je ne sais pas comment il va réagir s'ils le chopent, mais s'il parle, il pourrait nous faire plonger. Alors on est tous bons pour la taule vite fait.

— Tu veux dire qu'on va…

Nieminen avait déjà décidé qu'il fallait éliminer Niedermann, mais il comprit que ce n'était pas le moment d'effrayer Waltari.

— Je ne sais pas. Il faut qu'on lui prenne le pouls. S'il a un plan et qu'il peut se casser rapidement à l'étranger, on pourra lui donner un coup de main. Mais tant qu'il risque d'être arrêté par la police, il constitue une menace pour nous.

LA FERME DE VIKTOR GÖRANSSON près de Järna était plongée dans le noir lorsque, au crépuscule, Nieminen et Waltari arrivèrent dans la cour. Rien que ça paraissait de mauvais augure. Ils attendirent un petit moment dans la voiture.

— Ils sont peut-être dehors, proposa Waltari.

— Ben voyons. Ils seraient allés boire un coup au troquet avec Niedermann, dit Nieminen et il ouvrit la portière.

La porte d'entrée n'était pas fermée à clé. Nieminen alluma le plafonnier. Ils passèrent de pièce en pièce. Tout était propre et bien rangé, probablement grâce à cette femme avec qui Göransson vivait.

Ils trouvèrent Göransson et sa compagne dans la cave, fourrés dans une buanderie.

Nieminen se pencha et contempla les cadavres. Il tendit le doigt et toucha la femme dont il ne se rappelait pas le nom. Elle était glacée et rigide. Cela voulait dire qu'ils étaient morts depuis vingt-quatre heures peut-être.

Nieminen n'avait pas besoin de l'avis d'un médecin légiste pour savoir comment ils étaient morts. Le cou de la femme avait été brisé lorsqu'on avait fait faire cent quatre-vingts degrés à sa tête. Elle était habillée d'un tee-shirt et d'un jean, et elle n'avait pas d'autres blessures visibles.

Viktor Göransson, par contre, n'était vêtu que d'un caleçon. Il avait été sérieusement passé à tabac et tout son corps était couvert de bleus et de plaies. Ses deux bras étaient cassés et pointaient dans toutes les directions comme des branches de sapin tordues. Il avait subi une maltraitance prolongée qu'il fallait bien qualifier de torture. Pour autant que Nieminen pouvait en juger, il avait finalement été tué par un coup puissant sur la gorge. Le larynx était profondément enfoncé dans le cou.

Benny Nieminen se redressa et remonta l'escalier de la cave, puis il alla dehors. Waltari le suivit. Nieminen traversa la cour jusqu'à la grange située cinquante mètres plus loin. Il défit le loquet et ouvrit la porte.

Il trouva une Renault bleu sombre.

— Qu'est-ce qu'il a comme voiture, Göransson ? demanda Nieminen.

— Il conduit une Saab.

Nieminen hocha la tête. Il sortit des clés de sa poche et ouvrit une porte tout au fond de la grange. Un simple coup d'œil lui apprit qu'il était arrivé trop tard. Une lourde armoire prévue pour des armes était grande ouverte.

Nieminen fit une grimace.

— Un peu plus de 800 000 couronnes, dit-il.

— Quoi ? demanda Waltari.

— Un peu plus de 800 000 couronnes, c'est ce que le MC Svavelsjö avait dans cette armoire. Notre fric.

Trois personnes avaient été au courant de l'endroit où le MC Svavelsjö gardait la caisse en attente d'investissements et de blanchiment. Viktor Göransson, Magge Lundin et Benny Nieminen. Niedermann était en fuite. Il avait besoin de liquide. Il savait que Göransson s'occupait des finances.

Nieminen referma la porte et sortit lentement de la grange. Il réfléchissait intensément tout en essayant d'avoir une vue d'ensemble de la catastrophe. Une partie des ressources du MC Svavelsjö était sous forme de titres auxquels il aurait accès et une autre partie pourrait être reconstituée avec l'aide de Magge Lundin. Mais une grande partie des placements ne figurait que dans la tête de Göransson, à moins qu'il n'ait donné des instructions claires à Magge Lundin. Ce dont Nieminen doutait fort – Magge n'avait jamais été un as en économie. Nieminen estima grosso modo qu'avec la mort de Göransson, le MC Svavelsjö avait perdu jusqu'à soixante pour cent de ses fonds. Le coup était terrible. C'était surtout de l'argent liquide dont ils avaient besoin pour les dépenses quotidiennes.

— Qu'est-ce qu'on fait maintenant ? demanda Waltari.

— Maintenant on va rencarder la police sur ce qui s'est passé.

— On va rencarder la police ?

— Putain, oui. Il y a mes empreintes dans la maison. Je veux qu'ils trouvent Göransson et sa meuf aussi vite que possible pour que le médecin légiste puisse établir qu'ils ont été tués pendant que j'étais en garde à vue.

— Je comprends.

— Tant mieux. Trouve Danny K. Je veux lui parler. C'est-à-dire s'il est encore vivant. Et ensuite on va retrouver Ronald Niedermann. Ordre à tous les contacts qu'on a dans les clubs partout en Scandinavie d'ouvrir l'œil. Je veux la tête de ce salopard. Il se déplace probablement dans la Saab de Göransson. Trouve le numéro d'immatriculation.

LORSQUE LISBETH SALANDER SE RÉVEILLA le samedi après-midi, il était 14 heures et un médecin était en train de la manipuler.

— Bonjour, dit-il. Je m'appelle Sven Svantesson et je suis médecin. Tu as mal ?

— Oui, dit Lisbeth Salander.

— On va te donner des antalgiques tout à l'heure. Mais je voudrais d'abord t'examiner.

Il appuya et tripota son corps meurtri. Lisbeth eut le temps de devenir franchement irritée avant qu'il ait fini, mais elle se sentait trop épuisée pour entamer le séjour à Sahlgrenska avec une dispute et elle décida de se taire.

— Je vais comment ? demanda-t-elle.

— Je pense que ça va s'arranger, dit le médecin en prenant quelques notes avant de se lever.

Ce qui n'était guère reluisant comme réponse.

Après son départ, une infirmière entra et aida Lisbeth avec le bassin. Ensuite, elle put dormir de nouveau.

ALEXANDER ZALACHENKO, alias Karl Axel Bodin, avalait un déjeuner composé d'aliments liquides. Même de tout petits mouvements des muscles faciaux causaient de violentes douleurs dans la mâchoire et dans l'os malaire, et mâcher n'était même pas envisageable.

Mais même si la douleur était terrible, il savait la gérer. Zalachenko était habitué à la douleur. Rien ne pouvait se comparer à la douleur qu'il avait ressentie pendant plusieurs semaines et mois quinze ans auparavant, après qu'il avait brûlé comme une torche dans la voiture au bord d'un trottoir de Lundagatan. Les soins n'avaient été qu'une sorte d'interminable marathon de la douleur.

Les médecins l'avaient estimé hors de danger, mais compte tenu de la gravité de ses blessures et eu égard à son âge, il resterait aux soins intensifs encore quelques jours.

Au cours de la journée du samedi, il reçut quatre visites.

Vers 10 heures, l'inspecteur Ackerman revint le voir. Cette fois, il avait laissé à la maison cette petite connasse de Sonja Modig et il était accompagné par l'inspecteur Jerker Holmberg, nettement plus sympathique. Ils posèrent à peu près les mêmes questions sur Ronald Niedermann que la veille au soir. Il avait préparé son histoire et ne commit aucune erreur. Quand ils commencèrent à l'assaillir de questions sur son éventuelle participation au trafic de femmes et à d'autres activités criminelles, il nia une nouvelle fois être au courant de quoi que ce soit. Il vivait de sa pension d'invalidité et ne savait pas de quoi ils parlaient. Il mit tout sur le compte de Ronald Niedermann et offrit toute son aide pour localiser le tueur de policier en fuite.

Hélas, concrètement, il ne pouvait pas leur être d'un grand secours. Il ignorait tout des cercles où évoluait Niedermann et il n'avait aucune idée de chez qui l'homme pouvait demander l'asile.

Vers 11 heures, il reçut la brève visite d'un représentant du ministère public, qui lui signifia formellement qu'il était soupçonné de complicité de coups et blessures aggravés voire de tentative d'homicide sur la personne de Lisbeth Salander. Zalachenko répondit patiemment en expliquant que c'était lui, la victime, et qu'en réalité c'était Lisbeth Salander qui avait essayé de le tuer. Le gars du ministère public lui proposa une aide juridique sous forme d'un avocat commis d'office. Zalachenko dit qu'il allait y réfléchir.

Ce qui n'était pas dans ses intentions. Il avait déjà un avocat et sa première mesure ce matin-là avait été de l'appeler et de lui demander de venir au plus vite. Martin Thomasson fut ainsi le troisième visiteur à son chevet. Il entra, la mine décontractée, passa la main dans sa tignasse blonde, ajusta ses lunettes et serra la main de son client. C'était un faux maigre et un vrai charmeur. On le soupçonnait certes d'avoir servi d'homme de main à la mafia yougoslave, une affaire qui était encore objet d'enquête, mais il avait aussi la réputation de gagner ses procès.

Une relation d'affaires avait tuyauté Zalachenko sur Thomasson cinq ans auparavant, quand il avait eu besoin de redispatcher certains fonds liés à une petite entreprise de financement qu'il possédait au Liechtenstein. Il ne s'agissait pas de sommes faramineuses, mais Thomasson avait agi de main de maître et Zalachenko avait fait l'économie d'une imposition d'office. Par la suite, Zalachenko avait eu recours à lui à quelques autres occasions. Thomasson comprenait que l'argent provenait d'une activité criminelle, ce qui ne semblait pas le perturber. Pour finir, Zalachenko avait décidé de refondre toute son activité dans une nouvelle entreprise, détenue par lui-même et Niedermann. Il était allé voir Thomasson en lui proposant d'en faire partie lui-même sous forme de troisième partenaire dans l'ombre et chargé de ce qui touchait aux finances. Thomasson avait accepté sans même réfléchir.

— Eh bien, monsieur Bodin, ça ne m'a pas l'air très agréable, tout ça.

— J'ai été victime de coups et blessures aggravés et de tentative de meurtre, dit Zalachenko.

— C'est ce que je vois. Une certaine Lisbeth Salander, si j'ai tout bien compris.

Zalachenko baissa la voix.

— Notre partenaire Niedermann s'est mis dans un sacré merdier, comme tu as dû t'en rendre compte.

— C'est ce que j'ai compris.

— La police me soupçonne d'être mêlé à tout ça…

— Ce qui n'est évidemment pas le cas. Tu es une victime et il est important de veiller tout de suite à ce que cette idée-là soit bien ancrée dans les médias. Mlle Salander a déjà eu pas mal de publicité négative… Je m'en occupe.

— Merci.

— Mais laisse-moi dire tout de suite que je ne suis pas un avocat pénal. Dans cette affaire, tu vas avoir besoin de l'aide d'un spécialiste. Je vais te trouver quelqu'un en qui tu pourras avoir confiance.

LE QUATRIÈME VISITEUR ARRIVA à 23 heures, et il réussit à franchir le barrage des infirmières en exhibant sa carte d'identité et en précisant qu'il venait pour une affaire urgente. On lui montra la chambre de Zalachenko. Le patient ne dormait pas encore, il était en pleine réflexion.

— Je m'appelle Jonas Sandberg, salua le visiteur et il tendit une main que Zalachenko choisit d'ignorer.

L'homme avait dans les trente-cinq ans. Ses cheveux étaient couleur sable et il était vêtu d'un jean décontracté, d'une chemise à carreaux et d'un blouson de cuir. Zalachenko le contempla en silence pendant quinze secondes.

— Je me demandais justement quand l'un de vous allait se pointer.

— Je travaille à la Säpo, dit Jonas Sandberg en montrant sa carte.

— Certainement pas, dit Zalachenko.

— Pardon ?

— Tu es peut-être employé à la Säpo, mais tu ne travailles pas pour eux.

Jonas Sandberg garda le silence un instant et regarda autour de lui dans la chambre. Il avança la chaise prévue pour les visiteurs.

— Si je viens si tard le soir, c'est pour ne pas attirer l'attention. Nous avons discuté sur la manière de vous aider et il nous faut mettre au point à peu près ce qui va se passer. Je suis tout simplement ici pour entendre votre version et comprendre vos intentions pour qu'on puisse élaborer une stratégie commune.

— Et quelle sera cette stratégie, d'après toi ?

Jonas Sandberg contempla pensivement l'homme dans le lit. Pour finir, il écarta les mains.

— Monsieur Zalachenko… J'ai bien peur qu'un processus se soit mis en branle impliquant des dégâts difficiles à évaluer. Nous avons discuté la situation. La tombe à Gosseberga et le fait que Salander ait reçu trois balles sont des faits difficiles à minimiser. Mais tout espoir n'est pas perdu. Le conflit entre vous et votre fille peut expliquer pourquoi vous la craignez tant et pourquoi vous avez pris des mesures aussi drastiques. J'ai peur cependant que cela implique quelques mois de prison.

Zalachenko se sentit tout à coup enjoué et il aurait éclaté de rire si cela n'avait pas été totalement impossible vu son état. Le seul résultat fut un faible frémissement de ses lèvres. Toute autre chose serait trop douloureuse.

— Alors c'est ça, notre stratégie commune ?

— Monsieur Zalachenko. Vous avez connaissance de la notion de contrôle des dégâts. Il est indispensable qu'on trouve une voie commune. Nous allons tout faire pour vous aider en vous fournissant un avocat et l'assistance nécessaire, mais nous avons besoin de votre collaboration et de certaines garanties.

— Je vais te donner une garantie. Vous allez veiller à faire disparaître tout ça. Il fit un geste avec la main. Niedermann est votre bouc émissaire et je garantis qu'il ne sera pas retrouvé.

— Il y a des preuves formelles qui…

— Laissez tomber les preuves formelles. Ce qui est important, c'est comment l'enquête est menée et comment les faits sont présentés. Voici ma garantie… si vous n'utilisez pas votre baguette magique pour faire disparaître tout ceci, j'inviterai les médias à une conférence de presse. Je connais des noms, des dates, des événements. Je n'ai tout de même pas besoin de te rappeler qui je suis ?

— Vous ne comprenez pas…

— Je comprends très bien. Tu n'es qu'un garçon de courses. Rapporte à ton chef ce que je viens de dire. Il comprendra. Dis-lui que j'ai des copies de… tout. Je vous torpillerai.

— Il faut qu'on essaie de se mettre d'accord.

— La conversation est terminée. Tu dégages, maintenant. Et dis-leur d'envoyer un homme la prochaine fois, un adulte avec qui je peux discuter.

Zalachenko tourna la tête de façon à couper le contact visuel avec son visiteur. Jonas Sandberg contempla Zalachenko un court moment. Puis il haussa les épaules et se releva. Il était presque arrivé à la porte lorsqu'il entendit de nouveau la voix de Zalachenko.

— Autre chose.

Sandberg se retourna.

— Salander.

— Qu'est-ce qu'elle a ?

— Elle doit disparaître.

— Qu'est-ce que vous voulez dire ?

Pendant une seconde, Sandberg eut l'air si inquiet que Zalachenko dut sourire malgré la douleur qui lui vrilla la mâchoire.

— Vous êtes tous des couilles molles et je sais que vous avez trop de scrupules pour la tuer. Je sais aussi que vous n'avez pas non plus les moyens pour le faire. Qui s'en chargerait… toi ? Mais il faut qu'elle disparaisse. Son témoignage doit être déclaré non recevable. Elle doit retourner en institution pour le restant de ses jours.

LISBETH SALANDER ENTENDIT LES PAS dans le couloir devant sa chambre. Elle n'arriva pas à distinguer le nom de Jonas Sandberg et c'était la première fois qu'elle entendait ces pas-là.

Sa porte était en effet restée ouverte tout au long de la soirée, puisque les infirmières venaient la voir environ toutes les dix minutes. Elle avait entendu l'homme arriver et expliquer à une infirmière, tout près de sa porte, qu'il devait absolument voir M. Karl Axel Bodin pour une affaire urgente. Elle avait compris qu'il montrait sa carte, mais aucune parole n'avait été échangée qui fournissait un indice quant à son nom ou à la nature de la carte.

L'infirmière lui avait demandé d'attendre qu'elle aille voir si M. Karl Axel Bodin était réveillé. Lisbeth Salander en tira la conclusion que la carte devait être très convaincante.

Elle constata que l'infirmière prit à gauche dans le couloir et qu'elle fit 17 pas avant d'arriver à destination, puis que le visiteur parcourut la même distance en seulement 14 pas. Cela donnait une valeur moyenne de 15,5 pas. Elle estima la longueur des pas à 60 centimètres, ce qui, multiplié par 15,5, signifiait que Zalachenko se trouvait dans une chambre située à 930 centimètres à gauche dans le couloir. OK, disons 10 mètres. Elle estima que sa chambre faisait environ 5 mètres de large, ce qui signifierait que Zalachenko se trouvait à deux portes d'elle.

Selon les chiffres verts du réveil digital sur sa table de chevet, la visite dura exactement neuf minutes.

ZALACHENKO RESTA ÉVEILLÉ longtemps après que Jonas Sandberg l'eut quitté. Il supposa que ce n'était pas son véritable nom, puisque l'expérience lui avait enseigné que les espions amateurs suédois faisaient une fixation sur les noms de couverture même lorsque ça ne présentait aucune nécessité. Quoi qu'il en soit, ce Jonas (ou quel que soit son nom) était la première indication que la Section avait pris acte de sa situation. Vu le ramdam médiatique, il aurait été difficile d'y échapper. Sa visite était cependant aussi une confirmation que cette situation était source d'inquiétude. A très juste titre.

Il soupesa les avantages et les inconvénients, aligna des possibilités et rejeta des alternatives. Il avait compris et intégré que les choses avaient totalement foiré. Dans un monde idéal, il se serait en cet instant trouvé chez lui à Gosseberga, Ronald Niedermann aurait été en sécurité à l'étranger et Lisbeth Salander enterrée six pieds sous terre. Même si d'un point de vue rationnel il comprenait ce qui s'était passé, il avait le plus grand mal à comprendre comment elle avait pu sortir de la tombe, revenir à la ferme et détruire son existence en deux coups de hache. Elle était dotée de ressources insensées.

Par contre, il comprenait parfaitement bien ce qui s'était passé avec Ronald Niedermann et pourquoi il était parti en courant pour sa vie au lieu d'en finir une bonne fois pour toutes avec Salander. Il savait que quelque chose clochait dans la tête de Niedermann, qu'il avait des visions, qu'il voyait des fantômes. Plus d'une fois, il avait été obligé d'intervenir quand Niedermann avait agi de façon irrationnelle et s'était roulé en boule de terreur.

Ceci l'inquiétait. Compte tenu que Ronald Niedermann n'était pas encore arrêté, Zalachenko était persuadé qu'il avait fonctionné rationnellement pendant les jours suivant la fuite de Gosseberga. Il chercherait probablement à rejoindre Tallinn, où il trouverait une protection parmi les contacts dans l'empire criminel de Zalachenko. L'inquiétant était qu'on ne pouvait jamais prévoir le moment où Niedermann serait paralysé. Si cela avait lieu pendant la fuite, il commettrait des erreurs et, s'il commettait des erreurs, il se ferait choper. Il ne se rendrait pas de son plein gré et cela entraînerait la mort de policiers et selon toute vraisemblance la mort de Niedermann aussi.

Cette pensée tracassait Zalachenko. Il ne voulait pas que Niedermann meure. Niedermann était son fils. D'un autre côté, aussi regrettable cela fût-il, c'était un fait que Niedermann ne devait pas être capturé vivant. Niedermann n'avait jamais été appréhendé par la police et Zalachenko ne pouvait pas prévoir comment il réagirait lors d'un interrogatoire. Il devinait que Niedermann ne saurait malheureusement pas garder le silence. Ce serait donc un avantage s'il était tué en se faisant arrêter. Zalachenko pleurerait son fils, mais l'autre alternative serait pire. Elle signifierait qu'il passerait lui-même le restant de ses jours en prison.

Cependant, quarante-huit heures s'étaient déroulées depuis la fuite de Niedermann, et il n'avait pas encore été coincé. C'était bon signe. Cela indiquait que Niedermann était en état de marche et un Niedermann en état de marche était imbattable.

A long terme se profilait une autre inquiétude. Il se demanda comment Niedermann s'en sortirait tout seul sans son père à ses côtés pour le guider dans la vie. Au fil des ans, il avait remarqué que s'il cessait de donner des instructions ou s'il lâchait la bride à Niedermann pour qu'il prenne ses propres initiatives, celui-ci se laissait facilement glisser dans un état passif et apathique.

Zalachenko constata encore une fois que c'était une véritable calamité que son fils soit affublé de ces particularités. Ronald Niedermann était sans hésitation un être très intelligent, doté de qualités physiques qui faisaient de lui un homme redoutable et redouté. En outre, il était un excellent organisateur qui savait garder son sang-froid. Son seul problème était l'absence d'instinct de chef. Il avait tout le temps besoin de quelqu'un pour lui dire ce qu'il devait organiser.

Tout cela restait cependant pour l'heure hors de son contrôle. Maintenant il s'agissait de lui-même. Sa situation à lui, Zalachenko, était précaire, peut-être plus précaire que jamais.

La visite de maître Thomasson plus tôt dans la journée ne lui avait pas paru particulièrement rassurante. Thomasson était et restait un spécialiste en droit des sociétés, et toute son efficacité en la matière ne pouvait lui être d'un grand secours dans le contexte actuel.

Ensuite il y avait la visite de Jonas Sandberg. Sandberg constituait une bouée de sauvetage bien plus solide. Mais une bouée qui pourrait aussi se révéler un piège. Il lui fallait jouer ses cartes habilement et prendre le contrôle de la situation. Le contrôle était primordial.

Et au bout du compte, il pouvait faire confiance à ses propres ressources. Pour le moment, il avait besoin de soins médicaux. Mais dans quelques jours, peut-être une semaine, il aurait retrouvé ses forces. Si les choses étaient poussées à l'extrême, il ne pouvait peut-être compter que sur lui-même. Cela signifiait qu'il devait disparaître, au nez et à la barbe de tous les policiers qui lui tournaient autour. Il aurait besoin d'une cachette, d'un passeport et de liquide. Thomasson allait pouvoir lui procurer tout cela. Mais d'abord il lui faudrait se rétablir suffisamment pour avoir la force de s'enfuir.

A 1 heure, l'infirmière de nuit vint le voir. Il fit semblant de dormir. Quand elle referma la porte, il se dressa laborieusement dans le lit et bascula les jambes par-dessus le bord. Il resta assis sans bouger un long moment et testa son équilibre. Puis il posa doucement son pied gauche par terre. Par chance, le coup de hache avait touché sa jambe droite qui était déjà abîmée. Il tendit le bras pour attraper la prothèse dans l'armoire à côté du lit et la fixa au moignon. Puis il se leva. Il pesa sur sa jambe gauche intacte et essaya de poser la jambe droite. Quand il appuya dessus, une douleur fulgurante la traversa.

Il serra les dents et fit un pas. Il aurait eu besoin de ses cannes, mais il était persuadé que l'hôpital n'allait pas tarder à lui en proposer. Il prit appui sur le mur et boitilla jusqu'à la porte. Il lui fallut plusieurs minutes pour y arriver et il fut obligé de s'immobiliser après chaque pas pour maîtriser la douleur.

Il se reposa sur sa jambe valide, ouvrit très légèrement la porte et inspecta le couloir. Il ne vit personne et sortit la tête un peu plus. Il entendit des voix faibles à gauche et tourna la tête. Le local des infirmières de nuit se trouvait environ vingt mètres plus loin de l'autre côté du couloir.

Il tourna la tête à droite et vit la sortie au bout du couloir.

Plus tôt dans la journée, il s'était renseigné sur l'état de Lisbeth Salander. Il était malgré tout son père. Les infirmières avaient manifestement reçu l'instruction de ne pas parler des patients. Une infirmière avait juste dit sur un ton neutre que son état était stable. Mais, par réflexe, elle avait jeté un rapide coup d'œil vers la gauche dans le couloir.

Dans une des chambres entre la sienne et la salle des infirmières se trouvait Lisbeth Salander.

Il referma doucement la porte et retourna en boitant à son lit où il enleva la prothèse. Il était couvert de sueur lorsque enfin il put se glisser sous la couverture.

L'INSPECTEUR JERKER HOLMBERG revint à Stockholm vers midi le dimanche. Il était fatigué, il avait faim et se sentait éreinté. Il prit le métro et descendit à l'hôtel de ville puis continua à pied jusqu'à l'hôtel de police dans Bergsgatan, où il monta au bureau de l'inspecteur Jan Bublanski. Sonja Modig et Curt

Bolinder étaient déjà là. Bublanski les avait convoqués pour cette réunion en plein dimanche parce qu'il savait que le chef de l'enquête préliminaire, Richard Ekström, était pris ailleurs.

— Merci d'avoir pu venir, dit Bublanski. Je crois qu'il est grand temps qu'on discute calmement entre nous pour essayer de faire la lumière sur tout ce merdier. Jerker, tu as du nouveau ?

— Rien que je n'aie pas déjà raconté au téléphone. Zalachenko ne cède pas d'un millimètre. Il est innocent sur toute la ligne et il ne peut nous aider en rien du tout. Prenez seulement…

— Oui ?

— Tu avais raison, Sonja. C'est l'un des individus les plus sinistres que j'aie jamais rencontrés. Ça fait un peu con de dire ça. Dans la police, on ne devrait pas raisonner en ces termes mais il y a quelque chose qui fait peur sous son vernis calculateur.

— OK, fit Bublanski en se raclant la gorge. Que savons-nous ? Sonja ?

Elle afficha un petit sourire.

— Les enquêteurs privés ont gagné ce round. Je ne trouve Zalachenko dans aucun registre officiel, alors qu'un Karl Axel Bodin est né en 1939 à Uddevalla. Ses parents s'appelaient Marianne et Georg Bodin. Ils ont existé, mais sont morts dans un accident en 1946. Karl Axel Bodin a grandi chez un oncle en Norvège. On n'a donc rien sur lui avant les années 1970 quand il est revenu en Suède. La version de Mikael Blomkvist comme quoi il est un ex-agent russe du GRO semble impossible à vérifier, mais je suis encline à croire qu'il a raison.

— Et ça impliquerait quoi ?

— Il a manifestement été pourvu d'une fausse identité. Cela a dû se faire avec l'assentiment des autorités.

— La Säpo, donc ?

— C'est ce qu'affirme Blomkvist. Mais je ne sais pas de quelle manière exactement ça se serait passé. Cela sous-entend que son certificat de naissance et un tas d'autres documents auraient été falsifiés et insérés dans les registres officiels suédois. Je n'ose pas me prononcer sur le côté légal de ces agissements. Tout dépend probablement de qui prend la décision. Mais pour que ça soit légal, la décision a quasiment dû être prise au niveau gouvernemental.

Un certain silence s'installa dans le bureau de Bublanski pendant que les quatre inspecteurs criminels considéraient les implications.

— OK, dit Bublanski. Nous sommes quatre flics complètement bouchés. Si le gouvernement est impliqué, ce n'est pas moi qui vais l'appeler pour interrogatoire.

— Hmm, fit Curt Bolinder. Ça pourrait carrément mener à une crise constitutionnelle. Aux Etats-Unis, on peut convoquer des membres du gouvernement pour interrogatoire devant un tribunal ordinaire. En Suède, ça doit passer par la Commission constitutionnelle.

— Ce qu'on pourrait faire, par contre, c'est demander au chef, dit Jerker Holmberg.

— Demander au chef ? dit Bublanski.

— Thorbjörn Fälldin*. C'était lui, le Premier ministre de l'époque.

— C'est ça. On va se pointer je ne sais pas où chez lui et demander à l'ancien Premier ministre s'il a trafiqué des papiers d'identité pour un espion russe transfuge. Je ne pense pas que ce soit une bonne idée.

— Fälldin habite à Ås, dans la commune de Härnösand. Je suis originaire de ce coin-là, à quelques kilomètres de chez lui. Mon père est centriste et il connaît très bien Fälldin. Je l'ai rencontré plusieurs fois, quand j'étais enfant mais adulte aussi. C'est quelqu'un de très décontracté.

Trois inspecteurs criminels fixèrent Jerker Holmberg d'un regard ahuri.

— Tu connais Fälldin, dit Bublanski avec hésitation.

Holmberg hocha la tête. Bublanski fit la moue.

— Très franchement…, dit Holmberg. Ça pourrait résoudre tout un tas de problèmes si on pouvait amener l'ancien Premier ministre à nous faire un compte rendu pour qu'on sache sur quoi se baser dans cette soupe. Je pourrais monter parler avec lui. S'il ne dit rien, il ne dit rien. Et s'il parle, cela nous épargnera peut-être pas mal de temps.

* Thorbjörn Fälldin, Premier ministre centriste d'un gouvernement tripartite de droite de 1976 à 1978, puis de 1979 à 1981. (N.d.T.)

Bublanski réfléchit à la proposition. Puis il secoua la tête. Du coin de l'œil, il vit aussi bien Sonja Modig que Curt Bolinder hocher pensivement les leurs.

— Holmberg… c'est bien que tu le proposes, mais je pense qu'on va remettre ça à plus tard. Revenons à l'affaire. Sonja ?

— D'après Blomkvist, Zalachenko est arrivé ici en 1976. Pour autant que je peux comprendre, il n'y a qu'une personne qui a pu lui donner cette information.

— Gunnar Björck, dit Curt Bolinder.

— Qu'est-ce que Björck nous a dit ? demanda Jerker Holmberg.

— Pas grand-chose. Il invoque le secret professionnel et il dit qu'il ne peut rien discuter sans l'autorisation de ses supérieurs.

— Et qui sont ses supérieurs ?

— Il refuse de le dire.

— Alors que va-t-il lui arriver ?

— Je l'ai inculpé pour rémunération de services sexuels. Nous disposons d'une excellente documentation grâce à Dag Svensson. Ça a fait sortir Ekström de ses gonds, mais dans la mesure où j'avais établi un rapport, il risque des problèmes s'il abandonne l'enquête, dit Curt Bolinder.

— Aha. Infraction à la loi sur la rémunération de services sexuels. Qu'est-ce que ça donne, une amende, je suppose ?

— Probablement. Mais nous l'avons dans le système et nous pouvons le rappeler pour interrogatoire.

— Mais là nous sommes en train de marcher sur les plates-bandes de la Säpo. Ça pourrait entraîner des turbulences.

— Le problème, c'est que rien de ce qui s'est passé aujourd'hui n'aurait eu lieu si la Säpo n'avait pas été impliquée, d'une façon ou d'une autre. Il est possible que Zalachenko soit réellement un espion russe qui a déclaré forfait et demandé l'asile politique. Il est possible aussi qu'il ait travaillé pour la Säpo comme agent ou source, je ne sais pas comment on peut l'appeler, et qu'il existe une bonne raison de lui fournir une fausse identité et l'anonymat. Mais il y a trois hics. Premièrement, l'enquête qui a été menée, en 1991 et qui a fait interner Lisbeth Salander est illégale. Deuxièmement, l'activité de Zalachenko depuis cette date-là n'a strictement rien à voir avec la sécurité de la nation. Zalachenko est un gangster tout à fait ordinaire et très vraisemblablement complice d'une série d'homicides et d'autres crimes. Et troisièmement, il ne fait aucun doute qu'on a tiré sur Lisbeth Salander et qu'on l'a enterrée sur le terrain de Zalachenko à Gosseberga.

— Tiens, justement, j'aimerais vraiment le lire, ce fameux rapport, dit Jerker Holmberg.

Bublanski s'assombrit.

— Ekström a mis la main dessus vendredi, et quand je lui ai demandé de me le rendre, il a dit qu'il ferait une copie, ce qu'il n'a jamais fait. Au lieu de ça, il m'a rappelé pour dire qu'il avait parlé avec le ministère public et qu'il y a un problème. Selon le procureur de la nation, le classement en secret-défense signifie que ce rapport ne doit pas circuler et être copié. Le procureur a exigé qu'on lui rende toutes les copies jusqu'à ce que l'affaire soit élucidée. Et Sonja a donc été obligée de rendre la copie qu'elle avait.

— Ça veut dire qu'on ne dispose plus de ce rapport ?

— Oui.

— Merde, dit Holmberg. Ça n'augure rien de bon.

— Non, dit Bublanski. Mais ça veut surtout dire que quelqu'un agit contre nous et qu'en plus il agit très vite et efficacement. C'est cette enquête-là qui nous avait mis sur la bonne piste.

— Alors il nous faut déterminer qui agit contre nous, dit Holmberg.

— Un instant, dit Sonja Modig. Nous avons Peter Teleborian aussi. Il a contribué à notre enquête en nous fournissant un profil de Lisbeth Salander.

— Exactement, dit Bublanski d'une voix encore plus sombre. Et qu'a-t-il dit ?

— Il était très inquiet pour sa sécurité et il voulait son bien. Mais une fois terminé son baratin, il a dit qu'elle était très dangereuse et susceptible de résister. Nous avons basé une grande partie de notre raisonnement sur ce qu'il a dit.

— Et il a aussi pas mal affolé Hans Faste, dit Holmberg. On a de ses nouvelles à celui-là, d'ailleurs ?

— Il est en congé, répondit Bublanski sèchement. La question est maintenant de savoir quoi faire.

Ils passèrent les deux heures suivantes à discuter différentes possibilités. La seule décision pratique qui fut prise était que Sonja Modig retournerait à Göteborg le lendemain pour entendre si Lisbeth Salander avait quelque chose à dire. Lorsque enfin ils mirent un terme à la réunion, Sonja Modig et Curt Bolinder descendirent ensemble dans le garage.

— J'ai pensé à un truc... Curt Bolinder s'arrêta.

— Oui ? demanda Modig.

— Simplement, quand on parlait avec Teleborian, tu étais la seule dans le groupe à poser des questions et à t'opposer.

— Oui.

— Oui... donc. Bon instinct, dit-il.

Curt Bolinder n'avait pas la réputation de distribuer des fleurs et c'était définitivement la première fois qu'il disait quelque chose de positif ou d'encourageant à Sonja Modig. Il l'abandonna avec sa surprise devant sa voiture.

5

DIMANCHE 10 AVRIL

MIKAEL BLOMKVIST AVAIT PASSÉ LA NUIT du samedi au dimanche au lit avec Erika Berger. Ils n'avaient pas fait l'amour, mais avaient simplement parlé. Une très grande partie de leur conversation avait été consacrée aux détails de l'histoire Zalachenko. La confiance entre eux était telle que Mikael n'accordait aucune importance au fait qu'Erika commence à travailler pour un journal concurrent. Et Erika n'avait pas la moindre intention de lui piquer l'histoire. C'était le scoop de *Millénium* et, si elle ressentait quelque chose, c'était plutôt une certaine frustration de ne pas participer à ce numéro. Elle aurait aimé terminer avec lui les années à *Millénium*.

Ils parlèrent également du futur et de ce que la nouvelle situation impliquerait. Erika était fermement décidée à conserver ses parts dans *Millénium* et à rester dans le CA. En revanche, ils comprenaient tous deux qu'elle ne pouvait évidemment pas avoir de regard sur le travail rédactionnel courant.

— Donne-moi quelques années à SMP... et qui sait ? Je reviendrai peut-être à *Millénium* vers l'âge de la retraite.

Et ils discutèrent leur propre relation compliquée. Ils n'avaient aucune envie de changer leurs habitudes mais il semblait évident qu'ils ne pourraient pas se voir aussi souvent qu'avant. Ce serait comme dans les années 1980, avant le début de *Millénium*, quand ils travaillaient encore dans des endroits différents.

— La seule solution, ce sera de prendre rendez-vous, constata Erika avec un petit sourire.

LE DIMANCHE MATIN, ils se séparèrent en hâte avant qu'Erika rentre chez son mari Lars Beckman.

— Je ne sais pas quoi dire, dit Erika. Mais je reconnais tous les signes indiquant que tu es complètement absorbé par un sujet et que tout le reste passe au second plan. Est-ce que tu sais que tu te comportes comme un psychopathe quand tu travailles ?

Mikael sourit et lui fit une bise.

Après le départ d'Erika, il consacra la matinée à appeler l'hôpital Sahlgrenska pour essayer d'avoir des renseignements sur l'état de Lisbeth Salander. Personne ne voulant lui en donner, il finit par appeler l'inspecteur Marcus Ackerman qui eut pitié de lui et expliqua que l'état de Lisbeth était satisfaisant vu les circonstances et que les médecins étaient relativement optimistes. Il demanda s'il pouvait lui rendre visite. Ackerman répondit que Lisbeth Salander était en état d'arrestation sur décision du procureur de la nation et qu'elle n'était pas autorisée à avoir des visites, mais que, pour le moment, la question restait théorique. Son état était tel qu'on n'avait même pas pu l'interroger. Mikael réussit à obtenir la promesse d'Ackerman qu'il le contacte si l'état de Lisbeth empirait.

Mikael vérifia les appels qu'il avait reçus sur son portable et constata qu'il avait quarante-deux appels et SMS de différents journalistes qui cherchaient désespérément à le joindre. L'information disant que c'était lui qui avait trouvé Lisbeth Salander et alerté les Services de secours, et le fait qu'il soit ainsi intimement lié au déroulement des événements avaient fait l'objet de spéculations très poussées dans les médias au cours des dernières vingt-quatre heures.

Mikael effaça tous les messages des journalistes. Puis il appela sa sœur Annika Giannini et prit rendez-vous pour un déjeuner le jour même.

Ensuite il appela Dragan Armanskij, PDG de l'entreprise de sécurité Milton Security. Il le joignit sur son portable à son domicile à Lidingö.

— Toi, mon vieux, tu as le don de créer de gros titres, dit Armanskij sèchement.

— Excuse-moi de ne pas t'avoir appelé dans la semaine. J'ai eu le message que tu cherchais à me joindre, mais je n'ai pas eu le temps…

— On a mené notre propre enquête à Milton. Et Holger Palmgren m'a fait comprendre que tu détenais des infos. Mais on dirait que tu as des centaines de kilomètres d'avance sur nous.

Mikael hésita un instant, ne sachant pas très bien comment formuler la chose.

— Je peux te faire confiance ? demanda-t-il.

La question sembla étonner Armanskij.

— De quel point de vue ?

— Es-tu du côté de Salander ou pas ? Puis-je être sûr que tu veux son bien ?

— Elle est mon amie. Comme tu le sais, cela ne veut pas nécessairement dire que je suis son ami.

— Je sais. Mais ce que je te demande, c'est si tu es prêt à te mettre dans son coin du ring et à faire un match contre les brutes qui lui en veulent. Et il va y avoir beaucoup de reprises dans ce combat.

Armanskij réfléchit.

— Je suis de son côté, répondit-il.

— Puis-je te donner des informations et discuter des choses avec toi sans avoir à craindre des fuites vers la police ou vers quelqu'un d'autre ?

— Il est hors de question que je sois mêlé à quelque chose de criminel, dit Armanskij.

— Ce n'était pas ça, ma question.

— Tu peux avoir une confiance totale en moi tant que tu ne me révèles pas que tu mènes une activité criminelle ou des choses comme ça.

— Ça me va. Il faut qu'on se voie.

— Je descends en ville ce soir. On dîne ensemble ?

— Non, ça ne colle pas pour moi. Par contre, j'aimerais qu'on se voie demain soir. Toi et moi, et peut-être quelques autres personnes, on a besoin de discuter tranquillement.

— Ça peut se faire chez moi, à Milton. On dit 18 heures ?

— C'est bon. Autre chose… je vais voir ma sœur, Annika Giannini, dans deux heures. Elle envisage d'accepter de représenter Lisbeth, mais elle ne peut évidemment pas travailler gratuitement. Je peux payer une partie de ses honoraires de ma poche. Est-ce que Milton Security peut contribuer ?

— Lisbeth aura besoin d'un avocat extrêmement compétent. Je crois que ta sœur n'est pas un choix approprié, sauf ton respect. J'ai déjà parlé avec le premier juriste de chez Milton et il va chercher l'avocat qu'il nous faut. Je pense notamment à Peter Althin ou quelqu'un comme ça.

— Erreur. Lisbeth a besoin d'une tout autre sorte d'avocat. Tu comprendras ce que je veux dire quand on aura discuté. Mais est-ce que tu peux injecter de l'argent pour sa défense si nécessaire ?

— J'avais déjà en tête que Milton engagerait un avocat pour elle…

— Est-ce que ça signifie oui ou non ? Je sais ce qui est arrivé à Lisbeth. Je sais à peu près qui est derrière ça. Je sais pourquoi. J'ai un plan d'attaque.

Armanskij rit.

— D'accord. Je vais écouter ta proposition. Si elle ne me plaît pas, je me retirerai.

— EST-CE QUE TU AS RÉFLÉCHI à ma proposition de représenter Lisbeth Salander ? demanda Mikael dès qu'il eut fait la bise à sa sœur et que leur café et leurs sandwiches furent servis.

— Oui. Et je suis obligée de dire non. Tu sais que je ne fais pas de pénal. Même si elle est innocentée des meurtres pour lesquels on l'a pourchassée, il y aura une longue liste de points d'accusation. Elle aura besoin de quelqu'un d'un autre gabarit que moi et avec une expérience que je n'ai pas.

— Tu te trompes. Tu es avocate et ta compétence est plus que reconnue dans les questions de droits de la femme. Je dis que tu es exactement l'avocate qu'il lui faut.

— Mikael… je crois que tu ne piges pas tout à fait ce que cela signifie. Il s'agit d'une affaire criminelle complexe et pas d'un simple cas de maltraitance d'une femme ou de harcèlement sexuel. Si j'accepte de la défendre, on risque de courir droit à la catastrophe.

Mikael sourit.

— J'ai l'impression que tu n'as pas compris où je veux en venir. Si Lisbeth avait été poursuivie pour les meurtres de Dag et Mia, j'aurais engagé un avocat du type Silbersky ou un autre poids lourds des affaires criminelles. Mais ce procès traitera de tout autre chose. Et tu es l'avocate la plus parfaite que je peux imaginer pour ça.

Annika Giannini soupira.

— Alors, tu ferais bien de m'expliquer.

Ils parlèrent pendant près de deux heures. Quand Mikael eut fini d'expliquer, Annika Giannini était convaincue. Et Mikael prit son téléphone portable et rappela Marcus Ackerman à Göteborg.

— Salut. C'est encore Blomkvist.

— Je n'ai pas de nouvelles concernant Salander, dit Ackerman, irrité.

— Pas de nouvelles, bonnes nouvelles, c'est ce qu'il faut se dire dans l'état actuel des choses. Moi, en revanche, j'ai des nouvelles la concernant.

— Ah bon ?

— Oui. Elle a une avocate qui s'appelle Annika Giannini. Elle est là en face de moi et je te la passe.

Mikael tendit le portable à sa sœur.

— Bonjour. Je suis Annika Giannini et on m'a demandé de représenter Lisbeth Salander. Il me faut donc entrer en relation avec ma cliente pour qu'elle puisse m'agréer comme son défenseur. Et j'ai besoin du numéro de téléphone du procureur.

— Je vois, dit Ackerman. J'avais cru comprendre qu'un avocat avait été commis d'office.

— Hm hm. Est-ce que quelqu'un a demandé son avis à Lisbeth Salander ?

Ackerman hésita.

— Pour tout dire, on n'a pas encore eu la possibilité de communiquer avec elle. On espère pouvoir lui parler demain si son état le permet.

— Tant mieux. Alors je dis ici et maintenant que jusqu'à ce que Mlle Salander me contredise, vous pouvez me considérer comme son avocate. Vous ne pouvez pas mener d'interrogatoire avec elle sans ma présence. Vous pouvez seulement aller la voir et lui poser la question de savoir si elle m'accepte comme avocate ou pas. Vous comprenez ?

— Oui, dit Ackerman avec un soupir. Il ne savait pas très bien où il en était au niveau juridique. Il réfléchit un moment puis reprit : On aimerait avant tout demander à Salander si elle a la moindre idée de l'endroit où se trouve Ronald Niedermann, le meurtrier du policier. Est-ce que ça vous va si je lui demande ça, même si vous n'êtes pas présente ?

Annika Giannini hésita.

— D'accord… posez-lui la question si ça peut aider la police à localiser Niedermann. Mais ne lui dites rien en rapport avec d'éventuelles poursuites ou accusations contre elle. Sommes-nous d'accord ?

— Il me semble, oui.

MARCUS ACKERMAN QUITTA tout de suite son bureau et monta l'escalier pour aller frapper à la porte d'Agneta Jervas qui dirigeait l'enquête préliminaire. Il rendit compte de l'entretien qu'il venait d'avoir avec Annika Giannini.

— Je ne savais pas que Salander avait un avocat.

— Moi non plus. Mais Giannini a été engagée par Mikael Blomkvist. Il n'est pas sûr que Salander soit au courant.

— Mais Giannini ne fait pas le pénal. Elle s'occupe de questions de droits de la femme. J'ai écouté une conférence d'elle une fois, elle est pointue mais elle ne convient absolument pas dans cette affaire.

— Ça, c'est à Salander de le déterminer.

— Dans ce cas, il se peut que je sois obligée de contester ce choix devant le tribunal. Il est important pour Salander qu'elle ait un véritable défenseur et pas une star qui fait la une des journaux. Hmmm. De plus, Salander est déclarée majeure incapable. Je ne sais pas très bien ce qui s'applique.

— Qu'est-ce qu'on fait ?

Agneta Jervas réfléchit un instant.

— Quelle salade ! Je ne suis pas sûre de qui va s'occuper de cette affaire en fin de compte, elle sera peut-être transférée à Ekström à Stockholm. Mais il faut qu'elle ait un avocat. OK… demande-lui si elle veut de Giannini.

EN RENTRANT CHEZ LUI vers 17 heures, Mikael ouvrit son iBook et reprit le fil du texte qu'il avait commencé à formuler à l'hôtel. Il travailla pendant sept heures d'affilée jusqu'à ce qu'il ait identifié les plus gros trous de l'histoire. Il lui restait encore pas mal de recherches à faire. Une des questions auxquelles les documents existants ne permettaient pas de répondre était de savoir exactement quels éléments de la Säpo, à part Gunnar Björck, s'étaient ligués pour faire enfermer

Lisbeth Salander chez les fous. Il n'avait pas non plus démêlé la question de la nature des relations entre Björck et le psychiatre Peter Teleborian.

Vers minuit, il éteignit l'ordinateur et alla se coucher. Pour la première fois en plusieurs semaines, il sentit qu'il pouvait se détendre et dormir tranquillement. Il tenait son histoire. Quel que şoit le nombre de points d'interrogation qui restaient, il avait déjà suffisamment de matériel pour déclencher une avalanche de gros titres.

Il ressentit l'envie subite d'appeler Erika Berger pour la mettre à jour de la situation. Puis il se rappela qu'elle n'était plus à *Millénium*. A partir de là, dormir devint difficile.

A LA GARE CENTRALE DE STOCKHOLM, l'homme au porte-documents brun descendit lentement du train de 19 h 30 en provenance de Göteborg et resta immobile un instant dans la foule pour prendre ses repères. Il avait démarré son voyage à Laholm peu après 20 heures en gagnant Göteborg, où il avait fait halte pour déjeuner avec une vieille connaissance avant de reprendre son trajet vers Stockholm. Cela faisait deux ans qu'il n'était pas venu à Stockholm, et il n'avait en réalité pas projeté d'y retourner un jour. Bien qu'il y ait habité la majeure partie de sa vie professionnelle, il se sentait toujours comme un oiseau étranger dans la capitale, un sentiment qui ne cessait d'augmenter à chaque visite depuis qu'il avait pris sa retraite.

Il traversa lentement le hall de la gare, acheta les journaux du soir et deux bananes au Point-Presse, et contempla pensivement deux musulmanes en foulard qui le dépassaient à toute vitesse. Il n'avait rien contre les femmes en foulard. Si les gens voulaient se déguiser, ce n'était pas son problème. Par contre, cela le dérangeait qu'ils dussent à tout prix le faire en plein Stockholm.

Il fit à pied les trois cents mètres jusqu'à l'hôtel Frey à côté de l'ancienne poste principale dans Vasagatan. Il descendait toujours là lors de ses désormais rares visites à Stockholm. C'était central et propre. De plus, c'était bon marché, une nécessité puisqu'il payait lui-même son voyage. Il avait réservé sa chambre la veille et se présenta sous le nom d'Evert Gullberg.

Dès qu'il fut monté dans sa chambre, il se rendit aux toilettes. Il avait maintenant atteint l'âge où il était obligé d'aller se soulager à tout bout de champ. Cela faisait plusieurs années qu'il n'avait pas dormi une nuit entière sans se réveiller pour aller uriner.

Ensuite il enleva son chapeau, un feutre anglais vert sombre aux bords minces, et il défit le nœud de sa cravate. Il mesurait un mètre quatre-vingt-quatre et pesait soixante-huit kilos, il était donc de constitution maigre, voire chétive. Il portait une veste pied-de-poule et un pantalon gris sombre. Il ouvrit le porte-documents brun et en sortit deux chemises, une cravate de rechange et des sous-vêtements, qu'il rangea dans la commode. Puis il suspendit son manteau et sa veste aux cintres dans la penderie derrière la porte.

Il était trop tôt pour se coucher. Il était trop tard pour qu'il ait le courage d'aller faire une promenade du soir, occupation que de toute façon il ne trouverait pas à son goût. Il s'assit sur l'inévitable chaise d'hôtel et regarda autour de lui. Il alluma la télé mais baissa le son pour être débarrassé de tout bruit. Il envisagea d'appeler la réception pour commander un café, mais se dit que la soirée était trop avancée. Au lieu de cela, il ouvrit le minibar et se versa une mignonnette de Johnny Walker avec quelques gouttes d'eau. Il ouvrit les journaux du soir et lut attentivement tout ce qui avait été écrit dans la journée sur la chasse à Ronald Niedermann et le cas Lisbeth Salander. Au bout d'un moment, il sortit un carnet relié en cuir et prit quelques notes.

L'ANCIEN CHEF DE CABINET à la Säpo, Evert Gullberg, avait soixante-dix-huit ans et était officiellement à la retraite depuis quatorze ans. Mais il en va ainsi des vieux espions qu'ils ne meurent jamais, ils se glissent simplement parmi les ombres.

Peu après la fin de la guerre, lorsque Gullberg avait dix-neuf ans, il avait voulu faire carrière dans la marine. Il avait effectué son service militaire comme aspirant officier de marine et avait ensuite été accepté pour la formation d'officier. Mais au lieu d'une affectation traditionnelle en mer, à laquelle il s'était attendu, il avait été affecté au service de renseignements de la marine. Il comprenait sans mal la nécessité de surveiller les transmissions ennemies, avec l'espoir de découvrir ce qui se tramait de l'autre côté de la mer Baltique, mais il vivait ce travail comme ennuyeux et sans intérêt. A l'école d'interprétariat de l'armée, il eut cependant l'occasion d'apprendre le russe et le polonais. Ses connaissances en langues furent une des raisons de son recrutement en 1950 par la police de sûreté. C'était à l'époque où Georg Thulin, un homme d'une correction irréprochable, dirigeait la 3e brigade de la police d'Etat. Quand il prit son service, le budget global de la police secrète s'élevait à 2,7 millions de couronnes et le personnel dans sa totalité comptait très exactement quatre-vingt-seize personnes.

Quand Evert Gullberg prit formellement sa retraite, le budget de la Säpo dépassait les 350 millions de couronnes et il n'aurait su dire combien d'employés exactement comptait la Firme.

Gullberg avait passé sa vie au service secret de la nation, à moins que ce ne soit au service du bon peuple social-démocrate. Ironie du sort, puisque à chaque élection il avait fidèlement opté pour les modérés, à part en 1991, quand il avait sciemment voté contre eux, puisqu'il considérait Carl Bildt comme une catastrophe de la realpolitik. Cette année-là, il s'était résigné à apporter son suffrage à Ingvar Carlsson. Les années avec le meilleur gouvernement que la Suède ait jamais eu, sous la direction des modérés pendant quatre ans, avaient également confirmé ses pires craintes. Le gouvernement modéré avait été formé à l'époque de l'effondrement de l'Union soviétique, et à son avis il n'y avait guère de régime aussi mal armé pour affronter les nouvelles possibilités politiques dans l'art de l'espionnage apparues dans l'Est et en tirer profit. Le gouvernement de Bildt avait au contraire invoqué des raisons économiques pour réduire le bureau soviétique et à la place miser sur des inepties internationales en Bosnie et en Serbie – comme si la Serbie devait un jour devenir une menace pour la Suède ! Le résultat avait été l'impossibilité d'implanter à Moscou des informateurs à long terme, et le jour où le climat se durcirait de nouveau – ce qui était inévitable, de l'avis de Gullberg –, on allait encore avoir des exigences politiques extravagantes vis-à-vis de la Säpo et du service de renseignements militaires, comme s'ils pouvaient faire surgir des agents par magie.

GULLBERG AVAIT COMMENCÉ SA CARRIÈRE au bureau russe de la 3e brigade de la police d'Etat et, après deux ans passés derrière un bureau, il avait pu faire ses premiers pas hésitants sur le terrain en tant qu'attaché militaire avec le grade de capitaine, à l'ambassade de Suède à Moscou, de 1952 à 1953. Fait étrange, il allait sur les mêmes pas qu'un autre espion célèbre. Quelques années auparavant, son poste avait été occupé par un officier pas tout à fait inconnu, le colonel Stig Wennerström.

De retour en Suède, Gullberg avait travaillé pour le contre-espionnage et, dix ans plus tard, il était l'un des plus jeunes agents de la Säpo qui en 1963, dans l'équipe menée par le directeur des interventions Otto Danielsson, avait arrêté Wennerström et l'avait conduit à une peine d'enfermement à vie à la prison de Långholmen.

Lorsque la police secrète fut restructurée sous Per Gunnar Vinge en 1964, pour devenir le département de sûreté de la direction générale de la Police nationale, la DGPN/Säpo, on avait commencé à augmenter le nombre d'employés. A ce moment-là, Gullberg travaillait à la Säpo depuis quatorze ans et il était devenu l'un des vétérans de confiance.

Gullberg évitait d'employer le terme abrégé de Säpo, auquel il préférait police de sûreté. Avec des collègues, il lui arrivait de parler de l'Entreprise ou de la Firme ou plus simplement du Département – mais jamais de Säpo. La raison en était simple. La mission la plus importante de la Firme pendant de nombreuses années avait été le contrôle du personnel, c'est-à-dire des enquêtes et le fichage de citoyens suédois qu'on pouvait soupçonner d'avoir des opinions communistes et traîtres à la patrie. A la Firme, on utilisait les notions de communiste et traître à la patrie comme des synonymes. Le mot "Säpo", qui avait finalement été adopté par tous, avait à l'origine été créé par *Clarté*, un journal communiste traître à la patrie, comme une sorte de terme péjoratif s'appliquant aux chasseurs de communistes de la police. Et Gullberg avait le plus grand mal à comprendre pourquoi son ancien chef, P. G. Vinge, avait choisi pour titre de ses Mémoires *J'ai été chef de la Säpo de 1962 à 1970*.

La restructuration de 1964 allait décider de la carrière future de Gullberg.

La transformation de la police secrète en DGPN/Säpo signifiait qu'elle devint ce que les notes du ministère de la Justice qualifiaient d'organisation policière moderne. Cela impliquait de nouveaux recrutements, d'où des problèmes d'adaptation infinis, ce qui dans une organisation en expansion eut pour conséquence que les possibilités de l'Ennemi furent franchement améliorées pour ce qui concerne la mise en place d'agents au sein du Département. Ceci à son tour entraîna que le contrôle de sécurité interne dut être renforcé – la police secrète ne pouvait plus être un club distinct composé d'anciens officiers, où tout le monde connaissait tout le monde et où le mérite le plus courant d'une nouvelle recrue était d'avoir un père officier.

En 1963, Gullberg avait été transféré du contre-espionnage au contrôle du personnel, renforcé dans le sillage du démasquage de Stig Wennerström. C'est à cette période que furent posées les fondations du registre d'opinions qui, vers la fin des années 1960, fichait plus de trois cent mille citoyens suédois nourrissant des opinions politiques peu convenables. Mais le contrôle des citoyens suédois en général était une chose – ici, il s'agissait de savoir comment concevoir le contrôle de sécurité au sein de la DGPN/Säpo.

Wennerström avait déclenché une avalanche d'embarras à la police secrète de l'Etat. Si un colonel de l'état-major de la Défense avait pu travailler pour les Russes – alors qu'en plus il était conseiller du gouvernement dans des affaires touchant aux armes nucléaires et à la politique de sûreté –, pouvait-on alors affirmer que les Russes n'avaient pas un agent placé de façon aussi centrale au sein de la police secrète ? Qui devait garantir que les directeurs et autres responsables de la Firme ne travaillaient pas en fait pour les Russes ? Bref, qui devait espionner les espions ?

En août 1964, Gullberg fut convoqué à une réunion dans l'après-midi chez le directeur adjoint de la Säpo, le chef de cabinet Hans Wilhelm Francke. A part lui, deux autres personnes des hautes sphères de la Firme participaient à cette réunion, le secrétaire général et le responsable du budget. Avant la fin de la journée, la vie de Gullberg avait pris un autre sens. Il avait été choisi. Il s'était vu attribuer la charge d'une brigade nouvellement instaurée passant sous le nom provisoire de Section spéciale, en abrégé SS. La première mesure de Gullberg fut de la rebaptiser Section d'analyse. Cela fit l'affaire pendant quelques minutes jusqu'à ce que le responsable du budget fasse remarquer que SA n'était pas franchement mieux que SS. Le nom définitif de l'organisation fut la Section d'analyse spéciale, la SAS, et dans la vie de tous les jours la Section, contrairement au Département ou à la Firme, qui s'appliquaient à la Säpo dans son ensemble.

CETTE SECTION ÉTAIT L'IDÉE de Francke. Il l'appelait la dernière ligne de défense. Un groupe ultrasecret dans des endroits stratégiques au sein de la Firme, mais demeurant invisible et qui n'apparaissait pas dans les notes internes ni dans les provisions budgétaires et qui, de ce fait, ne pouvait pas être infiltré. Sa mission : veiller sur la sûreté de la nation. Francke avait le pouvoir de rendre cela possible. Il avait besoin du responsable du budget et du secrétaire général pour créer cette structure occulte, mais ils étaient tous des soldats de la vieille école et amis depuis des dizaines d'escarmouches avec l'Ennemi.

La première année, l'organisation ne comprenait que Gullberg et trois collaborateurs triés sur le volet. Au cours des dix années suivantes, la Section augmenta jusqu'à comprendre onze personnes, dont deux étaient des secrétaires administratifs de la vieille école et le reste des chasseurs d'espions professionnels. Hiérarchie simplifiée au maximum, Gullberg était le chef, tous les autres étaient des collaborateurs qui rencontraient leur chef pratiquement tous les jours. L'efficacité était plus prisée que le prestige et la bureaucratie.

Formellement, Gullberg était le subordonné d'une longue liste de gens dans la hiérarchie sous le secrétaire général de la Säpo, à qui il devait fournir des rapports mensuels, mais en pratique Gullberg se retrouvait dans une position unique et détenteur de pouvoirs extraordinaires. Lui, et lui seul, pouvait décider d'étudier à la loupe les plus hautes instances de la Säpo. Il pouvait, si tel était son plaisir, retourner comme un gant la vie de Per Gunnar Vinge en personne. (Ce qu'il fit effectivement.) Il pouvait démarrer ses propres enquêtes ou mettre en place des écoutes téléphoniques sans avoir à expliquer son but ni même en référer en haut lieu. Son modèle était le légendaire espion américain James

Jesus Angleton, qui occupait une position similaire à la CIA, dont en outre il avait fait la connaissance personnellement.

Concrètement, la Section devint une micro-organisation au sein du Département, à l'extérieur, au-dessus et à côté de tout le reste de la police de sûreté. Ceci eut aussi des conséquences géographiques. La Section avait des bureaux sur Kungsholmen mais, pour des raisons de sécurité, toute la Section fut déplacée hors les murs, dans un appartement privé de onze pièces à Östermalm. L'appartement fut discrètement transformé en bureaux fortifiés, jamais laissés sans équipage puisque la fidèle secrétaire Eleanor Badenbrink fut logée à titre permanent dans deux pièces tout près de l'entrée. Badenbrink était une ressource inestimable en qui Gullberg avait entièrement confiance.

Dans l'organisation de leur unité, Gullberg et ses collaborateurs échappèrent à toute notoriété – ils étaient financés par un "fonds spécial" mais ils n'existaient nulle part dans la bureaucratie formelle de la police de sûreté qui relevait de la direction générale de la Police nationale ou du ministère de la Justice. Le directeur de la DGPN/Säpo lui-même ignorait l'existence de ces hommes les plus secrets parmi les secrets, qui avaient pour mission de gérer les affaires les plus secrètes parmi les secrètes.

Vers l'âge de quarante ans, Gullberg se trouvait par conséquent dans une situation où il n'avait de comptes à rendre à personne et où il pouvait engager des enquêtes sur exactement tout ce qu'il voulait.

Dès le début, Gullberg avait compris que la Section d'analyse spéciale risquerait de devenir un groupe politiquement sensible. Sa mission était pour le moins très floue et les instructions écrites extrêmement maigres. En septembre 1964, le Premier ministre Tage Erlander signait une directive stipulant que des crédits seraient alloués à la Section d'analyse spéciale, dont la mission était de gérer des enquêtes particulièrement sensibles et importantes pour la sûreté de la nation. C'est une des douze affaires de ce genre que le directeur adjoint de la DGPN/Säpo, Hans Wilhelm Francke, exposa au cours d'une réunion de l'après-midi. L'affaire fut immédiatement classée secrète et archivée dans le registre spécial et également secret de la DGPN/Säpo.

La signature du Premier ministre impliquait cependant que la Section fût une institution juridiquement agréée. Le premier budget annuel de la Section s'élevait à 52 000 couronnes. Un tout petit budget, ce que Gullberg lui-même estimait être un trait de génie. Cela laissait entendre que la création de la Section n'était qu'une affaire parmi d'autres.

Dans un sens plus large, la signature du Premier ministre signifiait qu'il avait reconnu le besoin d'un groupe qui pouvait se charger du "contrôle interne du personnel". Certains pouvaient également déduire de cette même signature que le Premier ministre avait donné son aval à la création d'un groupe qui pouvait se charger également du contrôle de "personnes particulièrement sensibles" à l'extérieur de la Säpo, par exemple du Premier ministre lui-même. C'était cette dernière éventualité qui créait des problèmes politiques potentiellement sérieux.

EVERT GULLBERG CONSTATA que son Johnny Walker était fini dans le verre. Il n'était pas particulièrement porté sur l'alcool, mais la journée avait été longue, le voyage aussi et il estimait se trouver à un stade de la vie où peu importait s'il décidait de boire un ou deux whiskys. Il n'avait pas à hésiter à remplir le verre s'il en avait envie. Il se versa une mignonnette de Glenfiddich.

Le dossier le plus sensible de tous était bien entendu Olof Palme.

Gullberg se souvenait en détail de cette journée électorale de 1976. Pour la première fois de l'histoire moderne, la Suède avait un gouvernement de droite. Malheureusement, ce fut Thorbjörn Fälldin qui devint Premier ministre, et non pas Gösta Bohman, un homme de la vieille école infiniment plus approprié. Mais avant tout, Palme était battu et Evert Gullberg pouvait respirer.

La pertinence d'avoir Palme comme Premier ministre avait fait l'objet de plus d'une conversation dans les couloirs les plus secrets de la DGPN/Säpo. En 1969, Per Gunnar Vinge avait été viré après avoir formulé son opinion, partagée par de nombreuses personnes au Département – en l'occurrence que Palme était peut-être un agent de renseignements opérant pour le KGB russe. La conviction de Vinge ne fit l'objet d'aucune controverse dans le climat qui régnait à la Firme. Malheureusement, il avait ouvertement discuté la chose avec le gouverneur de province Ragnar Lassinantti lors d'une visite dans le Norrbotten. Lassinantti avait haussé les sourcils par deux fois puis il avait informé le cabinet ministériel, avec pour résultat que Vinge fut convoqué à un entretien particulier.

A la grande indignation d'Evert Gullberg, la question des éventuels contacts russes de Palme ne reçut jamais de réponse. Malgré de constantes tentatives pour établir la vérité et trouver les preuves déterminantes – *le revolver qui fume encore* –, la Section n'avait jamais trouvé la moindre preuve que tel était le cas. Aux yeux de Gullberg, cela n'indiquait nullement que Palme était éventuellement innocent, mais au contraire qu'il était peut-être un espion particulièrement malin et intelligent, peu disposé à commettre les erreurs que d'autres espions russes avaient commises. Palme continuait à les bafouer d'année en année. En 1982, l'affaire Palme avait été réactualisée lorsqu'il était redevenu Premier ministre. Puis les coups de feu avaient claqué dans Sveavägen et la question était devenue théorique pour toujours.

1976 AVAIT ÉTÉ UNE ANNÉE PROBLÉMATIQUE pour la Section. Au sein de la DGPN/Säpo – parmi les rares personnes qui connaissaient l'existence de la Section –, une certaine critique avait vu le jour. Au cours des dix années passées, en tout soixante-cinq fonctionnaires de la Säpo avaient été licenciés de l'organisation à cause d'un manque de fiabilité politique supposé. Dans la plupart des cas, les documents étaient cependant d'une telle nature qu'on ne pouvait rien prouver, et, conséquemment, certains chefs haut placés avaient commencé à se dire que les gens de la Section étaient des paranoïaques qui voyaient des conspirations partout.

Gullberg bouillonnait encore quand il se souvenait d'une des affaires que la Section avait traitées. Il s'agissait d'une personne qui avait été recrutée par la DGPN/Säpo en 1968 et que Gullberg avait personnellement estimée particulièrement peu convenable. Son nom était Stig Bergling, inspecteur criminel et lieutenant dans l'armée suédoise, qui plus tard allait se révéler être un colonel du GRO, le service de renseignements militaires russe. A quatre reprises au cours des années suivantes, Gullberg s'efforça de faire virer Bergling mais chaque fois ses tentatives furent ignorées. Ce n'est qu'en 1977 que le vent tourna, lorsque Bergling fut l'objet de soupçons même à l'extérieur de la Section. C'était trop tard. Bergling fut le plus grand scandale de l'histoire de la police de sûreté suédoise.

La critique envers la Section s'était accrue durant la première moitié des années 1970 et, vers le milieu de la décennie, Gullberg avait plusieurs fois entendu dire que le budget serait diminué et même entendu insinuer que toute l'activité ne servait à rien.

Globalement, la critique signifiait que l'avenir de la Section était menacé. Cette année-là, la priorité à la DGPN/Säpo était les menaces terroristes, une triste histoire du point de vue espionnage et qui concernait principalement des jeunes égarés travaillant avec des éléments arabes ou propalestiniens. La grande question au sein de la Säpo était de savoir si le contrôle du personnel devait recevoir des provisions particulières pour examiner des citoyens étrangers domiciliés en Suède, ou bien si cela devait rester une question exclusivement traitée par la brigade des étrangers.

Partant de cette discussion bureaucratique quelque peu obscure, le besoin s'était fait sentir à la Section de s'attacher les services d'un collaborateur de confiance qui serait chargé de renforcer le contrôle des collaborateurs à la brigade des étrangers, oui, de les espionner.

Le choix tomba sur un jeune employé qui travaillait à la DGPN/Säpo depuis 1970 et dont le passé et la crédibilité politique étaient tels qu'on estimait qu'il pourrait avoir sa place parmi les collaborateurs de la Section. Dans sa vie privée, il était membre d'une organisation appelée Alliance démocratique mais que les médias sociaux-démocrates qualifiaient d'extrême droite. A la Section, cela ne constituait pas une tare. Trois autres collaborateurs étaient également membres de cette organisation, et la Section était pour beaucoup dans sa création. Elle contribuait aussi à une petite partie de son financement. C'était par le biais de l'Alliance démocratique que le nouveau collaborateur de la Section avait été remarqué et recruté. Son nom était Gunnar Björck.

POUR EVERT GULLBERG, ce fut une chance invraisemblable que le jour des élections de 1976, lorsque Alexander Zalachenko se réfugia en Suède et entra au commissariat de Norrmalm pour demander l'asile politique, que ce jour-là justement le jeune Gunnar Björck – instructeur d'affaires à la brigade des étrangers, un agent déjà attaché aux plus secrets des secrets – soit celui qui accueillit Zalachenko.

Björck était vif d'esprit. Il comprit immédiatement l'importance de Zalachenko et interrompit l'interrogatoire. Il fourra le déserteur dans une chambre à l'hôtel Continental. Ce fut donc Evert Gullberg et non pas son chef formel à la brigade des étrangers que Gunnar Björck appela pour donner l'alerte. L'appel arriva à une heure où les bureaux de vote avaient fermé et où tous les pronostics indiquaient que Palme allait perdre. Gullberg venait d'arriver chez lui et suivait la soirée électorale à la télé. Tout d'abord il avait douté de l'information que lui fournissait le jeune homme surexcité. Ensuite, il s'était rendu au Continental pour prendre la direction de l'affaire Zalachenko.

CE JOUR-LÀ, LA VIE D'EVERT GULLBERG avait radicalement changé. Le mot "secret" avait pris une toute nouvelle signification et un nouveau poids. Il comprit la nécessité de créer une structure autour du transfuge.

Il choisit d'emblée d'inclure Gunnar Björck dans le groupe Zalachenko. C'était une décision sage et juste puisque Björck connaissait déjà l'existence du transfuge. Il valait mieux l'avoir à l'intérieur que le laisser présenter un risque pour la sécurité à l'extérieur. Cela signifia que Björck fut transféré de son poste officiel à la brigade des étrangers à un bureau dans l'appartement d'Östermalm.

Dans l'agitation qui s'ensuivit, Gullberg avait pris le parti d'informer une seule personne au sein de la DGPN/Säpo, en l'occurrence le secrétaire général qui avait déjà accès à l'activité de la Section. Le secrétaire général avait gardé pour lui l'information pendant plusieurs jours avant d'expliquer à Gullberg que le poisson qui changeait de camp était si gros qu'il fallait informer le directeur de la DGPN/Säpo, et que le gouvernement aussi devait être mis au courant.

Le directeur de la DGPN/Säpo, qui venait de prendre son poste, avait à cette époque connaissance de la SAS, mais il n'avait qu'une vague idée de ses occupations réelles. On l'avait installé à ce poste pour nettoyer après l'affaire IB et il était déjà en route pour un poste important dans la hiérarchie policière. Lors d'entretiens confidentiels, le directeur de la DGPN/Säpo avait appris que la Section était un groupe secret formé par le gouvernement, évoluant en dehors de l'activité véritable de la Säpo et sur lequel il ne fallait poser aucune question. Le directeur étant à cette époque un homme qui se gardait bien de poser des questions susceptibles de générer des réponses désagréables, il s'était contenté de hocher la tête et d'accepter qu'existât quelque chose baptisé SAS et que cela ne le regardât pas.

Gullberg n'était pas spécialement séduit par la pensée d'avoir à parler de Zalachenko au directeur, mais il accepta la réalité. Il souligna l'importance du besoin absolu d'un secret total, ce que son interlocuteur appuya, et il décréta des mesures telles que même le directeur de la DGPN/Säpo ne pourrait discuter le sujet dans son bureau sans prendre des mesures de sécurité spécifiques. Il fut décidé que Zalachenko serait géré par la Section d'analyse spéciale.

Il était exclu d'en informer le Premier ministre sortant. Compte tenu du remue-ménage autour du changement de gouvernement, le nouveau Premier ministre était fort affairé à nommer ses ministres et à négocier avec les autres partis de droite. Ce ne fut qu'un mois après la formation du nouveau gouvernement que le directeur de la DGPN/Säpo, accompagné de Gullberg, se rendit à Rosenbad, au siège du gouvernement, pour informer Fälldin, le nouveau Premier ministre. Jusqu'au bout, Gullberg s'était opposé à ce que le gouvernement soit informé de quoi que ce soit, mais le directeur de la DGPN/Säpo avait tenu bon – constitutionnellement, il était indéfendable de ne pas informer le Premier ministre. Pendant la réunion, Gullberg avait usé de toute son éloquence pour persuader le Premier ministre de l'importance de ne pas répandre la nouvelle de l'existence de Zalachenko au-delà de son bureau – ni le ministre des Affaires étrangères, ni le ministre de la Défense, ni aucun autre membre du gouvernement ne devait en avoir connaissance.

D'apprendre qu'un agent russe de grande envergure avait cherché l'asile politique en Suède avait secoué Fälldin. Le Premier ministre avait commencé à évoquer son devoir, pour des raisons constitutionnelles, de discuter la chose avec au moins les présidents des deux autres partis du gouvernement de coalition. Gullberg s'était attendu à cette objection et il avait joué la carte la plus lourde dont il disposait. Il avait répondu en expliquant à voix basse que si cela devait se produire, il se verrait obligé de donner immédiatement sa démission. La menace avait fait son effet sur Fälldin. Cela impliquait que le Premier ministre porterait personnellement la responsabilité si l'histoire venait à être connue et que les Russes envoyaient un commando de tueurs pour liquider Zalachenko. Et si la personne qui répondait de la sécurité de Zalachenko s'était vue obligée de démissionner, une telle révélation serait une catastrophe politique et médiatique pour le Premier ministre.

Fälldin, encore tout frais et hésitant dans son rôle de chef du gouvernement, s'était incliné. Il donna son aval à une directive qui fut immédiatement consignée dans le registre secret et qui stipulait que la Section répondait de la sécurité et du débriefing de Zalachenko, et que l'information sur l'existence de Zalachenko ne devait pas quitter le bureau du Premier ministre. Fälldin signait par là même une directive démontrant clairement qu'il avait été informé, mais qui signifiait aussi qu'il n'avait pas le droit d'en parler. Bref, il devait oublier Zalachenko.

Fälldin avait cependant insisté pour qu'une autre personne de son cabinet soit informée, un secrétaire d'Etat soigneusement choisi qui fonctionnerait comme contact dans les affaires concernant le transfuge. Gullberg se laissa faire. Il n'aurait aucun problème à manipuler un secrétaire d'Etat.

Le directeur de la DGPN/Säpo était satisfait. L'affaire Zalachenko était à présent couverte d'un point de vue constitutionnel, ce qui signifiait qu'il avait assuré ses arrières. Gullberg aussi était satisfait. Il avait réussi à mettre en place une quarantaine lui permettant de contrôler le flot d'informations. Lui seul contrôlait Zalachenko.

De retour à son bureau à Östermalm, Gullberg s'installa derrière son bureau et dressa une liste manuscrite des personnes qui connaissaient l'existence de Zalachenko. A part lui-même, elle était constituée de Gunnar Björck, de Hans von Rottinger, chef des opérations à la Section, de Fredrik Clinton, directeur adjoint, d'Eleanor Badenbrink, secrétaire de la Section, ainsi que de deux collaborateurs qui avaient pour mission de réunir et d'analyser en continu les renseignements que Zalachenko pouvait leur fournir. En tout sept personnes qui, pendant les années à venir, allaient constituer une section à part au sein de la Section. Mentalement, il la baptisa Groupe intérieur.

A l'extérieur de la Section, le secret était connu par le directeur de la DGPN/Säpo, le directeur adjoint et le secrétaire général. En tout douze personnes. Jamais auparavant un secret de cette importance n'avait été connu uniquement par un cercle aussi exclusif.

Mais ensuite Gullberg se rembrunit. Le secret était connu aussi d'une treizième personne. Björck avait été accompagné par un juriste, Nils Bjurman. Il était exclu de faire de Bjurman un collaborateur de la Section. Bjurman n'était pas un véritable policier de la Säpo – il n'y était guère qu'un stagiaire – et il ne disposait pas de la connaissance et de la compétence exigées. Gullberg soupesa différentes possibilités, puis choisit de sortir Bjurman de l'histoire en douceur. Il le menaça de prison à vie pour haute trahison si Bjurman soufflait ne fût-ce qu'une syllabe au sujet de Zalachenko, il utilisa la corruption sous forme de promesses de missions futures et les flatteries qui augmentèrent le sentiment d'importance chez Bjurman. Il veilla à ce que Bjurman ait un poste dans un cabinet d'avocats renommé, puis qu'il ait une foule de missions qui le tenaient occupé. Le seul problème était que Bjurman soit si médiocre et qu'il ne sache pas utiliser ses propres capacités. Au bout de dix ans, il quitta le cabinet d'avocats et s'installa à son compte, à terme un bureau d'avocat avec un employé à Odenplan.

Au fil des ans, Gullberg maintint Bjurman sous une surveillance discrète mais constante. Ce ne fut qu'à la fin des années 1980 qu'il laissa tomber la surveillance de l'avocat, lorsque, compte tenu de l'effondrement de l'Union soviétique, Zalachenko n'était plus une affaire prioritaire.

POUR LA SAS, Zalachenko avait d'abord représenté la promesse d'une percée dans l'énigme Palme, une affaire qui
préoccupait Gullberg en permanence. Palme avait ainsi été
un des premiers sujets que Gullberg avait ventilés pendant
le long débriefing.

Les espoirs avaient cependant vite été pulvérisés puisque
Zalachenko n'avait jamais opéré en Suède et n'avait pas de
véritable connaissance du pays. En revanche, Zalachenko
avait entendu parler d'un "Coureur Rouge", un politicien
haut placé suédois ou peut-être scandinave qui travaillait
pour le KGB.

Gullberg dressa une liste de noms qu'il attachait à Palme.
Il y avait Carl Lidbom, Pierre Schori, Sten Andersson, Marita
Ulvskog et quelques autres personnes. Tout au long de sa
vie, Gullberg n'allait cesser de retourner vers cette liste, et il
n'aurait jamais de réponse.

Gullberg jouait tout à coup dans la cour des grands. On le
salua avec respect dans le club exclusif de guerriers où tout
le monde se connaît et où les contacts se nouent par l'intermédiaire d'amis personnels et de confiance – pas par les
canaux officiels et les interventions bureaucratiques. Il rencontra James Jesus Angleton en personne et il put boire du
whisky dans un club discret à Londres en compagnie du
patron du MI-6. Il devint l'un des grands.

LE REVERS DU MÉTIER était qu'il ne pourrait jamais raconter
ses succès, même pas dans des Mémoires posthumes. Et la
crainte l'accompagnait en permanence que l'Ennemi remarque ses voyages et le mette sous surveillance – qu'involon-
tairement il mène les Russes à Zalachenko.

De ce point de vue, Zalachenko était son pire ennemi
personnel.

La première année, Zalachenko avait vécu dans un appartement neutre propriété de la Section. Il n'existait dans
aucun registre ou document officiel, et au sein du groupe
Zalachenko ils avaient cru avoir tout leur temps avant d'être
obligés de planifier son avenir. Ce ne fut qu'au printemps 1978
qu'il reçut un passeport au nom de Karl Axel Bodin ainsi
qu'une histoire laborieusement élaborée – un vrai faux passé
vérifiable dans les registres suédois.

Mais alors il était déjà trop tard. Zalachenko était allé baiser cette pute de merde d'Agneta Sofia Salander, née Sjölander, et il s'était présenté avec désinvolture sous son véritable nom. Gullberg estimait qu'un truc clochait dans la tête de son protégé. Il soupçonnait le transfuge russe d'avoir envie de se faire démasquer. On aurait dit qu'il avait besoin d'apparaître sous les feux des projecteurs. Comment expliquer autrement qu'il pouvait être aussi bas de plafond ?

Il y avait les putes, il y avait des périodes de consommation exagérée d'alcool et il y avait ces prises de bec et autres bousculades avec des videurs de bars. A trois reprises, Zalachenko fut arrêté par la police suédoise pour état d'ébriété et à deux reprises à la suite d'embrouilles dans des bars. Et chaque fois, la Section devait discrètement intervenir pour le sortir de là et veiller à ce que tous les documents disparaissent et que les inscriptions dans les registres soient modifiées. Gullberg désigna Gunnar Björck comme chaperon. Son boulot consistait à servir de nounou au transfuge quasiment vingt-quatre heures sur vingt-quatre. Pas simple, mais difficile aussi d'agir autrement.

Tout aurait pu bien se passer. Au début des années 1980, Zalachenko s'était calmé et avait commencé à s'adapter. Sauf qu'il ne voulait pas laisser tomber cette pute de Salander – et, pire encore, il était devenu père de deux gamines, Camilla et Lisbeth Salander.

Lisbeth Salander.

Gullberg prononça le nom avec un sentiment de malaise.

Déjà quand les filles avaient neuf-dix ans, Gullberg avait ressenti comme une crampe dans l'estomac quand il était question de Lisbeth Salander. Pas besoin d'être psychiatre pour comprendre qu'elle n'était pas normale. Gunnar Björck lui avait rapporté qu'elle était rebelle, violente et agressive envers Zalachenko et que, de plus, elle ne semblait pas le craindre le moins du monde. Elle s'exprimait rarement, mais elle marquait de mille autres façons son mécontentement de l'état des choses. Elle était un problème en gestation, mais même dans ses plus grands délires imaginatifs, Gullberg n'aurait pu prévoir les proportions gigantesques que ce problème allait prendre. Ce qu'il craignait par-dessus tout était que la situation de la famille Salander mène à une enquête sociale qui se focaliserait sur Zalachenko. Il n'arrêtait pas de le supplier de rompre avec la famille et de disparaître de leur vie. Zalachenko promettait mais ne tenait jamais sa promesse. Il avait d'autres putes. Il avait une foule de putes. Mais au bout de quelques mois, il était toujours de retour auprès d'Agneta Sofia Salander.

Ce connard de Zalachenko. Un espion qui laissait sa bite guider sa vie sentimentale n'était évidemment pas un bon espion. Mais c'était comme si Zalachenko était au-dessus de toutes les règles normales, ou qu'il estimait se trouver au-dessus des règles. Et si au moins il avait pu sauter cette femme sans nécessairement la cogner aussi chaque fois qu'il la voyait, ça aurait pu passer, mais la tournure que prenaient les choses était qu'il la maltraitait systématiquement. On aurait même dit qu'il agissait ainsi par défi à l'égard de ses surveillants du groupe Zalachenko, qu'il la tabassait pour s'amuser et pour les mettre au supplice.

Gullberg ne doutait nullement que Zalachenko fût un fumier pervers, mais il n'avait guère le choix. Les transfuges du GRO ne couraient pas vraiment les rues. De transfuge, il n'en avait qu'un et qui était conscient de l'importance qu'il avait pour Gullberg.

Gullberg soupira. Le groupe Zalachenko avait endossé le rôle de commando de nettoyage. C'était indéniable. Zalachenko savait qu'il pouvait prendre des libertés et que les gars allaient gentiment régler les problèmes derrière lui. Et quand il s'agissait d'Agneta Sofia Salander, il utilisait ces possibilités au-delà de toutes limites.

Les signaux d'alerte n'avaient pas manqué, pourtant. Lisbeth Salander venait d'avoir douze ans quand elle avait poignardé Zalachenko. Blessures superficielles certes mais qui avaient exigé un transport à l'hôpital Sankt Göran, d'où l'obligation pour le groupe Zalachenko d'entreprendre un travail de nettoyage considérable. Cette fois-là, Gullberg avait eu un Entretien Très Sérieux avec Zalachenko. Il lui avait fait comprendre qu'il ne devait en aucun cas reprendre contact avec la famille Salander, et Zalachenko avait promis. Il avait tenu sa promesse pendant plus de six mois avant de retourner chez Agneta Sofia Salander et de la tabasser si sérieusement qu'elle s'était retrouvée dans une maison de santé pour le restant de ses jours.

Gullberg n'aurait cependant jamais pu imaginer que Lisbeth Salander était une psychopathe assoiffée de meurtre qui savait fabriquer un cocktail Molotov. Chaos total, ce jour-là. Ils pouvaient s'attendre à une multiplicité d'enquêtes et toute l'opération Zalachenko – peut-être même toute la Section – ne tenait qu'à un très mince fil. Si Lisbeth Salander parlait, Zalachenko risquait d'être dévoilé. Si Zalachenko était dévoilé, une suite d'opérations en cours en Europe depuis quinze ans risquait de capoter, d'une part, et la Section risquait d'être l'objet d'un examen officiel, d'autre part. Ce qu'il fallait empêcher à tout prix.

Gullberg était inquiet. Un examen officiel ferait paraître l'affaire IB comme une gentille série télévisée. Si l'on ouvrait les archives de la Section, un certain nombre de situations pas entièrement conciliables avec la Constitution allaient être révélées, sans parler de la surveillance de Palme et d'autres sociaux-démocrates connus qui avait duré pendant des années. Cela aurait pour résultat des enquêtes à l'encontre de Gullberg et de plusieurs autres employés au sein de la Section. Pire encore : des journalistes enragés lanceraient sans la moindre hésitation la théorie que la Section était derrière l'assassinat de Palme, ce qui à son tour mènerait à un autre labyrinthe de révélations et d'accusations. Le pire était que la direction de la Säpo avait tellement changé que même son chef suprême ne connaissait pas l'existence de la Section. Tous les contacts avec la DGPN/Säpo s'arrêtaient cette année-là sur le bureau du nouveau secrétaire général, et celui-ci était depuis dix ans un membre de la Section.

UN ATMOSPHÈRE DE PANIQUE ET D'ANGOISSE avait régné parmi les collaborateurs du groupe Zalachenko. Ce fut Gunnar Björck qui trouva la solution sous la forme d'un psychiatre nommé Peter Teleborian.

Teleborian avait été attaché au département du contre-espionnage de la DGPN/Säpo dans une tout autre affaire, en l'occurrence pour servir de consultant quand le contre-espionnage s'était penché sur la personnalité d'un espion industriel potentiel. A un stade sensible de l'enquête, il avait été question d'essayer de déterminer comment cette personne réagirait si elle était exposée au stress. Teleborian était un jeune psychiatre prometteur qui n'utilisait pas de jargon obscur mais qui donnait des conseils concrets et solides. Ces conseils avaient permis à la Säpo d'éviter un suicide, et l'espion en question avait été converti en agent double, fournisseur de désinformation à ses commanditaires.

A la suite de l'agression de Salander contre Zalachenko, Björck avait attaché Teleborian à la Section en douceur et à titre de consultant. Et on avait plus que jamais besoin de lui.

La solution du problème avait été très simple. On pourrait faire disparaître Karl Axel Bodin quelque part au milieu du processus de rééducation. Agneta Sofia Salander disparaîtrait dans les soins de longue durée, avec d'incurables lésions cérébrales. Toutes les enquêtes de police furent réunies à la DGPN/Säpo et transmises à la Section via le secrétaire général.

Peter Teleborian venait d'obtenir un poste d'adjoint au médecin-chef à la clinique de pédopsychiatrie Sankt Stefan à Uppsala. Tout ce dont on avait besoin, c'était d'une expertise médicolégale que Björck et Teleborian rédigeraient conjointement, suivie d'une décision brève et pas trop contestable d'un tribunal d'instance. Tout était question de présentation. La Constitution n'avait rien à voir avec tout ça. Il en allait après tout de la sécurité nationale. Les gens pouvaient bien comprendre ça.

Et il était manifeste que Lisbeth Salander était une malade mentale. Quelques années d'enfermement dans une institution psychiatrique ne pouvaient que lui faire du bien. Gullberg avait hoché la tête et donné son aval à l'opération.

TOUS LES MORCEAUX DU PUZZLE étaient tombés à leur place et cela s'était passé à une époque où de toute façon le groupe Zalachenko était sur le point d'être dissous. L'Union soviétique avait cessé d'exister et la période de gloire de Zalachenko faisait définitivement partie du passé. Sa date limite de consommation était largement dépassée.

Le groupe Zalachenko avait réussi à obtenir une généreuse indemnité de départ d'un des fonds de la Säpo. Ils lui avaient fourni les meilleurs soins de rééducation qu'on puisse imaginer et six mois plus tard, avec un soupir de soulagement, ils avaient accompagné Karl Axel Bodin à l'aéroport d'Arlanda en lui donnant un billet simple pour l'Espagne. Ils lui avaient fait comprendre que, à partir de cet instant, Zalachenko et la Section prenaient des chemins séparés. Cela avait été une des toutes dernières affaires de Gullberg. Une semaine plus tard, avec l'autorité de l'âge, il prenait sa retraite et laissait sa place au dauphin Fredrik Clinton. Gullberg n'était plus sollicité que comme consultant et conseiller dans des questions sensibles. Il était resté à Stockholm pendant trois années encore et avait travaillé presque quotidiennement à la Section, mais les missions se faisaient de plus en plus rares et il se liquidait lentement lui-même. Il retourna dans sa ville natale de Laholm et exécuta quelques travaux à distance. Les premières années, il se rendait régulièrement à Stockholm, mais ces voyages-là eux-mêmes devinrent de plus en plus épisodiques.

Il avait cessé de penser à Zalachenko. Jusqu'au matin où il se réveilla et trouva la fille de Zalachenko à la une de tous les journaux, soupçonnée d'un triple meurtre.

Gullberg avait suivi les informations avec un sentiment de confusion. Il comprenait très bien que ce n'était pas un hasard si Salander avait eu Bjurman comme tuteur, mais la remontée à la surface de la vieille histoire Zalachenko ne lui apparaissait pas comme un danger imminent. Salander était une malade mentale. Qu'elle ait conçu une orgie meurtrière ne le surprenait pas. En revanche, l'idée ne lui était jamais venue que Zalachenko pouvait avoir un lien avec cette affaire avant qu'il suive les infos du matin et qu'on lui serve les événements à Gosseberga. Ce fut alors qu'il commença à passer des coups de fil et finit par prendre un billet de train pour Stockholm.

La Section se trouvait face à sa pire crise depuis le jour où il avait fondé l'organisation. Tout menaçait d'éclater.

ZALACHENKO SE TRAÎNA AUX TOILETTES et urina. Depuis que l'hôpital Sahlgrenska lui avait fourni des béquilles, il pouvait se déplacer. Il avait consacré le dimanche à de courtes séances d'entraînement. Une douleur infernale lui vrillait toujours la mâchoire et il ne pouvait manger que des aliments liquides, mais il pouvait maintenant se lever et parcourir quelques mètres.

Ayant vécu avec une prothèse pendant bientôt quinze ans, il était habitué aux cannes. Il s'entraîna à se déplacer sans bruit en arpentant la chambre en tous sens. Chaque fois que son pied droit frôlait le sol, une douleur fulgurante lui traversait la jambe.

Il serra les dents. Il pensa à Lisbeth Salander qui – s'il avait bien interprété – se trouvait dans une chambre à proximité immédiate, à gauche, deux portes plus loin.

Vers 2 heures, dix minutes après la dernière visite de l'infirmière de nuit, tout était calme et silencieux. Zalachenko se leva péniblement et tâtonna à la recherche de ses cannes. Il s'approcha de la porte et écouta, mais n'entendit rien. Il ouvrit la porte et sortit dans le couloir. Il se déplaça jusqu'à la sortie au bout du couloir, ouvrit la porte et guetta dans la cage d'escalier. Il y avait des ascenseurs. Il retourna dans le couloir. En passant devant la chambre de Lisbeth Salander, il s'arrêta et se reposa sur les cannes pendant trente secondes.

LES INFIRMIÈRES AVAIENT FERMÉ SA PORTE cette nuit-là. Lisbeth Salander ouvrit les yeux en entendant un léger raclement dans le couloir. Elle n'arrivait pas à identifier le bruit. On aurait dit que quelqu'un traînait doucement quelque chose par terre. A un moment, tout fut silencieux et elle se demanda si ce n'était pas une hallucination. Une minute plus tard, elle entendit le bruit de nouveau. Il s'éloignait. Son malaise augmenta.

Zalachenko était là, dans le couloir.

Elle se sentait entravée dans ce lit. Ça la grattait sous la minerve. Elle avait une furieuse envie de se lever. Elle finit par réussir à s'asseoir. Ce fut à peu près tout ce qu'elle eut la force de faire. Elle se laissa retomber et posa sa tête sur l'oreiller.

Un moment après, elle tâta la minerve et trouva les boutons qui la maintenaient fermée. Elle les défit et laissa tomber la minerve par terre. Brusquement, ce fut plus facile de respirer.

Elle aurait voulu avoir une arme à portée de main ou avoir assez de force pour se lever et se débarrasser de lui une fois pour toutes.

Finalement, elle prit appui sur les coudes et se redressa. Elle alluma la veilleuse et regarda autour d'elle dans la chambre. Elle ne vit rien qui pouvait servir d'arme. Puis son regard tomba sur la table des infirmières à trois mètres de son lit. Elle constata que quelqu'un y avait laissé un crayon.

Elle attendit le passage de l'infirmière, qui semblait avoir lieu une fois toutes les demi-heures cette nuit. Elle supposa que la diminution de la fréquence de surveillance voulait dire que les médecins avaient décidé que son état s'était amélioré puisque, avant, on venait la voir tous les quarts d'heure, voire plus souvent. Pour sa part, elle ne ressentait aucune différence.

Une fois seule, elle rassembla ses forces et s'assit dans le lit, bascula les jambes par-dessus le bord du lit. Collées sur elle, des électrodes enregistraient son pouls et sa respiration, mais les fils allaient dans la même direction que le crayon. Elle se mit tout doucement debout et tangua soudain, totalement déséquilibrée. Pendant une seconde, elle crut qu'elle allait s'évanouir, mais elle s'appuya sur le lit et focalisa son regard sur la table devant elle. Elle fit trois pas chancelants, tendit la main et atteignit le crayon.

Elle recula jusqu'au lit. Elle était totalement épuisée.

Au bout d'un moment, elle eut la force de tirer la couverture sur elle. Elle leva le crayon et vérifia le bout. C'était un crayon ordinaire en bois. Il venait d'être taillé et il était pointu comme une aiguille. Il ferait une arme convenable à planter dans un visage ou dans des yeux.

Elle lâcha le crayon, facilement accessible contre sa hanche, et s'endormit.

6

LUNDI 11 AVRIL

LE LUNDI MATIN, Mikael Blomkvist se leva un peu après 9 heures et appela au téléphone Malou Eriksson qui venait d'arriver à la rédaction de *Millénium*.

— Bonjour, madame la rédac-chef, dit-il.

— Je suis sous le choc du départ d'Erika, et de savoir que vous voulez bien de moi comme rédactrice en chef.

— Ah bon ?

— Elle est partie. Son bureau est vide.

— Alors ce serait une bonne idée de consacrer la journée à t'installer dans son bureau.

— Je ne sais pas comment faire. Je me sens terriblement mal à l'aise.

— Tu as tort. Tout le monde s'accorde pour penser que tu es le meilleur choix dans la situation actuelle. Et tu peux toujours faire appel à Christer ou à moi.

— Merci de ta confiance.

— Bah, dit Mikael. Continue à bosser comme d'habitude. Pendant quelque temps, on prendra les problèmes comme ils viennent.

— OK. Qu'est-ce que tu as sur le cœur ?

Il expliqua qu'il avait l'intention de rester chez lui toute la journée pour écrire. Malou prit soudain conscience qu'il était en train de l'informer de la même façon qu'il avait – probablement – rapporté à Erika Berger sur quoi il travaillait. Il attendait un commentaire de sa part. Ou elle se trompait ?

— Tu as des instructions à nous donner ?

— Niet. Au contraire, si toi tu en as pour moi, tu n'as qu'à m'appeler, je reste ici. Je tiens les rênes du sac de nœuds

Salander comme avant et décide de ce qui s'y passe, mais pour ce qui par ailleurs touche au journal, la balle est dans ton camp. Prends des décisions. Je t'épaulerai.

— Et si je prends la mauvaise décision ?

— Si je sens ou perçois quelque chose, je t'en parlerai. Mais il faudrait que ce soit un truc énorme. Normalement, il n'existe pas de décisions bonnes ou mauvaises à cent pour cent. Tu prendras tes décisions, qui ne seront peut-être pas celles qu'Erika Berger aurait prises. Et si c'était moi qui les prenais, nous aurions une troisième variante. Mais maintenant ce sont les tiennes qui prévalent.

— Bien compris.

— Si tu es un bon chef, tu vas ventiler les questions avec d'autres personnes. Premièrement avec Henry et Christer, ensuite avec moi et, pour finir, on discutera des problèmes vraiment épineux en conférence de rédaction.

— Je ferai de mon mieux.

— Bien.

Il s'assit dans le canapé du séjour avec son iBook sur les genoux et travailla sans faire de pause la moitié du lundi. Quand il eut terminé, il disposait d'un premier jet brut de deux textes de vingt et une pages en tout. Cette partie-là de son sujet était centrée sur les meurtres de son collaborateur Dag Svensson et de sa compagne Mia Bergman — ce sur quoi ils travaillaient, pourquoi ils avaient été tués et qui était le meurtrier. Il estimait grosso modo qu'il serait obligé de produire environ quarante pages de plus pour le numéro thématique de l'été. Et il devait déterminer comment décrire Lisbeth Salander dans son texte, sans porter atteinte à son intégrité. Il savait des choses sur elle qu'elle ne tenait définitivement pas à voir rendues publiques.

CE LUNDI, EVERT GULLBERG prit un petit-déjeuner composé d'une seule tranche de pain et d'une tasse de café noir à la cafétéria Frey. Ensuite, il monta dans un taxi qui l'emmena à Artillerigatan dans Östermalm. A 9 h 15, il sonna à l'interphone, se présenta et fut immédiatement admis. Il monta au cinquième étage où Birger Wadensjöö, cinquante-quatre ans, l'accueillit. L'homme était le nouveau directeur de la Section.

Wadensjöö avait été l'une des plus jeunes recrues à la Section lorsque Gullberg avait pris sa retraite. Il n'était pas sûr de ce qu'il fallait en penser.

Il aurait voulu que l'énergique Fredrik Clinton soit encore là. Clinton avait succédé à Gullberg et était resté directeur de la Section jusqu'en 2002, quand un diabète et des problèmes cardiovasculaires l'avaient plus ou moins forcé à prendre sa retraite. Gullberg n'arrivait pas vraiment à saisir de quel bois était fait Wadensjöö.

— Salut Evert, fit Wadensjöö en serrant la main de son ancien patron. Merci d'avoir pris le temps de passer nous voir.

— Le temps, c'est à peu près tout ce que j'ai, dit Gullberg.

— Tu sais ce que c'est. On est assez nul pour garder le contact avec les fidèles vieux serviteurs.

Evert Gullberg ignora cette remarque. Il prit à gauche et entra dans son ancien bureau pour s'installer à une table de conférence ronde près de la fenêtre. Wadensjöö (Gullberg supposa que c'était lui) avait accroché des reproductions de Chagall et de Mondrian sur les murs. De son temps, Gullberg avait mis des plans de navires historiques tels le *Kronan* ou le *Wasa*. Il avait toujours rêvé de la mer et il était en réalité officier de marine à la base, même s'il n'avait passé que quelques brefs mois en mer durant son service militaire. Il y avait aussi des ordinateurs dans la pièce. Pour le reste, elle était pratiquement identique à celle qu'il avait laissée en partant à la retraite. Wadensjöö servit du café.

— Les autres ne vont pas tarder, dit-il. J'ai pensé qu'on pouvait bavarder un peu d'abord.

— Combien reste-t-il de gens de mon époque à la Section ?

— A part moi, seulement Otto Hallberg et Georg Nyström ici au bureau. Hallberg prend sa retraite cette année et Nyström va avoir soixante ans. A part eux, essentiellement de nouvelles recrues. Je pense que tu en as déjà rencontré certains.

— Combien de gens travaillent pour la Section aujourd'hui ?

— Nous avons un peu réorganisé.

— Ah bon ?

— Aujourd'hui, il y a sept pleins temps ici à la Section. Diminution, par conséquent. Mais autrement, la Section dispose de trente et un collaborateurs au sein de la DGPN/Säpo. La plupart ne viennent jamais ici, ils s'occupent de leur boulot ordinaire et le travail pour nous constitue plutôt un à-côté discret.

— Trente et un collaborateurs.

— Plus sept. Il se trouve que c'est toi qui as créé ce système. Nous, on l'a simplement peaufiné, et on parle aujourd'hui d'une organisation interne et d'une autre externe. Quand on recrute quelqu'un, il est mis en disponibilité pendant une période pour faire son apprentissage chez nous. C'est Hallberg qui s'occupe de la formation. Le stage de base dure six semaines. On est installé dans l'Ecole de la marine. Ensuite il reprend son poste normal à la DGPN/ Säpo, mais avec une affectation chez nous.

— Ah oui.

— Le système est assez extraordinaire. La plupart des collaborateurs ignorent tout les uns des autres. Et ici à la Section, on fonctionne surtout comme des récepteurs de rapports. Ce sont les mêmes règles en vigueur qu'à ton époque. On est supposé être une organisation plate.

— Unité d'intervention ?

Wadensjöö fronça les sourcils. A l'époque de Gullberg, la Section avait eu une petite unité d'intervention composée de quatre personnes sous le commandement de Hans von Rottinger, un type chevronné.

— Ben, pas exactement. Rottinger est mort il y a cinq ans. On a un jeune talent qui exécute un peu de travail sur le terrain, mais en général on fait appel à quelqu'un de l'organisation externe au besoin. Sans compter qu'il est devenu plus compliqué techniquement d'organiser une écoute téléphonique, par exemple, ou d'entrer dans un appartement. De nos jours, tu as des alarmes et ce genre de saloperie partout.

Gullberg hocha la tête.

— Budget ? demanda-t-il.

— On a un peu plus de 11 millions par an. Un tiers part dans les salaires, un tiers dans l'entretien et un tiers dans l'activité.

— Le budget a diminué, donc ?

— Un peu. Mais on a moins de personnel, ce qui veut dire que le budget d'activité a augmenté.

— Je comprends. Parle-moi de notre rapport avec la Säpo, dit Gullberg sans se soucier maintenant de savoir si oui ou non il devait employer l'expression.

Wadensjöö secoua la tête.

— Le secrétaire général et le chef du budget nous appartiennent. Formellement, le secrétaire général est sans doute le seul à avoir accès à notre activité. Comme toujours, on est secret au point de ne pas exister. Mais en réalité, quelques chefs adjoints connaissent notre existence. Ils font de leur mieux pour ne pas entendre parler de nous.

— Je vois. Ce qui veut dire que s'il y a des problèmes, l'actuelle direction de la Säpo aura une désagréable surprise. Qu'en est-il de la direction à la Défense et du gouvernement ?

— On a écarté la direction à la Défense il y a environ dix ans. Et les gouvernements, tu sais, ça va, ça vient.

— Ça veut dire qu'on est entièrement seul si le vent se lève ?

Wadensjöö hocha la tête.

— C'est l'inconvénient de cet arrangement. L'avantage en revanche est évident. Mais nos tâches ont changé aussi. La realpolitik en Europe est différente depuis la chute de l'Union soviétique. Notre travail est moins axé sur le repérage des agents de renseignements. Maintenant ça tourne beaucoup autour du terrorisme, et surtout de l'opportunité politique de telle ou telle personne aux postes sensibles.

— Ça a toujours tourné autour de ça.

On frappa à la porte. Gullberg vit un homme d'une soixantaine d'années, bien mis, et un homme plus jeune en jean et veste.

— Salut, tout le monde. Et, se tournant vers Gullberg : Je te présente Jonas Sandberg. Il travaille ici depuis quatre ans, il contribue sur le front des interventions. Je t'ai déjà parlé de lui. Et Georg Nyström, vous vous êtes déjà rencontrés.

— Salut Georg, dit Gullberg.

Ils se serrèrent la main. Puis Gullberg se tourna vers Jonas Sandberg.

— Et tu viens d'où ? demanda-t-il en détaillant Jonas Sandberg.

— Présentement, de Göteborg, plaisanta Sandberg. Je lui ai rendu visite.

— Zalachenko..., dit Gullberg.

Sandberg hocha la tête.

— Installez-vous, messieurs, dit Wadensjöö.

— BJÖRCK ? DIT GULLBERG et il fronça les sourcils lorsque Wadensjöö alluma un cigarillo. Il avait enlevé sa veste et s'était renversé dans le fauteuil devant la table de conférence. Wadensjöö jeta un œil sur Gullberg et il fut frappé par l'extrême maigreur du vieux.

— Il a donc été inculpé d'infraction à la loi sur la rémunération de services sexuels vendredi dernier, dit Georg Nyström. Les poursuites judiciaires ne sont pas encore engagées mais, en principe, il a avoué et il est retourné chez lui tout penaud. Il habite à Smådalarö pendant son arrêt de travail. Les médias ne sont pas encore sur l'affaire.

— Il fut un temps où Björck était un des meilleurs que nous avions ici à la Section, dit Gullberg. Il avait un rôle-clé dans l'affaire Zalachenko. Qu'est-ce qui lui est arrivé depuis que j'ai pris ma retraite ?

— Il doit être un des très rares collaborateurs internes qui soient partis de la Section pour retourner vers l'activité externe. Mais il se baladait pas mal à ton époque, déjà.

— Oui, il avait besoin d'un peu de repos et il voulait élargir son horizon. Il a été en congé sans solde de la Section pendant deux ans dans les années 1980, et il travaillait comme attaché dans le renseignement. Il avait alors bossé comme un fou avec Zalachenko pratiquement vingt-quatre heures sur vingt-quatre depuis 1976 et je m'étais dit qu'il avait vraiment besoin de faire une pause. Il était absent de 1985 à 1987, quand il est revenu ici.

— On pourrait dire qu'il a cessé de travailler à la Section en 1994 quand il est passé à l'organisation externe. En 1996, il est devenu chef adjoint à la brigade des étrangers et s'est retrouvé à un poste difficile où il avait énormément de travail. Il a bien sûr constamment gardé le contact avec la Section et je peux sans doute vous révéler aussi qu'on s'est entretenu régulièrement au téléphone environ une fois par mois jusqu'à ces derniers temps.

— Et maintenant il est malade, alors.

— Rien de sérieux, mais très douloureux. Il a une hernie discale. Ça l'a embêté à plusieurs reprises ces dernières années. Il y a deux ans, il a été en arrêt maladie pendant quatre mois. Et ensuite il est retombé malade en août dernier. Il aurait dû reprendre son travail le 1er janvier, mais son arrêt maladie a été prolongé et maintenant il est surtout question d'attendre l'opération.

— Et il a passé son congé de maladie à courir les putes, dit Gullberg.

— Oui, il est célibataire et les visites chez les putes durent depuis de nombreuses années, si j'ai bien compris, dit Jonas Sandberg, qui n'avait pas dit un mot pendant près d'une demi-heure. J'ai lu le manuscrit de Dag Svensson.

— Hm hm. Mais est-ce que quelqu'un peut m'expliquer ce qui s'est réellement passé ?

— D'après ce qu'on a pu comprendre, ça doit être Björck qui a déclenché tout ce cirque. C'est la seule façon d'expliquer comment le rapport de 1991 a pu atterrir dans les mains de maître Bjurman.

— Qui passe aussi son temps à courir les putes ? demanda Gullberg.

— Pas à notre connaissance. Il ne figure en tout cas pas dans le matériel de Dag Svensson. Par contre, il était le tuteur de Lisbeth Salander.

Wadensjöö soupira.

— Il faut le dire, c'était ma faute. Toi et Björck, vous aviez coincé Lisbeth Salander en 1991 quand elle a été internée en psy. On avait pensé qu'elle resterait à l'ombre bien plus longtemps, mais elle avait ce gérant légal, l'avocat Holger Palmgren, qui a réussi à l'en faire sortir. Elle a été placée dans une famille d'accueil. Tu avais déjà pris ta retraite à ce moment-là.

— Et ensuite, qu'est-ce qui s'est passé ?

— On l'a maintenue sous surveillance. Sa sœur, Camilla Salander, avait entre-temps été placée dans une autre famille d'accueil, à Uppsala. Quand elles avaient dix-sept ans, Lisbeth Salander a tout à coup commencé à fouiller dans son passé. Elle recherchait Zalachenko, et elle a épluché tous les registres officiels qu'elle a pu trouver. D'une façon ou d'une autre, nous ne savons pas très bien comment, elle a eu l'information que sa sœur savait où se trouvait Zalachenko.

— Et c'est exact ?

Wadensjöö haussa les épaules.

— En fait, je n'en sais rien. Les deux sœurs ne s'étaient pas vues depuis des années quand Lisbeth a pisté Camilla pour essayer de la forcer à raconter ce qu'elle savait. Cela s'est terminé par une engueulade monstre et une formidable bagarre entre elles.

— Ah oui ?

— On a gardé Lisbeth sous étroite surveillance durant ces mois-là. On avait aussi informé Camilla Salander que sa sœur était violente et malade mentale. C'est elle qui nous a contactés après la visite soudaine de Lisbeth, ce qui a motivé un renfort de la surveillance.

— C'est donc la sœur qui était ton informateur ?

— Camilla Salander avait une peur bleue de sa sœur. Quoi qu'il en soit, Lisbeth Salander a attiré l'attention ailleurs aussi. Elle a eu plusieurs disputes avec des gens des instances sociales et nous avons estimé qu'elle constituait toujours une menace pour l'anonymat de Zalachenko. Puis il y a eu cet incident dans le métro.

— Elle s'est attaquée à un pédophile…

— Exactement. Elle avait manifestement une tendance à la violence et elle était psychiquement dérangée. Nous avons estimé qu'il serait plus tranquille pour toutes les parties si elle disparaissait de nouveau dans une maison de soins, et nous avons saisi l'occasion qui se présentait. C'est Fredrik Clinton et Rottinger qui sont intervenus. Ils ont de nouveau fait appel à Peter Teleborian et ils ont mené le combat, par personnes interposées, au tribunal d'instance pour qu'elle soit de nouveau internée. Holger Palmgren représentait Salander et contre toute attente le tribunal a choisi sa voie – à condition qu'elle soit mise sous tutelle.

— Mais comment est-ce que Bjurman a été mêlé à ça ?

— Palmgren a eu une attaque cérébrale en automne 2002. Salander est un cas qui nous est toujours signalé quand elle surgit dans une base de données, et j'ai veillé à ce que Bjurman devienne son nouveau tuteur. Note bien, il ignorait totalement qu'elle était la fille de Zalachenko. L'intention était tout simplement que si elle se mettait à délirer sur Zalachenko, il réagisse et nous alerte.

— Bjurman était un crétin. Il n'aurait jamais dû avoir quoi que ce soit à faire avec Zalachenko et encore moins avec sa fille. Gullberg regarda Wadensjöö. C'était une erreur grave.

— Je le sais, dit Wadensjöö. Mais à l'époque ça paraissait la chose à faire et jamais je n'aurais imaginé que…

— Où se trouve la sœur aujourd'hui ? Camilla Salander ?

— On ne sait pas. Quand elle a eu dix-neuf ans, elle a fait sa valise et a quitté la famille d'accueil. On n'a pas eu la moindre nouvelle depuis. Elle est disparue.

— OK, continue.

— J'ai un informateur chez les flics officiels qui a parlé avec le procureur Richard Ekström, dit Sandberg. Celui qui mène les investigations, l'inspecteur Bublanski, pense que Bjurman a violé Salander.

Gullberg fixa Sandberg avec une surprise non feinte. Puis il se frotta pensivement le menton.

— Violé ? dit-il.

— Bjurman avait un tatouage en travers du ventre disant : "Je suis un porc sadique, un salaud et un violeur."

Sandberg posa une photo couleur de l'autopsie sur la table. Gullberg observa le ventre de Bjurman, les yeux écarquillés.

— Et ce serait la fille de Zalachenko qui le lui a fait ?

— La situation est difficile à expliquer autrement. Mais apparemment, elle n'est pas inoffensive. Elle a tabassé quasiment à mort les deux hooligans du MC Svavelsjö.

— La fille de Zalachenko, répéta Gullberg. Il se tourna vers Wadensjöö. Tu sais, je trouve que tu devrais la recruter.

Wadensjöö eut l'air si surpris que Gullberg fut obligé d'ajouter que c'était une blague.

— OK. Gardons comme hypothèse de travail que Bjurman l'a violée et qu'elle s'est vengée. Quoi d'autre ?

— Le seul qui pourrait dire exactement ce qui s'est passé est évidemment Bjurman lui-même et ce serait un peu difficile, puisqu'il est mort. Mais le fait est qu'à priori il ne savait pas qu'elle était la fille de Zalachenko, ça ne figure dans aucun registre officiel. Mais quelque part en cours de route, Bjurman a découvert le lien.

— Mais bordel de merde, Wadensjöö, elle savait très bien qui était son père et elle avait pu le dire à Bjurman à n'importe quel moment.

— Je sais. Nous… je n'ai pas bien réfléchi dans cette affaire.

— C'est d'une incompétence impardonnable, dit Gullberg.

— Je sais. Et je me suis flanqué des baffes une bonne douzaine de fois. Mais Bjurman était une des rares personnes qui connaissaient l'existence de Zalachenko et mon idée était qu'il valait mieux que ce soit lui qui découvre de qui elle était la fille, plutôt qu'un autre tuteur totalement inconnu. Elle aurait pu le raconter à n'importe qui, en fait.

Gullberg se pinça le bout de l'oreille.

— Bon… continue.

— Ce ne sont que des hypothèses, dit Georg Nyström doucement. Mais nous supposons que Bjurman a abusé de Salander et qu'elle s'est vengée avec ce… Il montra le tatouage sur la photo de l'autopsie.

— La fille de son père, dit Gullberg. Il y avait une note d'admiration dans sa voix.

— Avec pour résultat que Bjurman a contacté Zalachenko pour qu'il s'occupe de sa fille. Zalachenko a de bonnes raisons de haïr Lisbeth Salander, vous le savez aussi bien que moi. Et, à son tour, Zalachenko a passé l'affaire en sous-traitance au MC Svavelsjö et à ce Niedermann qu'il fréquente.

— Mais comment est-ce que Bjurman est entré en contact… Gullberg se tut. La réponse était évidente.

— Björck, dit Wadensjöö. La seule explication de comment Bjurman a pu trouver Zalachenko, c'est que Björck lui a donné l'information.

— Bordel de merde, dit Gullberg.

LISBETH SALANDER RESSENTAIT un malaise grandissant associé à une forte irritation. Le matin, deux infirmières étaient venues faire son lit. Elles avaient immédiatement trouvé le crayon.

— Hou là ! Comment est-ce qu'il est arrivé ici, celui-là ? dit l'une des infirmières en glissant le crayon dans sa poche tandis que Lisbeth la regardait, du meurtre dans les yeux.

Lisbeth était de nouveau sans armes et en outre si faible qu'elle ne put protester.

Tout le week-end, elle s'était sentie mal. Elle souffrait d'une migraine épouvantable et on lui donnait de puissants antalgiques. Elle ressentait une douleur sourde à l'épaule qui pouvait soudain prendre l'allure d'un coup de couteau quand elle bougeait sans faire attention ou qu'elle déplaçait le poids de son corps. Elle était allongée sur le dos et portait la minerve. Elle devait la garder encore plusieurs jours jusqu'à ce que la plaie du crâne commence à guérir. Le dimanche, elle avait eu de la fièvre avec un pic à 38,7 degrés. Le Dr Helena Endrin en avait conclu qu'elle avait une infection quelque part. Autrement dit, elle n'était pas en bonne santé. Lisbeth n'avait pas besoin d'un thermomètre pour s'en rendre compte.

Elle constata qu'elle se trouvait à nouveau entravée dans un lit de l'Etat, même si cette fois-ci il n'y avait pas de courroies pour la maintenir en place. Ce qui aurait été superflu. Elle n'avait même pas la force de se redresser, encore moins de partir en balade.

Vers midi le lundi, le Dr Anders Jonasson vint lui rendre visite. Il lui semblait familier.

— Salut. Tu te souviens de moi ?

Elle essaya de secouer la tête.

— Tu étais pas mal dans les vapes, mais c'est moi qui t'ai réveillée après l'opération. Et c'est moi qui t'ai opérée. Je viens simplement voir comment tu te sens et si tout va bien.

Lisbeth Salander ouvrit de grands yeux. Que tout n'aille pas bien, ça devait être manifeste.

— J'ai entendu dire que tu avais retiré ta minerve cette nuit.

Elle essaya de hocher la tête.

— Ce n'est pas pour s'amuser qu'on t'a mis ce carcan, mais pour que tu gardes la tête immobile pendant que le processus de guérison se met en route.

Il contempla la fille silencieuse.

— D'accord, finit-il par dire. Je passais seulement voir comment tu allais.

Il était arrivé à la porte quand il entendit sa voix.

— Jonasson, c'est ça ?

Il se retourna et lui adressa un sourire étonné.

— C'est ça. Si tu te souviens de mon nom, c'est que tu devais être en meilleure forme que ce que je pensais.

— Et c'est toi qui as sorti la balle ?

— C'est ça.

— Est-ce que tu peux me dire comment je vais ? Je n'obtiens de réponse sensée de personne.

Il retourna près de son lit et la regarda dans les yeux.

— Tu as eu de la chance. Tu as pris une balle dans la tête mais cela ne semble pas avoir endommagé de zones vitales.

Le risque que tu cours en ce moment, c'est d'avoir des hémorragies dans le cerveau. C'est pour ça qu'on veut que tu restes tranquille. Tu as une infection dans le corps. Il semblerait que la plaie que tu as à l'épaule en soit la responsable. Il se peut qu'on soit obligé d'opérer à nouveau si on n'arrive pas à endiguer l'infection avec des antibiotiques. Tu peux t'attendre à une période douloureuse pendant le processus de guérison. Mais comme je vois les choses actuellement, j'ai bon espoir que tu en sortes parfaitement rétablie.

— Est-ce que ça peut me laisser des séquelles au cerveau ?

Il hésita avant de hocher la tête.

— Oui, le risque existe. Mais tout indique que tu t'en es bien sortie. Ensuite il y a une possibilité que des cicatrices se forment dans le cerveau qui génèrent des problèmes, par exemple que tu développes de l'épilepsie ou ce genre de saletés. Mais très franchement, ce ne sont que des spéculations. Pour l'instant, tout semble parfait. Tu guéris. Et si des problèmes surgissent en cours de route, on les gérera. La réponse est-elle assez claire ?

Elle esquissa un semblant de hochement de tête.

— Combien de temps est-ce que je dois rester comme ça ?

— Tu veux dire à l'hôpital ? Il faudra attendre quelques semaines avant qu'on te lâche.

— Non, je veux dire combien de temps avant que je puisse me lever et commencer à marcher et bouger.

— Je ne sais pas. Ça dépend de la cicatrisation. Mais prévois au moins deux semaines avant qu'on puisse commencer une forme de rééducation.

Elle le contempla avec sérieux un long moment.

— Tu n'aurais pas une clope ? demanda-t-elle.

Anders Jonasson rit spontanément et secoua la tête.

— Désolé. Il est interdit de fumer ici. Mais je peux veiller à ce qu'on te donne des patchs ou des chewing-gums à la nicotine.

Elle réfléchit un court moment avant de signifier son acquiescement comme elle le pouvait. Puis elle le regarda de nouveau.

— Comment va le vieux con ?

— Qui ça ? Tu veux dire...

— Celui qui est entré en même temps que moi.

— Pas un de tes amis, je suppose. Ben, pas mal. Il va survivre et il s'est même levé pour se balader avec des cannes. Physiquement il est plus esquinté que toi et il a une blessure au visage qui est extrêmement douloureuse. Si j'ai tout bien compris, tu lui as balancé une hache dans la tête.

— Il a essayé de me tuer, dit Lisbeth à voix basse.

— Ce n'est pas bien, ça. Il faut que je parte. Veux-tu que je revienne te voir ?

Lisbeth Salander réfléchit un instant. Puis elle esquissa un oui. Quand il eut fermé la porte derrière lui, elle fixa pensivement le plafond. *Zalachenko a des béquilles. C'est ça, le bruit que j'ai entendu cette nuit.*

ON ENVOYA JONAS SANDBERG, le plus jeune du groupe, chercher le déjeuner. Il revint avec des sushis et de la bière qu'il servit sur la table de conférence. Evert Gullberg ressentit un frisson de nostalgie. C'était exactement comme ce qu'il avait vécu autrefois quand une opération entrait dans un stade critique et qu'ils bossaient jour et nuit.

La différence, constata-t-il, était peut-être qu'à son époque personne n'aurait eu l'idée saugrenue de commander du poisson cru pour le déjeuner. Il aurait préféré que Sandberg apporte des boulettes de viande avec de la purée de pommes de terre et des airelles. Cela dit, il n'avait pas faim et il put repousser les sushis sans états d'âme. Il mangea un bout de pain et but de l'eau minérale.

Ils continuèrent à discuter en mangeant. Ils étaient maintenant arrivés au point où il fallait résumer la situation et décider des mesures qui s'imposaient. Il y avait des décisions à prendre.

— Je n'ai jamais connu Zalachenko, dit Wadensjöö. Il était comment ?

— Exactement comme il est aujourd'hui, j'imagine, répondit Gullberg. Remarquablement intelligent et avec une mémoire presque photographique pour les détails. Mais à mon avis un enfoiré de première. Et un peu dément sur les bords, j'imagine.

— Jonas, tu l'as rencontré hier. Quelle est ta conclusion ? demanda Wadensjöö.

Jonas Sandberg posa ses couverts.

— Il garde le contrôle. J'ai déjà parlé de son ultimatum. Soit nous faisons tout disparaître comme par magie, soit il lève le voile sur la Section.

— Comment est-ce que ce fumier peut imaginer qu'on serait capable de faire disparaître un truc que les médias ont ressassé en long et en large ? demanda Georg Nyström.

— Il n'est pas question de ce que nous pouvons faire ou ne pas faire. Il est question de son besoin de nous contrôler, dit Gullberg.

— Alors, ton appréciation ? Va-t-il le faire ? s'adresser aux médias ? demanda Wadensjöö.

Gullberg répondit lentement.

— C'est pratiquement impossible d'y répondre. Zalachenko ne profère jamais de menaces en l'air, et il fera ce qui l'arrange. De ce point de vue, il est prévisible. Si ça l'avantage de parler aux médias… si ça peut lui apporter une amnistie ou une réduction de peine, il le fera. Ou s'il se sent trahi et qu'il veut nous emmerder.

— Quelles que soient les conséquences ?

— Plus particulièrement quelles que soient les conséquences. Pour lui, il s'agit de se montrer plus musclé que nous tous.

— Mais même si Zalachenko parle, il n'est pas sûr qu'il soit pris au sérieux. Pour pouvoir prouver quoi que ce soit, ils ont besoin de nos archives. Il ne connaît pas cette adresse.

— Tu veux prendre le risque ? Admettons que Zalachenko parle. Qui va s'y mettre ensuite ? Qu'est-ce qu'on fait si Björck confirme son histoire ? Et Clinton avec sa dialyse… qu'est-ce qui va se passer s'il devient croyant et amer, et se met à en vouloir au monde entier ? S'il veut se confesser ? Croyez-moi, si quelqu'un commence à parler, c'est la fin de la Section.

— Alors… qu'est-ce qu'on fait ?

Le silence s'installa autour de la table. Ce fut Gullberg qui reprit le fil.

— Le problème est multiple. Premièrement, on peut être d'accord sur les conséquences si Zalachenko parlait. Toute cette foutue Suède constitutionnelle nous tomberait sur la tête. On serait anéanti. J'imagine que plusieurs employés de la Section se retrouveraient en taule.

— L'activité est juridiquement légale, n'oublie pas qu'on travaille sur ordre du gouvernement.

— Ne dis pas de conneries, dit Gullberg. Tu sais aussi bien que moi qu'un papier aux formulations nébuleuses écrit au milieu des années 1960 ne vaut pas un clou aujourd'hui. Je dirais qu'aucun de nous n'a envie de savoir exactement ce qui se passerait si Zalachenko parlait, ajouta-t-il.

Silence de nouveau.

— Donc, le point de départ est forcément d'amener Zalachenko à garder le silence, finit par dire Georg Nyström.

Gullberg hocha la tête.

— Et pour pouvoir l'amener à garder le silence, nous devons lui offrir quelque chose de substantiel. Le problème est qu'il est imprévisible. Il pourrait tout aussi bien nous griller par pure méchanceté. Il faut qu'on réfléchisse à un moyen de le faire se tenir à carreau.

— Et ses exigences…, dit Jonas Sandberg. Qu'on fasse disparaître toute l'histoire et que Salander se retrouve en psy.

— Salander, on saura s'en occuper. C'est Zalachenko qui est le problème. Mais cela nous amène à l'autre partie – la limitation des dégâts. Le rapport de Teleborian de 1991 a fuité et il est une menace potentiellement aussi grande que Zalachenko.

Georg Nyström se racla la gorge.

— Dès que nous avons compris que le rapport s'était échappé et était entre les mains de la police, j'ai pris des mesures. Je suis passé par le juriste Forelius à la DGPN/Säpo, qui a contacté le ministère public. Le ministère public a donné l'ordre de retirer le rapport à la police – interdiction de diffusion ou de copie.

— Qu'est-ce qu'ils savaient, au ministère public ?

— Que dalle. Le procureur de la nation agit sur demande officielle de la DGPN/Säpo, cela concerne du matériel classé secret-défense et le procureur n'a pas le choix. Il ne peut pas agir autrement.

— D'accord. Qui à la police a lu le rapport ?

— Il y avait deux copies qui ont été lues par Bublanski, par sa collègue Sonja Modig et finalement par le responsable de l'enquête préliminaire, Richard Ekström. On peut sans doute supposer que deux autres policiers… Nyström feuilleta dans ses notes. Un certain Curt Bolinder et un certain Jerker Holmberg, au moins, en connaissent le contenu.

— Donc quatre policiers et un procureur. Qu'est-ce qu'on sait sur eux ?

— Le procureur Ekström, quarante-deux ans. Il est considéré comme une étoile qui monte. Il a été enquêteur au ministère de la Justice et il a géré quelques affaires remarquées. Méticuleux. Avide de publicité. Carriériste.

— Social-démocrate ? demanda Gullberg.

— Probablement. Mais pas un militant.

— Bublanski, donc, mène les investigations. Je l'ai vu à une conférence de presse à la télé. Il ne semblait pas à l'aise devant les caméras.

— Il a cinquante-deux ans et son palmarès est impressionnant mais il a aussi la réputation d'être grincheux. Il est juif et assez orthodoxe.

— Et la femme… qui est-ce ?

— Sonja Modig. Mariée, trente-neuf ans, mère de deux enfants. Elle a fait une carrière assez rapide. J'ai parlé à Peter Teleborian qui l'a qualifiée d'émotionnelle. Elle n'arrêtait pas de le remettre en question.

— OK.

— Curt Bolinder est un dur à cuire. Trente-huit ans. Il vient de l'antigang de Söderort et on a parlé de lui il y a quelques années quand il a flingué un voyou. Blanchi sur tous les points dans l'enquête. C'est d'ailleurs lui que Bublanski a envoyé pour arrêter Gunnar Björck.

— Je comprends. Garde en mémoire qu'il a tué un homme. S'il s'avère nécessaire de jeter le doute sur l'équipe Bublanski, on pourrait toujours mettre le projecteur sur un méchant flic. Je suppose qu'on a gardé des contacts convenables dans les médias… Et le dernier type ?

— Jerker Holmberg. Cinquante-cinq ans. Originaire du Norrland et plutôt spécialisé en examen de lieux de crime. On lui proposait une formation de commissaire il y a quelques années, mais il a dit non. Il semble bien aimer son boulot.

— Est-ce que l'un ou l'autre a une activité politique ?

— Non. Le père de Holmberg a été conseiller municipal centriste dans les années 1970.

— Hmm. Ça m'a tout l'air d'une brave équipe. On peut supposer qu'ils sont assez soudés entre eux. Peut-on les isoler d'une façon ou d'une autre ?

— Il y a un cinquième policier dans le groupe, dit Nyström. Hans Faste, quarante-sept ans. Je crois avoir compris qu'il y avait une sérieuse bisbille entre Faste et Bublanski. Suffisamment sérieuse pour que Faste se soit mis en arrêt maladie.

— Qu'est-ce qu'on sait sur lui ?

— J'obtiens diverses réactions quand je pose la question. Il a un long palmarès et pas de véritables blâmes dans les comptes rendus. Un pro. Mais difficile à côtoyer. Et il semblerait que le pataquès avec Bublanski concerne Lisbeth Salander.

— De quelle manière ?

— Faste aurait fait une fixation sur l'histoire d'une bande de lesbiennes satanistes dont les journaux avaient parlé. Il n'aime vraiment pas Salander et semble prendre son existence comme une insulte personnelle. C'est probablement lui qui est derrière la moitié des rumeurs. Un ancien collègue m'a confié qu'il a du mal à collaborer avec les femmes en général.

— Intéressant, dit Gullberg. Il réfléchit un instant. Vu que les journaux ont déjà mentionné une bande de lesbiennes, ça pourrait valoir le coup de continuer à broder là-dessus. Ça ne contribue pas spécialement à renforcer la crédibilité de Salander.

— Les policiers qui ont lu le rapport de Björck constituent donc un problème. Est-ce qu'on pourra les isoler ? demanda Sandberg.

Wadensjöö alluma un nouveau cigarillo.

— C'est Ekström qui dirige l'enquête préliminaire...

— Mais c'est Bublanski qui mène la barque, dit Nyström.

— Oui, mais il ne peut pas aller à l'encontre de décisions administratives. Wadensjöö eut l'air pensif. Il regarda Gullberg. Tu as plus d'expérience que moi, mais toute cette histoire a tellement de fils et de ramifications... J'ai l'impression qu'il serait sage d'éloigner Bublanski et Modig de Salander.

— C'est bien, Wadensjöö, dit Gullberg. C'est exactement ce qu'on va faire. Bublanski est le chef de l'enquête sur les meurtres de Bjurman et de ce couple à Enskede. Salander n'est plus d'actualité dans ce contexte-là. Maintenant ça tourne autour de cet Allemand, Niedermann. Donc, Bublanski et son équipe vont se concentrer sur la chasse à Niedermann.

— OK.

— Salander n'est plus leur affaire. Ensuite nous avons l'enquête sur Nykvarn… il s'agit de trois meurtres anciens. Il y a un lien avec Niedermann. L'enquête est actuellement confiée à Södertälje mais elle devrait être jointe à l'autre. Donc Bublanski devrait avoir du pain sur la planche pendant un bon moment. Qui sait… il va peut-être arrêter Niedermann.

— Hmm.

— Ce Faste… peut-on l'amener à reprendre le boulot ? Il a tout d'une personne convenable pour enquêter sur les soupçons contre Salander.

— Je comprends où tu veux en venir, dit Wadensjöö. Il s'agit d'amener Ekström à séparer les deux affaires. Mais ça suppose que nous sachions contrôler Ekström.

— Ça ne devrait pas représenter un gros problème, dit Gullberg. Il lorgna vers Nyström qui hocha la tête.

— Je peux me charger d'Ekström, dit Nyström. Quelque chose me dit qu'il aurait préféré ne jamais entendre parler de Zalachenko. Il a rendu le rapport de Björck dès que la Säpo l'a demandé et il a déjà dit qu'il se soumettrait à tout ce qui relève de la sécurité nationale.

— Qu'est-ce que tu as l'intention de faire ? demanda Wadensjöö avec méfiance.

— Laissez-moi construire un scénario, dit Nyström. J'imagine que nous allons simplement lui expliquer d'une manière élégante ce qu'il est supposé faire s'il veut éviter que sa carrière ne s'arrête brutalement.

— C'est le troisième bout qui constitue le plus gros problème, dit Gullberg. La police n'a pas trouvé le rapport de Björck toute seule… c'est un journaliste qui le leur a refilé. Et vous l'avez tous compris, les médias sont évidemment un problème pour nous. *Millénium*.

Nyström ouvrit son carnet de notes.

— Mikael Blomkvist, dit-il.

Tout le monde autour de la table avait entendu parler de l'affaire Wennerström et connaissait le nom de Mikael Blomkvist.

— Dag Svensson, le journaliste qui a été tué, travaillait pour *Millénium*. Il s'occupait d'un sujet sur la traite de femmes. C'est comme ça qu'il a zoomé sur Zalachenko.

C'est Mikael Blomkvist qui l'a trouvé après le meurtre. De plus, il connaît Lisbeth Salander et il n'a pas cessé de croire en son innocence.

— Comment peut-il connaître la fille de Zalachenko… C'est trop gros pour être un putain de hasard.

— Nous ne croyons pas que ce soit un hasard, dit Wadensjöö. Nous croyons que Salander est en quelque sorte le lien entre eux tous. Nous ne savons pas tout à fait expliquer comment, mais c'est la seule hypothèse plausible.

Gullberg se taisait et dessinait des cercles concentriques dans son carnet. Pour finir, il leva les yeux.

— Il faut que je réfléchisse à ceci un moment. Je vais faire une promenade. On se retrouve dans une heure.

L'ESCAPADE DE GULLBERG dura près de quatre heures et non une comme il l'avait annoncé. Il ne marcha qu'une dizaine de minutes avant de trouver un café qui proposait un tas de variétés bizarroïdes du breuvage. Il commanda une tasse de café noir ordinaire et s'assit à une table dans un coin près de l'entrée. Il réfléchit intensément et essaya de démêler les différents aspects du problème. Régulièrement il inscrivait une simple note pour mémoire dans un agenda.

Au bout d'une heure et demie, un plan avait commencé à prendre forme.

Ce n'était pas un bon plan, mais après avoir tourné et retourné toutes les possibilités, il réalisa que le problème exigeait des mesures drastiques.

Heureusement, les ressources humaines étaient disponibles. C'était réalisable.

Il se leva, trouva une cabine téléphonique et appela Wadensjöö.

— Il faudra repousser la réunion à plus tard, dit-il. J'ai quelque chose à faire. Peut-on se retrouver à 14 heures ?

Puis Gullberg descendit à Stureplan et fit signe à un taxi. A vrai dire, sa maigre retraite de fonctionnaire de l'Etat ne lui permettait pas un tel luxe, mais d'un autre côté il était arrivé à un âge où il n'avait plus de raisons de faire des économies pour des extravagances. Il indiqua une adresse à Bromma.

Une fois déposé là, il rejoignit à pied un quartier plus au sud et sonna à la porte d'une petite maison particulière. Une femme d'une quarantaine d'années vint ouvrir.

— Bonjour. Je cherche Fredrik Clinton.

— C'est de la part de qui ?

— Je suis un vieux collègue.

La femme hocha la tête et le fit entrer dans le séjour où Fredrik Clinton se leva lentement d'un canapé. Il n'avait que soixante-huit ans mais paraissait en avoir bien davantage. Le diabète et des problèmes de coronaires avaient laissé leurs traces.

— Gullberg ? dit Clinton stupéfait.

Ils se contemplèrent un long moment. Puis les deux vieux espions se serrèrent dans les bras l'un de l'autre.

— Je ne croyais pas que j'allais te revoir un jour, dit Clinton. Je suppose que c'est ça qui t'a fait sortir du trou.

Il montra la une d'un journal du soir qui affichait une photo de Ronald Niedermann et le titre "Le tueur de policier traqué au Danemark".

— Comment vas-tu ? demanda Gullberg.

— Je suis malade, dit Clinton.

— C'est ce que je vois.

— Si on ne me donne pas un nouveau rein, je mourrai bientôt. Et la probabilité qu'on me donne un nouveau rein n'est pas bien grande.

Gullberg hocha la tête.

La femme revint à la porte du séjour et demanda à Gullberg s'il voulait boire quelque chose.

— Je prendrai bien un café, dit-il.

Quand elle eut disparu, il se tourna vers Clinton.

— Qui est cette femme ?

— Ma fille.

Gullberg hocha la tête. Ce qui était fascinant, c'est que malgré toutes les années d'intimité à la Section, très peu de collaborateurs s'étaient fréquentés hors du travail. Gullberg connaissait le moindre trait de caractère de chacun, ses forces et ses faiblesses, mais il n'avait qu'une vague idée de sa situation familiale. Clinton avait peut-être été le collaborateur le plus proche de Gullberg pendant vingt ans. Il savait que Clinton avait été marié et qu'il avait des enfants. Mais il ne connaissait pas le nom de sa fille, le nom de son ex-femme ou l'endroit où Clinton passait en général ses vacances. C'était comme si tout à l'extérieur de la Section était sacré et ne devait pas être discuté.

— Qu'est-ce que tu veux ? demanda Clinton.

— Puis-je te demander ton opinion sur Wadensjöö ?

Clinton secoua la tête.

— Je ne veux pas me mêler de ça.

— Ce n'est pas ça que j'ai demandé. Tu le connais. Il a travaillé avec toi pendant dix ans.

Clinton secoua la tête de nouveau.

— C'est lui qui dirige la Section aujourd'hui. Ce que j'en pense n'a pas d'intérêt.

— Il s'en sort ?

— Ce n'est pas un idiot.

— Mais… ?

— C'est un analyste. Génial pour les puzzles. Il a de l'instinct. Un administrateur brillant qui a équilibré le budget, et d'une manière qu'on ne pensait pas possible.

Gullberg hocha la tête. L'important était la qualité que Clinton ne mentionnait pas.

— Est-ce que tu serais prêt à reprendre du service ?

Clinton leva les yeux vers Gullberg. Il hésita un long moment.

— Evert… je passe neuf heures tous les deux jours en dialyse à l'hôpital. Je ne peux pas emprunter le moindre escalier sans pratiquement étouffer. Je n'ai pas de forces. Plus de forces du tout.

— J'ai besoin de toi. Une dernière opération.

— Je ne peux pas.

— Tu peux. Et tu pourras passer neuf heures tous les deux jours en dialyse. Tu prendras l'ascenseur au lieu des escaliers. Je peux faire en sorte qu'on te porte sur une civière s'il le faut. J'ai besoin de ton cerveau.

Clinton soupira.

— Raconte, dit-il.

— En ce moment, nous sommes face à une situation extrêmement compliquée qui exige des opérations sur le terrain. Wadensjöö a un jeune blanc-bec, Jonas Sandberg, qui constitue à lui seul le département d'intervention, et je ne pense pas que Wadensjöö ait le culot de faire ce qui devrait être fait. Il est peut-être un putain de crack pour faire des tours de passe-passe avec le budget, mais il a peur de prendre des décisions d'intervention et il a peur de mêler la Section au travail sur le terrain qui est pourtant nécessaire.

Clinton fit oui de la tête. Il afficha un pâle sourire.

— Cette opération se déroulera sur deux fronts différents. Le premier concerne Zalachenko. Je dois lui faire entendre raison et je crois savoir comment m'y prendre. L'autre front doit être établi ici à Stockholm. Le problème est qu'il n'y a personne à la Section pour s'en occuper. J'ai besoin de toi pour prendre le commandement. Une dernière contribution. J'ai un plan. Jonas Sandberg et Georg Nyström effectueront le boulot sur le terrain. Toi, tu dirigeras l'opération.

— Tu ne comprends pas ce que tu demandes.

— Si… je comprends très bien ce que je demande. Et c'est à toi de décider si tu participes ou pas. Mais soit nous, les vieux de la vieille, on se mobilise et on fait notre part, soit la Section n'existera plus dans quelques semaines.

Clinton plia son bras sur l'accoudoir et reposa sa tête dans la paume. Il réfléchit pendant deux minutes.

— Raconte ton plan, finit-il par dire.

Evert Gullberg et Fredrik Clinton parlèrent pendant deux heures.

WADENSJÖÖ OUVRIT DE GRANDS YEUX lorsque Gullberg revint à 13 h 57, traînant Fredrik Clinton à sa suite. Clinton avait l'allure d'un squelette. Il semblait avoir des difficultés pour marcher et des difficultés pour respirer, et il s'appuyait d'une main sur l'épaule de Gullberg.

— Qu'est-ce que ça signifie… ? dit Wadensjöö.

— Reprenons la réunion, dit Gullberg sur un ton bref.

Ils se rassemblèrent de nouveau autour de la table dans le bureau de Wadensjöö. Clinton se laissa tomber en silence sur la chaise qu'on lui offrait.

— Vous connaissez tous Fredrik Clinton, dit Gullberg.

— Oui, dit Wadensjöö. La question est de savoir ce qu'il fait ici.

— Clinton a décidé de reprendre du service actif. Il va diriger le secteur des interventions jusqu'à la fin de la crise actuelle.

Gullberg leva une main et interrompit la protestation de Wadensjöö avant même qu'il ait eu le temps de la formuler.

— Clinton est fatigué. Il aura besoin d'assistance. Il doit se rendre régulièrement à l'hôpital pour dialyse. Wadensjöö, tu vas recruter deux assistants personnels qui l'aideront pour toutes les tâches pratiques. Mais que ceci soit tout à fait clair : en ce qui concerne cette affaire, c'est Clinton qui prend toutes les décisions d'intervention.

Il se tut et attendit. Aucune protestation ne vint.

— J'ai un plan. Je pense qu'on arrivera à bon port si on le suit, mais il faut agir vite pour ne pas rater les occasions, dit-il. Ensuite tout dépend de votre détermination ici à la Section aujourd'hui.

Wadensjöö ressentit un défi dans les paroles de Gullberg.

— Dis-nous tout.

— Premièrement : nous avons déjà passé en revue la police. On fera exactement comme on a dit. On essaiera de les isoler dans leur enquête en les menant sur une piste secondaire dans la chasse à Niedermann. Ce sera le boulot de Georg Nyström. Quoi qu'il arrive, Niedermann n'a aucune importance. On veillera à ce que ce soit Faste qui ait pour tâche d'enquêter sur Salander.

— Ça ne devrait pas être trop difficile, dit Nyström. J'irai tout simplement discuter discrètement avec le procureur Ekström.

— Et s'il renâcle…

— Je ne pense pas qu'il le fera. C'est un carriériste et il veille à ses intérêts. Mais je saurai sans doute trouver un levier s'il le faut. Il détesterait être mêlé à un scandale.

— Bien. Le deuxième point, c'est *Millénium* et Mikael Blomkvist. C'est pour ça que Clinton a repris du service. Ce point exige des mesures hors normes.

— J'ai l'impression que je ne vais pas aimer ça, dit Wadensjöö.

— Probablement pas, mais *Millénium* ne peut pas être manipulé de la même manière simple. Par contre, la menace venant d'eux ne repose que sur une seule chose, en l'occurrence le rapport de police de Björck de 1991. Dans l'état actuel des choses, je suppose que ce rapport existe à deux endroits, peut-être trois. C'est Lisbeth Salander qui l'a trouvé, mais d'une façon ou d'une autre Mikael Blomkvist a aussi mis la main dessus. Cela veut dire qu'il y avait une sorte de contact entre Blomkvist et Salander pendant qu'elle était en cavale.

Clinton leva un doigt et prononça ses premiers mots depuis son arrivée.

— Cela nous renseigne aussi sur le caractère de notre adversaire. Blomkvist n'a pas peur de prendre des risques. Pensez à l'affaire Wennerström.

Gullberg hocha la tête.

— Blomkvist a donné le rapport à sa directrice, Erika Berger, qui à son tour l'a envoyé à Bublanski. Elle l'a donc lu, elle aussi. On peut supposer qu'ils ont fait une copie de sécurité. Je dirais que Blomkvist a une copie et qu'il y en a une autre à la rédaction.

— Ça semble plausible, dit Wadensjöö.

— *Millénium* est un mensuel, ce qui veut dire qu'ils ne publieront rien demain. Nous avons du temps devant nous. Mais il nous faut mettre la main sur ces deux exemplaires du rapport. Et pour ça, nous ne pouvons pas passer par le procureur général de la nation.

— Je comprends.

— Nous allons donc lancer une phase d'intervention, et entrer par effraction chez Blomkvist et à la rédaction de *Millénium*. Sauras-tu organiser ça, Jonas ?

Jonas Sandberg lorgna vers Wadensjöö.

— Evert, il faut que tu comprennes… nous ne faisons plus ce genre de choses, dit Wadensjöö. Les temps ont changé, maintenant on s'occupe de piratage informatique et de surveillance électronique, si tu vois ce que je veux dire. Nous n'avons pas assez de ressources pour entretenir une branche d'intervention.

Gullberg se pencha en avant sur la table.

— Wadensjöö. Il te reste alors à dégoter des ressources pour ça, et en vitesse. Prends des gens de l'extérieur. Loue une bande de balèzes de la mafia yougoslave pour cogner sur Blomkvist au besoin. Mais il faut à tout prix récolter ces deux copies. Sans les copies, ils n'ont plus de documents et ils ne pourront prouver que dalle. Si tu ne sais pas régler un truc de ce genre, je te laisse ici avec le pouce dans le cul à attendre que la Commission constitutionnelle vienne frapper à la porte.

Les regards de Gullberg et de Wadensjöö se croisèrent un long moment.

— Je peux m'en occuper, dit soudain Jonas Sandberg.

Gullberg jeta un regard en coin sur le junior.

— Es-tu sûr de savoir organiser un truc pareil ?

Sandberg hocha la tête.

— Bien. A partir de maintenant, Clinton est ton chef. Tu prends tes ordres de lui.

Sandberg fit oui de la tête.

— Il sera question en grande partie de surveillance. Cette branche d'intervention doit être renforcée, dit Nyström. J'ai quelques propositions de noms. On a un mec dans l'organisation externe – il travaille à la protection des personnalités à la Säpo et il s'appelle Mårtensson. Il n'a pas froid aux yeux et il est prometteur. Ça fait longtemps que j'envisage de le transférer ici dans l'organisation interne. Je me suis même dit qu'il pourrait devenir mon successeur.

— Ça me semble très bien, dit Gullberg. Clinton tranchera.

— J'ai une autre nouvelle, dit Georg Nyström. Je crains qu'il y ait une troisième copie.

— Où ça ?

— J'ai appris cet après-midi que Lisbeth Salander a maintenant un avocat. Son nom est Annika Giannini. C'est la sœur de Mikael Blomkvist.

Gullberg hocha la tête.

— Bien vu. Blomkvist a dû donner une copie à sa sœur. Sinon, ça serait aberrant. Autrement dit, il faut qu'on les surveille de très près tous les trois – Berger, Blomkvist et Giannini – pendant quelque temps.

— Je ne pense pas qu'on ait du souci à se faire pour Berger. La presse annonce aujourd'hui qu'elle devient la nouvelle rédactrice en chef de *Svenska Morgon-Posten*. Elle n'a plus rien à faire avec *Millénium*.

— D'accord. Mais on garde quand même un œil sur elle. Pour ce qui est de *Millénium*, il faut les mettre sur table d'écoute, écoute à leur domicile et à la rédaction, bien entendu. Et contrôle du courrier électronique. On doit apprendre qui ils rencontrent et avec qui ils parlent. Et on a très, très envie de connaître le montage de leurs révélations. Et avant tout, il faut qu'on mette la main sur le rapport. Autrement dit, du pain sur la planche.

Wadensjöö parut hésiter.

— Evert, tu nous demandes de mener une action d'intervention contre la rédaction d'un journal. On s'aventure sur un terrain très dangereux.

— Tu n'as pas le choix. Soit tu te retrousses les manches, soit tu laisses la place de chef à quelqu'un d'autre.

Le défi planait comme un nuage au-dessus de la table.

— Je crois que je peux gérer *Millénium*, finit par dire Jonas Sandberg. Mais rien de tout ça ne résout le problème de base. Qu'est-ce qu'on fait de ton Zalachenko ? S'il parle, tous nos efforts n'auront servi à rien.

Gullberg hocha lentement la tête.

— Je le sais. Ça sera ma part de l'opération. Je crois que j'ai un argument qui va persuader Zalachenko de la fermer. Mais ça demande pas mal de préparation. Je descends à Göteborg dès cet après-midi.

Il se tut et parcourut la pièce du regard. Puis il darda ses yeux sur Wadensjöö.

— Clinton prendra les décisions d'intervention en mon absence, décréta-t-il.

Au bout d'un moment, Wadensjöö fit oui de la tête.

IL FALLUT ATTENDRE LE LUNDI SOIR pour que le Dr Helena Endrin, en accord avec son collègue Anders Jonasson, décide que l'état de Lisbeth Salander s'était suffisamment stabilisé pour qu'elle puisse recevoir des visites. Ses premiers visiteurs furent deux inspecteurs criminels à qui on accordait quinze minutes pour lui poser des questions. Elle contempla les deux policiers en silence lorsqu'ils entrèrent dans sa chambre et s'assirent.

— Bonjour. Je suis l'inspecteur criminel Marcus Ackerman. Je travaille à la brigade criminelle ici à Göteborg. Voici ma collègue Sonja Modig de la police de Stockholm.

Lisbeth Salander ne dit pas bonjour. Elle resta totalement impassible. Elle reconnut Modig comme l'un des flics du groupe de Bublanski. Ackerman lui adressa un sourire frais.

— J'ai compris qu'il n'était pas dans tes habitudes de parler volontiers aux autorités. Et si je peux me permettre, il n'est pas nécessaire que tu dises quoi que ce soit. En revanche, je te serais reconnaissant de bien vouloir prendre le temps de nous écouter. Nous avons plusieurs affaires à traiter et on ne nous accorde pas beaucoup de temps aujourd'hui. Il y aura d'autres occasions plus tard.

Lisbeth Salander ne dit rien.

— Alors pour commencer je voudrais te faire savoir que ton ami Mikael Blomkvist nous a signalé qu'une avocate du nom d'Annika Giannini est disposée à te représenter et qu'elle est au courant de l'affaire. Il dit qu'il t'a déjà parlé d'elle. J'ai besoin d'une confirmation de ta part si c'est bien le cas, et je voudrais savoir si tu souhaites que maître Giannini vienne ici à Göteborg pour t'assister.

Lisbeth Salander continua à garder le silence.

Annika Giannini. La sœur de Mikael Blomkvist. Il avait mentionné son nom dans un message. Lisbeth n'avait pas pensé au fait qu'elle avait besoin d'un avocat.

— Je suis désolé, mais je dois te demander de répondre à la question. Un oui ou un non suffit. Si tu dis oui, le procureur d'ici, à Göteborg, entrera en contact avec maître Giannini. Si tu dis non, un tribunal te désignera un avocat d'office. Qu'est-ce que tu préfères ?

Lisbeth Salander réfléchit à la proposition. Elle se dit qu'il lui fallait effectivement un avocat, mais avoir la sœur de ce Foutu Super Blomkvist comme défenseur était quand même assez difficile à avaler. Il serait aux anges. D'un autre côté, un avocat d'office inconnu ne serait guère mieux. Elle finit par ouvrir la bouche et croassa un seul mot rauque.

— Giannini.

— Bien. Je te remercie. Alors j'ai une question à te poser. Tu n'es pas obligée de dire quoi que ce soit avant que ton avocate soit ici, mais cette question ne te concerne pas, toi, directement, ni ton bien-être pour autant que je peux comprendre. La police recherche le citoyen allemand Ronald Niedermann, trente-sept ans, qui est soupçonné d'avoir tué un policier.

Lisbeth fronça les sourcils. Ça, c'était nouveau pour elle. Elle ignorait tout de ce qui s'était passé après qu'elle avait planté la hache dans la tête de Zalachenko.

— Nous ici à Göteborg, nous aimerions le coincer le plus vite possible. Ma collègue ici présente, de Stockholm, voudrait aussi l'entendre au sujet des trois meurtres dont tu étais soupçonnée au départ. Nous te demandons ton aide. Nous voudrions savoir si tu as la moindre idée… si tu pouvais nous donner la moindre indication pour le localiser.

Le regard de Lisbeth passa avec méfiance d'Ackerman à Modig.

Ils ne savent pas qu'il est mon frère.

Ensuite elle se demanda si elle avait envie de voir Niedermann arrêté ou pas. Elle avait surtout envie de l'emmener devant un trou creusé dans la terre à Gosseberga et de l'y enterrer. Pour finir, elle haussa les épaules. Ce qu'elle n'aurait pas dû, puisqu'une douleur fulgurante traversa immédiatement son épaule gauche.

— On est quel jour ? demanda-t-elle.

— Lundi.

Elle réfléchit.

— La première fois que j'ai entendu le nom de Ronald Niedermann, c'était jeudi de la semaine dernière. Je l'ai pisté jusqu'à Gosseberga. Je n'ai aucune idée de l'endroit où il se trouve ni où il pourrait aller. Mais je parierais qu'il va rapidement essayer de se mettre en sécurité à l'étranger.

— Pourquoi est-ce que tu penses qu'il va s'enfuir à l'étranger ?

Lisbeth réfléchit.

— Parce que, quand Niedermann était sorti creuser une tombe pour moi, Zalachenko a dit qu'il y avait eu trop de publicité et qu'ils avaient déjà planifié que Niedermann parte à l'étranger pour quelque temps.

Lisbeth Salander n'avait pas échangé autant de mots avec un policier depuis l'âge de douze ans.

— Zalachenko… c'est ton père, donc.

Au moins, ils ont réussi à trouver ça. Foutu Super Blomkvist, probablement.

— Je dois aussi t'informer que ton père a porté plainte contre toi pour tentative d'homicide. Le dossier se trouve en ce moment chez le procureur qui doit prendre position pour ou contre une action judiciaire. En revanche, ce qui est d'ores et déjà sur la table, c'est que tu es mise en examen pour coups et blessures aggravés. Tu as planté une hache dans le crâne de Zalachenko.

Lisbeth ne dit rien. Le silence fut très long. Ensuite Sonja Modig se pencha en avant et parla à voix basse.

— Je voudrais seulement te dire qu'au sein de la police, nous n'accordons pas grande confiance à l'histoire de Zalachenko. Adresse-toi à ton avocate, pour un entretien approfondi, et de notre côté, on attendra un peu.

Ackerman hocha la tête. Les policiers se levèrent.

— Merci de nous avoir aidés pour Niedermann.

Lisbeth fut surprise de constater que les policiers avaient été très corrects et presque aimables. Elle s'étonna un peu de la réplique de Sonja Modig. Il doit y avoir une arrière-pensée, se dit-elle.

7

LUNDI 11 AVRIL – MARDI 12 AVRIL

A 17 H 45 LE LUNDI, Mikael Blomkvist ferma le couvercle de son iBook et quitta sa place à la table de cuisine dans son appartement de Bellmansgatan. Il mit une veste et se rendit à pied aux bureaux de Milton Security près de Slussen. Il prit l'ascenseur pour monter à la réception au deuxième étage et fut immédiatement introduit dans une salle de réunion.

— Salut Dragan, dit-il en tendant la main. Merci d'avoir accepté d'accueillir cette réunion informelle.

Il regarda autour de lui dans la pièce. A part lui et Dragan Armanskij, il y avait là Annika Giannini, Holger Palmgren et Malou Eriksson. L'ex-inspecteur criminel Steve Bohman, de chez Milton, qui sur ordre d'Armanskij avait suivi l'enquête sur Salander depuis le premier jour, participait également à la réunion.

Holger Palmgren faisait sa première sortie depuis plus de deux ans. Son médecin, le Dr A. Sivarnandan, n'avait pas été spécialement enthousiaste à l'idée de le laisser quitter le centre de rééducation d'Ersta, mais Palmgren avait insisté. Il avait effectué le trajet en voiture particulière, accompagné de son aide-soignante personnelle Johanna Karolina Oskarsson, trente-neuf ans, dont le salaire était payé par un fonds créé par un mystérieux donateur pour offrir à Palmgren les meilleurs soins imaginables. Karolina Oskarsson attendait dans un coin détente devant la salle de réunion. Elle avait apporté un livre. Mikael ferma la porte.

— Pour ceux qui ne la connaissent pas : Malou Eriksson est notre toute nouvelle rédactrice en chef à *Millénium*. Je lui ai demandé d'assister à cette réunion puisque ce qu'on va discuter ici affectera son boulot.

— OK, dit Armanskij. Nous sommes tous là. On t'écoute.

Mikael s'approcha du tableau blanc d'Armanskij et prit un marqueur. Il parcourut l'assemblée du regard.

— Je crois que je n'ai jamais rien vécu de plus délirant, dit-il. Quand ça sera fini, je pourrai fonder une association de bienfaisance. Je l'appellerai Les Chevaliers de la Table Dingue, et son but sera d'organiser un dîner annuel où on dira du mal de Lisbeth Salander. Vous êtes tous membres.

Il fit une pause.

— Voici à quoi ressemble la réalité, dit-il en commençant à tracer des colonnes sur le tableau d'Armanskij. Il parla pendant une bonne demi-heure. La discussion qui s'ensuivit dura près de trois heures.

UNE FOIS LA CONFÉRENCE FORMELLEMENT TERMINÉE, Evert Gullberg s'installa en tête-à-tête avec Fredrik Clinton. Ils parlèrent à voix basse pendant quelques minutes avant que Gullberg se lève. Les deux anciens frères d'armes se serrèrent la main.

Gullberg rentra en taxi à l'hôtel Frey chercher ses vêtements, il paya la note et prit un train qui partait dans l'après-midi pour Göteborg. Il choisit la première classe et eut tout un compartiment pour lui tout seul. Quand le train avait dépassé le pont d'Årsta, il sortit un stylo à bille et un bloc de papier à lettres. Il réfléchit un instant, puis se mit à écrire. Il remplit d'écriture environ la moitié de la page avant de s'arrêter et d'arracher celle-ci du bloc.

Les documents falsifiés n'étaient pas de son ressort, il n'était pas expert en la matière, mais dans le cas présent, la tâche était simplifiée par le fait que les lettres qu'il était en train d'écrire devaient être signées par lui-même. La difficulté était que pas un mot ne devait être vrai.

En passant Nyköping, il avait rejeté encore un grand nombre de brouillons, mais il commençait à avoir une petite idée de la manière dont les lettres seraient formulées. En arrivant à Göteborg, il disposait de douze lettres dont il était satisfait. Il veilla soigneusement à ce que ses empreintes digitales soient claires et nettes sur le papier.

A la gare centrale de Göteborg, il réussit à trouver une photocopieuse et fit des copies. Puis il acheta des enveloppes et des timbres, et posta le courrier dans la boîte aux lettres qui serait relevée à 21 heures.

Gullberg prit un taxi pour rejoindre le City Hotel dans Lorensbergsgatan, où Clinton lui avait réservé une chambre. Il logea de ce fait dans l'hôtel où Mikael Blomkvist avait passé la nuit quelques jours auparavant. Il monta tout de suite à sa chambre et s'affala sur le lit. Il était profondément fatigué et réalisa qu'il n'avait mangé que deux tartines de toute la journée. Il n'avait toujours pas faim. Il se déshabilla et s'allongea dans le lit, et il s'endormit presque immédiatement.

LISBETH SALANDER SE RÉVEILLA en sursaut en entendant la porte s'ouvrir. Elle sut immédiatement que ce n'était pas l'infirmière de nuit. Elle ouvrit les yeux en deux minces fentes et vit la silhouette avec les cannes à la porte. Zalachenko ne bougeait pas et la contemplait dans le rai de lumière du couloir entrant par l'ouverture de la porte.

Sans bouger, elle tourna les yeux vers le réveil et vit affiché 3 h 10.

Elle décala le regard de quelques millimètres et vit le verre d'eau au bord de la table de chevet. Elle pourrait l'atteindre pile-poil sans avoir à déplacer son corps.

Il lui faudrait une fraction de seconde pour tendre le bras et d'un geste résolu casser le haut du verre contre le bord dur de la table de chevet. Il faudrait une demi-seconde pour planter le bord tranchant dans la gorge de Zalachenko s'il se penchait sur elle. Elle calcula d'autres alternatives mais finit par comprendre que c'était sa seule arme possible.

Elle se détendit et attendit.

Zalachenko resta sans bouger à la porte pendant deux minutes.

Puis il referma doucement la porte. Elle entendit le faible raclement des cannes lorsqu'il s'éloigna tranquillement de la chambre.

Au bout de cinq minutes, elle se dressa sur les coudes, prit le verre et but une grande gorgée. Elle bascula les jambes par-dessus le bord du lit et défit les électrodes de son bras et de sa poitrine. Elle se leva et resta debout à chanceler. Il lui fallut une bonne minute pour prendre le contrôle sur son corps. Elle boita jusqu'à la porte, s'appuya contre le mur et chercha son souffle. Elle avait des sueurs froides. Ensuite elle piqua une colère froide.

Fuck you, *Zalachenko. Qu'on en finisse !*

Elle avait besoin d'une arme.

L'instant après, elle entendit des talons rapides dans le couloir.

Merde. Les électrodes.

— Mais qu'est-ce que tu fais debout, bon sang ? s'exclama l'infirmière.

— Je dois… aller… aux toilettes, dit Lisbeth Salander hors d'haleine.

— Retourne immédiatement te coucher.

Elle saisit la main de Lisbeth et l'aida à revenir à son lit. Puis elle alla chercher un bassin.

— Quand tu as besoin d'aller aux toilettes, tu nous sonnes. C'est pour ça que tu as ce bouton-là, dit l'infirmière.

Lisbeth ne dit rien. Elle se concentra pour essayer de produire quelques gouttes.

LE MARDI, MIKAEL BLOMKVIST se réveilla à 10 h 30, se doucha, lança le café et s'installa ensuite devant son iBook. Après la réunion à Milton Security la veille au soir, il était rentré et avait travaillé jusqu'à 5 heures. Il sentait enfin que son sujet commençait à prendre forme. La biographie de Zalachenko restait floue – tout ce dont il disposait pour s'orienter était les informations qu'il avait extorquées à Björck et les détails que Holger Palmgren avait ajoutés. L'histoire de Lisbeth Salander était pratiquement terminée. Il expliquait en détail comment elle avait été confrontée à une bande de guerriers froids de la DGPN/Säpo et enfermée en pédopsychiatrie pour que n'éclate pas le secret entourant Zalachenko.

Il était satisfait de son texte. Il tenait une histoire du tonnerre qui allait renverser les kiosques à journaux et qui en outre allait créer des problèmes très haut dans la bureaucratie de l'Etat.

Il alluma une cigarette tout en réfléchissant.

Il lui restait deux grands trous à combler. L'un était gérable. Il lui fallait s'attaquer à Peter Teleborian et il se réjouissait de cette tâche. Quand il en aurait terminé avec lui, le célèbre pédopsychiatre serait un des hommes les plus détestés de Suède.

L'autre problème était considérablement plus compliqué.

La machination contre Lisbeth Salander – il avait baptisé ces conspirateurs le club Zalachenko – se trouvait au sein de la Säpo. Il connaissait un nom, Gunnar Björck, mais Gunnar Björck ne pouvait en aucun cas être le seul responsable. Il y avait forcément un groupe, une sorte d'équipe. Il y avait forcément des chefs, des responsables et un budget. Le problème était qu'il n'avait aucune idée de comment s'y prendre pour identifier ces gens. Il ne savait pas par où commencer. Il n'avait qu'une connaissance rudimentaire de l'organisation de la Säpo.

Le lundi, il avait commencé ses recherches en envoyant Henry Cortez chez plusieurs bouquinistes de Södermalm avec ordre d'acheter tous les livres qui d'une façon ou d'une autre parlaient de la Säpo. Cortez était arrivé chez Mikael Blomkvist vers 16 heures le lundi avec six livres. Mikael contempla la pile sur la table.

Espionnage en Suède de Mikael Rosquist (Tempus, 1988) ; *J'ai été chef de la Säpo de 1962 à 1970* de Per Gunnar Vinge (W&W, 1988) ; *Pouvoirs secrets* de Jan Ottosson et Lars Magnusson (Tiden, 1991) ; *Lutte pour le contrôle de la Säpo* d'Erik Magnusson (Corona, 1989) ; *Une mission* de Carl Lidbom (W&W, 1990) ainsi que – un peu surprenant – *An Agent in Place* de Thomas Whiteside (Ballantine, 1966) qui parlait de l'affaire Wennerström. Celle des années 1960 donc, pas celle de Mikael Blomkvist au début du XXIe siècle.

Il avait passé la plus grande partie de la nuit du mardi à lire ou au moins à parcourir les livres que Henry Cortez avait trouvés. Sa lecture terminée, il fit quelques constatations. Premièrement, la plupart des livres sur la Säpo qui avaient jamais été écrits semblaient avoir été édités à la fin des années 1980. Une recherche sur Internet démontra qu'il n'existait aucune littérature récente en la matière.

Deuxièmement, il ne semblait pas exister de résumé compréhensible de l'activité de la police secrète suédoise au fil des ans. Ça pouvait à la rigueur se concevoir en songeant au nombre d'affaires classées secret-défense et donc difficiles à traiter, mais il n'existait apparemment pas la moindre institution, le moindre chercheur ou le moindre média qui étudiaient la Säpo d'un œil critique.

Il nota aussi le fait étrange qu'il n'existait aucune référence à d'autres ouvrages dans les livres rapportés par Henry Cortez. Les notes en bas de page renvoyaient souvent à des articles dans la presse du soir ou des interviews personnelles avec un gars de la Säpo à la retraite.

Pouvoirs secrets était fascinant mais traitait principalement de l'époque avant et pendant la Seconde Guerre mondiale. Mikael considérait les Mémoires de P. G. Vinge plus comme un livre de propagande écrit pour sa défense par un directeur de la Säpo durement critiqué et démis de son poste. *An Agent in Place* contenait tant de bizarreries sur la Suède dès le premier chapitre qu'il jeta carrément le livre à la poubelle. Les seuls livres ayant l'ambition prononcée de décrire le travail de la Säpo étaient *Lutte pour le contrôle de la Säpo* et *Espionnage en Suède*. Il y avait des dates, des noms et des organigrammes. Il trouva le livre d'Erik Magnusson particulièrement intéressant. Même s'il n'offrait pas de réponse à ses questions immédiates, il donnait un bon aperçu de ce qu'avait été la Säpo et de ses activités au cours des décennies passées.

La plus grande surprise fut cependant *Une mission* de Carl Lidbom, qui décrivait les problèmes auxquels fut confronté l'ancien ambassadeur à Paris lorsque, sur ordre du gouvernement, il enquêta sur la Säpo dans le sillage de l'assassinat de Palme et de l'affaire Ebbe Carlsson. Mikael n'avait jamais rien lu de Carl Lidbom et fut surpris par sa langue ironique mêlée d'observations pointues. Mais le livre de Carl Lidbom non plus n'approcha pas Mikael de la réponse à ses questions, même s'il commençait à avoir une petite idée du chantier qui l'attendait.

Après avoir réfléchi un moment, il prit son téléphone portable et appela Henry Cortez.

— Salut Henry. Merci pour la corvée d'hier.

— Hmm. Qu'est-ce que tu veux ?

— J'ai encore quelques corvées à te confier.

— Micke, j'ai un boulot. Je suis devenu secrétaire de rédaction.

— Belle progression dans ta carrière.

— Accouche !

— Au fil des ans un certain nombre d'enquêtes publiques sur la Säpo ont été menées. Carl Lidbom en a fait une. Il doit y avoir pas mal de ce genre d'enquêtes.

— Hm hm.

— Apporte-moi tout ce que tu peux trouver concernant le Parlement – les budgets, les enquêtes officielles de l'Etat, les débats à la suite d'interpellations à l'Assemblée et ce genre de choses. Et commande les annales de la Säpo aussi loin en arrière que tu pourras remonter.

— A vos ordres, mon capitaine.

— Bien. Et… Henry…

— Oui ?

— … je n'en ai besoin que pour demain.

LISBETH SALANDER PASSA LA JOURNÉE à réfléchir à Zalachenko. Elle savait qu'il se trouvait à deux chambres d'elle, qu'il rôdait dans les couloirs la nuit et qu'il était venu dans sa chambre à 3 h 10.

Elle l'avait pisté jusqu'à Gosseberga avec l'intention de le tuer. Elle avait échoué, et Zalachenko était encore vivant et se trouvait à moins de dix mètres d'elle. Elle était dans la merde. Jusqu'où, elle avait du mal à le déterminer, mais elle supposait qu'elle aurait besoin de s'enfuir et de disparaître discrètement à l'étranger si elle ne voulait pas risquer d'être enfermée de nouveau chez les fous avec Peter Teleborian comme gardien.

Le problème était évidemment qu'elle n'avait même pas la force de s'asseoir dans le lit. Elle notait des améliorations. Le mal de tête était toujours là, mais il arrivait par vagues au lieu d'être constant. La douleur à l'épaule restait superficielle et n'éclatait que dès qu'elle essayait de bouger.

Elle entendit des pas dans le couloir et vit une infirmière ouvrir la porte et faire entrer une femme en pantalon noir, chemise blanche et veste sombre. Une jolie femme mince, les cheveux châtains coupés court à la garçonne. Il émanait d'elle une tranquille confiance en elle-même. Elle avait un porte-documents noir à la main. Lisbeth reconnut immédiatement les yeux de Mikael Blomkvist.

— Bonjour Lisbeth. Je m'appelle Annika Giannini, dit-elle. Puis-je entrer ?

Lisbeth la contempla sans expression. Brusquement, elle n'avait aucune envie de rencontrer la sœur de Mikael Blomkvist et elle regretta d'avoir accepté la proposition qu'elle devienne son avocate.

162

Annika Giannini entra, referma la porte derrière elle et avança une chaise. Elle resta assise en silence pendant quelques secondes et observa sa cliente.

Lisbeth Salander avait l'air vraiment mal en point. Sa tête n'était qu'un paquet de bandages. D'énormes hématomes pourpres entouraient ses yeux injectés de sang.

— Avant qu'on commence à discuter de quoi que ce soit, j'ai besoin de savoir si vous voulez réellement que je sois votre avocate. En général, je ne m'occupe que d'affaires civiles, où je représente des victimes de viol ou de mauvais traitement. Je ne suis pas une avocate d'affaires criminelles. En revanche, je me suis mise au courant des détails de votre cas et j'ai très envie de vous représenter, si vous êtes d'accord. Il faut aussi que je dise que Mikael Blomkvist est mon frère – je crois que vous le savez déjà – et que lui et Dragan Armanskij paient mes honoraires.

Elle attendit un instant mais, n'obtenant aucune réaction de sa cliente, elle poursuivit.

— Si vous me voulez comme avocate, je travaillerai pour vous. Je veux dire, je ne travaille pas pour mon frère ni pour Armanskij. Je serai également assistée en tout ce qui concerne le pénal par votre ancien tuteur Holger Palmgren. C'est un vrai coriace, cet homme-là, qui a quitté son lit d'hôpital pour vous aider.

— Palmgren ? dit Lisbeth Salander.

— Oui.

— Vous l'avez rencontré ?

— Oui. Il va être mon conseiller.

— Comment va-t-il ?

— Il est en pétard, mais je n'ai pas l'impression qu'il soit spécialement inquiet pour vous.

Lisbeth Salander esquissa un sourire de travers. Le premier depuis qu'elle avait atterri à l'hôpital Sahlgrenska.

— Vous vous sentez comment ? demanda Annika Giannini.

— Comme un sac de merde, dit Lisbeth Salander.

— Mmouais. Est-ce que vous voulez que je vous défende ? Armanskij et Mikael paient mes honoraires et…

— Non.

— Comment ça ?

— Je paie moi-même. Je n'accepte pas un *öre* d'Arman-skij ou de Super Blomkvist. Mais je ne pourrai vous payer que lorsque j'aurai un accès à Internet.

— Je comprends. On trouvera une solution à ça en temps voulu et, quoi qu'il en soit, c'est le ministère public qui paiera la plus grande partie de mon salaire. Vous êtes donc d'accord pour que je vous représente ?

Lisbeth Salander hocha brièvement la tête.

— Bien. Alors je vais commencer par transmettre un message de la part de Mikael. Il s'exprime en énigmes mais il m'a dit que vous comprendriez ce qu'il veut dire.

— Ah bon ?

— Il dit qu'il m'a raconté presque tout sauf quelques petites choses. La première concerne vos capacités qu'il a découvertes à Hedestad.

Mikael sait que j'ai une mémoire photographique… et que je suis une hacker. Il l'a gardé pour lui.

— OK.

— La deuxième est le DVD. Je ne sais pas à quoi il fait allusion, mais il dit que c'est à vous de décider si vous voulez m'en parler ou pas. Vous comprenez ce qu'il veut dire ?

— Oui.

— Bon…

Annika Giannini hésita subitement.

— Je suis un peu irritée contre mon frère. Bien qu'il m'ait engagée, il ne raconte que ce qui lui convient. Est-ce que vous aussi, vous avez l'intention de me taire des choses ?

Lisbeth réfléchit.

— Je ne sais pas.

— Nous allons avoir besoin de parler pas mal ensemble. Je n'ai pas le temps de rester là maintenant, je dois rencontrer la procureur Agneta Jervas dans trois quarts d'heure. Il me fallait simplement votre confirmation comme quoi vous m'acceptez comme avocate. J'ai aussi une instruction à vous faire passer…

— Ah bon.

— Voici de quoi il s'agit : si je ne suis pas présente, vous ne devez pas dire un mot à la police, quoi qu'ils vous demandent. Même s'ils vous provoquent et vous accusent de toutes sortes de choses. Vous pouvez me le promettre ?

— Ça ne va pas me demander de gros efforts, dit Lisbeth Salander.

EVERT GULLBERG AVAIT ÉTÉ ÉPUISÉ par la tension du lundi et ne se réveilla qu'à 9 heures le mardi, presque quatre heures après son heure de réveil normale. Il alla à la salle de bains, se lava et se brossa les dents. Il contempla longuement son visage dans le miroir avant d'éteindre la lampe et d'aller s'habiller. Il choisit la seule chemise propre qui lui restait dans le porte-documents et noua une cravate à motifs bruns.

Il descendit à la salle de petit-déjeuner de l'hôtel, prit une tasse de café noir et une tranche de pain de mie grillée avec du fromage et un peu de marmelade d'oranges. Il but un grand verre d'eau minérale.

Ensuite il se rendit dans le hall de l'hôtel et appela le portable de Fredrik Clinton depuis une cabine à cartes.

— C'est moi. Quelle est la situation ?

— Assez agitée.

— Fredrik, est-ce que tu sauras venir à bout de tout ça ?

— Oui, c'est comme autrefois. Dommage seulement que Hans von Rottinger ne soit plus en vie. Il savait mieux planifier les opérations que moi.

— Toi et lui, vous étiez au même niveau. Vous auriez pu vous relayer à tout moment. Et vous l'avez d'ailleurs fait plus d'une fois.

— Il y avait une petite différence entre nous, infime. Il était toujours un poil meilleur que moi.

— Vous en êtes où ?

— Sandberg est plus futé que ce qu'on pensait. Nous avons appelé Mårtensson en renfort. C'est un saute-ruisseau, mais il va nous servir. Nous avons mis Blomkvist sur écoute, le fixe à son domicile et son portable. Dans la journée on s'occupera des téléphones de Giannini et de *Millénium*. On est en train d'examiner les plans des bureaux et des appartements. Nous entrerons dans les plus brefs délais.

— Tu dois d'abord localiser où se trouvent toutes les copies…

— C'est déjà fait. Nous avons eu une chance incroyable. Annika Giannini a appelé Blomkvist ce matin à 10 heures.

Elle a précisément demandé combien de copies circulent et leur conversation a révélé que Mikael Blomkvist conserve la seule copie. Berger avait fait une copie du rapport, mais elle l'a envoyée à Bublanski.

— Bien. On n'a pas une seconde à perdre.

— Je le sais. Mais il faut tout faire d'un coup. Si nous ne ramassons pas toutes les copies du rapport de Björck en même temps, nous ne réussirons pas.

— Je sais.

— Ça se complique un peu, puisque Giannini est allée à Göteborg ce matin. J'ai dépêché une équipe de collaborateurs externes à ses trousses. Ils sont dans l'avion en ce moment.

— Bien.

Gullberg ne trouva rien de plus à dire. Il garda le silence un long moment.

— Merci, Fredrik, dit-il finalement.

— Merci à toi. C'est plus marrant, cette histoire, que de rester à attendre un rein qui n'arrive jamais.

Ils se dirent au revoir. Gullberg paya la note d'hôtel et sortit dans la rue. Les dés étaient jetés. Maintenant il fallait juste que la chorégraphie soit exacte.

Il commença par se rendre à pied au Park Avenue Hotel où il demanda à pouvoir utiliser le fax. Il ne tenait pas à le faire à l'hôtel où il avait dormi. Il faxa les lettres qu'il avait rédigées dans le train la veille. Puis il sortit sur Avenyn et chercha un taxi. Il s'arrêta devant une poubelle et déchira les photocopies qu'il avait faites de ses lettres.

ANNIKA GIANNINI S'ENTRETINT avec la procureur Agneta Jervas pendant quinze minutes. Elle voulut savoir quelles accusations la procureur avait l'intention de prononcer contre Lisbeth Salander, mais elle comprit vite que Jervas ne savait pas très bien ce qui allait se passer.

— Pour l'instant, je me contenterai de la mettre en examen pour coups et blessures aggravés assortis de tentative d'homicide. Je parle donc du coup de hache que Lisbeth Salander a donné à son père. J'imagine que vous allez plaider la légitime défense.

— Peut-être.

— Mais pour être franche, c'est Niedermann, le tueur de policier, qui est ma priorité en ce moment.

— Je comprends.

— J'ai été en contact avec le procureur de la nation. Ils discutent maintenant pour savoir si toutes les accusations contre votre cliente ne seront pas centralisées chez un procureur à Stockholm et reliées à ce qui s'est passé là-bas.

— Je pars du principe que ça sera déplacé à Stockholm.

— Bien. Quoi qu'il en soit, il faut que j'aie une possibilité d'entendre Lisbeth Salander. Ça peut se faire quand ?

— J'ai une déclaration de son médecin, Anders Jonasson. Il dit que Lisbeth Salander n'est pas en état de subir un interrogatoire pendant encore plusieurs jours. Outre ses blessures physiques, elle est sous l'emprise de sédatifs très puissants.

— C'est à peu près ce qu'on m'a dit aussi. Mais vous comprendrez sûrement que c'est très frustrant pour moi. Je répète que ma priorité pour le moment, c'est Ronald Niedermann. Votre cliente dit qu'elle ne sait pas où il se cache.

— Ce qui est conforme à la vérité. Elle ne connaît pas Niedermann. Elle a juste réussi à l'identifier et à le pister.

— Bon, dit Agneta Jervas.

EVERT GULLBERG TENAIT UN BOUQUET DE FLEURS quand il entra dans l'ascenseur de l'hôpital Sahlgrenska en même temps qu'une femme aux cheveux courts en veste sombre. Il lui tint poliment la porte et la laissa se diriger la première vers la réception du service.

— Je m'appelle Annika Giannini. Je suis avocate et je dois voir de nouveau ma cliente Lisbeth Salander.

Evert Gullberg tourna la tête et regarda avec étonnement la femme qui l'avait accompagné dans l'ascenseur. Il déplaça le regard vers son porte-documents pendant que l'infirmière contrôlait la carte d'identité de Giannini et consultait une liste.

— Chambre 12, dit l'infirmière.

— Merci. Je suis déjà venue, je trouverai mon chemin.

Elle prit son porte-documents et disparut du champ de vision de Gullberg.

— Je peux vous aider ? demanda l'infirmière.

— Oui merci, je voudrais laisser ces fleurs à Karl Axel Bodin.

— Il n'a pas le droit de recevoir de visites.

— Je le sais, je voudrais seulement déposer les fleurs.

— Je peux m'en charger.

Gullberg n'avait apporté le bouquet que pour avoir un prétexte. Il voulait se faire une idée de la configuration du service. Il la remercia et se dirigea vers la sortie. En chemin, il passa devant la porte de Zalachenko, chambre 14 selon Jonas Sandberg.

Il attendit sur le palier. Par la porte vitrée, il vit l'infirmière prendre le bouquet qu'il venait de laisser et disparaître dans la chambre de Zalachenko. Quand elle revint à son poste, Gullberg poussa la porte, se dirigea rapidement vers la chambre 14 et entra.

— Salut Zalachenko, dit-il.

Zalachenko fixa un regard étonné sur son visiteur inattendu.

— Je croyais que tu étais mort à l'heure qu'il est, dit-il.

— Pas encore, dit Gullberg.

— Qu'est-ce que tu veux ? demanda Zalachenko.

— A ton avis ?

Gullberg avança la chaise des visiteurs et s'assit.

— Me voir mort, probablement.

— Oui, ça me plairait. Comment tu as pu être con à ce point ? On t'avait offert une nouvelle vie et toi, tu te retrouves ici.

Si Zalachenko avait pu sourire, il l'aurait sans doute fait. Pour lui, la Sûreté suédoise était constituée d'amateurs. Parmi ceux-ci, il incluait Evert Gullberg et Sven Jansson, alias Gunnar Björck. Sans parler de cet abruti de maître Nils Bjurman.

— Et maintenant c'est à nous de te tirer des flammes encore une fois.

L'expression ne fut pas entièrement du goût de Zalachenko, ancien grand brûlé.

— Arrête de me faire la morale. Il faut me sortir d'ici.

— C'est ça que je veux discuter avec toi.

Il prit son porte-documents sur les genoux, sortit un bloc-notes vierge et ouvrit une page blanche. Puis il scruta Zalachenko.

— Il y a une chose qui m'intrigue – est-ce que tu irais jusqu'à nous griller après tout ce qu'on a fait pour toi ?

— A ton avis ?

— Ça dépend de l'étendue de ta folie.

— Ne me traite pas de fou. Je suis quelqu'un qui survit. Je fais ce que je dois faire pour survivre.

Gullberg secoua la tête.

— Non, Alexander, tu agis comme tu le fais parce que tu es mauvais et pourri. Tu voulais connaître la position de la Section. Je suis ici pour te la donner. Cette fois-ci, on ne va pas lever un doigt pour t'aider.

Pour la première fois, Zalachenko eut l'air hésitant.

— Tu n'as pas le choix, dit-il.

— On a toujours un choix, dit Gullberg.

— Je vais…

— Tu ne vas rien faire du tout.

Gullberg respira à fond et glissa la main dans la poche extérieure de son porte-documents brun et en tira un Smith & Wesson 9 millimètres à la crosse revêtue d'or. Cette arme était un cadeau fait par les services de renseignements anglais vingt-cinq ans plus tôt – le résultat d'une information inestimable qu'il avait extorquée à Zalachenko et transformée en monnaie d'échange en béton sous forme du nom d'un sténographe au MI-5 anglais qui, dans le bon vieil esprit de Philby, travaillait pour les Russes.

Zalachenko eut l'air surpris. Il rit.

— Et qu'est-ce que tu vas faire avec ça ? Me tuer ? Tu passeras le reste de ta misérable vie en prison.

— Je ne crois pas, dit Gullberg.

Soudain Zalachenko ne sut pas très bien si Gullberg bluffait ou pas.

— Il y aura un scandale de proportions colossales.

— Je ne crois pas non plus. Il y aura quelques titres. Mais dans une semaine plus personne ne se souviendra du nom de Zalachenko.

Les yeux de Zalachenko s'étrécirent.

— Espèce de salopard, dit Gullberg d'une voix si froide que Zalachenko devint de glace.

Il appuya sur la détente et plaça la balle au milieu du front au moment précis où Zalachenko commençait à basculer sa prothèse par-dessus le bord du lit. Zalachenko fut propulsé en arrière sur l'oreiller. Son corps fut agité de quelques mouvements spasmodiques avant de s'immobiliser. Gullberg vit les éclaboussures former une fleur rouge sur le mur derrière la tête du lit. Ses oreilles résonnaient du coup et il se frotta machinalement le conduit auditif avec son index libre.

Ensuite il se leva et s'approcha de Zalachenko, appuya la bouche du canon sur sa tempe et tira encore par deux fois. Il voulait être certain que le vieux salaud soit vraiment mort.

LISBETH SALANDER SE REDRESSA d'un coup quand le premier coup de feu tomba. Elle sentit une douleur intense à travers l'épaule. Quand les deux coups suivants claquèrent, elle essaya de passer les jambes par-dessus le bord du lit.

Annika Giannini parlait avec Lisbeth depuis quelques minutes seulement quand elles entendirent les coups de feu. Elle resta tout d'abord paralysée et essaya de comprendre d'où provenait la détonation. La réaction de Lisbeth Salander lui fit comprendre qu'il se passait quelque chose.

— Ne bouge pas, cria-t-elle. Elle appuya machinalement sa main sur la poitrine de Lisbeth Salander et plaqua sa cliente dans le lit avec une telle force que Lisbeth en suffoqua.

Puis Annika traversa rapidement la pièce et ouvrit la porte. Elle vit deux infirmières qui couraient vers une chambre deux portes plus loin dans le couloir. La première s'arrêta net à la porte. Annika l'entendit crier : "Ne faites pas ça", puis faire un pas en arrière et se cogner à l'autre infirmière.

— Il est armé. Cours.

Annika vit les deux infirmières ouvrir la porte de la chambre voisine de Lisbeth Salander et s'y réfugier.

L'instant d'après, elle vit l'homme maigre aux cheveux gris avec la veste pied-de-poule sortir dans le couloir. Il tenait un pistolet à la main. Annika l'identifia comme l'homme qui était monté avec elle dans l'ascenseur quelques minutes plus tôt.

Puis leurs regards se croisèrent. Il eut l'air confus. Ensuite elle le vit tourner l'arme dans sa direction et faire un pas en avant. Elle retira la tête et claqua la porte, et regarda désespérément autour d'elle. Il y avait une haute table de soins juste à côté d'elle. Elle la tira contre la porte d'un seul mouvement et la coinça sous la poignée.

Elle entendit un mouvement, tourna la tête et vit que Lisbeth Salander était de nouveau en train de sortir du lit. En quelques enjambées elle fut près de sa cliente, la prit dans ses bras et la souleva. Elle arracha les électrodes et le goutte-à-goutte quand elle la porta aux toilettes où elle la posa sur le couvercle des W.-C. Elle se retourna et ferma la porte à clé. Ensuite elle sortit son portable de la poche de sa veste et fit le 112.

EVERT GULLBERG S'APPROCHA DE LA CHAMBRE de Lisbeth Salander et essaya d'appuyer sur la poignée de porte. Quelque chose la bloquait. Elle ne bougeait pas d'un millimètre.

Un bref instant, il resta indécis devant la porte. Il savait qu'Annika Giannini se trouvait dans la pièce et il se demanda si dans son sac il y avait une copie du rapport de Björck. Il ne pouvait pas entrer dans la chambre et il n'avait pas assez de forces pour enfoncer la porte.

Mais cela ne faisait pas partie du plan. Clinton devait se charger de la menace venant de Giannini. Son boulot à lui concernait uniquement Zalachenko.

Gullberg regarda autour de lui dans le couloir et réalisa qu'il était observé par deux douzaines d'infirmières, patients et visiteurs qui pointaient leur tête par l'entrebâillement des portes. Il leva le pistolet et tira un coup vers un tableau accroché sur le mur au bout du couloir. Son public disparut comme par un coup de baguette magique.

Il jeta un dernier regard à la porte fermée, retourna ensuite résolument à la chambre de Zalachenko et ferma la porte. Il s'assit dans le fauteuil des visiteurs et contempla le transfuge russe qui avait intimement fait partie de sa vie pendant tant d'années.

Il resta immobile pendant presque dix minutes avant d'entendre de l'agitation dans le couloir et de réaliser que la police était sur place. Il ne pensa à rien de spécial.

Puis il leva le pistolet une dernière fois, le pointa sur sa tempe et appuya sur la détente.

LA SUITE DES ÉVÉNEMENTS démontra l'imprudence d'essayer de se suicider à l'hôpital Sahlgrenska. Evert Gullberg fut transporté d'urgence au service de traumatologie de l'hôpital, où le Dr Anders Jonasson l'accueillit et entreprit immédiatement une suite de mesures destinées à maintenir les fonctions vitales.

Pour la deuxième fois en moins d'une semaine, Jonasson réalisa une opération d'urgence pour sortir une balle chemisée des tissus cérébraux humains. Après cinq heures d'opération, l'état de Gullberg était toujours critique. Mais il était en vie.

Les blessures d'Evert Gullberg étaient cependant autrement plus graves que les blessures infligées à Lisbeth Salander. Pendant plusieurs jours, il oscilla entre la vie et la mort.

MIKAEL BLOMKVIST SE TROUVAIT au Kaffebar dans Hornsgatan lorsqu'il entendit l'information à la radio selon laquelle l'homme d'une soixantaine d'années dont le nom n'avait pas encore été révélé et qui était soupçonné de tentative d'homicide sur Lisbeth Salander avait été tué par balle à l'hôpital Sahlgrenska à Göteborg. Il posa sa tasse, prit son sac d'ordinateur et se précipita à la rédaction dans Götgatan. Il traversa Mariatorget et tourna dans Sankt Paulsgatan quand son portable sonna. Il répondit sans cesser de marcher.

— Blomkvist.

— Salut, c'est Malou.

— Je viens d'entendre les infos. On sait qui a tiré ?

— Pas encore. Henry Cortez part à la chasse.

— J'arrive. Je serai là dans cinq minutes.

A la porte de *Millénium*, Mikael croisa Henry Cortez qui sortait.

— Ekström donne une conférence de presse à 15 heures, dit Henry. Je descends à Kungsholmen.

— Qu'est-ce qu'on sait ? cria Mikael derrière lui.

— Malou, dit Henry et il disparut.

Mikael mit le cap sur le bureau d'Erika Berger… ah zut, de Malou Eriksson. Elle était au téléphone et notait fébrilement sur un Post-it jaune. Elle lui fit signe de la main de se retirer. Mikael alla dans la kitchenette et emplit de café au lait deux mugs portant les logos des Jeunes chrétiennes-démocrates et du Cercle des jeunes sociaux-démocrates.

Quand il retourna dans le bureau de Malou, elle était en train de terminer la conversation. Il lui tendit le mug CJS.

— Bon, dit Malou. Zalachenko a été tué aujourd'hui à 13 h 15.

Elle regarda Mikael.

— Je viens de parler avec une infirmière de Sahlgrenska. Elle dit que l'assassin est un homme plus tout jeune, style soixante-dix ans, venu apporter des fleurs à Zalachenko quelques minutes avant le meurtre. Il a tiré plusieurs fois à bout portant dans la tête de Zalachenko et a ensuite retourné l'arme contre lui-même. Zalachenko est mort. L'assassin a survécu, ils sont en train de l'opérer.

Mikael respira. Depuis qu'il avait entendu la nouvelle au Kaffebar, il avait eu le cœur serré et un sentiment proche de la panique que ce soit Lisbeth Salander qui ait tenu l'arme. Ça aurait vraiment représenté une complication dans son plan.

— On a un nom pour le tueur ? demanda-t-il.

Malou secouait la tête quand le téléphone sonna de nouveau. Elle prit l'appel et la conversation fit comprendre à Mikael que c'était un free-lance que Malou avait envoyé à Sahlgrenska. Il lui adressa un signe de la main et alla s'installer dans son propre bureau.

Il avait l'impression que c'était la première fois en plusieurs semaines qu'il se trouvait à son poste de travail. Il repoussa résolument une pile de courrier non ouvert. Il appela sa sœur.

— Giannini.

— Salut. C'est Mikael. Tu as entendu ce qui s'est passé à Sahlgrenska ?

— Ça, on peut le dire.

— Tu es où ?

— A Sahlgrenska. Ce salaud m'a mise en joue.

Mikael resta muet pendant plusieurs secondes avant de comprendre ce que sa sœur venait de dire.

— Putain de merde... tu y étais ?

— Oui. C'est le pire truc que j'aie jamais vécu.

— Tu es blessée ?

— Non. Mais il a essayé d'entrer dans la chambre de Lisbeth. J'ai bloqué la porte et je nous ai enfermées dans les chiottes.

Mikaël sentit tout à coup son monde s'ébranler. Sa sœur avait failli se…

— Comment va Lisbeth ? s'enquit-il.

— Elle n'a rien. Je veux dire, elle n'a en tout cas rien eu dans le drame d'aujourd'hui.

Il respira un peu mieux.

— Annika, tu sais quelque chose sur l'assassin ?

— Que dalle. C'était un homme âgé, bien mis. J'ai trouvé qu'il avait l'air perturbé. Je ne l'ai jamais vu avant, mais il était avec moi dans l'ascenseur quelques minutes avant le meurtre.

— Et c'est sûr que Zalachenko est mort ?

— Oui. J'ai entendu trois coups de feu et, d'après ce que j'ai pu saisir au vol, on lui a tiré dans la tête les trois fois. Mais ç'a été le chaos complet ici, avec des policiers dans tous les sens et l'évacuation de tout un service où se trouvent des gens grièvement blessés et malades qui ne doivent pas être déplacés. Quand la police est arrivée, quelqu'un a même voulu interroger Salander avant qu'ils comprennent à quel point elle est mal. J'ai été obligée de hausser le ton.

L'INSPECTEUR MARCUS ACKERMAN vit Annika Giannini dans la chambre de Lisbeth Salander par l'entrebâillement de la porte. L'avocate avait son portable serré contre l'oreille et il attendit qu'elle termine la conversation.

Deux heures encore après l'assassinat, un chaos plus ou moins organisé régnait dans le couloir. La chambre de Zalachenko était barrée. Des médecins avaient essayé d'intervenir immédiatement après les coups de feu mais ils avaient vite abandonné leurs efforts. Zalachenko n'avait plus besoin d'aide. Son corps avait été transporté à la morgue et l'examen de la scène de crime battait son plein.

Le portable d'Ackerman sonna. C'était Frank Malmberg, de l'équipe d'investigation.

— Nous avons une identification sûre du meurtrier, dit Malmberg. Il s'appelle Evert Gullberg et il a soixante-dix-huit ans. Âgé pour un assassin !

— Et qui c'est, ce putain d'Evert Gullberg ?

— Retraité. Il habite à Laholm. Il serait juriste d'affaires. J'ai reçu un appel de la DGPN/Säpo qui me dit qu'ils ont récemment engagé une enquête préliminaire à son encontre.

— Quand et pourquoi ?

— Je ne sais pas quand. Pourquoi, eh bien parce qu'il avait la mauvaise habitude d'envoyer des lettres de menace décousues à des personnalités publiques.

— Qui par exemple ?

— Le ministre de la Justice.

Marcus Ackerman soupira. Un fou donc. Un justicier.

— La Säpo a reçu ce matin des appels de plusieurs journaux à qui Gullberg a envoyé une lettre. Le ministère de la Justice a appelé aussi depuis que ce Gullberg a expressément menacé de mort Karl Axel Bodin.

— Je veux des copies des lettres.

— De la Säpo ?

— Oui, bordel de merde. Monte à Stockholm les chercher physiquement s'il le faut. Je les veux sur mon bureau quand je serai de retour à l'hôtel de police. C'est-à-dire dans une heure environ.

Il réfléchit un instant puis il ajouta une question.

— C'est la Säpo qui t'a appelé ?

— C'est ce que j'ai dit.

— Je veux dire, ce sont eux qui t'ont appelé et pas le contraire ?

— Oui. C'est ça.

— OK, dit Marcus Ackerman et il coupa son portable.

Il se demanda quelle mouche avait bien pu piquer la Säpo pour avoir subitement eu l'idée de contacter la police ordinaire de sa propre initiative. D'ordinaire, c'était quasiment impossible d'obtenir le moindre signe de vie de sa part.

WADENSJÖÖ OUVRIT D'UN GESTE BRUSQUE la porte de la chambre que Fredrik Clinton utilisait pour se reposer à la Section. Clinton se redressa avec précaution dans le lit.

— J'aimerais savoir ce que c'est que ce bordel, hurla Wadensjöö. Gullberg a tué Zalachenko et ensuite il s'est tiré une balle dans la tête.

— Je sais, dit Clinton.

— Tu sais ? s'exclama Wadensjöö.

Il était écarlate et avait l'air d'être sur le point de faire une hémorragie cérébrale.

— Tu te rends compte, ce con s'est tiré dessus. Il a essayé de se suicider. Il a perdu la tête ou quoi ?

— Il est donc toujours en vie ?

— Pour l'instant oui, mais il a des lésions massives dans le cerveau.

Clinton soupira.

— Quel dommage, dit-il, la voix remplie de chagrin.

— Dommage ?! cria Wadensjöö. Gullberg est complètement cinglé, ma parole. Tu ne comprends pas ce que…

Clinton le coupa.

— Gullberg a un cancer, à l'estomac, au colon et à la vessie. Ça fait plusieurs mois qu'il est mourant et au mieux il lui restait deux mois.

— Le cancer ?

— Depuis six mois, il trimballe cette arme avec lui, fermement décidé à l'utiliser quand la douleur deviendrait intolérable et avant qu'il soit transformé en un colis humilié dans une unité de soins. Là, il a pu rendre un dernier service à la Section. Sa sortie est grandiose.

Wadensjöö avait l'air stupéfait.

— Tu savais qu'il avait l'intention de tuer Zalachenko.

— Bien entendu. Sa mission était de veiller à ce que Zalachenko n'ait jamais la possibilité de parler. Et tu sais bien qu'on ne pouvait pas le menacer et encore moins le raisonner.

— Mais tu ne comprends donc pas le scandale que ça va causer ? Tu es aussi cinglé que Gullberg ?

Clinton se leva laborieusement. Il fixa Wadensjöö droit dans les yeux et lui donna une pile de télécopies.

— La décision relève du secteur des interventions. Je pleure mon ami, mais je vais probablement le suivre de très près. Mais cette histoire de scandale… Un ancien expert en fiscalité a écrit des lettres manifestement paranoïdes et sorties tout droit d'un cerveau dérangé, qu'il a ensuite adressées aux journaux, à la police et au ministère de la Justice. En voici une. Gullberg accuse Zalachenko de tout depuis l'assassinat de Palme jusqu'à une tentative d'empoisonner la population de la Suède avec du chlore. Les lettres sont de toute évidence écrites par un malade mental, par moments l'écriture est illisible, avec des majuscules, des soulignements et des points d'exclamation. J'aime bien sa façon d'écrire dans la marge.

Wadensjöö lut les lettres tandis que son ahurissement allait grandissant. Il se tâta le front. Clinton le regarda.

— Quoi qu'il arrive, la mort de Zalachenko n'aura rien à voir avec la Section. C'est un retraité désorienté et dément qui a tiré les coups de feu.

Il fit une pause.

— Le plus important à partir de maintenant, c'est que tu rentres dans les rangs. Ne t'agite pas dans la barque, elle pourrait se renverser !

Il darda ses yeux sur Wadensjöö. Il y eut soudain de l'acier dans le regard de l'homme malade.

— Il faut que tu comprennes que la Section est le fer de lance de l'ensemble de la Défense suédoise. Nous sommes la dernière ligne de défense. Notre boulot est de veiller à la sûreté du pays. Tout le reste n'a aucune importance.

Wadensjöö regarda Clinton fixement, du doute dans les yeux.

— Nous sommes ceux qui n'existent pas. Nous sommes ceux que personne ne remercie. Nous sommes ceux qui doivent prendre les décisions que personne d'autre n'arrive à prendre... surtout pas les politiciens.

Il y avait du mépris dans sa voix quand il prononça ce dernier mot.

— Fais ce que je te dis, et la Section survivra peut-être. Mais pour que ça arrive, il nous faut beaucoup de détermination et ne pas y aller de main morte.

Wadensjöö sentit la panique l'envahir.

HENRY CORTEZ NOTA FÉBRILEMENT tout ce qui se disait sur le podium à la conférence de presse dans l'hôtel de police à Kungsholmen. Ce fut le procureur Richard Ekström qui ouvrit la conférence. Il expliqua que dans la matinée il avait été décidé de confier à un procureur de la juridiction de Göteborg l'instruction du meurtre d'un policier à Gosseberga, pour lequel Ronald Niedermann était recherché, mais que toute autre enquête concernant Niedermann serait menée par lui-même. Niedermann était donc soupçonné des meurtres de Dag Svensson et de Mia Bergman. Rien ne fut dit au sujet de maître Bjurman. Ekström devait aussi enquêter sur Lisbeth Salander et intenter une action en justice sous l'accusation d'une longue série d'infractions.

Il expliqua qu'il avait décidé de rendre publique cette information à la suite des événements à Göteborg dans la journée, puisque le père de Lisbeth Salander, Karl Axel Bodin, avait été tué par balle. La raison directe de cette conférence de presse était qu'il tenait à démentir certaines données que les médias avaient déjà présentées et au sujet desquelles il avait reçu plusieurs coups de fil.

— En me basant sur les informations dont nous disposons actuellement, je peux dire que la fille de Karl Axel Bodin, qui se trouve donc en détention pour tentative de meurtre sur son père, n'a rien à voir avec les événements de ce matin.

— C'est qui, l'assassin ? cria un journaliste de *Dagens Eko*.

— L'homme qui à 13 h 15 aujourd'hui a tiré les coups de feu meurtriers sur Karl Axel Bodin et qui ensuite a essayé de se suicider a été identifié. C'est un retraité de soixante-dix-huit ans, soigné depuis un certain temps pour une maladie mortelle et pour des problèmes psychiques consécutifs à sa maladie.

— Existe-t-il un lien avec Lisbeth Salander ?

— Non. Nous pouvons démentir cette hypothèse avec certitude. Ces deux personnes ne se sont jamais rencontrées et ne se connaissent pas. L'homme de soixante-dix-huit ans est un personnage tragique qui a agi tout seul sur ses propres fantasmes manifestement paranoïdes. La Säpo avait récemment lancé une enquête à son sujet à cause d'un grand nombre de lettres confuses qu'il avait écrites à des politiciens en vue et aux médias. Ce matin encore, des lettres de cet homme sont arrivées aux journaux et aux autorités, dans lesquelles il profère des menaces de mort contre Karl Axel Bodin.

— Pourquoi la police n'a-t-elle pas mis Bodin sous protection ?

— Les lettres le concernant ont été postées hier soir et sont donc en principe arrivées au moment même où il commettait le meurtre. Il n'y avait aucune marge de manœuvre.

— Comment s'appelle cet homme ?

— Dans l'état actuel des choses, nous ne pouvons pas donner cette information avant que sa famille ait été mise au courant.

— Connaît-on son passé ?

— D'après ce que j'ai compris, il a travaillé en tant que commissaire aux comptes et expert en fiscalité. Il est retraité depuis quinze ans. Les investigations se poursuivent mais, comme ses lettres le démontrent, cette tragédie aurait peut-être pu être évitée si la société avait été plus vigilante.

— A-t-il menacé d'autres personnes ?

— D'après l'information qu'on m'a donnée, oui, mais je n'ai pas de détails.

— Qu'est-ce que cela implique pour le procès de Lisbeth Salander ?

— Pour l'instant rien. Nous disposons du témoignage que Karl Axel Bodin lui-même avait fourni aux policiers qui l'ont interrogé et nous avons des preuves techniques considérables contre elle.

— Qu'en est-il des informations selon lesquelles Bodin aurait essayé de tuer sa fille ?

— Cela fait l'objet d'une enquête mais il y a de fortes présomptions pour que ce soit vrai. Tout semble indiquer actuellement que nous avons affaire à de puissants antagonismes dans une famille tragiquement éclatée.

Henry Cortez avait l'air pensif. Il se gratta l'oreille. Il remarqua que ses collègues notaient aussi fébrilement que lui-même.

GUNNAR BJÖRCK RESSENTIT UNE PEUR PANIQUE en entendant la nouvelle des coups de feu à Sahlgrenska. Il avait des douleurs effroyables dans le dos.

Il resta d'abord dans l'irrésolution pendant plus d'une heure. Ensuite il prit le téléphone et essaya d'appeler son vieux protecteur Evert Gullberg à Laholm. Pas de réponse.

Il écouta les informations et eut le résumé de ce qui avait été dit à la conférence de presse de la police. Zalachenko tué par un justicier.

Bon sang. Soixante-dix-huit ans.

Il essaya encore une fois d'appeler Evert Gullberg, mais sans succès.

Pour finir, la panique et l'angoisse prirent le dessus. Il ne pouvait pas rester dans la maison qu'on lui avait prêtée à Smådalarö. Il s'y sentait cerné et exposé. Il avait besoin de temps pour réfléchir. Il fourra dans un sac des vêtements, des antalgiques et des affaires de toilette. Il ne voulut pas utiliser son téléphone et se rendit clopin-clopant à une cabine téléphonique devant l'épicerie locale pour appeler Landsort, et réserver une chambre dans le vieux phare transformé en chambres d'hôte. Landsort était le bout du monde et peu de gens iraient le chercher là-bas. Il fit une réservation pour deux semaines.

Il regarda sa montre. Il fallait qu'il se dépêche s'il voulait attraper le dernier ferry et retourner à la maison aussi vite que son dos douloureux le lui permettait. Il passa dans la cuisine vérifier que la cafetière électrique était bien débranchée. Puis il alla dans le vestibule chercher son sac. Il jeta un dernier regard dans le séjour et s'arrêta, interloqué.

D'abord il ne comprit pas ce qu'il voyait.

Le plafonnier avait d'une façon mystérieuse été enlevé et posé sur la table basse. A sa place, une corde était fixée au crochet, juste au-dessus d'un tabouret qui habituellement se trouvait dans la cuisine.

Björck regarda la corde sans comprendre.

Puis il entendit un mouvement derrière lui et il sentit ses jambes flageoler.

Il se retourna lentement.

C'était deux hommes d'environ trente-cinq ans. Il nota qu'ils étaient de type méditerranéen. Il n'eut pas le temps de réagir quand ils le prirent doucement chacun sous un bras, le soulevèrent et le tirèrent en arrière vers le tabouret. Quand il essaya de résister, la douleur le transperça comme un coup de couteau dans le dos. Il était presque paralysé quand il sentit qu'on le déposait sur le tabouret.

JONAS SANDBERG ÉTAIT ACCOMPAGNÉ d'un homme âgé de quarante-neuf ans surnommé Falun et qui dans sa jeunesse avait été cambrioleur professionnel, mais qui s'était ensuite reconverti en serrurier. Hans von Rottinger de la Section avait recruté Falun en 1986 pour une opération qui consistait à forcer les portes du leader d'une organisation anarchiste. Falun avait ensuite été recruté périodiquement jusqu'au milieu des années 1990, où ce genre d'actions s'était essoufflé. Tôt dans la matinée, Fredrik Clinton avait ranimé cette relation en contactant Falun pour une mission. Falun allait gagner 10 000 couronnes au black pour environ dix minutes de boulot. En retour, il s'était engagé à ne rien voler dans l'appartement ciblé ; la Section après tout ne menait pas une activité criminelle.

Falun ne savait pas exactement qui Clinton représentait, mais il supposait que ça avait un rapport avec l'armée. Il avait lu Jan Guillou. Il ne posait pas de questions. En revanche, il était content de se remettre en selle après tant d'années de silence de son commanditaire.

Son boulot était d'ouvrir la porte. Il était expert en effraction et il utilisait un pic électrique. Il lui fallut néanmoins cinq minutes pour forcer les serrures de l'appartement de Mikael Blomkvist. Ensuite, Falun attendit sur le palier alors que Jonas Sandberg franchissait la porte.

— Je suis entré, dit Sandberg dans le micro de son mains-libres.

— Bien, dit Fredrik Clinton dans son oreillette. Sois calme et reste prudent. Décris-moi ce que tu vois.

— Je me trouve dans le vestibule avec une penderie et étagère à chapeaux à droite et une salle de bains à gauche. Le reste de l'appartement est une grande pièce d'une cinquantaine de mètres carrés. Il y a une petite cuisine américaine à droite.

— Est-ce qu'il y a une table de travail ou...

— J'ai l'impression qu'il travaille sur la table de cuisine ou dans le canapé... attends.

Clinton attendit.

— Oui. Il y a un classeur sur la table de cuisine avec le rapport de Björck. On dirait que c'est l'original.

— Bien. Y a-t-il autre chose d'intéressant sur la table ?

— Des livres. Les Mémoires de P. G. Vinge. *Lutte pour le contrôle de la Säpo* d'Erik Magnusson. Une demi-douzaine de livres du même acabit.

— Un ordi ?

— Non.

— Armoire de sécurité ?

— Non… pas que je voie.

— OK. Prends ton temps. Examine chaque mètre de l'appartement. Mårtensson me rapporte que Blomkvist est toujours à la rédaction. Tu portes bien des gants ?

— Evidemment.

MARCUS ACKERMAN attendit qu'Annika Giannini ait terminé sa conversation téléphonique pour entrer dans la chambre de Lisbeth Salander. Il tendit la main à Annika Giannini et se présenta. Puis il alla saluer Lisbeth et demanda comment elle se sentait. Lisbeth Salander ne dit rien. Il se tourna vers Annika Giannini.

— Je voudrais vous poser quelques questions.

— Très bien.

— Pouvez-vous me raconter ce qui s'est passé ?

Annika Giannini raconta ce qu'elle avait vécu et ses agissements jusqu'à ce qu'elle se barricade dans les toilettes avec Lisbeth. Ackerman eut l'air pensif. Il lorgna vers Lisbeth Salander puis vers son avocate.

— Vous pensez donc qu'il se dirigeait vers cette chambre.

— Je l'ai entendu, il a essayé d'ouvrir la porte.

— Et vous en êtes sûre ? On se fait vite des idées quand on a peur ou qu'on est affolé.

— Je l'ai entendu. Il m'a vue. Il a pointé son arme sur moi.

— Vous pensez qu'il a essayé de vous tuer, vous aussi ?

— Je ne sais pas. J'ai retiré ma tête et j'ai bloqué la porte.

— Vous avez très bien fait. Et encore mieux de cacher votre cliente dans les toilettes. Ces portes sont tellement minces que les balles seraient probablement passées à travers s'il avait tiré. Ce que j'essaie de comprendre, c'est s'il s'est attaqué à vous personnellement ou s'il a juste réagi parce que vous le regardiez. Vous étiez tout près de lui dans le couloir.

— C'est exact.

— Vous avez eu l'impression qu'il vous connaissait ou peut-être reconnaissait ?

— Non, pas vraiment.

— Est-ce qu'il a pu vous reconnaître des journaux ? Vous avez été citée dans plusieurs affaires remarquées.

— C'est possible. Je n'en sais rien.

— Et vous ne l'aviez jamais vu auparavant ?

— Je l'ai vu dans l'ascenseur en arrivant ici.

— Ah, ça, je ne le savais pas. Vous vous êtes parlé ?

— Non. J'ai jeté un œil sur lui pendant peut-être une demi-seconde. Il avait un bouquet de fleurs dans une main et un porte-documents dans l'autre.

— Vous êtes entrés en contact visuel ?

— Non. Il regardait droit devant lui.

— C'est lui qui est entré le premier dans l'ascenseur ou bien il est entré après vous ?

Annika réfléchit.

— Je crois qu'on est entré plus ou moins en même temps.

— Avait-il l'air perturbé ou…

— Non. Il restait sans bouger avec ses fleurs.

— Que s'est-il passé ensuite ?

— Je suis sortie de l'ascenseur. Il est sorti en même temps et je suis allée trouver ma cliente.

— Vous avez rejoint directement sa chambre ?

— Oui… non. C'est-à-dire, je suis d'abord allée à la réception montrer ma carte d'identité. La procureur a instauré l'interdiction de visites pour ma cliente.

— Où se trouvait l'homme alors ?

Annika Giannini hésita.

— Je ne suis pas très certaine. Il m'a suivie, je suppose. Si, attendez… Il est sorti le premier de l'ascenseur, mais s'est arrêté et m'a tenu la porte. Je ne peux pas le jurer, mais je crois qu'il est aussi allé à la réception. J'étais simplement plus rapide que lui.

Un assassin retraité très courtois, pensa Ackerman.

— Oui, c'est vrai, il est allé à la réception, reconnut-il. Il a parlé avec l'infirmière et lui a remis le bouquet de fleurs. Mais vous n'avez donc pas vu tout cela ?

— Non. Je ne crois pas.

Marcus Ackerman réfléchit un instant mais ne trouva rien d'autre à demander. Une sensation de frustration le rongeait. Il avait déjà connu cette sensation et avait appris à l'interpréter comme un rappel de son instinct.

L'assassin avait été identifié comme Evert Gullberg, soixante-dix-huit ans, ancien commissaire aux comptes, éventuellement consultant en entreprise et expert en fiscalité. Un homme d'âge avancé. Un homme contre qui la Säpo avait récemment engagé une enquête préliminaire parce qu'il était un cinglé qui envoyait des lettres de menace aux célébrités.

Son expérience en tant que policier était qu'il existait pas mal de fêlés, des personnes obsédées qui harcelaient les célébrités et cherchaient de l'amour en s'installant à demeure dans le bosquet derrière leur villa. Et quand leur amour ne trouvait pas d'écho, il pouvait très vite se transformer en haine aveugle. Il existait des persécuteurs qui partaient de l'Allemagne et de l'Italie pour déclarer leur flamme à une jeune chanteuse d'un groupe de pop célèbre et qui ensuite se formalisaient parce qu'elle n'engageait pas immédiatement une relation intime avec eux. Il y avait des justiciers qui ressassaient des offenses réelles ou imaginaires et qui pouvaient faire preuve d'un comportement passablement menaçant. Il y avait de purs psychopathes et des forcenés obsédés de conspirations, capables de discerner des messages dissimulés qui échappaient au reste du monde.

Les exemples ne manquaient pas non plus de cinglés qui passaient des fantasmes à l'action. Le meurtre d'Anna Lindh, n'était-ce pas justement une impulsion d'un de ces malades ? Peut-être. Peut-être pas.

Mais l'inspecteur Marcus Ackerman n'aimait absolument pas l'idée qu'un ancien expert en fiscalité, ou quel que soit son métier, au psychisme dérangé puisse arriver à l'hôpital Sahlgrenska avec un bouquet de fleurs dans une main et un pistolet dans l'autre et exécuter une personne qui faisait à ce moment-là l'objet d'une enquête de police – son enquête. Un homme qui dans les registres officiels s'appelait Karl Axel Bodin mais qui d'après Mikael Blomkvist s'appelait Zalachenko et qui était un foutu agent russe transfuge et un assassin.

Zalachenko était au mieux un témoin et au pire mêlé à toute une série d'homicides. Ackerman avait eu l'occasion de mener deux interrogatoires avec Zalachenko et pas une seule seconde il n'avait cru à ses protestations d'innocence.

Et son assassin avait montré de l'intérêt pour Lisbeth Salander ou au moins pour son avocate. Il avait essayé d'entrer dans sa chambre.

Et ensuite il avait essayé de se suicider en se tirant une balle dans la tête. Selon les médecins, il était apparemment si mal en point qu'il réussirait probablement sa tentative, même si son corps n'avait pas encore compris que l'heure était venue d'abandonner la partie. Tout portait à croire qu'Evert Gullberg ne serait jamais présenté à un juge.

La situation ne plaisait pas à Marcus Ackerman. Pas un instant. Mais rien ne prouvait que les coups de pistolet de Gullberg avaient été autre chose que ce qu'ils semblaient être. Quoi qu'il en soit, il décida de ne rien laisser au hasard. Il regarda Annika Giannini.

— J'ai pris la décision qu'on déplace Lisbeth Salander dans une autre chambre. Il en reste une dans le petit bout de couloir à droite de la réception, qui du point de vue de la sécurité est bien meilleure que celle-ci. Elle est en vue de la réception et de la salle des infirmières de jour comme de nuit. Interdiction de visites pour tout le monde sauf vous. Personne n'entrera dans sa chambre sans autorisation ou sans être un médecin ou une infirmière connus ici à Sahl-grenska. Et je veillerai à ce qu'une surveillance soit mise en place devant sa chambre vingt-quatre heures sur vingt-quatre.

— Vous pensez qu'il existe une menace contre elle ?

— Je n'ai rien qui l'indique. Mais je n'ai pas envie de prendre de risques.

Lisbeth Salander écouta attentivement la conversation entre son avocate et son adversaire policier. Elle était impressionnée d'entendre Annika Giannini répondre avec tant d'exactitude et de clarté, et avec tant de détails. Elle était encore plus impressionnée par la façon lucide d'agir de l'avocate en un moment de stress.

Sinon, elle avait un mal au crâne effroyable depuis qu'Annika l'avait arrachée du lit et portée dans les toilettes. D'instinct, elle voulait avoir le moins possible à faire avec le personnel. Elle n'aimait pas être obligée de demander de l'aide et de montrer des signes de faiblesse. Mais le mal de tête était tellement accablant qu'elle n'arrivait pas à rassembler ses idées. Elle tendit la main et appuya sur la sonnette.

ANNIKA GIANNINI AVAIT PLANIFIÉ le séjour à Göteborg comme le prologue d'un travail de longue haleine. Elle avait prévu de faire la connaissance de Lisbeth Salander, de se renseigner sur son état réel et de faire une première esquisse de la stratégie qu'elle et Mikael Blomkvist avaient concoctée en vue du procès à venir. Au départ, elle avait pensé retourner à Stockholm le soir même, mais les événements dramatiques à Sahlgrenska l'avaient empêchée de s'entretenir avec Lisbeth Salander. L'état de sa cliente était considérablement moins bon que ce qu'elle avait cru comprendre quand les médecins l'avait qualifié de stable. Lisbeth était toujours tourmentée par un terrible mal de tête et elle avait beaucoup de fièvre, ce qui amenait un médecin du nom de Helena Endrin à lui prescrire de puissants antalgiques, des antibiotiques et du repos. Dès que sa cliente avait été déplacée dans une nouvelle chambre et un policier affecté à sa surveillance, Annika fut mise à la porte.

Elle marmonna et regarda sa montre qui indiquait 16 h 30. Elle hésita. Elle pouvait retourner à Stockholm et être sans doute obligée de revenir à Göteborg le lendemain. Ou alors elle pouvait y passer la nuit et risquer que sa cliente soit trop mal en point pour supporter une visite le lendemain aussi. Elle n'avait pas réservé de chambre d'hôtel et, quoi qu'il en soit, elle n'était qu'une avocate à petit budget qui représentait des femmes exposées à des violences et sans ressources, si bien qu'en général elle évitait de charger la note avec de coûteuses factures d'hôtel. Elle appela d'abord chez elle puis Lillian Josefsson, une collègue, membre du Réseau des femmes et ancienne camarade d'université. Elles ne s'étaient pas vues depuis deux ans et elles bavardèrent ensemble un petit moment avant qu'Annika annonce la raison de son appel.

— Je suis à Göteborg, dit-elle. J'avais pensé rentrer ce soir, mais il s'est passé des choses aujourd'hui et je suis obligée de rester ici cette nuit. Je me suis dit que je pourrais venir taper l'incruste un peu chez toi.

— Super. J'adore les parasites. Ça fait des éternités qu'on ne s'est pas vu.

— Je ne dérangerai pas ?

— Non, bien sûr que non. J'ai déménagé. J'habite maintenant à côté de Linnégatan. J'ai une chambre d'amis. On pourrait faire une virée dans les bars ce soir.

— Si j'en ai la force, dit Annika. A quelle heure je peux passer ?

Elles se mirent d'accord pour qu'Annika vienne vers 18 heures.

Annika prit le bus pour Linnégatan et passa l'heure suivante dans un restaurant grec. Elle était affamée et commanda des brochettes avec une salade. Elle réfléchit longuement aux événements de la journée. Elle avait un peu la tremblote maintenant que la poussée d'adrénaline s'était retirée mais elle était satisfaite d'elle-même. Face au danger elle avait agi sans hésiter, avec efficacité et calme. Elle avait fait les bons choix sans même y penser. C'était réconfortant d'avoir cette certitude-là sur ses propres capacités.

Elle finit par sortir son Filofax du porte-documents et feuilleta la partie des notes. Elle lut avec une grande concentration. Ce que son frère lui avait expliqué la laissait profondément perplexe. Sur le moment, cela avait paru logique, mais en réalité il y avait des trous béants dans ce plan. Elle n'avait cependant pas l'intention de reculer.

A 18 heures, elle paya et se rendit à pied à l'immeuble de Lillian Josefsson dans Olivedalsgatan, et pianota le code d'accès que son amie lui avait donné. Elle pénétra dans une entrée d'immeuble et commença à chercher l'ascenseur du regard lorsque l'attaque arriva comme un éclair. Rien ne l'avait prévenue que quelque chose allait se passer lorsque, brutalement et avec une grande violence, elle fut projetée droit dans le mur de briques de l'entrée. Son front le heurta et elle sentit une douleur fulgurante.

L'instant après, elle entendit des pas qui s'éloignaient rapidement, puis la porte qui s'ouvrit et se referma. Elle se remit debout, tâta son front et vit le sang sur sa paume. Nom de Dieu ! Elle jeta un regard confus autour d'elle et sortit dans la rue. Elle aperçut le dos d'un homme qui tournait au coin de Sveaplan. Elle resta sonnée, plantée là sans bouger pendant une bonne minute.

Puis elle réalisa qu'il n'y avait plus son porte-documents et qu'elle venait de se le faire voler. Il fallut quelques secondes pour que l'implication arrive à son cerveau. Non ! Le dossier Zalachenko. Elle sentit le choc se répandre à partir de l'estomac et elle fit quelques pas hésitants derrière l'homme en fuite. Ça ne servirait à rien. Il avait déjà disparu.

Elle s'assit lentement sur le bord du trottoir.

Puis elle sauta sur ses pieds et fouilla dans la poche de sa veste. Le Filofax. Dieu soit loué. Elle l'avait glissé dans sa poche au lieu du sac en quittant le restaurant. Il contenait le premier jet de sa stratégie dans le cas Lisbeth Salander, point par point.

Elle se précipita sur la porte et refit le code, entra et grimpa les escaliers jusqu'au troisième étage où elle se mit à marteler la porte de Lillian Josefsson.

IL ÉTAIT PLUS DE 18 H 30 quand Annika fut suffisamment remise de ses émotions pour pouvoir appeler Mikael Blomkvist. Elle avait un œil au beurre noir et une entaille ouverte à l'arcade sourcilière, que Lillian Josefsson avait nettoyée à l'alcool avant de mettre un pansement. Non, Annika ne voulait pas aller à l'hôpital. Oui, elle aimerait bien une tasse de thé. Alors seulement elle se remit à penser rationnellement. Sa première mesure fut d'appeler son frère.

Mikael Blomkvist se trouvait encore à la rédaction de *Millénium*, où il faisait la chasse aux informations sur l'assassin de Zalachenko en compagnie de Henry Cortez et de Malou Eriksson. Il écouta le récit qu'Annika faisait des événements avec un ahurissement grandissant.

— Tu vas bien ? demanda-t-il.

— Œil au beurre noir. Je serai opérationnelle quand je me serai calmée.

— Merde alors, vol avec violence ?

— Ils ont pris mon porte-documents avec le dossier Zalachenko que tu m'as donné. Il a disparu.

— Pas grave, je peux t'en faire une copie.

Il s'interrompit et sentit soudain les cheveux se dresser sur sa tête. D'abord Zalachenko. Ensuite Annika.

— Annika… je te rappelle.

Il ferma son iBook, le fourra dans sa sacoche et quitta la rédaction en trombe, sans un mot. Il courut jusque chez lui dans Bellmansgatan et grimpa les escaliers quatre à quatre.

La porte était fermée à clé.

Dès qu'il fut dans l'appartement, il vit que le classeur bleu qu'il avait laissé sur la table de cuisine avait disparu. Il ne se donna pas la peine de chercher. Il savait exactement où le classeur s'était trouvé quand il avait quitté son appartement. Il se laissa lentement tomber sur une chaise devant la table pendant que les pensées fusaient dans sa tête.

Quelqu'un était entré dans son appartement. Quelqu'un était en train d'effacer les traces de Zalachenko.

Aussi bien sa copie que celle d'Annika manquaient.

Bublanski avait toujours le rapport.

Ou bien ?

Mikael se leva et s'approcha de son téléphone quand il s'arrêta, le combiné à la main. Quelqu'un était entré dans l'appartement. Il regarda soudain le téléphone avec la plus grande méfiance et tâta dans la poche de sa veste où se trouvait son portable.

Peut-on mettre un téléphone portable sur table d'écoute ?

Il posa lentement le portable à côté de son téléphone fixe et regarda autour de lui.

J'ai affaire à des pros. Peut-on mettre tout un appartement sur table d'écoute ?

Il se rassit devant la table de cuisine.

Il regarda sa sacoche d'ordinateur.

Est-ce facile d'intercepter des mails ? Lisbeth Salander sait bien, elle, le faire en cinq minutes.

IL RÉFLÉCHIT UN LONG MOMENT avant de retourner au téléphone et d'appeler sa sœur à Göteborg. Il prit soin de ses formulations.

— Salut… comment tu vas ?

— Je vais bien, Micke.

— Raconte ce qui s'est passé depuis que tu as quitté Sahlgrenska et jusqu'à ce que tu te fasses agresser.

Il lui fallut dix minutes pour rendre compte de sa journée. Mikael ne discuta pas la portée de ce qu'elle racontait, mais glissa des questions jusqu'à ce qu'il soit satisfait. Il donnait l'apparence d'un frère inquiet, en même temps que son cerveau travaillait sur un tout autre plan pendant qu'il reconstruisait les points de repère.

Elle s'était décidée à rester à Göteborg à 16 h 30 et avait passé un coup de fil sur le portable à son amie qui lui avait donné l'adresse et le code d'entrée. Le voleur l'attendait dans l'entrée à 18 heures pile.

Le portable de sa sœur était sur écoute. C'était la seule chose possible.

Ce qui impliquait que lui aussi était sur écoute.

Sinon ça n'aurait aucun sens.

— Mais ils ont pris le dossier Zalachenko, répéta Annika.

Mikael hésita un moment. Celui qui avait volé le classeur savait déjà qu'il était volé. C'était naturel de le dire à Annika au téléphone.

— Le mien aussi, dit-il.

— Quoi ?

Il expliqua qu'il s'était précipité chez lui et que le classeur bleu sur sa table de cuisine manquait.

— OK, dit Mikael, la voix sombre. C'est une catastrophe. Le dossier Zalachenko est envolé. C'était le poids lourd de notre argumentation.

— Micke… je suis désolée.

— Moi aussi, dit Mikael. Merde ! Mais ce n'est pas ta faute. J'aurais dû rendre ce rapport public le jour même où je l'ai trouvé.

— Qu'est-ce qu'on fait maintenant ?

— Je ne sais pas. C'est le pire qui pouvait nous arriver. Tout notre plan s'effondre. On n'a pas l'ombre d'une preuve contre Björck et Teleborian.

Ils parlèrent encore pendant deux minutes avant que Mikael termine la conversation.

— Je voudrais que tu rentres à Stockholm demain, dit-il.

— Désolée. Je dois voir Salander.

— Vois-la dans la matinée. Reviens l'après-midi. Il faut qu'on se voie pour réfléchir à ce qu'on va faire.

UNE FOIS LA CONVERSATION TERMINÉE, Mikael resta immobile dans le canapé et regarda droit devant lui. Puis un sourire éclata sur son visage. Celui qui avait écouté la conversation savait maintenant que *Millénium* avait perdu le rapport de Björck de 1991 ainsi que la correspondance entre Björck et Peter Teleborian, le docteur des fous. Ils savaient que Mikael et Annika étaient au désespoir.

La désinformation est la base de tout espionnage, Mikael avait au moins appris ça en étudiant l'histoire de la Säpo la nuit dernière. Et il venait d'implanter une désinformation qui à long terme pourrait se révéler inestimable.

Il ouvrit sa sacoche d'ordinateur et en sortit la copie qu'il avait faite pour Dragan Armanskij mais qu'il n'avait pas encore eu le temps de lui donner. C'était le seul exemplaire restant. Il n'avait pas l'intention de l'égarer. Au contraire, il pensait le copier immédiatement en au moins cinq exemplaires et les diffuser aux endroits appropriés.

Puis il jeta un coup d'œil sur sa montre et appela la rédaction de *Millénium*. Malou Eriksson s'y trouvait encore mais était en train de fermer la boutique.

— Pourquoi tu es parti comme ça à toute vitesse ?

— Est-ce que tu peux attendre un peu avant de partir ? Je reviens et il y a un truc que je dois voir avec toi avant que tu t'en ailles.

Il n'avait pas eu le temps de faire une lessive depuis des semaines. Toutes ses chemises se trouvaient dans le panier à linge sale. Il emporta son rasoir et *Lutte pour le contrôle de la Säpo* avec le seul exemplaire restant du rapport de Björck. Il marcha jusqu'à Dressman et acheta quatre chemises, deux pantalons et dix slips, et emporta ses achats à la rédaction. Malou Eriksson attendit pendant qu'il prenait une douche rapide. Elle demanda ce qui se tramait.

— Quelqu'un est entré par effraction chez moi et a volé le rapport Zalachenko. Quelqu'un a attaqué Annika à Göteborg et a volé son exemplaire. J'ai la confirmation que son téléphone est sur écoute, ce qui veut dire que le mien, peut-être le tien et peut-être tous les téléphones de *Millénium* sont branchés sur table d'écoute. Et je suppose que si quelqu'un se donne la peine d'entrer par effraction chez moi, il serait vraiment con de ne pas mettre tout l'appartement sur table d'écoute tant qu'à faire.

— Ah bon, dit Malou Eriksson d'une voix éteinte. Elle regarda son téléphone portable qui était posé sur le bureau devant elle.

— Continue de bosser comme d'habitude. Utilise ton portable mais n'y passe aucune information. On mettra Henry Cortez au courant demain.

— D'accord. Il est parti il y a une heure. Il a laissé une pile d'enquêtes de l'Etat sur ton bureau. Mais qu'est-ce que tu fais ici, toi… ?

— J'ai l'intention de dormir à *Millénium* cette nuit. S'ils ont tué Zalachenko, volé les rapports et mis mon appartement sous surveillance aujourd'hui, tout porte à croire qu'ils viennent juste de commencer et qu'ils n'ont pas eu le temps de s'occuper de *Millénium*. Il y a eu du monde ici toute la journée. Je ne veux pas que la rédaction reste vide pendant la nuit.

— Tu crois que l'assassinat de Zalachenko… Mais le tueur était un vieux dérangé de soixante-dix-huit ans.

— Je ne crois pas une seule seconde à ce genre de hasard. Quelqu'un est en train d'effacer les traces derrière Zalachenko. Je m'en fous totalement de qui il peut bien être, ce vieux-là, et du nombre de lettres de cinglé qu'il a écrites aux ministres. C'était une sorte de tueur à gages. Il y était allé dans l'intention de tuer Zalachenko… et peut-être Lisbeth Salander.

— Mais il s'est suicidé après, ou en tout cas il a essayé. Est-ce qu'un tueur à gages ferait ça ?

Mikael réfléchit un instant. Il croisa le regard de la rédactrice en chef.

— S'il a soixante-dix-huit ans et peut-être rien à perdre, oui. Il est mêlé à tout ça et quand on aura fini de creuser, on pourra le prouver.

Malou Eriksson observa attentivement le visage de Mikael. Jamais avant elle ne l'avait vu aussi froidement ferme et décidé. Elle eut soudain un frisson. Mikael vit sa réaction.

— Autre chose. A présent, on ne joue pas un match contre une bande de criminels mais contre une autorité de l'Etat. Ça va barder.

Malou hocha la tête.

— Je n'avais jamais pensé que ça irait aussi loin. Malou, si tu veux retirer tes billes, tu n'as qu'à le dire.

Elle hésita un instant. Elle se demanda ce qu'Erika Berger aurait dit. Puis elle secoua la tête avec défi.

II

HACKER REPUBLIC

1ᵉʳ au 22 mai

Une loi irlandaise de l'an 697 interdit aux femmes d'être soldats – ce qui signifie qu'auparavant les femmes avaient bel et bien été soldats. Comme exemple de peuples qui, à différents moments de l'histoire, ont eu des femmes soldats, on peut entre autres mentionner les Arabes, les Berbères, les Kurdes, les Rajput, les Chinois, les Philippins, les Maoris, les Papous, les Aborigènes d'Australie, les Micronésiens et les Indiens d'Amérique.

Les légendes de guerrières redoutées dans la Grèce antique abondent. Ces récits parlent de femmes qui suivaient un entraînement dans l'art de la guerre, l'usage des armes et la privation physique depuis l'enfance. Elles vivaient séparées des hommes et partaient à la guerre avec leurs propres régiments. Les récits abondent en passages indiquant qu'elles triomphaient des hommes sur les champs de bataille. Dans la littérature grecque, les amazones sont mentionnées par exemple dans l'*Iliade* d'Homère, récit datant d'environ sept siècles avant Jésus-Christ.

C'est aussi aux Grecs que l'on doit le terme d'"amazones". Le mot signifie littéralement "sans poitrine". L'explication qui en est généralement donnée est qu'elles pratiquaient l'ablation du sein droit pour mieux pouvoir bander un arc. Même si deux des médecins grecs les plus importants de l'histoire, Hippocrate et Galien, s'accordent pour dire que cette opération augmentait effectivement la capacité de manier des armes, on ne sait pas très bien si elle était réellement pratiquée. Il s'y dissimule un point d'interrogation linguistique – il n'est pas sûr que le préfixe *a* – dans "amazone" veuille réellement dire "sans" et la proposition a été faite que cela voudrait dire le contraire – qu'une amazone était une femme avec des seins particulièrement gros. Il ne se trouve aucun exemple dans aucun musée qui montre une image, amulette ou statue représentant une femme dépourvue du sein droit, alors que ce motif aurait dû être fréquent si la légende était véridique.

8

DIMANCHE 1er MAI – LUNDI 2 MAI

ERIKA BERGER RESPIRA A FOND avant d'ouvrir la porte de l'ascenseur et d'entrer dans la rédaction de *Svenska Morgon-Posten*. Il était 10 h 15. Elle était habillée discrètement en pantalon noir, pull rouge et veste sombre. Le temps de ce premier jour de mai était magnifique et, en traversant la ville, elle avait constaté que le mouvement ouvrier était en train de rassembler ses troupes. Elle s'était fait la remarque que, pour sa part, elle n'avait pas participé à un défilé du 1er Mai depuis plus de vingt ans.

Un court instant, elle se tint toute seule et invisible devant la porte de l'ascenseur. Le premier jour à son nouveau lieu de travail. De là où elle était, elle pouvait voir une grande partie de la rédaction centrale avec le pôle Actualités au milieu. Elle leva un peu le regard et vit les portes vitrées du bureau du rédacteur en chef, qui pour l'année à venir allait être le sien.

Elle n'était pas entièrement persuadée d'être la bonne personne pour diriger cette organisation monstrueuse que constituait *Svenska Morgon-Posten*. Le pas était gigantesque du petit *Millénium* avec ses cinq employés à un quotidien faisant tourner quatre-vingts journalistes et quatre-vingt-dix autres personnes entre l'administration, le personnel technique, les graphistes, les photographes, les commerciaux, les distributeurs et tout ce qui relève de la fabrication d'un journal. A cela il fallait ajouter une maison d'édition, une société de production et une société de gérance. En tout plus de deux cent trente personnes.

Un bref instant, elle se demanda si elle n'avait pas commis une énorme erreur.

Puis la plus âgée des réceptionnistes découvrit qui venait d'arriver à la rédaction et quitta son comptoir pour s'approcher d'elle, la main tendue.

— Madame Berger. Soyez la bienvenue à *SMP*.

— Merci. Bonjour.

— Je suis Béatrice Sahlberg. Bienvenue parmi nous. Je vous montre le chemin jusqu'au rédacteur en chef, M. Morander… enfin, je veux dire le rédacteur en chef démissionnaire.

— Merci, mais je le vois là-bas dans sa cage en verre, dit Erika en souriant. Je crois que je trouverai le chemin. Merci quand même.

Elle traversa la rédaction d'un pas rapide et nota que le brouhaha diminuait un peu. Elle sentit soudain le regard de tout le monde sur elle. Elle s'arrêta devant le pôle Actualités à moitié vide et hocha amicalement la tête.

— On aura le temps de faire connaissance tout à l'heure, dit-elle puis elle continua pour aller frapper au montant de la porte vitrée.

Agé de cinquante-neuf ans, Håkan Morander, rédacteur en chef démissionnaire, avait passé douze ans dans la cage en verre à la tête de la rédaction de *SMP*. Tout comme Erika Berger, il était venu d'ailleurs, soigneusement trié sur le volet – il avait donc, lui aussi, effectué la promenade qu'elle venait de faire pour le rejoindre. Il la regarda, troublé, jeta un regard sur sa montre et se leva.

— Bonjour, Erika, salua-t-il. Je croyais que vous commenciez lundi.

— Je ne supportais pas de rester une journée de plus à la maison. Alors, me voici.

Morander tendit la main.

— Bienvenue. Je suis bien content que vous veniez prendre la relève.

— Comment va la santé ? demanda Erika.

Il haussa les épaules. Béatrice, la réceptionniste, arriva avec du café et du lait.

— J'ai l'impression de fonctionner déjà à mi-régime. En fait, je préfère ne pas en parler. On est là à se sentir comme un ado immortel toute sa vie et puis, tout à coup, il ne reste que très peu de temps. Et une chose est sûre : je n'ai pas l'intention de gaspiller ce peu de temps en restant dans cette cage.

Inconsciemment, il se frotta la poitrine. Les problèmes cardiovasculaires dont il souffrait étaient la raison de sa démission soudaine et celle pour laquelle Erika devait commencer plusieurs mois avant la date initialement prévue.

Erika se retourna et regarda les bureaux paysagers de la rédaction. A moitié inoccupés en ce jour férié. Un journaliste et un photographe se dirigeaient vers l'ascenseur, sans doute pour aller couvrir le défilé du 1er Mai, pensa-t-elle.

— Si je dérange ou si vous êtes occupé aujourd'hui, dites-le-moi, et je me sauve.

— Mon boulot aujourd'hui est d'écrire un éditorial de quatre mille cinq cents signes sur les défilés du 1er Mai. J'en ai déjà tant écrit que je peux le faire en dormant. Si les sociaux-démocrates veulent déclarer la guerre au Danemark, je dois expliquer pourquoi ils se trompent. Si les sociaux-démocrates veulent éviter la guerre avec le Danemark, je dois expliquer pourquoi ils se trompent.

— Le Danemark ? demanda Erika.

— Ben oui, une partie du message du 1er Mai aborde le conflit dans la question de l'intégration. Et les sociaux-démocrates se trompent, quoi qu'ils en disent.

Il éclata de rire.

— Vous m'avez l'air cynique, dit Erika.

— Bienvenue à *Svenska Morgon-Posten* !

Erika n'avait jamais eu d'avis particulier sur Håkan Morander. Il était un détenteur de pouvoir anonyme parmi l'élite des directeurs de rédaction. Quand elle lisait ses éditoriaux, elle le percevait comme ennuyeux, conservateur et champion de la complainte contre les impôts, un libéral typique militant pour la liberté d'expression, mais elle n'avait jamais eu l'occasion de le rencontrer ou d'être en contact avec lui.

— Parlez-moi du boulot, dit-elle.

— Je m'arrête fin juin. On va bosser ensemble pendant deux mois, alors je me permets de passer tout de suite au tutoiement qui est de règle dans la maison. Tu vas découvrir des trucs positifs et des trucs négatifs. Je suis un cynique, tu as raison, si bien que je vois surtout les côtés négatifs, j'imagine.

Il se leva et vint la rejoindre devant la vitre.

— Tu vas te rendre compte qu'au-delà de ta cage en verre tu as un certain nombre d'adversaires – des rédacs-chef de jour et des vétérans parmi les rédacteurs qui ont créé leurs propres petits empires ou leurs clubs personnels dont tu ne pourras pas devenir membre. Ils vont essayer de repousser les limites et de faire passer en force leurs manchettes et points de vue personnels, à toi d'être draconienne pour pouvoir résister.

Erika hocha la tête.

— Tu as les rédacs-chef de nuit Billinger et Karlsson... un chapitre à eux seuls. Ils se détestent et ne font heureusement pas équipe, mais ils se comportent comme s'ils étaient à la fois responsables de la publication et rédacteurs en chef. Tu as Lukas Holm du pôle Actualités, avec qui tu seras forcément beaucoup en contact. Je suis sûr que vous allez vous friter plus d'une fois. En réalité, c'est lui qui fabrique *SMP* tous les jours. Tu as quelques journalistes qui sont des divas et quelques-uns qui en vérité devraient être mis à la retraite.

— Aucun collaborateur correct dans tout ça ?

Morander éclata de rire.

— Si. Mais c'est à toi de décider avec qui tu t'entends. Nous avons quelques journalistes qui sont vraiment, vraiment bons.

— Et côté direction ?

— Magnus Borgsjö est le président du CA. C'est lui qui t'a recrutée. Il est plein de charme, moitié vieille école et moitié rénovateur, mais il est avant tout celui qui décide. Ajoute quelques membres du conseil, plusieurs issus de la famille propriétaire, qui semblent faire de la figuration, et d'autres qui s'agitent comme des pros des CA.

— Tu ne m'as pas l'air très satisfait du conseil d'administration ?

— Chacun son monde. Toi, tu fabriques le journal. Eux, ils s'occupent des finances. Ils ne sont pas supposés se mêler du contenu du journal, mais il y a toujours des situations problématiques. Très franchement, Erika, tu vas en baver.

— Pourquoi ?

— Le tirage a baissé de pratiquement cent cinquante mille exemplaires depuis la belle époque des années 1960, et *SMP* commence à s'approcher de la limite où on tourne à perte. On a rationalisé et supprimé plus de cent quatre-vingts postes depuis 1980. On est passé au format tabloïd – ce qu'on aurait dû

faire il y a vingt ans. *SMP* fait toujours partie des grands journaux, mais il s'en faut de peu pour que les gens commencent à
nous classer en catégorie B. Si ce n'est pas déjà fait.

— Pourquoi m'ont-ils choisie alors ? dit Erika.

— Parce que l'âge moyen de ceux qui lisent *SMP* est de
cinquante ans et plus et que l'apport de jeunes lecteurs de
vingt ans est pratiquement zéro. *SMP* doit être rénové. Et le
raisonnement de la direction était de faire venir le rédacteur
en chef le plus improbable qu'ils puissent imaginer.

— Une femme ?

— Pas n'importe quelle femme. La femme qui a brisé
l'empire de Wennerström et qui est célébrée comme la reine
du journalisme d'investigation avec la réputation d'être une
vraie dure à cuire. Mets-toi à leur place. C'est irrésistible. Si
toi, tu n'arrives pas à renouveler le journal, c'est que personne n'y arrivera. *SMP* n'embauche donc pas uniquement
Erika Berger, mais avant tout la réputation d'Erika Berger.

MIKAEL BLOMKVIST QUITTA le café Copacabana, à côté du
cinéma Kvartersbion à Hornstull, un peu après 14 heures. Il
mit ses lunettes de soleil et il arrivait dans la promenade de
Bergsund, en route vers la station de métro, quand il vit la
Volvo grise garée au coin. Il continua à marcher sans changer d'allure et constata que la plaque d'immatriculation était
la même et que la voiture était vide.

Septième fois en quatre jours qu'il remarquait cette voiture ! Il n'aurait su dire si elle gravitait autour de lui depuis
longtemps, et le fait qu'il l'ait remarquée était un pur hasard.
La première fois qu'il avait aperçu la voiture, elle était garée
près de son immeuble dans Bellmansgatan, le mercredi
matin alors qu'il se rendait à la rédaction de *Millénium*. Son
regard était tombé sur la plaque d'immatriculation qui commençait par les lettres K A B et il avait réagi, puisque c'était
le nom de l'entreprise en sommeil d'Alexander Zalachenko,
Karl Axel Bodin SA. Il n'y aurait probablement plus pensé
s'il n'avait pas vu la même voiture avec la même plaque
d'immatriculation seulement quelques heures plus tard,
quand il déjeunait avec Henry Cortez et Malou Eriksson sur
Medborgarplats. Cette fois, la Volvo était garée dans une rue
transversale à la rédaction de *Millénium*.

Il se demanda vaguement s'il était en train de devenir parano, mais plus tard dans l'après-midi, quand il rendit visite à Holger Palmgren dans le centre de rééducation à Ersta, la Volvo grise s'était trouvée dans le parking des visiteurs. Ce n'était plus un hasard. Mikael Blomkvist commença à surveiller le voisinage. Il ne fut pas surpris lorsque le lendemain matin, il vit de nouveau la voiture.

A aucun moment, il n'avait aperçu le conducteur. Un appel aux services des Mines lui apprit cependant que le véhicule appartenait à un dénommé Göran Mårtensson, quarante ans, domicilié à Vittangigatan à Vällingby. Un moment de recherche lui apprit que Göran Mårtensson était consultant en entreprise et qu'il avait sa propre société avec une boîte postale comme adresse, dans Fleminggatan sur Kungsholmen. Vers dix-huit ans, en 1983, il avait fait son service militaire dans une unité spéciale de la défense côtière, et ensuite il s'était engagé dans la Défense. Il avait été promu lieutenant avant de démissionner en 1989 pour changer son fusil d'épaule et il était entré dans l'Ecole de police à Solna. Entre 1991 et 1996, il avait travaillé à la police de Stockholm. En 1997, il avait disparu du service et, en 1999, il avait enregistré son entreprise.

Conclusion : Säpo.

Mikael se mordit la lèvre inférieure. Un journaliste d'investigation consciencieux pouvait devenir parano pour moins que ça. Mikael tira la conclusion qu'il était sous surveillance discrète mais qu'elle était effectuée avec tant de maladresse qu'il s'en était aperçu.

Mais était-elle vraiment maladroite ? La seule raison pour laquelle il avait remarqué la voiture était l'immatriculation qui par hasard avait une signification pour lui. S'il n'y avait pas eu K A B, il n'aurait pas jeté le moindre regard sur cette voiture.

Le vendredi, K A B avait brillé par son absence. Mikael n'était pas entièrement sûr, mais il pensait avoir éventuellement eu la compagnie d'une Audi rouge ce jour-là, sans avoir été en mesure de repérer le numéro d'immatriculation. Le samedi, la Volvo fut de retour.

EXACTEMENT VINGT SECONDES après que Mikael Blomkvist avait quitté le Copacabana, Christer Malm leva son Nikon numérique et prit une série de douze photos de sa place à l'ombre sur la terrasse du café Rossos, de l'autre côté de la rue. Il photographia les deux hommes qui sortaient du café juste derrière Mikael et qui le suivaient à la trace devant Kvartersbion.

L'un des hommes était d'âge moyen difficilement déterminable, plus jeune que vieux, aux cheveux blonds. L'autre semblait plus âgé, aux cheveux fins d'un blond ardent et portant des lunettes de soleil foncées. Tous deux étaient vêtus de jeans et de blousons de cuir sombre.

Ils se séparèrent devant la Volvo grise. Le plus âgé des deux hommes ouvrit la portière tandis que le plus jeune suivit Mikael Blomkvist à pied vers le métro.

Christer Malm abaissa l'appareil photo et soupira. Il ne savait pas pourquoi Mikael l'avait pris à part et avait insisté pour qu'il fasse le tour du quartier autour du Copacabana le dimanche après-midi à la recherche d'une Volvo grise avec le numéro d'immatriculation en question. Il devait se placer de façon à pouvoir photographier la personne qui, d'après Mikael, allait de toute vraisemblance ouvrir la portière de la voiture peu après 15 heures. En même temps, il devait ouvrir les yeux pour essayer de découvrir si quelqu'un suivait Mikael Blomkvist.

Ça ressemblait beaucoup au début d'un nouvel épisode des aventures de Super Blomkvist. Christer Malm ne savait jamais très bien si Mikael Blomkvist était parano de nature ou s'il avait des dons d'extralucide. Depuis les événements à Gosseberga, Mikael était devenu extrêmement renfermé et hermétique à la communication. Ceci n'avait rien d'étrange, bien sûr, puisqu'il travaillait sur un sujet complexe – Christer avait vécu exactement la même obsession et la même cachotterie pendant l'histoire Wennerström, mais cette fois-ci, c'était plus net que jamais.

En revanche, Christer n'avait aucun problème pour constater que Mikael Blomkvist était effectivement suivi. Il se demanda quel nouveau merdier était en train de se préparer qui allait probablement exiger le temps, les forces et les ressources de *Millénium*. Christer Malm estimait que Mikael avait mal choisi le moment de faire son Super Blomkvist alors que la directrice du journal avait déserté pour le Grand Dragon et que la stabilité laborieusement élaborée de *Millénium* était menacée.

D'un autre côté, il n'avait pas l'intention d'aller défiler – il n'avait pas participé à une manifestation depuis au moins dix ans, à part la Gay Pride – et il n'avait rien de mieux à faire en ce dimanche de 1er Mai que de faire plaisir à Mikael. Il se leva et suivit d'un pas nonchalant l'homme qui suivait Mikael Blomkvist. Ce qui ne faisait pas partie des instructions. Il perdit cependant l'homme de vue dès qu'ils furent dans Långholmsgatan.

QUAND MIKAEL BLOMKVIST avait compris que son téléphone était très probablement sur table d'écoute, l'une de ses premières mesures avait été d'envoyer Henry Cortez acheter des téléphones portables d'occasion. Cortez avait trouvé une fin de stock d'Ericsson T10 pour trois fois rien. Mikael acheta des cartes de recharge Comviq et répartit les téléphones entre lui-même, Malou Eriksson, Henry Cortez, Annika Giannini, Christer Malm et Dragan Armanskij. Ils devaient les utiliser exclusivement pour les conversations qu'ils voulaient à tout prix garder confidentielles. Les appels ordinaires passeraient par les numéros habituels. Avec pour conséquence que tout le monde devait trimballer deux téléphones portables.

Mikael se rendit du Copacabana à *Millénium* où Henry Cortez assurait le service de week-end. Depuis l'assassinat de Zalachenko, Mikael avait instauré une liste de garde qui impliquait qu'il y ait toujours quelqu'un de présent à la rédaction de *Millénium*, même pour y dormir. La liste comprenait lui-même, Henry Cortez, Malou Eriksson et Christer Malm. Ni Lottie Karim, ni Monika Nilsson ni Sonny Magnusson, responsable de la publicité, n'en faisaient partie. On ne les avait même pas sollicités. Lottie Karim n'avait pas caché qu'elle avait peur du noir et elle n'aurait jamais accepté de dormir seule à la rédaction. Monika Nilsson n'avait pas ce genre de problème, mais elle travaillait comme une folle sur ses articles et elle faisait partie des gens qui rentraient chez eux quand la journée de travail était terminée. Et Sonny Magnusson avait soixante et un ans, il n'avait rien à faire avec le travail rédactionnel et il n'allait pas tarder à prendre ses vacances.

— Du nouveau ? demanda Mikael.

— Rien de particulier, dit Henry Cortez. Les actus d'aujourd'hui tournent évidemment autour du 1er Mai.

Mikael hocha la tête.

— Je vais rester ici une paire d'heures. Prends ta journée et reviens ce soir vers 21 heures.

Une fois Henry Cortez parti, Mikael alla prendre le portable neutre sur son bureau. Il appela Daniel Olofsson, un journaliste free-lance à Göteborg. Au fil des ans, *Millénium* avait publié plusieurs textes d'Olofsson, et Mikael avait une grande confiance en sa capacité journalistique de récolter du matériel de base.

— Salut Daniel. C'est Mikael Blomkvist. Tu es libre ?

— Oui.

— J'ai un boulot de recherche à te confier. Tu pourras facturer cinq jours et il n'y aura pas de texte à produire. Ou plus exactement : si tu veux écrire quelque chose, on est prêts à publier, mais c'est la recherche qui nous intéresse en premier lieu.

— Vas-y, je t'écoute.

— C'est un peu délicat. Tu ne dois en parler qu'avec moi, et tu dois utiliser exclusivement hotmail pour communiquer avec moi. Je ne veux même pas que tu mentionnes que tu effectues une recherche pour *Millénium*.

— Sympa comme boulot. Qu'est-ce que tu cherches ?

— Je voudrais que tu ailles à l'hôpital Sahlgrenska faire un reportage sur un lieu de travail. On appellera ce reportage *Urgences* et il sera censé refléter les différences entre la réalité et la série télé. Je voudrais que tu suives le travail aux urgences et aux soins intensifs pendant quelques jours. Que tu parles avec les médecins, les infirmières, le personnel d'entretien et tous ceux qui y travaillent. Quelles sont leurs conditions de travail ? leurs tâches ? Ce genre de trucs. Et des photos, évidemment.

— Les soins intensifs ? demanda Olofsson.

— C'est ça. Je voudrais que tu focalises sur les soins donnés aux patients du service 11C qui présentent des blessures importantes. Je veux avoir un plan du service, qui travaille là, à quoi ils ressemblent et quel est leur passé.

— Hmm, dit Daniel Olofsson. Si je ne me trompe pas, une certaine Lisbeth Salander est soignée en 11C.

Il n'était pas né de la dernière pluie.

— Ah bon ? dit Mikael Blomkvist. Intéressant. Dégote dans quelle chambre elle se trouve et ce qu'il y a dans les chambres voisines et quelles sont les habitudes du service.

— J'imagine que ce reportage va traiter de tout autre chose, dit Daniel Olofsson.

— Comme je le disais… Je ne m'intéresse qu'à la recherche que tu vas faire.

Ils échangèrent leurs adresses hotmail.

LISBETH SALANDER ÉTAIT ALLONGÉE sur le dos par terre dans sa chambre à Sahlgrenska lorsque Marianne, l'infirmière, ouvrit la porte.

— Hmm, dit Marianne pour exprimer ses réserves sur la pertinence d'être allongée par terre dans un service de soins intensifs. Mais elle admit que c'était le seul endroit possible pour faire un peu d'exercice physique.

Lisbeth Salander était en sueur après avoir passé trente minutes à essayer de faire des pompes, des étirements et des abdominaux d'après les recommandations que son thérapeute lui avait fournies. Elle avait un schéma de mouvements qu'elle devait exécuter quotidiennement pour renforcer les muscles de l'omoplate et de la hanche à la suite de l'opération trois semaines plus tôt. Elle respira lourdement et sentit qu'elle avait perdu beaucoup de sa forme. Elle fatiguait vite et son épaule tirait et élançait au moindre effort. Mais elle était incontestablement en train de guérir. Le mal de tête qui l'avait tourmentée les premiers temps après l'opération s'était apaisé et ne se manifestait plus que sporadiquement.

Elle s'estimait suffisamment rétablie pour pouvoir sans hésitation quitter l'hôpital ou au moins faire une petite sortie, si cela avait été possible, ce qui n'était pas le cas. D'une part les médecins ne l'avaient pas encore déclarée guérie, et d'autre part la porte de sa chambre était toujours fermée à clé et gardée par un foutu sbire de chez Securitas, qui restait planté sur une chaise dans le couloir.

En revanche, elle était suffisamment rétablie pour pouvoir être déplacée dans un service de rééducation ordinaire. Après avoir discuté en long et en large, la police et la direction de l'hôpital avaient cependant fini par conclure qu'elle devait rester dans la chambre 18 jusqu'à nouvel ordre. La raison invoquée était la surveillance aisée de la chambre, qu'il y avait toujours quelqu'un du personnel dans les parages et que la chambre était située à l'écart dans le couloir en L. Il avait donc été plus simple de la garder dans le service 11C, où le personnel avait assimilé les règles de sécurité depuis l'assassinat de Zalachenko et connaissait déjà la problématique qui l'entourait, plutôt que de la déplacer dans un tout nouveau service avec ce que cela impliquait comme changement d'habitudes.

Son séjour à Sahlgrenska était de toute façon une question de quelques semaines de plus. Dès que les médecins signeraient sa sortie, elle serait transférée à la maison d'arrêt de Kronoberg à Stockholm dans l'attente du procès. Et la personne qui déciderait de cela était le Dr Anders Jonasson.

Dix jours s'étaient écoulés après les coups de feu à Gosseberga avant que le Dr Jonasson donne l'autorisation à la police de mener un premier véritable interrogatoire, ce qui aux yeux d'Annika Giannini était une excellente chose.

Après le chaos dû à l'assassinat de Zalachenko, il avait fait une évaluation de l'état de Lisbeth Salander. Il avait estimé qu'elle avait forcément été exposée à une forte dose de stress, considérant qu'elle avait été soupçonnée d'un triple meurtre. Anders Jonasson ignorait tout de son éventuelle culpabilité ou innocence et, en tant que médecin, la réponse ne l'intéressait pas le moins du monde. Il se contenta de faire l'appréciation que Lisbeth Salander avait été exposée à un stress. Elle avait reçu trois balles, dont une l'avait frappée au cerveau et avait failli la tuer. Elle avait une fièvre tenace et un fort mal de tête.

Il avait choisi la prudence. Qu'elle soit soupçonnée de meurtre ou pas, elle était sa patiente, et son boulot était de veiller à ce qu'elle guérisse au plus vite. C'est pourquoi il déclara une interdiction de visites qui n'avait aucun rapport avec l'interdiction de visites de la procureur, juridiquement justifiée. Il prescrivit un traitement médical et le repos complet.

Comme Anders Jonasson estimait que l'isolement total était une manière inhumaine de punir les gens, carrément à mettre au même niveau que la torture, et que personne ne se portait bien d'être entièrement séparé de ses amis, il décida que l'avocate de Lisbeth Salander, Annika Giannini, ferait office d'amie par procuration. Jonasson s'entretint en privé avec Annika Giannini et expliqua qu'elle pourrait voir Lisbeth Salander une heure tous les jours. Pendant sa visite, elle pourrait lui parler ou simplement lui tenir compagnie, sans rien dire. Autant que possible, leurs conversations ne devraient pas toucher aux problèmes matériels de Lisbeth Salander ni à ses batailles juridiques à venir.

— Lisbeth Salander a pris une balle dans la tête et elle est grièvement blessée, expliqua-t-il. Je crois qu'elle est hors de danger, mais il existe toujours un risque d'hémorragie ou d'autres complications. Elle a besoin de repos et il lui faut du temps pour guérir. Ce n'est qu'après qu'elle pourra commencer à se pencher sur ses problèmes juridiques.

Annika Giannini avait compris la logique dans le raisonnement du Dr Jonasson. Elle eut quelques entretiens d'ordre général avec Lisbeth Salander et mentionna quelle était leur stratégie, à elle et Mikael, mais pendant le premier temps elle n'eut aucune possibilité d'entamer de raisonnement détaillé. Lisbeth Salander était tout simplement abrutie par les médicaments et si épuisée que souvent elle s'endormait au milieu de la conversation.

DRAGAN ARMANSKIJ EXAMINA la série de photos que Christer Malm avait faite des deux hommes qui avaient suivi Mikael Blomkvist. Les clichés étaient très nets.

— Non, dit-il. Je ne les ai jamais vus auparavant.

Mikael Blomkvist hocha la tête. Ils se voyaient dans le bureau d'Armanskij à Milton Security ce lundi matin. Mikael était entré dans le bâtiment par le garage.

— Le plus âgé est Göran Mårtensson, le propriétaire de la Volvo, donc. Il m'a suivi comme ma mauvaise conscience pendant au moins une semaine, mais si ça se trouve, ça dure depuis bien plus longtemps.

— Et d'après toi, il est de la Säpo.

Mikael évoqua la carrière passée de Mårtensson, qu'il avait reconstituée. Elle était éloquente. Armanskij hésita. La révélation de Blomkvist le laissait partagé.

D'accord, les agents secrets de l'Etat mettaient souvent les pieds dans le plat. C'était l'ordre normal des choses, pas seulement pour la Säpo mais probablement pour tous les services de renseignements du monde. La police secrète française avait bien envoyé une équipe de plongeurs en Nouvelle-Zélande pour torpiller le *Rainbow Warrior* de Greenpeace. Sans doute l'opération de renseignements la plus imbécile de l'histoire du monde, à part peut-être le cambriolage du président Nixon au Watergate. Avec un commandement aussi débile, il ne fallait pas s'étonner qu'il y ait des scandales. En revanche, les succès n'étaient jamais révélés au grand jour. Bien au contraire, les médias se jetaient littéralement sur la police secrète quand il se passait quelque chose d'illicite, de stupide ou de raté, et alors avec l'attitude de je-l'avais-bien-dit si facile à adopter après coup.

Armanskij n'avait jamais compris la relation des médias suédois avec la Säpo.

D'un côté, les médias considéraient la Säpo comme une excellente source, et pratiquement n'importe quelle bourde politique irréfléchie finissait en gros titres en première page. *La Säpo soupçonne...* Une déclaration de la Säpo était une source qui pesait à la une.

D'un autre côté, les médias et les politiciens de tous bords n'hésitaient pas à exécuter dans les règles, lorsqu'ils étaient démasqués, les agents de la Säpo impliqués dans l'espionnage des citoyens suédois. C'était tellement paradoxal qu'Armanskij s'était plus d'une fois dit qu'aussi bien les politiciens que les médias déraillaient complètement sur le sujet.

Armanskij n'avait rien contre l'existence de la Säpo. Quelqu'un devait bien prendre la responsabilité de veiller à ce que des illuminés nationaux-bolcheviques, qui avaient lu Bakounine jusqu'à l'indigestion, ou quel que soit leur foutu maître à penser, n'aillent pas bricoler une bombe avec des engrais chimiques et du pétrole et la placer dans une fourgonnette devant Rosenbad, histoire de faire péter tout le gouvernement suédois. Armanskij estimait la Säpo indispensable et qu'un petit peu d'espionnage anodin ne faisait pas de mal, tant qu'il avait pour but de veiller à la sécurité générale des citoyens.

Le problème était évidemment qu'une organisation qui a pour tâche d'espionner des citoyens devait obligatoirement être placée sous un contrôle des plus rigides et que la Constitution devait garantir un accès aux informations. Or, il était quasiment impossible pour les politiciens ou les députés d'avoir ce regard sur la Säpo, même lorsque le Premier ministre nommait un enquêteur spécial qui, sur le papier, devait avoir accès à tout. Armanskij avait emprunté *Une mission* de Carl Lidbom et il l'avait lu avec un étonnement grandissant. Aux Etats-Unis, une dizaine de têtes de la Säpo auraient immédiatement été arrêtées pour obstruction et sommées de comparaître devant une commission officielle au Congrès. En Suède, ils étaient apparemment inattaquables.

Le cas Lisbeth Salander démontrait qu'il y avait quelque chose de pourri au sein de l'organisation, mais lorsque Mikael Blomkvist était passé lui donner un téléphone portable sûr, la première réaction de Dragan Armanskij avait été de se dire que Blomkvist était parano. Pourtant, après qu'il avait étudié les détails et examiné les photos de Christer Malm, il dut malgré lui constater que les soupçons de Blomkvist étaient fondés. Et cela n'augurait rien de bon, au contraire, cela indiquait que la machination qui quinze ans auparavant avait frappé Lisbeth Salander n'était pas un hasard.

Il y avait tout simplement trop de coïncidences pour que cela soit un hasard. On pouvait, à l'extrême, considérer que Zalachenko avait pu être tué par un justicier solitaire. Mais on ne pouvait plus croire à cette hypothèse dès lors que, au même moment, aussi bien Mikael Blomkvist qu'Annika Giannini se faisaient voler le document constituant le fondement de leur argumentation. C'était une vraie calamité. Et, par-dessus le marché, le témoin principal était allé se pendre.

— Bon, dit Armanskij en rassemblant la documentation de Mikael. On est d'accord pour que je transmette ceci à mon contact ?

— Dans la mesure où c'est une personne en qui tu dis avoir entièrement confiance.

— Je sais que c'est une personne de grande moralité et d'un comportement tout à fait démocratique.

— Au sein de la Säpo, dit Mikael Blomkvist avec un doute manifeste dans la voix.

— Il faut qu'on soit d'accord. Holger Palmgren comme moi-même, nous avons accepté ton plan et on collabore avec toi. Mais je te certifie que nous ne pourrons pas y arriver par nos propres moyens. Si on ne veut pas que ça se termine mal, il faut qu'on trouve des alliés dans l'administration.

— D'accord, fit Mikael à contrecœur. J'ai trop l'habitude d'attendre que *Millénium* soit imprimé pour me désengager. Jamais auparavant je n'ai livré d'informations sur un article avant qu'il soit publié.

— Mais tu viens de le faire dans le cas qui nous préoccupe. Tu en as déjà parlé à moi, à ta sœur et à Palmgren.

Mikael hocha la tête.

— Et si tu l'as fait, c'est parce que même toi, tu réalises que cette affaire dépasse largement un titre dans ton journal. Dans cette affaire, tu n'es pas un journaliste neutre mais un acteur du déroulement.

A nouveau, Mikael hocha la tête.

— Et en tant qu'acteur, tu as besoin d'aide pour réussir tes objectifs.

Mikael hocha la tête encore une fois. Il savait très bien qu'il n'avait pas raconté toute la vérité à Armanskij, ni à Annika Giannini. Il avait toujours des secrets qu'il partageait avec Lisbeth Salander. Il serra la main d'Armanskij.

9

MERCREDI 4 MAI

LE MERCREDI VERS MIDI, trois jours après qu'Erika Berger avait pris son poste de rédactrice en chef en parallèle à *SMP*, le rédacteur en chef Håkan Morander décéda. Il avait passé la matinée dans la cage en verre alors qu'Erika, accompagnée du secrétaire de rédaction Peter Fredriksson, tenait une réunion avec l'équipe Sports pour faire connaissance avec les collaborateurs et évaluer leur fonctionnement. Fredriksson avait quarante-cinq ans et, comme Erika Berger, il était relativement nouveau à *SMP*. Il ne travaillait au journal que depuis quatre ans. Il était taciturne, globalement compétent et agréable, et Erika avait déjà décidé qu'elle allait se reposer sur les connaissances de Fredriksson lorsqu'elle prendrait le commandement du navire. Elle consacrait une grande partie de son temps à déterminer en qui elle pourrait avoir confiance, qui elle pourrait intégrer dès le départ dans son nouveau fonctionnement. Fredriksson était définitivement l'un des candidats. Ils retournaient vers l'espace central, quand ils virent Håkan Morander se lever dans la cage en verre et approcher de la porte.

Il avait l'air sidéré.

Puis il se plia en deux et saisit le dossier d'une chaise de bureau pendant quelques secondes avant de s'écrouler par terre.

Il était déjà mort à l'arrivée de l'ambulance.

L'ambiance qui régna à la rédaction durant l'après-midi fut confuse. Le président du CA, Magnus Borgsjö, arriva vers 14 heures et réunit tous les collaborateurs pour un bref hommage. Il parla de Morander qui avait dédié les quinze dernières années de sa vie au journal et du prix qu'exige parfois le journalisme. Il observa une minute de silence. Quand elle fut écoulée, il jeta des regards incertains autour de lui, comme s'il ne savait pas très bien comment continuer.

Mourir sur son lieu de travail n'est pas habituel – c'est même assez rare. Il est de bon ton de se retirer pour mourir. Disparaître à la retraite ou dans le système de santé et soudain un jour être l'objet des conversations à la cafétéria de l'entreprise. "Au fait, t'as entendu que le vieux Karlsson est mort vendredi ? Oui, c'est le cœur. Le syndicat a décidé d'envoyer une couronne pour l'enterrement." Mourir sur son lieu de travail et devant les yeux des collègues est autrement plus dérangeant. Erika remarqua le choc qui planait sur la rédaction. *SMP* n'avait plus de gouvernail. Elle réalisa tout à coup que plusieurs employés regardaient de son côté. La carte inconnue.

Sans y avoir été invitée et sans vraiment savoir ce qu'elle allait dire, elle se racla la gorge, fit un pas en avant et parla d'une voix forte et stable.

— J'ai connu Håkan Morander en tout et pour tout trois jours. C'est peu de temps, mais à partir du peu de chose que j'ai eu le temps de voir, je peux dire en toute sincérité que j'aurais aimé avoir la possibilité de mieux le connaître.

Elle fit une pause lorsque du coin de l'œil elle vit que Borgsjö l'observait. Il semblait étonné qu'elle ait pris la parole. Elle fit un autre pas en avant. *Ne souris pas. Il ne faut pas que tu souries. Tu aurais l'air peu sûre de toi.* Elle éleva un peu la voix.

— Le décès subit de Morander va créer des problèmes ici à la rédaction. J'étais supposée lui succéder dans deux mois et j'appréciais l'idée d'avoir le temps de profiter de son expérience.

Elle se rendit compte que Borgsjö ouvrait la bouche pour parler.

— Il n'en sera donc pas ainsi et nous allons vivre des changements pendant quelque temps. Mais il se trouve que Morander était rédacteur en chef d'un quotidien, et ce journal doit sortir demain aussi. Il nous reste actuellement neuf heures avant la dernière impression et quatre heures avant le bon à tirer de la page édito. Puis-je vous demander… qui parmi vous était le meilleur ami de Morander et son confident ?

Il y eut un court silence pendant que les employés se regardaient. Finalement, Erika entendit une voix sur sa gauche.

— Je crois que c'était moi. Gunder Storman, soixante et un ans, secrétaire de rédaction pour la page éditoriale et à SMP depuis trente-cinq ans.

— Quelqu'un doit s'y mettre et écrire la nécrologie de Morander. Je ne peux pas le faire... ce serait présomptueux de ma part. Te sens-tu capable d'écrire ce texte ?

Gunder Storman hésita un instant, puis il hocha la tête.

— Je m'en charge.

— On utilisera toute la page éditoriale, on dégage tout le reste.

Gunder hocha la tête.

— On a besoin de photos...

Elle regarda à droite et aperçut le directeur de la photographie, Lennart Torkelsson. Il acquiesça de la tête.

— Nous devons nous mettre au travail. Ça va peut-être tanguer un peu pendant les jours à venir. Quand j'aurai besoin d'aide pour prendre des décisions, je m'adresserai à vous et je ferai confiance à votre compétence et à votre expérience. Vous savez comment ce journal se fabrique, alors que moi, j'ai besoin de quelque temps encore sur le banc de l'école.

Elle se tourna vers Peter Fredriksson, le secrétaire de rédaction.

— Peter, Morander m'a fait comprendre qu'il avait la plus grande confiance en toi. Tu seras mon mentor pour les jours à venir, et tu seras un peu plus chargé que d'habitude. Je vais te demander de devenir mon conseiller. Est-ce OK pour toi ?

Il hocha la tête. Que pouvait-il faire d'autre ?

Elle se tourna de nouveau vers le pôle Edito.

— Autre chose... ce matin, Morander était en train de rédiger son éditorial. Gunder, pourrais-tu voir son ordinateur et vérifier s'il l'a terminé ? Même s'il n'est pas entièrement fini, on le publiera. C'est le dernier éditorial de Håkan Morander et ce serait une honte de ne pas le publier. Le journal sur lequel nous travaillons aujourd'hui est encore le journal de Håkan Morander.

Silence.

— S'il y en a parmi vous qui ressentent le besoin de faire une pause pour penser à lui, faites-le sans mauvaise conscience. Vous connaissez tous nos deadlines.

Silence. Elle nota que certains hochaient la tête en une demi-approbation.

— Allez, au travail tout le monde, dit-elle à voix basse.

JERKER HOLMBERG ÉCARTA LES MAINS en un geste d'impuissance. Jan Bublanski et Sonja Modig avaient l'air sceptiques, Curt Bolinder l'air neutre. Tous trois regardaient le résultat de l'enquête préliminaire que Holmberg avait terminée le matin même.

— Rien ? dit Sonja Modig. Elle paraissait étonnée.

— Rien, dit Holmberg en secouant la tête. Le rapport du médecin légiste est arrivé ce matin. Il n'y a rien qui indique autre chose qu'un suicide par pendaison.

Leurs regards se déplacèrent sur les photographies qui avaient été prises dans le séjour de la maison de campagne à Smådalarö. Tout indiquait que Gunnar Björck, chef adjoint de la brigade des étrangers à la Säpo, était de son plein gré monté sur un tabouret, avait attaché une corde au crochet du plafonnier, l'avait mise autour de son cou et avec une grande résolution avait donné un coup de pied envoyant valser le tabouret à plusieurs mètres. Le médecin légiste hésitait sur l'heure exacte de la mort, mais il avait fini par déterminer l'après-midi du 12 avril. Björck avait été retrouvé le 17 avril par Curt Bolinder. Bublanski avait essayé à plusieurs reprises d'entrer en contact avec Björck et il avait fini par s'énerver et envoyer Bolinder le cueillir.

A un moment entre ces deux dates, le crochet au plafond avait lâché sous le poids et le corps s'était écroulé par terre. Bolinder avait vu Björck par une fenêtre et avait donné l'alerte. Bublanski et les autres qui s'étaient rendus sur place avaient dès le début considéré la maison comme le lieu d'un crime et ils avaient cru comprendre que Björck avait été garrotté par quelqu'un. Ensuite, l'équipe technique trouva le crochet du plafond. Jerker Holmberg avait eu pour mission d'établir comment Björck était mort.

— Rien n'indique qu'il y a eu un crime, ni que Björck n'était pas seul à ce moment-là, dit Holmberg.

— Le plafonnier…

— Le plafonnier porte les empreintes digitales du propriétaire de la maison – qui l'a installé il y a deux ans – et de Björck lui-même. Cela indique qu'il a enlevé la lampe.

— D'où provient la corde ?

— Du mât de pavillon derrière la maison. Quelqu'un a coupé plus de deux mètres de corde. Il y avait un couteau posé sur le rebord de fenêtre devant la porte de la terrasse. Selon le propriétaire, le couteau lui appartenait. Il le range en général dans une boîte à outils sous l'évier. Les empreintes de Björck figurent aussi bien sur le manche et la lame que sur la boîte à outils.

— Hmm, fit Sonja Modig.

— C'était quoi comme nœuds ? demanda Curt Bolinder.

— Des nœuds de vache ordinaires. Le nœud coulant proprement dit est une simple boucle. C'est peut-être la seule chose un peu étrange. Björck faisait de la voile et il savait faire de vrais nœuds. Mais allez savoir si un homme qui est sur le point de se suicider se donne la peine de penser aux nœuds.

— Des drogues ?

— D'après le rapport de toxicologie, Björck a des traces d'antalgiques puissants dans le sang. Ce sont des médicaments sur ordonnance que Björck s'était vu prescrire. Il avait également des traces d'alcool mais en quantité minime. Autrement dit, il était pratiquement sobre.

— Le médecin légiste écrit qu'il y avait des égratignures.

— Une de trois centimètres de long sur la face externe du genou gauche. Une éraflure. J'y ai réfléchi, mais elle a pu se produire de dizaines de manières différentes… il a par exemple pu heurter le bord d'une chaise ou un truc semblable.

Sonja Modig leva une photo qui montrait le visage déformé de Björck. Le nœud coulant avait pénétré tellement profondément dans la peau qu'on ne voyait pas la corde proprement dite. Son visage présentait un gonflement grotesque.

— On peut établir qu'il est probablement resté pendu là plusieurs heures, sans doute pas loin de vingt-quatre, avant que le crochet cède. Le sang est concentré d'une part dans la tête, où le nœud coulant l'a empêché de se vider dans le reste du corps, d'autre part dans les extrémités plus basses.

Quand le crochet a cédé, il a heurté le bord de la table à manger avec la cage thoracique. Il y a une contusion profonde. Mais cette lésion s'est produite longtemps après le décès.

— Putain de façon de mourir, dit Curt Bolinder.

— Je n'en suis pas si sûr. La corde était tellement fine qu'elle est entrée profondément dans la peau et a arrêté l'afflux de sang. Il a dû être inconscient au bout de quelques secondes et mort en une minute ou deux.

Bublanski referma l'enquête préliminaire avec une mine dégoûtée. Ceci ne lui plaisait pas du tout. Il n'aimait absolument pas que Zalachenko et Björck semblent avoir trouvé la mort le même jour. L'un abattu par un justicier dément et l'autre de sa propre main. Mais aucune spéculation au monde ne pouvait empêcher le fait que l'examen du lieu du crime ne soutenait en rien la thèse que quelqu'un ait aidé Björck à mourir.

— Il vivait dans une tension énorme, dit Bublanski. Il savait que l'affaire Zalachenko était en train d'être démantelée et que lui-même risquait de se faire coincer pour infraction à la loi sur la rémunération des services sexuels et allait être jeté en pâture aux médias. Il était malade et vivait avec une douleur chronique depuis un certain temps… Je ne sais pas. J'aurais apprécié qu'il ait laissé une lettre ou quelque chose.

— Beaucoup de candidats au suicide n'écrivent jamais de lettre d'adieu.

— Je sais. OK. On n'a pas le choix. Il faut classer Björck.

ERIKA BERGER FUT INCAPABLE DE S'INSTALLER immédiatement sur le fauteuil de Morander dans la cage en verre et de repousser ses objets personnels. Elle s'arrangea avec Gunder Storman pour qu'il parle avec la veuve et lui demande de venir, quand ça lui conviendrait, trier ce qui lui appartenait.

Pour l'instant, elle se contenta de débarrasser un petit espace de travail au milieu de l'océan rédactionnel, où elle posa son ordinateur portable et prit le commandement. Ce fut chaotique. Mais trois heures après qu'elle avait prestement repris le gouvernail de *SMP*, la page éditoriale était mise sous presse. Gunder Storman avait rédigé quatre colonnes sur la vie et l'œuvre de Håkan Morander. La page était construite autour d'un portrait de Morander au centre, son éditorial inachevé à gauche et une série de photos en bas de page. La mise en page était bancale, mais avait une touche émotionnelle qui rendait acceptables les imperfections.

Peu avant 18 heures, Erika parcourait les titres de la une et était en train de discuter des textes avec le chef de la rédaction lorsque Borgsjö arriva et lui toucha l'épaule. Elle leva les yeux.

— Je voudrais te parler.

Ils allèrent ensemble devant la machine à café dans la salle du personnel.

— Je voulais seulement dire que j'ai beaucoup apprécié ta façon de prendre le commandement aujourd'hui. Je crois que tu nous as tous surpris.

— Je n'avais pas une grande liberté de manœuvre. Mais ça sera boiteux jusqu'à ce que j'aie pris le pli.

— Nous en avons conscience.

— Nous ?

— Je veux dire aussi bien le personnel que la direction. En particulier la direction. Mais après les événements d'aujourd'hui, je suis plus que convaincu que tu es la personne dont nous avons besoin. Tu es arrivée ici comme mars en carême et tu as été obligée de prendre les rênes dans une situation très difficile.

Erika rougit presque. Cela ne lui était pas arrivé depuis ses quatorze ans.

— Puis-je te donner un conseil…

— Naturellement.

— J'ai entendu dire qu'il y aurait quelques divergences entre toi et le chef des Actualités, Lukas Holm.

— Nos avis divergeaient sur l'orientation du texte concernant la proposition fiscale du gouvernement. Il avait mis son opinion dans les pages Actualités. On se doit de rester neutre dans l'information pure. Les avis arrivent sur la page éditoriale. Et pendant que j'y suis : j'ai l'intention d'écrire moi-même un édito de temps à autre, mais je ne milite dans aucun parti politique et nous devons résoudre la question de savoir qui tiendra la tête de la rubrique éditoriale.

— Storman peut s'en charger jusqu'à nouvel ordre, dit Borgsjö.

Erika Berger haussa les épaules.

— Ça m'est égal qui vous choisissez. Mais, à priori, il faut quelqu'un qui se porte clairement garant des positions du journal.

— Je vois. Ce que je tenais à dire, c'est que ce serait bien si tu laissais un peu de marge de manœuvre à Holm. Ça fait longtemps qu'il travaille à *SMP* et il est chef des Actualités depuis quinze ans. Il sait ce qu'il fait. Il peut se montrer obtus, mais il est pratiquement indispensable.

— Je le sais. Morander me l'a dit. Mais en ce qui concerne notre politique d'actualités, je crains qu'il doive se mettre dans les rangs. Après tout, vous m'avez engagée pour que je renouvelle le journal.

Borgsjö hocha pensivement la tête.

— Entendu. Nous n'avons qu'à résoudre les problèmes au fur et à mesure qu'ils se poseront.

ANNIKA GIANNINI ÉTAIT à la fois fatiguée et irritée le mercredi soir lorsqu'elle monta dans le X2000 à la gare centrale de Göteborg pour retourner à Stockholm. Elle avait l'impression d'avoir élu domicile dans le train tout ce dernier mois. La famille avait été reléguée au second plan. Elle alla prendre un café dans le wagon-restaurant, puis retourna à sa place et ouvrit le dossier contenant les notes de son dernier entretien avec Lisbeth Salander. Qui elle aussi était la raison de sa fatigue et de son irritation.

Elle occulte des choses, pensa Annika Giannini. Cette petite idiote ne me raconte pas la vérité. Et Micke aussi me cache quelque chose. Dieu seul sait ce qu'ils fabriquent.

Vu que son frère et sa cliente n'avaient pas communiqué entre eux, leurs manœuvres – si toutefois c'en était – devaient être un accord tacite et naturel. Elle ne comprenait pas de quoi il retournait, mais elle se doutait qu'il s'agissait d'une chose que Mikael Blomkvist pensait important de cacher.

Elle craignait qu'il soit question de morale, le point faible de son frère. Il était l'ami de Lisbeth Salander. Annika le connaissait bien et savait qu'il était loyal au-delà des limites de la stupidité à l'égard de ceux qu'une fois pour toutes il avait définis comme ses amis, même si l'ami en question était infernal et se trompait de A à Z. Elle savait aussi que

Mikael était capable d'accepter beaucoup de bêtises mais qu'il existait une frontière à ne pas franchir. Où se situait exactement cette frontière variait d'une personne à une autre, mais elle savait que deux ou trois fois Mikael avait rompu avec des amis proches parce qu'ils avaient agi d'une manière qu'il considérait comme immorale ou inacceptable. Dans de tels cas, il devenait psychorigide. La rupture était totale, définitive et irrévocable. Mikael ne répondait même pas au téléphone, même si la personne en question appelait pour se jeter à genoux et demander pardon.

Annika Giannini comprenait bien ce que Mikael Blomkvist avait à l'esprit. En revanche elle n'avait aucune idée de ce qui se passait dans la tête de Lisbeth Salander. Par moments, elle avait l'impression qu'il y régnait le calme plat.

Mikael lui avait fait comprendre que Lisbeth Salander pouvait être soupe au lait et extrêmement réservée envers son entourage. Jusqu'à ce qu'elle la rencontre, Annika avait cru qu'il s'agirait d'un état passager et que tout était une question de confiance. Mais Annika constata qu'au bout d'un mois de fréquentation – même si les deux premières semaines avaient été perdues parce que Lisbeth Salander était trop faible pour des entretiens –, la conversation était très souvent à sens unique.

Annika avait noté aussi que Lisbeth Salander paraissait par moments plongée dans une profonde dépression et ne manifestait apparemment pas le moindre intérêt pour résoudre sa situation et son avenir. On aurait dit qu'elle ne comprenait tout simplement pas, ou se foutait complètement, que la seule possibilité d'Annika de lui procurer une défense satisfaisante était d'avoir accès aux faits. Elle ne pouvait pas travailler dans le noir.

Lisbeth Salander était butée et renfermée. Elle faisait de longues pauses pour penser et formulait ensuite avec exactitude le peu qu'elle disait. Souvent elle ne répondait pas du tout, et parfois elle répondait subitement à une question qu'Annika avait posée plusieurs jours auparavant. Pendant les interrogatoires de la police, Lisbeth Salander était restée assise dans son lit sans dire un mot, le regard dirigé droit devant elle. A une exception près, elle n'avait pas échangé le moindre mot avec les policiers. L'exception était lorsque l'inspecteur Marcus Ackerman lui avait demandé ce qu'elle savait sur Ronald Niedermann ; elle l'avait alors regardé et avait répondu avec exactitude à ses questions. Dès qu'il avait changé de sujet, elle s'était totalement désintéressée et avait recommencé à regarder droit devant elle.

Annika s'attendait à ce que Lisbeth ne dise rien à la police. Par principe, elle ne parlait pas avec les autorités. Ce qui dans le cas présent était de bonne guerre. Bien qu'Annika ait régulièrement encouragé sa cliente à répondre aux questions de la police, elle était au fond très satisfaite du silence compact de Salander. La raison en était simple. Ce silence était cohérent. On ne pouvait l'accuser d'aucun mensonge ni de raisonnements contradictoires qui feraient mauvais effet au procès.

Mais même préparée à ce silence, Annika fut troublée de le voir aussi immuable. Quand elles furent seules, elle demanda à Lisbeth pourquoi elle refusait avec tant d'ostentation de parler avec la police.

— Ils vont déformer ce que je dis et l'utiliser contre moi.

— Mais si tu ne t'expliques pas, tu seras condamnée.

— Tant pis, je l'accepte. Je n'y suis pour rien dans cette salade. Et s'ils veulent me condamner pour ça, ce n'est pas mon problème.

A Annika, Lisbeth Salander avait lentement raconté presque tout ce qui s'était passé à Stallarholmen, même s'il avait fallu lui tirer les vers du nez. Tout sauf une chose. Elle n'expliqua pas comment Magge Lundin avait pris une balle dans le pied. Annika eut beau demander et supplier, Lisbeth Salander la regarda seulement effrontément et esquissa son sourire de travers.

Elle avait aussi raconté ce qui s'était passé à Gosseberga. Mais sans évoquer pourquoi elle avait traqué son père. Etait-elle allée là-bas pour tuer son père – ce que la procureur sous-entendait – ou bien pour lui faire entendre raison ? D'un point de vue juridique, la différence était de taille.

Lorsque Annika aborda le sujet de son ancien tuteur, l'avocat Nils Bjurman, Lisbeth se fit encore plus laconique. Sa réponse standard était que ce n'était pas elle qui l'avait tué et que cela n'entrait pas non plus dans les accusations contre elle.

Et quand Annika arriva au nœud même de tout le déroulement des événements, le rôle du Dr Peter Teleborian en 1991, Lisbeth se transforma en un mur compact de silence.

Ça ne tiendra pas la route, constata Annika. *Si Lisbeth n'a pas confiance en moi, nous perdrons le procès. Il faut que je parle à Mikael.*

LISBETH SALANDER ÉTAIT ASSISE sur le bord du lit et regardait par la fenêtre. Elle pouvait voir la façade de l'autre côté du parking. Elle était restée immobile et sans être dérangée pendant plus d'une heure depuis qu'Annika Giannini s'était levée et était partie en claquant la porte avec colère. Le mal de tête était revenu, mais bénin et lointain. Par contre, elle se sentait mal à l'aise.

Elle était irritée contre Annika Giannini. D'un point de vue pragmatique, elle pouvait comprendre pourquoi son avocate la tannait pour obtenir des détails de son passé. Rationnellement, elle comprenait pourquoi Annika devait disposer de tous les faits. Mais elle n'avait pas la moindre envie de parler de ses sentiments ou de ses agissements. Elle estimait que sa vie ne regardait qu'elle. Ce n'était pas sa faute si son père était un sadique pathologique et un assassin. Ce n'était pas sa faute si son frère était un véritable boucher. Et, Dieu soit loué, personne ne savait qu'il était son frère, ce qui autrement pèserait très probablement sur ses épaules lors de l'expertise psychiatrique qui lui pendait au nez. Ce n'était pas elle qui avait tué Dag Svensson et Mia Bergman. Ce n'était pas elle qui avait désigné un tuteur qui s'était révélé être un porc qui l'avait violée.

Pourtant c'était sa vie qu'ils allaient décortiquer et c'était à elle qu'on allait réclamer de s'expliquer et demander pardon de s'être défendue.

Elle voulait qu'on la laisse tranquille. Après tout, c'était bien elle qui était obligée de vivre avec elle-même. Elle n'attendait de personne qu'il soit son ami. Cette Foutue Annika Giannini était probablement de son côté, mais c'était une amitié professionnelle, puisqu'elle était son avocate. Foutu Super Blomkvist se trouvait là-dehors quelque part – Annika était peu causante au sujet de son frère et Lisbeth ne posait jamais de questions. Elle ne s'attendait pas à ce qu'il se mette particulièrement en quatre pour elle, maintenant que le meurtre de Dag Svensson était résolu et qu'il tenait son article.

Elle se demandait ce que Dragan Armanskij pensait d'elle après tout ce qui s'était passé.

Elle se demandait comment Holger Palmgren voyait la situation.

D'après Annika Giannini, tous deux s'étaient rangés dans son camp, mais ça, c'étaient des mots. Ils ne pouvaient rien faire pour résoudre ses problèmes personnels.

Elle se demandait ce que Miriam Wu ressentait pour elle.

Elle se demandait ce qu'elle ressentait pour elle-même et elle finit par réaliser que sa vie lui inspirait avant tout de l'indifférence.

Elle fut soudain dérangée par le vigile de Securitas qui glissa la clé dans la serrure et fit entrer le Dr Anders Jonasson.

— Bonsoir, mademoiselle Salander. Comment te sens-tu aujourd'hui ?

— Ça va, répondit-elle.

Il vérifia son dossier et constata qu'elle n'avait plus de fièvre. Elle s'était habituée à ses visites qui avaient lieu deux-trois fois par semaine. De toutes les personnes qui la manipulaient et la touchaient, il était le seul en qui elle ressentait un peu de confiance. A aucun moment elle n'avait eu l'impression qu'il la regardait de travers. Il venait dans sa chambre, bavardait un moment et vérifiait comment allait son corps. Il ne posait pas de questions sur Ronald Niedermann ni sur Alexander Zalachenko, ni sur son éventuelle folie et ne demandait pas pourquoi la police la gardait sous clé. Il semblait uniquement intéressé par l'état de ses muscles, par l'avancement de la guérison de son cerveau et par son état en général. Il la tutoyait depuis le début, elle le tutoyait, ça paraissait normal.

De plus, il avait littéralement farfouillé dans son cerveau. Quelqu'un qui avait fait ça méritait qu'on le traite avec respect. Elle réalisa à sa grande surprise qu'elle trouvait les visites d'Anders Jonasson agréables, même s'il la touchait et qu'il analysait ses courbes de température.

— Je peux vérifier ?

Il procéda à l'examen habituel, regarda ses pupilles, écouta sa respiration, lui prit le pouls et vérifia sa tension.

— Je vais comment ? demanda-t-elle.

— Tu es sur le chemin de la guérison, c'est sûr. Mais tu dois pousser plus côté gym. Et tu te grattes la croûte sur la tête. Il faut que tu arrêtes ça.

Il fit une pause.

— Est-ce que je peux te poser une question personnelle ?

Elle le regarda par en dessous. Il attendit jusqu'à ce qu'elle fasse oui de la tête.

— Ton tatouage là, avec le dragon… je ne l'ai pas vu en entier, mais je constate qu'il est énorme et qu'il couvre une grande partie de ton dos. Pourquoi as-tu fait faire ça ?

— Tu ne l'as pas vu ?

Il sourit soudain.

— Je veux dire que je l'ai aperçu, mais quand tu étais entièrement nue devant moi, j'étais plutôt occupé à arrêter des hémorragies et à te sortir des balles du corps et des trucs comme ça.

— Pourquoi tu demandes ?

— Par pure curiosité.

Lisbeth Salander réfléchit un long moment. Elle finit par le regarder.

— Je l'ai fait faire pour une raison personnelle dont je ne veux pas parler.

Anders Jonasson médita sa réponse, puis il hocha pensivement la tête.

— OK. Désolé d'avoir demandé.

— Tu veux y jeter un coup d'œil ?

Il eut l'air surpris.

— Oui. Pourquoi pas ?

Elle lui tourna le dos et retira sa chemise par la tête. Elle se plaça de telle façon que la lumière de la fenêtre éclaire son dos. Il constata que le dragon couvrait toute une partie du côté droit du dos. Il commençait sur l'omoplate au niveau de l'épaule et se terminait en une queue en bas de la hanche. C'était beau et exécuté par une main professionnelle. C'était un véritable chef-d'œuvre.

Au bout d'un moment, elle tourna la tête.

— Satisfait ?

— Il est beau. Mais ça a dû te faire un mal de chien.

— Oui, reconnut-elle. Ça faisait mal.

ANDERS JONASSON QUITTA LA CHAMBRE de Lisbeth Salander légèrement déconcerté. Il était satisfait de l'avancement de sa rééducation. Mais il n'arrivait pas à comprendre cette fille étrange. On n'avait pas besoin d'un mastère en psychologie pour arriver à la conclusion qu'elle ne se portait pas très bien mentalement. La manière dont elle lui parlait était polie, mais pleine d'une méfiance âpre. Il avait compris qu'elle était polie aussi avec le reste du personnel mais qu'elle se fermait comme une huître quand la police venait. Elle restait derrière sa carapace et marquait sans cesse une distance envers l'entourage.

La police l'avait mise en état d'arrestation et une procureur avait l'intention de la mettre en examen pour tentative de meurtre et coups et blessures aggravés. Il doutait fort qu'une fille aussi petite et frêle de constitution ait eu la force physique indispensable à ce genre d'actes de violence, d'autant plus que les agressions avaient été dirigées contre des hommes adultes.

Il l'avait interrogée sur le dragon avant tout pour parler d'un sujet personnel avec elle. En fait, cela ne l'intéressait pas de savoir pourquoi elle s'était décorée de cette façon exagérée, mais il supposait que si elle avait choisi de marquer son corps avec un tatouage aussi grand, c'est qu'il avait pour elle une importance particulière. Conclusion, c'était un bon sujet pour démarrer une conversation.

Il avait pris l'habitude de venir la voir plusieurs fois par semaine. Les visites se situaient en réalité hors de son emploi du temps et c'était le Dr Helena Endrin qui était son médecin. Mais Anders Jonasson était le chef du service de traumatologie et il était infiniment satisfait de sa propre contribution la nuit où Lisbeth Salander était arrivée aux urgences. Il avait pris la bonne décision en choisissant d'extirper la balle et pour autant qu'il pouvait en juger, elle n'avait pas de séquelles sous forme de trous de mémoire, fonctions corporelles diminuées ou autres handicaps dus à la blessure par balle. Si sa guérison se poursuivait ainsi, elle allait quitter l'hôpital avec une cicatrice au cuir chevelu mais sans aucune complication. Quant à la cicatrice qui s'était formée dans son âme, il ne pouvait rien en dire.

Il retourna à son bureau et vit un homme en veste sombre qui l'attendait appuyé contre le mur à côté de la porte. Ses cheveux étaient en broussaille et il avait une barbe soignée.

— Docteur Jonasson ?

— Oui.

— Bonjour, je m'appelle Peter Teleborian. Je suis médecin-chef à la clinique psychiatrique de Sankt Stefan à Uppsala.

— Oui, je vous reconnais.

— Bien. J'aimerais vous parler en particulier un instant si vous avez le temps.

Anders Jonasson déverrouilla la porte de son bureau.

— Qu'est-ce que je peux faire pour vous ? demanda Anders Jonasson.

— C'est au sujet d'une de vos patientes. Lisbeth Salander. J'ai besoin de la voir.

— Hmm. Dans ce cas, il vous faudra demander l'autorisation de la procureur. Elle est sous mandat d'arrêt avec interdiction de recevoir des visites. Toute visite doit aussi être signalée à l'avance à l'avocate de Salander...

— Oui, oui, je sais tout ça. J'avais pensé qu'on pourrait se dispenser de passer par la bureaucratie. Je suis médecin, vous pouvez donc sans problème me donner accès à elle pour des raisons médicales.

— Oui, ça pourrait peut-être se justifier. Mais j'ai dû mal à saisir le lien.

— Pendant plusieurs années, j'ai été le psychiatre de Lisbeth Salander quand elle était internée à Sankt Stefan à Uppsala. Je l'ai suivie jusqu'à ses dix-huit ans, quand le tribunal d'instance l'a fait sortir dans la société, même si c'était sous tutelle. Je dois peut-être souligner que bien entendu j'y étais opposé. Depuis, on l'a laissée partir à la dérive et on voit le résultat aujourd'hui.

— Je comprends, dit Anders Jonasson.

— Je ressens toujours une grande responsabilité pour elle et j'aimerais avoir la possibilité de faire une estimation de l'aggravation de son état au cours de ces dix dernières années.

— Aggravation ?

— Comparé à quand elle recevait des soins spécialisés dans son adolescence. J'avais pensé qu'on pourrait trouver une solution convenable ici, entre médecins.

— A propos, pendant que j'y pense... Vous allez peut-être pouvoir m'éclairer sur un point que je ne comprends pas tout à fait, je veux dire entre médecins. Quand elle a été admise ici à Sahlgrenska, j'ai fait faire un grand examen médical d'elle. Un collègue à moi a demandé à voir l'enquête médicolégale concernant Lisbeth Salander. Elle était signée d'un Dr Jesper H. Löderman.

— C'est exact. J'étais le directeur de thèse de Jesper pour son doctorat.

— Je comprends. Mais je note que cette enquête médicolégale est terriblement vague.

— Ah bon.

— Elle ne comporte aucun diagnostic et elle ressemble plus à une analyse conventionnelle d'un patient qui refuse de parler.

Peter Teleborian rit.

— Oui, elle n'est pas facile à fréquenter. Comme le montre l'enquête, elle refusait catégoriquement de participer aux entretiens avec Löderman. C'est pour ça qu'il a été obligé de s'exprimer dans des termes vagues. Il a agi tout à fait correctement.

— Je comprends. Mais la recommandation était quand même de l'interner.

— C'est fondé sur son passé. Nous avons une expérience totale de sa maladie qui court sur plusieurs années.

— Oui, c'est ça que j'ai du mal à comprendre. Quand elle a été admise ici, nous avons essayé de faire venir son dossier de Sankt Stefan. Mais nous ne l'avons pas encore obtenu.

— Je suis désolé. Il est classé secret sur décision du tribunal d'instance.

— Je vois. Et comment nous ici à Sahlgrenska pouvons-nous lui donner les soins adéquats si nous n'avons pas accès à son dossier ? Il se trouve que c'est nous à présent qui avons la responsabilité médicale d'elle.

— Je me suis occupé d'elle depuis qu'elle avait douze ans et je ne pense pas qu'un autre médecin en Suède ait la même connaissance de sa maladie que moi.

— Qui est… ?

— Lisbeth Salander souffre d'un grave déséquilibre psychique. Comme vous le savez, la psychiatrie n'est pas une science exacte. Je répugne à me cantonner à un diagnostic précis. Mais elle a des hallucinations manifestes avec des traits schizophrènes paranoïdes très nets. Au tableau, il faut aussi ajouter des périodes maniaco-dépressives, et elle manque d'empathie.

Anders Jonasson scruta le Dr Peter Teleborian pendant dix secondes avant d'écarter les mains.

— Je n'irai pas contester le diagnostic du Dr Teleborian, mais n'avez-vous jamais envisagé un diagnostic bien plus simple ?

— Comment cela ?

— Par exemple le syndrome d'Asperger. D'accord, je n'ai pas fait d'examen psychiatrique d'elle, mais si je devais me prononcer spontanément, j'avancerais une forme d'autisme. Cela expliquerait son incapacité à se conformer aux conventions sociales.

— Je suis désolé, mais les patients souffrant d'Asperger ne mettent pas habituellement le feu à leurs parents. Croyez-moi, je n'ai jamais croisé un sociopathe aussi clairement défini.

— Je vois bien que c'est une personne repliée sur elle-même, mais pas une sociopathe paranoïde.

— Elle est extrêmement manipulatrice, dit Peter Teleborian. Elle se comporte comme elle pense que vous voudriez la voir se comporter.

Anders Jonasson fronça imperceptiblement les sourcils. Peter Teleborian venait tout à coup de contrecarrer son propre jugement de Lisbeth Salander. S'il y avait une chose qu'il ne voyait vraiment pas en elle, c'était bien la manipulation. Au contraire – elle était quelqu'un qui maintenait imperturbablement une distance avec l'entourage et ne montrait aucune émotion. Il essaya de concilier le tableau que dressait Teleborian avec l'idée qu'il s'était faite lui-même de Lisbeth Salander.

— Et vous l'avez vue très peu de temps, depuis que ses blessures la condamnent à l'inaction. Moi, j'ai vu ses crises de violence et sa haine excessive. J'ai consacré de nombreuses années à essayer d'aider Lisbeth Salander. C'est pour ça que je suis ici. Je propose une collaboration entre Sahlgrenska et Sankt Stefan.

— Vous voulez dire quelle sorte de collaboration ?

— Vous vous chargez de ses problèmes physiques et je suis convaincu qu'elle aura les meilleurs soins possible. Mais je suis très inquiet pour son état psychique et j'aimerais intervenir assez vite. Je suis prêt à offrir toute l'aide que je suis en mesure d'apporter.

— Je comprends.

— J'ai besoin de la voir pour juger de son état, premièrement.

— Je comprends. Malheureusement, je ne peux rien pour vous.

— Pardon ?

— Comme je viens de le dire, elle est sous mandat d'arrêt. Si vous voulez commencer un traitement psychiatrique, il faut que vous preniez contact avec la procureur Jervas qui prend les décisions dans ces cas-là, et cela doit se faire en accord avec son avocate Annika Giannini. S'il s'agit d'une expertise de psychiatrie légale, le tribunal d'instance doit vous mandater.

— C'est justement toute cette démarche bureaucratique que je voulais éviter.

— Oui, mais je suis responsable d'elle, et si elle doit passer devant un tribunal dans un avenir proche, il nous faut pouvoir justifier de toutes les mesures que nous avons prises. Il est donc nécessaire de suivre la démarche bureaucratique.

— Je comprends. Alors permettez-moi de vous indiquer que j'ai déjà eu une demande de la part du procureur Richard Ekström à Stockholm pour faire une expertise de psychiatrie légale. Celle-ci aura lieu au moment du procès.

— Tant mieux. Alors vous aurez l'autorisation de visite sans qu'on ait à écorner le règlement.

— Mais pendant qu'on s'occupe de bureaucratie, le risque existe que son état empire. Tout ce qui m'intéresse, c'est sa santé.

— Moi aussi, dit Anders Jonasson. Et entre nous, je peux vous dire que je ne perçois chez elle aucun signe d'une quelconque maladie psychique. Elle est bien amochée et se trouve dans une situation de stress. Mais je ne pense absolument pas qu'elle soit schizophrène ou qu'elle souffre de phobies paranoïdes.

LE DR PETER TELEBORIAN consacra encore un long moment à essayer de faire changer d'avis Anders Jonasson. Lorsqu'il finit par comprendre qu'il perdait son temps, il se leva brusquement et prit congé.

Anders Jonasson resta un long moment à contempler la chaise où Teleborian avait été assis. Ce n'était certes pas inhabituel que d'autres médecins le contactent pour des conseils ou des avis sur un traitement. Mais il s'agissait presque exclusivement de patients ayant déjà un médecin responsable d'une forme de traitement en cours. Il n'avait jamais vu un psychiatre atterrir ainsi comme un ovni et insister pour avoir accès à une patiente en dehors de tout règlement, une patiente qu'il n'avait apparemment pas eue en traitement depuis de nombreuses années. Un moment plus tard, Anders Jonasson consulta sa montre et constata qu'il était bientôt 19 heures. Il prit le téléphone et appela Martina Karlgren, la psychologue de garde que Sahlgrenska proposait aux patients en traumatologie.

— Salut. J'imagine que tu as terminé pour aujourd'hui. Je te dérange ?

— T'inquiète pas. Je suis à la maison et je ne fais rien de spécial.

— Je me pose des questions. Tu as parlé avec notre patiente Lisbeth Salander. Tu peux me dire quelle impression tu en as ?

— Eh bien, je suis allée la voir trois fois pour lui proposer des entretiens. Elle a décliné l'offre gentiment mais fermement.

— Qu'est-ce qu'elle te fait comme impression ?

— Dans quel sens ?

— Martina, je sais que tu n'es pas psychiatre, mais tu es une personne avisée et raisonnable. Qu'est-ce qu'elle t'a fait comme impression ?

Martina Karlgren hésita un instant.

— Je ne sais pas très bien comment répondre. Je l'ai rencontrée deux fois un peu après son arrivée chez nous. Elle était tellement mal en point que je n'ai pas vraiment eu de contact avec elle. Puis je suis allée la voir il y a environ une semaine à la demande de Helena Endrin.

— Pourquoi est-ce que Helena t'a demandé d'aller la voir ?

— Lisbeth Salander est en voie de guérison. La plupart du temps, elle reste allongée sur le dos à fixer le plafond. Endrin voulait que je jette un coup d'œil sur elle.

— Et que s'est-il passé ?

— Je me suis présentée. On a parlé quelques minutes. J'ai demandé comment elle allait et si elle ressentait le besoin d'avoir quelqu'un avec qui parler. Elle a dit que non. J'ai demandé si je pouvais l'aider avec quoi que ce soit. Elle m'a demandé de lui faire passer un paquet de cigarettes.

— Etait-elle irritée ou hostile ?

Martina Karlgren réfléchit un instant.

— Non, je ne peux pas dire ça. Elle était calme, mais gardait une grande distance. J'ai compris sa requête de lui faire passer des cigarettes plus comme une blague qu'une demande sérieuse. J'ai demandé si elle voulait lire quelque chose, si je pouvais lui fournir des livres. Elle n'a pas voulu tout d'abord, mais ensuite elle a demandé si j'avais des revues scientifiques qui traitaient de génétique et de recherche sur le cerveau.

— De quoi ?

— De génétique.

— Génétique ?

— Oui. J'ai dit qu'il y avait quelques livres de vulgarisation sur le sujet dans notre bibliothèque. Ça ne l'intéressait pas. Elle a dit qu'elle avait déjà lu des livres sur ce sujet et elle a mentionné quelques œuvres standard dont je n'avais jamais entendu parler. C'était donc plus de la recherche scientifique dans la matière qui l'intéressait.

— Ah bon ? dit Anders Jonasson, stupéfait.

— J'ai dit qu'il n'y avait sans doute pas de livres aussi pointus dans la bibliothèque de l'hôpital – on a plus de Philip Marlowe que de littérature scientifique – mais que j'allais voir si je pouvais lui dénicher quelque chose.

— Et tu l'as fait ?

— Je suis allée emprunter quelques exemplaires de *Nature* et du *New England Journal of Medicine*. Elle a été satisfaite et m'a remerciée de la peine.

— Mais ce sont des revues passablement pointues qui contiennent surtout des articles scientifiques et de la recherche pure.

— Elle les lit avec grand intérêt.

Anders Jonasson resta sans voix un bref instant.

— Comment est-ce que tu juges son état psychique ?

— Elle est renfermée. Elle n'a pas discuté quoi que ce soit de personnel avec moi.

— Est-ce que tu as l'impression qu'elle est psychiquement malade, maniacodépressive ou paranoïde ?

— Non, pas du tout. Dans ce cas-là, j'aurais donné l'alerte. Elle est particulière, c'est vrai, elle a de gros problèmes et elle se trouve en état de stress. Mais elle est calme et objective et semble capable de gérer sa situation.

— Très bien.

— Pourquoi tu demandes ça ? Il s'est passé quelque chose ?

— Non, il ne s'est rien passé. Simplement, je n'arrive pas à la cerner.

10

SAMEDI 7 MAI – JEUDI 12 MAI

MIKAEL BLOMKVIST POSA LE DOSSIER contenant les résultats de la recherche que lui avait envoyée le free-lance Daniel Olofsson à Göteborg. Il regarda pensivement par la fenêtre et contempla le flot de passants dans Götgatan. Il appréciait toujours l'emplacement de son bureau. Götgatan était pleine de vie à toute heure du jour et de la nuit, et quand il était assis devant la fenêtre, il ne se sentait jamais vraiment seul ou isolé.

Il était stressé, bien qu'il n'ait rien d'urgent en cours. Il s'était obstiné à continuer à travailler sur les textes avec lesquels il avait l'intention de constituer le numéro d'été de *Millénium*, mais avait fini par se rendre compte que son matériel était si vaste que même un numéro thématique n'y suffirait pas. Confronté à la même situation que pour l'affaire Wennerström, il avait décidé de publier ses textes sous forme de livre. Il avait déjà assez de matériel pour plus de cent cinquante pages et il comptait trois cents à trois cent cinquante pages pour tout l'ouvrage.

La partie simple était finie. Il avait décrit les meurtres de Dag Svensson et Mia Bergman, et raconté comment il en était venu à être celui qui avait trouvé leurs corps. Il avait expliqué pourquoi Lisbeth Salander avait été soupçonnée. Il utilisait un chapitre entier de trente-sept pages pour descendre en flèche d'une part tout ce que les médias avaient écrit sur Lisbeth Salander, d'autre part le procureur Richard Ekström et indirectement toute l'enquête de police. Après mûre réflexion, il avait adouci sa critique envers Bublanski et ses collègues. Il en était arrivé là après avoir visionné une vidéo de la conférence de presse d'Ekström, qui révélait de façon évidente que Bublanski était extrêmement mal à l'aise et manifestement mécontent des conclusions hâtives d'Ekström.

Après les événements dramatiques du début, il faisait un retour en arrière pour décrire l'arrivée de Zalachenko en Suède, la jeunesse de Lisbeth Salander et les événements qui l'avaient menée derrière les barreaux de Sankt Stefan à Uppsala. Il prenait un soin tout particulier à totalement démolir le Dr Peter Teleborian et feu Gunnar Björck. Il présentait l'expertise de psychiatrie légale de 1991 et expliquait pourquoi Lisbeth Salander était devenue une menace pour des fonctionnaires d'Etat anonymes qui s'étaient donné pour mission de protéger le transfuge russe. Il reproduisait de grandes parties de la correspondance entre Teleborian et Björck.

Il révélait la nouvelle identité de Zalachenko et son champ d'activité comme gangster à plein temps. Il décrivait son assistant Ronald Niedermann, l'enlèvement de Miriam Wu et l'intervention de Paolo Roberto. Pour finir, il faisait le résumé du dénouement à Gosseberga, où Lisbeth Salander avait été enterrée vivante après avoir pris une balle dans la tête, et il expliquait pourquoi un policier avait été inutilement tué alors que Niedermann était déjà capturé.

Ensuite, son histoire n'avait plus été aussi facile à développer. Le problème de Mikael était qu'elle comportait encore beaucoup de trous. Gunnar Björck n'avait pas agi seul. Derrière les éléments il y avait forcément un groupe important, influent et disposant de ressources. Sinon, ç'aurait été impossible. Il avait surtout conclu que la manière dont on avait traité Lisbeth Salander en niant tout droit élémentaire n'avait pu être agréée par le gouvernement ou par la direction de la Säpo. Ce n'était pas une confiance absolue dans le pouvoir de l'Etat qui l'amenait à cette conclusion, mais sa foi dans la nature humaine. Jamais une opération de cette envergure n'aurait pu être gardée secrète s'il y avait eu un ancrage politique. Quelqu'un aurait eu des comptes à régler avec quelqu'un d'autre et aurait parlé, et les médias auraient fourré leur nez dans l'affaire Zalachenko bien des années auparavant.

Il se représentait le club Zalachenko comme un petit groupe d'activistes anonymes. Le problème, c'était qu'il était incapable de les identifier, sauf peut-être Göran Mårtensson, quarante ans, policier en mission secrète qui passait son temps à suivre Mikael Blomkvist.

L'idée était que le livre soit imprimé et prêt à être distribué le jour où le procès de Lisbeth Salander commencerait. Avec Christer Malm, il projetait une édition poche cellophanée, jointe en supplément au numéro d'été de *Millénium*, dont on augmenterait le prix. Il avait réparti les tâches entre Henry Cortez et Malou Eriksson qui devaient concocter des textes sur l'histoire de la Säpo, sur l'affaire de l'IB, ce service de renseignements militaires secret dont l'existence avait été révélée en 1973 par ses deux collègues du magazine *Folket i Bild/Kulturfront*, et quelques cas semblables.

Car il était maintenant sûr qu'un procès contre Lisbeth Salander allait être ouvert.

Le procureur Richard Ekström l'avait mise en examen pour coups et blessures aggravés dans le cas de Magge Lundin et coups et blessures aggravés assortis de tentative d'homicide dans le cas de Karl Axel Bodin, alias Alexander Zalachenko.

Aucune date n'était encore fixée pour le procès, mais Mikael avait saisi au vol des propos de quelques collègues. Apparemment Ekström prévoyait un procès en juillet, le tout dépendant de l'état de santé de Lisbeth Salander. Mikael comprit l'intention. Un procès au milieu de l'été attirait toujours moins l'attention qu'un procès à d'autres époques de l'année.

Il plissa le front et regarda par la fenêtre de son bureau à la rédaction de *Millénium*.

Ce n'est pas fini. La conspiration contre Lisbeth continue. C'est la seule façon d'expliquer les téléphones sur table d'écoute, l'agression d'Annika et le vol du rapport Salander de 1991. Et peut-être l'assassinat de Zalachenko.

Sauf qu'il n'avait pas de preuves.

En accord avec Malou Eriksson et Christer Malm, Mikael avait décidé que les éditions *Millénium* allaient aussi publier le livre de Dag Svensson sur le trafic de femmes en vue du procès. Il valait mieux présenter tout le paquet en une seule fois, et il n'y avait aucune raison d'attendre pour le publier. Au contraire – à aucun autre moment le livre ne pourrait éveiller autant d'intérêt. Malou avait la responsabilité de la rédaction finale du livre de Dag Svensson tandis que Henry

Cortez assistait Mikael dans son écriture du livre sur l'affaire Salander. Lottie Karim et Christer Malm (contre son gré) étaient ainsi devenus secrétaires de rédaction temporaires à *Millénium*, avec Monika Nilsson comme seule journaliste disponible. Le résultat de cette charge de travail supplémentaire était que toute la rédaction de *Millénium* était sur les rotules et que Malou Eriksson avait engagé plusieurs pigistes pour produire des textes. Ça allait coûter, mais ils n'avaient pas le choix.

Mikael nota sur un Post-it qu'il devait régler le problème des droits d'auteur sur son livre avec la famille de Dag Svensson. Renseignement pris, il savait que les parents de Dag habitaient à Örebro et qu'ils étaient les seuls héritiers. En principe, il n'avait pas besoin d'autorisation pour publier le livre sous le nom de Dag Svensson, mais il avait quand même l'intention de se rendre à Örebro et de les voir personnellement pour obtenir leur aval. Il avait sans cesse repoussé la chose parce qu'il avait été trop occupé, mais il était maintenant grand temps de régler ce détail.

NE RESTAIENT ENSUITE que des dizaines d'autres détails ! Certains concernaient la façon d'aborder Lisbeth Salander dans les textes. Pour déterminer cela une fois pour toutes, il serait obligé d'avoir une conversation en privé avec elle, et d'obtenir son autorisation de dire la vérité, ou au moins partiellement la vérité. Et cette conversation privée était impossible à avoir puisque Lisbeth Salander était sous mandat d'arrêt avec interdiction de visites.

De ce point de vue, Annika Giannini ne pouvait lui apporter aucune aide. Elle suivait scrupuleusement le règlement en vigueur et n'avait pas l'intention de transmettre des messages secrets pour le compte de Mikael Blomkvist. Annika ne racontait pas non plus de quoi elle et sa cliente parlaient, à part les épisodes touchant à la machination contre elle et où Annika avait besoin d'aide. C'était frustrant mais correct. Mikael ignorait donc totalement si Lisbeth avait révélé à Annika que son ancien tuteur l'avait violée et qu'elle s'était vengée en tatouant un message retentissant sur son ventre. Tant qu'Annika n'évoquait pas le sujet, Mikael ne pouvait pas le faire non plus.

L'isolement de Lisbeth Salander constituait avant tout un véritable casse-tête. Elle était experte en informatique et hacker, ce que Mikael savait mais pas Annika. Mikael avait promis à Lisbeth de ne jamais trahir son secret et il avait tenu sa promesse. Le problème était qu'en ce moment, il avait lui-même grandement besoin de ses compétences en la matière.

Il lui fallait par conséquent établir le contact avec Lisbeth Salander d'une façon ou d'une autre.

Il soupira et rouvrit le dossier de Daniel Olofsson, et en sortit deux feuilles. L'une était un extrait du registre des passeports au nom d'Idris Ghidi, né en 1950. C'était un homme à moustache, teint basané et cheveux noirs grisonnant aux tempes.

L'autre document était le résumé que Daniel Olofsson avait fait du passé d'Idris Ghidi.

Ghidi était un réfugié kurde venu d'Irak. Daniel Olofsson avait sorti davantage de données décisives sur Idris Ghidi que sur aucun autre employé. L'explication de ce déséquilibre était que, pendant quelque temps, Idris Ghidi avait connu une certaine notoriété médiatique et qu'il figurait dans les archives des médias.

Né dans la ville de Mossoul dans le Nord de l'Irak, Idris Ghidi avait suivi une formation d'ingénieur et avait pris part au grand bond économique dans les années 1970. En 1984, il avait commencé à travailler comme professeur au lycée technique de Mossoul. Il n'était connu pour aucune activité politique. Malheureusement il était kurde et par définition un criminel potentiel dans l'Irak de Saddam Hussein. En octobre 1987, le père d'Idris Ghidi fut arrêté, soupçonné d'activisme kurde. Aucune indication n'était donnée sur la nature de son crime. Il fut exécuté comme traître à la patrie, probablement en janvier 1988. Deux mois plus tard, la police secrète irakienne vint chercher Idris Ghidi alors qu'il venait de commencer un cours sur la résistance des matériaux appliquée à la construction des ponts. On l'amena dans une prison à l'extérieur de Mossoul où il fut soumis à une torture poussée pendant onze mois dans le but de le faire avouer. Idris Ghidi ne comprenait pas exactement ce qu'il était censé avouer et la torture se poursuivit donc.

En mars 1989, un oncle d'Idris Ghidi paya une somme équivalant à 50 000 couronnes suédoises au chef local du parti Baas, ce qui était sans doute considéré comme une compensation suffisante pour les dégâts qu'Idris Ghidi avait causés à l'Etat irakien. Deux jours plus tard, il fut libéré et confié à son oncle. A sa libération il pesait trente-neuf kilos et il était incapable de marcher. Avant de le libérer, on lui avait brisé la hanche gauche à coups de masse, histoire de l'empêcher d'aller vadrouiller et faire des bêtises à l'avenir.

Idris Ghidi resta entre la vie et la mort pendant plusieurs semaines. Lorsqu'il finit par aller un peu mieux, son oncle le déplaça dans une ferme à six cents kilomètres de Mossoul. Il puisa des forces nouvelles pendant l'été et devint assez solide pour réapprendre à marcher à peu près correctement avec des béquilles. Il savait très bien qu'il ne serait jamais complètement rétabli. La question se posait de ce qu'il allait faire à l'avenir. En août, ses deux frères furent arrêtés par la police secrète. Plus jamais il n'allait les revoir. Ils devaient être enterrés quelque part dans les faubourgs de Mossoul. En septembre, son oncle apprit que la police secrète de Saddam Hussein recherchait de nouveau Idris Ghidi. Il prit alors la décision de s'adresser à un passeur anonyme qui, contre une somme équivalant à 30 000 couronnes, fit franchir la frontière turque à Idris Ghidi et, à l'aide d'un faux passeport, l'amena en Europe.

Idris Ghidi atterrit à Arlanda à Stockholm le 19 octobre 1989. Il ne connaissait pas un mot de suédois, mais on lui avait expliqué qu'il devait se présenter à la police des frontières et immédiatement demander l'asile politique, ce qu'il fit dans un anglais sommaire. Il fut transféré dans un centre pour réfugiés à Upplands-Väsby, où il passa les deux années suivantes, jusqu'à ce que le ministère de l'Immigration décide qu'Idris Ghidi n'avait pas de raisons assez solides pour obtenir un permis de séjour en Suède.

A ce stade, Ghidi avait appris le suédois et reçu une aide médicale pour sa hanche écrasée. Il avait subi deux opérations et pouvait se déplacer sans cannes. Entre-temps, il y avait eu le non des habitants de Sjöbo aux immigrés, des centres de réfugiés avaient été la cible d'attentats et Bert Karlsson avait fondé le parti Nouvelle démocratie.

La raison précise pour laquelle Idris Ghidi figurait dans les archives des médias était qu'à la dernière minute, il avait eu un nouvel avocat qui avait interpellé les médias pour expliquer sa situation. D'autres Kurdes en Suède se mobilisèrent pour Idris Ghidi, parmi lesquels des membres de la combative famille Baksi. Il y eut des réunions de protestation et des pétitions furent envoyées à la ministre de l'Immigration, Birgit Friggebo. La médiatisation fut telle que le ministère de l'Immigration modifia sa décision. Ghidi obtint un permis de séjour et de travail dans le royaume suédois. En janvier 1992, il quitta le centre de réfugiés d'Upplands-Väsby en homme libre.

A sa sortie du centre de réfugiés, une nouvelle procédure débutait pour Idris Ghidi. Il fallait qu'il trouve un travail alors qu'il suivait encore une thérapie pour sa hanche détruite. Idris Ghidi allait vite découvrir que le fait d'avoir une solide formation d'ingénieur en bâtiment avec plusieurs années d'expérience et des diplômes valides ne voulait absolument rien dire. Durant les années qui suivirent, il travailla comme distributeur de journaux, plongeur, agent de nettoyage et chauffeur de taxi. Il fut obligé de démissionner de son boulot de distributeur de journaux. Il ne pouvait tout simplement pas grimper les escaliers au rythme exigé. Il aimait bien le travail comme chauffeur de taxi, mais il y avait deux problèmes. Il n'avait pas la moindre connaissance du réseau routier local dans le département de Stockholm et il ne pouvait pas rester immobile plus d'une heure d'affilée sans que la douleur dans sa hanche devienne intolérable.

En mai 1998, Idris Ghidi déménagea à Göteborg. Un parent éloigné l'avait pris en pitié et lui proposait un emploi fixe dans une entreprise de nettoyage. Idris Ghidi était incapable d'occuper un poste à plein temps et on lui donna un mi-temps comme chef d'une équipe d'agents de surface à l'hôpital Sahlgrenska, qui sous-traitait avec l'entreprise. Il avait un travail facile et méthodique qui consistait à laver par terre dans un certain nombre de services, dont le 11C, six jours par semaine.

Mikael Blomkvist lut le résumé de Daniel Olofsson et examina le portrait d'Idris Ghidi dans le fichier des passeports. Ensuite il ouvrit le site des archives des médias et sélectionna plusieurs des articles qui avaient servi de base au résumé d'Olofsson. Il lut attentivement et réfléchit ensuite un long moment. Il alluma une cigarette. L'interdiction de fumer à la rédaction avait rapidement été supprimée après le départ d'Erika Berger. Henry Cortez avait même laissé un cendrier sur son bureau, au vu et au su de tous.

Pour finir, Mikael prit la feuille A4 que Daniel Olofsson avait produite sur Anders Jonasson. Il lut le texte, le front creusé de plis profonds.

MIKAEL BLOMKVIST NE VOYAIT PAS la voiture avec l'immatriculation K A B et n'avait pas le sentiment d'être surveillé, mais il préféra ne rien laisser au hasard le lundi lorsqu'il se rendit de la librairie universitaire à l'entrée secondaire du grand magasin NK pour ressortir aussitôt par l'entrée principale. Pour arriver à maintenir la surveillance de quelqu'un à l'intérieur d'un grand magasin, il faudrait être un surhomme. Il coupa ses deux téléphones portables et se rendit à la place Gustaf Adolf à pied, en empruntant la galerie marchande, passa devant l'hôtel du Parlement et entra dans la vieille ville. Pour autant qu'il pouvait en juger, personne ne le suivait. Il fit des détours par de petites rues jusqu'à ce qu'il arrive à la bonne adresse et frappa à la porte des éditions Svartvitt.

Il était 14 h 30. Mikael n'avait pas prévenu de sa visite, mais le rédacteur Kurdo Baksi y était et son visage s'illumina quand il aperçut Mikael Blomkvist.

— Tiens, salut, dit Kurdo Baksi cordialement. Pourquoi tu ne viens plus jamais nous voir ?

— Je suis là maintenant, dit Mikael.

— Oui, mais ça doit faire au moins trois ans depuis la dernière fois.

Ils se serrèrent la main.

Mikael Blomkvist connaissait Kurdo Baksi depuis les années 1980. Mikael avait été de ceux qui avaient aidé Kurdo Baksi quand il avait lancé *Svartvitt* et qu'ils l'imprimaient encore en fraude la nuit à la Fédération des syndicats. Kurdo s'y était fait prendre sur le fait par Per-Erik Åström, le futur chasseur de pédophiles de *Rädda Barnen*. Une nuit, Åström était entré dans la salle d'imprimerie de la Fédération et y avait trouvé des piles de pages du premier numéro de *Svartvitt* et un Kurdo Baksi mal à l'aise dans ses baskets. Åström avait regardé l'épouvantable mise en pages de la une et dit que c'était pas une putain de façon de faire un journal, ça. Ensuite, il avait dessiné le logo qui allait figurer en tête du journal *Svartvitt* pendant quinze ans, jusqu'à ce que la revue soit enterrée et que les éditions Svartvitt prennent la relève. A cette époque, Mikael terminait une détestable période de responsable des actualités à la Fédération – son seul et unique passage dans la branche des actualités. Per-Erik Åström l'avait persuadé de corriger les épreuves de *Svartvitt* et de donner un coup de main pour rédiger les textes. Depuis cette époque, Kurdo Baksi et Mikael Blomkvist étaient amis.

Mikael Blomkvist s'installa sur un canapé pendant que Kurdo Baksi allait chercher du café à la machine dans le couloir. Ils bavardèrent un moment comme on le fait quand on ne s'est pas vu depuis quelque temps, mais ils étaient sans arrêt interrompus par la sonnerie du portable de Kurdo. Il menait de brèves conversations en kurde ou peut-être en turc ou en arabe ou dans Dieu sait quelle autre langue que Mikael ne comprenait pas. Chaque fois que Mikael était venu aux éditions Svartvitt, ç'avait été la même chose. Les gens appelaient du monde entier pour parler à Kurdo.

— Mon cher Mikael, tu as l'air soucieux. Qu'est-ce qui t'amène ? finit par dire Kurdo Baksi.

— Est-ce que tu peux couper ton portable cinq minutes pour qu'on puisse parler en paix ?

Kurdo coupa son portable.

— Voilà… j'ai besoin d'un service. Un service de taille et qui de plus doit se faire tout de suite et ne doit pas être discuté hors de cette pièce.

— Raconte.

— En 1989, un réfugié kurde du nom d'Idris Ghidi est arrivé d'Irak en Suède. Quand il a été menacé d'expulsion, ta famille l'a aidé, et grâce à ça il a fini par obtenir un permis de séjour. Je ne sais pas si c'est ton père ou quelqu'un d'autre de la famille qui l'avait aidé.

— C'est mon oncle, Mahmut Baksi, qui a aidé Idris Ghidi. Je connais Idris. Qu'est-ce qu'il a ?

— Il travaille en ce moment à Göteborg. J'ai besoin de son aide pour un boulot simple. Je le paierai.

— C'est quoi comme boulot ?

— Est-ce que tu me fais confiance, Kurdo ?

— Evidemment. On a toujours été amis.

— Le boulot en question est particulier. Très particulier. Je ne veux pas raconter en quoi il consiste, mais je t'assure qu'en aucune manière ce n'est illégal et ça ne créera aucun problème à toi ni à Idris Ghidi.

Kurdo Baksi regarda attentivement Mikael Blomkvist.

— Je comprends. Et tu ne veux pas dire de quoi il s'agit.

— Moins tu en sais, mieux ça vaut. Mais j'ai besoin que tu me recommandes à Idris pour qu'il veuille bien écouter ce que j'ai à lui dire.

Kurdo réfléchit un petit moment. Puis il se dirigea vers son bureau et ouvrit un carnet. Il chercha quelques instants avant de trouver le numéro de téléphone d'Idris Ghidi. Puis il leva le combiné. La conversation fut menée en kurde. Mikael comprit à l'expression de Kurdo qu'elle débutait par des phrases rituelles de politesse et d'entrée en matière. Puis il devint sérieux et expliqua ce qu'il voulait. Au bout d'un moment, il se tourna vers Mikael.

— Quand est-ce que tu veux le rencontrer ?

— Vendredi après-midi, si c'est possible. Demande si je peux le voir chez lui.

Kurdo continua à parler un court moment avant de terminer la conversation.

— Idris Ghidi habite à Angered, dit Kurdo Baksi. Tu as son adresse ?

Mikael fit oui de la tête.

— Il t'attendra chez lui à 17 heures vendredi.

— Merci, Kurdo, dit Mikael.

— Il travaille à l'hôpital Sahlgrenska, comme agent de surface, dit Kurdo Baksi.

— Je sais, dit Mikael.

— Je n'ai pas pu éviter de lire dans les journaux que tu es mêlé à cette histoire Salander.

— C'est exact.

— On lui a tiré dessus.

— C'est ça.

— Il me semble bien qu'elle se trouve à Sahlgrenska justement.

— Exact, ça aussi.

Kurdo Baksi non plus n'était pas né de la dernière pluie.

Il comprit que Blomkvist était en train de manigancer quelque chose de louche, c'était sa spécialité. Il connaissait Mikael depuis les années 1980. Ils n'avaient jamais été des amis très proches, mais Mikael avait toujours répondu présent

240

quand Kurdo avait demandé un service. Ces dernières années, il leur était arrivé de prendre une bière ou deux
ensemble quand ils se croisaient dans une fête ou un bar.

— Est-ce que je vais être mêlé à quelque chose que je
devrais connaître ? demanda Kurdo.

— Tu ne seras mêlé à rien. Ton rôle s'est résumé à me
rendre le service de me présenter à l'une de tes connaissances. Et je répète… ce que je vais demander à Idris Ghidi
de faire n'est pas illégal.

Kurdo hocha la tête. Cette assurance lui suffisait. Mikael
se leva.

— Je te dois un service.

— Un coup toi, un coup moi, on se doit toujours des services, dit Kurdo Baksi.

HENRY CORTEZ POSA LE COMBINÉ du téléphone et tambourina
avec les doigts contre le bord de son bureau si bruyamment
que Monika Nilsson leva un sourcil irrité et lui lança un
regard noir. Elle constata qu'il était profondément plongé
dans ses pensées. Elle se sentait irritée contre tout et rien, et
décida de ne pas laisser Henry en pâtir.

Monika Nilsson savait que Blomkvist menait des messes
basses avec Cortez, Malou Eriksson et Christer Malm autour
de l'histoire Salander, alors qu'on attendait d'elle et de Lottie
Karim qu'elles fassent le gros du boulot pour le prochain
numéro d'un journal qui n'avait pas de véritable direction
depuis le départ d'Erika Berger. Il n'y avait rien à redire sur
Malou, mais elle n'avait pas d'expérience et pas le poids
qu'avait eu Erika Berger. Et Cortez n'était qu'un gamin.

L'irritation de Monika Nilsson ne venait pas de ce qu'elle
se sentait mise à l'écart ou aurait voulu leur poste – c'était
bien la dernière chose qu'elle voulait. Son travail consistait
à surveiller le gouvernement, le Parlement et les administrations pour le compte de *Millénium*. Ce boulot lui plaisait et
elle en connaissait toutes les ficelles. Elle était aussi pas mal
occupée par d'autres tâches, comme écrire une colonne
dans un journal syndical toutes les semaines et un boulot
bénévole pour Amnesty International, entre autres. C'était
inconciliable avec un poste de rédactrice en chef de *Millénium* qui la ferait travailler au moins douze heures par jour
et sacrifier les week-ends et les jours fériés.

Mais elle avait l'impression que quelque chose avait changé à *Millénium*. Elle ne reconnaissait plus le journal. Et elle n'arrivait pas à mettre le doigt sur ce qui n'allait pas.

Comme d'habitude, Mikael Blomkvist était irresponsable et disparaissait pour ses voyages mystérieux, et il allait et venait à sa guise. Certes, il était copropriétaire de *Millénium* et il avait le droit de décider lui-même de ce qu'il voulait faire, mais on pouvait quand même exiger un minimum de responsabilité.

Christer Malm était l'autre copropriétaire restant mais il ne l'aidait guère plus que lorsqu'il était en vacances. Il était sans aucun doute très doué et il avait déjà pris la relève comme rédacteur en chef quand Erika était en congé ou occupée ailleurs, mais globalement il ne faisait qu'arranger ce que d'autres avaient déjà décidé. Il était brillant pour tout ce qui concernait la création graphique et les mises en pages, mais il était totalement arriéré quand il s'agissait de planifier un journal.

Monika Nilsson fronça les sourcils.

Non, elle était injuste. Ce qui l'irritait était que quelque chose s'était passé à la rédaction. Mikael travaillait avec Malou et Henry, et tous les autres en étaient exclus en quelque sorte. Ils avaient formé un cercle intérieur et s'enfermaient dans le bureau d'Erika… de Malou, et en sortaient sans dire un mot. Sous la direction d'Erika, tout avait été collectif. Monika ne comprenait pas ce qui s'était passé, mais elle comprenait qu'elle était tenue à l'écart.

Mikael bossait sur l'histoire Salander et ne laissait pas échapper le moindre mot là-dessus. Mais ça n'avait rien d'inhabituel. Il n'avait rien révélé de l'histoire Wennerström non plus – Erika elle-même n'en avait rien su – mais cette fois-ci, il avait Henry et Malou comme confidents.

Bref, Monika était irritée. Elle avait besoin de prendre des vacances. Elle avait besoin de prendre des distances. Elle vit Henry Cortez enfiler sa veste en velours côtelé.

— Je vais faire un tour, dit-il. Tu peux dire à Malou que je serai absent pendant deux heures ?

— Qu'est-ce qu'il se passe ?

— Je crois que j'ai peut-être déniché un truc. Un super-scoop. Sur des cuvettes de W.-C. Il me faut vérifier quelques petits trucs, mais si tout colle, on aura un chouette texte pour le numéro de juin.

— Des cuvettes de W.-C. ? s'étonna Monika Nilsson en le regardant partir.

ERIKA BERGER SERRA LES DENTS et posa lentement le texte sur le procès à venir de Lisbeth Salander. Il n'était pas long, deux colonnes, destiné à la page 5 avec les actualités nationales. Elle contempla le manuscrit pendant une minute en faisant la moue. Il était 15 h 30, on était jeudi. Ça faisait douze jours qu'elle travaillait à *SMP*. Elle prit le téléphone et appela le chef des Actualités, Lukas Holm.

— Salut. C'est Berger. Est-ce que tu pourrais trouver le journaliste Johannes Frisk et me l'amener immédiatement dans mon bureau, s'il te plaît ?

Elle raccrocha et attendit patiemment jusqu'à ce que Holm arrive dans la cage en verre, Johannes Frisk sur ses pas. Erika regarda sa montre.

— Vingt-deux, dit-elle.

— Quoi ? dit Holm.

— Vingt-deux minutes. Il t'a fallu vingt-deux minutes pour te lever de ta table de travail, faire les quinze mètres qui te séparent du bureau de Johannes Frisk et daigner venir ici.

— Tu n'as pas dit que c'était urgent. Je suis relativement pris.

— Je n'ai pas dit que c'était urgent. Je t'ai dit que tu devais trouver Johannes Frisk et venir dans mon bureau. J'ai dit immédiatement et ça voulait dire immédiatement, pas ce soir ou la semaine prochaine ou quand ça te plairait de lever le cul de ta chaise.

— Dis donc, je trouve que…

— Ferme la porte.

Elle attendit que Lukas Holm ait tiré la porte derrière lui. Erika l'observa en silence. Il était sans conteste un chef des Actualités particulièrement compétent, dont le rôle consistait à veiller à ce que les pages de *SMP* soient chaque jour remplies de bons textes, compréhensibles et présentés dans l'ordre et sur l'espace qui avaient été déterminés lors de la conférence du matin. Lukas Holm jonglait effectivement avec un nombre colossal de tâches tous les jours. Et il le faisait sans perdre aucune balle.

Le problème était qu'il ignorait systématiquement les décisions qu'Erika Berger prenait. Pendant près de deux semaines, elle avait essayé de trouver une formule pour arriver à travailler avec lui. Elle avait argumenté aimablement, tenté des ordres directs, l'avait encouragé à penser autrement et globalement elle avait tout fait pour qu'il comprenne comment elle concevait le journal.

Rien n'avait marché.

Le texte qu'elle rejetait dans l'après-midi figurait malgré tout dans le journal à un moment donné le soir quand elle était rentrée chez elle. *On a abandonné un texte et on s'est retrouvé avec un trou qu'il fallait absolument remplir*, disait-il.

Le titre qu'Erika avait décidé qu'ils utiliseraient était soudain rejeté et remplacé par tout autre chose. Ce n'était pas toujours un mauvais choix, mais ça se faisait sans qu'elle soit consultée. Ça se faisait même de façon ostentatoire et provocatrice.

Il s'agissait toujours de broutilles. La conférence de rédaction prévue pour 14 heures était soudain avancée à 13 h 50 sans qu'elle en soit informée, et la plupart des décisions avaient déjà été prises quand elle finissait par arriver. *Oh, excuse-moi… j'ai complètement oublié de te le dire.*

Erika Berger avait le plus grand mal à comprendre pourquoi Lukas Holm avait adopté cette attitude vis-à-vis d'elle, mais elle constatait que les entretiens cordiaux et les réprimandes en douceur ne fonctionnaient pas. Jusque-là, elle avait préféré ne pas discuter le problème en présence d'autres collaborateurs de la rédaction, et elle avait essayé de limiter son agacement aux entretiens personnels et confidentiels. Ça n'avait donné aucun résultat et c'est pourquoi l'heure était venue de s'exprimer plus clairement, cette fois-ci en présence du collaborateur Johannes Frisk, gage que le contenu de l'entretien serait diffusé à toute la rédaction.

— La première chose que j'ai faite en commençant ici était de dire que je porte un intérêt particulier à tout ce qui touche à Lisbeth Salander. J'ai expliqué que je voulais être informée de tous les articles prévus et que je voulais regarder et approuver tout ce qui était destiné à la publication. Je t'ai rappelé ceci au moins une douzaine de fois, la dernière étant à la conférence de rédaction vendredi dernier. Qu'est-ce qu'il y a dans ces instructions que tu ne comprends pas ?

— Tous les textes prévus ou en fabrication se trouvent dans les menus journaliers sur l'Intranet. Ils sont systématiquement envoyés à ton ordinateur. Tu es informée en permanence.

— Foutaises. Quand j'ai reçu SMP dans ma boîte aux lettres ce matin, nous avions un trois-colonnes sur Salander et l'évolution de l'affaire de Stallarholmen au meilleur emplacement des actualités.

— C'est le texte de Margareta Orring. Elle est pigiste et elle n'a donné son texte que vers 19 heures hier.

— Margareta Orring a appelé pour proposer son article à 11 heures hier. Tu as validé et tu lui as confié la tâche vers 11 h 30. Tu n'en as pas soufflé mot à la réunion de 14 heures.

— Ça figure dans le menu du jour.

— Ah bon, voici ce que dit le menu du jour : "Margareta Orring, interview avec la procureur Martina Fransson. Cf. saisie de stupéfiants à Södertälje."

— Le sujet de base était une interview de Martina Fransson concernant une saisie de stéroïdes anabolisants pour laquelle un membre du MC Svavelsjö a été arrêté.

— C'est ça ! Et pas un mot dans le menu du jour sur le MC Svavelsjö ni sur le fait que l'article allait s'articuler autour de Magge Lundin et de Stallarholmen, et par conséquent autour de l'enquête sur Lisbeth Salander.

— Je suppose que ça s'est présenté au cours de l'interview…

— Lukas, je n'arrive pas à comprendre pourquoi, mais tu es en train de me mentir en me regardant droit dans les yeux. J'ai parlé avec Margareta Orring qui a écrit le texte. Elle t'a très clairement expliqué sur quoi son interview allait se focaliser.

— Je suis désolé, mais je n'ai pas dû comprendre qu'elle allait zoomer sur Salander. Il se trouve que j'ai reçu ce texte tard le soir. Que devais-je faire, annuler le tout ? C'est un bon texte qu'elle nous a laissé, Orring.

— On est d'accord là-dessus. C'est un excellent texte. Et nous avons ton troisième mensonge en à peu près autant de minutes. Parce qu'Orring l'a laissé à 15 h 20, ce texte, donc bien avant que je parte vers 18 heures.

— Berger, je n'aime pas le ton que tu emploies.

— Très bien. Alors je peux te dire que moi non plus je n'aime pas le tien, ni tes échappatoires et tes mensonges.

— A t'entendre, on dirait que tu crois que je mène une sorte de conspiration contre toi.

— Tu n'as toujours pas répondu à ma question. Et voici maintenant ceci : aujourd'hui, ce texte de Johannes Frisk arrive sur mon bureau. Je n'arrive pas à me souvenir qu'on ait discuté de ça à la conférence de 14 heures. Comment se fait-il qu'un de nos journalistes ait passé la journée à travailler sur Salander sans que je sois au courant ?

Johannes Frisk se tortilla. Il eut la sagesse de se taire.

— Enfin… c'est un journal qu'on fabrique. Et il doit y avoir des centaines de textes dont tu n'as pas connaissance. On a nos habitudes ici à *SMP*, et on doit tous s'y tenir. Je n'ai ni le temps ni la possibilité de m'occuper de certains textes en particulier.

— Je ne t'ai pas demandé de t'occuper de certains textes en particulier. J'ai exigé premièrement d'être informée de tout ce qui touche au cas Salander, et deuxièmement de pouvoir ratifier tout ce qui sera publié là-dessus. Donc, je le redemande, qu'est-ce qu'il y a dans ces instructions que tu n'as pas compris ?

Lukas Holm soupira et adopta une mine tourmentée.

— D'accord, dit Erika Berger. Alors je vais être encore plus claire. Je n'ai pas l'intention de palabrer avec toi. Voyons voir si tu comprends le message suivant. Si ceci se répète encore une fois, je te débarquerai comme chef des Actualités. Ça va péter et faire du bruit, et ensuite tu te retrouveras à rédiger la page Famille ou la page Détente ou un truc comme ça. Je ne peux pas garder un chef des Actualités en qui je n'ai pas confiance ou avec qui je ne peux pas travailler et qui passe son temps à saper mes décisions. Tu as compris ?

Lukas Holm écarta les mains en un geste voulant dire qu'il trouvait les accusations d'Erika Berger insensées.

— Tu as compris ? Oui ou non ?

— J'entends ce que tu dis.

— J'ai demandé si tu as compris. Oui ou non ?

— Tu crois réellement que tu vas t'en tirer comme ça ? Ce journal sort parce que moi et d'autres rouages, on se tue à la tâche. Le CA va…

— Le CA fera ce que je dirai. Je suis ici pour renouveler le journal. J'ai une mission soigneusement formulée que nous

avons négociée ensemble et qui signifie que j'ai le droit
d'entreprendre des changements rédactionnels d'envergure
au niveau des cadres. Je peux me débarrasser du superflu et
recruter du sang neuf de l'extérieur si je veux. Et, Holm, tu
commences de plus en plus à me paraître superflu.

Elle se tut. Lukas Holm croisa son regard. Il avait l'air
furieux.

— C'est tout, dit Erika Berger. Je propose que tu réflé-
chisses sérieusement à ce dont on vient de parler aujour-
d'hui.

— Je n'ai pas l'intention…

— Ça ne dépend que de toi. C'est tout. Tu peux y aller
maintenant.

Il pivota sur ses talons et sortit de la cage en verre. Elle le
vit traverser la fourmilière de la rédaction et disparaître dans
la salle du personnel. Johannes Frisk se leva pour le suivre.

— Pas toi, Johannes. Reste ici et assieds-toi.

Elle prit son texte et le parcourut encore une fois du
regard.

— Tu fais un remplacement ici, si j'ai bien compris.

— Oui. Ça fait cinq mois, c'est ma dernière semaine.

— Tu as quel âge ?

— Vingt-sept ans.

— Désolé de t'avoir mis dans le champ de bataille entre
Holm et moi. Parle-moi de ton article.

— On m'a tuyauté ce matin et j'ai transmis à Holm. Il m'a
dit de poursuivre dessus.

— D'accord. La police travaille donc actuellement sur
une hypothèse qui voudrait que Lisbeth Salander aurait été
mêlée à une vente de stéroïdes anabolisants. Est-ce que ton
article a un lien avec le texte d'hier sur Södertälje qui parlait
aussi d'anabolisants ?

— Je n'en sais rien, c'est possible. Ce truc d'anabolisants
vient de ses liens avec le boxeur. Paolo Roberto et ses
copains.

— Parce que Paolo Roberto carbure aux anabolisants ?

— Quoi ? Non, bien sûr que non. Ça concerne plutôt le
milieu de la boxe. Salander s'entraîne à la boxe avec des
mecs pas nets dans un club à Söder. Mais ça, c'est la façon de
voir de la police. Pas la mienne. C'est là quelque part que
l'idée a surgi qu'elle serait mêlée à de la vente d'anabolisants.

— L'article ne repose donc sur rien, à part une rumeur en l'air ?

— Ce n'est pas une rumeur que la police vérifie une hypothèse. Après, qu'ils aient raison ou tort, je n'en sais rien.

— Parfait, Johannes. Je voudrais que tu saches que ce que je suis en train de discuter avec toi maintenant n'a rien à voir avec ma relation avec Lukas Holm. Je trouve que tu es un excellent journaliste. Tu écris bien et tu as l'œil pour les détails. Bref, c'est un bon article que tu as écrit. Mon seul problème, c'est que je ne crois pas un mot de son contenu.

— Je peux t'assurer qu'il est totalement correct.

— Et je vais t'expliquer pourquoi l'article a une erreur fondamentale. D'où t'est venu le tuyau ?

— D'une source policière.

— Qui ?

Johannes Frisk hésita. Sa réticence était instinctive. Comme tous les journalistes du monde, il n'aimait pas révéler le nom d'une source. D'un autre côté, Erika Berger était la rédactrice en chef et donc une des rares personnes qui pouvaient exiger qu'il fournisse cette information.

— Un policier à la Crim qui s'appelle Hans Faste.

— C'est lui qui t'a appelé ou toi qui l'as appelé ?

— Il m'a appelé.

Erika Berger soupira.

— Il t'a appelé pourquoi, à ton avis ?

— Je l'ai interviewé plusieurs fois pendant la chasse à Salander. Il sait qui je suis.

— Et il sait que tu as vingt-sept ans, que tu es remplaçant et utilisable quand il veut placer des informations que le procureur veut diffuser.

— Oui, je comprends bien tout ça. Mais voilà, je reçois un tuyau d'un enquêteur et je vais boire un café avec Faste et ce qu'il me raconte, c'est ça. Je reproduis correctement ses dires. Alors, que dois-je faire ?

— Je suis persuadée que tu l'as correctement cité. Ce qu'il aurait fallu faire, c'est porter l'information à Lukas Holm qui aurait dû frapper à ma porte et expliquer la situation, pour nous permettre de décider ensemble de la suite à donner.

— Je comprends. Mais je…

— Tu as remis le matériel à Holm qui est le chef des Actualités. Tu as bien fait. C'est Holm qui a foiré. Mais procédons à une analyse de ton texte. Premièrement, pourquoi est-ce que Faste veut que cette information soit rendue publique ?

Johannes Frisk haussa les épaules.

— Ça veut dire que tu ne sais pas ou que tu t'en fiches ?

— Je ne sais pas.

— D'accord. Si j'affirme que ton article est mensonger et que Salander n'a absolument rien à voir avec des stéroïdes anabolisants, qu'est-ce que tu réponds ?

— Que je ne peux pas prouver le contraire.

— Exactement. Ça voudrait donc dire que d'après toi on peut publier un article qui est peut-être mensonger uniquement parce que nous ne savons rien sur le contraire.

— Non, on a une responsabilité journalistique. Mais on fait constamment de l'équilibre. On ne peut pas renoncer à publier quand on a une source qui a expressément affirmé quelque chose.

— C'est une philosophie. Nous pouvons aussi nous poser la question de savoir pourquoi la source veut diffuser cette information. Laisse-moi t'expliquer pourquoi j'ai donné l'ordre que tout ce qui touche à Salander doit passer par mon bureau. Je possède des connaissances particulières en la matière que personne d'autre ici à *SMP* ne possède. La rubrique Droit a été informée que je possède cette connaissance et que je ne peux pas en discuter avec eux. *Millénium* va publier un papier et je suis liée par contrat de ne pas le révéler à *SMP* bien que je travaille ici. J'ai eu cette information en ma qualité de directrice de *Millénium* et, en ce moment, je suis assise entre deux chaises. Tu comprends ce que je veux dire ?

— Oui.

— Et mes connaissances depuis *Millénium* me permettent sans aucune hésitation d'établir que cet article est mensonger et qu'il a pour but de nuire à Lisbeth Salander avant le procès.

— Il est difficile de nuire à Lisbeth Salander, vu toutes les révélations qu'il y a déjà eu sur elle…

— Des révélations qui pour la plus grande partie sont mensongères et dénaturées. Hans Faste est une des sources centrales de toutes les révélations disant que Lisbeth Salander est une lesbienne parano et violente qui fricote avec le satanisme et le sadomaso. Et les médias ont gobé l'histoire de Faste tout simplement parce qu'il est une source en apparence sérieuse et que c'est toujours marrant d'écrire sur le sexe. Et maintenant il continue avec un nouvel angle de tir qui va charger Lisbeth Salander dans l'esprit du public et il aimerait mettre *SMP* à contribution pour le répandre. Désolée, mais pas sous mes ordres.

— Je comprends.

— Tu es sûr ? Bien. Alors je vais pouvoir résumer tout mon propos en une seule phrase. Ta mission en tant que journaliste est de remettre en question et d'avoir un regard critique – pas de répéter bêtement des affirmations même si elles viennent de joueurs placés tout en haut de l'administration. Tu es un super-rédacteur, mais c'est un talent qui n'a plus aucune valeur si tu oublies la mission du départ.

— Oui.

— J'ai l'intention d'annuler cet article.

— D'accord.

— Il ne tient pas la route. Je ne crois pas au contenu.

— Je comprends.

— Ça ne veut pas dire que je n'ai pas confiance en toi.

— Merci.

— C'est pourquoi je vais te renvoyer à ton bureau en te proposant un autre article.

— Ah bon.

— C'est lié à mon contrat avec *Millénium*. Je ne peux donc pas révéler ce que je sais sur l'histoire Salander. En même temps, je suis rédactrice en chef d'un journal qui risque un sacré dérapage puisque la rédaction ne dispose pas de la même information que moi.

— Hmm.

— Et ça, ce n'est pas idéal. Nous sommes dans une situation unique et qui ne concerne que Salander. C'est pourquoi j'ai décidé de choisir un journaliste que je vais guider dans la bonne direction pour qu'on ne se retrouve pas comme des cons quand *Millénium* publiera.

— Et tu crois que *Millénium* va publier quelque chose de remarquable sur Salander ?

— Je ne le crois pas. Je le sais. *Millénium* couve un scoop qui va totalement renverser l'histoire Salander, et ça me rend folle de ne pas pouvoir publier l'histoire. Mais c'est impossible.

— Mais tu dis que tu rejettes mon texte parce que tu sais qu'il est faux… Ça signifie que tu affirmes d'ores et déjà qu'il y a quelque chose dans l'affaire que d'autres journalistes ont loupé.

— Exactement.

— Pardon, mais c'est difficile de croire que toute la Suède médiatique serait tombée dans un tel piège…

— Lisbeth Salander a été l'objet d'une traque médiatique. Dans des cas comme ça, toutes les règles normales cessent d'être en vigueur, et n'importe quelle connerie peut s'afficher à la une.

— Tu dis donc que Salander n'est pas ce qu'elle semble être.

— Essaie donc de te dire qu'elle est innocente de ce dont on l'accuse, que l'image d'elle a été dressée par les titres à sensation et ne vaut rien, et qu'il y a de tout autres forces en mouvement que celles qu'on a vues jusqu'ici.

— Et tu affirmes que tel est le cas ?

Erika Berger hocha la tête.

— Et ça veut dire que ce que je viens juste d'essayer de publier fait partie d'une campagne réitérée contre elle.

— Exactement.

— Mais tu ne peux pas raconter quel est le but de tout ça ?

— Non.

Johannes Frisk se gratta la tête un instant. Erika Berger attendit qu'il ait fini de penser.

— D'accord… qu'est-ce que tu veux que je fasse ?

— Retourne à ton bureau et commence à réfléchir à un autre article. Tu n'as pas besoin de stresser, mais juste avant que le procès commence, je voudrais pouvoir publier un long texte, peut-être sur deux pages, qui vérifie le degré de véracité dans toutes les affirmations qui ont été faites sur Lisbeth Salander. Commence par lire toutes les coupures de presse et dresse une liste de ce qui a été dit sur elle et attaque-toi aux affirmations, l'une après l'autre.

— Hm hm…

— Cogite en reporter. Renseigne-toi sur qui répand l'histoire, pourquoi elle est répandue et qui peut en tirer bénéfice.

— Sauf que je ne pense pas que je serai encore à SMP quand le procès va commencer. Je viens de le dire, c'est la dernière semaine de mon remplacement.

Erika prit une pochette en plastique dans un tiroir de son bureau et en sortit un papier qu'elle posa devant Johannes Frisk.

— J'ai déjà prolongé ton remplacement de trois mois. Tu continues comme d'habitude cette semaine et tu reviens te présenter lundi prochain.

— Hm…

— Si ça te dit de continuer ton remplacement ici, je veux dire.

— Naturellement.

— Tu es recruté pour un boulot d'investigation en dehors du travail rédactionnel normal. Tu travailles directement sous mes ordres. Tu seras notre envoyé spécial au procès Salander.

— Le chef des Actualités aura des choses à dire…

— Ne t'inquiète pas pour Holm. J'ai parlé avec le chef de la rubrique Droit pour veiller à ce qu'il n'y ait pas de heurts avec eux. Mais toi, tu vas fouiller dans les coulisses, pas dans l'apport d'informations. Ça te va ?

— C'est super.

— Bon alors… alors on a fini. A lundi.

Elle lui fit signe de sortir de la cage en verre. En levant les yeux de nouveau, elle vit Lukas Holm la fixer de l'autre côté du pôle central. Il baissa les yeux et fit semblant de ne pas la voir.

11

VENDREDI 13 MAI – SAMEDI 14 MAI

MIKAEL BLOMKVIST VEILLA soigneusement à ne pas être surveillé lorsque, tôt le vendredi matin, il se rendit à pied de la
rédaction de *Millénium* à l'ancienne adresse de Lisbeth
Salander dans Lundagatan. Il lui fallait aller à Göteborg rencontrer Idris Ghidi. Le problème était de trouver un moyen
de transport sûr, sans risque d'être repéré et qui ne laisserait
pas de traces. Après mûre réflexion, il avait rejeté le train,
puisqu'il ne voulait pas se servir de sa carte bancaire. En
général, il empruntait la voiture d'Erika Berger, mais ce
n'était plus possible. Il avait envisagé de demander à Henry
Cortez ou à quelqu'un d'autre de louer une voiture pour lui,
mais cette solution-là aussi laisserait forcément des traces de
paperasserie.

Il finit par trouver la solution évidente. Il retira une
somme importante d'un guichet automatique dans Götgatan. Il utilisa les clés de Lisbeth Salander pour ouvrir la portière de sa Honda bordeaux qui était restée abandonnée
devant son domicile depuis le mois de mars. Il ajusta le
siège et constata que le réservoir était à moitié plein. Il
démarra et se dirigea vers l'E4 via le pont de Liljeholmen.

A Göteborg, il se gara dans une rue latérale d'Avenyn à
14 h 50. Il commanda un déjeuner tardif dans le premier bar
qu'il trouva. A 16 h 10, il prit le tram pour Angered et descendit dans le centre. Il lui fallut vingt minutes pour trouver
l'adresse d'Idris Ghidi. Il avait dix minutes de retard sur le
rendez-vous.

Idris Ghidi boitait. Il ouvrit la porte, serra la main de Mikael
Blomkvist et l'invita à entrer dans un séjour à l'ameublement
spartiate. Sur une commode, à côté de la table où il invita

Mikael à s'asseoir, se trouvaient une douzaine de photographies encadrées que Mikael regarda.

— Ma famille, dit Idris Ghidi.

Il parlait avec un fort accent. Mikael se dit qu'il ne survivrait pas au test de langue proposé par les modérés.

— Ce sont tes frères ?

— Mes deux frères au bout à gauche ont été assassinés par Saddam dans les années 1980, tout comme mon père au milieu. Mes deux oncles ont été assassinés par Saddam dans les années 1990. Ma mère est morte en 2000. Mes trois sœurs sont vivantes. Elles habitent à l'étranger. Deux en Syrie et ma petite sœur à Madrid.

Mikael hocha la tête. Idris Ghidi servit du café turc.

— Kurdo Baksi te salue.

Idris Ghidi hocha la tête.

— Est-ce qu'il t'a expliqué ce que je te veux ?

— Kurdo a dit que tu voulais m'engager pour un boulot, mais il n'a pas dit de quelle nature. Laisse-moi dire tout de suite que je n'accepte pas de faire quoi que ce soit d'illégal. Je ne peux pas me permettre d'être mêlé à ce genre de choses.

Mikael fit oui de la tête.

— Il n'y a rien d'illégal dans ce que je vais te demander de faire, mais c'est peu commun. L'emploi courra sur plusieurs semaines et la tâche proprement dite doit être faite tous les jours. D'un autre côté, il suffit de quelques minutes par jour pour l'exécuter. Je suis prêt à te payer 1 000 couronnes par semaine. Tu auras l'argent directement de la main à la main, et je ne vais pas le déclarer au fisc.

— Je comprends. Qu'est-ce que je dois faire ?

— Tu travailles comme agent d'entretien à l'hôpital Sahlgrenska.

Idris Ghidi fit oui de la tête.

— L'une de tes tâches quotidiennes – ou six jours par semaine si j'ai bien compris – consiste à faire le ménage dans le service 11C, c'est-à-dire les soins intensifs.

Idris Ghidi hocha la tête.

— Voici ce que je voudrais que tu fasses.

Mikael Blomkvist se pencha en avant et expliqua sa proposition.

LE PROCUREUR RICHARD EKSTRÖM contempla pensivement son visiteur. C'était la troisième fois qu'il rencontrait le commissaire Georg Nyström. Il vit un visage ridé encadré de cheveux gris. Georg Nyström était venu le voir la première fois un des jours qui avaient suivi l'assassinat de Zalachenko. Il avait montré une carte professionnelle prouvant qu'il travaillait pour la DGPN/Säpo. Ils avaient mené un long entretien à voix basse.

— Il est important que vous compreniez que je n'essaie en aucune façon d'influencer votre manière d'agir ou de faire votre travail, dit Nyström.

Ekström hocha la tête.

— Je voudrais aussi souligner qu'en aucun cas vous ne devez rendre publique l'information que je vais vous donner.

— Je comprends, dit Ekström.

Pour être honnête, Ekström devait reconnaître qu'il ne comprenait pas tout à fait, mais il ne voulait pas paraître complètement idiot en posant trop de questions. Il avait compris que l'affaire Zalachenko était un truc qui devait être traité avec la plus grande prudence. Il avait compris aussi que les visites de Nyström étaient totalement informelles, même s'il y avait une connexion avec le patron de la Sûreté.

— On parle de vies humaines, avait expliqué Nyström dès la première rencontre. De notre côté à la Säpo, tout ce qui touche à la vérité de l'affaire Zalachenko est classé top secret. Je peux confirmer qu'il est un ancien barbouze qui a déserté l'espionnage militaire soviétique et un des personnages-clés dans l'offensive des Russes contre l'Europe de l'Ouest dans les années 1970.

— Eh oui... c'est ce que prétend apparemment Mikael Blomkvist.

— Et dans le cas présent, Mikael Blomkvist a entièrement raison. Il est journaliste, et il est tombé sur l'une des affaires les plus secrètes de la Défense suédoise de tous les temps.

— Il va la publier.

— Bien entendu. Il représente les médias avec tous leurs avantages et inconvénients. Nous vivons en démocratie et nous n'avons aucune influence sur ce qu'écrivent les médias. L'inconvénient dans le cas présent est évidemment que Blomkvist ne connaît qu'une infime partie de la vérité sur Zalachenko, et beaucoup de ce qu'il sait est erroné.

— Je comprends.

— Ce que Blomkvist n'a pas saisi, c'est que si la vérité sur Zalachenko vient à être connue, les Russes vont pouvoir identifier nos informateurs et nos sources chez eux. Cela signifie que des gens qui ont risqué leur vie pour la démocratie pourraient être tués.

— Mais la Russie est bien devenue une démocratie aussi, non ? Je veux dire, si tout ça s'est passé du temps des communistes, alors…

— Illusions ! On parle de gens qui se sont rendus coupables d'espionnage envers la Russie – aucun régime au monde n'accepterait cela, même si ça s'est passé il y a de nombreuses années. Et plusieurs de ces sources sont encore en activité…

De tels agents n'existaient pas, mais le procureur Ekström ne pouvait pas le savoir. Il était obligé de gober ce que disait Nyström. Et, malgré lui, il était flatté de partager, de façon informelle, des informations classées secret-défense en Suède. Il était vaguement surpris que la Sûreté suédoise ait pu pénétrer la défense russe au point où Nyström le laissait entendre, et il comprenait bien que ce genre d'information ne devait évidemment pas être répandu.

— Quand on m'a confié la mission de vous contacter, nous avons procédé à une évaluation complète de vous, dit Nyström.

Pour séduire quelqu'un, il faut toujours repérer ses points faibles. Le point faible du procureur Ekström était la conviction qu'il avait de sa propre importance et, comme tout le monde, il appréciait la flatterie. Le but était qu'il pense qu'on l'avait choisi.

— Et nous avons constaté que vous êtes quelqu'un qui bénéficie d'une grande confiance au sein de la police… et bien sûr aussi dans les milieux gouvernementaux, ajouta Nyström.

Ekström parut aux anges. Que des personnes dont on taisait le nom dans les milieux gouvernementaux aient *confiance* en lui était une information qui indiquait, sans que cela soit dit, qu'il pouvait compter sur une certaine reconnaissance s'il jouait habilement ses cartes. C'était de bon augure pour sa carrière future.

— Je vois… et qu'est-ce que vous souhaitez alors ?

— Pour le dire de façon simple, ma mission est de vous fournir des éléments de manière aussi discrète que possible. Vous comprenez bien sûr à quel point invraisemblable cette histoire est compliquée. D'un côté est menée une enquête préliminaire en bonne et due forme dont vous êtes le principal responsable. Personne… ni le gouvernement, ni la Sûreté, ni qui que ce soit ne peut se mêler de votre façon de mener cette enquête. Votre boulot consiste à trouver la vérité et à inculper les coupables. C'est une des fonctions les plus importantes qui existent dans un Etat de droit.

Ekström acquiesça de la tête.

— D'un autre côté, ce serait une catastrophe nationale de proportions quasiment inconcevables si toute la vérité sur Zalachenko venait à être révélée.

— Par conséquent, quel est le but de votre visite ?

— Premièrement, je me dois d'attirer votre attention sur cette situation délicate. Je ne pense pas que la Suède se soit trouvée dans une situation plus exposée depuis la Seconde Guerre mondiale. On pourrait dire que le sort du pays se trouve dans une certaine mesure entre vos mains.

— Qui est votre chef ?

— Je suis désolé, mais je ne peux pas révéler les noms des personnes qui travaillent sur cette affaire. Laissez-moi simplement établir que mes instructions viennent du plus haut lieu imaginable.

Seigneur Dieu. Il agit sur ordre du gouvernement. Mais il ne faut pas le dire, sinon ça déclencherait une catastrophe politique.

Nyström vit qu'Ekström mordait à l'hameçon.

— Ce que je peux faire en revanche, c'est vous aider en vous fournissant des informations. Je suis autorisé dans une large mesure à vous initier, selon ce que j'estime pertinent, au matériel qui compte parmi ce que nous avons de plus secret dans ce pays.

— Je vois.

— Cela veut dire que quand vous avez des questions à poser, quelles qu'elles soient, c'est à moi que vous devrez vous adresser. Vous ne devez pas parler à qui que ce soit d'autre au sein de la Sûreté, uniquement à moi. Ma mission est de vous servir de guide dans ce labyrinthe, et si des collisions entre différents intérêts menaçaient de se produire, c'est ensemble que nous trouverions des solutions.

— Je comprends. Dans ce cas, permettez-moi de dire que je suis reconnaissant que vous-même et vos collègues, vous soyez disposés à me faciliter les choses comme vous le faites.

— Nous tenons à ce que la procédure judiciaire suive son cours bien que la situation soit délicate.

— Tant mieux. Je peux vous assurer que je serai d'une discrétion absolue. Ce n'est pas la première fois que je travaille sur des données frappées du secret.

— Oui, nous sommes au courant de ça.

Ekström avait formulé une douzaine de questions que Nyström avait méticuleusement notées pour essayer de leur apporter ensuite des réponses aussi complètes que possible. Lors de cette troisième visite, Ekström allait recevoir la réponse à plusieurs de ses questions. La plus importante était de savoir ce qui était vrai dans le rapport de Björck de 1991.

— Ça, ça nous pose des problèmes, dit Nyström.

Il eut l'air ennuyé.

— Il faut sans doute que je commence par expliquer que, depuis que ce rapport a refait surface, nous avons un groupe d'analyse qui bosse presque vingt-quatre heures sur vingt-quatre et qui est chargé d'élucider exactement ce qui s'est passé. Et nous arrivons maintenant au point où nous pouvons tirer des conclusions. Ces conclusions sont très désagréables.

— Ça, je le comprends, puisque le rapport prouve que la Säpo et le psychiatre Peter Teleborian ont conspiré pour placer Lisbeth Salander en HP.

— Si seulement il en avait été ainsi, dit Nyström avec un petit sourire.

— C'est-à-dire ?

— Eh bien, s'il en avait été ainsi, tout aurait été simple. Alors il y aurait eu infraction à la loi qui pouvait mener à une mise en examen. Le problème est que ce rapport ne correspond pas à ceux qui sont archivés chez nous.

— Comment ça ?

Nyström sortit un dossier bleu et l'ouvrit.

— Ce que j'ai ici, c'est le véritable rapport que Gunnar Björck a rédigé en 1991. Il y a également les originaux de la correspondance entre lui et Teleborian, que nous détenons dans nos archives. Le hic, c'est que les deux versions ne concordent pas.

— Expliquez-moi.

— Sacrée déveine que Björck se soit pendu. On suppose qu'il a fait ça à cause des révélations sur ses dérapages sexuels qui n'allaient pas tarder à être publiées. *Millénium* avait l'intention de le dénoncer. Ils l'ont poussé à un désespoir si profond qu'il a préféré se donner la mort.

— Oui…

— Le rapport original est une enquête sur la tentative de Lisbeth Salander de tuer son père, Alexander Zalachenko, avec un cocktail Molotov. Les trente premières pages que Blomkvist a trouvées correspondent à l'original. Ces pages ne révèlent rien de bien remarquable. Ce n'est qu'à la page 33, où Björck tire des conclusions et émet des recommandations, que la divergence se produit.

— De quelle façon ?

— Dans la version originale, Björck fait cinq recommandations claires et nettes. Je ne cache pas qu'il préconise de faire disparaître l'affaire Zalachenko des médias. Björck propose que la rééducation de Zalachenko – il avait été grièvement brûlé – se fasse à l'étranger. Et des choses comme ça. Il propose également qu'on offre à Lisbeth Salander les meilleurs soins psychiatriques possible.

— Ah bon…

— Le problème est qu'un certain nombre de phrases ont été modifiées de façon très subtile. Page 34, il y a un passage où Björck semble proposer que Salander soit déclarée psychotique pour la décrédibiliser si quelqu'un commençait à poser des questions sur Zalachenko.

— Et cette proposition ne figure pas dans le rapport original ?

— Exactement. Gunnar Björck n'a jamais rien proposé de tel. Sans compter que cela aurait été contraire à la loi. Il a proposé qu'elle reçoive les soins dont elle avait effectivement besoin. Dans la copie de Blomkvist, ceci s'est transformé en une machination.

— Puis-je lire l'original ?

— Je vous en prie. Mais je dois l'emporter en partant d'ici. Et avant que vous ne lisiez, permettez-moi d'attirer votre attention sur l'annexe avec la correspondance qui s'est ensuite établie entre Björck et Teleborian. C'est falsifié pratiquement d'un bout à l'autre. Ici, il ne s'agit pas de changements subtils mais de falsifications grossières.

— Falsifications ?

— Je crois que c'est le seul mot qui convienne. L'original montre que Peter Teleborian a été mandaté par le tribunal d'instance pour procéder à une expertise de psychiatrie légale de Lisbeth Salander. Cela n'a rien d'étrange. Lisbeth Salander avait douze ans et elle avait essayé de tuer son père avec un cocktail Molotov, il aurait été étrange qu'il n'y ait pas eu d'examen psychiatrique.

— Certainement.

— Si vous aviez été le procureur à l'époque, je suppose que vous aussi vous auriez ordonné à la fois une enquête sociale et une expertise psychiatrique.

— Sans aucun doute.

— A l'époque déjà, Teleborian était un pédopsychiatre connu et respecté, et de plus il avait travaillé dans la médecine légale. Il a été mandaté et il a fait un examen tout à fait normal, et il est arrivé à la conclusion que Lisbeth Salander était psychiquement malade… permettez-moi de faire abstraction des termes techniques.

— Oui oui…

— Teleborian a fait état de ceci dans un rapport qu'il a envoyé à Björck et qui a ensuite été présenté devant le tribunal d'instance qui a décidé de faire soigner Salander à Sankt Stefan.

— Je vois.

— Dans la version de Blomkvist, l'expertise réalisée par Teleborian est totalement absente. A la place, il y a une correspondance entre Björck et Teleborian qui laisse entendre que Björck lui donne comme consigne de présenter un examen psychiatrique truqué.

— Et d'après vous, ce sont des faux.

— Sans le moindre doute.

— Et qui aurait intérêt à réaliser de tels faux ?

Nyström posa le rapport et fronça les sourcils.

— Vous arrivez maintenant au noyau du problème.

— Et la réponse est…

— Nous ne savons pas. Notre groupe d'analyse travaille dur pour trouver la réponse à cette question justement.

— Est-ce qu'on peut imaginer que c'est Blomkvist qui a monté ça de toutes pièces ?

Nyström rit.

— Eh bien, au départ nous avons eu cette idée-là aussi. Mais ça n'est pas vraisemblable. Nous pensons que ces travestissements ont été faits il y a longtemps, probablement en même temps que le rapport original a été écrit.

— Ah bon ?

— Et cela mène à des conclusions désagréables. Celui qui a procédé à cette falsification était parfaitement au courant de l'affaire. Et, de plus, le faussaire avait accès à la même machine à écrire que Gunnar Björck.

— Vous voulez dire que…

— Nous ne savons pas *où* Björck a écrit son rapport. Il a pu utiliser une machine à écrire chez lui ou sur son lieu de travail ou ailleurs. On envisage deux alternatives. Soit le faussaire était quelqu'un dans le milieu psychiatrique ou médicolégal qui, pour une raison ou une autre, voulait discréditer Teleborian. Soit le faux a été réalisé dans de tout autres buts par quelqu'un au sein de la Säpo.

— Pourquoi ?

— Ceci se passait en 1991. Ce pouvait être un agent russe infiltré dans la DGPN/Säpo qui avait flairé Zalachenko. Cette possibilité-là fait qu'actuellement nous vérifions un grand nombre de fichiers personnels.

— Mais si le KGB avait eu vent de… alors ceci aurait dû être révélé il y a plusieurs années.

— Bien raisonné. Mais n'oubliez pas que c'est justement à cette époque que l'Union soviétique est tombée et que le KGB a été dissous. Nous ne savons pas ce qui a cafouillé. Peut-être une opération planifiée qui a été annulée. Le KGB était vraiment passé maître en falsification de documents et en désinformation.

— Mais pourquoi le KGB ferait-il une chose pareille…

— Nous ne le savons pas non plus. Mais un but plausible serait évidemment de jeter l'opprobre sur le gouvernement suédois.

Ekström se pinça la lèvre inférieure.

— Vous dites donc que l'évaluation médicale de Salander est correcte ?

— Oh oui. Sans la moindre hésitation. Salander est folle à lier, si vous me passez l'expression. Vous n'avez aucun doute à avoir là-dessus. La décision de l'interner en institution était tout à fait justifiée.

— DES CUVETTES DE W.-C. ! dit Malou Eriksson, rédactrice en chef intérimaire, incrédule. A l'entendre, elle devait croire que Henry Cortez se payait sa tête.

— Des cuvettes de W.-C., répéta Henry Cortez en hochant la tête.

— Tu veux faire un article sur des cuvettes de W.-C. dans *Millénium*?

Monika Nilsson partit d'un ricanement subit et déplacé. Elle avait vu son enthousiasme mal dissimulé quand il était arrivé pour la réunion du vendredi et elle avait reconnu tous les symptômes du journaliste qui a un bon sujet d'article sur le feu.

— OK, explique-toi.

— C'est très simple, dit Henry Cortez. La plus grande industrie suédoise toutes catégories confondues, c'est le bâtiment. C'est une industrie qui dans la pratique ne peut pas être délocalisée même si Skanska fait semblant d'avoir des bureaux à Londres et des trucs comme ça. Les baraques seront de toute façon construites en Suède.

— Oui, mais ce n'est pas nouveau.

— Non. Mais ce qui est à moitié nouveau, c'est que le bâtiment est à des années-lumière à la traîne de toutes les autres industries en Suède quand il s'agit de créer de la concurrence et de l'efficacité. Si Volvo devait fabriquer des voitures de la même façon, le dernier modèle coûterait 1 ou 2 millions pièce. Pour toute industrie normale, il n'est question que de faire baisser les prix. Pour l'industrie du bâtiment, c'est le contraire. Ils s'en foutent des prix, et ça fait augmenter le prix au mètre carré et l'Etat doit subventionner en utilisant l'argent du contribuable pour que tout ça ne soit pas totalement impossible.

— Et ça fait un article ?

— Attends. C'est compliqué. Si l'évolution du prix des hamburgers avait été la même depuis les années 1970, un Big Mac coûterait dans les 150 couronnes, voire plus. Je préfère ne pas penser à ce que ça coûterait si tu ajoutes des frites et un Coca, mon salaire ici à *Millénium* ne suffirait sans doute pas. Combien êtes-vous autour de cette table qui accepteraient d'acheter un hamburger à 100 couronnes ?

Personne ne répondit.

— Vous avez raison. Mais quand NCC monte vite fait quelques conteneurs en tôle à Gåshaga qu'ils appellent logements, ils se permettent de demander 10 000 ou 12 000 couronnes en loyer mensuel pour un T3. Combien d'entre vous peuvent payer ça ?

— Pas moi en tout cas, dit Monika Nilsson.

— Non. Et toi, encore, tu habites déjà un deux-pièces à Danvikstull que ton père t'a acheté il y a vingt ans et que tu pourrais vendre pour, disons, 1,5 million. Mais que fait un jeune de vingt ans qui veut quitter le nid familial ? Il n'a pas les moyens. Donc il prend une sous-location, à moins qu'il ne s'agisse d'une sous-sous-location, sauf s'il continue à habiter chez sa vieille maman jusqu'à la retraite.

— Et les cuvettes de W.-C., tu les fais intervenir où dans le contexte ? demanda Christer Malm.

— J'y arrive. Il faut donc se demander pourquoi les appartements sont si chers. Eh bien, parce que ceux qui passent commande d'immeubles ne savent pas comment faire. Pour simplifier, voici le topo : un promoteur communal appelle une entreprise de construction type Skanska et dit qu'il voudrait commander cent appartements, et il demande combien ça coûtera. Et Skanska fait ses calculs et rappelle et dit que ça coûtera disons 500 millions de couronnes. Ce qui veut dire que le prix au mètre carré est de x couronnes et que ça va te coûter une brique par mois si tu veux habiter là. Parce que contrairement à ce qui se passe pour le McDo, tu ne peux pas décider de renoncer à habiter quelque part. Et tu es donc obligé de payer ce que ça coûte.

— S'il te plaît Henry… viens-en au fait.

— Oui mais c'est ça, le fait. Pourquoi est-ce que ça coûte une brique d'emménager dans ces putains de casernes à Hammarbyhamnen ? Je vais vous le dire. Parce que les entreprises de construction s'en foutent de serrer les prix. Le client paiera quoi qu'il en soit. L'un des plus gros coûts est le matériel de construction. Le commerce de matériel de construction passe par des grossistes qui fixent leurs propres prix. Comme il n'y a pas de véritable concurrence, une baignoire coûte 5 000 couronnes en Suède. La même baignoire fabriquée par le même fabricant coûte 2 000 couronnes en Allemagne. Je ne vois rien qui puisse expliquer cette différence de prix.

— OK.

— Une grande partie de tout ça est à lire dans un rapport de la Délégation du gouvernement au coût de la construction, qui s'agitait à la fin des années 1990. Depuis, ça n'a pas beaucoup avancé. Personne ne négocie avec les constructeurs pour dénoncer l'aberration des prix. Les clients paient docilement ce que ça coûte et en fin de compte ce sont les locataires ou les contribuables qui paient le prix.

— Henry, les cuvettes ?

— Les quelques avancées qu'il y a eu depuis la Délégation au coût de la construction ont eu lieu sur le plan local, principalement en périphérie de Stockholm. Certains clients en ont marre de ces prix élevés. Un exemple en est Karlskronahem, qui construit pour moins cher que quiconque, tout simplement en achetant les matériaux elle-même. Et de plus, la Fédération du commerce suédois s'en est mêlée. Ils trouvent que les prix des matériaux de construction sont absolument délirants et essaient de faciliter les choses pour les clients en important des produits équivalents moins chers. Cela a mené à un petit clash au Salon de la construction à Älvsjö il y a un an. Le Commerce suédois avait fait venir un gars de Thaïlande qui bradait des cuvettes de W.-C. pour un peu plus de 500 couronnes pièce.

— Aha. Et alors ?

— Le concurrent immédiat était un grossiste suédois qui s'appelle Vitavara SA et qui vend d'authentiques cuvettes de W.-C. suédoises à 1 700 couronnes pièce. Et des clients intelligents partout dans les communes commencent à se gratter la tête et à se demander pourquoi ils casquent 1 700 couronnes alors qu'ils peuvent obtenir une cuvette de chiottes équivalente *made in Thaïlande* pour 500 balles.

— De la meilleure qualité, peut-être ? demanda Lottie Karim.

— Non. Produit équivalent.

— La Thaïlande, dit Christer Malm. Ça sent le travail clandestin d'enfants et des trucs comme ça. Ce qui peut expliquer le prix inférieur.

— Non, dit Henry Cortez. En Thaïlande, le travail des enfants se pratique principalement dans l'industrie textile et dans l'industrie des souvenirs. Et dans le commerce pédophile, bien sûr. Je parle d'industrie véritable. L'ONU garde un œil sur le travail des enfants et j'ai vérifié la boîte. Rien à dire. Il s'agit d'une grande entreprise moderne et respectable dans les sanitaires.

— Bon… on parle d'un pays où les salaires sont bas, donc, et on risque d'écrire un article qui plaide pour que l'industrie suédoise soit éliminée par la concurrence de l'industrie thaïlandaise. Virez les ouvriers suédois et fermez les boîtes ici, et importez de Thaïlande. Tu ne vas pas vraiment grimper dans l'estime des ouvriers suédois.

Un sourire illumina le visage de Henry Cortez. Il se pencha en arrière et prit un air scandaleusement crâneur.

— Nan nan nan, dit-il. Devinez où Vitavara SA fabrique ses cuvettes à 1 700 balles pièce.

Un ange passa dans la rédaction.

— Au Viêtnam, dit Henry Cortez.

— Ce n'est pas vrai ! dit Malou Eriksson.

— Eh si, ma vieille, dit Henry. Ça fait au moins dix ans qu'ils fabriquent des cuvettes de W.-C. en sous-traitance là-bas. Les ouvriers suédois ont été virés dès les années 1990.

— Oh putain !

— Mais voici la cerise sur le gâteau. Si nous importions directement de l'usine au Viêtnam, le prix serait d'un peu plus de 390 balles. Devinez comment expliquer la différence de prix entre la Thaïlande et le Viêtnam ?

— Ne dis pas que…

Henry Cortez hocha la tête. Son sourire débordait du visage.

— Vitavara SA confie la fabrication à quelque chose qui s'appelle Fong Soo Industries. Ils figurent sur la liste de l'ONU des entreprises qui, au moins lors d'une vérification en 2001, employaient des enfants. Mais la plus grande partie des ouvriers sont des prisonniers.

Malou Eriksson sourit tout à coup.

— Ça, c'est bon, dit-elle. C'est vraiment très bon. Tu finiras par devenir journaliste quand tu seras grand. Quand est-ce que tu peux l'avoir terminé, ton papier ?

— Dans deux semaines. J'ai pas mal de vérifications à faire sur le commerce international. Ensuite on a besoin d'un *bad guy* pour l'article, et il va falloir que je me renseigne sur les propriétaires de Vitavara SA.

— On pourra le prendre pour le numéro de juin ? demanda Malou, pleine d'espoir.

— *No problem.*

L'INSPECTEUR JAN BUBLANSKI contempla le procureur Richard Ekström d'un regard dépourvu d'expression. La réunion avait duré quarante minutes et Bublanski ressentait une envie intense de tendre la main pour attraper l'exemplaire de *La Loi du royaume* qui était posé sur le bord du bureau d'Ekström et de le foutre à la gueule du procureur. Il se demanda intérieurement ce qui se passerait s'il faisait ça. Il y aurait indéniablement des gros titres dans les tabloïds et probablement une mise en examen pour coups et blessures. Il écarta l'idée. L'intérêt d'être un homme civilisé était de ne pas céder à ce genre d'impulsions, quelle que soit la provocation de l'adversaire. Et, en général, c'était justement quand quelqu'un avait cédé à une telle impulsion qu'on faisait appel à l'inspecteur Bublanski.

— Très bien, dit Ekström. J'ai l'impression que nous sommes d'accord, alors.

— Non, nous ne sommes pas d'accord, répondit Bublanski en se levant. Mais c'est vous qui dirigez l'enquête préliminaire.

Il marmonna tout bas en prenant le virage dans le couloir avant son bureau, puis il rassembla les inspecteurs Curt Bolinder et Sonja Modig qui constituaient l'ensemble de son personnel cet après-midi. Jerker Holmberg avait eu la très mauvaise idée de prendre deux semaines de vacances.

— Dans mon bureau, dit Bublanski. Apportez du café.

Quand ils furent installés, Bublanski ouvrit son carnet avec les notes de sa réunion avec Ekström.

— La situation en ce moment est que notre directeur d'enquête préliminaire a abandonné tous les chefs d'accusation contre Lisbeth Salander relatifs aux meurtres pour lesquels elle a été recherchée. Elle n'entre donc plus dans l'enquête préliminaire en ce qui nous concerne.

— Il faut tout de même voir ça comme un pas en avant, dit Sonja Modig.

Curt Bolinder ne dit rien, comme d'habitude.

— Je n'en suis pas si sûr, dit Bublanski. Salander est toujours soupçonnée d'infractions sévères à Stallarholmen et à Gosseberga. Mais cela ne fait plus partie de notre enquête. Nous, on doit se concentrer sur Niedermann qu'il faut retrouver et on doit élucider le cimetière sauvage à Nykvarn.

— Je vois.

— Mais c'est sûr maintenant que c'est Ekström qui va inculper Lisbeth Salander. Le cas a été transféré à Stockholm et des enquêtes complètement distinctes ont été ordonnées.

— Ah bon ?

— Et devine qui va enquêter sur Salander.

— Je crains le pire.

— Hans Faste a repris du service. Il va assister Ekström.

— C'est n'importe quoi ! Faste n'est absolument pas la bonne personne pour enquêter sur elle.

— Je sais. Mais Ekström a de bons arguments. Faste a été en arrêt maladie depuis son... hmm... effondrement en avril, et ils l'affectent à une petite enquête toute simple.

Silence.

— Nous allons donc lui transmettre tout notre matériel sur Salander cet après-midi.

— Et cette histoire de Gunnar Björck et de la Säpo et du rapport de 1991...

— Sera traitée par Faste et Ekström.

— Je n'aime pas du tout ça, dit Sonja Modig.

— Moi non plus. Mais c'est Ekström le patron, et il a des contacts très haut placés. Autrement dit, notre boulot est toujours de trouver le tueur. Curt, on en est où ?

Curt Bolinder secoua la tête.

— Niedermann reste évanoui dans la nature. Je dois avouer que pendant toutes mes années dans la maison je n'ai jamais vécu un cas pareil. On n'a pas le moindre indic qui le connaisse ou qui semble savoir où il se trouve.

— C'est louche, dit Sonja Modig. Mais il est en tout cas recherché pour l'homicide du policier à Gosseberga, pour coups et blessures aggravés sur policier, pour tentative de meurtre sur Lisbeth Salander et pour enlèvement aggravé et coups et blessures sur Anita Kaspersson, l'assistante dentaire.

Ainsi que pour les meurtres de Dag Svensson et Mia Bergman. Dans tous ces cas, les preuves techniques sont satisfaisantes.

— Ça devrait suffire. Qu'en est-il de l'enquête sur l'expert financier du MC Svavelsjö ?

— Viktor Göransson et sa compagne Lena Nygren. On a des preuves techniques qui lient Niedermann au lieu. Des empreintes digitales et l'ADN sur le corps de Göransson. Niedermann s'est vachement raclé le dos des mains quand il l'a tabassé.

— OK. Du nouveau pour le MC Svavelsjö ?

— Benny Nieminen a pris la place de chef pendant que Magge Lundin est en prévention dans l'attente du procès pour l'enlèvement de Miriam Wu. La rumeur court que Nieminen a promis une grosse récompense à qui lui fournira un tuyau sur la planque de Niedermann.

— Ce qui rend encore plus étrange que le type n'ait pas encore été retrouvé. Qu'en est-il de la voiture de Göransson ?

— Comme on a trouvé la voiture d'Anita Kaspersson dans la ferme de Göransson, on pense que Niedermann a changé de véhicule. Nous n'avons aucune trace de cette voiture.

— On doit donc se demander si Niedermann se tapit toujours quelque part en Suède – et dans ce cas, où et chez qui – ou bien s'il a déjà eu le temps de se mettre en sécurité à l'étranger. Qu'est-ce qu'on pense ?

— On n'a rien qui indique qu'il soit parti à l'étranger, mais c'est pourtant la seule hypothèse logique.

— Dans ce cas, où a-t-il abandonné la voiture ?

D'un même mouvement, Sonja Modig et Curt Bolinder secouèrent la tête. Le travail de la police était dans neuf cas sur dix assez peu compliqué quand il était question de rechercher un individu dont on connaissait le nom. Le tout était de créer une chaîne logique et de commencer à tirer sur les fils. Qui étaient ses copains ? Avec qui avait-il partagé sa cellule en taule ? Où habite sa copine ? Avec qui avait-il l'habitude d'aller se pinter la gueule ? Dans quel secteur son téléphone portable a-t-il été utilisé récemment ? Où se trouve son véhicule ? A la fin de cette chaîne, on retrouvait généralement l'individu recherché.

Le problème avec Ronald Niedermann était qu'il n'avait pas de copains, pas de copine, n'avait jamais fait de taule et n'avait pas de téléphone portable connu.

Une grande partie des investigations avaient donc été concentrées sur les recherches de la voiture de Viktor Göransson, que Niedermann était supposé conduire. Si on la retrouvait, ça donnerait une indication sur l'endroit où poursuivre les recherches. Au départ, ils s'étaient imaginé que la voiture allait surgir au bout de quelques jours, probablement dans un parking à Stockholm. Malgré l'avis de recherche national, le véhicule brillait toujours par son absence.

— S'il se trouve à l'étranger… où serait-il alors ?

— Il est citoyen allemand, alors le plus naturel serait qu'il cherche à aller en Allemagne.

— Il est recherché en Allemagne. Il ne semble pas avoir gardé le contact avec ses anciens amis de Hambourg.

Curt Bolinder agita la main.

— Si son plan était de se tirer en Allemagne… pourquoi dans ce cas irait-il à Stockholm ? Il devrait plutôt se diriger vers Malmö et le pont d'Øresund ou l'un des ferrys.

— Je sais. Et Marcus Ackerman à Göteborg a mis le paquet sur les recherches dans cette direction-là les premiers jours. La police du Danemark est informée de la voiture de Göransson, et nous pouvons établir avec certitude qu'il n'a pris aucun des ferrys.

— Mais il est allé à Stockholm et au MC Svavelsjö où il a trucidé leur trésorier et où – on peut le supposer – il a volé une somme d'argent dont on ignore le montant. Quel serait le pas suivant ?

— Il faut qu'il quitte la Suède, dit Bublanski. Le plus naturel serait de prendre un ferry pour les pays baltes. Göransson et sa compagne ont été tués tard dans la nuit du 9 avril. Ça veut dire que Niedermann a pu prendre un ferry au matin. On n'a été alerté que seize heures après leur mort et on recherche la voiture depuis.

— S'il a pris le ferry au matin, la voiture de Göransson aurait dû être garée près d'un des ports, constata Sonja Modig.

Curt Bolinder hocha la tête.

— Si ça se trouve, c'est beaucoup plus simple. On n'a peut-être pas trouvé la voiture de Göransson parce que Niedermann a quitté le pays par le nord, via Haparanda. Un grand détour pour contourner le golfe de Botnie, mais en seize heures il a certainement eu le temps de passer la frontière de la Finlande.

— Oui, mais ensuite il lui faut abandonner la voiture quelque part en Finlande et, à ce stade, les collègues finlandais auraient dû la trouver.

Ils restèrent un long moment sans rien dire. Finalement, Bublanski se leva et alla se poster devant la fenêtre.

— La logique autant que la probabilité s'y opposent, mais toujours est-il que la voiture de Göransson reste disparue. Est-ce qu'il a pu trouver une cachette où il se terre en attendant son heure, une maison de campagne ou…

— Ça peut difficilement être une maison de campagne. A cette époque de l'année, tous les propriétaires sont en train de retaper et bichonner leurs maisons pour l'été.

— Et rien qui soit en rapport avec le MC Svavelsjö. Je pense que ce sont les derniers qu'il a envie de croiser.

— Et ainsi on devrait pouvoir exclure le milieu… Y a-t-il une copine qu'on ne connaîtrait pas ?

Les spéculations étaient nombreuses, mais ils ne disposaient d'aucun fait concret.

UNE FOIS CURT BOLINDER PARTI pour la journée, Sonja Modig retourna au bureau de Jan Bublanski et frappa sur le montant de la porte. Il lui fit signe d'entrer.

— Tu as deux minutes ?

— Quoi ?

— Salander.

— Je t'écoute.

— Je n'aime pas du tout ce nouveau planning avec Ekström et Faste et un nouveau procès. Tu as lu le rapport de Björck. J'ai lu le rapport de Björck. Salander a été torpillée en 1991, et Ekström le sait. Qu'est-ce qui se passe, bordel ?

Bublanski ôta ses loupes et les glissa dans sa poche de poitrine.

— Je ne sais pas.

— Tu n'as aucune idée ?

— Ekström prétend que le rapport de Björck et sa correspondance avec Teleborian sont falsifiés.

— Foutaises. S'ils étaient falsifiés, Björck l'aurait dit pendant sa garde à vue.

— Ekström dit que Björck refusait d'en parler parce que c'était une affaire classée secret-défense. Il m'a critiqué d'avoir pris les devants et d'avoir mis Björck en garde à vue.

— Je commence à détester Ekström de plus en plus.

— Il est coincé de partout.

— Ce n'est pas une excuse.

— On n'a pas le monopole de la vérité. Ekström soutient qu'on lui a présenté des preuves que le rapport est faux – il n'existe aucune véritable enquête avec ce numéro de rôle. Il dit aussi que la falsification est habile et qu'elle contient un mélange de vérité et d'inventions.

— Quelle partie est la vérité et laquelle est inventée ?

— Le cadre est à peu près correct. Zalachenko est le père de Lisbeth Salander, un enfoiré qui tabassait la mère de Lisbeth. Le problème habituel – la mère ne voulait jamais porter plainte et donc ça s'est poursuivi pendant des années. La mission de Björck était d'élucider ce qui s'est passé quand Lisbeth a essayé de tuer son père avec un cocktail Molotov. Il entretenait une correspondance avec Teleborian – mais l'ensemble de la correspondance dans la forme que nous avons vue est une falsification. Teleborian a fait un examen psychiatrique ordinaire de Salander et a constaté qu'elle était folle, et un procureur a décidé d'abandonner les charges contre elle. Elle avait besoin de soins et elle les a reçus à Sankt Stefan.

— Si maintenant il s'agit d'un faux, qui l'aurait fait et dans quel but ?

Bublanski écarta les mains.

— Tu te fous de moi ?

— Comme j'ai compris la chose, Ekström va exiger de nouveau un grand examen psychiatrique de Salander.

— Je ne peux pas accepter ça.

— Ça ne nous regarde plus. Nous sommes détachés de l'histoire Salander.

— Et Hans Faste y est rattaché... Jan, j'ai l'intention d'alerter les médias si ces fumiers s'attaquent à Salander encore une fois...

— Non, Sonja. Tu ne feras pas ça. Premièrement, nous n'avons plus accès à l'enquête et tu ne peux donc pas prouver ce que tu affirmes. On te prendra pour une parano de première et ta carrière sera foutue.

— Je dispose toujours du rapport, dit Sonja Modig d'une voix faible. J'avais fait une copie pour Curt Bolinder que je n'ai jamais eu le temps de lui donner quand le ministère public les a ramassées.

— Si tu laisses fuiter ce rapport, non seulement tu seras virée mais tu te rendras aussi coupable d'une grave faute professionnelle d'avoir mis un rapport protégé par le secret entre les mains des médias.

Sonja Modig resta silencieuse une seconde et regarda son chef.

— Sonja, tu ne feras rien du tout. Promets-le-moi.

Elle hésita.

— Non, Jan, je ne peux pas le promettre. Il y a quelque chose de pourri dans toute cette histoire.

Bublanski hocha la tête.

— Oui. C'est pourri. Mais nous ne savons pas qui sont nos ennemis en ce moment.

Sonja Modig inclina la tête.

— Est-ce que *toi*, tu as l'intention de faire quelque chose ?

— Ça, je ne vais pas le discuter avec toi. Fais-moi confiance. On est vendredi soir. Profite de ton week-end. Rentre chez toi. Cet entretien n'a jamais eu lieu.

IL ÉTAIT 13 H 30 LE SAMEDI quand l'agent de Securitas, Niklas Adamsson, quitta des yeux le livre d'économie politique qu'il bûchait en vue d'un examen trois semaines plus tard. Il venait d'entendre le bourdonnement discret des brosses en rotation du chariot de ménage et il vit que c'était l'immigré qui boitait. Le gars saluait toujours très poliment, mais il ne parlait pas beaucoup et il n'avait pas ri les quelques fois où Adamsson avait essayé de blaguer avec lui. Il le vit sortir un flacon et vaporiser le comptoir de la réception, puis essuyer avec un chiffon. Ensuite il prit un balai à franges et le passa dans quelques coins de la réception que les brosses du chariot de ménage ne pouvaient pas atteindre. Niklas Adamsson replongea le nez dans son livre et continua sa lecture.

Il fallut dix minutes au technicien de surface pour arriver à la chaise d'Adamsson au bout du couloir. Ils s'adressèrent un hochement de tête. Adamsson se leva et laissa l'homme d'entretien s'occuper du sol autour de la chaise devant la chambre de Lisbeth Salander. Il avait vu cet homme pratiquement tous les jours où il avait été de garde devant cette chambre, mais il était incapable de se souvenir de son nom. En tout cas, c'était un nom de bougnoul. Adamsson ne ressentait vraiment aucune nécessité de lui contrôler sa carte d'identité. D'une part, l'immigré n'allait pas faire le ménage dans la chambre de la prisonnière – deux femmes s'en occupaient dans la matinée – et d'autre part ce boiteux ne lui paraissait pas particulièrement être une menace.

Quand l'homme eut terminé le nettoyage du bout du couloir, il déverrouilla la porte voisine de la chambre de Lisbeth Salander. Adamsson le regarda du coin de l'œil, mais ceci non plus ne représentait pas un écart par rapport aux habitudes quotidiennes. Le réduit à balais se trouvait là, au bout du couloir. Il passa les cinq minutes suivantes à vider le seau, à nettoyer les brosses et à remplir le chariot de sacs en plastique pour les poubelles. Puis il tira tout le chariot dans le réduit.

IDRIS GHIDI AVAIT CONSCIENCE de la présence du vigile de Securitas dans le couloir. C'était un garçon blond de vingt-cinq ans environ, qui était de faction en général deux ou trois jours par semaine et qui lisait des livres d'économie politique. Ghidi en tira la conclusion qu'il travaillait à mi-temps à Securitas parallèlement à ses études et qu'il était à peu près aussi attentif à l'entourage qu'une brique dans le mur.

Idris Ghidi se demanda ce qu'Adamsson ferait si quelqu'un essayait réellement d'entrer dans la chambre de Lisbeth Salander.

Idris Ghidi se demanda aussi ce que Mikael Blomkvist avait en tête. Il était perplexe. Il avait évidemment lu les journaux et fait le lien avec Lisbeth Salander dans le 11C, et il s'était attendu à ce que Blomkvist lui demande d'entrer quelque chose en fraude dans sa chambre. Dans ce cas, il aurait été obligé de refuser puisqu'il n'avait pas accès à sa chambre et qu'il ne l'avait jamais vue. Pourtant, la proposition qui lui avait été faite n'avait aucun rapport avec tout ce qu'il avait pu penser.

Il ne voyait rien d'illégal dans la mission. Il regarda par l'entrebâillement de la porte et vit qu'Adamsson s'était rassis sur la chaise devant la porte et lisait son livre. Il était satisfait qu'il n'y ait personne d'autre dans les parages, ce qui était en général le cas, puisque le réduit à balais était situé dans un cagibi en bout de couloir. Il glissa la main dans la poche de sa blouse et sortit un téléphone portable neuf, un Sony Ericsson Z600. Idris Ghidi avait regardé ce modèle sur un prospectus et vu qu'il coûtait plus de 3 500 couronnes sur le marché et qu'il disposait de toutes les astuces imaginables.

Il regarda l'écran et nota que le portable était branché mais que le son était coupé, aussi bien la sonnerie que le vibreur. Puis il se mit sur la pointe des pieds et décoinça un cache blanc circulaire devant une ventilation qui menait à la chambre de Lisbeth Salander. Il plaça le portable hors de vue à l'intérieur du conduit, exactement comme Mikael Blomkvist le lui avait demandé.

La manœuvre dura environ trente secondes. Le lendemain, la manœuvre allait prendre environ dix secondes. Sa mission serait alors de descendre le portable, changer la batterie et remettre l'appareil dans le conduit de ventilation. Il rapporterait l'ancienne batterie chez lui et la rechargerait pendant la nuit.

Voilà tout ce qu'Idris Ghidi avait à faire.

Cela n'aiderait pourtant pas Lisbeth Salander. De son côté du mur, un grillage était vissé au mur. Elle ne pourrait jamais atteindre le portable, si elle ne mettait pas la main sur un tournevis cruciforme et une échelle.

— Je le sais, avait dit Mikael. Mais elle n'aura pas besoin de toucher le portable.

Idris Ghidi devrait exécuter cela chaque jour jusqu'à ce que Mikael Blomkvist lui dise que ce n'était plus nécessaire.

Et pour ce travail Idris Ghidi recevrait 1 000 couronnes par semaine directement de la main à la main. De plus, il pourrait garder le portable quand le boulot serait terminé.

Il secoua la tête. Il comprenait évidemment que Mikael Blomkvist manigançait quelque chose mais il était incapable de comprendre quoi. Placer un portable dans une ventilation dans un réduit d'entretien fermé à clé, allumé mais pas connecté, c'était une combine si bizarre que Ghidi avait du mal à en comprendre l'utilité. Si Blomkvist voulait avoir une possibilité de communiquer avec Lisbeth Salander, il serait bien plus intelligent de soudoyer une infirmière pour qu'elle lui passe le téléphone. Il n'y avait aucune logique dans cette opération.

Ghidi secoua la tête. D'un autre côté, il ne rechignerait pas à rendre ce service à Mikael Blomkvist tant que celui-ci lui payait 1 000 couronnes par semaine. Et il n'avait pas l'intention de poser de questions.

LE DR ANDERS JONASSON ralentit le pas en voyant un homme d'une quarantaine d'années appuyé contre les grilles devant la porte d'entrée de son immeuble dans Hagagatan. L'homme lui semblait vaguement familier et lui adressa un signe de reconnaissance avec la tête.

— Docteur Jonasson ?

— Oui, c'est moi.

— Je suis désolé de vous déranger comme ça dans la rue devant chez vous. Mais je ne voulais pas vous solliciter à votre boulot et il faut que je vous parle.

— De quoi s'agit-il et qui êtes-vous ?

— Je m'appelle Mikael Blomkvist. Je suis journaliste à la revue *Millénium*. Il s'agit de Lisbeth Salander.

— Ah, ça y est, je vous reconnais. C'est vous qui avez appelé les Services de secours quand on l'a retrouvée… C'est vous aussi qui avez mis du gros scotch sur ses blessures ?

— C'est moi.

— C'était futé comme geste. Mais je suis désolé. Je n'ai pas le droit de parler de mes patients avec des journalistes. Il vous faudra faire comme tout le monde et voir ça avec le service de communication à Sahlgrenska.

— Vous ne m'avez pas bien compris. Je ne cherche pas des renseignements et je suis ici à titre privé. Vous n'avez pas besoin de me dire quoi que ce soit ni de me fournir des renseignements. En fait, c'est le contraire. C'est moi qui veux vous fournir des informations.

Anders Jonasson fronça les sourcils.

— S'il vous plaît, supplia Mikael Blomkvist. Ce n'est pas mon habitude de harceler des chirurgiens dans la rue, mais il est extrêmement important que je puisse vous parler. Il y a un café un peu plus loin au coin de la rue. Est-ce que je peux vous offrir quelque chose à boire ?

— On va parler de quoi ?

— De l'avenir et du bien-être de Lisbeth Salander. Je suis son ami.

Anders Jonasson hésita un long moment. Il savait que si ça avait été quelqu'un d'autre que Mikael Blomkvist – si un inconnu l'avait abordé ainsi dans la rue –, il aurait refusé. Mais Blomkvist était un personnage connu et du coup Anders Jonasson se sentait convaincu qu'il ne s'agissait pas d'une mauvaise blague.

— Je ne veux en aucun cas être interviewé et je ne parlerai pas de ma patiente.

— Ça me va, dit Mikael.

Anders Jonasson finit par hocher brièvement la tête et accompagna Blomkvist au café en question.

— De quoi s'agit-il ? demanda-t-il de façon neutre quand ils furent servis. J'écoute, mais je n'ai pas l'intention de faire de commentaires.

— Vous avez peur que je vous cite ou que je vous jette en pâture aux médias. Que ce soit donc entièrement clair dès le début, il n'est pas question de tout ça. En ce qui me concerne, cet entretien n'a jamais eu lieu.

— OK.

— J'ai l'intention de vous demander un service. Mais avant cela, je dois vous expliquer exactement pourquoi afin que vous puissiez juger s'il est moralement acceptable pour vous de me rendre ce service.

— Je n'aime pas trop la tournure que ça prend.

— Tout ce que je vous demande, c'est de m'écouter. En tant que médecin de Lisbeth Salander, il vous appartient de veiller à son bien-être physique et mental. En tant qu'ami de Lisbeth Salander, c'est à *moi* de faire la même chose. Je ne suis pas médecin et je ne peux donc pas farfouiller dans son crâne et en sortir des balles, par exemple. Mais j'ai une autre compétence qui est tout aussi importante pour son bien-être.

— Hm hm.

— Je suis journaliste et, en fouillant, j'ai découvert la vérité sur ce qui lui est arrivé.

— OK.

— Je peux vous raconter, dans les grandes lignes, de quoi il s'agit, pour que vous puissiez juger par vous-même.

— Hm hm.

— Je devrais peut-être dire tout de suite que c'est Annika Giannini qui est l'avocate de Lisbeth Salander. Vous l'avez déjà rencontrée.

Anders Jonasson hocha la tête.

— Annika est ma sœur, et c'est moi qui la paie pour défendre Lisbeth Salander.

— Ah bon.

— Vous pourrez vérifier à l'état civil qu'elle est bien ma sœur. Je ne peux pas demander ce service à Annika. Elle ne discute pas de Lisbeth avec moi. Elle aussi est tenue par le secret professionnel et elle est soumise à de tout autres règles.

— Hmm.

— Je suppose que vous avez lu ce que les journaux racontent sur Lisbeth.

Jonasson hocha la tête.

— On l'a décrite comme une tueuse en série lesbienne, psychotique et malade mentale. Ce sont des conneries. Lisbeth Salander n'est pas psychotique et elle est probablement aussi saine d'esprit que vous et moi. Et ses préférences sexuelles ne regardent personne.

— Si j'ai bien compris, il y a eu un certain revirement. Actuellement, c'est cet Allemand qui est mentionné au sujet des meurtres.

— Et c'est entièrement vrai. Ronald Niedermann est coupable, c'est un tueur sans le moindre état d'âme. Mais Lisbeth a des ennemis. De vrais gros ennemis méchants. Certains de ces ennemis se trouvent au sein de la Säpo.

Anders Jonasson leva des sourcils sceptiques.

— Quand Lisbeth avait douze ans, elle a été internée en pédopsychiatrie dans un hôpital à Uppsala, parce qu'elle était tombée sur un secret que la Säpo essayait à tout prix d'occulter. Son père, Alexander Zalachenko, qui a été assassiné à l'hôpital, est un ancien espion russe transfuge, une relique de la guerre froide. C'était aussi un homme extrêmement violent avec les femmes qui, des années durant, a tabassé la mère de Lisbeth. Quand Lisbeth avait douze ans, elle a riposté et essayé de tuer Zalachenko avec un cocktail Molotov. C'est pour ça qu'elle a été enfermée en pédopsy.

— Je ne comprends pas. Si elle a essayé de tuer son père, il y avait peut-être de quoi l'interner pour des soins psychiatriques.

— Ma théorie – que j'ai l'intention de publier – est que la Säpo savait ce qui s'était passé mais a choisi de protéger Zalachenko parce qu'il était une source d'informations importante. Ils ont donc ficelé un faux diagnostic et veillé à ce que Lisbeth soit internée.

Anders Jonasson eut l'air si dubitatif que Mikael dut sourire.

— J'ai des preuves de tout ce que je vous raconte. Et je vais publier un texte détaillé juste à temps pour le procès de Lisbeth. Croyez-moi – ça va faire un foin d'enfer.

— Je pige.

— Je vais dénoncer et terriblement malmener deux médecins qui ont été les larbins de la Säpo et qui ont contribué à ce que Lisbeth soit enterrée parmi les fous. Je vais les balancer sans pitié. L'un de ces médecins est une personnalité publique et respectée. Et, j'insiste, je dispose de toutes les preuves nécessaires.

— Je comprends. Si un médecin a été mêlé à de tels agissements, c'est une honte pour tout le corps médical.

— Non, je ne crois pas à la culpabilité collective. C'est une honte pour ceux qui y sont mêlés. Ça vaut aussi pour la Säpo. Il y a certainement des gens bien qui travaillent à la Säpo. Mais ici nous avons à faire à un groupe parallèle. Quand Lisbeth a eu dix-huit ans, ils ont de nouveau essayé de l'interner. Cette fois-là, ils ont échoué, mais elle a été mise sous tutelle. Au procès, ils vont la charger un max. Avec ma sœur, on va se battre pour que Lisbeth soit acquittée et que sa tutelle soit levée.

— OK.

— Mais elle a besoin de munitions. Ce sont les conditions de ce jeu. Je dois peut-être mentionner aussi qu'il y a quelques policiers qui soutiennent Lisbeth dans ce combat. Contrairement à la personne qui dirige l'enquête préliminaire et qui l'a mise en examen.

— Aha.

— Lisbeth a besoin d'aide en vue du procès.

— Aha. Mais je ne suis pas avocat.

— Non. Mais vous êtes médecin et vous avez accès à Lisbeth.

Les yeux d'Anders Jonasson s'étrécirent.

— Ce que je vais vous demander n'est pas éthique et il faut peut-être même le considérer comme une infraction à la loi.

— Aïe.

— Mais moralement, c'est la bonne façon d'agir. Ses droits sont bafoués par ceux qui devraient se charger de sa protection.

— Ah bon.

— Je vais vous donner un exemple. Comme vous le savez, Lisbeth est interdite de visites et elle n'a pas le droit de lire les journaux ou de communiquer avec son entourage. De plus, le procureur a imposé une obligation de silence à son avocate. Annika a stoïquement suivi le règlement. En revanche, le procureur est la principale source qui laisse filer des informations aux journalistes qui continuent à écrire des conneries sur Lisbeth Salander.

— Vraiment ?

— Comme cet article par exemple. Mikael brandit un tabloïd de la semaine précédente. Une source au sein de l'enquête affirme que Lisbeth est irresponsable, avec pour résultat que le journal construit un tas de spéculations sur son état mental.

— J'ai lu cet article. Ce sont des inepties.

— Vous ne considérez donc pas Salander comme folle ?

— Je ne peux rien dire là-dessus. Par contre je sais qu'aucun examen psychiatrique n'a été fait. Donc l'article ne vaut rien.

— D'accord. Mais j'ai des preuves que ces informations ont été fournies par un policier du nom de Hans Faste et qu'il travaille pour le procureur Ekström.

— Merde, alors !

— Ekström va exiger que le procès ait lieu à huis clos, ce qui signifie qu'aucun étranger à l'affaire ne pourra vérifier et évaluer les preuves contre elle. Mais ce qui est encore pire… à partir du moment où le procureur a isolé Lisbeth, elle ne peut pas faire les recherches nécessaires pour préparer sa défense.

— J'avais cru comprendre que c'est son avocate qui s'occupe de ça.

— Comme vous avez dû le comprendre à l'heure qu'il est, Lisbeth est une personne très spéciale. Elle a des secrets que je connais mais que je ne peux pas révéler à ma sœur.

En revanche, Lisbeth peut juger si elle veut s'en servir pour sa défense pendant le procès.

— Aha.

— Et pour pouvoir le faire, Lisbeth a besoin de ceci.

Mikael posa un Palm Tungsten T3, l'ordinateur de poche de Lisbeth Salander, et un chargeur entre eux sur la table.

— Ceci est l'arme la plus importante de l'arsenal de Lisbeth. Elle en a besoin.

Anders Jonasson le regarda avec méfiance.

— Pourquoi ne pas le confier à son avocate ?

— Parce que seule Lisbeth sait comment faire pour avoir accès aux pièces à conviction.

Anders Jonasson garda le silence un long moment sans toucher à l'ordinateur de poche.

— Laissez-moi vous parler du Dr Peter Teleborian, dit Mikael en sortant le dossier où il avait rassemblé tout le matériel primordial.

Ils passèrent deux heures à s'entretenir à voix basse.

IL ÉTAIT 20 HEURES ET DES POUSSIÈRES le samedi quand Dragan Armanskij quitta son bureau à Milton Security et se rendit à pied à la synagogue de Söder dans Sankt Paulsgatan. Il frappa à la porte, se présenta et fut admis par le rabbin en personne.

— J'ai rendez-vous avec quelqu'un ici, dit Armanskij.

— Au premier étage. Je vous montre le chemin.

Le rabbin proposa une kippa dont Armanskij se coiffa après hésitation. Il avait été élevé dans une famille musulmane où le port de la kippa et la visite à la synagogue ne faisaient pas partie des habitudes de tous les jours. Il se sentit mal à l'aise avec la calotte juive sur la tête.

Jan Bublanski aussi portait une kippa.

— Salut Dragan. Merci d'avoir pris le temps de venir. J'ai emprunté une pièce au rabbin pour qu'on puisse parler sans être dérangés.

Armanskij s'installa en face de Bublanski.

— J'imagine que tu as de bonnes raisons pour ces cachotteries.

— Je ne vais pas tourner autour du pot. Je sais que tu es un ami de Lisbeth Salander.

Armanskij hocha la tête.

— Je veux savoir ce que toi et Blomkvist, vous avez concocté pour aider Salander.

— Pourquoi est-ce que tu crois qu'on a concocté quelque chose ?

— Parce que le procureur Richard Ekström m'a demandé une bonne douzaine de fois quel est l'accès réel de Milton Security à l'enquête Salander. Il ne me demande pas ça pardessus la jambe mais parce qu'il a peur que tu tentes quelque chose qui aurait des retombées médiatiques.

— Hmm.

— Et si Ekström s'inquiète, c'est qu'il sait que tu as quelque chose en route ou le craint. Ou, c'est ce que je me dis, qu'il a au moins parlé avec quelqu'un qui le craint.

— Quelqu'un ?

— Dragan, ce n'est pas une partie de cache-cache. Tu sais que Salander a été victime d'un abus de pouvoir en 1991, et je redoute qu'elle soit victime d'un nouvel abus de pouvoir quand le procès commencera.

— Tu es policier dans une démocratie. Si tu détiens des informations, tu dois agir.

Bublanski hocha la tête.

— J'ai l'intention d'agir. La question est de savoir comment.

— Viens-en au fait.

— Je veux savoir ce que toi et Blomkvist, vous avez concocté. Je suppose que vous ne restez pas à vous tourner les pouces.

— C'est compliqué. Comment puis-je savoir si je peux te faire confiance ?

— Il y a ce rapport de 1991 que Mikael Blomkvist avait trouvé…

— Je suis au courant.

— Je n'ai plus accès à ce rapport.

— Moi non plus. Les deux exemplaires qu'avaient Blomkvist et sa sœur ont été perdus.

— Perdus ? s'étonna Bublanski.

— L'exemplaire de Blomkvist a été volé dans un cambriolage à son domicile, et la copie d'Annika Giannini a disparu lorsqu'elle s'est fait agresser à Göteborg. Les deux vols ont eu lieu le jour même où Zalachenko était tué.

Bublanski garda le silence un long moment.

— Pourquoi est-ce que nous n'avons pas entendu parler de ça ?

— Comme l'a dit Mikael Blomkvist : il n'existe qu'un seul moment approprié pour publier et un nombre incalculable de moments inadaptés.

— Alors vous… il a l'intention de publier ?

Armanskij hocha brièvement la tête.

— Une agression à Göteborg et un cambriolage ici à Stockholm. Le même jour. Ça veut dire que nos adversaires sont bien organisés, Bublanski. En plus, je peux te dire que nous avons des preuves que le téléphone de Giannini était sur écoute.

— Il y a quelqu'un qui commet un grand nombre d'infractions à la loi ici.

— La question est donc de savoir qui sont nos adversaires, dit Dragan Armanskij.

— C'est effectivement ce que je pense aussi. A première vue, c'est la Säpo qui a intérêt à étouffer le rapport de Björck. Mais, Dragan… on parle de la police de la Sûreté suédoise. C'est une autorité de l'Etat. J'ai du mal à croire que cette affaire ait l'assentiment de la Säpo. Je ne pense même pas qu'elle ait la compétence pour orchestrer une telle chose.

— Je sais. Moi aussi, j'ai du mal à le digérer. Sans parler du fait que quelqu'un entre dans Sahlgrenska et mette une balle dans la tête de Zalachenko.

Bublanski se tut. Armanskij enfonça le dernier clou.

— Et là-dessus il y a Björck qui se pend.

— Alors vous pensez que ce sont des assassinats organisés. Je connais Marcus Ackerman qui était chargé de l'enquête à Göteborg. Il n'a rien trouvé qui indiquerait que cet assassinat soit autre chose que l'acte impulsif d'un individu malade. Et nous avons minutieusement enquêté sur la mort de Björck. Tout indique que c'est un suicide.

Armanskij hocha la tête.

— Evert Gullberg, soixante-dix-huit ans, cancéreux et mourant, soigné pour une dépression quelques mois avant l'assassinat. J'ai demandé à Fräklund de creuser dans les documents officiels pour sortir tout ce qu'il y a concernant Gullberg.

— Oui ?

— Il a fait son service militaire à Karlskrona dans les années 1940, puis il a fait son droit et est devenu conseiller en fiscalité sur le marché privé. Il avait un cabinet ici à Stockholm pendant plus de trente ans, discret, clients particuliers… on ignore qui. Retraite en 1991. Est retourné dans sa ville natale, Laholm, en 1994… Rien de bien remarquable.

— Mais ?

— A part quelques détails déroutants. Fräklund n'arrive pas à trouver une seule référence à Gullberg dans aucun contexte. Il n'est jamais mentionné dans les journaux et personne ne sait qui étaient ses clients. C'est comme s'il n'avait jamais existé dans la vie professionnelle.

— Qu'est-ce que tu essaies de dire ?

— La Säpo est le lien manifeste. Zalachenko était un transfuge russe et qui se serait chargé de lui si ce n'est la Säpo ? Ensuite nous avons la capacité d'organiser l'enfermement en psy de Lisbeth Salander en 1991. Sans parler de cambriolage, d'agression et d'écoutes téléphoniques quinze ans plus tard… Mais je ne pense pas non plus que ce soit la Säpo qui est derrière tout ça. Mikael Blomkvist les appelle *le club Zalachenko*… un petit groupe de sectaires composé de combattants de la guerre froide sortis de leur hivernage, qui se cachent quelque part dans un couloir sombre à la Säpo.

Bublanski hocha la tête.

— Alors, qu'est-ce qu'on peut faire ?

12

DIMANCHE 15 MAI – LUNDI 16 MAI

LE COMMISSAIRE TORSTEN EDKLINTH, chef du service de protection de la Constitution à la DGPN/Säpo, se pinça le lobe
de l'oreille et contempla pensivement le PDG de la respectable entreprise de sécurité privée Milton Security, qui sans
crier gare l'avait appelé et avait insisté pour l'inviter à dîner
chez lui à Lindingö le dimanche. Ritva, la femme d'Armanskij, avait servi un sauté de bœuf délicieux. Ils avaient
mangé et poliment conversé. Edklinth s'était demandé ce
qu'Armanskij avait réellement en tête. Après le dîner, Ritva
se retira devant la télé et les laissa seuls autour de la table à
manger. Armanskij avait commencé à raconter l'histoire de
Lisbeth Salander.

Edklinth faisait lentement tourner son verre de vin rouge.

Dragan Armanskij n'était pas un farfelu. Il le savait.

Ils se connaissaient depuis douze ans, depuis qu'une
députée de gauche avait reçu une série de menaces de
mort anonymes. Elle avait rapporté les faits au président
du groupe de son parti, qui avait informé la section de la
sécurité du Parlement. Il s'agissait de menaces écrites, vulgaires, et contenant des informations indiquant que l'auteur anonyme connaissait certains éléments personnels sur
la députée. La Säpo s'était donc penchée sur cette histoire
et, durant l'enquête, la députée avait été placée sous protection.

La Protection des personnalités à cette époque-là était le
poste budgétaire le plus maigre de la Säpo. Ses ressources
étaient limitées. Cette section est chargée de la protection de
la famille royale et du Premier ministre, et, au-delà, de ministres individuellement et de présidents de partis politiques

selon les besoins. Ces besoins dépassent en général les ressources et, dans les faits, la plupart des politiciens suédois manquent de toute forme de protection personnelle sérieuse. La députée avait été mise sous surveillance lors de quelques apparitions officielles, mais abandonnée à la fin de la journée de travail, c'est-à-dire à l'heure où il était le plus probable qu'un fêlé passe à l'agression. La méfiance de la députée envers la capacité de la Säpo à la protéger n'avait cessé d'augmenter.

Elle habitait une villa à Nacka. Rentrant un soir tard chez elle après une joute à la commission des Finances, elle avait découvert que quelqu'un avait forcé les portes de la terrasse, était entré dans le séjour où il avait décoré les murs avec des épithètes sexuelles dégradantes, puis dans la chambre où il s'était masturbé. Elle avait immédiatement pris son téléphone pour demander à Milton Security d'assurer sa protection personnelle. Elle n'avait pas informé la Säpo de cette décision et, le lendemain matin, alors qu'elle faisait une intervention dans une école à Täby, il y avait eu confrontation entre les sbires de l'Etat et ceux du privé.

A cette époque, Torsten Edklinth était chef adjoint intérimaire à la Protection des personnalités. D'instinct, il détestait les situations où des hooligans privés avaient pour tâche d'exécuter les missions que les hooligans payés par l'Etat étaient censés exécuter. Il réalisait pourtant que la députée avait toutes les raisons d'être mécontente – son lit souillé était une preuve suffisante du manque d'efficacité de l'Etat. Au lieu de se mettre à comparer leurs capacités réciproques, Edklinth s'était calmé et avait pris rendez-vous pour déjeuner avec le patron de Milton Security, Dragan Armanskij. Ils étaient arrivés à la conclusion que la situation était sans doute plus sérieuse que ce que la Säpo avait pensé au départ, et qu'il y avait lieu de renforcer la protection autour de la politicienne. Edklinth était assez avisé pour réaliser non seulement que les gens d'Armanskij possédaient la compétence requise pour le boulot, mais qu'ils avaient une formation au moins équivalente et un équipement technique probablement meilleur. Ils avaient résolu le problème en donnant aux gens d'Armanskij toute la responsabilité de la protection rapprochée, tandis que la police de sûreté répondait de l'enquête proprement dite et payait la facture.

Les deux hommes avaient découvert aussi qu'ils s'estimaient mutuellement et qu'ils fonctionnaient bien ensemble au travail. Au fil des ans, ils s'étaient retrouvés pour d'autres collaborations. Edklinth avait par conséquent un grand respect pour la compétence professionnelle de Dragan Armanskij, et lorsque celui-ci l'invita à dîner et demanda un entretien confidentiel en tête-à-tête, il était tout disposé à écouter.

Par contre, il ne s'était pas attendu à ce qu'Armanskij lui refile sur les genoux une bombe avec la mèche allumée.

— Si je te comprends bien, tu prétends que la police de sûreté s'adonne à une activité carrément criminelle.

— Non, dit Armanskij. Alors c'est que tu n'as rien compris. Je prétends que quelques personnes qui sont employées au sein de la police de sûreté s'adonnent à une telle activité. Je ne crois pas une seconde que cela soit autorisé par la direction de la Säpo, ni qu'il y ait une quelconque forme d'aval de l'Etat.

Edklinth regarda les photographies de Christer Malm avec l'homme qui montait dans une voiture dont les plaques d'immatriculation commençaient par les lettres K A B.

— Dragan… t'es tout de même pas en train de me faire marcher ?

— J'aurais bien aimé que ce soit une blague.

Edklinth réfléchit un instant.

— Et tu imagines que je vais m'en tirer comment ?

LE LENDEMAIN MATIN, Torsten Edklinth nettoyait soigneusement ses lunettes tout en réfléchissant. L'homme avait les cheveux grisonnants, avec de grandes oreilles et un visage énergique. Pour l'heure, le visage était cependant plus perplexe qu'énergique. Il se trouvait dans son bureau à l'hôtel de police sur l'îlot de Kungsholmen et il avait passé une grande partie de la nuit à ruminer les conséquences à tirer de l'information que Dragan Armanskij lui avait fournie.

Réflexions peu agréables. La Säpo était l'institution en Suède qu'à de rares exceptions près tous les partis considéraient comme d'une valeur inestimable et dont en même temps tous semblaient se méfier en lui attribuant toutes sortes de projets de conspiration farfelus. Les scandales avaient indéniablement été nombreux, surtout dans les années 1970 avec les radicaux de gauche lorsque certaines... bévues constitutionnelles avaient effectivement eu lieu. Mais après cinq enquêtes publiques sur la Säpo, durement critiquée, une nouvelle génération de fonctionnaires était apparue. Des éléments travailleurs, recrutés dans les brigades financières, des armes et des fraudes de la police ordinaire – des policiers qui avaient l'habitude d'enquêter sur de vrais crimes et pas sur des fantaisies politiques.

La Säpo avait été modernisée, et l'accent avait été mis sur la protection de la Constitution. Sa mission, comme elle était formulée dans l'instruction du gouvernement, était de prévenir les menaces contre la sécurité intérieure de la nation et d'y parer. C'est-à-dire de contrecarrer *toute activité illégale utilisant la violence, la menace ou la contrainte, ayant pour but de modifier notre Constitution en amenant des organes politiques ou des autorités décisionnaires à prendre des décisions orientées ou d'empêcher le citoyen individuel de jouir de ses libertés et de ses droits inscrits dans la Constitution.*

La mission de la Protection de la Constitution était par conséquent de défendre la démocratie suédoise contre des complots antidémocratiques réels ou supposés. Ceux-ci étant principalement à attendre des anarchistes et des nazis. Les anarchistes parce qu'ils s'obstinaient à pratiquer la désobéissance civile sous forme d'incendies criminels contre des magasins de fourrures. Les nazis parce qu'ils étaient nazis et donc par définition des adversaires de la démocratie.

Avec une formation de juriste à la base, Torsten Edklinth avait commencé sa carrière comme procureur, puis il avait travaillé pour la Säpo pendant vingt et un ans. Tout d'abord sur le terrain comme administrateur de la protection des personnalités, et ensuite à la Protection de la Constitution où ses tâches avaient évolué entre analyse et direction administrative pour le mener finalement sur un fauteuil de chef de cabinet. Autrement dit, il était le chef suprême de la partie policière de la défense de la démocratie suédoise. Le commissaire Torsten Edklinth se considérait comme démocrate. En ce sens, la définition était simple. La Constitution était votée par le Parlement et sa mission à lui était de veiller à ce qu'elle reste intacte.

La démocratie suédoise est basée sur une seule loi et peut être abrégée en trois lettres : YGL, pour *yttrandefrihets-grundlagen*, la loi fondamentale sur la liberté d'expression. L'YGL établit le droit imprescriptible de dire, d'avoir pour opinion, de penser et de croire n'importe quoi. Ce droit est accordé à tous les citoyens suédois, du nazi attardé à l'anarchiste lanceur de pierres en passant par tous les intermédiaires.

Toutes les autres lois fondamentales, comme la Constitution par exemple, ne sont que des broderies pratiques autour de la liberté d'expression. L'YGL est par conséquent la loi qui garantit la survie de la démocratie. Edklinth estimait que sa tâche primordiale était de défendre la liberté des citoyens suédois de penser et de dire exactement ce qu'ils voulaient, même s'il ne partageait pas une seule seconde le contenu de leur pensée et de leurs dires.

Cette liberté ne signifie cependant pas que tout soit autorisé, ce que certains fondamentalistes de la liberté d'expression, surtout des pédophiles et des groupes racistes, essaient de faire valoir dans le débat sur la politique culturelle. Toute démocratie a ses limites, et les limites de l'YGL sont établies par la loi sur la liberté de la presse, *tryckfrihetsförordningen* ou TF. Celle-ci définit en principe quatre restrictions dans la démocratie. Il est interdit de publier de la pornographie impliquant des enfants et certaines scènes de violence sexuelle, quel que soit le degré artistique que l'auteur revendique. Il est interdit d'exciter à la révolte et d'inciter au crime. Il est interdit de diffamer et de calomnier un concitoyen. Et il est interdit d'inciter à la haine raciale.

La liberté de la presse elle aussi a été ratifiée par le Parlement et elle constitue une restriction à la démocratie socialement et démocratiquement acceptable, c'est-à-dire le contrat social qui établit les cadres d'une société civilisée. La moelle de la législation signifie que personne n'a le droit de persécuter ou d'humilier un autre être humain.

Liberté d'expression et liberté de la presse étant des lois, il faut une autorité pour garantir l'obéissance à ces lois. En Suède, cette fonction est partagée par deux institutions, dont l'une, le *justitiekanslern* ou JK, a pour mission de poursuivre en justice des contrevenants à la liberté de la presse.

De ce point de vue, Torsten Edklinth était loin d'être satisfait. Il estimait que le JK était vraiment trop laxiste côté poursuites en justice pour ce qui relevait d'infractions directes à la Constitution suédoise. Le JK répondait en général que le principe de démocratie était si important qu'il ne devait intervenir et intenter un procès qu'en cas extrême. Cette attitude avait cependant commencé à être de plus en plus contestée ces dernières années, surtout depuis que le secrétaire général du comité d'Helsinki de Suède, Robert Hårdh, avait déterré un rapport qui examinait le manque d'initiatives du JK pendant un certain nombre d'années. Le rapport constatait qu'il était pratiquement impossible d'intenter un procès et de faire condamner quelqu'un pour incitation à la haine raciale.

La deuxième institution était le département de la Säpo pour la protection de la Constitution, et le commissaire Torsten Edklinth prenait sa tâche très au sérieux. Il estimait que c'était le plus beau poste, et le plus important, qu'un policier suédois pouvait occuper, et il ne l'aurait échangé contre aucun autre au sein de toute la Suède judiciaire ou policière. Il était tout simplement le seul policier en Suède qui avait pour mission officielle de faire fonction de policier politique. C'était une tâche délicate qui exigeait une grande sagesse et un sens de la justice taillé au millimètre, puisque l'expérience de trop nombreux pays démontrait qu'une police politique pouvait facilement se transformer en la plus grande menace contre la démocratie.

Les médias et la population pensaient généralement que la Protection de la Constitution avait principalement pour mission de gérer des nazis et des militants végétaliens. Ce genre de manifestants intéressait certes grandement la Protection de la Constitution, mais au-delà existait toute une suite d'institutions et de phénomènes qui faisaient aussi partie des missions du département. Si, par exemple, le roi ou le commandant en chef des armées se mettaient en tête que le système parlementaire avait fait son temps et que le Parlement devait être remplacé par une dictature militaire, le roi ou le commandant en chef seraient rapidement dans le collimateur de la Protection de la Constitution. Et si un groupe de policiers se mettait en tête d'interpréter librement la loi au point que les droits constitutionnels d'un individu en seraient réduits, c'était également à la Protection de la Constitution de réagir. Dans de tels cas graves, l'enquête était de plus placée sous les ordres du procureur de la nation.

Le problème qui se présentait était évidemment que la Protection de la Constitution avait presque exclusivement une fonction d'analyse et de vérification, et aucune activité d'intervention. D'où le fait que c'était généralement la police ordinaire ou d'autres sections de la Säpo qui intervenaient lors d'arrestations d'éléments nazis.

Torsten Edklinth considérait cette réalité comme profondément insatisfaisante. Presque tous les pays normaux entretiennent un tribunal constitutionnel indépendant sous une forme ou une autre, qui en particulier a pour mission de veiller à ce que les autorités ne portent pas atteinte à la démocratie. En Suède, cette mission est confiée au procureur général de la couronne ou au *justitieombudsman*, personne désignée par le Parlement pour veiller à ce que les fonctionnaires de l'Etat respectent la loi dans l'exercice de leurs fonctions, qui doit cependant se conformer aux décisions d'autres personnes. Si la Suède avait eu un tribunal constitutionnel, l'avocate de Lisbeth Salander aurait immédiatement pu intenter un procès à l'Etat suédois pour violations de ses droits constitutionnels. Le tribunal aurait ainsi pu exiger que tous les documents soient présentés et il aurait pu citer à comparaître n'importe qui, y compris le Premier ministre, jusqu'à ce que l'affaire soit résolue. Dans la situation actuelle, l'avocate pouvait à la rigueur aviser le *justitieombudsman* qui n'avait cependant pas l'autorité pour se présenter à la Säpo et commencer à exiger de voir des documents.

Pendant de nombreuses années, Torsten Edklinth avait été un chaleureux défenseur de l'instauration d'un tribunal constitutionnel. Il aurait alors pu s'occuper de manière simple de l'information que lui avait donnée Dragan Armanskij, en faisant une déposition à la police et en livrant les éléments au tribunal. Ainsi un processus inexorable se serait-il mis en branle.

Dans l'état actuel des choses, Torsten Edklinth n'avait pas la compétence juridique pour engager une enquête préliminaire.

Il soupira et prit une pincée de tabac à chiquer.

Si les informations de Dragan Armanskij correspondaient à la vérité, cela signifiait qu'un certain nombre de membres de la Säpo occupant des postes supérieurs avaient fermé les yeux sur une suite de délits graves envers une femme suédoise, puis sur de fausses bases avaient fait interner sa fille dans un hôpital psychiatrique et finalement avaient laissé à un ancien espion d'élite russe le champ libre pour se consacrer aux trafics d'armes, de drogue et de femmes. Torsten Edklinth fit la moue. Il ne voulait même pas commencer à compter combien d'infractions à la loi avaient dû avoir lieu en cours de route. Sans parler du cambriolage chez Mikael Blomkvist, de l'agression de l'avocate de Lisbeth Salander et peut-être – ce qu'Edklinth refusait de croire – une complicité dans l'assassinat d'Alexander Zalachenko.

Torsten Edklinth n'avait aucune envie de se trouver mêlé à une salade pareille. Malheureusement, il l'avait été à l'instant même où Dragan Armanskij l'avait invité à dîner.

Il s'agissait maintenant de savoir comment gérer cette situation. Formellement, la réponse était simple. Si le récit d'Armanskij était véridique, Lisbeth Salander avait été au plus haut point dépouillée de sa possibilité d'exercer ses libertés et ses droits constitutionnels. Et l'on pouvait s'attendre à un véritable nid de serpents quand on se disait que des organes politiques ou des autorités décisionnaires pouvaient avoir été influencés dans leurs prises de décision, touchant là au noyau même des tâches de la Protection de la Constitution. Torsten Edklinth était un policier ayant connaissance d'un crime et son devoir était donc d'en aviser un procureur. De façon plus informelle, la réponse n'était pas tout aussi simple. Elle était même carrément compliquée.

L'INSPECTRICE ROSA FIGUEROLA, malgré son nom inhabituel, était née en Dalécarlie dans une famille habitant en Suède depuis l'époque de Gustave Vasa. Elle était de ces femmes que les gens remarquent, et ce pour plusieurs raisons. Elle avait trente-six ans, des yeux bleus et elle ne mesurait pas moins d'un mètre quatre-vingt-quatre. Ses cheveux blonds et bouclés étaient coupés court. Elle était jolie et sa façon de s'habiller la rendait très attirante.

Et elle était exceptionnellement bien entraînée.

Dans l'adolescence, elle avait pratiqué l'athlétisme à un haut niveau et à dix-sept ans avait failli se qualifier pour l'équipe suédoise aux Jeux olympiques. Depuis, elle avait cessé l'athlétisme, mais elle s'entraînait comme une forcenée dans une salle de sport cinq soirs par semaine. Elle s'entraînait si souvent que les endorphines fonctionnaient comme une drogue qui la mettait en état de manque quand elle interrompait ses séances. Elle faisait du jogging et de la muscu, jouait au tennis, pratiquait le karaté et s'était en outre adonnée au bodybuilding pendant dix ans. Elle avait cependant énormément diminué cette variante extrême de glorification du corps deux ans auparavant, à l'époque où elle consacrait deux heures par jour à soulever de la fonte. A présent, elle n'en était qu'à une petite demi-heure quotidienne, mais sa forme physique était telle et son corps si musculeux que certains de ses collègues peu sympathiques l'appelaient M. Figuerola. Quand elle mettait des débardeurs ou des robes d'été, personne ne pouvait éviter de remarquer ses biceps et ses deltoïdes.

Sa constitution physique dérangeait donc nombre de ses collègues mâles, mais aussi le fait qu'elle n'était pas qu'une belle plante. Sortie du lycée avec les meilleures notes possible, elle était entrée à l'Ecole de police à vingt ans et avait ensuite travaillé pendant neuf ans à la police d'Uppsala tout en consacrant ses moments de loisir à suivre des études de droit. Histoire de s'amuser, elle avait aussi passé un examen de sciences po. Elle n'avait aucun problème pour mémoriser et analyser des connaissances. Elle lisait rarement des polars ou autre littérature de divertissement. Par contre, elle se plongeait avec un immense intérêt dans les sujets les plus variés, du droit international jusqu'à l'histoire de l'Antiquité.

A la police, elle était passée de gardien de la paix – ce qui était une grande perte pour la sécurité dans les rues d'Uppsala – au poste d'inspectrice criminelle, d'abord à la Crim et ensuite à la brigade spécialisée en criminalité économique. En 2000, elle avait postulé à la police de sûreté à Uppsala et, en 2001, elle avait été mutée à Stockholm. Elle avait commencé par travailler au contre-espionnage, mais avait presque immédiatement été sélectionnée pour la Protection de la Constitution par Torsten Edklinth, qui connaissait le père de Rosa Figuerola et avait suivi sa carrière d'année en année.

Lorsque Edklinth avait fini par décider qu'il devait absolument agir à la suite de l'information de Dragan Armanskij, il avait réfléchi un moment puis soulevé le combiné et convoqué Rosa Figuerola dans son bureau. Cela faisait moins de trois ans qu'elle travaillait à la Protection de la Constitution, ce qui signifiait qu'elle tenait encore plus du véritable policier que du rond-de-cuir aguerri.

Ce jour-là, elle portait un blue-jean moulant, des sandales turquoise à petits talons et une veste bleu marine.

— Tu es sur quoi en ce moment ? demanda Edklinth en guise de bonjour et il l'invita à s'asseoir.

— On est en train d'enquêter sur le hold-up dans l'épicerie de proximité, tu sais, à Sunne, il y a deux semaines.

Ce n'était certainement pas à la Säpo de s'occuper de hold-up dans des épiceries. Ce genre de travail de base relevait exclusivement de la police ordinaire. Rosa Figuerola dirigeait une section de cinq collaborateurs à la Protection de la Constitution qui se consacraient à l'analyse de la criminalité politique. Leur outil le plus important était un certain nombre d'ordinateurs mis en réseau avec le fichier des incidents rapportés à la police ordinaire. Pratiquement toutes les dépositions qui étaient faites à la police où que ce soit en Suède passaient par les ordinateurs dont Rosa Figuerola était la chef. Ces ordinateurs étaient pourvus d'un logiciel qui scannait automatiquement chaque rapport de police et qui était programmé pour réagir à trois cent dix mots spécifiques, du genre bougnoul, skinhead, croix gammée, immigré, anarchiste, salut hitlérien, nazi, national-démocrate, traître à la patrie, pute juive ou musulman. Dès que ce genre de vocabulaire figurait dans un rapport de police, l'ordinateur donnait l'alerte et le rapport en question était sorti et examiné de plus près. Si le contexte semblait l'exiger, on pouvait demander l'accès à l'enquête préliminaire et pousser plus loin les vérifications.

Une des tâches de la Protection de la Constitution consiste à publier chaque année le rapport intitulé *Menaces contre la sûreté de l'Etat*, qui constitue la seule statistique fiable de la criminalité politique. Cette statistique est exclusivement basée sur les dépositions faites aux commissariats locaux. Dans le cas du hold-up de l'épicerie de proximité à Sunne, le programme avait réagi sur trois mots-clés – immigré, épaulette et bougnoul. Deux jeunes hommes masqués avaient dévalisé, sous la menace d'un pistolet, une épicerie dont le propriétaire était un immigré. Ils avaient mis la main sur une somme de 2 780 couronnes et une cartouche de cigarettes. L'un des malfaiteurs avait un blouson avec des épaulettes représentant le drapeau suédois. L'autre malfrat avait plusieurs fois crié "putain de bougnoul" au propriétaire du magasin et l'avait forcé à se coucher par terre.

Cela avait suffi pour que les collaborateurs de Figuerola sortent l'enquête préliminaire et essaient de voir si les voleurs étaient en cheville avec les bandes de nazis locales du Värmland, et si dans ce cas le hold-up devait être classé criminalité à caractère raciste, puisqu'un des voleurs avait exprimé des opinions en ce sens. Si tel était le cas, le hold-up pouvait très bien figurer dans les statistiques à venir, qui par la suite seraient analysées et insérées dans la statistique européenne que les bureaux de l'UE à Vienne établissaient chaque année. Il pouvait aussi en ressortir que les voleurs étaient des scouts qui avaient acheté un blouson avec le drapeau suédois et que c'était un pur hasard que le propriétaire du magasin soit immigré et que le mot "bougnoul" ait été prononcé. Si c'était le cas, la section de Figuerola supprimerait ce hold-up des statistiques.

— J'ai une mission chiante pour toi, dit Torsten Edklinth.

— Ah bon, dit Rosa Figuerola.

— Un boulot qui potentiellement peut te faire sombrer dans une totale disgrâce, voire même couler ta carrière.

— Je comprends.

— Si au contraire tu réussis ta mission et que les choses se goupillent bien, ça peut signifier un grand pas en avant dans ta carrière. J'ai l'intention de te muter à l'unité d'intervention de la Protection de la Constitution.

— Désolée de te le dire, mais la Protection de la Constitution n'a pas d'unité d'intervention.

— Si, dit Torsten Edklinth. Désormais il en existe une. Je l'ai créée ce matin même. Pour l'instant, elle ne comporte qu'une seule personne. Toi.

Rosa Figuerola eut l'air hésitante.

— La mission de la Protection de la Constitution est de défendre la Constitution contre des menaces internes, ce qui en gros signifie les nazis ou les anarchistes. Mais qu'est-ce qu'on fait s'il s'avère que la menace contre la Constitution vient de notre propre organisation ?

Il passa la demi-heure suivante à relater en détail l'histoire que Dragan Armanskij lui avait fournie la veille au soir.

— Qui est la source de ces affirmations ? demanda Rosa Figuerola.

— Aucune importance pour l'instant. Concentre-toi sur l'information dont nous disposons.

— Ce que je veux savoir, c'est si tu considères la source comme crédible.

— Je connais cette source depuis de nombreuses années et je la considère comme extrêmement crédible.

— Tout ça, c'est carrément… eh bien, je ne sais pas, moi. Si je dis invraisemblable, je n'en suis encore qu'au prénom.

Edklinth hocha la tête.

— Comme un roman d'espionnage, dit-il.

— Alors qu'est-ce que tu attends de moi ?

— A partir de maintenant, tu es détachée de toutes tes autres missions. Tu n'en as plus qu'une – examiner le degré de véracité de cette histoire. Soit tu me confirmes, soit tu rejettes les affirmations. Tu en réfères directement à moi et à personne d'autre.

— Seigneur, dit Rosa Figuerola. Je comprends ce que tu voulais dire en disant que je peux y laisser des plumes.

— Oui. Mais si l'histoire est vraie… si rien qu'une infime partie de ces affirmations est vraie, nous nous trouvons face à une crise constitutionnelle qu'il va falloir gérer.

— Je commence où ? Je fais comment ?

— Commence par le plus simple. Commence par lire ce rapport que Gunnar Björck a écrit en 1991. Ensuite tu identifies tous ceux qui, paraît-il, surveillent Mikael Blomkvist. D'après ma source, le propriétaire de la voiture est un certain Göran Mårtensson, quarante ans, policier et domicilié dans Vittangigatan à Vällingby. Ensuite tu identifies l'autre type sur les photos prises par le photographe de Mikael Blomkvist. Le blond plus jeune, ici.

— OK.

— Ensuite tu vérifieras le passé d'Evert Gullberg. Je n'ai jamais entendu parler du bonhomme, mais d'après ma source il y a forcément un lien avec la police de sûreté.

— Ça voudrait dire que quelqu'un ici aurait commandité l'assassinat d'un espion à un vieux de soixante-dix-huit ans. Je n'y crois pas.

— Vérifie quand même. Et l'enquête doit se dérouler dans le secret. Avant que tu prennes quelque mesure que ce soit, je veux être informé. Je ne veux pas le moindre rond sur l'eau.

— C'est une enquête énorme que tu me demandes. Comment je vais pouvoir faire ça toute seule ?

— Tu ne le feras pas toute seule. Tu vas seulement t'occuper de cette première vérif. Si tu reviens et me dis qu'après avoir vérifié tu n'as rien trouvé, alors c'est tout vu. Si tu trouves quoi que ce soit de suspect, on verra comment continuer.

ROSA FIGUEROLA PASSA SA PAUSE DÉJEUNER à soulever de la ferraille dans la salle de sport de l'hôtel de police. Son déjeuner proprement dit consistait en un café noir et un sandwich de boulettes de viande et salade de betteraves rouges, qu'elle emporta dans son bureau. Elle ferma la porte, dégagea sa table de travail et commença à lire le rapport de Gunnar Björck tout en mangeant son sandwich.

Elle lut aussi l'annexe avec la correspondance entre Björck et le Dr Peter Teleborian. Elle nota chaque nom et chaque événement dans le rapport qui feraient l'objet d'une vérification. Au bout de deux heures, elle se leva et alla chercher un autre café à la machine. En quittant son bureau, elle ferma à clé la porte, ce qui faisait partie des procédures quotidiennes à la Säpo.

Elle commença par contrôler le numéro de rôle. Elle appela l'archiviste qui lui confirma qu'il n'existait aucun rapport avec ce numéro. Son deuxième contrôle fut de consulter des archives médiatiques. Ce fut plus fructueux. Les deux journaux du soir et un journal du matin avaient parlé d'une personne grièvement blessée dans l'incendie d'une voiture dans Lundagatan ce jour-là en 1991. La victime était un homme d'âge moyen dont le nom n'était pas mentionné. L'un des journaux du soir rapportait qu'un témoin affirmait que l'incendie avait été sciemment allumé par une jeune fille. Il s'agirait donc du fameux cocktail Molotov que Lisbeth

Salander avait lancé sur un agent russe du nom de Zalachenko. En tout cas, l'incident semblait bel et bien avoir eu lieu.

Gunnar Björck, à l'origine du rapport, était un individu réel. C'était un décideur connu et haut placé à la brigade des étrangers, en arrêt maladie pour hernie discale et malheureusement décédé du fait de son suicide.

Le service du personnel ne pouvait cependant pas la renseigner sur les occupations de Gunnar Björck en 1991. Les informations étaient classées secrètes, même pour les collaborateurs de la Säpo. Rien que du normal.

Il fut aisé de vérifier que Lisbeth Salander avait habité Lundagatan en 1991 et qu'elle avait passé les deux années suivantes à la clinique de pédopsychiatrie de Sankt Stefan. Pour ces passages, la réalité ne semblait en tout cas pas contredire le contenu du rapport.

Peter Teleborian était un psychiatre connu qu'on voyait souvent à la télé. Il avait travaillé à Sankt Stefan en 1991, et il en était aujourd'hui le médecin-chef.

Rosa Figuerola réfléchit un long moment à la signification de ce rapport. Ensuite, elle appela le chef adjoint du service du personnel.

— J'ai une question compliquée à poser, précisa-t-elle.

— Laquelle ?

— On est sur une affaire d'analyse, ici, à la Protection de la Constitution. Il est question d'évaluer la crédibilité d'une personne et sa santé psychique en général. J'aurais besoin de consulter un psychiatre ou un autre spécialiste qui soit habilité à entendre des informations classées secrètes. On m'a parlé du Dr Peter Teleborian et je voudrais savoir si je peux faire appel à lui.

La réponse tarda un petit moment.

— Le Dr Peter Teleborian a été consultant extérieur pour la Säpo à quelques occasions. Il dispose de l'agrément et tu peux discuter des informations protégées par le secret avec lui dans des termes généraux. Mais avant de le contacter, il va falloir que tu suives la procédure administrative. Ton chef doit donner son aval et déposer une demande formelle pour pouvoir consulter Teleborian.

Le cœur de Rosa Figuerola se mit à battre un peu plus vite. Elle venait d'obtenir la confirmation de quelque chose que très peu de gens devaient connaître. Peter Teleborian avait été en relation avec la Säpo. Ce qui renforçait la crédibilité du rapport.

Elle s'arrêta là sur ce chapitre et passa à d'autres volets du dossier que Torsten Edklinth lui avait fourni. Elle examina les deux personnes sur les photos de Christer Malm, qui avaient donc filé Mikael Blomkvist à partir du café Copacabana le 1er Mai.

Elle consulta le registre des immatriculations et constata que Göran Mårtensson existait réellement, propriétaire d'une Volvo grise avec le numéro en question. Ensuite le service du personnel de la Säpo lui confirma qu'il y était employé. C'était le contrôle le plus élémentaire qu'elle puisse faire, et cette information aussi semblait correcte. Son cœur battit encore un peu plus.

Göran Mårtensson travaillait au service de protection des personnalités. Il était garde du corps. Il faisait partie du groupe de collaborateurs qui à plusieurs occasions avait répondu de la sécurité du Premier ministre. Depuis quelques semaines, il était cependant temporairement mis à la disposition du contre-espionnage. Son congé avait débuté le 10 avril, quelques jours après qu'Alexander Zalachenko et Lisbeth Salander avaient été admis à l'hôpital Sahlgrenska, mais ce genre de déplacement n'avait rien d'inhabituel, si on était en manque de personnel pour une affaire urgente.

Ensuite Rosa Figuerola appela le chef adjoint du contre-espionnage, un homme qu'elle connaissait personnellement et pour qui elle avait travaillé pendant son bref séjour au département. Elle demanda si Göran Mårtensson travaillait sur quelque chose d'important ou bien si, pour les besoins d'une enquête, il pouvait être mis à sa disposition à la Protection de la Constitution.

Le chef adjoint du contre-espionnage fut perplexe. On avait dû mal la renseigner. Göran Mårtensson de la Protection des personnalités n'avait pas été mis à la disposition du contre-espionnage. Désolé.

Rosa Figuerola reposa le combiné et fixa le téléphone pendant deux minutes. A la Protection des personnalités, on croyait que Mårtensson était mis à la disposition du contre-espionnage. Au contre-espionnage, personne n'avait demandé ses services. De tels transferts étaient accordés et gérés par le secrétaire général. Elle tendit la main pour prendre le téléphone et appeler le secrétaire général, mais se ravisa. Si la Protection des personnalités avait prêté Mårtensson, le secrétaire général avait forcément donné son aval à cette décision. Mais Mårtensson ne se trouvait pas au contre-espionnage. Ce que le secrétaire général devait savoir. Et si Mårtensson était mis à la disposition d'un département qui filait Mikael Blomkvist, le secrétaire général devait le savoir aussi.

Torsten Edklinth lui avait dit de ne pas provoquer de ronds sur l'eau. Poser la question au secrétaire général devait donc ressembler au lancer d'un très gros pavé dans une petite mare.

ERIKA BERGER S'INSTALLA derrière son bureau dans la cage en verre peu après 10 h 30 le lundi et soupira longuement. Elle avait grandement besoin de la tasse de café qu'elle venait de rapporter de la salle du personnel. Elle avait passé les premières heures de sa journée de travail à expédier deux réunions. La première avait été une réunion de quinze minutes où le secrétaire de rédaction Peter Fredriksson avait présenté les grandes lignes du travail de la journée. Compte tenu de son manque de confiance à l'égard de Lukas Holm, elle était de plus en plus obligée de se fier au jugement de Fredriksson.

La deuxième était une réunion d'une heure avec le président du CA, Magnus Borgsjö, le directeur financier de *SMP*, Christer Sellberg, et le responsable du budget, Ulf Flodin. On avait passé en revue le fléchissement du marché des annonces et la baisse des ventes au numéro. Le chef du budget et le directeur financier s'accordaient pour réclamer des mesures pour diminuer le déficit du journal.

— On a passé le premier trimestre cette année grâce à une faible hausse du marché des annonces et grâce au départ à la retraite de deux employés au Nouvel An. Ces deux postes sont restés vacants, avait dit Ulf Flodin. On pourra sans doute passer le trimestre en cours avec un déficit insignifiant. Mais de toute évidence, les journaux gratuits *Metro* et *Stockholm City* continuent à grignoter le marché des annonces à Stockholm. Le seul pronostic que nous ayons, c'est que le troisième trimestre de cette année présentera un déficit marqué.

— Et quelle sera notre riposte ? avait demandé Borgsjö.

— Le seul choix logique, c'est d'opérer des coupes claires. Il n'y a pas eu de licenciements depuis 2002. J'estime qu'avant la fin de l'année, au moins dix postes doivent être éliminés.

— Lesquels ? avait demandé Erika Berger.

— Il faudra utiliser le principe de la raclette et sélectionner un poste par-ci, un poste par-là. La rubrique Sports dispose en ce moment de six postes et demi. Là, on devrait arriver à se limiter à cinq pleins temps.

— Si j'ai bien compris, les Sports sont déjà sur les genoux. Cela signifierait qu'on devrait réduire la couverture des événements sportifs dans son ensemble.

Flodin avait haussé les épaules.

— Si vous avez de meilleures idées, je suis tout ouïe.

— Je n'ai pas de meilleures idées, mais le principe est que si nous éliminons du personnel, il nous faudra faire un journal plus mince et si nous faisons un journal plus mince, le nombre de lecteurs va baisser et par conséquent le nombre d'annonceurs aussi.

— L'éternel cercle vicieux, avait dit le directeur financier Sellberg.

— J'ai été engagée pour inverser cette évolution. Cela veut dire que je vais tout miser sur l'offensif pour changer le journal et le rendre plus attirant pour les lecteurs. Mais je ne peux pas le faire si je rogne sur le personnel.

Elle s'était tournée vers Borgsjö.

— Combien de temps est-ce que ce journal peut saigner ? Quel déficit peut-on encaisser avant le point de non-retour ?

Borgsjö avait fait la moue.

— Depuis le début des années 1990, SMP a grignoté une grande partie de ses vieux fonds. Nous avons un portefeuille d'actions qui a perdu presque trente pour cent de sa valeur au cours des dix dernières années. Beaucoup de ces fonds ont été utilisés pour des investissements dans l'informatique. Il s'agit donc de dépenses vraiment importantes.

— Je note que SMP a développé son propre système de rédaction de texte, cette chose qu'on appelle AXT. Ça a coûté combien ?

— Environ 5 millions de couronnes.

— J'ai du mal à comprendre la logique. Il existe des programmes bon marché tout prêts dans le commerce.

Pourquoi est-ce que *SMP* a tenu à développer ses propres logiciels ?

— Eh bien, Erika… j'aimerais bien qu'on me le dise. Mais c'était l'ancien chef technique qui nous a persuadés de le faire. Il disait qu'à la longue on y gagnerait et qu'en plus *SMP* pourrait vendre des licences du logiciel à d'autres journaux.

— Et quelqu'un l'a-t-il acheté ?

— Oui, effectivement, un journal local en Norvège.

— Hou là, super ! avait dit Erika Berger d'une voix sèche. Question suivante, on a actuellement des PC qui ont cinq-six ans d'âge…

— Il est exclu d'investir dans de nouveaux ordinateurs cette année, avait dit Flodin.

La discussion s'était poursuivie. Erika s'était bien rendu compte que Flodin et Sellberg ignoraient ses remarques. Pour eux, la seule valeur admise était les restrictions, chose compréhensible du point de vue d'un chef du budget et d'un directeur financier, mais inacceptable de celui d'une toute nouvelle rédactrice en chef. Ce qui l'avait irritée était qu'ils balayaient sans cesse ses arguments avec des sourires aimables qui la faisaient se sentir comme une lycéenne interrogée au tableau. Sans qu'un seul mot inconvenant soit prononcé, ils avaient à son égard une attitude tellement classique que c'en était presque comique. *Ne te fatigue pas la tête avec des choses aussi compliquées, ma petite.*

Borgsjö n'avait pas été d'une grande aide. Il restait dans l'expectative et laissait les autres participants à la réunion parler jusqu'au bout, mais elle n'avait pas ressenti la même attitude avilissante de sa part.

Elle soupira, alluma son portable et ouvrit son courrier électronique. Elle avait reçu dix-neuf mails. Quatre étaient des spams de quelqu'un qui voulait 1) qu'elle achète du Viagra, 2) lui proposer du cybersexe avec *The Sexiest Lolitas on the Net* moyennant seulement 4 dollars la minute, 3) lui faire une offre un peu plus hard d'*Animal Sex, the Juiciest Horse Fuck in the Universe*, ainsi que 4) lui proposer un abonnement à la lettre électronique *Mode.nu*, éditée par une entreprise pirate qui inondait le marché avec ses offres promotionnelles et qui n'arrêtait pas d'envoyer ces merdes malgré ses demandes réitérées de cesser. Sept mails étaient des prétendues lettres du Nigeria, envoyées par la veuve de l'ancien directeur de la Banque nationale d'Abou Dhabi qui lui ferait parvenir des sommes fantastiques si seulement elle pouvait mettre au pot un petit capital destiné à instaurer une confiance réciproque, et d'autres fantaisies du même acabit.

Les mails restants étaient le menu du matin, le menu du midi, trois mails de Peter Fredriksson, le secrétaire de rédaction, qui lui notait les corrections de l'édito, un mail de son contrôleur aux comptes personnel qui fixait rendez-vous pour faire le point sur les changements dans son salaire depuis son transfert de *Millénium* à SMP, puis un mail de son dentiste lui rappelant qu'il était temps pour le rendez-vous trimestriel. Elle nota le rendez-vous dans son agenda électronique et comprit immédiatement qu'elle serait obligée de le changer puisqu'elle avait une conférence de rédaction importante ce jour-là.

Pour finir elle ouvrit le dernier mail qui avait pour expéditeur centralred@smpost.se et pour objet [à l'attention de la rédactrice en chef]. Elle reposa lentement sa tasse de café.

[SALE PUTE ! POUR QUI TU TE PRENDS ESPÈCE DE SALOPE. NE VA PAS CROIRE QUE TU PEUX ARRIVER COMME ÇA AVEC TES GRANDS AIRS. TU VAS TE PRENDRE UN TOURNEVIS DANS LE CUL, SALE PUTE ! TU FERAIS MIEUX DE TE BARRER VITE FAIT.]

Erika Berger leva les yeux et chercha le chef des Actualités, Lukas Holm. Il n'était pas à sa place et elle ne le voyait nulle part dans la rédaction. Elle vérifia l'expéditeur, prit le combiné et appela Peter Fleming, le chef technique de SMP.

— Salut. Qui utilise l'adresse centralred@smpost.se ?

— Personne. Cette adresse n'existe pas chez nous.

— Je viens de recevoir un mail de cette adresse justement.

— C'est truqué. Est-ce qu'il y a des virus dedans ?

— Non. En tout cas, l'antivirus n'a pas réagi.

— OK. Cette adresse n'existe pas. Mais il est très facile de fabriquer une adresse qui semble authentique. Il existe des sites sur le Net qui transmettent ce genre de mail.

— Est-ce qu'on peut les remonter ?

— C'est pratiquement impossible même si la personne est suffisamment con pour l'envoyer de son ordi personnel.

On peut éventuellement pister le numéro IP vers un serveur, mais s'il utilise un compte qu'il a ouvert sur hotmail, par exemple, la trace s'arrête.

Erika le remercia pour l'information, puis réfléchit un instant. Ce n'était certainement pas la première fois qu'elle recevait un mail de menace ou un message d'un cinglé. Ce mail faisait manifestement référence à son nouveau poste de rédactrice en chef de SMP. Elle se demandait s'il s'agissait d'un fêlé qui l'avait repérée au moment des obsèques de Morander ou bien si l'expéditeur se trouvait dans la maison.

ROSA FIGUEROLA RÉFLÉCHISSAIT en long et en large à la façon de s'y prendre pour Evert Gullberg. Un des avantages de travailler à la Protection de la Constitution était qu'elle avait la compétence pour consulter pratiquement n'importe quelle enquête de police en Suède ayant trait à la criminalité raciste ou politique. Elle constata qu'Alexander Zalachenko était un immigré, et que sa mission à elle était entre autres d'examiner la violence exercée à l'encontre de personnes nées à l'étranger et de décider si celle-ci avait des origines racistes ou non. Elle avait donc le droit légitime de lire l'enquête sur l'assassinat de Zalachenko pour déterminer si Evert Gullberg avait des liens avec une organisation raciste ou s'il avait exprimé des opinions racistes au moment de l'assassinat. Elle commanda l'enquête et la lut attentivement. Elle y trouva les lettres qui avaient été envoyées au ministre de la Justice et constata qu'à part un certain nombre d'attaques personnelles dégradantes et d'ordre revanchard, elles comportaient aussi les mots "valets des bougnouls" et "traître à la patrie".

Là-dessus, il fut 17 heures. Rosa Figuerola enferma tout le matériel dans le coffre-fort de son bureau, enleva le mug de café, ferma l'ordinateur et pointa son départ. Elle marcha d'un pas rapide jusqu'à une salle de sport sur la place de Sankt Erik et passa l'heure suivante à faire un peu d'entraînement soft.

Cela fait, elle rentra à pied à son deux-pièces dans Pontonjärgatan, prit une douche et mangea un dîner tardif mais diététiquement correct. Elle envisagea d'appeler Daniel Mogren qui habitait trois immeubles plus loin dans la même rue. Daniel était menuisier et bodybuilder, et depuis trois ans, il était périodiquement son copain d'entraînement. Ces derniers mois ils s'étaient aussi vus pour quelques moments érotiques entre copains.

Faire l'amour était presque aussi satisfaisant qu'une séance intense à la salle de sport, mais maintenant qu'elle avait largement dépassé la trentaine et s'approchait de la quarantaine, Rosa Figuerola avait commencé à se dire qu'elle devrait s'intéresser à un homme permanent et à une situation plus stable. Peut-être même avoir des enfants. Mais pas avec Daniel Mogren.

Après avoir hésité un moment, elle décida qu'en fait, elle n'avait envie de voir personne. Elle alla se coucher avec un livre sur l'histoire de l'Antiquité. Elle s'endormit peu avant minuit.

13

MARDI 17 MAI

ROSA FIGUEROLA SE RÉVEILLA à 6 h 10 le mardi, fit un jogging soutenu le long de Norr Mälarstrand, prit une douche et pointa son entrée à l'hôtel de police à 8 h 10. Elle passa la première heure de la matinée à dresser un compte rendu avec les conclusions qu'elle avait tirées la veille.

À 9 heures, Torsten Edklinth arriva. Elle lui accorda vingt minutes pour expédier son éventuel courrier du matin, puis elle alla frapper à sa porte. Elle attendit dix minutes pendant lesquelles son chef lut son compte rendu. Il lut les quatre feuilles A4 deux fois du début à la fin. Pour finir, il la regarda.

— Le secrétaire général, dit-il pensivement.

Elle hocha la tête.

— Il a forcément approuvé la mise à disposition de Mårtensson. Il doit par conséquent savoir que Mårtensson ne se trouve pas au contre-espionnage où il devrait se trouver, à en croire la Protection des personnalités.

Torsten Edklinth ôta ses lunettes, sortit une serviette en papier et les nettoya méticuleusement. Il réfléchit. Il avait rencontré le secrétaire général Albert Shenke à des réunions et des conférences internes un nombre incalculable de fois, mais il ne pouvait pas dire que personnellement il le connaissait bien. C'était un individu relativement petit, aux cheveux fins et blond-roux, et dont le tour de taille avait gonflé au fil des ans. Il savait que Shenke avait au moins cinquante-cinq ans et qu'il avait travaillé à la Säpo pendant au moins vingt-cinq ans, voire davantage. Il était secrétaire général depuis dix ans et auparavant il avait été secrétaire général adjoint ou avait occupé d'autres postes au sein de l'administration. Il percevait Shenke comme une personne taciturne qui n'hésitait pas à recourir à la force. Edklinth n'avait aucune idée de la manière dont Shenke employait son temps libre, mais il se souvenait de l'avoir vu un jour dans le garage de l'hôtel de police en vêtements décontractés, des clubs de golf sur l'épaule. Il avait aussi croisé Shenke une fois à l'opéra par hasard, plusieurs années auparavant.

— Il y a une chose qui m'a frappée, dit Rosa.

— Je t'écoute.

— Evert Gullberg. Il a fait son service militaire dans les années 1940, puis il est devenu juriste spécialisé dans la fiscalité et a disparu dans le brouillard dans les années 1950.

— Oui ?

— Quand on parlait de ça, on parlait de lui comme s'il avait été un tueur à gages.

— Je sais que ça peut paraître tiré par les cheveux, mais…

— Ce qui m'a frappée, c'est qu'il a tellement peu de passé dans les documents que ça semble presque fabriqué. Dans les années 1950 et 1960, la Säpo, tout comme les services secrets de l'armée, a monté des entreprises à l'extérieur de la maison mère.

Torsten Edklinth hocha la tête.

— Je me demandais quand tu allais penser à cette possibilité.

— J'ai besoin d'une autorisation d'entrer dans les fichiers du personnel des années 1950, dit Rosa Figuerola.

— Non, dit Torsten Edklinth en secouant la tête. On ne peut pas entrer dans les archives sans l'autorisation du secrétaire général et on ne veut pas attirer l'attention avant d'en avoir un peu plus sous la main.

— Alors comment on va procéder, d'après toi ?

— Mårtensson, dit Edklinth. Trouve sur quoi il travaille.

LISBETH SALANDER EXAMINAIT SOIGNEUSEMENT le système d'aération dans sa chambre fermée à clé quand elle entendit la porte s'ouvrir et vit le Dr Anders Jonasson entrer. Il était plus de 22 heures le mardi. Il l'interrompit dans ses projets d'évasion de Sahlgrenska.

Elle avait mesuré la partie aération de la fenêtre et constaté que sa tête pourrait passer et qu'elle ne devrait pas avoir trop de problèmes à faire suivre aussi le reste du corps. Il y avait trois étages entre elle et le sol, mais une combinaison de draps déchirés et une rallonge de trois mètres de long d'une lampe d'appoint devraient aider à résoudre ce problème.

En pensée, elle avait planifié sa fuite dans le moindre détail. Le problème était les vêtements. Elle avait des culottes et la chemise de nuit du Conseil général, et une paire de sandales en plastique qu'on lui avait prêtée. Elle avait 200 couronnes en liquide que lui avait données Annika Giannini pour pouvoir commander des sucreries au kiosque de l'hôpital. Ça suffirait pour un jean et un tee-shirt chez les Fourmis, à condition qu'elle sache localiser le fripier à Göteborg. Le reste de l'argent devait suffire pour pouvoir appeler Plague. Ensuite les choses se mettraient en ordre. Elle envisageait d'atterrir à Gibraltar quelques jours après son évasion pour ensuite se construire une nouvelle identité quelque part dans le monde.

Anders Jonasson hocha la tête et s'assit dans le fauteuil des visiteurs. Elle fit de même au bord du lit.

— Salut Lisbeth. Désolé de ne pas avoir eu le temps de venir te voir ces jours-ci, mais on m'a fait des misères aux urgences et en plus j'ai été désigné pour servir de mentor à deux jeunes médecins ici.

Elle hocha la tête. Elle ne s'était pas attendue à ce que cet Anders Jonasson lui rende des visites particulières.

Il prit son dossier et examina attentivement sa courbe de température et sa médication. Il nota qu'elle restait stable entre 37 et 37,2 degrés et qu'au cours de la semaine, elle n'avait pas eu besoin d'antalgiques pour ses maux de tête.

— C'est le Dr Endrin qui est ton médecin. Tu t'entends bien avec elle ?

— Elle est OK, répondit Lisbeth sans grand enthousiasme.

— Ça te va si je t'examine ?

Elle hocha la tête. Il sortit une lampe-stylo de sa poche, se pencha vers elle et éclaira ses yeux pour vérifier la contraction des pupilles. Il lui demanda d'ouvrir la bouche et examina sa gorge. Ensuite il mit doucement les mains autour de son cou et tourna sa tête en avant et en arrière, puis sur les côtés, plusieurs fois.

— Pas de problèmes avec la nuque ? demanda-t-il.

Elle secoua la tête.

— Et le mal de crâne ?

— Il revient de temps en temps, mais ça passe.

— Le processus de cicatrisation est toujours en cours. Le mal de tête va disparaître progressivement.

Ses cheveux étaient encore tellement courts qu'il n'eut qu'à écarter une petite touffe pour tâter la cicatrice au-dessus de l'oreille. Elle ne présentait pas de problème, mais il restait une petite croûte.

— Tu as encore gratté la plaie. Arrête ça, tu m'entends.

Elle hocha la tête. Il prit son coude gauche et souleva son bras.

— Est-ce que tu arrives à lever le bras toute seule ?

Elle leva le bras.

— Est-ce que tu ressens une douleur ou une gêne à l'épaule ?

Elle secoua la tête.

— Ça tire ?

— Un peu.

— Je crois que tu devrais travailler les muscles de l'épaule un peu plus.

— C'est difficile quand on est enfermé à clé.

Il lui sourit.

— Ça ne va pas durer éternellement. Est-ce que tu fais les exercices que t'a indiqués le thérapeute ?

Elle hocha la tête.

Il prit le stéthoscope et l'appliqua contre son propre poignet pour le chauffer. Puis il s'assit sur le bord du lit, déboutonna la chemise de nuit de Lisbeth, écouta son cœur et prit son pouls. Il lui demanda de se pencher en avant et plaça le stéthoscope sur son dos pour écouter les poumons.

— Tousse.

Elle toussa.

— OK. Tu peux reboutonner ta chemise. Médicalement parlant, tu es plus ou moins rétablie.

Elle hocha la tête. Elle s'attendait à ce qu'il se lève en promettant de revenir la voir dans quelques jours, mais il resta sur le bord du lit. Il ne dit rien pendant un long moment et il avait l'air de réfléchir. Lisbeth attendit patiemment.

— Tu sais pourquoi je suis devenu médecin ? demanda-t-il soudain.

Elle secoua la tête.

— Je viens d'une famille d'ouvriers. J'ai toujours voulu devenir médecin. En fait, je voulais devenir psychiatre quand j'étais ado. J'étais terriblement intello.

Lisbeth l'observa avec une soudaine attention dès qu'il prononça le mot "psychiatre".

— Mais je n'étais pas sûr de pouvoir venir à bout des études. Alors, après le lycée, j'ai suivi une formation de soudeur et ensuite j'ai exercé ce métier pendant quelques années.

Il hocha la tête comme pour confirmer qu'il disait vrai.

— Je trouvais que c'était une bonne idée d'avoir une formation dans la poche si jamais je foirais les études de médecine. Et il n'y a pas une énorme différence entre un soudeur et un médecin. Dans les deux cas, c'est une sorte de bricolage. Et maintenant je travaille ici à Sahlgrenska où je répare des gens comme toi.

Elle fronça les sourcils en se demandant avec méfiance s'il se fichait d'elle. Mais il avait l'air tout à fait sérieux.

— Lisbeth… je me demandais…

Il resta silencieux si longtemps que Lisbeth eut presque envie de lui demander ce qu'il voulait. Mais elle se maîtrisa et attendit.

— Je me demandais si tu te fâcherais contre moi si je te posais une question privée et personnelle. Je voudrais te la poser en tant que personne privée. Je veux dire, pas en tant que médecin. Je ne vais pas noter ta réponse et je ne vais pas la discuter avec qui que ce soit. Tu n'as pas besoin de répondre si tu ne veux pas.

— Quoi ?

— C'est une question indiscrète et personnelle.

Elle rencontra son regard.

— Depuis l'époque où on t'a enfermée à Sankt Stefan à Uppsala quand tu avais douze ans, tu as refusé de répondre chaque fois qu'un psychiatre a essayé de parler avec toi. Comment ça se fait ?

Les yeux de Lisbeth Salander s'assombrirent un peu. Elle contempla Anders Jonasson avec un regard dépourvu de la moindre expression. Elle resta silencieuse pendant deux minutes.

— Pourquoi tu demandes ça ? finit-elle par demander.

— Pour tout te dire, je ne suis pas très sûr. Je crois que j'essaie de comprendre quelque chose.

La bouche de Lisbeth se crispa légèrement.

— Je ne parle pas avec les docteurs des fous parce qu'ils n'écoutent jamais ce que je dis.

Anders Jonasson hocha la tête puis brusquement se mit à rire.

— OK. Dis-moi… qu'est-ce que tu penses de Peter Teleborian ?

Anders Jonasson avait lancé le nom de façon tellement inattendue que Lisbeth sursauta presque. Ses yeux s'étrécirent considérablement.

— C'est quoi, ce putain de truc ? Quitte ou double ? Qu'est-ce que tu cherches, là ?

Sa voix sonna tout à coup comme du papier de verre. Anders Jonasson se pencha tellement près d'elle qu'il venait presque envahir son territoire personnel.

— Parce qu'un… comment tu disais déjà… docteur des fous du nom de Peter Teleborian, qui n'est pas totalement inconnu dans mon corps de métier, m'a entrepris par deux fois ces derniers jours pour essayer d'obtenir la possibilité de t'examiner.

Lisbeth sentit soudain un courant glacé lui ruisseler dans le dos.

— Le tribunal d'instance va le désigner pour faire ton évaluation psychiatrique légale.

— Et ?

— Je n'aime pas Peter Teleborian. Je lui ai refusé l'accès. La deuxième fois, il a surgi inopinément et a essayé d'entrer en fraude en baratinant une infirmière.

Lisbeth serra la bouche.

— Son comportement m'a paru un peu bizarre et un peu trop insistant pour être normal. D'où mon envie de savoir ce que tu penses de lui.

Cette fois-ci, ce fut au tour d'Anders Jonasson d'attendre patiemment que Lisbeth Salander veuille parler.

— Teleborian est un salaud, répondit-elle finalement.

— Y a-t-il une affaire personnelle entre vous ?

— On peut dire ça, oui.

— J'ai aussi eu un entretien avec un gars des autorités qui pour ainsi dire voudrait que je laisse Teleborian avoir accès à toi.

— Et ?

— Je lui ai demandé s'il avait la compétence de médecin pour juger de ton état, puis je lui ai dit d'aller se faire foutre. Quoique en termes un peu plus diplomatiques.

— OK.

— Une dernière question. Pourquoi est-ce que tu me dis tout ça ?

— Tu me l'as demandé.

— Oui. Mais je suis médecin et j'ai fait de la psychiatrie. Alors pourquoi est-ce que tu me parles ? Dois-je comprendre que c'est parce que tu as une certaine confiance en moi ?

Elle ne répondit pas.

— Alors je choisis de l'interpréter ainsi. Je veux que tu saches que tu es ma patiente. Cela veut dire que je travaille pour toi et pas pour quelqu'un d'autre.

Elle le regarda avec méfiance. Il l'observa en silence pendant un moment. Puis il parla sur un ton léger.

— D'un point de vue médical, tu es plus ou moins rétablie. Tu as besoin de quelques semaines supplémentaires en convalescence. Mais malheureusement, tu te portes comme un charme.

— Malheureusement ?

— Oui. Il lui adressa un petit sourire. Tu te portes carrément beaucoup trop bien.

— Qu'est-ce que tu veux dire ?

— Je veux dire que je n'ai plus de raison justifiable de te garder isolée ici et que la procureur va bientôt pouvoir demander ton transfert vers une maison d'arrêt à Stockholm en attendant le procès qui aura lieu dans six semaines. A mon avis, cette demande va nous tomber dessus dès la semaine prochaine. Et cela veut dire que Peter Teleborian va avoir l'occasion de t'examiner.

Elle resta totalement immobile dans le lit. Anders Jonasson eut l'air embêté et se pencha en avant pour arranger l'oreiller. Il parla fort comme s'il réfléchissait à haute voix.

— Tu n'as pas mal à la tête et tu n'as pas de fièvre, et il est probable que le Dr Endrin te fera quitter l'hôpital.

Il se leva soudain.

— Merci de m'avoir parlé. Je reviendrai te voir avant que tu sois transférée.

Il était arrivé à la porte quand elle parla.

— Docteur Jonasson.

Il se tourna vers elle.

— Merci.

Il hocha brièvement la tête avant de sortir et de fermer la porte à clé.

LISBETH SALANDER GARDA LONGTEMPS les yeux fixés sur la porte verrouillée. Pour finir, elle s'allongea et regarda le plafond.

Ce fut alors qu'elle découvrit qu'il y avait quelque chose de dur sous sa nuque. Elle souleva l'oreiller et eut la surprise de voir un sachet en tissu qui définitivement ne s'y était pas trouvé auparavant. Elle l'ouvrit et vit sans rien comprendre un ordinateur de poche Palm Tungsten T3 avec un chargeur de batteries. Puis elle regarda l'ordinateur d'un peu plus près et vit une petite rayure sur le bord supérieur. Son cœur fit un bond. *C'est mon Palm. Mais comment…* Sidérée, elle déplaça le regard vers la porte fermée à clé. Anders Jonasson était un homme plein de surprises. Elle alluma l'ordinateur et découvrit très vite qu'il était protégé par un mot de passe.

Elle regarda, frustrée, l'écran qui clignotait avec impatience. *Et comment ces cons s'imaginent-ils que je vais…* Puis elle regarda dans le sachet en tissu et découvrit au fond un bout de papier plié. Elle l'extirpa, l'ouvrit et lut la ligne écrite d'une écriture soignée.

C'est toi, la reine des hackers, non ? T'as qu'à trouver ! Super B.

Lisbeth rit pour la première fois en plusieurs semaines. *Merci pour la monnaie de sa pièce !* Elle réfléchit quelques secondes. Puis elle saisit le stylet et écrivit la combinaison 9277, qui correspondait aux lettres WASP sur le clavier. C'était le code que Foutu Super Blomkvist avait été obligé de trouver lorsqu'il s'était introduit dans son appartement dans Fiskargatan à Mosebacke et avait déclenché l'alarme.

Ça ne marcha pas.

Elle essaya 78737 correspondant aux lettres SUPER.

Ça ne marcha pas non plus. Ce Foutu Super Blomkvist avait forcément envie qu'elle utilise l'ordinateur, il devait donc avoir choisi un mot de passe relativement simple. Il avait signé Super Blomkvist, surnom que d'ordinaire il détestait. Elle fit ses associations, réfléchit un moment. A tous les coups, il y avait de la vanne dans l'air. Elle pianota 3434, pour FIFI.

L'ordinateur se mit docilement en marche.

Elle eut droit à un émoticone souriant avec une bulle.

[Tu vois, c'était pas trop compliqué. Je propose que tu cliques sur Mes documents.]

Elle trouva immédiatement le document [Salut Sally] tout en haut de la liste. Double-cliqua et lut.

[Pour commencer : ceci est entre toi et moi. Ton avocate, ma sœur Annika donc, ignore totalement que tu as accès à cet ordinateur. Il faut que ça reste ainsi.

Je ne sais absolument pas dans quelle mesure tu es au courant de ce qui se passe à l'extérieur de ta chambre verrouillée, mais sache que bizarrement, en dépit de ton caractère, un certain nombre de crétins pleins de loyauté travaillent pour toi. Quand tout ça sera terminé, je vais fonder une association de bienfaisance que j'appellerai les Chevaliers de la Table Dingue, dont le seul but sera d'organiser un dîner annuel où on se fendra la gueule en disant du mal de toi. (Non – tu n'es pas invitée.)

Bon. Venons-en au fait. Annika est en train de se préparer pour le procès. Un problème dans ce contexte est évidemment qu'elle travaille pour toi et qu'elle est adepte de toutes ces conneries d'intégrité. Ça veut dire qu'elle ne me dit même pas, à moi, de quoi vous discutez toutes les deux, ce qui est un peu handicapant. Heureusement, elle accepte de recevoir des informations.

Il faut qu'on se mette d'accord, toi et moi.

N'utilise pas mon adresse mail.

Je suis peut-être parano, mais j'ai de bonnes raisons de croire que je ne suis pas le seul à la consulter. Si tu as quelque chose à livrer, entre dans le groupe Yahoo [Table-Dingue]. Identité Fifi et mot de passe : f9i2f7i7. Mikael.]

Lisbeth lut deux fois la lettre de Mikael et regarda l'ordinateur de poche avec perplexité. Après une période de célibat informatique total, elle était en état de cybermanque incommensurable. Elle se dit que Super Blomkvist avait bien réfléchi avec ses pieds quand il avait entrepris de lui passer en fraude un ordinateur mais en oubliant totalement qu'elle avait besoin d'un téléphone portable pour obtenir le réseau.

Elle en était là de ses réflexions lorsqu'elle entendit des pas dans le couloir. Elle ferma immédiatement l'ordinateur et l'enfonça sous l'oreiller. La clé tournait dans la serrure quand elle réalisa que le sachet en tissu et le chargeur étaient toujours sur la table de chevet. Elle tendit la main et fourra à toute vitesse le sachet sous la couverture et coinça le câble de raccord et le chargeur entre ses jambes. Elle était sagement allongée en train de regarder le plafond lorsque l'infirmière de nuit entra et la salua aimablement, lui demanda comment elle allait et si elle avait besoin de quelque chose.

Lisbeth expliqua que tout allait bien sauf qu'elle avait besoin d'un paquet de cigarettes. Cette demande fut gentiment mais fermement refusée. Mais elle eut droit à un paquet de chewing-gums à la nicotine. Quand l'infirmière referma la porte, Lisbeth entraperçut le vigile de chez Securitas en poste sur sa chaise dans le couloir. Lisbeth attendit d'entendre les pas s'éloigner avant de ressortir l'ordinateur de poche.

Elle l'alluma et chercha le réseau.

La sensation fut proche du choc lorsque l'ordinateur indiqua soudain qu'il avait trouvé un réseau et l'avait verrouillé. *Contact avec le réseau. C'est pas possible.*

Elle sauta du lit si vite qu'une douleur fusa dans sa hanche blessée. Elle jeta un regard ahuri partout dans la pièce. Comment ? Elle en fit lentement le tour et examina le moindre recoin… *Non, il n'y a pas de téléphone portable dans la pièce.* Pourtant elle obtenait un réseau. Puis un sourire en biais se répandit sur son visage. Le réseau était forcément un sans-fil et la connection via un téléphone portable avec Bluetooth, opérant sans problème dans un rayon de dix-douze mètres. Son regard se porta vers une grille d'aération en haut du mur.

Super Blomkvist avait planté un téléphone juste à côté de sa chambre. C'était la seule explication.

Mais pourquoi ne pas faire entrer carrément le téléphone dans sa chambre… *La batterie. Bien sûr !*

Son Palm avait besoin d'être rechargé tous les trois jours à peu près. Un portable qu'elle mettrait à rude épreuve en surfant épuiserait rapidement sa batterie. Blomkvist, ou plutôt celui qu'il avait recruté et qui se trouvait là-dehors, devait régulièrement changer la batterie.

Par contre, il lui avait évidemment fourni le chargeur de son Palm. Il fallait qu'elle l'ait sous la main. C'était plus facile de cacher et d'utiliser un seul objet que deux. *Pas si con que ça après tout, le Super Blomkvist.*

Lisbeth commença par se demander où elle allait planquer l'ordinateur. Il fallait trouver une cachette. A part la prise électrique à côté de la porte, il y en avait une autre dans le panneau derrière son lit, à laquelle la lampe de chevet et le réveil digital étaient branchés. Le poste de radio ayant été retiré du bloc de chevet, cela laissait une cavité. Elle sourit. Aussi bien le chargeur que l'ordinateur de poche y trouvaient leur place. Elle pouvait utiliser la prise de la table de chevet pour laisser l'ordinateur se charger pendant la journée.

LISBETH SALANDER ÉTAIT HEUREUSE. Son cœur battait la chamade lorsque, pour la première fois en deux mois, elle alluma l'ordinateur de poche et partit sur le Net.

Surfer avec un ordinateur de poche Palm avec un écran minuscule et un stylet n'était pas aussi simple que surfer avec un PowerBook avec un écran de 17 pouces. Mais elle était connectée. De son lit à Sahlgrenska elle pouvait atteindre le monde entier.

Pour commencer, elle alla sur un site privé qui faisait de la pub pour des photos relativement inintéressantes d'un photographe amateur du nom de Bill Bates à Jobsville, Pennsylvanie. Un jour, Lisbeth avait vérifié et constaté que Jobsville n'existait pas. Malgré cela, Bates avait fait plus de deux cents photos de la localité qu'il avait mises sur son site sous forme de petits onglets. Elle fit défiler jusqu'à la photo n° 167 et cliqua sur la loupe. La photo représentait l'église de Jobsville. Elle pointa le curseur sur le sommet du clocher et cliqua. Elle obtint immédiatement une fenêtre qui demandait son identité et son mot de passe. Elle prit le stylet et écrivit *Remarkable* dans la case identité et *A(89)Cx#magnolia* comme mot de passe.

Une fenêtre s'afficha : [ERROR – You have the wrong password] et un bouton [OK – Try again]. Lisbeth savait que si elle cliquait sur [OK – Try again] et qu'elle essayait un autre mot de passe, elle aurait la même fenêtre – année après année, elle pouvait essayer à l'infini. Au lieu de cela, elle cliqua sur la lettre O dans le mot [ERROR].

L'écran devint noir. Ensuite une porte animée s'ouvrit et un personnage qui ressemblait à Lara Croft surgit. Une bulle se matérialisa avec le texte [WHO GOES THERE ?]

Elle cliqua sur la bulle et écrivit le mot *Wasp*. Elle eut immédiatement la réponse [PROVE IT – OR ELSE…] tandis que la Lara Croft animée défaisait le cran de sécurité d'un pistolet. Lisbeth savait que la menace n'était pas totalement fictive. Si elle écrivait le mauvais mot de passe trois fois de suite, la page s'éteindrait et le nom Wasp serait rayé de la liste de membres. Elle écrivit soigneusement le mot de passe *MonkeyBusiness*.

L'écran changea de forme à nouveau et afficha un fond bleu avec le texte :

[Welcome to Hacker Republic, citizen Wasp. It is 56 days since your last visit. There are 10 citizens online. Do you want to (a) Browse the Forum (b) Send a Message (c) Search the Archive (d) Talk (e) Get laid ?]

Elle cliqua sur [(d) Talk], passa ensuite dans le menu [Who's online ?] et reçut une liste avec les noms Andy, Bambi, Dakota, Jabba, BuckRogers, Mandrake, Pred, Slip, SisterJen, SixOfOne et Trinity.

[Hi gang], écrivit Wasp.
[Wasp. That really U ?] écrivit SixOfOne immédiatement. [Look who's home.]
[Où t'étais ?] demanda Trinity.
[Plague disait que t'as des emmerdes], écrivit Dakota.

Lisbeth n'était pas certaine, mais elle pensait que Dakota était une femme. Les autres membres en ligne, y compris celui qui se faisait appeler SisterJen, étaient des hommes. Hacker Republic avait en tout et pour tout (la dernière fois qu'elle s'était connectée) soixante-deux membres, dont quatre filles.

[Salut Trinity], écrivit Lisbeth. [Salut tout le monde.]
[Pourquoi tu dis bonjour qu'à Trin ? On n'est pas des pestiférés], écrivit Dakota.
[On est sorti ensemble], écrivit Trinity. [Wasp ne fréquente que des gens intelligents.]

Il reçut immédiatement *va te faire* de cinq côtés.

Des soixante-deux citoyens, Wasp en avait rencontré deux dans la vraie vie. Plague, qui exceptionnellement n'était pas online, en était un. Trinity était l'autre. Il était anglais et domicilié à Londres. Deux ans plus tôt, elle l'avait rencontré pendant quelques heures, quand il les avait aidés, Mikael Blomkvist et elle, dans la chasse à Harriet Vanger, en établissant une écoute téléphonique clandestine dans la paisible banlieue de St. Albans. Lisbeth se démenait avec le stylet électronique peu commode et regrettait de ne pas avoir un clavier.

[T'es toujours là ?] demanda Mandrake.

Elle pointa les lettres l'une après l'autre.

[Sorry. J'ai qu'un Palm. Ça va pas vite.]
[Qu'est-ce qu'est arrivé à ton ordi ?] demanda Pred.
[Mon ordi va bien. C'est moi qui ai des problèmes.]
[Raconte à grand frère], écrivit Slip.
[L'Etat me garde prisonnière.]
[Quoi ? Pourquoi ?] La réponse fusa immédiatement de trois des chatteurs.

Lisbeth résuma sa situation sur cinq lignes qui furent accueillies par ce qui ressemblait à un murmure préoccupé.

[Comment tu vas ?] demanda Trinity.
[J'ai un trou dans le crâne.]
[Je remarque aucune différence], constata Bambi.
[Wasp a toujours eu de l'air dans le crâne], dit SisterJen, avant d'enchaîner sur une série d'invectives péjoratives sur les capacités intellectuelles de Wasp.

Lisbeth sourit. La conversation fut reprise par une réplique de Dakota.

[Attendez. On est confronté à une attaque contre un citoyen de Hacker Republic. Quelle sera notre réponse ?]
[Attaque nucléaire sur Stockholm ?] proposa SixOfOne.
[Non, ce serait exagéré], dit Wasp.
[Une bombe miniature ?]
[Va te faire voir, SixOO.]
[On pourrait éteindre Stockholm], proposa Mandrake.
[Un virus qui éteint le gouvernement ?]

D'UNE MANIÈRE GÉNÉRALE, les citoyens de Hacker Republic ne répandaient pas de virus. Au contraire – c'était des hackers et par conséquent des adversaires farouches des crétins qui balancent des virus informatiques dans le seul but de saboter la Toile et naufrager des ordinateurs. C'étaient des drogués d'informations, par contre, et qui tenaient à avoir une Toile en état de fonctionnement pour pouvoir la pirater.

En revanche, la proposition d'éteindre le gouvernement suédois n'était pas une menace en l'air. Hacker Republic était un club très exclusif comptant en son sein les meilleurs parmi les meilleurs, une force d'élite que n'importe quelle Défense nationale aurait payée des sommes colossales pour son aide dans des buts cybermilitaires, si tant est que *the citizens* puissent être incités à ressentir ce genre de loyauté envers un Etat. Ce qui n'était guère vraisemblable.

Mais en même temps, ils étaient des *computer wizards* et parfaitement au courant de l'art de la fabrication des virus informatiques. Ils n'étaient pas non plus difficiles à convaincre pour réaliser des campagnes spéciales si la situation l'exigeait. Quelques années auparavant, un *citizen* de Hacker Rep, free-lance concepteur de logiciels en Californie, s'était fait voler un brevet par une start-up, qui de plus avait eu le toupet de traîner le citoyen devant la justice. Ceci avait amené tous les activistes de Hacker Rep à consacrer une énergie remarquable pendant six mois à pirater et détruire tous les ordinateurs de cette société. Chaque secret d'affaires et chaque mail – ainsi que quelques documents fabriqués qui pouvaient laisser croire que la société s'adonnait à la fraude fiscale – étaient joyeusement exposés sur le Net en même temps que des informations sur la maîtresse secrète du PDG et des photos d'une fête à Hollywood où le même PDG sniffait de la coke. La société avait fait faillite au bout de six mois et, bien que plusieurs années se soient écoulées depuis, quelques membres rancuniers de la milice populaire de Hacker Republic continuaient à hanter l'ancien PDG.

Si une cinquantaine des hackers les plus éminents au monde décidaient de s'unir pour une attaque commune contre un Etat, cet Etat survivrait probablement mais pas sans des problèmes considérables. Les coûts s'élèveraient sans doute à des milliards si Lisbeth tournait le pouce vers le haut. Elle réfléchit un instant.

[Pas pour le moment. Mais si les choses se goupillent pas comme je veux, je demanderai peut-être de l'aide.]

[T'as qu'à le dire], dit Dakota.

[Ça fait longtemps qu'on n'a pas emmerdé un gouvernement], dit Mandrake.

[J'ai une proposition, l'idée générale c'est d'inverser le système de paiement des impôts. Un programme qui serait comme fait sur mesure pour un petit pays comme la Norvège], écrivit Bambi.

[C'est bien, sauf que Stockholm c'est en Suède], écrivit Trinity.

[On s'en fout. Tout ce qu'on a à faire, c'est…]

LISBETH SALANDER SE PENCHA EN ARRIÈRE contre l'oreiller et suivit la conversation avec un petit sourire. Elle se demanda pourquoi elle, qui avait tant de mal à parler d'elle-même aux personnes qu'elle rencontrait face à face, révélait sans le moindre problème ses secrets les plus intimes à une bande de farfelus totalement inconnus sur Internet. Mais le fait était que si Lisbeth Salander avait une famille et un groupe d'appartenance, c'était justement ces fêlés complets. Aucun d'eux n'avait réellement la possibilité de l'aider dans ses déboires avec l'Etat suédois. Mais elle savait qu'au besoin ils consacreraient un temps et une énergie considérables à des démonstrations de force appropriées. Grâce au réseau du Net, elle pourrait aussi trouver des cachettes à l'étranger. C'était Plague qui l'avait aidée à se procurer le passeport norvégien au nom d'Irene Nesser.

Lisbeth ignorait tout de l'apparence physique des citoyens de Hacker Rep et elle n'avait qu'une vague idée de ce qu'ils faisaient hors du Net – les citoyens étaient particulièrement vagues au sujet de leurs identités. SixOfOne par exemple, prétendait qu'il était un citoyen américain noir, mâle et d'origine catholique, domicilié à Toronto au Canada. Il aurait tout aussi bien pu être blanche, femme, luthérienne et domiciliée à Skövde en Suède.

Celui qu'elle connaissait le mieux était Plague – c'était lui qui un jour l'avait présentée à la famille, et personne ne devenait membre de cette société exclusive sans des recommandations particulièrement appuyées. Celui qui devenait membre devait en plus connaître personnellement un autre citoyen – dans le cas de Lisbeth, Plague.

Sur le Net, Plague était un citoyen intelligent et socialement doué. En réalité, il était un trentenaire obèse et asocial avec une pension d'invalidité, qui habitait à Sundbyberg. Il se lavait franchement trop peu souvent et son appartement puait. Lisbeth limitait au maximum ses visites chez lui. Le fréquenter sur le Net était amplement suffisant.

Tandis que le chat se poursuivait, Wasp téléchargea les mails parvenus dans sa boîte aux lettres privée à Hacker Rep. Un mail de Poison contenait une version améliorée de son programme Asphyxia 1.3 mise à la disposition de tous les citoyens de la république dans les archives. Le logiciel Asphyxia permettait de contrôler les ordinateurs d'autres personnes à partir d'Internet. Poison expliqua qu'il avait utilisé le programme avec succès et que sa version améliorée couvrait les dernières versions d'Unix, d'Apple et de Windows. Elle lui envoya une courte réponse et le remercia de la mise à jour.

Pendant l'heure suivante, alors que le soir tombait sur les Etats-Unis, une demi-douzaine de nouveaux *citizens* s'étaient connectés, avaient souhaité la bienvenue à Wasp et s'étaient mêlés à la discussion. Quand Lisbeth finit par quitter, le débat traitait de la possibilité d'amener l'ordinateur du Premier ministre suédois à envoyer des messages polis mais totalement azimutés à d'autres chefs de gouvernement dans le monde. Un groupe de travail s'était créé pour étoffer la question. Lisbeth termina en pianotant une courte contribution du bout de son stylet.

[Continuez à parler mais ne faites rien sans mon accord. Je reviens quand je pourrai me connecter.]

Tout le monde dit "bisous, bisous" et lui recommanda de prendre soin du trou dans son crâne.

UNE FOIS DÉCONNECTÉE DE HACKER REPUBLIC, Lisbeth entra dans [www.yahoo.com] et se connecta au newsgroup [Table-Dingue]. Elle découvrit que le forum avait deux membres, elle-même et Mikael Blomkvist. La boîte aux lettres contenait un seul mail qui avait été envoyé deux jours plus tôt. Il avait pour objet [Lis d'abord ceci].

[Salut Sally. Voici la situation en ce moment :

• La police n'a pas encore trouvé ton adresse et elle n'a pas accès au DVD du viol de Bjurman. Ce DVD représente une preuve très lourde mais je ne veux pas le donner à Annika sans ton autorisation. J'ai aussi les clés de ton appartement et le passeport au nom d'Irene Nesser.

• Par contre, la police a le sac à dos que tu avais à Gosseberga. Je ne sais pas s'il contient quelque chose de compromettant.]

Lisbeth réfléchit un moment. Bof. Un thermos à moitié rempli de café, quelques pommes et des vêtements de rechange. Pas d'inquiétude à avoir.

[Tu seras poursuivie pour coups et blessures aggravés, assortis de tentative d'homicide sur Zalachenko ainsi que coups et blessures aggravés sur Carl-Magnus Lundin du MC Svavelsjö à Stallarholmen – ils considèrent que tu lui as tiré une balle dans le pied et donné un coup de pied qui lui a brisé la mâchoire. Une source fiable à la police nous informe cependant que, dans les deux cas, les preuves sont un peu floues. Ce qui suit est important :

(1) Avant que Zalachenko soit tué, il a tout nié et affirmé que ça devait être Niedermann qui t'avait tiré dessus et qui t'avait enterrée dans la forêt. Il a fait une déposition contre toi pour tentative d'homicide. Le procureur va insister sur le fait que c'est la deuxième fois que tu essaies de tuer Zalachenko.

(2) Ni Magge Lundin ni Benny Nieminen n'a dit un mot sur ce qui s'est passé à Stallarholmen. Lundin est arrêté pour l'enlèvement de Miriam Wu. Nieminen a été relâché.]

Lisbeth soupesa les mots de Mikael et haussa les épaules. Elle avait déjà discuté tout cela avec Annika Giannini. C'était une situation merdique mais pas des nouvelles. Elle avait rendu compte, le cœur sur la main, de tout ce qui s'était passé à Gosseberga, mais elle s'était abstenue de donner des détails sur Bjurman.

[Pendant quinze ans, Zala a été protégé pratiquement quoi qu'il entreprenne. Des carrières se sont construites sur l'importance de Zalachenko. A quelques occasions, on a aidé Zala en faisant le ménage après ses frasques. Tout cela est criminel. Autrement dit, des autorités suédoises ont aidé à occulter des crimes contre des individus.

Si cela venait à être connu, il y aurait un scandale politique qui toucherait des gouvernements de droite aussi bien que sociaux-démocrates. Cela signifie surtout qu'un certain nombre de hauts responsables de la Säpo seraient jetés en pâture et désignés comme ayant soutenu des activités criminelles et immorales. Même si les crimes individuels sont prescrits, il y aura scandale. Il s'agit de poids lourds qui sont aujourd'hui à la retraite ou pas loin.

Ils vont tout faire pour limiter les dégâts et c'est là que tout à coup tu redeviens un pion dans le jeu. Cette fois-ci, il ne s'agit cependant pas de sacrifier un pion sur le plateau de jeu – il s'agit de limiter activement les dégâts pour leur propre compte. Donc, tu seras obligatoirement coincée.]

Lisbeth se mordit pensivement la lèvre inférieure.

[Voici comment ça fonctionne : ils savent qu'ils ne vont pas pouvoir conserver le secret sur Zalachenko beaucoup plus longtemps. Je connais l'histoire et je suis journaliste. Ils savent que tôt ou tard, je vais publier. Ça n'a plus trop d'importance puisqu'il est mort. Maintenant c'est pour leur propre survie qu'ils se battent. Les points suivants sont par conséquent tout en haut de leur liste de priorités :

(1) Ils doivent persuader le tribunal de grande instance (c'est-à-dire l'opinion publique) que la décision de t'enfermer à Sankt Stefan en 1991 était une décision légitime – que tu étais réellement psychiquement malade.

(2) Ils doivent distinguer "l'affaire Lisbeth Salander" de "l'affaire Zalachenko". Ils essaient de se mettre en position de dire que "bien sûr, Zalachenko était un salaud, mais ça n'avait rien à voir avec la décision de boucler sa fille. Elle a été bouclée parce qu'elle était malade mentale – toute autre affirmation ne serait qu'inventions maladives de journalistes aigris. Non, nous n'avons pas assisté Zalachenko lors d'un crime – ce ne sont là que divagations ridicules d'une adolescente malade mentale."

(3) Le problème est donc que si tu es acquittée lors du procès à venir, ça veut dire que le tribunal affirme que tu n'es pas folle, une preuve donc que ton enfermement en 1991 avait quelque chose de louche. Ça veut dire qu'ils doivent à tout prix être en mesure de te condamner à des soins psychiatriques en institution. Si la cour établit que tu es psychiquement malade, les médias n'auront plus autant envie de continuer à fouiller dans l'affaire Salander. Les médias fonctionnent comme ça.

Tu me suis ?]

Lisbeth hocha la tête pour elle-même. Elle était déjà parvenue à ces conclusions depuis longtemps. Le problème était qu'elle ne savait pas très bien comment y remédier.

[Lisbeth – sérieusement –, ce match se jouera dans les médias et pas dans la salle d'audience. Malheureusement, pour des "raisons d'intégrité", le procès se déroulera à huis clos.

Le jour où Zalachenko a été tué, mon appartement a été cambriolé. Il n'y a pas eu effraction et rien n'a été touché ou modifié – à part une chose. Le dossier provenant de la maison de campagne de Bjurman avec le rapport de Gunnar Björck de 1991 a disparu. En même temps, ma sœur s'est fait agresser et la copie qu'elle détenait a été volée. Ce dossier-là est ta pièce à conviction la plus importante.

J'ai fait comme si nous avions perdu les papiers Zalachenko. En réalité, j'ai en ma possession une troisième copie que je destinais à Armanskij. J'en ai fait plusieurs copies que j'ai dispatchées un peu partout.

Le clan adverse, rassemblant certains responsables et certains psychiatres, s'occupe évidemment aussi de préparer le procès, avec l'aide du procureur Richard Ekström. J'ai une source qui fournit quelques informations sur ce qui se trame, mais je me dis que tu as de meilleures possibilités de trouver des infos adéquates… Dans ce cas, ça urge.

Le procureur va essayer de te faire condamner à un internement en psychiatrie. Pour ça, il se fait aider par ton vieil ami Peter Teleborian.

Annika ne va pas pouvoir se lancer dans une campagne médiatique de la même façon que le ministère public, qui va laisser fuiter des informations à sa convenance. Autrement dit, elle a les mains liées.

Moi par contre, je ne suis pas embarrassé par ce genre de restrictions. Je peux écrire exactement ce que je veux – et de plus, j'ai tout un journal à ma disposition.

Il manque deux détails importants.

(1) Premièrement, je voudrais quelque chose qui démontre que le procureur Ekström collabore aujourd'hui avec Teleborian d'une façon indue et toujours dans l'intention de te placer chez les fous. Je voudrais pouvoir apparaître en prime time et présenter des documents qui anéantissent les arguments du procureur.

(2) Pour pouvoir mener une guerre médiatique contre la Säpo, je dois pouvoir discuter en public de choses que tu considères probablement comme de ton domaine privé. Aspirer à l'anonymat est désormais assez abusif, en considérant

tout ce qui a été dit sur toi dans les journaux depuis Pâques. Je dois être en mesure de construire une toute nouvelle image de toi dans les médias – même si à ton avis cela offense ton intimité – et de préférence avec ton accord. Est-ce que tu comprends ce que je veux dire ?]

Elle ouvrit les archives de [Table-Dingue]. Elles contenaient vingt-six documents de taille variable.

14

MERCREDI 18 MAI

ROSA FIGUEROLA SE LEVA A 5 HEURES le mercredi et fit un tour de jogging assez court avant de se doucher et de s'habiller d'un jean noir, d'un débardeur blanc et d'une veste légère en lin gris. Elle prépara des sandwiches et du café dans un thermos. Elle mit aussi un baudrier et sortit son Sig Sauer de l'armoire aux armes. Peu après 6 heures, elle démarra sa Saab 9-5 blanche et se rendit dans Vittangigatan à Vällingby.

Göran Mårtensson habitait au deuxième et dernier étage d'un petit immeuble de banlieue. Au cours du mardi, elle avait sorti tout ce qu'elle pouvait trouver sur lui dans les archives publiques. Il était célibataire, ce qui n'empêchait pas qu'il puisse vivre avec quelqu'un. Il n'y avait rien sur lui à la perception, il n'avait pas de fortune et son train de vie ne semblait en rien extravagant. Il était rarement en arrêt maladie.

Le seul point qui pouvait sembler remarquable était qu'il avait des permis pour seize armes à feu. Trois étant des fusils de chasse, tandis que les autres étaient des pistolets de différents types. Tant qu'il avait les permis pour, ce n'était certes pas un crime, mais Rosa Figuerola nourrissait une méfiance bien fondée contre les gens qui accumulaient de grandes quantités d'armes.

La Volvo avec les plaques d'immatriculation commençant par K A B était stationnée dans le parking à environ quarante mètres de la place où Rosa Figuerola se gara. Elle se versa une demi-tasse de café noir dans un gobelet en carton et mangea un sandwich salade-fromage. Ensuite elle pela une orange et suça longuement chaque quartier.

LORS DE LA VISITE DU MATIN, Lisbeth Salander n'était pas en forme, elle avait un terrible mal de tête. Elle demanda un Alvedon qu'on lui donna sans discuter.

Une heure plus tard, le mal de tête avait empiré. Elle sonna l'infirmière et demanda un autre Alvedon, qui ne lui fit aucun effet. Vers midi, Lisbeth avait tellement mal à la tête que l'infirmière appela le Dr Endrin, qui après un bref examen lui prescrivit des antalgiques puissants.

Lisbeth fit passer les comprimés sous sa langue et les cracha dès qu'elle fut seule.

Vers 14 heures, elle commença à vomir. Les vomissements reprirent vers 15 heures.

Vers 16 heures, le Dr Anders Jonasson arriva dans le service peu avant que le Dr Helena Endrin parte pour la journée. Ils se consultèrent un court moment.

— Elle a des nausées et un fort mal de tête. Je lui ai donné du Dexofen. Je ne comprends pas très bien ce qui lui arrive… Elle avait tellement bien évolué ces derniers temps. Ça pourrait être une sorte de grippe…

— Elle a de la fièvre ? demanda le Dr Jonasson.

— Non, seulement 37,2 il y a une heure. La tension est normale.

— OK. Je garderai un œil sur elle cette nuit.

— Le hic, c'est que je pars en vacances pendant trois semaines, dit Endrin. Ça va être à toi ou à Svantesson de vous charger d'elle. Mais Svantesson ne l'a pas trop suivie…

— OK. Je m'inscris comme son médecin principal pendant ton absence.

— Super. S'il y a une crise et que tu as besoin d'aide, n'hésite pas à m'appeler.

Ils allèrent voir Lisbeth ensemble. Elle était au lit, la couverture tirée jusqu'au bout du nez, et elle avait l'air misérable. Anders Jonasson mit sa main sur son front et constata qu'il était humide.

— Je crois qu'il va falloir t'examiner un peu.

Il remercia le Dr Endrin et lui dit bonsoir.

Vers 17 heures, le Dr Jonasson découvrit que la température de Lisbeth était rapidement passée à 37,8 degrés, qui furent notés dans son dossier. Il passa la voir trois fois au cours de la soirée et nota dans son dossier que la température restait stable autour de 38 degrés – trop élevée pour être normale et trop basse pour constituer un véritable problème. Vers 20 heures, il ordonna une radio du crâne.

Quand il reçut les radios, il les examina minutieusement. Il n'arrivait pas à détecter quoi que ce soit de remarquable, mais constata qu'il y avait une partie plus sombre à peine perceptible immédiatement autour du trou d'entrée de la balle. Il fit une remarque soigneusement formulée et n'engageant à rien dans son dossier :

"Les radios ne permettent aucune conclusion définitive mais l'état de la patiente a manifestement empiré au cours de la journée. Il n'est pas à exclure qu'une petite hémorragie se soit déclarée, non visible sur les radios. La patiente doit rester au repos et sous une stricte surveillance pour les jours à venir."

ERIKA BERGER TROUVA VINGT-TROIS MAILS en arrivant à *SMP* à 6 h 30 le mercredi.

L'un de ces mails avait pour expéditeur redaktion-sr@sverigesradio.com. Le texte était court. Il ne contenait que deux mots.

[SALE PUTE]

Elle soupira et s'apprêta à supprimer le mail. Au dernier moment, elle changea d'avis. Elle remonta dans la liste des mails reçus et ouvrit celui qui était arrivé deux jours auparavant. L'expéditeur s'appelait centralred@smpost.se. *Hmm. Deux mails avec les mots "sale pute" et de faux expéditeurs du monde des médias.* Elle créa un nouveau dossier qu'elle baptisa [DÉTRAQUÉDESMÉDIAS] et y rangea les deux mails. Ensuite elle s'attaqua au menu des actualités du matin.

GÖRAN MÅRTENSSON QUITTA SON DOMICILE à 7 h 40. Il monta dans sa Volvo et se dirigea vers le centre-ville, puis bifurqua par Stora Essingen et Gröndal vers Södermalm. Il prit Hornsgatan et arriva dans Bellmansgatan via Brännkyrkagatan. Il tourna à gauche dans Tavastgatan au niveau du pub *Bishop's Arms* et se gara juste au coin.

Rosa Figuerola eut un pot monstre. Au moment même où elle arrivait devant le *Bishop's Arms*, une fourgonnette partit et lui laissa une place pour se garer dans Bellmansgatan. Elle avait le capot pile au carrefour de Bellmansgatan et Tavastgatan. De sa place surélevée devant le *Bishop's Arms*, elle avait une vue remarquable. Elle voyait un petit bout de la vitre arrière de la Volvo de Mårtensson dans Tavastgatan. Juste devant elle, dans la pente raide qui descendait vers Pryssgränd, se trouvait le numéro 1 de Bellmansgatan. Elle voyait la façade de côté et ne pouvait donc pas voir la porte d'entrée proprement dite, mais dès que quelqu'un en sortait, elle pouvait le voir. Elle ne doutait pas une seconde que c'était cette adresse qui était la raison de la visite de Mårtensson dans le quartier. C'était la porte d'entrée de Mikael Blomkvist.

Rosa Figuerola constata que le secteur autour du 1, Bellmansgatan était un cauchemar à surveiller. Les seuls endroits d'où on pouvait directement observer la porte en bas dans la cuvette de Bellmansgatan étaient la promenade et la passerelle dans le haut de la rue au niveau des ascenseurs publics et de la maison Laurin. Il n'y avait pas de place pour se garer là-haut et un observateur sur la passerelle apparaîtrait nu comme une hirondelle sur un vieux fil téléphonique. L'endroit où Rosa Figuerola s'était garée était en principe le seul où elle pouvait rester dans sa voiture tout en ayant la possibilité d'observer tout le secteur. Mais c'était également un mauvais endroit puisqu'une personne attentive pouvait facilement la voir dans sa voiture.

Elle tourna la tête. Elle ne voulait pas quitter la voiture et commencer à baguenauder dans le quartier ; elle savait qu'elle se faisait très facilement remarquer. Pour son job de flic, son physique n'était pas un atout.

Mikael Blomkvist sortit de son immeuble à 9 h 10. Rosa Figuerola nota l'heure. Elle vit son regard balayer la passerelle qui enjambait le haut de Bellmansgatan. Il commença à monter la pente droit sur elle.

Rosa Figuerola ouvrit la boîte à gants et déplia un plan de Stockholm qu'elle plaça sur le siège passager. Puis elle ouvrit un carnet, sortit un stylo de sa poche, prit son téléphone portable et fit semblant de parler. Elle gardait la tête baissée de sorte que sa main tenant le téléphone cachait une partie de son visage.

Elle vit Mikael Blomkvist jeter un bref regard dans Tavastgatan. Il savait qu'on le surveillait et il avait forcément vu la voiture de Mårtensson, mais il continua à marcher sans manifester d'intérêt pour la voiture. *Il agit calmement et froidement. D'autres auraient arraché la portière et se seraient mis à tabasser le chauffeur.*

L'instant d'après, il passa devant sa voiture. Rosa Figuerola était très occupée à trouver une adresse sur le plan de Stockholm tout en parlant dans son portable, mais elle sentit que Mikael Blomkvist la regardait au passage. *Se méfie de tout ce qu'il voit.* Elle vit son dos dans le rétroviseur du côté passager quand il poursuivit son chemin vers Hornsgatan. Elle l'avait vu quelquefois à la télé mais c'était la première fois qu'elle le voyait en vrai. Il portait un jean, un tee-shirt et une veste grise. Il avait une sacoche à l'épaule et marchait d'un grand pas nonchalant. Plutôt bel homme, le mec.

Göran Mårtensson apparut au coin du *Bishop's Arms* et suivit Mikael Blomkvist du regard. Il avait un sac de sport assez volumineux sur l'épaule et était en train de terminer une conversation sur son portable. Rosa Figuerola s'attendait à ce qu'il suive Mikael Blomkvist, mais à sa surprise il traversa la rue droit devant sa voiture et tourna à gauche pour descendre la pente en direction de l'immeuble de Mikael Blomkvist. La seconde d'après, un homme en bleu de travail dépassa la voiture de Rosa Figuerola et emboîta le pas de Mårtensson. *Tiens donc, d'où tu viens, toi ?*

Ils s'arrêtèrent devant la porte de l'immeuble de Mikael Blomkvist. Mårtensson pianota le code et ils disparurent dans la cage d'escalier. *Ils ont l'intention d'inspecter l'appartement. La fête des amateurs. Il se croit tout permis, celui-là.*

Ensuite, Rosa Figuerola leva le regard vers le rétroviseur et sursauta en voyant soudain Mikael Blomkvist de nouveau. Il était revenu et se tenait à environ dix mètres derrière elle, suffisamment près pour pouvoir suivre des yeux Mårtensson et son acolyte depuis la bosse de la rue surplombant le numéro 1. Elle observa son visage. Il ne la regardait pas. Par contre, il avait vu Göran Mårtensson disparaître par la porte. Un bref instant plus tard, Blomkvist tourna les talons et continua à marcher en direction de Hornsgatan.

Rosa Figuerola resta immobile pendant trente secondes. *Il sait qu'il est suivi. Il surveille ce qui se passe autour de lui. Mais pourquoi est-ce qu'il ne fait rien ? Quelqu'un de normal aurait remué terre et ciel... il a quelque chose en tête.*

MIKAEL BLOMKVIST RACCROCHA et contempla pensivement le bloc-notes sur son bureau. Le service des Mines venait de lui apprendre que la voiture conduite par une femme blonde qu'il avait remarquée en haut de Bellmansgatan appartenait à une Rosa Figuerola, née en 1969 et domiciliée dans Pontonjärgatan sur Kungsholmen. Comme c'était une femme qu'il avait vue dans la voiture, Mikael supposa qu'il s'agissait de Figuerola en personne.

Elle avait parlé dans son portable et consulté un plan de la ville déplié sur le siège du passager. Mikael n'avait aucune raison de supposer qu'elle ait quoi que ce soit à faire avec le club Zalachenko, mais il enregistrait tout événement inhabituel dans son entourage et surtout à proximité de son domicile.

Il éleva la voix et appela Lottie Karim.

— C'est qui, cette nana ? Trouve-moi sa photo d'identité, où elle travaille et tout ce que tu peux sortir sur son passé.

— Oui patron, dit Lottie Karim avant de retourner à son bureau.

LE DIRECTEUR FINANCIER DE *SMP*, Christer Sellberg, eut l'air carrément abasourdi. Il repoussa la feuille A4 avec neuf points brefs qu'Erika Berger avait présentés à la réunion hebdomadaire de la commission du budget. Le chef du budget Ulf Flodin avait l'air soucieux. Borgsjö, le président du CA, avait son air neutre habituel.

— C'est impossible, constata Sellberg avec un sourire poli.

— Pourquoi ? demanda Erika Berger.

— Le CA ne va jamais l'accepter. Ça va à l'encontre de tout bon sens.

— Reprenons dès le début, proposa Erika Berger. Je suis recrutée pour rendre *SMP* à nouveau rentable. Pour y arriver, il faut que j'aie de quoi travailler. N'est-ce pas ?

— Oui, mais…

— Je ne peux pas sortir comme par magie le contenu d'un quotidien en faisant des vœux enfermée dans la cage en verre.

— Vous ne connaissez rien aux réalités économiques.

— Possible. Mais je sais comment on fait un journal. Et la réalité est telle que ces quinze dernières années, l'ensemble du personnel de *SMP* a diminué de cent dix-huit personnes. Je veux bien que la moitié soient des graphistes qui ont été remplacés par les progrès techniques, etc., mais le nombre de journalistes producteurs de texte a diminué de quarante-huit personnes au cours de cette période.

— Il s'agissait de coupes nécessaires. Si on ne les avait pas faites, le journal aurait cessé d'exister depuis longtemps.

— Attendons de voir ce qui est nécessaire et pas nécessaire. Ces trois dernières années, dix-huit postes de journalistes ont disparu. De plus, la situation actuelle est que neuf postes sont vacants et partiellement couverts par des pigistes. La rubrique Sports est en gros déficit de personnel. Il devrait y avoir neuf employés et, pendant plus d'un an, deux postes sont restés non pourvus.

— Il s'agit d'économiser de l'argent. C'est aussi simple que ça.

— Trois postes ne sont pas pourvus à la Culture. Il manque un poste à la rubrique Economie. La rubrique Droit n'existe pas dans la pratique mais... nous y avons un chef de rédaction qui va chercher des journalistes aux Faits divers pour chaque mission. Et j'en passe et des meilleures. *SMP* n'a fait aucune couverture journalistique des administrations et des autorités digne de ce nom depuis au moins huit ans. Pour ça, nous dépendons entièrement des free-lances et des infos données par TT... et comme vous le savez, TT a démantelé sa rubrique Administration il y a des lustres. Autrement dit, il n'y a pas une seule rédaction en Suède qui soit en mesure d'observer les administrations et les autorités de l'Etat.

— La presse écrite se trouve dans une situation délicate...

— La réalité est que soit *SMP* plie immédiatement boutique, soit la direction prend la décision de passer à l'offensive. Nous avons aujourd'hui moins d'employés qui produisent plus de texte chaque jour. Les textes sont médiocres, superficiels et ils manquent de crédibilité. Conséquence : les gens cessent de lire *SMP*.

— Vous ne semblez pas comprendre...

— J'en ai marre de vous entendre dire que je ne comprends pas. Je ne suis pas une collégienne en stage venue ici pour s'amuser.

— Mais votre proposition est insensée.

— Ah bon, pourquoi ?

— Vous proposez que le journal n'engendre pas de recettes.

— Dites-moi, Sellberg, au cours de cette année, vous allez
distribuer une grosse somme d'argent en dividendes aux
vingt-trois actionnaires du journal. A cela il faut ajouter des
bonus délirants, qui vont coûter près de 10 millions de couronnes à SMP, accordés à neuf personnes qui siègent au CA
du journal. Vous vous êtes accordé un bonus de 400 000 couronnes pour vous récompenser d'avoir administré les licenciements à SMP. On est certes loin des bonus que certains
directeurs se sont octroyés à Skandia, mais à mes yeux vous
ne valez pas un centime. On est censé verser un bonus
quand quelqu'un a fait quelque chose qui a renforcé SMP.
En réalité, vos licenciements ont affaibli SMP et creusé davantage le trou.

— C'est très injuste, ce que vous dites là. Le CA a ratifié
toutes les mesures que j'ai prises.

— Le CA a ratifié vos mesures parce que vous avez garanti des distributions de dividendes tous les ans. C'est ça
qui doit cesser ici et maintenant.

— Vous proposez donc très sérieusement que le CA décide
de supprimer toutes les distributions de dividendes et tous
les bonus. Comment pouvez-vous imaginer que les action-
naires vont accepter ça ?

— Je propose un système de gain zéro pour cette année.
Ça signifierait une économie de près de 21 millions de couronnes et la possibilité de fortement renforcer le personnel
et l'économie de SMP. Je propose aussi des baisses de salaires
pour les directeurs. On m'octroie un salaire mensuel de
88 000 couronnes, ce qui est de la folie pure pour un journal qui n'est même pas en mesure de pourvoir les postes à
la rubrique Sports.

— Vous voulez donc baisser votre propre salaire ? C'est
une sorte de communisme des salaires que vous préconisez ?

— Ne dites pas de conneries. Vous touchez 112 000 couronnes par mois, en comptant votre bonus annuel. C'est
dément. Si le journal était stable et que les profits étaient
dingues, vous pourriez vous octroyer tous les bonus que
vous voulez. Mais l'heure n'est pas à l'augmentation, cette
année. Je propose de diviser par deux tous les salaires des
directeurs.

— Ce que vous ne comprenez pas, c'est que nos action-naires sont actionnaires parce qu'ils veulent gagner de l'ar-gent. Ça s'appelle du capitalisme. Si vous proposez qu'ils perdent de l'argent, ils ne voudront plus être actionnaires.

— Je ne propose pas qu'ils perdent de l'argent, mais on peut très bien en arriver là aussi. Etre propriétaire implique une responsabilité. Vous venez de le dire vous-même, ici c'est le capitalisme qui prévaut. Les propriétaires de SMP veulent faire du profit. Mais les règles sont telles que c'est le marché qui décide s'il y aura profit ou perte. Selon votre raisonnement, vous voudriez que les règles du capitalisme soient valables de façon sélective pour les employés de SMP, mais que les action-naires et vous-même, vous soyez des exceptions.

Sellberg soupira et leva les yeux au ciel. Désemparé, il chercha Borgsjö du regard. Borgsjö étudia pensivement le programme en neuf points d'Erika Berger.

ROSA FIGUEROLA ATTENDIT quarante-neuf minutes avant que Göran Mårtensson et l'inconnu sortent de l'immeuble de Bellmansgatan. Quand ils se mirent à grimper la côte dans sa direction, elle leva son Nikon avec le téléobjectif de 300 millimètres et prit deux photos. Elle remit l'appareil photo dans la boîte à gants et commença à s'affairer de nou-veau avec son plan de Stockholm, lorsqu'elle jeta un regard vers les ascenseurs publics. Elle n'en crut pas ses yeux. En haut de Bellmansgatan, juste à côté des portes de l'ascen-seur, une femme brune était en train de filmer Mårtensson et son acolyte avec une caméra numérique. *Merde alors... c'est quoi, ce bordel ? Un congrès d'espionnage dans Bell-mansgatan ?*

Mårtensson et l'inconnu se séparèrent en haut de la rue sans se parler. Mårtensson alla rejoindre sa voiture dans Tavastgatan. Il démarra le moteur, quitta le trottoir et dispa-rut du champ de vision de Rosa Figuerola.

Elle déplaça son regard vers le rétroviseur où elle vit le dos de l'homme en bleu de travail. Elle leva les yeux et vit que la femme avec la caméra avait fini de filmer et arrivait dans sa direction devant la maison Laurin.

Pile ou face ? Elle savait déjà qui était Göran Mårtensson et quelle était sa profession. Aussi bien l'homme en bleu de travail que la femme avec la caméra étaient des cartes inconnues. Mais si elle quittait sa voiture, elle risquait de se faire voir par la femme avec la caméra.

Elle ne bougea pas. Dans le rétroviseur, elle vit l'homme en bleu de travail tourner dans Brännkyrkagatan. Elle attendit que la femme avec la caméra arrive au carrefour devant elle. Pourtant, au lieu de suivre l'homme en bleu de travail, la femme tourna à cent quatre-vingts degrés et descendit vers le 1, Bellmansgatan. Rosa Figuerola vit une femme d'environ trente-cinq ans. Elle avait des cheveux châtains coupés court et portait un jean sombre et une veste noire. Dès que celle-ci eut un peu progressé dans la descente, Rosa Figuerola ouvrit précipitamment la portière de sa voiture et courut vers Brännkyrkagatan. Elle n'arrivait pas à voir l'homme en bleu de travail. L'instant d'après, une fourgonnette Toyota quitta le trottoir. Rosa Figuerola vit l'homme de trois quarts et mémorisa le numéro d'immatriculation. Et même si elle loupait le numéro, elle réussirait à le retrouver. Les côtés de la fourgonnette faisaient de la pub pour Clés et Serrures Lars Faulsson, avec un numéro de téléphone.

Elle n'essaya pas de courir rejoindre sa voiture pour suivre la Toyota. Elle y retourna calmement et arriva sur la butte juste à temps pour voir la femme avec la caméra disparaître dans l'immeuble de Mikael Blomkvist.

Elle remonta dans sa voiture et nota dans son calepin le numéro d'immatriculation et le numéro de téléphone de Clés et Serrures Lars Faulsson. Ensuite elle se gratta la tête. Ça en faisait, un trafic mystérieux autour de l'adresse de Mikael Blomkvist ! Elle leva le regard et vit le toit de l'immeuble au 1, Bellmansgatan. Elle savait que Blomkvist avait un appartement sous les combles, mais en vérifiant les plans des services municipaux, elle avait constaté que celui-ci était situé de l'autre côté de l'immeuble, avec des fenêtres donnant sur le bassin de Riddarfjärden et la vieille ville. Une adresse chic dans un vieux quartier historique. Elle se demanda s'il se la jouait frimeur.

Elle attendit pendant neuf minutes avant que la femme à la caméra sorte de l'immeuble. Au lieu de remonter la pente vers Tavastgatan, la femme continua dans la descente et tourna à droite au coin de Pryssgränd. *Hmm.* Si elle avait une voiture garée en bas dans Pryssgränd, Rosa Figuerola serait irrémédiablement larguée. Mais si elle était à pied, elle n'avait qu'une sortie de la cuvette – remonter dans Brännkyrkagatan par Pustegränd plus près de Slussen.

Rosa Figuerola quitta sa voiture et partit du côté de Slussen dans Brännkyrkagatan. Elle était presque arrivée à Pustegränd lorsque la femme à la caméra surgit en face d'elle. Bingo ! Elle la suivit devant le Hilton, sur la place de Södermalm, devant le musée de la Ville à Slussen. La femme marchait d'un pas rapide et résolu sans regarder autour d'elle. Rosa Figuerola lui donna environ trente mètres d'avance. Elle disparut dans l'entrée du métro à Slussen et Rosa Figuerola rallongea le pas, mais s'arrêta en voyant la femme se diriger vers le Point-Presse au lieu de passer les tourniquets.

Rosa Figuerola observa la femme qui faisait la queue. Elle mesurait environ un mètre soixante-dix et avait l'air plutôt sportive avec ses chaussures de jogging. En la voyant là, les deux pieds solidement plantés devant le kiosque à journaux, Rosa Figuerola eut tout à coup le sentiment que c'était un flic. La femme acheta quelque chose qui devait être une boîte de pastilles avant de retourner sur la place de Södermalm et de prendre à droite par Katarinavägen.

Rosa Figuerola la suivit. Elle était relativement sûre que la femme ne l'avait pas remarquée. Elle disparut au coin au-dessus du McDonald's, Rosa Figuerola sur ses talons à environ quarante mètres.

En tournant au coin, elle ne vit plus aucune trace de la femme. Rosa Figuerola s'arrêta, surprise. *Merde !* Elle passa lentement devant les portes. Puis son regard tomba sur un panneau. *Milton Security.*

Rosa Figuerola hocha la tête et retourna à pied à Bellmansgatan.

Elle conduisit jusqu'à Götgatan où se trouvait la rédaction de *Millénium* et passa la demi-heure suivante à sillonner les rues autour de la rédaction. Elle ne vit pas la voiture de Mårtensson. Vers midi, elle retourna à l'hôtel de police sur Kungsholmen et alla soulever de la ferraille dans la salle de sport pendant une heure.

— ON A UN PROBLÈME, dit Henry Cortez.

Malou Eriksson et Mikael Blomkvist levèrent les yeux du manuscrit du futur bouquin sur Zalachenko. Il était 13 h 30.

— Assieds-toi, dit Malou.

— Il s'agit de Vitavara SA, l'entreprise donc qui fabrique des cuvettes de chiottes au Viêtnam qu'ils vendent à 1 700 balles pièce.

— Hm. Et c'est quoi, le problème ? demanda Mikael.

— Vitavara SA est entièrement détenue par une société mère, SveaBygg SA.

— Aha. C'est une assez grosse boîte.

— Oui. Le président du CA s'appelle Magnus Borgsjö, c'est un pro des CA. Il est entre autres président du CA de *Svenska Morgon-Posten* et il détient près de dix pour cent du journal.

Mikael jeta un regard acéré sur Henry Cortez.

— Tu es sûr ?

— Oui. Le chef d'Erika Berger est un putain d'enfoiré qui exploite des enfants au Viêtnam.

— Glups ! dit Malou Eriksson.

LE SECRÉTAIRE DE RÉDACTION Peter Fredriksson avait l'air mal à l'aise quand il frappa doucement à la porte de la cage en verre d'Erika Berger vers 14 heures.

— Oui ?

— Ben, c'est un peu délicat. Mais quelqu'un ici à la rédaction a reçu un mail de toi.

— De moi ?

— Oui. Soupir.

— C'est quoi ?

Il lui donna quelques feuilles A4 avec des mails qui avaient été adressés à Eva Carlsson, une remplaçante de vingt-six ans à la Culture. L'expéditeur selon l'en-tête était erika.berger@smpost.se.

[Mon Eva adorée. J'ai envie de te caresser et d'embrasser tes seins. Je brûle d'excitation et j'ai du mal à me dominer. Je te supplie de répondre à mes sentiments. Est-ce qu'on peut se voir ? Erika.]

Eva Carlsson n'avait pas répondu à cette entrée en matière, ce qui avait eu pour résultat deux autres mails les jours suivants.

[Eva ma chérie adorée. Je te supplie de ne pas me repousser. Je suis folle de désir. Je te veux nue. Je te veux à tout prix. Tu seras bien avec moi. Tu ne le regretteras jamais. Je vais embrasser chaque centimètre de ta peau nue, tes seins magnifiques et ta douce grotte. Erika.]

[Eva. Pourquoi tu ne réponds pas ? N'aie pas peur de moi. Ne me repousse pas. Tu n'es pas une sainte nitouche. Tu sais de quoi je parle. Je veux faire l'amour avec toi et tu seras richement récompensée. Si tu es gentille avec moi, je serai gentille avec toi. Tu as demandé qu'on prolonge ton remplacement. Il est dans mon pouvoir de le faire et même de le transformer en un poste fixe. Retrouve-moi à 21 heures à ma voiture dans le garage. Ton Erika.]

— Ah bon, dit Erika Berger. Et maintenant elle se demande si je suis réellement celle qui lui envoie des propositions salaces.

— Pas exactement… je veux dire… euh.

— Peter, ne parle pas dans ta barbe.

— Elle a peut-être cru à moitié au premier mail, ou en tout cas elle a été assez surprise. Mais ensuite elle a compris que c'était complètement dingue et pas du tout ton style et alors…

— Alors ?

— Eh bien, elle trouve que c'est gênant et elle ne sait pas trop comment faire. Il faut dire que tu l'impressionnes pas mal et elle t'aime bien… comme chef, je veux dire. Alors elle est venue me demander conseil.

— Je vois. Et qu'est-ce que tu lui as dit ?

— J'ai dit que c'est quelqu'un qui a trafiqué ton adresse pour la harceler. Ou vous harceler toutes les deux. Et puis je lui ai promis de t'en parler.

— Merci. Est-ce que tu peux lui dire de passer me voir dans dix minutes ?

Erika utilisa ce temps à écrire un mail bien à elle.

[Je me vois dans l'obligation de vous informer tous qu'une de nos collègues ici a reçu des courriers électroniques émanant apparemment de moi. Ces mails contiennent des allusions sexuelles extrêmement grossières. Pour ma part, j'ai reçu des messages au contenu vulgaire d'un expéditeur qui se dit "centralred" à *SMP*. Une telle adresse n'existe pas à *SMP*, comme vous le savez.

J'ai consulté le directeur technique et il m'a affirmé qu'il est très facile de fabriquer une fausse adresse d'expéditeur. Je ne sais pas comment on fait, mais il existe apparemment des sites Internet qui offrent ces services. Je dois en tirer la triste conclusion qu'il y a un malade parmi nous qui se plaît à ce genre de choses.

J'aimerais savoir si d'autres employés ont reçu des mails bizarres. Dans ce cas, je voudrais qu'ils prennent contact immédiatement avec le secrétaire de rédaction Peter Fredriksson. Si cette ignominie continue, nous devons envisager de porter plainte à la police.

Erika Berger, rédactrice en chef.]

Elle imprima une copie du mail et cliqua ensuite sur Envoyer pour que le message parvienne à tous les employés de *SMP*. Au même moment, Eva Carlsson frappa à la porte.

— Bonjour, assieds-toi, dit Erika. On m'a dit que tu as reçu des mails de ma part.

— Bof, je n'ai pas pensé une seconde que ça pouvait venir de toi.

— Au moment où tu entrais ici, tu as en tout cas reçu un mail de moi. Un mail que j'ai réellement écrit moi-même et que j'ai envoyé à tous les employés.

Elle tendit à Eva Carlsson la copie imprimée.

— OK. Je comprends, dit Eva Carlsson.

— Je regrette que quelqu'un t'ait prise pour cible dans cette campagne déplaisante.

— Tu n'es pour rien dans ce qu'un cinglé peut inventer.

— Je voudrais juste m'assurer que tu ne gardes pas le moindre soupçon à mon égard dans cette histoire de mails.

— Je n'ai jamais pensé que ça pouvait venir de toi.

— Parfait, merci, dit Erika et elle sourit.

ROSA FIGUEROLA PASSA L'APRÈS-MIDI à collecter des informations. Elle commença par demander une photo d'identité de Lars Faulsson pour se rendre compte qu'il était bien la personne qu'elle avait vue en compagnie de Göran Mårtensson. Ensuite elle tapa son nom dans le registre des casiers judiciaires et obtint immédiatement un résultat.

Lars Faulsson, quarante-sept ans et connu sous le surnom de Falun, avait débuté sa carrière par des vols de voitures à l'âge de dix-sept ans. Dans les années 1970 et 1980, il avait été interpellé à deux reprises et mis en examen pour cambriolage, vol aggravé et recel. Il avait été condamné une première fois à une peine de prison modérée et la deuxième fois à trois ans de prison. A cette époque, il était considéré comme un individu ayant de l'avenir dans le milieu des délinquants et il avait été interrogé comme suspect d'au moins trois autres cambriolages, dont un était le casse d'un coffre-fort assez complexe et très médiatisé dans un grand magasin à Västerås. Après avoir purgé sa peine, il s'était tenu à carreau – ou en tout cas n'avait pas commis d'infraction pour laquelle il avait été arrêté et jugé. En revanche, il s'était reconverti en serrurier – comme par hasard – et en 1987 il avait démarré sa propre affaire, Clés et Serrures Lars Faulsson, avec une adresse à Norrtull.

L'identification de la femme inconnue qui avait filmé Mårtensson et Faulsson se révéla plus simple que ce que Rosa avait imaginé. Elle appela tout simplement la réception de Milton Security et expliqua qu'elle cherchait une de leurs employées qu'elle avait rencontrée il y avait quelque temps mais dont elle avait oublié le nom. Elle pouvait cependant fournir une assez bonne description de la femme. La réception lui fit savoir que ça ressemblait à Susanne Linder et lui passa la communication. Lorsque Susanne Linder répondit au téléphone, Rosa Figuerola s'excusa en disant qu'elle avait dû faire un mauvais numéro.

Elle entra dans les registres de l'état civil et constata qu'il existait dix-huit Susanne Linder dans le département de Stockholm. Trois avaient autour de trente-cinq ans. L'une habitait à Norrtälje, l'autre à Stockholm et la troisième à Nacka. Elle demanda leurs photos et identifia immédiatement la femme qu'elle avait suivie dans la matinée comme étant la Susanne Linder domiciliée à Nacka.

Elle résuma les exercices de la journée dans un compte rendu et passa dans le bureau de Torsten Edklinth.

VERS 17 HEURES, Mikael Blomkvist referma le dossier de recherche de Henry Cortez. Christer Malm reposa le texte de

Henry Cortez qu'il avait lu quatre fois. Henry Cortez était assis sur le canapé dans le bureau de Malou Eriksson et avait l'air coupable.

— Du café ? dit Malou en se levant. Elle revint avec quatre mugs et la cafetière.

Mikael soupira.

— C'est une putain de bonne histoire, dit-il. Recherche impeccable. Documentée d'un bout à l'autre. Parfaitement dramatisée avec un salopard qui escroque des Suédois en se servant du système – ce qui est absolument légal – mais qui est assez rapace et malfaisant pour faire appel à une entreprise qui exploite des enfants au Viêtnam.

— Très bien écrit en plus, dit Christer Malm. Le lendemain de sa publication, Borgsjö sera *persona non grata* dans la vie économique suédoise. La télé va réagir à ce texte. Il se trouvera dans le même bain que des directeurs de Skandia et autres requins. Un véritable scoop de *Millénium*. Bien joué, Henry.

Mikael hocha la tête.

— Sauf que ce problème avec Erika, ça vient vraiment troubler la fête, dit-il.

Christer Malm hocha la tête.

— Mais pourquoi est-ce que c'est un problème ? demanda Malou. Ce n'est pas Erika qui est l'escroc. On a bien le droit de contrôler n'importe quel président de CA, même s'il se trouve être le chef d'Erika.

— C'est quand même un sacré problème, dit Mikael.

— Erika Berger n'est pas complètement partie d'ici, dit Christer Malm. Elle possède trente pour cent de *Millénium* et elle siège dans notre conseil d'administration. Elle est même son président jusqu'à ce qu'on puisse élire Harriet Vanger à la prochaine réunion, qui n'aura lieu qu'en août. Et Erika travaille pour *SMP*, elle siège elle aussi au CA et nous allons dénoncer son président.

Morne silence.

— Bon, alors qu'est-ce qu'on fait ? demanda Henry Cortez. On annule ce texte ?

Mikael fixa Henry Cortez droit dans les yeux.

— Non, Henry. On ne va pas annuler le texte. Ce n'est pas notre façon de travailler ici à *Millénium*. Mais ça va demander pas mal de boulot ingrat. On ne peut pas simplement déverser ça sur Erika sans lui en parler avant.

Christer Malm hocha la tête et agita un doigt.

— On va mettre Erika dans un sacré pétrin. Elle aura pour choix de vendre sa part et immédiatement démissionner du CA de *Millénium*, ou au pire de se faire virer de SMP. Toujours est-il qu'elle va se trouver dans un terrible conflit d'intérêts. Très franchement, Henry... je suis d'accord avec Mikael qu'il faut qu'on publie l'article, mais il se peut qu'on soit obligé de le repousser d'un mois.

Mikael hocha la tête.

— Parce que nous aussi, nous sommes dans un conflit de loyauté, dit-il.

— Tu veux que je l'appelle ? demanda Christer Malm.

— Non, dit Mikael. Je l'appellerai pour fixer un rendez-vous. Style ce soir.

TORSTEN EDKLINTH ÉCOUTA attentivement Rosa Figuerola résumer le cirque autour de l'immeuble de Mikael Blomkvist au 1, Bellmansgatan. Il sentit le sol tanguer légèrement.

— Un employé de la Säpo est donc entré dans l'immeuble de Mikael Blomkvist en compagnie d'un ex-éventreur de coffres-forts reconverti en serrurier.

— C'est exact.

— A ton avis, qu'est-ce qu'ils ont fait une fois la porte franchie ?

— Je ne sais pas. Mais ils sont restés absents pendant quarante-neuf minutes. On peut évidemment supposer que Faulsson a ouvert la porte et que Mårtensson est entré dans l'appartement de Blomkvist.

— Pour y faire quoi ?

— Ça peut difficilement être juste histoire d'installer des micros d'écoute, puisque ça ne prend qu'une minute. Mårtensson a donc dû fouiller les papiers de Blomkvist ou ce qu'il peut bien garder chez lui.

— Mais Blomkvist est échaudé... ils ont déjà volé le rapport de Björck chez lui.

— C'est ça. Il sait qu'il est surveillé, et il surveille ceux qui le surveillent. Il reste de marbre.

— Comment ça ?

— Il a un plan. Il rassemble des preuves et il a l'intention de dénoncer Göran Mårtensson. C'est la seule possibilité.

— Et ensuite voilà cette femme, cette Linder, qui débarque.

— Susanne Linder, trente-quatre ans, domiciliée à Nacka. C'est une ex-flic.

— Flic ?

— Elle a fait l'Ecole de police et travaillé six ans dans les brigades d'intervention à Södermalm. Puis tout à coup, elle a démissionné. Il n'y a rien dans ses papiers qui explique pourquoi. Elle est restée au chômage quelques mois avant d'être engagée par Milton Security.

— Dragan Armanskij, dit Edklinth pensivement. Combien de temps est-elle restée dans l'immeuble ?

— Neuf minutes.

— Qu'elle a occupées comment ?

— Je dirais – puisqu'elle filmait Mårtensson et Faulsson dans la rue – qu'elle ramasse des preuves de leurs activités. Cela veut dire que Milton Security travaille avec Blomkvist et a placé des caméras de surveillance dans son appartement ou dans l'escalier. Elle est probablement entrée pour relever l'information dans les caméras.

Edklinth soupira. L'histoire Zalachenko commençait à devenir incommensurablement compliquée.

— Bon. Merci. Rentre chez toi. Il faut que je réfléchisse à tout ça.

Rosa Figuerola se rendit à la salle de sport de la place Sankt Erik et fit une séance de cardio-training.

MIKAEL BLOMKVIST UTILISA son téléphone supplémentaire Ericsson T10 bleu pour appeler Erika Berger à *SMP*. Il l'interrompit dans sa discussion avec les rédacteurs sur l'orientation à donner à un texte sur le terrorisme international.

— Tiens ? Salut... attends une seconde.

Erika mit la main sur le combiné et regarda autour d'elle.

— Je crois que nous en avons terminé, dit-elle, puis elle donna quelques dernières instructions.

Quand elle fut seule dans la cage en verre, elle reprit le combiné.

— Salut Mikael. Désolée de ne pas avoir donné de mes nouvelles. Je suis débordée de boulot et il y a mille choses à assimiler.

— Je ne me suis pas tourné les pouces non plus, dit Mikael.

— Comment avance l'affaire Salander ?

— Bien. Mais ce n'est pas pour ça que je t'appelle. Il faut que je te voie. Ce soir.

— J'aurais bien aimé, mais je dois rester ici jusqu'à 20 heures. Et je suis vannée. Je bosse depuis 6 heures.

— Ricky… je ne parle pas de nourrir ta vie sexuelle. Il faut que je te parle. C'est important.

Erika se tut une seconde.

— C'est à quel propos ?

— Je te le dirai quand on se verra. Mais ça n'a rien de marrant.

— OK. Je viens chez toi vers 20 h 30.

— Non, pas chez moi. C'est une longue histoire, mais mon appartement est à bannir pendant quelque temps. On se retrouve au *Samirs Gryta*, on boira une bonne bière.

— Je conduis.

— Alors on prendra une bière sans alcool.

ERIKA BERGER ÉTAIT LÉGÈREMENT IRRITÉE en arrivant au *Samirs Gryta* vers 20 h 30. Elle avait mauvaise conscience de ne pas avoir donné de ses nouvelles à Mikael depuis le jour où elle avait mis les pieds à SMP. Mais elle n'avait jamais eu autant de boulot qu'en ce moment.

Mikael Blomkvist fit signe de la main depuis une table dans le coin devant la fenêtre. Elle s'attarda à la porte. Pendant une seconde, Mikael lui parut une personne totalement inconnue, et elle sentit qu'elle le regardait d'un œil nouveau. *C'est qui, ça ? Mon Dieu, je suis fatiguée.* Ensuite il se leva et lui fit la bise, et elle réalisa avec consternation qu'elle n'avait pas pensé à lui depuis des semaines et qu'il lui manquait d'une façon atroce. C'était comme si le temps à SMP avait été un rêve et que soudain elle allait se réveiller sur le canapé dans les bureaux de *Millénium*. Ça paraissait irréel.

— Salut Mikael.

— Salut madame la rédactrice en chef. Tu as mangé ?

— Il est 20 h 30. Je n'ai pas tes horaires de repas détestables.

Ensuite elle réalisa qu'elle avait une faim de loup. Samir arriva avec le menu et elle commanda une bière sans alcool et une petite assiette de calamars et pommes de terre sautées. Mikael commanda du couscous et une bière.

— Comment vas-tu ? demanda-t-elle.

— On vit une époque intéressante. J'ai de quoi faire.

— Comment va Salander ?

— Elle fait partie de ce qui est intéressant.

— Micke, je n'ai pas l'intention de m'emparer de ton histoire.

— Pardon… je n'essaie pas d'éviter de répondre. En ce moment, les choses sont un peu embrouillées. Je veux bien raconter, mais ça prendra la moitié de la nuit. C'est comment d'être chef à *SMP* ?

— Pas tout à fait comme à *Millénium*.

Elle resta silencieuse un moment.

— Je m'endors comme on souffle une bougie quand j'arrive chez moi et, quand je me réveille, j'ai sur la rétine des calculs de budget. Tu m'as manqué. Je voudrais qu'on rentre chez toi dormir. Je suis trop fatiguée pour faire l'amour, mais j'aimerais me blottir et dormir près de toi.

— Désolée, Ricky. Mon appartement n'est pas le top en ce moment.

— Pourquoi pas ? Il s'est passé quelque chose ?

— Eh bien… il y a une bande de loustics qui a mis l'appart sur écoute et ils entendent le moindre mot que je prononce. Pour ma part, j'ai installé des caméras de surveillance qui montrent ce qui s'y passe quand je n'y suis pas. Je pense qu'on va épargner au monde la vision de tes fesses nues.

— Tu plaisantes ?

Il secoua la tête.

— Non. Mais ce n'est pas pour ça que je devais absolument te voir.

— Qu'est-ce qu'il s'est passé ? Tu as l'air bizarre.

— Eh bien… toi, tu as commencé à *SMP*. Et nous à *Millénium*, on est tombé sur une histoire qui va torpiller le président de ton CA. Il est mêlé à une affaire d'exploitation d'enfants et de prisonniers politiques au Viêtnam. Je crois qu'on arrive dans un conflit d'intérêts.

Erika posa la fourchette et fixa Mikael. Elle comprit immédiatement qu'il ne plaisantait pas.

— Je te résume, dit-il, Borgsjö est président du CA et action-
naire majoritaire d'une entreprise qui s'appelle SveaBygg, et
qui a son tour possède une filiale du nom de Vitavara SA. Ils
font fabriquer des cuvettes de W.-C. dans une entreprise au
Viêtnam qui est répertoriée par l'ONU pour exploiter des
enfants au travail.

— Tu peux me répéter tout ça ?

Mikael traça les détails de l'histoire que Henry Cortez
avait reconstituée. Il ouvrit sa sacoche et sortit une copie
des documents. Erika lut lentement l'article de Cortez. Pour
finir, elle leva les yeux et croisa le regard de Mikael. Elle ressentit une panique irrationnelle mêlée à de la méfiance.

— Comment ça se fait que la première mesure de *Millénium* après mon départ soit de passer au crible ceux qui
siègent au CA de *SMP* ?

— Ce n'est pas comme ça que ça s'est passé, Ricky.

Il expliqua la gestation de l'article.

— Et tu sais ça depuis quand ?

— Depuis cet après-midi. La tournure que ça prend ne
me plaît pas du tout.

— Qu'est-ce que vous allez faire ?

— Je ne sais pas. Il faut qu'on publie. On ne peut pas
faire une exception seulement parce que c'est ton patron.
Mais aucun de nous ne te veut du mal. Il écarta la main. On
est assez désespéré. Surtout Henry.

— Je siège toujours au CA de *Millénium*. Je suis action-
naire... Les gens vont forcément croire que...

— Je sais exactement ce que les gens vont croire. Tu vas
te retrouver sur un tas de fumier à *SMP*.

Erika sentit la fatigue l'envahir. Elle serra les dents et
repoussa une impulsion de demander à Mikael d'étouffer
l'histoire.

— Putain, merde alors, dit-elle. Et vous êtes sûrs que c'est
du solide... ?

Mikael hocha lentement la tête.

— J'ai passé toute la soirée à parcourir la documentation
de Henry. On a Borgsjö prêt pour l'abattoir.

— Qu'est-ce que vous allez faire ?

— Qu'est-ce que tu aurais fait si nous étions tombés sur
cette histoire il y a deux mois ?

Erika Berger observa attentivement son ami et amant depuis plus de vingt ans. Puis elle baissa les yeux.

— Tu sais ce que j'aurais fait.

— Tout ça est un hasard calamiteux. Rien n'est dirigé contre toi. Je suis terriblement désolé. C'est pour ça que j'ai insisté pour te voir immédiatement. Il faut qu'on prenne une décision sur la conduite à tenir.

— On ?

— Disons… cet article était destiné au numéro de juin. Je l'ai repoussé. Il sera publié au plus tôt en août et il peut être repoussé davantage si tu en as besoin.

— Je vois.

Sa voix avait pris un ton amer.

— Je propose qu'on ne décide rien du tout ce soir. Tu prends la documentation et tu rentres chez toi réfléchir. Ne fais rien avant qu'on ait pu élaborer une stratégie commune. On a tout notre temps.

— Une stratégie commune ?

— Soit tu dois démissionner du CA de *Millénium* bien avant qu'on publie, soit tu dois démissionner de SMP. Tu ne peux pas rester assise sur les deux chaises.

Elle hocha la tête.

— On m'associe tellement à *Millénium* que personne ne croira que je ne trempe pas dans l'affaire, même si je démissionne.

— Il y a une alternative. Tu peux prendre l'article pour SMP, coincer Borgsjö et exiger son départ. Je suis persuadé que Henry Cortez serait d'accord. Mais n'entreprends surtout rien avant qu'on soit tous d'accord.

— Et moi je commence mes nouvelles fonctions en m'arrangeant pour que la personne qui m'a recrutée soit virée.

— Je regrette.

— Ce n'est pas un homme mauvais.

Mikael fit oui de la tête.

— Je te crois. Mais c'est un rapace.

Erika hocha la tête. Elle se leva.

— Je rentre chez moi.

— Ricky, je…

Elle le coupa.

— C'est simplement que je suis épuisée. Merci de m'avoir prévenue. Il faut que je réfléchisse aux conséquences de tout ceci.

Mikael hocha la tête.

Elle partit sans lui faire la bise et le laissa avec la note.

ERIKA BERGER AVAIT GARÉ SA VOITURE à deux cents mètres du *Samirs Gryta* et elle était arrivée à mi-chemin quand elle sentit son cœur battre tellement vite qu'elle fut obligée de s'arrêter et de s'appuyer contre le mur. Elle avait des nausées.

Elle resta longuement ainsi à respirer la fraîcheur de la nuit de mai. Brusquement, elle se rendit compte qu'elle avait travaillé en moyenne quinze heures par jour depuis le 1er Mai. Cela faisait bientôt trois semaines. Comment se sentirait-elle au bout de trois ans ? Comment est-ce que Morander s'était senti quand il s'était écroulé mort à la rédaction ?

Au bout de dix minutes, elle retourna au restaurant et trouva Mikael au moment où il quittait l'établissement. Il s'arrêta, étonné.

— Erika…

— Ne dis rien, Mikael. Nous sommes amis depuis tellement longtemps que rien ne peut gâcher ça. Tu es mon meilleur ami et ce qui se passe maintenant, c'est exactement comme quand tu es parti t'enterrer à Hedestad il y a deux ans, mais à l'inverse. Je me sens stressée et malheureuse.

Il hocha la tête et la prit dans ses bras. Elle sentit les larmes lui venir aux yeux.

— Trois semaines à *SMP* m'ont déjà brisée, dit-elle en lâchant un rire amer.

— Doucement. Je crois qu'il en faut plus que ça pour briser Erika Berger.

— Ton appartement ne vaut rien. Je suis trop fatiguée pour faire tout le trajet jusqu'à Saltsjöbaden chez moi. Je vais m'endormir au volant et me tuer. Je viens de prendre une décision. Je vais marcher jusqu'au Scandic Crown et prendre une chambre. Viens avec moi.

Il hocha la tête.

— Ça s'appelle Hilton maintenant.

— On s'en fout.

ILS FIRENT ENSEMBLE LE COURT TRAJET A PIED. Aucun des deux ne parlait. Mikael gardait le bras sur l'épaule d'Erika. Elle le regarda en douce et comprit qu'il était exactement aussi fatigué qu'elle.

Ils se rendirent directement à la réception, prirent une chambre double et payèrent avec la carte de crédit d'Erika.

Ils montèrent dans la chambre, se déshabillèrent et se glis-
sèrent dans le lit. Erika avait des courbatures comme si elle
venait de courir le marathon de Stockholm. Ils se firent deux-
trois bisous, puis sombrèrent dans un sommeil profond.

Aucun d'eux n'avait senti qu'ils étaient surveillés. Ils ne
virent jamais l'homme qui les observait dans l'entrée de
l'hôtel.

15

LISBETH SALANDER PASSA la plus grande partie de la nuit du jeudi à lire les articles de Mikael Blomkvist et les chapitres de son livre qui étaient à peu près terminés. Comme le procureur Ekström misait sur un procès en juillet, Mikael avait posé une deadline pour l'impression au 20 juin. Cela signifiait que Super Blomkvist disposait d'un mois pour terminer la rédaction et pour combler tous les trous du texte.

Lisbeth ne comprenait pas comment il allait avoir le temps, mais c'était le problème de Mikael, pas le sien. Son problème à elle était de déterminer quelle attitude prendre par rapport aux questions qu'il lui avait posées.

Elle prit son Palm, entra dans [Table-Dingue] et vérifia s'il avait écrit quelque chose depuis la veille. Elle constata que tel n'était pas le cas. Ensuite elle ouvrit le document qu'il avait intitulé [Questions centrales]. Elle connaissait déjà le texte par cœur mais le relut quand même encore une fois.

Il esquissait la stratégie qu'Annika Giannini lui avait déjà exposée. Quand Annika lui avait parlé, elle avait écouté avec un intérêt distrait mais lointain, un peu comme si cela ne la regardait pas. Mais Mikael Blomkvist connaissait des secrets sur elle qu'Annika Giannini ne connaissait pas. C'est pourquoi il arrivait à présenter la stratégie d'une façon plus substantielle. Elle descendit au quatrième paragraphe.

[La seule personne qui peut déterminer de quoi aura l'air ton avenir est toi-même. Peu importent les efforts que fera Annika pour t'aider, ou moi et Armanskij et Palmgren et d'autres pour te soutenir. Je n'ai pas l'intention de te convaincre d'agir. C'est à toi de décider comment faire. Soit tu tournes le procès en ta faveur, soit tu les laisses te condamner. Mais si tu veux gagner, tu devras te battre.]

Elle se déconnecta et fixa le plafond. Mikael lui demandait l'autorisation de raconter la vérité dans son livre. Il avait l'intention d'occulter le passage du viol de Bjurman. Le chapitre était déjà écrit et il raccordait les wagons en établissant que Bjurman avait démarré une collaboration avec Zalachenko qui avait pris l'eau quand il s'était affolé et que Niedermann s'était vu obligé de le tuer. Il ne disait rien des motifs de Bjurman.

Foutu Super Blomkvist venait compliquer l'existence de Lisbeth Salander.

Elle réfléchit un long moment.

A 2 heures, elle prit son Palm et ouvrit le programme de traitement de texte. Elle cliqua sur Nouveau document, sortit le stylet électronique et commença à pointer des lettres sur le clavier digital.

[Mon nom est Lisbeth Salander. Je suis née le 30 avril 1978. Ma mère s'appelait Agneta Sofia Salander. Elle avait dix-sept ans à ma naissance. Mon père était un psychopathe, un assassin et un tabasseur de femmes du nom d'Alexander Zalachenko. Il avait travaillé comme opérateur illégal en Europe de l'Ouest pour le GRO, service de renseignements militaires soviétique.]

L'écriture n'avançait pas vite, puisqu'elle était obligée de pointer lettre par lettre. Elle formula chaque phrase dans sa tête avant de l'écrire. Elle ne fit pas une seule modification dans ce qu'elle avait écrit. Elle travailla jusqu'à 4 heures, heure à laquelle elle referma son ordinateur de poche et le rangea dans la cavité au dos de sa table de chevet. Elle avait alors produit l'équivalent de deux A4 à interligne continu.

ERIKA BERGER SE RÉVEILLA à 7 heures. Elle se sentait loin d'avoir eu son quota de sommeil, mais elle avait dormi sans interruption pendant huit heures. Elle jeta un regard sur Mikael Blomkvist qui dormait encore lourdement.

Pour commencer, elle alluma son téléphone portable et vérifia si elle avait reçu des messages. L'écran lui indiqua que son mari, Lars Beckman, l'avait appelée onze fois. *Merde.*

J'ai oublié de le prévenir. Elle composa son numéro et expliqua où elle se trouvait et pourquoi elle n'était pas rentrée la veille au soir. Il était fâché.

— Erika, ne refais jamais ça. Tu sais que ça n'a rien à voir avec Mikael, mais j'ai été malade d'inquiétude cette nuit. J'avais peur qu'il te soit arrivé quelque chose. Il faut que tu me préviennes quand tu ne rentres pas. Tu ne dois jamais oublier de le faire.

Lars Beckman savait parfaitement que Mikael Blomkvist était l'amant de sa femme. Leur relation existait avec son aval et son assentiment. Mais chaque fois qu'Erika avait décidé de passer la nuit chez Mikael Blomkvist, elle avait toujours d'abord appelé son mari pour expliquer la situation. Cette fois-ci, elle était allée à l'hôtel sans avoir autre chose en tête que dormir.

— Excuse-moi, dit-elle. Hier soir, je me suis é-crou-lée.

Il grogna encore un peu.

— Ne sois pas fâché, Lars. Je n'ai pas la force pour ça en ce moment. Tu pourras m'engueuler ce soir.

Il grogna un peu moins et promit de l'engueuler quand il mettrait la main sur elle.

— Bon. Comment va Blomkvist ?

— Il dort. Elle rit tout à coup. Je ne t'oblige pas à me croire, mais on s'est endormi cinq minutes après être allé au lit. C'est la première fois que ça se passe comme ça.

— Erika, il faut prendre ça au sérieux. Tu devrais peut-être consulter un médecin.

La conversation avec son mari terminée, elle appela le standard de *SMP* et laissa un message pour le secrétaire de rédaction, Peter Fredriksson. Elle expliqua qu'elle avait eu un empêchement et qu'elle arriverait un peu plus tard que d'habitude. Elle lui demanda de décommander une réunion prévue avec les collaborateurs de la rubrique Culture.

Ensuite elle chercha sa sacoche, sortit une brosse à dents et se rendit dans la salle de bains. Puis elle retourna au lit et réveilla Mikael.

— Salut, murmura-t-il.

— Salut, dit-elle. Dépêche-toi d'aller à la salle de bains faire une toilette de chat et te laver les dents.

— Quoi… quoi ?

Il s'assit et regarda autour de lui avec tant de surprise qu'elle dut lui rappeler qu'il se trouvait à l'hôtel Hilton de Slussen. Il hocha la tête.

— Allez. Va dans la salle de bains.

— Pourquoi ?

— Parce que dès que tu en seras sorti, je vais faire l'amour avec toi.

Elle consulta sa montre.

— Et fais vite. J'ai une réunion à 11 heures et il me faut au moins une demi-heure pour m'arranger un visage. Et puis il me faut le temps d'acheter un chemisier propre en allant au boulot. Ça ne nous laisse que deux heures pour rattraper un tas de temps perdu.

Mikael fila dans la salle de bains.

JERKER HOLMBERG GARA la Ford de son père dans la cour chez l'ancien Premier ministre Thorbjörn Fälldin à Ås, près de Ramvik dans la commune de Härnösand. Il descendit de la voiture et jeta un regard autour de lui. On était jeudi matin. Il bruinait et les champs étaient franchement verts. A soixante-dix-neuf ans, Fälldin n'était plus un agriculteur en activité et Holmberg se demanda qui s'occupait de semer et de moissonner. Il savait qu'on l'observait depuis la fenêtre de la cuisine. Cela faisait partie des règles à la campagne. Il avait lui-même grandi à Hälledal près de Ramvik, à quelques jets de pierre de Sandöbron, l'un des plus beaux endroits au monde. De l'avis de Jerker Holmberg.

Il grimpa les marches du perron et frappa à la porte.

L'ancien leader des centristes avait l'air vieux, mais semblait encore plein de vigueur.

— Salut Thorbjörn. Je m'appelle Jerker Holmberg. On s'est déjà rencontré, mais ça fait quelques années depuis la dernière fois. Mon père est Gustav Holmberg, il était élu centriste à la commune dans les années 1970 et 1980.

— Salut. Oui, bien sûr, je te reconnais, Jerker. Tu es policier à Stockholm, si je ne me trompe pas. Ça doit bien faire dix-quinze ans depuis la dernière fois.

— Je crois que ça fait même plus que ça. Je peux entrer ?

Il s'installa à la table de cuisine et Thorbjörn Fälldin entreprit de servir du café.

— J'espère que ton papa va bien. Ce n'est pas pour ça que tu es ici ?

— Non. Papa va bien. Il est en train de refaire le toit de la maison de campagne.

— Il a quel âge maintenant ?

— Il a eu soixante et onze ans il y a deux mois.

— Aha, dit Fälldin en s'asseyant. Alors que me vaut l'honneur de cette visite ?

Jerker Holmberg regarda par la fenêtre et vit une pie atterrir à côté de sa voiture et observer le sol. Il se tourna vers Fälldin.

— Je viens sans être invité et avec un gros problème. Il est possible que quand cette conversation sera terminée, je sois viré de mon boulot. Je suis ici au nom de mon travail, mais mon chef, l'inspecteur Jan Bublanski à la Crim à Stockholm, n'est pas au courant.

— Ça m'a l'air sérieux.

— Je serais donc dans de sales draps si mes supérieurs devaient avoir vent de cette visite.

— Je comprends.

— Mais j'ai peur que si je n'agis pas, une terrible erreur judiciaire risque de se produire, et pour la deuxième fois.

— Il vaudrait mieux que tu expliques.

— Ça concerne un homme du nom d'Alexander Zalachenko. Il était espion pour le GRO russe et il est venu chercher asile en Suède le jour des élections en 1976. On le lui a accordé et il a commencé à travailler pour la Säpo. J'ai des raisons de croire que tu connais l'histoire.

Thorbjörn Fälldin regarda Jerker Holmberg attentivement.

— C'est une très longue histoire, dit Holmberg, et il commença à parler de l'enquête préliminaire qui l'avait tenu occupé ces derniers mois.

ERIKA BERGER ROULA SUR LE VENTRE et reposa la tête sur ses mains. Elle sourit tout à coup.

— Mikael, tu ne t'es jamais dit que tous les deux, nous sommes en fait complètement azimutés ?

— Comment ça ?

— En tout cas, c'est mon cas. Je ressens un désir incroyable de toi. Je me sens comme une adolescente fofolle.

— Ah bon.

— Et ensuite je veux rentrer faire l'amour avec mon mari.

Mikael rit.

— Je connais un bon thérapeute, dit-il.

Elle lui tapota le ventre du doigt.

— Mikael, je commence à avoir l'impression que cette histoire de *SMP* n'est qu'une seule foutue erreur.

— Foutaises ! C'est une chance colossale pour toi. S'il y a quelqu'un pour ranimer ce vieux cadavre, c'est bien toi.

— Oui, peut-être. Mais c'est justement ça, le problème. *SMP* a tout d'un cadavre. Et ensuite tu m'as livré le bonus avec Magnus Borgsjö hier soir. Je ne comprends plus ce que j'y fais.

— Laisse les choses se tasser un peu.

— Oui. Mais cette affaire Borgsjö ne me fait pas marrer. Je n'ai pas la moindre idée de comment je vais gérer ça.

— Je ne sais pas non plus. Mais on trouvera quelque chose.

Elle resta silencieuse un moment.

— Tu me manques.

Il hocha la tête et la regarda.

— Tu me manques aussi, dit-il.

— Qu'est-ce qu'il faudrait pour que tu passes à *SMP* et que tu deviennes chef des Actualités ?

— Jamais de la vie. Ce n'est pas un dénommé Holm qui est chef des Actualités ?

— Oui. Mais c'est un crétin.

— Je suis d'accord avec toi.

— Tu le connais ?

— Bien sûr. J'ai fait un remplacement de trois mois sous ses ordres au milieu des années 1980. C'est un enfoiré qui dresse les gens les uns contre les autres. En plus…

— En plus quoi ?

— Bof. Rien. Je ne veux pas colporter de ragots.

— Dis-moi.

— Une nana qui s'appelait Ulla quelque chose, une remplaçante aussi, affirmait qu'il donnait dans le harcèlement sexuel. Je ne sais pas ce qui est vrai ou faux, mais le syndicat n'est pas intervenu et elle n'a pas obtenu prolongation de son contrat comme il avait été dit au départ.

Erika Berger regarda l'heure et soupira, bascula les jambes par-dessus le bord du lit et disparut dans la douche.

Mikael n'avait pas bougé quand elle revint en s'essuyant, avant de vite s'habiller.

— Je reste encore un moment, dit-il.

Elle lui planta une bise sur la joue, agita la main et se sauva.

ROSA FIGUEROLA SE GARA à vingt mètres de la voiture de Göran Mårtensson dans Luntmakaregatan, juste à côté d'Olof Palmes gata. Elle vit Mårtensson faire à pied les soixante mètres qui le séparaient de l'horodateur. Il rejoignit Sveavägen.

Rosa Figuerola se dispensa du paiement. Elle le perdrait de vue si elle passait d'abord à la machine. Elle suivit Mårtensson jusqu'à Kungsgatan où il tourna à gauche. Il poussa la porte du Kungstornet. Elle rouspéta, mais n'eut pas le choix et attendit trois minutes avant de le suivre à l'intérieur du café. Il était assis au rez-de-chaussée et parlait avec un homme blond, dans les trente-cinq ans, et apparemment costaud. Un flic, pensa Rosa Figuerola.

Elle l'identifia comme l'homme que Christer Malm avait photographié devant le Copacabana le 1er Mai.

Elle prit un café et s'installa à l'autre bout du troquet, et ouvrit *Dagens Nyheter*. Mårtensson et son partenaire parlaient à voix basse. Elle ne pouvait pas distinguer un seul mot. Elle sortit son téléphone portable et fit semblant d'appeler quelqu'un – ce qui était inutile puisque aucun des deux hommes ne la regardait. Elle prit une photo avec le portable, sachant parfaitement que ce serait en 72 dpi et donc de qualité trop médiocre pour être publiable. En revanche, elle pourrait servir de preuve que la rencontre avait réellement eu lieu.

Au bout d'un peu plus de quinze minutes, l'homme blond se leva et quitta le Kungstornet. Rosa Figuerola jura intérieurement. Pourquoi n'était-elle pas restée à l'extérieur ? Elle l'aurait reconnu quand il quittait le café. Elle avait envie de se lever et de reprendre la chasse. Mais Mårtensson restait tranquillement là à finir son café. Elle ne voulait pas attirer l'attention en se levant pour suivre son ami non identifié.

Une petite minute plus tard, Mårtensson se leva et alla aux toilettes. Dès que la porte fut refermée, Rosa Figuerola fut sur pied et sortit dans Kungsgatan. Elle guetta dans les deux sens, mais l'homme blond avait eu le temps de disparaître.

Elle joua le tout pour le tout et se précipita au carrefour de Sveavägen. Elle ne le voyait nulle part et s'engouffra dans le métro. Sans espoir.

Elle retourna au Kungstornet. Mårtensson aussi avait disparu.

ERIKA BERGER JURA SANS RETENUE en revenant à l'endroit, à deux pâtés de maison du *Samirs Gryta*, où elle avait garé sa BMW la veille au soir.

La voiture était toujours là. Mais pendant la nuit, quelqu'un lui avait crevé les quatre pneus. *Putain de saloperie de foutus rats !* jura-t-elle intérieurement en bouillonnant de rage.

Il n'y avait pas beaucoup d'alternatives. Elle appela le service de dépannage et expliqua sa situation. Elle n'avait pas le temps de rester à attendre, et elle glissa la clé de contact à l'intérieur du tuyau d'échappement pour que les dépanneurs puissent ouvrir la voiture. Ensuite, elle rejoignit Mariatorget où elle prit un taxi.

LISBETH SALANDER ENTRA SUR LE SITE de Hacker Republic et constata que Plague était connecté. Elle le sonna.

[Salut Wasp. C'est comment, Sahlgrenska ?]
[Calmant. J'ai besoin de ton aide.]
[Ça alors !!!]
[Je ne pensais pas que j'allais avoir à le demander.]
[Ça doit être sérieux.]
[Göran Mårtensson, domicilié à Vällingby. J'ai besoin d'avoir accès à son ordinateur.]
[OK.]
[Tout le matériel doit être transféré à Mikael Blomkvist à *Millénium*.]
[OK. Je m'en occupe.]
[Big Brother surveille le téléphone de Super Blomkvist et probablement ses mails. Tu dois tout envoyer à une adresse hotmail.]
[OK.]
[Si je ne suis pas disponible, Blomkvist aura besoin de ton aide. Il faut qu'il puisse te contacter.]

[Hmm.]
[Il est un peu carré mais tu peux lui faire confiance.]
[Hmm.]
[Tu veux combien ?]

Plague resta silencieux pendant quelques secondes.

[Est-ce que ça a quelque chose à voir avec ta situation ?]
[Oui.]
[Ça va t'aider ?]
[Oui.]
[Alors c'est ma tournée.]
[Merci. Mais je paie toujours mes dettes. Je vais avoir besoin de ton aide jusqu'au procès. Je paie 30 000.]
[C'est dans tes moyens ?]
[C'est dans mes moyens.]
[OK.]
[Je pense qu'on va avoir besoin de Trinity. Tu crois que tu arriveras à le faire venir en Suède ?]
[Pour faire quoi ?]
[Ce qu'il sait faire le mieux. Je lui paie les honoraires standard + les frais.]
[OK. Qui ?]

Elle expliqua ce qu'elle voulait qu'il fasse.

LE DR ANDERS JONASSON parut soucieux le vendredi matin en contemplant un inspecteur Hans Faste passablement irrité de l'autre côté du bureau.

— Je regrette, dit Anders Jonasson.

— Je n'arrive pas à comprendre. Je croyais que Salander était rétablie. Je suis venu à Göteborg d'une part pour pouvoir l'interroger, d'autre part pour les préparatifs de son transfert dans une cellule à Stockholm, qui est sa place.

— Je regrette, dit Anders Jonasson de nouveau. J'ai très envie d'être débarrassé d'elle, parce qu'on n'a pas exactement un trop-plein de lits. Mais…

— On ne peut pas envisager qu'elle simule ?

Anders Jonasson rit.

— Je ne pense pas que ça soit vraisemblable. Comprenez quand même ceci. Lisbeth Salander a été blessée à la tête. J'ai sorti une balle de son cerveau et c'est une situation qui a tout d'une loterie quant à ses chances de survivre. Elle a

survécu et son pronostic a été particulièrement satisfaisant…
tellement satisfaisant que mes collègues et moi-même étions
prêts à signer sa sortie. Puis il y a eu une nette dégradation
hier. Elle s'est plainte d'un fort mal de tête et elle a soudain
développé une fièvre qui va et vient. Hier elle était à 38
avec des vomissements à deux reprises. Au cours de la nuit,
la fièvre a baissé et sa température était presque normale, et
j'ai cru que c'était quelque chose de temporaire. Mais en
l'examinant ce matin, elle avait près de 39, ce qui est grave.
Maintenant dans la journée, la fièvre a de nouveau baissé.

— Alors c'est quoi qui ne va pas ?

— Je ne le sais pas, mais le fait que sa température
monte et descend indique que ce n'est pas une grippe ou
ce genre d'affection. Je ne peux cependant pas dire exactement ce que c'est, mais ça peut être aussi simple qu'une
allergie à un médicament ou à autre chose qu'elle a touché.

Il afficha une photo sur l'ordinateur et montra l'écran à
Hans Faste.

— J'ai demandé une radio du crâne. Comme vous pouvez le voir, il y a une partie plus sombre ici juste à l'endroit
de la blessure. Je n'arrive pas à déterminer ce que c'est. Ça
peut être la blessure qui cicatrise mais ça peut aussi être une
petite hémorragie. Mais avant qu'on ait déterminé ce qui ne
va pas, je ne vais pas la lâcher, quelle que soit l'urgence.

Hans Faste hocha la tête, résigné. Il n'en était pas à argumenter avec un médecin, personnage qui a le pouvoir de
vie et de mort, et qui est le plus près d'un représentant de
Dieu qu'on puisse trouver sur terre. A l'exception des policiers. En tout cas il n'avait ni la compétence ni le savoir
pour déterminer à quel point Lisbeth Salander allait mal.

— Et que va-t-il se passer maintenant ?

— J'ai ordonné du repos complet et une interruption de
sa rééducation – elle en a besoin à cause des blessures à
l'épaule et à la hanche.

— OK… je dois contacter le procureur Ekström à Stockholm. C'est un peu arrivé comme une surprise, tout ça.
Qu'est-ce que je peux lui annoncer ?

— Il y a deux jours, j'étais prêt à approuver un déplacement peut-être pour la fin de la semaine. Dans la situation
actuelle, il faudra attendre un certain temps. Il vous faudra
l'avertir que je ne vais sans doute pas prendre de décision

cette semaine et qu'il faudra peut-être deux semaines même, avant que vous puissiez la transporter à la maison d'arrêt à Stockholm. Tout dépend de l'évolution.

— La date du procès est fixée au mois de juillet...

— Si rien d'imprévu ne se passe, elle devrait être sur pied bien avant.

L'INSPECTEUR JAN BUBLANSKI contempla avec méfiance la femme musclée de l'autre côté de la table de café. Ils étaient installés sur une terrasse à Norr Mälarstrand. On était le vendredi 20 mai et l'air était estival. Elle avait montré sa carte professionnelle, qui annonçait Rosa Figuerola de la Sûreté, et elle l'avait cueilli à 17 heures, au moment où il allait rentrer chez lui. Elle avait proposé un entretien particulier au-dessus d'une tasse de café.

Au début, Bublanski avait été récalcitrant et bougon. Au bout d'un moment, elle l'avait regardé droit dans les yeux en disant qu'elle n'était pas en mission officielle pour l'interroger et que bien entendu il n'avait pas à lui parler s'il ne le désirait pas. Il avait demandé ce qu'elle voulait et elle avait expliqué en toute franchise que son patron lui avait donné pour mission de se faire une idée de ce qui était vrai et faux dans la prétendue affaire Zalachenko, qui parfois était mentionnée comme l'affaire Salander. Elle expliqua aussi qu'il n'était même pas tout à fait sûr qu'elle ait le droit de lui poser des questions et que c'était à lui de choisir s'il voulait lui répondre ou non.

— Qu'est-ce que tu veux savoir ? finit par demander Bublanski.

— Raconte-moi ce que tu sais sur Lisbeth Salander, Mikael Blomkvist, Gunnar Björck et Alexander Zalachenko. Comment est-ce que les morceaux s'imbriquent ?

Ils parlèrent pendant plus de deux heures.

TORSTEN EDKLINTH RÉFLÉCHIT en long et en large pour trouver comment poursuivre. Après cinq jours d'investigations, Rosa Figuerola lui avait fourni une suite d'éléments clairs et nets indiquant que quelque chose allait terriblement mal à la Säpo. Il comprenait la nécessité d'agir en douceur, avant de disposer de suffisamment de preuves pour étayer ses affirmations. Dans la situation actuelle, il se trouvait lui-même dans une certaine détresse constitutionnelle puisqu'il n'avait pas la compétence pour mener des enquêtes d'intervention en secret, et surtout pas dirigées contre ses propres collaborateurs.

Il lui fallait par conséquent trouver une formule qui rende ses mesures légitimes. Dans une situation de crise, il pourrait toujours faire référence à sa qualité de policier et au devoir du policier d'élucider des crimes – mais le crime en question était de nature constitutionnelle si extrêmement sensible qu'il serait probablement viré s'il faisait un faux pas. Il passa le vendredi à des ruminations solitaires dans son bureau.

Les conclusions qu'il en tirait furent que Dragan Armanskij avait raison, même si ça pouvait sembler invraisemblable. Il existait une conspiration au sein de la Säpo et un certain nombre de personnes agissaient en dehors ou à côté de l'activité régulière. Puisque cette activité s'était déroulée pendant de nombreuses années – au moins depuis 1976 quand Zalachenko était arrivé en Suède –, cela voulait dire qu'elle était organisée et bénéficiait de l'aval d'une hiérarchie. Il ignorait jusqu'à quel niveau la conspiration grimpait.

Il nota trois noms sur un bloc-notes.

Göran Mårtensson, Protection des personnalités. Inspecteur criminel
Gunnar Björck, adjoint-chef à la brigade des étrangers. Décédé. (Suicide ?)
Albert Shenke, secrétaire général, DGPN/Säpo

Rosa Figuerola était arrivée à la conclusion qu'au moins le secrétaire général avait dû mener la danse quand Mårtensson à la Protection des personnalités avait été déplacé au contre-espionnage sans vraiment l'être. Il passait son temps à surveiller le journaliste Mikael Blomkvist, ce qui n'avait absolument rien à voir avec l'activité du contre-espionnage.

A cette liste il fallait aussi ajouter d'autres noms extérieurs à la Säpo.

Peter Teleborian, psychiatre
Lars Faulsson, serrurier

Teleborian avait été recruté par la Säpo comme expert psychiatre à quelques reprises à la fin des années 1980 et au début des années 1990. Cela avait eu lieu très exactement à trois occasions, et Edklinth avait examiné les rapports des archives. La première occasion avait été extraordinaire : le contre-espionnage avait identifié un informateur russe au sein de l'industrie de téléphonie suédoise, et le passé de cet espion faisait craindre qu'il ait recours au suicide s'il était dévoilé. Teleborian avait fait une analyse remarquée pour sa justesse qui suggérait de reconvertir l'informateur en agent double. Les deux autres occasions où on avait fait appel à Teleborian étaient de menues expertises, d'une part concernant un employé au sein de la Säpo qui avait des problèmes d'alcool, d'autre part sur le comportement sexuel bizarre d'un diplomate d'un pays africain.

Mais ni Teleborian ni Faulsson – surtout pas Faulsson – n'avait un emploi au sein de la Säpo. Pourtant, de par les missions qu'on leur confiait, ils étaient liés à… à quoi ?

La conspiration était intimement associée à feu Alexander Zalachenko, opérateur russe déserteur du GRO qui, selon les sources, était arrivé en Suède le jour des élections en 1976. Et dont personne n'avait entendu parler. *Comment était-ce possible ?*

Edklinth essaya de se représenter ce qui se serait possiblement passé s'il avait été parmi les cadres dirigeants de la Säpo en 1976 quand Zalachenko avait déserté. Comment aurait-il agi ? Discrétion absolue. Forcément. La défection ne devait être connue que d'un petit cercle exclusif si on ne voulait pas risquer que l'information arrive jusqu'aux Russes et… Un cercle petit comment ?

Une section d'intervention ?

Une section d'intervention inconnue ?

Si tout avait été conforme, Zalachenko aurait dû être confié au contre-espionnage. Dans le meilleur des cas, le service de renseignements militaires se serait occupé de lui. Sauf qu'eux n'avaient ni les ressources ni la compétence pour mener ce genre d'intervention. Ce fut donc la Säpo.

Et le contre-espionnage ne les avait jamais eues. Björck était la clé ; il avait manifestement été de ceux qui avaient géré Zalachenko. Mais Björck n'avait jamais eu quoi que ce soit à faire avec le contre-espionnage. Björck était un mystère.

Officiellement, il avait un poste à la brigade des étrangers depuis les années 1970, mais en réalité personne ne l'avait aperçu à ce département avant les années 1990, quand il avait soudain été nommé chef adjoint.

Pourtant, Björck était la source principale des informations de Blomkvist. Comment Blomkvist avait-il obtenu de Björck qu'il lui révèle de telles bombes en puissance ? A lui, un journaliste ?

Les prostituées. Björck fréquentait des adolescentes prostituées et *Millénium* avait l'intention de le dénoncer. Blomkvist avait dû faire chanter Björck.

Ensuite, Lisbeth Salander avait fait son entrée.

Feu maître Nils Bjurman avait travaillé à la brigade des étrangers en même temps que feu Björck. C'était eux qui s'étaient chargés de Zalachenko. Mais qu'avaient-ils fait de lui ?

Quelqu'un avait forcément dû prendre les décisions. Avec un déserteur de ce niveau-là, l'ordre avait dû venir de plus haut encore.

Du gouvernement. Il y avait forcément un ancrage. Sinon ce serait impensable.

Impensable ?

Le malaise donnait des sueurs froides à Edklinth. Tout ceci était formellement compréhensible. Un déserteur de l'importance de Zalachenko devait être traité dans le plus grand secret. Lui-même en aurait décidé ainsi. Et c'était ce que le gouvernement Fälldin avait dû décider. Ça tenait la route.

Par contre, ce qui s'était passé en 1991 n'avait rien de normal. Björck avait recruté Peter Teleborian pour faire enfermer Lisbeth Salander dans un institut de pédopsychiatrie sous le prétexte qu'elle était psychiquement perturbée. Il s'agissait là d'un crime. D'un crime tellement énorme qu'Edklinth, très mal à l'aise, en eut à nouveau des sueurs froides.

Quelqu'un avait pris les décisions. Dans ce cas, il ne pouvait s'agir du gouvernement... Ingvar Carlsson avait été Premier ministre, suivi par Carl Bildt. Mais aucun politicien n'oserait s'approcher d'une décision allant ainsi totalement à l'encontre de toute loi et de toute justice, avec pour résultat un scandale catastrophique si elle était révélée.

Si le gouvernement était mêlé à cette affaire, la Suède ne valait pas mieux que la pire des dictatures au monde.

Ce qui n'était pas possible.

Et ensuite les événements du 12 avril à Sahlgrenska. Zalachenko abattu bien à propos par un redresseur de torts psychiquement malade, tandis qu'un cambriolage se déroule chez Mikael Blomkvist et qu'Annika Giannini est agressée. Dans les deux cas, l'étrange rapport de Gunnar Björck de 1991 était volé. Ça, c'était une info que Dragan Armanskij avait lâchée confidentiellement. Parce qu'aucune plainte n'avait été déposée.

Et en même temps, Gunnar Björck choisit de se pendre. Lui justement que, parmi tant d'autres, Edklinth aurait aimé coincer entre quatre yeux pour un entretien sérieux.

Torsten Edklinth ne croyait pas au hasard quand il prenait ces dimensions. L'inspecteur criminel Jan Bublanski ne croyait pas à un tel hasard. Mikael Blomkvist n'y croyait pas. Edklinth reprit son marqueur.

Evert Gullberg, soixante-dix-huit ans. Expert en fiscalité ???

Qui était ce foutu Evert Gullberg ?
Il songea à appeler le directeur de la Säpo, mais s'abstint pour la bonne raison qu'il ignorait jusqu'à quel échelon la conspiration montait. En résumé, il ne savait pas en qui il pouvait avoir confiance.

Après avoir éliminé la possibilité de se tourner vers quelqu'un au sein de la Säpo, il envisagea un instant de se tourner vers la police ordinaire. Jan Bublanski menait les investigations sur Ronald Niedermann et serait évidemment intéressé par toute information annexe. Mais d'un point de vue politique, cela était impossible.

Il sentit un lourd fardeau lui peser sur les épaules.

En fin de compte, il ne restait qu'une solution qui soit constitutionnellement correcte et qui représentait peut-être un bouclier si à l'avenir il devait se retrouver en disgrâce politique. Il fallait qu'il se tourne vers *le chef* pour trouver un soutien politique à ses agissements.

Il regarda l'heure. Bientôt 16 heures. Il prit son téléphone et appela le ministre de la Justice qu'il connaissait depuis plusieurs années et qu'il avait rencontré lors de multiples exposés au ministère. Il l'eut au bout du fil en moins de cinq minutes.

— Salut Torsten, fit le ministre de la Justice. Ça fait un bail. Qu'est-ce qui me vaut cet appel ?

— Très franchement, je crois que je t'appelle pour vérifier quelle crédibilité tu m'accordes.

— Quelle crédibilité ? Drôle de question. Je t'accorde une grande crédibilité. Pourquoi cette question bizarre ?

— Parce qu'elle précède une demande sérieuse et hors du commun… Je dois vous rencontrer, toi et le Premier ministre, et c'est urgent.

— Rien que ça.

— Pour te fournir des explications j'aimerais qu'on soit bien installé entre nous. J'ai sur mon bureau une affaire si étonnante que je voudrais vous en informer, toi et le Premier ministre.

— Ça m'a l'air grave.

— C'est grave.

— Est-ce que ça a quelque chose à voir avec des terroristes ou des menaces…

— Non. C'est plus grave que ça. Je mets toute ma réputation et ma carrière sur la balance en t'appelant pour te faire cette demande. Je n'aurais pas cette conversation si je n'estimais pas la situation extrêmement sérieuse.

— Je comprends. D'où ta question sur ta crédibilité… Tu voudrais rencontrer le Premier ministre quand ?

— Dès ce soir, si possible.

— Là, tu m'inquiètes carrément.

— Je crains que tu aies toutes les raisons d'être inquiet.

— La rencontre durera combien de temps ?

Edklinth réfléchit.

— Je pense qu'il me faudra une heure pour résumer tous les détails.

— Je te rappelle dans un petit moment.

Le ministre de la Justice rappela au bout d'un quart d'heure et expliqua que le Premier ministre avait la possibilité de recevoir Torsten Edklinth à son domicile le soir même à 21 h 30. Edklinth avait les mains moites en raccrochant. *Bon, eh ben, il n'est pas impossible que dès demain matin ma carrière soit terminée.*

Il souleva le combiné et appela Rosa Figuerola.

— Salut Rosa. Tu devras te présenter à 21 heures pour le service. Tenue correcte de rigueur.

— Je suis toujours en tenue correcte, dit Rosa Figuerola.

LE PREMIER MINISTRE CONTEMPLAIT le directeur de la Protection de la Constitution avec un regard qu'il fallait bien qualifier de sceptique. Edklinth se représentait des engrenages tournant à grande vitesse derrière les lunettes de l'homme.

Le Premier ministre déplaça son regard sur Rosa Figuerola qui n'avait rien dit pendant l'heure qu'avait duré l'exposé. Il vit une femme très grande et musclée qui lui rendait son regard avec une politesse pleine d'attente. Ensuite il se tourna vers le ministre de la Justice qui avait légèrement pâli au cours de l'exposé.

Pour finir, le Premier ministre respira à fond, ôta ses lunettes et laissa son regard se perdre dans le lointain.

— Je crois qu'il nous faudra un peu plus de café, finit-il par dire.

— Oui, merci, dit Rosa Figuerola.

Edklinth hocha la tête et le ministre de la Justice reprit le thermos.

— Laissez-moi faire un résumé pour être absolument sûr d'avoir tout bien compris, dit le Premier ministre. Vous soupçonnez qu'il existe une conspiration au sein de la Säpo qui agirait en dehors de ses missions constitutionnelles et que, au fil des ans, cette conspiration a mené une activité qu'il faut bien qualifier de criminelle.

Edklinth fit oui de la tête.

— Et vous vous adressez à moi parce que vous n'avez pas confiance en la direction de la Säpo.

— Oui et non, répondit Edklinth. J'ai décidé de me tourner directement vers vous parce que ce type d'activité est en contradiction avec la Constitution, mais je ne connais pas le but de la conspiration et je ne sais pas si je peux avoir mal interprété un élément. Cette activité peut être légitime après tout, et peut avoir l'aval du gouvernement. Dans ce cas, j'agis à partir d'informations erronées ou mal interprétées et je risque ainsi de dévoiler une opération secrète en cours.

Le Premier ministre regarda le ministre de la Justice. Tous deux comprenaient qu'Edklinth prenait ses précautions.

— Je n'ai jamais entendu parler d'une chose pareille. Tu es au courant de quelque chose ?

— Absolument pas, répondit le ministre de la Justice. Je n'ai rien vu dans aucun rapport de la Sûreté qui pourrait étayer cette affaire.

— Mikael Blomkvist pense qu'il s'agit d'un groupe intérieur à la Säpo. Il l'appelle *le club Zalachenko*.

— Je n'ai jamais entendu parler de ça. La Suède aurait accueilli et entretenu un transfuge russe de ce calibre… Il a donc déserté sous le gouvernement de Fälldin…

— J'ai du mal à croire que Fälldin aurait occulté une affaire pareille, dit le ministre de la Justice. Une désertion de cette envergure devrait être une affaire à transmettre en priorité absolue au gouvernement suivant.

Edklinth se racla la gorge.

— Le gouvernement de droite l'a laissée à Olof Palme. Il n'est un secret pour personne que quelques-uns de mes prédécesseurs à la Säpo avaient une opinion particulière sur Palme…

— Vous voulez dire que quelqu'un aurait oublié d'informer le gouvernement social-démocrate…

Edklinth hocha la tête.

— Je voudrais rappeler que Fälldin a assuré deux mandats. Les deux fois, le gouvernement a éclaté. La première fois, il a laissé la place à Ola Ullsten dont le gouvernement était minoritaire en 1979. Ensuite, le gouvernement a éclaté une deuxième fois lorsque les modérés ont abandonné et que Fälldin a gouverné avec les libéraux. M'est avis que la chancellerie du gouvernement se trouvait dans un certain chaos pendant les passations de pouvoir. Il est même possible qu'une affaire comme celle de Zalachenko ait été maintenue dans un cercle tellement restreint que le Premier ministre Fälldin n'y avait pas véritablement accès, ce qui fait qu'il n'a jamais eu quoi que ce soit à passer à Palme.

— Dans ce cas, qui est le responsable ? dit le Premier ministre.

Tout le monde sauf Rosa Figuerola secoua la tête.

— J'imagine qu'il est inévitable que les médias aient vent de ceci, dit le Premier ministre.

— Mikael Blomkvist et *Millénium* vont publier. Nous nous trouvons autrement dit dans une situation de contrainte.

Edklinth avait pris soin d'employer le *nous*. Le Premier ministre hocha la tête. Il comprenait le sérieux de la situation.

— Bon. Tout d'abord, je voudrais vous remercier de m'apporter cette affaire aussi rapidement que vous l'avez fait.

D'ordinaire, je n'accepte pas ce genre de visites sans préavis, mais le ministre de la Justice m'a assuré que vous étiez un homme sensé et que quelque chose d'extraordinaire s'était forcément passé, vu que vous teniez à me voir en court-circuitant tous les canaux normaux.

Edklinth respira un peu. Quoi qu'il arrive, le courroux du Premier ministre ne le foudroierait pas.

— Maintenant il ne nous reste qu'à décider comment gérer tout ça. Auriez-vous des propositions ?

— Peut-être, répondit Edklinth en hésitant.

Il resta silencieux si longtemps que Rosa Figuerola finit par se racler la gorge.

— Puis-je parler ?

— Je vous en prie, dit le Premier ministre.

— S'il est vrai que le gouvernement n'est pas au courant de cette opération, alors elle est illégale. Le criminel dans ces cas-là est le responsable, c'est-à-dire le ou les fonctionnaires de l'Etat qui ont outrepassé leurs compétences. Si nous arrivons à prouver toutes les affirmations de Mikael Blomkvist, cela voudrait dire qu'un groupe de fonctionnaires de la Sûreté a mené une activité criminelle. Le problème revêt ensuite deux aspects.

— Qu'est-ce que vous voulez dire par là ?

— Premièrement, il faut répondre aux questions : comment ceci a-t-il été possible ? Qui a la responsabilité ? Comment une telle conspiration a-t-elle pu se développer dans le cadre d'un organisme policier parfaitement établi ? Permettez-moi de rappeler que je travaille moi-même pour la DGPN/Säpo, et que j'en suis fière. Comment cela a-t-il pu se poursuivre aussi longtemps ? Comment l'activité a-t-elle pu être dissimulée et financée ?

Le Premier ministre hocha la tête.

— Cet aspect-là, des livres qui en parlent vont être publiés, continua Rosa Figuerola. Mais une chose est sûre : il existe forcément un financement et qui doit tourner autour de plusieurs millions de couronnes chaque année. J'ai examiné le budget de la Sûreté et je n'ai rien trouvé qu'on pourrait appeler le club Zalachenko. Cependant, comme vous le savez, il existe un certain nombre de fonds secrets auxquels le secrétaire général et le directeur du budget ont accès, mais pas moi.

Le Premier ministre hocha tristement la tête. Pourquoi la gestion de la Säpo relevait-elle toujours du cauchemar ?

— L'autre aspect concerne les protagonistes. Ou plus exactement les personnes qu'il convient d'appréhender.

Le Premier ministre fit la moue.

— De mon point de vue, les réponses à ces questions dépendent de la décision que vous allez personnellement prendre d'ici quelques minutes.

Torsten Edklinth retint sa respiration. S'il avait pu balancer un coup de pied dans le tibia de Rosa Figuerola, il l'aurait fait. Elle venait de trancher subitement droit dans la rhétorique pour affirmer que le Premier ministre était personnellement responsable. Lui-même avait pensé arriver à cette conclusion, mais seulement après une longue balade diplomatique.

— Quelle décision pensez-vous que je dois prendre ? demanda le Premier ministre.

— De notre côté, nous avons des intérêts en commun. Je travaille à la Protection de la Constitution depuis trois ans et j'estime qu'il s'agit là d'une mission d'une importance capitale pour la démocratie suédoise. La Sûreté s'est correctement comportée dans les contextes constitutionnels ces dernières années. Pour nous, il est important de mettre en avant qu'il s'agit d'une activité criminelle menée par des individus distincts.

— Ce genre d'activités n'a définitivement pas l'aval du gouvernement, dit le ministre de la Justice.

Rosa Figuerola hocha la tête et réfléchit quelques secondes.

— De votre côté, j'imagine que vous ne tenez pas à ce que le scandale atteigne le gouvernement – ce qui serait le cas si le gouvernement essayait d'occulter l'affaire, dit-elle.

— Le gouvernement n'a pas pour habitude d'occulter des activités criminelles, dit le ministre de la Justice.

— Non, mais posons comme hypothèse qu'il ait envie de le faire. Dans ce cas, le scandale serait incommensurable.

— Continuez, dit le Premier ministre.

— La situation actuelle est compliquée parce que nous, à la Protection de la Constitution, sommes obligés de mener des actions contraires aux règles pour avoir la moindre possibilité d'élucider cette histoire. Nous aimerions que cela se passe de façon juridiquement et constitutionnellement correcte.

— Nous le désirons tous, dit le Premier ministre.

— Dans ce cas, je propose que – en votre qualité de Premier ministre – vous donniez ordre à la Protection de la Constitution de tirer au clair ce fouillis au plus vite. Délivrez-nous une feuille de mission écrite et les autorisations nécessaires.

— Je ne suis pas sûr que ce que vous proposez soit légal, dit le ministre de la Justice.

— Si. C'est légal. Le gouvernement a le pouvoir de prendre les mesures les plus larges au cas où la Constitution dans sa forme est menacée de façon illégale. Si un groupe de militaires ou de policiers commençait à mener une politique des Affaires étrangères indépendante, cela signifierait *de facto* qu'un coup d'Etat aurait eu lieu dans notre pays.

— Affaires étrangères ? demanda le ministre de la Justice.

Le Premier ministre hocha brusquement la tête.

— Zalachenko était un transfuge d'une puissance étrangère, dit Rosa Figuerola. Il livrait ses informations, selon Mikael Blomkvist, à des services de renseignements étrangers. Si le gouvernement n'était pas informé, c'est donc qu'il y a eu coup d'Etat.

— Je comprends où vous voulez en venir, dit le Premier ministre. Laissez-moi maintenant exprimer ma pensée.

Le Premier ministre se leva et fit le tour de la table. Il s'arrêta devant Edklinth.

— Vous avez une collaboratrice intelligente. Et qui, de plus, n'y va pas par quatre chemins.

Edklinth déglutit et hocha la tête. Le Premier ministre se tourna vers son ministre de la Justice.

— Appelle ton secrétaire d'Etat et le directeur juridique. Dès demain matin, je veux un document qui donne à la Protection de la Constitution des pouvoirs extraordinaires pour agir dans cette affaire. La mission consiste à établir le degré de vérité dans les affirmations qui nous préoccupent, réunir une documentation sur leur étendue et identifier les personnes responsables ou impliquées.

Edklinth hocha la tête.

— Ce document ne doit pas établir que vous menez une enquête préliminaire – je peux me tromper, mais je crois que seul le procureur de la nation peut désigner un directeur d'enquête préliminaire à ce stade. En revanche, je peux vous donner pour mission de mener seul une enquête pour trouver la vérité. C'est donc une enquête officielle de l'Etat que vous allez mener. Vous me suivez ?

— Oui. Mais puis-je faire remarquer que je suis moi-même un ancien procureur ?

— Hmm. On va demander au directeur juridique de jeter un coup d'œil et de déterminer ce qui est formellement correct. Quoi qu'il en soit, vous êtes le seul responsable de cette enquête. Vous désignez vous-même les collaborateurs dont vous avez besoin. Si vous trouvez des preuves d'une activité criminelle, vous devez les transmettre au ministère public qui décide des actions judiciaires à mener.

— Il faut que je vérifie dans les textes exactement ce qui est en vigueur, mais il me semble que vous êtes tenu d'informer le porte-parole du gouvernement et la Commission constitutionnelle... tout ça va se savoir très rapidement, dit le ministre de la Justice.

— Autrement dit, il faut qu'on agisse vite, dit le Premier ministre.

— Hmm, dit Rosa Figuerola.

— Oui ? demanda le Premier ministre.

— Il reste deux problèmes... Premièrement, la publication de *Millénium* pourrait entrer en collision avec notre enquête et, deuxièmement, le procès de Lisbeth Salander va débuter dans quelques semaines.

— Est-ce qu'on pourra savoir quand *Millénium* a l'intention de publier ?

— On peut toujours poser la question, dit Edklinth. La dernière chose qu'on souhaite, c'est de se mêler des activités des médias.

— En ce qui concerne cette Salander..., commença le ministre de la Justice. Il réfléchit un moment. Ce serait terrible qu'elle ait réellement été victime des abus dont parle *Millénium*... est-ce que ça peut vraiment être possible ?

— Je crains que oui, dit Edklinth.

— Dans ce cas, il faut qu'on veille à ce qu'elle soit dédommagée et, avant tout, qu'elle ne soit pas victime d'un autre abus de pouvoir, dit le Premier ministre.

— Et comment allons-nous nous y prendre pour ça ? demanda le ministre de la Justice. Le gouvernement ne peut en aucun cas intervenir dans une action judiciaire en cours. Ce serait contraire à la loi.

— Est-ce qu'on peut parler avec le procureur...

— Non, dit Edklinth. En tant que Premier ministre, vous ne devez pas influencer le processus judiciaire en quoi que ce soit.

— Autrement dit, Salander doit mener son combat au tribunal, dit le ministre de la Justice. Et c'est seulement si elle perd le procès et fait appel que le gouvernement peut intervenir pour la gracier ou ordonner au ministère public de vérifier s'il y a lieu de refaire un procès.

Puis il ajouta quelque chose :

— Mais cela est valable uniquement si elle est condamnée à une peine de prison. Parce que si elle est condamnée à un internement psychiatrique, le gouvernement ne peut rien faire du tout. Alors il s'agit d'une question médicale, et le Premier ministre n'a pas la compétence requise pour déterminer si elle est saine d'esprit.

A 22 HEURES LE VENDREDI, Lisbeth Salander entendit la clé dans la serrure. Elle arrêta immédiatement l'ordinateur de poche et le glissa sous son oreiller. Quand elle releva les yeux, elle vit Anders Jonasson fermer la porte.

— Bonsoir, mademoiselle Salander, dit-il. Et comment vas-tu ce soir ?

— J'ai un mal de tête épouvantable et je me sens fiévreuse, dit Lisbeth.

— Ce n'est pas bien, ça.

Lisbeth Salander n'avait pas l'air d'être particulièrement tourmentée par la fièvre ou un mal de tête. Anders Jonasson l'examina pendant dix minutes. Il constata qu'au cours de la soirée, la fièvre était de nouveau beaucoup montée.

— C'est vraiment dommage que ça nous tombe dessus maintenant, alors que tu étais en si bonne voie de rétablissement. Maintenant, je ne peux malheureusement pas te relâcher avant au moins deux bonnes semaines.

— Deux semaines, ça devrait suffire.

Il la regarda longuement.

LA DISTANCE ENTRE LONDRES ET STOCKHOLM par la route est grosso modo de mille huit cents kilomètres, et il faut théoriquement environ vingt heures pour les parcourir. En réalité, il avait fallu près de vingt heures pour arriver seulement à la frontière entre l'Allemagne et le Danemark. Le ciel était couvert de nuages orageux lourds comme du plomb, et le lundi, lorsque l'homme qui se faisait appeler Trinity franchissait le pont de l'Øresund, la pluie se mit à tomber à verse. Il ralentit et actionna les essuie-glaces.

Trinity trouvait que c'était un cauchemar de conduire en Europe, avec tout ce continent qui s'entêtait à rouler du mauvais côté de la route. Il avait préparé son break le samedi matin et pris le ferry entre Douvres et Calais, puis il avait traversé la Belgique en passant par Liège. Il avait franchi la frontière allemande à Aix-la-Chapelle puis était remonté par l'autoroute en direction de Hambourg et du Danemark.

Son associé, Bob the Dog, était assoupi sur le siège arrière. Ils s'étaient relayés pour conduire et, mis à part quelques arrêts d'une heure pour manger, ils avaient maintenu une vitesse stable de quatre-vingt-dix kilomètres à l'heure. Avec ses dix-huit ans d'âge, le break n'était pas en mesure de rouler plus vite.

Des moyens plus simples existaient pour se rendre de Londres à Stockholm, mais il était malheureusement peu probable de faire entrer une trentaine de kilos d'équipement électronique en Suède par un vol régulier. Bien qu'ils aient passé six frontières sur le trajet, Trinity ne s'était pas fait arrêter par un seul douanier ou agent de la police des frontières. Il était un chaud partisan de l'Union européenne, dont les règles simplifiaient les visites sur le continent.

Trinity avait trente-deux ans et il était né dans la ville de Bradford, mais il habitait le Nord de Londres depuis tout enfant. Il avait une très médiocre formation derrière lui, une école professionnelle qui lui avait fourni un certificat de technicien qualifié en téléphonie, et pendant trois ans, depuis ses dix-neuf ans, il avait effectivement travaillé comme installateur pour British Telecom.

En réalité, il avait des connaissances théoriques en électronique et en informatique qui lui permettaient de se lancer sans problème dans des discussions où il surpassait n'importe quel grand ponte arrogant en la matière. Il avait vécu avec des ordinateurs dès l'âge de dix ans, et il avait piraté son premier ordinateur à treize. Cela lui avait mis l'eau à la bouche et, à seize ans, il avait évolué au point de se mesurer avec les meilleurs du monde. Durant un temps, il passait chaque minute éveillée devant son écran d'ordinateur, créait ses propres logiciels et balançait des pourriels sur le Net. Il réussit à infiltrer la BBC, le ministère de la Défense anglais et Scotland Yard. Il réussit même, temporairement, à prendre la commande d'un sous-marin nucléaire britannique patrouillant en mer du Nord. Heureusement, Trinity faisait partie des curieux plutôt que du genre malveillant des vandales informatiques. Sa fascination cessait dès l'instant où il avait brisé un ordinateur et trouvé un accès pour s'approprier ses secrets. A la rigueur, il s'autorisait une blague de potache, style configurer un ordinateur dans le sous-marin pour qu'il invite le capitaine à se torcher le cul quand celui-ci demandait une position. Ce dernier incident avait occasionné une suite de réunions de crise au ministère de la Défense, et Trinity avait fini par comprendre qu'il n'était peut-être pas vraiment malin de se vanter de ses connaissances, à une époque où les gouvernements étaient sérieux quand ils menaçaient de condamner les hackers à de lourdes peines de prison.

Il avait suivi cette formation de technicien en téléphonie parce qu'il savait déjà comment fonctionnait le réseau téléphonique. Il avait très vite constaté l'archaïsme désespérant du réseau et s'était reconverti en consultant en sécurité, pour installer des systèmes d'alarme et vérifier des protections contre les vols. A certains clients soigneusement choisis, il pouvait également offrir des exclusivités telles que surveillance et écoutes téléphoniques.

Il était l'un des fondateurs de Hacker Republic, dont Wasp était un des citoyens.

Il était 19 h 30 le dimanche quand Trinity et Bob the Dog atteignirent les faubourgs de Stockholm. Ils passaient Kungens kurva à Skärholmen, lorsque Trinity ouvrit son téléphone portable et composa un numéro qu'il avait mémorisé.

— Plague, dit Trinity.

— Vous êtes où ?

— Tu m'as dit de téléphoner quand on passerait Ikea.

Plague décrivit le chemin pour l'auberge de jeunesse sur Långholmen où il avait réservé de la place pour ses collègues anglais. Plague ne quittant pratiquement jamais son appartement, ils se mirent d'accord pour se retrouver chez lui à 10 heures le lendemain.

Après un moment de réflexion, Plague décida de faire un gros effort et s'attaqua à la vaisselle, au nettoyage et à l'aération des lieux avant l'arrivée de ses invités.

III

DISC CRASH

27 mai au 6 juin

L'historien Diodore de Sicile, Ier siècle avant Jésus-Christ (que certains historiens considèrent comme une source peu fiable), décrit des amazones en Libye, nom qui à cette époque englobait toute l'Afrique du Nord à l'ouest de l'Egypte. Cet empire d'amazones était une gynécocratie, c'est-à-dire que seules des femmes étaient autorisées à détenir des fonctions officielles, y compris les fonctions militaires. Selon la légende, le pays était dirigé par une reine, Myrine, qui avec 30 000 femmes fantassins et 3 000 cavalières traversa l'Egypte et la Syrie, et monta jusqu'à la mer Egée en soumettant une série d'armées mâles sur son chemin. Lorsque la reine Myrine finit par être vaincue, son armée fut dispersée.

L'armée de Myrine laissa pourtant des traces dans la région. Les femmes d'Anatolie prirent les armes pour écraser une invasion du Caucase, après que les soldats mâles avaient été anéantis dans un vaste génocide. Ces femmes étaient entraînées à la pratique de toutes sortes d'armes, y compris l'arc, l'épée, la hache de combat et la lance. Elles copièrent les cottes de mailles en bronze et les armures des Grecs.

Elles rejetaient le mariage, le considérant comme une soumission. Pour la procréation, des congés étaient accordés, pendant lesquels elles pratiquaient le coït avec des hommes anonymes choisis au hasard dans les villages alentour. Seule une femme qui avait tué un homme au combat avait le droit d'abandonner sa virginité.

16

VENDREDI 27 MAI – MARDI 31 MAI

MIKAEL BLOMKVIST QUITTA LA RÉDACTION de *Millénium* à 22 h 30 le vendredi. Il descendit au rez-de-chaussée, mais au lieu de sortir dans la rue il prit à gauche dans l'entrée et traversa la cave pour remonter dans la cour intérieure puis sortir dans Hökens gata en passant par l'immeuble voisin. Il croisa un groupe de jeunes qui quittait Mosebacke, mais personne ne prêta attention à lui. Quelqu'un qui le surveillerait penserait qu'il passait la nuit à la rédaction comme d'habitude. Il avait établi ce schéma dès le mois d'avril. En réalité, c'était Christer Malm qui était de garde la nuit à la rédaction.

Un quart d'heure durant, il se promena dans de petites rues et ruelles autour de Mosebacke avant de mettre le cap sur le numéro 9 de Fiskargatan. Il ouvrit avec le bon code d'accès et monta à pied jusqu'à l'appartement tout en haut où il utilisa les clés de Lisbeth Salander pour ouvrir la porte. Il débrancha l'alarme. Il se sentait toujours aussi troublé quand il entrait dans cet appartement, avec ses vingt et une pièces, dont trois seulement étaient meublées.

Il commença par préparer du café et des sandwiches avant d'entrer dans le bureau de Lisbeth et de démarrer son PowerBook.

Depuis ce jour de la mi-avril où le rapport de Björck avait été volé et où Mikael s'était rendu compte qu'il était sous surveillance, il avait établi son quartier général privé dans l'appartement de Lisbeth. Il avait transféré toute la documentation importante ici. Il passait plusieurs nuits par semaine dans cet appartement, dormait dans le lit de Lisbeth et travaillait sur son ordinateur. Elle l'avait vidé de toutes les données avant de se rendre à Gosseberga pour régler ses comptes avec Zalachenko. Mikael comprenait qu'elle n'avait probablement pas eu l'intention d'y revenir. Il s'était servi des disques système de Lisbeth pour remettre l'ordinateur en état de fonctionnement.

Depuis avril, il n'avait même pas connecté son propre ordinateur à l'ADSL. Il utilisait la connexion de Lisbeth, lançait ICQ et se manifestait sous le numéro qu'elle avait créé pour lui et lui avait communiqué via le groupe Yahoo [Table-Dingue].

> [Salut Sally.]
> [Raconte.]
> [J'ai retravaillé les deux chapitres qu'on a discutés dans la semaine. Tu trouveras la nouvelle version sur Yahoo. Et toi, tu avances comment ?]
> [Terminé dix-sept pages. Je les mets sur Table-Dingue maintenant.]
> *Pling.*
> [OK. Je les ai. Laisse-moi les lire, et on discute après.]
> [J'ai autre chose.]
> [Quoi ?]
> [J'ai créé un autre groupe Yahoo sous le nom Les-Chevaliers.]
> Mikael sourit.
> [OK. Les Chevaliers de la Table Dingue.]
> [Mot de code yacaraca12.]
> [OK.]
> [Quatre membres. Toi, moi et Plague et Trinity.]
> [Tes mystérieux copains du Net.]
> [Je me couvre.]
> [OK.]
> [Plague a sorti des infos de l'ordi du procureur Ekström. On l'avait piraté en avril.]
> [OK.]
> [Si je perds mon ordi de poche, il te tiendra informé.]
> [Bien. Merci.]

Mikael se déconnecta d'ICQ et lança le nouveau groupe Yahoo [Les-Chevaliers]. Tout ce qu'il trouva fut un lien de Plague vers une adresse http anonyme composée de chiffres uniquement. Il copia l'adresse dans Explorer, tapa Retour et entra immédiatement sur un site de 16 Go quelque part sur Internet, qui constituait le disque dur du procureur Richard Ekström.

Plague s'était apparemment simplifié la vie en copiant l'ensemble du disque dur d'Ekström. Mikael passa une heure à en trier le contenu. Il rejeta les fichiers système, les logiciels et des quantités infinies d'enquêtes préliminaires qui semblaient remonter à des années en arrière. Pour finir, il téléchargea quatre dossiers. Trois portaient les noms de [ENQPRÉLIM/SALANDER], [POUBELLE/SALANDER] et [ENQPRÉLIM/NIEDERMANN]. Le quatrième dossier était une copie des mails du procureur Ekström reçus jusqu'à 14 heures la veille.

— Merci, Plague ! dit Mikael Blomkvist tout haut dans l'appartement vide.

Trois heures durant, il lut l'enquête préliminaire d'Ekström et sa stratégie en vue du procès contre Lisbeth Salander. Comme il s'y était attendu, beaucoup avait trait à son état mental. Ekström demandait un vaste examen psychiatrique et il avait envoyé quantité de mails qui avaient pour but de la faire transférer à la maison d'arrêt de Kronoberg au plus vite.

Mikael constata que les investigations d'Ekström pour retrouver Niedermann semblaient piétiner. C'était Bublanski qui dirigeait les recherches. Il avait réussi à établir une documentation technique chargeant Niedermann pour les meurtres de Dag Svensson et de Mia Bergman, tout comme pour le meurtre de maître Bjurman. Mikael Blomkvist avait lui-même contribué avec une grande partie de ces preuves lors de trois longs interrogatoires en avril, et il serait obligé de témoigner en cas d'arrestation de Niedermann. L'ADN identifié dans quelques gouttes de sueur et deux cheveux prélevés dans l'appartement de Bjurman avaient enfin pu être associés avec l'ADN issu de la chambre de Niedermann à Gosseberga. On avait aussi retrouvé le même ADN en grandes quantités sur le corps de l'expert financier du MC Svavelsjö, Viktor Göransson.

En revanche, Ekström avait étonnamment peu d'informations sur Zalachenko.

Mikael alluma une cigarette et, le temps de la fumer, se tourna vers la fenêtre pour profiter du panorama sur Djurgården.

Ekström dirigeait actuellement deux enquêtes préliminaires qui avaient été distinguées l'une de l'autre. L'inspecteur Hans Faste était l'autorité responsable des investigations dans toutes les affaires concernant Lisbeth Salander. Bublanski s'occupait uniquement de Niedermann.

Le plus naturel pour Ekström, quand le nom de Zalachenko avait surgi dans son enquête préliminaire, aurait été de contacter le directeur général de la Säpo pour poser des questions sur l'identité réelle de Zalachenko. Mikael ne trouva aucun contact de ce type dans les mails d'Ekström, ni dans son journal ou dans ses notes. Par contre, tout démontrait qu'il possédait une certaine dose d'informations sur Zalachenko. Parmi les notes, Mikael trouva certaines formulations mystérieuses.

Le rapport sur Salander est un faux. Original de Björck ne correspond pas avec la version de Blomkvist. Classé confidentiel.

Hmm. Ensuite une série de notes qui soutenaient que Lisbeth Salander souffrait de schizophrénie paranoïde.

Correct d'interner Salander en 1991.

Dans [POUBELLE/SALANDER], Mikael trouva ce qui reliait les enquêtes, c'est-à-dire des informations accessoires dont le procureur avait jugé qu'elles ne concernaient pas l'enquête préliminaire et qui ne seraient par conséquent pas utilisées lors du procès et ne feraient pas partie des pièces à conviction contre elle. En faisait partie pratiquement tout ce qui touchait au passé de Zalachenko.

Mikael contemplait une enquête lamentable.

Il se demanda quelle part de tout ceci relevait du hasard et quelle part avait été arrangée. Où passait la limite ? Ekström était-il conscient qu'il existait une limite ?

Ou bien pouvait-on imaginer que quelqu'un fournissait sciemment à Ekström des informations crédibles mais fallacieuses ?

Pour finir, il se connecta à hotmail et consacra les dix minutes suivantes à consulter une demi-douzaine de comptes anonymes qu'il avait créés. Tous les jours, il avait fidèlement vérifié l'adresse hotmail qu'il avait donnée à l'inspectrice Sonja Modig. Il n'avait pas grand espoir qu'elle se manifeste. C'est pourquoi il fut agréablement surpris en ouvrant la boîte aux lettres de trouver un mail de voyagetrain9avril@hotmail.com. Le message ne comportait qu'une seule ligne.

[Café Madeleine, premier étage, samedi 11 heures.]

Mikael Blomkvist hocha pensivement la tête.

PLAGUE SE SIGNALA A LISBETH SALANDER vers minuit et l'interrompit alors qu'elle était en train de décrire sa vie avec Holger Palmgren comme tuteur. Agacée, elle regarda l'écran.

[Qu'est-ce que tu veux ?]
[Salut Wasp, moi aussi je suis ravi d'avoir de tes nouvelles.]
[Bon, bon. Quoi ?]
[Teleborian.]

Elle se redressa dans le lit et regarda tout excitée l'écran de l'ordinateur de poche.

[Raconte.]
[Trinity a réglé ça en un temps record.]
[Comment ?]
[M. le docteur des fous reste pas en place. Il arrête pas de bouger entre Uppsala et Stockholm et on peut pas faire de *hostile takeover*.]
[Je sais. Comment il a fait ?]
[Teleborian joue au tennis deux fois par semaine. Deux bonnes heures. Il a laissé son ordi dans la voiture dans un parking couvert.]
[Ha ha.]
[Trinity n'a eu aucun problème pour neutraliser l'alarme de la voiture et sortir l'ordi. Une demi-heure lui a suffi pour tout copier via Firewire et installer Asphyxia.]
[Où je trouve ça ?]

Plague donna l'adresse http du serveur où il conservait le disque dur de Peter Teleborian.

[Comme dit Trinity… *This is some nasty shit.*]
[?]
[Va voir son disque dur.]

Lisbeth Salander quitta Plague pour aller sur Internet trouver le serveur que Plague avait indiqué. Elle consacra les trois heures suivantes à passer en revue un par un les dossiers de l'ordinateur de Teleborian.

Elle trouva une correspondance entre Teleborian et une personne domiciliée sur hotmail qui lui envoyait des mails cryptés. Comme elle disposait de la clé PGP de Teleborian, elle n'eut aucun problème pour lire la correspondance en clair. Son nom était Jonas, sans nom de famille. Jonas et Teleborian manifestaient un intérêt malsain pour le manque de santé de Lisbeth Salander.

Yes… nous pouvons prouver qu'il existe une conspiration.

Mais ce qui intéressa Lisbeth Salander par-dessus tout, ce fut quarante-sept dossiers contenant 8 756 photos pornographiques hard mettant en scène des enfants. L'une après l'autre, elle ouvrit des photos montrant des enfants d'environ quinze ans ou moins. Un certain nombre représentaient des enfants en très bas âge. La plupart montraient des filles. Plusieurs photos étaient à caractère sadique.

Elle trouva des liens vers au moins une douzaine de personnes dans plusieurs pays qui s'échangeaient de la porno pédophile.

Lisbeth se mordit la lèvre inférieure. A part cela, son visage n'affichait pas la moindre expression.

Elle se souvint des nuits quand elle avait douze ans et qu'elle s'était trouvée attachée dans une chambre dépourvue de stimulus sensoriels à la clinique pédopsychiatrique de Sankt Stefan. Teleborian n'avait eu de cesse qu'il ne vienne dans sa chambre pour la contempler, vaguement éclairée par la lueur qui filtrait par la porte.

Elle savait. Il ne l'avait jamais touchée, mais elle avait toujours su.

Elle se maudit. Elle aurait dû s'occuper de Teleborian depuis plusieurs années. Mais elle l'avait refoulé, avait cherché à ignorer son existence.

Elle l'avait laissé faire.

Au bout d'un moment, elle se signala à Mikael Blomkvist sur ICQ.

MIKAEL BLOMKVIST PASSA LA NUIT dans l'appartement de Lisbeth Salander dans Fiskargatan. A 6 h 30 seulement, il arrêta l'ordinateur. Il s'endormit avec des photos pornos d'enfants sur la rétine et se réveilla à 10 h 15. Il sauta du lit, prit une douche et appela un taxi qui vint le chercher devant Södra Teatern. Il arriva dans Birger Jarlsgatan à 10 h 55 et se rendit à pied au café Madeleine.

Sonja Modig l'attendait, une tasse de café noir devant elle.

— Salut, dit Mikael.

— Je prends un risque énorme en faisant ça, dit-elle sans saluer. Je serai virée et on pourra me traduire en justice si jamais quelqu'un apprend que je t'ai rencontré.

— Ce n'est pas moi qui le dirai à qui que ce soit.

Elle semblait stressée.

— Un de mes collègues est récemment allé voir l'ancien Premier ministre Thorbjörn Fälldin. Il y est allé à titre privé, et lui aussi risque gros.

— Je comprends.

— J'exige donc que notre anonymat soit protégé.

— Je ne sais même pas de quel collègue tu parles.

— Je vais te le dire. Je veux que tu promettes de le protéger en tant que source.

— Tu as ma parole.

Elle lorgna sur la montre.

— Tu es pressée ?

— Oui. Je dois retrouver mon mari et mes enfants dans la galerie Sture d'ici dix minutes. Mon mari croit que je suis au boulot.

— Et Bublanski n'est pas au courant.

— Non.

— OK. Toi et ton collègue, vous êtes des sources et totalement protégés. Tous les deux. C'est valable jusqu'à la tombe.

— Mon collègue, c'est Jerker Holmberg que tu as rencontré à Göteborg. Son père est un militant centriste et Jerker connaît Fälldin depuis qu'il est gamin. Il est allé le voir à titre privé pour parler de Zalachenko.

— Je vois.

Le cœur de Mikael battait la chamade.

— Fälldin semble un homme correct. Holmberg a parlé de Zalachenko et a demandé ce que Fälldin savait sur sa désertion. Fälldin n'a rien dit. Puis Holmberg lui a raconté que nous pensons que Lisbeth Salander a été internée en psy par ceux qui protégeaient Zalachenko. Fälldin a été très révolté.

— Je comprends.

— Fälldin a raconté que le directeur de la Säpo de l'époque et un de ses collègues étaient venus le voir peu après qu'il était devenu Premier ministre. Ils lui ont raconté une histoire extraordinaire au sujet d'un espion russe déserteur qui était venu se réfugier en Suède. Fälldin a appris ce jour-là qu'il s'agissait du secret militaire le plus délicat qu'avait la Suède… que rien dans toute la Défense suédoise ne lui arrivait à la cheville en matière d'importance.

— Hmm.

— Fälldin leur avait dit qu'il ne savait pas comment gérer l'affaire. Il venait d'être nommé Premier ministre et son gouvernement n'avait aucune expérience. Ça faisait plus de quarante ans que les socialistes étaient au pouvoir. Les gars lui ont répondu que les prises de décision lui incombaient personnellement et que la Säpo déclinerait toute responsabilité s'il consultait ses collègues du gouvernement. Il a vécu très désagréablement tout cela. Il ne voyait tout simplement pas quoi faire.

— OK.

— Pour finir, Fälldin s'est senti obligé d'agir comme ces messieurs de la Säpo le lui suggéraient. Il a rédigé une directive qui donnait à la Säpo la garde exclusive de Zalachenko. Il s'est engagé à ne jamais discuter l'affaire avec qui que ce soit. Il n'a jamais appris le nom du transfuge.

— Je comprends.

— Ensuite Fälldin n'a pratiquement plus entendu parler de l'affaire pendant ses deux mandats. Par contre, il avait fait une chose extrêmement sage. Il avait insisté pour qu'un secrétaire d'Etat soit mis dans la confidence afin de fonctionner comme intermédiaire entre le cabinet du gouvernement et ceux qui protégeaient Zalachenko.

— Ah oui ?

— Ce secrétaire d'Etat s'appelle Bertil K. Janeryd. Il a soixante-trois ans aujourd'hui et il est ambassadeur de la Suède à La Haye.

— Putain, rien que ça !

— Quand Fälldin a réalisé la gravité de cette enquête préliminaire, il a écrit une lettre à Janeryd.

Sonja Modig poussa une enveloppe vers Mikael qui sortit le feuillet et lut.

Cher Bertil,

Le secret que nous avons tous les deux gardé pendant mon mandat au gouvernement est très sérieusement mis en question. L'individu concerné par l'affaire est décédé maintenant et ne peut plus être compromis. Par contre, d'autres personnes peuvent l'être.

Il est d'une importance capitale que nous ayons la réponse à certaines questions nécessaires.

*La personne porteuse de cette lettre travaille de façon offi-
cieuse et elle a ma confiance. Je te demande d'écouter son
histoire et de répondre à ses questions.*

Sers-toi de ton incontestable bon discernement.

TF

— Cette lettre fait donc allusion à Jerker Holmberg.

— Non. Holmberg a demandé à Fälldin de ne pas mentionner de nom. Il a expressément dit qu'il ne savait pas qui
irait à La Haye.

— Tu veux dire…

— On en a parlé, Jerker et moi. On s'est déjà tellement
mouillés que c'est un canot de sauvetage qu'il nous faudrait
et pas une simple bouée. On n'est absolument pas habilités
à aller aux Pays-Bas pour interroger l'ambassadeur. Toi par
contre, tu peux le faire.

Mikael replia la lettre et il commençait à la glisser dans la
poche de sa veste, lorsque Sonja Modig lui prit la main. Elle
serra fort.

— Information contre information, dit-elle. On veut savoir
ensuite ce que Janeryd va te raconter.

Mikael fit oui de la tête. Sonja Modig se leva. Mikael l'arrêta.

— Attends. Tu as dit que Fälldin avait eu la visite de deux
personnes de la Säpo. L'une était le directeur. Qui était son
collègue ?

— Fälldin ne l'a rencontré qu'à cette occasion et il n'arrive
pas à se rappeler son nom. Aucune note n'a été prise. Il se
souvient d'un homme maigre avec une fine moustache. Il lui
avait été présenté comme chef de la Section d'analyse spéciale ou un truc dans ce genre. Plus tard, Fälldin a vérifié sur
un organigramme de la Säpo et il n'a pas trouvé cette section.

Le club Zalachenko, pensa Mikael.

Sonja Modig se rassit. Elle sembla peser ses mots.

— OK, finit-elle par dire. Au risque de passer devant le
peloton d'exécution. Il existe une note que ni Fälldin ni les
visiteurs n'ont eue en tête.

— Laquelle ?

— Le registre des visiteurs de Fälldin à Rosenbad.

— Et ?

— Jerker a demandé à voir ce registre. C'est un document
officiel, conservé au siège du gouvernement.

— Et ?

Sonja Modig hésita encore une fois.

— Le registre indique seulement que le Premier ministre a rencontré le directeur de la Säpo plus un collègue pour discuter de sujets d'ordre général.

— Y a-t-il un nom ?

— Oui. E. Gullberg.

Mikael sentit le sang affluer à sa tête.

— Evert Gullberg, dit-il.

Sonja Modig avait l'air de serrer les dents. Elle hocha la tête. Elle se leva et partit.

MIKAEL BLOMKVIST SE TROUVAIT ENCORE au café Madeleine quand il ouvrit son téléphone portable pour réserver un billet d'avion pour La Haye. L'avion décollait d'Arlanda à 14 h 50. Il se rendit chez Dressman dans Kungsgatan où il acheta une chemise neuve et des sous-vêtements de rechange, puis à la pharmacie de Klara où il fit l'acquisition d'une brosse à dents et d'affaires de toilette. Il veilla soigneusement à ne pas être surveillé quand il courut attraper la navette pour l'aéroport. Il arriva avec dix minutes de battement.

A 18 h 30, il prit une chambre dans un hôtel défraîchi à une dizaine de minutes de marche de la gare centrale.

Il passa deux heures à essayer de localiser l'ambassadeur de Suède et réussit à l'avoir au téléphone vers 21 heures. Il utilisa toute sa persuasion et souligna que ce qui l'amenait était de la plus haute importance et qu'il était obligé d'en parler sans tarder. L'ambassadeur finit par céder et accepta de rencontrer Mikael à 10 heures le dimanche.

Mikael alla ensuite prendre un léger dîner dans un restaurant tout près de son hôtel. Il s'endormit vers 23 heures.

L'AMBASSADEUR BERTIL K. JANERYD n'était pas très loquace en servant le café à son domicile.

— Eh bien… Qu'est-ce qui est urgent à ce point ?

— Alexander Zalachenko. Le transfuge russe arrivé en Suède en 1976, dit Mikael en lui tendant la lettre de Fälldin.

Janeryd eut l'air abasourdi. Il lut la lettre et la posa ensuite tout doucement.

Mikael consacra la demi-heure suivante à expliquer le fond du problème et pourquoi Fälldin avait écrit cette lettre.

— Je... je ne peux pas en parler, dit Janeryd finalement.

— Bien sûr que si.

— Non, je peux seulement en parler devant la Commission constitutionnelle.

— Il est tout à fait vraisemblable que vous aurez l'occasion de le faire aussi. Mais la lettre stipule que vous devez vous servir de votre discernement.

— Fälldin est un honnête homme.

— Je n'en doute pas une seconde. Et je ne cherche pas à vous coincer, ni vous ni Fälldin. Vous n'avez pas à révéler le moindre secret militaire que Zalachenko ait éventuellement pu révéler.

— Je ne connais aucun secret. Je ne savais même pas que son nom était Zalachenko... Je ne le connaissais que sous son nom de code.

— Qui était ?

— On l'appelait Ruben.

— Bien.

— Je ne peux pas en parler.

— Bien sûr que si, répéta Mikael et il s'installa plus confortablement. Il se trouve que sous peu toute cette histoire va être rendue publique. Et quand ce sera le cas, les médias vont soit vous descendre à boulets rouges, soit vous décrire comme un honnête fonctionnaire de l'Etat qui a fait de son mieux pour arranger une situation exécrable. C'est vous qui avez été mandaté par Fälldin pour servir d'intermédiaire entre lui et ceux qui s'occupaient de Zalachenko. Je le sais déjà.

Janeryd hocha la tête.

— Racontez.

Janeryd garda le silence près d'une minute.

— On ne m'a informé de rien. J'étais jeune... je ne savais pas comment gérer l'affaire. Je les ai rencontrés à peu près deux fois par an pendant les années concernées. On me disait que Ruben... Zalachenko était en bonne santé, qu'il collaborait et que l'information qu'il fournissait était inestimable. Je n'ai jamais appris de détails. Je *n'avais pas besoin* de savoir.

Mikael attendit.

— Le transfuge avait opéré dans d'autres pays et ne connaissait rien de la Suède, c'est pourquoi il n'a jamais été une grande priorité pour notre politique de sûreté. J'ai informé le Premier ministre à deux ou trois occasions, mais de manière générale il n'y avait rien à dire.

— OK.

— Ils disaient toujours qu'il était traité suivant les usages en la matière et que l'information qu'il fournissait suivait le processus habituel via nos canaux réguliers. Que pouvais-je dire ? Quand je demandais ce que cela signifiait, ils souriaient et disaient que ça se situait hors de mon niveau de compétence. Je me sentais comme un idiot.

— Vous ne vous êtes jamais dit que quelque chose clochait dans cet arrangement ?

— Non. Rien ne clochait dans l'arrangement. Je partais du principe qu'à la Säpo, ils savaient ce qu'ils faisaient et qu'ils avaient toute l'expérience et l'habitude requises. Mais je ne peux pas en parler.

A ce stade, Janeryd en parlait déjà depuis plusieurs minutes.

— Tout cela est peu important. Une seule chose est importante en ce moment.

— Laquelle ?

— Les noms des personnes que vous rencontriez.

Janeryd interrogea Mikael du regard.

— Ceux qui s'occupaient de Zalachenko ont très largement outrepassé leurs compétences. Ils ont mené une activité criminelle aggravée et ils feront l'objet d'une enquête préliminaire. C'est pourquoi Fälldin m'a envoyé ici. Fälldin ne connaît pas ces noms. C'est vous qui rencontriez ces personnes.

Janeryd cligna des paupières nerveusement et serra les lèvres.

— Vous avez rencontré Evert Gullberg... c'était lui le chef.

Janeryd hocha la tête.

— Combien de fois l'avez-vous rencontré ?

— Il participait à toutes nos rencontres, sauf à une. Il y a eu une dizaine de rencontres au cours des années où Fälldin était Premier ministre.

— Et ces rencontres, elles avaient lieu où ?

— Dans le foyer d'un hôtel. Le Sheraton en général. Une fois à l'Amaranten sur Kungsholmen et quelques fois au pub du Continental.

— Et qui d'autre participait aux rencontres ?

Janeryd cligna des yeux, l'air résigné.

— C'était il y a si longtemps… je ne me rappelle plus.

— Essayez.

— Il y avait un… Clinton. Comme le président américain.

— Prénom ?

— Fredrik Clinton. Je l'ai rencontré quatre-cinq fois.

— OK… d'autres ?

— Hans von Rottinger. Je le connaissais par ma mère.

— Votre mère ?

— Oui, ma mère connaissait la famille von Rottinger. Hans von Rottinger était un homme sympa. Avant de le voir surgir soudain dans une réunion avec Gullberg, j'ignorais totalement qu'il travaillait pour la Säpo.

— Il ne travaillait pas pour la Säpo, dit Mikael.

Janeryd blêmit.

— Il travaillait pour quelque chose nommé la Section d'analyse spéciale, dit Mikael. Qu'est-ce qu'on vous a dit sur ce groupe ?

— Rien… je veux dire, c'était bien eux qui s'occupaient du transfuge.

— Oui. Mais avouez que c'est bizarre qu'ils ne figurent nulle part dans l'organigramme de la Säpo.

— C'est absurde…

— Oui, n'est-ce pas ? Ça se passait comment quand vous fixiez vos rendez-vous ? C'étaient eux qui vous appelaient ou vous qui les appeliez ?

— Non… la date et le lieu de la rencontre suivante étaient décidés lors de chaque rencontre.

— Comment cela se passait si vous aviez besoin de les contacter ? Par exemple pour changer de jour de rencontre ?

— J'avais un numéro de téléphone.

— Quel numéro ?

— Sincèrement, je ne m'en souviens plus.

— C'était le numéro de qui ?

— Je ne sais pas. Je ne l'ai jamais utilisé.

— OK. Question suivante… qui vous a succédé ?

— Comment ça ?

— Quand Fälldin a démissionné. Qui a pris votre place ?

— Je ne sais pas.

— Avez-vous écrit des rapports ?

— Non, tout ça était confidentiel. Je n'avais même pas le droit de prendre des notes.

— Et vous n'avez jamais briefé de successeur ?

— Non.

— Alors, que s'est-il passé ?

— Eh bien… Fälldin a démissionné et passé le flambeau à Ola Ullsten. On m'a informé que nous devions rester sur la touche jusqu'aux élections suivantes. Alors Fälldin a été réélu et nos rencontres ont repris. Puis il y a eu les élections de 1985 et les socialistes ont gagné. Et je suppose que Palme a désigné quelqu'un pour me succéder. Pour ma part, j'ai commencé ma carrière de diplomate au ministère des Affaires étrangères. J'ai été basé en Egypte, puis en Inde.

Mikael continua à poser des questions quelques minutes encore mais il était convaincu qu'il avait déjà appris tout ce que Janeryd avait à raconter. Trois noms.

Fredrik Clinton.

Hans von Rottinger.

Et Evert Gullberg – l'homme qui avait tué Zalachenko.

Le club Zalachenko.

Il remercia Janeryd pour les informations et prit un taxi pour retourner à la gare. Ce ne fut qu'une fois installé dans le taxi qu'il glissa la main dans sa poche pour arrêter le magnétophone.

Il était de retour à l'aéroport de Stockholm à 19 h 30 le dimanche.

ERIKA BERGER CONTEMPLA PENSIVEMENT la photo sur l'écran. Elle leva les yeux et observa la rédaction à moitié vide de l'autre côté de la cage en verre. Apparemment, personne ne lui témoignait de l'intérêt, ni ouvertement, ni en cachette. Elle n'avait pas non plus de raison de croire que quelqu'un de la rédaction lui voulait du mal.

Le mail était arrivé une minute plus tôt. L'expéditeur en était redax@aftonbladet.com. *Pourquoi justement* Aftonbladet *?* Encore une adresse trafiquée.

Le message d'aujourd'hui ne contenait pas de texte. Il n'y avait qu'une image JPEG qu'elle ouvrit sous Photoshop.

C'était une photo porno représentant une femme nue avec des seins exceptionnellement gros et un collier de chien autour du cou. Elle était à quatre pattes et se faisait sodomiser.

Le visage de la femme avait été changé. La retouche n'était pas bien faite, ce qui n'était sans doute pas le but non plus. Le visage d'Erika Berger avait été collé à la place du visage d'origine. La photo était celle qui lui avait servi de signature à *Millénium* et qui pouvait se télécharger sur le Net.

En bas de la photo, deux mots avaient été écrits avec la fonction aérographe dans Photoshop.

Sale pute.

C'était le neuvième message anonyme qu'elle recevait, la traitant de "sale pute" et qui semblait envoyé d'un grand groupe de communication en Suède. Elle avait manifestement un cyber harceleur sur les bras.

LES ÉCOUTES TÉLÉPHONIQUES étaient plus difficiles à mettre en œuvre que la surveillance informatique. Trinity n'avait eu aucun problème pour localiser le câble du téléphone fixe du procureur Ekström ; le problème était qu'Ekström ne l'utilisait jamais ou rarement pour des appels liés à son métier. Trinity ne se donna même pas la peine d'essayer de piéger le téléphone d'Ekström à l'hôtel de police sur Kungsholmen. Cela aurait demandé un accès au réseau câblé suédois dont Trinity ne disposait pas.

En revanche, Trinity et Bob the Dog passèrent pratiquement une semaine entière à identifier et distinguer le téléphone portable parmi le bruit de fond de près de deux cent mille autres téléphones portables dans un rayon d'un kilomètre autour de l'hôtel de police.

Trinity et Bob the Dog utilisèrent une technique appelée Random Frequency Tracking System, RFTS. Une technique connue, qu'avait développée la National Security Agency américaine, la NSA, et qui était intégrée à un nombre indéterminé de satellites surveillant ponctuellement des foyers de crise particulièrement intéressants et des capitales tout autour du monde.

La NSA disposait de ressources énormes et utilisait une sorte de filet pour capter une grande quantité d'appels de téléphones portables donnés simultanément dans un certain périmètre. Chaque appel était individualisé et passé en numérique dans des programmes faits pour réagir à certains termes, par exemple "terroriste" ou "kalachnikov". Si un tel mot semblait figurer, l'ordinateur envoyait automatiquement un signal, et un opérateur entrait manuellement et écoutait la conversation pour décider si elle présentait un intérêt ou pas.

Cela se corsait quand on voulait identifier un téléphone mobile spécifique. Chaque portable a sa propre signature unique – comme une empreinte digitale – sous forme de numéro de téléphone. Avec des appareils exceptionnellement sensibles, la NSA pouvait focaliser sur une zone déterminée pour distinguer et écouter des appels de téléphones portables. La technique était simple mais pas sûre à cent pour cent. Les appels sortants étaient particulièrement difficiles à identifier, alors que les appels entrants s'identifiaient plus facilement puisqu'ils débutaient justement avec l'empreinte digitale destinée au téléphone cible pour qu'il capte le signal.

La différence entre les ambitions en matière d'écoute téléphonique de Trinity et de la NSA était d'ordre financier. La NSA avait un budget annuel de plusieurs milliards de dollars, près de douze mille agents à plein temps et l'accès à une technologie de pointe absolue en informatique et en téléphonie. Trinity, lui, avait son break avec l'équivalent d'environ trente kilos d'équipement électronique, dont une grande partie bricolée maison par Bob the Dog. Grâce à sa surveillance globale par satellite, la NSA pouvait diriger des antennes extrêmement sensibles sur un bâtiment spécifique n'importe où dans le monde. Trinity ne disposait que d'une antenne que Bob the Dog avait fabriquée, avec une portée effective d'environ cinq cents mètres.

La technique dont disposait Trinity l'obligeait à garer son break dans Bergsgatan ou dans une des rues proches et à laborieusement calibrer son équipement jusqu'à ce qu'il ait identifié l'empreinte digitale qui constituait le numéro de téléphone portable du procureur Richard Ekström. Comme il ne parlait pas le suédois, il lui fallait réorienter les appels, via un autre portable, chez Plague qui se chargeait de l'écoute proprement dite.

Cinq jours et quatre nuits durant, un Plague aux yeux de plus en plus caves avait écouté jusqu'à épuisement un nombre effarant d'appels à destination ou sortant de l'hôtel de police et des bâtiments environnants. Il avait entendu des fragments d'enquêtes en cours, découvert des rendez-vous galants, enregistré un grand nombre d'appels contenant des inepties sans intérêt. Tard le soir du cinquième jour, Trinity envoya un signal qu'un affichage digital identifia immédiatement comme le numéro du portable du procureur Ekström. Plague verrouilla l'antenne parabolique sur l'exacte fréquence.

La technique fonctionnait mieux sur les appels entrants destinés à Ekström. La parabole de Trinity capta tout simplement la recherche du numéro de portable d'Ekström balancée dans les cieux au-dessus de toute la Suède.

Dès l'instant où Trinity put commencer à enregistrer des appels d'Ekström, il obtint aussi l'empreinte de sa voix sur laquelle Plague put travailler.

Plague instilla la voix numérisée d'Ekström dans un programme appelé VPRS, Voiceprint Recognition System. Il précisa une douzaine de mots fréquemment utilisés, comme "d'accord" ou "Salander". Dès qu'il disposa de cinq exemples distincts d'un mot, celui-ci fut répertorié en fonction du temps qu'il fallait pour le prononcer, de sa hauteur et de sa fréquence, de la tonique de fin de mot et d'une douzaine d'autres marqueurs. Après avoir ainsi obtenu une représentation graphique, Plague eut la possibilité d'écouter également les appels sortants du procureur Ekström. Sa parabole était en permanence à l'écoute d'un appel où figurerait précisément le schéma graphique d'un des mots fréquemment utilisés, une douzaine en tout. La technique était loin d'être parfaite. Mais ils estimaient que cinquante pour cent de tous les appels que passait Ekström sur son portable de l'intérieur de l'hôtel de police ou d'un endroit proche étaient écoutés et enregistrés.

Malheureusement, la technique avait un gros inconvénient. Dès que le procureur Ekström quittait l'hôtel de police, la possibilité d'écoute cessait, sauf si Trinity, sachant où il se rendait, pouvait garer son break à proximité immédiate.

DISPOSANT DÉSORMAIS DE L'ORDRE venu d'en haut, Torsten Edklinth avait enfin pu créer une unité d'intervention, de taille réduite certes, mais légitime. Il sélectionna quatre collaborateurs et choisit sciemment de jeunes talents venus de la police ordinaire, récemment recrutés par la Säpo. Deux avaient un passé à la brigade des fraudes, un aux affaires financières et un à la brigade criminelle. Ils furent convoqués dans le bureau d'Edklinth et mis au courant de la nature de leur mission et du besoin de confidentialité absolue. Il souligna que l'enquête se faisait expressément sur demande du Premier ministre. Rosa Figuerola était leur chef et elle dirigeait l'enquête avec une force à la mesure de son physique.

Mais l'enquête avançait lentement, principalement parce qu'aucun d'eux n'était très sûr de qui devait être la cible de leurs recherches. Plusieurs fois, Edklinth et Figuerola envisagèrent d'arrêter carrément Mårtensson pour l'interroger. Mais chaque fois, ils décidèrent d'attendre. Une arrestation aurait pour résultat que toute l'enquête devenait publique.

Mais le mardi, onze jours après l'entrevue avec le Premier ministre, Rosa Figuerola vint frapper à la porte du bureau d'Edklinth.

— Je crois qu'on tient quelque chose.

— Assieds-toi.

— Evert Gullberg.

— Oui ?

— L'un de nos enquêteurs a parlé avec Marcus Ackerman qui mène l'enquête sur l'assassinat de Zalachenko. Ackerman dit que la Säpo a contacté la police de Göteborg deux heures seulement après l'assassinat pour l'informer des lettres de menace de Gullberg.

— Ils ont fait vite.

— Oui. Un peu trop vite même. La Säpo a faxé à la police de Göteborg neuf lettres dont Gullberg serait l'auteur. Sauf qu'il y a un hic.

— Quoi ?

— Deux des lettres étaient adressées au ministère de la Justice – au ministre de la Justice et au ministre de la Démocratie.

— Oui. Je le sais déjà.

— Oui, mais la lettre adressée au ministre de la Démocratie n'a été enregistrée par le ministère que le lendemain. Elle faisait partie d'une autre tournée.

Edklinth regarda fixement Rosa Figuerola. Pour la première fois, il eut vraiment peur que ses soupçons soient fondés. Inflexible, Rosa continua :

— Autrement dit, la Säpo a envoyé le fax d'une lettre de menace qui n'était pas encore parvenue à son destinataire.

— Mon Dieu ! dit Edklinth.

— C'est un employé à la Protection des personnalités qui a faxé les lettres.

— Qui ?

— Je ne pense pas qu'il ait quoi que ce soit à voir là-dedans. Il a reçu les lettres sur son bureau le matin et, peu après l'assassinat, on lui a ordonné de contacter la police de Göteborg.

— Qui lui a donné cet ordre ?

— La secrétaire du secrétaire général.

— Mon Dieu, Rosa… Tu comprends ce que ça veut dire ?

— Oui.

— Ça veut dire que la Säpo était mêlée à l'assassinat de Zalachenko.

— Non. Mais ça veut définitivement dire que des personnes *au sein* de la Säpo avaient connaissance de l'assassinat avant qu'il soit commis. La question est de savoir qui.

— Le secrétaire général…

— Oui. Mais je commence à me dire que ce club Zalachenko se trouve à l'extérieur de la maison.

— Qu'est-ce que tu veux dire ?

— Mårtensson. Il a été transféré du service de Protection des personnalités et travaille en solo. Nous l'avons eu sous surveillance à temps plein toute la semaine. Il n'a eu de contact avec personne dans la maison à notre connaissance. Il reçoit des appels sur un portable qu'on n'arrive pas à écouter. Nous ne connaissons pas le numéro de ce portable, mais ce n'est pas le sien en tout cas. Il a rencontré l'homme blond que nous n'avons pas encore réussi à identifier.

Edklinth plissa le front. Au même moment, Niklas Berglund frappa à la porte. Il était le collaborateur recruté à la nouvelle section d'intervention qui auparavant avait travaillé aux affaires financières.

— Je crois que j'ai trouvé Evert Gullberg, dit Berglund.

— Entre, dit Edklinth.

Berglund posa une photographie écornée sur le bureau. Edklinth et Figuerola observèrent la photo. Elle représentait un homme que tous deux reconnurent immédiatement comme étant le légendaire colonel espion Stig Wennerström. Deux solides agents de police en civil lui faisaient passer une porte.

— Cette photo provient des éditions Åhlén & Åkerlund et elle a été publiée dans le magazine *Se* au printemps 1964. Elle a été prise lors du procès où Wennerström a été condamné à la prison à perpétuité.

— Hm hm.

— Dans le fond, vous voyez trois personnes. A droite, le commissaire criminel Otto Danielsson, qui est donc celui qui avait arrêté Wennerström.

— Oui...

— Regardez l'homme à gauche derrière Danielsson. Edklinth et Figuerola virent un homme grand avec une fine moustache et un chapeau. Il y avait une vague ressemblance avec l'écrivain Dashiell Hammett.

— Comparez le visage avec cette photo d'identité de Gullberg. Il avait soixante-six ans quand la photo d'identité a été prise.

Edklinth fronça les sourcils.

— Je n'irais pas jurer que c'est la même personne...

— Mais moi je le ferais, dit Berglund. Retourne la photo.

Au dos, un tampon indiquait que la photo était propriété des éditions Åhlén & Åkerlund et que le photographe s'appelait Julius Estholm. Il y avait un texte écrit au crayon. *Stig Wennerström flanqué de deux agents de police entre au tribunal d'instance de Stockholm. Dans le fond, O. Danielsson, E. Gullberg et H. W. Francke.*

— Evert Gullberg, dit Rosa Figuerola. De la Säpo.

— Non, dit Berglund. D'un point de vue purement technique, il ne l'était pas. En tout cas, pas quand cette photo a été prise.

— Ah bon ?

— La Säpo n'a été créée que quatre mois plus tard. Sur cette photo, il faisait encore partie de la police secrète de l'Etat.

— Qui est H. W. Francke ? demanda Rosa Figuerola.

— Hans Wilhelm Francke, dit Edklinth. Il est mort au début des années 1990, mais il était directeur adjoint de la police secrète de l'Etat à la fin des années 1950 et au début des années 1960. Il était une sorte de légende, tout comme Otto Danielsson. Je l'ai rencontré une paire de fois.

— Ah bon, dit Rosa Figuerola.

— Il a quitté la Säpo à la fin des années 1960. Francke et P. G. Vinge ne s'étaient jamais entendus et j'imagine qu'en gros, il a été viré quand il avait dans les cinquante, cinquante-cinq ans. Il a monté sa propre affaire.

— Sa propre affaire ?

— Oui, il est devenu consultant en sécurité pour l'industrie privée. Il avait un bureau à Stureplan, mais il faisait aussi des conférences de temps en temps lors de formations internes à la Säpo. C'est comme ça que je l'ai rencontré.

— Je comprends. C'était quoi, la zizanie entre Vinge et Francke ?

— Ils ne se supportaient pas. Francke était du genre cow-boy qui voyait des agents du KGB partout, et Vinge un bureaucrate de la vieille école. Il est vrai que Vinge a été renvoyé peu après. Plutôt marrant, parce qu'il était persuadé que Palme travaillait pour le KGB.

— Hmm, dit Rosa Figuerola en examinant la photo où Gullberg et Francke se tenaient coude à coude.

— Je crois que l'heure est venue d'avoir un autre entretien avec le ministère de la Justice, lui dit Edklinth.

— *Millénium* est sorti aujourd'hui, dit Rosa Figuerola.

Edklinth lui lança un coup d'œil perçant.

— Pas un mot sur l'affaire Zalachenko, dit-elle.

— Ça veut dire que nous avons probablement un mois devant nous avant le prochain numéro. C'est bon de le savoir. Mais il faut qu'on s'occupe de Blomkvist. Il est comme une grenade dégoupillée au milieu de tout ce merdier.

17

MERCREDI 1er JUIN

RIEN N'AVAIT AVERTI Mikael Blomkvist que quelqu'un se trouvait dans la cage d'escalier quand il tourna au dernier palier devant son loft au numéro 1 de Bellmansgatan. Il était 19 heures. Il s'arrêta net en voyant une femme blonde aux cheveux courts et bouclés assise sur la dernière marche. Il l'identifia immédiatement comme Rosa Figuerola de la Säpo, il se souvenait très bien de la photo d'identité que Lottie Karim avait dénichée.

— Salut Blomkvist, dit-elle joyeusement en refermant le livre qu'elle était en train de lire.

Mikael lorgna sur le titre et vit qu'il s'agissait d'un livre en anglais sur la perception des dieux dans l'Antiquité. Il quitta le livre des yeux pour examiner sa visiteuse inattendue. Elle se leva. Elle portait une robe d'été blanche à manches courtes et avait posé une veste en cuir rouge brique sur la rampe de l'escalier.

— On aurait besoin de vous parler, dit-elle.

Mikael Blomkvist l'observa. Elle était grande, plus grande que lui, et cette impression était renforcée par le fait qu'elle se trouvait deux marches au-dessus de lui. Il observa ses bras, baissa les yeux sur ses jambes et réalisa qu'elle était bien plus musclée que lui.

— Vous devez passer plusieurs heures par semaine en salle de sport, dit-il.

Elle sourit et sortit sa carte professionnelle.

— Je m'appelle...

— Vous vous appelez Rosa Figuerola, vous êtes née en 1969 et vous habitez dans Pontonjärgatan sur Kungsholmen. Originaire de Borlänge, vous avez travaillé comme agent de police à Uppsala. Depuis trois ans, vous travaillez à la Säpo, Protection de la Constitution. Fana de muscu, il fut un temps où vous étiez athlète de haut niveau et vous avez failli faire partie de l'équipe suédoise aux JO. Qu'est-ce que vous me voulez ?

Elle fut surprise, mais hocha la tête et se reprit rapidement.

— Tant mieux, dit-elle sur un ton léger. Vous savez qui je suis, alors vous savez que vous n'avez rien à craindre de moi.

— Non ?

— Certaines personnes ont besoin de parler tranquillement avec vous. Comme votre appartement et votre portable ont tout l'air d'être sur écoute et qu'il y a des raisons de rester discrets, on m'a envoyée transmettre l'invitation.

— Et pourquoi est-ce que j'irais quelque part avec quelqu'un qui travaille à la Säpo ?

Elle réfléchit un instant.

— Eh bien... vous pouvez me suivre sur cette invitation personnelle et amicale ou, si cela vous arrange, je peux vous passer les bracelets et vous emmener.

Elle afficha un sourire charmant. Mikael Blomkvist le lui rendit.

— Ecoutez, Blomkvist... je comprends que vous n'ayez pas beaucoup de raisons de faire confiance à quelqu'un qui vient de la Säpo. Mais il se trouve que tous ceux qui y travaillent ne sont pas vos ennemis et il y a plein de très bonnes raisons pour que vous acceptiez un entretien avec mes chefs.

Il attendit.

— Alors qu'est-ce que vous choisissez ? Les bracelets ou le plein gré ?

— J'ai déjà été coffré par la police une fois cette année. J'ai eu mon quota. On va où ?

Elle conduisait une Saab 9-5 neuve et s'était garée au coin de Pryssgränd. En montant dans la voiture, elle ouvrit son portable et fit un numéro préenregistré.

— On est là dans un quart d'heure, dit-elle.

Elle dit à Mikael Blomkvist d'attacher sa ceinture de sécurité, puis elle prit par Slussen pour aller à Östermalm et se gara dans une rue latérale d'Artillerigatan. Elle resta immobile une seconde à le regarder.

— Blomkvist... il s'agit d'une cueillette amicale. Vous ne risquez rien.

Mikael Blomkvist ne répondit pas. Il attendait de savoir de quoi il s'agissait avant d'émettre un jugement. Elle pianota le code du portail. Ils montèrent au troisième étage avec l'ascenseur, à un appartement portant une plaque au nom de Wahlöf.

— C'est un appartement que nous avons emprunté pour la réunion de ce soir, dit Rosa Figuerola en ouvrant la porte. A droite, le séjour.

Le premier que Mikael aperçut fut Torsten Edklinth, ce qui n'était guère une surprise puisque la Säpo était particulièrement mêlée aux événements et qu'Edklinth était le chef de Rosa Figuerola. Le fait que le directeur de la Protection de la Constitution se soit donné la peine de le faire venir indiquait que quelqu'un était inquiet.

Ensuite il vit devant une fenêtre un personnage qui se tourna vers lui. Le ministre de la Justice. Ce qui était surprenant.

Puis il entendit un bruit venant de sa droite et vit une personne extrêmement familière se lever d'un fauteuil. Jamais il n'aurait imaginé que Rosa Figuerola le conduise à une réunion du soir entre conspirateurs, dont le Premier ministre !

— Bonsoir, monsieur Blomkvist, salua le Premier ministre. Pardonnez-nous de vous faire venir à cette réunion si précipitamment, mais nous avons discuté la situation entre nous et nous sommes tous d'accord sur la nécessité qu'il y a à vous parler. Puis-je vous offrir un café ou autre chose à boire ?

Mikael regarda autour de lui. Il vit une grande table en bois sombre encombrée de verres, de tasses à café vides et des restes d'une tarte salée. Ils devaient être ici depuis plusieurs heures déjà.

— Une Ramlösa, dit-il.

Rosa Figuerola lui servit son eau minérale. Ils s'installèrent dans des canapés autour d'une table basse tandis qu'elle restait en retrait.

— Il m'a reconnue et il savait comment je m'appelle, où j'habite, où je travaille et que je suis une accro de musculation, dit Rosa Figuerola.

Le Premier ministre regarda rapidement Torsten Edklinth puis Mikael Blomkvist. Mikael réalisa soudain qu'il se trouvait en position de force pour parler. Le Premier ministre avait besoin de lui pour quelque chose et ignorait probablement jusqu'à quel point Mikael Blomkvist savait ou ne savait pas.

— J'essaie de m'y retrouver parmi les acteurs de cette salade, dit Mikael sur un ton léger.

Va donc essayer de bluffer le Premier ministre.

— Et comment avez-vous fait pour savoir le nom de Mlle Figuerola ? demanda Edklinth.

Mikael regarda en douce le directeur de la Protection de la Constitution. Il n'avait aucune idée de ce qui avait amené le Premier ministre à organiser une réunion secrète avec lui dans un appartement prêté à Östermalm, mais il se sentait inspiré. Concrètement, les choses n'avaient pas pu se passer de dix mille manières. C'était Dragan Armanskij qui avait tout démarré en fournissant des informations à une personne en qui il avait confiance. Qui était forcément Edklinth ou un proche de lui. Mikael courut le risque.

— Une connaissance commune vous a informé, dit-il à Edklinth. Vous avez demandé à Mlle Figuerola d'enquêter sur ce qui se tramait et elle a découvert que des activistes de la Säpo mènent des écoutes téléphoniques illégales et entrent par effraction dans mon appartement et ce genre de choses. Cela veut dire que vous avez eu confirmation de l'existence du club Zalachenko. Cela vous a tellement perturbé que vous avez éprouvé le besoin de mener les choses plus loin, mais vous êtes resté un moment dans votre bureau sans trop savoir vers qui vous tourner. Et puis vous vous êtes tourné vers le ministre de la Justice qui à son tour s'est tourné vers le Premier ministre. Et nous voici. Qu'attendez-vous de moi ?

Mikael parlait sur un ton qui sous-entendait qu'il disposait d'une source bien placée et qu'il avait suivi le moindre pas fait par Edklinth. Aux yeux écarquillés de ce dernier, il vit que son bluff avait réussi. Il poursuivit.

— Le club Zalachenko me surveille, je les surveille et vous surveillez le club Zalachenko et, à ce stade, le Premier ministre est aussi furieux qu'inquiet. Il sait qu'à la fin de cet entretien attend un scandale auquel le gouvernement ne pourra peut-être pas survivre.

Rosa Figuerola sourit tout à coup, mais dissimula son sourire en levant son verre. Elle avait compris que Blomkvist bluffait, et elle savait comment il avait fait pour la surprendre en connaissant son nom et sa pointure de chaussures.

Il m'a vue dans la voiture dans Bellmansgatan. Il est terriblement attentif. Il a relevé le numéro de la voiture et m'a identifiée. Mais le reste n'est que des suppositions.

Elle ne dit rien.

Le Premier ministre eut l'air soucieux.

— C'est cela qui nous attend ? demanda-t-il. Un scandale qui va renverser le gouvernement ?

— Le gouvernement n'est pas mon problème, dit Mikael. Ma mission consiste à révéler des merdes comme le club Zalachenko.

Le Premier ministre hocha la tête.

— Et la mienne consiste à diriger le pays en accord avec la Constitution.

— Ce qui signifie que mon problème est tout particulièrement le problème du gouvernement. Alors que le contraire ne s'applique pas.

— Est-ce qu'on peut cesser de parler pour ne rien dire ? Pourquoi pensez-vous que j'ai organisé cette réunion ?

— Pour trouver ce que je sais et ce que j'ai l'intention de faire.

— C'est en partie correct. Mais il est plus exact de dire que nous sommes face à une crise constitutionnelle. Laissez-moi tout d'abord expliquer que le gouvernement n'a rien à voir dans tout ça. Nous sommes totalement pris de court. Je n'ai jamais entendu parler de ce… ce que vous appelez le club Zalachenko. Le ministre de la Justice n'en a jamais entendu parler. Torsten Edklinth, qui a un poste élevé à la Säpo depuis de nombreuses années, n'en a jamais entendu parler.

— Ce n'est toujours pas mon problème.

— Je sais. Ce que nous voulons savoir, c'est quand vous avez l'intention de publier votre texte et nous aimerions aussi savoir ce que vous avez l'intention de publier. C'est une question que je pose. Elle n'a rien à voir avec un contrôle quelconque des dégâts possibles.

— Non ?

— Blomkvist, la pire des choses que je pourrais faire dans cette situation serait d'essayer d'influencer le contenu de votre article. En revanche, j'ai l'intention de proposer une collaboration.

— Expliquez-vous.

— Maintenant que nous avons eu la confirmation qu'il existe une conspiration au sein d'une branche exceptionnellement sensible de l'administration de l'Etat, j'ai ordonné une enquête. Le Premier ministre se tourna vers le ministre de la Justice. Pourriez-vous expliquer exactement en quoi consiste l'ordre du gouvernement ?

— C'est très simple. Torsten Edklinth a reçu pour mission de préciser s'il est possible de prouver tout cela. Sa mission consiste à réunir des pièces à conviction qui seront transmises au procureur de la nation qui à son tour aura pour mission d'évaluer s'il faut engager une action judiciaire. Il s'agit donc d'une instruction très précise.

Mikael hocha la tête.

— Ce soir, Edklinth nous a rapporté comment l'enquête progresse. Nous avons eu une longue discussion concernant des points constitutionnels – nous tenons évidemment à ce que tout se passe dans la légalité.

— Naturellement, dit Mikael sur un ton qui laissait entendre qu'il n'accordait pas la moindre confiance aux engagements du Premier ministre.

— L'enquête se trouve actuellement dans un stade sensible. Nous n'avons pas encore établi exactement qui sont les personnes mêlées à l'histoire. Nous avons besoin de temps pour le faire. Et c'est pourquoi nous avons envoyé Mlle Figuerola vous inviter à cette réunion.

— Elle a rondement mené l'affaire. Je n'avais pas trop le choix.

Le Premier ministre fronça les sourcils et jeta un regard en coin sur Rosa Figuerola.

— Oubliez ce que j'ai dit, dit Mikael. Elle a eu un comportement exemplaire. Qu'est-ce que vous voulez ?

— Nous voulons savoir quand vous avez l'intention de publier. En ce moment, cette enquête est menée dans le plus grand secret, et si vous intervenez avant qu'Edklinth ait terminé, vous pouvez tout faire capoter.

— Hmm. Et quand voudriez-vous que je publie ? Après les élections ?

— C'est vous qui décidez. Je ne peux en rien influer. Ce que je vous demande, c'est de nous dire quand vous allez publier pour que nous connaissions exactement la date butoir pour l'enquête.

— Je comprends. Vous parliez d'une collaboration…

Le Premier ministre hocha la tête.

— Je voudrais commencer par dire qu'en temps normal je n'aurais jamais songé à faire venir un journaliste à une réunion de ce type.

— En temps normal, vous auriez probablement tout fait pour tenir les journalistes à l'écart d'une réunion de ce type.

— Oui. Mais j'ai compris qu'il y a plusieurs facteurs qui vous poussent. En tant que journaliste, vous avez la réputation de ne pas y aller de main morte quand il s'agit de corruption. Pour ça, il n'y a pas de divergences entre nous.

— Non ?

— Non. Aucune. Ou plus exactement… les divergences qu'il y a sont sans doute de caractère juridique, mais il n'y en a pas en ce qui concerne le but. Si ce club Zalachenko existe, ce n'est pas seulement un groupement totalement criminel, mais aussi une menace contre la sûreté de la nation. Il faut les arrêter et les responsables doivent répondre de leurs actes. Sur ce point, nous devrions être d'accord, vous et moi ?

Mikael fit oui de la tête.

— J'ai compris que vous en savez plus sur cette histoire que n'importe qui d'autre. Nous vous proposons de partager vos connaissances avec nous. S'il s'agissait d'une enquête de police régulière sur un crime ordinaire, le responsable de l'enquête préliminaire pourrait décider de vous convoquer pour un interrogatoire. Mais nous sommes dans une situation extrême, vous l'avez bien compris.

Mikael garda le silence et évalua la situation un court instant.

— Et qu'est-ce que je reçois en contrepartie si je coopère ?

— Rien. Je ne marchande pas avec vous. Si vous voulez publier demain matin, vous le faites. Je ne veux pas m'embarquer dans un marchandage qui pourrait être douteux du point de vue constitutionnel. Je vous demande de coopérer pour le bien de la nation.

— Le bien peut revêtir de nombreuses facettes, dit Mikael Blomkvist. Laissez-moi vous expliquer quelque chose… je suis furieux. Je suis furieux contre l'Etat et le gouvernement et la Säpo et ces enfoirés qui sans raison ont interné une fille de douze ans dans un hôpital psychiatrique et ensuite se sont appliqués à la faire déclarer incapable.

— Lisbeth Salander est devenue une affaire d'Etat, dit le Premier ministre, et il alla jusqu'à sourire. Mikael, je suis personnellement révolté par ce qui lui est arrivé. Et croyez-moi quand je dis que les responsables vont avoir à s'expliquer. Mais avant cela, nous devons savoir qui sont les responsables.

— Vous avez vos problèmes. Le mien est que je veux voir Lisbeth Salander acquittée et qu'elle retrouve ses droits civiques.

— Je ne peux pas vous aider sur cet aspect. Je ne suis pas au-dessus de la loi et je ne peux pas diriger les décisions du procureur et des tribunaux. Son acquittement doit venir d'un tribunal.

— Parfait, dit Mikael Blomkvist. Vous voulez une collaboration. Donnez-moi accès à l'enquête d'Edklinth, et je dirai quand j'ai l'intention de publier et ce que je vais publier.

— Je ne peux pas vous donner cet accès-là. Ce serait me placer dans la même relation avec vous que le prédécesseur du ministre de la Justice avait avec un certain Ebbe Carlsson avant que n'éclate le scandale des révélations sur l'assassinat de Palme.

— Je ne suis pas Ebbe Carlsson, dit Mikael calmement.

— C'est ce que j'ai compris. En revanche, Torsten Edklinth peut évidemment déterminer lui-même ce qu'il a envie de partager avec vous en restant dans le cadre de sa mission.

— Bon, bon, dit Mikael Blomkvist. Je veux savoir qui était Evert Gullberg.

Un silence s'installa autour des canapés.

— Evert Gullberg fut probablement pendant de nombreuses années le chef de la section au sein de la Säpo que vous appelez le club Zalachenko, dit Edklinth.

Le Premier ministre jeta un regard sévère sur Edklinth.

— Je crois qu'il le sait déjà, s'excusa Edklinth.

— C'est exact, dit Mikael. Il a commencé à travailler à la Säpo dans les années 1950 et il est devenu le directeur d'un truc baptisé Section d'analyse spéciale. C'est lui qui a géré toute l'affaire Zalachenko.

Le Premier ministre secoua la tête en soupirant.

— Vous en savez plus que vous ne devriez. J'aimerais savoir comment vous avez fait pour le trouver. Mais je ne demanderai pas.

— J'ai des trous dans mon article, dit Mikael. Je veux les combler. Donnez-moi des infos et je ne vous ferai pas de croche-pattes.

— En tant que Premier ministre, je ne peux pas donner ces informations. Et Torsten Edklinth serait sur la corde raide s'il les donnait.

— Ne dites pas de conneries. Je sais ce que vous voulez. Vous savez ce que je veux. Si vous me donnez cette info, je vous traiterai en tant que sources, avec tout l'anonymat que cela implique. Ne me comprenez pas de travers, dans mon reportage je vais raconter la vérité telle que je la vois. Si vous y êtes mêlé, je vais vous dénoncer et m'arranger pour que vous ne soyez plus jamais réélu. Mais dans l'état actuel des faits, je n'ai aucune raison de le croire.

Le Premier ministre jeta un regard en coin sur Edklinth. Au bout d'un court moment, il hocha la tête. Mikael prit cela comme un signe que le Premier ministre venait de commettre une infraction à la loi – fût-elle extrêmement théorique – et de donner son assentiment silencieux à ce que Mikael prenne connaissance d'informations confidentielles.

— On peut résoudre ceci assez simplement, dit Edklinth. Je suis le seul enquêteur et je décide moi-même des collaborateurs que je recrute pour mon enquête. Vous ne pouvez pas être formellement employé comme enquêteur, puisque vous seriez obligé de signer un engagement au silence. Mais je peux vous engager comme consultant extérieur.

DEPUIS QU'ERIKA BERGER avait endossé le costume de rédacteur en chef de feu Håkan Morander, sa vie était bourrée de réunions et de travail à la louche de jour comme de nuit. Elle se sentait mal préparée en permanence, insuffisante et non initiée.

Ce ne fut que le mercredi soir, presque deux semaines après que Mikael Blomkvist lui avait donné le dossier de recherche de Henry Cortez concernant le président du CA, Magnus Borgsjö, qu'Erika eut le temps de s'attaquer au problème. En ouvrant le dossier, elle comprit que sa velléité venait aussi du fait qu'elle n'avait pas eu envie de s'y atteler. Elle savait déjà que quoi qu'elle fasse, ça se terminerait par une catastrophe.

Elle rentra chez elle dans sa villa à Saltsjöbaden assez tôt, vers 19 heures, débrancha l'alarme dans l'entrée et constata avec surprise que son mari, Lars Beckman, n'était pas là. Il lui fallut un moment avant de se rappeler qu'elle l'avait embrassé le matin avec un soin tout particulier parce qu'il partait pour Paris où il devait donner quelques conférences et qu'il ne serait pas de retour avant le week-end. Elle réalisa qu'elle ignorait totalement devant qui il allait parler, de quoi il allait parler et quand la conférence avait été décidée.

Oh, oui, mon Dieu, excusez-moi, mais j'ai égaré mon mari ! Elle se sentit comme un personnage dans un livre du Dr Richard Schwarts et se demanda si elle n'avait pas besoin d'une thérapie de couple.

Elle monta à l'étage, se fit couler un bain et se déshabilla. Elle prit le dossier de recherche avec elle dans la baignoire et passa la demi-heure suivante à lire toute l'histoire. Sa lecture terminée, elle ne put s'empêcher de sourire. Henry Cortez allait devenir un journaliste formidable. Il avait vingt-six ans et travaillait à *Millénium* depuis sa sortie de l'école de journalisme quatre ans plus tôt. Elle ressentit une certaine fierté. Tout l'article sur les cuvettes de W.-C. et Borgsjö portait la signature de *Millénium* du début à la fin et chaque ligne était documentée.

Mais elle se sentit triste aussi. Magnus Borgsjö était un homme correct qu'elle aimait bien. Il ne faisait pas beaucoup de bruit, savait écouter, il avait du charme et paraissait simple. De plus, il était son chef et employeur. *Putain de Borgsjö. Comment as-tu pu être aussi con ?*

Elle réfléchit un moment pour savoir si on pourrait trouver d'autres rapprochements ou des circonstances atténuantes mais elle savait déjà qu'il serait impossible de nier l'évidence.

Elle plaça le dossier sur le rebord de la fenêtre et s'étira dans la baignoire pour réfléchir.

Millénium allait publier l'histoire, c'était inévitable. Si elle avait encore été la directrice du journal, elle n'aurait pas hésité une seconde, et le fait que *Millénium* lui ait discrètement refilé l'info à l'avance n'était qu'un geste personnel pour marquer que *Millénium* tenait à adoucir les dégâts pour elle autant que possible. Si la situation avait été l'inverse – si SMP avait dégoté des saloperies semblables sur le président du CA de *Millénium* (qui se trouvait être elle-même, Erika Berger !), elle n'aurait pas hésité non plus à publier.

La publication allait sérieusement porter atteinte à Magnus Borgsjö. Ce qui était grave au fond n'était pas que son entreprise Vitavara SA ait commandé des cuvettes de W.-C. à une entreprise au Viêtnam qui figurait sur la liste noire de l'ONU des entreprises exploitant des enfants au travail – et, dans le cas présent, aussi des prisonniers fonctionnant comme esclaves. Sans oublier que, à coup sûr, quelques-uns de ces prisonniers pourraient être définis comme prisonniers politiques. Le plus grave était que Magnus Borgsjö avait connaissance de cet état de fait et avait pourtant choisi de continuer à commander des cuvettes de W.-C. de Fong Soo Industries. C'était une attitude de rapace qui, dans le sillage d'autres gangsters capitalistes tels que l'ancien PDG de Skandia, avait du mal à passer auprès du peuple suédois.

Magnus Borgsjö allait évidemment soutenir qu'il n'avait pas été informé de la situation chez Fong Soo, mais Henry Cortez avait de bonnes preuves contre cela, et à l'instant même où Borgsjö essaierait de raconter des bobards, il serait de plus dévoilé comme menteur. Car en juin 1997, Magnus Borgsjö s'était rendu au Viêtnam pour signer les premiers contrats. Il avait alors passé dix jours dans le pays et entre autres visité les usines de la société. S'il essayait de prétendre qu'il n'avait jamais compris que plusieurs des ouvriers de l'usine n'avaient que douze-treize ans, il paraîtrait complètement idiot.

La question de l'éventuelle ignorance de Borgsjö était ensuite définitivement réglée par le fait que Henry Cortez pouvait prouver que la commission de l'ONU contre le travail des enfants avait inclus Fong Soo en 1999 sur la liste des sociétés exploitant des enfants. Cela avait ensuite fait l'objet d'articles de journaux et avait aussi amené deux ONG indépendantes l'une de l'autre qui œuvraient contre le travail des enfants, dont la prestigieuse International Joint Effort Against Child Labour à Londres, à écrire des lettres aux entreprises qui passaient commande à Fong Soo. Pas moins de sept lettres avaient été envoyées à Vitavara SA. Deux d'entre elles étaient adressées à Magnus Borgsjö personnellement. L'organisation à Londres s'était fait une joie de transmettre la documentation à Henry Cortez tout en soulignant qu'à aucun moment Vitavara SA n'avait répondu à ses courriers.

Par contre, Magnus Borgsjö s'était rendu au Viêtnam à deux autres reprises, en 2001 et en 2004, pour renouveler les contrats. C'était le coup de grâce. Toute possibilité pour Borgsjö de prétendre qu'il n'était pas au courant s'arrêtait là.

L'attention que les médias allaient y accorder ne pouvait mener qu'à une chose. Si Borgsjö avait du bon sens, il ferait amende honorable et démissionnerait de ses postes aux CA. S'il se montrait récalcitrant, il laisserait sa peau dans le processus.

Que Borgsjö soit ou ne soit pas le président du CA de la société Vitavara était le cadet des soucis d'Erika Berger. Ce qui était grave pour elle était qu'il soit également le président de SMP. La révélation signifierait qu'il serait obligé de démissionner. A un moment où le journal faisait de l'équilibre sur le bord de l'abîme et où un travail de renouveau avait été entamé, SMP ne pouvait pas se permettre d'avoir un président aux mœurs douteuses. Le journal allait en pâtir. Il fallait donc qu'il quitte SMP.

Pour Erika Berger, deux lignes de conduite se présentaient.

Elle pouvait aller voir Borgsjö, jouer cartes sur table et montrer la documentation et ainsi l'amener à tirer lui-même la conclusion qu'il devait démissionner avant que l'histoire soit publiée.

Ou alors, s'il faisait de la résistance, elle devait convoquer une réunion urgente et extraordinaire du CA, informer les membres de la situation et forcer le CA à le licencier. Et si le CA ne voulait pas suivre cette ligne-là, elle serait elle-même obligée de démissionner immédiatement de son poste de rédac-chef de SMP.

Quand Erika Berger en était là de ses réflexions, l'eau du bain était froide. Elle se doucha, s'essuya et passa dans sa chambre enfiler une robe de chambre. Ensuite elle prit son portable et appela Mikael Blomkvist. N'obtenant pas de réponse, elle descendit au rez-de-chaussée se préparer un café et, pour la première fois depuis qu'elle avait commencé à travailler à SMP, elle regarda si par chance il y aurait un film valable à la télé devant lequel se détendre.

En passant devant l'ouverture du séjour, elle sentit une vive douleur sous le pied, baissa les yeux et découvrit qu'elle saignait abondamment. Elle fit encore un pas et la douleur lui vrilla le pied tout entier. Sautillant à cloche-pied, elle rejoignit une chaise de style et s'assit. Elle leva le pied et découvrit, horrifiée, un éclat de verre fiché sous le talon. Tout d'abord, elle se sentit faiblir. Puis elle se blinda, saisit l'éclat de verre et le retira. Ça faisait un mal de chien et le sang jaillit de la plaie.

Elle ouvrit précipitamment un tiroir de la commode dans l'entrée où elle rangeait des foulards, des gants et des bonnets. Elle trouva un carré de soie qu'elle utilisa pour entourer le pied et serrer fort. Ce n'était pas suffisant et elle renforça avec un autre bandage improvisé. L'hémorragie se calma un peu.

Elle regarda, sidérée, le morceau de verre ensanglanté. *Comment est-il arrivé là ?* Puis elle découvrit d'autres bouts de verre sur le sol de l'entrée. *C'est quoi ce putain de...* Elle se leva et jeta un regard dans le séjour et vit que la grande fenêtre panoramique avec vue sur le bassin de Saltsjön était brisée et le sol jonché d'éclats de verre.

Elle recula vers la porte d'entrée et enfila les chaussures qu'elle avait enlevées en rentrant. Ou plutôt elle mit une chaussure et glissa les orteils du pied blessé dans l'autre, et sautilla plus ou moins sur une jambe dans le séjour pour constater le désastre.

Puis elle découvrit la brique au milieu de la table.

Elle boita jusqu'à la porte de la terrasse et sortit dans la cour arrière.

Quelqu'un avait tagué deux mots sur la façade avec des lettres d'un mètre de haut.

SALE PUTE

IL ÉTAIT UN PEU PLUS DE 21 HEURES quand Rosa Figuerola ouvrit la portière de sa voiture à Mikael Blomkvist. Elle fit le tour du véhicule et s'installa sur le siège du conducteur.

— Vous voulez que je vous raccompagne chez vous ou vous préférez que je vous dépose quelque part ?

Le regard de Mikael Blomkvist était vide.

— Très franchement... je ne sais pas trop où je me trouve. C'est la première fois que je fais chanter un Premier ministre.

Rosa Figuerola éclata de rire.

— Vous avez pas mal géré vos cartes, dit-elle. J'ignorais totalement que vous étiez si doué pour le poker menteur.

— Chacune de mes paroles était sincère.

— Oui, ce que je voulais dire, c'est que vous avez fait semblant d'en savoir bien plus que vous ne savez en réalité. Je m'en suis rendu compte au moment où j'ai compris comment vous m'aviez identifiée.

Mikael tourna la tête et regarda son profil.

— Vous avez relevé mon numéro d'immatriculation quand j'étais garée dans la pente devant chez vous.

Il acquiesça de la tête.

— Vous avez réussi à faire croire que vous saviez ce qui avait été discuté dans le cabinet du Premier ministre.

— Pourquoi n'avez-vous rien dit ?

Elle lui jeta un rapide coup d'œil et tourna dans Grev Turegatan.

— C'est la règle du jeu. Je n'aurais pas dû me mettre là. Mais c'était le seul endroit où je pouvais me garer. Eh, si on se tutoyait ?

— Bien sûr.

— Tu gardes un œil hyperattentif sur les environs, ou je me trompe ?

— Tu avais un plan avec toi sur le siège avant et tu parlais au téléphone. J'ai pris le numéro de la voiture et je l'ai vérifié, par acquit de conscience. Je vérifie toutes les voitures qui me font réagir. En général, je fais chou blanc. Dans ton cas, j'ai découvert que tu travailles à la Säpo.

— Je surveillais Mårtensson. Ensuite j'ai découvert que tu le surveillais par le biais de Susanne Linder de Milton Security.

— Armanskij l'a détachée pour garder un œil sur tout ce qui se passe autour de mon appartement.

— Et comme je l'ai vue entrer dans ton immeuble, je suppose qu'Armanskij a placé une forme de surveillance cachée chez toi.

— C'est exact. Nous avons une excellente vidéo d'eux quand ils entrent chez moi et fouillent mes papiers. Mårtensson avait une photocopieuse transportable avec lui. Avez-vous identifié l'acolyte de Mårtensson ?

— Il n'a aucune importance. C'est un serrurier avec un passé criminel, qui se fait probablement payer pour ouvrir ta porte.

— Son nom ?

— Source protégée ?

— Evidemment.

— Lars Faulsson. Quarante-sept ans. Connu sous le nom de Falun. Il a été condamné pour un casse de coffre-fort dans les années 1980 et autres petites bricoles. Il tient une boutique à Norrtull.

— Merci.

— Mais gardons les secrets pour demain.

La réunion s'était terminée par un accord stipulant que Mikael Blomkvist allait rendre visite à la Protection de la Constitution le lendemain pour entamer un échange d'informations. Mikael réfléchit. Ils passaient juste la place de Sergels torg.

— Tu sais quoi ? J'ai une faim de loup. J'ai déjeuné vers 14 heures, et j'avais l'intention de me faire des pâtes en rentrant quand je me suis fait cueillir par toi. Tu as mangé, toi ?

— Ça fait déjà un petit moment.

— Tu nous amènerais jusqu'à un resto avec de la bouffe mangeable ?

— Toute bouffe est mangeable.

Il la lorgna de côté.

— Je t'imaginais fana de diététique.

— Non, je suis fana de muscu. Quand on s'entraîne, on peut manger ce qu'on veut. Dans des limites raisonnables, je veux dire.

Elle s'engagea sur le viaduc de Klaraberg et réfléchit au choix qu'ils avaient. Au lieu de tourner vers Södermalm, elle continua droit sur Kungsholmen.

— Je ne sais pas ce que valent les restos à Söder, mais j'en connais un bosniaque sur Fridhemsplan. Leurs *börek* sont fabuleux.

— Ça me va, dit Mikael Blomkvist.

UNE LETTRE APRÈS L'AUTRE, Lisbeth Salander tapait son compte rendu. Elle avait travaillé en moyenne cinq heures par jour. Elle utilisait des formulations très précises. Elle prenait également soin d'occulter tous les détails susceptibles d'être utilisés contre elle.

Le fait qu'elle soit enfermée à clé était devenu un atout. Elle pouvait travailler dès qu'elle était seule dans la chambre et le cliquetis du trousseau de clés ou la clé qu'on introduisait dans la serrure la prévenait toujours qu'il fallait faire disparaître l'ordinateur de poche.

[J'étais sur le point de fermer à clé la maison de Bjurman à Stallarholmen, quand Carl-Magnus Lundin et Benny Nieminen sont arrivés sur des motos. Comme ils m'avaient cherchée en vain depuis quelque temps, sur ordre de Zalachenko/Niedermann, ils ont été surpris de me trouver là. Magge Lundin est descendu de sa moto en déclarant que "ça lui ferait pas de mal à cette gouine de tâter de la bite". Lundin et Nieminen étaient si menaçants que j'ai été obligée d'appliquer la légitime défense. J'ai quitté les lieux sur la moto de Lundin que j'ai ensuite abandonnée devant le parc des Expositions à Älvsjö.]

Elle relut le passage et hocha la tête d'approbation. Il n'y avait aucune raison de raconter que Magge Lundin l'avait aussi traitée de sale pute et qu'elle s'était alors baissée pour prendre le Wanad P-83 de Benny Nieminen et avait puni Lundin en lui tirant une balle dans le pied. Les flics pouvaient probablement imaginer ça tout seuls, mais c'était à eux de prouver qu'elle l'avait fait. Elle n'avait aucune intention de faciliter leur travail en reconnaissant quelque chose qui la mènerait en prison pour violences aggravées.

Le texte comportait à présent l'équivalent de trente-trois pages et elle arrivait à la fin. Dans certains passages, elle était particulièrement parcimonieuse avec les détails et prenait grand soin de ne jamais essayer de présenter de preuves qui pourraient étayer les nombreuses affirmations qu'elle avançait. Elle alla jusqu'à occulter certaines preuves manifestes et enchaînait plutôt sur le maillon suivant des événements dans son texte.

Elle réfléchit un moment, puis elle remonta sur l'écran et relut les passages où elle rendait compte du viol sadique et violent de maître Nils Bjurman. C'était le passage auquel elle avait consacré le plus de temps et l'un des rares qu'elle avait reformulés plusieurs fois avant d'être satisfaite du résultat. Le passage occupait dix-neuf lignes du récit. Elle racontait de façon objective comment il l'avait frappée, renversée à plat ventre sur le lit, menottée et avait scotché sa bouche. Elle précisa ensuite qu'au cours de la nuit, il lui avait fait subir de nombreux actes sexuels violents, dont des pénétrations aussi bien anales qu'orales. Elle racontait qu'à un moment donné pendant le viol, il avait entouré son cou d'un vêtement – son propre tee-shirt – et l'avait étranglée si longuement qu'elle avait momentanément perdu connaissance. Ensuite il y avait quelques lignes où elle identifiait les outils qu'il avait utilisés pendant le viol, y compris un court fouet, un bijou anal, un énorme gode et des pinces qu'il avait appliquées sur ses tétons.

Lisbeth plissa le front et examina le texte. Pour finir, elle prit le stylet électronique et tapota encore quelques lignes de texte.

[A un moment donné, quand j'avais toujours la bouche scotchée, Bjurman a commenté le fait que j'avais un certain nombre de tatouages et de piercings, dont un anneau au téton gauche. Il a demandé si j'aimais être piercée, puis il a quitté la chambre un instant. Il est revenu avec une épingle qu'il a piquée à travers mon téton droit.]

Après avoir relu ce nouveau paragraphe, elle hocha la tête. Le ton administratif donnait au texte un caractère tellement surréaliste qu'il paraissait une affabulation absurde.

L'histoire n'était tout simplement pas crédible.

Ce qui était bel et bien l'intention de Lisbeth Salander.

A cet instant, elle entendit le cliquetis du trousseau de clés du vigile de Securitas. Elle arrêta immédiatement l'ordinateur de poche et le glissa dans la niche à l'arrière de l'élément de chevet. C'était Annika Giannini. Elle fronça les sourcils. Il était 21 heures passées et Giannini ne venait pas aussi tard en général.

— Salut Lisbeth.

— Salut.

— Comment tu vas ?

— Je ne suis pas encore prête.

Annika Giannini soupira.

— Lisbeth… ils ont fixé la date du procès au 13 juillet.

— C'est OK.

— Non, ce n'est pas OK. Le temps file et tu refuses de te confier à moi. Je commence à craindre d'avoir commis une énorme erreur en acceptant d'être ton avocate. Si nous voulons avoir la moindre chance, tu dois me faire confiance. On doit collaborer.

Lisbeth observa Annika Giannini un long moment. Finalement, elle pencha la tête en arrière et fixa le plafond.

— Je sais comment on va faire maintenant, dit-elle. J'ai compris le plan de Mikael. Et il a raison.

— Je n'en suis pas si sûre, dit Annika.

— Mais moi, je le suis.

— La police veut t'interroger de nouveau. Un certain Hans Faste de Stockholm.

— Laisse-le m'interroger. Je ne dirai pas un mot.

— Il faut que tu fournisses des explications.

Lisbeth jeta un regard acéré sur Annika Giannini.

— Je répète. On ne dira pas un mot à la police. Quand on arrivera au tribunal, le procureur ne doit pas avoir la moindre syllabe d'un quelconque interrogatoire sur laquelle s'appuyer. Tout ce qu'ils auront sera le compte rendu que je suis en train de formuler en ce moment et qui en grande partie va paraître excessif. Et ils l'auront quelques jours avant le procès.

— Et quand est-ce que tu vas t'installer avec un stylo pour rédiger ce compte rendu-là ?

— Tu l'auras dans quelques jours. Mais il ne partira chez le procureur que quelques jours avant le procès.

Annika Giannini eut l'air sceptique. Lisbeth lui adressa soudain un sourire prudent de travers.

— Tu parles de confiance. Est-ce que je peux te faire confiance ?

— Naturellement.

— OK, est-ce que tu peux me faire entrer en fraude un ordinateur de poche, pour que je puisse être en contact avec des gens via Internet ?

— Non. Bien sûr que non. Si on le découvrait, je serais traduite en justice et je perdrais ma licence d'avocat.

— Mais si quelqu'un d'autre faisait entrer en fraude un ordinateur, est-ce que tu le signalerais à la police ?

Annika leva les sourcils.

— Si je ne suis pas au courant…

— Mais si tu es au courant. Tu agirais comment ?

Annika réfléchit longuement.

— Je fermerais les yeux. Pourquoi ?

— Cet ordinateur hypothétique va bientôt t'envoyer un mail hypothétique. Quand tu l'auras lu, je veux que tu reviennes me voir.

— Lisbeth…

— Attends. Comprends bien ce qui se passe. Le procureur joue avec des cartes truquées. Je me trouve en position d'infériorité quoi que je fasse et l'intention de ce procès, c'est de me faire interner en psychiatrie.

— Je le sais.

— Si je veux survivre, moi aussi je dois me battre avec des méthodes illicites.

Annika Giannini finit par hocher la tête.

— Quand tu es venue me voir la première fois, tu avais un message de Mikael Blomkvist. Il disait qu'il t'avait raconté pratiquement tout, à quelques exceptions près. Une des exceptions était les talents qu'il a découverts chez moi quand nous étions à Hedestad.

— Oui.

— Il faisait allusion au fait que je suis un crack en informatique. Je suis tellement douée que je peux lire et copier ce qu'il y a dans l'ordinateur du procureur Ekström.

Annika Giannini blêmit.

— Tu ne peux pas être mêlée à ça. Donc tu ne peux pas utiliser ce matériel-là au procès, dit Lisbeth.

— En effet, non.

— Donc, tu ne connais pas son existence.

— D'accord.

— Par contre, quelqu'un d'autre, disons ton frère, peut publier des morceaux choisis de ce matériel. Tu dois le prendre en compte quand tu mets en place notre stratégie pour le procès.

— Je comprends.

— Annika, ce sera le procès de celui qui saura le plus utiliser la méthode forte.

— Je le sais.

— Je suis contente de t'avoir pour avocate. J'ai confiance en toi et j'ai besoin de ton aide.

— Hmm.

— Mais si tu t'opposes à ce que moi aussi j'emploie des méthodes peu éthiques, on va perdre le procès.

— Oui.

— Dans ce cas, je tiens à le savoir tout de suite. Alors je devrai te remercier et me trouver un autre avocat.

— Lisbeth, je ne peux pas aller à l'encontre de la loi.

— Il n'est pas question que tu ailles à l'encontre de la loi. Mais que tu fermes les yeux sur moi, qui le fais. Tu es capable de ça ?

Lisbeth Salander attendit patiemment pendant près d'une minute avant qu'Annika Giannini hoche la tête.

— Bien. Laisse-moi te raconter les grandes lignes de mon compte rendu.

Elles parlèrent pendant deux heures.

ROSA FIGUEROLA AVAIT RAISON. Les *börek* du restaurant bosniaque étaient fantastiques. Mikael Blomkvist lui jeta un regard en coin quand elle revint des toilettes. Elle évoluait avec la grâce d'une danseuse classique, mais elle avait un corps qui... Mikael ne pouvait s'empêcher d'être fasciné. Il réprima une impulsion de tendre la main pour tâter les muscles de ses jambes.

— Ça fait combien de temps que tu fais de la muscu ? demanda-t-il.

— Depuis mon adolescence.

— Et tu y consacres combien d'heures par semaine ?

— Deux heures par jour. Parfois trois.

— Pourquoi ? Je veux dire, je sais bien pourquoi les gens s'entraînent, mais...

— Tu trouves que c'est exagéré.

— Je ne sais pas trop ce que je trouve.

Elle sourit, apparemment pas du tout irritée par ses questions.

— Ça t'énerve peut-être seulement de voir une nana avec des muscles et tu trouves que ce n'est pas très féminin ni très érotique ?

— Non. Pas du tout. Ça te va bien, je dirais. Tu es terriblement sexy.

Elle rit encore.

— Je suis en train de diminuer le rythme actuellement. Il y a dix ans, je faisais du bodybuilding pur et dur. C'était sympa. Mais maintenant, je dois veiller à ce que mes muscles ne se transforment pas en graisse et que je devienne toute flasque. Alors je ne fais que soulever un peu de ferraille une fois par semaine et je passe le reste du temps à faire du jogging, du badminton, de la natation et ce genre de trucs. Il s'agit plus d'exercice physique que d'entraînement forcené.

— C'est déjà pas mal !

— La raison pour laquelle je le fais, c'est que c'est bon. C'est un phénomène assez répandu chez ceux qui se donnent à fond. Le corps développe une substance antalgique dont on devient dépendant. Au bout d'un moment, on a des sensations de manque si on ne court pas tous les jours. C'est comme un coup de fouet de bien-être quand on donne tout ce qu'on a dans le ventre. Presque aussi génial que de faire l'amour.

Mikael rit.

— Tu devrais t'y mettre aussi, dit-elle. Tu as la taille qui déborde un peu.

— Je sais, dit-il. J'ai la conscience qui me travaille en permanence. Ça me prend parfois et je me remets à courir. Je me débarrasse de quelques kilos et ensuite je suis pris par autre chose et je ne trouve pas le temps d'y aller pendant un mois ou deux.

— Il faut dire que tu as été assez occupé ces derniers mois.

Il devint sérieux tout à coup. Puis il hocha la tête.

— J'ai lu un tas de choses sur toi ces deux dernières semaines. Tu as battu la police à plate couture en trouvant Zalachenko et en identifiant Niedermann.

— Lisbeth Salander a été plus rapide encore.

— Comment tu as fait pour arriver jusqu'à Gosseberga ?

Mikael haussa les épaules.

— Du boulot de recherche ordinaire, dans les règles. Ce n'est pas moi qui l'ai localisé mais notre secrétaire de rédaction, Malou Eriksson, qui est désormais notre rédactrice en chef. Elle a réussi à le repérer par le fichier des sociétés. Il siégeait au CA de l'entreprise de Zalachenko, K A B.

— Je vois.

— Pourquoi tu as rejoint la Säpo ? demanda-t-il.

— Tu peux me croire ou pas, mais je suis quelque chose d'aussi démodé que démocrate. J'estime que la police est nécessaire et qu'une démocratie a besoin d'un rempart politique. C'est pourquoi je suis très fière de pouvoir travailler pour la Protection de la Constitution.

— Hmm, fit Mikael Blomkvist.

— Tu n'aimes pas trop la Sûreté.

— Je n'aime pas beaucoup les institutions qui sont au-dessus d'un contrôle parlementaire normal. C'est une incitation aux abus de pouvoir, même si les intentions sont bonnes. Pourquoi est-ce que tu t'intéresses aux mythologies antiques ?

Elle haussa les sourcils.

— Tu lisais un livre là-dessus, dans mon escalier.

— Ah oui, c'est vrai. Le sujet me fascine.

— Aha.

— Je m'intéresse à pas mal de choses. J'ai fait des études de droit et de sciences politiques pendant mes années comme agent de police. Avant ça, j'ai étudié l'histoire des mentalités et la philosophie.

— Tu n'as pas de points faibles ?

— Je ne lis pas de littérature, je ne vais jamais au cinéma, et à la télé je ne regarde que les infos. Et toi ? Pourquoi t'es devenu journaliste ?

— Parce qu'il existe des institutions comme la Säpo où le Parlement est interdit d'accès et qu'il faut dénoncer réguliè-rement.

Mikael sourit, puis reprit.

— Franchement, je ne sais pas très bien. Mais, en fait, la réponse est la même que la tienne. Je crois en une démo-cratie constitutionnelle, et de temps en temps il faut la défendre.

— Comme ç'a été le cas avec le financier Hans-Erik Wen-nerström ?

— Quelque chose dans ce genre.

— Tu es célibataire. Tu sors avec Erika Berger ?

— Erika Berger est mariée.

— Bon. Donc, toutes les rumeurs sur vous deux sont des conneries. Tu as une copine ?

— Aucune permanente.

— Donc, ces rumeurs-là sont vraies aussi.

Mikael haussa les épaules et sourit de nouveau.

LA RÉDACTRICE EN CHEF MALOU ERIKSSON passa la nuit jus-qu'au petit matin à la table de cuisine chez elle à Årsta. Elle était penchée sur des copies du budget de *Millénium* et était tellement prise que son ami Anton finit par abandonner ses tentatives de mener une conversation normale avec elle. Il fit la vaisselle, prépara un sandwich tardif pour la nuit et du café. Ensuite il la laissa tranquille et s'installa devant une rediffusion des *Experts* à la télé.

Jusque-là dans sa vie, Malou Eriksson n'avait jamais géré quelque chose de plus sophistiqué qu'un budget familial, mais elle avait travaillé avec Erika Berger sur des bilans mensuels et elle comprenait les principes. Maintenant elle était devenue rédactrice en chef et cela impliquait une responsabilité budgétaire. A un moment donné, après minuit, elle décida que quoi qu'il arrive, elle serait obligée d'avoir un assistant pour l'aider à jongler. Ingela Oscarsson, qui s'occupait de la comptabilité un jour par semaine, n'avait pas de compétence en matière de budget et ne lui était d'aucune aide quand il fallait décider combien on pourrait payer un pigiste ou s'ils avaient les moyens d'acheter une nouvelle imprimante laser en marge de la somme portée au fonds d'améliorations techniques. Dans la pratique, c'était une situation ridicule – *Millénium* était carrément excédentaire, mais c'était grâce à Erika qui avait sans arrêt fait de l'équilibre avec un budget à zéro. Une chose aussi élémentaire qu'une nouvelle imprimante couleur à 45 000 couronnes se voyait réduite à une imprimante noir et blanc à 8 000 couronnes.

Pendant une seconde, elle envia Erika Berger. A *SMP*, elle disposait d'un budget où une telle dépense serait considérée comme la cagnotte pour le café.

La situation économique de *Millénium* avait été annoncée bonne à la dernière assemblée générale, mais l'excédent du budget provenait principalement de la vente du livre de Mikael Blomkvist sur l'affaire Wennerström. L'excédent, transféré sur les investissements, diminuait à une vitesse inquiétante. Une des raisons en était les dépenses que Mikael avait engagées pendant l'histoire Salander. *Millénium* ne disposait pas des ressources requises pour entretenir le budget courant d'un collaborateur, encore moins s'il ajoutait des factures pour location de voiture, chambres d'hôtel, taxis, achat de matériel technologique de pointe, téléphones portables et autres !

Malou valida une facture du free-lance Daniel Olofsson à Göteborg. Elle soupira. Mikael Blomkvist avait approuvé une somme de 14 000 couronnes pour une semaine de recherche sur un sujet qui ne serait même pas publié. Le dédommagement d'un certain Idris Ghidi à Göteborg serait affecté au compte honoraires des sources anonymes, par définition sans autre précision sur leur identité, ce qui signifiait que le vérificateur aux comptes allait critiquer l'absence de factures et que ça se transformerait en affaire à régler par une décision du CA. *Millénium* payait aussi des honoraires à Annika Giannini, qui certes allait recevoir de l'argent public mais qui dans l'immédiat avait quand même besoin de sous pour payer ses voyages en train, etc.

Elle posa son stylo et contempla les totaux obtenus. Mikael Blomkvist avait sans états d'âme allongé 150 000 couronnes pour l'histoire Salander, totalement en marge du budget. Ça ne pouvait pas continuer.

Elle comprit qu'elle serait obligée d'avoir un entretien avec lui.

ERIKA BERGER PASSA LA SOIRÉE aux urgences de l'hôpital de Nacka au lieu de se prélasser dans son canapé devant la télé. Le morceau de verre avait pénétré si profondément que l'hémorragie ne s'arrêtait pas et, lors de l'examen, on s'aperçut qu'un éclat pointu était toujours fiché dans son talon et devait être extrait. Elle eut ainsi droit à une anesthésie locale et trois points de suture.

Tout au long de son passage à l'hôpital, Erika Berger pesta intérieurement et essaya régulièrement d'appeler tantôt Lars Beckman, tantôt Mikael Blomkvist. Ni son mari légitime, ni son amant ne daignaient cependant répondre. Vers 22 heures, son pied se trouvait empaqueté dans un énorme bandage. On lui prêta des béquilles et elle prit un taxi pour rentrer chez elle.

Elle passa un moment, boitant sur un pied et sur les bouts d'orteil de l'autre, à balayer le sol du séjour et à commander une nouvelle vitre chez Urgence Vitres. Elle avait de la chance. La soirée avait été calme au centre-ville et l'installateur arriva au bout de vingt minutes. Puis la chance tourna. La fenêtre du séjour était tellement grande qu'ils n'avaient pas de verre en stock. L'artisan proposa de couvrir provisoirement la fenêtre d'une plaque de contreplaqué, ce qu'elle accepta avec reconnaissance.

Tandis que le gars mettait en place le contreplaqué, elle appela la personne de garde à la société privée de sécurité NIP, pour Nacka Integrated Protection, et demanda pourquoi, bordel de merde, l'alarme sophistiquée de sa maison ne s'était pas déclenchée quand quelqu'un avait balancé une brique par la plus grande fenêtre de sa villa de deux cent cinquante mètres carrés.

Une voiture de chez NIP fut dépêchée pour vérification et on constata que le technicien qui avait fait l'installation plusieurs années auparavant avait manifestement oublié de brancher les fils de la fenêtre du séjour.

Erika Berger en resta sans voix.

NIP offrit de remédier à la chose dès le lendemain matin. Erika leur dit de ne pas se donner cette peine. A la place, elle appela les urgences chez Milton Security, expliqua sa situation et dit qu'elle voulait un système d'alarme complet dès que possible. *Oui, je sais qu'il faut signer un contrat, mais dites à Dragan Armanskij qu'Erika Berger a appelé, et faites en sorte que l'alarme soit installée dès demain matin.*

Pour finir, elle appela aussi la police. On lui dit qu'il n'y avait aucune voiture disponible pour venir prendre sa déposition. On lui conseilla de se tourner vers le commissariat de proximité le lendemain. *Merci. Allez vous faire foutre !*

Ensuite, elle resta un long moment à bouillir intérieurement avant que l'adrénaline commence à baisser et qu'elle réalise qu'elle allait dormir seule dans une baraque sans alarme alors que quelqu'un qui la traitait de sale pute et qui affichait des tendances à la violence rôdait dans le coin.

Un court moment, elle se demanda si elle ne ferait pas mieux d'aller en ville et de prendre une chambre d'hôtel pour la nuit, mais Erika Berger était de ceux qui n'aiment pas du tout être victimes de menaces et encore moins y céder. *Pas question qu'un enfoiré de merde me mette à la porte de chez moi.*

En revanche, elle prit quelques mesures de sécurité élémentaires.

Mikael Blomkvist lui avait raconté comment Lisbeth Salander avait traité le tueur en série Martin Vanger avec un club de golf. Elle alla donc dans le garage et passa dix minutes à fouiller pour trouver son sac de golf qu'elle n'avait pas vu depuis une quinzaine d'années. Elle choisit le club en fer avec le meilleur swing et le plaça à portée de main confortable du lit. Elle plaça un putter dans le vestibule et un autre club en fer dans la cuisine. Elle alla chercher un marteau dans la boîte à outils à la cave et le mit dans la salle de bains jouxtant la chambre.

Elle sortit sa bombe de gaz lacrymogène de son sac et la posa sur la table de chevet. Finalement elle trouva un coin en caoutchouc, ferma la porte de la chambre et la coinça avec. Elle en arrivait presque à espérer que ce connard qui la traitait de pute et qui lui bousillait sa fenêtre serait assez con pour revenir dans la nuit.

Quand elle s'estima suffisamment protégée, il était déjà 1 heure. Elle devait se trouver à *SMP* à 8 heures. Elle consulta son agenda et constata qu'elle avait quatre réunions prévues à partir de 10 heures. Son pied était très douloureux et elle était incapable de marcher normalement. Elle se déshabilla et se glissa dans le lit. Elle ne possédait pas de chemise de nuit et se demanda si elle ne devait pas mettre un tee-shirt ou quelque chose mais, comme elle dormait nue depuis son adolescence, elle décida que ce n'était pas une brique à travers la fenêtre du séjour qui allait modifier ses habitudes.

Bien évidemment, elle n'arriva pas à s'endormir et se mit à ruminer.

Sale pute.

Elle avait reçu neuf mails qui tous contenaient ces mots et qui semblaient émaner de différentes rédactions. Le premier était même envoyé de celle qu'elle dirigeait, mais l'expéditeur était faux.

Elle sortit du lit et alla chercher son nouvel ordinateur portable Dell, qu'elle avait reçu en prenant ses fonctions à *SMP*.

Le premier mail – le plus vulgaire et le plus menaçant, qui proposait de l'enculer avec un tournevis – était arrivé le 16 mai, dix jours plus tôt, donc.

Le deuxième était arrivé deux jours après, le 18 mai.

Puis une semaine de répit avant que les mails arrivent de nouveau, maintenant avec une régularité d'environ vingt-quatre heures. Puis l'attaque contre son domicile. *Sale pute.*

Entre-temps, Eva Carlsson à la Culture avait reçu des mails bizarres portant sa signature, c'est-à-dire signés Erika Berger. Et si Eva Carlsson avait reçu des courriels bizarres, il était tout à fait possible que le véritable auteur des messages se soit amusé ailleurs – que d'autres personnes aient reçu des courriels d'"elle", mais dont elle ignorait tout.

C'était une pensée désagréable.

Le plus inquiétant cependant était l'attaque contre sa maison.

Elle impliquait que quelqu'un s'était donné la peine de venir à Saltsjöbaden, de localiser son domicile et de lancer une brique à travers la fenêtre. L'attaque avait été préparée – l'agresseur avait emporté un aérosol de peinture. Dans la seconde qui suivit, elle sentit un frisson la parcourir quand elle comprit qu'il lui fallait peut-être ajouter une agression à la liste. Sa voiture avait eu les quatre pneus crevés pendant la nuit qu'elle avait passée avec Mikael Blomkvist au Hilton de Slussen.

La conclusion était aussi désagréable qu'évidente. Elle avait un dangereux malade à ses trousses.

Quelque part là-dehors se baladait un type qui pour une raison inconnue passait son temps à harceler Erika Berger.

Que sa maison ait été l'objet d'une attaque pouvait se comprendre – elle n'était pas déplaçable ni dissimulable. Mais si sa voiture était attaquée quand elle était garée au hasard dans une rue de Södermalm, cela voulait dire que ce malade se trouvait en permanence dans sa proximité immédiate.

JEUDI 2 JUIN

ERIKA BERGER FUT RÉVEILLÉE par la sonnerie de son portable
à 9 h 05.

— Bonjour, mademoiselle Berger. Dragan Armanskij à
l'appareil. J'ai cru comprendre que vous avez eu des problèmes cette nuit.

Erika expliqua ce qui s'était passé et demanda si Milton
Security pouvait remplacer Nacka Integrated Protection.

— On peut en tout cas installer une alarme qui fonctionne, dit Armanskij sur un ton sarcastique. Le problème
est que le véhicule le plus proche que nous ayons la nuit se
trouve dans le centre de Nacka. Il faut environ trente minutes pour venir. Si on accepte le marché, je serai obligé de
sous-traiter pour ta maison. Nous avons un accord de collaboration avec une société de sécurité locale, Adam Säkerhet
à Fisksätra, qui a un délai de dix minutes pour être sur place
si tout fonctionne comme il faut.

— C'est mieux que NIP qui n'arrive pas du tout.

— Je tiens à te dire qu'il s'agit d'une société familiale, il
y a le père, deux fils et quelques cousins. Des Grecs, des
gens honnêtes, je connais le père depuis des années. Ils ont
une couverture trois cent vingt jours par an. Les jours où ils
sont empêchés de venir, à cause de congés de vacances et
de choses comme ça, seront signalés à l'avance, alors ce
sera notre véhicule à Nacka qui prendra le relais.

— Ça me va.

— Je vais t'envoyer quelqu'un dans la matinée. Il s'appelle David Rosin et il est déjà en route. Il va faire une analyse de sécurité. Il a besoin de tes clés si tu n'es pas chez toi
et il lui faut ton autorisation de parcourir la maison de la

cave au grenier. Il va photographier ta maison, le terrain et l'entourage immédiat.

— Je comprends.

— Rosin a une grande expérience. Ensuite, on te fera des propositions de mesures de sécurité. On aura un projet sur le papier dans quelques jours. Il comprendra l'alarme anti-agression et l'alarme incendie, l'évacuation et une protection contre l'intrusion.

— Parfait.

— Nous tenons aussi à ce que tu saches ce que tu devrais faire, au cas où, durant les dix minutes qu'il faut à la voiture de Fisksätra pour arriver chez toi.

— Oui.

— Dès cet après-midi, on va installer le système. Ensuite il te faudra signer un contrat.

Immédiatement après l'appel de Dragan Armanskij, Erika réalisa qu'elle ne s'était pas réveillée à temps. Elle prit son portable et appela Peter Fredriksson, le secrétaire de rédaction, expliqua qu'elle s'était blessée et lui demanda de décommander une réunion à 10 heures.

— Tu ne vas pas bien ? demanda-t-il.

— Je me suis fait une belle coupure au pied, dit Erika. J'arrive en boitant dès que je peux.

Elle passa d'abord aux toilettes qui jouxtaient la chambre. Puis elle enfila un pantalon noir et emprunta à son mari une pantoufle qu'elle pourrait mettre sur son pied blessé. Elle choisit une chemise noire et alla chercher sa veste. Avant d'ôter le coin en caoutchouc qu'elle avait glissé sous la porte, elle s'arma de la bombe lacrymogène.

Elle s'avança dans la maison, tous ses sens en éveil, puis brancha la machine à café. Elle prit son petit-déjeuner à la table de cuisine, en guettant tout le temps le moindre bruit. Elle venait de se verser une deuxième tasse quand David Rosin de Milton Security frappa à la porte.

ROSA FIGUEROLA REJOIGNIT À PIED Bergsgatan et rassembla ses quatre collaborateurs pour une concertation matinale.

— Nous avons maintenant une date limite, dit Rosa Figuerola. Notre travail doit être terminé pour le 13 juillet, début du procès de Lisbeth Salander. Cela veut dire que nous avons un peu plus d'un mois devant nous. On va faire le point et décider ce qui est le plus important pour le moment. Qui veut commencer ?

Berglund se racla la gorge.

— Le blond qui rencontre Mårtensson. Qui est-il ?

Tout le monde hocha la tête. La conversation démarra.

— On a des photos de lui, mais aucune idée de comment le trouver. On ne peut pas lancer un avis de recherche.

— Et qu'en est-il de Gullberg ? On devrait pouvoir trouver une histoire. On l'a au sein de la police secrète de l'Etat depuis le début des années 1950 jusqu'en 1964, date où la Säpo a été créée. Ensuite il disparaît du paysage.

Figuerola hocha la tête.

— Devons-nous en déduire que le club Zalachenko a été fondé en 1964 ? Bien avant que Zalachenko soit arrivé chez nous, donc ?

— Si c'est le cas, le but devait être différent... une organisation secrète au sein de l'organisation.

— C'était après l'affaire Stig Wennerström. Tout le monde était parano.

— Une sorte de Sûreté secrète de la Sûreté ?

— Il y a des parallèles à l'étranger. Aux Etats-Unis, un groupe de chasseurs d'espions à part a été créé au sein de la CIA dans les années 1960. Il était dirigé par un James Jesus Angleton, et il a failli saboter toute la CIA. La bande d'Angleton était faite de fanatiques paranos – ils soupçonnaient tout le monde à la CIA d'être des agents russes. Un des résultats de leur boulot, c'est que de larges pans de l'activité de la CIA en sont restés paralysés.

— Mais il ne s'agit que de spéculations...

— Où sont conservés les vieux dossiers du personnel ?

— Gullberg ne s'y trouve pas. J'ai déjà vérifié.

— Et le budget alors ? Une telle opération doit forcément être financée...

La discussion se poursuivit jusqu'au déjeuner, quand Rosa Figuerola s'excusa et rejoignit la salle de sport pour pouvoir réfléchir en paix.

ERIKA BERGER ARRIVA EN BOITANT à la rédaction de *SMP* vers midi seulement. Elle avait tellement mal au pied qu'elle n'arrivait même pas à le poser par terre. Elle sautilla jusqu'à la cage en verre et se laissa tomber, soulagée, sur son fauteuil. Peter Fredriksson la vit de sa place au pôle central. Elle lui fit signe de venir.

— Qu'est-ce qu'il s'est passé ?

— J'ai marché sur un bout de verre qui s'est cassé et s'est coincé à l'intérieur du talon.

— Aïe, c'est moche, ça !

— Oui. Plutôt. Dis-moi, Peter, est-ce que quelqu'un d'autre a reçu des mails bizarres ?

— Pas que je sache.

— OK. Ouvre les oreilles. Je veux savoir s'il se passe des choses étranges à *SMP*.

— Qu'est-ce que tu veux dire par là ?

— J'ai peur qu'il y ait un fêlé qui s'amuse à envoyer des mails pourris et qui m'a prise pour cible. Je veux donc être mise au courant si tu apprends qu'il se passe des choses.

— Le type de mails qu'Eva Carlsson a reçus ?

— N'importe quoi qui sort de l'ordinaire. Pour ma part, j'ai reçu une flopée de mails débiles qui m'accusent d'être un peu tout et me proposent de subir divers trucs pervers.

Peter Fredriksson s'assombrit.

— Ça dure depuis combien de temps ?

— Quelques semaines. Raconte maintenant. Qu'est-ce qu'il y aura dans le journal demain ?

— Hmm.

— Comment ça, hmm ?

— Holm et le responsable Justice sont sur le sentier de la guerre.

— Ah bon. Pourquoi ?

— A cause de Johannes Frisk. Tu as prolongé son remplacement et tu lui as donné un reportage à faire, et il ne veut pas dire sur quel sujet.

— Il n'a pas le droit de révéler le sujet. Ce sont mes ordres.

— C'est ce qu'il dit. Ce qui implique que Holm et la Justice sont assez agacés contre toi.

— Je comprends. Fixe une réunion avec la rédaction du Droit pour 15 heures, je leur expliquerai la situation.

— Holm est plutôt en pétard…

— Je suis aussi plutôt en pétard contre Holm, alors on est quitte.

— Il est tellement en pétard qu'il s'est plaint au CA.

Erika leva les yeux. *Merde. Il faut que je m'occupe de Borgsjö.*

— Borgsjö va passer cet après-midi. Il veut te voir. Je soupçonne Holm d'être derrière ça.

— OK. A quelle heure ?

— A 14 heures.

Il commença à exposer le menu de midi.

LE DR ANDERS JONASSON passa voir Lisbeth Salander à l'heure du déjeuner. Elle repoussa l'assiette avec le sauté de légumes du conseil général. Comme toujours, il l'examina brièvement, mais elle nota qu'il avait cessé de s'investir au maximum dans ces examens.

— Tu es guérie, constata-t-il.

— Hmm. Il faudrait que tu fasses quelque chose pour les repas.

— Les repas ?

— Tu ne pourrais pas me trouver une pizza ou quelque chose de ce genre ?

— Désolé. Restrictions budgétaires.

— C'est bien ce que je me disais.

— Lisbeth. Demain, nous allons procéder à une grande évaluation de ton état de santé…

— Je comprends. Et je suis guérie.

— Tu es suffisamment guérie pour pouvoir être transférée à la maison d'arrêt de Kronoberg à Stockholm.

Elle hocha la tête.

— Je pourrais probablement retarder le transfert d'une semaine encore, mais mes collègues commencent à se poser des questions.

— Ne fais pas ça.

— Sûre ?

Elle fit oui de la tête.

— Je suis prête. Et il faut que ça arrive, tôt ou tard.

Il hocha la tête.

— Bon alors, dit Anders Jonasson. Je vais donner le feu vert pour ta sortie demain. Cela signifie que tu seras probablement transférée très rapidement.

Elle hocha la tête.

— Il est possible que ça se fasse dès ce week-end. La direction de l'hôpital ne tient pas à te garder ici.

— Je peux le comprendre.

— Euh… et par conséquent, ton jouet…

— Il sera dans le creux au dos de la table de chevet.

Elle lui indiqua l'endroit.

— OK.

Ils restèrent silencieux un court moment avant qu'Anders Jonasson se lève.

— Il faut que j'aille voir d'autres patients qui ont davantage besoin de mon aide.

— Merci pour tout. Je te dois un service.

— J'ai seulement fait mon boulot.

— Non. Tu as fait bien plus que ça. Je ne l'oublierai pas.

MIKAEL BLOMKVIST ENTRA dans l'hôtel de police sur Kungsholmen par la porte de Polhemsgatan. Rosa Figuerola l'accueillit et l'accompagna jusqu'aux locaux de la Protection de la Constitution. Ils se regardèrent en douce et en silence dans l'ascenseur.

— Est-il vraiment sage que je me montre ici, à l'hôtel de police ? demanda Mikael. Quelqu'un pourrait me voir et se poser des questions.

Rosa Figuerola hocha la tête.

— Ça sera la seule fois. A l'avenir nous nous retrouverons dans un petit bureau que nous avons loué à Fridhemsplan. On y aura accès à partir de demain. Mais il n'y a pas de problème pour cette fois-ci. La Protection de la Constitution est une petite unité pratiquement autonome et personne à la Säpo n'y prête attention. D'ailleurs, nous ne sommes pas au même étage que le reste de la Säpo.

D'un mouvement de tête, il salua Torsten Edklinth sans lui serrer la main puis deux collaborateurs qui manifestement travaillaient sur l'enquête. Ils se présentèrent comme Stefan et Niklas. Mikael nota qu'ils ne mentionnaient pas de noms de famille.

— On commence par quoi ? demanda Mikael.

— On pourrait démarrer par un petit café… Rosa ?

— Oui, merci, dit Rosa Figuerola.

Mikael vit le chef de la Protection de la Constitution hésiter une seconde avant de se lever et d'aller lui-même chercher la cafetière pour la poser sur la table de conférence où les tasses étaient déjà sorties. Torsten Edklinth avait sans doute voulu dire que c'était à Rosa de servir le café. Mikael constata aussi qu'Edklinth souriait pour lui-même, ce qu'il interpréta comme un bon signe. Puis Edklinth devint sérieux.

— Pour tout vous dire, je ne sais pas comment gérer cette situation. Qu'un journaliste participe aux réunions de travail à la Säpo est probablement un fait unique. Les éléments dont nous allons parler maintenant sont pour beaucoup des données classées secret-défense.

— Les secrets militaires ne m'intéressent pas. C'est le club Zalachenko qui m'intéresse.

— Il faut qu'on trouve un équilibre. Premièrement, les collaborateurs ne doivent pas être nommés dans tes textes.

— C'est entendu.

Edklinth jeta un regard surpris sur Mikael Blomkvist.

— Deuxièmement, tu ne dois pas parler avec d'autres collaborateurs que moi-même et Rosa Figuerola. A nous de déterminer ce que nous pouvons te dire.

— Si tu avais tant d'exigences, tu aurais dû m'en parler hier.

— Hier je n'avais pas eu le temps de réfléchir à la chose.

— Alors je vais te faire une révélation. C'est sans doute la première et la seule fois de ma carrière professionnelle que je vais raconter le contenu d'un article pas encore publié à un policier. Donc, et je te cite… pour tout dire, je ne sais pas comment gérer cette situation.

Un bref silence s'installa autour de la table.

— On pourrait peut-être…

— Que diriez-vous…

Edklinth et Rosa Figuerola commencèrent à parler en même temps et se turent.

— Je cherche à coincer le club Zalachenko. Vous voulez inculper le club Zalachenko. N'allons pas plus loin que ça, dit Mikael.

Edklinth hocha la tête.

— Qu'est-ce que vous avez ?

Edklinth expliqua ce que Rosa Figuerola et sa troupe avaient trouvé. Il montra la photo d'Evert Gullberg en compagnie du colonel espion Stig Wennerström.

— Bien. Je voudrais une copie de cette photo.

— On peut la trouver dans les archives d'Åhlén & Åker-lund, dit Rosa Figuerola.

— Elle se trouve aussi sur la table devant moi. Avec un texte au dos, dit Mikael.

— OK. Donne-lui une copie, dit Edklinth.

— Cela veut dire que Zalachenko a été tué par la Section.

— Assassinat par un homme qui était lui-même en train de mourir d'un cancer et qui se suicide ensuite. Gullberg vit encore, mais les médecins ne lui donnent que quelques semaines. Il a de telles lésions au cerveau après sa tentative de suicide qu'il a tout du légume.

— Et c'était lui, le principal responsable de Zalachenko quand il a déserté.

— Comment tu le sais ?

— Gullberg a rencontré le Premier ministre Thorbjörn Fälldin six semaines après la désertion de Zalachenko.

— Tu peux le prouver ?

— Ouais. Le registre des visites de la chancellerie du gouvernement. Gullberg est venu avec le directeur de la Säpo de l'époque.

— Qui est décédé aujourd'hui.

— Mais Fälldin vit et il est prêt à en parler.

— Tu as…

— Non, je n'ai pas parlé avec Fälldin. Mais quelqu'un d'autre l'a fait. Je ne peux pas nommer cette personne. Protection des sources.

Mikael expliqua comment Thorbjörn Fälldin avait réagi à l'information sur Zalachenko et comment lui-même s'était rendu aux Pays-Bas pour interroger Janeryd.

— Conclusion : le club Zalachenko se trouve quelque part ici dans la maison, dit Mikael en indiquant la photo.

— En partie. Nous pensons qu'il s'agit d'une organisation dans l'organisation. Le club Zalachenko ne peut pas exister sans l'aide de personnes-clés dans cette maison. Mais nous soupçonnons que la prétendue Section d'analyse spéciale s'est établie quelque part à l'extérieur de la maison.

— Si j'ai bien compris le fonctionnement, une personne peut être employée par la Säpo, recevoir son salaire de la Säpo et ensuite faire ses rapports à un autre employeur.

— A peu de chose près.

— Alors qui dans la maison aide le club Zalachenko ?

432

— Nous ne le savons pas encore. Mais nous avons des suspects.

— Mårtensson, proposa Mikael.

Edklinth hocha la tête.

— Mårtensson bosse pour la Säpo et, quand ils ont besoin de lui au club Zalachenko, il est détaché de son poste habituel, dit Rosa Figuerola.

— Comment c'est possible, dans la pratique ?

— Très bonne question, dit Edklinth avec un petit sourire. Tu n'aurais pas envie de venir travailler pour nous ?

— Jamais de la vie, dit Mikael.

— Je rigole. Mais c'est bien la question qu'il faut poser. Nous avons un suspect, mais rien qui nous permet de passer des soupçons aux preuves.

— Voyons voir… c'est forcément quelqu'un jouissant d'une autorité administrative.

— Nous soupçonnons le secrétaire général Albert Shenke, dit Rosa Figuerola.

— Ce qui nous mène vers le premier écueil, dit Edklinth. Nous t'avons fourni un nom, mais le renseignement ne peut pas être étayé. Comment comptes-tu utiliser ça ?

— Je ne peux pas publier un nom sans avoir de preuves pour me couvrir. Si Shenke est innocent, il portera plainte contre *Millénium* pour diffamation.

— Bien. Alors nous sommes d'accord. Cette collaboration doit être basée sur une confiance réciproque. A toi maintenant. Qu'est-ce que tu as ?

— Trois noms, dit Mikael. Les deux premiers étaient membres du club Zalachenko dans les années 1980.

Edklinth et Figuerola tendirent instantanément l'oreille.

— Hans von Rottinger et Fredrik Clinton. Rottinger est mort. Clinton est à la retraite. Mais tous deux faisaient partie du cercle le plus proche de Zalachenko.

— Et le troisième nom ? demanda Edklinth.

— Teleborian a des liens avec un certain *Jonas*. Nous ne connaissons pas son nom de famille mais nous savons qu'il fait partie de la promotion 2005 du club Zalachenko… Nous sommes portés à croire que c'est lui qui est en compagnie de Mårtensson sur les photos du Copacabana.

— Et dans quel contexte ce nom de Jonas s'est-il présenté ?

— Lisbeth Salander a piraté l'ordinateur de Peter Teleborian, et nous sommes en mesure de suivre une correspondance qui démontre que Teleborian conspire avec Jonas de la même façon qu'il conspirait avec Björck en 1991. Jonas donne des instructions à Teleborian. Et nous voici en face du deuxième écueil, dit Mikael en souriant à Edklinth. Je peux prouver mes affirmations, mais je ne peux pas vous donner les preuves sans révéler ma source. Il vous faut accepter ce que je dis.

Edklinth eut l'air pensif.

— Un collègue de Teleborian à Uppsala peut-être, dit-il. OK. On commencera avec Clinton et Rottinger. Raconte ce que tu sais.

LE PRÉSIDENT DU CA MAGNUS BORGSJÖ accueillit Erika Berger dans son bureau à côté de la salle de réunion de la direction. Il semblait soucieux.

— On m'a dit que tu t'étais blessée, dit-il en indiquant son pied.

— Ça va passer, dit Erika. Elle posa les cannes contre son bureau en s'installant dans le fauteuil des visiteurs.

— Bon, tant mieux. Erika, ça fait un mois que tu es ici maintenant et je voulais qu'on fasse le point. Tes impressions ?

Il faut que je discute de Vitavara avec lui. Mais comment ? Quand ?

— Je commence à tenir le bon bout. Il y a deux aspects. D'un côté, *SMP* a des problèmes financiers et le budget est en train d'étrangler le journal. D'un autre côté, il y a une quantité incroyable de poids morts à la rédaction de *SMP*.

— N'y a-t-il pas d'aspects positifs ?

— Si. Un tas de pros bien rodés qui savent comment le boulot doit être mené. Le problème, c'est que nous en avons d'autres qui mettent facilement des bâtons dans les roues.

— Holm m'a parlé…

— Je sais.

Borgsjö leva les sourcils.

— Il a pas mal de choses à dire sur toi. Pratiquement toutes sont négatives.

— Ça ne fait rien. J'ai pas mal de choses à dire sur lui aussi.

— Négatives ? Ce n'est pas bien si vous ne pouvez pas travailler ensemble…

— Je n'ai aucun problème pour travailler avec lui. En revanche, lui en a pour travailler avec moi.

Erika soupira.

— Il me rend folle. Holm a de la bouteille, il est sans hésitation un des chef des Actualités les plus compétents que j'aie vus. En même temps, c'est un enfoiré. Il intrigue et joue les gens les uns contre les autres. Je travaille dans les médias depuis vingt-cinq ans et je n'ai jamais croisé un homme pareil à un poste de cadre.

— Il est obligé d'avoir une main de fer pour venir à bout de ce travail. On lui met la pression de tous les côtés.

— Une main de fer – oui. Mais cela ne veut pas dire qu'il doit être idiot. Holm est malheureusement une catastrophe et il est la raison principale de la quasi-impossibilité de faire travailler les employés en équipe. Il semble croire que son boulot consiste à régner en divisant.

— Tu ne ménages pas tes mots.

— J'accorde à Holm un mois de plus pour se raviser. Ensuite je l'enlève du poste de chef des Actualités.

— Tu ne peux pas faire ça. Ton boulot n'est pas d'éclater l'organisation du travail.

Erika se tut et examina le président du CA.

— Excuse-moi de le faire remarquer, mais c'est exactement pour ça que tu m'as recrutée. Nous avons même établi un contrat qui me donne les mains libres d'entreprendre les changements rédactionnels que j'estime nécessaires. Ma mission consiste à renouveler le journal et je ne peux le faire qu'en changeant l'organisation et les habitudes.

— Holm a consacré sa vie à SMP.

— Oui. Et il a cinquante-huit ans et il prendra sa retraite dans six ans et je ne peux pas me permettre de le garder comme un fardeau pendant ce temps. Ne me comprends pas mal, Magnus. Dès l'instant où je me suis installée dans la cage en verre là, en bas, ma tâche principale dans la vie est d'élever la qualité de SMP et d'augmenter son tirage. Holm peut choisir entre faire les choses à ma façon ou faire autre chose. J'ai l'intention de passer sur tous ceux qui se mettent en travers de mon chemin ou qui par ailleurs nuisent à SMP.

Merde... il faut que j'aborde cette histoire de Vitavara. Borgsjö va être viré.

Borgsjö sourit tout à coup.

— Il me semble bien que toi aussi, tu as une main de fer.

— Oui, c'est vrai, et dans le cas qui nous préoccupe, c'est regrettable parce que ça ne devrait pas nécessairement se passer ainsi. Mon boulot est de faire un bon journal et je ne peux le faire que si j'ai une direction qui fonctionne et des collaborateurs qui se plaisent dans leur boulot.

Après la réunion avec Borgsjö, Erika retourna en boitant à la cage en verre. Elle se sentait mal à l'aise. Elle avait parlé avec Borgsjö pendant trois quarts d'heure sans un seul mot pour évoquer Vitavara. Autrement dit, elle n'avait pas été spécialement franche ni sincère avec lui.

Quand Erika Berger ouvrit son ordinateur, elle avait reçu un mail de MikBlom@millenium.nu. Comme elle savait très bien qu'une telle adresse électronique n'existait pas à *Millénium*, elle n'eut aucun mal à en déduire que c'était un nouveau signe de vie de son cyber harceleur. Elle ouvrit le mail.

[TU T'IMAGINES QUE BORGSJÖ POURRA TE SAUVER, SALE PETITE PUTE ? COMMENT VA TON PIED ?]

Elle leva les yeux et regarda spontanément la rédaction. Son regard tomba sur Holm. Il la regardait. Puis il lui adressa un hochement de tête et un sourire.

Ces mails, c'est quelqu'un de SMP *qui les écrit.*

LA RÉUNION A LA PROTECTION DE LA CONSTITUTION ne se termina pas avant 17 heures. Ils fixèrent une nouvelle réunion pour la semaine à venir et établirent que Mikael Blomkvist devait s'adresser à Rosa Figuerola s'il avait besoin de contacter la Säpo d'ici là. Mikael prit sa sacoche avec l'ordinateur et se leva.

— Comment est-ce que je trouve mon chemin pour sortir d'ici ? demanda-t-il.

— Je crois qu'il ne faudrait pas que tu te balades trop tout seul, dit Edklinth.

— Je le sors, dit Rosa Figuerola. Attends-moi quelques minutes, que je ramasse mes affaires dans mon bureau.

Ils partirent ensemble par le parc de Kronoberg vers Frid-hemsplan.

— Qu'est-ce qui va se passer maintenant ? demanda Mikael.

— On reste en contact, dit Rosa Figuerola.

— Je commence à apprécier le contact avec la Säpo, dit Mikael en lui souriant.

— Ça te dit qu'on dîne ensemble plus tard ce soir ?

— Le resto bosniaque encore ?

— Non, je n'ai pas les moyens de manger au restaurant tous les soirs. Je pensais plutôt à un truc simple chez moi.

Elle s'arrêta et lui sourit.

— Tu sais ce que j'ai vraiment envie de faire, là maintenant ? dit-elle.

— Non.

— J'ai envie de te ramener chez moi dare-dare et de te déshabiller.

— Ça risque de devenir compliqué, tout ça.

— Je sais. Je n'ai pas exactement l'intention d'en parler à mon chef.

— Je ne sais pas du tout comment toute cette histoire va évoluer. On va peut-être se retrouver chacun de son côté de la barricade.

— Je prends le risque. Tu viens de ton plein gré ou je dois te menotter ?

Il hocha la tête. Elle le prit sous le bras et le pilota vers Pontonjärgatan. Ils furent nus trente secondes après avoir refermé la porte d'entrée de l'appartement.

DAVID ROSIN, CONSULTANT EN SÉCURITÉ à Milton Security, attendait Erika Berger quand elle rentra chez elle vers 19 heures. Son pied lui faisait horriblement mal et elle se traîna jusqu'à la cuisine où elle s'écroula sur la première chaise. Il avait fait du café et lui servit une tasse.

— Merci. Le café, ça entre dans les prestations de services de Milton ?

Il sourit poliment. David Rosin était un homme rondelet d'une cinquantaine d'années.

— Merci de m'avoir prêté la cuisine toute la journée.

— C'était le moins que je puisse faire. Comment ça se passe ?

— Dans la journée, nos techniciens sont venus installer une alarme décente. Je vous montrerai comment elle fonctionne tout à l'heure. J'ai aussi passé au crible votre maison de la cave au grenier et j'ai examiné les environs. La suite des opérations, c'est que je vais parler de votre situation avec des collègues à Milton, et dans quelques jours nous aurons une analyse que nous pourrons discuter avec vous. Mais en attendant, il y a quelques petites choses qu'il faudrait qu'on voie ensemble.

— Je vous écoute.

— Premièrement, nous avons quelques papiers à signer. Nous formulerons le contrat définitif plus tard – cela dépend des services que vous retiendrez – mais j'ai là un formulaire dans lequel vous donnez mission à Milton d'installer l'alarme que nous avons installée aujourd'hui. C'est un contrat standard réciproque qui signifie que nous à Milton posons certaines exigences et nous nous engageons en contrepartie à certaines choses, entre autres au secret professionnel et ce genre de trucs.

— Vous me posez des exigences ?

— Oui. Une alarme est une alarme et ne signifie rien s'il y a un fou furieux dans votre salon avec un fusil-mitrailleur. Si on veut être sûr que cela serve à quelque chose, il faudra que vous et votre mari, vous réfléchissiez à certains points et que vous acceptiez certaines mesures. On va voir ces points-là ensemble.

— Allons-y.

— Je ne vais pas anticiper l'analyse définitive, mais voilà comment je vois la situation générale. Vous habitez une villa, vous et votre mari. Il y a une plage derrière la maison et quelques villas importantes dans le voisinage immédiat. Pour autant que je peux m'en rendre compte, vos voisins n'ont pas vraiment de vue sur votre maison, elle est relativement isolée.

— C'est exact.

— Cela veut dire qu'un intrus a de bonnes possibilités de s'approcher de votre maison sans être vu.

— Les voisins à droite sont en voyage la plus grande partie de l'année, et à gauche c'est un couple âgé qui se couche d'assez bonne heure.

— Exactement. De plus, les maisons donnent l'une sur l'autre par le petit côté, où il y a peu de fenêtres. Si un intrus pénètre sur votre terrain – il lui faut cinq secondes pour quitter la route et arriver par l'arrière –, il n'y a plus aucun moyen de le voir. L'arrière est cerné par une haute haie, un garage et un autre bâtiment isolé.

— C'est l'atelier de mon mari.

— Il est artiste, si j'ai bien compris.

— C'est ça. Ensuite ?

— L'intrus qui a brisé la fenêtre et tagué la façade a pu le faire en toute tranquillité. A la rigueur il a pris le risque que le bruit de verre brisé s'entende et que quelqu'un réagisse, mais la maison est en L et le bruit est assourdi par la façade.

— Ah bon.

— L'autre point est que vous avez une grande maison de deux cent cinquante mètres carrés auxquels il faut ajouter le grenier et la cave. Cela fait onze pièces réparties sur deux niveaux.

— Cette maison est monstrueuse. C'est la maison d'enfance de Lars qu'il a héritée de ses parents.

— Il y a aussi une foule de manières différentes pour s'introduire dans la maison. Par la porte d'entrée, par la terrasse à l'arrière, par la véranda à l'étage et par le garage. De plus, il y a des fenêtres au rez-de-chaussée et six fenêtres de cave qui n'ont pas la moindre protection. Pour finir, je peux entrer en utilisant l'échelle d'incendie à l'arrière de la maison et en passant par la lucarne du grenier qui n'est fermée qu'avec un loquet.

— Effectivement, les portes de cette maison n'ont rien de bien hermétique. Qu'est-ce qu'il faut faire ?

— L'alarme que nous avons installée aujourd'hui n'est que provisoire. Nous reviendrons la semaine prochaine poser une installation dans les règles avec alarme sur toutes les fenêtres du rez-de-chaussée et de la cave. Ce sera la protection anti-intrusion au cas où vous partiez en voyage tous les deux.

— Hm.

— Mais la situation actuelle s'est présentée parce que vous avez été victime d'une menace directe de la part d'un individu précis. C'est autrement plus grave. Nous ignorons totalement de qui il s'agit, quelles sont ses motivations et jusqu'où il est prêt à aller, mais nous pouvons tirer certaines conclusions. S'il s'agissait d'un simple envoi de courrier de menace anonyme, nous ferions une estimation du degré de menace, mais dans le cas actuel il s'agit d'une personne qui s'est donné la peine de se rendre à votre domicile – et Saltsjöbaden n'est pas la porte à côté – pour y réaliser un attentat. Ça n'augure rien de bon.

— Je suis entièrement d'accord.

— J'ai parlé avec Armanskij aujourd'hui et nous pensons tous les deux que la menace est claire et nette.

— Ah bon.

— Avant d'en savoir plus sur la personne qui menace, il ne faut rien laisser au hasard.

— Ce qui signifie...

— Premièrement. L'alarme que nous avons installée aujourd'hui est constituée de deux composants. D'une part une alarme d'intrusion ordinaire branchée quand vous n'êtes pas à la maison, d'autre part un détecteur de mouvement que vous devez laisser branché quand vous vous trouvez à l'étage la nuit.

— D'accord.

— Ce n'est pas très commode, parce que vous serez obligée de débrancher cette alarme chaque fois que vous descendrez au rez-de-chaussée.

— Je comprends.

— Deuxièmement, nous avons changé la porte de votre chambre.

— Changé la porte de ma chambre ?

— Oui. Nous avons installé une porte de sécurité en acier. Ne vous inquiétez pas, elle est peinte en blanc et ressemble à une porte ordinaire. La différence est qu'elle se verrouille automatiquement quand vous la fermez. Pour ouvrir la porte de l'intérieur, vous appuyez seulement sur la poignée comme pour n'importe quelle porte. Mais pour ouvrir la porte de l'extérieur, vous devez entrer un code d'accès à trois chiffres sur une plaque intégrée à la poignée.

— D'accord.

— Si jamais vous étiez agressée ici, vous avez donc une pièce sûre où vous pouvez vous barricader. Les murs sont solides, et il faudrait un bon moment pour venir à bout de cette porte-là même avec des outils. Troisièmement, nous allons installer une vidéosurveillance qui vous permettra de voir ce qui se passe dans la cour de derrière et au rez-de-chaussée quand vous vous trouvez dans la chambre. On posera ça plus tard dans la semaine en même temps que l'installation des détecteurs de mouvement à l'extérieur de la maison.

Erika soupira profondément.

— On dirait que ma chambre ne sera plus un lieu très romantique à l'avenir.

— C'est un tout petit moniteur. On peut le placer dans un placard ou dans une armoire, ça vous évite de le voir en permanence.

— D'accord.

— Dans la semaine, je voudrais aussi changer les portes du bureau et d'une autre pièce au rez-de-chaussée. S'il arrive quelque chose, il faut que vous puissiez vous mettre à l'abri rapidement et fermer la porte en attendant les secours.

— Oui.

— Si vous déclenchez l'alarme d'intrusion par erreur, vous devez immédiatement appeler le central de Milton et décommander l'intervention. Pour décommander, vous devrez indiquer le code enregistré chez nous. Si vous avez oublié le code, l'intervention se fera mais votre compte sera débité d'une somme forfaitaire.

— Je vois.

— Quatrièmement, il y a maintenant des alarmes d'agression à quatre endroits de la maison. Ici dans la cuisine, dans le vestibule, dans votre bureau à l'étage et dans votre chambre. L'alarme d'agression consiste en deux boutons sur lesquels vous appuyez en même temps avec maintien de la pression pendant trois secondes. Vous pouvez le faire avec une main, mais vous ne pouvez pas le faire par erreur.

— Aha.

— Si l'alarme d'agression est actionnée, ça signifie trois choses. Un : que Milton envoie ici des voitures. La voiture la plus proche vient de chez Adam Säkerhet à Fisksätra. Deux gars solides débarqueront ici en l'espace de dix à douze minutes. Deux : une voiture de Milton viendra de Nacka. Il lui faut au mieux vingt minutes, mais plus probablement vingt-cinq. Trois : la police est automatiquement avertie. Autrement dit, plusieurs voitures arrivent sur le lieu à quelques minutes d'intervalle.

— Bigre !

— On ne peut pas décommander une alarme d'agression de la même façon qu'une alarme d'intrusion. Vous ne pouvez donc pas appeler pour dire que c'était une erreur. Vous pourriez nous accueillir sur le seuil de la maison et dire que c'était une erreur, la police entrerait quand même. Histoire de s'assurer que personne ne braque un pistolet contre la tempe de votre mari ou des trucs comme ça. Vous ne devez utiliser l'alarme d'agression que quand il y a un véritable danger.

— Je comprends.

— Ce n'est pas nécessairement une agression physique. Ça peut être que quelqu'un essaie d'entrer par effraction ou surgit dans la cour de derrière, par exemple. Si vous vous sentez un tant soit peu menacée, vous devez l'utiliser, à vous de le faire à bon escient.

— Je le promets.

— J'ai remarqué des clubs de golf un peu partout dans la maison.

— Oui. J'ai dormi seule ici hier.

— Personnellement, j'aurais pris une chambre d'hôtel. Ça ne me dérange pas que vous preniez vos propres précautions. Mais j'espère que vous réalisez qu'avec un club de golf, vous pouvez facilement tuer un agresseur.

— Hmm.

— Faites ça, et vous serez à tous les coups inculpée d'homicide. Dites en plus que vous aviez mis des clubs de golf exprès pour avoir une arme sous la main, ça pourrait même passer pour de la préméditation

— Je dois donc…

— Ne dites rien. Je sais ce que vous allez dire.

— Si quelqu'un m'attaque, je vais quand même essayer de lui défoncer le crâne.

— Je vous comprends. Mais d'une manière générale, si vous avez fait appel à Milton Security, c'est pour avoir une alternative. Vous avez dès lors la possibilité d'appeler à l'aide et, surtout, vous ne devriez pas vous trouver en situation d'avoir à défoncer le crâne de quelqu'un.

— D'accord.

— D'ailleurs, à quoi vous serviront les clubs de golf s'il a une arme à feu ? Quand on parle de sécurité, on parle d'avoir un pas d'avance sur la personne qui vous veut du mal.

— Comment je m'y prends si j'ai un gars qui apparemment me colle aux basques ?

— Vous vous arrangez pour qu'il n'ait jamais l'occasion de s'approcher de vous. Dans la situation actuelle, il se trouve que nous n'aurons pas terminé l'installation avant quelques jours, et ensuite nous devons aussi parler avec votre mari. Il faut qu'il ait la même volonté de sécurité que vous.

— Hmhm.

— Jusque-là, j'aurais préféré que vous n'habitiez pas ici.

— Je n'ai aucune possibilité d'aller ailleurs. Mon mari sera là dans quelques jours. Mais nous sommes souvent en déplacement, autant lui que moi, et chacun se retrouve seul parfois.

— Je comprends. Mais je parle de quelques jours seulement, jusqu'à ce que nous ayons mis en place les installations. Vous n'avez aucun ami chez qui loger ?

Erika pensa un instant à l'appartement de Mikael Blomkvist, puis se souvint que ce n'était pas une bonne idée.

— Merci… mais je préfère rester chez moi.

— C'est ce que je craignais. Dans ce cas, je veux que quelqu'un vienne ici avec vous le reste de la semaine.

— Hmm.

— Vous connaissez quelqu'un qui pourrait venir dormir ici ?

— Sans doute. Mais pas à 19 h 30 si un tueur fou est en train de rôder dans l'arrière-cour.

David Rosin réfléchit un instant.

— Bon. Est-ce que ça vous dérangerait d'avoir la compagnie d'une collaboratrice de Milton ? Je peux appeler une fille qui s'appelle Susanne Linder et voir si elle est libre ce soir. Je pense qu'elle serait d'accord pour gagner quelques billets de 100 supplémentaires.

— Ça me coûterait combien ?

— C'est à voir avec elle. C'est en dehors de tous les accords formels, entendons-nous. Mais je ne veux vraiment pas que vous restiez seule.

— Je n'ai pas peur du noir.

— Je n'en doute pas une seconde. Sinon, vous ne seriez pas restée dormir ici hier. Mais Susanne Linder est une ex de la police. Et ce ne serait que pour quelques jours. Si nous devions organiser une protection rapprochée, ce serait tout autre chose – et autrement coûteux.

Le sérieux de David Rosin commençait à déteindre sur elle. Erika Berger réalisa tout à coup qu'il était tranquillement en train d'évoquer l'existence possible d'une menace contre sa vie. Etait-ce exagéré ? Devait-elle considérer l'inquiétude de cet homme comme purement professionnelle ? Pourquoi dans ce cas avait-elle appelé Milton Security pour leur demander d'installer une alarme ?

— D'accord. Appellez-la. Je vais préparer la chambre d'amis.

ROSA FIGUEROLA ET MIKAEL BLOMKVIST, entourés de draps, ne quittèrent la chambre que vers 22 heures, pour aller dans la cuisine de Rosa bricoler une salade de pâtes avec du thon, du bacon et autres restes sortis du frigo. Ils buvaient de l'eau. Brusquement, Rosa éclata de rire.

— Quoi ?

— Je me dis qu'Edklinth serait quelque peu outré s'il nous voyait maintenant. Je ne pense pas qu'il m'encourageait à coucher avec toi quand il disait que je devais rester en contact avec toi.

— C'est toi qui as démarré tout ça. Moi, je n'avais que le choix entre les menottes ou venir de mon plein gré.

— Je sais. Mais t'as pas été trop difficile à convaincre.

— Tu n'en es peut-être pas consciente, quoique j'imagine que oui, mais tout en toi n'est qu'un appel au sexe. Tu crois qu'il y a des hommes qui résistent à ça ?

— Merci. Mais je ne suis pas sexy à ce point. Et je ne fais pas l'amour aussi souvent que ça.

— Hmm.

— C'est vrai. Je ne me retrouve pas souvent au lit avec des hommes. Je suis plus ou moins sortie avec un mec ce printemps. Puis ça s'est terminé.

— Pourquoi ?

— Il était assez mignon mais ça a fini par devenir une sorte de bras de fer épuisant. J'étais plus forte que lui et il ne l'a pas supporté.

— Ah.

— Tu es un mec comme ça, toi, à vouloir jouer au bras de fer avec moi ?

— Tu veux dire, est-ce que je suis un homme que ça dérange que tu sois plus en forme et plus baraquée que moi ? Non.

— Dis-le franchement. J'ai remarqué que beaucoup d'hommes sont intéressés, mais ensuite ils commencent à la jouer dans le registre du défi et ils cherchent tous les moyens de me dominer. Surtout s'ils découvrent que je suis flic.

— Je n'ai pas l'intention de me mesurer avec toi. Je sais faire ce que je fais mieux que toi. Et tu sais mieux que moi faire ce que tu fais.

— Bien. Ça me va comme attitude.

— Pourquoi tu m'as dragué ?

— Je cède en général à mes impulsions. Et tu étais une de ces impulsions.

— OK. Mais tu es policier à la Säpo, ce qui n'est pas n'importe quoi, et comme par hasard plongée dans une enquête dont je suis un des acteurs…

— Tu veux dire que je n'ai pas été très professionnelle. Tu as raison. Je n'aurais pas dû faire ça. Et j'aurais de gros problèmes si ça se savait. Edklinth serait furieux.

— C'est pas moi qui vais cafter.

— Merci.

Ils ne dirent rien pendant un moment.

— Je ne sais pas ce qui va en ressortir. Tu es un mec qui compte pas mal d'aventures, si j'ai bien compris. La description est bonne ?

— Oui. Malheureusement. Et je ne pense pas être à la recherche d'une copine fixe.

— OK. Je suis prévenue. Je ne crois pas que je cherche un copain fixe non plus. Tu es d'accord pour qu'on reste sur un plan amical ?

— Je préfère. Rosa, je ne vais raconter à personne qu'on a eu une aventure. Mais si ça tournait mal, je pourrais me trouver dans un foutu conflit avec tes collègues.

— Je ne pense pas. Edklinth est réglo. Et nous avons vraiment envie d'épingler ce club Zalachenko. Ça paraît totalement insensé, si maintenant tes théories sont exactes.

— On verra bien.

— Tu as eu une aventure avec Lisbeth Salander aussi.

Mikael leva les yeux et regarda Rosa.

— Dis donc… je ne suis pas un journal intime que tout le monde peut lire. Ma relation avec Lisbeth ne regarde personne.

— Elle est la fille de Zalachenko.

— Oui. Et elle est obligée de vivre avec. Mais elle n'est pas Zalachenko. La différence est de taille.

— Ce n'est pas ce que je voulais dire. Je m'interrogeais sur ton engagement dans cette histoire.

— Lisbeth est mon amie. Ça suffit comme explication.

SUSANNE LINDER DE MILTON SECURITY portait un jean, un blouson en cuir noir et des chaussures de jogging. Elle arriva à Saltsjöbaden vers 21 heures, fut briefée par David Rosin et effectua un tour de la maison avec lui. Elle était armée d'un ordinateur portable, d'une matraque de police, d'une bombe de gaz lacrymogène, de menottes et d'une brosse à dents dans un sac militaire vert qu'elle défit dans la chambre d'amis d'Erika Berger. Puis Erika Berger lui offrit un café.

— Je vous remercie. Vous pensez peut-être que je suis une invitée que vous êtes tenue de divertir de toutes les manières possibles. En réalité, je ne suis pas du tout une invitée. Je suis un mal nécessaire qui a soudain surgi dans votre vie, même si ce n'est que pour quelques jours. J'ai travaillé comme policier pendant six ans et pour Milton Security pendant quatre. Je suis garde du corps diplômée.

— Aha.

— Il existe une menace contre vous et je suis ici en tant que garde-barrière pour que vous puissiez dormir en toute tranquillité ou travailler ou lire un livre ou faire ce que vous avez envie de faire. Si vous avez besoin de parler, je suis prête à vous écouter. Sinon, j'ai apporté un livre pour me tenir compagnie.

— Bien.

— Ce que je veux dire, c'est que vous pouvez continuer à vivre votre vie sans ressentir le besoin de vous occuper de moi. Sinon, vous allez vite me prendre pour une intruse dans votre quotidien. Le mieux serait que vous me considériez comme une collègue occasionnelle.

— Je dois dire que je n'ai pas l'habitude de ce genre de situations. J'ai déjà reçu des menaces, à l'époque où j'étais la directrice de *Millénium*, mais c'était en rapport avec mon métier. Alors que là, c'est quelqu'un de vachement désagréable qui…

— Qui s'est attaché à vous justement.

— Quelque chose comme ça, oui.

— Si nous devons organiser une véritable protection rapprochée, elle coûtera les yeux de la tête, et il faudra en discuter avec Dragan Armanskij. Et pour que ça en vaille le coup, il doit y avoir une menace très nette et précise. Pour moi, ceci n'est qu'un extra pour me faire quelques sous. Je demande 500 couronnes par nuit pour dormir ici jusqu'à la fin de la semaine plutôt que dormir chez moi. Ce n'est pas cher, c'est bien au-dessous de ce que je vous demanderais si je prenais ce boulot par l'intermédiaire de Milton. Est-ce que ça vous va ?

— Ça me va très bien.

— S'il arrive quoi que ce soit, je veux que vous vous enfermiez dans la chambre et me laissiez me charger de l'agitation. A charge pour vous d'appuyer sur l'alarme d'agression.

— Je comprends.

— Je suis sérieuse. Je ne veux pas vous avoir dans les pattes s'il y a du grabuge.

ERIKA BERGER ALLA SE COUCHER vers 23 heures. Elle entendit le clic de la serrure quand elle ferma la porte de la chambre. Elle se déshabilla, pensive, et se glissa dans le lit.

Bien que son invitée l'ait encouragée à ne pas s'occuper d'elle, elle avait passé deux heures avec Susanne Linder autour de la table de cuisine. Elle avait découvert qu'elles s'entendaient très bien toutes les deux et que la conversation coulait sans gêne. Elles avaient abordé le sujet de la psychologie et de ces tendances qui poussent certains hommes à poursuivre des femmes. Susanne Linder avait déclaré qu'elle se fichait pas mal du baratin psychologique. Elle disait qu'il était important d'arrêter les fous et qu'elle appréciait énormément son boulot à Milton Security, où sa mission en grande partie consistait à servir de contre-mesure aux fêlés.

— Pourquoi tu as quitté la police ? demanda Erika Berger.

— Demande plutôt pourquoi je suis devenue policier.

— OK. Pourquoi tu es devenue policier ?

— Parce que, quand j'avais dix-sept ans, une amie proche a été agressée et violée par trois voyous dans une voiture. Je suis devenue policier parce que j'avais une image romantique de la police, je croyais qu'elle était là pour empêcher ce genre de crime.

— Oui…

— Je n'ai pu empêcher que dalle. En tant que policier, j'arrivais toujours sur les lieux après que le crime avait été commis. Je n'ai pas supporté d'être la débile qui pose les questions débiles dans le fourgon de police. Et j'ai vite appris que certains crimes ne sont jamais résolus. Tu en es l'exemple type. Est-ce que tu as essayé d'avertir la police de ce qui s'est passé ?

— Oui.

— Et la police s'est précipitée ici ?

— Pas exactement. On m'a recommandé de faire une déposition au commissariat de proximité.

— Bon. Alors tu sais. Maintenant je travaille pour Armanskij et là, j'entre en scène avant que le crime soit commis.

— Menaces contre des femmes ?

— Je travaille dans différentes directions. Analyses de sécurité, protection rapprochée, surveillance, etc. Mais il s'agit souvent de gens qui ont reçu des menaces et je m'y plais nettement mieux qu'à la police.

— Hm.

— J'admets cependant qu'il y a aussi un inconvénient.

— Ah oui, lequel ?

— Nous n'apportons notre aide qu'aux clients qui peuvent payer.

Une fois au lit, Erika Berger réfléchit à ce qu'avait dit Susanne Linder. Tout le monde n'avait pas les moyens de s'offrir la sécurité. Pour sa part, elle avait accepté sans sourciller la proposition de David Rosin de changer plusieurs portes, de faire venir des techniciens et d'installer des systèmes d'alarme doubles et tutti quanti. La somme à payer pour toutes ces mesures allait s'élever à 50 000 couronnes. Elle pouvait se l'offrir.

Elle réfléchit un moment à son impression que celui qui la menaçait avait quelque chose à faire avec *SMP*. La personne en question avait su qu'elle s'était blessée au pied. Elle pensa à Lukas Holm. Elle ne l'aimait pas, ce qui contribuait à diriger ses soupçons sur lui, mais d'un autre côté la nouvelle qu'elle s'était fait mal au pied s'était très rapidement répandue dès l'instant où elle était arrivée à la rédaction avec des cannes.

Et il fallait qu'elle s'attaque au problème de Borgsjö.

Elle s'assit tout à coup dans le lit, fronça les sourcils et regarda autour d'elle dans la chambre. Elle se demandait où elle avait posé le dossier de Henry Cortez sur Borgsjö et Vitavara SA.

Erika se leva, enfila sa robe de chambre et s'appuya sur une canne. Puis elle ouvrit la porte de la chambre et alla dans son bureau où elle alluma la lumière. Non, elle n'était pas entrée dans le bureau depuis qu'elle... qu'elle avait lu le dossier dans la baignoire la veille au soir. Elle l'avait posé sur le rebord de la fenêtre.

Elle entra dans la salle de bains. Le dossier n'était pas sur le rebord.

Elle resta sans bouger un long moment et se creusa la tête.

Je suis sortie de la baignoire, puis je suis allée lancer le café et j'ai marché sur le bout de verre et j'ai eu autre chose en tête.

Elle n'avait aucun souvenir d'avoir vu le dossier le matin. Elle ne l'avait pas rangé ailleurs.

Elle sentit subitement un froid glacial l'envahir. Elle passa les cinq minutes suivantes à fouiller systématiquement la salle de bains puis à retourner des piles de papiers et de journaux dans la cuisine et dans la chambre. Finalement, elle fut obligée de constater que le dossier avait disparu.

A un moment donné après qu'elle avait marché sur le bout de verre et avant que David Rosin vienne dans la matinée, quelqu'un était entré dans la salle de bains et avait pris les documents de *Millénium* concernant Vitavara SA.

Puis la pensée la foudroya qu'elle avait d'autres secrets dans la maison. Elle alla à cloche-pied dans la chambre et ouvrit le tiroir d'en bas près de son lit. Son cœur tomba comme une pierre dans sa poitrine. Tout le monde a des secrets. Erika Berger gardait les siens dans la commode de sa chambre. Elle ne tenait pas régulièrement un journal intime, mais il y avait eu des périodes où elle l'avait fait. Dans le tiroir se trouvaient aussi de vieilles lettres d'amour de son adolescence.

Il y avait aussi une enveloppe avec des photos qui avaient été marrantes au moment où elles étaient prises, mais qui ne convenaient pas pour une publication. Quand Erika avait autour de vingt-cinq ans, elle avait été membre du Club

Xtrême qui organisait des fêtes privées pour des amateurs de cuir et de latex. Il y avait des photos d'elle prises dans des fêtes où, du point de vue de la sobriété, elle ressemblait vraiment à n'importe quoi.

Et catastrophe – il y avait une vidéo tournée pendant des vacances au début des années 1990 quand elle et son mari avaient été les invités de l'artiste verrier Torkel Bollinger dans sa maison sur la Costa del Sol. Pendant ces vacances, Erika avait découvert que son mari avait un net penchant bisexuel, et ils s'étaient tous deux retrouvés dans le lit de Torkel. Ça avait été des vacances merveilleuses. A cette époque, les caméras vidéo étaient encore un phénomène relativement récent, et le film qu'ils s'étaient amusés à produire n'était pas du genre à mettre entre les mains des enfants.

Le tiroir était vide.

Comment ai-je pu être conne à ce point-là ?

Dans le fond du tiroir, quelqu'un avait tagué les deux mots désormais familiers.

19

VENDREDI 3 JUIN – SAMEDI 4 JUIN

LISBETH SALANDER TERMINA SON AUTOBIOGRAPHIE vers 4 heures le vendredi et en envoya une copie à Mikael Blomkvist sur le forum Yahoo [Table-Dingue]. Puis elle resta immobile dans le lit et fixa le plafond.

Elle constata que le 30 avril elle avait eu vingt-sept ans, mais qu'elle n'avait même pas pensé au fait que c'était son anniversaire. Elle avait été en captivité. Elle avait vécu la même chose quand elle se trouvait à la clinique de pédopsychiatrie de Sankt Stefan, et si les choses ne tournaient pas en sa faveur, elle risquerait de passer pas mal d'autres anniversaires dans un asile quelque part.

Ce qu'elle n'avait pas l'intention d'accepter.

La dernière fois qu'elle avait été enfermée, elle n'était pas encore une adolescente. A présent, elle était adulte et elle possédait d'autres connaissances et une autre compétence. Elle se demanda combien de temps il lui faudrait pour s'évader, se mettre en sécurité quelque part à l'étranger et se trouver une nouvelle identité et une nouvelle vie.

Elle sortit du lit et alla aux toilettes où elle se regarda dans la glace. Elle ne boitait plus. Elle tâta l'extérieur de sa hanche, là où la plaie occasionnée par la balle avait formé une cicatrice. Elle tourna les bras et étira l'épaule. Ça l'élançait, mais elle était pratiquement rétablie. Elle se tapota la tête. Elle supposa que son cerveau n'avait pas subi de gros dommages d'avoir été perforé par une balle entièrement chemisée.

Elle avait eu un bol monstre.

Jusqu'au moment où elle avait eu accès à son ordinateur de poche, elle s'était tenue occupée en réfléchissant à la manière de s'évader de cette chambre verrouillée à l'hôpital Sahlgrenska.

Ensuite, Anders Jonasson et Mikael Blomkvist avaient bousculé ses projets en lui fournissant son ordinateur de poche. Elle avait lu les textes de Mikael Blomkvist et elle avait beaucoup cogité. Elle avait fait une analyse des conséquences, réfléchi au plan de Mikael et soupesé ses possibilités. Elle avait décidé que pour une fois elle suivrait sa proposition. Elle allait tester le système. Mikael Blomkvist l'avait persuadée qu'elle n'avait réellement rien à perdre, et il lui offrait une possibilité de s'évader d'une tout autre manière. Et si le plan échouait, il ne lui resterait plus qu'à cogiter sur un moyen de s'évader de Sankt Stefan ou d'une autre maison de cinglés.

Ce qui l'avait convaincue de prendre la décision de jouer le jeu de Mikael était sa soif de vengeance.

Elle ne pardonnait rien.

Zalachenko, Björck et Bjurman étaient morts.

Mais Teleborian vivait.

Ainsi que Ronald Niedermann, son frère. Même si, en principe, il n'était pas son problème. D'accord, il s'était trouvé là pour l'assassiner et l'enterrer, mais elle le considérait quand même comme secondaire. *Si je tombe sur lui dans un jour futur, on verra, mais jusque-là, il est le problème de la police.*

Mikael avait raison, derrière la conspiration il y avait forcément d'autres visages inconnus qui avaient contribué à façonner sa vie. Il fallait qu'elle obtienne les noms et le curriculum de ces visages anonymes.

Ainsi, elle s'était décidée à suivre le plan de Mikael. Et avait écrit la vérité nue et non maquillée sur sa vie sous forme d'une autobiographie sèche et froide de quarante pages. Elle avait particulièrement soigné les formulations. Le contenu de chaque phrase était véridique. Elle avait accepté le raisonnement de Mikael selon lequel les médias suédois avaient déjà parlé d'elle en affabulant de manière si grotesque qu'une portion de démence véridique ne pourrait pas nuire à sa réputation.

Par contre, la biographie était fausse dans le sens où elle ne racontait pas vraiment *toute* la vérité sur elle-même et sur sa vie. Elle n'avait aucune raison de le faire.

Elle retourna au lit et se glissa sous la couverture. Elle ressentait une irritation qu'elle n'arrivait pas à définir. Elle se tendit pour attraper le bloc-notes que lui avait donné Annika Giannini et qu'elle n'avait pratiquement pas utilisé. Elle ouvrit la première page où elle avait noté une seule ligne.

$$(x^3+y^3=z^3)$$

Elle avait passé plusieurs semaines aux Antilles l'hiver précédent à se creuser les méninges à en devenir barjo pour résoudre le théorème de Fermat. En revenant en Suède et avant d'être entraînée dans la chasse à Zalachenko, elle avait continué à jouer avec les équations. Son problème maintenant était ce sentiment agaçant d'avoir entrevu une solution… *d'avoir vécu une solution.*

Mais dont elle n'arrivait pas à se souvenir.

Ne pas se souvenir de quelque chose était un phénomène inconnu pour Lisbeth Salander. Elle s'était testée en entrant sur le Net et en piochant au hasard quelques codes HTML qu'elle avait lus d'un trait et mémorisés et qu'elle avait ensuite restitués correctement.

Elle n'avait pas perdu sa mémoire photographique, qu'elle vivait comme une malédiction.

Tout était comme d'habitude dans sa tête.

A part ce truc : elle pensait se rappeler avoir vu une solution au théorème de Fermat mais elle n'arrivait pas à se rappeler où, quand et comment.

Le pire était qu'elle ne ressentait pas le moindre intérêt pour l'énigme. Le théorème de Fermat ne l'intéressait plus. C'était de mauvais augure. C'était tout à fait comme ça qu'elle fonctionnait. Elle était fascinée par une énigme, mais dès qu'elle l'avait résolue, elle perdait tout intérêt pour elle.

C'était exactement ce qu'elle ressentait pour Fermat. Il n'était plus un petit diable sur son épaule qui réclamait son attention et titillait son intelligence. Ce n'était plus qu'une formule insipide, quelques gribouillis sur un papier, et elle n'avait pas la moindre envie de s'y frotter.

Cela l'inquiétait. Elle posa le bloc-notes.

Elle devrait dormir.

Au lieu de cela, elle sortit de nouveau l'ordinateur de poche et se connecta au Net. Elle réfléchit un instant, puis elle entra sur le disque dur de Dragan Armanskij, qu'elle n'avait pas visité depuis qu'on lui avait fourni l'ordinateur. Armanskij collaborait avec Mikael Blomkvist mais elle n'avait pas éprouvé le besoin immédiat de lire sur quoi il travaillait.

Elle lut distraitement son courrier électronique.

Puis elle trouva l'analyse de sécurité que David Rosin avait formulée du domicile d'Erika Berger. Elle haussa les sourcils.

Erika Berger avait un cyber harceleur à ses trousses.

Elle trouva le compte rendu d'une collaboratrice nommée Susanne Linder qui avait apparemment passé la nuit chez Erika Berger et qui avait mailé un rapport au cours de la nuit. Elle regarda l'indication d'heure. Le mail avait été envoyé peu avant 3 heures et rapportait que Berger avait découvert que des journaux intimes, des lettres et des photographies ainsi qu'une vidéo de caractère hautement personnel avaient été volés dans une commode dans sa chambre.

> [Après avoir discuté l'incident ensemble, nous avons déterminé que le vol a dû avoir lieu quand Mme Berger se trouvait encore à l'hôpital de Nacka après avoir marché sur l'éclat de verre. Laps de temps d'environ deux heures et demie où la maison est restée sans surveillance et l'alarme incomplète de NIP hors fonction. A tous les autres moments, soit Berger, soit David Rosin se sont trouvés dans la maison, jusqu'à ce que le vol soit découvert.
>
> On peut en conclure que le harceleur de Mme Berger devait se trouver à proximité d'elle et a pu voir qu'elle partait en taxi et sans doute aussi qu'elle boitait et avait le pied blessé. Il a alors profité de l'occasion pour entrer dans la maison.]

Lisbeth referma le disque dur d'Armanskij et arrêta pensivement son ordinateur de poche. Elle se trouvait en proie à des sentiments contradictoires.

Elle n'avait aucune raison d'aimer d'Erika Berger. Elle se souvenait encore de l'humiliation qu'elle avait ressentie en la voyant disparaître avec Mikael Blomkvist dans Hornsgatan le 30 décembre un an et demi auparavant.

Cela avait représenté l'instant le plus crétin de sa vie et elle ne se permettrait plus jamais ce genre de sentiments.

Elle se souvenait de la haine irrationnelle qu'elle avait ressentie et de l'envie de les rattraper et de faire mal à Erika Berger.

C'était pénible.

Elle était guérie.

Bon. Donc, elle n'avait aucune raison d'aimer Erika Berger.

Un moment plus tard, elle se demanda ce que contenait la vidéo de Berger *de caractère hautement personnel*. Elle avait elle-même une vidéo de caractère hautement personnel qui montrait le salopard Nils Bjurman abusant d'elle. Et cette vidéo se trouvait actuellement aux mains de Mikael Blomkvist. Elle se demanda comment elle aurait réagi si quelqu'un s'était introduit chez elle et avait volé le film. Ce que Mikael Blomkvist avait fait, par définition, même si son but n'avait pas été de lui nuire.

Hmm.

Compliqué.

ERIKA BERGER N'AVAIT PAS RÉUSSI A DORMIR la nuit du vendredi. Elle avait inlassablement arpenté la villa en boitant tandis que Susanne Linder gardait un œil sur elle. Son angoisse planait dans la maison comme un véritable brouillard.

Vers 2 h 30, Susanne Linder avait réussi à convaincre Berger d'au moins s'allonger pour prendre un peu de repos, même si elle ne dormait pas. Elle avait poussé un soupir de soulagement quand Berger avait refermé la porte de sa chambre. Elle avait ouvert son portable et résumé ce qui s'était passé dans un mail à Dragan Armanskij. Elle avait à peine eu le temps de faire partir le mail qu'elle entendait Erika Berger à nouveau debout en train de s'affairer.

Vers 7 heures, elle avait enfin réussi à convaincre Erika Berger d'appeler *SMP* et de se porter malade pour la journée. Erika avait admis à contrecœur qu'elle ne serait pas d'une grande efficacité sur son lieu de travail avec les yeux qui se fermeraient tout seuls. Ensuite elle s'était endormie sur le canapé du séjour, devant la fenêtre bouchée avec la plaque de contreplaqué. Susanne Linder était allée chercher une couverture. Puis elle s'était préparé du café et avait appelé Dragan Armanskij pour expliquer sa présence sur les lieux et comment elle avait été réquisitionnée par David Rosin.

— Moi non plus je n'ai pas fermé l'œil cette nuit, dit Susanne Linder.

— OK. Reste avec Berger. Va te coucher et dors quelques heures, dit Armanskij.

— Je ne sais pas comment facturer ça…

— On trouvera une solution après.

Erika Berger dormit jusqu'à 14 h 30. Elle se réveilla et trouva Susanne Linder endormie dans un fauteuil à l'autre bout du séjour.

ROSA FIGUEROLA NE SE RÉVEILLA PAS à l'heure le vendredi matin et n'eut pas le temps d'effectuer son parcours d'entraînement du matin avant d'aller au travail. Elle imputa la responsabilité de tout cela à Mikael, prit une douche et le fit sortir du lit à coups de pied.

Mikael Blomkvist se rendit à *Millénium* où tous furent surpris de le voir arriver si tôt. Il marmonna une espèce d'explication, alla chercher du café et fit venir Malou Eriksson et Henry Cortez dans son bureau. Pendant trois heures, ils passèrent en revue des textes pour le numéro à thème imminent et firent le point sur la progression de la production de livres.

— Le livre de Dag Svensson est parti à l'imprimerie hier, dit Malou. On le fait en format poche.

— OK.

— Le journal sera intitulé *The Lisbeth Salander Story*, dit Henry Cortez. Ils sont en train de changer la date, mais le procès est maintenant fixé au mercredi 13 juillet. Le journal sera imprimé avant ça, mais on attendra le milieu de la semaine pour la distribution. A toi de décider la date de disponibilité.

— Bien. Alors il ne reste que le livre sur Zalachenko, qui est un véritable cauchemar en ce moment. Titre : *La Section*. La première moitié sera en réalité ce qu'on va publier dans *Millénium*. Les meurtres de Dag Svensson et de Mia Bergman servent de point de départ et ensuite il y a la chasse à Lisbeth Salander, Zalachenko et Niedermann. La seconde moitié du livre sera ce que nous savons sur la Section.

— Mikael, même si l'imprimerie fait tout ce qu'elle peut pour nous, nous devons livrer des originaux définitifs prêts pour le tirage au plus tard le 30 juin, dit Malou. Christer a besoin de deux-trois jours pour faire la mise en pages. Il nous reste un peu plus de deux semaines. Je ne vois pas comment on aura le temps.

— Nous n'aurons pas le temps de déterrer l'histoire complète, admit Mikael. Mais je ne pense pas que nous aurions pu le faire même avec une année entière devant nous. Ce que nous ferons dans ce livre, c'est énoncer ce qui s'est passé. Si nous n'avons pas de source pour une déclaration, je l'écrirai. Si nous présentons des spéculations, ça apparaîtra de façon claire et nette. D'une part nous écrivons ce qui s'est passé et que nous pouvons prouver, et d'autre part nous écrivons ce que nous croyons s'être passé.

— Bonjour le truc bancal, dit Henry Cortez.

Mikael secoua la tête.

— Si je dis qu'un membre de la Säpo s'est introduit dans mon appartement et que je peux le prouver avec une vidéo, alors c'est prouvé. Si je dis qu'il a été envoyé par la Section pour le faire, il s'agit d'une spéculation, mais à la lumière de toutes les révélations que nous faisons, c'est une spéculation plausible. Tu comprends ?

— Mmouais.

— Je ne vais pas avoir le temps d'écrire tous les textes moi-même. Henry, j'ai une liste de textes que tu devras mettre au point. Ça correspond à une cinquantaine de pages de livre. Malou, tu assisteras Henry, comme lorsque nous avons rédigé le livre de Dag Svensson. Nos trois noms figureront sur la couverture. Est-ce que ça vous va ?

— Bien sûr, dit Malou. Mais nous avons quelques autres problèmes.

— Lesquels ?

— Pendant que toi, tu t'es démené avec l'histoire Zalachenko, nous ici, on a un putain de boulot à faire…

— Et tu veux dire que je ne suis pas disponible ?

Malou Eriksson hocha la tête.

— Tu as raison. Je suis désolé.

— Ne le sois pas. On sait tous que quand tu deviens obsédé par une affaire, rien d'autre n'existe. Mais ça ne fonctionne pas pour nous autres. Ça ne fonctionne pas pour moi. Erika Berger pouvait s'appuyer sur moi. Moi, j'ai Henry et il est un crack, mais il travaille autant sur ton histoire que tu le fais. Même si on te compte, il nous manque tout simplement deux personnes à la rédaction.

— OK.

— Et je ne suis pas Erika Berger. Elle était rodée comme je ne le suis pas. Je suis en train d'apprendre le boulot. Monika Nilsson se tue à la tâche. Et Lottie Karim aussi. Mais personne n'a le temps de s'arrêter pour réfléchir.

— C'est momentané. Dès que le procès démarre…

— Non, Mikael. Ça ne s'arrêtera pas pour autant. Quand le procès démarrera, ça va être l'enfer. Rappelle-toi comment c'était pendant l'affaire Wennerström. Ça veut dire que nous ne te verrons pas pendant environ deux mois pendant que tu fais le mariolle en prime time à la télé.

Mikael soupira. Il hocha lentement la tête.

— Qu'est-ce que tu proposes ?

— Si on veut venir à bout de *Millénium* cet automne, il nous faut recruter du personnel. Au moins deux personnes, peut-être plus. Nous n'avons pas la capacité pour ce que nous essayons de faire et…

— Et ?

— Et je ne suis pas sûre que j'aie envie de le faire.

— Je comprends.

— Je suis sérieuse. Je suis une putain de bonne secrétaire de rédaction, et ça se passe les doigts dans le nez avec Erika Berger comme chef. On a dit qu'on allait faire un essai pendant l'été… c'est bon, on a essayé. Je ne suis pas une bonne rédactrice en chef.

— Tu déconnes, dit Henry Cortez.

Malou secoua la tête.

— D'accord, dit Mikael. Je t'ai entendue. Mais prends en considération que la situation a été extrême.

Malou lui sourit.

— Tu n'as qu'à considérer ça comme des réclamations du personnel, dit-elle.

L'UNITÉ D'INTERVENTION de la brigade de Protection de la Constitution consacra le vendredi à essayer de tirer au clair l'information que leur avait fournie Mikael Blomkvist. Deux des collaborateurs s'étaient installés dans un bureau provisoire à Fridhemsplan, où toute la documentation fut centralisée. Ce n'était pas très pratique puisque le système informatique interne se trouvait dans l'hôtel de police, ce qui signifiait que les collaborateurs avaient quelques allers et retours à faire chaque jour. Même s'il ne s'agissait que d'un trajet de dix minutes, c'était dérangeant. Dès midi, ils disposaient d'une vaste documentation indiquant qu'aussi bien Fredrik Clinton que Hans von Rottinger avaient été liés à la Säpo dans les années 1960 et au début des années 1970.

Rottinger venait au départ du service de renseignements militaires et avait travaillé pendant plusieurs années dans l'agence coordonnant Défense et Sûreté. Fredrik Clinton avait un passé dans l'armée de l'air et avait commencé à travailler pour le contrôle du personnel de la Säpo en 1967.

Tous deux avaient cependant quitté la Säpo au début des années 1970 ; Clinton en 1971 et Rottinger en 1973. Clinton était retourné dans le privé comme consultant et Rottinger avait été recruté pour faire des enquêtes pour le compte de l'Agence internationale de l'énergie atomique. Il avait été basé à Londres.

L'après-midi était déjà bien avancé quand Rosa Figuerola vint frapper à la porte d'Edklinth pour lui expliquer que les carrières de Clinton et de Rottinger, depuis qu'ils avaient quitté la Säpo, étaient très vraisemblablement des falsifications. La carrière de Clinton était difficile à pister. Etre consultant pour le secteur industriel privé peut signifier pratiquement n'importe quoi. L'homme n'a aucune obligation de rendre compte à l'Etat de son activité. Les déclarations de revenus de Clinton montraient qu'il gagnait beaucoup d'argent ; malheureusement, sa clientèle semblait principalement constituée d'entreprises anonymes basées en Suisse ou pays similaires. Il n'était donc pas très aisé de prouver que tout ça n'était que du baratin.

Rottinger, en revanche, n'avait jamais mis les pieds dans le bureau de Londres où il était supposé travailler. En 1973, en effet, l'immeuble où il était censé travailler avait été démoli et avait été remplacé par une extension de King's Cross Station. Quelqu'un s'était manifestement planté quand la légende avait été bâtie. Au cours de la journée, l'équipe de Figuerola avait interviewé plusieurs collaborateurs à la retraite de l'Agence internationale de l'énergie atomique. Aucun n'avait jamais entendu parler de Rottinger.

— Nous voilà renseignés, dit Edklinth. Maintenant il ne nous reste qu'à trouver les occupations réelles de ces messieurs.

Rosa Figuerola hocha la tête.

— Qu'est-ce qu'on fait pour Blomkvist ?

— Comment ça ?

— On avait promis de le tenir au courant de ce qu'on trouve sur Clinton et Rottinger.

Edklinth réfléchit.

— D'accord. Il va le déterrer lui-même s'il s'y colle suffisamment longtemps. Mieux vaut rester en bons termes avec lui. Tu le lui donnes. Mais sers-toi de ta jugeote.

Rosa Figuerola promit. Ils discutèrent le planning du week-end pendant quelques minutes. Rosa avait deux collaborateurs qui allaient continuer à travailler. Elle-même serait en congé.

Elle pointa sa sortie et se rendit à la salle de sport de la place Sankt Erik, où elle passa deux heures enragées à rattraper tout le temps d'entraînement perdu. De retour chez elle vers 19 heures, elle prit une douche, prépara un dîner léger et alluma la télé pour écouter les informations. Vers 19 h 30, elle tournait déjà en rond et enfila vite ses vêtements de jogging. Elle s'arrêta devant la porte d'entrée pour se sonder. *Foutu Blomkvist !* Elle ouvrit son portable et appela le T10 de Mikael.

— On a trouvé deux-trois trucs sur Rottinger et Clinton.

— Raconte, dit Mikael.

— Si tu passes me voir, je pourrai te raconter.

— Hmm, fit Mikael.

— Je viens juste d'enfiler ma tenue de jogging pour aller me vider de toute l'énergie que j'ai en trop, dit Rosa Figuerola. J'y vais ou je t'attends ?

— Est-ce que ça te va si j'arrive après 21 heures ?

— Ça me va très bien.

VERS 20 HEURES LE VENDREDI, Lisbeth Salander eut la visite du Dr Anders Jonasson. Il s'assit dans le fauteuil des visiteurs et se pencha en arrière.

— Tu vas m'examiner ? demanda Lisbeth Salander.

— Non. Pas ce soir.

— Nickel !

— On a fait une estimation de ton état aujourd'hui et on a informé le procureur qu'on est prêt à te lâcher.

— Je comprends.

— Ils voulaient te transférer à la maison d'arrêt de Göteborg dès ce soir.

— Si rapidement ?

Il hocha la tête.

— Ils ont apparemment Stockholm sur le dos. J'ai dit que j'avais encore quelques tests à te faire subir demain et que je ne te lâcherais pas avant dimanche.

— Pourquoi ?

— Je ne sais pas. Ça m'a énervé qu'ils soient si pressés.

Lisbeth Salander sourit, vraiment. Elle pourrait sans doute faire un bon anarchiste du Dr Anders Jonasson si on lui donnait quelques années. Il avait en tout cas des tendances personnelles à la désobéissance civile.

— FREDRIK CLINTON, dit Mikael Blomkvist, les yeux braqués sur le plafond au-dessus du lit de Rosa Figuerola.

— Allume cette clope, et je te l'écrase dans le nombril, dit Rosa.

Mikael regarda avec surprise la cigarette qu'il venait de sortir de la poche de sa veste.

— Pardon, dit-il. Tu me prêtes ton balcon ?

— Si tu te laves les dents après.

Il hocha la tête et s'entoura d'un drap. Elle le suivit dans la cuisine et remplit un grand verre d'eau froide. Elle s'appuya contre le chambranle de la porte du balcon.

— Fredrik Clinton ?

— Il vit toujours. Il est le lien avec le passé.

— Il est mourant. Il a besoin d'un nouveau rein et passe le plus clair de son temps en dialyse ou autres traitements.

— Mais il vit. Nous pourrions le contacter et lui poser directement la question. Il veut peut-être parler.

— Non, dit Rosa. Premièrement, il s'agit d'une enquête préliminaire et c'est la police qui la mène. Dans ce sens, il n'y a pas de "nous" dans l'histoire. Deuxièmement, tu reçois des informations selon ton accord avec Edklinth, mais tu t'es engagé à agir de façon à ne pas déranger l'enquête.

Mikael la regarda et sourit. Il écrasa sa cigarette.

— Ouch, dit-il. La Säpo tire sur la laisse.

Elle eut tout à coup l'air soucieuse.

— Mikael, je ne plaisante pas.

ERIKA BERGER SE RENDIT à *Svenska Morgon-Posten* le samedi matin avec une boule dans le ventre. Elle sentait qu'elle commençait à avoir le contrôle sur la manière de faire le journal et elle avait en réalité projeté de s'offrir le week-end – le premier depuis qu'elle avait commencé à travailler à *SMP* –, mais la découverte que ses souvenirs les plus personnels et intimes avaient disparu en même temps que le rapport sur Borgsjö l'empêchait totalement de se détendre.

Au cours de la nuit blanche en grande partie passée dans la cuisine en compagnie de Susanne Linder, Erika s'attendait à ce que Stylo Pourri frappe encore et que des images d'elle qui étaient tout sauf flatteuses soient rapidement diffusées. Internet était un outil parfait pour les enfoirés. *Mon Dieu, une vidéo qui me montre en train de baiser avec mon mari et un autre homme – je vais me retrouver dans tous les tabloïds du monde. Ce qu'il y a de plus privé.*

La panique et l'angoisse l'avaient torturée tout au long de la nuit.

Susanne Linder avait fini par l'obliger à aller se coucher.

Elle se leva à 8 heures et partit pour *SMP*. Elle n'arrivait pas à en rester éloignée. Si une tempête attendait, elle voulait être la première à l'affronter.

Mais à la rédaction du samedi avec une équipe réduite, tout était normal. Le personnel la salua amicalement quand elle passa devant le pôle central. Lukas Holm ne travaillait pas. Peter Fredriksson était chef des Actualités.

— Salut, je croyais que tu ne devais pas travailler aujourd'hui ?

— Moi aussi. Mais je n'étais pas en forme hier et j'ai des trucs à faire. Quelque chose en cours ?

— Non, c'est mince côté infos, ce matin. Ce que nous avons de plus chaud, c'est l'annonce d'une embellie dans le secteur bois en Dalécarlie et un hold-up à Norrköping avec un blessé.

— OK. Je vais bosser un peu dans la vitrine.

Elle s'installa, reposa les cannes contre la bibliothèque et se connecta à Internet. Elle commença par ouvrir ses mails. Elle en avait reçu plusieurs, mais rien de Stylo Pourri. Elle fronça les sourcils. Ça faisait maintenant deux jours que le cambriolage avait eu lieu et il n'avait pas encore réagi à ce qui devait être un véritable trésor de possibilités. *Pourquoi pas ? Est-ce qu'il a l'intention de changer de tactique ? Est-ce qu'il veut me tenir en haleine ?*

Elle n'avait rien de précis à faire comme travail et elle ouvrit le document de stratégie pour *SMP* qu'elle était en train de rédiger. Elle resta à fixer l'écran pendant un quart d'heure sans voir les lettres.

Elle avait essayé d'appeler Lars, mais sans réussir à le joindre. Elle ne savait même pas si son portable fonctionnait à l'étranger. Elle aurait évidemment pu le trouver en faisant un effort, mais elle se sentait totalement apathique. Non, elle se sentait désespérée et paralysée.

Elle essaya d'appeler Mikael Blomkvist pour l'informer que le dossier de Borgsjö avait été volé. Il ne répondait pas.

A 10 heures, elle n'avait toujours rien fait de sérieux, et elle décida de rentrer chez elle. Elle était en train de tendre la main pour arrêter l'ordinateur lorsque son ICQ tinta. Sidérée, elle regarda le menu. Elle savait ce qu'était ICQ mais elle chattait rarement et elle n'avait jamais utilisé ce programme depuis qu'elle avait commencé à travailler à *SMP*.

Très hésitante, elle cliqua sur Répondre.

[Salut Erika.]
[Salut. C'est qui ?]
[C'est privé. Tu es seule ?]

Une feinte ? Stylo Pourri ?

[Oui. Qui es-tu ?]
[On s'est rencontré dans l'appartement de Super Blomkvist quand il est rentré de Sandhamn.]

Erika Berger fixa l'écran. Il lui fallut plusieurs secondes pour faire le lien. *Lisbeth Salander. Impossible.*

[Tu es toujours là ?]
[Oui.]
[Pas de noms. Tu sais qui je suis ?]
[Comment est-ce que je sais que ce n'est pas une feinte ?]
[Je sais comment Mikael a eu sa cicatrice sur le cou.]

Erika avala. Quatre personnes au monde savaient comment il avait eu cette cicatrice. Lisbeth Salander était de celles-ci.

[OK. Mais comment est-ce que tu peux chatter avec moi ?]
[Je suis pas mauvaise en informatique.]

Lisbeth Salander est un crack en informatique. Mais qu'on me dise comment elle fait pour communiquer depuis Sahlgrenska où elle est isolée depuis le mois d'avril.

[OK.]
[Je peux te faire confiance ?]
[Dans quel sens ?]
[Cette conversation doit rester entre nous.]

Elle ne veut pas que la police sache qu'elle a accès au Net. Evidemment. C'est pour ça qu'elle chatte avec la rédactrice en chef d'un des plus grands journaux de Suède.

[Pas de problème. Qu'est-ce que tu veux ?]
[Rembourser.]
[Qu'est-ce que tu veux dire ?]
[*Millénium* m'a soutenue.]
[On a fait notre boulot.]
[Contrairement à d'autres journaux.]
[Tu n'es pas coupable de ce dont tu es accusée.]
[Il y a un salopard qui te harcèle.]

Le cœur d'Erika Berger s'emballa. Elle hésita un long moment.

[Qu'est-ce que tu sais ?]
[Vidéo volée. Cambriolage.]
[Oui. Tu peux faire quelque chose ?]

Erika Berger eut du mal à croire qu'elle-même venait d'écrire cette question. C'était totalement insensé. Lisbeth Salander était hospitalisée à Sahlgrenska et, côté problèmes, elle en avait par-dessus la tête. Elle était la personne la plus invraisemblable vers qui Erika pouvait se tourner pour espérer obtenir de l'aide.

[Je ne sais pas. Laisse-moi essayer.]
[Comment ?]
[Demande. Tu crois que l'enfoiré se trouve à SMP ?]
[Je ne peux pas le prouver.]
[Pourquoi tu le crois ?]

Erika réfléchit un long moment avant de répondre.

[Un sentiment. Ça a commencé quand je suis entrée à SMP. D'autres personnes au journal ont reçu des mails déplaisants du Stylo Pourri qui semblent émaner de moi.]
[Stylo Pourri ?]

[C'est comme ça que j'appelle ce salaud.]
[OK. Pourquoi Stylo Pourri aurait ciblé sur toi et pas quelqu'un d'autre ?]
[Sais pas.]
[Y a-t-il quelque chose qui indique que c'est personnel ?]
[Comment ça ?]
[Combien d'employés à *SMP* ?]
[Autour de 230 en comptant la maison d'édition.]
[Tu en connais combien personnellement ?]
[Sais pas au juste. J'ai rencontré de nombreux journalistes et collaborateurs au fil des années dans différents contextes.]
[Quelqu'un avec qui tu as déjà été en conflit ?]
[Non. Rien de spécifique.]
[Quelqu'un qui voudrait se venger ?]
[Se venger ? De quoi ?]
[La vengeance est un moteur puissant.]

Erika regarda l'écran en essayant de comprendre ce à quoi Lisbeth Salander faisait allusion.

[Tu es toujours là ?]
[Oui. Pourquoi tu as parlé de vengeance ?]
[J'ai lu la liste de Rosin de tous les incidents que tu associes à Stylo Pourri.]

Pourquoi ne suis-je pas étonnée ?

[OK ???]
[On ne dirait pas un harceleur.]
[Qu'est-ce que tu veux dire ?]
[Un harceleur, c'est quelqu'un qui est poussé par l'obsession sexuelle. Ici, on dirait quelqu'un qui imite le genre. Tournevis dans le cul… je rêve, c'est de la pure parodie.]
[Ah bon ?]
[J'ai vu des exemples de véritables harceleurs. Ils sont beaucoup plus pervers, vulgaires et grotesques. Ils expriment de l'amour et de la haine en même temps. Ce truc ne colle pas vraiment.]
[Tu trouves que ce n'est pas assez vulgaire.]
[Non. Le mail à Eva Carlsson ne va pas du tout. C'est quelqu'un qui veut t'emmerder.]
[Je comprends. Je n'ai pas envisagé les choses comme ça.]
[Pas un détraqué sexuel. C'est personnel, contre toi.]
[Bon. Qu'est-ce que tu proposes ?]
[Tu me fais confiance ?]
[Peut-être.]

[J'ai besoin d'avoir accès au réseau de *SMP*.]
[Tout doux, là !]
[Je vais pas tarder à être transférée et je vais perdre le Net.]

Erika hésita pendant dix secondes. Livrer *SMP* à… à quoi ?
Une vraie folle ? Certes, Lisbeth était innocente des meurtres
qu'on lui attribuait, mais elle n'était définitivement pas comme
les gens normaux.

Mais qu'est-ce qu'elle avait à perdre ?

[Comment ?]
[Faut que j'entre un programme dans ton ordi.]
[On a des pare-feux.]
[Tu vas m'aider. Démarre Internet.]
[Déjà fait.]
[Explorer ?]
[Oui.]
[J'écris une adresse. Copie-la et colle-la dans Explorer.]
[Fait.]
[Maintenant tu vois une liste avec un certain nombre de pro-
grammes. Clique sur Asphyxia Server et télécharge.]

Erika suivit l'instruction.

[Prêt.]
[Démarre Asphyxia. Clique sur Installer et choisis Explorer.]

Ça a pris trois minutes.

[Prêt. OK. Maintenant il te faut redémarrer ton ordi. On va
perdre le contact un petit moment.]
[OK.]
[Quand nous serons relancées, je vais transférer ton disque
dur à un serveur sur le Net.]
[OK.]
[Redémarre. A tout de suite.]

Erika Berger regarda, fascinée, l'écran pendant que son
ordinateur redémarrait lentement. Elle se demandait si elle
avait toute sa tête. Puis son ICQ tinta.

[Resalut.]
[Salut.]
[Ça ira plus vite si c'est toi qui le fais. Démarre Internet et
copie l'adresse que je vais te mailer.]
[OK.]
[Tu vas avoir une question. Clique sur Start.]
[OK.]

[Maintenant on te demande de nommer le disque dur. Appelle-le *SMP*-2.]

[OK.]

[Va chercher du café. Ça va prendre un petit moment.]

ROSA FIGUEROLA SE RÉVEILLA vers 8 heures le samedi, presque deux heures après son heure habituelle. Elle s'assit dans le lit et contempla Mikael Blomkvist. Il ronflait. *Eh ben, personne n'est parfait.*

Elle se demanda où allait la mener cette histoire avec Mikael Blomkvist. Il n'était pas du genre fidèle avec qui on pouvait tabler sur une relation à long terme – elle avait compris ça en étudiant sa biographie. D'un autre côté, elle n'était pas très sûre de vraiment chercher une relation stable avec fiancé, frigo et gamins. Après une douzaine de tentatives ratées depuis son adolescence, elle se disait de plus en plus que le mythe de la relation stable était surévalué. Sa relation la plus longue avait duré deux ans, avec un collègue d'Uppsala.

Elle n'était pas non plus le genre de femme à s'adonner aux petits coups d'une nuit, même si elle trouvait que beaucoup de gens oubliaient que le sexe avait une sacrée valeur comme remède à pratiquement tout. Et le sexe avec Mikael Blomkvist était très chouette. Plus que chouette, d'ailleurs. Il était quelqu'un de bien. Il avait un goût de revenez-y.

Aventure de vacances ? Amourette ? Etait-elle amoureuse ?

Elle se rendit dans la salle de bains, se rinça le visage et se lava les dents, puis elle enfila un short et une veste de jogging, et quitta l'appartement à pas de loup. Elle fit du stretching et courut quarante-cinq minutes autour de l'hôpital de Rålambshov par Fredhäll et revint via Smedsudden. Elle fut de retour à la maison à 9 heures et constata que Blomkvist dormait toujours. Elle se pencha et lui mordilla l'oreille jusqu'à ce qu'il ouvre des yeux embrumés.

— Bonjour, mon chéri. J'ai besoin de quelqu'un pour me frotter le dos.

Il la regarda fixement et marmotta quelque chose.

— Qu'est-ce que tu as dit ?

— Tu n'as pas besoin de te doucher. Tu es déjà architrempée.

— J'ai été courir. Tu devrais m'accompagner.

— Si j'essaie de tenir le même rythme que toi, j'ai bien peur que tu sois obligée d'appeler le SAMU. Arrêt cardiaque sur Norr Mälarstrand.

— Dis pas des bêtises. Allez viens. Il faut te réveiller.

Il lui frotta le dos et savonna ses épaules. Et les hanches. Et le ventre. Et les seins. Et au bout d'un moment, Rosa Figuerola avait totalement perdu l'intérêt pour la douche et le traîna dans le lit de nouveau. Ils ne sortirent que vers 11 heures, pour aller prendre un café sur Norr Mälarstrand.

— Tu as tout pour devenir une mauvaise habitude, dit Rosa. Ça fait à peine quelques jours qu'on se connaît.

— Je suis terriblement attiré par toi. Mais je pense que tu le sais déjà.

Elle fit oui de la tête.

— Et pourquoi ?

— Désolé. Je ne peux pas y répondre. Je n'ai jamais compris pourquoi telle femme m'attire tout à coup alors que telle autre ne m'intéresse pas le moins du monde.

Elle sourit pensivement.

— Je ne travaille pas aujourd'hui, dit-elle.

— Moi, si. J'ai une montagne de boulot jusqu'au début du procès et j'ai passé les trois dernières nuits chez toi au lieu de travailler.

— Dommage.

Il hocha la tête, se leva et lui fit une bise sur la joue. Elle l'attrapa par sa manche de chemise.

— Blomkvist, j'ai très envie de continuer à te voir.

— Pareil pour moi, fit-il. Mais il va y avoir des hauts et des bas jusqu'à ce que nous ayons mené cette histoire à bon port.

Il disparut en direction de Hantverkargatan.

ERIKA BERGER ÉTAIT REVENUE avec son café et contemplait l'écran. Pendant cinquante-trois minutes, absolument rien ne se passa à part que son économiseur d'écran s'activait de temps à autre. Puis son ICQ tinta de nouveau.

[C'est prêt. Il y a un tas de merdes dans ton disque dur, dont deux virus.]
[Désolée. La suite, c'est quoi ?]

[Qui est l'administrateur du réseau de *SMP* ?]
[Sais pas. Probablement Peter Fleming qui est le chef technique.]
[OK.]
[Qu'est-ce que je dois faire ?]
[Rien. Rentre chez toi.]
[Comme ça, simplement ?]
[Je te ferai signe.]
[Je dois laisser l'ordinateur allumé ?]

Mais Lisbeth Salander avait déjà quitté ICQ. Erika Berger regarda l'écran, frustrée. Pour finir, elle éteignit l'ordinateur et sortit trouver un café où elle pourrait réfléchir sans être dérangée.

20

SAMEDI 4 JUIN

MIKAEL BLOMKVIST DESCENDIT du bus à Slussen, prit l'ascenseur de Katarina pour monter à Mosebacke et se rendit ensuite à Fiskargatan, au numéro 9, où il monta dans l'appartement. Il avait acheté du pain, du lait et du fromage dans la petite supérette devant la maison du conseil général et commença par ranger ses achats dans le frigo. Puis il alluma l'ordinateur de Lisbeth Salander.

Après y avoir pensé un moment, il alluma également son Ericsson T10 bleu. Il laissa tomber son portable normal, puisqu'il ne voulait de toute façon pas parler avec quelqu'un d'extérieur à l'histoire Zalachenko. Il constata qu'il avait reçu six appels au cours des dernières vingt-quatre heures, dont trois étaient de Henry Cortez, deux de Malou Eriksson et un d'Erika Berger.

Il commença par appeler Henry Cortez qui se trouvait dans un café dans Vasastan et qui avait quelques bricoles à lui soumettre mais rien d'urgent.

Malou Eriksson avait appelé juste pour donner de ses nouvelles.

Là-dessus, il appela Erika Berger mais elle était déjà en ligne.

Il ouvrit le groupe Yahoo [Table-Dingue] et trouva la version finale de la biographie de Lisbeth Salander. Il hocha la tête en souriant, imprima le document et se mit tout de suite à la lecture.

LISBETH SALANDER PIANOTAIT sur son Palm Tungsten T3. Elle avait passé une heure à pénétrer et à explorer le réseau informatique de *SMP* par l'intermédiaire du compte d'utilisateur d'Erika Berger. Elle ne s'était pas attaquée au compte de Peter Fleming, puisqu'il n'était pas nécessaire de se procurer des pleins droits d'utilisateur. Ce qui l'intéressait était d'avoir accès à l'administration de *SMP* avec les fichiers du personnel. Et Erika Berger y avait déjà un droit d'accès.

Elle regrettait amèrement que Mikael Blomkvist n'ait pas eu la bonté de lui faire passer son PowerBook avec un vrai clavier et un écran de 17 pouces plutôt que l'ordinateur de poche. Elle téléchargea une liste de tous ceux qui travaillaient à *SMP* et se mit au travail. Il y avait 223 personnes, dont 82 étaient des femmes.

Elle commença par rayer toutes les femmes. Elle n'excluait nullement les femmes de la folie, mais les statistiques montraient qu'une majorité écrasante de personnes qui harcelaient des femmes étaient des hommes. Restaient dès lors 141 personnes.

Les statistiques indiquaient aussi que la plupart des Stylos Pourris étaient soit des adolescents, soit des personnes d'âge moyen. Aucun ado n'étant employé à *SMP*, elle fit une courbe d'âge et supprima tous ceux de plus de cinquante-cinq ans et de moins de vingt-cinq ans. Restaient 103 personnes.

Elle réfléchit un moment. Elle n'avait pas beaucoup de temps. Moins de vingt-quatre heures probablement. Elle prit vite une décision. D'un grand coup de sabre, elle supprima tous les employés à la distribution, la publicité, l'image, l'entretien et la technique. Elle focalisait du coup sur le groupe "journalistes et personnel de rédaction" et obtint une liste composée de 48 hommes de vingt-six à cinquante-quatre ans.

Entendant le cliquetis d'un trousseau de clés, elle arrêta immédiatement l'ordinateur de poche et le glissa sous la couverture entre ses cuisses. Son dernier déjeuner de samedi à Sahlgrenska venait d'arriver. Résignée, elle contempla le ragoût de chou. Elle savait qu'après le déjeuner, il y aurait un moment où elle ne pourrait pas travailler sans être dérangée. Elle fourra le Palm dans le creux derrière la table de chevet et prit son mal en patience tandis que deux Erythréennes passaient l'aspirateur et faisaient son lit.

L'une des filles s'appelait Sara, elle lui donna deux cigarettes. Sara avait régulièrement passé quelques Marlboro light à Lisbeth au cours du mois. Elle lui avait aussi donné un briquet, que Lisbeth cachait derrière la table de chevet. Lisbeth lui était reconnaissante de pouvoir fumer devant la fenêtre d'aération, la nuit, quand il n'y avait plus de risque d'intrusion.

Le calme ne revint que vers 14 heures. Lisbeth sortit le Palm et se connecta. Elle avait pensé d'abord retourner dans les dossiers de *SMP*, mais elle se rendit compte qu'elle avait aussi ses propres problèmes à gérer. Elle fit le balayage quotidien en commençant par le groupe Yahoo [Table-Dingue]. Elle constata que Mikael Blomkvist n'avait rien fourni de nouveau depuis trois jours et se demanda ce qu'il foutait. *M'étonnerait pas que cet enfoiré soit en train de faire la bringue avec une bimbo aux gros nichons.*

Elle passa ensuite au groupe Yahoo [Les-Chevaliers] pour vérifier si Plague avait laissé une contribution. Ce qui n'était pas le cas.

Ensuite elle contrôla les disques durs du procureur Richard Ekström (une correspondance peu intéressante concernant le procès à venir) et du Dr Peter Teleborian.

Chaque fois qu'elle entrait dans le disque dur de Teleborian, elle avait l'impression que sa température corporelle baissait de quelques degrés.

Elle trouva l'expertise de psychiatrie légale la concernant qu'il avait déjà rédigée mais qui, bien sûr, officiellement ne serait pas écrite avant qu'il ait eu l'occasion de l'examiner. Il avait apporté plusieurs améliorations à sa prose, mais en gros rien de nouveau. Elle téléchargea le rapport et le transféra à [Table-Dingue]. Elle vérifia l'un après l'autre les mails de Teleborian sur les dernières vingt-quatre heures, mais faillit passer à côté d'un bref mail capital.

[Samedi, 15 heures au puits de la gare centrale. Jonas.]

Merde. Jonas. Il a figuré dans un tas de mails à Teleborian. Utilise un compte hotmail. Non identifié.

Lisbeth Salander tourna le regard vers le réveil digital sur la table de chevet. 14 h 28. Elle appela immédiatement Mikael Blomkvist sur ICQ. Elle n'obtint aucune réponse.

MIKAEL BLOMKVIST AVAIT IMPRIMÉ les deux cent vingt pages du manuscrit qui étaient prêtes. Ensuite il avait arrêté l'ordinateur et s'était installé à la table de cuisine de Lisbeth Salander avec un crayon pour corriger les épreuves.

Il était content du récit. Sauf qu'il restait un trou béant. Comment allait-il faire pour trouver le reste de la Section ? Malou Eriksson avait raison. C'était impossible. Il était à court de temps.

FRUSTRÉE, LISBETH SALANDER marmonna un juron et essaya de trouver Plague sur ICQ. Il ne répondit pas. Elle regarda le réveil. 14 h 30.

Elle s'assit sur le bord du lit et essaya de se souvenir de comptes ICQ. Elle essaya d'abord Henry Cortez, puis Malou Eriksson. Personne ne répondit. *C'est samedi. Ils ne travaillent pas.* Elle regarda l'heure. 14 h 32.

Puis elle essaya de joindre Erika Berger. Aucun succès. *Je lui ai dit de rentrer chez elle. Merde.* 14 h 33.

Elle pourrait envoyer un SMS sur le portable de Mikael Blomkvist… mais il était sur écoute. Elle se mordit la lèvre inférieure.

Pour finir, elle se tourna avec désespoir vers la table de chevet et sonna l'infirmière. Le réveil indiquait 14 h 35 quand elle entendit la clé dans la serrure. Une infirmière d'une cinquantaine d'années, Agneta, pointa la tête.

— Salut. Quelque chose qui ne va pas ?

— Est-ce que le Dr Anders Jonasson est dans le service ?

— Tu ne te sens pas bien ?

— Je vais bien. Mais j'aurais besoin de lui parler. Si c'est possible.

— Je l'ai vu il y a pas très longtemps. C'est à quel sujet ?

— Il faut que je lui parle.

Agneta fronça les sourcils. La patiente Lisbeth Salander avait rarement appelé les infirmières à moins d'avoir très mal à la tête ou un autre problème aigu. Elle n'avait jamais fait d'histoires et n'avait jamais auparavant demandé à voir un médecin en particulier. Agneta avait cependant remarqué qu'Anders Jonasson avait pris son temps avec cette patiente sous mandat d'arrêt, qui autrement se montrait en général totalement fermée envers l'entourage. Peut-être avait-il réussi à établir une sorte de contact.

— D'accord. Je vais voir s'il est disponible, dit Agneta gentiment et elle referma la porte. A clé. Le réveil indiquait 14 h 36, puis passa à 14 h 37.

Lisbeth quitta son lit et s'approcha de la fenêtre. Elle jetait régulièrement un œil sur le réveil. 14 h 39. 14 h 40.

A 14 h 44, elle entendit des pas dans le couloir et le cliquetis du trousseau de clés du vigile de Securitas. Anders Jonasson lui jeta un œil interrogateur et s'arrêta en voyant le regard désespéré de Lisbeth.

— Il s'est passé quelque chose ?

— Il se passe quelque chose juste maintenant. Est-ce que tu as un portable sur toi ?

— Quoi ?

— Un portable. Je dois passer un coup de fil.

Anders Jonasson lorgna vers la porte, hésitant.

— Anders… J'ai besoin d'un portable. Maintenant !

Il entendit le désespoir dans sa voix et glissa la main dans sa poche, puis il tendit son Motorola à Lisbeth. Elle le lui arracha pratiquement des mains. Elle ne pouvait pas appeler Mikael Blomkvist puisqu'il semblait avoir été mis sur écoute par l'ennemi. Le problème était qu'il ne lui avait jamais donné le numéro de son Ericsson anonyme, le T10 bleu. Il n'y avait jamais eu lieu de le faire, puisqu'il n'était normalement pas question qu'elle puisse l'appeler de sa chambre isolée. Elle hésita un dixième de seconde, puis elle composa le numéro de portable d'Erika Berger. Elle entendit trois sonneries avant qu'Erika réponde.

ERIKA BERGER SE TROUVAIT dans sa BMW à un kilomètre de chez elle à Saltsjöbaden lorsqu'elle reçut un appel inattendu. Cela dit, Lisbeth Salander l'avait déjà largement surprise dans la matinée.

— Berger.

— Salander. Je n'ai pas le temps d'expliquer. Est-ce que tu as le numéro du téléphone anonyme de Mikael ? Celui qui n'est pas sur écoute ?

— Oui.

— Appelle-le. *Maintenant !* Teleborian doit rencontrer Jonas à 15 heures au puits à la gare centrale, tu sais, le grand rond ouvert sur trois étages.

— Qu'est-ce que…

— Magne-toi. Teleborian. Jonas. Le puits à la gare centrale. 15 heures. Il lui reste un quart d'heure.

Lisbeth coupa le portable pour qu'Erika ne soit pas tentée de gaspiller de précieuses secondes en questions inutiles. Elle regarda le réveil qui passait juste à 14 h 46.

Erika Berger freina et se gara au bord de la route. Elle se pencha pour chercher son carnet d'adresses dans son sac à main et feuilleta pour trouver le numéro que Mikael lui avait donné le soir où ils s'étaient vus au *Samirs Gryta*.

MIKAEL BLOMKVIST ENTENDIT la sonnerie du téléphone portable. Il se leva de la table de cuisine, retourna dans le bureau de Lisbeth Salander et prit le portable sur le bureau.

— Oui ?

— Erika.

— Salut.

— Teleborian rencontre Jonas au puits de la gare centrale à 15 heures. Tu n'as que quelques minutes pour t'y rendre.

— Quoi ? Quoi ?

— Teleborian…

— J'ai entendu. Comment tu es au courant de ça ?

— Arrête de discuter et magne-toi.

Mikael lorgna sur l'heure. 14 h 47.

— Merci. Ciao.

Il attrapa sa sacoche de portable et prit les escaliers au lieu d'attendre l'ascenseur. Tout en courant, il composa le numéro du T10 de Henry Cortez.

— Cortez.

— Tu es où ?

— A la librairie de l'Université.

— Teleborian rencontre Jonas au puits de la gare centrale à 15 heures. J'y fonce en ce moment, mais toi tu es plus proche.

— Oh putain ! Je trace.

Mikael courut jusqu'à Götgatan et piqua un sprint vers Slussen. Il regarda sa montre en arrivant hors d'haleine à Slussplan. Rosa Figuerola avait raison de lui rabâcher qu'il devait se mettre au jogging. 14 h 56. Il n'aurait pas le temps. Des yeux, il chercha un taxi.

LISBETH SALANDER TENDIT le téléphone portable à Anders Jonasson.

— Merci, dit-elle.

— Teleborian ? demanda Anders Jonasson. Il n'avait pas pu s'empêcher d'entendre le nom.

Elle hocha la tête et croisa son regard.

— Teleborian est un très vilain monsieur, tu n'imagines pas à quel point.

— Non. Mais je constate que quelque chose se passe qui t'a rendue plus excitée que jamais je ne t'ai vue l'être pendant tout le temps que je t'ai soignée. J'espère que tu sais ce que tu fais.

Lisbeth adressa un petit sourire de travers à Anders Jonasson.

— Tu auras la réponse à cette question dans un avenir proche, dit-elle.

HENRY CORTEZ SE RUA hors de la librairie de l'Université comme un fou. Il traversa Sveavägen au niveau du pont de Mäster Samuelsgatan et continua tout droit sur Klara Norra où il monta sur Klaraberg puis dans Vasagatan. Il traversa Klarabergsgatan entre un bus et deux voitures qui klaxonnèrent frénétiquement et franchit les portes de la gare centrale à 15 heures pile.

Il descendit par l'escalator au niveau central en enjambant trois marches à la fois et rejoignit en courant le Point-Presse où il ralentit l'allure pour ne pas attirer l'attention. Son regard détaillait intensément les gens à proximité du puits.

Il ne vit pas Teleborian ni l'homme que Christer Malm avait photographié devant le Copacabana et qu'ils pensaient être Jonas. Il regarda l'heure. 15 h 01. Il respirait comme s'il venait de courir le marathon de Stockholm.

Il compta sur la chance et se précipita à travers le hall pour sortir dans Vasagatan. Il s'arrêta et regarda autour de lui en examinant l'un après l'autre les gens les plus proches. Pas de Peter Teleborian. Pas de Jonas.

Il fit demi-tour et retourna dans la gare. 15 h 03. C'était vide du côté du puits.

Puis il leva les yeux et aperçut l'espace d'une seconde le profil ébouriffé avec barbiche de Peter Teleborian au moment où il sortait du Point-Presse de l'autre côté du hall. L'instant d'après se matérialisait à ses côtés le type des photos de Christer Malm. *Jonas !* Les deux hommes traversèrent le hall et disparurent dans Vasagatan par les portes nord.

Henry Cortez respira. De la paume de la main, il essuya la sueur de son front et commença à suivre les deux hommes.

MIKAEL BLOMKVIST ARRIVA à la gare centrale de Stockholm en taxi à 15 h 07. Il entra tout de suite dans le hall central mais ne vit ni Teleborian ni Jonas. Ni Henry Cortez, d'ailleurs.

Il prit son T10 pour appeler Henry Cortez au moment où le téléphone se mettait à sonner dans sa main.

— Je les tiens. Ils sont dans le pub *Les Trois Hanaps*, dans Vasagatan près de la descente pour la ligne d'Akalla.

— Super, Henry. Et toi, où t'es ?

— Je suis au bar. Je bois une bière. Je la mérite.

— OK. Ils me connaissent, alors je resterai dehors. Tu n'as pas de possibilité d'entendre ce qu'ils disent, j'imagine.

— Aucune chance. Je vois le dos de Jonas et ce putain de Teleborian ne fait que murmurer en parlant, je ne vois même pas ses lèvres bouger.

— Je comprends.

— Mais il se peut qu'on ait un problème.

— Quoi ?

— Jonas a posé son portefeuille et son portable sur la table. Et il a posé des clés de voiture à côté.

— C'est bon. Je m'en occupe.

LA SONNERIE DU PORTABLE de Rosa Figuerola lança les notes synthétiques du thème d'*Il était une fois dans l'Ouest*. Elle posa le livre sur la perception des dieux dans l'Antiquité, qu'elle ne réussirait apparemment jamais à finir.

— Salut. C'est Mikael. Qu'est-ce que tu fais ?

— Je suis chez moi en train de trier des photos d'anciens amants. Le dernier m'a lâchement abandonnée ce matin.

— Excuse-moi. Tu as ta voiture dans les parages ?

— La dernière fois que j'ai vérifié, elle était en bas dans le parking.

— Bien. Ça te dit de venir faire un tour en ville ?

— Pas particulièrement. Qu'est-ce qui se passe ?

— En ce moment même, Peter Teleborian prend une bière avec Jonas dans Vasagatan. Et comme je travaille en collaboration avec la Säpo et son espèce de bureaucratie façon Stasi, je me suis dit que ça t'intéresserait peut-être de venir…

Rosa avait déjà sauté sur ses pieds et attrapé ses clés de voiture.

— Tu ne me fais pas marcher ?

— Pas vraiment. Et Jonas a posé des clés de voiture sur la table.

— J'arrive.

MALOU ERIKSSON NE RÉPONDIT PAS au téléphone, mais Mikael Blomkvist avait de la chance et il réussit à joindre Lottie Karim qui se trouvait chez Åhléns pour acheter un cadeau d'anniversaire à son mari. Mikael lui imposa des heures sup et lui demanda de se rendre de toute urgence au pub pour seconder Henry Cortez. Puis il rappela Cortez.

— Voici le plan. J'aurai une voiture sur place dans cinq minutes. On va se garer dans Järnvägsgatan en bas du pub.

— D'accord.

— Lottie Karim débarque pour t'aider dans quelques minutes.

— Bien.

— Quand ils quitteront le pub, tu te chargeras de Jonas. Tu le suivras à pied et tu me diras au portable où vous êtes. Dès que tu le vois s'approcher d'une voiture, il faut qu'on le sache. Lottie prendra Teleborian. Si on n'a pas le temps d'arriver à temps, tu notes le numéro d'immatriculation.

— D'accord.

ROSA FIGUEROLA SE GARA devant le Nordic Light Hotel au niveau de la navette de l'aéroport d'Arlanda. Mikael Blomkvist ouvrit la portière côté conducteur une minute après qu'elle se fut garée.

— C'est dans quel pub qu'ils sont ?

Mikael le lui indiqua.

— Il faut que je demande des renforts.

— Ne t'inquiète pas. On les a à l'œil. Trop de cuisiniers risquent de gâter la sauce.

Rosa Figuerola le regarda avec méfiance.

— Et comment tu as pu savoir que cette rencontre allait avoir lieu ?

— Désolé. Protection des sources.

— Vous avez votre propre foutu service de renseignements à *Millénium* ou quoi ? s'exclama-t-elle.

Mikael eut l'air satisfait. C'était toujours sympa de battre la Säpo sur son propre terrain.

En réalité, il ignorait totalement comment il était possible qu'Erika Berger ait pu l'appeler, tel un éclair dans un ciel bleu, pour annoncer que Teleborian et Jonas allaient se voir. Elle n'avait pas eu accès au travail rédactionnel de *Millénium* depuis le 10 avril. Elle connaissait évidemment Teleborian, mais Jonas était entré en scène en mai et, pour autant que Mikael sache, Erika ne connaissait même pas son existence, et savait encore moins qu'on se posait des questions sur ce type aussi bien à *Millénium* qu'à la Säpo.

Il faudrait qu'il ait très rapidement un entretien poussé avec Erika.

LISBETH SALANDER FIT LA MOUE et contempla l'écran de son ordinateur de poche. Depuis la conversation sur le portable du Dr Anders Jonasson, elle avait cessé de cogiter sur la Section et s'était concentrée sur les problèmes d'Erika Berger. Après mûre réflexion, elle avait biffé tous les hommes du groupe vingt-six/cinquante-quatre ans qui étaient mariés. Elle savait qu'elle travaillait avec un pinceau très large et qu'il n'y avait aucun raisonnement rationnel, statistique et scientifique derrière cette décision. Stylo Pourri pouvait très bien être un homme marié avec cinq enfants et un chien. Il pouvait être un technicien de surface. Il pouvait carrément être une femme, même si Lisbeth n'y croyait pas.

Elle voulait tout simplement réduire le nombre de noms de la liste et, avec cette dernière décision, son panel était passé de quarante-huit à dix-huit individus. Elle constata que l'échantillonnage était en grande partie constitué de reporters importants, de chefs ou de sous-chefs de plus de trente-cinq ans. Si elle ne trouvait rien d'intéressant parmi eux, elle pourrait facilement élargir la liste.

A 16 heures, elle entra sur le site de Hacker Republic et communiqua la liste à Plague. Il se signala quelques minutes plus tard.

[18 noms. Quoi ?]
[Un petit projet secondaire. Considère ça comme un exercice.]
[Oui ?]
[Un des noms est celui d'un fumier. Trouve-le.]
[Quels critères ?]
[Faut faire vite. Demain ils me débranchent. Il faut l'avoir trouvé avant.]

Elle lui résuma l'histoire du Stylo Pourri d'Erika Berger.

[OK. Il y a quelque chose à gagner là-dedans ?]

Lisbeth Salander réfléchit une seconde.

[Oui. Je ne débarquerai pas à Sundbyberg foutre le feu chez toi.]
[Tu ferais ça, toi ?]
[Je te paie chaque fois que je te demande de faire quelque chose pour moi. Là, c'est pas pour moi. Il faut le voir comme un recouvrement d'impôt.]
[Tu commences à montrer des signes de compétence sociale.]
[Alors ?]
[D'accord.]

Elle lui envoya des codes d'accès à la rédaction de SMP puis elle quitta ICQ.

HENRY CORTEZ NE RAPPELA PAS avant 16 h 20.

— On dirait qu'ils s'apprêtent à bouger.

— OK. On est prêt.

Silence.

— Ils se séparent devant la porte. Jonas va vers le nord. Lottie prend Teleborian vers le sud.

Mikael leva un doigt et indiqua Jonas qui passait dans Vasagatan. Rosa Figuerola hocha la tête. Quelques secondes plus tard, Mikael put aussi voir Henry Cortez. Rosa Figuerola démarra le moteur.

— Il traverse Vasagatan et continue vers Kungsgatan, dit Henry Cortez dans le portable.

— Garde tes distances, qu'il te découvre pas.

— T'inquiète, il y a du monde dans les rues.

Silence.

— Il remonte Kungsgatan vers le nord.

— Kungsgatan, nord, dit Mikael.

Rosa Figuerola enclencha une vitesse et s'engagea dans Vasagatan. Ils restèrent coincés un moment au feu rouge.

— Vous êtes où maintenant ? demanda Mikael quand ils entrèrent dans Kungsgatan.

— A hauteur du magasin PUB. Il se déplace vite. Attention, il prend Drottninggatan, direction nord.

— Drottninggatan, nord, dit Mikael.

— OK, dit Rosa Figuerola qui effectua un demi-tour illégal pour passer sur Klara Norra, puis rejoindre Olof Palmes gata. Elle s'y engagea et s'arrêta devant l'immeuble SIF. Jonas traversait Olof Palmes gata et se dirigeait vers Sveavägen. Henry Cortez le suivit de l'autre côté de la rue.

— Il a tourné vers l'est...

— C'est bon. On vous voit, tous les deux.

— Il tourne dans Holländaregatan... Allo ! Tu m'entends ? Voiture. Audi rouge.

— Voiture, dit Mikael et il nota le numéro d'immatriculation que Cortez récita à toute allure.

— Il est garé dans quelle direction ? demanda Rosa Figuerola.

— Le nez au sud, rapporta Cortez. Il va arriver devant vous dans Olof Palmes gata... maintenant.

Rosa Figuerola était déjà en mouvement et dépassait Drottninggatan. Elle klaxonna et fit signe de s'écarter à quelques piétons qui essayaient de traverser au rouge.

— Merci, Henry. On le prend à partir d'ici.

L'Audi rouge descendait Sveavägen vers le sud. Rosa Figuerola la suivit tout en ouvrant son téléphone portable et en pianotant un numéro avec la main gauche.

— Je voudrais une recherche de numéro d'immatriculation, Audi rouge, dit-elle et elle annonça le numéro fourni par Henry Cortez. Oui, je t'écoute. Jonas Sandberg, né en 1971. Qu'est-ce que tu as dit... Helsingörsgatan, à Sollentuna. Merci.

Mikael nota les données que Rosa Figuerola avait obtenues.

Ils suivirent l'Audi rouge via Hamngatan et Strandvägen puis immédiatement dans Artillerigatan. Jonas Sandberg se gara à un pâté de maisons du musée de l'Armée. Il traversa la rue et disparut par la porte d'entrée d'un immeuble 1900.

— Hmm, fit Rosa Figuerola en regardant Mikael d'un air entendu.

Il hocha la tête. Jonas Sandberg venait d'entrer dans une maison située à quelques rues seulement de l'immeuble où le Premier ministre avait emprunté un appartement pour une réunion privée.

— Beau boulot, dit Rosa.

Au même moment, Lottie Karim appela et raconta que le Dr Peter Teleborian était monté dans Klaragatan via les escalators de la gare centrale puis s'était rendu à l'hôtel de police sur Kungsholmen.

— L'hôtel de police. A 17 heures un samedi ? s'étonna Mikael.

Rosa Figuerola et Mikael Blomkvist se regardèrent, sceptiques. Rosa réfléchit intensément pendant quelques secondes. Puis elle prit son portable et appela l'inspecteur Jan Bublanski.

— Salut. C'est Rosa de la Sûreté. On s'est rencontré sur Norr Mälarstrand il y a quelque temps.

— Qu'est-ce que tu veux ? dit Bublanski.

— Tu as quelqu'un de garde pour le week-end ?

— Sonja Modig, dit Bublanski.

— J'aurais besoin d'un service. Tu sais si elle est dans la maison ?

— J'en doute. Il fait un temps magnifique, et c'est samedi après-midi.

— OK. Est-ce que tu pourrais essayer de la joindre ou de joindre quelqu'un d'autre de l'enquête qui irait faire un tour dans le couloir du procureur Richard Ekström ? Je me demande s'il n'y a pas une réunion chez lui en ce moment.

— Une réunion ?

— Pas le temps d'expliquer. J'aurais besoin de savoir s'il est en train de rencontrer quelqu'un juste maintenant. Et dans ce cas, qui.

— Tu me demandes d'espionner un procureur qui est mon supérieur ?

482

Rosa Figuerola fronça les sourcils. Puis elle haussa les épaules.

— Oui, dit-elle.

— D'accord, dit-il en raccrochant.

SONJA MODIG SE TROUVAIT plus près de l'hôtel de police que ce que Bublanski avait redouté. Elle et son mari étaient en train de prendre le café sur le balcon chez une amie dans Vasastan. Ils se retrouvaient sans enfants pour une semaine depuis que les parents de Sonja les avaient emmenés en vacances, et ils projetaient de faire quelque chose d'aussi démodé que d'aller manger un morceau au restaurant avant d'aller se faire une toile.

Bublanski expliqua ce qu'il voulait.

— Et qu'est-ce que j'aurais comme prétexte pour me précipiter chez Ekström ?

— J'avais promis de lui donner une mise à jour sur Niedermann hier mais j'ai oublié de la lui faire passer avant de partir. La chemise se trouve sur mon bureau.

— D'accord, dit Sonja Modig.

Elle regarda son mari et sa copine.

— Il faut que j'aille à l'*hôtel*. Je prends la voiture, avec un peu de chance je serai de retour dans une heure.

Son mari soupira. Sa copine soupira.

— Après tout, je suis de garde, se justifia Sonja Modig.

Elle se gara dans Bergsgatan, monta dans le bureau de Bublanski et prit les trois feuilles A4 qui constituaient le maigre résultat des investigations pour retrouver le tueur de policier Ronald Niedermann. *Pas très reluisant*, pensa-t-elle.

Elle sortit dans la cage d'escalier et monta un étage. Elle s'arrêta devant la porte du couloir. L'hôtel de police était pratiquement désert en cette fin d'après-midi de beau temps. Elle n'essaya pas de se dissimuler. Simplement, elle marcha très doucement. Elle s'arrêta devant la porte fermée d'Ekström. Elle entendit des voix et se mordit la lèvre.

Tout à coup, son courage l'abandonna et elle se sentit très bête. Dans une situation normale, elle aurait frappé à la porte, l'aurait ouverte et se serait exclamée : *Tiens, salut, t'es encore là* et serait entrée. Tandis que là, il lui paraissait impossible d'agir ainsi.

Elle regarda autour d'elle.

Pourquoi Bublanski l'avait-il appelée ? C'était quoi, cette réunion ?

Elle visa la petite salle de réunion en face du bureau d'Ekström, prévue pour une dizaine de personnes. Elle y avait participé plusieurs fois à des exposés.

Elle entra dans la pièce et ferma la porte sans bruit. Les stores étaient baissés et les rideaux de la cloison vitrée donnant sur le couloir tirés. La pièce était plongée dans la pénombre. Elle prit une chaise, s'assit et écarta un des rideaux de façon à avoir une mince fente lui permettant de voir le couloir.

Elle se sentait très mal à l'aise. Si quelqu'un ouvrait la porte, elle aurait le plus grand mal à expliquer ce qu'elle faisait là. Elle prit son portable et regarda l'heure sur l'écran. Pas tout à fait 18 heures. Elle coupa la fonction sonnerie, se laissa aller contre le dossier de la chaise et contempla la porte fermée du bureau d'Ekström.

A 19 HEURES, Plague se signala à Lisbeth Salander.

[Ça y est. Je suis l'administrateur de SMP.]
[Où ?]

Il téléchargea une adresse http.

[On n'aura pas le temps en 24 heures. Même si on a tous les mails des 18, il faudra des jours pour pirater leurs ordis perso. La plupart ne sont probablement même pas connectés un samedi soir.]
[Plague, concentre-toi sur leurs ordis perso et moi je m'occuperai de leurs ordis à SMP.]
[C'est ce que je m'étais dit. Ton ordi de poche est un peu limite. Tu veux que je focalise sur quelqu'un en particulier ?]
[Non. N'importe lequel.]
[D'accord.]
[Plague.]
[Oui.]
[Si on n'a rien trouvé avant demain, je veux que tu continues.]
[D'accord.]
[Dans ce cas je te paierai.]
[Bof. En fait, je m'amuse.]

Elle quitta ICQ et se rendit sur l'adresse http où Plague avait téléchargé tous les droits d'administrateur de SMP. Elle commença par vérifier si Peter Fleming était connecté et présent à la rédaction. Ce n'était pas le cas. Lisbeth utilisa donc son code d'utilisateur pour entrer dans le serveur de courrier électronique de SMP. Elle eut ainsi accès à un long historique, c'est-à-dire même à des mails depuis longtemps effacés des comptes d'utilisateurs particuliers.

Elle commença par Ernst Teodor Billing, quarante-trois ans, l'un des chefs de nuit à SMP. Elle ouvrit son mail et remonta dans le temps. Elle consacra environ deux secondes à chaque mail, juste le temps de se faire une idée de l'expéditeur et du contenu. Au bout de quelques minutes, elle avait en tête ce qui relevait du courrier de routine sous forme de menus, plannings et autres choses sans intérêt. Elle les passa.

Elle remonta trois mois, mail par mail. Ensuite, elle sauta de mois en mois en lisant seulement l'objet et en n'ouvrant le message que si quelque chose la faisait tiquer. Elle apprit ainsi qu'Ernst Billing fréquentait une certaine Sofia, à qui il s'adressait sur un ton désagréable. Elle constata que ça n'avait rien d'étrange, puisque Billing utilisait un ton désagréable avec la plupart des gens avec qui il communiquait – journalistes, graphistes et autres. Elle trouva cependant incroyable qu'un homme puisse s'adresser avec tant de naturel à sa petite amie en la traitant de *gros tas*, *espèce d'abrutie* ou *connasse*.

Une fois remontée un an en arrière, elle arrêta. Elle entra alors dans l'Explorer de Billing et évalua sa façon de surfer sur le Net. Elle nota que, comme la plupart des hommes de sa tranche d'âge, il passait régulièrement sur des pages pornos, mais que la plus grande partie de sa navigation semblait en rapport avec son travail. Elle constata aussi qu'il s'intéressait aux voitures et qu'il visitait souvent des sites présentant de nouveaux modèles.

Au bout de presque une heure d'exploration, elle s'arrêta là pour Billing et le supprima de la liste. Elle passa à Lars Örjan Wollberg, cinquante et un ans, journaliste vétéran de la rubrique Droit.

TORSTEN EDKLINTH ARRIVA à l'hôtel de police sur Kungshol-men vers 19 h 30 le samedi. Rosa Figuerola et Mikael Blom-kvist l'attendaient. Ils étaient installés autour de la table de conférence que Blomkvist connaissait depuis la veille.

Edklinth se disait qu'il s'était aventuré sur de la glace très mince et qu'un certain nombre de règles internes avaient été enfreintes quand il avait autorisé Blomkvist à venir dans ce couloir. Rosa Figuerola n'avait définitivement pas à l'invi-ter de sa propre initiative. En règle générale, même les épouses et les époux n'étaient pas autorisés à venir dans les couloirs secrets de la Säpo – ils devaient patienter en bas dans l'entrée quand ils venaient voir leur partenaire. Et par-dessus le marché, Blomkvist était journaliste ! A l'avenir, Blomkvist n'aurait le droit d'entrer que dans le local tempo-raire à Fridhemsplan.

D'un autre côté, il arrivait régulièrement à des gens non autorisés de circuler dans les couloirs sur invitation particu-lière. Des collègues étrangers, des chercheurs, des univer-sitaires, des consultants occasionnels… il pouvait inclure Blomkvist dans la catégorie "consultants occasionnels". Tout ce baratin de classement de sécurité n'était après tout que du vent. Il y avait toujours quelqu'un qui décidait que quelqu'un d'autre serait classé "personne autorisée". Et Edklinth avait décidé que s'il y avait des critiques, il affirmerait qu'il avait per-sonnellement placé Blomkvist parmi les personnes autorisées.

Si ça ne tournait pas à l'affrontement, du moins. Edklinth s'installa et regarda Figuerola.

— Comment tu as eu vent de cette réunion ?

— Blomkvist m'a appelée vers 16 heures, répondit-elle avec un sourire.

— Et comment toi, tu en as eu vent ?

— Tuyau d'une source, dit Mikael Blomkvist.

— Dois-je en conclure que tu as placé Teleborian sous une sorte de surveillance ?

Rosa Figuerola secoua la tête.

— C'est ce que j'ai pensé au début aussi, dit-elle d'une voix joyeuse, comme si Mikael Blomkvist ne se trouvait pas dans la pièce. Mais ça ne tient pas la route. Même si quel-qu'un avait suivi Teleborian sur mission de Blomkvist, cette personne n'aurait pas pu en déduire à l'avance que c'était justement Jonas Sandberg qu'il allait rencontrer.

Edklinth hocha lentement la tête.

— Alors... qu'est-ce qui reste ? Ecoute illégale ou quoi ?

— Je peux t'assurer que je ne mène pas d'écoute illégale de qui que ce soit et je n'ai même pas entendu dire que ce genre de chose serait en cours, dit Mikael Blomkvist pour rappeler que lui aussi se trouvait dans la pièce. Sois un peu réaliste. Les écoutes illégales, c'est du domaine de l'Etat.

Edklinth fit la moue.

— Tu ne veux donc pas me dire comment tu as été informé de la rencontre.

— Si. Je l'ai déjà dit. Une source m'a tuyauté. La source est protégée. Et si on se concentrait plutôt sur les retombées du tuyau ?

— Je n'aime pas le flou artistique, dit Edklinth. Mais d'accord. De quoi on dispose ?

— Le gars s'appelle Jonas Sandberg, dit Rosa. Plongeur de combat diplômé, a fait l'Ecole de police au début des années 1990. A travaillé d'abord à Uppsala, puis à Södertälje.

— Toi aussi, tu étais à Uppsala.

— Oui, mais on s'est loupé d'un an ou deux. J'ai commencé juste quand il est parti à Södertälje.

— OK.

— Il a été recruté au contre-espionnage de la Säpo en 1998. Recasé sur un poste secret à l'étranger en 2000. Selon nos propres papiers, il se trouve officiellement à l'ambassade de Madrid. J'ai vérifié avec l'ambassade. Ils ignorent totalement qui est Jonas Sandberg.

— Tout comme Mårtensson. Officiellement transféré à un endroit où il ne se trouve pas.

— Seul le secrétaire général de l'administration a la possibilité de faire systématiquement ce genre de chose et de s'arranger pour que ça fonctionne.

— Et en temps normal, ça aurait été expliqué comme un cafouillage dans la paperasserie. Nous, on le remarque parce qu'on se penche dessus. Et si quelqu'un insiste trop, ils diront simplement : *Secret*, ou que ça touche au terrorisme.

— Il reste pas mal de comptabilité à vérifier.

— Le chef du budget ?

— Peut-être.

— OK. Quoi d'autre ?

— Jonas Sandberg habite à Sollentuna. Il n'est pas marié, mais il a un enfant avec une instit de Södertälje. Aucun blâme nulle part. Licence pour deux armes à feu. Tranquille et ne touche pas à l'alcool. Le seul truc qui tranche un peu, c'est qu'il serait croyant, il était membre de La Parole de la vie dans les années 1990.

— D'où tu tiens ça ?

— J'ai parlé avec mon ancien chef à Uppsala. Il se souvient très bien de Sandberg.

— D'accord. Un plongeur de combat chrétien avec deux armes et un môme à Södertälje. Quoi d'autre ?

— Ça ne fait que trois heures qu'on l'a identifié. Je trouve qu'on a tout de même travaillé assez vite.

— Pardon. Qu'est-ce qu'on sait de l'immeuble dans Artillerigatan ?

— Pas grand-chose encore. Stefan a été obligé de déranger quelqu'un de la mairie pour consulter les plans de l'immeuble. C'est un immeuble en droit coopératif qui date de 1900. Cinq étages avec en tout vingt-deux appartements plus huit dans un bâtiment annexe dans la cour. J'ai fait une recherche sur les habitants, mais je n'ai rien trouvé de vraiment sensationnel. Deux des habitants ont un casier.

— Qui ?

— Un Lindström au rez-de-chaussée. Soixante-trois ans. Condamné pour escroquerie à l'assurance dans les années 1970. Un Wittfelt au second. Quarante-sept ans. Condamné à deux reprises pour violences volontaires sur son ex-femme.

— Hmm.

— Ceux qui habitent là sont du genre classe moyenne bien rangée. Il n'y a qu'un appartement qui nous interpelle.

— Lequel ?

— Celui du dernier étage. Onze pièces, ça a tout d'un appartement d'apparat. Le propriétaire est une entreprise qui s'appelle Bellona SA.

— Et qui fait quoi ?

— Dieu seul le sait. Ils font des analyses de marketing et ils ont un chiffre d'affaires annuel de plus de 30 millions de couronnes. Tous les propriétaires de Bellona sont domiciliés à l'étranger.

— Aha.

— Comment ça, aha ?

— Seulement aha. Continue sur Bellona.

Au même moment, le fonctionnaire que Mikael connaissait uniquement sous le nom de Stefan entra dans la pièce et s'adressa directement à Torsten Edklinth.

— Salut, chef. J'ai là un truc marrant. J'ai vérifié ce qu'il y a derrière l'appartement de Bellona.

— Et ? demanda Rosa Figuerola.

— La société Bellona a été fondée dans les années 1970, et elle a racheté l'appartement de la succession de l'ancien propriétaire, une Kristina Cederholm, née en 1917.

— Oui ?

— Elle était mariée à Hans Wilhelm Francke, le cow-boy qui faisait des histoires à P. G. Vinge quand la Säpo a été créée.

— Bien, dit Torsten Edklinth. Très bien. Rosa, je veux une surveillance sur l'immeuble jour et nuit. Trouve tous les téléphones. Je veux savoir qui entre et sort, les voitures qui rendent visite à l'immeuble. La routine, en somme.

Edklinth lorgna vers Mikael Blomkvist. Il eut l'air de vouloir dire quelque chose, mais se ravisa. Mikael haussa les sourcils.

— Satisfait de l'afflux d'informations ? finit par demander Edklinth.

— Rien à redire. Et toi, satisfait de la contribution de *Millénium* ?

Edklinth hocha lentement la tête.

— Tu as bien conscience que je peux me retrouver dans la merde à cause de tout ça ? dit-il.

— Pas à cause de moi. Je considère l'information que j'obtiens ici comme protégée. Je vais donner les faits, mais sans dire comment je les ai obtenus. Avant d'imprimer, je vais réaliser une interview de toi en bonne et due forme. Si tu ne veux pas répondre, tu diras simplement : *Pas de commentaires*. Ou bien tu pourras dénigrer tant que tu veux la Section d'analyse spéciale. A toi de voir.

Edklinth hocha la tête.

Mikael était satisfait. En quelques heures, la Section venait d'acquérir une forme concrète. C'était une vraie percée.

SONJA MODIG AVAIT CONSTATÉ avec frustration que la réunion dans le bureau du procureur Ekström tirait en longueur. Elle avait trouvé une bouteille d'eau minérale abandonnée par quelqu'un sur la table de conférence. Elle avait appelé son mari deux fois pour dire qu'elle avait du retard, et avait promis de se faire pardonner par une bonne soirée dès qu'elle serait de retour. Elle commençait à s'impatienter et elle se sentait comme le voyeur de service.

La réunion ne se termina que vers 19 h 30. Sonia fut prise au dépourvu quand la porte s'ouvrit et que Hans Faste sortit dans le couloir. Il était immédiatement suivi du Dr Peter Teleborian. Ensuite vint un homme âgé grisonnant que Sonja Modig n'avait jamais vu auparavant. En dernier sortit le procureur Ekström qui enfila sa veste tout en éteignant la lumière, puis ferma la porte à clé.

Sonja Modig leva son portable dans l'espace libre entre les rideaux et prit deux photos à faible résolution du rassemblement devant la porte d'Ekström. Ils s'attardèrent quelques secondes avant de partir dans le couloir.

Elle retint sa respiration quand ils passèrent devant la pièce où elle était tapie. Elle réalisa qu'elle était couverte de sueurs froides quand enfin elle entendit la porte de la cage d'escalier se refermer. Elle se releva sur des jambes flageolantes.

BUBLANSKI APPELA ROSA FIGUEROLA peu après 20 heures.

— Tu voulais savoir si Ekström rencontrait quelqu'un.

— Oui, dit Rosa.

— Ils viennent de terminer leur réunion. Ekström a rencontré le Dr Peter Teleborian et mon ancien collaborateur, l'inspecteur Hans Faste, ainsi qu'un homme âgé que nous ne connaissons pas.

— Un instant, dit Rosa Figuerola en posant la main sur le micro du téléphone et, se tournant vers les autres : On a vu juste. Teleborian est allé droit chez le procureur Ekström.

— Tu es toujours là ?

— Pardon. Est-ce qu'on a un signalement de l'inconnu, le troisième homme ?

— Mieux que ça. Je t'envoie une photo de lui.

— Une photo. Magnifique, je te dois un grand service.

— Je me porterais mieux si j'apprenais ce qui se trame.

— Je te rappelle.

Un moment, le silence s'installa autour de la table de réunion.

— OK, dit Edklinth finalement. Teleborian rencontre la Section puis il se rend directement chez le procureur Ekström. J'aurais payé cher pour savoir ce qui s'est dit.

— Tu peux toujours me demander, proposa Mikael Blomkvist.

Edklinth et Figuerola le regardèrent.

— Ils se sont vus pour peaufiner les détails de la stratégie qui va faire tomber Lisbeth Salander dans son procès d'ici un mois.

Rosa Figuerola le contempla. Puis elle hocha lentement la tête.

— C'est une supposition, dit Edklinth. A moins que tu n'aies des dons paranormaux.

— Ce n'est pas une supposition, dit Mikael. Ils se sont rencontrés pour passer en revue les détails de l'expertise psychiatrique concernant Salander. Teleborian venait de la terminer.

— C'est absurde. Salander n'a même pas encore été examinée.

Mikael Blomkvist haussa les épaules et ouvrit sa sacoche d'ordinateur.

— Ce genre de futilité n'a jamais arrêté Teleborian. Voici la dernière version de son expertise psychiatrique légale. Comme vous pouvez le voir, elle est datée de la semaine où le procès va commencer.

Edklinth et Figuerola regardèrent les papiers devant eux. Ensuite ils échangèrent des regards, puis ils se tournèrent vers Mikael Blomkvist.

— Et comment tu as pu mettre la main sur ça ? demanda Edklinth.

— Désolé. Je protège mes sources, dit Mikael Blomkvist.

— Blomkvist... il faut qu'on se fasse confiance. Tu retiens des informations. Est-ce que tu as d'autres surprises de ce genre ?

— Oui. Evidemment que j'ai des secrets. Tout comme je suis persuadé que tu ne m'as pas donné carte blanche pour voir tout ce que vous avez ici à la Säpo. N'est-ce pas ?

— Ce n'est pas pareil.

— Si. C'est exactement pareil. Cet arrangement signifie une collaboration. Comme tu dis, il faut qu'on se fasse confiance. Je n'occulte rien qui puisse aider ton enquête à dresser un portrait de la Section ou à identifier différents crimes qui ont été commis. J'ai déjà livré du matériel qui démontre que Teleborian a commis des crimes avec Björck en 1991 et j'ai raconté qu'il va être recruté pour faire la même chose maintenant. Et voici le document qui montre que c'est vrai.

— Mais tu gardes des secrets.

— Bien entendu. Tu as le choix entre rompre notre collaboration ou vivre avec.

Rosa Figuerola leva un doigt diplomatique.

— Pardon, mais est-ce que ceci signifie que le procureur Ekström travaille pour la Section ?

Mikael fronça les sourcils.

— Je ne sais pas. J'ai plutôt le sentiment qu'il est un imbécile utile que la Section exploite. C'est un carriériste, mais je le crois honnête et un peu bouché. Par contre, une source m'a dit qu'il a avalé pratiquement tout ce que Teleborian a raconté sur Lisbeth Salander quand on la pourchassait encore.

— Il ne faut pas grand-chose pour le manipuler, c'est ça que tu veux dire ?

— Exactement. Et Hans Faste est un crétin qui croit que Lisbeth Salander est une lesbienne sataniste.

ERIKA BERGER ÉTAIT SEULE CHEZ ELLE à Saltsjöbaden. Elle se sentait paralysée et incapable de se concentrer sur un travail sérieux. Elle attendait sans arrêt que quelqu'un téléphone pour dire que des photos d'elle se trouvaient maintenant sur un site quelque part sur Internet.

A plusieurs reprises, elle se surprit à penser à Lisbeth Salander et se rendit compte qu'elle avait trop d'espoirs en elle. Salander se trouvait sous les verrous à Sahlgrenska. Elle était interdite de visite et n'avait même pas le droit de lire les journaux. Mais c'était une fille étonnamment pleine de ressources. Malgré son isolement, elle avait pu contacter Erika sur ICQ et ensuite par téléphone. Et toute seule elle avait ruiné l'empire de Wennerström et sauvé *Millénium* deux ans auparavant.

A 20 heures, Susanne Linder frappa à la porte. Erika sursauta comme si quelqu'un avait tiré un coup de pistolet dans la pièce.

— Salut Berger. Tu as vraiment l'air de te morfondre, à rester comme ça dans l'obscurité.

Erika hocha la tête et alluma la lumière.

— Salut. Je vais faire un café…

— Non. Laisse-moi le faire. Est-ce qu'il y a du nouveau ?

Indéniablement. Lisbeth Salander a donné de ses nouvelles et elle a pris le contrôle de mon ordinateur. Et elle a appelé pour dire que Teleborian et quelqu'un qui s'appelle Jonas devaient se voir à la gare centrale cet après-midi.

— Non. Rien de nouveau, dit-elle. Mais j'ai un truc que je voulais tester sur toi.

— D'accord.

— Qu'est-ce que tu penses de la possibilité qu'il ne s'agisse pas d'un harceleur mais de quelqu'un dans mon entourage qui veut m'emmerder ?

— C'est quoi, la différence ?

— Un harceleur est une personne inconnue de moi qui fait une fixation sur moi. L'autre variante est une personne qui veut se venger de moi ou saboter ma vie pour des raisons personnelles.

— C'est une idée intéressante. Elle vient d'où ?

— J'ai… discuté la chose avec quelqu'un aujourd'hui. Je ne peux pas te dire de qui il s'agit, mais cette personne a avancé la thèse que des menaces d'un véritable pervers sexuel auraient un autre aspect. Et surtout que ce genre de type n'aurait jamais écrit le mail à Eva Carlsson à la Culture. C'est un acte totalement hors contexte.

Susanne Linder hocha lentement la tête.

— Il y a quelque chose dans ce que tu dis. Tu sais, je ne les ai jamais lus, les mails en question. Tu me les montres ?

Erika sortit son ordinateur portable et l'installa sur la table de cuisine.

ROSA FIGUEROLA RACCOMPAGNA Mikael Blomkvist quand ils quittèrent l'hôtel de police vers 22 heures. Ils s'arrêtèrent au même endroit dans le parc de Kronoberg que la veille.

— Nous revoilà au même endroit. Tu as l'intention de disparaître pour travailler ou tu veux rentrer avec moi faire l'amour ?

— Eh bien…

— Mikael, tu n'as pas à te sentir sous pression à cause de moi. Si tu as besoin de travailler, tu le fais.

— Dis donc, Figuerola, tu es vachement accro.

— Et tu n'as pas envie de dépendre de qui que ce soit. C'est ça que tu veux dire ?

— Non. Pas comme ça. Mais je dois parler avec quelqu'un cette nuit et ça va prendre un moment. Donc, avant que j'aie terminé, tu seras endormie.

Elle hocha la tête.

— A plus.

Il lui fit une bise sur la joue et monta vers l'arrêt de bus de Fridhemsplan.

— Blomkvist, cria-t-elle.

— Quoi ?

— Je ne travaille pas demain non plus. Viens prendre le petit-déjeuner si tu as le temps.

21

LISBETH SALANDER SENTIT une suite de mauvaises vibrations quand elle s'attaqua au chef des Actualités Lukas Holm. Il avait cinquante-huit ans et tombait hors cadre, mais Lisbeth l'avait quand même inclus vu qu'Erika Berger et lui s'étaient pris de bec. C'était un intrigant, du genre à envoyer çà et là des mails dénonçant qu'un tel avait fait un boulot lamentable.

Lisbeth constata que Holm n'aimait pas Erika Berger et qu'il remplissait un espace considérable de commentaires sur *cette bonne femme* qui a encore fait ceci ou cela. Côté Net, il surfait exclusivement sur des pages en relation avec son travail. S'il avait d'autres intérêts, il s'y consacrait pendant son temps libre ou à partir d'un autre ordinateur.

Elle le conserva comme candidat au rôle de Stylo Pourri, mais c'était presque trop beau. Lisbeth se demanda un moment pourquoi elle ne croyait pas vraiment en lui et arriva à la conclusion que Holm était tellement imbu de lui-même qu'il n'avait pas besoin de faire le détour par des mails anonymes. S'il avait envie de traiter Erika Berger de sale pute, il le ferait ouvertement. Et il ne semblait pas du genre qui se donne la peine de pénétrer par effraction dans la maison d'Erika Berger au milieu de la nuit.

Vers 22 heures, elle fit une pause et entra sur [Table-Dingue] pour constater que Mikael Blomkvist n'y était pas encore retourné. Elle ressentit une vague irritation et se demanda ce qu'il foutait et s'il était arrivé à temps au rendez-vous de Teleborian.

Ensuite elle retourna au serveur de *SMP*.

Elle prit le nom suivant sur la liste, le secrétaire de rédaction de la page Sports, Claes Lundin, vingt-neuf ans. Elle venait d'ouvrir sa boîte aux lettres quand elle s'arrêta et se mordit la lèvre inférieure. Elle quitta Lundin et préféra ouvrir le courrier d'Erika Berger.

Elle remonta dans le temps, mais l'index de fichiers était relativement court, puisque son compte n'avait été ouvert que le 2 mai. Le tout premier mail était un menu du matin envoyé par le secrétaire de rédaction Peter Fredriksson. Au cours de la première journée, plusieurs personnes avaient envoyé des mails pour lui souhaiter la bienvenue.

Lisbeth lut attentivement chaque mail qu'avait reçu Erika Berger. Elle nota un ton hostile dès le premier jour dans la correspondance avec le chef des Actualités, Lukas Holm. Ils ne semblaient s'entendre sur rien, et Lisbeth constata que Holm lui compliquait les choses en envoyant deux-trois mails même pour des broutilles.

Elle sauta la pub, les spams et les menus de nouvelles pures. Elle se concentra sur toutes les formes de correspondance sur un ton personnel. Elle lut des calculs de budget internes, des résultats d'annonces et de marketing, un échange de mails avec le directeur financier Christer Sellberg, qui courait sur une semaine et qui pouvait quasiment être qualifié de mégadispute concernant des coupes dans le personnel. Elle avait reçu des mails agacés du directeur de la rubrique Droit au sujet d'un remplaçant du nom de Johannes Frisk, qu'Erika Berger avait manifestement mis sur une histoire qui n'était pas appréciée. A part les premiers mails de bienvenue, il ne semblait pas qu'un seul collaborateur en position de chef voie quoi que ce soit de positif dans les arguments ou les propositions d'Erika.

Un moment plus tard, elle retourna au début de la liste et fit mentalement un calcul statistique. Elle constata que de tous les cadres supérieurs à SMP qu'Erika avait autour d'elle, seules quatre personnes n'essayaient pas de miner sa position. C'était Borgsjö, le président du CA, Peter Fredriksson, le secrétaire de rédaction, Gunder Storman, le responsable de la page Edito, et Sebastian Strandlund, le chef de la page Culture.

N'ont-ils jamais entendu parler de femmes à SMP *? Tous les chefs sont des hommes.*

La personne avec qui Erika Berger avait le moins à faire était le chef de la page Culture. Pendant tout le temps où

496

Erika y avait travaillé, elle n'avait échangé que deux mails avec Sebastian Strandlund. Les mails les plus amicaux et manifestement plus sympathiques venaient du rédacteur éditorial Storman. Borgsjö était bref et acide. La totalité des autres chefs pratiquaient une guérilla dans les règles.

Pourquoi ce putain de groupe d'hommes a-t-il recruté Erika Berger si leur seule occupation est de la démolir ?

La personne avec qui elle semblait avoir le plus à faire était le secrétaire de rédaction Peter Fredriksson. C'était toujours lui qui rédigeait les comptes rendus de réunion. Il préparait les chemins de fer, briefait Erika sur différents textes et problèmes, faisait tourner la boutique.

Il échangeait une douzaine de mails avec Erika chaque jour.

Lisbeth rassembla tous les mails de Peter Fredriksson à Erika et les lut l'un après l'autre. A deux-trois reprises, il s'opposait à une décision d'Erika. Il expliquait pour quelles raisons précises. Erika Berger semblait lui faire confiance puisqu'elle modifiait ses décisions ou acceptait son raisonnement. Il n'était jamais hostile. En revanche, il n'y avait jamais la moindre indication d'une relation personnelle avec Erika.

Lisbeth ferma la boîte aux lettres d'Erika Berger et réfléchit un bref instant.

Elle ouvrit le compte de Peter Fredriksson.

PLAGUE AVAIT TRAFICOTÉ dans les ordinateurs personnels de divers employés de *SMP* toute la soirée, sans succès. Il avait réussi à entrer chez le chef des Actualités Lukas Holm, puisque celui-ci disposait chez lui d'une connexion ouverte en permanence avec son bureau à la rédaction, pour pouvoir intervenir à n'importe quel moment du jour et de la nuit pour piloter un boulot. L'ordinateur privé de Holm était parmi les plus ennuyeux que Plague eût jamais piratés. Par contre, il avait échoué avec le reste des dix-huit noms de la liste de Lisbeth Salander. Une des raisons en était qu'aucun de ceux chez qui il frappait n'était en ligne un samedi soir. Il avait vaguement commencé à se lasser de la tâche impossible quand Lisbeth Salander se signala vers 22 h 30.

[Quoi ?]
[Peter Fredriksson.]
[D'accord.]
[Laisse tomber les autres. Concentre-toi sur lui.]
[Pourquoi ?]
[Un pressentiment.]
[Ça va prendre du temps.]
[Il y a un raccourci. Fredriksson est secrétaire de rédaction et travaille avec un programme qui s'appelle Integrator, pour pouvoir vérifier de chez lui ce qui se passe dans son ordinateur à *SMP*.]
[Je ne connais rien à Integrator.]
[Un petit logiciel qui est sorti il y a quelques années. Totalement ringard aujourd'hui. Integrator a un bug. Se trouve dans les archives de Hacker Rep. Théoriquement tu peux inverser le programme et entrer dans son ordinateur privé à partir de *SMP*.]

Plague poussa un profond soupir. Cette fille, qui un jour avait été son élève, était plus au courant que lui.

[OK. Je m'y mets.]
[Si tu trouves quelque chose, passe-le à Super Blomkvist si je ne suis plus en ligne.]

MIKAEL BLOMKVIST FUT DE RETOUR dans l'appartement de Lisbeth Salander à Mosebacke peu avant minuit. Il était fatigué et commença par prendre une douche et brancher la cafetière. Puis il ouvrit l'ordinateur de Lisbeth Salander et l'appela sur ICQ.

[Il était temps.]
[Désolé.]
[T'étais où ces derniers jours ?]
[Au lit avec un agent secret. Et j'ai traqué Jonas.]
[T'es arrivé à temps au rendez-vous ?]
[Oui. C'est toi qui as averti Erika ???]
[Seul moyen de te joindre.]
[Futée.]
[Je vais être transférée à la maison d'arrêt demain.]
[Je sais.]
[Plague va t'aider pour le Net.]
[Excellent.]
[Ne reste que la finale alors.]

Mikael hocha la tête pour lui-même.

[Sally... on fera ce qu'il faut faire.]
[Je sais. Tu es prévisible.]
[Et toi, tu es adorable comme d'habitude.]
[Y a-t-il autre chose que je devrais savoir ?]
[Non.]
[Dans ce cas j'ai pas mal d'autres trucs à faire sur le Net.]
[D'accord. Porte-toi bien.]

LE PIAILLEMENT DANS SON OREILLETTE réveilla Susan Linder en sursaut. Quelqu'un avait déclenché le détecteur de mouvement qu'elle avait installé dans le vestibule au rez-de-chaussée de la villa d'Erika Berger. Elle se redressa sur le coude pour regarder l'heure et vit qu'il était 5 h 23 le dimanche. Elle sortit silencieusement du lit et enfila son jean, son tee-shirt et des tennis. Elle glissa la bombe de gaz lacrymogène dans sa poche arrière et emporta la matraque télescopique.

Elle passa sans un bruit devant la porte de la chambre d'Erika Berger, constata qu'elle était fermée et donc verrouillée.

Ensuite elle s'arrêta en haut de l'escalier et écouta. Elle entendit un faible cliquètement et un mouvement au rez-de-chaussée. Elle descendit lentement l'escalier et s'arrêta dans le vestibule pour écouter.

Une chaise racla dans la cuisine. Elle tenait la matraque d'une main ferme et se dirigea en silence vers la porte de la cuisine où elle vit un homme chauve et pas rasé, assis à la table avec un verre de jus d'orange et en train de lire *SMP*. Il sentit sa présence et leva les yeux.

— Et vous êtes qui, vous ? demanda-t-il.

Susanne Linder se détendit et s'appuya contre le chambranle.

— Lars Beckman, j'imagine. Salut. Je m'appelle Susanne Linder.

— Ah bon. Vous allez me défoncer le crâne avec la matraque ou vous voulez un verre de jus d'orange ?

— Avec plaisir, dit Susanne en posant la matraque. Le jus d'orange, je veux dire.

Lars Beckman se tendit pour attraper un verre sur l'égouttoir et lui versa du jus d'une brique en carton.

— Je travaille pour Milton Security, dit Susanne Linder. Je pense que ce serait mieux si c'était votre femme qui vous expliquait pourquoi je suis ici.

Lars Beckman se leva.

— Il est arrivé quelque chose à Erika ?

— Votre femme va bien. Mais il y a eu quelques problèmes. On a essayé de vous joindre à Paris.

— A Paris ? Mais j'étais à Helsinki, bordel.

— Ah bon. Pardon, mais votre femme croyait que c'était Paris.

— C'est le mois prochain.

Lars se dirigea vers la porte.

— La porte de la chambre est fermée à clé. Il vous faut le code pour pouvoir ouvrir, dit Susanne Linder.

— Le code ?

Elle lui donna les trois chiffres à entrer pour ouvrir la porte de la chambre. Il grimpa l'escalier quatre à quatre. Susanne Linder tendit le bras et ramassa le *SMP* qu'il avait laissé là.

A 10 HEURES LE DIMANCHE, le Dr Anders Jonasson entra dans la chambre de Lisbeth Salander.

— Salut Lisbeth.

— Salut.

— Je voulais seulement te prévenir que la police va venir vers midi.

— D'accord.

— Tu ne m'as pas l'air très inquiète.

— Non.

— J'ai un cadeau pour toi.

— Un cadeau ? Pourquoi ?

— Tu as été un des patients les plus divertissants que j'aie eus depuis longtemps.

— Ah bon, dit Lisbeth Salander méfiante.

— J'ai cru comprendre que l'ADN et la génétique te fascinent.

— Qui t'a dit ça… la psy, je parie.

Anders Jonasson hocha la tête.

— Si tu t'ennuies à la maison d'arrêt… voici le dernier cri en matière de recherche sur l'ADN.

Il lui tendit un pavé intitulé *Spirals – Mysteries of* DNA, écrit par un certain professeur Yoshito Takamura de l'université de Tokyo. Lisbeth Salander ouvrit le livre et examina la table des matières.

— Joli, dit-elle.

— Un jour, ce serait intéressant de savoir comment ça se fait que tu lises des articles de chercheurs auxquels même moi je ne comprends rien.

Dès qu'Anders Jonasson eut quitté la chambre, Lisbeth sortit l'ordinateur de poche. Dernière ligne droite. En recoupant avec le département du personnel de SMP, Lisbeth avait calculé que Peter Fredriksson travaillait au journal depuis six ans. Durant ce temps, il avait été en arrêt maladie pendant deux périodes assez longues. Les fichiers du personnel permettaient à Lisbeth de comprendre que les deux fois, c'était parce qu'il avait pété les boulons. A un moment, le prédécesseur d'Erika Berger, Morander, avait remis en question les capacités réelles de Fredriksson à rester comme secrétaire de rédaction.

Paroles, paroles, paroles. Rien de concret à quoi s'accrocher. A 11 h 45, Plague la chercha sur ICQ.

[Quoi ?]
[Tu es toujours à Sahlgrenska ?]
[Devine.]
[C'est lui.]
[Tu es sûr ?]
[Il est entré dans l'ordinateur qu'il garde chez lui pour bosser il y a une demi-heure. J'en ai profité pour visiter son ordi perso. Il a des photos d'Erika Berger scannées sur son disque dur.]
[Merci.]
[Elle est assez canon.]
[Plague.]
[Je sais. Qu'est-ce que je dois faire ?]
[Il a mis des photos sur le net ?]
[Pas que je voie.]
[Est-ce que tu peux miner son ordi ?]
[C'est déjà fait. S'il essaie de mailer des photos ou de mettre quelque chose qui fait plus de 20 Ko sur le Net, son disque dur rend l'âme.]
[Super.]
[J'ai l'intention de dormir. Tu vas te débrouiller seule maintenant ?]
[Comme toujours.]

Lisbeth quitta ICQ. Elle jeta un regard sur l'heure et réalisa qu'il était bientôt midi. Elle composa rapidement un message qu'elle adressa au groupe Yahoo [Table-Dingue].

[Mikael. Important. Appelle immédiatement Erika Berger et dis-lui que Stylo Pourri, c'est Peter Fredriksson.]

Au moment où elle expédiait le message, elle entendit du mouvement dans le couloir. Elle leva son Palm Tungsten T3 et embrassa l'écran. Puis elle éteignit l'ordinateur et le plaça dans la cavité derrière la table de chevet.

— Salut Lisbeth, dit son avocate Annika Giannini depuis la porte.

— Salut.

— La police viendra te chercher dans un petit moment. Je t'ai apporté des vêtements. J'espère que c'est la bonne taille.

Lisbeth regarda avec méfiance un échantillonnage de pantalons sombres soignés et de chemises claires.

CE FURENT DEUX FEMMES en uniforme de la police de Göteborg qui vinrent chercher Lisbeth Salander. Son avocate l'accompagna à la maison d'arrêt.

Quand elles quittèrent sa chambre et prirent le couloir, Lisbeth remarqua que plusieurs membres du personnel la regardaient avec curiosité. Elle leur adressa gentiment un signe de tête et quelqu'un agita la main en retour. Comme par hasard, Anders Jonasson se tenait à la réception. Ils se regardèrent et hochèrent la tête. Avant qu'elles aient eu le temps de passer le coin, Lisbeth nota qu'Anders Jonasson avait commencé à se diriger vers sa chambre.

Tout au long de la procédure qui devait la conduire à la maison d'arrêt, Lisbeth Salander ne dit pas un mot aux policiers.

MIKAEL BLOMKVIST AVAIT REFERMÉ son iBook et arrêté de travailler à 7 heures le dimanche. Il resta un moment devant le bureau de Lisbeth Salander, les yeux fixés devant lui dans le vide.

Puis il alla dans la chambre et contempla le gigantesque lit double de Lisbeth. Au bout d'un moment, il retourna dans le bureau, ouvrit son portable et appela Rosa Figuerola.

— Salut. C'est Mikael.

— Salut à toi. Déjà debout ?

— Je viens juste d'arrêter de bosser et je vais aller me coucher. Je voulais seulement te faire un coucou.

— Les hommes qui appellent seulement pour faire un coucou ont quelque chose dans la tête.

Il rit.

— Blomkvist, tu peux venir dormir ici si tu veux.

— Je ne vais pas être une compagnie très rigolote.

— Je m'habituerai.

Il prit un taxi pour Pontonjärgatan.

ERIKA BERGER PASSA LE DIMANCHE au lit avec Lars Beckman, tantôt à parler, tantôt à somnoler. Dans l'après-midi, ils s'habillèrent et firent une longue promenade jusqu'à l'appontement du bateau à vapeur, puis le tour de la bourgade.

— SMP était une erreur, dit Erika Berger quand ils furent de retour à la maison.

— Ne dis pas ça. C'est duraille maintenant, mais tu le savais d'avance. Ça va s'équilibrer quand tu auras pris le rythme.

— Ce n'est pas le boulot. Je m'en tire sans problème. C'est l'attitude.

— Hmm.

— Je ne m'y sens pas bien. Mais je ne peux pas démissionner au bout de quelques semaines seulement.

Elle s'installa tristement à la table de cuisine et regarda devant elle sans entrain. Jamais auparavant Lars Beckman n'avait vu sa femme aussi résignée.

L'INSPECTEUR HANS FASTE rencontra Lisbeth Salander pour la première fois à 12 h 30 le dimanche, lorsqu'une femme policier de Göteborg l'amena dans le bureau de Marcus Ackerman.

— Ça a été un putain de boulot de te coincer, dit Hans Faste.

Lisbeth Salander l'examina longuement puis décida qu'il était un abruti et qu'elle n'avait pas l'intention de consacrer beaucoup de secondes à se soucier de son existence.

— L'inspectrice Gunilla Wäring vous accompagnera pendant le transport à Stockholm, dit Ackerman.

— Ah bon, dit Faste. On n'a qu'à partir alors. C'est qu'il y en a, du monde qui a envie de causer avec toi, Salander.

Ackerman dit au revoir à Lisbeth Salander. Elle l'ignora.

Il avait été décidé que ce serait plus simple d'effectuer en voiture de service ce transport de prisonnier jusqu'à Stockholm. Gunilla Wäring conduisait. Au début du trajet, Hans Faste était assis sur le siège passager avant, la tête tournée vers l'arrière tout en essayant de parler avec Lisbeth Salander. A hauteur d'Alingsås, il commença à avoir un torticolis et abandonna.

Lisbeth Salander contemplait le paysage par la vitre de la portière. On aurait dit que Faste n'existait pas dans son monde.

Teleborian a raison. Elle est complètement arriérée, celle-là, pensa Faste. *Ça, on va y remédier à Stockholm.*

Il lorgnait régulièrement sur Lisbeth Salander et essayait de se faire une opinion de la femme qu'il avait pourchassée si longtemps. Et Hans Faste lui-même ressentait des doutes en voyant la fragilité de cette fille. Il se demanda combien elle pouvait peser. Il se rappela qu'elle était lesbienne et donc pas une vraie femme.

En revanche, il n'était pas impossible que l'histoire de satanisme ait été exagérée. Cette fille n'avait pas l'air très satanique.

Ironie du sort, il comprenait qu'il aurait de loin préféré l'arrêter pour les trois meurtres dont on la soupçonnait au départ, mais la réalité avait fini par rattraper son enquête. Même une fille maigrichonne peut manier un pistolet. Maintenant elle était arrêtée pour coups et blessures aggravés à l'encontre du dirigeant suprême du MC Svavelsjö, ce dont elle était coupable sans la moindre hésitation, et ce pour quoi il y avait aussi des preuves techniques au cas où elle avait l'intention de nier.

ROSA FIGUEROLA RÉVEILLA MIKAEL BLOMKVIST vers 13 heures. Elle était restée sur le balcon à finir le livre sur la perception des dieux dans l'Antiquité tout en écoutant les ronflements de Mikael dans la chambre. Un moment paisible. Quand elle entra dans la chambre et le regarda, elle se rendit compte qu'elle était plus attirée par lui qu'elle ne l'avait été par aucun autre homme depuis des années.

Une sensation agréable mais inquiétante. Mikael Blomkvist n'apparaissait pas comme un élément stable dans son
existence.

Quand il fut réveillé, ils descendirent sur Norr Mälarstrand
prendre un café. Ensuite, elle le traîna de nouveau chez elle
pour faire l'amour pendant le reste de l'après-midi. Il la
quitta vers 19 heures. Il lui manqua dès l'instant où il lui fit
une bise sur la joue et referma la porte d'entrée.

VERS 20 HEURES LE DIMANCHE, Susanne Linder frappa chez
Erika Berger. Elle ne devait pas dormir là puisque Lars Beckman était de retour, et cette visite n'avait rien de professionnel. Les quelques nuits qu'elle avait passées chez Erika leur
avaient permis de devenir très proches au fil de longues
conversations dans la cuisine. Elle avait découvert qu'elle
aimait bien Erika Berger, et elle voyait une femme désespérée qui revêtait son masque et partait au boulot comme si
de rien, mais qui en réalité était une boule d'angoisse ambulante.

Susanne Linder soupçonnait que l'angoisse n'était pas
uniquement due à Stylo Pourri. Mais elle n'était pas assistante sociale, et la vie et les problèmes d'Erika Berger ne la
concernaient pas. Elle se rendit donc chez les Berger uniquement pour faire coucou et demander si tout allait bien.
Elle trouva Erika et son mari dans la cuisine, baignant dans
une atmosphère sourde et pesante. Apparemment, ils avaient
passé le dimanche à discuter de choses graves.

Lars Beckman prépara du café. Susanne Linder était chez
eux depuis quelques minutes seulement lorsque le téléphone portable d'Erika sonna.

ERIKA BERGER AVAIT RÉPONDU à chaque appel téléphonique
au cours de la journée avec une sensation de naufrage imminent.

— Berger.

— Salut Ricky.

*Mikael Blomkvist. Merde. Je ne lui ai pas raconté que le
dossier Borgsjö a disparu.*

— Salut Micke.

— Salander a été transférée à la maison d'arrêt de Göteborg ce soir en attendant le transport pour Stockholm demain.

— Je vois.

— Elle m'a fait passer un… message pour toi.

— Ah bon ?

— C'est très mystérieux.

— C'est quoi ?

— Elle dit que Stylo Pourri, c'est Peter Fredriksson.

Erika Berger resta silencieuse pendant dix secondes tandis que les pensées fusaient de toute part dans son cerveau. *Impossible. Peter n'est pas comme ça. Salander a dû se tromper.*

— Autre chose ?

— Non. C'est tout le message. Tu comprends de quoi ça parle ?

— Oui.

— Ricky, qu'est-ce que vous fricotez toutes les deux, toi et Lisbeth, en fait ? C'est à toi qu'elle a téléphoné pour donner le tuyau sur Teleborian et…

— Merci, Micke. On en parlera plus tard.

Elle coupa le portable et regarda Susanne Linder avec des yeux affolés.

— Raconte, dit Susanne Linder.

SUSANNE LINDER ÉPROUVAIT des sentiments contradictoires. Erika Berger venait brusquement de recevoir le message lui indiquant que son secrétaire de rédaction Peter Fredriksson était Stylo Pourri. Les mots avaient jailli d'elle comme un torrent quand elle s'était mise à raconter. Ensuite, Susanne Linder lui avait demandé *comment* elle savait que Fredriksson était le type qui la harcelait.

Erika Berger était soudain devenue muette. Susanne avait observé ses yeux et perçu que quelque chose s'était modifié dans l'attitude de la rédactrice en chef. Tout à coup, Erika Berger avait paru embêtée.

— Je ne peux pas en parler…

— Qu'est-ce que tu veux dire par là ?

— Susanne, je sais que Stylo Pourri, c'est Fredriksson. Mais je ne peux pas raconter comment j'ai obtenu cette information. Que dois-je faire ?

— Tu dois me le dire si tu veux que je t'aide.

— Je… je ne peux pas. Tu ne comprends pas.

Erika Berger se leva et alla se mettre devant la fenêtre de la cuisine, tournant le dos à Susanne Linder. Finalement, elle se retourna.

— Je vais le voir chez lui, ce salopard.

— N'y pense même pas. Tu n'iras nulle part, surtout pas chez un type dont nous avons tout lieu de croire qu'il nourrit une haine violente à ton égard.

Erika Berger eut l'air hésitante.

— Assieds-toi. Raconte ce qui s'est passé. C'était Mikael Blomkvist au téléphone, n'est-ce pas ?

Erika hocha la tête.

— J'ai… demandé aujourd'hui à un hacker de visiter les ordinateurs privés du personnel.

— Aha. Et du coup, tu t'es probablement rendue coupable de délit informatique aggravé. Et tu ne veux pas dire qui est le hacker.

— J'ai promis de ne jamais le dire… Ce ne sont pas les mêmes personnes. Une affaire sur laquelle travaille Mikael.

— Est-ce que Blomkvist est au courant pour Stylo Pourri ?

— Non, il n'a fait que transmettre le message.

Susanne Linder inclina la tête et observa Erika Berger. Soudain une chaîne d'associations se fit dans sa tête.

Erika Berger. Mikael Blomkvist. Millénium. *Des policiers louches sont entrés par effraction poser des micros dans l'appartement de Blomkvist. J'ai surveillé les surveillants. Blomkvist travaille comme un fou sur un article consacré à Lisbeth Salander.*

Que Lisbeth Salander soit un crack en informatique était connu de tous à Milton Security. Personne ne savait d'où elle tenait ces connaissances et Susanne n'avait jamais entendu dire que Salander serait une hacker. Mais Dragan Armanskij avait mentionné une fois que Salander livrait des rapports proprement stupéfiants quand elle menait des enquêtes sur la personne. Une hacker…

Mais putain de merde, Salander se trouve isolée à Göteborg !

C'était insensé.

— Est-ce que nous parlons de Salander ? demanda Susanne Linder.

Ce fut comme si Erika Berger avait été frappée par la foudre.

— Je ne peux pas discuter l'origine de l'information. Pas un mot là-dessus.

Susanne Linder éclata de rire tout à coup.

C'est Salander. La confirmation de Berger ne peut pas être plus claire. Elle est totalement paumée.

Sauf qu'il y a une impossibilité grave.

Mais qu'est-ce qu'il se passe, bordel de merde ?

Pendant sa captivité, Lisbeth Salander se serait donc chargée de la tâche de trouver qui était Stylo Pourri. Possibilité zéro.

Susanne Linder réfléchit intensément.

Elle n'avait aucune idée précise sur Lisbeth Salander, ou sur ce que les gens disaient d'elle. Elle l'avait rencontrée peut-être cinq fois pendant les années où elle avait travaillé à Milton Security et n'avait jamais échangé le moindre mot personnel avec elle. L'image qu'elle avait de Salander était celle d'un être à faire des histoires, une asociale avec une carapace tellement dure que même un marteau-piqueur ne pouvait pas la percer. Elle avait constaté aussi que Dragan Armanskij avait étendu ses ailes protectrices autour de Lisbeth Salander. Comme Susanne Linder respectait Armanskij, elle avait supposé qu'il avait de bonnes raisons d'avoir une telle attitude envers cette fille complexe.

Stylo Pourri est Peter Fredriksson.

Est-ce qu'elle pouvait avoir raison ? Y avait-il des preuves ?

Susanne Linder passa ensuite une heure à questionner Erika Berger sur tout ce qu'elle savait sur Peter Fredriksson, quel était son rôle à *SMP* et quelle avait été leur relation professionnelle. Les réponses ne la menaient nulle part.

Erika Berger avait hésité jusqu'à la frustration, oscillant entre l'envie de se rendre chez Fredriksson pour entendre ses explications et le doute que ce soit vrai. Pour finir, Susanne Linder l'avait persuadée qu'elle ne pouvait pas se précipiter chez Peter Fredriksson avec des accusations – s'il était innocent, Berger ferait figure d'idiote complète.

Susanne Linder avait promis de s'occuper de l'affaire. Promesse qu'elle regretta au moment même où elle la formulait, vu qu'elle ignorait totalement comment elle allait s'y prendre.

Maintenant, en tout cas, elle garait sa Fiat Strada aussi près que possible de l'appartement de Fredriksson à Fisksätra. Elle ferma les portières à clé et regarda autour d'elle. Elle n'était pas très sûre de ce qu'elle était en train de faire, mais elle se dit qu'elle serait obligée de frapper chez lui et d'une façon ou d'une autre de l'amener à répondre à une série de questions. Elle avait une conscience aiguë que cela était totalement hors du cadre de son travail fixé par Milton Security et que Dragan Armanskij serait furieux s'il apprenait ce qu'elle fabriquait.

Ce n'était pas un bon plan. Et de toute façon, il échoua avant même qu'elle ait eu le temps de le mettre en œuvre.

Au moment où elle entrait dans la cour et s'approchait de l'immeuble de Peter Fredriksson, la porte d'entrée s'ouvrit. Susanne Linder le reconnut immédiatement d'après la photo du fichier du personnel qu'elle avait consultée dans l'ordinateur d'Erika Berger. Elle continua droit devant elle et ils se croisèrent. Susanne Linder s'arrêta en hésitant, se retourna et le vit disparaître en direction du garage. Puis elle constata qu'il était près de 23 heures et que Peter Fredriksson se rendait quelque part. Elle se demanda où il pouvait bien aller et courut rejoindre sa propre voiture.

MIKAEL BLOMKVIST RESTA LONGTEMPS à contempler son téléphone portable après qu'Erika Berger eut coupé leur conversation. Il se demanda ce qui se passait. Il jeta un regard frustré sur l'ordinateur de Lisbeth Salander, mais à l'heure qu'il était elle avait été transférée à la maison d'arrêt de Göteborg et il n'avait aucune possibilité de le lui demander.

Il ouvrit son T10 bleu et appela Idris Ghidi à Angered.

— Salut. Mikael Blomkvist.

— Salut, dit Idris Ghidi.

— Je voulais juste te dire que tu peux arrêter le boulot que tu faisais pour moi.

Idris Ghidi hocha la tête sans rien dire. Il avait déjà compris que Mikael Blomkvist allait appeler, puisque Lisbeth Salander avait été emmenée à la maison d'arrêt.

— Je comprends, dit-il.

— Tu peux garder le portable comme on avait dit. Je t'envoie le solde dans la semaine.

— Merci.

— C'est moi qui te remercie pour ton aide.

Il ouvrit son iBook et se mit au travail. Les événements de ces derniers jours signifiaient qu'une grande partie du manuscrit devrait être modifiée et qu'une toute nouvelle histoire devrait sans doute y être insérée.

Il soupira.

A 23 H 15, PETER FREDRIKSSON gara sa voiture à trois pâtés de maisons de la villa d'Erika Berger. Susanne Linder savait déjà où il se rendait et elle l'avait lâché pour ne pas éveiller son attention. Elle continua à rouler plus de deux minutes après qu'il s'était garé. Elle constata que la voiture était vide. Elle dépassa la maison d'Erika Berger et roula encore pour aller se garer hors de vue. Ses mains étaient en sueur.

Elle prit une boîte de Catch Dry et s'enfila sous la joue une dose de tabac à chiquer.

Puis elle ouvrit la portière et regarda autour d'elle. Dès qu'elle avait vu que Fredriksson était en route pour Saltsjöbaden, elle avait compris que le tuyau fourni par Salander était correct. Elle ignorait comment Salander s'était débrouillée pour le savoir, mais il ne faisait plus aucun doute que Fredriksson était Stylo Pourri. Il ne se rendait certainement pas par hasard de nuit à Saltsjöbaden. Quelque chose se tramait.

Ce qui était parfait si elle voulait le prendre en flagrant délit.

Elle sortit une matraque télescopique du vide-poche latéral de la portière et la soupesa un bref instant. Elle appuya sur le déblocage du manche et libéra le lourd câble en acier flexible. Elle serra les dents.

C'était pour ça qu'elle avait cessé de travailler dans la patrouille d'intervention de Södermalm.

Elle était entrée dans une rage folle un jour, lorsque la patrouille s'était rendue pour la troisième fois en autant de jours à une adresse à Hägersten après qu'une femme, toujours la même, avait appelé la police et hurlé à l'aide parce que son mari la battait. Et, comme lors des deux premières fois, la situation s'était tassée avant que la patrouille ait eu le temps d'arriver.

Par routine, ils avaient fait sortir l'homme dans la cage d'escalier pendant qu'ils interrogeaient la femme. *Non, elle ne voulait pas faire de déposition. Non, c'était une erreur. Non, il était gentil... en réalité c'était sa faute à elle. Elle l'avait provoqué...*

Et tout le temps, l'enfoiré s'était marré et avait regardé Susanne Linder droit dans les yeux.

Elle n'arrivait pas à expliquer pourquoi elle avait agi ainsi. Mais subitement, quelque chose avait craqué et elle avait sorti sa matraque et lui en avait flanqué un coup en travers de la bouche. Le premier coup manquait de force. Il avait esquivé et elle lui avait seulement éclaté la lèvre. Pendant les dix secondes qui avaient suivi – jusqu'à ce que ses collègues l'attrapent et l'emmènent de force à l'extérieur –, elle avait laissé les coups de matraque pleuvoir sur le dos du type, ses reins, ses hanches et ses épaules.

Il n'y avait jamais eu de mise en examen. Elle avait démissionné le soir même et était rentrée chez elle pleurer pendant une semaine. Puis elle s'était ressaisie et était allée frapper à la porte de Dragan Armanskij. Elle avait raconté ce qu'elle avait fait et pourquoi elle avait quitté la police. Elle cherchait du travail. Armanskij avait hésité et avait demandé un délai pour réfléchir. Elle avait déjà abandonné tout espoir quand il avait appelé, six semaines plus tard, pour dire qu'il était prêt à la prendre à l'essai.

Susanne Linder grimaça avec hargne et glissa la matraque télescopique dans le dos sous sa ceinture. Elle contrôla qu'elle avait bien la bombe de gaz lacrymogène dans la poche droite de sa veste et que les lacets de ses tennis étaient correctement serrés. Elle marcha jusqu'à la maison d'Erika Berger et se faufila sur le terrain.

Elle savait que le détecteur de mouvement dans l'arrière-cour n'était pas encore installé et elle se déplaça sans un bruit sur le gazon le long de la haie en bordure de terrain. Elle ne le voyait pas. Elle contourna la maison et resta immobile. Soudain, elle le vit, une ombre dans l'obscurité près de l'atelier de Lars Beckman.

Il ne se rend pas compte à quel point c'est couillon de revenir ici. Il n'arrive pas à s'en empêcher.

Il était accroupi et essayait de regarder par une fente entre les rideaux d'un petit salon jouxtant le séjour. Ensuite il monta sur la terrasse et regarda par les trous des stores baissés à côté de la fenêtre panoramique encore couverte de contreplaqué.

Brusquement, Susanne Linder sourit.

Elle se faufila par la cour jusqu'au coin de la maison pendant qu'il lui tournait le dos. Elle se cacha derrière des groseilliers et attendit. Elle pouvait l'apercevoir à travers les branches. De là où il était, Fredriksson devait voir le vestibule et une bonne partie de la cuisine. Il avait trouvé quelque chose d'intéressant à regarder et dix minutes s'écoulèrent avant qu'il se remette à bouger. Il s'approcha de Susanne Linder.

Au moment où il tournait au coin et passait devant elle, Susanne Linder se leva et parla d'une voix basse.

— Salut, Fredriksson !

Il s'arrêta net et pivota vers elle.

Elle vit ses yeux scintiller dans le noir. Elle ne pouvait pas voir son visage, mais elle entendait que le choc lui avait coupé le souffle.

— Il y a deux façons de s'y prendre, une simple et une autre compliquée, dit-elle. Nous allons rejoindre ta voiture et...

Il fit volte-face et se mit à courir.

Susanne Linder leva la matraque télescopique et frappa un coup douloureux et ravageur sur l'extérieur de son genou gauche.

Il tomba avec un bruit étouffé.

Elle leva la matraque pour frapper encore une fois mais se ravisa. Elle pouvait sentir les yeux de Dragan Armanskij dans sa nuque.

Elle se pencha et le fit rouler sur le ventre, puis elle lui enfonça un genou dans le bas de son dos. Elle saisit sa main droite et lui tordit le bras par-derrière, puis elle le menotta. Il était faible et n'opposa aucune résistance.

ERIKA BERGER ÉTEIGNIT LA LAMPE du séjour et monta l'escalier en boitant. Elle n'avait plus besoin des béquilles, mais la plante du pied lui faisait toujours mal quand elle mettait tout son poids dessus. Lars Beckman éteignit dans la cuisine et suivit sa femme. Jamais auparavant il n'avait vu Erika aussi malheureuse. Rien de ce qu'il lui disait ne semblait pouvoir la calmer ni atténuer l'angoisse qu'elle ressentait.

Elle se déshabilla et se glissa dans le lit en lui tournant le dos.

— Tu n'y es pour rien, Lars, dit-elle quand elle l'entendit se mettre au lit.

— Ça n'a vraiment pas l'air d'aller, dit-il. Je veux que tu restes à la maison quelques jours.

Il passa le bras autour de ses épaules. Elle n'essaya pas de le repousser, mais elle était totalement passive. Il se pencha vers elle et l'embrassa doucement dans le cou et la serra contre lui.

— Il n'y a rien que tu puisses dire ou faire pour améliorer la situation. Je sais que j'ai besoin d'une pause. Je me sens comme si j'étais montée dans un train express et venais de m'apercevoir qu'on va dérailler.

— On peut aller faire une virée en bateau quelques jours. Laisser tout ça et faire un break.

— Non. Je ne peux pas laisser tout ça.

Elle se tourna vers lui.

— Le pire que je pourrais faire maintenant, ce serait précisément de fuir. Je vais résoudre le problème. Ensuite on partira.

— D'accord, dit Lars. J'ai bien peur de ne pas pouvoir te servir à grand-chose.

Elle sourit presque.

— Non. C'est vrai. Mais merci d'être ici. Je t'aime au-delà du raisonnable, tu le sais.

Il fit oui de la tête.

— Je n'arrive pas à croire que c'est Peter Fredriksson, dit Erika Berger. Je n'ai jamais senti la moindre hostilité de sa part.

SUSANNE LINDER SE DEMANDA si elle allait sonner chez Erika Berger lorsqu'elle vit la lumière au rez-de-chaussée s'éteindre. Elle regarda Peter Fredriksson. Il n'avait pas dit un mot. Il était totalement passif. Elle réfléchit un long moment avant de se décider.

Elle se pencha, attrapa les menottes, le tira en position debout et l'appuya contre la maison.

— Tu tiens debout ? demanda-t-elle.

Il ne répondit pas.

— Bon, alors on va se simplifier les choses. Si tu manifestes la moindre résistance, tu subiras exactement le même traitement sur la jambe droite. Et si tu continues, je te pète les bras. Tu comprends ce que je dis ?

Elle sentit qu'il respirait vite. La peur ?

Elle le poussa devant elle dans la rue et jusqu'à sa voiture trois pâtés de maisons plus loin. Il boitait. Elle le soutenait. En arrivant à la voiture, ils croisèrent un promeneur nocturne avec son chien, qui s'arrêta et regarda les menottes de Peter Fredriksson.

— Police, dit Susanne Linder d'une voix déterminée. Rentrez chez vous.

Elle l'installa sur le siège arrière et le conduisit chez lui à Fisksätra. Il était minuit et demi et ils ne rencontrèrent personne devant son immeuble. Susanne Linder extirpa ses clés et lui fit grimper l'escalier jusqu'à son appartement au deuxième étage.

— Tu ne peux pas entrer chez moi, dit Peter Fredriksson.

C'étaient ses premiers mots depuis qu'elle l'avait menotté.

— Tu n'as pas le droit. Il te faut une commission rogatoire...

— Je ne suis pas flic, dit-elle à voix basse.

Il la regarda avec scepticisme.

Elle l'attrapa par la chemise et le poussa dans le séjour où elle le fit tomber sur le canapé. C'était un trois-pièces propre et bien rangé. La chambre à gauche du séjour, la cuisine de l'autre côté du vestibule, un petit bureau jouxtant le séjour.

Elle jeta un coup d'œil dans le bureau et poussa un soupir de soulagement. *L'arme du crime !* Elle vit tout de suite des photos de l'album d'Erika Berger éparpillées sur une table de travail à côté d'un ordinateur. Il avait épinglé une trentaine de photos sur le mur. Susanne Linder regarda l'exposition en haussant les sourcils. Erika Berger était vachement belle. Et sa vie sexuelle semblait plus marrante que la sienne.

Elle entendit Peter Fredriksson bouger et retourna dans le séjour pour le cueillir. Elle lui balança un coup de matraque, le tira dans le bureau et l'assit par terre.

— Tu ne bouges pas, dit-elle.

Elle alla dans la cuisine récupérer un sachet en papier de chez Konsum. Puis elle enleva les photos du mur, l'une après l'autre. Elle trouva l'album de photos saccagé et les journaux intimes d'Erika Berger.

— Où est la vidéo ? demanda-t-elle.

Peter Fredriksson ne répondit pas. Susanne Linder passa dans le séjour et alluma la télé. Une cassette était insérée dans le lecteur, mais elle tâtonna un moment avant de trouver la bonne chaîne sur la télécommande.

Elle éjecta la cassette et passa un long moment à vérifier qu'il n'avait pas fait de copies.

Elle trouva les lettres d'amour d'Erika adolescente et le rapport sur Borgsjö. Puis elle concentra son attention sur l'ordinateur de Peter Fredriksson. Elle constata qu'il avait un scanner Microtek branché sur un IBM PC. Elle souleva le couvercle du scanner et trouva une photo oubliée là, représentant Erika Berger à une fête au Club Xtrême, Nouvel An 1986, à en juger par une banderole en travers d'un mur.

Elle démarra l'ordinateur et se rendit compte qu'il était protégé par un code d'accès.

— C'est quoi, ton code ? demanda-t-elle.

Peter Fredriksson resta assis par terre, obstinément immobile et refusant de lui parler.

Susanne Linder se sentit tout à coup très calme. Elle savait que techniquement parlant, elle avait accumulé les infractions au cours de la soirée, y compris ce qu'on pourrait qualifier de contrainte et même d'enlèvement aggravé. Elle s'en foutait. Au contraire, elle se sentait plutôt contente.

Au bout d'un moment, elle finit par hausser les épaules, fouilla dans sa poche et sortit son couteau suisse. Elle défit tous les câbles de l'ordinateur, tourna l'arrière vers elle et utilisa le cruciforme pour l'ouvrir. Il lui fallut un petit quart d'heure pour démanteler l'ordinateur et en sortir le disque dur.

Elle regarda autour d'elle. Elle avait tout pris, mais par précaution elle passa au crible les tiroirs du bureau, des piles de papiers et les étagères. Soudain son regard tomba sur un vieil annuaire d'école posé sur le rebord de la fenêtre. Elle constata qu'il concernait le lycée de Djursholm, 1978. *Erika Berger n'est-elle pas issue du gratin de Djursholm... ?* Elle ouvrit l'annuaire et commença à parcourir les classes terminales les unes après les autres.

Elle trouva Erika Berger, dix-huit ans, coiffée de la casquette des bacheliers et affichant un sourire ensoleillé avec de jolies fossettes. Elle était vêtue d'une mince robe de coton blanc et tenait un bouquet de fleurs à la main. L'image d'Epinal d'une adolescente innocente avec mention dans toutes les matières.

Susanne Linder faillit louper le lien, mais il se trouvait à la page suivante. Elle ne l'aurait jamais reconnu sur la photo, mais la légende ne laissait aucune place au doute. Peter Fredriksson. Il était dans une autre terminale la même année qu'Erika Berger. Elle vit un garçon efflanqué, le visage sérieux, qui regardait droit dans l'objectif sous la visière de sa casquette.

Elle leva les yeux et croisa ceux de Peter Fredriksson.

— Elle était déjà une sale pute à l'époque.

— C'est fascinant, dit Susanne Linder.

— Elle baisait avec tous les mecs de l'école.

— Ça m'étonnerait.

— Elle n'était qu'une sale...

— Ne le dis pas. Qu'est-ce qu'il s'est passé ? Elle ne t'a pas laissé entrer dans sa culotte ?

— Elle me traitait comme du vent. Elle riait dans mon dos. Et quand elle a commencé à *SMP*, elle ne m'a même pas reconnu.

— Oui, oui, dit Susanne Linder fatiguée. Tu as sûrement eu une jeunesse difficile. On parle sérieusement un petit moment ?

— Qu'est-ce que tu veux ?

— Je ne suis pas flic, dit Susanne Linder. Je fais partie des gens qui s'occupent de ceux de ton espèce.

Elle attendit et laissa l'imagination de Fredriksson faire le travail.

— Je veux savoir si tu as mis des photos d'elle quelque part sur le Net.

Il secoua la tête.

— Vrai de vrai ?

Il hocha la tête.

— C'est à Erika Berger de décider si elle veut porter plainte contre toi pour harcèlement, menaces et violation de domicile ou si elle préfère régler ça à l'amiable.

Il ne dit rien.

— Si elle décide de t'ignorer – et j'estime que c'est à peu près tout ce que tu mérites comme attention –, moi, je te garderai à l'œil.

Elle brandit la matraque télescopique.

— Si tu t'avises de t'approcher une nouvelle fois de la maison d'Erika Berger ou que tu lui envoies des mails ou que tu la déranges en quoi que ce soit, je reviendrai ici. Je te fracasserai à un point que même ta mère ne te reconnaîtra pas. Tu me comprends ?

Il ne dit rien.

— En d'autres mots, tu as une chance d'influer sur la fin de cette histoire. Ça t'intéresse ?

Il hocha lentement la tête.

— Dans ce cas, je vais recommander à Erika Berger de te laisser courir. Ce n'est plus la peine que tu ailles au boulot à partir de maintenant. Tu es licencié avec effet immédiat.

Il hocha la tête.

— Tu disparais de sa vie et de Stockholm. Je me fous de ce que tu fais et d'où tu vas. Trouve-toi du boulot à Göteborg ou à Malmö. Fous-toi une nouvelle fois en congé maladie. Fais ce que tu veux. Mais laisse Erika Berger tranquille.

Il hocha la tête.

— On est d'accord ?

Peter Fredriksson fondit brusquement en larmes.

— Je ne voulais rien de mal, dit-il. Je voulais seulement…

— Tu voulais transformer sa vie en un enfer et tu as réussi. Est-ce que j'ai ta parole ?

Il hocha la tête.

Elle se pencha en avant, le tourna sur le ventre et ouvrit les menottes. Elle emporta le sac de Konsum contenant la vie d'Erika Berger et laissa le bonhomme étalé par terre.

IL ÉTAIT 2 H 30 LE LUNDI quand Susanne Linder sortit de l'immeuble de Fredriksson. Elle envisagea d'attendre le jour avant d'agir mais réalisa que si c'était elle qui avait été concernée, elle aurait aimé savoir tout de suite. De plus, sa voiture était toujours garée à Saltsjöbaden. Elle appela un taxi.

Lars Beckman ouvrit avant qu'elle ait eu le temps d'appuyer sur la sonnette. Il portait un jean et n'avait nullement l'air endormi.

— Est-ce qu'Erika est réveillée ? demanda Susanne Linder.

Il hocha la tête.

— Il y a du nouveau ? demanda-t-il.

Elle fit oui de la tête et lui sourit.

— Entre. On est en train de parler dans la cuisine.

Ils entrèrent.

— Salut Berger, dit Susanne. Il faut que tu apprennes à dormir de temps en temps.

— Qu'est-ce qu'il s'est passé ?

Susanne tendit le sac.

— Peter Fredriksson promet de te laisser tranquille à l'avenir. Je ne sais pas s'il faut lui faire confiance, mais s'il tient sa parole, c'est plus indolore que d'aller porter plainte et de subir un procès. A toi de décider.

— Alors c'est réellement lui ?

Susanne Linder hocha la tête. Lars Beckman proposa du café, mais Susanne n'en voulait pas. Elle en avait bu beaucoup trop ces derniers jours. Elle s'installa et raconta ce qui s'était passé devant leur maison au cours de la nuit.

Erika Berger resta silencieuse un long moment. Puis elle se leva et monta à l'étage, et revint avec son exemplaire de l'annuaire du lycée. Elle contempla longuement le visage de Peter Fredriksson.

— Je me souviens de lui, finit-elle par dire. Mais j'étais loin de me douter que c'était ce même Peter Fredriksson qui travaillait à SMP. Je ne me suis même pas souvenue de son nom avant de regarder dans cet annuaire.

— Que s'était-il passé ? demanda Susanne Linder.

— Rien. Absolument rien. Il était un garçon taciturne et sans intérêt dans une autre classe. Je crois qu'on avait une matière ensemble. Le français, il me semble.

— Il a dit que tu le traitais comme du vent.

Erika hocha la tête.

— C'est probablement vrai. Je ne le connaissais pas et il ne faisait pas partie de notre bande.

— Vous l'utilisiez comme souffre-douleur ou un truc comme ça ?

— Non, bonté divine ! Je n'ai jamais aimé ces trucs-là. On faisait des campagnes antipersécution au lycée et j'étais la présidente du conseil des élèves. Je n'arrive pas à me rappeler s'il m'a jamais adressé la parole ou même si j'ai échangé le moindre mot avec lui.

— OK, dit Susanne Linder. Il avait manifestement une dent contre toi en tout cas. Il a été en arrêt maladie à deux reprises, de longues périodes, pour stress, il avait complètement craqué. Il y a peut-être d'autres raisons pour ses arrêts maladie que nous ne connaissons pas.

Elle se leva et remit sa veste en cuir.

— Je garde son disque dur. Techniquement, c'est un objet volé et qui ne doit pas se trouver chez toi. Tu n'as pas à t'inquiéter, je vais le détruire en arrivant chez moi.

— Attends, Susanne... Comment vais-je pouvoir te remercier ?

— Eh bien, tu pourras me soutenir quand la colère d'Armanskij va me frapper comme la foudre tombée du ciel.

Erika la regarda avec sérieux.

— Tu es dans de mauvais draps à cause de tout ça ?

— Je ne sais pas... je ne sais vraiment pas.

— Est-ce qu'on peut te payer pour...

— Non. Mais Armanskij va peut-être facturer cette nuit. J'espère qu'il le fera, ça voudra dire qu'il approuve ce que j'ai fait et alors il pourra difficilement me mettre à la porte.

— Je veillerai à ce qu'il facture.

Erika Berger se leva et serra longuement Susanne Linder dans ses bras.

— Merci, Susanne. Si un jour tu as besoin d'aide, sache que je suis ton amie. Il peut s'agir de n'importe quoi.

— Merci. Ne laisse pas ces photos traîner partout. Tiens, à propos, Milton Security propose des installations d'armoires sécurisées très chouettes.

Erika Berger sourit.

22

LUNDI 6 JUIN

ERIKA BERGER SE RÉVEILLA A 6 HEURES le lundi. Bien qu'elle n'ait guère dormi plus d'une heure, elle se sentait remarquablement reposée. Elle supposa que c'était une sorte de réaction physique. Pour la première fois depuis plusieurs mois, elle mit son jogging et se lança au pas de course sérieux jusqu'à l'appontement du bateau à vapeur. C'est-à-dire avec fougue pendant une centaine de mètres, avant que son talon blessé la fasse tant souffrir qu'elle dut diminuer l'allure et continuer sur un rythme plus calme. A chaque pas, elle prenait plaisir à la douleur dans le talon.

Elle se sentait littéralement ressuscitée. C'était comme si la Faucheuse était passée devant sa porte, puis avait changé d'avis au dernier moment et était entrée chez les voisins. Elle n'arrivait même pas à comprendre comment elle avait pu avoir la chance inouïe que Peter Fredriksson ait gardé les photos pendant quatre jours sans rien en faire. Qu'il les ait scannées indiquait bien qu'il avait quelque chose en tête, sauf qu'il n'avait pas encore pris d'initiative.

Quoi qu'il en soit, elle allait faire un cadeau de Noël cher et surprenant à Susanne Linder cette année. Elle allait lui trouver quelque chose de vraiment original.

A 7 h 30, elle laissa Lars continuer à dormir, monta dans sa BMW et se rendit à la rédaction de SMP à Norrtull. Elle mit sa voiture dans le garage, prit l'ascenseur pour la rédaction et s'installa dans sa cage en verre. Sa première mesure fut d'appeler un technicien de surface.

— Peter Fredriksson a démissionné de SMP avec effet immédiat, dit-elle. Il faudra trouver un grand carton et vider les objets personnels de son bureau, puis veiller à ce que ça soit porté chez lui dans la matinée.

Elle contempla le pôle Actualités. Lukas Holm venait d'arriver. Il croisa son regard et lui adressa un hochement de tête.

Elle le lui rendit.

Holm était un sale con, mais après leur prise de bec quelques semaines auparavant, il avait cessé de faire des histoires. S'il continuait à montrer la même attitude positive, il allait peut-être survivre comme chef des Actualités. Peut-être.

Elle sentit qu'elle allait pouvoir renverser la vapeur.

A 8 h 45, elle aperçut Borgsjö quand il sortait de l'ascenseur pour disparaître par l'escalier intérieur en direction de son bureau à l'étage au-dessus. *Il faut que je lui parle dès aujourd'hui.*

Elle alla chercher du café et consacra un moment au planning du matin. C'était un matin pauvre en nouvelles. Le seul texte d'intérêt était un entrefilet annonçant de façon neutre que Lisbeth Salander avait été transférée à la maison d'arrêt de Göteborg dimanche. Elle donna le feu vert à l'article et l'envoya par mail à Lukas Holm.

A 8 h 59, Borgsjö appela.

— Berger. Venez dans mon bureau tout de suite.

Puis il raccrocha.

Magnus Borgsjö était livide quand Erika Berger ouvrit sa porte. Il était debout et se tourna vers elle, puis il lança une pile de papiers sur le bureau.

— C'est quoi cette foutue merde ? lui hurla-t-il.

Le cœur d'Erika Berger tomba comme une pierre dans sa poitrine. Un simple coup d'œil sur la couverture lui suffit pour savoir ce que Borgsjö avait trouvé dans le courrier du matin.

Fredriksson n'avait pas eu le temps de s'occuper des photos. Mais il avait eu le temps d'envoyer l'article de Henry Cortez à Borgsjö.

Elle s'assit calmement devant lui.

— C'est un texte que le journaliste Henry Cortez a écrit et que le journal *Millénium* avait projeté de publier dans le numéro qui est sorti il y a une semaine.

Borgsjö eut l'air désespéré.

— C'est quoi ces putains de manières ? Je t'ai fait entrer à SMP et la première chose que tu fais, c'est de manœuvrer dans mon dos. Tu es quoi, une espèce de foutue pute des médias ?

Les yeux d'Erika Berger s'étrécirent et elle devint toute glacée. Elle en avait assez du mot "pute".

— Tu crois vraiment que quelqu'un va prêter attention à ça ? Tu crois que tu peux me faire tomber en racontant des conneries ? Et pourquoi me l'envoyer de façon anonyme, bordel de merde ?

— Ce n'est pas comme ça que ça s'est passé, Borgsjö.

— Alors, raconte comment.

— Celui qui t'a envoyé ce texte de façon anonyme, c'est Peter Fredriksson. Je l'ai viré de SMP hier.

— De quoi tu me parles, là ?

— C'est une longue histoire. Mais ça fait plus de deux semaines que je retarde ce texte sans savoir comment aborder le problème avec toi.

— C'est toi qui es derrière le texte.

— Non, ce n'est pas moi. Henry Cortez a fait des recherches et il l'a écrit. J'ignorais tout de la chose.

— Et tu voudrais que je te croie ?

— Dès que mes collègues à *Millénium* ont réalisé que tu figurais dans le texte, Mikael Blomkvist a arrêté la publication. Il m'a appelée et m'a donné une copie. C'était pour me ménager. On m'a volé cette copie et maintenant elle s'est retrouvée ici chez toi. *Millénium* tenait à ce que j'aie l'occasion d'en parler avec toi avant qu'ils publient. Ce qu'ils ont l'intention de faire dans leur numéro d'août.

— Je n'ai jamais rencontré un journaliste à ce point dépourvu de scrupules. Tu l'emportes haut la main.

— Bon. Maintenant que tu as lu le reportage, tu as peut-être parcouru l'index des références aussi. L'histoire de Cortez tient la route, jusqu'à l'imprimerie. Et tu le sais.

— C'est censé vouloir dire quoi ?

— Si tu es toujours le président du CA quand *Millénium* lancera l'impression, ça va nuire à SMP. Je me suis creusé la tête en long et en large pour essayer de trouver une solution, mais je n'en trouve pas.

— Qu'est-ce que tu veux dire ?

— Il faut que tu démissionnes.

— Tu plaisantes ? Je n'ai commis absolument aucune infraction à la loi.

— Magnus, tu ne réalises donc pas l'étendue de cette révélation. Ne m'oblige pas à convoquer le conseil d'administration. Ce serait trop pénible.

— Tu ne vas rien convoquer du tout. Tu as fait ton temps à *SMP*.

— Désolée. Seul le conseil d'administration peut me mettre à la porte. Je pense que tu devras convoquer un conseil extraordinaire. Je proposerais dès cet après-midi.

Borgsjö contourna le bureau et se plaça si près d'Erika Berger qu'elle sentit son haleine.

— Berger… il te reste une chance de survivre à ceci. Tu vas trouver tes foutus copains de *Millénium* et t'arranger pour que cet article ne soit jamais imprimé. Si tu mènes bien ta barque, je peux envisager d'oublier ce que tu as fait.

Erika Berger soupira.

— Magnus, tu ne comprends donc pas que c'est sérieux. Je n'ai pas la moindre influence sur ce que *Millénium* va publier. Cette histoire sera rendue publique quoi que je dise. La seule chose qui m'intéresse est de savoir quel effet elle aura sur *SMP*. C'est pour ça que tu dois démissionner.

Borgsjö mit les mains sur le dossier de la chaise et se pencha vers elle.

— Tes potes à *Millénium* réfléchiront peut-être deux fois s'ils savent que tu seras virée à l'instant où ils rendront publiques ces conneries.

Il se redressa.

— Je pars pour une réunion à Norrköping aujourd'hui. Il la regarda puis ajouta un mot en appuyant dessus. Svea-Bygg.

— Ah bon.

— Quand je serai de retour demain, tu m'auras laissé un rapport précisant que cette affaire est réglée. C'est compris ?

Il mit sa veste. Erika Berger le contempla, les yeux mi-clos.

— Mène cette affaire joliment et tu survivras peut-être chez *SMP*. Dégage de mon bureau maintenant.

Elle se leva et retourna à la cage en verre, et resta totalement immobile sur sa chaise pendant vingt minutes. Puis elle prit le téléphone et demanda à Lukas Holm de venir dans son bureau. Il avait tiré la leçon de ses erreurs passées et fut là dans la minute.

— Assieds-toi.

Lukas Holm haussa un sourcil et s'assit.

— Bon, alors qu'est-ce que j'ai fait de mal maintenant ? demanda-t-il, ironique.

— Lukas, ceci est mon dernier jour de travail à SMP. Je démissionne, là tout de suite. Je vais appeler le vice-président et le reste du CA à une réunion de déjeuner.

Il la fixa avec un réel étonnement.

— J'ai l'intention de te recommander comme rédacteur en chef intérimaire.

— Quoi ?

— C'est OK pour toi ?

Lukas Holm se pencha en arrière dans le fauteuil et contempla Erika Berger.

— Je n'ai jamais voulu devenir rédacteur en chef, merde alors, dit-il.

— Je le sais. Mais tu as la poigne qu'il faut. Et tu passes sur des cadavres pour pouvoir publier un bon article. J'aurais simplement préféré que tu aies un peu plus de bon sens dans le crâne.

— Qu'est-ce qu'il s'est passé ?

— J'ai un autre style que toi. Toi et moi, on s'est tout le temps disputé sur l'orientation qu'il faut donner aux sujets et on ne s'entendra jamais.

— Non, dit-il. C'est vrai, on ne s'entendra jamais. Mais il se peut que mon style soit vieillot.

— Je ne sais pas si "vieillot" est le bon mot. Tu es un crack pour les Actualités mais tu te comportes comme un enfoiré. C'est tout à fait inutile. Ce qui nous a le plus divisés, par contre, c'est que tu as tout le temps soutenu qu'en tant que chef des Actualités, tu ne peux pas laisser des considérations d'ordre privé influencer l'évaluation des actualités.

Erika Berger sourit soudain méchamment à Lukas Holm. Elle ouvrit son sac et sortit l'original de l'article sur Borgsjö.

— Faisons un test de ton aptitude à évaluer des nouvelles. J'ai là un article que nous tenons de Henry Cortez, collaborateur à la revue Millénium. J'ai décidé ce matin que nous prendrons ce texte comme l'histoire phare de la journée.

Elle jeta le dossier sur les genoux de Holm.

— C'est toi le chef des Actualités. Ce sera intéressant d'entendre si tu partages mon évaluation.

Lukas Holm ouvrit le dossier et se mit à lire. Dès l'introduction, ses yeux s'élargirent. Il se redressa sur la chaise et fixa Erika Berger. Puis il baissa le regard et lut tout le texte du début à la fin. Il ouvrit la partie "références" et la lut attentivement. Cela lui prit dix minutes. Ensuite il reposa lentement le dossier.

— Ça va faire un putain de scandale.

— Je sais. C'est pour ça que c'est mon dernier jour de travail ici. *Millénium* avait l'intention de passer l'histoire dans le numéro de juin mais Mikael Blomkvist a arrêté les frais. Il m'a donné le texte pour que je puisse parler avec Borgsjö avant qu'ils publient.

— Et ?

— Borgsjö m'a ordonné d'étouffer l'histoire.

— Je comprends. Alors tu penses le publier à *SMP* par dépit.

— Non. Pas par dépit. C'est la seule issue. Si *SMP* publie l'article, nous avons une chance de sortir de cette embrouille avec l'honneur intact. Borgsjö doit partir. Mais ça signifie aussi que je ne peux pas rester.

Holm garda le silence pendant deux minutes.

— Merde alors, Berger… Je ne pensais pas que tu avais autant de couilles. Je ne pensais pas qu'un jour j'aurais à dire ça, mais si tu as autant de culot, je vais carrément regretter que tu t'en ailles.

— Tu pourrais arrêter la publication, mais si on l'approuve tous les deux, aussi bien toi que moi… Tu as l'intention d'y aller ?

— Oui, bien sûr qu'on va publier l'article. De toute façon, ça se saura tôt ou tard.

— Exact.

Lukas Holm se leva et resta hésitant devant le bureau d'Erika.

— Va bosser, dit Erika Berger.

ELLE ATTENDIT CINQ MINUTES après que Holm avait quitté la pièce avant de prendre le combiné et d'appeler Malou Eriksson à *Millénium*.

— Salut Malou. Tu as Henry Cortez dans les parages ?

— Oui. A son bureau.

— Tu peux le faire venir dans ton bureau et brancher le haut-parleur ? Il faut qu'on se concerte.

Henry Cortez fut sur place dans les quinze secondes.

— Qu'est-ce qu'il se passe ?

— Henry, j'ai fait quelque chose d'amoral aujourd'hui.

— Ah bon ?

— J'ai donné ton article sur Vitavara à Lukas Holm, chef des Actualités ici à *SMP*.

— Oui…

— Je lui ai donné l'ordre de publier l'article demain dans *SMP*. Avec ta signature. Et tu seras évidemment payé. A toi de fixer le prix.

— Erika… c'est quoi ce bordel ?

Elle résuma ce qui s'était passé au cours des dernières semaines et raconta comment Peter Fredriksson avait failli l'anéantir.

— Putain ! dit Henry Cortez.

— Je sais que c'est ton article, Henry. Simplement, je n'ai pas le choix. Est-ce que tu peux nous suivre là-dessus ?

Henry Cortez garda le silence pendant quelques secondes.

— Merci d'avoir appelé, Erika. C'est OK si vous publiez l'article avec ma signature. Si c'est OK pour Malou, je veux dire.

— C'est OK pour moi, dit Malou.

— Bien, dit Erika. Est-ce que vous pouvez mettre Mikael au courant, je suppose qu'il n'est pas encore arrivé.

— Je parlerai à Mikael, dit Malou Eriksson. Mais, Erika, est-ce que ceci ne signifie pas que tu es au chômage dès aujourd'hui ?

Erika éclata de rire.

— J'ai décidé de prendre des vacances jusqu'à la fin de l'année. Crois-moi, ces quelques semaines à *SMP* étaient amplement suffisantes.

— Ce n'est pas une bonne idée de commencer à faire des projets de vacances, dit Malou.

— Pourquoi pas ?

— Tu pourrais faire un saut à *Millénium* cet après-midi ?

— Pourquoi ?

— J'ai besoin d'aide. Si tu voulais devenir rédac-chef ici, tu pourrais commencer dès demain matin.

— Malou, c'est toi qui es la rédactrice en chef de *Millénium*. Pas question qu'il en soit autrement.

— Bon, bon. Alors tu pourrais commencer comme secrétaire de rédaction, lança Malou en riant.

— Tu es sérieuse ?

— Enfin, merde, Erika, tu me manques au point que je suis en train de m'éteindre à petit feu. J'ai accepté ce boulot à *Millénium* entre autres pour avoir l'occasion de travailler avec toi. Et toi, tu t'en vas dans un autre journal.

Erika Berger resta sans rien dire pendant une minute. Elle n'avait même pas eu le temps de réfléchir à la possibilité de revenir à *Millénium*.

— Et je serais la bienvenue ? demanda-t-elle lentement.

— A ton avis ? J'imagine qu'on commencerait par une mégafête, et c'est moi qui l'organiserais. Et tu reviendrais exactement pile-poil au moment où on publierait tu sais quoi.

Erika regarda l'horloge de son bureau. 9 h 55. En une heure tout son monde avait basculé. Elle sentit subitement à quel point elle avait envie de monter de nouveau l'escalier de *Millénium*.

— J'ai deux-trois choses à faire ici à *SMP* dans les heures qui viennent. C'est bon, si je passe vers 16 heures ?

SUSANNE LINDER REGARDA DRAGAN ARMANSKIJ droit dans les yeux tandis qu'elle lui racontait exactement ce qui s'était passé au cours de la nuit. La seule chose qu'elle omit fut sa soudaine conviction que le piratage de l'ordinateur de Peter Fredriksson émanait de Lisbeth Salander. Elle s'en abstint pour deux raisons. D'une part, elle trouvait que ça faisait trop irréel. Et, d'autre part, elle savait que Dragan Armanskij était intimement lié à l'affaire Salander avec Mikael Blomkvist.

Armanskij écouta attentivement. Une fois son récit terminé, Susanne Linder attendit sa réaction en silence.

— Lars Beckman a appelé il y a une heure, dit-il.

— Aha.

— Lui et Erika Berger vont passer dans la semaine pour signer des contrats. Ils tiennent à remercier Milton Security pour son intervention et plus particulièrement la tienne.

— Je comprends. C'est bien quand les clients sont satisfaits.

— Il veut aussi commander une armoire sécurisée pour sa villa. On va boucler le pack d'alarmes et on l'installera au cours de la semaine.

— Bien.

— Il tient à ce qu'on facture ton intervention de ce week-end.

— Hmm.

— Autrement dit, ça va leur faire une addition salée.

— Aha.

Armanskij soupira.

— Susanne, tu es consciente que Fredriksson peut aller voir la police et porter plainte contre toi pour une foule de choses.

Elle hocha la tête.

— Certes, il se ferait coincer lui-même aussi, et en beauté, mais il peut estimer que le jeu en vaut la chandelle.

— Je ne pense pas qu'il ait assez de couilles pour aller voir la police.

— Soit, mais tu as agi en dehors de toutes les instructions que je t'ai données.

— Je le sais, dit Susanne Linder.

— Alors, d'après toi, comment dois-je réagir ?

— Il n'y a que toi qui puisses le décider.

— Mais comment tu trouves, toi, que je devrais réagir ?

— Ce que je trouve n'a rien à voir. Tu peux toujours me virer.

— Difficilement. Je ne peux pas me permettre de perdre un collaborateur de ton calibre.

— Merci.

— Mais si tu me refais un truc pareil à l'avenir, je serai très, très fâché.

Susanne Linder hocha la tête.

— Qu'est-ce que tu as fait du disque dur ?

— Il est détruit. Je l'ai coincé dans un étau ce matin et je l'ai réduit en miettes.

— OK. Alors on tire un trait sur cette affaire.

ERIKA BERGER PASSA LA MATINÉE à téléphoner aux membres du CA de SMP. Elle trouva le vice-président dans sa maison de campagne à Vaxholm et réussit à lui faire accepter de monter dans sa voiture et de venir à la rédaction au plus vite. Après le déjeuner, un CA fortement réduit se réunit. Erika Berger consacra une heure à rendre compte de l'origine du dossier Cortez et des conséquences qu'il avait eues.

Comme on pouvait s'y attendre, quand elle eut fini de parler furent émises les propositions d'une solution alternative qu'on pourrait peut-être trouver. Erika expliqua qu'elle avait l'intention de publier l'article dans le numéro du lendemain. Elle expliqua aussi que c'était son dernier jour de travail et que sa décision était irrévocable.

Erika fit approuver et consigner deux décisions par le CA. Primo, qu'il serait demandé à Magnus Borgsjö de libérer immédiatement son poste et, deuzio, que Lukas Holm serait désigné rédacteur en chef intérimaire. Ensuite elle s'excusa et laissa les membres du conseil discuter la situation entre eux.

A 14 heures, elle descendit au service du personnel pour établir un contrat. Ensuite elle monta au pôle Culture et demanda à parler au chef Culture Sebastian Strandlund et à la journaliste Eva Carlsson.

— J'ai cru comprendre qu'ici à la Culture vous tenez Eva Carlsson pour une journaliste compétente et douée.

— C'est exact, dit Strandlund.

— Et dans les demandes de budget de ces deux dernières années, vous avez demandé que la rubrique soit renforcée d'au moins deux personnes.

— Oui.

— Eva, considérant la correspondance dont tu as été victime, il y aura peut-être des rumeurs désagréables si je t'offre un poste fixe. Ça t'intéresse toujours ?

— Evidemment.

— Dans ce cas, ma dernière décision ici à *SMP* sera de signer ce contrat d'embauche.

— Dernière ?

— C'est une longue histoire. Je pars aujourd'hui. Je vais vous demander de garder ça pour vous pendant une petite heure.

— Qu'est-ce…

— Il y a une conférence dans un instant.

Erika Berger signa le contrat et le glissa vers Eva Carlsson de l'autre côté de la table.

— Bonne chance, dit-elle en souriant.

— L'HOMME INCONNU D'UN CERTAIN ÂGE qui participait samedi à la réunion chez Ekström s'appelle Georg Nyström, et il est commissaire, dit Rosa Figuerola en plaçant les photos sur le bureau devant Torsten Edklinth.

— Commissaire, marmonna Edklinth.

— Stefan l'a identifié hier soir. Il est arrivé en voiture à l'appartement dans Artillerigatan.

— Qu'est-ce qu'on sait sur lui ?

— Il vient de la police ordinaire et il travaille à la Säpo depuis 1983. Depuis 1996, il a un poste d'investigateur avec responsabilité engagée. Il fait des contrôles internes et des vérifications d'affaires déjà bouclées par la Säpo.

— Bon.

— Depuis samedi, en tout six personnes présentant un intérêt ont franchi la porte. A part Jonas Sandberg et Georg Nyström, il y a Fredrik Clinton dans l'immeuble. Il est allé à sa dialyse ce matin en transport sanitaire.

— Qui sont les trois autres ?

— Un dénommé Otto Hallberg. Il a travaillé à la Säpo dans les années 1980 mais il appartient en fait à l'état-major de la Défense. Il est dans la marine et le renseignement militaire.

— Aha. Comment ça se fait que je ne sois pas surpris ?

Rosa Figuerola posa une nouvelle photo.

— On n'a pas encore identifié celui-ci. Il a déjeuné avec Hallberg. On verra si on peut l'identifier quand il rentrera chez lui ce soir.

— OK.

— Mais c'est ce gars-là qui est le plus intéressant.

Elle posa une nouvelle photo sur le bureau.

— Je le reconnais, dit Edklinth.

— Il s'appelle Wadensjöö.

— C'est ça. Il travaillait pour la brigade antiterrorisme il y a une quinzaine d'années. Général de bureau. Il était un des candidats pour le poste de chef suprême ici à la Firme. Je ne sais pas ce qui lui est arrivé.

— Il a démissionné en 1991. Devine avec qui il a déjeuné il y a une heure.

Elle plaça la dernière photo sur le bureau.

— Le secrétaire général Albert Shenke et le chef du budget Gustav Atterbom. Je veux une surveillance de ces individus jour et nuit. Je veux savoir exactement qui ils rencontrent.

— Ce n'est pas possible. Je n'ai que quatre hommes à ma disposition. Et il faut que quelqu'un travaille sur la documentation.

Edklinth hocha la tête et se pinça pensivement la lèvre inférieure. Au bout d'un moment, il regarda de nouveau Rosa Figuerola.

— Il nous faut davantage de personnel, dit-il. Est-ce que tu penses pouvoir contacter l'inspecteur Jan Bublanski discrètement et lui demander s'il peut envisager de dîner avec moi aujourd'hui après le boulot ? Disons vers 19 heures.

Edklinth tendit le bras pour prendre le téléphone et composa un numéro de tête.

— Salut, Armanskij. C'est Edklinth. J'aimerais te rendre ce dîner sympa que tu m'as offert l'autre jour… non, j'insiste. Vers 19 heures, ça te va ?

LISBETH SALANDER AVAIT PASSÉ LA NUIT à la maison d'arrêt de Kronoberg dans une cellule qui mesurait à peu près deux mètres sur quatre. L'ameublement était des plus modestes. Elle s'était endormie dans les cinq minutes après avoir été enfermée et s'était réveillée tôt le lundi matin pour obéir au thérapeute de Sahlgrenska et faire les exercices d'étirement prescrits. Ensuite elle avait eu droit au petit-déjeuner puis était restée assise en silence sur sa couchette à regarder droit devant elle.

A 9 h 30, on l'amena dans une pièce d'interrogatoire à l'autre bout du couloir. Le gardien était un homme âgé, petit et chauve, avec un visage rond et des lunettes à monture d'écaille. Il la traitait correctement et avec bonhomie.

Annika Giannini la salua gentiment. Lisbeth ignora Hans Faste. Ensuite elle rencontra pour la première fois le procureur Richard Ekström et passa la demi-heure suivante assise sur une chaise à fixer obstinément un point sur le mur un peu au-dessus de la tête d'Ekström. Elle ne prononça pas un mot et ne remua pas un muscle.

A 10 heures, Ekström interrompit l'interrogatoire raté. Il était agacé de ne pas avoir réussi à lui soutirer la moindre réponse. Pour la première fois, il fut saisi de doute en observant Lisbeth Salander. Comment cette fille mince qui ressemblait à une poupée avait-elle pu mettre à mal Magge Lundin et Benny Nieminen à Stallarholmen ? La cour serait-elle prête à accepter cette histoire, même s'il avait des preuves convaincantes ?

A midi, on servit à Lisbeth un déjeuner léger et elle utilisa l'heure suivante à résoudre des équations dans sa tête. Elle se concentra sur le chapitre "Astronomie sphérique" d'un livre qu'elle avait lu deux ans plus tôt.

A 14 h 30, on la reconduisit à la pièce d'interrogatoire. Cette fois-ci le gardien était une femme assez jeune. La pièce était vide. Elle s'assit sur une chaise et continua à réfléchir sur une équation particulièrement ardue.

Au bout de dix minutes, la porte s'ouvrit.

— Bonjour Lisbeth, salua amicalement Peter Teleborian.

Il sourit. Lisbeth Salander fut glacée. Les composants de l'équation qu'elle avait construite dans l'air devant elle s'écroulèrent par terre. Elle entendit les chiffres et les signes rebondir et cliqueter comme de réels petits morceaux concrets.

Peter Teleborian resta immobile une minute à l'observer avant de s'asseoir en face d'elle. Elle continua à fixer le mur.

Au bout d'un moment, elle déplaça les yeux et affronta son regard.

— Je suis désolé que tu te retrouves dans une telle situation, dit Peter Teleborian. Je vais essayer de t'aider autant que je le pourrai. J'espère que nous allons réussir à instaurer une confiance mutuelle.

Lisbeth examinait chaque centimètre du type en face d'elle. Les cheveux ébouriffés. La barbe. Le petit interstice entre ses dents de devant. Les lèvres minces. La veste brune. La chemise au col ouvert. Elle entendait sa voix douce et perfidement aimable.

— J'espère aussi pouvoir mieux t'aider que la dernière fois où nous nous sommes rencontrés.

Il plaça un petit bloc-notes et un stylo sur la table devant lui. Lisbeth baissa les yeux et contempla le stylo. Un long cylindre argenté et pointu.

Analyse des conséquences.

Elle réprima une impulsion de tendre la main pour s'emparer du stylo.

Ses yeux se portèrent sur le petit doigt gauche de Teleborian. Elle vit un faible trait blanc à l'endroit où, quinze ans plus tôt, elle avait planté ses dents et serré si fort ses mâchoires qu'elle lui avait presque sectionné le doigt. Trois aides-soignants avaient dû joindre leurs efforts pour la tenir et lui ouvrir de force les mâchoires.

Cette fois-là, j'étais une petite fille terrorisée qui avait à peine entamé l'adolescence. Maintenant je suis adulte. Je peux te tuer quand je veux.

Elle fixa fermement ses yeux sur un point du mur derrière Teleborian et ramassa les chiffres et signes mathématiques qui avaient dégringolé par terre, et posément elle recommença à disposer l'équation.

Le Dr Peter Teleborian contempla Lisbeth Salander avec une expression neutre. Il n'était pas devenu un psychiatre internationalement respecté parce qu'il manquait de connaissances sur l'être humain. Il possédait une bonne capacité de lire les sentiments et les états d'âme. Il sentit qu'une ombre froide parcourait la pièce, mais il interpréta cela comme un signe de peur et de honte chez la patiente sous la surface immuable. Il prit cela comme l'indication positive qu'elle réagissait malgré tout à sa présence. Il était satisfait aussi qu'elle n'ait pas modifié son comportement. *Elle va se saborder elle-même au tribunal.*

LA DERNIÈRE MESURE D'ERIKA BERGER à *SMP* fut de s'asseoir dans la cage en verre et d'écrire un compte rendu à tous les collaborateurs. Elle était passablement irritée en commençant et, malgré elle, cela se traduisit par trois mille signes dans lesquels elle expliquait pourquoi elle démissionnait de *SMP* et donnait son avis sur certaines personnes. Puis elle effaça tout et recommença sur un ton plus neutre.

Elle ne mentionna pas Peter Fredriksson. Le faire risquait d'attirer l'attention générale sur lui et les véritables motifs disparaîtraient sous les gros titres parlant de harcèlement sexuel.

Elle donna deux raisons. La plus importante était qu'elle avait rencontré une résistance massive de la direction à sa proposition que les chefs et les propriétaires baissent leurs salaires et dividendes. Du coup, elle aurait été obligée de démarrer à *SMP* en opérant des coupes sombres dans l'effectif du personnel. Et cela, elle le tenait non seulement pour une violation des perspectives qu'on lui avait fait miroiter quand elle avait accepté ce boulot, mais aussi pour une mesure rendant impossibles toutes les tentatives de changements à long terme et de renforcement du journal.

La seconde raison était la révélation concernant Borgsjö. Elle expliqua qu'on lui avait ordonné d'occulter l'histoire et que cela ne relevait pas de sa mission. Cela impliquait néanmoins qu'elle n'avait pas le choix, il lui fallait quitter la rédaction. Elle termina en constatant que le problème de *SMP* ne se trouvait pas dans son personnel mais dans sa direction.

Elle relut son compte rendu, corrigea une faute d'orthographe et l'envoya par mail à tous les employés du groupe. Elle en fit une copie qu'elle envoya à *Pressens tidning* et à l'organe syndical *Journalisten*. Puis elle rangea son ordinateur portable dans la sacoche et alla trouver Lukas Holm.

— Bon, ben, ciao, dit-elle.

— Ciao, Berger. C'était une galère de travailler avec toi.

Ils échangèrent un sourire.

— J'ai une dernière requête, dit-elle.

— Quoi ?

— Johannes Frisk a travaillé sur une histoire pour moi.

— Et personne ne sait ce qu'il fout, d'ailleurs.

— Soutiens-le. Il a pas mal avancé déjà et je vais garder le contact avec lui. Laisse-le terminer son boulot. Je te promets que tu seras gagnant.

Il eut l'air d'hésiter. Puis il hocha la tête.

Ils ne se serrèrent pas la main. Elle déposa le passe de la rédaction sur le bureau de Holm, puis elle descendit dans le garage chercher sa BMW. Peu après 16 heures, elle se gara à proximité de la rédaction de *Millénium*.

IV

REBOOTING SYSTEM

1er juillet au 7 octobre

Malgré l'abondant florilège de légendes sur les amazones de la Grèce antique, de l'Amérique du Sud, de l'Afrique et d'autres endroits, il n'y a qu'un seul exemple historique prouvé de femmes guerrières. Il s'agit de l'armée de femmes des Fons, une ethnie vivant au Dahomey, en Afrique de l'Ouest, pays aujourd'hui rebaptisé Bénin.

Ces femmes guerrières ne sont jamais mentionnées dans l'histoire militaire officielle, aucun film en faisant des héroïnes n'a été tourné et elles n'existent aujourd'hui tout au plus que sous la forme de notes historiques en bas de page. Un seul ouvrage scientifique a été écrit sur ces femmes, *Amazons of Black Sparta* par l'historien Stanley B. Alpern (Hurst & Co Ltd, Londres, 1998). Pourtant c'était une armée qui pouvait se mesurer avec n'importe quelle armée de soldats d'élite mâles de l'époque parmi les forces menaçant leur pays.

On ne sait pas quand l'armée de femmes des Fons a été constituée, mais certaines sources datent cela du XVIIᵉ siècle. A l'origine, cette armée était une garde royale mais grossit pour devenir un effectif militaire de six mille soldates ayant un statut quasi divin. Leur fonction n'était nullement ornementale. Pendant plus de deux siècles, elles furent le fer de lance des Fons contre les colons européens envahisseurs. Elles étaient craintes par l'armée française qui fut vaincue dans plusieurs batailles. L'armée de femmes ne fut battue qu'en 1892, après que la France avait fait venir par bateau des renforts de troupes mieux équipées avec artillerie, soldats de la Légion étrangère, un régiment d'infanterie de marine et la cavalerie.

On ignore combien de guerrières sont tombées. Les survivantes ont continué pendant plusieurs années à mener une guérilla et des femmes vétérans de cette armée vivaient encore, se laissaient interviewer et photographier aussi tard que dans les années 1940.

23

VENDREDI 1er JUILLET – DIMANCHE 10 JUILLET

DEUX SEMAINES AVANT LE PROCÈS de Lisbeth Salander, Christer Malm termina la mise en pages du livre de 364 pages intitulé très sobrement *La Section*. La couverture était aux couleurs de la Suède, texte jaune sur fond bleu. Christer Malm avait placé sept portraits de Premiers ministres suédois en bas de la page, de la taille d'un timbre. Au-dessus d'eux flottait une photo de Zalachenko. Il s'était servi de la photo du passeport de Zalachenko en augmentant le contraste pour que seules les parties les plus sombres apparaissent comme une sorte d'ombre sur toute la couverture. Ce n'était pas un design très sophistiqué mais il était efficace. Les auteurs mentionnés étaient Mikael Blomkvist, Henry Cortez et Malou Eriksson.

Il était 5 h 30 et Christer Malm avait passé la nuit à travailler. Il avait vaguement la nausée et ressentait un besoin désespéré de rentrer chez lui dormir. Malou Eriksson lui avait tenu compagnie toute la nuit, lui proposant çà et là quelques dernières corrections que Christer avait approuvées avant de lancer une impression. Elle s'était alors déjà endormie sur le canapé de la rédaction.

Christer Malm réunit le document texte, les photos et la valise de polices dans un dossier. Il démarra le programme Toast et grava deux CD. Il en rangea un dans l'armoire sécurisée de la rédaction. Le second fut emporté par un Mikael Blomkvist tombant de sommeil qui arriva peu avant 7 heures.

— Rentre chez toi dormir, dit-il.

— J'y vais, répondit Christer.

Ils laissèrent Malou Eriksson continuer à dormir sur place et branchèrent l'alarme. Henry Cortez devait arriver à 8 heures prendre son tour de garde. Ils se serrèrent la main et se séparèrent en bas de l'immeuble.

MIKAEL BLOMKVIST SE RENDIT A PIED à Lundagatan où de nouveau il emprunta clandestinement la Honda oubliée de Lisbeth Salander. Il alla personnellement remettre le CD à Jan Köbin, le patron de Hallvigs Reklam, imprimerie installée dans un modeste bâtiment en brique à côté du chemin de fer à Morgongåva, près de Sala. Cette livraison était une mission qu'il n'avait pas envie de confier à la poste.

Il conduisit lentement puis, une fois sur place, attendit tranquillement que l'imprimeur vérifie la bonne réception des fichiers. Il s'assura que le livre serait réellement prêt le jour où le procès commencerait. Le problème était moins l'impression de l'intérieur que celle de la couverture, qui pouvait prendre du temps. Mais Jan Köbin promit qu'au moins cinq cents exemplaires d'une première édition de dix mille, en grand format poche, seraient livrés à la date convenue.

Mikael s'assura également que tous les employés avaient bien compris qu'il fallait observer le plus grand secret possible. Recommandation sans doute peu nécessaire. Deux ans plus tôt, Hallvigs Reklam avait imprimé le livre de Mikael sur le financier Hans-Erik Wennerström, dans des circonstances similaires. Ils savaient que les livres apportés par la petite maison d'édition Millénium étaient particulièrement prometteurs.

Ensuite Mikael retourna tranquillement à Stockholm. Il se gara en bas de chez lui dans Bellmansgatan et fit un saut à son appartement pour prendre un sac dans lequel il fourra des vêtements de rechange, un rasoir et une brosse à dents. Il continua jusqu'au ponton de Stavsnäs à Värmdö où il gara sa voiture, puis il prit le ferry pour Sandhamn.

C'était la première fois depuis Noël qu'il rejoignait sa cabane. Il ouvrit tous les volets pour aérer, et il but une bouteille d'eau minérale. Comme toujours lorsqu'il venait de terminer un boulot, quand le texte était calé en machine et que plus rien ne pouvait être modifié, il se sentait vide.

Ensuite, il passa une heure à balayer, faire la poussière, récurer la douche, démarrer le réfrigérateur, vérifier que l'eau était branchée et changer la literie de la mezzanine. Il fit un saut à l'épicerie pour acheter tout ce qu'il fallait pour le week-end. Puis il mit en marche la cafetière électrique, alla s'asseoir dehors sur le ponton et fuma une cigarette en ne pensant à rien de particulier.

Peu avant 17 heures, il descendit à l'appontement du bateau à vapeur accueillir Rosa Figuerola.

— Je ne pensais pas que tu allais pouvoir te libérer, dit-il en lui faisant la bise.

— Moi non plus. Mais j'ai simplement expliqué à Edklinth où j'en étais. J'ai travaillé chaque minute éveillée ces dernières semaines et je commence à être inefficace. Il me faut deux jours de congé pour recharger les batteries.

— A Sandhamn ?

— Je ne lui ai pas dit où j'allais, dit-elle avec un sourire.

Rosa passa un moment à farfouiller dans tous les coins des vingt-cinq mètres carrés de la cabane de Mikael. Elle examina à fond la kitchenette, la salle d'eau et la mezzanine avant de hocher la tête, satisfaite. Elle fit une rapide toilette et enfila une robe d'été légère pendant que Mikael préparait des côtes d'agneau sauce au vin et mettait la table sur le ponton. Ils mangèrent en silence en regardant un tas de voiliers qui entraient dans le port de plaisance de Sandhamn ou en sortaient. Ils partagèrent une bouteille de vin.

— Elle est magnifique, ta cabane. C'est ici que tu amènes toutes tes copines ? demanda soudain Rosa Figuerola.

— Pas toutes. Seulement les plus importantes.

— Erika Berger est venue ici ?

— Plusieurs fois.

— Et Lisbeth Salander ?

— Elle a passé quelques semaines ici quand j'écrivais le livre sur Wennerström. Et on a passé les fêtes de Noël ensemble ici il y a deux ans.

— Conclusion, Berger et Salander sont importantes dans ta vie ?

— Erika est ma meilleure amie. Ça fait plus de vingt-cinq ans que nous sommes amis. Lisbeth, c'est une autre histoire. Elle est très spéciale, c'est la personne la plus asociale que j'aie jamais rencontrée. Mais j'admets qu'elle m'a vraiment impressionné quand j'ai fait sa connaissance. Je l'aime bien. C'est une amie.

— Tu la plains ?

— Non. Elle a choisi elle-même pas mal des merdiers où elle se retrouve. Mais je ressens une grande sympathie pour elle et de la compréhension.

— Mais tu n'es pas amoureux d'elle, ni de Berger ?

Il haussa les épaules. Rosa Figuerola suivit des yeux un Amigo 23 rentrant tard au port, lampes allumées et moteur ronronnant.

— Si l'amour signifie aimer quelqu'un énormément, alors je suppose que je suis amoureux de plusieurs personnes, dit-il.

— Et de moi maintenant ?

Mikael hocha la tête. Rosa Figuerola fronça les sourcils et l'observa.

— Ça t'ennuie ? demanda-t-il.

— Qu'il y ait eu des femmes dans ta vie ? Non. Mais ça me dérange de ne pas vraiment savoir ce qui est en train de se passer entre nous deux. Et je ne me crois pas capable d'avoir une relation avec un mec qui baise à droite et à gauche à sa guise…

— Je n'ai pas l'intention de m'excuser pour ma vie.

— Et je suppose que j'ai en quelque sorte un faible pour toi parce que tu es ce que tu es. C'est facile de faire l'amour avec toi parce que cela se fait sans complications, et je me sens rassurée avec toi. Mais tout ça a commencé parce que j'ai cédé à une impulsion insensée. Ça n'arrive pas très souvent et je n'avais rien planifié. Et maintenant nous sommes au stade où je fais partie des nanas qui sont invitées ici.

Mikael garda le silence un instant.

— Tu n'étais pas obligée de venir.

— Si. J'étais obligée. Enfin, merde, Mikael…

— Je sais.

— Je suis malheureuse. Je ne voulais pas tomber amoureuse de toi. Ça va faire un mal de chien quand ça va se terminer.

— J'ai hérité de cette cabane quand mon père est mort et que ma mère s'est installée dans le Norrland. On a partagé, ma sœur et moi, elle a pris l'appartement et moi la cabane. Ça fera bientôt vingt-cinq ans que je l'ai.

— Aha.

— A part quelques connaissances occasionnelles au début des années 1980, il y a très exactement cinq nanas qui sont venues ici avant toi. Erika, Lisbeth et mon ex, celle avec qui je vivais à la fin des années 1980. Une fille avec qui je sortais de façon très sérieuse à la fin des années 1990, et une femme qui a quelques années de plus que moi, que j'ai connue il y a deux ans et que je rencontre de temps en temps. Les circonstances sont un peu particulières...

— Ah bon.

— J'ai cette cabane pour m'échapper de la ville et avoir la paix. Je viens pratiquement tout le temps seul ici. Je lis des livres, j'écris et je me détends, je traîne sur le ponton à regarder les bateaux. Ce n'est pas le baisodrome secret d'un célibataire.

Il se leva et alla chercher la bouteille de vin qu'il avait posée à l'ombre à côté de la porte.

— Je ne vais pas faire de promesses, dit-il. Mon mariage a éclaté parce qu'Erika et moi étions incapables de nous tenir tranquilles. *T'étais où ? Qu'est-ce que tu as fait ? D'où il vient, ce tee-shirt ?*

Il remplit les verres.

— Mais tu es la personne la plus intéressante que j'aie rencontrée depuis des lustres. C'est comme si notre relation fonctionnait à plein régime depuis le premier jour. Je crois que j'ai succombé à toi dès l'instant où tu es venue me cueillir dans mon escalier. Les quelques nuits où j'ai dormi chez moi depuis, je me réveille au milieu de la nuit et j'ai envie de toi. Je ne sais pas si c'est une relation stable que je veux, mais j'ai une peur bleue de te perdre.

Il la regarda.

— Alors qu'est-ce qu'on va faire, à ton avis ?

— On n'a qu'à réfléchir, dit Rosa Figuerola. Moi aussi, je suis vachement attirée par toi.

— Ça commence à devenir sérieux tout ça, dit Mikael.

Elle hocha la tête et ressentit tout à coup un grand coup de blues. Ensuite ils ne dirent pas grand-chose pendant un long moment. Quand la nuit commença à tomber, ils débarrassèrent la table et rentrèrent, en refermant la porte derrière eux.

LE VENDREDI DE LA SEMAINE PRÉCÉDANT LE PROCÈS, Mikael s'arrêta devant le bureau de presse de Slussen et regarda les titres des journaux. Le PDG et président du CA de *Svenska Morgon-Posten*, Magnus Borgsjö, avait capitulé et annoncé sa démission. Il acheta les journaux et rejoignit à pied le Java dans Hornsgatan pour un petit-déjeuner tardif. Borgsjö invoquait des raisons familiales pour sa démission soudaine. Il ne voulait pas commenter des rumeurs qui attribuaient sa démission au fait qu'Erika Berger s'était vue obligée de démissionner après qu'il lui avait ordonné d'occulter l'histoire de son engagement dans l'entreprise Vitavara SA. Un encadré rapportait cependant que le président de Svenskt Näringsliv, dans le but de clarifier la situation des professionnels, avait décidé de constituer une commission d'éthique pour examiner le comportement des entreprises suédoises vis-à-vis d'entreprises d'Extrême-Orient faisant travailler des enfants.

Mikael Blomkvist éclata de rire tout à coup.

Ensuite il replia les journaux du matin, ouvrit son Ericsson T10 et appela la Fille de TV4, interrompant ainsi la dégustation de son sandwich.

— Salut, ma chérie, dit Mikael Blomkvist. Je suppose que tu ne veux toujours pas sortir avec moi un de ces soirs.

— Salut Mikael, répondit la Fille de TV4 en riant. Désolée, mais tu es à peu près carrément à l'opposé de mon type de mec. Disons que tu es assez marrant quand même.

— Est-ce que tu pourrais au moins imaginer de dîner avec moi pour discuter du boulot ce soir ?

— Qu'est-ce que t'as sur le feu, encore ?

— Erika Berger a fait un deal avec toi il y a deux ans à propos de l'affaire Wennerström. Ça fonctionnait bien. Je voudrais faire un deal semblable avec toi.

— Raconte.

— Pas avant qu'on soit d'accord sur les conditions. Exactement comme pour l'affaire Wennerström, on va publier un livre en même temps qu'un numéro à thème. Et c'est une histoire qui va faire du bruit. Je te propose tout le matériel en exclusivité, et en échange tu ne laisses rien filtrer avant qu'on publie. La publication est dans ce cas précis particulièrement compliquée puisqu'elle doit avoir lieu un jour déterminé.

— Elle fera du bruit comment, cette histoire ?

— Plus que Wennerström, dit Mikael Blomkvist. Tu es intéressée ?

— Tu rigoles ? On se voit où ?

— Tu connais le *Samirs Gryta* ? Erika Berger viendra se joindre à nous.

— C'est quoi cette histoire avec Berger ? Elle est de retour à *Millénium* après avoir été virée de *SMP* ?

— Elle n'a pas été virée. Elle a démissionné au pied levé à la suite de divergences d'opinions avec Borgsjö.

— J'ai l'impression que ce mec est un vrai con.

— Exact, dit Mikael Blomkvist.

FREDRIK CLINTON ÉCOUTAIT DU VERDI dans ses écouteurs. La musique était en gros la seule chose restante dans son existence qui l'emportait loin des appareils à dialyse et loin d'une douleur grandissante en bas du dos. Il ne fredonnait pas. Il fermait les yeux et suivait les mélodies d'une main droite qui flottait en l'air et semblait avoir une vie propre à côté de son corps en pleine désagrégation.

C'est comme ça, la vie. On naît. On vit. On devient vieux. On meurt. Il avait fait son temps. Tout ce qui restait était la désagrégation.

Il se sentait étrangement satisfait de l'existence.

Il jouait pour son ami Evert Gullberg.

On était le samedi 9 juillet. Il restait moins d'une semaine avant que le procès commence et que la Section puisse classer cette malheureuse histoire. On l'avait averti dans la matinée. Gullberg avait été plus coriace que pas mal de gens. Quand on se tire une balle de 9 millimètres entièrement chemisée dans la tempe, on s'attend à mourir. Pourtant, trois mois s'étaient écoulés avant que le corps de Gullberg abandonne la partie, ce qui tenait peut-être plus du hasard que de l'opiniâtreté déployée par le Dr Anders Jonasson refusant de s'avouer vaincu. C'était le cancer, pas la balle, qui finalement avait déterminé l'issue.

Sa mort avait été douloureuse, cependant, ce qui chagrinait Clinton. Gullberg avait été hors d'état de communiquer avec l'entourage, mais par moments il s'était trouvé dans une sorte d'état conscient. Il pouvait sentir la présence de l'entourage. Le personnel avait remarqué qu'il souriait quand quelqu'un lui caressait la joue et grognait quand il semblait ressentir quelque chose de désagréable. A certains moments, il avait essayé de communiquer avec le personnel soignant en proférant des sons que personne ne comprenait vraiment.

Il n'avait pas de famille, et aucun de ses amis ne venait le voir à l'hôpital. Sa dernière perception de la vie fut une infirmière de nuit, née en Erythrée et du nom de Sara Kitama, qui veillait à son chevet et tenait sa main quand il s'éteignit.

Fredrik Clinton comprenait qu'il n'allait pas tarder à suivre son ancien frère d'armes. Il ne se faisait aucune illusion en la matière. La transplantation du rein dont il avait si désespérément besoin apparaissait chaque jour de plus en plus hypothétique, et la désagrégation de son corps se poursuivait. Son foie et son intestin se dégradaient à chaque examen.

Il espérait vivre jusqu'à Noël.

Mais il était satisfait. Il ressentait une satisfaction presque surnaturelle et excitante à sentir qu'il avait repris du service ces derniers mois, et de manière si inattendue.

C'était une faveur à laquelle il ne s'était pas attendu.

Les dernières notes de Verdi s'éteignirent au moment même où Birger Wadensjöö ouvrit la porte de la petite chambre de repos de Clinton au QG de la Section dans Artillerigatan.

Clinton ouvrit les yeux.

Il avait fini par réaliser que Wadensjöö était une charge. Il était carrément inadéquat comme chef du fer de lance le plus important de la Défense suédoise. Il n'arrivait pas à comprendre que lui-même et Hans von Rottinger aient pu un jour faire une estimation si totalement erronée, au point de considérer Wadensjöö comme l'héritier le plus évident.

Wadensjöö était un guerrier qui avait besoin de vent portant. En périodes de crise, il était faible et incapable de prendre une décision. Un skipper pour vents faibles. Un poids inerte et craintif qui manquait d'acier dans le dos et qui, si on l'avait laissé décider, serait resté paralysé sans agir et aurait laissé la Section sombrer.

C'était si simple.

Certains possédaient le don. D'autres trahiraient toujours au moment de la vérité.

— Tu voulais me parler, dit Wadensjöö.

— Assieds-toi, dit Clinton.

Wadensjöö s'assit.

— Je me trouve à un âge où je n'ai plus le temps de prendre des gants. Je n'irai pas par quatre chemins. Quand tout ceci sera terminé, je veux que tu quittes la direction de la Section.

— Ah bon ?

Clinton adoucit le ton.

— Tu es quelqu'un de bien, Wadensjöö. Mais tu ne conviens malheureusement pas du tout pour endosser la responsabilité après Gullberg. Tu n'aurais jamais dû avoir cette responsabilité. Rottinger et moi, nous avons réellement fait une erreur en ne nous attelant pas à la succession de façon plus claire quand je suis tombé malade.

— Tu ne m'as jamais aimé.

— Là, tu te trompes. Tu étais un excellent administrateur quand Rottinger et moi dirigions la Section. Nous aurions été désemparés sans toi, et j'ai une grande confiance en ton patriotisme. C'est en ta capacité de prendre des décisions que je n'ai pas confiance.

Wadensjöö sourit soudain amèrement.

— Alors je ne sais pas si je veux rester à la Section.

— Maintenant que Gullberg et Rottinger sont partis, je dois prendre seul les décisions définitives. Systématiquement, tu as rembarré toutes les décisions que j'ai prises ces derniers mois.

— Et je répète que les décisions que tu prends sont insensées. Ça va se terminer par une catastrophe.

— C'est possible. Mais ton manque de fermeté nous aurait garanti le naufrage. Maintenant nous avons en tout cas une chance, et ça semble marcher. *Millénium* n'a aucune marge de manœuvre. Ils soupçonnent peut-être que nous existons quelque part mais ils n'ont pas de preuves et ils n'ont aucune possibilité d'en trouver, ni de nous trouver. On a un contrôle béton de tout ce qu'ils font.

Wadensjöö regarda par la fenêtre. Il vit les toits de quelques immeubles du voisinage.

— La seule chose qui reste, c'est la fille de Zalachenko. Si quelqu'un commence à fouiller son histoire et écoute ce qu'elle a à dire, n'importe quoi peut arriver. Cela dit, le procès démarre dans quelques jours et ensuite ça sera fini. Cette fois-ci, il nous faudra l'enterrer si profond qu'elle ne reviendra jamais nous hanter.

Wadensjöö secoua la tête.

— Je ne comprends pas ton attitude, dit Clinton.

— Non. Je comprends que tu ne comprennes pas. Tu viens d'avoir soixante-huit ans. Tu es mourant. Tes décisions ne sont pas rationnelles, et pourtant tu sembles avoir réussi à ensorceler Georg Nyström et Jonas Sandberg. Ils t'obéissent comme si tu étais Dieu le Père.

— Je *suis* Dieu le Père pour tout ce qui concerne la Section. Nous travaillons selon un plan. Notre détermination a donné sa chance à la Section. Et j'en suis intimement convaincu quand je dis que plus jamais la Section ne se retrouvera dans une situation aussi exposée. Cette affaire terminée, nous allons faire une révision totale de notre activité.

— Je comprends.

— Georg Nyström sera le nouveau chef. Il est trop vieux en fait, mais il est le seul qui pourra être pris en considération, et il a promis de rester au moins six ans de plus. Sandberg est trop jeune et, à cause de ta façon de diriger, trop inexpérimenté. Son apprentissage aurait dû être terminé maintenant.

— Clinton, tu ne réalises pas ce que tu as fait. Tu as assassiné un homme. Björck a travaillé pour la Section pendant trente-cinq ans et tu as ordonné sa mort. Tu ne comprends pas que…

— Tu sais très bien que c'était nécessaire. Il nous avait trahis et il n'aurait jamais supporté la pression quand la police a commencé à le serrer de près.

Wadensjöö se leva.

— Je n'ai pas encore fini.

— Alors ce sera pour plus tard. J'ai un boulot à terminer pendant que toi, tu restes allongé ici avec tes fantasmes de toute-puissance divine.

Wadensjöö se dirigea vers la porte.

— Si tu es si moralement indigné, pourquoi tu ne vas pas voir Bublanski pour avouer tes crimes ?

Wadensjöö se tourna vers le malade.

— L'idée m'a effleuré. Mais, quoi que tu penses, je protège la Section de toutes mes forces.

En ouvrant la porte, il tomba nez à nez avec Georg Nyström et Jonas Sandberg.

— Salut Clinton, dit Nyström. Il faut qu'on parle de deux-trois choses.

— Entrez. Wadensjöö s'en allait justement.

Nyström attendit que la porte soit refermée.

— Fredrik, je commence à être sérieusement inquiet, dit Nyström.

— Pourquoi ?

— Sandberg et moi, nous avons réfléchi. Il se passe des choses que nous ne comprenons pas. Ce matin, l'avocate de Salander a transmis son autobiographie au procureur.

— *Quoi !?*

L'INSPECTEUR CRIMINEL HANS FASTE contemplait Annika Giannini tandis que le procureur Richard Ekström versait du café d'un thermos. Ekström était stupéfié par le document qu'on lui avait servi en arrivant à son bureau le matin. Avec Faste, ils avaient lu les quarante pages qui formaient le récit de Lisbeth Salander. Ils avaient discuté de cet étrange document un long moment. Finalement, il s'était senti obligé de demander à Annika Giannini de passer le voir pour un entretien informel.

Ils s'installèrent autour d'une petite table de conférence dans le bureau d'Ekström.

— Merci d'avoir accepté de venir, commença Ekström. J'ai lu ce… hmm… compte rendu que vous m'avez transmis ce matin et je ressens le besoin d'éclaircir quelques points…

— Oui ? dit Annika Giannini pour l'aider.

— Je ne sais pas vraiment par quel bout le prendre. Peut-être dois-je commencer par dire qu'aussi bien moi que l'inspecteur Faste, nous sommes profondément décontenancés.

— Ah bon ?

— J'essaie de comprendre vos intentions.

— Comment ça ?

— Cette autobiographie ou ce qu'on peut bien l'appeler. Quel en est le but ?

— Ça me semble assez évident. Ma cliente tient à exposer sa version de ce qui s'est passé.

Ekström rit avec bonhomie. Il passa sa main sur sa barbiche en un geste familier qui, pour une raison ou une autre, avait commencé à irriter Annika.

— Oui, mais votre cliente a disposé de plusieurs mois pour s'expliquer. Elle n'a pas dit un mot pendant tous les interrogatoires que Faste a essayé de mener avec elle.

— Pour autant que je sache, il n'existe pas de loi qui l'oblige à parler quand cela convient à l'inspecteur Faste.

— Non, mais je veux dire... le procès contre Salander débute dans deux jours et c'est à la dernière minute qu'elle livre ceci. Cela m'amène à ressentir une sorte de responsabilité, qui se situe un peu au-delà de mon devoir de procureur.

— Aha ?

— Je ne voudrais sous aucun prétexte m'exprimer d'une manière que vous pourriez juger offensante. Ce n'est pas mon intention. Les formes procédurales existent dans notre pays. Mais, madame Giannini, vous êtes avocate en droits des femmes et vous n'avez jamais auparavant représenté un client dans une affaire criminelle. Je n'ai pas poursuivi Lisbeth Salander parce qu'elle est une femme mais parce qu'elle est l'auteur de violences aggravées. Je suis sûr que vous-même avez dû comprendre qu'elle est gravement atteinte sur le plan psychique, et qu'elle a besoin de soins et d'assistance de la part de la société.

— Je vais vous aider, dit Annika Giannini aimablement. Vous avez peur que je n'assure pas à Lisbeth Salander une défense satisfaisante.

— Il n'y a rien de dégradant dans mes propos, dit Ekström. Je ne remets pas en question votre compétence. Je pointe seulement le fait que vous manquez d'expérience.

— Je vois. Laissez-moi dire alors que je suis entièrement d'accord avec vous. Je manque énormément d'expérience d'affaires criminelles.

— Et pourtant vous avez systématiquement décliné l'aide qui vous a été offerte de la part d'avocats beaucoup plus expérimentés...

— Selon les désirs de ma cliente. Lisbeth Salander me veut comme avocate et j'ai l'intention de la représenter à la cour dans deux jours.

Elle sourit poliment.

— Bon. Mais puis-je savoir si vous avez sérieusement l'intention de présenter le contenu de cette rédaction devant la cour ?

— Evidemment. C'est l'histoire de Lisbeth Salander.

Ekström et Faste se consultèrent du regard. Faste haussa les sourcils. Il ne comprenait pas pourquoi Ekström insistait autant. Si Giannini ne comprenait pas qu'elle allait totalement saborder sa cliente, ce n'étaient vraiment pas les oignons du procureur. Il n'y avait qu'à accepter, dire merci et puis classer l'affaire.

Il ne doutait pas une seconde que Salander était folle à lier. Il avait mobilisé tous ses talents pour essayer de lui faire dire au moins où elle habitait. Pourtant, au fil des interrogatoires, cette foutue fille était restée muette comme une carpe à contempler le mur derrière lui. Elle n'avait pas bougé d'un millimètre. Elle avait refusé les cigarettes qu'il lui proposait, tout comme le café ou les boissons fraîches. Elle n'avait pas réagi quand il l'avait suppliée, ni aux moments de grande irritation quand il avait haussé la voix.

C'était probablement les interrogatoires les plus frustrants que l'inspecteur Hans Faste ait jamais menés.

Il soupira.

— Madame Giannini, finit par dire Ekström. J'estime que votre cliente devrait être dispensée de ce procès. Elle est malade. Je me base sur un examen psychiatrique extrêmement qualifié. Elle mériterait de recevoir enfin les soins psychiatriques dont elle a eu besoin pendant toutes ces années.

— Dans ce cas, je suppose que vous allez en informer la cour.

— Je vais le faire. Il ne m'appartient pas de vous dire comment mener sa défense. Mais si c'est cela la ligne que vous avez sérieusement l'intention de suivre, la situation est totalement absurde. Cette autobiographie contient des accusations parfaitement insensées et sans fondements contre plusieurs personnes... surtout contre son ancien tuteur, maître Bjurman, et contre le Dr Peter Teleborian. J'espère que vous ne croyez pas sérieusement que la cour va accepter des raisonnements qui sans la moindre preuve mettent en cause Teleborian. Ce document va constituer le dernier clou dans le cercueil de votre cliente, si vous me passez l'expression.

— Je comprends.

— Vous pouvez nier, au cours du procès, qu'elle est malade et exiger une expertise psychiatrique complémentaire, et l'affaire peut être confiée à la direction de la Médecine légale pour évaluation. Mais, très franchement, avec ce compte rendu de Salander, il ne fait aucun doute que tous les autres psychiatres assermentés arriveront à la même conclusion que Peter Teleborian. Son récit ne fait que renforcer les évidences qui indiquent qu'elle souffre de schizophrénie paranoïde.

Annika Giannini sourit poliment.

— Il existe cependant une autre possibilité, dit-elle.

— Et qui serait laquelle ? demanda Ekström.

— Eh bien, que son compte rendu dit la vérité et que la cour choisira de le croire.

Le procureur Ekström eut l'air surpris. Puis il sourit poliment et se caressa la barbiche.

FREDRIK CLINTON S'ÉTAIT ASSIS devant la fenêtre de sa chambre. Il écoutait attentivement ce que lui racontaient Georg Nyström et Jonas Sandberg. Son visage était creusé de rides mais ses yeux étaient attentifs et concentrés.

— Nous avons une surveillance des appels téléphoniques et du courrier électronique des employés principaux de *Millénium* depuis le mois d'avril, dit Clinton. Nous avons constaté que Mikael Blomkvist, Malou Eriksson et ce Cortez sont quasiment résignés. Nous avons lu le synopsis du prochain numéro de *Millénium*. On dirait que Blomkvist lui-même a fait marche arrière vers une position où il considère qu'après tout, Salander est folle. S'il défend Lisbeth Salander, c'est sur un plan social – il argumente qu'elle n'a pas reçu le soutien de la société qu'elle aurait dû avoir et qu'en quelque sorte ce n'est donc pas sa faute si elle a essayé de tuer son père... mais c'est une opinion qui ne signifie absolument rien. Il n'y a pas un mot sur le cambriolage dans son appartement, ni sur l'agression de sa sœur à Göteborg, ni sur la disparition des rapports. Il sait qu'il ne peut rien prouver.

— C'est ça, le problème, dit Jonas Sandberg. Blomkvist devrait raisonnablement savoir que quelque chose cloche. Mais il ignore systématiquement tous ces points d'interrogation. Pardonnez-moi, mais ça ne ressemble pas du tout au style de *Millénium*. De plus, Erika Berger est de retour à la rédaction. Tout ce numéro de *Millénium* est tellement vide et sans contenu que ça a tout d'une blague.

— Alors, tu veux dire... que c'est une feinte ?

Jonas Sandberg hocha la tête.

— Le numéro d'été de *Millénium* aurait en fait dû sortir la dernière semaine de juin. D'après nos interprétations des mails de Malou Eriksson à Mikael Blomkvist, ce numéro sera imprimé par une entreprise à Södertälje. Mais j'ai vérifié avec la boîte aujourd'hui, et ils n'ont pas encore reçu de maquette. Tout ce qu'ils ont, c'est une demande de devis datée d'il y a un mois.

— Hmm, dit Fredrik Clinton.

— Où ont-ils imprimé avant ?

— Dans une boîte qui s'appelle Hallvigs Reklam à Morgongåva. J'ai appelé pour demander où ils en étaient de l'impression – j'ai fait semblant de travailler à *Millénium*. Le chef de Hallvigs n'a pas voulu dire un mot. Je me disais que j'irais y faire un tour ce soir pour jeter un coup d'œil.

— Je te suis. Georg ?

— J'ai examiné tous les appels téléphoniques disponibles de cette semaine, dit Georg Nyström. C'est étrange, mais aucun des employés de *Millénium* ne discute de quoi que ce soit touchant au procès ou à l'affaire Zalachenko.

— Rien ?

— Non. Les seules mentions, c'est lorsqu'un employé discute avec des gens extérieurs à *Millénium*. Ecoutez ça, par exemple. Mikael Blomkvist reçoit l'appel d'un reporter d'*Aftonbladet* qui demande s'il a des commentaires à faire sur le procès imminent.

Il sortit un magnétophone.

— *Désolé, mais je n'ai pas de commentaires.*

— *Tu participes à cette histoire depuis le début. C'est toi qui as trouvé Salander à Gosseberga. Et tu n'as pas encore publié un mot là-dessus. Quand est-ce que tu as l'intention de le faire ?*

— *Au moment propice. A condition que j'aie quelque chose à publier.*

— *Est-ce que c'est le cas ?*

— *Eh bien, je suppose qu'il te faudra acheter* Millénium *pour le savoir.*

Il arrêta le magnétophone.

— C'est vrai qu'on n'y a pas pensé auparavant, mais je suis remonté dans le temps et j'ai écouté un peu au hasard. C'est comme ça sans arrêt. Il ne discute presque jamais l'affaire Zalachenko, autrement que dans des termes très

généraux. Il n'en parle même pas avec sa sœur qui est l'avocate de Salander.

— Mais si ça se trouve, il n'a rien à dire.

— Il refuse systématiquement de spéculer sur quoi que
ce soit. Il semble habiter à la rédaction vingt-quatre heures
sur vingt-quatre et il n'est presque jamais chez lui à Bellmansgatan. S'il travaille jour et nuit, il aurait dû pondre quelque chose de mieux que ce qu'il y a dans le prochain numéro
de *Millénium*.

— Et nous n'avons toujours aucune possibilité de mettre
la rédaction sur écoute ?

— Non, dit Jonas Sandberg intervenant dans la conversation. Il y a toujours quelqu'un de présent à la rédaction, de
jour comme de nuit. Ça aussi, c'est révélateur.

— Hmm.

— Depuis le moment où on s'est introduit dans l'appartement de Blomkvist, il y a constamment eu quelqu'un de
présent à la rédaction. Blomkvist s'y précipite tout le temps
et l'éclairage de son bureau est allumé en permanence. Si ce
n'est pas lui, c'est Cortez ou Malou Eriksson ou ce pédé…
euh, Christer Malm.

Clinton se frotta le menton. Il réfléchit un moment.

— OK. Vos conclusions ?

Georg Nyström hésita un instant.

— Eh bien… si on ne me donne pas d'autre explication,
je pourrais croire qu'ils nous jouent la comédie.

Clinton sentit un frisson lui parcourir la nuque.

— Comment ça se fait qu'on ne l'ait pas remarqué plus
tôt ?

— Nous avons écouté ce qui se dit, pas ce qui ne se dit
pas. Nous nous sommes réjouis d'entendre leur trouble ou
de le constater dans leurs mails. Blomkvist comprend que
quelqu'un a volé le rapport Salander de 1991, à lui et à sa
sœur. Mais que voulez-vous qu'il y fasse, bordel de merde ?

— Ils n'ont pas porté plainte pour l'agression ?

Nyström secoua la tête.

— Giannini a participé aux interrogatoires de Salander.
Elle est polie mais elle ne dit rien d'important. Et Salander
ne dit rien du tout.

— Mais c'est à notre avantage, ça. Plus elle ferme sa gueule,
mieux c'est. Qu'en dit Ekström ?

— Je l'ai rencontré il y a deux heures. Il venait de recevoir le récit de Salander.

Il montra la copie sur les genoux de Clinton.

— Ekström est perturbé. Pour le non-initié, ce compte rendu a tout de la théorie du complot totalement démente avec des touches pornographiques. Mais elle tire vraiment très près de la cible. Elle raconte exactement comment ça s'est passé quand elle a été enfermée à Sankt Stefan, elle soutient que Zalachenko travaillait pour la Säpo et des choses comme ça. Elle dit qu'il s'agit probablement d'une petite secte au sein de la Säpo, ce qui indique qu'elle soupçonne l'existence de quelque chose comme la Section. Globalement, c'est une description très exacte de nous. Mais elle n'est pas crédible, comme je le disais. Ekström est perturbé par ce qui semble être la défense que Giannini va présenter à l'audience.

— Merde ! s'écria Clinton.

Il inclina la tête en avant et pensa intensément pendant plusieurs minutes. Finalement, il leva la tête.

— Jonas, va à Morgongåva ce soir vérifier si quelque chose est en route. S'ils impriment *Millénium*, je veux une copie.

— Je prends Falun avec moi.

— Bien. Georg, je veux que tu ailles prendre le pouls d'Ekström cet après-midi. Tout a marché comme sur des roulettes jusqu'à maintenant, mais là, je ne peux pas faire abstraction de ce que vous venez de me dire.

— Non.

Clinton se tut encore un moment.

— Le mieux, ce serait qu'il n'y ait pas de procès…, finit-il par dire.

Il leva la tête et regarda Nyström droit dans les yeux. Nyström hocha la tête. Sandberg hocha la tête. Ils se comprenaient mutuellement.

— Nyström, vérifie donc ce qu'on a comme possibilités.

JONAS SANDBERG ET LE SERRURIER LARS FAULSSON, plus connu sous le nom de Falun, laissèrent la voiture un peu avant le chemin de fer et traversèrent Morgongåva à pied. Il était 20 h 30. Il y avait encore trop de lumière et il était trop tôt pour entreprendre quoi que ce soit, mais ils voulaient effectuer une reconnaissance du terrain et avoir une vue d'ensemble.

— Si cet endroit est sous alarme, je ne m'y attaque pas, dit Falun.

Sandberg hocha la tête.

— Alors il vaut mieux juste regarder par les fenêtres. S'il y a quelque chose en vue, tu balances une pierre par la vitre, tu attrapes ce qui t'intéresse, puis tu cavales comme un fou.

— C'est bien, dit Sandberg.

— Si tu as seulement besoin d'un exemplaire du journal, on peut vérifier s'il y a des bennes à ordures derrière le bâtiment. Il y a forcément des chutes et des épreuves et ce genre de choses.

L'imprimerie Hallvigs était installée dans un bâtiment bas en brique. Ils s'approchèrent côté sud de l'autre côté de la rue. Sandberg était sur le point de traverser la rue lorsque Falun le prit par le bras.

— Continue tout droit, dit-il.

— Quoi ?

— Continue tout droit comme si on se baladait.

Ils passèrent devant l'imprimerie et firent un tour dans le quartier.

— Qu'est-ce qu'il se passe ? demanda Sandberg.

— Il faut que tu ouvres les yeux. Cet endroit n'est pas seulement sous alarme. Il y avait une voiture garée à côté du bâtiment.

— Tu veux dire qu'il y a quelqu'un ?

— C'était une voiture de Milton Security. Putain ! Cette imprimerie est sous surveillance béton.

— MILTON SECURITY ! s'exclama Fredrik Clinton. Il accusa le choc en plein ventre.

— S'il n'y avait pas eu Falun, je serais allé droit dans le piège, dit Jonas Sandberg.

— Quelque chose de pas catholique est en train de se tramer, je vous le dis, dit Georg Nyström. Il n'y a aucune raison valable qu'une petite imprimerie dans un patelin perdu engage Milton Security pour une surveillance permanente.

Clinton hocha la tête. Sa bouche formait un trait rigide. Il était 23 heures et il avait besoin de se reposer.

— Et cela veut dire que *Millénium* a quelque chose sur le feu, dit Sandberg.

— Ça, j'ai compris, dit Clinton. OK. Analysons la situation. Quel est le pire des scénarios imaginables ? Qu'est-ce qu'ils peuvent savoir ?

Il regarda Nyström en l'exhortant des yeux à répondre.

— Ça doit être lié au rapport Salander de 1991, dit-il. Ils ont augmenté la sécurité après qu'on avait volé les copies. Ils ont dû deviner qu'ils étaient sous surveillance. Au pire, ils ont une autre copie du rapport.

— Mais Blomkvist s'est montré désespéré de l'avoir perdu.

— Je sais. Mais il a pu nous rouler. Faut pas ignorer cette possibilité-là.

Clinton hocha la tête.

— Partons de ça. Sandberg ?

— On a l'avantage de connaître la défense de Salander. Elle raconte la vérité telle qu'elle la vit. J'ai relu sa prétendue autobiographie. En fait, elle nous arrange. Elle contient des accusations de viol et d'abus de pouvoir judiciaire tellement énormes que tout ça va prendre l'allure d'élucubrations d'une mythomane.

Nyström hocha la tête.

— De plus, elle ne peut prouver aucune de ses affirmations. Ekström va retourner son compte rendu contre elle. Il va anéantir sa crédibilité.

— OK. Le nouveau rapport de Teleborian est excellent. Ensuite, il reste évidemment la possibilité que Giannini sorte son propre expert qui affirme que Salander n'est pas folle et alors toute l'affaire atterrira à la direction de la Médecine légale. Mais je le redis : si Salander ne change pas de tactique, elle refusera de leur parler, à eux aussi, et alors ils en tireront la conclusion que Teleborian a raison et qu'elle est dingue. Elle est son propre pire ennemi.

— Ce serait quand même mieux s'il n'y avait pas de procès, dit Clinton.

Nyström secoua la tête.

— C'est pratiquement impossible. Elle est bouclée à la maison d'arrêt de Kronoberg et elle n'a pas de contact avec d'autres prisonniers. Elle a droit à une heure d'exercice physique par jour dans la cour de promenade en terrasse, mais nous n'avons aucun accès à elle là non plus. Et nous n'avons pas de contact parmi le personnel de la maison d'arrêt.

— Je comprends.

— Si nous voulions agir contre elle, nous aurions dû le faire quand elle était à Sahlgrenska. Maintenant il faudrait s'y prendre au grand jour. L'assassin se ferait coincer à tous les coups, c'est sûr à pratiquement cent pour cent. Et où trouver un tireur qui accepte ça ? En si peu de temps, il est impossible d'organiser un suicide ou un accident.

— C'est ce que je me suis dit. Sans compter que les décès inattendus ont tendance à soulever des questions. OK, on verra bien ce qui va se passer au tribunal. Concrètement, rien de changé. Nous nous sommes tout le temps attendus à une contre-attaque de leur part et apparemment c'est maintenant cette prétendue autobiographie.

— Le problème, c'est *Millénium*, dit Jonas Sandberg.

Tous les trois hochèrent la tête.

— *Millénium* et Milton Security, dit Clinton pensivement. Salander a travaillé pour Armanskij, et Blomkvist a eu une aventure avec elle. Doit-on en tirer la conclusion qu'ils font cause commune maintenant ?

— C'est une pensée plausible du moment où Milton Security surveille l'imprimerie où *Millénium* doit passer sous presse. Cela ne peut pas être un hasard.

— OK. Quand ont-ils l'intention de publier ? Sandberg, tu disais qu'ils ont bientôt dépassé la date de deux semaines. Si nous supposons que Milton Security surveille l'imprimerie pour veiller à ce que personne ne mette la main sur *Millénium* avant l'heure, ça veut dire d'une part qu'ils ont l'intention de publier quelque chose qu'ils ne veulent pas révéler avant l'heure, d'autre part que la revue est probablement déjà imprimée.

— En même temps que le procès, dit Jonas Sandberg. C'est la seule possibilité qui tienne la route.

Clinton hocha la tête.

— Qu'est-ce qu'il y aura dans leur revue ? Quel est le pire scénario ?

Tous les trois réfléchirent un long moment. Ce fut Nyström qui rompit le silence.

— Donc, au pire ils ont une autre copie du rapport de 1991.

Clinton et Sandberg hochèrent la tête. Ils en étaient arrivés à la même conclusion.

— La question est de savoir ce qu'ils peuvent en faire, dit Sandberg. Le rapport met en cause Björck et Teleborian. Björck est mort. Ils vont cuisiner Teleborian, mais il peut revendiquer qu'il n'a fait qu'une expertise médicale tout à fait ordinaire. Ça sera sa parole contre la leur, et il saura évidemment se montrer parfaitement consterné face à toutes ces accusations.

— Comment allons-nous agir s'ils publient le rapport ? demanda Nyström.

— Je crois que nous avons un atout, dit Clinton. Si le rapport crée des remous, le focus sera mis sur la Säpo, pas sur la Section. Et quand les journalistes commenceront à poser des questions, la Säpo sortira le rapport des archives...

— Et ce ne sera pas le même rapport, dit Sandberg.

— Shenke a mis la version modifiée dans les archives, c'est-à-dire la version que le procureur Ekström a lue. Il l'a pourvue d'un numéro de rôle. Nous pouvons assez rapidement faire passer de la désinformation aux médias... Nous avons l'original que Bjurman avait dégoté et *Millénium* n'a qu'une copie. Nous pouvons même balancer une info qui suggère que Blomkvist a falsifié le rapport original.

— Bien. Qu'est-ce qu'ils peuvent savoir d'autre à *Millénium* ?

— Ils ne peuvent pas connaître la Section. C'est impossible. Ils vont donc se concentrer sur la Säpo, ce qui va faire paraître Blomkvist obnubilé par les conspirations et la Säpo va soutenir qu'il est complètement cinglé.

— Il est assez connu, dit Clinton lentement. Depuis l'affaire Wennerström, il jouit d'une grande crédibilité.

Nyström hocha la tête.

— Est-ce qu'il y aurait un moyen de diminuer cette crédibilité ? demanda Jonas Sandberg.

Nyström et Clinton échangèrent des regards. Puis ils hochèrent la tête tous les deux. Clinton regarda Nyström.

— Tu penses que tu pourrais mettre la main sur... disons cinquante grammes de coke ?

— Peut-être chez les Yougos.

— OK. Essaie toujours. Mais ça urge. Le procès commence dans deux jours.

— Je ne comprends pas…, dit Jonas Sandberg.

— C'est une astuce aussi vieille que notre métier. Mais toujours particulièrement efficace.

— MORGONGÅVA ? demanda Torsten Edklinth en fronçant les sourcils. Il était en robe de chambre, assis dans le canapé de son séjour, en train de relire pour la troisième fois l'auto-biographie de Salander quand Rosa Figuerola l'avait appelé. Minuit étant largement dépassé, il avait compris que quelque chose de pas très net se passait.

— Morgongåva, répéta Rosa Figuerola. Sandberg et Lars Faulsson s'y sont rendus vers 19 heures. Curt Bolinder et la bande de Bublanski les ont filés tout le long, d'autant plus facilement que nous avons un mouchard dans la voiture de Sandberg. Ils se sont garés près de l'ancienne gare, puis ils se sont promenés un peu dans le quartier, avant de revenir à la voiture pour retourner à Stockholm.

— Je vois. Ils ont rencontré quelqu'un ou… ?

— Non. C'est ça qui est étrange. Ils sont descendus de la voiture, ont fait leur tour, puis ils sont retournés à la voiture et revenus à Stockholm.

— Ah bon. Et pourquoi est-ce que tu m'appelles à minuit et demi pour me raconter ça ?

— Il nous a fallu un petit moment pour comprendre. Ils sont passés devant un bâtiment qui abrite l'imprimerie Hall-vigs Reklam. J'en ai parlé avec Mikael Blomkvist. C'est là que *Millénium* est imprimé.

— Oh putain ! fit Edklinth.

Il comprit immédiatement les implications.

— Comme Falun était de la partie, je suppose qu'ils avaient l'intention de faire une petite visite à l'imprimerie, mais ils ont interrompu leur expédition, dit Rosa Figuerola.

— Et pourquoi ?

— Parce que Blomkvist a demandé à Dragan Armanskij de surveiller l'imprimerie jusqu'au moment de la distribution du journal. Ils ont probablement vu la voiture de Milton Security. Je me suis dit que tu aimerais avoir cette informa-tion tout de suite.

— Tu avais raison. Ça signifie qu'ils commencent à se dire qu'il y a anguille sous roche...

— En tout cas, les sonnettes d'alarme ont dû commencer à retentir dans leur tête quand ils ont vu la voiture. Sandberg a déposé Falun au centre-ville et ensuite il est revenu à l'immeuble dans Artillerigatan. Nous savons que Fredrik Clinton se trouve là. Georg Nyström est arrivé à peu près en même temps. La question est de savoir comment ils vont agir.

— Le procès débute mardi... Il faudra que tu appelles Blomkvist pour lui dire de renforcer la sécurité à *Millénium*. Pour parer à toute éventualité.

— Ils ont déjà une sécurité assez solide. Et leur façon de souffler des ronds de fumée autour de leurs téléphones piégés n'a rien à envier aux pros. Le fait est que Blomkvist est tellement parano qu'il a développé des méthodes pour détourner l'attention qui pourraient même nous servir.

— OK. Mais appelle-le quand même.

ROSA FIGUEROLA FERMA SON TÉLÉPHONE PORTABLE et le posa sur la table de chevet. Elle leva les yeux et regarda Mikael Blomkvist à moitié allongé, adossé au montant du pied du lit, tout nu.

— Je dois t'appeler pour te dire de renforcer la sécurité à *Millénium*, dit-elle.

— Merci pour le tuyau, dit-il laconiquement.

— Je suis sérieuse. S'ils commencent à se douter de quelque chose, il y a un risque qu'ils agissent sans réfléchir. Et alors un cambriolage est vite arrivé.

— Henry Cortez y dort cette nuit. Et nous avons une alarme d'agression directement reliée à Milton Security qui est à trois minutes de distance.

Il resta silencieux pendant une seconde.

— Ah oui, parano..., marmonna-t-il.

24

LUNDI 11 JUILLET

IL ÉTAIT 6 HEURES LE LUNDI lorsque Susanne Linder de Milton Security appela Mikael Blomkvist sur son T10 bleu.

— Tu ne dors jamais ? demanda Mikael à peine réveillé.

Il lorgna vers Rosa Figuerola qui était déjà debout et avait enfilé un short de sport, mais n'avait pas encore eu le temps de mettre le tee-shirt.

— Si. Mais j'ai été réveillée par la garde de nuit. L'alarme muette que nous avons installée dans ton appartement s'est déclenchée à 3 heures.

— Ah bon ?

— Alors j'ai dû m'y rendre pour voir ce qui s'était passé. Ce n'est pas évident comme truc. Est-ce que tu pourrais passer à Milton Security ce matin ? Tout de suite, en fait.

— LÀ, ÇA DEVIENT GRAVE, dit Dragan Armanskij.

Il était peu après 8 heures quand ils se retrouvèrent devant un écran dans une salle de réunion à Milton Security. Il y avait là Armanskij, Mikael Blomkvist et Susanne Linder. Armanskij avait aussi fait venir Johan Fräklund, soixante-deux ans, ancien inspecteur criminel de la police de Solna qui dirigeait l'unité d'intervention de Milton, et l'ancien inspecteur criminel Steve Bohman, quarante-huit ans, qui avaient suivi l'affaire Salander depuis le début. Tous cogitaient sur la vidéo que Susanne Linder venait de leur montrer.

— Ce que nous voyons, c'est Jonas Sandberg qui ouvre la porte de l'appartement de Mikael Blomkvist à 3 h 17. Il a ses propres clés… Vous vous rappelez que Faulsson, qui est serrurier, a pris des empreintes des clés de Blomkvist il y a plusieurs semaines quand lui et Göran Mårtensson sont entrés dans l'appartement par effraction.

Armanskij hocha la tête, la mine sévère.

— Sandberg reste dans l'appartement un peu plus de huit minutes. Pendant ce temps, voilà ce qu'il fait. Il va chercher dans la cuisine un sachet en plastique qu'il remplit. Ensuite il dévisse la plaque arrière d'une enceinte que tu as dans le séjour, Mikael. C'est là qu'il place le sachet.

— Hmm, dit Mikael Blomkvist.

— Le fait qu'il va prendre un sachet dans ta cuisine est très révélateur.

— C'est un sachet de mini-baguettes de chez Konsum, dit Mikael. Je les garde toujours pour le fromage et des trucs comme ça.

— Je fais pareil chez moi. Et ce qui est révélateur, c'est évidemment que le sachet porte tes empreintes digitales. Ensuite il va prendre un vieux *SMP* dans ta corbeille à papier dans le vestibule. Il utilise une page du journal pour envelopper un objet qu'il place en haut dans ta penderie.

— Hmm, fit Mikael Blomkvist de nouveau.

— C'est pareil. Le journal a tes empreintes.

— Je comprends, dit Mikael Blomkvist.

— Je suis entrée dans ton appartement vers 5 heures. J'ai trouvé ceci. Dans l'enceinte chez toi il y a en ce moment cent quatre-vingts grammes de cocaïne. J'ai pris un échantillon d'un gramme que voici.

Elle plaça un petit sachet à conviction sur la table de conférence.

— Qu'est-ce qu'il y a dans la penderie ? demanda Mikael.

— Environ 120 000 couronnes en espèces.

Armanskij fit signe à Susanne Linder d'arrêter la bande. Il regarda Fräklund.

— Mikael Blomkvist est donc mêlé à du trafic de cocaïne, dit Fräklund avec bonhomie. Ils ont apparemment commencé à s'inquiéter de ce que fabrique Blomkvist.

— Ça, c'est une contre-attaque, dit Mikael Blomkvist.

— Contre-attaque ?

— Ils ont découvert les gardiens de Milton à Morgongåva hier soir.

Il raconta ce que Rosa Figuerola lui avait appris sur l'expédition de Sandberg à Morgongåva.

— Un méchant petit coquin, dit Steve Bohman.

— Mais pourquoi maintenant ?

— Ils se font manifestement du mouron pour ce que *Millénium* peut provoquer quand le procès va commencer, dit Fräklund. Si Blomkvist est arrêté pour trafic de drogue, sa crédibilité va considérablement diminuer.

Susanne Linder hocha la tête. Mikael Blomkvist eut l'air hésitant.

— Alors comment va-t-on gérer ça ? demanda Armanskij.

— On ne fait rien pour l'instant, proposa Fräklund. On dispose de plusieurs atouts. On a une excellente documentation qui démontre comment Sandberg place les preuves dans ton appartement, Mikael. Laissons le piège se refermer. On pourra immédiatement prouver ton innocence et, de plus, ça sera une autre preuve du comportement criminel de la Section. J'aimerais bien être procureur quand ces zigotos passeront devant la barre.

— Je ne sais pas, dit Mikael Blomkvist lentement. Le procès commence après-demain. *Millénium* sort vendredi, au troisième jour de l'audience. S'ils ont l'intention de m'épingler pour trafic de cocaïne, ça se fera avant… et je ne vais pas pouvoir m'expliquer avant que le journal soit publié. Ça veut dire que je risque d'être arrêté et que je loupe le début du procès.

— Autrement dit, tu as de bonnes raisons de rester invisible cette semaine, proposa Armanskij.

— Ben… j'ai du boulot à faire pour TV4 et j'ai quelques autres préparatifs en cours aussi. Ce n'est vraiment pas le moment…

— Pourquoi maintenant précisément ? demanda soudain Susanne Linder.

— Qu'est-ce que tu veux dire ? demanda Armanskij.

— Ils ont eu trois mois pour traîner Blomkvist dans la boue. Pourquoi est-ce qu'ils agissent maintenant précisément ? Quoi qu'ils fassent, ils ne vont pas pouvoir empêcher la publication.

Ils restèrent en silence autour de la table un moment.

— Ça peut être parce qu'ils n'ont pas compris ce que tu vas publier, Mikael, dit Armanskij lentement. Ils savent que tu trames quelque chose… mais ils croient peut-être que tu ne disposes que du rapport de Björck de 1991.

Mikael hocha lentement la tête.

— Ils n'ont pas compris que tu as l'intention de dévoiler toute la Section. S'il s'agit uniquement du rapport de Björck, il suffit de créer une méfiance autour de toi. Tes révélations éventuelles vont se noyer dans ton arrestation et ta mise en examen. Gros scandale. Le célèbre journaliste Mikael Blomkvist arrêté pour trafic de drogue. Six à huit ans de prison.

— Est-ce que je peux avoir deux copies du film de la caméra de surveillance ? demanda Mikael.

— Qu'est-ce que tu as l'intention de faire ?

— Une copie pour Edklinth. Ensuite, je dois rencontrer TV4 dans trois heures. Je crois que ce serait bien si nous étions préparés à balancer ça à la télé quand la tempête va se déchaîner.

ROSA FIGUEROLA ARRÊTA LE LECTEUR DVD et posa la télécommande sur la table. Ils se voyaient dans le bureau temporaire à Fridhemsplan.

— De la cocaïne, dit Edklinth. Ils n'emploient pas les petits moyens !

Rosa Figuerola eut l'air hésitant. Elle lorgna sur Mikael.

— Je n'aime pas ça, dit-elle. Ça révèle une précipitation irréfléchie. Ils devraient bien comprendre que tu ne vas pas te laisser faire sans protester s'ils te jettent au trou pour trafic de drogue.

— Si, dit Mikael.

— Même si tu étais condamné, il y a un grand risque pour eux que les gens croient quand même ce que tu dis. Et tes collègues à *Millénium* ne vont pas se taire.

— De plus, tout ça n'est pas donné, dit Edklinth. Ils ont donc un budget qui signifie qu'ils peuvent sans sourciller sortir 120 000 couronnes en plus de ce que coûte la coke.

— Je sais, dit Mikael. Mais leur plan est carrément bon. Ils se disent que Lisbeth Salander va se retrouver à l'HP et que je vais disparaître dans un nuage d'accusations. Ils s'imaginent aussi que toute l'attention éventuelle va se concentrer sur la Säpo – pas sur la Section. C'est pas mal comme situation de départ.

— Mais comment vont-ils pouvoir persuader la brigade des stups de faire une perquisition chez toi ? Je veux dire, il ne suffit pas d'un tuyau anonyme pour que quelqu'un vienne défoncer la porte d'un journaliste-vedette. Et pour que ça fonctionne, il faut que tu sois rendu suspect dans les jours à venir.

— Eh bien, nous ne savons rien sur leur planning, dit Mikael.

Il se sentait fatigué et aurait voulu que tout soit terminé. Il se leva.

— Tu vas où maintenant ? demanda Rosa Figuerola. J'aimerais savoir où tu vas te trouver ces jours-ci.

— Je passe à TV4 en début d'après-midi. Et à 18 heures, je retrouve Erika Berger pour un sauté d'agneau au *Samirs Gryta*. On va peaufiner des communiqués de presse. Le reste de la soirée, je serai à la rédaction, je suppose.

Les yeux de Rosa Figuerola s'étrécirent un peu quand elle entendit mentionner Erika Berger.

— Je veux que tu gardes le contact pendant la journée. De préférence, je voudrais que tu restes en contact proche jusqu'à ce que le procès ait démarré.

— OK. Je peux peut-être venir m'installer chez toi pendant quelques jours, dit Mikael en souriant comme s'il plaisantait.

Rosa Figuerola s'assombrit. Elle jeta un rapide coup d'œil sur Edklinth.

— Rosa a raison, dit Edklinth. Je crois qu'il vaudrait mieux que tu te rendes relativement invisible jusqu'à ce que tout ça soit terminé. Si tu te fais coincer par la brigade des stups, garde le silence jusqu'à ce que le procès ait démarré.

— Du calme, dit Mikael. Je n'ai pas l'intention de paniquer et de gâcher quoi que ce soit. Occupez-vous de votre part, et je m'occuperai de la mienne.

LA FILLE DE TV4 avait du mal à dissimuler son excitation devant le matériel vidéo que Mikael Blomkvist lui livrait. Mikael sourit de son appétit. Pendant une semaine, ils s'étaient escrimés comme des bêtes à assembler un matériel compréhensible sur la Section pour un usage télévisé. Aussi bien le producteur pour qui elle travaillait que le chef des Actualités à TV4 avaient compris le scoop que ça allait être. L'émission serait produite dans le plus grand secret avec seulement quelques rares initiés. Ils avaient accepté les exigences de Mikael de ne diffuser l'histoire que le soir du troisième jour du procès. Ils avaient décidé de lancer ça dans une édition spéciale du journal.

Mikael lui avait fourni une grande quantité d'images fixes pour qu'elle puisse jouer avec, mais rien ne vaut des images qui bougent à la télé. Et cette vidéo d'une netteté absolue montrant un policier identifié en train de planquer de la cocaïne dans l'appartement de Mikael Blomkvist la faisait carrément grimper aux rideaux.

— Ça, c'est de la télé de première, dit-elle. En vignette : Ici la Säpo planque de la cocaïne dans l'appartement du journaliste.

— Pas la Säpo... la Section, rectifia Mikael. Ne commets pas l'erreur de confondre les deux.

— Mais Sandberg bosse bien à la Säpo, protesta-t-elle.

— Oui, mais concrètement, il faut le considérer comme un agent infiltré. Tu dois maintenir la limite au poil près.

— OK. C'est la Section qui est à l'affiche ici. Pas la Säpo. Mikael, peux-tu m'expliquer comment ça se fait que tu sois toujours mêlé à ce genre de brûlot ? Tu as raison. Ceci va faire plus de bruit que l'affaire Wennerström.

— J'ai du talent, j'imagine. Ironie du sort, mais cette histoire aussi commence avec une affaire Wennerström. L'affaire d'espionnage dans les années 1960, je veux dire.

A 16 heures, Erika Berger appela. Elle se trouvait à une réunion avec *Tidningsutgivarna* pour communiquer aux patrons de la presse sa vision des licenciements de personnel prévus à *SMP*, opération qui avait mené à un sérieux conflit syndical depuis sa démission. Elle expliqua qu'elle serait en retard pour leur rendez-vous au *Samirs Gryta*, elle ne pensait pas pouvoir venir avant 18 h 30.

JONAS SANDBERG AIDA FREDRIK CLINTON à passer du fauteuil roulant à la couchette de la chambre de repos qui constituait le centre de commandement du QG de la Section à Artillerigatan. Clinton venait de rentrer de sa dialyse qui avait duré tout l'après-midi. Il se sentait centenaire et incommensurablement fatigué. Il n'avait guère dormi ces derniers jours et souhaitait que tout soit bientôt fini. Il venait à peine de s'installer dans le lit quand Georg Nyström les rejoignit.

Clinton concentra ses forces.

— Tout est en place ? demanda-t-il.

Georg Nyström hocha la tête.

— Je viens de rencontrer les frères Nikoliç, dit-il. Ça va coûter 50 000.

— On peut les payer, dit Clinton.

Putain alors, si j'avais été jeune.

Il tourna la tête et examina Georg Nyström et Jonas Sandberg à tour de rôle.

— Pas de scrupules ? demanda-t-il.

Tous deux secouèrent la tête.

— Quand ? demanda Clinton.

— Dans les vingt-quatre heures, dit Nyström. C'est vachement difficile de trouver où Blomkvist se niche, mais au pire ils le feraient devant la rédaction.

Clinton hocha la tête.

— On a une possible ouverture dès ce soir, dans deux heures, dit Jonas Sandberg.

— Ah bon ?

— Erika Berger l'a appelé il y a pas très longtemps. Ils vont dîner ensemble au *Samirs Gryta* ce soir. C'est un resto du côté de Bellmansgatan.

— Ber-ger…, dit Clinton en étirant le nom.

— J'espère surtout qu'elle…, dit Georg Nyström.

— Ça ne serait pas forcément un mal, l'interrompit Jonas Sandberg.

— Nous sommes d'accord : c'est Blomkvist qui constitue la plus grande menace contre nous et il est vraisemblable qu'il publiera quelque chose dans le prochain numéro de *Millénium*. Nous ne pouvons pas empêcher la publication. Donc il nous faut anéantir sa crédibilité. S'il est tué dans ce qui semble être un règlement de comptes du milieu et qu'ensuite la police trouve de la drogue et de l'argent dans son appartement, l'enquête en tirera certaines conclusions.

Clinton hocha la tête.

— Il se trouve qu'Erika Berger est la maîtresse de Blomkvist, dit Sandberg en appuyant sur les mots. Elle est mariée et infidèle. Si elle aussi meurt brutalement, cela mènera à un tas d'autres spéculations.

Clinton et Nyström échangèrent un regard. Sandberg était un génie-né pour créer des rideaux de fumée. Il apprenait vite. Mais aussi bien Clinton que Nyström ressentirent un instant d'hésitation. Sandberg était toujours aussi insouciant quand il devait décider de la vie ou de la mort. Ce n'était pas bien. Le meurtre était une mesure extrême qui ne devait pas être appliquée uniquement parce que l'occasion se présentait. Ce n'était pas une solution toute faite, mais une mesure à utiliser exclusivement lorsqu'il n'y avait pas d'autres alternatives.

Clinton secoua la tête.

Dégâts collatéraux, pensa-t-il. Il était soudain dégoûté de la gestion de tout ça.

Après une vie au service de la nation, nous voici comme de vulgaires assassins. Zalachenko avait été nécessaire. Björck avait été... regrettable, mais Gullberg avait eu raison. Björck aurait cédé. Blomkvist était... probablement nécessaire. Mais Erika Berger n'était qu'un témoin innocent.

Il lorgna sur Jonas Sandberg. Il espérait que le jeune homme n'allait pas évoluer pour devenir un psychopathe.

— Les frères Nikolič, que savent-ils exactement ?

— Rien. Sur nous, je veux dire. Je suis le seul qu'ils aient rencontré, j'ai utilisé une autre identité et ils ne peuvent pas remonter à moi. Ils pensent que le meurtre a quelque chose à voir avec le trafic de femmes.

— Que se passera-t-il pour les frères Nikolič après le meurtre ?

— Ils quittent la Suède immédiatement, dit Nyström. Exactement comme après Björck. Si ensuite l'enquête de police ne donne pas de résultat, ils peuvent revenir en douceur quelques semaines plus tard.

— Et le plan ?

— Modèle sicilien. Ils s'approcheront tout simplement de Blomkvist, videront le chargeur et dégageront.

— Arme ?

— Ils ont un automatique. Je ne sais pas quel type.

— J'espère qu'ils n'ont pas l'intention d'arroser tout le restaurant...

— Ne crains rien. Ils sont du genre posé et savent ce qu'ils ont à faire. Mais si Berger est assise à la même table que Blomkvist...

Dégâts collatéraux.

— Ecoutez, dit Clinton. Il est important que Wadensjöö n'apprenne pas qu'on est mêlé à ça. Surtout pas si Erika Berger est une des victimes. Il est déjà tendu à la limite de craquer. J'ai peur qu'on soit obligé de le mettre à la retraite quand ce sera fini.

Nyström hocha la tête.

— Ça signifie que quand on aura le message nous annonçant que Blomkvist s'est fait tuer, il faut qu'on joue la comédie. On convoquera une réunion de crise et on semblera totalement abasourdis par les événements. On spéculera sur qui pourrait être derrière ce meurtre mais on ne dit rien sur la drogue et autres avant que la police trouve les pièces à conviction.

MIKAEL BLOMKVIST QUITTA la Fille de TV4 peu avant 17 heures. Ils avaient passé tout l'après-midi à passer en revue des points peu clairs dans le matériel et ensuite Mikael avait été maquillé puis filmé dans une longue interview.

Ils lui avaient posé une question à laquelle il avait eu du mal à répondre de façon cohérente et ils avaient redemandé plusieurs fois.

Comment se fait-il que des fonctionnaires de l'Etat soient allés jusqu'à commettre des assassinats ?

Mikael s'était posé cette question bien avant que la Fille de TV4 la pose. La Section avait dû voir Zalachenko comme une menace incroyable, mais ce n'était quand même pas une réponse satisfaisante. La réponse qu'il finit par donner n'était pas satisfaisante non plus.

— La seule explication plausible que je voie, c'est qu'au fil des ans, la Section a évolué pour devenir une secte au vrai sens du terme. Ils sont devenus comme la secte de Knutsby ou comme le pasteur Jim Jones ou des gens comme ça. Ils écrivent leurs propres lois dans lesquelles les notions de bien ou de mal cessent d'être pertinentes et ils semblent complètement isolés de la société normale.

— On dirait une sorte de maladie mentale ?

— Ce n'est pas une description totalement erronée.

Il prit le métro pour Slussen et constata qu'il était trop tôt pour aller au *Samirs Gryta*. Il traîna un moment sur la place de Södermalm. Il se sentait soucieux, mais d'un autre côté la vie avait retrouvé son sens. Ce n'était que lorsque Erika Berger était revenue à *Millénium* qu'il avait réalisé à quel point catastrophique elle lui avait manqué. Et qu'elle reprenne la barre n'avait pas mené à un conflit interne, bien au contraire. Malou était ravie d'avoir retrouvé son poste de secrétaire de rédaction, elle débordait de joie que la vie (comme elle le disait) retrouve son cours normal.

Le retour d'Erika avait aussi révélé le net déficit de personnel pendant les trois mois passés. Erika avait dû faire son retour à *Millénium* sur les chapeaux de roues, et avec l'aide de Malou Eriksson elle avait réussi à maîtriser une bonne partie du travail d'organisation accumulé et plus ou moins laissé en plan. D'une bonne réunion de rédaction était sortie la décision que *Millénium* devait s'agrandir et recruter au moins un et probablement deux nouveaux collaborateurs. Ils n'avaient cependant aucune idée de la manière dont ils allaient trouver les fonds nécessaires.

Finalement, Mikael alla acheter les journaux du soir et entra prendre un café au Java dans Hornsgatan, pour passer le temps jusqu'à ce que vienne l'heure de retrouver Erika.

LA PROCUREUR RAGNHILD GUSTAVSSON du ministère public posa ses lunettes de lecture sur la table de conférence et contempla l'assemblée. Elle avait cinquante-huit ans, et des cheveux grisonnants coupés court encadraient un visage joufflu parcouru de rides. Elle avait été procureur pendant vingt-cinq ans et travaillait au ministère public depuis le début des années 1990.

Trois semaines seulement s'étaient écoulées depuis qu'elle avait soudain été appelée au bureau officiel du procureur de la nation pour rencontrer Torsten Edklinth. Ce jour-là, elle bouclait quelques affaires de routine et s'apprêtait à partir pour un congé de six semaines dans sa maison de campagne sur Husarö. Au lieu de cela, elle avait reçu mission de mener l'enquête contre un groupe de fonctionnaires de l'Etat ayant autorité et pour l'instant regroupés sous le terme de "la Section". Tous ses projets de vacances avaient rapidement été abandonnés. Elle avait appris que ceci allait être sa tâche principale pour un temps indéterminé et on lui avait laissé les mains quasiment libres pour organiser elle-même son travail et prendre les décisions nécessaires.

— Cette affaire va être une des investigations criminelles les plus sensationnelles de l'histoire suédoise, avait dit le procureur de la nation.

Elle ne pouvait qu'être d'accord avec lui.

Puis elle était allée de surprise en surprise en écoutant le résumé que faisait Torsten Edklinth de l'affaire et de l'enquête qu'il avait réalisée sur ordre du Premier ministre. L'enquête n'était pas terminée, mais il estimait être arrivé au point où il lui fallait présenter la chose à un procureur.

Elle avait commencé par se faire une vue d'ensemble du matériel que Torsten Edklinth lui livrait. Mais lorsque l'étendue des crimes commis avait commencé à se préciser, elle avait réalisé que tout ce qu'elle faisait et toutes les décisions qu'elle prendrait allaient être passés au crible dans les livres d'histoire futurs. Dès lors, elle avait consacré chacune de ses minutes éveillées à essayer d'obtenir une vue d'ensemble cohérente de la liste de crimes quasi inconcevable qu'elle devait traiter. Le cas était unique dans l'histoire du droit suédoise et, puisqu'il était question de débusquer des actes criminels qui se commettaient depuis au moins trente ans, elle comprit le besoin d'une organisation très stricte du travail. Ses pensées allaient aux enquêteurs officiels antimafia en Italie, qui avaient dû travailler presque clandestinement pour survivre dans les années 1970 et 1980. Elle comprenait pourquoi Edklinth avait été obligé d'œuvrer en secret. Il ne savait pas en qui il pouvait avoir confiance.

La première mesure de Ragnhild Gustavsson fut de s'adjoindre trois collaborateurs du ministère public. Elle choisit des personnes qu'elle connaissait depuis de nombreuses années. Ensuite, elle engagea un historien connu du Conseil de prévention de la criminalité pour qu'il l'éclaire avec ses connaissances sur l'apparition des polices de sûreté au fil des décennies. Pour finir, elle désigna formellement Rosa Figuerola comme chef des investigations.

L'enquête sur la Section avait ainsi acquis une forme constitutionnellement valable. On pouvait maintenant la considérer comme n'importe quelle enquête de police, même si l'interdiction totale de révélation avait été décrétée.

Au cours des deux dernières semaines, la procureur Gustavsson avait convoqué un grand nombre de personnes à des interrogatoires formels mais très discrets. Mis à part Edklinth et Figuerola, il s'agissait des inspecteurs Bublanski, Sonja Modig, Curt Bolinder et Jerker Holmberg. Ensuite elle avait rencontré Mikael Blomkvist, Malou Eriksson, Henry Cortez, Christer Malm, Annika Giannini, Dragan Armanskij, Susanne Linder et Holger Palmgren. A part les représentants de *Millénium*, qui par principe ne répondaient pas aux questions susceptibles d'identifier leurs sources, tous avaient obligeamment fourni des comptes rendus détaillés et des preuves.

Ragnhild Gustavsson n'avait pas du tout apprécié le fait qu'on lui présente un calendrier déterminé par *Millénium* et qui impliquait qu'elle décide l'arrestation d'un certain nombre de personnes à une date déterminée. Elle estimait pour sa part avoir besoin de plusieurs mois de préparation avant que l'enquête arrive à ce stade. Pourtant, dans le cas présent, elle n'avait pas eu le choix. Mikael Blomkvist de la revue *Millénium* avait été intraitable. Il n'était soumis à aucun décret ou règlement officiel et il avait l'intention de publier l'article au troisième jour du procès contre Lisbeth Salander. Ragnhild Gustavsson fut ainsi obligée de s'adapter et de frapper simultanément pour que des suspects et éventuellement des preuves n'aient pas le temps de disparaître. Blomkvist bénéficiait, cela dit, de l'étonnant soutien d'Edklinth et de Figuerola, et peu à peu la procureur avait réalisé que le modèle blomkvistien avait certains avantages évidents. En tant que procureur, elle pourrait compter sur le coup de pouce médiatique bien agencé dont elle avait besoin pour mener l'accusation. De plus, le processus allait se dérouler si vite que l'enquête périlleuse n'aurait pas le temps de fuiter dans les couloirs de l'administration pour arriver aux oreilles de la Section.

— Pour Blomkvist, il s'agit avant tout de rendre justice à Lisbeth Salander. Epingler la Section n'est que la conséquence qui en découle, constata Rosa Figuerola.

Le procès contre Lisbeth Salander allait débuter le mercredi, deux jours plus tard, et la réunion de ce lundi avait eu pour but de passer en revue tout le matériel disponible et de distribuer les tâches.

Treize personnes avaient participé à la conférence. Du ministère public, Ragnhild Gustavsson avait amené ses deux collaborateurs les plus proches. De la Protection de la Constitution, la chef des investigations, Rosa Figuerola, était présente, avec ses collègues Stefan Bladh et Niklas Berglund. Le directeur de la Protection de la Constitution, Torsten Edklinth, avait participé en tant qu'observateur.

Ragnhild Gustavsson avait cependant décidé qu'une affaire de cette importance ne pourrait pas, question de crédibilité, se limiter à la Säpo. Raison pour laquelle elle avait appelé l'inspecteur Jan Bublanski et son équipe, Sonja Modig, Jerker Holmberg et Curt Bolinder, de la police ordinaire. Ceux-ci avaient travaillé sur l'affaire Salander depuis Pâques et connaissaient parfaitement l'histoire. De plus, elle avait requis la présence de la procureur Agneta Järvas et de l'inspecteur Marcus Ackerman de Göteborg. L'enquête sur la Section avait un lien direct avec l'enquête sur l'assassinat d'Alexander Zalachenko.

Lorsque Rosa Figuerola mentionna que l'ancien Premier ministre, Thorbjörn Fälldin, devrait éventuellement être appelé comme témoin, Jerker Holmberg et Sonja Modig se tortillèrent avec gêne.

Pendant cinq heures, on avait examiné, les uns après les autres, les noms des personnes identifiées comme des actifs au sein de la Section, ce qui avait permis de constater que la loi était enfreinte et qu'il fallait procéder à des arrestations. En tout, sept personnes avaient été identifiées et mises en relation avec l'appartement dans Artillerigatan. Ensuite, neuf personnes avaient été identifiées qui étaient supposées avoir des liens avec la Section mais qui ne venaient jamais dans Artillerigatan. Elles travaillaient principalement à la Säpo sur Kungsholmen mais avaient rencontré l'un ou l'autre des actifs de la Section.

— Il est impossible pour l'instant de dire jusqu'où s'étend la conspiration. Nous ne savons pas dans quelles circonstances ces gens rencontrent Wadensjöö ou quelqu'un d'autre. Ils peuvent être informateurs ou on a pu leur faire croire qu'ils travaillent pour des enquêtes internes ou ce genre de choses. Il existe donc une incertitude quant à leur implication qui ne pourra être levée que lorsque nous aurons eu l'occasion de les entendre. De plus, il s'agit uniquement de personnes que nous avons remarquées au cours des semaines où la surveillance a eu lieu ; il peut y avoir d'autres personnes impliquées que nous ne connaissons pas encore.

— Mais le secrétaire général et le chef du budget…

— Nous pouvons dire avec certitude qu'ils travaillent pour la Section.

Il était 18 heures le lundi quand Ragnhild Gustavsson décida de faire une pause d'une heure pour se restaurer avant de reprendre les débats.

Ce fut au moment où tout le monde se levait et commençait à bouger que le collaborateur de Rosa Figuerola à l'unité d'intervention de la Protection de la Constitution, Jesper Thoms, demanda son attention pour lui faire part de ce qui était apparu au cours de ces dernières heures d'investigation.

— Clinton a été en dialyse une grande partie de la journée, il est revenu dans Artillerigatan vers 15 heures. Le seul qui a fait quelque chose de particulier est Georg Nyström, sauf que nous ne sommes pas très sûrs de ce qu'il a fait.

— Ah bon, dit Rosa Figuerola.

— A 13 h 30 aujourd'hui, Nyström s'est rendu à la gare centrale où il a rencontré deux individus. Ils sont allés à pied à l'hôtel Sheraton où ils ont pris un café au bar. La rencontre a duré un peu plus de vingt minutes, après quoi Nyström est retourné dans Artillerigatan.

— Hm. Et qui a-t-il rencontré ?

— Nous ne le savons pas. Ce sont des visages nouveaux. Deux hommes dans les trente-cinq ans qui physiquement semblent originaires de l'Europe de l'Est. Mais notre enquêteur les a malheureusement perdus quand ils ont pris le métro.

— Ah bon, dit Rosa Figuerola fatiguée.

— Voici leurs photos, dit Jesper Thoms et il lui donna une série de photos standard.

Elle regarda des agrandissements de visages qu'elle voyait pour la première fois.

— OK, merci, dit-elle, puis elle posa les photos sur la table de conférence et se leva pour aller trouver quelque chose à manger.

Curt Bolinder était juste à côté d'elle, il baissa les yeux sur les photos.

— Oh putain ! dit-il. Les frères Nikoliç, ils trempent là-dedans ?

Rosa Figuerola s'arrêta.

— Qui ?

— Ces deux-là, des vrais méchants, dit Curt Bolinder. Tomi et Miro Nikoliç.

— Tu les connais ?

— Oui. Deux frères de Huddinge. Des Serbes. On les a eus sous surveillance à plusieurs reprises quand ils avaient la vingtaine, j'étais à la brigade antigang à cette époque-là. Miro Nikoliç est le plus dangereux des deux. Il est d'ailleurs recherché depuis un an pour violences aggravées. Je les croyais tous les deux repartis en Serbie pour devenir politiciens ou quelque chose de ce genre.

— Politiciens ?

— Oui. Ils sont allés en Yougoslavie dans la première partie des années 1990 pour donner un coup de main au nettoyage ethnique. Ils travaillaient pour le patron de la mafia, Arkan, qui entretenait une sorte de milice fasciste privée. Ils avaient la réputation d'être des *shooters*.

— *Shooters* ?

— Oui, des tueurs à gages. Ils allaient et venaient entre Belgrade et Stockholm. Leur oncle a un restaurant à Norrmalm où ils travaillent officiellement de temps à autre. Nous avons eu plusieurs indications comme quoi ils ont participé à au moins deux assassinats liés à des règlements de comptes internes dans la prétendue guerre des cigarettes parmi les Yougos, mais nous n'avons jamais pu les coincer pour quoi que ce soit.

Rosa Figuerola regarda les photos d'investigation, muette. Puis elle devint livide. Elle fixa Torsten Edklinth.

— Blomkvist, s'écria-t-elle, paniquée. Ils ne vont pas se contenter de bousiller sa réputation. Ils vont le tuer et laisser la police trouver la cocaïne au cours de l'enquête pour en tirer ses propres conclusions.

Edklinth la regarda tout aussi fixement.

— Il devait retrouver Erika Berger au *Samirs Gryta*, dit Rosa Figuerola. Elle toucha l'épaule de Curt Bolinder. Tu es armé ?

— Oui...

— Viens avec moi.

Rosa Figuerola sortit en trombe de la salle de réunion. Son bureau se trouvait trois portes plus loin dans le couloir. Elle déverrouilla la porte et prit son arme de service dans le tiroir du bureau. Contre tout règlement, elle laissa la porte de son bureau grande ouverte en fonçant vers les ascenseurs. Curt Bolinder resta indécis une seconde.

— Va, dit Bublanski à Curt Bolinder. Sonja… accompagne-les.

MIKAEL BLOMKVIST ARRIVA au *Samirs Gryta* à 18 h 20. Erika Berger venait de s'installer à une table libre à côté du bar près des portes d'entrée. Il lui fit la bise. Ils commandèrent chacun une bonne bière et un sauté d'agneau, et la bière leur fut servie tout de suite.

— Comment elle était, la Fille de TV4 ? demanda Erika Berger.

— Aussi pimpante que d'habitude.

Erika Berger rit.

— Si tu ne fais pas attention, elle va finir par devenir une obsession. Tu te rends compte, une fille qui résiste au charme de Blomkvist !

— Il se trouve qu'il y a plein de filles qui ont résisté au fil des années, dit Mikael Blomkvist. Comment a été ta journée ?

— Gaspillée. Mais j'ai accepté de participer à un débat sur *SMP* au Club des publicistes. Ça sera ma dernière contribution à cette histoire.

— Merveilleux.

— Tu ne peux pas savoir à quel point c'est génial d'être de retour à *Millénium*, dit-elle.

— Tu n'imagines pas à quel point je trouve génial que tu sois de retour. J'en suis encore tout remué.

— C'est redevenu sympa d'aller au boulot.

— Mmm.

— Je suis heureuse.

— Et moi, je dois aller aux toilettes, dit Mikael et il se leva.

Il fit quelques pas et faillit bousculer un homme d'une trentaine d'années qui venait d'entrer dans le restaurant. Mikael nota qu'il avait un physique d'Europe de l'Est et qu'il le dévisageait. Ensuite il vit le pistolet-mitrailleur.

ILS PASSAIENT RIDDARHOLMEN, quand Torsten Edklinth les appela pour dire que ni Mikael Blomkvist, ni Erika Berger ne répondaient à leur portable. Ils les avaient sans doute coupés pour dîner en paix.

Rosa Figuerola lâcha un juron et traversa la place de Södermalm à près de quatre-vingts kilomètres à l'heure, la main en permanence enfoncée sur le klaxon. Quand elle tourna brutalement dans Hornsgatan, Curt Bolinder fut obligé de se retenir à la portière avec la main. Il avait sorti son arme de service et contrôlait qu'elle était armée. Sonja Modig faisait pareil sur la banquette arrière.

— Il faut qu'on demande des renforts, dit Curt Bolinder. On ne joue pas avec les frères Nikoliç.

Rosa Figuerola hocha la tête.

— Voici ce qu'on va faire, dit-elle. Sonja et moi, on entrera directement au *Samirs Gryta* en espérant qu'ils y sont. Toi, Curt, tu sais reconnaître les frères, tu resteras dehors et tu ouvres les yeux.

— OK.

— Si tout est calme, on embarque Blomkvist et Berger dans la voiture tout de suite et on les conduit à Kungsholmen. Si on flaire quoi que ce soit, on reste dans le resto et on demande des renforts.

— OK, dit Sonja Modig.

Rosa Figuerola se trouvait toujours dans Hornsgatan lorsque la radio sous le tableau de bord se mit à crépiter.

A toutes les unités. Fusillade rapportée dans Tavastgatan à Södermalm. L'alerte concerne le restaurant Samirs Gryta.

Rosa Figuerola sentit brusquement une crampe lui nouer le ventre.

ERIKA BERGER VIT Mikael Blomkvist heurter un homme dans les trente-cinq ans alors qu'il se rendait aux toilettes près de l'entrée. Elle fronça les sourcils sans vraiment savoir pourquoi. Elle avait l'impression que l'inconnu fixait Mikael avec une expression de surprise. Elle se demanda si c'était une de ses connaissances.

Puis elle vit l'homme faire un pas en arrière et lâcher un sac par terre. Tout d'abord, elle ne comprit pas ce qu'elle voyait. Elle resta paralysée quand elle l'aperçut braquer une arme automatique sur Mikael.

MIKAEL BLOMKVIST RÉAGIT SANS RÉFLÉCHIR. Il avança sa main gauche, saisit le canon et le tourna vers le plafond. L'espace d'une microseconde, la gueule passa devant son visage.

Le crépitement du pistolet-mitrailleur fut étourdissant dans le local exigu. Une pluie de plâtre et de verre du plafonnier pulvérisé s'abattit sur Mikael tandis que Miro Nikolić lâchait une rafale d'une dizaine de balles. Un bref instant, Mikael Blomkvist regarda les yeux de l'homme qui voulait sa mort.

Ensuite Miro Nikolić fit un pas en arrière. Il arracha l'arme des mains de Mikael qui fut pris au dépourvu et lâcha le canon. Il réalisa subitement qu'il était en danger de mort. Sans réfléchir, il se jeta sur son agresseur au lieu de se mettre en sûreté. Plus tard, il allait comprendre que s'il avait réagi autrement, s'il s'était baissé ou s'il avait reculé, il aurait été tué sur le coup. Une nouvelle fois, il réussit à saisir le canon de l'arme. Il se servit de son poids pour acculer l'homme contre le mur. Il entendit encore six ou sept coups partir et il poussa désespérément sur le pistolet-mitrailleur pour diriger le canon vers le sol.

ERIKA BERGER S'ÉTAIT INSTINCTIVEMENT BAISSÉE lorsque la deuxième série de coups partit. Elle tomba et se cogna la tête contre une chaise. Puis elle se blottit par terre, leva les yeux et vit les trois trous que les balles avaient laissés dans le mur à l'endroit précis où elle était assise l'instant d'avant.

Choquée, elle tourna la tête et vit Mikael Blomkvist qui se battait avec l'homme près de l'entrée. Il était tombé à genoux et avait saisi la mitraillette des deux mains, et il essayait de s'en emparer. Elle vit l'agresseur lutter pour se dégager. Il ne cessait de frapper le visage et la tempe de Mikael avec son poing.

ROSA FIGUEROLA FREINA BRUTALEMENT en face du *Samirs Gryta*, arracha la portière et se rua vers le restaurant. Elle tenait son Sig Sauer à la main lorsqu'elle avisa la voiture qui était garée juste devant le restaurant.

Elle vit Tomi Nikoliç derrière le volant et pointa son arme sur son visage de l'autre côté de la vitre.

— Police. Montre tes mains ! cria-t-elle.

Tomi Nikoliç leva les mains.

— Sors de la voiture et couche-toi par terre, hurla-t-elle avec de la rage plein la voix. Elle tourna la tête et jeta un bref coup d'œil sur Curt Bolinder. Le restaurant, dit-elle.

Curt Bolinder et Sonja Modig traversèrent la rue au triple galop.

Sonja Modig pensa à ses enfants. C'était contre toutes les instructions policières de se ruer dans un bâtiment, l'arme à la main, sans avoir d'abord des renforts sérieux sur les lieux et sans gilet pare-balles et sans avoir une véritable vue d'ensemble de la situation…

Puis elle entendit la détonation d'un coup tiré dans le restaurant.

MIKAEL BLOMKVIST AVAIT RÉUSSI à introduire son majeur entre la détente et le pontet lorsque Miro Nikoliç recommença à tirer. Il entendit du verre se briser derrière lui. Il ressentit une douleur épouvantable dans le doigt quand le tueur serra plusieurs fois de suite la détente et coinça son doigt, mais tant que le doigt était en place, les coups de feu ne pouvaient pas partir. Les coups de poing pleuvaient sur le côté de son visage et il sentit subitement qu'il avait quarante-cinq ans et qu'il était vraiment en très mauvaise condition physique.

Je m'en sortirai pas. Il faut en finir.

Ce fut sa première pensée rationnelle depuis qu'il avait vu l'homme au pistolet-mitrailleur.

Il serra les dents et enfonça davantage son doigt derrière la détente.

Puis il s'arc-bouta sur les pieds et appuya l'épaule sur le corps du tueur et poussa sur ses pieds. Il lâcha la mitraillette de la main droite et monta le coude pour se protéger des coups de poing. Miro Nikoliç commença alors à le frapper à l'aisselle et sur les côtes. Pendant une seconde, ils furent de nouveau face à face.

L'instant d'après, Mikael sentit qu'on éloignait le tueur de lui. Il ressentit une dernière douleur fulgurante au doigt et vit l'immense stature de Curt Bolinder. Bolinder souleva lit-téralement Miro Nikoliç par la peau du cou et lui écrasa la tête contre le mur. Miro Nikoliç s'effondra comme un paquet flasque.

— Couche-toi, entendit-il Sonja Modig hurler. Police. Reste couché !

Il tourna la tête et la vit debout, les jambes écartées et tenant son arme des deux mains, tandis qu'elle essayait de se faire une idée de la situation chaotique. Pour finir, elle leva l'arme vers le plafond et tourna le regard vers Mikael Blomkvist.

— Tu es blessé ? demanda-t-elle.

Mikael la regarda, secoué. Ses sourcils et son nez saignaient.

— Je crois que j'ai un doigt cassé, dit-il et il s'assit par terre.

ROSA FIGUEROLA REÇUT l'assistance de la brigade de Söder-malm moins d'une minute après avoir forcé Tomi Nikoliç à s'allonger sur le trottoir. Elle s'identifia et laissa aux policiers en uniforme le soin de s'occuper du prisonnier, puis elle courut dans le restaurant. Elle s'arrêta à la porte pour essayer de se faire une idée de la situation.

Mikael Blomkvist et Erika Berger étaient assis par terre. Mikael avait du sang sur le visage et il semblait se trouver en état de choc. Rosa poussa un soupir de soulagement. Il était vivant. Ensuite elle fronça les sourcils quand Erika Berger passa son bras autour de son épaule.

Sonja Modig était accroupie en train d'examiner la main de Blomkvist. Curt Bolinder passait des menottes à Miro Nikoliç, qui avait l'air d'avoir été heurté par un train express. Elle vit un PM de l'armée suédoise par terre.

Elle leva les yeux et vit le personnel du restaurant, choqué, des clients épouvantés et un tableau rassemblant de la vaisselle brisée, des chaises et des tables renversées et autres dégâts causés par de nombreux coups de feu. Elle sentit l'odeur de poudre. Mais elle ne voyait pas de mort ou de blessé dans le local. Des policiers du fourgon de renfort entrèrent, armes au poing. Elle tendit la main et toucha l'épaule de Curt Bolinder. Il se leva.

— Tu disais que Miro Nikolić était recherché ?

— Exact. Violences aggravées il y a environ un an. Une bagarre à Hallunda.

— OK. Voilà ce qu'on va faire. Je vais disparaître rapidos avec Blomkvist et Berger. Toi, tu restes. Version officielle : Sonja Modig et toi, vous êtes arrivés ici pour dîner ensemble, tu as reconnu Nikolić de ton passage à la brigade antigang. Comme tu essayais de l'interpeller, il a sorti son arme et tiré comme un fou. Tu l'as coffré.

Curt Bolinder eut l'air surpris.

— Ça ne tiendra pas… il y a des témoins.

— Les témoins vont raconter que des gens se sont bagarrés et qu'ils ont tiré. L'important, c'est que mon histoire tienne jusqu'aux journaux du soir demain. La version est donc que les frères Nikolić ont été arrêtés par hasard parce que tu les avais reconnus.

Curt Bolinder regarda le chaos autour de lui. Puis il hocha brièvement la tête.

ROSA FIGUEROLA SE FRAYA UN CHEMIN à travers la foule de policiers dans la rue et installa Mikael Blomkvist et Erika Berger à l'arrière de sa voiture. Elle se tourna vers le commandant et lui parla à voix basse pendant environ trente secondes. Elle fit un signe en direction de la voiture où se trouvaient Mikael et Erika. Le commandant sembla troublé mais finit par hocher la tête. Elle conduisit jusqu'à Zinkensdamm, se gara et se retourna.

— Tu es très amoché ?

— J'ai pris quelques marrons. Les dents sont toujours en place. Je me suis esquinté le doigt.

— On ira aux urgences de Sankt Göran.

— Que s'est-il passé ? demanda Erika Berger. Et qui es-tu ?

— Pardon, dit Mikael. Erika, voici Rosa Figuerola. Elle travaille à la Säpo. Rosa, je te présente Erika Berger.

— Je l'avais deviné, dit Rosa Figuerola d'une voix neutre. Elle ne regardait pas Erika Berger.

— On s'est rencontré au cours de l'enquête, Rosa et moi. Elle est mon contact à la Säpo.

— Je comprends, dit Erika Berger qui soudain se mit à trembler sous le choc.

Rosa Figuerola dévisagea Erika Berger.

— Qu'est-ce qui s'est passé ? demanda Mikael.

— On a mal interprété le but de la cocaïne, dit Rosa Figuerola. On pensait qu'ils avaient tendu un piège pour te compromettre. En réalité, ils avaient l'intention de te tuer pour laisser la police trouver la cocaïne lors de la perquisition de ton appartement.

— Quelle cocaïne ? demanda Erika Berger.

Mikael ferma les yeux un petit moment.

— Conduis-moi à Sankt Göran, dit-il.

— ARRÊTÉS ? S'EXCLAMA FREDRIK CLINTON. Il ressentit une légère pression, comme un papillon dans la région du cœur.

— On estime qu'il n'y a pas de danger, dit Georg Nyström. Il semblerait que ce soit un pur hasard.

— Un hasard ?

— Miro Nikolič était recherché pour une vieille histoire de coups et blessures. Un flic de la Sécurité publique l'a reconnu et l'a arrêté quand il entrait au *Samirs Gryta*. Nikolič a été pris de panique et a essayé de se dégager en tirant.

— Et Blomkvist ?

— Il n'a pas été mêlé à l'incident. Nous ne savons même pas s'il se trouvait au *Samirs Gryta* quand l'arrestation a eu lieu.

— Je n'y crois pas, putain de merde, dit Fredrik Clinton. Les frères Nikolič, qu'est-ce qu'ils savent ?

— De nous ? Rien. Ils pensent que Björck et Blomkvist étaient des boulots liés au trafic de femmes.

— Mais ils savent que Blomkvist était la cible ?

— D'accord, mais ils ne vont pas aller raconter qu'ils ont accepté un contrat. Ils vont la fermer sur toute la longueur jusqu'au tribunal. Ils seront condamnés pour port d'arme illégal et, j'imagine, pour violence à l'encontre d'un fonctionnaire.

— De vrais débutants, dit Clinton.

— Oui, ils se sont vraiment plantés. Il n'y a plus qu'à laisser Blomkvist courir pour le moment, rien n'est encore perdu.

IL ÉTAIT 23 HEURES lorsque Susanne Linder et deux armoires à glace de la protection rapprochée de Milton Security vinrent chercher Mikael Blomkvist et Erika Berger à Kungsholmen.

— On peut vraiment dire que tu n'en loupes pas une, dit Susanne Linder à Erika Berger.

— Désolée, répondit Erika, d'une voix morne.

Le choc était tombé sur Erika Berger dans la voiture en route pour l'hôpital de Sankt Göran. Tout à coup, elle avait réalisé qu'aussi bien elle que Mikael Blomkvist avaient failli se faire tuer.

Mikael resta une heure aux urgences, le temps de se faire soigner le visage, de passer à la radio et de se faire empaqueter le majeur gauche. Il avait des contusions importantes au bout du doigt et allait probablement perdre l'ongle. La blessure la plus sérieuse s'était produite, ironie du sort, lors de l'intervention de Curt Bolinder, quand il avait tiré Miro Nikolić en arrière. Le majeur de Mikael était resté coincé dans le pontet de l'arme et le doigt avait cassé net. Ça faisait un mal infernal mais sa vie n'était certainement pas en danger.

Mikael ne ressentit le choc que près de deux heures plus tard, quand il était déjà arrivé à la Protection de la Constitution à la Säpo et avait laissé son compte rendu à l'inspecteur Bublanski et à la procureur Ragnhild Gustavsson. Tout à coup, il se mit à trembler de la tête aux pieds et se sentit si fatigué qu'il faillit s'endormir entre les questions. Suivit un moment de palabres.

— Nous ne savons pas ce qu'ils projettent de faire, dit Rosa Figuerola. Nous ne savons pas s'ils voulaient descendre seulement Blomkvist ou si Berger aussi devait mourir. Nous ne savons pas s'ils vont essayer à nouveau ni si quelqu'un d'autre à *Millénium* est menacé aussi… Et pourquoi ne pas tuer Salander qui représente la vraie menace sérieuse contre la Section ?

— J'ai déjà appelé les collaborateurs de *Millénium* pour les informer pendant que Mikael se faisait soigner, dit Erika Berger. Ils vont se faire tout petits jusqu'à ce que le journal paraisse. La rédaction sera vide.

La première réaction de Torsten Edklinth avait été qu'il fallait donner immédiatement une protection rapprochée à Mikael Blomkvist et à Erika Berger. Ensuite, aussi bien lui que Rosa Figuerola s'étaient dit que ce n'était peut-être pas très malin d'attirer l'attention en contactant la brigade de protection des personnalités de la Säpo.

Erika Berger résolut le problème en déclarant qu'elle ne voulait pas de protection policière. Elle prit le téléphone, appela Dragan Armanskij et expliqua la situation. Ainsi Susanne Linder fut-elle rappelée au service tard le soir au pied levé.

MIKAEL BLOMKVIST ET ERIKA BERGER furent installés à l'étage d'une *safe house* située un peu après Drottningholm, sur la route du centre d'Ekerö. C'était une grande villa datant des années 1930 avec vue sur la mer, un jardin impressionnant, dépendances et terres attenantes. La propriété appartenait à Milton Security, mais était occupée par Martina Sjögren, soixante-huit ans, veuve du collaborateur de longue date Hans Sjögren, mort dans un accident quinze ans plus tôt. Lors d'une mission, il était passé à travers le plancher pourri d'une maison abandonnée du côté de Sala. Après l'enterrement, Dragan Armanskij avait parlé avec Martina Sjögren et l'avait engagée comme intendante et gérante de la propriété. Elle habitait gratuitement une annexe au rez-de-chaussée et maintenait l'étage en état pour les occasions, quelques fois par an, où Milton Security avait besoin de planquer des personnes qui, pour des raisons réelles ou imaginaires, craignaient pour leur sécurité.

Rosa Figuerola les accompagna. Elle se laissa tomber sur une chaise dans la cuisine et laissa Martina Sjögren lui servir un café pendant qu'Erika Berger et Mikael Blomkvist s'installaient à l'étage et que Susanne Linder contrôlait les alarmes et l'équipement électronique de surveillance autour de la propriété.

— Il y a des brosses à dents et des articles de toilette dans la commode devant la salle de bains, cria Martina Sjögren dans l'escalier.

Susanne Linder et les deux gardes du corps de Milton Security s'installèrent dans une pièce au rez-de-chaussée.

— Je n'ai pas arrêté depuis qu'on m'a réveillée à 4 heures, dit Susanne Linder. Vous pouvez établir un tour de garde, mais laissez-moi dormir au moins une heure

— Tu peux dormir toute la nuit, on s'en occupe, dit une des gardes.

— Merci, dit Susanne Linder et elle alla se coucher.

Rosa Figuerola écouta distraitement pendant que les deux gardes du corps branchaient les détecteurs de mouvement dans le jardin et tiraient à la courte paille qui allait prendre le premier tour de garde. Le perdant se prépara un sandwich et s'installa dans un salon télé à côté de la cuisine. Rosa Figuerola étudia les tasses à café fleuries. Elle aussi était sur pied depuis tôt le matin, et elle aussi se sentait assez vannée. Elle envisageait de rentrer chez elle quand Erika Berger descendit et se versa une tasse de café. Elle s'assit de l'autre côté de la table.

— Mikael s'est endormi comme une masse, dès qu'il s'est allongé.

— Une réaction à l'adrénaline, dit Rosa Figuerola.

— Qu'est-ce qu'il va se passer maintenant ?

— Vous allez vous faire tout petits pendant quelques jours. Dans une semaine, ça sera terminé, quelle qu'en soit la conclusion. Comment tu te sens ?

— Bof. Toujours un peu secouée. Ce n'est pas tous les jours que des choses comme ça arrivent. Je viens d'appeler mon mari pour lui expliquer pourquoi je ne rentre pas ce soir.

— Hmm.

— Je suis mariée à…

— Je sais à qui tu es mariée.

Silence. Rosa Figuerola se frotta les yeux et bâilla.

— Il faut que je rentre me coucher, dit-elle.

— Je t'en prie, arrête tes bêtises et va te coucher avec Mikael, dit Erika.

Rosa Figuerola la dévisagea.

— Ça se voit tant que ça ? demanda-t-elle.

Erika hocha la tête.

— Est-ce que Mikael a dit quelque chose…

— Pas un mot. Il est en général assez discret quand il s'agit de ses copines. Mais des fois, il est comme un livre ouvert. Et toi, tu es ouvertement hostile quand tu me regardes. Vous essayez de cacher quelque chose.

— C'est mon chef, dit Rosa Figuerola.

— Ton chef ?

— Torsten Edklinth serait fou furieux s'il savait que Mikael et moi…

— Je comprends.

Silence.

— Je ne sais pas ce qui se passe entre toi et Mikael, mais je ne suis pas une rivale, dit Erika.

— Non ?

— Mikael est mon amant de temps en temps. Mais je ne suis pas mariée avec lui.

— J'ai cru comprendre que vous avez une relation spéciale. Il a parlé de vous quand nous étions à Sandhamn.

— Il t'a amenée à Sandhamn ? Alors c'est sérieux.

— Ne te fiche pas de moi.

— Rosa… j'espère que toi et Mikael… je vais essayer de rester à ma place.

— Et si tu n'y arrives pas ?

Erika Berger haussa les épaules.

— Son ex-femme a totalement flippé quand Mikael était infidèle avec moi. Elle l'a flanqué à la porte. C'était ma faute. Tant que Mikael est célibataire et accessible, je n'ai pas l'intention d'avoir de scrupules. Mais je me suis promis que s'il se mettait sérieusement avec quelqu'un, je resterais à l'écart.

— Je ne sais pas si j'ose m'investir.

— Mikael est spécial. Tu es amoureuse de lui.

— Je crois, oui.

— Alors, ne le coince pas tout de suite. Va te coucher maintenant.

Rosa réfléchit un instant. Puis elle monta à l'étage, se déshabilla et se glissa dans le lit tout près de Mikael. Il murmura quelque chose et posa son bras autour de sa taille.

Erika Berger resta seule avec ses réflexions un long moment dans la cuisine. Elle se sentit soudain profondément malheureuse.

25

MERCREDI 13 JUILLET – JEUDI 14 JUILLET

MIKAEL BLOMKVIST S'ÉTAIT TOUJOURS DEMANDÉ pourquoi les haut-parleurs dans les tribunaux d'instance étaient si bas et discrets. Il eut du mal à distinguer les mots annonçant que le procès contre Lisbeth Salander allait débuter dans la salle 5 à 10 heures. Il était cependant arrivé tôt et s'était posté devant les portes d'entrée de la salle d'audience. Il fut l'un des premiers à y entrer. Il s'installa dans les travées des auditeurs du côté gauche de la salle, d'où il aurait la meilleure vue sur la table de la défense. Les places des auditeurs se remplirent rapidement. L'intérêt des médias s'était graduellement accru à l'approche du procès, et cette dernière semaine, le procureur Richard Ekström avait été interviewé quotidiennement.

Ekström n'avait pas chômé.

Lisbeth Salander était accusée de violence et de violence aggravée contre Carl-Magnus Lundin ; de menace, tentative de meurtre et violence aggravée contre feu Karl Axel Bodin, alias Alexander Zalachenko ; de deux cambriolages – celui de la maison de campagne de feu maître Nils Bjurman, et celui de son appartement sur Odenplan ; de vol de véhicule motorisé – une Harley Davidson appartenant à un certain Benny Nieminen, membre du MC Svavelsjö ; de détention illégale de trois armes – une bombe lacrymogène, une matraque électrique et un pistolet Wanad P-83 polonais qui avaient été retrouvés à Gosseberga ; de vol et d'occultation de preuves – la formulation était vague mais elle visait la documentation qu'elle avait trouvée dans la maison de campagne de Bjurman, ainsi que d'un certain nombre de délits mineurs. Au total, Lisbeth Salander accumulait seize chefs d'accusation.

Ekström avait aussi laissé filtrer des insinuations sur l'état mental de Lisbeth Salander, qui laissait à désirer. Il s'appuyait d'une part sur l'expertise psychiatrique médico-légale du Dr Jesper H. Löderman qui avait été faite à sa majorité, d'autre part sur une expertise qui, sur décision du tribunal d'instance lors d'une audience préparatoire, avait été faite par le Dr Peter Teleborian. Cette malade mentale, fidèle à son habitude, refusant catégoriquement de parler aux psychiatres, l'analyse avait été faite à partir d'"observations" réalisées depuis son incarcération à la maison d'arrêt de Kronoberg à Stockholm le mois précédant le procès. Teleborian, qui avait de nombreuses années d'expérience de la patiente, établissait que Lisbeth Salander souffrait d'une grave perturbation psychique et il employait des mots tels que psychopathie, narcissisme pathologique et schizophrénie paranoïde.

Les médias avaient rapporté qu'à sept reprises, elle avait été interrogée par la police. Chaque fois, l'accusée avait refusé de dire ne fût-ce que bonjour à ceux qui la questionnaient. Les premiers interrogatoires avaient été menés par la police de Göteborg tandis que les autres s'étaient déroulés à l'hôtel de police à Stockholm. Les enregistrements du procès-verbal faisaient état de tentatives sympathiques d'entrer en contact, de persuasion en douceur et de questions répétées avec obstination, mais pas une seule réponse.

Même pas un raclement de gorge.

A quelques reprises, on percevait aussi la voix d'Annika Giannini sur les bandes magnétiques, lorsqu'elle constatait que sa cliente n'avait manifestement pas l'intention de répondre. L'accusation contre Lisbeth Salander reposait ainsi exclusivement sur des preuves techniques et sur les faits que l'enquête de police avait pu établir.

Le silence de Lisbeth avait par moments plongé son avocate dans une position embarrassante, puisqu'elle était forcée d'être pratiquement aussi silencieuse que sa cliente. Ce dont Annika Giannini et Lisbeth Salander discutaient en privé restait bien sûr confidentiel.

Ekström ne fit aucun secret de son intention de demander en premier lieu un internement en psychiatrie de Lisbeth Salander, et en second lieu une peine de prison conséquente. Normalement, ces demandes étaient formulées dans l'ordre inverse, mais il estimait qu'il y avait dans le cas de Lisbeth Salander des perturbations psychiques tellement évidentes qu'il n'avait pas le choix. C'était extrêmement inhabituel qu'un tribunal aille à l'encontre d'un avis médicolégal.

Il estimait également qu'il ne fallait pas lever la tutelle de Salander. Dans une interview, il avait déclaré, l'air soucieux, qu'en Suède il existait un certain nombre de personnes sociopathes souffrant de perturbations psychiques si importantes qu'elles constituaient un danger pour elles-mêmes et pour les autres, et que scientifiquement il n'y avait pas d'autre choix que de garder ces personnes sous les verrous. Il citait le cas d'Anette, une jeune fille violente dont la vie dans les années 1970 passait en feuilleton dans les médias et qui, trente ans plus tard, était toujours soignée en institution fermée. Chaque tentative d'alléger les restrictions avait pour résultat qu'elle s'en prenait violemment et de façon démentielle aux parents et au personnel soignant, ou qu'elle passait aux tentatives d'automutilation. Ekström prétendait que Lisbeth Salander souffrait d'une forme semblable de perturbation psychique.

L'intérêt des médias avait aussi augmenté pour la simple raison que l'avocate de Lisbeth Salander ne s'était pas prononcée. Elle avait systématiquement refusé les interviews lui offrant la possibilité d'exposer les points de vue de l'autre partie. Les médias se trouvaient donc dans une situation compliquée où la partie civile les submergeait d'informations tandis que la défense, fait inhabituel, ne donnait pas la moindre indication sur l'attitude de Salander ni sur la stratégie prévue par elle.

Cet état de fait était commenté par l'expert juridique engagé pour couvrir l'affaire pour le compte d'un journal du soir. Dans une chronique, l'expert constatait qu'Annika Giannini était une avocate respectée en droits de la femme, mais qu'elle manquait cruellement d'expérience d'affaires hors de ce champ d'application, et il en tirait la conclusion qu'elle était mal placée pour défendre Lisbeth Salander. Par sa sœur, Mikael Blomkvist avait appris que plusieurs avocats célèbres l'avaient contactée pour lui offrir leurs services. Sur injonction de sa cliente, Annika Giannini avait gentiment décliné toutes ces offres.

EN ATTENDANT LE DÉBUT DU PROCÈS, Mikael regarda les autres auditeurs. Il découvrit tout à coup Dragan Armanskij sur le banc près de la sortie.

Leurs regards se croisèrent un bref instant.

Ekström avait une pile de papiers importante sur sa table. Il hochait la tête en signe de reconnaissance à quelques journalistes.

Annika Giannini était assise à sa table face à Ekström. Elle triait des papiers et ne regardait personne. Mikael eut l'impression que sa sœur était légèrement nerveuse. Un léger trac, se dit-il.

Ensuite le président de la cour, l'assesseur et les jurés firent leur entrée dans la salle. Le président de la cour s'appelait Jörgen Iversen, un homme de cinquante-sept ans aux cheveux blancs, au visage maigre et à la démarche athlétique. Mikael avait retracé le passé d'Iversen et constaté qu'il était connu pour être un juge très expérimenté et correct, qui avait déjà présidé un certain nombre de procès très médiatisés.

En dernier, Lisbeth Salander fut amenée dans la salle.

Mikael avait beau être habitué à la capacité de Lisbeth Salander de s'habiller de façon choquante, il fut stupéfait de voir qu'Annika Giannini lui avait permis de se présenter à la salle d'audience vêtue d'une courte jupe en cuir noir, avec l'ourlet défait, et d'un débardeur noir portant l'inscription *I am irritated* et qui ne dissimulait pas grand-chose de ses tatouages. Elle portait des rangers, une ceinture cloutée et des chaussettes montantes rayées noir et lilas. Elle avait une dizaine de piercings dans les oreilles et des anneaux à la lèvre et aux sourcils. Ses cheveux avaient repoussé depuis son opération du crâne en une sorte de chaume noir et hirsute. De plus, elle était maquillée à outrance. Elle avait un rouge à lèvres gris, les sourcils accentués et davantage de mascara noir que ce que Mikael l'avait jamais vue utiliser. A l'époque où il la voyait, elle ne s'était pas particulièrement intéressée au maquillage.

En termes diplomatiques, elle avait l'air légèrement vulgaire. Gothique. Elle rappelait un vampire d'un film de série B des années 1960. Mikael remarqua que plusieurs des journalistes présents, surpris, en eurent le souffle coupé et affichèrent un sourire amusé quand elle fit son apparition. Maintenant qu'ils avaient enfin l'occasion de voir cette fille entourée de scandales, sur qui ils avaient tant écrit, elle correspondait amplement à leurs attentes.

Puis il se rendit compte que Lisbeth Salander était déguisée. En temps normal, elle s'habillait n'importe comment et manifestement sans le moindre goût. Mikael avait toujours pensé qu'elle ne s'attifait pas ainsi pour suivre la mode, mais pour indiquer une identité. Lisbeth Salander marquait son territoire privé comme étant un territoire hostile. Il avait toujours perçu les clous de son blouson de cuir comme le mécanisme de défense que sont les piquants pour un hérisson. C'était un signal à l'entourage. *N'essaie pas de me caresser. Ça va faire mal.*

Pour son entrée dans le tribunal, elle avait cependant tellement accentué son style vestimentaire qu'il paraissait quasiment parodique tant il était exagéré.

Mikael comprit brusquement ensuite que ce n'était pas un hasard mais une partie de la stratégie de défense d'Annika.

Si Lisbeth Salander était arrivée soigneusement coiffée, en chemise sage et petits souliers plats, elle aurait eu l'air d'un escroc qui essayait de vendre un baratin à la cour. C'était une question de crédibilité. Maintenant, elle arrivait telle qu'elle était, pas comme quelqu'un d'autre. Dans un état légèrement exagéré, pour que tout soit clair. Elle ne prétendait pas être ce qu'elle n'était pas. Son message à la cour était qu'elle n'avait aucune raison d'avoir honte ni de poser. Si la cour avait des problèmes avec son aspect physique, ce n'était pas le problème de Lisbeth. La société l'accusait d'un tas de choses et le procureur l'avait traînée en justice. Par sa simple apparition, elle avait déjà indiqué qu'elle avait l'intention d'expédier le raisonnement du procureur comme étant des foutaises.

Elle avança avec assurance et s'assit à la place désignée à côté de son avocate. Son regard balaya les auditeurs. Il n'y avait aucune curiosité dans ses yeux. On aurait plutôt dit qu'elle notait et enregistrait en rebelle les personnes qui l'avaient déjà condamnée dans les pages des médias.

C'était la première fois que Mikael la voyait depuis qu'il l'avait retrouvée telle une poupée de chiffon ensanglantée sur la banquette de cuisine à Gosseberga, et plus d'un an et demi était passé depuis qu'il l'avait vue dans des circonstances normales. Si toutefois l'expression "circonstances normales" était adéquate en parlant de Lisbeth Salander. Pendant quelques secondes, leurs regards se croisèrent. Elle s'attarda un court moment sur lui et ne montra aucun signe de reconnaissance. Par contre, elle observa les bleus marqués qui couvraient la joue et la tempe de Mikael, et le strip chirurgical qui était posé sur son sourcil droit. Une brève seconde, Mikael eut l'impression de voir l'esquisse d'un sourire dans ses yeux. Il n'aurait su dire si oui ou non il avait fantasmé. Puis le juge Iversen tapa de son marteau et l'audience commença.

LES AUDITEURS RESTÈRENT DANS LA SALLE du tribunal en tout et pour tout une demi-heure. Ils écoutèrent le procureur Ekström présenter les faits et exposer les points d'accusation.

Tous les reporters sauf Mikael Blomkvist notèrent assidûment même si tous savaient déjà largement de quoi Ekström avait l'intention d'accuser Lisbeth Salander. Pour sa part, Mikael avait déjà écrit son article et il était venu au tribunal uniquement pour marquer sa présence et pour croiser le regard de Lisbeth.

L'exposé d'introduction d'Ekström dura vingt-deux minutes. Vint ensuite le tour d'Annika Giannini. Sa réplique dura trente secondes. Sa voix était stable.

— La défense récuse tous les points d'accusation sauf un. Ma cliente se reconnaît coupable de détention illégale d'armes, en l'occurrence d'une bombe de gaz lacrymogène. Pour tous les autres points d'accusation, ma cliente nie toute responsabilité ou intention criminelle. Nous allons démontrer que les affirmations du procureur sont fausses et que ma cliente a été victime d'abus de pouvoir judiciaire aggravé. Je vais exiger que ma cliente soit déclarée non coupable, que sa tutelle soit levée et qu'elle soit remise en liberté.

On entendait les stylos gratter les blocs-notes des reporters. La stratégie de maître Giannini venait enfin d'être révélée, bien différente de celle à laquelle les reporters s'étaient attendus. La plupart s'étaient dit qu'Annika Giannini allait invoquer la maladie mentale de sa cliente et l'exploiter en sa faveur. Mikael ne put s'empêcher de sourire.

— Hm, dit le juge Iversen en notant quelque chose. Il regarda Annika Giannini. Vous en avez terminé ?

— Je viens de faire ma demande.

— Le procureur a-t-il quelque chose à ajouter ? demanda Iversen.

Ce fut dans cette situation que le procureur Ekström demanda que les délibérations se déroulent à huis clos, arguant qu'il était question de l'état psychique et du bien-être d'une personne éprouvée, ainsi que de détails qui pourraient toucher à la sûreté de la nation.

— Je suppose que vous voulez parler de la prétendue histoire Zalachenko ? demanda Iversen.

— C'est exact. Alexander Zalachenko est arrivé en Suède comme réfugié politique, essayant d'échapper ainsi à une terrible dictature. Certains aspects du traitement de l'affaire, des liens entre des personnes et autres éléments de ce genre sont encore sous le sceau du secret, même si M. Zalachenko est décédé. C'est pourquoi je demande que l'audience se déroule à huis clos et que le secret professionnel soit imposé pour les moments des délibérations qui s'avéreraient particulièrement sensibles.

— Je comprends, dit Iversen et son front se creusa de sillons profonds.

— De plus, une grande partie des délibérations va concerner la tutelle de l'accusée. Cela touche à des questions qui normalement sont confidentielles, de façon quasi automatique, et c'est par sympathie pour l'accusée que j'aimerais avoir le huis clos.

— Quelle est la position de maître Giannini par rapport à la demande du procureur ?

— En ce qui nous concerne, cela nous est égal.

Le juge Iversen réfléchit un court moment. Il consulta son assesseur et déclara ensuite, à la grande irritation des reporters présents, qu'il accédait à la demande du procureur. Mikael Blomkvist dut donc quitter la salle.

DRAGAN ARMANSKIJ ATTENDAIT MIKAEL BLOMKVIST en bas de l'escalier du palais de justice. Il faisait une chaleur torride ce jour de juillet et Mikael sentit que deux taches de sueur commençaient à se former aux aisselles. Ses deux gardes du corps le suivirent dehors. Ils saluèrent Dragan Armanskij d'un signe du menton et se mirent à étudier les environs.

— Ça fait bizarre de se balader avec des gardes du corps, dit Mikael. Et combien ça coûte, cette histoire ?

— C'est la boîte qui régale, dit Armanskij. J'ai un intérêt personnel à te maintenir en vie. Mais nous avons sorti l'équivalent de 250 000 couronnes ces derniers mois.

Mikael hocha la tête.

— Un café ? proposa Mikael en montrant le café italien dans Bergsgatan.

Armanskij acquiesça. Mikael demanda un *caffè latte* tandis qu'Armanskij choisissait un double espresso avec un nuage de lait. Ils s'installèrent à l'ombre sur la terrasse. Les gardes du corps s'assirent à une table voisine, un verre de Coca devant eux.

— Huis clos, constata Armanskij.

— On pouvait s'y attendre. Et c'est tant mieux, comme ça on maîtrise mieux le flot d'informations.

— Oui, ça n'a pas d'importance, mais je commence à apprécier de moins en moins ce Richard Ekström.

Mikael approuva. Ils burent leur café en regardant le palais de justice où se déciderait l'avenir de Lisbeth Salander.

— La contre-attaque est lancée, dit Mikael.

— Et elle est très bien préparée, dit Armanskij. Je dois dire que ta sœur m'impressionne. Quand elle a commencé à présenter sa stratégie, j'ai cru qu'elle plaisantait, mais plus j'y pense, plus ça me semble sensé.

— Ce procès ne va pas se régler là-dedans, dit Mikael.

Il avait répété ces mots comme un mantra depuis plusieurs mois.

— Tu seras appelé comme témoin, dit Armanskij.

— Je le sais. Je suis prêt. Mais ce ne sera qu'après-demain. En tout cas, on table là-dessus.

LE PROCUREUR RICHARD EKSTRÖM avait oublié ses lunettes à double foyer chez lui et il fut obligé de repousser ses lunettes de vue sur le front et de plisser les yeux pour pouvoir lire ses notes écrites petit. Il frotta rapidement sa barbiche blonde avant de remettre les lunettes en place et de regarder la salle.

Lisbeth Salander était assise le dos droit et contemplait le procureur d'un regard insondable. Son visage et ses yeux étaient immobiles. Elle ne paraissait pas tout à fait présente. L'heure était venue pour le procureur d'entamer son interrogatoire.

— Je voudrais vous rappeler, mademoiselle Salander, que vous parlez sous serment, finit par dire Ekström.

Lisbeth Salander ne broncha pas. Le procureur Ekström semblait s'attendre à une sorte de réaction et patienta quelques secondes. Il leva les yeux.

— Vous parlez donc sous serment, répéta-t-il.

Lisbeth Salander inclina un peu la tête. Annika Giannini était occupée à lire quelque chose dans le compte rendu de l'enquête préliminaire et n'avait pas l'air de s'intéresser à ce que disait le procureur Ekström. Il rassembla ses papiers. Après un instant d'un silence inconfortable, il se racla la gorge.

— Eh bien, dit Ekström sur un ton raisonnable. Allons directement aux événements qui se sont déroulés dans la maison de campagne de feu maître Bjurman à Stallarholmen le 6 avril de cette année, événements au point de départ de ma présentation des faits ce matin. Nous allons essayer d'éclaircir les raisons pour lesquelles vous vous êtes rendue à Stallarholmen et avez tiré une balle sur Carl-Magnus Lundin.

Ekström exhorta Lisbeth Salander du regard. Elle ne bronchait toujours pas. Le procureur parut soudain excédé. Il écarta les mains et tourna le regard vers le président de la cour. Le juge Jörgen Iversen sembla hésitant. Il lorgna en direction d'Annika Giannini, toujours accaparée par un document, totalement fermée à l'entourage.

Le juge Iversen se racla la gorge. Il reporta ses yeux sur Lisbeth Salander.

— Devons-nous prendre votre silence comme un refus de répondre aux questions ? demanda-t-il.

Lisbeth Salander tourna la tête et rencontra le regard du juge Iversen.

— Je veux bien répondre aux questions, répondit-elle.

Le juge Iversen hocha la tête.

— Alors vous pouvez peut-être répondre à la question, glissa le procureur Ekström.

Lisbeth Salander tourna à nouveau les yeux vers Ekström. Elle garda le silence.

— Auriez-vous l'obligeance de répondre à la question ? dit le juge Iversen.

Lisbeth tourna de nouveau le regard vers le président de la cour et haussa les sourcils. Sa voix fut nette et distincte.

— Quelle question ? Pour l'instant, ce monsieur – elle hocha la tête en direction d'Ekström – a lancé un certain nombre d'affirmations sans aucune preuve. Je n'ai pas entendu de question.

Annika Giannini leva les yeux. Elle posa ses coudes sur la table et appuya le menton sur la paume, un soudain intérêt dans les yeux.

Le procureur Ekström perdit le fil pendant quelques secondes.

— Pouvez-vous répéter la question ? avança le juge Iversen.

— Je demandais... êtes-vous allée à la maison de campagne de maître Bjurman à Stallarholmen dans l'intention de tirer sur Carl-Magnus Lundin ?

— Non, vous avez dit : "Nous allons essayer d'éclaircir les raisons pour lesquelles je suis allée à Stallarholmen tirer sur Carl-Magnus Lundin." Ce n'était pas une question. C'était une affirmation anticipant sur ma réponse. Je ne suis pas responsable de vos affirmations.

— Ne soyez pas impertinente. Répondez à la question.

— Non.

Silence.

— Comment ça, non ?

— C'est la réponse à la question.

Le procureur Richard Ekström soupira. La journée allait être longue. Lisbeth Salander le regarda, attendant la suite.

— Il vaut peut-être mieux reprendre dès le début, dit-il. Vous vous êtes trouvée dans la maison de campagne de feu maître Bjurman à Stallarholmen dans l'après-midi du 6 avril cette année ?

— Oui.

— Comment y êtes-vous allée ?

— J'ai pris le train de banlieue pour Södertälje, puis le bus de Strängnäs.

— Pour quelle raison êtes-vous allée à Stallarholmen ? Y aviez-vous fixé rendez-vous avec Carl-Magnus Lundin et son ami Benny Nieminen ?

— Non.

— Comment se fait-il qu'ils soient venus ?

— C'est à eux qu'il faut le demander.

— Maintenant, c'est à vous que je le demande.

Lisbeth Salander ne répondit pas.

Le juge Iversen se racla la gorge.

— Je suppose que Mlle Salander ne répond pas parce que sémantiquement vous lancez à nouveau une affirmation, dit Iversen plein de bonne volonté.

Annika Giannini pouffa soudain de rire, suffisamment fort pour que ça s'entende. Elle se tut immédiatement et se replongea dans ses papiers. Ekström lui lança un regard irrité.

— A votre avis, pourquoi Lundin et Nieminen se sont-ils rendus à la maison de campagne de Bjurman ?

— Je ne sais pas. J'imagine qu'ils sont venus pour mettre le feu. Lundin avait un litre d'essence dans une bouteille plastique dans la sacoche de sa Harley Davidson.

Ekström fit la moue.

— Pourquoi êtes-vous allée à la maison de campagne de maître Bjurman ?

— Je cherchais des informations.

— Quelle sorte d'informations ?

— Les informations que je suppose que Lundin et Nieminen étaient venus pour détruire, et qui donc pouvaient contribuer à élucider qui avait tué l'autre fumier.

— Vous estimez que maître Bjurman était un "fumier" ? Ai-je bien compris ?

— Oui.

— Pourquoi cette appréciation de votre part ?

— Cet homme-là était un porc sadique, un salaud et un violeur, donc un fumier.

Elle cita exactement le texte qui était tatoué sur le ventre de feu maître Bjurman et, ce faisant, elle reconnaissait indirectement qu'elle était à l'origine de ce texte. Ceci n'entrait cependant pas dans les accusations contre Lisbeth Salander. Bjurman n'avait jamais signalé ces violences à la police, et il était impossible de déterminer s'il s'était laissé tatouer volontairement ou si cela avait été fait sous la contrainte.

— Vous prétendez donc que votre tuteur aurait abusé de vous. Pourriez-vous nous dire quand ces abus auraient eu lieu ?

— Ils ont eu lieu le mardi 18 février 2003 et à nouveau le vendredi 7 mars de la même année.

— Vous avez refusé de répondre à toutes les questions des policiers qui ont tenté de communiquer avec vous pendant les interrogatoires. Pourquoi ?

— Je n'avais rien à leur dire.

— J'ai lu la prétendue autobiographie que votre avocate a subitement présentée il y a quelques jours. Je dois dire qu'il s'agit d'un document étrange, nous y reviendrons. Mais dedans, vous affirmez que maître Bjurman, à la première occasion, vous aurait obligée à faire une fellation et qu'à la seconde occasion, il vous aurait violée à plusieurs reprises, et cela en utilisant la torture pendant une nuit entière.

Lisbeth ne répondit pas.

— Est-ce vrai ?

— Oui.

— Avez-vous dénoncé ces viols à la police ?

— Non.

— Pourquoi pas ?

— La police ne m'a jamais écoutée quand j'ai essayé de lui raconter quelque chose. Cela n'avait donc aucun sens de lui dénoncer quoi que ce soit.

— Avez-vous parlé de ces abus à quelqu'un ? à une amie ?

— Non.

— Pourquoi pas ?

— Parce que ça ne regardait personne.

— D'accord, avez-vous consulté un avocat ?

— Non.

— Etes-vous allée voir un médecin pour faire soigner les blessures qui vous auraient été infligées ?

— Non.

— Et vous n'êtes pas allée voir SOS-Femmes battues.

— A nouveau vous lancez une affirmation.

— Pardon. Etes-vous allée voir une antenne de SOS-Femmes battues ?

— Non.

Ekström se tourna vers le président de la cour.

— Je voudrais attirer l'attention de la cour sur le fait que la prévenue a déclaré avoir été victime de deux abus sexuels, dont le deuxième est à considérer comme extrêmement grave. Elle affirme que l'auteur de ces viols était son tuteur, feu maître Nils Bjurman. Parallèlement, il faut prendre en considération les faits suivants…

Ekström tripota ses papiers.

— L'enquête de la brigade criminelle ne relève rien dans le passé de maître Bjurman qui conforte la véracité du récit de Lisbeth Salander. Bjurman n'a jamais été condamné. Il n'a jamais été l'objet d'une dénonciation, ni d'une enquête de police. Il a déjà été tuteur ou gérant légal de plusieurs autres jeunes et aucun de ceux-ci ne veut faire valoir qu'il ou elle ait été victime d'une quelconque forme d'abus. Au contraire, ils affirment en insistant que Bjurman s'est toujours comporté correctement et gentiment envers eux.

Ekström tourna la page.

— Il est aussi de mon devoir de rappeler que Lisbeth Salander a été diagnostiquée schizophrène paranoïde. De nombreux documents sont là pour attester que cette jeune femme a une inclination à la violence, et que depuis le début de l'adolescence elle a eu des problèmes dans ses contacts avec la société. Elle a passé plusieurs années dans un établissement de pédopsychiatrie et elle est sous tutelle depuis qu'elle a dix-huit ans. Même si cela est regrettable, il y a des raisons. Ma conviction est qu'elle n'a pas besoin de la prison, mais qu'elle a besoin de soins.

Il fit une pause oratoire.

— Discuter l'état mental d'une jeune personne est un exercice répugnant. Tant de choses portent atteinte à la vie privée, et son état mental devient l'objet d'interprétations. Dans le cas présent, nous pouvons cependant nous baser sur l'image du monde confuse de Lisbeth Salander elle-même. Une image qui ne se manifeste on ne peut plus clairement dans cette prétendue autobiographie. Nulle part son manque d'ancrage dans la réalité n'apparaît aussi nettement qu'ici. Nul besoin ici de témoins ou d'interprétations qui jouent sur les mots. Nous avons ses mots à elle. Nous pouvons nous-mêmes juger de la crédibilité de ses affirmations.

Son regard tomba sur Lisbeth Salander. Leurs yeux se rencontrèrent. Elle sourit. Elle avait l'air malveillant. Le front d'Ekström se plissa.

— Madame Giannini, avez-vous quelque chose à dire ? demanda le juge Iversen.

— Non, répondit Annika Giannini. A part que les conclusions du procureur Ekström sont fantaisistes.

L'AUDIENCE DE L'APRÈS-MIDI débuta avec l'interrogatoire d'un témoin, Ulrika von Liebenstaahl de la commission des Tutelles, qu'Ekström avait appelée pour essayer d'élucider s'il y avait eu des plaintes envers maître Bjurman. Ceci fut rejeté avec force par Liebenstaahl. Elle estimait une telle affirmation offensante.

— Il existe un contrôle rigoureux des affaires de tutelle. Maître Bjurman accomplissait des missions pour la commission des Tutelles depuis près de vingt ans avant d'être si honteusement assassiné.

Elle lança sur Lisbeth Salander un regard méchant, bien que Lisbeth ne soit pas accusée de ce meurtre et qu'il était déjà établi que Bjurman avait été tué par Ronald Niedermann.

— Durant toutes ces années, il n'y a pas eu de plaintes contre maître Bjurman. C'était un homme consciencieux qui a souvent fait preuve d'un profond engagement auprès de ses clients.

— Vous ne trouvez donc pas vraisemblable qu'il ait exposé Lisbeth Salander à une violence sexuelle aggravée ?

— Je trouve cette affirmation absurde. Nous disposons des rapports mensuels envoyés par maître Bjurman et je l'ai rencontré personnellement à plusieurs reprises pour débattre de ce cas.

— Maître Giannini a présenté des revendications pour que la tutelle de Lisbeth Salander soit levée avec effet immédiat.

— Personne n'est aussi heureux que nous, à la commission des Tutelles, quand une tutelle peut être levée. Malheureusement, nous avons une responsabilité qui implique de suivre les règles en vigueur. La commission a posé l'exigence que Lisbeth Salander soit déclarée guérie par une expertise psychiatrique, suivant l'ordre établi, avant qu'il puisse être question de modifier sa tutelle.

— Je comprends.

— Cela signifie qu'elle doit se soumettre à des examens psychiatriques. Ce qu'elle refuse, comme vous le savez.

L'interrogatoire d'Ulrika von Liebenstaahl se poursuivit pendant plus de quarante minutes, pendant lesquelles les rapports mensuels de Bjurman furent examinés.

Annika Giannini posa une seule question juste avant que l'interrogatoire se termine.

— Vous trouviez-vous dans la chambre à coucher de maître Bjurman la nuit du 7 au 8 mars 2003 ?

— Bien sûr que non.

— Autrement dit, vous ignorez donc totalement si les affirmations de ma cliente sont vraies ou fausses ?

— L'accusation contre maître Bjurman est insensée.

— Cela reste votre avis. Pouvez-vous lui fournir un alibi ou prouver d'une autre manière qu'il n'a pas abusé de ma cliente ?

— C'est évidemment impossible. Mais la vraisemblance…

— Merci. C'était tout, coupa Annika Giannini.

MIKAEL BLOMKVIST RENCONTRA SA SŒUR dans les bureaux de Milton Security près de Slussen vers 19 heures, pour faire le bilan de la journée.

— Ça s'est déroulé à peu près comme prévu, dit Annika. Ekström a avalé l'autobiographie de Salander.

— Bien. Comment elle s'en tire ?

Annika éclata de rire.

— Elle s'en tire à merveille et apparaît comme une parfaite psychopathe. Elle ne fait que se comporter avec naturel.

— Hmm.

— Aujourd'hui, il a principalement été question de Stallarholmen. Demain ça sera Gosseberga, avec interrogatoires des gens de la brigade technique et des trucs comme ça. Ekström va essayer de prouver que Salander y est allée pour assassiner son père.

— OK.

— Mais on aura peut-être un problème technique. Cet après-midi, Ekström a appelé une Ulrika von Liebenstaahl de la commission des Tutelles. Elle s'est mise à rabâcher que je n'ai pas le droit de représenter Lisbeth.

— Comment ça ?

— Elle prétend que Lisbeth est sous tutelle et qu'elle n'a pas le droit de choisir son avocat.

— Ah bon ?

— Donc, techniquement, je ne peux pas être son avocat si la commission des Tutelles ne m'a pas approuvée.

— Et ?

— Le juge Iversen se prononcera là-dessus demain matin. Je lui ai parlé en coup de vent après les délibérations. Mais je crois qu'il va décider que je continue à la représenter. Mon argument était que la commission des Tutelles a eu trois mois pour protester et que c'est un peu gonflé de présenter une telle requête quand le procès a déjà commencé.

— Teleborian va témoigner vendredi. Il faut que ce soit toi qui l'interroges.

APRÈS AVOIR PASSÉ LE JEUDI à étudier des cartes et des photographies et à écouter des conclusions techniques verbeuses sur ce qui s'était passé à Gosseberga, le procureur Ekström avait pu établir que toutes les preuves indiquaient que Lisbeth Salander était allée chez son père dans le but de le tuer. Le maillon le plus fort dans la chaîne de preuves était qu'elle avait emporté à Gosseberga une arme à feu, un Wanad P-83 polonais.

Le fait qu'Alexander Zalachenko (selon le récit de Lisbeth Salander) ou à la rigueur l'assassin d'un policier Ronald Niedermann (selon le témoignage que Zalachenko avait fait avant d'être assassiné à l'hôpital Sahlgrenska) aient essayé de tuer Lisbeth Salander et qu'elle ait été enterrée dans un trou dans la forêt n'atténuait en aucune façon le fait qu'elle ait pisté son père jusqu'à Gosseberga dans l'intention de le tuer. Elle avait de plus failli réussir en le frappant au visage avec une hache. Ekström exigea que Lisbeth Salander soit condamnée pour tentative d'assassinat, préparatifs d'assassinat, ainsi que, de toute manière, pour violences aggravées.

La version de Lisbeth Salander était qu'elle était allée à Gosseberga pour affronter son père et lui faire avouer les meurtres de Dag Svensson et de Mia Bergman. Cette donnée était d'une importance capitale pour la question de la préméditation.

Ekström ayant terminé l'interrogatoire du témoin Melker Hansson de la brigade technique de Göteborg, maître Annika Giannini avait posé quelques brèves questions.

— Monsieur Hansson, y a-t-il quoi que ce soit, dans votre enquête et dans toute la documentation technique que vous avez réunie, qui permette d'établir que Lisbeth Salander ment au sujet de la préméditation de sa visite à Gosseberga ? Pouvez-vous prouver qu'elle y est allée dans le but de tuer son père ?

Melker Hansson réfléchit un instant.

— Non, finit-il par répondre.

— Vous ne pouvez donc rien affirmer par rapport à sa préméditation ?

— Non.

— La conclusion du procureur Ekström, fût-elle éloquente et loquace, n'est donc qu'une spéculation ?

— Je suppose que oui.

— Y a-t-il quoi que ce soit dans les preuves techniques qui contredise Lisbeth Salander quand elle dit avoir emporté par hasard le pistolet polonais, un Wanad P-83, tout simplement parce que l'arme se trouvait dans son sac et qu'elle ne savait pas quoi en faire depuis qu'elle l'avait pris à Benny Nieminen à Stallarholmen la veille ?

— Non.

— Merci, dit Annika Giannini et elle se rassit. Ce furent ses seules paroles au cours du témoignage de Hansson qui avait duré une heure.

BIRGER WADENSJÖÖ QUITTA L'IMMEUBLE de la Section dans Artillerigatan vers 18 heures le jeudi avec le sentiment d'être cerné par des nuages menaçants et d'avancer vers un naufrage imminent. Il avait réalisé depuis plusieurs semaines que son titre de directeur, patron donc, de la Section d'analyse spéciale n'était qu'une formule dépourvue de sens. Ses opinions, ses protestations et ses supplications n'avaient aucun poids. Fredrik Clinton avait repris toutes les commandes. Si la Section avait été une institution ouverte et officielle, ceci n'aurait eu aucune importance – il se serait simplement tourné vers son supérieur direct pour présenter ses réclamations.

Dans la situation actuelle, cependant, il n'existait personne auprès de qui se plaindre. Il était seul et dépendant des bonnes grâces d'un homme qu'il considérait comme un malade mental. Et le pire, c'est que l'autorité de Clinton était absolue. Morveux du style Jonas Sandberg ou fidèles comme Georg Nyström, tous semblaient immédiatement rentrer dans le rang et obéir au doigt et à l'œil au vieillard mourant.

Il admettait que Clinton était une autorité discrète qui ne travaillait pas pour son propre enrichissement. Il voulait bien admettre aussi que Clinton travaillait avec en tête le seul bien de la Section, ou en tout cas ce qu'il estimait être le bien de la Section. Mais c'était comme si toute l'organisation se trouvait en chute libre, un état de suggestion collective où des collaborateurs chevronnés refusaient de comprendre que chaque mouvement qu'ils faisaient, chaque décision prise et concrétisée ne faisait que les rapprocher du gouffre.

Wadensjöö sentit un poids dans la poitrine lorsqu'il tourna dans Linnégatan où il avait trouvé une place pour garer sa voiture. Il coupa l'alarme, sortit les clés et il était sur le point d'ouvrir la portière lorsqu'il entendit des mouvements derrière lui et se retourna. Il fut gêné par le contre-jour. Il lui fallut quelques secondes avant de reconnaître l'homme de haute taille sur le trottoir.

— Bonsoir, monsieur Wadensjöö, dit Torsten Edklinth, directeur de la Protection de la Constitution. Cela fait dix ans que je ne suis pas allé sur le terrain, mais aujourd'hui j'ai senti que ma présence s'imposait.

Wadensjöö regarda, troublé, les deux policiers en civil qui flanquaient Edklinth. Il s'agissait de Jan Bublanski et de Marcus Ackerman.

Brusquement il comprit ce qui allait se passer.

— J'ai le triste devoir d'annoncer que sur décision du ministère public, vous êtes en état d'arrestation pour une suite de délits et d'infractions si longue qu'il faudra sans doute des semaines pour établir le catalogue complet.

— Qu'est-ce que ça signifie ? dit Wadensjöö hors de lui.

— Ça signifie que vous êtes arrêté, soupçonné sur de bonnes bases de complicité de meurtre. Vous êtes aussi soupçonné de chantage, de corruption, d'écoute illégale, de plusieurs cas de falsification de documents aggravée et de malversation aggravée, de complicité de cambriolage, d'abus d'autorité, d'espionnage et autres petites bricoles. A présent, nous allons nous rendre à Kungsholmen tous les deux et avoir tranquillement un entretien sérieux dès ce soir.

— Je n'ai pas commis de meurtre, dit Wadensjöö dans un souffle.

— Ce sera à l'enquête de le dire.

— C'était Clinton. C'était Clinton tout le temps, dit Wadensjöö.

Torsten Edklinth hocha la tête, satisfait.

N'IMPORTE QUEL POLICIER sait très bien qu'il existe deux façons classiques de mener l'interrogatoire d'un suspect. Le policier méchant et le policier gentil. Le policier méchant menace, jure, frappe du poing sur la table et se comporte globalement à la hussarde dans le but d'effrayer l'accusé, de le soumettre et de l'amener aux aveux. Le policier gentil, de préférence un petit vieux grisonnant, offre des cigarettes et du café, il hoche la tête avec sympathie et utilise un ton raisonnable.

La plupart des policiers – mais pas tous – savent aussi que la technique d'interrogatoire du policier gentil est la plus efficace pour obtenir des résultats. Le criminel vétéran dur à cuire n'est pas le moins du monde impressionné par le policier méchant. Et l'amateur peu sûr de lui, qui est effrayé par un méchant policier et avoue, aurait probablement avoué quelle que soit la technique utilisée.

Mikael Blomkvist écouta l'interrogatoire de Birger Wadensjöö d'une pièce adjacente. Sa présence avait fait l'objet de certaines disputes internes avant qu'Edklinth décide qu'il pourrait peut-être tirer profit des observations de Mikael.

Mikael put voir que Torsten Edklinth utilisait une troisième variante d'interrogatoire de police, le policier indifférent, qui dans ce cas précis semblait fonctionner encore mieux. Edklinth entra dans la salle d'interrogatoire, servit du café dans des mugs en porcelaine, alluma le magnétophone et s'inclina dans le fauteuil.

— Il se trouve que nous avons déjà toutes les preuves techniques imaginables contre toi. Nous n'avons d'une manière générale aucun intérêt à entendre ton histoire autrement que pour confirmer ce que nous savons déjà. Mais nous aimerions avoir la réponse à une question : pourquoi ? Comment avez-vous pu être assez fous pour prendre la décision de liquider des gens, ici en Suède, comme si on se trouvait au Chili de Pinochet ? Le magnétophone est branché. Si tu veux dire quelque chose, c'est le moment. Si tu ne veux pas parler, j'arrête le magnétophone et ensuite nous te retirerons la cravate et les lacets, et nous te logerons en maison d'arrêt dans l'attente de ton avocat, du procès et de la condamnation.

Edklinth prit une gorgée de café et ne dit plus rien. Lorsque deux minutes se furent écoulées sans que rien soit dit, il tendit la main et arrêta le magnétophone. Il se leva.

— Je vais demander qu'on vienne te chercher d'ici quelques minutes. Bonsoir.

— Je n'ai tué personne, dit Wadensjöö alors qu'Edklinth avait déjà ouvert la porte. Edklinth s'arrêta.

— Ça ne m'intéresse pas de parler de la pluie et du beau temps avec toi. Si tu veux t'expliquer, je m'assieds et je mets le magnétophone en marche. Toutes les autorités suédoises – et surtout le Premier ministre – sont impatientes d'entendre ce que tu as à dire. Si tu racontes, je peux me rendre chez le Premier ministre dès ce soir et lui donner ta version de ce qui s'est passé. Si tu ne racontes pas, tu seras de toute façon traduit en justice et condamné.

— Assieds-toi, dit Wadensjöö.

Sa résignation n'échappa à personne. Mikael respira. Il était accompagné de Rosa Figuerola, de la procureur Ragnhild Gustavsson, de Stefan, collaborateur anonyme de la Säpo, ainsi que de deux autres personnes inconnues. Mikael se doutait qu'au moins une de ces deux personnes représentait le ministre de la Justice.

— Je n'ai rien à voir avec ces assassinats, dit Wadensjöö une fois qu'Edklinth eut rebranché le magnétophone.

— *Les* assassinats, dit Mikael Blomkvist à Rosa Figuerola.

— Chhhht, répondit-elle.

— C'étaient Clinton et Gullberg. J'ignorais tout de ce qu'ils allaient faire. Je le jure. J'ai été sous le choc quand j'ai entendu que Gullberg avait tué Zalachenko. J'ai eu du mal à croire que c'était vrai… j'ai eu du mal à le croire. Et quand j'ai entendu ce qui était arrivé à Björck, j'ai failli faire un infarctus.

— Parle-moi de l'assassinat de Björck, dit Edklinth sans changer le ton de sa voix. Ça s'est passé comment ?

— Clinton a engagé quelqu'un. Je ne sais même pas comment ça s'est passé, mais c'étaient deux Yougoslaves. Des

Serbes, je crois. C'est Georg Nyström qui les a briefés et payés. Quand je l'ai appris, j'ai compris qu'on allait vers la catastrophe.

— Si on reprenait au début ? dit Edklinth. Quand as-tu commencé à travailler pour la Section ?

Une fois que Wadensjöö eut commencé à raconter, il fut impossible de l'arrêter. L'interrogatoire dura près de cinq heures.

26

VENDREDI 15 JUILLET

DANS LE BOX DES TÉMOINS AU TRIBUNAL le vendredi après-midi, le Dr Peter Teleborian s'avéra être un homme inspirant la confiance. Il fut interrogé par le procureur Ekström pendant plus de quatre-vingt-dix minutes et il répondit avec calme et autorité à toutes les questions. Par moments, son visage prenait une expression soucieuse, à d'autres moments il paraissait amusé.

— Pour résumer…, dit Ekström en feuilletant ses notes, votre sentiment, en tant que psychiatre bénéficiant de nombreuses années d'expérience, est que Lisbeth Salander souffre de schizophrénie paranoïde ?

— J'ai toujours dit qu'il est extrêmement difficile de faire une évaluation exacte de son état. La patiente, comme vous le savez, est à considérer comme pratiquement autiste dans sa relation avec les médecins et les autorités. J'estime qu'elle souffre d'une maladie psychique grave, mais à l'heure actuelle je ne peux pas fournir un diagnostic exact. Je ne peux pas non plus déterminer à quel stade de psychose elle se trouve, sans procéder à des examens considérablement plus étendus.

— Vous estimez en tout cas qu'elle n'est pas en bonne santé psychique.

— Toute son histoire personnelle est la preuve très éloquente que tel n'est pas le cas.

— Vous avez pu lire la prétendue autobiographie que Lisbeth Salander a écrite et qu'elle a fait parvenir à la cour pour s'expliquer. Comment pourriez-vous la commenter ?

Peter Teleborian écarta les mains et haussa les épaules mais resta silencieux.

— Disons, quelle crédibilité accordez-vous à ce récit ?

— Aucune crédibilité. C'est une suite d'affirmations concernant différentes personnes, des histoires plus fantaisistes les unes que les autres. Globalement, son explication écrite renforce les soupçons qu'elle souffre de schizophrénie paranoïde.

— Pourriez-vous nous en donner quelques exemples ?

— Le plus flagrant est le récit du prétendu viol dont elle accuse son tuteur Bjurman.

— Pourriez-vous développer ?

— Tout le récit est extrêmement détaillé. C'est un exemple classique du type d'imagination délirante dont les enfants peuvent faire preuve. Il y a une foule de cas similaires dans des affaires d'inceste, où l'enfant donne des descriptions récusées par leur propre impossibilité et où toutes les preuves font défaut. Il s'agit là, disons, de fantasmes érotiques que même des enfants en très bas âge peuvent développer… Un peu comme s'ils regardaient un film d'horreur à la télé.

— Aujourd'hui, Lisbeth Salander n'est pas exactement un enfant, c'est une femme adulte, dit Ekström.

— Oui, et il reste sans doute à déterminer exactement à quel niveau mental elle se trouve. Mais sur le fond, vous avez raison. Elle est adulte et elle croit probablement au récit qu'elle a donné.

— A votre avis, ce sont des mensonges.

— Non, si elle croit à ce qu'elle dit, ce ne sont pas des mensonges. C'est une histoire qui démontre qu'elle ne sait pas faire la distinction entre imagination et réalité.

— Elle n'a donc pas été violée par maître Bjurman ?

— Non. La vraisemblance doit être considérée comme inexistante. Lisbeth Salander a besoin de soins spécialisés.

— Vous figurez personnellement dans le récit de Lisbeth Salander…

— Oui, et le détail ne manque pas de piquant. Mais, encore une fois, c'est son imagination qui s'exprime. Si nous devions croire cette pauvre fille, je serais quasiment un pédophile…

Il sourit et poursuivit :

— Mais elle exprime ici ce dont je ne cesse de parler. La biographie de Salander nous apprend qu'elle a été maltraitée en étant maintenue en contention le plus clair de son temps à Sankt Stefan et que je venais dans sa chambre la nuit. Voilà un cas presque classique de son incapacité à interpréter la réalité. Ou, plus exactement, c'est ainsi qu'elle interprète la réalité.

— Merci. A la défense maintenant, si maître Giannini a des questions…

Annika Giannini n'ayant pratiquement pas eu de questions ou d'objections au cours des deux premiers jours d'audience, tout le monde s'attendait à ce qu'elle pose à nouveau quelques questions par acquit de conscience avant d'interrompre l'interrogatoire. *La prestation de la défense est si lamentable que ça commence à devenir pénible*, pensa Ekström.

— Oui, j'en ai, dit Annika Giannini. J'ai un certain nombre de questions et cela risque de prendre un peu de temps. Il est maintenant 11 h 30. Je propose que nous fassions une pause pour que je puisse mener mon interrogatoire du témoin sans interruption après le déjeuner.

Le juge Iversen décida que la cour irait déjeuner.

CURT BOLINDER ÉTAIT ACCOMPAGNÉ de deux policiers en uniforme lorsque, à midi pile, il posa son énorme poigne sur l'épaule du commissaire Georg Nyström devant le restaurant *Mäster Anders* dans Hantverkargatan. Nyström regarda, stupéfait, Curt Bolinder qui lui brandit sa plaque de policier sous le nez.

— Bonjour. Je vous arrête pour complicité d'assassinat et tentative d'assassinat. Les points d'accusation vous seront communiqués par le procureur de la nation cet après-midi même. Je vous conseille de nous suivre de votre plein gré, dit Curt Bolinder.

Georg Nyström eut l'air de ne pas comprendre la langue que parlait Curt Bolinder. Mais il constata que Curt Bolinder était quelqu'un qu'il fallait suivre sans protester.

L'INSPECTEUR JAN BUBLANSKI était accompagné de Sonja Modig et de sept policiers en uniforme lorsque son collègue Stefan Bladh à la Protection de la Constitution les fit entrer, à midi pile, dans le département confidentiel qui constituait les domaines de la Säpo sur Kungsholmen. Ils passèrent dans les couloirs jusqu'à ce que Stefan s'arrête et indique un bureau. La secrétaire du secrétaire général eut l'air totalement ahurie lorsque Bublanski brandit sa plaque de police.

— Restez assise, s'il vous plaît. Ceci est une intervention de la police.

Il poursuivit jusqu'à la porte intérieure et interrompit le secrétaire général Albert Shenke au beau milieu d'une conversation téléphonique.

— C'est quoi, tout ça ? demanda Shenke.

— Je suis l'inspecteur Jan Bublanski. Vous êtes en état d'arrestation pour infraction à la Constitution suédoise. Les différents points d'accusation vous seront communiqués au cours de l'après-midi.

— Ceci dépasse les bornes, dit Shenke.

— Oui, absolument, dit Bublanski.

Il fit mettre des scellés au bureau de Shenke et détacha deux policiers comme gardiens devant la porte, avec ordre de ne laisser entrer personne. Ils avaient autorisation d'utiliser leur matraque et même leur arme de service si quelqu'un essayait de passer en force.

Ils continuèrent la procession à travers les couloirs jusqu'à ce que Stefan indique une autre porte, et ils répétèrent la procédure avec le chef comptable Gustav Atterbom.

JERKER HOLMBERG ÉTAIT ASSISTÉ de la brigade d'intervention de Södermalm lorsque, à midi pile, il frappa à la porte d'un bureau temporairement loué au deuxième étage d'un immeuble face à la rédaction du magazine *Millénium* dans Götgatan.

Comme personne ne venait ouvrir la porte, Jerker Holmberg ordonna que la brigade l'ouvre de force mais, avant que le pied-de-biche ait pu servir, la porte s'entrouvrit.

— Police, dit Jerker Holmberg. Mets tes mains bien en vue.

— Je suis de la police, dit l'inspecteur Göran Mårtensson.

— Je le sais. Et tu détiens des licences pour un paquet d'armes à feu.

— Oui, mais je suis policier en service.

— Tu parles ! dit Jerker Holmberg.

On l'aida à appuyer Mårtensson contre le mur et à lui prendre son arme de service.

— Je t'arrête pour écoutes illégales, faute professionnelle grave, plusieurs violations de domicile chez le journaliste Mikael Blomkvist dans Bellmansgatan et probablement bien d'autres points d'accusation. Passez-lui les menottes.

Jerker Holmberg procéda à une rapide inspection du bureau et constata qu'il y avait suffisamment d'électronique pour monter un studio d'enregistrement. Il détacha un policier pour garder le local, avec instruction de rester assis sur une chaise et de ne pas laisser d'empreintes digitales.

Lorsqu'on fit sortir Mårtensson par la porte d'entrée de l'immeuble, Henry Cortez leva son Nikon numérique et prit une série de vingt-deux photos. Il n'était certes pas un photographe professionnel et ses photos laissèrent pas mal à désirer côté qualité. Mais le cliché fut vendu le lendemain à un tabloïd pour une somme d'argent véritablement indécente.

ROSA FIGUEROLA FUT LA SEULE des policiers qui participaient aux razzias de la journée à connaître un incident non prévu. Elle était assistée par la brigade d'intervention de Norrmalm et trois collègues de la Säpo lorsque, à midi pile, elle entra dans l'immeuble d'Artillerigatan et monta les escaliers menant à l'appartement au dernier étage, dont le propriétaire était la société Bellona.

L'opération avait été mise sur pied dans un délai très court. Dès que la force d'intervention fut rassemblée devant la porte de l'appartement, elle donna le feu vert. Deux solides policiers en uniforme de la brigade de Norrmalm levèrent un bélier en acier de quarante kilos et ouvrirent la porte en deux coups bien placés. La force d'intervention, pourvue de gilets pare-balles et d'armes en conséquence, occupa l'appartement dans les dix secondes après que la porte avait été forcée.

La surveillance mise en place depuis l'aube indiquait que cinq individus identifiés comme collaborateurs de la Section avaient franchi la porte dans la matinée. Tous les cinq furent retrouvés en quelques secondes et menottés.

Rosa Figuerola portait un gilet pare-balles. Elle traversa l'appartement qui avait été le QG de la Section depuis les années 1960 et ouvrit brutalement les portes les unes après les autres. Elle constata qu'elle aurait besoin d'un archéologue pour l'aider à trier la quantité de dossiers qui remplissaient les pièces.

Quelques secondes seulement après qu'elle était passée par la porte d'entrée, elle ouvrit la porte d'une petite pièce assez loin dans l'appartement et découvrit une chambre pour passer la nuit. Elle se trouva subitement face à face avec Jonas Sandberg. Il avait constitué un point d'interrogation lorsque les tâches avaient été réparties au matin. La veille au soir, l'investigateur qui devait surveiller Sandberg l'avait perdu. Sa voiture était garée sur Kungsholmen et il n'avait pas été repéré à son domicile pendant la nuit. Au matin, on n'avait pas su comment le localiser et l'arrêter.

Ils ont une équipe de nuit pour des raisons de sécurité. Evidemment. Et Sandberg est resté dormir là, une fois sa garde finie.

Jonas Sandberg ne portait que son slip et il semblait à peine réveillé. Il se tourna pour attraper son arme de service sur la table de chevet. Rosa Figuerola se pencha en avant et balaya l'arme par terre, loin de Sandberg.

— Jonas Sandberg, je t'arrête pour complicitié dans les assassinats de Gunnar Björck et d'Alexander Zalachenko, ainsi que de complicité dans la tentative d'assassinat de Mikael Blomkvist et d'Erika Berger. Enfile ton pantalon.

Jonas Sandberg balança son poing en direction de Rosa Figuerola. Elle para le coup par pur réflexe et sans lui accorder un centième de seconde d'attention.

— Tu plaisantes ? dit-elle. Elle lui prit le bras et lui tordit le poignet si violemment que Sandberg bascula en arrière par terre. Elle le roula sur le ventre et lui planta son genou dans le bas du dos. Elle le menotta elle-même. Ce fut la première fois depuis qu'elle travaillait à la Säpo qu'elle utilisait les menottes dans le service.

Elle laissa Sandberg aux bons soins d'un policier en uniforme et continua. Pour finir, elle ouvrit la dernière porte tout au fond de l'appartement. Selon les plans qu'avaient fournis les services de la mairie, il s'agissait d'un petit réduit donnant sur la cour. Elle s'arrêta sur le seuil et contempla l'épouvantail le plus décharné qu'elle ait jamais vu. Elle comprit immédiatement qu'elle se trouvait en face d'une personne mourante.

— Fredrik Clinton, je t'arrête pour complicité d'assassinat, tentative d'assassinat et toute une série d'autres crimes, dit-elle. Ne bouge pas de ton lit. Nous appelons une ambulance pour te transporter à Kungsholmen.

CHRISTER MALM S'ÉTAIT POSTÉ juste à côté de l'entrée de l'immeuble d'Artillerigatan. Contrairement à Henry Cortez, il savait manier son Nikon numérique. Il utilisa un petit télé-objectif et les photos furent très professionnelles.

Elles montraient les membres de la Section sortir de l'immeuble encadrés par des policiers, un par un, et fourrés dans des voitures de police, et finalement une ambulance venant chercher Fredrik Clinton. Ses yeux rencontrèrent l'objectif de l'appareil photo juste au moment où Christer appuyait sur le déclencheur. Il avait un air inquiet et troublé.

Plus tard, cette photo fut désignée "photo de l'année".

27

LE JUGE IVERSEN LAISSA RETOMBER son marteau sur la table à 12 h 30 et déclara que l'audience du tribunal correctionnel venait de reprendre. Il remarqua tout de suite la troisième personne apparue à la table d'Annika Giannini. Holger Palmgren, assis dans un fauteuil roulant.

— Bonjour, Holger, dit le juge Iversen. Ça fait un bail que je ne t'ai pas vu dans une salle d'audience.

— Bonjour, monsieur le juge Iversen. Certaines affaires, tu sais, sont tellement complexes que les juniors ont besoin d'un peu d'assistance.

— Je croyais que tu avais cessé ton activité professionnelle.

— J'ai été malade. Mais maître Giannini a fait appel à moi pour être son assesseur dans cette affaire.

— Je comprends.

Annika Giannini se racla la gorge.

— Il faut dire aussi que, pendant de nombreuses années, Holger Palmgren a représenté Lisbeth Salander.

— Laissons cela de côté, dit le juge Iversen.

D'un signe de tête, il indiqua à Annika Giannini qu'elle pouvait commencer. Elle se leva. Elle n'avait jamais aimé la mauvaise habitude suédoise de mener des audiences sur un ton informel, assis autour d'une table intime, presque comme s'il s'agissait d'un dîner. Elle se sentait beaucoup mieux quand elle pouvait parler debout, elle se leva donc.

— Je pense que nous pourrions commencer par les commentaires qui ont clos la séance de ce matin. Monsieur Teleborian, pourquoi désapprouvez-vous systématiquement toutes les affirmations qui viennent de Lisbeth Salander ?

— Parce qu'elles sont manifestement inexactes, répondit Peter Teleborian.

Il était calme et détendu. Annika Giannini hocha la tête et se tourna vers le juge Iversen.

— Monsieur le juge, Peter Teleborian affirme que Lisbeth Salander ment et affabule. La défense va maintenant démontrer que chaque mot dans l'autobiographie de Lisbeth Salander est véridique. Nous allons montrer des preuves. Ecrites et relevant de témoignages. Nous sommes à présent arrivés au stade de ce procès où le procureur a présenté les grandes lignes de son réquisitoire. Nous avons écouté et nous savons maintenant à quoi ressemblent les accusations exactes contre Lisbeth Salander.

Annika Giannini eut subitement la bouche sèche et elle sentit que sa main tremblait. Elle respira à fond et but une gorgée d'eau minérale. Ensuite elle saisit fermement le dossier de la chaise pour que le tremblement de ses mains ne révèle pas sa nervosité.

— Du réquisitoire du procureur, nous pouvons tirer la conclusion qu'il dispose d'une profusion d'opinions mais de très peu de preuves. Il pense que Lisbeth Salander a tiré sur Carl-Magnus Lundin à Stallarholmen. Il affirme qu'elle est allée à Gosseberga pour tuer son père. Il suppose que ma cliente souffre de schizophrénie paranoïde et qu'elle est malade mentale de toutes les manières qu'on puisse imaginer. Et il bâtit cette supposition sur les données d'une seule source, en l'occurrence le Dr Peter Teleborian.

Elle fit une pause et chercha sa respiration. Elle se força à parler lentement.

— La situation des preuves est maintenant telle que l'avis du procureur repose exclusivement sur Peter Teleborian. Si ce dernier a raison, tout va pour le mieux ; et dans ce cas, ma cliente se porterait mieux si elle pouvait recevoir l'aide psychiatrique adéquate que lui-même et le procureur réclament.

Pause.

— Mais si le Dr Teleborian a tort, l'affaire prend tout de suite une autre tournure. Si, de plus, il ment sciemment, nous sommes dans la situation où ma cliente est victime d'un abus de pouvoir judiciaire, un abus qui se déroule depuis de nombreuses années.

Elle regarda Ekström.

— Au cours de cet après-midi, nous allons démontrer que votre témoin a tort et que vous, en tant que procureur, vous avez été abusé et entraîné à accepter ces fausses conclusions.

Peter Teleborian arborait un sourire amusé. Il écarta les mains et adressa un hochement de tête à Annika Giannini, l'invitant à commencer. Elle se tourna de nouveau vers Iversen.

— Monsieur le juge. Je vais démontrer que la prétendue expertise psychiatrique médicolégale de Peter Teleborian est un bluff du début à la fin. Je vais démontrer qu'il ment sciemment au sujet de Lisbeth Salander. Je vais démontrer que ma cliente a été victime d'un abus de pouvoir judiciaire aggravé. Et je vais démontrer qu'elle est aussi intelligente et sensée que quiconque dans cette salle.

— Pardon, mais…, commença Ekström.

— Un instant. Elle leva un doigt. Je vous ai laissé parler sans vous déranger pendant deux jours. Maintenant, c'est mon tour.

Elle se tourna de nouveau vers le juge Iversen.

— Je ne prononcerais pas des accusations aussi graves devant un tribunal si je ne disposais pas des preuves irréfutables.

— Je vous en prie, continuez, dit Iversen. Mais je ne veux pas entendre d'histoires de grand complot. Gardez en tête que vous pouvez être poursuivie pour diffamation même pour des affirmations prononcées devant la cour.

— Merci. Je le garderai en tête.

Elle se tourna vers Teleborian. La situation semblait toujours l'amuser.

— La défense a plusieurs fois demandé à pouvoir consulter le dossier de Lisbeth Salander datant de l'époque où, jeune adolescente, elle était enfermée chez vous à Sankt Stefan. Pourquoi n'avons-nous pas obtenu ce dossier ?

— Parce que le tribunal d'instance a décidé qu'il est confidentiel. C'est une décision qui a été prise par égard pour Lisbeth Salander, mais si une cour de cassation revenait là-dessus, je vous ferais évidemment passer le dossier.

— Merci. Pendant les deux années que Lisbeth Salander a passées à Sankt Stefan, combien de nuits est-elle restée en contention ?

— Je ne m'en souviens pas comme ça de but en blanc.

— Elle soutient pour sa part qu'il s'agit de trois cent quatre-vingts des sept cent quatre-vingt-six nuits qu'elle a passées à Sankt Stefan.

— Je ne peux pas donner le nombre exact de nuits, mais ce chiffre est considérablement exagéré. D'où sort-il ?

— De son autobiographie.

— Et vous voulez dire qu'elle se souviendrait aujourd'hui exactement de chaque nuit passée en contention ? C'est impossible.

— Ah bon ? Vous avanceriez quel chiffre ?

— Lisbeth Salander était une patiente très agressive et encline à la violence, et il était indéniablement nécessaire de la mettre dans une pièce à privation sensorielle un certain nombre de fois. Peut-être devrais-je expliquer quel est le but d'une telle pièce…

— Merci, mais ce ne sera pas nécessaire. C'est une pièce où un patient n'aura aucune stimulation sensorielle supposée pouvoir l'inquiéter. Combien de jours et de nuits Lisbeth Salander a-t-elle passées en contention dans une telle pièce quand elle avait treize ans ?

— Il s'agit de… approximativement, peut-être une trentaine de fois au cours de son hospitalisation.

— Trente. C'est une infime partie des trois cent quatre-vingts fois dont elle parle.

— Indéniablement.

— Moins de dix pour cent du chiffre qu'elle donne.

— Oui.

— Son dossier pourrait-il nous renseigner de façon plus exacte ?

— C'est possible.

— Excellent, dit Annika Giannini et elle sortit une grosse liasse de papiers de son porte-documents. Alors je voudrais donner à la cour une copie du dossier de Lisbeth Salander à Sankt Stefan. J'ai compté le nombre de notes relatives à la contention et je suis arrivée au chiffre de trois cent quatre-vingt-une, plus donc que ce que ma cliente affirme.

Les yeux de Peter Teleborian s'agrandirent.

— Hé là… il s'agit d'informations confidentielles. D'où est-ce que vous tenez ça ?

— Un journaliste du magazine *Millénium* me l'a donné. Il n'est donc pas si confidentiel que ça s'il peut traîner dans des rédactions de journaux au milieu d'un tas d'autres dossiers. Je dois peut-être dire aussi que la revue *Millénium* publie aujourd'hui même des extraits de ce dossier. Je pense que ce tribunal doit avoir l'occasion d'y jeter un coup d'œil.

— Tout cela est illégal…

— Non. Lisbeth Salander a donné son accord pour la publication de ces extraits. Car ma cliente n'a rien à cacher.

— Votre cliente est déclarée incapable et elle n'a pas le droit de prendre ce genre de décisions toute seule.

— Nous reviendrons sur la déclaration d'incapacité de Lisbeth Salander. Nous allons d'abord étudier ce qui lui est arrivé à Sankt Stefan.

Le juge Iversen fronça les sourcils et prit le dossier qu'Annika Giannini lui tendait.

— Je n'ai pas fait de copie pour le procureur Ekström. De toute façon, il a déjà reçu ces documents qui violent l'intégrité de ma cliente il y a un mois.

— Vous dites ? demanda Iversen.

— Le procureur Ekström a reçu une copie de ce dossier confidentiel des mains de Teleborian lors d'une rencontre dans son bureau à 17 heures le samedi 4 juin de cette année.

— Est-ce vrai ? demanda Iversen.

La première impulsion de Richard Ekström fut de nier. Ensuite il réalisa qu'Annika Giannini avait peut-être des preuves.

— J'ai demandé à pouvoir lire des parties du dossier, sous le secret professionnel, reconnut Ekström. J'étais obligé de m'assurer que l'histoire de Salander était bien celle qu'elle prétend avoir.

— Merci, dit Annika Giannini. Cela signifie que nous avons une confirmation non seulement que le Dr Teleborian débite des mensonges mais qu'il a aussi enfreint la loi en livrant un dossier qu'il affirme lui-même être frappé du sceau du secret.

— Nous consignons cela, dit Iversen.

LE JUGE IVERSEN SE SENTAIT maintenant tout à fait éveillé. D'une façon très inhabituelle, Annika Giannini venait de s'attaquer à un témoin et elle avait déjà réduit en miettes un élément important dans son témoignage. *Et elle affirme qu'elle peut prouver tout ce qu'elle dit.* Iversen ajusta ses lunettes.

— Docteur Teleborian, à partir de ce dossier que vous avez personnellement établi, pouvez-vous me dire maintenant combien de nuits Lisbeth Salander est restée en contention ?

— Je n'ai aucun souvenir d'une telle fréquence, mais si c'est ce que dit le dossier, je suis obligé de le croire.

— Trois cent quatre-vingt-une nuits. N'est-ce pas une fréquence exceptionnelle ?

— C'est effectivement beaucoup.

— Comment vivriez-vous ces choses si vous aviez treize ans et que quelqu'un vous attachait pendant plus d'un an au cadre métallique de votre lit avec des sangles en cuir ? Comme de la torture ?

— Il faut comprendre que la patiente représentait un danger pour elle-même et pour autrui...

— D'accord. Un danger pour elle-même – Lisbeth Salander s'est-elle jamais blessée elle-même ?

— On pouvait le craindre...

— Je répète la question : Lisbeth Salander s'est-elle jamais blessée elle-même ? Oui ou non ?

— En tant que psychiatres, nous devons apprendre à interpréter l'image dans son ensemble. En ce qui concerne Lisbeth Salander, vous pouvez par exemple voir sur son corps un certain nombre de tatouages et de piercings, qui sont aussi un comportement autodestructeur et une manière de blesser son corps. Nous pouvons interpréter cela comme une manifestation de haine envers soi-même.

Annika Giannini se tourna vers Lisbeth Salander.

— Est-ce que tes tatouages sont une manifestation de haine envers toi-même ?

— Non, dit Lisbeth Salander.

Annika Giannini regarda vers Teleborian.

— Vous voulez donc dire que moi, qui porte des boucles d'oreilles et qui d'ailleurs ai également un tatouage à un endroit hautement intime, je représente un danger pour moi-même ?

Holger Palmgren pouffa, mais réussit à transformer le rire en un raclement de gorge.

— Non, il ne s'agit pas de ça... les tatouages peuvent aussi faire partie d'un rituel social.

— Vous voulez donc dire que Lisbeth Salander n'est pas concernée par ce rituel social ?

— Vous pouvez vous-même constater que ses tatouages sont grotesques et couvrent de grandes parties de son corps. Ce n'est pas un fétichisme esthétique normal ni une décoration corporelle.

— Combien de pour cent ?

— Pardon ?

— A partir de quel pourcentage une surface tatouée du corps cesse-t-elle d'être un fétichisme relevant de l'esthétique pour devenir une maladie mentale ?

— Vous dénaturez mes paroles.

— Ah bon ? Comment se fait-il que d'après vous, ce soit un rituel social tout à fait acceptable quand il s'agit de moi ou d'autres jeunes, mais que ça devienne une charge contre ma cliente quand il s'agit d'évaluer son état psychique ?

— En tant que psychiatre, je me dois, comme je le disais, de regarder l'image dans son ensemble. Les tatouages ne sont qu'un marqueur, un des nombreux marqueurs que je dois prendre en compte lorsque j'évalue son état.

Annika Giannini se tut quelques secondes et fixa Peter Teleborian. Elle parla lentement.

— Mais, docteur Teleborian, vous avez commencé à attacher ma cliente lorsqu'elle n'avait pas encore treize ans. Et à cette époque-là, elle n'avait pas un seul tatouage, n'est-ce pas ?

Peter Teleborian hésita quelques secondes. Annika reprit la parole.

— Je suppose que vous ne l'avez pas attachée parce que vous prédisiez qu'elle allait se tatouer un jour dans l'avenir.

— Non, évidemment pas. Ses tatouages n'ont rien à faire avec son état en 1991.

— Ainsi nous sommes de retour à ma question initiale. Lisbeth Salander s'est-elle jamais blessée d'une manière qui puisse justifier que vous l'avez gardée attachée dans un lit pendant un an ? S'est-elle par exemple coupée avec un couteau ou une lame de rasoir ou quelque chose de semblable ?

Peter Teleborian eut l'air peu sûr de lui pendant une seconde.

— Non, mais nous avions toutes les raisons de croire qu'elle était un danger pour elle-même.

— Raisons de croire. Vous voulez donc dire que vous l'avez attachée parce que vous supposiez quelque chose...

— Nous faisons des évaluations.

— Cela fait maintenant environ cinq minutes que je pose la même question. Vous affirmez que le comportement auto-destructeur de ma cliente était une des raisons pour lesquelles vous l'avez maintenue en contention pendant au total plus d'un an sur les deux où elle s'est trouvée sous vos soins. Auriez-vous la gentillesse de me donner enfin quelques exemples du comportement autodestructeur qu'elle avait à l'âge de douze ans ?

— La fille était par exemple extrêmement sous-alimentée. Cela venait entre autres du fait qu'elle refusait de manger. Nous avons suspecté de l'anorexie. Nous avons été obligés de la nourrir de force à plusieurs reprises.

— Et pour quelle raison ?

— Parce qu'elle refusait de manger, bien sûr.

Annika Giannini se tourna vers sa cliente.

— Lisbeth, est-il vrai que tu as refusé de manger à Sankt Stefan ?

— Oui.

— Pourquoi ?

— Parce que cette ordure mélangeait des psychotropes à ma nourriture.

— Aha. Le Dr Teleborian voulait donc te donner des médicaments. Pourquoi ne voulais-tu pas les prendre ?

— Je n'aimais pas ces médicaments. Ils me rendaient amorphe. Je n'arrivais plus à penser et j'étais dans les vapes une grande partie de mon temps éveillé. C'était désagréable. Et cette ordure refusait de me dire ce qu'il y avait dans les psychotropes.

— Et donc tu refusais de les prendre ?

— Oui. Alors il a commencé à introduire cette saleté dans ma nourriture. Donc, j'ai cessé de manger. Chaque fois qu'il y avait quelque chose dans ma nourriture, je refusais de manger pendant cinq jours.

— Tu avais faim, alors.

— Pas toujours. Quelques-uns des soignants m'ont donné des sandwiches en douce à plusieurs reprises. Il y en avait un en particulier qui me donnait à manger tard le soir. Ça s'est reproduit plusieurs fois.

— Tu veux dire que le personnel soignant à Sankt Stefan comprenait que tu avais faim et te donnait à manger pour que tu ne sois pas affamée ?

— C'était pendant la période où je me battais avec cette ordure au sujet des psychotropes.

— Il y avait donc une raison tout à fait rationnelle à ton refus de manger ?

— Oui.

— Ce n'était donc pas parce que tu refusais la nourriture ?

— Non. J'avais souvent faim.

— Est-il correct d'affirmer qu'il y a eu un conflit entre toi et le Dr Teleborian ?

— On peut le dire.

— Tu t'es retrouvée à Sankt Stefan parce que tu avais lancé de l'essence sur ton père et mis le feu.

— Oui.

— Pourquoi avais-tu fait cela ?

— Parce qu'il maltraitait ma mère.

— Est-ce que tu as expliqué cela à quelqu'un ?

— Oui.

— A qui ?

— Je l'ai dit aux policiers qui m'ont interrogée, aux services sociaux, à la commission pour l'Enfance, aux médecins, à un pasteur et à cette ordure.

— En disant *cette ordure*, tu parles de… ?

— Ce type, là.

Elle indiqua le Dr Peter Teleborian.

— Pourquoi le traites-tu d'ordure ?

— Quand je suis arrivée à Sankt Stefan, j'ai essayé de lui expliquer ce qui s'était passé.

— Et qu'a dit le Dr Teleborian ?

— Il n'a pas voulu m'écouter. Il prétendait que j'affabulais. Et comme punition, je serais mise en contention jusqu'à ce que je cesse mes affabulations. Et ensuite il a essayé de me bourrer de psychotropes.

— Ce sont des inepties, dit Peter Teleborian.

— C'est pour ça que tu ne lui parles pas ?

— Je ne lui ai pas dit un seul mot depuis la nuit où j'ai eu treize ans. J'étais attachée cette nuit-là aussi. C'était mon cadeau d'anniversaire à moi-même.

Annika Giannini se tourna de nouveau vers Teleborian.

— Docteur Teleborian, on dirait que la raison du refus de manger de ma cliente est qu'elle n'acceptait pas que vous lui donniez des psychotropes.

— Il est possible que ce soit ainsi qu'elle voyait les choses.

— Et vous, vous les voyiez comment ?

— J'avais une patiente extrêmement difficile. Je prétends que son comportement montrait qu'elle était un danger pour elle-même, mais il se peut que cela soit une question d'interprétation. En revanche, elle était violente et elle avait un comportement psychotique. Il ne fait aucun doute qu'elle était un danger pour autrui. N'oubliez pas qu'elle s'est retrouvée à Sankt Stefan après avoir essayé de tuer son père.

— Nous allons y arriver. Vous avez été responsable de son traitement pendant deux ans. Pendant trois cent quatre-vingt-une nuits, vous l'avez maintenue en contention. Peut-on envisager que vous utilisiez la contention comme punition quand ma cliente n'obéissait pas à vos ordres ?

— Cela n'a pas de sens.

— Ah bon ? Je note cependant que, d'après le dossier que vous avez constitué sur votre patiente, la plus grande partie des contentions a eu lieu au cours de la première année… trois cent vingt sur trois cent quatre-vingt-une. Pourquoi les contentions ont-elles cessé ?

— La patiente a évolué et elle est devenue plus équilibrée.

— Ne serait-ce pas parce que vos mesures étaient jugées inutilement brutales par le personnel soignant ?

— Qu'est-ce que vous voulez dire ?

— Ne serait-ce pas que le personnel s'est plaint entre autres de l'alimentation forcée de Lisbeth Salander ?

— Il peut évidemment toujours y avoir des divergences dans les façons de voir les choses. Ça n'a rien d'inhabituel. Mais c'était devenu une charge de la nourrir de force parce compte tenu de sa violente résistance…

— Parce qu'elle refusait de prendre des psychotropes qui l'abrutissaient et la rendaient passive. Elle n'avait pas de problèmes pour manger quand elle n'était pas sous l'influence de médicaments. N'aurait-il pas été plus raisonnable, dans le cadre d'une méthode de traitement, de ne pas passer tout de suite aux mesures coercitives ?

— Sauf votre respect, madame Giannini. Il se trouve que je suis médecin. Je suppose que ma compétence médicale est supérieure à la vôtre. C'est à moi qu'il revient de juger de l'opportunité des mesures médicales à appliquer.

— C'est vrai que je ne suis pas médecin, docteur Teleborian. Par contre, je ne suis pas entièrement sans compétence. En parallèle avec mon titre d'avocat, je suis aussi psychologue diplômée de l'université de Stockholm. C'est une compétence indispensable dans ma profession de juriste.

On aurait entendu une mouche voler dans la salle d'audience. Sidérés, Ekström et Teleborian fixaient Annika Giannini. Elle poursuivit impitoyablement.

— N'est-il pas vrai que vos méthodes de traitement de ma cliente ont fini par mener à de fortes discordes entre vous-même et votre supérieur, le médecin-chef de l'époque, Johannes Caldin ?

— Non... ce n'est pas vrai.

— Johannes Caldin est décédé depuis plusieurs années et il ne peut pas témoigner ici. Mais nous avons aujourd'hui dans la salle d'audience une personne qui à plusieurs reprises a rencontré le Dr Caldin. Je veux parler de mon assesseur, Holger Palmgren.

Elle se tourna vers lui.

— Pourrais-tu nous éclaircir sur ce point ?

Holger Palmgren se racla la gorge. Il souffrait encore des suites de son hémorragie cérébrale et il était obligé de se concentrer pour formuler les mots sans bafouiller.

— J'ai été désigné gérant légal de Lisbeth après que sa mère, à la suite des mauvais traitements infligés par son père au point d'en rester handicapée, devint incapable de s'occuper de sa fille. Elle souffrait de lésions cérébrales persistantes et faisait des hémorragies cérébrales à répétition.

— Tu parles donc d'Alexander Zalachenko ?

Le procureur Ekström se pencha en avant, attentif.

— C'est exact, dit Palmgren.

Ekström s'éclaircit la gorge.

— Je voudrais signaler que nous avons maintenant entamé un sujet qui est classé secret-défense.

— Il ne peut guère être un secret qu'Alexander Zalachenko a maltraité la mère de Lisbeth Salander pendant de nombreuses années.

Peter Teleborian leva la main.

— La chose n'est sans doute pas aussi évidente que Mme Giannini la présente.

— Comment ça ?

— Il ne fait aucun doute que Lisbeth Salander a été témoin d'une tragédie familiale, qu'il y a eu quelque chose qui a déclenché une maltraitance inouïe en 1991. Mais il n'y a aucune documentation pour étayer que cette situation se serait poursuivie pendant de nombreuses années, comme Mme Giannini le prétend. Il peut s'agir d'un fait unique ou d'une dispute qui a dégénéré. Pour dire toute la vérité, il n'y a même pas de documentation qui prouve que c'était M. Zalachenko qui maltraitait la mère. Selon certaines de nos informations, elle se prostituait, et il peut y avoir d'autres coupables possibles.

ANNIKA GIANNINI REGARDA Peter Teleborian, surprise. Elle sembla sans voix pendant un court instant. Ensuite son regard s'affuta.

— Pourriez-vous développer, demanda-t-elle.

— Ce que je veux dire, c'est que dans la pratique, nous n'avons que les affirmations de Lisbeth Salander comme base.

— Et ?

— Premièrement, il y avait deux sœurs. Camilla, la sœur de Lisbeth, n'a jamais avancé ce genre d'accusations. Elle a nié que de telles choses aient eu lieu. Ensuite il faut prendre en considération que s'il y avait réellement eu maltraitance dans l'étendue évoquée par votre cliente, cela aurait évidemment été consigné dans des enquêtes sociales.

— Y a-t-il un interrogatoire de Camilla Salander que nous pouvons consulter ?

— Interrogatoire ?

— Avez-vous un document qui démontre qu'on a posé des questions à Camilla Salander sur ce qui se passait chez elles ?

Lisbeth Salander se tortilla quand le nom de sa sœur fut prononcé. Elle regarda Annika Giannini.

— Je pars du principe que les services sociaux ont fait une enquête...

— A l'instant, vous venez d'affirmer que Camilla Salander n'a jamais avancé d'accusations contre Alexander Zalachenko, qu'au contraire elle a nié qu'il ait maltraité sa mère. Votre déclaration était catégorique. D'où tenez-vous cette information ?

Peter Teleborian resta silencieux pendant quelques secondes. Annika Giannini vit son regard changer quand il réalisa qu'il avait commis une erreur. Il comprit sur quoi elle allait enchaîner mais il n'y avait aucune manière d'éviter la question.

— Il me semble que c'était dans l'enquête de police, finit-il par dire.

— Il vous semble… Pour ma part, j'ai cherché partout une enquête de police concernant les événements dans Lundagatan lorsque Alexander Zalachenko a été grièvement brûlé. Tout ce que j'ai trouvé, ce sont les maigres rapports écrits par les policiers dépêchés sur les lieux.

— C'est possible…

— Alors j'aimerais savoir comment il se fait que vous ayez lu un rapport de police qui n'est pas disponible pour la défense.

— Je ne peux pas répondre à cette question, dit Teleborian. J'ai pu consulter le rapport lorsque, en 1991, j'ai réalisé une expertise médicolégale de Lisbeth Salander après la tentative d'assassinat de son père.

— Le procureur Ekström a-t-il pu consulter ce rapport ?

Ekström se tortilla et se caressa la barbiche. Il avait déjà compris qu'il avait sous-estimé Annika Giannini. En revanche, il n'avait aucune raison de mentir.

— Oui, j'ai pu le consulter.

— Pourquoi la défense n'a-t-elle pas eu accès au matériel ?

— Je ne l'ai pas jugé d'intérêt pour le procès.

— Pouvez-vous me dire comment vous avez pu avoir accès à ce rapport ? Chaque fois que je me suis adressée à la police, on m'a répondu qu'un tel rapport n'existait pas.

— L'enquête a été menée par la Säpo. C'est un rapport confidentiel.

— La Säpo a donc enquêté sur une affaire de maltraitance aggravée d'une femme et a décidé de classer l'affaire secret-défense ?

— C'est à cause de l'auteur… Alexander Zalachenko. Il était réfugié politique.

— Qui a fait l'enquête ?

Silence.

— Je n'entends rien. Quel nom y avait-il sur la première page ?

— Elle a été faite par Gunnar Björck de la brigade des étrangers à la Säpo.

— Merci. Est-ce le même Gunnar Björck dont ma cliente affirme qu'il collabora avec Peter Teleborian pour truquer le rapport médicolégal de 1991 la concernant ?

— Je suppose que oui.

ANNIKA GIANNINI REPORTA son attention sur Peter Teleborian.

— En 1991, un tribunal d'instance a pris la décision d'enfermer Lisbeth Salander dans une clinique de pédopsychiatrie. Pourquoi le tribunal a-t-il pris cette décision ?

— Le tribunal d'instance a fait une évaluation soigneuse des actes et de l'état psychique de votre cliente – elle avait après tout essayé de tuer son père avec un cocktail Molotov. Ce n'est pas une occupation que pratiquent des adolescents normaux, qu'ils soient tatoués ou pas.

Peter Teleborian sourit poliment.

— Et sur quoi le tribunal d'instance a-t-il basé son évaluation ? Si j'ai bien compris, ils n'avaient qu'un seul avis médicolégal pour s'orienter. Il avait été rédigé par vous-même et un policier du nom de Gunnar Björck.

— Madame Giannini, nous sommes maintenant en plein dans les théories de conspiration qu'avance Mlle Salander. Ici, je dois…

— Excusez-moi, rassurez-vous, je ne vais pas m'égarer, dit Annika Giannini en s'adressant à Holger Palmgren. Holger, nous venons de dire que tu as rencontré le supérieur du Dr Teleborian, le médecin-chef Caldin.

— Oui. J'avais été désigné gérant légal de Lisbeth Salander. Je ne l'avais alors même pas rencontrée, à peine croisée. J'avais comme tout le monde l'impression qu'elle était gravement atteinte sur le plan psychique. Cependant, puisqu'il s'agissait de ma mission, je me suis renseigné sur son état de santé général.

— Et qu'a dit le médecin-chef Caldin ?

— Elle était la patiente du Dr Teleborian, et le Dr Caldin ne lui avait pas prêté attention outre mesure, à part ce qui est d'usage lors des expertises. Ce n'est que plus d'un an plus tard que j'ai commencé à discuter de la manière dont on pourrait la réintégrer dans la société. J'ai proposé une famille d'accueil. Je ne sais pas exactement ce qui s'est passé derrière les murs de Sankt Stefan, mais à un moment donné, alors que Lisbeth y était depuis plus d'un an, le Dr Caldin a commencé à s'intéresser à elle.

— Intérêt qui s'est manifesté de quelle manière ?

— J'ai eu le sentiment qu'il avait fait une évaluation différente de celle du Dr Teleborian. Il m'a dit un jour qu'il avait décidé de modifier certaines choses dans son traitement. J'ai compris plus tard seulement qu'il s'agissait de la contention. Caldin a purement et simplement décidé qu'elle ne serait pas attachée. Il disait que rien ne le justifiait.

— Il allait à l'encontre du Dr Teleborian ?

— Excusez-moi, mais il ne s'agit là que de ouï-dire, protesta Ekström.

— Non, dit Holger Palmgren. Pas uniquement. J'ai demandé un avis sur différentes façons de réintégrer Lisbeth Salander dans la société. Le Dr Caldin a écrit cet avis. Je l'ai encore.

Il tendit un papier à Annika Giannini.

— Peux-tu nous dire ce qui est écrit ?

— C'est une lettre que le Dr Caldin m'a adressée. Elle est datée d'octobre 1992, donc quand Lisbeth se trouvait à Sankt Stefan depuis vingt mois. Ici le Dr Caldin écrit, je cite : "Ma décision que la patiente ne soit pas maintenue en contention ni nourrie de force a aussi eu pour résultat notable qu'elle est calme. Les psychotropes ne sont pas nécessaires. La patiente est cependant extrêmement refermée sur elle-même et peu communicative, et elle a besoin d'un soutien suivi." Fin de citation.

— Il écrit donc expressément que la décision vient de lui.

— C'est exact. C'est également le Dr Caldin qui a personnellement pris la décision que Lisbeth serait réinsérée dans la société via une famille d'accueil.

Lisbeth hocha la tête. Elle se souvenait du Dr Caldin tout comme elle se souvenait du moindre détail de son séjour à Sankt Stefan. Elle avait refusé de parler avec le Dr Caldin, il était un docteur pour les fous, un de plus parmi toutes les blouses blanches qui voulaient farfouiller dans ses sentiments.

Mais il avait été aimable et bienveillant. Elle l'avait écouté dans son bureau quand il lui avait expliqué comment il la voyait.

Il avait paru blessé qu'elle ne veuille pas parler avec lui. Pour finir, elle l'avait regardé droit dans les yeux et lui avait révélé sa décision. "Je ne vais jamais parler ni avec toi ni avec un autre psy. Vous n'écoutez pas ce que je dis. Vous pouvez me garder enfermée ici jusqu'à ma mort. Ça n'y changera rien. Je ne parlerai pas avec vous." Il l'avait regardée avec des yeux étonnés. Puis il avait hoché la tête comme s'il avait compris quelque chose.

— Docteur Teleborian... J'ai constaté que c'est vous qui avez fait enfermer Lisbeth Salander dans une clinique de pédopsychiatrie. C'est vous qui avez fourni au tribunal d'instance le rapport qui constituait la seule base pour émettre un jugement. Est-ce correct ?

— C'est correct en soi. Mais j'estime...

— Vous aurez tout le temps d'expliquer ce que vous estimez. A la majorité de Lisbeth Salander, vous êtes encore intervenu dans sa vie et avez essayé de la faire interner une nouvelle fois.

— Cette fois-là, ce n'est pas moi qui ai fait l'expertise médicolégale...

— Non, elle a été faite par un certain Dr Jesper H. Löderman. Comme par hasard, il passait son doctorat sous votre direction à cette époque-là. C'était donc vos évaluations qui prévalaient pour que l'expertise soit acceptée.

— Il n'y a rien d'incorrect ou qui va à l'encontre de l'éthique dans ces expertises. Elles ont été faites dans les règles de l'art.

— A présent, Lisbeth Salander a vingt-sept ans et pour la troisième fois nous nous trouvons dans la situation où vous essayez de persuader un tribunal qu'elle est malade mentale et qu'elle doit être placée en institution fermée.

LE DR PETER TELEBORIAN respira à fond. Annika Giannini était bien préparée. Elle l'avait surpris avec quelques questions perfides qui l'avaient obligé à déformer ses réponses. Elle n'était pas réceptive à son charme et elle ignorait totalement son autorité. L'homme avait l'habitude que les gens hochent la tête quand il parlait.

Qu'est-ce qu'elle sait, au juste ?

Il jeta un regard sur le procureur Ekström, mais comprit qu'il ne pouvait pas attendre d'aide de sa part. Il fallait qu'il s'en sorte tout seul.

Il se rappela que malgré tout il était un ponte avec beaucoup d'autorité.

Peu importe ce qu'elle dit. C'est mon évaluation qui l'emporte.

Annika Giannini ramassa sur la table son rapport d'expertise psychiatrique médicolégale.

— Examinons d'un peu plus près votre dernière expertise. Vous consacrez beaucoup de temps à analyser la vie spirituelle de Lisbeth Salander. Une bonne part traite des interprétations que vous faites de sa personne, de son comportement et de ses habitudes sexuelles.

— Dans cette enquête, j'ai essayé de donner une image complète.

— Bien. Et en partant de cette image complète, vous arrivez à la conclusion que Lisbeth Salander souffre de schizophrénie paranoïde.

— Je préfère ne pas m'attacher à un diagnostic exact.

— Mais vous n'êtes pas arrivé à cette conclusion en parlant avec Lisbeth Salander, n'est-ce pas ?

— Vous savez très bien que votre cliente refuse systématiquement de répondre aux questions lorsque moi-même ou une autre personne ayant autorité essayons de lui parler. Ce seul comportement est éloquent. Une interprétation possible est que les tendances paranoïdes de la patiente se manifestent de façon si forte qu'elle est littéralement incapable de mener une conversation avec une personne ayant autorité. Elle croit que tout le monde cherche à lui nuire et elle ressent une telle menace qu'elle s'enferme derrière une carapace impénétrable et devient littéralement muette.

— Je note que vous vous exprimez avec une grande prudence. Vous avez dit : "une interprétation possible"...

— Oui, en effet. Je m'exprime avec prudence. La psychiatrie n'est pas une science exacte et je me dois d'être prudent dans mes conclusions. Il se trouve aussi que nous, les psychiatres, nous n'avançons pas de suppositions à la légère.

— Vous faites très attention à vous protéger. En réalité, vous n'avez pas échangé un seul mot avec ma cliente depuis la nuit de ses treize ans, puisqu'elle a systématiquement refusé de vous parler.

— Pas seulement à moi. Elle n'est pas en état de mener une conversation avec un psychiatre, quel qu'il soit.

— Cela veut dire que, comme vous l'écrivez ici, vos conclusions reposent sur votre expérience et sur des observations de ma cliente.

— C'est exact.

— Que peut-on apprendre en observant une fille qui reste assise les bras croisés sur une chaise et refuse de parler ?

Peter Teleborian soupira et eut l'air de trouver fatigant d'avoir à expliquer des évidences. Il sourit.

— D'un patient qui ne dit pas un mot, on peut apprendre que c'est un patient qui sait très bien faire cela, ne pas dire un mot. En soi, cela représente déjà un comportement perturbé, mais ce n'est pas là-dessus que je base mes conclusions.

— Cet après-midi, je vais appeler un autre psychiatre à témoigner. Il s'appelle Svante Brandén, il est médecin-chef à la direction de la Médecine légale et spécialiste en psychiatrie légale. Le connaissez-vous ?

Peter Teleborian se sentit rassuré. Il sourit. Il avait effectivement prévu que Giannini allait ressortir un autre psychiatre de sa manche pour essayer de remettre en question ses conclusions. Il s'était préparé à cette situation, et il saurait faire face à chaque objection mot pour mot. Il serait plus simple de gérer un collègue universitaire dans une chamaillerie amicale que quelqu'un comme cette Giannini qui n'avait aucune retenue et qui était prête à détourner ses propos et les mettre en boîte.

— Oui. C'est un psychiatre de médecine légale reconnu et compétent. Mais vous comprenez bien, madame Giannini, que faire une expertise de ce genre est un processus académique et scientifique. Vous pouvez être en désaccord avec moi sur mes conclusions et un autre psychiatre peut interpréter des agissements ou un événement d'une autre manière que la mienne. Il s'agit alors de différentes manières de voir les choses ou peut-être même de la connaissance qu'a le médecin de son patient. Le Dr Brandén aboutira peut-être à une tout autre conclusion en ce qui concerne Lisbeth Salander. Cela n'a rien d'inhabituel au sein de la psychiatrie.

— Ce n'est pas pour ça que je l'appelle. Il n'a pas rencontré ni examiné Lisbeth Salander et il ne tirera aucune conclusion sur son état psychique.

— Ah bon...

— Je lui ai demandé de lire votre rapport et toute la documentation que vous avez formulée concernant Lisbeth Salander et de regarder son dossier des années qu'elle a passées à Sankt Stefan. Je lui ai demandé de faire une évaluation – non pas de l'état de santé de ma cliente, mais pour voir s'il existe, d'un point de vue scientifique, une base solide à vos conclusions telles que vous les présentez dans votre évaluation.

Peter Teleborian haussa les épaules.

— Avec tout mon respect... je pense que je connais mieux Lisbeth Salander qu'aucun autre psychiatre de ce pays. J'ai suivi son évolution depuis qu'elle avait douze ans et malheureusement il faut constater que son comportement est sans cesse venu confirmer mes conclusions.

— Tant mieux, dit Annika Giannini. Alors nous allons regarder vos conclusions. Dans vos rapports, vous écrivez que le traitement a été interrompu quand elle avait quinze ans et qu'elle a été placée dans une famille d'accueil.

— C'est exact. C'était une grave erreur. Si nous avions poursuivi le traitement jusqu'au bout, nous ne serions peut-être pas ici aujourd'hui.

— Vous voulez dire que, si vous aviez eu la possibilité de la garder en contention encore une année, elle aurait peut-être été plus docile ?

— Voilà un commentaire assez gratuit.

— Je vous présente mes excuses. Vous citez abondamment l'expertise qu'a réalisée votre élève Jesper H. Löderman juste avant la majorité de Lisbeth Salander. Vous écrivez que "son comportement autodestructeur et antisocial est confirmé par les abus et la débauche qu'elle affiche depuis qu'elle a été libérée de Sankt Stefan". A quoi faites-vous allusion ?

Peter Teleborian garda le silence quelques secondes.

— Eh bien... maintenant il me faut retourner un peu en arrière. Après sa sortie de Sankt Stefan, Lisbeth Salander a eu – comme je l'avais prédit – des problèmes d'abus d'alcool et de drogues. Elle a été appréhendée par la police à plusieurs reprises. Une enquête sociale a aussi établi qu'elle avait des rapports sexuels incontrôlés avec des hommes âgés et qu'elle s'adonnait probablement à la prostitution.

— Essayons de tirer cela au clair. Vous dites qu'elle est devenue alcoolique. A quelle fréquence était-elle ivre ?

— Pardon ?

— Etait-elle ivre tous les jours depuis qu'elle avait été relâchée et jusqu'à ses dix-huit ans ? Etait-elle ivre une fois par semaine ?

— Je ne peux évidemment pas répondre à cela.

— Mais vous avez pourtant établi qu'elle abusait d'alcool ?

— Elle était mineure et elle a été appréhendée par la police à plusieurs reprises pour ivresse.

— C'est la deuxième fois que vous employez l'expression "appréhendée à plusieurs reprises". Cela veut dire à quelle fréquence ? Etait-ce une fois par semaine ou une fois toutes les deux semaines… ?

— Non, ce n'était pas aussi souvent que ça…

— Lisbeth Salander a été arrêtée pour ivresse sur la voie publique à deux reprises quand elle avait seize et dix-sept ans. A une de ces deux occasions, elle était tellement ivre qu'on l'a envoyée à l'hôpital. Voilà donc les plusieurs reprises que vous indiquez. Avez-vous connaissance d'autres occasions où elle aurait été en état d'ébriété ?

— Je ne sais pas, mais on peut craindre que son comportement…

— Pardon, ai-je bien entendu ? Vous ne savez donc pas si elle a été ivre plus de deux fois dans son adolescence, mais vous craignez que tel ait été le cas. Et pourtant vous établissez que Lisbeth Salander est embarquée dans un cercle infernal d'alcool et de drogues ?

— Il appartient aux services sociaux de gérer tout cela. Pas à moi. Il s'agissait de la situation globale de Lisbeth Salander. Comme on s'y était attendu, et selon le pronostic pessimiste prévu après l'interruption du traitement, toute sa vie est devenue un cercle d'alcool, d'interventions de la police et de débauche incontrôlée.

— Vous employez l'expression "débauche incontrôlée".

— Oui… c'est un terme qui indique qu'elle n'avait pas le contrôle sur sa propre vie. Elle avait des rapports sexuels avec des hommes plutôt âgés.

— Ce n'est pas contraire à la loi.

— Non, mais c'est un comportement anormal chez une fille de seize ans. On peut donc se poser la question de savoir si elle participait à cela de son plein gré ou si elle se trouvait dans une situation de contrainte.

— Mais vous avez soutenu qu'elle se prostituait.

— C'était peut-être une conséquence naturelle de son manque de formation, de son incapacité de suivre l'enseignement à l'école et de poursuivre ses études, et du chômage qui s'ensuivait. Elle voyait peut-être des pères dans ces hommes âgés et le dédommagement économique pour des services sexuels était un bonus. En tout cas, pour moi cela est un comportement névrotique.

— Vous voulez dire qu'une fille de seize ans qui fait l'amour est névrosée ?

— Vous déformez mes paroles.

— Mais vous ne savez pas si elle a jamais été payée pour des services sexuels ?

— Elle n'a jamais été arrêtée pour prostitution.

— Ce qui peut difficilement lui arriver puisque la prostitution n'est pas interdite par la loi.

— Euh, en effet. Dans le cas de Lisbeth Salander, il s'agit d'un comportement névrotique compulsif.

— Et vous n'avez pas hésité à tirer la conclusion que Lisbeth Salander est malade mentale à partir de ce mince matériel. Quand j'avais seize ans, je me suis soûlée à en rouler par terre avec une demi-bouteille de vodka que j'ai volée à mon père. Diriez-vous que je suis malade mentale ?

— Non, évidemment que non.

— Est-il exact que vous-même, lorsque vous aviez dix-sept ans, vous avez participé à une fête où vous vous êtes soûlé au point de partir avec toute une bande casser des vitrines dans le centre-ville d'Uppsala ? Vous avez été arrêté par la police et mis en cellule de dégrisement, et vous avez écopé d'une amende.

Peter Teleborian eut l'air stupéfait.

— N'est-ce pas ?

— Oui... on fait tant de bêtises quand on a dix-sept ans. Mais...

— Mais cela ne vous a pas amené à en tirer la conclusion que vous souffriez d'une maladie psychique grave ?

PETER TELEBORIAN ÉTAIT IRRITÉ. Cette foutue avocate déformait sans cesse ses paroles et se focalisait sur des détails particuliers. Elle refusait de voir l'image d'ensemble. Et, totalement hors de propos, elle balançait au su de tout le monde que lui-même un jour s'était soûlé… *comment a-t-elle fait pour savoir ça ?*

Il s'éclaircit la gorge et haussa la voix.

— Les rapports des services sociaux étaient sans équivoque et confirmaient sur tous les points essentiels que Lisbeth Salander menait une vie concentrée sur l'alcool, les drogues et la débauche. Les services sociaux ont également établi que Lisbeth Salander se prostituait.

— Non. Les services sociaux n'ont jamais affirmé qu'elle se prostituait.

— Elle a été arrêtée à…

— Non. Elle n'a pas été arrêtée. Elle a été interpellée dans le parc de Tantolunden quand elle avait dix-sept ans et se trouvait en compagnie d'un homme beaucoup plus âgé qu'elle. La même année, elle a été contrôlée pour ivresse, également en compagnie d'un homme beaucoup plus âgé. Les services sociaux craignaient peut-être qu'elle se prostitue. Mais il n'y a jamais eu de preuves le confirmant.

— Sa vie sexuelle était très étendue et elle avait des relations avec un grand nombre de personnes, aussi bien des garçons que des filles.

— De votre propre rapport, je cite la page 4, vous vous attardez sur les habitudes sexuelles de Lisbeth Salander. Vous soutenez que sa relation avec son amie Miriam Wu confirme les craintes d'une psychopathie sexuelle. Pourriez-vous nous expliquer ?

Peter Teleborian se tut soudain.

— J'espère très sincèrement que vous n'avez pas l'intention de prétendre que l'homosexualité est une maladie. Ce genre d'affirmation peut mener à des poursuites.

— Non, évidemment que non. Je veux parler des touches de sadisme sexuel dans leur relation.

— Vous voulez dire que c'est une sadique ?

— Je…

— Nous disposons du témoignage de Miriam Wu à la police. Il n'y avait aucune violence dans leur relation.

— Elles s'adonnaient au bondage, au sadomaso et…

— Je préfère me dire que vous avez trop lu les tabloïds. Lisbeth Salander et son amie Miriam Wu ont quelquefois joué à des jeux érotiques où Miriam Wu attachait ma cliente et lui donnait une satisfaction sexuelle. Ce n'est ni particulièrement inhabituel, ni interdit. C'est pour cela que vous voulez enfermer ma cliente ?

Peter Teleborian agita la main pour dire non.

— Permettez-moi quelques confidences. Quand j'avais seize ans, je me suis soûlée à mort. J'ai été ivre plusieurs fois pendant mes années de lycée. J'ai essayé des drogues. J'ai fumé du shit et j'ai même essayé de la cocaïne à une occasion il y a environ vingt ans. J'ai fait mes débuts sexuels quand j'avais quinze ans avec un copain de classe, et j'avais environ vingt ans quand j'ai eu une relation avec un garçon qui attachait mes mains aux montants du lit. J'en avais vingt-deux quand j'ai eu pendant plusieurs mois une relation avec un homme âgé de quarante-sept ans. Autrement dit, suis-je malade mentale ?

— Madame Giannini… vous jouez de l'ironie, mais vos expériences sexuelles n'ont rien à voir avec l'affaire qui nous occupe.

— Pourquoi cela ? Quand je lis votre prétendue expertise de Lisbeth Salander, je trouve beaucoup de points qui, si on les sort du contexte, s'appliquent à moi-même. Pourquoi suis-je saine d'esprit et Lisbeth Salander une dangereuse sadique ?

— Ce ne sont pas ces détails qui déterminent. Vous n'avez pas essayé de tuer votre père à deux reprises…

— Docteur Teleborian, la réalité est que les partenaires sexuels de Lisbeth ne concernent personne. Le sexe de son partenaire ne vous concerne pas, ni sous quelles formes elle mène sa vie sexuelle. Mais pourtant vous sortez des détails de sa vie et les utilisez pour étayer la thèse qu'elle serait malade.

— Toute la vie de Lisbeth Salander depuis l'école primaire n'est qu'une suite d'annotations dans des dossiers médicaux et sociaux, qui attestent des accès de rage violents à l'encontre des instituteurs et de ses camarades de classe.

— Un instant…

La voix d'Annika Giannini fut subitement comme une raclette à givre sur le pare-brise gelé d'une voiture.

— Regardez ma cliente.

Tout le monde regarda Lisbeth Salander.

— Elle a grandi dans une situation familiale exécrable, avec un père qui pendant de nombreuses années a systématiquement fait subir de graves violences à sa mère.

— C'est...

— Laissez-moi terminer. La mère de Lisbeth Salander avait une peur bleue d'Alexander Zalachenko. Elle n'osait pas protester. Elle n'osait pas consulter un médecin. Elle n'osait pas contacter SOS-Femmes battues. Elle a été brisée et finalement battue si grièvement qu'elle a eu des lésions cérébrales permanentes. La personne qui a eu la responsabilité de la famille, la seule personne qui a essayé de prendre la responsabilité de la famille, avant même d'être une adolescente, est Lisbeth Salander. C'est une responsabilité qu'elle a dû endosser toute seule parce que l'espion Zalachenko était plus important que la mère de Lisbeth.

— Je ne peux pas...

— Nous voilà confrontés à une situation où la société a abandonné la mère de Lisbeth et ses enfants. Vous vous étonnez que Lisbeth ait eu des problèmes à l'école ? Mais regardez-la. Elle est petite et maigre. Elle a toujours été la plus petite fille de la classe. Elle était renfermée et différente, et elle n'avait pas d'amies. Savez-vous comment les enfants traitent en général ceux dans la classe qui sont différents ?

Peter Teleborian hocha la tête.

— Je peux reprendre ses dossiers scolaires et cocher l'une après l'autre les situations où Lisbeth s'est montrée violente, dit Annika Giannini. Il y avait eu auparavant provocations. Je reconnais parfaitement les signes de persécution. Voulez-vous que je vous dise une chose ?

— Quoi ?

— J'admire Lisbeth Salander. Elle a plus de cran que moi. Si on m'avait attachée avec des sangles de contention quand j'avais treize ans, je me serais probablement effondrée totalement. Elle a riposté avec la seule arme dont elle disposait. En l'occurrence son mépris pour vous.

LA VOIX D'ANNIKA GIANNINI ENFLA brusquement. Toute nervosité s'était envolée depuis longtemps. Elle sentait qu'elle avait le contrôle.

— Dans votre témoignage plus tôt dans la journée, vous avez beaucoup parlé d'affabulations, vous avez par exemple établi que sa description du viol par maître Bjurman est une invention.

— C'est exact.

— Sur quoi basez-vous cette conclusion ?

— Sur mon expérience de ses habitudes d'affabuler.

— Votre expérience de ses habitudes d'affabuler… Comment est-ce que vous déterminez qu'elle affabule ? Quand elle dit qu'elle a été sous contention pendant trois cent quatre-vingts nuits, d'après vous il s'agit d'une affabulation, bien que votre propre dossier démontre que c'est vrai.

— Il s'agit de tout autre chose ici. Il n'y a pas l'ombre d'une preuve que Bjurman aurait violé Lisbeth Salander. Je veux dire, des épingles dans le téton et des violences tellement poussées qu'elle aurait sans hésitation dû être conduite en ambulance à l'hôpital… De toute évidence, de tels faits n'ont pu avoir eu lieu.

Annika Giannini s'adressa au juge Iversen.

— J'ai demandé à pouvoir disposer d'un vidéoprojecteur pour présenter un DVD…

— Il est en place, dit Iversen.

— Pouvons-nous tirer les rideaux ?

Annika Giannini ouvrit son PowerBook et brancha les câbles. Elle se tourna vers sa cliente.

— Lisbeth. Nous allons regarder un film. Es-tu préparée à cela ?

— Je l'ai déjà vécu, répondit Lisbeth Salander sèchement.

— Et j'ai ton accord pour montrer ce film ?

Lisbeth Salander hocha la tête. Elle garda tout le temps le regard fixé sur Peter Teleborian.

— Peux-tu nous dire quand ce film a été tourné ?

— Le 7 mars 2003.

— Qui a tourné ce film ?

— Moi. J'ai utilisé une caméra cachée qui fait partie de l'équipement standard de Milton Security.

— Un instant, s'écria le procureur Ekström. Ceci commence à ressembler à un véritable cirque.

— Qu'allons-nous regarder ? demanda le juge Iversen d'une voix acérée.

— Peter Teleborian prétend que le récit de Lisbeth Salander est une invention. Je vais vous montrer la preuve qu'il est véridique mot pour mot. Le film dure quatre-vingt-dix minutes, je vais vous en montrer certains passages. Je vous avertis qu'il contient des scènes désagréables.

— Il s'agit d'une sorte de coup monté ? demanda Ekström.

— Il n'y a qu'une façon de le savoir, dit Annika Giannini et elle lança la projection.

— *Tu ne sais pas lire l'heure ?* salua Bjurman hargneusement. La caméra entra dans son appartement.

Au bout de neuf minutes, le juge Iversen frappa la table de son marteau, à l'instant où maître Nils Bjurman était immortalisé en train d'enfoncer de force un godemiché dans l'anus de Lisbeth Salander. Annika Giannini avait réglé le volume assez fort. Les cris à moitié étouffés de Lisbeth à travers le ruban adhésif qui couvrait sa bouche résonnaient dans toute la salle d'audience.

— Arrêtez le film, dit Iversen d'une voix très forte et déterminée.

Annika Giannini appuya sur Stop. L'éclairage de la salle fut allumé. Le juge Iversen était rouge. Le procureur Ekström était pétrifié. Peter Teleborian était blême.

— Maître Giannini, combien de temps dure ce film, disiez-vous ? demanda le juge Iversen.

— Quatre-vingt-dix minutes. Le viol proprement dit s'est déroulé en plusieurs fois pendant environ six heures, mais ma cliente n'a qu'une vague idée de la violence des dernières heures. Annika Giannini se tourna ensuite vers Teleborian. Par contre, on y trouve la scène où Bjurman perce le téton de ma cliente avec une épingle, ce que le Dr Teleborian soutient être une expression de l'imagination débridée de Lisbeth Salander. Cela se passe à la soixante-douzième minute, et je me propose de montrer l'épisode ici et maintenant.

— Merci, mais ce ne sera pas nécessaire, dit Iversen. Mademoiselle Salander…

Il perdit le fil un instant et ne sut pas comment poursuivre.

— Mademoiselle Salander, pourquoi avez-vous tourné ce film ?

— Bjurman m'avait déjà violée une fois et il exigeait davantage. Au premier viol, j'ai été obligée de sucer ce gros dégueulasse. Je croyais qu'il allait me rejouer ça, et que j'allais donc disposer de preuves suffisamment bonnes pour pouvoir le faire chanter et l'éloigner de moi. Je l'avais sous-estimé.

— Mais pourquoi ne pas avoir porté plainte pour viol aggravé du moment que vous aviez des preuves... aussi convaincantes ?

— Je ne parle pas aux policiers, dit Lisbeth Salander sur un ton monocorde.

ALORS, BRUSQUEMENT, HOLGER PALMGREN se leva de son fauteuil roulant. Il prit appui sur le bord de la table. Sa voix était très distincte.

— Par principe, notre cliente ne parle pas aux policiers et aux autres personnes ayant autorité, et encore moins aux psychiatres. La raison en est simple. Depuis son enfance, elle n'a cessé d'essayer de parler aux policiers et aux assistants sociaux et aux autorités pour expliquer que sa mère était martyrisée par Alexander Zalachenko. Le résultat fut que chaque fois elle a été punie parce que des fonctionnaires de l'Etat avaient décidé que Zalachenko était plus important que Salander.

Il se racla la gorge et continua.

— Et quand elle a fini par réaliser que personne ne l'écouterait, sa seule issue a été d'essayer de sauver sa mère en usant de violence envers Zalachenko. Et alors ce salaud qui se dit docteur – il indiqua Teleborian – a écrit un diagnostic psychiatrique médicolégal truqué qui la déclarait malade mentale et lui permettait de la maintenir en contention à Sankt Stefan pendant trois cent quatre-vingts nuits. Eh ben merde ! Voilà ce que je dis !

Palmgren s'assit. Iversen eut l'air surpris de l'éclat de Palmgren. Il s'adressa à Lisbeth Salander.

— Vous désirez peut-être faire une pause...

— Pourquoi ? demanda Lisbeth.

— Bon, alors nous poursuivons. Maître Giannini, cette vidéo sera examinée, je veux un avis technique sur son authenticité. Mais continuons maintenant l'audience.

— Volontiers. Moi aussi, je trouve ceci désagréable. Mais la vérité est que ma cliente a été victime d'abus physiques, psychiques et judiciaires. Et la personne responsable de ce déplorable état de fait est Peter Teleborian. Il a trahi son serment de médecin et il a trahi sa patiente. Avec Gunnar Björck, collaborateur d'un groupe irrégulier au sein de la police de sûreté, il a fabriqué une expertise psychiatrique pour pouvoir boucler un témoin gênant. Je crois que ceci doit être un cas unique dans l'histoire juridique suédoise.

— Il s'agit d'accusations inouïes, dit Peter Teleborian. J'ai de mon mieux essayé d'aider Lisbeth Salander. Elle a tenté de tuer son père. Il est évident qu'elle avait quelque chose qui clochait...

Annika Giannini l'interrompit.

— Je voudrais maintenant attirer l'attention de la cour sur d'autres expertises psychiatriques médicolégales de ma cliente réalisées par le Dr Teleborian. L'expertise qui a été citée à l'audience aujourd'hui. Je prétends qu'elle est fausse, tout aussi fausse que celle de 1991.

— Mais enfin, tout ça, c'est...

— Monsieur le juge, pourriez-vous demander au témoin de cesser de m'interrompre ?

— Monsieur Teleborian...

— Je vais me taire. Mais il s'agit d'accusations inouïes. C'est normal que je m'insurge...

— Monsieur Teleborian, taisez-vous jusqu'à ce qu'on vous pose une question. Poursuivez, maître Giannini.

— Voici le rapport de psychiatrie légale que le Dr Teleborian a présenté à la cour. Il est basé sur de prétendues observations de ma cliente qui auraient eu lieu depuis son transfert à la maison d'arrêt de Kronoberg le 6 juin, et cette enquête se serait déroulée jusqu'au 5 juillet.

— C'est ce que j'ai compris, dit le juge Iversen.

— Docteur Teleborian, est-il vrai que vous n'avez pas eu de possibilités d'entreprendre de tests ou d'observations de ma cliente avant le 6 juin ? Avant cette date, nous savons qu'elle était en chambre isolée à l'hôpital Sahlgrenska.

— Oui, dit Teleborian.

— A deux reprises vous avez tenté d'avoir accès à ma cliente à Sahlgrenska. Les deux fois, l'accès vous a été refusé. Est-ce correct ?

— Oui.

Annika Giannini ouvrit son porte-documents de nouveau et en sortit un document. Elle contourna la table et alla le donner au juge Iversen.

— Oui, bon, dit Iversen. Ceci est une copie de l'expertise du Dr Teleborian. Qu'est-ce que c'est censé prouver ?

— Je voudrais appeler deux témoins qui attendent à l'extérieur de la salle d'audience.

— Qui sont ces témoins ?

— Ce sont Mikael Blomkvist du magazine *Millénium* et le commissaire Torsten Edklinth, directeur de la Protection de la Constitution à la police de sûreté, autrement dit la Säpo.

— Et ils attendent là ?

— Oui.

— Faites-les entrer, dit le juge Iversen.

— Ceci n'est pas régulier, dit le procureur Ekström qui s'était tu depuis un long moment.

QUASIMENT EN ÉTAT DE CHOC, Ekström avait réalisé qu'Annika Giannini était en train de réduire en miettes son témoin principal. Le film était écrasant. Iversen ignora Ekström et fit signe à un huissier d'ouvrir la porte. Mikael Blomkvist et Torsten Edklinth entrèrent.

— Je voudrais d'abord appeler Mikael Blomkvist.

— Je demande à Peter Teleborian de se retirer un instant.

— En avez-vous terminé avec moi ? demanda Teleborian.

— Oh non, loin de là, dit Annika Giannini.

Mikael Blomkvist remplaça Teleborian dans le box des témoins. Le juge Iversen passa rapidement sur les formalités et Mikael fit le serment de dire la vérité.

Annika Giannini s'approcha d'Iversen et lui demanda de reprendre un instant le rapport psychiatrique médicolégal qu'elle venait de lui présenter. Elle tendit la copie à Mikael.

— As-tu déjà vu ce document ?

— Oui, en effet. J'en ai trois versions en ma possession. J'ai eu la première aux alentours du 12 mai, la deuxième le 19 mai et la troisième – celle-ci donc – le 3 juin.

— Peux-tu dire comment tu es entré en possession de cette copie ?

— Je l'ai eue en ma qualité de journaliste par une source que je n'ai pas l'intention de nommer.

Lisbeth Salander avait les yeux rivés sur Peter Teleborian. Il devint subitement blême.

— Qu'as-tu fait de ce rapport ?

— Je l'ai donné à Torsten Edklinth à la Protection de la Constitution.

— Merci, Mikael. J'appelle maintenant Torsten Edklinth, dit Annika Giannini en reprenant le rapport. Elle le donna à Iversen qui le prit, pensif.

La procédure du serment fut répétée.

— Commissaire Edklinth, est-il exact que vous avez reçu un rapport médicolégal concernant Lisbeth Salander de la part de Mikael Blomkvist ?

— Oui.

— Quand l'avez-vous reçu ?

— Il est enregistré à la DGPN/Säpo le 4 juin.

— Et c'est la même expertise que je viens de donner au juge Iversen ?

— Si ma signature figure au dos du rapport, alors c'est la même expertise.

Iversen tourna le document et constata que la signature de Torsten Edklinth figurait au dos.

— Commissaire Edklinth, pourriez-vous m'expliquer comment il se fait que vous ayez reçu une expertise psychiatrique médicolégale concernant une personne qui se trouvait en isolement à l'hôpital Sahlgrenska ?

— Oui.

— Racontez.

— L'expertise médicolégale de Peter Teleborian est un faux qu'il a rédigé avec une personne du nom de Jonas Sandberg, tout comme en 1991 il a produit un faux semblable avec Gunnar Björck.

— C'est un mensonge, dit Teleborian faiblement.

— Est-ce un mensonge ? demanda Annika Giannini.

— Non, pas du tout. Je dois peut-être mentionner que Jonas Sandberg est l'une des quelque dix personnes arrêtées aujourd'hui sur décision du procureur de la nation. Il est arrêté pour complicité dans l'assassinat de Gunnar Björck. Il fait partie d'un groupe irrégulier opérant au sein de la police de sûreté et qui a protégé Alexander Zalachenko depuis les années 1970. On retrouve ce même groupe derrière la décision d'enfermer Lisbeth Salander en 1991. Nous avons profusion de preuves ainsi que les aveux du chef de ce groupe.

Un silence de mort s'abattit sur la salle.

— Peter Teleborian, voulez-vous commenter ce qui vient d'être dit ? demanda le juge Iversen.

Teleborian secoua la tête.

— Dans ce cas, je peux annoncer que vous risquez d'être poursuivi pour parjure et éventuellement pour d'autres points d'accusation, dit le juge Iversen.

— Si vous permettez…, dit Mikael Blomkvist.

— Oui ? dit Iversen.

— Peter Teleborian a des problèmes autrement plus importants. Derrière la porte se trouvent deux policiers qui aimeraient l'interroger.

— Vous voulez dire que je devrais les faire entrer ?

— Ce serait sans doute une bonne idée.

Iversen fit signe à l'huissier qui laissa entrer l'inspectrice Sonja Modig et une femme que le procureur Ekström reconnut immédiatement. Elle s'appelait Lisa Collsjö, inspectrice à la brigade de protection des mineurs, l'unité de la police nationale qui entre autres avait pour mission de gérer les abus sexuels envers des enfants ainsi que la pornographie mettant en scène des enfants.

— Pourquoi êtes-vous ici ? demanda Iversen.

— Nous sommes ici pour arrêter Peter Teleborian dès que notre intervention ne gênera pas les délibérations de la cour.

Iversen regarda Annika Giannini.

— Je n'en ai pas tout à fait terminé avec lui, mais bon, d'accord.

— Allez-y, dit Iversen.

Lisa Collsjö s'approcha de Peter Teleborian.

— Je vous arrête pour violation aggravée de la législation sur la pédopornographie.

Peter Teleborian ne respirait plus. Annika Giannini constata que toute lumière semblait avoir déserté ses yeux.

— Plus précisément pour détention de plus de huit mille photos pornographiques d'enfants dans votre ordinateur.

Elle se pencha et souleva la sacoche avec laquelle Peter Teleborian était venu et qui contenait son ordinateur.

— L'ordinateur est saisi, dit-elle.

Tandis qu'on l'embarquait hors de la salle du tribunal, le regard de Lisbeth Salander ne cessa de brûler comme du feu dans le dos de Peter Teleborian.

28

LE JUGE IVERSEN TAPOTA du stylo sur le bord de la table pour faire taire le murmure qui était apparu dans le sillage de l'arrestation de Peter Teleborian. Ensuite, il resta sans rien dire pendant un long moment, manifestement peu sûr de la manière de poursuivre la procédure. Il s'adressa au procureur Ekström.

— Avez-vous quelque chose à ajouter à ce qui s'est déroulé cette dernière heure ?

Richard Ekström n'avait pas la moindre idée de ce qu'il pourrait dire. Il se leva et regarda Iversen puis Torsten Edklinth avant de tourner la tête et de croiser le regard impitoyable de Lisbeth Salander. Il comprit que la bataille était déjà perdue. Il déplaça le regard sur Mikael Blomkvist et se rendit compte, soudain terrorisé, qu'il risquait lui-même d'apparaître dans la revue *Millénium*... Ce qui signifierait une catastrophe épouvantable.

Par contre, il ne comprenait pas ce qui s'était passé, lui qui était arrivé au procès en étant sûr de connaître les différents éléments de l'affaire.

Il avait compris l'équilibre délicat nécessaire à la sûreté de la nation après les nombreux entretiens sincères avec le commissaire Georg Nyström. On lui avait assuré que le rapport Salander de 1991 était faux. Il avait reçu toute l'information confidentielle dont il avait besoin. Il avait posé des questions – des centaines de questions – auxquelles il avait reçu toutes les réponses. Du bluff. Et maintenant il était réduit à zéro, à en croire ce que disait maître Giannini. Il avait fait confiance à Peter Teleborian qui semblait si... si compétent et si avisé. Si convaincant.

Mon Dieu. Dans quoi est-ce que je me suis fourré ?

Et ensuite :

Comment vais-je faire pour me sortir de ce merdier ?

Il passa la main sur sa barbiche. Il se racla la gorge. Il ôta lentement ses lunettes.

— Je regrette, mais il me semble que j'ai été mal informé sur bon nombre de points dans cette instruction.

Il se demanda s'il pouvait incriminer les enquêteurs et soudain vit en pensée l'inspecteur Bublanski. Jamais Bublanski ne le soutiendrait. S'il franchissait la ligne blanche, Bublanski convoquerait illico une conférence de presse. Il le torpillerait.

Ekström croisa le regard de Lisbeth Salander. Elle attendait patiemment avec un regard chargé à la fois de curiosité et de soif de vengeance.

Aucun compromis possible.

Il pourrait encore la faire tomber pour les violences aggravées à Stallarholmen. Il pourrait probablement la faire tomber pour la tentative d'assassinat de son père à Gosseberga. Cela voulait dire qu'il devrait modifier toute sa stratégie au pied levé et lâcher tout ce qui touchait à Peter Teleborian. Cela signifiait que toutes les explications qui la faisaient passer pour une psychopathe s'écrouleraient, mais cela signifiait aussi que la version de Lisbeth se renforcerait en amont jusqu'en 1991. Toute la mise sous tutelle s'écroulerait et puis aussi…

Et elle avait ce foutu film qui…

Puis la certitude le frappa.

Mon Dieu. Elle est innocente !

— Monsieur le juge… je ne sais pas ce qui s'est passé, mais je réalise que je ne peux plus me fier aux papiers que j'ai en main.

— C'est ça, effectivement, dit Iversen d'une voix sèche.

— Je crois qu'il me faut demander une pause ou l'interruption du procès jusqu'à ce que j'aie pu élucider exactement ce qui s'est passé.

— Maître Giannini ? dit Iversen.

— Je demande que ma cliente soit acquittée sur tous les points d'accusation et immédiatement remise en liberté. Je demande aussi que le tribunal d'instance se prononce sur la tutelle de Mlle Salander. J'estime qu'elle doit être dédommagée pour les violations dont elle a été victime.

Lisbeth Salander tourna les yeux vers le juge Iversen.

Pas de compromis.

Le juge Iversen regarda l'autobiographie de Lisbeth Salander. Il déplaça son regard sur le procureur Ekström.

— Moi aussi, je crois que c'est une bonne idée d'élucider exactement ce qui s'est passé. Mais j'ai peur que vous ne soyez pas la bonne personne pour mener cette instruction.

Il réfléchit un moment.

— Pendant toutes mes années comme magistrat et juge, je n'ai jamais vécu quelque chose qui s'approche un tant soit peu de la situation judiciaire de cette affaire. Je dois reconnaître que je me sens acculé. Je n'ai jamais entendu parler d'un témoin principal du procureur qui se fait arrêter devant la cour alors qu'elle siège. Je n'ai jamais vu des preuves qui semblaient assez convaincantes se révéler être des faux. Très franchement, je ne sais pas ce qui reste des points d'accusation du procureur dans cette situation.

Holger Palmgren se racla la gorge.

— Oui ? demanda Iversen.

— En tant que représentant de la défense, je ne peux que partager tes sentiments. Parfois on est obligé de faire un pas en arrière et de laisser le bon sens prendre le dessus. Je voudrais souligner qu'en tant que juge, tu n'as vu que le début d'une affaire qui va ébranler la Suède jusqu'au plus haut de ses institutions. Au cours de la journée, une dizaine de policiers de la Säpo ont été arrêtés. Ils seront inculpés d'assassinats et d'une liste de crimes tellement longue qu'il va falloir un temps considérable pour terminer l'instruction.

— Je suppose qu'il me faut décider d'une pause dans le procès.

— Sauf ton respect, je pense que ce serait une mauvaise décision.

— Je t'écoute.

Palmgren avait manifestement du mal à articuler ses mots. Mais en parlant lentement, il réussit à ne pas bafouiller.

— Lisbeth Salander est innocente. Son autobiographie fantaisiste, comme disait M. Ekström avec tant de mépris, est véridique. Et cela peut être prouvé. Elle a été victime d'un abus de pouvoir judiciaire scandaleux. En tant que tribunal, nous pouvons soit nous en tenir à la forme et poursuivre le procès un certain temps avant d'arriver à l'acquittement.

L'alternative est évidente. Il faut laisser une nouvelle instruction prendre la relève de tout ce qui touche à Lisbeth Salander. Cette enquête-là se déroule déjà dans le bourbier que le procureur de la nation doit nettoyer.

— Je comprends ce que tu veux dire.

— En tant que juge, tu peux maintenant faire un choix. Le plus sage dans ce cas serait de rejeter l'ensemble de l'enquête préliminaire du procureur et de l'inciter à refaire sa copie.

Le juge Iversen contempla pensivement Ekström.

— Justice serait de remettre immédiatement en liberté notre cliente. Elle mérite aussi des excuses, mais la réhabilitation va prendre du temps et dépendra du reste de l'enquête.

— Je comprends tes points de vue, maître Palmgren. Mais avant de pouvoir déclarer ta cliente innocente, il me faut avoir compris toute l'histoire. Cela prendra sans doute un petit moment…

Il hésita et regarda Annika Giannini.

— Si je décide de suspendre le procès jusqu'à lundi, et si j'accède à vos demandes en décidant qu'il n'y a plus de raisons de maintenir votre cliente en détention, ce qui signifie que vous pouvez vous attendre à ce qu'elle ne soit pas condamnée à une peine de prison, pouvez-vous alors garantir qu'elle se présentera aux délibérations quand elle sera appelée ?

— Evidemment, dit Holger Palmgren rapidement.

— Non, dit Lisbeth Salander d'une voix tranchante.

Les regards de tous se tournèrent vers la personne centrale du drame.

— Que voulez-vous dire ? demanda le juge Iversen.

— A l'instant même où vous me relâchez, je partirai en voyage. Je n'ai pas l'intention de consacrer encore une minute de mon temps à ce procès.

Le juge Iversen regarda, stupéfait, Lisbeth Salander.

— Vous refusez de vous présenter ?

— Exactement. Si vous voulez que je réponde à d'autres questions, il vous faudra me garder en maison d'arrêt. Dès l'instant où vous me relâchez, cette affaire devient de l'histoire ancienne pour moi. Et cela n'inclut pas de rester à votre disposition pour un temps indéterminé, ni à celle d'Ekström ou de la police.

Le juge Iversen soupira. Holger Palmgren eut l'air secoué.

— Je suis d'accord avec ma cliente, dit Annika Giannini. Ce sont l'Etat et les autorités qui ont des torts envers Lisbeth Salander, pas l'inverse. Elle mérite de sortir de cette salle avec un acquittement dans le bagage et de pouvoir oublier toute l'histoire.

Pas de compromis.

Le juge Iversen jeta un regard à sa montre.

— Il est bientôt 15 heures. Cela signifie que vous me forcez à garder votre cliente en détention.

— Si telle est votre décision, nous l'acceptons. En tant que représentant de Lisbeth Salander, je réclame qu'elle soit acquittée des accusations que le procureur Ekström porte contre elle. Je réclame que vous libériez ma cliente avec effet immédiat. Et je réclame que l'ancienne tutelle la concernant soit levée et qu'elle retrouve immédiatement ses droits civiques.

— La question de la tutelle est un processus considérablement plus long. Je dois obtenir les avis des experts en psychiatrie qui l'examineront. Je ne peux pas statuer là-dessus en un tour de main.

— Non, dit Annika Giannini. Nous n'acceptons pas cette proposition.

— Comment cela ?

— Lisbeth Salander a les mêmes droits civiques que n'importe quel Suédois. Elle a été victime d'un crime. Elle a été déclarée incapable sur des bases falsifiées. Cette falsification est prouvable. La décision de la mettre sous tutelle n'a donc plus aucune base juridique et doit être levée sans condition. Il n'y a aucune raison pour ma cliente de se soumettre à un examen psychiatrique médicolégal. Personne n'a besoin de prouver qu'il n'est pas fou quand il a été victime d'un crime.

Iversen réfléchit un court instant.

— Maître Giannini, dit Iversen. Je me rends compte qu'il s'agit là d'une situation exceptionnelle. Je décrète une pause de quinze minutes pour nous permettre de nous étirer les jambes et de nous ressaisir. Je n'ai aucun désir de conserver votre cliente en maison d'arrêt cette nuit si elle est innocente, mais cela signifie que cette journée d'audience va continuer jusqu'à ce que nous ayons terminé.

— Cela me semble parfait, dit Annika Giannini.

MIKAEL BLOMKVIST fit la bise à sa sœur.

— Comment ça s'est passé ?

— Mikael, je crois bien que j'ai été brillante face à Teleborian. Je l'ai littéralement anéanti.

— Je te l'avais dit, que tu allais être imbattable dans ce procès. Tout compte fait, cette histoire n'a pas pour sujet principal des espions et des sectes secrètes dans l'Etat, mais la violence ordinaire exercée contre des femmes, et les hommes qui rendent cela possible. Du peu que j'ai vu, j'ai bien compris que tu étais fantastique. Elle sera donc acquittée.

— Oui. Il n'y a plus aucun doute là-dessus.

APRÈS LA PAUSE, le juge Iversen frappa de nouveau la table.

— Puis-je vous demander de me raconter l'histoire du début à la fin pour que je puisse me faire une opinion sur ce qui s'est réellement passé ?

— Volontiers, dit Annika Giannini. Commençons par l'histoire stupéfiante d'un groupe de policiers de la Säpo qui se donnent le nom de "la Section" et qui ont été chargés d'un transfuge russe au milieu des années 1970. Toute l'histoire se trouve dans le livre publié par *Millénium* qui est sorti aujourd'hui. Je parie que ça sera la principale nouvelle de toutes les émissions de ce soir.

VERS 18 HEURES, le juge Iversen décida de remettre Lisbeth Salander en liberté et de lever sa tutelle.

Cela cependant à une condition. Le juge Jörgen Iversen exigea que Lisbeth se soumette à un interrogatoire pour témoigner formellement de ses connaissances de l'affaire Zalachenko. Lisbeth commença par refuser net. D'où un échange de propos énervés jusqu'à ce que le juge Iversen hausse la voix. Il se pencha en avant et la regarda sévèrement.

— Mademoiselle Salander, si je lève votre tutelle, cela signifie que vous avez exactement les mêmes droits que tous les autres citoyens. Mais cela signifie aussi que vous avez les mêmes devoirs. Il est de votre devoir de gérer votre budget, de payer des impôts, d'obéir à la loi et d'assister la police dans les enquêtes sur des crimes graves. Vous serez donc appelée à être interrogée comme n'importe quel citoyen qui a des renseignements à donner dans le cadre d'une enquête.

La logique du raisonnement parut avoir de l'effet sur Lisbeth Salander. Elle avança la lèvre inférieure et eut l'air mécontente, mais elle cessa d'argumenter.

— Lorsque la police aura entendu votre témoignage, le directeur de l'enquête préliminaire – dans ce cas précis, le procureur de la nation – appréciera s'il faut vous appeler à témoigner dans un éventuel futur procès. Comme n'importe quel citoyen suédois, vous pouvez refuser d'obéir à une telle convocation. Ce que vous ferez ne me regarde pas, mais il y aura une addition à payer. Si vous refusez de comparaître, vous pourrez, comme toutes les personnes majeures, être condamnée pour entrave au bon déroulement de la justice ou parjure. Il n'y a pas d'exceptions.

Lisbeth Salander s'assombrit encore davantage.

— Qu'est-ce que vous décidez ? demanda Iversen.

Après une minute de réflexion, elle hocha brièvement la tête.

D'accord. Un petit compromis.

Au cours de la soirée, en passant en revue l'affaire Zalachenko, Annika Giannini malmena sévèrement le procureur Ekström. Peu à peu, Ekström en vint à admettre que les choses s'étaient passées à peu près comme Annika Giannini les décrivait. Il avait reçu l'assistance du commissaire Georg Nyström pour l'enquête préliminaire et il avait accepté des informations de Peter Teleborian. En ce qui concernait Ekström, il n'y avait aucune conspiration. S'il avait joué le jeu de la Section, c'était de toute bonne foi en sa qualité de chef de l'enquête préliminaire. Lorsque l'étendue de ce qui s'était réellement passé lui apparut, il décida d'abandonner le procès contre Lisbeth Salander. Cette décision signifia que beaucoup de formalités administratives pouvaient être écartées. Iversen eut l'air soulagé.

Holger Palmgren était exténué après sa première journée au tribunal depuis de nombreuses années. Il fut obligé de retourner dans sa chambre au centre de rééducation d'Ersta. Un garde en uniforme de Milton Security l'y conduisit. Avant de partir, il posa sa main sur l'épaule de Lisbeth Salander. Ils se regardèrent. Au bout d'un moment, elle hocha la tête et sourit légèrement.

A 19 HEURES, ANNIKA GIANNINI pianota vite le numéro de Mikael Blomkvist pour lui annoncer que Lisbeth Salander avait été relaxée sur tous les points d'accusation, mais qu'elle resterait encore quelques heures à l'hôtel de police pour interrogatoire.

L'annonce arriva lorsque tous les collaborateurs de *Millénium* se trouvaient à la rédaction. Le téléphone n'avait cessé de sonner depuis que les premiers exemplaires avaient commencé à être distribués par porteur spécial à d'autres rédactions à Stockholm. Au cours de l'après-midi, TV4 avait diffusé les premières émissions spéciales sur Zalachenko et la Section. Ça devenait un véritable réveillon médiatique.

Mikael se mit au milieu de la pièce, porta les doigts à la bouche et siffla comme un voyou.

— On vient de m'apprendre que Lisbeth a été entièrement acquittée.

Les applaudissements furent spontanés. Ensuite, chacun continua à parler dans son téléphone comme si rien ne s'était passé.

Mikael leva les yeux et observa la télé allumée au milieu de la rédaction. *Nyheterna* sur TV4 venait de commencer. Le sujet incluait un petit extrait du film montrant Jonas Sandberg en train de planquer de la cocaïne dans l'appartement de Bellmansgatan.

— Ici, un employé de la Säpo dissimule de la cocaïne chez le journaliste Mikael Blomkvist du magazine *Millénium*.

Ensuite, le journal télévisé démarra.

— Une dizaine d'employés de la police de sûreté ont été arrêtés aujourd'hui pour criminalité aggravée, incluant entre autres des assassinats. Au programme de ce soir, une longue édition spéciale, soyez les bienvenus.

Mikael coupa le son lorsque la Fille de TV4 apparut et qu'il se vit lui-même dans le fauteuil d'un studio. Il savait déjà ce qu'il avait dit. Son regard se porta sur le bureau que Dag Svensson avait utilisé pour travailler. Les traces de son reportage sur le trafic de femmes avaient disparu et le bureau était redevenu un dépôt pour des journaux et des piles de papiers en vrac que personne ne venait récupérer.

C'était à ce bureau-là que l'affaire Zalachenko avait commencé pour Mikael. Il aurait tant aimé que Dag Svensson pût vivre la fin. Quelques exemplaires de son livre sur le trafic de femmes, l'encre encore fraîche, étaient disposés là avec le livre sur la Section.

Tu aurais aimé tout ça, Dag.

Il entendit le téléphone sonner dans son bureau, mais n'eut pas la force de répondre. Il referma la porte et entra chez Erika Berger où il se laissa tomber dans un des fauteuils confortables devant la fenêtre. Erika parlait au téléphone. Il regarda autour de lui. Cela faisait un mois qu'elle était de retour, mais elle n'avait pas encore eu le temps d'encombrer la pièce de tous les objets personnels qu'elle avait enlevés à son départ en avril dernier. Les étagères de la bibliothèque étaient nues et elle n'avait pas accroché de tableaux aux murs.

— Ça fait comment ? demanda-t-elle quand elle eut raccroché.

— Je crois que je suis heureux, dit-il.

Elle rit.

— *La Section* va faire des ravages. Ils sont super-speedés dans toutes les rédactions. Ça te dit de passer à *Aktuellt* à 21 heures ?

— Non.

— C'est ce que je me disais.

— On va devoir parler de tout ça pendant des mois. Il n'y a pas le feu.

Elle hocha la tête.

— Qu'est-ce que tu vas faire, ce soir ?

— Je ne sais pas.

Il se mordit la lèvre inférieure.

— Erika… je…

— Figuerola, dit Erika Berger en souriant.

Il hocha la tête.

— C'est sérieux ?

— Je ne sais pas.

— Elle est vachement amoureuse de toi.

— Je crois que je suis amoureux d'elle aussi, dit-il.

— Je vais garder mes distances jusqu'à ce que tu saches.

Il hocha la tête.

— Peut-être, dit-elle.

A 20 HEURES, DRAGAN ARMANSKIJ et Susanne Linder frappèrent à la porte de la rédaction. Ils estimaient que l'occasion exigeait du champagne et ils apportaient un sac rempli de bouteilles. Erika Berger serra Susanne Linder dans ses bras et lui fit faire le tour de la rédaction tandis qu'Armanskij s'installait dans le bureau de Mikael.

Ils burent. Personne ne parla pendant un moment. Ce fut Armanskij qui rompit le silence.

— Tu sais quoi, Blomkvist ? Quand on s'est rencontré la première fois avec l'histoire à Hedestad, je te détestais cordialement.

— Ah bon.

— Vous êtes venus quand tu as engagé Lisbeth pour faire des recherches.

— Je m'en souviens.

— Je crois que j'ai été jaloux de toi. Tu la connaissais depuis quelques heures seulement. Elle riait avec toi. J'ai essayé d'être l'ami de Lisbeth pendant plusieurs années, mais je n'ai jamais réussi à la dérider.

— Ben… je n'ai pas réussi tant que ça non plus.

Ils gardèrent le silence un moment.

— C'est bon que ça soit fini, dit Armanskij.

— Amen, dit Mikael.

L'INTERROGATOIRE FORMEL de Lisbeth Salander fut mené par les inspecteurs Jan Bublanski et Sonja Modig. Ils venaient juste de retrouver leurs familles respectives après une journée de travail particulièrement longue et furent obligés de retourner à l'hôtel de police sur Kungsholmen presque aussitôt.

Salander était assistée par Annika Giannini, qui n'eut cependant aucune raison de faire beaucoup de remarques. Lisbeth Salander formulait de manière très précise ses réponses à toutes les questions posées par Bublanski et Modig.

Elle mentit, fidèle à elle-même, sur deux points centraux. Dans sa description de ce qui s'était passé lors de la bagarre à Stallarholmen, elle soutint obstinément que c'était Benny Nieminen qui par erreur avait tiré une balle dans le pied de Carl-Magnus "Magge" Lundin au moment même où elle l'avait touché avec sa matraque électrique. D'où tenait-elle cette matraque électrique ? Elle l'avait arrachée à Magge Lundin, disait-elle.

Bublanski et Modig eurent tous deux l'air fort sceptique. Mais il n'y avait aucune preuve et aucun témoin pour contredire son explication. Benny Nieminen aurait à la rigueur pu protester, mais il refusait de parler de l'incident. Le fait était qu'il ignorait tout de ce qui s'était passé dans les secondes qui avaient suivi sa mise KO par la matraque électrique.

En ce qui concernait le voyage de Lisbeth à Gosseberga, elle expliqua que son but avait été de rencontrer son père et de le persuader de se livrer à la police.

Pour dire cela, Lisbeth Salander prit un air candide.

Personne ne pouvait déterminer si elle disait la vérité ou pas. Annika Giannini n'avait aucune idée là-dessus.

Le seul qui savait que Lisbeth Salander était allée à Gosseberga dans la ferme intention de mettre un terme définitif à ses rapports avec son père était Mikael Blomkvist. Mais il avait été exclu de la salle d'audience peu après la reprise du procès. Personne ne savait que lui et Lisbeth Salander avaient mené de longues conversations nocturnes via Internet pendant son séjour à Sahlgrenska.

LES MÉDIAS LOUPÈRENT TOTALEMENT la libération. Si l'heure en avait été connue, il y aurait eu un rassemblement monstre devant l'hôtel de police. Mais les reporters étaient épuisés après le chaos qui avait éclaté pendant cette journée de parution de *Millénium*, qui avait aussi vu certains policiers de la Säpo arrêter d'autres policiers de la Säpo.

La Fille de TV4 fut la seule journaliste qui, comme toujours, savait de quoi il retournait. Son sujet d'une heure devint un classique qui, quelques mois plus tard, obtint un prix du meilleur reportage d'information à la télé.

Sonja Modig fit sortir Lisbeth Salander de l'hôtel de police en la descendant tout simplement dans le garage avec Annika Giannini pour les conduire au cabinet de l'avocate à Kungsholms Kyrkoplan. Là, elles changèrent de voiture et prirent celle d'Annika Giannini. Annika attendit que Sonja Modig ait disparu avant de démarrer le moteur. Elle se dirigea vers Södermalm. En passant à hauteur du palais du Parlement, elle rompit le silence.

— Où va-t-on ? demanda-t-elle.

Lisbeth réfléchit pendant quelques secondes.

— Tu peux me déposer quelque part dans Lundagatan.

— Miriam Wu n'est pas là.

Lisbeth jeta un regard en coin à Annika Giannini.

— Elle est allée en France peu de temps après sa sortie de l'hôpital. Elle habite chez ses parents si tu veux la contacter.

— Pourquoi tu ne me l'as pas dit ?

— Tu n'as pas demandé.

— Hmm.

— Elle avait besoin de prendre du recul. Mikael m'a donné ça pour toi ce matin, il a dit que tu avais sans doute envie de les récupérer.

Elle lui tendit un trousseau de clés. Lisbeth le prit sans un mot.

— Merci. Tu peux me déposer quelque part dans Folkungagatan, alors.

— Tu ne veux pas dire où tu habites, même à moi ?

— Plus tard. Maintenant, je veux qu'on me laisse tranquille.

— D'accord.

Annika avait allumé son portable quand elles quittaient l'hôtel de police après l'interrogatoire. Il se mit à piailler du côté de Slussen. Elle regarda l'écran.

— C'est Mikael. Il a appelé en gros toutes les dix minutes ces dernières heures.

— Je ne veux pas lui parler.

— D'accord. Est-ce que je peux te poser une question personnelle ?

— Oui ?

— Qu'est-ce que Mikael t'a fait pour que tu le haïsses aussi fort ? Je veux dire, sans lui tu aurais probablement été enfermée à l'HP ce soir.

— Je ne hais pas Mikael. Il ne m'a rien fait. Je ne veux simplement pas lui parler pour le moment.

Annika Giannini regarda sa cliente du coin de l'œil.

— Je n'ai pas l'intention de me mêler de tes relations, mais tu as succombé à son charme, n'est-ce pas ?

Lisbeth regarda par la vitre latérale sans répondre.

— Mon frère est totalement irresponsable quand il s'agit de relations. Il trace son chemin dans la vie en baisant les femmes sans comprendre que ça peut faire mal à celles qui le voient comme quelque chose de plus qu'un mec occasionnel.

Lisbeth croisa son regard.

— Je ne veux pas discuter de Mikael avec toi.

— OK, dit Annika. Elle se gara au bord du trottoir peu avant Erstagatan. Ça te va ici ?

— Oui.

Elles gardèrent le silence. Lisbeth ne fit aucun geste pour ouvrir la portière. Au bout d'un moment, Annika coupa le moteur.

— Qu'est-ce qui va se passer maintenant ? finit par demander Lisbeth.

— Ce qui se passe maintenant, c'est qu'à partir d'aujourd'hui tu n'es plus sous tutelle. Tu peux faire ce que tu veux. Même si nous avons été très fermes aujourd'hui au tribunal, il reste quand même pas mal de paperasserie à faire. Il va y avoir des enquêtes de responsabilité au sein de la commission des Tutelles et il va y avoir des questions de compensation et ce genre de choses. Et l'instruction va suivre son chemin.

— Je ne veux pas de compensation. Je veux qu'on me foute la paix.

— Je comprends. Mais ce que tu penses n'a pas beaucoup d'importance. Ce processus se déroule au-delà de toi. Je propose que tu te trouves un avocat qui puisse défendre tes intérêts.

— Tu ne veux pas continuer à être mon avocate ?

Annika se frotta les yeux. Après la décharge de la journée, elle se sentait vidée. Elle voulait rentrer chez elle, prendre une douche et laisser son mari lui masser le dos.

— Je ne sais pas. Tu ne me fais pas confiance. Et je ne te fais pas confiance. Je n'ai pas envie d'être entraînée dans un long processus où tout ce que je reçois est un silence frustrant quand je propose quelque chose ou que je veux discuter quelque chose.

Lisbeth se tut un long moment.

— Je… je ne suis pas très bonne en relations. Mais il se trouve que je te fais confiance.

Ça ressemblait presque à une excuse.

— C'est possible. Mais ce n'est pas mon problème si tu es nulle en relations. Ça le devient si je dois te représenter.

Silence.

— Veux-tu que je continue à être ton avocate ?

Lisbeth hocha la tête. Annika soupira.

— J'habite dans Fiskargatan, au numéro 9. Au-dessus de la place de Mosebacke. Tu pourrais m'y conduire ?

Annika regarda sa cliente du coin de l'œil. Pour finir, elle démarra le moteur. Elle laissa Lisbeth la guider à la bonne adresse. Elles s'arrêtèrent à quelque distance de l'immeuble.

— Bon, dit Annika. On va faire un essai. Voici mes conditions. Je vais te représenter. Quand j'ai besoin de te joindre, je veux que tu répondes. Quand j'ai besoin de savoir comment tu veux que j'agisse, je veux des réponses claires. Si je t'appelle pour dire qu'il faut que tu voies un policier ou un procureur ou je ne sais qui en rapport avec l'enquête, c'est parce que j'estime que c'est nécessaire. Alors j'exige que tu te présentes au lieu et à l'heure convenus sans faire d'histoires. Peux-tu vivre avec ça ?

— C'est bon.

— Et si tu commences à faire des histoires, je cesse d'être ton avocate. Tu as compris ?

Lisbeth fit oui de la tête.

— Autre chose. Je ne veux pas me retrouver dans un drame entre toi et mon frère. Si tu as des problèmes avec lui, à toi de les régler. Mais il se trouve qu'il n'est pas ton ennemi.

— Je sais. Je vais régler ça. Mais j'ai besoin de temps.

— Qu'as-tu l'intention de faire maintenant ?

— Je ne sais pas. Tu peux me joindre via les mails. Je promets de répondre aussi vite que je peux, mais je ne les vérifierai peut-être pas tous les jours…

— Tu ne deviens pas esclave parce que tu as une avocate. On se contente de ça pour l'instant. Sors de ma voiture maintenant. Je suis épuisée et je veux rentrer chez moi dormir.

Lisbeth ouvrit la portière et descendit de la voiture. Elle s'arrêta au moment de refermer la portière. Elle sembla vouloir formuler quelque chose, mais sans trouver les mots. Pendant un instant, Annika lui vit un petit air presque vulnérable.

— C'est bon, dit Annika. Rentre chez toi te coucher. Et ne va pas te fourrer dans des histoires dans les semaines qui viennent.

Lisbeth Salander resta sur le trottoir et regarda Annika Giannini jusqu'à ce que les feux arrière disparaissent au coin.

— Merci, dit-elle finalement.

29

SAMEDI 16 JUILLET – VENDREDI 7 OCTOBRE

ELLE TROUVA SON PALM sur la commode de l'entrée. Il y avait aussi ses clés de voiture et le sac qu'elle avait perdu le soir où Magge Lundin l'avait agressée devant l'immeuble de Lundagatan. Il y avait du courrier ouvert et non ouvert que quelqu'un était allé chercher dans la boîte postale dans Hornsgatan. *Mikael Blomkvist.*

Elle fit lentement un tour dans la partie meublée de son appartement. Partout elle trouva ses traces. Il avait dormi dans son lit et travaillé à son bureau. Il avait utilisé son imprimante, et dans la corbeille à papier elle trouva ses brouillons du texte sur la Section et des notes et gribouillages rejetés.

Il a acheté un litre de lait, du pain, du fromage, de la pâte de poisson et dix paquets de Billys Pan Pizza qu'il a mis dans le frigo.

Sur la table de la cuisine, elle trouva une petite enveloppe blanche portant son nom. C'était un petit mot de lui. Le message était bref. Son numéro de téléphone portable. Rien d'autre.

Lisbeth Salander comprit tout à coup que la balle était dans son camp. Il n'avait pas l'intention de prendre contact avec elle. Il avait terminé l'article, lui avait rendu ses clés et ne pensait pas lui donner de ses nouvelles. *Putain, ce qu'il peut être buté, ce mec !*

Elle lança la cafetière et se prépara quatre tartines, puis elle s'installa dans le recoin de la fenêtre et contempla Djurgården. Elle alluma une cigarette et réfléchit.

Tout était fini et pourtant sa vie lui semblait encore plus fermée que jamais.

Miriam Wu était partie en France. *C'est ma faute si tu as failli mourir.* Elle avait appréhendé l'instant où elle serait obligée de rencontrer Miriam Wu, et elle avait décidé que ce serait sa toute première halte quand elle serait libre. *Et Miriam n'est pas chez elle mais en France. Merde !*

Elle se sentait soudain redevable à plein de gens.

Holger Palmgren. Dragan Armanskij. Il faudrait qu'elle les contacte pour les remercier. Paolo Roberto. Et Plague et Trinity. Même ces foutus flics, Bublanski et Modig, avaient pris son parti, si on était vraiment objectif. Elle n'aimait pas être redevable à qui que ce soit. Elle se sentait comme un pion dans un jeu sur lequel elle n'avait aucun contrôle.

Foutu Super Blomkvist. Et peut-être même Foutue Erika Berger, avec ses jolies fossettes et ses belles fringues et son assurance.

C'est fini, avait dit Annika Giannini quand elles quittaient l'hôtel de police. Oui. Le procès était fini. C'était fini pour Annika Giannini. Et c'était fini pour Mikael Blomkvist qui avait publié son texte et qu'on allait voir à la télé et qui allait sûrement gagner un foutu prix ou deux au passage.

Mais ce n'était pas fini pour Lisbeth Salander. C'était seulement le premier jour du restant de sa vie.

A 4 HEURES, elle cessa de réfléchir. Elle jeta sa panoplie de punk par terre dans la chambre et passa à la salle de bains prendre une douche. Elle nettoya tout le maquillage qu'elle avait porté à l'audience et enfila un léger pantalon de lin sombre, un débardeur blanc et une veste légère. Elle prépara un baise-en-ville avec de quoi se changer, des sous-vêtements et quelques débardeurs, et choisit des chaussures plates simples.

Elle prit son Palm, puis elle commanda un taxi. Elle se rendit à l'aéroport d'Arlanda où elle arriva peu avant 6 heures. Elle étudia le panneau des départs et acheta un billet pour la première destination qui lui tomba sous les yeux. Elle utilisa son propre passeport avec son propre nom. Elle fut épatée que personne à la réservation ni à l'enregistrement ne semble la reconnaître ni ne réagisse à son nom.

Elle avait trouvé une place dans un vol du matin pour Málaga, où elle atterrit vers midi sous un soleil de plomb.

Elle resta un instant au terminal, hésitante. Puis elle se décida à consulter une carte en se demandant ce qu'elle allait faire en Espagne. Une minute plus tard, elle avait pris sa décision. Elle n'avait aucune envie de consacrer du temps à réfléchir aux bus ou autres moyens de transport. Elle s'acheta une paire de lunettes de soleil dans une boutique de l'aéroport, puis elle sortit du terminal et s'installa sur la banquette arrière du premier taxi libre.

— Gibraltar. Je paie avec une carte de crédit.

Le trajet dura trois heures en suivant la nouvelle autoroute qui longe la côte sud. Le taxi la laissa au poste-frontière du territoire britannique et elle rejoignit à pied Europa Road et le Rock Hotel, situé dans la montée du rocher haut de quatre cent vingt-cinq mètres, où elle demanda s'ils avaient une chambre de libre. Ils avaient une chambre double. Elle réserva pour deux semaines et tendit sa carte de crédit.

Elle prit une douche et s'assit, entourée d'un drap de bain, sur la terrasse, et contempla le détroit de Gibraltar. Elle vit des cargos et quelques voiliers. Elle distinguait vaguement le Maroc de l'autre côté du détroit. Un paysage paisible.

Au bout d'un moment, elle entra se coucher, et s'endormit.

LE LENDEMAIN, LISBETH SALANDER se réveilla à 5 h 30. Elle se leva, se doucha et prit un café dans le bar de l'hôtel au rez-de-chaussée. A 7 heures, elle quitta l'hôtel et alla acheter des mangues et des pommes, puis elle prit un taxi pour *The Peak* et alla voir les singes. Elle arriva tôt, il y avait très peu de touristes, si bien qu'elle se retrouva presque seule avec les bêtes.

Elle aimait bien Gibraltar. C'était sa troisième visite à l'étrange rocher sur la Méditerranée avec sa ville anglaise à la densité de population absurde. Gibraltar ne ressemblait à rien d'autre. La ville avait été isolée pendant des décennies, une colonie qui persévérait à refuser d'être annexée à l'Espagne. Les Espagnols protestaient évidemment contre l'occupation. Lisbeth estimait cependant qu'ils feraient mieux de fermer leur gueule, tant qu'ils occupaient l'enclave de Ceuta en territoire marocain de l'autre côté du détroit. C'était un drôle d'endroit retranché du reste du monde, une ville d'un peu plus de deux kilomètres carrés, constituée d'un rocher singulier et d'un aéroport gagné sur la mer. La colonie était tellement petite que chaque centimètre carré était utilisé, et l'expansion se faisait forcément sur la mer. Pour pouvoir entrer dans la ville, les visiteurs étaient obligés de traverser la piste d'atterrissage de l'aéroport.

Gibraltar était l'exemple parfait de la notion de *compact living*.

Lisbeth vit un gros singe mâle grimper sur un muret près du sentier de promenade. Il la regardait du coin de l'œil. Un *Barbary ape*. Elle savait qu'il ne fallait pas essayer de caresser ces bestioles.

— Salut mon pote, dit-elle. C'est moi, je suis revenue.

Avant son premier passage à Gibraltar, elle n'avait jamais entendu parler de ces singes. Elle était montée au sommet du Rocher seulement pour admirer la vue et elle avait été totalement prise au dépourvu, en suivant un groupe de touristes, de se retrouver au milieu d'une bande de singes qui grimpaient partout de part et d'autre du passage.

Ça faisait bizarre d'avancer sur un sentier et d'avoir tout à coup deux douzaines de singes autour de soi. Elle les regarda avec la plus grande méfiance. Ils n'étaient ni dangereux, ni agressifs. Par contre, ils étaient assez costauds pour mordre sévèrement s'ils étaient énervés ou s'ils se sentaient menacés.

Elle trouva l'un des gardiens, montra son sac et demanda si elle pouvait donner les fruits aux singes. L'homme n'y vit pas d'objection.

Elle prit une mangue et la plaça sur le muret à quelque distance du mâle.

— Petit-déjeuner, dit-elle, et elle s'appuya contre le muret pour croquer une pomme.

Le singe mâle la regarda, montra les dents puis s'empara de la mangue, tout content.

VERS 16 HEURES, cinq jours plus tard, Lisbeth Salander tomba d'un tabouret du *Harry's Bar* dans une rue latérale de Main Street, à deux pâtés de maisons de son hôtel. Elle avait été constamment ivre depuis qu'elle avait quitté le mont des singes, et la plus grande partie de sa beuverie s'était déroulée chez Harry O'Connell, le propriétaire du bar qui parlait avec un accent irlandais acquis de haute lutte alors qu'il n'avait jamais mis le pied en Irlande de toute sa vie. Il l'avait observée avec une mine préoccupée.

Quand elle avait commandé le premier verre dans l'après-midi quatre jours plus tôt, la prenant pour une gamine, il avait demandé à voir son passeport. Il savait qu'elle s'appelait Lisbeth et il lui donnait du Liz. Elle venait en général vers l'heure du déjeuner, s'asseyait sur un tabouret au fond du bar et s'adossait au mur. Ensuite, elle consacrait son temps à écluser un nombre considérable de bières ou de whiskys.

Quand elle buvait de la bière, elle ne prêtait aucune attention à la marque ; elle prenait ce qu'il lui servait. Quand elle commandait du whisky, elle choisissait toujours du Tullamore Dew, sauf une fois quand elle avait étudié les bouteilles derrière le comptoir et voulu essayer du Lagavulin. Elle avait reniflé le verre, haussé les sourcils et pris ensuite une très petite gorgée. Elle avait reposé le verre et continué à le fixer ensuite pendant une minute avec une expression qui sous-entendait qu'elle en considérait le contenu comme un ennemi dangereux.

Elle avait fini par repousser le verre et dit à Harry de lui donner autre chose qui ne soit pas destiné au calfatage d'une barque. Il lui avait servi du Tullamore Dew de nouveau et elle avait repris sa beuverie. Au cours des quatre derniers jours, elle avait vidé une bouteille à elle seule. Il n'avait pas comptabilisé les bières. Harry était plus que surpris qu'une fille avec sa modeste masse corporelle puisse en absorber autant, mais il se disait que si elle avait l'intention de boire, elle le ferait, que ce soit dans son bar ou ailleurs.

Elle buvait lentement, ne parlait avec personne et ne faisait pas d'histoires. Sa seule occupation, à part la consommation d'alcool, semblait être de jouer avec un ordinateur de poche qu'elle branchait de temps à autre sur son téléphone portable. Il avait essayé à quelques reprises d'engager une conversation avec elle, mais avait été accueilli par un silence renfrogné. Elle semblait éviter toute compagnie. Certaines fois, quand il y avait trop de monde à l'intérieur du bar, elle avait émigré sur la terrasse, et à d'autres occasions elle était allée manger dans un restaurant italien deux portes plus loin, puis elle était revenue chez Harry commander à nouveau du Tullamore Dew. En général, elle quittait le bar vers 21 heures et s'en allait en direction du nord.

Ce jour précis, elle avait bu plus et plus vite que les autres jours, et Harry avait commencé à la surveiller. Elle avait déjà ingurgité sept verres de Tullamore Dew en deux heures quand il décida de refuser de lui en servir davantage. Il n'eut pas le temps de mettre en œuvre sa décision, un grand bruit lui annonça qu'elle tombait du tabouret.

Il posa le verre qu'il était en train d'essuyer, passa de l'autre côté du comptoir et la souleva. Elle eut l'air offensée.

— Je crois que tu as eu ton compte, dit-il.

Elle le regarda avec des yeux flous.

— Je crois que tu as raison, répondit-elle avec une voix étonnamment distincte.

Elle s'accrocha au comptoir d'une main et fouilla la poche de poitrine de sa veste pour en sortir quelques billets, puis elle tangua en direction de la sortie. Il la prit doucement par l'épaule.

— Attends un moment. J'aimerais que tu ailles aux toilettes vomir les derniers verres d'alcool, ensuite tu resteras un moment au bar. Je ne veux pas te laisser partir dans cet état.

Elle ne protesta pas quand il l'accompagna aux toilettes. Elle enfonça ses doigts dans la gorge et fit ce qu'il avait dit. Quand elle revint au bar, il lui avait servi un grand verre d'eau minérale. Elle le but en entier et rota. Il lui en servit un autre.

— Tu vas te payer une de ces gueules de bois demain, dit Harry.

Elle hocha la tête.

— Ça ne me regarde pas, mais si j'étais toi, je me tiendrais à sec quelques jours.

Elle fit oui de la tête. Puis elle retourna aux toilettes vomir.

Elle resta au *Harry's Bar* encore une heure avant que son regard soit devenu suffisamment net pour que Harry ose la laisser partir. Elle le quitta sur des jambes instables, marcha en direction de l'aéroport puis longea le bord de mer et la marina. Elle se promena jusqu'à 20 h 30, heure à laquelle le sol avait fini de tanguer. Alors seulement elle retourna à son hôtel. Elle rejoignit directement sa chambre, se lava les dents et se rinça le visage, changea de vêtements et descendit au bar de l'hôtel où elle commanda une tasse de café noir et une bouteille d'eau minérale.

Elle restait assise en silence et sans se faire remarquer à côté d'un pilier et étudiait les clients du bar. Elle vit un couple d'une trentaine d'années qui se parlait à voix basse. La femme était vêtue d'une robe d'été claire. L'homme lui tenait la main sous la table. Deux tables plus loin, il y avait une famille africaine, l'homme avec les tempes grisonnantes, la femme portant une belle robe bariolée en jaune, noir et rouge. Ils avaient deux enfants pas encore adolescents. Elle étudia un groupe d'hommes d'affaires en chemise blanche et cravate, la veste posée sur le dossier de leur chaise. Ils buvaient de la bière. Elle vit un groupe de retraités qui sans le moindre doute étaient des touristes américains. Les hommes portaient des casquettes de baseball, des polos et des pantalons décontractés. Les femmes avaient des jeans de marque, des hauts rouges et des lunettes de soleil avec des cordelettes. Elle vit un homme en veste de lin claire, chemise grise et cravate sombre, qui entrait à la réception chercher ses clés avant de mettre le cap sur le bar et de commander une bière. Elle était assise à trois mètres de lui et son regard se focalisa quand il prit son portable et commença à parler en allemand.

— *Salut, c'est moi... tout va bien ?... ça va, le prochain rendez-vous est demain après-midi... non, je pense que ça ira... je reste encore au moins cinq-six jours, puis je vais à Madrid... non, je ne rentrerai qu'à la fin de la semaine prochaine... moi aussi... je t'aime... bien sûr... je te rappelle dans la semaine... bisous.*

Il mesurait un mètre quatre-vingt-cinq, avait dans les cinquante, cinquante-cinq ans, il avait des cheveux poivre et sel un peu plus longs que coupés court, un menton fuyant et trop de poids autour de la taille. Relativement bien conservé pourtant. Il lisait le *Financial Times*. Quand il eut fini sa bière et se dirigea vers l'ascenseur, Lisbeth Salander se leva et le suivit.

Il appuya sur le bouton du cinquième étage. Lisbeth se mit à côté de lui et renversa la tête contre le panneau du fond.

— Je suis ivre, dit-elle.

Il la regarda.

— Ah bon ?

— Oui. Je n'ai pas arrêté de la semaine. Laisse-moi deviner. Tu es une sorte d'homme d'affaires, tu viens de Hanovre ou quelque part dans le Nord de l'Allemagne. Tu es marié. Tu aimes ta femme. Et tu dois rester ici à Gibraltar encore quelques jours. C'est ce que j'ai compris en écoutant ton coup de fil dans le bar.

Il la regarda, stupéfait. Elle reprit :

— Moi, je viens de Suède. Je ressens une envie irrésistible de faire l'amour avec quelqu'un. Je m'en fous que tu sois marié et je ne veux pas ton numéro de téléphone.

Il leva les sourcils.

— J'habite chambre 711, l'étage au-dessus du tien. Je vais rejoindre ma chambre, me déshabiller, prendre un bain et m'allonger dans le lit. Si tu veux me tenir compagnie, tu peux venir frapper dans une demi-heure. Sinon, je vais m'endormir.

— C'est une sorte de blague ou quoi ? demanda-t-il quand l'ascenseur s'arrêta.

— Non. J'ai la flemme de sortir draguer dans les bars. Soit tu viens frapper à ma porte, soit tant pis.

Vingt-cinq minutes plus tard, on frappa à la porte de la chambre de Lisbeth. Elle avait un drap de bain autour du corps en ouvrant.

— Entre, dit-elle.

Il entra et jeta un regard méfiant dans la chambre.

— Il n'y a que moi ici, dit-elle.

— Tu as quel âge, en fait ?

Elle tendit la main pour prendre son passeport sur une commode et le lui donna.

— Tu fais plus jeune.

— Je sais, dit-elle, et elle enleva le drap de bain pour le jeter sur une chaise. Elle retourna au lit et replia le couvre-lit.

Il fixa ses tatouages. Elle le regarda par-dessus l'épaule.

— Ce n'est pas un piège. Je suis une nana, je suis célibataire et je reste ici pour quelques jours. Ça fait des mois que je n'ai pas fait l'amour.

— Pourquoi est-ce que tu m'as choisi, moi précisément ?

— Parce que tu étais le seul dans le bar qui semblait ne pas être accompagné.

— Je suis marié…

— Et je ne veux pas savoir qui elle est, ni même qui tu es. Et je ne veux pas discuter de sociologie. Je veux baiser. Déshabille-toi ou retourne dans ta chambre.

— Comme ça, directement ?

— Pourquoi pas ? Je suis adulte et tu sais ce que tu es supposé faire.

Il réfléchit pendant trente secondes. Il eut l'air d'être sur le point de partir. Elle s'assit sur le bord du lit et attendit. Il se mordit la lèvre inférieure. Puis il ôta son pantalon et sa chemise, et resta à hésiter en slip.

— Tout, dit Lisbeth Salander. Je n'ai pas l'intention de baiser avec quelqu'un qui garde son slip. Et il faut que tu mettes une capote. Je sais ce que j'ai fait, mais je ne sais pas ce que tu as fait.

Il ôta son slip, s'approcha d'elle et posa la main sur son épaule. Lisbeth ferma les yeux quand il se pencha en avant et l'embrassa. Il avait bon goût. Elle le laissa l'incliner dans le lit. Il était lourd sur elle.

JEREMY STUART MACMILLAN, avocat, sentit les cheveux se dresser sur sa tête à l'instant où il ouvrit la porte de son bureau de Buchanan House sur Queensway Quay, au-dessus de la marina. Il sentit une odeur de cigarette et entendit une chaise grincer. Il était peu avant 7 heures et sa première pensée fut qu'il avait surpris un cambrioleur.

Puis il sentit une odeur de café provenant de la kitchenette. Au bout de quelques secondes, il entra prudemment, traversa le vestibule et regarda dans son bureau vaste et élégant. Lisbeth Salander était assise dans son fauteuil, lui tournant le dos, les talons posés sur le rebord de la fenêtre. Son ordinateur était allumé et elle n'avait apparemment pas eu de problème pour trouver le mot de passe. Elle n'avait pas non plus eu de problème pour ouvrir son armoire sécurisée. Elle avait étalé sur ses cuisses un dossier contenant sa correspondance privée et sa comptabilité.

— Bonjour, mademoiselle Salander, finit-il par dire.

— Mmm, répondit-elle. Il y a du café chaud et des croissants dans la kitchenette.

— Merci, dit-il avec un soupir résigné.

Il avait certes acheté ce bureau avec l'argent de Lisbeth Salander et sur sa demande, mais il ne s'était pas attendu à ce qu'elle se matérialise sans prévenir. De plus, elle avait trouvé et manifestement feuilleté un magazine porno hard qu'il gardait dans un tiroir de son bureau.

Vraiment gênant.

Ou peut-être pas.

En ce qui concernait Lisbeth Salander, il avait l'impression qu'elle était la personne la plus sévère qu'il ait rencontrée en matière de gens qui l'énervaient, mais qu'elle ne levait pas un sourcil devant les faiblesses personnelles des individus. Elle savait qu'officiellement il était hétérosexuel mais que son secret était d'être attiré par des hommes et que, depuis son divorce quinze ans plus tôt, il s'était mis à réaliser ses fantasmes les plus personnels.

Bizarre. Je me sens en sécurité avec elle.

PUISQUE DE TOUTE FAÇON elle se trouvait à Gibraltar, Lisbeth avait décidé de rendre visite à maître Jeremy MacMillan qui s'occupait de ses finances. Elle n'avait eu aucun contact avec lui depuis le Nouvel An et elle tenait à savoir s'il avait profité de l'occasion pour la ruiner pendant son absence.

Mais rien ne pressait et ce n'était pas pour cela qu'elle était allée directement à Gibraltar après sa libération. Elle l'avait fait parce qu'elle avait ressenti un besoin impérieux de changer d'air, et pour ça, Gibraltar était excellent. Elle avait passé presque une semaine en état d'ivresse, puis encore quelques jours à faire l'amour avec l'homme d'affaires allemand qui avait fini par dire qu'il s'appelait Dieter. Elle doutait que ce soit son véritable nom mais n'avait pas cherché à en savoir plus. Il passait les journées en réunion et les soirées à dîner avec elle avant qu'ils se retirent dans la chambre, la sienne ou celle de Lisbeth.

Il n'était pas mauvais au lit, constata Lisbeth. Pas très exercé, peut-être, et parfois inutilement brutal.

Dieter avait semblé sincèrement surpris qu'elle ait dragué, tout simplement sur une impulsion, un homme d'affaires allemand avec une surcharge pondérale, qui, lui, n'avait même pas été à la recherche d'une aventure. Il était marié et n'avait pas l'habitude d'être infidèle ou de chercher de la compagnie féminine lors de ses voyages d'affaires. Mais quand la possibilité lui fut servie sur un plateau sous forme d'une fille frêle et tatouée, il n'avait pas su résister à la tentation. Disait-il.

Lisbeth Salander se souciait assez peu de ce qu'il disait. Elle n'avait rien d'autre en vue que quelques bons moments sexuels, mais elle avait été surprise de voir qu'il faisait de réels efforts pour la satisfaire. Au cours de la quatrième nuit, leur dernière ensemble, il avait soudain été pris d'un accès de panique angoissée et avait commencé à se demander ce que sa femme dirait. Lisbeth Salander estimait qu'il devait la fermer et ne rien raconter à sa femme.

Mais elle n'avait pas dit ce qu'elle pensait.

Il était adulte et il aurait pu refuser son offre. Elle se fichait de savoir s'il était frappé de culpabilité ou s'il avouait à sa femme. Elle lui avait tourné le dos et l'avait écouté pendant un quart d'heure, puis, agacée, elle avait levé les yeux au ciel, s'était retournée et assise à califourchon sur lui.

— Tu crois que tu pourrais faire une pause avec ton angoisse et me satisfaire encore une fois ? demanda-t-elle.

Jeremy MacMillan était une tout autre histoire. Il n'exerçait absolument aucun pouvoir d'attraction sur Lisbeth Salander. Il était un escroc. Etrangement, il ressemblait un peu à Dieter. Il avait quarante-huit ans, du charme, un peu de surcharge pondérale lui aussi, il avait des cheveux cendrés grisonnants qu'il coiffait en arrière. Il portait de minces lunettes cerclées de métal jaune.

Autrefois il avait été juriste d'affaires, diplômé d'Oxbridge et basé à Londres. Son avenir était prometteur, il était associé dans un cabinet d'avocats que consultaient de grosses entreprises et des yuppies pleins aux as qui faisaient joujou dans l'immobilier et la fiscalité. Il avait passé les joyeuses années 1980 à fréquenter des nouveaux riches jouant les stars. Il avait beaucoup picolé et sniffé de la coke avec des gens qu'en réalité il aurait préféré ne pas retrouver dans son lit au réveil le lendemain matin. Il n'avait jamais été inculpé mais il avait perdu sa femme et ses deux enfants, puis il avait été viré après avoir mal géré les affaires et s'être présenté en état d'ivresse à un procès de conciliation.

Sans trop réfléchir, une fois dégrisé il avait fui Londres, plutôt honteux. Il ne savait pas pourquoi il avait choisi

Gibraltar précisément, mais en 1991 il s'était associé avec un juriste local et avait ouvert un modeste cabinet de seconde zone qui officiellement s'occupait de successions et de testaments pas très glamour. De façon un peu moins officielle, le cabinet MacMillan & Marks établissait aussi des sociétés fictives et faisait fonction de sparring-partner pour divers individus en Europe choisissant l'ombre. L'activité se maintenait tant bien que mal jusqu'à ce que Lisbeth Salander choisisse Jeremy MacMillan pour gérer les 2,4 milliards de dollars qu'elle avait volés à l'empire en ruine du financier Hans-Erik Wennerström.

MacMillan était sans conteste un filou. Mais Lisbeth le considérait comme *son* filou, et il s'était surpris lui-même en restant d'une honnêteté irréprochable envers elle. Elle l'avait engagé la première fois pour une mission simple. Moyennant une somme modeste, il avait établi un certain nombre de sociétés fictives qu'elle pouvait utiliser et dans lesquelles elle avait placé 1 million de dollars. Elle l'avait contacté au téléphone et n'avait été qu'une voix lointaine. Il n'avait jamais demandé d'où venait l'argent. Il s'était contenté d'agir selon ses instructions en se réservant cinq pour cent. Peu de temps après, elle avait injecté une somme d'argent plus importante qu'il devait utiliser pour établir une société, Wasp Enterprises, afin d'acheter un appartement en droit coopératif à Stockholm. La relation avec Lisbeth Salander était ainsi devenue lucrative, même si pour lui il s'agissait de petits montants.

Deux mois plus tard, elle était subitement venue lui rendre visite à Gibraltar. Elle l'avait appelé et avait proposé un dîner en tête-à-tête dans sa chambre au Rock, l'hôtel sinon le plus grand, du moins le plus distingué sur le Rocher. Il ne savait pas très bien à quoi il s'était attendu, mais certainement pas à ce que sa cliente soit une fille aux allures de poupée, à qui on n'aurait pas donné quinze ans. Un moment, il s'était dit qu'on lui faisait une sorte de blague bizarre.

Il avait vite changé d'avis. L'étrange fille lui parlait avec insouciance sans jamais sourire ni montrer de chaleur personnelle. Ni d'ailleurs de distance. Il était resté comme paralysé lorsque en quelques minutes, elle avait fait s'effondrer la façade professionnelle de respectabilité mondaine qu'il tenait tant à afficher.

— Qu'est-ce que tu veux ? demanda-t-il.

— J'ai volé une somme d'argent, répondit-elle du ton le plus sérieux. J'ai besoin d'un filou pour la gérer.

Il s'était demandé si elle avait toute sa tête, mais il joua poliment le jeu. Elle était une cible potentielle d'un tour de passe-passe qui pourrait rapporter de petits revenus. Ensuite, il avait été comme frappé par la foudre quand elle avait expliqué à qui elle avait volé cet argent, comment cela s'était passé et le montant du butin. L'affaire Wennerström était le sujet de conversation le plus brûlant dans le monde de la finance international.

— Je vois.

Les possibilités fusèrent dans son cerveau.

— Tu es un bon juriste d'affaires et un bon investisseur. Si tu avais été un imbécile, tu n'aurais jamais eu les missions qu'on t'a confiées dans les années 1980. Par contre, tu t'es comporté comme un imbécile au point de te faire virer.

Il haussa les sourcils.

— A l'avenir, je serai ta seule cliente.

Elle l'avait regardé avec les yeux les plus innocents qu'il ait jamais vus.

— J'ai deux exigences. L'une, c'est que tu ne dois jamais commettre de crime ou être mêlé à quoi que ce soit qui pourrait nous créer des problèmes et focaliser l'intérêt des autorités sur mes sociétés et mes comptes. L'autre, c'est que tu ne dois jamais me mentir. Jamais, tu entends. Pas une seule fois. Et pour aucune raison. Si tu mens, notre relation d'affaires cesse immédiatement et, si tu m'irrites suffisamment, je te ruinerai.

Elle lui versa un verre de vin.

— Il n'y a aucune raison de me mentir. Je sais déjà tout ce qu'il y a à savoir sur ta vie. Je sais combien tu gagnes les bons mois et les mauvais mois. Je sais combien tu dépenses. Je sais que tu es souvent à court d'argent. Je sais que tu as 120 000 livres de dettes, à longue échéance comme à courte, et que tu dois sans cesse prendre des risques et filouter pour trouver de l'argent pour les amortissements. Tu t'en tires avec élégance et tu essaies de garder les apparences, mais tu es en train de plonger et tu n'as pas acheté une veste neuve depuis des mois. En revanche, tu en as déposé une vieille il y a deux semaines pour faire raccommoder la doublure. Autrefois, tu collectionnais des livres rares mais tu les as vendus progressivement. Le mois dernier, tu as vendu une édition ancienne d'*Oliver Twist* pour 760 livres.

Elle se tut et le fixa. Il déglutit.

— La semaine dernière, tu as malgré tout tiré un lot gagnant. Une escroquerie assez astucieuse contre la veuve que tu représentes. Tu as raflé 6 000 livres qui ne lui manqueront sans doute pas beaucoup.

— Merde, comment tu peux savoir ça ?

— Je sais que tu as été marié, que tu as deux enfants en Angleterre qui ne veulent pas te voir et que tu as sauté le pas depuis le divorce, si bien qu'aujourd'hui tu as surtout des relations homosexuelles. Tu en as probablement honte, puisque tu évites les boîtes gay et que tu évites d'être vu en ville avec un de tes petits amis, et puisque tu franchis souvent la frontière espagnole pour rencontrer des hommes.

Le choc avait rendu Jeremy MacMillan muet. Il fut soudain saisi de terreur. Il ignorait totalement comment elle avait fait pour apprendre tout cela, mais elle détenait suffisamment d'informations pour l'anéantir.

— Et je ne le dirai qu'une seule fois. Je me fous complètement de savoir avec qui tu baises. Ça ne me regarde pas. Je veux savoir qui tu es, mais je ne vais jamais tirer profit de ce savoir. Je ne compte ni te menacer ni te faire chanter.

MacMillan n'était pas un imbécile. Il réalisa évidemment que la connaissance qu'elle avait de lui représentait une menace. Elle avait le contrôle. Il avait envisagé un instant de la soulever et la balancer par-dessus le bord de la terrasse, mais il se maîtrisa. Jamais auparavant il n'avait eu aussi peur.

— Qu'est-ce que tu veux ? réussit-il à articuler.

— Je veux une association avec toi. Tu vas mettre fin à toutes les autres affaires en cours et travailler exclusivement pour moi. Tu vas gagner plus d'argent que ce que tu as jamais pu rêver d'en gagner.

Elle expliqua ce qu'elle voulait qu'il fasse et comment elle voyait les grandes lignes.

— Je veux rester invisible, expliqua-t-elle. Tu gères mes affaires. Tout sera légitime. Ce que je trafique de mon côté ne te touchera jamais et ne sera jamais mis en relation avec nos affaires.

— Je comprends.

— Je serai donc ta seule cliente. Tu as une semaine pour liquider tes autres clients et cesser toutes tes petites entourloupes.

Il réalisa aussi qu'il venait d'avoir une offre qui ne se représenterait jamais. Il réfléchit soixante secondes, puis il accepta. Il avait seulement une question.

— Comment tu sais que je ne vais pas t'arnaquer ?

— Fais ça et tu le regretteras pendant le restant de ta misérable vie.

Il n'y avait aucune raison de tricher. Lisbeth Salander lui avait proposé une mission qui potentiellement était tellement bordée d'or qu'il aurait été absurde de la mettre en danger pour des clopinettes. Tant qu'il restait à peu près sans prétentions et n'allait pas faire des conneries, son avenir était assuré.

Il n'avait pas l'intention d'arnaquer Lisbeth Salander.

Il était donc devenu honnête, ou au moins aussi honnête qu'un avocat véreux peut l'être en gérant un butin de proportions astronomiques.

Gérer ses finances n'intéressait absolument pas Lisbeth. La tâche de MacMillan était de placer son argent et de veiller à ce qu'il y ait assez de provision sur les cartes bancaires qu'elle utilisait. Ils avaient discuté pendant plusieurs heures. Elle avait expliqué comment elle voulait voir fonctionner ses finances. Son boulot à lui était de veiller à ce fonctionnement.

Une grande partie de la somme volée avait été placée dans des fonds stables qui la rendaient économiquement indépendante pour le restant de son existence, même s'il lui prenait la fantaisie de se mettre à flamber et de vivre une vie outrageusement dépensière. Ces fonds devaient servir à renflouer les comptes de ses cartes de crédit.

Le reste de l'argent, il pourrait jouer avec et l'investir à sa guise, à condition de ne pas investir dans quoi que ce soit qui signifierait des problèmes avec la police. Elle lui interdisait de commettre des larcins ridicules et des escroqueries à la petite semaine qui – si la malchance était au rendez-vous – mèneraient à des enquêtes qui à leur tour pourraient la mettre dans le collimateur.

Restait à établir combien il gagnerait dans l'affaire.

— Je te paie 500 000 livres en honoraires d'entrée. Ainsi tu pourras payer tes dettes et quand même te retrouver avec une somme coquette. Ensuite, tu gagneras ton propre argent. Tu vas fonder une société avec nous deux comme propriétaires associés. Tu auras vingt pour cent sur tous les profits. Je veux que tu sois suffisamment riche pour ne pas être tenté de faire des conneries, mais pas assez riche pour ne pas t'activer.

Il commença son nouveau travail le 1er février. Fin mars, il avait payé toutes ses dettes personnelles et stabilisé sa trésorerie. Lisbeth avait insisté pour qu'en priorité il mette de l'ordre dans ses finances, histoire d'être solvable. En mai, il rompit l'association avec son confrère alcoolisé George Marks, l'autre moitié de MacMillan & Marks. Il ressentit une pointe de mauvaise conscience vis-à-vis de son ancien partenaire, mais mêler Marks aux affaires de Lisbeth Salander était exclu.

Il discuta la chose avec Lisbeth Salander quand elle fut de retour à Gibraltar pour une visite spontanée début juillet et qu'elle découvrit que MacMillan travaillait dans son appartement au lieu du petit bureau dans une rue écartée qui avait été son lot jusque-là.

— Mon partenaire est alcoolique et il aurait du mal à se dépatouiller dans nos histoires. Au contraire, il serait même un énorme facteur de risque. Mais il y a quinze ans, quand je suis arrivé à Gibraltar, il m'a sauvé la vie en me prenant comme associé.

Elle réfléchit deux minutes tout en étudiant le visage de MacMillan.

— Je comprends. Tu es un filou loyal. C'est sans doute une qualité louable. Je propose que tu lui crées un petit compte pour qu'il puisse s'amuser à sa guise. Veille à ce qu'il gagne quelques billets de 1 000 par mois, assez pour vivre.

— J'ai ton feu vert ?

Elle avait hoché la tête et regardé son appartement de vieux garçon. Il habitait un studio avec kitchenette dans une des ruelles près de l'hôpital. La seule chose agréable était la vue. Cela dit, il était difficile d'éviter cette vue-là à Gibraltar.

— Tu as besoin d'un bureau et d'un autre appartement, dit-elle.

— Je n'ai pas eu le temps, répondit-il.

— OK, dit-elle.

Sur quoi elle l'emmena faire du shopping pour lui procurer un bureau de cent trente mètres carrés avec une petite terrasse donnant sur la mer dans Buchanan House sur Queensway Quay, ce qui constituait définitivement le haut du pavé à Gibraltar. Elle engagea un architecte d'intérieur pour rénover et meubler le local.

MACMILLAN SE SOUVENAIT que, pendant qu'il était occupé par la paperasserie, Lisbeth avait personnellement surveillé l'installation du système d'alarmes, l'équipement informatique et l'armoire sécurisée, celle donc qu'elle avait fouillée quand il arriva au bureau ce matin-là.

— Je suis en disgrâce ? demanda-t-il.

Elle reposa le classeur de correspondance qu'elle était en train d'examiner.

— Non, Jeremy. Tu n'es pas en disgrâce.

— Tant mieux, dit-il et il alla chercher du café. Tu as vraiment le don de surgir quand on t'attend le moins.

— J'ai été occupée ces derniers temps. Je voulais simplement me mettre au courant des dernières nouvelles.

— Si j'ai bien compris toute l'histoire, tu as été recherchée pour triple meurtre, tu as pris une balle dans la tête et tu as été inculpée pour un tas de crimes. J'étais vraiment inquiet à un moment donné. Je croyais que tu étais toujours sous les verrous. Tu t'es évadée ?

— Non. J'ai été acquittée sur tous les points d'accusation et on m'a remise en liberté. Tu as entendu quoi exactement ?

Il hésita une seconde.

— OK. Je ne vais pas mentir. Quand j'ai compris que tu étais dans la merde, j'ai engagé les services d'une agence de traduction qui a épluché tous les journaux suédois et qui m'a informé au fur et à mesure. Je suis relativement bien au courant.

— Si tu bases tes connaissances sur ce qu'il y a eu dans les journaux, tu n'es certainement pas au courant. Mais je suppose que tu as découvert quelques secrets me concernant.

Il hocha la tête.

— Que va-t-il se passer maintenant ?

Elle le regarda avec surprise.

— Rien. On continue comme avant. Notre relation n'a rien à voir avec mes problèmes en Suède. Raconte ce qui s'est passé pendant mon absence. Tu t'es débrouillé comment ?

— Je ne bois pas, dit-il. Si c'est ça que tu veux dire.

— Non. Ta vie privée n'est pas mes oignons, tant que ça n'interfère pas avec les affaires. Je veux dire : suis-je plus ou moins riche qu'il y a un an ?

Il tira la chaise des visiteurs et s'assit. En soi, ça n'avait aucune importance qu'elle occupe sa place à lui. Il n'y avait aucune raison d'entrer dans des luttes de prestige avec elle.

— Tu m'as livré 2,4 milliards de dollars. Nous avons investi 200 millions dans des fonds pour toi. Tu m'as donné le reste pour faire joujou.

— Oui.

— Tes fonds personnels n'ont varié que des intérêts. Je peux augmenter le profit si…

— Ça ne m'intéresse pas d'augmenter le profit.

— OK. Tu as dépensé une somme ridicule. Les plus gros postes de dépense ont été l'appartement que je t'ai acheté et le fonds de bienfaisance pour cet avocat, Palmgren. Pour le reste, tu as eu une consommation normale, pas très importante même. Les intérêts ont été avantageux. Tu te situes à peu près au stade initial.

— Bien.

— J'ai investi le reste. L'année dernière nous n'avons pas engrangé de grosses sommes. J'étais un peu rouillé et j'ai mis du temps à réapprendre le marché. Nous avons eu des dépenses. Ce n'est que cette année que nous avons commencé à générer des recettes. Pendant que tu étais bouclée, nous avons fait rentrer un peu plus de 7 millions. De dollars, je veux dire.

— Dont vingt pour cent te reviennent.

— Dont vingt pour cent me reviennent.

— Tu en es satisfait ?

— J'ai gagné plus de 1 million de dollars en six mois. Oui. Je suis satisfait.

— Tu sais… ne sois pas trop gourmand. Tu pourras te retirer quand tu seras satisfait. Mais continue à gérer mes affaires quelques heures de temps en temps.

— 10 millions de dollars, dit-il.

— Comment ?

— Quand j'aurai ramassé 10 millions de dollars, j'arrête. C'est bien que tu sois venue. On a des choses à discuter.

— Vas-y.

Il écarta les mains.

— Tout ça représente tant d'argent que ça me fout une trouille bleue. Je ne sais pas comment m'y prendre. Je ne sais pas quel est le but des opérations, à part en gagner davantage. A quoi va servir tout cet argent ?

— Je ne sais pas.

— Moi non plus. Mais l'argent peut devenir son propre but. Et ça, c'est pas bon. C'est pourquoi j'ai décidé d'arrêter quand j'aurai ramassé 10 millions. Je ne veux plus de cette responsabilité.

— OK.

— Avant de me retirer, je voudrais que tu aies décidé comment tu veux que cette fortune soit gérée à l'avenir. Il doit y avoir un but et des lignes directrices et une organisation à qui confier la responsabilité.

— Mmm.

— Il est impossible pour une seule personne de brasser des affaires de cette façon. J'ai réparti la somme d'une part en investissements fixes à long terme – de l'immobilier, des titres et ce genre de choses. Tu as une liste complète dans l'ordinateur.

— Je l'ai lue.

— Je consacre l'autre moitié à la spéculation, mais ça fait tant d'argent à gérer que je ne m'en sors pas. C'est pourquoi j'ai fondé une société d'investissements à Jersey. Pour l'instant, tu as six employés à Londres. Deux jeunes investisseurs compétents et du personnel de bureau.

— Yellow Ballroom Ltd ? Je me demandais justement ce que c'était.

— C'est notre société. Ici à Gibraltar, j'ai engagé une secrétaire et un jeune juriste prometteur... ils vont d'ailleurs arriver d'ici une petite demi-heure.

— Aha. Molly Flint, quarante et un ans, et Brian Delaney, vingt-six ans.

— Tu veux les rencontrer ?

— Non. Brian, c'est ton amant ?

— Quoi ? Non !

Il parut choqué.

— Je ne mélange pas…

— Bien.

— D'ailleurs… les mecs jeunes ne m'intéressent pas… je veux dire, les mecs sans expérience.

— Je sais, tu es attiré par les mecs d'allure plus musclée que ce que peut offrir un morveux. Ça ne me regarde toujours pas. Cela dit, Jeremy…

— Oui ?

— Fais attention.

LISBETH N'AVAIT PAS VRAIMENT PRÉVU de rester à Gibraltar plus de deux semaines pour redonner une orientation à sa vie. Elle découvrit subitement qu'elle n'avait aucune idée de ce qu'elle allait faire ni de quelle direction prendre. Elle resta douze semaines. Elle vérifiait son courrier électronique une fois par jour et répondait docilement aux mails d'Annika Giannini les quelques rares fois où elle donnait de ses nouvelles. Elle ne disait pas où elle se trouvait. Elle ne répondait pas aux autres mails.

Elle continuait à se rendre au *Harry's Bar*, mais désormais elle n'y faisait un saut que pour boire une bière le soir. Elle passait la plus grande partie de ses journées au Rock, soit sur la terrasse, soit au lit. Elle eut encore une relation occasionnelle, avec un officier trentenaire de la marine britannique, mais cela resta une *one night stand* et fut globalement une expérience sans intérêt.

Elle comprit qu'elle s'ennuyait.

Début octobre, elle dîna avec Jeremy MacMillan. Ils ne s'étaient vus qu'à de rares occasions au cours de son séjour. La nuit était tombée et ils buvaient un vin blanc fruité et discutaient de la manière d'utiliser les milliards de Lisbeth. Soudain, il la surprit en demandant ce qui lui pesait.

Elle l'avait contemplé en réfléchissant. Puis, de façon tout aussi surprenante, elle avait parlé de sa relation avec Miriam Wu, comment celle-ci avait été tabassée et presque tuée par Ronald Niedermann. Par sa faute. A part un bonjour transmis par Annika Giannini, Lisbeth n'avait eu aucune nouvelle de Miriam Wu. Et maintenant elle s'était installée en France.

Jeremy MacMillan était resté sans rien dire un long moment.

— Tu es amoureuse d'elle ? demanda-t-il soudain.

Lisbeth Salander réfléchit avant de répondre. Pour finir, elle secoua la tête.

— Non. Je ne pense pas être le genre qui tombe amoureuse. Elle était une amie. Et elle faisait bien l'amour.

— Personne ne peut éviter de tomber amoureux, dit-il. On a peut-être envie de le nier, mais l'amitié est sans doute la forme la plus fréquente de l'amour.

Elle le regarda, stupéfaite.

— Tu te fâcheras si je dis un truc personnel ?

— Non.

— Fonce à Paris, bon sang, dit-il.

ELLE ATTERRIT A CHARLES-DE-GAULLE à 14 h 30, prit la navette pour l'Arc de Triomphe et consacra deux heures à sillonner les alentours à la recherche d'une chambre d'hôtel libre. Elle se dirigea vers le sud et la Seine, et longtemps plus tard trouva finalement une chambre dans le petit hôtel Victor-Hugo dans la rue Copernic.

Elle prit une douche et appela Miriam Wu. Elles se retrouvèrent vers 21 heures dans un bar près de Notre-Dame. Miriam Wu portait une chemise blanche et une veste. Elle était sublime. Lisbeth fut immédiatement gênée. Elles se firent la bise.

— Je suis désolée de ne pas avoir donné de mes nouvelles et de ne pas être venue au procès, dit Miriam Wu.

— C'est bon. Le procès s'est déroulé à huis clos, de toute façon.

— J'ai passé trois semaines à l'hôpital et ensuite tout n'était que chaos quand je suis rentrée à Lundagatan. Je n'arrivais pas à dormir. Je faisais des cauchemars avec ce salopard de Niedermann. J'ai appelé maman et dit que je voulais venir chez eux.

Lisbeth hocha la tête.

— Pardonne-moi.

— Ne sois pas idiote. Je suis venue, moi, pour te demander pardon.

— Pourquoi ?

— J'ai été débile. Pas une seconde je n'ai pensé que je te mettais en danger de mort quand je t'ai laissé mon appart tout en y restant domiciliée. C'est ma faute si tu as failli te faire tuer. Je comprends que tu me haïsses.

Miriam Wu eut l'air stupéfait.

— Ça ne m'a même pas traversé l'esprit. C'est Ronald Niedermann qui a essayé de me tuer. Pas toi.

Elles gardèrent le silence un moment.

— Bon, finit par dire Lisbeth.

— Oui, dit Miriam Wu.

— Je ne t'ai pas suivie parce que je suis amoureuse de toi, dit Lisbeth.

Miriam hocha la tête.

— Tu étais vachement bonne au lit, mais je ne suis pas amoureuse de toi, souligna-t-elle.

— Lisbeth… je crois…

— Ce que je voulais dire, c'est que j'espère que… merde.

— Quoi ?

— Je n'ai pas beaucoup d'amis…

Miriam Wu hocha la tête.

— Je vais rester à Paris quelque temps. Mes études en Suède ont merdé et je me suis inscrite à l'université ici. Je vais rester au moins un an.

Lisbeth fit oui de la tête.

— Ensuite je ne sais pas. Mais je vais revenir à Stockholm. Je paierai les charges de Lundagatan, je voudrais garder l'appartement. Si ça te va.

— C'est ton appartement. Tu en fais ce que tu veux.

— Lisbeth, tu es vraiment spéciale, dit-elle. Je veux vraiment continuer à être ton amie.

Elles parlèrent pendant deux heures. Lisbeth n'avait aucune raison de cacher son passé à Miriam Wu. L'affaire Zalachenko était connue de tous ceux qui avaient accès aux journaux suédois et Miriam Wu l'avait suivie avec grand intérêt. Elle raconta en détail ce qui s'était passé à Nykvarn la nuit où Paolo Roberto lui avait sauvé la vie.

Ensuite elles gagnèrent la chambre d'étudiante de Miriam près de l'université.

ÉPILOGUE

INVENTAIRE DE SUCCESSION

VENDREDI 2 DÉCEMBRE – DIMANCHE 18 DÉCEMBRE

ANNIKA GIANNINI RENCONTRA LISBETH au bar de Södra Teatern vers 21 heures. Lisbeth buvait de la bière et était en train de finir son deuxième verre.

— Désolée d'être en retard, dit Annika en jetant un regard à sa montre. J'ai eu un pépin avec un autre client.

— Ah bon, fit Lisbeth.

— Qu'est-ce que tu fêtes ?

— Rien. J'ai simplement envie de me soûler la gueule.

Annika la contempla avec scepticisme et s'installa.

— Ça te prend souvent comme envie ?

— Je me suis soûlée à mort quand ils m'ont libérée, mais je n'ai pas de dispositions pour l'alcoolisme, si c'est ça qui te tracasse. Seulement, j'ai pris conscience que, pour la première fois de ma vie, je suis majeure et que j'ai le droit légal de me bourrer ici en Suède.

Annika commanda un Campari.

— Bon, dit-elle. Tu veux boire seule ou tu veux de la compagnie ?

— Seule, de préférence. Mais si tu ne parles pas trop, tu peux rester avec moi. Je suppose que tu n'as pas envie de venir chez moi pour baiser un peu ?

— Pardon ? dit Annika Giannini.

— Non, c'est bien ce que je pensais. Tu fais partie de ces hétéros invétérés.

Annika Giannini eut l'air amusée, tout à coup.

— C'est la première fois qu'un de mes clients me propose de baiser.

— Tu es intéressée ?

— Désolée. Pas le moins du monde. Mais merci pour l'offre.

— Alors, qu'est-ce que tu me voulais, madame l'avocate ?

— Deux choses. Soit je renonce au boulot d'être ton avocate ici et maintenant, soit tu commences à répondre au téléphone quand j'appelle. Nous avons eu cette discussion au moment de ta libération.

Lisbeth Salander regarda Annika Giannini.

— Ça fait une semaine que j'essaie de te joindre. J'ai appelé, écrit et envoyé des mails.

— J'étais en voyage.

— Tu as été injoignable la plus grande partie de l'automne. Ça ne peut pas fonctionner. J'ai accepté d'être ton représentant juridique pour tout ce qui concerne tes démêlés avec l'Etat. Cela implique des formalités et des documents. Des papiers à signer. Des questions auxquelles il faut répondre. Je dois pouvoir te trouver, et ça ne m'amuse pas d'être là comme une idiote sans savoir où tu te trouves.

— Je comprends. J'ai été à l'étranger pendant deux semaines. Je suis rentrée hier et je t'ai appelée dès que j'ai compris que tu cherchais à me joindre.

— Ce n'est pas bon. Tu dois me tenir au courant de l'endroit où tu te trouves et donner de tes nouvelles au moins une fois par semaine jusqu'à ce que toutes les questions de dédommagement et ce genre de choses soient réglées.

— J'en ai rien à cirer d'un dédommagement. Je veux que l'Etat me foute la paix.

— Mais l'Etat ne va pas te foutre la paix, ça ne dépend pas de toi. Ton acquittement au tribunal a une longue chaîne de conséquences. Tu n'es pas la seule concernée. Peter Teleborian sera traduit en justice pour ce qu'il t'a fait. Cela veut dire que tu devras témoigner. Le procureur Ekström fait l'objet d'une enquête pour faute professionnelle et il pourra aussi être mis en examen s'il se révèle qu'il a sciemment négligé son devoir de fonctionnaire à la demande de la Section.

Lisbeth leva les sourcils. Pendant une seconde, elle eut l'air presque intéressée.

— Je ne pense pas que cela mènera à une mise en examen. Il s'est laissé embobiner et en réalité il n'a rien à voir avec la Section. Mais pas plus tard que la semaine dernière, un procureur a engagé une enquête préliminaire sur la commission des Tutelles. Plusieurs plaintes ont été déposées à l'ombudsman et une au médiateur.

— Je n'ai porté plainte contre personne.

— Non. Mais il est évident que de graves fautes professionnelles ont été commises et tout cela doit être instruit. Tu n'es pas la seule personne que la commission a sous sa responsabilité.

Lisbeth haussa les épaules.

— Je ne me sens pas concernée. Mais je promets de garder un contact plus soutenu avec toi. Ces deux dernières semaines étaient une exception. Je travaillais.

Annika Giannini regarda sa cliente avec méfiance.

— Tu as travaillé sur quoi ?

— Du boulot de consultant.

— D'accord, finit-elle par dire. Le deuxième point, c'est que l'inventaire de la succession est fini.

— Quel inventaire ?

— L'inventaire des biens de ton père. L'avocat de l'Etat m'a contactée vu que personne ne semble savoir comment te trouver. Toi et ta sœur, vous êtes les seules héritières.

Lisbeth Salander contempla Annika sans broncher. Puis elle capta le regard de la serveuse et indiqua son verre.

— Je ne veux pas d'héritage de mon père. Tu peux en faire ce que tu veux.

— Erreur. *Tu* peux faire ce que tu veux de cet héritage. Mon boulot est de veiller à ce que tu aies une possibilité de le faire.

— Je ne veux pas un *öre* de ce porc.

— OK. Fais don de l'argent à Greenpeace ou à qui tu veux.

— Rien à foutre des baleines.

La voix d'Annika se fit soudain autoritaire.

— Lisbeth, si tu tiens à être majeure, il serait temps que tu te comportes en conséquence. Je me fous de ce que tu fais de ton argent. Signe ici que tu l'as reçu, ensuite tu pourras picoler en paix.

Lisbeth regarda Annika par en dessous, puis elle regarda la table. Annika supposa que c'était une sorte de geste de regret qui correspondait éventuellement à une excuse dans le registre de mimiques limité de Lisbeth Salander.

— OK. Ça représente combien ?

— C'est plutôt correct. Ton père avait un peu plus de 300 000 couronnes en titres. La propriété à Gosseberga est estimée à environ 1,5 million de couronnes à la vente – il y a quelques hectares de forêt avec. De plus, ton père était propriétaire de trois autres biens immobiliers.

— Des biens immobiliers ?

— Oui. Il semblerait qu'il ait investi un peu d'argent. Ce ne sont pas des propriétés d'une valeur extraordinaire. Il possédait un petit immeuble de rapport à Uddevalla avec en tout six appartements qui procurent quelques revenus en loyers. Mais l'immeuble est en mauvais état, l'entretien a été négligé. Sa vétusté a même été évoquée à la commission des Locations. Ça ne te rendra pas riche, mais la vente génèrera une petite somme. Il possédait une maison de campagne dans le Småland estimée à 250 000 couronnes.

— Ah bon.

— Puis il possèdait un local industriel délabré à côté de Norrtälje.

— Pourquoi est-ce qu'il s'est encombré de toute cette merde ?

— Je n'en ai pas la moindre idée. Grosso modo, une fois les ventes réalisées, l'héritage pourrait être de 4 millions et quelques après les impôts et ces trucs-là, mais…

— Oui ?

— Ensuite, il faut le répartir en parts égales entre toi et ta sœur. Le problème est que personne ne semble savoir où se trouve ta sœur.

Lisbeth contempla Annika Giannini dans un silence inexpressif.

— Alors ?

— Alors quoi ?

— Où se trouve ta sœur ?

— Aucune idée. Ça fait dix ans que je ne l'ai pas vue.

— Elle détient des informations protégées par le secret-défense, mais on a quand même bien voulu m'indiquer qu'elle ne figure pas comme résidant dans ce pays.

— Ah bon, dit Lisbeth avec un intérêt maîtrisé.

Annika soupira avec résignation.

— D'accord. Alors je propose que nous liquidions tous les actifs et consolidions la moitié de la somme en banque jusqu'à ce que ta sœur soit localisée. Je peux entamer les démarches si tu me donnes le feu vert.

Lisbeth haussa les épaules.

— Je n'en veux pas, de son argent.

— Je peux le comprendre. Mais il faut établir le bilan, quoi qu'il en soit. Ça fait partie de ta responsabilité en tant que majeure.

— Vends toute cette merde, alors. Dépose la moitié à la banque et fais don du reste à qui tu veux.

Annika Giannini courba un sourcil. Elle avait compris que Lisbeth Salander avait de l'argent de côté mais n'avait pas réalisé que sa cliente était suffisamment pourvue pour se permettre d'ignorer un héritage de près de 2 millions de couronnes et peut-être plus. Elle n'avait aucune idée d'où Lisbeth tenait son argent ni de quel montant il s'agissait. Par contre, elle aurait aimé arriver à boucler toute cette procédure administrative.

— S'il te plaît, Lisbeth… Lis l'inventaire de la succession et donne-moi le feu vert pour que cette affaire soit réglée.

Lisbeth marmonna un instant mais finit par céder et glissa le dossier dans son sac. Elle promit de le lire et de donner des instructions à Annika Giannini pour agir en son nom. Ensuite elle se consacra à sa bière. Annika Giannini lui tint compagnie pendant une heure en se limitant à l'eau minérale.

CE NE FUT QUE PLUSIEURS JOURS PLUS TARD, lorsque Annika Giannini appela pour relancer Lisbeth Salander au sujet de l'inventaire, qu'elle sortit les papiers froissés et les déplissa. Elle s'assit à la table de cuisine dans son appartement de Fiskargatan et lut les documents.

L'inventaire de la succession comprenait plusieurs pages et contenait toutes sortes de données hétéroclites – le service de table qu'il y avait eu dans l'armoire de cuisine à Gosseberga, des vêtements, la valeur d'appareils photo et autres effets personnels. Alexander Zalachenko n'avait pas laissé beaucoup de choses de valeur et aucun des objets n'avait la moindre valeur affective pour Lisbeth Salander. Elle réfléchit un instant et décida ensuite qu'elle n'avait pas changé d'attitude depuis sa rencontre avec Annika au bar. *Vends tout le bazar et brûle le fric.* Dans le genre. Elle était absolument certaine de ne pas vouloir un *öre* de son père, mais elle avait aussi de bonnes raisons de soupçonner que les véritables possessions de Zalachenko se trouvaient enterrées quelque part où aucun huissier n'avait cherché.

Ensuite, elle ouvrit le descriptif du local industriel à Norrtälje.

Il s'agissait d'une propriété répartie en trois bâtiments, totalisant vingt mille mètres carrés près de Skederid, entre Norrtälje et Rimbo.

L'huissier chargé de l'inventaire avait fait une rapide visite sur les lieux pour constater qu'il s'agissait d'une briqueterie désaffectée restée plus ou moins à l'abandon depuis sa fermeture dans les années 1960 et qui avait été utilisée pour stocker du bois dans les années 1970. Il avait constaté que les locaux étaient dans un *très mauvais état*, et ne pouvaient pas être rénovés pour une autre activité. Par mauvais état, il entendait entre autres que ce qui était appelé "le bâtiment nord" avait été ravagé par le feu et s'était effondré. Certaines réparations avaient cependant été entreprises dans le "bâtiment principal".

Ce qui intrigua Lisbeth Salander, ce fut l'historique. Alexander Zalachenko s'était procuré ce bien immobilier pour une bouchée de pain le 12 mars 1984, mais c'était Agneta Sofia Salander qui était mentionnée comme acheteur.

La mère de Lisbeth Salander avait donc été le propriétaire foncier. Dès 1987, sa participation avait cependant cessé. Zalachenko avait racheté l'ensemble pour une somme de 2 000 couronnes. Ensuite, les bâtiments étaient apparemment restés à l'abandon pendant plus de quinze ans. L'inventaire de la succession indiquait que le 17 septembre 2004, la société KAB avait engagé l'entreprise en bâtiment NorrBygg SA pour des travaux de rénovation qui comprenaient la réfection des sols et du toit, ainsi que des améliorations des réseaux d'eau et d'électricité. Les réparations avaient duré près de deux mois jusqu'au 30 novembre 2004, puis elles avaient été interrompues. NorrBygg avait envoyé une facture qui avait été réglée.

Ce bien que son père lui avait laissé était troublant. Lisbeth Salander fronça les sourcils. Il aurait été compréhensible que son père possède un local industriel s'il avait voulu indiquer que sa société légale KAB avait une activité quelconque ou certaines possessions. Il était compréhensible aussi qu'il ait utilisé la mère de Lisbeth Salander comme prête-nom ou façade lors de l'achat pour ensuite s'accaparer le contrat de vente.

Mais pourquoi diantre avait-il payé en 2004 près de 440 000 couronnes pour rénover une baraque délabrée prête à s'effondrer, qui, selon l'agent de l'inventaire, n'était toujours pas utilisée en 2005 ?

Lisbeth Salander était déconcertée mais pas plus intéressée que ça. Elle ferma le dossier et appela Annika Giannini.

— J'ai lu l'inventaire. Ma décision reste la même. Vends tout le bazar et fais ce que tu veux de l'argent. Je ne veux rien garder de lui.

— Entendu. Alors je veillerai à ce que la moitié de la somme soit placée pour le compte de ta sœur. Ensuite je te proposerai quelques possibilités de donations.

— Aha, dit Lisbeth et elle raccrocha sans rien dire de plus.

Elle s'assit dans le recoin de la fenêtre, alluma une cigarette et contempla le bassin de Saltsjön.

LISBETH SALANDER PASSA LA SEMAINE SUIVANTE à assister Dragan Armanskij dans une affaire urgente. Il s'agissait de pister et d'identifier une personne soupçonnée d'avoir été engagée pour enlever un enfant dans un conflit sur sa garde lors du divorce entre une Suédoise et un citoyen libanais. La contribution de Lisbeth Salander se limitait à contrôler les mails de la personne qu'on pensait être le commanditaire. La mission prit fin quand les deux parties, réconciliées, acceptèrent un règlement devant la cour.

Le 18 décembre était le dimanche avant Noël. Lisbeth se réveilla à 6 h 30 et se dit qu'elle devait aller acheter un cadeau de Noël pour Holger Palmgren. Elle réfléchit un moment à la possibilité de faire d'autres cadeaux – peut-être à Annika Giannini. Elle ne se pressait pas en se levant et en prenant sa douche, et elle prit tranquillement son petit-déjeuner, café et pain grillé avec du fromage et de la marmelade d'oranges.

Elle n'avait pas de projets particuliers pour la journée et passa un moment à libérer son bureau d'un tas de papiers et de journaux. Puis son regard tomba sur le dossier de l'inventaire. Elle l'ouvrit et relut la page avec le descriptif du local industriel à Norrtälje. Pour finir, elle poussa un soupir. *Bon, d'accord. Il faut que je sache ce qu'il était en train de foutre.*

Elle enfila des vêtements chauds et des chaussures montantes. Il était 8 h 30 quand elle sortit du garage sous l'immeuble de Fiskargatan, 9, dans sa Honda bordeaux. Il faisait un froid glacial, mais le temps était ensoleillé et le ciel bleu pastel. Elle passa par Slussen et la rocade de Klaraberg, et slaloma sur l'E18 en direction de Norrtälje. Elle n'était pas pressée. Il était près de 10 heures lorsqu'elle s'arrêta à une station-service à quelques kilomètres de Skederid pour demander la route de l'ancienne briqueterie. A l'instant même où elle se garait, elle réalisa qu'elle n'aurait pas besoin de demander.

Elle se trouvait sur une petite hauteur dominant un vallon de l'autre côté de la route. A gauche, sur la route de Norrtälje, se dressait une entreprise de peinture et de matériel de construction, ainsi qu'une aire de garage pour des engins de terrassement. A droite, en bordure de la zone industrielle, à environ quatre cents mètres de la route principale, s'élevait un triste bâtiment de brique avec une cheminée écroulée. L'usine apparaissait comme une dernière sentinelle dans la zone industrielle, un peu isolée de l'autre côté d'une route et d'un vague ruisseau. Elle contempla pensivement le bâtiment et se demanda ce qui l'avait amenée à consacrer sa journée à une visite dans la commune de Norrtälje.

Elle tourna la tête et regarda du côté de la station-service où un poids lourd avec des plaques TIR venait de s'arrêter. Et elle se rendit subitement compte qu'elle se trouvait sur l'artère principale du port marchand de Kapellskär, où passait une grande partie des marchandises entre la Suède et les Etats baltes.

Elle démarra la voiture et reprit la route, pour tourner tout de suite vers la briqueterie abandonnée. Elle se gara au milieu de la cour et descendit de voiture. La température était au-dessous de zéro et elle enfila un bonnet noir et des gants en cuir noir.

Le bâtiment principal avait un étage. Au rez-de-chaussée, toutes les fenêtres avaient été condamnées avec du contre-plaqué. A l'étage, elle nota un grand nombre de vitres cassées. La briqueterie était bien plus grande que ce qu'elle avait imaginé et paraissait infiniment délabrée. Lisbeth n'arrivait pas à distinguer la moindre trace d'une réparation. Elle ne voyait pas âme qui vive, mais nota que quelqu'un avait jeté une capote usagée au milieu de la cour et qu'une partie de la façade avait été la cible d'attaques d'artistes du graffiti.

Pourquoi Zalachenko tenait-il à être propriétaire de ce bâtiment ?

Elle fit le tour de la briqueterie et trouva l'aile effondrée à l'arrière. Elle constata que toutes les portes du bâtiment principal étaient fermées avec des chaînes et des cadenas. Finalement, elle examina, frustrée, une porte sur le petit côté. A toutes les portes, les cadenas étaient fixés avec des vis solides et des plaques anti-effraction. Le cadenas sur le petit côté semblait plus faiblard et n'était fixé qu'avec un gros clou. *Et puis merde, après tout c'est moi la propriétaire.* Elle regarda autour d'elle et trouva un bout de tuyau métallique sur un tas de fatras, et l'utilisa comme levier pour briser l'attache du cadenas.

Elle entra dans une cage d'escalier avec ouverture vers l'espace au rez-de-chaussée. Les fenêtres étant condamnées, il régnait ici une obscurité quasi totale, à l'exception de quelques stries de lumière éparses qui filtraient par les bords des plaques de contreplaqué. Elle resta immobile pendant plusieurs minutes pour laisser ses yeux s'habituer au noir, et distingua progressivement un monceau de vieilleries, de tabourets abandonnés, de vieilles pièces de machine et de bois de charpente dans une salle qui mesurait quelque chose comme quarante-cinq mètres de long et peut-être vingt de large, au plafond soutenu par des piliers massifs. Les vieux fours de la briqueterie semblaient avoir été démontés et enlevés. Les assises s'étaient transformées en bassins remplis d'eau et il y avait de grandes flaques et des moisissures par terre. De ce fourbi se dégageait une odeur de renfermé et de pourriture. Elle fronça les narines.

Lisbeth fit demi-tour et monta l'escalier. L'étage était sec et comportait deux salles en enfilade, d'un peu plus de vingt mètres sur vingt, avec au moins huit mètres de hauteur. De hautes fenêtres se trouvaient inaccessibles près du toit. Elles ne permettaient donc pas de voir dehors mais apportaient une lumière agréable à l'étage. Ici aussi régnait le plus invraisemblable bric-à-brac. Elle passa devant des douzaines de caisses d'emballage de un mètre de haut empilées les unes sur les autres. Elle essaya d'en soulever une. La caisse ne bougea pas. Elle lut *Machine parts 0-A77* inscrit sur le bois. Au-dessous, il y avait le même texte en russe. Elle remarqua un monte-charge au milieu de la longueur dans la première pièce.

Une sorte de stock de machines qui ne pouvait guère générer de fortune tant qu'il restait là à rouiller dans la vieille briqueterie.

Elle passa dans la salle du fond et comprit qu'elle se trouvait dans l'endroit où avaient été réalisées les réparations. La pièce était pleine de vieilleries, de caisses et de vieux meubles de bureau placés dans une sorte d'ordre labyrinthique. Une section du sol avait été dégagée et de nouvelles lames de plancher insérées. Lisbeth remarqua que le travail de rénovation semblait avoir été interrompu brutalement. Les outils, une scie circulaire et une scie à ruban, une cloueuse, un pied-de-biche, une barre à mine, et des boîtes à outils étaient toujours là. Elle fronça les sourcils. *Même si le travail avait été interrompu, l'entreprise de travaux aurait dû emporter son matériel.* Mais cette question aussi reçut sa réponse lorsqu'elle ramassa un tournevis et constata que l'inscription sur le manche était en russe. Zalachenko avait importé les outils et peut-être aussi les ouvriers.

Elle s'approcha de la scie circulaire et tourna le bouton. Une lampe verte s'alluma. Il y avait de l'électricité. Elle coupa le contact.

Tout au fond de la pièce, trois portes donnaient manifestement sur de petits locaux, peut-être les anciens bureaux. Elle vérifia la poignée de la porte la plus au nord. Fermée à clé. Elle regarda autour d'elle et retourna aux outils chercher un pied-de-biche. Il lui fallut un moment pour forcer la porte.

La pièce était totalement obscure et sentait le renfermé. Elle tâta avec la main et trouva un interrupteur qui alluma une ampoule nue au plafond. Lisbeth fut stupéfiée.

L'ameublement de la pièce consistait en trois lits avec des matelas sales et trois autres matelas placés directement par terre. Des draps souillés un peu partout. A droite il y avait une plaque électrique et quelques casseroles à côté d'un robinet rouillé. Dans un coin, un seau en tôle et un rouleau de papier-toilette.

Quelqu'un avait habité ici. Plusieurs personnes.

Elle nota soudain qu'il n'y avait pas de poignée à la porte côté chambre. Un frisson glacial lui parcourut le dos.

Une grande armoire à linge était installée tout au fond de la pièce. Elle en ouvrit la porte et trouva deux valises. Elle sortit celle du dessus. La valise contenait des vêtements.

Elle fouilla dedans et en tira une jupe dont l'étiquette était écrite en russe. Elle trouva un sac à main et renversa le contenu par terre. Parmi du maquillage et d'autres bricoles, elle trouva un passeport établi pour une femme brune d'une vingtaine d'années. Le texte était en russe. Elle déchiffra le prénom : Valentina.

Lisbeth Salander sortit lentement de la pièce. Elle ressentait une impression de déjà-vu. Elle avait fait le même examen d'une scène de crime dans une cave à Hedestad deux ans et demi plus tôt. Des vêtements de femme. Une prison. Elle resta immobile à réfléchir un long moment. Que le passeport et les vêtements soient toujours là l'inquiétait. C'était de mauvais augure.

Puis elle retourna aux outils et fouilla jusqu'à ce qu'elle trouve une lampe torche puissante. Elle vérifia les piles, puis elle descendit au rez-de-chaussée et entra dans la grande pièce. L'eau des flaques pénétra dans ses chaussures.

Plus elle avançait dans la pièce, plus l'odeur de putréfaction devenait insupportable. La puanteur semblait atteindre un maximum au milieu de la salle. Elle s'arrêta devant l'assise d'un des anciens fours à briques. L'eau emplissait le trou presque à ras bord. Elle éclaira l'eau noire avec la torche mais ne put rien distinguer. La surface était en partie couverte d'algues qui formaient un magma vert. Elle regarda autour d'elle et trouva un fer à béton armé de trois mètres de long. Elle l'enfonça dans le bassin et touilla. L'eau n'était profonde que d'une cinquantaine de centimètres. Presque immédiatement elle rencontra une résistance. Elle força pendant quelques secondes avant que le corps remonte à la surface, le visage en premier, un masque grimaçant de mort et de décomposition. Elle respira par la bouche et contempla le visage à la lueur de la torche, et constata que c'était une femme, peut-être la femme du passeport à l'étage. Elle ne connaissait rien à la vitesse de décomposition dans de l'eau froide stagnante, mais le corps semblait se trouver dans le bassin depuis un certain temps.

Elle vit soudain quelque chose bouger sur la surface de l'eau. Des espèces de larves.

Elle laissa le corps retourner sous l'eau et continua à chercher avec la ferraille. Au bord du bassin, elle toucha ce qui semblait être un autre corps. Elle le laissa, sortit la barre métallique de l'eau, la lâcha par terre et resta immobile devant le bassin, plongée dans ses pensées.

LISBETH SALANDER RETOURNA A L'ÉTAGE. Elle utilisa le pied-de-biche pour ouvrir la porte du milieu. La pièce était vide et ne semblait pas avoir été utilisée.

Elle s'approcha de la dernière porte et mit le pied-de-biche en place mais, avant même qu'elle se mette à forcer, la porte s'entrouvrit. Elle n'était pas fermée à clé. Elle l'ouvrit grande en poussant avec le pied-de-biche et regarda autour d'elle.

La pièce mesurait environ trente mètres carrés. Les fenêtres étaient situées à une hauteur normale, avec vue sur la cour devant la briqueterie. Elle aperçut la station-service sur la hauteur au-dessus de la route. Il y avait un lit, une table et une paillasse avec de la vaisselle. Puis elle vit un sac polochon ouvert par terre. Elle vit des billets de banque. Perplexe, elle fit deux pas avant de réaliser qu'il y faisait chaud. Son regard fut attiré par un radiateur électrique au milieu de la pièce. Elle vit une cafetière électrique. La lampe rouge était allumée.

C'est habité. Je ne suis pas seule ici.

Elle s'arrêta net et refit en sens inverse le chemin à travers la pièce du fond, passa par les portes intermédiaires et se rua sur la sortie dans la première pièce. Elle freina à cinq pas de la cage d'escalier en voyant que la porte de sortie avait été fermée et pourvue d'un cadenas. Elle était enfermée. Elle se retourna lentement et regarda autour d'elle. Elle ne voyait rien.

— Salut frangine, fit une voix claire sur le côté.

Elle tourna la tête et vit l'immense stature de Ronald Niedermann se matérialiser en bordure de quelques caisses.

Il avait une baïonnette à la main.

— J'espérais bien te revoir, dit Niedermann. Ça a été trop rapide la dernière fois.

Lisbeth regarda autour d'elle.

— Inutile, dit Niedermann. Il n'y a que toi et moi ici, et il n'y a pas d'autre issue que la porte verrouillée derrière toi.

Lisbeth tourna le regard vers son demi-frère.

— Comment va ta main ? demanda-t-elle.

Niedermann lui souriait toujours. Il leva la main droite et la lui montra. Le petit doigt avait disparu.

— Ça s'est infecté. J'ai été obligé de l'amputer.

Ronald Niedermann souffrait d'analgésie congénitale et ne pouvait pas ressentir de douleur. Lisbeth avait fendu sa main d'un coup de pelle à Gosseberga, quelques secondes avant que Zalachenko lui tire une balle dans la tête.

— J'aurais dû viser ton crâne, dit Lisbeth Salander d'une voix neutre. Qu'est-ce que tu fous ici ? Je croyais que tu t'étais tiré à l'étranger depuis des mois.

Il lui sourit.

MÊME S'IL AVAIT VOULU RÉPONDRE à la question de Lisbeth Salander, il n'aurait pas pu. Il ne savait pas lui-même ce qu'il faisait dans cette briqueterie à l'abandon.

Il avait laissé Gosseberga derrière lui avec une sensation de délivrance. Il pensait que Zalachenko était mort et que lui-même allait reprendre l'entreprise. Il savait qu'il était un excellent organisateur.

Il avait changé de voiture à Alingsås, où il avait fourré Anita Kaspersson, l'assistante dentaire terrorisée, dans le coffre, et s'était dirigé vers Borås. Il n'avait aucun plan. Il improvisait au fur et à mesure. Il n'avait pas eu une pensée pour le sort d'Anita Kaspersson. Ça lui était égal qu'elle soit morte ou vivante, et il se disait qu'il allait devoir se débarrasser d'un témoin encombrant. Quelque part du côté de Borås, il avait soudain réalisé qu'il pouvait l'utiliser autrement. Il avait continué vers le sud et avait trouvé un secteur forestier isolé près de Seglora. Il avait attaché la femme dans une grange et l'avait abandonnée là. Il escomptait qu'elle allait pouvoir se libérer en quelques heures et ensuite mener la police vers le sud dans ses recherches. Et si elle n'arrivait pas à se libérer et restait là à mourir de faim ou de froid, ce n'était pas son problème.

En réalité, il était retourné à Borås et avait pris vers l'est et Stockholm. Il était allé tout droit au MC Svavelsjö tout en évitant soigneusement le local du club. C'était énervant que Magge Lundin soit coffré. A la place, il était allé trouver chez lui le *sergeant at arms* du club, Hans-Åke Waltari. Il avait demandé de l'aide et une planque, ce que Waltari avait arrangé en l'envoyant chez le trésorier et responsable des finances du club, Viktor Göransson. Il n'y était cependant resté que quelques heures.

Théoriquement, Ronald Niedermann n'avait pas de gros soucis d'argent. Il avait certes laissé près de 200 000 couronnes en espèces à Gosseberga, mais il avait des sommes bien plus considérables placées dans des fonds à l'étranger. Son problème était qu'il manquait cruellement d'espèces. Göransson gérait l'argent du MC Svavelsjö et Niedermann avait compris qu'une heureuse occasion venait de se présenter. Ç'avait été un jeu d'enfant de convaincre Göransson de lui montrer le chemin du coffre-fort dans la grange et de se munir de 800 000 couronnes en espèces.

Niedermann croyait se rappeler qu'il y avait eu une femme aussi dans la maison, mais il n'était pas très sûr de ce qu'il avait fait d'elle.

Göransson avait aussi été le propriétaire d'une voiture qui n'était pas encore recherchée par la police. Niedermann partit plein nord. Il prévoyait en gros d'embarquer sur un des ferries pour Tallinn qui partait de Kapellskär.

Il s'était rendu à Kapellskär et avait coupé le moteur sur le parking. Il était resté trente minutes à observer les environs. Ça grouillait de flics.

Il avait redémarré le moteur et continué à rouler au hasard. Il lui fallait une cachette où il pourrait se terrer pendant quelque temps. Du côté de Norrtälje, la vieille briqueterie lui était venue à l'esprit. Cela faisait plus d'un an qu'il n'y avait pas pensé, depuis les réparations. Les frères Harry et Atho Ranta utilisaient ce local comme dépôt intermédiaire pour des marchandises en direction ou en provenance des pays baltes, mais les frères Ranta se trouvaient à l'étranger depuis plusieurs semaines, depuis que le journaliste Dag Svensson de *Millénium* avait commencé à farfouiller dans le commerce des putes. La briqueterie était vide.

Il avait caché la Saab de Göransson dans un hangar derrière l'usine et s'y était introduit. Il avait été obligé de forcer une porte au rez-de-chaussée, puis une de ses premières mesures avait été de s'aménager une issue de secours, une plaque de contreplaqué amovible sur le petit côté du rez-de-chaussée. Plus tard, il avait remplacé le cadenas fracturé. Puis il s'était installé dans la chambre douillette à l'étage.

Un après-midi entier s'était écoulé avant qu'il entende le bruit dans les murs. D'abord il avait cru que c'étaient ses fantômes habituels. Il était resté tendu à l'extrême à écouter pendant une heure, puis il s'était levé, était allé dans la grande salle pour écouter. Il n'avait rien entendu mais il avait patienté jusqu'à ce qu'il entende un raclement.

Il avait trouvé la clé sur la paillasse.

Ronald Niedermann avait rarement été aussi surpris qu'en ouvrant la porte et en trouvant les deux putes russes. Elles étaient décharnées faute de nourriture, à ce qu'il avait pu comprendre, depuis qu'elles avaient fini le dernier paquet de riz. Elles avaient survécu avec du thé et de l'eau.

L'une des putes était tellement épuisée qu'elle n'avait pas la force de se redresser dans le lit. La deuxième était en meilleur état. Elle ne parlait que russe mais il avait suffisamment de connaissance de cette langue pour comprendre qu'elle remerciait Dieu et lui-même de les avoir sauvées. Il l'avait repoussée, stupéfait, avait reculé et refermé la porte à clé.

Il n'avait pas su quoi faire d'elles. Il avait préparé une soupe avec les conserves trouvées dans la cuisine et la leur avait servie en réfléchissant. La femme la plus épuisée sur le lit semblait reprendre des forces. Il avait passé la soirée à les questionner. Il lui avait fallu un moment avant de comprendre que les deux femmes n'étaient pas des putes mais des étudiantes qui avaient payé les frères Ranta pour les faire entrer en Suède. On leur avait promis des permis de séjour et de travail. Elles étaient arrivées à Kapellskär en février et avaient été conduites directement à ce dépôt où on les avait enfermées.

Niedermann s'était rembruni. Ces foutus frères Ranta avaient donc eu une activité annexe non déclarée à Zalachenko. Ensuite ils avaient tout bonnement oublié les femmes ou les avaient peut-être sciemment abandonnées à leur sort lorsqu'ils avaient quitté la Suède en toute hâte.

La question était de savoir quoi faire de ces femmes. Il n'avait aucune raison de leur faire du mal. Il ne pouvait pas se permettre de les libérer, elles allaient de toute vraisemblance guider la police jusqu'à la briqueterie. Tout simplement. Il ne pouvait pas les renvoyer en Russie puisqu'il lui faudrait alors aller à Kapellskär avec elles. Cela paraissait trop risqué. La fille brune, qui s'appelait Valentina, lui avait proposé son corps en échange de son aide. Il n'avait pas la moindre envie de faire l'amour ni avec l'une ni avec l'autre, mais l'offre avait transformé la fille en pute. Toutes les femmes étaient des putes. C'était aussi simple que ça.

Au bout de trois jours, il s'était lassé de leurs perpétuelles supplications, de leurs appels et de leurs coups frappés contre le mur. Il ne voyait aucune autre issue. Pour sa part, il aspirait seulement à la tranquillité. Il avait donc ouvert la porte une dernière fois et rapidement mis fin au problème. Il avait demandé pardon à Valentina avant de tendre les mains et d'un seul geste lui tordre le cou entre la deuxième et la troisième vertèbre. Ensuite il s'était attaqué à la blonde sur le lit dont il ne connaissait pas le nom. Elle était restée allongée, passive et sans résister. Il avait porté les corps au rez-de-chaussée et les avait cachés dans un bassin rempli d'eau. Enfin il avait pu ressentir une sorte de paix.

SON INTENTION N'ETAIT PAS DE RESTER à la briqueterie. Il avait seulement pensé attendre là que le gros de la mobilisation policière se soit calmé. Il se rasa la tête et laissa sa barbe pousser d'un centimètre. Cela changea sa physionomie. Il trouva une combinaison qui avait appartenu à l'un des ouvriers de NorrBygg et qui était presque de sa taille. Il enfila la combinaison et une casquette oubliée de chez Beckers Färg, glissa un mètre de menuisier dans sa poche et alla faire des courses à la station-service sur la hauteur au-dessus de la route. Il avait plein d'argent liquide raflé au MC Svavelsjö. Il s'y rendit en fin de journée. Il ressemblait à un ouvrier ordinaire qui s'arrêtait avant de rentrer chez lui. Personne ne parut le remarquer. Il prit l'habitude d'aller faire des courses une ou deux fois par semaine. A la station-service, on le saluait gentiment et on le reconnaissait rapidement.

Dès le début, il avait consacré beaucoup de temps à se protéger des êtres qui peuplaient le bâtiment. Ils nichaient dans les murs et sortaient la nuit. Il les entendait se balader dans la salle.

Il se barricada dans sa chambre. Au bout de quelques jours, il en eut assez. Il s'arma d'une baïonnette trouvée dans un tiroir de cuisine et sortit se confronter à ses monstres. L'heure était venue de leur régler leur compte.

Tout à coup, il se rendit compte qu'ils reculaient. Pour la première fois de sa vie, il avait le pouvoir de décision sur leur présence. Les créatures fuyaient quand il s'approchait. Il put voir leur queue et leur corps déformés se faufiler derrière les caisses et les armoires. Il hurla après elles. Elles s'enfuirent.

Stupéfait, il retourna dans sa chambre douillette et resta éveillé toute la nuit, attendant que les monstres reviennent. Ils renouvelèrent l'attaque à l'aube et il dut les affronter encore une fois. Une nouvelle fois ils s'enfuirent.

Il oscillait entre panique et euphorie.

Toute sa vie, il avait été pourchassé par ces créatures des ténèbres et, pour la première fois, il sentait qu'il maîtrisait la situation. Il ne faisait rien. Il mangeait. Il dormait. Il réfléchissait. Une vie paisible.

LES JOURS DEVINRENT DES SEMAINES et l'été arriva. A la radio et dans les journaux du soir, il put suivre le déclin de la chasse à Ronald Niedermann. Il nota avec intérêt les comptes rendus de l'assassinat d'Alexander Zalachenko. *De quoi se marrer, quand même ! Un fêlé qui met un point final à la vie de Zalachenko.* En juillet, son intérêt se ranima avec le procès contre Lisbeth Salander. Il fut stupéfait de la voir acquittée. Un truc clochait. Elle était libre alors que lui était obligé de se cacher.

Il acheta *Millénium* à la station-service et lut le numéro à thème sur Lisbeth Salander, Alexander Zalachenko et Ronald Niedermann. Un journaliste du nom de Mikael Blomkvist avait dressé un portrait de Ronald Niedermann en assassin malade mental et psychopathe. Niedermann fronça les sourcils.

Soudain, l'automne fut là, et il n'était toujours pas parti. Quand le froid arriva, il acheta un radiateur électrique à la station-service. Il n'arrivait pas à s'expliquer pourquoi il ne quittait pas l'usine.

Quelquefois, des jeunes étaient arrivés en voiture et s'étaient garés dans la cour devant la briqueterie, mais personne n'avait dérangé son existence ni essayé d'entrer dans le bâtiment. En septembre, une voiture s'était garée dans la cour et un homme en parka bleu avait tâté les poignées des portes et s'était baladé sur le terrain en fouinant. Niedermann l'avait observé de la fenêtre à l'étage. De temps en temps, l'homme prenait des notes dans un carnet. Il était resté vingt minutes, puis avait jeté un dernier coup d'œil autour de lui, était remonté dans sa voiture et avait quitté les lieux. Niedermann avait respiré. Il n'avait aucune idée de qui était cet homme ni de ce qu'il cherchait, mais il avait l'air de faire une sorte d'évaluation des bâtiments. Niedermann n'avait pas fait le lien entre la mort de Zalachenko et la nécessité d'un inventaire de la succession.

Il pensait beaucoup à Lisbeth Salander. Il ne s'était pas attendu à la croiser à nouveau, jamais, mais elle le fascinait et l'effrayait. Ronald Niedermann n'avait pas peur des vivants. Mais sa sœur – sa demi-sœur – lui avait fait une impression extraordinaire. Personne ne l'avait vaincu comme elle l'avait fait. Elle était revenue bien qu'il l'ait enterrée. Elle était revenue et l'avait pourchassé. Il rêvait d'elle toutes les nuits. Il se réveillait inondé de sueur froide, et il réalisait qu'elle avait remplacé ses fantômes habituels.

En octobre, il se décida. Il ne quitterait pas la Suède avant d'avoir retrouvé sa sœur et de l'avoir anéantie. Il n'avait aucun plan, mais sa vie avait retrouvé un but. Il ne savait pas où elle se trouvait ni comment il pourrait la pister. Il restait assis dans la pièce à l'étage de la briqueterie à regarder par la fenêtre, jour après jour, mois après mois.

Jusqu'à ce que la Honda bordeaux vienne soudain se garer devant le bâtiment et qu'à son immense surprise, il voie Lisbeth Salander en descendre. *Dieu est miséricordieux*, pensa-t-il. Lisbeth Salander allait prendre le même chemin de les deux femmes dont il avait oublié les noms, dans le bassin au rez-de-chaussée. Son attente était terminée et il allait enfin pouvoir poursuivre sa vie.

LISBETH SALANDER ÉVALUA LA SITUATION et la trouva loin d'être sous contrôle. Son cerveau travaillait sous pression. *Clic, clic, clic.* Elle tenait toujours le pied-de-biche à la main, mais comprit que c'était une arme bien trop frêle contre un homme qui ne ressentait aucune douleur. Elle était enfermée dans environ mille mètres carrés avec un robot assassin sorti tout droit de l'enfer.

Lorsque Niedermann se mit tout à coup en mouvement vers elle, elle balança le pied-de-biche sur lui. Il esquiva tranquillement. Lisbeth Salander s'élança. Elle mit le pied sur un tabouret et se hissa sur une caisse d'emballage et continua à grimper comme une araignée sur deux autres caisses. Elle s'arrêta et regarda Niedermann, un peu plus de quatre mètres au-dessous d'elle.

— Descends, dit-il calmement. Tu ne peux pas t'enfuir. La fin est inévitable.

Elle se demanda s'il avait une arme à feu. Ce serait indéniablement un problème.

Il se pencha en avant et souleva une chaise qu'il lança. Elle se baissa.

Niedermann eut soudain l'air irrité. Il mit le pied sur le tabouret et commença à grimper vers elle. Elle attendit qu'il soit presque tout en haut avant de prendre son élan en deux vives enjambées, sauta par-dessus l'allée centrale et atterrit sur le haut d'une caisse quelques mètres plus loin. Elle descendit ramasser le pied-de-biche sur le sol.

Niedermann n'était pas véritablement balourd. Mais il savait qu'il ne pouvait pas sauter des caisses et risquer de se fracturer un pied. Il serait contraint de descendre tout doucement et de poser le pied par terre. Il était tout simplement obligé de bouger lentement et méthodiquement, et il avait consacré sa vie entière à maîtriser son corps. Il était presque arrivé en bas lorsqu'il entendit des pas derrière lui et il eut juste le temps de tourner le corps pour parer le coup du pied-de-biche avec l'épaule. Il perdit la baïonnette.

Lisbeth lâcha le pied-de-biche au moment même où elle porta le coup. Elle n'eut pas le temps de ramasser la baïonnette et la repoussa du pied le long des tabourets, évita un revers de sa poigne immense et battit en retraite en haut des caisses de l'autre côté de l'allée centrale. Du coin de l'œil, elle vit Niedermann se tendre pour l'attraper. Vive comme l'éclair, elle remonta les jambes. Les caisses d'emballage formaient deux rangs, empilées sur trois étages de part et d'autre de l'allée centrale et sur deux du côté extérieur. Elle descendit au deuxième étage et, en s'arc-boutant avec le dos, elle utilisa toute la force de ses jambes. La caisse devait peser au moins deux cents kilos. Elle la sentit bouger, puis tomber dans l'allée centrale.

Niedermann vit la caisse arriver et eut juste le temps de se jeter sur le côté. Un coin de la caisse le frappa à la poitrine mais il s'en tira sans gros dégâts. Il s'arrêta. *Mais c'est qu'elle résiste vraiment !* Il grimpa vers elle. Sa tête venait d'arriver à hauteur du troisième étage quand elle lui balança un coup de pied. Sa grosse chaussure le frappa au front. Il grogna et se hissa en haut des caisses. Lisbeth Salander s'enfuit en sautant de nouveau sur les caisses de l'autre côté de l'allée centrale. Elle se laissa tout de suite tomber par-dessus bord et disparut de son champ de vision. Il entendit ses pas et l'aperçut alors qu'elle passait la porte vers la salle du fond.

LISBETH SALANDER JETA UN REGARD évaluateur autour d'elle. *Clic clic.* Elle savait qu'elle n'avait aucune chance. Tant qu'elle arriverait à éviter les énormes paluches de Niedermann et à le tenir à distance, elle allait survivre, mais dès qu'elle commettrait une erreur – ce qu'elle ferait tôt ou tard –, elle serait morte. Elle devait à tout prix l'éviter. S'il mettait la main sur elle, ne serait-ce qu'une seule fois, le combat serait terminé.

Elle avait besoin d'une arme.

Un pistolet. Une mitraillette. Un obus perforant éclairant. Une mine antipersonnel.

N'importe quelle putain d'arme, merde !

Mais il n'y avait pas d'armes ici.

Elle regarda autour d'elle.

Aucune arme ici.

Seulement des outils. *Clic clic.* Son regard tomba sur la scie à ruban, mais il lui faudrait user de beaucoup de persuasion pour qu'elle arrive à le faire s'allonger sur l'établi. *Clic.* Elle vit une barre à mine qui pourrait faire fonction de lance, mais trop lourde pour être maniée d'une façon efficace. *Clic.* Elle jeta un coup d'œil par la porte et vit que Niedermann était descendu des caisses quinze mètres plus loin. Il se dirigeait de nouveau vers elle. Elle commença à s'éloigner de la porte. Il lui restait peut-être cinq secondes avant que Niedermann arrive. Elle jeta un dernier regard sur les outils.

Une arme… ou une cachette. Tout à coup elle s'arrêta.

NIEDERMANN NE SE PRESSAIT PAS. Il savait qu'il n'existait pas d'issue et que tôt ou tard, il atteindrait sa sœur. Mais elle était indéniablement dangereuse. Après tout, elle était la fille de Zalachenko. Et il ne voulait pas être blessé. Mieux valait la laisser épuiser toutes ses forces.

Il s'arrêta à la porte donnant sur la salle du fond et examina le tas d'outils, de lattes de plancher à moitié installées et de meubles. Elle était invisible.

— Je sais que t'es là. Je vais te trouver.

Ronald Niedermann ne bougea plus et écouta. La seule chose qu'il entendit fut sa propre respiration. Elle se cachait. Il sourit. Elle le défiait. Sa visite s'était soudain muée en un jeu entre frère et sœur.

Puis il entendit un froissement imprudent d'un endroit indéterminé au milieu de la salle. Il tourna la tête, mais n'arriva tout d'abord pas à déterminer d'où venait le bruit. Puis il sourit encore. Au milieu de la salle, un peu isolé du reste du fatras, se trouvait un meuble de travail de cinq mètres de long, en bois, avec une rangée de tiroirs et des portes coulissantes dessous.

Il s'approcha du rangement par le côté et regarda derrière pour s'assurer qu'elle n'essayait pas de le tromper. Vide.

Elle s'est cachée dans le meuble. Quelle connerie.

Il arracha la première porte de placard dans la section à gauche.

Il entendit immédiatement le bruit de quelqu'un se déplaçant à l'intérieur du meuble. Le bruit venait de la section du milieu. Il fit deux pas rapides et ouvrit la porte d'un air triomphant.

Vide.

Puis il entendit une série de détonations sèches qui ressemblaient à des coups de pistolet. Le bruit arriva si vite qu'il eut tout d'abord du mal à comprendre d'où ça venait. Il tourna la tête. Puis il sentit une pression étrange contre son pied gauche. Il ne ressentit aucune douleur. Il regarda en bas juste à temps pour voir la main de Lisbeth Salander déplacer la cloueuse vers son pied droit.

Elle est sous le meuble !

Il resta comme paralysé pendant les secondes qu'il fallut à Lisbeth Salander pour viser le bout de sa chaussure et faire partir encore cinq clous à charpente à travers son pied.

Il essaya de bouger.

Il lui fallut de précieuses secondes pour comprendre que ses pieds étaient cloués au plancher récemment refait. La main de Lisbeth Salander déplaça la cloueuse vers le pied gauche. On aurait dit une arme automatique qui crachait ses projectiles l'un après l'autre. Elle eut le temps de tirer encore quatre clous à charpente en renfort avant qu'il ait la présence d'esprit d'agir.

Il commença à se pencher en avant pour attraper la main de Lisbeth Salander mais perdit immédiatement l'équilibre. Il réussit à se stabiliser en prenant appui sur le meuble de rangement, tandis qu'il entendait la cloueuse cracher des clous, *cla-blam, cla-bam, cla-bam*. Elle revenait à son pied droit. Il vit qu'elle faisait partir les clous de biais par le talon dans le plancher.

Ronald Niedermann hurla, soudain fou de rage. Il se tendit encore une fois vers la main de Lisbeth Salander.

De sa place sous le meuble, Lisbeth Salander vit la jambe de son pantalon remonter, signalant qu'il était en train de se pencher en avant. Elle lâcha la cloueuse. Ronald Niedermann vit sa main disparaître sous le meuble avec la vitesse d'un reptile avant qu'il ait pu l'atteindre.

Il avança la main pour attraper la cloueuse mais, à l'instant où il l'atteignit du bout d'un doigt, Lisbeth Salander la tira sous le meuble par le fil électrique.

L'espace entre le sol et le meuble était d'un peu plus de vingt centimètres. Avec toute la force dont il était capable, il renversa le meuble de rangement. Lisbeth Salander le regarda avec de grands yeux et une expression offensée. Elle fit pivoter la machine et la déchargea à cinquante centimètres de distance. Le clou se planta au milieu du tibia.

L'instant d'après, elle lâcha la cloueuse et s'éloigna vivement de lui en roulant, et se releva hors d'atteinte. Elle recula de deux mètres et s'arrêta.

Ronald Niedermann essaya de se déplacer et perdit à nouveau l'équilibre, il tanguait en avant, en arrière, les bras brassant de grands moulinets. Il retrouva l'équilibre et se pencha en avant, fou furieux.

Cette fois-ci, il réussit à attraper la cloueuse. Il la leva et la dirigea sur Lisbeth Salander. Il appuya sur le bouton.

Mais rien ne se passa. Confondu, il regarda l'engin. Puis il leva les yeux sur Lisbeth Salander. Avec un visage neutre, elle lui indiquait la prise. De rage, il lança la cloueuse sur elle. Elle esquiva vivement.

Puis elle rebrancha la fiche et tira la cloueuse vers elle.

Il croisa les yeux inexpressifs de Lisbeth Salander et sentit un soudain étonnement. Il savait déjà qu'elle l'avait vaincu. *Elle est surnaturelle.* D'instinct, il essaya de dégager son pied du sol. *Elle est un monstre.* Il eut la force de le soulever de quelques millimètres avant que les têtes des clous le bloquent. Les clous s'étaient enfoncés par des angles différents et, pour se dégager, il aurait été obligé de littéralement déchirer ses pieds. Même en mobilisant sa force quasi surhumaine il ne put se dégager du sol. Il resta quelques secondes à tanguer comme s'il était sur le point de s'évanouir. Il restait cloué. Il vit une flaque de sang se former lentement entre ses chaussures.

Lisbeth Salander s'assit devant lui sur une chaise dont il manquait le dossier pendant qu'elle essayait de distinguer des signes indiquant qu'il allait avoir la force d'arracher ses pieds du sol. Comme il ne ressentait pas la douleur, ce n'était qu'une question de force qu'il puisse tirer les têtes des clous à travers ses pieds. Elle resta sans bouger un muscle et contempla sa lutte pendant dix minutes. Durant tout ce temps, ses yeux restèrent totalement inexpressifs.

Elle finit par se lever et se placer derrière lui, puis elle dirigea la cloueuse contre sa colonne vertébrale juste en bas de la nuque.

LISBETH SALANDER RÉFLÉCHIT INTENSÉMENT. L'homme devant elle avait importé, drogué, maltraité et vendu des femmes en gros et au détail. Il avait tué au moins huit personnes, y compris un policier à Gosseberga et un membre du MC Svavelsjö. Elle ignorait totalement combien d'autres vies son demi-frère avait sur la conscience, mais à cause de lui, elle avait été pourchassée à travers tout le pays comme un chien enragé, accusée de trois de ses meurtres à lui.

Son doigt reposait lourdement sur le bouton.

Il avait tué Dag Svensson et Mia Bergman.

Avec Zalachenko, il l'avait aussi tuée, *elle*, et l'avait enterrée, *elle*, à Gosseberga. Et maintenant il avait à nouveau eu l'intention de la tuer.

Il y avait de quoi devenir irritée.

Elle ne voyait aucune raison de le laisser vivre. Il la haïssait avec une intensité qu'elle ne comprenait pas. Qu'allait-il se passer si elle le livrait à la police ? Un procès ? Prison à vie ? Quand allait-il bénéficier d'une permission ? Quand allait-il s'évader ? Et maintenant que son père était enfin parti, pendant combien d'années allait-elle devoir regarder derrière elle et attendre le jour où son frère réapparaîtrait ? Elle sentit le poids de la cloueuse. Elle pouvait mettre une fin définitive à tout ça.

Analyse des conséquences.

Elle se mordit la lèvre inférieure.

Lisbeth Salander n'avait peur ni des êtres humains ni des choses. Elle savait qu'elle manquait de l'imagination nécessaire à cela – une preuve comme une autre que son cerveau était parfaitement normal.

Ronald Niedermann la haïssait et elle répondait avec une haine tout aussi immodérée. Il devenait l'un de tous ces hommes du style Magge Lundin et Martin Vanger et Alexander Zalachenko et des douzaines d'autres salopards qui à son sens n'avaient aucune excuse pour se trouver parmi les vivants. Si elle avait pu les rassembler tous sur une île déserte et faire exploser une bombe nucléaire dessus, elle aurait été satisfaite.

Mais un meurtre ? Est-ce que le jeu en valait la chandelle ? Qu'allait-il lui arriver, à elle, si elle le tuait ? Quelles étaient ses chances de ne pas se faire prendre ? Qu'était-elle prête à sacrifier pour la satisfaction de déclencher la cloueuse une dernière fois ?

Elle pourrait évoquer la légitime défense... non, pas vraiment avec ses pieds cloués au sol.

Elle pensa soudain à Harriet Vanger qui avait également été harcelée par son père et son frère. Elle se rappela l'échange qu'elle avait eu avec Mikael Blomkvist, où elle avait condamné Harriet Vanger dans des termes très durs. C'était la faute de Harriet Vanger si son frère Martin avait pu continuer à tuer, tout au long des années.

— *Qu'est-ce que tu ferais ?* avait demandé Mikael.

— *Je massacrerais cette ordure,* avait-elle répondu avec une conviction sortie des profondeurs de son âme glaciale.

706

Et voilà maintenant qu'elle se trouvait exactement dans la même situation que Harriet Vanger. Combien de femmes Ronald Niedermann allait-il tuer encore si elle le laissait courir ? Elle était majeure et socialement responsable de ses actes. Combien d'années de sa vie était-elle prête à sacrifier ? Combien d'années Harriet Vanger avait-elle voulu sacrifier ?

ENSUITE, LA CLOUEUSE DEVINT TROP LOURDE pour qu'elle arrive à la maintenir pointée sur sa nuque, même des deux mains. Elle baissa l'arme et eut l'impression de revenir dans la réalité. Elle découvrit que Ronald Niedermann murmurait des paroles incohérentes en allemand. Il parlait d'un diable qui était venu pour l'emporter.

Elle se rendit soudain compte qu'il ne lui parlait pas à elle. Il semblait voir quelqu'un à l'autre bout de la pièce. Elle tourna la tête et suivit son regard. Il n'y avait rien. Elle sentit ses cheveux se dresser.

Elle fit volte-face, alla chercher la barre à mine et sortit dans la première salle trouver son sac. En se penchant pour l'attraper, elle vit la baïonnette par terre. Elle avait toujours ses gants aux mains et elle prit l'arme.

Elle hésita un instant, puis elle la plaça bien en vue dans l'allée centrale entre les caisses. Elle se servit de la barre à mine et s'activa pendant trois minutes sur le cadenas qui bloquait la sortie.

ELLE RESTA IMMOBILE DANS SA VOITURE à réfléchir un long moment. Pour finir, elle ouvrit son téléphone portable. Il lui fallut deux minutes pour trouver le numéro de téléphone du local du MC Svavelsjö.

— Oui, fit une voix à l'autre bout.

— Nieminen, dit-elle.

— Attendez.

Elle attendit trois minutes avant que Benny Nieminen, président en exercice du MC Svavelsjö, réponde.

— C'est qui ?

— T'inquiète, dit Lisbeth d'une voix si basse qu'il put à peine distinguer les mots. Il n'aurait même pas su dire si c'était un homme ou une femme qui appelait.

— Aha. Et qu'est-ce que tu veux ?

— Toi, je crois que tu aimerais bien avoir un tuyau sur Ronald Niedermann.

— Ah ouais ?

— Arrête tes conneries. Tu veux savoir où il se trouve ou pas ?

— J'écoute.

Lisbeth décrivit le trajet pour se rendre à la briqueterie abandonnée à côté de Norrtälje. Elle dit que Niedermann y resterait suffisamment longtemps pour que Nieminen ait le temps d'y arriver, à condition de se remuer.

Elle ferma son portable, démarra la voiture et monta jusqu'à la station-service de l'autre côté de la route. Elle se gara de façon à avoir la briqueterie juste en face d'elle.

Elle dut patienter plus de deux heures. Il était un peu plus de 13 h 30 quand elle remarqua un break roulant lentement sur la route en contrebas. Il s'arrêta sur une place de parking, attendit cinq minutes, fit demi-tour et s'engagea sur le chemin d'accès à la briqueterie. Le jour commençait à décliner, le ciel gris n'arrangeait pas les journées de décembre.

Elle ouvrit la boîte à gants et sortit des jumelles Minolta 2 x 8, et vit le break se garer. Elle identifia Benny Nieminen, puis Hans-Åke Waltari et trois personnes qu'elle ne reconnaissait pas. *Restructuration. Ils sont obligés de changer le personnel.*

Lorsque Benny Nieminen et ses acolytes eurent trouvé l'entrée sur le petit côté du bâtiment, elle ouvrit à nouveau son portable. Elle composa un message qu'elle envoya par mail au centre des opérations de la police à Norrtälje.

[L'ASSASSIN DE POLICIER R. NIEDERMANN SE TROUVE DANS L'ANCIENNE BRIQUETERIE PRÈS DE LA STATION-SERVICE DE SKEDERID. EN CE MOMENT, IL EST EN TRAIN DE SE FAIRE TUER PAR B. NIEMINEN & DES MEMBRES DU MC SVAVELSJÖ. FEMME MORTE DANS LE BASSIN AU RDC.]

Elle ne vit rien bouger du côté de l'usine.

Elle prit son temps.

En attendant, elle sortit la carte SIM de son téléphone et la détruisit en la coupant en morceaux avec des ciseaux à ongles. Elle baissa la vitre et jeta les morceaux. Puis elle sortit une carte SIM neuve de son portefeuille et l'inséra dans le portable. Elle utilisait les cartes rechargeables Comviq qui étaient pratiquement impossibles à localiser. Elle appela Comviq et chargea 500 couronnes sur la carte neuve.

Onze minutes s'écoulèrent avant qu'un fourgon de police sans sirène mais avec le gyrophare branché arrive à l'usine en provenance de Norrtälje. Le fourgon se gara dans le chemin d'accès. Il fut suivi, une minute plus tard, par deux voitures de police. Les policiers se concertèrent, puis ils avancèrent jusqu'à la briqueterie en groupe et se garèrent à côté du break de Nieminen. Elle leva les jumelles. Elle vit un des policiers parler au micro d'un radiotéléphone tout en regardant la plaque d'immatriculation du break. Les policiers regardèrent autour d'eux, mais ne bougèrent pas. Deux minutes plus tard, elle vit un autre fourgon s'approcher à grande vitesse.

Elle comprit soudain que tout était enfin fini.

L'histoire qui avait commencé le jour de sa naissance venait de prendre fin dans cette briqueterie.

Elle était libre.

Lorsque les policiers sortirent un arsenal considérable du fourgon, enfilèrent des gilets pare-balles et commencèrent à prendre position partout autour de l'usine, Lisbeth Salander entra dans la station-service et acheta un café à emporter et un sandwich sous plastique. Elle mangea debout à une table haute dans le magasin.

Il faisait nuit quand elle retourna à sa voiture. Elle en ouvrait la porte quand elle entendit deux détonations lointaines, des coups de pistolets très certainement, de l'autre côté de la route. Elle vit plusieurs silhouettes noires qui étaient des policiers en faction serrés contre la façade près de l'entrée du petit côté. Elle entendit les sirènes d'un autre fourgon d'intervention arrivant en renfort d'Uppsala. Quelques voitures particulières s'étaient arrêtées sur le bord de la route en contrebas pour voir ce qui se passait.

Elle démarra la Honda bordeaux, s'engagea sur l'E18 et rentra chez elle à Stockholm.

IL ÉTAIT 19 HEURES lorsque Lisbeth Salander, très irritée, entendit la sonnette de la porte d'entrée. Elle était dans la baignoire dans une eau qui fumait encore. Globalement, il n'existait qu'une seule personne qui pouvait avoir une raison de venir frapper à sa porte.

Elle avait tout d'abord pensé ignorer la sonnette mais, à la troisième sonnerie, elle soupira et s'entoura d'un drap de bain. Elle avança la lèvre inférieure et fit tomber des gouttes d'eau par terre dans le vestibule.

— Salut, dit Mikael Blomkvist quand elle ouvrit.

Elle ne répondit pas.

— Tu as écouté les informations ?

Elle secoua la tête.

— Je pensais que tu aimerais peut-être savoir que Ronald Niedermann est mort. Il a été tué par une bande du MC Svavelsjö à Norrtälje aujourd'hui.

— Tiens donc, dit Lisbeth Salander d'une voix maîtrisée.

— J'ai parlé avec un policier de garde à Norrtälje. Ça ressemble à un règlement de comptes. Niedermann a apparemment été torturé et éventré avec une baïonnette. Il y avait un sac avec plusieurs centaines de milliers de couronnes sur les lieux.

— Ah bon.

— La bande de Svavelsjö a été coincée en flagrant délit. En plus, ils ont résisté. Il y a eu une fusillade et la police a dû appeler du renfort de la police nationale à Stockholm. Svavelsjö a capitulé vers 18 heures.

— Aha.

— Ton vieux copain Benny Nieminen de Stallarholmen est tombé. Il a complètement flippé, il tirait comme un fou pour s'en sortir.

— Tant mieux.

Mikael Blomkvist garda le silence pendant quelques secondes. Ils se regardèrent par l'entrebâillement de la porte.

— Je te dérange ? demanda-t-il.

Elle haussa les épaules.

— J'étais dans mon bain.

— C'est ce que je vois. Tu veux de la compagnie ?

Elle lui jeta un coup d'œil acéré.

— Je ne veux pas dire dans la baignoire. J'ai apporté des bagels, dit-il en présentant un sachet. J'ai aussi acheté du café pour espresso. Dans la mesure où tu as une Jura Impressa X7 dans ta cuisine, tu devrais au moins apprendre à t'en servir.

Elle haussa les sourcils. Elle ne savait pas si elle devait se sentir déçue ou soulagée.

— Seulement de la compagnie ? demanda-t-elle.

— Seulement de la compagnie, confirma-t-il. Je suis un bon ami qui rend visite à une bonne amie. C'est-à-dire si je suis le bienvenu.

Elle hésita quelques secondes. Pendant deux ans, elle était restée aussi loin que possible de Mikael Blomkvist. Pourtant il semblait tout le temps revenir coller à sa vie comme un chewing-gum sous la chaussure, soit sur le Net, soit dans la vie réelle. Sur le Net, ça pouvait aller. Là, il n'était que des électrons et des lettres. Dans la vie réelle devant sa porte, il était toujours ce putain d'homme attirant. Et il connaissait tous ses secrets, de la même manière qu'elle connaissait les siens.

Elle l'observa et constata qu'elle n'avait plus de sentiments pour lui. En tout cas, pas ce genre de sentiments.

Il avait réellement été son ami tout au long de cette année.

Elle lui faisait confiance. Peut-être. Cela l'agaçait que l'une des rares personnes en qui elle avait confiance soit un homme qu'elle évitait tout le temps de croiser.

Elle se décida subitement. C'était idiot de faire comme s'il n'existait pas. Ça ne faisait plus mal de le voir.

Elle ouvrit la porte et l'admit à nouveau dans sa vie.

TABLE

Achevé d'imprimer par GGP Media GmbH, Pößneck
en octobre 2009
pour le compte de France Loisirs,
Paris

N° d'édition : 57271
Dépôt légal : juillet 2008

Imprimé en Allemagne

Coyhaique. The walk starts at Las Horquetas Grandes, a bend in the river Río Ibáñez, 8 km south of the park entrance, where any bus driver will let you off. It follows Río La Lima to the gorgeous Laguna Cerro Castillo, then animal trails around the peak itself, returning to the village (accommodation or bus back to Coyhaique). This is a challenging walk: attempt it only if fit, and ideally, take a guide, as trails are poorly marked (IGM map essential, purchase in advance in Coyhaique).The *guardería* is on the Senda Ibáñez, 50m to the left of the main road (as you head south), opposite Laguna Chinguay to the right, with access to walks and campsite. ■ *Picnic ground open summer 0830-2100, winter to 1830. No refugios; camping US$5, Nov-Mar, take equipment.*

A few km south of the village, **La Cueva de las Manos** is a shallow cave with a few handprints made on the side of vertical rocks high above the Río Ibáñez. There's no clue to their significance, but they're in a beautiful place with panoramic views. This makes a delightful 2 hours' walk. ■ *Accessible all year, signposted clearly from road, Dec to Apr US$1 charged.*

Sleeping **E** pp *Res Villaricca*, O'Higgins 59, next to *Supermercado Villaricca*. Welcoming, hot showers, and meals too, kind owners can arrange trekking guides and horseriding. **E** pp *La Querencia*, Higgins 460. Comfortable rooms with shared bath, meal offered too. There are several others, including Mary Sandoval, rooms and meals (US$4.50pp). All **E** pp, none has telephone. **Buses** 6 a week in summer to both Coyhaique and Cochrane, *Los Ñadis* (211460), *Interlagos* (T258203) and *Acuario 13* (T240990).

Southwest of Villa Cerro Castillo, the Carretera continues to afford stunning views, for instance minty-green Lago Verde and the meandering Río Manso, with swampy vegetation punctuated by the silver stumps of thousands of burnt trees, huge mountains behind. **Lago General Carrera** (Lago Buenos Aires in Argentina) straddles the border and, at 2,240 sq km, is the second largest lake in South America. It's an area of outstanding beauty. Sheltered from the icy west winds by the Campo de Hielo Norte, the region also has the best climate in Southern Chile, with little rain and some 300 days of sunshine. The lake crossing is by ferry between Chile Chico and Puerto Ibáñez (see above), but if you're not in a hurry, it's worth taking time to follow the Carretera Austral around the lake's western shores.

Lago General Carrera

Chile

Bahía Murta (Km 198, population: 586), 5 km off the Camino, lies at the northern tip of the central 'arm' of the lake. **E** *Residencial Patagonia*, Pje España 64, comfortable, serves food, and meals also from *El Récor*, US$4 for lunch. Free camping by lake. Tiny **tourist information** hut open summer 1000-1430, 1500-1930.

Petrol from a house with a sign just before Pueto Murta
Public phone in village

Back on the Carretera Austral, **Puerto Río Tranquilo**, Km 223, is a slightly larger hamlet where the buses stop for lunch: fuel is available with accommodation and meals next door (**C** *Hostería Costanera*, T411121, basic, overpriced, with breakfast). Better lodging at **C** *Hostal Los Pinos*, 2 Oriente 41, T419500 (the public phone), and **E** *Cabañas Jacricalor*, before the bridge, T419500, hot shower, good meals, good information for climbers. **Capilla del Marmol**, in fact a limestone cliff vaguely resembling sculpted caves, is reached by a wonderful boat ride itself (ask at petrol station, pay no more than US$30 per boat).

El Maitén, Km 273 south of Coihaique, an idyllic spot at the southwest tip of Lago Gen Carrera, is where a road branches off east along the south shore of the lake towards Chile Chico, while the Carretera Austral continues south to Puerto Bertand. There are two excellent places to stay: just after the bright orange suspension bridge, **A** *La Pasarela*, T411426, utipatagonia@hotmail.com Small comfortable rooms with bath, lakeside setting, welcoming staff, delicious food. 2km further on, **L** *Cabañas Mallín Colorado*, Carretera Austral Km 273, T(02) 274 1807, www.patag onia-pacific.cl Comfortable *cabañas* in sweeping gardens, complete tranquillity, charming owners, 4-day packages available, including transfers from Balmaceda, horseriding, *estancia* trip, superb meals. Highly recommended. All Cochrane buses pass by the entrances to these establishments and will drop off/pick up passengers.

The Río Baker is world renowned for fly fishing, and good accommodation in Puerto Bertrand is accordingly expensive

South of El Maitén the Carretera Austral becomes steeper and more winding (in winter this stretch, all the way to Cochrane, is icy and dangerous). At Km 284, is the hamlet of **Puerto Bertrand**, lying by the dazzling turquoise waters of Río Baker. Accommodation is either a simple room above the village shop and phone box (**E** pp *Hostería Puerto Bertrand*, T419900, with breakfast; **E** *Hospedaje Doña Ester*, Casa No 8), or in one of the luxury *cabañas* that cater for wealthy anglers: **AL** *Río Baker Lodge*, T411499, riobaker@hotmail.com Full board, warmly recommended, also all-inclusive fishing packages. **A** pp *Hostería Campo Baker*, T067-236373, family *cabañas* in a woodland setting, boats, horse riding, and of course, fishing. Continuing towards the south side of the lake: **AL** *Patagonia Baker Lodge and Restaurant*, T411903, www.pbl.cl Stylish *cabañas* in woodland, fabulous views upriver towards rapids and the mountains beyond.

At **Puerto Guadal**, 10 km east of El Maitén, there are shops, a post office, petrol and a lovely stretch of lakeside beach. **AL** *Terra Luna Lodge*, on lakeside, 2 km from village, T431263, www.terra-luna.cl Welcoming well-run place with restaurant. **A** *El Mirador Playa Guadal*, 2 km from Puerto Guadal towards Chile Chico, T/F02-321 8945, www.patagoniaplayaguadal.com *Cabañas* near beach, fishing, walks to nearby waterfalls. Recommended. **D** *Hostería Huemules*, Las Magnolias 382, T411202. With breakfast, good views. Also simple accommodation at **E** pp *Res Maitén*, Las Magnolias. Campsite at east end of village. *Restaurant La Frontera*, Los Lirios y Los Pinos. Minibus to Chile Chico 3-4 a week in summer, fewer in winter. Further east are the villages of Mallín Grande (Km 40) and **Fachinal** (locals will let you stay for free if you have a sleeping bag). Parts of this road were built into the rock face, giving superb views, but also dangerous, unprotected precipices.

Chile Chico

Population: 3,757 It's 9 km to Los Antiguos, Argentina, where food and accommodation are preferable

This is a quiet town in a fruit-growing region, 122 km east of El Maitén. It has an annual fruit festival at end-January. There are fine views from Cerro de las Banderas. The **tourist office** (usually closed) is in the Casa de la Cultura on O'Higgins. An unofficial purple tourist kiosk on the quay where the ferry arrives, sells bus tickets for Ruta 40 (Argentina), but has some accommodation information. **Laguna Jeinimeni**, 52 km from Chile Chico, is a beautiful place with excellent fishing, where you can also see flamingos and black necked swans.

Sleeping and eating **C** *Hostería de la Patagonia*, Camino Internacional s/n, Casilla 91, T411337, F411444. Good food, English, French and Italian spoken, trekking, horse-riding and white-water rafting. Recommended. **E** pp *Casa Quinta No me Olvides/ Manor House Don't Forget Me*, Sector Chacras, Camino Internacional s/n, T8338006. *Hospedaje* and camping, cooking facilities, bathrooms, hot showers, honey, eggs, fruit and vegetables for sale, tours arranged to Lago Jeinimeni and Cueva de las Manos. Recommended. **E** pp *Hospedaje* at *Tel Sur* phone centre, in the middle of O'Higgins. Use of kitchen, helpful owners also sell bus tickets for *La Unión* buses to Los Antiguos and Comodoro Rivadavia. **E** *Hosp Don Luis*, Balmaceda 175, T411384. Meals available. **Camping** Free campsite at Bahía Jara, 5 km west of Chile Chico, then turn north for 12 km. Restaurants: *Cafetería Loly y Elizabeth*, PA González 25, on Plaza serves coffee and delicious ice-cream and cakes. *Café Holiday*, PA González 115, has good beer and coffee. *Café Refer*, O'Higgins 416. Good, despite the exterior. Good. Supermarket on B O'Higgins for lunch.

See above for ferry to Puerto Ibáñez and connecting minibus to Coyhaique

Transport **Minibuses**: run along the south side of the lake to **Cochrane**: *Transportes Ales*, T411739 (also has a good *hospedaje*, **D**), Tue, Sat to **Cochrane**, US$20. *Seguel*, T411443 Mon, Fri 1600, *Ales*, Tue, Thu 1015, and *Sergio Haro*, T411251 to **Puerto Guadal**, US$10.

Best to change money in Coyhaique

Directory **Banks**: ATM in the middle of O'Higgins for Mastercard and Cirrus, not Visa. Dollars and Argentine pesos can be changed in small amounts in shops and cafés, including *Loly y Elizabeth*, at poor rates. **Communications**: Post office on the plaza.

For the border with Argentina, Chilean immigration is 2 km east of Chile Chico. **Border with**
Open 0800-2000. Argentine side closes for lunch 1300-1400. Remember that you **Argentina**
can't take fresh food across in either direction, and you'll need ownership papers if
crossing with a car.

Transport In summer, minibuses run from Chile Chico ferry to Los Antiguos on the Argentine side, US$3 (can pay in Argentine pesos), ½ to 1 hr including formalities: ask on quayside.
Turismo Padilla is reliable T411904. Also *Trans Actrans*, T411841. *La Unión* runs 2 buses a
day, continuing to Perito Moreno and Comodoro Rivadavia - office at *Tel Sur* on main street.
Beware pirate vehicles which don't have the correct papers for crossing to Argentina.

From Puerto Bertand heading south, the road climbs up to high moorland, passing **Cochrane**
the confluence of the Ríos Neff and Baker (there is a *mirador* – lookout – here), *Population: 2,996*
before winding into Cochrane. The scenery is splendid all the way; the road is gener- *343 km S of Coyhaique*
ally rough but not treacherous. Watch out for cattle on the road and take blind cor-
ners slowly. Sitting in a hollow on the Río Cochrane, **Cochrane** is a simple place,
sunny in summer, good for walking and fishing. The **Reserva Nacional Lago
Cochrane**, 12 km east, surrounds Lago Cochrane. Campsite at Playa Vidal. ■ *Boat
hire on the lake costs US$12.* Northeast of Cochrane is the beautiful **Reserva
Nacional Tamango**, with lenga forest, a few surviving huemul deer as well as
guanaco, foxes and lots of birds including woodpeckers and hummingbirds. Access
9 km northeast of Cochrane, along Río Cochrane. There are marked paths for walks
between 45 minutes and 5 hours, up to Cerro Tamango (1,722 m) and Cerro
Temanguito (1,485 m). Take water and food, and windproof clothing if climbing
the Cerros. The views from the reserve are superb, over the town, the nearby lakes
and to the Campo de Hielo Norte to the west. It is inaccessible in the four winter
months. ■ *Ask in the Conaf office about visiting because some access is through private land and tourist facilities are rudimentary, entry US$3.* Horses can be hired for
excursions in the surrounding countryside, eg *Don Pedro Muñoz*, Los Ñadis 110,
T522244, F522245 (recommended). *Samuel Smiol*, T522487, offers tours to the ice-
fields and mountains, English spoken. **Tourist office** at Esmerelda y Dr Steffens,
T522115.

Sleeping and eating B *Hostería Wellmann*, Las Golondrinas 36, T/F522171. Comfortable, *In summer it is*
warm, good meals. Recommended. B *Res Rubio*, Tte Merino 4, T522173. Very nice, breakfast *best to book rooms*
included, lunch and dinner extra. D *Residencia Cero a Cero*, Lago Brown 464, T522158. With *in advance*
breakfast, welcoming. E *Res Cochrane*, Dr Steffens 451, T522377. Also serves dinner,
US$4.25, laundry, camping, hot shower, breakfast. Recommended. Also camping. E *Res El
Fogón*, San Valentín 651, T522240. Its pub is the only eating place open in low season, it's the
best restaurant at any time of year. E *Res Sur Austral*, Prat 334, T522150. Breakfast included,
also very nice. Eating places include *Café Rogeri*, Tte Merino 502, which also has *cabañas*,
E pp including breakfast.

Transport Air *Don Carlos* to **Coyhaique**, Mon, Fri, US$70; also from **Balmaceda**. **Bus**
company agencies: *Don Carlos*, Prat 344, T522150; *Los Ñadis*, Tte Merino y Río Maitén,
T522196. There are buses 6 days a week between Coyhaique and Cochrane, check with companies for current timetables, US$20.*Acuario 13*, Río Baker 349, T522143. *Ales*, T522448, to
Chile Chico, Wed and Sun, US$20. To **Villa O'Higgins**, *Los Ñadis*, Mon via Vagabundo,
return Tue, US$8.50. To **Vagabundo** (for Tortel), *Los Ñadis*, Tue, Thu, Sun, 1000, 2½ hrs, US$7,
Acuario 13 on Tue, Thu, Sun 0930, US$7 (buses connect with boats to Tortel). Petrol is avail-
able, if it hasn't run out, at the *Empresa Comercial Agrícola* (ECA) and at the *Copec* station.

The Carretera Austral runs south of Cochrane and, after 105km, at the rather bleak **Caleta Tortel**
looking Puerto Vagabundo, the road branches west to **Caleta Tortel** (*Population*:
448). This quiet village at the mouth of the river, was until very recently accessible only
by water and has no streets, only walkways of cypress wood (slippery when wet).

Chile

Surrounded by mountainous land with abundant vegetation, it has a cool, rainy climate, and its main trade is logging, though this is declining as the town looks towards tourism. Located between the Northern and Southern Ice Fields, Tortel is within reach of two glaciers: **Glaciar Steffens** is to the north, a 3-hour boat journey and 2½-hour walk, crossing a glacial river in a rowing boat. A speedboat for nine people costs US$100 and a *lancha* US$120 for 12. **Glaciar Jorge Montt** is to the south, 5 hours by *lancha* through landscapes of pure ice and water, US$220 for 12 people, 2 hours by speedboat, US$170 for nine. Another boat trip is to the **Isla de los Muertos**, which has an interesting history. For all information and boat charters, contact the Municipality, T/F067-211876. There is a post office, open Monday-Friday 0830-1330, mail leaves on the Wednesday flight. The phone office number is T234815. The bank arrives by plane twice a month and doctors and nurses visit the medical centre monthly.

Sleeping and eating E pp *Hostal Costanera*, Sra Luisa Escobar Sanhueza, T/F234815. Cosy, warm, attractive, lovely garden, full board US$21. **F** pp *Hosp Casa Rural Sra Elisa Urrutia Iníquez*, full board US$18. **F** pp *Hosp Casa Rural Sra Brunilda Landeros Sepúlvevda*, US$16. All offer breakfast (US$2-2.50); all prices cheaper in low season. Free campsite near the beach, 15-mins' walk south of main plaza, cold showers, drinking water, long drop, fire places and cooking area. *Café Celes Salom*, bar/restaurant serving basic meals, club night on Sat, occasional live bands.

Transport *San Rafael* flies to Tortel and *Don Carlos* to Villa O'Higgins, see under Coyhaique. **Boat**: At time of writing, there is still a public boat service Vagabundo-Caleta Tortel, *lancha*, runs Tue, Thu and Sun, 1400 (returns 1000), 3 hrs; return, upstream, 5 hrs, US$2, primarily for residents, tourists taken only if there is space. T211876. A speedboat, *chata*, runs charter services, 1½ hrs, US$9.50. Buses from Cochrane connect with boats.

Once a month there is a boat from Tortel to **Puerto Edén** (US$3, 24 hrs, rough, cold and uncomfortable, but very interesting). For the adventurous traveller who gets the timing right (ask the Municipalidad in Tortel in advance), you can catch the *Navimag* boat in Puerto Edén and continue to Puerto Natales. By going in stages from Puerto Montt to Tortel on the Carretera Austral, this works out cheaper than taking *Navimag* all the way.

Villa O'Higgins The Carretera Austral runs to Puerto Yungay (122 km from Cochrane), then another 110 km to **Villa O'Higgins**. There is one free ferry crossing between Yungay (military base) and Río Bravo (1000, 1200, 1500 from Yungay, return 1100, 1300, 1600, 4-5 cars). The road beyond Río Bravo is very beautiful, but often closed by bad weather (take food – no shops on the entire route, few people and few vehicles for hitching). At O'Higgins there is *Hospedaje Patagonia*, Río Pascua 1956, T234813, and *Hospedaje y Residencial Apocalipsis 1:3*, Pasaje Lago El Salto 345, T216927, good value (both **E** pp), various *cabañas* and private lodgings. Information is available from the Municipalidad, Lago Christie 121, T/F067-211849. It is possible to go from Villa O'Higgins to El Chaltén, Argentina: there is a boat every two weeks from O'Higgins, then you have to trek 35 km (can be done with a bike with 2 hrs carrying). A new boat is being built so more regular journeys can be expected in 2004.

Parque Nacional Laguna San Rafael

The glacier is disintegrating and is predicted not to last beyond 2011. Some suggest that the wake from tour boats is contributing to the erosion

Some 150 nautical miles south of Puerto Aisén is the **Laguna San Rafael**, into which flows a glacier, 30 m above sea level and 45 km in length. The glacier has a deep blue colour, shimmering and reflecting the light. It calves small icebergs, which seem an unreal, translucent blue, and which are carried out to sea by wind and tide. The glacier is very noisy; there are frequent cracking and banging sounds, resembling a mixture of gunshots and thunder. When a hunk of ice breaks loose, a huge swell is created and the icebergs start rocking in the water. The thick vegetation on the shores, with snowy peaks above, is typical of Aisén. The glacier is one of a group of four that flow in all directions from Monte San Valentín. This icefield is part of the **Parque Nacional Laguna San Rafael** (1,740,000 ha), regulated by *Conaf*. In the national park are puma, pudú (miniature deer), foxes, dolphins, occasional sealions and sea otters, and many species of bird. Walking trails are limited (about 10 km in all) but a lookout platform has been constructed, with fine views of the glacier. ■ *Park entry US$6. At the glacier there is a small ranger station which gives information; a pier and 2 paths have been built. One path leads to the glacier.*

Transport Air Taxi from Coyhaique (*Aerohein*), US$120 each if party of 5, flight only, US$160 including boat trip. Charters are also run by *Don Carlos* and *San Rafael*. The flights, which can be very rough, give a fine view before landing, after which there is a launch trip (5 hrs in all). **Sea** The official cruises are: *Skorpios 1,2* and *3* (see under Puerto Montt); *Catmaranes del Sur* and *Navimag*'s *Edén*. *Patagonia Express* runs catamaran trips from Puerto Chacabuco to Laguna San Rafael via Termas de Puyuhuapi, in tours lasting 4-6 days, from Puerto Montt via Coyhaique including the catamaran service, the hotel stay at Termas de Puyuhuapi and the day excursion to Laguna San Rafael (see page 698). Other charters are available, such as *Cordillera Primera* or *Empresa Cordillera*, Cochrane 845 esq Condell, Puerto Aisén, T/F332929, 8 passengers, 3-day trip, US$290 pp including all food and open bar throughout. Similarly *Iceberg Expedition* from *Hostería Coyhaique* in Coyhaique, US$254 pp. Private yachts can be chartered in Puerto Montt for 6-12 passengers. Alternatively ask at *Sernatur* in Puerto Aisén about contracting a fishing boat (18-20 hrs each way).

The only access by plane or by boat The glacier is equally spectacular from the air or the sea

Chilean Patagonia

Santiago

Chile

This wild and wind-blown area, covering the glacial regions of southern Patagonia and Chilean Tierra del Fuego, is beautiful and bleak, with stark mountains and open steppe. Little vegetation survives here and few people; though it represents 17.5% of Chile's total area, it is inhabited by under 1% of the population. The southernmost city of Punta Arenas and the attractive, quiet port of Puerto Natales are the two main centres, the latter being the gateway to the Torres del Paine and Balmaceda national parks. In summer it is a wonderful region for climbing, hiking, boat trips and the southernmost crossings to Argentina.

Summers are sunny and very variable, with highs of 15° C. In winter snow covers the country, except those parts near the sea, making many roads more or less impassable, except on horseback. Cold, piercing winds blow, particularly in spring, when they may exceed 100 km an hour. In summer, too, windproof clothing is a must.

Despite chilly temperatures, protection against the sun's ultraviolet rays is essential here.

Punta Arenas

The most southerly city in Chile, Punta Arenas lies on the eastern shore of the Brunswick Peninsula facing the Straits of Magellan at almost equal distance from the Pacific and Atlantic oceans. Founded in 1843, it has grand neo-classical buildings and an opulent cemetery, testimony to its wealthy past as a major port and centre for exporting wool. In the late 19th century, Salesian Missions were established to control the indigenous population so sheep farming could flourish. The city's fortunes slumped when the Panama Canal opened in 1924, but it remains a pleasant place, with attractive, painted wooden buildings away from the centre and superb fish restaurants. Good roads connect the city with Puerto Natales, 247 km north, and with Río Gallegos in Argentina.

Phone code: 061 Colour map 9, grid C2 Population:150,000 2,140 km S of Santiago If coming from Argentina, note that Chile is twice as expensive

In the centre of the **Plaza Muñoz Gamero** is a striking statue of Magellan with a mermaid and two indigenous Fuegians at his feet. Around the plaza are a number of impressive neo-classical buildings, the former mansions of the great sheep ranching families of the late 19th century. **Palacio Sara Braun**, (1895), now a hotel, has elegant rooms which are open to the public. Around the corner, on Magallanes is the

Sights
Calle Pedro Montt runs east-west, while Calle Jorge Montt runs north-south

Teatro Cervantes (now a cinema with beautifully decorated interior). The fascinating **Museo de Historia Regional Braun Menéndez** is at Magallanes 949. Once the mansion of Mauricio Braun, built in 1905, it has fabulously decorated rooms, with ornate furniture, paintings and marble and crystal imported from Europe. ■ *Mon-Sat 1030-1700, Sun 1030-1400 summer (1100-1300 winter), US$1.50. Guided tours in Spanish, information in English. T244216. Highly recommended.* Further north, at Avenida Bulnes 929, is the impressive **Cemetery**, charting a history of European immigration and shipping disasters through the huge mausoleums, divided by avenues of huge trees. ■ *Daily, 0800-1800.*

The perfect compliment to this is **Museo Regional Salesiano Mayorino Borgatello**, in the Colegio Salesiano, Avenida Bulnes 336 (entrance next to church), covering the fascinating history of the indigenous peoples and their education by the Salesian missions, beside an array of stuffed birds and gas extraction machinery. The Italian priest, Alberto D'Agostini, who arrived in 1909 and presided over the missions, took wonderful photographs of the region and his 70-minute film can be seen on video (ask). ■ *Daily 1000-1230, 1500-1800, (hours change frequently), US$2. T241096. Highly recommended.* The **Instituto de la Patagonia**, Avenida Bulnes Km 4 north (opposite the University), has an open-air museum with artefacts used by the early settlers, pioneer homes, library and botanical gardens. ■ *Outdoor exhibits open Mon-Fri 0830-1130, 1430-1830, Sat 0830-1230, US$2, T244216.*

Museo Naval y Marítimo has shipping instruments, maps, photos, paintings and relics from the Chilean navy and famous navigators. Recommended. ■ *Mon-Sat 0930-1230, 1500-1800. Pedro Montt 981.* West of the Plaza Muñoz Gamero on Calle Fagnano is the **Mirador Cerro de La Cruz** offering a view over the city. The **Parque María Behety**, south of town along 21 de Mayo, features a scale model of Fuerte Bulnes and a campsite, popular for Sunday picnics. West of town (9 km) is the **Reserva Forestal Magallanes**, with several places to visit, including a hill with beautiful views over town and the surroundings. ■ *US$1.50. Taxi US$4.*

Sleeping
■ *on map*
Hotel prices are substantially lower during winter months (Apr-Sep) Most hotels include breakfast in the room price

LL *José Nogueira*, Plaza de Armas, Bories 959 y P Montt, in former Palacio Sara Braun, T248840, www.hotelnogueira.com   Best in town, stylish rooms, warm atmosphere, excellent service. Smart restaurant in the beautiful loggia. A few original rooms now a `museum', with a portrait of Sara Braun (1000-1300, 1800-2030, US$2). **LL** *Finis Terrae*, Colón 766, T228200, www.hotelfinisterrae.com   Modern, international style, comfortable, panoramic views from restaurant and lounge, English spoken. Recommended. **L** *Tierra del Fuego*, Colón 716, T/F226200. Spacious, tasteful, TV, 2nd floor rooms have kitchenette. Popular *Café 1900* downstairs, excellent restaurant open to non residents. Recommended.

B *Hostal de la Avenida*, Colón 534, T247532. Attractive rooms, TV, pretty courtyard, welcoming. **B** *Hostal Calafate 2*, Magallanes 926, T/F241281, www.calafate.cl Rather shambolic, with simple pleasant rooms and dodgy bathrooms, on a noisy road but central, fair value, internet, travel agency, English spoken. Also *Hostal Calafate 1*, Latuaro Navarro 850, T/F248415, same price, quieter. **B** *Hostal Carpa Manzano*, Lautaro Navarro 336, T/F248864. Comfortable rooms, quiet area. Recommended. **B** *Monte Carlo*, Av Colón 605, T/F243438. Charming old building, a little run down, welcoming, restaurant serves cheap basic fillers. **C** *Hostal José Menéndez*, José Menéndez 882, T/F221279. Convenient for Ushuaia bus, family-run, helpful, also dormitory. **D** *Sra Carlina Ramírez*, Paraguaya 150, T247687. Hot water, safe motorcycle parking, meals. Recommended. **D** Hospedaje Magallanes, Magallanes 570, T228616. Nice rooms with shared bath, relaxed atmosphere. Recommended. **D** *Hostal Torres del Paine*, Chiloé 1370 e Independencia, T245211. **E** with shared bath, lots of space in family home with 2 kitchens, luggage store, big sitting room. **D** pp *Luna Hostal*, O'Higgins 424, hostalluna@hotmail.com   Quiet house with delightful rooms, comfy beds with duvets.

Accommodation in private houses, usually E pp, ask at tourist office

E pp *Hostal al Fin del Mundo*, O'Higgins 1026, T710185. New hostel in lovely house 2 blocks from plaza, run by young Chilean couple, welcoming and helpful, English spoken, laundry, internet. Highly recommended. **E** pp *Hosp Gloria*, Mejicana 1174, T227678. Shared bath, good showers, quiet, use of kitchen. **E** pp *Alojamiento Golondrina*, Lautaro

Navarro 182, T229708. Hot water, kitchen facilities, meals served, English spoken. Recommended. **E** *Hospedaje Independencia*, Independencia 374, T227572, independencia@chileaustral.com Use of kitchen, laundry. Highly recommended. **E** pp *Manuel*, O'Higgins 646-8, T245441, F220567. Big dormitories, kitchen, hot shower. **E** pp *Hostal Martita*, Colón 1195, T223131, alojamientobetty@hotmail.com Without bath, good. **E** pp Monterrey, Bories 621, T220636, monterrey@turismoaventura.net Tiny rooms with TV, clothes washing, use of kitchen, comfortable, charming people, great breakfast. **E** *Nena's*, Boliviana 366, T242411. Highly recommended. **E** pp *O'Higgins 879*. Heating, cable TV, nice.

Punta Arenas

Chile

0 metres 200
0 yards 200

■ **Sleeping**
1 Alojamiento Golondrina *A3*
2 Backpackers' Paradise *B3*
3 Finis Terrae *C2*
4 Hospedaje Gloria *B3*
5 Hospedaje Magallanes *B2*
6 Hostal Al Fin del Mundo *C3*
7 Hostal Calafate II *C2*
8 Hostal Carpa Manzano *B3*
9 Hostal de la Avenida *C2*
10 Hostal José Menéndez *C2*
11 Hostal Martita *C3*
12 Hostal Paradiso *A3*
13 Hostal Torres del Paine *D2*
14 José Nogueira & Palacio Sara Braun *C2*
15 Luna Hostal *B3*
16 Manuel *B3*
17 Monte Carlo *C2*
18 Monterrey *B2*
19 O'Higgins 879 *C3*
20 Residencial Sonia Kuscevic *A2*
21 Sra Carlina Ramírez *D1*
22 Tierra del Fuego *C2*

● **Eating**
1 Centro Español *D2*
2 Dino's Pizza *B2*
3 El Puerto Viejo *D3*
4 El Quijote *C3*
5 La Casa de Juan *C3*
6 La Mama *C2*
7 Las Asturias *C3*
8 Los Patiperros *C2*
9 Lomit's *C2*
10 Natta Pizza *B2*
11 Quick Lunch Patagónico *D1*
12 Sotitos *D3*

● **Bars & clubs**
13 La Taverna *C2*
14 Pub Olijoe *D3*

F pp *Backpackers' Paradise*, Carrera Pinto 1022, T222554, backpackers_paradise_chile@yahoo.com Popular, limited bathroom facilities, only curtains dividing the large dormitories, not exactly comfortable, cooking and laundry facilities, internet, luggage store, can book *refugios* in Torres del Paine. **F** pp *Ely House*, Caupolicán 75, T226660. Lovely, with breakfast, comfortable, heating and hot water, kitchen, collect from airport. **F** *Hostal Paradiso*, Angamos 1073, T224212. Lovely simple place, breakfast, parking, use of kitchen, great value, welcoming. Recommended. **F** pp Res Sonia Kuscevic, Pasaje Darwin 175, T248543, www.hostalsk.50megs.com Popular and chaotic, with shoddy bathrooms, very helpful, HI accepted, sheets provided, lockers, kitchen, tours organised.

Camping Camping gas canisters from *Danilo Jordán*, O'Higgins 1120.

Eating
● *on map*
Many eating places close Sun. Some of the main hotels have good value set lunches and dinners

Expensive: *El Puerto Viejo*, O'Higgins 1205, T225103.Good seafood and pastas in bright, chic nautical surroundings.*Sotito's*, O'Higgins 1138. An institution, famous for seafood in elegant surroundings. Book ahead in season. **Mid-range**: *Las Asturias*, Navaro 967. Recommended for seafood, imaginative Basque-inspired menu with meat dishes too, good value and service, popular with locals. Recommended. *Centro Español*, Plaza Muñoz Gamero 771, above Teatro Cervantes. Large helpings, limited selection. *Natta Pizza*, Bories y Mejicana. Cheery place with good choice of pizzas. *Quick Lunch Patagónico*, Sanhueza 1198. Good, Mexican, vegetarian and Chinese. *La Mama*, Sanhueza 720. A bit greasy but friendly and convenient for buses. **Cheap**: *Dino's Pizza*, Bories 557. Good value pizza in a cheerful fast food atmosphere. Lots of choice. *El Quijote*, Lautaro Navarro 1087. Good sandwiches and mid-range dinners, bright atmosphere. Recommended. *La Casa de Juan*, O'Higgins 1021. Spanish food. *Lomit's*, Menéndez 722. Cheap snacks and drinks, open when the others are closed. *Los Patiperros*, Colón 782. Tasty seafood lunches, Chilean soup *cazuela de pollo* recommended.

NB *Centolla* (king crab) is caught illegally by some fishermen using dolphin, porpoise and penguin as live bait. There are seasonal bans on *centolla* fishing to protect dwindling stocks, do not purchase *centolla* out of season. At times *centolla* fishing is banned if the crabs are infected with red tide, (*marea roja*) a disease which is fatal to humans, and at these times bivalve shellfish must not be eaten. Mussels should not be picked along the shore owing to pollution and the *marea roja*. Sernatur and the *Centros de Salud* have leaflets.

Bars & clubs *La Taverna*, on the plaza at Magallanes y Roca. Good for evening drinks. *Pub Olijoe*, O'Higgins 1138. Like a traditional British pub, just off the Costanera, for beer in a lively atmosphere. *Kamikaze*, Bories 655. Popular club with tourists. Recommended. *Drive-In Los Brujos*, Costanera, Km 7.5, T212600.

Shopping Punta Arenas has certain free-port facilities; but Zona Franca, 3½ km north of the centre, opposite Museo Instituto de la Patagonia, is hardly cheaper than elsewhere. Closed 1230-1500 and Sun (bus E or A from Plaza Muñoz Gamero; many colectivo taxis; taxi US$3). **Handicrafts** *Artesanías Ñandú*, O'Higgins 1401, *Artesanía Ramas*, Independencia 799, *Chile Típico*, Carrera Pinto 1015 and outdoor stalls at the bottom of Independencia, by the port entrance. **Food and drink** Delicious hand-made chocolate from *Chocolatta*, Bories 852. *Cava de la Patagonia*, Magallanes on the Plaza. For Chilean wines. **Outdoor Clothing** Good quality clothes and wool goods at Fagnano 675. **Supermarkets** *Abu-Gosch*, Bories 647, *Cofrima*, Lautaro Navarro 1293 y Balmaceda. *Cofrima 2*, España 01375. *Listo*, 21 de Mayo 1133. *Marisol*, Zenteno 0164.

Sport & activities **Skiing** Cerro Mirador, only 9 km west of Punta Arenas in the Reserva Nacional Magallanes, one of the few places where one can ski with a sea view. *Transtur* buses 0900 and 1400 from in front of *Hotel Cabo de Hornos*, US$3, return, taxi US$7. Daily lift-ticket, US$7; equipment rental, US$6 per adult. Mid-way lodge with food, drink and equipment. Season Jun-Sep, weather permitting. In summer there is a good 2-hr walk on the hill, with labelled flora. Contact the **Club Andino**, T241479, www.clubandino.tierra.cl about crosscountry skiing facilities. Also skiing at Tres Morros.

Turismo Aonikenk, Magallanes 619, T228332. www. aonikenk.com Excellent tailor-made, multi adventure and trekking tours for all levels of fitness, top of the market, French, German, English spoken. Highly recommended. *Arka Patagonia*, Magallanes 345, T248167, www.arkaoperadora.com All types of tours, rafting, fishing, etc. *Turismo Aventour*, J Nogueira 1255, T241197, aventour@entelchile.net Specialize in fishing trips, organize tours to Tierra del Fuego, helpful, English spoken. *Turismo Comapa*, Magallanes 990, T200200, www.comapa.com Tours to Torres del Paine, Tierra del Fuego and to see the penguins at Isla Magdalena. Also sell tickets for sailings Puerto Montt to Puerto Natales. Agents for *Cruceros Australis* (see below). *Turismo Laguna Azul*, Menéndez 631, T245331, www.payne.cl Trekking to San Isidro lighthouse, bird watching walks, Pali Aike all-day trips, *Estancia Punta Delgada*, including lunch. *LMB Turismo Aventura* , Colón y Sanhueza, T229706, www.turismo aventuralmb.com Adventure tours, horseriding and kayaking. *Patagonia Adventure Leaders*, T240104 (main office Eberhard 595, Puerto Natales, T413553), www.patagoniaaustral.net/pal Penguin Adventure Line, daily departures from Punta Arenas to Puerto Natales at 1500, via penguin colony at Otway Sound. US$17 compared to US$9 for bus, stops for photos, friendly guide, can request English speaker. *Turismo Yamana*, Colón 568, T235773, www.yamana.cl Conventional tours, trekking in Torres del Paine, kayaking in the Magellan straits, multilingual guides, camping equipment provided. Recommended. *Viento Sur*, Fagnano 585, T225167, T/F228712, www.vientosur.com Horse riding, kayaking in the Magellan straits, and hiking at Pale Aike, mountain biking up Mt Fenton, plus Torres del Paine.

Tour operators

Most organize tours to Torres del Paine, Fuerte Bulnes and pingüinera on Otway sound

Local Car hire: *Payne*, José Menéndez 631, T245331, www.payne.cl *Internacional*, Waldo Seguel 443, T228323. **NB** You need a hire company's authorization to take a car into Argentina. This takes 24 hrs (not Sat or Sun) and involves mandatory international insurance at US$240. **Taxis**: ordinary taxis have yellow roofs. Colectivos (all black) run on fixed routes, US$0.50 for anywhere on route. Reliable service from *Radio Taxi Austral*, T247710/244409.

Transport

All transport is heavily booked from Christmas to Mar: advance booking strongly advised

Long distance Air: Carlos Ibáñez de Campo Airport, 20 km north of town. Bus service by *Buses Transfer*, Pedro Montt 966, entre Navarro y O'Higgins, scheduled to meet flights, US$2.50. Buses to **Puerto Natales** also stop. *DAP* have their own bus service to town, US$4. Taxi US$12. To **Santiago**, *LanChile and Lan Express* daily, via **Puerto Montt**. When no tickets are available, go to the airport and get on the standby list. To **Porvenir**, *Aerovías DAP* twice daily Mon-Sat, 12 mins, US$23. To **Puerto Williams**, daily Mon-Sat, 1¼ hrs, US$71. Also Puerto Natales-El Calafate (see below) and Antarctic trips including simple accommodation: Isla Rey Jorge 1 day, 2 days to 4 days, US$3,800. **Services to Argentina**: To **Ushuaia**, *DAP* twice a week, US$120 (schedules change frequently).

Buses: **Company offices**: *Pingüino*, T221812, *Sur* and *Fernández*, Sanhueza 745, T242313, www.busesfernandez.com *Pacheco*, Colón 900, T242174; *Central de Pasajeros*, Colón y Magallanes, T245811, office for booking all tickets, including *Sur*, T244464. *Bus Sur 2*, Menéndez 565, T242078. *Ghisoni*, Lautaro Navarro 975, www.ghisoni.terra.cl **Bus services**: To **Puerto Natales**, 3½ hrs, *Fernández*, *Bus Sur*, and *Buses Transfer* several every day, last departure 2000, US$5, with pick-up at the airport, book in advance. *Ghisoni* and *Austral* have services through Argentina to **Osorno** and **Puerto Montt**. Fares: to Puerto Montt or Osorno US$55 (cheaper off season), 36 hrs.

Take passport when booking tickets to Argentina. There's no central bus terminal; buses leave from company offices.

To **Río Gallegos**, Argentina, via Punta Delgada, *Pingüino* daily; *Ghisoni*, Mon, Wed, Thu, Sat; *Pacheco*, Sun, Tue, Fri. Fares US$11, officially 5 hrs, but can take up to 8, depending on customs, 15 mins on Chilean side, up to 2 hrs on Argentine side, including 30 mins lunch at Km 160. To **Río Grande** and **Ushuaia** via **Punta Delgada** (none via Porvenir) *Pacheco*, Mon, Wed, Fri; *Ghisoni* Tue, Thu, Sat , 8-9 hrs, US$20, heavily booked.US$30 to Ushuaia, 12-14 hrs. Book well in advance in Jan-Feb.

Ferries Services to **Porvenir** (Tierra del Fuego), daily except Mon, 0900, Sun 0930. Same boat goes on to penguin colony at Isla Magdalena (until Mar). US$35, includes guide: *Agencia Broom*, Bulnes 5075 (Tres Puentes), through *Comapa*, see Tour operators, above.

Shipping Offices *Navimag*, in the same office as *Comapa* (*Compañía Marítima de Punta Arenas*), Magallanes 990, T200200, www.navimag.com, www.comapa.com **Shipping**

Services For *Navimag* services Puerto Montt–Puerto Natales, see under Puerto Montt (confirmation of reservations is advised). Highly recommended is the cruise from Punta Arenas through the Magellan Straits and the 'avenue of glaciers' to Ushuaia, Puerto Williams and Cape Horn on *Mare Australis*. Lots of opportunities to disembark and see wildlife, very comfortable, unforgettable experience. 7-12 days, can just go as far as Ushuaia. Details from *Comapa*, and www.australis.com US$1,600 in summer for 2 people. Advance booking (advisable) from *Cruceros Australis SA*, Santiago office, T02-442 3110, Buenos Aires office, T011-4325 8400.

To Antarctica Other than asking in agencies for possible spare berths on cruise ships, the only possibility is with the Chilean Navy. The Navy itself does not encourage passengers, so you must approach the captain direct. Spanish is essential. Two vessels, *Galvarino* and *Lautaro*, sail regularly (no schedule); usual rate US$80 pp per day, including 4 meals. isotop@mitierra.cl

Directory **Airline offices** *LanChile*, Lautaro Navarro 999, T241232, F222366. www.lanchile.cl *Aerovías DAP*, O'Higgins 891, T223340, www.aeroviasdap.cl Open 0900-1230, 1430-1930. Helpful. **Banks** Most banks and some supermarkets have ATMs; many on the Plaza. Banks open Mon-Fri 0830-1400. *Casas de cambio* open Mon-Fri 0900-1230, 1500-1900, Sat 0900-1230. Good rates at *Cambio Gasic*, Roca 915, Oficina 8, T242396, German spoken. *La Hermandad*, Lautaro Navarro 1099, T243991, excellent rates, US$ cash for Amex TCs. *Scott Cambios*, Magallanes y Colón, T227145. *Sur Cambios*, Lautaro Navarro 1001, T225656, accepts TCs. Outside business hours try *Buses Sur*, Colón y Magallanes, and the major hotels (lower rates). **Communications** Internet: All over the centre. *Cybercafé del Sur*, Croacia 1028; *Hostal Calafate 2*, Magallanes 926, fast and efficient. **Post Office:** Bories 911 y J Menéndez. Mon-Fri 0830-1930, Sat 0900-1400. **Telephone:** for international and national calls and faxes (shop around): *Entel*, Lautaro Navarro 957, Mon-Fri 0830-2200, Sat-Sun 0900-2200, expensive. *La Hermandad*, Bories 781. **Consulates** **Argentina**, 21 de Mayo 1878, T261912, open 1000-1530, visas take 24 hrs. **Belgium**, Roca 817, Oficina 61, T241472. **Italy**, 21 de Mayo 1569, T221596. **Netherlands**, Magallanes 435, T248100. **Spain**, J Menéndez 910, T243566. **UK**, Cataratas de Nicaragua 01325, T211535. **Medical services** Hospitals: **Hospital Regional Lautaro Navarro**, Angamos 180, T244040. Public hospital, for emergency room ask for *La Posta*. Has good dentists. **Clínica Magallanes**, Bulnes 01448, T211527. Private clinic, minimum US$45. **Hospital Naval**, Av Bulnes 200 esq Capitán Guillermos. Open 24 hrs, good, friendly staff. Recommended. **Tourist offices** *Sernatur*, Magallanes 960, T241330, www.sernatur.cl 0830-1745, closed Sat and Sun. Much more helpful is the tourist information *kiosk* in the plaza, opposite *Centro Español*. Friendly staff, good town map with all hotels and internet places marked, English spoken. Mon-Fri 0800-1900, Sat 0900-1900, Sun 0900-1300. Informacionturistica@puntaaenas.cl

Around Punta Arenas At 56 km south, **Fuerte Bulnes** is a replica of the wooden fort erected in 1843 by the crew of the Chilean vessel *Ancud* to secure Chile's southernmost territories after Independence. Little to see but an interesting story. Nearby is Puerto de Hambre. Tours by several agencies, US$12.

Parque Nacional Pali Aike, near Punta Delgada. One of the oldest archaeological sites in Patagonia (Pali Aike means 'desolate place of bad spirits' in Tehuelche). Evidence of aborigines from 10,000-12,000 years ago, in an extraordinary place with volcanic rock of different colours. Tour operators offer a full day trip, US$60.

Isla Magdalena, a small island 30 km northeast, is the location of the **Monumento Natural Los Pingüinos**, a spectacular colony of 60,000 pairs of Magellanic penguins, who come here to breed between November and January. Magdalena is one of a group of three islands (the others are Marta and Isabel), visited by Drake, whose men killed 3,000 penguins for food. ■ *Boat of Agencia Broom (see Ferries to Tierra del Fuego, below) booked through* Comapa *(see Tour operators), Tue, Thu, Sat at 1530 (Dec-Feb only), 2 hrs each way, with 1 hr on the island, returns 2100, US$30; take your own refreshments, expensive on board. Highly recommended, cancelled if windy.* Some 70 km north of Punta Arenas, **Otway Sound** is the site of a small colony of Magellanic penguins, viewed from walkways and bird hides, best seen in the morning (November-March only). Rheas can also be seen. Bus with *Fernández* 1530, return 1930, US$12 . Tours by several agencies, US$17, entry US$4. Useful tour goes on to Puerto Natales, daily with *Patagonia Adventure Leaders* (see below).

Puerto Natales

Beautifully situated on the calm waters of Canal Señoret fjord, an arm of the Ultima Esperanza Sound, edged with spectacular mountains, Puerto Natales is a quiet town of brightly painted corrugated tin houses. It's the base for exploring the magnificent Balmaceda and Torres del Paine national parks, and although inundated with visitors in the summer, it retains an unhurried feel, a recommended place to relax for a few days. **Museo Histórico**, Bulnes 285, has displays and photos of early coloniz - ers.■ *Open Mon-Fri 0900-1300, 1500-2000, weekends afternoon only. Free.* Lovely walks along the waterfront or up to **Cerro Dorotea**, which dominates the town, with superb views. Take any bus going east and alight at the road for summit (Km 9.5).

The **Monumento Natural Cueva Milodón** (70 m wide, 45 m high and 270 m deep), 25 km north, is a cave formed by ice-age glacial lakes. Remains were found of a prehistoric ground-sloth, together with evidence of occupation by early Patagonian humans some 11,000 years ago. There is a small, well-presented visitor centre, toilets. ■ *US$5 to enter park, camping allowed. Regular bus from Prat 517, T412540, leaves 0945 and 1500, returns 1200 and 1700. US$7.50; taxi US$18 return or check if you can get a ride with a tour;* both Adventur *and* Fernández *tour buses to Torres del Paine stop at the cave.*

LL *Costa Australis*, Pedro Montt 262, T412000, www.australis.com Very comfortable, tranquil, lovely views, lift, English spoken, waterfront restaurant serves international and local seafood. Recommended. **L** *Martín Gusinde*, Bories 278, T412770, www.chileaustral.com/grey American buffet breakfast included, ultra-modern, smart, parking, expensive restaurant. **AL** *Saltos del Paine*, Bulnes 156, T 413607, www.saltosdelpaine.cl/ Modern, warm and cosy rooms, eclectic décor, breakfast included, a bit overpriced. **AL** *Hostal Lady Florence Dixie*, Bulnes 659, T411158, florence@chileanpatagonia.com Modern, hospitable. Recommended. **A** *Hostal Sir Francis Drake*, Phillipi 383, T411553, www.chileaustral.com/francisdrake Calm and welcoming, tastefully decorated, filling breakfast, good views. Recommended. **A** *Cabañas Koten Aike*, on the Costanera at Km 2, T412581. Modern, comfortable, well-maintained chalet style, lake views, sleeping 4 to 6. **B** *Lago Sarmiento*, Bulnes 90, T411542, www.hotellago sarmiento.galeon.com Smart, simple, dodgy bathrooms, good value (**D** in low season), comfortable living room with good view.

B *Concepto Indigo*, Ladrilleros 105, T413609, www.conceptoindigo.com Relaxed atmosphere, on the water front, great views, small rooms simply furnished, cheaper without bath, breakfast included, café/restaurant serves good seafood and vegetarian dishes, internet access. **C** *Blanquita*, Carrera Pinto 409. Quiet, simple rooms, stores luggage. Recommended.**D** pp *Casa Cecilia*, Tomás Rogers 60, T/F411797, redcecilia@entelchile.net Welcoming, popular, with small simple rooms, some singles, other doubles **B** with bath, great breakfast. English, French and German spoken, rents camping equipment and bicycles, booking for tours and information for Torres del Paine, also shared rooms with bunk beds. Recommended. **D** *Hostal Patagonia*, Patagonia 972, T412756. Helpful, tea and biscuits at any time, tours booked, laundry service, use of kitchen. **D** pp *Res Dickson*, Bulnes 307, T411871, lodgin@chileaustral.com Good value, with breakfasts, helpful, cooking and laundry facilities.

E pp *Patagonia Adventure*, Tomás Rogers 179, T411028, patagonia_adventure@terra.cl Lovely old house, young owners Karin and Pablo, bohemian feel, shared bath, good value, homemade bread for breakfast, luggage store, equipment hire. Recommended. **E** pp *Albergue Path@Gone*, Eberhard 595, T413291, www.chileaustral.com/pathgone Comfortable beds in dormitories, good bathrooms, breakfast included. Also helpful agency for Torres del Paine. **E** pp *Hosp Dos Lagunas*, Barros Araña 104, T415733, doslagunas@hotmail.com Lovely hospitable place with good breakfast, dinner available, shared bath, use of kitchen, TV and reading room, excursions and buses booked, lots of information. **E** pp *Res El Mundial*, Bories 315, T412476, elmundial@fortalezapatagonia.cl Large breakfast, good value meals, luggage stored. **E** *Mwono Lodge*, Eberhard 214, T411018, www.mwono patagonia.cjb.net Nice, brightly decorated place with comfy shared rooms, breakfast included. Recommended. **E** pp *Niko's II*, Phillipi 528, ½ block from Plaza de Armas, T411500. **C** with bath

Phone code: 061
Colour map 9, grid C1
Population: 20,500
247 km N of
Punta Arenas

Sleeping
■ *on map*
In season cheaper accommodation fills up quickly after the arrival of the Magallanes ship from Puerto Montt

Chile

and TV, breakfast included, heating, English spoken, book exchange, information, tours to Paine and Perito Moreno glacier, tent rental. **E** pp *Sra Teresa Ruiz*, Esmeralda 463. Good value warm and quiet, breakfast included, also cheap meals, tours to Torres del Paine arranged. **F** *Residencial Bernadita*, O'Higgins 765. Nice place, good value. **F** *Bulnes*, Bulnes 407, T411307. With breakfast, simple but charming, comfortable, laundry facilities, stores luggage. **F** *Res Lili*, Bories 153, T414063. Nice rooms, kitchen, laundry, internet, helpful, cheap tours arranged. Recommended. **F** pp *Hosp Nancy*, Bulnes 343, T411186. Good breakfast, shared bath, warm and hospitable, use of kitchen, information. **F** *Niko's*, E Ramírez 669, F412810. With breakfast, hospitable, basic, family-run, kitchen facilities, luggage store, good meals.

Camping *Josmar 2*, Esmeralda 517, in centre. Family run, convenient, hot showers, parking, barbecues, electricity, café, US$2.50 per site or **F** pp in double room. *Camping Daysee*, Av España, Huerto no 70, T 411281. US$4 per site, all facilities, hot showers, laundry service, call from bus terminal for free pickup.

Hotels in the countryside open only in summer months: dates vary

North of Puerto Natales are **L** *Cisne de Cuello Negro*, T244506, T411498 (Av Colón 782, Punta Arenas, pehoe1@ctcinternet.cl). In a splendid lakeside setting, 5 km from town at Km 275 near Puerto Bories. Comfortable, excellent cooking. **L** *Hostería y Refugio Monte Balmaceda*, T220174, aventour@entelchile.net or info@aventouraventuras.com Beautifully situated on Ultima Esperanza sound, close to the Río Serrano. Comfortable rooms and *refugio* with well-lit, giant tents, beds and bathrooms, restaurant. Also organise tours and rent equipment. Handy for boat trip up Río Serrano. Recommended. **A** *Hotel 3 Pasos*, 40 km north, T228712, agencia@vientosur.com Good value in this simple, beautiful place.

Puerto Natales

Mid-range: *El Asador Patagónico*, Prat 158 on the Plaza. Lamb on *asado*, salads, home-made puddings, attractive. Recommended.*La Burbuja*, Bulnes 300. Great range of local seafood, eg king crab, filling portions, homely surroundings, try the fish soup. *Centro Español*, Magallanes 247. Smart, local seafood, lamb. Recommended. *El Marítimo*, on the waterfront. Excellent good value fish, friendly service, wonderful views. Recommended. *Los Pioneros*, Pedro Montt 166. Also good, seafood specialities in smart simple place, family welcome. **Cheap**: *La Caleta Económica*, Eberhard 261. Huge prtions, fish, meat, good value. *Don Chicho*, Luis Martínez 206. The best *parrilla* in town, great fish too, authentic atmosphere with the charismatic Don Chicho. Just what you need:*El Living*, Prat 156, Plaza de Armas, www.el-living.com Comfy sofas, good tea, magazines in all languages, book exchange, good music, delicious vegetarian food.

Eating
● *on map*

El Bar de Ruperto, Bulnes 371, T414302. Lively place with DJs, live music, lots of drinks (try the vodka with chillies) and some food. Open 2100-0500. *Kaweshkar*, Bulnes 43, T415821, kaweshkar@yurhouse.com Groovy laid-back bar, serving *empanadas*, hamburgers, vegetarian food. Try the parmesan molluscs tacos. Club at night with lounge music. Dancing in summer at: Disco Milodón, Blanco Encalada 854.

Bars & clubs

Camping equipment Average charges per day: whole set US$12, tent US$6, sleeping bag US$3-5, mat US$1.50, raincoat US$0.60, also cooking gear, US$1-2. (**NB** Deposits required: tent US$200, sleeping bag US$100.) Camping gas is widely available in hardware stores, eg at Baquedano y O'Higgins and at Baquedano y Esmeralda. *Casa Cecilia*, Tomás Rogers 60, Recommended. *Los Inmigrantes*, Carrera Pinto 480, T/F413482. Camping, climbing and mountain bikes. *Las Rosas del Campo*, Baquedano 383, T410772. Some equipment, including wet weather gear for sale. *Turismo María José*, Bulnes 386. Rents good quality equipment, also arranges tours, internet access. *Patagonia Adventures*, Tomás Rogers 179. **Handicrafts**: *Hielo Azul* on Eberhard, for imaginative presents, lovely handmade jumpers. **Supermarkets**: *El Favorito*, Bulnes 1085. *Super Dos* Bulnes y Balmaceda. Open 24 hrs, cheaper in Punta Arenas.

Shopping
Check all camping equipment and prices carefully

Chile

All recommended: *Bigfoot*, seaward end of Bories, T414611, www.bigfootpatagonia.com Sea kayaking and ice hiking, not cheap but worth it, professional. *Turismo Paori*, Eberhard 577, T411229, www.turismopaori.com Conventional day tours into Torres del Paine, cheap, English-speaking guides.*Patagonia's Last Frontier*, info@avertouraventuras.com Boat trips from Puerto Natales to Serrano Glacier, trekking, kayakking, ice trekking, and fishing. *path@gone*, Eberhard 595, T413291, www.chileaustral.com/pathgone Your best first port of call, expert and efficient, for all accommodation and boat trips in Torres del Paine as well as great adventure expeditions, conventional excursions. This company also includes *Onas*, T412707, www.onaspatagonia.com (for boat trips), and *Andescape*, T412877, www.chileaustral.com/andescape (camping and *refugios*). English spoken. *Sendero Aventura*, at *Albergue Patagonia Adventure*, Tomás Rogers 179, T415636, sendero_ aventura@terra.cl Adventure tours, including trekking to Torres del Paine, boats in Balmaceda PN, camping equipment and bike hire. *Turismo Zalej*, Bulnes 459, T412260, F411355. Several agencies offer tours to the Perito Moreno glacier in Argentina, 1 day, US$40 without food or park entry fee. You can then leave the tour in Calafate to continue into Argentina.

Tour operators
Many agencies along Eberhard
Reports of the reliability of agencies, especially for their trips to Parque Nacional Torres del Paine, are very mixed. It is better to book tours direct with operators in Puerto Natales than through agents in Punta Arenas

Local Bicycle repairs: *El Rey de la Bicicleta*, Ramírez 540, Arauco 779. Good, helpful. **Car hire**: *Bien al Sur* , Bulnes 433, T414025,. *Motor Cars*, Blanco Encalada 330, T413593. *EMSA Avis* , Bulnes 6322, T410775. Hire agents can arrange permission to drive into Argentina, takes 24 hrs to arrange, extra insurance required.

Transport

Long distance Air: *Aerovías DAP* flies from Puerto Natales to El Calafate, Mon-Fri, 40 mins, US$57. **Buses**: In summer book ahead. Buses leave from company offices: *Bus Fernández*, Baquedano 414, T411111. *Bus Sur*, Baquedano 558, T411325, www.bussur.cl *Cootra*, Baquedano 244, T412785. *Transfer*, Baquedano 414, T421616. *Zaahj*, Prat 236, T412260.
To **Punta Arenas**, several daily, 3½ hrs, US$5, *Fernández*, *Bus Sur* and *Transfer*. To

See Torres del Paine for buses from Puerto Natales into the park

Coyhaique, *Urbina* and *Bus Sur*, twice weekly, Nov-Mar, US$120. **To Argentina**: to Río Gallegos direct, *Bus Sur*, US$8.50, Tue and Thu 0630 and *El Pingüino*, Wed and Sun 1200, US8.50. Hourly to Río Turbio, *Lagoper*, Baquedano y Valdivia, and other companies, US$2.75, 2 hrs (depending on Customs – change bus at border). To Calafate, *Cootra* via Río Turbio, daily, US$20, 6 hrs; or *Bus Sur* (2 a week) and *Zaahj* (3 a week) both operating a more direct service via Cerro Castillo, 4½-5 hrs, US$25. Otherwise travel agencies run several times a week depending on demand, 5 hrs, US$30, shop around, reserve 1 day ahead.

Shipping See page 696 on services from Puerto Montt. *Navimag* and *Comapa* office: Pedro Montt 262, Loc B, Terminal Marítimo, T414300, www.navimag.com www.comapa.com

Directory

Poor rates for TCs, which cannot be changed into US$ cash

Banks *Banco de Chile*, Bulnes 544, accepts all cards. *Banco Santiago* , ATM. *Casas de cambio* on Blanco Encalada, eg 266 (**Enio América**). *Cambio Stop*, Baquedano 380. *Cambio Sur*, Eberhard 285. Good rates. Others on Bulnes and Prat. Shop around. **Communications** **Internet:** several, including Blanco Encalada 23, also at *Casa Cecilia, Concepto Indigo*, see Sleeping; *Bar de Ruperto*, see Eating. **Post Office:** Eberhard 417, open Mon-Fri 0830-1230, 1430-1745, Sat 0900-1230. **Telephone:** *CTC*, Blanco Encalada 23 y Bulnes, phones, internet and fax. **Tourist offices** Basic office on the waterfront, Av Pedro Montt y Phillipi, T412125. No English spoken, but good leaflets on Pto Natales and Torres del Paine in English, and bus and boat information in the park. Mon-Sat 0900-1900. Also at Municipalidad, Bulnes 285, T411263. www.chileanpatagonia.com/natales *Conaf*, Carrera Pinto 566.

Border with Argentina

See also Argentina, page 230

There are three crossing points: **Villa Dorotea**, 16 km east of Puerto Natales. On the Argentine side the road continues to a junction, with alternatives south to Río Turbio and north to La Esperanza and Río Gallegos. Chilean immigration is open all year 0800-2200 (24 hours November- March). **Paso Casas Viejas**, 16 km northeast of Puerto Natales. On the Argentine side this joins the Río Turbio-La Esperanza road. Chilean immigration is open all year 0800 – 2200. **Cerro Castillo**, 65 km north of Puerto Natales on the road to Torres del Paine. On the Argentine side, Paso Cancha Carrera (14 km), the road leads to La Esperanza and Río Gallegos. All buses from El Calafate go via Cerro Castillo, making it possible to transfer to a bus passing from Puerto Natales to Torres del Paine. Chilean immigration is open all year 0800-2200, and the small settlement has several *hospedajes* and *cafeterías*. **B** *Hostería El Pionero*, T/F411646 or 691932 anexo 722, comfortable country house ambience, good service. **D** pp *Hospedaje Loreto Belén*, T413063, or 691932 (public phone, ask to speak to Loreto Belén). Rooms for 4, all with bath, breakfast included, also offers meals, good home cooking. Sheep shearing in December, and rodeo and rural festival third weekend in January.

Parque Nacional Bernardo O'Higgins

Usually referred to as the Parque Nacional Monte Balmaceda, the park is at the north end of Ultima Esperanza Sound and can only be reached on boat trips from Puerto Natales (recommended). After a three-hour journey up the Sound, the boat passes the Balmaceda Glacier which drops steeply from the eastern slopes of Monte Balmaceda (2,035 m). The glacier is retreating; in 1986 its foot was at sea level. The boat docks one hour further north at Puerto Toro, from where it's a 1-km walk to the base of Serrano Glacier on the north slope of Monte Balmaceda. On the trip dolphins, sea-lions (in season), black-necked swans, flightless steamer ducks and cormorants can be seen. There's an optional three-hour bo-at trip by zodiac 35 km up the Río Serrano into PN Torres del Paine, which you can use to start trekking, or take a bus back to Puerto Natales.■ *Park entry US$3. Sailings to Balmaceda Glacier daily at 0815 in summer, returning 1630, Sun only in winter (minimum 10 passengers), US$55. Including Río Serrano, US$85. Bookings direct from Turismo 21 de Mayo, Eberhard 560, T411978, www.turismo21demayo.cl Nueva Galicia, Eberhard 169, T412352, or Onas Turismo, Eberhard 599, T412707. Expensive lunch extra, take picnic, drinks available on board. Heavily booked in high season. Take warm clothes, hat and gloves.*

Parque Nacional Torres del Paine

Nothing prepares you for the spectacular beauty of Parque Nacional Torres del Paine. World renowned for its challenging trekking, the park's 181,414 ha contain 15 peaks above 2,000 m. At its centre is the glacier-topped granite massif Macizo Paine, from which rise the vertical pink granite Torres (Towers) del Paine and, below them, the Cuernos (Horns) del Paine, swooping buttresses of lighter granite under caps of darker sedimentary rock. From the vast Campo de Hielo Sur icecap on its western edge, four main glaciers (ventisqueros), Grey, Dickson, Zapata and Tyndall, drop into vividly coloured lakes formed by their meltwater: turquoise, ultramarine and pistachio expanses, some filled with wind-sculpted royal blue icebergs. Wherever you explore, there are constantly changing views of dramatic peaks and ice fields. The park enjoys a micro-climate especially favourable to wildlife and plants: there are 105 species of birds including condors, ibis, flamingoes and austral parakeets, and 25 species of mammals including guanaco, hares, foxes, pumas and skunks.

Colour map 9, grid B1
145 km NW of Puerto Natales

Allow 5 to 7 days to see the park properly

Ins & outs

The impact of huge numbers of visitors to the park is often visible in litter around the refugios and camping areas. Please take all your rubbish out of the park and remember that toilet paper is also garbage

The park is administered by **Conaf**: the **Administration Centre** (T691931) is in the south of the park at the northwest end of Lago del Toro (open 0830-2000 in summer, 0830-1230, 1400-1830 off season). There are entrances at Laguna Amarga, Lago Sarmiento and Laguna Azul, and you are required to **register** and show your **passport** when entering the park, since rangers (*guardeparques*) keep a check on the whereabouts of all visitors. You must also register before setting off on any hike. Phone the administration centre for information (in Spanish) on weather conditions. It also has exhibitions with summaries in English of flora and fauna, but no maps to take away. There are six **ranger stations** (*guarderías*) staffed by rangers, who give help and advice. They will also **store luggage** (except at Laguna Amarga where they have no room). Entry for foreigners: US$14, less off-season – before 1 Oct (proceeds are shared between all Chilean national parks), climbing fees US$800.

Transport and accommodation   The park is well set up for tourism, with frequent bus services running from Puerto Natales through the park, to pick up and drop off walkers at various hotels, to start treks, and to connect with boat trips. For details, see Transport below. Accommodation is available on three levels: there are hotels (expensive, at least US$100 per night), 7 well-equipped and staffed *refugios*, offering meals (US$17 pp per night), 6 free *refugios* (basic services only), and 14 campsites. All options fill up quickly in peak summer months, Jan-Feb, so plan your trip and book hotels and *refugios* in advance. See Sleeping for more details.

Safety

Warning   It is vital to be aware of the unpredictability of the weather (which can change in a few minutes, see Climate below) and the arduousness of some of the stretches on the long hikes. Rain and snowfall are heavier the further west you go and bad weather sweeps off the *Campo de Hielo Sur* without warning. The only means of rescue are on horseback or by boat; the nearest helicopter is in Punta Arenas and high winds usually prevent its operation in the park.

Equipment & maps

Note that mice have become a problem around camping sites and the free refugios; do not leave food in packs on the ground

A strong, streamlined, waterproof tent gives you more freedom than crowded *refugios* and is essential if doing the complete circuit. Also essential at all times of year are protective clothing against cold, wind and rain, strong waterproof footwear, a compass, a good sleeping bag, sleeping mat, camping stove and cooking equipment. Most *refugios* will hire camping equipment for a single night. Sun-screen and sunglasses are also necessary, and you'll want shorts in summer. At the entrance you are asked what equipment you have. Take your own food: the small shops at the Andescape *refugios* and at the *Posada Río Serrano* are expensive and have a limited selection. Maps (US$3) are obtainable at **Conaf** offices in Punta Arenas or Puerto Natales. The coloured Torres del Paine Trekking Map, published by Mattassi, is US$3 from most bookshops, and shows contours and paths with estimated walking times, text in English.

Chile

Climate & wildlife
Do not underestimate the severity of the weather here

The Park is open all year round, although snow may prevent access in the winter. The warmest time is Dec-Mar, but also the most unstable; strong winds often blow off the glaciers, and rainfall can be heavy. It is most crowded in the summer holiday season, Jan to mid-Feb, less so in Dec or Mar. In winter there can be good, stable conditions and well-equipped hikers can do some good walking, but some treks may be closed and boats may not be running.

Hikes

There are about 250 km of well-marked trails, and walkers must keep to the paths: cross-country trekking is not permitted. The times indicated should be treated with caution: allow for personal fitness and weather conditions.

Parque Nacional Torres del Paine

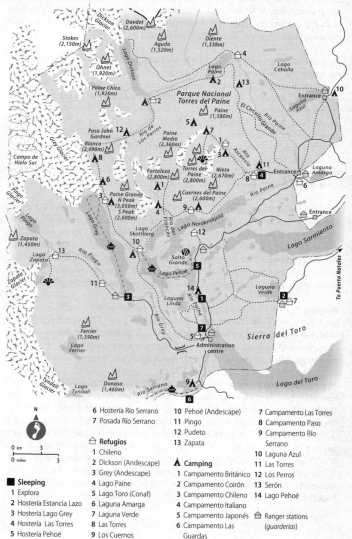

N	6 Hostería Río Serrano	10 Pehoé (Andescape)	7 Campamento Las Torres
	7 Posada Río Serrano	11 Pingo	8 Campamento Paso
		12 Pudeto	9 Campamento Río
0 km 3	⌂ **Refugios**	13 Zapata	Serrano
0 miles 3	1 Chileno		10 Laguna Azul
	2 Dickson (Andescape)	▲ **Camping**	11 Las Torres
■ **Sleeping**	3 Grey (Andescape)	1 Campamento Británico	12 Los Perros
1 Explora	4 Lago Paine	2 Campamento Coirón	13 Serón
2 Hostería Estancia Lazo	5 Lago Toro (Conaf)	3 Campamento Chileno	14 Lago Pehoé
3 Hostería Lago Grey	6 Laguna Amarga	4 Campamento Italiano	
4 Hostería Las Torres	7 Laguna Verde	5 Campamento Japonés	⌂ Ranger stations
5 Hostería Pehoé	8 Las Torres	6 Campamento Las	(*guarderías*)
	9 Los Cuernos	Guardas	

Chile

El Circuito The main hike is a circuit round the Torres and Cuernos del Paine: it is usually done anticlockwise starting from the Laguna Amarga *guardería*. From Laguna Amarga the route is north along the west side of the Río Paine to Lago Paine, before turning west to follow the Río Paine to the south end of Lago Dickson. From here the path runs along the wooded valley of the Río de los Perros before climbing steeply to Paso John Gadner (1,241 m, the highest point on the route), then dropping to follow the Grey Glacier southeast to Lago Grey, continuing to Lago Pehoé and the administration centre. There are superb views, particularly from the top of Paso John Gadner. *Allow at least 7 days to complete*

Camping gear must be carried. The circuit is often closed in winter because of snow. The longest lap is 30 km, between *Refugio Laguna Amarga* and *Refugio Dickson* (10 hours in good weather; it has two campsites along it, *Serón* and *Cairón*), but the most difficult section is the very steep slippery slope between Paso John Gadner and *Campamento Paso,* a section exposed to strong westerly winds. The major rivers are crossed by footbridges, but these are occasionally washed away.

The W A popular alternative to El Circuito, this route can be completed without camping equipment by staying in *refugios*, and can be done in either direction. It combines several of the hikes described separately below. From *Refugio Laguna Amarga* the first stage runs west via *Hostería Las Torres* and up the valley of the Río Ascensio via *Refugio Chileno* to the base of the Torres del Paine (see below). From here return to the *Hostería Las Torres* and then walk along the northern shore of Lago Nordenskjold via *Refugio Los Cuernos* to *Campamento Italiano*. From here climb the Valley of the Río del Francés (see below) before continuing to *Refugio Pehoé*. From here you can complete the third part of the 'W' by walking west along the northern shore of Lago Grey to *Refugio Grey* and Glaciar Grey before returning to *Refugio Pehoé.* *Allow 5 days to complete*

The Valley of the Río del Francés From *Refugio Pehoé* this route leads north across undulating country along the west edge of Lago Skottberg to *Campamento Italiano* and then follows the valley of the Río del Francés, which climbs between (to the west) Cerro Paine Grande and the Ventisquero del Francés, and (to the east) the Cuernos del Paine to *Campamento Británico.* Allow 2½ hours from Refugio Pehoé to *Campamento Italiano*, 2½ hours further to *Campamento Británico*. The views from the *mirador* above *Campamento Británico* are superb. *Allow 5 hours each way*

Up the Río Pingo valley From *Guardería Grey* (18 km west by road from the Administration Centre) follow the Río Pingo, via *Refugio Pingo* and *Refugio Zapata* (four hours), with views south over Ventisquero Zapata (plenty of wildlife, icebergs in the lake). It is not possible to reach Lago Pingo as a bridge has been washed away. Ventisquero Pingo can be seen 3 km away over the lake. *Allow 4 hours each way*

To the base of the Torres del Paine From *Refugio Laguna Amarga* the route follows the road west to *Hostería Las Torres* before climbing along the west side of the Río Ascensio via *Campamento Chileno* to *Campamento Las Torres*, close to the base of the Torres and near a small lake. Allow 1½ hours to *Hostería Las Torres*, then two hours to *Campamento Chileno*, two hours further to *Campamento Torres* where there is a lake: the path is well-marked, but the last 30 minutes is up the moraine; to see the towers lit by sunrise (spectacular, but you must have good weather), it's well worth humping camping gear up to *Campamento Torres* and spending the night. One hour beyond *Campamento Torres* is the good site at *Campamento Japonés*. *Allow 4-5 hours each way*

To Laguna Verde From the administration centre follow the road north 2 km, before taking the path east over the Sierra del Toro and then along the south side of Laguna Verde to the *Guardería Laguna Verde*. This is one of the easiest walks in the park and may be a good first hike. *Allow 4 hours each way*

Chile

Allow 8½ hours each way **To Laguna Azul and Lago Paine** This route runs north from Laguna Amarga to the west tip of Laguna Azul (following the road for 7km), from where it continues across the sheltered Río Paine valley past Laguna Cebolla to the *Refugio Lago Paine* at the west end of the lake.

Essentials

Sleeping
■ *on map*
All the park's hotels are expensive and - many feel - overpriced

Hotels: **LL** *Hotel Explora*, T411247. The park's most expensive and exclusive is nestled into a nook at Salto Chico on edge of Lago Pehoé, spectacular views. Everything is included: pool, gym, horse riding, boat trips, tours, can arrange packages from Punta Arenas (reservations: Av Américo Vespucci 80, p 7, Santiago, 206-6060 T228 8081, F208 5479). **LL** *Hostería Pehoé*, T411390, 5 km south of Pehoé ranger station, 11 km north of park administration. Beautifully situated on an island with spectacular view across Lago Pehoé, but rather run down. Closed Apr-Oct, restaurant (reservations: *Turismo Pehoé* in Punta Arenas or Antonio Bellet 77, of 605, Santiago, T235 0252, F236 0917). **LL-L** *Hostería Las Torres*, head office Magallanes 960, Punta Arenas, T226054, F222641 (or Santiago 02-960 4804), www.lastorres.cl Superb, comfortable rooms, beautiful lounge with wood fire and great views of the Cuernos, excellent restaurant with evening buffet (US$25), good service (but a bit of hard sell on the excursions etc), horse-riding (US$69 pp to the Torres and back), transport from Laguna Amarga ranger station, spa. Recommended. Visitor centre and confitería open to non-residents for sandwiches, but prices double after 1900. **LL** *Hostería Lago Grey*, T/F227528, or Punta Arenas T/F241042/248167, www.chileaustral.com/grey Great views over Lago Grey, but small rooms and mediocre food, glacier walks US$50 (reservations through *Arka Patagonia* in Punta Arenas). **LL** *Hostería Río Serrano*, on south bank of Río Serrano (call for boat by intercom), great view northwards to Torres, first-class service, new (Ignacio Carrera Pinto 710, of 201, T/F240528, hrserrano@entelchile.net). **AL** *Hostería Mirador del Payne*, lovely location on Laguna Verde on east edge of the park. Comfortable, but inconvenient for park itself, riding, hiking, birdwatching (reservations: *Turismo Viento Sur* in Punta Arenas). **B** *Posada Río Serrano*, an old *estancia*. Some rooms with bath, some without, near park administration, with expensive but good restaurant and a shop, may allow use of cooking facilities when quiet. *Turismo Río Serrano*, Prat 258, Puerto Natales, T410684) and *Torresdelpaine.org*, T313 3389, hotelschile@terra.cl offer accommodation, transfers and car hire, and *Experience Chile*, experiencechile.org offers hotels and tour itineraries.

All Andescape and Fantástico Sur refugios can be booked through Path@gone Puerto Natales, Eberhard 595, T413291, www.chileaustral.com /pathgone

Refugios It is recommended to book *refugios* in advance. *Refugios* can only accommodate 20-30 people and may be full when you get there; ask personnel to radio ahead your booking to the next *refugio*, especially if you want an evening meal. *Refugios*: are run by Conaf (1), Andescape (3) and Fantástico Sur(3). *Refugio Lago Toro*, near administration centre, run by *Conaf* (T691931), US$5 pp. Hot showers, good meeting place, sleeping bag and mattress essential, no camping, open summer only, in the winter months another more basic (free) *refugio* is open near administration centre. All the remaining refugios are open Sep to Apr only. Andescape refugios (T412592); all cost US$17pp: *Refugio Lago Pehoé*, on the northeast arm of

Lago Pehoé (accepts Visa), camping US$3 pp. *Refugio Grey*, on the eastern shore of Lago Grey. *Refugio Lago Dickson*, at the southern tip of Lago Dickson. *Fantástico Sur refugios* (T411572); all cost US$21pp: *Refugio Chileno*, at Campamento Chileno. modern, clean, dormitory accommodation (sheets not provided), hot showers (US$2 for non-residents), laundry facilities, meals served (breakfast US$5, dinner US$10), kiosk with basic food and other supplies, camping equipment rental, campsite with cold showers (US$3 pp). *Refugio Las Torres*, efficient, cosy, good meals served, kitchen. *Refugio Los Cuernos*, 6 hrs from *Las Torres* on the way to Campamento Italiano, camping US$5 pp (breakfast US$6, lunch US$10, dinner US$11). In addition there are 6 free *refugios*: Zapata, Pingo, Laguna Verde, Laguna Amarga, Lago Paine and Pudeto. Most have cooking areas (wood stove or fireplace) but Laguna Verde and Pingo do not. These are very crowded in summer (rangers know how many people are on each route and can give you an idea of how busy *refugios* will be).

Camping In addition to sites at the *Andescape refugios* there are the following sites: *Camping Serón* and *Camping Las Torres* (at *Hostería Las Torres*) both run by Estancia Cerro Paine, US$4, hot showers. *Camping Los Perros*, run by *Andescape*, US$3 pp, shop and hot showers. *Camping Lago Pehoé* and *Camping Serrano*, both run by *Turismo Río Serrano* (address above), US$20 per site at former (maximum 6 persons, hot showers) and US$15 per site at latter (maximum 6 persons, cold showers, more basic). *Camping Laguna Azul*, hot showers, US$19 per site. **Free camping** is permitted in 7 other locations in the park: these sites are known as *campamentos*. The wind tends to rise in the evening so pitch tent early. Beware mice, which eat through tents. Equipment hire in Puerto Natales (see above).

Forest fires are a serious hazard. Fires may only be lit at organized camping sites, not at campamentos The guardaparques expect people to have a stove if camping

Chile

Boat trips From *Refugio Lago Pehoé* to *Refugio Pudeto*, US$15 one way with 1 backpack (US$8 for extra backpacks), from Pudeto 0930, 1200, 1800, from Pehoé 1000, 1300, 1900, 20 mins in high season, reserve in advance at the *refugios* at either end or at *Catamarán Hielos Patagónicos*, Los Arrieros 1517, Puerto Natales, T411380. Off-season, radio for the boat from *Refugio Pehoé*. At all times check in advance that boats are running. See Parque Nacional Bernardo O'Higgins above for entry by 3-hr zodiac trip up the **Río Serrano** from Balmaceda glacier. Along *Glaciar Grey* US$60, T410172, hgrey@ctcreuna.cl

Transport **Car hire**: hiring a pick-up from *Budget* in Punta Arenas (at airport and Av O'Higgins 964) is an economical proposition for a group (up to 9 people): US$415 for 4 days. If driving there yourself, the road from Puerto Natales is being improved and, in the park, the roads are narrow and winding with blind corners: use your horn a lot. It takes about 3½ hrs from Puerto Natales to the administration, 3 hrs to Laguna Amarga. Petrol available at Río Serrano, but fill up in case. **Horse hire**: *Baquedano Zamora*, Eberhard 565, Puerto Natales, T412911, or through *Hostería El Pionero* in Cerro Castillo. See also *Hostería Las Torres* above.

Buses From early Nov-mid Apr, there are 4 companies running daily services into the park. To go to the Administration centre, all charge US$9 one way, US$17 return, except *Bus Sur* US$7.50, return US$14 (return tickets are not interchangeable between different companies). Buses will stop anywhere en route, but all stop at Laguna Amarga entrance, Salto Grande del Paine and administration centre near *Posada Serrano*. *JB*, Prat 258, T412824, leaves 0700, 0800, 1430, returns 1345, 1200, 1830. *Fortaleza*, Prat 234, T410595, leaves 0700, 1430, returns 1345, 1815. *María José*, Bulnes 386, T412312, leaves 0700, returns 1330. *Bus Sur*, Baquedano 558, T411325, leaves 0730 returns 1230. Buses pass *Guardería Laguna Amarga* at 1030, *Guardería Pehoé* at 1130, arriving at Admin at 1230, leave Admin at 1400 (in high season the buses fill quickly so it is best to board at Admin). All buses wait at *Refugio Pudeto* until the 1430 boat from *Refugio Lago Pehoé* arrives. Travel between two points within the park (eg Pudeto-Laguna Amarga) US$3. At other times services by travel agencies are dependent on demand: arrange return date with driver to coincide with other groups to keep costs down. *Luis Díaz* is reliable, about US$12 pp, minimum 3 people. *Hostería Las Torres* sometimes runs an employee bus back to Puerto Natales at 1700, US$5, ask at reception.

In season there are frequent minibus connections within the park: from Laguna Amarga to *Hostería Las Torres*, US$2.80, and from the administration centre to *Hostería Lago Grey*. Other than these routes getting around the park without your own transport is difficult and expensive. From Torres del Paine to **Calafate** (Argentina): take services from Puerto Natales

After mid-Mar there is little public transport and trucks are irregular

(see above); alternatively take a bus from the park to Cerro Castillo (106 km south of administration centre) then catch a direct service to Calafate. 5 buses a week with *Bus Sur* or *Zaahj* (see Puerto Natales Buses).

Tours See under Puerto Natales, Tour operators, for recommendations. There are increasingly mixed reports of tours. Before booking a tour, check carefully on details and get them in writing.

Tierra del Fuego

The western side of this, the largest island off the extreme south of South America, belongs to Chile and the eastern to Argentina. Here the Andes cordillera runs from west to east, so that the north of the island is flat, covered with vast sheep farms, while the south has mountains, glaciers, lakes and forests. The major population centres, Ushuaia and Río Grande, are on the Argentine side, but Chile has the most southerly town in the world, Puerto Williams, on the island Isla Navarino below Tierra del Fuego. See Argentine Tierra del Fuego for Background.

Ins and outs

Ferry crossings
There are two places to cross by ferry to Tierra del Fuego. The ferry company accepts no responsibility for damage to vehicles on the crossing

Punta Arenas to Porvenir The *Melinka*, sails from Tres Puentes (5 km north of Punta Arenas, bus A or E from Av Magallanes, or colectivo 15, US$0.40; taxi US$3) at 0900, and an afternoon sailing Tue, Wed, Thu, 0930 Sun, no service Mon in season; less frequent sailings off season. 2½-hr crossing (can be rough and cold), US$6 pp, US$10 per bike, US$34 per vehicle. Return from Porvenir varying times in afternoon between 1300 and 1800, except Mon. Timetable dependent on tides and subject to change; check in advance. Reservations essential especially in summer (at least 24 hrs in advance for cars), obtainable from *Transboradora Austral Broom*, in Punta Arenas, Bulnes 5075, T218100, www.tabsa.com (or T580089 in Porvenir).

Punta Delgada to Punta Espora (Bahía Azul) This crossing is via the *Primera Angostura* (First Narrows), 170 km northeast of Punta Arenas. Boats run every 40 mins, 0830-2300, for the 15-min crossing: foot passengers US$2, US$15 per car. The ferry takes about four trucks and 20 cars; before 1000 most space is taken by trucks. There is no bus service to or from this crossing. If hitching, this route is preferable as there is more traffic. In Punta Delgada there is **C** *Hostería Tehuelche*, T061-694433 at Kamiri Aike, 17 km from port, with restaurant. **E** pp *Hotel El Faro*. There is a cosy tea room Bahía Azul.

Porvenir
Phone code: 061
Colour map 9, grid C2
Population: 5,100

Porvenir is a quiet, pleasant place with many inhabitants of Croatian descent. Founded in 1894 in the gold boom, when many people came seeking fortunes from Croatia and Chiloé, it's a quiet, pleasant place with neat, painted tin houses and quaint, tall trees lining the main avenue. There is a small museum, the **Museo Fernando Cordero Rusque**, Samuel Valdivieso 402, with archaeological and photographic displays on the Onas; good displays on natural history and the early gold diggers. **Tourist information** at the municipalidad, Zavattara 402, T580094, and at tiny kiosk on the waterfront, helpful, sells fine handicrafts, kuanip@entelchile.net Bank on Plaza. Travel company *Turismo Cordillera de Darwin*, Croacia 675, T09-640 7204, www.explorepatagonia.cl

Excursions
Porvenir is the base for exploring the wonderfully wild virgin territory of Tierra del Fuego. Fly fishing, until recently the secret of Hollywood stars, is becoming world-renowned. The area is rich in brown trout, sea-run brook trout and steelheads, weighing 2 to 14 kg. Excursions are likely to involve camping and travel on horseback.

Driving east along **Bahía Inútil**, a wonderful windswept bay, there are views of distant hills and the snow-capped Darwin range along the horizon. At Caleta Josefina, 98 km east, you can visit a handsome ex-*estancia* built in 1833, where some old buildings remain.

Highly recommended is horseriding to the forests of the Darwin range, wild and challenging. Other options are sailing from Porvenir to Río Cóndor across Bahía Inútil, south of Cameron, with trekking or riding from Cameron to Seno Almirantazgo, a beautiful, wild and treeless place, where mountains sink into blue fjords with icebergs. Also sailing to Marinelli glacier, where you can sail, kayak and dive. A recommended tour goes along the gold circuit, Cordón Baquedano, where you can see gold panning using the same techniques since mining began in 1881, a 5-hr, 115-km round trip, good on horseback.

Sleeping and eating Porvenir A *Los Flamencos*, Tte Merino, T580049. Best place to stay with good food, a pleasant place for a drink. Recommended. **D** *Rosas*, Phillippi 296, T580088. Heating, restaurant and bar. Recommended. **C** *España*, Croacia 698, T580160. Good restaurant with fixed price lunch. **E** pp *Hosp L y V Guaigino*, Santos Mardones 333, T580491, wshere@hotmail.com Helpful, safe, quiet, shared bath, with breakfast, use of kitchen. **E** pp *Miramar*, Santos Mardones 366. **D** with full board, heaters in rooms, good panoramic views. *Croacia Club* next to the bus stop on the waterfront, a lively place where you can get a good lunch for US$5. *Restaurante Puerto Montt*, Croacia 1169, for seafood. Recommended. *El Chispa*, on Señoret, for good cheap seafood and lamb. Many lobster fishing camps where fishermen will prepare lobster on the spot.
  Elsewhere in Chilean Tierra del Fuego At Cerro Sombrero, 46 km south of Primera Angostura, a village built to administrate oil drilling in the area, there's a bank, fuel and several hotels(**E-F**). Also **C** *Hostería Tunkelen* Arturo Prat Chacón 101, T345001, also dorm **D** pp. *Posada Las Flores*, Km 127 on the road to San Sebastián, reservations via *Hostal de la Patagonia* in Punta Arenas. *Refugio Lago Blanco*, on Lago Blanco, T Punta Arenas 241197. For accommodation at San Sebastián see below.

Transport Air: From Punta Arenas – weather and bookings permitting, *Aerovías DAP*, Oficina Foretic, T80089, Porvenir, www.aeroviasdap.cl twice daily Mon-Sat, 12 minutes, US$23. Heavily booked so make sure you have your return reservation confirmed. **Buses**: 2 a week between Porvenir and **Río Grande** (Argentina), Tue and Sat 1400, 5 hrs, *Transportes Gessell*, Duble Almeyda 257, T580488 (Río Grande 02964-425611), US$12, heavily booked, buy ticket in advance, or phone; Río Grande-Porvenir, Wed and Sun 0800. **Ferries** Terminal at Bahía Chilota, 5 km west, see above for details. From bus terminal to ferry, taxi US$6, bus US$1.50. **Motorists**: All roads are gravel. Fuel is available in Porvenir, Cerro Sombrero and Cullen. **Hitchhiking**: Police may help with lifts on trucks to Río Grande; elsewhere is difficult as there is little traffic.

The only legal border crossing between the Chilean and Argentine parts of Tierra del Fuego is 142 km east of Porvenir at San Sebastián. On the Argentine side the road continues to Río Grande. **NB** There are two settlements called San Sebastián, on each side of the border but they are 14 km apart; taxis are not allowed to cross. No fruit, vegetables, dairy produce or meat permitted on entry to Chile. For entry to Argentina, see page 230.**B** *Hostería de la Frontera*, where buses stop for meals and cakes, cosy, good food. T(61)224731/09-499 5331 (Mob), www.lafrontera.co.cl 14 km east, across the border (open 24 hours), is Argentine San Sebastián, with a basic **D** ACA motel, T02964-425542; service station open 0700-2300. ■ *Minibus from Porvenir to San Sebastián, US$14. For transport between Porvenir and Río Grande, see above.*

Argentine time is 1 hr ahead of Chilean time, Mar-Oct

Puerto Williams

Puerto Williams is a Chilean naval base on **Isla Navarino**, south of the Beagle Channel. Situated about 50 km south east of Ushuaia (Argentina) at 54° 55' 41" south, 67° 37' 58" west, it is small, friendly and remote. The island is totally unspoilt and beautiful, offering great geographical diversity, thanks to **Dientes de Navarín** range, with peaks over 1,000 m, covered with southern beech forest up to 500 m, and, south of that, great plains covered in peat bogs, with many lagoons and abundant in flora.

*Phone code: 061
Colour map 9, grid C2
Population: 2,500*

Chile

The island was the centre of the indigenous Yaganes culture and there are 500 archaeological sites, the oldest from 3,000 years ago. **Museo Martín Gusinde**, known as the *Museo del Fin del Mundo* ('End of the World Museum') is full of information about vanished tribes, local wildlife, and voyages including Charles Darwin and Fitzroy of the *Beagle*, a must. ■ *Mon-Thu 1000-1300, 1500-1800, Sat-Sun1500-1800, Fri closed (subject to change), US$1.* The town has a bank, supermarkets and hospital.

Excursions
No equipment rental on island

For superb views, climb Cerro Bandera (3-4 hours' round trip, steep, take warm clothes). **Villa Ukika**, 2 km east of town, is where the last descendants of the Yaganes people live, relocated from their original homes at Caleta Mejillones. There is excellent trekking around the **Dientes de Navarín**, the southernmost trail in the world, through impressive mountain landscapes, with superb views of Beagle Channel (challenging, 53 km in 5 days, December-March only, good level of fitness needed). Charter flights are available over Cape Horn and to King George Island on northern tip of Antarctic peninsula, where you can see the curvature of the earth on the horizon, with excursions to penguin and sea lion colonies.

Sleeping
You can also stay at private houses

A pp *Pensión Temuco*, Piloto Pardo 224, T621113. Full board (room only available), comfortable, hospitable, good food, hot showers. Recommended. **B** pp *Hostería Camblor*, Vía 2 s/n, T621033. Heavily booked up, rooms with bath, restaurant. **D** pp *Hostal Yagan*, Piloto Pardo 260, T621334, hostalyagan@hotmail.com Comfortable, includes breakfast, dinner available, family run by Daniel and Berta Yevenes, Daniel offers tours. **E** pp *Coiron*, owned by *Sim Ltda*, is a *refugio* with shared bath and kitchen, 4 beds per room, contact Jeanette Talavera, T621150, coiron@simltd.com Her husband, *Wolf Kloss* (www.simltd.com) runs sailing trips, trekking tours and many other adventure activities. Camping near the *Hostería*.Also Karanka Expeditions, run by Maurice Van de Maele, T621127.

Transport

Air From **Punta Arenas** by air, *Aerovías DAP* (details under Punta Arenas) daily Mon-Sat, 1¼ hrs, US$71 each way, in 7-seater Cessna, luggage allowance 10 kg. Book well in advance; long waiting lists (be persistent). The flight is beautiful (sit on right from Punta Arenas) with superb views of Tierra del Fuego, the Cordillera Darwin, the Beagle Channel, and the islands stretching south to Cape Horn. Also army flights available (they are cheaper), but the ticket has to be bought through *DAP*.

Ferries No regular sailings from Ushuaia (Argentina). **Boats from Punta Arenas**: Ferry Patagonia **(Austral Broom)**, once a week, US$120 for seat, US$150 for bunk, including food, 36 hrs. www.tabsa.com The *Navarino* leaves Punta Arenas in 3rd week of every month, 12 passengers, US$150 pp one way; contact the owner, *Carlos Aguilera*, 21 de Mayo 1460, Punta Arenas, T228066, F248848 or via *Turismo Pehoé*. The *Beaulieu*, a cargo boat carrying a few passengers, sails from Punta Arenas once a month, US$300 return, 6 days. **Boat trips**: Most recommended is the cruise around Cape Horn and on to Ushuaia, returning to Punta Arenas, run by *Cruceros Australis SA*, Santiago office T02-442 3110, www.australis.com Book well in advance. You may get a lift on a yacht (unlikely); ask at the yacht club, 1 km west.

Directory

Airline offices *Aerovías DAP, LanChile* in the centre of town. **Communications** Post Office: closes 1900. **Telephone**: *CTC*, Mon-Sat 0930-2230, Sun 1000-1300, 1600-2200. **Tourist information** Municipalidad de Cabos de Hornos, Pres Ibáñez 130, T621011, isotop@mitierra.cl Ask for maps and details on hiking.

The Chilean Pacific Islands

Two national park possessions in the Pacific: Juan Fernández Islands, a little easier to reach (and leave) now than in Robinson Crusoe's time, and the remarkable Easter Island.

Juan Fernández Islands

This group of small volcanic islands is a national park administered by *Conaf* and is situated 667 km west of Valparaíso. They were declared a UN World Biosphere Reserve in 1977. The islands are named after Juan Fernández, the first European to visit in 1574. There are three islands, Robinson Crusoe, the largest, which was the home (1704-09) of Alexander Selkirk (the original of Defoe's *Robinson Crusoe*), Alejandro Selkirk and Santa Clara, the smallest. Selkirk's cave on the beach of Robinson Crusoe is shown to visitors. The only settlement is San Juan Bautista on Robinson Crusoe Island, a fishing village of wooden frame houses, located on Bahía Cumberland on the north coast of the island: it has a church, schools, post office, and radio station. The islands are famous for *langosta de Juan Fernández* (a pincerless lobster) which is sent to the mainland.

Population: 500
The islands enjoy a mild climate and the vegetation is rich and varied. Fauna includes wild goats, hummingbirds and seals.
Best time for a visit: Oct-Mar.
Take insect repellent

Robinson Crusoe Island The remains of the **Fuerte Santa Bárbara**, the largest of the Spanish fortresses, overlook San Juan Bautista. Nearby are the **Cuevas de los Patriotas**, home to the Chilean independence leaders, deported by the Spanish after the Battle of Rancagua. South of the village is the **Mirador de Selkirk**, the hill where Selkirk lit his signal fires. A plaque was set in the rock at the look-out point by British naval officers from HMS *Topaze* in 1868; nearby is a more recent plaque placed by his descendants. Selkirk, a Scot, was put ashore from HMS *Cinque Ports* and was taken off four years and four months later by a privateer, the *Duke*. The Mirador is the only easy pass between the north and south sides of the island. Further south is the anvil-shaped **El Yunque**, 915 m, the highest peak on the island, where Hugo Weber, a survivor from the *Dresden*, lived as a hermit for 12 years. (The *Dresden* was a German cruiser, cornered by two British destroyers in Bahía Cumberland in 1915; the scuttled *Dresden* still lies on the bottom and a monument on the shore commemorates the event.) The only sandy beach on Robinson Crusoe is **Playa Arenal**, in the extreme southwest corner, two hours by boat from San Juan Bautista.

Sights

Each February, a yachting regatta visits the islands; setting out from Algarrobo, the yachts sail to Isla Robinson Crusoe, then to Talcahuano and Valparaíso. At this time Bahía Cumberland is full of colourful and impressive craft, and prices in restaurants and shops double for the duration. (Thomas G Lammers, Department of Botany, University of Miami.) There are no exchange facilities. Only pesos and US$ cash accepted. No credit cards, no travellers' cheques.

A pp *Hostería Robinson Crusoe*, full board, plus 20% tax, about 1 hr walk from the village. **AL** pp *Daniel Defoe Hotel*, at Aldea Daniel Defoe (Santiago T531 3772). **B** pp *Hotel Selkirk* (T Santiago 531 3772). Good food, full board **A** pp. Recommended. **C** pp *Hostería Villa Green*, T/F751044. Good.

Sleeping
Lodging with villagers is difficult

Air Air taxi daily in summer (subject to demand) from **Santiago** (Los Cerrillos airport, US$432 round trip), by *Transportes Aéreas Isla Robinson Crusoe*, Av Pajaritos 3030, of 604, Maipú, Santiago, T/F531 3772, www.tairc.cl and by *Lasa*, Av Larraín 7941, La Reina, Santiago, T273 4254, F273 4309, www.ciudadnetcom/crusoe/inicio.htm The plane lands on an airstrip in the west of the island; passengers are taken by boat to San Juan Bautista (1½ hrs, US$2 one way). **Sea** A boat service from Valparaíso, is operated by *Naviera del Sur*, Blanco Encalada 1041, of 18, T594304. It is for cargo and passengers, modest accommodation, 36-hr passage. *Agentur*, Huérfanos 757, oficina 601, T337118, Santiago. *Pesquera Chris*, Cueto

Transport

622, Santiago, T681 1543, or Cochrane 445 (near Plaza Sotomayor), Valparaíso, T216800, 2 week trips to the island (5 days cruising, a week on the island), from US$200 return. No fishing or cargo boats will take passengers.

Rapa Nui/Easter Island

Phone code: 032
Easter Island is
always two hours
behind the Chilean
mainland, summer
and winter time

Known as the navel of the world by the original inhabitants, this remote outpost is studded with giant carved statues that appear trance-like, their gaze fixed on a distant horizon on the Pacific. (Isla de Pascua Rapa Nui) is just south of the Tropic of Capricorn and 3,790 km west of Chile. Its nearest neighbour is Pitcairn Island.

Average monthly temperatures vary between 15-17° C in August and 24° C in February, the hottest month. Average annual rainfall is 1,100 mm. There is some rain throughout the year, but the rainy season is March-October (wettest in May). The tourist season is from September to April.

Anyone wishing to spend time exploring the island would be well-advised to speak to *Conaf* first (T100236); they also give good advice on special interests (biology, archaeology, handicrafts, etc).

Background
The island is
triangular in shape,
24 km across, with an
extinct volcano
at each corner

It is now generally accepted that the islanders are of Polynesian origin. The late Thor Heyerdahl's theories, as expressed in *Aku-Aku, The Art of Easter Island* (New York: Doubleday, 1975), are less widely accepted than they used to be, and South American influence is now largely discounted (see below). European contact with the island began with the visit of the Dutch admiral, Jacob Roggeven, on Easter Sunday 1722, who was followed by the British James Cook in 1774 and the French Le Perouse in 1786. The island was annexed by Chile in 1888.

The original islanders called the island Te Pito o te Henua, the navel of the world. The population was stable at 4,000 until the 1850s, when Peruvian slavers, smallpox and emigration to Tahiti (encouraged by plantation-owners) reduced the numbers. Now it is about 2,800, of whom about 500 are from the mainland, mostly living in the village of Hanga Roa. About half the island, of low round hills with groves of eucalyptus, is used for horses and cattle, and nearly one-half constitutes a national park (entry US$11, payable at Orongo). The islanders have preserved their indigenous songs and dances, and are extremely hospitable. Tourism has grown rapidly since the air service began in 1967. Paid work is now more common, but much carving is still done. The islanders have profited greatly from the visits of North Americans: a Canadian medical expedition left a mobile hospital on the island in 1966, and when a US missile-tracking station was abandoned in 1971, vehicles, mobile housing and an electricity generator were left behind.

Sights
The unique features of the island are the 600 (or so) *moai*, huge stone figures up to 9 m in height and broad in proportion. One of them, on Anakena beach, was restored to its (probably) original state with a plaque commemorating Thor Heyerdahl's visit in 1955. Other *moai* have since been re-erected.

A tour of the main part of the island can be done on foot, but this would need at least two days, either camping at Anakena or returning to Hanga Roa and setting out again the next day. To see more, hire a horse or a vehicle. From Hanga Roa, take the road going southeast past the airport; at the oil tanks turn right to Vinapu, where there are two *ahu* and a wall whose stones are joined with Inca-like precision. Head back northeast along the south coast, past Vaihu (an *ahu* with eight broken *moai*; small harbour); Akahanga (*ahu* with toppled *moai*); Hanga Tetenga (one toppled *moai*, bones can be seen inside the *ahu*), Ahu Tongariki (once the largest platform, damaged by a tidal wave in 1960, being restored). Turn left to Rano Raraku (20 km), the volcano where the *moai* were carved. Many statues can be seen. In the crater is a small lake surrounded by reeds (swimming possible beyond reeds). Good views and a good place to watch the sunrise.

The cultural development of Easter Island

Far from being the passive recipient of external influences, Easter Island shows the extent of unique development possible for a people left wholly in isolation. It is believed to have been colonized from Polynesia about AD 800: its older altars (ahu) *are similar to those of (French) Polynesia, and its older statues* (moai) *similar to those of the Marquesas Islands in the Pacific between 8°-10° S, 140° W.*

The very precise stone fitting of some of the ahu, *and the tall gaunt* moai *with elongated faces and ears for which Easter Island is best known were later developments whose local evolution can be traced through a comparison of the remains. Indigenous Polynesian society, for all its romantic idylls, was competitive, and it seems that the five clans which originally had their own lands demonstrated their strength by erecting these complex monuments.*

The moai *were sculpted at the Rano Raraku quarry and transported on wooden rollers over more or less flat paths to their final locations; their red topknots were sculpted at and brought from the inland quarry of Puna Pau; and the rounded pebbles laid out checkerboard fashion at the* ahu *all came from the same beach at Vinapu. The sculptors and engineers were paid*

out of the surplus food produced by the sponsoring family: Rano Raraku's unfinished moai *mark the end of the families' ability to pay. Over several centuries from about AD 1400 this stone work slowed down and stopped, owing to the deforestation of the island caused by roller production, and damage to the soils through deforestation and heavy cropping. The birdman cult represented at Orongo is a later development after the islanders had lost their clan territoriality and were concentrated at Hanga Roa, but still needed a non-territorial way to simulate inter-clan rivalry.*

The central feature of the birdman cult was an annual ceremony in which the heads of the lineages, or their representatives, raced to the islets to obtain the first egg of the sooty tern (known as the Manutara), a migratory seabird which nests on Motu Nui, Motu Iti and Motu Kao. The winning chief was named Bird Man, Tangata Manu, for the following year. It appears that the egg of the tern represented fertility to the cult, although it is less clear what the status of the Tangata Manu actually was. The petroglyphs at Orongo depict the half-man, half-bird Tangata Manu, the creator god Make Make and the symbol of fertility, Komari.

Chile

The road heads north past 'the trench of the long-ears' and an excursion can be made to **Poike** to see the open-mouthed statue that is particularly popular with local carvers (ask farmer for permission to cross his land). On Poike the earth is red; at the northeast end is the cave where the virgin was kept before marriage to the victor of ceremonies during the birdman cult (ask directions). The road along the north coast passes Ahu Te Pito Kura, a round stone called the navel of the world and one of the largest *moai* ever brought to a platform. It continues to Ovahe, where there is a very attractive beach with pink sand, some rather recently carved faces and a cave.

From Ovahe, one can return direct to Hanga Roa or continue to Anakena, site of **King Hotu Matua's village** and Thor Heyerdahl's landing place. From Anakena, a coastal path of variable quality passes interesting remains and beautiful cliff scenery. At Hanga o Teo there appears to be a large village complex, with several round houses, and further on there is a burial place, built like a long ramp with several ditches containing bones. From Hanga o Teo the path goes west then south, inland from the coast, to meet the road north of Hanga Roa.

A six-hour walk from Hanga Roa on the west coast passes **Ahu Tahai** (a *moai* with eyes and topknot in place, cave house, just outside town). Two caves are reached, one inland appears to be a ceremonial centre, the other (nearer the sea) has two 'windows' (take a strong flashlight and be careful near the 'windows'). Further north is Ahu Tepeu (broken *moai*, ruined houses). Beyond here you can join the path mentioned above, or turn right to Te Pahu cave and the seven *moai* at Akhivi, which look straight into the setting sun. Either return to Hanga Roa, or go to Puna Pau crater (two hours), where the topknots were carved (good views from the three crosses at the top).

Rano Kau, south of Hanga Roa, is another important site to visit; one finds the curious Orongo ruins here. The route south out of Hanga Roa passes the two caves of Ana Kai Tangata, one of which has paintings. If on foot you can take a path from the Orongo road, just past the Conaf sign, which is a much shorter route to Rano Kau crater. 200 m below is a lake with many reed islands. On the seaward side is Orongo, where the birdman cult flourished, with many ruined buildings and petroglyphs. Out to sea are the 'bird islets', Motu Nui, Motu Iti and Motu Kao. It is very windy at the summit; good views at sunset, or under a full moon (it is easy to follow the road back to Hanga Roa in the dark).

In Hanga Roa is Ahu Tautira, next to a swimming area marked out with concrete walls and a breakwater (cold water). Music at the 0900 Sunday mass is 'enchanting'. Museum near Tahai, most objects are reproductions because the genuine articles were removed from the island, but it has good descriptions of island life. ■ US$6. There is a cultural centre next to the football field, with an exhibition hall and souvenir stall **Websites** http://islandheritage.org (**Easter Island Foundation**); www.netaxs.com/~ trance/rapanui.html; www.rapanui.cl

Sleeping

Unless it is a particularly busy season there is no need to book in advance; mainland agencies make exorbitant booking charges

The accommodation list at the airport information desk only covers the more expensive places. Flights are met by large numbers of hotel and *residencial* representatives but it is cheaper to look for yourself. Note that room rates, especially in *residenciales* can be much cheaper out of season and if you do not take full board. **L** *Hanga Roa*, Av Pont, T/F100299 (Santiago 633 9130, F639 5334). Including all meals (120 beds), no credit cards. **L** *Iorana*, Ana Magara promontory, 5 mins from airport, T100312 (Santiago 633 2650). Excellent food, convenient for visiting Ana Kai Tangata caves. **L** *O'tai*, Te Pilo Te Henua, T100250. Pool, comfortable, family run. Recommended. **AL** *Poike*, Petero Atamu, T100283. Homely, hot water. **A** *Orongo Easter Island*, Policarpo Toro, Hanga Roa, T100294, or Santiago 211 6747. Breakfast and dinner (excellent restaurant), good service, nice garden. **A** *Topo Ra'a*, Heterki s/n, T100225, F100353, 5 mins from Hanga Roa. Very good, helpful, excellent restaurant. **A** *Cabañas Taha Tai*, 2 houses beyond *Ana Rapu* on C Apina. Fan, fridge, use of kitchen, includes breakfast and airport pick-up. **C** *Vai Moana*, 3 blocks from museum, 2 from *Tahai*, 5 mins from main street, owner Edgar Hereveri, T100626, F100105. *Cabañas* with shared bath, good meals, French and English spoken. Recommended.

Homes offering accommodation and tours (rates ranging from US$18 to US$35, includes meals): **AL** *Res Apina Nui*, Hetereki, T100292. **C** low season, but bargain, good food, helpful, English spoken. Yolanda Ika's **AL** *Res Taire Ngo Oho*, T100259. With breakfast, modern. Recommended. Krenia Tucki's **AL** *Res Kai Poo*, Av Pont, T100340. Small, hot water. **AL** *Res Hanga Roa Reka*, Simón Poao, T100433. Full board, good, camping. **A** *Chez Cecilia*, Policarpo Toro y Atamu Tekema, T/F100499, PO Box 45, ccardinali@entelchile.net With breakfast, *cabañas*, quiet, internet, free airport transfer, camping, tours. **A** *Res El Tauke*, Te Pito Te Henua s/n, T100253. Excellent, airport transfers, tours arranged. **A** *Res Taheta One One*, T100257. Motorbike rental. **B** *Res Tahai*, Calle-Rei-Miro, T100395. With breakfast, **AL** full board, nice garden. Recommended. **A** *Res Pedro Atán*, Policarpo Toro, T100329, full board. **C** Anita and Martín Pate's guesthouse, Hereveri, opposite hospital in Hanga Roa, T100593, hmanita@entelchile.net Half board in high season, less low season, good food. Recommended. **B** *Napoleón Tepano*, T551169, 5 mins from church. 2*cabañas*, quiet, full board, well-equipped, very helpful, airport pick-up, English spoken. **C** pp *Ana Rapu*, C Apina, T100540, F100318. Includes breakfast, evening meal US$7, camping US$10, family-run, hot water (except when demand is heavy), English spoken, dirty. **D** pp *Chez Erika*, Tuki Haka Hevari s/n, T/F100474, chezerika@entelchile.net With breakfast (**C** full board), big house, nice owners, can arrange tours, horse and car rental, information, phone in advance for airport pick-up. Recommended. From **D** pp *Res Kona Tau*, Avareipua, T100321. Youth hostel, price includes bath and breakfast. **D** pp *Res Maori*, Te Pito Te Henua s/n, T100875/105, F100693. With breakfast, hot water, good. **E** pp *Via Kapua Guesthouse*, Playa Anakena. With bath, homely atmosphere, delicious home-cooked meals. From **F** pp *Mara Villa*, Sara Tuki Tepano. Popular, welcoming, sometimes organizes barbecues.

Camping Free in eucalyptus groves near the Ranger's house at Rano Raraku (with water tank), and at Anakena (also with water tank - purify it - has to switched on at night), make sure your tent is ant-proof. Officially, camping is not allowed anywhere else, but this is not apparently strictly enforced. Many people also offer campsites in their gardens, US$5-10 pp, check availability of water first. Some families also provide food. Several habitable caves around the coast: eg between Anakena beach and Ovahe. If you must leave anything behind in a cave, leave only what may be of use to other campers, candles, oil, etc, certainly not rubbish. Camping equipment can be hired from a shop on Av Policarpo Toro, US$50 per day for everything.

Camping gas is expensive and of poor quality

Coffee is always instant. Beware of extras such as US$3 charge for hot water. *Le Pecheur*. French-run, expensive but worth it *Atamu Tekena*, at the harbour/*caleta*, T100382. Good view, good food. *Ave Rei Pua*. Limited menu, good. *Kona Koa*. Not cheap but good, live music. *Mama Sabina*, Av Policarpo Toro. Very tasty food, clean, welcoming. *Pizzería*, opposite post office. Moderately priced. *Ariki o Te Pana*, on Tuki Haka Hevari s/n. For delicious *empanadas*. Several others. Most *residenciales* offer full board.

Eating
Vegetarians will have no problems on the island

Clubs There are 3 in Hanga Roa: *Maitiki* (open daily), east side of town, with pool table. *Toroko*, near harbour (open Thu-Sat), US$1.25. *Piditi*, near airport (open Thu-Sat). Action begins after 0100. Drinks are expensive: bottle of pisco US$9, canned beer US$2.

Entertainment

Tapati, or *Semana Rapa Nui*, **end-Jan/beginning-Feb**, lasts about 10 days. Dancing competitions, singing, sports (horse racing, swimming, modified decathlon), body-painting, typical foods (lots of small booths by the football field), necklace-making, etc. Only essential activities continue outside the festival.

Festivals

On Av Policarpo Toro, the main street, there are lots of small shops and market stalls (which may close during rain) and a couple of supermarkets, cheapest *Kai Kene* or *Tumukai*. **Handicrafts** Wood carvings, stone moais, best bought from the craftsmen themselves, such as Antonio Tepano Tucki, Juan Acka, Hipolito Tucki and his son (who are knowledgeable about the old culture). The expensive municipal market, left of church, will give you a good view of what is available – no compunction to buy. The airport shop is expensive. Good pieces cost between US$30 and 150. Souvenirs at *Hotu Matuu's Favorite Shoppe* are good, quite expensive, designs own T-shirts, fixed prices; also sells music. There is a *mercado artesanal* next to the church and people sell handicrafts at Tahai, Vaihu, Rano Raraku and Anakena. Bargaining is only possible if you pay cash. Bartering items such as shampoo, shoes, T-shirts, is common. Food, wine and beer are expensive because of freight charges, but local fish, vegetables, fruit and bread are cheap. Bring all you can from the mainland, but not fruit.

Shopping
All shops and rental offices close 1400-1700

Diving: *Mahigo Vai Kava*, Puna Apa'u s/n, T551055. Run by Mike Rapu. *Orca*, Puan Apa'u s/n, T100375, F100448, run by Michael García. Both at the harbour, all equipment provided, packages US$50 and US$60 respectively. After a check dive you will go to more interesting sights; ask for dives that suit your experience. **Hiking**: allow at least a day to walk the length of the island, one way, taking in all the sites. It is 5 easy hours from Hanga Roa to Rano Raraku (camp at ranger station); 5 hrs to Anakena (camp at ranger station, but ask first). You can hitch back to Hanga Roa, especially at weekends though there are few cars at other times. **Horseback**: the best way to see the island, provided you are fit, is on horseback: horses, US$15-20 a day. A guide is useful. Try *Emilio Arakie Tepane*, who also leads horseback tours of the island (Spanish only) T100504.

Sport & activities

Hanga Roa Travel, T551158 or 100153, hfritsch@entelchile.net English, German, Italian and Spanish spoken, good value all-inclusive tours. Recommended. *Mahinatur Ltda*, vehicle reservations in advance. Their guide, Christian Walter is recommended. Maps are sold on Av Policarpo Toro for US$15-18, or at the ranger station at Orongo for US$10. Many agencies, *residenciales* and locals arrange excursions around the island. The English of other tour guides is often poor.

Tour operators

Chile

Transport   **Local** There are taxis and in summer a bus goes from Hanga Roa to Anakena on Sun at 0900, returning in the afternoon (unreliable). *Radiotaxi Vai Reva*, Sergio Cortés, Petero Atamu s/n, T100399, 24 hrs, reliable. **Vehicle rental**: a high-clearance vehicle is better-suited to the roads than a normal vehicle. If you are hiring a car, do the sites from south to north since travel agencies tend to start their tours in the north. Jeep hire at *Sonoco* service station, Vaihu, T100325 or 100239, on airport road. *Hertz*, opposite airport. Many other vehicle hire agencies on the main street. Suzuki Vitara US$30 per day. Chilean or international driving licence essential. There is no insurance available, drive at your own risk (be careful at night, many vehicles drive without lights). Check oil and water before setting out. **Motorbike rental**: about US$40 a day including gasoline (Suzuki or Honda 250 recommended because of rough roads). Rentals from Av Policarpo Toro, T100326. **Bicycles**: some in poor condition, are available for rent for US$20 on main street or from *residenciales*, or you can buy a robust one in Santiago (*LanChile* transports bikes free up to a limit of 20 kg) and sell it on the island after 4 days.

The airport runway has been improved to provide emergency landing for US space shuttles

    Long distance: *LanChile* fly 4 days a week in high season, twice a week low season, 3 hrs 40 mins. Most flights continue to Papeete, Tahiti. *LanChile* office on Av Policarpo Toro, T100279, reconfirm flights here – imperative; do not fly to Easter Island unless you have a confirmed flight out (planes are more crowded to Tahiti than back to Santiago) and reconfirm your booking on arrival on the Island. For details of *LanChile*'s special sector fare to Easter Island and which must be purchased outside Chile, see Essentials. A round trip from Santiago is US$525 for those using *LanChile* transatlantic. Get to airport early and be prepared for a scramble for seats. Students studying in Chile eligible for 30% discount. If flying to or from Tahiti, check if you can stay over till another flight or even if there is time for sightseeing before the flight continues – US$10 stop-over sightseeing tours can be arranged (in either case it won't be long enough to take it all in properly). **Airport tax**: flying from Santiago to Easter Island incurs the domestic tax of US$8.

Directory   **Banks** Best done in Santiago. *Banco Del Estado* next to *Entel*, open 0900-1200 daily, charges high commission on changing TCs, but you can change as many TCs as you like (and they can be in different names). Also gives cash against Visa and has ATM. Cash can be exchanged in shops, hotels, etc, at about 5% less than Santiago. Good rates on Amex TCs at *Sonoco* service station. Amex TCs also changed by *Kia-Koe Land Operator*, *Hanga Roa Hotel*. Prices are often quoted in dollars, but bills can be paid in pesos or TCs (ask). Amex credit cards cannot be used to obtain cash (but enquire at *Sonoco* service station), MasterCard can be used to get cash. Cards are rarely accepted for purchases **Communications** Post Office: 0900-1700; only sends packages up to 1 kg. **Telephone:** phone calls from the Chilean mainland are subsidized, at US$0.35 per min. Calls to Europe cost US$10 for 3 mins, cheap rate after 1400. New phone and fax numbers are being introduced, with prefixes 550 and 551. If 100-numbers don't work, try one of those prefixes. **Medical facilities** There is a 20-bed hospital as well as 2 resident doctors, a trained nurse and 2 dentists on the island. **Tourist information** T550055, camararapanui@entelchile.net

Colombia

Colombia

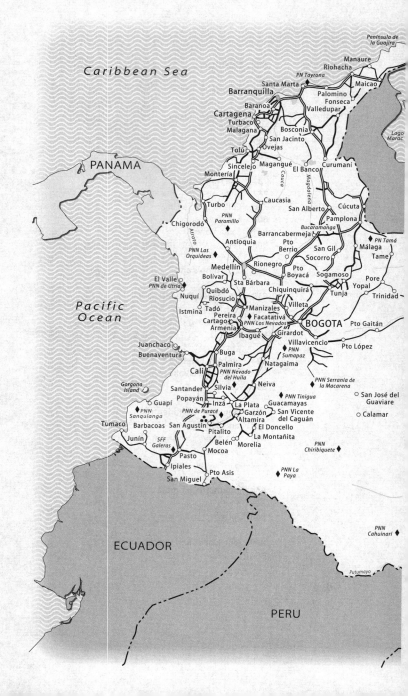

Caribbean Sea

Península de la Guajira

Manaure
Riohacha
Maicao
PN Tayrona
Santa Marta
Palomino
Fonseca
Valledupar
Barranquilla
Baranoa
Cartagena
Turbaco
Malagana
San Jacinto
Bosconia
Lago Marac
Tolú
Ovejas
El Banco
Curumaní
Sincelejo
Magangué
Montería
Cúcuta
Turbo
Caucasia
San Alberto
Pamplona
PNN Paramillo
Bucaramanga
PN Tamá
Chigorodó
Barrancabermeja
Antioquia
Pto Berrio
San Gil
Málaga
PNN Las Orquídeas
Socorro
Tame
Rionegro
Medellín
Pto Boyacá
Sogamoso
Pore
Bolívar
Sta Bárbara
Yopal
El Valle
PNN de Utría
Quibdó
Chiquinquirá
Tunja
Trinidad
Nuquí
Riosucio
Villeta
Tadó
Manizales
Pacific Ocean
Istmina
Pereira
Facatativá
Cartago
PNN Los Nevados
BOGOTA
Armenia
Pto Gaitán
Ibagué
Girardot
Juanchaco
Buga
Villavicencio
Pto López
Buenaventura
Palmira
PNN Sumapaz
Cali
PNN Nevado del Huila
Natagaima
Gorgona Island
Santander
Silvia
Neiva
PNN Serranía de la Macarena
Popayán
Guapí
Inzá
Guacamayas
San José del Guaviare
PNN Sanquianga
PNN de Puracé
La Plata
San Vicente del Caguán
Calamar
Tumaco
Barbacoas
San Agustín
Garzón
Altamira
Junín
Pitalito
El Doncello
SFF Galeras
Belén
Morelia
La Montañita
PNN Chiribiquete
Pasto
Mocoa
Ipiales
Pto Asis
PNN La Paya
San Miguel

ECUADOR

Putumayo

PNN Cahuinarí

PERU

The adventurous will love this land of sun and emeralds, with its excellent opportunities for climbing, trekking and diving. The gold museum in Bogotá, the Lost City of the Tayrona and San Agustín have superb examples of cultures long gone. Among several fine colonial cities, the jewel is Cartagena, whose history of slavery and pirates can be seen in the massive fortifications. Today, pelicans share the beach with holiday-makers. Colombia's Caribbean, which stretches to the Panamanian isthmus, is the inspiration for Gabriel Garcia Márquez' world of magic realism and is the land of accordian-led vallenato music. Of the country's many snow-capped mountain ranges, the Sierra Nevada de Santa Marta with its secretive Indians, is the most remarkable, rising straight out of the Caribbean. There are mud volcanoes to bathe in, acres of flowers, coffee farms to visit and a CD library's worth of music festivals. Also not to be missed is the cathedral inside a salt mine at Zipaquirá. Despite the drug trade and the guerrilla violence which has scarred the minds and landscape of this beautiful country, Colombia remains firmly on the backpacker circuit.

Colombia

Essentials

Planning your trip

Where to go   Bogotá, the capital, stands on a plateau in the eastern cordillera of the Andes. It epitomizes the juxtaposition of the historical and the modern, with many colonial buildings of great importance. Among its attractions are **La Candelaria**, the old centre of the city, and the magnificent **Gold Museum**, which houses a remarkable collection of prehispanic items, one of the 'musts' of South America. Places to visit around Bogotá include the salt cathedral at **Zipaquirá** and the **Chicaque Parque Natural**, a fine preserved area of cloud forest.

Northeast from Bogotá, to Cúcuta on the Venezuelan border, there are lots of interesting places; the colonial cities of **Tunja** and **Villa de Leiva** being the most important, and the latter being carefully preserved as an 18th century town. Further north, Santander department also has its attractions, including the most dramatic mountain scenery in Colombia in the **Parque Nacional Cocuy**. **Barichara** is one of the best preserved colonial towns and nearby **San Gil** is an important centre for adventure sports.

The obvious centre for exploring the northern Caribbean coast and the tropical islands of San Andrés and Providencia is **Cartagena**. It is a popular, modern beach resort and also the place where Colombia's colonial past can best be seen. Here are some of the greatest examples of Spanish architecture on the continent. Santa Marta to the northeast is also a fine resort and the centre for the rocky coast to the east, including Taganga and **Parque Nacional Tayrona**. Week-long treks to the **Ciudad Perdida** (Lost City), a major archaeological site, start in Santa Marta. Northeast from Cartagena is the northern port of **Barranquilla**, where Carnival rivals some of those in Brazil. Going inland from this port, up the Río Magdalena, is the fascinating colonial town of **Mompós**.

In northwest Colombia, **Medellín** is a modern, vibrant city with many fine new buildings, old restored architecture and friendly, outgoing people. There are many fascinating places to visit in the surrounding department of Antioquia, including the colonial towns of **Rionegro** and **Santa Fé de Antioquia**. Further west is the wettest area of the Americas, **Chocó**. Here, the Pacific coast is almost undeveloped for tourism, with pristine forests descending the mountain slopes to the ocean, but resorts such as Bahía Solano and Nuquí are beginning to open up. South of Medellín is the **Zona Cafetera**, with modern and colonial cities such as Manizales and Pereira and where coffee farms, in delightful countryside, welcome visitors.

Further south, in the Cauca Valley, is **Cali**, with its passion for salsa. Like Medellín it has succeeded in shrugging off its bad reputation from the recent past. From **Popayán**, a city with a strong colonial feel, are the difficult routes to the important archaeological sites of **Tierradentro** and especially **San Agustín**. South of Popayán is Pasto, a pleasant town in an attractive setting, Ipiales for the border with Ecuador and Tumaco, from where you can visit the coastal national parks.

When to go   The best time for a visit is December, January and February. These are the driest months, but many local people are then on holiday. Easter is a busy holiday time, many hotels put up their rates and transport can be overloaded. Climate is entirely a matter of altitude: there are no seasons to speak of, though some periods are wetter than others. Height in metres is given for all important towns. Generally, around 2,000 m is 'temperate', anything higher will require warm clothing for comfort in the early mornings and evenings. There is heavy rain in many places in April/May and October/November though intermittent heavy rain can fall at any time almost anywhere.

Finding out more

National tourism is handled by the Tourism Vice-Ministry, now called **Ditur**(Dirección de Turismo), part of the Ministry of Economic Development, with its offices at Calle 28, No 13A-15, Bogotá, T/F382 1307.   Departmental and city entities have their own offices responsible for tourist information: see travelling text for local details. These offices should be visited as early as possible not only for information on accommodation and transport, but

◀

National parks

Colombia has 48 reserves, variously called National Nature Parks (PNN), Flora and Fauna Sanctuaries (SFF), National Nature Reserves (RNN) and one Unique Natural Area (ANU Los Estoraques in Norte de Santander). These include the tiny island of Corota in the Laguna de la Cocha near the border with Ecuador, large areas of forest in the eastern lowlands, all the significant mountain areas and 14 reserves on or near the Caribbean and Pacific coasts. Most, however, are remote with difficult access and few facilities. Visiting many of the national parks is discouraged mainly because of the current political situation. Parks off-the-beaten-track, particularly the Pacific coast, the Llanos and the Amazon region (except PNN Amacayacu), are not recommended for travellers and many are permanently closed. Under half the total number of parks have adequate infrastructure for visitors and are only open for scientific research purposes. Foreigners pay double the admission price locals pay, though at US$2-5 (depending on the park), this is not as expensive as in other Latin American countries. The average entrance price for all the frequently visited parks is US$3. The price difference between low season and high season (all festival weekends, Semana Santa and the July and December Colombian holidays) is only US$2 in most cases.

Visitors wishing to see a cross section of Colombia's geography without straying into no-go areas could select a few of the following, spending a couple of days in each. Recommended are PNN Corales del Rosario y San Bernardo (off the Caribbean coast, coral reefs, excellent diving facilities and birdwatching), SFF Iguaque (close to Villa de Leiva) for Andean cloud forest, PNN Amacayacu (Amazonas) for Amazonian forest and wildlife, PNN Chingaza for the endemic Andean páramo, or high altitude moorland ecosystem. (NB Chingaza is sometimes closed to the public; it is not possible to stay overnight in this park, but an interesting section of it can be seen on a day trip from Bogotá). PNN Los Nevados (Antioquia) for ice climbing and trekking is also recommended. To get a glimpse of what the vast Eastern Plains are like and to see dry lowland forest, PNN El Tuparro on the Río Orinoco is highly recommended. There are very comfortable cabins and options for camping, although this is discouraged in the dry season as forest fires are common. Finally, SFF Los Flamencos in the Guajira offers excellent marine birdwatching, and flamingos can be observed on the salt flats. Wayuu Indians live within the park boundaries. Two other, safe parks (at the time of writing) are PNN Old Providence-McBean Lagoon on the island of Providencia and PNN Tayrona on the Caribbean coast near Santa Marta. Travellers wishing to trek and climb in PNN El Cocuy (eastern Boyocá) should check on the latest situation very carefully before setting off.

The average cost of accommodation in comfortable cabins is US$5 per person per night in Tayrona, Iguaque, Amacayacu, Los Nevados, Isla Gorgona (in the Pacific, south of Buenaventura) and Puracé (southeast of Popayán – check safety before going to the last two). Camping facilities are available in most of the above parks. A camping space for one tent costs US$5.

For contact details of the various National Park organizations, see below.

also for details on areas that are dangerous to visit. Contact Colombia's representation overseas, see box for a list of addresses. See also Useful websites. Maps of Colombia are obtainable at the **Instituto Geográfico Militar Agustín Codazzi**, Carrera 30, No 48-51, open 0800-1530, Bogotá, or from their offices in other large cities. Drivers' route maps are included in the *AutoGuía*, by Publicación Legis, US$8 (1997). See also under Bogotá, Maps.

The National Parks service is the responsibility of the **Unidad Administrativa Especial del Sistema de Parques Nacionales Naturales** (UAESPNN) at the **Ministerio del Medio Ambiente** (Ministry of the Environment) referred to in this guide as **MA.** Their Ecotourism office for information is in the Banco Agrario building at Carrera 10, No 20-30, p 4, Bogotá, T243 1634, F243 4174. Books, souvenirs, good videos and handicrafts are available from the *Ecotienda* on the 7ᵗʰ floor. The national parks book, *Gran Libro de los Parques Nacionales de Colombia*, with superb photography and scientific information, costs US$50. Permits to visit the parks are obtainable here and at the many **MA** offices near the parks themselves (see text). If you intend

▶ *Colombian embassies and consulates*

Australia, Consulate, 100 Walker St, 12th floor, suite 2, North Sydney, NSW 2060, T9955 0311, csydney@minrelext.gov.co

Austria, Stadiongasse 6-8A, 1010 Vienna, T405 4249, F408 8303, www.embcol.or.at

Canada, 360 Albert St, Suite 1002, Ottawa, Ontario, K1R 7X7, T230 3760, F230 4416, eottawa@minrelext.gov.co

Denmark, Hojlddet 7, Copenhagen, DK 2840, T42 804921 (honorary consul)

France, 22 rue de LElysée, 75008, Paris, T4265 4608, F4266 1860, eparis@minrelext.gov.co

Germany, Kurfürstenstr 84 50G 10787, Berlin, T2639 6110, F2639 6125, eberlin@minrelext.gov.co

Holland, Groot Hertoginelaan 14, 2517 EG The Hague, T361 4545, F361 4636, elahaya@minrelext.gov.co

Israel, 111 Ariozorov St, 6th floor, Tel Aviv, T695 3416/419, etelaviv@minrelext.gov.co

Japan, 310-53 Kami-Osaki, Shinagawa-ku, Tokyo 141, T3440 6451, F3440 6724, http://embassy.kcom.ne.jp/colombia/

Spain, Gen Martínez Campos 48, 28010 Madrid, T700 4770, F310 2869, emadrid@minrelext.gov.co

Sweden, Ostermlamsgatan 46, Stockholm, T214320, F218490, eestocolmo@minrelext.gov.co

Switzerland, Dufourstrasse 47, 3005 Bern, T351 1700, F352 7072, eberna@minrelext.gov.co

UK, 3 Hans Crescent, London SW1X 0LR, T020-7589 9177, F020-7581 1829 (consulate, 15-19 Great Titchfield St, London W18, 8HZ, T020-7637 9893), www.colombia.demon.co.uk

USA, 2118 Leroy Place, NW Washington, DC 20008, T202-387 8338, F202-332 8643, ewashington@minrelext.gov.co www.colomb iaemb.org

to visit the parks, this is a good starting place. Foreigners over 18 can participate on the voluntary park ranger programme. Details are available on the 4th floor of the UAESPNN offices in Bogotá (T341 3690/243 2992). You will have to provide photocopies of ID documents and Colombian entry stamp in your passport. A good level of Spanish is required. See also their website www.parquesnacionales.gov.co (which does not give the security situation at individual parks – enquire at the Ecotourism office). Other useful address: **Red de Reservas Naturales**, Av 9N, No 22-07, Cali, T653 4838, F660 6133. For private reserves around the country. **Instituto Colombiano de Antropología e Historia** (ICANH), C 12, No 2-41, T281 1051/561 9600, Bogotá, icanh@mincultura.gov.co Mon-Fri 0830-1630, very helpful.

Websites www.uniandes.edu.co/Colombia/ History, geography, news, tourism, music, recipes, etc, in Spanish, from the **Universidad de los Andes**.

www.conexcol.com is a Colombian search engine covering many topics.

www.ecomerz.rds.org.co Colombian handicrafts online, connected with handicraft co-operatives around the country and with the **Sustainable Development Network**.

www.natura.org.co **Fundación Natura**, excellent information on conservation projects.

www.minambiente.gov.co Ministry of the Environment, links to projects, environmental legislation, national park system, access routes and best time to visit through park's office.

www.humboldt.org.co **Instituto Von Humboldt**, excellent site on Colombia's ecosystems and ethnic communities.

www.invias.gov.co **Instituto Nacional de Vías**. Good for information on road conditions, maps, etc

www.ideam.gov.co For weather forecasts and climate information.

poorbuthappy.com/colombia Has reliable information on travel, jobs and safety.

www.cmi.com.co for up to date news and comment.

The government website is **www.presidencia.gov.co**

Before you travel

Visas & immigration Tourists are normally given 90 days permission to stay on entry, though this is not automatic. If you intend to stay more than 30 days, make sure you ask for longer. If not granted at the border, extension (*salvoconducto*) can be applied for at the DAS (security police) office in any major city up to a maximum of six months. There may be delays, so apply in good time. Better, apply at the DAS office, C 100, No 11B-27, Bogotá (see under Bogotá, Useful addresses). Alternatively, if you have good reason to stay longer (eg for medical treatment), apply at the embassy in your home country before leaving. An onward ticket may be asked for at land borders or Bogotá international airport. Visitors are sometimes asked to prove that they have sufficient funds for their stay. Note that if you are going to take a Spanish course, you must have a student visa. You may not study on a tourist visa

To visit Colombia as a tourist, nationals of Republic of Ireland, countries of former Eastern Europe and the Middle East (except Israel), Asian countries (except Japan, South Korea, Malaysia, Phillipines, Taiwan and Singapore), Haiti, Nicaragua, and all African countries need a visa. If in doubt, check regulations before leaving your home country. Visas are issued only by Colombian consulates. When a visa is required you must be prepared to present a valid passport, three photographs, the application form (in duplicate), £30 or equivalent, onward tickets, and a photocopy of all the documents (allow 2 weeks). Various business, student and temporary visas are needed for foreigners who have to reside in Colombia for a length of time. Visas must be used within three months. Supporting documentary requirements for visas change frequently. Check with the appropriate consulate in good time before your trip.

When entering the country, you will be given the copy of your DIAN (Customs) luggage declaration. Keep it; you may be asked for it when you leave. If you receive an entry card when flying in and lose it while in Colombia, apply to any DAS office who should issue one and restamp your passport for free. Normally passports are scanned by a computer and no landing card is issued, but passports still must be stamped on entry. Note that to leave Colombia you must get an exit stamp from the DAS. They often do not have offices at the small border towns, so try to get your stamp in a main city.

NB It is highly recommended that you photocopy your passport details, including entry stamps which, for added insurance, you can have witnessed by a notary. This is a valid substitute for most purposes though not, for example, for cashing travellers' cheques or drawing cash across a bank counter. Your passport can then be put into safe-keeping. Also, photocopy your travellers' cheques, flight ticket and any other essential documents. Generally acceptable for identification (eg to enter government buildings) is a driving licence, provided it is plastic, of credit card size and has a photograph. For more information, check with your consulate.

Duty free Duty-free allowance for laptops, radios, binoculars and video cameras, but all must show use; 200 cigarettes or 50 cigars or up to 500 grams of manufactured tobacco in any form, two bottles of liquor or wine pp.

Vaccinations Hepatitis is common; get protection before your trip. Get inoculated against yellow fever if you are travelling to coastal areas and the eastern jungle or going on to other South American countries. Also see Health, in Essentials at the beginning of the book, page 60.

What to take Tropical clothing is necessary in the hot and humid climate of the coastal fringe and the eastern *llanos*. In Bogotá, Boyacá and the Zona Cafetera medium-weight clothing is needed for the cool evening and night. Medellín requires light clothing; Cali lighter still. A goretex or similar jacket is useful in the uplands. Higher up in the mountains it can be very cold, so a fleece is necessary.

Money

Currency The monetary unit is the peso. There are coins of 50, 100, 200, 500 and 1,000 pesos; there are *peso exchange rate with US$: 2,977* notes of 1,000 (rare), 2,000, 5,000, 10,000, 20,000 pesos and a 50,000 peso note recently issued (can be difficult to change). Change is in short supply, especially in small towns, and in the morning. There is a limit of US$25,000 on the import of foreign exchange, with export limited to the equivalent of the amount brought in.

Colombia

Exchange Cash and travellers' cheques can in theory be exchanged in any bank, except the *Banco de la República*. Go early to banks in the smaller places to change cash or travellers' cheques: some close the service as early as 1000, though bank hours are generally getting longer. In most sizeable towns there are *casas de cambio* (exchange shops), which are quicker to use than banks but sometimes charge higher commission. Hotels may give very poor rates of exchange, especially if you are paying in dollars, but practice varies. It is generally dangerous to change money on the streets and you may well be given counterfeit pesos. Also in circulation are counterfeit US dollar bills. Do not accept damaged bills; no one will take them off you. You must present your passport when changing money (a photocopy is not normally accepted). Take some US$ cash with you for emergencies.

Credit cards As it is unwise to carry large quantities of cash, credit cards are widely used, especially
For credit card loss MasterCard and Visa; Diners Club is also accepted, while American Express is only accepted in
or theft, contact high-priced establishments in Bogotá. Many banks will accept Visa (Visaplus and ATH logos):
Visa T980-125713 *Bancolombia, Bancafé, Banco Agrario* and *Banco Popular* advance pesos against Visa, through
or MasterCard ATMs or across the counter. Similarly, for Cirrus/MasterCard (Maestro and Multicolor logos) go to
T9809-121303 *Bancolombia, Banco de Occidente* and many of the Savings Banks. There are ATMs for Visa and
MasterCard everywhere. You may have to try several machines, however, before you get your cash, even though they claim to accept your card. All *Carulla* supermarkets have Citibank ATMs.

Traveller's When changing travellers' cheques (which can be a long and tedious process) a photocopy
cheques of your passport may be taken, best to take a supply of photocopies with you. For changing
Take dollar TCs in Amex travellers' cheques, use major banks, eg *Bancolombia* (the official agent for AmEx
small denominations, Money Gram, 1% commission for US$100, plus 15% tax). You may have to provide proof of
but, better still, take purchase. The procedure is always slow, maybe involving finger printing and photographs.
a credit card Obtaining reimbursement for lost American Express travellers' cheques can be
(see below). Sterling straightforward if you have the numbers recorded (preferably proof of purchase), a police
TCs are practically certificate (*diligencia de queja*) covering the circumstances of loss, and apply to their offices at
impossible to C 85, No 20-32, T531 1919 (see Bogotá, Banks). Banks may be unwilling to change any
change in Colombia travellers' cheques in more remote areas – take local currency. TCs are not normally accepted for payments in hotels, restaurants, shops etc.

Cost of Prices are generally lower than Europe and North America for services and locally produced
travelling items, but more expensive for imported and luxury goods. For the traveller prices are among the lowest in South America. Modest accommodation will cost about US$8-10 pp per night in Bogotá and Cartagena, but a couple of dollars less elsewhere. A *comida corriente* (set lunch) costs about US$1.50-2 and breakfast US$1-1.75. *A la carte* meals are usually good value and fierce competition for transport keeps prices low.

Getting there

Air **From Europe** *British Airways* flies three times a week from London to Bogotá. *Avianca*
Enquire when you and *Iberia* fly from Madrid daily and *Air France* has four flights a week from Paris.
book if there are **From North America** Frequent services to and from the US by *Avianca* and *American*
special offers for **Airlines**, the latter from Miami, daily to Bogotá, Cali and Medellín. Other flights from Miami:
internal flights *Avianca* to Pereira (via Bogotá); *Aces* to Bogotá, Barranquilla, Cali, Cartagena and Medellín. From New York, *Avianca* flies to Bogotá (also *Continental*), Cali and Medellín (also *American Airlines*). *Continental* also flies from Houston to Bogotá while *Delta* flies daily from Atlanta.
From Latin America *Lacsa* flies from San José to Bogotá. From Mexico City with *Avianca, Lacsa* and *Mexicana* to Bogotá. From Panama, *Avianca* and *Copa* daily to Bogotá; *Copa* daily to Barranquilla, Cartagena, Cali and Medellín (also *West Caribbean Airways*. There are direct flights to most South American countries.

Colombia

Touching down

Business hours *Monday-Friday, 0800-1200 and 1400-1730 or 1800. Certain firms in the warmer towns such as Cali start at 0700 and finish earlier.* **Government offices** *generally follow the same hours as businesses, but generally prefer to do business with the public in the afternoon only.* **Embassy** *hours for the public are 0900-1200 and 1400-1700 (Monday-Friday).* **Banks** *0900-1500 Monday-Friday, except the last working day in the month when they close at 1200 or all day. However, banking hours are getting longer and some are now opening on Saturday.*

Outside Bogotá banks open 0800-1130, 1400-1630. Shops 0900-1230 and 1430-1830, Monday-Saturday.

IDD 57 *Equal tones with long pauses means it is ringing; short tones with short pauses means engaged.*

Official time *Five hours behind GMT.*

Voltage *120 volts AC, is general for Colombia. Transformer must be 110-150 volt AC, with flat-prong plugs (all of same size).*

Weights and measures *Metric system in general use, though US gallons are standard for petrol.*

Touching down

There is an airport tax of US$28 (in cash, dollars or pesos) that every passenger leaving has to pay. In addition, there is an exit tax of US$18 for stays of over 60 days. You will need an exit tax exemption certificate from a desk near where you check in if you have been less than 60 days in the country. (Taxes may be higher on international flights from Cartagena and Barranquilla). Travellers changing planes in Colombia and leaving the same day are exempt from both taxes. When you arrive, ensure that all necessary documentation bears a stamp for your date of arrival; without it you will have to pay the exit tax on leaving. Do not buy tickets for domestic flights outside Colombia, except for the official air passes offered by the major local airlines. There is also an airport tax on internal flights, US$2.30 (may vary), not usually included in price quotations. **Airport & other taxes**

Upmarket restaurants 10%. Porters, cloakroom attendants, hairdressers and barbers, US$0.05-0.25. Taxi-drivers are not normally tipped. **Tipping**

Most travellers confirm that the vast majority of Colombians are honest and very hospitable. In addition to the general advice given in the Essentials section at the beginning of the book, the following local conditions should be noted. Colombia is part of a major drug-smuggling route. Police and customs activities have greatly intensified and smugglers increasingly try to use innocent carriers. Do not carry packages for other people. Be very polite if approached by policemen in uniform, or if your hotel room is raided by police looking for drugs. Colombians who offer you drugs could be setting you up for the police, who are very active on the north coast and San Andrés island, and other tourist resorts. **Safety**

There is sporadic guerrilla activity in Colombia. At present it appears to be confined to rural areas down the eastern part of the country from Arauca and Casanare to Putumayo, the Magdalena Medio, and from Urabá near the border with Panama into northwestern Antioquia and parts of Chocó. In some cases, it is related to oil production and pipeline areas and to the current destruction of drug crops by the authorities, causing local hardship and resentment. There have been some isolated incidents in cities in recent months. Local informed authorities agree that you should not travel between towns anywhere by road at night. Areas in which to take care are mentioned in the text, but, **to find out which areas are to be avoided**, there is no substitute for local advice. The situation changes rapidly and printed information may be out of date by the time you arrive. Decide where you want to go then ask at your embassy. It is essential to follow this up with detailed enquiries at your chosen destination. If arriving overland, go to the nearest hotel favoured by travellers (these are given in the text) and make initial enquiries there.

Colombia

Where to stay

Hotels
See inside front cover for our hotel grade price guide

The more expensive hotels are once again (2003) required to charge 7% VAT (IVA). Some hotels add a small insurance charge (about US$0.75 per night). Between 15 December and 30 April, 15 June and 31 August, hotels in main holiday centres may increase prices by 20-30%. Some tourist offices have details of authorized prices (which may not be up to date). Although most hotels, except the very cheapest, offer private shower as a matter of course, hot water often comes only in the more expensive hotels or in colder zones. Prices are normally displayed at reception, but in quiet periods it is always worth negotiating.

Camping
Check locally very carefully before deciding to camp. You may be exposing yourself to significant danger

Sites are given in the text. Local tourist offices have lists of official sites, but they are seldom signposted on main roads, so can be hard to find. Permission to camp with tent, camper van or car is usually granted by landowners in less populated areas. Many *haciendas* have armed guards protecting their property: this can add to your safety. Do not camp on private land without permission. Those in camper vans may camp by the roadside, but it is neither particularly safe, nor easy to find a secluded spot. Vehicles may camp at truck drivers' restaurants or ask if you may overnight beside police or army posts.

Getting around

Air

Internal air services are flown principally by *Avianca/SAM* (www.avianca.com.co), *Aces* (www.aces.com.co), *Aires* and *AeroRepública*. (*Avianca/SAM* and *Aces* merged in May 2002 to form *Alianza Summa*, www.summa.aero Apart from a unified booking system, the passenger will still be aware of the old names. *Avianca* offers a domestic air pass ticket giving travel for 30 days on *Avianca/SAM* and *Aires*, if arriving in Colombia by air from overseas. Conditions are that it allows up to five stops, it must be bought outside Colombia in conjunction with an international air ticket, children aged 2-11 pay 67%, infants 10%, the Air Pass is non-refundable unless the whole has been unused, one may not pass through each city more than once (except for transfers), and a proposed itinerary (not firm) must be submitted when buying the ticket. Prices are determined by high season (Jun-Aug and Dec), or low season (rest of year): Air Pass 1 is open to all nationalities including Colombians legally resident abroad, passengers must fly *Avianca* into Colombia, US$300, US$370 if including San Andrés (high), US$240, US$320 with San Andrés (low) for five stops, with the option to add three extra coupons at US$50 each. With Air Pass 2, any incoming carrier may be used, US$509, US$629 with San Andrés (high), US$469, US$579 with San Andrés (low) for five stops, plus US$50 for extra coupons, maximum three. These prices and conditions change from time to time, enquire at any *Avianca* office. Similar arrangements have been made by *Aces* and *AeroRepública*. There are also good value reductions advertised in the press, eg weekend trips from Bogotá to the North coast and San Andrés. Domestic airports are good, though the tourist facilities tend to close early on weekdays, and all Sun. There is a 16% sales tax on one way tickets and an 8% tax on return trips. Local airport taxes of US$2.30 are charged when you check in. Security checks tend to be thorough, watch your luggage. *Satena,*, www.satena.com fly to destinations in the south and remoter regions of Chocó, Amazonas and Orinoquia. *West Caribbean Airways* flies to San Andrés/Providencia and other places in northern Colombia.

Road
Almost all the main routes are paved, and surfaces reasonably well maintained.

Bus Travel in Colombia is exciting. The scenery is generally worth seeing so travel by day: it is also safer and you can keep a better eye on your valuables. On main routes you usually have choice of company and of type of bus. The cheapest (*corriente*) are basically local buses, stopping frequently, uncomfortable and slow but offering plenty of local colour. Try to keep your luggage with you. *Pullman* (each company will have a different name for the service) are long distance buses usually with a/c, toilets, hostess service, videos (almost always violent films, Spanish/Mexican or dubbed English) and limited stop. Be prepared for lack of a/c and locked windows. Sit near the back with your walkman to avoid the video and the need to keep the blinds down. Luggage is normally carried in a locked compartment against receipt. *Colectivos*, also known as *vans* or *busetas*, run by *Velotax*, *Taxis Verdes*, etc are usually 12-20 seat vehicles, maybe with a/c, rather cramped but fast, saving several hours on long journeys (so not for the faint-hearted!). You can keep your eye on luggage in the back of the van. Fares shown in the text are middle of the range where there is a choice but are no more than a guide. Note that meal stops can be few and far between, and short; bring your own food. Be prepared for climatic changes on longer routes. **If you entrust your luggage to the bus companies' luggage rooms, remember to load it on to the bus yourself; it will not be done automatically.** There are few interdepartmental bus services on holidays. If you are joining a bus at popular or holiday times, not at the starting point, you may be left behind even though you have a ticket and reservation. Always take your passport (or photocopy) with you: identity checks on buses are frequent.

Car Roads are not always signposted. If driving yourself, avoid night journeys; vehicles may be unlighted and it can be dangerous. The roads may be locally in poor condition, lorry- and bus-drivers tend to be reckless, and stray animals are often encountered. **Always check safety information for your route before setting out.** Police checks are frequent in troubled areas, keep your documents handy. There are toll stations every 60-100 km on major roads: toll is about US$2. Motorcycles and bicycles don't have to pay. In town, try to leave your car in an attended car park (*parqueadero*), especially at night. Car parks usually charge different rates for day and night. If you are planning to sleep in your car, ask if you can stop in a *parqueadero*; you will be charged a little extra. Alternatively, find a police station and ask to sleep in your car nearby. You can also stay overnight in *balnearios campestres*, which normally have armed guards. Motor fuel: 'premium 95' octane (only in large cities), about US$1.80 per US gallon; 'corriente' 84 octane, US$1.25 per US gallon. Diesel US$1.20.

International driving licences are advised, especially if you have your own car. To bring a car into Colombia, you must also have documents proving ownership of the vehicle, and a tourist card/transit visa. These are normally valid for 90 days and must be applied for at the Colombian consulate in the country which you will be leaving for Colombia. Temporary admission of a visitor's vehicle is usually given at most border controls. Procedure may take some time and patience. A *carnet de passages* is recommended when entering with a European registered vehicle. Only third-party insurance issued by a Colombian company is valid, cost around US$70; there are agencies in all ports. In Cartagena, *Aseguradora Solidaria de Colombia*, C 21 Norte, No 4-17, near Plaza de la Aduana is recommended. You will frequently be asked for this document while driving. Carry driving documents with you at all times.

Car hire This is relatively expensive. In addition to passport and driver's licence, a credit card may be asked for as additional proof of identity (Visa, MasterCard, American Express), and to secure a returnable deposit to cover any liability not covered by the insurance. Make sure you know what is and what is not covered by insurance. Main international car rental companies are represented at principal airports but not necessarily open all the time. Take careful advice on the safety of your chosen route and make sure you have the best maps available; signs are often misleading or missing.

Cycling
Ask about security wherever you go

Cycling is a popular sport in Colombia. There are good shops for spares in all big cities, though the new standard 622/700 size touring wheel size is not very common. Take your own spare tyres. Recommended are: *Bike House*, Calle 93 B, No 15-34, of 208, T257 3107, Bogotá, and *Bicicletas de Montaña*, Calle 23, No 43A-104, T262 7249, Medellín.

Hitchhiking

Hitchhiking (*autostop*) has become more difficult as some road routes have been under threat in 2003. Make careful enquiries before attempting long journeys. In safe areas, try enlisting the co-operation of the highway police checkpoints outside each town and toll booths. Truck drivers are often very friendly, but be careful of private cars with more than one person inside. Travelling on your own is not recommended.

Taxi

Whenever possible, take a taxi with a meter and ensure that it is switched on. If there is no meter, bargain and fix a price. All taxis are obliged to display the additional legal tariffs that may be charged after 2000, on Sun and fiestas. Don't take a taxi which is old; look for 'Servicio Público' on the side. There is a small surcharge for Radio Taxis, but they normally offer safe, reliable service. The dispatcher will give you the cab's number which should be noted in case

Colombia

of irregularities. Radio taxis are especially advised at night when, if possible, women should not travel alone. If the taxi 'breaks down', take your luggage out and find another taxi immediately.

Train Originally there were over 3,000 km of railways, but most lines have been closed. At present there is only a tourist service north of Bogotá and an intermittent connection between Medellín and Barrancabermeja.

Keeping in touch

Internet Internet services are expanding rapidly in Colombia. You will find internet centres in all important towns, in business sectors and shopping malls. Typical rates are US$1-4 per hour.

Post
The mail service is unreliable. It is better now to use email

There are two parallel postal systems, **Avianca**, operated by the national airline, and **Correos de Colombia**, the post office proper. Both have offices in all major cities, but only *Correos* can be found in small towns and rural areas. **Adpostal**, part of *Correos*, will take parcels for overseas. Correspondents report 20-day delivery to the UK. Prices are identical for overseas airmail (which is carried by *Avianca* in any event), but *Adpostal/Correos* is much more economical, and can be more efficient, for internal service. Anything of importance should be registered. *Avianca* controls all airmail services and has offices in provincial cities. Airports are often the easiest and most convenient places for posting letters. It costs US$2 to send a letter or postcard to the US, more to Europe or elsewhere.

Telephone
For information dial 150 for Orbitel, 170 for ETB and 190 for Telecom

Inter-city calls are best made from *Telecom* offices unless you have access to a private phone. Long-distance pay phones are located outside most *Telecom* offices, also at bus stations and airports. They take 100 peso coins, or larger. From the larger towns it is possible to telephone to Canada, the USA, the UK, and to several of the Latin American republics. International phone charges are high (about US$7 for three mins to USA, US$8 to Europe, US$12 to Australia) but there can be substantial discounts at off-peak times, weekends and holidays. There are now three competing local services for intercity and international calls (as cheap as a dollar or so per minute to most destinations, but you must shop around). **NB** In this chapter phone codes are all shown with the first figure 9. This will connect you to *Telecom*. If you wish to use **Orbitel**, substitute 5; for **ETB** substitute 7. This can be important at evenings, weekends and holiday times when cheap calls may be available. A deposit may be required before the call is made. Better value is to purchase a phone card and dial direct yourself. For details of international telephone company tariffs, call **AT&T** at 601 0288, or **Global One** at 621 0177, both in Bogotá. Rather than using the Colombian dialling system, it may well be cheaper to call abroad using home-country direct services, which can also help to place calls to other countries: eg **Canada Direct** is 980-190057, *AT&T* for the US dial 980-110010 and for the UK, 980-440057; **BT** Chargecards can be used for calls within Colombia as well as country-to-country and to the UK. Other collect, or reversed-charge, telephone calls can be made from El Dorado airport, but make sure the operator understands what is involved or you may be billed in any case. Fax to Europe costs US$4 per page, but is almost double this from hotels.

Media **Newspapers Bogotá**: *El Tiempo* www.eltiempo.com.co *El Espectador* www.elespectador.com *La República*, www.la-republica.com.co **Medellín**: *El Mundo, El Colombiano*. **Cali**: *El País, Occidente, El Pueblo*. All major cities have daily papers. Magazines are partisan, best are probably *Semana*, www.semana.com and *Cambio*, www.cambio.com.co US and European papers can be bought at *Librería Oma*, Cra 15, No 82-58, or at the stand outside *Tacos de la 19*, near the corner of Cra 7/C 19 in the centre of Bogotá. *Latin American Post*, once weekly in English, available in Bogotá and major cities. **Radio** To hear the news in English tune in to 98.5 FM daily 0500-0600; before 0500 *Voice of America* is on this wavelength and 2030-2130 French speakers can listen to *RFI*.

Food and drink

Colombia's food is very regional, but most major cities now have restaurants with non-local Colombian food. Restaurants in smaller towns often close on Sunday, and early on weekday evenings: if stuck, you will probably find something to eat near the bus station. If you are economising, ask for the *plato del dia* or *plato corriente* (dish of the day). In simple restaurants, almost all food is modestly priced.

A standard main course is *sancocho*, a filling combination of some root vegetable, including the tropical cassava and yam, with chopped fresh fish or any kind of meat, possibly chicken. Colombia has its own variant of the inevitable *arroz con pollo* (chicken and rice) which is excellent. *Ajiaco de pollo* is a delicious chicken, maize, manioc, cabbage and potato stew served with cream and capers, and lumps of avocado; it is a Bogotá speciality; another Bogotá speciality is *sobrebarriga* (belly of beef). *Bandeja antioqueña* consists of meat grilled and served with rice, beans, potato, manioc and a green salad; *bandeja paisa* is minced beef with rice, beans, fried egg, chorizo, avocado; the simpler *carne asada* is cheaper. *Mazamorra*, boiled maize in milk, is a typical *antioqueño* sweet, and so is *salpicón*, a tropical fruit salad. (In Boyacá, however, *mazamorra* is a meat and vegetable soup.) *Lechona* (sucking pig and herbs) is a speciality of Ibagué. Cartagena's rice is usually with coconut. In Nariño, guinea pig (*cuy*, *curí* or *conejillo de Indias*) is typical. *Tamales* are meat pies made by folding a maize dough round chopped pork mixed with potato, peas, onions, eggs and olives seasoned with garlic, cloves and paprika, and steaming the whole in banana leaves (which you don't eat); the best are from Tolima. From stalls in the capital and the countryside, try *mazorcas* (roast maize cobs) or *arepas* (fried maize cakes). On the Caribbean coast, eat an egg *empanada*, which consists of two layers of corn (maize) doughl, fried with eggs in the middle. *Huevos pericos*, eggs scrambled with onions and tomatoes, are a popular and nourishing snack. *Pandebono*, cheese-flavoured bread is delicious.

A good local sweet is the *canastas de coco*: pastry containing coconut custard flavoured with wine and surmounted by meringue. *Arequipe* is very similar to fudge, and popular (it is called *manjarblanco* in other parts of South America). *Almojábanas*, a kind of sour-milk/cheese bread roll, are delicious if fresh. There is, indeed, quite an assortment of little fruit pasties and preserves. Then there are the usual fruits: bananas, oranges, mangoes, avocado pears, and (at least in the tropical zones) *chirimoyas*, *papayas*, and the delicious *pitahaya*, taken either as an appetizer or dessert. Other fruits such as the *guayaba* (guava), *guanábana* (soursop), *maracuyá* (passion fruit), *lulo* (*naranjilla*), *mora* (blackberry) and *curuba* (banana passion fruit) make delicious juices, sometimes with milk added to make a *sorbete* though *sorbetes* are best left alone unless you are satisfied the milk is fresh. There is also *feijoa*, a green fruit with white flesh, high in vitamin C. Fruit yoghurts are nourishing and cheap (try *Alpina* brand; *crema* style is best), or *kumis*, a kind of liquid yoghurt. Another drink you should try is *champús*, a corn base with lemon and other fruit.

Tinto, the national small cup of black coffee, is taken at all hours. Colombian coffee is always mild. (Coffee with milk is called *café perico*; *café con leche* is a mug of milk with coffee added.) *Agua de panela* is a common beverage (hot water with unrefined sugar), also made with limes, served with cheese. Many acceptable brands of beer are produced, almost all produced by the Bavaria group, but also popular is *Leona*. The local rum is good and cheap; ask for *ron* eg Santafe or Ron Viejo de Caldas. *Aguardiente* is a 'rougher' cane-based spirit served with or without aniseed (*aguardiente anisado*). Try *canelazo*, cold or hot *aguardiente* with water, sugar, lime and cinnamon. Local table wines include Isabella; none is very good. Wine is very expensive, US\$15 in restaurants for an average Chilean or Argentine wine, more for European and other wines.

Food

If the menu states that 10% IVA is included in the price, this should not be itemized as an extra on the bill. Refuse to pay it

There are more food suggestions in the travelling text

Drink

Warning It has been reported that bottles of imported spirits bearing well-known labels have often been 'recycled' and contain a cheap and poor imitation of the original contents

Shopping

The best buys are emeralds in Bogotá, handworked silver, pottery and textiles. The state-run Artesanías de Colombia for craft work (see under Bogotá). In Antioquia buy the handbag *carriel antioqueño* traditionally made from otter skin, but nowadays from calf skin and plastic trimmed at that. Clothing and shoes are cheap in Medellín. The Colombian *ruana* (poncho) is attractive and warm in any cool climate, and comes in a wide variety of colours. Leatherwork is generally good and not expensive especially in southern Colombia.

Colombia

Holidays and festivals

Public Holidays: 1 January: Circumcision of our Lord; 6 January: Epiphany*; 19 March: St Joseph*; Maundy Thursday; Good Friday; 1 May: Labour Day; Ascension Day*; Corpus Christi*; Sacred Heart*; 29 June: SS Peter and Paul*; 20 July: Independence Day; 7 August: Battle of Boyacá; 15 August: Assumption*; 12 October: Columbus' arrival in America* (Día de la Raza); 1 November: All Saints' day*; 11 November: Independence of Cartagena*; 8 December: Immaculate Conception; 25 December: Christmas Day. When those marked with an asterisk do not fall on a Mon, or when they fall on a Sun, they will be moved to the following Mon. Public holidays are known as *puentes* (bridges).

Sport and activities

Birdwatching Colombia claims to have more birds than any other country. There is a wide variety of habitats. Some of the more easily accessible areas are in the vicinity of Santa Marta (eg the Parque Nacional Tayrona, the marshes between Santa Marta and Barranquilla), several good spots around the capital, Parque Nacional Los Nevados, the Laguna de Sonso, near Buga, and the road from Cali to Buenaventura, around Popayán, Puracé and San Agustín, La Planada Reserve near Pasto, some of the routes into the eastern Llanos (eg Garzón to Florencia and Pasto to Mocoa) and around Leticia (eg the Parque Nacional Amacayacu). As with other activities that require spending time away from centres, birders should ask locally if the sites they want to explore are safe. *A Guide to the Birds of Colombia*, by Steven Hilty and William Brown (Princeton, 1986), is recommended (acknowledgement is also made here to *Where to watch birds in South America*, by Nigel Wheatley – London, 1994).

Climbing The best possibilities for mountaineers are the national parks of Los Nevados (eg Nevado del Ruiz, Nevado de Tolima) and Sierra Nevada del Cocuy (eg Ritacuba Blanca and Ritacuba Negra – check security situation and conditions before setting out). For rock and ice climbing, the Nevados and Cocuy offer some technical challenges and at Suesca, north of Bogotá near Nemocón, there is some of the best rock climbing in the country. The best source of information is Mauricio Afanador, who can be contacted at *Café y Crepes* (see Bogotá, Eating). The climbing clubs at the Universidades Nacional and Jorge Tadeo Lozano are also excellent sources of information, as is Germán Escobar at the *Platypus Hotel* in Bogotá. Maps can be obtained at the **Instituto Geográfico** (see under Bogotá, Maps). If you intend to climb, bring all your own equipment. It may be hard to find easily in Colombia, eg compass. Some equipment available at *Almacén Aventura*, Cra 13, No 67-26, Bogotá, T313 3219, F248 2639, and C 138, No 53A-53, T226 8142, rope, boots etc; *Deportivos del Campo*, C 64, No 18-15, Bogotá, T547 9405/248 1855, tents, mattresses etc, mostly imported.. Light equipment, rucksacks etc of reasonable quality, can be bought in markets.

Diving: There are dive sites on both the Caribbean and Pacific coasts, but the former is more developed. Caribbean diving centres are Cartagena, Santa Marta and nearby Taganga, San Andrés and Providencia, the Islas de San Bernardo off the coast of Sucre, Isla Fuerte off Córdoba department and Capurganá, near the Panamanian border. On the Pacific, Bahía Solano is the main destination. There are dive shops in most of these places (see text). You can also contact Pedro Roa of *Aqua Sub Diving*, T613 8038, Bogotá, aquasub_dive@uole.com or aquasub dive@starmedia.com, who direct you to diving instructors belonging to the *Asociación Colombiana de Instructores de Buceo* (ACIB). A five-day PADI course costs about US$140 (2003 prices). Most of the upmarket hotels in the resorts arrange diving and snorkelling trips.

Fishing is particularly good at Girardot, Santa Marta and Barranquilla; marlin is fished off Barranquilla. There are regular competitions, especially on the Pacific coast, for instance at Golfo de Cupica. There is trout fishing, in season, in the lakes in the Bogotá area, and at Lago de Tota in Boyacá. Many upmarket travel agencies in Bogotá and Medellín can arrange fishing trips.

Mountain biking The possibilities are, in theory, endless for this sport and Colombians are themselves keen cyclists. Because some remote parts are unsafe, it is not wise to venture off the beaten track and you should enquire locally about the security situation before setting out. An agency like *Eco-Guías* in Bogotá (see Tour operators) can give details and information may also be available at popular travellers hotels.

Spectator sports Football (soccer) is the national sport and best seen in Cali and Medellín. American baseball is played at Cartagena and Barranquilla. There are bullrings at Bogotá, Cali, Manizales, Medellín, Sincelejo and Cerrito. Polo is played at Medellín and Bogotá. Cockfights, cycling, boxing and basketball are also popular.

Trekking Trekking is popular with walks ranging from one-day excursions out of Bogotá, or at San Agustín, to three to four-day hikes. Good places for longer treks include the national parks of Los Nevados (from Ibagué, Manizales or Pereira), Sierra Nevada del Cocuy in the northeast, and Puracé (between Popayán and San Agustín). Well-trodden is the path to the Ciudad Perdida in the Sierra Nevada de Santa Marta, which has one of the country's main archaeological sites. In the departments of Boyacá and Santander there are many colonial *caminos reales. Sources of information include tourist offices and **Ministerio del Medio Ambiente** (MA – see National parks, above). See also under Bogotá, Sport.

Whitewater rafting is growing in popularity and is at present based at San Gil (Santander) and Villeta (Cundinamarca). See details in the text.

Windsurfing: In Cartagena many of the hotels in Bocagrande hire out equipment. In Bogotá, call Erhard Martin, T249 3002, for information.

Health

Emergency medical treatment is given in hospitals: if injured in a bus accident, for example, you will be covered by insurance and treatment will be free. Bogotá has well-organized sanitary services, but bottled water is recommended for drinking. Outside the capital take sterilizer with you, or boil the water, or use the excellent mineral waters. Choose your food and eating places with care everywhere. *Falmonox* is recommended locally for amoebas. Mosquito nets are useful in the coastal swampy regions. There is some risk of malaria and yellow fever in the coastal areas and the eastern *llanos*/jungle regions; prophylaxis is advised. Yellow fever certificates are required if travelling to Leticia or direct to other South American countries. Dengue has been reported (2003) in the Caribbean area. For up-to-date information, ask at the bigger clinics and hospitals. Tampons are not always available, but can easily be found in big city supermarkets.

See also Health in Essentials at the beginning of the book, page 60

Bogotá

Bogotá

Bogotá is a vast, sprawling city thick with traffic (though considerably improved since the TransMilenio rapid transit system opened in 2001) and with predictable extremes of wealth and poverty. Emerald sellers do deals on street corners, but for a safer view of all that glitters, visit the Gold Museum, one of the most stunning collections of pre-Columbian treasures in the Americas. The old centre of La Candelaria has countless fine colonial buildings while northern Bogotá is the latest in modern urban design. The capital, founded in 1538, is one of the most important cities of Latin America. It has a remarkable historic centre with a wealth of museums and colonial buildings. There are many places of interest in nearby towns for weekend excursions out of the city. The basin on which it stands, with high ranges of the Cordillera to the east, is known as La Sabana de Bogotá.

Ins and outs

El Dorado **airport** has 2 terminals, 15 km northwest of the centre. The taxi fare to the city is about US$8, more at night and early morning. Make sure you get a registered taxi, normally yellow, outside the main terminal or *Avianca* terminal. Near the exit from the baggage area, there is a taxi office where you can state your destination and receive a computer slip detailing the fare (if not available, ask the driver to quote the fare beforehand). Unofficial taxis not advisable. There are *colectivos* (US$1 plus luggage pp) from airport to centre; also buses in the daytime, US$0.25 (not easy with bulky luggage and they may refuse to take you). Watch belongings inside and outside airport, especially at night. The long-distance **bus terminal**, Terminal de

Getting there
Phone code: 91
Colour map 1, grid B3
Population: 6.4 million (1995)
Altitude: 2,650 m
Mean temperature: 14°C

For more information, see Transport, page 770

Colombia

Transportes, is in the same direction as the airport, but not as far out. To get into town from the terminal take buses marked 'Centro' or 'Germania'; ask the driver where to get off (the 'Germania' bus goes up to the centre and La Candelaria). To get to North Bogotá from the terminal, take a bus heading in that direction on Cra 68. If taking a taxi, obtain a slip (as at the airport), to fix the fare: to the centre, about US$4. Avoid unofficial taxis.

Getting around

Routes through the city are changing all the time, complicated by extensions of the TransMilenio. Potholes in both roads and pavements can be very deep: avoid them, especially when it is wet

Bus: Several types of bus cover urban routes. All stop when flagged down. There is also the **TransMilenio** system on dedicated lanes. **Taxi**: have meters which calculate units starting at 25. Total units for journey are converted into pesos using a table which must be displayed in the taxi. Taxis are relatively cheap, but if you are carrying valuables and especially at night, call for a radio taxi rather than taking one on the street. **Street numbering**: The Calles (abbreviated 'C', or 'Cll') run at right angles across the Carreras ('Cra' or 'K'). It is easy enough to find a place once the address system, which is used throughout Colombia, is understood. The address Calle 13, No 12-45 would be the building on Calle 13 between Carreras 12 and 13 at 45 paces from Carrera 12; however transversals (Tra) and diagonals (Diag) can complicate the system. The Avenidas, are broad and important streets. Av Jiménez de Quesada, one of Bogotá's most important streets, owes its lack of straightness to having been built over a river-bed, some of which has recently been exposed as part of a pedestrianisation scheme.

Orientation

Because of the altitude, go easy and be careful with food and alcoholic drinks for the first day or so

As in any city of this size, take care not to tempt thieves by careless display of money or valuables. Also, anyone approaching you with questions, offering to sell something or making demands, may well be a thief or a con-artist

There are 3 main parts of the city of interest to the visitor: La Candelaria, the well-preserved historic centre; Downtown Bogotá, the old commercial centre with shops, offices and banks; and North Bogotá, where there has been great commercial expansion with the development of wealthy suburbs. **La Candelaria**, full of character, occupies the area to the south of Av Jiménez de Quesada, north of C 6 and east of Cra 10. There is some modern infill but many of the houses are well preserved in colonial style, of one or two storeys with tiled roofs, projecting eaves, wrought ironwork and carved balconies. The churches, museums and palaces are concentrated around and above the Plaza Bolívar. There are also many intriguing cobbled streets further out from this nucleus. Some hotels are found in this part, more along the margins, eg Av Jiménez de Quesada. The streets are relatively uncrowded and safe; care should be exercised after dark. Do not go west of Cra 10 and south of C 6. **Downtown Bogotá** runs in a band northwards from Av Jiménez de Quesada. It is a thorough mix of styles including modern towers and run-down colonial and later buildings, together with a few notable ones. This commercial hub narrows to a thin band of secondary shops extending between Cra 7 and Av Caracas to around C 60. The streets are full of life; they can be paralysed by traffic at busy times. The pavements can be very congested too, particularly Cra 7 and Av 19. Many of the budget hotels and some of the better ones are found in this area, rated as low to moderate risk. Beyond C 60, the main city continues north to a comparatively new area, **North Bogotá**. Most of the best hotels and restaurants are in this area which is regarded as relatively safe. Away from the centre, the whole of the south and west of the city should be avoided unless there are specific reasons for a visit.

Tourist offices Fondo de Promoción Turística, Cra 16A, No 78-55, of 604, T611 4185/4330, for general information on Colombia. **Instituto Distrital de Cultura y Turismo**, Cra 8, No 9-83, T327 4900, turismo@idct.gov.co For information on Bogotá. Also at the airport and bus terminal, operated by the city of Bogotá. Good local guide books and maps available. **Corporación La Candelaria**, C 13, No 2-58, T336 0888. Helpful, sells posters, T-shirts, booklets, etc. For information on 24-hour chemists (pharmacies), events, attractions, etc, T282 0000. A useful website for information on Bogotá is www.laciudad.com **MA**, the National Parks Office, Cra 10, No 20-30, full details in Essentials, National Parks. **Maps** The best current maps of Bogotá are by *IGAC* (see below), 1:30,000 published 2000, and *Cartur*, scale 1:25,000, 1994, and of Colombia, *Mapa Vial de Colombia* by Rodríguez, scale 1:2,000,000, also 1994, about US$4 each. Hiking, topographical, town and general maps, also a good (1996) road atlas of the country (*Hojas de ruta*) from *IGAC*, Instituto Geográfico Agustín Codazzi, Av Ciudad de Quito (Cra 30), No 48-51, T368 3666, F368 0998 (www.igac.gov.co) who also have a relief map of the country: *Mapa Vial y Turístico*, 1:1,500,000, 1995, US$5.80. The topographical details of the walking maps are generally accurate, but trails and minor roads less so. They are open 0900-1500, maps are mainly from US$2.50 to US$6 and you pay at the bank next door. There is a library open to 1630 and refreshments available at lunchtime. Esso and other maps from some service stations, US$2.

Colombia

Sights

The **Plaza Bolívar**, contemporary with the city's foundation, is at the heart of the city. It has a statue of the Liberator at its centre. Around the Plaza are the narrow streets and mansions of the Barrio La Candelaria. On the northern side of the Plaza is the **Corte Suprema de Justicia**, wrecked in a guerrilla attack in 1985. The present building was completed in 1999.

La Candelaria
Popular as a residential area, with an artists' community. All museums are closed on Mon except where indicated

On the west side of the plaza is the **Alcaldía Mayor de Bogotá** (City Hall). On the south side is the **Capitolio Nacional**, an imposing structure with fine colonnades (1847-1925). Several Ministries are located in the building and Congress sits here.

East of Plaza Bolívar On the eastern side of the plaza is the **Catedral**, rebuilt 1807-1823 in classical style. It has a notable choir loft of carved walnut and wrought silver on the altar of the Chapel of El Topo. Among its several treasures and relics is the banner brought by Jiménez de Quesada to Bogotá, now in the sacristy. There is a monument to Jiménez inside the Cathedral. In one of the chapels is buried Gregorio Vásquez de Arce y Ceballos (1638-1711), the most famous painter in colonial Colombia. Many of his paintings are in the Cathedral. The beautiful **Capilla del Sagrario**, in the same block, was built at the end of the 17th century. It contains several paintings by Vásquez de Arce.

At the southeastern corner of the plaza is the **Palacio Arzobispal**, with splendid bronze doors. See the **Casa del Florero** or **Museo 20 de Julio** in a colonial house on the corner of Plaza Bolívar with Calle 11. It houses the famous flower vase that featured in the 1810 revolution and shows collections of the Independence War period, including documents and engravings and some fine portraits of Simón Bolívar. ■ *Mon-Fri, 0900-1630, Sat-Sun 1000-1530, US$1 (reduction with ISIC).*

In the block behind it is the colonial **Plazuela de Rufino Cuervo**. Here is the house of Manuela Sáenz, the mistress of Bolívar. Beside it is the house in which Antonio Nariño printed in 1794 his translation of Thomas Paine's 'The Rights of Man' which had a profound influence on the movement for independence. You can read an extract of the text in Spanish on the wall of the building. Next to it is the **Museo de Trajes Regionales** (Calle 10, No 6-36), a collection of traditional costumes from all regions of Colombia. ■ *Tue-Fri 1000-1700, Sat 1000-1300.* Across from Plazuela de Rufino Cuervo is **San Ignacio**, a Jesuit church built in 1605. Emeralds from the Muzo mines in Boyacá were used in the monstrance and it has more paintings by Gregorio Vásquez de Arce. The **Museo de Arte Colonial** (Carrera 6, No 9-77) is one of the finest colonial buildings in Colombia. It belonged originally to the Society of Jesus, and was once the seat of the oldest University in Colombia and of the National Library. It has a splendid collection of colonial art and paintings by Gregorio Vásquez de Arce, all kinds of utensils, and two charming patios. ■ *Mon-Fri 0900-1630.* Across Cra 6 is the **Palacio de San Carlos**, Calle 10, No 5-51, where Bolívar lived. He is said to have planted the huge walnut tree in the courtyard. On 25 September 1828, there was an attempt on his life. His mistress, Manuela, thrust him out of the window and he was able to hide for two hours under the stone arches of the bridge across the Río San Agustín (now Calle 7). Santander, suspected of complicity, was arrested and banished.

South of the Palacio de San Carlos is the **Iglesia de María del Carmen**, Carrera 5, No 8-36, the most striking church building in Bogotá, with excellent stained glass and walls in bands of red and white. Almost opposite the Palacio de San Carlos is the **Teatro Colón**, Calle 10, No 5-32, T606 0604 (operas, lectures, ballets, plays, concerts, etc), late 19th century with lavish decorations. ■ *Guided tours US$1.* One block northeast of here is the **Casa de la Moneda** (Mint), built in 1753. The courtyard is worth seeing. ■ *Tue-Sat 1000-1800, Sun and holidays, 1000-1600, free, C 11, No 4-93.* Next door is the new **Donación Botero** museum, with part of his fine collection of modern art including Picassos, Mirós and Monets and a floor devoted to Botero's own sculptures and paintings. Well worth a visit. ■ *Wed-Mon 1000-2000, T286 3551, C 11, No 4-14.* In the same street, No 4-41, is the Banco de la República's **Biblioteca Luis Angel**

Arango, one of the best endowed and arranged in South America, with three reading rooms, research rooms, art galleries and a splendid concert hall. There are exhibitions and regular concerts. The modern architecture is impressive. There is a good cafetería on the 6th floor. ■ *Library 0800-2000, closed Sun , free.*

The **Palacio de Nariño** (1906), the presidential palace, occupies a large space due south of Plaza Bolívar. It has a spectacular interior and a fine collection of modern Colombian paintings. It is occasionally open to the public; enquire. The guard is ceremonially changed daily, normally at 1730. To the south is the Church of **San Agustín**, strongly ornamented (1637). It, too, has fine paintings by Vásquez Arce and the Image of Jesus, which was proclaimed Generalísimo of the army in 1812. South again is the **Santa Bárbara** church (mid-16th century), one of the most interesting colonial churches, with paintings by Gregorio Vásquez Arce.

Up Calle 7 from the Palacio Nariño is the **Museo Arqueológico**, a fine and extensive collection of pre-Columbian pottery, in the restored mansion of the Marqués de San Jorge. The house itself is a beautiful example of 17th century Spanish colonial architecture. ■*Mon-Sat 0800-1200, 1300-1630, US$1.30, T282 0940, Cra 6, No 7-43.* Below Palacio de Nariño is **Museo de Artes y Tradiciones**

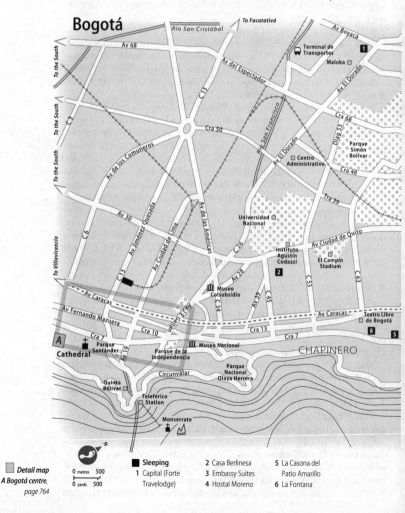

Bogotá

Colombia

Detail map
A Bogotá centre,
page 764

0 metres 500
0 yards 500

Sleeping ■
1 Capital (Forte
  Travelodge)
2 Casa Berlinesa
3 Embassy Suites
4 Hostal Moreno
5 La Casona del
  Patio Amarillo
6 La Fontana

Populares, Carrera 8, No 7-21, in an old monastery, exhibits local arts and crafts. It has a shop selling handicrafts and a bar and restaurant (dishes typical of different regions of Colombia served in colonial setting, good, usually with regional traditional music). ■*Museum closed 2003 for renovations but restaurant open weekdays.* The nearby colonial church of **Santa Clara,** Carrera 8, No 8-91, has a fine interior. It is now a religious museum and concert hall.

Several blocks west of Plaza Bolívar is the **Parque Mártires** (Park of the Martyrs, Carrera 14 y Calle 10) with a monument, on the site of the Plaza in which the Spanish shot many patriots during the struggle for independence.

Midway between Plaza Bolívar and Avenida Jiménez de Quesada, which marks the boundary between La Candelaria and Downtown, is the **Palacio de Comunicaciones** (Post and Telegraph building, Carrera 7 y Calle 12A), built on the site of the colonial church of Santo Domingo. Across the Avenida Jiménez de Quesada, in the commercial district, is **Parque Santander**, with a bronze statue of Santander, who helped Bolívar to free Colombia and was later its President.

Downtown Bogotá

Colombia

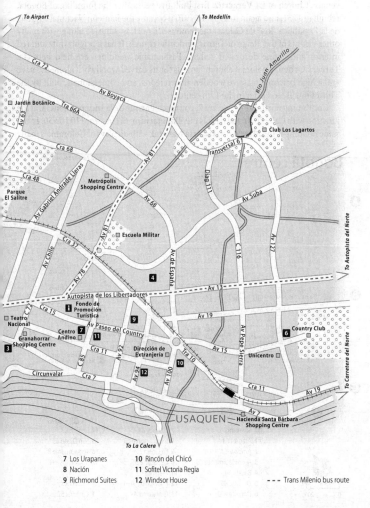

7 Los Urapanes	**10** Rincón del Chicó
8 Nación	**11** Sofitel Victoria Regia
9 Richmond Suites	**12** Windsor House
	- - - Trans Milenio bus route

Next to Parque Santander is the **Banco de la República**, beside which is the wonderful **Museo del Oro** (the Gold Museum). This unique collection is a must. There are more than 35,000 pieces of pre-Columbian gold work in the total collection, most of which is held here. The rest are in other Museos de Oro sponsored by the Banco de la República throughout Colombia. There are tours and films in Spanish and English, enquire for times. Do not miss the Salón Dorado, a glittering display inside an inner vault, nor the ethnic collection on the 1st floor. The ancient gold objects discovered in Colombia were not made by the primitive technique of simple hammering alone, but show the use of virtually every technique known to modern goldsmiths. ■ *Tue-Sun and holidays 0900-1630, US$1.50, half price Sun, T343 1424/1416, Cra 6, No 15-82.*

Also around Parque Santander: **San Francisco** church (mid-16th century), with paintings of famous Franciscans, choir stalls, a famous ornate gold high altar (1622), and a fine Lady Chapel with blue and gold ornamentation. The remarkable ceiling is in Spanish-Moorish (mudéjar) style. Try to see this church when it is fully illuminated. **Palacio de San Francisco**, Avenida Jiménez No 7-50, built 1918-1933 in the Corinthian style on the site of the Franciscan friary, is now part of the Rosario University. Church of **La Veracruz**, first built five years after the founding of Bogotá, rebuilt in 1731, and again in 1904. In 1910 it became the Panteón Nacional e Iglesia de la República. José de Caldas, the famous scientist, was buried along with many other victims of the 'Reign of Terror' under the church. It has a bright white and red interior and a fine decorated ceiling. Fashionable weddings are held here. **La Tercera Orden**, a colonial church famous for its carved woodwork along the nave and a high balcony, massive wooden altar reredos, and confessionals, built by the Third Franciscan Order in the 17th century.

Continuing north along Carrera 7, you reach **Parque de la Independencia**, at the junction with Calle 26. In the park is the **Planetarium**. ■ *Tue-Sun 1100-1530.* In the same building is the **Museo de Historia Natural**, with displays of Colombia's many

Bogotá centre

To Tourist Steam Train

■ Sleeping

1 Aragón *C3*
2 Ambala *C3*
3 Avenida Jiménez *C3*
4 Bacatá *B4*
5 Del Duc *B5*
6 Dorantes *C3*
7 El Virrey *B4*
8 Internacional *C3*
9 La Opera *C2*
10 La Sabana *B5*
11 Platypus *C4*
12 Príncipe de Viena *A4*
13 Quiratama *A4*
14 Regina *C3*
15 San Diego *B5*
16 Tequendama *B5*
17 Youth Hostel *B1*

✝ Churches
1 Catedral *B2*

ecosystems and climatic zones, as well as flora and fauna. ■*Tue-Fri 0900-1700, Sat-Sun Holidays 1000-1700, US$1, T334 4571.*There is an internet café (US$1/hr) in the building, good capuccino. Behind is the bullring, see under **Sports.** Also at this junction (Carrera 7 and Calle 26) are the church and monastery of **San Diego**, a picturesque, restored old building. The Franciscan monastery with fine mudéjar ceiling was built in 1560 and the church in 1607 as its chapel. Local craft items are sold in part of the old monastery. Across the street is the **Tequendama Hotel**. Near the park is the **Biblioteca Nacional**, with its entrance on Calle 24. The **Museo de Arte Moderno** is on the corner, a well displayed collection of Colombia's modern artists. ■*Tue-Sat 1000-1830, Sun-holidays 1200-1800, US$2, students US$1, T283-3109, C 24, No 6-00.* **Edificio Colpatria**, the tall building overlooking this area, is open Saturday to Sunday 1100-1700 for good views of the city from the top, 46 floors and 176 m up. ■*US$1.20, Cra 7, No 24-89.*

Museo Nacional is an old prison converted into a museum, founded by Santander in 1823. There is an excellent archaeological collection. Its top floor houses a fine art section, comprising national paintings and sculptures. ■ *Tue-Sat 1000-1700, Sun 1000-1600, US$1.50 (pensioners free), T334 8366, Cra 7, No 28-66. Café open 1100-1500, good salads and desserts.*

Maloka, Carrera 68D, No 40A-51, is a complex of science and technology exhibits for all ages, large screen cinema. ■*Tue-Sun 0900-1800.*

There is a very good view of the city from the top of **Monserrate** (3,210 m), the lower of the two peaks rising sharply to the east. It is reached by a funicular railway and a cable car. The new convent at the top is a popular shrine. At the summit, near the church, a platform gives a bird's-eye view of the city's tiled roofs and of the plains beyond stretching to the rim of the Sabana. Sunrise and sunset can be spectacular. Also at the top are several restaurants (see page 767). The Calle del Candelero, a reconstruction of a Bogotá street of 1887, has plenty of street stalls and snack bars. Behind the church are popular picnic grounds. A good time to walk up is at the weekend about 0500, before the crowds arrive. There are enough people then to make it quite safe and you will catch the sunrise. The path is dressed stone and comfortably graded all the way up with refreshment stalls at weekends every few metres. It takes about 1¼ hours up (if you don't stop). On no account walk down in the dark. It is best not to go alone. On weekdays, it is not recommended to walk up and especially not down. You should also take a bus or taxi to the foot of the hill Monday-Friday and, at all times, from the bottom station into town. There are usually taxis waiting by the footbridge across the road. The walk up to Guadalupe, the higher peak opposite Monserrate, is not recommended.

■ *The fare up to Monserrate is US$4 adult return (US$2 child). The funicular works only on Sun and holidays (expect to have to queue if you want to go up before about 1400, and for coming down); the cable car operates 0900-2400 daily except Sun and holidays when it closes at 1800. Times change frequently, T284 5399.*

Monserrate

Colombia

2 Capilla del Sagrario & Palacio Arzobispal *B2*
3 La Tercera Orden *B4*
4 La Veracruz *B3*
5 Mária del Carmen *C2*
6 San Augustín *B2*
7 San Diego *B5*
8 San Francisco *B3*
9 San Ignacio *B2*
10 Santa Bárbara *B1*
11 Santa Clara *B2*

••••••• Trans Milenio bus route

At the foot of Monserrate is the **Quinta de Bolívar**, Calle 20, No 2-91 Este, T336 6419, F336 6410, a fine colonial mansion, with splendid gardens and lawns. There are several cannons captured at the battle of Boyacá. The elegant house, once Bolívar's home, is now a museum showing some of his personal possessions and paintings of events in his career. ■ *Tue-Sun, 0900-1630, entry US$0.80, reductions for students and children. Guided tours and videos.*

North Bogotá

North of C 68 is an expanding band of wealthy suburbs, shopping malls and classy restaurants. Regarded as relatively safe. The best hotels are here

In the link between Central and North Bogotá, is the **Universidad Nacional** (about 13,000 students), which is housed in the Ciudad Universitaria shown on the orientation map. The oldest centres of learning are in Candelaria: oldest of all is the Colegio Nacional de San Bartolomé (Calle 10, No 6-57), across from the Chapel of El Sagrario, founded 1573, now a prestigious school. The second oldest, founded on 18 December 1653, is the Colegio Mayor de Nuestra Señora del Rosario (Calle 14, No 6-25); its beautiful colonial building is well worth a look (you can buy a good cheap lunch at the cafetería). There is an interesting and well-organized **Jardín Botánico**, José Celestino Mutis. It has a collection of over 5,000 orchids, plus roses, gladioli and trees from all over the country (see map). ■*Tue-Fri 0800-1600, Sat-Sun-holidays 0900-1600, US$1, children US$0.50, pensioners free. T437 7060, Av 57, No 61-13, www.jbb.gov.co*

Essentials

Sleeping

■ *on map, page 764 Price codes: see inside front cover Book hotels in advance whenever possible.*

IVA tax of 7% has been reintroduced and is charged by middle and more expensive hotels. It is additional to the bill but included in our price classification. **NB** Taxi drivers at the airport or bus station occasionally say that the hotel you have chosen is "closed", "not known" etc, especially the cheaper ones. Ask them to take you to the address we quote. There are any number of small, unregistered hotels and *hostales* in other parts of the city, not listed here, many of which are cheap, some of which are clean. Such areas may be regarded as unsafe for tourists and are remote from places of interest.

Bogotá Centre **AL** *La Opera*, C 10, No 5-72, T336 2066, sales@hotelopera.com.co Next to Teatro Colón, only good standard colonial hotel in centre, tastefully decorated rooms, TV, phone, with breakfast, 2 good restaurants, also conference facilities. Recommended. **AL** *Tequendama*, Cra 10, No 26-21,T382 0300, http://bogota.colombia.intercontinental.com/index.shtml Large elegant business hotel, important location, used to be best in Bogotá, still good value.

B *Bacatá*, C 19, No 5-20, T283 8300, www.hbacata.com.co Downtown on busy street, cheaper at weekends, worth asking at other times, restaurant not recommended. **B** *El Virrey*, C 18, No 5-56, T334 1150. Modern, good value restaurant. Recommended. **B** *Principe de Viena*, C 19, No 15-35, T342 0090. Big old rooms, laundry service, bar restaurant. **B** *Quiratama*, C 17, No 12-44, T282 4515, F341 3246. Very nice rooms, good service. **B** *San Diego*, Cra 13, No 24-82, T284 2100/243 2998. Large rooms, good value, accepts credit cards. **C** *Regina*, Cra 5, No 15-16, T334 5137. Safe, good value. **C** *La Sabana*, C 23, No 5-23, T284 4361, F284 6552. Central, quiet, English spoken, small restaurant, Visa accepted. **D** *Ambala*, Cra 5, No 13-46, T286 3751. Good value, central. **D** *Del Duc*, C 23, No 9-38, T334 0080. Modern, restaurant, good value. **D** *Dorantes*, C 13, No 5-07, T334 6640. Cheaper without bath, hot water, high ceilings, 1950s décor, most rooms with good view of Monserrate, reasonable, safe.

E *Aragón*, Cra 3, No 14-13, T342 5239/284 8325. Safe, honest, hot water, will store luggage, parking facilities. Recommended. **E** *Avenida Jiménez*, Av Jiménez, No 4-71, T243 6685. Helpful, sauna, safe. **E** *Internacional*, Cra 5, No 14-45, T341 8731. Cheaper without bath, hot water, excellent kitchen, good value, safe deposit, popular with Israelis (specify the address, there are several other hotels with similar names). **E** *Platypus*, C 16, No 2-43, T/F341 2874/3104, platypushotel@yahoo.com Pleasant, safe, kitchen facilities, hot water, free coffee, informative owner, book exchange, excellent travellers' guest house. Highly recommended. **F**pp *Youth Hostel*, Cra 7, No 6-10, 1 block beyond the Palacio de Nariño, T280 3041, F280 3460. The *Federación Colombiana de Albergues Juveniles*(FCA) is affiliated to the IYHA. At this address is a clean, well-run hostel with 90 beds, safe area, US$8 pp with three meals. Lunch available 1200-1500. Ask for full information about other hostels here.

North Bogotá L *Sofitel Victoria Regia*, Cra 13, No 85-80, T621 2666, www.sofitel.com Rooms and suites, elegant, good location, pool, restaurant, high quality. **AL** *Capital (Forte Travelodge)*, Av El Dorado, No 69A-51, T412 4009, F412 4412. Close to airport, modern, comfortable. **AL** *Embassy Suites*, C 70, No 6-22, T317 1313, F317 1368. Good quiet location, safe, all rooms mini-suites.**AL** *La Fontana*, Av 127, No 21-10, T615 4400, www.hotellafontana.com Distinctive, very good (*Los Arcos* restaurant in hotel, superb, elegant). **AL** *Los Urapanes*, Cra 13, No 83-19, T218 1188, www.hotellosurapanes.com.co Very pleasant, smart, smaller hotel. **AL** *Richmond Suites*, C 93, No 18-81, T616 7121. Convenient, quiet, excellent rooms. **AL** *Rincón del Chicó*, C101, No 13-32, T214 7371. Hot water, safe, family atmosphere, TV, helpful, good restaurant. **AL** *Windsor House*, C 95, No 9-97, T616 6417, F617 0993. Large suites, excellent. **C** *Casa Berlinesa*, C 45A, No 21-40, T232 8504, F288 1097. German and English spoken, full breakfast available. **C** *Hostal Moreno*, Transversal 33, No 95-28, T257 9127/218 1226. Meals, house taxi driver, nearby frequent bus service to centre, safe for left luggage, quiet, comfortable, hot water, good value. **C** *Nación*, Cra 8, No 65-36, T248 4185, F255 5680. Small, comfortable, good location. **D** *La Casona del Patio Amarillo*, Cra 8, No 69-24, T212 8805, www.casonadelpatio.com Various room sizes, negotiate price, some with bath, quiet, pleasant patio, safe area. Recommended.

Bogotá Centre *Andante ma non Troppo*, Cra 3, No 10-92. Good *comida* US$2.50, Mon-Sat 1200-1500. *Café L'Avenir*, C 11, No 2-98. French style, *crèpes* a speciality, pleasant atmosphere, useful notice-board, 1000-2200. Recommended. *Café de Buenos Aires*, C 9, No 2-17, T561 3282. Argentine specialities, café/bar, old colonial house and patio. Recommended. *Cafetería Romana*, Av Jiménez, No 6-65. All meals, very clean, reasonable pasta, excellent but expensive breakfast menu. Its sister restaurants are *Sorrento*, C 14, No 6-64, pasta and rice dishes, and *Salerno*, Cra 7, No 19-48, pasta, chicken and fish, good value, closes 2100. *Cafetería Salón Fontana*, C 14, No 5-98. Excellent busy breakfast place, try their *almojábanas*. Recommended. *El Boliche*, C 27, No 5-66. Italian and good crepes. *El Patio*, Cra 4A, No 27-86, T282 6141, and *Il Caffe*, next door. Both under same management, steaks, good Italian and international. Recommended. *Empanadas Don Camillo*, Cra 4, No 12-15. Excellent filled *arepas*. Warmly recommended. *Empanadas La 19*, Av 19, No 8-56. Good, cheap meals and snacks. *La Barra de la 22*, C 22, No 9-23, T342 9871. Close to bullring, authentic Spanish, almost a museum, closed Sun and holidays, good. *Los Ultimos Virreyes*, C 10, No 3-16, T342 6580, In old mansion formerly used by colonial viceroys, international food. *Eduardo*, C 13, No 8-66, T243 0118. Good business restaurant upstairs, more popular downstairs.*Mi Viejo*, C 11, No 5-37. Argentine steakhouse, popular at lunchtime. Recommended. *Refugio Alpino*, C 23, No 7-49, T284 6515 . An excellent international restaurant. *Urbano Yo*, Cra 4A, No27-03, T334-1432. Original Bogotá city décor, Mediterranean menu, closed Sun.

   At the top of Monserrate: *Casa San Isidro*, T284 5700. French menu, seafood, fireplace, spectacular view, Mon-Sat 1200-2400, expensive but good. Nearby is *Casa Santa Clara*, cheaper, T281 9309, closed Mon.

North Bogotá *Café Oma*, several locations, including Cra 15, No 82-58, Av 19, No 118-78, Cra 5, No 14-71, and airport Puente Aéreo local 2-33. Good food and coffee, nice atmosphere but relatively expensive, most are open till 0100. *Café y Crepes*, Diagonal 108, No 9-11, T214 5312. Good food, good atmosphere, run by Mauricio Afanador, climbers meet here, also at Cra 16, No 82-17, T236 2688. *Chalet Suizo*, Av 22, No 39A-48, T232 8531. Delicious fondues and good steaks. *Chicanos*, Cra 11, No 78-70. Mexican, authentic, good. *El Atico de los Olivos*, Tra 22, C 122-13. Rustic style, Mediterranean, excellent cooking. *El Buque*, C 101, No 18-18, T218 1358. Seafood, excellent. *El Mondongo y Algo Más*, Cra 11, No 97A-38. Good Colombian food. *Fridays*, C 93A, No 11-27. US$10-12. Superb value. Recommended. *Houston's*, Cra 17, No 93-17. Very popular, US-style, crowded Sun. *Il Piccolo Caffe*, Cra 15, No 96-55. Pasta etc, very good quality. *La Fragata*, C 100, No 8A-55. 12th floor of World Center, revolving. Also in *Hotel Radisson*, C 114, No 9-65, at Cra 13, No 27-98 and Diag 127A, No 30-26 and *Fragata Fish Market*, Cra 9, No 77-19. Expensive, excellent fish. *Le Petit Bistrot*, C 76, No 10-28, T249 4058. Excellent French cuisine. *Le Bilbouquet*, C 83, No 12-19, T610 5210. Excellent French, nice atmosphere. Recommended. *Pesquera Jaramillo*, C 93A, No 11A-31,

Eating
● *on map, page 764*
Many good value comedores on C 16 between Cras 4 y 5 Note that most restaurants that are open in the evenings in La Candelaria and Central Bogotá close around 2100.

Colombia

T256 5494. Excellent seafood, branches also at Cra 8, No 20-65, and C 125, No 29-23. *Pizzería El Sol de Napolés*, C 69, No 11-58, T345 3207. Small, cosy, excellent antipasto. Freshly made pasta, excellent cooking, open daily 1200-2400. *Tony Romas*, Cra 11, No 82-01 in Centro Andino, local 323, T616 8820. Good quality food and excellent service. *Welcome*, Cra 14, No 80-65, T256 4790. Japanese, good cooking supervised by perfectionist owner.

Vegetarian *La Berenjena*, C 19, No 34-37. Highly recommended, lunch US$2.50. *El Champiñon*, Cra 8, No 16-36, 2 other branches. Good vegetarian lunches, also fish. *Lotus Azul*, C 15, Cra 6. Good quality and good value. Vegetarian food excellent at Cra 8, No 11-19, near Plaza Bolívar. *Samovares*, Cra 11, No 69-89 (lunch only, fixed menu, nice atmosphere), also Cra 11, No 67-63 and Av Caracas No 32-64. *El Integral Natural*, Cra 11, No 95-10. Health food shop with a few tables at street level, restaurant downstairs.

Pastelerías *Panadería Florida*, Cra 7, No 20-82. Also has good pastries and is the place to try *chocolate santafereño*. *La Suiza*, Cra 25, No 9-41. Excellent pastries.

Bars & clubs *La Tienda de Don Zoilo*, Cra 4, No 19-56. Student pub, good food, friendly atmosphere. Recommended. *Safari*, Av Caracas 73-26, T217 8262. Gay bar. Expensive drinks. Others on Cra 7, C 17/18. *Café Village*, Cra 8, No 64-29. Trendy gay café. *Café y Libro*, C 81/Cra11. Excellent salsa nightclub. *Salome* nearby. Also many popular bars and dancing places on Cra 5 with C 25, relatively safe area. Try *El Viejo Almacén*, Cra 5 y C 13-14, run by an aged Colombian lady who plays 78 tango records and sells reasonably priced beer and *aguardiente* (on Thu and Sat only).

There are many popular bars, discos etc in the Cra 11/13, C 80/86 region, known as the Zona Rosa

Entertainment **Cinema** *Cinemateca Distrital*, Cra 7, No 22-79, shows foreign films. The *Museo de Arte Moderno* shows different films every day, all day. *Cine Bar Paraíso*, Cra 6, No 119B-56, T215 5361, US$5 weekends and holidays, US$2 midweek, and *Cine Bar Lumiere*, Cra 14, No 85-59, T636 0485, same prices, both have airplane-style seats, food and drink. There are cinema complexes in the principal shopping centres (see below). The best is in the *Centro Comercial Andino*, T404 2463. Foreign films old and new are shown on weekend mornings in some commercial cinemas and there are many small screening rooms which run the occasional feature. Admission, US$2. There is an international film festival in Sep and a European film festival in Apr/May. **Theatre** Many of the theatres are in the Candelaria area. *Teatro Colón* details on page 761. *Teatro Libre de Bogotá*, C 62, No 10-65, T217 1988. *Nacional*, C 71, No 10-25, T217 4577. *La Candelaria*, C 12, No 2-59, T281 4814. *Teatro Popular de Bogotá*, C 5, No 14-71, T342 1675. Tickets usually from about US$5 up.

Consult El Espectador or El Tiempo, or dial 113, for what is on; frequent programme changes

Festivals There are many local religious festivals and parades at Easter and Christmas. One of the best is the **Jan** *Fiesta de Reyes Magos* (Three Kings) in the suburb of Egipto (up the hill to the east of Candelaria) with traditional processions. *Temporada Taurina* (bullfighting fair) is held in **Jan** (see under **Sports**). In **Feb** *Feria Internacional del Libro* (book fair) is held in *Corferias*, Cra 40, No 22C-67. Bogotá hosts the biennial *Iberoamerican Theatre Festival* (next **Mar-Apr 2004**), : www.festivaldeteatro.com.co *Temporada de Opera y Zarzuela* held in the Teatro Colón in **May, Jun and Sep** with international artists. In **Sep**, *Festival Internacional de Jazz*. In **Oct** there is the *Festival de Cine de Bogotá*.

Shopping **Bookshops** *Oma*, Cra 15, No 82-58 T256 5621 (and other branches including airport, Puente Aereo section). Good art and literature books, international newspapers, sells *Footprint Handbooks*, open late including Sun. *Librería Francesa*, Cra 8, No 63-45. Also imports English books. *Librería Lerner*, Av Jiménez, No 4-35 and C 92, No 15-23, T236 0580. Specializes in 'libros colombianos'. *Librería Buchholz*, Cra 13, No 10-18, also at Cra 13, No 52A-24. Most books in Spanish, useful advice in a number of languages. *Ateneo*, C 82, No 13-19, in the north of the city. Good selection of Colombian titles, knowledgeable staff. *Panamericana*, Cra 7, No 14-09. Disorganized, but has some guidebooks and maps. *Villegas Editores*, Av 82, No 11-50, int 3. Great coffee-table books on Colombia. *Exopotamia*, C 70, No 4-47. Good selection of books and Latin music, also branch in *Biblioteca Luis Angel Arango* in Candelaria. *Librería Central*, C 94, No 13-92. English and German books, book exchange.

16% value-added tax on all purchases

Handicrafts *Artesanías de Colombia*, Claustro de Las Aguas, next to the Iglesia de las Aguas, Cra 3A, No 18-60, has good selection of folk art and crafts. *Almacén San Diego*, in the old San Diego church, Cra 10, No 26-50. *Mercado de Pulgas* (fleamarket) on Cra 7/C 24, in car park beside *Museo de Arte Moderno*, on Sun afternoons and holidays. *Galerías Cano*, Ed Bavaria, Cra 13, No 27-98 (Torre B, Int 1-19B), also at Unicentro, and Loc 218, Airport. Sell textiles, pottery as well as gold and gold-plated replicas of some of the jewellery on display in the Gold Museum. *Galería Belarca*, C 69, No 10-81, T321 7021. Good selection of local artists, fair prices. *Pasaje Rivas*, C10 y Cra10. Hammocks, ceramics, cheap. *Artesanías El Balay*, Cra 15 y C 74. Good handicraft shop.

Jewellery The pavements and cafés along Av Jiménez, below Cra 7, Parque de los Periodistas, and C 16 and Cra 3 are used on weekdays by emerald dealers. Great expertise is needed in buying: bargains are to be had, but synthetics and forgeries abound. *La Casa de la Esmeralda*, C 30, No 16-18. Wide range of stones. *Emerald Trade Centre*, Av Jiménez, No 5-43, p 1. German/English spoken. *Joyas Verdes Ltda*, Cra 15, No 39-15. *GMC Galería Minas de Colombia*, C20, No 0-86, T281 6523, at foot of Monserrate diagonal from Quinta de Bolívar. Good selection of gold and emerald jewellery at reasonable prices.

Shopping centres *Unicentro*, Cra 15, No 123-30 (take 'Unicentro' bus from centre, going north on Cra 10). *Centro Granahorrar*, Av Chile (C 72), No 10-34. *Metrópolis*, Av 68, No 75A-50 (with *Exito* supermarket opposite). *Hacienda Santa Bárbara*, Cra 7 y C 116. *Bulevar Niza*, Cra 52, No 125A-59. *Centro Comercial Andino*, Cra 12, C 82/C 83. The *Carulla* supermarket chain is good for its salad and bakery counters. Heavy duty plastic for covering rucksacks etc, is available at several shops around C 16 and Av Caracas; some have heat sealing machines to make bags to size.

Bullfighting: on Sat and Sun during the season (Jan), and occasionally for the rest of the year, at the municipally-owned Plaza de Santamaría, Cra 6, No 26-50, T334-1628, near Parque Independencia. In season, the bulls weigh over 335 kilograms; out of season they are "comparatively small and unprofessional". (Local bullfight museum at bullring, door No 6.) **Cycling**: *Bike House*, C 93B, No 15-34, Of 208, T257 3107. Of interest to cyclists is the *Ciclovía*, a set of streets leading from Cra 7 to the west, closed to motor traffic every Sun morning, for cyclists, joggers, rollerskaters etc. **Football**: tickets for matches at El Campín stadium can be bought in advance at *Federación Colombiana de Futbol*, Av 32, No 16-22. It is not normally necessary to book in advance, except for the local Santa Fe-Millionarios derby, and of course, internationals. Take a cushion, matches Sun at 1545, Wed at 2000. **Horseriding**: *Cabalgatas San Francisco*, Cra 5, No 129-38, T615 8648. *Cabalgatas Carpasos*, Km 7 Vía La Calera, T368 7242, about US$15 per hr. **Trekking**: *Sal Si Puedes*, hiking group arranges walks every weekend and sometimes midweek on trails in Cundinamarca, and further afield at national holiday periods eg Semana Santa; very friendly, welcomes visitors. Hikes are graded for every ability, from 6 km to 4-day excursions of 70 km or more, camping overnight. The groups are often big (30-60), but it is possible to stray from the main group. Reservations should be made and paid for a week or so in advance at Cra 7, No 17-01, offices 639 to 641, T283 3765 or 341 5854, open 0800-1200 and 1400-1800. This service was temporarily suspended in 2003

Sport & activities

Colombia

but expected to recommence in 2004. There are several other groups, good information on Thu in *El Tiempo* newspaper, *Eskape* section.

Tour operators *Aviatur*, Av 19, No 4-62, T286 5555, www.aviatur.com.co Very good, efficient. *Bienvenidos*, Cra 62, No 127-72, T/F271 4515 biencol@cable.net.co Organizes cultural, trekking, beach and adventure tours and can advise on diving. *Eco-Guías*, Cra 7, No 57-39, of 501, T347 5736/212 1423, 03310-207 3493 (mob), 212 6049 out of hours, www.ecoguias.com Specialize in ecotourism, adventure sports, trekking, riding and tourism on coffee *fincas*, English spoken. Highly recommended. *Tierra Mar Aire*, Cra 10, No 27-91, T288 2088. Has several offices around town eg Santa Bárbara: Av 15, No 118-34, T629 0277 and does city tours from *Hotel Tequendama* (T286 1111). *Viajes Chapinero*, Av 7, 124-15, T612 7716, F215 9099, with branches at C 63, No 13-37, Chapinero, and Cra 40C, No 57-08, bloque A1. Helpful with information in English.

Transport
Urban buses are not good for sightseeing because you will be standing as likely as not. On the other hand, try the TransMilenio for a cheap view of the city

Local Bus: Fares start at US$0.30, depending on length of route and time of day. Most buses have day/night tariff advertised in the window. *Busetas* (green) charge US$0.40, US$0.60 after 2000. There are some *ejecutivo* routes (red and white) with plush seats, and *colectivos* (small vans), cramped but faster than others, charge a bit more. Fares are also higher on holidays. The **TransMilenio,** an articulated bus system running on dedicated lanes connects North, Central and South Bogotá from C 170 (on the Autopista del Norte) to Portal de Usme (where the road to Villavicencio leaves the city). There is a spur to the west along Calle 80 and a link to Candelaria (Parque de Los Periodistas on Av Jiménez de Quesada with a stop at the Gold Museum) opened in 2003. *Corriente* services stop at all principal road intersections, *expresos* limited stop only. Set up in 2001, it works well – the journey from the centre to the north now takes less than 30 mins. More routes are planned. Journey cost US$0.40. **Car hire**: See Essentials, Car hire, for agencies with continent-wide distribution. *Arrencar*, Tra 17, No 121-12, of 415, T214 1413, F620 3304. Good value.

Taxi: Minimum fare US$0.70. Average fare from North Bogotá to the centre US$3.50. Check before taking your taxi if there are any additional charges above what the meter states eg: night charge. At busy times, empty taxis flagged down on the street may refuse to take you to less popular destinations. If you are going to an address out of the city centre, it is helpful to know the section you are going to as well as the street address, eg Chicó, Chapinero (ask at your hotel). Radio taxis are recommended for safety and reliability; when you call the dispatcher gives you a cab number, confirm this when it arrives, eg *Taxis Libres*, T311 1111; *Taxatelite* T222 2222 are radio taxi fleets. (The latest scam is for the driver and an accomplice to force passengers to go from ATM to ATM emptying their deposit or credit card account – *paseos milionarios*. At night it is not recommended to travel by taxi along the Av Circunvalar.) Tipping is not customary, but is appreciated.

Long distance Air: There are 2 terminals, the Puente Aéreo terminal (T413 8103) being 1 km before the main terminal (T413 9500) on Av El Dorado. Some *Avianca* international flights and most domestic services use Puente Aéreo, which was refurbished in 2002 and is now comfortable but there is not as much duty-free shopping. **You must check which terminal your flight will use**. (See Ins & outs for transport to the city.) The main terminal at El Dorado airport has also been recently modernized. The departure areas with the usual duty-free shops are of a high standard and comfortable. Free Colombian coffee inside the customs area. Many snack bars and restaurants on 1st floor. International calls can be made from *Telecom* on 1st floor open till 2100, credit cards accepted; post office in main arrivals lounge. Exchange rates are marginally lower in the city, but pesos cannot be changed back into dollars at the airport without receipts. Airport bank changes travellers' cheques, but is not open at holiday times. There is a *casa de cambio*, which changes cash only. When closed, ask airport police where to change money. Allow at least 2 hrs for checking in and security. Use only uniformed porters. There is a baggage deposit in the main terminal next to the domestic arrivals exit (*llegadas nacionales*). There are 2 tourist offices, one in international arrivals, the other in domestic arrivals. Both are near the respective exits for taxis.

For internal flights, which serve all parts of the country, see page 754. Sometimes, flights are overbooked, so check in well in advance. You must reconfirm all flights about 48 hrs before departure.

Train: there are no passenger services at present from Bogotá (La Sabana) station at C 13, No 18-24 except a tourist steam train which runs on Sat, Sun and holidays at 0830 calling at Usaquén in the north of the city (see map), going north to Cájica and Zipaquirá (1200), back in Bogotá, La Sabana at 1700. (All times variable.) Cost: adult US$8, child up to 10, US$5. Information, *Turistrén Ltda*, Cra 16A, No 78-55, of 505, T 617 0300. Tickets should be bought in advance here, at La Sabana station, T375 0558, or from travel agents.

Long distance services were suspended in 1992

Bus: the Terminal de Transportes is at C 33B, No 69-13, near Av Boyacá (Cra 72) between El Dorado (Av 26) and Av Centenario (C 13), T295 1100. There is also access from Cra 68. It is divided into modules serving the 4 points of the compass; each module has several bus companies serving similar destinations. If possible, buy tickets at the ticket office before travelling to avoid overcharging. **Fares and journey times are given under destinations below**. If you are travelling north, enquire if the bus company has a pick-up point on the Autopista del Norte around C 160. *Velotax busetas* are slightly quicker and more expensive than ordinary buses, as are colectivos, which go to several long-distance destinations. The terminal is well-organized and comfortable, but, as usual, watch out for thieves. We have an increasing number of reports of baggage thefts. Free self-service luggage trolleys are provided. There are shops and restaurants. There are showers at the terminal (between Nos 3 and 4), US$0.50, soap and towel provided. To get to the terminal by bus, ask at your hotel for the best route while the TransMilenio is under construction. Taxi around US$3.50.

If going to towns in Boyacá or Cundinamarca for a long weekend, leave Bogotá before Fri 1200 as it can take 1½ hrs to get from Terminal to outskirts. Try to arrive back before 1300, or ask to be set down in North Bogotá and take TransMilenio bus to centre

International bus: it is better not to buy a through ticket to Caracas with *Berlinas de Fonce* as this does not guarantee a seat and is only valid for 2 Venezuelan companies; moreover no refunds are given in Cúcuta. Ideally, if you have time, make the journey to Cúcuta in 2 stages to enjoy the scenery to the full. Bus connections from San Antonio de Táchira in Venezuela to Caracas are good. *Ormeño's* twice weekly Lima-Caracas service passes through Cúcuta (US$150 Lima-Cúcuta); there is also a Lima-Bogotá service weekly (US$130; Lima-Cali US$115). Bogotá-Caracas by this service US$70. Information T410 7522.

Colombia

Airline offices Domestic: *AeroRepública*, Cra 10, No 27-51, T320 9090. *Aires*, Aeropuerto El Dorado, T413 8500. *Aces/Avianca/SAM (Alianza Summa)*, Cra 7, No 16-36, T404 7862. *Satena*, Cra 10, No 26-21, of 210, T337 5000. International: *Air France*, T326 6030254 8950. *American*, Cra 7, No 26-20, T343 2424/285 1111. *British Airways*, C 98, No 9-03, T900-331 2777. *Continental*, Cra 7, No 21-52, T312 2565. *Delta*, C 100, No 7-24, T257 6014. *Iberia*, Cra 20, No 85-11, T616 6111. *Mexicana*, C 100, No 19-61, T635 3759. *Varig*, Cra 7, No 33-24, T350 9389. *West Caribbean*, T800-094 1333.

Directory
Emergency numbers:
Ambulance: T125
Fire: T119
Red Cross: T132

Banks Some head offices are grouped around the Avianca building and the San Francisco church, others are in North Bogotá on or near C 72. *Lloyds TSB Bank*, Cra 8, No 15-46/60, T334 5088, and 20 local agencies, will cash Thomas Cook and Amex TCs (0900-1300, with passport), will give advances against Visa, and will accept sterling, good rates. There are countless ATMs accepting Visa and MasterCard. *Banco Ganadero/BBV* is good for Visa, *Conavi* for MasterCard. The major banks, *Banco de Occidente*, *Banco Popular*, *Bancolombia*, etc, will help, but if you need counter service, go early in the day. See Hours of Business and Currency in Essentials. **Money changers**: *American Express*, Panturismo, Cra 10 No 27-51, of 206-2, T334 0640 (also at El Dorado and Puente Aéreo airports, T413 8642 and 413 8764 respectively), does not change TCs, but will direct you to those who do (eg *Bancolombia*). Other offices at C 92, No 15-63, T218 5666 and Cra 8 y C 15 are helpful. For replacing lost Amex TCs, go to *American Express* (Expreso Viajes y Turismo), C 85, No 20-32, T531 1919/621 1688, open 0800-1900, Sat 0900-1400 with full details, a police report of the loss and preferably proof of purchase. *International Money Exchange*, Cra 7, No 32-29, open Mon to Fri till 1600, check all transactions carefully. Also exchange at Av 19, No 15-35. *Cambios Country*, Western Union agents, Cra 11, No 71-40, Of 201, T346 6788. Several other city offices, good rates, speedy service. *Orotur*, Cra 10, No 26-05 (very small, below *Hotel Tequendama*) is quick and efficient, cash only. **Money Point**, Cra 10, No 27, in Centro Internacional, unit 161, good rates, take passport photocopy. *Titan*, C 19 6-19, p 2, open afternoons (when all banks have ceased foreign transactions), many other branches. Other *cambios* on Av Jiménez de Quesada, between Cras 6 and 11, and in the north of the city. On Sun exchange is virtually impossible except at the airport.

Communications Internet: There are increasing numbers of internet centres all over the city, in commercial areas and in shopping centres. *Papeles La Candelaria*, C 11, No 3-89, T336 1228, F562 0705, open daily, also sells Latin American cultural magazines, US, European and other papers 2 days after publication. Facilities also in hotels, eg *Hotel Platypus*. Prices per hour range from US$1-2. **Post:** main airmail office in basement of Ed Avianca, Cra 7, No 16-36, open 0730-1900 Mon to Fri, 0730-1800 Sat, closed Sun and holidays (*poste restante* 0730-1800, Mon-Sat, letters kept for only a month, US$0.40 per letter). Also Cra 7 y C 26-27, near Planetarium; C 140 between Cra 19 y Autopista. Parcels by air, contact *Avianca*. *Adpostal*, main office, Edif Murillo Toro, Cra 7, No 12-00, 2 blocks north of Plaza de Bolívar. **International telephone calls:** from several *Telecom* offices in centre of Bogotá (eg C 12 y Cra 8, C 23, No 13-49, in the *Tequendama Hotel*/Centro Internacional complex); all close within 30 mins of 2000. Purchase of phone cards recommended if you are using call boxes. See also under Keeping in touch – Telephone in Essentials.

Cultural centres British Council, C 87, No 12-79, T236 3976/618 7680. Good library and British newspapers. **Centro Colombo Americano**, Av 19, No 3-05, T334 7640. English and Spanish courses. Recommended. **Alianza Colombo-Francesa**, Cra 3, No 18-45, T341 1348 and Cra 7, No 84-72, T236 8605. Films in French, newspapers, library monthly bulletin etc. **Goethe Institut**, Cra 7, No 81-57, T255 1843.

Embassy and consulate opening times and rules for visas are changing continuously phone before you go

Embassies and consulates Belgium, C 26, No 4A-45, p 7, T282 8881. Bolivia, Cra 9C, No 114-96, T629 8252. Brazil, C 93, No 14-20, T218 0800. Canada, Cra 7, No 115-33, T657 9800, open 0800-1630 www.dfait-maeci.gc.ca/bogota/ (mailing address: Apdo Aéreo 53531, Bogotá 2, DE). Ecuador C 89, No 13-07, T635 0322. French Consulate, Cra 7, No 38-99, T285 4311, www.consutfrancebogota.com.co France, Cra 11, No 93-12, T618 0511. Germany, Cra 69, No 43B-44, T423 2600. Israel, Edif Caxdac, C 35, No 7-25, p 14, T288 4637. Italy, C 93B, No 9-92 (Apdo Aéreo 50901), T218 6680. Japan, Cra 7, No 71-21, p11, T317 5001. Netherlands, Cra 13, No 93-40, T611 5080. New Zealand Consulate, Diagonal 109 No 1-39, Este, T629 8524, F620 0130, Mon-Fri 0830-1730. Panamanian Consulate, C 92, No 7-70, T257 4452. Mon-Fri, 0900-1300. Spain, C 92, No 12-68, T618 1288. Switzerland, Cra 9, No 74-08, oficina 1101, T255 3945, open Mon-Fri 0900-1200. UK, Cra 9, No 76-49, T317 6690, F317 6265, www.britain.gov.co Postal address: Apdo Aéreo 4508. USA, C 22D bis, No 47-51 (mailing address: Apdo Aéreo 3831, Bogotá 1, DE), T315 0811, consulate/visas, T315 1566, www.usembassy.state.gov/bogota/ Venezuelan Consulate, Av 13, No 103-16, T640 1213/636 4011, 0830-1200. Visas (US$30) can be collected the following day 1200-1630.

If coming from abroad, make sure you have a student visa, preferably before you arrive, if not, from DAS, before studying. You may not study on a tourist visa

Language courses The best Spanish courses are in the *Universidad Nacional* (see map), T316 5335, US$180 for 2 mths, 8 hrs per week, or *Universidad de los Andes*, US$300, 6 weeks and *Pontificia Universidad Javeriana*, T320 8320. *Centro Latino Americano de Relaciones Humanas e Interculturales*, Cra 10, No 65-48, T212 3009. Accommodation with local families can be arranged. Most other schools in Yellow Pages offer one-to-one private tuition at US$10 per hour.

Medical services 24-hr emergency health service, T125. **Cruz Roja Nacional**, Av 68, No 66-31, T428 0111. Open 0830-1800, consultations/inoculations US$12.50. **Red Cross Ambulance Service**, T132 or 620 3000, 0800-1700.

Useful addresses If you have problems with theft or other forms of crime, contact a *Centro de Atención Inmediata*, CAI, for assistance: downtown, Av Jiménez/Cra 6, T286 0744, or Cra 1, No 18A-96, T336 4725/286 8972; Candelaria, Cra 7, No 4-12, T246 7203. There are many offices throughout the city, or T156. **Police:** T112 or 2224419. **DAS:** Immigration office, Cra 27, No 17-85, open 0730-1530, or T153. **Dirección de Extranjería** (for extending entry permits): C 100, No 11B-27, T6107314/7371, open Mon-Thu 0730-1600, Fri 0730-1530. DAS will not authorize photocopies of passports; look in Yellow Pages for notaries, who will.

Around Bogotá

East of Bogotá

Choachí is an attractive village in a valley where there are hot springs. A turnoff from the Choachí road leads to the Santuario de San Francisco, with better views of Bogotá than from Monserrte (*Flota Macarena* buses, or *Transoriente*, from Av 6A, No 15-48, T243 5599, US$2). Above Choachí is the **PNN Chingaza**, over 50,000 ha rising to 4,000 m. A number of lakes in the area were used by the Muisca Indians for ritual ceremonies (see also Guatavita, below). Ther are many *frailejones* plants in the upper *páramo* section and the Carpanta Biological Reserve contains remnants of high Andean cloudforest. ■*The park is frequently closed, but if open it is good for a day trip. Entry US$3, plus US$3 per vehicle.*

Southwest of Bogotá

The Simón Bolívar Highway runs from Bogotá to Girardot (see page 815); this 132 km stretch is extremely picturesque, running down the mountains. About 20 km along this road from the centre of Bogotá is Soacha, now the end of the built-up area of the city. A right fork here leads past the Indumil plant to the **Chicaque Parque Natural**, a privately owned 300 ha park, principally cloud forest between 2,100 m and 2,700 m on the edge of the Sabana de Bogotá. It is a popular spot for walkers and riders at weekends with good facilities for day visitors and a Swiss-style *refugio*, about one hour down the trail from the entrance, which provides meals and accommodation for 70 or so costing US$20-25 per day including meals. ■ *Park open daily 0800-1600, US$2.50.*

Transport Take a bus to Soacha and ask for continuing transport to the Park. On Sat, Sun and public holidays, there is a minibus service from the National Stadium (Campín) in Bogotá, T368 3114/3118. If driving, there is a better route via Mosquera on the Honda road, left towards La Mesa and in 11 km left again on the road to Soacha. The park sign is 6 km along this road.

Northwest of Bogotá

The Sabana de Bogotá is dotted with white farms and groves of eucalyptus. The road passes through two small towns, Fontibón and Madrid. **Fontibón**, 10 km from Bogotá, has a good colonial church, and about 3 km outside the town are stones with Indian pictographs. Nearby, on the road from the old Techo airport to Bogotá, there are replicas of San Agustín statues (see page 842). City buses go to Fontibón. **Facatativá** (*Population*: 67,000. *Altitude*:1,800 m) is 40 km from Bogotá (several hotels eg **E** *Sueño Dorado*, Cra 2, No 10-64, T842 4205, with bath, TV). Some 3 km from Facatativá, on the road to the west, is the park of Piedras de Tunja, a natural rock amphitheatre with enormous stones, numerous Indian pictographs and an artificial lake. A road goes southwest from Facatativá to Girardot through beautiful mountain country, a good alternative to the Simón Bolívar highway from Girardot to Bogotá.

Villeta, 71 km from Facatativá (*Population*: 13,000. *Altitude*: 950 m. *Phone code*: 91) is a popular weekend resort. The waterfalls of Quebrada Cune are nearby. Villeta has many hotels including: **A** *Mediterraneo*, C 6, No 8-68, T844 4134, best. **B** *Hacienda El Diamante*, Km 2, Vía Guaduas, T844 4035. With breakfast, good. **D** *Colonial Plaza*, Cra 4No 6-07, T844 4484. **F** *Gran San Diego* C 3, No 4-173, T844 4450. Recommended. Also restaurants such as *Llamarade* near the plaza, good value; many good ice cream parlours. 15 km north of Villeta, near Tobia, is a new area of rafting on the Río Negro. Information from *Geco Aventura*, T215 3076.

The road continues to Honda (see page 814), half way to which is the interesting historical town of **Guaduas** (*Population*: 23,000. *Altitude*: 1,000 m. *Phone code*: 91). In the main plaza is a statue of the liberator Policarpa Salavarrieta, the cathedral and one of several museums in the town. Sunday market. Best local dish is *quesillos*. Bus to Honda, US$2, one hour. *Hostería Colonial*, on plaza, T846 6041, a delightful restored mansion; other hotels and restaurants nearby. The surrounding countryside is beautiful, including waterfalls at Versalles (10 km). Transport for Facatativá, Villeta and Guaduas: take Bogotá-Honda buses.

Zipaquirá

The famous rock salt mine, 20 km beyond Chía, has been exploited for centuries. Within the mines, the **Salt Cathedral** is one of the major attractions of Colombia. The original underground cathedral was dedicated in 1954 to Nuestra Señora del Rosario (patron saint of miners). Continuing deterioration made the whole cave unsafe and it was closed. A remarkable, new salt cathedral was opened on 16 December 1995. Inside, near the entrance, are the 14 Stations of the Cross, each sculpted by a different artist. Other sections of the cathedral follow to the Nave, 180 m below the surface, with huge pillars "growing" out of the salt. All is discretely illuminated and gives a modern and austere impression. ■ *Tue-Sun 0930-1600, Sun mass at 1200, admission by ticket, US$4, half price on Wed, including 1½ hr guided tour, car park US$1. The entrance is in hills about 20 mins' walk west of the town. There is an information centre and a museum at the site.*

Phone code: 91
Colour map 1, grid B3
Population: 62,000
Altitude: 2,600 m

Colombia

In the town is an interesting church and the **Museo Quevedo Zornozo**, C 3, No 7-69, which displays musical instruments and paraphenalia including the piano of General Santander. ■ *Tue-Fri 0930-1200, 1400-1600, Sat-Sun 0900-1700, US$1.*

Sleeping C-D *Hostería del Libertador*, Vía Catedral de Sal, T852 3060, F852 6851. Restored colonial mansion, near the mine, good food. **E** *Colonial*, C 3, No 6-57, T852 2690. Showers, TV in some rooms, nice. Restaurants on main plaza, *El Mesón del Zipa*, good, cheap food. *Asadero Colonial*, C 5 y Cra 7, good food, *arepas, bandejas*.

Transport Many buses from **Bogotá**: Cra 30 (Av Ciudad de Quito), marked 'Zipa', *Flota Alianza*, or others, US$2 each way, 1¼ hrs. The Zipaquirá bus station is 15 mins walk from the mines and cathedral. Zipaquirá can also be reached from Tunja (see page 775), by taking a Bogotá-bound bus and getting off at La Caro for connection to Zipaquirá, US$2.40. A steam-hauled *tren turístico* runs on Sat, Sun and holidays from Bogotá to Zipaquirá. See under Bogotá, Train.

Nemocón, 15 km northeast of Zipaquirá, has salt mines (now closed) and a church. There is a small but interesting **Museo de Sal** on the plaza, which includes history of the salt industry in the time of the Chibcha Indians, US$1. Restaurant, *El Colonial*, on main street, 100 m from the station. A side road connects with the Bogotá-Cúcuta highway. Some 8 km beyond Nemocón, with its own access to the main Tunja road, is **Suesca**, centre of rock climbing on sandstone cliffs overlooking the Río Bogotá. For information call Fernando Gonzalo-Rubio, 933443729 (Mob), or T856 3326. A *La Esperanza*, Km 1 along railway from Suesca, T856 3064. With 2 meals. Camping possible near climbing area.

Bogotá to Cúcuta

The main road route from Bogotá to Venezuela has some beautiful stretches. It passes through, or near, several colonial towns and gives access to the Sierra Nevada del Cocuy, excellent climbing and hiking country.

Guatavita
Phone code: 91
Colour map 1, grid B4
Population: 6,000
Altitude: 2,650 m
75 km from Bogotá

The modern town of Guatavita Nueva was built in colonial style when the old town of Guatavita was submerged by the reservoir. It is now a weekend haunt for Bogotanos and tourists. Cathedral, artisan workshops and small bull-ring for apprentices to practise on Sunday afternoons; two small museums, one devoted to the Muisca Indians and the other to relics of the old Guatavita church, including a delightful Debain harmonium (Paris 1867). Sunday market is best in the morning, before Bogotanos get there. The tourist information booth can find accommodation for visitors. **Laguna de Guatavita** (also called Lago de Amor by locals) is where the legend of El Dorado originated. The lake is a quiet, beautiful place; you can walk right round it close to the water level, 1½ hours, or climb to the rim of the crater in several places. Opinions differ on whether the crater is volcanic or a meteorite impact, but from the rim at 3,100 m there are extensive views over the varied countryside. Just before the road reaches Boyacá Department, it passes the Sisca reservoir where there is fishing and windsurfing. At the *Refugio de Sisca* restaurant, try the *empanadas de trucha* (cornmeal and trout snack), US$0.60, excellent.

Transport Bus Bogotá-Guatavita Nueva (*Flota Valle de Tenza*, Cra 25, No 15-72, recommended; *Flota Aguila*, Cra 15 No 14-59), US$2, 2-3 hrs, several departures morning; last return bus at 1730. You can walk (2-3 hrs) or ride (US$7 per horse) from Guatavita Nueva to the lake. An easier approach is from a point on the Sesquilé-Guatavita Nueva road (the bus driver will let you off) where there is a sign 'vía Lago Guatavita'. There is a good campsite and

The Gilded Man

The basis of the El Dorado (Gilded Man) story is established fact. It was the custom of the Chibcha king to be coated annually with resin, on which gold dust was stuck, and then to be taken out on the lake on a ceremonial raft. He then plunged into the lake and emerged with the resin and gold dust washed off. The lake was also the repository of precious objects thrown in as offerings; there have been several attempts to drain it (the first, by the Spaniards in colonial times, was the origin of the sharp cut in the crater rim) and many items have been recovered over the years. The factual basis of the El Dorado story was confirmed by the discovery of a miniature raft with ceremonial figures on it, made from gold wire, which is now one of the most prized treasures of the Museo del Oro in Bogotá. Part of the raft is missing; the story is that the gold from it ended up in one of the finder's teeth! (Read John Hemming's The Search for El Dorado on the subject.)

places to eat nearby. From the main road to the lakeside the road is paved as far as a school, about half way. Follow the signs. This road and subsequent track can be driven in a good car to within 300 m of the lake where there is a car park and good restaurant.

Tunja

Tunja, capital of Boyacá Department, has some of the finest colonial treasures of Colombia. When the Spaniards arrived in what is now Boyacá, Tunja was already an Indian city, the seat of the Zipa, one of the two Chibcha kings. It was refounded as a Spanish city by Gonzalo Suárez Rendón in 1539. The city formed an independent Junta in 1811, and Bolívar fought under its aegis during the campaign of the Magdalena in 1812. Six years later he fought the battle of Boyacá, nearby (see below).

Phone code: 98
Colour map 1, grid B4
Population: 120,000
Altitude: 2,820 m
137 km from Bogotá

The **Cathedral** and five other churches are all worth visiting. Perhaps the most remarkable colonial building is the church of **Santo Domingo**, a masterpiece begun in 1594; the interior is covered with richly carved wood. Another is the **Santa Clara La Real chapel** (1580), also with some fine wood carving. The church of **Santa Bárbara** is noted for its treasury and colonial woodwork, and in the nearby parish house are many interesting religious objects, including silk embroidery from the 18th century.

The **Casa de Don Juan de Vargas** is a recommended museum of colonial Tunja. ■ *US$0.75 includes guided tour in several languages.* The **Casa del Fundador Suárez Rendón**, Plaza de Bolívar, is one of the few extant mansions of a Spanish *conquistador* in Colombia (1539-43); peaceful courtyard with fine view of valley through gateway; museum open Wednesday-Sunday; see the unique series of plateresque paintings on the ceilings. ■ *US$0.50. Helpful tourist office here.* There are a number of other fine colonial buildings to be visited. In **Parque Bosque de la República** is the adobe wall against which three martyrs of the Independence were shot in 1816. Ask the tourist police guarding these buildings for information.

The market, near Plaza de Toros on the outskirts of town, is open every day (good for *ruanas* and blankets). Friday is main market day. During the week before Christmas, there is a lively festival with local music, traditional dancing and fireworks. Information on Boyacá is available in a tourist office adjacent to Hotel Hunza.

The battle of Boyacá was fought about 16 km south of Tunja, on the road to Bogotá. Overlooking the bridge at Boyacá is a large monument to Bolívar. He took Tunja on 6 August 1819, and next day his troops, fortified by a British Legion, the only professional soldiers among them, fought the Spaniards on the banks of the swollen Río Boyacá. With the loss of only 13 killed and 53 wounded they captured 1,600 men and 39 officers. Only 50 men escaped, and when these told their tale in Bogotá the Viceroy Samao fled in such haste that he left behind him half a million pesos of the royal funds. ■ *Daily 0800-1800. US$1.50 per car. There are several other monuments, an exhibition hall and restaurant at the site. Bus from Tunja, US$0.40, ask for "El Puente".*

Colombia

Sleeping AL *Hunza*, C 21A, No 10-66, T742 4111 (Bogotá 347 0099), F742 4119. Modern, breakfast including, good restaurant, pool, sauna. A *Boyacá Plaza*, C 18, No 11-22, T740 1116, F742 7635. Including breakfast, parking, good. B *Conquistador*, C 20, No 8-92, T743 1465, F742 3534, corner of Plaza de Bolívar. 22 traditional rooms round courtyard, nice restaurant, good. C *Hostería San Carlos*, Cra 11, No 20-12, T742 3716. Colonial style, interestingly furnished, good restaurant. Highly recommended. E *Americano*, Cra 11, No 18-70, T742 2471. Hot water, attractive lobby. E *Dux*, next to *Saboy*, T742 5736. Good rooms, cold water, good value. E *Imperial*, C 19, No 7-43. Basic, cold water, some rooms with TV, use of kitchen. E *Saboy*, C 19, No 10-40, T742 3492. Nice covered patio, family run. F *Casa Colonial*, Cra 8, No 20-40, T742 2169. Safe. Area around bus station said not to be safe at night (eg F *Bolívar*; *Príncipe*).

Eating *San Ricardo*, C 19, No 8-38, good. *Surtipan*, C 20, No 12-58. Good cakes and coffee.
Many fast food and *Pollo Listo* Cra 11, No 19-30. Good. *Santo Domingo*, Cra 11, No 19-66. OK. *Americano*, Cra
pizza outlets in the 11, 18-70. Light meals. *Café El Rinconcito*, C 20, No 9-14. Plaza Bolívar. Good coffee and
pedestrianized streets *arepitas* until late. *Doña Cecilia*, Cra 8, No 18-18. Good *comida corriente*. *Sol y Luna*, C 18, No
near Plaza de Bolívar 11-59. Vegetarian, good lunch US$2.

Transport **Bus** Bus station is 400 m steeply down from city centre. From **Bogotá** 2½ hrs, 4½ hrs weekends and holidays, US$4. To **Bucaramanga**, hourly, 7 hrs, US$16.

Villa de Leiva

Phone code: 98 About 40 km west is the beautiful and unmissable colonial town of **Villa de Leiva** (also
Colour map 1, grid B4 spelt Leyva) which has one of the largest plazas in the Americas. It is surrounded by
Population: 4,500 cobbled streets, a charming, peaceful place. The town dates back to the early days of
Altitude: 2,144 m Spanish rule (1572), but unlike Tunja, it has been declared a national monument so
will not be modernized. The first president of Nueva Granada, Andrés Días Venero de
Some colonial houses Leiva, lived in the town. Many of the **colonial houses** are now hotels, others are muse-
close Mon-Fri out of ums, eg the restored birthplace of the independence hero, **Casa de Antonio Ricaurte**
season, but the trip is at Carrera 8 y Calle 15. ■ *Wed-Sun 0900-1200, 1400-1700*. Ricaurte was born in Villa
worth while for the de Leiva and died in 1814 at San Mateo, Venezuela, fighting with Bolívar's army. The
views and for long, house has a nice courtyard and garden. A **palaeontological museum**, 15 minutes'
peaceful walks in the walk north of the town on Carrera 9, is interesting and well displayed. ■ *Tue-Sun*
hills. Many places are *0900-1200, 1400-1700, US$0.75*. The **Monasterio de las Carmelitas**, Calle 14 y
closed Mon-Tue Carrera 10, has one of the best museums of religious art in Colombia. ■ *Sat and Sun*
1400-1700. Part of the monastery is the **Iglesia del Carmen** and the **Convento**, all
Market day is Sat, worth a visit. The shops in the plaza and the adjoining streets have an excellent selec-
held in the Plaza tion of Colombian handicrafts and offer many bargains.
de Mercado The wide valley to the west of Villa de Leiva abounds in fossils. Some 5 km along the
road to Santa Sofía can be seen the fossil of a dinosaur (Kronosaurus) found in 1977,
now with a museum built around it. A second fossil found in 2000 nearby has been put
alongside. Look for road signs to **El Fósil**. ■ *Daily 0800-1800, US$1*. About 2 km from
El Fósil along this road is the turning for (1 km) the archaeological site of **El Infiernito**,
where there are several carved stones believed to be giant phalli and a solar calendar.
■ *0900-1200, 1400-1700, closed Mon, US$0.50*. Some 6 km after the Infiernito turning
is the **Monastery of Ecce-Homo** (founded 1620); note the fossils on the floor at the
entrance. There are buses from Villa de Leiva at 0645, 0930 and 1345, going to Santa
Sofía, US$0.50; it is 30 minutes to the crossing, then a 2-km walk to the monastery.
Beyond Santa Sofía is La Cueva de Hayal, a cave set in beautiful scenery. A tour of most
of these attractions leaves the plaza at 0930, Saturday/Sunday, US$5.
About 20 km north of Villa de Leiva is a right turn for the **Iguaque Flora and Fauna
Sanctuary** (3 km) run by MA: oak woods, flora, fauna and lakes. There are guided
paths and a marked trail to Lake Iguaque, a walk of 6½ hours. ■ *US$3, cars US$3;
tourist centre with accommodation for 60; restaurant with good food US$1.80-2.20.
Take a colectivo from Villa de Leiva-Arcabuco to the turn off to the park (1½ hrs' walk to
ranger station); check for afternoon return times. (Camping is allowed, US$3 pp, safe.)*

Colombia

L *Hospedería Duruelo*, C 13, No 2-88, T732 0222. Modern colonial style, beautiful views, nice gardens, also conference hotel, good food. **AL** *Plazuela de San Agustín*, C 15 entre Cra 8 y 9, T732 0842. Well appointed, nicely decorated. **AL** *El Molino la Mesopotamia*, C del Silencio (top of Cra 8), T732 0235. A beautifully restored colonial mill, 10% rebate for booking 10 days ahead, excellent home cooking, beautiful gardens, memorable. Recommended. **A** *Hostal La Candelaria*, C 18, No 8-12, T732 0534. 7 rooms, delightful, excellent breakfast. Recommended. **A** *Plaza Mayor*, Cra 10, No 12-31, T732 0425 (T218 7741 Bogotá). Beautifully restored. **B** *Hospedaría El Marqués de San Jorge*, C 14, No 9-20, T732 0240. Colonial mansion, beautiful courtyard, parking. **B** *Los Llanitos*, C 9, No 12-31, T732 0018. 5 mins' walk from main plaza, quiet, hot water, good food. **B** *Posada San Antonio*, Cra 8, No 11-80, T732 0538. Tastefully restored, nice patio, meals served. **D** pp *Hospedaje El Sol de la Villa*, Cra 8, No 12-28, T732 0224. Safe, hot shower, very good breakfast, cooking facilities on request, good value. Recommended. **E** *Posada San Martín*, C 14, entre Cra 9 y 10. With bath and breakfast, pleasant. **E** *Hostal El Mirador*, Tra 8, No 6-94. New, good value.

Camping *Estadero San Luis*, Av Circunvalar, T732 0617, capacity 70. *Iguaque Campestre Camping Club*, Km 1 Vía Hipódromo, T732 0889.

Sleeping
The town tends to be full of visitors at weekends and bank holidays when booking is advisable (try bargaining Mon-Thu)

Nueva Granada, C 13, No 7-66. Good value, owner Jorge Rodríguez, plays classical guitar music on demand. *El Rincón Bachué*, Cra 9, No 15-17. Interesting decoration with a china factory behind. *La Misión*, Centro Verarte, Cra 9, No 13-09. Salads, light meals. 2 *pizzerias* on Plaza Mayor: *Los Arcos*, on C 13, excellent, and *Dino's*, Cra 9, No 12-52, T732 0803, next to Iglesia Parroquial (also *hospedaría* **D** with shared bath, nice). *Casa Blanca*, C 13, No 7-16. Good juices, and *comida corriente*, open till 2100. *Tienda de Teresa*, Cra 10, 13-72. Good breakfasts. *Café y que Café*, C 12, No 8-88. Excellent *tinto*. *Panadería Francesa*, Cra 10, No 11-82. Open 0800-1900, closed Wed, excellent. *Zarina Galería Café*, C 14, No 7-67. Antique décor, good.

Eating
Restaurants tend to close early in the evening, especially during the week

Colombia

Villa de Leiva

To Museo Paleontológico & Arcabuco
To Santa Sofía, Ecce-Homo & El Fósil
To Bogotá, vía Tunja or Chiquinquirá

Iglesia del Carmen
Monasterio de Las Carmelitas
Museo Luis Alberto Acuña
Alcaldía
Plaza Mayor
Iglesia Parroquial
Plazuela de San Agustín
Casa de Antonio Ricaurte
Casa del Primer Congreso
Parque Nariño
Plaza de Mercado
San Francisco

Av Circunvalar

N
0 metres 100
0 yards 100

Sleeping
1 El Molino la Mesopotamia
2 Hospedaje El Sol de la Villa
3 Hospedería Duruelo
4 Hospedaría El Marqués de San Jorge
5 Hostal El Mirador
6 Hostal La Candelaria
7 Los Llanitos
8 Plaza Mayor
9 Plazuela de San Agustín
10 Posada de San Antonio
11 Posada San Martín

Eating
1 Dino's

Festivals　*Virgen del Carmen*, **13-17 Jul** annually. In **Aug** (check dates) an international *kite* festival is held in the Plaza Major and a festival of *light* is held every year in **mid-Dec**.

Tour operators　*Guías & Travesías*, C 12, No 8A-31, T732 0739/0742. Arranges trips throughout the region, guides for Parque Nacional Iguaque, Enrique Maldonado, Director, very helpful.

Transport　**Bus**　Station in 8th block of Cra 9. It is recommended to book the return journey on arrival. Buses to/from **Tunja**, 1 hr, US$2 with *Flota Reina* or *Valle de Tenza*, minibuses 45 mins, US$1.40, every 20 mins. To **Bogotá** direct takes 4 hrs, US$5, several companies, and via Zipaquirá and Chiquinquirá, US$6.70. To **Ráquira** busetas at 0730, 0800, 1740, 1930 US$1, taxi, US$2.50. Bus at 1000 from Leiva to **Moniquirá** connects with bus to Bucamaranga.

Directory　**Banks** 2 banks and ATMs in the Plaza Mayor. **Communications Post Office:** opposite *Telecom* building, C 13, No 8-26. **Tourist office** Cra 9, No 13-04 just off the plaza, open daily 0800-1800 (may close lunchtime), local maps, gives advice on cheaper accommodation. Director and staff are most helpful.

Ráquira
Market day Sunday

At **Ráquira**, 25 km from Villa de Leiva, locals make mainly earthenware pottery in several workshops in and around the village. The ceramics, among the best-known in Colombia, are sold in about 10 shops on the main street. Apart from kitchen and houseware items, there are many small ornaments and toys to enjoy. The craftsmen are happy for you to watch them at work. There are two good hotels, **B** *Nequeteba*, T732 0461, converted and renovated colonial house, pool, restaurant, craft shop, helpful owner, parking, and **D** *Norteño*, nice and clean (both on plaza). At weekends it is possible to eat at the Museo de Artes y Tradiciones Populares.

About 7 km along a very rough road, which winds up above Ráquira affording spectacular views, is the beautiful 17th-century **Convento de La Candelaria**. On the altar of the fine church is the painting of the Virgen de La Candelaria, dating from 1597, by Francisco del Pozo of Tunja. The painting's anniversary is celebrated each 1 February, in addition to 28 August, the saint's day of San Agustín. Next to the church is the cloister with anonymous 17th-century paintings of the life of San Agustín ■ *Daily 0900-1200, 1300-1700, US$1 with a guided tour which includes a simple but interesting museum*. **C** Parador La Candelaria, *adjoining monastery is picturesque with good food*.

Transport　**Road**　From Villa de Leiva, take the continuation south of Cra 9 past the bus station out of town to Sáchira, turn right to Sutamarchan and Tinjaca and left at Tres Esquinas for Ráquira, a further 5 km. The road from Tres Esquinas continues to Chiquinquirá. **Bus**: Ráquira is best reached from Tunja, 1 hour, US$1.70, although there are direct buses from Bogotá (*Rápido El Carmen*, 0545, 0715, US$6, 6 hrs, returning 1300). Last bus to Tunja 1330. If stuck after 1330, walk 5 km to Tres Esquinas, where buses pass between 1530-1630, mostly going east. There are busetas from Villa de Leiva.

Chiquinquirá
Phone code: 98
Colour map 1, grid B3
Population: 38,000
Altitude: 2,550 m
134 km by road
from Bogotá,
80 km from Tunja

Situated on the west side of the valley of the Río Suárez, this is a busy market town for this large coffee and cattle region. In December thousands of pilgrims honour a painting of the Virgin whose fading colours were restored by the prayers of a woman, María Ramos. The picture is housed in the imposing **Basílica**, but the miracle took place in what is now the **Iglesia de la Renovación**, Parque Julio Flores. In 1816, when the town had enjoyed six years of independence and was besieged by the Royalists, this painting was carried through the streets by Dominican priests from the famous monastery, to rally the people. The town fell, all the same. There are special celebrations at Easter and on 26 December, the anniversary of the miracle.

Sleeping and eating　**B** *Gran*, C 16 No 6-97, T726 3700. Comfortable, secure, good restaurant, parking. **B** *Sarabita*, C 16, 8-12, T726 2068. Business hotel, pool, sauna, restaurant, building is a national monument. **D** *Moyba*, Cra 9, No 17-53, T726 2649, facing plaza. Cheaper without bath, dingy. **F** *Residencias San Martín*, Cra 9, No 19-84. basic. Many others.

Colombia

Eating places include *El Escorial*, Parque Julio Flores, Cra 9, No 16-25, T726 2516. Good but expensive. *Plaza 17*, C 17, No 11-45, near basilica. Good. Plenty of reasonable places to eat around and near Parque Julio Flores.

Shopping The shops display the many delightful toys made locally. Along the south side of the Basilica are shops specialising in musical instruments, perhaps the best is across the plaza, *Almacén El Bambuco*, Cra 11, No 17-96.

Transport Buses to Villa de Leiva 1¾ hrs, US$2.70. To Tunja, 3 hrs, US$4. To Zipaquirá, US$4.30. To Bogotá, 2½ hrs, US$5 (last returns at 1730).

Northeast of Tunja

Along the road 41 km northeast of Tunja is **Paipa**, noted for the **Aguas Termales** complex 3 km to the southeast. The baths and the neighbouring **Lago Sochagota** are very popular with Colombians and increasingly so with foreign tourists. ■ *The facilities are open daily 0600-2200, US$5, children US$3.* From Paipa there is a minibus service, US$0.50, a taxi costs US$1, or you can walk in 45 minutes. There are innumerable hotels and restaurants on the main street of Paipa (Cra 19) and on the approach road to the Aguas Termales. A fine place to stay near the baths is **A** *Casona del Salitre*, Vía Toca, Km 3, T785 1508, a well preserved *hacienda* where Simón Bolívar stayed before the Battle of Boyacá. There is also a **Youth Hostel** in Paipa, *Cabañas El Portón*.

At Duitama, a town 15 km beyond Paipa known for basket weaving, turn right and follow the valley of the Río Chicamocha for **Sogamoso**, a large, mainly industrial town. This was an important Chibcha settlement, and a **Parque Arqueológico** has been set up on the original site. A comprehensive museum describes their arts of mummification, statuary, and crafts, including gold working ■ *Tue-Sun 0900-1300, 1400-1800, US$1.50 adults, US$0.80 children.* Cafetería near the entrance and camping possible in the grass car park opposite, with permission.

Sogamoso
Phone code: 98
Colour map 1, grid B4
Population: 70,000
Altitude: 2,569 m

Sleeping and eating **B** *Litavira*, C 12, No 10-30, T770 2585, F770 5631. Discounts at weekends, including breakfast, cable TV, private parking, good value. **D** *Bochica*, C 11, No 14-33, T770 7381. Comfortable, hot water, TV, good value. Many hotels near bus station eg **F** *Hostal Aranjuez*, basic, safe, very helpful. **F** *Residencia Embajador*, secure. Recommended. **G** *Residencia El Terminal*, basic, safe. Several reasonable restaurants near the centre, one of the best is *Susacá*, Cra 16, No 11-35, T770 2587. Open 1200-2100, specialities include trout, good *comida*, large portions, good value.

Transport To Bogotá, 4½ hrs, US$8.50; to Yopal, US$5, 4 hrs, several daily.

The main road south of Sogamoso climbs quite steeply to the continental divide at El Crucero at 3,100 m. At this point, the main road continues to Yopal. Turn right for Lago de Tota (3,015 m), ringed by mountains. Virtually all round the lake, onions are grown near water level, and the whole area has an intriguing 'atmosphere' of pine, eucalyptus and onion. **Aquitania** is the principal town on the lake. There are plenty of food shops and a bright, restored church with modern stained glass windows. Above the town is a hill (El Cumbre) with beautiful views.

Lago de Tota

Sleeping Aquitania: **F** *Residencia Venecia*, C 8, No 144. Clean, basic, reasonable. Numerous restaurants including *Luchos*, *Tunjo de Oro* and *Pueblito Viejo* together on corner of plaza. **Lakeside** Turn left following the lakeshore for 2 km to **A** *Camino Real*, Km 20 via Sogamoso a Aquitania, T770 0684, on the lake. Pleasant public rooms, colourful gardens, boat slipway, boats for hire. **A** *Pozo Azul*, 3 km further, in a secluded bay on the lake, T257 6586 (Bogotá), also cabins up to 6. Suitable for children, comfortable, full range of water

Colombia

sport facilities, good food. 3 km before Aquitania is **A** *Hotel Santa Inez*, Km 29 Sogamoso-Aquitania, T779 4199, also cabins. Good position on lake, boats for hire/fishing, good food, helpful. At Playa Blanca, southwest corner of lake, is *Las Rocas Lindas* campground, with bath and hot water, 2 cabins for 7, 1 for 8, boats for hire, dining room, bar, fireplaces. Recommended.

Transport From Sogamoso, US$2, 1 hr; bus from Bogotá (Rápido Duitama), via Tunja and Sogamoso, goes round the lake to Aquitania, passing Cuitiva, Tota and the Rocas Lindas.

Tópaga, 9 km northeast of Sogamoso, has a colonial church, unusual topiary in the plaza and the bust of Bolívar to commemorate the battle of Peñón of 11 July 1819. Turn south before Topagá to **Monguí**, which has earned the title of "most beautiful village of Boyacá province". The upper side of the plaza is dominated by the basilica and convent. There are interesting arts and crafts shops in all directions. Walk down Cra 3 to the Calycanto Bridge, or up C 4, to the Plaza de Toros. A recommended excursion is east to the **Páramo de Ocetá** with particularly fine *frailejones* and giant wild lupins. The tourist office is in the Municipalidad on the plaza, T778 2050, helpful. Local craftwork includes leather and wool items.

Sleeping **C** *Hostal Calycanto*, pink house next to the bridge. Lovely setting, restaurant (but give advance notice). **E** *La Cabaña*, chalet on road beyond river (cross bridge, turn left). Basic but comfortable, food if advised, information from Miriam Fernández at *Cafetería La Cabaña* next to the Municipality.

Transport Bus office on plaza. To Bogotá, Libertadores daily at 0730 and 1600, US$9, 4½ hrs. To Sogamoso, every 30 mins by buseta, US$0.75, 45 mins.

Sierra Nevada del Cocuy

The area is good for trekking and the best range in Colombia for mountaineering and rock climbers

By the bridge over the Río Chicamocha at **Capitanejo** is the turning to the attractive **Sierra Nevada del Cocuy** in the Eastern Cordillera. The Sierra consists of two parallel north-south ranges about 30 km long, offering peaks of rare beauty, lakes and waterfalls. The flora is particularly interesting. Everyone wears ruanas, rides horses and is friendly. The most beautiful peaks are Ritacuba Negro (5,300 m), Ritacuba Blanco (5,330 m) and El Castillo (5,100 m). The main towns are to the west of the Sierra.

The centre for climbing the main peaks is **Guicán**, about 50 km east of Capitanejo. From *Cabinas Kanwara* (see Sleeping below), it is a steep three hours' walk on a clear trail to the snowline on Ritacuba Blanco. Rope and crampons recommended for the final section above 4,800 m. The *Cabinas* is the best starting place for the 4-5 day walk round the north end of the Sierra, which is surrounded by snow-capped mountains. Guicán is 1-1½ hours drive by jeep from the mountains, so it is recommended to stay higher up (jeep hire about US$17 from José Riaño or 'Profe' in Guicán). Also, to get to the *Cabinas* you can take the milk truck ('el lechero') which leaves Guicán around 0500 via Cocuy for La Cruz, one hour's walk below the cabins, arriving 1100, getting back to Guicán around 1230, a rough but interesting ride. Alternatively you can take the path leading steeply east from Guicán which leads to the *Cabinas* in about 9 km.

The other main town is **Cocuy** (for information contact Pedro Moreno, Cra 5, No 8-36). Above Cocuy you can sleep at *Hacienda La Esperanza* (four hours from Guicán) US$5pp per night, meals around US$3 or you can camp and take your own food. Also camping and horses available at a nearby finca. La Esperanza is the base for climbing to the Laguna Grande de la Sierra (seven hours round trip), a large sheet of glacier-fed water surrounded by five snow-capped peaks, and also for the two-day walk to the Laguna de la Plaza on the east side of the Sierra, reached through awesome, rugged scenery. Between Cocuy and La Esperanza is Alto de la Cueva where you can stay at El Himat meterological station for US$6, basic, including three meals. There is a fine walk from here to Lagunillas, a string of lakes near the south end of the range (five hours there and back). Permission to camp can easily be obtained. Sketch maps available in Cocuy from the tourist office. It takes 6-8 days to trek from one end to the other through the gorge between the two ranges for which crampons, ice axe, rope etc are necessary if you wish to do any climbing en route. Be prepared for unstable slopes and rockfalls, few flat campsites and treacherous weather. The perpendicular rock mountains overlooking the Llanos are for professionals only. The views east towards the Llanos are stupendous. The best weather is from December to April. Check for safety before setting out.

Sleeping In **Guicán** F *La Sierra*, good. Owner 'Profe' has sketch maps of the region, informative visitors book for trekkers, meals available. D *Cabinas Kanwara* at 3,920 m, about 1,000 m above Guicán, 4 cabins for 4-6 people, restaurant, open fires, electrically-heated showers, or camping F, horse rental and guide service. Highly recommended. In **Cocuy** E *Gutiérrez*, friendly, hot water, meals, laundry facilities. F *Residencia Cocuy*, cold water, meals, laundry. E *Colonial*, owned by Orlando Correa, a good source of information.

Transport **Bus** To **Bogotá**, from both **Guicán** and **Cocuy**, 6 buses a day, about US$13, 10-11 hrs; services by *Gacela, Paz de Río, Simón Bolívar* and *Los Libertadores*. Between Cocuy and Guicán, several buses a day, US$1.50, 1 hr. To go north, change at **Capitanejo** from where 3 buses a day go to **Bucaramanga** and 4 to **Cúcuta**. From Capitanejo a picturesque road goes north to Málaga 35 km N of Capitanejo, several hotels), Pamplona (see below) and Cúcuta. To Bucaramanga is another spectacular trip through the mountains, but the road is not good and is very tortuous.

Tunja to Cúcuta

The main road goes northeast for 84 km to **Socorro**, with steep streets and single storey houses set among graceful palms. It has a singularly large stone cathedral. The **Casa de Cultura** museum (opening hours vary according to season) covers the local history and the interesting part played by Socorro in the fight for Independence. It is well worth a visit. There is a daily market.

Socorro
Phone code: 97
Colour map 1, grid B4
Population: 23,020
Altitude: 1,230 m

Sleeping B *Tamacara*, C 14, No 14-15, T727 3515, swimming pool. E *Colonial*, Cra 15, No 12-45, T727 2842, parking, TV. F *Nueva Venezia*, C 13, No 14-37, shower, dining room, nice old rooms, good value.

About 21 km beyond Socorro, northeast on the main road to Bucaramanga, is **San Gil**, a colonial town with a good climate, which has El Gallineral, a riverside park whose beautiful trees are covered with moss-like tillandsia (take insect repellent). ■ *US$0.30*. This is an important centre for adventure sports, including rafting, parapenting and caving. For information, contact the office by the entrance to El Gallineral Park, open daily, T724 0000. Good view from La Gruta, the shrine overlooking the town (look for the cross).

San Gil
Phone code: 97
Colour map 1, grid B4
Population: 28,000
Altitude: 1,140 m

Sleeping A *Bella Isla*, north of town, Vía Javel San Pedro, T724 2971. Large condominium, full services, great views, beautiful gardens. B *Mansión Perla del Fonce*, Cra 10, No 1-44, T724 3298. Family hotel. D *Alcantuz*, Cra 11, No 10-15, T724 3160. Free coffee, good location, pleasant. E *Abril*, C 8, No 9-63, T724 3381. Secure parking, relatively quiet. E *Victoria*, near bus terminal, with bath. F *San Marcos*, Cra 11, No 11-25, T724 2542. Cheaper without bath, upstairs rooms are preferable, basic.

Transport **Bus** Bus station 5 mins out of town by taxi on road to Tunja. Bus to **Bogotá**, US$14. To **Bucaramanga**, US$5, 2½ hrs. To **Barichara** from Cra 10 between C14/C15, US$1, 45 mins, hourly.

Colombia

Barichara

Phone code: 97
Colour map 1, grid B4
Population: 10,000
Altitude: 1,300 m

From San Gil a paved road leads 22 km to **Barichara**, a beautiful colonial town founded in 1714 and designated as a national monument. Among Barichara's places of historical interest are the Cathedral and three churches and the house of the former president Aquiles Parra (the woman next door has the key). An interesting excursion is to **Guane**, 9 km away by road, or 2 hours' delightful walk by *camino real* (historic trail), where there are many colonial houses and an archaeological museum in the *casa parroquial*, collection of textiles, coins and a mummified woman (entry US$0.25). The valley abounds with fossils. There are morning and afternoon buses from Barichara. Another interesting trip is to the waterfall Salto de Mica, a 30-minute walk along a trail following the line of cliffs near Barichara. Between San Gil and Bucamaranga is the spectacular Río Chicamocha canyon, with the best views to the right of the road.

Sleeping and eating B *Hostal Misión Santa Bárbara*, C 5, No 9-12, T726 7163. Old colonial house, quiet, pool, all meals available. **D** *Coratá*, Cra 7, No 4-08, T726 7110. Charming courtyard, restaurant and lovely cathedral views. Recommended. **D** *Diez Desitos*, Cra 6, No 4-37, T726 7224. Simple hostal, some rooms with bath. **E** *Posada de Pablo*, Cra 7, No 3-50. Ask at the *Casa de Cultura* about staying in private homes. *La Casona*, C 6, No 5-68. Cheap, good food. *Bahía Chala*, C 8, No 8-62. Goat-meat speciality. Light meals around the plaza.

Bucaramanga

Phone code: 97
Colour map 1, grid B4
Population: 465,000
Altitude: 1,000 m
420 km from Bogotá

The capital of Santander was founded in 1622 but was little more than a village until the latter half of the 19th century. The city's great problem is space for expansion. Erosion in the lower, western side topples buildings over the edge after heavy rain. The fingers of erosion, deeply ravined between, are spectacular. The metropolitan area has grown rapidly because of the success of coffee, tobacco and staple crops.

The **Parque Santander** is the heart of the modern city, while the **Parque García Rovira** is the centre of the colonial area. Just off Parque García Rovira is the **Casa de Cultura**. The **Casa de Bolívar**, C 37, No 12-15, is interesting for its connections with Bolívar's campaign in 1813. ■ *Tue-Sat, 0900-1200, 1400-1700.* There is an amusement park, **Parque El Lago**, in the suburb of Lagos, southwest of the city on the way to Floridablanca. On the way out of the city northeast (towards Pamplona) is the **Parque Morrorico**, well-maintained with a fine view. There is a sculptured Saviour overlooking the park, a point of pilgrimage on Good Friday.

Sights outside the city

In **Floridablanca**, 8 km southwest, is the **Jardín Botánicao Eloy Valenzuela**, belonging to the national tobacco agency. ■ *Weekends 0800-1100, 1400-1700, US$0.25. Take a* Floridablanca *bus and walk 1 km; taxi from centre, US$1.50.* **Rionegro** is a coffee town 20 km to the north with, close by, the Laguna de Gálago and waterfalls. One fine waterfall is 30 minutes by bus from Rionegro to Los Llanos de Palma followed by a two-hour walk through citrus groves towards Bocas. Complete the walk along an old railway to the Bucaramanga-Rionegro road. **Girón** a tobacco centre 9 km southwest of Bucaramanga on the Río de Oro, is a quiet and attractive colonial town, filled with Bumangueses at weekends, with a beautiful church. The buildings are well preserved and the town unspoilt by modernization. By the river are *tejo* courts and popular open air restaurants with *cumbia* and *salsa* bands. In the plaza at weekends, sweets and *raspados* (crushed ice delights) are sold. Bus from Cra 15 or 22 in Bucaramanga, US$1.25. **Piedecuesta** is 18 km southeast of Bucaramanga. Here you can see cigars being hand-made, furniture carving and jute weaving. Cheap, hand-decorated *fique* rugs can be bought. There are frequent buses to all the aurrounding towns; taxi costs US$6. Corpus Christi processions in these towns in June are interesting. Bus from Cra 22, US$0.45, 45 mins.

Colombia

AL *Meliá Confort Chicamocha* , C 34, No 31-24, T634 3000, www.solarhoteles.com.co Luxury, a/c, swimming pool (non guests US$1.50). **C-D** *Aquarela*, C 35, No 30-08, T/F634 9670, aquarela@b-manga.cetcol.net.co With restaurant, pool, lake with water skiing and canoes, local excursions arranged. **D** *El Pilar*, C 34, No 24-09, T634 7207. Hot water, a/c, quiet, good service and food. Recommended. **E** *Tamaná*, Cra 18, No 30-31, T630 4726. **F** without bath. Recommended. Wide variety of hotels on C 31, between Cras 18-21. **E** *Las Bahamas*, C 55, No 17A-120, T644 9002. Good value. **E** *Residencias San Diego*, Cra 18, No 54-71, T643 4273. Quiet, good. **F** *Residencias Tonchala*, C 56, No 21-23. With bath, good. **F** *Residencias Amparo*, C 31, No 20-29, T630 4089. With bath, good beds, will do laundry.

In Girón: **E** *Las Nieves*, C 30, No 25-71, T646 8968. Colonial house, central courtyard, balconies overlooking central plaza, good restaurant. **F** *Río de Oro*, in centre. Make sure you get a lock for the door. **In Piedecusta: F** *Piedecuesta*, good, safe.

Sleeping
Since Bucaramanga is the site for numerous national conventions, it is sometimes hard to find a room

D'Marco, C 48, No 28-76. Excellent meat. *La Casa de Spagheti*, Cra 27, No 51-18. Cheap and good. *Tropical*, C 33, No 17-81. *Los Notables*, Cra 18, C 34/35. Pleasant, good breakfast. *Zirus*, C 56, No 30-88. Friendly, owner speaks a little English. **Vegetarian** *Maranatha*, Cra 24, No 36-20. Good lunches and dinners, reasonable prices. *Govinda*, Indian vegetarian, Cra 20, No 34-65. Excellent lunch. *Fonda*, C 33, No 34-42. Good, cheap. *Berna*, C 35, No 18-30. Good pastries. **In Girón**: *Mansión del Fraile* on the plaza, in a beautiful colonial house. Good food, Bolívar slept here on one occasion, ask to see the bed. *La Casona*, C 28, No 27-47. Recommended. Try their *fritanga gironesa*.

Eating
Try the hormigas culonas (large black ants), a local delicacy mainly eaten during Holy Week (sold in shops, not restaurants)

Several clubs on road to Girón and on Cra 33/35. *Barbaroja*, Cra 27/C 28, a *salsa* and *son* bar set in a renovated red and white, gothic-style mansion, happy hour 1700-1800. *Mister Babilla*, Anillo Vial, huge, good music, also restaurant.

Bars & clubs

The annual *international piano festival* is held here in **mid-Sep** in the Auditorio Luis A Calvo at the Universidad Industrial de Santander, one of Colombia's finest concert halls. The university is worth a visit for beautiful grounds and a lake full of exotic plants.

Festivals

Camping equipment *Acampemos*, C 48, No 26-30, last place in Colombia to get camping gas cartridges before Venezuela. **Handicrafts** in Girón and typical clothing upstairs in the food market, C 34 y Cras 15-16. Similar articles (*ruanas*, hats) in San Andresito. *Feria de artesanías* in first 2 weeks of Sep, usually near the Puerta del Sol.

Shopping

Air Palonegro, on three flattened hilltops south of city. Spectacular views on take-off and landing. Daily *Avianca* flights to **Bogotá** (also *Aces*, *AeroRepública* and *Satena*), and to principal Colombian cities. *Avianca*, *Aces* and *SAM* T633 7862; *AeroRepública* T643 3384.

Bus: the terminal is on the Girón road, with cafés, shops and showers. Taxi to centre, US$1.50; bus US$0.35. To **Bogotá**, 8-11 hrs, US$17 (Pullman) with *Berlinas del Fonce*, Cra 18, No 31-06. *Expreso Brasilia*, C 31, Cra 18-19, T642 2152. *Copetran*, C 55, No 17B-57, recommended for advance bus reservations, has 3 classes of bus to Bogotá including Pullman, 10 hrs, and to **Cartagena**, US$29, 13 hrs, leaving at 1930 daily. **Tunja**, 7½ hrs, US$17. **Valledupar**, 8 hrs, US$20. **Barranquilla**, 13 hrs (US$27 first class with *Copetran*). **Santa Marta**, 11 hrs, maybe more according to season, US$22 with *Copetran*. To **Pamplona**, *Copetran*, 3 a day, US$5 (Pullman), US$4.50 (*corriente*), 5 hrs. To **Cúcuta**, 6 hrs, US$7 (Pullman), *Copetran* US$11 (via Berlín US$3), and colectivo US$13. The trip to Cúcuta is spectacular in the region of Berlín. **Barrancabermeja**, 3 hrs, US$5. To **El Banco** on the Río Magdalena, US$15, several companies, direct or change at Aguachica. Hourly buses to **San Gil**, US$5. Other companies with local services to nearby villages on back roads, eg the folk-art buses of *Flota Cáchira* (C 32, Cra 33-34).

Transport
Most taxis have meters; beware of overcharging from bus terminals. Local buses US$0.45

Banks *Bancolombia*, by Parque Santander, will cash Thomas Cook and Amex TCs. Long queues (cheques and passports have to be photocopied). Other banks, many with cash machines. *Lloyds TSB Bank*, Cra 19 No 36-43, T642 1307, and 2 agencies. Cash changed at *Distinguidos*, C 36, No 17-52 local 1A33. The **tourist office** is at C 35, No 10-43, T633 8244/5910, friendly and knowledgeable (closed 1200-1400). City maps US$2. **Useful addresses MA:** Av Quebrada Seca, No 30-44, T645 8309/645 4848.

Directory

Colombia

Bucaramanga to Pamplona The road (paved but narrow) runs east to Berlín, and then northeast (a very scenic run over the Eastern Cordillera) to Pamplona, about 130 km from Bucaramanga. **Berlín** is an ideal place to appreciate the grandeur of the Eastern Cordillera and the hardiness of the people who live on the *páramo*. The village lies in a valley at 3,100 m, the peaks surrounding it rise to 4,350 m and the temperature is constantly around 10°C, although on the infrequent sunny days it may seem much warmer. There is a tourist complex with cabins and there are several basic eating places. Camping (challenging but rewarding) is possible with permission. At the highest point on the road between Bucaramanga and Berlín, 3,400 m, is a café where you can camp on the covered porch.

Pamplona

Phone code: 975
Colour map 1, grid B4
Population: 43,700
Altitude: 2,200 m

Founded in the mountains in 1548, it became important as a mining town but is now better known for its university. It is renowned for its Easter celebrations. Pamplona is a good place to buy *ruanas* and has a good indoor market. The **Cathedral** in the spacious central plaza is worth a visit. The earthquake of 1875 played havoc with the monasteries and some of the churches: there is now a hotel on the site of the former San Agustín monastery, but it is possible to visit the ex-monasteries of San Francisco and Santo Domingo. The **Iglesia del Humilladero**, adjoining the cemetery, is very picturesque and allows a fine view of the city. The **Casa Colonial** archaeological museum is a little gem C 6, No 2-56. ■ *Tue-Sat, 0900-1200, 1400-1800; Sun, 0900-1200, free but donations welcome.* **Casa Anzoátegui**, Cra 6, No 7-48, houses a museum of the Independence period. One of Bolívar's generals, José Antonio Anzoátegui, died here in 1819, at the age of 30, after the battle of Boyacá. The state in northeast Venezuela is named after him. ■ *Closed Sun.*

Sleeping & eating C *Cariongo*, Cra 5, C 9, T682645. Very good, excellent restaurant, US satellite TV (locked parking available). **E** *Residencia Dorán*, Cra 6, No 7-21. **F** without bath, large rooms, good meals. **E** *Imperial*, Cra 5, No 5-36, T682571, on main plaza. Large rooms, hot water, safe, restaurant. **F** *Los Llanos*, C 9, No 7-35, T683441. Shared bath, cold water. Recommended. **F** *Orsúa*, C5, No 5-67, T682470, on main plaza. Cheap, good food. Hotel accommodation may be hard to find at weekends, when Venezuelans visit the town. *El Maribel*, C 5, No 4-17. Cheap lunch. *Barba Roja*, C 6, No 6-57. Limited but good menu. *Cafetería La Malagueña*, next door. Good, cheap. *La Pamplonesa*, C 7 y Cra 6. Bakery with good breakfasts. *Angelitas*, C 7 y Cra 7. Good coffee. *Piero's Pizza*, C 9 y Cra 5. Good. *El Palacio de las Tortas*, C 6 y Cra 6. Good bakery.

Transport **Bus** To Bogotá, US$22, 13-16 hrs. To Cúcuta, US$3, 2½ hrs. To Bucaramanga, US$5, 4 hrs. To **Málaga** from main plaza, 5 a day from 0800, 6 hrs, US$5. To **Tunja**, US$20, 12 hrs (leaving at 0600). To **Berlín**, US$3. Buses leave from Cra 5 y C 4, minibuses to Cúcuta from Cra 5 y C 5.

Directory **Banks** *Banco de Bogotá*, on the main plaza, gives Visa cash advances or try the store at C 6, No 4-37, where 'Don Dólar' will change cash and TCs. Cash machines nearby. **Communications** Post Office: Cra 6 y C 6, in pedestrian passage. **Telecom**: C 7 y Cra 5A. **Tourist office** C 5 y Cra 6, on main plaza.

Cúcuta

Phone code: 97
Colour map 1, grid B4
Population: 526,000
Altitude: 215 m

Some 72 km from Pamplona is the city of **Cúcuta**, capital of the Department of Norte de Santander, 16 km from the Venezuelan border. Founded in 1733, destroyed by earthquake 1875, and then rebuilt, its tree-lined streets offer welcome respite from the

---

❝❞ *The South American Handbook 1924*

On choosing pack animals In all the Latin American Republics, it is necessary to a greater or lesser degree to use mules, donkeys, burros, and horses for certain journeys. Where roads are fairly good, it is cheaper to obtain ox-carts, which may be sent on ahead with the baggage.

searing heat, as does the **cathedral**, on Avenida 5 between Calles 10 and 11. The international bridge between Colombia and Venezuela is southeast of the city.

Just short of the border is the small town of **Villa Rosario**, where the Congress met which agreed the constitution of Gran Colombia in the autumn of 1821, one of the high points of the the career of Simón Bolívar. The actual spot where the documents were signed is now a park beside which is the **Templo del Congreso**, in which the preliminary meetings took place. Also nearby is the **Casa de Santander**, where General Santander, to whom Bolívar entrusted the administration of the new Gran Colombia, was born and spent his childhood. The archaeological **museum** is worth a visit ■ *Tue-Sat 0800-1200, 1400-1800, Sun 0900-1330*. The **Casa de Cultura**, Calle13 No 3-67 incorporates the **Museo de la Ciudad** which covers the history of the city and its part in the Independence Movement.

Sleeping & eating

A *Tonchalá*, C 10, Av 0, T571 2005, www.tonchala.com Good restaurant, swimming pool, a/c, airline booking office in hall. **B** *Acora*, C 10, No 2-75, T571 2156, F573 1139. A/c, good restaurant, safe deposit, cable TV, good value. **C** *Casa Blanca*, Av 6, No 14-55, T572 1455, F572 2993. Good, reasonable meals. Recommended. **C** *Lord*, Av 7, No 10-58, T571 3609, F571 3766. A/c, nice rooms, good restaurant and service, safe. **D** *Amaruc*, Av 5, No 9-73, T571 7625, F572 1805. With fan, no hot water. **D** *Cacique*, Av 7, No 9-66, T571 2652, F571 9484. A/c, cold showers only, reasonable. **E** *Flamingo*, Av 3, No 6-38, T571 2190. Fan, with bath, noisy. **F** *Casa Real*, Av 7, No 4-45, T572 8932. Near bus station, with bath, cable TV, good. **F** *Imperial*, Av 7, No 6-28, T572 3321, F572 6376. With bath, secure. Highly recommended. **F** *Residencia Leo*, Av 6A, No 0-24 N, Barrio La Merced. With bath, clothes washing, free coffee all day. Recommended. **F** *Residencia Los Rosales*, near bus station, C 2, 8-39. Fan, with bath, good. **F** *Residencias Nohra*, C 7, No 7-52, T572 5889. Shared bath, quiet. **F** *Residencia Zambrano*, C 4, No 11E-87. Breakfast, laundry facilities, family run by Cecilia Zambrano Mariño. Eating places include *La Brasa*, Av 5, C 7. Good *churrascos*, modest prices. *Madrigal*, C 11, No 1E-23, behind *Telecom*. Steaks, seafood. *La Casa del Pollo*, Av 6, No 8-99. Chicken dishes, good lunch menus. *Don Pancho*, Av 3, No 9-21. Local menus.

Transport

Air The airport is 5 km north of the town centre, 15 mins by taxi in normal traffic from the town and border, US$3. There are only domestic flights from Cúcuta airport. For flights to Venezuelan destinations, cross the border and fly from San Antonio airport (30 mins). To **Bogotá** 3 daily with *Avianca* and *SAM* and direct to other Colombian cities. It is cheaper to buy tickets in Colombia for these flights than in advance in Venezuela. *Avianca* and *SAM*, C 13, No 5-09, T571 7758 .

Do not buy airline 'tickets' from Cúcuta to Venezuelan destinations, all flights go from San Antonio

Bus Bus station: Av 7 and C 0 (a really rough area). Taxi from bus station to town centre, US$1.50. *Berlinas de Fonce* and *Copetran* (T578 0806) have their own terminals in the northwest of the city. Bus to **Bogotá**, hourly, 17-24 hrs, US$24, *Berlinas del Fonce* 1000, 1400, 2 stops, including 15 mins in Bucaramanga (US$2.50 extra for *cochecama*), or *Bolivariano*, 20 hrs. There are frequent buses, even during the night (if the bus arrives in the dark, sit in the station café

Cúcuta

To Ocaña & Berlinas del Fonce Bus Terminal
To Venezuelan Consulate, Copetran Bus Terminal & Airport

Estadio General Santander

To Pamplona, San Antonio (Venezuela) & Ureña

Diagonal Santander

Parque Santander

Cathedral

Gran Bulevar

Parque Colón

Casa de Cultura

Avianca

Governor's Palace

To **4**

N

0 metres 200
0 yards 200

■ **Sleeping**
1 Acora
2 Amaruc
3 Cacique
4 Casa Blanca
5 Casa Real
6 Flamingo
7 Imperial
8 Lord
9 Residencia Leo
10 Residencia Los Rosales
11 Residencias Nohra
12 Residencia Zambrano
13 Tonchalá

Colombia

until llight). To **Cartagena**, *Brasilia* 1800 and 1930, 18 hrs, US$35. To **Bucaramanga**, US$7, 6 hrs, with *Copetran* and *Berlinas del Fonce* Pullman, several departures daily.

Cúcuta and the surrounding area is a large centre for smuggling. Be careful

Warning Travellers have been reporting for years that the bus station is overrun with thieves and conmen, who have tried every trick in the book. This is still true. You must take great care, there is little or no police protection. On the 1st floor there is a tourist office for help and information and a café/snack bar where you can wait in comparative safety. Alternatively, go straight to a bus going in your direction, get on it, pay the driver and don't let your belongings out of your sight. For San Cristóbal, only pay the driver of the vehicle, not at the offices upstairs in the bus station. If you are told, even by officials, that it is dangerous to go to your chosen destination, double check. Report any theft to the DAS office, who may be able to help to recover what has been stolen. **NB** Exceptions to the above are the *Berlinas del Fonce* and *Copetran* terminals, which are much safer.

Directory **Banks** Good rates of exchange in Cúcuta, at the airport, or on the border. *Banco Ganadero/BBV* and *Banco de Los Andes* near the plaza will give cash against Visa cards. *Bancolombia* changes TCs. *Banco de Bogotá*, on Parque Santander, advances on Visa. There are money changers on the street all round the main plaza and many shops advertise the purchase and sale of bolívares. Change pesos into bolívares in Cúcuta or San Antonio difficult to change them further into Venezuela. **Communications** Internet: Centro Comercial Gran Bulevar, across the street from *Telecom*, *Opinonet* Internet Café oficina 606B. **Telecom**, C 11/Av 0. **Tourist office** *Corporación Mixta de Promoción*, C 10, No 0-30, T571 8981, helpful, has maps, etc. Also at the bus station (1st floor), and at the airport.

Border with Venezuela
Venezuela is 1 hr ahead of Colombia

If you do not obtain an exit stamp, you will be turned back by Venezuelan officials and the next time you enter Colombia, you will be fined

Colombian immigration is at DAS, Av 1, No 28-55, open 0800-1200, 1400-2000 daily. Take a bus from the city centre to Barrio San Rafael, south towards the road to Pamplona. Shared taxi from border is US$1, then US$0.80 to bus station. Exit and entry formalities are also handled at the DAS office in the white house before the international border bridge. DAS has a third office at the airport, which will deal with land travellers. For Venezuelan immigration, see page 1337. There is no authorised charge at the border.

Venezuelan consulate is on Av Camilo Daza, near airport and *Copetran* terminal, T578 1034, F578 0876, consul@coll.telecom.com.co Open 0800-1300, Monday-Friday. Taxi US$0.80-1.20. Overland visitors to Venezuela need a visa and tourist card, obtainable from here or the Venezuelan Embassy in Bogotá (which may send you to Cúcuta). Check with a Venezuelan consulate in advance. Requirements: two passport photographs; proof of transportation out of Venezuela, with date (not always asked for in Cúcuta); proof of adequate funds sometimes requested. In Cúcuta, pay US$30 in pesos for visa at a bank designated by the consulate, then take receipt to consulate. Apply for visa at 0800 to get it by 1300. You may need a numbered ticket to get served. If you know when you will be arriving at the border, get your visa in your home country.

Entering Colombia You must obtain both a Venezuelan exit stamp and a Colombian entry stamp at the border. Without the former you will be sent back; without the latter you will have problems with police checks, banks and leaving the country. You can also be fined. For those arriving by air, all Colombian formalities can be undertaken at the airport. The Aduana office on the road to the airport (small sign); has a restaurant.

Leaving and entering Colombia by private vehicle Passports must be stamped at DAS in town and car papers must be stamped at Aduana on the road to the airport, about 10 km from the border or at their office 40 m before the International Bridge.

Transport **Bus**: San Cristóbal, US$1.20 (*Bolivariano*), colectivo US$2.40; **San Antonio**, taxi US$7.20, bus and colectivo from C 7, Av 4/5, US$0.50 to DAS office, then US$0.40 to DIEX in San Antonio. From Cúcuta to **Caracas**, go to San Antonio or (better) San Cristóbal and change. On any form of transport which is crossing the border, make sure that the driver knows that you need to stop to obtain exit/entry stamps etc. You will have to alight and flag down a later colectivo.

The North Coast

Caribbean Colombia is very different in spirit from the highlands: the coast stretches from the Darién Gap, through banana plantations, swamplands and palm plantations to the arid Guajira. Though tropically hot, the heat is moderated for much of the year by trade winds. The main resorts are Cartagena, which is also steeped in colonial history, and Santa Marta, near which is the Tayrona national park with precolombian remains and the unspoilt Sierra Nevada de Santa Marta coastal range.

Cartagena

Cartagena is one of the most vibrant, interesting and beautiful cities in South America. It combines superb weather, a sparkling stretch of the Caribbean, an abundance of tropical fruit, and a rich history. There are many fine colonial buildings along the city's central narrow streets, look inside for delightful patios. Do not miss a drink by night in the cafés next to the city's oldest church, Santo Domingo, or a stroll among the small plazas of the San Diego quarter.

Phone code: 95
Colour map 1, grid A2
Population: 746,000

Getting there and around Crespo **airport** is 1½ km from the city, reached by local buses from Blas de Lezo, southwest corner of inner wall. Bus from one block from airport to Plaza San Francisco US$0.20. Taxi to Bocagrande US$4, to town US$3 (official prices). Good self-service restaurant. *Casa de cambio* open 0830-2400 cashes TCs but not *Bank of America*. Better rates in town. For information, ask at travel agents offices on upper level. Daily flights to all main cities. **Bus terminal** is 30 mins from town on the road to Barranquilla, taxi US$4.50, or take city buses 'Terminal de Transportes', US$0.60.

> **Ins & outs**
> *There is no official tourist office in Cartagena at present (2003). You will, of course, find useful information in the hotels*

Orientation The city has 2 main centres of attraction, the walled colonial city and the strip of land on which is the beach resort of Bocagrande. The old city streets are narrow. Each block has a different name, a source of confusion, but don't worry: the thing to do is to wander aimlessly, savouring the street scenes, and allow the great sights to catch you by surprise.

The core of the city was built on an island separated from the mainland by marshes and lagoons close to a prominent hill – the perfect place for a defensive port. Cartagena de Indias was founded by Pedro de Heredia on 1 June 1533. There were then two approaches to it, Bocagrande, at the northern end of Tierrabomba island – the direct entry from the Caribbean – and Bocachica, a narrow channel at the south leading to the great bay of Cartagena, 15 km long and 5 km wide. (Bocagrande was blocked after Admiral Vernon's attack in 1741 – see Box, The Sacking of Cartagena.) The old walled city lies at the north end of the Bahía de Cartagena, with the Caribbean Sea to the west.

> **History**

Cartagena was one of the storage points for merchandise sent out from Spain and for treasure collected from the Americas to be sent back to Spain. A series of forts protecting the approaches from the sea, and the formidable walls built around the city, made it almost impregnable.

Entering Bocachica by sea, the island of Tierrabomba is to the left. At the tip of a spit of land is the fortress of **San Fernando**. Opposite, right on the tip of Barú island, is the **Fuerte San José**. The two forts were once linked by heavy chains to prevent surprise attacks by pirates. Close to the head of the bay is Manga island, now an important suburb. At its northern end a bridge, **Puente Román**, connects it with the old city. This approach was defended by three forts: **San Sebastián del Pastelillo** built between 1558 and 1567 (the Club de Pesca has it now) at the northwestern tip of Manga Island; the fortress of **San Lorenzo** near the city itself; and the very powerful **Castillo San Felipe de Barajas**, the largest Spanish fort built in the Americas. Built on San Lázaro hill, 41 m above sea-level, to the east of the city, initial construction began in 1639 and was finished by 1657. Under the huge structure are tunnels

Colombia

lined with living rooms and offices. Some are open and lit; visitors pass through these and on to the top of the fortress. Baron de Pointis, the French pirate, stormed and took it, but Admiral Vernon failed to reach it (see box). ■ *Daily 0800-1800, US$3, guides are available; few signs and little printed information. Good footwear advisable for the damp sloping tunnels.*

Yet another fort, **La Tenaza**, protected the walled city from a direct attack from the open sea. The huge encircling walls were started early in the 17th century and finished by 1798. They were on average 12 m high and 17 m thick, with six gates. They contained, besides barracks, a water reservoir.

In order to link Cartagena with the Río Magdalena, the most important route to the interior of the continent, the Spaniards built a 114 km canal from the Bahía de Cartagena to Calamar on the river. Called the Canal del Dique, it is still in use.

Independence Cartagena declared its independence from Spain in 1811. A year later Bolívar used the city as a jumping-off point for his Magdalena campaign. After a heroic resistance, Cartagena was retaken by the royalists under Pablo Morillo in 1815. The patriots finally freed it in 1821.

Sights

Most 'grand houses' can be visited. Churches generally open to the public at 1800

The old walled city was in two sections, outer and inner. Much of the wall between the two has disappeared. In the *outer city*, the artisan classes lived in the one-storied houses of **Getsemaní**, where many colonial buildings survive and today the greatest concentration of budget hotels and restaurants is found. Immediately adjoining is the downtown sector, known as **La Matuna**, where vendors crowd the pavements and the alleys between the modern commercial buildings. Several middle range hotels are in this district.

In the inner city, the houses in **Centro** were occupied by the high officials and nobility. **San Diego** (the northern end of the inner city) was where the middle classes lived: the clerks, merchants, priests and military. Today, the streets of the inner city are relatively uncrowded; hotels and restaurants are sprinkled thinly throughout the area.

The **Puente Román** leads from the island of Manga into Getsemaní. North of the bridge, in an interesting plaza, is the church of **Santísima Trinidad**, built 1643 but not consecrated until 1839. North of the church, at Calle Guerrero 10 lived Pedro Romero, who set the revolution of 1811 going with his cry of "Long Live Liberty". The chapel of **San Roque** (early 17th century), near the hospital of Espíritu Santo, is by the junction of Calles Media Luna and Espíritu Santo.

If you take Calle Larga from Puente Román, you come to the two churches and monastery of **San Francisco**. The oldest church (now a cinema) was built in 1590 after the pirate Martin Côte had destroyed an earlier church built in 1559. The first Inquisitors lodged at the monastery. From its courtyard a crowd surged into the streets claiming independence from Spain on 11 November 1811. The monastery is now used by the Corporación Universitaria Rafael Núñez.. Originally part of the Franciscan complex, the **Iglesia de la Tercera Orden,** on the corner of Calle Larga, is still an active church and worth a visit. Opposite is the **Centro Internacional de Convenciones**, a modern building holding up to 4,000 people. Although the severe fort-like structure is more or less in keeping with the surrounding historic walls and bastions, not everyone believes this is an improvement over the colourful market previously on the site.

Past the San Francisco complex is **Plaza de la Independencia**, with the landscaped **Parque del Centenario** beyond. At right angles to the Plaza runs the **Paseo de los Mártires**, flanked by the busts of nine patriots executed in the square on 24 February 1816 by the royalist Morillo when he retook the city. At its western end, the **Puerta del Reloj** is a tall clock tower. Through the tower's arches (the main entrance to the inner walled city) is the **Plaza de los Coches**. Around almost all the plazas of Cartagena arcades offer refuge from the tropical sun. On the west side of this plaza is the **Portal de los Dulces**, a favourite meeting place, where sweets are still sold.

The **Plaza de la Aduana**, with a statue of Columbus, has the **Palacio Municipal** on one side. The **Museo de Arte Moderno** exhibits modern Colombian artists and has a shop. ■ *Mon-Fri 0900-1200, 1500-1800, Sat 1000-1200, US$0.50.* The **Art**

Gallery and Museum, Banco Ganadero, Plaza de la Aduana, has contemporary Latin American paintings. Continue southwest to the **Church of San Pedro Claver and Monastery**, built by Jesuits in 1603 and later dedicated to San Pedro Claver, a monk in the monastery, who was canonized 235 years after his death in 1654. Known as the Slave of the Slaves (El Apóstol de los Negros), he used to beg from door to door for money to give to the black slaves brought to the city. His body is in a glass coffin on the high altar and his cell and the balcony from which he sighted slave ships are shown to visitors. ■ *Daily 0800-1700. US$1.50 (reduction with ISIC), guides US$3.70 in Spanish, US$4.50 in English.*

The church and convent of **Santa Teresa**, on the corner of C Ricaurte, was founded in 1609, but is now a hotel (opened 1997, renamed the **Charleston Santa Teresa**; see Sleeping). Opposite is a **Naval Museum** with maps, models and display of armaments ■ *US$0.75.*

The **Plaza de Bolívar** (the old Plaza Inquisición) has a statue of Bolívar. On its west side is the **Palacio de la Inquisición** (closed for restoration at least until early 2004) established in 1610, but this building dates from 1706. The stone entrance with its coats of arms and ornate wooden door is well preserved. The whole building, with its balconies, cloisters and patios, is a fine example of colonial baroque. There is a modest historical museum, complete with a display of torture equipment and a library. On the opposite side of the Plaza de Bolívar is the **Museo del Oro y Arqueológico**. It has well displayed gold and pottery. ■ *Tue-Fri 0800-1200, 1400-1800,Sat 0900-1700, free.*

The **Cathedral**, in the northeast corner of Plaza de Bolívar, was begun in 1575 and partially destroyed by Francis Drake. Reconstruction was finished by 1610. Great alterations were made between 1912 and 1923. It has a severe exterior, with a fine doorway and a simply decorated interior. See the gilded 18th century altar, the Carrara marble pulpit, and the elegant arcades which sustain the central nave.

The church and monastery of **Santo Domingo**, Santo Domingo y Estribos, was built 1570 to 1579 and is now a seminary. Inside, a miracle-making image of Christ, carved towards the end of the 16th century, is set on a baroque 19th century altar. There is also a statue of the Virgin with a crown of gold and emeralds. (The monastery is being completely restored, due to reopen early 2004.) This is an interesting neighbourhood in which little has changed since the 16th century.

Plaza Santo Domingo and Calle Santo Domingo have lots of pavement cafés and restaurants, an excellent place to go in the evening. In Calle Santo Domingo, No 33-29, is one of the great patrician houses of Cartagena, the **Casa de los Condes de Pestagua**. North of Santo Domingo, at C de la Factoria 36-57, is the magnificent **Casa del Marqués de Valdehoyos**, home of some of the best woodcarving in Cartagena (under refurbishment, not open to visitors).

The monastery of **San Agustín** (1580) is now the Universidad de Cartagena (at Universidad y La Soledad). From its chapel, today occupied by a printing press, the pirate Baron de Pointis stole a 500-pound silver sepulchre. It was returned by the King of France, but the citizens melted it down to pay their troops during the siege by Morillo in 1815. The church and convent of **La Merced**, Merced y Chichería, was founded 1618. The convent was a prison during Morillos reign of terror and its church is now the Teatro Heredia, beautifully restored. Building of the church of **Santo Toribio** (Badilla y Sargento) began in 1729. In 1741, during Admiral Vernon's siege, a cannon ball fell into the church during Mass and lodged in one of the central columns; the ball is now in a recess in the west wall. The font of Carrara marble in the Sacristy is a masterpiece. There is a beautiful carved ceiling (mudéjar style) above the main altar. Opens for Mass at 0600 and 1800, closed at other times. The church and monastery of **Santa Clara de Assisi**, built 1617-21, have been converted into a fine hotel (*Santa Clara*, see below).

North of Santa Clara is the **Plaza de las Bóvedas**. The walls of Las Bóvedas, built 1799, are some 12 m high and 15 to 18 m thick. From the rampart there is a grand view. At the base of the wall are 23 dungeons, now containing tourist shops. Both a

Colombia

Cartagena historic centre

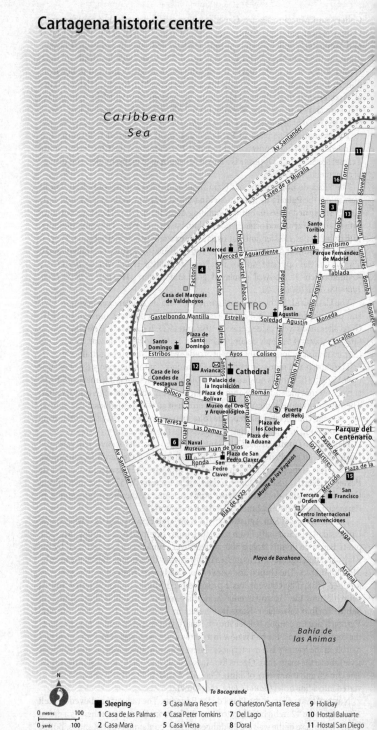

Caribbean
Sea

CENTRO

Parque del
Centenario

Playa de Barahona

Bahía de
las Animas

To Bocagrande

0 metres   100

0 yards   100

■ Sleeping

1 Casa de las Palmas
2 Casa Mara
3 Casa Mara Resort
4 Casa Peter Tomkins
5 Casa Viena
6 Charleston/Santa Teresa
7 Del Lago
8 Doral
9 Holiday
10 Hostal Baluarte
11 Hostal San Diego

Colombia

lighted underground passage and a drawbridge lead from Las Bóvedas to the fortress of La Tenaza at the water's edge (see above). In the neighbouring Baluarte de Santa Catalina is the **Museo Fortificación de Santa Catalina,** opened 2003, located inside the city walls, which includes an original well used for water storage during the siege of the city. ■ *Daily 0800-1800, US$1.50.*

Casa de Núñez, just outside the walls of La Tenaza in El Cabrero district opposite the Ermita de El Cabrero, was the home of Rafael Núñez, president (four times) and poet (he wrote Colombia's national anthem). His grandiose marble tomb is in the adjoining church. ■ *Mon-Fri 0800-1200, 1400-1800.*

Four of the sights of Cartagena are off our map. Two of them, the Fortress of San Fernando and the Castillo San Felipe de Barajas, across the Puente Heredia, have been described above. From **La Popa** hill, nearly 150 m high, is a fine view of the harbour and the city. ■ *Daily 0800-1730, US$1.50, children US$0.75.* Here are the church and monastery of **Santa Cruz** and restored ruins of the convent dating from 1608. In the church is the beautiful little image of the Virgin of La Candelaria, reputed a deliverer from plague and a protector against pirates. Her day is 2 February. For nine days before the feast thousands of people go up the hill by car, on foot, or on horseback. On the day itself people carry lighted candles as they go up the hill. The name was bestowed on the hill because of an imagined likeness to a ship's poop. It is dangerous to walk up on your own; either take a guided tour, or take a public bus to Teatro Miramar at the foot of the hill (US$0.50), then bargain for a taxi up, about US$3. If driving, take Cra 21 off Av Pedro de Heredia and follow the winding road to the top.

Beaches Take a bus south from the Puerta del Reloj (10 minutes), taxi US$1.25, or walk to **Bocagrande**, a spit of land crowded with hotels and apartment blocks. Thousands of visitors flock to this beach with its resort atmosphere. Sand and sea can be dirty and you may be hassled. **Marbella** beach is an alternative, just north of Las Bóvedas. This is

12 Hostal Santo Domingo
13 Las Tres Banderas
14 Montecarlo
15 Monterrey
16 Santa Clara
17 Villa Colonial

Colombia

▶ **The Sacking of Cartagena**

Despite its daunting outer forts and encircling walls, Cartagena was challenged repeatedly by enemies. Sir Francis Drake, with 1,300 men, broke in successfully in 1586, leading to a major reconstruction of the ramparts we see today. Nevertheless the Frenchmen Baron de Pointis and Ducasse, with 10,000 men, beat down the defences and sacked the city in 1697. But the strongest attack of all, by Sir Edward Vernon with 27,000 men and 3,000 pieces of artillery, failed in 1741 after besieging the city for 56 days; it was defended by the one-eyed, one-armed and one-legged hero Blas de Lezo, whose statue is at the entrance to the San Felipe fortress.

the local's beach, and therefore quieter during the week than Bocagrande and is good for swimming, though subject at times to dangerous currents.

The **Bocachica** beach, on Tierrabomba island, is also none too clean. Boats leave from Muelle Turístico. The round trip can take up to two hours each way and costs about US$8. *Ferry Dancing*, about half the price of the faster, luxury boats, carries dancing passengers. Boats taking in Bocachica and the San Fernando fortress include *Alcatraz*, which runs a daily trip from the Muelle Turístico. Recommended. The *Alcatraz* continues to Playa Blanca (see below), returning via Bocachica at 1630, giving you longer on the beach than the smaller boats, which leave between 1430 and 1500.

Boats to the Islas del Rosario (see below) may stop at the San Fernando fortress and **Playa Blanca** on the Isla Barú for one hour. Many consider this to be the best beach in the region. You can bargain with the boatman to leave you and collect you later. Take food and water since these are expensive on the island. Playa Blanca is crowded in the morning, but peaceful after the tour boats have left. There are several restaurants on the beach, go for the fish; the best is *La Sirena* run by Carmen 'La Española', good food, hammocks for hire US$2, also has 2 rooms US$4 pp. Other places to stay: *Wittenberg*, run by Gilbert (French), very friendly, hammocks with nets and camping space US$2, restaurant, he goes once a week to Casa Viena in Cartagena, usually Wed, and will collect travellers in his boat. *La Unión*, next to Wittenberg, attractive wooden house, rooms US$9 pp or US$18 pp including fresh water. If going only to Playa Blanca, there are also boats between 0800-0900 from near the Bazurto market, near La Popa, US$5 one way. If staying the night at Playa Blanca in *cabañas* or tents, beware of ferocious sandflies. **NB** When taking boat trips be certain that you and the operator understand what you are paying for.

Sleeping

Historic Centre LL *Santa Clara*, Cra 8, No 39-29, T664 6070, F664 8040, www.hotelsantaclara.com French Sofitel group, magnificently restored 16th century convent, excellent restaurants, lovely pool, all services. **L** *Charleston/Santa Teresa* , Cra 3A, No 31-23, T664 9494, F664 9448. Formerly a convent, elegantly converted into a hotel, pool on roof with public bar, fine hotel. **A** *Casa Mara*, C Espíritu Santo 29-139, T664 8724. Private house owned by friendly Italian lady, small pool. **A** *Casa Peter Tomkins*, C de la Factoria 36-152, T6646579, F660 0488. Charming colonial house, well located. **A** *Hostal San Diego*, C de las Bóvedas 39-120, T660 1433. Modern rooms in nice old house. **A** *Monterrey*, Paseo de los Martires Cra 8 B, No 25-103, T664 8560, F664 8574, htlmonterreyctg@ctgred.net.co Terrace bar, business centre, jacuzzi, a/c, good. **B** *Del Lago*, C 34, No 11-15, T664 0111. A/c, phone, no singles, reasonable restaurant, laundry, credit cards accepted, no parking. **B** *Las Tres Banderas*, C Cochera de Hobo 38-66, T660 0160. Very pleasant, quiet, good beds. Recommended. **B** *Montecarlo*, C 34, No 10-16, T664 0115. A/c, safe, quiet, good location, fair restaurant, expensive breakfast.

C *Casa de las Palmas*, C Larga (Callejón de las Palmas 25-51), T664 3530. Colonial house, nice patio, good value. **C** *Hostal Santo Domingo*, C Santo Domingo 33-46. Basic but quiet, well located. **D** *Villa Colonial*, C de las Maravillas 30-60, T664 4996, F664 5919. A/c or fan, TV, very friendly family. Recommended. **E** *Hostal Baluarte*, Media Luna 10-81, T664 2208. Fan, converted colonial house, family run, helpful, will arrange day trips. **E** *Doral*, Media Luna 10-46, T664 1706. Nice, fan, large rooms but avoid ground floor, safe courtyard where you can park cycles/motorbikes, English spoken. **E** *Holiday*, Media Luna 10-47, T664 0948. Fan, quiet, pleasant courtyard, luggage store, hot water. Recommended. **E-F** *Casa Viena*, C San Andrés 30-53, T664 6242, www.casaviena.com Cheaper in dormitory, run by Hans and Janeth, cooking facilities, washing machine, book exchange, internet service (US$2.60 per hour), very good information, good value.

Houses to rent: Also, *Casa Mara Resort*, C Cochera del Hobo 38-71. Whole Italian-style house with pool can be rented for US$360, including breakfast, sleeps 6.

Bocagrande L *Hilton*, El Laguito, T665 0666, F665 2211. Prime location, top class hotel. **AL** *Caribe*, Cra 1, No 2-87, T665 6866, F665 3707. Colonial style, tropical gardens, swimming pool in (expensive) restaurant. **A** *Capilla del Mar*, C 8, Cra 1, T665 3866, F665 5145. Resort hotel, good French restaurant with excellent buffet breakfast, swimming pool on top floor. **A** *Charlotte*, Av San Martín 7-126, T665 9201, F665 9298. Colonial style, small pool, comfortable rooms, good. **A** *Flamingo*, Av San Martín 5-85, T665 0623. A/c, cheaper in low season, good breakfast included, helpful, pleasant, eat on the terrace, parking. Recommended. **A** *Costa del Sol*, Cra 1 y C 9, Bocagrande, T665 0844, F665 3755. In tower block opposite beach, recently converted from a youth hostel to a comfortable hotel. **B** *París*, Cra 2, No 6-40, T665 2888, F665 6643. A/c, cable TV, pool, good restaurant. **C** *India Catalina*, Cra 2, No 7-115, T665 5523. With breakfast, a/c, safe, convenient for groups, good cafetería, good value. **C** *Playa*, Cra 2, No 4-87, T665 0552. A/c, open air bar, restaurant, swimming pool, noisy disco next door. **C** *Residencias Internacional*, Av San Martín 4-110, T665 0675. **D** in low season, small rooms, a/c, cold water, convenient location. **C** *San Martín*, Av San Martín No 8-164, T665 4631. Negotiable off season, bright airy. **D** *Leonela*, Cra 3, No 7-142, T665 4761. Quiet, comfortable. **D** *Sorrento*, Av San Martín 5-52, T665 7007. Central, good. On Cra 3, there are plenty of small, pleasant **D** *residencias*, for instance *Mary*, No 6-53, T665 2833, respectable, motorcycle parking.

On the road to the airport are several hotels and *pensiones*, particularly at Marbella beach, eg **D** *Bellavista*, Av Santander 46-50, T664 0684. Fans, nice patio, English-speaking, Enrique Sedó, secure, nice atmosphere. Recommended for longer stays. Right behind is **F** *Mirador del Lago*. Large rooms, fan. **F** *Turístico Margie*, Av 2A, No 63-175, Crespo district. Convenient for airport, walking distance to old city (or bus), family-run, modern. Southeast of the city is **E** *Santa María de los Angeles*, Pie de La Popa, Camino Arriba 22-109, T669 2149. Run by Anglican church next door, simple, safe, *cafetería*, parking.

Camping On the beach is not secure. Vehicle parking overnight possible at the Costa Norte Beach Club, 2 km northeast on coast beyond the airport, US$4 per night.

Historic Centre *Bistro*, C Ayos. Charming, seafood, steaks, very good. *Café del Casa Santísimo*, C Santísimo 8-19. Quiet, attractive, good salads and sandwiches. *Café de la Plaza*, Plaza Santo Domingo, great atmosphere, open all day. Also here is *San Bernabe*, reasonable food, open till late, and *Dalmacia*, just off plaza, run by Croatians, good, closes 1800. *Dragón de Oro*, Av Venezuela 10-24. Chinese, good, inexpensive. *El Burlador de Sevilla*, C Santo Domingo 33-88, T660 0866. Spanish, open 1200-2400, busy at weekends. *El Ganadero*, on Media Luna. Good value. *El Koral*, next to *Hotel Doral*, Media Luna. Good, cheap. *El Mar de*

Eating
● *on map*
The best restaurants are in the historic centre

Colombia

Juan, Plaza San Diego. Seafood only, fine service and décor. Recommended. *La Bruschetta*, C del Curato 38-135, T660 0471. Recommended for steaks. *La Escollera de la Marina*, C Santa Teresa y Ricaurte, T664 2040. Spanish, bar and disco/nightclub. *La Fogacha*, C de la Mantilla y C de la Factoría 3-37, T664 9099. Italian, cheap but good, open daily 1000-2400. *La Vitrola*, C Baloco 2-01, T664 8243. High quality, some Caribbean dishes, popular, expensive. *Nautilus*, C 37, No 10-76, San Diego. Facing statue of La India Catalina, good seafood. *Nuevo Mundo*, Media Luna near plaza. Chinese, big portions, good typical menu, cheap, good value. *Pizza & Pasta*, Ayos y Tabaco, good value dishes. Recommended. *San Pedro*, Plaza de San Pedro Claver. Tables outside, a/c inside, Asian and fish specialities, good value. Recommended. *Santo Toribio*, C del Curato 38-72. Arabic dishes and seafood.

Vegetarian *Girasoles*, C Quero y C Puntales. Good. *Govinda*, Plaza de los Coches 7-15. Set lunch US$2. Recommended. *Panadería La Mejor*, Av Arbeláez. Good for breakfast, fine wholemeal bread, coffee, yoghurt, expensive. *Tienda Naturista*, C Quero 9-09. Good, cheap.

Outside the centre *Bucarest*, Marbella, next to *Hotel Bellavista*. For seafood and juices. *Club de Pesca*, San Sebastián de Pastelillo fort, Manga island, T660 5863. Wonderful setting, excellent fish and seafood. Warmly recommended. *La Fragata*, C Real del Cabrera 41-15, T664 8734, next to *Casa de Rafael Núñez*. Very good seafood.

Bocagrande *Coffee Bean Shop*, Cra 2 y C 6. Coffee, drinks, snacks, internet. *Farah Express*, Cra 2 y C 9. Arab food, good, popular, also vegetarian dishes, open late, good value. *La Fonda Antioqueña*, Cra 2, No 6-161. Traditional Colombian, nice atmosphere. *Italia*, Av San Martín 7-55. Good Italian, excellent ice creams and sorbets. *La Olla Cartagenera*, Av San Martín 5-100, T665 3861. Excellent seafood and Arab specialities. *Palacio de las Frutas*, Av San Martín y C 6. Good *comida corrida*. *Pietros*, Cra 3, No 4-101. Italian and local dishes.

Bars & clubs
Lots of good clubs in Bocagrande

La Tablada, C de la Tablada 7-46. Arty, cheap meals, good music, gay bar at night. *La Muralla* on the city wall west of Plaza Bolívar, open at night only, live music at weekends, romantic, but drinks expensive. *Café del Mar*, up on ramparts at end of C Estribos. *Quiebra Canto*, Parque Independencia, next to *Hotel Monterrey*, 2nd floor, good salsa, nice atmosphere. Also popular for salsa, *Tu Candela*, 2nd floor bar near Portón de los Dulces and Plaza de la Aduana. *La Tarzana*, in same area. Several good bars and discos along C del Arsenal, Getsemaní. *Mister Babilla* is the best known.

Festivals

La Candelaria, see La Popa. *Independence* celebrations, second week of **Nov**: men and women in masks and fancy dress roam the streets, dancing to the sound of *maracas* and drums. There are beauty contests, battles of flowers and general mayhem. This festival tends to be wild and can be dangerous. There is an *international film festival* 2nd week of **Mar**. www.festicinecartagena.com

Shopping

A good selection of *artesanías* at *Compendium* on Plaza de Bolívar, but in general (except for leather goods) shopping is better in Bogotá. Handicraft shops in the Plaza de las Bóvedas are good and have the best selection in Cartagena. Woollen *blusas* good value. Try the *Tropicano* in Pierino Gallo building in Bocagrande. Also in this building are reputable jewellery shops. A number of jewellery shops near Plaza de Bolívar in Centro, emeralds a speciality (cheaper in Bogotá). *Vivero*, Av Venezuela y C del Boquete, is an a/c supermarket, with *cafetería*.

Bookshops *Librería Bitacura*, Av San Martín 7-187, also in San Pedro Claver in the old city. English and Spanish books, second hand exchange, run by a friendly lady. *Librería Nacional*, Cra 7, No 36-27.

Sport & activities

Bullfights: take place mainly in Jan and Feb in the new Plaza de Toros at the Villa Olímpica on Av Pedro de Heredia, away from the centre, T669 8225. The old, wooden Plaza de Toros (in San Diego, see map) is a fine structure, but is no longer in use. **Diving**: *Eco Buzos*, Edif Alonso de Ojeda, Local 102, El Laguito, Bocagrande, T/F655 1129. 2 dives including all equipment US$75, a 5-day course plus dives about US$140, snorkelling US$35, also snacks and drinks. *Dolphin Dive School*, on Isla Pavito (Islas del Rosario), information T665 2704. *La Tortuga Dive Shop*, Edif Marina del Rey, Av del Retorno 2-23, Bocagrande, T/F665 6995. 2 dives US$70. Faster boat, which allows trips to Isla Barú as well as Los Rosarios, same price at *Hotel*

Caribe Dive shop, T665 3517, caribedivecenter@yahoo.com Discounts are sometimes available if you book via the hotels, enquire. Recompression chamber at the naval hospital, Bocagrande. **Windsurfing**: Rental in Bocagrande, US$6.50 per hr.

Local Bus: within the city large buses (with no glass in windows) cost US$0.20 (a/c buses **Transport** US$0.50, green and white *Metrocar* to all points recommended). **Taxi**: from Bocagrande to the centre US$1.50; for airport, see below. Try to fix price before committing yourself. A horse-drawn carriage can be hired for US$12.50, opposite *Hotel El Dorado*, Av San Martín, in Bocagrande, to ride into town at night (romantic but rather short ride). Also, a trip around the walled city, up to 4 people, US$12.50, from Puerta del Reloj. **Motorbikes**: cycles, scooters and rollerblades rented by *S&S Aquiler de Vehículos de Sport*, Av San Martín 9-184, T/F665 5342. Handbook owners will get a 30% discount.

Long distance Air To San Andrés, *Avianca* T666 0407 and *AeroRépublica* T665 8495. To **Mompós**, *Aires*, T666 4549. From Dec to Mar flights can be overbooked; even reconfirming and turning up 2 hrs early doesn't guarantee a seat; best not to book a seat on the last plane of the day.

Bus Pullman bus from Cartagena to **Medellín** 665 km, US$26 (*Brasilia*, or *Rápido Ochoa*, slightly cheaper, recommended). Several buses a day, but book early (2 days in advance at holiday times), takes 13-16 hrs. To **Santa Marta**, US$8 (with *Brasilia*, C 32, No 20D-55), 4 hrs, also cheaper lines, US$7. To **Barranquilla** US$4.50 with *Transportes Cartagena*, 3 hrs, or US$5 with *Expreso Brasilia* Pullman, 2 hrs. To/from **Bogotá** via Barranquilla and Bucaramanga with *Expreso Brasilia* Pullman or *Copetran*, 8 a day, US$34-38 (shop around), minimum 19 hrs (may take up to 28), depending on number of check-points. To **Magangué** on the Magdalena US$12, 4 hrs with *Brasilia*; to **Mompós**, *Unitransco*, 0530, 12 hrs including ferry crossing from Magangué, US$17. To **Valledupar** with *Expreso Brasilia*, Pullman US$13 (with a 30 mins stop in Barranquilla), for Sierra Nevada and Pueblo Bello. To **Riohacha**, US$12. Bus to **Maicao** on Venezuelan border US$18 (with *Expreso Auto Pullman*, *Expreso Brasilia* at 2000, or *Unitrasco*), 12 hrs; the road is in good condition.

Sea There are boats leaving most days for points south along the coast, for example to Turbo cargo boats take 24 hrs, all in cost about US$25 pp. You can also go on up the Río Sinú to Montería, and up the Atrato as far as Quibdó (not recommended for safety reasons). For the trip to Quibdó see page 823. Enquire at *Club Náutico* for yachts to San Blas/Panama. Also Carlos Martínez has a 6-person yacht, US$200 one way to Panama, calling at San Blas Islands en route, T315 7469787 (Mob), F660 4882. There is good information at *Casa Viena* hotel. Get full independent advice before making direct arrangements with boat owners or captains. *Club Náutico*, Av Miramar, Isla Manga across the Puente Román, T660 5582, good for opportunities to crew or finding a lift to other parts of the Caribbean..

Banks *Banco Unión Colombiana*, Av Venezuela (C 35), No 1026, La Matuna, changes American **Directory** Express and Thomas Cook TCs. *Bancolombia*, good rates for TCs. *Bancafé*, gives money on Visa cards, both on Av Venezuela. *Banco Sudameris*, opposite conference centre, for Visa cash advances. *Lloyds TSB Bank*, Av San Martín, 10-21,Bocagrande, T655 1860. *Citibank*, Centro Plazoleta, Av Venezuela, for MasterCard ATM. Many other ATMs in the centre and Bocagrande including supermarkets, eg *Carulla*. Also *A Toda Hora*, for Visa and MasterCard on Av Venezuela. There are *cambios* in the arcade at Puerta del Reloj and adjoining streets which change Amex TCs. Also *Caja de Cambio Caldas*, Av San Martín 4-118, Bocagrande. Never change money on the street. TCs can be changed Sat morning (arrive early) at *Joyería Mora*, Román 5-39, and at El Portal nearby, in the old city. **Communications** Internet: *Cyber Café* at C de las Palmas 3-102. *CaribeNet*, C Santo Domingo 3-54, T664 2326, ctg.caribenet.com Good service. *The Verge*, next to the Club Náutico (see above), Mon-Fri 0900-1230, 1400-1700 and Sat morning, sailing information available. Also at Hotel *Casa Viena* (see under Sleeping). Many others around town. **Post Office:** In Avianca office near cathedral, open Mon-Fri 0800-1830, Sat 0800-1500. **Telecom:** Av Urdaneta Arbeláez near corner of C 34; long distance phones behind this building; long distance also in Bocagrande. **Embassies and consulates** Panamanian Consulate, C 69, No 4-97, Crespo, T666 2079. Venezuela, Cra 3, No 8-129, Edif Centro Ejecutivo, of 1402, Bocagrande, T665 0382, F665 0449, cvenezuela@ctgred.net.com Open to 1500, possible to get a visa the same day (US$30): you need onward ticket, 2 photos, but ensure you

Colombia

get a full visa not a 72-hr transit, unless that is all you need. **Security** Carry your passport, or a photocopy, at all times. Failure to present it on police request can result in imprisonment and fines. Generally, central areas are safe and friendly (although Getsemaní is less secure, especially at night), but should you require the police, there is a station in Matuna (Central Comercial La Plazoleta), another in Barrio Manga. Beware of drug pushers on the beaches, pickpockets in crowded areas and bag/camera snatchers on quiet Sun mornings. At the bus station, do not be pressurized into a hotel recommendation different from your own choice. On the street, do not be tempted by offers of jobs or passages aboard ship: jobs should have full documentation from the Seamen's Union office. Passages should only be bought at a recognized shipping agency. **Useful addresses DAS:** just beyond Castillo San Felipe, behind the church (ask), Plaza de la Ermita (Pie de la Popa), T666 4649, helpful. DAS passport office is in C Gastelbondo, near Playa de la Artillería. Get your 1-month visa extension here; it is free. **MA** (national parks office), C 4, No 3-204, Bocagrande, T665 5655, open 0800-1200, 1400-1800.

North of Cartagena

The little fishing village of **La Boquilla**, northeast of Cartagena, is near the end of a sandy promontory between the Ciénaga de Tesca and the Caribbean, about 20 minutes past the airport. There is a camping area with an attractive pool surrounded by palm trees and parrots, entrance US$2. There is a good beach nearby, busy at weekends but quiet during the week. On Saturday and Sunday nights people dance the local dances. Visit the mangrove swamps nearby to see the birds, US$10 for 3-hour trip. Golf courses are under development here. **L** *Las Americas Beach Resort*, T664 4000. **E** *Los Morros* (clean, good food) and campsite, good, clean, showers, restaurant and small market, tents rented with mattresses. Go there by taxi, US$3 (there is a reasonable bus service).

A good road continues beyond La Boquilla. On the coast, 50 km northeast, is **Galerazamba**, no accommodation but good local food. Nearby are the clay baths of **Volcán del Totumo**, in beautiful surroundings. The crater is about 20 m high and the mud lake, at a comfortable temperature, 10 m across, is reputed to be over 500 m deep. Entrance US$1; a bathe will cost you US$2, masseurs available for a small extra fee.

Transport Bus from Cartagena to Galerazamba, US$1.50, 2 hrs, ask to be dropped off at Lomo Arena and walk 2 km along the main road to a right turn signposted 'Volcán del Totumo', 1½ km along a poor road. Hitching possible. Tours from Cartagena.

Islas del Rosario

These islands are part of a coral reef, low-lying, densely vegetated, with narrow strips of fine sand beaches

The **Parque Nacional Corales del Rosario** embraces the Rosario archipelago (a group of 30 coral islets 45 km southwest of the Bay of Cartagena) and the Islas de San Bernardo, a further 50 km south (see below). It also includes the mangrove coast (up to the high water mark) of the long island of Barú to its southwestern tip. Isla Grande and some of the smaller islets are easily accessible by day trippers. Permits from *MA* in Cartagena or Bogotá are needed for the rest, US$2 entrance fee. Rosario (the best conserved) and Tesoro both have small lakes, some of which connect to the sea. There is an incredible profusion of aquatic and birdlife. An Aquarium in the sea is worth visiting, US$4, not included in boat fares (check that it's open before setting out). Many of the smaller islets are privately owned. Apart from fish and coconuts, everything is imported from the mainland, fresh water included. *Hotel Caribe* in Bocagrande has scuba lessons in its pool and diving at its resort on Isla Grande, US$230 and up. Enquire in Bocagrande for other places to stay on the islands. *MA* Diving permit costs US$13.

Transport Travel agencies and the hotels offer launch excursions from the Muelle Turístico, leaving 0700-0900 and returning 1600-1700, costing from US$10 to US$25, lunch included; free if staying at one of the hotels. Overnight trips can be arranged through agencies but they are overpriced. Do not buy tours from touts. Note that there is an additional 'port tax' of US$2 payable at the entrance to the *Muelle* or on the boat. Check around for prices and book in advance. Recommended are *Excursiones Roberto Lemaitre*, C 8, No 4-66, Bocagrande, T665 2872 (owner of *Club Isla del Pirata*). *Yates Alcatraz* are more economical; enquire at the quay. The *Santa Clara Hotel* runs day trips to Isla Majagua, US$25 including lunch. For five or more, try hiring your own boat for the day and bargain for around US$10 pp.

South of Cartagena

The highway south towards Medellín goes through **Turbaco**, 24 km (Botanical Garden, 1½ km before village on the left, open Tue-Sun 0900-1600, student guides), **Malagana**, 60 km (F *Res Margarita*, fan, basic) and **San Jacinto**, 90 km (F *Hospedaje Bolívar*, no sign, at turn off by petrol station, simple, showers, parking, good food at *El Llanero* next door; bus from Cartagena US$5), where local craft work, such as hand woven hammocks, are made.

Before going by road south of Cartagena, check or the latest information on security

The capital of Sucre Department, **Sincelejo**, is a cattle centre, a hot, dusty town, with frequent power cuts. The dangerous bull-ring game in January is similar to the San Fermín festivities in Pamplona, Spain, in which bulls and men chase each other. At Easter is the '*Fiesta del Burro*' where people dress up donkeys and prizes go to the best and the funniest (a big party for three days). There are various hotels (**B-E**) and restaurants.

On the coast, 35 km northwest of Sincelejo is **Tolú**, a fast developing holiday town popular for its offshore islands and diving. From Cartagena, the best approach is south from Malagana through San Onofre. This is also an easier and safer way for cyclists. From Tolú, a good trip is by boat three hours to Múcura island in the **Islas de San Bernardo**, about US$15 (details from *MA* sub-office in Tolú, or in Cartagena). If camping, take your own supplies. Trips to the mangrove lagoons also recommended. A good agency is *Club Náutico Los Delfines*, Av 1A, No 11-08, T288 5202, daily tours to San Bernardo Islands 0800, back 1600, including aquarium on Isla Palma. There are better beaches at **Coveñas**, 20 km further southwest (several *cabañas* on the beach and hotels). This is the terminal of the oil pipeline from the oilfields in the Venezuelan border area. Buses and *colectivos* from Tolú.

Sleeping and eating in Tolú **B** *Alcira*, Av La Playa 21-40, T288 5016, F288 5036. Less off-season, a/c, TV, restaurant, pleasant. **C** *Ibatama*, Av La Playa 19-45, T288 5159, T/F288 5150. Comfortable, a/c, patio, restaurant. **C** *Mar Adentro*, Av La Playa 11-30, T288 5481. With bath, also has agency for trips to San Bernardo islands. **E** *Darimar*, C 17, No 1-60, T288 5120. With bath, fan. **F** *El Turista*, Av La Playa, No 11-68, T288 5145. With bath, basic, restaurant, best value. Many others. *El Zaguán Paisa*, on Plaza, good *comidas*, open late; other places to eat nearby eg *Cafetería* on corner of Plaza, good cakes.

Transport Colectivo Sincelejo-Tolú, or direct from Cartagena, several morning buses, 4 hrs, US$6. Also to Medellín with Rápido Ochoa and Brasilia 1100 and 1800, 10 hrs, US$24.

The main road south from Sincelejo passes **Caucasia** (194 km from Sincelejo, *Altitude*: 50 m), a convenient stopping place between Cartagena and Medellín. Visit the Jardín Botánico (entry US$0.25). ■ *From Caucasia to Medellín US$13, 7 hrs; to Cartagena US$19, 6 hrs.*

Sleeping **D** *Inter-Colonial*, Cra 2, No 20-68, T/F822 7462. Pleasant, a/c, cheaper with fan, good view of river. Good value. **E** *Residencias San Francisco*, Cra 49 y C 45. With bath, good value. **F** *Del Río*, T822 6666. With bath, a/c close to bus station, free morning coffee but avoid front rooms on street. **F** *Residencia El Viajero*, Cra 2, No 23-39, near centre. Quiet, fan.

Montería the capital of Córdoba Department, on the east bank of the Río Sinú, can be reached from Cartagena by air, by river boat, or from the main highway to Medellín. It is the centre of a cattle and agricultural area. It has one fine church, picturesque street life and extremely friendly people. It is hot here, average temperature 28°C.

Sleeping **A** *Sinú*, Cra 3, No 31-38, T782 3355, F782 3980. A/c, swimming pool, TV,

Colombia

restaurant. **D** *Alcázar*, Cra 2, No 32-17, T782 4900. Comfortable, restaurant. **F** *Brasilia*. Good value. Also many cheap dives around.

Transport Daily flights to Bogotá, Barranquilla and Cartagena. Buses from Cartagena, US$12, 5 hrs, with Brasilia, has own terminal in Montería, or colectivo, US$11, 5 hrs.

Colombia to Panama

Turbo
Population: 127,000
Phone code 94
Colour map 1, grid A2

On the Gulf of Urabá is the port of **Turbo**, now a centre of banana cultivation, which is booming. It is a rough border community. **Before going to Turbo, or contemplating crossing Darién by land, please see below**.

Sleeping **D** *Castilla de Oro*, T827 2185. Best, reliable water and electricity, good restaurant. **D** *Playa Mar*, T827 2205. Good, but somewhat run down. **D** *Sausa*, helpful, pleasant dining room, water problems. **F** *Residencia Sandra*. Good. **F** *Residencia Turbo*, Cra 78, No 20-76, T827 2693. Good. **F** *Residencia Marcela*. Secure, best value. **F** *Residencia El Golfo*. Good.

In 2003 travelling by road from Turbo to Santa Fé de Antioquia was not recommended

Transport **Air**: daily flights to Medellín, local services to Caribbean and Pacific resorts. **Buses**: from Cartagena and from Medellín (6 a day, 10 hrs, US$17; to Montería, 8 hrs, US$10, bad road, checkpoints). **Boats**: available to Cartagena and up the Río Atrato to Quibdó, but services are intermittent, unreliable and dangerous.

Directory **Banks**: *Banco Ganadero* and others (ATMs available) but no banks are open for exchange of TCs on Mon or Tue; try exchanging money in stores. **Useful addresses/services**: *DAS*: Postadero Naval, north of town just before the airport, take transport along Cra 13, open 0800-1630. **MA**: for information on *Parque Nacional Los Katíos*, office 1 km along the road to Medellín.

Border with Panama
Colombian pesos are impossible to change at fair rates in Panama

There are various routes involving sea and land crossings around or through the **Darién Gap**, which still lacks a road connection linking the Panamanian Isthmus and South America. Detailed descriptions of these routes are given in the *Central America and Mexico Handbook* and the *Colombia Handbook*. While maps of the region are available, there is no substitute for seeking informed local advice. In all cases, it is essential to be able to speak Spanish.

Latest information from Colombia (mid 2003) is that armed groups, hostile to travellers including tourists, are particularly active in the northwest corner of Colombia which includes the area on the Colombian and Panamanian sides of the border. If information has not improved before you set out to cross Darién by land either way, you are advised not to go. This warning includes visits to Los Katíos National Park (officially closed), the road south of Turbo to Dabeiba and the Río Atrato area up to Quibdó.

Colombian immigration **DAS Office**: see under Turbo. If going from Colombia to Panama via Turbo you should get an exit stamp from the DAS office. There is also a DAS office in Capurganá (see below), opposite *Hotel Uvita* (which is by the harbour), and a Panamanian consulate, but best not to leave it that late. If leaving Colombia, check the facts at any DAS office.
Entering Colombia Arriving from Panama, go to the DAS in Turbo for your entry stamp. Stamps from other DAS offices not accepted. A police stamp is no substitute, though can help.
Entering Panama Panamanian immigration at Puerto Obaldía will check all baggage for drugs and may ask for evidence of adequate funds for your stay: US$400, travellers' cheques or credit card. A ticket out of Panama is required, although a ticket from another Central American country may do.

Transport **Colombia to Panama** The simplest way is to fly from Barranquilla, Bogotá, Cali, Cartagena, Medellín or San Andrés. **Sea**: Ask on the spot in Cartagena and in Colón if you wish to transport a vehicle between the two countries. Foot passengers may be able to travel on reputable cargo boats, but you must arrange with the captain the price and destination before departure. Small, irregular boats may well be contraband or arms runners and should not be used. See also under Cartagena, Shipping.

On the Caribbean side, the starting point is Turbo from where you must cross the Gulf of Urabá to Acandí, Capurganá and Zapzurro (all in Colombia) and Puerto Obaldía (Panama). **Acandí** (*Population*: about 7,000. *Phone code*: 9816) has several *residencias*. Most have their own electricity generators. A little further north is **Capurganá**, now a small but growing tourist resort with several hotels ranging from **AL** to **E** in price. Across the Panamanian border, **E** *Residencial Cande*, in Puerto Obaldía is good, with meals. Take advice on whether it is safe to hike along this coast: otherwise, take boats between coastal towns.

Crossing Darién: Caribbean side

Transport Boats: normally leave Turbo at 0900 daily, US$17, for Capurganá and/or Acandí, 3 hrs. Enquire for the best passage. There are also cargo boats from Cartagena to Capurganá which take passengers, 30-50 rough hrs, US$25-30, take hammock. From Puerto Obaldía (see above on immigration), boats go to Porvenir (San Blas Islands) or Colón, planes to Panama City (daily except Sun).

Overland from Turbo Two main alternative routes cross the central Gap to Paya, from where there is a recognised route to Yaviza: Paya-Púcuro, six hours on foot; Púcuro-Boca de Cupe, by dugout; Boca de Cupe-Pinogana, also by dugout, plus a walk, two hours in all; Pinogana-Yaviza, walk and ferries/dugouts. From Yaviza (one hotel, **E** *Tres Américas*, basic) buses can be caught to Panama City, road subject to wash-outs. Alternatively you may be able to get a boat from Paya to Boca del Cupe and on to El Real, which has an airstrip for flights to Panama.

One route to Paya: take a boat from Turbo across the Gulf of Urabá into the Río Tarena to **Unguía**, which has a couple of *residenciales* and basic restaurants. From here it is three to four hours to the border, then three hours to the Río Paya. You then hike down the Río Paya through dense jungle to Paya itself (about 12 hours). Do not attempt the Unguía-Paya route without a guide.

The other main route to Paya, by motorboat from Turbo across the Bahía de Colombia, through the Great Atrato Swamp and up the Río Atrato (much birdlife to be seen), is not recommended. At Travesía, also called Puente América, and the next river port, Bijao, prices are exorbitant and there is strong anti-gringo feeling. Beyond Bijao you have to go through Los Katíos National Park, which is closed, and all MA posts have been abandoned. 7-8 hours through the Park on foot is Palo de las Letras, the frontier stone, from where it is 4-6 hours to Paya. A guide, if you can find one, is essential. Approaching this route from Quibdó down the Río Atrato should not be attempted as there has been persistent rebel/paramilitary violence here recently. It can be very difficult to get an entry stamp anywhere before Panama City on this route; try at every opportunity as hikers have been detained in the capital for not having an entry stamp. It may help to prove you have adequate funds for your stay.

The park, extending in Colombia to the Panamanian border, contains several waterfalls: Tilupo, 125m high; the water cascades down a series of rock staircases, surrounded by orchids and fantastic plants, Salto de La Tigra and Salto de La Tendal. A full day's hike goes to Alto de Limón for a fine view of primary forest. Also in the park are the Alto de la Guillermina, a mountain behind which is a strange forest of palms called 'mil pesos', and the Ciénagas de Tumaradó, with red monkeys, waterfowl and alligators. ■ *To visit the park, go first to the MA office in Turbo (see above) for information and entry permits. At present (mid-2003) it is unfortunately closed.*

Los Katíos National Park

On the Pacific side, crossing into Panama involves travel by both boat and on foot, the quantity of each depending on the route chosen. Any routes through this part of Chocó are not advised because of violence and drug-running.

Crossing Darién: Pacific side

Colombia

Transport One sea route is from Bahía Solano or Juradó in Chocó Department. Launches go from both towns to Jaqué, 50 km north of the Colombian border (Juradó-Jaqué 4 hrs, US$25, very uncomfortable, take something soft to sit on), from where you can take a banana boat (US$12, plus an arbitrary tax) or fly to Panamá City. Transport out of Jaqué is frustrating; you must obtain a DAS stamp in either Turbo or Buenaventura, without it you will have problems in Jaqué or Panama City.

Barranquilla

Phone code: 95
Colour map 1, grid A3
Population: 1,064,000

Colombia's fourth city lies on the western bank of the Río Magdalena, about 18 km from its mouth, which, through deepening and the clearing of silted sandbars, makes it a seaport (though less busy than Cartagena or Santa Marta) as well as a river port. Carnival, lasting four days, with parades, floats, street dancing and beauty contests, is one of the best in Latin America.

Barranquilla is a modern industrial city with a colourful, but polluted central area near the river, and a good residential area in the northwest, beyond Calle 53. The principal boulevard is **Paseo Bolívar**. The church of **San Nicolás**, formerly the Cathedral, stands on Plaza San Nicolás, the central square, and before it is a small statue of Columbus. The new **Catedral Metropolitana** is at Carrera 45, No 53-120, opposite Plaza de la Paz. There is an impressive statue of Christ inside by the Colombian sculptor, Arenas Betancur. The commercial and shopping districts are round the Paseo Bolívar, a few blocks north of the old Cathedral, and in Av Murillo. The **market** is between Paseo Bolívar and the river, the so-called Zona Negra on a side channel of the Magdalena. Good parks in the northern areas include **Parque Tomás Suri Salcedo** on Calle 72. Stretching back into the northwestern heights overlooking the city are the modern suburbs of El Prado, Altos del Prado, Golf and Ciudad Jardín. There are five stadia in the city, a big covered coliseum for sports, two for football and the others cater for basketball and baseball. The metropolitan stadium is on Avenida Murillo, outside the city. The **Museo Romántico**, Carrera 54, No 59-199, covers the history of Barranquilla with an interesting section on Carnival.

Regular buses from Paseo Bolívar and the church at Calle 33 y Carrera 41 to the attractive bathing resort of **Puerto Colombia**, 19 km (US$0.60, 30 minutes). It has a pier built around 1900. The beach is clean and sandy and the water is a bit muddy. South along the Magdalena, 5 km from the city, is **Soledad** (*Population*: 16,000); around the cathedral are narrow, colonial streets.

Sleeping & eating

Hotel prices may be much higher during Carnival. Watch for thieves in downtown hotels

LL *El Prado*, Cra 54, No 70-10, T368 0111, F353 2334. Some distance from the centre, best, the social centre, swimming pool and tennis courts, good restaurant, sauna, original 1920s building is national monument, good new annex behind. **A** *Royal*, Cra 54, No 68-124, T356 5533. Good service, swimming pool, modern. **C** *Colonial Inn*, C 42, No 43-131, T379 0241. With bath, TV, good cheap restaurant. **D** *Capricornio*, Cra 44B, No 70-201, T356 5045. With bath, fan or a/c. **D** *Canadiense*, C 45, No 36-142, T341 5391. Fan, noisy but convenient for bus station 2 blocks away. **D** *Las Brisas*, C 61, No 46-41, T340 2455. TV, a little noisy but recommended. **E** *El Diamante*, C 41, No 38-65, T379 0157. With fan, TV room, laundry facilities. **E** *Olímpico*, Cra 42, No 33-20, T351 8310, F340 4750. With fan, TV, restaurant. Recommended.**E** *Victoria*, C 35, No 43-140, T370 1242. Downtown, large, scruffy rooms with fan. **F** *California*, C 32 y Cra 44. Pleasant but about to fall down, enjoy the chickens. **F** *Horizonte*, Cra 44, No 44-35, T341 7925. With bath, quiet, fan, safe.

La Puerta de Oro, C 35, No 41-100. Central, a/c good for meals (including breakfast). *El Huerto*, Cra 52, No 70-139. Good vegetarian. *Jardines de Confucio*, Cra 54, No 75-44. Good Chinese food, nice atmosphere. *La Ollita*, Cra 53, No 55-10. Good local dishes. Various Lebanese with belly-dancers; several Chinese and *pizzerías*, including *La Pizza Loca*, Cra 53, No 70-97. Many places, for all tastes and budgets, on C 70 from *Hotel El Prado* towards Cra 42. At C 70 y 44B are several *estaderos*, bars with snacks and verandas.

Bookshop *Librería Nacional*, Cra 53, No 75-129. English, French and German books. **Market** San Andrecito, or Tourist Market, Vía 40, is where smuggled goods are sold at very competitive prices; a good place to buy film. Picturesque and reasonably safe. Any taxi driver will take you there.

Taxi within the town cost US$1.25 (eg downtown to northern suburbs).

   Air Ernesto Cortissoz airport is 10 km from the city. Daily flights to **Bogotá**, **Cartagena**, **Cúcuta**, **Medellín** and **Bucaramanga**. Less frequent flights to San Andrés, Apartadó, Magangué, Montería and Valledupar. International flights to **Aruba**, **Curaçao**, **Maracaibo**, **Miami** and **Panama City**. City bus from airport to town, US$0.35 (US$0.40 on Sun). Taxi to town, US$6 (taxis do not have meters, fix fare in advance). To town, take only buses marked 'centro' from 200 m to right when leaving airport; the bus to the airport (marked Malambo) leaves from Cra 44 up C 32 to Cra 38, then up C 30 to Airport. Taxi to Cartagena, US$40. *Aces/Avianca/SAM*, C 72, No 57-79, T330 7862.

   Bus The main bus terminal is south of the city near the Circunvalación. Some bus companies have offices around C 34 and Cra 45. Take a bus marked 'Terminal' along C 45. To **Santa Marta**, US$3.25, Pullman (less in non-a/c, *Coolibertador*), about 2 hrs, also direct to Santa Marta's Rodadero beach. To **Valledupar**, 6 hrs, US$10. To **Montería**, US$11, 8 hrs. To **Medellín** by Pullman, 16 hrs, US$28. To **Bucaramanga**, US$27 with *Copetran*, a/c, first class, departures at 1130 most days, 9 hrs. To **Bogotá**, 20-24 hrs, US$32 direct. To **Caucasia**, US$17, 11 hrs. To **Maicao**, US$14.50, 5 hrs (with *Brasilia*, every 30 mins from 0100-1200). To **Cartagena**, 3 grades of bus, 3 hrs (US$4.50 with *Transportes Cartagena*, US$5 with *Expreso Brasilia*, by *Brasilia Van Tours* mini-bus, from their downtown offices as well as the bus terminals), 2 hrs by colectivo US$7.

Banks *Bancolombia, Banco de Bogotá*, etc, and many ATMs. *Casa de cambio* **El Cacique**, C 34, No 43-108, T332 6392, reliable. *Lloyds TSB Bank*, Cra 52, No 72-131, T368 6876 and 1 agency. **Communications Post Office:** in Plaza Bolívar. **Embassies and consulates** Germany, C 80, No 78B-251, T353 2078. **Netherlands**, Cra 42H, No 85-33, T334 1282. **Spain**, Cra 54, No 96-43, T357 0664. **USA**, Centro Comercial Mayorista, C 77, No 68-15, opposite zoo (Apdo Aéreo 51565), T345 7088 or 345 7181 (visas obtainable only in Bogotá). **Venezuela**, Edif Concasa, Cra 52, No 69-96, TF358 0048/2832, 0800-1500, visa issued same day, but you must be there by 0915 with photo and US$30 cash; onward ticket may be requested. **Tourist office** Cra 54, No 75-45, T345 4458. Tourist information is available at main hotels and at C 72, No 57-43, of 401, T333 6658. Maps from **Instituto Agustín Codazzi**, C 36, No 45-101. **Useful addresses** DAS: C 54, No 41-133, T341 1411. **Police:** (for declarations of theft, etc), Policía F2, C 47 y Cra 43.

Santa Marta and around

The unfeasably hot capital of Magdalena Department, the third biggest Caribbean port, lies on a deep bay with high shelving cliffs to the north and south, at the mouth of the Río Manzanares, with the snow-clad peaks of the Sierra Nevada occasioanlly visible to the east, less than 50 km away. The city's promenade offers good views of the bay and is lined with restaurants, accommodation and nightlife.

Phone code: 95
Colour map 1, grid A3
Population: 309,000
96 km E of Barranquilla

   Santa Marta, founded in 1525 by Rodrigo de Bastidas, was the first town founded by the *conquistadores* in Colombia. Most of the famous sea-dogs – the brothers Côte, Drake and Hawkins – sacked the city in spite of the forts built on the mainland and a small island at the entrance to the bay. It was here that Simón Bolívar, his dream of Gran Colombia shattered, came to die. Almost penniless, he was given hospitality at the *hacienda* of San Pedro Alejandrino, see below. He died on 17 December 1830, at the age of 47 from tuberculosis, and was buried in the Cathedral, but his body was taken to the Pantheon at Caracas 12 years later.

   Casa de la Aduana, Calle 14 y Carrera 2, displays an excellent archaeological collection, including precolombian gold artefacts; visit recommended before going to Ciudad Perdida. ■ *Tue-Sat, 0800-1200, 1400-1800, Sun 0800-1200, during the tourist season, Mon-Fri, 0800-1200, 1400-1800, the rest of the year; free.*

Quinta de San Pedro Alejandrino, a 17th century villa 5 km southeast of the city, has the simple room in which Simón Bolívar died with a few of his belongings. Other paintings and memorabilia of the period are on display. The villa is set in gardens and parkland with plenty of wildlife. This is an impressive memorial to the man most revered by the Colombians. ■ *Daily 0930-1630, US$3; take a bus or colectivo from the waterfront, Cra 1 C, in Santa Marta to Mamatoca and ask for the Quinta, US$0.25.*

Sandy beaches and headlands stretch all along this coast, surrounded by hills, green meadows and shady trees. The largest sandy bay is that of Santa Marta, with Punta Betín, a rocky promontory protecting the harbour to the north and a head-land to the south. The rugged Isla El Morro lies 3 km off Santa Marta, topped by a lighthouse. **Playa El Rodadero** is the most fashionable and tourist-oriented beach, 4 km south of the city (local bus service, taxi, US$1.80). Many of the buses coming from Barranquilla and Cartagena stop at Rodadero on the way to Santa Marta.

Launches leave Rodadero beach every hour for the Aquarium, US$3 return (includes admission), last boat back 1600. From the Aquarium, it's a 10-minute walk to Playa Blanca where swimming is less crowded than elsewhere. Food is available at beach. At Punta Betín, behind the harbour, there is a marine eco-system research cen-tre run by Colombian and German universities. Details at the *Etursa* tourist office.

Sleeping
■ *on map*

If you arrive by bus, beware taxi drivers who take you to a hotel of their choice. The north end of town, in the port area, and areas near Rodadero beach are dangerous do not go there alone. Also beware of jungle tours, or boat trips to the islands sold by street touts

For groups of 4 or more, ask about apartments for short rent. **In town** Av Rodrigo de Bastidas (Cra 1) has several seaside holiday hotels while Cra 2 and connecting streets have many budget *residencias*. **A** *Yuldama*, Cra 1, No 12-19, T421 0063, F421 4932. Probably best in the city, a/c, reasonable food. **B** *Panamerican*, Cra 1, No 18-23, T421 1238, F421 4751. A/c or cheaper with fan, tidy, safe, nice atmosphere, good restaurant, holiday hotel. **C** *Bahía*, C 12, No 2-70, T421 0193. A/c, cheaper without, modern, plain, safe deposit. Recommended. **D** *Park*, Cra 1, No 18-67, T421 1215, F421 1574. On sea front, with shower, fan, reasonable, phone, popular with Colombians. **D** *Bermuz*, C 13, No 5-16, T421 0004, F421 3625. Good, also good vegetarian restaurant. **D** *Casa Vieja*, C 12, No 1-58, T421 4852. A/c, less with fan, good restaurant. **D** *Sompallón*, Cra 1, No 10B-57, T421 4195. Modern, with *pizzería* and *casa de cambio*. **D** *Andrea Doria No 1*, C 18, No 1C-90, T421 4329. With bath, fan, parking. **E** *Costa Azul*, C 17, No 2-09, T421 2236. Some rooms with a/c, fan, windows into courtyard, simple. **E** *Hospedaría Casa Familiar* , C 10 C, No 2-14, T4211697. Bath, family-run. Highly

Santa Marta

Bahía de Santa Marta

To Isla El Morro

To Taganga

Terminal Marítimo

Customs

Av del Ferrocarril

Casa de la Aduana

Parque Bolívar

Avianca

Etursa

Cathedral

Parque Santander

Parque San Miguel

To Rodadero, Airport & Ciénaga

To Riohacha & Parque Nacional Tayrona

To San Pedro Alejandrino

N

0 metres 200
0 yards 200

■ Sleeping		
1 Andrea Doria No 1	5 Costa Azul	10 Residencia Nueva Granada
2 Bahía	6 Hospedaría Casa Familiar	11 Residencias El Titanic
3 Bermuz	7 Miramar	12 Residencias Bahía Blanca
4 Casa Vieja	8 Panamerican	13 Sompallón
	9 Park	14 Yuldama

Colombia

recommended. **E** *Residencias Bahía Blanca*, Cra 1, No 11-13, T421 4439. With shower, fan, safe deposit, stores luggage. Recommended. **E** *Residencia Nueva Granada*, C 12, No 3-19, T421 1337. Old building with rooms round a pleasant courtyard. **F** *Residencias El Titanic*, C 10C, No 1C-68, T421 1947. Fan, basic, safe, good value. **F** *Miramar*, C 10C, No 1C-59, T423 3276, 2 blocks from beach. 'Gringo hotel', tends to be crowded, pretty basic but some nicer more expensive rooms, robberies have been reported, its popularity is mainly because it is cheap, motorbike parking, restaurant, can arrange trips.

At Playa El Rodadero **AL** *Irotama*, Km 14, between airport and Rodadero Bay, T432 0600, F432 0077, www.irotama.com Own beach, full service, several restaurants, convention facilities, rooms, suites and bungalows. **AL** *Tamacá*, Cra 2, No 11A-98, T422 7015. Direct access to beach, fair rooms, casino, good service, fine pool. **C** *El Rodadero*, C 11, No 1-29, T422 7262, F422 7371. Swimming pool, English-speaking manageress, very helpful. **C** *La Riviera*, Cra 2, No 5-42, Apdo Aéreo 50-69, T422 7090. Small, safe, a/c. **C** *Edmar*, Cra 3, No 5-188, T422 7874. A/c, cafetería, welcoming. **D** *Tucuraca*, Cra 2, No 12-53, T422 7493. Fan, will store luggage. **Youth hostels**: *Hostería Tima Uraka*, C 18, No 2-59, T422 8433. Shared rooms, nice garden, owner speaks English. *Medellín*, C 19, No 1C-30, T422 0220.

Outside Santa Marta G pp *Carpe Diem*, 15 km from Santa Marta at 400 m. Ecological farm run by Belgians Mathias and Elsa, guests collected from *Miramar* and *Casa Familiar* (see above) Tue and Fri. Private rooms, dormitory and hammocks, meals US$1.50-2 extra, horses riding, hiking, river bathing, tours to pre-Columbian sites, kitchen, book exchange, Dutch, French and English spoken. Recommended.

In town *El Gran Wah Yuen*, C 14, No 3-74. Chinese *à la carte* and *comida corriente*, plenty of fresh vegetables. *Merkabar*, C 10C, No 2-11. Family-run, pastas, great pancakes, good juices, café frappe, good value, tourist advice. Restaurant opposite Telecom (C 13, Cra 5), good menu and vegetarian dishes. *Terraza Marina*, Cra 1, No 26-38, T423 1992. Very good fish, try the *bandeja*. *Yarimar*, Cra 1, No 26-37. Good seafood. **Cafés**: *Cafetería de la Calle*, Cra 3A, No 16-26. Good *empanadas*. *Café del Parque*, Parque de Bolívar next to Casa de la Aduana. Great place for coffee and snacks, try *café frappé* (with ice), closed Sun. **At Playa El Rodadero** *El Banano*, Cra 2, No 8-25, also Cra 2, No 7-38. Try their *carne asada con maduro* (banana) *y queso crema*, delicious. *Pez Caribe*, Cra 4, No 11-35. Seafood. *El Pibe*, C 6, No 1-26. Steaks, Argentine run. Many fast food restaurants, good juice kiosks and toasted snacks along the seafront promenades.

Eating
● *on map*

Diving: at Rodadero: *Tienda de Buceo* , C 8, No 2-21, p 2, T422 8179 (see also Taganga below).

Sport & activities

Ricardo Olarté, C 22, No 16-61, T/F420 3413, has been recommended for the remoter areas of Parque Tayrona, Guajira and the Sierra Nevada de Santa Marta. For local tours: *Aviatur*, C 23, No 4-27, T421 3848. *Tierra Mar Aire*, C 15, No 2-60, T421 5161/421 1190.

Tour operators
Ask about guides in hotels and tourist offices

Air Simón Bolívar, 20 km south of city; bus, US$0.25, taxi from Santa Marta, US$6, from Rodadero, US$3. Daily flights to Bogotá, Cali and Medellín; infrequent flights to other cities. During the tourist season, get to the airport early and book well ahead.

Transport

Bus Terminal southeast of the city, towards Rodadero, minibus US$0.30; taxi US$1.50 to centre, US$3 to Rodadero. To **Bogotá**, about US$30, 4 a day; if going direct, ask for *Vía La Dorada* buses which go by the new road , 15 hrs (*Brasilia* recommended). *Copetran* to **Bucaramanga** about 9 hrs, US$22. Journey time will be affected by the number of police checks. There is a good meal stop at Los Límites. Buses to **Barranquilla**, 2 hrs, US$3.25. To **Cartagena**, 4-5 hrs US$7, or US$8, *Brasilia*. To **Riohacha** US$6, 3 hrs. To **Maicao** US$12 a/c at 0500, also cheaper non a/c, 4-5 hrs. *Brasilia* runs a through bus to **Maracaibo**, schedule varies. There are 3 buses a day (*Brasilia*) direct to **Rodadero Beach** from Barranquilla, taking 2 hrs and costing US$2. They return to Barranquilla at 1300, 1530 and 1730.

Port Without a *carnet de passages*, it can take up to 4 working days to get a car out of the port, but it is usually well guarded and it is unlikely that anything will be stolen.

Colombia

Directory **Airline offices** *Avianca/SAM*, C 17, No 2-76, T421 0276/432 0106. **Banks** *Bancolombia*, C 13 y Cra 5, for Amex TC exchange, but in morning only. *Banco Santander*, C 14, No 3-04, advance on credit cards, closed Mon, slow. Quicker is *Banco Caja Social*, opposite. *Banco Ganadero/BBV*, *Banco Occidente* (good rates for MasterCard) in Plaza Bolívar. Plenty of cash machines. *Casas de cambio* in 3rd block of C 14. **Communications** Internet: *Cafenet Tayrona*, C12 1-59, US$3 per hr, open Mon-Sat 0800-2030, Sun 0800-1300, queues in the evening, free coffee. *Cybercafé* C 23, No 6-18, Local 39. Also at C 18, No 2-72. **Telephone:** *Telecom*, C 13, No 5-17. **Tourist offices** *Etursa*, C 17 No 3-120, T421 1873. *Fundación Parque Tairona* is also here. *Fondo Mixto de Promoción*, Cra 1A, No 22-58, T423 2652. Mon-Fri 0900-1200, 1400-1700. *Turcol*, which arranges trips and provides guide services (details in text), is at Cra 1C, No 20-15, T/F421 2256. **Useful addresses** MA office, C 15, No 21-63, T420 4504/6. **DAS Office**, Cra 8, No 26A-15, T423 1691/421 5205.

Around Santa Marta The paved coast road to Santa Marta from Barranquilla passes salt pans and skirts the **Ciénaga de Santa Marta**, where all types of water birds, plants and animals may be seen. Cutting off the egress to the sea to build the coast road caused an ecological disaster. A National Environment Programme, funded with the help of Interamerican Development Bank, is working to reopen the canals and restore the area's fish and vegetation. There are several villages built on stilts in the lake. On the east shore of the lagoon is **Ciénaga** (*Population*: 75,000), famous for *cumbia* music.

Aracataca, 60 km south of Ciénaga and 7 km before Fundación, is the birthplace of **Gabriel García Márquez**, fictionalized as Macondo in some of his stories (notably *100 Years of Solitude*). His home, now a modest museum, may be seen in the backyard of La Familia Iriarte Ahumada; it is 1½ blocks from the plaza, ask for directions. There are *residencias* (under US$3) and a restaurant (*El Fogonazo*, Cra 4, No 6-40, good, local menu), but it is better to stay in **Fundación**. *Caroli*, Cra 8, No 5-30, best. F *Fundación* (E with a/c). E *Centro del Viajero*, with a/c, good value; others at this price. ■ *Ciénaga-Fundación, US$1; Fundación-Aracataca, US$0.20; Santa Marta-Aracataca, US$2.50, 90 mins; Barranquilla via Ciénaga, US$2.50, via Río Magdalena ferry at Salamina, US$3.20.*

Taganga Close to Santa Marta (minibus US$0.30, taxi US$2.50, 15-20 minutes) is the fishing village and beach of Taganga. Swimming good, especially on Playa Grande, 25 minutes' walk round coast or US$2-3 by boat, but watch out for thieving. Taganga is quiet during week, but it is crowded on Sunday.

Sleeping **A** *La Ballena Azul*, Cra 1, No 18-01, T421 9009, www.ballena-azul.com Most attractive, comfortable, restaurant, also run boat tours to secluded beaches, ask about tours, horses for hire. **B** *Bahía Taganga*, C 2, No 1-35, T421 7620. Overlooking bay, breakfast served on balcony, hospitable, good. **E** *Casa Blanca*, near *La Ballena Azul*. With bath, good views, laundry. **E** *Casa Francesa*, C 6 No 3B-05, T423 4002. 2 blocks from beach (**D** pp full board) good backpackers hostel, with bath, fan, cheap restaurant, owner Sandrine Walter. **E** *La Casa de Felipe*, 3 blocks from beach behind football field, T421 9101, F421 9022. Cheaper without bath, kitchen facilities, relaxing, hospitable, owners Jean Phillipe and Sandra Gibelin. **F** *Villa Altamar*, C 4, No 1B-12 (postal address: Apdo Aéreo 104, Santa Marta), at foot of mountains, 5 mins from beach. Excellent views over bay but not from rooms, shared bath, all meals on request. Ask on the beach for hammock space, under US$3. Food is expensive, but good fresh fish at places along the beach. There are good pancakes at the crêperie at the *Ballena Azul*.

Sports and activities Dive shops in Taganga: *Ser Buzo*, C 2, No 1-01, T421 9007. *Centro de Buceo Tayrona*, C 18, No 1-45, T421 9195, ask for José, good reports. *Poseidon*, C 18, No 1-69, T421 9224. *Charucharters*, Cra 1, No 18-43, T421-9140, diving and trips along coast to Tayrona, possible to stay on boat, run by 2 Englishmen. And others. Average prices: PADI course, 4 days, around US$140, 2 dives US$30. The standard of equipment varies wildly – check everything carefully.

Colombia

Parque Nacional Tayrona

Stretching north of Taganga for some 85 km is the beautiful and mostly unspoilt coastline of Tayrona National Park, where you can see monkeys, iguanas and maybe snakes (if you're lucky?). The park entrance is at the east end of the park, 35 km from Santa Marta. If you arrive before 0800, you may be able to pay at the car park just before **Cañaveral**, one hour walk into the park from the gate, or take a colectivo from the park entrance, US$0.50. 40 minutes west of Cañaveral on foot is **Arrecifes**, from where it is 45 minutes' walk to Cabo, then 1½ hours on a clear path up to the archaeological site of **Pueblito**. A guided tour around the site is free, every Saturday or as arranged with a park guard. Other Tayrona relics abound. At Pueblito there are indigenous people; do not photograph them. From Pueblito you can either return to Cañaveral, or continue for a pleasant two hours walk up to Calabazo on the Santa Marta-Riohacha road. A circuit Santa Marta, Cañaveral, Arrecifes, Pueblito, Calabazo, Santa Marta in one day needs a 0700 start at least. It is easier (more downhill) to do the circuit in reverse, ask to be dropped at Calabazo. Tours can be arranged at the *Hotel Miramar* in Santa Marta, you do no have to stay there to do this, US$10 for overnight stay and transport. Recommended. Bathing near Cañaveral must take account of frequent heavy pounding surf and treacherous tides. 40 minutes' walk left along the beach is Arrecifes. Beyond Arrecifes, walk 30 minutes to La Piscina, a beautiful, safe natural swimming pool, excellent snorkelling. Neguangue beach can be reached by colectivo from Santa Marta Market at 0700, return 1600, US$6. There are other beaches accessible by coastal path, or by boat. **Beyond Cañaveral**, east along the coast, is **Palomino**. Tours can be arranged from there to Indian villages taking up to six days, cost around US$32 per day. Enquire at *Turcol* in Santa Marta (see page 804).

It is advisable to inform park guards when walking in the park. Wear hiking boots and beware of bloodsucking insects. Take food and water, but no valuables as robbery is common. You may be able to hire donkeys for the Arrecifes-Pueblito stretch, US$5 each way, but watch them as these animals eat everything. Generally, the main trails and campsites are badly littered. ■ *Open 0800-1700. US$2.75 pp, US$3.75 per car (more for larger vehicles).* **NB** *There is frequently conflicting information on whether or not Parque Nacional Tayrona is open. MA offices may advise it is closed, but travellers in 2003 report the facilities are open as normal. The best information is in Santa Marta. See Transport, below, for how to get there.*

Sleeping

At Cañaveral cabins for 2-4 persons cost US$35-45 high season, US$30-40 low season, prices fixed by **MA**, great views over sea and jungle, good restaurant. Campsite US$15 per 5-person tent; has facilities, but only one restaurant with a tiny store, take all supplies; attractive site but plenty of mosquitoes. Beware of falling coconuts and omnivorous donkeys. **At Arrecifes** there are 4 campsites charging about US$3 for a tent, US$1 for hammock space and US$1.50 to hire a hammock. *Rancho Bonito* and *El Paraíso* are the best, with facilities and food. At *El Paraíso* there are cabins for US$20 and a restaurant. The other 2 sites are basic. 200 m along the main road east of the park entrance is a truck stop where cyclists may be able to stay the night (US$5). On the path to Pueblito there is a campsite at **Cabo** where the path turns inland, small restaurant and hammocks for hire; there are other camping and hammock places en route. You must obtain permission from *MA* to camp in the park if you are not staying at Cañaveral; this is forthcoming if you specify where you intend to stay. There is nowhere to stay at Pueblito. You can continue along the coast to beaches, but the going is difficult.

Transport

To get to the park entrance, take a minibus from the market in Santa Marta, Cra 11 y C 11, about US$1, 45 mins, frequent service from 0700, last back about 2000 (check on the day with the bus driver). Tourist bus from *Hotel Miramar* in Santa Marta daily at 1030, US$7 including park entrance but not food. This transport returns at 1200; visitors normally stay overnight. Other hotels help in arranging tours, but there is no need to take guides (who charge US$20 or more pp for a day trip). A boat can be hired in Taganga to go to Arrecifes, about 2 hrs along the scenic coast, US$75 for 10.

Colombia

The Sierra Nevada de Santa Marta

The Sierra Nevada, covering a triangular area of 16,000 sq km, rises abruptly from the Caribbean to 5,800 m snow peaks in about 45 km, a gradient comparable with the south face of the Himalaya, and unequalled along the world's coasts. Pico Colón is the highest point in the country. Unfortunately, the reluctance of the local Indians to welcome visitors, the prevalence of drug growing on the lower slopes and the presence of guerrilla and vigilante groups makes much of the Sierra Nevada de Santa Marta a no-go area. This is a tragedy since here can be found the most spectacular scenery and most interesting indigenous communities in the country. For the latest information check with *MA* in Santa Marta and Bogotá, *ICANH* in Bogotá (see page 750), and the *Fundación Pro-Sierra Nevada*, Edif Los Bancos 602, Santa Marta, T421 4697, F421 4737, for guidance on what may be possible. Also trekking tours into the fringes of the Nevada de Santa Marta can from time to time be arranged in the Santa Marta and Valledupar areas, check with the respective tourist offices.

Ciudad Perdida
Colour map 1, grid A3

Ciudad Perdida, discovered in 1975, was founded near the Río Buritaca between AD 500 and 700 and was the most important centre of the Tayrona culture. It stands at 1,100 m on the steep slopes of Cerro Corea, which lies in the northern part of the Sierra Nevada de Santa Marta. The site covers 400 ha and consists of a complex system of buildings, paved footpaths, flights of steps and perimetrical walls, which link a series of terraces and platforms, on which were built cult centres, residences and warehouses. Juan Mayr's book, *The Sierra Nevada of Santa Marta* (Mayr y Cabal, Apdo Aéreo 5000, Bogotá), deals beautifully with the Ciudad Perdida.

Archaeologists and army guards will ask you for your permit (obtainable in Santa Marta, *MA*, *Turcol* or ask at tourist office). Ciudad Perdida is a national park: it is strictly forbidden to damage trees and collect flowers or insects. Note also that there are over 1,200 steps to climb when you get there.

Tours 1 week trips organized by the tourist office and *Turcol* in Santa Marta (addresses above) cost about US$130 pp all inclusive: price includes mules, guide and food, 3 days hike there, 1 day at site, 2 days' back. Ask at hotels in Santa Marta (eg *Hotel Miramar*) or Taganga, or at Santa Marta market (Cra 11 y C 11) for alternative tours. If you are prepared to shop around and cook and carry your supplies and belongings, a tour could cost you less. Recommended guides: ***Frankie Rey***, known to German tourists as 'die graue Eminenz', very knowledgeable (contact him through *Turcol* or *Hotel Miramar*), or ***Edwin Rey***, **Wilson and Edilberto Montero**, **Donaldo and Rodrigo** (ask at the tourist office about them).

Going on your own is discouraged and dangerous. Properly organized groups appear to be safe. For visiting Ciudad Perdida by helicopter, check with the tourist offices in Santa Marta, or at ***Sportur***, Irotama Hotel (near Rodadero), T432 0600.

Riohacha and around

Phone code: 95
Colour map 1, grid A4
Population: 142,000
160 km E of Santa Marta

The port of Riohacha, capital of Guajira Department, comes alive at the weekend, when it fills with party-goers and bars and music spring up all over the place. It was founded in 1545 by Nicolás Federmann, and in early years its pearling industry was large enough to tempt Drake to sack it (1596). Pearling almost ceased during the 18th century and the town was all but abandoned. The sea is clean, despite the red silt stirred up by the waves. Palm trees shade the beach.

Sleeping & eating

B *Gimaura* (state-owned), Av La Playa, T727 2266. Including breakfast, helpful. Recommended. They allow camping in their grounds, with outside shower. **B** *El Castillo del Mar Suites*, C 9A, No 15-352, T727 5043. Overlooking the beach, German owner. **E** *Almirante Padilla*, Cra 6, No 3-29, T727 2328. Patio, laundry, restaurant with cheap *almuerzos*. **E** *Internacional*, Cra 7, No 12A-31, T727 3483. Patio, bath, fan. Recommended. **E** *Yalconia*, Cra 7, No 11-26, T727 3487. Private bath, fan, safe, helpful, half way between beach

Colombia

and bus station. *Glenppi*, Av La Marina, middle, T727 3356. Good restaurant, especially for fish. *La Tinaja*, C 1 opposite tourist office, good. Next door is *La Casa del Marisco*, very good, procier than others. Several juice bars at south end of Av La Marina opposite beach.

New market 2 km from town on Valledupar road; hammocks and bags woven by the Wayuú of the Guajira are sold. For mantas and other local items: *La Casa de la Manta Guajira*, Cra 6/C 12, be prepared to bargain. *Rincón Artesanal Dicaime*, C 2, No 5-61, T727 3071. **Shopping**

Administradores Costeños, C 2, No 5-06, T727 3393. *Awarraija Tours*, Av La Marina No 3-55, T727 5806. *Guajira Tours*, C 3, No 6-47, T727 3385. *Guajira Viva*, agency in *Hotel Arimaca*, Cra 8, No 1-127, T727 0607. All do tours to El Pájaro, Musichi, Manaure, Uribia and Cabo de Vela, leaving about 0600, 12-hr trip, US$40 pp, minimum 4 people. **Tour operators**
Trips to the Guajira Peninsula are best arranged, and cheaper, in Cabo de Vela

Air Airport José Prudencio Padilla is south of the town towards Tomarrazón, T727 3941; taxi US$2. To Bogotá, daily flights with *SAM* via Valledupar. Reconfirm return flights immediately: *Alianza Summa*, T727 3624. **Bus** Main terminal is on C 15 (Av El Progreso)/Cra 11. (It is best to travel from Riohacha in a luxury bus, early morning as these buses are less likely to be stopped and searched for contraband.) *Coopcaribe Taxis* travel throughout the region and can be picked up almost anywhere in town, especially close to the old market area near the *Hotel Internacional*: to **Uribia**, US$3.30, 1½ hrs, **Manaure** US$4, 1¾ hrs. Leave when full (4 people), be prepared to pay slightly more if there are no travellers. Early morning best for travel. **Transport**

Banks *Banco de Bogotá*, Cra 7, between C 2/3, for Visa. **Communications** Post Office: C 2, Cra 6/7. *Avianca* for airmail, C 7, No 7-104. *Telecom*, C 15/Cra 10, T727 2528. **Embassies and consulates** Venezuela, Cra 7, No 3-08, p7-B, T274076, F273967 (0900-1300, and closed from 1500 Fri to 0900 Mon). With 2 passport photographs, photocopy of passport and an exit ticket with date most can get a visa on the same day, if you get there early, but be prepared for an interview with the consul himself; visas cost US$30 and should not be a transit visa, valid for 72 hrs only. Travellers report it is easier to get a Venezuelan visa in Barranquilla. **Tourist office** Cortguajira, Cra 7/C 1, Av La Marina, T727 2482, F727 4728, well organized. Ask for the University of the Guajira, which has an excellent resource centre related to the region and the Wayuú culture (ID is necessary to get in). **Useful addresses** DAS Office (immigration): C 5, No 4-48, T727 2407, open 0800-1200, 1400-1800. **Directory**

There are several small and two large saline lagoons (Laguna Grande and Laguna de Navío Quebrado), separated from the Caribbean by sand bars. The latter is near Camarones (colectivo from Riohacha, new market) which is just off the main road. About 3 km beyond Camarones is 'La Playa', a popular beach to which some colectivos continue at weekends. The large lagoons are fed by intermittent streams which form deltas at the south point of the lakes; flamingoes normally visit between October and December, during the wet season when some fresh water enters the lagoons, though some are there all year. The birds are believed to migrate to and from the Dutch Antilles, Venezuela and Florida. Across Laguna de Navío Quebrado is a warden's hut on the sand bar, ask to be ferried across by local fishermen or the park guards. The locals survive, after the failure of the crustaceans in the lagoons, on tourism and ocean fishing. ■ *Entry to the park is US$2.50. MA has new, comfortable cabins (D) for up to 8, open all year. Showers available; meals at the tiendas by the entrance. There are several bars and two stores on the beach.* **Santuario Los Flamencos**
95 km E of Santa Marta and 25 km short of Riohacha

South of Riohacha on an alternative road to Maicao and the Venezuelan border is **Cuestecita** (*Hotel Turismo*; *Restaurant La Fogata*), where you can turn southwest to **Barrancas**, one of the largest coal mines in the world, El Cerrejón. Continuing on this road, which takes you either round the Sierra Nevada to Barranquilla and Santa Marta via Fundación (see above) or south to Bucaramanga, you come to **Valledupar**, capital of César Department. Valledupar claims to be the home of the *vallenato* music. Each April, *La Festival de la Leyenda Vallenata* draws thousands of **Valledupar**
Phone code: 955
Colour map 1, grid A4
Population: 260,000
Altitude: 110 m

Colombia

visitors. Casas de cambio on C 16.

Sleeping A *Vajamar*, Cra 7, No 16A-30, T743939. Pool, expensive food. **F** *Residencia El Triunfo*, C 19, No 9-31. With bath, small rooms, fan, good. Next door is *Hotel/Restaurant Nutibara*. Excellent cheap meals and breakfast, excellent fruit juices. Several others on C 19.

Transport Air: to Bogotá, Barranquilla, Riohacha and Santa Marta. **Bus**: the bus and air terminals are 3 km southeast of the town, close to each other, taxi, US$3. From **Santa Marta**, 6 hrs, from **Cartagena**, US$13 (with *Expreso Brasilia*). To **Barranquilla**, 6 hrs, US$10. To **Bucaramanga**, 8 hrs US$20.

Guajira Peninsula

Beyond Riohacha to the east is the arid and sparsely inhabited **Guajira Peninsula**. The Indians here collect dividivi (the curved pods of trees used in tanning and dyeing), tend goats, and fish. They are Wayuú (or Guajiros), and of special interest are the coloured robes worn by the women. There language is Wayuunaiki; beyond Cabo de Vela little Spanish is spoken. Sunsets in the Guajira are magnificent.

NB The Guajira peninsula is not a place to travel alone, parties of three or more are recommended. If going in your own transport, check on safety before setting out. Also remember it is hot, easy to get lost, and there is little cover and very little water. Locals, including police, are very helpful in giving lifts. Stock up with provisions and water in Riohacha or Maicao. Elsewhere, what little there is is expensive.

To visit a small part of the Peninsula take a bus from Riohacha (twice a day from the Indian market) to Manaure, US$2.40, three uncomfortable hours through fields of cactus but offering fine views of flamingoes and other brightly coloured birds. **Manaure** is known for its salt flats southwest of the town. If you walk along the beach past the salt works, there are several lagoons where flamingoes congregate the year round (take binoculars). Local children hire out bicycles for US$3 per day to travel to the lagoons and salt flats. Take plenty of sunblock and water and a torch/flashlight for returning in the evening. 14 km from Manaure in this direction is **Musichi**, an important haunt of the flamingoes, sometimes out of the wet season. From Manaure there are *busetas* to **Uribia** (US$1), which has a Wayuú festival in May (no other reason to stop here), and thence to Maicao. You can get *busetas* from Uribia to Puerto Bolívar (from where coal from El Cerrejón is exported) and from there transport to **Cabo de Vela**, where the lagoons seasonally shelter vast flocks of flamingoes, herons and sandpipers. It costs about US$3 from Uribia to Cabo de Vela. There are fine beaches, but very strong currents offshore. Good walks through desert scrubland, eg to Pan de Azúcar hill (one hour from beaches).

Sleeping **In Manaure F** *Palaaima*, owned by Sra Iris Fajardo, is best. Comfortable, cool rooms and great meals served in a Wayuú-style *maloca*, or palm-thatched hut (US$3-5). There are always Wayuú locals hanging around the hotel who are eager to talk about their culture and traditions. Next door is a small craft shop selling elaborately woven *mochilas*, US$15-30, as well as beautiful hammocks called *chinchorros* (US$200 and up). At **Uribia** Basic hotels and 1 *residencia* (no running water); most transport stops in Uribia so it's easy to move on. **In Cabo de Vela** many places have hammock space, US$3; a basic but friendly, Indian-run hotel, *El Mesón* (rooms, hammock veranda, showers, good meals eg fried fish), or sling hammock at *El Caracol* where there is an expensive restaurant (better value next door at *La Tropicana* if ordered in advance). Meals in town cost US$3-5, including large breakfast. At *Ranchería Kayuusipa* (the furthest away from the entance to Cabo – ask anyone), Conchita hires out a large hut, hammocks for up to 5, cooks food with prior request, T03310-643 3401 (Mob). Ask here for her nephew, Alfonso, or T03315-725 0005 (ask for Luz Mila, Conchita's sister), who is an indigenous guide during university holidays: 4-day trip for 4 about US$600 in comfortable 4WD Toyota (price is for transport and guide, subject to change depending on weather conditions and availability of petrol at certain times of the year).

Colombia

Towards the northeast tip of the Guajira peninsula is the Serranía de Macuira, a range of hills over 500 m which create an oasis of tropical forest in the semi-desert. Moisture comes mainly from clouds that form in the evening and disperse in the early morning. Its remoteness gives it interesting flora and fauna and Indian settlements little affected by outsiders. To reach the area, you must travel northeast from Uribia either round the coast past Bahía Portete, or direct across the semi-desert, to Nazareth on the east side of the park. Macuira can be seen on two-day trips from Nazareth. The best place to stay in Nazareth is **F** pp *Hospedaje El Paraíso*, owned by Doña Eudoxia González, one of the best known weavers in the Guajira (huge selection of woven goods in her workshop). Price for hammock space in a *maloca* with a view of the Macuira hills, no showers, home-cooked food US$3-4. There is no public transport, though trucks may take you from the Bahía Portete area to Nazareth, 6-8 hours (if you can find one). You may be able to arrange a trip in Cabo de Vela (see above – beautiful drive through fantastic desert scenery and past magnificent beaches), or Riohacha, try *Guajira Tours*. *Eco-Guías* (see Bogotá, Tour Operators) arrange trips here occasionally.

Parque Nacional Macuira

The paved Caribbean coastal highway runs direct from Santa Marta to Riohacha, then paved to Maicao. **Maicao** is full of Venezuelan contraband and is still at the centre of the narcotics trade. Its streets are unmade; most commercial premises close before 1600 and after 1700 the streets are unsafe. The market area is run-down and also unsafe at times. Plenty of *Telecom* offices and internet cafés.

Maicao
Phone code: 95
Colour map 1, grid A4
Population: 59,000
Altitude: 50 m

Sleeping **C** *El Dorado*, Cra 10, No 12-45, T726 7242. A/c, TV, good water supply. **D** *Maicao Juan*, Cra 10, C 12, T726 8184. Safe. *Florelly*, Cra 9, No 13-30. A/c café, savoury snacks, pastries.

Transport For booking/changing **flights**, *Flamingo Rosado*, Cra 9, No 12026, T726 6619/0859, 725 0708. *Alianza Summa*, T01-800-0912237. **Buses** to **Riohacha**, US$1.50, 1 hr. **Santa Marta** (*Expreso Occidente*), US$9. **Barranquilla**, last one at 1600, US$14.50. **Cartagena**, US$18. Trucks leave regularly for **Cabo de Vela**, 2½-3 hrs, US$6 (can be uncomfortably crowded). Take water. *Fleta* is the local name for the faster taxis. Colectivos, known as *por puestos* in Venezuela, Maicao-**Maracaibo**, US$6 pp, or microbus, US$3.50, very few buses to Venezuela after midday. Buses leave from the bus terminal where you can change money; buy bus tickets and food before journey. Taxis from Maicao to Maracaibo, US$3 (plus US$0.50 road toll) will stop at both immigration posts and take you to your hotel; safe, very easy transfer.

Colombian immigration is at the border. Entering Colombia by *por puesto* make sure the driver stops at the Colombian entry post. If not you will have to return later to complete formalities. With all the right papers, the border crossing is easy.

    There is no Venezuelan consul in Maicao. If you need a visa, get it in Barranquilla, Cartagena or Riohacha. Entering Venezuela, a transit visa will only do if you have a confirmed ticket to a third country within three days. See **entering Venezuela**, page 1327.

Border with Venezuela

San Andrés and Providencia

Colombia's Caribbean islands of the San Andrés and Providencia archipelago are 480 km north of the South American coast, 400 km southwest of Jamaica, and 180 km east of Nicaragua. This proximity has led Nicaragua to claim them from Colombia in the past. They are small and attractive, but very expensive by South American standards. Nevertheless, with their surrounding islets and cays, they are a popular holiday and shopping resort. San Andrés is very crowded with Colombian shoppers looking for foreign-made bargains. Alcoholic drinks are cheap, but international shoppers will find few bargains, and essentials are expensive. The original inhabitants, mostly black, speak some English, but the population has swollen with unrestricted immigration from Colombia. There are also Chinese and Middle Eastern communities.

Colombia

Ins & outs

A cheap way to visit San Andrés is by taking a charter flight from Bogotá or other major city, accommodation and food included. See supplements in the local Colombian press

Air The airport at San Andrés is 15 mins' walk to town centre. All airline offices in town. Flights to most major Colombian cities with *SAM* and *Aero República* (you can arrange a stop-over in Cartagena, which is good value). Sun flights are always heavily booked, similarly Jul-Aug, Dec-Jan. If wait-listed, don't give up hope. Fares are changing all the time, so for best value, shop around. **Sea** Cruise ships and tours go to San Andrés; there are no other official passenger services by sea. In Cartagena, you can enquire about possible sea crossings, ships leave from the Embarcadero San Andrés, opposite the Plaza de la Aduana. Check carefully any offers you may receive.

San Andrés

Phone code: 98
Population: 80,000

The 11 km long San Andrés island is made of coral and rises at its highest to 104 m. The town, commercial centre, major hotel sector and airport are at the northern end. A picturesque road circles the island. Places to see, besides the beautiful cays and beaches on the eastern side, are the Hoyo Soplador (South End), a geyser-like hole through which the sea spouts into the air when the wind is in the right direction. The west side is less spoilt, but there are no beaches. Instead there is The Cove, the islands deepest anchorage, and Morgan's Cave (Cueva de Morgan, reputed hiding place for the pirate's treasure) which is penetrated by the sea through an underwater passage. At The Cove, a road crosses up to the centre of the island and back to town over La Loma, on which is a Baptist Church, built in 1847.

Boats go in the morning from San Andrés town to Johnny Cay with a white beach and parties all day Sunday (US$3 return, you can go in one boat and return in another). Apart from those already mentioned, there are many other cays and islets in the archipelago. On San Andrés the beaches are in town and on the east coast. Perhaps the best is at San Luis and Bahía Sonora/Sound Bay.

Diving off San Andrés is good; depth varies from three to 30 m, visibility from 10 to 30 m. There are 3 types of site: walls of seaweed and minor coral reefs, different types of coral, and underwater plateaux with much marine life. It is possible to dive in 70% of the insular platform. Diving trips to the reef: *Buzos del Caribe*, Centro Comercial Dann, T512 8930, offer diving courses and equipment hire. *Sharky Dive Shop*, T512

San Andrés town

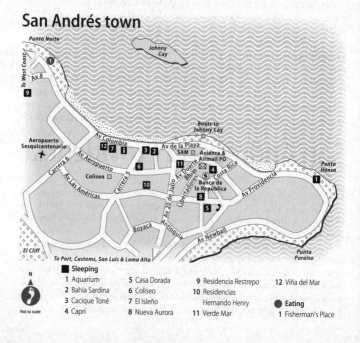

N

Not to scale

■ **Sleeping**
1 Aquarium
2 Bahía Sardina
3 Cacique Toné
4 Capri
5 Casa Dorada
6 Coliseo
7 El Isleño
8 Nueva Aurora
9 Residencia Restrepo
10 Residencias Hernando Henry
11 Verde Mar
12 Viña del Mar

● **Eating**
1 Fisherman's Place

3003 (downtown) or 513 0420 (*Sunset Hotel*), www.sanandres.net/sharky On the coast 10 minutes from town, PADI advanced certificate course, US$250.

For the less-adventurous, take a morning boat (20 minutes, none in the afternoon) to the so-called Aquarium (US$3 return), off Haynes Cay, where, using a mask and wearing sandals as protection against sea-urchins, you can see colourful fish. Snorkelling equipment can be hired on San Andrés for US$4-5, but it is better and cheaper on the shore than on the island.

Pedalos can be rented for US$6 per hour. Windsurfing and sunfish sailing rental and lessons are available from Bar Boat, on the road to San Luis (opposite the naval base), 1000-1800 daily (also has floating bar, English and German spoken), and Windsurf Spot, *Hotel Isleño*; water-skiing at Water Spot, *Hotel Aquarium*, and Jet Sky. From Tominos Marina there are boat trips. Two-hour bay trips cost US$8.75, for four hours US$17.50, including three free rum and cokes. *Cooperativa de Lancheros*, opposite *Hotel Abacoa* run fishing and boating trips.

AL *Aquarium*, Av Colombia 1-19, T512 3117, F512 4426. Rooms and suites, large pool, marina. **AL** *Casa Dorada*, Av Las Américas, T512 3826, F512 3604. Salt water washing, reasonable food. **AL** *Decamerón San Luis*, road to San Luis Km 15, T512 0296, F512 5599, www.de cameron.com All-inclusive resort, pool, a/c, TV, good restaurant. **A** *Cacique Toné*, Av Colombia, No 5-02, T512 4251, www.san-andres.com/ctone/ Deluxe, a/c, pool, on sea-front. **A** *El Isleño*, Av Colombia 5-117, T512 3990, F512 4426. 2 blocks from airport, in palm grove, good sea views. **A** *Bahía Sardina*, Av Colombia No 4-24, T512 3587, F512 4363. Across the street from the beach, a/c, TV, fridge, good service, comfortable, no swimming pool. **A** *Verde Mar*, Av 20 de Julio, T512 3498. Quiet, a/c. **A** *Viña del Mar*, Av Colombia, 3-145, T/F512 8298. Spacious rooms, close to beach and centre. **B** *Capri*, Av Costa Rica No 1A-106, T512 4316. A/c, good value. **C** *Nueva Aurora*, Av las Américas No 3-46, T512 6077. Fan, pool, restaurant. **D** *Coliseo*, Av Colombia 1-59, T512 3330. Noisy, restaurant. **D** *Olga and Federico Archibold*, C de la Bodega Marlboro, No 91-18, T512 5781, have 3 self-contained apartments, modern. **D** *Hernando Henry*, Av Las Américas 4-84, T512 3416. Restaurant, fan, good value, often full, on road from airport. Near airport, **E** *Residencia Restrepo*, Cra 8. 'Gringo hotel', noisy ('share a room with a Boeing 727') till midnight, less for a hammock in the porch, but you get what you pay for, the accommodation is in a poor state and the grounds are a junkyard, not recommended. Opposite *Restrepo* is a tobacco/paper shop whose owner rents a/c apartments with kitchen, etc, **D**. **Out of town**: **D** *Cocoplum Beach*, Via San Luis No 43-49, T513 2646. Good value.

Oasis, Av Colombia No 4-09. Good. *El Zaguán de los Arrieros*, Av 20 de Julio (50 m after cinema). Good food and value. *Fonda Antioqueña Nos 1 and 2*, on Av Colombia near the main beach, and Av Colombia at Av Nicaragua. Best value for fish. *Sea Food House*, Av 20 de Julio, at Parque Bolívar. Good cooking, not expensive, second floor terrace. Excellent fruit juices at *Nueva China*, next to *Restrepo*, reasonable Chinese. *Fisherman's Place*, in the fishing cooperative at north end of main beach. Very good, simple.

20 Jul: independence celebrations on San Andrés with various events. San Andrés and Providencia are famous in Colombia for their music, whose styles include the local form of calypso, soca, reggae and church music. Concerts are held at the Old Coliseum (every Sat at 2100 in the high season). The *Green Moon Festival* is held in **May**. There is a cultural centre at Punta Hansa in San Andrés town (T512 5518).

Local Bus cover the eastern side of the island all day (15 mins intervals), US$0.30 (more at night and on holidays). **Taxi**: round the island, US$8; to airport, US$3.25; in town, US$1.25; *colectivo* to airport, US$0.50. **Train**: a 'tourist train' (suitably converted tractor and carriages) tours the island in 3 hrs for US$4.50. **Vehicle rental**: bicycles are easy to hire, usually in poor condition, choose your own bike and check all parts thoroughly (US$1.10 per hour, US$6 per day). Motorbikes also easy to hire, US$8 for minimum 2 hrs. Cars can be hired for US$15 for 2 hrs, with US$6 for every extra hour.

Sleeping
■ *on map*
Some hotels raise their prices by 20-30% on 15 Dec

Eating
● *on map*
Cheap fish meals can be bought at San Luis beach

Festivals

Transport

Colombia

Directory **Banks** *Banco de Bogotá* will advance pesos on a Visa card. *Banco Occidente* for MasterCard. ATMs available in town. Many shops will change US$ cash; it is impossible to change TCs at weekends. **Communications** Internet: *Café Sol* (*Hotel Tiuna*), Av Colombia, No 4-31, US$2 per hr. **Post Office:** On Av Duarte Blum (*Avianca*). **Tourist office** Av Colombia, No 5-117, English spoken, maps.

Providencia

Phone code: 98
Population: 5,500
80 km N-NE of San Andrés

Commonly called Old Providence, **Providencia** is 7 km long and 3 km wide and part of the east coast with the offshore reefs is a national park (**Parque Nacional Old Providence – McBean Lagoon**). Entrance US$1.50, diving with gear hire available. It is more mountainous than San Andrés, rising to 610 m. There are waterfalls, and the land drops steeply into the sea in places. Superb views can be had by climbing from Casabaja/Bottom House or Aguamansa/Smooth Water to the peak. There are relics of the fortifications built on the island during its disputed ownership. Horse riding is available, and boat trips can be made to neighbouring islands such as **Santa Catalina** (an old pirate lair separated from Providencia by a channel cut to improve their defence), and to the northeast, Cayo Cangrejo/Crab Cay and Cayos Hermanos/Brothers Cay. Trips from 1000-1500 cost about US$7 per person. Santa Catalina is joined to the main island by a wooden bridge. On the west side of Santa Catalina is a rock formation called Morgan's Head; from the side it looks like a profile.

The three main beaches are Bahía Manzanillo/Manchincal Bay, the largest, most attractive and least developed, Bahía del Suroeste/South West Bay and Bahía Agua Dulce/ Freshwater Bay, all in the southwest.

Like San Andrés, it is an expensive island. There is a bank in Santa Isabel that will exchange cash: exchange rates from shops and hotels are poor, but you can use credit cards. The sea food is good, water and fresh milk are generally a problem. English is widely spoken. Ask about trips around the island and day tours at your hotel. *West Caribbean Airways*, T512 9292 (San Andrés), flies from San Andrés, US$30 one way, 25 minutes, four times a day, bookable only in San Andrés. (Return flight has to be confirmed at the airport, where there is a tourist office.) Boat trips from San Andrés take eight hours, but are not regular. Fishing for barracuda can be arranged. Providencia holds its **carnival** in June.

Sleeping Most of the accommodation is at Freshwater (Playa Agua Dulce): **AL** *Sol Caribe Providencia*, T 514 8036. With breakfast and dinner, a/c, TV, fridge. **AL** *Deep Blue*, in Maracaibo. A/c, breakfast and dinner included, fishing for barracuda can be arranged. **B** *Cabañas El Recreo* (Captain Brian's) T514 8010. **A** *Cabañas El Encanto*, T514 8131, F514 8082. With meals. **B** *Cabañas Aguadulce*, T514 8160/8405. **B** *Cabañas Miss Elma*, T514 8229, Recommended for cheap food. Also *Morgan's Bar* for fish meals and a good breakfast. **Santa Catalina**: German-owned *Cabañas Santa Catalina*. Friendly, use of kitchen. Several houses take guests. Camping possible at Freshwater Bay.

Up the Río Magdalena

The old waterway from the Caribbean, now superseded by road and air, leads from Barranquilla to the heart of Colombia at Girardot, once the river port for Bogotá. The route passes through wide plains and narrow gorges and past tierra caliente weekend resorts, before climbing to the river's upper reaches beyond Neiva.

The Lower Magdalena

See page 841 for the upper reaches of the Magdalena, beyond Neiva

The Magdalena is wide but shallow and difficult to navigate. Away to the northeast, in the morning, one can see the high snow-capped peaks of the Sierra Nevada de Santa Marta. Passenger travel by the lofty paddle boats on the river has come to an end and in general the only way of getting from one place to the other along the river is by motor launch (*chalupa*). The trip from the north coast commences with a bus to Magangué, then upriver to Puerto Berrío or Puerto Boyacá and on by bus to Bogotá; it can be completed in about four days. Insect repellent should be taken, for mosquitoes are a nuisance. **Warning**: This route is not safe (2003) because of guerrilla and paramilitary activity in the Sucre/Bolívar border area and on the Magdalena Medio. We mention only the main towns and routes, but seek local advice before travelling.

Near Pinto the river divides, the eastern branch leading to the hot and sultry town of Mompós. It was the scene of another of Bolívar's victories: "At Mompós", he said, "my glory was born". Mompós was founded in 1537 when this was the main channel of the river. Now, thanks to its comparative isolation, its colonial character is preserved with many beautiful buildings. The Easter celebrations are said to be among the best in Colombia and the cemetery has considerable historical interest. The town is well known in Colombia for handworked gold jewellery.

Mompós
Phone code: 952
Colour map 1, grid A3
Population: 33,000

Sleeping and eating C *Hostal Doña Manuela*, C Real del Medío (Cra 2), No 17-41, T855620, F855621. A converted colonial house, a/c, quiet and peaceful, restaurant is the best in town. Recommended. **D** *Residencias Aurora*, Cra 2, No 15-65, T855930. Shower, fan, good meals, nice, bargaining possible. **E** *San Andrés*, Cra 2, No 18-23, T855886. Modern, with bath, fan, TV, central, restaurant. **E** *Residencias Villa de Mompós*, Cra 2, between C14/15, T855208. Family-run, free coffee. **E** *Posada de Virrey*, opposite *Doña Manuela*. Shared bath, modern, above medical practice. *El Galileo*, next to the Plaza. Good *comida corriente*. *Otra Parte*, Callejón de Santa Bárbara No 1-42. Good food and bar.

Malaria is endemic in the surrounding countryside. If staying overnight, mosquito nets and/or coils are a must

Transport Bus From **Cartagena** with *Unitransco* (0530, returns 0700), daily, 12 hrs, US$17. To **Valledupar** and **Santa Marta**, either go from El Banco (see below), or cross the river at **Talaigua** (between Mompós and Magangué, *carritos* leave Mompós early morning) to **Santa Ana**. Buses leave Santa Ana 0700 for **Santa Marta** and **Valledupar**, first 2½ hrs unpaved, then paved; US$10 to Valledupar.

Most chalupas and buses run in the morning. There is little public transport after 1400

   River From Magangué take a *chalupa* (launch) either direct to Mompós, 2hrs, US$3.30, or to Bodega, 45 mins, and then by jeep or taxi, 1½ hrs, US$2. You can also reach Mompós in 2 hrs, US$5 by *chalupa* from El Banco to the southeast.

Most vessels go by the western arm of the loop to Magangué, the port for the savannas of Bolívar. A road runs west to join the north-south Cartagena-Medellín highway. There are five hotels including **D** *Hans Burchardt*, C 17, No 4-36, T878332, a/c, fridge; **E** *Valle*, Cra 6/C15, T875806, with bath, a/c, TV. 10 *residenciales*, all **G**. There are few places to eat, *Terraza*, to the left of plaza is reasonable.

Magangué
Phone code: 952
Population: 65,000
Altitude: 30 m

At El Banco, 420 km from Barranquilla, the river loops join. This is an old, dirty but beautiful town known for the Festival de La Cumbia in June. Along the river front are massive stone stairways. Lots of egrets, various species of heron, ringed kingfishers. **D** *Central*, near church, modern, fan. **E** Nueva*Continental*, near jeep terminal, with bath, fan cold water. **E** *Casa del Viajero*, C7A, No 2-18, T729 2181, colour TV, fan, bath, safe. **F** *Colonial*, 1 block from harbour, with bath and fan. About a dozen others. ■ *Daily buses from El Banco to Bucaramanga, US$20, Cúcuta and Valledupar. Bus from Cartagena 0800, US$12.*

El Banco
Phone code: 95
Population: 12,000
Don't get conned into taking an expensive boat across the river. Use the bus ferry

   Continuing upriver are many small towns such as **Tamalameque** (basic *residencia* and restaurant), **Gamarra** (*Population*: 10,000), and **Puerto Wilches** (*Population*: 23,000). All are connected by launch. East of the river is the main road from the coast to Bucaramanga and, eventually, Bogotá. South of Aquachica by 70 km (100 km north of Bucaramanga) at San Alberto, the new highway runs comparatively close to the Magdalena some 400 km to Honda. This is the fastest road from the capital to the Caribbean.

Colombia

Barranca
Phone code: 97
Colour map 1, grid B3
Population: 181,000
Altitude: 81 m

Some 30 km above Puerto Wilches and 30 km from this new road is Barrancabermeja (or more commonly Barranca), so called because of the reddish-brown oil-stained cliffs on which it stands. It is an important oil refining centre. There is an interesting indoor market. *Banco de Bogotá* will change travellers' cheques.

Sleeping C *Bachué*, Cra 17, No 49-12, T622 2599. A/c, restaurant, safe. F *Hostal Real*, opposite station, T622 2239. Safe (locked day and night), restaurant, good value. F *Residencias Ferroviario*, C 12, No 35-21, T622 4524. With bath, opposite railway station Many more around the train station and in town. A shop at C 19, Avs 18 y 19 sells good bread and muesli.

Transport Air: 10 mins by taxi from centre, 3 flights a week to **Medellín**, *West Caribbean Airways*. **Bus**: Bucaramanga, 3 hrs, US$5; **Medellín**, 1045, US$17. **River**: Boat: *Chalupa* to Puerto Boyacá, 0845, 6 hrs, US$12. Several daily to **El Banco**, 7 hrs, US$15. Launch to **Gamarra**, US$20, 4 hrs.

Puerto Berrío
Phone code: 94
Colour map 1, grid B3
Population: 26,000
Altitude: 113 m
100 km above Barrancabermeja
756 km from Barranquilla

On the west bank is Puerto Berrío, the river port for Medellín and Antioquia Department. A railway from Medellín runs down the slopes of the Cordillera Central to Puerto Berrío. E *Hotel Magdalena*, pleasant, on a hilltop near river. F *Residencias El Ganadero*, with bath, modern, with ceiling fans. There are many others. *La Buena Mesa*, good big meals. *Heladería Joi*, good ice cream and sundaes. ■ *Train to Barrancabermeja and Medellín, check if trains are running at* **Grecia** *station, 4 km from the town (taxi only)*.

Puerto Boyacá, 75 km upriver from Puerto Berrío (launch US$4.10), has several *residencias* and B *Palagna*, a/c, large pool, good restaurant, TV, good value. *Rápido Tolima* has regular buses to Honda (three hours, US$4). Near Puerto Boyacá is Puerto Triunfo (several *residencias*) where the new Medellín-Bogotá highway crosses the river. To the west are the Río Nus and Río Claro which go through dramatic limestone country with caves, deep gorges and waterfalls, well worth visiting.

La Dorada (*Population*: 60,000. *Altitude*: 1,767 m. *Phone code*: 96), a further 76 km along the west bank, is linked by a bridge from **Puerto Salgar**, on the east bank. The old Medellín-Bogotá highway crosses here. F *Rosita*, C 17, No 3-28, T857 2301, with bath, pleasant, recommended; others near railway station. ■ *To Bogotá by bus 5 hrs, US$11. To Medellín US$14.* The Lower Río Magdalena navigation stops at La Dorada as there are rapids above, as far as Honda. There are no passenger services south of Puerto Boyacá. The Upper Magdalena is navigable as far as Girardot.

The Upper Magdalena

Honda
Phone code: 98
Colour map 1, grid B3
Population: 27,000
Altitude: 217 m
149 km from Bogotá

On the west bank of the river, Honda is 32 km upstream from La Dorada. It is a pleasant old town with many colonial houses, an interesting indoor market and a small museum. The streets are narrow and picturesque, and the town is surrounded by hills. El Salto de Honda (the rapids which separate the Lower from the Upper Magdalena) are just below the town. Several bridges span the Ríos Magdalena and the Guali, at whose junction the town lies. In February the Magdalena rises and fishing is unusually good. People come from all over the region for the fishing and the festival of the Subienda, the fishing season. ■ *From Bogotá by* Velotax *and* Rápido Tolima, *US$8, 4 hrs. Manizales, US$6.* Rápido Tolima *run ½-hourly buses to La Dorada (1 hr), and beyond, to Puerto Boyacá (3 hrs), US$4.*

Sleeping and eating C *Campestre El Molino*, 5 km from Honda on Mariquita road, T251 3719. Swimming pools, fans in rooms. C *Ondana*, Cra 13A, No 17A-17, T251 3127. Swimming pool. D *Club Piscina*, Cra 12, No 19-139, T251 3273. Fan, swimming pool, arranges safe parking. Recommended. D-E *Dorantes*, C 14, No 12-57, T251 3423. With bath, good. There is a row of good cheap restaurants across the Río Magdalena bridge in Puerto Bogotá. *La Cascada*, overlooking river, good.

West from Honda a paved road goes to **Mariquita** (21 km), in fruit-growing country. From Mariquita the road turns south to (32 km) **Armero**, which was devastated by the eruption of the Nevado del Ruiz volcano (see page 826) in November 1985. Over 25,000 people were killed as approximately 10% of the ice core melted, causing landslides and mudflows. (Armero can be reached by colectivo from Honda; nearest lodging at **Lérida**, 12 km south.)

The main road from Armero goes direct for 88 km to **Ibagué**, capital of Tolima Department. It is a large city, lying at the foot of the Quindío mountains. Parts of the town are old: see the Colegio de San Simón and the market. The Parque Centenario is pleasant. The city specializes in hand-made leather goods (there are good, cheap shoe shops) and a local drink called *mistela*. There is a Conservatory of Music. The tourist office is at Cra 3, between C 10 and 11; helpful, closed Saturday and Sunday.

**Ibagué &
around**
Phone code: 98
Colour map 1, grid B2
Population: 347,000
Altitude: 1,248 m

Sleeping and eating A *Ambala*, C 11, No 2-60, T261 3888, F263 3490. TV, pool, restaurant. **D** *Farallones*, C 16, No 2-88, T261 3339. Good, fan. **E** *Bolivariano*, C 17 No 3-119, T263 3487. Good, TV. **E** *Suiza*, C 17, No 3-19, T261 1271. Hot water, fan, TV, good. **F** *La Paz*, C 18, No 3-119. Free tinto in morning. **E** *Montserrat*, C 18, Cra 1 y 2. Quiet. Recommended. *La Vieja Enramada*, Cra 8, No 15-03. Local and international dishes. *El Espacio*, Cra 4, No 18-14. Large helpings, good value. *Govinda*, vegetarian, Cra 2 y C 13. *Punto Rojo*, shopping precinct Cra 3. 24 hrs, good.

Festivals *National Folklore Festival*, third week of **Jun**. The Departments of Tolima and Huila commemorate San Juan (**24 Jun**) and SS Pedro y Pablo (**29 Jun**) with bullfights, fireworks, and music. There are choral festivals biannually in Dec.

Transport **Air** Daily *Aires* flights to Bogotá, Cali and Medellín, also to Pereira and Neiva and other cities. **Bus** Terminal is between Cras 1-2 and C 19-20. Tourist police at terminal helpful. To **Bogotá**, US$8, 4 hrs. To **Neiva**, US$9, and many other places.

Just outside, on the Armenia road, a dirt road leads up the Río Combeima to El Silencio and the slopes of the **Nevado del Tolima**, the southernmost '*nevado*' in the **Parque Nacional Los Nevados**. The climb to the summit (5,221 m) takes two to three days, camping at least one night over 4,000 m, ice equipment necessary. A milk truck (*lechero*) leaves Ibagué marketplace for El Silencio between 0630 and 0730, US$2.50, two hours. For information contact Cruz Roja Colombiana in Ibagué, Zona Industrial El Papayo, near the east entrance to the city, T264 6014, who can put you in touch with climbing groups. Helpful guides are: Claus Schlief, who speaks German and English; Manolo Barrios, who has some Himalayan experience. Fernando Reyes, C 28, No 13-27, Fenalco, Ibagué, T265 6372, can arrange accommodation, supply equipment and offers rock or ice climbing on Tolima.

The **Quindío Pass**, 3,350 m (commonly called *La Línea* after the power lines that cross the mountains here) is on the road to Armenia, 105 km west of Ibagué across the Cordillera Central. On the east side of the Pass is **Cajamarca**, a friendly town in a beautiful setting at 1,900 m (**F** *Residencia Central*; *Nevado*, both on same street). *Bar El Globo*, on corner of the main plaza, excellent coffee. Interesting market on Sunday.

The former main river port for Bogotá is linked by road with the capital. Only small boats can go upriver from here. Cattle fairs are held on 5-10 June and 5-10 December. Launch rides on the river start from underneath the bridge; a 1-hour trip to Isla del Sol is recommended (US$9).

Girardot
Phone code: 98
Colour map 1, grid B3
79 km E of Ibagué on
the Upper Magdalena

Sleeping **B** *Bachué*, Cra 8, No 18-04, T833 4790. Modern, large cooled pool, excellent, a/c, restaurant. **D** *Río*, Cra 10, No 16-31, T833 2858. TV, fan, restaurant, laundry, English and German spoken. **D** *Los Angeles*, on main plaza. Recommended. **E** *Miami*, Cra 7, No 13-57. Large rooms, fan, good, central location safe. Opposite new bus terminal, **F** *El Cid*, Cra 13, No 28-06,

Colombia

T831 1574. With fan. **F** *Rincón*, C 19, No 10-68. Balcony, fan. **Eating** *El Castillo*, Cra 11, No 19-52, T833 1742. A/c, seafood, also meat dishes. *El Fogón*, C 19, No 19-01, T832 3822. Fish – *viudo de capaz* – a speciality.

Transport Buses to Bogotá, 132 km, US$9, 3½ hrs. To Neiva, US$6, 3½ hrs.

Neiva & around
Phone code: 98
Colour map 1, grid B2
Population: 248,000
Altitude: 442 m
Before travelling by road south to Neiva, check on safety

The capital of Huila Department, Neiva is a pleasant, modern city on the east bank of the Río Magdalena, surrounded by rich coffee plantations. There is a large and colourful market every day. Tourist information is given at the cultural centre with museum and gallery on the main plaza. *Bancolombia*, near Parque Santander, will change US$ cash and travellers' cheques. A local festival is on 18-28 June, when the Bambuco Queen is elected: folklore, dances and feasting.South of Girardot, about 50 km before Neiva, is a small area (300 sq km) of scrub and arid eroded red soil known as the **Tatacoa** desert, with large cacti, isolated mesas and unusual wildlife. Bus from Neiva to Villavieja, near the Río Magdalena, and the Neiva-Bogotá highway at Aipe daily 1030, 1½ hours, US$2. Contact Nelson Martínez Olaya, an official tourist guide at the *Restaurant La Tatacoa*, Villavieja, Cra 4, No 7-32, for 4 or 5 hour walks through the desert. There is also a museum showing prehistoric finds in the area. You can cross the Magdalena by motorized canoe near Villavieja for US$0.75.

Sleeping & eating
B *Tumburagua*, C 5A, No 5-40, T871 2470, F871 2598. **C** *Hostería Matamundo*, in old *hacienda* 3 km from centre, on road to Garzón and San Agustín, Cra 5, No 3S-51, T873 0217, F873 0216. A/c, swimming pool, restaurant, disco. **D** *Central*, Cra 3, No 7-82, T871 2356. Meals, near market, good value. **E** *Residencias Astoria*, C 6, No 1-41. Shared bath, big rooms. **F** *Residencia Magdalena*, C 1A Sur, No 8A-57, T873 3586. Close to new bus station, restaurant. *Marías*, C 8, No 7-61. Good *comida casera*. *Heladería La Pampa*, Pasaje Camacho 8. Excellent juices.

Transport
At the bus stations, both off and on buses, in Neiva, Garzón and especially Pitalito, theft is common

Air La Marguita, 1½ km from city. Daily flights to/from **Bogotá** and principal cities, *Aires* and *Satena*. Taxi to bus terminal US$1. **Bus** Bus station out of town; bus from the centre leaves from the old terminal (Cra 2, Cs 5 y 6). To **Bogotá**, 5½ hrs, US$8. Regular bus service with *Autobuses Unidos del Sur, Cootranshuila* (0600) and *Coomotor* to **San Agustín**, US$6, 5½ hrs. To **Garzón**, US$3.60. To **Pitalito**, US$6.50. To **La Plata**, for Tierradentro, US$6.50. To **Popayán**, US$9.25, ordinary bus at 0330, 1000, 1500, 1930, 11 hrs, poor road. To **Florencia**, US$7.80. To **Ibagué** at 1200, US$9.

Antioquia and Chocó

Antioquia is the largest of the western departments and full of diversity. With its roots in the Cordilleras, it still has 100 km of Caribbean coastline. Chocó Department, almost as large, is all in the heavy rainbelt along Colombia's northwest coast, densely forested and sparsely inhabited. The Central Cordillera lies west of the Río Magdalena. In it are several of the most important cities in Colombia: Medellín, the second largest city in the country, Manizales, Pereira and Armenia. The last three are in the heart of the coffee growing area and are covered in the next section.

Medellín

Phone code: 94
Colour map 1, grid B2
Population: 1,700,000
Altitude: 1,487 m

The city of Medellín will always be synonymous with its infamous drugs cartel, but the capital of Antioquia Department is, in reality, a fresh and prosperous city with a vibrant arts scene, shiny modern architecture and smart Metro system. Many consider this the cultural heartland of Colombia and though few colonial buildings remain, there are plenty of museums and public artworks on display.

The centre of the city comprises La Candelaria, in which is Parque de Berrío, and the commercial centre of Villanueva, with Parque de Bolívar. In the south, El Poblado has become an up-market residential area and many companies have moved their head-quarters there from the centre. The best hotels and restaurants are in or near El Poblado. Around Cra 70 and C 44 are busy commercial and entertainment sectors with many hotels, shopping centres and the Atanasio Girardot sports stadium nearby. The climate is generally warm and pleasant though it is often cloudy and rain can come at any time.

Getting there International airport José María Córdoba airport (also called Rionegro), 28 km from Medellín by new highway, and 9 km from the town of Rionegro; good shops and services, no left luggage, but tourist office may oblige. Taxi to town US$12.50 (fixed, more at night), *buseta* to centre, US$1.70, frequent service, about 1 hr: sit on right going to town. There is a stop at the *Intercontinental Hotel* for passengers to El Poblado. To go to the airport catch *buseta* in small road behind *Hotel Nutibara*. To Rionegro, bus US$0.20, taxi US$8. **Metropolitan airport** Flights to nearby Colombian destinations use the Enrique Olaya Herrera airport near the centre of the city.

Ins & outs
For more detailed information see Transport, page 820

The terminal for long-distance buses going north and east is **Terminal del Norte** at Cra 64 (Autopista del Norte) y Transversal 78, about 3 km north of the centre, with shops, cafeterías, left luggage (US$0.50 per day) and other facilities. Quite safe. Bus service to city centre, US$0.30, buses to station from C 50, marked: 'Terminal de Transporte', or better, by Metro to Caribe. For buses going south, **Terminal del Sur**, Cra 65, C 10, alongside the Olaya Herrera airport, for information, T285 9157. Take any bus marked 'Terminal del Sur' from C 49 along Cra 46, or the Metro to Poblado on Línea A, you will need a taxi for the 1½ km to the bus station.

Getting around For your first general view of the city, take the Metro. Most of the track in the centre is elevated. There are 2 lines: A from Niquía to Itagüí, B from San Javier to San Antonio, where they intersect. One journey (anywhere on the system) US$0.28, 2 US$0.50, 10 US$2.25. **Taxi**: make sure meters are used.

Travellers should take the same safety precautions as they would in any large city particularly at night. It is nevertheless a friendly place

Tourist offices Fomento y Turismo de Medellín, C 57 No 45-129, T254 0800, for information on the city, helpful. There are tourist booths at both airports. Good map.

In the centre Parque de Berrío has the **Old Cathedral** taking up one side, while **Parque de Bolívar** is dominated by the new **Catedral Metropolitana**, built between 1875 and 1931, one of the largest brick buildings in the world. There are three early churches near the centre, **San Benito**, **La Veracruz** and **San José**, and three 18th century churches survive: **San Ignacio**, in Plaza San Ignacio, **San Juan de Dios**, and **San Antonio**. The **Museo de Antioquia**, opposite main post office, shows contemporary pictures and sculptures, including works by Fernando Botero. ■ *US$1.50, guides free, Cra 52A, No 51A-29.* The Botero collection has been augmented and displayed in the plaza nearby, officially opened 2002. The commercial centre, **Villanueva**, is interesting for its blend of old and modern architecture, including many skyscrapers. There is a fine sculpture, **Monumento a la Vida**, by Rodrigo Arenas Betancur, next to the Edif Seguros Suramericana on Calle 50, where exhibitions of work by leading South American artists are held on the ground floor. There are many other sculptures in the city. One collection not to be missed is the works of Fernando Botero, Colombia's leading contemporary artist, in Parque San Antonio between Calle 44/46 and Carrera 46 including the 'Torso Masculino' (which complements the female version in Parque Berrío), and the 'Bird of Peace' which was severely damaged by a guerrilla bomb in 1996. At Botero's request, it has been left unrepaired as a symbol of the futility of violence and a new one has been placed alongside to make the point yet more dramatically.

Sights
Calle and Carrera have numbers for easy reference. Most streets also have names. See map for both numbers and names

Outside the centre Museo de Arte Moderno, has a small collection. ■ *Tue-Sat, 1100-1700 (foreign films shown), Cra 64B, No 51-64.* **Casa Museo Maestro Pedro Nel Gómez**, is the house of the painter and sculptor (1899-1984). ■ *Cra 51B, No 85-24, T2332633.* **Joaquín Antonio Uribe gardens**, Carrera 52, Calle 78, are near the campus of the University of Antioquia, with 600 species of plants, orchids and

Most museums close Mon

Colombia

trees. ■ *Daily 0800-1730, US$1.60.* There is a restaurant for lunches and snacks, pleasant. Also here is the **Museo Antropológico** with exhibitions of modern art. ■ *Free, at University of Antioquia, C 67, No 53-108 (new campus).* **Biblioteca Pública Piloto para América Latina** is one of the best public libraries in the country, with art and photo exhibitions, readings and films. ■ *Cra 64, No 50-32, T230 5108/230 2422.* Two newer 'sights' are **Puntocero**, at the Calle 67 river bridge, an elegant steel double arch with a pendulum marking the centre of the city (the idea of local university students) and **El Edificio Inteligente**, Calle 43/Carrera 58, a highly energy-efficient building used jointly by Medellín's public services.

As you ride the Metro you will notice three prominent hills in the Aburrá valley: **Cerro Nutibara** (across the river from Industriales station), where there is a stage for open air concerts, sculpture park, miniature Antioquian village (known as Pueblito Paisa), souvenir shops and restaurants (Calle 30A, No 55-64, T235 8370); **Cerro El Volador** (seen as the Metro turns between Universidad and Caribe stations), tree-covered and the site of an important Indian burial ground; and **Morro El Salvador** (to the east of Alpujarra station) with a cross and statue on top, now mostly built over and not recommended for visits.

Sleeping
■ *on map*
Price codes:
see inside front cover

In centre **AL** *Nutibara*, C 52A, No 50-46, T511 5111, F231 3713. Best in centre, casino and swimming pool. *Residencias Nutibara*, annex facing hotel of same name, slightly cheaper with the same facilities. **A** *Amaru*, Cra 50A, No 53-45, T511 2155, F231 0321. Central, quiet, good, restaurant. Recommended. **B** *Horizonte*, Cra 47 No 49A-22, T511 6188. Good, popular restaurant. **B** *Mariscal*, Cra 45, No 46-49, T251 5433. Hot shower, good service. **B** *Villa de la Candelaria*, Cra 42, No 50-101, T239 0345. With bath, modern rooms, TV. **C** *Casa Blanca*, Cra 45, No 46-09, T251 5211. Small restaurant, safe but noisy. **D** *Linton*, Cra 45, No 47-74, T217 0847. TV, safe parking

Medellín

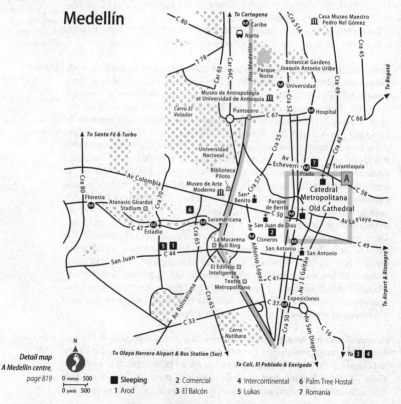

Detail map
A Medellín centre,
page 819

0 metres 500
0 yards 500

■ **Sleeping**
1 Arod
2 Comercial
3 El Balcón
4 Intercontinental
5 Lukas
6 Palm Tree Hostal
7 Romania

nearby US$0.50 per night, central. **D** *Comercial*, C 48, No 53-102, T511 4564. Hot water in some rooms, best on top floor, doors barred to all but residents after 1800, good meals. Recommended **F** *Residencias Doris*, Cra 45, No 46-23, T251 2245. Family run, hot water, clean sheets daily, laundry facilities, locked night and day, no windows but good value. **E** *Gómez Córdoba*, Cra 46, No 50-29, T513 1676. With bath, TV, good value, renovated, safe, central. **E** *Romania*, Av Echeverri, C 58, No 50-46. With bath, a bit noisy. **F** *Casa Dorada*, C 50, No 47-25, T512 5300. Youth Hostel**.**

Outside the centre L *Lukas*, Cra 70 No 44A-28, T260 1761, F260 3765. Best hotel in this area. **A** *Arod*, C 44, No 69-80, T260 1426, F260 1441. Small, secure, basement parking. Recommended. **F** *Palm Tree Hostal*, Cra 67, No 48D-63, T260 2805. Shared bath, free coffee, use of kitchen, internet. Warmly recommended.

In the centre apart from the hotels, there are few of the better restaurants. Exceptions are: *Hato Viejo*, Cra 49, No 50-170. Similar to the one in El Poblado (see below). *Palazzetto D'Italia*, C 54, No 43-102. Excellent Italian, reasonable prices. Recommended. *El Viejo Vapor*, Cra 43, No 53-19. Café, bar, artist clientèle, good meeting place, set lunch US$3. Many **vegetarian** restaurants, eg *Govinda*, C 51 No 52-17, excellent for lunch. *Trigo y Miel*, C 53, No 43-54. Very good vegetarian, set lunch US$3.50. Recommended. **Cheap**: *Paracelso*, C 51 y Cra 45. Big, tasty meals, open 1100-1600. Many good, cheap restaurants on Cra 49 (eg *La Estancia*, No 54-15). **Cafés**: There are several cheap, round-the-clock cafés on Cra Junín between Maturín and Amador. *Crepes y Waffles*, Cra 36, No 10-54. Good. Excellent pastries at *Salón de Té Astor*, Cra 49, No 52-84, a delightful traditional tea house. Also in Pasaje Junín are several upstairs bar/cafés eg *Boulevard de Junín* and *Balcones del Parque*, good for meals and refreshments while watching Medellín in action below. The best bread in Medellín is at *Pan de Abril*, Cra 51/C 44 (San Juan), near Alpujarra Metro.

In or near El Poblado *Aguacatala*, Cra 43A, No 7 Sur-130. An old country house with patio and wandering musical trio, *comida típica*, quiet surroundings. Similar is *La Posada de la Montaña*, Cra 43-B, No 16-22,T266 8540. Excellent Colombian food, very attractive setting. Recommended. *Café Le Gris*, Centro Comercial Oviedo (Cra 43A No 6 Sur-15). Good upmarket dishes. *Carbón*, Variante a las Palmas, Km 1, T262 5425. Good grills, good view over city, live music at weekends. *Frutas de mi Tierra*, also Variante a las Palmas. Extraordinary fruit salads. *Frutos del Mar*, Cra 43B, No 11-51. Good seafood. *La Grappa*, Cra 41, No 10-36, T266 2326. Good Italian. *Hato Viejo*, opposite *International Hotel*. Good service, high quality, local dishes, free snacks with drinks, good value. Recommended.

Eating
● *on map*

Colombia

Medellín centre

Sleeping
1 Amaru
2 Casa Blanca
3 Casa Dorada Youth Hostel
4 Gómez Córdoba
5 Horizonte
6 Linton
7 Mariscal
8 Nutibara
9 Residencial Doris
10 Villa de la Candelaria

0 metres 200
0 yards 200

West of centre *Asados La 80*, Cra 81, No 30-7. Very good. *La Casa del Mayoral*, Cra 81, No 30A-37. Good steaks, bar. *La Llanera*, Cra 70, Circular 1-36. Local dishes. *Manhattan*, Cra 70, No 42-39. Good international. *El Palacio Chino*, Circular 4, No 74-69, T250 6323. Good Chinese, reasonable prices. Plenty of cheap restaurants and fast food outlets around Cra 70.

Bars & clubs
Couples only allowed into many clubs
Bar Berlín 1930, C 10, No 41-65. Attractive, low level music, snooker table. *Bar Blue Rock*, C 10, No 40-20. Popular. *Don Edoardo*, Cra 45, No 48-57. Central, modest prices. Many popular clubs on C 50, between Cras 65 and 75, and Cra 70, between C 36 and C 44. Try *Pub* or *Bartolomé* next to each other on Autopista Palmas, Km 5, or *Templo Antonia*, nearby, large and popular. Beyond Poblado, there are good nightspots in Envigado or try *Vinacure* in Tablaza (Caldas), cover US$5, free Thu, take transport from Itagüí Metro station.

Entertainment
Cinema Free foreign films daily at Universidad de Medellín or Universidad de Antioquia. **Live music** Monthly concerts by the *Antioquia Symphony Orchestra*. Band concerts and other entertainments in the Parque Bolívar every Sun. Universidad de Medellín theatre has monthly tango shows. Tango also at *Vos ... Tango*, C 34, No 66A-13, diagonal al Super Ley de Unicentro, live music, T265 9352, US$5. *Adios Muchachos*, Cra 45 between C 53/54. **Theatre** *Teatro Metropolitano*, C 41, No 57-30, T232 8584/8536, major artistic presentations. Many other theatres of all types, check press.

Festivals
Flower fair (*Feria de las Flores/Desfile de Silleteros*) is held annually in the first week of **Aug** with spectacular parades and music, one of the finest shows in Colombia. The flowers are grown at Santa Elena in the Parque Ecológico de Piedras Blancas, 14 km from Medellín.

Shopping
Bicycle repairs *La Cuca Gioco*, C 60, No 52-33, T231 5409. For parts *Bike House*, Av El Poblado, No 25-41, T262 4211.

Bookshops *Librería Científica*, C 51, No 49-52, T441 4703. Large selection, some foreign. *La Anticuaria*, C 49, No 47-46, T511 4969. Antique and secondhand books, including in English, helpful. *Centro Colombo Americano*, Cra 45, No 53-24, T513 4444. Good selection of books in English for sale (including *Footprint Handbooks*).

Handicrafts There are *artesanía* shops on the top of Cerro Nutibara and a small handicrafts market at C 52 near Cra 46 with many stalls. *Mercado San Alejo*, Parque Bolívar, open on the first Sat of every month except Jan, and before Christmas on Sat and Sun (handicrafts on sale at good prices). Good shopping generally around Parque de Bolívar. Many textile mills have discount clothing departments where good bargains can be had; ask at your hotel. *Aluzia Correas y Cinturones*, Oviedo Shopping Center, Poblado, Unicentro Medellín, also in Bogotá, for an incredible selection of belts, US$10-30. *La Piel*, at C 53, No 49-131. An excellent selection of leather goods at very reasonable prices.

Maps Local and national maps from *Instituto Geográfico Agustín Codazzi* in Fundación Ferrocarril building, Cra 52, No 14-43, office in the basement.

Sport & activities
Bullfights: at the bull-ring of La Macarena, C 44 and Cra 63, in February; cheapest US$12, usually fully booked. **Sports complex**: *Estadio Atanasio Girardot*, Cra 74, C 50, football, baseball, velodrome etc, next to the *Estadio* Metro station.

Tour operators
Marco Polo, C 48, No 65-94, T230 5944. Very helpful, some English spoken. *Panturismo*, at José María Córdoba airport, local 22-10, p 2, T562 2914. AmEx representative. *Realturs*, Cra 46, No 50-28, T511 6000. Good. *Tierra Mar Aire*, C 52, No 43-124, T513 0414. Helpful.

Transport
See also Ins & outs. For international car rental agencies, see Car hire, page 52
Local Bus: Extensive services, slightly cheaper than Metro, but slower. **Metro**: operates 0500-2300 weekdays, 0700-2200 Sun and holidays (see map). **Taxi**: Minimum charge US$0.75. Radio taxis: *Aerotaxi* for international airport, T562 2837/235 7676. *Coodetaxi*, T311 7777.

Long distance Air: Frequent services to **Bogotá**, and all major Colombian cities. Municipal airport: Olaya Herrera, non-jets only, 10 mins by taxi from the centre with flights to Quibdó, Bahía Solano, Pereira etc.

Train: no trains running at present (2003) to Barranca, Bogotá or Santa Marta, but check. A tourist train to and from **Cisneros** (a park and waterfalls) runs on weekends and holidays. For information call Terminales de Transportes del Norte, T267 1157, or go to the station itself, Metro to Caribe on line A.

Bus: From **Terminal del Norte**: To/from **Bogotá**, 9-12 hrs, US$13-15, every 40 mins or so, with 5 companies. To **Cartagena**, 12-15 hrs, by *Pullman* bus, US$26 (take food with you, the stops tend to be at expensive restaurants). To **Barranquilla**, 16 hrs by *Pullman*, US$28. To **Turbo**, US$15 with *Gómez* (the best), 14 hrs. From **Terminal del Sur**: Frequent buses for **Cali**, *Flota Magdalena* US$16, 10-12 hrs. Frequent buses to **Manizales**, 6 hrs US$8, by *Empresa Arauca*. To **Pereira**, 8 hrs, US$10 by *Flota Occidental Pullman*. To **Popayán**, US$22, 12 hrs, *Flota Magadalena*. To **Ipiales**, US$29, 22 hrs, *Expreso Bolivariano* (takes Visa). To **Quibdó**, 11-13 hrs, US$14. To **San Agustín**, *Rápidos Tolima*, 0600, US$34.

Banks Most banks in the 3 business zones have ATMs. Many accept international cards. Some, eg *Lloyds TSB Bank*, C 52, No 49-35, T511 5820 in the centre and C 14, No 43-24, T266 4940 in Poblado, cash Amex TCs with passport and purchase voucher, and give cash against credit and debit cards. *Bancolombia*, in El Poblada, cash against MasterCard, Amex, good rates for TCs and cash. Many banks open late and on Sat. Main hotels will cash TCs for residents when banks are closed, but at less favourable rates. **Communications** Internet: Plenty of internet cafés in El Poblado and most shopping centres. **Post Office**: Cra 46/C 51, airmail office in *Avianca* building, Cra 52, No 51A-01, Mon-Sat, 0700-2200, *poste restante*. Also, *Avianca* post office in the Colseguros building Cra 46, C 53/54. **Telecommunications**: *Telecom*, C 49, No 45-63, also Cra 49/C 49. **Cultural centres** Centro Colombo Americano, Cra 45, No 53-24, T513 4444. English classes, library, bookshop, films and exhibitions. **Alianza Francesa**, Cra 49, No 44-94, T513 6688. **Embassies and consulates** France, Cra 52, No 14-200, of 204, T235 8037, F265 7291. Germany, Cra 43F, No 17-419, T262 1756. **UK**, Cra 49, No 46A, Sur-103, Envigado, T331 8625, F331 0046, embajadabr@geo.net.co Very helpful, take a taxi and phone for directions as its hard to find. **Medical services** *Hospital San Vicente de Paul*, C 64/Cra 51D, T263 5333, one of the best. *Clínica Soma*, C 51, No 45-93, T251 0555, good doctor and general services. There is a clinic with free consultations and basic treatment in the airport buildings. **Useful addresses** DAS, C 19, No 80A-40 in Belén La Gloria section, T341 5900. MA (see page 749): Cra 76, No 49-92, T422 0883. **Tourist Police** at airport, T287 2053; local police T112.

Directory

Around Medellín

On the Medellín-Bogotá highway is **Marinilla**, 46 km from Medellín. A road north goes 25 km to **El Peñol**, a precipitous, bullet-shaped rock which towers above the surrounding hills and the Embalse del Peñol reservoir. It has been eroded smooth, but a spiral staircase has been built into a crack from the base to the summit. ■ *US$1, parking US$1*. At the summit is a snack bar with fine views (meals at holiday times only). Bus to the rock and to the pretty town of **Guatapé** (*Population*: 5,000. *Altitude*: 1,900 m. *Phone code*: 94) with Cía Fco López, from Terminal del Norte, Medellín, US$2.70. One hotel (**E**), on the main plaza and several other places to stay on the lakeside, with plenty of restaurants. A popular day's outing.

Medellín southeast to Bogotá
Check carefully for safety before going by road anywhere in Antioquia outside Medellín

Five kilometres from Medellín airport is **Rionegro** (*Phone code: 094*) in a delightful valley of gardens and orchards. The **Casa de Convención** and the **cathedral** are worth a visit. There are colourful processions in Easter Week. There are various hotels (**B-E**) and many places to eat in and near the plaza. Around Rionegro is some very attractive country, popular at weekends with delightful places to spend the day eg **El Retiro** and nearby **Fizebad**, an old estate house, restored with original furniture and artefacts, and a display of flowering orchids

Transport Buses from Medellín, from Terminal del Norte via Santa Elena, US$1.40, 1½ hrs, every 30 mins or so. Others from Terminal del Sur. Also colectivos from C 49/Cra 42, US$2.50, 45 mins. To El Peñol from Rionegro, take a colectivo to Marinilla from near market, US$0.60. To Rel Retiro, US$2.50. To Fizebad, catch a La Ceja or El Retiro bus.

Colombia

Santa Fé de Antioquia
Phone code: 94
Colour map 1, grid B2
Population: 12,000
Altitude: 530 m
80 km from Medellín

Santa Fé de Antioquia (usually called Santa Fé), is 80 km from Medellín just west of the Río Cauca. It was founded as a gold mining town by the Spaniards in 1541, and became the most important town in the area. In 1813 it became the capital of the short-lived independent state of Antioquia, but by 1826 this had collapsed and even local political control was lost to Medellín. The isolation that followed has preserved this remarkable colonial town and it was given National Monument status in 1960. The fine old Cathedral is worth seeing, as is the church of Santa Bárbara. There is a small museum next to this church. There is a wonderful suspension bridge, the Puente de Occidente, 300 m long, 3 km downstream from the modern steel bridge, ask for directions or take a taxi. Major local festivals at Easter and Christmas.

Sleeping **A** *Caserón Plaza*, Plaza Mayor, T853 2040. Charming renovated colonial house, pool, restaurant, parking. Recommended. **C** *Mariscal Robledo*, Cra 12, No 9-70, T853 1111. **B** with refrigerator and TV, full during holidays and most weekends, swimming pool, good restaurant with excellent buffet lunch US$5. Recommended. **D** *Hostal del Viejo Conde*, C 9, 10-56, T853 1091. Cheaper without bath, restaurant recommended. **D** *El Mesón de la Abuela*, Cra 11, No 9-31, T853 1053. With breakfast, pleasant. **F** *Dally*, C 10, No 8-50. Basic. On road between centre and bridge there are 2 good family hotels. There is good food in the hotels and near the main plaza, eg *Los Faroles*, Cra 11, No 9-33.

Transport The bus station is on the road to Turbo at the north end of Cras 9 and 10. To Medellín US$3 (Socurabá or Transporte Sierra), 2½ hrs. To Turbo, US$14, 8 hrs, every 2 hrs or so.

South from Medellín

Santa Bárbara (*altitude*: 1,857 m), 57 km south of Medellín on the main road via the town of Caldas, with stunning views in every direction of coffee, banana and sugar plantations, orange-tiled roofs and folds of hills. Hotels and restaurants on main plaza; bus from Medellín, US$1.20. A further 26 km is **La Pintada** (camping; hotels **E-F**). Here the road crosses the Río Cauca, then splits. To the left is the particularly attractive road through Aguadas, Pácora and Salamina, all perched on mountain ridges, to Manizales.

Alternatively, from La Pintada, the main road goes up the Cauca valley through **Supía**, a pleasant town 140 km south of Medellín (**F** *Hotel Mis Ninietas*, near plaza, unsigned, bath, clean) and **Riosucio**, a delightful town with fine views and a large colonial church (many restaurants and shops). At Anserma the road turns east to Manizales via Arauca. There is beautiful country on the west side of the Río Cauca.

Shortly after Caldas, a road to the right (west) descends through Amagá to cross the Cauca at Bolombolo. From here, several attractive towns can be visited. **Jericó**, is an interesting Antioquian town with a large cathedral, several other churches, two museums and a good view from *Morro El Salvador*. **Andes** is a busy town, several places to stay and to eat, all on Cra 50/51; attractive waterfalls in the neighbourhood, and **Jardín** is 16 km southeast of Andes. This Antioquian village is surrounded by cultivated hills and the plaza is full of flowering shrubs and trees. There is a delightful festival (*Fiesta de las Rosas*) in January. The small museum in the Casa Cultura has paintings and local artifacts, and a bank that accepts Visa cards. **A** *Hacienda Balandú*, 5 km from town, T845 5561, comfortable rooms, pool, gardens, good restaurant, reservations T511 3133 (Medellín). Several *residencias* and restaurants on or near plaza. Buses from Medellín (Terminal Sur), 4 hours; to Riosucio, 3 hours, US$4.40.

Department of Chocó

Stretching between the Cordillera Occidental and the Pacific Coast, from Panamá to Valle del Cauca, Chocó is one of Colombia's least developed and most beautiful departments. The scenery is spectacular, with pristine rainforest descending the mountain slopes to the sea. It is also one of the rainiest regions on earth ('dry season': December to March). In the northern part of the department, the mountain ranges rise directly from the ocean to reach a height of about 500 m. Transport is limited to water routes along the Pacific coast from Buenaventura in the south and up the rivers. Road access is via two unpaved routes across the Cordillera Occidental, one from Medellín via Bolívar, just described, the other from Pereira to the southeast via La Virginia and Pueblo Rico (see page 827).

Chocó is very sparsely populated. The coastline, apart from a small number of emerging tourist spots, is dotted with fishing villages whose inhabitants are of African origin. Inland along the rivers are indigenous communities, whose lifestyle is based on hunting, fishing, and subsistence farming. Along the Río San Juan, in the south, there is gold prospecting around the towns of Tadó and Istmina. The construction of a road to the mouth of the Río Tribugá, where a deep sea port is planned as an alternative to Buenaventura, is raising fears of serious threat to Chocó's unique environment. Precautions against malaria, yellow fever, and dengue are recommended. **The Department of Chocó, especially the lower Atrato, remains a very dangerous area in 2003 (guerrillas, paramilitaries, kidnappings, drug running). Much caution and detailed advance enquiry are recommended**. See also warning on page 798.

Quibdó is on the eastern bank of the Río Atrato. Prices are higher here than in central Colombia (higher still in the coastal villages), so it is a good place to get supplies. There is an interesting mural in the cathedral. Hordes of birds fly in to roost at dusk and there are magnificent sunsets. The San Francisco de Asís festival is held on 4 August, and the Fiesta de Los Indios at Easter.

Quibdó
Phone code: 94
Colour map 1, grid B2
Population: 131,000
Altitude: 50 m

Sleeping and eating E *Cristo Rey*, C 30, No 4-36, T671 3352. Bath, fan, safe. E *Del Río*. Good, with bath, safe, free coffee, its restaurant, *Club Náutico* on 2nd floor has an excellent bar, good food and views. F *Pacífico*. Good rooms and beds. F *Residencia Darién*, Cra 4, No 26-68, T671 2997. Bath, fan, space to park motorcycle. F *Oriental*. No private showers, quiet, charming proprietor. An excellent eating place is El Paisa, Cra 4, No 25-54. *Chopán* bakery, good pastries and coffee.

Transport Air Flights daily to **Medellín**, less frequent to **Bogotá** and nearby towns with *Satena*. **Bus** *Transportes Ochoa* to **Medellín** via **Bolívar**, 5 daily, 10-12 hrs, US$7.50 regular, US$14 luxury coach. Buses daily to **Manizales** and Pereira via Tadó, and La Virginia. Local service to Santa Cecilia and Tadó. **River** From Buenaventura up the Río San Juan to Istmina and on by road; services infrequent. Irregular cargo service down the Río Atrato to Turbo and Cartagena takes passengers. Enquire at the wharves and deal directly with boat captains.

Directory Banks *Banco de Bogotá*, cash against Visa, other banks do not change money. A few shopkeepers sometimes change US$ cash, but rates are poor. Best to buy pesos before arriving. **Useful addresses DAS Office:** C 29, Cra 4. No entry or exit stamps.

The road to Manizales and Pereira begins in a very poor state. Most is through pure jungle with colourful butterflies, waterfalls and few people. 60 km south is Las Animas where there is a turning east to cross the San Juan, reaching **Tadó** (8 km from Las Animas), with a silver-fronted church. E *Hotel Macondo*, very basic but restaurant OK; at least one other *residencia* and good places to eat. After crossing into Risaralda Department, the road improves before reaching the Cauca Valley (see page 827).

On the Gulf of Tribugá, surrounded by estuaries and virgin beaches, **Nuquí** is gaining popularity among Colombian sports fishermen and vacationers. A number of luxury homes have been built nearby. To the south lies the wide curve of Playa Olímpica. To the north is the even smaller hamlet of Tribugá, a splendid beach and the proposed site of a deep sea port (see above). About 50 km north of Nuquí along the coast, **El Valle** has the best bathing and surfing beaches in the area. El Almejal, north of town, is recommended, with several large but simple tourist complexes with rooms and cabins. Between Nuquí and El Valle is **Parque Nacional Ensenada de Utría**, home to two varieties of whales, corals, needlefish, and many other aquatic

The Pacific Coast

Colombia

species. The surrounding hillsides are covered with pristine rainforest and there are several magnificent white sand beaches. Unfortunately the Park was closed at the time of writing (mid-2003). It is, however, worth enquiring if it can be visited. Normally boats hired from El Valle take 1½ hours and cost approximately US$16 return. From Nuquí, US$24. Insist on a life jacket.

Sleeping and eating in Nuquí Along the beach at the north end of town, there are several tourist hotels usually fully booked during the holiday period, best to make arrangements through travel agents in Medellín. Smaller places include: **D** *Rosio del Mar*. Cabins with bath. **E** *Doña Jesusita*, at south end of town. Basic. Felipe and Luz Largacha will sometimes rent rooms in their home (along main street south of town centre), **F**, basic. On Playa Olímpica, the Morenos run a small hotel, **E-F** range, shared bath, pleasant. You can also pitch your tent in their coconut grove for a small fee, hammock not recommended because of heavy rains and vicious sandflies at night (mosquito net recommended, repellent a must). Meals available if arranged in advance. Several small restaurants on road to airport serving mostly fish. Shops are well stocked with basic goods, prices somewhat higher than in Quibdó. Near Nuquí are the *Cabañas Pijiba*, T260 8265 (Medellín), www.pijiba.com Award-winning ecotourism development with full board, guided trips, diving, forest walks, airport pick-up, US$200 pp for 3 days/4 nights (low season) to US$350 (high season). **Between El Valle and El Almejal** are **F** *Cabinas Villa Maga*, safe, family run. For more expensive accommodation, enquire in Medellín.

Transport As yet there is no **road** access for regular vehicles to Nuquí. A rough road runs 18 km from El Valle to Bahía Solano (passes by airport before town). Jeeps leave every morning, 1 hr ride, US$2.50, tickets can be purchased 1 day in advance. There are **launches** south to **Arusi** (Mon, Wed, Fri), and north to **El Valle** (Tue, Thu, Sat), as well as occasional coastal vessels (small fuel barges) to **Buenaventura**. Sea taxis will take you to beaches along the coast.

Bahía Solano
Phone code: 9816

The town lies on a large bay set against jungle covered hills. As a resort, it gets quite busy during holiday periods when prices rise. Good bathing beaches may be reached by launch or by walking about 1½ hours at low tide (for example Playa Mecana. Be sure to return before the tide rises or you will be stranded).

Sleeping and eating **B** *Balboa Palacio* Cra 2, No 6-73, T27074. Best in town, pool, boat service to bathing beaches. **D** *Mr Jerrys*. Hammocks cheaper, boat trips, snorkelling available. **E** *Bahía*, C 3, No 2-40, T27048, in same street as Satena office. With fan and private bath, good restaurant. **F** *Hostal del Mar*, across the street. Good, excursions arranged. Several others. Good food at *Las Delicias* and at the restaurant run by Señora Ayde near the *Balboa* hotel.

Transport There is daily jeep service to El Valle (see above). Launches and occasional coastal cargo vessels north to Juradó and south to Buenaventura (eg M/n Fronteras, US$45 including food, 36 hrs, cramped bunks).

La Zona Cafetera and the Cauca Valley

Modern and colonial cities line both the fertile western slopes of the Cordillera Central which is the centre of Colombia's coffee production, and the narrow Cauca valley, whose focus is Cali, the country's southern industrial centre, served by the Pacific port of Buenaventura. The three departments of Caldas, Quindío and Risaralda are generally known as the 'Zona Cafetera'. Much of the land here is between the critical altitudes for coffee of 800 m-1,800 m, and has the right balance of rain and sunshine.

Manizales

Manizales is dominated by its enormous (still unfinished) concrete Cathedral and the Nevado del Ruiz volcano, which erupted so catastrophically in November 1985. It sits on a mountain saddle, which falls away sharply from the centre into the adjacent valleys. The climate is humid (average temperature is 17°C, and the annual rainfall is 3,560 mm), encouraging prodigious growth in the flowers that line the highways to the suburbs north and south. Frequently the city is covered in cloud. The best months of the year are from mid-December through to early March. The city looks down on the small town of Villa María, "the village of flowers", now almost a suburb. Early in January the *Fair and Coffee Festival* is held, with bullfights, beauty parades and folk dancing.

Phone code: 96
Colour map 1, grid B2
Population: 335,000
Altitude: 2,153 m
309 km from Bogotá

Sights Several earthquakes and fires have destroyed parts of the city over the years, so the architecture is predominantly modern with high-rise office and apartment blocks. Traditional architectural styles are still seen in the suburbs and the older sections of the city. The departmental **Gobernación** building, opposite the Cathedral in the Parque de Bolívar, is an imposing example of neocolonial architecture; the **bullring** is an impressive copy of the traditional Moorish style. Along Avenida 12 de Octubre to the suburb of Chipre is a recreational park, providing a great view to the west (well-visited on Sunday); El Tanque, on the Avenida, is a popular landmark.

Banco de la República has a gold and anthropology museum with classical music every afternoon. ■ *Open during banking hours, Cra 23, No 23-06.* **Universidad de Caldas** has a natural history museum with good selection of butterflies, moths and birds. ■ *Daily 0800-1200, 1400-1800 (take a 'Fátima' bus to the University).* **La Galería del Arte**, Avenida Santander at Calle 55, has exhibitions of work by local artists. Pictures can be bought.

Sleeping
In Jan hotel prices are increased

AL *Las Colinas*, Cra 22, No 20-20, T884 2009, F884 1590. 2 bars, good restaurant, comfortable. **B** *Europa*, Av Centenario, No 25-98, T889 2333, T/F897 1239. Near the bull-ring, restaurant, comfortable, very helpful. **C** *La Posada del Café*, Av Centenario No 24-12, T889 2385. Restaurant, parking, ask for room with view of Nevado del Ruiz. **C** *Tamá Internacional*, C 23, No 22-43, T884 2124, next to Cathedral. With bath, popular lunchtime restaurant, good but noisy. **D** *Rokasol*, C 21, No 19-16, T884 2084. Hot water, good restaurant, good reports. **E** *Residencias Avenida*, C 21, No 20-07, T883 5251. With bath, safe. **E** *California*, C 19, No 16-37, T884 7720. Modern, laundry facilities, safe, car parking, good. **F** *Marana*, C 18, No 17-34, T884 3872, 1 min from bus station. Bath, hot water only in the morning. **F** *Residencias Margarita*, C 17 No 22-14. Good but noisy, safe, private parking opposite. Several **F** range hotels around C 18, Cra 22-23.

Eating *El Balcón del Arriero*, Cra 23, No 26-18. Good local dishes, reasonable prices. *Las Brasas*, Cra 23, No 75A-65. Good grill and *comida típica*. *Caballo Loco*, Cra 61, No 23-07. Good. Another with the same name at C 21, No 23-40 is mainly a bar but serves good pizzas. *Casa Kena*, Cra 23, No 72-49. Good Italian, fresh pasta daily, Caruso recordings. *Fonda Paisa*, Cra 23, No 72-130. Nice local dishes with local Andean music. *Las Redes*, Cra 23, No 75-97. Predominantly sea food, good but pricey. *El Ruiz*, Cra 19, No 22-25. Filling 3-course meal. **Cafés**: *Punto Rojo*, Cra 23, No 21-41. Good quality cafetería.*La Suiza*, Cra 23, No 26-57. Good fruit juices and cakes.

Entertainment **Cinema and theatre** *Teatro de los Fundadores* is a modern cinema-theatre auditorium. Interesting wood-carved mural by Guillermo Botero, who also has murals in the entrance hall of the *Club Manizales* and *Hotel Las Colinas*. Events held here and at other locations during *Theatre Festival* in **first 2 weeks of Sep**. Free films at the *Universidad de Caldas* on Wed at 1700. Good way to meet students.

Transport **Air** *Aces*, T881 2237, flies to Bogotá. **Bus** New terminal with good restaurant, C 19 between Cras 15 and 17, T884 9183. Buses to **Medellín**: via Neira and Aguadas, 6 hrs, US$8; via Anserma, 10 hrs, 1st class US$8; colectivo to Medellín, US$10. Bus to **Bogotá**, *Pullman*,

Colombia

US$11, 7-9 hrs; *buseta*, US$13.50. To **Honda**, US$5. **Cali**, hourly, 7 hrs, US$9. **Pereira**, ½-hourly, 1½ hrs, excellent road, beautiful scenery, US$2. **Armenia**, 3 hrs, US$4. To **Quibdó**, via Pereira, 14-17 hrs, US$16.

Directory **Banks** *Lloyds TSB Bank*, Cra 23, No 56-42, and other banks. **Tourist office** Fomento y Turismo C 29, No 20-25, T884 6211/2266. Open Mon-Fri 0800-1200, 1400-1800. **Useful addresses** DAS Office: C 53, No 25A-35, T881 0600. **MA**, Cra 23, No 54-04, T881 2210.

Parque Nacional Los Nevados

This is a park with all the wild beauty of the high Cordillera, with mountains (snowcapped above 4,850 m), dormant volcanoes, hot springs and recent memories of tragic eruptions. The park comprises 58,000 ha and straddles the departments of Caldas, Quindío, Risaralda, and Tolima.

To visit Nevado del Ruiz (5,400 m) with a vehicle, take the Bogotá road from Manizales, to La Esperanza (22 km). Leave the main road here to the right for excursions towards the volcano. For an alternative route, make for the Barrio La Anea (next to the airport) continuing on an unpaved road for 22 km to the hot pools at Termales del Ruiz at 3,500 m. 7 km further on, this road meets the road coming from La Esperanza. Turning right, and continuing 2 km brings you to Las Brisas (small restaurant 2 km beyond). You can walk from Las Brisas down to Manizales in a day, stopping along the way at the *Hotel Termales del Ruiz* (see Sleeping).

Past Las Brisas the road forks. To the left it continues over enormous landslides caused by the 1985 Nevado del Ruiz eruption, to the village of Ventanas (a very scenic drive) and on to Murillo in the department of Tolima. To the right it climbs steeply for 1 km to reach the **park entrance and visitors' centre** at 4,050 m. In 4 km at 4,150 m is *Chalet Arenales* (see Sleeping). The turnoff (left) to Nevado del Ruiz is 10 km beyond the park entrance and you can drive to within 2 km of the snow line. On foot from 4,050 m to the summit takes six to seven hours if you are acclimatized. At 4,800 m, there is a basic hut, no water, no beds nor any facilities, but there may be refreshments during the day. Ask at the entrance if it is open. From here, it is about three hours to the summit. An authorized guide is obligatory if you wish to climb from the snowline to the crater (beware of fumaroles of toxic gas). Another climb nearby is La Olleta (4,850 m), the ash cone of an extinct volcano. You can go into the crater, but note your route well as fog can obliterate landmarks quickly. The road continues (south) below the Nevados del Cisne and de Santa Isabel between which you can visit the Laguna Verde. Four-wheel drive vehicles are necessary beyond Nevado del Ruiz. 20 km further along the road and 39 km beyond the turnoff to Nevado del Ruiz is Laguna del Otún at the southern end of the park, trout fishing and camping with permission of *MA*.

Park information & tour operators Entry is US$3, vehicle US$2.50. For information in Manizales contact **MA**; or the tourist office in Manizales, which organizes day trips to Nevado del Ruiz at weekends (US$16 1 day, leave 0800, return via hot pools). A warmly recommended guide is *Javier Echavarría Carvajal*, T Manizales 874 0116. See under Pereira, page 828, for access from that city and under Ibagué, page 815, for Nevado del Tolima. Visitors to the park should come prepared for cold, damp weather, and remember to give themselves time to acclimatize to the altitude. Maps of the area are available at the **Instituto Geográfico** in Manizales, C 24, No 25-15, T884 8275.

Sleeping **B** *Hotel Termales del Ruiz*, T880 9832, at 3,500 m. Comfortable, with restaurant and good thermal pools on premises. You can camp at various places outside the park or inside with a permit (US$12.50 for space for 5 persons), but it is cold, you will need a good sleeping bag, but beautiful surroundings. 4 km from the park entrance is the new *Chalet Arenales*, T880 3553, at 4,150 m run by Carlos Alberto. **D** pp including sleeping bag, food, hot showers, cooking facilities, crowded at weekends. There is room for 20 people, best to book through **MA** beforehand. You can stay at the *Casa El Cisne*, a small farm at 4,200 m near Laguna Verde (see above), where a farmer allows camping (**G**) and has rooms (**F** pp), breakfast and dinner available, US$1.50-2.

For those without transport, it is still possible to reach Las Brisas and the park entrance with a milk truck that leaves the *Celema* dairy in Manizales, Cra 22, No 71-97, between 0500 and 0600 daily US$3, returning in the early afternoon. The *Rápido Tolima* bus daily, check time, from the Terminal in Manizales to Murillo passes near the entrance to the Park, US$3, 2 hrs.

Transport

Pereira

Capital of Risaralda Department, Pereira stands within sight of the *Nevados* of the Cordillera Central. A severe earthquake on 5 February 1995 badly damaged several buildings and the city was also affected by the earthquake which devastated Armenia in 1999 (see below). Pereira is a pleasant modern city, founded in 1863. The central **Plaza de Bolívar**, is noted for the striking sculpture of a nude Bolívar on horseback, by Rodrigo Arenas Betancur. There are other fine works of his in the city. There are three other principal parks: the most picturesque is the Parque del Lago, with an artificial lake; a fountain is illuminated several times a week. (Good Christmas illuminations, too.) The **Cathedral** is unimpressive from the outside but has an elegant and interesting interior. The **Museo Quimbaya de Oro**, in the *Banco de la República* building, Avenida 30 de Agosto/Calle 35 is worth a short visit.

Phone code: 96
Colour map 1, grid B3
Population: 432,000
Altitude: 1,476 m
56 km SW of Manizales

A *Gran*, C 19, No 9-19, T335 9500, F335 7798. Including breakfast, older hotel, good restaurant, bar, travel agency, well managed. Recommended. **C** *Marandúa*, Cra 8, No 14-73, T335 7131, F333 4081. Central, restaurant. Recommended. **C** *Cataluña*, C 19, No 8-61, T335 4527, F333 0791. 2 floors up, hot water, spacious. **C** *Royal*, C 16, No 7-56, T335 8847. 2 floors up, hot water. Recommended. **D** *Residencias Minerva*, C 18, No 7-32, T333 4493. Central, safe, TV. **D** *Ocmara*, Cra 8, No 24-55, T335 0531. Cheaper without bath/breakfast, fan, secure, hot water, cable TV. Recommended.

Sleeping

El Balcón de los Arrieros, Cra 8, No 24-65. Local and international, good food. *El Vitral*, Cra 15, No 11-55. International food, very good. *Naturista*, C 18, No 5-30. Good. There are good restaurants on Av 30 de Agosto (the road west to the airport), including *Kisses Parrilla*, No 46-05, good steaks. Also, past the *Hotel Meliá* on the Av Circunvalar going east, No 6-55, *Mi Ciudad*, good meat, dishes. On the same road at C 5, La Terraza, *Pizza Piccolo*, good Italian food, excellent pizzas. Recommended. **Cafés**: *Pastelería Lucerna*, C 19, No 6-49. Large coffee shop, fountain/garden, good cakes, snacks, ice cream, clean.

Eating

Eco Sueños, C 25, No 6-57, T333 9955. Trips arranged to Ucumari Park, Los Nevados etc, manager, Soraya Quintana, very helpful and a fully qualified guide. Recommended. *Tierra Mar Aire*, Av Circunvalar No 14-60, T335 6565. General travel agency, good service.

Tour operators

Air Matecaña airport is 5 km to the south, bus, US$0.25. Daily flights to **Miami**, **Bogotá**, **Cali**, **Cartagena** and **Ibagué**; less frequent to other cities. **Bus** New bus terminal, clean, with shops, 1½ km south of city centre. Bus to **Armenia**, 1 hr, US$2, a beautiful trip. To **Cali**, US$8, 4½-5 hrs, buses by night, take colectivo by day, same price. To **Medellín**, 8 hrs, US$10. **Manizales**, US$2, 1½ hrs. To/from **Bogotá**, US$10-12, 7 hrs (route is via Girardot, Ibagué and Armenia).

Transport

Banks *Lloyds TSB Bank*, Cra 7, No 18-70, Suite 201, changes Amex TCs with purchase receipt, cash against most credit cards, good rates, open 0800-1130, 1400-1600. *Bancolombia*, Cra 8, No 17-50, changes TCs. Few other banks take TCs but some have ATMs, which take foreign cards. *Casas de cambio* change cash and some exchange TCs: several around Cra 9/C 18. **Tourist offices** Compañía Regional de Turismo de Risaralda (*Corturis*), Edif de la Gobernación, Av 30 de Agosto, C 18/19, T335 0786, F335 3994. Oficina de Fomento al Turismo, Cra 7, No 18-55, 2nd floor, T335 7132/7172. Corporación Autónomo Regional de Risaralda (*Carder*), C 24, No 7-29, p 4-5, T335 4152, F335 5501, www.carder.gov.co For information and permission to visit local national parks.

Directory

Northwest of Pereira, 30 km towards the Río Cauca, is **Marsella**, and the **Alexander von Humboldt Gardens**, a carefully maintained botanical display with cobbled paths

Colombia

and bamboo bridges. Just outside the town is **AL** *Ecohotel Los Lagos*, T368 5164, previously a gold mine, then a coffee *hacienda*, now restored as a hotel and nature park.

Parque Ucumari

This is one of the few places where the Andean spectacled bear survives

From Pereira, a two to four-day excursion to the beautiful **Parque Ucumari** is recommended. There is excellent camping, US$2 per person or US$30 for three good meals and dormitory for the night at the *Pastora* refuge. From *La Pastora* it is a steep, rocky 1-2 day hike to Laguna de Otún through beautiful scenery of changing vegetation (see page 826). The **Otún Quimbaya** flora and fauna sanctuary forms a biological corridor between Ucumari and Los Nevados; it protects the last remaining area of Andean tropical forest in Risaralda. There are marked paths, *cabaña* accommodation, camping and meals available. ■ *US$1. Permission to visit must be obtained from Carder* (see under Tourist offices above). *Access from La Suiza, 14 km east of Pereira (bus US$2.50, 45 mins).* Enquire also of *Carder* about hikes to the **Nevado del Ruiz** (see also page 815 and page 826).

Pereira to Armenia

A 44 km road runs through the heart of the *Zona Cafetera*. A turn off at the *Posada Alemana* goes east for 9 km to **Salento** (*Population*: 3,500. *Altitude*: 1,985 m. *Phone code*: 96), well into the foothills of the Cordillera. This small town is brightly painted with an attractive plaza. Up Carrera 6 (continuation of the north side of the plaza) is a 250-step climb, 14 stations of the cross to measure your progress, to an outstanding viewpoint, overlooking the upper reaches of the Quindío and Cárdenas rivers known as the Cocora valley, one of the finest views in Colombia. It is a popular weekend resort for Colombians for walking, riding and trekking but quiet during the week. ■ *Buses to Armenia half-hourly, US$1.40, 40 mins. To Pereira, hourly, US$2.50, 1 hr.* For tourist information about the area, contact *Fundación Herencia Verde*, Calle Real (Carrera 6), No 2-15, Salento, T759 3142, or in Cali, Calle 4 Oeste, No 3A-32, T881 3257. Trips can be arranged with guides and extended to the Parque Nacional de los Nevados and Nevado del Tolima.

Sleeping and eating **B** *La Posada del Café*, Cra 6, No 3-08, T759 3012. Breakfast, pleasant patio. **D** *El Caserón*, Cra 6, No 2-46, T759 3090. Pleasant atmosphere, cooking facilities, good restaurant with trout specialities. *La Fogata de Salento*, Cra 3, esq Las Colinas, T759 3248. Good food. *Café Patacón y Trucha*, on Plaza. Good fish. There are other places to eat and to stay, ask around, but make arrangements early in the day.

Valle de Cocora

The centre of the Cocora valley is 12 km up from Salento along a rough track, jeeps take about 40 minutes, US$6. Three restaurants (*Las Orillas, Las Palmas* and *Bosque de Cocora*) serve food at weekends, check in Salento during the week. Some 5 km beyond Cocora at 2,770 m is the **Acaime Natural Reserve** with a visitor centre, ponies for hire, accommodation for 20 and a small restaurant. There are lots of humming birds, cloud forest and the most important area of wax palm (the national tree and one of the tallest trees of the world).

Armenia

Phone code: 967
Colour map 1, grid B2
Population: 220,000
Altitude: 1,838 m

The capital of Quindío Department is reached from Ibagué by the Quindío pass. The city was founded in 1889. In January 1999, an earthquake flattened much of the city and parts of the surrounding department were also badly damaged. In 2003 the centre is still a major building site but the impressive resurrection continues and Armenia is as busy as ever. The fine example of Rodrigo Arenas Betancur's work, the **Monumento al Esfuerzo**, in the Plaza de Bolívar poignantly portrays the spirit of the local people. The two main churches, the cathedral and San Francisco church were both badly damaged but repairs are all but complete and they are open again to the public. Few important buildings were spared and services are often in temporary accommodation. We list restored or rebuilt permanent locations. Banks are operating normally. There is no reason for leaving Armenia out of your itinerary. Indeed

Coffee breaks

The decline of coffee prices since 1992 has had a significant effect on the Colombian coffee finca. Coffee is still by far the most important agricultural product of the area, but there has been a good deal of diversification into other crops as varied as flowers, asparagus and even bamboo. Recently, the idea caught on to open the farms to tourism. No two fincas are the same they range from beautiful historic country

mansions to modest accommodation. Urban Colombian families are increasingly spending their holidays in such places and this is being broadened to include foreign visitors. For information on the possibilities, contact travel agents (Eco-Guías in Bogotá is specially recommended), or the tourist offices in Manízales, Pereira and Armenia. Turiscafe, C 19, No 5-48, Of 901, T3254157, Pereira has good information.

visitors and tourists are welcome. **Parque de la Vida**, in the north of the city has bamboo structures, waterfalls and a lakeside theatre.

C *Maitamá*, C 21 No 16-45, T741 0488. Moved and rebuilt 1999, central. Recommended. **C** *Mariscal Sucre*, Cra 17 No 18-33, T741 0867. Hot water, discounts possible, TV. **E** *Imperial No 2*, Cra 19/C 21. Central, with bath, cold water, safe. **E** *Moderno Aristi*, C 18, No 19-67, T744 1286. With bath, TV, hot water. **F** *Los Viajeros*, Cra 18, No 17-22, T744 2039. With bath, laundry service, cooking facilities, OK.

Sleeping
Enquire in hotels for the present addresses of the tourist authorities

Casa Verde, Cra 14 No 11A-25, T746 6093. Seafood, meat dishes, expensive/mid-range. *La Fogata*, Av Bolívar No 14N-39, T749 5980. International menu, expensive but good. *Mateo Madero*, Cra 14, No 35N-96, T749 3716. Steaks, good value. *Parador Los Geranios*, Cra 14, No 53N-34, T749 3474. Typical food, very popular, good value, speciality: *frijol garra picada*. Recommended. **Cafés**: *Pastelería Lucerna*, C 20, No 14-43. Light meals, good quality.

Eating

Air El Edén, 13 km from city. Several daily flights to **Bogotá**; fewer daily to **Medellín**. Fog often makes air services unreliable. **Bus** Terminal at Cra 19/C 35. To **Ibagué**, US$4. To **Bogotá**, hourly, 9 hrs, US$12. To **Neiva**, US$16. **Cali**, US$7, 3 hrs, frequent service.

Transport

Some 12 km northwest of Armenia is **Montenegro**, near which is the **Parque Nacional del Café**, near Pueblo Tapao. There are restaurants, a botanical garden, ecological walks, a Quimbaya Indian cemetery, a tower with a fine view and an interesting museum which covers all aspects of coffee. A cableway links to a children's theme park with many facilities (additional charges). ■ *The park is open Tue-Sun, 0900-1600, US$4, children US$2.50, parking US$1, T752 4174, F753 6095. Take a bus (US$0.35), or colectivo (US$0.45) from Armenia to Montenegro and then a jeep marked 'Parque' (US$0.25) or taxi (US$2) to the entrance.* Beyond Montenegro is **Quimbaya.** Nearby is a large theme farm with many varieties of horses (and a very good show/display), cattle and other animals, a silk farm etc. A good family outing. ■ *Tue-Sun 1000-1800, US$5, reductions for children etc.*

Parque Nacional del Café

South to the Cauca Valley

From Pereira and Armenia roads runs west to Cartago, at the northern end of the rich Cauca Valley, which stretches south for about 240 km but is little more than 30 km wide. The road, the Panamericana, goes south along this valley to Cali and Popayán, at the southern limit of the valley proper. There it mounts the high plateau between the Western and Central Cordilleras and goes through to Ecuador.

Colombia

Cartago

Phone code: 92
Colour map 1, grid B2
Population: 130,000
Altitude: 920 m
25 km SW of Pereira

Founded in 1540, Cartago still has some colonial buildings, particularly the very fine **Casa del Virrey**, Calle 13, No 4-29 and the **cathedral**. Cartago is noted for its fine embroidered textiles. **D** *Don Gregorio*, Carrera 5, No 9-59, T211 5116, swimming pool, a/c. **F** *Río Pul*, Diag 3, No 2-146, T211 0622/0623, fan and bath. Recommended. Many hotels in area around bus terminals (Carrera 9) and railway station (Carrera 9 y Calle 6).

Transport Buses to Cali, US$6, 3½ hrs. To Armenia, US$1.75, 2-3 hrs. To Pereira, US$1.50, 45 mins. To Medellín, US$12, 7 hrs.

Lago Calima

If you take the road from the colonial city of Buga, south of Cartago, to Buenaventura you pass the **Laguna de Sonso** reserve, good for birdwatching, before crossing the Río Cauca. Beyond the river, near the crest of the Cordillera, is another park, **Reserva Natural Bosque de Yotoco**, noted for orchids. The road continues to the man-made **Lago Calima**. Many treasures of the Calima culture are said to have been flooded by the lake, when the dam was built. This is an important centre for watersports, riding and other activities. The northern route round the lake goes through **Darién** at 1,500 m with an archaeological museum. ■ *Tue-Fri 0800-1700, Sat-Sun 1000-1800, with good displays of Calima and other cultures.* There is a tourist office at Calle 10, No 6-21, and hotels in the village, as well as cabins available at a Centro Náutico on the lakeside. Camping is possible near the village. Direct buses from Buga to Darién (2 hours), and Cali (4 hours).

Cali

Phone code: 92
Colour map 1, grid B2
Population: 1,780,000
Altitude: 1,030 m

Cali may be second to Bogotá in terms of size, but this vibrant, prosperous city is very much número uno when it comes to partying. Cali calls itself the Salsa capital of the world, and few would dispute that claim. The sensuous, tropical rhythms are ubiquitous, seeming to seep from every part of the city's being. Cali's other major claim, and rather more contentious, is that it boasts the most beautiful girls in the country. You can judge for yourself! This capital of Valle del Cauca Department is set in a rich agricultural area producing sugar, cotton, rice, coffee and cattle. It was founded in 1536, and until 1900 was a leisurely colonial town. Then the railway came, and Cali is now a rapidly expanding industrial complex serving the whole of southern Colombia.

Ins & outs

See also Transport, page 833

Getting there Palmaseca **airport** is 20 km from city. It has *casa de cambio*. **Bus Terminal** is at C 30N, No 2A-29, 25 mins walk from the centre (leave terminal by the taxi stands, take first right, go under railway and follow river to centre). Hotel information available, left luggage US$0.60 per item, good food at terminal. Bus information, T668 3655. *Casa de cambio*, cash only. Showers on second level (US$0.40). Buses between the bus station and the centre charge US$0.10. Taxi from centre to bus station, US$1.50.

Getting around Ensure that taxi meters are used. Prices, posted in the window, start at US$0.15. Extra charge on holidays, Sun and at night.

Sights

The city's centre is the **Plaza de Caicedo**, with a statue of one of the independence leaders, Joaquín Caicedo y Cuero. Facing the plaza are the **Cathedral**, the **Palacio Nacional** and large offices. Nearby is the church and monastery of **San Francisco**. Inside, the church has been renovated, but the 18th century monastery has a splendidly proportioned domed belltower. From the 18th century church of **San Antonio** on the Colina de San Antonio there are fine views. Cali's oldest church, **La Merced** (Calle 7, between Carreras 3 and 4), has been well restored by the Banco Popular. The adjoining convent houses two museums: **Museo de Arte Colonial** (with permission of the nuns) and the **Museo Arqueológico** with pre-Columbian pottery. ■ *Mon-Sat 0830-1230, 1330-1730, US$1.* Another church worth seeing is the gothic-style **La Ermita**, on the river between Calles 12 and 13 **Museo Calima**, at Calle 7, No 4-69,

Banco de la República building, has pre-Columbian gold work and pottery. ■ *Mon-Sat 0800-1800, free.* Across the river, which is two blocks from the Plaza de Caicedo, is the Centro Administrativo Municipal (CAM) and the main post office.

Museo de Arte Moderno La Tertulia, Av Colombia, No 5-105 Oeste, exhibits South American, including local, modern art. ■ *Tue-Sat 0900-1300, 1500-1900, Sun/holidays 1500-1900.* There is an orchid garden, **Orchideorama**, at Av 2N, No 48-10, T6643256, annual show, November. ■ *Closed Sun, free.* To view the city, take a taxi to the **Monumento Las Tres Cruces**, northwest of the city or to the **Monumento Cristo Rey**, 1,470 m, to the west of the city. The huge statue of Christ can be seen 50 km away across the Río Cauca. It is also worthwhile going up the skyscraper Torre de Cali for a view of the city, but you may have to buy an expensive meal as well.

ALIntercontinental, Av Colombia, No 2-72, T882 3225, www.intercontinental.com Modern, central, pool, 4 restaurants, good buffets, pleasant. **A** *Aristi*, Cra 9, No 10-04, T882 2521, www.hotelaristi.com.co Weekend discounts, art-deco style, large and old by Cali standards, unmodernized rooms much cheaper, turkish baths, rooftop pool, restaurant. Recommended. **A** *Don Jaime*, Av 6N, No 15N-25, T667 2828. Good, restaurant recommended. **B** *Pensión Stein*, Av 4N, No 3-33, T661 4927, F667 5346. With breakfast, some cheaper rooms, very good, quiet, excellent food, French, German and English spoken, Swiss-run, swimming pool. Recommended. **B** *La Merced*, C 7, No 1-65, T882 2520, F884 6330. Swimming pool, pleasant staff are very helpful, good restaurant, English spoken. Recommended. **B** *Hostal Casa Republicana*, C 7 No 6-74, T896 0949/683 5348, F896 0840. Colonial house, attractive, cable TV, restaurant, good value. **C** *Royal Plaza*, Cra 4, No 11-69, T883 9243. On Plaza de Caicedo, good restaurant with view, comfortable. **D** *del Puente*, C 5, No 4-36, T893 8484, F893 8385. Stores luggage. Recommended. **D** *María Victoria*, C 10, No

Sleeping

■ *on map*
Although the atmosphere in Cali is quite relaxed, carry your passport (or photocopy) at all times and be prepared for police checks. At night do not walk east or south of Cra 10 and C 15

Colombia

Cali

To Monumento Las Tres Cruces

To Buenaventura

To Museo de Arte Moderno La Tertulia

San Antonio

La Merced

Museo Calima

Banco de la República

Teatro Municipal

San Francisco

Centro Administrativo Municipal

Río Cali

Plaza de Caicedo

La Ermita

Palacio Nacional

Cathedral

To Popayán

Airport & Palmira

N

0 metres 100
0 yards 100

■ **Sleeping**	7 Iguana	14 Pensión Stein
1 Aristi	8 Intercontinental	15 Plaza
2 Calidad House	9 JJ	16 Residencial Chalet
3 del Puente	10 Latino	17 Royal Plaza
4 Don Jaime	11 La Merced	18 Sartor
5 El Porvenir	12 Los Angeles	
6 Hostal Casa Republicana	13 María Victoria	

3-38, T882 3242. 24-hr restaurant. **D** *Plaza*, Cra 6, No 10-29, T882 2560. Luggage stored, reasonably priced. **D** *Los Angeles*, Cra 6, No 13-109, T391 5517. Good. **E** *JJ Hotel*, Av 8 N, No 14-47, T681 9371. With bath, cheaper without, safe area, good value. **E** *Sartor*, Av 8 N, No 20-50, T668 7443, F661 5037. With bath, central, restaurant, will change money, Italian spoken. **E** *Iguana*, C 21 N, No 9N-22, T661 3522. Some cheaper accommodation, safe area, Swiss-run, laundry, email service, luggage store, motorcycle parking, excursions and language and Salsa classes arranged, excellent travellers' guest house. **E** *Latino*, C9, No 1-34, T889 2435. Spacious rooms with bath, good view from roof. **E** *Calidad House*, C 17N, No 9AN-39, T/F661 2338. Safe location, kitchen, laundry, will store luggage, pleasant, two big dogs. **F** *Residencial Chalet*, Av 4N, No 15N-43, T661 2709. Safe, quiet, dark rooms. **F** *El Porvenir*, Cra 1, No 24-29. Shared bath, cold water, no keys, no windows but quiet.

Out of town **L** *Pacífico Royal*, Cra 100B, No 11A-99, T330 7777, F330 6477, in south of city. 5-star, 9-storey building, excellent service with a personal touch usually only found in smaller hotels. **C** *Turístico La Luna*, Autopista Sur, No 13-01, T558 2611, F558 6367. Safe, large pool, restaurant, good parking. At the airport is **B** *Hotel Aeropuerto*, T666 3229, good.

Camping On south outskirts *Balneario Campestre*, Brisas Tropicales, swimming pools, refreshments, car camping, armed guards and dogs.

Eating
● *on map*
There are lots of sidewalk places to eat in the centre and along and near Av 6 in the north Cafés and ice cream parlours abound near the university, across the river from the main part of town

Caballo Loco, Av 6N y Cra 16N. European food. *Cali Viejo*, Cra 1, Parque El Bosque, T893 4927 (on south side of river near zoo). Colonial house, excellent local dishes. *Da Massimo*, Av 5N, No 46-10. Good Italian. *Don Carlos*, Cra 1, No 7-53. Excellent seafood, elegant, expensive. *Las Dos Parrillas*, Av 6N y C 35, T668 4646. Good steaks but expensive. *Los Girasoles*, Av 6 N y C 35, T668 4646. Excellent Colombian menu, fish, ask for day's special. Recommended. *Parilla de Esteban*, Cra 1, No 4-08. Good meat and fish. *El Quijote*, Cra 4, No 1-64. Atmospheric, European dishes, expensive. *Rancho Alegre*, Cra 1, No 1-155, T893 0980. Colombian food. *La Terraza*, C 16, No 6N-14. Elegant, music and dance, nice atmosphere. **Cheap**: *Aragonesa*, Av 6 N, No 13N-68. Good breakfasts. *Balocco*, Av 6N, No 14-04. Italian and Colombian, good value. *Fortissimo*, Av 6N, No 14-47. Good, cheap Italian, nice atmosphere. *Primos*, Av 5 B N, No 24N-95. Good meat dishes and hamburgers. Bread and pastries shops often have cafés or cafeterías eg *Punto Sabroso*, C 12, No 8-06; *Montecarlo*, C 10, No 8-69 in the centre. Cheaper are the *fuentes de soda*, mostly with Colombian style cooking, a decent meal costs US$2.50-3.

Vegetarian *Punto Verde*, Cra 6, No 7-40. Mon-Sat, lunch only. *Centro Naturista Salud*, C 17N, No 6-39. Set lunch US$2. *Casona Vegetariana*, Cra 6, No 6-56. Good food, juices and bread.

Bars & clubs
clubs are known locally as Grills. The ones along Av 6 N from C 16 upwards are safest and best known

Tropicali, Av 6 N, No 15-66 is one of the best with food and a range of entertainments. Many others nearby, or try *Tin Tin Deo*, C 5 y Cra 22, good atmosphere, small, intimate, salsa at weekends. *Taberna Latina*, C 5, Cra 36. Small and friendly. *Café Libro*, C 17 N, No 8N-49. Very popular, more expensive. *Zaperoco*, Av 6/C 17N. Good salsa bar. *Caliwood*, C 16N/Av 4N. Salsa in a relaxed and alternative setting. *Costenita*, Cra 15/C 15. Lots of local colour, open Thu-Sun. *Blues Brothers Bar*, C 26N, No 5AN-51. Run by Peter from Belfast. There is a nightlife tour Fri-Sat on a *chiva* (open-sided bus) to various discos, US$14. There is a school, *Profesional Académia de Baile*, Cra 4B, No 44-24, T446 2765, director Oscar Borrero, where you can perfect your Salsa. Also recommended, *Danzas y Artes*, C 17N, No 9N-29, T668 1341. For salsa and full range of Latin dance lessons.

Entertainment **Theatre** *Teatro Municipal*, Cra 5, No 6-64, T883 9107, major cultural activities, including opera and concerts. *Teatro Experimental*, C 7, No 8-63, T884 3820. Films Wed nights at *Centro Colombo-Americano*, C 13N, No 8-45, T667 3539. Also films on Fri nights at the *Alianza Colombo-Francesa*, Av 6 N, No 21-34, T661 3431. *Club Imbanaco*, C 5A, No 38A-14, T558 9520, old, popular movies. Films also shown at the *Museo La Tertulia*, Av Colombia, No 5-105 Oeste.

Festivals *Feria de Cali* (Cali Fair) from **25 Dec to 3 Jan**, biggest Salsa festival in Latin America, bullfights at the Canaveralejo bull-ring, carnival in streets, horse parades, masquerade balls, sporting contests. *National Art Festival* in **Jun** (painting, sculpture, theatre, music, etc).

Colombia

Platería Ramírez, Cra 11b, No 18-64. Factory and good shop for gold, silver, brass, jewellery, table settings, etc: dubious area, best to take a taxi. *Parque Artesenal Loma*, C 5, Cras 15/16. Permanent handicraft market. *Artesanías de Colombia*, C 12, No 1-20 and for larger purchases Av 6 N, No 23-45. For boots and shoes *Chaparro* (*Botas Texanas*), Av 14N, No 6-27, T665 3805. Good, owner Edgar speaks a little English. Best shopping districts are: Av 6N, from Río Cali to C 30 Norte and on Cra 5 in the south with several new shopping malls including: *Chipichape*, at the end of Av 6N, vast, worth visiting, good for people watching but prices are high. **Bookshop** *Librería Nacional*, on main plaza. Has a café, as do branches elsewhere in the city. Bookstalls on the sidewalk on Cra 10 near C 10. **Maps** *Instituto Geográfico Agustín Codazzi*, Cra 6, No 13-56, T881 1351. **Bicycle repairs**: *BTT*, C5, No 57-54, T552 1579. *Bike House*, Av 20 Norte 23 AN 68, T661 5572. | **Shopping**

Viajes Camino Real, Av 4 N, No 21-84, T661 3939. Trips locally and to Popayán, Puracé, Leticia etc. *Ecocolombia Tours*, Cra 37A, No 6-18, T514 0829, F557 1957. Trips to Gorgona, Juanchaco, diving, tours in and around Cali. Recommended. *Panturismo*, C 18N, No 8-27, T668 2255, and other branches, including at airport, T666 3021. American Express representative. *Viajar Por Colombia*, C 10, No 29A-38, T558 3140, vpcol@emcali.net.co English spoken, very helpful. Recommended. *Viajes Sinisterra*, C 11 N° 4-42, p 2, T889 3121. Good service especially for airline advice. *Tierra Mar Aire*, C 22N, No 5BN-53, T667 6767. Helpful. *Vela*, Cra 4, No 8-64, local 104, T889 0760. Student travel agency, cheap tickets. Recommended. **Paragliding**: *Heinz Müller*, T664 0038. | **Tour operators**

Air Frequent air services to **Bogotá**, **Medellín**, **Cartagena**, **Barranquilla**, and other Colombian cities. International flights to Miami, New York, Washington, Panama and Tulcan (Ecuador - by *TAME*). Minibus from airport, from far end of pick-up road outside arrivals, to bus terminal (2nd floor), every 10 mins from 0500 up to 2100, approximately 30 mins, US$1.50. Colectivo to city about US$1.20; taxi, US$11, 30 mins. **Bus** To **Popayán**, US$5, 2½-3 hrs, also colectivos, US$6.50. To **Pasto**, US$11, 9 hrs. To **Ipiales** (direct), US$14, 12 hrs; **Coomotor** and **Sotracauca** to **San Agustín**, 9 hrs, US$14-16. To **Cartago**, 3½ hrs, US$4. To **Armenia**, US$7. To **Ibagué**, US$8, 7 hrs. To **Buenaventura**, US$4, 4 hrs. To **Manizales**, US$9, 7 hrs. To **Medellín**, US$16, 8-10 hrs. To **Bogotá**, 10-15 hrs, by *Magdalena* (recommended) and *Palmira*, US$13-16 (sit on left of the bus). | **Transport** *Busetas (Velotax and others) charge about 50% over bus prices but save time; taxi-colectivos about 2½ times bus prices and save even more time*

Banks *Lloyds TSB Bank*, Av 6 N, No 25N-11, T644 0200 and several agencies. *Banco de Bogotá* on the Plaza de Caicedo for Visa cash advances. Many other banks and *casas de cambio*. **Communications** Internet: Many in the north and centre of the city eg *Internet Café*, Av 6N, No 13N-70, next to *Panadería Aragonesa*, open daily. **Post Office**: Adpostal for national service, C 10, No 6-25; Avianca for international service, C 12N, No 2A-27. **Telecom**: C 10, No 6-25. **Embassies and consulates** French, Av 3N, No 18N-24, Of 405, T442 1592. German, Av de las Americas No 19-08, T661 1135. **Swiss**, Holguines Trade Centre, Cra 100, No 11-90, Of 316, T332 0490. **UK**, C 25 No 1N-65, T/F896 1235, britaincali@uniweb.net.co **Tourist offices**: Cortuvalle, Av 4N, No 4N-10, T661 5983, F668 0862. **Fondo Mixto de Promoción del Valle de Cauca**, C 8, No 3-14, p13, T886 1370, F886 1399. **Useful addresses** DAS office: Av 3AN, No 50N-20 T664 3809/10. For national parks, **MA**, Av 3 GN, No 37-70, T654 3720. **Red de Reservas Naturales**, C 23N, No 6 AN-43, T660 6133, F661 2581, for information on private nature reserves. | **Directory**

Both the toll and (unpaved) ordinary roads from Cali to Buenaventura give beautiful views of mountains and jungle, and from the old road you can reach the **Parque Nacional Farallones**. Take the dirt road south from the plaza in Queremal, at 1,460 m, about one hour from Cali, 3½ hours from Buenaventura. Alternatively, take the road southwest out of Cali to Pance, where there is an entrance to the park at El Topacio (US$1 pp). Good walking and bathing in the park, and peaks to climb. The Parque Farallones in not safe to visit at this time but the area around Pance is busy at weekends, camping possible and weekend trips are arranged by the *Iguana* and other guest houses in Cali.. For more information, ask in Cali **Tourist offices**, *MA*, and *Fundación Farallones*, Carrera 24B, No 2A-99, Cali. | **From Cali to the coast**

Colombia

Buenaventura
Phone code: 92
Colour map 1, grid B2
Population: 202,000
145 km from Cali

Through a pass in the Western Cordillera is Buenaventura, Colombia's only important port on the Pacific, and handles the bulk of Colombia's coffee exports, and about half of total exports, including sugar and frozen shrimp. It was founded in 1540, but not on its present site. It now stands on the island of Cascajal, on the Bay of Buenaventura, 20 km from the open Pacific. For excursions and beaches, see below. The commercial centre is now paved and has some impressive buildings, but the rest of the town is poor, with steep unpaved streets lined with shacks. There is a festive atmosphere every night and the *Festival Folklórico del Litoral* is held in July. South of the town a swampy coast stretches as far as Tumaco (see page 847); to the north lies the deeply jungled Chocó Department. There are still problems with malaria.

Sleeping and eating A *Estación*, C 2, No 1A-08, T243 4070, F243 4118. Charming old building on seafront, good restaurant. C *Gran*, C 1, No 2A-71, T243 4527. Quieter rooms upstairs, good value. D *Felipe II*, Cra 3A, No 2-44, T242 2820, F242 3493. A/c, restaurant. D *Steven*, Cra 4A, No 4-42, T241 3786. A/c, restaurant, Good breakfasts. E *Mi Balconcito*, C 3/Cra 4. Basic, OK. E *Continental*, Cra 5, No 4-05. With bath. Opposite is F *Europa*. Without bath. F *Las Gaviotas*, C 3, No 3-83, T242 4652. OK. F *Niza*, C 6, No 5-38. With bath and fan.
Los Balcones, C 2 y Cra 3. Very good but expensive. *Rico Marisco*. Excellent seafood and fish, large portions. Recommended. *Mediterráneo*, C 3, No 3-92. Local and international food. Self-service restaurant on main plaza, clean, modern, open 24 hrs. *La Sazón de Merceditas*, opposite *Edif de Café*. Good seafood, soups, reasonable prices. *La Sombrita de Miguel*, near waterfront. Good seafood. Good seafood at Pueblo Nuevo market, but not very cheap. Pavement cafés in front of *Gran Hotel* lively in evenings, good place for a drink.

Transport Air Flights to **Cali** and **Bogotá**, *Satena*. **Road** There are plenty of buses to Cali, US$4, 4 hrs. Colectivos run at ½-hourly intervals to Cali, US$5.75 pp. The **toll road** to Cali is fully paved; the toll is about US$1.30 for cars and US$0.30 for motorcycles. **Sea** Boats can be found going south to Tumaco and 3 times a week north to Bahía Solano.

Directory Banks Several banks will change cash and Tcs. **Tourist office** C 1, No 1A-88, Mon-Fri, 0800-1200, 1400-1800. **Cámara de Comercio** nearby is also helpful. Maps at *CAM*, 3rd floor of office block at the far end of the seafront. **Useful addresses** DAS, near *Avianca* Post Office, T241 9592 for those arriving or departing by boat from/to Panama.

Beaches around Buenaventure

Beaches are plentiful northwest of Buenaventura along the coast. There is stunning scenery with virgin jungle, waterfalls and empty, blacksand beaches. About 40 km from Buenaventura, near the mouth of the Río San Juan, is **Juanchaco**, a small fishing village, the location of spectacular **dolphin and humpback whale sightings** between August and October. By frequent launch from Buenaventura (*muelle turístico*) US$15 by speedboat, one hour, slower boats available. Whale watching tours about US$12.50 for two hours. Beyond Juanchaco is **Ladrilleros**, a 30-minute walk, or take a jeep. One of the best and longest beaches, which turns into a football pitch at low tide to provide entertainment as you drink your beer or *cocoloco* (coconut milk and rum). Simple accommodation in Juanchaco but better in Ladrilleros eg C *Palma Real*. Good. D *Cabañas Villa Alexandra*. Shared bath, pleasant. Plenty of other small places around. Several small restaurants (good fish) and snack bars at the town end of the beach. Other beaches include La Bocana and Pianguita, enquire for simple accommodation. Trips to beaches cost between US$10-40 for 10-person launch (rate per launch).

Gorgona Island
Colour map 1, grid B1

150 km down the coast from Buenaventura. Many parts are unspoilt with deserted sandy beaches

The island of **Gorgona** was Colombia's high security prison (a sort of Alcatraz), until a few years ago. Convicts were dissuaded from escaping by the poisonous snakes on the island and the sharks patrolling the 30 km to the mainland (both snakes and sharks are still there). It was made a national park in 1984. From the paths you can see monkeys, iguanas, and a wealth of flora and fauna. (Rubber boots are provided and recommended.) There is an abundance of birds (pelicans, cormorants, geese, herons) that use the island as a migration stop-over. Snorkelling is rewarding, equipment can be hired (but take your own if possible), exotic fish and turtles to be seen. Killer whales visit the area from July-September. ■ *All visitors must have a permit, obtainable from MA in Bogotá (see page 749). Entrance US$4.50 pp, US$2.60 embarcation–disembarcation fee (other MA offices will give advice). At holiday times application must be made 4 weeks in advance and you pay for 3 nights' accommodation at the time. Diving permit US$16. (Instructors also US$16.) If you want to volunteer your services as a park guard, contact MA, Bogotá. Facilities on the island are run by MA employees.*

Sleeping Cabins on the island: for 4 US$50; for 8 US$90. Try to book bunk beds in advance; if you can't, prepare for a scramble. There is a restaurant with a mainly fish menu. You can take your own food but all non-biodegradable items must be taken off the island. Collect your own coconuts, but there is no other fruit on the island. Don't take alcohol, it will probably be confiscated. Do take drinking water, it is in short supply and expensive on the island.

Tours and transport Organized tours:*Panturismo*, C 8, No 1-38, Cali, T889 3135, offer tours to the island arranging permits, transport and accommodation (see Cali, Tour operators, for other companies). To arrange on your own, find a boat at Buenaventura; they leave most days at 1600 from the El Piñal dock (Bodega Liscano) in Buenaventura. The trip, US$40 return, takes up to 10 hrs depending on conditions and can be an experience. It is easier to take a tour.

Popayán, Tierradentro and San Agustín

Colombia

□ Bogotá

The Pan-American Highway climbs out of the valley to Popayán, a historic city which gives access to the páramo of Puracé in the Cordillera Central and serves as a good base from which to visit some of Colombia's most exciting sights, including the burial caves of Tierradentro and, to the south, the remarkable archaeological site of San Agustín.

Popayán

Founded by Sebastián de Belalcázar, Francisco Pizarro's lieutenant, in 1536, Popayán became the regional seat of government, until 1717, to the Audiencia of Quito, and later to the Audiencia of Bogotá. It is now the capital of the Department of Cauca. Having been fully restored after the March 1983 earthquake, Popayán has managed to retain its colonial character. The streets of two-storey buildings are in rococo Andalucian style, with beautiful old monasteries and cloisters of pure Spanish classic architecture. The city lies in the Pubenza valley, a peaceful landscape of palm, bamboo, and the sharp-leaved agave. The early settlers after setting up their sugar estates in the hot, damp Cauca valley, retreated to Popayán to live, for the city is high enough to give it a delightful climate. To the north, south, and east the broken green plain is bounded by mountains. The cone of the volcano Puracé (4,646 m) rises to the southeast.

Phone code: 92
Colour map 1, grid C2
Population: 223,000
Altitude: 1,760 m

Valle del Cauca and Cauca regions have had guerrilla problems recently. Enquire locally before travelling on minor roads

Getting there and around The **airport** is 20 mins' walk from the centre. Service daily to Bogotá with *Satena*, also to **Cali** twice a week. The **bus terminal** is near the airport, 15 mins walk from the centre (Ruta 2-Centro bus, terminal to centre, US$0.30, or taxi, US$0.75). Luggage can be stored safely (receipt given). From the bus station, turn left to statue of Bolívar, then take second right to Parque Bolívar; here are the market and cheap hotels. Beware of theft of luggage in bus station. **Tourist offices** Carrera 5, No 4-68, T824 2251, has good maps of the city, prices of all lodgings, and bus schedules and prices. The Colegio Mayor de Cauca has details on art exhibitions and concerts. Try also the *Casa de la Cultura*, Calle 5, No 4-33, for information on cultural events.

Ins & outs
Take care if you cross any of the bridges over the river going north, especially at night Ask the Tourist Police about which areas of the city are unsafe

Sights
Museums close Mon

The Cathedral (Calle 5, Carrera 6), beautifully restored, has a fine marble madonna sculpture behind the altar by Buenaventura Malagón and the unusual statue of Christ kneeling on the globe. Other churches are **San Agustín** (Calle 7, Carrera 6), note the gilt altar piece, **Santo Domingo** (Calle 4, Carrera 5), used by the Universidad del Cauca, **La Ermita** (Calle 5, Carrera 2), **La Encarnación** (Calle 5, Carrera 5), also used for religious music festivals, **San Francisco** (Calle 4, Carrera 9 partly restored) and **El Carmen** (Calle 4, Carrera 3). Walk to **Belén** chapel (Calle 4 y Carrera 0), seeing the statues en route, and then continue to **El Cerro de las Tres Cruces** if you have the energy, and on to the equestrian statue of Belalcázar on the **Morro de Tulcán** which overlooks the city; this hill is the site of a pre-Columbian pyramid. It is said that Bolívar marched over the **Puente Chiquito** (C 2 y Cra 6), built in 1713. **Museo Negret**, Calle 5, No 10-23, US$0.40, has works, photographs and furniture of Negret. **Museo Guillermo Valencia**, Carrera 6 No 2-69, is the birthplace of the poet. **Museo de Historia Natural**, Carrera 2, No 1A-25, has good displays of archaeological and geological items with sections on insects (particularly good on butterflies), reptiles, mammals and birds. US$1. During the week, the open markets are interesting – Bolívar market, Calle 1N, Carrera 5 is best in the early morning – local foods such as *pipián*, *tamales* and *empanadas*.

Sleeping
■ *on map*
Prices can rise by 30% for Holy Week and festivals, eg 5-6 Jan

It is not safe walking alone at night outside the central area

AL *Monasterio*, C 4, No 10-50, T824 2191, F824 3491. In what was the monastery of San Francisco, lovely grounds, swimming pool, fully renovated, very good. **A** *Camino Real*, C 5, No 5-59, T824 1546, F824 0816, PO Box 248. Good service, excellent restaurant. Recommended. **A** *El Herrero*, Cra 5 No 2-08, T824 4498. Converted large colonial house, family owned, good restaurant. Highly recommended. **A** *La Plazuela*, C 5, No 8-13, T824 1071, F824 0912. Colonial style, courtyard, comfortable rooms, TV, restaurant. **B** *Los Balcones*, C 3, No 6-80, T824 2030, F824 1814. Hot water, Spanish-style restaurant for breakfast and lunch, good, will change TCs. Recommended. **C** *La Casona del Virrey*, C 4, No 5-78, T824 4237. Hot water, big rooms, nice colonial house. Warmly recommended. **C** *Los Olivares*, Cra 7, No 2-48, T8242186. Quiet, good local and international restaurant. **C** *Hostal Santo Domingo*, C 4, No 5-14, T824 1607, F824 0542. Good value, in restored colonial building. **D** *Casa Grande*, Cra 6, No 7-11, T824 0604. Family run, attractive, hot water, stores luggage. Highly recommended. **D** *Pakandé*, Cra 6, No 7-75, T824 0846. Good beds, hot shower. Recommended. **E** *Bolívar*, Cra 5, No 7-11, T824 4844, F824 0812. Hot water, pleasant, good restaurant, flowery courtyard, motorcycle parking, car parking across street. **E** *Don Blas*, Cra 6 No 7-87, T824 0817. With bath, modern. Recommended. **E** *Casa Familiar El Descanso*, Cra 5 No 2-41, T822 4787. Good breakfast, hot water. Highly recommended. **E** *La Posada*, Cra 2, No 2-35. With bath, use of kitchen, TV room, cheaper for longer stays, Spanish lessons arranged. **E** *Casa Familiar Turística*, Cra 5, No 2-11, T824 4853. Hot water, family-run. Recommended. **F** *Residencia Panamá*, Cra 5, No 7-33. Good, laundry service, good food. Recommended. Private accommodation at C 3, No 2-53, T824 0602, Karin and Luis Cabrera, **F**, meals, Spanish lessons arranged.

There are many hotels in the Mercado Bolívar area on Cra 6 to the north of the river, eg **F** *Residencias Líder*, Cra 6, No 4N-70, T823 0915. Good. **F** *Plaza Bolívar*, Cra 6, No 2N-12, T823 1533. With bath, good cheap restaurant, safe, good value. **F** *Residencias San Agustín*, Cra 6, No 1N-15. Family run, good beds, laundry facilities. Near bus station, **F** *Hostal Modelo*, Cra 10, No 1N-34, T823 1723. Good. Also, on and south of C 8: **D** *Berioska*, C 8, No 5-47, T822 3145. Well run. **F** *Amalia*, Cra 6, No 8-58, T824 1203. Hot water, same owners as *Berioska*, cooking and laundry facilities, good base for young travellers. Recommended. **F** *Residencias Cataluña*, Cra 5, No 8-27. Popular. **F** *Residencias El Viajero*, C 8, No 4-45, T824 3069. With bath, otherwise basic, popular, watch your belongings, modern.

Just outside town: **C** *La Posada del Rancho*, 5 km on road to Cali, T/F823 4710. Excellent restaurant. **D** *Campobello Bed & Breakfast (Myriam and Andre)*, C 33AN, No 14A-14, T823 5545, off Pan-American Highway, 300 m down road opposite *Torremolino* restaurant. Good view, safe, meals, good value. Recommended.

For good food at reasonable prices, take a short taxi ride to the road to Cali to *Rancho Grande*, Autopista Norte 32N-50, T823 5788. 2 thatched restaurants, delicious *chuzos* (barbecued beef), credit cards accepted. *Torremolino*, Autopista Norte 33N-100, T823 4000. Similar, also evening entertainment. In the centre, the best are: *Belalcázar*, Cra 6, No 7-55, T824 1911. Good value. *La Brasa Roja*, Cra 8 No 5-90. Set lunch and evening meal, good food and value. *Caldas*, Cra 6 y C 8. Filling 3-course set meals, their *sancocho*. Recommended. *Cascada*, Cra 7, No 6-46. Good for breakfast. *La Oficina*, C 4, No 8-01. Huge servings, good value. *Pizzería Don Sebastián*, C 3, No 2-54. Good food in a colonial mansion. *Pizzería Italiano*, C 4, No 8-83. Swiss owned, good pizzas and pastas etc, vegetarian dishes, fondues, lunch US$2.40, good meeting place. Recommended. *Los Quingos de Belén*, C 4, No 0-13. Very good Colombian food, try *empanadas* and *tamales pipianes*. *La Viña*, C 4, No 7-85. Open 24 hrs, good set lunch and dinner, also *panadería*. *Chung Wah*, Cra 6, No 8-36, T824 2523. Huge, good Chinese, also vegetarian. *Mey Chow*, Cra 10A, No 10-81. Good Chinese. **Vegetarian**: *Delicias Naturales*, C 6, No 8-21. Good, cheap. *Jengibre*, Cra 8, No 7-19, T824 2732. **Cafés** *Comamos*, C 4, No 8-41, in front of cinema. Cheap, try the *arepas de queso*. *La Fontana*, C 6, No 7-72. Excellent bakery with café serving meals, pizzas and sandwiches. *Olafo*, C 6, No 7-42. Good pizzas and *patacones con guacamol* and great vanilla ice cream. *Peña Blanca*, Cra 7, No 6-73. Best bread and cakes. Recommended. Good meals in the market, even cheaper with student card.

Bars *Los Balcones*, Cra 7, No 2-20. *Iguana Afro Club*, C 4, No 9-67, T824 2970, salsa and jazz. *Café Galería*, Cra 3 y C 4. Others on C 3.

Eating
● *on map*
The best restaurants are attached to hotels

Easter processions, every night of *Holy Week* until Good Friday, are spectacular; at the same time there is a religious music festival and the city is very crowded. In Semana Santa there is an *International Religious Music Festival*. The childrens' processions in the following week

Festivals

Colombia

Popayán

Sleeping
1 Amalia *C2*
2 Berioska *C2*
3 Bolívar *C2*
4 Camino Real *B2*
5 Casa Familiar El Descanso *B2*
6 Casa Familiar Turística *B2*
7 Casa Grande *C2*
8 Don Blas *C2*
9 El Herrero *B2*
10 Hostal Modelo *A2*
11 Hostal Santo Domingo *B2*
12 La Casona del Virrey *B2*
13 La Plazuela *B2*
14 La Posada *B3*
15 Los Balcones *B2*
16 Los Olivares *B2*
17 Monasterio *B1*
18 Pakandé *C2*
19 Plaza Bolívar *A2*
20 Residencias Cataluña *C2*
21 Residencias El Viajero *C2*
22 Residencia Líder *A3*
23 Residencia Panamá *C2*
24 Residencias San Agustín *A2*

0 metres 100
0 yards 100

are easier to see. As at Pasto (but less violent), there are the *Día de los Negros* on **5 Jan** and *Día de los Blancos* on **6 Jan**; drenching with water is not very common. These are part of the *Fiestas de Pubensa* at which there is plenty of local music.

Sport & activities At weekends people play 'sapo', like the Spanish *juego de la rana*: a small quoit has to be thrown from an improbable distance into a metal frog's mouth. A good place is along the La Plata road near Belén Church. At the *Universidad del Cauca*, Cra 3, there is a good, clean swimming pool, entry US$0.50.

Transport **Local Taxi**: No meters; normal price within city is US$0.75, or US$0.90 at night.
  Long distance Bus: To **Bogotá**, *Expreso Bolivariano*, US$20, 16 hrs. To **Cali**, US$5, 2½-3 hrs, or *Velotax* microbus, US$6.50, colectivos leave from the main plaza. To **Pasto**, US$7, 5-6 hrs, spectacular scenery (sit on right). To **Ipiales**, something runs every hour but many buses arrive full from Cali, book in advance; *Supertaxis* or bus, up to US$9, 7½ hrs. To **San Agustín** via La Plata, *La Gaitana* and *Coomotor*, 13 hrs, US$13 each once a day. Via Isnos *Cootranshuila* and *Sotracauca*, US$12, 6-8 hrs. Sit on the left side for the best views. To **Tierradentro** (Cruce de Pisimbalá, also known as Cruce de San Andrés), with *Sotracauca*, 5 a day between 0500 and 1500, US$6, 4-6 hrs (see page 839) continues to La Plata. *Flota Magdalena* to **La Plata**, US$6, 5 hrs, also *Unidos del Sur* and *Sotracauca*. To **Puracé**, US$1.20, 2 hrs.

Directory **Banks** *Banco Cooperativo*, Cra 6, *Banco del Estado*, and others will change TCs. Some, eg *Banco Popular*, will give cash advances against Visa cards or *Banco del Occidente* against MasterCard. *Salvador Duque*, C 5, No 6-25, at *Diana* shop on the main plaza. Cash dollars can be changed at a *casa de cambio* on Cra 7 between C 6 and 7, also open on Sat. Good rates offered at *Titan*, Cra 7, No 6-40, T824 4659, who also offer an international money transfer service. There are other *cambios*, but their rates are poor. Several ATMs. **Communications** Post Office: Cra 7, No 5-77. **Telephone**: *Telecom*, Cra 4 y C 3; closes 2000. **Useful addresses** DAS, opposite bus terminal next to fire station, go early to extend visas. **MA**: Cra 9, No 18N-143, T8239932.

Silvia
Phone code: 92
Colour map 1, grid C2
Population: 5,000
Altitude: 2,520 m

Silvia, in a high valley northeast of Popayán, is best known for its Tuesday market when the friendly local Guambianos come into town in their typical blue and fuchsia costumes. The market, which is also full of Otavalo Indians from Ecuador and their goods more expensive than in Otavalo, is at its best between 0600 and 0830, is very colourful. A typical Indian settlement, La Campana, is one hour on the *lechero* or bus; two to three hours' walk downhill back to Silvia. Tourist information 1½ blocks up from plazuela on the right hand side. *Banco Agrario* gives cash against Visa. Horse hire from Sr Marco A Mosquiro, US$3 per hour.

Sleeping **C** *Comfandi*, Cra 2, No 1-18, T825 1253, F825 1076, opposite church on main plaza. Safe, restaurant. **D** *Casa Turística*, Cra 2, No 14-39, T825 1034. Helpful, hot shower, good food, beautiful garden. **E** *Cali*, Cra 2, No 9-70, T825 1099. An old house, with good craft shop, including food, a little primitive, but very pleasant. **E** *Ambeima*. 3 beds per room, efficient, good simple meals. Recommended. **F** *La Parrilla*. Water supply erratic, basic, restaurant has reasonable, cheap food.

Transport **Bus**: from **Popayán**, daily *Coomotorista* and *Belalcázar*, several *busetas* in the morning (US$2); additional buses on Tue; or take *Expreso Palmira* bus to **Piendamó**, every 30 mins, US$0.75; from there, colectivo to Silvia, US$0.85. On market day (Tue) you can take a bus to **Totoró**, 1200, US$1.50, 1 hr and then a bus to **Tierradentro**, 5 hrs, US$7.

Tierradentro

East of Popayán is **Inzá** which is 67 km beyond **Totoró**. There are several stone statues in the new plaza. 9 km beyond Inzá is the Cruce de Pisimbalá (or Cruce de San Andrés or just El Cruce), where a road turns off to **San Andrés de Pisimbalá** (4 km). The village, at the far end of the Tierradentro Park, has a unique and beautiful colonial church with a thatched roof; for the key ask behind the church. 2 km or so before Pisimbalá is the **Tierradentro Museum** of indigenous culture: very good local information. The second floor is dedicated to the work of the Páez Indians, not to be missed. ■ *0800-1100, 1300-1700*. The Páez Indians in the Tierradentro region can be seen on market days at Inzá (Saturday), and Belalcázar (Saturday); both start at 0600. The surroundings have spectacular natural beauty, with small Indian villages in the mountains (get exact directions before setting out).

At the archway directly opposite the museum or at Pisimbalá village you can hire horses (US$2 an hour, make sure they are in good condition) or you can walk to the **Tierradentro** man-made burial caves painted with geometric patterns. There are four cave sites – Segovia, El Duende, Alto de San Andrés and El Aguacate. The main caves are now lighted, but a torch is advisable. At Segovia (15 minutes' walk up behind the museum across the river), the guards are very informative (Spanish only) and turn lights on in the main tombs. Segovia has about 30 tombs, five of which can be lit. 15 minutes up the hill beyond Segovia is El Duende (two of the four tombs are very good). From El Duende continue directly up to a rough road descending to Pisimbalá (40 minutes). El Tablón, with eight stone statues, is just off the road 20-30 minutes walk down. El Alto de San Andrés is 20 minutes from Pisimbalá. From the back of El Alto it's 1½ hours up and down hill, with a final long climb to El Aguacate. Only one tomb is maintained although there may be 30 more. The views from El Aguacate are superb. Guides are available, Jaime Calderón (at *Restaurante 56*) is recommended. The whole area is good for birdwatching.

Parque Arqueológico Tierradentro *Entry to Park and Museum US$1.50, valid for 2 days Walking between the sites, take a hat and plenty of water. It gets crowded at Easter-time*

Sleeping

Near the museum C *El Refugio*, T825 2904. With bath, hot water, good, restaurant and swimming pool (also available to non-residents). E *Residencias Pisimbalá*, near Telecom, T825 2921. Cheaper without bath, good, set meal and good other meals, garden, laundry facilities, mosquitos. F *Hospedaje Luzerna*. Hot showers, quiet, fresh orange juice, free coffee in morning, laundry facilities. Highly recommended, will let you camp for US$0.50.

In the village F *El Cauchito*. Pleasant, family atmosphere, meals available, will arrange horse rentals, camping. Recommended. F *Los Lagos*. Family run, good restaurant, hot water, pleasant. Recommended. F *Residencia El Bosque*. Cold showers, cheap meals, friendly owner collects coins. Recommended. F *Residencias El Viajero* (Marta Veláquez). Meals US$1. Recommended. F pp *Residencias Las Veraneras*, 2 houses, 300 m from Archaeological Park. Run by friendly young couple, restaurant, attractive garden and murals painted by locals. Ask about others who will rent rooms.

Eating

Pisimbalá. Good food, cheap. Recommended. *El Diamanto*, opposite museum. Big portions, good value, order in advance. *Restaurante 56*, 50 m up from museum. Small but very good meals, has vegetarian dishes, store rents horses. Good fruit juices at the *Fuente de Soda y Artesanía* store and at *Los Alpes* (try their *mora con leche*), also good breakfasts. *La Portada*, bamboo building at jeep/bus stop in village. Excellent *comida corriente*, fresh soups, cheap. The house of *Nelli Parra de Jovar*, opposite the museum, with the long antenna, is recommended for abundance; you must book meals in advance. She can also give up-to-date information on accommodation.

Transport

The road from Popayán to **Tierradentro** is difficult and narrow, but beautiful scenery. There is in theory a daily bus from Pisimbalá to **Popayán** at 0600, but services are very erratic. Otherwise, you must go to El Cruce. *Sotracauca* buses from Popayán, US$6, 4-6 hrs to **Cruce Pisimbalá**. Best to take early buses, as afternoon buses will leave you at the Cruce in the dark. Walk uphill (about 2 km, 30 mins) to the museum and on, 20 mins, to the village. If you want to go to **Silvia**, take this bus route and change to a colectivo (US$1.50) at Totoró. Buses from the Cruce to **La Plata** (en route to San Agustín, see below) US$3, 4-5 hrs or more frequent colectivo jeeps, US$4. If you cannot get a direct Cruce-La Plata bus, take one going to Páez (Belalcázar) (US$1.20), alight at Guadualejo, 17 km east of Inzá, from where there is a more frequent service to La Plata.

Colombia

Puracé &
Parque
Nacional
Puracé

The park is open all
week, but reduced
service on Mon

Some 30 km from Popayán is the small town of Puracé, at Km 12, which has several old buildings. Behind the school a 500 m path leads to Chorrera de las Monjas waterfalls on the Río Vinagre, notable for the milky white water due to concentrations of sulphur and other minerals. **F** *Residencias Cubina,* safe, cold showers, secure parking. *Restaurant Casa Grande* just above the church, meals around US$2.50. ■ *Several buses daily to Puracé from Popayán, the last returning around 1730.*

At Km 22, look for the spectacular San Francisco waterfall on the opposite side of the valley. At Km 23 is the turning right to Puracé sulphur mines (6 km) which can be visited by applying to *Industrias Puracé SA,* Calle 4, No 7-32 Popayán, best through the Popayán tourist office. 1 km along this road is a turning left leading in 1½ km to **Pilimbalá** in the **Parque Nacional Puracé** at 3,350 m. Here there is a park office, seven sulphur baths at 28°C. ■ *US$0.75, children half price, bring your own towels.* The national park contains Volcán Puracé (4,640 m) (for climbing see below), Pan de Azúcar (4,670 m) with its permanent snow summit, and the line of nine craters known as the Volcanes los Coconucos (a strenuous two-day hike can be made around the summits requiring high altitude camping and mountaineering equipment). The park also encompasses the sources of four of Colombia's greatest rivers: the Magdalena, Cauca, Caquetá and Patía. Virtually all the park is over 3,000 m. The Andean Condor is being reintroduced to the wild here from Californian zoos. There are many other birds to be seen and fauna includes the spectacled bear and mountain tapir. Pilimbalá is a good base from which to explore the northern end of the park. ■ *Entrance to the park US$0.60.*

Climbing Volcán Puracé On the hike to the summit, loose ash makes footholds difficult. Avoid getting down wind of the fumaroles, and do not climb down into the crater. Although the best weather is reported to be December-March and July-August, this massif makes its own climate, and high winds, rain and sub-zero temperatures can come in quickly at any time. A marked trail goes from behind the park office and eventually joins the road leading to a set of telecommunications antennae. **The area around these installations is mined, don't take shortcuts.** The summit is about 1 hour beyond the military buildings, total time from Pilimbalá at least 4 hours up and 2½ hours down. A guide is recommended.

Continuing on the main road to La Plata, at Km 31 there is a viewpoint for Laguna Rafael, at Km 35 the Cascada de Bedón (also chemically charged water) and at Km 37 the entrance to the most northerly part of the Parque Nacional Puracé. Here there is a visitors' centre, a geology/ethnology museum (entrance US$0.75), and the very interesting Termales de San Juan, 700 m from the road, entry US$0.40, where 112 hot sulphur springs combine with icy mountain creeks to produce spectacular arrays of multi-coloured mosses, algae and lichens, a must if you are in the area.

Sleeping and eating At Pilimbalá saloon cars will struggle up the last stretch to the centre, but it is an easy 2½ km walk from Km 23. The centre has picnic shelters, a restaurant, also has cheap *hospedaje,* cold) and 3 *cabañas* that hold 8, US$32.50 minimum for up to 5 and US$38 for 8 people. Firewood is provided. Camping costs US$3 pp. Sleeping bags or warm clothing recommended to supplement bedding provided. **At Km 37** the visitor centre has a *cafetería* (arrange meals beforehand through Popayán Tourist Office).

Transport All these places beyond Puracé village can be reached by bus from Popayán to La Plata or Garzón. The bus service can be erratic so check time of last daylight bus to Popayán and be prepared to spend a cold night at 3,000 m. The rangers will allow you to stay in the centre.

La Plata   La Plata, whose central plaza has an enormous ceiba (planted in 1901), is 147 km from Popayán, 210 km from San Agustín.

Sleeping and eating **D** *Cambis,* C 4, No 4-28, T837 0004. Modern, meals. Recommended. **E** *Berlín,* by church on plaza, 3 blocks from the bus office. **F** without bath, unappealing toilets and bugs in the beds. Next door to *Berlín* is **F** *Residencias Tunubalá*. OK. **F** *Viajero*, opposite *Sotracauca* office. Basic but convenient. **F** *Brisas de la Plata*, **F** *Hospedaje Exclusivo*, **F** *Residencia Orense* (meals available) and **F** *El Terminal*, all basic and near bus station.

Most closed by 2000. *Noche y Luna*, just off main plaza, very good. *Asadero Los Vikingos*, C 4, near *Hotel Cambis*, pizzas and all meals. Good set meals opposite Banco Cafetero. Excellent bakery on main plaza.

Bus To Bogotá, via Neiva, *Coomotor*, 9 hrs, at 2000 and 2100, *Cootranshuila*, 5 a day, US$18. To **Garzón**, bus or jeep 1½ hrs, US$3. To Popayán (*Sotracauca*) 0500 and others, US$6, 5½ hrs. To San Agustín, direct US$8 or take a colectivo to Garzón or Pitalito and change. For **Tierradentro** take a bus towards Popayán and alight at the Cruce US$4. Private jeep hire La Plata-Tierradentro US$32, cheaper if you pick up other passengers. Ask for best options.

Southeast of La Plata is Pital where the road forks, southeast to Garzón, and south to near Altamira. Garzón is a pleasant cathedral town set in mountains, 54 km southeast of La Plata, 92 km south of Neiva (see page 816). **D** *Damasco*, C 16, No 10-67, colonial building, good meals. Recommended. **E** *Abeyma*, state hotel, Cra 10 y C 12, it is possible to camp in the grounds. Recommended. **E** *Residencias Pigoanza*, on main plaza, with bath. Recommended.

Garzón
Phone code: 988
Population: 44,000
Altitude: 830 m

At Altamira, 29 km further southwest, a road heads southeast to Florencia, capital of the Department of Caquetá (see page 850). Southwest leads to **Timaná** (basic accommodation under US$3) and continues paved on to San Agustín.

Pitalito has little to offer the tourist, save convenient access to the **Parque Nacional Cueva de los Guácharos**, which lies to the south. Between December and June swarms of oilbirds (*guácharos*) may be seen; they are nocturnal, with a unique radar-location system. The reserve also contains many of the unusual and spectacular cocks-of-the-rock and the limestone caves are among the most interesting in Colombia. The rangers are particularly friendly, providing tours and basic accommodation; permission to visit the park must be obtained from the *MA* offices in Pitalito, Cra 4, No4-21, Neiva or Bogotá. ■ *US$1.50, accommodation (when available) US$5 per night, pp. Check with MA if the park is open.*

Pitalito & around
Phone code: 98
Population: 63,000
Altitude: 1,231 m

Sleeping in Pitalito C *Calamó*, Cra 5, No 5-41, T836 0832, hot water, pool. **D** *Timanco*, C 3 Sur, No 4-45, T836 0666. Pool. **E** *Los Helechos*, C 7, No 6-48, T836 0122, convenient for buses. **F** *Residencia Pitalito*, C 5 round corner from police station, without shower. *Crêperie*, 1 block south of main plaza, good value, excellent.

Transport Plenty of buses and colectivos to San Agustín, US$2. Bus to La Plata, 4 hrs, one at 1800. Buses in Pitalito go from C 3A. *Taxis Verdes* from the main plaza (US$13 to Bogotá). Bus to Mocoa (in the Putumayo), US$8.50, 7 hrs, also jeeps from market square, 2 in morning. To **Parque Nacional Cueva de los Guácharos** take a bus to Palestina, US$1.20, 1 hr, and then walk for 6 hrs along an eroded, muddy path.

South of Puracé towards San Agustín is **Coconuco** (*Altitude*: 2,460 m). Coconuco's baths, Aguas Hirviendas, 1½ km beyond the *Hotel de Turismo* on a paved road (mostly), have one major and many individual pools with an initial temperature of at least 80°C. There is one pool where you can boil an egg in five minutes. A track from town is quicker than the road. Entry US$0.60, crowded at weekends, but during the week it is a fine area for walking and relaxing in the waters. 6 km beyond Coconuco, near the road, are Aguas Tibias, warm rather than hot, with similar facilities for visitors. **B** *Hotel de Turismo*, 500 m out of town on the way to the baths, full service, colonial style hotel run by Cali Tourist authority, restful atmosphere. There are several other modest hotels and restaurants in town. At **Aguas Hirviendas** are three cabins at US$20 per day that will hold up to six. South of Coconuco by 24 km is **Paletará** with high grassland on a grand scale with the Puracé/Pan de Azúcar

Popayán to San Agustín direct
Avoid travelling by night between Popayán and San Agustín, the roads are dangerous. Cyclists should avoid ttaking the new direct route. Reports of theft on the buses between these towns; do not trust 'helpfuls' and do not put bags on the luggage rack

Colombia

volcanoes in the background. Below the village (roadside restaurant and MA post) flows the infant Río Cauca. 10 km south of Paletará, the road enters the Parque Nacional Puracé and there is a track northeast to Laguna del Buey. The road then enters a long stretch of virgin cloud forest. This section links Paletará with Isnos and San Agustín. Heavy rain has weakened this stretch, 25 km of which are impassable to light vehicles and very tedious for buses and trucks. No efforts are being made currently to improve this road. 62 km from Paletará at the end of the cloud forest is Isnos (see page 843) followed by a steep drop to a dramatic bridge over the Río Magdalena and shortly to the main road between Pitalito and San Agustín.

San Agustín

Phone code: 98
Colour map 1, grid C2
Population: 6,000
Altitude: 1,700 m

The little town of San Agustín is on every travellers' itinerary because of its proximity to the 'Valley of the Statues', where hundreds of large rough-hewn stone figures of men, animals and gods, dating from roughly 3300 BC to just before the Spanish conquest. Nothing is known of the culture which produced them, though traces of small circular bamboo straw-thatched houses have been found. Various sculptures found here are exhibited in the National Museum at Bogotá. There are about 20 sites, described below. The area offers excellent opportunities for hiking, although some trails to remote sites are not well marked. The rainy season is April-June/July, but it rains almost all year, hence the beautiful green landscape; the driest months are November-March.

Sights

Enquire about safety before walking to the more distant monuments. Beware of 'guides' and touts who approach you in the street. Have nothing to do with anyone offering drugs, pre-Columbian objects, gold, emeralds or other precious minerals for sale

Near San Agustín The whole site leaves an unforgettable impression, from the strength and strangeness of the statues, and the great beauty of the rolling green landscape. The nearest archaeological sites are in the **Parque Arqueológico**, which includes the **Bosque de las Estatuas.** The park is about 2½ km from San Agustín. The statues in the Parque are *in situ*, though some have been set up on end and fenced in; those in the Bosque (a little wood) have been moved and rearranged, and linked by gravel footpaths. Beyond the central area are the carved rocks in and around the stream at the **Fuente de Lavapatas** in the park, where the water runs through carved channels. The **Alto de Lavapatas**, above the Fuente, has an extensive view. ■ *Closes at 1600; refreshment stands at 'Fuente' and on the way up to Lavapatas.* There is a museum in the park which contains pottery and Indian artefacts (closes at 1700). ■ *Daily 0800-1600 , entrance to both costs US$2, US$0.80 with student card, valid two days, also permits entry to the museum and the Alto de los Idolos see below. Guides: Spanish US$12.50, other languages US$20. Guidebook in Spanish/English US$3.75.* You can get a very good idea of the Parque, the Bosque and the museum in the course of three hours' walking, or add in El Tablón and La Chaquira (see below) for a full day. The **Museo Arqueológico**, Carrera 11, No 3-61, has cultural events in the evenings, books and videos in Spanish and English, light refreshments. ■ *Mon-Sat until 2300.*

Further afield El Tablón is reached up Carrera 14, over the brow of the hill and 250 m to a marked track to the right. El Tablón (five sculptures brought together under a bamboo roof) is shortly down to the left. Continue down the path, muddy in wet weather, ford a stream and follow signs to the Río Magdalena canyon. **La Chaquira** (figures carved on rocks) is dramatically set half way down to the river. Walking time round trip from San Agustín, two hours. Plenty of houses offer refreshments as far as El Tablón.

At **La Pelota**, two painted statues were found in 1984 (a three-hour return trip, six hours if you include El Tablón and La Chaquira, 15 km in all). The latest archaeological discoveries 1984/86 include some unique polychromed sculptures at **El Purutal** near La Pelota and a series of at least 30 stones carved with animals and other designs in high relief. These are known as **Los Petroglifos** and can be found on the right bank of the Río Magdalena, near the **Estrecho** (narrows) to which jeeps run.

Alto de los Idolos is about 10 km by horse or on foot (small charge, less if you have a student card), a lovely (if strenuous) walk, steep in places, via **Puente de la Chaquira**. Here on a hill overlooking San Agustín are more and different statues known as *vigilantes*, each guarding a burial mound (one is an unusual rat totem). The few excavated have disclosed large stone sarcophagi, some covered by stone slabs bearing a sculpted likeness of the inmate ■ *The site is open until 1600.* D *Parador de los Idolos* (three rooms, bath, hot water) is 500 m from the Alto.

Alto de los Idolos can also be reached from **San José de Isnos** (5 km northeast) 27 km by road from San Agustín. The road passes the **Salto del Mortiño**, a 300 m fall 7 km before Isnos, 500 m off the road. Isnos' market day is Saturday (bus 0500, US$1.20, return 1100, 1300, otherwise bus from Cruce on Pitalito road, or hitch). Hotels in Isnos, E *Casa Grande*, central, cheaper without bath. E *El Balcón*.

6 km north of Isnos is **Alto de las Piedras**, which has a few interesting tombs and monoliths, including the famous 'Doble Yo'. Only less remarkable than the statues are the orchids growing nearby. 8 km further is Bordones; turn left at end of the village and there is (500 m) parking for the **Salto de Bordones** falls. D *Parador Salto de Bordones*, hot water, restaurant.

Sleeping

D *Cabañas Los Andes*, Cra 11, No 3-70, T837 3461. Cabins, hot water and rooms with excellent views, basic cooking facilities. D *Central*, C 3, No 10-32, T837 3027, near bus offices. Cheaper without bath, or less still for a room just to dump your luggage in during day's visit, good meals, laundry facilities, secure motorcycle parking, will hire horses, English and French spoken. E *Colonial*, C 3, No 11-25, T837 3159. Hot shower, pleasant, good restaurant, parrots in the garden. E *Hospedaje D'Zuleg*, C 4, No 10-39, T837 3111. With bath, hot water, safe. E *Residencias El Imperio*, Cra 13, No 3-42, T837 3055. Good. E *Residencial Familiar*, C 3, No 11-37, T837 3079. Hot water, laundry, book meals in advance or eat next door at the *Colonial*, horses for hire, but noisy disco nearby at weekends. E *Residencias Menezu*, Cra 15, No 4-74 T837 3693. Shared bath, hot water, family atmosphere, safe, central. Recommended. E *Mi Terruño*, C 4, No 15-85. Some rooms with bath, hot water, attractive garden, motorbike parking, good, owner Carlos Arturo Muñoz also has 3 cabins, *Los Andaqui* for rent (**E**), C 5, No 23-71, with restaurant. F *La Casa de François*, Vereda La Antigua, Cra 13, T837 3847. New simple rooms, French-run. F *Copacabana*, Cra 14, via Estrecha, T837 3752. Good restaurant. F *Residencias Eduardo Motta*, C 4, No 15-71, T837 3031. Hot water, hard beds, morning coffee, quiet. Recommended. F *Residencias El Jardín*, Cra 11, No 4-10, T837 3455. Hot water, quiet, cooking and laundry facilities, free coffee. F *Residencias Náñez*, C 5, No 15-78, T837 3087. Hot water, good value. Recommended. F *Ullumbe*, Cra 13, No 3-36, T837 3799. Hot water, helpful, TV, family atmosphere, motorcycle parking.

There is accommodation in **private houses** for under US$3 pp. The farm of *Constantino Ortiz* is recommended, 3½ km from town, first turn on left after the Parque Arqueológico, 4 rooms, best to take a sleeping bag, meals and horses available, peaceful, inexpensive, good cooking, free morning coffee, also has camping, reservations at C 5, No 11-13 in town. Another recommended farmhouse is F *Posada Campesina*, Cra 14, Camino al Estrecho (on the route to El Tablón), 1 km from town, T837 3956, owned by Doña Silviana Patiño, who makes good pizza and cheese bread, meals with family, simple working farm, use of kitchen, camping possible, good walks nearby. F *Casa de Nelly*, Vía la Estrella, 1½ km west along 2 Av, T837 3221. Attractive peaceful finca run by Nelly Haymann (French), hot water, good food nearby, free coffee. Recommended.

Camping Next to *Yalconia* is *Camping San Agustín*, US$2 pp with own tent, US$3 pp to hire tent, clean, pleasant, toilets, lights, laundry service, horse hire (see below).

Eating

La Brasa, opposite *Yalconia Hotel*. Good steaks. Recommended. *Brahama*, C 5, No 15-11. Comida including soup and drink, good fruit salads, cheap. Recommended. *Surabhi*, C 5, No 15-10. Vegetarian dishes or meat, pizzas, *menú*, juices, desserts . Recommended. *Superpollo*, Diagonal a la Iglesia. Good. *Acuario*, C 3. Very good, breakfasts and juices, sandwiches etc, good music. *Bambú*, C 5 No 13-34. Good food, fair prices. *La Negra*, Cra 12, No 3-40. Good tamales, weekends only. *The Tea Rooms*, 20 m from *Casa de Nelly*. Good food, roasts on Sun.

Tap water in San Agustín is not safe to drink

Colombia

Festivals *Santa María del Carmen* in mid-Jul (not on a fixed date) in San Agustín. 2 festivals in **Jun** are *San Juan* (24th) with horse races and dances, and *San Pedro* (29th) with horse races, dances, fancy dress, competitions and other events. In the first week of **Oct**, the Casa de Cultura celebrates *La Semana Cultural Integrada*, with many folklore events from all parts of the country. There are cock fights on Sun, 100 m behind the church at 1900, US$1.

Tours & tour operators Sr Joaquín Emilio García, who was well known as head of the former national tourist office for many years, has now formed his own private company, *World Heritage Travel Office*, C 3, No 10-84, T/F837 3940/837 3567, which we strongly recommend you visit on arrival. ■ *Mon-Sat 0800-2000, Sun 0800-1300*. Sr García is most helpful in all matters, he speaks English, French, Italian and a little German. **Guides** Authorized guides charge US$15 for a half day, US$30 for a full day, up to 10 people per guide. You can make your own arrangements, and it may cost less, but we have received many reports of unsatisfactory experiences of unregistered guides. If you have any problems, ask at *World Heritage Travel*. **Horse hire** You are strongly advised to hire horses for trips around San Agustín through hotels or *World Heritage Travel*. Charges are about US$12 per day and US$3 per hr per rider. If you require a guide, you must add the hire cost of his horse. There are fixed tariffs for 20 or so standard trips. **Vehicle tours** Jeeps may be hired for between 4-5 people. Prices vary according to the number of sites to be visited, but the daily rate is about US$70. For those who like a good walk, most sites can be reached on foot, see above.

Transport **Bus** To **Bogotá** by colectivo (*Taxis Verdes*, C 3, No 11-57) several daily, direct or change at Neiva, go early US$15, 8-9 hrs, or by bus (*Coomotor*, C 3, No 10-71), 4 a day, about US$16, 14 hrs. From **Bogotá**, *Taxis Verdes* will pick up at hotels (extra charge), T429 7504. Alternatively there are frequent services from Bogotá to **Neiva** as well as some to Pitalito (*Taxis Verdes* costs US$14). To Neiva the 1000 *Autobusco* bus arrives in time for a late flight to Bogotá. To **Popayán** and **Cali**, *Coomotor* daily via Pitalito, Garzón and La Plata, US$12 to Popayán, US$14/16 to Cali. The bus stops at La Plata, 5-6 hrs, US$5. To **Tierradentro**, check first if any of the tourist offices is running a jeep (about US$120 for minimum 4 people), otherwise, take early transport to Garzón (eg *Taxis Verdes* 0700, US$3.50) or Pitalito, then a colectivo jeep to La Plata, US$2. With luck, you will get a *chiva* to Tierradentro the same day. Alternatively, take the daily bus to **La Plata** at 1700, stay half a night at a hotel, then, next morning, take the 0500 *Sotracauca* bus to Cruce de Pisimbalá (more details and alternatives given under La Plata). Buses to **Garzón** at 1230, 1430 and 1730, US$3.25, 3 hrs, from where more buses go to La Plata for Tierradentro. Do not take a night bus to Tierradentro. There are daily buses from San Agustín to Popayán via Paletará and Coconuco with *Cootranshuila* (office on C 3, No 10-81), slow, 6 hrs, US$12; also *Sotracauca* (C 3, No 10-53), some continuing to Cali (US$14) and *Coomotor* on this route to Cali, 9 hrs. It may be advisable to book seats the day before. (For information ask at *World Heritage Travel*; the services are sometimes cut and prices vary.)

Directory **Banks** Change TCs before arriving in San Agustín; the small shop opposite police station will exchange cash only, at a poor rate. *Banco Agrario* will give cash advances against Visa card.

Southern Colombia

From Popayán to Ecuador is scenic highland country, much of it open páramo intersected here and there by spectacular deep ravines. To the west is the long slope down to the Pacific including the mangrove swamps of much of the coast and the small port of Tumaco. To the east is the continental divide of the Cordillera Oriental and the beginning of the great Amazonian basin. The route rises still further to the border with Ecuador.

The Pan-American Highway continues south from Popayán to Pasto (285 km, five hours driving). The road drops to 700 m in the valley of the Río Patía before climbing to Pasto with big temperature changes. 38 km before Pasto is **Chachagüi**. E *Hotel Imperio de los Incas*, T092-721 8054, with bath, pool, restaurant, 2 km form Pasto airport; cheaper is F *Casa Champagnat*, with bath and cold water, pool, helpful.

Pasto

Pasto is overlooked from the west by Volcán Galeras (when not in cloud) and to the east by green hills not yet suburbanized by the city, and is in a very attractive setting. The city, capital of the Department of Nariño, stands upon a high plateau in the southwest and retains some of its colonial character. It was founded in the early days of the conquest. During the wars of independence, it was a stronghold of the Royalists and the last town to fall into the hands of the patriots after a bitter struggle. Then the people of Nariño Department wanted to join Ecuador when that country split off from Gran Colombia in 1830, but were prevented by Colombian troops. Today Pasto is a centre for the agricultural and cattle industries of the region. Pasto varnish (*barniz*) is mixed locally, to embellish the colourful local wooden bowls.

Phone code: 92
Colour map 1, grid C2
Population: 326,000
Altitude: 2,534 m
88 km from Ecuador

The church of **Cristo Rey** (C 20, No 24-64) has a striking yellow stone west front with octagonal turrets. **La Merced**, C 18 y Cra 22, has rich decoration and gold ornaments. From the church of **Santiago** (Cra 23 y C 13) there is a good view over the city to the mountains. **San Felipe** (C 12 y Cra 27) has green tiled domes. The interior courtyard of the **municipal building** on the main plaza (corner of C 19 and Cra 24) has two tiers of colonnaded balconies.

The **Museo de Oro del Banco de la República** has a small well-displayed collection of pre-Columbian pieces from the cultures of southern Colombia, a library and auditorium. ■ *0830-1150, 1400-1830, US$0.30, C 19, No 21-27, T721 5777.* **Museo Zambrano**, C 20, No 29-78, houses indigenous and colonial period arts, especially *quiteño* (from Quito).

Sleeping

AL *Don Saul*, C 17 No 23-52, T723 0618, F723 0622. Comfortable, good restaurant. Recommended. **A** *Cuellar's*, Cra 23, No 15-50, T723 2879, F723 8274. Roomy, well-furnished, bowling centre underneath. Recommended. **A** *Galerías*, Cra 26, No 18-71, T723 7390, F723 7069, above shopping mall. Comfortable, good restaurant. Recommended. **B** *Sindagua*, C 20, No 21B-16, T723 5404. Recommended. **C** *San Diego*, C 16 A No 23-27, T/F723 5050. Good. **D** *Isa*, C 18, No 22-23, T723 6663. Helpful, safe. **D** *El Duque*, Cra 20, No 17-17, T721 7390. Hot water, quiet, TV, good. **D** *Metropol*. C 15, No 21-41, T721 4518. Restaurant, laundry facilities. **E** *Canchala*, C 17, No 20A-38, T/F721 3965. Big, safe, hot water, TV, central. **E** *Koala Inn*, C 18, No 22-37, T722 1101, koalainn@hotmail.com Cheaper without bath, laundry facilities, helpful, English speaking Oscar is the well-travelled owner, popular, hot water, book exchange. **F** *Embajador*, C 19, No 25-57. Quiet, bath, motorcycle parking, cold water. **F** *Nueva York*, Cra 19 bis, 18-20. Hot shower, motorcycle parking. **F** *Andina*, Cra 19 y C 16. Good value, good beds, safe, restaurant. **F** *María Belén*, T723 0277, C 13, No 19-15. Safe, quiet, hot water. **G** *Residencia Aica*, C 17, No 20-75, T721 5311. Safe, shared bath, but dirty. **G** *Viena*, Cra 19B, No 18-36. Clean, restaurant downstairs, noisy.

Eating

Central *La Cabaña*, C 16, No 25-20. Varied menu. *Las Dos Parrillas*, Pasaje Dorado, No 23-22. Steaks, chicken, reasonable prices. *Govinda*, Cra 24, No 13-91. Vegetarian, set lunch US$2. *La Merced*, Cra 22, No 17-37. Pizzas and local dishes, good. *El Mundo de los Pasteles*, Cra 22, No 18-34. Cheap *comidas*. *Punto Rojo*, Cra 24, Parque Nariño. Self service, 24 hrs, good choice. *Rancho Grande*, C 17, No 26-89. Cheap, open late. *Riko Riko*, various locations. Good fast food. *El Vencedor*, C 18, No 20A-40. Good value, open 0600-1900.

Away from centre *La Casa Vasca*, C 12A, No 29-10. Spanish. Recommended. *Cokorín*, bus terminal, T212084. Meat, chicken, local dishes. *Sausalito*, Cra 35A, No 20-63. Seafood, good.

Local specialities Try *arepas de choclo*, made with fresh ground sweet corn, at the kiosks beside the main road going north.

Bar/Disco *Honey Bar*, C 16, No 25-40, T234895. Pleasant atmosphere.

Colombia

Festivals During the new year's *fiesta* there is a *Día de los Negros* on 5 Jan and a *Día de los Blancos* next day. On 'black day' people dump their hands in black grease and smear each others' faces. On 'white day' they throw talc or flour at each other. Local people wear their oldest clothes. On **28 Dec** and **5 Feb**, there is also a *Fiesta de las Aguas* when anything that moves gets drenched with water from balconies and even from fire engines' hoses. All towns in the region are involved in this legalized water war! In Pasto and Ipiales (see page 848), on **31 Dec**, is the *Concurso de Años Viejos*, when huge dolls are burnt; they represent the old year and sometimes lampoon local people.

Shopping *Casa del Barniz de Pasto*, C 13, No 24-9. *Artesanías Nariño*, C 26, No 18-91. *Artesanía-Mercado Bomboná*, C 14 y Cra 27. *Artesanías Mopa-Mopa*, Cra 25, No 13-14, for *barniz*. Leather goods shops are on C 17 and C 18. Try the municipal market for handicrafts. *Mercado Campesino*, southern end of C 16, esq Cra 7. *Supermercado Confamiliar de Nariño*, C 16B, No 30-53. Recommended. *Ley* on C 18, next to Avianca postal office. On main plaza (C 19 y Cra 25) is a shopping centre with many shops and restaurants. **Maps** Maps of Colombia and cities from **Instituto Geográfico Agustín Codazzi**, in *Banco de la República* building, C 18, No 21-20, limited selection.

Sport & activities Every Sun a game of paddle ball is played on the edge of the town (bus marked 'San Lorenzo') similar to that played in Ibarra, Ecuador. *Sapo* is also played; see Popayán, Sports.

Transport **Air** Daily to **Bogotá**, *Satena*, and **Puerto Asís**. The airport is at Cano, 40 km from Pasto; by colectivo (beautiful drive), 45 mins, US$2.40 or US$13.50 by taxi. There are no currency exchange facilities, but the shop will change US$ bills at a poor rate. **Bus** All interurban buses leave from the new terminal, Cra 6, C 16, 4 km from centre, taxi, US$1. **To Bogotá**, 23 hrs, US$25 (*Bolivariano Pullman*). To **Ipiales**, 2 hrs, US$3, sit on the left for the views. To **Popayán**, ordinary buses take 10-12 hrs, US$7; expresses take 5-8 hrs, cost US$9. To **Cali**, US$11, expresses, 8½ to 10 hrs. To **Tumaco**, 9 hrs by bus, 7 hrs by minibus, US$9. To **Mocoa**, 8 hrs, US$7.25.

Directory **Banks** For changing TCs, *Bancolombia*, C 19, No 24-52. *Lloyds TSB Bank*, Av Circunvalar 5-09, T331 6790, Visa advances. *Banco de Bogotá* will change TCs 0930-1130. If going to Tumaco, this is the last place where TCs can be cashed. *Casas de cambio*, *Titan*, Cra 26, No 18-71, T729 1946, at Cra 25, No 18-97, T232294, and C 19, No 24-86, T235616, by the main plaza. **Communications** Post Office: Cra 23, 18-42 and C 18, No 24-86 (*Avianca*). **Telephone:** long distance calls, C 17 y Cra 23. **Embassies and consulates** Ecuadorean Consulate, C 17, No 26-55, p 2. 4 photos needed if you require a visa. **Tourist office** Just off the main plaza, C 18, No 25-25, T234962, friendly and helpful. Mon-Fri 0800-1200 and 1400-1800. **Useful addresses** DAS: C 16, No 28-11, T235901, will give exit stamps if you are going on to Ecuador.

Volcán Galeras The volcano, Galeras (4,276 m), quiescent since 1934, began erupting again in 1989. Check at the tourist office whether it is safe to climb on the mountain and whether you need a permit. A road climbs up the mountain to a ranger station and police post at 3,700 m. At the last report, you were not permitted beyond this point.

On the north side of the volcano lies the village of **Sandoná** where panama hats are made; they can be seen lying in the streets in the process of being finished. Sandoná market day is Saturday. There are good walks on the lower slopes through Catambuco and Jongovito (where bricks are made). ■ *Four buses daily, US$1.50, the last back to Pasto is at 1700.*

The 250 km road west from Pasto to Tumaco on the coast is paved, but is subject to landslides – check in Pasto. It leaves the Panamericana 40 km south of Pasto at El Pedregal, passing the brick factories of the high plains of the Cordillera Occidental. In **Túquerres** (*Altitude*: 3,050 m) the market is on Thursday, good for ponchos (F *Residencias Santa Rita*, Calle 4, No 17-29; several restaurants. Bus to Pasto US$2.25, 2 hours; jeep service to Ipiales from Carrera 14, C 20, US$2, 1½ hours). Ask in Túquerres about walking and climbing in the Laguna Verde/Volcán Azufral area.

About 90 km from Túquerres, at the village of **Chucunez**, a dirt road branches south to **Reserva Natural La Planada**, a private 3,200 ha nature reserve. This patch of dense cloud forest on a unique flat-topped mountain is home to a wide variety of flora and fauna, and believed to have one of the largest concentrations of native bird species in South America. ■ *Day visitors are welcome but camping is prohibited. There is accommodation, US$12.50 pp, including meals. Guides are available. For further information contact the reserve T927-753396/7, fesplan@col2.telecom.com.co*

Tumaco

Tumaco has two-storey wooden houses and a predominantly black population, and the roads, water and electricity supplies are not good. It is in one of the world's rainiest areas; the yearly average temperature is about 30°C. The northern part of the town is built on stilts out over the sea (safe to visit only in daylight). A natural arch on the main beach, north of the town and port, is reputed to be the hiding place of Henry Morgan's treasure. Swimming is not recommended from the town's beaches, which are polluted; stalls provide refreshment on the beach. Swimming is safe, however, at El Morro beach, north of the town, but watch out for poisonous rays. There are many discos specializing in Afro/South American rhythms. There are no money exchange facilities, except in some shops that will buy dollars at a poor rate; change money in Cali or Pasto. The area around is noted for the archaeological finds associated with the Tumaco culture.

Phone code: 92
Colour map 1, grid C2
Population: 115,000

The coastal area around Tumaco is mangrove swamp, with many rivers and inlets on which lie many villages and settlements; negotiate with boatmen for a visit to the swamps or the beautiful island tourist resort of **Boca Grande**. The trip takes 30 minutes, US$8 return. There are several places to stay in the **F** category. Water and electricity supplies are irregular.

D *Villa del Mar*, C Sucre, T727 2393. Modern, with shower, toilet and fan, no hot water, good café below, also has well equipped cabins at El Morro Beach. **E** *El Dorado*, C del Comercio, near water-front and *canoa* dock. Basic. Children meet arriving buses to offer accommodation; most cheap places are in C del Comercio, many houses and restaurants without signs take guests – most have mosquito nets. The main culinary attraction of the town is the fish, in the market and restaurants, fresh from the Pacific. A number of good restaurants on the main streets, C Mosquera and C del Comercio, though the best is probably *Las Velas* on C Sucre.

Sleeping & eating
Be very careful of food and water because there are many parasites

Air There are daily flights to and from **Cali** with *Satena*, 40 mins. **Bus** To **Pasto**, 9 hrs, US$9, with *Supertaxis del Sur* or *Trans Ipiales*, 4 a day, interesting ride; minibus 7 hrs. From Ipiales go to El Espino (US$0.75, colectivo, US$1.15) and there change buses for Tumaco (US$4.80).

Transport

It is possible to travel to Ecuador (San Lorenzo) by boat. Part of the trip is by river, which is very beautiful, and part on the open sea, which can be very rough; a plastic sheet to cover your belongings is essential. Take suncream. It is possible to go overland crossing the Río Mira to reach Ecuador, but get advice before attempting this route.

Border with Ecuador

Colombian immigration is at DAS, Alcaldía Municipal, C 11 y Cra 9, Tumaco; obtain stamp for leaving Colombia here. Office open weekdays only. Visas for Ecuador (if required) should be obtained in Cali or Pasto. Entry stamps for Ecuador must be obtained in the coastal towns.

Entering Colombia through Tumaco: you will have to go to Ipiales to obtain the entry stamp. Apparently the 24/48 hours 'unofficial' entry is not a problem, but do not obtain any Colombian stamps in your passport before presentation to DAS in Ipiales.

Transport Daily (check) service at 0800 to **San Lorenzo**, 7 hrs (but can take 14) tickets from C del Comercio (protective plastic sheeting provided). Ask around the water-front at 0600, or try at the fishing centre, El Coral del Pacífico for a cheaper passage, but seek advice on safety before taking a boat (robberies reported). Fares: motorized canoe US$20; launch US$50.

Colombia

The Putumayo Twenty-five kilometres east of Pasto, on the road to Mocoa is **Laguna La Cocha**, the largest lake in south Colombia (sometimes called Lago Guamuez). By the lake, 3 km from the main road, is the C *Chalet Guamuez*, T721 9306. With chalets, boat and jeep trips. Recommended. In the lake is the **Isla de La Corota** nature reserve with interesting trees (10 minutes by boat from the **B** *Hotel Sindanamoy*, T721 9307, camping possible). There are also cheap and friendly places to stay in and near El Encano (often shown as El Encanto on maps) where there are also many restaurants serving trout.

Transport Taxi to La Cocha from Pasto, US$9, or colectivo from C 20 y Cra 20. Also you can take a bus to El Encano and walk the remaining 5 km to the chalets of *Chalet Guamuez*, or 20 mins from bus stop direct to lake shore and take a *lancha* to the chalets for US$3.

Beyond El Encano there is a steep climb over the Sierra where a large statue of the Virgin marks the entry into the Putumayo. The road then descends steeply to Sibundoy, Mocoa and Puerto Asís. For several years this has been guerrilla territory and a drug growing and processing area. Even if the authorities allow you to enter, you are advised not to do so.

Ipiales

Phone code: 927
Colour map 1, grid C2
Population: 72,000
Altitude: 2,898 m

Passing through deep valleys and a spectacular gorge, buses on the paved Pan-American Highway cover the 84 km from Pasto to Ipiales in 1½-2 hours. The road crosses the spectacular gorge of the Río Guáitara at 1,750 m, near El Pedregal, where *choclo* (corn) is cooked in many forms by the roadside. **Ipiales**, "the city of the three volcanoes", is famous for its colourful Friday morning Indian market. The **Catedral Bodas de Plata** is worth visiting but the real attraction is the Sanctuary of the Virgin of **Las Lajas**, about 7 km east of Ipiales. Seen from the approach road, looking down into the canyon, the Sanctuary is a magnificent architectural conception, set on a bridge over the Río Guáitara: close up, it is very heavily ornamented in the gothic style. The altar is set into the rock face of the canyon, which forms one end of the sanctuary with the façade facing a wide plaza that completes the bridge over the canyon. There are walks to nearby shrines in dramatic scenery. It is a 10-15 minutes' walk down to the sanctuary from the village. There are great pilgrimages to it from Colombia and Ecuador (very crowded at Easter) and the Sanctuary must be second only to Lourdes in the number of miracles claimed for it. The Church recognizes one only. ■ *Ipiales town buses going 'near the Sanctuary' leave you 2½ km short. Take a colectivo from Cra 6 y C 4, US$1 pp, taxi, US$6 return. Several basic hotels and a small number of restaurants at Las Lajas. You may also stay at the convent.*

Sleeping **B** *Mayasquer*, 3 km on road to the border, T732643. Modern, nice restaurant, very good. **D** *Los Andes*, Cra 5, No 14-43, T734338. With hot water, TV. **D** *Korpawasy*, Cra 6, No 10-47, T732246. Good food, plenty of blankets. **D** *Pasviveros*, Cra 6, No 16-90, T732622. Hot water, interesting decorations. **E** *Bachué*, Cra 6, No 11-68. Safe. **E** *Belmonte*, Cra 4, No 12-111 (near *Transportes Ipiales*). Hot water, parking opposite, good value but crowded. Recommended. **E** *Rumichaca Internacional*, C 14, No 7-14, T732692. Comfortable, good restaurant. **F** *Colombia*, C 13, No 7-50. Hot water, clean except for toilets, helpful, parking for motorbikes. **F** *San Andrés*, Cra 5, No 14-75. Hot water. **G** *India Catalina*, Cra 5a, No 14-88, T734392. Hot shower, run down, 2 blocks from main plaza. **G** *Nueva York*, C 13, No 4-11, near main plaza. Run down, plenty of blankets. **G** *Oasis*, Cra 6, No 11-34, 1 block from main plaza. Shower, ask for hot water, quiet after 2100, clean, helpful. **Camping** free behind last Esso station outside town on road north.

Eating *Don José*, Cra 5, No 14-53. *Don Lucho (Los Tejados)*, Cra 5, No 14-13 (*antioqueño*). Plenty of cheap restaurants, better quality ones on Cra 7. *Panadería Galaxia*, C 15, No 7-89. Good cheap breakfast. Outside town towards the border, *La Herradura*, good food, reasonable prices, try their excellent *trucha con salsa de camarones* (rainbow trout with shrimp sauce).

Air San Luis airport is 6½ km out of town. *Aires* and *Satena* to **Cali**, **Bogotá** and **Puerto Asís**; **Aires** to **Neiva**. Taxi to Ipiales centre, US$4. **Bus** Bus companies have their individual departure points: *busetas/colectivos* mostly leave from the main plaza To **Popayán**, *Expreso Bolivariano*, US$9, 7½ hrs, hourly departures, 0430-2030; *Transportes de Ipiales*; *Super Taxis* and *Cootranar* busetas, US$12. Bus to **Cali**, US$14, 12 hrs. To **Pasto** from main plaza, colectivo US$3.25; *Flota Bolivariano* buses every hour, US$3, 3 hrs. Buses to **Bogotá** hourly from 0500, 24 hrs, US$30 (check if you have to change buses in Cali). To **Medellín**, *Expreso Bolivariano*, 22 hrs, US$29. To **Túquerres** and **Ricaurte** on the Tumaco road, *camperos* (4WD taxis) leave from in front of San Felipe Neri church; for **Tumaco** change at El Espino.

Banks It is not possible to cash TCs, but cash is no problem *Bancolombia*, C 14, No 5-32, cash against Visa. *Casa de Cambio* at Cra 6, No 14-09, other *cambios* on the plaza. There are money changers in street, in plaza and on border, but they may take advantage of you if the banks are closed. Coming from Ecuador, peso rates compare well in Ipiales with elsewhere in Colombia. **Communications** **Telephone:** International calls from Cra 6 y C 6/7.

Ipiales is 2 km from the Rumichaca bridge across the Río Carchi into Ecuador. The border post stands on a concrete bridge, beside a natural bridge, where customs and passport examinations take place from 0600 to 2100. All Colombian offices are in one complex: DAS (immigration, exit stamp given here), customs, INTRA (Dept of Transportation, car papers stamped here; if leaving Colombia you must show your vehicle entry permit) and ICA (Department of Agriculture for plant and animal quarantine). There is also a restaurant, Telecom, clean bathrooms (ask for key, US$0.10) and ample parking. See page 909909 for the Ecuadorean side and see also Documents in Ecuador, Essentials, page 859859. The **Ecuadorean consulate** is in the DAS complex; open weekdays 0830-1200, 1430-1800. There are many money-changers near the bridge on both sides. Better rates reported on the Colombian side but check all calculations.

Transport From Ipiales to **Tulcán**: colectivo from C 14 y Cra 11, US$0.40 to the border (buses to Ipiales arrive at the main plaza – they may take you closer to the colectivo point if you ask). Colectivo from border to **Tulcán** US$0.70, to Tulcán bus station, US$1. Ask the fare at border tourist office. To go to bus terminal, take blue bus from central plaza, US$0.05. Taxi to/from border, US$2.50. From Ipiales airport to the border by taxi, about US$6.50.

If entering Colombia by car, the vehicle is supposed to be fumigated against diseases that affect coffee trees, at the ICA office. The certificate must be presented in El Pedregal, 40 km beyond Ipiales on the road to Pasto. (This fumigation process is not always carried out.) You can buy insurance for your car in Colombia at Banco Agrario, in the plaza.

The Llanos and Leticia

The extensive cattle lands from the Cordillera Central to the Orinoco are a good place to get away from it all in the dry season. Leticia, Colombia's foothold on the Amazon, is on the southern tip of a spur of territory which gives Colombia access to the Amazon, 3,200 km upstream from the Atlantic. There is a land border with Brazil a short distance to the east beyond which are Marco and Tabatinga. Directly south across the river is another important Brazilian port, Benjamin Constant, which is close to the border with Peru. On the north side of the Amazon, Colombia has a frontage on the river of 80 km to the land border with Peru.

Warning Amazonas and to a lesser extent Los Llanos have always been difficult to visit because of their remoteness, the lack of facilities and the huge distances involved. In recent years this has been compounded by the growing of drugs in the region and guerrilla activity culminating in the declaration in 1998 of the *zona de despeje* (see below) for a significant part of Caquetá and Meta Departments. This `safe haven' for the FARC forces was revoked in February 2002, when the Colombian army took back much of the zone. Our text has been limited to Villavicencio, Florencia and the Leticia region all of which are comparatively safe. They should only be visited by air at present (except Leticia where river routes are safe).

Villavicencio
Population: 310,000
Altitude: 498 m
Phone code: 98
Colour map 1, grid B4

A spectacular 110 km road runs southeast from Bogotá to **Villavicencio**, capital of Meta Department in the Llanos at the foot of the eastern slopes of the Eastern Cordillera. Rice is the main local crop. Villavicencio is a good centre for visiting the Llanos stretching 800 km east as far as Puerto Carreño, on the Orinoco. Cattle raising is the great industry on the plains, sparsely inhabited by *mestizos*

Sleeping and eating AL *Villavicencio*, Cra 30, No 35A-22, T662 6434, hotvicio@ andinet.com Suites available, a/c, hot water, very comfortable, good restaurant. **D** *Centauros*, C 38, No 31-05, T662 5106. Small rooms, reasonably clean and quiet, central. **E** *Residencias Don Juan*, Cra 28, No 37-21 (Mercado de San Isidro). Attractive family house, with bath and fan, sauna, safe. Recommended. **F** *Residencias Medina*, C 39D, 28-27. Shared shower, fair, washing facilities. **Youth Hostel**: *Granja los Girasoles*, Barrio Chapinerito, T664 2712. 160 beds, 3 km from the bus station. Several eating places sell typical food of the region, also Chinese restaurants in the centre: others, some with swimming pools, on the road to Puerto López.

Festival *Festival Nacional del Joropo*, Typical music and dances of *Los Llanos*, **Dec.**

Transport Air *Aires* and *Satena* to **Bogotá** most days. For flights into the Llanos, ask locally. Taxi to town, US$4, bus US$0.50. **Bus** Bus station outside town, taxi US$1. *La Macarena* and *Bolivariano* run from Bogotá about every 30 mins, US$4, 4 hrs, or colectivos *Velotax* or *Autollanos* who run every hour, US$4.20. Be prepared to queue for tickets back to Bogotá

Florencia
Phone code: 98
Colour map 1, grid C3
Population: 118,000
Altitude: 1,300 m

Florencia, capital of Caquetá Department, was originally established in 1908. The plaza contains sculptures, fountains, a large forest tree (*saba*) and flower beds. Overnight, cars are best left in the care of the fire-station (US$0.20 a night). The better hotels are located round the plaza eg **C** *Kamani*, C 16, No 12-27, T835 4101. The local saint's day is 16 July: candlelit procession in the evening. *Aires* flies daily to Neiva and Bogotá (also *Satena*) and most days to Cali. There are regular bus services from Neiva (US$7.80, 7 hours), Garzón and Altamira (bus Altamira to Florencia, US$3.75). To Bogotá US$23.50.

NB From Florencia the road runs northeast as far as San Vicente del Caguán, the centre of the demilitarized zone arranged between President Pastrana's government and the FARC guerrillas in November 1998. After the breakdown of peace negotiations in February 2002, the FARC guerrillas were forcibly evicted from the '**zona de despeje**', which was centred on San Vicente and Cartagena del Chairá. The area should not be entered by tourists.

Leticia

Phone code: 9859
Colour map 3, grid A4
Population: 23,000
Altitude: 82 m

Capital of Amazonas Department, the city is clean, modern, though run down near the river. It is rapidly merging into one town with neighbouring Marco in Brazil. There is a modern, well-equipped hospital. The best time to visit the area is in July or August, the early months of the dry season. At weekends, accommodation may be difficult to find. Leticia is a good place to buy typical products of Amazon Indians (for example *Galería Artesanal Uiraparu*, Calle 8, No 10), and tourist services are better than in Tabatinga or Benjamin Constant. A museum set up by Banco de la

República has local ethnography and archaeology, in a beautiful building at Carrera 11 y Calle 9 with a library and a terrace overlooking the Amazon. ■ *There is an obligatory US$5 environment tax payable upon arrival in Leticia. You may also be asked for a yellow fever inoculation certificate on arrival; if you do not have this, an inoculation will be administered on the spot (not recommended).* For the border with Brazil, Colombia and Peru all information is given in the Brazil chapter, page 546, where Colombian, Brazilian and Peruvian procedures are detailed in one section.

AL *Anaconda*, Cra 11, No 7-34, T27119, www.hotelanaconda.com.co Large a/c rooms, hot water, restaurant, good terrace and swimming pool. **AL** *Parador Ticuna*, Av Libertador (Cra 11), No 6-11, T27243. Spacious apartments, hot water, a/c, sleep up to 6, swimming pool, bar and restaurant. **B** *Colonial*, C 10, No 7-08, T27164. With a/c or fans, cafetería, noisy, not including tax and insurance. **B** *Iripari*, C 8, No 7-26, T24743. A/c, TV. Recommended. **C-D** *Residencias Fernando*, Cra 9, No 8-80, T27362. Well-equipped. Recommended. **D** *Residencias La Manigua*, C 8, No 9-22, T27121. With bath, fan. **D** *Residencias Marina*, Cra 9 No 9-29 T27309. TV, some a/c, cold water, good breakfast and meals at attached restaurant.

Sleeping

Sancho Panza, Cra 10, No 8-72. Good value, good meat dishes, big portions, Brazilian beer. Several small sidewalk restaurants downtown, good value *plato del día*. *Señora Mercedes*, C 8 near Cra 11. Serves good, cheap meals until 1930. Cheap food (fried banana and meat, also fish and pineapples) is sold at the market near the harbour. Also cheap fruit for sale. Many café/bars overlook the market on the river bank. Take your own drinking water.

Eating

Turamazonas, *Parador Ticuna*, Apdo Aéreo 074, T27241; *Amaturs*, in lobby of *Hotel Anaconda*; *Amazonian Adventures*, ask for Chiri Chiri; *Amazon Jungle Trips*, Av Internacional, No 6-25, T27377, US$20 per day. The following tours are available: to Monkey Island; to Benjamin Constant to see a rubber plantation, 8 hrs; 3 day trips to visit Indian communities with *Turamazonas*, price depends on number of people in group. **Independent guides** Many guides can be found at the riverfront. They may be cheaper and better than organized groups, but you must seek advice about reputations and fix a firm price before setting out. Recommended are *Luis Fernando Valera*, contact through *Hotel Anaconda*, and *Luis Daniel González* (Cra 8, No 9-93, Apdo Aéreo 256, Leticia), or through *Residencias Fernando*. They are often to be found at the airport, are knowledgeable, speak Spanish, Portuguese, English, and run a variety of tours. *Luis Carlos Castro*, Cra 11, No 6-81, T27163, US$30 pp per day, good. *Daniel Martínez*, also knowledgeable, speaks good English. The cheaper the guide, usually the less experienced he will be. Check that adequate first aid is taken and whether rubber boots are provided (or buy your own in Leticia, US$5-6).

Tour operators
If you choose to go on an organized tour, do not accept the first price and check that the equipment and supplies are sufficient for the length of the tour

Air Airport is 1½ km from town, taxi US$1.60; small terminal, few facilities. Taxi direct to Brazilian immigration (Police Station) US$8. Expect to be searched before leaving Leticia airport, and on arrival in Bogotá from Leticia. *Aero República* flies to Leticia (Tabatinga airport if Leticia's is closed) from **Bogotá**, 5 days a week. *AeroSucre* allows passengers on its daily cargo flights Bogotá-Leticia, US$75. Go to their terminal about 3 km before the international airport in Bogotá (huge sign) and speak to the flight captain (no one else) 30 mins before take-off. Price is not negotiable and schedule changes each day, but usually at 0600. *Varig* has daily flights from Manaus to Tabatinga. Regular minibus to Tabatinga, US$0.60.

Transport

Banks There are street money changers, plenty of *cambios*, and banks for exchange. Shop around. TCs cannot be changed at weekends, and are hard to change at other times, but try *Banco de Bogotá*. **Communications** Internet: very few places, slow connections. **Post Office:** *Avianca* office, Cra 11, No 7-58. Telecom: Cra 11, near Parque Santander. **Tourist offices** C 10, No 9-86. *MA*, Cra 11, No 12-45, T/F27124, will arrange tours and find guides.

Directory

Monkey Island Visits can be made to Yagua and Ticuna Indians. There are not many monkeys on the island now, those left are semi-tame. Agencies run overnight tours with full board.

Jungle trips from Leticia

Parque Nacional Amacayacu 60 km upstream, at the mouth of the Matamata Creek. There is a jungle walk to a lookout (guides will point out plants, including those to avoid) and a rope bridge over the forest canopy, with wonderful views over the surrounding jungle (US$7). Boats go to a nearby island to see Victoria Regia water lilies. The *MA* in Leticia arranges visits to its centre. Accommodation for 45 in three large, clean cabins with beds, US$10, and hammocks, US$8, mess-style meals, breakfast US$2.50, lunch/dinner US$5, friendly, efficient; lights out 2130; small handicraft shop run by the local Indian communities. Park entry US$3. Boat from Leticia US$10.50, two hours; two operators (if you buy a return check that your operator runs the day you wish to return). For park information, go to the *MA* office (see above) in Leticia.

Puerto Nariño A small, attractive settlement on the Río Loretoyacu, a tributary of the Amazon, beyond the Parque Nacional Amacayacu. Where the two rivers meet is a popular place to watch dolphins. **Sleeping: B** *Casa Selva*, with a/c; **E** *Brisas del Amazonas*, charming location, simple rooms; **E** *Manguare*; **E** pp *El Alto del Aguila*, 20 minutes' walk, 5 minutes by boat, owned by Hector (missionary and schoolteacher) who is a good source of information, comfortable cabins, trips arranged. Tours include fishing, visits to Indians and caiman watching, four to five days (for example with *Punto Amazónico*, Carrera 24, No 53-18, p 2, Bogotá, T249 3618). Two-hour trips from Leticia daily at 1400 (1200 Sat-Sun), cost US$8.50.

Ecuador

Ecuador

Tucked in between Peru and Colombia, this country is small enough for you to have breakfast with scarlet macaws in the jungle, lunch in the lee of a snow-capped peak and, at tea time, be eyeballed by an iguana whose patch of Pacific beach you have just borrowed.

A multitude of national parks and conservation areas emphasise the incredible variety of Ecuador. They include mangroves; an avenue of volcanoes - many of them active - striding across the Equator; forests growing on the dry Pacific coast, in the clouds and under the Amazonian rains; not forgetting all the animals and birds which flourish in these habitats. The capital, Quito, has become one of the gringo centres of South America, bursting at the seams with language schools, travel agencies and restaurants. The last remaining segment of the line from Quito to the Pacific port of Guayquil, with spectacular zig-zags and switchbacks, is a highpoint of railway engineering. The exotic wildlife of the Galápagos Islands will also keep you enthralled, whether it's sympathizing with Lonesome George, the last giant tortoise of his race, watching an albatross take off on its flight path, or admiring the sexual paraphernalia of the magnificent frigate bird. If the Galápagos are beyond your budget, the Isla de la Plata is a more accessible alternative for seeing marine life.

COLOMBIA

El Conejo

Lago Agrio

R Faun Cuyabeno

Güeppi

Tarapoa

Shushifindi
Aguarico

Cuyabeno

Limoncocha
Napo

Pañacocha

Coca (Pto Francisco de Orellana)

Zancudo

Tiputini

Tiputini

Shiripuno

Nashino

Curaray

Cononaco

Curaray

Conambo

Pintuyaco

Montalvo

Conambo

Río Corrientes

PERU

Ecuador

N

0 km   100
0 miles   100

Essentials

Planning your trip

Where to go The capital, **Quito**, boasts some of the best-preserved colonial architecture in South America in its 'Old Town', while the 'New City' is where you'll find most accommodation, restaurants, tour operators and language schools. From the capital many of the country's attractions are accessible by road in only a few hours. A variety of day trips include nature reserves, hot springs, and, of course, the Equator. There is also good mountaineering and white-water rafting nearby. North of Quito is **Otavalo** with its outstanding handicrafts market, a regular one-day tour, but equally popular as a base for exploring nearby villages, more nature reserves and hiking or cycling routes. Carrying on towards the Colombian border is **Ibarra**, another good centre for visiting the north and the starting point for the journey to San Lorenzo on the Pacific.

In the Central Sierra, south of Quito is the national park surrounding **Cotopaxi**, one of Ecuador's most frequently climbed volcanoes. Further south is the **Quilotoa circuit**, a 200 km loop through small villages and beautiful landscapes, with lots of possibilities for trekking, cycling and riding. The starting point is Latacunga on the Pan-American Highway. On one of the main routes from the Sierra to the eastern jungle is **Baños**, a very popular spa town with climbing, hiking, riding and volcano watching opportunities close at hand. The heart of the central highlands is **Riobamba**, beneath Chimborazo volcano. This is another good base for climbing and trekking, as well as the starting point for a very popular railway ride over La Nariz del Diablo (The Devil's Nose) – when the often-damaged line is open. The Inca ruin of **Ingapirca** is between Riobamba and **Cuenca**, a lovely colonial city in the Southern Sierra. Nearby is the Cajas National Park. En route from Cuenca towards Peru are the provincial capital of **Loja**, close to the Parque Nacional Podocarpus, and **Vilcabamba**, with a delightful climate and a favourite with backpackers. Several border crossings to Peru are accessible from Loja.

Ecuador's Pacific capital is **Guayaquil**, 45 minutes by air from Quito (eight hours by bus) and only four hours by bus south to the Peruvian border via Machala. Guayaquil is the main jumping-off point for flights to the Galápagos (those flying from Quito have to change here). To the north stretch the **Pacific Lowlands** with beaches, pre-Columbian archaeological sites and peaceful little low-key resorts like Puerto López, Montañita, Canoa and Muisne, as well as a few highly developed ones like Bahía de Caráquez and Atacames. Near Puerto López the **Parque Nacional Machalilla** contains dry tropical forest, offshore islands and marine ecosystems. It is a good place for riding, diving, whale watching, birdwatching and relaxing on the beautiful Los Frailes beach.

The **Oriente** (eastern lowlands) offers many opportunities for nature tourism, with a number of specially designed jungle lodges, mainly in the northern part. A stay in one of these places is best booked in Quito or from home, but you can head for jungle towns like Coca, Lago Agrio, Tena, Puyo or Misahuallí to arrange a tour with a local agency or guide. The southern Oriente is less developed for tourism, but interest is growing here, with Macas or Zamora as the places to aim for.

Ecuador is famous for its **hot springs** and, on either side of the Andes, there is great birdwatching in a wide variety of protected areas. Other special interest activities include diving, whitewater rafting and various volunteer programmes. The nature destination par excellence, though, is the **Galápagos Islands**, 970 km west of the mainland. Tours can be arranged in Quito, Guayaquil and from home, but if you have time and are on a more limited budget, last minute deals can sometimes be found in Puerto Ayora on Santa Cruz Island.

When to go Ecuador's climate is highly unpredictable. As a general rule, however, in the **Sierra**, there is little variation by day or by season in the temperature: this depends on altitude. The range of shade temperature is from 6°C to 10°C in the morning to 19°C to 23°C in the afternoon, though it can get considerably hotter in the lower basins. Rainfall patterns depend on whether a particular area is closer to the eastern or western slopes of the Andes. To the west, June to September are dry and October to May are wet (but there is sometimes a short dry spell in December or

January). To the east, October to February are dry and March to September are wet. There is also variation in annual rainfall from north to south, with the southern highlands being drier. **Quito** is within 25 km of the Equator, but it stands high enough to make its climate much like that of spring in England, the days pleasantly warm and the nights cool. Rainy season is October to May with the heaviest rainfall in April. Rain usually falls in the afternoon. The day length (sunrise to sunset) is almost constant throughout the year.

Along the **Pacific coast**, rainfall also decreases from north to south, so that it can rain throughout the year in northern Esmeraldas and seldom at all near the Peruvian border. The coast, however, can be enjoyed year-round, although it may be a bit cool from June to September, when mornings are often grey with the *garúa* mists. January to May is the hottest and rainiest time of the year. Like the coast, the Galápagos suffer from the *garúa* from May to December; from January to April the islands are hottest and brief but heavy showers can fall. In the Oriente, heavy rain can fall at any time, but it is usually wettest from March to September.

Ecuador's high season is from June to early September, which is also the best time for climbing and trekking. There is also a short tourist season in December and January. In resort areas at major fiestas, such as Carnival, Semana Santa and over New Year, accommodation can be hard to find. Hotels will be full in individual towns during their particular festivals, but Ecuador as a whole is not overcrowded at any time of the year.

Finding out more

Tourism is in the hands of the **Ministerio de Turismo**, Eloy Alfaro N32-300 Carlos Tobar, Quito, T250 7559, F222 9330, mtur1@ec-gov.net The addresses of tourist offices are given in the Essentials sections of each town. Outside Ecuador, tourist information can be obtained from Ecuadorean Embassies (see above). The Ministerio de Turismo has sites in English, **www.livecuador.com** and Spanish **www.vivecuador.com** A good bilingual introduction is provided by the Ecuadorean embassy in Washington at **www.ecuador.org** Travel guides include: **www.ecuadorexplorer.com**, **bestofecuador.com**, **www.ecuaworld.com** and **www.ecuador-travel-guide.com** (which has a related booking system, **www.ecuadortoursonline.com**). **www.amerispan.com/lata/** offers general travel advice. **www.SAexplorers.org**, the website of South American Explorers has information about how to become a member and the club's services. See page 869 for address. **www.explored.com.ec** has general information about Ecuador in Spanish, including a guide to national parks. Gay information on www.quitogay.net Two other portals are **www.bacan.com** and **www.mande.com.ec**

See Media, page 864, for sites of Ecuadorean newspapers

The official languages of Ecuador are Spanish and Quichua, although the latter is little used outside indigenous communities in the highlands and parts of Oriente. English and a few other European languages may be spoken in some establishments catering for tourists in Quito and the most popular tourist destinations. Away from these places, knowledge of Spanish is essential.

Language

▶ *Ecuadorean embassies and consulates*

Australia, *11 London Circuit, 1st Floor, Canberra ACT 2601, T6-6262 5282, F6-6262 5285, embecu@hotkey.net.au*

Austria, *Goldschmiedgasse 10/2/24, A-1010 Vienna, T1-535 3208, F1-535 0897, mecaustria@chello.at*

Belgium, *Avenue Louise 363, 9th Floor, 1050 Brussels, T2-644 3050, F2-644 2813, ecuador@wanadoo.be*

Canada, *50 O'Connor Street No 316, Ottawa, ON K1P 6L2, T613-563 8206, F613-235 5776, mecuacan@sprint.ca*

France, *34 Avenue de Messine, 75008 Paris, T1-4561 1021, F1-4256 0664, ambecuad@wanadoo.fr*

Germany, *Kaiser-Friedrich Strasse 90, 1 OG, 10585 Berlin, T30-238 6217, T30-3478 7126, mecuadoral@t-online.de*

Israel, *4 Rehov Weizmann (Asia House), 4th floor, Tel Aviv 64239, T3-695 8764, F3-691 3604, mecuaisr@netvision.net.il*

Italy, *Vía Antonio Bertolini No. 8 (Paroli), 00197 Rome, T6-807 6271, F6-807 8209, MECUROMA@FLASHNET.IT*

Japan, *No 38 Kowa Building, Room 806, 12-24 Nishi-Azabu 4 Chome, Minato-Ku,* *Tokyo 1060031, T3-3499 2800, F3-3499 4400, ecujapon@twics.com*

Netherlands, *Koning innengracht 84, 2514 AJ, The Hague, T70-346 3753, F70-365 8910, embecua@bart.nl*

New Zealand, *Ferry Building, 2nd Floor, Quay Street, Auckland, T09-309 0229, F09-303 2931.*

Spain, *Calle Velásquez No.114-2° derecha, Madrid, T1-562 54 36, embajada@mecuador.es*

Sweden, *Engelbrektsgatan 13, S-100 41 Stockholm, T8-679 6043, F8-611 5593, suecia@embajada-ecuador.se*

Switzerland, *Ensingerstrasse 48, 3006 Berne, T031-351 1755, F031-351 2771, edesuiza@bluewin.ch*

UK, *Flat 3B, 3 Hans Crescent, Knightsbridge, London SW1X 0LS, T7584 1367, F782 39701, embajada@ecuador.freeserve.co.uk*

USA, *2535 15th Street NW, Washington, DC 20009, T202-234 7200, F202-667 3482, mecuawaa@pop.erols.com Also 1101 Brickell Avenue, Suite M-102, Miami, FL 33131, T305-539 8214, F305-539 8313, consecumia@aol.com*

Volunteering in Ecuador 'Voluntourism' in Ecuador attracts many visitors, from students to retirees. Check with **South American Explorers**, www.samexplo.org See also an introduction to the topic of NGOs and listings of the major organizations at work in the country. Similarly, see www.thebestofecuador.com/volunt.htm Several language schools operate volunteering schemes in conjunction with Spanish classes. **Environmental conservation**: Corporación **Ornitológica del Ecuador (CECIA)** in Quito, La Tierra 203 y Los Shyris, T/F02-227 1800, www.cecia.org Works with bird conservation in the Quito area and other locations in Ecuador. **Fundación Arcoiris**, Segundo Cueva Celi 03-15 y Clodoveo Carrión (PO Box 11-01-860), Loja, T/F07-577499, www.arcoiris.org.ec Works with a variety of nature conservation and sustainable community development projects in the far south of the country. **Fundación Jatun Sacha**, Pasaje Eugenio de Santillán N34-248 y Maurian (PO Box 17-12-867), Quito, T02-243 2246, www.jatunsacha.org Has six different sites at which volunteers can work, all in exceptional natural areas. **Fundación Maquipuicuna**, Baquerizo Moreno E9-153 y Tamayo (PO Box 17-12-167), Quito, T02-250 7200, www.maqui.org Supports the conservation of biodiversity and sustainable use of natural resources. **Fundación Natura**, Av República 481 y Almagro (PO Box 17-01-253), Quito, T02-250 3391, www.ecua.net.ec/fnatura/ A large Ecuadorean NGO which promotes environmental awareness and education. **Rainforest Concern**, a British charity, works with various environmental projects in Ecuador. Contact Fiona Pérez in Quito, T245 7143; or Peter Bennett, 27 Lansdowne Crescent, London W11 2NS, T020-7229 2093, www.rainforest concern.org **Río Muchacho Organic Farm**, Manabí, is a small organization which works with local education, community development and sustainable agriculture. Contact Nicola Mears or Darío Proaño in Bahía de Caráquez, Bolívar 902 y Arenas, T/F691412, www.riomuchacho.com

Jungle guiding: The best way to learn about the rainforest is to become a guide at one of the lodges. Qualified field biologists with good interpersonal skills are always in demand, especially if they know birds well. Check with any of the lodges listed in the Oriente chapter.

Teaching: Intercambio Selvático (Jungle Exchange) teaches English in indigenous communities to maximize their effectiveness in the tourist industry. Volunteers do not need to be qualified teachers but must have an excellent command of the language. Contact: Chris Canaday, Quito, T02-244 7463. **Voluntarios de Occidente**, Montalvo 4-18 y Cevallos, oficina 310, Ambato, T828173, places volunteer teachers in rural schools in the Ambato/Baños area.
Street children: Centro de Hospedería La Tola/Los Niños Migrantes, Valparaiso 887 y Don Bosco (PO Box 17-11-117), Quito, T02-258 1312, F222 3426. Provides overnight shelter and is an educational centre for older children, teaching them skills. Other projects seeking volunteers will be found in the text. **Galápagos**: for details of the Charles Darwin Foundation's international volunteer programme, go to www.darwinfoundation.org, click on "volunteering".

Before you travel

All visitors to Ecuador must have a passport valid for at least six months and, in principle, an onward or return ticket. The latter is seldom asked for, but can be grounds for refusal of entry in some cases. Only citizens of the following countries require a consular **visa** to visit Ecuador as tourists: Afghanistan, Algeria, Bangladesh, China, Costa Rica, Cuba, Guatemala, Honduras, India, Iran, Iraq, Jordan, North and South Korea, Lebanon, Libya, Nicaragua, Nigeria, Pakistan, Palestinian Authority, Sri Lanka, Sudan, Syria, Tunisia, Vietnam and Yemen. Upon entry all visitors are required to complete a brief international embarkation/disembarkation card, which is then stamped along with your passport. Keep this card in your passport, losing it can cause all manner of grief when leaving the country or at a spot check.

Visas & immigration

    Warning: you are required by Ecuadorean law to carry your passport at all times. Failure to do so can result in imprisonment and/or deportation. An ordinary photocopy of your passport is not an acceptable substitute and you will generally not be permitted to return to your hotel to fetch the original document. A photocopy certified by your embassy or the immigration police may be acceptable, but you should also have your original passport close at hand. Tourists are not permitted to work under any circumstances.

    Length of stay. In principle, tourists are entitled to visit Ecuador for up to 90 days during any 12 month period. This may occasionally be extended, at the discretion of the **Policía Nacional de Migración** (national immigration police). In practice, those travelling by land from Peru or Colombia are seldom granted more than 30 days on arrival, but this can usually be extended. When arriving at Quito or Guayaquil airport you will be asked how long you plan to stay in the country. If you have no idea how long you will stay, ask for 90 days.

    Extensions. Extensions up to 90 days total stay may only be requested at the following locations: in Quito at the **Jefatura Provincial de Migración de Pichincha**, Isla Seymour 44-174 y Río Coca, T/F02-224 7510 (**NB** this is not the same as the *Dirección Nacional de Migración* listed below); in Guayaquil at the **Jefatura Provincial de Migración del Guayas**, Av Río Daule, near the *terminal terrestre*, T04-229 7010; in Cuenca at the **Jefatura Provincial de Migración del Azuay**, Luis Cordero 6-62 entre Presidente Córdova y Juan Jaramillo, T07-831020; in Baños, at Halflants entre Ambato y Rocafuerte, T03-740122; in Ibarra, at Villamar 148 y Peñaherrera, T06-951712; and in Puerto Baquerizo Moreno at the **Jefatura Provincial de Migración de Galápagos**, on San Cristóbal Island, T05-520129. Extensions beyond 90 days and immigration problems may require a visit to immigration police headquarters in Quito: **Dirección Nacional de Migración**, Amazonas 171 y República, T245 4122. All of the above offices are normally open Mon-Fri 0800-1230 and 1500-1830, but this may vary. Immigration offices in cities other than the above cannot grant tourist visa extensions. Obtaining an extension can take less than an hour, but always leave yourself a few days slack. The above regulations are frequently subject to change, enquire well before your time expires. Polite conduct and a neat appearance are important when dealing with the immigration authorities.

    Tourists attending a course at a language school do **not** need a student visa (unless staying more than 180 days). There are many options for foreigners who wish to stay in Ecuador longer than six months, but if you enter as a tourist then you cannot change your status while inside the country. Additional information about immigration procedures is given in the *Ecuador Handbook* and you should always verify all details at the Consulate before departure.

Ecuador

NB In addition to your passport, the following documents are important for a visit to Ecuador. An **international vaccination certificate** is seldom asked for in Ecuador but must nonetheless be carried by all international travellers. A valid **drivers' license** from your home country is generally sufficient to rent a car and drive in Ecuador, but an **international drivers' license** may also be helpful. An **International Student Identity Card (ISIC)** may help you obtain discounts when travelling in Ecuador, but only if it is accompanied by proof of home student status. ISIC cards are sold in Quito by *Grupo Idiomas*, Roca 130 y 12 de Octubre, p 2, T250 0264, US$10, only to students enrolled in a full-time programme.

Customs 300 cigarettes or 50 cigars or ½ lb of tobacco, one litre of spirits, a reasonable amount of perfume and gifts to the value of US$200 are admitted free of duty. If you are planning to bring any particularly voluminous, unusual, or valuable items to Ecuador (eg professional video equipment or a boat) then you should obtain permits, or be prepared to pay the prevailing duties. Reasonable amounts of climbing gear and one used laptop computer per family are generally not a problem. On departure your baggage may be inspected by security personnel and will always be sniffed by dogs. There are various items for which you require special permits, including wild plants and animals, original archaeological artefacts and certain works of art.

What to take In Quito and the Sierras, take spring clothing with something warm for the cold mornings and evenings. In Guayaquil and the lowlands, wear lightweight tropical clothing. Some climbing and trekking equipment can be hired locally, but it is best to take your own. If you are going to watch birds, take your own binoculars.

Money

Currency
There is no substitute for cash-in-hand when travelling in Ecuador. Always take some (but not all) of your funds as small US dollar bills. Banks open Mon-Fri 0830-1800, cash advance and exchange limited hours, best in the morning, some open Sat 0900-1300

The **United States Dollar** is the only official currency of Ecuador. Only US Dollar bills circulate, in the following denominations: US$1, US$2 (rare), US$5, US$10, US$20, US$50 and US$100. US coins are used alongside the equivalent size and value Ecuadorean coins for 1, 5, 10, 25 and 50 cents and US$1 (US-minted bronze dollar). Ecuadorean coins have no value outside the country. Many establishments are reluctant to accept bills larger than US$20 because counterfeit notes are a problem and because change may be scarce. Counterfeit US$1 and Ecuadorean 50 cents coins also circulate, so travellers should check any bills and coins they receive as change.

There are several ways for visitors to bring their funds to Ecuador. You are strongly advised to use two or more of these, so as not to be stuck if there are problems with any one alternative. **US$ cash** in small denominations is by far the simplest and the only universally accepted option, but clearly a serious risk for loss or theft. **Travellers' cheques** (TCs, American Express is most widely accepted) are safe, but can only be exchanged for cash in the larger cities and up to 5% commission may be charged – although it is usually less. American Express has offices in Quito and Guayaquil; they sell TCs against an Amex card (or a cardholder's personal cheque) and replace lost or stolen TCs, but they do not give cash for TCs, nor TCs for cash. Their service is very efficient; a police report is required if TCs are stolen.

Credit cards
Establishments with credit card stickers do not necessarily take them. Some places add a hefty surcharge for credit card purchases

The most commonly accepted credit cards are Visa, Mastercard, Diners and, to a lesser extent, American Express. They can be used to obtain a cash advance at some branches of some banks, and to pay at most upscale establishments, but a surcharge (at least 10%) may be applied. MasterCard holders can obtain cash advances at the company's offices in Quito, Guayaquil, Cuenca and Ambato, as well as at some branches of *Banco de Guayaquil*, *Mutualista Pichincha* and *Produbanco*. Those with Visa cards can obtain cash advances at some branches of *Banco del Austro*, *Banco de Guayaquil* and *Banco del Pichincha*. Internationally linked banking machines or **ATMs** are common in Ecuador, although they cannot always be relied on and have been known to confiscate valid cards. The affiliations of banks to the Plus and Cirrus systems change often, so you have to ask around.

Funds may be rapidly wired to Ecuador by *Western Union*, but high fees and taxes apply. International bank transfers, however, are not recommended. Although the Euro is gradually gaining acceptance in Ecuador, it is still best to bring US$; all other currencies are very difficult to exchange and fetch a very poor rate.

Ecuador

Touching down

Official time *Local time is five hours behind* **GMT** *(Galápagos, six hours behind).* **IDD** *593. If ringing expect equal tones with* *long pauses. Short equal tones with short pauses indicate it is engaged.* **Voltage** *110 volts, 60 cycles, AC throughout.*

Prices are steadily increasing in Ecuador's dollarized economy and it is no longer the cheapest country in South America. Prices remain modest by international standards and Ecuador is still affordable for even the budget traveller. A very basic daily travel budget in 2003 was US$15 per person based on two travelling together. For US$40 a day you can enjoy a good deal of comfort.

Cost of living/ travelling

Getting there

From Europe The only European cities with flights to Quito and Guayaquil which do not involve a change of plane are Barcelona/Madrid (*Iberia*) and Amsterdam (*KLM* via Curaçao). All others involve connections in Madrid, Miami, Houston, Caracas or Bogotá.

Air

   From North America Both Quito and Guayaquil can be reached by flights from New York (John F Kennedy and Newark), Miami and Houston. From other US cities make connections in Miami, Panama City, San José (Costa Rica) or Bogotá.

   From Latin America From Bogotá, Buenos Aires, Caracas, Havana, Lima, Santiago de Chile, Mexico City, San José and Panama there are regular flights to both Quito and Guayaquil. Other destinations require a connection.

Ecuador has international road links with Colombia and Peru. Buses from those countries run to Quito and Guayaquil. There are no cross-border trains.

Road

Touching down

There is a 12% tax on air tickets for flights originating in Ecuador and a tax of US$25 on passengers departing on international flights from Quito, US$10 from Guayaquil (except those who stay under 24 hours).

Airport tax

In restaurants, 10% included in the bill. In cheaper restaurants, tipping is uncommon – but welcome. It is not expected in taxis. Airport porters, US$0.50-1, according to number of cases.

Tipping

Urban street crime, bag snatching and slashing, and robbery along the country's highways are the most significant hazards. In an effort to fight crime, mixed army and police patrols operate in some cities and along some highways. Visitors should not be taken aback to see these troops on duty. Secure your belongings, be wary of con tricks, avoid crowds and travel only during the daytime whenever possible. The countryside and small towns are generally safest, but theft and robbery have been reported from several places where tourists gather. It is the big cities, Guayaquil, Quito, and to a lesser extent Cuenca, which call for the greatest care. The coast is somewhat more prone to violence than the highlands, and the northern border with Colombia, including the provinces of Esmeraldas, Carchi, and especially Sucumbíos, call for additional precautions. Armed conflict in neighbouring Colombia has caused an influx of refugees, and parts of these provinces have come under the influence of insurgents. Enquire locally before travelling to and in any northern border areas, particularly Sucumbíos.

Safety *Emergency police phone number: 911 in Quito, 101 elsewhere*

   Occasional social unrest is part of life in Ecuador and you should not overreact. Strikes and protests are usually announced days or weeks in advance, and their most significant impact on tourists is the restriction of overland travel. Activities in towns and especially the countryside often go on as usual. Stay put at such times and make the most of visiting nearby attractions, rather than trying stick to your original itinerary or returning to Quito at all costs – the situation will soon blow over. **Drugs use or purchase in Ecuador is punishable by up to 16 years' imprisonment**.

Ecuador

Ecuador's active volcanoes are spectacular, but have occasionally threatened nearby communities. The following have shown visible activity in recent years: Guagua Pichincha near Quito, Reventador northeast of Quito, Tungurahua near Baños, and Sangay southeast of Riobamba. Cotopaxi is also an active volcano. The **National Geophysics Institute** provides volcanic activity updates in Spanish at **www.igepn.edu.ec**

Where to stay

Hotels
See inside front cover for our hotel price guide

Outside the provincial capitals and a few resorts, there are seldom higher-class hotels. Service of 10% and tax of 12% are added to better hotel and restaurant bills. The cheaper hotels are beginning to apply the 12% tax, but check if it is included in the price. Larger towns and tourist centres often have more hotels than we are able to list. This is especially true of Quito. The hotels included in this chapter are among the best in each category, but were also selected to provide a variety of locations and styles. Very low wattage bulbs in many hotel rooms, keen readers are advised to carry a bright bulb.

Camping

Camping in protected natural areas can be one of the most satisfying experiences during a visit to Ecuador. For details see Trekking, page 868. Organized campsites, car or trailer camping on the other hand are virtually unheard-of. Because of the abundance of cheap hotels you should never *have to* camp in Ecuador, except for cyclists who may be stuck between towns. In this case the best strategy is to ask permission to camp on someone's private land, preferably within sight of their home for safety. It is not safe to pitch your tent at random near villages and even less so on beaches. *Bluet Camping Gas* is easily obtainable, but white gas, like US Coleman fuel, is hard to find. Unleaded petrol (gasoline) is available everywhere and may be an alternative for some camping stoves.

Getting around

Air

TAME is the main internal airline, flying to all major airports and the Galápagos. Routes and timetables change constantly and up-to-date information may not be available outside Ecuador, so always enquire locally. *TAME* offices are listed under each relevant town or city; central reservations Quito T290 9900, Guayaquil T231 0305, www.tame.com.ec Smaller airlines include *Aerogal* which flies Quito-Guayaquil, *Austro Aéreo* which flies between Quito, Guayaquil, Cuenca and Macas, and *Icaro* which flies from Quito to Guayaquil, Cuenca, Loja, Coca, and Lago Agrio (T1-800-883567, www.icaro.com.ec). Make sure you confirm and reconfirm flight reservations frequently.

Road
Throughout Ecuador, intercity travel by bus or car is safest during the daytime

Bus Bus travel is generally more convenient than in other Andean countries, with services at frequent intervals. Several companies use comfortable air-conditioned buses on their longer routes. Fares for these are higher and some companies have their own stations, away from the main bus terminals, exclusively for these better buses. A good network of paved roads runs throughout the coast and highlands. Maintenance of major highways is franchised to private firms, who charge tolls of US$0.50-1. In the Oriente, most roads are dirt or gravel.

Car Driving in Ecuador has been described as 'an experience', partly because of unexpected potholes and other obstructions and the lack of road signs, partly because of local drivers' tendency to use the middle of the road. Some roads in Oriente that appear paved are in fact crude oil sprayed onto compacted earth. Beware the bus drivers, who often drive very fast and rather recklessly (passengers also please note). Driving at night is not recommended, see Safety, above. The road maps published by *Ediguías* (Nelson Gómez) are probably the most useful and widely available.

There are only two grades of gasoline, 'Extra' (82 octane, US$1.48 per US gallon) and 'Super' (92 Octane, US$1.98). Both are unleaded. Extra is available everywhere, while Super may not be available in more remote areas. Diesel fuel (US$1.03) is notoriously dirty and available everywhere.

Ecuador

Documents Obtaining temporary admission to Ecuador for a car or motorcycle can be complex and time-consuming, as is shipping in a vehicle, especially through Guayaquil. A *carnet de passages* is an official requirement, but this rule is not consistently applied. Some drivers without it have been allowed to stay in the country, others have had to pass through to the Peruvian or Colombian border in three days.

Car hire In order to rent a car you must be 21 and have an international credit card. Surcharges may apply to clients between age 21 and 25. You may pay cash, which is cheaper and may allow you to bargain, but they want a credit card for security. You may be asked to sign two blank credit card vouchers, one for the rental fee itself and the other as a security deposit, and authorization for a charge of as much as US$5,000 may be requested against your credit card account. These arrangements are all above board and the uncashed vouchers will be returned to you when you return the vehicle, but the credit authorization may persist on your account (reducing your credit limit) for up to 30 days. Be careful when dealing with some of the smaller agencies and always check the amount deductible on insurance (up to US$4,000). Be sure also to check the car's condition and ground clearance. Always make sure the car is securely garaged at night. Rental rates vary depending on the company and vehicle, but in 2003 a small car suitable for city driving costs about US$500 per week including all taxes and insurance. A sturdier 4WD (recommended for the Oriente and unpaved roads) can be more than twice as much.

Hitchhiking Public transport in Ecuador is so abundant that there is seldom any need to hitchhike along the major highways. On small out-of-the-way country roads however, the situation can be quite the opposite, and giving passers-by a ride is common practice and safe for drivers and passengers alike, especially in the back of a pickup or larger truck. A small fee is usually charged, best to ask in advance.

Train Sadly, the spectacular Ecuadorean railway system has all but ceased operations. In 2003, only a few tourist rides were still being offered: over the Devil's Nose from **Riobamba to Sibambe** and back, a weekend excursion from **Quito to the El Boliche station** near Parque Nacional Cotopaxi, and a **45-km ride out of Ibarra** and **one hour out of San Lorenzo**.

Maps **Maps and guide books** Instituto Geográfico Militar (*IGM*) in Quito. Map and air photo indexes are all laid out for inspection. The map sales room (helpful staff) is open Mon-Fri 0800-1600. They sell country maps and topographic maps, covering most areas of Ecuador, in various scales, US$2 each. Maps of border areas and the seacoast are 'reservado' (classified) and not available for sale without a military permit (requires extra time). Buy your maps here, they are rarely available outside Quito. If one is sold out you may order a photo-copy. Map and geographic reference libraries are located next to the sales room, igm2@igm.mil.ec The *IGM* is on top of the hill to the east of El Ejido park. From 12 de Octubre, opposite the *Casa de la Cultura*, take Jiménez (a small street) up the hill. After crossing Av Colombia continue uphill on Paz y Miño behind the Military Hospital and then turn right to the guarded main entrance; you have to deposit your passport or identification card. There is a beautiful view from the grounds. A good series of pocket maps and city guides by Nélson Gómez, published by *Ediguías* in Quito, are available in book shops throughout the country.

Keeping in touch

Internet The internet is exceptionally accessible in Ecuador and has replaced postal and telephone services for the vast majority of travellers. Almost every place that offers internet also has *Net2Phone*. Some form of internet access may be found almost everywhere in Ecuador, except for the most remote locations. Hourly internet rates range from under US$0.60 to US$3, *Net2Phone* rates are typically around US$0.20 per minute to North America and Europe.

Post Opening hours for post offices are generally Mon-Fri 0800-1800 and Sat 0800-1200, although there may be some variation from town to town. Postal branches in small towns may not be familiar with all rates and procedures. Your chances are better at the main branches in provincial capitals or, better yet, in Quito: at Colón corner Almagro in La Mariscal district, or at the main sorting centre on Japón near *Naciones Unidas* (behind the CCI shopping centre). **NB** Urgent or valuable items should not be entrusted to the post office since long delays and non-delivery are common. Post cards and registered mail (*correo certificado*) seem especially prone to problems. National and international courier service is available as an alternative, see below.

Ordinary airmail rates for up to 20 g are US$0.90 to the Americas, US$1.05 to the rest of the world. Registered mail costs an additional US$0.95 per item. Parcels up to 30 kg, maximum dimensions permitted are 70 by 30 by 30 cm. Air parcel rates are: to the Americas approximately US$14.55 for the first kg, US$4.45 for each additional kg; to the rest of the world approximately US$24 for the first kg, US$13 for each additional kg. Current rates by SAL/APR (surface air lifted/reduced priority service): to the Americas approximately US$14 for the first kg, US$3.75 for each additional kg; to the rest of the world approximately US$22 for the first kg, US$10.50 for each additional kg. There is no surface (sea) mail service from Ecuador.

Letters can be sent to **Poste Restante/General Delivery** (*lista de correos*, but you must specify the postal branch in larger cities), some embassies (enquire beforehand), or, for card holders, American Express offices. Never send anything to Ecuador by surface (sea) mail.

Courier companies are the only safe alternative for sending or receiving valuable time-sensitive mail in Ecuador. For rapid and reliable international service, *DHL* has offices throughout the country; the most convenient locations in Quito include Colón 1333 y Foch and República 433 y Almagro, T248 5100. For courier service within Ecuador, *Servientrega* has offices throughout the country, reliable 1-2 day service is available to all areas, US$2-$3 for up to 2 kg depending on destination.

Telephone   The telephone system is operated by three regional state companies, whose names you should
From Sep 2003 the look out for on telephone offices: *Andinatel* in the northern highlands and northern Oriente;
digit '2' will be added *Pacifictel* on the coast, in the southern highlands and southern Oriente; and *Etapa* in Cuenca.
to the front of all There are also two private companies, *Bell South* and *Porta*, which provide cellular phone
numbers which still service, including convenient but expensive debit card-operated public cell phones. Since this
have 6 digits, thus system is wireless, public cell phones have been installed in previously inaccessible locations.
making all phone Short term cell phone rentals are available. Debit cards for public cell phones may be purchased
numbers 7 digits at kiosks and shops; they are not interchangeable between the two companies. There are also
new conventional (ie non- cellular) coin and debit card-operated public phones being installed by the state companies listed above. **NB** All cellular phones (area code 09) and phones in the provinces of Pichincha (02 - this includes Quito) and Guayas (04) currently have seven digit numbers. All other phone numbers have only six digits. There are plans to change the remaining numbers to seven digits as well.

The best public places to make local, national or international calls are telephone company offices, with at least one such office in each city or town. For international calls however, you may be asked to specify how many minutes you would like to speak and pay in advance. Examples of current rates are: US$0.38 per min to the USA, US$0.46 per min to the UK or to Australia. Rates vary in small towns, and hefty surcharges may be applied to calls made from hotels, always ask in advance.

Country-direct access is available free from private phones and telephone company offices throughout Ecuador (except Galápagos), although not every office knows about this nor are they familiar with the access numbers. These are: **Argentina**: *Telefónica* 999161, *Telecom* 999186; **Bolivia**: 999169; **Brazil**: 999177; **Canada**: 999175; **Chile**: *Entel* 999179, *ChileSat* 999183, *Telefónica* 999188; **France**: 999180; **Mexico**: 999184; **Peru**: 999167; **Spain**: 999176; **UK**: *BT* 999178; **USA**: *ATT* 999119, *WorldPhone* 999170/2, *Sprint* 999171; **Venezuela**: 999173.

Faxes may be sent and received at phone company offices, some post offices, hotels and many private locations. Shop around for the best rates.

Media   **Newspapers**   The main newspapers in Quito are *El Comercio* (www.elcomercio.com) and *Hoy* (www.hoy.com.ec); in Guayaquil *El Universo* (www.eluniverso.com). *El Mercurio* of Cuenca is also highly regarded. There are several smaller regional or local papers published in provincial capitals. Foreign newspapers are only available in some luxury hotels and a few speciality shops in Quito and Guayaquil.

Food and drink

The cuisine varies with region. The following are some typical dishes. **In the highlands** *Locro de papas* (potato and cheese soup), *mote* (corn burst with alkali, a staple in the region around Cuenca, but used in a variety of dishes in the Sierra), *caldo de patas* (cowheel soup with *mote*), *llapingachos* (fried potato and cheese patties), *empanadas de morocho* (fried snacks: a ground corn shell filled with meat), *sancocho de yuca* (vegetable soup with manioc root), roast *cuy* (guinea pig), *fritada* (fried pork), *hornado* (roast pork), *humitas* (tender ground corn steamed in corn leaves), and *quimbolitos* (similar to *humitas* but prepared with corn flour and steamed in banana leaves). *Humitas* and *quimbolitos* come in both sweet and savoury varieties.

On the coast *Empanadas de verde* (fried snacks: a ground plantain shell filled with cheese, meat or shrimp), *sopa de bola de verde* (plantain dumpling soup), *ceviche* (marinaded fish or seafood, popular everywhere, see below), *encocadas* (dishes prepared with coconut milk, may be shrimp, fish, etc, very popular in the province of Esmeraldas), *cocadas* (sweets made with coconut), *viche* (fish or seafood soup made with ground peanuts), and *patacones* (thick fried plantain chips served as a side dish).

In Oriente Dishes prepared with yuca (manioc or cassava root) and a variety of river fish.

Throughout the country, if economizing ask for the set meal in restaurants, *almuerzo* at lunch time, *merienda* in the evening – very cheap and wholesome; it costs US$1.50-3. *Fanesca*, a fish soup with beans, many grains, ground peanuts and more, sold in Easter Week, is very filling (it is so popular that in Quito and main tourist spots it is sold throughout Lent). *Ceviche*, marinated fish or seafood which is usually served with popcorn and roasted maize (*tostado*), is very popular throughout Ecuador. Only *ceviche de pescado* (fish) and *ceviche de concha* (clams) which are marinated raw, potentially pose a health hazard. The other varieties of *ceviche* such as *camarón* (shrimp/prawn) and *langostino* (jumbo shrimp/king prawn) all of which are cooked before being marinated, are generally safe (check the cleanliness of the establishment). *Langosta* (lobster) is an increasingly endangered species but continues to be illegally fished; please be conscientious. Ecuadorean food is not particularly spicy. However, in most homes and restaurants, the meal is accompanied by a small bowl of *ají* (hot pepper sauce) which may vary in potency. *Colada* is a generic name which can refer to cream soups or sweet beverages. In addition to the prepared foods mentioned above, Ecuador offers a large variety of delicious fruits, some of which are unique to South America.

The best fruit drinks are *naranjilla*, *maracuyá* (passion fruit), *tomate de árbol*, *piña* (pineapple), *taxo* (another variety of passion fruit) and *mora* (blackberry), but note that fruit juices are sometimes made with unboiled water. Main beers available are *Pilsener*, *Club* and *Biela*. Argentine and Chilean wines are available in the larger cities. Good *aguardiente* (unmatured rum, *Cristal* is recommended), also known as *paico*, *trago de caña*, or just *trago*. The usual soft drinks, known as *colas*, are available. Instant coffee or liquid concentrate is common, so ask for *café pasado* if you want real coffee. In tourist centres and many upscale hotels and restaurants, good cappuchino and expresso can be found.

Food

VAT/IVA of 12% is charged at restaurants and for non-essential items in food shops

Drink

Shopping

Best buys are woven items such as wall-hangings, sweaters, blankets and shawls from Otavalo or Saquisilí. Authentic Panama hats can be found at a fraction of European costs on the coast. Other handicrafts include silver jewellery, ceramics and brightly-painted carvings, usually of balsa wood. There are also beautiful carvings from *tagua*, or vegetable ivory.

Holidays and festivals

1 January: New Year's Day; 6 January: Reyes Magos y Día de los Inocentes, a time for pranks, which closes the Christmas-New Year holiday season. 27 February: Día del Civismo, celebrating the victory over Peru at Tarqui in 1829. Carnival: Monday and Tuesday before Lent, celebrated everywhere in the Andes, except Ambato, by throwing water at passers-by: be prepared to participate. Easter: Holy Thursday, Good Friday, Holy Saturday. 1 May: Labour Day.

Bullfights are a part of every city's fiestas. Best known is Quito's festival, held the week preceding 6 Dec

Ecuador

24 May: Battle of Pichincha, Independence. Early June: Corpus Christi. 10 August: first attempt to gain the Independence of Quito. 9 October: Independence of Guayaquil. 12 October: Columbus' arrival in America. 2 November: All Souls' Day. 3 November: Independence of Cuenca. 6 December: Foundation of Quito. 25 December: Christmas Day.

Sport and activities

Climbing Ecuador offers some exceptional high altitude climbing, with 10 mountains over 5,000 m – most with easy access. The four most frequently climbed are Cotopaxi (technically easy with a guide and equipment), Tungurahua (an active volcano, enquire about the level of volcanic activity before climbing), Chimborazo (a long, demanding climb, with at times impassable *penitentes* – conical ice formations – near the summit) and Iliniza Norte (the only one of the 'big ten' without a glacier, but a rope is needed). The other six, Iliniza Sur, Antisana, El Altar, Sangay, Carihuairazo and Cayambe vary in degree of difficulty and/or danger. Sangay is technically easy, but extremely dangerous from the falling rocks being ejected from the volcano. Many other mountains can be climbed and the climbing clubs, guiding agencies and tour operators will give advice. Proper equipment and good guidance are essential. The dangers of inadequate acclimatization, snow blindness, climbing without a qualified guide or adequate equipment must be taken very seriously, especially on the 'easier' mountains which may lure the less experienced. Deglaciation reshapes the high altitude landscape of Ecuador and alters climbing routes. Inform yourself of current conditions before undertaking an ascent. There are two climbing seasons: June to August and December to February. Allegedly, the eastern cordillera is drier December-February and the western cordillera June-August (though it is often windy in August) and Cotopaxi has more clear days than any other peak. It is best to avoid the wetter seasons March-May and September-November. Bad weather is just predominant for the mountains on the eastern side of the eastern cordillera. Being on the equator, days and nights are 12 hours long. As a result, climbs are attempted all year round all over the country.

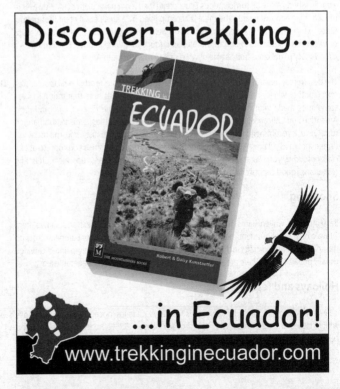

Aseguim (Asociación Ecuatoriana de Guias de Montaña), the Ecuadorean mountain guides association, was formed in 1993 and has very high standards for its members who have a rigorous training programme monitored by mountain guides from the French national mountain training school ENSA. Another advantage of climbing with *Aseguim* guides is that should you need rescuing they have the best and fastest rescue organization in the country. The usual cost is around US$1,500 per rescue, but can be much higher. All *Aseguim* guides carry a two-way radio. There is no helicopter rescue and, as yet, little cooperation from the army, police or government. If you will be climbing extensively in Ecuador, it is a good idea to register with your embassy or consulate and advise them of any insurance you may have to cover the costs of rescue or repatriation by air ambulance. The first place the authorities usually contact in the event of an emergency involving a foreign climber is the embassy of their home country. Since *Aseguim* is hard to reach in an emergency, the association may be contacted through **Safari Tours** or **Compañia de Guías de Montaña**, see page 882. The *Aseguim* office in Quito is at Pinto 416 y JL Mera, p 2, T223 4109, open Monday, Tuesday, Thursday 1500-1800. For Cotopaxi see page 911; Tungurahua page 923; and Chimborazo page 929. *Montaña* is the quarterly magazine of the Colegio San Gabriel Mountaineering Club, US$2.

Diving Ecuador has a biologically diverse marine environment. The prime spot is the Galápagos, with more than 20 dive sites: each island has its own unique underwater environment. Off the mainland, the best place to dive is the Parque Nacional Machalilla, at Isla La Plata. Colonies of sea lions can be seen here and migrating humpback whales pass this stretch of coast between late June and September.

Horse riding This is an excellent way to get to know the countryside, its people and local equestrian traditions. Horse rentals are available in many popular resort areas including Otavalo, Baños and Vilcabamba. Visits to *haciendas* throughout the country also usually offer the possibility of horse riding.

Mountain biking This is growing in popularity as there are boundless opportunities in the Sierra, on coastal roads and in the upper Amazon basin. What many people don't take into account is the frequently extreme conditions in which they find themselves biking. Dehydration can be a very real issue when cycling at high altitudes or in the hot tropical lowlands. You should buy bottled water wherever you can find it, but also carry a water pump or other sterilizing system. Sunscreen is essential at high altitudes even on cloudy days. Wrap around sunglasses help to restrict the amount of dust which gets into the eyes. Agencies which offer tours, rent equipment and can help plan routes are listed under Quito and other cities.

Nature tourism As already noted, the Galápagos Islands are the top destination for reliably seeing wildlife close-up. They are not cheap but it is well worth paying for a good trip to the Islands. A number of the species from the Galápagos may also be seen in the Parque Nacional Machalilla and on other parts of the coast; this is a less expensive option. An added bonus on the mainland coast is the opportunity to watch whales from June to September. Ecuador's other major natural attraction is its birdlife. A huge number of species in a great variety of habitats and microclimates may be seen. There are too many **birdwatching** spots to mention here, but they fall into five general regions: western lowlands and lower foothills, western Andes, Inter-Andean forests and páramos, eastern Andes and Oriente jungle. The **Jocotoco Foundation** specializes in buying up critical bird habitat in Ecuador; it is a small, lean foundation directed by the world's top experts on South American birds (for example Robert Ridgely, author of *Birds of South America*, and Neils Krabbe, co-author of *Birds of the High Andes*). Their work deserves support. For more information see www.jocotoco.org

---

❝❞ The South American Handbook 1924

On Sport *Rifles are little used except by people going upon expeditions into the interior, and then a good shotgun with ball cartridges suitably loaded is regarded as more to the purpose.*

Rafting & Ecuador is a whitewater paradise with dozens of accessible rivers, warm waters and tropical
kayaking rainforest. Regional rainy seasons differ so that throughout the year there is always a river to run.
The majority of Ecuador's whitewater rivers share a number of characteristics. Plunging off the
Andes, the upper sections are very steep creeks offering, if they're runnable at all, serious
technical grade V, suitable for expert kayakers only. As the creeks join on the lower slopes they
form rivers navigable by both raft and kayak (ie less steep, more volume). Some of these rivers
offer up to 100 km of continuous grade III-IV whitewater, before flattening out to rush towards
the Pacific Ocean on one side of the ranges or deep into the Amazon Basin on the other. As a
general rule the rivers running straight off the eastern and western slopes of the Andes are less
subject to pollution than the highland rivers which drain some of the most densely populated
regions of the country. Ask about water quality before signing up for a trip. Of the rivers
descending to the Pacific coast, the Blanco and its tributaries are the most frequently run. They
are within easy reach of Quito, as is the Quijos on the eastern side of the Sierra. In the Oriente, the
main rafting and kayaking rivers are the Aguarico and its tributary the Dué, the Napo, Pastaza
and Upano. See the relevant paragraphs under Quito Sport, Baños and Tena (page 883).

Trekking Ecuador's varied landscape, diverse ecological environments and friendly villages within a
compact area make travelling on foot a refreshing change from crowded buses. Hiking in the
Sierra is mostly across high elevation páramo, through agricultural lands, and past indigenous
communities living in traditional ways. There are outstanding views of glaciated peaks in the
north and pre-Columbian ruins in the south. On the coast there are only a few areas developed
for hiking ranging from dry forest to coastal rain forest. In the tropical rain forests of the Oriente,
local guides are often required because of the difficulty in navigation and because you will be
walking on land owned by indigenous tribes. The Andean slopes are steep and often covered
by virtually impenetrable cloud forests and it rains a lot. Many ancient trading routes head
down the river valleys. Some of these trails are still used. Others may be overgrown and difficult
to follow but offer the reward of intact ecosystems. You may be travelling across land that is
either owned outright by indigenous people or jointly managed with the Ministry of the
Environment. It is important to be respectful of the people and request permission to pass
through or camp. Sometimes a fee may be charged by locals but it is usually minimal. The Quito
Sport section, same reference as above, lists companies which rent equipment and give advice.
A recommended trekking book is *Trekking in Ecuador*, by **Robert and Daisy Kunstaetter**
(The Mountaineers, Seattle, 2002); also **www.trekkinginecuador.com**

□ Quito

Quito

Phone code: 02   *Few cities have a setting to match that of Quito, the second highest capital in Latin Amer-*
Colour map 1a, grid A4   *ica after La Paz. The city is set in a hollow at the foot of the volcano Pichincha (4,794 m).*
Population: city proper   *The city's charm lies in its colonial centre – the Old City as it's known – a UNESCO World*
1,460,000   *Heritage Site, where cobbled streets are steep and narrow, dipping to deep ravines. From*
Altitude: 2,850 m   *the top of Cerro Panecillo, 183 m above the city level, there is a fine view of the city below*
and the encircling cones of volcanoes and other mountains.
Despite efforts by the   *North of the Old City is Modern Quito – or New City – with broad avenues lined with*
municipal authorities,   *contemporary office buildings, fine private residences, parks, embassies and villas. Here*
the city has a serious   *you'll find Quito's main tourist and business area in the district known as Mariscal Sucre*
air and noise   *(or La Mariscal), bordered by Avenidas Amazonas, Patria, 12 de Octubre and Orellana.*
pollution problem

Ins and outs

Getting there **Mariscal Sucre airport** is about 5 km north of the main hotel district, within the city limits. It
The Old City is closed to   is served by city buses, the trolley bus ('El Trole' – not designed for heavy luggage) and the
vehicles Sun   airport taxi cooperative (US$4-5 to the New City, US$5-6 to the Old City, recommended as
0900-1600,   the safest option). Most long distance bus services arrive at the Terminal Terrestre at the

Ecuador

junction of Maldonado and Cumandá, south of the Old City. It is safest to arrive at and leave the terminal for your hotel by taxi (US$3-4 to the New City), although the Cumandá stop of El Trole is nearby. Some luxury bus services run to their own offices in the New City.

Both the Old City and the New City can be explored on foot, but the distance between the two is best covered by some form of public transport, which is cheap and plentiful. The trolley bus (very crowded at rush hour) runs north-south from 'La Y' to Ciudadela Quitumbe. A parallel bus artery, *La Ecovía* (mostly Av 6 de Diciembre), runs north-south from Río Coca to Plaza La Marín. Robberies can occur on city buses and the Trole. Taxis are a cheap and efficient alternative, with fares starting at US$1; recommended, especially at night. Authorized taxis display a unit number, driver's photograph and have a meter.

Getting around
Because of the altitude, visitors may initially feel some discomfort and should slow their pace for the first 24 hrs.

Most places of historical interest are in the Old City, while the majority of the hotels, restaurants, travel agencies and facilities for visitors are in the New City. In 1998, the city introduced a new street numbering system based on N (Norte), E (Este), S (Sur), Oe (Oeste), plus a number for each street and a number for each building. It has not been implemented for the whole city so both systems are in use.

Orientation
For more detailed information, see Transport, page 886

Cámara Provincial de Turismo de Pichincha (*CAPTUR*) has information offices at the airport, in the New City in Parque Gabriela Mistral, Cordero y Reina Victoria, and in the Old City at Venezuela y Chile. Helpful and friendly, some staff speak English. The **Empresa de Desarrollo del Centro Histórico** has information offices at the airport (daily 0900-2300) and a kiosk in the Old City, Chile y Venezuela, opposite Plaza de la Independencia (daily 0900-1700). Staff speak some English and French; maps sold. They offer walking tours of the colonial city, *Paseos culturales*, called *Vida cotidiana* and *Arte colonial* (English-speaking guides; departures 0930-1400. US$10, includes museum entrance fees. T258 6591. Tours start at Plaza de la Independencia, Chile y García Moreno, ground floor of the Palacio Arzobispal. The **Ministerio de Turismo**, Eloy Alfaro N32-300 Carlos Tobar (between República and Shyris), T250 7559, F222 9330, mtur1@ec-gov.net Information counter downstairs. Some staff speak English. **South American Explorers** Jorge Washington 311 y Leonidas Plaza, Apartado 17-21-431, Eloy Alfaro, T/F222 5228, quitoclub@saexplorers.org Mon-Fri 0930-1700. Members may receive post and faxes, use internet and store gear. Local discounts with SAE card. Recommended. They also have information on visiting non-Ecuadoreans in either the men's or women's prisons. Prisoners rely on friends and families for support, so your help and gifts are much appreciated. Most have fallen foul of drugs laws. Take your passport, or a copy, and as little of value as possible.

Information

Ecuador

Safety Theft and armed robbery are hazards throughout Quito, including the New City and especially around **La Mariscal district**, where most hotels are located. It is not safe here, especially at night. Anywhere in Quito, always take a taxi to the door of your hotel after dark. Those travelling by car may have difficulty parking in the centre of Quito and are therefore advised to choose the less central hotels. Be careful on buses, the *Trole* and around the Terminal Terrestre. Always use taxis at night and whenever you are carrying anything of value. Do not walk through any city parks in the evening or in daylight at quiet times. Joggers are recommended to stay on the periphery. **Tourist Police** HQ at Roca y Reina Victoria, T254 3983. Members of the **Policía Metropolitana**, who patrol the Old City on foot, speak some English, are very helpful and will accompany visitors if they wish (no charge, but a tip is welcome).

Panecillo: neighbourhood brigades are patrolling the area, improving public safety, visitors are charged US$0.20 to finance this operation. Taking a taxi up is safer than walking up to the Virgin, which begin on García Moreno (where it meets Ambato). A taxi up and down with 30 mins' wait costs US$3. Do not carry valuables and seek local advice before going.

Sights

The heart of the Old City is **Plaza de la Independencia** or **Plaza Grande**, dominated by a somewhat grim **Cathedral**, built 1550-62, with grey stone porticos and green tile cupolas. On its outer walls are plaques listing the names of the founding fathers of Quito, and inside are the tomb of Sucre and a famous Descent from the Cross by

In the Old City
Check museum opening times in advance

the Indian painter Caspicara. There are many other 17th and 18th century paintings; the interior decoration shows Moorish influence. ■ *Mon-Sat, 0600-1000. US$1.* Facing the Cathedral is the **Palacio Arzobispal**, part of which now houses shops. On the northeast side is the concrete **Municipio**, which fits in quite well. The low colonial **Palacio de Gobierno** or **Palacio de Carondelet**, silhouetted against the flank of Pichincha, is on the northwest side of the Plaza; on the first floor is a gigantic mosaic mural of Orellana navigating the Amazon. The ironwork on the balconies looking over the main plaza is from the Tuilleries in Paris. You can only see the patio. ■ *Visits with special permit only, Tue and Thu, 0930-1230. A written request must be presented several days in advance at the gate.*

From Plaza de la Independencia two main streets, Venezuela and García Moreno, lead straight towards the Panecillo. Parallel with Venezuela is Calle Guayaquil, the main shopping street. These streets all run south from the main plaza to meet Calle Morales, in **La Ronda** district, one of the oldest streets in the city but also one of the most notorious and dangerous at night. On García Moreno is the beautiful **El Sagrario** church with a gilded door. ■ *Mon-Sat, 0800-1800, Sun 0800-1330. Free.* The fine Jesuit church of **La Compañía**, by the corner of Calle Sucre, has the most ornate and richly sculptured façade and interior. Extensive restoration was completed in 2002. ■ *Mon-Sat 1000-1300, 1400-1700 (not Sat), US$2.* The **Centro Cultural Metropolitano** is at the corner of Espejo, housing temporary exhibits and the **Museo de Cera**, which depicts the execution of the revolutionaries of 1809 in the original cell. Well worth a visit, but it's not for the claustrophobic. ■ *Tue-Sun 0900-1630, US$0.50, T295 0272.* Opposite is the **Casa Museo María Augusta Urrutia**, the home of a Quiteña who devoted her life to charity, showing the lifestyle of 20th century aristocracy. ■ *Tue-Sun 0900-1700, US$2.50, T258 0103.* At the corner of Calle Rocafuerte is the **Convento del Carmen Alto**, and housed in the fine restored, 16th Century Hospital San Juan de Dios, is the **Museo de la Ciudad**. It takes you through Quito's history from prehispanic times to the 19th century, with imaginative displays. ■ *Tue-Sun 0930-1730, US$3, students US$1.50, guide service US$4, T228 3882.*

Plaza de San Francisco (or Bolívar) is west of Plaza de la Independencia; here are the great church and monastery of the patron saint of Quito, **San Francisco**. The church was constructed by the Spanish in 1553 and is rich in art treasures. A modest statue of the founder, Fray Jodoco Ricke, the Flemish Franciscan who sowed the first wheat in Ecuador, stands at the foot of the stairs to the church portal. See the fine wood-carvings in the choir, a high altar of gold and an exquisite carved ceiling. There are some paintings in the aisles by Miguel de Santiago, the colonial *mestizo* painter. ■ *Mon-Fri 0800-1200, 1500-1800, Sat-Sun 0900-1200. US$1.* The **Museo del Convento de San Francisco** has a collection of religious art. ■ *Tue-Sat 0900-1800, Sun 0900-1300, US$2.50, T228 1124.* Adjoining San Francisco is the **Cantuña Chapel** with sculptures. ■ *Mon-Fri 0800-1200, 1500-1800, Sat-Sun 0900-1700.* Not far away to the north along Calle Cuenca is the church of **La Merced**. In the monastery of La Merced is Quito's oldest clock, built in 1817 in London. Fine cloisters are entered

through a door to the left of the altar. La Merced contains many splendidly elaborate styles; note the statue of Neptune on the main patio fountain. ■ *Mon-Sat 0600-1200, 1230-1800.* On the next block, at Cuenca y Mejía, is the **Museo Nacional de Arte Colonial,** a collection of Ecuadorean sculpture and painting, housed in the 17th-century mansion of Marqués de Villacís. ■ *Undergoing restoration in 2003, T228 2297.*

At **Plaza de Santo Domingo** (or Sucre), southeast of Plaza de la Independencia, is the church and monastery of **Santo Domingo**, with its rich wood-carvings and a remarkable Chapel of the Rosary to the right of the main altar. In the monastery is the **Museo Dominicano Fray Pedro Bedón**, another fine collection of religious art. ■ *Mon-Fri 0900-1200, US$2, T228 8865.* In the centre of the plaza is a statue of Sucre, pointing to the slopes of Pichincha where he won his battle against the Royalists. Nearby, on the corner of Venezuela and Sucre is the **Museo Histórico Casa de Sucre**, the beautiful house of Sucre. ■ *Tue-Fri 0830-1600, Sat-Sun 1000-1600,*

Quito Old City

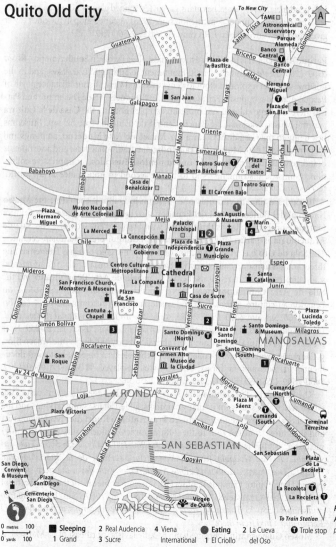

Ecuador

Related map A Quito New City, *page 873*

0 metres 100
0 yards 100

Sleeping   2 Real Audencia   4 Viena   ● **Eating**   2 La Cueva   ⊤ Trole stop
1 Grand   3 Sucre   International   1 El Criollo   del Oso

US$1, T295 2860. Many of the heroes of Ecuador's struggle for independence are buried in the monastery of **San Agustín** (Chile y Guayaquil), which has beautiful cloisters on three sides where the first act of independence from Spain was signed on 10 August 1809. Here is the **Museo de San Agustín** with religious art. ■ *Mon-Sat 0900-1200, 1500-1730 (not Sat), US$2, students US$1.*

On **Cerro Panecillo** there is a statue to the Virgen de Quito and a good view from the observation platform. ■ *1030-1730, US$1 to enter the monument; also see Safety page 869.* In the museum of the monastery of **San Diego** (by the cemetery of the same name, just west of Panecillo) guided tours (Spanish only) take you around four colonial patios where sculpture and painting are shown. Of special interest are the gilded pulpit by Juan Bautista Menacho and the Last Supper painting in the refectory, in which a *cuy* and *humitas* have taken the place of the paschal lamb. ■ *0930-1300, 1430-1730 daily, US$2. T295 2516. Caluchima 117 y Farfán, entrance to the right of the church.* The **Basílica**, on Plaza de la Basílica, 7 blocks northeast of Plaza de la Independencia, is very large, has many gargoyles, stained glass windows and fine, bas relief bronze doors (under construction since 1926). A coffee shop in the clock tower gives good views over the city. Recommended. ■ *0930-1730, US$2.*

In the New City   **Parque Alameda**, has the oldest astronomical observatory in South America. ■ *Sat 0900-1200.* There is also a splendid monument to Simón Bolívar, lakes, and in the northwest corner a spiral lookout tower with a good view. A short distance north of Parque Alameda, opposite Parque El Ejido, at the junction 6 de Diciembre and Patria, there is a large cultural and museum complex housing the **Casa de la Cultura** and the Museo Nacional del Banco Central del Ecuador (see below). Museums belonging to the Casa de la Cultura are: **Museo de Arte Moderno**, paintings and sculpture since 1830; **Museo de Traje Indígena**, traditional dress and adornments of indigenous groups; **Museo de Instrumentos Musicales**, an impressive collection of musical instruments, said to be the second in importance in the world. ■ *Tue-Sun 0900-1830, US$1, T222 3392.*

If you have time to visit only one museum in Quito, it should be the **Museo Nacional del Banco Central del Ecuador**, also housed in the Casa de la Cultura (entrance on Patria). It has three floors, with five different sections. The **Sala de Arqueología** is particularly impressive with beautiful pre-Columbian ceramics. The **Sala de Oro** has a nice collection of prehispanic gold objects. The remaining three sections house art collections: the **Sala de Arte Colonial** (rich in paintings and sculptures especially of religious themes), the **Sala de Arte Republicano** and the **Sala de Arte Contemporáneo**. There are also temporary exhibits, videos on Ecuadorean culture, a bookshop and cafeteria. Highly recommended. ■ *Tue-Fri 0900-1700, Sat-Sun 1000-1600, US$2, students with ISIC or national student card, US$1. Guided tours in English, French or German by appointment, T222 3259.* Near the Casa de la Cultura, in the Catholic University library building, is the **Museo Jijón y Caamaño**, with a private collection of archaeological objects, historical documents, art, portraits, uniforms, etc, very well displayed, ■ *Mon-Fri 0800-1300, 1400-1600, US$0.60, 12 de Octubre y Roca, T256 5627 ext 1242.*

The **Santuario de Guápulo** (1693), perched on the edge of a ravine east of the city, is well worth seeing for its many paintings, gilded altars, stone carvings and the marvellously carved pulpit. The **Museo Fray Antonio Rodríguez** has religious art and furniture, from the 16th to the 20th centuries. Guided tours (Spanish only) include a visit to the beautiful Santuario. ■ *0900-1800 daily. T256 5652. Take bus Hospital del Sur-Guápulo from C Venezuela by Plaza de la Independencia, Guápulo-Dos Puentes eastbound along Av Patria, or walk down the steep stairway behind Hotel Quito.* **Cima de la Libertad**, museum at the site of the 1822 Battle of Pichincha, has great views. ■ *Tue-Fri 0800-1600, Sat 1000-1500. US$1, children and seniors US$0.25. Take a taxi there as the suburbs are dangerous, or the trolley to El Recreo and a taxi from there.*

Museo Guayasamín at Bosmediano 543, Bellavista, northeast of La Mariscal, is highly recommended. As well as the eponymous artist's works there is a pre-Columbian and colonial collection. Works of art may be purchased (ask to see the whole collection) and also modern jewellery. ■ *Tue-Sat 1000-1700, US$3, seniors US$2,*

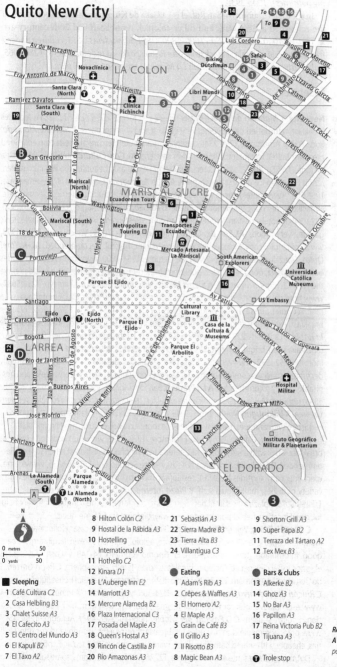

Quito New City

Ecuador

■ **Sleeping**
1 Café Cultura *C2*
2 Casa Helbling *B3*
3 Chalet Suisse *A3*
4 El Cafecito *A3*
5 El Centro del Mundo *A3*
6 El Kapulí *B2*
7 El Taxo *A2*

8 Hilton Colón *C2*
9 Hostal de la Rábida *A3*
10 Hostelling
   International *A3*
11 Hothello *C2*
12 Kinara *D1*
13 L'Auberge Inn *E2*
14 Marriott *A3*
15 Mercure Alameda *B2*
16 Plaza Internacional *C3*
17 Posada del Maple *A3*
18 Queen's Hostal *A3*
19 Rincón de Castilla *B1*
20 Río Amazonas *A3*

21 Sebastián *A3*
22 Sierra Madre *B3*
23 Tierra Alta *B3*
24 Villantigua *C3*

● **Eating**
1 Adam's Rib *A3*
2 Crêpes & Waffles *A3*
3 El Hornero *A2*
4 El Maple *A3*
5 Grain de Café *B3*
6 Il Grillo *A3*
7 Il Risotto *B3*
8 Magic Bean *A3*

9 Shorton Grill *A3*
10 Super Papa *B2*
11 Terraza del Tártaro *A2*
12 Tex Mex *B3*

● **Bars & clubs**
13 Alkerke *B2*
14 Ghoz *A3*
15 No Bar *A3*
16 Papillon *A3*
17 Reina Victoria Pub *B2*
18 Tijuana *A3*

T Trole stop

Related map
A Quito Old City,
page 871

T244 6455. *Easiest to take a taxi.* Also presenting Guayasamín's work and 5 blocks from the museum, at Mariano Calvache y Lorenzo Chávez, is **La Capilla del Hombre,** a collection of murals depicting the fate of Latin America from pre-Columbian to modern times. ■ *Tue-Sun 1000-1700, US$3, seniors US$2, (US$1 discount if visiting both sites), T245 2938.*

In the eastern suburb of San Rafael is **La Casa de Kingman Museo,** a collection of the renowned artist's work and other colonial, republican and 20th-century art. ■ *Thu-Fri 1000-1600, Sat-Sun 1000-1800, US$1.50, students US$1, children under 7 free. Portoviejo y Dávila, 1 block from San Rafael park, Valle de los Chillos, T286 1065. Take a taxi or a Sangolquí bus from La Marín as far as San Rafael park.*

Essentials

Sleeping
■ *on map*
There are few good places to stay near the bus station and even fewer by the airport. Taxis are cheap so plan ahead about what type of lodgings and what part of town best suit you, and take a cab to your first choice

New City L *Mansión del Angel*, Wilson E5-29 y JL Mera, T255 7721, F223 7819. Includes breakfast, refurbished old building, very elegant, lovely atmosphere. **L** *Mercure Alameda*, Roca 653 y Amazonas, T256 2345, reservas@grandhotelmercure-alameda.com.ec Good breakfast buffet, restaurant, internet, 24-hr cafeteria. **AL** *Café Cultura*, Robles E6-62 y Reina Victoria, T/F250 4078, www.cafecultura.com Restaurant, beautiful rooms and garden, reports that service doesn't match price. **AL** *Río Amazonas*, Cordero E4-375 y Amazonas, T255 6667, www.hotelrioamazonas.com Buffet breakfast, restaurant, internet, pleasant, safe, all facilities, discount for Handbook readers. **AL** *Sebastián*, Almagro N24-416 y Cordero, T222 2400, hotelsebastian@ hotelsebastian.com Restaurant, internet, comfortable, safe, garage, very good. **AL** *Sol de Quito*, Alemania N30-170 y Vancouver, T254 1773, www.soldequito.com Includes breakfast, restaurant, helpful. Recommended. **AL-A** *Hotel Quito*, González Suárez N27-142 y 12 de Octubre, T254 4600, www.orotels.com Includes buffet breakfast, good restaurant, pool open to non-residents, internet, on a hillside above the New City, good views. **AL-A** *Sierra Madre*, Veintimilla 464 y Luis Tamayo, T250 5687, www.hotelsierramadre.com Restaurant, fully renovated old style villa, comfortable, sun roof. **A** *Chalet Suisse*, Reina Victoria N24-191 y Calama, T256 2700, F256 3966. Includes breakfast, excellent restaurant, convenient location, rooms facing street noisy. **A** *Hostal de la Rábida*, La Rábida 227 y Santa María, T222 1720, larabida@uio.satnet.net Good restaurant, Italian-run, bright, comfortable. Highly recommended. **A** *La Cartuja*, Plaza 170 y Washington, T252 3721, www.hotelcartuja.com Includes breakfast, restaurant, beautifully decorated, spacious comfortable rooms, safety deposit boxes, garden, very helpful and hospitable. Highly recommended. **A** *La Pradera*, San Salvador 222 y Pasaje Martín Carrión, T222 6833, hpradera@uio.satnet.net Includes breakfast, restaurant, comfortable, quiet, residential area. **A** *Villantigua*, Washington E9-48 y Tamayo, T252 8564, alariv@uio.satnet.net Furnished with antiques, suites with fireplace more expensive, quiet, multilingual staff.

B *La Casa Sol*, Calama 127 y 6 de Diciembre, T223 0798, www.lacasasol.com Includes breakfast, small with courtyard, 24-hr cafeteria, very helpful, English and French spoken. Recommended. **B** *Hothello*, Amazonas N20-20 y 18 de Septiembre, T/F256 5835, www.come toecuador.com Includes breakfast, restaurant, modern, heating, safety deposit, cafe with a variety of dishes, multilingual staff. **B** *Plaza Internacional*, Plaza 150 y 18 de Septiembre, T/F250 5075, hplaza@uio.satnet.net Restaurant, comfortable, multilingual staff, very helpful, good location, free airport transfer one way, discount for SAE members.

C *Casa Helbling*, Veintimilla 531 y 6 de Diciembre, T222 6013, casahelbling@access inter.net Cooking facilities, free luggage store, helpful, German spoken, family atmosphere, good information, tours arranged. **C** *El Gnomo*, Cordero E4-148 y Foch, T252 8298, el_gnomo@access.net.ec Includes breakfast, small, family atmosphere. **C** *Palm Garten*, 9 de Octubre 923 y Cordero, T252 3960, F256 8944. Restaurant, beautiful house, luggage store. **C** *Rincón Escandinavo*, Leonidas Plaza N24-306 y Baquerizo Moreno, T/F254 0794, www.escandinavohotel.com Restaurant, small, modern, well-furnished, convenient location, English spoken. **C-D** *Posada del Maple*, Rodríguez E8-49 y Almagro, T254 4507, www.posadadelmaple.com Includes full breakfast, restaurant, laundry and cooking facilities, cheaper with shared bath or in dorm, warm atmosphere, free tea and coffee.

D *Amazonas Inn*, Pinto 471 y Amazonas, T222 5723. Carpeted rooms, some sunny, 1st floor best, very nice. **D** *El Cafecito*, Luis Cordero 1124 y Reina Victoria, T223 4862, cafecito@ ecuadorexplorer.com Cheaper in dorm, Canadian-owned, relaxed atmosphere, superb food in café including vegetarian, good information. **D-E** *El Centro del Mundo*, Lizardo García 569 y Reina Victoria, T222 9050. Includes breakfast, restaurant with good home-cooked food, cooking facilities, **F** in dorm, safe, modern, bar, language school, very popular with young travellers, good meeting place but noisy. **D** *El Kapulí*, Robles 625 y Amazonas, T/F222 1872, rooms and 2 larger ones with several beds and shared bath, luggage store, English spoken, very helpful. **D** *El Taxo*, Foch 909 y Cordero, T222 5593, hostaleltaxo@yahoo.com Constant hot water, internet, cooking facilities, hostel-type, large family house, helpful, open fire, good meeting place. **D** *Hostel El Ciprés*, Lérida 381 y Pontevedra (La Floresta), T254 9558, info@turisaven.com Includes breakfast, cheaper in dorm with shared bath, cooking facilities, parking, transport to airport/terminal if staying 3 days, very helpful. **D** *Hostelling International*, Pinto 325 y Reina Victoria, T254 3995, hostellingquito@hotmail.com Modern hostel with capacity for 75. Double

Ecuador

room with bath. **E-F** pp in dormitory with lockers. Discounts for IYHF members and ISIC holders, restaurant, laundry service, coin-operated washing machines, hot water, TV on request, safe deposit, luggage store, fax service, closed circuit TV security system. **D** *La Casa de Guápulo*, C Leonidas Plaza (Guápulo), T/F222 0473. Includes breakfast, restaurant, parking, bar, peaceful area, multilingual staff, free transfer to airport. **D** *La Casona de Mario*, Andalucía 213 y Galicia (La Floresta), T/F223 0129, laundry and storage facilities, near Universidad Católica, sitting room, big garden, book exchange, several languages spoken, very helpful, SAE discount for longer stays. **D** *Nassau*, J Pinto E4-340 y Amazonas, T290 6645. Hot water, sitting room, very helpful, safe. **D** *Nuestra Casa*, Bartolomé de las Casas 435 y Versalles, T222 5470, mlo@uio.satnet.net Cooking facilities, converted family house, dinner available, camping in garden. **D** *Queen's Hostal*, Reina Victoria N23-76 y Pinto, T255 1844, queen@uio.telconet.net Cooking facilities, good, safety deposit, fireplace. **D** *Rincón de Castilla*, Versalles 1127 y Carrión, T222 4312, F254 8097. Restaurant, cooking facilities, parking, safe, luggage stored, owner speaks German, French and English. **D** *Tierra Alta*, Wilson E7-79 y D de Almagro, T223 5993. Cheaper with shared bath, laundry and cooking facilities, parking, helpful.

E *Bask*, Lizardo García 537 y Reina Victoria, T250 3456, hostalbask@latinmail.com Cooking facilities, free coffee, cafeteria, nice atmosphere. **E** *Casa Paxee*, Romualdo Navarro 326 y La Gasca, T250 0441. Price includes fruit for breakfast, cooking and laundry facilities, 3 rooms only, discounts for longer stays. **E** *Gan Eden*, Pinto 163 y 6 de Diciembre, T222 3480. Restaurant serves cheap breakfast and good Israeli food, cheaper without bath, cooking facilities, double rooms or dorm, very helpful Israeli owner. **E** *Hostal del Hoja*, Gerónimo Leyton N23-89 y Av La Gasca, T256 0832, breakfast, cooking facilities, small, very helpful. **E** *La Casa de Eliza*, Isabel La Católica N24-679 (La Floresta), T222 6602, manteca@uio.satnet.net Kitchen and laundry facilities, shared rooms, safety deposit, very popular and homely, no smoking. **E** *Tortuga Verde*, J L Mera N24-41 y Pinto, T255 6829. Includes breakfast, some rooms with private bath, also dormitory, hot water, cooking facilities, airport transfer, tours, popular with backpackers, noisy, Swiss-run, English, German and French spoken, friendly.

In between the new and Old Citys D *L'Auberge Inn*, Av Colombia 1138 y Yaguachi, T255 2912, www.ioda.net/auberge-inn Restaurant, cheaper without bath, parking, duvets on beds, fax service, garden, lovely terrace and communal area, helpful, good atmosphere. **D** *Déjà Vu*, 9 de Octubre 599 y Carrión, T222 4483, dejavu_hostal@hotmail.com Includes breakfast, cheaper with shared bath, family atmosphere, helpful. **D** *Kinara*, Bogotá 534 y Av América, T/F222 8524, kinara@andinanet.net Includes breakfast, cooking and laundry facilities, safe deposit boxes, library, English/French spoken, free tea and coffee, spotless. Highly recommended. **D-E** *Marsella*, Los Ríos 2035 y Espinoza, T295 5884. Cheaper without bath, parking, good rooftop terrace with views over Parque La Alameda, top floor rooms best but noisy, luggage stored, not a safe area, often full by 1700, safe deposit, notice board, good value, guard. **E** *Margarita*, Los Ríos 1995 y Espinoza, T295 0441. Parking, good beds, sheets changed daily, great value. Highly recommended.

Old City **C** *Real Audiencia*, Bolívar Oe3-18 y Guayaquil at Plaza de Santo Domingo Trole stop, T295 0590, F258 0213. Includes breakfast, restaurant/bar on top floor, spacious, well furnished rooms, baggage stored, safety deposit box, great views. Highly recommended. **C** *Viena Internacional*, Flores 600 y Chile, T295 9611, F295 4633. English spoken, good value, phone, good meals, secure. **D** *Cumandá*, Morales 449 y Av.Maldonado, T295 6984, www.hotel-cumanda.com Restaurant, comfortable, garage, excellent service, safe, noisy from proximity to bus station but quieter at the back. Recommended. **D** *Plaza del Teatro*, Guayaquil 1373 y Esmeraldas, T295 9462. Restaurant, parking, carpeted rooms, stylish, good service. Recommended. **E** *Catedral Internacional*, Mejía 638 y Cuenca, T295 5438. Hot water, good rooms. **E** *La Posada Colonial*, Paredes 188 y Rocafuerte, T228 2859. Cheaper without bath, parking, beautiful old building. Recommended. **E** *San Blas*, Pasaje España E1-38 entre Caldas y Fermín Cevallos, T228 1434. Kitchen and laundry facilities, plaza San Blas, terrace, great value, but also used for short stays. **F** *Grand*, Rocafuerte 1001 y Pontón, T295 9411. Good breakfast in cafeteria (0700-1200), cheaper without bath, cooking facilities, some rooms dingy but others OK. Safety deposit, luggage storage, friendly and helpful. Recommended. **F** *Montúfar*, Sucre 160 y Montúfar, T228 4644. Private bath, hot water, safe, good value. **G** *Sucre*, Bolívar 615 and Cuenca, T295 4025. Restaurant, plaza San Francisco, a bit noisy, has terrace with great views over the Old City, not for the hygienically minded but very cheap.

Apartments **A** *Apart-Hotel Amaranta*, Leonidas Plaza N20-32 y Washington, T256 0585. Comfortable, well-equipped suites, from US$1,600 a month, good restaurant. **A** *Apart-Hotel Antinea*, Rodríguez 175 y Diego de Almagro, T250 6839, www.hotelantinea.com Suites and apartments, from US$800 per month, lovely rooms. **C** *Apartamentos Modernos*, Amazonas N31-75 y Mariana de Jesús, T/F223 3766 ext 800, modernos@uio.satnet.net From US$450 per month, good location near La Carolina park and Mall El Jardín, English spoken, spotlessly clean.

Dining in Quito, especially in the New City, is excellent, varied, and increasingly cosmopolitan, though many restaurants close on Sun. There are few places to eat in the Old City and most of these close early evening. In more expensive restaurants 22% tax and service is added to the bill. In all cases, assume good food, service and value. All have been recommended.

New City Expensive: *Amadeus Restaurant and Pub*, Coruña 1398 y Orellana, T223 0831. Very good International cuisine and concerts, usually at 2300 on Fri. *Avalón*, Av Orellana 155 y 12 de Octubre. Excellent seafood, upmarket, also serves meat. *Casa de Asia*, Eloy Alfaro 3027 y G Alemán. Excellent Korean and Japanese, closed Mon. *Chalet Suisse*, Reina Victoria N24-191 y Calama. Steaks and some Swiss dishes, good service. *Churrascaría Tropeiro*, Veintimilla 564 y 6 de Diciembre. Brazilian-style, salad bar and grill. *Cocina de Kristy*, Whymper y Orellana. Upmarket, great view from the terrace and equally great international food. *El Cebiche*, JL Mera 1236 y Calama, and Amazonas 2428 y Moreno Bellido. Delicious *ceviche*. *Escondida*, General Roca N33-29 y José Bosmediano. California style, young crowd, informal atmosphere. Sun-Fri 1230-1530, Mon-Fri 1700-2300. *Hansa Krug*, Salazar 934 y 12 de Octubre. German. Great variety. Closed Sun evening. *Il Grillo*, Baquerizo Moreno 533 y Almagro. Upmarket, great pizzas, closed Sat lunchtime and Sun. *Il Risotto*, Pinto 209 y Diego de Almagro, T222 0400. Very popular, very good, closed Sun evening. *La*

Eating
● *on map*
Be very careful when choosing a seafood restaurant; some are less than hygenic

Ecuador

Bodeguita de Cuba, Reina Victoria 1721 y Pinta. Good Cuban food and good music and snacks at *Varadero* bar next door. *La Briciola*, Toledo 1255 y Cordero, T254 7138. Extensive Italian menu, excellent food, homely atmosphere, closed Sun. *La Paella Valenciana*, República y Almagro. Spanish. Huge portions, superb fish and paella, expensive. *La Scala*, Salazar y 12 de Octubre. Italian. Good atmosphere. *La Viña*, Isabel la Católica y Cordero. Extensive and unusual international menu, beautifully presented and excellent food. *Los Troncos*, Los Shyris 1280 y Portugal. Argentine, excellent. *Magic Bean*, Foch 681 y JL Mera. Excellent atmosphere, specializes in coffees and natural foods, great big salads (also has popular lodging, **C-D**, T256 6181). *Mare Nostrum*, Foch 172 y Tamayo, T252 8686. Very good seafood. *Pavarotti*, Av 12 de Octubre 1955 y Cordero, T256 6668. Creative Italian cuisine, good service. *Puerto Camarón*, Av 6 de Diciembre y Granaderos, Centro Comercial Olímpico. Varied seafood menu. *Raclette*, Eloy Alfaro 1348 y Andrade Marín, T223 7753. Swiss specialties including raclette, fondue, some international dishes, Alpine decor. *Red Hot Chili Peppers*, Foch 713 y J L Mera. Very good, especially the fajitas and daiquiris. *Rincón de Francia*, Roca 779 y 9 de Octubre. Excellent French cuisine but very expensive, reservation essential, slow service. *Rincón La Ronda*, Belo Horizonte 406 y Almagro. Nice atmosphere, huge Sun buffet. *Shorton Grill*, Calama E7-73 y Almagro, T2523645, and Urrutia N14-233 y Eloy Alfaro, T2247797. Meat and seafood, salad bar, large portions, smart decor. *Siboney*, Eloy Alfaro y 6 de Diciembre. Homemade pasta, great huge pizzas. *Terraza del Tártaro*, Veintimilla 1106 y Amazonas (no sign). Top floor, steaks, pleasant atmosphere. *Zócalo*, J L Mera y Calama. Good choice on international menu, live music Fri, young crowd.

Mid-range: *Adam's Rib*, Calama y Reina Victoria. For steak and pecan pie. *Capuletto*, Eloy Alfaro N32-544 y Los Shyris. Excellent fresh pasta and desserts, Italian deli, lovely outdoor patio with fountain. *Ceviches de la Rumiñahui*, 7 branches: Real Audiencia entre Av del Maestro y Tufiño (the original branch and less clean), Quicentro Shopping Centre, Naciones Unidas y Shyris: all are popular for *ceviche* and other seafood. *Che Farina*, Carrión, entre JL Mera y Amazonas also Naciones Unidas y Amazonas (open 24 hours), T244 4400. Pizzas. Fast service, popular, open Sun. *Chifa China*, Carrión y Versalles. Authentic Chinese. *Columbia*, Colón 1262 y Amazonas and Tarqui 851 y 10 de Agosto. Popular, open daily. *Crêpes & Waffles*, La Rábida 461 y Orellana. Succulent savoury crêpes and salads and delicious desserts, mid-range prices. *El Hornero*, Veintimilla y Amazonas, República de El Salvador y Los Shyris and on Gonzalez Suárez, T1-800-500500. Good pizzas, try one with *choclo* (fresh corn). *Grain de Café*, Baquedano 332 y Reina Victoria. Excellent French-influenced food, also vegetarian dishes, great-value set lunch, book exchange, films in English, informative owner, good meeting place. *Happy Panda*, Cordero E9-348 e Isabel la Católica. Excellent Hunan specialities. *Hong Kong*, Wilson 246 y Tamayo. Good Chinese. *La Casa de mi Abuela*, JL Mera 1649 y la Niña. Steak and other dishes, salads. *La Guarida del Coyote*, Eloy Alfaro E25-94 y Portugal. Excellent Mexican food, live music. *La Querencia*, Eloy Alfaro 2530 y Catalina Aldaz. Ecuadorean. Good views and atmosphere. *Las Ensaladas/Mi Frutería*, Quicentro Shopping. Gorgeous fresh fruit salads and coastal Ecuadorean food, daily 1000-2200. *Las Palmeras*, Japón y Naciones Unidas, opposite Parque la Carolina. Very good coastal cuisine, try their *ceviche*, outdoor tables, good value, open lunch only. *Le Arcate*, Baquedano 358 y JL Mera, T223 7659. Italian-run, not the cheapest but worth it, home delivery, closed Mon. *Le Champignon*, Robles 543 y JL Mera. Vegetarian. Nice atmosphere, closed Sun evening. *Mama Clorinda*, Reina Victoria y Calama. Ecuadoran food. Large portions, very good. *Mango Tree Café*, Foch 721 y Amazonas. Eclectic menu, nice décor, closed Sun. *Spaghetti*, Plaza de las Américas, at Av América y República, near Naciones Unidas, and Orellana 1171 y La Rábida. Very good Italian. *Siam*, Calama y JL Mera. Popular Thai. *Sutra*, Calama 380. Good food, reasonable prices, popular meeting place. *Thai-an*, Eloy Alfaro N34-230 y Portugal. Thai. Nice ambience. *Tex Mex*, Reina Victoria 847 y Wilson. The Tex Mex Mixta especially recommended, lively, open daily.

Cheap: *El Arabe*, Reina Victoria y Carrión. Good Arabic food. *Chandani Tandoori*, JL Mera N24-277 y Cordero. Simple little place, with good authentic Indian cuisine, cheap. Recommended. *Manantial*, 9 de Octubre 591 y Carrión and Cordero 1838 y 9 de Octubre. Good vegetarian set lunch. *El Maple*, JL Mera y Calama. Varied vegetarian menu, good meals and fruit juices, set lunches, stylish décor, open daily 0730-2330. Recommended. *El Marquez*, Calama y Almagro. Good vegetarian set lunch served Mon-Fri and other dishes, closed Sun.

Viejo Arribal, JL Mera y Foch. Good, varied vegetarian menu.

Old City Expensive: *La Cueva del Oso*, in court of Edificio Pérez Pallares, Chile 1046 y Venezuela, across from the Plaza de la Independencia, T257 2786. Art deco interior, great atmosphere. *Las Cuevas de Luis Candela*, Benalcázar 713 y Chile. Spanish and Ecuadorean dishes, closed Sun evening. **Cheap**: *El Criollo*, Flores 731 y Olmedo. Ecuadorean food, cheap, tasty, chicken specialities, good coffee. *Govinda*, Esmeraldas y García Moreno. Vegetarian dishes, daily 1200-2100.

Cafés New City *Bangaló*, Foch y Almagro. Excellent cakes, quiches, coffees, Mon-Sat, open at lunchtime and 1600-2000, great atmosphere, good jazz at weekends. *Books & Coffee*, JL Mera 12-27 y Calama. Capuccino, espresso, sandwiches, English and German newspapers. *Café Cultura*, Robles 513 y Reina Victoria, at the hotel. Relaxed atmosphere, tasteful décor, expensive but excellent cakes, homemade bread, good service, open daily 0800-1130 and 1500-1700. *Café Galletti*, Amazonas 1494 y Santa María. Excellent coffee. *La Cosecha*, main bakery on Los Shyris y El Comercio, several other outlets. For bread, doughnuts, oatmeal cookies, try their garlic bread. *Cyrano*, Portugal y Los Shyris. Excellent pumpernickel and wholewheat breads, outstanding pastries, French owner also runs excellent ice cream shop, *Corfú* next door. *Super Papa*, JL Mera 761 y Baquedano. Stuffed baked potatoes, some vegetarian, sandwiches and salads, cakes, takeaway service, great breakfasts, open daily, 0730-2100.

Old City: *Café Condal*, Sucre 350 y García Moreno. Capuccino, snacks, also internet, Mon-Fri 1000-1700. *Cafetería Imperio*, Pasaje Amador B-9, García Moreno 858 y Sucre. Very good coffee and snacks, reasonable prices, closed Mon. *Café Modelo*, Sucre y García Moreno. Cheap breakfast. *Café Royal*, Portoviejo 161. Very good breakfasts, mid-range prices. *Jugos Naturales*, Oriente 449 y Guayaquil. Safe juices and extracts. *Tianguez*, Plaza de San Francisco. Ecuadorean food, cafeteria, crafts. *Viena*, Chile y Flores. For breakfasts, closed Sun.

Alkerke, Baquedano 340 y Reina Victoria. Good bar-café, open Mon-Fri 1230-1600, Thu-Sat 1900-0200. *Bierkeller*, Muros y González Suárez. Steaks, German sausages and *parrilladas*, good salads, imported German beer, pool and darts, good atmosphere, live music on Fri. Variable schedule, T223 2435 for reservations, Austrian owner, *Taberna Austriaca* bar upstairs. *Cerebro*, 6 de Diciembre y Los Shyris, Sector El Inca. Large, with occasional well-known artists performing. *Cool-Antro*, Ponce Carrasco 282 y Almagro, T239627. Latin music and some tecno, open 2100-0100. *El Pub*, San Ignacio y González Suárez. English pub with fish and chips. *La Boca del Lobo*, Calama 284 y Reina Victoria. Café-bar, snacks, nice atmosphere, popular with locals and visitors, open Mon-Sat 1700-0000. *Ghoz Bar*, La Niña 425 y Reina Victoria. Swiss-owned, excellent Swiss food, pool, darts, videos, games, music, German book exchange. *Kizomba*, Almagro y L García. Recommended for atmosphere and creative drinks, good Brazilian music. *Macks*, Maldonado y Pujilí, in the south near El Recreo 'Trole' stop. Fine mix of music and people, huge, 5 dance halls, open Wed-Sat 2000-0200. *Matices Piano Bar*, Av Isabel La Católica y Cordero. Excellent food, live piano music, owner is a well-known local pianist and composer, Dr Nelson Maldonado, open 1630-0200. *Mayo 68*, Lizardo García 662 y JL Mera. Salsoteca, small, an absolute must for all you authentic *salseros*. Highly recommended. *No Bar*, Calama y JL Mera. Good mix of Latin and Euro dance music always packed on weekends, entry US$4 on weekends. *Papillon* and *Tijuana Bar*, Santa María y Reina Victoria. Good pick-up joints, selective admission policy, passport needed at door, open daily. *Reina Victoria Pub* , Reina Victoria 530 y Roca. Open Mon-Sat from 1700, darts, relaxed atmosphere, English beer, happy hour 1800-2000, moderately priced bar meals, meeting point for British and US expats. *Seseribó*, Veintimilla y 12 de Octubre, T563598. Caribbean music and salsa, open Thu-Sun 2100-0200. Recommended. *Vauzá*, Tamayo y F Salazar. Varied music, large bar in the middle of the dance floor, mature crowd, open Wed-Sat 2200-0100.

Bars & clubs
● *on map*
All venues are in the New City

Cinema   First run films at: *Multicines*, CCI, Amazonas y Naciones Unidas, US$3.60; *Multicines*, El Recreo, El Recreo 'Trole' stop in the south of the city, convenient if staying in the Old City, US$2.90; *Cinemark 7*, multiplex at Plaza de las Américas, Av América y República, www.cinemark.com.ec, US$3.70; *Universitario*, Av América y Pérez Guerrero,

Entertainment
For details of forthcoming events, see listings in El Comercio

Ecuador

Plaza Indoamérica, Universidad Central; US$2. *24 de Mayo*, Granaderos y 6 de Diciembre, US$2. Discounts before 1800 and on Wed.*Casa de la Cultura*, Patria y 6 de Diciembre, T290 2270, often has documentaries, film festivals, and shows foreign films.

Dance Schools *Ritmo Tropical*, 10 de Agosto 1792 y San Gregorio, Edif Santa Rosa, oficina 108, T222 7051, salsa, merengue, cumbia, vallenato and folkloric dance. *Son Latino*, Reina Victoria 1225 y García, T223 4340, specializes in several varieties of salsa, 10 hour programmes US$40. *Tropical Dancing School*, Foch E4-256 y Amazonas, T222 4713, salsa, merengue, cumbia. Private one-to-one or group lessons are offered for US$5-6 per hr.

Music Local folk music is popular in *peñas*. Most places do not come alive until 2230. *Dayumac*, JL Mera y Carrión, a meeting place for local musicians, dark, bohemian, Fri-Sat 2100-0200. *Ñucanchi*, Av Universitaria 496 y Armero, Tue-Sat 2000-0200. *Orquesta Sinfónica Nacional*, weekly concerts on Fri. Since the *Teatro Sucre* is being restored (see below), concerts are held at *Teatro Politécnico*, Queseras del Medio, opposite Coliseo Rumiñahui, or in one of the colonial churches. Call for information, T256 5733, US$2. Concerts on Tue evenings, 3 times per month, Oct-Dec and Feb-Aug, at the *Auditorio de las Cámaras* (Chamber of Commerce), Amazonas y República, T226 0265/6 ext 231. Popular concerts at the *Plaza de Toros*, Amazonas y Juan de Azcaray, in the north, or *Coliseo Rumiñahui*, Toledo y Queseras del Medio, La Floresta, tickets are sold in advance and go fast for the better-known groups.

Theatre *Teatro Sucre*, Plaza del Teatro, Manabí y Guayaquil, T228 1644, built in the 1880s, small and elegant (under renovation in 2002).*Teatro Bolívar*, Flores 421 y Junín, T258 2486, another classic theatre in the Old City. It was damaged by fire in 1999, but despite restoration work, there are still performances, proceeds used for renovations. *Teatro Aeropuerto*, Juan J Pazmiño y Av de la Prensa, T250 6651, ext 121, presents the Ecuadorean folk ballet 'Jacchigua', Wed and Fri 1930, US$12, entertaining, colourful and loud, reserve ahead. *Teatro Humanizarte*, Leonidas Plaza N24-226 y Baquerizo Moreno, presents the 'Ballet Andino', US$5, also folk dancing, Wed 1930. *Agora*, open-air theatre of Casa de la Cultura, 12 de Octubre y Patria, stages many concerts. *Teatro Charles Chaplin*, Cordero 1200 y JL Mera, has live theatre at weekends, check the paper for events. *Centro Cultural Afro-Ecuatoriano* (CCA), Tamayo 985 y Lizardo García, T252 2318, sometimes has cultural events and published material, useful contact for those interested in the black community.

Festivals New Year, *Años Viejos*: life-size puppets satirize politicians and others. At midnight on 31 Dec a will is read, the legacy of the outgoing year, and the puppets are burnt; good along Amazonas between Patria and Colón, very entertaining and good humoured. On New Year's day everything is shut. The solemn **Good Friday** processions are most impressive. **24 May** is *Independence*, commemorating the Battle of Pichincha in 1822 with early morning cannonfire and parades, everything closes. **Aug**: *Mes de Arte y Cultura*, organized by the municipality, cultural events, dance and music in different places throughout the city. Fancy-dress parades for *Hallowe'en*, celebrated **last Sat in Oct**, along Av Amazonas. The city's main festival, *Día de Quito*, celebrated throughout the **week ending 6 Dec**, commemorates the foundation of the city with elaborate parades, bullfights, performances and music in the streets, very lively. Hotels charge extra, everything except a few restaurants shuts on 6 Dec. Foremost among **Christmas** celebrations is the *Misa del Gallo*, midnight mass. Over Christmas, Quito is crowded, hotels are full and the streets are packed with vendors and shoppers.

Shopping
Shops open generally 0900-1900 on weekdays, Sat 0900-1300, close at midday, shopping centres are open at weekends

The main shopping districts are along Av Amazonas in the north and C Guayaquil in the Old City. In the New City much of the shopping is done in huge US-style shopping malls (see list under Foodstuffs). For **maps** see Essentials, page 863.

Bookshops *Libri Mundi*, JL Mera N23-83 y Veintimilla, and at Quicentro Shopping. Excellent selection of Spanish, English, French, German, and some Italian books, sells the *Ecuador Handbook*, *South American Handbook* and *Central America and Mexico Handbook*, knowledgeable and helpful staff, notice-board of what's on in Quito, open Mon-Sat 0800-1800 (also Sun at Quicentro). Very highly recommended. *Abya-Yala*, 12 de Octubre 14-30 y Wilson. Good for books about indigenous cultures and anthropology, also has excellent library and museum. *Confederate Books*, Calama 410 y JL Mera. Open 1000-1900, excellent selection of second-hand books, including travel guides, mainly English but also German and

Ecuador

French. *Continental del Libro*, Amazonas 1018 y Wilson. Stocks IGM maps and some English books. *Imágenes*, 9 de Octubre y Roca. For books on Ecuador and art, postcards. *Libro Express*, Amazonas 816 y Veintimilla, also at Quicentro Shopping and El Bosque. Has a good stock of maps, guides and international magazines. *Mr Books*, El Jardín Mall, 3rd floor. Good stock, many in English including Footprint travel guides, open daily. Recommended. Foreign newspapers are for sale at the news stands in luxury hotels and in some shops along Amazonas. *Lufthansa* will supply German newspapers if they have spare copies.

Camping *Los Alpes*, Reina Victoria N23-45 y Baquedano. Local and imported equipment, also rentals. *Altamontaña*, Jorge Washington 425 y 6 de Diciembre. Imported climbing equipment for sale, rentals, good advice. *The Altar*, J L Mera 615 y Carrión. Imported and local gear for sale, good prices for rentals. *Antisana*, Centro Comercial El Bosque, ground floor. Sales only. *Aventura Sport*, Quicentro Shopping, top floor. Tents, good selection of glacier sun glasses, upmarket. *Camping Sports*, Colón 942 y Reina Victoria. Sales only. *Equipos Cotopaxi*, 6 de Diciembre 927 y Patria. Ecuadorean and imported gear for sale, no rentals, lockable pack covers, made to measure. *The Explorer*, Reina Victoria E6-32 y Pinto. Sales and rentals, very helpful, will buy US or European equipment. *Tatoo*, Wilson y JL Mera. Quality backpacks and outdoor clothing. For hiking boots, *Calzado Beltrán*, Cuenca 562 (Old City), and other shops on the same street. Camping gas is available many of the above shops, white gas (*combustible para lámpara Coleman*) at times from *Kywi*, Centro Comercial Olímpico, 6 de Diciembre y Granaderos.

Film processing Many labs along Amazonas and in shopping centres for rapid film processing and printing; quality varies greatly. For professional work and slide processing, *Ron Jones*, Lizardo García E9-104 y Andrés Xaura, 1 block east of 6 de Diciembre, T250 7622.

Foodstuffs *Supermaxi* well-stocked supermarket and department store with a wide range of local and imported goods, at the Centro Comercial Iñaquito (Amazonas y Naciones Unidas), *Centro Comercial El Bosque* (Av Occidental), *Centro Comercial Plaza Aeropuerto* (Av de la Prensa y Homero Salas), *Multicentro* (6 de Diciembre y La Niña), *El Recreo* and at *Mall El Jardín* (Amazonas y Mariana de Jesús); all open Mon-Sat 1000-2000, Sun 1000-1300 (some until 1800). *Mi Comisariato*, another well-stocked supermarket and department store, at Quicentro Shopping (Naciones Unidas y Shyris) and García Moreno y Mejía in the Old City. *La Feria* supermarket, Bolívar 334, entre Venezuela y García Moreno sells good wines and spirits, and Swiss, German and Dutch cheeses. *Sangre de Drago*, the Indian cure-all, is sold in markets and homoeopathic pharmacies.

Handicrafts A wide selection can be found at the *Mercado Artesanal La Mariscal*, on Jorge Washington, between Reina Victoria and JL Mera. This interesting and worthwhile market, built by the municipality to house street vendors, is open daily 1000-1800. There are also souvenir shops on García Moreno in front of the Palacio Presidencial in the colonial city. There is an exhibition and sale of paintings in *Parque El Ejido*, opposite *Hotel Hilton Colón*, on Sat and Sun mornings. Local garments (for natives rather than tourists) can be seen and bought on the north end of the Plaza de Santo Domingo and along the nearest stretch of C Flores. Recommended shops with a wide selection are: *El Aborigen*, Washington 536 y JL Mera. *Amor y Café*, Foch 721 y JL Mera. Quality ethnic clothing. *Artesanías Cuencanas*, Roca 626 entre Amazonas y JL Mera. Knowledgeable, wide selection. *Los Colores de la Tierra*, JL Mera 838 y Wilson. Hand-painted wood items and unique handicrafts. *Ecuafolklore*, Robles 609 entre Amazonas y JL Mera (also stocks guide books). *The Ethnic Collection*, Amazonas N2163-A y Robles (corner), PO Box 17-03-518, T250 0155, www.ethniccollection.com Wide variety of clothing, leather, bags, jewellery, balsa wood and ceramic items from across Ecuador. *Folklore*, Colón E10-53 y Caamaño, the store of the late Olga Fisch. Attractive selection of handicrafts and rugs, expensive as designer has international reputation; also at *Hotel Hilton Colón*. *Galería Latina*, JL Mera 823 y Veintimilla. Fine selection of alpaca and other handicrafts from Ecuador, Peru and Bolivia, visiting artists sometimes demonstrate their work. *Productos Andinos*, Urbina 111 y Cordero. Artisan's co-op, good selection. *Hilana*, 6 de Diciembre 1921 y Baquerizo Moreno. Beautiful unique 100% wool blankets with Ecuadorean motifs, excellent quality, purchase by metre possible, inexpensive. *Marcel Creations*, Roca 766, entre Amazonas y 9 de Octubre. Panama hats.

Jewellery *Alquimia*, Juan Rodríguez 139. High quality silversmith. *Argentum*, JL Mera

614 y Amazonas. Also sells crafts and antiques, excellent selection, reasonably priced. *Edda*, Tamayo 1256 y Cordero. Custom-made jewellery. Recommended. *Jeritsa*, Veintimilla E4-162 y Amazonas. Good selection, prices and service.

Markets   Main produce markets, all accessible by Trole: *Mercado Central*, Av Pichincha y Olmedo, *Mercado Santa Clara*, Versalles y Ramírez Dávalos and *Mercado Iñaquito*, Iñaquito y Villalengua. *Mercado Ipiales*, on Chile uphill from Imbabura, where clothing, appliances and stolen goods are sold (a particularly unsafe area). *Plaza Arenas* on Vargas, next to Colegio La Salle or along 24 de Mayo and Loja uphill from Benalcázar, is where you are most likely to find your stolen camera for sale (also try *Grau* camera shop on Plaza Santo Domingo and *Fotomania*, 6 de Diciembre N19-23 y Patria). Not surprisingly, these are unsafe parts of town.

Sport & activities

If you need to contact Aseguim in an emergency, call Safari Tours or Compañía de Guías (see Tour operators)

Bungee jumping   *Bungee Zone*, Pinto 163 y 6 de Diciembre, T222 3480, T09-903 2355 (mob), US$55, for 2 jumps.

Climbing and trekking   Climbs and trekking tours can be arranged in Quito and several other cities; the following Quito operators have been recommended (see Tour operators below for contact information): *Safari* and *Compañía de Guías de Montaña* (see Tour operators on next page) useAseguim guides. *Safari* has own transport and equipment, and a glacier school, 3- and 5-day courses with bilingual guides. *Surtrek*, Aseguim guides, 1 guide per 2 climbers, large and small groups, German and English spoken, arranges guided climbs of most major peaks, rents and sells equipment. *Campus Trekking*, chief guide Camilo Andrade, 8 languages spoken, uses Aseguim guides. Also good for trekking are *Angermeyer's Enchanted Expeditions*, *Agama Expediciones* and *Campo Base* (owners Manuel and Diego Jácome are Aseguim trained). *Sierra Nevada*, chief guide Freddy Ramírez (fluent English, French, German), mostly Aseguim guides, has own equipment for rent at good rates, professional, mostly large groups. *Pamir*, chief guide Hugo Torres, very experienced, speaks English. Several camping stores (see Shopping above) also offer climbing and trekking trips and know about guides. Independent guides do not normally provide transport or full service, ie food, equipment, insurance and, without a permit from the *Ministerio de Ambiente*, they might be refused entry to national parks. The following are all reputable. Aseguim guides: *Cosme León*, T260 3140; *Iván Rojas*, T255 8380 (*Altamontaña* camping equipment shop); *Benno Schlauri*, T234 0709. Local climbing clubs welcome new members, but they do not provide free guiding service. It is not really worth joining if you are in Ecuador for only a few weeks. The following all have climbing clubs: *Colegio San Gabriel*, *Universidad Católica*, *Nuevos Horizontes* (Colón 2038 y 10 de Agosto, T255 2154) and *Club Sadday* (Alonso de Angulo y Galo Molina).

Jogging   The Hash House Harriers is a club for jogging, runners and walkers, enquire at *Reina Victoria Pub*, T222 6369.

Mountain biking   *Aries*, Wilson 578 y Reina Victoria, T/F290 6052, after hours T09-981 6003 (Mob), www.ariesbikecompany.com 1-2 day tours, all equipment provided.*Bicisport*, in Quicentro Shopping, top floor and 6 de Diciembre 6327 y Tomás de Berlanga, T246 0894. Recommended. *Bike Tech*, 6 de Diciembre N39-59 y El Telégrafo, T2263421. A meeting place for long distance bikers. Owner Santiago Lara has informal 'meets' almost every weekend, anyone is welcome, no charge, they ride 20 or more routes around Quito, they also have a good repair shop and cheap parts. *Biking Dutchman*, Foch 714 y JL Mera, T254 2806, T09-973 0267(Mob), www.biking-dutchman.com One and several-day tours, great fun, good food, very well organized, English, German and Dutch spoken, pioneers in mountain biking in Ecuador. *Ciclo Vivas* 6 de Diciembre 2810 y Orellana, T256 6100. Stocks Jamis, Shimano and Wheeler. *Sobre Ruedas*, Av 10 de Agosto N52-162, Ciudadela Kennedy, T241 6781. Repairs, tours, rentals and sales.See also *Safari*, Tour operators. *CAMPO BASE*

Paragliding   *Escuela Pichincha de Vuelo Libre*, Carlos Endara Oe3-60 y Amazonas, T02-225 6592 (office hours) T09-947 8349 (Mob), parapent@uio.satnet.net, is a good point of contact. The school offers complete courses as well as tandem flights for novices. Speak to Enrique Castro here, he can also advise about other sites and contacts in Ibarra, Ambato, Riobamba and Cuenca.

Rugby   Friendly games are played when there are enough people, see notice-board at the *Reina Victoria Pub*.

Swimming There is a cold spring-water pool on Maldonado beyond the Ministry of Defence building (US$1), hot shower (US$1). A public-heated, chlorinated pool is in Miraflores, at the upper end of Av Universitaria, esq Nicaragua, 10-min walk from Amazonas, open Tue-Sun, 0900-1600, US$1.50. There is another public pool at Batán Alto, on Cochapata, near 6 de Diciembre and Gaspar de Villaroelvery good, US$3.

Take a swimming cap, towel and soap to be admitted at public pools

Whitewater rafting *Eco-Adventur*, Foch 634 y Reina Victoria , T252 0647, info@adventour.com *Alfredo Meneses* runs day trips on the Ríos Blanco and Toachi, affiliated with *Small World Adventures* in the USA. *Row Expediciones*, Pablo Arturo Suarez 191 y Eloy Alfaro, T223 9224, row@andinanet.net 6-day trips on the Upano Nov-Feb, guides from Idaho, USA. *Sierra Nevada* (see Tour operators below), excellent trips from 1 to 3 days, chief guide Edison Ramírez (fluent English/French) is certified by *French Association*. *Yacu Amu/Ríos Ecuador*, Foch 746 y JL Mera, T290 4054, www.yacuamu.com Australian-owned (Steve Nomchong), guide Gynner Coronel, very professional, rafting trips of 1-8 days, also kayak courses, good equipment. Highly recommended. . All these outfits charge US$50-70 per day.

Agama Expediciones, J Washington 625 y 6 de Diciembre, p 2, T290 3164 or 09-8002681 (Mob), and trekking, own *Albergue Cotopaxi Cara Sur*. *Amerindia*, Montúfar E15-14 y La Cumbre, Bellavista, T227 0550, www.quasarnautica.com Land operators for *Quasar Naútica*, full range of tours. *Anaconda Travel*, Foch 635 y Reina Victoria, first floor, T/F222 4913, anacondaec@andinanet.net Run *Anaconda* lodge in the upper Napo, jungle trips, sell trips to Galápagos and tours to all other destinations. *Andes Adventures*, Baquedano E5-27 y JL Mera, T222 2651, F2523837. Climbing, trekking, rafting, jungle and tourist class Galápagos tours. *Andísimo*, 9 de Octubre 479 y Roca, T250 8347, www.andisimo.com Custom-made tours, adventure sports, equipment sale and rental. *Campo Base*, Calama 231 y Almagro, T259 9737. Climbing, cycling and trekking tours, have an acclimatization centre in Rumípamba. *Campus Trekking*, Joaquina Vargas 99 y Abdón Calderón, Conocoto, T/F2340601, www.campus

Tour operators
See also page 992 for Galápagos tour operators,
Note that national park fees are rarely included in tour prices

Ecuador

trekking.com Camilo Andrade, multilingual, trekking and climbing. *Canodros*, Portugal 448 y Catalina Aldaz, T225 6759, www.canodros.com Run luxury Galápagos cruises and jungle tours in the Kapawi Ecological Reserve, also have office in Guayaquil. *Coltur*, Páez 370 y Robles, T222 1000, coltur@uio.satnet.net Tours to Galápagos, Amazon, also travel agency. *Compañía de Guías de Montaña*, Jorge Washington 425 y 6 de Dicembre, T/F2504773, www.compania deguias.com Climbing and trekking specialists, but sell other tours. *Ecuadorian Alpine Institute*, Ramírez Dávalos 136 y Amazonas, of 102, T256 5465, www.volcanoclimbing.com Individual or group ascents, customized itineraries, multilingual guides.

Ecuadorian Tours, Amazonas 329 y Washington, several other locations, T256 0488, www.ecuadoriantours.com (Also Amex representative). Airline tickets and tours (Poste Restante can be sent to PO Box 17-01-02605, Quito). *Elinatour*, Wilson 413 y 6 de Diciembre, T290 0350, elinasp@ uio.satnet.net Sells jungle, Galápagos and other tours. *Enchanted*

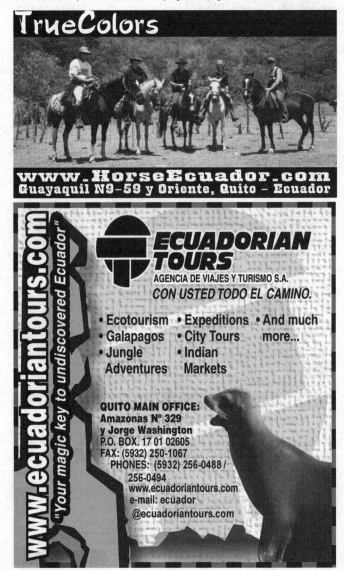

Expeditions, Foch 726 y Amazonas, T256 9960, www.enchanted expeditions.com Operate Galápagos cruises in various categories, jungle and trekking tours. *Explorandes*, Wilson 537 y Diego de Almagro, T255 6936, explora@hoy.net Trekking, rafting, climbing, jungle tours. *Explorer Tours*, Reina Victoria 1235 y L García, T250 8871, www.galapagos lastminute.com Good value jungle tours, agents for *Sacha Lodge* and *La Casa del Suizo* on the Río Napo. *Galasam Galapagos Tours*, Amazonas 1354 y Cordero, T250 7080/81, www.galasam.com Full range of day and multiday tours in highlands, jungle trips to their own lodge on the Río Aguarico, Galápagos trips, discounts to *South American Handbook* owners. *Green Planet*, JL Mera N23-84, T252 0570, greenpla@interactive.net.ec Ecologically sensitive jungle trips, lodge on Río Aguarico, good food. *Kempery Tours*, Pinto 539 y Amazonas, T222 6582, www.kempery.com German, English and Dutch spoken, all kinds of tours, including Galápagos and jungle, good value. *Klein Tours*, Eloy Alfaro N34-151 y Catalina Aldaz, T226 7080, www.klein tours.com Galápagos cruises and travel agency.

Metropolitan Touring, República de El Salvador N36-84, also Amazonas 239 y 18 de Septiembre and several other locations, T298 8200, www.metropolitan-touring.com Galápagos tours, arranges climbing, trekking expeditions led by world-known climbers, as well as tours of Quito, Parque Nacional Machalilla, rail journeys, jungle camps. Generally recommended. *Native Life*, Foch E4-167 y Amazonas, T223 6320, www.nativelife.org Tours to their Nativo Lodge in the Cuyabeno reserve and climbing (*Aseguim* guides). *Palmar Voyages*, Alemania N31-77 y Av Mariana de Jesús, T256 9809, www.palmar voyages.com Small specialist company, custom-made itineraries to all areas, good rates. *Pamir Travel and Adventures*, JL Mera 721 y Veintimilla, T254 2605, F254 7576. Galápagos cruises, climbing, trekking and jungle tours. *Rainforestur*, Amazonas 420 y Robles, T223 9822, rainfor@interactive.net.ec Highland and jungle trips, ecologically minded. *Safari*, Calama 380 y JL Mera, T255 2505, www.safari.com.ec Jean Brown and Pattie Serrano, knowledge of country, excellent adventure travel, Galápagos booking services, customized trips, mountain climbing, free route planning, also does 1-3 day full support

Ecuador

mountain biking trips, rafting, trekking, and jungle including Huaorani territory. Recommended. *Sangay Touring*, Amazonas 1188 y Cordero, T256 0428, throughout Ecuador, helpful and efficient. *Sierra Nevada Expeditions*, Pinto 637 y Amazonas, T255 3658, snevada@accessinter.net Climbing, rafting, jungle expeditions, experienced multi-lingual guides. *Surtrek*, Amazonas 897 y Wilson, T256 1129, T973 5448 (mob), www.surtrek.com Climbing, trekking, expeditions, jungle and cultural tours, also flights.

Terracenter, Reina Victoria 1343 y J Rodríguez, T/F250 7858. Variety of tours, including jungle and the Galápagos. *Tropic Ecological Adventures*, República E7-320 y Diego de Almagro, Edif Taurus, dpto 1-A, T222 5907, www.tropiceco.com Run by Andy Drumm and Sofía Darquea, naturalist guides with many years experience in Galápagos, who work closely with conservation groups. Winners of awards for responsible tourism in 1997 and 2000. Their ecologically responsible and educational tours are recommended for anyone seriously interested in the environment. Part of each fee is given to indigenous communities and ecological projects. Also sell Galápagos and highland trips run by ecologically sensitive operators. *TrueColorsTravel*, Guayaquil N9-59 y Oriente, T295 5888, T09-802279 (mob), www.horseecuador.com, www.truecolorstravel.com Horse riding treks of 1-11 days, including Inca Trail, rides between haciendas, volcano páramo rides, cloud forest trails. *Zenith Travel*, JL Mera 453 y Roca, T252 9993, www.zenithecuador.com

Transport

Beware pickpockets on the trolley and city buses

Local Bus: *Popular* buses, pale blue and white (very few left), US$0.18. *Ejecutivos* buses, red, US$0.25. *Bus tipo*, blue, allegedly less polluting, also US$0.25. *Interparroquial* pink and white buses go to destinations within an hour of the city (fares within the city are as for *ejecutivos*, then depend on length of journey). **Trolley bus**: 'El Trole' is an integrated transport system of trolley buses, running on exclusive lanes across the city from north to south, and feeder bus lines (*alimentadores*, painted green), serving suburbs from the northern and southern terminals and from El Recreo stop. It runs mainly along 10 de Agosto, the northern station is at 'La Y', the junction of 10 de Agosto, Av América and Av de la Prensa, and the southern station is at Ciudadela Quitumbe in the far south of the city. For the main bus terminal use the Cumandá stop, at Maldonado y 24 de Mayo. From the Terminal Norte, a feeder bus marked 'Aeropuerto' goes near the airport. The fare is US$0.25. *La Ecovía*, a bus-only thoroughfare, runs mostly along Av 6 de Diciembre, from Río Coca in the north to La Marín in the south, with stations like the trolley. Fare US$0.25. **Car rental**: all the main car rental companies are at the airport (*Avis, Ecuacars, Budget, Expo, Localiza*). For multinational rental agencies, see Essentials, page 52. City offices of local companies: *Ecuacars*, Colón 1280 y Amazonas, T252 9781. *Expo*, Av América N21-66 y Bolívia, T222 8688. Good value. *Trans-Rabbit*, at the international arrivals section of the Airport, rent vans for up to 10 passengers, with driver, for trips in Quito and out of town, T227 6736. *Budget* and *Ecuacars* have been particularly recommended, helpful staff.

Be reasonable and remember that the majority of taxi drivers are honest and helpful

Taxi: Taxis are a safe, cheap and efficient way to get around the city. For airport taxis, see below. From the Terminal Terrestre to the New City is US$3; and journeys around the New City cost from US$1. Expect to pay around 50-100% more at night. There is no increase for extra passengers. At night it is safer to use a radio taxi, there are several companies including: *Taxi Amigo*, T222 2222; *City Taxi*, T263 3333; and *Central de Radio Taxis*, T250 0600. Make sure they give you the taxi number so that you get the correct taxi and can trace anything you may leave behind. To hire a taxi by the hour costs from US$8. All taxis must have working meters by law, but make sure the meter is running (if it isn't, fix the fare before). Also insist that the taxi drops you precisely where you want to go. All legally registered taxis have the number of their co-operative and the individual operator's number prominently painted on the side of the vehicle and on a sticker on the windshield. They are safer and cheaper than unauthorized taxis. Note the registration and the licence plate numbers if you feel you have been seriously overcharged or mistreated. You may then complain to the transit police or tourist office. For trips outside Quito, agree the fare beforehand: US$90-100 a day. Outside the luxury hotels co-operative taxi drivers have a list of agreed excursion prices and most drivers are knowledgeable. For taxi tours with a guide, try *Hugo Herrera*, T226 7891. He speaks English and is recommended.

Long distance   Air: Mariscal Sucre Airport. At both national and international arrivals, there are now booths run by the airport taxi cooperative. They have set rates to different zones in the city. They have a map with the zones clearly shown. You pay right there and get a ticket which you then hand to the driver. There is no question of being cheated with this system. Airport to La Mariscal US$4 during the day, US$5 at night. Airport to Old City US$5 during the day, US$6 at night. From the airport catch bus 'Carcelén-Congreso' or 'Pinar Alto-Hotel Quito' for the New City; 'Iñaquito-Villaflora' for the Old City. A feeder line for the trolley bus service runs from outside the airport to the northern terminal at La Y. Alternatively, you can use the Trans-Rabbit van service, they have a booth at international arrivals, T227 6736, US$2-3 pp to the New City in a van with room for up to 15 passengers. This is good value if there are a few people sharing. See also Local buses above. Beware of self-styled porters who grab your luggage in the hope of receiving a tip, legitimate porters wear a name tag. Left luggage facilities are just outside international arrivals. After checking in and before going through immigration, pay airport tax. There are duty-free shops in the international departure lounge.

If you have any luggage at all, it is much safer to take a taxi to your hotel

The airport was being refurbished in early 2003

Details of internal services are given in the respective destinations. See also page 861

Bus: The Terminal Terrestre, at Maldonado y Cumandá (south of Plaza Santo Domingo), handles most long-distance bus services and is really the only place to get information on schedules, 24-hr luggage store US$1.75 per day. It is unsafe at all hours, worst at night. Buses for destinations near Quito leave from 'La Marín', which extends the length of Av Pichincha (this is also an unsafe area); a few others leave from Cotocollao (*Trans Minas*) in the north, Villaflora in the south, or near the Patria/10 de Agosto intersection. To or from the Terminal Terrestre, take a taxi (highly recommended), or the trolley bus (unsafe with luggage). There are company booking offices but staff shout destinations of buses leaving; you can get on board and pay later (but confirm fare in advance). For buses out of Quito it is sometimes advisable to reserve the day before (eg on holiday weekends). See under destinations for fares and schedules.

Several companies run better quality coaches on the longer routes, those with terminals in the New City are: *Flota Imbabura*, Manuel Larrea 1211 y Portoviejo, T223 6940, for Cuenca and Guayaquil; *Transportes Ecuador*, JL Mera 330 y Jorge Washington, T250 3642, to Guayaquil; *Panamericana Internacional*, Colón 852 y Reina Victoria, T250 1585, for Huaquillas, Machala, Cuenca, Loja, Guayaquil, Manta and Esmeraldas, they also run 'international' bus to **Bogotá** (change buses in Tulcán and Ipiales, US$65, 28 hours) and **Lima** (change buses in Aguas Verdes and Tumbes, US$60, 38 hours). *Ormeño Internacional*, from Perú, Shyris N34-432 y Portugal, T246 0027, twice a week to **Lima** (US$55, 36 hours), **Santiago** (US$130, 4 days) and **Buenos Aires** (US$190, 1 week). It is quicker and cheaper to take a bus to the border and change. The route to **Peru** via Loja and Macará takes much longer than the Huaquillas route, but is more relaxed. Do not buy Peruvian (or any other country's) bus tickets here, they are much cheaper outside Ecuador.

Train: the railway station, 2 km south of the centre, along the continuation of C Maldonado, is reached by trolley (Chimbacalle stop if heading north, Machángara if heading south). Regular passenger service has been discontinued throughout the country. A tourist train, runs from Quito to the Cotopaxi station in Area Nacional de Recreación El Boliche, Sat and Sun 0800, return 1430, 3 hrs, US$4.60 return (children under 12 half price). Purchase tickets for passenger carriages in advance as it is a popular ride: from Bolívar 443 y García Moreno, T258 2930, Tue-Fri 0800-1630, passport number required for each passenger. Last minute sales at the station are for box cars only, same price. If you wish to return by bus, it is a 2 km walk from the Cotopaxi station to the Pan-American highway. *Metropolitan Touring*, see above, offers various tours involving train travel.

Airline offices National: *Aerogal*, Amazonas 7997, opposite the airport, T225 7202. *Austro Aéreo*, Amazonas 7565 y Río Curaray, T227 1536. *Icaro*, Palora Oe3-20 y Amazonas, T245 0928. *TAME*, Amazonas 13-54 y Colón, Colón y Rábida y 6 de Diciembre N26-112, T290 9900. International: *ACES*, Naciones Unidas y Amazonas, Torre B, No 411, T246 6461. *Aero Continente*, Amazonas N22-118 y Veintimilla, T290 2160. *Aeropostal*, Eloy Alfaro N32-564 y Bélgica, Edif Loveina, ground floor, T2268936. *Air France*, 12 de Octubre N24-562 y Cordero, World Trade Center, Torre A, No 710, T222 1605. *American Airlines*, Amazonas 4545 y Pereira, T226 0900; also at *Hotel Hilton Colón*. *Avensa/Servivensa*, Portugal 794 y República de El Salvador, T225 3972. *Avianca*, República de El Salvador 780 y Portugal, edif Twin Towers, mezzanine, T226 4392. *Continental*, 12 de Octubre 1830 y Cordero, World Trade Center, No 1108, also Naciones Unidas y República de El Salvador, edif City Plaza, ground floor, T255 7170. *Copa*, República de

Directory

Ecuador

El Salvador 361 y Moscú, edif Aseguradora del Sur, T227 3829. *Cubana*, Los Shyris N32-14 y Almagro, edif Torre Nova, p 1, T290 2369. *Iberia*, Eloy Alfaro 939 y Amazonas, edif Finandes, p 5, T256 6009. *KLM*, 12 de Octubre y A Lincoln, edif Torre 1492, No 110, T298 6828. *Lan Chile*, Amazonas y Pasaje Río Guayas, edif Rumiñahui, by Parque La Carolina, T245 8168, T1-800-526328. *Lufthansa*, Amazonas N49-107 y Río Palora, near the airport, T225 8456. *TACA*, República de El Salvador N35-67 y Portugal, T292 3170. *Varig*, Portugal 794 y República de El Salvador, edif Porto Lisboa, T225 0126.

Banks *Banco del Austro*, Amazonas y Santa María. Cash advances on Visa. *Banco de Guayaquil*, Colón y Reina Victoria, p 3. Amex and Visa TCs, 1% commission. *Cirrus*, *Maestro* or *Plus* ATM with maximum withdrawal of US$100, cash advances on Visa, fast and efficient. *Mastercard* headquarters, Naciones Unidas 825, next door to Banco del Pacífico. Cash advances, efficient service. *Banco del Pacífico*, main branch at Naciones Unidas entre Los Shyris y Amazonas, also Amazonas y Roca, Mall El Jardín and Centro Comercial El Bosque. Amex TCs in US$ only, maximum US$200 per day, US$5 charge per transaction, also Mastercard and Visa through *Cirrus* and *Maestro* ATMs. *Banco del Pichincha*, Amazonas 13-54 y Colón, Venezuela y Espejo, half block from Plaza de la Independencia and many other branches. Cash through *Cirrus* ATM only. *Mutualista Pichincha*, 18 de Septiembre y JL Mera, García Moreno 1130 y Chile and other branches. Cash advances on Mastercard 0900-1630. *Produbanco*, Amazonas N35-211 y Japón (opposite CCI), Amazonas y Robles (also open Sat 0900-1300), Benalcazar 852 y Olmedo (cash advances only) and at the airport. Cash and TCs in various currencies, 1-2% commission, good service, cash advance on Mastercard. Mon-Fri 0830-1500. The *American Express* representative is *Ecuadorian Tours*, see above, sells and replaces Amex TCs, does not change TCs or give cash advances. **Casas de cambio:** *Vazcambios*, Amazonas y Roca, *Hotel Mercure Alameda*, T222 5442, 1.8% commission for US$ TCs, 2% for TCs in other currencies. Also changes other currencies and sells TCs. Mon-Fri 0845-1745, Sat 0900-1300.

Communications Internet: Quito has very many cyber cafés. In the Mariscal tourist district it is difficult to walk two steps without bumping into one. Rates start at about US$0.60 per hr, but US$1 is more typical. *Net2phone* around US$0.25 per min. Many are open till midnight. **Post Office:** All branches open Mon-Fri 0800-1800, Sat 0800-1200. In principle all branches provide all services, but your best chances are at Colón and Almagro in the Mariscal district, and at the main sorting centre on Japón near Naciones Unidas, behind the CCI shopping centre. The branch on Eloy Alfaro 354 y 9 de Octubre frequently loses mail; best avoided. There is also a branch in the Old City, on Espejo entre Guayaquil y Venezuela, and between the old and New Citys at Ulloa and Ramírez Dávalos, behind the Mercado Santa Clara. This is the centre for parcel post, and you may still be directed there to send large packages. *Poste Restante* at the post offices at Espejo and at Eloy Alfaro (less efficient). All *poste restante* letters are sent to Espejo unless marked 'Correo Central, Eloy Alfaro', but you are advised to check both *postes restantes*, whichever address you use. Letters can be sent care of American Express, Apdo 17-01-0265, Quito. *South American Explorers* hold mail for members. **Telephone:** International and interprovincial calls from *Andinatel* at Av 10 de Agosto y Colón, in the Old City at Benalcázar y Mejía, the Terminal Terrestre and the airport. All are open 0800-2200. There are also debit card cell phones throughout the city and new calling centres are operating.

Cultural centres *Alliance Française*, at Eloy Alfaro 1900, French courses, films and cultural events. *Casa Humboldt*, Vancouver y Polonia, T254 8480, German centre, Goethe Institute, films, talks, exhibitions.

Embassies and consulates Austria, Gaspar de Villaroel E9-53 y Los Shyris, p 3, T244 3272, 1000-1200. **Belgium**, República de El Salvador 1082 y Naciones Unidas, p 10, T246 7852. Mon-Thu 0900-1200, Mon-Wed 1430-1700. **Brazil**, Amazonas 1429 y Colón, edif España, p 9, T256 3086, 0900-1500. **Canada**, 6 de Diciembre 2816 y Paul Rivet, edif Josueth González p 4, T223 2114, 0900-1200. **Colombia** (consulate), Atahualpa 955 y República, p 3, T245 8012, 0830-1330. **Germany**, Naciones Unidas y República de El Salvador, edif City Plaza, T297 0820, 0830-1130. **Ireland**, Ulloa 2651 y Rumipamba, T245 1577, 0900-1300. **Israel**, 12 de Octubre y Salazar, edif Plaza 2000, p 9, T223 8055, 1000-1300. **Italy**, La Isla 111 y H Albornoz, T256 1077, 0830-1230. **Japan**, JL Mera N19-36 y Patria, edif Corporación Financiera Nacional, p 7, T256 1899, 0930-1200, 1400-1700. **Netherlands**, 12 de Octubre 1942 y Cordero, World Trade Center, p 1, T222 9229, 0830-1300, 1400-1730. **Norway and Sweden**, Pasaje Alfonso Jerves 134 y Orellana, T250 9514, 0900-1200. **Peru**, República de El Salvador 495 e Irlanda, edif Irlanda, T246 8410, 0900-1300, 1500-1800. **Spain**, La Pinta 455 y Amazonas, T256 4373, 0900-1200. **Switzerland**, Juan Pablo Sanz 120 y Amazonas, edif Xerox, p 2, T243 4948. **United Kingdom**, Naciones Unidas y República de El Salvador, edif Citiplaza, p 14, T297 0800, Mon-Thu 0830-1230, 1330-1700, Fri 0830-1330. **USA**, 12 de Octubre y Patria, T256 2890, 0800-1230, 1330-1700.

Language schools in Quito

Quito is one of the most important centres for Spanish language study in Latin America with over 50 schools operating. There is a great variety to choose from. Identify your budget and goals for the course: rigorous grammatical and technical training, fluent conversation skills, getting to know Ecuadoreans or just enough basic Spanish to get you through your trip.

Visit a few places to get a feel for what they charge and offer. Prices vary greatly, from US$2 to US$10 per hr, but you do not always get what you pay for. There is also tremendous variation in teacher qualifications, infrastructure and resource materials. Schools usually offer courses of 4 or 7 hours tuition per day. Many correspondents suggest that 4 is enough. Some schools offer packages which combine teaching in the morning and touring in the afternoon. A great deal of emphasis has traditionally been placed on one-to-one teaching, but remember that a well-structured small classroom setting can also be very good.

The quality of homestays likewise varies, the cost including meals runs from US$10 to US$15 per day. Try to book just 1 week at first to see how a place suits you, don't be pressed into signing a long term contract right at the start. For language courses as well as homestays, deal directly with the people who will provide services to you, and avoid intermediaries. Always get a detailed receipt when you make a payment.

If you are short on time then it can be a good idea to make your arrangements from home, either directly with one of the schools or through an agency, who can offer you a wide variety of options. If you have more time and less money, then it may be more economical to organize your own studies after you arrive. South American Explorers provides a free list of recommended schools and these may give club members discounts.

We list schools for which we have received positive recommendations each year. This does not necessarily imply that schools not mentioned are not recommended.

Language schools The following schools have received favourable reports. **In the New City**: *Academia de Español Amistad*, Pasaje Manuel Salcedo N14-56 y Montevideo, T222 1092, www.amistad-spanish.com *Academia de Español Equinoccial*, Roca 533 y JL Mera, T/F256 4488, www.ecuadorspanish .com Small school. *Academia de Español Quito*, Marchena 130 y 10 de Agosto, T255 3647, www.academiaquito.com.ec *Academia Latinoamericana*, Noruega 126 y 6 de Diciembre, T245 2824, www.latinoschools.com *Amazonas Education & Travel*, Washington 718 y Amazonas, edif Rocafuerte, p3, T252 7509, www.eduamazonas.com *American Spanish School*, 9 de Octubre 564 y Carrión, T222 9166, as.school@accessinter.net *Bipo & Toni's Academia de Español*, Carrión E8-183 y L Plaza, T/F250 0732, www.bipo.net *Centro de Español Vida Verde*, 18 de Septiembre E4-135 y Amazonas, T223 7709, www.vidaverde .com Lessons in Quito or while travelling in Ecuador with your teacher, a percentage of the profits is donated to socially and environmentally responsible projects. *Cristóbal Colón*, Colón 2088 y Versalles, T256 2485, www.southtravel.com *Estudio de Español Pichincha*, Andrés Xaura 182, entre Lizardo García y Foch, T252 8051, www.pichinchaspanishschool.com *Galápagos Spanish School*, Amazonas 258 y Washington, p 2, T256 5213, www.galapagos.edu.ec *Instituto*

Ecuador

Superior de Español, Darquea Terán 1650 y 10 de Agosto, T222 3242, www.instituto-superior.net They also have a school in Otavalo (Sucre 1110 y Morales, p 2, T922414, F922415), in Galápagos (advanced booking required) and can arrange voluntary work. *La Lengua*, Colón 1001 y JL Mera, p 8, T/F250 1271, www.la-lengua.com (Switzerland T/F851 0533, peter-baldauf@bluewin.ch). *Mitad del Mundo*, Gustavo Darquea Terán Oe2-58 y Versalles, p 2, T254 6827, www.mitadmundo.com.ec *Ruta del Sol*, Tarqui 231 y 12 de Octubre, T255 2612, www.rutasol academy.com *Simón Bolívar*, Leonidas Plaza 353 y Roca, T/F223 6688, www.simon-bolivar.com Have their own travel agency. *Sintaxis*, 10 de Agosto 15-55 y Bolivia, edif Andrade, p 5, T252 0006, www.sintaxis.net Repeatedly recommended. *South American Language Center*, Amazonas 1549 y Santa María, T/F2226348 (UK 020-8983 6724), www.southamerican.edu.ec *Spanish Lessons*, Lizarazo N23-28 y C Zorilla, La Gasca, T255 7529, gmarr@interactive.net.ec Provide individual or group classes at students' homes or hostels. *Switzerland Spanish School*, Calama E4-68 y JL Mera, p2, T/F250 8665, www.geocities.com/switzerspanish *Universidad Católica*, 12 de Octubre y Roca, contact Carmen Sarzosa, T222 8781, csarzosa@puceuio.puce.edu.ec **In the Old City**: *Los Andes*, García Moreno 1245 y

Ecuador

Olmedo, p2, T295 5107, has schools outside Quito and can arrange volunteer work. *Beraca School*, García Moreno 858 between Sucre and Espejo, Pasaje Amador, p3, T228 8092, beraca@interactive.net.ec It has a second location in the New City. *San Francisco*, Sucre 518 y Benalcázar (Plaza San Francisco), p3, T228 2849, sanfranciscoss@latinmail.com

Medical services Hospitals: **Hospital Voz Andes** Villalengua Oe 2-37 y Av 10 de Agosto, T226 2142 (reached by Trole, la Y stop). Emergency room, quick and efficient, fee based on ability to pay, run by Christian HCJB organization, has out-patient dept, T243 9343. **Hospital Metropolitano**, Mariana de Jesús y Occidental, just east of the western city bypass, T226 1520, ambulance T226 5020, catch a Quito Sur-San Gabriel bus along América, or the Trole (Mariana de Jesús stop) and walk up, or take a taxi. Very professional and recommended, but expensive. **Clínica Pichincha**, Veintimilla E3-30 y Páez, T256 2296, ambulance T250 1565. Another very good, expensive hospital. **Clínica Pasteur**, Eloy Alfaro 552 y 9 de Octubre, T2234004. Also good and cheaper than the above. **Novaclínica Santa Cecilia**, Veintimilla 1394 y 10 de Agosto, T2545390, emergency T2545000. Reasonable prices, good. **Med Center Travel Clinic** (Dr John Rosenberg), Foch 476 y Almagro, T252 1104, paging service 222 7777 beeper 310. General and travel medicine with a full range of vaccines, speaks English and German, very helpful general practitioner. **Laboratories:** The hospitals listed above have reliable laboratories. Also good is: **Dra Johanna Grimm**, República de El Salvador 112 y los Shyris, Edif Onyx, p 3, T246 2182. *Fybeca* is a reliable chain of 33 pharmacies throughout the city. Their 24-hr branches are at Amazonas y Tomás de Berlanga near the Plaza de Toros, and at Centro Comercial El Recreo in the south. *Farmacia Colón*, 10 de Agosto 2292 y Cordero, T222 6534, also open 24 hrs.

Most embassies have the telephone numbers of doctors and dentists who speak non-Spanish languages

Useful addresses Immigration Offices: see Essentials. **Police:** Criminal Investigations are at Cuenca y Mideros, in the Old City. To report a robbery, make a *denuncia* within 48 hrs. Thefts can also be reported at the **Policía Judicial**, Roca y JL Mera. If you wait more than 48 hrs, you will need a lawyer. **Policía de Turismo** is at Reina Victoria y Roca, T254 3983. Centralized numbers for emergency services, T101 (police), T911 (all emergencies).

Around Quito

The location of the equatorial line here was determined by Charles-Marie de la Condamine and his French expedition in 1736, and agrees to within 150 m with modern GPS measurements. The monument forms the focal point of a park and leisure area built as a typical colonial town, with restaurants, gift shops, Post Office with philatelic sales, travel agency, and has a very interesting **ethnographic museum** inside. ■ *Mon-Thu 0900-1800, Fri-Sun 0900-1900 (very crowded on Sun). US$0.50, includes entrance to the pavilions; entry to the ethnographic museum US$3 (includes guided tour of museum in Spanish or English).* In the museum; a lift takes you to the top, then you walk down with the museum laid out all around with different Indian cultures every few steps. There is a Planetarium with hourly 30-minute shows and an attractive and interesting model of old Quito, about 10 m square, with artificial day and night, which took seven years to build. ■ *US$1 each for Planetarium and model.* **Museo Intiñan**, 200 m north of the monument, shows the exact location of the equator, water spinning in different directions, eggs balancing on nails and more, eclectic and very interesting. ■ *0900-1800 daily. US$2, T239 5122.* Two minutes' walk before the Monument is the restaurant *Equinoccio*, about US$10 a meal, live music on Sunday, open 1000-1600 daily, T239 4091. Available at the restaurant or at stalls outside are 'certificates' recording your visit to the Equator (free with a meal).

Mitad del Mundo and Environs
23 km N of Quito; nearest town is San Antonio de Pichincha

Ecuador

Sleeping in San Antonio de Pichincha C *Hostería Alemana*, Av Manuel Córdoba Galarza, 700 m south of the complex, T239 4243, very good restaurant, recommended. **D** *Sol y Luna*, Av Equinoccial 1272, 3 blocks from monument, T239 4979, with bath, hot water, breakfast available. **D** *Residencial Mitad del Mundo*, in the village, 3 blocks from the complex, simple.

Transport A paved road runs from Quito to the Monument, which you can reach by a 'Mitad del Mundo' bus (US$0.35, 1 hr) from Av América y Pérez Guerrero, by the Universidad Central, or further along Av América or Av Occidental. An excursion by taxi to Mitad del Mundo (with 1 hr wait) and Pululahua is US$30 per taxi. Just a ride from the New City costs about US$12.

Pululahua   A few kilometres beyond the Monument, off the paved road to Calacalí, is the Pululahua crater which can be seen from a lookout on the rim. It is a geobotanical reserve, entry US$5. Try to go in the morning, there is often cloud later. There is a rough track down from the rim to the crater. To get to the park and experience the rich vegetation and warm micro-climate inside, continuing past the village in the crater, turn left and follow an unimproved road up to the rim and back to the main road, a 15-20 km round trip.

Eating *El Cráter*, at the rim of the crater along a parallel access road has fantastic views, open daily 1230-1700.

Sports Horse riding: *The Green Horse Ranch*, Astrid Muller, Quito office: *TrueColors Travel*, Foch 831 y Amazonas, T/F290 6409, www.horseecuador.com 1-10 day tours, US$55-65 per day, lessons US$70 per day (includes lodging).

Transport Continue on the road past the Monument towards Calacalí. After a 4.7-km, 1-hr walk, the road bears left and begins to climb steeply. The paved road to the right leads to the lookout and a view of the farms on the crater floor. Buses to Calacalí (infrequent) will drop you at the fork, from where it is a 30-min walk to the rim. Plenty of traffic at weekends for hitching a lift. A taxi from Mitad del Mundo to the *mirador* costs US$5. *Calimatours*, Manzana de los Correos, Oficina 11, Mitad del Mundo, T239 4796, organizes tours to all the sites in the vicinity, US$8 per person for 2 hrs, recommended.

Rumicucho & Sangolquí   Also in the vicinity of the Monument, 3 km from San Antonio, are the Inca ruins of **Rumicucho**. Restoration is poor, but the location is magnificent (entry US$0.50). Start early if you want to visit all these in one day. About 20 minutes from Quito by bus is **Sangolquí**, with a busy Sunday market (and a lesser one on Thursday), mainly food, few tourists.

Sleeping AL *La Carriona*, Km 2½ via Sangolquí-Amaguaña, T233 1974, lacarriona@ accessinter.net Country house, includes breakfast, pool, spa, horses, restaurant. **AL** *Hostería Sommergarten*, Chimborazo 248 y Riofrío, Urb Santa Rosa, T233 0315, www.ecuador-sommerfern.com Bungalow resort, including breakfast, lots of activities, sauna, pool.

Papallacta   At the **Termas de Papallacta**, 64 km east from Quito, 1 km from the road to Baeza, there are eight thermal swimming pools and two cold pools, the best developed hot springs in the country. There are showers, toilets, steam room, changing rooms and a restaurant. The Termas complex has baths, cabins, *Hostal Termas* and a clean, relaxing spa (US$15 or US$12 for guests staying at the *cabañas* or *Hostal* – see below). Although expensive, it is tastefully done and recommended. The baths are usually quiet through the week. The view, on a clear day, of Antisana while enjoying the thermal waters is superb. There are good walking opportunities in the Termas' extensive grounds. ■ *0700-2100, US$5.* In the village of Papallacta are municipal pools, simple, clean, US$2. The Fundación Ecológica Rumicocha has a small office on the main street (*0800-1200, 1400-1600*). There are leaflets on the Cayambe-Coca reserve.

Sleeping Within the Termas complex are 6 cabins for up to 6 each, US$125 per cabin, and a restaurant (trout speciality); for reservations T255 7850 (Quito), www.papallacta.com.ec **AL** *Hostal Termas de Papallacta*, opposite the main baths with 4 pools, fireplace, heating, restaurant, reservation at same number as above. In order from the Baeza road going up to the Termas are: **D** *La Choza de Don Wilson*, at junction of main road with road to Termas, T06-320627. Hot water, good restaurant, pool, spa, good service. **D** *Hostal Antisana*, T06-320626. Shared bath, cold water, simple, restaurant. Also several simple places to eat, trout is the local speciality. **In the village D** *El Arriero*, opposite Balneario Municipal, T06-320640. Includes breakfast and entry to municipal baths, hot water, very helpful, new. **F** *El Viajero*, basic, shared bath, hot water, good value, restaurant with reasonable meals, avoid the rooms in the old building. **E** *Quito*, cheaper with shared bath, restaurant also with reasonable meals. East of Papallacta is **L** Guango Lodge, including 3 good meals. Situated in temperate forest, grey-breasted mountain toucans are regularly seen here along with many other birds. Reservations needed, Quito T254 7403, www.ecuadorexplorer.com/sanisidro

Transport Buses from Quito, Terminal Terrestre, 2 hrs, US$1.50: ask to be let off at the road to the springs; it's a steep 30-min walk up to the baths.

Despite their proximity to the capital, the western slopes of **Pichincha** and its surroundings are surprisingly wild, with fine opportunities for walking and especially birdwatching. Four roads drop into the western lowlands from Quito; each has a unique character, and each has interesting ecotourism reserves. In the Bosque Protector Pichincha is **AL** *Hostería San Jorge*, Km 4 Vía Antigua Cotocollao-Nono, T249 4002, www.hostsanjorge.com.ec Restaurant, pool and much else, on a traditional farm, quiet, peaceful, horse riding, birdwatching, sauna. Recommended.

> **Protected areas northwest of Quito**
> *1,200-2,800 m*
> *2 hrs from Quito*

The cloud forest in the 18,500-ha **Maquipucuna Biological Reserve** contains a tremendous diversity of flora and fauna, including over 325 species of birds. The reserve has trails of varying length, from 15 minutes to full day (US$5 pp). Full board accommodation available (**L**), guide, US$10, for transport see below. For reservations: *Fundación Maquipucuna*, Baquerizo Moreno E9-153 y Tamayo, Quito, T250 7200, F250 7201, www.maqui.org

At Km 68 on the old road to Mindo via Tandayapa is **Bellavista**, with **AL-L** *Hostería Bellavista* (Cabins in the Clouds), T223 2313 (Quito), T211 6232 (Bellavista) or T09-949 0891(mob), www.bellavistacloudforest.com full board, hot showers, excellent birdwatching and botany, **E** pp in research station (bunk beds, meals extra, kitchen facilities), *must* book in advance. For Maquipucuna and Bellavista take a bus to Nanegalito then hire a truck (US$15-20), or arrange everything with the lodges or in Quito.

Mindo, a small town surrounded by dairy farms and lush cloud forest climbing the western slopes of Pichincha, is the main access for the 19,200-ha Bosque Protector Mindo-Nambillo. The reserve, which ranges in altitude from 1,400 to 4,780 m, features beautiful flora (many orchids and bromeliads), fauna (butterflies, birds including the cock of the rock, golden-headed quetzal and toucan-barbet) and spectacular cloud forest and waterfalls. A controversial new oil pipeline built right through the heart of the reserve in 2002 has not diminished the area's many attractions. *Amigos de la Naturaleza de Mindo*, ½ block from the Parque Central, T/F276 5463, runs the *Centro de Educación Ambiental* (CEA), 4 km from town, within the 17 ha buffer zone, capacity for 25-30 people. Guide service, lodging and food are available (entry US$1). Lodging **E-F** per person, full board including excursion **C** per person. Take sleeping gear (none provided) and food if you wish to prepare your own (nice kitchen facilities). Arrangements have to be made in advance. During the

> **Bosque Protector Mindo-Nambillo**

Ecuador

rainy season, access to the reserve can be rough. Vinicio Pérez is an excellent resident birding guide, a little English spoken, recommended. Mindo also has orchid gardens and a butterfly farm 3 km from town. Activities include rappelling in the La Isla waterfalls, and 'inner-tubing' regattas in the rivers.

Sleeping in Mindo L *Mindo Gardens*, 3 km from Mindo on road to CEA, T225 2488. Includes 3 meals, very good food, expensive restaurant open to the public, also snack bar serving pizza, comfortable, tastefully decorated cabins, beautiful setting, good birdwatching. L *El Monte*. 2 km from Mindo on road to CEA, then cross river on cable car near the butterfly farm, contact office in town beforehand, T276 5427, www.ecuadorcloudforest.com Includes 3 meals and some excursions, birdwatching, tubing, walking, swimming. Horse riding and English-speaking guide extra. **AL** *El Carmelo de Mindo*, in 32 ha 1 km west of town, T276 5449. Includes 3 meals, restaurant, pool, rooms, cabins and tree houses, camping US$5, fishing, horse rental, excursions, mid-week discounts. A *Finca Mindo Lindo*, On the main Calacalí-La Independencia road by Mindo turnoff, T245 5344, puntos_verdes@hotmail.com Includes breakfast, restaurant, day visits and overnight stays, guided tours, meals available. Recommended. A *Hacienda San Vicente*, 'Yellow House', 500 m south of the plaza, T276 5464. Including breakfast and dinner, family-run, nice rooms, good walking trails nearby, great value. Recommended. C *Jardín de las Orquídeas*. 2 blocks from church, T2765471, http://mindo-mundo.com Includes breakfast, restaurant, vegetarian meals available, nice atmosphere. **C-D** *El Descanso*, 300 m from main street, take first right after bridge, T276 5383, www.eldescanso.net Cheaper in loft with shared bath,parking, internet. E *El Bijao*, Av Principal Km 6 Vía a Mindo, T276 5470. Restaurant, basic but nice. **E-F** *Casa de Cecilia*, 2 blocks from plaza, T276 5453, casadececilia@gmx.net Cheap meals available, shared bath, hot water, internet, US$2 for use of kitchen, cheaper in dorm with mattresses on floor, popular with volunteer groups. F *Flor del Valle*, on lane beside church. Shared bath, hot water, good value, basic.

Transport Buses from Quito at 0800 and 1530 daily, Sat-Sun also at 0900, return 0630, 1400, plus 1500 Sat-Sun, US$2, 2½ hrs, *Cooperativa Flor del Valle (Cayambe)*, Larrea y Asunción, T252 7495. *Cooperativa* Kennedy from **Santo Domingo** at 0720, 1140 and 1400, returning at 0700, 1300 and 1700, US$3.50, 3½ hrs. If buses to Quito are booked, try taking a Santo Domingo-bound bus as far as the main highway or to **San Miguel de los Bancos** and transfer there. The most direct access from Quito is along the Calacalí-La Concordia road; at Km 79 to the south is the turn-off for Mindo. It is about 8 km down a side road to the town.

West of Mindo The main road continues beyond the turn-off to Mindo, descending to the subtropical zone north of Santo Domingo de los Colorados. It goes via San Miguel de los Bancos and Pedro Vicente (PV) Maldonado to La Independencia on the Santo Domingo-Esmeraldas road. There are tours to this area from Quito.

4 km from Pedro Vicente Maldonado is the **Arasha** resort, at Km 120 in the biologically rich Chocó region. It is a beautiful, top-of-the-market centre with excellent facilities, good birdwatching, trails in secondary and primary forest, spa, world-class food. Elegant and very upscale, accommodation in the **LL** range. Km 141, T276 5347, arasharv@interactive.net.ec Quito office: Los Shyris N39-41 y Río Coca, 8th floor, T2253937, F2260992. Accessed from PV Maldonado is A *Reserva Río Guaycuyacu*, an exotic fruit farm with 400 varieties of fruit and birdwatching. Includes 3 hearty vegetarian meals a day, maximum 8 guests. One-month agricultural apprenticeships can be arranged. From PV Maldonado take a *ranchera* to Cielo Verde (0600, 1300 and 1600, returning 2 hrs later, US$2, 2 hrs), from where it is a 30-min hike. Booking essential, write to: Galápagos 565, Quito, guaycuyacu@yahoo.com

On the shores of the lovely Río Caoni is **Puerto Quito**, a small town which was once intended to be the capital's port (hotels **D-F**, simple *comedores*). The main road bypasses the centre of town to the south. Along the Caoni and other rivers in the region are several reserves and resorts. This is a good area for birdwatching, swimming in rivers and natural pools, walking, kayaking, or simply relaxing in pleasant natural surroundings.

About 2½ km east of Puerto Quito, a dirt road goes southeast, 650 m along it is **A** *Aldea Salamandra,* T256 1146 (ext 294) (Quito), aldeasalamandra@ ya-hoo.com A 5-ha forest reserve with simple bamboo and thatch cabins, in a lovely setting by the river. Price includes all meals and excursions (room only **D**). About 1½ km past Aldea Salamandra, along the same road is **A** *La Isla,* T276 5281, T246 3641 (Quito). On an island between the Caoni and Achiote rivers, a variety of cabins from simple tree-houses to more comfortable cottages, with bath, cold water, price includes meals and excursions (room only **B**). Some 22 km from Puerto Quito and 6 km east of the junction with the Santo Domingo-Esmeraldas road is **A** *Cabañas Don Gaucho,* T/F2330315 (Quito), www.ecuador-sommerfern.com Comfortable, well furnished rooms with bath and hot water, fan, balcony, includes breakfast, restaurant specializing in Argentinian *parrilladas,* nice grounds on the shores of the Río Salazar. Tours to tropical forest, fruit plantations, Colorado Indians.

Refugio de Vida Silvestre Pasochoa
45 mins SE of Quito by car

This natural park set in humid Andean forest is run by the *Fundación Natura,* República 481 y Almagro, T250 3391. The reserve has more than 120 species of birds (unfortunately some of the fauna has been frightened away by the noise of the visitors) and 50 species of trees, situated between 2,700 m and 4,200 m. There are walks of 30 minutes to eight hours. Camping is permitted in the park (US$.75 per person). Take food and water as there are no shops and take your rubbish away with you. There is also a refuge (US$3 per person per night, with shower, has cooking facilities), but you will need a sleeping bag. ■ *Foreigners US$7, very touristy at weekends.*

Transport From Quito **buses** run from La Marín to Amaguaña US$0.35 (ask the driver to let you off at the 'Ejido de Amaguaña'); from there follow the signs. It's about 8-km walk, with not much traffic except at weekends. **By car,** take the highway to Los Chillos, at San Rafael (second traffic light) continue straight towards Sangolquí and on to Amaguaña; 1.4 km past the entrance to Amaguaña turn left onto cobblestone road and follow the signs to Pasochoa, 5.4 km to the park. Tours from Quito cost US$40 pp. A pick-up truck from Amaguaña is about US$6 for up to 3 people. There is a *Bell South* public phone at the information centre, take a debit card so you can request a pick-up, *Cooperativa Pacheco* Jr in Amaguaña, T2877047.

Northern Ecuador

North of Quito to the Colombian border is an area of outstanding beauty. The landscape is mountainous, with views of the Cotacachi, Imbabura, and Chiles volcanoes and glacier-covered Cayambe, interspersed with lakes. This is also a region renowned for its artesanía *and for Otavalo's famous Saturday market.*

Calderón, 32 km north of the centre of Quito, is the place where figurines are made of bread. You can see them being made, though not on Sunday, and prices are lower than in Quito. Especially attractive is the Nativity collection. Prices range from about US$0.50 to US$8. On 1-2 November, the graves in the cemetery are decorated with flowers, drinks and food for the dead. The Corpus Christi processions are very colourful. Many buses leave from Santa Prisca and along Avenida América in Quito.

Quito to Cayambe

The Pan-American Highway goes to Guayllabamba where two branches split, one goes through Cayambe and the second through Tabacundo before rejoining. At 8 km before Cayambe a concrete globe marks the spot where the Equator crosses the Pan-American Highway. At 10 km past Guayllabamba and 8 km before Tabacundo, just south of the toll booth, a cobbled road to the left (signed Pirámides de Cochasquí) leads to Tocachi and further on to the **Tolas de Cochasquí** archaeological site. The protected area contains 15 truncated clay pyramids, nine with long ramps, built between AD 900 and 1500 by the Cara or Cayambi-Caranqui Indians.

Festivals with dancing at the equinoxes and solstices. There is a site museum. **C** *Centro Turístico Quilango*, opposite the site, T02-223 7842, F252 0852 (Quito). Includes breakfast, **A** half board, simple cabins with electric shower, camping US$6 per tent, crafts shop, tours. ■ *US$3. Entry only with a 1½ hr guided tour; 0830-1630. Be sure to take a bus that goes on the Tabacundo road and ask to be let off at the turnoff. From there it's a pleasant 8-km walk. If you arrive at the sign around 0800, you could get a lift from the site workers. A taxi from Cayambe costs US$10 for the round trip.*

Northern Ecuador

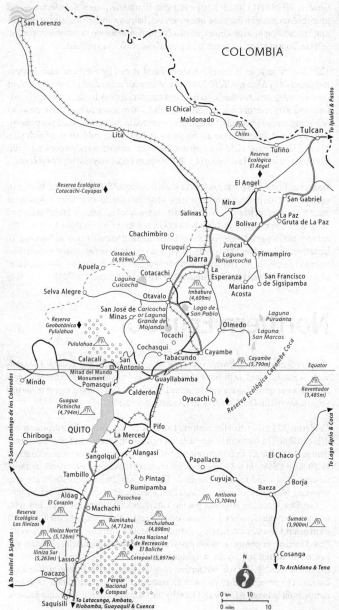

Cayambe, on the eastern (righthand) branch of the highway, 25 km northeast of Guayllabamba, is dominated by the snow-capped volcano of the same name. The surrounding countryside consists of rich dairy farms and flower plantations. The area is noted for its *bizcochos* (biscuits) served with *queso de hoja* (string cheese). On the edge of town are the pyramids of the Sun and Moon at Puntiachil, entrance at Olmedo 702, US$1 includes guided tour in Spanish. There is a *fiesta* in March for the equinox with plenty of local music; also Inti Raymi during the summer solstice blends into the San Pedro celebrations on June 29. Market day is Sunday, along Calle Rocafuerte. *Caffé.Net*, Bolívar 404 y Ascázubi, US$1 per hour for internet.

Cayambe
Phone code: 02
Colour map 1a, grid A4
Population: 30,450

Sleeping and eating A *Jatun Huasi*, Panamericana Norte Km 1½, T236 3775, jatunhuasi@hotmail.com Includes breakfast, restaurant, indoor pool, new in 2001, north American motel style, rooms with fireplace and frigo-bar. **B** *Hacienda Guachalá*, south of Cayambe on the road to Cangahua, T236 3042, guachala@uio.satnet.net Spring-fed swimming pool, a beautifully restored hacienda (1580), basic but comfortable rooms with fireplaces, delicious food, good walking, horses for rent, excursions to nearby pre-Inca ruins. Highly recommended. **C** *Shungu Huasi*, 1 km northwest of town, T/F236 1847, shungu@hoy.net Excellent Italian restaurant, comfortable, nice setting, offers horse riding excursions. Recommended. **D** *Cabañas de Nápoles*, Panamericana Norte Km 1, T236 0366. Good restaurant, parking, OK cabins near highway. **D** *La Gran Colombia*, Panamericana y Calderón, T236 1238, F236 2421. Restaurant, parking, OK, modern but but noisy. **E** *Mitad del Mundo*, Panamericana a little south of town, T236 0226. Restaurant, cheaper without bath, pool (open weekends), parking, good value. *Aroma*, Bolívar 404 y Ascázubi, large choice of set lunches and à la carte, variety of desserts, very good. *El Molino*, Panamericana Norte, Km 3. Excellent breakfasts, French cuisine, cosy atmosphere.

Hotels may be full on Fri during Jun-Sep and during the week before Valentine's Day (high season at the flower plantations)

Transport *Flor del Valle*, leaves from M Larrea y Asunción in Quito, every 10 mins, 0500-1900, US$1.25, 1½ hrs. Some Otavalo-Quito buses stop in Cayambe. To **Otavalo**, every 10 mins, $0.75, 40 mins. To **Olmedo** every 30 mins, US$0.50, 45 mins. To **Tabacundo**, every 5 mins, $0.20, 20 mins.

Cayambe, Ecuador's third highest peak, lies within the Reserva Ecológica Cayambe-Coca. About 1 km south of Cayambe is an unmarked cobbled road heading east via Juan Montalvo, leading in 26 km to the Ruales-Oleas-Berge refuge at about 4,800 m. The *refugio* costs US$17 per person per night, can sleep 37 in bunks, but bring a sleeping bag, it is very cold. There is a kitchen, fireplace, eating area, running water, electric light and a radio for rescue. Entry to the reserve is US$10. The standard route, up from the west, uses the refuge as a base. The climb is heavily crevassed, especially near the summit, and is much more difficult and dangerous than either Chimborazo or Cotopaxi.

Volcán Cayambe
Altitude: 5,790 m
The highest point in the world which lies so close to the Equator (3.25 km north)

Transport You can take a camioneta from Cayambe to **Hacienda Piemonte El Hato** (at about 3,500 m) or a pick-up for US$30. From the hacienda to the refugio it is a 3-4-hr walk minimum, the wind can be very strong but it is a beautiful walk. It is difficult to get transport back to Cayambe. A milk truck runs from Cayambe hospital to the hacienda at 0600, returning between 1700-1900. 4WD jeeps at times can go to the refugio, 1½-2 hrs.

Otavalo

The main paved road from Cayambe crosses the *páramo* and suddenly descends into the land of the Otavalo Indians, a thriving, prosperous group, famous for their prodigious production of woollens. Otavalo is set in beautiful countryside which is worth exploring for three or four days. The town itself, consisting of rather functional modern buildings, is one of South America's most important centres of ethno-tourism and its enormous Saturday market, featuring a dazzling array of textiles and crafts, is second to none and not to be missed. Men here wear their hair long and

Phone code: 06
Colour map 1a, grid A4
Population: 31,100
Altitude: 2,530 m
110 km N of Quito

plaited under a broad-brimmed hat; they wear white, calf-length trousers and blue ponchos. The women's colourful costumes consist of embroidered blouses, shoulder wraps and many coloured beads. Native families speak Quichua at home, although it is losing some ground to Spanish with the younger generation.

Sights

Otavalo tourist information is available at www.otavalo-web.com www.otavalosonline.com

The **Saturday market** comprises three different markets in various parts of the town with the central streets filled with vendors. The *artesanías* market is held 0700-1800, based around the Plaza de Ponchos. The livestock section begins at 0500 until 1000, and takes place outside town in the Viejo Colegio Agrícola; go west on Colón from the town centre. The produce market lasts from 0700 till 1400, in Plaza 24 de Mayo. The *artesanías* industry is so big that the Plaza de Ponchos is filled with vendors every day of the week. The selection is better on Saturday but prices are a little higher than other days when the atmosphere is more relaxed. Polite bargaining is appropriate in the market and shops. Otavaleños not only sell goods they weave and sew themselves, but they bring crafts from throughout Ecuador and from Peru and Bolivia. Indigenous people in the market respond better to photography if you buy something first, then ask politely. Reciprocity and courtesy are important Andean norms. The **Museo Arqueológico César Vásquez Fuller**, Roca y Montalvo, excellent collection from different regions in Ecuador, recommended. ■ *Mon-Sat 1400-1800, US$1, the owner gives free tours.* The **Instituto Otavaleño de**

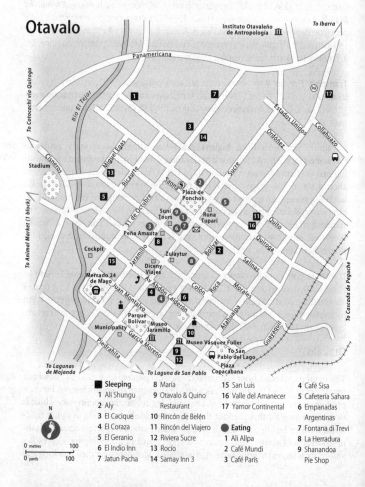

Otavalo

	Sleeping	8 María	15 San Luis	4 Café Sisa
1	Ali Shungu	9 Otavalo & Quino	16 Valle del Amanecer	5 Cafeteria Sahara
2	Aly	Restaurant	17 Yamor Continental	6 Empanadas
3	El Cacique	10 Rincón de Belén		Argentinas
4	El Coraza	11 Rincón del Viajero	● Eating	7 Fontana di Trevi
5	El Geranio	12 Riviera Sucre	1 Ali Allpa	8 La Herradura
6	El Indio Inn	13 Rocío	2 Café Mundi	9 Shanandoa
7	Jatun Pacha	14 Samay Inn 3	3 Café París	Pie Shop

Antropología has a library, an archaeological museum with artifacts from the northern highlands, a collection of musical instruments, and a good ethnographic display of regional costumes and traditional activities. ■ *Mon-Fri 0800-1200, 1430-1830, free, Av de los Sarances west of the Panamericana Norte, T920321*. **Museo Jaramillo**, Bolívar, off Parque Central, small collection of regional ceramic and stone pieces, recommended. ■ *Thu-Sat 1000-1300, 1500-1700, US$1*. **Museo de Tejidos El Obraje**, shows the process of traditional Otavalo weaving from shearing to final products. Traditional weaving lessons are available. ■ *US$2. Mon-Sat 0900-1200, 1400-1700, Sucre 608, T920261*.

In town A *Ali Shungu*, Quito y Miguel Egas, T920750, www.alishungu.com Good restaurant with live music at weekends, nice rooms, lovely garden, no smoking, safe deposit boxes, can arrange horse riding, reliable. US-run, no credit cards, small surcharge for TCs. Recommended. **B** *El Indio Inn*, Bolívar 904 y Calderón, T920325. Restaurant, also suites, spotless, attractive. **B** *Yamor Continental*, Av Paz Ponce de León y Jacinto Collahuazo, near bus terminal, T920451, F920982. Restaurant, pool, pleasant gardens, comfortable. **C** *El Coraza*, Calderón y Sucre, T/F921225, coraza@ecuahotel.com Good restaurant, nice rooms, quiet and comfortable. Recommended. **C** *Hotel Otavalo*, Roca 504 y J Montalvo, T923712, F920416. Good breakfast, expensive restaurant, refurbished colonial house, large rooms, patio, good service, helpful. **D** *Jatun Pacha*, 31 de Octubre 19 entre Quito y Panamericana, T922223, F922871. Includes breakfast, nice, modern, cheaper in dorm, bicycle rentals. **D** *Valle del Amanecer*, Roca y Quiroga, T920990, F920286. Includes breakfast, good restaurant, internet, comfortable rooms, hot showers, courtyard, popular, mountain bike hire. **D-E** *Aly*, Salinas y Bolívar, T921831. Restaurant, nice, modern. **D-E** *Rincón del Viajero*, Roca 11-07 y Quiroga, T921741, rincondelviajero@hotmail.com Includes breakfast, cheaper without bath, rooftop hammocks, sitting room with fireplace, US-run. Recommended. **D-E** *Riviera Sucre*, García Moreno 380 y Roca, T/F920241. Good breakfasts, cafetería, cheaper without bath, limited book exchange, nice garden, secure, good meeting place. **E** *América Internacional*, Sucre y Quiroga by Plaza de Ponchos, T/F923575. With restaurant, hot water, view of plaza. **E** *Chukito's*, Bolívar 10-13 y Morales, water, internet, modern. **E** *El Geranio*, Ricaurte y Colón, T920185, hgeranio@hotmail.com Restaurant, cheaper without bath, cooking facilities, quiet, family-run, helpful, popular, good value. Recommended. **E** *María*, Jaramillo y Colón, T/F920672. Modern, convenient, cafetería, good value. Recommended. **E-F** *Los Andes*, Sucre y Quiroga by Plaza de Ponchos, T921057. Restaurant, cheaper without bath, internet, modern. **E-F** *Rocío*, Morales y Egas, T920584. Cheaper without bath, hot showers, helpful, popular, good value. **F** *Colón*, Colón 7-13, T924245. Cheaper without bath, hot water, simple, good. **F** *El Cacique*, 31 de Octubre y Quito, T921740, F920930. Hot water, parking, spacious, nice rooftop area. **F** *San Luis*, Abdón Calderón 6-02 y 31 de Octubre, T920614. Shared bath, basic, family-run, secure.

Out of town L *Hacienda Pinsaquí*, Panamericana N Km 5, T946116, www.haciendapinsaqui.com Includes breakfast, restaurant, 300 m north of the turn-off for Cotacachi. Beautiful antiques, lovely dining room, lounge with fireplace, colonial ambience,

Sleeping
■ *on map*
Hotels may be full on Fri night before market, when prices go up

Ecuador

gardens, horse riding. **A** *Casa Mojanda*, Vía Mojanda Km 3, T09-973 1737 (Mob), www.casamojanda.com Includes breakfast, beautiful setting on 10 ha of farmland and forested gorge, organic garden, including all meals, comfortable, quiet, library, horse riding, mountain bikes. Highly recommended. **B** *La Casa de Hacienda*, Entrance at Panamericana Norte Km 3, then 300 m east, T946336, F923105. Includes breakfast, restaurant, tasteful cabins with fireplace, advance reservations required for horse riding. **B** *Las Palmeras*, outside Quichinche, 15 mins by bus from Otavalo, T922607, www.laspalmerasinn.com Includes breakfast, restaurant, cheaper without bath, new in 2002, tranquil rural setting, nice grounds, English owned. **C** *Troje Cotama*, 4 km north of Otavalo by Carabuela, T/F946119. Restaurant, converted grain house, very attractive, fireplace in rooms, good food, Dutch, English and German spoken. **D** *Cabañas de Miriam*, Valle del Tambo 137, Vía a Mojanda, T920421. Laundry and cooking facilities, simple furnished cabins, meals available. Bus to the village of Punyaro takes you very close. **D** *La Luna de Mojanda*, Vía Mojanda Km 2, T/F09-973 7415. Restaurant, run by young Argentine couple, organize cheap 4WD tours, games room and library, taxi service to Otavalo, English/German spoken, good restaurant. Recommended. In **Peguche**: **C-D** *Aya Huma*, on the railway line, T922663, ayahuma@imbanet.net Restaurant, cooking facilities, quiet, pleasant atmosphere, Dutch-run, live folk music on Sat. Highly recommended. **D** *Peguche Tío*, near centre of the village, T/F922619. Includes breakfast, restaurant, internet, nice lounge with fireplace, decorated with works of art, interesting museum, sports fields, caters for groups.

Eating
● *on map*

Mid-range: *Fontana di Trevi*, Sucre 12-05 y Salinas, 2nd floor. Good pizza and pasta, nice juices, friendly service.

Cheap: *Ali Allpa*, Salinas 509 at Plaza de Ponchos, good value set meals and à la carte, trout, vegetarian, meat. Recommended. *Café Mundi*, Quiroga 608 y Jaramillo, Plaza de Ponchos. Good food and value, nice atmosphere, vegetarian available. *Café Sisa*, Calderón 409 entre Sucre y Bolívar. Coffee shop, cappuccino, good food (2nd floor), bookstore, art exhibitions, weekly films, live music Fri-Sun, open 0700-2200. *Cafetería Sahara*, Quiroga 4-18 y Sucre. Falafel, houmus, fruit and veg juices, water pipes, Arabic coffee and sweets, small portions. *Chifa Long Xiang*, Quito y Roca, good. *La Herradura*, Bolívar 10-05. Good set meals and à la carte, outdoor tables. *Mi Otavalito*, Sucre y Morales. Good for lunch also international food à la carte. *Oraibi Bar*, Colón y Sucre. Vegetarian dishes, salads, quiche, pleasant courtyard, snacks, live music Fri and Sat evenings, good service, book exchange. *Quino*, Roca 740 y Montalvo. Good coastal cooking, good value. *Tabasco's*, Sucre y Salinas, Plaza de Ponchos. Mexican, attractive, good food, good views.

Cafés: *Café San Seba's*, Quiroga entre Roca y Bolívar. Bakery with good coffee, meals, open late, *Deli* next door serves breakfast, pizza, pasta. *Cafetería Shanandoa Pie Shop*, Salinas y Jaramillo. Good pies, milk shakes and ice cream, expensive, good meeting place, recommended for breakfast, book exchange, daily movies at 1700 and 1900. *Empanadas Argentinas*, Morales 502 y Sucre. Good savoury and sweet *empanadas*.

Bars & clubs
Otavalo is generally safe until 2200 Avoid deserted areas. Peñas are open on Fri and Sat from 2200, entrance US$2

Peña Amauta, Morales 5-11 y Jaramillo. Good local bands, welcoming, mainly foreigners. *Peña la Jampa*, Jaramillo 5-69 y Morales. Very popular. *Peña Tucano*, Morales y 31 de Octubre. *Habana Club*, Quito y 31 de Octubre. Lively disco, cover US$1. *Maracaná*, Salinas 6-12 y Jaramillo. Disco, young crowd. On Fri and Sat nights there are nightlife tours on a *chiva* (open sided bus with a musical group on board), it stops at the Plaza de Ponchos and ends its route at the *Habana Club*.

Festivals
The **end of Jun** combines the *Inti Raymi* celebrations of the summer solstice (**21 Jun**), with the *Fiesta de San Juan* (**24 Jun**) and the *Fiesta de San Pedro y San Pablo* (**29 Jun**). These combined festivities are known as *Los San Juanes* and participants are mostly indigenous. The celebration begins with a ritual bath in the Peguche waterfall (a personal spiritual activity, best carried out without visitors and certainly without cameras). Most of the action takes place in the smaller communities surrounding Otavalo. Groups of musicians and dancers compete with each other as they make their way from one village to another over the course of the week; there is much drinking along the way. In Otavalo, indigenous families have costume parties, which at times spill over onto the streets. In the San Juan neighbourhood, near

the Yanayacu baths, there is a week-long celebration with food, drink and music. *Fiesta del Yamor and Colla Raimi* **first two weeks of Sep**, local dishes are cooked, amusement parks are set up, bands in the plaza and there are sporting events including bullfights. *Mojandas Arriba* is an annual 2-day hike from Quito over Mojanda to reach Otavalo for the **31 Oct** foundation celebrations.

Mountain bikes: for hire at *Jatun Pacha* (see Sleeping, above), US$3 per hr or US$12 per day, includes helmet. *Taller Ciclo Primaxi*, García Moreno 2-49 y Atahualpa and at the entrance to Peguche, has good bikes for rent, US$1 per hr. Recommended. *Hostal Valle del Amanecer* (see Sleeping), US$8 per day. Several tour operators also rent bikes and offer cycling tours.

Sport & activities

Chachimbiro Tours, Colón 412 y Sucre, T923633. Trips to Complejo de Ecoturismo Chachimbiro (thermal baths and spa, 1 hr northwest of Otavalo), US$8 pp for a day trip, US$20 pp for 2 days, including meals. *Diceny Viajes*, Sucre 1011 y Colón, T921217, zulayviajes@hotmail.com Run by Zulay Sarabino, an indigenous Otavaleña, knowledgeable native guides. Recommended. *Intiexpress*, Sucre 11-10, T921436, F920737. Recommended for horse riding tours, US$20 pp, 5 hrs, US$35 full day, ask them to prepare the horses before you arrive, good for those with or without experience, email service. *Intipungo*, Sucre y Calderón, T921171, F921888. For airline reservations, *DHL/Western Union* representative, horseback and vehicle tours. *Leyton's Tours*, Quito y Jaramillo, T922388, leytontour@yahoo.com Horseback and bicycle tours. *Runa Tupari*, Sucre y Quiroga, Plaza de Ponchos T/F925985, www.runatupari.com Trips to community inns in the Cotacachi area, US$15 pp per day, half board, includes transport (see Cotacachi), also the usual tours at higher-than-average prices, English and French spoken. *Suni Tours*, García Moreno 313 y Atahualpa, T920624 or 09-993 3148 (Mob), www.geocities.com/sunitour Interesting itineraries, trekking and horse riding tours, trips to Intag, Piñán, Cayambe, Oyacachi, guides carry radios. English spoken. Recommended. *Yuraturs*, Morales 505 y Sucre, T/F921861, www.yuratours.com Airline reservations and tours. *Zulaytur*, Sucre y Colón, p 2, T921176, F922969. Run by Rodrigo Mora, English spoken, information, map of town, slide show, horse riding. Repeatedly recommended.

Tour operators
Most common tours are to native communities, Cuicocha and Mojanda, US$20-30 pp. Independent travel to the Lagunas de Mojanda is not recommended because of armed robbery and chronic public safety problems. Only go with a tour

Bus Terminal at Atahualpa y Ordóñez (see map). To **Quito** 2 hrs, US$2.50, every 10 mins; all depart from the Terminal Terrestre in Quito, *Coop Otavalo* and *Coop Los Lagos* go into Otavalo, buses bound for Ibarra drop you off at the highway, this is not safe at night. From **Quito** by taxi takes 1½ hrs, US$40; shared taxis with *Supertaxis Los Lagos* (in Quito, Asunción 3-82, T256 5992; in Otavalo, Roca 8-04, T923203) who will pick you up at your hotel (in the New City only); hourly from 0800 to 1900, 2 hrs, US$7.50 pp, buy ticket the day before. *Hotel Ali Shungu* (see Sleeping) runs a shuttle bus from any hotel in Quito New City to Otavalo, US$17 pp, not restricted to *Ali Shungu* guests. To **Tulcán**, via Ibarra, frequent departures. To **Cayambe**, every 15 mins, US$0.75, 45 mins. To **Cotacachi**, every 15 mins (some via Quiroga), US$0.25, 30 mins. To **communities around Lago San Pablo**, frequent service, US$0.25, also stop at Plaza Copacabana. To **Peguche**, city bus (blue), every 15 mins, US$0.15. To the **Intag region**, 5 daily.

Transport
Never leave anything in your car or taxi, even if it is being watched for you

Banks *Banco del Pacífico*, Bolívar 614 y García Moreno, Mastercard ATM. *Banco del Pichincha*, Bolívar y Piedrahita, TCs 1% commission. *Vaz Cambios*, Jaramillo y Saona, Plaza de Ponchos. TCs 1.85% commission, also change Euros and Colombian pesos. **Communications Internet:** Prices about US$1.20 per hr. Many in town, specially on C Sucre. **Post Office:** corner of Plaza de Ponchos, entrance on Sucre, 1st floor. **Telephone:** *Andinatel*, Calderón entre Jaramillo y Sucre. **Language schools** Spanish classes run about US$4 per hr. *Academia de Español Mundo Andino*, Salinas 404 y Bolívar, T921801, español@interactive.net.ec Recommended. *Fundación Jacinto Jijón y Caamaño*, Bolívar 8-04 y Montalvo, p 2, T920725. Spanish and Quichua lessons. *Instituto Superior de Español*, Sucre 11-10 y Morales, p 2, T992414, institut@superior.ecuanex.net.ec (see also Quito language schools). **Tourist office** *Cámara Provincial de Turismo de Imbabura*, Bolívar 8-14 y Montalvo, Mon-Sat 0900-1200, Mon-Fri 1500-1700, general information about attractions, hotels in Otavalo and region.

Directory

Ecuador

Around Otavalo

Otavalo weavers come from dozens of communities. The easiest to visit are Ilumán (visit the Conterón-de la Torre family of *Artesanías Inti Chumbi*, on the northeast corner of the plaza; there are also many felt hatmakers in town); Agato (the Andrango-Chiza family of *Tahuantinsuyo Weaving Workshop*, gives weaving demonstrations and sells textiles); Carabuela (many homes sell crafts including wool sweaters); Peguche (the Cotacachi-Pichamba family, off the main plaza behind the church, sells beautiful tapestries). These villages are only 15-30 minutes away and all have a good bus service; buses leave from the Terminal and stop at Plaza Copacabana (Atahualpa y Montalvo). You can also take a taxi. Allow 1-1½ hrs each way.

To reach the **Cascada de Peguche** follow the old railway track through the woods in the direction of Ibarra until the track drops away to the left and a dirt path continues up the hill towards the waterfall. From the top of the falls you can continue the walk to Lago de San Pablo (see below). Avoid the unsafe neighbourhood on the way out of town, by taking the bus to Peguche and asking to be let off where the trail to the waterfall starts. ■ *US$1*. The *Pawkar Raimi* festival is held in Peguche during carnival.

Lago de San Pablo
Robberies of lone walkers have been reported, best go in a group. Take a stick to fend off dogs

There is a network of old roads and trails between Otavalo and Lago de San Pablo, none of which takes more than two hours to explore. It is worth walking either to or back from the lake for the views (if you take the main road, beware traffic fumes and litter). From **San Pablo del Lago** it is possible to climb **Imbabura** volcano (4,630 m, almost always under cloud), allow at least six hours to reach the summit and four hours for the descent. Easier, and no less impressive, is the nearby Cerro Huarmi Imbabura, 3,845 m. An alternative access is from La Esperanza (see below). Allow 10-12 hours for the round trip; take a good map, food and warm clothing.

Sleeping **L** *Hacienda Cusín*, in a converted 17th century *hacienda* on the east side of the lake, San Pablo del Lago, T918013, www.haciendacusin.com With fireplace, including breakfast, fine expensive restaurant, sports facilities (horses, mountain bikes, squash court, pool, games room), library, lovely grounds, book in advance, British-run, German spoken. Recommended. **AL** *Hostería Jatun Cocha*, 5½ km from the Panamericana on the east side of the lake, T/F918191, www.ranfturismo.com/jatuncocha.html Rooms with fireplaces, breakfast included, restaurant, kayaks, windsurfing, bicycles. **AL** *Hostería Puerto Lago Country Inn*, Panamericana Sur, Km 6, on the west side of the lake, T920920, www.puertolago.net Includes breakfast and dinner, good restaurant, motor boat trips on the lake. **AL-A** *Cabañas del Lago*, on northeast shore of the lake, T918001 (in Quito, T243 5936), www.lagosanpablo.itgo.com Nice cabins with bunk beds, restaurant, lovely garden, boats and pedalos for hire.

Transport Buses from Otavalo-San Pablo del Lago every 30 mins, US$0.25, from bus terminal, with a stop at Plaza Copacabana, Atahualpa entre Calderón y Montalvo.

Ecuador

West of the road between Otavalo and Ibarra is Cotacachi, where leather goods are **Cotacachi** made and sold. Credit cards are widely accepted but with up to 20% surcharge. There is also access along a cobbled road directly from Otavalo through Quiroga. The **Museo de las Culturas**, García Moreno 13-41, off the main plaza, has good displays about early Ecuadorean history, regional crafts and traditions. Some English explanations. ■ *Tue-Fri 0900-1200, 1400-1700, Sat 1400-1700, Sun 1000-1300, US$1.* Local festivals include *Inti Raymi* in June and *La Jora* during the September equinox.

Sleeping and eating LL *La Mirage*, 500 m west of town, T915237, www.larc1.com Includes breakfast and dinner, lovely expensive restaurant, pool and gym, converted hacienda with luxurious facilities, beautiful gardens, antiques, conference facilities, and spa. Recommended. **B** *El Mesón de las Flores*, García Moreno 1376 y Sucre, T916009, F915828. Restaurant, converted ex-hacienda off main plaza, meals in a beautiful patio, live music at lunch Sat-Sun. Highly recommended. **C** *Sumac Huasi*, Montalvo 11-09 y Moncayo, T915873. Includes breakfast, large modern rooms, nice but overpriced. **D** *Munaylla*, 10 de Agosto y Sucre, T916169, munailla@prodigy.net Modern, comfortable. **D** *Plaza Bolívar*, Bolívar 12-26 y 10 de Agosto p 3, T915755, F915149. Internet, indoor parking, refurbished older building, stores luggage. Recommended. **E** *Bachita*, Sucre 16-82 y Peñaherrera, T915063. Simple, quiet. To promote rural/ethno-cultural tourism, the municipality has set up an interesting series of country inns in nearby villages. Visitors experience life with a native family by taking part in daily activities. The comfortable inns have space for 3, fireplace, bathroom and hot shower. US$15 per person including breakfast, dinner and transport from Otavalo. Arrange with *Runa Tupari* or other Otavalo agencies.

Eating places include *El Viejo Molino*, Parque San Francisco next to Banco del Pichincha. Good value and quality, set meals and à la carte. Recommended. *Asadero La Tola*, Rocafuerte 0-18 y 9 de Octubre. Grill, in an old courtyard. *El Leñador*, Sucre 10-12 y Montalvo. Varied menu, mid-range prices. *Inty Huasi*, Bolívar 11-08 y 10 de Agosto. Set meals and à la carte. *Swisscoffee*, Bolívar 13-04. Snacks, sandwiches, coffee, juices; books for sale. A local specialty is *carne colorada* (spiced pork).

Transport Bus: terminal at 10 de Agosto y Salinas by the market. Frequent service from the Otavalo terminal, US$0.25, 20 mins. To **Ibarra**, every 15 mins, US$0.45, 45 mins. Pick-ups to **Cuicocha** from the market, US$6.25 one way.

The area is part of the **Reserva Ecológica Cotacachi-Cayapas**, which extends from **Laguna** Cotacachi volcano to the tropical lowlands on the Río Cayapas in Esmeraldas. This is **Cuicocha** a crater lake with two islands, although these are closed to the public for biological *Altitude: 3,070 m* studies. There is a well-marked, 8-km path around the lake, which takes 4-5 hours *15 km from Cotacachi* and provides spectacular views of the Cotacachi, Imbabura and, occasionally, Cayambe peaks. The best views are in the early morning, when condors can sometimes be seen. There is lookout at 3 km, two hours from the start. It's best to go anticlockwise; take water and a waterproof jacket. Motor boat rides around the islands, US$1.50 per person for minimum five persons. ■ *The US$5 park fee need not be paid if only going to the lake, but you must pay US$1 to visit the lake itself. A visitor centre has good natural history and cultural displays, entry US$1.*

Warnings There have been armed robberies of people walking around the lake. Do not take valuables. Always enquire locally before heading out. Do not eat the berries which grow near the lake, as some are poisonous. The path around the lake is not for vertigo sufferers.

Sleeping and eating D *El Mirador*, above the restaurant and pier, T06-648039. Hot water, fireplace but cold at night, **F** in dorm, camping possible, restaurant, hikes arranged up Cotacachi or Piñán for the fit, excellent views, return transport to Otavalo US$7. Restaurant, *El Muelle*, by the pier, has a dining room overlooking the lake, expensive.

Ecuador

Transport Bus: Otavalo-Quiroga US$0.20, **Cotacachi-Quiroga** US$0.15; camioneta or taxi **Quiroga-Cuicocha** US$4, **Cotacachi-Cuicocha** US$6.25. Alternatively, hire a taxi in Otavalo, US$10, or *camioneta*, US$7 one-way. The 3-hr walk back to Cotacachi is beautiful; after 1 km on the road from the park entrance, turn left (at the first bend) on to the old road.

To the northwest of Otavalo lies the lush subtropical region of **Intag**, reached along a road that follows the southern edge of Cuicocha and continues to the town of **Apuela**. Beyond, are pleasant thermal baths at **Nangulví**. The area is rich in cloudforest and has several nature reserves. On the southwest boundary of the Cotacachi-Cayapas reserve is **Los Cedros Research Station**, 6,400 ha of pristine cloudforest, with abundant orchids and bird life. Full board in **A** range. Contact *CIBT*, Quito for details; T223 1768, www.ecole-adventures.com Access involves a 4-5 hour walk from Chontal, north of Pacto and west of García Moreno which can be reached by bus from Quito. Trans Minas from Anteparra y Pedro Fermín Cevallos, San Blas, daily at 1100 and 1500, sometimes also at 0600 (US$4.20, 4 hours).

Ibarra and around

Phone code: 06
Colour map 1a, grid A4
Population: 108,600
Altitude: 2,225 m

Once a pleasant colonial town (founded in 1606), Ibarra is the main commercial centre of the northern highlands, with an increasingly big city feel. The city has an interesting ethnic mix, with blacks from the Chota valley and Esmeraldas alongside Otavaleños and other highland Indians, mestizos and Colombian immigrants. The city has two plazas with flowering trees.

On **Parque Pedro Moncayo**, stand the Cathedral, the Municipio and Gobernación. One block away is the smaller Parque 9 de Octubre, at Flores y Olmedo, more commonly called **Parque de la Merced** after its church. Some

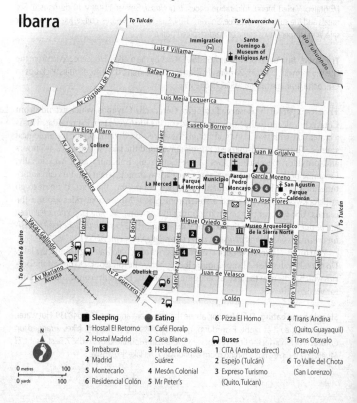

Ibarra

To Tulcán
To Yahuarcocha

Immigration
Santo Domingo & Museum of Religious Art
Río Tahuando

Luis F Villamar
Rafael Troya
Luis Mejía Lequerica
Av Carchi

Eusebio Borrero

Av Eloy Alfaro
Coliseo
Cathedral
Juan M Grijalva

La Merced
Parque La Merced
Municipio
Parque Pedro Moncayo
García Moreno
San Agustín
Parque Calderón

Av Jaime Rivadeneira
Av Cristóbal de Troya
Chica Narváez
Juan José Flores
Sucre

Miguel Oviedo
Museo Arqueológico de la Sierra Norte

Flores
C Borja
Sánchez y Cifuentes
Olmedo
Bolívar
Pedro Moncayo
Vicente Rocafuerte
Pedro Vicente Maldonado
Salinas

To Otavalo & Quito
To Tulcán

Vacas Galindo
Av Mariano Acosta
Av P Guerrero
Obelisk
Juan de Velasco
Colón

0 metres 100
0 yards 100

■ Sleeping	● Eating	6 Pizza El Horno	4 Trans Andina
1 Hostal El Retorno	1 Café Floralp		(Quito, Guayaquil)
2 Hostal Madrid	2 Casa Blanca	🚍 Buses	5 Trans Otavalo
3 Imbabura	3 Heladería Rosalía	1 CITA (Ambato direct)	(Otavalo)
4 Madrid	Suárez	2 Espejo (Tulcán)	6 To Valle del Chota
5 Montecarlo	4 Mesón Colonial	3 Expreso Turismo	(San Lorenzo)
6 Residencial Colón	5 Mr Peter's	(Quito, Tulcan)	

interesting paintings are to be seen in the church of **Santo Domingo** and its museum of religious art, at the end of Simón Bolívar. ■ *Daily 0800-1800, US$0.60.* On Sucre, at the end of Avenida A Pérez Guerrero is the **Basílica de La Dolorosa**. A walk down Pérez Guerrero leads to the large covered **Mercado Amazonas** on Cifuentes, by the railway station. ■ *Daily, busiest Sat and Sun.* The **Museo Arqueológico de la Sierra Norte**, run by the Banco Central at Sucre 7-21 y Oviedo, has interesting displays about cultures from northern Ecuador. ■ *Mon-Sat, 0830-1330, 1430-1630. US$0.50. T952777.* Virgen del Carmen festival is on 16 July and Fiesta de los Lagos is in the last weekend of September, Thursday-Sunday.

Off the main road between Otavalo and Ibarra is **San Antonio de Ibarra**, well known for its wood carvings. Bargaining is difficult. It is worth seeing the range of styles and techniques and shopping around in the galleries and workshops. Buses leave from Ibarra, 13 km, 10 minutes. About 10 km from Ibarra is **La Esperanza**, a pretty village in beautiful surroundings. Ask in town for makers of fine clothes and embroidery. You can climb **Cubilche** volcano in three hours from La Esperanza for beautiful views. From the top you can walk down to Lago de San Pablo (see page 902), another three hours.

In Ibarra A *Ajaví*, Av Mariano Acosta 16-38 y Circunvalación, T955221, F952485. Restaurant, pool, along main road into town from south. **B** *El Prado*, in Barrio El Olivo, off the Pan-American at Km 1, T/F959570. Includes breakfast, restaurant, pool, luxurious, set in fruit orchards. **C** *Montecarlo*, Av Jaime Rivadeneira 5-61 y Oviedo, T958266, F958182. Restaurant, heated pool open weekends only, a better class hotel near bus stations. **D** *Hostal Madrid*, Olmedo 8-69 y Moncayo, T644918, F955301. Parking, modern and comfortable. Recommended. **D** *Hotel Madrid*, Moncayo 7-41 y Olmedo, T959017, F950796. Comfortable. **E** *El Retorno*, Pasaje Pedro Moncayo 4-32 entre Sucre y Rocafuerte, T957722. Restaurant, cheaper without bath, nice views from terrace. Recommended. **E** *Imbabura*, Oviedo 9-33 y Narváez, T950155, . Nice colonial building with patio, large simple rooms, stores luggage, good value, small private museum. Highly recommended. **E** *Res Madrid*, Oviedo 85-7 y Olmedo, T951760. Simple. **E** *Vaca*, Bolívar 7-53 y Moncayo, T955844. Older but well cared-for. **E-F** *Colón*, Narváez 8-62, T958695. Cheaper without bath, basic, stores luggage. Several others along Olmedo.

Around Ibarra Along the Pan-American Highway south towards Otavalo are several country inns, some in converted haciendas. From south to north are: **L** *Vista del Mundo*, Panamericana at Pinsaquí toll, halfway between Otavalo and Ibarra, T946333, www.thegoldenspa.com Includes dinner, elegant expensive restaurant. Luxury hotel, spa ($85 pp), and convention centre, built around the theme of world peace. **B** *Natabuela*, Panamericana Sur Km 8, T932032, sproano@andinanet.net Restaurant, covered pool, sauna, comfortable rooms. **B** *Chorlaví*, Panamericana S Km 4, T932222, F932224. Includes breakfast, expensive restaurant with excellent parillada, pool, in an old hacienda. Popular. Folk music and crafts on Sun. **In La Esperanza** **E** *Casa Aída*, with bath, hot water, Aída speaks some English and cooks good vegetarian food, recommended. Sr Orlando Guzmán is recommended for Spanish classes. Next door is **F** *Café María*, basic rooms, will heat water, helpful, use of kitchen, laundry facilities.

Mid-range *Café Floralp*, García Moreno 4-30 y Sucre. A variety of crêpes, fondue, good breakfast, bread, has its own cheese factory, yoghurt, cold cuts, excellent coffee, good selection of Chilean wines, the in place to meet and eat, Swiss-owned. Warmly recommended. *Mesón Colonial*, Rocafuerte 5-53, at Parque Abdón Calderón. Also in a colonial house, extensive à la carte menu, good food and service, closed Sun. Recommended. *Mr Peter's*, Sucre 5-36, opposite Parque Pedro Moncayo. Good pizza, wide choice of snacks and meals, good service, nice atmosphere, open 1100-2200. *Pizza El Horno*, Rocafuerte 6-38 y Flores. Good pizzas and Italian dishes, live music Sat night, closed Mon. **Cheap** *Café Pushkin*, Olmedo 7-75. For breakfast, with good bread, opens 0730, a classic. *Casa Blanca*, Bolívar 7-83. Excellent, family run, located in colonial house with seating around a central patio with fountain, delicious food, closed Sun. Warmly recommended. *Chifa Muy Bueno*, Olmedo 7-23. Chinese, does a good *chaulafan*. *Chifa Nueva*, Olmedo 7-20, reasonable Chinese food, large portions. *El Cedrón*, Olmedo 7-45. Set meals. *El Chagra*, Olmedo 7-44. *Platos típicos*, good trout. Recommended.

Sleeping
■ *on map*
The better class hotels tend to be fully booked during holidays and at weekends

Ecuador

Eating
● *on map*

There are several excellent *heladerías*, including: *La Bermejita*, Olmedo 7-15. Directly opposite is *Hielo y Dulce*, Olmedo 7-08. Also *Heladería Rosalía Suárez*, Oviedo y Olmedo, excellent home made *helados de paila* (fruit sherbets made in large copper basins), try *mora* or *guanábana* (soursop) flavours, an Ibarra tradition since 1896. Highly recommended.

Bars & clubs *El Encuentro*, Olmedo 9-59. Piano bar, interesting drinks, very popular, pleasant atmosphere, unusual décor. *El Zarape*, on Circunvalación. *Peña* and Mexican restaurant. Clubs include *Sambuca*, Oviedo y Olmedo and *Studio 54* at Laguna Yaguarcocha.

Shopping **Supermarkets** *Supermaxi*, south of the centre on road to Otavalo. *Supermercado Universal*, Cifuentes y Velasco. *Akí*, Bolívar y Colón.

Sport & activities **Paddle ball** A unique form of paddle ball is played on Sat and Sun near the railway station and other parts of town; ask around for details. The players have huge spiked paddles for striking the 1 kg ball. *Balneario Primavera*, Sánchez y Cifuentes 3-33, T957425, heated pool, Turkish bath, also offers aerobics classes and remedial massage.

Tour operators *Metropolitan Touring*, Flores 5-76 y Sucre, see Quito. *Nevitur*, Bolívar 7-35 y Oviedo, T958701, F640040. Excellent travel guides, van trips throughout the country. *Turismo Intipungo*, Rocafuerte 6-08 y Flores, T957766, intiibr@interactive.net.ec Regional tours.

Transport
Watch your belongings in the area around the bus terminals

Bus Companies leave from their own terminals near the train station and obelisk: To/from **Quito**, *Expreso Turismo* or *Aerotaxi*, frequent service, US$2.50, 2½ hrs. Shared taxis with *Supertaxis Los Lagos* (in Quito at Asunción 3-81, T256 5992; in Ibarra at Flores 924 y Sánchez Cifuentes, Parque La Merced, T955150) who will pick you up at your hotel (in the New City only) hourly 0800-1900 (less often on weekends), buy ticket at their office the day before travelling, US$7.25 pp, 2½ hrs. To **Tulcán**, *Expreso Turismo*, hourly, US$2.50, 2½ hrs. To **Otavalo**, *Trans Otavalo*, frequent service, US$0.40, 40 mins. To **Cotacachi**, US$0.45, 45 mins, some continue to **Quiroga**. To **Lita** and **San Lorenzo**, *Valle del Chota* and other companies, see below. To **Ambato**, *CITA* goes via El Quinche and bypasses Quito, 5 daily, US$5, 5 hrs. To **La Esperanza** Bus from Parque Germán Grijalva, US$0.40, 30 mins; taxi from Ibarra, US$7.25.

Directory **Banks** *Banco del Pacífico*, Moncayo y Olmedo, TCs. *Banco del Austro*, Colón 7-51, Visa. *Banco del Pichincha*, Bolívar y Mosquera, Visa. **Communications** **Internet**: prices around US$1 per hr, several places in the centre of town. **Post Office**: Flores opposite Parque Pedro Moncayo, 2nd floor. **Telephone**: Sucre 4-56, just past Parque Pedro Moncayo, open 0800. **Language courses** *Centro Ecuatoriano Canadiense de Idomas (CECI)*, Pérez Guerrero 6-12 y Bolívar, T951911, US$3 per hr. *CIMA*, Obelisco Casa No 2, p 2. **Medical services** *Clínica Médica del Norte*, Oviedo 8-24, T955099, open 24 hrs. **Tourist offices** *Ministerio de Turismo*, García Moreno 744, p 2, by Parque de la Merced, T958547, very helpful, free city map and various tourist leaflets, English spoken, open Mon-Fri 0830-1300, 1400-1700. *Cámara Provincial de Turismo de Imbabura*, Oviedo y Bolívar, of 102, T/F642531. Regional information, very helpful, Spanish only, Mon-Fri 0900-1300, 1430-1800.

Ibarra to the coast

The spectacular train ride from Ibarra to San Lorenzo on the Pacific coast (see page 971) no longer operates, but an *autoferro* (motorized rail-car) runs for 45 km out of Ibarra to Primer Paso, just beyond **Tulquizán**, an interesting excursion through nice scenery (US$4.75 one way, leaves Monday-Friday 0700, returning 1400, Saturday-Sunday 0800, returning 1600, minimum 15 passengers, T955050. From Tulquizán (**C** *Hostería Tulquizán*, across the river, full board, pool, T06-641989) you can continue by bus to San Lorenzo.

Safety: armed holdups of vehicles travelling to San Lorenzo occurred in early 2002. Enquire locally before undertaking this journey

Some 24 km north of Ibarra is the turnoff west for Salinas and the very scenic paved road down to San Lorenzo on the Pacific coast; 15 minutes beyond Salinas is Tulquizán (see above), further ahead is **Guallupe** and El Limonal. 800 m uphill from the main square of El Limonal is **D** *Finca Forestal Bospas*, bospasforest@gardener.com, www.ecuativer.com/bospas Includes breakfast, simple rooms with bath on an organic fruit farm, trekking and horse riding, volunteer opportunities. Recommended. There is an immense variety of wildlife in the surrounding tropical forest. In **Lita**, 20 km from Guallupe, there is an adequate *residencia* (**F**) and several restaurants about 1 km uphill from the train station. The remaining 93 km through a scenic area are prone to landslides during the rainy season.

Bus to **Lita** 8 daily (US$2.50, 2 hours) with *Coop Valle de Chota*, 4 of these continue to **San Lorenzo** (US$5, 3½ hours); additional departures with several other companies. *Beware of thieves on buses*

North to Colombia

The Pan-American highway goes past Laguna Yahuarcocha (with a few hotels and restaurants) and then descends to the hot dry Chota valley. Beyond the turn-off for Salinas and San Lorenzo, 30 km from Ibarra, is a police checkpoint at Mascarilla (have your documents at hand), after which the highway divides. One branch follows an older route through Mira and El Angel to Tulcán on the Colombian border. This road is paved and in good condition as far as El Angel, but deteriorates rapidly thereafter and is impassable beyond Laguna El Voladero.

Along the old Panamericana is **El Angel** (Population: 4,400; altitude: 3,000 m), with a Monday market. The main plaza retains a few trees sculpted by José Franco (see Tulcán Cemetery, below). The **Reserva Ecológica El Angel** nearby protects 15,715 ha of *páramo* ranging in altitude from 3,400 to 4,768 m, the reserve contains large stands of the velvet-leaved *frailejón* plant, also found in the Andes of Colombia and Venezuela. Also of interest are the spiny *achupallas* with giant compound flowers. The fauna includes *curiquingues* (birds of prey), deer, foxes, and a few condors. There are several small lakes scattered throughout the reserve. It can be very muddy during the rainy season and the best time to visit is May to August. ■ *US$10 for foreigners. The reserve's office in El Angel is at the Municipio, T/F977597, information and pamphlets are available.*

Sleeping in El Angel A *Hostería El Angel*, at entrance to village, T/F977584, www.ecuador-sommerfer.com Includes breakfast, meals available on request, caters for groups, reservations required, contact Quito T/F222 1480. Offers trips into reserve (see below). **E** *Asadero Los Faroles*, José Grijalva 5-96 on the plaza, T977144. Above OK restaurant, simple rooms.

Transport *Trans Espejo*, hourly to Quito via Ibarra, US$3.75, 4 hrs (US$1.45, 1½ hrs to/from Ibarra); to Tulcán at 0730 daily, US$1.50. *Trans Mira*, hourly to Mira and Tulcán.

From El Angel follow the poor road north towards Tulcán for 16 km to **El Voladero** ranger station, where a self-guided trail climbs over a low ridge (30 mins' walk) to two crystal-clear lakes. Camping is possible here, but you must be self-sufficient and take great care not to damage the fragile surroundings. Pickups or taxis can be hired in the main plaza of El Angel for a day trip to El Voladero, US$18 return with short wait. A longer route follows an equally poor road to Cerro Socabones, beginning in the town of **La Libertad**, 3½ km north of El Angel. This route climbs gradually to reach the high *páramo* at the centre of the reserve and, in 1 hour, the **El Salado** ranger station. Another hour ahead is **Socabones**, from where you can trek or take pack animals to the village of **Morán** (the local guide Hugo Quintanchala can take you further through the valley). There are many paths criss-crossing the *páramo* and it is easy to get lost. *Hostería El Angel* (see above) have the **A** pp *Cotinga Lodge* in Morán, at 2,500 m, simple, comfortable rooms, meals included. Transport from El Angel to Cerro Socabones, US$30 return, a helpful driver is *Sr Calderón*, T977274. A third access to the reserve, from the north along the Tufiño-Maldonado road, is not recommended because of its proximity to the Colombian border (see Tulcán Safety, below).

The second branch (the modern Pan-American Highway), in good repair but with many heavy lorries, runs east through the warm Chota valley to Juncal, before turning north to reach Tulcán via Bolívar and San Gabriel. West of **Juncal** are several **The eastern route to the border** tourist complexes with accommodations (**AL-D** ranges), restaurants, swimming, horse riding; popular with Colombian and Ecuadorean tourists. A good paved road runs between Bolívar and El Angel, connecting the two branches.

Bolívar is a neat little town where the houses and the interior of its church are painted in lively pastel colours. There is a Friday market, a basic hotel (**F**) one block north of the plaza and a restaurant by the highway. Five kilometres north of Bolívar is the turn-off east for the town of **La Paz**, from which a steep but good cobbled road descends for 5 km to the **Gruta de La Paz**. Views along the road are breathtaking, including two spectacular waterfalls. The place is also called *Rumichaca* (Quichua for stone bridge) after the massive natural bridge which forms the *gruta* (grotto); not to be confused with the Rumichaca on the Colombian border. The area is a religious shrine, receiving large numbers of pilgrims during Holy Week, Christmas, and especially around 8 July, feast day of the Virgin of La Paz. There are thermal baths nearby.

Transport Excursions to La Paz from Tulcán on Sat and Sun. Also vans from San Gabriel, US$0.75 pp (20 mins) at weekends; US$7.25 to hire a vehicle during the week. A second access road starts 3 km south of San Gabriel along the Panamericana.

Some 10 km north of La Paz is **San Gabriel**, an important commercial centre. There are hotels (**D-F**) and restaurants. The spectacular 60-m high **Paluz** waterfall is 4 km north San Gabriel, beyond a smaller waterfall. Follow C Bolívar out of the main plaza and turn right after the bridge, or take a taxi (US$6,25).

Transport From San Gabriel, buses to Quito, US$3.75, 4 hrs; vans to Tulcán US$0.75, shared taxis US$1 pp. Jeeps for outlying villages leave from main plaza when full.

East of San Gabriel by 20 km is the tiny community of **Mariscal Sucre**, also known as Colonia Huaquenia, the gateway to the **Guandera Reserve and Biological Station**, where you can see bromeliads, orchids, toucans and other wildlife in temperate forest and *frailejón páramo*. There is a lodge (**C**), take warm clothes as it gets very cold. The reserve is part of the **Fundación Jatun Sacha**. Reservations should be made at the office in Quito; Pasaje Eugenio de Santillán N34-248 y Maurian (PO Box 17-12-867), Quito, T02-243 2246, www.jatunsacha.org

Transport From San Gabriel, take a taxi to Mariscal Sucre, US$19, or one of the 'blue patrols' which leave from the plaza, US$0.65. It is ½ hr walk to the reserve from there.

Tulcán

Phone code: 06
Colour map 1a, grid A4
Population: 47,100
Altitude: 2,960 m

The chilly town of Tulcán is the busy capital of the province of Carchi. There is a great deal of informal trade here with Colombia, a textile and dry goods fair takes place on Thursday and Sunday. The old and new branches of the Panamericana join at Las Juntas, 2 km south of the city. In the cemetery, two blocks from Parque Ayora, the art of topiary is taken to beautiful extremes. Cypress bushes are trimmed into archways, fantastic figures and geometric shapes in *haut* and *bas* relief. To see the stages of this art form, go to the back of the cemetery where young bushes are being pruned. The artistry, started in 1936, is that of the late Sr José Franco, born in El Angel (see above), now buried among the splendour he created. The tradition is carried on by his sons.

Safety Don't wander about after 2200. The area around the bus terminal is unsafe. Tulcán and the traditionally tranquil border province of Carchi have seen an increase in tension due to the *guerrilla* conflict in neighbouring Colombia. Do not travel outside town (except along the Panamerican highway) without advance local inquiry.

Sleeping
Many hotels are located on C Sucre

C *Machado*, Bolívar y Ayacucho, T984221, F980099. Includes breakfast, comfortable. **C** *Sara Espíndola*, Sucre y Ayacucho, on plaza, T985925, F986209. Nice restaurant, comfortable rooms, best in town. **D** *Lumar*, Sucre y Rocafuerte, T980402. Modern, comfortable. **D** *Park*

Hotel, Across from bus station, T987325. Restaurant, parking, new in 2002, modern, small rooms, traffic noise all night. **D** *Rossy*, Sucre y Chimborazo, north of centre, T987649. Restaurant, simple, modern. **D** *Torres de Oro*, Sucre y Rocafuerte, T980296. Includes breakfast, restaurant, parking, modern, nice. **E** *Frailejón*, Sucre y Rocafuerte, T981129. Restaurant, parking, OK. **E** *Los Alpes*, JR Arellano next to bus station, T982235. Restaurant, OK, good value. **E** *Sáenz Internacional*, Sucre y Rocafuerte, T981916, F983925. Very nice, modern, good value. Recommended. **E-F** *Florida*, Sucre y 10 de Agosto, T983849. Cheaper without bath, good value. **F** *Colombia*, Colón 52-017 y Ayacucho, T982761. Shared bath, hot water, parking, simple.

Eating
All are in our cheap category

Mama Rosita, Sucre y Atahualpa, typical Ecuadorean dishes. Colombian specialities at *El Patio*, on Bolívar 50-050 y 10 de Agosto and *La Fonda Paisa*, Bolívar 50-032 y Pichincha. Chinese at: *Casa China*, at the bus terminal, and several along Sucre. *Los Leños*, Olmedo y Ayacucho. Set meals and à la carte. *Café Tulcán*, Sucre 52-029 y Ayacucho. Café, snacks, desserts, juices.

Transport

Air *TAME* (Sucre y Ayacucho, T980675) flies Mon, Wed and Fri to **Quito** (US$33) and to **Cali** in Colombia (US$78). **Bus** The bus terminal is 1½ km uphill from centre; best to take a taxi, US$1.25, or a bus. To **Quito**, US$4.80, 5 hrs, every 15 mins. To **Ibarra**, 2½ hrs, US$2.50. **Otavalo**, US$3.10, 3 hrs (make sure the bus is going to Otavalo; if not get out on the Highway at the turnoff), or transfer in Ibarra. To **Guayaquil**, 20 a day, 11 hrs, US$12.50.

Directory

Banks *Banco del Pichincha*, at Plaza de la Independencia, Visa cash advances. *Banco del Austro*, Bolívar y Ayacucho, for Visa. Few places accept credit cards. Nowhere in Tulcán to change TCs. Pesos Colombianos can easily be changed on Plaza de la Independencia. **Colombian Consulate**: Bolívar y Junín, visas require up to 20 days, Mon-Fri 0800-1300, 1430-1530. **Communications** **Internet:** prices around US$3 per hr, 1 by terminal and a couple near the Plaza de la Independencia. **Post Office:** Bolívar 53-27. **Telephone:** Olmedo y Junín and at terminal. **Tourist office** *Unidad de Turismo*, at the Municipio, Olmedo y Ayacucho opposite de Plaza de Independencia, T980487, helpful, Spanish only, open Mon-Fri 0800-1300, 1500-1800.

Border with Colombia
Money changers on both sides of the border will exchange cash Pesos for US$

The border is open 0600-2200 (24 hr service may be resumed), and is well organized. There is an *Andinatel* office for phone calls, a tourist information office with maps and general information (Mon-Fri 0830-1700) and a snack bar. Try to ask for 90 days on entering Ecuador if you need them, although you will most likely only be given 30. See page 847 for Colombian immigration.

Transport City buses run from the terminal to Parque Ayora, watch your luggage. Vans Tulcán-border leave when full from Parque Ayora (near the cemetery) US$0.75pp, shared taxi US$0.85 pp, private taxi US$4.30. **NB** These vehicles cross the international bridge and drop you off on the Colombian side, where Colombian transport waits. Remember to cross back over the bridge for Ecuadorean immigration.

The Central Sierra

Quito

South from Quito is some of the loveliest mountain scenery in Ecuador. Colourful Indian markets and colonial towns nestle among volcanic cones over 5,000 m high. Highlights include the impossibly beautiful Quilotoa circuit and the perfect cone of Cotopaxi volcano.

Machachi
Phone code: 02
Colour map 1a, grid A3
Population: 12,500
Altitude: 2,900 m

In a valley between the summits of Pasochoa, Rumiñahui and Corazón, lies the town of **Machachi**, famous for its mineral water springs and cold, crystal clear swimming pool (open 0800-1530 daily). The water, 'Agua Güitig', is bottled in a plant 4 km from the town and sold throughout the country (free tours 0800-1200, take identification). Machachi is in the middle of an important dairy area; annual highland 'rodeo', El Chagra, third week in July.

Sleeping and eating **D** *La Estación de Machachi*, 3 km west of the Panamericana, by Aloasí, T230 9246. Beautiful old house, family-run, fireplaces, access to Volcán Corazón, reserve in advance. **D** *Tambo Chisinche*, 200 m east of the Panamericana, entrance 5½ km south of Machachi, T231 5041. Small sign, horse riding on Rumiñahui, spartan but clean, shared bath, hot water, including breakfast. **E** *Castillo del Valle*, Panamericana at 'P&S' gas station, south of town, T231 4807. Private bath, hot water, parking, comfortable and good value, but out of the way. **E** *La Estancia Real*, Luis Cordero y Panzaleo, 3 blocks east of park, T231 5760. Hot water, parking, OK. **F** *Miravalle*, Luis Cordero y Barriga, east of centre, T231 5222. Shared bath, hot water, basic. *El Pedregal*, Colón 4-66, 1 block from park. Roast chicken, good. *El Chagra*, good typical food, reasonably priced, take the road that passes in front of the church, on the right-hand side, about 5 km from church. *Café de la Vaca*, 4 km south of town on the Panamericana. Very good meals using produce from own farm, open Wed-Sun.

Transport Bus to Quito, 1 hr, US$0.55 from Av Amazonas 1 block south of the park – *ejecutivos* go to the Terminal Terrestre, *populares* to El Recreo, 2-3 blocks before the Trole station of that name. Taxi: to Cotopaxi, US$37 per car.

Reserva Ecológica Los Ilinizas Machachi is a good starting point for a visit to the northern section of the Reserva Ecológica Los Ilinizas (entry US$5). There is a *refugio*, a shelter below the saddle between the two peaks, at 4,750 m, with beds for 12 and cooking facilities, take a mat and sleeping bag, US$8 per night (the caretaker locks the shelter when he is out). Iliniza Norte (5,105 m) can be climbed without technical equipment in the dry season but a few exposed, rocky sections require utmost caution, allow 2-4 hours for the ascent from the refuge, take a compass, it's easy to mistake the descent. Iliniza Sur (5,245 m) is a four-hour ice climb: full climbing gear and experience are absolutely necessary. Access to the reserve is through a turnoff west of the Panamericana 6 km south of Machachi, from where it is 7 km to the village of El Chaupi. A dirt road continues from here to 'La Virgen' (statue) about 9 km beyond. Nearby are woods where you can camp.

Sleeping **C** *Hacienda San José del Chaupi*, 3 km southwest of El Chaupi, T09-971 3986 (mob). Converted farm house and cabins, including breakfast, shared bath, hot water, meals available if requested in advance, horse riding. **E-F** *Posada El Chaupi*, in front of bus-stop, T2860830. Meals with family on request, shared bath, electric shower, run by the Salazar family, basic and very friendly.

Transport There is a frequent bus service from in front of Escuela Lequerica in Machachi to El Chaupi (30 min, US$0.38), from where you can walk to the *refugio* in 7-8 hrs. Horses can be hired at *Hacienda San José* or ask around the village. A pick-up from Machachi to 'La Virgen' takes about 45 mins (US$12.50), where it takes 3 hours to walk with a full pack to the *refugio*.

Parque Nacional Cotopaxi

Colour map 1a, grid B4 Cotopaxi volcano (5,897 m) is at the heart of a much-visited national park. This scenic snow-covered perfect cone is the second highest peak in Ecuador and a very popular climbing destination. Cotopaxi is an active volcano, one of the highest in the world, and its most recent eruption took place in 1904. Volcanic material from former eruptions can be seen strewn about the páramo surrounding Cotopaxi; there is a high plateau with a small lake (Laguna Limpio Pungo), a lovely area for walking and admiring the delicate flora, and fauna including wild horses and native bird species such as the Andean Lapwing and the Chimborazo Hillstar hummingbird. The lower slopes are clad in planted pine forests, where llamas may be seen.

Ins & outs **Getting there Road**: There is an entrance to the Parque Nacional Cotopaxi 16 km south of *See also Transport* Machachi, near a sign for the Clirsen satellite tracking station, which cannot be visited. This route goes past Clirsen then via **Area Nacional de Recreación El Boliche** (shared entry with Cotopaxi) for over 30 km along a signposted dirt road, through the national park gates, past Laguna Limpio Pungo to a fork, where the right branch climbs steeply to a parking lot (4,600 m). From here it is 30 mins to 1 hr on foot to the José Ribas refuge, at 4,800 m; beware of altitude sickness. **A second entrance**, the main one, about 9 km further south, 6 km north of Lasso, is marked by a small Parque Nacional Cotopaxi sign. It is about 36 km from here, through the main park gates, to the refuge. Nearly 1 km from the highway, turn left at a T junction and a few hundred metres later turn sharp right. Beyond this the road is either signed or you take the main fork. It is shorter and easier to follow than the 1st route which you join just at the Park gates. Walking from the highway to the refuge may exhaust you for the climb to the summit. **The third entrance**, from the north, is recommended for **cyclists,** because the route from the west is too soft to climb on a bike. Access is from Machachi via Santa Ana del Pedregal, 35 km in total to the car park. For more details, and equipment, ask Jan But, 'The Biking Dutchman' (see Quito Sport) or *South American Explorers* in Quito.

Park information The park administration and a small museum (0800-1200, 1400-1600) are located 10 km from the park gates, just before Limpio Pungo. The museum has a 3D model of the park and stuffed animals. Visitors to the park must register at the main entrance. Entrance fee: US$10. Park gates are open 0700-1500, although you can stay until 1800.

The ascent from the refuge takes 5-8 hours, start climbing at 0100 as the snow deteriorates in the sun. Equipment and experience are required. Take a guide if you're inexperienced on ice and snow. The best season is December–April. There are strong winds and clouds in August–December but the ascent is still possible for experienced mountaineers. Climbing guides can be hired through operators in Quito, Latacunga, Riobamba and Baños. Just north of Cotopaxi are the peaks of Sincholahua (4,893 m), Rumiñahui (4,712 m) and Pasochoa (4,225 m). To the southeast is Quilindaña (4,878 m). The southwest flank has not received as much impact as the north side. There is good walking, and you can climb Morurco (4,881m) as an acclimatization hike. Condors may sometimes be seen. Access is via Mulaló, San Ramón and Tictilín; a contribution to the local community is expected here for them to open the chain at the access point. Transport from Quito with *Agama* US$60. Pick-up truck from Lasso US$25. To climb to the summit in 1 day you have to stay at Campo Alto (see Sleeping below). The route is reported easier and safer than the north face, but a little longer. The last hour goes around the rim of the crater with impressive views.

Climbing Cotopaxi
A full moon is both practical and a magical experience. Check out snow conditions with the guardian of the refuge before climbing

Ecuador

There are 2 very run down *cabañas* and a couple of campsites below Limpio Pungo (US$2 per tent, no facilities). The *José Ribas refuge* has a kitchen, water, and 30 bunks with mattresses; US$12 pp per night, bring sleeping bag and mat, also padlock for your excess luggage when you climb, or use the lockable luggage deposit, US$2.50. *Albergue Cotopaxi Cara Sur* on the southwest flank at 4,000m, capacity 40 in bunk beds, showers, US$12 pp, simple meals US$2-5, contact *Agama Expediciones* in Quito, see Tour operators. They also have a tent camp, *Campo Alto*, at 4,780m, US$6 pp, 4 hrs walk up from the *Albergue*. Horses are available to carry gear to the tent camp, US$12 each.

Outside the park LL *Hacienda San Agustín de Callo*, entrance from the Panamericana 1.6 km north of the southern park access, marked by a painted stone, 10 min ride from the highway, T03-719160, www.incahacienda.com Some rooms in ancient Inca structure, with fireplaces, bathtub, breakfast and dinner included, horse and bicycle hire. To the southeast of the park lies an area of rugged *páramos* and mountains dropping down to the jungle. The area has several large *haciendas* which form the Fundación Páramo, a private reserve with restricted access. Here is L *Hacienda Yanahurco*, Quito T224 1593, yanahurco@impsat.net.ec Ranch-style rooms, fireplace or heater, meals, tours, yearly rodeo in Nov. B *Albergue Cuello de Luna*, El Chasqui, Panamericana Sur Km 65, 2 km northwest of park entrance on a dirt road, at 3,125 m, T/F09-970 0330, www.cuellodeluna.com Including breakfast, cheaper in dorm, restored *hacienda*, restaurant, transport, tours. B *Tambopaxi*, within the park at 3,750 m, 3 km south of the northern entrance (1 hr drive from Machachi) or 4 km north (left) of the turnoff for the climbing shelter, Quito T222 4241. Rooms with several

Sleeping
All these inns are good for acclimatization at altitudes between 3,100 and 3,800 m

beds, duvet blankets, shared bath with hot shower, good restaurant with set meals and Swiss specialities, llama trekking, camping US$5 pp. **B** *Volcanoland*, between El Pedregal and the northern access to the park, www.volcanoland.com includes breakfast. Transport from Quito and complete packages available at extra cost. **D** *Huagra Corral*, 200 m east along southern park entrance road, T09-980 1122 (Mob). Includes breakfast, restaurant, some rooms with bath, parking, helpful, good value.

Transport Take a Quito-Latacunga bus and get off at Lasso (see below). Do not take an express bus as you cannot get off before Latacunga. A pick-up from Lasso to the car park below the *refugio* costs US$25 for 4-6 people, one-way, no bargaining. If you do not arrange a truck for the return you can sometimes get a cheaper ride down in a truck which has just dropped off another party. Alternatively, get off the bus at the main entrance where there is often a truck waiting (US$25) or hitchhike into the park from there. This is usually possible at weekends. Pick-ups are available from Latacunga for about US$25 round trip.

Lasso
Phone code: 03
Colour map 1a, grid B3
Altitude: 3,000 m

The railway and the Pan-American Highway cross one another at Lasso, a small town, 33 km south of Alóag, with a milk-bottling plant and some simple eateries. In the surrounding countryside are several *hosterías*, converted country estates offering accommodation and meals. Along the Panamericana are *paradores* or roadside restaurants.

Sleeping and eating **B** *Hostería La Ciénega*, 2 km south of Lasso, west of the Panamericana, T719052, hcienega@uio.satnet.net An historic *hacienda* with nice gardens, an avenue of massive eucalyptus trees, nice rooms with heater, good expensive restaurant, horse riding US$2 hr, camioneta from here to refuge parking area on Cotopaxi, US$35. Opposite is **C** *Posada del Rey*, T719319. Carpeted rooms, restaurant with choice of 3 set meals, covered pool, clean but a bit characterless and overpriced. **C** *San Mateo*, 4 km south of Lasso west of the Panamericana, T/F719471, san_mateo@yahoo.com Bright rooms, pricey restaurant, horse riding included, small but nice, adjoining working *hacienda* can be visited. **E** *Cabañas Los Volcanes*, at the south end of Lasso, T719524. Nice rooms with shared bath, hot water, transport to mountains *Parador La Avelina*, 5 km south of Lasso, known for its cheese and ice cream. Opposite is *Parador Chalupas*, similar cafetería.

Latacunga

Phone code: 03
Colour map 1a, grid B3
Population: 52,000
Altitude: 2,800 m

The capital of Cotopaxi Province is a place where the abundance of light grey pumice has been artfully employed. Volcán Cotopaxi is much in evidence, though it is 29 km away. Provided they are not hidden by clouds, which unfortunately is all too often, as many as nine volcanic cones can be seen from Latacunga; try early in the morning. The colonial character of the town has been well preserved. The central plaza, **Parque Vicente León**, is a beautifully maintained garden (locked at night). There are several other gardens in the town including **Parque San Francisco** and **Lago Flores**. **Casa de los Marqueses de Miraflores**, Sánchez de Orellana y Abel Echeverría, in a restored colonial mansion has a modest museum, with exhibits on Mama Negra (see below), colonial art, archaeology, numismatics and a library (free).

Casa de la Cultura, Antonia Vela 3-49 y Padre Salcedo, built around the remains of a Jesuit Monastery and the old Monserrat watermill, houses an excellent museum with pre-Columbian ceramics, weavings, costumes and models of festival masks; also art gallery, library and theatre. ■ *Tue-Fri 0830-1200, 1400-1800, Sat 0830-1500, US$0.50, T813247*. It has week-long festivals with exhibits and concerts for all the local festivities. There is a Saturday **market** on the Plaza de San Sebastián (at Juan Abel Echeverría). Goods for sale include *shigras* (fine stitched, colourful straw bags) and homespun wool and cotton yarn. The produce market, Plaza El Salto has daily trading and larger fairs on Tuesday and Saturday.

C *Makroz*, Valencia 8-56 y Quito, T800907, F807274. Restaurant (closed Sun), parking, modern, comfortable, new in 2002. Recommended. **C** *Rodelú*, Quito 16-31, T800956, rodelu@uio.telconet.net Includes breakfast, excellent restaurant (closed Sun), parking, comfortable. **D** *Cotopaxi*, Padre Salcedo 5-61 on Parque Vicente León, T801310. Cafeteria, hot water after 0700, rooms with view over plaza are noisy at weekends. **D** *Estambul*, Belisario Quevedo 6-46 y Padre Salcedo, T800354. Cheaper without bath, luggage store, tours. Recommended. **D** *Rosim*, Quito 16-49 y Padre Salcedo, T802172, F800853.Carpeted rooms, quiet, comfortable. **D** *Tilipulo*, Guayaquil y Belisario Quevedo, T810611, hoteltilipulo@ hotmail.com Restaurant, parking, cafeteria, comfortable, very helpful. Recommended. **E-F** *Los Nevados*, Av 5 de Junio 53-19 y Eloy Alfaro, near bus terminal, T800407. Restaurant, parking, modern, spacious rooms. **F** *El Salto*, Valencia 4-49, T803578. Warm showers, small rooms, very basic, noisy. **F** *Jaqueline*, Antonia Vela 9-34, T801033. Shared bath, dodgy electric shower, very basic.

Sleeping
■ *on map*

Mid-range *Los Copihues*, Quito 14-25 y Tarqui. International menu, 4-course set lunch, good generous portions, open until 2200. Recommended. *Chifa China*, Antonia Vela 6-85 y 5 de Junio. Chinese, large portions, open daily to 2230. *Chifa Fortuna*, Antonia Vela 6-91. Chinese, open daily 1100-2230. *Pizzería Los Sabores de Italia*, Quito 16-57 next to Hotel Rosim. Good pizza and Italian dishes, open daily 1300-2300. **Cheap** *Pizzería Buon Giorno*, Sánchez de Orellana y Gral Maldonado. Great pizzas and lasagne, huge selection. *El Mascha*, Valencia 41-54. Chicken, cheap and good value, open until 2200 including Sun. Recommended. *Cafetería El Pasaje*, Padre Salcedo 4-50, on pedestrian mall. Snacks, burgers, coffee, closed Sun. For *chugchucaras*: *Rosita*, Eloy Alfaro 31-226 on the Panamericana. *Don Pancho*, Quijano y Ordoñez y Rumiñahui. Also try *allullas con queso de hoja*, biscuits with string cheese. *Beer Center*, Sánchez de Orellana 74-20. Good atmosphere, bar and disco.

Eating
● *on map*
*Few places
open on Sun*

*The local speciality is
chugchucaras, pork
skins served with corn,
plantain, popcorn and
small pieces of roast
pork
all deep fried*

The *Fiesta de la Mama Negra* is held on **24 Sep**, in homage to *the Virgen de las Mercedes*. It celebrates the black slaves brought by the Spanish to work on the plantations with dancing in the streets and colourful costumes. The civic festival of *Mama Negra* is on the **first Sun in Nov**.

Festivals

Ecuador

All operators and some hotels offer day trips to **Cotopaxi** (US$25 pp, includes park entrance fee and lunch) and **Quilotoa** (US$35 pp, includes lunch and a visit to a market town if on Thu or Sat); prices for 3 or more people. Climbing trips to Cotopaxi are US$120 pp for 2 days (includes

**Tour
operators**

Latacunga

equipment, park entrance fee, meals, refuge fees), minimum 2 people. **NB** Many agencies require passport as deposit when renting equipment. Trekking trips to Cotopaxi, Ilinizas, etc US$30-40 pp, per day. *Estambul Tours*, at *Hotel Estambul*, T800354. Fausto Batallas, pleasant and knowledgeable. *Metropolitan Touring*, Guayaquil y Quito, T802985. Makes airline reservations. *Neiges*, Guayaquil 5-19 y Quito, T/F811199. Day trips and climbing. *Ruta de los Volcanes*, Padre Salcedo 4-55 y Quito, T812452. Tour to Cotopaxi follows a secondary road through interesting country, instead of the Panamericana. *Tovar Expediciones*, Guayaquil 5-38 y Quito, T811333. Climbing and trekking, Fernando Tovar is an *Aseguim* mountain guide.

Transport

On Thu many buses to nearby communities leave from Saquisilí market instead of Latacunga

Road Bus: Bus terminal on the Panamericana just south of 5 de Junio; has a **tourist information** office, open 0900-1800, helpful, but limited info. To **Quito**, every 15 mins, 1 1/2 hrs, US$1.75. To **Ambato**, 45 mins, US$0.80. To **Guayaquil**, US$5.50, 6 hrs. To **Saquisilí**, every 20 mins (see below). To **Quevedo**, hourly, US$3.75, 5 hrs. Buses on the Zumbahua, Quilotoa, Chugchilán, Sigchos circuit are given below.

Directory

Banks *Banco de Guayaquil*, Maldonado y Sánchez de Orellana. For TCs, Visa and MC. **Communications Internet**: prices around US$1.50 per hr. Several in town, look along the Padre Salcedo pedestrian mall. **Post Office and Telephone**: both at Belisario Quevedo y Maldonado. **Medical services Hospital**: at southern end of Amazonas y Hnos Páez, good service.

The Quilotoa Circuit

Take care of your belongings in this area and watch out for minor rip-offs

The popular and recommended round trip from Latacunga to Pujilí, Zumbahua, Quilotoa crater, Chugchilán, Sigchos, Isinliví, Toacazo, Saquisilí, and back to Latacunga can be done in two to three days by bus (times given below are approximate; buses are often late owing to the rough roads or too many requests for photo stops). It is 200 km in total. It is also a great route for biking and only a few sections of the loop are cobbled or rough. The best access is from Lasso or Latacunga.

Latacunga to Zumbahua

A fine paved road leads west to **Pujilí** (15 km, bus US$0.25), which has a beautiful church but it is closed most of the time. Good market on Sunday, and a smaller one on Wednesday. Colourful Corpus Christi celebrations. The road goes on over the Western Cordillera to Zumbahua, La Maná and Quevedo. This is a great downhill bike route. It carries very little traffic and is extremely twisty in parts but is one of the most beautiful routes connecting the highlands with the coast. Beyond Zumbahua are the pretty towns of **Pilaló** (two restaurants and petrol pumps), **El Tingo** (two restaurants and lodging at *Carmita's*) and **La Maná**.

Sleeping **E** *Res Pujilí*, Rocafuerte ½ block from highway, T723648, simple, with bath, restaurant. 2½ km beyond La Maná towards Quevedo is **D** Hostería Las Pirámides, T03-688003/281, cabins and pyramids, pool, clean, restaurant.

Zumbahua

Zumbahua lies ½ km from the main road, 65 km from Pujilí. It has an interesting Saturday market (starts at 0600) for local produce, not tourist items. Friday nights involve dancing and drinking. Take a fleece, as it can be windy, cold and dusty. Many interesting crafts are practised by the Indians in the neighbouring valley of Tigua, paintings on leather, hand-carved wooden masks and baskets. There is a good hospital in town. The Saturday trip to Zumbahua market and the Quilotoa crater is one of the best excursions in Ecuador. The walk from Zumbahua to Pujilí, six hours is good.

Andinatel, T814603 for all enquiries except the hospital, T814610

Sleeping **E** *Cóndor Matzi*, T814610 (hospital) to leave message, shared bath, hot water, best place around, reserve ahead, meals US$4. **E** *Richard's*, modern, clean, hot showers. **E** *Res Oro Verde*, first place on the left as you enter town, has small store and restaurant. **F** *Pensión Quilotoa*, grey building at the bottom of the plaza, small sign, hot shower. **F** *Pensión Zumbahua*, at the top of the plaza, many rooms. You can find a cheap meal in the market. Just below the plaza is a shop selling dairy products and cold drinks.

Transport Bus: Many daily on the Latacunga-Quevedo road (0500-1900, US$1.25, 2 hrs). The noon bus continues up to **Laguna Quilotoa** along a fully paved road (see below). Buses on Sat are packed full; ride on roof for best views, get your ticket the day before. A pick-up truck can be hired from **Zumbahua** to **Quilotoa** for US$15; also to **Chugchilán** for around US$35. On Sat mornings there are many trucks leaving the Zumbahua market for Chugchilán which pass Quilotoa. **Taxi**: day-trip by taxi to Zumbahua, Quilotoa, return to Latacunga is US$50.

Zumbahua is the point to turn off for a visit to Quilotoa, a volcanic crater filled by a beautiful emerald lake, to which there is a steep path from the rim. From the rim of the crater several snowcapped volcanoes can be seen in the distance. The crater is reached by a paved road which runs north from Zumbahua (about 12 km, 3-5 hours' walk). There's a 300-m drop down from the crater rim to the water. The hike down takes about 30 minutes (an hour or more to climb back up). The trail starts to the left of the parking area down a steep, canyon-like cut. You can hire a mule to ride up from the bottom of the crater, but arrange it before heading down. Take a stick to fend off dogs. Everyone at the crater tries to sell the famous naïve Tigua pictures and carved wooden masks, so expect to be besieged.

Quilotoa
Be prepared for sudden changes in the weather, it gets very cold at night. US$0.50 to visit lake

Sleeping *Zhalaló*, 40 mins walking east of village, in the Ponce area, Quito T246 7130. Restaurant with access to the lake; cabins are under construction, until they are ready temporary accommodation is offered in the **D** range, reported the best option. **D** *Cabañas Quilotoa*, T03-812044. Owned by Humberto Latacunga. Basic, very cold, wool blankets, electric shower, includes breakfast and dinner, Humberto will lead treks and provide mules, he is a good painter and has a small store. **E** *Hostal Quilotoa*, owned by José Guamangate. Very basic, giant fireplace, offers bicycle rental, food, paintings and excursions. **F** *Refugio Quilotoa*, owned by Jorge Latacunga. You sleep on mats on the floor, he will cook food and take you on a day trek round the lake if you wish, he also paints masks. Camping is possible.

Take a good sleeping bag, it is cold

Transport Bus: From the terminal terrestre in Latacunga there is a daily noon bus to **Quilotoa**, US$1.50, 2½ hrs (even on Thu this leaves from Latacunga, not Saquisilí market). Return bus to **Latacunga** passes Quilotoa daily at 0530. *Trans Vivero* takes teachers to schools in **Zumbahua** and **Quilapungo** (US$2.75), leaving Latacunga daily at 0600 arriving 0815 in Quilapungo (0750 in Zumbahua), from where it is about 1 hr walk to the crater. Alternatively, hitch a truck on Sat morning from Zumbahua market bound for Chugchilán; you will be dropped close to the volcano. Hitching a return trip should not be left till late in the afternoon. Buses bound for **Chugchilán/Sigchos** drop you 5 mins from the lake.

Chugchilán, a poor village in one of the most scenic areas of Ecuador, is 22 km by road from the Quilotoa crater. It is a six-hour walk; or walk around part of the crater rim, then down to Huayama, and across the canyon (Río Sihui) to Chugchilán, 11 km, about five hours.

Chugchilán to Toacazo
Phone code: 03

Sleeping A *The Black Sheep Inn*, a few mins below the village, T814587, www.blacksheep inn.com Run by Andy Hammerman and Michelle Kirby, 6 private rooms with wood stove, tree house, **C-D** in new bunk room, new toilets, price includes 3-course vegetarian dinner plus breakfast or lunch and drinking water and hot drinks all day, hot showers, excellent vegetarian cooking, book exchange, internet, organic garden, sauna, 10% discount for ISIC, seniors or SAE members, llama treks, horse riding arranged, a good base for hiking. Highly recommended, advance reservations advised, prices rise (but still in same categories) 1 Jul-31 Aug and 15 Dec-15 Jan. **D** *Hostal Mama Hilda*, 100 m from centre of Chugchilán towards Sigchos, T814814. Shared bath, hot water, **F** pp in dorm, homey, including dinner and breakfast, good food, warm atmosphere, arrange horse riding and walking trips. Highly recommended. **E** *Hostal Cloud Florest*, next to Mama Hilda, T814808. Includes dinner and breakfast, shared bath, hot water, delicious local food, helpful owners.

    D-E *Llullu Llama*, in Isinliví, across the canyon from Chugchilán (3 hrs hike), T814790. Nicely refurbished house in a pleasant town, private rooms or dorm, shared bath, hot water,

Ecuador

includes dinner and breakfast, discounts for longer stays. A good trekking centre near the village of Guantualó, which has a fascinating market on Mon.

Transport Buses depart daily from Latacunga: to **Chugchilán**, at 1030 via **Sigchos**; at 1100 via **Zumbahua**; on Thu from **Saquisilí** market via Sigchos at 1130. Either route 4 hrs, US$2.25. Buses return to Latacunga at 0300, via Sigchos, at 0400 via Zumbahua. Milk truck to Sigchos around 1100, US$1.25. On Sat also pick-ups going to/from market in Zumbahua and Latacunga. To **Isinliví**, at 1100 via Sigchos and 1300 direct; on Thu both from Saquisilí market around 1100, Sat and Sun both from Latacunga at 1100, 3 hrs, US$2.25. One bus returns to Latacunga at 0330, the second at variable hours, enquire locally.

Sigchos Continuing from Chugchilán the road runs through Sigchos . The road east to Toacazo is cobbled and from there to Saquisilí it is paved (there are petrol stations at Toacazo and Yalo, below Sigchos). Sigchos is the starting point for the Toachi Valley walk, via Asache to San Francisco de las Pampas (0900 bus daily to Latacunga).

Sleeping E *Res Sigchos*, basic but clean, large rooms, shared bath, hot water downstairs. **E** *Hostal Tungurahua*, shared bath, hot water, basic. There are few restaurants, ask in advance for food.

Transport Bus: 6 daily to and from **Latacunga** (see Chugchilán above), US$1.80, 2 hrs. On Wed to **Pucayaco**, via Chugchilán, Quilotoa and Zumbahua at 0400, 9 hrs (returns Thu at 0400); and to **La Maná**, via Chugchilán, Quilotoa and Zumbahua at 0500, 9 hrs (returns Thu at 0500 and Sat at 0400).

Saquisilí
Phone code: 03
Some 16 km south of Lasso, and 6 km west of the Panamericana is the small but very important market town of Saquisilí. Its Thursday market (0700-1400) is famous throughout Ecuador for the way in which its seven plazas and some of its streets become jam-packed with people, the great majority of them local Indians with red ponchos and narrow-brimmed felt hats. The best time to visit the market is between 0900 and 1200 (0700 for the animal market). Be sure to bargain, as there is a lot of competition. Saquisilí has colourful Corpus Christi processions.

Sleeping and eating C *Hostería Rancho Muller*, 5 de Junio y González Suárez, south end of town. Cabins with bath and TV, expensive restaurant, German owner organizes tours and rents vehicles. **F** *San Carlos*, Bolívar opposite the Parque Central, T721057. With electric shower, view of plaza, cheap breakfast, parking, good value. **G** *Pensión Chabela*, Bolívar by main park, T721114. Shared bath, water problems, very basic. **G** *Salón Pichincha*, Bolívar y Pichincha. Shared bath, warm water, cheap, restaurant-bar below, basic. *El Refugio*, ½ block from crafts market, set meals and à la carte. *El Trébol*, 24 de Mayo near craft market. Set meals, cheap. *La Abuela*, 24 de Mayo 5-60. Set meals and snacks, very cheap.

Transport Bus: Frequent service between **Latacunga** and Saquisilí, US$0.32, 20 mins; many buses daily to/from **Quito**, depart from the bus terminal, 0530 onwards, US$1.50, 2hrs. Buses and trucks to many outlying villages leave from 1000 onwards. Bus tours from Quito cost about US$45 pp, taxis charge US$60, with 2 hrs wait at market.

Ambato

Phone code: 03
Colour map 1a, grid B3
Population: 154,000
Almost completely destroyed in the great 1949 earthquake, Ambato lacks the colonial charm of other Andean cities, though its location in the heart of fertile orchard-country has earned it the nickname of 'the city of fruits and flowers' (see annual festival below). It is also the principal supply town of the central highlands and a major centre for the leather industry.

The modern cathedral faces the pleasant **Parque Montalvo**, where there is a statue of the writer Juan Montalvo (1832-89) who is buried in a neighbouring street.

Ecuador

His house (Bolívar y Montalvo) is open to the public. ■ *US$1, T827395*. In the
Colegio Nacional Bolívar, at Sucre entre Lalama y Martínez, is the **Museo de
Ciencias Naturales Héctor Vásquez** with stuffed birds and animals and items of
local historical interest, recommended. ■ *Mon-Fri 0800-1200, 1400-1730, closed for
school holidays, US$1. T827395*. The **Quinta de Mera**, an old mansion in beautiful
gardens, is in Atocha suburb. ■ *0830-1600, US$1. Take bus from Espejo y 12 de
Noviembre*. The main **market**, one of the largest in Ecuador, is held on Monday,
with smaller markets on Wednesday and Friday. They are interesting, but have few
items for the tourist.

Sleeping

There are a lot of cheap residenciales, hotels and restaurants around Parque 12 de Noviembre, the area is not safe at night. The suburb of Miraflores is a pleasant walk from the centre, or bus to Av Miraflores

A *Ambato*, Guayaquil 0108 y Rocafuerte, T412006, hambato@hotmail.com Includes breakfast, good restaurant, casino, squash court, best in town. Recommended. **A** *Miraflores*, Av Miraflores 2-27, T843224, F844395. Includes breakfast, good restaurant, heating, refurbished. **A-B** *Florida*, Av Miraflores 1131, T843040, F843074. Includes breakfast, restaurant with good set meals, pleasant setting. **C** *Pirámide Inn*, Cevallos y Mariano Egüez, T842092, F421066. Includes breakfast, parking, comfortable, English and Italian spoken. **B** *Villa Hilda*, Av Miraflores 09-116 y Las Lilas, T840700, F420255. Includes breakfast, good restaurant, classic old hotel with big garden. **D** *Bellavista*, Oriente y Napo Pastaza, T851542. Recommended. **D** *Cevallos*, Montalvo y Cevallos, T824877. Includes breakfast, restaurant, parking, good. **E** *Portugal*, Juan Cajas 01-36 y 12 de Noviembre, T822476. Near bus station, hot water, good value. **E-F** *Guayaquil*, JL Mera 7-86 y 12 de Noviembre, T823886. Cheaper with shared bath, hot water, simple, good.

Eating

Expensive *La Buena Mesa*, Quito 924 y Bolívar. French. Recommended. **Mid-range** *El Alamo Chalet*, Cevallos 1719 y Montalvo. Ecuadorean and international food. Set meals and à la carte, Swiss-owned, good quality. A little more expensive is *Gran Alamo*, Montalvo 520 y Sucre, T820806. International, meat, chicken, seafood, on Sun closes 1600. *Farid*, Bolívar 705 y JL Mera. Grilled meat served in middle eastern sauces. *Miramar*, Quito y Rocafuerte. Good seafood. *El Coyote Disco Club*, Bolívar y Guayaquil. Mexican-American food, disco at weekends. *Cominos*, Guayaquil 9-34 y Bolívar. Good pizza. *La Fornace*, Cevallos 1728 y Montalvo, wood oven pizza. There are also several other pizzerías on Cevallos. **Cheap** Two good cheap chifas are *Gran Pacífico*, Mariano Egüez y 12 de Noviembre, and *Nueva Hong Kong*, Bolívar 768 y Martínez. *Mama Miche*, 13 de Abril y JL Mera, Centro Comercial Ambato. 24-hr cheap cafetería. **Cafés** *Café Marcelo's*, Rocafuerte y Castillo, T828208. Good cheap cafetería. *Pastelería Quito*, JL Mera y Cevallos, good for breakfast.

Festivals

Ambato has a famous festival in **Feb** or **Mar**, the *Fiesta de frutas y flores*, during carnival when there are 4 days of bullfights, festivities and parades (best Sun morning and Mon night). It is impossible to get a hotel room unless you book ahead.

Shopping

Supermercado, Centro Comercial Ambato, Parque 12 de Noviembre, or *Supermaxi*, Centro Comercial Caracol, Av de los Capulíes y Mirabeles, in Ficoa. Good leather hiking boots from *Calzado Piedrahita*, Bolívar 15-08 y Lalama. Leather jackets, bags, belts on Vela between Lalama and Montalvo. Many stores for leather shoes along Bolívar.

Tour operators

Coltur, Cevallos 15-57; Páez 370 y Robles, T548219, F502449. *Metropolitan Touring*, Bolívar 19-22 y Castillo, T824084, F829213, and in Centro Comercial Caracol.

Transport

Bus The main bus station is on Av Colombia y Paraguay, 2 km north of the centre. Town buses go there from Plaza Cevallos in the city centre. To **Quito**, 2½ hrs, US$2.65. To **Cuenca**, US$6.25, 7 hrs. To **Guayaquil**, 6 hrs, US$6.25. To **Baños**, 1 hr, US$0.75. To **Riobamba**, US$1.25, 1 hr. To **Guaranda**, US$1.60, 2 hrs. To **Latacunga**, 45 mins, US$1. To **Santo Domingo de los Colorados**, 4 hrs, US$3.25. To **Tena**, US$5, 6 hrs. To **Puyo**, US$3.20, 3 hrs. To **Macas**, US$7.25, 6½ hrs. To **Esmeraldas**, US$7.25, 8 hrs. To **Loja**, US$11.20, 12 hrs. To **Machala**, US$7.25, 7 hrs.

Ecuador

Directory **Banks** *Banco de Guayaquil*, Sucre y JL Mera, Visa. *Banco del Pacífico*, Cevallos y Lalama, and Cevallos y Unidad Nacional, TCs, Visa. *Produbanco*, Montalvo y Sucre. TCs and Mastercard. *Banco del Pichincha*, Lalama y Cevallos, on Parque Cevallos and Av El Rey y Av de las Américas, near the bus terminal. Visa and TCs. **Communications Internet:** rates about US$1.20 hr. Several in the centre of town, along Castillo, also Montalvo. **Post Office:** Castillo y Bolívar, at Parque Montalvo; 0730-1930. **Telephone:** Castillo 03-31 y Rocafuerte, 0800-2130. **Tourist office** *Ministerio de Turismo*, Guayaquil y Rocafuerte, T821800. Open Mon-Fri 0800-1200, 1400-1800, helpful.

Ambato to Baños

To the east of Ambato, an important road leads to **Salasaca** (one hotel), where the Indians sell their weavings; they wear distinctive black ponchos with white trousers and broad white hats. Further east is **Pelileo**, the blue jean manufacturing capital of Ecuador with good views of Tungurahua. (**E** *Hostal Pelileo*, Eloy Alfaro 641, T03-871390, shared bath, hot water.) The road continues to Baños (see below) and then on along the Pastaza valley to Mera, Shell and Puyo, from where there is access to other towns in the Oriente (see page 982). Eight kilometres northeast of Pelileo on a paved side-road is **Patate**, centre of the warm, fruit growing Patate valley. As there are excellent views of Volcán Tungurahua from town and its surroundings, it has become a tourist destination since the reactivation of this volcano (see below). The fiesta of Nuestro Señor del Terremoto is held on the weekend of **4 February**, featuring a parade with floats made with fruit and flowers.

Sleeping and eating **A** *Hacienda Los Manteles*, in the Leito valley on the road to El Triunfo, T03-870123, T/F02-250 5230 (Quito). Converted farm house, restaurant, great views, horse riding, hiking. **A** *Hostería Viña del Río*, 3 km from town on the old road to Baños, T/F03-8780139. Cabins, restaurant, pool, good views, sport fields, horse riding. **E** *Jardín del Valle*, M Soria y A Calderón, 1 block from the main park, T03-870209. Nicely furnished, good breakfast. Recommended. **F** *Hospedaje Altamira*, Av Ambato y J Montalvo, on the road from Pelileo. Shared bath, hot shower, basic. *Los Arupos*, at the park. *Arepas*, sweets made of squash (unrelated to the Colombian or Venezuelan variety), are the local delicacy; sold around the park.

Ambato to Guaranda

To the west of Ambato, a paved road climbs through tilled fields, past the páramos of Carihuairazo and Chimborazo to the great Arenal (a high desert at the base of the mountain), and down through the Chimbo valley to Guaranda (see page 924). This spectacular journey on the highest paved road in Ecuador takes about three hours. It reaches a height of 4,380 m and vicuñas can be seen.

Ambato to Riobamba

After Ambato, the Pan-American Highway runs south to Riobamba (see page 925). About half way is **Mocha**, where guinea pigs (*cuy*) are bred for the table. You can sample roast *cuy* and other typical dishes at stalls and restaurants by the roadside, *Mariadiocelina* is recommended. The highway climbs steeply south of Mocha and at the pass there are fine views in the dry season of Chimborazo and Carihuairazo. At **Urbina** (signed), 2 km west of the highway, is **D** *Posada de la Estación*, in the solitary old railway station at 3,619 m, T/F03-942215, aventurag@laserinter.net Meals available, shared bath, hot water, magnificent views, clean and comfortable but very cold at night. This is a good place for acclimatization, friendly and helpful, horses, trips and equipment arranged. Recommended.

Baños and around

Phone code: 03
Colour map 1a, grid B4
Altitude: 1,800 m

Baños is nestled between the Río Pastaza and the Tungurahua volcano, only 8 km from its crater. Baños bursts at the seams with hotels, *residenciales*, restaurants and tour agencies. Ecuadoreans flock here on weekends and holidays for the hot springs, to visit the Basílica and enjoy the local *melcochas* (toffees), while escaping the Andean chill in a sub-tropical climate (wettest in July and August). Visitors are also frequent, using Baños as a base for climbing Tungurahua (in quieter times), volcano watching, organizing a visit to the jungle, making local day-trips or just plain hanging out.

After over 80 years of inactivity, Tungurahua began venting steam and ash in 1999 and the town was evacuated because of the threat of a major eruption between October and December of that year. Volcanic activity gradually diminished during 2000, former residents and tourists returned, and the town recovered its wonderful resort atmosphere. At the time of writing volcanic activity continues at a generally low level. **Tungurahua is closed to climbers** and the road to Riobamba is closed, but all else is normal. Since the level of volcanic activity can change, you should enquire locally before visiting Baños. The National Geophysics Institute posts reports on the web at www.igepn.edu.ec You should also be aware of the areas of highest risk, unless volcanic activity has completely ceased. These include the Bascún Valley (where several hotels and the El Salado baths are located), the valley of the Río Ulba east of Baños and of course Tungurahua itself. The town's streets are marked with arrows which lead to safety zones.

The **Manto de la Virgen** waterfall at the southeast end of town is a symbol of Baños. The **Basílica** attracts many pilgrims. The paintings of miracles performed by Nuestra Señora del Agua Santa are worth seeing; also a museum with stuffed birds and Nuestra Señora's clothing. ■ *Wed-Sun 0700-1600, US$0.50.*

Six sets of thermal baths are in the town. The **Baños de la Virgen** are by the waterfall opposite the *Hotel Sangay*. The water in the hot pools is changed three times a week, and the cold pool is chlorinated (best to visit very early morning, open 0430-1700); two small hot pools open evenings only (1800-2200), their water is

Sights

All the baths can be very crowded at weekends and holidays; the brown colour of the water is due to its high mineral content

Baños

To Puyo, Agoyan & Luna Runtún

Ecuador

6 Isla de Baños *C2*	16 Santa Clara *C4*	8 La Casa Vieja de
7 La Floresta *C2*	17 Santa Cruz *C3*	Düsseldorf *B3*
8 Monte Selva *C2*	18 Villa Gertrudis *C3*	9 Mariane *C2, C3*
9 Palace *C4*		10 Pancho Villa *C3*
10 Pensión Patty *B3*	● **Eating**	11 Rico Pan *B2*
11 Petit Auberge & Le	1 Café Blah Blah *B2*	
Petit Restaurant *C3*	2 Café Hood *B2*	● **Bars & clubs**
12 Plantas y Blanco *C3*	3 Casa Hood	12 Bamboos
13 Posada El Marqués	4 Closerie des Lilas *B3*	13 Hard Rock Café
C4	5 Donde Marcelo *B3*	14 La Burbuja
14 Princesa María *B1*	6 El Jardín *C3*	15 Peña Ananitay
15 Sangay *C4*	7 Higuerón *C3*	16 Peña Canela y Clavo

N

0 metres 100
0 yards 100

■ **Sleeping**
1 Buena Vista *C1*
2 Carolina *C3*
3 El Castillo *C4*
4 Flor de Oriente *B2*
5 Hostal Cultural *C4*

changed daily. The **Piscinas Modernas** with a water slide are next door and are open weekends and holidays only. ■ *0800-1700.* **El Salado** baths (several hot pools with water changed daily, plus icy cold river water) are 1½ km out of town off the Ambato road (0430-1700). The **Santa Clara** baths, at the south end of Calle Rafael Vieira (formerly Santa Clara), are tepid, popular with children and have a gym and sauna (0800-1800). **Eduardo's** baths are next to Santa Clara, with a 25-m cold pool (the best for serious swimming) and a small warm pool (0800-1800). The **Santa Ana** baths have hot and cold pools, just east of town on the road to Puyo (weekends and holidays 0800-1700). ■ *Entrance to each, US$2, except Eduardo's US$1 (spa US$2.50).*

Caution is advised near the San Francisco bridge as well as on the paths to Bellavista and Runtún - visitors have occasionally been robbed in these locations

There are many interesting **walks** in the Baños area. The **San Martín shrine** is a 45-min easy walk from town and overlooks a deep rocky canyon with the Río Pastaza thundering below. Beyond the shrine, crossing to the north side of the Pastaza, is the **zoo** (US$2), 50 m beyond which is a path to the **Inés María waterfall**, cascading down, but polluted. You can also cross the Pastaza by the **Puente San Francisco** suspension bridge, behind the kiosks across the main road from the bus station (a larger vehicular bridge was under construction here in 2003). From here a series of trails fans out into the surrounding hills, offering excellent views of Tungurahua from the ridgetops in clear weather. A total of six bridges span the Pastaza near Baños, so you can make a round trip.

On the hillside behind Baños, it is a 45-minute hike to the **statue of the Virgin** (good views of the valley). Go to the south end of Calle JL Mera, before the street ends, take the last street to the right, at the end of which are stairs leading to the trail. A steep path continues along the ridge, past the statue. Another trail begins at the south end of JL Mera and leads to the *Hotel Luna Runtún*, continuing on to the village of Runtún (five to six hour round-trip). Along the same hillside, to the **Bellavista cross**, it is a steep climb from the south end of Calle Maldonado, 45 minutes-1 hour. There is a café along the way. You can continue from the cross to *Hotel Luna Runtún*.

On the Puyo road 17 km from Baños is the town of **Río Verde**, at the junction of the Verde and Pastaza rivers. The Río Verde has crystalline green water with several waterfalls on its course. The most spectacular are **El Pailón del Diablo** (the Devil's Cauldron). In Río Verde, cross the river and take the path to the right after the church, then follow the trail down towards the suspension bridge; before the bridge take a side trail to the right (signposted) which leads you to a viewing platform above the falls (kiosk, drinks sold). Five minutes' walk along a different trail are the smaller **San Miguel falls;** in town cross the bridge and take the first path to the right. It is also possible to hire bikes for the day from Baños and cycle downhill, passing El Pailón del Diablo and numerous other waterfalls on the way. Lookout for the 'shopping basket' cable car (*tarabita*) across the canyon at San Pedro, before Río Verde, driven by an old lorry engine – it is a great white-knuckle ride, US$1 return. You can cycle from Baños and take a bus back; several snack bars in Río Verde let you leave the bike while you visit the falls.

Sleeping
■ *on map*
Baños has plenty of accommodation in but can fill during holiday weekends

LL *Luna Runtún*, Caserío Runtún Km 6, T740882, www.lunaruntun.com Includes dinner and breakfast, restaurant, internet, beautiful setting overlooking Baños, very comfortable rooms with balconies, gardens. Excellent service, English, French and German spoken. Hiking, horse riding and biking tours, travel agency, sports and nanny facilities. Highly recommended. **A-C** *Sangay Spa*, Plaza Ayora 101, next to waterfall and thermal baths, T740917, www.sangayspa.com Includes breakfast, good restaurant, pool and spa open to non-residents 1600-2000 ($3.50), tennis and squash courts, attentive service, 3 categories of rooms. Recommended. **B** *Monte Selva*, Halflants y Montalvo, T740566, F740244. Includes breakfast, restaurant, warm pool, cabins, bar, spa, excellent service. **B** *Palace*, Montalvo 20-03, T740470, hotelpalace@hotmail.com Includes breakfast, restaurant, nice garden and pool, nicely old-fashioned, front rooms with balcony. Sauna and jacuzzi. **B-C** *Le Petit Auberge*, 16 de Diciembre y Montalvo, T740936. Includes breakfast, good restaurant, parking, French-run, rooms with fireplace, patio, quiet. **C** *La Floresta*, Halflants y Montalvo, T740457, F740717. Excellent breakfast, good restaurant, parking, comfortable rooms, nice garden.

Ecuador

Recommended. **C** *Villa Gertrudis*, Montalvo 2975, T740441, F740442. Includes breakfast, pool, classic old resort, lovely garden, reserve in advance. Recommended. **C-D** *Hostal Cultural*, Pasaje Velasco Ibarra y Montalvo, T740083. Includes breakfast, good restaurant (mid-range), nice sitting room, more expensive rooms with fireplace. **D** *Flor de Oriente*, Ambato y Maldonado on Parque Central, T740418, F740717. Parking, very good but can be noisy at weekends. **C-D** *Isla de Baños*, Halflants 1-31 y Montalvo, T/F740609. European breakfast, internet, some suites more expensive, German-run, nice atmosphere, garden with parrots and monkeys. Recommended. **D** *El Carruaje*, Martínez y 16 de Diciembre, T740913. Cooking and laundry facilities, comfortable (also at Halflants y Rocafuerte, same price but no cooking or laundry facilities). **D** *El Oro*, Ambato y JL Mera, T740933. Includes breakfast, cooking facilities, good value. Recommended. **D** *Posada El Marqués*, Pasaje Velasco Ibarra y Montalvo, T740053, F741710. Includes breakfast, good restaurant, spacious, good beds, garden. Recommended. **D** *Santa Clara*, 12 de Noviembre y Montalvo, T740648. Includes breakfast, cooking facilities, parking, simple rooms and cabins, nice garden. **D** *Santa Cruz*, 16 de Diciembre y Martínez, T740648. Includes breakfast, café, modern and comfortable. **D-E** *Plantas y Blanco*, 12 de Noviembre y Martínez, T/F740044. Excellent breakfast on roof terrace, good restaurant, French-run, steam bath 0730-1100 (US$3), luggage store. Warmly recommended. **E** *Buena Vista*, Martínez y Pastaza, T740263. Hot water, quiet, simple, good value. **E** *El Castillo*, Martínez y Rafael Vieira, T740285. Restaurant, parking, simple, quiet. **E** *Monik's*, Ambato y Pastaza, T740428. Hot water, OK. **E** *Princesa María*, Rocafuerte y Mera, T741035. Hot water, laundry and cooking facilities, popular meeting place, good value. Frequently recommended. **F** *Carolina*, 16 de Diciembre y Martínez, T740592. Private bath, hot water, cooking facilities, terrace, friendly, good value. Recommended. **F** *Pensión Patty*, Alfaro 556 y Oriente, T740202. Shared bath, lukewarm water, cooking facilities, basement rooms poor, otherwise OK, family-run, popular.

Out of town **B** *Pequeño Paraíso*, 1½ km east of Río Verde, west of Machay, T09-981 9756 (mob), www.geocities.com/pequeno_paraiso/ Comfortable cabins in lovely surroundings, abundant hot water, includes breakfast and dinner, tasty vegetarian meals with home-made bread, small pool, camping possible, rock climbing, canyoning, Swiss-run. Recommended. **E** pp *Indillama*, by San Miguel Falls, T09-978 5263 (mob). With breakfast, cabins, restaurant, German-run.

Marian, Halflants y Rocafuerte opposite Andinatel, also at Martínez y 16 de Diciembre. Excellent French cuisine, large portions. Highly recommended. *Le Petit Restaurant*, 16 de Diciembre y Montalvo. Parisian owner, excellent food, including vegetarian, great atmosphere. *Closerie des Lilas*, Alfaro y Oriente. Good French food. *Pepos*, C Ambato between Alfaro and Halflants, varied menu, live folkloric music. *Donde Marcelo*, Ambato near 16 de Diciembre. Good breakfasts, friendly gringo bar upstairs. *La Casa Vieja de Düsseldorf*, Ambato y Eloy Alfaro. Varied menu, good value. *Donde Iván*, Halflants y Montalvo, at Hospedaje La Floresta. Ecuadorean and international food, excellent breakfast. *Higuerón*, 12 de Noviembre 270 y Martínez. Closed Wed, good European, local and vegetarian food, nice garden. *Bon Giorno*, Rocafuerte y 16 de Diciembre. Good, authentic Italian dishes. *Pizzería Napolitana*, 12 de Noviembre y Martínez. Good pizza and pasta, pleasant

Eating
● on map
Most establishments serve international food for foreign visitors, at mid-range prices. Those serving local fare and set meals are usually cheap. Many close by 2130

Ecuador

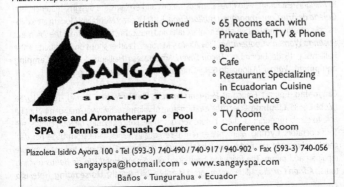

atmosphere, pool table. *Buona Pizza*, Ambato y Halflants. Good pizzas and pastas, nice atmosphere. *Il Papagallo*, Martínez y 16 de Diciembre. Pasta. *Pancho Villa*, 16 de Diciembre y Martínez, open 0730-2130. Mexican, good quality and service. Repeatedly recommended. *Manantial*, Martínez y 16 de Diciembre. Dishes from all over the continent, speciality is "elephant's ears", a thin piece of meat which covers your entire plate.C Ambato has many restaurants serving economical set meals and local fare, the *picanterías* on the outside of the market serve local delicacies such as *cuy* and *fritada*. *Ambateñito*, Ambato y Eloy Alfaro. Good set meals and barbecued chicken. *La Puerta de Alcalá*, Av Amazonas (main highway), ½ block downhill from bus terminal. Good value set meal.

Vegetarian *Café Hood*, Maldonado y Ambato, at Parque Central. Excellent food, fruit juices, nice atmosphere, English spoken, always busy. *Casa Hood*, Martínez between Halflants and Alfaro. Varied menu including Indonesian and Thai dishes, some meat dishes, juices, good desserts, travel books and maps sold, book rental and exchange, repertory cinema. Recommended. *El Paisano*, Rafael Vieira y Martínez. Variety of herbal teas and meals, fresh ingredients.

Cafés *Café Blah Blah*, Ambato y Halflants. Good coffee, snacks, small, cosy, sidewalk seating, popular meeting place. *Hobbit*, T741816, adjacent to *Sangay Spa*, attractive garden. *Rico Pan*, Ambato y Maldonado. Good breakfasts, hot bread, good fruit salads, pizzas and meals. *Pancho's*, Ambato y Pasaje Ermita de la Virgen, west of the market. Snacks, coffee, open 0800-2300.

Bars & clubs   Eloy Alfaro, between Ambato and Espejo has many bars including: *Hard Rock Café*, Alfaro y Ambato. A favourite travellers' hangout, fantastic *piña colada* and juices. *Bamboos Bar*, Alfaro y Oriente. Popular for salsa, live at weekends. *La Burbuja*, Ciudadela El Rosario, off C Ambato, east of the Basílica. Disco.

Entertainment   *Peña Canela y Clavo*, Rocafuerte y Maldonado, at the Parque Central. Music and drinks, nice
Cover charge US$1-2   atmosphere, open 1900-2400, closed Mon. *Peña Ananitay*, 16 de Diciembre y Espejo. Good live music and dancing. Films are shown at *Casa Hood* (see Eating above). *Córdova Tours* has a *Chiva Mocambo*, an open-sided bus, cruises town playing music, it will take you to different night spots.

Festivals   Oct: *Nuestra Señora de Agua Santa* with daily processions, bands, fireworks, sporting
During Carnival and   events and partying through the month. Week-long celebrations ending **16 Dec**: the town's
Holy Week hotels are   anniversary, parades, fairs, sports, cultural events. The night of **15 Dec** is the *Verbenas*,
full and prices rise.   when each *barrio* hires a band and there are many parties.

Shopping   Crafts stalls at Pasaje Ermita de la Virgen, off C Ambato, by the market. For painted
Look out for   balsa-wood birds see *Recuerdos*, at the south end of Maldonado, where you can see
jawsticking toffee   crafts-people at work. *Monilu*, Alfaro y Oriente, good quality handicrafts and T-shirts, reason-
(taffy, known as   able prices. *Las Orquídeas*, Ambato Y Maldonado by the Parque Central and at *Hostal El*
melcocha) made in   *Floresta*. Excellent selection of crafts, some guide books. Also *Taller Arte*, Ambato y Halflants.
ropes in shop   Nice tagua (vegetable ivory made of palm nuts) crafts at several shops on Maldonado
doorways, or the less   between Oriente and Espejo. Salasacan weaving from José Masaquiza, Rocafuerte 2-56, next
sticky alfeñique   to *Mariane* restaurant, who gives demonstrations and explains the designs, materials, etc. *Galería de Arte Contemporáneo Huillac Cuna*, Rafael Vieira y Montalvo. Modern art exhibits, sells paintings and coffee-table books. Crafts and musical instruments from the Oriente at *Pusanga Women's Cooperative*, Eloy Alfaro y Martínez. Leather shops on Rocafuerte entre Halflants y 16 de Diciembre. *Tucán Silver*, Ambato esq Halflants, jewellery. **Camping equipment** *Varoxi*, Maldonado 651 y Oriente. Quality packs, repairs luggage.

Sport &   **Canyoning**: Contact Franco at *Pequeño Paraíso*, Río Verde (see above), T09-9819756
activities   (Mob), US$35. **Climbing**: Due to the erratic nature of volcanic activity you may or may not be
Safety standards vary   able to climb Tungurahua, check before you get there. For companies offering climbs, see
and it is your   Tour operators. **Cycling**: Many places rent bikes, quality varies, rates from US$4 per day;
responsibility to check   check brakes and tyres, find out who has to pay for repairs, and insist on a helmet, puncture
the quality of   repair kit and pump. The following have good equipment: *Hotel Isla de Baños* (cycling
equipment and the   tours); *Adrián Carrillo*, 12 de Noviembre y Martínez (bike rentals). **Horse riding**: Hotel Isla
qualifications of guides

de Baños, horses for rent; 6 hrs with a guide and jeep transport costs US$25 per person, English and German spoken. **Caballos José**, Maldonado y Martínez, T740746, flexible hrs; and **Angel Aldaz**, Montalvo y JL Mera (on the road to the statue of the Virgin). **Ringo Horses**, 12 de Noviembre y Martínez (*Pizzeria Napolitano*), nice horses, very well looked after. There are several others, but check their horses as not all are well cared for. Rates average US$5 per hr.
River rafting: Fatal accidents have occurred, but not with the agencies listed here. **Río Loco**, Ambato y Alfaro, T/F740929, riolocot@yahoo.com, half day, US$30, US$60 for full day (rapids and calm water in jungle), US$120 per person for 2 days with camping. Also **Geotours**, see below. The Chambo, Patate and Pastaza rivers are all polluted.

There are very many tour agencies in town, some with several offices, as well as 'independent' guides who seek out tourists on the street (the latter are generally not recommended). Quality varies considerably; to obtain a qualified guide and avoid unscrupulous operators, it is best to seek advice from other travellers who have recently returned from a tour. We have received some critical reports of tours out of Baños, but there are also highly respected and qualified operators here. In all cases, insist on a written contract and try to pay only half the fare up-front. Check any mountaineering or other equipment carefully before heading out. Most agencies and guides offer trips to the jungle (US$25-50 per day pp) and 2 day climbing trips to Cotopaxi (approximately US$120 pp) or Chimborazo (approximately US$130 pp). There are also volcano-watching, trekking and horse tours, in addition to the day-trips and sports mentioned above. The following agencies and guides have received positive recommendations but the list is not exclusive and there are certainly others. **Córdova Tours**, Maldonado y Espejo, T740923. Tours on board their *chiva mocambo*, an open-sided bus (reserve ahead): waterfall tour, along the Puyo road to Río Verde, 0930-1430, US$8; Baños and environs, 1600-1800, US$5; night tour with music, 2100-2300, US$3 (they will drop you off at the night spot of your choice). **Deep Forest Adventure**, Ambato y Halflants, above *Buona Pizza*, T741815, deepforestadventure@ hotmail.com Eloy Torres, speaks German, English and French, jungle and trekking tours. **Geotours**, Ambato next to Banco del Pichincha, T741344, geotours@hotmail.com Geovanny Romo. Experienced agency offering jungle and horseback tours, and rafting. **Explorsierra**, Alfaro 556 y Oriente, T740628, explorsierra1@ hotmail.com Guido Sánchez. Climbing, trekking, jungle and volcano-watching tours. **Expediciones Amazónicas**, Oriente 11-68 y Halflants, T740506. Run by Hernán and Dosto Varela, the latter is a recommended mountain guide, also offer trekking and jungle trips. **Huilla Cuna**, there are 3 agencies of the same name: at Rocafuerte y Ambato, T741086, Byron Castillo, helpful and knowledgeable, jungle and mountain tours; at Ambato y Halflants, T741292, huilacuna@yahoo.es, Marcelo Mazo organizes jungle trips; and at Rafael Vieira y Montalvo, T740187, Luis Guevara runs jungle and mountain trips. **Willie Navarrete**, at *Café Higuerón*, T09-932411 (Mob), is a highly recommended guide for climbing, an *Aseguim* member. **Rainforestur**, Ambato y Maldonado, T/F740743, www.ecuador-paginaamarilla.com/ rainforestur.htm Run by Santiago Herrera, guides are knowledgeable and environmentally conscious. **Vasco Tours**, Alfaro y Martínez, T741017, vascotours@andinanet.net Juan Medina, experienced naturalist guide, speaks English, jungle, climbing and trekking tours.

Local Bus: City buses run between 0600 and 1830. To **El Salado** every 15 mins from Rocafuerte behind market. To **Agoyán** every 15 mins from Alfaro y Martínez. To **Rio Verde** take any Puyo bus from Maldonado y Amazonas, opposite Baños bus station, 30 mins, US$0.65.
Long distance Bus: the bus station is on the Ambato-Puyo road (Av Amazonas) a short way from the centre, and is the scene of vigorous volleyball games most afternoons. To/from **Quito**, via Ambato, US$3.40, 3½ hrs, frequent service; going to Quito sit on the right for views of Cotopaxi, buy tickets early for weekends and holidays. To **Ambato**, 45 mins, US$0.75. To **Riobamba**, landslides caused by Tungurahua's volcanic activity damaged the direct Baños-Riobamba road, buses go via Ambato, 2 hrs, US$2. To **Latacunga**, 2-2½ hrs, US$2. To **Puyo**, 2 hrs, US$5; pack your luggage in plastic as all goes on top of the bus which drives through waterfalls; delays possible because of construction work. You can cycle to Puyo and take the bus back (passport check on the way). To **Tena**, 5½ hrs, US$4.50. To **Misahuallí**, change at Tena, or at the Río Napo crossing, and **Macas**, 7 hrs, US$4.50 (sit on right).

Tour operators

Transport

Ecuador

Directory **Banks** *Banco del Pacífico*, Martínez y Rocafuerte by the Parque Central, TCs and Mastercard ATM, Mon-Fri 0845-1600. *Banco del Pichincha*, Ambato y Halflants, TCs and VISA, Mon-Fri 0900-1300. *Distracturs*, Ambato y Halflants, 2.5% commission on TCs. *Don Pedro*, Ambato y Halflants, hardware store opposite Banco del Pichincha, 2% commission on TCs. **Communications Internet:** There are many cyber cafés in town, prices US$2 per hr. **Post office:** Halflants y Ambato, across from Parque Central. **Telephone:** *Andinatel*, Halflants y Rocafuerte, by Parque Central, international calls. **Language classes** Rates for Spanish lessons in 2002 ranged from US$4-5 per hr. *Spanish School 16 de Diciembre*, Montalvo 5-26 y Rafael Vieira, T740232, José M Eras, English-speaking retired teacher. *Baños Spanish Center*, Julio Cañar y Oriente, T740632, elizbasc@uio.satnet.net Elizabeth Barrionuevo, English and German-speaking, flexible, salsa lessons, recommended. *International Spanish School*, 16 de Diciembre y Espejo, T/F740612, Martha Vaca F. *Instituto de Español Alternativo IDEA*, Montalvo y Alfaro, T/F740799. *Mayra's*, Reyes 3-30 y Martínez, T740331, , well organized, flexible, English and Hebrew spoken, family accommodation arranged. *Raíces*, 16 de Diciembre near stadium, T740040, racefor@hotmail.com **Tourist offices** The municipal tourist office is on the 2nd floor of the bus terminal, helpful, 0800-1300, 1400-1700 (1600 Sat-Sun). There are several private 'tourist information offices' run by travel agencies near the bus station; high-pressure tour sales, maps and pamphlets available. Local artist, J Urquizo, produces an accurate pictorial map of Baños, 12 de Noviembre y Ambato, also sold in many shops.

Guaranda

Phone code: 03
Colour map 1a, grid B3
Population: 21,000
Altitude: 2,650 m

This quaint, quiet town, capital of Bolívar province, proudly calls itself 'the Rome of Ecuador' because it is built on seven hills. There are fine views of the mountains all around. Locals traditionally take an evening stroll in the palm-fringed main plaza, **Parque Libertador Simón Bolívar**, around which are the Municipal buildings and a large stone **Cathedral**. Although not on the tourist trail, there are many sights worth visiting in the province, for which Guaranda is the ideal base. Of particular interest is the highland town of **Salinas**, with its community development project (good cheeses), as well as the *subtrópico* region, the lowlands stretching west towards the coast. Towering over the city, atop one of the hills, is an impressive statue of **El Indio Guaranga**, a local Indian leader after whom the city may have been named; museum (entry free), art gallery and auditorium. Take a taxi (US$1); or take a 'Guanujo' bus to the stadium, walk past the stadium to Av La Prensa and follow it till you reach the first turning on the right (10 minutes' walk).

Market days are Friday and Saturday (larger), when many indigenous people in typical dress trade at the market complex at the east end of Calle Azuay, by Plaza 15 de Mayo (9 de Abril y Maldonado), and at Plaza Roja (Avenida Gen Enríquez). Carnival in Guaranda is among the best known in the country.

Sleeping **B** *La Colina*, high up on Av Guayaquil (No 117), T/F980666. Restaurant mediocre and expensive but good for Sun lunch, covered swimming pool, bright and attractive rooms, lovely views. **D** *Bolívar*, Sucre 704 y Rocafuerte, T980547. Good restaurant (closed Sun), parking, simple but pleasant, small courtyard. **D** *Cochabamba*, García Moreno y 7 de Mayo, T981958, vviteriv@gu.pro.ec Very good expensive restaurant (best in town), parking, hotel a bit faded but good service. **D** *Ejecutivo*, García Moreno 803 y 9 de Abril, T982044. Shared bath, hot water, OK. **F** *Rosa Elvira*, Sucre 606. Shared bath, hot water, parking, basic.

Eating *See hotels, above* *Most restaurants are closed on Sun* **Mid-range**: *Balcón Cuencano*, Convención de 1884 entre García Moreno y Azuay. Breakfast, lunch and dinner, set meals and à la carte, good. *Pizza Buon Giorno*, Av Circunvalación 2 blocks from Plaza Roja on the way to bus terminal. Pizza and salads. **Cheap**: *Marisquería El Conchal*, Plaza Roja. Good *ceviche de pescado, camarones* and *mixtos*, closed in the evening, open Sun. *Rumipamba*, Gen Enríquez 308, Plaza Roja. Grilled chicken, set meals and à la carte. *Juad's Pastelería*, Convención de 1884 y Azuay. Cappuccino, hot chocolate, sandwiches, fruit salad, pastries, very good, popular, best selection early in the day, closed 1300-1500 and Sun. Recommended. Many simple *comedores* around Plaza Roja serve cheap set meals.

Transport **Bus** Terminal at Eliza Mariño Carvajal, on road to Riobamba and Babahoyo; if you are staying in town get off closer to the centre. Many daily buses to: **Ambato**, US$2, 2 hrs. **Riobamba**

(some along the scenic and unpaved Gallo Rumi road, others via the Arenal), US$2.20, 2 hrs. **Babahoyo**, US$3, 3 hrs, beautiful ride. **Guayaquil**, US$3, 4 hrs. **Quito**, 3 companies run almost 30 daily services, US$3.75, 4-5 hrs.

Communications Post Office: Azuay y Pichincha. **Telephone:** *Andinatel*, Rocafuerte 508 y Sucre, 0800-2200 daily; and at bus terminal. **Language schools** *Fundación ABC*, contact through *Academia Humboldt*, Av América 4059 y A Moncayo, Quito, T02-224 8579, , all profits go to the local comunity, over 20 years' experience. **Tourist office** *Oficina Municipal de Información* Turística, García Moreno entre 7 de Mayo y Convención de 1884. Information, maps, can arrange guided tours, horse riding and camping. Spanish only, open Mon-Fri 0800-1200, 1400-1800.

Directory

Riobamba

The capital of Chimborazo Province is built in the wide **Tapi Valley** and has broad streets and many ageing but impressive buildings. Because of their central location Riobamba and the surrounding province are known as 'Corazón de la Patria' – the heartland of Ecuador – and the city boasts the nickname 'La Sultana de Los Andes' in honour of lofty Mount Chimborazo.

Phone code: 03
Colour map 1a, grid B3
Population:
approx 150,000
Altitude: 2,750 m

The main plaza is **Parque Maldonado** around which are the **Santa Bárbara Cathedral**, the **Municipality** and several colonial buildings with arcades. The Cathedral has a beautiful colonial stone façade and an incongruously modern interior. Four blocks northeast of the railway station is the **Parque 21 de Abril**, named after the Batalla de Tapi, 21 April 1822, the city's independence from Spain. The park, better known as **La Loma de Quito**, affords an unobstructed view of Riobamba and Chimborazo, Carihuairazo, Tugurahua, El Altar and occasionally Sangay. It also has a colourfully dressed tile tableau of the history of Ecuador. The **Convento de la Concepción**, Orozco y España, entrance at Argentinos y J Larrea, is now a religious art museum. The priceless gold monstrance, Custodia de Riobamba Antigua, is the museum's greatest treasure, one of the richest of its kind in South America. ■ *Tue-Sat 0900-1200, 1500-1800, US$4, T965212. The guides are friendly and knowledgeable (tip expected).* **Museo del Banco Central**, Veloz y Montalvo, has well displayed exhibits of archaeology and colonial art. ■ *Mon-Sat 0830-1330, 1430-1630. US$0.50. T965501.*

Sights

Riobamba is an important **market** centre where indigenous people from many communities congregate. Saturday is the main market day when the city fills with colourfully dressed Indians from many different parts of the province of Chimborazo, each wearing their distinctive costume; trading overflows the markets and buying and selling go on all over town. Wednesday is a smaller market day. The 'tourist' market is in the small **Plaza de la Concepción or Plaza Roja**, on Orozco, south of the Convento de la Concepción (see below). It is a good place to buy local handicrafts and authentic Indian clothing (Saturday and Wednesday only, 0800-1500). The main produce markets are **San Alfonso** (Argentinos y 5 de Junio) which on Saturday spills over into the nearby streets and also sells clothing, ceramics, baskets and hats, and **La Condamine** (Carabobo y Colombia) open daily, largest market on Fridays. Other markets in the colonial centre are **San Francisco** and **La Merced**, near the churches of the same name.

Guano is a carpet-weaving town 8 km north of Riobamba. Many shops sell rugs and you can arrange to have these woven to your own design. Buses leave from the Mercado Dávalos, García Moreno y New York, every 20 minutes 0600-2200, US$0.25, last bus returns to Riobamba at 1800. Taxi US$3.75.

AL *La Andaluza*, 16 km north of Riobamba along the Panamericana, T949370, www.hosteria_andaluza.com Includes breakfast, good restaurant, nice rooms in old hacienda, with heaters and roaring fireplaces, lovely views, good walking. **A** *Abraspungu*, Km 3 on the road to Guano, T940820, www.hosteria-abraspungu.com Excellent restaurant, beautiful

Sleeping
■ *on map*
Many of the upmarket hotels are located out of town

Ecuador

house in country setting. **B** *Chimborazo Internacional*, Los Cipreses y Argentinos, T963475, breakfast included, restaurant overpriced, internet, attentive service, spacious rooms. **B** *El Troje*, 4½ km on the road to Chambo, T960826, gerencia@eltroje.com Good restaurant, pool and sauna, internet, nice rooms, good views, camping (US$10 pp). **C** *El Cisne*, Av Daniel L Borja y Duchicela, T964573, F941982. Restaurant, modern, helpful and comfortable. **C** *Montecarlo*, Av 10 de Agosto 25-41 entre García Moreno y España, T960557, montecarlo@laserinter.net Includes breakfast, restaurant, nice house in colonial style, some mattresses are poor, over-priced. **C** *Zeus*, Av Daniel L Borja 41-29, T968036, hotelzeus1@hotmail.com Restaurant, jacuzzi, gym, bathtubs with views of Chimborazo, parking. Recommended. **D** *Canadá*, Av de la Prensa 23-31 y Av Daniel L Borja, T/F946677, melissa16ec@yahoo.com Restaurant, parking, near bus terminal, modern. **D** *Majestic*, Av Daniel L Borja 43-60 y La 44, T968708. Cafeteria, electric shower, parking, near bus terminal. **D** *Riobamba Inn*, Carabobo 23-20 y Primera Constituyente, T961696, F940974. Restaurant, carpeted rooms, group discounts. **D** *Tren Dorado*, Carabobo 22-35 y 10 de Agosto, T/F964890. Restaurant, reliable hot water, modern, nice, good value. **D** *Whymper*, Av Miguel Angel León 23-10 y Primera Constituyente, T964575, F968137. Hot water 0600-0930 and 1800-2130, parking, spacious rooms, but a little rundown. **D-E** *Imperial*, Rocafuerte 22-15 y 10 de Agosto, T960429. Cheaper without bath, hot water 24 hours, stores luggage, good beds, basic, loud music from bar on Fri and Sat nights, good value. **D-E** *Los Shyris*, Rocafuerte 21-60 y 10 de Agosto, T/F960323, hshyris@yahoo.com Cheaper without bath, hot water 0500-1100 and 1700-2300, internet, laundry facilities, good rooms, service, and value. Rooms at the back are quieter. **D-E** *Oasis*, Veloz 15-32 y Almagro, T961210, F941499. Hot water, some rooms with kitchen and fridge, small and quiet, can arrange day trips, laundry, nice garden. **D-E** *Rocío*, Brasil y Av Daniel L Borja, T961848. Electric shower, nice, good value. Several cheap and basic places around the train station.

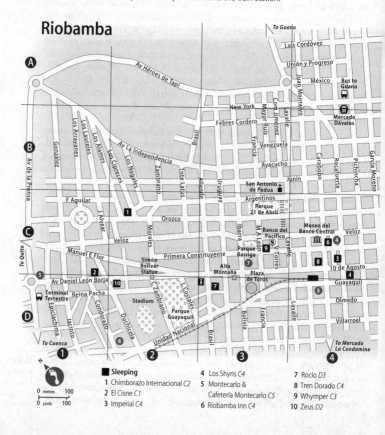

Riobamba

■ Sleeping
1 Chimborazo Internacional *C2*
2 El Cisne *C1*
3 Imperial *C4*
4 Los Shyris *C4*
5 Montecarlo & Cafetería Montecarlo *C5*
6 Riobamba Inn *C4*
7 Rocío *D3*
8 Tren Dorado *C4*
9 Whymper *C3*
10 Zeus *D2*

Ecuador

Bonny, Diego de Almagro y Villarroel. Cheap set meals and very good seafood (mid-range, à la carte), very popular. Recommended. *El Delirio*, Primera Constituyente 2816 y Rocafuerte (Bolívar stayed in this house). Ecuadorean and international dishes, popular with tour groups and overpriced, closed Mon and Sun. *Cabaña Montecarlo*, García Moreno 21-40. Good food and service, large portions, serves lunch and dinner, cheap set meals and mid-range à la carte. Ecuadorean food at *La Pizzería de Paolo*, Av Daniel L Borja corner Epiclachima, near the bus station. Good pizza and pasta. *Luigi's*, Condorazo y Unidad Nacional. International meat and seafood, expensive and good. *Mónaco Pizzería*, Diego Ibarra y Av Daniel L Borja. Pizza and pasta, open evenings only. Popular and good value. *Parrillada de Fausto*, Uruguay 2038 y Av Daniel L Borja. Good meat, nice atmosphere. *Restaurante Montecarlo*, Primera Constituyente y Pichincha, popular. *Tambo de Oro*, Carlos Zambrano 27-20 y Junín, near Hotel El Galpón. Good cheap set lunch and mid-range à la carte, open lunch only.

Vegetarian *Ashoka*, Guayaquil 22-50 y Espejo. Good cheap set meals and à la carte, lunch only, closed Sun. *Natural Food*, Tarqui entre Veloz y Primera Constituyente. Very cheap set meals, vegetarian available.

Cafés *Cafetería Real Montecarlo*, 10 de Agosto 25-45 y García Moreno. Excellent food and service, nice atmosphere, good breakfasts, closed at midday. *Caffe Johnny*, Espejo 22-45 y Primera Constituyente. Breakfast from 0730, good, closed Sun. *Helados de Paila*, Espejo entre Guayaquil y 10 de Agosto. Home made ice-cream, good selection, café, sweets, popular. *Pynn's*, Espejo 21-20 y 10 de Agosto, T943259. Coffee, fruit salad, tacos, set lunches. Cheap. **Bakeries** *Pan Van*, Primera Constituyente y Colón. Excellent quality and variety.

Eating
● on map
Most restaurants closed after 2100 and on Sun All mid-range unless otherwise indicated

Bars & clubs

Gens-Chop Bar Av Daniel L Borja 42-17 y Duchicela. Bar, good music and sport videos, open daily, popular. Recommended. *Unicornio*, St Armand y Av Lizarzaburo, Vía Ambato Km 1. Piano Bar, Salsoteca, open Thu-Sat. *Vieja Guardia* bar and open air disco at Av Flor 40-43 y Av Zambrano, US$1 cover. *Milenium*, Cdla Los Tulipanes, off Av de la Prensa, 3 blocks south of the bus terminal. Disco, pub, international music, US$1. The *Casa de la Cultura*, 10 de Agosto y Rocafuerte, has a good *peña* on Fri and Sat evenings.

Festivals

Fiesta del Niño Rey de Reyes, with street parades, music and dancing, starts in Dec and culminates on **6 Jan**. Around **21 Apr** there are *independence* celebrations lasting several days, hotel prices rise. **11 Nov** is the *Foundation of Riobamba*.

Shopping

Crafts Crafts are sold at the Plaza Roja on Wed and Sat (see above). Nice tagua carvings and other crafts are on sale at *Alta Montaña* (see Tour operators below). *El Buho*, Primera Constituyente 36-31 y Brasil. Large selection of regional crafts; workshop on the 2nd floor where you can see the artisans at work, open 1000-1900. *Almacén Cacha*, Orozco next to the Plaza Roja. A co-operative of native people from the Cacha area, sells woven bags, wool sweaters and other crafts, good value (closed Sun-Mon). **Supermarkets** *Camari*, Espejo y Olmedo, opposite La Merced market. *La Ibérica*, Av Daniel L Borja 37-62 y Allende.

Ecuador

Eating
1 Ashoka *C5*
2 Cabaña Montecarlo *C5*
3 Chifa Joy Sing *D4*
4 El Delirio *C4*
5 La Pizzería de Paolo *D1*
6 Luigi's *D2*
7 Mónaco Pizzería *C3*

▶ ## The railway from the coast to the Sierra

The spectacular 464-km railway line (1.067 m gauge), which was opened in 1908, passes through 87 km of delta lands and then, in 80 km, climbs to 3,238 m. At Urbina on the summit, s it reaches 3,609 m, then falls and rises before reaching the Quito plateau at 2,857 m.

Unfortunately, in 1997/98 El Niño damaged the lowland section between Durán and Sibambe, which is unlikely to be repaired owing to lack of funds. On a more positive note, the line's greatest achievements, the Alausí loop and the Devil's Nose double zigzag (including two V switchbacks), are on the part of the line open to trains, Sibambe to Riobamba. *Sibambe*, the current turning point of the train, has no hotels or bus service, so you must return by train to Alausí. Shortly after leaving Sibambe the train starts climbing the famous Nariz del Diablo (Devil's Nose), a perpendicular ridge rising in the

gorge of the Chanchán to a height of 305 m. This almost insurmountable engineering obstacle was finally overcome when a series of switchbacks was built on a 5½% grade.

Next comes *Alausí*. After crossing the 120 m long Shucos bridge, the train pulls into *Palmira*, on the crest of the first range of the Andes crossed by the railway. One by one the great snow-capped volcanoes begin to appear: Chimborazo, Carihuairazo, Altar and the burning heads of Tungurahua and Sangay, all seeming very close because of the clear air.

The best views are from the roof, but dress warmly and protect clothes from dirt. On the train, lock all luggage, even side pockets, as pilfering from luggage compartments is common. The train is popular, especially at weekends and public holidays, so you'll have to queue early.

Sport & activities **Mountain biking**: *Pro Bici*, at Primera Constituyente 23-51 y Larrea, T951760, www.probici.com Run by guide and mechanic, Galo J Brito. Bike trips and rental, guided tours with support vehicle, full equipment, US$25-35 pp per day, excluding meals and overnight stays. *Julio Verne* (see Tour operators), rental US$10 per day; tours including transport, guide, meals, US$30 per day.

Tour operators
Many hotels offer tours, not all are run by qualified guides

Most companies offer climbing trips (from US$180 per person for 2 days) and trekking (from US$50 per person per day). *Alta Montaña*, Av Daniel L Borja 35-17 y Diego Ibarra, T950601, aventurag@laserinter.net Trekking, climbing, cycling, birdwatching, photography and horse riding tours in mountains and jungle, transport, equipment rental, English spoken. Recommended. *Andes Trek*, Colón 22-25 y 10 de Agosto, T940964, www.andes-trek.com Climbing, trekking and mountain-biking tours, transport, equipment rental, English and German spoken. *Coltur*, Av Daniel L Borja y Vargas Torres, T/F962662. Airline tickets. *Expediciones Andinas*, Vía a Guano, Km 3, across from *Hotel Abraspungo*, T964915, www.expediciones-andinas.com Climbing expeditions, operate Chimborazo Base Camp on south flank of mountain. Cater for groups, contact well in advance. Recommended. *Julio Verne*, Calle 5 de Junio 21-46 y 10 de Agosto, T/F963436, www.julioverne-travel.com Climbing, trekking, cycling, jungle and Galápagos trips, river rafting, transport to mountains, equipment rental, Ecuadorean-Dutch-run, uses official guides. Recommended. *Metropolitan Touring*, Av Daniel L Borja y Miguel Angel León, T969600, F969601. Railway tours, airline tickets, DHL and Western Union representatives.

Transport **Bus** Terminal Terrestre on Epiclachima y Av Daniel L Borja for buses to **Quito**, **Guayaquil**, **Ambato**, etc. Buses from **Baños** and the **Oriente** arrive at the Terminal Oriental, Espejo y Córdovez. Taxi from one terminal to another, US$1. **Quito**, US$3.75, 3½ hrs, about every 30 mins. To **Guaranda**, US$2.20, 2 hrs; the road is paved to San Juan, from where there are 2 scenic routes: via Gallo Rumi, unpaved, or via the Arenal, partly paved (some *Flota Bolívar* buses take this route), sit on the right for the beautiful views on either route. To **Ambato**, US$1.25, 1 hr, sit on the right. To **Alausí**, US$1.50, 2 hrs. To **Cuenca**, 6 a day via Alausí, 6 hrs, US$6.25. This road is paved but landslides are a constant hazard and the road is often under repair. To **Guayaquil**, frequent service, US$4.50, 4 hrs, the trip is really spectacular for the first 2 hrs. To **Baños**, via Ambato, 2 hrs, US$2. To **Puyo**, also via Ambato, US$5, 4 hrs direct.

Banks *Banco del Pacífico*, Av Miguel A León y Veloz, TCs and Mastercard ATM. *Banco del Pichincha*, Primera Constituyente y García Moreno, Visa. *Banco de Guayaquil*, Primera Constituyente 2626 y García Moreno, TCs, Visa and Mastercard. *Vigo Rianxeira*, 10 de Agosto 25-37 y España, T968608, changes all US$ TCs (2% commission), Euros and other major currencies in cash only, friendly service, Mon-Fri 0830-1330, 1500-1800, Sat 0900-1230. Recommended. **Communications** Internet: Many places, rates about US$1 per hr. **Post Office:** 10 de Agosto y Espejo. **Telephone:** *Andinatel* at Tarqui entre Primera Constituyente y Veloz, 0800-2200; also at the bus terminal. **Tourist office** *Ministerio de Turismo*, Av Daniel L Borja y Brasil, next to the Municipal Library, T/F941213. Very helpful and knowledgeable, English spoken, open Mon-Fri 0830-1330, 1430-1700.

The Devil's Nose Train
See box, page 928

Train service is very limited, but the most spectacular part of the trip – the **Devil's Nose** and **Alausí Loop** – can still be experienced. The train usually leaves **Riobamba** on Wed, Fri and Sun at 0700, arrives in **Alausí** around 1100, reaches **Sibambe** about 1130-1200, and returns to Alausí by 1330-1400. From Riobamba to Sibambe and back to Alausí costs US$11; Alausí-Sibambe-Alausí US$7; Alausí back to Riobamba US$3.40. Tickets go on sale the day before departure, or the same morning at 0600, seats are not numbered, best arrive early. Riding on the roof is fun, but hang on tight and remember that it's very chilly early in the morning. It's also a good idea to sit as far back on the roof as possible to avoid getting covered in oil from the exhaust. The train service is subject to frequent disruptions and timetables are always changing, best enquire locally about current schedules. The railway administration office is on Espejo, next to the Post Office, where information is available during office hours, T960115, or at the station itself T961909. On the days when the train is not running, you can still experience the Devil's Nose and the scenery, by walking along the tracks down from from Alausí; a pleasant day trip. Horse rides in the area are also offered. *Metropolitan Touring* operates a private *autoferro* (motorized rail-car) on the Riobamba-Sibambe route. They require a minimum number of passengers but will run any day and time convenient to the group. Approximately US$120 per person.

Climbing Chimborazo
see also Riobamba Tour operators

At 6,310 m, this is a difficult climb owing to the altitude. No-one without mountaineering experience should attempt the climb, and rope, ice-axe and crampons must be used. It is essential to have at least one week's acclimatization above 3,000 m. The best seasons are December and June-September. Deglaciation has caused the formation of ice pinnacles, which has prevented climbers reaching the main, Whymper summit since late 2002. ■ *US$10 entrance fee. Flota Bolívar bus at 0845 from Riobamba Terminal Terrestre to just outside entrance, 1 hr, US$1.25.*

    Guides Trekking including guide, transport, equipment, shelter and food will cost about US$50 per person per day, minimum two persons. Climbing with qualified guides costs about US$140 per person per day. **Enrique Veloz Coronado**, technical adviser of the *Asociación de Andinismo de Chimborazo*, Chile 33-21 y Francia, T960916, best reached after 1500, very helpful, his sons are also guides and work with him. **Marcelo Puruncajas** of *Andes Trek*, member of *Aseguim*, highly recommended, speaks English, when not leading tours uses good guides, also offers trekking, 4WD transport and mountain biking. **Marco Cruz** of *Expediciones Andinas*, recommended, is a certified guide of the *German Alpine Club* and considered among the best and most expensive guides. **Rodrigo Donoso** of *Alta Montaña* (see Tour operators above), for climbing and a variety of trekking and horse riding trips, speaks English.

Sangay

Riobamba provides access to the central highland region of **Parque Nacional Sangay**, a beautiful wilderness area with excellent opportunities for trekking and climbing. A controversial new road runs from Guamote to Macas in the Oriente, cutting through Parque Nacional Sangay. It had been almost completed in 2003 and deforestation and colonization of the area had begun. It will, however, make a spectacular ride once it is open to traffic; enquire locally. Sangay is an active volcano; *South American Explorers* has information on organizing a trip; equipment, helmet, etc, and guide essential. This seven-day trek is tough: expect long, hard days of walking and severe weather.

Ecuador

Protection against falling stones is vital. *Mecánica Acosta*, Plaza Arenas, Quito (near the prominent basilica), will make shields, arm loops welded to an oil drum top, for US$2-3. December/January is a good time to climb Sangay. The most common access point for climbing Volcán Sangay is the town of Alao, reached by bus from Riobamba. Buses leave Riobamba for Alao from Benalcázar corner Primera Constituyente, Monday, Wednesday, Friday and Saturday 1100 and 1630, Tuesday and Thursday 1230, Sunday 0600 and 1100, 2 hours. All departure times approximate, be there at least 1 hour beforehand and wait.

Also in Sangay National Park is the beautiful **El Altar** volcano, whose crater is surrounded by snow-capped peaks. The most popular route begins at the village of Candelaria, one bus most days around noon from Parque La Libertad, Benalcázar y Primera Constituyente, opposite Mercado San Francisco, 1½ hours, US$1.25. About 2 km outside Candelaria, at the entrance to the national park, is **D** *Hostal Capac Urcu* at Hacienda Releche, T949761 (960848 Riobamba), hot water, some rooms with bath, comfortable, nice setting, meals available on request. They also operate a simpler *refugio* on the Collanes plain (book in advance) and can provide guides and pack animals. ■ *For information about Parque Nacional Sangay, Ministry of the Environment, Av 9 de Octubre y Quinta Macají, at the western edge of town, north of the roundabout at the end of Av Isabel de Godin, T963779; park people are only in the office in the early morning, be there before 0800. Park entry, US$10. From town take city bus San Gerardo-El Batán.*

The Southern Sierra

In the Southern Highlands are Ecuador's prime Inca site, one of its most spectacular national parks, and Cuenca, the focal point of El Austro *(as this part of the country is called), which boasts some of the country's finest colonial architecture. The Cuenca basin is also a major artesanía centre. The pleasant climate and magnificent scenery make this ideal walking country, with Vilcabamba, south of Loja, a particularly suitable base for trekking and horseback excursions. Recently opened, out-of-the-way border crossings provide access to Peru.*

Alausí
Phone code: 03
Colour map 1a, grid B3
Population: 5,500
Altitude: 2,250 m

This is the station where many passengers join the train for the amazing descent over *La Nariz de Diablo* to Sibambe. There is a Sunday market, in the plaza by the church, just up the hill from the station; *fiesta* late June.

Sleeping **D-E** *Panamericano*, 5 de Junio y 9 de Octubre, near the bus stop, T930278. Cheap restaurant, rooms cheaper without bath, hot showers, quiet at the back. **E** *Americano*, García Moreno 159, T930159. Hot water, a bit run down. **E** *Tequendama*, 5 de Junio 152, T930123. Shared bath, electric shower, basic but clean. **E-F** *Alausí*, Orozco y 5 de Junio near the coliseo, T930361. Cheaper without bath, electric shower, simple. Several other basic places.

Transport **Bus**: From **Riobamba**, 2 hrs, US$1.50, 84 km. To **Quito**, from 0600 onwards, about 20 a day, 5½ hrs, US$5.75; often have to change in Riobamba. To **Cuenca**, 4 hrs, US$5. To **Ambato** hourly, 3 hrs, US$3.10. To **Guayaquil**, 3 a day Mon-Fri, 6 hrs, US$5.25. **Coop Patria** has a small office where you can buy bus tickets. Other co-operatives have no office, but their buses pass through town, some at the highway and others outside the *Hotel Panamericano*. **Train**: The train to **Sibambe** leaves Wed, Fri and Sun around 1100, 2-3 hrs return, US$7. Alausí to/from Riobamba takes 4 hrs. Tickets go on sale around 0900. To check if it's running, T930126. (See box below.)

Cañar
Phone code: 07

This pleasant colonial town, 67 km north of Cuenca, is very much the indigenous capital of the province and is in a good area for walking. Its famous double-faced weaving is now difficult to find, although prisoners in the jail (Centro de Rehabilitación Social) sell backstrap weavings to pay for food. Several shops sell Cañar hats and the Sunday market is very colourful.

Sleeping and eating E-F *Ingapirca*, Sucre y 5 de Junio, on the plaza, T235201. Cheaper with shared bath, electric shower, basic but OK. **F** *Mónica*, just off main plaza, T235486. Some rooms with private bath, electric shower, basic, mixed reports. Very cheap meals are available at *Los Maderos*, 1 block from plaza; and *Don Panchito*, 24 de Mayo, food OK but count your change.

Transport Buses go every 15 mins to the Terminal Terrestre in Cuenca, US$1.25, 2 hrs; also to Quito and El Tambo (7 km).

Ingapirca

Ecuador's most important Inca ruin lies 8½ km east of Cañar, at 3,160 m. Access is from Cañar or El Tambo. The Inca Huayna Capac took over the site from the conquered Cañaris when his empire expanded North into Ecuador in the third quarter of the 15th century. Ingapirca was strategically placed on the Royal Highway that ran from Cusco to Quito and soldiers may have been stationed there. The site shows typical imperial Cusco-style architecture, such as tightly fitting stonework and trapezoidal doorways. The central structure may have been a solar observatory. Nearby is a throne cut into the rock, the **Sillón del Inga** (Inca's Chair) and the **Ingachugana**, a large rock with carved channels. A 10 minute walk away from the site is the **Cara del Inca**, or 'face of the Inca', an immense natural formation in the rock looking over the landscape. On Friday there is an interesting Indian market at Ingapirca. There is a good co-operative craft shop next to the church. ■ *Daily 0800-1800, US$6, including museum and guided tour in Spanish; bags can be stored. A small café serves cheap set lunches.*

Colour map1a, grid B3

The three-day hike to Ingapirca on an Inca trail starts at **Achupallas**, 25 km from Alausí. The *IGM* map (1:50,000 sheet, Juncal) is useful, also a compass. The name Ingapirca does not appear on the Cañar sheet and you may have to ask directions near the end. Good camping equipment is essential. Take all food and drink with you as there is nothing along the way. A shop in Achupallas sells basic foodstuffs. Some communities on the route may ask for contributions.

Inca Trail to Ingapirca

B *Posada Ingapirca*, 500 m above ruins (follow dirt road from parking lot up the hill, no signs), T215116, or T838508 (Cuenca), santaana@etapa.com.ec Comfortable rooms with bath, heating, including breakfast, excellent restaurant, good service. Warmly recommended. **E** *Inti Huasi*, in the village of Ingapirca, T215171. Nice rooms, quiet, hot water, restaurant. In **Achupallas** *Gilberto Sarmiento* has simple rooms for rent, F, at the shop where transport stops at entrance to town, T930657, shared bath, electric showers, use of kitchen. He also guides the walk to Ingapirca. Tour operators in Riobamba offer this trek for about US$150 pp, 3 days, everything included. In **El Tambo** The nearest town to Ingapirca, also provides access to the ruins. **F** *Pensión Estefanía*, on main street, T233126. Shared bath, cold water in buckets only, very basic and smelly. The local *comedores* are also pretty basic. There is a small Sat food market.

Sleeping & eating

There is an irregular service from **Alausí to Achupallas**. A bus or pick-up truck leaves most days from in front of the Residencial Tequendama but the departure time varies, US$1.25, 1 hr, a nice ride. To hire your own pick-up costs US$10-15 for up to 4 passengers, you can bargain. Transport may be more frequent (and crowded) on Sat for the Achupallas market. From the corner of 24 de Mayo and Borrero in **Cañar**, local buses leave every 20 mins for Ingapirca, 0600-1800, US$0.65, 1 hr; last bus returns from Ingapirca to Cañar at 1700. The same buses pass through El Tambo on their way to Ingapirca. Both Cañar and **El Tambo** have frequent bus services from Cuenca (US$1.65, 2 hrs), or you can get off any long-distance bus passing

Transport

Ecuador

through Cañar or El Tambo (eg heading south from Quito or Riobamba). *Transportes Cañar* has 2 direct buses daily from Cuenca to Ingapirca, at 0900 and 1300, returning 1300 and 1600, US$2.50, 2 hrs. Agencies in Cuenca offer day tours to Ingapirca for US$35-45, including visits to other nearby sites. It is a beautiful 4-hr, 16-km walk from Ingapirca to Cañar. The start of the road is clearly signposted, along the main street; take water.

Azogues
Phone code: 07
Colour map 1a, grid B3

Some 36 km south of Cañar, Azogues is the administrative capital of the province of Cañar. Its Saturday market is colourful. Beautifully situated on the hill is the city's huge church and convent San Francisco de la Virgen de las Nubes.

Sleeping and eating D *El Paraíso*, Alberto Ochoa y Av Veintimilla, sector La Playa in the north of town, T/F244729, hparaiso@cue.satnet.net Comfortable rooms in modern building, restaurant, parking, quiet neighbourhood, good value. **D** *Rivera*, Av 24 de Mayo y 10 de Agosto, T248113. Modern, comfortable, on busy street. **E** *Chicago*, 3 de Noviembre y 24 de Mayo, T241040. Hot water, basic. *Peleusí*, Sucre 308 y Emilio Abad, cafetería with nice atmosphere, for pizza, tamales, open 0900-1900, closed Sun. *Ochenta y siete*, 3 de Noviembre y 24 de Mayo, next to *Hotel Chicago*. Good. *El Padrino*, Bolívar 609 y 10 de Agosto. Popular.

Transport It is 30 mins by bus to **Cuenca** (31 km), US$0.65. The **bus terminal** is at the south end of town (30 mins' walk from centre or local bus). A paved road, which bypasses Biblián (north of Azogues), Azogues itself and Cuenca, speeds traffic heading south.

Cuenca

Phone code: 07
Colour map 1a, grid C3
Population: 600,000
Altitude: 2,530 m

Founded in 1557 on the site of the Inca settlement of Tomebamba, much of Cuenca's colonial air has been preserved, with many of its old buildings constructed of the marble quarried nearby and recently renovated. Its cobblestone streets, flowering plazas and whitewashed buildings with old wooden doors and ironwork balconies make it a pleasure to explore. The climate is spring-like, but the nights are chilly. In 1999 Cuenca was designated a UNESCO World Heritage Site.

Ins & outs
For more detailed information see Transport, page 937

Getting there The **Terminal Terrestre** is on Av España, 20 mins' walk northwest of the centre. The **airport** is 5 mins' walk from the Terminal Terrestre. Both can be reached by city bus. The **terminal for local buses** in the province is at the Feria Libre on Av Las Américas. Many city buses pass here.

Getting around The city is bounded by the Río Machángara to the north and the Ríos Yanuncay and Tarqui to the south. The Río Tomebamba separates the colonial heart from the newer districts to the south. Av Las Américas is a ring road around the city and the new multi-lane highway bypasses the city to the south.

Tourist offices *Ministerio de Turismo*, Sucre y Benigno Malo, on Parque Calderón next to the *municipio*, T839337, helpful, has a list of trained guides, *guías carnetizados*. ■ *Mon-Fri, 0830-1700. Cámara de Turismo*, at the Terminal Terrestre, T868482. ■ *Mon-Fri 0700-2100, Sat 0800-2000, Sun 0800-1300.*

Safety Cuenca is safer than either Quito or Guayaquil, but routine precautions are nonetheless advised. The city centre is deserted and unsafe after 2200. The areas around El Puente del Vado (Av 12 de Abril y Av Loja) and El Puente Roto (south end of Vargas Machuca) are unsafe at night. Market areas, especially Mercado 9 de Octubre, call for caution at all hours.

Sights

On the main plaza, **Parque Abdón Calderón**, are the Old Cathedral, **El Sagrario**, begun in 1557 (closed for restoration in 2002), and the immense 'New' **Catedral de la Inmaculada**, started in 1885. It contains a famous crowned image of the Virgin, a beautiful altar and an exceptional play of light and shade through modern stained glass. Other churches which deserve a visit are **San Blas**, **San Francisco** and **Santo Domingo**. Many churches are open at irregular hours only and for services. The church of **El Carmen de la Asunción**, close to the southwest corner of La

Inmaculada, has a flower market in the tiny **Plazoleta El Carmen** in front. There is a colourful daily market in **Plaza Cívica** where pottery, clothes, guinea pigs and local produce, especially baskets, are sold. Thursday is the busiest.

The **Banco Central 'Pumapungo'** museum complex, Calle Larga y Huayna Capac, on the edge of the colonial city is at the actual site of Tomebamba excavations. A **Parque Arqueológico Pumapungo** was scheduled to open at the site in 2003. The **Museo Arqueológico** section contains all the Cañari and Inca remains and artifacts found at this site. There are also book and music libraries, free cultural videos and music events. ■ *Mon-Fri 0900-1800, Sat 0900-1300. US$2. T831255. Entrance is on the far left of the building.* About 300 m from Pumapungo, at Calle Larga 287, there are excavations at the **Todos Los Santos** site which reveal traces of Inca and Cañari civilizations and show how the Spanish reused the stonework. ■ *Mon-Fri 0900-1300, 1500-1800, Sat 0900-1300. US$0.25.* Further along the river is the **Instituto Azuayo de Folklore**, better known as **CIDAP**, at Escalinata 303 y Calle Larga, extension of Hermano Miguel. It has an exhibition of popular art and a library and supports research and promotes sales for artisan workers; recommended craft shop, good information. ■ *Mon-Fri 0930-1300, 1430-1800, Sat 100-1300, free.* Nearby, the **Museo Remigio Crespo Toral**, at C Larga 7-07 y Borrero, has various collections housed in a restored mansion, nice café in basement. ■ *Closed for renovation in 2003.*

At Sucre 1527 y Talbot, on Plaza San Sebastián, is **Museo Municipal de Arte Moderno**, worth a visit for its permanent contemporary art collection and art library. It holds a biennial international painting competition and other cultural activities. ■ *Mon-Fri 0830-1830, Sat-Sun 0900-1300, free, T831027.* Across the river from the Museo del Banco Central, at Las Herrerías y 10 de Agosto, the **Museo de Artes de Fuego** has a display of wrought iron work and pottery. It is housed in a beautifully restored old building. ■ *Mon-Fri except for lunchtime and Sat morning.* Farther south of the river is the **Museo de las Culturas Aborígenes**, which has a good private collection of pre-Columbian archaeology, in the house of Dr J Cordero López at Larga 5-24 y Hermano Miguel. ■ *Mon-Fri 0830-1230, 1430-1830, Sat 0830-1230, but phone in advance, T838181, US$2; booklet for self-guided tours in English, Spanish and French. Getting there: Taxi from centre US$1.50.* Also south of city, on Avenida Fray Vicente Solano, beyond the football stadium, is **Turi church and mirador**. It's a two-hour walk or take a taxi; a tiled panorama explains the magnificent views.

There are sulphur baths at **Baños**, with a domed, blue church in a delightful landscape, 5 km southwest of Cuenca. These are the hottest commercial baths in Ecuador. Above *Hostería Durán* (see Sleeping) are four separate complexes of warm baths, *Marchan, Rodas, Familiar* and *Durán*. The latter two are by far the largest and best maintained, there are numerous hot pools and tubs and steam baths.

LL-L *El Dorado*, Gran Colombia 787 y Luis Cordero, T831390, www.hoteldorado.com Excellent restaurant, cafeteria open all day, internet, good views. **L** *Oro Verde*, Ordóñez Lazo, T831200, ecovc@gye.satnet.net Good restaurant, small pool, internet. On the road to Cajas, on a lagoon in the outskirts of town. **AL** *Crespo*, C Larga 793, T842571, www.ecuadorexplorer.com/crespo Restaurant, internet, some nice rooms overlooking the river, others dark or with no windows. **A** *El Conquistador*, Gran Colombia 665, T831788, www.hotelconquistador.com Buffet breakfast, good restaurant, internet, disco, avoid back rooms Fri and Sat, good value. **A** *Patrimonio*, Bolívar 6-22 y Hno Miguel, T831126, patrimo@ etapa.com Includes breakfast, restaurant, internet, modern, central.

B *Atahualpa*, Sucre 3-50 y Tomás Ordóñez, T831841, F842345. Includes breakfast, small restaurant and cafeteria, good. Recommended. **B** *El Molino*, Km 7.5 on road Azogues-Cuenca, T875367, F875358. Includes breakfast, restaurant, pool, pleasant location near river, rustic style. Reservations advised. Recommended. **B** *La Orquidea*, Borrero 9-31 y Bolívar, T824511, orquihos@etapa.com.ec Nicely refurbished colonial house, small patios, bright, good value. **C** *Alli Tiana*, Córdova y Padre Aguirre, T821955, F821788. Includes breakfast, restaurant, small rooms, nice view. **C** *Chordeleg*, Gran Colombia 11-15 y Gral Torres, T822536, hostalfm@etapa.com.ec Includes breakfast, charming, colonial style. **C** *Macondo*,

Sleeping
■ *on map*
Prices in Cuenca are a bit higher than elsewhere in Ecuador

Ecuador

Tarqui 11-64 y Lamar, T840697, macondo@cedei.org Includes breakfast, cooking facilities, restored colonial house, garden, US-run, Spanish classes. Highly recommended. **C** *Presidente*, Gran Colombia 659, T831066, hotelpresidente@yahoo.com Includes breakfast, good restaurant, internet, good value, comfortable, convenient.

D *Caribe Inn*, Gran Colombia 10-51 y Padre Aguirre, T835175, F834157. Cheap breakfast available, restaurant, pleasant and comfortable. **D** *Casa del Barranco*, C Larga 8-41 entre Benigno Malo y Luis Cordero, T839763, F822503. Restaurant, parking, some spacious rooms, laundry, welcoming, nice views over river. **D** *Catedral*, Padre Aguirre 8-17 y Sucre, T823204. Includes breakfast, good restaurant, coffee shop opens 0700, internet, cheerful, spacious, modern, but not very warm. English spoken. **D** *El Monasterio*, Padre Aguirre 7-24 y Sucre, T843609, monasterio724@hotmail.com Internet, cooking facilities, nice views, secure, mixed reports. **D** *Gran Hotel*, Torres 9-70 y Bolívar, T831934, F842127. Includes breakfast, restaurant, nice patio, popular meeting place. **D** *Milán*, Pres Córdova 989 y Padre Aguirre, T831104, hotmilan@etapa.com.ec Includes breakfast, restaurant, internet, view over market, rooms variable but clean. **D-E** *El Cafecito*, Honorato Vásquez 7-36 y Luis Cordero, T832337,

Cuenca

Ecuador

Sleeping
1 Alli-Tiana *C2*
2 Atahualpa *C5*
3 Catedral *B2*
4 Chordeleg *B2*
5 Crespo *D3*
6 El Cafecito *C3*
7 El Conquistador *B3*
8 El Dorado *B3*
9 El Monasterio *C2*
10 España *B5*
11 Gran Hotel *B2*
12 Milán *C3*
13 Norte *B4*
14 Pichincha *B2*
15 Presidente *B4*
16 Tito *B5*

0 metres 200
0 yards 200

elcafec@cue.satnet.net Good breakfast in restaurant with charming patio, noisy until midnight because of restaurant below, cheaper without bath, hot showers, colonial house. **E** *La Casa (Students' Residence)*, Hno Miguel 4-19, T837347. Shared bath, internet, cooking facilities, pick up from airport or bus station. **E** *Norte*, Mariano Cueva 11-63 y Sangurima, T827881. Good restaurant, renovated, large rooms, comfortable. Hotel is safe but not a nice area after dark. Recommended. **E** *Pichincha*, Gral Torres 8-82 y Bolívar, T823868, bath, internet, laundry, parking, spacious, helpful, luggage stored. Recommended. **E-F** *Tinku*, Larga 4-68 y Alfonso Jerves, T838520, tinkuenca@yahoo.es Restaurant and bar, shared bath, hot water, internet, cooking facilities, colonial house, helpful, English and French spoken.

   Near the bus terminal are D *España*, Sangurima 1-17 y Huayna Cápac, T831351, hespana@cue.satnet.net Includes breakfast, good restaurant, cheaper without bath, internet, spacious. Upstairs front rooms are best. **D** *Tito*, Sangurima 149 y M Vega, T829734, F843577. Restaurant very good value, safe. Several others of varying quality in this area.

   In Baños A *Hostería Durán*, Km 8 Vía Baños, T892485, F892488, with a restaurant, its own well-maintained, very clean pools, US$3 for non-residents, steam bath US$3, camping is allowed. There are also four *residencias*, all **F**.

   Furnished apartments *El Jardín*, Av Pumapungo y Viracochabamba, T804103, or write to Casilla 298. Cooking facilities and parking, US$495 a month **B** *Apartamentos Otorongo*, Av 12 de Abril y Guayas, T811184, pmontezu@az.pro.ec 10-15 mins walk from centre. With kitchenette, TV, phone, cleaning service included, very friendly owners, discount for longer stay.

Av Remigio Crespo, between the stadium and the coliseum, has a variety of *pizzerías*, *heladerías*, burger and sandwich bars, steak houses, bars and discos. The area is very popular with young people and lively at weekends. There are cheap *comedores* on the 2nd floor of Mercado Modelo, on 10 de Agosto y 18 de Noviembre. **Expensive** *Chifa Pack How*, Presidente Córdova 7-72 y Cordero. Good oriental cuisine. Recommended. *El Jardín*, in *Hotel Victoria*, Larga 6-93. Lovely, elegant, good food, closed Sun-Mon. *La Rotond*, 12 de Abril y José Peralta. Excellent French and international cooking, elegant, good view of the river and residential area. *Los Capulíes*, Córdova y Borrero, T832339. Bar-restaurant, excellent Ecuadorean cuisine, lovely setting, Andean live music Thu-Sat 2030, reservations recommended at the weekend. *Molinos del Batán*, 12 de Abril y Puente El Vado. Ecuadorean. Good setting by river, good food. *Villa Rosa*, Gran Colombia 12-22 y Tarqui. Very elegant, excellent food.

   Mid-range *Balcón Quiteño*, Sangurima 6-49 y Borrero, and Av Ordoñez Lazo 311 y los Pinos. Ecuadorean. Popular with the locals after a night's hard partying. *Casa Grande*, San Joaquín-La Cruz Verde. Grill, good food and value, in picturesque San Joaquín district

Eating
● on map
Most places are closed on Sun evening. Upmarket restaurants add 22% tax and service to the bill

Ecuador

● Eating
1 Café Austria *C3*
2 Chifa Pack How *C3*
3 El Jardín *C3*
4 El Túnel *B2*
5 Goura *C3*
6 La Barraca *B3*
7 Los Capulíes *C3*
8 Los Pibes *B3*
9 Raymipampa *B3*
10 Tutto Freddo *B3*
11 Wunderbar *D3*

where flowers and vegetables are grown and baskets made. *Chifa Asia*, Cueva 11 s/n, entre 34 y 68. Oriental cuisine, large portions. Recommended. *El Che Pibe*, Av Remigio Crespo 2-59. Latin American. *El Pedregal Azteca*, Gran Colombia 10-29 y Padre Aguirre. Good Mexican food. *El Paraíso*, Tomás Ordóñez 10-45 y Gran Colombia. Open Mon-Sat 0800-1600, good breakfast, excellent vegetarian food, cheap set lunch. *El Tequila*, Gran Colombia 20-59. Good Ecuadorean food, good value and service. *El Túnel*, Gral Torres 8-60. Quick service, romantic atmosphere, good, cheap lunch menu. *La Barraca*, Antonio Borrero 9-68 y Gran Colombia, opposite the Post Office. Breakfast, dinner, quiet music, coffee, excellent, open daily 0800-2300. *La Tasca*, Pasaje 3 de Noviembre bajos del Puente Roto. Cuban food. *Las Campanas*, Borrero 7-69 y Sucre. Good Ecuadorean food, open until 0200. *Las Tres Caravelas*, part of hotel *El Conquistador*. Good value, Ecuadorean and international fare. Andean live music at weekends. *Los Pibes*, Gran Colombia 776 y Cordero. Good pizzas and lasagne. *Los Sauces*, Bolívar 6-17. Original dishes. *NY Pizza*, Gran Colombia 10-43 y Padre Aguirre. Italian, good, especially the *calzones*.

Cheap *Caos*, J Jaramillo y Hermano Miguel. Good Italian food, pleasant atmosphere. Open Mon-Sat 1800-2400. *Goura*, Juan Jaramillo 7-27 y Borrero. Vegetarian, good cheap set lunch and pizza, great fruit salad, good choice of à la carte dinners. Recommended. *Sol Oriental*, Gran Colombia y Vega. Oriental cuisine, large portions.

Cafés *Café Austria*, Benigno Malo 5-99. Good cakes, pies, sandwiches, coffee, fruit, ice-cream, yoghurt, closed Mon. *Café Capuchino*, Bolívar y Aguirre. Open 0930, good hamburgers, real coffee and liqueur coffees. *Café Chordeleg*, Gran Colombia 7-87. Open 24 hrs, excellent breakfast. *Café Eucalyptus*, Gran Colombia 9-41 y Benigno Malo, www.cafeeucalyptus.com Tapas restaurant and bar, also offers full English breakfast, travel guide shop upstairs, detailed maps. A cosy hangout. *Cinema Café*, Luis Cordero y Sucre, above the *Casa de la Cultura* cinema, snacks, salads, popular. *The English Café & Bookshop*, Larga 6-69. Breakfast, juices, snacks and sandwiches, British-Ecuadorean run, English books for sale, closed Wed. *Heladería Holanda*, Benigno Malo 9-51. Open 0930, yoghurt for breakfast, good ice-cream, fruit salads, cream cakes. Recommended. *MiPan*, Pres Córdova 824 entre Cordero y Malo (also Bolívar y Aguirre). Open 0730, excellent bread, cakes, tarts, doughnuts, tea, coffee and chocolate. *Monte Bianco*, Bolívar 2-80 y Ordóñez, near San Blas church, good cakes, ice-cream, open Sun. *Raymipampa*, Benigno Malo 8-59, T834159, on Parque Calderón, also at Sucre 9-13 y Benigno Malo and Remigio Crespo 1-20 y Av del Estadio. Open daily, very popular, especially at lunchtime, local dishes, good ceviche, crêpes, good ice cream, excellent value. *Tutto Freddo*, Benigno Malo entre Gran Colombia y Bolívar. Ice-cream, pizza and sandwiches. *Wunderbar*, Hermano Miguel y C Larga, behind the Instituto Azuayo de Folklore. German-run, good atmosphere, good food and coffee, also vegetarian, book exchange, German magazines.

Bars & clubs *Chaos*, Honorato Vásquez y Hermano Miguel. Popular. *Tapas y Canciones*, Remigio Crespo y Galápagos. Small quaint *peña*. *La Vitrola*, Av Ordóñez Lazo, 500 m from *Hotel Oro Verde*. Bar, restaurant and *peña* with Latin music, excellent atmosphere. *Azúcar*, Pasaje 3 de Noviembre y 12 de Abril, under the Puente Roto bridge. Latin and international music. *La Mesa Salsoteca*, Gran Colombia 3-36 y Tomás Ordoñez. Latin music, salsa, popular among travellers and locals. *Papa Galo*, Remigio Crespo y Galápagos, in the Zona Rosa. Varied music, popular with local youth. *Pop Art*, Remigio Crespo y Solano. disco-bar, popular with tourists.

Entertainment **Cinemas** Films (evening) at *Casa de la Cultura*, Luis Cordero y Sucre. *Teatro Cuenca*, P Aguirre 10-50. *Multicines*, Av José Peralta, complex of 5 theatres and food court.

Festivals On **24 Dec** there is an outstanding parade: *Pase del Niño Viajero*, probably the largest and finest Christmas parade in all Ecuador. Children and adults from all the *barrios* and surrounding villages decorate donkeys, horses, cars and trucks with symbols of abundance. Little children in colourful Indian costumes or dressed up as Biblical figures ride through the streets accompanied by musicians. The parade starts at about 1000 at San Sebastián, proceeds along C Simón Bolívar and ends at San Blas about 5 hrs later. In the days up to, and just after

Christmas, there are many smaller parades. **10-13 Apr** is the *Foundation of Cuenca*. On **Good Friday** there is a fine procession through the town to the Mirador Turi. **Jun** *Septenario*, the religious festival of Corpus Christi, lasts a week. On **3 Nov** is *Independence of Cuenca*, with street theatre, art exhibitions and night-time dances all over the city. Cuenca hosts an internationally famous art competition every 2 years, which begins in **Apr** or **May**, co-ordinated by the Museo de Arte Moderno.

Shopping

The Cuenca region is noted for its artesanía

Good souvenirs are carvings, leather, basketwork, painted wood, onyx, ceramics, woven stuffs, embroidered shirts, jewellery, etc. There are craftware shops along Gran Colombia, in *El Dorado* hotel (good quality), and on Benigno Malo. *Arte Artesanías y Antigüedades* at Borrero y Córdova. Textiles, jewellery and antiques. *El Tucán*, Borrero 7-35. Ecuadorean *artesanía*. Recommended. *Galería Claudio Maldonado*, Bolívar 7-75. Unique pre-Columbian designs in silver and precious stones. *Centro Cultural Jorge Moscoso*, Pdte Córdova 6-14 y Hno Miguel, T822114. Weaving exhibitions, ethnographic museum, antiques and handicrafts. *Galería Pulla*, Jaramillo 6-90. Famous paintings, sculpture and jewellery. There are several good leather shops in the arcade off Bolívar between Benigno Malo and Luis Cordero, the quality and price are comparable with Cotacachi. *Artesa*, L Cordero 10-31 y Gran Colombia, several branches. Modern Ecuadorean ceramics at good prices. *Joyería Turismo* owned by Leonardo Crespo, at Gran Colombia 9-31. Recommended. He will let wholesale buyers tour his factory. *Unicornio*, L Cordero entre Gran Colombia y Lamar. Good jewellery, ceramics and candelabra.

High quality **panama hats** are made by *Homero Ortega P e Hijos*, Av Gil Ramírez Dávalos 3-86, T801288, www.homeroortega.com He will show you his factory opposite bus station, open 0900-1200, 1500-1800 for visits. Also *Kurt Dorfzaun*, Gil Ramírez Dávalos 4-34, T807563, www.kdorfzaun.com Good prices and display of the complete hat making process. *Exportadora Cuenca*, Mcal Lamar 3-80. Jaime Ortega Ramírez and his wife, Tania, will make to order and won't apply bleach if so asked. Highly recommended.

There's an interesting market behind the new cathedral. There is a well-stocked supermarket behind *Hotel España*; *Supermaxi*, Gran Colombia y Av de las Américas and on Av José Peralta, near the stadium. **Camping** equipment at *Bermeo Hnos*, Borrero 8-35 y Sucre, T831522; *Créditos y Negocios*, Benigno Malo y Pdte Córdova, T829583.

Tour operators

Day tours to Ingapirca US$35-45 pp; Trekking in Cajas about US$35 pp per day

Apullacta, Gran Colombia y G Torres. Rent tents. *Ecotrek*, C Larga 7-108 y Luis Cordero, T842531, ecotrek@az.pro.ec Contact Juan Gabriel Carrasco. Trips to Kapawi Ecological Reserve, excellent, experienced guides and great adventure travel, monthly departures, specialize in Shaman trips. *Enmotur*, Gran Colombia 10-45. Bus tours to Ingapirca. *Metropolitan Touring*, Sucre 6-62 y Hno Miguel, T831463, and Remigio Crespo y A Cordero, T816937. *Río Arriba*, Hermano Miguel 7-14 y Córdova, T840031, negro@az.pro.ec Recommended. *Travel Center*, Hermano Miguel 4-46 y C Larga, T823782, www.terradiversa.com Houses 3 tour operators: *Biketa*, for mountain biking; *Montaruna Tours*, T/F846395, www.montaruna.ch Horse riding, treks, German and English spoken, helpful, recommended; and *Terra Diversa Team*, T823782, info@terradiversa.com Jungle tours, well informed, very helpful. **Recommended guides**: *Luis Astudillo*, Azuay 1-48 entre Guayas y Tungurahua, T815234, tours to Ingapirca, Cajas and other local attractions. *Eduardo Quito*, T823018, F834202, has his own 4WD, special tours for up to 10 people, speaks good English. *José Rivera Baquero*, Pedro Carbo 1-48 y Guapondelig, very knowledgeable.

Transport

Local Bus: Terminal for local services is at the Feria Libre on Av Las Américas. Many city buses pass here. City buses US$0.25. Buses for **Baños** go from Cuenca and back every 5-10 mins, 0600-2330, US$0.25; buses pass the front of the Terminal Terrestre, cross the city on Vega Muñoz and Cueva, then down Todos los Santos to the river, along 12 de Abril and onto Av Loja. **Car rental**: *Inter*, Av España, opposite the airport, T801892. **Taxi**: US$1 for short journey; US$1.40 to airport or bus station. To Baños costs US$5.

Long distance Air: Airport is 5 mins walk beyond the terminal. No ticket reservations at the airport. To **Quito** US$58, **Guayaquil**, US$39, and **Macas**, with *TAME, Austro Aéreo* and *Icaro*. Schedules change often so ask. Reconfirm all flights. Arrive at least 1 hr before departure.

Ecuador

Bus The Terminal Terrestre is on Av España, northeast of centre, 20 mins walk, or take a minibus or taxi. It is well-organized and policed. Take daytime buses to enjoy scenic routes. To **Riobamba**, 6 hrs, US$6.25. To **Ambato**, 7 hrs, US$8.75. To **Quito**, 10 hrs, US$12. To **Loja**, 5 hrs, US$7.50. To **Machala**, 4 hrs, US$4.50, sit on the left, wonderful scenery. To **Guayaquil**, via Zhud, 5 hrs, US$8.75. To **Guayaquil**, via Cajas and Molleturo, 3½ hrs, US$8.75. To **Cajas National Park**, 1 hr, US$2. To **Macas** via Guarumales or Limón, 8-10 hrs, US$8.75; spectacular scenery but prone to landslides, check in advance if roads are open. To **Huaquillas**, 6 hrs, US$6.25. To **Azogues**, every 10 mins, US$0.65, 30 min. To **Saraguro**, US$5.25, 3½ hrs. To **Gualaquiza**, in the southern Oriente, 6 hrs, US$6.25. To **Alausí**, 4 hrs, US$5; all Quito-bound buses pass through.

Directory **Airline offices** *TAME*, Benigno Malo 508 y C Larga, T843222. *Austro Aéreo*, Hermano Miguel 6-86 y Pres Córdova, T832677, F848659. *Icaro*, Av España 1114, T802700, F808261. **Banks** *Banco del Pacífico*, Benigno Malo 9-75. TCs only. *Banco del Austro*, Sucre y Borrero, T842492. Visa ATM. *Banco de Guayaquil*, Sucre entre Hermano Miguel y Borrero. For Visa, MC and TCs. *Banco del Pichincha*, Av Solano y 12 de Abril, no commission on TCs (this is subject to change), also Visa. *MasterCard* office at Bolívar y T Ordóñez, T883577, F817290. *Vaz Cambios*, Gran Colombia 7-98 y Cordero, T833434. Open on Sat morning, efficient. No Peruvian currency is available in Cuenca. **Communications** **Internet:** rates US$0.70-1 per hr. Many to choose from. **Post Office:** on corner of Gran Colombia and Borrero, helpful. **Telephone:** ETAPA Benigno Malo 7-27y Sucre, access to internet Mon-Fri 0800-2200. Pacifictel, **Benigno Malo** entre Córdova y Sucre. **Language courses** Rates US$4.50-8 per hr. *Centers for Interamerican Studies (CEDEI)*, Gran Colombia 11-02 y Gral Torres, Edif Assoc de Empleados, T839003, www.cedei.org Classes in Spanish and Quichua, accommodation at short notice, recommended, *Hostal Macondo* attached. *Centro Abraham Lincoln*, Borrero y Honorato Vásquez, T830373. Small Spanish language section. *Sí Centro de Español e Inglés*, Hermano Miguel 6-86 y Pres Córdova, T846932, www.sicentro spanishschool.com Good, competitive prices, helpful, tourist information available. Recommended. **Medical services** Clinics: *Clínica Los Andes*, Mariano Cueva 14-68 y Pío Bravo, T842942/832488. Excellent care, clean, 24 hr service. *Clínica Santa Inés*, Dr Jaime Moreno Aguilar speaks English, Av Toral, T817888. *Farmacia Botica Internacional*, Gran Colombia 7-20 y Borrero. Experienced staff, wide selection. **Useful addresses** Immigration: Policía Nacional de **Migración**, Luis Cordero 6-62 y Pres Córdova, T831020, tourist visa extensions, Mon-Fri 0800-1230, 1500-1830.

North & east of Cuenca Northeast of Cuenca on the new road to Méndez in the Oriente, is **Paute** on the Río Palma, the site of Ecuador's largest hydroelectric plant. Deforestation is causing the dam to silt up, so it has to be continually dredged to function. **Gualaceo** is a thriving, modern town set in beautiful landscape, with a charming plaza. Its Sunday market doesn't cater for tourists. Woollen goods are sold on the main street near the bus station, while embroidered goods are sold from a private home above the general store on the main plaza. Inexpensive good shoes are made locally. South of Gualaceo is **Chordeleg**, a touristy village famous for its crafts in wood, silver and gold filigree (though very little is available nowadays), pottery and panama hats. Watch out for fake jewellery. *Joyería Dorita* and *Joyería*

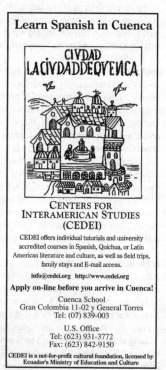

Ecuador

Puerto del Sol, on Juan B Cobos y Eloy Alfaro have been recommended. The small *Museo de la Comunidad* of local textiles, ceramics and straw work sells some items at reasonable prices. The church is interesting with some lovely modern stained glass. It's a good uphill walk from Gualaceo to Chordeleg, and a pleasant hour downhill in the other direction. South of Gualaceo, 83 km from Cuenca, **Sígsig**, with a fine Sunday market and a few *sombrerías*, is worth a visit.

Sleeping In Paute: A *Hostería Huertos de Uzhupud*, T250339, huzhupud@cue.satnet.net, set in the beautiful Paute valley, deluxe, rooms at the back have best views, swimming pool, sports fields, gardens, lots of orchids, recommended (but has small zoo), taxi from Cuenca US$18.75. **In Gualaceo**: **B** *Parador Turístico*, T255010, outside town, chalets, rooms, modern, nice, swimming pool, good restaurant. On the same street but further down the hill are other hotels (**D-F**), including *Res Gualaceo*, Gran Colombia 302, T255006, private or shared bath, camping possible.

Transport To Gualaceo: Buses from the Terminal Terrestre in Cuenca to Gualaceo, US$0.65, 45 mins. **To Chordeleg**: Plenty of local transport, US$0.20 from Gualaceo market, every 30 mins; direct bus from Cuenca, 1½ hrs, US$0.75. **To Sigsig**: Bus from Cuenca 1½ hrs, US$1.25, hourly bus also from Chordeleg.

Northwest of Cuenca, Cajas is a 29,000 ha national park with over 250 lakes. Near the entrance is an altar and pilgrim area where a teenager saw 'Our Lady of the Faith' in 1988. The *páramo* vegetation, such as chuquiragua and lupin, is beautiful and contains interesting wildlife: Andean gull, black frogs, humming birds, even condors. On a clear morning the views are superb, even to Chimborazo, some 300 km away. **Parque Nacional Cajas**

Getting there From Cuenca's Terminal Terrestre take any **Guayaquil** bus that goes via Molleturo (not Zhud), 1 hr, US$1.65. There are organized tours to the **lakes** from Cuenca, fishing possible, about US$35. The road from Cuenca to Guayaquil via Molleturo is fully paved. The road passes through Parque Nacional Cajas and continues over the mountains to the towns of Molleturo and Jesús María and on to the coast. The scenery is spectacular and there are still a few places where there is undisturbed forest. There is nowhere to stay after the *refugio* at Laguna Toreadora (see above) until you reach the lowlands between Naranjal and La Troncal.

The park offers ideal but strenuous walking, at 3,500 m-4,400 m altitude, and the climate is rough. Deaths have occurred from exposure. The best time to visit is August-January, when you may expect clear days, strong winds, night-time temperatures to –8°C and occasional mist. From February-July temperatures are higher but there is much more fog, rain and snow. It is best to arrive in the early morning since it can get very cloudy, wet and cool after mid 1300. Local maps are not always exact. It is better to get the *IGM* maps in Quito (Chaucha, Cuenca, San Felipe de Mollerturo, or Chiquintad 1:50,000) and take a compass. It is easy to get lost as signs are of little help.

Sleeping There is a *refugio* at Laguna Toreadora (**E** pp), cold, cooking facilities. There are also two primitive shelters by the shore of the lake, a 20- and 40-min walk from the refuge. Take food, fuel, candles, sleeping bags, warm clothes and strong sun cream. Camping costs US$5. US$10.

South of Cuenca

From Cuenca, the Pan-American Highway runs south to La Y, about 20 km away. Here the road divides into two: one continues the Pan-American to Loja, and the other runs through sugar cane fields to Pasaje and Machala. Most buses between Cuenca and the Peruvian border at Huaquillas (see page 954) go northwest to La Troncal, then south down the coast. The road between Cuenca and Loja is paved but often deteriorates after heavy rains. It undulates through several passes and is one of the most beautiful and breathtaking in Ecuador.

Ecuador

Saraguro

Phone code: 07
Colour map 1a, grid C3
Population: 3,124
Altitude: 2,500m

On the road to Loja is this old city, where the local people, the most southerly Andean group in Ecuador, dress all in black. The men are notable for their black shorts, sometimes covered by a whitish kind of divided apron, and a particular kind of saddle bag, the *alforja*, and the women for their pleated black skirts, necklaces of coloured beads and silver *topos*, ornate pins fastening their shawls. The town has a picturesque Sunday market and interesting Mass.

Sleeping and eating F *Res Armijos*, C Antonio Castro, T200306. Shared hot shower, quiet, basic. F *Res Saraguro*, C Loja No 03-2 y Antonio Castro, T200286. Shared bath, nice courtyard, hot water, basic, good value. Recommended. *Salón Cristal*, Azuay y Castro. Lunch only, simple but good food, clean. *Reina del Cisne*, at the park. Set meals.

Transport Buses to and from **Cuenca** throughout the day, US$5.25, 3½ hrs; to **Loja**, US$1.75, 2 hrs. Check if your bus is leaving from the plaza or the Panamericana.

Loja

Phone code:07
Colour map 1a, grid C3
Population: 118,000
Altitude: 2,063 m

This friendly, pleasant highland city, encircled by hills, is a traditional gateway between the highlands and southern Amazonia. It was founded on its present site in 1548, having been moved from La Toma, and was rebuilt twice after earthquakes, the last of which occurred in the 1880s. The city has two universities, with a well-known law school. The Universidad Nacional has good murals on some of its buildings. There are crude paintings on the patio walls of many of the old houses. In 2002, Loja won international awards for its beautiful parks and for recycling garbage. Loja is famed for its musicians and has one of the few musical academies in the country. Musical evenings and concerts are often held around the town.

The **Cathedral** and **Santo Domingo** church, Bolívar y Rocafuerte, have painted interiors. **El Valle** church, on the south edge of the city is colonial, with a lovely interior. **The Museo de la Historia y Culturas Lojanas del Banco Central** on the main plaza, 0800-1600, has exhibits of local art, archaeology, folklore and history, and the **Casa de la Cultura**, Colón entre Bolívar y B Valdivieso, sponsors cultural events and serves local dishes. **Mercado Centro Comercial Loja** (Mercado Modelo), 10 de Agosto y 18 de Noviembre, rebuilt in 1991, is worth a visit. It is efficient and the cleanest in Ecuador. ■ *Mon-Sat (the main market day) 0600-1630, Sun 0600-1330*. At Puente Bolívar, by the northern entrance to town, is a fortress-like monument and a lookout over the city, known as **La Entrada de la Ciudad**. It has art exhibits at ground level and a small café upstairs, a good place to take pictures. ■ *0800-2100*. Also in the north of the city, a couple of blocks east of the Terminal is the **Parque Recreacional Jipiro**, a well maintained, clean park, good to walk and relax in. It is popular at weekends. Take the city bus marked 'Jipiro', a 5-minute ride from the centre.

Parque Educacional Ambiental y Recreacional de Argelia is superb, with trails through the forest to the *páramo*. It is 500 m before the police checkpoint on road south to Vilcabamba. ■ *0830-1700 except Tue and Wed. Take a city bus marked 'Argelia'.* Across the road and 100 m south is the **Jardín Botánico Reynaldo Espinosa**, which is nicely laid out. ■ *Mon-Fri 0800-1600, US$ 0.75.*

Sleeping

There are a few basic residenciales in our F range on Rocafuerte, also some along Sucre with mostly short stay customers.

A *Libertador*, Colón 14-30 y Bolívar, T570344, hlibloja@impsat.net.ec Excellent breakfast (US$2), good restaurant, pool, comfortable but can be noisy. **B** *Bombuscaro*, 10 de Agosto y Av Universitaria, T577021, bombus@ impsat.net.ec Includes breakfast, comfortable rooms and suites, good service. Recommended. **C** *Aguilera Internacional*, Sucre 01-08 y Emiliano Ortega, T572894, F584660. Includes breakfast, restaurant, parking, nice rooms, sauna, gym. **C** *Hostal del Bus*, Av 8 de Diciembre y JJ Flores, T575100, hdelgado@impsat.net.ec Restaurant, opposite the terminal, carpeted rooms and suites. **C** *Ramsés*, Colón 14-31 y Bolívar, T562290, F571402. Good restaurant, modern. **C** *Vilcabamba*, Iberoamérica y Pasaje la FEUE, T573393, F561483. Includes breakfast, on the river, pleasant, discount for *Handbook* users. **D** *Acapulco*, Sucre 749 y 10 de Agosto, T570651. Safe for leaving luggage, 1st floor rooms are

Ecuador

quieter in the mornings. Recommended. **D** *Chandelier*, Imbabura 14-82 y Sucre, T563061, F578233. With TV, parking, OK. **D** *Metropolitano*, 18 de Noviembre 6-41 y Colón, T570007, F570244. Reasonable, some refurbishment completed. **D-E** *Internacional*, 10 de Agosto 15-30 entre Sucre y 18 de Noviembre, T578486. Cheaper with shared bath, electric shower, older place but refurbished and OK. **F** *Londres*, Sucre 741 y 10 de Agosto. Hot water, nice big rooms, basic but comfortable. **F** *Hostal San Antonio*, 18 de Noviembre entre Quito y Valdivieso, T581196. Hot showers, parking, restaurant, but thin walls.

Mid-range *200 Millas*, Juan José Peña y 10 de Agosto. Good fish and seafood. *Café Azul*, Eguiguren entre Bolívar y Sucre. Crêpes, salads, sandwiches, lasagna. Closed at midday. *Diego's*, Colón 14-88 y Sucre, 2nd floor, very good cheap set lunch and mid-range à la carte, very popular, open 0730-2200 daily. Recommended. *La Capiata*, Av Cuxibamba y Tena. Very good seafood. *Parrilladas El Fogón*, 8 de Diciembre y Flores, across from the bus station. Good grill and salad bar. *Rincón de Francia*, B Valdiviezo y Eguiguren. Very good food, imaginative cooking, small portions. *Salud y Vida*, Azuay near Olmedo. Vegetarian.

Cheap *Chifa El Arbol de Oro*, Bolívar y Lourdes, opposite Mercado San Sebastián. Good cheap Chinese food. *La Tullpa*, 18 de Noviembre 06-32 y Colón. Cheap set meals and good selection à la carte. *Los Tayos*, Sucre 06-55. Regional specialties, choice of cheap set meals, open Sun. *Tamal Lojano*, 18 de Noviembre y Imbabura. Cheap set lunches, good tamales and other local snacks in the evening. Recommended.

Cafés *Topoli*, Riofrío y Bolívar. Best coffee and yoghurt in town, good for breakfast (closed for lunch). *El Jugo Natural*, J Eguiguren 14-18 y Bolívar. Very good fresh juices and breakfast. Closed Sun. *Yogur & Helados*, 24 de Mayo y V Vivar, east of the centre. Good ice-cream and yoghurt.

Eating
Most restaurants downtown are closed on Sun, when you have more options by the bus terminal

Many other places in the centre serve seriously cheap set meals of varying quality

16-20 Aug *Fiesta de la Virgen del Cisne*, the statue of the Virgin spends a month each year travelling around the province; the most important peregrination is the 3-day 70 km walk from El Cisne to Loja cathedral, beginning **17 Aug**. The last 2 weeks of Aug and the 1st week of Sep are crowded.

Festivals

Cer-Art Ceramics, pre-Columbian designs on ceramics, produced at the Universidad Técnica. Above the Universidad Técnica is the 'Ceramics Plaza', where you can buy directly from the crafts studio. A little higher on the same road is *Productos Lacteos*, selling cheeses and fresh butter, all produced by the university.

Shopping

Aratinga Aventuras, Lourdes 14-80 y Sucre, T/F582434, jatavent@cue.satnet.net Specializes in birdwatching tours, overnight trips to cloud forest. Pablo Andrade is a knowledgeable guide. *Biotours*, Eguiguren y Olmedo, T578398, biotours@loja.telconet.net City, regional and jungle tours, airline tickets.

Tour operators

Air The airport is at La Toma (Catamayo), 35 km west, shared taxi US$3 pp (see Loja to the Peruvian border below). There are *TAME* and *Icaro* flights to Quito direct or via Guayaquil. Flights are often cancelled due to strong winds and the airport is sometimes closed by 1000. The *TAME* office is at 24 de Mayo y E Ortega, T573030, Mon-Fri 0830-1600. *Icaro* is at Eguiguren y Olmedo, T578416.

Bus Terminal at Av Gran Colombia e Isidro Ayora, buses every 2 mins to/from centre, 10 mins journey; left luggage, information desk, shops, *Andinatel* office, US$0.15 terminal tax. Taxi from centre, US$1.25. To **Cuenca**, 5-6 hrs, 7 a day, US$7.50. **Machala**, 10 a day, 5 hrs, US$6.25 (3 routes, via Piñas, for **Zaruma**, unpaved and rough but very scenic; via Balsas, fully paved and also scenic; and via Alamor, for **Puyango petrified forest**, military checkpoints on route). **Quito**, US$15, 16 hrs. *Panamericana Internacional*, office at *Grand Hotel Loja* (Iberoamérica y Rocafuerte), luxury service to Quito (US$18.75). **Guayaquil**, 8 hrs, US$10. . To **Huaquillas** , US$5, 5 hrs direct; or get off at Machala crossroads, *La Avanzada*, and take a local bus from there. To **Macará**, 5 hrs, US$6.25. To **Saraguro**, several daily, 1½ hrs, US$1.75. To **Vilcabamba**, a spectacular 1½-hour bus ride; *Sur Oriente* leave hourly from the bus terminal, US$0.75; *Taxiruta* (shared taxis) along Av Iberoamérica, US$1.25, 1 hr (US$6.25 to have the car to

Transport
All buses leave from the Terminal Terestre at the north of town, some companies also have ticket offices in the centre

Ecuador

yourself); *Vilcabaturis* vans, from the bus terminal, every 30 minutes, US$1.25, 1 hr. To **Zamora**, hourly, 2 hours, US$2.50. To **Zumba** via Vilcabamba, with *Sur Oriente* and *Unión Cariamanga*, 7 daily (1st at 0530, 2nd at 0800), 7 hrs, US$67.50 To **Piura (Peru)**, luxury coach service with *Loja Internacional*, at 0700, 1300 and 2130 daily, 8 hrs including border formalities, US$10 (reservations can be made in Vilcabamba with *Vilcabaturis*). Also with the Peruvian bus company *Civa*, at 2130 daily.

Directory **Banks** *Banco de Guayaquil*, Eguiguren y Valdivieso, TCs and Mastercard. *Banco del Austro*, Eguiguren 14-12 y Bolívar, Visa. *Mutualista Pichincha*, on plaza, Mastercard. There is nowhere to change Peruvian currency. **Communications** Internet: Many internet cafés in town, price about US$1.50 per hr. **Post Office:** Colón y Sucre; no good for sending parcels. **Pacifictel:**, Eguiguren entre Olmedo y Valdivieso. **Embassies and consulates** *Peru*, Sucre y Azuay, T571668. **Tourist information** *Ministerio de Turismo*, Sucre y Eguiguren, edif Banco de Fomento, p 4, T572964, miturgfs@impsat.net.ec Open Mon-Fri 0830-1300, 1430-1730. *Loja tradición, cultura y turismo*, is a useful guidebook available at the *municipio* for US$5. **Useful addresses** Immigration: Bolivia y Argentina, T573600.

Parque Nacional Podocarpus Podocarpus offers spectacular walking country, lush tropical cloud forest and excellent bird-watching. There are two sections to the park: the upper (premontane) section and the lower (subtropical) section. The entrance to the upper section is about 15 km south of Loja on the Vilcabamba road at Cajanuma. Take waterproofs and warm clothing. Permits (US$10) are sold at the park entrance; they are valid for both upper and lower sections of the park. A map is available at the park office at Calle Azuay entre Valdivieso y Olmedo, Loja (T571534; open 0800-1230, 1330-1630). There is a sleeping area upstairs at the information centre in Cajanuma (**G** pp), also *cabañas*. In both cases take sleeping bag, stove and cooking utensils; make bookings at office in Loja before going. Camping is possible but it can be very wet. Park guardian Miguel Angel is knowledgeable. The lower altitude of the Zamora side makes wet weather less threatening but waterproof boots are essential, entrance fee US$10. There is a refuge at Bombuscaro (**G** pp, cold shower), free camping is possible nearby. Park guardians can suggest walks. Incredible bird life: mountain tanagers flock around the refuge.

Information For a map of the area and further information, try the **Ministerio del Ambiente** in Loja, Sucre entre Quito e Imbabura, T/F585421, podocam@impsat.net.ec In Zamora contact the Ministerio at T/F605606. Conservation groups working in and around the park include: **Arcoiris**, Segundo Cueva Celi 03-15 y Clodoveo Carrión, T/F577499, have a lodge at San Francisco, 1 hr from Loja on the Zamora road, **E** pp, camping, take food, good trail system. **Biocorp**, J A Eguiguren y Olmedo, T/F576696; **Fundación Ecológica Podocarpus**, Av 24 de Mayo, T571734; and **Programa Podocarpus**, Clodoveo Carrión y Pasaje M de J Lozano, Ciudadela Zamora, T585924.

Transport To the **upper section**: take a Vilcabamba bus, the park entrance is 20 mins from Loja, US$1, then it's an 8-km hike uphill to the guard station. Direct transport by taxi only, US$12.50 round trip. You can arrange a pick up later from the guard station. To the **lower section**: there are 2 possible entrances. Bombuscaro can be reached from **Zamora** (see below). Take a taxi US$6 to the entrance, then walk 1 km to the refuge. The other entrance is at **Romerillos**, 2 hrs south by bus. Bus departs Zamora 0630 and 1415, return to Zamora at 0815 and 1600. A 3-5 day hike is possible into this part of the park, contact the **Ministerio del Ambiente** in Zamora (see above) or **Fundación Maquipucuna** in Quito, Baquerizo Moreno E9-153 y Tamayo, T2507200, www.maqui.org

Zamora
Population: 10,500

colinas@verdes.
ecuanex.net.ec,
for information

The scenic road to the Oriente crosses a low pass and descends rapidly to Zamora, an old mission settlement about 65 km away at the confluence of the Ríos Zamora and Bombuscaro. The road is beautiful as it wanders from *páramo* down to high jungle, crossing mountain ranges of spectacular cloud forest, weaving high above narrow gorges as it runs alongside the Río Zamora. The town itself is a midway point for miners and gold prospectors heading further into the Oriente. There are two *orquidearios*, *Tzanka* (1 block form plaza, T605692) and *Paphinia* (5 km from town). The best month is November, but except for April-June, when it rains almost constantly, other months are comfortable.

Sleeping and eating   D *Maguna*, Diego de Vaca, T605113. Electric shower, parking, fridge, quiet, very welcoming, good restaurant. E *Seyma*, 24 de Mayo y Amazonas, T605583. Shared bath, parking, OK. F *Gimyfa*, Diego de Vaca, 1 block from Plaza, T605104. Quiet and nice. F *Venecia*, Sevilla de Oro, T605289. Shared bath, basic. F *Zamora*, Sevilla de Oro y Pío Jaramillo, T605253. Shared bath, parking, OK. *Comedor Don Pepe*, set meals and à la carte. *Esmeraldas*, in the market area opposite the bus terminal. Recommended.

Transport   All buses leave from Terminal Terrestre. To **Loja**, frequent, 2 hrs, US$2.50; to **Yantzaza** and **La Paz**, 6 a day.

Vilcabamba

Once an isolated village, Vilcabamba has become increasingly popular with foreign travellers, an established stop along the gringo trail between Ecuador and Peru. The whole area is beautiful and tranquil, with an agreeable climate (17°C minimum, 26°C maximum). There are many places to stay and several good restaurants. There are many good walks in the Río Yambala valley and on the Mandango mountain trail (exposed and slippery in parts). This is also a splendid area for longer excursions. Most tours are on horseback to private reserves in the foothills east of town. Trekkers can continue on foot through orchid-clad cloud forests to the high cold *páramos* of Podocarpus National Park. Also, a 37.5 km *Sendero Ecológico* has been opened between Loja and Vilcbamba. This unpaved track is intended for trekking, cycling and horseback riding.

   NB   Vilcabamba has become famous among travellers for its locally-produced hallucinogenic cactus juice called San Pedrillo. In addition to being illegal, it is more dangerous than it may seem because of flashbacks which can occur months or years after use. The resulting medical condition has been named the 'Vilcabamba Syndrome' and can affect sufferers for the rest of their lives. Tourist demand for San Pedrillo and other drugs is changing Vilcabamba for the worse and has angered much of the population.

Phone code: 07
Colour map 1a, grid C3
Altitude: 1,520 m

Transport details given under Loja

Ecuador

Sleeping

We have received reports of visitors being pressured to stay in a particular establishment. There is ample selection, so look around, make your own choice

A-C *Madre Tierra*, 2 Km north on road to Loja, follow signs, T580269, www.madretierra1.com Includes breakfast and dinner, cheaper in dorm, pool, a variety of cabins from new and very nicely decorated, to simple. Superb home cooking, vegetarian to order. Non-residents must reserve meals a day in advance. Spa (extra charge), videos, horse rental, English and French spoken, very popular. Highly recommended. B *Hostería Vilcabamba*, by the northern bridge, T580271, F580273. Includes breakfast, good restaurant and bar, pool and spa, comfortable, good. C *Las Ruinas de Quinara*, Diego Vaca de Vega east of centre, T580301, www.lasruinasdequinara.com Includes breakfast and dinner (vegetarian available), pool, internet, videos, sports facilities, looks OK, but negative reports received. C-D *Cabañas Río Yambala*, www.vilcabamba.cwc.net At the upper end of the Vilcabamba Valley, a beautiful 4 km walk from the village, owned by Charlie and Sarah, different types of cabins for 3 to 6, or room, beautiful views in all directions, price includes breakfast and dinner, kitchen facilities if required, shopping done for you, vegetarian restaurant, hot showers, laundry service, very helpful, access to Las Palmas private nature reserve, good birdwatching. Highly recommended. D *Izhcayluma*, 2 km south on highway, www.izhcayluma.com Good restaurant with European specialities, fan, parking, cheaper with shared bath, comfortable cabins, nice grounds, lovely views, German-run. Recommended. D *La Posada Real*, Agua del Hierro s/n, T580904, laposadareal@yahoo.com Includes breakfast, US$4 per day for use of kitchen, nice location and views, facilities are OK but overpriced. D *Las Margaritas*, Sucre y Clodoveo Jaramillo. Good breakfast, pool, parking, very comfortable rooms, spacious, nice garden, family atmosphere, English and German spoken. Recommended. D-E *Hidden Garden*,

Sucre y Diego Vaca de Vega, T/F580281, hiddengarden@latinmail.com Includes breakfast, shared bath, cooking facilities, quiet, nice garden, due for renovation in 2003. **D-E** *Rumi Wilco Ecolodge*, 10-mins' walk SE town (information at *Primavera* craft shop on main park), ofalcoecolodge@yahoo.com With fully furnished kitchen, a cabin for 4 built on stilts. Also other equipped, adobe cabins in a country setting. Owners Orlando (see Tour operators, below) and Alicia. Recommended. **E-F** *Mandango*, Guilcopamba y Juan Montalvo behind the market. Cheaper with shared bath, electric shower, small pool, laundry/cooking facilities. **F** *Don Germán*, Bolívar y Clodoveo Jaramillo (no sign), T673130. Shared bath, hot water, laundry/cooking facilities, simple, family run, friendly owner: Sra Libia Toledo. **F** *Valle Sagrado*, on main plaza, T580686. Cheaper without bath, hot water, cooking and laundry facilities, ample grounds, basic rooms and facilities.

Eating Excellent meals at hotels *Madre Tierra* and *Izhcayluma* (a day's advance notice is required for non-residents at the former). The following are all on or near the plaza. *El Jardín*, Sucre y Agua de Hierro, next to *Hidden Garden*. Authentic Mexican food and drinks, pleasant atmosphere, attentive service. *El Ché*, on Bolívar. Argentine specialties, small place, good quality and generous portions. *Natural Yogurt*, on Bolívar. Yogurt, crêpes, light fare. *Huilcopamba*, D Vaca de Vega y Sucre. Cheap set meals, good local food. *Cafetería Solomaco*, Sucre y Luis Fernando de Vega. Breakfast, excellent home baked bread and pastries. Several other restaurants on and near the plaza, including a couple of places serving very cheap set meals. On the road to Yamburara are *Manolo's Pizzería* , just after 2nd bridge, pizzas, juices, sandwiches; and *Shanta's*, across the road from *Ruinas de Quinara*, specialities are trout and frog legs, pleasant atmosphere, has laundry.

Tour operators
Horse trekking tours
US$25-$30 pp per day

Caballos Gavilán, Sucre y Diego Vaca de Vega, T580281, gavilanhorse@yahoo.com Run by New Zealander Gavin Moore, lots of experience, good horseman. *Caminatas Andes Sureños*, Bolívar by the plaza, T673147, jorgeluis222@latinmail.com Run by Jorge Mendieta, knowledgeable. *Centro Ecuestre*, Diego Vaca de Vega y Bolívar, T/F673183, centroecuestre@hotmail.com A group of local guides, helpful. *Orlando Falco* is an experienced English-speaking guide. Contact through *Rumi Wilco Ecolodge* (see Sleeping above) or *Primavera* craft shop on plaza. *Inca Tours*, T673142. Owner René takes 2-day horse riding tours to Podocarpus, also 1-day trips, good horses, knowledgeable. *Las Palmas*, a nature reserve run by Charlie and Sarah, at *Cabañas Río Yambala*, see Sleeping above. *Solomaco*, Sucre y Diego Vaca de Vega, T/F673186, solomaco@hotmail.com French-run by Bernard and Martine, friendly and helpful.

Directory **Communications** **Internet:** service is scarce, slow and expensive, about US$3 per hr. Better to do your email in Loja. **Telephone:** *Pacifictel* Bolívar near the park, poor service, long queues. **Tourist office** On the main plaza next to *Pacifictel*, T580890, open 0800-1200, 1400-1800, closed Tue and Fri, friendly and helpful. *Avetur*, an association of Vilcabamba hotels and tour operators, has an information office in the Loja bus station.

Loja to the Peruvian border

An alternative to the Huaquillas border crossing is the quieter and more scenic route via Macará. Leaving Loja on the main paved highway going west, the airport at **La Toma** (1,200 m) is reached after 35 km. If flying to or from La Toma, it's best to stay at **Catamayo**, nearby. **C** *Los Almendros*, on the main road west of town, T677293, F570393, private bath, hot water, pool, restaurant and bar, parking. **E-F** *Reina del Cisne*, Isidro Ayora on the plaza, T677414, cheaper with shared bath, cold water, fan, simple but OK. **E-F** *Rossana*, Isidro Ayora y 24 de Mayo, T677006, cheaper with shared bath, cold water, also cheaper annexe next door. ■ *Taxi to airport US$1.25, or 20 mins walk.* At Catamayo, where you can catch the Loja-Macará-Piura bus, the Pan-American Highway divides: one branch runs west, the other south. The former, which is faster, runs via Velacruz and Catacocha, with one passport check. **Catacocha** is a spectacularly placed town built on a rock; there are pre-Inca ruins around the town. From Catacocha, the paved road runs south to the border at Macará.

Ecuador

The south route from Catamayo to Macará is via Cariamanga. The road is paved to **Cariamanga**, via **Gonzanamá**, a pleasant, sleepy little town famed for the weaving of beautiful *alforjas* (multi-purpose saddlebags). It's 27½ km to Cariamanga (hotels, banks), then the road twists its way westwards to **Colaisaca**, before descending steeply 2,000 m to **Utuana** and then on to **Macará**, on the border. There is a choice of accommodation here and good road connections to Sullana and Piura in Peru.

Sleeping in Macará D *El Conquistador*, Bolívar y Calderón, T694057. Includes breakfast, hot water, fan, parking, modern and comfortable, new in 2002. **D** *Espiga de Oro*, C Ante opposite the market, T695089. Cold water, fan, parking, OK. **D** *Santigyn*, Bolívar y Rengel, T695035. Hot water, fan, some rooms with fridge, modern, comfortable. **E** *Bekalus*, Valdivieso entre 10 de Agosto y Rengel, T694043. Cheaper with shared bath, cold water, parking, simple but good value. **E** *Hostal del Sur*, on Veintimilla, T694189. Private bath, cold water, modern, small rooms, new in 2002. **E-F** *Paraíso*, Veintimilla 553, T694107. Cheaper with shared bath, cold water, simple. **G** *Amazonas*, Rengel 418, T694067. Shared bath, cold water until 1000, very basic.

Transport *Coop Loja* and *Cariamanga* have frequent buses, daily from Macará to **Loja**; 5-6 hrs, US$6.25. *Loja Internacional* buses, which have direct service Loja-**Piura**, 3 daily, can also be boarded in Macará. They pass through at 0330, 1300 and 1830; US$4.25 to Piura, 3 hrs. *Coop Loja* also has service to **Quito**, US$17.50, 17 hrs, and **Guayaquil**, US$11.25, 9 hrs.

Border with Peru

Ecuadorean immigration is open 24 hrs. Formalities last about 30 minutes. It is reported as a much easier crossing than at Huaquillas. During the day there are money changers dealing in soles at the international bridge and in Macará at the park where taxis leave for the border. The international bridge over the Río Macará is 2½ km from town. There is taxi and pick-up service (US$0.30 shared, US$1.25 private). On the Peruvian side, minivans and cars run La Tina-Sullana, US$3, 1½-2 hours (try to avoid arriving in Sullana after dark).

New border crossings

From Cariamanga (see above), a rough, unpaved road runs two hours south to **Amaluza**, a pleasant town, with a nice plaza and imposing modern church. There are two basic hotels (best is **F** *El Rocío*, on the plaza), and several well stocked shops. *Unión Cariamanga* has five daily buses from Loja to Amaluza, *Cooperativa Loja* has three, US$5, 5½-6 hours. There are pickups from the plaza at Amaluza to **Jimbura** (no fixed schedule) US$1.25 pp or US$12.50 private hire, 45 minutes. Jimbura is a nice quiet town, no hotels, few places to eat. The same *camioneta* can take you to the international bridge, 4 km further on. Ecuadorean immigration is just outside Jimbura, knock on the door to get passport stamped. On the other side is the Peruvian village of Espíndola, 15 minutes walk from the bridge. Transport Jimbura to Espíndola US$5 or one hour's pleasant walk. From Jimbura or Espíndola you can hire a *camioneta* to take you to Samanguilla (Peru), from where there is transport to Ayabaca, two hours.

There are seven buses a day from Loja or Vilcabamba to **Zumba** (see Loja, Transport), 112 km south of Vilcabamba; **F** *La Choza* with simple restaurant, and several others, plus eateries. It is a 3-hr rough ride by *ranchera* (open-sided bus, 0800, 1430, US$1.65) from Zumba to **La Balsa**, where there is an immigration post. A new vehicle bridge has been built over the river to the Peruvian border post and on the Peruvian side a minibus service runs to **Namballe**, 15 minutes away. Another minibus goes to **San Ignacio** (Peru) when full, 2 hours, from where there is transport to **Jaén**. This opens a faster, more direct route between **Vilcabamba and Chachapoyas**, which can now be done in two days.

Ecuador

Guayaquil and south to Peru

Phone code: 04
Colour map 1a, grid B2
Population: 2,000,000
Altitude: sea level

Guayaquil is hotter, faster and brasher than the capital. It is Ecuador's largest city and the country's chief seaport, industrial and commercial centre, some 56 km from the Río Guayas' outflow into the Gulf of Guayaquil. Founded in 1535 by Sebastián de Benalcázar, then again in 1537 by Francisco Orellana, the city has always been an intense political rival to Quito. Guayaquileños are certainly more lively, colourful and open than their Quito counterparts. Since the late 1990's there have been organized movements for autonomy of Ecuador's coastal provinces, spearheaded by Guayaquil, and since 2000, Guayaquil has been working hard to attract more tourism. The Puerto Marítimo handles three-quarters of the country's imports and almost half of its exports. Industrial expansion continually fuels the city's growth.

Ins & outs

For more detailed information see Transport, page 951

Getting there Simón Bolívar International **airport** is 10 mins north of the city centre by taxi (recommended for safety, US$4-5). US$0.25 by bus; No 2 to Malecón, No 69 to Plaza Victoria, but buses are neither safe nor practical with luggage. If going straight on to another city, get a cab directly to the **Terminal Terrestre** (bus station), which is close by; a taxi from the airport to the bus terminal is US$2.50. If you are arriving in Guayaquil and need a taxi from the airport, walk ½ block from the terminal out to Av Las Américas, where taxis and camionetas wait for passengers and charge about half the fare of the airport taxi cooperative, but not recommended at night. A great many local buses go from the bus terminal to the city centre. Taxi fare US$4-5.

Getting around Because of traffic congestion, it is often quicker to walk short distances in the centre, rather than take a bus or taxi (but don't walk after dark). Public transport is essential for getting to the airport and bus station and to the northern residential and restaurant districts. City buses are overcrowded and dirty, watch out for pickpockets. Fare is US$0.25; also minibuses (*furgonetas*), US$0.25, which post up their routes in the windscreen. Buses are only permitted in a few streets in the centre; northbound buses go along the Malecón and on Rumichaca, southbound along Boyacá. Bus No 15 from the centre to Urdesa, 13 to Policentro, 14 to Albanborja, 74 to La Garzota and Sauces. Taxis have no meters, so prices are very negotiable and overcharging is notorious. It should be approximately US$2.50-3.50 from centre to Urdesa or Policentro, short runs US$2 (if you are very persistent).

Orientation The centre is on the west bank of the Río Guayas. **Barrio Centenario** to the south of the centre is the original residential sector, now a peaceful, tree-shaded haven. Newer residential areas are **Urdesa**, northwest of the centre, in between 2 branches of the Estero Salado (about 15 mins from downtown, traffic permitting); 5 mins by taxi from the international airport and bus terminal are the districts of **La Garzota**, **Sauces** and **Alborada**. They are cleaner, less congested and safer than the centre, but with all services, 10-15 mins by taxi. A street numbering system is in place since 2001. The city is divided into 4 quadrants separated by a north-south axis and an east-west axis. All north-south streets are called *avenidas* and the east-west streets are *calles*. Each has an alpha-numeric designation such as Av 12 south-east. The airport and bus terminal are in the northeastern quadrant, the commercial heartland in the southeastern quadrant. Although this system is officially in place, the old street names persist and the population uses only the old nomenclature.

Tourist offices **Ministerio de Turismo**, P Ycaza 203 y Pichincha, 5th and 6th floor, T256 8764. Friendly, but only Spanish; they sell a map of Ecuador (Mon-Fri 0900-1730). Maps also from **INOCAR**, in the planetarium building at the naval base near the port. A website about tourism in Guayaquil is www.turismoguayas.com

Climate From May-Dec it is dry with often overcast days but pleasantly cool nights, whereas the hot rainy season from Jan-Apr can be oppressively humid.

Safety Since 2000, the municipal authorities have placed much emphasis on improving public safety. The Malecón, parts of Av 9 de Octubre and the Las Peñas neighbourhood are heavily patrolled and reported safe. The rest of the city carries all the usual risks of a large seaport and metropolis. It is best not to walk anywhere with valuables and always take taxis at night.

Ecuador

Sights

A wide, tree-lined waterfront avenue, the Malecón Simón Bolívar runs alongside the Río Guayas from the exclusive **Club de la Unión**, by the Moorish clock tower, past the imposing **Palacio Municipal** and **Government Palace** and the old Yacht Club to Las Peñas. The riverfront along this avenue is an attractive promenade, known as **Malecón 2000**, where visitors and locals can enjoy the fresh river breeze and take in the views. There are gardens, fountains, monuments and walkways. You can dine at upmarket restaurants, cafés and food courts. Here also is the recently-moved **Museo Antropológico del Banco Central** which has excellent displays of ceramics, gold objects and paintings.

At the north end is the old district of **Las Peñas**, the last picturesque vestige of colonial Guayaquil with its brightly painted wooden houses and narrow, cobbled main street (Numa Pompilio Llona). Gentrified in 2001-02, it is now an attractive place for a walk to **Cerro Santa Ana**, which offers great views of the city and the mighty Guayas. Security in this area is much improved, but do not stray from the main streets. The area has a bohemian feel, with bars and restaurants. A large open-air exhibition of paintings and sculpture is held here every July. **Santo Domingo**, the city's first church founded in 1548, stands just by Las Peñas. Other churches of note are **San Francisco**, with its restored colonial interior, off 9 de Octubre and P Carbo, and the beautiful **Basílica La Merced**.

Towards the south end are souvenir shops, a shopping mall and the old **Mercado Sur** (prefabricated by Eiffel 1905-07), now a gallery housing temporary exhibits.

In the pleasant, shady **Parque Bolívar** stands the **Cathedral**, in Gothic style, inaugurated in the 1950s. In the park are many iguanas and the park is popularly referred to as Parque de las Iguanas. The nearby **Museo Municipal**, in the Biblioteca Municipal, Sucre y Chile (near the *Hotel Continental*) has paintings, gold and archaeological collections, shrunken heads, a section on the history of Guayaquil and a good newspaper library. ■ *Tue-Sat 0900–1700, free.*

Halfway up 9 Octubre is the main plaza, **Parque Centenario** with a towering monument to the liberation of the city erected in 1920. Overlooking the park is the museum of the **Casa de la Cultura**, which houses an impressive collection of prehistoric gold items (but not always on display), together with an archaeological museum. ■ *Tue-Fri 1000-1800, Sat 0900-1500, US$0.50.*

North of Parque Centenario, below Cerro El Carmen, the huge, spreading **Cemetery** with its dazzling, high-rise tombs and the ostentatious mausoleums of the rich is worth a visit. A flower market over the road sells the best selection of blooms in the city. It's best to go on a Sunday when there are plenty of people about.

Sights outside the city

The Botanical Gardens are northwest, in Ciudadela Las Orquídeas; good views and a long but pleasant walk. Over 3,000 plants, including 150 species of Ecuadorean and foreign orchids. Recommended. ■ *Daily 0800-1600. US$5, guiding service US$10. Av Francisco de Orellana, Las Orquídeas (bus line 63) or take taxi.* **The Bosque Protector Cerro Blanco** is set in tropical dry forest with an impressive variety of birds (over 190 species listed so far) and with sightings of howler monkeys, ocelot, puma, jaguar and peccaries, among others. The reserve is run by *Fundación Pro-Bosque*, Edif Promocentro, local 16, Eloy Alfaro y Cuenca, T241 7004. ■ *Reservations required during weekdays and for groups larger than 8 at weekends, and for birders wishing to arrive before or stay after normal opening hours (0800-1530). Guides can be hired. US$5 plus a charge depending on trails walked US$4-8, camping $7 pp. The entrance is beyond the Club Rocafuerte, Km 16. Taxi from Guayaquil US$12.50-20. The yellow and green 'Chongonera' buses leave every 30 mins from Parque Victoria and pass the park entrance on the way to Puerto Hondo.* On the other side of the road is **Puerto Hondo**. Canoe trips through the mangroves can be arranged on the spot at weekends from the *Fundación Pro-Bosque* kiosk for US$7 per person with guides, or through their Guayaquil office (see above).

Ecuador

Heading east then south from Guayaquil, 22 km beyond the main crossroads at Km 26 on the road to Naranjal, lies the **Ecological Reserve of Manglares Churute**. Canoe trips into the mangroves with guides can see waterbirds, monkeys, dolphins and lots of other wildlife. There is a trail through the dry tropical forest (1½ hours' walk) and you can also walk (one hour) to Laguna Canclón or Churute, a large lake where ducks nest. ■ *US$10, plus US$4 for a guide (up to 10 people); a boat trip costs an extra US$40 (up to 15 people). Arrange several days ahead through the Ministerio del Ambiente office in Guayaquil, Depto Forestal, Av Quito 402 y Padre Solano, p 10, T239 7730; or Biólogo Fernando Cedeño, T09-961 9815 (Mob). Buses leave the terminal every 30 mins going to Naranjal or Machala. Ask to be let off at Churute information centre.*

Essentials

Sleeping
■ *on map*
As downtown is unsafe you can stay in La Garzota, Sauces and Alborada

Hotel prices are higher than in Quito. Upmarket establishments often have one rate for nationals and a higher one for foreigners. Always check the rate and whether the 22% service and taxes are included. In the better hotels booking is advised. Most hotels are downtown, so take a taxi from the airport or bus station. The cheap hotels are pretty basic, many cater to short stay customers. The area around Plaza Centenario is the best bet for budget travellers

Guayaquil

Sleeping ■
1 Alexander
2 Best Western Doral
3 Continental
4 Gran Guayaquil
5 Hampton Inn Boulevard
6 Oro Verde
7 Palace
8 Plaza & Unicentro Shopping Mall
9 Rizzo
10 Sol de Oriente
11 Vélez

Eating ●
1 Casa Basca
2 Chifa Himalaya
3 Hare Krishna
4 Salud Solar

N
0 metres 100
0 yards 100

wishing to stay downtown. In the following list all hotels in **LL-B** grades are recommended. In the luxury bracket are the *Hilton Colón*, www.hilton.com which is superb, and the *Oro Verde*, www.ororverdehotels.com **LL** *Hampton Inn Boulevard*, 9 de Octubre 432 y Baquerizo Moreno, T256 6700, www.hampton.com.ec Buffet breakfast, restaurant, internet, central, very good facilities. **L** *Continental*, Chile y 10 de Agosto, T232 9270, F232 5454. Includes breakfast, 24 hr restaurant, a *KLM Golden Tulip* hotel, 5-star, good coffee shop, central. **AL** *Gran Hotel Guayaquil*, Boyacá 1600 y 10 de Agosto, T232 9690, www.grandhotelguayaquil.com Good restaurants, pool US$6 for non-residents, traditional. **AL** *Palace*, Chile 214 y Luque, T232 1080, F232 2887. Includes breakfast, 24-hr cafeteria, excellent, good value for business travellers, modern, traffic noise on Av Chile side, travel agency. Recommended. **A** *Sol de Oriente*, Aguirre 603 y Escobedo, T232 5500, F232 5904. Includes breakfast, restaurant, minibar, gym, excellent value. Recommended.

B *Best Western Doral*, Chile 402 y Aguirre, T232 8002, hdoral@ gye.satnet.net Includes breakfast, restaurant, a/c, internet, good rooms and value, central. Recommended. **B** *Plaza*, Chile 414 y Clemente Ballén, T232 4006, jplamas@impsat.net.ec Includes breakfast, cafetería, a/c, internet, cafetería, international newspapers. Recommended. **B** *Rizzo*, Clemente Ballén 319 y Chile, T232 5210, F232 6209. Includes breakfast, *Café Jambelí* downstairs for seafood, a/c, safe, central, some windowless rooms. **C** *Alexander*, Luque 1107 y Pedro Moncayo, T253 2000, F251 4161. Cafeteria, a/c, comfortable, good value, some rooms without windows, noisy. **C** *Casa Alianza*, Av Segunda 318 y Calle 12, Los Ceibos, T235 1261, www.casaalianza.com Restaurant, cheaper with shared bath and fan, away from centre, run by a Norwegian NGO. **C** *Ecuahogar*, Av Isidro Ayora, opposite Banco Ecuatoriano de La Vivienda, Sauces I, T224 8357, youthost@telconet.net Includes breakfast (0700-0900), cheaper in dorm with shared bath, laundry facilities, 10% discount for HI members. Several negative reports, overpriced. **C** *Hostal de Alborada*, Alborada IX Manzana 935 Villa 8, T223 7251. A/c, hot water, safe, near airport.

D *Capri*, Luque y Machala, T232 6341. Cafeteria, a/c, fridge, safe, busy at weekends. **D-E** *Luque*, Luque 1214 y Quito, T252 3900. A/c, cheaper with fan. **E** *Vélez*, Vélez 1021 y Quito, T253 0356. A/c, cheaper with fan, good value, verify check out time, best budget option. Recommended. **F** *Libertador*, Santa Elena 803 y VM Rendón, T230 4637. Private bath, fan.

Expensive *Casa Basca*, Chile 406 y C Ballén. Specializes in seafood and paellas, cash only, house wine good value, great atmosphere, gets very crowded. *Cielito Lindo*, Circunvalación 623 y Ficus. Good Mexican food and atmosphere, live mariachi music. *La Balandra*, C 5a 504 entre Monjas y Dátiles, Urdesa. For good fish, French dishes and more, upmarket ambience, live music every night. Also has a crab house at Circunvalación 506 y Ficus, Urdesa. *La Canoa* in *Hotel Continental*, and in *Mall del Sol*, cheaper. Open 24 hrs, for traditional dishes rarely found these days, with different specials during the week. *La Trattoria da Enrico*, Bálsamos 504 y las Monjas. Great food and surroundings, good antipasto, very exclusive. Closed Sat lunch. *Lo Nuestro*, Estrada 9-03 e Higueras, Urdesa. Colonial décor, great seafood platters. *Tsuji*, Estrada 815, Urdesa and Guayacanes e Higueras. Wonderful, authentic Japanese dishes, Closed Mon. *Viva México*, Dátiles y Estrada, in Urdesa. The best authentic dishes. Mon-Sat 1000-0000, Sun 1000-1300.

Mid-range *Artur's Café*, Numa Pompilio Llona 127, Las Peñas. Wonderful atmosphere and view over the river, live music, local snacks and meals, popular. *El Hornero*, Av Estrada 906 e Higueras, Urdesa. Very good pizza and other dishes. *El Parque*, top floor of Unicentro. For excellent popular buffet breakfast, lunch or dinner, daily 0700-0000. *El Salinerito*, Av Estrada, Urdesa and Av Guillermo Pareja Rolando, La Garzota. Excellent pizza, pasta made on the spot, salads. Mon-Sat 1000-0000, Sun 1000-1300. *La Vaca Gaucha*, Urbanor Av Principal y Av Las Aguas. Excellent quality steaks, open Tue-Sun until 2330. *El Manantial*, Estrada y Las Monjas, Urdesa. Seafood specialties, good. *Riviera*, Estrada y Ficus, Urdesa and Mall del Sol. Good pasta, antipasto, salads, bright surroundings, good service.

Cheap Large selection of *Chifas* in the centre and up north, most do takeaway, are good value, and open daily except Sun evening. *Asia*, Sucre 321 y Chile. Good food, vegetarian dishes on request. *Chifa Himalaya*, Sucre 309 y P Carbo. Slow service but good for the price. *Cantonés*, Av G Pareja y C 43, La Garzota. Huge, rather glaring emporium with authentic

Eating
● *on map*
Main areas for restaurants are the centre with many in the larger hotels, around Urdesa, or La Alborada and La Garzota, which have many good eating houses; 22% service and tax is added on in smarter places

Ecuador

dishes and all-you-can-eat menu for US$9, karaoke. *Mama Lu*, Av Francisco Orellana y Albeto Borges. Manabí specialties, set meals and à la carte, good value. Open 0900-2200. *Pizzería Del Ñato*, Estrada 1219. Good value, sold by the metre. *Pique Y Pase*, Lascano 16-17 y Carchi. Popular with students, lively. Open daily, all day.

Crab houses These are almost an institution and great fun. Prices are quite uniform: a stuffed crab, *carapacho relleno* (delicious), costs about US$10, an *arroz con cangrejo* US$4-5. *Casa del Cangrejo*, Av Plaza Dañín, Kennedy. For crab dishes of every kind; several others along the same street. *El Cangrejo Criollo*, Av Rolando Pareja, Villa 9, La Garzota. Excellent, varied seafood menu. *El Lechón*, Victor Manuel Rendón y Boyacá in the centre. Good seafood. Cheap to mid-range. *Manny's*, Av Miraflores y Segunda and at Av Plaza Dañín. Good quality and value, try the excellent *arroz con cangrejo*. *Red Crab*, Estrada y Laureles, Urdesa. Interesting décor, wide variety of seafood. Expensive.

You can usually get seriously cheap set lunches and cheap à la carte

Vegetarian *Hare Krishna*, 1 de Mayo y 6 de Marzo near Plaza Centenario. Good food, pleasant atmosphere. Mon-Sat 1200-1800. *Ollantay*, Tungurahua 508 y 9 de Octubre. The best choice for vegetarian food. **Cafés** Try *pan de yuca*, *torta de choclo*, or *empanadas*, but beware of eating at street stalls. Excellent sandwiches at *Bopán*, Estrada y Las Monjas, Urdesa and Policentro and Etreríos shopping centres. Excellent sandwiches and local snacks, salads, coffee, breakfast starting 0700 at Urdesa. Cheap. *La Chivería*, Circunvalación y Ficus for good yoghurt and *pan de yuca*. *Pasteles & Compañía*, Luque y Pichincha and Policentro. A variety of sandwiches and baked goods. Mid-range prices. Open 0900-2000. *La Selecta*, Estrada y Laureles. Good sandwiches, coffee, baked goods. Cheap. *Yogurt Persa*, P Carbo y 10 de Agosto and many other locations. Cheap breakfast, *pan de yuca*. Great coffee served hot, cold, frozen in milkshakes or iced in the foodhalls of *Riocentro Los Ceibos*, *Riocentro Samborondón*.

Entertainment
See El Universo for cinemas and other entertainments. Cinemas cost US$2-3

There is a pier near the Terminal Terrestre, where, at weekends, *chivas acuáticas* go up and down the river opposite the Malecón, with music and partying. Fri night, all day Sat into the night and Sun until noon, US$2. The Kennedy Mall, intercetion of Av Juan Tanca Marengo and Fco de Orellana, is Guayaquil's main centre for upscale nightlife, with an ample selection of bars and discos. Prices vary from mid-range to expensive. Also *TV Bar*, Av Rolando Pareja in La Garzota. Good drinks and music, young crowd, moderate prices. *Jardín de la Salsa*, Av de la Américas. Largest salsa club in the city, lively, popular, free classes.

Festivals The *foundation of Guayaquil* is celebrated on **24-25 Jul**, and the *city's independence* on **9-12 Oct**. Both holidays are lively and there are many public events; cultural happenings are prolonged throughout Oct.

Shopping
There are lots of shopping malls – ideal for cooling off on hot days

Centro Comercial Malecón 2000 is the city's newest mall, at the south end of the Malecón. *Mall del Sol* is near the airport on Av Constitución y Juan Tanca Marengo and is the largest mall in the country. Other malls include *Unicentro*, Aguirre y Chile. The *Bahía*, or Black Market, on either side of Olmedo from Villamil to Chile, is the most popular place for electrical appliances, clothing, shoes, food and drink. It was traditionally where contraband was sold from boats which put into the bay and is one of the city's oldest market places. Watch your valuables and be prepared to bargain.

Books *Librería Científica*, Luque 223 y Chile and Plaza Triángulo on Av Estrada in Urdesa. English books, good for field guides to flora and fauna and travel in general. *El Librero*, in the Ríocentro. Has English books. *Nuevos Horizontes*, 6 de Marzo 924. For book exchange. *Sagitario*, at Mall del Sol. Excellent bookstore, has English books. *Selecciones* in Albán Borja Mall has a choice of pricey novels and lots of magazines in English.

Camping equipment Camping gas, available from *Casa Maspons*, Ballén 517 y Boyacá.

Handicrafts For variety try the *Mercado Artesanal* between Loja y Montalvo and Córdova y Chimborazo, a whole block of permanent stalls. Good prices. Good variety of *artesanías* in Albán Borja Mall at *El Telar* and *Ramayana*, for good ceramics. Also several craft shops in *Centro Comercial Malecón 2000*.

Canodros, Urb Santa Leonor, Mz 5, local 10, T228 5711, www.canodros.com Runs luxury Galápagos cruises and also operates the Kapawi Ecological Reserve in the southern Oriente. *Cayo's Tour*, Gen Córdova 630 y Solano, p 1, T/F230 1772, www.puertocayo.com Whale-watching tours in the Puerto Cayo area, tours to all regions of Ecuador. *Centro Viajero*, Baquerizo Moreno 1119 y 9 de Octubre, No 805, T256 2565, centrovi@telconet.net Custom-designed tours to all regions, travel information and bookings, car and driver service, well informed about good value options for Galápagos, English spoken. Highly recommended. *Ecoventura*, Av Francisco de Orellana 222, Mz 12, Solar 22, Kennedy Norte, T228 3182, www.ecoventura.com Excellent high-end Galápagos tours. *Ecuadorian Tours*, 9 Octubre 1900 y Esmeraldas, T228 6900, www.ecuadoriantoursgye.com.ec Land tours in all regions and Galápagos cruises. Amex representative. *Galasam*, Edificio Gran Pasaje, 9 Octubre 424, No 1108, T230 4488, www.galapagos-islands.com Has a large fleet of boats in different categories for Galápagos cruises, city tours, tours to reserves near Guayaquil, diving trips, also run highland and jungle tours. *Kleintours*, Av Alcívar, Mz 410, Solar 11, Kennedy Norte, T268 1700, www.kleintours.com Land and Galápagos tours. *La Moneda*, Av de las Américas 809 y C 2, and P Icaza 115 y Pichincha, T269 0900, www.lamoneda.com.ec City and coastal tours, whalewatching, tours in other areas of Ecuador. *Macchiavello Tours*, Antepara 802-A y 9 Octubre, T228 6079. Very good whale and dolphin watching tours. *Metropolitan Touring*, Antepara 915 y 9 de Octubre and at *Hotel Hilton Colón*, T232 0300, www.metropolitan-touring.com High-end land tours and Galápagos cruises. *Pescatours*, T2443 365, fishing tours.

Tour operators
Details about agencies operating Galápagos cruises in the Galápagos section page 992

A 3-hr city tour costs about US$14 pp in a group

Local For **Bus** and **Taxi**, see Ins and outs, above. **Car hire**: all the main car rental agents are at the airport, eg *Budget,* T228 8510,*Ecuacars* T228 3247, *Avis*, T228 7906.

Long distance Air: Facilities at the airport include an information desk; *Wander Cambio*, open 7 days a week, 0900-1400 ; several bank ATMs; a cafe (open 24 hrs) and a post office. To get to the baggage claim area you must leave the airport and re-enter further down the building. Show your boarding pass to enter and baggage ticket to leave. For transport, see Ins and outs, above. Many flights daily to **Quito**, US$60 one way. Sit on the right side for the best views. To **Cuenca** US$40, **Loja** US$36, **Machala** US$32. Daily to **Galápagos** (see page 987).

Road: There is a 3¼-km bridge (Puente de la Unidad Nacional) in two sections across the rivers Daule and Babahoyo to **Durán**. A paved road from there connects with the Andean Highway at Cajabamba, near Riobamba (see page 925). **Bus**: the Terminal Terrestre, just north of the airport, is off the road to the Guayas bridge. The company offices are on the ground floor, long-distance departures on top floor. There is no left luggage depot and do not leave anything unattended. The terminal is busy at weekends. There are some expensive restaurants, bus tickets include terminal tax. Several companies to/from **Quito**, 8 hrs, US$11.25; up to US$16.25 with *Rey Tours* non-stop, a/c service (office in *Gran Hotel*). To **Cuenca**, 3½ via Molleturo/Cajas, 5 hrs via Zhud, both US$8.75. **Riobamba**, 5 hrs, US$4.50. To **Santo Domingo de los Colorados**, 5 hrs, US$6.25. **Manta**, 3 hrs, US$3.75-5.25. **Esmeraldas**, 8 hrs, US$10. **Portoviejo**, 3½ hrs, US$3.75-5.25, and to **Bahía de Caráquez**, 6hrs, US$5.50-7.25. To **Ambato**, 6½ hrs, US$6. Regular and frequent buses to **Playas**, 2 hrs, US$2.50; and to **Salinas**, 2½ hrs, US$3.40. For the **Peruvian border**, to **Huaquillas** direct, 4½ hrs, US$5; to **Machala**, 3 hrs, US$3.75.

Transport

Airline offices *TAME*, 9 de Octubre 424, edif Gran Pasaje, T269 2500. *American Airlines*, Gral Córdova y Av 9 de Octubre, Edificio San Francisco, p 20, T256 4111. *Continental*, Av 9 de Octubre 100 y Malecón, T256 7241, F256 7249. *Iberia*, Av 9 de Octubre 101 y Malecón, T232 0664. *Icaro*, Av Francisco de Orellana, edif Wall Trade Centre, T229 4265. *KLM*, at the airport, T228 2713.

Banks *Banco del Pacífico*, Icaza 200, p 4. TCs and ATM for Mastercard. *American Express*, Ecuadorian Tours, 9 de Octubre 1900 y Esmeraldas. Replaces lost Amex TCs and sells TCs to Amex card holders, but does not exchange TCs or sell them for cash. Open Mon-Fri 0900-1300, 1400-1800. *Banco de Guayaquil*, Pichincha y P Ycaza, Visa ATM. TCs and Mastercard advances at head office at P Carbo y 9 de Octubre, edif San Francisco 300, p 7. It's practically impossible to change Mastercard TCs. There are few *casas de cambio* following dollarization: *Cambiosa*, 9 de Octubre y Pichincha; *Wander Cambios* at the airport.

Communications Internet: There are many cyber cafés in the centre and suburbs alike, the greatest number are concentrated in shopping malls. Prices around US$0.50 per hr for internet, U$0.50 per min for *Net2Phone*. Telephone: *Pacifictel* and the central Post office are in the same block at Pedro

Directory

Carbo y Aguirre. There are branch **post offices** in Urdesa, Estrada y Las Lomas; 1st floor of Policentro; at the airport and bus terminal. The major hotels also sell stamps. Many courier services for reliable delivery of papers and packages. *DHL*, T228 7044, is recommended for international service; *Servientrega*, offices throughout the city, for deliveries within Ecuador.

Embassies and consulates **Austria**, 9 de Octubre 1312 y Quito, No 1, T228 2303. **Belgium**, Lizardo García 301 y Vélez, T236 4429. **Canada**, Córdova 808 y VM Rendón, edif Torre de la Merced, p 21, T256 3580. **Colombia**, 9 de Octubre y Córdova, edif San Francisco, p 2, T256 8753. **Denmark**, Gen Córdova 604 y Mendiburo, p 3, T230 8020. **France**, José Mascote 909 y Hurtado, T229 4334. **Germany**, Av Carlos Julio Arosemena Km 2, Ed Berlín, T220 0500. **Italy**, Baquerizo Moreno 1120, T231 2523. **Netherlands**, P Ycaza 454 y Baquerizo Moreno, edif *ABN-AMRO Bank*, T256 3857. **Peru**, 9 de Octubre 411 y Chile, p 6, T232 2738. **Spain**, Urdesa calle Circunvalación, Solar 118 y Calle Unica, T288 1691. **Sweden**, Km 6.5 vía a Daule, T225 4111. **Switzerland**, 9 de Octubre 2105, T245 3607. **UK**, Gen Córdova 623 y Padre Solano, T256 0400. **USA**, 9 de Octubre 1571 y García Moreno, T232 3570.

For doctors and dentists, contact your consulate for recommendations

Medical services **Hospitals:** the main hospital used by the foreign community is the **Clínica Kennedy**, Av San Jorge y la 9na, T228 9666. Also has a branch in Ciudadela La Alborada XIII, Mz-1227. It contains the consulting rooms of almost every kind of specialist doctor and diagnostic laboratory (Dr Roberto Morla speaks English and German, T229 3470); very competent emergency department. Also reliable are: **Clínica Alcívar**, Coronel 2301 y Azuay, T258 0030; **Clínica Guayaquil**, Padre Aguirre 401 y General Córdova, T256 3555 (Dr Roberto Gilbert speaks English and German). **Clínica Santa Marianita**, Boyacá 1915 entre Colón y Av Olmedo, T232 2500. Some doctors speak English.

Useful addresses **Immigration**: Río Daule, near the bus terminal, T229 7004, for visa extensions.

South to Peru

Thriving and ever increasing banana plantations, with shrimp farms among the mangroves, are the economic mainstay of the coastal area bordering the east flank of the Gulf of Guayaquil. Rice, sugar, coffee and cacao are also produced. The Guayas lowlands are subject to flooding, humidity is high and biting insects are fierce. Mangroves characterize the coast leading south to Huaquillas, the main border crossing to Peru.

Machala

Phone code: 07
Colour map 1a, grid C2
Population: 200,000

The capital of the province of El Oro is a booming agricultural town in a major banana producing and exporting region with an annual banana fair in September. It is not particularly attractive, somewhat dirty and oppressively hot, but definitely prosperous and a good stopping point on the way to Peru. **Puerto Bolívar**, on the Estero Jambelí among mangroves, is a major export outlet for over two million tonnes of bananas annually. There is a pleasant waterfront, a few hotels (**B-E**) and from the old pier three daily canoes cross to the beaches of **Jambelí** (US$2.50), where there are a few poor hotels (**E**), on the far side of the mangrove islands which shelter Puerto Bolívar from the Pacific. Lots of birdlife can be seen in the mangroves; rent a canoe for an hour and explore the narrow channels (take passport as a military post is passed). Take insect repellent. The beaches of Jambelí are safe and long with straw beach umbrellas for shade (the sun is fierce), but unfortunately dirty. There are lots of seafood kiosks between the old and new piers in Puerto Bolívar and good, cheap cafés at Jambelí.

Sleeping **L** *Oro Verde*, Circunvalación Norte, Urb Unioro, T933140, www.oroverdehotels.com Luxury, beautiful gardens, nice pool (US$6 for non-residents), tennis courts, 2 restaurants, casino. Best in town. **B** *El Oro*, Sucre y Juan Montalvo, T930032, orohotel@oro.satnet.net A/c, includes breakfast, good, helpful, expensive restaurant but good, cheaper café downstairs. Recommended. **B** *Montecarlo*, Guayas y Olmedo, T933101, F931904. A/c, TV, hot water, modern, restaurant. **C** *Rizzo*, Guayas y Bolívar, T921906, F921502. A/c, TV, suites available, pool, casino, cafetería, restaurant, noisy late disco. **C-D** *Mosquera*, Olmedo entre Guayas y Ayacucho, T931752, F930390. Cheaper with fan, TV, hot water, restaurant. **D** *Araujo*, 9 de Mayo y Boyacá, T931464. Hot water, a/c, some rooms are small, parking, good value. Recommended, but noisy disco next door. **D** *Julio César*, 9 de Mayo 1319 y Boyacá, T937978. With fan, TV. **D** *San Miguel*, 9 de Mayo y Sucre, T935488. A/c, cheaper with fan, cold water, good value. **F** *Pesántez*, 9 de Mayo y Pasaje, T920154. Private bath, cold water, fan, basic but clean.

Cafetería San Francisco, Sucre block 6. Good, filling breakfast. *200 Millas*, 9 de Octubre entre Santa Rosa y Vela. Seafood specialties. *Don Angelo*, 9 de Mayo just off the main plaza. Open 24 hrs, good elaborate set meals and à la carte, also good for breakfast, cheap. *Copa Cabana*, on the main plaza. Good clean snack bar. *Chifa Central*, Tarqui y 9 de Octubre. Good Chinese. *Chifa Gran Oriental*, 9 de Octubre entre Guayas y Ayacucho. Good food and service. *Mesón Hispano*, Av Las Palmeras y Sucre. Very good grill, attentive service. *Palacio Real*, 9 de Octubre y Ayacucho. Good set meal. *Aquí es Correita*, Av Arízaga y 9 de Mayo. Popular for seafood, closed Sun.

Eating
The best food is found in the better hotels

Air *TAME*, Juan Montalvo y Bolívar, T930139. To **Guayaquil**, US$42, and **Quito**, US$60, Mon and Fri. *Cedta*, at the airport, T932802. To **Guayaquil**, Tue and Thu, US$42. **Road Bus**: to **Quito**, with *Occidental* (Buenavista entre Sucre y Olmedo), 10 hrs, US$10, 8 daily, with *Panamericana* (Colón y Bolívar), 7 daily, luxury service, 10 hrs, US$11.25. To **Guayaquil**, 3 hrs, US$3.75, hourly with *Ecuatoriano Pullman* (Colón y 9 de Octubre), *Cifa* and *Rutas Orenses* (both 9 de Octubre y Tarqui). To **Loja**, 5 hrs, US$6.25, several daily with *Transportes Loja* (Tarqui y Bolívar). To **Cuenca**, half-hourly with *Trans Azuay* (Sucre y Junín), 3½ hrs, US$4.50. To **Huaquillas**, with *Cifa* (Bolívar y Guayas) and *Ecuatoriano Pullman*, direct, 1 hr, US$1.65, every 30 mins; via Arenillas and Santa Rosa, 2 hrs, every 10 mins. There are 2 passport checks on this route. To **Piura**, in Peru, with *Transportes Loja* (Tarqui y Bolívar), daily at 1230, US$7.85, 7 hrs. **Taxi**: to **Guayaquil**, *Orotaxis* run a scheduled taxi service between the *Hotel Rizzo*, Machala, and *Hotel Rizzo*, Guayaquil, every hr, 0600-2000, US$10 pp, T934332. A/c vans also run hourly to Guayaquil from Guayas y Pichincha, comfortable good service, US$10.

Transport
Do not take night buses into or out of Machala, there have been many holdups

Banks For Visa: *Banco del Austro*, Rocafuerte y Guayas, and *Banco de Guayaquil*, Rocafuerte y Guayas (also Mastercard and TCs). *Banco del Pacífico*, Rocafuerte y Junín, TCs. *Banco Machala*, Rocafuerte y 9 de Mayo, Visa ATM and cash advances, friendly, efficient. **Communications** Internet: prices around US$0.80-1.20 per hr. **Post Office:** Bolívar y Montalvo. **Telephone:** *Pacifictel*, Av Las Palmeras near the stadium. **Embassies and consulates** Peruvian Consulate, at the northwest corner of Colón y Bolívar, p 1, T930680. **Tourist office** 9 de Mayo entre 9 de Mayo y Montalvo, p 1, T/F932106, infotour@telconet.net Spanish only, open Mon-Fri 0830-1700.

Directory

Southeast from Machala is the lovely old gold-mining town of Zaruma (118 km). It is reached either by paved road via the military post at Saracay and **Piñas** (another pleasant town: the area is rich in orchids), or via Pasaje and Paccha on a scenic dirt road. Founded in 1549 on orders of Felipe II to try to control the gold extraction, Zaruma is a delightful town perched on a hilltop, with steep, twisting streets and painted wooden buildings. Beside the plaza is a lovely little museum showing the history of gold mining in the area. On top of the small hill beyond the market is a public swimming pool, from where there are amazing views over the hot, dry valleys. The area has virtually no tourists and is well worth a visit.

Zaruma
Phone code: 07
Colour map 1a, Grid C3
Population: 8,700
Altitude: 1,170 m

Sleeping D *Cerro de Oro*, Sucre 40, T/F972505. Modern, nice. Recommended. D *Roland*, at entrance to town on road from Portovelo, T972800. Comfortable, lovely views. **D-E** *Colombia*, On main plaza next to municipio, T972173. Cheaper without bath, hot water, very basic. Several good places to eat.

Transport To/from **Machala** with *Trans Piñas* or *TAC*, hourly, US$3, 3 hrs. To **Piñas**, take a Machala bound bus, US$1, 1 hr. Also daily service to **Guayaquil**, **Quito**, **Cuenca** and **Loja**.

The petrified forest of Puyango, 110 km south of Machala, is supposedly the most extensive outside Arizona. Over 120 species of birds can be seen. No accommodation in the village but ask around for floor space or try at the on-site information centre. If not, basic accommodation is available in **Alamor**, 20 km south. Campsites are also provided. For further information, contact the Dirección Provincial de Turismo, Machala, T932106. ■ *US$5 includes tour. Camping US$5 pp. Puyango is west of the highway: alight from bus at turn-off at the bridge over the Río Puyango,*

Puyango

Ecuador

where there is a military control. Hourly rancheras run between Arenillas and Alamor. Buses from Machala (Trans Loja 0930, 1315 and 2130, return 1100, 1330 and 1700 – but ask final destination), US$3.10, 2½ hrs. From Loja (Trans Loja 0900, 1430 and 1930), US$6.25, 5 hrs. From Huaquillas (Trans Loja 0730, to Huaquillas at 1000), US$1.85, 1½ hrs.

Huaquillas
Phone code: 07
Colour map 1a, grid C2
Population: 40,000

The stiflingly hot Ecuadorean border town of Huaquillas, the most commonly used route overland to Peru, is something of a shopping arcade for Peruvians. It has grown into a small city with a reasonable selection of services. An information centre is just by the international bridge.

Sleeping and eating **D** *Hernancor*, 1 de Mayo y Hualtaco, T906467. Cafeteria, a/c, best in town. **D** *Vanessa*, 1 de Mayo y Hualtaco, T/F907263. A/c, fridge, parking, OK. **D-E** *Rodey*, Tnte Córdovez y 10 de Agosto, T906581. A/c, cheaper with fan, basic. **E** *Alameda*, Tnte Córdovez y José Mendoza. Fan, mosquito net, basic. **E** *Internacional*, Machala y 19 de Octubre, T907963. Cheaper with shared bath, fan, small rooms, basic. **E** *San Martín*, Av la República opposite the church, T907083. Fan, mosquito net, refurbished in 2002. **F** *Guayaquil*, Remigio Gómez 125, T907303. Limited water supply, fan, mosquito net, noisy. For eating, try *Chesito*, Av la República y Costa Rica. Across from the police station, large portions, good. *Chic*, behind *Hotel Guayaquil*, set meal US$1. *Chifa China Norte*, Santa Rosa y Tnte Córdovez. Chinese. *Mini*, opposite *Transportes Loja*, good cheap set lunch.

If in a hurry, it can be quicker to change buses in Machala

Transport Bus: There are 3 checkpoints (Transit Police, Customs and military) along the road north from Huaquillas, keep your passport to hand. To **Machala**, with *Cifa* (Santa Rosa y Machala) and *Ecuatoriano Pullman* (Av la República y 19 de Octubre), direct, 1 hr, US$1.65, every hour between 0400 and 2000; via Arenillas and Santa Rosa, 2 hrs, every 10 mins. To **Quito**, with *Occidental* (Remigio Gómez 129), every 2 hrs, 12 hrs, US$10; with *Panamericana*, on Remigio Gómez, luxury service, 11½ hrs, 3 daily via Santo Domingo, US$12.50; 2 daily via **Riobamba** and **Ambato**, 12 hrs, US$11.25. To **Guayaquil**, frequent service with *Cifa* and *Ecuatoriano Pullman*, about 5 hrs, US$5. To **Cuenca**, 8 daily, 5 hrs, US$6.25. To **Loja**, with *Transportes Loja* (Tnte Córdovez y Arenillas) 2 daily, 5 hrs, US$5. To **Piura**, Peru, at 1400 with *Transportes Loja*, 5 hrs, US$6.25.

Directory
Banks Verify rates of exchange with travellers leaving Peru. Fair rates are available for soles but you will always be offered a low rate when you first enquire. Don't be rushed into any transaction. On the Ecuadorean side there is an *Asociación de Cambistas*, whose members wear ID tags, but be cautious nonetheless. Avoid those changers who chase after you. Check sol notes very carefully for forgeries: verify the watermark and that the amount written on the right side of the note appears green, blue and pink at different angles to the light. Also check dollar notes. It is difficult to change TCs. **Communications** Internet: several on Av La República, US$1.50 per hr. **Post Office:** Av la República y Portovelo. **Telephone:** *Pacifictel*, Av la República, opposite post office.

Border with Peru
Coming from Peru, there are money changers outside Peruvian immigration, beware of sharp practices

The border is open 24 hrs. Passports are stamped 3 km north of Huaquillas along the road to Machala. No urban transport to immigration; inter-city buses US$0.18 from Huaquillas, taxis US$1.25. Allow up to 1-2 hours to complete formalities, although it can sometimes be much quicker. Then walk along the main street and across the international bridge into Peru. At the bridge, the police may check passports. The main Peruvian immigration and customs complex is outside Zarumilla, 3 km south of the international bridge. The **Huaquillas-Tumbes** crossing can be harrowing, made worse by the crowds and heat. You must always watch your belongings carefully. In addition to cheating by money changers and cab drivers, this border is known for its minor shakedowns of travellers by officials. It is best to cross in a group; women are advised not to cross alone. Those seeking a more relaxed crossing to or from Peru should consider Macará (see page 945) or the new crossings which have opened following the peace treaty between Ecuador and Peru.

Pacific Lowlands

Quito

This vast tract of Ecuador covers everything west of the Andes and north of the Guayas delta. Though popular with Quiteños and Guayaquileños, who come here for weekends and holidays, the Pacific Lowlands receive relatively few foreign visitors, which is surprising given the natural beauty, diversity and rich cultural heritage of the coast. Here you can surf, watch whales, visit archaeological sites, or just relax and enjoy the best food this country has to offer. The Parque Nacional Machalilla protects an important area of primary tropical dry forest, pre-Columbian ruins, coral reef and a wide variety of wildlife. Further north, in the province of Esmeraldas, there are not only well-known party beaches, but also opportunities to visit the remaining mangroves and experience two unique lifestyles: Afro-Ecuadorean on the coast and native Cayapa further inland.

Situated in the hills above the western lowlands, Santo Domingo became Ecuador's main transport hub in the mid-1960s when the road from Quito through Alóag was completed. Since then it has experienced very rapid growth and become an important commercial centre for surrounding palm oil and banana producing areas. The city itself is noisy and streets are prone to flooding after heavy rains. Sunday is market day, shops are closed Monday. The name 'de los Colorados' is a reference to the traditional red hair dye, made with achiote (annatto), worn by the native Tsáchila men. Today the Tsáchila only wear their native dress on special occasions and they can no longer be seen in traditional garb in the city. There are less than 2,000 Tsáchilas left, living in eight communities off the roads leading from Santo Domingo to Quevedo, Chone and Quinindé. Their lands make up a reserve of some 8,000 ha. Visitors interested in their culture are welcome at the *Complejo Turístico Huapilú*, in the Chihuilpe Commune, where there is a small but interesting museum (contributions expected) run by Augusto Calazacón. Access is via the turnoff east at Km 7 on the road to Quevedo, from where it is 4 km. Tours from travel agencies in town cost US$22 pp. A taxi is US$6.25-12.50. There is also a Reserva Ecológica Unishú in the Colorado territory; tours which combine the natural attractions with cultural presentations also cost US$22 pp.

Santo Domingo de los Colorados
Phone code: 02
Colour map 1a, grid A3
Population: 200,000
129 km from Quito

Santo Domingo is not safe late at night, caution is recommended at all times in the market areas, including the pedestrian walkway along 3 de Julio and in peripheral neighbourhoods

Ecuador

Sleeping C *Diana Real*, 29 de Mayo y Loja, T275 1380, F275 4091. Modern spacious rooms, hot water at night, fan. D *Aracelly*, Vía a Quevedo y Galápagos, T275 0334, F275 4144. Large rooms, electric shower, restaurant, parking. D *Puerta del Sol*, 29 de Mayo y Cuenca, T/F275 0370. Small upscale restaurant, fan, nice rooms, refurbished in 2002, good value. E *Caleta*, Ibarra 141, T275 0277. Good restaurant, cold water, basic. E *Genova*, 29 de Mayo e Ibarra, T275 9694. Comfortable, electric shower, parking, good value. E *Jennifer*, 29 de Mayo y Latacunga, T275 0577. Hot water, parking, restaurant, good value. E *Sheraton*, Av Abraham Calazacón, opposite the bus terminal, T275 1988. Modern, hot water, parking, good value. Recommended. E *Unicornio*, 29 de Mayo y Ambato, T276 0797. Cold water, cable TV, restaurant, parking, nice. F *San Fernando*, 2 blocks from the bus terminal, T275 3402. Cheaper with shared bath, modern, simple, parking.

Many hotels are along Av 29 de Mayo, a noisy street, so request a room away from the road

Out of town 17 km from Santo Domingo, on the road to Quito, is **AL** *Tinalandia*. Pleasant and small, chalets with bathrooms, including excellent meals, unused golf course overlooking the Toachi valley, many species of birds, flowers and butterflies in the woods behind (and many biting insects in the evening). Lunch (with the right to use the facilities) costs US$10 for non-residents. It is poorly signposted, take small road between Km 16 and 17 from Santo Domingo on the right; T09-949 4727 (Mob), in Quito T244 9028, www.tinalandia.net **AL** *Zaracay*, Av Quito 1639, T275 0316, F275 4535, 1½ km from the centre on the road to Quito. Restaurant, casino, noisy disco, gardens and a swimming pool, good rooms and service, full breakfast included, advisable to book, especially at weekend. **B-C** *Hostería Los Colorados*, Km 12, just west of the toll booth and police control, T/F275 3449. Nice cabins with fridge, TV, pool, artificial lake with fish, restaurants, good cafetería.

D *Hotel del Toachi* Km 1, just west of Zaracay, T/F275 4688. Spacious rooms, good showers, swimming pool, parking. **F** *Complejo Campestre Santa Rosa*, Vía Quevedo Km 16, T275 4145, F275 4144. Office in Santo Domingo at *Hotel Aracelly*, on the shores of the Río Baba, restaurant, swimming, watersports, fishing, salsoteca.

Eating *Parrilladas Argentinas*, on Quevedo road Km 5. Good barbecues. *Mocambo*, Tulcán y Machala. Good. *La Fuente*, Ibarra y 3 de Julio. Good. There are several chicken places in the Cinco Esquinas area where Avs Quito and 29 de Mayo meet and several restaurants on Av Abraham Calazacón across from the bus terminal, including *Sheraton*, which is popular.

Tour operators *Turismo Zaracay*, 29 de Mayo y Cocaniguas, T275 0546, F275 0873. Runs tours to Tsáchila commune US$12 pp, minimum 5 persons; fishing trips US$24 pp, 8 hrs; bird/butterfly watching tours.

Transport Bus: The bus terminal is on Av Abraham Calazacón, at the north end of town, along the city's bypass. Long-distance buses do not enter the city. Taxi downtown, US$1.25, bus US$0.25. As it is a very important transportation centre, you can get buses going everywhere in the country. To **Quito** via Alóag US$2.50, 3 hrs. To **Ambato** US$4, 4 hrs. To **Loja** US$15, 12 hrs. To **Guayaquil** US$6.25, 4 hrs. To **Machala**, US$5.70, 6 hrs. To **Huaquillas** US$6.50, 7½ hrs. To **Esmeraldas** US$3.75, 3 hrs. To **Manta** US$5.60. To **Bahía de Caráquez** US$5, 4 hrs. To **Pedernales** US$3.75, 2½ hrs.

Directory Banks *Cirrus* ATMs at *Produbanco*, Av Quito 1246 y Chorrera de Napa, and *Banco de Guayaquil*, Av Quito y Calazacón (also Maestro). **Communications** Internet, many in the centre, US$1.30 per hour. **Post Office:** Av de los Tsáchilas y Río Baba. **Telephone:** *Andinatel*, Av Quito entre Río Blanco y Río Toachi, p 2, and at bus terminal, 0800-2200 daily.

Quevedo
Colour map 1a, grid B3
Population: 120,000

On the highway 1½ hours by bus south of Santo Domingo is this important route centre. It is dusty, noisy, unsafe and crowded. Set in fertile banana lands and often flooded in the rainy season.

Hotels in town are noisy

Sleeping A *Olímpico*, Bolívar y 19a, T750455, has the best restaurant. **C** *Quevedo*, Av 7 de Octubre y C 12, T751876, modern, a/c. **D** *Ejecutivo Internacional*, 7 de Octubre y Cuarta, T751780, large rooms, good value, is the least noisy. At Km 47 from Santo Domingo on the Quevedo road is **B** *Río Palenque*, lodge with capacity for 20, cooking facilities, US$5 for day visit. Set in a biological field station, good birdwatching. Reservations required from Fundación Wong, Guayaquil, T04-220 8680 (ext 1431), on site T09-9745790 (mob), Quevedo has a fair-sized Chinese colony, with many *chifas* (Chinese restaurants).

Transport There are buses to **Quito**, US$5, 5 hrs; **Guayaquil**, 3 hrs, US$2.05; **Portoviejo**, from 7 de Octubre y C 8, 5 hrs, US$5.50.

Playas and Salinas

Phone code: 04
Colour map 1a, grid B1

The beach resorts of Salinas and Playas remain as popular as ever with vacationing Guayaquileños. Both can be reached along a paved toll highway from Guayaquil. The road divides after 63 km at El Progreso (Gómez Rendón). One branch leads to General Villamil, normally known as Playas, the nearest seaside resort to Guayaquil. Look out for the bottle-shaped ceibo (kapok) trees between Guayaquil and Playas as the landscape becomes drier, turning into tropical thorn scrub where 2-5 m cacti prevail. Fishing is still important in Playas and a few single-sailed balsa rafts can still be seen among the motor launches returning laden with fish. These rafts are unique, highly ingenious and very simple. The same rafts without sails are used to spread nets close offshore, then two gangs of men take 2-3 hours to haul them in. The beach shelves gently, and is 200-400 m wide, lined with singular, square canvas tents hired out for the day. As the closest resort to Guayaquil, **Playas** is prone to severe

Ecuador

crowding, although the authorities are trying to keep the packed beaches clean and safe. Out of season (high season is December to April), when it is cloudier, or mid-week, the beaches are almost empty especially north towards Punta Pelado (5 km). Playas is also a popular surfing resort with six good surf points. There are showers, toilets and changing rooms along the beach, with fresh water, for a fee. **Tourist information** is at Avenida Pedro Menéndez Gilbert y 10 de Agosto opposite the church, T760758, helpful and friendly. **NB** Thieving is rampant during busy times – do not leave **anything** unattended on the beach.

A few kilometres further on, surrounded by miles of salt flats, is **Salinas**, Ecuador's answer to Miami Beach. There is safe swimming in the bay and high-rise blocks of holiday flats and hotels line the seafront. The town is dominated by the Choclatera hill on the western point of the bay, overlooking the well equipped and very exclusive Salinas Yacht Club. During *temporada* (December to April) it is overcrowded, with traffic jams and rubbish-strewn beaches, and its services are stretched to the limit. During off season it is quieter, but still not for 'getting away from it all'. The friendly tourist office is at Avenida Rafael Serrano, behind the Municipio, T/F277 3931. On the south shore of the Santa Elena peninsula, 8 km south of La Libertad, is **Punta Carnero**, with a magnificent 15-km beach with wild surf and heavy undertow, virtually empty during the week. In July, August and September there is great whale watching.

In Playas **A** *Bellavista*, Km 2 Data Highway, T276 0600. Rooms or suites in bungalows on beach, a/c, restaurant, booking necessary, Swiss-run. **C-D** *Las Redes*, 300 m on the road to Posorja, T276 0222. A/c, cheaper with fan, some rooms with fridge, the more expensive rooms are nice, otherwise OK. **C-D** *Rey David*, Malecón y Calle 9a, T276 0024. A/c, cheaper with fan, central, functional. **D** *Dorado*, on the Malecón, T276 0402, doradoplayas@hotmail.com A/c, cheaper with fan, OK. **D-E** *Jesús del Gran Poder*, Guayaquil y Garay, T276 0589. Cheaper with shared bath, small rooms, basic. **D-E** *Playas*, On the Malecón, T276 0121. Restaurant, a/c, cheaper with fan, parking, older place but good value. **E** *El Galeón*, Beside the church, T276 0270. Cheaper with shared bath, OK.

Sleeping
Most hotels are 5 mins' walk from bus terminals

In Salinas **AL** *Calypsso*, Malecón, near Capitanía de Puerto, T277 3605, calypsso@gye.satnet.net A/c, pool, gym, crafts shop, good whale watching tours (Fernando Félix, recommended guide). **A** *El Carruaje*, Malecón 517, T/F277 4282. A/c, TV, hot water, good restaurant, includes breakfast. **A** *Hostal Francisco 1*, Enríquez Gallo y Rumiñahui, T277 4106. A/c, hot water, comfortable, pool, restaurant. **B** *Suites Salinas*, Enríquez Gallo y 27, T/F277 2759, hotelsalinas@porta.net Modern, a/c, hot water, fridge, good restaurant, pool, parking, internet, popular with families and groups. **C-D** *Yulee*, diagonal to church, near the beach, T277 2028. Cheaper without bath, hot water, cable TV, excellent food. **D** *Rachel*, C 17 y Av Quinta, T277 2526. A/c, cheaper with fan and shared bath, good value.

In Playas Excellent seafood and typical dishes from over 50 beach cafés (all numbered and named). Recommended are *Cecilia's* at No 7 or *Barzola* at No 9. *Mario's*, central plaza opposite Banco de Guayaquil, big hamburgers, good yoghurt.

Eating

In Salinas **Expensive**: *La Bella Italia*, Malecón y C 17, near *Hotel El Carruaje*. Pizza and international food, good. *Mar y Tierra*, Malecón y Valverde. Excellent seafood and some meat dishes. **Mid-range**: *Cozzoli's* , Malecón y Valverde. Pizzeria. *Pescao Mojao*, Malecón y José de la Cuadra. Meals, bar, pool table. **Cheap**: *Nuevo Flipper*, Malecón y 24 de Mayo. Simple, clean and friendly. *Selva del Mar*, Enríquez Gallo y 24 de Mayo. Good *pescado con menestra*, set meals. There are several cheap eateries near the Municipio: *La Ostra Nostra* and *Menú de Yiyín*, both on Eloy Alfaro y Los Almendros, are recommended. A couple of blocks in from the Malecón are some complexes with food stalls serving good ceviches and freshly cooked seafood, a ceviche costs US$3-4. *Il Gelato*, Malecón y Fidón Tomalá. Good ice-cream.

In Salinas *Centro Informativo Natural Peninsular*, T277 8329, bhaase@ecua.net.ec Naturalist guide Ben Haase runs birdwatching tours, US$20 per group of up to 10 people. He is

Tour operators

Ecuador

also knowledgeable about whales. *Pesca Tour*, Malecón y 24 de Mayo, T277 2391, www.pescatours.com.ec Regional tours, fishing trips (US$350 per day for up to 6 passengers), sailboat and water-skis rental.

Transport　**To/from Playas**　*Transportes Posorja* and *Transportes Villamil* leave from stations along Av Menéndez Gílbert, a couple of blocks back from the beach. To **Guayaquil**, frequent, 2 hrs, US$2.50; taxi costs US$30.

To/from Salinas　For the beaches along the Ruta del Sol including **Puerto López** and points north, transfer at La Libertad or Santa Elena. To **Guayaquil**, *Coop Libertad Peninsular*, María González y León Avilés, every 10 mins, US$3.40, 2½ hrs.

Directory　**In Salinas** **Banks** *Banco de Guayaquil*, Malecón y 24 de Mayo, TCs, advances on Mastercard, Visa ATM. *Banco del Pacífico* Av Enríquez Gallo, TCs. *Banco del Pichincha*, Malecón y Armando Barreto, advances on Visa. **Communications** Internet:*Café Planet*, Av Enríquez Gallo y Rafael de la Cuadra, US$2 per hr. *Cybermar*, Av Sixto Durán y Fidón Tomalá, US$1.80 per hr. **Telephone**: *Pacifictel*, C 17, 2 blocks from the Malecón.

North to Puerto López

The 'Ruta del Sol' north to Puerto López in the province of Manabí parallels the coastline and crosses the Chongón-Colonche coastal range. Most of the numerous small fishing villages along the way have good beaches and are slowly being developed for tourism. Beware of rip currents and undertow.

Valdivia　San Pedro and Valdivia are two unattractive villages which merge together. There
It is illegal to export are many fish stalls. This is the site of the 5,000 year-old Valdivia culture. Many
pre-Columbian houses offer 'genuine' artefacts and one resident at the north end of the village will
artefacts from show you the skeletons and burial urns dug up in his back garden. Ask for Juan
Ecuador Orrala, who makes excellent copies, and lives up the hill from the **Ecomuseo Valdivia**, which has displays of original artefacts from Valdivia and other coastal cultures. There is also a handicraft section, where artisans may be seen at work, and lots of local information. ■ *Daily, US$0.60*. At the museum is a restaurant and 5 rooms with bath to let, **G** pp. Most of the genuine artefacts discovered at the site are in museums in Quito and Guayaquil. .

Manglaralto　Located 180 km north of Guayaquil, this is the main centre of the region north of
Phone code: 04 Santa Elena. A tagua nursery has been started; ask to see examples of worked 'vege-
Colour map 1a, grid B2 table ivory' nuts. It is a nice place, with a quiet, clean beach, good surf but little shade. *Pro-pueblo* is an organization working with local communities, to foster family run orchards and cottage craft industry, using tagua nuts, paja toquilla (the stuff Panama hats are made from), and other local products. They have a craft shop in town (opposite the park), an office in San Antonio south of Manglaralto, T278 0230, and headquarters in Guayaquil, T220 1630, propueb1@propueblo.org.ec *Programa de Manejo de Recursos Costeros, PMRC*, is an organization promoting ecotourism in local communities. The have a network of community lodgings, *Red de Hospederías Comunitarias*, **G** per person and many interesting routes into the interior have been set up. Office near the park, T290 1343, pmrclib@gye.satnet.net

Sleeping and eating　**D** *Marakaya*, 2 blocks south of the main plaza, 1 block from the beach, T290 1294. With hot water, safe, a/c, mosquito net, good value. **F** *Alegre Calamar*, at the north end of town. Shared bath, water in morning only, mosquito nets, good local restaurant. *La Calderada*, on the beach. Very good seafood.

Transport　Buses to **La Libertad**, US$2.50. **Jipijapa**, US$2.50, 3½ hrs, 100 km via Salango. **Puerto López**, 1 hr, US$1.65.

About 3 km north of Manglaralto, **Montañita** has mushroomed over the past few years into a major surf resort, packed with hotels, restaurants, surf-board rentals, tattoo parlours and craft/jewellery vendors. At the north end of the bay, 1 km away, is another hotel area with more elbow-room, **Baja Montañita**. Between the two is a lovely beach where you'll find some of the best surfing in Ecuador. Various competitions are held during the year and at weekends, in season, the town is full of Guayaquileños. A few minutes north of Montañita is **Olón**, with a spectacular long beach.

Montañita, Baja Montañita & Olón
There are periodic police drug raids in Montañita and several foreigners are serving long sentences in jail

Sleeping In Montañita **D** *Nativa Bambú*, on hill, across highway, T290 1293, nativabambu@hotmail.com Shared bath, cold water, mosquito net, nice view and breeze. **D** *Tierra Prometida*, in town, T09-714 9037 (Mob), cecicortez2000@yahoo.es Cheaper with shared bath, fan, colourful and popular. **D-F** *Funky Monkey*, in town, T09-935 3342 (Mob), www.funkymonkeyhostal.com Popular restaurant and bar, cheaper with shared bath or in dorm, simple rooms with mosquito nets. **E** *Camp Pely*, take road east after crossing bridge at north end of town, follow signs, T09-9414465 (Mob), camppely@yahoo.de Shared bath, cold water, basic little huts or camp for US$2 pp, quiet, German run and very friendly. Recommended. **E** *Hotel Montañita*, on beach at north end of village, T290 1296, hmontani@telconet.net Restaurant, cold water, fan, pool, parking, mosquito net, simple rooms. **E** *Paradise South*, just north of town across bridge, T290 1185, paradise_south@hotmail.com Restaurant, cheaper with shared bath, pool, pleasant grounds, games, quiet, good value. **E-F** *Centro del Mundo II*, on the beach. Cheaper with shared bath, mosquito net, older 4-story timber and thatch building. **F-G** *Rickie*, in town. Cheaper with shared bath, cold water, cooking facilities, mosquito net, basic.
  In Baja Montañita: **B** *Baja Montañita*, T290 1218, F290 1227. Includes breakfast, restaurant, a/c, pool, comfortable rooms, a small resort on its own. **B-D** *La Casa del Sol*, T/F290 1302, www.casasol.com Restaurant, a/c, cheaper with fan and shared bath, surfing packages. **E** *Tres Palmas*, by beach, T09-975 5717 (Mob). With Tex-Mex restaurant, simple, very nice.
  In Olón D *Hostería N & J*, on the beach, T2780174. Simple rooms with bath, cold water, fan. **F** *Hostería Olón Beach*, T290 1191. Basic but clean. **F** *Hospedaje Rosa Mistía*, in family home, part of *Red de Hospederías Comunitarias*, see Manglaralto above. Fanny Tomalá also rents rooms.

Accommodation is impossible to find during holiday weekends

Eating In Montañita: *Aura*, next to the park, good set meals, cheap. *La Cabañita*, at the beach, good and cheap. *Ebeneezer*, good set meals, very cheap. *Manuel*, pizzas, fruit juices and milkshakes. *Tiburón*, good pizza. *Zao*, good for breakfast, also serve meals. *Mahalo Bar* is upstairs from Zao. **In Baja Montañita**: *Pelícano*, good pizzas, disco, open till 2200, later in season. There are many other restaurants, food and prices quite uniform. **In Olón**: *Flor de Olón*, in the village. Simple but good food. *María Verónica*, just off the beach. Scruffy, but good seafood.

It's cheaper to eat in the village south of the surf beach

Transport *Transportes Manglaralto* to La Libertad, US$3.10, 2 hrs. *CLP* have daily direct buses starting in Olón going to **Guayaquil**, at 0500, 1300, 1630 (same schedule from Guayaquil), US$5.25, 3½ hrs. To **Puerto López**, US$1.50, 45 mins.

North of Montañita, by **La Entrada**, the road winds up and inland through lush forest before continuing to the scruffy village of **Ayampe** ,. North of Ayampe are the villages of **Las Tunas**, **Puerto Rico** and **Río Chico**. There are places to stay all along this stretch of coast. Just north of Río Chico is **Salango**, worth visiting for the excellent **Presley Norton archaeological museum** . ■ *Daily 0900-1200, 1300-1700. US$1.* Artefacts from the excavations in the local fish-meal factory's yard are housed in a beautiful museum on the plaza.

Ayampe to Salango

Sleeping and eating B-C *Hostería Alandaluz*, just south of Puerto Rico, T278 0686, Quito T/F02-254 3042, alandalu@interactive.net.ec Bamboo cabins with thatched roofs and private bath (composting toilets). Very peaceful place, clean beach and stunning organic vegetable and flower gardens in the desert. Camping possible, **F** pp. Student and HI discounts. Good

Ecuador

home-made organic food, vegetarian or seafood, breakfast, and there's a bar. Expensive tours in the area. Reservations necessary, highly recommended. Ask to get off bus at Puerto Rico, though the centre is easily seen from the road. **C** *Hostería La Barquita*, by Las Tunas, 4 km north of Ayampe and 1 km south of Alandaluz, T278 0683, barquita2000@yahoo.com Includes breakfast, with bath, **F** with bunk beds and shared bath, by the beach, expensive restaurant, set up for partying. Swiss-Ecuadorean run, French, English and German spoken. **D** *Piqueros Patas Azules*, north of Puerto Rico, in Piqueros, 10 mins from Río Chico, T278 0279. Cabins overlooking beach, with bath, fan, eco-conscious. **E** *Albergue Río Chico*, by main road at Río Chico, T278 0280. Cabins for 5 and some rooms with bath, fan, fridge, restaurant, a 15-min walk to the beach. Don Julio Mero, off the main road in Puerto Rico offers meals and rents basic cabins with kitchen and bathroom for longer stays. In Salango is *El Delfín Mágico* (order meal before visiting museum, service is that slow), try the *spondilus* (spiny oyster) in fresh coriander and peanut sauce with garlic coated *patacones*.

Transport **Bus**: *Trans Manglaralto* from **La Libertad**, US$2.50. Buses to and from **Puerto López** every 20 mins. The last bus from the south passes at 1930, from the north at 1730; hitching is difficult.

Puerto López

Phone code: 05
Colour map 1a, grid B2
Population: 7,600

This pleasant little fishing town is beautifully set in a horseshoe bay. The beach is cleanest at the far north and south ends, away from the fleet of small fishing boats moored offshore. The town is becoming increasingly visited by foreign tourists for whale watching, Parque Nacional Machalilla and Isla de la Plata. Bicycle rentals at Gen Córdova, US$1 per hour, US$6 per day, by the cyber café, which is next to *Banco del Pichincha* (US$2 per hour).

Sleeping **A** *Manta Raya Lodge*, 3 km south of town, T/F604233, advantagetravel@andinanet.net Restaurant and bar, pool, comfortable rooms, nice view, colourful décor, horse riding, fishing and diving trips organized. **A-D** *Pacífico*, Malecón Y González Suárez, T604147, hpacific@manta.ecua.net.ec Includes breakfast, restaurant, a/c, comfortable, cheaper in old wing with fan and shared bath, pool, runs boat tours, helpful. Recommended. **C** *La Terraza*, on hill north behind the clinic, T604235. Great views over the bay, gardens, hot water, spacious, good breakfast, evening meals available on request, run by German Peter Bernhard, free car service to/from town if called in advance. Highly recommended. **C** *Mandala*, beyond fish market at north end of the beach, T/F604181. Swiss-Italian run, helpful, good restaurant, 2-storey cabins with screened windows, hot water, garden. Recommended. **D** *Los Islotes*, Malecón y Gen Córdova, T604108. Fan, modern, good value. Recommended. **D-E** *Villa Colombia*, behind market, T604105. Hot water, cheaper in dorm with shared bath and kitchen facilities.**E** *Cueva del Oso*, Lascano 116 y Juan Montalvo, T611671, fmachali@mnb.satnet.net Shared bath, hot water, cooking facilities, laundry, good dormitory accommodation. Recommended. **E** *Máxima*, González Suárez y Machalilla, gmaxmill2@ hotmail.com Hot water, parking, modern and comfortable, English spoken, good value. **E** *Yubarta*, on Malecón Norte just north of river. With cold water, mosquito net, bar, simple, arranges tours. **E-F** *Sol Inn*, Montalvo entre Eloy Alfaro y Lascano, hostal_solinn@hotmail.com Cheaper with shared bath, hot water, laundry and cooking facilities, parking, popular, nice atmosphere, English and French spoken, good value. **F** *Hostal Turismar*, Malecón y Sucre, at south end, T604174. With hot showers and sea view, good breakfasts, basic, helpful, family-run, discount for longer stays.

Eating
Try the local avocado licuados and chuzos, recommended

Many places along the Malecón serve good local fare at mid-range prices. These include *Carmita*, *Myflower*, *Spondylus*, *Soda Bar Danny*, *Flipper*, Gen Córdova next to *Banco del Pichincha*. Good set meals, very cheap. Recommended. *The Whale Café*, towards the south end of the Malecón. Good pizza, sandwiches and meals, good cakes and pies, nice breakfasts. US-run, owners Diana and Kevin are very helpful and provide travel information. Recommended. *Bellitalia*, Montalvo y Abdón Calderón, one block back from the Malecón. Excellent Italian food, pleasant garden setting, Italian-run. Highly recommended. The *panadería* behind the church serves good banana bread and other sweets. *Magic Night Bar*, towards the south end of the Malecón. Small and informal, Latin music, popular with locals.

Puerto López has become a major centre for **whale watching** trips from Jun to Sep/Oct, with many more agencies than we can list. **NB** Whales can also be seen further north. There is a good fleet of small boats (16-20 passengers) running excursions, all have life jackets and a toilet. All agencies offer the same tours for the same price. In high season: US$30 pp for whale watching, Isla de la Plata and snorkelling, including a snack and drinks, US$25 for whale watching only. In low season tours to Isla de la Plata and snorkelling cost US$25 pp, US$20 for whale watching only. These rates don't include the National Park fee (see below). Trips start about 0800 and return around 1700. Agencies also offer tours to the mainland sites of the national park. A day tour combining Agua Blanca and Los Frailes costs US$25 pp.

Bosque Marino, on the highway, near bus stop, T09-917 3556 (Mob). Experienced guides, some speak English, also offer hikes through the forest and birdwatching tours for US$20 per day for groups of 2-3. *Ecuador Amazing*, Gen Córdova, T604239, T02-254 2888 (Quito), www.ecuadoramazing.com Tours to Isla de la Plata and whale watching. *Excursiones Pacífico*, Malecón at *Hotel Pacífico*, T/F604133. Comfortable boat and good service, also to San Sebastián, Agua Blanca, Los Frailes. *Exploratur*, on Malecón next to *Spondylus* restaurant, T604123. French-run, Quito-based. Two 8-12 person boats and compressor to fill dive tanks, PADI divemaster, advance notice required for US$85 pp all-inclusive diving day tour (2 tanks). Also offer diving lessons. *Machalilla Tours*, on Malecón next to *Viña del Mar* restaurant, T604206. Also offer horse riding, surfing and fishing tours; all cost US$25 pp for a day trip. *Manta Raya*, on Malecón Norte, T604233. They have a comfortable and spacious boat. They also have diving equipment and charge US$100 pp, all inclusive. *Sercapez*, Gen Córdova, T604173. All-inclusive trips to San Sebastián, with camping, local guide and food US$30 pp, per day.

Frequent buses to **Jipijapa**, 1 hrs, US$1.25. **La Libertad**, every 30 mins, 2½ hrs, US$4.25, and **Manglaralto**, 1 hr, US$1.85. To **Portoviejo**, 2 hrs, 2 hrs. To **Manta**, direct, every 2 hrs, US$3, 2 hrs. To **Quito**, *Carlos Array* 3 a day, 11 hrs, US$7.

Parque Nacional Machalilla

The Park extends over 55,000 ha, including Isla de la Plata, Isla Salango, and the magnificent beach of **Los Frailes**. At the north end of the beach is a trail through the forest leading to a lookout with great views and on to Machalilla. The land-based part of the park is divided into three sections which are separated by private land, including the town of Machalilla. Recommended for birdwatching, also several species of mammals and reptiles.

Preserves marine ecosystems as well as the dry tropical forest and archaeological sites on shore

Getting there and around To Los Frailes: take a bus towards Jipijapa and alight at the turn-off just south of the town of Machalilla (US$0.30), then walk for 30 mins. Show your national park ticket on arrival. No transport back to Puerto López after 2000 (but check in advance). **To Agua Blanca**: take tour, a pick-up (US$10) or a bus bound for Jipijapa (US$0.25); it is a hot walk of more than 1 hr from the turning to the village. **To Isla de la Plata**: the island can only be visited on a day trip. Many agencies offer tours, see Puerto López above, and there are touts only too willing to organize a trip. The park wardens in Puerto López will arrange trips which don't use pirate operators.

Park information US$12 for mainland portions, US$15 for Isla de la Plata, US$20 if visiting both areas (ask for 5-6 days), payable at the park office in Puerto López (C Eloy Alfaro y García Moreno), open daily 0700-1800, or directly to the park rangers (insist on a receipt).

About 5 km north of Puerto López, at Buena Vista, a dirt road to the right leads to **Agua Blanca**. Here, 5 km from the main road, in the national park, amid hot, arid scrub, is a small village and a fine, small archaeological museum containing some fascinating ceramics from the Manteño civilization. ■ *0800-1800, US$2 for a 2-3 hr* *guided tour of the museum, ruins (a 45-min walk), funerary urns and sulphur lake. Horses can be hired for the visit. Camping is possible and there's a cabin and 1 very basic room for rent above the museum for US$5 per person.* **San Sebastián**, 9 km from Agua Blanca, is in cloud forest at 800 m; orchids can be seen and possibly howler monkeys. Although part of the national park, this area is administered by the Comuna of Agua Blanca, which charges its own fees in addition to the park entrance. It's 5 hrs on foot or by horse. A tour to the forest costs US$20 per day for the guide (fixed rate). You can camp (US$2), otherwise lodging is with a family at extra cost. Horses are also extra and you have to pay to get to Agua Blanca to start the excursion.

About 24 km offshore is **Isla de la Plata**. Trips have become popular because of the similarities with the Galápagos. Wildlife includes nesting colonies of waved albatross, frigates and three different booby species. Whales can be seen from June to September, as well as sea lions. It is also a pre-Columbian site with substantial pottery finds, and there is good diving and snorkelling, as well as walks. Take a change of clothes, water, precautions against sun and seasickness and snorkelling equipment.

Sleeping & eating In **Machalilla D** *Hotel Internacional Machalilla*, T589107. Conspicuous building, fan, enquire about cheaper rates for longer stays. **G** *La Canoa Camping*, by the beach at north end of the village, lacanoac@hotmail.com Very basic thatched loft with room for 4, tents for hire or use your own tent, no restaurant, kitchen facilities.

Puerto López to Manta North of Machalilla, the road forks at **Puerto Cayo**, where whalewatching tours may be organized June-August. Otherwise it's uninteresting, with dirty beaches. **C** *Hostal Los Frailes*, T616014, hostallosfrailes@latinmail.com A/c (cheaper without), TV, fridge, restaurant, tours. **C** *Puerto Cayo*, south end of beach, T616019, www.puertocayo.com Rooms with terrace overlooking the sea, hammocks, good restaurant. **D** *Residencial Zavala*, on the Malecón, T616020. Simple rooms with bath, cold water, fan, ask for sea view, cheap restaurant. *D'Carlos*, next to *Zavala*, serves good cheap seafood. One road follows the coast, partly through forested hills, passing Cabo San Lorenzo with its lighthouse. The other route heads inland through **Jipijapa**, a dusty, unattractive trading centre for cotton, cocoa, coffee and kapok. At **La Pila**, due north of Jipijapa, the main industry is fake pre-Columbian pottery, with a thriving by-line in erotic ceramics. A few kilometres further northwest is **Montecristi**, below an imposing hill, high enough to be watered by low cloud which gives the region its only source of drinking water. The town is renowned as the centre of the panama hat industry. Also produced are varied straw- and basketware, and wooden barrels which are strapped to donkeys for carrying water. Ask for José Chávez Franco, Rocafuerte 203, T/F606343, where you can see panama hats being made; wholesale and retail.

Transport Buses from Jipijapa to **Manglaralto** (2 hrs, US$2), **Puerto López** (1 hr, US1), **Manta** (1 hr, US$1), **Quito** (10 hrs, US$6.40). Buses leave from the plaza.

Manta

Phone code: 05
Colour map 1a, grid B2
Population: 183,000
Do not leave
anything unattended
on the beaches

Ecuador's second port after Guayaquil is a busy town that sweeps round a bay filled with all sorts of boats. A constant sea breeze tempers the intense sun and makes the city's *malecones* (oceanfront avenues) pleasant places to stroll. The Malecón Escénico, at the gentrified west end of town has a cluster of bars and seafood restaurants. It is a lively place especially at weekends, when there is good music, free beach aerobics and lots of action. This promenade is built along Playa Murciélago, a popular beach with wild surf (flags indicate whether it is safe to bathe). It is also a good surfing beach from December to April. The *Banco Central* museum, Av 8 y C7, has a small but excellent collection of archaeological pieces from seven different civilizations which flourished on the coast of Manabí between 3500 BC and AD 1530. ■ *Tue-Sat 1000-1800. US$1.* Two bridges join the main town with its grungy, down-at-heel neighbour, **Tarqui**, with a more popular, but dirtier beach. Most offices, shops and the bus station are in Manta, but there's a wider selection of hotels in Tarqui. Water shortages are very common. The city also has a controversial US airbase (ostensibly for drugs surveillance).

In Manta L *Oro Verde*, Malecon y C 23, on the beach front, T629200, www.oroverdehotels.com With all luxuries, best in town. **AL** *Cabañas Balandra*, Av 8 y C20, Barrio Córdova, T620316, F620545. A/c cabins, breakfast included, secure. **AL** *Costa del Sol*, Malecón y Av 25, T620025, F620019. Includes breakfast, a/c, pool, parking, modern, comfortable, ocean-side rooms with balconies are very nice. **A** *Barbasquillo*, at Playa Barbasquillo, T620718, F628111. Includes breakfast, restaurant, a/c, pool and gym, fridge, parking, comfortable. **In Tarqui** **A** *Las Gaviotas*, Malecón 1109 y C 106, T620140, F620940. The best in Tarqui by some length, a/c, restaurant. **C** *El Inca*, C 105 y Malecón, T610986, F622447. Cold water, a/c, cheaper with fan, parking, well maintained older place. **C-D** *Panorama Inn*, C 103 y Av 105, T622996, F611552. Restaurant, cold water, a/c, cheaper with fan, pool, parking, nice new section across the street, helpful. **D** *Boulevard*, Av 105 y C 103, T625333. Cold water, a/c, cheaper with fan, parking, sea view. **E** *Del Mar*, Av 105 y C 104, T920140. Private bath, cold water, basic. **E** *Miami*, C 108 y Malecón, T611743. Private bath, cold water, fan, very basic.

Sleeping
All streets have numbers; those above 100 are in Tarqui (those above C110 are not safe)

Mid-range: *Club Ejecutivo*, Av 2 y C 12, top of Banco del Pichincha building. First class food and service, great view. . *Riviera*, C 20 y Av 12. First class Italian food. **Cheap**: *La Barca*, Malecón y C 16. Cheap lunch or à la carte, also café serving local snacks. *Beachcomber*, C 20 y Av Flavio Reyes, cheap set lunch and mid-range grill in the evening. *Chifa Macau*, Av 15 y C 13. Good Chinese. *Paraná*, C 17 y Malecón, near the port. Local seafood and grill. Highly recommended. *Rincón Criollo*, Av Flavio Reyes y C 20. Regional cooking, cheap set lunch, a/c.

Eating
Restaurants on Malecón Escénico serve local seafood

Delgado Travel, Av 2 y C 13, T627925, vtdelgad@manta.ecua.net.ec City and regional tours, whale watching trips. *Metropolitan Touring*, Av 4 y C 13, T623090. Local, regional and nationwide tours.

Tour operators

Air Eloy Alfaro airport. *TAME* to Quito daily. **Bus** All buses leave from the terminal on C 7 y Av 8 in the centre (may relocate to Av Circunvalación in 2003). To **Quito**, 8½ hrs, US$11.25, 7 daily. **Guayaquil**, 3 hrs, US$3.75-5.25, hourly. **Esmeraldas**, 3 daily, 10 hrs, US$8.70. **Santo Domingo**, 6 hrs, US$5.60. **Portoviejo**, 45 mins, US$0.65, every 10 mins. **Jipijapa**, 1 hr, US$1.25, every 20 mins. **Bahía de Caráquez**, 3¼ hrs, US$2.75, hourly.

Transport

Banks Banco del Pichincha, Av 2 y C 11, p 2, TCs, Visa. Banco del Pacífico, Av 2 y C 13, TCs. Mutualista Pichincha, Av 4 y C 9, Mastercard. **Communications Internet**: service runs about US$0.80. *Coolweb.ec*, Paseo José María Egas (Av 3) y C 11, fast link, spacious. Recommended. *Patiño Cyber*, Av 106, Tarqui. **Post Office**: Av 4 y C 8. **Telephone**: *Pacifictel*, Malecón near C 11. **Tourist offices** Ministerio de Turismo, Paseo José María Egas 1034 (Av 3) y Calle 11, T622944, very helpful, some English spoken. Mon-Fri 0830-1700. Cámara de Turismo, Centro Comercial Cocco Manta, Malecón y C 23, T620478. Helpful, map available, English spoken. Mon-Sat 0900-1300, 1500-1800, Sun 0900-1300.

Directory

Inland from Manta and capital of Manabí province, Portoviejo is a sweltering commercial city, so hot in fact that visitors will be reduced to the same level of activity as the sloths in the trees in Parque Eloy Alfaro. Kapok mattresses and pillows are made here from the fluffy fibre of the seed capsule of the *ceibo* tree.

Portoviejo
Phone code: 05
Colour map 1a, grid B2
Population: 170,000

Sleeping and eating **B** *Hostería California*, Ciudadela California, T634415. A/c, very good. **C** *Cabrera Internacional*, García Moreno y Pedro Gual, T633201. A/c, **D** with fan, restaurant, noisy. **C** *New York*, Fco de P Moreira y Olmedo, T632044. A/c and fridge, **D** with fan, nice, restaurant downstairs. **E** *Pacheco*, 9 de Octubre 1512 y Morales, T631788. With or without bath, fan. **F** *París*, Plaza Central, T652727. One of the oldest hotels, classic, with fan. *El Tomate*, on the road to Crucita and Bahía. Excellent traditional Manabí food. *La Fruta Prohibida*, C Chile. Fast food, Portoviejo's gringo hang-out. *El Galpón*, C Quito. Good food and prices, local music at night, very popular. *Zalita*, Primera Transversal entre Duarte y Alajuela. Lunch only, popular.

Ecuador

Transport Air: Flights to **Quito**. **Bus**: To **Quito**, US$7, 9 hrs; routes are either east via Quevedo (147 km), or, at Calderón, branch northeast for Calceta, Chone and on to **Santo Domingo de los Colorados**. Services also to **Guayaquil**, US$3.75-5.25, 3 hrs. Bus station is 1 km south of the centre, across the Río Portoviejo, taxi US$1.

Crucita

Phone code: 05
Colour map 1a, Grid B2
Population: 8,300
45 mins by road
from Portoviejo

A rapidly growing resort, Crucita is busy at weekends and holidays when people flock here to enjoy ideal conditions for paragliding, hang-gliding and kite-surfing. Raul Tobar at *Hostal Voladores*, T676200, hvoladores@hotmail.com, offers tandem flights (US$15), three-day paragliding and five-day hang-gliding courses. The best season for flights is July to December. There is also an abundance of sea birds in the area. *Pacifictel* for long distance phone calls (no international service), two blocks back from the beach on the main highway.

Sleeping and eating Hotels from south to north along the beach include: **D** *Hostal Voladores*, away from town, T676200, www.geocities.com/hostalvoladores Cold water, small pool, simple but nice, very helpful. **D** *Hipocampo*, the oldest in town. Basic, good value. **C** *Barandúa*, on the ocean front, T676159. Hot water, fan, restaurant, pool, good service. **C** *Hostería Zucasa*, T676133. Fully equipped cabins for up to 6, cheaper with cold water, pool, very nice. **E** *Hostería Las Cabañitas*, T652660 in Portoviejo. Cabins for 4-5 people, basic. There are many simple restaurants and kiosks serving mainly fish and seafood along the seafront. *Alas Delta 1 & 2* Good seafood, try their *conchas asadas*.

Transport Buses run along the Malecón, there is frequent service to Portoviejo, US$1, 45 mins and Manta, US$1.55, 1½ hrs.

North to Bahía

Don't go barefoot;
parasites can
be a problem

About 60 km north of Portoviejo (30 km south of Bahía de Caráquez) are **San Clemente** and, 3 km south, **San Jacinto**. The ocean is magnificent but be wary of the strong undertow. Both get crowded during the holiday season and have a selection of *cabañas* and hotels.

Sleeping In San Clemente recommended are: **C** *Hostería San Clemente*. Modern cabins for 6 to 10 persons, swimming pool, restaurant, closed in low season. **D** *Las Acacias*, 150 m from the beach, 800 m north of San Clemente, T254 1706 (Quito). Nice 3-storey wooden building with huge verandas, prices go up in high season, good seafood. **F** *Cabañas Espumas del Mar*, on the beach. Good restaurant, family-run. **Between San Clemente and San Jacinto: C** *Hostal Chediak*, T615499, F02-246 4322 (Quito). Comfortable rooms, with hot water, fan, mosquito net, great views from upper balconies, restaurant.

Transport To **Portoviejo**, every 15 mins, US$1, 1¼ hrs. To **Bahía de Caráquez**, US$0.65, 30 mins, a few start in San Clemente in the morning or wait for a through bus at the highway.

Bahía de Caráquez

Phone code: 05
Colour map 1a, grid B2
Population: 20,000
The town is busiest
Jul-Sep

Set on the southern shore at the seaward end of the Chone estuary, Bahía has an attractive riverfront laid out with parks on the Malecón Alberto Santos. The beaches in town are nothing special, but there excellent beaches nearby between San Vicente and Canoa and at Punta Bellaca. Bahía has declared itself an 'eco-city', where recycling projects, organic gardens and ecoclubs are common (information from *Fundación Stuarium*, T693490 or the *Planet Drum Foundation*, www.planetdrum.org). The city is also a centre of the less than ecologically friendly shrimp farming industry, which has boosted the local economy but also destroyed much of the estuary's precious mangroves. With awareness of the damage done, Bahía now boasts the first and only certified organic shrimp farm in the world.

Sights

Also see Tour Operators

In town The **Museo Bahía de Caráquez** of the Banco Central has an interesting collection of archaeological artefacts from prehispanic coastal cultures, a life-size

Ecuador (vertical side text)

balsa raft and modern sculpture. ■ *Tue-Fri 1000-1700, Sat-Sun 1100-1500. US$1. Malecón Alberto Santos y Aguilera*. **Casa Velázquez** is a 1900 residence with museum, a fine example of wooden coastal architecture. ■ *Tue-Sun 0900- 1200, 1500-1900. US$1. Mejía y Eloy Alfaro, up on the hill.*

Out of town The Rio Chone estuary has several islands with mangrove forest. The area is rich in birdlife, dolphins may also be seen, and conditions are ideal for photographers because you can get really close, even under the mangrove trees where birds nest. The male frigate birds can be seen displaying their inflated red sacks as part of the mating ritual; best from August to January. **Isla Fragatas** is 15 minutes by boat from Bahía and various species of birds can be seen there. A visit to the island is included in some tours which make multiple stops. Further up the estuary is **Isla Corazón**, where a boardwalk has been built through an area of protected mangrove forest. At the end of the island are some bird colonies which can only be accessed by boat. The **Chirije** archaeological site is a 45-minute ride south. It was a seaport of the Bahía culture (500 BC to AD 500), which traded from Mexico to Chile (museum on site). It is surrounded by dry tropical forest and good beaches. There are **B** cabins with ocean views and a restaurant; walking, horse riding and birdwatching in the area. Tours from Bahía take an open-sided *chiva* along the beach (US$30 per person, includes lunch). **Saiananda** is a private park with extensive areas of reforestation and a large collection of mainly domestic fowl and animals, but also native animals. It has a Japanese garden, the Sai Baba Temple and Centre. Meals, principally vegetarian, are served in an exquisite dining area over the water. ■ *T398331, owner Alfredo Harmsen, reached by taxi or any bus heading out of town, US$2.50.*

Sleeping

Only hotels with their own supply do not suffer water shortages

AL *La Piedra*, Circunvalación near Bolívar, T690780, apartec@uio.satnet.net Pool, good restaurant but expensive, laundry, modern, good service, access to beach, lovely views. **B** *Italia*, Bolívar y Checa, T/F691137. A/c, hot water, comfortable, restaurant. **C-D** *La Herradura*, Bolívar e Hidalgo, T690446, F690265. A/c, cheaper with fan, comfortable, restaurant. **D-E** *Bahía*, Malecón y Vinueza, T690509, T693833. Rooms at the back are nicer, fan, TV, good value, helpful. **D-E** *Bahía Bed & Breakfast Inn*, Ascázubi 322 y Morales, T690146. With breakfast, fan, cheaper without bath, restaurant, basic, cold water. **F** *Pensión Miriam*, Montúfar, entre Ascázubi y Riofrío. Shared bath, basic but clean, rooms at front have windows, has its own water supply. **F** *Residencial Vera*, Ante 112 y Montúfar, T691581. Cheaper without bath, cold water, basic.

Eating

Mid-range *Muelle Uno*, by the pier where canoes leave for San Vicente. Good grill and seafood in a lovely setting over the water. **Cheap** *Brisas del Mar*, Hidalgo y Circunvalación. Good ceviches and fish. *Columbius*, Av Bolívar y Ante. Good à la carte (cheap to mid-range) and set meals (seriously cheap), good service and value. Recommended. *Doña Luca*, Cecilio Intriago y Sergio Plaza, towards the tip of the peninsula. Excellent *ceviches*, *desayuno manabita* (a wholesome breakfast), lunches. *La Chozita*, on the Malecón south of the pier. Barbecue-style food, good. *La Pepoteca*, Montúfar y Mateus. Good food and service, seriously cheap set meals and mid-range à la carte. *La Terraza*, on the Malecón. Varied menu including vegetarian, good. *Rincón Manabita*, Malecón y Aguilera. Good *comida criolla*, local home cooking.

Tour operators

Both companies listed here offer tours to the estuary islands and wetlands to see environmental projects in including the Río Muchacho farm and the organic shrimp farm, to the Chirije archaeological site, to Punta Bellaca dry forest, to beaches, whale watching and to Machalilla. See excursions, above. *Bahía Dolphin Tours*, Av Bolívar 1004 y Riofrío, T692086, www.bahiadolphin.com Involved with ecotourism projects, manage the Chirije site. *Guacamayo Bahiatours*, Av Bolívar y Arenas, T691107, www.riomuchacho.com Rents bikes, sells crafts and is involved in environmental work.

Transport

Bus *Coactur* and *Reina del Camino* offices are on the Malecón 1600 block. To **Quito**, *ejecutivo*, 8 hrs, US$8.20, regular US$7.50, 8 hrs. **Santo Domingo de los Colorados**, *ejecutivo*, US$7.50, 3½ hrs; regular, 4 hrs, US$5. **Esmeraldas**, at 1515, 8 hrs, US$8.70. **Portoviejo**, 2 hrs, US$1.65, hourly. **Puerto López** or **Manta**, go to Portoviejo or Jipijapa and change. To **Guayaquil**, *ejecutivo*, 5 hrs, US$7.25, regular hourly US$5.50, 6 hrs. To **Chone**, *ejecutivo*, US$1.80, 1½ hrs; regular, US$1.45, 1½ hrs. **Boat** *Pangas* or *lanchas* cross to/from **Bahía** 0615-1800 (fewer till 2300), 10 mins, US$0.35; car ferry every 20 mins or so, free for foot passengers, very steep ramps, very difficult for low clearance cars.

Directory **Banks** *Banco de Guayaquil*, Av Bolívar y Riofrío, for TCs and Mastercard advances. *Banco del Pichincha*, Bolívar y Ascázubi, Visa advances. **Communications** Internet: Rates about US$2 per hr. *Genesis Net*, Malecón opposite the ferry from San Vicente, also *net2phone*. *Systemcom*, Calle Riofrío y Av Bolívar. **Telephone**: *Pacifictel*, Malecón y Arenas. **Tourist office** Malecón y Arenas, T691124. Mon-Fri 0830-1630.

North to Esmeraldas

San Vicente On the north side of the Río Chone, San Vicente is reached by ferry from Bahía or by
& Canoa road west from Chone. The Santa Rosa church, 100 m to the left of the wharf, contains excellent mosaic and glass work by José María Peli Romeratigui (better known as Peli). There is a good airport at San Vicente but no commercial flights were operating in 2003.

The beautiful 17-km beach between San Vicente and Canoa is a good walk or bike ride. Just north along the beach are several natural caves at the cliff base. You can walk there at low tide but allow time to return. **Canoa** has a 200-m wide, clean and relatively isolated beach, one of the nicest in Ecuador. Surfing is good, especially during the wet season, December to April. In the dry season there is good wind for windsurfing. It is also a good place for hang-gliding and paragliding, although there is nowhere to take lessons or rent equipment. Horses can be hired for riding along the beach. Tents for shade and chairs are rented at the beach for US$4 a day.

Sleeping and eating **On the road to Canoa**: Across the road from the beach: **C** *Cabañas Alcatraz*, T674566. Cabins for 5, nice, a/c, pool. **C** *Monte Mar*, Malecón s/n, T674197, montemar@interactive.net.ec Excellent food, pool, views, cabins for 5. **C** *El Velero*, T674387. Cabañas and suites, pool, restaurant, good. *Restaurant La Piedra*, beyond *Alcatraz* just over the bridge on the way to Canoa, T674451, also rents apartments. Many others, cheaper ones are in San Vicente town.

In Canoa A *Hostería Canoa*, 1 km south of town, T616380, ecocanoa@ mnb.satnet.net Cabins and rooms, pool, sauna, whirlpool, good restaurant and bar. **D** *Bambú*, on the beach, T09-975 3696 (Mob). Cheaper with shared bath, hot water, good restaurant, camping US$2, very popular, English and Dutch spoken. Recommended. **D** *Posada de Daniel*, at back of the village, T616373. Attractive renovated homestead, some rooms with a/c and hot water, nice grounds, pool, internet (US$3 per hr), good views. **D** *Pacific Fun Cabins*, 3 km south of town, T09-982 5526 (Mob). Cabins with bath, cold water. Next door is **F** pp *Sun Down Inn*, T616359, www.ecuadorbeach.com Hot water, big rooms, fan, restaurant, Spanish lessons, all good value, family attention. Recommended. **D** *Sol y Luna*, 3 km south of town, T616363. Large rooms, restaurant, small pool. **F** *El Tronco*, 1 block from the beach, T616635. Cheaper without bath, restaurant. *Comedor Jixsy*, on main street near the beach. Set meals, fish dishes, cheap. *El Torbellino*, 4 blocks from the beach along the main street. Good for typical dishes, cheap, large servings. *Arena Bar* at the beach. Breakfast, fruit salads, great pizza, snacks, beer, T-shirts for sale, hammocks. Owner Santiago gives surfing lessons, also organizes horse riding tours.

Transport **Bus**: All companies have offices on the Malecón, not far from the boat dock to Bahía. **Portoviejo**, US$1.80, 2½ hrs. To **Chone**, 7 daily, US$1.25, 1¼ hrs. To **Guayaquil**, US$6.55, 5 hrs. To **Quito**, at 0900 with *Reina del Camino*, US$7.50, 8½ hrs, more services from Bahía, or take a bus to **Pedernales** (US$3.75, 2½ hrs) and change. For **Esmeraldas** and northern beaches, take a bus to **Chamanga**, at 0810, 1430 or 1700, US$5.50, 3¼ hrs, and transfer there.

The road cuts across Cabo Pasado to Jama (1½ hours; cabins and a *hostal*), then runs **Pedernales** parallel to the beach past coconut groves and shrimp hatcheries, inland across some low hills and across the Equator to Pedernales, a market town and crossroads with nice undeveloped beaches to the north; those in town are dirty and unattractive. A mosaic mural on the church overlooking the plaza is one of the best pieces of work by Peli (see above); exquisite examples of his stained glass can be seen inside the church. A poor unpaved road goes north along the shore to Cojimíes. The main coastal road, fully paved, goes south to San Vicente and north to Chamanga, El Salto, Muisne and Esmeraldas. Another important road goes inland to El Carmen and on to Santo Domingo de los Colorados: this is the most direct route to Quito.

Sleeping and eating C *Catedral del Mar*, Pereira y Malecón, T681136. Spacious rooms, hot water, a/c, fridge, restaurant, parking, near the beach.**D** *Mr John*, Plaza Acosta y Malecón, 1 block from beach, T681107. Nice rooms and views, cold water, balcony, fan, parking, modern, good value, new in 2002. **D-E** *Playas*, Juan Pereira y Manabí, near airport, T681125. Fans, mosquito nets, comfortable. **E** *Albelo*, Plaza Acosta y Malecón, near the beach, T681372. Cold water, fan, simple, new in 2001. *El Rocío*, on Eloy Alfaro. Good cheap food. *Habana Club*, next to *Hotel Playas*. Good seafood, cheap.

Transport Buses to **Santo Domingo**, via El Carmen, every 15 mins, 2½ hrs, US$3.75, transfer to Quito. To **Quito** direct 5½ hrs, US$6.25. To **Chamanga**, 1½ hrs, US$2, continuing to **El Salto**, where you can make a connection for **Muisne**, or continue to **Esmeraldas**, US$3.10, 2 hrs from Chamanga.

Muisne

The town, on an island, is a bit run down but lively and friendly. Fifteen minutes walk from town (or a tricycle ride for US$0.50) is a long expanse of beach, a pleasant walk at low tide but practically disappears at high tide. The area produces bananas and shrimp, and most of the surrounding mangroves have been destroyed. On the Río Sucio, inland from Muisne and Cojimíes, is an isolated group of Cayapa Indians, some of whom visit the town on Sunday. Marcelo Cotera and Nisvaldo Ortiz arrange boat trips to see the mangrove forests which are being replanted by the *Fundación Ecológica Muisne*, donations welcome, contact them through the tourist office.

Phone code: 06 Colour map 1a, grid A2 Population: 6,200 Warning: Walking in isolated areas after dark is not safe. There are no banks; change TCs at Marco Velasco's store, near the dock

Ecuador

C *Hostal Mapara*, at the beach, T480147, mapara@accessinter.net Ample well furnished rooms, restaurant, modern, best in town. Recommended. **D** *Cabañas San Cristóbal*, on the beach to the right coming from town, T480264. Cabins with bath. **D** *Calade*, 150 m away at the south end of the beach, T480279. Cheaper without bath, hot water, comfortable but overpriced, negotiable for longer stays, meals available including vegetarian, internet US$3.50 per hr. **D** *Galápagos*, 200 m from the beach, T480289. Fan, mosquito nets, modern. Recommended. **D** *Oasis*, C Manabí, about 150 m from the beach, T480186. With fan, nets. Recommended. **E** *Playa Paraíso*. Turn left as you face the sea, then 200 m, T480192. Basic but clean, mosquito nets.
El Tiburón. Good, cheap. Recommended. *Las Palmeiras*. Excellent seafood. Near the beach is *Restaurante Suizo-Italiano*. Good pizza and pasta, breakfast on request, good atmosphere, book exchange. Swiss owner Daniel is very knowledgeable about the area. *Habana Club*. Good rum and reggae. There are several other excellent kiosks on the beach. Try encocado de cangrejo, crab in coconut.

Sleeping & eating *All are located on the beach*

Canoes ply the narrow stretch of water between the island and mainland (El Relleno); US$0.20. **Bus** to **Esmeraldas** US$2, 2½ hrs. There is a direct bus to **Quito** once a night. For **Pedernales**, take a bus to **El Salto**, US$0.65, 30 mins, on the Esmeraldas road, from where there are buses going south to **Chamanga**, US$1.80, 1½ hrs, where you change again for Pedernales, 1½ hrs. At 0600 there is a direct bus Muisne-Chamanga. **Boats** can be chartered to go to Chamanga and Cojimíes.

Transport

Ecuador

North to Atacames A few hours north of Muisne, between the villages of **Punta Galera** and **Tonchigüe** is the turn-off for **Playa Escondida** (see Sleeping below). Further north, and a 15-minute bus ride south of Atacames, is **Súa** a quiet and friendly little beach resort, set in a beautiful bay. Just down the road is Playa de **Same**, with a long grey sandy beach lined with palms and, mostly, high-rise apartment blocks for wealthy Quiteños. Safe swimming; good birdwatching in the lagoon behind the beach.

In the low season good deals are possible **Sleeping and eating Súa**: **D** *Buganvillas*, on the beach, T731008. Very nice, room 10 has the best views. **D** *Chagra Ramos*, on the beach, T731006. Good restaurant, fan, noisy disco in season, good value. **D** *El Peñón de Súa*, T734036. Restaurant, pool, parking, OK. **D** *El Triángulo*, on the street going to the beach, T731286. Fan, pool, parking, OK. **E** *Los Jardines*, 150 m from the beach, T731181. Cold water, fan, parking, very nice, good value. **E** *Malibu*, on the beach, T731380. Cheaper with shared bath, basic. **E** *Súa*, on the beach, T731004. Café-restaurant, fan, 6 rooms, comfortable. *Restaurant Bahía*, big portions. *Café-Bar*, on the beach past *Hotel Buganvillas*, Reggae. **Same**: **C** *Seaflower*, on the beach, T733369. Nice accommodation, good expensive restaurant, German-Chilean run. **C** *El Acantilado*, on the hill by the sea, south of Same, T733466, T245 3606 (Quito), elacantilado@andinanet.net Rooms for 2-3 people, cabins up to 5 people, breakfast included, excellent food, pool, whale watching tours in season. **C** *Cabañas Isla del Sol*, at south end of beach, T733470. Cabins with fan, kitchenette, pool, cafetería serves breakfast. **D** *La Terraza*, on the beach, T733320. Cabins with fan, hammocks, with breakfast, Spanish and Italian owners, good restaurant. **Playa Escondido**: **D** pp, T06-733106, judithbarett@hotmail.com, www.intergate.ca/playaescondida Charming beach hideaway, run by Canadian Judith Barrett on an ecologically sound basis, is set in 100 ha stretching back to secondary tropical dry forest. Rustic cabins overlooking a lovely little bay, three meals US$10-15; excellent food, safe swimming; completely isolated and wonderfully relaxing. Camping **G** pp.

Transport To Puerto Escondido: take a ranchera or bus from Esmeraldas for Punta Galera. *River Tavesao* departs at 0530, 0830 and 1200 and *La Costeñita* at 0730 and 1600, 2 hrs. From Quito take a bus to Esmeraldas or Tonchigüe and transfer there. Taxi from Atacames US$15, pickup from Tonchigüe US$6.25. Truck from Tonchigüe US$0.65. **To Súa and Same**: Buses every 30 mins to and from Atacames; La Costeñita, 15 mins, 18 km, US$0.45. Make sure it drops you at Same and not at Club Casablanca. To Muisne, US$0.75.

Atacames

Phone code: 06
Colour map 1a, grid A2
Population: 9,900
25 km S of Esmeraldas

One of the main resorts on the Ecuadorean coast, Atacames is a real 24-hour party town during the high season (July-September), at weekends and national holiday times. Those who prefer some peace and quiet should head instead for Súa or Puerto Escondido (see above). Camping on the beach is unsafe and people regularly get assaulted at knife point on the beach from Atacames to Súa where there is a small tunnel. Also the sea can be very dangerous, there is a powerful undertow and many people have been drowned. **NB** The sale of black coral jewellery has led to the destruction of much of the offshore reef. Consider the environmental implications before buying.

Sleeping
Prices quoted are for the high season; discounts are available in the low season. Hotels are generally expensive for Ecuador It's best to bring a mosquito net as few hotels supply them

A *Juan Sebastián*, towards the east end of the beach, T731049, hotelj.s@uio.satnet.net A/c, TV, restaurant, pool, parking, luxurious. **A** *Lé Castell*, T731476, F731442. Pool, garage, restaurant, comfortable. **B** *Tahiti*, T731078. With TV, pool, fan, nets, includes breakfast, good restaurant, cabins are cheaper. **C** *Arco Iris*, east end, T731069, arcoiris@andinanet.net With fridge, charming, English, German and French spoken. Recommended. **C** *Caída del Sol*, Malecón del Río, 150 m from the beach, T/F731479. With fan, fridge, parking, spacious, quiet, good value, Swiss-run, organized whale watching tours. **D** *La Casa del Manglar*, 150 m from the beach beside the footbridge, T731464. Cheaper without fan, fan, laundry. Recommended. **D** *Jennifer*, ½ block from the beach on a perpendicular street, T731055. Cheaper with shared bath, some cabins with cooking facilities and fridge. **D** *Cabañas Los Bohíos*, 1 block from the beach by the pedestrian bridge, T731089.

Bungalows with fresh water showers, comfortable, good value. **D** *Pirata Picaflor*, Malecón del Río, 1 block from beach, T09-992 8084 (mob). Italian-run. **D** *Rincón del Mar*, on the beach, T731064. Cosy, English, French and German spoken. Recommended. **D** *Cabañas de Rogers*, west end of the beach, T751041. Quiet, constant water supply, restaurant, bar, good value. Recommended. **D** *Titanic*, at east end, T731643. With restaurant, parking, German and English spoken. **E** *Galería Atacames*, on the beach, T731149. Restaurant, fan, simple.

The beach is packed with bars and restaurants offering seafood. The best and cheapest *ceviche* is found at the stands at the west end of the beach and at the market, but avoid *concha*. Cocada, a sweet made from coconut, peanut and brown sugar, is sold in the main plaza. **Eating**
Many restaurants on the beach rent rooms

Buses to/from **Esmeraldas**, every 15 mins, US$0.75, 40 mins; to/from **Muisne**, half-hourly; to **Guayaquil**, US$8.70, 8 hrs. To **Quito**, 3 daily, US$10, 6½ hrs. **Transport**

Esmeraldas

Capital of the province of the same name, the city itself has little to offer and suffers from water shortages. Despite its wealth in natural resources (gold mining, tobacco, cacao, cattle ranching), Esmeraldas is among the poorest provinces in the country. Shrimp farm development has destroyed much mangrove and timber exports are decimating Ecuador's last Pacific rainforest. Baskets made by the Cayapa people are sold in the market across from the Post Office, behind the vegetables. Tolita artefacts and basketry are nearby. *Phone code: 06*
Colour map 1a, grid A2
Population: 96,000

NB Mosquitoes and malaria are a serious problem throughout Esmeraldas province, especially in the rainy season. Most *residencias* provide mosquito nets (*toldos* or *mosquiteros*), or buy one in the market near the bus station. It's best to visit in the June-December dry season. Take care in town, especially on arrival at bus terminal.

A *Apart Hotel Casino*, Libertad 407 y Ramón Tello, T728700, F728704. Excellent, good restaurant, casino. **D** *Hostal El Cisne*, 10 de Agosto y Olmedo, T723411. Cold water, TV, good. **D** *Galeón*, Piedrahita 330 y Olmedo, T723820. With a/c, cold water, cheaper with fan. **D** *Zulema 2*, Malecón y Rocafuerte, T726757. Modern, with TV, cold water, parking. **E** *Diana*, Cañizares y Sucre, T724519. Secure, cold water, fan. **Sleeping**
Hotels in centre are poor; instead stay in the outskirts

Chifa Asiático, Cañizares y Bolívar. Chinese, excellent. *Boomerang*, Cañizares y Olmedo. Typical food, cheap and popular. *Fernando's Café*, Colón y Rocafuerte. European style, small, cosy, hamburgers, good music. *Parrilladas El Cenizo*, Piedrahita 322 y Olmedo. Grilled meats. *Las Redes*, main plaza. Good fish, cheap. *Balcón del Pacífico*, Bolívar y 10 de Agosto. Nice atmosphere, good view overlooking city, cheap drinks. *El Guadal de Ña Mencha*, 6 de Diciembre y Quito. *Peña* upstairs, marimba school at weekends; good. **Eating**
Typical restaurants and bars by the beach selling ceviches fried fish and patacones

Air Gen Rivadeneira Airport is on the road to La Tola. Taxi to centre, 30 km, about US$5, buses to the Terminal Terrestre from the road outside the airport pass about every 30 mins. Daily flights except Wed, Sat to **Quito** with *TAME*, 30 mins, US$37. Check in early, planes may leave 30 mins before scheduled time. **Transport**

Bus To **Quito** and **Guayaquil** there is *servicio directo* or *ejecutivo,* a better choice as they are faster buses and don't stop for passengers. To **Quito**, US$11.25 *directo*, 5-6 hrs, via Santo Domingo, frequent service on a good paved road, with *Trans-Esmeraldas* (10 de Agosto y Sucre, at main park, recommended), *Occidental* (9 de Octubre y Olmedo) and *Aerotaxi* (near the main park); also with *Panamericana* (Colón y Piedrahita) twice daily, slow but luxurious. To **Santo Domingo**, US$3.75, 3 hrs. To **Ambato**, 5 a day with *Coop Sudamericana*, US$7.50, 8 hrs. To **Guayaquil**, hourly, US$10 *directo*, 8 hrs. To **Bahía de Caráquez**, via Santo Domingo de los Colorados, US$8.10. To **Manta**, US$9.35. *La Costeñita* (Malecón y 10 de Agosto) to/from **La Tola** 7 daily, US$3.50, 3 hrs. To **Borbón**, frequent service, US$3.50, 3 hrs. To **San Lorenzo**, 8 daily, US$5, 4 hrs. To **Muisne**, every 30 mins, US$2.50, 2 hrs. To **Súa, Same** and **Atacames**, every 15 mins from 0630-2030, to Atacames US$0.75, 1 hr.

Ecuador

Directory **Banks** *Banco del Austro*, Bolívar y Cañizares, for Visa. *Banco del Pichincha*, Bolívar y 9 de Octubre, for Visa. **Communications** Internet: Many in town. **Post Office:** Av Colón y 10 de Agosto. **Telephone:** *Pacifictel*, Malecón Maldonado y J Montalvo. **Tourist office** *Ministerio de Turismo*, Bolívar 221 entre Mejía y Salinas. Mon-Fri 0830-1700.

La Tola to Limones

La Tola is 122 km from Esmeraldas (San Mateo bridge) and is where you catch the boat for Limones and on to San Lorenzo. The road passes Camarones, Río Verde, Rocafuerte and Las Peñas. The shoreline changes from sandy beaches to mangrove swamp. The wildlife is varied and spectacular, especially the birds. Avoid staying overnight in La Tola; women especially are harassed. East of town is **El Majagual** forest with the tallest mangrove tree in the world (63.7 m): there is a walkway, good birdwatching and many mosquitos, take repellent. ■ *Entry US$3. Action for Mangrove Reforestation (ACTMANG)*, a Japanese NGO, is working with the community of **Olmedo**, just northwest of La Tola, on environmental protection. The *Women's Union of Olmedo* runs an ecotourism project; they have accommodation: E *Casa del Manglar*, a 20-minute walk or short boat ride from La Tola, T786126, ask for Luz de Alba, or T780357 (Marilys Palacios Mina in San Lorenzo for advance arrangements and pick-up at La Tola, or go directly). Shared bath, porch with hammocks, quiet and pleasant, meals, tours. To the northeast of La Tola and on an island on the northern shore of the Río Cayapas is **La Tolita**, a small, poor village, where the culture of the same name thrived between 300 BC and AD 700. Many remains have been found here, several burial mounds remain to be explored and looters continue to take out artefacts to sell.

Limones is the focus of traffic down-river from much of northern Esmeraldas Province, where bananas from the Río Santiago are sent to Esmeraldas for export. The Cayapa Indians live up the Río Cayapas and can sometimes be seen in Limones, especially during the crowded weekend market, but they are more frequently seen at Borbón (see below). Two good shops in Limones sell the very attractive Cayapa basketry. The people are mostly black and many are illegal immigrants from Colombia. Smuggling between Limones and Tumaco in Colombia is big business (hammocks, manufactured goods, drugs) and there are occasional drug searches along the north coastal road. There are two hotels, both barely habitable. Limones and its neighbour Borbón dispute the title 'the mosquito and rat capital of Ecuador'. It's a much better idea to stay at San Lorenzo.

Transport There are launches between La Tola and Limones every 1½ hrs, US$3, 1 hr, and 3 daily Limones-San Lorenzo, 1 hr US$3. A hired launch provides a fascinating trip through mangrove islands, passing hundreds of hunting pelicans; US$12.50 per hr. From Limones you can also get a canoe or boat to **Borbón**. Launches between La Tola and Limones connect with buses to/from Esmeraldas.

Inland from Limones

On the Río Cayapas past mangrove swamps, **Borbón** is dirty, unattractive, busy and dangerous, with the highest incidence of malaria in the country. It is developing as a centre of the timber industry. Ask for Papá Roncón, the King of Marimba, who, for a beer or two, will put on a one-man show. Across from his house are the offices of *Subir*, the NGO working in the Cotacachi-Cayapas reserve; they have information on entering the reserve and guide services. Upstream are Chachi Indian villages. From Borbón hire a motor launch or go as a passenger on launches running daily around 1030-1200 to the mouth of the **Río Onzole**; US$6.25 per person, 2¼ hours. **Santa María** is just beyond the confluence of the Cayapas and Onzole rivers. Further upriver are **Zapallo Grande** and **San Miguel**. Trips from the latter into the **Cotacachi-Cayapas Ecological Reserve** (entry US$5) cost US$100 for a group with a guide. Ask for an official guide, eg Don Cristóbal; or make arrangements in Borbón. You can sleep in the rangers' hut, **F**, basic (no running water, no electricity, shared dormitory, cooking facilities, rats), or camp alongside, but beware of chiggers in the grass; also **F** *residencial*.

Sleeping In Borbón: most accommodation is full of construction workers and rats, best is **E** *Castillo*, near Trans Esmeraldas bus office, T786613. Private bath, fan, parking. Also **E** *Tolita Pampa de Oro*, T Quito 252 5753, with bath and mosquito nets. **In Santa María**: **B** *Chocó Lodge*, a few minutes past the village. Full board in double rooms with bath, tours about US$80 per day for a guide and launch, packages out of Borbón or Quito including transport and tours are also available. Run by the Chachi community of El Encanto, sponsored by **Fundeal**, a Quito based NGO, T250 7245, fundeal@andinanet.net **E** *Sra Pastora*, at the missionary station, basic, mosquito nets, meals US$3, unfriendly, her brother offers river trips. **F** *Residencial*, basic, will prepare food but fix the price beforehand, the owner offers 5-hr jungle trips to visit Cayapa villages.

Transport Buses to/from Esmeraldas: several companies, frequent service, US$3.50, 3 hrs. **Boats from Borbón to San Miguel**: US$10 pp, 5 hrs, none too comfortable but interesting jungle trip.

San Lorenzo

The hot, humid town of San Lorenzo stands on the Bahía del Pailón, which is characterized by a maze of canals. The area around San Lorenzo is rich in timber and other plants, but unrestricted logging is putting the forests under threat. The prehistoric La Tolita culture thrived in the region. At the seaward end of the bay is a sandy beach at San Pedro, with fishing huts but no facilities. At weekends canoes go to the beaches around 0700-0800 and 1400-1500, US$2.50-3.25 for the 1-2 hour ride. Marimba can be seen during the local fiesta on 6-10 August. Groups practise Thursday-Saturday; one on Calle Eloy Alfaro. From San Lorenzo you can visit **Reserva Playa de Oro**, on the Río Santiago. For information ask for Victor Grueso, who has a store in town and also works for the *Insituto Permacultura Madre Selva*, on the outskirts, near the football field (T780257; lodging **G** pp includes breakfast). Basic accommodation is available on the trip, but bring your own food and water; meals are cooked on request. Trips can also be made upriver from Playa de Oro into unspoiled rainforest where you can see howler and spider monkeys and jaguar prints; an unforgettable experience. Contact Mauro Caicedo in San Lorenzo. For information on how to contact Mauro, T252 9727 (Quito), or contact Jean Brown at *Safari Tours* in Quito (see page 885).

Phone code: 06
Colour map 1a, grid A3
Population: 14,500
Safety is an important concern due to the proximity to the Colombian border. Inquire locally before travelling to or around San Lorenzo

Ecuador

D *Continental*, C Imbabura, T780125, F780127. With hot water, TV, mosquito nets, more expensive with a/c, family-run, breakfast on request, parking. **D** *Puerto Azul*, C 26 de Agosto, near the train station, T780220. With TV, a/c, cheaper with fan, OK. **E** *Carondelet*, on the plaza, T780202. With or without bath, some rooms are small, fans, mosquito nets. **E** *Hostal Imperial*, T780221. Cheaper without bath, fan, nets. **E** *Pampa de Oro*, C 26 de Agosto, T780214. A/c, cheaper with fan, TV. **E** *San Carlos*, C Imbabura, near the train station, T780240, F780284. Cheaper without bath, fan, nets. Recommended. *La Red*, Imbabura y Ayora. Good seafood, not too clean. *La Conchita*, 10 de Agosto. Excellent fish. Recommended.

Sleeping & eating
Expect to be hassled by children wanting a tip to show you to a hotel or restaurant.. Insect repellent is a must

Bus To **Ibarra**, 10 daily, 4 hrs, US$5. They leave from the train station or near *Hotel San Carlos*. To **Esmeraldas**, via Borbón and Camarones, 8 daily, US$5, 4 hrs. **Sea** To **Limones**, 3 daily, 1 hr, US$30. **Limones-La Tola**, every 1½ hours, 1 hr, US$3. For direct service to **La Tola**, you must hire the launch, US$90.

Transport

The Río Mataje is the border with Colombia. From San Lorenzo, Colombia can be reached by boat, arriving eventually at the port of Tumaco in Colombia, or inland along the coastal road which ends on the Ecuadorean side at the village of Mataje. There are no facilities to get immigration entry or exit stamps at either of these locations. Given the poor public safety situation and the armed conflict in Colombia, travel in this area is not recommended.

Border with Colombia

The Oriente

East of the Andes the hills fall away to tropical lowlands, sparsely populated with indigenous settlements along the tributaries of the Amazon. Agricultural colonists have cleared parts of the forest for cattle rearing, while even more isolated areas are major oil producers, leading to the gradual encroachment of towns into the jungle.

The Oriente is currently at a crossroads. Ecuador's ever increasing demand for land and resources must be weighed against the region's irreplaceable biodiversity and traditional ways of life. Yet the majority of this beautiful green wilderness, comprising the provinces of Sucumbíos, Orellana and Napo in the north, Pastaza in the centre, Morona Santiago and Zamora Chinchipe in the south, remains unspoiled and unexplored. Fortunately for the tourist, it is relatively accessible. Much of the Northern Oriente is taken up by the Parque Nacional Yasuní, the Cuyabeno Wildlife Reserve and most of the Cayambe-Coca Ecological Reserve.

Ins & outs

Yellow fever vaccine and anti-malaria precautions (tablets, net and effective repellent) are recommended for all visitors

Ecuador's eastern tropical lowlands can be reached by **4 road routes**, from Quito, Ambato, Cuenca or Loja. These roads are narrow and tortuous and subject to landslides in the rainy season, but all have regular, if poor bus services and all can be attempted in a jeep or in an ordinary car with good ground clearance. Several of the towns and villages on the roads can be reached by air services from Quito, and places further into the immense Amazonian forests are generally accessible by river canoe or small aircraft from Shell or Macas. A fifth road, from Guamote, south of Riobamba, to Macas is nearing completion, but remains controversial due to its impact on Parque Nacional Sangay.

Jungle tours fall into 3 basic types: **lodges**; **guided tours** and **indigenous ecotourism**. When staying at a jungle lodge (normally a *cabaña* complex located in a natural setting), you will need to take a torch, insect repellent, protection against the sun and a rain poncho that will keep you dry when walking and when sitting in a canoe. Rubber boots can be hired. See also Jungle lodges on the Lower Napo, below. **Guided tours** of varying length are offered by tour operators, river cruise companies and independent guides. These should be licensed by the Ecuadorean **Ministerio de Turismo**. Tour operators and guides are mainly concentrated in Quito, Baños, Lago Agrío, Coca, Puyo, Tena and Misahuallí. A number of indigenous communities and families offer **ecotourism** programmes on their properties. These are either community-controlled and operated, or organized as joint ventures between the indigenous community or family and a non-indigenous partner. These programmes usually involve guides who are licensed by the *Ministerio de Turismo* as *guías nativos* with the right to guide within their communities. Though economically attractive, touring without a local, knowledgable guide is not encouraged: from an ecotourist perspective, it does not contribute adequately to the local economy and to intercultural understanding and it may be environmentally damaging. Furthermore, it involves a greater risk of accident or injury.

Safety There are frequent military checks in the Oriente, so always have your passport handy. The Ecuadorean Amazon has traditionally been safe and peaceful and the few incidents which have taken place mostly involved foreign oil workers rather than tourists. Baeza, Tena, Misahuallí, Puyo and their surroundings, as well as jungle areas to the south, have experienced no difficulties. The northern Oriente, however, is at risk of being affected by conflict in neighbouring Colombia. Always enquire about public safety before visiting remote sites, particularly north of the Río Napo, and avoid areas immediately adjacent to the Colombian border.

Quito to the Oriente

From Quito, through Pifo, to Baeza, the road is paved to a point 9 km beyond the top of the Papallacta pass (4,064 m), 5 km before the turn to the Papallacta hotsprings. Thereafter it worsens. It crosses the Eastern Cordillera at the pass, just north of **Volcán Antisana** (5,705 m), and then descends via the small villages of Papallacta (see page 892) and Cuyuja to the old mission settlements of Baeza and Borja. The trip between the pass and Baeza has beautiful views of Antisana (clouds permitting), high waterfalls, tropical mountain jungle, *páramo* and a lake contained by an old lava flow. Antisana gets vast quantities of snow and is very difficult to climb, experience is essential; information on the reserve (entry US$5, not climbing) from *Fundación Antisana*, Avenida Mariana de Jesús y La Isla, T433851, Quito.

The mountainous landscape and high rainfall have created spectacular waterfalls and dense vegetation. Because of the climate, orchids and bromeliads abound. Baeza, in the beautiful setting of the Quijos pass, is about 1 km from the main junction of the Lago Agrio and Tena roads. Get off the Lago Agrio bus at the petrol station and walk up the hill; the Tena bus goes through the town. Baeza Colonial (Old Baeza) is being replaced by Andalucía (New Baeza), where the post office and *Andinatel* are located.

Baeza

There are many hiking trails in this region which generally can be done without a guide

Sleeping and eating **D** *Casa Bambú*, in the New City. Cheaper with shared bath, hot water, new. **E** *Hostal San Rafael*, in the New City. Shared bath, spacious, cheaper cabins at rear, parking. **E** *Mesón de Baeza*, on the plaza in the Old City. Shared bath, electric shower, popular with kayakers. **E-F** *Samay*, in the New City. Shared bath, basic. **E-F** *Jumandí*, in the Old City. Basic, full of character, very friendly. The best restaurant is *Gina*, cheap, great trout. Also good is *El Viejo*, next to *Hostal San Rafael*.

  Around Baeza **LL** *Cabañas San Isidro*, in the Cosanga Valley, including 3 excellent meals. This is a 1,200 ha private reserve with rich bird life, comfortable accommodation, private bath, hot water and warm hospitality. Recommended. Reservations necessary: Quito T254 7403, www.ecuadorexplorer.com/sanisidro Higher up in the same area is **L** *SierrAzul*, includes 3 meals. Has a slightly different set of birds from San Isidro. Nice cabins, private bath, hot water. Quito office: Pinto 439 y Amazonas, T02-2564915, www.sierrazul.com

Transport Many buses to **Tena** (2 hrs, US$6.25) and **Coca**, best caught outside the *Hostal San Rafael*. Buses to **Quito** go from the Old Baeza, near *Hotel Jumandí*.

At Baeza the road divides. One branch heads south to Tena, with a branch road going directly via Loreto to Coca (seven hours). The other goes northeast to Lago Agrio, following the Río Quijos past the villages of **Borja**, a few kilometres from Baeza, and **El Chaco** (cabins on the edge of town and excellent food at the restaurant on the road) to the slopes of the still active volcano **Reventador**, 3,485 m. At the village of Reventador there is a basic *Pensión de los Andes* and a restaurant.

Beyond Baeza

  The road winds along the north side of the river, past the impressive 145-m **San Rafael Falls**, believed to be the highest in Ecuador. To get to the falls take a Quito-Baeza-Lago Agrio bus. About two to three hours past Baeza, look for a covered bus stop and an *Inecel* sign on the right-hand side of the road. **NB** In 2002 this area was a road construction camp and visitors to the falls were sometimes turned back by guards. You can insist politely or offer to pay a small 'entry fee'. It's an easy 1½-hour round trip to the falls through cloudforest. Camping is possible, but take all equipment and food.

Lago Agrio

The capital of Sucumbíos is primarily an oil town with improving infrastructure and sanitation. The name comes from Sour Lake, the US headquarters of Texaco, the first oil company to exploit the Ecuadorean Amazon, but the town's official name is Nueva Loja. Cofan, Siona and Secoya Indians still come into town at the weekend, though you'll rarely see them in traditional dress.

  Lago Agrio is among the places in Ecuador which has been most affected by the conflict in neighbouring Colombia. Although there is a border crossing to Colombia north of Lago Agrio, it is very dangerous. **You should not enter this area owing to the presence of guerrillas and paramilitaries.**

Phone code: 06
Colour map 1a, grid A5
Population: 35,000
Impossible to change TCs or use credit cards take US$ cash

Ecuador

Sleeping

Virtually everything can be found on the main street, Av Quito

A *Arazá*, Quito 610 y Narváez, T830223. Includes breakfast, restaurant, a/c, secure, best in town. Recommended. A *Gran Hotel de Lago*, Km 1½ Vía Quito, T832415. Includes breakfast, restaurant, pool, internet, cabins, nice gardens, quiet. Recommended. **B-D** *Gran Colombia*, Quito y Pasaje Gonzanamá, T831032. Restaurant, a/c, parking, convenient location. **C** *Cuyabeno*, 18 de Noviembre y Colombia, T832479. Restaurant, includes breakfast, a/c, looks good. **C** *D'Mario*, Quito 171, T880989. Restaurant, a/c, cheaper with fan, central, a meeting place. Recommended. **D** *La Posada*, Quito y Orellana, T830302. Restaurant, fan, parking, good value. **D** *Lago Imperial*, Colombia y Quito, T830453. Fan, convenient, good value. **D** *Machala 2*, Colombia y Quito, T830037. Restaurant, sometimes water shortages, fan, parking, safe. **E** *Chimborazo*, Manabí y Quito, T830502. Private bath, fan, adequate. **E** *Oro Negro*, Quito y Pasaje Gonzanamá, T830174. Shared bath, fan, basic. **E-F** *Cumandá*, In front of bus terminal, T830381. Cheaper with shared bath, fan, basic.

Tour operators

A number of agencies offer tours to Cuyabeno, several on C Quito (eg *Rainforestur*, Amazonas y Quito, T09-920 0157, also have Quito office). Also *Magic River Tours*, 18 de Noviembre y Guayaquil, T831003; *Sionatour*, 12 de Febrero y 10 de Agosto, T830232.

Transport

Air *TAME* and *Icaro* flights to **Quito** (not Sun), book 1-2 days in advance, US$55 one way. **Bus** To **Quito**, US$7.50, 10-11 hrs. **Baeza**, US$8.70, 7 hrs. **Coca**, US$3.10, 3 hrs. To **Tena**, US$10.75, 9 hrs. At Lago Agrio, a temporary ferry crosses the Río Aguarico (bridge washed away), then the road heads south to Coca. The route from Tena via Loreto also involves a ferry crossing a few km before Coca.

Cuyabeno Wildlife Reserve

Down the Aguarico from Lago Agrio is an extensive jungle river area on the Río Cuyabeno, which drains eventually into the Aguarico 150 km to the east. In the national park there are many lagoons and abundant wildlife. ■ *US$20. Transport is mainly by canoe and motorboat, except for one road to Río Cuyabeno, 3 hrs by truck from Lago Agrio.* Tourist pressure has been heavy in Cuyabeno and it is becoming increasingly rare to see many animals close to the big lake. There are almost a dozen agencies offering trips and most take up to 12 in a group (which is too many). If your aim is to see animals, then look for a smaller tour which keeps away from the most heavily visited areas and adheres to responsible practices.

Tour operators and lodges To visit Cuyabeno contact *Native Life*, see **Quito Tour operators** (Venezuela y 23 de Septiembre, 09-921 0858 in Lago Agrio), www.nativelife.org Run tours to their *Nativo Lodge* in the Cuyabeno reserve. 5 days/4 nights for US$210. Recommended. *Neotropic Turis* (Av Amazonas N24-03 y Wilson, Quito, T252 1212, www.neotropicturis.com), operate the *Cuyabeno Lodge*; US$250 pp for 4 days and 3 nights (including meals, guides – who speak English - but not transport to and from Lago Agrio and park fee). The following have also been recommended for jungle trips to Cuyabeno: *Dracaena*, Pinto 446 y Amazonas, Quito, T2546590, www.amazondracaena.com; *Green Planet*, see **Quito Tour operators**; and *Kapok Expeditions*, Pinto E4-225, T/F2556348, www.kapokexpeditions.com

Coca

Phone code: 06
Colour map 1a, grid A5
Population: 19,000

Officially named **Puerto Francisco de Orellana**, Coca is a hot, dusty oil town at the junction of the Ríos Coca and Napo. It is the capital of the province of Orellana and is a launch pad from where to visit more exciting jungle parts. The view over the water is nice, and the riverfront can be a pleasant place to spend time around sunset. As a tourist centre, however, Coca offers few attractions other than being closer to undisturbed primary rainforest than the main jungle towns further west. Considering its relative isolation, food and supplies are not that expensive.

Sleeping

A-D *El Auca*, Napo entre Rocafurte y García Moreno, T880600. A/c, cheaper with fan, hot water, comfortable, big garden with hammocks, manager speaks English, good meeting place to make up a tour party, restaurant and disco. Recommended. **C** *La Misión*, by riverfront, T880260, F880263. A/c, English spoken, internet, pool, restaurant and disco, arranges tours. Recommended. **D** *Amazonas*, 12 de Febrero y Espejo, T880444. Away from the centre, quiet, with restaurant. Recommended. **D** *Coca*, Cuenca y Rocafuerte, T881841. Modern and nice, new in 2002. **F** *Lojanita*, Cuenca y Napo, T880032. Cheaper without bath, cold water, simple and noisy. **E** *Oasis*, near the bridge at east end of town, T880206. Hot water and fans. Mixed reports. Other hotels and *residencias* are populated by oil workers and range from basic to barely habitable.

There are good restaurants at the larger hotels (see above). Two expensive grills are *Parrilladas* **Eating** *Argentinas*, Cuenca y Amazonas, and *El Portón*, Bolívar y Quito. *Ocaso*, Eloy Alfaro between Napo and Amazonas, serves mid-range set meals and à la carte. *Media Noche*, Napo, in front of *Hotel El Auca*. Cheap chicken dishes. *Mama Carmen*. Very cheap and simple, good for early breakfast. There are many other cheap comedores. Two friendly bars are *Pappa John's*, Napo y Chimborazo by the river, open from 1600, and *Maito's*, Napo y Eloy Alfaro.

Air Flights to **Quito** with *Icaro* (office in *Hotel La Misión*), 2-3 daily, reserve as far in advance **Transport** as possible, flights in and out of Coca are heavily booked, military and oil workers have priority on standby. Planes are small and flights can be very bumpy. **Bus** Long distance buses depart from company offices in town; local destinations, including Lago Agrio, are served from the terminal, a 20-min walk north from *Hotel Auca* (ask to be let off in town). To Quito, 8 hrs, US$10, several daily 1030-2200, *Trans Baños, Trans Esmeraldas* and *Zaracay* depart from their offices near junction of Napo y Cuenca; To Lago Agrio, 3 hrs, US$3.10. To Tena, 6 hrs, US$7.50. To Baeza, US$7.50, 8 hrs. To Baños, US$12.50, 11 hrs. **River** To Nuevo Rocafuerte on the Peruvian border, motorized canoes depart Mon and Thu early morning, US$26 for foreigners, a full day's ride (take water, hat, sunscreen, etc), stopping on route at Pompeya, US$10, and Limoncocha/Pañacocha, US$16. There are plans to inaugurate a new tourist riverboat, the *Jungle Discovery*, to sail **Coca–Iquitos (Peru)** starting 2004; enquire with *Kempery Tours* in Quito (see page 883). There is no service to **Misahuallí**.

Banks *Casa de Cambio*, Napo y García Moreno, 4% commission for TCs. *Banco de Pichincha*, Bolívar y **Directory** 9 de Octubre, Visa cash advances only. Banks won't change TCs. **Communications** Internet: prices around US$2 per hr. Telephone: *Andinatel* on Eloy Alfaro y 6 de Diciembre; 0800-110 and 1300-1700. **Immigration** Rocafuerte y Napo, Edificio Amazonas, p 3, 0730-1230, 1500-1800.

Most of the Coca region is taken up by the **Parque Nacional Yasuní** and **Reserva** **Jungle tours** **Huaorani**. This area is unsuited to tours of less than three days owing to the remote- **from Coca** ness of its main attractions. Shorter visits of 3-4 days are worthwhile in the Coca-Yuturi segment of the Río Napo, where the lodges are concentrated. Tours to the park and reserve really need a minimum of five days. Wildlife in this area is under threat: insist that guides and the party take all litter back and ban all hunting and shooting; it really can make a difference.

A common misconception is that it is always easy to find a cheap tour in Coca. For people travelling alone in the low season (especially February to May) it is difficult to find a big enough group to get a bargain rate. Most jungle tours out of Coca cost US$40-$60 per person per day. Furthermore, you should beware of cut-rate operators who may compromise on safety or quality. The cheaper the tour, the larger the group is likely to be. Maximum group size should not exceed 8-10. Check what precisely is being offered and that the price includes items such as rubber boots, tents, mosquito nets, cooking equipment and food, and transport. For a trip of any length take suitable footwear (rubber boots, or two pairs of light shoes – keep one pair dry), light sleeping bag, rain jacket, trousers (not shorts), binoculars, insect repellent, sunscreen, water-purifying tablets, sticking plasters. Wrap everything in plastic bags. *South American Explorers* provides updated information on how to arrange your trip. **NB** If a guide offers a tour to visit the Huaorani, ask to see his/her permission to do so. The only guides permitted to take tourists into Huaorani territory are those who have made agreements with the Huaorani organization *ONHAE*.

Jungle lodges on the lower Napo

All Napo area lodges count travel days as part of their package, which means that often a "3-day tour" spends only one day actually in the forest. Also, the return trip must start before dawn if it is to connect with that day's Coca-Quito flight; if it starts later it will be necessary to spend the night in Coca. Most lodges have fixed departure days from Coca (eg Mon and Fri) and it is very expensive to get a special departure on another day.

La Selva is an upmarket lodge 2½ hrs downstream from Coca, professionally run, on a picturesque lake surrounded by excellent forest (especially on the far side of Mandicocha). Bird and animal life is exceptionally diverse. Many species of monkey are seen regularly. A total of 580 bird species can be found here, one of the highest totals in the world for a site at a single elevation, and some of the local guides (eg José) are very good at finding them. There is a biological station on the grounds (the Neotropical Field Biology Institute) as well as a butterfly farm. Cabins have private bathrooms and hot water. Meals are excellent. Usually the guides are biologists, and in general the guiding is of very high quality. A new canopy tower was built in 2001. Four-night packages from Quito including all transport, lodging, and food, cost US$684 pp. Quito office: 6 de Diciembre 2816, Quito, T255 0995, www.laselvajunglelodge.com Or book through most tour agencies in Quito.

Sacha is another upmarket lodge close to La Selva, 2½ hrs downstream from Coca. Comfortable cabins with private bath and hot water, excellent meals. The bird list is outstanding, and they have a local bird expert, Oscar Tapuy (T06-881486), who can be requested in advance by birders. Guides are generally knowledgeable. Boardwalks through swamp habitats allow access to some species that are difficult to see at other lodges, and nearby river islands provide another distinct habitat. They also have a butterfly farm and an exciting canopy tower. Several species of monkey are commonly seen. A 5-day package costs US$720 pp, excluding flight from Quito. Julio Zaldumbide 375 y Toledo, Quito, T256 6090, www.sachalodge.com

Yuturi Forest Lodge is 4 hrs downstream from Coca. Birdwatching is excellent, and there are some species (eg Black-necked Red Cotinga) that are difficult to find at the previous two lodges. There is a wide variety of habitats and wildlife is good. The guides are usually local people accompanied by translators. 4 nights cost US$350, exclusive of airfare. Quito office: Amazonas 1324 y Colón, T/F250 4037, Visits can be combined with *Yarina*, the closest lodge to Coca, about 1 hr down the Napo. Thatched roof cabins and a 40-ft canopy tower (4 days/3 nights US$220).

Bataburo, a lodge in Parque Nacional Yasuní is on the Río Tigüino, a 3-6 hr canoe ride from the end of the Vía Auca out of Coca. Two cabins have private bathrooms, while the others share baths. There are shared shower facilities. Guides are mostly local people. The birds here have been little studied but macaws and other large species are present. The mammal population also appears to be quite good. Prices are US$265 for 5 days/4 nights; cabin with private bath US$20 extra. Quito office: *Kempery Tours*, see Quito Tour operators, page 883.

Añangucocha is being built by and for the local Añangu community, across the Napo from La Selva, 2½ hrs downstream from Coca. This area of hilly forest is rather different from the low flat forest of some other sites and the diversity is slightly higher. There are big caimans, good mammals, including Giant Otters, and the birding is excellent. The local guide, Giovanny Rivadeneyra,

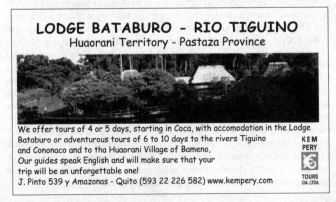

Ecuador

is one of the most knowledgeable birders in the Oriente. Facilities are basic at present, palm-thatch huts and an outhouse, but the price is low (US$40 per day); most of the money goes directly to the community. More elaborate facilities and a canopy tower are planned. For more information contact Norby López, Quito T02-2894525, www.ecoecuador.org

Sani, www.sanilodge.com, is also near La Selva. All proceeds go to the Sani Isla community, who run the lodge with outside help. It is on a remote lagoon which contains the nearly extinct Amazonian Manatee and also has 4-5 m long Black Caiman. This area is rich in wildlife and birds, including many species such as the Scarlet Macaw which have disappeared from most other Napo area lodges. There is good accommodation and a canopy tower. The lodge is accessible to people who have difficulty walking as it can be reached by canoe (total 4 hrs from Coca) without a walk. 5 days/4 nights costs US$380, good value.

Tour operators

The following operators and guides have been recommended, and there are many others. **In Coca**: *River Dolphin Expeditions*, García Moreno y Napo, T/F881563, rde4amazon@ yahoo.com Work with *Hotel El Auca*. **Witoto**, on riverfront near the bridge. Small local outfit, run personal tours to their own villages, Spanish only. *Wymper Torres*, T880336, ronoboa@ latinmail.com He specializes in the Río Shiripuno and Pañacocha areas, Spanish only. **In Quito** (see Quito Tour operators, page 883, if address not listed here): *Emerald Forest Expeditions*, Espejo y Napo, Coca, T881155, or Joaquín Pinto E4-244 y Amazonas, Quito, T/F254 1278, www.emeraldexpeditions.com Guide Luis Alberto García has many years experience, speaks English, and runs tours to the Pañacocha area. Recommended. *Kempery* offers good 4 to 15-day tours to Huaorani villages. *Safari* offers 4-day all-inclusive trips with the Huaorani; responsible practices, contributions made to the community. *Tropic Ecological Adventures* runs ecologically-sound tours with local and bilingual naturalist guides, and works closely with Cofan, Secoya and Huaorani communities. Almost all Quito agencies offer tours out of Coca.

Ecuador

Coca to Nuevo Rocafuerte **Pañacocha** is halfway between Coca and Nuevo Rocafuerte, near the magnificent lagoon of Pañacocha on the Río Panayacu. This has been declared a protected forest region. Several agencies and guides run tours from Coca (see Tour operators). Accommodation is available at **F** *Pensión*, in Pañacocha. Friendly, but watch out for chiggers in the mattresses. A twice-weekly motorized canoe service goes to **Nuevo Rocafuerte**. En route is **Laguna de Limoncocha**, an excellent spot for birding, now a Biological Reserve. Nearby is the **Pompeya Capuchin mission**, with a school and museum of Napo culture, about two hours downriver from Coca. Upriver from Pompeya is the small **Monkey Island** with free-roaming monkeys. Rent a canoe to visit it. The end of the line is Nuevo Rocafuerte, with simple *comedores* and one **F** *Hostal*, erratic water and electricity, basic but OK for where it is. If travelling to Peru, hire a motorized canoe in Nuevo Rocafuerte to take you to Pantoja across the frontier, 1-2 hours downstream, US$10 per person, negotiable. There are several military posts along the way, so have your passport at hand. Get your Ecuadorean exit stamp in Nuevo Rocafuerte and your Peruvian entry stamp in Pantoja, a tiny village with very basic facilities. From Pantoja, in 2002, there was irregular boat service downriver to Iquitos, 4-5 days, US$20, primitive conditions and crowding toward the end of the journey. A 'real adventure'. **NB** This is a new border crossing and the details are likely to change. Confirm formalities with immigration in Coca before you head down river.

Archidona
Phone code: 06
Colour map 1a, Grid B4
Population: 4,300

Roads from both Baeza and Coca go south to Archidona, 65 km from Baeza. It has a striking, small painted church and not much else but there are some excellent trips in the surrounding area. The road leaving Archidona's plaza to the east goes to the village of San Pablo, and beyond to the Río Hollín. Along this road, 7 km from Archidona, is the **Reserva Ecológica Monteverde**, a 25 ha reserve with primary and secondary forest, and medicinal plants. There are walking trails, river bathing, fishing, cultural presentations for groups, and 5 cabins with bath and cold water (**C** per person full board). ■ *Entry for day visits US$1*. Reservations necessary, contact *Residencial Regina* in Archidona T889144 or Quito T289 1041. Pickup from Archidona US$6.50. Along the same road, 15 km from Archidona, is **Reserva El Para**, an 80 ha forest reserve with many rare birds. It is owned by *Orchid Paradise* (see Archidona hotels below), who runs tours to the reserve, US$40 plus transport for a group of up to 10. Tours can be arranged to the **Izu Mangallpa Urcu (IMU) Foundation**, 3 km east of Archidona off a side turning down the road to San Pablo, set up by the Mamallacta family to protect territory on Galeras mountain. They charge US$35 per day for accommodation and day trips, taking groups of 8-10; US$65 per day, groups of two minimum; tough going but the forest is wonderful. Ask around or book through *Safari* in Quito, T255 2505.

Just outside Archidona, to the south, a small turning leads to the river. About 200 m along there is a large rock with many **petroglyphs** carved on its surface, the easiest to find of several within a 30 km radius. The famous **Jumandí caves** are 5-6 km north of Archidona. Take a taxi, or bus from Archidona, 30 mins. The main cave has electric lights (take a torch anyway) and, at the entrance, a recreation complex has been built with pool and waterslides. ■ *US$2 pp*.

The water supply in most cheaper hotels is poor

Sleeping **AL** *Orchid Paradise*, 2 km north of town, T889232, Quito T252 6223. Cabins in nice secondary forest with lots of birds. Meals not included, restaurant on site. **A** *Hakuna Matata*, 4 km south of Archidona, T/F889617, www.hakunamat.com Includes all meals, comfortable cabins in a spectacular setting by the Río Inchillaqui. Dutch/Belgian run, good food, horse riding. Recommended. **D** *Res Regina*, Rocafuerte 446, T889144. Modern, cheaper without bath, pleasant. Recommended. There are few decent places to eat, though *Restaurant Los Pinos*, near *Res Regina*, is good.

Ecuador

Tena

10 km further south, Tena is the capital of Napo Province. Like Archidona, it was *Phone code: 06* founded in 1560 and both were important colonial missionary and trading posts. It *Colour map 1a, Grid B4* is now a commercial centre with an attractive plaza overlooking the confluence of *Population: 17,000* the Ríos Tena and Pano. Along the rivers are several popular sand and pebble beaches. There is a beautiful riverside walk starting down the steps behind town. There are several cyber cafés in town. *Tourist office*: Bolívar y García Moreno, near the market, north end of town. Tena has a large lowland Quichua Indian population living in the vicinity, some of whom are panning for gold in the rivers. These Indians are unlike the Indian groups further into the Oriente forests; they are Quijos, of Chibcha stock. The Tena area, which lacks the pristine jungle found deeper in the Oriente, has instead developed interesting opportunities for ethno-tourism.

B *Los Yutzos*, at the south end of town overlooking the Río Pano, T886717, **Sleeping &** www.geocities.com/losyutzos A/c, cheaper with fan, comfortable, beautiful grounds, quiet, **eating** family-run. Recommended. **C-D** *Traveller's Lodging*, 15 de Noviembre 422, T888204. **C** rooms have river view, helpful, good food. **D** *Establo de Tomás*, in Muyuna, via a San Antonio 5 km, T886318, paorivade@hotmail.com Meals on request, swimming in river, cabins in a pleasant setting, nice but can get noisy at weekends. **D** *Indiana*, Bolívar entre Amazonas y García Moreno, T886334. Restaurant for breakfast only, parking. Has tour agency for jungle trips. **D** *Puma Rosa*, on Malecón near vehicle bridge, T/F886320. A/c, parking, nice grounds. Recommended. **D** *Villa Belén*, on Baeza road (Av Jumandy), T886228, F888091. Meals available on request, fan, laundry and cooking facilities, excellent rooms, quiet. Recommended. **D-F** *Media Noche*, 15 de Noviembre 1125, T886490, F888373. Inexpensive restaurant, cheaper with shared bath, cold water, parking, near the bus station, good. **E** *Limoncocha*, Sangay 533, Sector Corazón de Jesús, 300 m from terminal, T887583, limoncocha@andinanet.net Breakfast available, shared bath, hot water, terrace with hammocks, internet, laundry and cooking facilities, German-Ecuadorean run, organize good tours (rafting US$35 and jungle trips US$25 pp per day). Pleasant atmosphere, enthusiastic owners, but noisy neighbours. **E** *Res Alemana*, Díaz de Pineda 210 y Av 15 de Noviembre, T886409. Electric shower, fan, OK. **F** *Jumandy*, Amazonas y Abdón Calderón, T886329. Shared bath, cold water, with balcony, the Cerda family also arrange jungle tours (see Jungle tours, below).

Cositas Ricas, 15 de Noviembre, next to *Traveller's Lodging*. Tasty meals, vegetarian available, good fruit juices. *Chuquitos*, García Moreno by Plaza. Popular. *Pollo Good*, 15 de Noviembre 1 block north of bus terminal. Tasty chicken. There are also *chifas* in town.

Amarongachi Tours (address as for *Traveller's Lodging*, above, T/F886372, **Tour** www.amarongachi-tours.com See also *Jungle Tours from Tena*). *Kanoa Tours*, 15 de **operators** Noviembre, opposite Cositas Ricas. *Ríos Ecuador*, 15 de Noviembre y 9 de Octubre, T886346, www.riosecuador.com Gynner Coronel runs highly recommended white-water rafting and kayak trips and a 5-day kayak school. *Runa Ñambi*, on the Malecón, T886318, runanambi@yahoo.com *Voyage Fantastic*, Av 15 de Noviembre, opposite bus station, T888424, F886490, voyagefantastic@latinmail.com Tours in the Tena/Misahuallí area, in Parque Nacional Sumaco, and from Coca.

Bus: To **Quito**, US$6, 5 hrs. To **Baeza**, US$6.25, 2 hrs. To **Ambato**, via Baños, US$6.50, 5 hrs. **Transport** To **Baños**, 4-5 hrs, US$5. To **Riobamba**, via Puyo and Baños, 5-6 hrs, US$7.50. To **Archidona** every 20 mins, US$0.25, 15 mins. To **Misahuallí**, hourly, US$1.25, 45 mins, buses leave from the local bus station not the long distance terminal. To **Coca**, US$7.50, 6 hrs. To **Lago Agrio**, US$11.25, 9 hrs. To **Puyo**, US$4.20, 3-4 hrs.

Trips are organized to **Amarongachi**, 20 km southwest of Tena on the Río **Jungle tours** Jatunyacu, by Jesús Uribe at *Amarongachi Tours*, see above. **B** pp per day full board, **from Tena** highly recommended. This co-operative travel agency works closely with local people. Tours include accommodation in simple wooden cabins, transport, 2 daily

Ecuador

activities such as visits with local communities or jungle walks. They also have cabins at *Shangrila* on the Río Anzu (access off the Tena-Puyo road), with similar facilities. **Comunidad Capirona** is one hour by bus, then three hours on foot from Tena. Visits can be arranged here or to nine other communities in the area. This is part of a highly regarded project which combines eco/ethno-tourism and community development. There are also opportunities for volunteers. Contact the *Red Indígena de las Comunidades del Alto Napo para la Convivencia Intercultural y El Ecoturismo (Ricancie)*, 15 de Noviembre 722, T/F887072, ricancie@ecuanex.net.ec

The **Cerda family** provide day trips to their jungle lodge, a clean, pleasant place. Tours focus on local indigenous life and cost US$25 per person per day. They also offer rafting trips on the Río Jatunyacu and one day motorized canoe tours from Misahuallí to Ahuano; German spoken. You can contact them through *Hotel Jumandy*. **Sr Delfín Pauchi**, T886434/886088, Casilla 245, Tena, has built *Cabañas Pimpilala*, 45 minutes by taxi from Tena, where for two to four days you can live with a Quichua family. Trails for hiking have been made on his 30 ha of undeveloped land, but emphasis is on culture rather than wildlife. Delfín speaks only Quichua and Spanish. He knows about plants and their medicinal uses, legends and music. He will meet you at the terminal in Tena if you call ahead.

Misahuallí

Phone code: 06
Colour map 1a, grid B4
Population: 2,000

This small port, at the junction of the Napo and Misahuallí rivers, is perhaps the best place in Ecuador from which to visit the 'near Oriente', but your expectations should be realistic. The area has been colonized for many years and there is no extensive virgin forest nearby (except at *Jatun Sacha*, see page 981). Access is very easy however, prices are reasonable, and while you will not encounter large animals in the wild, you can still see birds, butterflies and exuberant vegetation – enough to get a taste for the jungle. There is a fine, sandy beach on the Río Misahuallí, but don't camp on it as the river can rise unexpectedly.

Sleeping & eating

A *Jardín Alemán*, on the Río Misahuallí, several km from town, access along a road north before you reach Misahuallí, T890122, www.eljardinaleman.com Restaurant, fan, parking, comfortable rooms, pleasant garden setting, offers tours and Spanish classes. **B** *Misahuallí Jungle Hotel*, across the river from town, T890063, www.misahuallijungle.com Includes breakfast, restaurant, electric shower, fan, pool, cabins for up to 6, nice setting. **C** *France Amazonia*, J Arteaga on the plaza. Includes very good breakfast, parking, small rooms (not for tall people), French-run, helpful. **D** *El Albergue Español*, on Arteaga, T890127, www.alberguespanol.com Upscale restaurant, fan, screened rooms with balconies overlooking the river, nice place. **D** *Marena Inn*, Arteaga y Santander, T890002, F890085. Fan, fridge, parking, nice and comfortable. **D** *La Posada*, Napo opposite the plaza. Hot water, fan, simple, offers tours, restaurant. **E** *El Paisano*, Rivadeneyra y Tandalia, T890027. Hot water,

Ecuador

simple rooms, pleasant atmosphere, good value. **E** *Granlandia*, on Santander at entrance to town, T890062. Cold water, fan, basic but clean. **E** *Shaw*, Santander on Plaza, T890019, ecoselva@yahoo.es Hot water, fan, simple clean rooms, operate their own tours, English spoken, very knowledgeable, good value. **E-F** *Sacha*, by river beach, T890065. Cheaper with shared bath, cold water, basic but nice location.

Doña Gloria, Arteaga y Rivadeneyra by corner of plaza. Open 0730-2030 daily, very good set meals. Recommended. *La Posada*, at the Plaza. Varied à la carte menu, good food, nice porch setting, slow service.*Bar Atarraya*, at the end of Santander. Nice atmosphere.

Bus Local buses run from the plaza to **Tena** every 45 mins 0745-1800, US$1.25, 45 mins. Make all long distance connections in Tena, or get off at Puerto Napo to catch southbound buses. To **Quito**, 2 buses a day, US$6.65, 6 hrs. **River** With the increase in roads, river traffic is diminishing along the upper Napo. Scheduled passenger services from Misahuallí have been discontinued. Motorized canoes wait at the beach and can be hired for touring (but better to go with a guide) or transport to the location of your choice. **Transport**

There are many guides available to take parties into the jungle for trips of one to 10 days, all involving canoeing and varying amounts of hiking. Travellers should ask to see a guide's licence. It is advisable to insist on paying part of the cost on completion of the trip (for Tour operators based in Quito, see page 883). The going rate is between US$15 and US$40 per person per day, depending on the season, size of group and length of trip. This should include food and rubber boots, which are absolutely essential. Quality varies, so try to get a personal recommendation from travellers who have just returned from a trip. There is an interesting *mariposario* (butterfly farm) 2 blocks from the main square in Misahuallí. Several colourful species can be observed and photographed close up. Make arrangements through *Ecoselva* (see Tour operators).

Jungle tours from Misahuallí
There are frequent reports of unlicensed guides cheating tourists

Ecoselva, T890019, Santander on the plaza, ecoselva@yahoo.es Recommended guide Pepe Tapia González speaks English and has a biology background. Trips from 1-6 days, well organized and reliable. *Quindy Tour*, Napo opposite the plaza (in *La Posada*), T890031. Run by Carlos Santander and his brothers. Friendly, good food. **Guides** *Héctor Fiallos*, contact via *Sacha Hotel* on the beach (see above). *Marcos Estrada* is knowledgeable, honest and offers tours of different lengths. Contact *France Amazonia* office on plaza or enquire at the hotel (see above).

Tour operators & guides
We list only those guides who have been recommended to us

A *Anaconda*, on Anaconda Island in the Río Napo, about 1 hr down river by canoe from Misahuallí. Bamboo bungalows, no electric lights, but flush toilets and cold showers, good meals. Canoe and hiking trips arranged, guides only speak Spanish. Opposite, on the north bank at **Ahuano**, is **L** *Casa del Suizo*. Swiss/Ecuadorean-owned, price includes all meals, with vegetarian options, private bath, electricity 24 hrs, pool, animal sanctuary, trips arranged. Highly recommended for hospitality and location. Quito office: Julio Zaldumbide 375 y Toledo, T256 6090, www.casadelsuizo.com

Jungle lodges on the upper Napo

The south shore of the Napo has road access from Tena, with frequent bus service. Along this road are several hotels, including **A** *Isla Amazónica*, near **Venecia**, Baños T03-740609. Rustic cabins on riverfront, with private bath, hot water, meals available. **A** *Hotel Jaguar*, 1½ hrs downstream from Misahuallí, congenial atmosphere, includes meals, vegetarian available, tours arranged. Operated by *El Albergue Español* in Misahuallí.

LL *Yachana Lodge* is based in the indigenous village of **Mondaña**, 2 hrs downstream from Misahuallí. Proceeds support community development projects. Comfortable double rooms and family cabins, solar power. Highly recommended packages including transport from Ahuano or Coca, all meals, lodging and guides; US$225 for 4 days. Quito office: Baquedano 385 y JL Mera, T/F02-2523777, www.yachana.com

Eight kilometres downriver from Misahuallí, reached by road or river, is the **Jatun Sacha Biological Station** ('big forest' in Quichua). The biological station and the adjacent Aliñahui project together conserve 1,300 ha of tropical wet forest. So far, 507 bird, 2,500 plant and 765 butterfly species have been identified. Activities include environmental education, field research, ecotourism and excursions with good views and a well-developed trail system. It's 25 mins by boat, US$3.20; or by road on the south bank of the Río Napo, 25 km from the bridge in Puerto Napo, bus to La Punta or Campacocha from Tena passes, but it has to ford the river – difficult if the level is high. Lodging is **L** *Cabañas Aliñahui*. 8 cabins with 2 bedrooms and bathroom, lush tropical garden, rainforest and nature trails, includes 3 delicious meals. Day visitors are welcome at the restaurant and can take the tour (no entrance fee). Profits contribute to conservation. Quito office: Mosquera Narvaez 668 y América, T222 7094, www.ecuadorexplorer.com/alinahui

Puyo

Phone code: 03
Colour map 1a, grid B4
Population: 25,000

The capital of the province of Pastaza and the largest centre in the whole Oriente. It feels more like a small lowland city anywhere rather than a typical jungle town. Visits can nonetheless be made to nearby forest reserves and tours deeper into the jungle can also be arranged from Puyo. It is the junction for road travel into the northern and southern Oriente, and for traffic heading to or from Ambato via Baños. The Sangay and Altar volcanoes can occasionally be seen from town.

Omaere is a 15.6 ha ethnobotanical reserve two km north of Puyo on the road to Tena. Huts show Shuar, Achuar and Huaorani lifestyles and there is a garden. The park is run by OPIP (*Organización de Peublos Indígenos de Pastaza*), see below. ■ *US$3, includes guided tour up to 4 hrs, some English and French spoken by guides.* There are other small private reserves of varying quality in the Puyo area and visits are arranged by local tour operators (see below). You cannot however expect to see large tracts of undisturbed primary jungle here. Sites include: **Criadero de Vida Silvestre Fátima**, 9 km north on the road to Tena, which attempts to 'rehabilitate' captive jungle animals, US$2; **Jadín Botánico Las Orquídeas**, 3 km south on the road to Macas, orchids and other tropical plants, US$4; **Fundación Ecológica Hola Vida**, 27 km from Puyo near **Porvenir**, rustic accommodation in the forest.

Sleeping
B *Hostería Safari*, outside town at Km 5 on the road to Tena, T885465. Includes breakfast and dinner, ample grounds, peaceful. **B** *Hostería Turingia*, Ceslao Marín 294, T886344, turingia@andinanet.net Comfortable, hot water, garden, small pool, restaurant. **C-D** *El Araucano*, Ceslao Marín 576, T885686, F883834. Restaurant, fan, many different types of rooms at various prices, ranging from simple to basic. **D** *Gran Hotel Amazónico*, Ceslao Marín y Atahualpa, T883094, turisvejar@andinanet.net Small rooms, fan, restaurant downstairs, nice. **D** *Hostal El Colibrí*, C Manabí entre Bolívar y Galápagos, T883054. Away from centre, cold water, parking, modern, good value. Recommended. **D** *Los Cofanes*, 27 de Febrero 6-29 y Ceslao Marín, T885560, , F884791. Hot water, fan, a bit run down. **D-E** *Cristhian's*, Atahualpa entre 9 de Octubre y 27 de Febrero, T883081, F885874. Large modern rooms, hot water, TV. **E** *Chasi*, 9 de Octubre y Orellana, T883059. Cold water, basic.

Eating
Mid-range *El Jardín*, on the Paseo Turístico in Barrio Obrero. International food. *La Carihuela*, Mons Alberto Zambrano, near the bus station. Upmarket dining including good set meals. *Pizzería Buon Giorno*, Orellana entre Villamil y 27 de Febrero. Good pizza and salads, very popular. **Cheap** *Rincón de Suecia*, at the end of 9 de Octubre. Pizza. *Chifa Tunghua*, Atahualpa entre 27 de Febrero y 9 de Octubre. Good Chinese, large portions. *Sal y Pimienta*, Atahualpa y 27 de Febrero. Grilled meats, popular. *Cafetería Panadería Susanita*, Ceslao Marín y Villamil. Bakery, also serves breakfast and very cheap lunch. *Heladería Italiana*, 27 de Febrero y Atahualpa. Good ice-cream.

Tour operators
All of the following offer jungle tours of varying lengths. Prices range from US$25-50 pp per day. *Amazonía Touring*, Atahualpa y 9 de Octubre, T883219. *Entsa Tours*, Mentor Marino is helpful and knowledgeable. Call in the evening at T885500. The *Organización de Pueblos Indígenas de Pastaza (OPIP)* operates *Papangu Tours*, 27 de Febrero ys Sucre, T883875, to local reserves and longer trips.

Transport

Air 2 commercial flights a week to **Quito** from Shell (see below). **Bus** Buses leave from the new Terminal Terrestre on the outskirts of town. To **Baños**, US$5, 2 hrs. To **Ambato**, US$3.20, 3 hrs. To **Quito**, US$5, 6 hrs via Ambato (9 hrs via Baeza). To **Riobamba**, US$3.75, 4 hrs. To **Tena**, US$2.50, 3 hrs on a rough road. To **Macas**, US$5.55, 4½ hrs. The first leg of the Puyo-Macas bus journey goes as far as the Río Pastaza (3 hours). There is a bridge suitable only for cars and small *busetas*. On the opposite shore, a bus carries passengers the rest of the way (2½ hours) to a concrete bridge over the Río Upano, just before Macas. It stops often at small settlements, mostly inhabited by Shuar. The road is hard-packed dirt, full of potholes.

Directory

Banks *Cambios Puyo*, 9 de Octubre y Atahualpa, T/F883064, 3% commission on TCs. Also Euros, cash only. Helpful. **Communications Internet**: US$2-3 per hr. **Post Office** 27 de Febrero entre Atahualpa y Orellana. **Telephone**: *Andinatel*, Villamil y Orellana. Long queues. **Tourist offices** *Ministerio de Turismo*, Ceslao Marín y Atahualpa, p 2. Mon-Fri 0900-1700. Also *Consejo* Provincial, Orellana 145 y 27 de Febrero, ground floor.

Shell

Shell is 13 km west of Puyo, 50 km from Baños, 1½ hours. It has an airfield and an army checkpoint where foreigners may be asked to register (passport required). **D** *Los Copales*, west of Shell on the road to Baños, T795290. Comfortable cabins with electric shower, restaurant. **D** *Germany Hostal*, down a side street, T795134. Hot water, restaurant, family run. **E-F** *Hostal Cordillera*, on main street. Cheaper without bath, restaurant, basic. There are several cheap and simple *comedores* on the main street; *El Portón*, near the west end, is good. *Servicio Aereo Regional*, T02-2592032 (Quito), T795175 (Shell), flies to Quito Monday and Friday, US$45.

Macas

Phone code: 07
Colour map 1a, grid B4
Population: 14,000
Altitude: 1,000 m
See www.macas-ecuador.com

Capital of Morona-Santiago province, Macas is situated high above the broad Río Upano valley, and developing rapidly thanks to nearby oil deposits and beef production, Sangay volcano can be seen on clear mornings from the plaza, creating an amazing backdrop to the tropical jungle surrounding the town. The modern cathedral, with beautiful stained-glass windows, houses the much-venerated image of La Purísima de Macas. Five blocks north of the cathedral, in the Parque Recreacional, which also affords great views of the Upano Valley, is a small orchid collection.

To the **Salesian Sevilla-Don Bosco mission**, east of town. The modern archaeological museum, Don Bosco y Montalba, is a good place to rest and see views of the river, and there is a recreation area nearby. 3 km north is La Cascada, beside the Río Copueno, picnic area, swimming, slide, football, volleyball. **Complejo Hombre Jaguar** archaeological site, with many *tolas* (ceremonial or burial mounds made by prehispanic cultures), is north, near Santa Rosa and Guapula on the way to Parque Nacional Sangay (see page 983). Allow two days to see everything; ask for directions if using public transport; day tours with *Winia Sunka* US$25 per person (see Tour operators).

In clear weather, the surrounding hills give excellent views of the volcano Sangay, 5,230 m, within the Parque Nacional Sangay, information from Ministry of the Environment in Macas, Juan de la Cruz y 29 de Mayo. The lowland area of the park has interesting walking with many rivers and waterfalls.■ *Entrance US$10. The park may be reached by bus 1½ hrs to village of 9 de Octubre, 0700 and 1600, US$2, 1½ hrs, then walk. See also Sangay (page 929) for notes on the new road to Guamote.*

Sleeping

AL ***Cabañas Ecológicas Yuquipa***, a 3-km walk from Km 12 on the road to Puyo, T700071. Includes breakfast, restaurant, minimum 3 days' stay. Package includes accommodation, guides, meals and transport. Contact *Panesa* bakery at Soasti y Tarqui. **C** ***Manzana Real***, Av 29 de Mayo at southern entrance to town, T700191. Includes breakfast, restaurant, pool, parking, suite available. **D** ***Casa Blanca***, Soasti 14-29 y Sucre, T700195, F701584. Includes breakfast, comfortable, very helpful. Recommended. **D** ***La Orquídea***, 9 de Octubre 1305 y Sucre, T700970. Cheaper with cold water, bright, quiet. **D** ***Peñón del Oriente***, Domingo Comín 837 y

Ecuador

Amazonas, T700124, F700450. Cheaper with cold water, in multi-storey building, noisy, rooms vary but overall a bit run down. **D-F** *Esplendit*, Soasti 1518, T700120. Cheaper with shared bath, parking, new section is nice and comfortable, older rooms cheap and basic. Parking, modern. **F** *Residencial Macas*, 24 de Mayo y Sucre, T700254. Above *Restaurante Carmitas* (good simple cooking), cheaper with shared bath, cold water, old wooden building, simple, good value. **F** *Sangay*, Tarqui 605, T700457. Shared bath, cold water, basic.

Eating **Mid-range** *Chifa Pagoda China*, Amazonas y Domingo Comín. Very good Chinese food. Recommended. **Cheap** *Chonta Cafetería*, 24 de Mayo y 10 de Agosto. Breakfast, juices, snacks and lasagna, good. *El Jardín*, Amazonas y Domingo Comín, across from the market. Set meals. *Bar Rincón Ambateño*, 24 de Mayo y Sucre. Good tortillas. *Chifa Welcome*, Soasti 14-34. Very cheap set lunch.

Tour operators *Kujáncham*, 24 de Mayo 16-22 y 10 de Agosto, T700299, www.macas-ecuador.com Erika DeHaan at the craft shop organizes tours to Sangay National Park and Shuar communities. *Winia Sunka*, Domingo Comín y Amazonas, the kiosk in front of *Chifa Pagoda China*, T/F700088. Runs cabins and tours in the Santa Rosa area north of Macas, as well as tours east of the Cordillera de Cutucú, near the Peruvian border. The owner, Pablo Velín, is a recommended guide.

Jungle lodges **Kapawi Ecological Reserve:** is a top-of-the-line jungle lodge located on the Río Pastaza in the heart of Achuar (the Shuar belong to this tribe) territory. It is accessible only by small aircraft and motor canoe. The lodge was built in partnership with the indigenous organization **OINAE** and offers flexible programmes. It is also built according to the Achuar concept of architecture, using typical materials, and emphasizes environmentally friendly methods such as solar energy, biodegradable soaps and rubbish recycling. It is in a zone rich in biodiversity, with many opportunities for seeing the forest and its inhabitants. 4 nights in a double cabin costs US$700, plus US$150 for transport to and from Quito. The location, quality of service, cabin accommodation and food have all been highly recommended. Quito office: *Canodros*, Av Portugal 448 y Catalina de Aldaz, T225 6759, in Guayaquil, Urb Santa Leonor Mz 5, local 10, T04-228 5711. Or book through agencies in Quito or abroad.

Transport **Air** Flight to **Quito**, *TAME* (T701162), Mon, Thu, US$56, sit on left for best views of Volcán Sangay (see below). **Bus** To **Puyo**, US$5.55, 4½ hrs. To **Quito**, via Puyo, Baños and Ambato, US$10, 9 hrs. To **Cuenca**, US$8.70, 8-10 hrs, the views are spectacular but roads are subject to landslides after heavy rain. To **Gualaquiza**, where you can get a bus to Zamora and on to Loja, US$7.20, 9 hrs, a long rough ride. To **Sucúa**, every 30 min, US$1, 1 hr.

Directory **Banks** Nowhere to change TCs. *Banco del Austro*, 24 de Mayo y 10 de Agosto. Visa. *Banco del Pichincha*, Soasti y 10 de Agosto, Visa ATM only. **Communications** Internet: US$1.40 per hr. **Post Office:** 9 de Octubre y Domingo Comín, next to the park. **Telephone:** *Andinatel:* 24 de Mayo y Sucre.

Sucúa
Phone code: 07
Colour map 1a, Grid B4
Population: 6,300
23 km from Macas

Sucúa is of particular interest as the centre of a branch of the ex-head-hunting Shuar (Jívaro) Indians. Their crafts can be seen and bought but it is tactless to ask them about head-hunting and shrinking (a practice designed to punish those who bewitched others and to deter anyone wishing to cause sickness or disaster in future). You can contact the **Shuar Federation** at Domingo Comín 17-38, T/F704108, about visiting traditional villages, but the federation does not encourage tourists. There is a small craft shop across the street from the Shuar Federation. Nearby is the Río Upano, a 1½ hour walk, with plenty of Morpho butterflies. Also close by is the Río Tutanangoza, a 15-minute walk, with rapids and good swimming, but be careful of the current after rain.

Sleeping and eating **D-E** *Don Guimo*, Domingo Comín y Kiruba, T/F740483, Includes breakfast, cheaper with shared bath, hot water, parking, modern and comfortable. Recommended. **E** *Hostal Karina*, on the southwest corner of the plaza, T740153. Cheaper with

Ecuador

shared bath, hot water, bright. **F** *Hostería Orellana*, at the south end of town, T740193. One room with bath, others without. **F** *Hostal Alborada*, Domingo Comín. T740149. Shared bath, cold water. There are several other cheap and basic places in town. *La Fuente*, Domingo Comín near the plaza. Bar/restaurant, good cheap set meals and à la carte. *La Orquidea*, 8 de Diciembre y Domingo Comín, very cheap set meals, good.

From Sucúa, the road heads south for one hour to Logroño and then, another one hour south to (Santiago de) **Méndez**, a nice town with a modern church. Market day Sunday. **Sleeping**: **E** *Hostal Los Ceibos*, Calle Cuenca just off plaza, T760133. Hot water, spotless. Recommended. **F** *Hostal Los Sauces*, T760165. Places to eat include *El Reportero*, Domingo Comín y Cuenca; and *16 de Agosto*, Cuenca y Guayaquil. Two hours, 50 km south of Méndez is **Limón**, official name General Leónidas Plaza, a mission town founded in 1935, now a busy place surrounded by high jungle. Buses, all from Calle Quito, go to Cuenca, Macas and Gualaquiza. **E-F**: *Limón*, Calle Quito, T770114, modern, basic, front rooms noisy. Continuing south from Limón the road passes **Indanza** before reaching **Gualaquiza**, a pioneer town off the tourist track. It is surrounded by densely forested mountains, in which are interesting side trips. **E** *Amazonas*, Domingo Comín 08-65, basic. **F** pp *Guakiz*, Orellana 08-52, T780138, with bath, best in town. Best restaurant is *Oro Verde*, near *Hotel Wakiz*, excellent food. From Limón the road to Cuenca (132 km) passes through Gualaceo and Jadán. From Limón the road rises steeply with many breathtaking turns and the vegetation changes frequently, partly through cloud forest and then, at 4,000 m, through the *páramo*, before dropping very fast down to the valley of Gualaceo. There is a police checkpoint at Plan de Milagro, where foreigners have to register. There is nowhere to stay along the Limón-Gualaceo road.

Transport From Sucúa: bus to **Cuenca**, 6 hrs, US$6.25. **Loja** US$6, 7 hrs. **Macas**, US$7.20, 9 hrs. *Rancheros* leave for **Yantzaza** in the morning, from where a bus reaches **Zamora** before dark (see page 942).

Sucúa to Zamora

Ecuador

Galápagos Islands

See colour maps   *A trip to the Galápagos Islands is an unforgettable experience. The islands are world-renowned for their fearless wildlife but no amount of hype can prepare the visitor for such a close encounter with nature. Here you can snorkel with penguins and sea-lions, and encounter the odd hammerhead shark, watch giant 200 kg tortoises lumbering through cactus forest and enjoy the courtship display of the blue-footed booby and magnificent frigate bird, all in startling close-up.*

Lying on the Equator, 970 km west of the Ecuadorean coast, the Galápagos consist of six main islands (San Cristóbal, Santa Cruz, Isabela, Floreana, Santiago and Fernandina – the last two uninhabited), 12 smaller islands (Baltra and the uninhabited islands of Santa Fe, Pinzón, Española, Rábida, Daphne, Seymour, Genovesa, Marchena, Pinta, Darwin and Wolf) and over 40 islets. The islands have a total population of over 17,000 and because of immigration the annual growth rate is about 12%. The largest island, Isabela (formerly Albemarle), is 120 km long and forms half the total land area of the archipelago. Its notorious convict colony was closed in 1958; some 1,500 people live there now, mostly in and around Puerto Villamil, on the south coast. San Cristóbal (Chatham) has a population of 5,700 with the capital of the archipelago, Puerto Baquerizo Moreno. Santa Cruz (Indefatigable) has 10,000, with Puerto Ayora the main tourist centre; and Floreana (Charles) fewer than 90. The islands are widely scattered; by boat, Puerto Baquerizo Moreno and Puerto Ayora are six hours apart.

Background

The Galápagos have never been connected with the continent. Gradually, over many hundreds of thousands of years, animals and plants from over the sea somehow migrated there and as time went by they adapted themselves to Galápagos conditions and came to differ more and more from their continental ancestors. Thus many of them are unique: a quarter of the species of shore fish, half of the plants and almost all the reptiles are found nowhere else. In many cases different forms have evolved on the different islands. Charles Darwin recognized this speciation within the archipelago when he visited the Galápagos on the *Beagle* in 1835 and his observations played a substantial part in his formulation of the theory of evolution. Since no large land mammals reached the islands (until they were recently introduced by man), reptiles were dominant just as they had been all over the world in the very distant past. Another of the extraordinary features of the islands is the tameness of the animals. The islands were uninhabited when they were discovered in 1535 and the animals still have little instinctive fear of man.

Ecuador

The most spectacular species to be seen by the visitor are the **giant tortoise** (species still survive in six or seven of the islands, but mostly on Isabela); **marine iguana** (the only seagoing lizard in the world and found throughout most of the archipelago; it eats seaweed); **land iguana** (on Fernandina, Santa Cruz, Santa Fe, Isabela, Seymour and Plaza); **waved albatross** (which nests only on the island of Española – apart from several pairs on Isla de la Plata; it leaves in December and returns in late March-early April); **Galápagos hawk**, **red-footed**, **blue-footed** and **masked boobies**, **red-billed tropic-bird**, **frigate birds**, **swallow-tailed gulls**, **dusky lava gulls**, **flightless cormorants** (on Isabela and Fernandina), **mockingbirds**, 13 species of **Darwin's finches** (all endemic and the classic examples of speciation quoted by Darwin); the **Galápagos sea lion** (common in many areas) and the **Galápagos fur-seal** (on the more remote and rocky coasts).

The itineraries of tourist boats are strictly regulated in order to avoid crowding at the visitor sites and some sites are periodically closed by the park authorities in order to allow them to recover from the impact of tourism. Certain sites are only open to smaller boats, and additionally limited to a maximum number of visits per month. The most-visited islands from Puerto Ayora are Plaza Sur (an estimated 1,000 sea-lions living on 1 ha, land and sea iguana, many birds flying close to the clifftop), Santa Fe (land and sea iguanas, cactus forest, swimming with sea lions, Galápagos hawk), Seymour Norte (sea lions, marine iguanas, swallow-tailed gulls, magnificent frigate birds, blue-footed boobies – the latter not close to the tourist trail), Rábida (sea lions, flamingos, pelican rookery), and Santiago (James Bay for fur seals, snorkelling with sea lions, migratory coastal birds; Sullivan Bay and Bartolomé Island for fantastic lava fields on the climb to the summit, fine views, snorkelling around Pinnacle Rock and maybe a few penguins). On a tour of these islands it may be possible to go also to Punto García on Isabela to see flightless cormorants (to climb Sierra Negra volcano to see the tortoises can be done on foot, horseback or by pickup – see page 1002). Daphne Island with very rich birdlife may be visited by some boats only once a month (a special permit is required).

More distant islands from Puerto Ayora, but visited from there or from Puerto Baquerizo Moreno, are Española (blue-footed boobies, masked boobies, waved albatross, many other birds, brightly coloured marine iguanas, sea-lions, snorkelling at Tortuga Islet), Genovesa (red-footed boobies – brown and white phase, masked boobies, swallow-tailed and lava gulls, frigate birds and many others, marine iguanas, snorkelling) and Floreana (flamingos, sea-lions, endemic plants, snorkelling at Corona del Diablo). There is a custom for visitors to Post Office Bay on the north side of Floreana since 1793 to place unstamped letters and cards in a barrel, and deliver, free of charge, any addressed to their own destinations. Fernandina is best visited on longer cruises which include Isabela. For more details on Santa Cruz, San Cristóbal and Isabela, see below. Never miss the opportunity to go snorkelling, there is plenty of underwater life to see, including rays, sharks (not all dangerous) and many fish. All the other islands are closed to tourists.

Ins and outs

By Air There are 2 airports which receive flights from mainland Ecuador, but no international flights to Galápagos. The most frequently used airport is at **Baltra** (South Seymour), across a narrow strait from Santa Cruz, the other at **Puerto Baquerizo Moreno**, on San Cristóbal. The 2 islands are 96 km apart and on most days there are local flights in light aircraft between them, as well as to **Puerto Villamil** on Isabela. There is also irregular boat service between Puerto Ayora, Puerto Baquerizo Moreno, Puerto Villamil and Floreana. *TAME* and *Aerogal* fly to Galápagos: *TAME* 2 daily to **Baltra** and Mon, Wed and Sat to **San Cristóbal**; *Aureogal* on Mon, Thu and Sun. All flights originate in Quito and make a long stopover in Guayaquil. The return fare in high season (1 Nov to 30 Apr and 15 Jun to 14 Sep) is US$390 from Quito (US$345 from Guayaquil). The low season fare costs US$334 from Quito, and US$300 from Guayaquil. The same prices apply regardless of whether you fly to San Cristóbal or Baltra; you can arrive at one

Getting there

Ecuador

and return from the other. The ticket is valid for 21 days from the date of departure. Independent travellers must get their boarding pass (*pre-chequeo*) for outward and return flights 2 days before departure. This is especially critical during high season and from San Cristóbal at all times.

The above prices are subject to change without notice. Discount fares for Ecuadorean nationals and residents of Galápagos are not available to foreigners and these rules are strictly enforced. A 15% discount off the high season fare may be available to students with an ISIC card; details from *TAME* office at Edif Pichincha, p 4, Amazonas y Colón, Quito. Boat owners make block bookings with the airlines in the hope of filling their boat. Visitors may buy tickets where they like, but in the busy season will have to take the ticket to the tour operator for the reservation. Tickets are the same price everywhere, except for student discounts with *TAME* as above.

Airport transfer 2 buses meet flights from the mainland at Baltra: one runs to the port or *muelle* (10 mins, no charge) where the cruise boats wait; the other goes to Canal de Itabaca, the narrow channel which separates Baltra from Santa Cruz. It is 15 mins to the Canal, free, then you cross on a small ferry for US$0.90, another bus waits on the Santa Cruz side to take you to Puerto Ayora in 45 mins, U$1.80. If you arrive at Baltra on one of the local inter-island flights (see below) then you have to wait until the next flight from the mainland for bus service, or you might be able to hire a taxi. For the return trip to the airport, *CITTEG* buses leave from opposite the company's office/café near the pier in Puerto Ayora to meet flights at Baltra (enquire locally for current schedules). Buy a ticket the night before (not possible for the Sat bus). Hotels may make prior arrangements. The airport in Puerto Baquerizo Moreno is within walking distance of the town, but those on prearranged tours will be met.

Getting around *Emetebe Avionetas* offers inter-island flights in two light twin-engine aircraft (a 5-seater and a 9-seater). There is no firm schedule but flights usually operate Mon-Sat in the morning between Puerto Baquerizo Moreno (**San Cristóbal**), **Baltra** and Puerto Villamil (**Isabela**), depending on passenger demand. Baggage allowance 30 lbs, strictly enforced. Fares range from

Ecuador

US$90-120 one way, including taxes; charter rates from US$400-500 per hr. *Emetebe* offices in Puerto Baquerizo Moreno, Puerto Ayora and Puerto Villamil are given in the corresponding sections below. In Guayaquil T229 2492, emetebe@ecua.net.ec

Fibras (fiberglass motor launches) operate most days between **Pto Ayora** (Santa Cruz), Pto Villamil (**Isabela**), and Pto Baquerizo Moreno (**San Cristóbal**), US$25-30 one way, check at the Capitanía de Puerto. There is also irregular boat service from Puerto Ayora to **Floreana**; check at the Capitanía de Puerto. You must be flexible in your itinerary and allow plenty of time if you wish to travel between islands in this way.

Information & advice

Every foreign visitor has to pay a **national park tax of US$100** on arrival, cash only. Be sure to have your passport to hand. Do not lose your park tax receipt; boat captains need to record it. A 50% reduction on the national park fee is available to children under 12, but only those foreigners who are enrolled in an Ecuadorean university are entitled to the reduced fee for students. The cost of living in the Galápagos is higher than the mainland, particularly in the peak season (December, July and August). **NB** Do not touch any of the animals, birds or plants. Do not transfer sand or soil from one island to another. Do not leave litter anywhere; it is highly undesirable in a national park and is a safety and health hazard for wildlife. Do not take raw food on to the islands.

What to take A remedy for seasickness is recommended; the waters south of Santa Cruz are particularly choppy. A good supply of sun block and skin cream to prevent windburn and chapped lips is essential, as are a hat and sunglasses. You should be prepared for dry and wet landings, the latter involving wading ashore. Take plenty of film with you; the birds are so tame that you will use far more than you expected; a telephoto lens is not essential, but if you have one, bring it. Also take filters suitable for strong sunlight. Snorkelling equipment is particularly useful as much of the sea-life is only visible under water. Most of the cheaper boats do not provide equipment and those that do may not have good snorkelling gear. If in doubt, bring your own, rent in Puerto Ayora, or buy it in Quito. It is possible to sell it afterwards on the islands.

Tipping A ship's crew and guides are usually tipped separately. The amount is a very personal matter; you may be guided by suggestions made onboard or in the agency's brochures, but the key factors should always be the quality of service received.

If you have problems See above for complaints regarding itineraries. If a crew member comes on strongly to a woman passenger, the matter should first be raised with the guide or captain. If this does not yield results, a formal complaint, in Spanish, giving the crew member's full name, the boat's name and the date of the cruise, should be sent to **Sr Capitán del Puerto**, Base Militar de Armada Ecuatoriana, Puerto Ayora, Santa Cruz, Galápagos. Failure to report such behaviour will mean it will continue. To avoid pilfering, never leave belongings unattended in Puerto Ayora, or on a beach when another boat is in the bay.

Best time to visit The Galápagos climate can be divided into a hot season (Dec-May), when there is a possibility of heavy showers, and the cool or *garúa* (mist) season (Jun-Nov), when the days generally are more cloudy and there is often rain or drizzle. Jul and Aug can be windy, force 4 or 5. Daytime clothing should be lightweight. (Clothing generally, even on 'luxury cruises', should be casual and comfortable.) At night, however, particularly at sea and at higher altitudes, temperatures fall below 15°C and warm clothing is required. Boots and shoes soon wear out on the lava terrain. The sea is cold Jul-Oct; underwater visibility is best Jan-Mar. Ocean temperatures are usually higher to the east and lower at the western end of the archipelago. The islands climate and hence its wildlife are also influenced by the El Niño phenomenon. Despite all these variations, conditions are generally favourable for visiting Galápagos throughout the year.

Organizations and useful websites The **Galápagos Conservation Trust** (5 Derby Street, London W1J 7AB, T020-7629 5049, gct@gct.org) publishes a quarterly Newsletter for its members. *Noticias de Galápagos* is a twice-yearly publication about science and conservation in the islands. It is the official publication of the Charles Darwin Foundation. 'Friends of the Galápagos' (US$25 per year membership) receive the journal as a part of their membership. The **Charles Darwin Research Station** and the **Galápagos Conservation Trust** can be reached via the internet: www.galapagos.org (a site which also carries news articles). Also go to www.gct.org and www.darwinfoundation.org Or write to CDF Secretary General

Office, Casilla 17-01-3891, Quito, T244803/241573, F443935, cdrs@fcdarwin.org.ec Other sites include The **Naturalist Net** (www.naturalist.net), which includes Galápagos ecosystems, and the **Galápagos Coalition** web pages: www.law.emory.edu/PI/GALAPAGOS

Cruising around the islands

There are two ways to travel around the islands: a *tour navegable*, where you sleep on the boat, or less expensive tours where you sleep ashore at night and travel during the day. On the former you travel at night, arriving at a new landing site each day, with more time ashore. On the latter you spend less time ashore and the boats are smaller with a tendency to overcrowding in high season. Prices are no longer significantly cheaper in the low season, but you will have more options available. See also pag 992. Itineraries are controlled by the national park to distribute tourism evenly throughout the islands. Boats are expected to be on certain islands on certain days. They can cut landings, but have to get special permission to add to a planned itinerary.

The less expensive boats are normally smaller and less powerful so you see less and spend more time travelling, also the guiding is likely to be in Spanish only (there are some exceptions to this). The more expensive boats will probably have 110 volts, a/c and private baths, all of which can be nice, but not critically important. All boats have to conform to certain minimum safety standards (check that there are enough liferafts) and have VHF radio, but the rules tend to be quite arbitrary. A watermaker can make quite a difference as the town water from Puerto Ayora or Puerto Baquerizo Moreno should not be drunk. The least expensive boats (called economy class) cost about US$60-80 per day. For around US$80-100 per day (tourist class) you will also be on a faster small boat, leaving more time to spend ashore. US$100-200 per day (superior tourist and first class) is the price of the majority of better boats, most with English guiding. Over US$200 per day is entering the luxury bracket, with English guiding the norm, far more comfortable cabins and a superior level of service and cuisine. No boat may sail without a park-trained guide. **NB** Boats with over 18 passengers take quite a time to disembark and re-embark people, while the smaller boats have a more lively motion, which is important if you are prone to seasickness.

Legitimate complaints may be made to any or all of the following: the **Jefe de Turismo** at the national park office in Puerto Ayora, the **Ministerio de Turismo** office, the **Capitanía de Puerto**, or **Captur** in Quito (regarding Quito agencies). Any 'tour navegable' will include the days of arrival and departure as full days. Insist on a written itinerary or contract prior to departure as any effort not to provide this probably indicates problems later.

Choosing a tour (margin note)

Ecuador (margin note)

Booking a tour

Check the internet. There are many sites from which to book a Galápagos cruise, and prices may be lower

If wishing to plan everything ahead of time, there are many good tour operators. In Britain, David Horwell, arranges tailor-made tours to Ecuador and the Galápagos islands. For further details write to him at *Galápagos Adventure Tours*, 79 Maltings Place, 169 Tower Bridge Road, London SE1 3LJ, T020-7407 1478, F020-7407 0397, www.galapagos.co.uk Also recommended is *Penelope Kellie*, T01962-779317, F01962-779458, pkellie@yachtors.u-net.com who is the UK agent for *Quasar Nautica* (see below). *Galápagos Classic Cruises*, 6 Keyes Road, London NW2 3XA, T020-8933 0613, F020-8452 5248, www.GalapagosCruises.co.uk Specialize in tailor-made cruises and diving holidays to the islands with additional land tours to Ecuador and Peru available on request. In the USA, *Galápagos Network*, 6303 Blue Lagoon Drive, Suite 140, Miami, FL 33126, T305-2626264, T800-6337972 (toll free), F305-2629609, info@galapagosnetwork.com, www.eco ventura.com *Wilderness Travel* (801 Allston Way, Berkeley, CA 94710, T1-800-368 2704) and *Inca Floats* (Bill Robertson, 1311 63rd Street, Emeryville, CA 94608) have been recommended. Try also *International Expeditions*, One Environs Park, Helena, Alabama, 35080, T205-428 1700, T1-800-633 4734, www.internationalexpeditions.com In addition: *Galápagos Holidays*, 14 Prince Arthur Avenue, Suite 109, Toronto, Ontario M5R 1A9, T416-413 9090, T1-800-661 2512, www.galapagosholidays.com Shopping around the agencies in Quito is a good way of securing a value-for-money cruise, if you have the time. It is worth asking if the vessel has one to three spaces to fill on a cruise; you can often get them at a discount. There are of course a great many other agencies throughout Ecuador which sell Galápagos tours, the key is to shop around carefully and not let yourself be rushed into a decision.

Arranging a tour from the islands

If you wish to wait until you reach the islands, Puerto Ayora is the only practical place for arranging a cruise. Here you may find slightly better prices than the mainland, especially at the last minute, but bear in mind that you could be faced with a long wait. In the high season (July, August, and mid-December to mid-January) there is no space available on a last-minute basis, so at these times of the year you must purchase your cruise before arriving in Galápagos. To arrange last-minute tours, a highly recommended contact is the *Moonrise* travel agency. There are also several others, including *Galaptour*, in Puerto Ayora who offer this service (see Puerto Ayora, below). Especially on cheaper boats, check carefully about what is and is not included (eg drinking water, snorkelling equipment, etc).

Agencies & boats

We list only those for which we have received positive recommendations

The following section lists various categories of boats operating in Galápagos with their respective websites where you can see photos and obtain additional information. The list is not exhaustive; there are many other good boats. The categories and prices shown are approximate and subject to change. The names, owners, operators, agents or websites of boats may likewise change. Remember also that captains, crews and guides regularly change on all boats. These factors, as well as the sea, weather and your fellow passengers will all influence the quality of your experience. For addresses not listed here, see Quito, Tour Operators page 883, many of the following also have offices in Guayaquil. **Luxury Class** (over US$200 pp per day): *Islas Galápagos Turismo y Vapores*, República de El Salvador N36-43 y Suecia, T224 0247, www.ambasadorcruises.com Offers cruises aboard *Ambasador 1*. **Klein Tours** operate *Coral I* and *II* in this category and *Galápagos Legend*, in First Class, excellent.

First Class (US$150-$200 pp per day): *Canodros* (see page 883) operates the large and luxurious *Galápagos Explorer*. **Metropolitan Touring** (see page 883) offers 7-night cruises on the MV *Santa Cruz* (90 passengers), very professional service, with multilingual guides, also the *Isabella II* and *Delfín II*. **Ecoventura**, Almagro N31-80 y Whymper, T/F223 1034, www.ecoventura.com Excellent cruises and diving tours in luxury motor yachts, *Eric*, *Flamingo* and *Letty*. **Quasar Naútica**, Montúfar E15-14 y La Cumbre, Bellavista, T244 1550, www.quasarnautica.com (USA T1-800-2472925, F305-5927060, UK representative, T01962 779317, F01962 779458), 7-10 day naturalist and diving cruises on 8-16 berth luxury sail (*Alta*, *Lammer Law*) and power yachts (*Eclipse*, *Parranda*) with multilingual guides. Highly

recommended. The *Reina Silvia*, at the *Delfín Hotel* in Puerto Ayora, makes daily sailings, worthwhile and comfortable, recommended. *Andando Tours*, Coruña N26-311 y Orellana, T256 6010, www.andandotours.com Operate the sailing brigantine *Andando*, her sister ship, the *Sagitta*, and the motor trawler *Samba* (Tourist Superior Class), consistently high recommendations, personal service. *Enchanted Expeditions* (see page 883) have been recommended for their professional, well-organized cruise on the *Cachalote* and the *Beluga* and *Angelito* (both Tourist Superior Class), good English-speaking guide, lots of good food. **Tourist Superior Class** (US$100-$150 pp per day): *Andes Explorer*, Reina Victoria 927, T290 1494, www.galapagosislandstours.com Offers a wide range of options and last-minute prices. *Galasam Galapagos Tours*, (see page 883) offer good value Galápagos tours in their fleet of 10-16 passenger motor yachts, ranging from the luxury *Millenium*, to tourist class vessels, discounts for *South American Handbook* owners. For representatives abroad see www.galasam.com *Galacruises Expeditions*, Jorge Washington 748b, Av Amazonas y 9 de Octubre, T/F255 6036, www.galapago sseaman.com.ec Owners of the yacht *Sea Man*, offer diving and nature cruises. *Rolf Wittmer Turismo*, Foch E7-81 y Almagro, 252 6938, www.rwittmer.com Runs yachts *Tiptop II* and *III*. Also in this category is *Encantada*, run by *Scuba Galápagos*, Av Amazonas N24 y Wilson, T250 5756, www.scubagalapagos.com **Tourist Class** (US$80-$100 pp per day): *Enchanted Expeditions' Sulidae*; *Galasam's Cruz del Sur* and *Antártida*; *Aida María* and *Rumba*, run by *Aida María Travel*, www.galapagostours.net; and *Kempery's Angelique*, a 16-passenger sailing boat. **Economy Class** (US$60-$80 per person per day) *Galápagos Cruises 2000*, Av C Darwin y Brito, opposite the Capitanía, Puerto Ayora, T526097, the sailing catamaran *Pulsar*. *Galextur*, Portugal 600 y Av 6 de Diciembre, T/F226 9626, www.hotelangermeyer.com *The Galápagos Boat Company*, Calama 980, T250 8316, admin@safari.com.ec Broker for up to 74 boats in the islands, purchase in Quito for last-minute prices. Booking services on the web include: *www.galapagos.ws*

Puerto Ayora

Phone code: 05
Population:
approximately 8,200

Santa Cruz is the most central of the Galápagos islands and the main town is Puerto Ayora. About 1½ km from Puerto Ayora is the **Charles Darwin Research Station** at Academy Bay. A visit to the station is a good introduction to the islands as it provides a lot of information. Collections of several of the rare sub-species of giant tortoise are maintained on the station as breeding nuclei, together with tortoise-rearing pens for the young. The Darwin Foundation staff will help bona fide students of the fauna to plan an itinerary, if they stay some time and hire a boat. See their website for more information, page 990. ■ *Mon-Fri 0700-1300, 1400-1600, Sat 0700-1300*. The *Ministerio de Turismo/CAPTURGAL* tourist office is on Avenida Charles Darwin by south end of Pelican Bay, T526174, cptg@pa.ga.pro.ec ■ *Mon-Fri 0800-1200, 1500-1600. Information also available at the boat owners' co-operative office nearby.*

Sleeping
Hotel space at the
upper end of the
market is limited
and reservations are
strongly recommended
in high season

LL *Delfín*, On a small bay south of Puerto Ayora, accessible only by boat, T526297, F526283. Restaurant, pool, lovely beach, bar, good service, comfortable rooms. Book through *Metropolitan Touring* in Quito. **LL-L** *Red Mangrove Inn*, Darwin y las Fragatas, on the way to the research station, T527011, www.redmangrove.com Restaurant, jacuzzi, deck bar, Owner Polo Navaro offers day tours and diving. Warmly recommended. **L** *Galápagos*, Darwin and Station entrance, T526292, jack@hotelgalapagos.com Restaurant with fixed menu (expensive), quiet, nice atmosphere, ocean view, fruit and meat from hotel farm, day excursions, also *Scuba Iguana*. **L** *Silberstein* (formerly *Hotel Angermeyer*), Darwin y Piqueros, T526277, F526066. Includes breakfast, pool, meals available, tours, diving. **AL** *Fernandina*, 12 de Noviembre y Los Piqueros, T526499, F526122. Includes breakfast, restaurant, pool (open weekends to non guests), jacuzzi. **A** *Las Ninfas*, Los Colonos y Berlanga, T526127, F526128. Includes breakfast, good restaurant, full range of services, has its own boat at reasonable price for day trips and Fernando Ortiz is helpful with arrangements. **B** *Castro*, Los Colonos y Malecón, T526113, F526508. Restaurant, cold water, fan, a/c $10 extra, owner Miguel Castro arranges tours, he is an authority on wildlife. Recommended. **B** *Palmeras*, Berlanga y Naveda, T526139, F526373. Restaurant, a/c, pool, good value. **B** *Sol y Mar*, Darwin y Binford, T526281, F527015. Fan, variety of rooms in different categories.

Ecuador

C *Estrella de Mar*, Darwin y 12 de Febrero, T526427, F526080. Fan, spacious rooms (more expensive with sea view), communal sitting area. **C** *Gran Hotel Fiesta*, Brito y Las Ninfas, T/F526440, fiestur@pi.pro.ec Restaurant, a/c, cheaper with fan, a 5-min walk inland from the seafront, hammocks, quiet, reasonable value but a bit remote. **C** *Salinas*, Naveda y Berlanga, T526107, F526072. Restaurant with bath and fan, good value. **D** *Flamingo*, Berlanga y Naveda, T/F526556. Fan, decent, hot. **D** *Lirio del Mar*, Naveda y Berlanga, T526212. Cafetería, pleasant, fan, good value. **D** *Lobo de Mar*, 12 de Febrero y Darwin, T526188, F526569. Modern. **D** *Los Amigos*, Darwin y 12 de Febrero, T526265. Shared bath, cool, reasonable, airy rooms (upstairs best). Recommended. **D** *New Elizabeth*, Darwin y Berlanga, T/F526178. Reasonable, owner very helpful. **D** *Sir Francis Drake*, Herrera y Binford, T526221. Fan, good. **D-E** *Peregrina*, Darwin e Indefatigable, T526323. Including good breakfast, a/c, cheaper with fan, Highly recommended. **E** *Darwin*, Herrera y Binford, T526193. OK. Recommended but don't leave valuables in your room. **E** *Darwin*, Herrera y Binford, T526193. Private bath, good but don't leave valuables in your room. **E** *España*, Berlanga y Naveda, T520108. OK. **E** *Gloria*, Darwin y Piqueros, T527033. Private bath, simple.

Eating

These restaurants are on the main street unless mentioned otherwise, starting at the dock and moving north towards the Darwin Station

Salvavidas, right on the seafront overlooking the activity at the pier. Good set lunch, good breakfast, seafood, hamburgers. *Santa Fe*, overlooking the bay. Bar and grill, popular. *Cucuve*. Traditional snacks like *humitas* and *tamales*. *Sabrosón*, above *Hotel Palmeras*, open air grill. OK food, nice decor. *Happy Tummy*, opposite the Capitanía de Puerto. Varied menu, good, open late even Sun. *Rincón del Alma*, north of the harbour. Good food, reasonable prices. *Limón y Café*, corner 12 de Febrero. Good snacks and drinks, lots of music, pool table, open evenings only, popular. *La Garrapata*, north of TAME, next to *La Panga* disco. Considered as the best food in town, attractive setting and good music, open morning and evening but not Sun, drinks expensive. *New Island*, by Charles Binford, near *Moonrise Travel*. Breakfast, fruit juices, seafood, ceviches. *Chocolate Galápagos*, opposite *Banco del Pacífico*. Good snacks, burgers, raclette. *Spondylus*, north of Indefatigable. Regional, Italian and

international. Recommended. *Tikki Taka*, for breakfast, good bread, expensive. *Capricho*, by the tortoise roundabout. Good vegetarian food, salads and juices, breakfast. Recommended. *Media Luna*, near corner Los Piqueros. Good, pizza, also sandwiches, excellent brownies, open evenings only. *Viña del Mar*. Padre J Herrera. Popular with locals. Along Charles Binford, near Padre J Herrera are a series of kiosks selling traditional food at economic prices; *Tía Juanita* cooks well, seafood. The most popular *panadería* is almost opposite the telephone office – it opens early and serves hot bread and drinking yoghurt before the early bus leaves for the airport. The restaurant at the bus company office also does a cheap breakfast.

La Panga, Av Charles Darwin y Berlanga and *Five Fingers*, Av Charles Darwin opposite the Capitanía de Puerto, are popular bar/discos. *Galapasón* is a popular salsa bar at the tortoise roundabout. *Salsa 10*, on Naveda, good latin music. *Café Bong*, above *La Panga*, popular rooftop hangout.

Bars & clubs

Most basic foodstuffs generally can be purchased on the islands, but cost more than on the mainland. The *Proinsular* supermarket opposite the pier is the best place (try their delicious locally-made yoghurt drink). The *mercado municipal* is on Padre J Herrera, beyond the telephone office, on the way out of town to Santa Rosa. Medicines, sun lotions, mosquito coils, film, and other useful items all cost more than on the mainland and at times might not be available. *Galapaguito* can meet most tourists' needs, the owners are very helpful. There is a wide variety of T-shirt and souvenir shops along the length of Av Charles Darwin.

Shopping
Do not buy items made of black coral as it is an endangered species

Bicycling Mountain bikes can be hired from travel agencies in town, US$8-16 per day; or at the *Red Mangrove Inn*, US$5 per hr. *Galápagos Tour Center*, T526245, runs cycling tours in the highlands, US$16 per day. **Diving** There are several diving agencies in Puerto Ayora, they offer courses, equipment rental, dives within Academy Bay (2 dives for US$75-85), dives to other central islands (2 dives, US$110-120), daily tours for 1 week in the central islands (12 dives, US$1,260) and several day live-aboard tours (1 week tour of central islands US$1,960). There is a hyperbaric chamber in Puerto Ayora to treat divers in case of decompression sickness. *Clínica Protesub*, 18 de Febrero y Rodríguez Lara, T526911, offers other medical services as well. Ask dive operators if they are affiliated with a plan that allows their clients to use the chamber in case of emergency. Treatment is expensive, but it is much more so if the operator is not affiliated. Two agencies that offer all services and have been repeatedly recommended are: *Galápagos Sub-Aqua*, Av Charles Darwin by Pelican Bay (Quito: Pinto 439 y Amazonas, office 101, T256 5294, F290 9270; Guayaquil: Dátiles 506 y Sexta, T230 4132, F231 4510), www.galapagos-sub-aqua.com.ec Instructor Fernando Zambrano offers full certificate courses up to divemaster level (PADI or NAUI). Open 0800-1200 and 1430-1830. *Scuba Iguana*, at the *Hotel Galápagos*, T/F526497, www.scubaiguana.com (Quito: *Scala Tours*, Foch 746 y Amazonas, T254 5856, F225 8655). Run by Jack Nelson and Mathias Espinosa, who are both experienced and knowledgeable about different sites. Mathias offers full certificate courses up to instructor level. Open 0730-1900. Divers must have their certificates and log

Sport & activities
Please help to maintain standards by not disturbing or touching underwater wildlife

Ecuador

books and can expect to be asked to do a test dive in the bay before going to more advanced sites. Making arrangements in advance, you can be met by a divemaster during a regular Galápagos cruise, you dive while your companions do a land visit.

Horse riding For horse riding at ranches in the highlands, enquire at *Moonrise Travel*. **Kayaking & Windsurfing** Equipment rental and tours available from the *Red Mangrove Inn*, US$10 per hr. **Snorkelling** Masks, snorkels and fins can be rented from travel agencies and dive shops, US$4-5 a day, US$60 deposit. Some bay tours include snorkelling. A full day snorkelling tour with *Scuba Iguana* is US$35 including equipment, wet suit and lunch. The closest place to snorkel is by the beaches near the Darwin Station. **Surfing** There is surfing at Tortuga Bay (see Excursions) and at other more distant beaches accessed by boat. **NB** There is better surfing near Puerto Baquerizo Moreno on San Cristóbal. *Galápagos Tour Center* rents surfboards US$10 per day and organizes surfing tours, US$55 and up. Vladimir Palma is a local surfer who can be found at *Discovery* or *Galapasón* bar.

Tours & tour operators
Tour operators in Puerto Ayora run excursions to the highland sites for about US$20-30 per person, depending on the number of sites visited and the size of the group. These may include visits to ranches such as Rancho Mariposa (enquire at *Moonrise Travel*). Bay excursions in glass-bottom boats (*Aqua Video*, best visibility, and *Mainao*, small glass window) visit sites near Puerto Ayora such as Isla Caamaño, Punta Estrada, Las Grietas, Franklin Bay and Playa de los Perros. It involves some walking and you are likely to see sea lions, birds, marine iguanas and marine life including sharks. Snorkelling can be part of the tour. Half-day tours (at 0900 and 1400) are US$25 per person and can be arranged at the pier or through travel agencies.

Moonrise Travel, Av Charles Darwin, opposite *Banco del Pacifico*, T526348, sdivine@pa.ga.pro.ec Last-minute cruise bookings, day tours to different islands, bay tours, highland tours, airline reservations. Knowledgeable, helpful and reliable. *Galaptour*, Rodríguez Lara y Genovesa, T526088, F527021. Last-minute cruise bookings. *Sr Victor López*, at Ferretería Academy Bay, Padre J Herrera, opposite the hospital, T526136. Runs economical tours on the

Ecuador

Elizabeth, very cheap. *Galápagos Tour Center*, Padre J Herrera, opposite the hospital, T526245. Bicycle rentals and tours, surfboards, snorkelling gear, motorcycle and jeep rentals. Run by Victor Vaca who speaks several languages and arranges last-minute tours. *DHL* courier and *Western Union* agents are located in front of the *Hotel Silberstein*.

From San Francisco school in Puerto Ayora, 3 daily buses leave for **Bellavista** (17 km) and **Santa Rosa** (23 km). It's a 30-min trip, and buses return immediately. They run less frequently in school holidays. The fare for all destinations is US$1. There are also pick-up trucks from in front of *Tienda Tropidurus*, Av Julio Herrera, past the market, US$1.25. On roads to the main sites hitching is easy but expect to pay a small fee. Taxi to Santa Rosa US$12.50.

Transport

Airline offices *TAME*, Av Charles Darwin north of 12 de Febrero, T526165. Open Mon-Sat 0830-1230, Mon-Fri 1400-1730. *Emetebe*, Av Charles Darwin opposite the port, 3rd floor of post office building, T526177. **Banks** *Banco del Pacífico*, Av Charles Darwin by Pelican Bay. Open Mon-Fri 0800-1530, Sat 0930-1230. US$5 comission for TCs, maximum US$500 per transaction. ATM for Mastercard only, cash advances on Visa Mon-Fri. Mastercard and Visa are the most commonly accepted cards on the islands. A hefty surcharge may be applied to credit card purchases and many places do not accept any credit cards at all. Most boats accept TCs. **Communications** **Internet:** US$2 per hr. **Post Office:** by the port. Post Office often runs out of stamps (never leave money and letters), ask in the 'red boat' (*Galería Johanna*) or *Artesanías Bambú*. **Telephone:** *Pacifictel* on Padre Herrera. No collect or country-direct calls can be made from here. International calls can also be made from public cellular card phones (both *Bell South* and *Porta*), you can also receive calls at these phones. **Embassies and consulates** British Vice Consul, David Balfour, c/o Etica, Barrio Estrada, Puerto Ayora. **Laundry** *Lavagal*, by football stadium, machine wash and dry US$1.50 per kg, good, reliable, US$1 taxi ride from town. **Medical services** **Hospitals:** there is a hospital on Padre Herrera; consultations US$10, medicines reasonably priced, but they cannot perform operations. See also *Clínica Protesub*, under Diving, above. **Useful addresses** **Immigration:** Only the immigration police in Puerto Baquerizo Moreno (San Cristóbal) can extend tourist visas.

Directory

One of the most beautiful beaches in the Galápagos islands is at **Tortuga Bay**, a one hour walk (five km) west from Puerto Ayora on a marked and cobbled path. Start at the west end of C Charles Binford; further on there is a gate where you must register, open 0600-1830 daily. The sunsets here are excellent. Take drinking water and do not go alone (occasional incidents have been reported). Also take care of the very strong undertow, the surf is calmer on the next cove to the west.

Around Santa Cruz

Las Grietas is a beautiful gorge with a pool at the bottom which is ideal for bathing. It is to the southwest of town, a 20-minute walk from *Hotel Delfín* (see Sleeping above). Follow the signs to the lagoon, then walk round the left side of the lagoon (follow the green and white posts) and head uphill at the far end of the lagoon on a clear path. Strong shoes or boots are advised. It can also be accessed by boat. You can hike to the higher parts of the island called **Media Luna**, **Puntudo** and **Cerro Crocker**. The trail starts at Bellavista, 7 km from Puerto Ayora. A round trip from Bellavista is four to eight hours, depending on the distance hiked (10-18 km). A permit and guide are not required, but a guide is advisable. Also take water, sun block and long-sleeved shirt and long trousers to protect against razor grass.

There are a number of sites worth visiting in the interior, including **Los Gemelos**, a pair of twin sinkholes, formed by a collapse of the ground above a fault. The sinkholes straddle the road to Baltra, beyond Santa Rosa. If you're lucky, you can take a *camioneta* all the way, otherwise take a bus to Santa Rosa (see below), then walk. It's a good place to see the Galápagos hawk and barn owl.

There are several **lava tubes** (natural tunnels) on the island. There are some 3 km from Puerto Ayora on the road to Bellavista. They are unsigned, but look on the left for the black-and-white posts. Barn owls can be seen here. Two more lava tubes are 1 km from Bellavista. They are on private land, and therefore can be visited without an official guide. It costs US$1.50 to enter the tunnels (bring a torch) and it takes about 30 minutes to walk through the tunnels. Tours to the lava tubes can be arranged in Puerto Ayora.

Another worthwhile trip is to the **El Chato Tortoise Reserve**, which is a 7-km hike. The trail starts at Santa Rosa, 22 km from Puerto Ayora. Horses can be hired at Santa

Ecuador

Rosa for US$6 each, and a guide is compulsory. A round trip takes one day. The Puerto Ayora-Bellavista bus (see below) stops at the turn off for the track for the reserve. It's a hot walk, so take food and drink. To walk to the Reserve from Santa Rosa, turn left past the school, follow the track at the edge of fields for 40 minutes, then turn right at the memorial and 20 minutes later turn left down a track to Chato Trucha. *Rancho Primicia*, near Santa Rosa, offers tours to lava tubes, tortoises and El Chato on foot, US$3, or horseback, US$15 (book 1 hour in advance); contact Henry Moreno, Isla Isabela y Seymour Norte, Barrio Pampas Coloradas, near the stadium, T526991. Access: get off at the National Park gate at Santa Rosa and take the road left towards Salasaca for 3 km. Next to the reserve is the Butterfly Ranch (Hacienda Mariposa), where you can also see giant tortoises in the wild, but only in the dry season. In the wet season the tortoises are breeding down in the arid zone. Vermilion flycatchers can be seen here also. The ranch is beyond Bellavista on the road to Santa Rosa (the bus passes the turn-off). Entry US$3, including a cup of hierba luisa tea, or juice.

Puerto Baquerizo Moreno

Phone code: 05
Population: 6,500

Puerto Baquerizo Moreno, on San Cristóbal island to the east, is the capital of the archipelago. The island is being developed as a second tourist centre. It is a pleasant place to spend a few days, with interesting excursions in the area. The provincial chamber of tourism, *CAPTURGAL*, on Malecón Charles Darwin y Española, has a list of services in town. *Asociación de Guías*, Malecón Charles Darwin y Wolf, is helpful with general information and has a book exchange. In the same office is the *Fundación Ecológica Albatros*, a local environmental group.

Sights   In town, the **cathedral**, on Avenida Northía, two blocks up from the post office, has interesting mixed-media relief pictures on the walls and altar. ■ *0900-1200, 1600-1800*. Next door is the small **Franciscan museum** of natural history. It has stuffed exhibits, old photos, and a tortoise called Pepe. ■ *Mon-Fri 0800-1200, 1500-1730. US$1*. To the north of town, opposite Playa Mann, is the Galápagos National Park visitors' centre or **Centro de Interpretación**. It has an excellent display of the natural and human history of the islands. Highly recommended. ■ *Mon-Fri 0700-1200, 1300-1700, Sat 0730-1300, 1330-1730, Sun 0730-1200, 1300-1700. Free. T520138*.

A good trail goes from the Centro de Interpretación to the northeast through scrub forest to **Cerro Tijeretas**, a hill overlooking town and the ocean, 30 minutes away (take water). Side trails branch off to some lookouts on cliffs over the sea. Frigate birds nest in this area and can be observed gliding about, there are sea lions on the beaches below. To go back, if you take the trail which follows the coast, you will end up at **Playa Punta Carola**, a popular surfing beach, too rough for swimming. Closer to town is the small **Playa Mann** (follow Avenida Northía to the north), more suited for swimming and in town is **Playa de Oro**, where some hotels are located. Right in the centre of town, along the sand by the tidal pool, sea lions can be seen, be careful with the male who 'owns' the beach. To the south of town, 20 minutes' walk past the airport, is **La Lobería,** a rocky bay with shore birds, sea lions and marine iguanas. You can continue along the cliff to see tortoises and rays, but do not leave the trail.

Sleeping   **B** *Islas Galápagos*, Esmeraldas y Colón, T520203, F520162. A/c, a bit run down. **B** *Northía*, Northía y 12 de Febrero, T/F520041. Includes breakfast, a/c, pleasant but pricey. **B** *Hostal Galápagos*, at Playa de Oro, T520157. A/c, fridge, nice cabins. **B** *Orca*, Playa de Oro, T/F520233. A/c, comfortable, fridge, good food, often filled with groups, has its own boat for cruises. **C** *Cabañas Don Jorge*, above Playa Mann, T520208. Fan, simple cabins in a quiet setting overlooking the ocean, meals available. **C** *Chatham*, Northía y Av de la Armada Nacional, on the road to the airport, T520137. Includes breakfast, fan, meals on request. **C** *Mar Azul*, Northía y Esmeraldas, T520139, F520384. Fan, on the road to the airport, nice gardens, good value. Highly recommended. **D** *Flamingo*, Hernández y Av Quito, T520204. Cold water, basic. **D** *Los Cactus*, Juan José Flores y Av Quito, T520078. Near Pacifictel, family run, simple. **D** *San Francisco*, Malecón Charles Darwin y Villamil, T520304. Cold water, fan, rooms in front are nicer, simple, good.

There are several restaurants by the intersection of Ignacio de Hernández y General Villamil, **Eating** including: *Rosita*. Set meals and varied à la carte menu, very good. *Barracuda*. Grilled meat, fish, and *menestras*, cheap. *Pizzería Bambú*. Good economical set meals and pricey pizza and à la carte dishes. *Sabor Latino*, Hernández y Manuel J Cobos. Good set meals, busy at lunch. *La Playa*, Av de la Armada Nacional, by the navy base. Nice location, popular. *Miconia*, Darwin e Isabela. Varied menu, meat, fish, pizza, Italian. *Albacora*, Av Northía y Española. Good set meals, cheap. *Casa Blanca*, Malecón by the whale statue. Breakfast, ceviches, snacks, grill at weekends, closed Mon. *Genoa*, Malecón Charles Darwin by Post office. A la carte, evenings only, music, good atmosphere, popular with surfers. *Galapaluz*, Malecón Charles Darwin y Manuel J Cobos. Snacks, coffee, drinks. *Panadería Fragata*, Northía y Rocafuerte. Excellent bread and pastries, good selection.

El Barquero, Hernández y Manuel J Cobos. Bar and *peña*, open daily. *Blue Bay* and *Neptuno*, **Bars & clubs** both at Malecón Charles Darwin y Herman Melville, opposite the whale and opposite each other. Discos, young crowd, open Tue-Sat 2030-0300. *La Terraza*, at bottom of Manuel J Cobos, by the waterfront. Disco, large dance floor.

Cycling Mountain bikes can be hired from travel agencies in town, US$0.80 per hr. **Sport &** **Surfing** There is good surfing in San Cristóbal, the best season is Dec-Mar. **Punta Carola** **activities** near town is the closest surfing beach; popular among locals. There is a championship during the local *fiesta*, the 2nd week of Feb.

Chalo Tours, Malecón Charles Darwin y Villamil, T520953. Bay tours US$35 per person (mini- **Tour operators** mum 5 people) to Kicker Rock, Isla de los Lobos, boat tours to the north end of the island US$65 per person, highland tours to El Junco and Puerto Chino beach, US$20 per person, diving tours US$75-90 per person, bike rentals, snorkelling gear, surf boards, book exchange.

Airline offices *TAME*, at the airport, around the side of main building, T521089. Reconfirm here and pick **Directory** up your boarding pass 2 days in advance, there is a shortage of space on all flights. Open Mon-Fri 0900-1230, 1400-1600, Sat 0900-1230. *Emetebe*, at the airport terminal, T520036. Open Mon-Fri 0700-1300, 1500-1730, Sat 0700-1300. **Banks** *Banco del Pacífico*, Malecón Charles Darwin y 12 de Febrero, by the waterfront. Open Mon-Fri 0800-1530, Sat 1000-1200. US$5 comission for TCs, maximum US$500 per transaction. ATM for Mastercard only, cash advances on Visa Mon-Fri. **Communications** Internet: US$2-3 per hr. **Post Office:** Malecón Charles Darwin y 12 de Febrero. **Telephone:** *Pacifictel* on Av Quito, 3 blocks from the Malecón, same services as in Puerto Ayora. **Medical services** There is a hospital providing only basic medical services. **Dr David Basantes**, opposite *Hotel Mar Azul*, is a helpful general practitioner. *Farmacia San Cristóbal*, Villamil y Hernández, is the best stocked pharmacy. **Laundry** *Lavandería Limpio y Seco*, Av Northía y 12 de Febrero. Wash and dry US$2. Open daily 0900-2100. **Useful** **services** Immigration and Police: at Police Station, Malecón Charles Darwin y Española, T/F520129.

There are four buses a day inland from Puerto Baquerizo Moreno to **El Progreso** (6 **Around San** km, 15 minutes, US$0.18), then it's a 2½ hour walk to El Junco lake, the largest body of **Cristóbal** fresh water in Galápagos. There are also frequent pick-up trucks to El Progreso (US$1.25), or you can hire a pick-up in Puerto Baquerizo Moreno for touring: US$18 to El Junco, US$40 continuing to the beaches at Puerto Chino on the other side of the island, past a planned tortoise reserve. Prices are return and include waiting. At El Junco there is a path to walk around the lake in 20 minutes. The views are lovely in clear weather but it is cool and wet in the *garúa* season, so take adequate clothing. In El Progreso is *La Casa del Ceibo*, a tree house, for rent, and there are some eating places. Another road from El Progreso continues to **La Soledad**, a school above which is a shrine, a deserted restaurant and a *mirador* overlooking the different types of vegetation stretching to the coast. There are two buses to La Soledad, on Sundays only, when the restaurant is open. From El Progreso a trail also crosses the highlands to **Cerro Brujo** and **Hobbs Bay**, and also to **Stephens Bay**, past some lakes.

Ecuador

Boats go to **Puerto Ochoa**, 15 minutes, for the beach; to **Punta Pitt** in the far north where you can see all three species of booby (US$65 for tour). Off the northwest coast is **Kicker Rock** (León Dormido), the basalt remains of a crater; many seabirds, including masked and blue-footed boobies, can be seen around its cliffs (five hour trip, including snorkelling, recommended, US$35).

NB Always take food and plenty of water when hiking on your own on San Cristóbal. There are many crisscrossing animal trails and it is easy to get lost. Also watch out for the large-spined opuntia cactus and the poisonwood tree (*manzanillo*), which is a relative of poison ivy and can cause severe skin reactions.

Isabela Island

Isabela is not highly developed for tourism but it's worth spending a few days here. Villamil is the main town and there are villages in the highlands. The beach at Villamil is good for swimming, the one to the east for snorkelling in rocky inlets and mangroves, the one to the west for surfing. Walks and trips include to the Centro de Crianza, 30 minutes west. 40 minutes beyond is the lagoon at Manzanilla, with flamingos and other water birds. The Muro de Lágrimas is 2½ hours each way. Flamingo breeding grounds are a strenuous seven-hour walk each way to the west. Fishermen go to see white-tipped sharks at Las Grietas (US$8 per boat); other boat trips to sea lion colonies and islets. Day trips are arranged by *Isabela Tours* on the Plaza, expensive, T529207, F529201, or by Dora at *Ballena Azul* (see below). A volcano tour costs US$25, minimum two people. The climb up the volcanoes takes three days. Horses can be hired from Modesto Tupiza, T529217, and Sr Tenelema, T529102, US$5-10. There is a national parks office one block from the plaza, open weekdays. A 3-5 day trip can be arranged in Puerto Ayora.

Sleeping & eating **A** *La Casa de Marita*, east end of village, T529238, F529201, hcmarita@ga.pro.ec Includes breakfast, with kitchenette, set menu for other meals, order in advance, beautiful, travel agency. **C** *Ballena Azul*, T529220, F529125. Good meals on request, Swiss-run. Recommended. **D** *San Vicente*, Cormoran y Las Escalacias, T529140. Cold water, fan, meals on request, good value, popular. **D** *Tero Real*, Tero Real y Opuntia, T529195. Cabins with bath, cold water, fan, meals on request. **E** *Antonio Gil*. Rents 2 rooms with shower. Helpful, guides tours. The best restaurant is *El Encanto de la Pepa*, lots of character, also the most expensive. *Costa Azul*, opposite Capitanía, modern, good specials. Other smaller places.

Transport There is regular service from Baltra and Puerto Ayora by light aircraft and boat, respectively. See Travel between the islands. **Bus** Two daily to the highlands, 48 km round trip: departs 0700 by the market, returns 0845; 2nd trip at 1200, returns around 1400. The bus passes villages of Santo Tomás, Marianitas, La Esperanza and La Cura. From La Cura it is a 20-mins' walk to where one can take horses up to the Sierra Negra volcano. Trucks can be rented to various destinations around the village or in the agricultural zone.

Floreana Island

Floreana, the island with the richest human history has 90 inhabitants, most in Puerto Velasco Ibarra, the rest in the highlands. There is one school in town and one telephone at the Wittmers (T05-520150, only in the evening when the generator is on). Unless you visit with one of the few boats which land at black beach for a few hours, it is difficult to get onto and off the inhabited part of the island. This is an ideal place for someone who wants peace and quiet to write or escape the world. Services are limited however; don't go unless you can be self-sufficient and very flexible about travel times. Staying with the Wittmers is delightful (**A** with full board), the pace of life is gentle and locally produced food is good, but you will not be entertained. Margret Wittmer died in 2000, however you can meet her daughter, granddaughters and great grandsons. The climate in the highlands is fresh and comfortable, good for birdwatching.

Paraguay

Paraguay

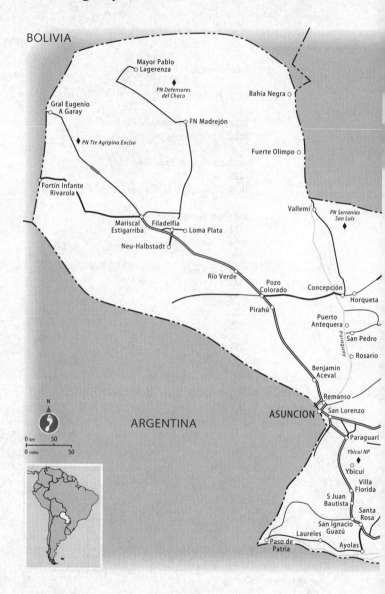

BOLIVIA

Mayor Pablo
Lagerenza

*PN Defensores
del Chaco*

Bahía Negra

Gral Eugenio
A Garay

FN Madrejón

PN Tte Agripino Enciso

Fuerte Olimpo

Fortín Infante
Rivarola

Vallemí

*PN Serranías
San Luís*

Mariscal
Estigarriba

Filadelfia

Loma Plata

Neu-Halbstadt

Río Verde

Pozo
Colorado

Concepción

Horqueta

Pirahú

Puerto
Antequera

San Pedro

Paraguay

Rosario

Benjamin
Aceval

Remanso

ASUNCION

San Lorenzo

ARGENTINA

N

Paraguarí

Ybicuí NP

0 km   50
0 miles 50

Ybicuí

Villa
Florida

S Juan
Bautista

Santa
Rosa

San Ignacio
Guazú

Laureles

Paso de
Patria

Ayolas

BRAZIL

Bella Vista

PN del
Cerro Corá ◆   Pedro Juan
Caballero

Yby Yaú

Ygatimí ◆   Salto del
     Mbaracayú   Guairá
     Forest Reserve

Curuguaty

Tacuara

San Estanislao   Represa
                de Itaipú

Mbutuy

Coronel
Oviedo

Colonia
Independencia
                Ciudad
Villarrica   del Este

Caazapá

        Obligado
    Jesús
Coronel
Bogado   Hohenau
    Trinidad
San   Encarnación
Cosme y
Damián

An air of mystery hangs over this under-explored pocket of South America, a country of farmland, forest and folklore. From the hot, wild impenetrable Chaco in the north to the lush tropical south, there is great birdlife, rivers to navigate and opportunities for rural tourism. Land-locked Paraguay has had a strange history of charismatic leaders, steadfastness and isolation. The remains of the Mission settlements built by Jesuits near the banks of the Río Paraná are testimony to one of the major social experiments on the continent. It is also renowned for its harp music, contraband and a dedication to the consumption of mate second to none. The indigenous language, Guaraní, is officially recognised, but all those odd-looking names cannot hide the warmth of Paraguayan hospitality.

Paraguay

Essentials

Planning your trip

Where to go The capital, **Asunción**, stands on a bay on the eastern bank of the Río Paraguay and is the largest city in the country, followed by three smaller cities: Encarnación to the south, Ciudad del Este to the east and Concepción to the north. There are several other large towns scattered across the country. Asunción is the political and commercial heart and much of its architecture dates from the early 19th century, when Paraguayan identity became firmly established during the rule of a number of charismatic dictators. The other clearly defining thing is the strong identification with Guaraní, the indigenous language, which is still spoken widely and is taught in schools to this day.

East and south of Asunción is the fertile agricultural part of the country. The towns and villages are quiet and traditional in their way of life. Many have unique crafts associated with them. There are also many signs of the Jesuit heritage, which is best exemplified in the ruins of the reductions at Trinidad and Jesús, which are close to the city of Encarnación. From here you can cross the Río Paraná to the Argentine city of Posadas in the province of Misiones. Paraguay's eastern border with Brazil has several frontier posts, but the principal one is Ciudad del Este, a duty-free shopper's paradise (or hell, depending on your point of view). Across the Friendship Bridge from Ciudad del Este is Foz do Iguaçu in Brazil, where you can visit Itaipú, the largest hydroelectric dam in the world, and the magnificent Iguaçu Falls.

North of Asunción is the main town of Concepción and the most direct route there is by river boat from the capital. Since the boat ride takes at least a day, the quickest way is via the Chaco, along part of the 400-km Transchaco Highway. Beyond Concepción, the Río Paraguay leads to the Brazilian Pantanal, but access is by road rather than by river these days.

The Gran Chaco takes up the western half of the country. Divided into 3 sections, the Chaco begins as a marshy palm savanna, but becomes an increasingly impenetrable and hostile thorn forest as it approaches the border with Bolivia. The Transchaco Highway crosses the Chaco and, apart from scattered military outposts, the main centres of habitation are the Mennonite communities in the Middle Chaco, based around the towns of Filadelfia, Loma Plata and Neu-Halbstadt. The Chaco is the best place in Paraguay to see wildlife, especially birds, but you should not venture off the beaten track in this empty area.

When to go The climate is sub-tropical, with a marked difference between summer and winter and often between one day and the next throughout the year. The best time to visit is May-Sep, when the heat is not too oppressive. Apr-Jun is autumn, with mild days, but cold nights. During winter (Jul-Sep) the temperature can be as low as 5°C, though it can also be much higher. Temperatures below freezing are rare, and it never snows. The heaviest rains are from Oct to Apr, but some rain falls each month. Take an umbrella if visiting at this time and be prepared for heat and humidity especially Jan-Mar, summer, when temperatures range from 25° to 43° C.

Finding out more The *Dirección General de Turismo* has an office at Palma 468 in Asunción, T441530, F491230, www.senatur.gov.py Information about weather and roads from *Touring y Automóvil Club Paraguayo* (TACP) at Brasíl y 25 de Mayo, p 2, T210550/215012, F215011, www.tacpy.com.py (who also produce a road map), and the office of the traffic police in Asunción, T493390. The Touring y Automóvil Club Paraguayo are also in charge of **Rural Tourism**, see page 1011.

Other useful websites: www.paraguay-hotel.com/py has links to tourist information as well as hotels. Paraguay portals include: **www.yagua.com**, **www.terere.com** For more commerical links, but also links to the press **www.pla.net.py** Extensive links can be found on **www.lanic.utexas.edu/la/sa/paraguay/** On Paraguay has links, culture and information for children, **www.onparaguay.com** **www.paraguayglobal.com** has business and cultural news in Spanish and English, while **www.paraguay.com** has news in English and links to news services. The official site of the presidency is **www.presidencia.gov.py/Presidencia/default.htm** (in Spanish).

Paraguayan embassies and consulates

Austria, Prinz Eugen Str, 18/1/2nd Floor/Apt7, 1040 Vienna, T505 4674, F941 9848, embaparviena@chello.at

Belgium, Ave Louise 475, 12th floor, 1050 Brussels, T649 9055, F647 4248, embapar@skynet.be

Canada, 151 Slater Street, Suite 401, Ottawa, KIP 5H3, T567 1283, F567 1679, embapar@magmacom.com

France, 1 rue Saint Dominique, 75007 Paris, T01-4222 8505, F01-4222 8357, embapar@eybereable.fr

Germany, Hardenbergstrasse 12, D-10623 Berlin, T319 9860, F319 9867, www.paraguay.spacenet.de/paraguay.html

Italy, Viale Castro Pretorio 116, p 2 int 5, CAP 1-00185, Rome, T4470 4684, F446 1119 embaparoma@mclink.it

Japan, 3-12-9, Kami-Osaki, Shinagawa-Ku, Tokyo. 141-0021, T3443 9703, F3443 9705,

www.embassy-avenue.jp/paraguay

Netherlands, Javastraat No 4, 2858 AP, The Hague, T703 607784,. F703 624241, embaparlahaya@hotmail.com

Portugal, Campo Grande No4, 7th floor, 1700-092 Lisbon, T796 5907, F796 5905, embaparlisboa@kgnet.pt

Spain, Eduardo Dato 21, 4 izquierda, Madrid, T91-308 2746, F91-308 4905, embapar@arrakis.es

Switzerland, Kramgasse 58, CH-3011 Bern, T312 3222/34, F312 3432, embapar@access.ch

UK, 344 Kensington High Street, 3rd floor, London W1H 3SN, T020-7610 4180, F020-7371 4297, embapar@londrespy.freeserve.co.uk

USA, 2400 Massachusetts Avenue NW, Washington DC 20008, T483 6960, F234 4508, www.embassy.org/embassies/py.html

---

One of Paraguay's greatest assets is its national parks and reserves; although relatively small Paraguay has a rich biodiversity. Current estimates include 13,000 plant species, 100,000 invertebrates (including 765 species of butterfly), 300 species of fish, 100 reptiles, 75 amphibians, 687 birds and 171 mammals. This abundance of wildlife is especially visible in the still largely pristine Chaco of western Paraguay. The Río Paraguay divides the country into two distinct regions. Eastern Paraguay combines habitats characteristic of three ecoregions: Cerrado (a mosaic of dry forest and savanna habitats) in the north, humid Atlantic Forest in the east, and natural grasslands and marshes in the south. West of the river lies the vast expanse of the Chaco, comprised of seasonally flooded palm-savannas in the south-east, semi-arid thorn scrub-forest to the west, and in the north, the Pantanal, part of the world's largest wetland. On paper, Paraguay has an extensive network of state-protected areas, including 11 national parks. This is augmented by seven reserves under the management of the Itaipú (6) and Yacyretá (1) dam companies, and three legally recognized private reserves. Unfortunately, many of these protected areas exist solely on paper, and the whole system is underfunded and understaffed and visiting the protected areas is not always easy. Visitors should first contact the relevant authorities for the latest information regarding permits, access, and accommodation possibilities. For state-protected areas this is the **Secretaría de Medio Ambiente**, (SEAM), Madam Lynch 3500, www.seam.gov.py For the Itaipú and Yacyretá reserves it is the relevant environmental departments, while for the private nature reserves, contact the **Fundación Moisés Bertoni para la Conservación de la Naturaleza**, an NGO for conservation, Prócer Argüello 208 entre Mcal López y Boggiani, Asunción, T608740/600855, F608741, www.mbertoni.org.py Open Mon-Fri 0800-1700.

National Parks and Reserves
Paraguay is a confluence of globally important ecoregions, and a great variety of species can therefore be seen in just a few days in the country

Fundación Ecocultura, has a website in Spanish on a variety of topics, www.quanta.net.py/ecocultura

Paraguay

Before you travel

A passport is required to enter Paraguay and tourist visas are issued at the point of entry for a stay of up to 90 days. Visitors are registered on arrival by the immigration authorities and get their documents back immediately. This procedure applies to those who do not require previously-granted visas. Citizens of the following countries do NOT need a previously-granted visa: Argentina, Austria, Belgium, Bolivia, Brazil, Chile, Colombia, Costa Rica, Denmark, Ecuador, El Salvador, Finland, France, Germany, Greece, Guatemala, Italy, Israel, Japan, Liechtenstein, Luxembourg, Netherlands, Norway, Panama, Peru, Portugal, South Africa, Spain,

Visas & immigration

▶ Touching down

Hours of business Shops, offices and businesses open between 0630 and 0700. Siesta (generally observed all year round) is from 1200 - 1500. Commercial office hours are 0730 - 1100 or 1130, and 1430 or 1500 - 1730 or 1900. **Banks**: 0845 - 1500, closed Sat- Sun. **Government offices**: open 0630 - 1130 in summer, 0730 to noon, in winter, open Sat. **IDD** 595. If ringing: equal tones with long pauses.

If engaged: equal tones with equal pauses. **Official time** Three to four hours behind GMT (clocks go on one hour in local summer time, Oct-Feb/Mar, dates change annually). **Voltage** Nominally 220 volts AC , 50 cycles, but power surges and voltage drops are frequent. European round pin plugs are used. **Weights and measures** The metric system is used except by carpenters, who use inches.

Sweden, Switzerland, UK, Uruguay and Venezuela. All others (including Australia, Canada, Ireland, New Zealand and USA) must apply for a visa before they travel, which costs £36 (US$50, or equivalent), double entry costs £52, presenting a valid passport and photograph (for a business visa, a supporting letter from one's employer should suffice). Make sure you are stamped in and out of the country to avoid future problems. If you do not get an entrance stamp in your passport you can be turned back at the border, or have trouble when leaving Paraguay.

Customs   **Duty-free allowance** Up to US$300 worth of tobacco products, alcoholic drinks and perfume are free of duty.

Money

Currency

Dirty and/or torn US$ bills are very difficult to change or spend, especially in the Chaco. Check notes carefully before accepting. A bank such as Lloyds TSB will replace all legitimate bills with acceptable ones

Guaraní exchange rate with US$: 7,021 (Mar 2003)

The Guaraní (plural Guaraníes) is the unit of currency, symbolized by the letter G (crossed). There are bank notes for 1,000, 5,000, 10,000, 50,000 and 100,000 guaraníes and coins for 10, 50, 100 and 500 guaraníes. Get rid of all your guaraníes before leaving Paraguay; there is no market for them elsewhere (except in some *cambios* in Buenos Aires or Montevideo). Asunción is a good place for obtaining US$ cash for TCs or on MasterCard or Visa especially if heading for Brazil. Many banks in Asunción (see page 1020) give US$ cash, but charge up to 5½% commission. Rates for all foreign currencies, except bolivianos, are reasonable. *Casas de cambio* may want to see customers' records of purchase before accepting TCs. Visitors are advised to check on the situation on changing travellers' cheques in advance. Visa and MasterCard cash advances are possible in Asunción, Caacupé, Ciudad del Este and Encarnación. ATMs for Visa and MasterCard are common in Asunción and offer good rates of exchange. Street dealers operate from early morning until late at night, even at weekends or public holidays.

Credit cards Visa and MasterCard credit cards are widely accepted even for small purchases. Foreign-issued Visa cards may not always be accepted, though a phone call will often resolve the problem. Credit card transactions are sometimes subject to a surcharge.

Cost of travelling Allow US$40 pp per day to cover all expenses, less if staying in the cheapest hotels and not moving around much.

Getting there

Air   **From Europe** There are no direct flights to Asunción from Europe. Connections must be made either in Buenos Aires or São Paulo.

From North America *American Airlines* operate daily from Miami via São Paulo; flights from other US cities connect in Miami or São Paulo.

From Montevideo, *TAM/Mercosur* four times and *Pluna* five times a week; from Buenos Aires by *Aerolíneas Argentinas* (joint operation with TAM/Mercosur) and *Varig* daily, direct from Ezeiza; from Santiago daily with *LanChile* (joint operation with TAM/Mercosur); from Santa Cruz, Bolivia, three times a week with *LAB*, daily with *TAM/Mercosur*; from São Paulo, daily direct with *Varig* and *TAM/Transportes Aereos Meridionais* and *TAM/Mercosur* via Ciudad del Este. See Getting there: Air, in Brazil, Essentials, on the *Mercosur* airpass.

From Argentina From Buenos Aires, the 2 main road routes to Asunción are, 1) via **Road**
Santa Fe to Clorinda and then on a paved road via the border at Puerto Falcón and the
Remanso Castillo suspension bridge to Asunción: 1,370 km, about 23 hrs. 2) via Posadas to
Encarnación across the San Roque bridge . Good bus services on these routes.

From Brazil The main road connections are between Foz do Iguaçu and Ciudad del Este,
and between Pedro Juan Caballero and Ponta Porã.

Touching down

Airport tax is US$18, payable in US$ or guaraníes (tends to be cheaper).
Tipping Restaurants, 10%. Porters US$0.15 a suitcase. Taxis, 10%. Porters at docks US$0.40
a suitcase.
Safety Paraguay is generally safer than neighbouring countries, although there has been   *Ambulance T141*
an increase in crime in Asunción since the 1999-2000 recession. Check prices and change.   *Police T130*
Beware police seeking bribes, especially at Asunción bus station and at border crossings.

Where to stay

There are a few hotels in our **G-F** ranges and many good ones in our **C-E** ranges, with private
shower and toilet. Most hotels have two rates – one for a room with a/c, the other without.
Almost all include breakfast.

Getting around

There are scheduled services to most parts of the country by *Líneas Aéreas de Transporte*   **Air**
Nacional (LATN), *Ladesa*, and *Transportes Aéreos del Mercosur* (TAM), www.tam.com.p
Planes can be chartered. Domestic fares are subject to 2.5% tax.

The main roads are: **Ruta 1** from Asunción southeast to Paraguarí (Km 63)and Encarnación,   **Road**
372 km from the capital, paved; **Ruta 2** from Asunción east to Coronel Oviedo, where it turns   *Motorists should*
into Ruta 7 to Ciudad del Este and the Iguazú Falls, 362 km, paved; **Ruta 5** from Concepción   *beware of stray cattle*
east to the Brazilian frontier at Pedro Juan Caballero, 215 km, fully paved; **Ruta 8** which runs   *on the road at night*
north from Coronel Bogado (junction with Ruta 1) via Coronel Oviedo (Ruta 2) where it turns   *Drivers are*
into **Ruta 3** to meet **Ruta 5** at Yby Yaú, paved; **Ruta 9** from Asunción northwest across the   *recommended to use*
Río Paraguay at Remanso, continuing via Villa Hayes through the Chaco to Filadelfia and   *diesel-powered*
Bolivia, paved to Mariscal Estigarribia, 805 km. The rest of Ruta 9 is being paved to the border.   *vehicles as almost all*
the locals do.

Buses along the main roads will stop anywhere (on their route) for anyone, so all timings
are approximate. For **motorists**, there are sufficient service stations, except in the Chaco
area. Gasoline/petrol is unleaded (some has sugar-cane alcohol added). Prices are: 95 octane
US$0.42 per litre; 97 octane US$0.56 per litre; diesel US$0.34 per litre. Motor fuel and oil are
sold by the litre. To bring a private vehicle into Paraguay, temporary admission is usually
given for 30 days. Entry is easier and faster with a *carnet de passage* or *libreta de pasos por
aduana*. Motorcycles do not need a *carnet*.

Car hire Weekly and free-km rates available. Rates are from US$45/day to US$150 for
4WD. **Motor repairs** A recommended mechanic is ***Lauro C Noldin***, Dr Moleón Andreu 493 y
4ta Proyectada, Barrio Santa Librada, Asunción, T333933. He repairs Land Rover, Range Rover,
Jaguar and all makes of British, European, American and Japanese cars, diesel and petrol
engines, motorcycles, power generators for motor homes. For diesel service, *MBT* service
garage at Av Eusebio Ayala y Lapacho Km 4, Asunción T553318. Spares are available in Paraguay for all makes of car (European, North American, Asian); most makes of tyre are available.

(margin, vertical) Paraguay

---

66 99 *The South American Handbook 1924*

On appearances *Most of the better-dressed men in Argentina, Chile, Paraguay, Uruguay,
southern Brazil, Peru, Bolivia and Ecuador prefer custom-tailored suits made of British cloth.*

Bicycle repairs *Bati Cyclo*, Av Fernando de la Mora 1933, T553088, has all the necessities.

Train The 441-km rail network has been closed since Feb 2001, but the early 19th-century steam railway can still be visited at the station in the centre of Asunción (see page 1019), or at the workshops in the small town of Sapucay (see page 1027).

Maps The best maps, including ones of the Chaco, are available from **Instituto Geográfico Militar**, Av Artigas casi Av Perú, take passport (an *IGM* map of the country can be bought at bookshops in Asunción). Small national maps, made by the Army, can be bought from the *TACP*, at bookshops and bus terminals.

Keeping in touch

Internet *Cabinas* (indoor phone booths, see below) provide internet access, particularly in the capital. Outside Asunción there are fewer establishments with email but it is nevertheless prevalent. Most of the main shopping centres have access to a free, 20-min internet connection.

Post Postal services are expensive and unreliable. A normal airmail letter to USA costs US$0.70 and to Europe US$0.85. To register a letter costs US$0.70. Register important mail. Parcels may be sent from the main post office on El Paraguayo Independiente, Asunción. Rates to Europe by APR/SAL US$7.50 up to 1 kg, US$20.70 up to 5 kg; to USA US$3.50 and US$15 respectively. Airmail parcels cost US$6.50 to Europe and US$5 to USA for 1st kg. Packages under 2 kg should be handed in at the small packages window, over 2 kg at the 'Encomiendas' office in the same building, but on corner of Alberdi and El Paraguayo Independiente. Customs inspection of open parcel required. A faster and more reliable way to send mail is by *EMS*, the local courier service (through the post office). To Europe up to 1 kg, US$13.20, to USA US$9.20. www.correoparaguayo.gov.py

Telephone
Directory enquiries T112
To make a collect call anywhere in the world, dial 0012.

The telephone service links the main towns, and there is a telephone service with most countries, operated by **Copaco**, although still widely known by its former name, *Antelco*. Indoor phone booths or *cabinas* can be found on practically every street corner throughout the country and are the most comfortable way to call (chairs, a/c). Cards for phone boxes are sold in shops next to phone boxes. Rates: to Europe US$0.70 per minute; USA, Canada, US$0.60 per min, 20% cheaper 1900-2400, 40% cheaper 2400-0800. To send a fax abroad costs US$0.50 for the first page, plus US$0.30 for each subsequent page, in addition to the phone rate. *Copaco* phone cards for calling other South American countries cost US$1.50, and for 4 mins to USA or 3 mins to Europe US$3.30; can be used in any phone box in Greater Asunción.

Media **Newspapers** *Ultima Hora*, www.ultimahora.com/, *Noticias*, www.diarionoticias.com.py, and *ABC Color*, www.diarioabc.com.py, are published daily in Asunción. English-language papers from Argentina and Brazil are sometimes available the following day at corner of Estrella and Chile. German language paper *Aktuelle Rundschau*. CNN, in English, is on Channel 8.

Food and drink

Food
Vegetarians, and vegans more so, will have a hard time in meat-loving Paraguay Fruit is magnificient.

Typical local foods include *chipas*, cheese breads which come in a number of varieties: *almidón*, made with yuca flour; *maíz*, made with corn flour; *guazú*, made with fresh corn; *maní*, made with peanuts (better warm than cold). *Chipa soo* is maize bread with meat filling. *Sopa paraguaya* is a kind of dumpling of ground maize and cheese. *Soyo* is a soup of different meats and vegetables, delicious; *albóndiga* a soup of meat balls; *bori bori* another type of soup with diced meat, vegetables, and small balls of maize mixed with cheese. *Palmitos* (palm hearts) should not be missed. The beef is excellent in better class restaurants (best cuts are *lomo* and *lomito*). Paraguayan *chorizos* (sausages) are good. *Parrillada completa* is recommended and there are many *churrascarías* serving, as in Brazil, huge quantities of meat, with salad, vegetables and pasta. *Surubí*, a Paraná river fish, is prepared in many different ways, and is delicious. Vegetarians should try *empanadas de choclo* or *cuatro quesos*. Sugar-cane juice, greatly beloved, is known as *mosto*.

Baviera, a local lager beer is very good (beer is usually sold in litre bottles). *Cerveza de invierno* is Brazilian black beer. The cane-sugar spirit, *caña* is good (the best is 'Aristocrata'; ask for 'Ari'). *Guaraná* is a local soft drink (originally from Brazil). Very typical of Paraguay is *tereré* (cold *mate* with digestive herbs) for warm days and hot *mate* to warm you up on cold days.

Drink
The national wine is not recommended

Shopping

The famous *ñandutí* lace, made exclusively by the women of Itauguá (see page 1021). The local jewellery is also attractive. Handmade *aó po'í* (fine, unbleached cotton cloth) is suitable for shirts, blouses and tablecloths, and there are cotton thread belts in all colours. Bags, hammocks and blankets are also good. The *guampa* (wood or metal cup) and *bombilla* (metal straw) used for drinking *tereré* and *mate* make good souvenirs. The best place to buy these items is Villarrica. Also leather articles, the pottery and *palo santo* (small articles made from Paraguayan woods). See also Shopping, page 1017. The selection of consumer goods is better in Ciudad del Este than Asunción, and there are good prices in Pedro Juan Caballero.

Imported goods, especially cameras, film and tampons, are cheaper in Paraguay than in most other Latin American countries

Holidays and festivals

1 January; 3 February; 1 March (anniversary of the death of former president Francisco Solano López); Maundy Thursday, Good Friday; 1, 14, 15 May; Corpus Christi, 12, 23 June; 15 (Day of the Child, in honour of the boys who died at the Battle of Acosta Ñu – see below), 25 August; 29 September; 12 October; 1 November; 8, 25 December.

Sport and activities

Turismo rural is one of the most recent and popular developments for the visitor in Paraguay. The infrastructure has been greatly improved in the past few years and this has become one of the most enjoyable ways to visit the country and get a feel for a Paraguayan way of life that revolves around agriculture and ranching. The **Touring y Automóvil Club Paraguayo** (address above in **Finding out more**) is officially in charge of rural tourism, through the *Par aguayan Rural Tourism Association* (APATUR) and its own travel agency, *Touring Viajes*. They organize visits to ranches and farms all over Paraguay their current list of 18 different locations is steadily growing. One-day tour prices start at about US$50 pp including accommodation, food and drink (not alcohol); tours of three or more days for groups of 2-12, US$30-100. All the ranches listed under APATUR have good facilities. Transport to and from these ranches from Asunción is sometimes included in the package. Visitors experience living and working on a ranch, and can participate in the work of the farm and in a diverse variety of activities, and enjoy typical food, horse riding, photo safaris and nature watching. Contact APATUR, Reservation Line T210551-3, or www.turismorural.org.py

Rural tourism

Paraguay's main asset is wildlife, chiefly in the Chaco and national parks and reserves. Paraguay is a birdwatchers paradise, with over 700 species, many of them endangered.. For more details on bird watching and conservation contact *Moisés Bertoni* (address in **National parks and reserves**, above), or *Guyra*, a non-governmental organisation working for the conservation of birds and their habitats, T021-227777, www.guyra.org.py They do not officially organize visits but can be helpful and have interesting information on their website. For a list of bird species found in Paraguay and useful links see www.bsc-eoc.org/links www.salvemoslos.com.py also has information on the endangered flora and fauna of Paraguay. APATUR (the Paraguayan Rural Tourism Association), can arrange visits to ranches in the Chaco (see above), or contact the tour operators listed in Asunción or the Chaco (page 1007). Alternatively, contact the Fundación Moises Bertoni, who can arrange visits to private nature reserves including the San Rafael Conservation Area in southeastern Paraguay (see section on National Parks, above). There is a wide range of other wildlife and many endangered species, including jaguar, puma, tapir, although these large animals are much harder to see.

Birdwatching & wildlife

Paraguay

Health

**Health/
disease risks**
*Be very careful
over salad and
tap water (bottled
water is available)*

Tuberculosis, typhoid, dysentery, and hepatitis are endemic. Hookworm is the most common disease in the country, and there is much venereal disease, goitre and leprosy. For vaccinations, see page 60. (Itaipú has created an increase in mosquitoes and therefore in Dengue fever and Malaria in Eastern Paraguay)Local mosquito repellent, *Repel*, and pyrethrum coils are effective. Medical fees and medicine costs are high. ,Sanitorio San Roque, at Eligio Alaya y Pai Perez is open 24hrs. The **Centro Paraguayo del Diagnóstico**, Gral Díaz 975 y Colón, Asunción, is recommended as inexpensive, foreign languages spoken. **Clínica Integral de Mujer**, Mcal Estigarribia 1085 y Brasil, Asunción, T494722, has been recommended as a good gynaecological clinic. Dentists can be found either at the centre, or at Odontología 3, Mcal Estigarribia 1414 y Pai Pérez, T200175, Asunción. Visitors are advised only to use private hospitals, many of which accept European and US health insurance. Visitors should be inoculated against hepatitis, tetanus and typhoid.

Asunción

*Phone code: 021
Colour map 6, grid C6
Population:
over 1.2 million*

Looking out over a bay on the eastern bank of the Río Paraguay, almost opposite its confluence with the Río Pilcomayo, Asunción's centre is a testament to 19th-century ideals, with names reflecting its heroes and battles. Tree-lined avenues, parks and squares break up the rigid grid system. In July and August the city is drenched in colour with the prolific pink bloom of the lapacho trees, which grow everywhere. Behind all the 21st century consumerism, there are quaint corners, top-class local restaurants and the nostalgia of harp and guitar music.

Ins and outs

*For more detailed
information see
Transport, page 1018*

Getting there The international **airport** is 15 km northeast of the city, to which taxis, buses and an airport-to-hotel minibus service run. It takes from 30-45 mins from the airport to town. The **bus terminal** is south of the centre, also 30- 45 mins away. You can go by taxi or by city bus (see page 1019 for the correct one). Both the airport and bus terminal have tourist information desks.

*Asunción is very spread
out and transport so
slow that you need to
allow 1½ hrs to get
beyond its limits*

Getting around Most of the sights of interest are in a relatively small area by the river, so walking between them is not a problem. Similarly, there are many central hotels which can safely be reached on foot. Places outside this zone are easily reached by taxi or bus. The bus system is extensive and runs 0600-2400; buses stop at signs before every street corner.

Tourist offices **Dirección General de Turismo**, Palma 468 esq Alberdi, open Mon-Fri 0800-1300, T441530, F491230, phone lines T494110 and 440794 (Oficina de Informaciones) open for information until 1900 Mon-Sat. Good free map (ask for it), information on all parts of Paraguay, but you may need to be persistent. Another map is sold in bookshops.

*Some street signs
are misleading
(pointing in the
wrong direction,
faulty numbering);
if in doubt, ask*

Addresses Plaza de la Independencia is often referred to as Plaza Constitución, while Plaza de los Héroes is called Plaza Independencia on some sources, Plaza de la Democracia on others. Av España originally extended to Av San Martín, but the section between Av Kubitschek and Av Santísimo Sacramento was renamed Av Generalísimo Franco (not to be confused with Presidente Franco) and the remaining section between Av SS Sacramento and Av San Martín was renamed Av General Genes. It is often referred to as Av España for its entire length. On Sat morning, till 1200, Av Palma becomes a pedestrian area, with scores of stores selling anything that can be carried, or learnt.

Sights

Most of the public buildings can be seen by following El Paraguayo Independiente southeast from the **Aduana** (Customs House). The first is the **Palacio de Gobierno**, built 1860-92 in the style of Versailles. It was the property of the López family. A platform has been built so that the side of the building facing the river may be

Paraguay

viewed. ■ *Sun*. On the northwest side of the **Plaza de la Independencia** or **Constitución** is the **Antiguo Colegio Militar**, built in 1588 as a Jesuit College. The old **Congreso Nacional**, also on the Plaza, has fallen into disrepair and a new Congress has been built. The Museo Histórico Militar, formerly in the Antiguo Colegio, is in the Ministry of National Defense, Mcal López y 22 de Septiembre (surrender passport on entry). On the southeast side of the Plaza is the **Cathedral**. Two blocks southwest, along Chile, is **Plaza de los Héroes**, with the **Pantéon Nacional de los Héroes** based on Les Invalides in Paris, begun during the Triple Alliance War and finished in 1937. ■ *Daily, Palma y Chile*. It contains the tombs of Carlos Antonio López, Mariscal Francisco Solano López, Mariscal Estigarribia, the victor of the Chaco War, an unknown child-soldier, and other national heroes. The child-soldiers honoured in the Pantéon were boys aged 12-16 who fought at the battle of Acosta Ñu in the War of the Triple Alliance, 15 August 1869, as most able-bodied men had already been killed. Most of the boys died. Under the Plaza de los Héroes (in reality four squares) are parking areas. Four blocks southeast is the **Plaza Uruguaya** with the railway station nearby, built 1856, and a steam engine, the *Sapucai*, dating from 1861. The national cemetery (**Cementerio Recoleta**), resembling a miniature city with tombs in various architectural styles, is on Avenida Mariscal López, 3 km southeast of the centre. It contains the tomb of Eliza Lynch, the Irish mistress of Solano López (ask guide to show you the location), and, separately, the tomb of their baby daughter. Eliza Lynch's home at the corner of Yegros and Mcal Estigarribia was, until 1999, the Facultad de Derecho.

The best of several parks is **Parque Carlos Antonio López**, set high to the west along Colón and, if you can find a gap in the trees, with a grand view. Good views are also offered from Cerro de Lambaré, 7 km south (buses 9 and 29 from Gral Díaz). **Ñu Guazú** is a recreational park on the road out to the airport. It has two lakes, an 8-km track for walking and some modern art in stone. The **Jardín Botánico** (250 ha) is 6 km east, on Avenida Artigas y Primer Presidente. The gardens lie along the Río Paraguay, on the former estate of the López family. They are well-maintained, with signed walks, and contain only trees (no labels, but nice and shady), and an 18-hole golf course. In the gardens are the former residences of Carlos Antonio López, a one-storey typical Paraguayan country house with verandas, which now houses a **Museo de Historia Natural** and library, and of Solano López, a two-storey European-inspired mansion which is now the **Museo Indigenista**. Neither is in good condition. ■ *Both museums are free, Mon-Sat 0730-1130, 1300-1730, Sun 0900-1300. Getting there: by bus (Nos 2, 6, 23, and 40, US$0.15, about 35 mins from Luis A Herrera, or Nos 24, 35 or 44B from Oliva or Cerro Corá)*. The beautiful church of **Santísima Trinidad** (on Santísimo Sacramento, parallel to Avenida Artigas), where Carlos Antonio López was originally buried, dating from 1854 with frescoes on the inside walls, is well worth a visit. The **Maca Indian reservation** (since 1985) is north of the Gardens. ■ *US$0.30, guide US$0.50. The Indians, who live in very poor conditions, expect you to photograph them (US$0.15). Getting there: take bus 42 or 44.*

Museo Nacional de Bellas Artes has a good small collection of Spanish paintings (formerly privately owned) including works by Tintoretto and Murrillo; also an interesting selection of 20th-century Paraguayan art. ■ *Tue-Fri 0700-1900, Sat-0700-1200. Closed Sun and Mon. T447716, Iturbe y Mcal Estigarribia* In the **Casa de la Independencia** is an interesting historical collection; this was where the 1811 anti-colonial revolution was plotted. ■ *Tue-Fri 0700-1200, 1430-1830, Sat and Sun 0800-1200, free, 14 de Mayo y Pres Franco*. **Museo Dr Andrés Barbero** is anthropological with a good collection of tools and weapons, etc, of the various Guaraní cultures. Recommended. ■ *Mon-Fri 0700-1100, and Mon, Wed, Fri 1500-1700, free, T441696, España y Mompox*. At Isla de Francia is **Museo de Arte Indígeno** and **Museo de Barro**, T607996, www.museodelbarro.com.py containing both contemporary and indigenous art. Highly recommended. ■ *Daily, except Sun and holidays, 1600-2030. Access via Av Gral Genes, bus 30 or 44A from the centre.*

Paraguay

Excursions
Population: 24,917

The town of **Luque** , near the airport, founded 1636 with some interesting colonial buildings, is famous for the making of Paraguayan harps (*Guitarras Sanabria* is one of the best-known firms, Km 13, T021-2291), and for fine filigree work in silver and gold (ask around for Alberto Núñez). There are also many fine musical instrument shops on the road to Luque; get off the bus – No 30 – from Asunción just before the major roundabout. Mariscal López' house may be visited. Avenida Aviadores del Chaco that leads to Luque is also famous for its musical instruments.

Circuito de Oro Many towns close to Asunción can be visited on a day trip, for example Itauguá, San Bernardino and Aregua on Lago Ypacaraí (see page 1021) and Sapucay (see page 1027). For a longer look at the countryside, take a tour from any travel agent (see **Tour operators**, below) of the 'Circuito Central' also called 'Circuito de Oro': Asunción, San Lorenzo, Itá, Yaguarón, Paraguarí, Piribebuy, Caacupé, San Bernardino, Itauguá, Asunción. Some 200 km on paved roads, seven hours. The route goes through a range of hills, no more than 650 m high, which is very beautiful, with hidden waterfalls and a number of spas. Chololó, Piraretá (near Piribebuy) and Pinamar (between Piribebuy and Paraguarí) are the most developed for tourism.

Essentials

Sleeping
● *on map*
The hotel bill does not usually include a service charge

Check out time is usually 1000. Look out for special offers. **Outside Asunción** 12 km from town, at Lambaré, on its own beach on the Río Paraguay is **LL** *Hotel Casino Yacht y Golf Club Paraguayo*, PO Box 1795, T906117/121, www.hotelyacht.com.py 3 restaurants, super luxury, with pool, gym, golf, tennis, airport transfers, etc; many extras free and special deals. **In Asunción L** *Granados Park*, Estrella y 15 de Agosto, T497921, www.granadospark.com.py

Asunción

Sleeping ■
1 Adelia *C6*
2 Amalfi *C4*
3 Asunción Palace *B1*
4 Atlántico *B4*
5 Azara *C6*
6 Bavaria *B6*
7 Cardel *B6*
8 Cecilia *B6*
9 Chaco *B4*
10 Citi *C3*
11 El Lapacho *A6*
12 Española *C4*
13 Excelsior *C3*
14 Granados Park *B2*
15 Gran Armele *B1*
16 Gran del Paraguay *A6*
17 Miami *B5*
18 Paramanta *A6*
19 Paraná *B4*
20 Plaza *A5*
21 Residencial Itapúa *C6*
22 Sahara *B1*
23 Westfalenhaus *A6*
24 Yasy *B6*
25 Yessika *B6*
26 Zaphir *B1*

Eating ●
1 Bar Victoria *B3*

New, luxury, top quality, with breakfast, all facilities, good restaurant *Il Mondo*. **AL** *Chaco*, Caballero 285 y Estigarribia, T492066, www.hotelchaco.com.py. With breakfast, parking nearby, rooftop swimming pool, bar, good restaurant (US$15-20). **AL** *Gran del Paraguay*, De La Residenta 902 y Padre Pucheau, T200051/3, www.granhotel.com.py. In a wooded garden, with swimming pool, a nightclub on Fri, traditional dance show on Sat (recommended, food not as good), a former gentleman's club, full of character but getting rundown, English spoken, use of safe US$2. **AL** *Paramanta*, Av Aviadores del Chaco 3198, T607053, www.paraguay-hotel.de 4-star, mid-way between airport and centre, buses stop outside, with bath, TV, internet access, bar, restaurant, pool, gym, gardens, and many other services. English and German spoken. **AL** *Cecilia*, Estados Unidos 341, T210365, cecilhotel@uninet.com.py Very smart, comfortable, good restaurant. Recommended. **AL** *Excelsior*, Chile 980, T495632, www.excelsior.com.py . Lxuxurious, stylish, gym, pool, tennis, internet, cell phone rental, bar and restaurant. **A** *Asunción Palace*, Colón 415, T/F492151-3. With breakfast, elegant, colonial style, laundry, colour TV, a few small, older rooms sometimes available at backpacker rates, very helpful. **A** *Gran Armele*, Palma y Colón, T444455, www.hotelarmele.com.py With breakfast, good restaurant, a/c, gym, sauna, pool, used by tour groups. Recommended. **A** *El Lapacho*, República Dominicana 543, casi Av España, T210662. Family-run, welcoming, comfortable, convenient for local services, 10 mins from centre by bus, pool, 24-hr internet access from rooms. **A** *Westfalenhaus*, M Benítez 1577 y Stma Trinidad, T292374, www.paraguay-hotel.com TV, comfortable, German run, swimming pool, a/c. **B** *Amalfi*, Caballero 877, T494154, www.hotelamalfi.com.py With breakfast, modern, internet. **B** *Bavaria*, Chóferes del Chaco 1010, T600966, www.bavaria.f2s.com. Comfortable, beautiful garden, pool, a/c, good value, German spoken. **B** *Paraná*, Caballero y 25 de Mayo, T444236, h.parana@conexion.com.py With breakfast, central, secure, helpful, discounts negotiable, restaurant recommended, pool, also short-stay. **B** *Zaphir*, Estrella 955, T490025, zaphir@pla.net.py Small, comfortable, good value, German spoken. **C** *Citi Hotel*, Humaitá 209, T491497, F442307. Good value, recently renovated (**D** for stays over 2 months), *City* cafetería in lobby is good. **C- C** *Española*, Herrera y Yegros, T449280. Parking. Highly recommended. **C** *Miami*, México 449 (off Cerro Corá), T444950. With breakfast, a/c, attractive. Highly recommended.

C-E *Sahara*, Oliva 920 y Montevideo, T495935, F493247. With breakfast, a/c, shared bath, popular, parking, small pool, large garden. **D** *Azara*, Azara 860, T449754. Attractive mansion but run down, with breakfast and a/c, parking, most rooms face an untended patio and pool. **D** *Plaza*, Eligio Ayala 609, T444772, www.plazahotel.com.py Discount for paying cash in advance, spacious rooms, a/c, luggage stored, with breakfast, restaurant. Highly recommended, excellent value.. **E** *Atlántico*, Av México 572, T449919. A/c, **F** with shared bath and fan, hot water, quiet, very basic but clean, central. **E** *Cardel*, Ygurey 1145 and Av Dr. Eusebio Alaya, half way between bus station and centre of town, T/F213622, cardel@highway.com.py With breakfast. **E** *Residencial Itapúa*, Fulgencio R Moreno 943, T445121. Breakfast and a/c, quiet, comfortable, transport to airport.

To Parque Caballero, Jardín Botánico, Puerto Falcón, Argentina & Chaco

Río Monday

Museo Dr Andrés Barbero

Av España

To 11 & Airport & Luque

Bogado (Rutas 1 & 2)

San Roque

Eligio Ayala

To Av Mcal López, Airport & Luque

Plaza Uruguaya

Mcal Estigarribia

25 de Mayo

Cerro Corá

Av Estados Unidos

To Av Mcal López, Airport & Luque

To Bus Terminal &

Paraguarí

Antequera

Tacuary

To Itá Enramada

2 Bistro *B2*	12 Metropol *B6*
3 Bolsi *B3*	13 Munich *A4*
4 Café Literario *B4*	14 Oliver's *C3*
5 Copetín Micael *C4*	15 Rico y Barato *B2*
6 Da Vinci *B2*	16 San Marcos *B3*
7 Estrella *B2*	17 San Roque *B5*
8 La Flor de la Canela *B5*	18 Taberna Española *C1*
9 La Preferida *B6*	
10 Le Saint Tropez *B5*	● **Bars & clubs**
11 Lido *B3*	19 Britannia Pub *B5*

Near Bus Terminal on Av F de la Mora E *Adelia*, on corner with Lapacho, T553083. With breakfast, modern, TV a/c. E *Yasy*, No 2390, T551623. A/c and TV, cheaper with fan; both are overpriced. Many more behind these in C Dolores. F pp *Yessika*, Lapacho y Encarnación, 10 mins' walk from terminal. With bath, basic, quiet.

If camping, take plenty of insect repellent

Camping The pleasant site at the Jardín Botánico charges US$1.50 pp plus tent, cars also permitted, cold showers and 220v electricity, busy at weekends. You can camp at rear of *Restaurant Westfalia*, T331772, owner speaks English, French, German, very knowledgeable, US$1 per night for car, showers, laundry, noisy, animals. Take Av General Santos, towards Lambaré. *Rest Westfalia* is 5 km from Asunción (bus 19, 23 or 40). Buy camping supplies from *Safari Sport*, Montevideo 258, *Camping 44*, Pres Franco casi Ayolas, *Gauchito Deportes*, Av Fernando de la Mora 2477 casi Cedro, T555953, or *Unicentro*, Palma y 15 de Agosto.

Eating
■ on map
Many restaurants are outside the scope of the map

A few restaurants close at weekends, but may open at night.

Average price of a good meal in quality restaurants: US$20-35

Open most days of the week, day and night. Two good *churrascarías* are *Acuarela*, Mcal López casi San Martín, T609217, and *Paulista Grill*, San Martín casi Mcal López, good value. *Amandau*, Rep Argentina y Boggiani. Not cheap but good. *Bistro*, 15 de Agosto y Estrella. Excellent, US$25. *Bolsi*, Estrella 399, T491841, www.bolsi.com.py Wide choice of wines, good for breakfast, excellent food (open Sun 1200-1430), not cheap, snack bar next door also good; under same ownership *La Pergola Jardín*, Perú 240, T214014, excellent. *Metropol*, next to hotel Cecilia (Estados Unidos 341), European food, the only restaurant in Paraguay with HP sauce! Relatively expensive. *Oliver's* in *Hotel Presidente*, Azara e Independencia Nacional. Very good, pricey, live music. *La Preferida*, Estados Unidos y 25 de Mayo 1005, T210641. US$25. Recommended (part of *Hotel Cecilia*). *Le Saint Tropez*, 25 de Mayo at Plaza Uruguay. Delicious French and Paraguayan food, higher prices in evening. Closed Sunday. *San Marcos*, Alberdi y Oliva. Part a/c, good food, reasonably priced, good for snacks in café. *San Roque*, Eligio Ayala y Tacuary, T446015. Traditional, relatively inexpensiv. *Taberna Española*, Ayolas 631. Spanish.

Good Italian (and other) food at: *Da Vinci*, Estrella 695. Nice terrace. Recommended. *Navajo*, Av San Martín y del Maestro. Good pizzas.

Most cheap lunch places close around 1600

Cafés, snacks, etc *Estrella*, Estrella y 15 de Agosto. Pizzas and *empanadas*. *La Flor de la Canela*, Tacuary 167 con Eligio Ayala. Cheap lunches. *Lido*, Plaza de los Héroes, Palma y Chile. Good for breakfast and *empanadas*, famous for fish soup, delicious. Open Sun. *Café Literario*, Palma casi México. Mon-Fri from 1600, cosy café/bar, books and good atmosphere. *El Molino*, España 382 near Brasil. Good value, downstairs for sandwiches and home-made pastries, upstairs for full meals in a nice setting, good service and food (particularly steaks) but pricey. Recommended. *Bar Victoria*, Chile y Oliva. Popular, cheap.

There are many good **oriental** restaurants including: *Corea*, Perú y Francia. Excellent. *Hiroshima*, Chóferes del Chaco y Av Moreno. Authentic Japanese. *Rico y Barato*, Oliva y 15 de Agosto. Pay by weight, good Chinese food. *Il Sik*, Perú 1091 y Colombia. Very good, open every day 1000-2300. *Sukiyaki*, in *Hotel Uchiyamada*, Constitución 763. Good Japanese, about US$10 pp. Unnamed Chinese restaurant on Haedo between O'Leary and 15 de Agosto serves stylish vegetarian by weight. Plenty of Korean places around Perú y Francia.

Paraguay

Michael Bock, Pres Franco 828. Excellent bread and sweet shop. For **ice cream** try *Sugar's*, several branches including most Shopping Centres and Brasilia 662. Also *Heladería París*, Brasilia y Siria, San Martín casi Pacheco and NS de Asunción y Quinta Avenida. Also a café/bar. Very popular.

Yguazú, Chóferes del Chaco 1334 (San Lorenzo). Good meat. Paraguayan harp music, bottle dancing, reasonable food and service, but commercialized. Also in *El Gran Hotel Del Paraguay*, Sat only. Good Paraguayan harp/guitar group at *Churrasquería Sajón*, Av Carlos A López, bus 26 from centre.

Bars & clubs The area around the Villa Mora and Mcal López shopping centres (San Martin and Mcal López) is popular for eating, drinking and going out *Britannia Pub*, Cerro Corá 851. Evenings only, closed Mon and Tue, good variety of drinks, German spoken, popular expat hangout, book exchange. *Austria Pub*, Austria 1783 y Viena, T604662, and in Mall Excelsior. German run, brews own beer, popular. Recommended. *Pub Viejo Bavaria*, Very popular, temporarily closed due to venue change. *Café Bohemia* Senador Long 848 casi España, T662191, Original décor and atmosphere, Mon and Tues live blues/jazz, selection of drinks though slightly pricey.

Clubs *Caracol Club*, Gen Santos y Porvenir, only Fri and Sat.*Asunción Rock*, Mcal Estigarribia 991 casi Estados Unidos, T442034. Wed-Sat, 2200 till late. 2 dance floors, rock and alternative music.. *Africa*, Pres Franco y 15 de Agosto, T449018. Latin Music. *El Sitio*, Av Perón casi 1 de Mayo, T612822. Latin and retro. *Heaven*, 25 de Mayo casi Estados Unidos. Gay/mixed. *Coyote Night & Fun*, Sucre casi San Martín. *Face's, Mouse Cantina, Tequila Rock, Rapsodia, Juana la Cubana, Havanna*and *Muelle 69* all on Brasilia (this is the more upmarket zone of Asunción nightlife). There are floor shows in several hotels, eg *Hotel del Yacht* (*Scruples*).

Entertainment **Cinema** Most Shopping Centres have between 3 and 6 *salas* where you can see current films at US$1.70 pp most days (Wed and matinées half price). *Shopping del Sol* , has 6 screens, as do *Villa Mora* (in front of *Shopping Mariscal López*), and *Mall Excelsior* (See **Supermarkets and shopping centres**, below). *Centro Cultural de la Ciudad*, E V Haedo 347, for quality foreign films, US$1.50. *Cine Victoria* , is the most central, Chile y Oliva, T611763. Cinema programmes are given in the press; some offer 3 films at one price (US$2.50). Also at www.lauramartirio.com/entretenamiento/cineyeventos or www.uninet.com.py/cines

Theatre *Teatro Municipal*, Pres Franco, near Alberdi, is closed for restoration (2003). *Teatro Arlequin*, Antequera 1061 casi Rep de Colombia, T442152. *Teatro Latino*, 16 de Julio y 16 de Agosto, and *Teatro El Lector*, San Martín y Austria have productions most of the year. Concerts are given at the *Teatro de las Américas*, J Bergés 297. Various Cultural centres (see below) put on theatrical productions, including the US-Paraguay Cultural Centre.

Shopping **Bookshops** *Librería Internacional*, Oliva 386, Estrella 723 and Palma 595, good for maps. Also '*Books*' at Mcal López 3971, at Villa Morra shopping centre, second-hand English language books, also magazines and newspapers. *El Lector* at Plaza Uruguaya y 25 de Mayo, T491966, ellector@telesurf.com.py has a selection of foreign material. *Librería Alemana*, Av Luis A de Herrera 292, warmly recommended for German books and publications.

Crafts *Galería Colón 185* is recommended. For leather goods several places on Colón and on Montevideo including *Boutique Irene*, No 463; *La Casa Del Portafolio*, No 302 and *Boutique del Cuero*, No 329. *Casa Vera* at Estigarribia 470 for Paraguayan leatherwork, cheap and very good. *Artes de Madera* at Ayolas 222. Wooden articles and carvings. *Casa Overall 1*, Mcal Estigarribia y Caballero, and *2*, 25 de Mayo y Caballero. T447891, http://overall.pyglobal.com Good selection. *Folklore*, Mcal Estigarribia e Iturbe, T/F494360. Good for music, wood carvings and other items, a/c. *Victoria*, *Arte Artesanía*, Iturbe y Ayala, interesting selection of wood carvings, ceramics etc. Recommended. *Doña Miky*, O'Leary 215 y Pres Franco. Recommended. *La Plaza de la Democracia*, across the road from the old *Hotel Guaraní*, has a large variety of handicrafts. Outside Asunción, visit Luque (musical instruments and jewellery) – see page 1014, and Itauguá (lace) – see page 1021. Colón, starting at the port, is lined with good tourist shops, and so are Pettirossi, Palma and Estrella.

Check the quality of all handicrafts carefully, lower prices usually mean lower quality. Many leading tourist shops offer up to 15% discount for cash

Paraguay

Markets The markets are worth a visit, especially the Mercado Cuatro on Pettirossi (food and clothes). There is a daily market on Av Dr Francia, best visited during the week, and a Sat one on Plaza de la Independencia, where the nuns from Villeta sell their hand-made clothing for children. There is a handicraft market on Plaza de los Héroes selling lace, *aó po'i* cotton clothing, jewellery, *guampas* and *bombillas* for tereré drinking (bargain hard).

Supermarkets and shopping centres Supermarkets are usually well stocked, especially with imported liquor; recommended are *Stock, Villa Morra, Ycau Bolaños, Superseis, Hiperseis*. *Stock* is opposite *Excelsior Hotel* at Chile 959. *Shopping del Sol* (Av Aviadores de Chaco esq DF de González, www.delsol.com.py), *Mall Excelsior* (Chile y Manduvirá, www.mallexcelsior.com.py) and *Shopping Mariscal López* are 3 of the best new shopping malls and they also contain the best cinemas in the city (not in López). *Unicentro*, Palma y 15 de Agosto, T445309/10, is another modern shopping centre. Malls selling traditional items are on Colón, between the port and Gral Díaz (safe by day, red light district by night). Electronic goods in the Korean-run shops are very cheap.

Tour operators *Alda Saguier*, Yegros 941, p 2, T446492, www.ecotur.com.py/html/turism.html English and German spoken. *Emma Travel*, España 393 and Bestard, T614111/614040, emmatravel@mrholding.com.py Fluent English, French and German. Tours to Chaco, photographic safaris, Iguazú, city tours. Recommended. *Inter Tours*, Perú 436 y España, T211747, www.intertours.com.py Tours to Chaco, Iguazú and Jesuit missions. Recommended. *Lions Tours*, Alberdi 454, T490278, lions@highway.com.py *Menno Travel*, Rep de Colombia 1042 y Brasil, T493504, mennotravel@gmx.net German spoken. *Siboney*, 25 de Mayo 2140, T214018, www.siboney.com.py *Time Tours*, 15 de Agosto y Díaz, T493527, timetour@conexion.com.py Fluent English. Recommended. *Vips Tour*, México 782, T/F441199, vipstours@telesurf.com.py *Itra Travel*, Jejuí 733, T450722, http://itra.internet.com.py Also offer eco-tourism. Most agencies offer day tours of the Circuito de Oro (US$45) and the 'Triangle' (Encarnación, Jesuit Missions, Ciudad del Este, Itaipú and Iguazú), 3 days, 2 nights, US$185 double. For more information contact *Dirección General de Turismo* or the *Paraguayan Association of Travel Agencies and Tourism* (ASATUR), Juan O'Leary 650, p 1, T491755/491728.

Transport **Local** **Car rental**: *Only Rent-a-Car*, 15 de Agosto 441, T492731, F492732, also airport. *Fast*, 15 de Agosto 588, T496054, F447112, good, helpful. See Essentials, page 52 for international rental agencies. See Motor repairs, page 1009.

City buses: journeys within city US$0.25. For buses to the bus terminal, see below. Buses only recommended outside rush hours, with light luggage. Keep your ticket for inspection until you leave bus.

Minimum fare in Asunción : US$0.35, and US$0.05 per 100 m

Taxi: The average journey costs about US$1.50, there is an extra charge for luggage. Minimum fare is about 30-50% more at night. Hire by the hour; minimum US$5, outside the city US$2 per km. There are many taxi ranks throughout the city. *Radiotaxi* recommended, T550116, or 311080.

Long-distance **Air**: Silvio Pettirossi Airport, T645600. Several agencies have desks where you can book a taxi to your hotel, US$10-13. Bus 30 goes every 15 mins between the red bus stop outside the airport and Plaza de los Héroes, US$0.20, difficult with luggage, lots of hawkers and beggars. Minibus service from your hotel to airport run by *Tropical*, T424486, book in advance, US$8 (minimum 2 passengers, or pay for 2). The terminal has a tourist office (free city map and hotel information), bank (turn right as you leave customs – better rates in town), post office (0800-1800), handicraft shop, restaurant and several travel agencies who arrange hotel bookings and change money (very poor rates). Left luggage US$3 per day per item.

Bus: Terminal, south of the centre at República Argentina y Fernando de la Mora (T552154/551737), reached by taking local bus. No 8 is the only direct one from Oliva, which goes via Cerro Corá and Av Brasil from the centre, and stops outside the terminal, US$0.20.. From the terminal to the centre it goes via Av Estados Unidos, Luis A Herrera, Antequera and E Ayala; get off at Chile y Díaz. Other buses Nos 10, 25, 31, 38 and 80, follow very circuitous routes. Taxi to/from centre, recommended if you have luggage, US$2.40, journey time depends on the amount of traffic, minimum 20 mins. The terminal has a bus information desk, free city/country map, restaurant (quite good), café, *casa de cambio* (poor rates), phone booths and shops. Bus company offices on the top floor are in 3 sections: short-distance, medium and long. Local departures, including for Yaguarón and Paraguarí from the basement. Hotels nearby: turn left from front of terminal, 2 mins' walk. Bus times and fares within Paraguay are given under destinations.

There are many touts for bus companies at the terminal. Allow yourself time to choose the company you want and don't be bullied, or tricked, into buying the wrong ticket. Main companies: Nuestra Señora de la Asunción, T551667, www.nsa.com.py RYSA, T444244, rysa1@supernet.com.py

To Uruguay *COIT* (Eligio Ayala 693, T492473) runs to **Montevideo**, 1000, Sat and Wed, 20 hrs, US$40. *Brújula/Cynsa* (Pres Franco 995, T441720) Tue and Fri, with a third service on Sun in summer, 1330, US$40 (the route is Encarnación, Posadas, Paso de los Libres, Uruguaiana, Bella Unión, Salto, Paysandú – the only customs formalities are at Bella Unión; passport checks here and at Encarnación).

To Argentina There is a road north from Asunción (passing the Jardín Botánico on Primer Presidente) to a concrete arch span bridge (Puente Remanso – US$1 toll, pedestrian walkway on upstream side, 20 mins to cross) which leads to the border at Puerto Falcón (about 40 km) and then to **Clorinda** in Argentina. The border is open 24 hrs a day; local services are run by *Empresa Falcón* to Puerto Falcón (US$0.50, every hr, last bus from Falcón to the centre of Asunción 1830; from Falcón to Clorinda costs US$0.25), but it is cheaper to book direct from Asunción to Argentina. Buses don't wait for you to go through formalities: wait for the same company's next bus, or buy a new ticket.

Buses to **Buenos Aires** (18 hrs) daily, many companies, via Rosario and Santa Fe (average fare US$42 luxury, US$35 *diferencial*, US$30 *común*). To **Formosa**, 4 a day, *Brújula/La Internacional* (T491720, US$5.40, plus US$0.50 luggage) many drug searches on this road; to **Posadas**, *Singer,* 3 a week at midnight. To **Salta**, *Stel*, T558197, Fri, 0800, 18 hrs, US$29.

To Brazil Many Paraguayan buses advertise that they go to destinations in Brazil, when, in fact you have to change buses and book again at the frontier. Note also that through services to **Campo Grande** (US$18) and **Corumbá** via Pedro Juan Caballero and Ponta Porã do not stop for immigration formalities. Check all details carefully. *Nuestra Señora* and *Rysa*, and the Brazilian companies *Pluma* (T551758) and *Unesul*, have services to Ciudad del Este, continuing to **Foz do Iguaçu** (Brazil), US$8, 5-7 hrs, 6 direct buses a day in all. Seat reservations recommended. To **Curitiba**, with *Pluma*, buses daily, 15½ hrs. To **São Paulo**, *Rápido Yguazú*, *Pluma* and *Brújula*, 20 hrs, Sun-Thu, US$27-29 (*leito*, US$61). *Pluma* to **Rio de Janeiro**, US$50; to **Porto Alegre**, *Unesul*, 4 a week, US$24; *Nacional Expresso* (Santa Rosa 1116, T669966, F557369) to **Brasília** 3 a week. Services also to **Blumenau** (*Catarinense*, T551738, Tue, Thu and Sat, 17hrs, US$19) and **Florianópolis**, US$22, 20 hrs, daily (*Pluma* and *Catarinense*).

To Bolivia Via the Chaco, to Santa Cruz, *Yacyretá*, T311156/551725, daily, some food provided, good service, frequent stops. Take toilet paper (no bathroom on the bus). Also *Bolpar*, 4 times a week (not recommended), US$42, also *Trans Suárez*. Advertised as 24 hrs, the trip can take 7 days if the bus breaks down. The buses can be very crowded. In summer the route can be very hot, but in winter, it can be cold at night. In the dry season it is very dusty; in the wet mud can cause serious delays. Don't wait until the border. Alternative route to Bolivia via Salta, Argentina (see above).

Foreigners must get an exit stamp in Pozo Colorado if leaving the country on this route

River boat: Sailings to Concepción every Mon, 27-30 hrs, US$20 1st class, US$13 2nd, US$7 deck space. Boats return Sun. Ferry to **Puerto Pilcomayo** (Argentina) about every 30 mins (US$0.50, 5 mins) from Itá Enramada (Paraguayan immigration), take bus 9 from Asunción (Argentine immigration closed at weekends for tourists).

Take food, water, toilet paper, warm clothes, sleeping bag & mosquito repellent

Train: San Roque Station at Eligio Ayala y México, T447848. Pres Carlos Antonio López Railway to Encarnación: no trains were running in 2003. See page 1027 for the locomotive workshops at Sapucay.

Directory **Airline offices** *Aerolíneas Argentinas*, España 2220, T201501, ventas_ar@sap.com.py *American Airlines*, Independencia Nacional 557, T443334. *Iberia*, Mcal López 995, T214246, asuuu@iberia.es *LAB*, 14 de Mayo 563, of B, T441586, F448218, asurplb@labairlines.com.py *LanChile*, 15 de Agosto 588, T491784, asugsa@lanchile.cl *Lufthansa*, N S de la Asunción 208, T447962, lhasu@cmm.com.py *Pluna*, Gral Díaz y 14 de Mayo, p 1, T490128, pluna@conexion.com.py *TAM*, Oliva y Ayolas, T491040, www.tam.com.py *United Airlines*, Mcal López 310, T213019, viase@supernet.com.py *Varig*, 14 de Mayo y Gral Díaz, T448777/850, www.varig.com.br

Banks Be careful to count money received from street money changers (Palma and surrounding area – their rates are poor when banks and cambios are closed). See Currency section in Essentials. *Lloyds TSB Bank*, Palma y O'Leary (and several other agencies in Greater Asunción). Accepts Visa. *Citibank*, Estrella y Chile. Will change Citibank TCs into US$ cash, and gives US$ cash on MasterCard. *Banco Alemán Paraguayo*, Estrella y 14 de Mayo, T4183000. Fast service for money sent from Germany, paid by cheque. *Banco Real*, Estrella y Alberdi, T493171. Cash advances in guaraníes on Visa or MasterCard, no commission. Also Argentine, Brazilian and local banks. *Amex*, Yegros 690 y Herrera, T490111, iexpress@conexion.com.py To change TCs you must go to *Banespa*, Independencia Nacional y Moreno, good rates, proof of purchase required. *ABN AMRO*, Haedo, entre NS de la Asunción e Independencia, T225854. Will give cash on MasterCard. Many *casas de cambio* on Palma, Estrella and nearby streets (open Mon-Fri 0730-1200, 1500-1830, Sat 0730-1200). Deutsche Marks can be changed at good rates, and all rates are better than at frontiers. Some will accept sterling notes. Some *casas de cambio* change only one type of dollar TC. Shop around as there are wide variations in commission. *Parapiti Cambios* Palma 449, T490032, change dollars, pesos, reais, TCs (small fee). Mon-Fri 0830-1730, Sat 0830-1200. *Tupi Cambios* 14 de Mayo casi Palma, T445355, tupi@tupi.com.py Decent rates for TCs. Cambios Yguazú, 15 de Agosto 451, T490135, no commission.

Information T112. Phone booths can be found on almost every block of central Asunción

Communications Internet: Many *cabinas*, indoor phone booths, also provide internet. The average price is US$0.75/hr. *Interspace Internet*, 25 de Mayo casi Antequera, T119190. *Patio de Luz Internet Café*, Azara 248, T449741. Also bar, restaurant, occasional live music. *Planeta@ Café*, Shopping Mariscal López. Mon-Thu 1000-2200, Fri 1000-2300, Sat 1000-0100, Sun 1100-2300. **General Post Office:** Alberdi, between Benjamín Constant y El Paraguayo Independiente, T498112. A fine set of buildings around a colonnaded patio with plants and fountains. Open Mon-Fri 0700-2000, Sat 0700-1200. *Poste Restante* (ask at the Casillas section) charges about US$0.25 per item, but you may have to insist they double-check if you are expecting letters (*poste restante* closes 1100). Postcards for sale, but better ones in nearby bookshops. Post boxes throughout the city carry address of the nearest place to buy stamps. Register all important mail; you must go to main PO for this. There are sub-offices at the railway station and at the docks. **Telephone:** *Copaco* (still referred to as *Antelco)* Azara y Alberdi, Gral Bruguez y M Domínguez and at Terminal de Omnibus, all for international calls and fax, 24 hrs.

Cultural centres Centro Cultural de la Ciudad, Haedo 347, T442448, organizes concerts, exhibitions and shows films. **Casa de la Cultura**, Plaza Independencia, organizes exhibitions and other activities, Mon-Fri 0830-1330,1600-2000, Sat 0900- 1930, Sun 1000-1900. **The US-Paraguay Cultural Centre** Jose Berges 297, T224831/229701, has a good library at España 352 (open Mon-Fri 0900-2000, Sat 0900-1200, also has snack bar). **Instituto Anglo-Paraguayo**, Artigas 356 y Toledo, T225525, F203871, snack bar, library with British newspapers, book exchange, also US TV. **Alianza Francesa**, Mcal Estigarribia 1039, T210382, snack bar. **Instituto Cultural Paraguayo Alemán**, Juan de Salazar 310, T226242, www.icpa.de Recommended. All these institutes have special events, film shows, etc. If you have the time, these institutes may be able to use volunteers to give classes/lectures in their subjects.

The nearest Finnish embassy is in Brasilia

Embassies and consulates Argentine Consulate, España y Boquerón, T212320, www.embajada-argentina.org.py Visas issued at Edif Banco Nacional de Argentina, Palma 319, p1, T442151, open 0800-1300, 2-hr service, photo needed (if you require a multiple entry visa, get it in your country of residence). **Austrian Consulate**, Aviadores del Chaco 1690, T613316, F613323. Mon-Fri 0730-1230. **Belgian Consul**, Daniel Ceuppens, Ruta 2, Km 17, Capiatá, T503836, F028-33327. Mon-Fri 1000-1400. **Bolivian Consulate**, América 200 esq Coco Riveros, T203654, F210440. Mon-Fri 0900-1300. **Brazilian Consulate**, Edif Faro Internacional, Gral Díaz 521, p 3, open 0800-1400, Mon-Fri, US$22 for visa, T448084/069, F441719. **Canada**, Prof Ramírez 3, T227207, F227208. Mon-Fri 0800-1300. **Danish Consulate**, N S de la Asunción 766, T493160, T491539, Mon-Fri 0730-1130 and 1500-1830. **Dutch Consulate**, Chile 680, T492137, F445013. **France**, España 893, T213840, F211690, Mon-Fri 0800-1200. **German**, Av Venezuela 241,T214009, www.pla.net.py/embalem 0800-1100 Mon-Fri. **Israel**, Yegros 437, Edif San Rafael, p8, T495097, F496355. **Italy**, Quesada 5871, T615620, ambasu@uninet.com.py **Japan**, Av Mcal López 2364, T604616, F606901. Mon-Fri 0800-1200, 1500-1730. **Netherlands**, Chile 668, T492137, F445013. Mon-Fri 1500-1800. **Spain**, Yegros 437, p 6, T490686/7, F445394. Mon-Fri 0830-1300. **Swedish Consulate**, Perú y Artigas, T/F215141. Mon-Fri 0800-1200, 1500-1800. **Switzerland**, O'Leary 409, p 4, of 423, T490848, swiemasu@pla.net.py 0800-1230 Mon-Fri. **UK**, Av Boggiani 5848, Villa Mora (Casilla 404), T612611, brembasu@reider.net.py Mon-Fri 0800-1300, holds mail. **Uruguay** , Boggiani 5832 y Boquerón, p 3, T203864, F225022. Visas processed immediately if exit ticket from Uruguay, overland travel to Uruguay and onward country visas can be shown, US$42 for Australians. 0700-1730 Mon-Fri.**US Embassy and Consulate**, Av Mcal López 1776, T213715, delasu@usia.gov 0800-1200, 1400-1700 Mon-Fri.

Medical services Emergency/casualty: Brasil y FR Moreno, T204800/204715. **Pharmacies:** *Farmacia Vicente Scavone*, Palma y 15 de Agosto, T490396. *Farmacia Catedral Centro*, Palma e Independencia Nacional, Plaza de los Héroes. Both reliable.

Useful addresses Immigration: O'Leary 615, p 8, T492908/446066. Ministerio de Relaciones Exteriores, O'Leary y Pres Franco. **Mennonite Centre:** Colombia 1090, T200697. **Police:** T441111; emergency 130. To report theft go to *Comisaria Tercera*, Chile y Colombia.

East from Asunción

Asunción

This area takes you through small towns with interesting local crafts, leading to jungle on the Brazilian border, Ciudad del Este and the attractions of the Itaipú dam and the nearby Iguazú Falls.

Ruta 2, the Mariscal Estigarribia Highway, passes **San Lorenzo** (Km 12, population 74,400), whose Museo Guido Boggiani is a social and artistic centre for Indians. Its collection of tribal items from the northern Chaco dates from the turn of the 19th/20th century. ■ *Bogado 888. Uncertain opening hours. Craft items for sale.* The national *Universidad de Agronomía* on the campus of the Universidad Nacional has natural history collections. ■ *Mon-Fri 0800-1530, free.* There is a small Museo Arqueológico near the 18th century neogothic church.

Tourism farm

Estancia Oñondivemi, Km 27.5 on Ruta 1 just past the turn off to Ruta 2 at San Lorenzo, 30 minutes from Asunción, T0295-20344, onondivemi@yahoo.com A pleasant escape from the city. Serves all meals, food organically grown on site. Horse riding, fishing, swimming, nature walks (they have a nearby property with a waterfall, lovely for swimming), attractive accommodation with a/c. Contact for prices (includes meals).

Itauguá
Population: 5,400

At Km 30, founded in 1728, Itauguá is where the famous *ñandutí*, or spiderweb lace, is made. There are over 100 different designs. Prices are lower than in Asunción and the quality is better; try the *Taller Artesanal* (Km 29), the *Mutual Tejedoras* (Km 28), or *Casa Miryam* (Km 30, T0294 20372). To watch the lace being made, ask around. The old town lies two blocks from the main highway. Worth seeing are the market, the church and the Museo de Historia Indígena (Km 25, beautiful collection of carvings of Guaraní myths, ■ *US$0.60*) and the Museo Parroquial San Rafael, with a display of indigenous art and Franciscan artefacts. ■ *Daily 0800-1130, 1500-1800 except market – closed Sun. Frequent buses from Asunción, 1 hr, US$0.30.* There is a four-day festival in early-July, including processions and the crowning of Señorita Ñandutí.

Lago Ypacaraí

The lake, 24 km by 5 km, has facilities for swimming and watersports and a sandy beach. Ask locally about pollution levels in the water. There are frequent cruises from the pier during the tourist season, December-February, when it is crowded. At Capiatá (Ruta 2, Km 20, fine colonial church), a left turn goes via a toll road (US$0.75) 7 km to **Aregua**, a pretty resort on the slopes above Lago Ypacaraí.. It has an interesting ceramics co-operative, an attractive church at the highest point in town, a museum, arts and crafts exhibition and a convent. An increasing number of houses are being built around the lake. From here boat trips run across the lake at weekends to San Bernadino. ■ *Buses from Asunción*, Transportes Ypacaraínse, *every 30 mins, but do not leave from the terminal; alternatively take local bus to Capiatá and change.*

Paraguay

San Bernardino

Phone code: 0512

At Km 40 on Ruta 2 a branch road, 8 km long, leads off to **San Bernardino**, originally a German colony, known locally as 'San Ber', on the east bank of Lago Ypacaraí. This has become 'the' vacation spot for Asunción from December-February, which means that it is lively and crowded in the summer, with many concerts, pubs and nightclubs, but it is also getting very built up and commercialized. During the week and off season it continues to be a tranquil resort town. Boats can be hired and there is good walking in the neighbourhood, for example from San Bernardino to Altos, which has one of the most spectacular views of the lake, wooded hills and valleys (round trip about three hours). Shortly after the turn off from the main road towards San Bernardino is a sign to La Gruta; turn right here to a secluded park (Ypacaraí). There are grottoes with still water and overhanging cliffs. There is a tourist information centre in the centre of town between Gral Morinigo and Emilio Hassler. ■ *Buses from Asunción, 3 companies offer a regular service:* Altos, Loma Grande *and* Ciudad de San Bernardino, *departing daily every 10 mins, 45 km, 1-2 hours, US$0.50.*

San Bernardino only comes alive at night and at the weekends. No buses run after 2000 and taxis are expensive

Sleeping and eating A-B *San Bernardino Pueblo*, Paseo del Pueblo y Mbocayá, T2195. Swimming pool, a/c, by the lake. Weekend packages, 2 nights for US$55 pp, weekdays lower rates. **C** *Los Alpes*, Ruta Gral Morínigo Km 46.5, 3 km from town, T2083 or 0981-552066. A/c, cable TV, lovely gardens, 2 pools, excellent self-service restaurant, children's playground, beach 1 km away, frequent buses to centre. **C** *Del Lago*, near lake in town, T2201. With breakfast, attractive 19th-century building but run down, pool, lovely gardens. Opposite is **LL** *Sol de San Ber*, E A Garay y Decond, T2024/2161, pueblo@telesurf.com.py New, super luxury. **Camping** At Km 43 is *Casa Grande Camping Club* with all facilities. For information, Corfín Paraguaya, Ayolas 437 y Estrella, T492360/1, Asunción, or direct, T0511-649. Also *San Vicente*, 1km off Ruta 2, excursions, horse riding and birdwatching, T2274. There are many other hotels, many with restaurants serving good food at reasonable prices (eg *de Sol* and *los Alpes*) and other places to eat. Best to wander around and see what takes your fancy.

Caacupé

Phone code: 0511
Colour map 6, grid C6
Population: 9,105

At Km 54 on Ruta 2, this is a popular resort and religious centre on the Azcurra escarpment. The centre is dominated by the modern Basilica of Our Lady of the Miracles, with copper roof, stained glass and polychrome stone esplanade, which was consecrated by the Pope in 1988 (US$0.20 to climb the tower). There is an ATM on the plaza between the supermarket and *Hotel El Mirador* (no other ATM accepts international credit cards between here and Asunción). ■ *Bus from Asunción US$0.50, get off at Basilica rather than Caacupé station.*

Prices are somewhat higher than normal in Paraguay. Go midweek if you can

Thousands of people from Paraguay, Brazil and Argentina flock to the shrine, especially for the **Feast of the Immaculate Conception** on 8 December. Besides fireworks and candlelit processions, pilgrims watch the agile gyrations of Paraguayan bottle-dancers; they weave in intricate measures whilst balancing bottles pyramided on their heads. The top bottle carries a spray of flowers and the more expert dancers never let drop a single petal.

Tobati, a town north of Caacupé, specializes in wood work. A *villa artesenal* is a short walk from the bus stop outside the house of Zenon Páez, a world famous sculptor whose pieces have strong local influence. There are some amazing rock formations on the way to Tobati. ■ *Getting there: take a bus from the corner below the park on the main Asunción road in Caacupé; ask the driver to let you off at Páez' house.*

A good town to stay in for exploring the area, cheaper than Lago Ypacaraí

Sleeping and eating C *Virgen Serrana*, on plaza, T2366. With a/c, **D** with fan. **D** *Katy María*, Eligio Ayala y Dr Pino, T2860/2441, beside Basílica. Well-kept, welcoming. Recommended. **D** *El Mirador*, T2652, on plaza. With bath. And others. Chicken restaurant 1 block north of *El Uruguayo*, then 1 block east, on highway. Recommended. **Camping** *Club de Camping Melli*, 1 km east of town, all facilities, T2313. Slightly to the west of Tobati is **Atyrá** (15km from Caacupé), where there are two camping grounds, *Chorro Carumbey* and *Balneario Atyrá*. **Tourism farm** *Estancia Aventura*, Km 61.5, Ruta 2, T0981-441804, www.estancia-aventura.com 225 acres of countryside, worth spending a few days. Good accommodation, horse riding, swimming, tennis, can arrange airport pickup from Asunción.

At Km 64 beyond Caacupé a paved road runs 13 km southeast to the small town of **Piribebuy**
Piribebuy with F *Rincón Viejo*, T0515-2251, reasonable and F *Pensión Santa Rosa*,
basic, founded in 1640 and noted for its strong local drink, *caña*. In the central plaza
is the church (1640), with fine sculptures, high altar and pulpit. The town was the
site of a major battle in the War of the Triple Alliance (1869), commemorated by the
Museo Histórico Pedro Juan Caballero, which also contains artefacts from the
Chaco War. ■ *Free. Buses from Asunción by* Transportes Piribebuy. Near the town
are the attractive small falls of Piraretá. The road goes on via Chololó, 13 km south,
and reaches Ruta 1 at Paraguarí, 28 km from Piribebuy (see below, page 1027).

A turn-off from Eusebio Ayala (Km 72) goes 23 km to Caraguatay, 5 km from which **Vapor Cué**
is the Vapor Cué National Park, where boats from the War of the Triple Alliance are **National Park**
preserved. Although officially called a National Park, it is more of an open-air
museum. Next to the (indoor) museum is a pleasant hotel, also called *Vapor Cué*
(T0521-395). Frequent buses run from Asunción to Caraguatay.

An important route centre, situated 3 km south of the junction of west-east highway **Coronel**
and the major north-south Ruta 8; buses drop passengers at the junction (El Cruce). **Oviedo**
Ruta 8 (paved) runs north to **Mbutuy**, continuing as Ruta 3 to Yby Yaú, where it *Phone code: 0521*
meets Ruta 5 (Concepción to Pedro Juan Caballero). At Mbutuy (Km 56, good *Colour map 6, grid C6*
parador, restaurant, petrol station) Ruta 10 (paved as far as Cruce Carambey) *Population: 21,800*
branches off northeast to the Brazilian frontier at Saltos del Guaira. *Not worth a stop-over*

   Saltos del Guaira is named after the waterfalls now under the Itaipú lake. There is *Phone code: 046*
a 900 ha wildlife reserve, Refugio Biológico Mbaracayú. Saltos del Guaira, a free *Nowhere to change*
port, can also be reached by a paved road which runs north from Hernandarias, via *travellers' cheques*
Itaquyry to meet Ruta 10 at Cruce Carambey. There is **C-D** *Peralta*, Av Paraguay y
Capitán Capii Pery, T2235, pleasant, with breakfast and bath, **E** without. **C-D** *Colo-*
nial, Av Paraguay 263, T2530, and a few others (**C-E**). ■ *Buses to Asunción, US$9, 5*
daily; to Ciudad del Este, US$7. **To Brazil** *Regular launches cross the lake to Guaíra, 20*
mins, US$1. There is also an hourly bus/launch service, 30 mins, US$1. Buses also run
north of the lake to Mondo Novo, where they connect with Brazilian services. Brazilian
Consulate is at Destacamento de Caballería y Defensores del Chaco, T2333.

Mbaracayú Forest Reserve boasts 64,406 ha of protected rainforest and is the larg- *One of the finest*
est area of representative ecosystems in good conservation status in Paraguay. Its *national parks to visit*
fauna includes approximately 48% of all mammal species and 63% of all bird species *(not to be confused*
(over 400) found in eastern Paraguay. There are trails, waterfalls and spectacular *with the Refugio*
view points. There are also two types of indigenous community within the reserve, *Biológico further east)*
the Aché and Guaraní. The park is run by the Moisés Bertoni Foundation (see
National Parks) and they have a visitors' centre and small museum at Ygatimi.
Contact Marcos Avila, maavila@mbertoni.org.py, for arranging visits to the
Reserve. ■ *Park entrance US$1.40. Accommodation US$3 pp, camping US$ 1.40pp,*
guides US$6 per group. Getting there: take Ruta 10 from Mbutuy towards Saltos de
Guaíra and at Curuguaty head north to Ygatimi. There are 2 buses a day from
Asunción, weather permitting.
   At Santa Rosa, 143 km north of Mbutuy, there is petrol, *pensión* and restaurants.
Here a dirt road runs southwest for 27 km to **Nueva Germania** founded in 1866 by
Bernhard Förster and Elisabeth Nietzsche (the philosopher's sister) as an attempt to
establish a pure Aryan colony. This road goes on to San Pedro and Puerto Antequera
on the Río Paraguay (88 km). A further 23 km north of Santa Rosa, a dirt road runs
northeast through jungle to the interesting and tourist-free **Capitán Badó** (120 km)
in the Cordillera Amambay which forms the frontier with Brazil. From here another
road follows the frontier north to Pedro Juan Caballero (100 km). About 50 km
north of the turn off to Capitán Badó is Yby Yaú, see page 1032.

Paraguay

Villarrica

Phone code: 0541
Colour map 6, grid C6
Population: 21,210

Villarrica, 42 km south of Coronel Oviedo, is delightfully set on a hill rich with orange trees. A very pleasant, friendly place, it has a fine cathedral, built in traditional style with veranda. The Plaza de los Héroes contains many statues and memorials, and a battle-by-battle description of the Chaco War around the perimeter (walk clockwise). There are other tree-filled plazas. The museum (closed weekends) behind the church has a foreign coin collection; please contribute. Products of the region are tobacco, cotton, sugar, *yerba mate*, hides, meat and wine produced by German settlers. There is a large student population, which makes it a lively place.

Sleeping B*Villarrica Palace Hotel*, T43048, Ruta 8 Blas Garay, turn right on road entering Villarrica. Restaurant, parking, pool, sauna, the newest hotel in the area. **C** *Ybytyruzú*, C A López y Dr Bottell, T2390, F2769. Best in town, with breakfast, more with a/c, restaurant. **E** *Hospedaje La Guairana*, with restaurant, and next door, **E** *Pensión el Toro*, Mcal López 521, single beds only.

Many eating places on CA López and Gral Díaz

Eating Good restuarants are *La Tranquera* (good value, slightly more expensive at weekends), *Asunción*, *Casa Vieja* and *La Cocina de Mamá*. At night on the plaza with the Municipalidad stands sell delicious, cheap steaks. Two good nightclubs are *Monasterio* (the most popular) and *La Tirana*, great atmosphere.

Transport Buses to Coronel Oviedo, US$1.50. To Asunción, frequent, US$3, 31/2 hrs (*Empresa Guaireña*). Also direct service to Ciudad del Este, 4 daily, US$3.50, 4 hrs.

German colonies near Villarrica

Some 7 km north is a turn off to the east, then 20 km to **Colonia Independencia**, which has some beautiful beaches on the river (popular in summer). A great *mate* and wine producing area and, at harvest time, there is a wine festival. They also have beer festival in October. **C-D** *Hotel Tilinski*, out of town, peaceful, German spoken, swimming pool (filled with river water), meals for residents. *Che Valle Mi*, Sr Jacob Esslinger, Correo Melgarejo, T05418-241. Recommended. Next door is *Ulli y Klaus* restaurant, also recommended. Also a good restaurant, with German chalet style accommodation, *Hotel Restaurant Panorama*, set on top of a hill on the road 12 km from Colonia Independencia. It makes a good stop, especially for German-speaking travellers, who can also visit the German co-operative farms. There is camping nearby at Melgarejo with full facilities. ■ *Getting there: direct bus to Asunción, 3 daily (US$1.50, 4 hrs), as well as to Villarrica.*

East from Coronel Oviedo

The paved Ruta 7 runs 195 km through cultivated areas and woods and across the Caaguazú hills. Half way between Coronel Oviedo and Ciudad del Este is *Estancia Golondrina*, at José Domingo Ocampo, Km 235. Take the unpaved road to the right, 17km to the ranch. A good place for combining rural and ecotourism, as the ranch has both extensive agricultural/farm land, as well as 12,000 ha of protected virgin forest and abundant wildlife. There are trails for either walking or horse riding, boat trips on the river, and picturesque accommodation (a/c, private bathroom, very comfortable) overlooking the river. US$60 pp, all meals included, and transportation from the main road. Contact directly T/F026-2238/2893/2894, acsilvero@gesgolondrina.com.py or through APATUR (see **Rural tourism**, page 1011) Ruta 7 continues from here to the spectacular 500-m single span 'Friendship Bridge' across the Paraná (to Brazil) at Ciudad del Este.

Paraguay

Ciudad del Este

Originally founded as Ciudad Presidente Stroessner in 1957, this was the fastest growing city in the country until the completion of the Itaipú hydroelectric project, for which it is the centre of operations. Ciudad del Este has been described as the biggest shopping centre in Latin America, attracting Brazilian and Argentine visitors who find bargain prices for electrical goods, watches and perfumes. The main shopping street is Avenida San Blas, lined with shopping malls and market stalls, selling a huge variety of goods, both original and imitations - usually the latter. Watch the exchange rates if you're a short-term visitor from Argentina or Brazil. It's dirty, unfriendly and hotels and restaurants are more expensive than elsewhere in Paraguay. The leather market is well worth a visit, be sure to bargain.

Excursions The **Monday** falls, where the Río Monday drops into the Paraná Gorge, are worth seeing. ■ *US$0.30. Taxi US$20 return.* Nearby is the popular beach resort and biological refuge **Tatí Yupí**. There are two other biological reserves bordering the Itaipú dam, **Itabó** and, further north, **Limoy**. To get to them take the unpaved road north from Ciudad del Este towards Salto del Guaíra. Itabó is at the first turn off to Dorila, and Limoy the turnoff at Colonia San Lorenzo.

Phone code: 061
Colour map 7, grid C1
Population: 133,900
Don't buy perfume at tempting prices on the street, it's only coloured water. Make sure that shops which package your goods pack what you actually bought.

A *Convair*, Adrián Jara y García, T508555, convairhotel@compacom.com.py A/c, comfortable, cheaper rooms without bath. **A** *Executive*, Adrián Jara y Curupayty, T500942/3, executive@fnn.net Including a/c, breakfast – restaurant recommended. **B** *Panorama Inn* Pampliega y Eusebio Alaya, T500110, HpanoRin@cde.reider.net.py Modern, corporate atmosphere, breakfast, restaurant. **C** *New Cosmos Apart-Hotel*, Edif Cosmopolitan 1, Paí Pérez y Pampliega, T511030, F511090. Apartment style with kitchenette and living room. **C** *California*, C A López 642, T/F500350, hotelcal@hotmail.com Including breakfast, TV, a/c, several blocks from commercial area, large, modern with swimming pool,attractive gardens, restaurant. **D** *Austria* (also known as *Viena*), Fernández 165, T504213/214, F500883. Above restaurant, good breakfast, a/c, Austrian family, good views from upper floors. Warmly recommended. **D** *Itaipú*, Rodríguez y Nanawa, T500371. Breakfast, a/c. **D** *Munich*, Fernández y Miranda, T500347. With breakfast, a/c, garage. Recommended. **E** *Caribe*, Miranda y Fernández, opposite *Hotel Austria*, T62450. A/c, hot water, nice, garden, helpful owner. Recommended. **E** *Puerta del Sol*, Rodríguez y BoquerónT512544. A/c, just off main street.

Sleeping
■ *on map*

Ciudad del Este

To Itaipú
To Asunción
To Foz do Iguaçu (Brazil)
Cap Miranda
Emiliano Fernández
Mongelos
Camilo Recalde
Cnel Toledo
Av San Blas
Ruta 7 Internacional
Av Mñor Rodríguez
Nanawa
Av Carlos López
Rgto Piribebuy
Av Adrián Jara
Garcia
Boquerón
Abay
Rgto Itá Ybaté
Av Paí Pérez
Curupayty
Pampliega
Av Domingo Robledo
Francisco Cedzich
Av Mñor
Nicanor Pampliega
A Matiauda
Carlos López
Av Vicente Pampliega
Av Bernardino Caballero
Av Alejo Garcia
Oscar Ribas Ortellado

To Monday Falls

N
0 metres 100
0 yards 100

■ Sleeping	6 Itaipú
1 Austria	7 Munich
2 California	8 New Cosmos
3 Caribe	Apart-Hotel
4 Convair	9 Panorama Inn
5 Executive	10 Puerta del Sol

Osaka, Adrián Jara, and *New Tokyo*, Arco Iris supermarket, Bernardino Caballero. Both good, authentic Japanese. *Mi Ranchero*, on Adrián Jara. Good food, service and prices, well-known. *Hotel Austria/Viena*, see above. Good Austrian food, clean, good value. *Patussi Grill*, Monseñor Francisco Cedzich casi Av Alejo García. Good *churrasquería*. *Pub Cosmopolitan*,in the same building as *Cosmos Hotel*. Local food.

Eating
● *on map*
Cheaper restaurants along García and in market. Many close on Sun

Paraguay

Transport **Air** Full jet airport, Aeropuerto Guaraní. To **Asunción**, *TAM* daily en route to São Paulo. *TAM*, Curupayty 195 y Eusebio Alaya, T506030-35. Also connections to Buenos Aires, São Paulo, and Santiago de Chile. **Bus** Terminal is on the southern outskirts, T510421 (No 4 bus from centre, US$0.40, taxi US$2.50, recommended). Many buses to and from **Asunción**, US$7.80 *rápido*, 4½ hrs, at night only; US$5.40 *común*, 5 hrs. *Nuestra Señora* recommended (they also have an office in Shopping Mirage, Pampliega y Adrián Jara), *Rysa* (T501201) and others. To **Villarrica**, 10 a day, last 1620, 4 hrs, US$2.80 (*Guaireña*). To **Pedro Juan Caballero**, 7 hrs, overnight US$7.80. To **Concepción**, *García*, 11 hrs, 1 per day. To **Encarnación** (for Posadas and Argentina), paved road, frequent, 4 hrs, US$5 (this is probably cheaper than via Foz do Iguaçu).

Directory

Money changers (not recommended) operate at the bus terminal but not at the Brazilian end of the Friendship Bridge

Banks Local banks (open Mon-Fri 0730-1100). *Citibank*, Adrián Jara y Curupayty. ATM, changes TCs, 0830-1200. *Amex*, Curupayty casi Adrián Jara, T502259. Dollars and guaraníes can be changed into *reais* in town (in 2003 rates were better in Ciudad del Este than in Foz do Iguaçu). Several *Casas de Cambio: Cambio Guaraní*, Av Monseñor Rodríguez, changes TCs for US$0.50, branch on Friendship Bridge has good rates for many currencies including dollars and *reais*. *Tupi Cambios*, Adrián Jara 351, T511240, tupi@cde.reider.net.py *Cambios Chaco*, Adrián Jara y Curupayty. *Cambios Alberdi*, Adrián Jara by *Hotel Puerta del Sol*, good rates. *Casa de cambio* rates are better than street rates. **Communications** Internet: *Setik Technology*, Av 29 de Setiembre, T509 009. *Telecel*, Av San Blas 2 km from centre. A mobile phone company that has free internet access (30 mins). *Cyber Café*, Shopping Mirage, Pampliega y Adrián Jara. **International Phone:** *Copaco*, Alejo García y Pai Pérez, near centre on road to bus terminal.

Border with Brazil

Adjust your watch to local time

Paraguay and Brazilian immigration formalities are dealt with on opposite sides of the bridge.

The border crossing over the Friendship Bridge to Foz do Iguaçu is very informal but keep an eye on your luggage and make sure that you get necessary stamps – so great is the volume of traffic that it can be difficult to stop, especially with the traffic police moving you on. It is particularly busy on Wednesday and Saturday, with long queues of vehicles. Pedestrians from Brazil cross on the north side of the bridge allowing easier passage on the other side for those returning with bulky packages. There is a friendly tourist office in the customs building on the Paraguayan side of the bridge. The Brazilian consulate in Ciudad del Este, Pampliega 337, T500984/510636, F500985, opens 0700 on weekdays to issue visas. The Argentine Consulate is at Avenida Adrián Jara y Boquerón, Edificio Oriental, T500638/500945.

If in doubt, obtain all necessary exit and entrance stamps

Transport The international bus goes from outside the Ciudad del Este terminal to the *Rodoviária* in Foz. There are also local buses from the terminal and along Av Adrián Jara, every 15 mins, 0600-2000, US$0.50, which go to the city terminal (*terminal urbana*) in Foz. Most buses will not wait at immigration, so disembark to get your exit stamp, walk across the bridge (10 mins) and obtain your entry stamp; keep your ticket and continue to Foz on the next bus free. Paraguayan taxis cross freely to Brazil (US$18), although they are not keen to, and it is cheaper and easier to walk across the bridge and then take a taxi, bargain hard. You can pay in either currency (and usually in Argentine pesos too). **To Iguaçu Falls** If only visiting the Falls, immigration procedure on the Paraguayan and Brazilian sides of the Friendship Bridge is minimal, even for those normally requiring a visa to visit Brazil.

To Argentina Direct buses to Puerto Iguazú, frequent service by several companies from outside the terminal, US$1, you need to get Argentine and Paraguayan stamps (not Brazilian), bus does not wait so keep ticket for next bus.

Itaipú

A huge hydroelectric project covering an area of 1,350 sq km

The **Itaipú** project is close to Ciudad del Este, and well worth a visit. ■ *Mon-Fri 0730-1200, 1330-1700. Sat, Sun and holidays 0800-1100. Bus tours start at 0800, 0900, 1400, 1500, 1600, Mon-Fri (morning only Sat, Sun and holidays), check times in advance. Free conducted tours of the project include a film show (versions in several languages – ask). Take passport. Getting there: any bus going to Hernandarias will drop you outside the Visitors' Centre. www.itaipu.gov.py*

On the way to Itaipú is **Flora y Fauna Itaipú Binacional** zoo and museum containing animals and plants; it is about 2 km from the visitor's centre on the road back to Ciudad del Este. ■ *0730-1130, 1400-1700.*

Hernandarias, north of Ciudad del Este grew rapidly with the building of Itaipú. A paved road runs north to Cruce Carambey, where it meets Ruta 10 (see above, page 1023). From Hernandarias, boat trips on Lago Itaipú go to Puerto Guaraní where there is a museum. ■ *Getting there: frequent buses from Ciudad del Este, US$0.40.*

South from Asunción

*This is an attractive area of fertile landscapes, but especially notable for the Jesuit settlements, some of which have been extensively restored. Ruta 1/7 runs through some of the old mission towns to Encarnación on the Alto Paraná. **Itá** (Km 37, population 9,310) is famous for rustic pottery. Its church, San Blas, was built in 1585 and the town has a lagoon which is reputed never to dry up.*

Founded in 1539, Yaguarón, Km 48, was the centre of the Franciscan missions in colonial times, set on a river at the foot of a hill in an orange-growing district. The town's famous church, San Buenaventura, in Hispano-Guaraní Baroque style, was built by the Franciscan order of Los Padres Alonso Buenaventura y Luis de Bolaños between 1755 and 1772. It was reconstructed in 1885 and renovated in the late 20th century. The tints, made by the Indians from local plants, are still bright on the woodcarvings. Stations of the Cross behind the village lead to a good view of the surroundings. ■ *Daily 0700-1100, 1330-1630, except Sun when morning only.*

Yaguarón

Museo Del Doctor Francia, 500 m down the road opposite the church, with artefacts from the life of Paraguay's first dictator, 'El Supremo', plus paintings and artefacts from the 18th century. The 18th-century single-storey adobe building with bamboo ceilings and tiled roof belonged to Francia's father. ■ *Tue-Sun 0730-1130. Free guided tour in Spanish.* Fiesta patronal is in mid-July. There are a few basic hotels (**F**). ■ *Getting there: buses every 15 mins from Asunción, US$0.50.*

Founded 1775 (Km 63), the north entrance to the mission area, at the foot of a range of hills with many streams. Its church, much restored, has two bell towers, both separate from the main structure. Buses between Asunción and Encarnación stop here. **E** *Hospedaje Alemán*, has vegetarian meals. There are a few basic hotels and excellent steaks at *Parador La Estación*. About 2½ km before the town is *La Frutería*, which has wide selection of fruit, outdoor seating and a restaurant serving *empanadas*, hamburgers, beer and fruit salad. There is an interesting Artillery Museum with cannons and other artefacts from the Chaco War.

Paraguarí
Colour map 6, grid C6
Population: 5,725

Supucay, 25 km east of Paraguarí, is the location of the workshops for the wood-burning steam locomotives. ■ *Mon-Fri. Take a bus from Asunción at 0700, 1200, 88 km, 3 hrs, US$1. There are cheap hospedajes.*

Northeast from Paraguarí 15 km is **Chololó**, with a small but attractive series of waterfalls and rapids with bathing facilities and walkways, mainly visited in the summer. ■ *Getting there: it is a picturesque bus ride from Paraguarí, US$0.45.*

At **Carapeguá**, Km 84 (*hospedaje* on main street, basic, friendly; blankets and hammocks to rent along the main road, or buy your own, made locally and cheaper than elsewhere), a road turns off to Acahay, Ybycuí and the **Parque Nacional Ybycuí**, 67 km southeast, one of the most accessible National Parks, if you have a car. Founded in 1973, the 5,000 ha park includes one of the few remaining areas of rainforest in eastern Paraguay. Good walks, a beautiful campsite and lots of waterfalls. At the entrance is a well set out park and museum as well as the reconstructed remains of the country's first iron foundry (La Rosada). Crowded on Sunday but deserted the rest of the week. Guides available. ■ *Park hours 0800-1700, for camping get a permit from the Environmental Department, Madame Lynch 3500, in Asunción (See*

Parque Nacional Ybycuí
One of the few remaining areas of rainforest in eastern Paraguay

Paraguay

National parks). The only shops (apart from a small one at the entrance selling drinks, eggs, etc, and a good T-shirt stall which helps support the park) are at **Ybycuí**, 30 km northwest; **D** *Hotel Pytu'u Renda*, Avenida General Caballero 509, good food, cooking facilities; *Pensión Santa Rosa* and *San Juan*, both **E**, latter has no sign but is nice. ■ *Two buses per day, 1000 and 1600 from Ybycuí, US$0.50, take bus going to the* Mbocaya Pucú *colony that stops in front of the park entrance. Hitching is easy. From Asunción take a bus to Acahay,* Transportes Emilio Cabrera, *8 daily and change, or bus to Ybycuí, 0630, US$1.30.*

San Ignacio
Guazú

Km 226, a delightful town on the site of a Jesuit *reducción* (*guazú* is big in Guaraní). Several typical Hispano-Guaraní buildings survive. Each Sunday night at 2000 a folklore festival is held in the central plaza, free, very local, "fabulous". The **Museo Jesuítico**, housed in the former Jesuit art workshop, reputedly the oldest surviving civil building in Paraguay, contains an important collection of Guaraní art and sculpture from the missionary period. ■ *Daily 0800-1130, 1400-1730, US$0.60. Very knowledgeable attendant.* Nearby is the **Museo Histórico Sembranza de Héroes**, with displays on the Chaco War. ■ *Mon-Sat 0745-1145, 1400-1700, Sun 0800-1100.* For tours of the area or to visit local ranches and farms contact *Emi Tours,* T078-220286.

Sleeping and eating **C** *Parador Piringó*, T082-262. Modern, on outskirts, with a/c, **E** pp without, recommended, restaurant open 24 hrs, most of the other places in town are *parrilladas*. **E** *La Casa de Loli,*, T082-2362, on outskirts, Mcal López casi Calle Última. Nice atmosphere, pool, a/c, with breakfast, other meals can be made on request. **E** *Gran Katmandu*, Estigarribia e Iturbe (by plaza), T082-2001. A/c, hot water, pleasant, restaurant downstairs. **E** pp *Unión*, T082-544. With bath, a/c and breakfast. **E** *Hospedaje San Antonio*, T082-404. Fan, basic. Camping is possible outside the town.

Transport Regular bus services to/from **Asunción**, US$4 *común*, US$6.50 *rápido*; to **Encarnación**, frequent, US$5 *común*, US$7.50 *rápido*.

Santa María is 12 km to the northeast along a cobbled road. Here there is another fine museum in restored mission buildings containing some 60 Guaraní sculptures among the exhibits. ■ *0900-1300, 1500-1800, US$0.30.* The modern church has a lovely altar-piece of the Virgin and Child (the key is kept at a house on the opposite side of the plaza). Good local *artesanía* shop. **F** pp *Pensión San José*, basic. ■ *Getting there: bus from San Ignacio from the Esso station, 6 a day from 0500, 45 mins.*

At **Santa Rosa** (Km 248), founded 1698, only a chapel of the original church survived a fire. The chapel houses a museum; on the walls are frescoes in poor condition; exhibits include a sculpture of the Annunciation considered to be one of the great works of the Hispanic American Baroque (ask at the *parroquia* next door for entry). Buses from San Ignacio Guazú.

A road at Km 262 leads 52 km southwest to **Ayolas** and the Yacyretá hydroelectric scheme. At Km 18 **Santiago** is another important Jesuit centre (1669) with a modern church containing a fine wooden carving of Santiago slaying the saracens. More wooden statuary in the small museum next door (ask around the village for the key-holder). There is an annual Fiesta de la Tradición Misionera.

The road between Gral Delgado and Coronel Bogado is a good place to see rare birdlife

At Km 306 a road turns off the highway to **San Cosme y Damián**, 25 km south. When the Jesuits were expelled from Spanish colonies in 1767, the great church and ancillary buildings here were unfinished. A huge completion project has followed the original plans. ■ *0700-1130, 1300-1700 US$1. Some of the* casas de indios *are still in use. From Encarnación,* La Cosmeña *and* Perla del Sur *buses, US$2.50, 2½ hrs.*

Encarnación

A bridge connects this busy port on the Alto Paraná (founded 1614) with the Argentine town of Posadas. The old town was badly neglected at one time as it was due to be flooded when the Yacyretá-Apipé dam was completed. Since the flooding, however, what is not under water has been restored and a modern town has been built higher up. This is less interesting than the lower part, which formed the main commercial area selling a wide range of cheap goods to visitors from Argentina and Brazil. The town exports the products of a rich area: timber, soya, *mate*, tobacco, cotton, and hides; it is fast losing its traditional, rural appearance. The town is a good centre for visiting the nearby Jesuit missions of San Cosme y Damián, Trinidad and Jesús. The cost of living is higher than in most other parts of Paraguay, but tourist goods and accommodation are cheaper than in Posadas.

Phone code: 071
Colour map 6, grid C6
Population: 60,000
370 km SE of Asunción

B *Encarnación Resort Hotel*, Villa Quiteria on outskirts Ruta 1, Km 2, T207264, erhotel@ita.com.py First class, comfortable, very well run. Highly recommended. **C** *Paraná*, Estigarribia 1414, T204440. Good breakfast, helpful. Recommended. **D** *Cristal*, Mcal Estigarribia 1157, T/F202371, cristalh@telesurf.com.py Pool, restaurant, TV and a/c, helpful staff. **D** *Viena*, PJ Caballero 568, T203486, beside Copaco. With breakfast, German-run, good food, garage. **E** *Central*, Mcal López 542, Zona Baja, T203454. With breakfast, nice patio, German spoken. **E** *Germano*, Cabañas y C A López, opposite bus terminal, T3346. **F** without bath or a/c, German and Japanese spoken, small, very accommodating. Highly recommended. **E** *Itapúa*, C A López y Cabanas, T/F205045, opposite bus station. Dark rooms, modern. **E** *Liz*, Av Independencia 1746, T202609. Comfortable, restaurant, recommended. **E** *Acuario*, J L Mallorquín 1550 casi 25 de Mayo, T/F202676. Pool, a/c, with breakfast.

Sleeping
■ *on map*

American Grill, Av Irrazábal just before International Bridge. Good *churrasquería*. *Cuarajhy*, Estigarribia y Pereira. Terrace seating, good food, open 24 hrs. *Parrillada las Delicias*, Estigarribia 1694. Good steaks, comfortable, Chilean wines. *Provenza*, Dr Mallorquín, just past the rail tracks. International cuisine. *Rubi*, Mcal Estigarribia 519. Chinese, good. *Tokio*, Mcal Estigarribia 472. Good Japanese, real coffee.

Eating

Bus The bus terminal is at Estigarribia y Memmel. Good cheap snacks. To/from Asunción, *Alborada, Encarnaceña* (recommended, T203448), *Flecha de Oro, Rysa, Nuestra Señora de la Asunción,* all except last named at least 4 a day, 6 hrs, US$8. Stopping (*común*) buses US$5, but much slower (6-7 hrs). To **Ciudad del Este**, US$5, several daily, 4 hrs.

Transport

Paraguay

Encarnación

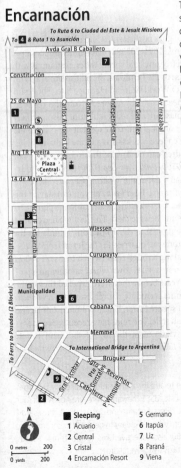

To **4** & Ruta 1 to Asunción
To **6** to Ciudad del Este & Jesuit Missions

Avda Gral B Caballero

Constitución

25 de Mayo

Villarrica

Arq TR Pereira

Plaza Central

14 de Mayo

Cerro Corá

Wiessen

Curupayty

Kreusser

Municipalidad

Cabañas

Memmel

To International Bridge to Argentina

Bruguez

To Ferry to Posadas (2 Blocks)

Carlos Antonio López
Lomas Valentinas
Independencia
Tte González
Av Irrazábal
Mcal F Estigarribia
Dr J L Mallorquín
Gral Escobar
PJ Caballero
Pte González Reverbón
P Wimaut

N

0 metres 200
0 yards 200

■ Sleeping	
1 Acuario	5 Germano
2 Central	6 Itapúa
3 Cristal	7 Liz
4 Encarnación Resort	8 Paraná
	9 Viena

Directory

There are money changers at the Paraguayan side of the bridge but it is best to change money in town

Banks Most banks now in the upper town, eg *Banco Continental*, Mcal Estigarribia 1418, Visa accepted. *Lloyds TSB Bank*, Mcal Estigarribia y Av G Caballero, Visa ATM, open Mon-Fri 0845-1215. *Citibank*, Mcal Estigarribia y Villarrica, ATM. *Casas de cambio* for cash on Mcal Estagarriba (eg *Cambios Financiero* at No 307, *Cambio Iguazú* at No 211). *Cambio Chaco* Irrazábal casi Memmel, inside Supersels supermarket. **Communications International Phone:** Copaco, Capitán PJ Caballero y Mcal López, 0700-2200, only Spanish spoken. **Consulates Argentina**, Mallorquín 788, T3446. **Brazil**, Memmel 450, T3950. **Germany**, Memmel 631, T204041, F202682. **Japan**, C A López 1290, T2287, F5130. **Tourist offices** Next to the Universidad Católica, very helpful, open 0800-1200, T203508; street map. In the afternoon a map can be obtained from the Municipalidad, Estigarribia y Kreusser, oficina de planificación.

Border with Argentina

The new San Roque road bridge connects Encarnación with **Posadas**. Formalities are conducted at respective ends of the bridge. Argentine side has different offices for locals and foreigners; Paraguay has one for both. **NB** Paraguay is one hour behind Argentina, except during Paraguayan summer time.

Transport Take any 'Posadas/Argentina' bus from opposite bus terminal over the bridge, US$0.60, 30 mins. Bus passengers should keep all luggage with them and should retain bus ticket; buses do not wait. After formalities (queues common), use ticket on next bus. Taxi costs US$5. Cycles are not allowed to use the bridge, but officials may give cyclists a lift. A ferry still operates costing US$1: immigration formalities must be undertaken at the main offices.

Encarnación to Ciudad del Este

Jesuit Missions

50 km from the Argentine border

From Encarnación a paved road (Ruta 6) goes northeast to Ciudad del Este. At Km 20, by Capitán Miranda, is **A** *Hotel Tirol*, T071-202388, erik@hoteltirol.com.py, which has chalets, swimming pools filled freezing cold spring water, restaurant with plain cuisine, and beautiful views. On this road is **Trinidad**, the hilltop site of a Jesuit *reducción*, built 1706-60, now a UNESCO World Cultural Heritage Site. The Jesuit church, once completely ruined, has been partially restored. Note the restored carved stone pulpit, the font and other masonry and relief sculpture. Also partially rebuilt is the bell-tower which is near the original church (excellent views from the top). You can also see another church, a college, workshops and the Indians' living quarters. It was founded in 1706 by Padre Juan de Anaya; the architect was Juan Bautista Prímoli. ■ *US$0.20. Oct-May 0700-1900, Apr-Sep 0700-1730.* For information, or tours (in Spanish and German), ask at the Visitors' Centre. There is a good hotel and restaurant next to the entrance, **F** pp *León*, or you can stay at the *Centro Social*, food and shower available, take sleeping gear; camping permitted behind the souvenir stall, but no facilities and beware theft. The *Jesuito* Snack Bar at the turn off from the main road is a decent place to eat. 1 km from Trinidad is **Ita Cajón**, an enormous clearing where the stone was quarried for the Jesuit *reducción*,

About 10 km northwest of Trinidad, along a rough road (which turns off 300 m north from Trinidad entrance) is **Jesús**, now a small town where another group of Jesuits finally settled in 1763. In the five years before they were expelled they commenced a massive construction programme including church, sacristy, *residencia* and a baptistry, on one side of which is a square tower. There is a fine front façade with three great arched portals in a Moorish style. The ruins have recently been completely cleaned and restored. Beautiful views from the top of the main tower. ■ *Oct-May 0700-1900, Apr-Sep 0700-1730, US$0.20. Camping permitted at entrance to ruins.*

Transport Many buses go from Encarnación to and through **Trinidad**, take any bus from the terminal marked Hohenau or Ciudad del Este, US$1 (beware overcharging). A taxi tour from Encarnación costs about US$20. Bus direct Encarnación-**Jesús** 0800; buses run Jesús-Trinidad every hr (30 mins, US$0.40), from where it is easy to get back to Encarnación, so do Jesús first. Last bus Jesús-Trinidad 1700; also collective taxis, return Trinidad-Jesús US$3.50. No buses on Sun. Enquire locally as taxis try to overcharge.

From Trinidad the road goes through or near a number of German colonies including **Hohenau** (Km 36), where *Parque Manantial* is located (Km 35, 500m from main road, T075-32732, F075-32250). The park is in a beautiful location and has 2 swimming pools (0830-2200), a good restaurant and bar, camping ground and complete facilities (US$5 per day including use of swimming pool and all facilities), horse riding, tour of the local countryside by jeep and cross country tours to the nearby Jesuit ruins. A good place to stop off on the way to Ciudad del Este. Owner Rubén Pretzle is always willing to help visitors, whatever the problem. Major credit cards accepted, phone calls can be made at no extra charge.

The next colony is **Obligado**, it has an ATM in the centre of town. **A** *Biorevital Hotel and Spa*, Avenida Mcal López 275, T0717-20073, www.spa-kur.com.py German run, includes all meals, all organic food, swimming pools with mineral water, yoga, internet, homeopathic treatments. 5km further north is **Bella Vista** (Km 42, ATM). **C** *Papillón*, Km 44, T0767-235/280/559, www.paraguay-hotel.com/papillon A/c, internet, pool, gardens, very pleasant, German, French, English, Flemish spoken, excellent and popular restaurant. Highly recommended. Organizes excursions in the area including in a light aircraft. **D** *Hotel Bella Vista Plaza*, Samaniego 1415, T0757-236. In Bella Vista it is possible to visit various *yerba mate* plantations, the most geared for visitors is *Pajarito*, T076-7395, www.pajarito.com.py

For those interested in mate see www.yerba -mate.info

North from Asunción

Asunción

The Paraguay river, still a main trade route between Brazil and Argentina, dominates this section and a boat trip to Concepción is one of the easiest ways of seeing the country. The winding river is 400 m wide and is the main trade route for the products of northern Paraguay. Boats carry cattle, hides, yerba mate, tobacco, timber and quebracho, a tree that provides the purest form of tannin.

North from Asunción by river, you pass Villa Hayes where the bridge marks the beginning of the Trans-Chaco Highway. Further upstream is Puerto Antequera and 100 km beyond is Concepción.

Asunción to Concepción

By road there are two alternative routes. One is via the Trans-Chaco Highway and Pozo Colorado. The Pozo Colorado-Concepción road, 146 km, is now completely paved. This route offers spectacular views of bird life.

Via Ruta 2 to Coronel Oviedo, Ruta 3 to Yby Yaú (paved) and thence west along Ruta 5 (paved). North of Coronel Oviedo, at Tacuara (Km 225), a road heads west to Rosario, from where you can visit the Mennonite community of **Colonia Volendam**, nine hours by bus from Asunción (two a day, *San Jorge*, US$3). German and Spanish are spoken here. **E** pp *Hotel Waldbrunner*, T0451-20175, with bath, **F** without a/c, good restaurant, recommended.

Set on the Río Jejui, 65 km north of Tacuara on Ruta 3, is *Estancia Jejui*, T021-490268, www.coinco.com.py/jejui All rooms with a/c, bathroom and hot water, fishing, horse riding, boat rides, tennis, US$60 pp including all meals.

Concepción

A free port for Brazil, Concepción stands on the east bank of the Río Paraguay. This pleasant, friendly, quiet and picturesque town is the trade centre of the north, doing a considerable business with Brazil. The *Brazilian Vice Consulate* is at Franco 972, T2655, Monday-Friday 0800-1400. The market, a good place to try local food, is east of the main street, Agustín Pinedo (which is a kind of open-air museum). From here Avenida Pres Franco runs west to the port. The *Museo Municipal* is at Mcal López y Cerro Corá; it contains a collection of guns, religious art and other objects.

Phone code: 0314
Colour map 6, grid B6
Population: 35,000
312 km N of Asunción

Paraguay

■ *Mon-Fri 0700-1200.* Plaza Agustín Fernando de Pinedo has a permanent craft market. About 9 km south is a new bridge across the Río Paraguay, for an interesting walk across the shallows and islands to the west bank, about an hour return trip, taxi US$6. The island in the Río Paraguay facing Concepción has a good beach, *Dorado.*

Sleeping **C** *Francés*, Franco y C A López, T2383. With a/c, **D** with fan, with breakfast, good value, restaurant. **C** *Piscis Marina Club*, Playa del Río Paraguay, T3187, piscismarina@quanta.com.py By the river, swimming pools, restaurant, nightclub/pub open weekends, basketball and paddle courts, organizes visits to *estancias*, fishing and boat rides on the river. **C-D** *Victoria*, Franco y Caballero, T2256, F2826. With a/c, **E** with fan, with breakfast, restaurant. Recommended.**E** pp *Concepción*, Don Bosco y Colombia, T2506. Breakfast and a/c, cheaper with fan, basic.

Eating The restaurants of *Hotels Victoria* and *Francés* are good. Also, *Heladería Amistad*, Franco y 31 de Mayo, sandwiches and ice cream, also a bar and popular hangout at night, as are *Heladería Ysapy*, on Mariscal Estigarribia, and *Copetín San Blas*, Pres Franco 290, good *empanadas*.

Banks *Banco Nacional de Fomento* , Franco casi Cerro Corá, has an ATM and will usually change dollars. More reliable are the *casas de cambio*: *Cambios Exchange*, on Pres Franco. Mon-Fri 0745-1700.**Communications** Internet:*Cybercom Internet Café*, Pres Franco casi 14 de Mayo, open until 2230. Phone: Copaco and other *cabinas* on Pres Franco. **Post Office:** Presidente Franco.

Transport **Air** Asunción-**Concepción** flights are operated by *LATN* (T2353), *Aeronorte* and *TAM* (which tends to be cheapest). *TAM* to **Asunción** daily at 0920 Tue, Wed, Thu and Sat, or 1020 on Mon and Fri. From Asunción Mon-Sat at 0645, 40 mins, book as early as possible (only 25 seats), free colectivo from *TAM* office on main street (Pres Franco 973, T2259) to airport. On Mon, Wed and Fri at 0700 *TAM* flies from Asunción and Concepción to **Vallemí**, **Fuerte Olimpo** and **Bahía Negra**, all 3 villages to north of Concepción on the Río Paraguay. Air services to these places are irregular because runways are sometimes flooded.

 Buses The terminal is on the outskirts, 8 blocks north along Gral Garay, but buses also stop in the centre, Av Pinedo, look for signs *Parada Omnibus*. A shuttle bus (Línea 1) runs between the terminal and the port. Several companies to **Asunción**, most services overnight; most go via **Pozo Colorado**, 5½ hrs, US$9 *directo*, 6½ hrs, US$7*semi-directo*, though a few go via **Yby Yaú** and **Coronel Oviedo**, 8 hrs. To **Pedro Juan Caballero**, *semi-directo* 6 hrs, US$4, *directo* 4 hrs, US$3.50. To **Horqueta**, 1 hr, US$1. To **Filadelfia**, 1 daily, US$7, 6 hrs. To **Ciudad del Este**, 1230 daily, 10 hrs.

 Shipping To **Asunción**, 15 hrs, several companies (fares under Asunción River boats). *Coehlo de Sousa Pedro E* T2435, *Mate Larangeira Méndez del Paraguay* T2621, and *Nanawa* T2024. For details of sailings ask at the **Agencia Marítima**, Nanawa 547, near dock. To **Bahía Negra**, in Paraguayan Pantanal, 2/3 days each way. This trip is the best way to see wildlife in the north-eastern region of Paraguay. More adventurous travellers can continue up the river to Corumbá, Brazil, or Puerto Suaréz, Bolivia.

East of There is a 215-km road (Ruta 5 – fully paved) from Concepción, eastwards to the Bra-
Concepción zilian border. This road goes through Horqueta, Km 50, a cattle and lumber town of 10,000 people. Further on the road is very scenic. From **Yby Yaú** (junction with Ruta 8 south to Coronel Oviedo) the road continues to Pedro Juan Caballero.

 Six kilometres east of Yby Yaú a road branches off to the very pleasant, uncrowded **Parque Nacional Cerro Corá** (22,000 ha), which is the site of Mariscal Francisco Solano López' death and the final defeat of Paraguay in the War of the Triple Alliance. There is a monument to him and other national heroes; the site is constantly guarded. It has hills and cliffs (some with pre-Columbian caves and petroglyphs), camping facilities, swimming and hiking trails. The rocky outcrops are spectacular and the warden, Carmelo Rodríguez, is helpful and will provide free guides. When you have walked up the road and seen the line of leaders' heads, turn right and go up the track passing a dirty-looking shack (straight on leads to a military base). Administration office is at Km 180 on Ruta 5, 5 km east of the main entrance.

The Brazilian Border

This border town is separated from the Brazilian town of Ponta Porã, by a road (Avenida Internacional): locals cross as they please (see below for immigration formalities). The contrast between the two sides of the border is stark: most of the shops are on the Paraguayan side, which is good for cheap liquor and electronics. Ponta Porã has roads to São Paulo and the Atlantic coast and to Campo Grande. Near the bus terminal at Teniente Herrero 998 y Estigarribia, is a natural history museum run by the Fundación Kayamo. In the Plaza Pedro Juan Caballero there is the Museo Municipal, with relics from the Chaco War and archaeological objects from various indigenous tribes including Incas and Quechuas. ■ *Mon-Sat 0800-1200, 1300-1700, free.*

Pedro Juan Caballero
Phone code: 0367
Colour map 7, grid B1
Population: 37,331
Avoid being out after dark, this is one of the least safe areas of Paraguay

Sleeping and eating D *Eiruzú*, Estigarribia 4-8, T2259. With breakfast, modern, swimming pool, good restaurant. Recommended. D *La Siesta*, T3201. With breakfast, pool and restaurant. Several others which are less good. Eating is mainly in hotels, or on the Brazilian side, where the restaurants tend to be better. *Pepe*, Av Internacional 748, expensive, live music.

Transport Air: Daily flights to Asunción, twice on Tue and Fri (though they may be suspended after heavy rain). **Bus**: To **Concepción**, 4 hrs, US$4, *preferencial*, 5 hrs, US$3.50 *común*. To **Asunción**, direct, 7-7½ hrs, US$7.20 and slower buses, 9-10 hrs, eg *Cometa del Amambay* at 0900 and 1900, US$5. Most buses for **Campo Grande** leave from Ponta Porã.

Directory Banks *Banco Nacional de Fomento*, Dr Francia 1202, and *BBA*, also on Dr Francia y Mcal Estigarribia. At least 6 *casas de cambio* for TCs (also deal in European currencies) including *Cambios Chaco*, Mcal López 1462. At weekends try *Game Centre Guaraní* or *Casa China*. **Communications Post Office:** at corner of 14 de Mayo y Cerro León.

To cross into Brazil officially, first obtain a Paraguayan exit stamp at the Dept of Immigration on Dr Francia, T2195, Monday-Friday 0700-1800, 2000-2200, Saturday 0800-1200, 1900-2200, Sunday 1900-2200. Then report to Brazilian federal police in Ponta Porã. It is essential to observe immigration formalities or you will run into problems later. The Brazilian consulate is at Mcal Estigarribia, casi Carlos Antonio López, T2218, Mon-Fri 0800-1400: go there first if you need a Brazilian visa. There is another crossing to Brazil at Bella Vista on the Río Apá, northwest of PJ Caballero; buses run from the Brazilian border town of Bela Vista to Jardim and thence to Campo Grande.

Border with Brazil
For day crossings you may not need a stamp, but make sure to check first

The Chaco

This is a remarkable area of marshes and farmlands developed by German-speaking Mennonites, with a substantial population of Indian peoples. Birds are spectacular and common, while other wildlife is equally interesting but less frequently seen. This immense pristine region of Paraguay is perfect for those who want to escape into the wilderness with minimal human contact and experience nature at its finest.

Asuncion

Getting there The Paraguayan Chaco covers 24 million ha, but once away from the vicinity of Asunción, the average density is less than one person to the sq km. A single major highway, the Ruta Trans-Chaco, runs in a straight line northwest towards the Bolivian border. From Mariscal Estigarribia there are 2 routes to the frontier, the old road to Gral E A Garay, 20 km beyond Nueva Asunción, which continues to Boyuibe (seldomly used). The newer road takes a more southerly route, to Villamontes in Bolivia. As far as Mariscal Estigarribia, the paved surface is poor and beyond that point the dirt surface, after rain (Nov-Apr), is negotiable only by 4WD vehicles. The road from Mariscal Estigarribia is being paved, due to be completed 2004. The elevation rises very gradually from 50 m opposite Asunción to 450 m on the Bolivian border.

Ins & outs
Since this is a major smuggling route from Bolivia, it is unwise to stop for anyone in the night

Paraguay

▶ ## The People of the Chaco

The **Mennonites**, who run their own banks, schools, hospitals and agricultural cooperatives, have created a prosperous community in an area that has attracted few other settlers. They are mainly crop-farmers raising citrus, groundnuts, sorghum and cotton, but their dairy products are excellent and widely distributed throughout the country. About half the country's milk production comes from the Chaco.

Very few of the remaining **Chaco Indians**, most notably the Ayoreo, still rely on hunting and gathering for their livelihood to any great degree. Many have settled among or near Mennonite colonies, where they cultivate cotton and subsistence crops, and work as day labourers for the Mennonites or on Paraguayan cattle estancias. They speak a variety of indigenous languages, including Guaraní, but are often more likely to know German than Spanish. Controversial fundamentalist Christian missionaries proselytize actively among them.

For tour operators, see page 1037. Alternatively, contact the Paraguayan Rural Tourism Association (APATUR), see Rural tourism, Essentials

Getting around No expedition should leave the Trans-Chaco without plentiful supplies of water, food and fuel. No one should venture onto the dirt roads alone. In the Middle and Low Chaco, there are service stations at regular intervals along the highway, but none beyond Mariscal Estigarribia. There is almost no traffic in the High Chaco, and ill-equipped expeditions have had to be rescued by the army or have come to grief. Clear the area around your camp to deter poisonous snakes. Winter temperatures are warm by day, cooler by night, but summer heat and mosquitoes can make it very unpleasant (pyrethrum coils – *espirales* – are available throughout the region). The rapid improvement of the highway has opened the area to agricultural colonization, especially by foreigners.

The Low Chaco
The most highly populated part of the Chaco

Just west of Asunción across the Río Paraguay, this area is a picturesque palm savanna, much of which is permanently inundated because of the impenetrable clay beneath the surface, although there are 'islands' of high ground. Cattle ranching on gigantic *estancias* is the prevailing economic activity; some units lie several hundred kilometres down tracks off the highway. Remote *estancias* have their own airfields, and all are equipped with two-way radios.

The Middle Chaco
If road conditions permit, driving maximizes chances of seeing a variety of animals, with even jaguar, tapir and the enigmatic Chacoan peccary seen regularly

This region near Filadelfia has been settled by Mennonites, Anabaptist refugees of German extraction who began arriving in the late 1920s. There are three administratively distinct but adjacent colonies: Menno (from Russia via Canada and Mexico); Fernheim (directly from Russia) and Neuland (the last group to arrive, also from Russia, after the Second World War). Among themselves, the Mennonites speak 'plattdeutsch' ('Low German'), but they readily speak and understand 'hochdeutsch' ('High German'), which is the language of instruction in their schools. Increasingly, younger Mennonites speak Spanish and Guaraní, while English is not unknown. The people are friendly and willing to talk about their history and culture. Altogether there are 118 villages with a population of about 15,000 Mennonites, 20,000 Indians and much smaller numbers of 'Paraguayans' and other immigrants. The natural vegetation is scrub forest, with a mixture of hardwoods, and cactus in the north. The *palo borracho* (bottle-tree) with its pear-shaped, water-conserving, trunk, the *palo santo*, with its green wood and beautiful scent, and the tannin-rich *quebracho* (axe-breaker) are the most important native species. This is the best area in Paraguay to see large mammals, especially once away from the central Chaco Mennonite colonies.

Parque Nacional Defensores del Chaco

From Filadelfia an alternative route goes north to this 780,000 ha park, where most of the country's remaining jaguars are found. Puma, tapir and peccary also inhabit the area. The best time to see them is, with great patience, around water holes at nightfall. Cerro León (highest peak 600m), the only hilly area of the Chaco, is located in the park. This road is very rough and negotiable only by 4WD vehicles. Most settlements beyond the orbit of Filadelfia are under military jurisdiction and a letter of authorization or military introduction may be useful.

Here, low dense thorn forest has created an impenetrable barricade of hard spikes and spiny branches resistant to fire, heat and drought, very tough on tyres. Occasional tracks lead off the Trans-Chaco for a short distance. Towards Bolivia cactus becomes more prevalent as rainfall decreases. There are a few *estancias* towards the south, where the brush is bulldozed into hedges and the trees left for shade. Summer temperatures often exceed 45°C.

To reach the Ruta Trans-Chaco, you leave Asunción by the route across the Río Paraguay to Villa Hayes. Birdlife is especially abundant and visible in the palm savanna, but other wild animals are usually only seen at night, and otherwise occur mostly as road kills. The first public telephone after Asunción is at Km 100, along with **E** *Restaurant/hotel Tacuara*. The phone system along the Ruta Trans-Chaco operates by satellite, phone cards are sold at service stations (first service station after Asunción is at Km 130). **Pirahú**, Km 252, has a service station and is a good place to stop for a meal; it has a/c, good *empanadas* and fruit salad. The owner of the *parador* owns an old-fashioned carbon manufacturing site 2 km before Pirahú. Ask for him if you are interested in visiting the site. At Km 271 is **Pozo Colorado**, the turning for Concepción (see page 1031) and the checkpoint for travellers en route to/from Bolivia. There are two restaurants, a basic hotel (**F** pp with fan, cheaper without), supermarket, hospital, a service station and a military post; for hitching, try truck drivers at the truck stop. Toll point US$0.75 (currently not in use). The Touring y Automóvil Club Paraguayo provides a breakdown and recovery service from Pozo Colorado (T093-516). At this point, the tidy Mennonite homesteads, surrounded by flower gardens and citrus orchards, begin to appear. At Km 282 is one of the most pleasant places to stay or eat, *Rancho Buffalo Bill*, T021-298381. Totally new restaurant set beside a small lake in a picturesque thatched roof log cabin. Excellent homemade food, a/c. The *estancia* has 10,000 ha, limited but good accommodation (**D**), ask at restaurant. Horse riding, ecological walks and camping possible. At Km 320 is **Río Verde**, with fuel, police station and restaurant. The next acceptable place to stay or eat on the Trans-Chaco is **Cruce de los Pioneros**, at Km 415, a weekend excursion from Asunción where accommodation (**D** *Los Pioneros*, T091-2210, hot shower, a/c), limited supermarket, vehicle repair shop, and fuel are available.

Filadelfia

The service centres of the Mennonite area are Filadelfia (Fernheim Colony), Loma Plata (Menno Colony), and Neu-Halbstadt (Neuland Colony). Filadelfia, 472 km from Asunción, is the largest of the three towns. A knowledge of German is very helpful in this area. Sieghart Friesen, Avenida Trébol, Filadelfia, is recommended as guide, knowledgeable on the area, speaks Spanish and German. The **Unger Museum** provides a glimpse of pioneer life in the Chaco, as well as exhibiting artefacts of the aboriginal peoples of the region. ■ *US$1 admission including video. The Manager of the Hotel Florida will open the museum upon request, when things are not too busy.* Next to the Unger Museum is a huge, well-stocked supermarket. In all the colonies the cooperatives can provide most essentials, especially dairy products. A craft shop, *Librería El Mensajero*, next to *Hotel Florida*, is run by Sra Penner, very helpful and informative. ■ *All services in the Mennonite areas, (except tourist services) including fuel stations, close at 1130 on Sat. On weekdays everything closes by 2000. Buses from Asunción, Stel Turismo 1 daily, 7 hrs, US$8. Less good is Nasa, T32492, several daily, 7½ hrs, US$7.*

*Phone code: 0491
Colour map 6, grid B5
Population: 4,100*

C *Safari*. A/c, pool. **D** *Florida*, T32151/5. Modern motel-style wing with a/c, breakfast, hot showers, TV, laundry service, good restaurant, pool (US$1.50), **E** pp in an annex (dirty, insecure), good German pastries available. **D** *Golindrina*. T32643, hotel_g@telesurf.com.py A/c, **E** with fan, building new rooms with internet. 5 km east of town, Parque Trébol has camping facilities at no charge, but lacks running water. *La Estrella* recommended for ice cream and *asados*. Another better restaurant *El Girasol* T32078, *churrasquería*, opposite. *Remi*, T32516, on same street, pizzas and ice cream. Plenty of home-made ice cream, more than welcome in the heat.

Sleeping & eating

Accommodation in Filadelfia and elsewhere in the Chaco is heavily booked in Sep when a national motor rally is in town

Loma Plata
Phone Code: 0492
Population: 3,364

The centre of the largest of the colonies, Menno, Loma Plata is 25 km east of Filadelfia. Although slightly smaller than Filadelfia, it has more to offer the visitor. Good museum **Museo de la Colonia Menno** open on request; ask at nearby Cooperative building. There is a small tourist office by the museum. *Multibanco SA* on Avenida Central by the museum, T53001, accepts major credit cards for withdrawing money, and changes dollars (as does the Cooperative). Phone booths next to bank, Avenida Central, and on the same road in front of the cooperative supermarket. There is also a well-equipped hospital, photo shop, supermarkets and service stations. Car rental is possible through *Ecoturismo Boquerón*, although roads out side of the towns are not well signposted, and it is recommendable to be accompanied by someone who knows the area. **Balneario Oasis swimming complex,** Nord Grenze, 700 m past airport north of Loma Plata, T52704, 3 pools with slides and snack bar. A welcome break from the summer heat. ■ *US$1.40 admission, open Sep-Apr 1500-2100, except Sun and holidays, 1100-2100. Bus from Filadelfia, Stel Turismo, 3 daily, US$2.50.*

Around Loma Plata: **Laguna Capitán**, 35 km east of Loma Plata, 12 km from Cruce de los Pioneros. These semi-dry salt lagoons are a wonderful place to see bird life such as Chilean flamingoes, swans and migratory shorebirds from the Artic. There are extensive walks though the eerily beautiful landscape. Swimming lake, basic bunk bed accommodation is available (**F-G**, a/c, shared bathroom). Alternatively an excellent place to camp, with sheltered area, cooking facilities and bathrooms. Make reservations through *Ecoturismo Boquerón* (see below) in Loma Plata or through the Cooperative by the museum. **Indigenous Foundation for Agricultural and Livestock Development** (FIDA): 30 km from Neu-Halbstadt, Filadelfia and Loma Plata. T0491-32116. Located within Yalve Sanga, the first Indigenous version of the Mennonite cooperative colonies, This provides an interesting insight into the lives of the indigenous communities. Limited handicrafts available in the Yalva Sanga supermarket (better selection in Neu-Halbstadt).

Paraguay

C *Palace*, Av Fred Engen, T52180. TV, a/c, mini bar, decent restaurant in an out-of-the-ordinary setting around an indoor swimming pool (free use for diners), friendly staff. Major credit cards accepted. **E** *El Algarrobo,* T52353. A/c, breakfast, heated swimming pool. **E** *Mora*, Sandstrasse 803, T52255. With breakfast, a/c, basic food available on request, comfortable.**E** *Pensión Loma Plata*, J B Reimer, T52829. A/c, breakfast, lunch on request, basic but comfortable, discount for longer stays. *Chaco's Grill*, Av Dr Manuel Gondra, T52166. Open daily for lunch and dinner, good *churrasquería*, patio, live music at weekends.

Many agencies in Asunción offer tours, staying for up to 6 days in Cruce de los Pioneros. Guides can be found in Asunción, often German speaking, for about US$100 per day. Most tours visit only Mennonite communities. *Chaco Paraguayo*, T492 52060, www.elgranchaco.com.py, run ecotours, trekking and safaris in the Chaco. *Ecoturismo Boquerón*,Quebracho 865 off Av Fred Engen, T492 52060, ecotur@telesurf.com.py Organizes all types of excursions, including to *estancias* and the Defensores del Chaco National Park. Can arrange transport from Asunción.

Neu-Halbstadt is 33 km south of Filadelfia, the centre of Neuland Colony. Heinz Weibe is the official guide of the Neuland colony. Contact him through *Ecoturismo Boquerón* or the local Cooperative. There is a small museum containing historical objects brought by the first Mennonites from Russia, set in the building of the first primary school of the area. **Neuland Beach Park**, public swimming pool, in the center of town. Snack Bar with a/c. ■ *US$1.40 admission.***Parque la Amistad**, 500m past swimming pool, is 35 ha of natural vegetation where paths have been cleared for nature walks. Most spectacular are the wild orchids (Sep-Oct), cacti and bird life. Ask for Harry Epp (contact through *Ecoturismo Boquerón*), who is very knowledgeable about the flora and fauna of the region and is an informative and entertaining guide. He also gives tours of Neu-Halbstadt in a horse drawn buggy. Phone booths and post office are in centre of town next to the large modern cooperative supermarket. ■ *Bus*, Nasa, *3 daily to Filadelfia. US$2.50.*

   Around Neu-Halbstadt:Fortín Boquerón, 27 km from Neu-Halbstadt, is the site of the decisive battle of Chaco War (September 1932) and includes a memorial, a small, well-presented museum and walks around the remainder of the trenches. Parque Natural Vall, 10 km from Neu-Halbstadt on the way to Filadelfia, is a natural area of woodland. Camping possible although there is only a small covered area.

C *Hotel Boquerón*, Av 10 de Febrero, T0493-311, cfiss@telesurf.com.py With excellent restaurant and tasty ice cream, currently expanding hotel to include more rooms and swimming pool, TV, a/c, with breakfast, cheaper without TV. The hotel can organize tours.

To Bolivia

Best to fill up with
fuel and supplies at
Filadelfia in the
Mennonite Co-op
supermarket
Colour map 6, grid B5

From Filadelfia, apart from Villa Chóferes del Chaco (Km 494, well equipped hospital, police station, vehicle repair shop and service station, various restaurants and shops) there are sparse facilities (food, fuel) until **Mariscal Estigarribia**, Km 540 (**E** *Hotel Alemán*, with breakfast, also cheaper rooms without bath; accommodation also available from *Ecmetur* Agency next to service station, US$8; the military post may provide a meal and bed; at Km 516, turn left and go 25 km to Rosaleda, to **D** *Hotel-Restaurante Roselada*, with breakfast, shower, fan, clean). You can change money at the supermarket *Chaparral*, and local German priests may offer you a bed. (Daily bus from Filadelfia 1500, two hours, daily colectivo 1900; daily bus to Asunción 0700. From Asunción *Ecmetur*, Monday-Friday 2115, Saturday 1330, Sunday 2030, 9½ hours, US$8). Thereafter military outposts or *estancias* are the only alternatives, with radio the only means of communication. *Estancia La Patria* at Km 652 makes a good stopping point on the way to Bolivia (170km from border).

Identity checks numerous military checkpoints are common, and photos should be a good likeness of the bearer

Public transport, including trucks, now tends to take the Mariscal Estigarribia-Fortín Infante Rivarola-Villamontes route. Backpackers should have no special difficulties, but motorists should carry plenty of food and water since even small amounts of rain turn the highway into mud, causing major delays. Motorcycling beyond Mariscal Estigarribia can be difficult because of deep sand and can be dangerous in wet weather. Exit stamps should be obtained at Pozo Colorado, Km 270 (usually in the middle of the night). You must tell your bus driver that you have to get an exit stamp, otherwise he will not stop: do not wait until the border, you will be fined US$50 without a stamp. As well as this checkpoint, there are controls at the bridge across the Río Paraguay and Río Verde, at either of which your documents may be inspected and your bags searched.

For the continuation of the route into Bolivia, see page 335. Take small denomination dollar notes as it is impossible to buy bolivianos before reaching Bolivia (if entering from Bolivia street changers in Santa Cruz sell Guaraníes at good rates).

Transport

Hitching is possible but traffic is sparse (fee US$10-15). Trucks travel into Bolivia and may take passengers in Filadelfia; the Esso Station on Hindenburgstrasse and the police checkpoint are the most convenient places to ask, but Mariscal Estigarribia and other checkpoints on the Trans-Chaco are also possible: ask the police for help, but be prepared to wait up to a week.

Peru

Peru

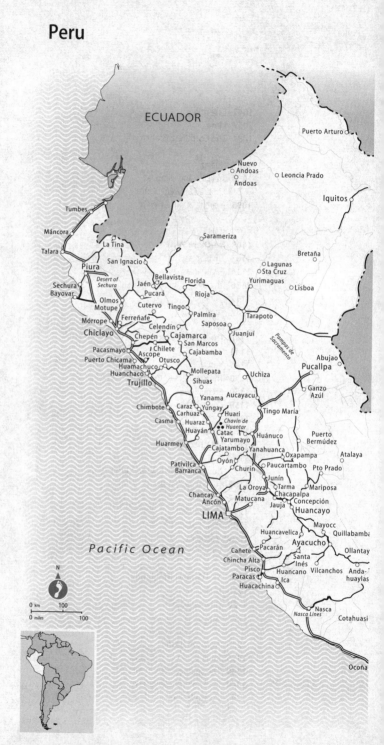

ECUADOR

Puerto Arturo

Nuevo
Andoas
Andoas

Leoncia Prado

Iquitos

Tumbes

Máncora

Talara

La Tina
San Ignacio

Piura

Saramoriza

Bretaña

Lagunas
Sta Cruz
Yurimaguas

Lisboa

Sechura
Bayovar

Desert of
Sechura

Olmos
Motupe

Bellavista Florida

Jaén
Pucará

Rioja

Cutervo Tingo

Palmira
Saposoa

Tarapoto

Ferreñafe
Celendín

Mórrope

Chiclayo

Chepén Cajamarca

Juanjuí

Pampas de
Sacramento

Pacasmayo
Puerto Chicama
Huanchaco

Ascope
Huamachuco

Chilete
San Marcos
Cajabamba

Otusco

Mollepata

Uchiza

Abujao

Pucallpa

Trujillo

Sihuas

Ganzo
Azúl

Chimbote

Yanama

Aucayacu

Caraz
Carhuaz

Yungay

Huari

Tingo María

Casma

Huaraz
Huayán

Catac
Yarumayo

Chavín de
Huantar

Huánuco

Puerto
Bermúdez

Atalaya

Huarmey

Cajatambo

Yanahuanca

Oxapampa

Patívilca
Barranca

Oyón

Churín

Paucartambo

Pto Prado

Chancay
Ancón

La Oroya
Matucana

Junín

Tarma
Chacapalpa

Mariposa

Jauja

Concepción

LIMA

Huancayo

Huancavelica

Mayocc

Quillabamba

Pacarán

Ayacucho

Cañete

Pacific Ocean

Chincha Alta
Pisco
Paracas

Santa
Inés

Huancano

Ica

Vilcanchos

Ollantay

Anda-
huaylas

Huacachina

Nasca
Nasca Lines

Cotahuasi

N

0 km 100

0 miles 100

Ocoña

COLOMBIA

BRAZIL

Leticia
Benjamín
Constant

Esperanza

Iñapari

Iberia

Manu
Biosphere
Reserve
Boca Manu

Inambari
Shintuya
Pilcopata
Mazuko
Quincemil

Laberinto
Puerto
Pardo

Puerto
Maldonado

narate
Ocobamba
Chaullay
Machu Picchu
Paucartambo

mbo

bancay Cusco
Ayapata

Cusipata
Raqchi
Sta Rosa

mbobamba

Challa

Yauri
Ayaviri

Cailloma
Orcopampa
Juliaca
Lake
Titicaca
Ilave
Juli

Chivay
Puno

Yura
Imata

orire
Arequipa

Desaguadero

Camaná
Humajalso
Pisacoma

Moquegua

Mollendo
Tarata

Ilo
Tacna

CHILE

BOLIVIA

Peru

Cusco, navel of the Inca world, is now South America's gringo hangout, with its access to Machu Picchu, the Sacred Urubamba Valley and a buzzing nightlife. On the border with Bolivia is Lake Titicaca, blessed with a magical light and fascinating islands. But, in the Egypt of the Americas, this is just the tip of the pyramid. The coastal desert may sound uninhabitable, yet pre-Inca cultures thrived there. They left their monuments in sculptures etched into the surface of the desert, most famously at Nasca in Peru. Civilization builders welcomed gods from the sea and irrigated the soil to feed great cities of adobe bricks. After the Incas came the Spanish conquistadores, who left some of their own finest monuments. You can trek for ever amid high peaks and blue lakes, cycle down remote mountainsides, look into canyons deeper than any others on earth, or surf the Pacific rollers. There are enough festivals to brighten almost every day of the year, while the spiritual explorer can be led down mystical paths by a shaman. East of the Andes the jungles stretch towards the heart of the continent with some of the richest biodiversity on earth. And, should you tire of nature, there is always Lima, loud, brash, covered in fog, but with some of the best museums and liveliest nightlife in the country.

Essentials

Planning your trip

Where to go   **Lima**, the sprawling capital, is daunting at first sight, but worth investigating for its museums, colonial architecture and nightlife. Routes radiate in every direction and great steps have been taken to improve major roads linking the Pacific with the highlands. Travelling overland does, however, take time, so if on a short visit, flying is the best option.

North of Lima it is only seven hours to Huaraz, in the Cordillera Blanca, the country's climbing and trekking centre. Mountaineering and hiking can be easily linked with the archaeological site at Chavín, east of Huaraz, or with the pre-Inca cities Sechín and Chan Chán, the latter close to the colonial city of Trujillo. Heading up the coast, there is plenty of evidence of pre-Columbian culture, particularly around Chiclayo, beaches for surfing (eg Chicama) or watching traditional fishing techniques, and wildlife parks in the far north near Tumbes. (Tumbes, and the nearby Piura-Sullana route are the gateways to Ecuador.) In the northern highlands, Cajamarca is a pleasant base for exploring more archaeological sites, thermal baths and beautiful countryside. From here, or by a route from Chiclayo, there is access to the remote Chachapoyas region where a bewildering number of prehispanic cities and cultures are beginning to be opened up to visitors. Going east from here is one of the less travelled roads into the jungle lowlands.

South of Lima are Peru's most deservedly famous tourist destinations. The chief focus is Cusco, where Spanish colonial and Inca architecture are united, and the Sacred Valley of the Incas, with the mountain-top city of Machu Picchu as the highlight of a historical and cultural treasure trove. Regular trips from Cusco extend to Puno on the shores of Lake Titicaca (on the overland route to Bolivia), in which islands are frequently visited to see a unique way of life. Arequipa, a fine city at the foot of El Misti volcano, gives access to the canyons of Colca and, for those with more time, the even deeper Cotahuasi. A much-travelled railway links Cusco, Puno and Arequipa, but the Cusco-Puno road has now been paved, offering new opportunities for exploring these high altitude regions. On the southern coastal route is the Paracas Peninsula (near Pisco), reputed to be home to the largest sea-lion colony on earth, and offshore Ballestas islands, one of the best places to see marine birdlife in the world. The mysterious Nasca Lines, whose meanings still stir debate, etched in the stony desert, should not be missed if you are on the Lima-Arequipa road, or taking the Pan-American Highway south to Tacna and Chile.

The **Central Highlands** can be reached by roads from Lima, Pisco and Nasca, the main centres being Huancayo, Huancavelica and Ayacucho. There is much of historical interest here and the Mantaro Valley, near Huancayo, and Ayacucho are good areas for buying handicrafts. From Ayacucho you can continue to Cusco by plane or, if willing to rough it, by bus. Roads in this part of the Sierra are being improved considerably, but check conditions if going far off the beaten track.

Another route into the **Peruvian jungle** runs from the Central Highlands to Pucallpa, but the most popular journeys are by air to the Amazon city of Iquitos, from where boats can be taken to Brazil, or from Cusco to the spectacular Manu Biosphere Reserve and the Tambopata area (accessed from Puerto Maldonado). This has some of the highest levels of biodiversity in the world, providing wonderful opportunities for watchers of birds, butterflies and animals, and for plant lovers.

When to go   Each of Peru's geographical zones has its own climate. The **coast**: from December to April, summertime, temperatures from 25° to 35°C; hot and dry. These are the best months for swimming. Wintertime, May-November; the temperature drops a bit and it is cloudy. On the coast, climate is determined by cold sea-water adjoining deserts: prevailing inshore winds pick up so little moisture over the cold Peruvian current that only from May to November does it condense. The resultant blanket of cloud and sea-mist extends from the south to about 200 km north of Lima. This *garúa* dampens isolated coastal zones of vegetation (called *lomas*) and they are grazed by livestock driven down from the mountains. During the *garúa* season, only the northern beaches near Tumbes are warm enough for pleasant swimming.

The **sierra**: from April to October is the dry season, hot and dry during the day, around

20°-25°C, cold and dry at night, often below freezing. From November to April is the wet season, dry and clear most mornings, some rainfall in the afternoon, with a small temperature drop (18°C) and not much difference at night (15°C).

Peru's high season is from June to September, which is the best time for hiking the Inca Trail or trekking and climbing elsewhere in the country. At this time the days are generally clear and sunny, though nights can be very cold at high altitude. The highlands can be visited at other times of the year, though during the wettest months from November to April some roads become impassable and hiking trails can be very muddy.

The **jungle**: April-October, dry season, temperatures up to 35°C. This is the best time to visit the jungle. In the jungle areas of the south, a cold front can pass through at night. November-April, wet season, heavy rainfall at any time, humid and hot. During the wet season, it only rains for a few hours at a time, which is not enough to spoil your trip, but enough to make some roads virtually impassable.

Finding out more

Tourism promotion and information is handled by **PromPerú**, Edificio Mitinci, located at the head of Av Carnaval y Moreyra in Corpac, 13th and 14th floor, San Isidro, T01-224 3279, iperu@promperu.gob.pe, www.peru.org.pe PromPerú runs an information and assistance service, **i perú**, T01-574 8000 (24 hours). Its main office in Lima is at Jorge Basadre 610, San Isidro, T421 1227/1627, F421 1583, iperulima@promperu.gob.pe Monday-Friday 0900-1830. There is a 24-hour office at Jorge Chávez airport; offices also in Arequipa, Ayacucho, Cusco, Iquitos, Puno and Trujillo, addresses of which are given in the text.

There are offices in most towns, either run by the municipality, or independently, which provide tourist information. Outside Peru, tourist information can be obtained from Peruvian Embassies and Consulates (see box). **Indecopi** is the government-run consumer protection and tourist complaint bureau. They are friendly, professional and helpful. In Lima T224 7888, rest of Peru 0800-42579 (not available from payphones), tour@indecopi.gob.pe Offices in individual cities are given in the text. An excellent source of information is **South American Explorers**, in Lima (see page 1058) and Cusco. See also Essentials, page 26. They have information on travellers held in prison, some for up to one year without sentencing, and details on visiting regulations. A visit will be really appreciated!

Websites

Peru

www.planet.com.pe/aqpweb For Arequipa (Spanish).
www.cbc.org.pe For Cusco, in Spanish.
www.machupicchu.com For Machu Picchu.
www.machupicchu.org More than just Macchu Picchu, a library of all things related to the Inca region and Peru.
www.yachay.com.pe/especiales/nasca,   www.magicperu.com/MariaReiche Nasca lines (in Spanish)
www.andeanexplorer.com and www.huaylas.com For Huaraz and the Callejón de Huaylas, both available in English.
www.perunorte.com Northern Peru (La Libertad, Cajamarca and Lambayeque)
www.yachay.com.pe Red Científica Peruana, click on Turismo to get to the travel page.
www.terra.com.pe Click on Turismo to get to the travel page (in Spanish).
www.peru.com/turismo Peru.Com's travel page (Spanish and English).
www.traficoperu.com On-line travel agent with lots of information (Spanish and English).
www.andeantravelweb.com/peru Andean adventure travel, with advice, links and more (English and Spanish).
www.perurail.com Peru Rail.
www.conam.gob.pe National Environmental Commission (Spanish).
www.perucultural.org.pe For information on cultural activities, museums and Peruvian pre-Columbian textiles (Spanish).
www.adonde.com and www.perulinks.com/ Two portals, latter in Spanish and English.
http://gibbons.best.vwh.net Andean culture and Quechua (English).
www.magicperu.com (English and Spanish) and www.geocities.com/perutraveller/ (English).

Language   The official language is Spanish. Quechua, the language of the Inca empire, has been given some official status and there is much pride in its use. It is spoken by millions of people in the Sierra who have little or no knowledge of Spanish. Another important indigenous language is Aymara, used in the area around Lake Titicaca. The jungle is home to a plethora of languages but Spanish is spoken in all but the remotest areas. English is not spoken widely, except by those employed in the tourism industry. For language courses in Peru, contact Amerispan, T1-800-879 6640 (North America), 215-751 1100 (worldwide), www.amerispan.com

Before you travel

Visas &   Tourist cards: no visa is necessary for citizens of Western Europe, Asia, North or South America, or
immigration   citizens of Australia, New Zealand or South Africa. A Tourist Card is free on flights arriving in Peru, or at border crossings for visits up to 90 days. Insist on getting the full 90 days, at some borders cards valid for 60, or even only 30 days have been given. It is in duplicate, the original given up on arrival and the copy on departure, and may be renewed (see below). A new tourist card must be obtained for each re-entry or when an extension is given. If your tourist card is stolen or lost, get a new one at **Migraciones**, Av España 700 y Av Huaraz, Breña, Lima, 0900-1330, Mon-Fri.

Tourist visas   For citizens of countries not listed above, cost £9.60 (US$14 approximately) or equivalent, for which you require a valid passport, a departure ticket from Peru (or a letter of guarantee from a travel agency), two colour passport photos, one application form and proof of economic solvency. All foreigners should be able to produce on demand some recognizable means of identification, preferably a passport. You must present your passport when reserving tickets for internal, as well as, international travel. An alternative is to photocopy the important pages of your passport – including the immigration stamp, and have it legalized by a 'Notario público' (US$1.50). This way you can avoid showing your passport. We have received no reports of travellers being asked for an onward ticket at the borders at Tacna, Aguas Verdes, La Tina, Yunguyo or Desaguadero. Travellers arriving by air are not asked for an onward flight ticket at Lima airport, but it is quite possible that you will not be allowed to board a plane in your home country without showing an onward ticket.

Renewals and extensions   To extend a tourist card at Immigration in Lima (address above), go to the third floor and enter the long narrow hall with many "teller" windows. Go to window number 5 and present your passport and tourist card. The official will give you a receipt for US$20 (the cost of a one-month extension) which you will pay at the Banco de la Nación on the same floor. Then go back to the teller room and buy form F007 for S/.22 (US$6.45) from window 12. Fill out the form and return to window 5. Give the official the paid receipt, the filled-out form, your passport and tourist card. Next, you will wait 10-15 minutes for your passport to be stamped and signed. **NB** three extensions like this are permitted, although it's unlikely that you will be allowed to buy more than one month at a time. Peruvian law states that a tourist can remain in the country for a maximum of six months, after which time you must leave. Crossing the border out of Peru and returning immediately is acceptable. You will then receive another 90 days and the process begins all over again.

If you let your tourist visa expire you can be subject to a fine of US$20 per day, but this is up to the discretion of the immigration official. You can extend your visa in Lima, Cusco, Puno, Puerto Maldonado, and Iquitos, but in the provinces it can take more time.

Business visas   If a visitor is going to receive money from Peruvian sources, he/she must have a business visa: requirements are a valid passport, two colour passport photos, return ticket and a letter from an employer or Chamber of Commerce stating the nature of business, length of stay and guarantee that any Peruvian taxes will be paid. The visa costs US$31 (or equivalent) and allows the holder to stay 90 days in the country. On arrival business visitors must register with the *Dirección General de Contribuciones* for tax purposes.

Student visas   To obtain a one year student visa you must have: proof of adequate funds, affiliation to a Peruvian body, a letter of recommendation from your own and a Peruvian Consul, a letter of moral and economic guarantee from a Peruvian citizen and four photographs (frontal and profile). You must also have a health check certificate which takes four weeks to get and costs US$10. Also, to obtain a student visa, if applying within Peru, you have to leave the country and collect it in La Paz, Arica or Guayaquil from Peruvian immigration (it costs US$20).

Peruvian Embassies and consulates

Australia, 40 Brisbane Avenue Suite 8, Ground Floor, Barton ACT 2600, Canberra, PO Box 106 Red Hill, T61-2-6273 8752, F61-2-6273 8754, www.embaperu.org.au Consulate in Sydney.

Canada, 130 Albert Street, Suite 1901, Ottawa, Ontario K1P 5G4, T1-613-238 1777, F1-613-232 3062, emperuca@bellnet.ca Consulates in Montréal, Toronto and Vancouver.

France, 50 Avenue Kleber, 75116 Paris, T33-1-5370 4200, F33-1-4704 3255, www.amb-perou.fr/

Germany, Mohrenstrasse 42, 10117 Berlin, T49-30-206 4103, F206 4104, http://members.aol.com/perusipan Consulates in Frankfurt and Hamburg.

Israel, 37 Revov Ha-Marganit Shikun Vatikim, 52 584 Ramat Gan, Israel, T972-3-613 5591, F972-3-751 2286, emperu@netvision.net.il

Italy, Via Francesco Siacci N 4, 00197 Roma, T39-06-8069 1510, F39-06-8069 1777, amb.peru@agora.stm.it Consulates in Genoa and Milan.

Japan, 4-4-27 Higashi Shibuya-ku, Tokyo 150-0011, T81-3-3406 4243, F81-3-3409 7589, embperutokio@embperujapan.org

Netherlands, Nassauplein 4, 2585 EA, The Hague, T31-70-365 3500, embperu@bart.nl

New Zealand, Level 8, 40 Mercer Street, Cigna House, Wellington, T64-4-499 8087, F64-4-499 8057, embassy.peru@xtra.co.nz

South Africa, Infotech Building, Suite 201, Arcadia Street, 1090 Hatfield, 0083 Pretoria, T27-12- 342 2390, F27-12-342 4944, emperu@iafrica.co

Spain, C Príncipe de Vergara 36, 5to Derecha, 28001 Madrid, T34-91-431 4242, F34-91-577 6861, lepru@embajadaperu.es Consulate in Barcelona

Sweden, Brunnsgatan 21 B, 111 38 Stockholm, T46-8-440 8740, F46-8-205592, www.webmakers/peru

Switzerland, Thunstrasse No 36, CH-3005 Berne, T41-31-351 8555, F41-31-351 8570, lepruberna02@bluewin.ch Consulates in Geneva and Zurich.

UK, 52 Sloane Street, London SW1X 9SP, T020-7235 1917, F020-7235 4463, www.peruembassy-uk.com

USA, 1700 Massachusetts Avenue NW, Washington DC 20036, T1-202-833 9860, F1-202-659 8124, www.peruemb.org Consulates in Los Angeles, Miami, New York, Chicago, Houston, Boston, Denver, San Francisco.

Customs

Duty-free allowance: 400 cigarettes or 50 cigars or 500 g of tobacco, three litres of alcoholic drinks, new articles for personal use or gifts up to value US$300.

Export ban No object of archaeological interest may be taken out of Peru.

Money

Currency

sol exchange rate with US$: 3.59

The new sol (s/) is divided into 100 céntimos. Notes in circulation are: S/200, S/100, S/50, S/20 and S/10. Coins: S/5, S/2, S/1, S/0.50, S/0.20, S/0.10 and S/0.05 (being phased out). Some prices are quoted in dollars in more expensive establishments, to avoid changes in the value of the sol. You can pay in soles, however. Try to break down large notes whenever you can.

Warning A large number of forged US dollar notes (especially US$20 and larger bills) are in circulation. Soles notes and coins are also forged. Always check your money when you change it, even in a bank (including ATMs). Hold notes up to the light to inspect the watermark and line which can be seen on the lefthand side of the bill spelling out the bill's amount. There should also be tiny pieces of thread in the paper (not glued on). Posters in public places explain what to look for in forged soles. There is a shortage of change in museums, post offices, railway stations and even shops, while taxi drivers are notorious in this regard – one is simply told 'no change'. Do not accept this excuse.

Credit cards

See also Essentials page 38

Visa (by far the most widely-accepted card in Peru), Maestro, MasterCard, American Express and Diners Club are all valid. There is often an 8-12% commission for all credit card charges. Most banks are affiliated with Visa/Plus system; those that you will find in almost every town and city are *BCP, Banco Wiese Sudameris* and *Banco Santander Central Hispano* (BSCH). Not every branch offers the same services (even branches within the same city). *Telebanco 24 Horas* ATMs, eg at *BCP* accept Visa and American Express cards. *BBVA Continental* and

Interbank ATMs accept Visa, Plus, MasterCard, Maestro and Cirrus (and *Interbank* American Express). ATMs usually give dollars if you don't request soles and their use is widespread. Businesses displaying credit card symbols, on the other hand, are less lilkey to take foreign cards. Credit cards are not commonly accepted in smaller towns so go prepared with cash. For credit card loss: *MasterCard*, Porta 111, p 6, Miraflores, T01-242 2700, or 0800-307 7309; *Diners Club*, Canaval y Moreyra 535, San Isidro, T01-221 2050; *American Express*, Pardo y Aliaga 698, San Isidro, Lima, T01-222 2525; *Visa* Travel Assistance, T108 and ask the operator for a collect call (por cobrar) to 410-581 9994/3836, locally T01-800-428 1888.

Exchange There are no restrictions on foreign exchange. Banks are the most discreet places to change travellers' cheques into soles. Some charge commission from 1% to 3%, some don't, and practice seems to vary from branch to branch, month to month. The services of the *BCP* have been repeatedly recommended. Changing dollars at a bank always gives a lower rate than with *cambistas* (street changers) or *casas de cambio* (exchange houses). Always count your money in the presence of the cashier. US dollars are the most useful currency (take some small bills). Other currencies carry high commission fees. For changing into or out of small amounts of dollars cash, the street changers give the best rates avoiding paperwork and queuing, but they also employ many ruses to give you a bad deal (check your soles before handing over your dollars, check their calculators, etc, and don't change money in crowded areas). If using their services think about taking a taxi after changing, to avoid being followed. Street changers usually congregate near an office where the exchange 'wholesaler' operates; he will probably be offering better rates than on the street. Soles can be exchanged into dollars at the exchange desks at Lima airport, and you can change soles for dollars at any border. Dollars can also be bought at the various borders. **NB** No one, not even banks, will accept dollar bills that look 'old', or are in any way damaged or torn.

Traveller's cheques *American Express* will sell traveller's cheques to cardholders only, but will not exchange cheques into cash. *Amex* will hold mail for cardholders at the Lima branch only. They are also very efficient in replacing stolen cheques, though a police report is needed. Most of the main banks accept *American Express* traveller's cheques and *BCP* and *BSCH* accept Visa travellers' cheques. *Citibank* in Lima and some BSCH branches handle *Citicorp* cheques. Travellers have reported great difficulty in cashing travellers' cheques in the jungle area, even Iquitos, and other remote areas. Always sign travellers' cheques in blue or black ink or ballpen.

Cost of travelling In 2003, the approximate budget was US$25-35 pp a day for living comfortably, including transport, or US$12-US$15 a day for low budget travel. Your budget will be higher the longer you stay in Lima and depending on how many flights you take between destinations. Accommodation rates range from US$3-4 pp for the most basic *alojamiento* to over US$150 for luxurious hotels in Lima and Cusco. For meal prices, see Food and drink. Living costs in the provinces are from 20% to 50% below those in Lima, although Cusco is a little more expensive than other, less touristy provincial cities. For a lot of low income Peruvians, many items are simply beyond their reach.

Students can obtain very few reductions in Peru with an international students' card, except in and around Cusco. To be any use in Peru, it must bear the owner's photograph. An ISIC card can be obtained in Lima from *Intej*, Av San Martín 240, Barranco, T477 2864, F477 4105, or Portal de Comercio 141, p 2, Plaza de Armas, Cusco, T621351, www.intej.org

Getting there

Air **From Europe** Though there are no direct flights from London, cheap options are available with *Avianca* via Bogotá (also the simplest connection from Paris), *Iberia* via Madrid and *KLM* via Amsterdam. Alternatively, you can fly standby to Miami, then fly the airlines shown below. A little more expensive, but as convenient, are connections via Atlanta with *Delta*, or Houston with *Continental*.

From North America Miami is the main gateway, together with Atlanta, Houston, Los Angeles and New York. Direct flights are available from Miami with *Aero Continente*, *American Airlines* (which also flies from Dallas and Orlando), *Copa* and *Lan Chile/Lan Perú*;

Touching down

Official time *5 hrs behind GMT.*
IDD code *51.*
Business hours *Shops: 0900 or 1000-1230 and 1500 or 1600-2000. In the main cities, supermarkets do not close for lunch and Lima has some that are open 24 hrs. Some are closed on Saturday and most are closed on Sunday.* **Banks:** *most banks around the country are open 0930 to 1200 and 1500 to 1800. Banks in Lima are open 0945-1700 and generally are open throughout the lunch hours. Many banks in Lima and Cusco have Saturday morning hours from 0945 to 1200.*

Offices: *0830-1230, 1500-1800 all year round. Many have continuous hours 0900-1700 and most close on Saturday.* **Government Offices:** *Monday-Friday 0830-1130, January to March. The rest of year Monday-Friday 0900-1230, 1500-1700, but this changes frequently.*
Voltage *220 volts AC, 60 cycles throughout the country, except Arequipa (50 cycles). Most 4- and 5-star hotels have 110 volts AC. Plugs are American flat-pin.*
Weights and measures *The metric system of weights and measures is compulsory.*

through New York with *Continental*, which also flies from Houston and San Diego, and *Lan Chile*; from Atlanta with *Delta*; and from Los Angeles with *Lan Chile* and *AeroMéxico*. Daily connections can be made from almost all major US cities.

From Latin America Regular flights from all South American countries and most Central American; in most cases, daily. *Avianca, Lan Chile* and *Lacsa/Taca* generally have the cheapest flights. Other airlines include *Aero Continente, Aerolíneas Argentinas, AeroMéxico, Avianca, Copa, Tame, LAB, Aeropostal* and *Varig*.

From Australia and New Zealand *Aerolíneas Argentinas* and *Qantas* fly twice a week from Sydney and Auckland to Buenos Aires, where you can connect to a direct flight to Lima.

Road Peru has international bus links with Ecuador, Bolivia and Chile. Land borders with these countries are straightforward to cross with a private vehicle.

River River boats on the Amazon sail between Iquitos and the Brazil/Colombian border at Tabatinga and Leticia. You can also enter Peru by Tour boats from Bolivia on Lake Titicaca.

Touching down

Airport information **Airport departure taxes** There is a US$28 airport tax on international flight departures, payable in dollars or soles; US$5 on internal flights. 18% state tax is charged on air tickets; it is included in the price of the ticket.

Tipping Restaurants: service is included in the bill (see below), but if someone goes out of his way to serve tips can be given. Taxi drivers, none (in fact, bargain the price down, then pay extra for good service if you get it). Cloakroom attendants and hairdressers (very high class only), US$0.50-US$1. Airport or railway porters, US$0.50. Car wash boys, US$0.30, car 'watch' boys, US$0.20. If going on a trek or tour, it is customary to tip the guide as well as the cook and porters.

Safety The following notes on personal safety should not hide the fact that most Peruvians are hospitable and helpful. For general hints on avoiding crime, please see the Security, Essentials, page 48. All the suggestions given there are valid for Peru. Snatch thieves in Lima are very fast, they often use beggars to distract you. Be extra vigilant when using an ATM. Never leave bags in view or unattended in restaurants or taxis. Always use licensed taxis: anyone can stick a taxi label on the windscreen and pick up a fare, but "pseudo taxis" are not safe. It is worth taking extra care during festivals when streets are crowded. The police presence in Lima, Arequipa, Puno and Cusco has been greatly stepped up. Nevertheless, there has been an alarming increase in aggressive assaults in Lima and centres along the Gringo Trail. Places like Arequipa, Puno and in particular Cusco have, at times, been plagued by waves of strangle muggings. Check with *South American Explorers* for a current

Peru

summary of the situation and how to keep safe. Outside the Jul-Aug peak holiday period, there is less tension, less risk of crime, and more friendliness. A friendly attitude on your part, smiling even when you've thwarted a thief's attempt, can help you out of trouble.

Although certain illegal drugs are readily available, anyone carrying any is almost automatically assumed to be a drug trafficker. If arrested on any charge the wait for trial in prison can take a year and is particularly unpleasant. Unfortunately, we have received reports of drug-planting, or mere accusation of drug-trafficking by the PNP on foreigners in Lima, with US$1,000 demanded for release. If you are asked by the narcotics police to go to the toilets to have your bags searched, insist on taking a witness. **Drugs use or purchase is punishable by up to 15 years' imprisonment. The number of foreigners in Peruvian prisons on drug charges is still increasing.**

Tricks employed to get foreigners into trouble over drugs include slipping a packet of cocaine into the money you are exchanging, being invited to a party or somewhere involving a taxi ride, or simply being asked on the street if you want to buy cocaine. In all cases, a plain clothes 'policeman' will discover the planted cocaine, in your money, at your feet in the taxi, and will ask to see your passport and money. He will then return them, minus a large part of your cash. Do not get into a taxi, do not show your money, and try not to be intimidated. Being in pairs is no guarantee of security, and single women may be particularly vulnerable. Beware also thieves dressed as policemen asking for your passport and wanting to search for drugs; **searching is only permitted if prior paperwork is done.**

Insurgency The guerrilla activities of Sendero Luminoso and MRTA seem to be a thing of the past, although it would be wrong to say that either organization was completely non-functional. It is still important to inform yourself of the latest situation before going, but in 2003 it was safe to travel to all parts of Peru except the Huallaga Valley and jungle areas east of Ayacucho because of drug trafficking and terrorism.

For up-to-date information contact the **Tourist Police**, see below, your embassy or consulate, fellow travellers, or *South American Explorers*, who issue the pamphlet 'How Not to

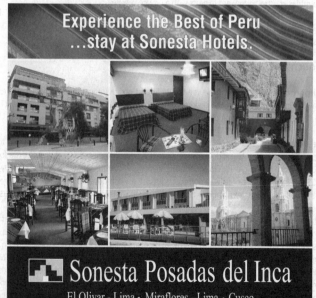

Get Robbed in Peru' (T Lima 445 3306, Cusco 245484, or in Quito). You can also contact the **Tourist Protection Bureau (Indecopi)** Details above in **Finding out more** and in **Tourist offices** sections in the text. This is run by the Tourist Bureau of Complaints and will help regarding customs, airlines, travel agencies, accommodation, restaurants, public authorities or if you have lost, or had stolen, documents.

Tourist Police, Jr Moore 268, Magdalena at the 38th block of Av Brasil, Lima, T460 1060/460 0844, open daily 24 hrs, Jr de la Unión 10th block, Lima, T424 2053. You should come here if you have had property stolen. They are friendly, helpful and speak English and some German

Where to stay

All deluxe and first class hotels charge 28% in taxes, which includes state tax and service charges; lower category hotels charge 18%. Few hotels have this surcharge included in their prices, but best check first. By law all places that offer accommodation now have a plaque outside bearing the letters H (Hotel), Hs (Hostal), HR (Hotel Residencial) or P (Pensión) according to type. A hotel has 51 rooms or more, a hostal 50 or fewer; the categories do not describe quality or facilities. Many hotels have safe parking for motor cycles. All hotels seem to be crowded during Christmas and Easter holidays, Carnival and at the end of Jul; Cusco in Jun is also very busy. Information on youth hostels and student accommodation can be obtained from *Intej*, see **Cost of travelling**, above, or **Asociación Peruana de Albergues Turísticos Juveniles**, Av Casimiro Ulloa 328, Miraflores, Lima, T446 5488, F444 8187. Take a torch and candles, especially in remoter regions.

Hotels
See inside front cover of the book for our hotel price guide. At most airports and train stations, hotel representatives meet new arrivals with publicity for their employers

Camping is easy in Peru, especially along the coast. There can be problems with robbery when camping close to a small village. Avoid such a location, or ask permission to camp in a backyard or *chacra* (farmland). Most Peruvians are used to campers, but in some remote places, people have never seen a tent. Be casual about it, do not unpack all your gear, leave it inside your tent (especially at night) and never leave a tent unattended. Camping gas in little blue bottles is available in the main cities. Those with stoves designed for lead-free gasoline should use *ron de quemar*, available from hardware shops (*ferreterías*). White gas is called *bencina*, also available from hardware stores.

Camping

Getting around

There are two main national carriers that serve the most travelled routes – Arequipa, Ayacucho, Cajamarca, Chiclayo, Cusco, Iquitos, Juliaca, Piura, Puerto Maldonado, Pucallpa, Tacna, Tarapoto, Trujillo and Tumbes; they are *AeroContinente* (www.aerocontinente.com.pe), with its subsidiary *Aviandina* and *Tans*, www.tans.com.pe (in June 2003 Tans was under threat of closure). Both airlines generally cost the same, between US$72 and US$123 one-way for major cities in the south and between US$72 and US$86 in the north, from Lima. For shorter flights it may cost a bit less (eg Cusco-Puerto Maldonado US$44). It is not unusual for the prices to go up at holiday times (Semana Santa, May Day, Inti Raymi, 28-29 Jul, Christmas and New Year), and for elections. During these times and the northern hemisphere summer seats can be hard to come by, especially on the Lima-Cusco-Lima route, so book early. *Lan Perú* (www.lanperu.com an offshoot of Lan Chile) offers services from Lima to Arequipa, Chiclayo, Cusco, Juliaca, Puerto Maldonado and Trujillo. For remoter destinations in the highlands such as, Andahuaylas, Cajamarca, Chachapoyas, Huánuco, and jungle airports such as Atalaya, Satipo, Tingo María and Tocache try *Aero Cóndor* (www.aerocondor.com.pe), *LC Busre* (reservas@lcbusre.com.pe) and Star-Up. See under Lima (page 1081) for airline phone numbers. Flight schedules and departure times change often and delays are common. In the rainy season cancellations occur. Flights into the mountains may well be put forward one hour if there are reports of bad weather. Flights to jungle regions are also unreliable. Always allow an extra day between national and international flights, especially in the rainy season. Internal flight prices are fixed in US dollars (but can be paid in soles) and have 18% tax added. If you have a choice, remember time-keeping tends to be better early morning than later. When buying an internal flight, check with travel agencies for occasional special deals, but scrutinize the ticket carefully.

Air

NB If possible travel with hand luggage only (48 cm x 24 cm x 37 cm) so there is more chance of you and your baggage arriving at the same destination.

Flights must be reconfirmed in the town you will be leaving from at least 24 hours in advance and you should be at the airport well ahead of your flight. About 30 minutes before departure, the clerk is allowed by law to let standby passengers board, taking the reserved seats of those who haven't turned up.

Road The paved Pan-American Highway runs north-south through the coastal desert and is mostly in good condition. Also paved and well-maintained is the direct road which branches off the Pan-American at Pativilca and runs up to Huaraz and on to Caraz. The Northern route from Chiclayo through to Tarapoto is almost entirely paved. It is complete to Moyobamba, plus the spur to Jaén, and is being heavily worked on to Tarapoto. Cajamarca has a smart new road connection to the coast to serve the Yanacocha mine. The Central Highway from Lima to Huancayo is mostly well-paved. It continues (mostly paved) to Pucallpa in the Amazon basin. There is also a paved road from La Oroya to Tarma and Satipo. South of Lima, there's the great new 'Liberatores' highway from Pisco to Ayacucho. From Nasca to Abancay and Cusco is paved. This is now the main route from Lima to Cusco. The Cusco-Puno stretch is paved and in good condition; it is now a fast, comfortable journey to rival the train. The paved road continues along the south shore of Lake Titicaca to Desaguadero on the Bolivian border. In the south, the road which runs into the Sierra to Arequipa is in good condition. From Arequipa the road to Puno is newly paved. The new route to Desaguadero from the coast via Moquegua is one of the best highways in the country. Roads from Arequipa to Mollendo and Matarani are also excellent. Other roads in the mountains are of dirt, some good, some very bad. Each year they are affected by heavy rain and mud slides, especially those on the east slopes of the mountains. Repairs can be delayed because of a shortage of funds. Note that some of these roads can be dangerous or impassable in the rainy season. Check beforehand with locals (not with bus companies, who only want to sell tickets) as accidents are common at these times.

Bus Services along the coast to the north and south as well as inland to Huancayo, Ayacucho and Huaraz are good. There are direct (*ejecutivo*) service buses to major centres (different companies use different titles for their top class or executive services, eg *Imperial, Ideal, Royal*). As well as *ejecutivo*, many bus companies have regular (local) service and the difference is often great. Many buses have bathrooms, movies and reclining seats (*bus cama*). *Ormeño* and *Cruz del Sur* are the two bus lines thought to have the best service with the most routes. *Cruz del Sur* accepts Visa cards and gives 10% discount to ISIC and Under26 cardholders. *Civa*, which has good buses, offer the most extensive coverage throughout the nation and are in a class just below *Ormeño* and *Cruz del Sur*. There are many good smaller bus lines that run to specific areas. For bus lines, see Lima, Bus Companies. For long journeys take a water bottle. Blankets and emergency food are a **must** in the mountains. Where buses stop it is possible to buy food on the roadside. With the better companies or *ejecutivo* service you will get a receipt for your luggage, which will be locked under the bus. On local buses there will be lots of people loading and

Peru

unloading bags, so watch your luggage. Carry your valuables with you, even when leaving the bus at a stop. If your bus breaks down and you are transferred to another line and have to pay extra, keep your original ticket for refund from the first company. If possible, on country buses avoid the back seats because of the bumpiness, and the left side because of exhaust fumes.

Combis operate between most small towns on 1-3-hour journeys. This makes it possible, in many cases, just to turn up and travel within an hour or two. On rougher roads, combis are minibuses (invariably Japanese), while on better roads there are also slightly more expensive and much faster car colectivos. Colectivos usually charge twice the bus fare. They leave only when full. They go almost anywhere in Peru; most firms have offices. Book one day in advance and they pick you up at your hotel or in the main plaza. Trucks are not always much cheaper than buses; wholly unpredictable, not for long hops, and comfort depends on the load. Always try to arrive at your destination in daylight: much safer.

NB Prices of bus tickets are raised by 60-100%, 2-3 days before Semana Santa, 28 Jul (Independence Day – Fiestas Patrias) and Christmas. Tickets are sold out 2-3 days in advance at this time and transport is hard to come by.

Car You must have an international driving licence to drive in Peru, but if renting a car, your home driving licence will be accepted for up to six months. If bringing in your own vehicle a libreta de pasos por aduana or carnet de passages is officially required, as well as proof of ownership of the vehicle. To drive in Peru you must be over 21 and to rent a car over 25.

Hitchhiking

Hitchhiking is difficult. Freight traffic has to stop at the police *garitas* outside each town and these are the best places to try (also toll points, but these are further from towns). Drivers usually ask for money but don't always expect to get it. In mountain and jungle areas you usually have to pay drivers of lorries, vans and even private cars; ask the driver first how much he is going to charge, and then recheck with the locals. Private cars are very few and far between. Readers report that mining trucks are especially dirty to travel in, avoid if possible.

Taxi

Taxi prices are fixed in the mountain towns, about US$1.20 in the urban area. Fares are not fixed in Lima although some drivers work for companies that do have standard fares. Ask locals what the price should be and always set the price beforehand. The main cities have taxis which can be hired by phone, which charge a little more, but are reliable and safe. Many taxi drivers work for commission from hotels. Choose your own hotel and get a taxi driver who is willing to take you there. Taxis at airports are always more expensive; seek advice about the price in advance. In some places it is cheaper to walk out of the airport to the main road and flag down a cab. Keep all hand luggage out of sight in taxis; smash-and-grab thieves are very quick. Another common form of public transport is the mototaxi, a three-wheel motorcycle with an awning covering the double-seat behind the driver. Fares are about US$1.

Peru

Train

The railways of major interest to the traveller are Puno-Juliaca-Cusco, and Cusco-Machu Picchu. They are administered by *PerúRail SA*, www.perurail.com, which includes a tourist train to the Colca Canyon (Arequipa-Sumbay). The other main passenger service currently running is from Lima to Huancayo, with a continuation to Huancavelica in the Central Highlands. The service from Lima to Huancayo has been reopened with services about once a month. Trains run daily Huancayo-Huancavelica.

Maps

The **Touring y Automóvil Club del Perú**, Av César Vallejo 699, Lince, Lima, T221 2432, postmaster@touringperu.com.pe, with offices in most provincial cities, gives news about the roads and hotels along the way (although for the most up-to-date information try the bus and colectivo offices). It sells a very good road map at US$5 (Mapa Vial del Perú, 1:3,000,000, Ed 1980) and route maps covering most of Peru (Hojas de Ruta, Norte, Centro and Sur). The *Guía Toyota* (Spanish), which is published annually, is one of the best guides for venturing off the beaten track. Lima 2000's *Mapa Vial del Perú* (1:2,200,000) is probably the best and most correct road map available for the country. Both can be obtained from the *South American Explorers*, who will give good advice on road conditions. Other maps can be bought from street vendors in Colmena and Plaza San Martín, Lima. 'Westermanns Monatshefte; folio Ecuador, Peru, Bolivien' has excellent maps of Peru, especially the archaeological sites.

An excellent map of the Callejón de Huaylas and Cordillera Huayhuash, by Felipe Díaz, is available in many shops in Huaraz and at Casa de Guías. Hidrandina, the state hydroelectric company, at 27 de Noviembre 773, has dye-line maps of the Cordillera Blanca, open in morning only. Several guides and agencies have their own sketch maps of the most popular routes. Maps are also available by mail-order from *Latin American Travel Consultants*, PO Box 17-17-908, Quito, Ecuador, LATA@pi-pro.ec Maps of the Österreichischer Alpenverein, ÖAV, are good and can be bought in Peru, but are cheaper in Europe.

Keeping in touch

Internet You can find internet access everywhere. Centres with high tourism have internet cafés on every corner; many of them have net-phone. Internet cafés are listed in the travelling text under each town, except where there are too many to mention, like Lima. Internet cafés are incredibly cheap to use, often less than US$1 per hour. When they first open in the morning is often a good time to use cyber cafés, as they are less busy then. In addition, the system is often overloaded, so getting access to your server can take a long time. Internet access is more expensive in hotel business centres and in out of the way places.

Post The name of the postal system is *Serpost*. Sending mail and parcels can be done at any post office but Correo Central on the Plaza de Armas in Lima is the best place. The office is open Mon to Fri from 0800-1800. Stamps, envelopes and cloth sacks (to send bigger parcels in) can all be bought there. It costs US$1 to mail a letter anywhere in the Americas and US$1.50 to Europe and US$1.70 to Australia. You can also mail letters 'expreso' for about US$0.55 extra to the Americas, US$0.90 to the rest of the world, and they will arrive a little more quickly. Don't put tape on envelopes or packages, wait until you get to the post office and use the glue they have. It is very expensive to mail large packages out of Peru so it is best not to plan to send things home from here. For emergency or important documents, *DHL* and *Federal Express* are also options in Lima. Addresses of these agencies, and where to receive parcels, are given under Lima, **Communications**. To receive mail, letters can be sent to Poste Restante/General Delivery (*lista de correos*), your embassy, or, for cardholders, *American Express* offices. Members of the *South American Explorers* can have post and packages sent to them at either of the Peruvian offices.

Telephone The main service provider is Telefónica (or *Telser* in Cusco) which has offices in all large and medium-sized towns. In some cases, the *Telefónica* office is administrative and phones are provided on the street outside. Local, national and international calls can be made from public phone boxes with coins or, more commonly, prepaid phone cards. To use phone cards, remove the card from its plastic covering (which should not be broken) and, on the back, scratch off the dark grey strip to reveal the card's number. You have to dial this number when told to do so by the operator. Cards for *Telefónica* services, of which there are several, can be bought at *Telefónica* offices or the many private phone offices (could be just a counter with a phone on the street). Also on sale in larger towns are cards for a number of carriers for long distance calls: *AT&T, Americatel, Nortek* and *Perusat* (international only). Their rates are very competitive and there are usually seasonal offers to take advantage of. In some cases calls are routed through North America, so there may be a delay on the line. Each carrier has a prefix code which you must dial, as well as the card's secret code. Not every phone takes cards; *Telefónica*, for instance, has its own phones for its 147 service (national and international). So shop around for the best deal for the type of call you want to make, select a card which will give you the number of minutes you require and get dialling. The average cost for a call to Western Europe is between S/.1.75 and S/.5 per minute (US$0.50-1.40) and to the US S/.1.55 and S/.4 (US$0.45-1.10). Calls without cards from public phones cost US$1 per minute to North America, US$1.40 to Europe and US$1.50 to Australia and New Zealand. Collect calls are possible to almost anywhere by ringing the international operator (108). You can also reach a variety of countries' operators direct if you wish to charge a call to your home calling card. 108 has the 0-800 numbers for the international direct options and they speak English. Your home telephone company can give you the number to call as well. You can also receive calls at many *Telefónica* offices, the cost is usually around US$1 for 10 minutes. Net Phones are becoming increasingly popular, especially in Lima. Costs and service varies but can be as cheap as US$5 per hour to the USA. Calls to everywhere else are usually at least 50% more. Faxes cost about US$1.50 per page to North America, US$2 to most of Western Europe and US$2.50 to Israel. The cost to receive is about US$1 per page.

In smaller towns, you may have to hunt around for a phone booth that will permit international calls.

Mobile phones There are three networks in Peru, Telefónica, *TIM* and *Bellsouth*. Telefónica has the most extensive network. Mobile phones brought into Peru which operate at 800 mhz may be activated at a Telefónica technical services office. TIM phones from Europe will operate in Peru, but calls cannot be diverted to another line if the phone number dialled is unanswered. Bellsouth uses TDMA technology and their technical staff would have to see a foreign phone to verify its compatibility. European mobiles are not compatible with Bellsouth. If it is essential that you have a mobile phone, your best bet is to buy one locally. All three companies sell phones, which take prepaid cards, from about US$70. All mobile phone numbers are prefixed by 9.

Newspapers Lima has several morning papers: *El Comercio* (good international news), **Media** www.elcomercioperu.com.pe; *La República* (liberal-left), www.larepublica.com.pe; *Expreso*, www.expreso.com.pe *Gestión*, www.gestion.com.pe, is a business daily. The main provincial cities have at least one newspaper each. The most widely-read weekly magazine is *Caretas*, www.caretas.com.pe Monthlies include *Business, Proceso Económico, Debate* and *Idede*. There is a weekly economic and political magazine in English, the *Andean Report*, with useful information and articles. *Rumbos* is a good bi-monthly magazine (English and Spanish) about tourism and culture, www.rumbos.delperu.com The following websites have news coverage: www.perualdia.com or through www.yachay.com.pe; www.terra.com.pe; www.peru.com

Food and drink

Coastal cuisine The best coastal dishes are seafood based, the most popular being *ceviche*. **Food** This is a dish of white fish marinated in lemon juice, onion and hot peppers. Traditionally, *ceviche* is served with corn-on-the-cob, *cancha* (toasted corn), yucca and sweet potatoes. *Tiradito* is *ceviche* without onions made with plaice. Another mouth-watering fish dish is *escabeche* – fish with onions, hot green pepper, red peppers, prawns (*langostinos*), cumin, hard-boiled eggs, olives, and sprinkled with cheese (it can also be made with chicken). For fish on its own, don't miss the excellent *corvina*, or white sea bass. You should also try *chupe de camarones*, which is a shrimp stew made with varying ingredients. Other fish dishes include *parihuela*, a popular bouillabaisse which includes *yuyo de mar*, a tangy seaweed, and *aguadito*, a thick rice and fish soup said to have rejuvenating powers.

A favourite northern coastal dish is *seco de cabrito*, roasted kid (baby goat) served with the ubiquitous beans and rice, or *seco de cordero* which uses lamb instead. Also good is *aji de gallina*, a rich and spicy creamed chicken, and duck is excellent. *Humitas* are small, stuffed dumplings made with maize. The *criollo* cooking of the coast has a strong tradition and can be found throughout the country. Two popular examples are *cau cau*, made with tripe, potatoes, peppers, and parsley and served with rice, and *anticuchos*, which are shish kebabs of beef heart with garlic, peppers, cumin seeds and vinegar.

Highland cuisine The staples of highland cooking, corn and potatoes, date back to Inca times and are found in a remarkable variety of shapes, sizes and colours. Two good potato dishes are *Causa* and *carapulca*. Causa is made with yellow potatoes, lemons, pepper, hard-boiled eggs, olives, lettuce, sweet cooked corn, sweet cooked potato, fresh cheese, and served with onion sauce (it can be made with tuna, avocado or prawns). You will also find *causa* on coastal menus: the mashed potato is wrapped around the filling, which often contains crabmeat. Another potato dish is *papa a la huancaina*, which is topped with a spicy sauce made with milk and cheese. *Ocopa* is a similar dish in which slices of potato are served with a sauce made from milk, herbs and pecan nuts. *Papa rellena* is a deep-fried mashed potato ball stuffed with vegetables, egg and meat. The most commonly eaten corn dishes are *choclo con queso*, corn on the cob with cheese, and *tamales*, boiled corn dumplings filled with meat and wrapped in a banana leaf.

Peru

Meat dishes are many and varied. *Ollucos con charqui* is a kind of potato with dried meat; *sancochado* is a meat and all kinds of vegetables stewed together and seasoned with ground garlic. A dish almost guaranteed to appear on every restaurant menu is *lomo saltado*, a kind of stir-fried beef with onions, vinegar, ginger, chilli, tomatoes and fried potatoes, served with rice. *Rocoto relleno* is spicy bell pepper stuffed with beef and vegetables, *palta rellena* is avocado filled with chicken salad, Russian salad or prawns. *Estofado de carne* is a stew which often contains wine and *carne en adobo* is a cut and seasoned steak. Others include *fritos*, fried pork, usually eaten in the morning, *chicharrones*, deep fried chunks of pork ribs and chicken or fish, and *lechón*, suckling pig. A delicacy in the highlands is *cuy*, guinea pig.

Very filling and good value are the many soups on offer, such as *yacu-chupe*, a green soup which has a basis of potato, with cheese, garlic, coriander leaves, parsley, peppers, eggs, onions, and mint, *and sopa a la criolla* containing thin noodles, beef heart, bits of egg and vegetables and pleasantly spiced.

Tropical cuisine The main ingredient in much jungle cuisine is fish, especially the succulent, dolphin-sized *paiche*, which comes with the delicious *palmito*, or palm-hearts, and the ever-present yucca and fried bananas. Another popular dish is *sopa de motelo* (turtle soup). *Juanes* are a jungle version of tamales, stuffed with chicken and rice.

Desserts Among the desserts and confections are *cocada al horno* – coconut, with yolk of egg, sesame seed, wine and butter; *picarones* – frittered cassava flour and eggs fried in fat and served with honey; *mazamorra morada* – purple maize, sweet potato starch, lemons, various dried fruits, sticks of ground cinnamon and cloves and perfumed pepper; *manjar blanco* – milk, sugar and eggs; *maná* – an almond paste with eggs, vanilla and milk; *alfajores* – shortbread biscuit with *manjar blanco*, pineapple, peanuts, etc; *pastelillos* – yuccas with sweet potato, sugar and anise fried in fat and powdered with sugar and served hot; and *zango de pasas*, made with maize, syrup, raisins and sugar. *Turrón*, the Lima nougat, is worth trying. *Tejas* are pieces of fruit or nut enveloped in *manjar blanco* and covered in chocolate or icing sugar - delicious. The various Peruvian fruits are of good quality: they include bananas, the citrus fruits, pineapples, dates, avocados (*paltas*), eggfruit (*lúcuma*), the custard apple (*chirimoya*) which can be as big as your head, quince, papaya, mango, guava, the passion-fruit (*maracuyá*) and the soursop (*guanábana*).

A normal lunch or dinner costs US$5-8, but can go up to about US$80 in a first-class restaurant, with drinks and wine included. Middle and high-class restaurants add 11% tax and 17% service to the bill (sometimes 18% and 13% respectively); this is not shown on the price list or menu, check in advance. Lower class restaurants charge only 5% tax, while cheap, local restaurants charge no taxes. Lunch is the main meal and, apart from the most exclusive places, most restaurants serve one or two set lunch menus, called *menú ejecutivo* or *menú económico*. The set menu has the advantage of being ready and is served almost immediately and it is usually cheap; as little as US$1.75-3.50 for a three course meal. The *menú ejecutivo* costs US$2 or more for a three-course meal with a soft drink and it offers greater choice and more interesting dishes than the *menú económico*, which costs US$1.50-2.50. There are many Chinese restaurants (*chifas*) in Peru which serve good food at reasonable prices. For really economically-minded people the *comedores populares* in most cities of Peru offer a standard three-course meal for US$1.25.

Drink The most famous local drink is *pisco*, a clear brandy which, with egg whites and lime juice, makes the famous pisco sour. The most renowned brands come from the Ica valley. Also popular are *chilcano*, a longer refreshing drink made with *guinda*, a local cherry brandy; and *algarrobina*, a sweet cocktail made with the syrup from the bark of the carob tree, egg whites, milk, pisco and cinnamon. The best wines are from Ica, Tacama and Ocucaje; both come in red, white and rosé, sweet and dry varieties. Tacama blancs de blancs and brut champagne have been recommended, also Gran Tinto Reserva Especial. Viña Santo Tomás, from Chincha, is reasonable and cheap. Casapalca is not recommended. Beer is best in lager and porter types, especially the *Cusqueña* and *Arequipeña* brands (lager) and *Trujillo Malta* (porter). In Lima only *Cristal* and *Pilsener* (not related to true Pilsen) are readily available, others have to be sought out. Look out for the sweetish 'maltina' brown ale, which makes a change from the ubiquitous pilsner–type beers. *Chicha de jora* is a maize beer, usually homemade and not easy to come by, refreshing but strong, and *chicha morada* is a soft drink made with purple maize. The local rival to Coca Cola, the fluorescent yellow *Inca Cola*, is made from lemon grass. Peruvian coffee is good, but the best is exported. Many cafés only serve coffee in liquid form or Nescafé. It is often brought to the table in a small jug accompanied by a mug of hot water to which you add the coffee essence. There are many different kinds of herb tea: the commonest are *manzanilla* (camomile) and *hierbaluisa* (lemon grass). *Mate de coca* is frequently served in the highlands to stave off the discomforts of altitude sickness.

Shopping

It is possible to find any kind of handicraft in Lima. The prices are often the same as in the highlands, and the quality is high. Good buys are: silver and gold handicrafts; Indian hand-spun and hand-woven textiles; manufactured textiles in Indian designs; llama and alpaca wool products such as ponchos, rugs, hats, blankets, slippers, coats and sweaters; *arpilleras* (appliqué pictures of Peruvian life); and fine leather products which are mostly hand made. Another good buy is clothing made from high quality Pima cotton, which is grown in Peru.

The *mate burilado*, or engraved gourd found in every tourist shop, is cheap and one of the most genuine expressions of folk art in Peru. These are cheaper if bought in the villages of the Mantaro Valley near Huancayo in the Central Highlands. Alpaca clothing, such as sweaters, hats and gloves, is cheaper in the Sierra, especially in Puno. Another good source is Arequipa, where alpaca cloth for suits, coats, etc (mixed with 40% sheep's wool) can be bought cheaply from factories. Geniune alpaca is odourless wet or dry, wet llama 'stinks'.

One of the very best places in Peru to look for *artesanía* is Ayacucho in the Central Highlands. Here you'll find excellent woven textiles, as well as the beautifully intricate *retablos*, or Saint Mark's boxes. Cusco is one of the main weaving centres and a good place to shop for textiles, as well as excellent woodcarvings. Also recommended for textiles is Cajamarca. The island of Taquile on Lake Titicaca is a good place to buy *ch'uspas* (bags for coca leaves), *chumpis* (belts) and *chullos* (knitted conical hats).

Holidays and festivals

Two of the major festival dates are *Carnaval*, which is held over the weekend before Ash Wednesday, and *Semana Santa* (Holy Week), which ends on Easter Sunday. Carnival is celebrated in most of the Andes and Semana Santa throughout Peru. Another important festival is *Fiesta de la Cruz*, held on the first of May in much of the central and southern highlands and on the coast. In Cusco, the entire month of June is one huge *fiesta*, culminating in *Inti Raymi*, on 24 June, one of Peru's prime tourist attractions. Another national festival is *Todos los Santos* (All Saints) on **1 November**, and on **8 December** is *Festividad de la Inmaculada Concepción*. A full list of local festivals is listed under each town.

Apart from the festivals listed above, the main holidays are: **1 January**, New Year; **6 January**, *Bajada de Reyes*; **1 May**, Labour Day; **28-29 July**, Independence (Fiestas Patrias); **7 October**, Battle of Angamos; **24-25 December**, Christmas.

NB Most businesses such as banks, airline offices and tourist agencies close for the official holidays while supermarkets and street markets may be open. This depends a lot on where you are so ask around before the holiday. Sometimes holidays that fall during mid-week will be moved to the following Mon. The high season for foreign tourism in Peru is Jun to Sep while national tourism peaks at Christmas, Semana Santa and Fiestas Patrias. Prices rise and accommodation and bus tickets are harder to come by.

Sport and activities

Birdwatching

Nearly 20% of all the bird species in the world and 45% of all neotropical birds are found in Peru. A birding trip is possible during any month as birds breed all year round. The peak in breeding activity occurs just before the rains come in Oct, so it is easier to locate many birds between Sep and Christmas. Rainwear is recommended in the mountains, especially in the rainy season (Nov-Apr), but in the tropical lowlands it is better to take an umbrella. Besides binoculars, a telescope is useful in many areas. There are many important sites, but the key ones are the Manu Biosphere Reserve, Tambopata-Candamo Reserved Zone, Iquitos, Paracas, Lomas de Lachay, the Colca Canyon and the Huascarán Biosphere Reserve. There are too many birds to mention, but from the tiny hummingbirds to flamingoes and the Andean condor, the range is totally rewarding for the beginner and the most experienced birder alike.

Climbing   Peru offers plenty of possibilities. The Cordillera Blanca, with Huaraz as a base, is an ice climber's paradise. Over 50 summits are between 5,000 and 6,000 m and over 20 exceed 6,000 m. There is a wide range of difficulty and no peak fees are charged (although national park entrace has to paid in the Cordillera Blanca). The *Peruvian Mountain Guide Association* (AGMP) is located in the Casa de Guías, Huaraz. The Cordillera Huayhuash, southeast of Huaraz, is a bit more remote, with fewer facilities, but has some of the most spectacular ice walls in Peru. In the south of the country, the Cordilleras Vilcabamba and Vilcanota are the main destinations, but Cusco is not developed for climbing. Elsewhere in the Sierras are other peaks which are rarely climbed. Rock climbing is becoming popular in the Huaraz area, at Monterrey (for beginners) and Quebrada de Llaca. Climbing equipment can be hired in Huaraz quite easily, but the quality can be poor.

Mountain biking   This is a relatively new sport in Peru, but dedicated cyclists are beginning to open up routes which offer some magnificent possibilities. Peru has kilometre after kilometre of trails, dirt roads and single track, but very few maps to show you where to go. There is equipment for hire and tours in the Huaraz and Cusco areas and it may be a good idea to join an organized group to get the best equipment and guiding.

Rafting   Peru has some of the finest whitewater rivers in the world. There are some spectacular places only accessible by this type of craft: desert canyons, jungle gorges, exotic rock formations and rare wildlife. Availability is almost year-round and all levels of difficulty can be enjoyed. Cusco is probably the rafting capital and the Río Urubamba has some very popular trips. Further afield is the Río Apurímac, which has some of the best whitewater rafting anywhere, including a trip at the source of the Amazon. In the southeastern jungle, a rafting trip on the Río Tambopata to the Tambopata- Candamo Reserved Zone involves four days of whitewater followed by two of drifting through virgin forest: an excellent adventure which must be booked up in advance. Around Arequipa is some first-class, technical rafting in the Cotahuasi and Colca canyons and some less-demanding trips on the Río Majes. Other destinations are the Río Santa near Huaraz and the Río Cañete, south of Lima.

Swimming & surfing   Between December and April the entire coast of Peru offers good bathing, but during the rest of the year only the northern beaches near Tumbes provide pleasantly warm water. There are many bathing resorts near Lima (do not swim at, or even visit, these beaches alone). The current off the coast can be very strong, making it too dangerous to swim in places.

Trekking   Most walking is on trails well-trodden by local people, but some of the more popular routes are becoming damaged. Little is done to maintain the trails and no guards control them; a few conservation groups are trying to remedy this. If camping, ask permission from the landowner first, and do not leave litter anywhere.

There are some outstanding circuits around the peaks of the Cordilleras Blanca (eg Llanganuco to Santa Cruz, and the treks out of Caraz) and Huayhuash. The Ausangate trek near Cusco is also good. A second type of trek is walking among, or to, ruins. The prime example is the Inca Trail to Machu Picchu, but others include those to Vilcabamba (the Incas' last home) and Choquequirao, and the treks in the Chachapoyas region. The Colca and Cotahuasi canyons also offer superb trekking. *South American Explorers* have good information and advice on trekking and sells books.

Health

See also Health in Essentials at the beginning of the book, page 60   Eating from street vendors is considered safe only if the food is boiled or can be peeled. Most middle-class restaurants are safe. Tap water should not be drunk anywhere unless it has been boiled or treated with iodine. Bottled water is available throughout Peru. If it cannot be found, note that at high altitudes boiling may be insufficient to purify water (since boiling point is less than 100°C); use additional forms of purification. Of the water purification tablets sold in local chemists, Certimil do not dissolve; Micropur are much better.

Typhoid and hepatitis are common. If buying gamma globulin in Peru note that it is valueless if it has not been kept under refrigeration.

In Lima, there is a **Centro de Antirrabia** (see page 1084) if you are unfortunate enough to be bitten by a rabid dog. In other cities, hospitals give anti-rabies injections (always have a check-up if bitten by a dog; rabies is not uncommon). Because of a TB epidemic, avoid non-pasteurized dairy products.

Further to the general advice about altitude sickness, note that, when walking at high altitude, the body needs sugar, which can be carried conveniently in the form of a block of crystallized pure cane sugar, called *chancaca*, and easily found in markets.

Hotels and chemists/pharmacies often let visitors use their toilets.

Lima

Lima's colonial centre and suburbs, shrouded in fog which lasts eight months of the year, are fringed by the pueblos jóvenes *which sprawl over the dusty hills overlooking the flat city. It has a great many historic buildings, some of the finest museums in the country and its food, drink and nightlife are second to none. Although not the most relaxing of South America's capitals, it is a good place to start before exploring the rest of the country.*

*Phone code: 01
Colour map 3, grid C2
Population: 8 million
(metropolitan area)*

Getting there All international flights land at Jorge Chávez **airport**, 16 km from the Plaza de Armas (a little further from the main suburbs of Miraflores and San Isidro). Transport into town by taxi or bus is easy. If arriving in the city by **bus**, most of the recommended companies have their terminals just south of the centre, many on Av Carlos Zavala. This is not a safe area and you should take a taxi to and from there.

Getting around Downtown Lima can be explored on foot in the daytime. The central hotels are quite close to many of the main sites. At night a taxi is the safest option. Miraflores is about 15 km south of the centre. Many of the better hotels and restaurants are here and in neighbouring San Isidro. Transport between the centre and the suburbs is not a problem. Three types of bus provide an extensive public transport system. All vehicles stop whenever flagged down. The system may look daunting, but the route of the bus is posted on a coloured sticker on the windscreen; ignore any destinations written on the side. **Taxis** do not use meters and anyone can drive one. You must agree the price of the journey beforehand and insist on being taken to the destination of your choice. Tips are not expected. On both buses and taxis be ready to pay the exact fare. At night, on Sun and public holidays a surcharge is made, 35-50% in taxis, less in buses.

Ins & outs
For more detailed information including getting from the airport, see Transport, page 1079

Peru

Addresses Several blocks, with their own names, make up a long street, a jirón (often abbreviated to Jr). Street corner signs bear both names, of the jirón and of the block. New and old names of streets are used interchangeably: Colmena is also Nicolás de Piérola, Wilson is Inca Garcilaso de la Vega, and Carabaya is also Augusto N Wiese. The city's urban motorway is often called 'El Zanjón' (the ditch) or Vía Expresa.

Climate Only 12° south of the equator, one would expect a tropical climate, but Lima has two distinct seasons. The winter is from May to Nov, when a damp *garúa* (Scotch mist) hangs over the city, making everything look grey. It is damp and cold, 8-15°C. The sun breaks through around Nov and temperatures rise to as high as 30°C. Note that the temperature in the coastal suburbs is lower than the centre because of the sea's influence. Protect against the sun's rays when visiting the beaches around Lima, or elsewhere in Peru.

Tourist information *i perú* has offices at Jorge Chávez international airport, T574 8000, open 24 hours a day; Casa Basadre, Av Jorge Basadre 610, San Isidro, T421 1227, Mon-Fri 0900-1830; Larcomar shopping centre, Módulo 14, Plaza Gourmet, Miraflores, Mon-Wed 1130-2000, Thu-Sun 1130-2100. *Info Perú*, Jr de la Unión (Belén) 1066, of 102, T424 7963/431 0177, infoperu@qnet.com.pe or infoperu@yahoo.com Helpful office with lots of advice, English, French spoken, Mon-Fri 0930-1800, Sat 0930-1400. Ask for the free, *Peru Guide* published in English by Lima Editora, T444 0815, available at travel agencies or other tourist organizations.

Fertur Peru, has lots of information, see under Tour operators. **South American Explorers**: Piura 135, (Casilla 3714), Miraflores, T/F445 3306 (dial 011-51-1 from USA) limaclub@saexplorers.org See also Essentials, page 26.

Background Lima, capital of Peru, is built on both sides of the Río Rímac, at the foot of Cerro San Cristóbal. It was originally named *La Ciudad de Los Reyes*, in honour of the Magi, at its founding by Spanish conquistador Francisco Pizarro in 1535. From then until the independence of the South American republics in the early 19th century, it was the chief city of Spanish South America. The name Lima, a corruption of the Quechua name *Rímac* (speaker), was not adopted until the end of the 16th century.

The Universidad de San Marcos was founded in 1551, and a printing press in 1595, both among the earliest of their kind in South America. Lima's first theatre opened in 1563, and the Inquisition was introduced in 1569 (it was not abolished until 1820). For some time the Viceroyalty of Peru embraced Colombia, Ecuador, Bolivia, Chile and Argentina. There were few cities in the Old World that could rival Lima's power, wealth and luxury, which was at its height during the 17th and early 18th centuries. The city's wealth attracted many freebooters and in 1670 a protecting wall 11 km long was built round it, then destroyed in 1869. The earthquake of 1746 destroyed all but 20 houses, killed 4,000 inhabitants and ended its pre-eminence. It was only comparatively recently, with the coming of industry, that Lima began to change into what it is today.

Modern Lima is seriously affected by smog for much of the year, and is surrounded by 'Pueblos Jóvenes', or settlements of squatters who have migrated from the Sierra. Villa El Salvador, a few kilometres southeast of Lima, may be the world's biggest 'squatters' camp' with 350,000 people building up an award-winning self-governing community since 1971.

Over the years the city has changed out of recognition. Many of the hotels and larger business houses have relocated to the fashionable suburbs of Miraflores and San Isidro, thus moving the commercial heart of the city away from the Plaza de Armas.

Half of the town-dwellers of Peru now live in Lima. The metropolitan area contains eight million people, nearly one-third of the country's total population, and two-thirds of its industries.

Sights

Some museums are only open 0900-1300 from Jan-Mar, and some are closed in Jan The traditional heart of the city, at least in plan, is still what it was in colonial days. Although parts of it are run down, much of the old centre is undergoing restoration and many colonial buildings have been cleaned. It is worth visiting the colonial centre to see the architecture and works of art. Most of the tourist attractions are in this area.

One block south of the Río Rímac lies the Plaza de Armas (also called Plaza Mayor since 1998), which has been declared a World Heritage Site by UNESCO. Running along two sides are arcades with shops: Portal de Escribanos and Portal de Botoneros. In the centre of the Plaza is a bronze fountain dating from 1650. **The Palacio de Gobierno** (Government Palace), on the north side of the Plaza, stands on the site of the original palace built by Pizarro. In 1937, the palace was totally rebuilt. The changing of the guard is at 1200. In order to take a tour of the Palace you must register at the office of public relations at Parque Pizarro, next to the Palace, a day in advance. Tours are given in Spanish and English and last 1-1½ hours, there is no charge (on a 1030 tour you get to see the changing of the guard from inside the palace).

Plaza de Armas

The Cathedral, reduced to rubble in the earthquake of 1746, is a reconstruction on the lines of the original, completed 1755. Note the splendidly carved stalls (mid-17th century), the silver-covered altars surrounded by fine woodwork, mosaic-covered walls bearing the coats of arms of Lima and Pizarro and an allegory of Pizarro's commanders, the 'Thirteen Men of Isla del Gallo'. The supposed remains of Franscisco Pizarro lie in a small chapel, the first on the right of the entrance, in a glass coffin, though later research indicates that they reside in the crypt. Museo de Arte Religioso in the cathedral, free guided tours (English available, give tip), ask to see the picture restoration room. ■ *To visitors Mon-Sat 1000-1430. All-inclusive entrance ticket is US$1.50.* Next to the cathedral is the **Archbishop's Palace**, rebuilt in 1924, with a superb wooden balcony.

Just off the plaza is the **Philatelic Museum**, at the Central Post Office. Incomplete collection of Peruvian stamps and information on the Inca postal system. ■ *Mon-Sun 0815-1300, 1400-1800. No charge to enter museum, T427 5060, ext 553. Stamp exchange in front of the museum every Sat and Sun, 0900-1300. Commemorative issues can be bought here.* Nearby is the **Casa Aliaga**, at Unión 224. It is still occupied by the Aliaga family but has been opened to the public. *Lima Tours* has exclusive rights to include the house in its tours (T424 5110/7560/9386). The house contains what is said to be the oldest ceiling in Lima and is furnished entirely in the colonial style.

Around the Plaza de Armas

Churches open between 1830 and 2100 unless otherwise stated. Many are closed to visitors on Sun

On the first block of Jr Lampa, corner of Ancash, a few blocks from the Plaza de Armas, is the baroque church **San Francisco**, finished in 1674, withstood the 1746 earthquake. The nave and aisles are lavishly decorated in Mudéjar style. The monastery is famous for the Sevillian tilework and panelled ceiling in the cloisters (1620). The Catacombs under the church and part of the monastery are well worth seeing. ■ *Daily 0930-1745. Church and monastery US$1.50, US$0.50 children, only with guide, Spanish and English (recommended), T427 1381.* The late 16th-century **Casa de Jarava** or **Pilatos** is opposite San Francisco church, Jr Ancash 390. ■ *Mon-Fri 0830-1645.*

At Jr Ucayali 363, is the **Palacio Torre Tagle** (1735), the city's best surviving example of secular colonial architecture. Today, it is used by the Foreign Ministry, but visitors are allowed to enter courtyards to inspect the fine, Moorish-influenced wood-carving in balconies and wrought iron work. ■ *Mon-Fri during working hours.* **Casa de la Rada**, or **Goyoneche**, Jr Ucayali 358, opposite, is a fine mid-18th-century French-style town house which now belongs to a bank. The patio and first reception room are open occasionally to the public. **Museo Banco Central de Reserva**, Av Ucayali 291 and Lampa, one block from San Pedro Church, on same side as Torre Tagle Palace. This is a large collection of pottery from the Vicus or Piura culture (AD 500-600) and gold objects from Lambayeque, as well as 19th and 20th-century paintings: both sections highly recommended. ■ *Tue-Fri 1000-1600, Sat-Sun 1000-1300. Photography prohibited, T427 6250, ext 2657.* **San Pedro**, third block of Jirón Ucayali, finished by Jesuits in 1638, has marvellous altars with Moorish-style balconies, rich gilded wood carvings in choir and vestry, and tiled throughout. Several Viceroys are buried here; the bell called La Abuelita, first rung in 1590, sounded the Declaration of Independence in 1821. ■ *Daily 0700-1200, 1700-1800.*

Between Av Abancay and Jr Ayacucho is **Plaza Bolívar**, where General José de San Martín proclaimed Peru's independence. The plaza is dominated by the equestrian

Peru

statue of the Liberator. Behind lies the Congress building which occupies the former site of the Universidad de San Marcos; visit recommended. Behind the Congress is Barrio Chino, with many *chifas* and small shops selling oriental items. On Plaza Bolívar, C Junín 548, near the corner of Av Abancay, is **Museo del Tribunal de la Santa Inquisición**, whose main hall, with a splendidly carved mahogany ceiling, remains untouched. The Court of Inquisition was held here from 1584; 1829-1938 it was used by the Senate. In the basement there is a recreation *in situ* of the gruesome tortures. A description in English is available at the desk. ■ *Mon-Sun 0900-1700, free. Students offer to show you round for a tip; good explanations in English.* Close by, atJr Ancash 536, **Casa de las Trece Monedas** still has the original doors and window grills.

The 16th century **Santo Domingo** church and monastery is on the first block of Jr Camaná. The Cloister, one of the most attractive, dates from 1603. The second Cloister is less elaborate. Beneath the sacristy are the tombs of San Martín de Porres, one of Peru's most revered saints, and Santa Rosa de Lima (see below). In 1669, Pope Clement presented the alabaster statue of Santa Rosa in front of the altar. ■ *Monastery and tombs open Mon-Sat 0900-1300, 1500-1800; Sun and holidays morning only. US$0.75. T427 6793.* A few blocks away, **Casa de Oquendo** or **Osambela**, at Conde de Superunda 298, stages art exhibitions. ■ *0900-1300.* A few blocks west is **Santuario de Santa Rosa**, at Av Tacna, first block, a small but graceful church. A pilgrimage

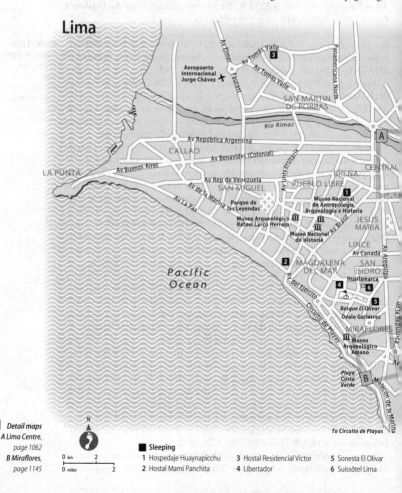

Lima

Detail maps
A Lima Centre,
page 1062
B Miraflores,
page 1145

■ Sleeping

1 Hospedaje Huaynapicchu	3 Hostal Residencial Victor
2 Hostal Mami Panchita	4 Libertador
	5 Sonesta El Olivar
	6 Suissôtel Lima

centre; here are preserved the hermitage built by Santa Rosa herself, the house in which she was born, a section of the house in which she attended to the sick, her well, and other relics. ■ *Daily 0930-1300, 1500-1800, free to the grounds, T425 1279.* Nearby, at Jr Ica 426, **Casa La Riva** has an 18th-century porch and balconies, a small gallery with 20th-century paintings. ■ *1000-1300, 1400-1600, T428 2643.*

San Agustín (Jr Ica 251), west of the Plaza de Armas: its façade (1720) is a splendid example of churrigueresque architecture. There are carved choir stalls and effigies, and a sculpture of Death, said to have frightened its maker into an early grave. The church has been restored after the last earthquake, but the sculpture of Death is in storage. ■ *Daily 0830-11300, 1630-1900, ring for entry, T427 7548.* **Las Nazarenas Church**, Av Tacna, 4th block, built around an image of Christ Crucified painted by a liberated slave in 1655. This, the most venerated image in Lima, and an oil copy of El Señor de los Milagros (Lord of Miracles), encased in a gold frame, are carried on a silver litter the whole weighing nearly a ton through the streets on 18, 19, and 28 October and again on 1 November (All Saints' Day). *El Comercio* newspaper and local pamphlets give details of times and routes. ■ *Daily 0700-1130, 1630-2000. T423 5718.*

From the Plaza, passing the Palacio de Gobierno onthe left, straight ahead is the **Desamparados** railway station, which now houses fascinating exhibitions on Peruvian themes. ■ *Free.* **The Puente de Piedra**, behind the Palacio de Gobierno, is a Roman-style stone bridge built in 1610, crossing the Río Rímac to the district of that name. On Jr Hualgayoc is the bullring in the **Plaza de Acho**, inaugurated on 20 January 1766, with the **Museo Taurino**. Apart from matador's relics, the museum contains good collections of paintings and engravings, some of the latter by Goya. ■ *Mon-Sat 0800-1800, US$1, students US$0.50, photography US$2, T482 3360, Hualgayoc 332.* The **Convento de Los Descalzos** on the Alameda de Los Descalzos in Rímac (founded 1592) contains over 300 paintings of the Cusco, Quito and Lima schools which line the four main cloisters and two ornate chapels. The chapel of El Carmen was constructed in 1730 and is notable for its baroque gold leaf altar. The museum shows the life of the Franciscan friars during colonial and early republican periods. The cellar, infirmary, pharmacy and a typical cell have been restored. ■ *Daily 1000-1300, 1500-1800, except Tue, US$1. Guided tour only, 45 mins in Spanish, worth it, T481 0441.*

North of Plaza de Armas

Cerro San Cristóbal dominates downtown Lima and can be visited in a one-hour tour, run by *Ofistur*, departing from in front of Santo Domingo, Jr Camaná. It includes a look at the run-down Rímac district, passes the Convento de los Descalzos (see above), ascends the hill through one of the city's oldest shanties with its brightly painted

Peru

houses and spends about 20 minutes at the summit, where there is a small museum and café. Excellent views on a clear day. ■ *Sat and Sun 1000-2100; departures every 15 mins, US$1.50.*

Lima centre

4 Gran Continental	13 Lima Sheraton	5 Govinda
5 Granada	14 Maury	6 Heydí
6 Hostal Belén &	15 Pensión Ibarra	7 La Choza Náutica
Estrella de Belén	16 Plaza Francia Inn	8 L'Eau Vive & Antaño
7 Hostal España		9 Machu Picchu
8 Hostal de las Artes	● **Eating**	10 Manhatten
9 Hostal Iquique	1 Accllahuasy	11 Natur
10 Hostal Roma	2 Chifas Capon & Fung	12 Salon Capon
& Café Carrara	Yen	13 San Martín
11 Kamana	3 Cordano	14 Wa Lok & Chun Koc
12 La Posada del Parque	4 El Maurito	Sen

■ **Sleeping**
1 El Balcón Dorado
2 Europa
3 Familia Rodríguez & Restaurant La Colmena

The Jr de La Unión, the main shopping street, runs to the Plaza de Armas. It has been **South of Plaza** converted into a pedestrian precinct which teems with life in the evening. In the two **de Armas** blocks south of Jr Unión, known as C Belén, several shops sell souvenirs and curios. **La Merced** is in Plazuela de la Merced, Unión y Huancavelica. The first mass in Lima was said here on the site of the first church to be built. The restored façade is a fine example of colonial Baroque. Inside are some magnificent altars and the tilework on some of the walls is noteworthy. A door from the right of the nave leads into the Monastery. The cloister dates from 1546. ■ *Daily 0800-1200, 1600-2000; monastery daily 0800-1200 and 1500-1730, T427 8199.* Jr de la Unión leads to **Plaza San Martín**, which has a statue of San Martín in the centre. The plaza has been restored and is now a nice place to sit and relax.

Museo de Arte, 9 de Diciembre 125, in the Palacio de la Exposición, built in 1868 in Parque de la Exposición. There are more than 7,000 exhibits, giving a chronological history of Peruvian cultures and art from the Paracas civilization up to today. It includes excellent examples of 17th- and 18th-century Cusco paintings, a beautiful display of carved furniture, heavy silver and jewelled stirrups and also pre-Columbian pottery. ■ *Tue-Sun 1000-1700, US$2.30 ,T423 4732. The Filmoteca (movie club) is on the premises and shows films just about every night. See the local paper for details, or look in the museum itself. Free guide, signs in English.* The **Gran Parque Cultural de Lima** is in the grounds. Inaugurated in January 2000, this large park has an amphitheatre, Japanese garden, food court and children's activities. Relaxing strolls through this green, peaceful and safe oasis in the centre of Lima are recommended. ■ *0800-2030.*

Museo de Arte Italiano, Paseo de la República, second block, T423 9932, is in a wonderful neo-classical building, given by the Italian colony to Peru on the centenary of its independence. Note the remarkable mosaic murals on the outside. It consists of a large collection of Italian and other European works of art and houses the Instituto de Arte Contemporáneo, which has many exhibitions. ■ *Mon-Fri 0900-1630, US$1.*

Museo de la Nación, on Javier Prado Este 2466, in the huge *Banco de la Nación* **San Borja** building, is the museum for the exhibition and study of the art and history of the aboriginal races of Peru. It contains the **Museo Peruano de Ciencias de la Salud**, which has a collection of ceramics and mummies, plus an explanation of pre-Columbian lifestyle. There are good explanations in Spanish and English on Peruvian history, with ceramics, textiles and displays of almost every ruin in Peru. Guided tours in English/Spanish. It is arranged so that you can follow the development of Peruvian precolonial history through to the time of the Incas. A visit is recommended before you go to see the archaeological sites themselves. There are displays of the tomb of the Señor de Sipán, artefacts from Batán Grande near Chiclayo (Sicán culture), reconstructions of the friezes found at Huaca La Luna and Huaca El Brujo, near Trujillo, and of Sechín and other sites. Temporary exhibitions are held in the basement, where there is also an Instituto Nacional de Cultura bookshop. ■ *Tue-Sun 1000-1700, US$1.75. 50% discount with ISIC card, T476 9875/9878. Getting there: From Av Garcilaso de la Vega in downtown Lima take a combi with a "Javier Prado/Aviación" window sticker. Get off at the 21st block of Javier Prado at Av Aviación. From Miraflores take a bus down Av Arequipa to Av Javier Prado (27th block), then take a bus with a "Todo Javier Prado" or "Aviación" window sticker. Taxi from downtown Lima or Miraflores US$2. The museum has a cafetería.*

The original museum of anthropology and archaeology is **Museo Nacional de** **Pueblo Libre** **Antropología, Arqueología e Historia**, Plaza Bolívar in Pueblo Libre, not to be confused with Plaza Bolívar in the centre. On display are ceramics of the Chimú, Nasca, Mochica and Pachacámac cultures, various Inca curiosities and works of art, and interesting textiles. **Museo Nacional de Historia**, T463 2009, in a mansion occupied by San Martín (1821-22) and Bolívar (1823-26) is next door. It exhibits colonial and early republican paintings, manuscripts, portraits, uniforms, etc. ■ *Tue-Sat*

Peru

0915-1700, Sun and holidays 1000-1700. US$3, photo permit US$5 (T463 5070), guides available, some displays in English. Take any public transportation vehicle on Av Brasil with a window sticker saying "Todo Brasil." Get off at the 21st block called Av Vivanco. Walk about 5 blocks down Vivanco. The museum will be on your left. Taxi from downtown Lima US$2; from Miraflores US$3 Follow the 'blue line' marked on the pavement to the Museo Arqueológico Rafael Larco Herrera (see below), 10 mins' walk.

Museo Arqueológico Rafael Larco Herrera, at Av Bolívar 1515, is located in an 18th-century mansion, itself built on a seventh-century pre-Columbian pyramid, this museum has a collection which gives an excellent overview on the development of Peruvian cultures through their pottery. It has the world's largest collection of Moche, Sicán and Chimú pieces. There is a Gold and Silver of Ancient Peru pavilion, a magnificent textile collection and a fascinating erotica section. It is surrounded by beautiful gardens. ■ *Daily 0900-1800; texts in Spanish, English and French. US$5.70 (half price for children). Disabled access. Photography not permitted. T461 1312, http://museolarco.perucultural.org.peTake any bus to the 15th block of Av Brasil. Then take a bus down Av Bolívar. Taxi from downtown, Miraflores or San Isidro, 15 mins, US$2-3. Follow the 'blue line' marked on the pavement to the Museo Nacional de Antropología, Arqueología e Historia (see above), 10 mins' walk.*

San Isidro

There are many good hotels and restaurants in San Isidro; see Sleeping, page 1069 and Eating, page 1071

To the east of Av La República, down C Pancho Fierro, is **El Olivar**, an olive grove planted by the first Spaniards which has been turned into a park (best in daylight). Between San Isidro and Miraflores, at C Nicolás de Rivera 201 and Av Rosario, is **the Pan de Azúcar**, or **Huallamarca**, an adobe pyramid of the Maranga culture, dating from about AD 100-500. There is a small site museum. ■ *0900-1700, closed Mon, US$1.50. Take bus 1 from Av Tacna, or minibus 13 or 73 to Choquechaca, then walk.*

South of San Isidro is the rundown seaside resort of **Magdalena del Mar**, inland from which is **Pueblo Libre**, where many museums are located (see under Museums, above). **Parque las Leyendas**, is reached from the 24th block of Av de La Marina in San Miguel: take Av Parque Las Leyendas to the entrance on Av La Mar, T452 4282. It is arranged to represent the three regions of Peru: the coast, the Sierra, and the tropical jungles of the Selva, with appropriate houses, animals and plants, children's playground. It gets very crowded at weekends. ■ *Daily 0900-1700, US$2. Getting there: Take bus 23 or colectivo on Av Abancay, or bus 135A or colectivo from Av La Vega.*

Miraflores

Av Arequipa continues to the coast, to the most important suburb of Lima (see Sleeping, page, 1067, Youth hostel, page 1071 and eating, page 1071). Together with San Isidro and Barranco this is now the social centre of Lima.

Parque Kennedy, the Parque Central de Miraflores is located between Av Larco and Av Mcal Oscar Benavides (locally known as Av Diagonal). This extremely well kept park has a small open-air theatre with performances Thursday-Sunday and an arts and crafts market most evenings of the week. The house of the author **Ricardo Palma**, Gral Suárez 189, is now a museum. ■ *Mon-Fri 0915-1245, 1430-1700, small entrance fee, T445 5836.* The Miraflores branch of **Banco Wiese** has an exhibition of finds from El Brujo archaeological site north of Trujillo. ■ *Mon-Fri, 0900-1230, free.* At the end of Av Larco and running along the Malecón de la Reserva is the renovated **Parque Salazar** and the very modern shopping centre called Centro Comercial Larcomar. Here you will find expensive shops, hip cafés and discos and a wide range of restaurants, all with a beautiful ocean view. The 12-screen cinema is one of the best in Lima and even has a 'cine-bar' in the twelfth theatre. Don't forget to check out the Cosmic Bowling Alley with its black lights and fluorescent balls. A few hundred metres to the north is the famous **Parque del Amor** where on just about any night you'll see at least one wedding party taking photos of the newly married couple.

Museo Arqueológico Amano, Retiro 160, 11th block of Av Angamos Oeste, Miraflores: collection of artefacts from the Chancay, Chimú and Nasca periods, owned by the late Mr Yoshitaro Amano. It has one of the most complete exhibits of Chancay weaving, and is particularly interesting for pottery and pre-Columbian textiles, all superbly displayed and lit. ■ *Visits are by appointment Mon-Fri in afternoons only, free (photography prohibited), T4412909. Getting there: Take a bus or colectivo to the corner of Av Arequipa y Av Angamos and another one to the 11th block of Av Angamos Oeste. Taxi from downtown US$2; from Parque Kennedy US$1.*

Miraflores

Peru

N

0 metres 50
0 yards 50

■ **Sleeping**
1 Albergue Turístico
   Juvenil Internacional *D3*
2 Alemán *A3*
3 Antigua Miraflores *B1*
4 Casa de la Sra Jordan *C1*
5 Colonial Inn *A2*
6 Explorer's House *A1*
7 Flying Dog B&B *C2*
8 Friend's House *C1*
9 Hospedaje Atahualpa *A3*
10 Hostal Bellavista de
   Miraflores *B2*
11 Hostal El Patio *C2*
12 Hostal Esperanza *C3*
13 Hostal Huaychulo *A2*
14 Hostal La Castellana *C2*
15 Hostal Lucerna *D1*
16 Hostal Señorial *D1*
17 Hostal Torrebланco *C2*
18 José Antonio *C1*
19 La Hacienda *C1*
20 Las Américas *C2*
21 Lex Luthor's House *C1*
22 Marriot *D1*
23 Miraflores Park *D1*
24 Residencial El Castillo
   Inn *C3*
25 San Antonio Abad *D3*
26 Sipán *D2*
27 Sonesta Posada
   del Inca *C2*

● **Eating**
1 Angel's Pizzería y
   Trattoria *C2*
2 Astrid y Gaston *C3*
3 Bircher Benner *C3*
4 Brujas de Cachiche *B1*
5 Café Café *B2*
6 Café de la Paz *B2*
7 Café Voltaire *B3*
8 C'est si Bon *A2*
9 Chef's Café *C2*
10 Chifa Kun Fa *C2*
11 Curich *B1*
12 Dino's Pizza *A2*
13 Dutch Sandwich Bar *A2*
14 El Paraiso *B3*
15 El Parquecito *C2*
16 El Rincón Gaucho *D1*
17 Haiti *B3*
18 Heladería 4D *A3*
19 Il Postino *B3*
20 La Gloria *B3*
21 La Palachinke *B2*
22 La Tiendecita Blanca *B3*
23 La Tranquera *B2*
24 La Trattoria *C3*
25 Las Tejas *C2*
26 Madre Natura *A3*
27 Pardo's Chicken *D2*
28 Pizza Street *B2*
29 Ricota & Café Tarata
   C2
30 Rincón Alemán *A3*
31 San Antonio *A3*
32 Super Rueda *B2*
33 Tomar e Irse *B2*
34 Torero Sí Señor *B1*
35 Vivaldi *B3*
36 Zugatti *C2*

● **Bars & clubs**
37 Media Naranja *B2*
38 Murphys *C2*

Poli Museum, Almirante Cochrane 466, is one of the best private collections of colonial and pre-Columbian artefacts in Peru, including material from Sipán. ■ *Guided tours (in Spanish only and delivered very fast) by Sr Poli or his son cost US$10 pp irrespective of the size of the group; allow 2 hrs. Phone in advance to arrange tours, T422 2437.*

At Borgoña, eighth block s/n, turn off Av Arequipa at 45th block, is **Huaca Pucllana**, a fifth to eighth-century AD, pre-Inca site which is under excavation. Guided tours in Spanish only (give tip); small site museum but few objects from the site itself, handicrafts shop (see Eating, below). ■ *Free. Closed Tue*

Barranco This suburb further south was already a seaside resort by the end of the 17th century. Nowadays, a number of artists have their workshops here. The attractive public library, formerly the town hall, stands on the plaza. Nearby is the interesting *bajada*, a steep path leading down to the beach. **The Puente de los Suspiros** (Bridge of Sighs), leads towards the Malecón, with fine views of the bay. Barranco is quiet by day but comes alive at night (see Eating and Bars sections) in the bars focused around the main plaza. Take a colectivo to Miraflores then another. Some run all the way to Barranco from Lima centre; check on the window or ask. The 45 minute walk from Miraflores to Barranco along the Malecón is nice in summer. **Museo de Arte Colonial Pedro de Osma** is on Av Pedro de Osma 421, Barranco, a private collection of colonial art of the Cusco, Ayacucho and Arequipa schools, ■ *Tue-Sun 1000-1330, 1430-1800, US$3. Only 10 visitors at any one time, T467 0141. Take bus 2, 54 or colectivo from Av Tacna.*

Callao Lima and Callao run into each other and Callao is a city in its own right, with over one
Callao has a serious million inhabitants. Shipyards, far from sea, load the fishing vessels they build on huge
theft problem, avoid lorries and launch them into the ocean at Callao. It is the most important Peruvian
being there port, handling 75% of the nation's imports and some 25% of its exports. Founded in
in the evening 1537, Callao used to be one of the most important cities in South America and it was attacked by English pirates such as Drake and Hawkins. In 1746, it was completely destroyed by a massive wave, triggered by the terrible earthquake of that year. The watermark is still visible on church of **Nuestra Señora del Carmen de la Legua**, near the corner of Av Oscar Benavides and Av Elmer Faucett. In the heart of the city stands the enormous Spanish castle, **La Fortaleza Real Felipe**. It is still used by Peruvian armed forces so you will have to negotiate entry with a guard. ■ *Daily 0930-1400, T429 0532. US$2 including guide, no cameras allowed.* From Plaza Grau you can see a large part of the port and the **Palomino Islands** (inhabited by birds, seals and other marine species), including **Isla San Lorenzo**, whose underwater military bunker guards Abimael Guzmán of Sendero Luminoso and Víctor Polay, leader of MRTA. Trips to the islands can be arranged from the pier next to Plaza Grau. **Museo Naval del Perú** on Plaza Grau. Models of Peruvian and foreign ships, weapons and uniforms, interesting photographs. Recommended. ■ *Av Jorge Chávez 121, T429 4793. US$0.85. Tue-Sat 0900-1600, Sun 0900-1700.*

La Punta is the peninsula next to Callao, a beach resort with good local seafood restaurants. There is a well-maintained Malecón and Plaza Grau is nicely restored, with a helpful little library inside the municipality building. Boat trips: at the foot of the steps to the sea from Plaza Grau (from where the liberty boats come and go to the Peruvian Navy ships) brightly painted pleasure boats, with life jackets, go to the end of La Punta beach and back. ■ *25 mins, US$1. From Callao, Lima is at least 20 mins by car, colectivos US$0.30, bus US$0.25, taxi US$3-4 to the centre or Miraflores. Do not take a bus back to Lima after dark.*

Lima Beaches In summer (December-April) the city's beaches get very crowded at weekends and lots of activities are organized. Even though the water of the whole bay has been declared unsuitable for swimming, Limeños see the beach more as part of their culture than as a health risk. Do not camp on the beaches as robbery is a serious threat and, for the same reason, take care on the walkways down. Don't take any belongings with you to the beach, only what is really necessary.

The *Circuito de Playas*, which begins with Playa Arica (30 km from Lima) and ends with San Bartolo (45 km from Lima), has many great beaches for all tastes. If you want a beach that always is packed with people, there's El Silencio or Punta Rocas. Quieter options are Señoritas or Los Pulpos. Punta Hermosa has frequent surfing and volleyball tournaments.

Excursions

When the Spaniards arrived, Pachacámac in the Lurín valley was the largest city and ceremonial centre on the coast. A wooden statue of the creator-god, after whom the site is named, is in the site museum. Hernando Pizarro was sent here by his brother in 1533 in search of gold for Inca emperor Atahualpa's ransom. In their fruitless quest, the Spaniards destroyed images and killed the priests. The ruins encircle the top of a low hill, whose crest was crowned with a **Temple of the Sun**, now partially restored. Hidden from view is the reconstructed **House of the Mamaconas**, where the 'chosen women' spun fine cloth for the Inca and his court. An impression of the scale of the site can be gained from the top of the Temple of the Sun, or from walking or driving the 3-km circuit (the site is large and it is expected that tourists will be visiting by car – there are six parking spots). ■ *Daily 0900-1700; closed 1 May, US$1.75, includes the small site museum which sells soft drinks.*

Pachacámac
31 km from Lima

Transport Bus or colectivo from Lima: From the Pan American Highway (south-bound) take a combi with a sticker in the window reading "Pachacámac/Lurín" (US$0.85). Let the driver know you want to get off at the ruins. A taxi will cost approximately US$4.30, but if you don't ask the driver to wait for you (an extra cost), finding another to take you back to Lima may be a bit tricky. For organized tours contact one of the tour agencies listed above.

Near the Central Highway, in the eastern outskirts of Lima, at **Puruchuco**, under a shanty town called Túpac Amaru, over 2,000 intact mummy bundles have been uncovered in an Inca cemetery known as Puruchuco-Huaquerones. The quantity and completeness of the mummies, plus the tens of thousands of accompanying objects, should reveal a wealth of information about the last century of Inca society before the Spanish conquest. On the way to Chosica, up the Rímac valley, take the turn off at Km 41/2 to Puruchuco.

Puruchuco

Also at Puruchuco is the reconstructed palace of a pre-Inca Huacho noble. There is a small museum with ceramics and textiles from the lower Rímac or Lima valley and a selection of indigenous plants and animals. ■ *Mon-Fri 0900-1700 (closed 1 May and 28 Jul), US$1.75.*

Peru

Essentials

More visitors stay in Miraflores than in the centre, as it is more organized, cleaner, and has some good value hostales. Backpackers prefer cheaper hostales in the centre. All hotels and restaurants in the upper price brackets charge 18% state tax and 10% service on top of prices (neither is included in prices below). The more expensive hotels charge in dollars according to the parallel rate of exchange at midnight. Consult the general Security section in the Essentials and see also the Warning under Transport. If arriving by air, especially at night, you can try the tourist office at the airport (beyond passport control) if you want to arrange a hotel room, but they may find you somewhere at a higher price than you wish to pay.

Sleeping
■ *on maps*

Miraflores LL *Miraflores Park*, Av Malecón de la Reserva 1035, T242 3000, F242 3393, mirapark@peruorientexpress.com.pe An Orient Express hotel, excellent service and facilities, beautiful views over the ocean, top class. **L** *La Hacienda*, 28 de Julio 511 y Av Larco, T444 4346, reservas@bwlahacienda.com English spoken, excellent service, breakfast and taxes included, has casino. **AL** *Antigua Miraflores*, Av Grau 350 at C Francia, T241 6116, www.peru-hotels-inns.com A beautiful, small and elegant hotel in a quiet but central location,

Apartments for 2 can be rented for US$50-150, check notices in Santa Isabel and Wong supermarkets, and El Comercio on Sun

very friendly service, tastefully furnished and decorated, gym, cable TV, good restaurant. **AL** *Colonial Inn*, Cmdte Espinar 310, T241 7471, coloinn@terra.com.pe Colonial style, excellent service, noisy from traffic, parking, includes breakfast and tax. **AL** *José Antonio*, 28 de Julio 398 y C Colón, T 445 7743, T/F445 6870, reservas@hoteljoseantonio.com Good in all respects, including the restaurant. **AL** *Sonesta Posada del Inca*, Alcanfores 490, T2417688. Part of the renowned chain of hotels (see San Isidro below). **A** *Alemán*, Arequipa 4704, T446 4045, haleman@terra.com.pe No sign, comfortable, quiet, garden, breakfast included, enquire about laundry service. **A** *Casa Andina*, Av 28 de Julio 1088, T241 4050, F241 4051, www.casaandina.co.pe Friendly, comfortable bed and breakfast, part of a chain with others in Cusco, Puno and Arequipa. **A** *Hostal Esperanza*, Esperanza 350, T444 2411, htlesperanza@terra.com.pe Café, bar, TV, phone, pleasant, secure. **A** *Hostal La Castellana*, Grimaldo del Solar 222, T444 3530, F446 8030. Pleasant, good value, nice garden, safe, expensive restaurant, laundry, English spoken, 10% discount for *South American Explorers* (SAE) members, price includes tax. **A** *Hostal Lucerna*, Las Dalias 276 (parallel with 12th block of Larco), T445 7321, hostallucerna@terra.com.pe Safe, quiet, cosy, excellent value, but drinks and restaurant are expensive. **A** *San Antonio Abad*, Ramón Ribeyro 301, T447 6766, www.hotelsanantonioabad.com Secure, quiet, helpful, tasty breakfasts, one free airport transfer with reservation. **A** *Hostal Señorial*, José González 567, T445 9724, senorial@viabcp.com Includes breakfast, comfortable, nice garden. **A** *Hostal Torreblanca*, Av José Pardo 1453, near the seafront, T447 0142, hostal@torreblancaperu.com Includes breakfast, quiet, safe, laundry, restaurant and bar, cosy rooms, will help with travel arrangements.

B *Hostal Bellavista de Miraflores*, Jr Bellavista 215, T445 7834, hostalbellavista@terra.com.pe Excellent location, quiet, pleasant, free internet, price includes tax and breakfast. **B** *Hostal Huaychulo*, Av Dos de Mayo 494, T241 3130. Secure, helpful, German owner-manager also speaks English. **B** *Hostal El Patio*, Diez Canseco 341, T444 2107, hostalelpatio@qnet.com.pe Includes breakfast, reductions for long stays, comfortable, English and French spoken, convenient. **B** *Sipán*, Paseo de la República 6171, T447 0884, reservas@hotelsipan.com Breakfast and tax included, very pleasant, in a residential area, TV, fridge, security box, internet access. Free airport transfers available. **B** *Villa Molina*, Teruel 341, T440 4018, villamolina@terra.com.pe Breakfast and tax included, discount for long-stay and groups, beautiful house, quiet.

C *Hospedaje Atahualpa*, Atahualpa 646c, T447 6601. Cheaper without bath, including breakfast, long-stay rates available, parking, hot water, cooking and laundry facilities, luggage stored, taxi service. **C** *Home Peru*, Av Arequipa 4501, T241 9898, www.homeperu.com Convenient, smart, with breakfast, luggage store, English spoken, cable TV, internet. **D** pp *Residencial El Castillo Inn*, Diez Canseco 580, T446 9501. All rooms with bath and hot water, family home, use of lounge, negotiate for longer stay.

D pp *Casa de La Sra Jordan*, Porta 724, near Parque del Amor, T445 9840. 8 rooms, reservations required, family home, quiet. **E** *Friend's House*, Jr Manco Cápac 368, T446 6248. Hot water, cable TV, **F** in dormitory, use of kitchen at no cost, popular with backpackers, near Larcomar shopping centre. **E** *Flying Dog Bed & Breakfast*, Diez Canseco 117, T445 0940, www.flyingdog.esmartweb.com Includes breakfast, dormitories or private rooms, shared bath (**D** in en suite room), central, comfortable, hot water, secure, book exchange, kitchen facilities. **F** pp *Explorer's House*, Av Alfredo León 158, by 10th block of Av José Pardo, T241 5002, explorers_house@yahoo.es With breakfast, use of kitchen, laundry, Spanish classes, English spoken, hot water. **F** pp *Lex Luthor's House*, Porta 550, T242 7059, luthorshouse@hotmail.com Breakfast included, colonial house, small, basic, use of kitchen, good value.

San Isidro **LL** *Country Club*, Los Eucaliptos 590, T611 9000, www.accesoperu.com/countryclub Excellent, fine service, luxurious rooms, safes in rooms, cable TV, free internet for guests, good bar and restaurant, classically stylish. **LL** *Sonesta Posada del Inca El Olivar*, Pancho Fierro 194, T221 2121, www.sonesta.com Luxury, one of the top 5-star hotels in Lima, modern, restaurant, coffee shop, garden, swimming pool, quiet, popular with business visitors, price includes tax. **LL** *Swissôtel Lima*, Vía Central, Centro Empresarial Real, T421 4400, reservations.lima@swissotel.com Beautiful, superb restaurants including *Le Café*, excellent 5-star service. **L** *Libertador*, Los Eucaliptos 550, T421 6666, F442 3011, www.libertador.com.pe A Golden Tulip hotel, overlooking the Golf Course, full facilities for the business traveller, comfortable rooms, fine service, good restaurant. **L** *Sofitel Royal Park*, Av Camino Real 1050, T215 1618, www.sofitel.com Excellent rooms, charming, part of the French group, prices can be negotiated. Highly recommended. **AL** *Garden*, Rivera Navarrete 450, T442 1771, reservas@gardenhotel.com.pe Includes tax and breakfast, good beds, small restaurant, ideal for business visitors, convenient, good value. **A** *Suites Antique*, Av Dos de Mayo 954, T222 1094, F221 2201, www.suitesantique.com Apart hotel, comfortable suites with fully-fitted kitchen, cable TV, safe box, restaurant, internet port.

Barranco **D** *La Quinta de Alison*, Av 28 de Julio 281, T247 1515. Breakfast extra. Lovely rooms with TV and bath, comfortable, excellent value. **F** pp *Mochileros Hostal*, Av Pedro de Osma 135, 1 block from main plaza, T477 4506, www.backpackersperu.com Beautiful house, English-speaking owner, shared rooms or **C** for double bed, good pub, stone's throw from Barranco nightlife. **D-E** *Safe in Lima*, Enrique Barron 440, T728 2105, http://safeinlima.tripod.com.pe New hostel. **E** *The Point*, Malecón Junín 300, T247 7997, www.thepointhostel.com Quickly becoming popular with backpackers, internet, cable TV, welcomes gay and lesbian travellers. .

Santa Beatriz, between San Isidro and Centre **B** *Hostal La Posada del Parque*, Parque Hernán Velarde 60, near 2nd block of Av Petit Thouars, T433 2412, www.incacountry.com Run by Sra Mónica Moreno and her husband Leo Rovayo who both speak good English, a charmingly refurbished old house in a safe area, elegant, cable TV, excellent bathrooms, breakfast US$3 extra, airport transfer 24 hrs for US$14 for up to 3 passengers, very good value.

Pueblo Libre **E** *Guest House Marfil*, Parque Ayacucho 126, at the 3rd block of Bolívar, T463 3161, cosycoyllor@yahoo.com English spoken, breakfast, kitchen facilities and laundry free of charge, internet service, Spanish classes can be arranged, family atmosphere.

Peru

San Miguel C *Hostal Mami Panchita*, Av Federico Callese 198, T263 7203, raymi_travels@perusat.net.pe Dutch-Peruvian owned, English, French, Dutch, Spanish and German spoken, includes breakfast and welcome drink, comfortable rooms with bath, hot water, living room and bar, patio, email service, book exchange, *Raymi* Travel agency (good service), 15 mins from airport, 15 mins from Miraflores, 20 mins from historical centre.

Callao AL-D *La Punta*, Jr Saenz Peña 486-490, T/F429 1553, info@bed-and-breakfast-la-punta.com Breakfast, restored 1930s mansion, spacious, patio, cable TV. Recommended.

Central Lima LL *Lima Sheraton*, Paseo de la República 170, T315 5022, reservas@sheraton.com.pe *Las Palmeras* coffee shop is good, daily buffet breakfast, good Italian restaurant, casino, all you'd expect of a 5-star hotel. **A** *Kamana*, Jr Camaná 547, T426 7204, kamana@amauta. rcp.net.pe Price includes tax, TV, comfortable, safe, French and some English spoken, very helpful staff. **A** *Maury*, Jr Ucayali 201, T428 8188/8174, hotmaury@amauta.rcp.net.pe Fancy, secure, breakfast included, most luxurious hotel in the historical centre. **B** *El Balcón Dorado*, Jr Ucayali 199, T427 6028, balcondorado@hotmail.com Price includes tax, service and continental breakfast, central, very helpful, café. **B** *Gran Hotel Continental*, Jr Puno 196, T427 5890, F426 1633. Price is for remodelled rooms (*ejecutivo*), also basic, *económico* rooms, **C**, 24-hr room service, safe.

C *Granada*, Huancavelica 323, T/F427 9033. Includes breakfast and tax, hot water, English spoken, safe, laundry facilities. **C** *Hostal Roma*, Jr Ica 326, T/F427 7572, www.hostalroma.8m.com With bath **D** without, hot water all day, safe to leave luggage, basic but clean, often full, motorcycle parking (*Roma Tours*, helpful for trips, reservations, flight confirmations, Dante Reyes speaks English). **D** *Estrella de Belén*, Belén 1051, T428 6462. 3-star, good service, restaurant, takes credit cards. **D-E** *Hostal de las Artes*, Jr Chota 1460 near SAE, T433 0031, www.arteswelcome.tripod.com **F** without bath (no singles with bath), **G** pp in dormitory, Dutch owned, English spoken, safes in rooms and safe luggage store, nice colonial building, solar hot water system, book exchange, airport transfer US$12.

F *Hostal Belén*, Belén 1049, just off San Martín, T427 8995. Discount for groups of 3 or more but give prior notice, Italian spoken, basic breakfast extra, hot water, basic, noisy. **F** *Europa*, Jr Ancash 376, T427 3351, opposite San Francisco church. Good, shared bath, excellent hot showers, also dormitory accommodation for **G** pp, great value, popular with backpackers. **E** *Hostal Iquique*, Jr Iquique 758, Breña (discount for SAE members), T423 3699, F433 4724, www.barrioperu.terra.com.pe/hiquique **F** without bath, noisy and draughty, otherwise good, use of kitchen, warm water, storage facilities, rooms on the top floor at the back are best. **D** *Plaza Francia Inn*, Jr Rufino Torrico 1117 (blue house, no sign, look for "Ecología es vida" mural opposite), near 9th block of Av Garcilaso de la Vega (aka Wilson), T330 6080, T945 4260 (Mob), franciasquareinn@yahoo.com Dormitory **E**, very cosy, hot water 24 hrs, cable TV, safety box in each room for each bed, kitchen and laundry facilities, airport pick up for up to 4 people US$12 (send flight details in advance), discounts for ISIC cardholders, SAE members and readers of this Handbook, same owners as *Posada del Parque*. **E** *Hostal San Francisco*, Jr Azángaro 127, T426 2735, http://hostalsf.lanpro.com.pe New, safe, Italian/Peruvian owners, good service, internet. Recommended. **F** pp *Familia Rodríguez*, Av Nicolás de Piérola 730, 2nd floor, T423 6465, jotajot@ terra.com.pe With breakfast, popular, some rooms noisy, will store luggage, also has dormitory accommodation with only one bathroom (same price), transport to airport US$10 pp for 2 people, US$4 pp for 3 or more, good information, secure. **F** *Pensión Ibarra*, Av Tacna 359, 14th-16th floor, T/F427 8603 (no sign), pensionibarra@ekno.com Breakfast US$2, discount for longer stay, use of kitchen, balcony with views of the city, very helpful owner, hot water, full board available (good small café next door).

F *Hostal España*, Jr Azángaro 105, T427 9196, www.hotelespanaperu.com **E** with bath (3 rooms), **G** pp in dormitory, fine old building, hot showers possible either very early or very late, run by a French-speaking Peruvian painter and his Spanish wife, English spoken, internet service and Net2Phone, book exchange, motorcycle parking, luggage store (free) and lockers, laundry service, don't leave valuables in rooms, roof garden, good café, can be very busy, travel agency, airport transfer. **G** pp *Hospedaje Huaynapicchu*, Jr Pedro Ruiz 703 y Pasaje Echenique 1108, Breña, access from 11th block of Av Brazil, T431 2565, F447 9247, huaynapicc@

business.com.pe Includes breakfast, shared bathroom, hot water all day, welcoming family, English spoken, internet access, laundry service, secure, great value. **G** pp *Hostal Machu Picchu*, Av Juan Pablo Fernandini 1015 (block 10 of Av Brasil), Breña, T424 3479. Family run, shared bath, hot water, kitchen facilities, cable TV, laundry service, excellent value.

Near the airport **B** *Hostal Residencial Victor*, Manuel Mattos 325, Urb San Amadeo de Garagay, Lima 31, T567 5083, hostalvictor@terra.com.pe 5 mins from the airport by taxi, or phone or email in advance for free pick-up, large comfortable rooms, with bath, hot water, cable TV, free luggage store, free internet and 10% discount for Handbook owners, American breakfast, evening meals can be ordered locally, new mall with restaurants, fast food and gym nearby, very helpful, owner Víctor Melgar has a free reservation service for Peru and Bolivia.

Youth hostel **F** pp *Albergue Turístico Juvenil Internacional*, Av Casimiro Ulloa 328, San Antonio, T446 5488, hostellinginternational@terra.com.pe Youth hostel, dormitory accommodation, **C** in a double private room, basic cafeteria, travel information, cooking (minimal) and laundry facilities, swimming pool often empty, extra charge for kitchen facilities, safe, situated in a nice villa; 20 mins walk from the beach. Bus No 2 or colectivos pass Av Benavides to the centre; taxi to centre, US$2.50. **F** *Albergue Juvenil Malka*, Los Lirios 165 (near 4th block of Av Javier Prado Este), San Isidro, T442 0162, T/F222 5589, hostelmalka@ terra.com.pe Youth hostel, 20 discount with ISIC card, dormitory style, 4-8 beds per room, English spoken, cable TV, laundry, kitchen, climbing wall, nice café.

Menu prices fail to show that 18% state tax and 10% service will be added to your bill in middle and upper class restaurants. Chinese is often the cheapest at around US$5 including a drink. In **Miraflores** we recommend the following: **Expensive**: *Rosa Náutica*, T447 0057, built on old British-style pier (Espigón No 4), in Lima Bay. Delightful opulence, finest fish cuisine, experience the atmosphere by buying an expensive beer in the bar at sunset, open 1230-0200 daily. *Astrid y Gaston*, Cantuarias 175, T444 1496. Excellent local and international cuisine, one of the best. *Las Brujas de Cachiche*, Av Bolognesi 460, T447 1883. An old mansion converted into bars and dining rooms, traditional food (menu in Spanish and English), best Lomo Saltado in town, live *criollo* music. *Café Voltaire*, Av Dos de Mayo 220. International cuisine with emphasis on French dishes, beautifully-cooked food, pleasant ambience, good service, closed Sun. *Cuarto y Mitad*, Av Espinar 798. Popular Grill. *La Gloria*, Atahualpa 201. Very smart, excellent food and service. *Huaca Pucllana*, Gral Borgoña cuadra 8 s/n, alt cuadra 45 Av Arequipa, T4454042. Facing the archaeological site of the same name, contemporary Peruvian fusion cooking, very good food in an unusual setting. *Rincón Alemán*, Av Santa Cruz 982. Typical German food, authentic and good. *El Rincón Gaucho*, Av Armendáriz 580. Good grill. *Las Tejas*, Diez Canseco 340. Open 1100-2300 daily, good, typical Peruvian food. *La Tranquera*, Av Pardo 285. Argentine-owned steak house, very good. *La Trattoria*, Manuel Bonilla 106, 1 block from Parque Kennedy. Italian cuisine, popular, best cheesecake in Lima.

Eating
● *on maps*

Peru

Mid-range: *Angela's Pizzería y TrattoriaBohemia*, Tarata 299. Excellent breakfast, lunch and dinner in nice surroundings. *Bohemia*, Av Santa Cruz 805, on the Ovalo Gutiérrez. Large menu of international food, great salads and sandwiches. Also at Av El Polo 706, p 2, and at Pasaje Nicolás de Rivera 142, opposite the main post office near the Plaza de Armas, Lima centre, T427 5537. *Curich*, Bolognesi 755. Run by painter and musician Tony Curich, great home-made food, lunch specials, piano concerts nightly, poetry readings, traditional atmosphere, an institution. *Dalmacia*, San Fernando 401. Spanish-owned, casual gourmet restaurant, excellent. *El Beduino*, Av 28 de Julio 1301. Good, authentic Arabic food. *Chifa Kun Fa*, San Martin 459 at Av Larco. Great Peruvian style Chinese food, excellent wan-tan soup. *Makoto Sushi Bar*, Larcomar shopping centre, also at Las Casas 145, San Isidro. Very good. *Il Postino*, Colina 401, T446 8381. Great Italian food. *La Palachinke*, Av Schell 120 at the bottom of Parque Kennedy. Recommended for pancakes. *Torero Sí Señor*, Av Angamos Oeste 598. Spanish food, fun, loud. Also at Bolognesi 706. Mexican version of same restaurant.

Calle San Ramón, known as Pizza Street (across from Parque Kennedy), is a pedestrian walkway lined with restaurants specializing in Italian food. Very popular and open all night at weekends

Cheap: *Dino's Pizza*, Av Cdte Espinar 374 and many other branches. Great pizza at a good price, delivery service. *El Parquecito*, Diez Canseco 150. Good cheap menu. *Pardo's Chicken*,

Av Benavides 730. Chicken and chips, very good and popular (branches throughout Lima). *Ricota*, Pasaje Tarata 248. Charming café on a pedestrian walkway, huge menu, big portions. On the same street, *Café Tarata*, No 260. Good atmosphere, family-run, good varied menu. *Sandwich.com*, Av Diagonal 234. Good, cheap sandwiches. *Super Rueda*, Porta 133, near the Cine Julieta, also Av Pardo 1224. Mexican food a-la Peru. *Dutch Sandwich Bar*, Grau 120. Sandwiches and Heineken beer. For cakes and sweets, *C'est si bon*, Av Cdte Espinar 663. Excellent cakes by the slice or whole, best in Lima. There are various small restaurants good for a cheap set meal along Los Pinos with Av Schell, at the bottom of Parque Kennedy.

Vegetarian *Bircher Benner*, Diez Canseco 487 y Grimaldo del Solar. Closed Sun, natural food store, slow service, good cheap *menú*. *Madre Natura*, Chiclayo 815. Natural foods shop. *El Paraíso*, Alcanfores 416, 2 blocks from Av Benavides. Natural foods/snacks, fruit salads, juices.

Cafés *Haiti*, Av Diagonal 160, Parque Kennedy. Open almost round the clock daily, great for people watching, good ice cream. *Vivaldi*, Av Ricardo Palma 260, 1 block from Parque Kennedy. Also at Conquistadores 212, San Isidro. Good, expensive. *La Tiendecita Blanca*, Av Larco 111 on Parque Kennedy. One of Miraflores' oldest, expensive, good people-watching, very good cakes, European-style food and delicatessen. *Café Café*, Martin Olaya 250, near the Parque Kennedy roundabout. Very popular, good atmosphere, over 100 different blends of coffee, good salads and sandwiches, very popular with 'well-to-do' Limeños. Also at Alvarez Calderón 194, San Isidro, and in Larcomar. *Café de la Paz*, Lima 351, middle of Parque Kennedy. Good outdoor café right on the park, expensive. *Chef's Café*, Av Larco 763. Nice place for a sandwich or coffee. Also has a little cart in Parque Kennedy until 2200 with good hot coffee to go. *San Antonio*, Av Angamos Oeste 1494, also Rocca de Vergallo 201, Magdalena del Mar and Av Primavera 373, San Borja. Fashionable *pastelería* chain, good, not too expensive. *Tomar e Irse*, Mcal Oscar R Benavides 598. Cool new place with innovative design and beans from around the world. *Café Zeta*, José Gálvez y Diagonal, past Parque Kennedy. American owned, excellent Peruvian coffee, teas, hot chocolate, and the best homemade cakes away from home, cheap too.

Heladería 4D, Angamos Oeste 408. Open 1000-0100 daily, Italian ice cream, at other locations throughout Lima. *Mi Abuela*, Angamos 393. Open 0900-2100 daily, probably the best yogurt in Lima, large selection of natural foods, including tasty veggie burgers in wholemeal rolls, super cheap. *Zugatti*, Av Larco 361, across from Parque Kennedy. Good Italian gelato.

In San Isidro Expensive: *Antica Pizzería*, Av Dos de Mayo 728, T222 8437. Very popular, great ambience, excellent food, Italian owner. Also in Barranco at Alfonso Ugarte 242, and an excellent bar with a limited range of food at Conquistadores cuadra 6, San Isidro, very good value, fashionable, get there early for a seat. *Le Bistrot de mes Fils*, Av Conquistadores 510, T422 6308. Cosy French Bistrot, great food. *Chifa Royal*, Av Prescott 231, T421 0874. Excellent Sino-Peruvian food. *Manhattan*, Las Orquídeas 535, behind *Garden Hotel*. Recommended. *Matsuei*, C Manuel Bañon 260. Sushi bar and Japanese dishes, very popular. *Valentino*, Manuel Bañon 215, T441 6174. One of Lima's best international restaurants.

Mid-range: *Al Fresco*, Santa Lucía 295. Seafood and *ceviche*, good cheap *sushi*. *Chilis*, Ovalo Gutiérrez. American chain with a Peruvian twist. *Segundo Muelle*, Av Conquistadores 490, Malecón Miraflores, by Parque del Amor, and Av Canaval y Moreyra (aka Corpac) 605. Excellent ceviche, younger crowd. *Tierra Colombiana*, Av Conquistadores 585. Typical dishes from Colombia, good.

Cheap: *Delicass*, Miguel Dasso 131. Great deli with imported meats and cheeses, open late, slow service. *MiniMarket Kasher*, Av Pexet 1472. Kosher products, excellent, cheap *chala* bread every Fri. If you want to snack for free, go to a supermarket and take advantage of the free tastings (eg *Wong* on Tue).

Cafés *News Café*, Av Santa Luisa 110, also In Larcomar. Great salads and desserts, popular and expensive. *Café Olé*, Pancho Fierro 115 (1 block from *Hotel Olívar*). Huge selection of entrées and desserts. *Café Positano/Café Luna*, Miguel Dasso 147. Popular with politicians, café and bistro.

In Barranco *Canta Rana*, Génova 101, T477 8934. Open daily 1200-1700, good *ceviche* but expensive, small portions. *La Costa Verde*, on Barranquito beach, T247 1244. Excellent fish and wine, expensive but recommended as the best by Limeños, open 1200-2400 daily, Sun buffet. *Domino's*, Av Grau 276. Open late, especially at the weekend. *Festín*, Av Grau 323, T477 3022. Huge menu, typical and international food. *El Hornito*, Av Grau 209, on corner of the main plaza, T477 2465. Pizzería and creole food. *Manos Morenas*, Av Pedro de Osma 409, T467 0421. Open 1230-1630, 1900-2300, creole cuisine with shows some evenings (cover charge for shows). *Las Mesitas*, Av Grau 341, T477 4199. Creole food and old sweet dishes which you won't find anywhere else. *Naylamp*, Av 2 de Mayo 239, T467 5011. Good seafood and ceviche, fashionable, expensive.

In Pueblo Libre *Taberna Quierolo*, Av San Martín 1090, 2 blocks from Museo Nacional de Antropología y Arqueología. Old bar, good seafood and atmosphere, not open for dinner.

In Central Lima Two places opposite the Torre Tagle Palace: *Antaño*, Ucayali 332. Good, typical Peruvian food, nice patio. Recommended. And *L'Eau Vive*, Ucayali 370, T427 5612. Run by nuns, open Mon-Sat, 1230-1500 and 1930-2130, fixed-price lunch menu, Peruvian-style in interior dining room, or à la carte in either of dining rooms that open onto patio, excellent, profits go to the poor, Ave Maria is sung nightly at 2100. *El Maurito*, Jr Ucayali 212, T426 2538. Peruvian/international, good pisco sours. *Heydi*, Puno 367. Good, cheap seafood, open daily 1100-2000, popular. *San Martín*, Av Nicolás de Piérola 890, off Plaza San Martín. Typical Peruvian food from both coast and highlands, good value, reasonably cheap. *Machu Picchu*, near *Hostal Europa* at Jr Ancash 312. Huge portions, grimy bathrooms (to say the least), yet very popular, closed for breakfast. *Manhatten*, Jr Miró Quesada 259. Open Mon-Fri 0700-1900, low end executive-type restaurant, local and international food from US$5-10, good. *La Colmena*, Av Nicolás de Piérola 742. Good set lunches, open 0800-2300. *Café Carrara*, Jr Ica 330, attached to *Hostal Roma*. Open daily until 2300, multiple breakfast combinations, pancakes, sandwiches, nice ambience, good. *Cafe-Restaurant Acllahuasy*, Jr Ancash 400, around the corner from *Hostal España*. Open 0700-2300, good. *Cordano*, Jr Ancash 202. Typical old Lima restaurant/watering hole, slow service and a bit grimy but full of character. Definitely worth the time it takes to drink a few beers. *Jimmy's Baguetería y Pastelería*, Av Abancay 298 y Huallaga. Recommended, especially for sandwiches.

On Sat and Sun, 1100-1700, traditional dishes from all over Peru are served in Plaza Italia, plenty of seating, music, well-organized. Highly recommended

Vegetarian *Govinda*, Av Garcilaso de la Vega 1670, opposite Gran Parque de Lima. Also sells natural products, good. *Natur*, Moquegua 132, 1 block from Jr de la Unión, T427 8281. The owner, Humberto Valdivia, is also president of the *South American Explorers'* board of directors, good for food and casual conversation. *Centro de Medicina Natural*, Jr Chota 1462, next door to *Hostal de las Artes*. Very good.

In Breña *La Choza Náutica*, Jr Breña 204 behind Plaza Bolognesi. Good *ceviche* and friendly service. *D'Coco*, corner of Av Bolivia and Jr Iquique. Good, cheap *ceviche*. *Azato* Av Arica 298, 3 blocks from Plaza Bolognesi, T423 4369. Excellent and cheap Peruvian dishes.

In Chinatown There are many highly recommended *chifas* in the district of Barrios Altos. *Wa Lok*, Jr Paruro 864, T427 2656. Owner Liliana Com speaks fluent English, very friendly. *Salon Capon*, Jr Paruro 819. *Chun Koc Sen*, Jr Paruro 886, T427 5281. *Jan Kin Sen*, Jr Andahuaylas 685, T427 1560. *Kin Ten*, Ucayali y Paruro. Excellent vegetarian options. *Fung Yen*, Jr Ucayali 744, T427 6567. *Chifa Capon*, Ucayali 774.

Miraflores *Barcelona*, in Larcomar, T445 4823, one of the best pubs in the city. *Barra Brava*, Av Grau 192. Lot's of fun, sports bar(ish). *Media Naranja*, Schell 130, at the bottom of Parque Kennedy. Brazilian bar with typical drinks and food. *Murphys*, C Schell 627. Great Irish pub, "a must". *The Old Pub*, San Ramón 295 (Pizza Street). Cosy, with live music most days. *Dionygreeks Pub*, Av Dos de Mayo 385. Nice pub with Greek décor. *Rey David*, Av Benavides 567, Centro Comercial Los Duendes. Small café/bar. Cocodrilo Verde, Francisco de Paula 226 near corner with Bellavista, Miraflores. Relaxed, stylish bar, slightly pricey but worth it for the Wed night jazz, and live music at weekends, occasionally charges cover for music at weekends. *Downtown*, Los Pinos 162, at the 2nd block of Av Benavides. *Ministry*, Altos de D'Onofrio, opposite Parque Kennedy, T938 9231. Good music, performances and demonstrations of

Bars & clubs
Many places on Pizza St by Parque Kennedy

Peru

dance, exhibitions, tatooing, entry US$3. *Santa Sede*, Av 28 de Julio 441. Very popular, great music, fun crowd. *Satchmo*, Av La Paz 538, T442 8425. Live jazz, creole and blues shows. *Teatriz*, Larcomar shopping center, T242 3084/2358. Modern, expensive, very popular.

Barranco is the capital **Barranco** *Sargento Pimienta*, Bolognesi 755. Live music, always a favourite with Limeños.
of Lima nightlife; bars Opposite is the relaxed *Trinidad* and at No 660 is *Bosa Nova*, chilled student-style bar with
and clubs line both good music. *Juanitos*, Av Grau, opposite the park. Barranco's oldest bar, and perfect to start the
sides of Pasaje Sánchez evening. *El Ekeko*, Av Grau 266. *La Estación*, Av Pedro de Osma 112. Live music, older crowd.
Carrión, off the main *La Posada del Mirador*, near the *Puente de los Suspiros* (Bridge of Sighs). Beautiful view of the
plaza, and Av Grau ocean, but you pay for the privilege. *Kitsch Bar*, Bolognesi 743. Decorated with flock wallpaper, dolls, religious icons, after midnight it becomes very packed, but great dancing. *La Noche*, Bolognesi 307, at Pasaje Sánchez Carrión. A Lima institution and high standard, live music, Mon is jazz night, kicks off around 2200 (also in Central Lima -see below). Many characterful bars around Plaza Raimondi, 1 block from Bolognesi, with reasonably-priced drinks. *El Grill de Costa Verde*, part of the *Costa Verde* restaurant on Barranco beach. Young crowd, packed at weekends. *De Parranda*, Av Grau. Popular nightclub, large. *El Dragón*, N de Piérola near corner with Grau. Popular club venue. *My Place*, Domeyer 122. *Las Terrazas*, Av Grau 290.

San Isidro *Palos de Moguer*, Av Emilio Cavenecia 129, T221 8363. Brews 4 different kinds of beer, typical bar food. *Punto G*, Av Conquistadores 512. Very popular, really small.

The centre of town, **Central Lima** *Queirolo Bar*, Jr Camaná 900 at Jr Quilca. Excellent for local colour. Oppo-
specifically Jr de la site is the Centre's version of *La Noche* (see above). *Estadio Futbol Sports Bar*, Av Nicolás de
Unión, has many Piérola 926 on the Plaza San Martín, T428 8866. Beautiful bar with a disco on the bottom
discos floor, international football theme, good international and creole food. *El Rincón Cervecero*,
It's best to avoid the Jr de la Unión (Belén) 1045. German pub without the beer, fun. *Piano Bar Munich*, Jr de la
nightspots around the Unión 1044 (basement). Small and fun.
intersection of Av
Tacna, Av Piérola and **Gay clubs** *The Clash*, pub and gallery, Psje Tello 269, Miraflores, T444 3376. Excellent
Av de la Vega. These drinks, friendly barstaff, and great décor, exclusively gay with shows and events.
places are rough and *Hedonismo*, Av Ignacio Merino 1700, Lince. Exclusively gay, good meeting place. *Imperio*, Jr
foreigners will receive Camaná 9th block, Lima centre. Exclusively gay, one of the older gay clubs in Lima, taxi rec-
much unwanted ommended. *720 Downtown*, Av Uruguay 183, Lima centre. Exclusively gay, best in the cen-
attention tre, this is a rough neighbourhood so take a taxi to and from the club. *Kitsch Bar*, gay friendly, see Barranco bars. *Santa Sede*, very gay friendly, see Miraflores, Nightclubs.

Entertainment **Cinemas** The newspaper *El Comercio* lists cinema information in the section called *Luces*.
Most films are Most charge US$2 in the centre and around US$4-5 in Miraflores. Tue are reduced price at most
in English with cinemas. Cinemas in the centre tend to have poor sound quality. The best cinema chains in the
Spanish subtitles city are *Cinemark, Cineplanet* and *UVK Multicines*. Among the best of the other movie thea-
tres are *Cine Romeo y Julieta*, Pasaje Porta 115, at the bottom of Parque Kennedy, T447 5476, and *Multicine Starvision El Pacífico*, on the Ovalo by Parque Kennedy, T445 6990, both in Miraflores. Some *Cine Clubs* are: *Filmoteca de Lima*, Av 9 de Diciembre 125 (better known as Colón), T331 0126. *Cine Club Miraflores*, Av Larco 770, in the Miraflores Cultural Centre build-ing, T446 2649. The cultural institutions (see below) usually show films once a week.

Peñas *Así Es Mi Perú*, Av Aviación 3390, San Borja, T476 2419. *Las Brisas de Titicaca*, Pasaje Walkuski 168, at 1st block of Av Brasil near Plaza Bolognesi, T332 1881. A Lima institution. *Caballero de Fina Estampa*, Av del Ejército 800, Miraflores, T441 0552. *De Cajón*, C Merino 2nd block, near 6th block of Av Del Ejército, Miraflores. Good *música negra*. *Sachun*, Av Del Ejército 657, Miraflores, T441 0123/4465. Great shows on weekdays as well. **In Barranco**: *Del Carajo*, San Ambrosio 328, T241 7977. All types of traditional music. *Casa Vieja*, Salaverry 139. Standard *peña* in a converted theatre, nice atmosphere. 8904. *Don Porfirio*, C Manuel Segura 115, T447 3119. Traditional *peña*. *La Estación de Barranco*, at Pedro de Osma 112, T477 5030. Good, family atmosphere, varied shows. *Las Guitarras*, C Manuel Segura 295 (6th block of Av Grau), T247 3924. *Los Balcones*, Av Grau across from main plaza. Good, noisy and crowded. *Manos Morenas*, Av Pedro de Osma 409, T467 0421. Also a restaurant, older crowd, great shows beginning at 2230. *Peña Poggi*, Av Luna Pizarro 578, T247 5790/885 7619. 30 years old, traditional. *Perico's*, Av Pedro de Osma 1st block at the main plaza, T477 1311. *De Rompe y Raja*, Manuel Segura 127, T247 3271.

Theatre Most professional plays are staged at *Teatro Segura*, Jr Huancavelica 265, T427 9491. There are many other theatres in the city, some of which are related to Cultural centres (see below). The press gives details of performances.

Theatre and concert tickets booked at Teleticket, T242 2823 Credit cards only

18 Jan: Founding of Lima. **Semana Santa**, or Holy Week, is a colourful spectacle with processions. **28-29 Jul:** is Independence, with music and fireworks in the Plaza de Armas on the evening before. **30 Aug:** Santa Rosa de Lima. **Oct:** is the month of Our Lord of the Miracles; see Las Nazarenas church, above.

Festivals

Silvania Prints, Conquistadores 915, San Isidro, also at Diéz Canseco 337A, Miraflores, sell modern silk-screen prints on Pima cotton with pre-Columbian designs. *La Casa de la Mujer Artesana*, Juan Pablo Ferandini 1550 (Av Brasil cuadra 15), Pueblo Libre, T423 8840, F423 4031, co-operative run by Movimiento Manuela Ramos, excellent quality work mostly from *pueblos jóvenes*, open Mon-Fri 0900-1300, 1400-1700. Miraflores is a good place for high quality, expensive handicrafts; there are many shops on and around Av La Paz. *Agua y Tierra*, Diez Canseco 298 y Alcanfores, Miraflores, T444 6980, fine crafts and indigenous art. *Centro Comercial El Alamo*, corner of La Paz y Diez Canseco, Miraflores, *artesanía* shops with good choice. *Kuntur Wasi*, Ocharan 182, T444 0557, English-speaking owner very knowledgeable about Peruvian textiles, frequently has exhibitions of fine folk art and crafts. *Las Pallas*, Cajamarca 212, 5th block of Av Grau, Barranco, T4774629, Mon-Sat 0900-1900, good quality handicrafts. In Lima centre: *Artesanía Santo Domingo*, Plaza Santo Domingo, by the church of that name, T428 9860. Good Peruvian crafts.

Shopping
Since so many artisans have come to Lima, it is possible to find any kind of handicraft in the capital - quality is high

   Alpaca 859, Av Larco 859, Miraflores, excellent quality alpaca and baby alpaca products. *Alpaca 111*, Av Larco 671, Miraflores, T447 1623, high quality alpaca, baby alpaca and vicuña items. *Royal Alpaca*, Pasaje El Suche, Av La Paz 646 no 14, Miraflores, T444 2150. Recommended for quality. *La Casa de la Alpaca*, Av La Paz 665, Miraflores, T447 6271. Open Mon-Fri 0930-2030. There are bargains in clothing made from high quality Pima cotton.

Bookshops *Crisol*, Ovalo Gutiérrez, Av Santa Cruz 816, San Isidro, T221 1010, Below *Cine Planet*. Large bookshop with café, titles in English, French and Spanish. Also in Jockey Plaza Shopping Center, Av Javier Prado Este 4200, Surco, T436 004. *Libreria Mosca Azul*, Parque Salazar at Malecón de la Reserva 713, by Larcomar, Miraflores, T241 0675. Selection of books in Spanish and some second hand English books. The *Virrey* chain has a great selection, but few in English: Larcomar Shopping Center (local 210), Miraflores, Pasaje Nicolás de Rivera, Lima centre behind the Municipalidad, T427 5080, and Miguel Dasso 141, San Isidro (next door is *Librería Sur*, No 143). *Special Book Services*, Av Angamos Oeste 301, Miraflores, T242 4497, and at *Ibero Librerías*, Schell y Benavides, Miraflores, and Centro Comercial El Polo, Tienda B-115, Surco, T435 7597. Stocks Footprint Handbooks. *Zeta*, Av Cdte Espinar 219, T446 5139 and at airport. Stocks Footprint and other guide books. For magazines, whether in downtown Lima or Miraflores, almost all street kiosks sell magazines in English such as *Time*, *Newsweek*, *People* etc. For the most recently published magazines and newspapers, try *Mallcco's* on Av Larco 175, on the Parque Kennedy roundabout, open daily 0800-2100. In front of *Café Haiti* by Parque Kennedy, men sell newspapers taken from arriving international flights; bargain hard.

Foreign language books are subject to a high tax (US$12)

Camping equipment Camping gas (in small blue bottles) available from any large hardware store or bigger supermarket, about US$3. *Alpamayo*, Av Larco 345, Miraflores at Parque Kennedy, T445 1671. Sleeping mats, boots, rock shoes, climbing gear, water filters, tents, backpacks etc, very expensive but top quality equipment. The owner speaks fluent English and offers good information. *Todo Camping*, Av Angamos Oeste 350, Miraflores, near Av Arequipa, T447 6279. Sells 100% deet, bluet gas canisters, lots of accessories, tents, crampons and backpacks. *Camping Center*, Av Benavides 1620, Miraflores, T242 1779. Selection of tents, backpacks, stoves, camping and climbing gear. *Outdoor Peru*, Centro Comercial Chacarilla, store 211, on Av Caminos del Inca 257, Surco, T372 0428. Decent selection. *Huantzan*, Jr Tarapacá 384, Magdalena, T460 6101. Equipment sales and rentals, MSR stoves, backpacks, boots. *Mountain Worker*, Centro Comercial Camino Real, level A, store 17, San Isidro, T813 8367. Quality camping gear for all types of weather, made to order products as well. Recommended.

It is recommended that you bring all camping and hiking gear from home

Peru

*Wear long trousers
and to take your
passport when going
to these places
(except Lima 2000)*

Maps Instituto Geográfico Nacional, Av Aramburú 1190, Surquillo, T475 9960/F475 3085. Open Mon-Fri 0830-1730. It has topographical maps of the whole country, mostly at 1:100,000, political and physical maps of all departments and satellite and aerial photographs. They also have a new series of tourist maps for trekking, eg of the Cordillera Blanca, the Cusco area, at 1:250,000. **Ingemmet** (Instituto Geológico Minero Y Metalúrgico), Av Canadá 1470, San Borja, T225 3128. Open Mon-Fri 0800-1300, 1400-1600. Sells a huge selection of geographic maps ranging from US$12 to US$112. Also satellite, aeromagnetic, geochemical and departmental mining maps. Enquire about new digital products. Aerial photographs are available at **Servicio Aerofotográfico Nacional**, Las Palmas Airforce Base, open Mon-Fri 0800-1400. Photos from mid-1950's aerial survey available, but they are expensive. Expect a waiting period as short as 1 day or as long as 2 weeks. **Lima 2000**, Av Arequipa 2625, Lince (near the intersection with Av Javier Prado), T440 3486, F440 3480, open Mon-Fri 0900-1300 and 1400-1800. Has an excellent street map of Lima (the only one worth buying), US$10, or US$14 in booklet form. Provincial maps and a country road map as well. Good for road conditions and distances, perfect for driving or cycling. **Ministerio de Transporte**, Av 28 de Julio 800, Lima centre, T433 7800. Open Mon-Fri 0800-1230, 1400-1600. Maps and plans of land communication routes, slow and bureaucratic. **Ministerio de Agricultura**, Av Salaverry y Húsares de Junín, Jesús María, T433 3034. Open Mon-Fri 0830-1300, 1400-1700. Complete set of 1:25,000 blueline maps, good service.

Markets **Parque Kennedy**, the main park of Miraflores, hosts a daily crafts market from 1700-2300. *Artesanía Carabaya*, Jr Carabaya 319 at the Plaza de Armas. There are crafts markets on **Av Petit Thouars** in Miraflores. At blocks 51-54 (near Parque Kennedy, parallel to Av Arequipa) is an unnamed crafts market area with a large courtyard and lots of small flags. This is the largest crafts arcade in Miraflores. From here to Calle Ricardo Palma the street is lined with crafts markets. *La Portada del Sol*, on cuadra 54 of Petit Thouars, has a small café with reasonable prices and good coffee. All are open 7 days a week until late. The *Feria Artesanal*, Av La Marina y Av Sucre, in Pueblo Libre, is smaller than it used to be but is cheaper than Av Petit Thouars. On García Naranjo, La Victoria, just off Av Grau in the centre of town is *Polvos Azules*, the 'official' black market, sells just about anything; it is generally cheap and very interesting; beware pickpockets. Lima has 3 supermarket chains: *Santa Isabel*, *E Wong* and *Metro*. They all are well stocked and carry a decent supply of imported goods. The *Santa Isabel* on Av Benavides y Av Alcanfores in Miraflores is open 24 hrs.

Sport & activities

Bullfighting: there are 2 bullfight seasons: Oct to first week in Dec and during Jul. They are held in the afternoons on Sun and holidays. Tickets can be bought at Plaza Acho from 0930-1300 (T481 1467), or *Farmacia Dezza*, Av Conquistadores 1144, San Isidro, T440 8911/3798. Prices range from US$14 to US$90 (see page 1061). **Cycling**: Good shops include: *Best Internacional*, Av Cdte Espinar 320, Miraflores, T446 4044 and Av Sucre 358, Magdalena, T470 1704. Open Mon-Sat 1000-1400, 1600-2000. Sells leisure and racing bikes, also repairs, parts and accessories. *Biclas*, Av Conquistadores 641, San Isidro, T440 0890, F442 7548. Open Mon-Fri 1000-1300, 1600-2000, Sat 1000-1300. Knowledgeable staff, tours possible, good selection of bikes, repairs and accessories, cheap airline boxes for sale. *BikeMavil*, Av Aviación 4021, Surco, T449 8435. Open Mon-Sat 0930-2100. Rental service, repairs, excursions, selection of mountain and racing bicycles. *Casa Okuyama*, Jr Montevideo 785, Lima, T428 3444/426 3307. Open Mon-Fri 0900-1300, 1415-1800, Sat 0900-1300. Repairs, parts, try here for 28 inch tyres, excellent service. *Cicloroni*, Las Casas 019, San Isidro, 32nd block of Petit Thouars, T222 6358, F442 3936. Open Mon-Sat 0900-2100, for repairs, parts and accessories, good information, ask about Sat and Sun bike rides. **Cycling**, Av Tomás Marsano 2851, Higuereta-Surco, T/F271 0247. *Neuquén*, Av Aviación 3590, San Borja, T225 5219. For Shimano parts. *Perú Bike*, Pedro de Osma 560, Barranco, T467 0757. Bike sales, repairs and accessories. *Willy Pro* (Williams Arce), Av Javier Prado Este 3339, San Borja, T346 0468, F346 4082, warceleon@ misti.lared.net.pe Open Mon-Sat 0800-2000. Selection of specialized bikes, helpful staff. **Diving**: for information and equipment contact *Mundo Submarino*, Av Conquistadores 791, San Isidro, T4417604, Sr Alejandro Pez is a professional diver and arranges trips. *AquaSport*, Av

Conquistadores 645, San Isidro, T221 1548/7270, aquasport@amauta.rcp.net.pe Owner is a CMAS instructor, gear for rent, tours and courses offered and quality equipment for sale. *Peru Divers*, Av Huaylas 205, Chorrillos, T251 6231, open Mon-Fri 0900-1900, Sat 0900-1700. Owner Lucho Rodríguez is a certified PADI instructor who offers certification courses, tours and a wealth of good information. **Horse racing**: Hipódromo Monterrico, on Tue and Thu evenings (1900) and Sat and Sun (1400) in summer, and in winter on Tue evening and Sat and Sun afternoons. For Caballos de Paso, which move in 4-step amble, extravagantly paddling their forelegs, **National Paso Association**, Miraflores, T447 6331. **Mountaineering**: *Asociación de Andinismo de la Universidad de Lima*, Universidad de Lima, Javier Prado Este s/n, T437 6767. Meetings on Wed 1800-2000, offers climbing courses. *Club de Montañeros Américo Tordoya*, Jr Tarapacá 384, Magdalena, T460 6101. Meetings Thu 2000, contact Gonzalo Menacho. Climbing excursions ranging from easy to difficult. *Grupo Cordillera*, T481 6649, cel 917 3832. Adventure tourism, weekly excursions. *Club de Ecoturismo*, T423 3329. **Parapenting**: *Fly Adventure*, Jorge Chávez 658, Miraflores, T9816 5461 (Mob) (Luis Munarriz), 900 9150 (Eduardo Gómez). US$25 for 15-min tandem flight over the cliffs, 4 to 6-day courses US$250-350. Recommended. **Surfing**: *Focus*, Leonardo Da Vinci 208, San Borja, T475 8459. Shaping factory and surf boards, knowledgeable about local spots and conditions, rents boards. *Wayo Whiler*, Av 28 de Julio 287, Barranco, T247 6343 (workshop)/254 1344 (Wayo's house). For accessories, materials and repairs, can also organize excursions. *O'Neills*, Av Santa Cruz 851, Miraflores, T445 0406. One of the best surf shops in town. *Klimax*, José González 488, Miraflores, T447 1685. Sells new and secondhand boards, knowledgeable.

Most of those in Lima specialize in selling air tickets, or in setting up a connection in the place where you want to start a tour. Shop around and compare prices; also check all information carefully. It is best to use a travel agent in the town closest to the place you wish visit; it is cheaper and they are more reliable. *Aracari Travel Consulting*, Av Pardo 610, No 802, Miraflores, T242 6673, www.aracari.com Regional tours throughout Peru, also 'themed' and activity tours. *Class Adventure Travel*, Av Grimaldo del Solar 463, Miraflores, T444 1652/2220, www.cat-travel.com Dutch-owned and run, one of the best. Highly recommended. *Coltur*, Av José Pardo 138, Miraflores, T241 5551, www.coltur.com.pe With offices in Cusco and Arequipa, very helpful, well-organized. *Dasatour*, Jr Francisco Bolognesi 510, Miraflores, T447 7772, F447 0495, www.dasatariq.com Also in Cusco. *Explorandes*, C San Fernando 320, T445 8683/242 9527, F242 3496, www.explorandes.com.pe Offers a wide range of adventure and cultural tours throughout the country. Also offices in Cusco and Huaraz (see page 1092). Highly recommended is Siduith Ferrer Herrera, CEO of *Fertur Peru*, Jr Junín 211 (main office) at the Plaza de Armas, T427 1958, T/F428 3247, fertur@terra.com.pe Open 0900-1900. *Fertur* also has a satellite at *Hostal España*, Jr Azángaro 105, T427 9196. Her agency not only offers up to date, correct tourist information on a national level, but also great prices on national and international flights, discounts for those with ISIC and Youth cards and *South American Explorers* members (of which she is one). Other services include flight reconfirmations, hotel reservations and transfers to and from

Tour operators
Do not conduct business anywhere other than in the agency's office and insist on a written contract. Bus offices or the airport are not the places to arrange and pay for tours. You may be dealing with representatives of companies that either do not exist or which fall far short of what is paid for

Peru

the airport or bus stations. Also tours. *Hada Tours*, 2 de Mayo 529, Miraflores, T446 8157, F446 2714, saleprom@hadatours.com.pe 20 years of experience. *Highland Peru Tours*, Atahualpa 197, Miraflores, T/F242 7189, sales@highlandperu.com *Ideas, Am*pay 036, San Miguel, T451 3603, ideas-mz@amauta.rcp.net.pe Alternative tours of Lima, putting Inca and pre-Inca culture in its present context. *InkaNatura Travel*, Manuel Bañon 461, San Isidro, T420 2022, www.inkanatura.com Trips to Chachapoyas, north coast and southeastern jungle. *Inca Wasi*, Jr Porta 170, Miraflores, T445 9691, inkawasi@ lullitec.com.pe *Lima Tours*, Jr Belén 1040, Lima centre, T424 5110, F424 6269. Recommended. Also has an office in San Isidro: Av Pardo y Alliaga 698, T222 2525, F222 5700. *Peru Expeditions*, Av Arequipa 5241 – 504, Lima 18, T447 2057, www.peru-expeditions.com Specialising in expeditions in 4x4 vehicles and Andes crossings. *Peru Travel Bureau*, Sebastián Tellería 45, San Isidro, T222 1909, postmast@ptb.com.pe Recommended. *Rutas del Peru SAC*, Av Enrique Palacios 1110, Miraflores, www.rutasdelperu.com Tailor-made trips and overland expeditions in trucks. *Roma Tours*, Jr Ica 330, next to *Hostal Roma*, T/F427 7572, dantereyes@hotmail.com Good and reliable. Administrator Dante Reyes is very friendly and speaks English. *Servicios Aéreos AQP SA*, Los Castaños 347, San Isidro, T222 3312, www.saaqp.com.pe Comprehensive service, tours offered throughout the country. *Victor's Travel Service*, Jr de la Unión (Belén) 1068, T431 4195, F431 0046, 24 hr line 867 6341, victortravel@terra.com.pe Hotel reservations (no commission, free pick-up), free maps of Lima and Peru, Mon-Sat 0900-1800, very helpful. *Viracocha*, Av Vasco Núñez de Balboa 191, Miraflores, T445 3986, F447 2429. Very helpful, especially with flights. In addition

Private guides The MITINCI (Ministry of Industry Tourism, Integration and International Business) certifies guides and can provide a list. Most are members of *AGOTUR* (Asociación de Guías Oficiales de Turismo), Baltazar La Torre 165, depto 101-D, San Isidro, T422 8937, agoturlima@yahoo.com Book in advance. Most guides speak a language other than Spanish.

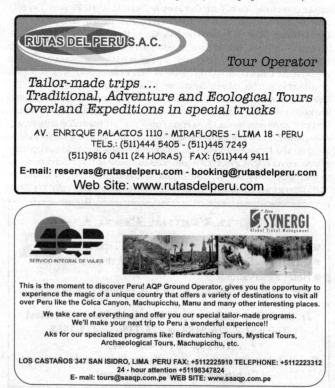
Peru

Local Bus: the bus routes are shared by buses, combis (mid-size) and colectivos (mini-vans); the latter run from 0600-0100, and less frequently through the night, they are quicker and stop wherever requested. All charge US$0.35. On public holidays, Sun and from 2400 to 0500 every night, a small charge is added to the fare. The principal routes are from the centre of Lima to Miraflores, San Isidro, Pueblo Libre, central market and airport.

Transport

   Buses to **Miraflores**: Av Arequipa runs 52 blocks between the downtown Lima area and Parque Kennedy in Miraflores. Public transport has "Todo Arequipa" on the windscreen. When heading towards downtown from Miraflores the window sticker should say "Wilson/Tacna". To get to Parque Kennedy from downtown look on the windshield for "Larco/Schell/Miraflores," "Chorrillos/ Huaylas" or "Barranco/ Ayacucho". On Vía Expresa, buses can be caught at Avs Tacna, Garcilaso de la Vega, Bolivia and Ugarte (faster than Av Arequipa, but watch for pickpockets). The main stop for Miraflores is Ricardo Palma, 4 blocks from Parque Kennedy. Taxi US$2.

Car rental: most rental companies have an office at the airport, where you can arrange everything and pick up and leave the car. It's recommended to test-drive car before signing contract as quality varies. See Essentials for international rental agencies, page 52. Cars can be hired from: *Inka's Rent a Car*, Cantuarias 160, Miraflores, T445 5716, F447 2583, airport T/F575 1390, www.peruhot.com/ inkas *Paz Rent A Car*, Av Diez Canseco 319, of 15, Miraflores, T446 4395, F242 4306. Prices range from US$40 to US$60 depending on type of car. Make sure that your car is in a locked garage at night.

It can be much cheaper to rent a car in a town in the Sierra for a few days than to drive from Lima; also companies do not have a collection service

Cycling: into or out of Lima is not recommended, difficult and dangerous.

Taxis: The following are taxi fares for some of the more common routes, give or take a sol. From downtown Lima to: Parque Kennedy (Miraflores), US$2. Museo de la Nación, US$2. South American Explorers, US$2. Archaeology Museum, US$2. Immigration, US$1.15. From Miraflores (Parque Kennedy) to: Museo de la Nación, US$2. Archaeology Museum, US$3. Immigration, US$2. From outside airport terminal to centre US$3-6, San Isidro/Miraflores US$6-8, Breña US$3.50-4. Whatever the size or make, yellow taxis are usually the safest since they have a number, the driver's name and radio contact. *Daewoo Ticos* are cheapest. A large number of taxis are white, but as driving a taxi in Lima (or for that matter, anywhere in Peru) simply requires a windshield sticker saying "Taxi", they come in all colours and sizes. Licensed and phone taxis are safest. There are several reliable phone taxi companies, which can be called for immediate service, or booked in advance; prices are 2-3 times more than ordinary taxis; eg to the airport US$15-20, to suburbs US$7-8. Some are *Taxi América*, T265 1960; *Moli Taxi*, T479 0030; *Taxi Real*, T470 6263; *Taxi Tata*, T274 5151; *TCAM*, run by Carlos Astacio, T983 9305, safe, reliable. If hiring a taxi for over 1 hr agree on price per hr beforehand. Recommended, knowledgeable drivers: Hugo Casanova Morella, T485 7708 (he lives in La Victoria), for city tours, travel to airport, etc. *Mónica Velásquez Carlich*, T425 5087, T9943 0796 (Mob), vc_monica@hotmail.com For airport pick-ups, tours, Speaks English, most helpful.

Drivers don't expect tips; give them small change from the fare

Long distance Air: Jorge Chávez Airport, 16 km from the centre of Lima. At the customs area, explain that you are a tourist and that your personal effects will not be sold in Peru; items such as laptops, cameras, bicycles, climbing equipment are exempt from taxes if they are not to be sold in Peru. **Transport from the airport** *Remise* taxi (*Mitsui* or *CMV*) from desks outside International Arrivals and National Arrivals, US$11.75 to centre, US$14.50 to San Isidro and Miraflores, US$17.50 to Barranco. There are many taxi drivers offering their services outside Arrivals with similar or higher prices (more at night). See above for other taxi fares. There is a service called *Urbanito*, from the airport to the centre, Breña and San Miguel US$3, Pueblo Libre, San Isidro and Miraflores US$4.40 (slow, as it calls at all hotels), T814 6932 (24 hrs)/425 1202/424 3650, urbanito@terra.com.pe Local buses (US$0.35) and colectivos run between the airport perimeter and the city centre and suburbs, their routes are given on the front window (eg 'Miraflores' for Miraflores). Outside the pedestrian exit are the bus, colectivo and taxi stops. At busy times (ie anytime other than late at night or early in the morning), luggage may not be allowed on buses. **NB** Do not take the cheapest, stopping buses to the centre along Av

For international flight information T575 1712; domestic T574 5529.

Peru

Faucett. They are frequently robbed. Pay more for a non-stop bus. Colectivo service from Av Tacna y Colmena (Nicolás de Piérola) 733, from 0600 to 2000, colectivos wait until they have 5 passengers, US$0.35 pp, and US$0.25 for luggage. If you are feeling confident and not too jet-lagged, go to the car park exit and find a taxi outside the perimeter, by the roundabout. They charge US$3 to the city centre. The security guards may help you find a taxi.

There are ATMs between the national and international foyers accepting American Express, Visa, MasterCard and the Plus, Maestro and Cirrus systems. There are *Casas de Cambio* (money changing desks) in the airport. They are open 24 hrs and change all types of travellers' cheque (they claim) and most major currencies. There are also exchange facilities for cash in the international arrivals hall. *BCP* stands, in the national and international foyers only collect the international or domestic airport tax that must be paid in order to get through the gate.

Public telephones are everywhere in and around the airport. There is also a *Telefónica del Peru* office in the international foyer, open 0700-2300 daily. Fax service is available and internet facilities at US$3 per hr. There are two post offices, one in the national foyer, the other at the far end of the international foyer. Upstairs is *City Café* with fast computers for internet access at US$1.75 per hr (there is another one in departures, once through all the gates).

The left luggage lock-up, by the stairs between the international and national foyers, offers safe 24-hr storage and retrieval for about US$3 per bag per day, or US$1 per hr. Only official *Corpac* porters are allowed in the customs area.

Information desks can be found in the national and international foyers. There is also a helpful desk in the international arrivals hall. It can make hotel and transport reservations. The *Zeta* book kiosks upstairs, in the international foyer and in the departure lounge have a good selection of English language guidebooks.

On the second level there are various cafés and restaurants, some accepting major credit cards. Food tends to be pricey and not very good. Safe to stay all night in 24 hr expresso-snack bar upstairs but expensive; also in VIP lounge, US$10.

Internal air services: to most destinations there are daily flights (most options are given in the text) but flights may be cancelled in the rainy season.

In the weeks either side of 28/29 Jul (Independence), and of the Christmas/ New Year holiday, it is practically impossible to get bus tickets out of Lima, unless you book in advance. Bus prices double at these times

Bus: there are many different bus companies, but the larger ones are better organized, leave on time and do not wait until the bus is full. For approximate prices, frequency and duration of trip, see destinations. *Cruz del Sur*, Jr Quilca 531, Lima centre, T224 6200, www.cruzdelsur.com.pe This terminal has routes to many destinations in Peru with *Ideal* service, quite comfortable buses and periodic stops for food and bathroom breaks, a cheap option with a quality company. They go to: **Ica, Arequipa, Cusco, Puno, Chiclayo, Trujillo, Chincha, Cañete, Camana, Ilo, Moquegua, Pisco** and **Juliaca**. The other terminal is at Av Javier Prado Este 1109, San Isidro, T225 6163/6164. This terminal offers the *Imperial* service (luxury buses), more expensive and direct, with no chance of passengers in the aisle, and *Cruzero* service (super luxury buses). They go to: **Tumbes, Sullana, Huancayo, Piura, Chiclayo, Trujillo, Huaraz, Jauja, Camaná, Arequipa, Moquegua, Ilo, Tacna, Cusco** and **La Paz.** (Note this service is *Imperial* only to Arequipa, where you must transfer to an *Ideal* bus for the remaining leg of the trip). *Imperial* buses stop at the central terminal when going north and *Ideal* buses stop at the Javier Prado terminal when going south. *Ormeño*, the following buses are all owned and operated by *Ormeño*: *Expreso Ancash* (routes to the **Huaraz area**), *Expreso Continental* (routes to **the north**), *Expreso San Cristóbal* (to **the southeast**), *Expreso Chinchano* (to the **south coast** and **Arequipa**) and *Expreso Internacional* (despite the name, to destinations throughout Peru).These depart from and arrive to: Av Carlos Zavala 177, Lima centre, T427 5679; also Av Javier Prado Este 1059, Santa Catalina, T472 1710, www.ascinsa.com/ORMENO/ *Ormeño* also offers *Royal Class* and *Business Class* service to certain destinations. These buses are very comfortable with bathrooms, hostess, etc. They arrive and depart from the Javier Prado terminal, but *Business* buses stop at both terminals. Javier Prado is the best place to buy any Ormeño ticket.

Other companies include: Transportes Atahualpa, Jr Sandia 266, Lima Centre, T428 7732. Direct to Cajamarca continuing on to Celendín. Transportes Chanchamayo, Av Manco Capac 1052, La Victoria, T265 6850. To Tarma, San Ramón and La Merced. CIVA, Av Carlos Zavala 211, Lima Centre, and Av 28 de Julio y Paseo de La República, T332 1754. To all parts of the country.

Has *Servicio Imperial* (executive service), but mixed reports about this company. Ettsa, Paseo de la República cuadra 7. Good service to the north, Chiclayo, Piura, Tumbes. Flores, Paseo de la República cuadra 6. Good buses to the south. Transportes León de Huánuco, Av 28 de Julio 1520, La Victoria, T424 3893. Daily to Huánuco, Tingo María and Pucallpa. Mariscal Cáceres, Av Carlos Zavala 211, Lima Centre, T427 2844, and Av 28 de Julio 2195, La Victoria, T474 6811. To: Huancayo and Jauja. Very good. Service ranges from basic to deluxe. Expreso Molina, Jr Ayacucho 1141, Lima Centre, T428 0617. Good service to Ayacucho via Pisco. Móvil Tours, Av Paseo de La República 749, Lima Centre near the national stadium, T332 0024. To Trujillo and Chiclayo by *bus cama*, and Chachapoyas (should you want to go straight through). PerúBus/Soyuz, Av México y Paseo de la República. To Ica every 8 mins, well-organized, but the buses stop frequently so don't put luggage on the overhead racks as it's easy for bags to `walk'. Rodríguez, Av Roosevelt 393, Lima Centre, T428 0506, terminal at Av Paseo de La República 749, opposite national stadium. Huaraz, Caraz, Yungay, Carhuaz. Recommended to arrive in Huaraz and then use local transportation to points beyond. Good. Various levels of bus service. Royal Tours, Av Paseo de la República 3630, San Isidro, T440 6624. To Huánuco, Tingo María and Pucallpa.

International buses: *Ormeño*, Av Javier Prado 1059, Santa Catalina, T472 1710, F470 5454. To: **Guayaquil** (29 hrs with a change of bus at the border, US$50), **Quito** (38 hrs), **Cali** (56 hrs, US$115), **Bogotá** (70 hrs, US$130), **Caracas** (100 hrs), **Santiago** (54 hrs, US$130), **Mendoza** (78 hrs), **Buenos Aires** (90 hrs, US$116). **NB** A maximum of 20 kg is allowed pp. Depending on the destination, extra weight penalties range from US$1-3 per kg. *El Rápido*, Av Rivera Navarrete 2650, Lince, T447 6101/441 6651. Service to Argentina and Uruguay only. Bear in mind that international buses are more expensive than travelling from one border to another on national buses.

To enter Peru, a ticket out of the country may be required. If you have to buy a bus ticket, be warned: they are not transferable or refundable

Warning The area around the bus terminals is very unsafe; thefts and assaults are more common in this neighbourhood than elsewhere in the city. You are strongly advised either to take a bus from a company which has a terminal away from the Carlos Zavala area (eg Cruz del Sur, Ormeño, CIVA), or to take a taxi to and from your bus. Make sure your luggage is well guarded and put on the right bus. It is also important not to assume that buses leave from the place where you bought the tickets.

Train At the time of going to press, service on the Central Railway to Huancayo was running from Lima about once a month. Details are given under Huancayo.

Airline offices Domestic: *Aero Continente*, Av José Pardo 605, Miraflores, T242 4242; many other branches. **NB** *Aviandina* is a subsidiary of *Aero Continente* with an office opposite *Aero Continente's* Av J Pardo office. *Aero Cóndor*, Juan de Arona 781, San Isidro, T442 5215. *Lan Perú*, Av José Pardo 513, Miraflores, T213 8200. *LC Busre*, Los Tulipanes 218, Lince, T421 0419. *Star Up*, Av José Pardo 269, Miraflores, T445 6032. *Taca Perú*, Av Cdte Espinar 331, Miraflores, T213 7000. *Tans*, Jr Belén 1015, Lima centre, and Av Arequipa 5200, Miraflores, T213 6000. International *Aerolíneas Argentinas*, Av José Pardo 805, p 3, Miraflores, T241 3327. *AeroMéxico*, Aristides Aljovín 472, Miraflores, T444 4441. *Air France*, Av José Pardo 601, Miraflores, T444 9285. *American Airlines*, Av Canaval y Moreyra 390, San Isidro, and in *Hotel Las Américas*, Av Benavides y Av Larco, Miraflores, T211 7000. *Avianca*, Av Paz Soldán 225, of C5, San Isidro, T221 7822. *Continental*, Víctor Belaúnde 147, oficina 101, San Isidro, and in the *Hotel Marriott*, 13th block of Av Larco, Miraflores, T221 4340. *Copa*, Av 2 de Mayo 741, Miraflores, T444 7815. *Delta*, Víctor Belaúnde 147, San Isidro, T211 9211. *Iberia*, Av Camino Real 390, p 9, San Isidro, T411 7800. *KLM*, Av José Pardo 805, p 6, Miraflores, T242 1240. *Lacsa*, Av Comandante Espinar 331, Miraflores, T444 4690. *Lan Chile*, Av José Pardo 269, Miraflores, T213 8200. *Lloyd Aéreo Boliviano*, Av José Pardo 231, Miraflores, T444 0510. *Lufthansa*, Av Jorge Basadre 1330, San Isidro, T442 4466. *Tame*, Andalucía 174, Miraflores, T422 6600. *Varig*, Av Camino Real 456, p 8, San Isidro, T442 1449.

Directory

Banks *BCP*, Jr Lampa 499, Lima Centre (main branch), Av Pardo 425 and Av Larco at Pasaje Tarata, Miraflores, Av Pardo y Aliaga at Av Camino Real, San Isidro). Open Mon-Fri 0900-1800, Sat 0930-1230. Amex TCs only, accepts Visa card and branches have Visa ATM. *Banco de Comercio*, Av Pardo 272 and Av Larco 265, Miraflores, Jr Lampa 560, Lima Centre (main branch). Open Mon-Fri 0900-1800, Sat 0930-1200. Amex TCs only, ATM accepts Visa/Plus. *Banco Continental*, corner of Av Larco and Av

Peru

Benavides and corner of Av Larco and Pasaje Tarata, Miraflores, Jr Cusco 286, Lima Centre near Plaza San Martín. Open Mon-Fri 0900-1800, Sat 0930-1230. TCs (Amex), Visa ATM. **Banco Financiero**, Av Ricardo Palma 278, near Parque Kennedy (main branch). Open Mon-Fri 0900-1800, Sat 0930-1230. TCs (Amex), ATM for Visa/Plus. **Banco Santander Central Hispano (BSCH)**, Av Pardo 482 and Av Larco 479, Miraflores, Av Augusto Tamayo 120, San Isidro (main branch). Open Mon-Fri 0900-1800, Sat 0930-1230. TCs (Visa and Citicorp). ATM for Visa/Plus. **Banco Wiese Sudameris**, Av Diagonal 176 on Parque Kennedy, Av José Pardo 697, Miraflores, Av Alfonso Ugarte 1292, Breña, Miguel Dasso 286, San Isidro. Open Mon-Fri 0915-1800, Sat 0930-1230. TCs (Amex only), ATM for Visa/Plus. **Citibank**, in all *Blockbuster* stores, and at Av 28 de Julio 886, Av Benavides 23rd block and Av Emilio Cavenecia 175, Miraflores, Av Las Flores 205 and branch in Centro Comercial Camino Real, Av Camino Real 348, San Isidro. *Blockbuster* branches open Sat and Sun 1000-1900. **Interbank**, Jr de la Union 600, Lima Centre (main branch). Open Mon-Fri 0900-1800. Also Av Pardo 413, Av Larco 690 and in Larcomar, Miraflores, Av Grau 300, Barranco, Av Pezet 1405 and Av Pardo y Aliaga 634, San Isidro, and supermarkets *Wong* and *Metro*. Amex TCs only, ATM for MasterCard.

Exchange houses There are many *casas de cambio* on and around Jr Ocoña off the Plaza San Martín. On the corner of Ocoña and Jr Camaná is a large concentration of **cambistas** (street changers) with huge wads of dollars and soles in one hand and a calculator in the other. They should be avoided. Changing money on the street should only be done with official street changers wearing an identity card with a photo. This card doesn't *automatically* mean that they are legitimate but you're less likely to have a problem. Around Parque Kennedy and down Av Larco in Miraflores are dozens of official *cambistas* with ID cards and, usually, blue, sometimes green vest. There are also those who are independent, dressed in street clothes, but it's safer to use an official changer. There are a few places on Jr de la Unión at Plaza San Martín that will accept worn, ripped and old bills, but the exchange will be terrible. A repeatedly recommended *casa de cambio* is **LAC Dolar**, Jr Camaná 779, 1 block from Plaza San Martín, p 2, T428 8127, T/F427 3906, also at Av La Paz 211, Miraflores, T242 4069/4085. Open Mon-Sat 0900-1900, Sun and holidays 0900-1400, good rates, very helpful, safe, fast, reliable, 2 commission on cash and TCs (Amex, Citicorp, Thomas Cook, Visa), will come to your hotel if you're in a group. Another recommended *casa de cambio* is **Virgen P Socorro**, Jr Ocoña 184, T428 7748. Open daily 0830-2000, safe, reliable and friendly. **American Express**, Av Belén 1040 in the Lima Tours office, near Plaza San Martín. Official hours are Mon-Fri 0900-1700, Sat 0900-1300, but there is always someone there in case of emergencies. Replaces lost or stolen Amex cheques of any currency in the world. Can purchase Amex cheques with Amex card only. Also at Camino Real 698, San Isidro, T222 2525, F222 5700, for travel services. **MasterCard**, Porta 111, p 6, Miraflores, T242 2700. **Moneygram**, Ocharan 260, Miraflores, T447 4044. Safe and reliable agency for sending and receiving money. Locations throughout Lima and the provinces. Exchanges most world currencies and TCs. **Western Union** Main branch: Av Petit Thouars 3595, San Isidro, T422 0036/9723/440 7934. Av Larco 826, Miraflores, T241 1220 (also *TNT* office). Jr Carabaya 693, Lima centre, T428 7624.

Communications Internet: Lima is completely inundated with internet cafés, so you will have absolutely no problem finding one regardless of where you are. An hour will cost you S/3-5 (US$0.85-1.50). **Post office**: The central post office is on Jr Camaná 195 in the centre of Lima near the Plaza de Armas. Mon-Fri 0730-1900 and Sat 0730-1600. Poste Restante is in the same building but is considered unreliable. In Miraflores the main post office is on Av Petit Thouars 5201 in Miraflores (same hours). There are many small branches around Lima, but they are less reliable. For express service: *DHL*, Los Castaños 225, San Isidro, T215-7500. *UPS*, Av del Ejército 2107, San Isidro, T264 0105. *Federal Express*, Av Jorge Chávez 475, T242 2280, Miraflores, C José Olaya 260, Miraflores. *EMS*, next to central post office in downtown Lima, T533 2020/2424/2005. When receiving parcels from other countries that weigh in over 1 kg, they will be automatically sent to one of Lima's two customs post offices. Take your passport and a lot of patience as the process can (but not always) take a long time: Teodoro Cárdenas 267, Santa Beatriz (12th block of Av Arequipa); and Av Tomás Valle, Los Olivos (near the Panamerican Highway). **NB** Long trousers must be worn when going to these offices. **Telephone**: There are many *Telefónica* offices all over Lima. Most allow collect calls but some don't. All offer fax service (sending and receiving). There are payphones all over the city. Some accept coins, some only phone cards and some honour both. Phone cards can often be purchased in the street near these booths. Some *Telefónica* offices are: Pasaje Tarata 280, Miraflores (near Av Alcanfores); Av Bolivia 347, Lima Centre; C Porta 139, Miraflores (near the bottom of Parque Kennedy). There are also many independent phone offices all over the city. For full details on phone operation, see Telephones, Essentials, page 1052.

Cultural centres Alianza Francesa, Av Arequipa 4595, Miraflores, T241 7014. Various cultural activities, library. CCPUCP (cultural centre of the Universidad Católica), Camino Real 1075, San Isidro, T222 6899.

One of the best in Lima, with an excellent theatre (tickets US$7.15), European art films (US$1.45 Mon-Wed), galleries, good café and a bookshop selling art and literature titles. Recommended. Centro Cultural de España, Natalio Sánchez 181-85, Santa Beatriz, T330 0412. Has an art gallery and a cinema. Centro Cultural Peruano Japonés, Av Gregorio Escobedo 803, Jesús María, T463 0606. Has a concert hall, cinema, galleries, museum of Japanese immigration, cheap and excellent restaurant, lots of activities. Recommended. Goethe Institute, Jr Nasca 722, Jesús María, T433 3180. Mon-Fri 0800-2000, library, German papers. Instituto Cultural Peruano-Norteamericano, Jr Cusco 446, Lima Centre, T428 3530, with library. Main branch at Av Arequipa 4798 y Angamos, Miraflores, T241 1940. Theatre productions and modern dance performances are just a couple of the activities the ICPNA offers. Also Spanish lessons; see Language schools, below. Peruvian-British Cultural Association, Av Arequipa 3495, T221 7550. English library and British newspapers, Mon-Fri 0800-1300, 1530-1930.

Embassies and consulates Austria, Av Central 643, p 5, San Isidro, T442 0503, F442 8851. *During the summer,* Belgian Consulate, Angamos Oeste 392, Miraflores, T241 7566, F241 6379. Bolivian Consulate, Los *most embassies only* Castaños 235, San Isidro, T422 8231, postmast@emboli.org.pe (0900-1330), 24 hrs for visas (except *open in the morning* those requiring clearance from La Paz). Brazilian Consulate, José Pardo 850, Miraflores, T421 5650, F445 2421, Mon-Fri 0930-1300. Canada, Libertad 130, Casilla 18-1126, Lima, T444 4015, F444 4347. Chilean Consulate, Javier Prado Oeste 790, San Isidro, T221 2817, embchile@mail.cosapidata.com.pe Open 0900-1300, need appointment. Colombian Consulate, Av Jorge Basadre 1580, San Isidro, T441 0954, F441 9806. Mon-Fri 0800-1400. Ecuadorean Consulate, Las Palmeras 356, San Isidro (6th block of Av Javier Prado Oeste), T440 9991, F442 4182, embjecua@amauta.rcp.net.pe French Embassy, Arequipa 3415, San Isidro, T221 7792, FRANCE.EMBAJADA@computextos.com.pe Germany, Av Arequipa 4210, Miraflores, T212 5016, F422 6475; emergency number 927 8338. Israel, Natalio Sánchez 125, p 6, Santa Beatriz, T433 4431, F433 8925. Italy, Av G Escobedo 298, Jesús María, T463 2727, F463 5317. Japan, Av San Felipe 356, Jesús María, T463 0000. Netherlands Consulate, Av Principal 190, Santa Catalina, La Victoria, T476 1069, F475 6536, open Mon-Fri 0900-1200. New Zealand Consulate, Av Camino Real 390, Torre Central, p 17 (Casilla 3553), San Isidro, T221 2833, F442 0155, reya@nzlatam.com Open Mon-Fri 0830-1300, 1400-1700. Spain, Jorge Basadre 498, San Isidro, T440 6998, open 0900-1300. Sweden, Camino Real 348, p 9, Torre del Pilar, San Isidro, T421 3400, F212 5805. Switzerland, Av Salaverry 3240, Magdalena, Lima 17, T264 0305, F264 1319, embsuiza@correo.tnet.com.pe UK, Torre Parque Mar, p 22, T617 3000, F617 3100, www.britemb.org.pe Open 1300-2130 (Dec-Apr to 1830 Mon and Fri, and Apr-Nov to 1830 Fri), good for security information and newspapers. USA, Av Encalada block 17, Surco, T434 3000, F434 3037, for emergencies after hrs T434 3032, the Consulate is in the same building.

Language schools *Instituto Cultural Peruano-Norteamericano*, Av Arequipa 4798, Miraflores, T241 1940/428 3530. Classes are on Mon-Fri from 0900 to 1100, US$80 per month, no private classes offered. *Instituto de Idiomas (Pontífica Universidad Católica del Perú)*, Av Camino Real 1037, San Isidro, T442 8761/442 6419. Classes Mon-Fri 1100-1300, private lessons possible. Recommended. *Esit Idiomas*, Av Javier Prado Este 4457, Lima 33, T434 1060, www.esit-peru.com *Lima School of Languages*, Grimaldo del Solar 469, Miraflores, T242 7763, www.idiomasperu.com US$15 per hr for private tuition, also small groups US$11 per hr. Family homestays and volunteer programmes available. Independent teachers (enquire about rates): *Sra Lourdes Gálvez*, T435 3910. Highly recommended, also Quechua. *Sra Georgelina Sadastizágal*, T275 6460. Recommended. Also Sr Mariano Herrera and Sr Dante Herrera: all these four can be contacted through peruidiomas@ LatinMail.com *Srta Susy Arteaga*, T534 9289, T9989 7271 (Mob), susyarteaga@hotmail.com, or susyarteaga@yahoo.com Recommended. *Srta Patty Félix*, T521 2559, patty_fel24@yahoo.com

Medical services Hospitals: Clínica Anglo Americano, Av Salazar 3rd block, San Isidro, a few blocks *For hospitals, doctors* from Ovalo Gutiérrez, T221 3656. Stocks Yellow Fever for US$18 and Tetanus for US$3. Dr Luis Manuel *and dentists, contact* Valdez recommended. Clínica Internacional, Jr Washington 1471 y Paseo Colón (9 de Diciembre), *your consulate for* downtown Lima, T433 4306. Good, clean and professional, consultations up to US$35, no inoculations. *recommendations* Instituto Médico Lince, León Velarde 221, near 17th and 18th blocks of Av Arenales, Lince, T471 2238. Dr Alejandro Bussalleu Rivera speaks English, good for stomach problems, about US$28 for initial consultation. Repeatedly recommended. Clínica San Borja, Av Guardia Civil 337, San Borja (2 blocks from Av Javier Prado Este), T475 4000/475 3141. Clínica Ricardo Palma, Av Javier Prado Este 1066, San Isidro, T224 2224/224 2226. Instituto de Ginecología y Reproducción, part of Clínica Montesur, Av Monterrico 1045, Monterrico parallel to Av Polo, T434 2130/434 2426. Recommended Gynaecologists are Dra Alicia García and Dr Ladislao Prasak. Instituto de Medicina Tropical, Av Honorio Delgado near the Pan American Highway in the Cayetano Heredia Hospital, San Martín de Porres, T482

Peru

3903/482 3910. Cheap consultations, good for check-ups after jungle travel. Recommended. **Clínica del Niño**, Av Brasil 600 at 1st block of Av 28 de Julio, Breña, T330 0066/330 0033. **Centro Anti-Rabia de Lima**, Jr Austria 1300, Breña, T425 6313. Open Mon-Sat 0830-1830. Consultation is about US$2.50. **Clínica de Fracturas San Francisco**, Av San Felipe 142 at Av Brasil, Jesús María, T463 9855. **Clínica Padre Luis Tezza**, Av El Polo 570, Monterrico, T435 6990/6991, emergency 24 hrs T437 1310. Top quality clinic specializing in a wide variety of illnesses/disorders etc, expensive; for stomach or intestinal problems, ask for Dr Raul Morales (speaks some English, US$28 for first consultation). **Clínica Santa Teresa**, Av Los Halcones 410, Surquillo, T221 2027. **Dr José Luis Calderón**, general practitioner recommended. The `backpackers' medic', **Dr Jorge Bazán**, has been recommended as professional and good value, T9735 2668, backpackers@yahoo.com **International Chiropractors Center**, Av Santa Cruz 555, Miraflores, T221 4764. **Pharmacy**: Phramacy chains are modern, well-stocked, safe and very professional. They can be found throughout the city, often in or next to supermarkets. Some offer 24-hr delivery service. *Boticas Fasa*, T475 7070; *Boticas Torres de Limatambo*, T444 3022; *Farmacentro Tassara*, T251 0600; *Superfarma*, T440 9000. *Pharmax*, Av Salaverry 3100, San Isidro, Centro Comercial El Polo, Monterrico (near the US embassy). Pharmacy/hypermarket, with imported goods (Jewish food products sometimes available at Av Salaverry branch, which is open 24 hrs). *Farmacia Deza*, Av Conquistadores 1140, San Isidro. The same as *Pharmax*, also open 24 hrs.

Useful addresses **Tourist Police**, Jr Moore 268, Magdalena at the 38th block of Av Brasil, T460 1060/460 0844, open daily 24 hrs. They have a more convenient office on the 10th block of Jr de la Unión, T424 2053. They are friendly and very helpful, English spoken. It is recommended to visit when you have had property stolen. **Immigration**: Av España 700 y Jr Huaraz, Breña, open 0830-1500, but they only allow people to enter until 1300. Procedure for extensions is described on page 1044. Provides new entry stamps if passport is lost or stolen. **Intej**, Av San Martín 240, Barranco, T477 2864. They can extend student cards, change flight itineraries bought with student cards. **National library**, Av Abancay 4th block, with Jr Miró Quesada, T428 7690. Open Mon-Sat 0800-2000, Sun 0830-1330.

The Cordillera Blanca

From the coastal desert north of Lima a series of roads climb up to Huaraz, in the Callejón de Huaylas, gateway to Parque Nacional Huascarán in the spectacular Cordillera Blanca. This area of jewelled lakes and snowy mountain peaks attracts mountaineers and hikers in their thousands. Here also is one of Peru's most important pre-Inca sites, at Chavín de Huantar.

Lima to Huaraz The Pan-American Highway parallels the coast all the way to the far north, and feeder roads branch from it up the various valleys. Just north of the beach resort of Ancón, the Pasamayo sand dune, stretching for 20 km, comes right down to the seashore. The old road which snakes above the sea is spectacular, but is now closed except to commercial traffic. The toll road (US$0.85), which goes right over the top, is safer, with incredible views over the coast and valleys.

Huaura Valley The Pan-American Highway is four-lane (several tolls, US$0.75) to Km 101, at **Huacho**, 19 km east of **Puerto Huacho** (several hotels). The beaches south of the town are clean and deserted. ■ *Getting there: Bus from Lima 2½ hrs, US$2, or Comité 18, daily colectivos, US$2.50.* The journey inland from Huacho, up the Huaura valley, is splendid. Beyond Sayán the road follows the Huaura valley which narrows almost to a gorge before climbing steeply to **Churín**, with hot, sulphurous springs which are used to cure a number of ailments, and various hotels and restaurants. The climate is dry, temperatures ranging from 10° to 32°C. The area makes a good excursion from Lima. It is famous for cheese, yoghurt and other natural products. Other hot springs nearby are **Huancahuasi**, **Picoy** (both new) and **Chiuchín** (neglected). ■ *Getting there: Estrella Polar, Espadín and Beteta have several buses a day from Lima, 4-5 hrs, US$5.*

At **Barranca** (Km 195) the beach is long, not too dirty, though windy. There are various hotels (**D-F**) and *Banco de la Nación* accepts travellers' cheques, good rates. A few km before Barranca (158 km from Lima) a turning to the right (east) leads to **Caral**, an ancient city 20 km from the coast in the Supe Valley whose date, about 2,600 BC, and monumental construction are overturning many of the accepted theories of Peruvian archaeology. It appears to be easily the oldest city in South America and to have flourished for 500 years. The evidence points to complex urban society beginning much earlier than previously thought and the city seems to have had a primarily religious, rather than warlike purpose (the only way to get there without your own transport would be to negotiate with a colectivo driver).

Transport Buses stop opposite the service station (*el grifo*) at the end of town. From **Lima to Barranca**, 3½ hrs, US$3. As bus companies have their offices in Barranca, buses will stop there rather than at Pativilca or Paramonga. Bus from Barranca to **Casma** 155 km, several daily, 2½ hrs, US$3. From Barranca to Huaraz, 4 hrs, US$6, daily buses or trucks. The good, paved road to Huaraz turns off the Panamericana just past Pativilca.

Some 4 km beyond the turn-off to Huaraz, beside the Highway, are the well preserved ruins of the Chimú temple of **Paramonga**. Set on high ground with a view of the ocean, the fortress-like mound is reinforced by eight quadrangular walls rising in tiers to the top of the hill. ■ *US$1.20; caretaker may act as guide.*

Transport Buses run only to Paramonga port (3 km off the Highway, 4 km from the ruins, about 15 mins from Barranca). Taxi from Paramonga to the ruins and return after waiting, US$4.50, otherwise take a Barranca-Paramonga port bus, then a 3 km walk.

The town has a pleasant Plaza de Armas, several parks and two markets including a good food market. It is a base from where to explore one of the most important ruins on the Peruvian coast, **Sechín**, 5 km away. It consists of a large square temple completely faced with about 500 carved stone monoliths narrating, it is thought, a gruesome battle in graphic detail. The style is unique in Peru for its naturalistic vigour. The complex as a whole is associated with the pre-Chavín Sechín culture, dating from about 1500 BC. Three sides of the large stone temple have been excavated and restored, but you cannot see the earlier adobe buildings inside the stone walls because they were covered up and used as a base for a second storey, which has been completely destroyed. ■ *The site is open daily 0800-1800, photography best around midday, US$1.50 (children and students half price); ticket also valid for the Max Uhle Museum by the ruins and Pañamarca, an archaeological site in the Nepeña Valley, north of Casma. Getting there: Frequent colectivos leave from in front of the market in Casma, US$0.30 pp, or motorcycle taxi US$1.*

Peru

Sleeping and eating in Casma D *Hostal El Farol*, Tupac Amaru 450, T711064, hostalfaro@yahoo.com Very nice, cheaper in low season, breakfast extra, hot water, swimming pool, good restaurant, pleasant garden, parking, good local information. **E** *Gregori*, Luis Ormeño 530, T711073. Cheaper without bath, noisy. **E** *Monte Carlo*, Nepeña 370, T711421. TV, internet, laundry, good value. **E** *Rebeca*, Huarmey 377, T711258. Modern. Recommended. **F** *Hostal Celene* Ormeño 595, T711065. Large new rooms. **F** *Las Dunas*, Luis Ormeño 505, T/F711057. A converted family home, friendly, upgraded and enlarged in 2002. *Cevichería Henry's*, G de la Vega 295. New, good *ceviche*, popular. *Sechín*, Nepeña y Mejía, near the plaza. Good set meal and chicken. *Tío Sam*, Huarmey 138. Specializes in fish dishes. *Venecia*, Huarmey 204. Local dishes, popular. *Cevicherías* on Av Ormeño 600 block and cheap restaurants on Huarmey. The local ice-cream, *Caribe*, is available at the *panadería* at Ormeño 545.

Transport Buses: There are half hourly buses from Lima to Chimbote which can drop you off in Casma, 370 km, 6 hrs, US$5. If going to **Lima** many of the buses from Trujillo and Chimbote stop briefly opposite the petrol station, block 1 of Ormeño or, if they have small offices, along blocks 1-5 of Av Ormeño. To **Chimbote**, 55 km, it is easiest to take a *Los Casmeños* colectivo, huge old Dodge cars, which depart when full from in front of the petrol station, block 1 of Ormeño, or from Plaza Poncianos, 45 mins, US$1.20. To **Trujillo** it is best to go first to Chimbote bus station and then take an *América Express* bus. To **Huaraz** (150km), via Pariacoto, buses come from Chimbote, 6-7 hrs, US$4.25. Transportes Huandoy, Ormeño 166, T712336, departs at 0700, 1100 and 1400, while Yungay Express, Ormeño 158, departs at 0600, 0800 and 1400. This difficult but beautiful trip is worth taking in daylight. From Casma the first 30 km are paved, a good dirt road follows for 30 km to **Pariacoto** (basic lodging). From here to the **Callán pass** (4,224 m) the road is rough (landslides in rainy season), but once the Cordillera Negra has been crossed, the wide, gravel road is better with spectacular views of the Cordillera Blanca (150 km in all to Huaraz). Most Huaraz buses, however, go via Pativilca, which is further but the road is much better, 6 hrs, US$5, eg Trans Chinchaysuyo, all run at night.

Directory Banks: Good rates for cash and TCs, no commission, at *BCP*, Bolívar 181. **Communications** Internet: café on west side of Plaza, open 0900-2100. **Post office**: at Fernando Loparte, ½ block from Plaza de Armas.

Chimbote

Phone code: 043
Colour map 3, grid B2
Population: 35,900

The port of Chimbote serves the national fishing industry and the smell of the fishmeal plants is overpowering. As well as being unpleasant it is also unsafe. Take extensive precautions, always use taxis from the bus station to your hotel and don't venture far from the hotel. The modern Municipal building has a small art gallery downstairs. ■ *0900-2000.* **NB** The main street, Av Víctor Raul Haya de la Torre, is also known by its old name, José Pardo. At weekends two-hour boat trips go around the bay to visit the cliffs and islands to see the marine birdlife and rock formations. www.laindustria.com (website of the local newspaper) has a section on Chimbote.

Sleeping & eating
There are plenty of hotels in Chimbote so it is often possible to negotiate a lower rate

A *Cantón*, Bolognesi 498, T344388. The most modern, luxury hotel in the city, has a good but pricey chifa restaurant. **B** *Gran Hotel Chimú*, José Gálvez 109, T/F321741. Including breakfast, safe parking. **B** *Ivansino Inn*, Haya de la Torre 738, T321811, ivansino@hotmail.com Including breakfast, comfortable, modern. **C** *San Felipe*, Haya de la Torre 514, T323401. Hot water, comfortable, restaurant. **D** *Felic*, Haya de la Torre 552, T325901. **E** without bath, quiet. Recommended. **D** *Hostal Karol Inn*, Manuel Ruiz 277, T/F321216. Hot water, good, family run, laundry service, cafetería. **D** *Residencial El Parque*, E Palacios 309, on plaza, T323963. Converted old home, hot water, nice. **E** *Hostal El Ensueño*, Sáenz Peña 268, 2 blocks from Plaza Central, T328662. **F** without bath, very good, safe, welcoming. **E** *Tany*, Palacios 553, T/F323411. Includes breakfast, TV, good value. **F** *Hostal Persia*, L Prado 623, T/F342540. TV, good, but near market.

Aquarius, Haya de la Torre 360. Vegetarian. *Buenos Aires*, Aguirre near the beach. A popular lunch place. *Chifa Jin Lon*, adjoining *Hostal Karol Inn*. Well-prepared Chinese food, popular and convenient. *Pollo Gordo*, Prado y Aguirre. Good chicken and cold beer. *Recutecu*, L Prado 556. Good set lunch with a wide choice, popular with locals. An excellent bakery is *Delca*, at Haya de la Torre 568.

Tour operators

Chimbote Tours, Bolognesi 801, T324982, F324792, helpful and friendly, English spoken.

Transport
Warning: Under no circumstances should you walk to the centre; minibus costs US$0.30, taxi US$1. There are no hotels near the terminal; some bus companies have ticket offices in the centre

Buses The bus station is 4 km south on Av Meiggs. From **Lima**, to Chimbote, 420 km, 6 hrs, US$7-9, several buses daily, *Trans Isla Blanca* has the most frequent service. To **Trujillo**, 130 km, 2 hrs, US$1.50, *América Express* buses every 20 mins. To **Huaraz** most companies, with the best buses, go the 'long way round', ie down the Panamericana to Pativilca, then up the paved highway, 7 hrs, US$6. The main companies start in Trujillo and continue to **Caraz**. To Huaraz via Pariacoto, 7 hrs, US$5.50, *Trans Huandoy* (Etseturh), T354024, at 0600, 1000 and 1300, 7 hrs, US$5.50, and *Yungay Express* at 0500, 0700 and 1300. To **Caraz** via Cañón del Pato, 7-8 hrs, US$5.50, *Yungay Express* at 0830 (for a description of this route see below). Sit on the left-hand-side for the best views. If arriving from Caraz via the Cañón del Pato there is usually time to make a connection to Casma or Trujillo/Huanchaco and avoid overnighting in Chimbote. If travelling to Caraz, however, overnighting in Chimbote is almost unavoidable. Casma is near enough to stay in but you will need to buy your Caraz ticket the day before; the bus station is on the Casma side of Chimbote.

Banks *BCP* and *Interbank*, both on Bolognesi and M Ruiz, for TCs and cash. *Casa Arroyo*, M Ruiz 292, cash only. There are other *casas* and street changers along M Ruiz between Bolognesi and VR Haya de la Torre. **Communications Internet**: At Palacios 518, Aguirre 278 and J.Pardo 660. **Post**: *Serpost*, Jr Tumbes behind market and at Palacios 441. **Telephone**: *Telefónica* main office, Tumbes 356, national and international fax and phone; also at Haya de la Torre 420 and M Ruiz 253. **Directory**

Cordilleras Blanca, Negra and Callejón de Huaylas

Apart from the range of Andes running along the Chile-Argentina border, the highest mountains in South America lie along the Cordillera Blanca and are perfectly visible from many spots. From Huaraz alone, you can see over 23 snow-crested peaks of over 5,000 m, of which the most notable is Huascarán (6,768 m), the highest mountain in Peru. Although the snowline is receding, the Cordillera Blanca still contains the largest concentration of glaciers found in the world's tropical zone and the turquoise-coloured lakes, which form in the terminal moraines, are the jewels of the Andes.

Probably the easiest way to reach the Callejón de Huaylas is to take the paved road which branches east off the Pan-American Highway north of Pativilca (see page 1085), 203 km from Lima. The road climbs increasingly steeply to the chilly pass at 4,080 m (Km 120). Shortly after, Laguna **Conococha** comes into view, where the Río Santa rises. A dirt road branches off from Conococha to **Chiquián** (see page 1103) and the **Cordilleras Huayhuash** and **Raura** to the southeast. After crossing a high plateau the main road descends gradually for 47 km until **Catac**, where another road branches east to Chavín and on to the **Callejón de Conchucos**. Huaraz is 36 km further on and the road then continues north between the towering Cordillera Negra, snowless and rising to 4,600 m, and the snow-covered Cordillera Blanca. This valley, the Callejón de Huaylas, has many picturesque villages and small towns, with narrow cobblestone streets and odd-angled house roofs. The alternative routes to the Callejón de Huaylas are via the Callán pass from Casma to Huaraz (see page 1086), and from Chimbote to Caraz via the Cañón del Pato (page 1098).

Huaraz

The valley's focus is Huaraz, capital of Ancash department, and a major tourist centre, especially busy on market day (Thursday). It is a prime destination for hikers and a mecca for international climbers. It was almost completely destroyed in the earthquake of May 1970. The Plaza de Armas has been rebuilt, with a towering, white statue of Christ. A new Cathedral is still being built. The setting, at the foot of the Cordillera Blanca, is spectacular. For views of surrounding peaks visit the *Mirador Rataquenua* at the cross (visible from Huaraz) one hour's walk from the town (turn left past the cemetery and head uphill through a small forest). For an amazing view of the whole valley, continue to *Pukaventana*. **NB** Reports of armed hold-ups at the *Mirador*.

Phone code: 043
Colour map 3, grid B2
Population: 80,000
Altitude: 3,091 m
420 km from Lima

Museo Regional de Ancash, Instituto Nacional de Cultura, Plaza de Armas, contains stone monoliths and *huacos* from the Recuay culture, well labelled. ■ *Mon-Fri 0900-1700, Sat 0830-1700, Sun 0830-1400, US$1.45*. The **Sala de Cultura** in Banco Wiese, Sucre 766, often has interesting art and photography exhibitions by local artists. ■ *Free*.

Willkawain About 8 km to the northeast is the Willkawain archaeological site. The ruins (AD 700 to 1000, Huari Empire) consist of three large two-storey structures with intact stone slab roofs and several small structures. ■ *US$1.50. Getting*

Peru

there: take a combi from 3 de Diciembre and Comercio, US$0.55 direct to Willkawain. If walking, go past the Hotel Huascarán. After crossing a small bridge take a second right marked by a blue sign, it is about 2 hrs uphill walk; ask directions as there are many criss-crossing paths used regularly by local people. About 500 m past Willkawain is Ichiwillkawain with several similar but smaller structures. Take a torch if it's late. There is also an alternative road from the ruins to Monterrey.

North of Huaraz, 6 km along the road to Caraz, are the thermal baths at **Monterrey** (*Altitude:* 2,780 m): the lower pool is US$0.85; the upper pool, which is nicer (closed Monday for cleaning), US$1.35; also individual and family tubs US$1.35 per person for 20 minutes; crowded at weekends and holidays. There are restaurants and hotels (**B-C**). ■ *Getting there: City buses along Av Luzuriaga go as far as Monterrey (US$0.22), until 1900; taxi US$2-3.*

Sleeping

■ *on maps*
Hotels fill up rapidly during high season (May-Sep), especially during public holidays and special events when prices rise (beware overcharging). Unless otherwise stated, all hotels listed are recommended

AL *Andino Club*, Pedro Cochachín 357, some way southeast from the centre (take a taxi after dark), T/F722830, www.hotelandino.com The best in town, expensive restaurant, safe parking, free internet for guests, Swiss run, 2nd floor rooms with balconies and views of Huascarán are more expensive, climbing and hiking gear for hire. **B** *Hostal Los Portales*, Raymondi 903, T/F728184. Hot water, limited parking, pleasant. **B** *San Sebastián*, Jr Italia 1124, T726960, andeway@net.telematic.com.pe 2-star, very helpful, breakfast included, good views. **C** *Hostal Colomba*, Francisco de Zela 278, just off Centenario across the river, T721501/727106, colomba@terra.com.pe Lovely old hacienda, bungalow, garden, safe car parking. **C** *Edward's Inn*, Bolognesi 121, T/F722692. Cheaper without bath, hot water, laundry, food available, popular, Edward speaks English and knows a lot about trekking and rents gear (not all guides share Edward's experience). **C** *El Tumi I*, San Martín 1121, T/F721784, in Lima T/F346 2725, hottumi@terra.com.pe Good restaurant (serves huge steaks), fairly good, advance reservations advised (**D** *El Tumi II*, San Martín 1089, T721784). **C** *Hostal Montañero*, Plaza Ginebra 30-B (ask at Casa de Guías), T/F722306. Hot water, modern, comfortable, good value, climbing equipment rental and sales. **D** *Casablanca*, Tarapacá 138, near market, T722602, cashotel@telematic.edu.pe Pleasant, modern. **D** *Residencial Cataluña*, Av Raymondi 622, T722761. Hot water, TV, **E** for more basic rooms, restaurant open only in the high season, safe, noisy. **D** *Hostal Yanett*, Av Centenario 164, at the north end of town across the river, T727150. Hot water, large rooms, restaurant for breakfast. **D** *Schatzi*, Bolívar 419, near Raimondi, T723074. Nice courtyard, hot water, breakfast extra.

E *Hostal Copa*, Jr Bolívar 615, T722071, F722619. Cheaper without bath, hot water, laundry facilities, owner's son Walter Melgarejo is a well-known guide, popular with trekkers, restaurant, travel agency with local tours. **E-F** *Casa Jansy's*, Jr Sucre 948. Hot water, meals, laundry, owner Jesús Rivera Lúcar is a mountain guide. Recommended. **E** *Hostal Estoico*, San Martín 635, T722371. Cheaper without bath, safe, hot water, laundry facilities, good value. **E** *Hostal Gyula*, Parque Ginebra 632, opposite the Casa de Guías, T721567, hotelperu@ infoweb.com.pe Hot water, helpful but noisy at weekends, has good information on local tours, stores luggage. **E** *Hostal Galaxia*, Jr de la Cruz Romero 638, T722230. Cheaper without bath, hot water, laundry facilities, basic. **E** *Jo's Place*, Jr Daniel Villayzan 276, T725505. Safe, hot water, nice mountain views, garden, terrace, kitchen facilities, English owner, warm atmosphere. **E** *Oscar's Hostal*, La Mar 624, T/F722720, marciocoronel@hotmail.com Hot water, cheap breakfast next door, good beds, cheaper in low season, helpful. **E** *Hostal Quintana*, Mcal Cáceres 411, T726060. Cheaper without bath, hot shower, laundry facilities, basic, stores luggage, popular with trekkers. **E** *Hostal Tany*, Lúcar y Torre 468A, T722534. Cheaper without bath, hot water at night, spotless, money exchange, tours, café/restaurant.

F *Lodging Caroline*, Urb Avitentel Mz D-Lt 1, T722588, 20 min walk from centre, trojas@viabcp.com Price includes breakfast, free pick-up from bus station (phone in advance), hot water, kitchen facilities, tourist information and guides, laundry, very helpful. Frequently recommended. **F** *La Casa de Zarela*, J Arguedas 1236, T721694, zarelaz@hotmail.com Hot water, popular with climbers and trekkers, owner Zarela organizes groups and is very knowledgeable. **F** *Lodging Casa Sucre*, Sucre 1240, T722264, F721111. Private house, kitchen, laundry facilities, hot water, English and French spoken, mountaineering guide, Filiberto Rurush,

Huaraz

To 29 3
To Caraz & Termas de Monterrey

Victor Veles
18
Manco Cápac

Sebastian Alliste
28

Río Quilcay
2

A

13 de Diciembre
2
3 6

27 11
@ 10

Caraz
San Cristóbal
Lúcar y Torre
Ranrapalca
Av Gamarra
Av Las Américas

Huascarán
Hualcan
24
4

Av Raymondi

34 10
B
14
M
De La Cruz Romero
22
Villarán

José de la Mar
4

35

Av Luzuriaga

To 15 23 & Casma
15
9

José de San Martín
26
1
20
J de Morales
Plaza Ginebra
San Francisco
Alameda Grau

Cáceres
5
21
Lavandería Huaraz
9

8
7
Gridilla
12
Jarca
A
Sucre
4

25
Municipalidad
Museo Regional de Ancash
Plaza de Armas
13
2
5

Av Tarapacá / 27 de Noviembre
Supreme Court
Cathedral
Amadeo Figueroa
30 32
1 7

28 de Julio
E del Río
8
31

Coral Vega
13 19 3
11
Andean Expressions
33
Soledad

De La Cruz Romero
Av Luzuriaga
14 15
@
Uribe
Simón Bolívar
10
Villanueva

17
6
Damasco
5 6
Valenzuela

8
Sal y Rosas
16
Plazuela Belén

Soriano
Infante
Olivas
Escudero

Ramón Castilla
Guardia
Aruspampa

9
To Cemetery & Mirador Rataquena

Peru

To Huascarán National Park Office (50m) & Pitec

To Lima
1
To Cemetery & Mirador Rataquena
2
3
To Cemetery & Mirador Rataquena

N

0 metres   100
0 yards   100

Sleeping
1 Albergue Churup *C3*
2 Alojamiento El Jacal *C3*
3 Alojamiento La Stancia *A1*
4 Alojamiento Marilla *C3*
5 Alojamiento Nemys *C3*
6 Alojamiento Norma *D2*
7 Alojamiento Soledad *C3*
8 Alojamiento Sra Tomaza Huarato *C3*
9 Andino Club *D3*
10 Angeles Inn *D2*
11 Backpackers *B1*
12 Casa de Jaimes *C1*

13 Casa Jansy's *C2*
14 Casablanca *B1*
15 Edward's Inn *B1*
16 El Tumi I *D1*
17 El Tumi II *D1*
18 Hostal Colomba *A2*
19 Hostal Continental *C1*
20 Hostal Estoico *C1*
21 Hostal Galaxia *C1*
22 Hostal Imperio *B1*
23 Hostal López *B1*
24 Hostal Los Portales *B2*
25 Hostal Mi Casa *C1*
26 Hostal Rinconcito Huaracino *A2*
27 Hostal Yanett *A2*
28 Jo's Place *A1*
30 La Cabaña *C3*
31 La Casa de Zarela *C3*
32 Lodging Casa Sucre *C3*

33 Olaza Guesthouse *D3*
34 Residencial Cataluña *B1*
35 San Sebastián *B3*

● Eating
1 Baby Donkey & Skyline Adventures *C1*
2 Bistro de los Andes *C2*
3 Café Central *C1*
4 Fuente de Salud *B1*
5 Huaraz Querido *D2*
6 La Estación *D2*
7 Las Puyas *B1*
8 Limón, Leña y Carbón *D1*
9 Pachamama *C1*
10 Pepe's Place *B1*
11 Pizza Bruno *D1*
12 Siam de Los Andes *C2*

● Bars & clubs
13 El Conquistador *C1*

14 Extreme *D1*
15 Las Kenas *D1*

🚍 Transport
1 Chavín Express *C1*
2 Combis to Caraz *A1, A2*
3 Combis to Wilcawain *A2*
4 Cruz del Sur *B2*
5 El Rápido *C1*
6 Los Andes & Turismo Huaraz *A2*
7 Terminal Terrestre Transportistas Zona Sur *C1*
8 Trans Rodríguez *C1*
9 Trans Sandoval *C1*
10 Virgen de Guadalupe *B2*
11 Yungay Express & Trans Huandoy *A2*

Detail map
A Huaraz Centre,
page 1090

can be contacted here. **F** pp *Albergue Churup*, Jr Figueroa 1257, T722584, www.churup.com Ring bell and wait for them to come from Jr Pedro Campos 735. Double rooms and shared rooms, with and without bath, more rooms being built, nice garden and fire in sitting room, internet access, use of kitchen at Pedro Campos where they serve breakfast, lots of information, luggage store, laundry, book exchange, English spoken, Spanish classes, helpful, motorcycle parking. Recommended. **F** *Hostal Continental*, 28 de Julio 586 near Plaza de Armas, T724171. Hot water, cafeteria serving good breakfasts. Recommended but avoid rooms on street as there are 2 noisy *peñas* nearby. **F** *Alojamiento El Jacal*, Jr Sucre 1044, blue house with no sign. Cheaper without shower, hot water, very nice family. **F** *Familia Meza*, Lúcar y Torre 538, T726367, lacima_peru@ hotmail.com Popular with trekkers, mountaineers and bikers. **F** *Hostal Imperio*, José de la Mar 528 y San Martín. Electric shower, good beds, ask for hot water. **F** *Hostal López*, Prolongación Alberto Gridilla s/n, Huarapampa, behind *Edward's Inn*, ask near the Estadio just off Av Bolognesi at the Santa river end. Lukewarm showers, laundry facilities, beautiful garden and restaurant, good views, luggage stored. **F** *Hostal Mi Casa*, Tarapacá 773 (Av 27 de Noviembre), T723375, bmark@ddm.com.pe Includes breakfast, cheaper in low season, hot water, English spoken, very pleasant, owner Sr Ames is an expert on glaciers, his son is a climbing and rafting guide. **FF** *Alojamiento Norma*, Pasaje Valenzuela 837, near Plaza Belén, T721831. Includes breakfast, cheaper without bathroom, hot water. Recommended. **F** *Olaza Guest house*, J Arguedas 1242, T722529, info@andeanexplorer.com.pe Safe, comfortable, luggage stored, discount for bikers. **F** *Hostal Rinconcito Huaracino*, Fitzcarrald 226, T727591. Cheaper without bathroom, hot water, front rooms noisy. **F-G** *Angeles Inn*, Av Gamarra 815, T722205, solandperu@yahoo.com No sign, look for *Sol Andino* travel agency in same building (www.solandino.com), kitchen and laundry facilities, garden, hot water, owners Max and Saul Angeles are official guides, helpful with trekking and climbing, rent equipment.

There are usually people waiting at the bus terminals offering cheap accommodation in their homes

G pp *Backpackers*, Av Raimondi 510, T721773, http://huaraz.com/backpackers Includes breakfast, spacious, hot showers, good views, a real bargain. **G** pp *La Cabaña*, Jr Sucre 1224, T723428, www.huaraz.com/lacabana Shared and double rooms, hot showers, laundry, kitchen, computer, popular (especially with Israelis), safe for parking, bikes and luggage. **G** pp *Lodging House Ezama*, Mariano Melgar 623, Independencia, T723490, 15 mins' walk from Plaza de Armas (US$0.50 by taxi). Light, spacious rooms, hot water, safe, helpful. **G** *Alojamiento La Stancia*, Jr Huaylas 162,

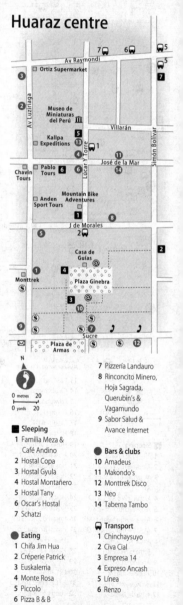

Huaraz centre

Sleeping
1 Familia Meza & Café Andino
2 Hostal Copa
3 Hostal Gyula
4 Hostal Montañero
5 Hostal Tany
6 Oscar's Hostal
7 Schatzi

Eating
1 Chifa Jim Hua
2 Créperie Patrick
3 Euskalerria
4 Monte Rosa
5 Piccolo
6 Pizza B & B
7 Pizzería Landauro
8 Rinconcito Minero, Hoja Sagrada, Querubin's & Vagamundo
9 Sabor Salud & Avance Internet

Bars & clubs
10 Amadeus
11 Makondo's
12 Monttrek Disco
13 Neo
14 Taberna Tambo

Transport
1 Chinchaysuyo
2 Civa Cial
3 Empresa 14
4 Expreso Ancash
5 Línea
6 Renzo

Peru

Centenario, T723183. With bath or shared shower, luggage store, safe motorcycle parking, good value. **G** *Alojamiento Marilla*, Sucre 1123, T728160, alojamaril@latinmail.com Good views, modern, rooms with and without bath, also dormitory, hot water, laundry and breakfast available, kitchen facilities, luggage store, knowledgeable owners. **G** pp *Alojamiento Nemys*, Jr Figueroa 1135, T722949. Secure, hot shower, breakfast US$2.40, good for climbers, luggage store. Recommended. **G** pp *Alojamiento Soledad*, Jr Amadeo Figueroa 1267, T721196 (in Lima 242 8615), ajsoled@terra.com.pe Breakfast extra, shared bath, not the best beds, intermittent hot water, kitchen, cafeteria, secure, trekking information. Recommended for value. **G** *Alojamiento Sra Tomaza Huarato*, Jr Amadeo Figuera 1194, T721915. With patio, hot shower, safe, quiet, luggage store, run by an elderly couple. **G** pp *Casa de Jaimes*, Alberto Gridilla 267, T722281, 2 blocks from the main plaza. Dormitory with hot showers, laundry facilities, has maps and books of the region, use of kitchen. Noisy but recommended.

Youth Hostels F pp *Alojamiento Alpes Andes*, at Casa de Guías, Plaza Ginebra 28-g, T721811, F722306. Member of the Peruvian Youth Hostel Association, 1 dormitory with 14 beds and another with 6 beds, hot water, with very good restaurant (open 0700-1100, 1700-2300), laundry, free luggage store, the owner Sr López speaks English, French and German and is very helpful, he is the mountain guides administrator. **G** pp *El Tambo*, Av Confraternidad Internacional Oeste 122, T725144, marielafm@yahoo.com Shared bath, free coffee and tea, luandry service4, use of kitchen, book exchange, luggage store, sfae, helpful.

Expensive: *Pizza Bruno*, Luzuriaga 834. Best pizza, excellent crêpes and pastries, good service, open from 1600-2300, French owner Bruno Reviron also has a 4WD with driver for hire. *Euskalerria*, Luzuriaga 406. Basque cuisine, good food and service, trekking information. *Huaraz Querido*, Bolívar 981. Excellent cevichería. *Monte Rosa*, J de la Mar 661. Open 1000-2300, Swiss owner is Victorinox representative, offering knives for sale and repair service, also has climbing and trekking books to read, excellent postcards for sale. *Créperie Patrick*, Luzuriaga 422. Excellent crepes, fish, quiche, spaghetti and good wine. *Siam de Los Andes*, Gamarra corner J de Morales. Authentic Thai cuisine, good food and atmosphere.

Mid-range: *Alpes Andes*, Plaza Ginebra in Casa de Guías. Muesli, yoghurt etc in the morning, pastas and pizzas in the evening. *Baby Donkey*, San Martín (next to *Skyline Adventures*). Mexican, all-you-can-eat place, very popular. *Bistro de los Andes*, J de Morales 823, T/F726249. Great food, owner speaks English, French and German. *Fuente de Salud*, J de la Mar 562. Vegetarian, also meat and pasta dishes, good soups, breakfast. *Hoja Sagrada*, J de Morales 747. Good menú, pleasant. *Limón, Leña y Carbón*, Av Luzuriaga 1002. Typical dishes in the day, local grills at night, also seafood and fish dishes, bar, excellent food and value. No Name Lounge, F Sal y Rosas 568, near *Hotel Tumi*. Not standard tourist fare, but good food, English spoken, games, videos. *Pachamama*, San Martín 687. Bar, café and restaurant, concerts, art gallery, garden, nice place to relax, good toilets, pool table and table-tennis, information on treks, Swiss-owned. Recommended. *Pepe's Place*, Raymondi 624, good pizza, chicken, meat, warm atmosphere, run by Pepe from *Residencial Cataluña*. *Pizza B & B*, La Mar beside laundry of same name. Recommended for its traditional sauces for pizza and pasta, and deserts. *Pizzería Landauro*, Sucre, on corner of Plaza de Armas. Very good for pizzas, Italian dishes, sandwiches, breakfasts, nice atmosphere, closed 1200-1800 and Sun. *Querubín's*, J de Morales 767. Good breakfast and set meals, also vegetarian, snacks and à la carte. *Rinconcito Minero*, J de Morales 757. Swiss-run, breakfast, lunch, vegetarian options, coffee and snacks. *Sabor Salud*, Luzuriaga 672, upstairs. Restaurant and pizzería specializing in vegetarian and Italian food.

Cheap: *La Estación*, 2 locations on Plazuela Belén. Video pub which serves a good lunch for only US$1, also good steaks, nice atmosphere. *Chifa Jim Hua*, Luzuriaga 645, upstairs, large, tasty portions, *menú* US$1.15, open Mon-Sat 0900-1500, 1800-2400, Sun 1800-2200. *Las Puyas*, Morales 535. Popular with gringos, *sopa criolla* and trout, also serves breakfast. *Piccolo*, J de Morales 632. Pizzería, very popular with gringos. *Vegetarian Food*, Sucre y Av Bolívar. Excellent vegetarian, 3-course meal US$1.

Cafés *Café Andino*, Lúcar y Torre 538. American-run café and bar, book exchange, extensive lending library in many languages, a nice place to relax, great atmosphere, good meeting place, owner guides treks in Cordillera Huayhuash. *Café Central*, 28 de Julio 592. Good breakfast for US$1.30, great chocolate cake and apple pie. *Comedor 14*, San Martín 525. Good value breakfasts, sandwiches, teas, etc, honest.

Eating
● *on maps*

Peru

Recreos specialize in typical local dishes, open only at weekends

Bars & clubs *Las Kenas*, Jr Gabino Uribe near Luzuriaga. Live Andean music, happy hour 2000-2200, good pisco sours. Next door, upstairs, is *Extreme*, popular with *gringos*, soft music, open 1900-0200. *Vagamundo*, J de Morales 753. Popular bar with snacks and football tables. *Amadeus*, Parque Ginebra, bar-disco. *La Cascada*, Luzuriaga 1276, disco tavern. *El Conquistador*, 28 de Julio 570. Excellent *peña* with fixed-price lunches. *Makondo's*, José de la Mar, opposite *Tambo*. Bar, nightclub and restaurant, safe, popular. *Monttrek Disco*, Sucre just off Plaza de Armas, in converted cinema, reasonable prices. *Neo*, Lúcar y Torre 460, disco pub. *Taberna Tambo*, José de la Mar 776, folk music daily, disco, open 1000-1600, 2000-0200, knock on door to get in.

Festivals Patron saints' day, *El Señor de la Soledad*, week starting **3 May**. *Semana del Andinismo*, in **Jun**, international climbing and skiing week. *San Juan* and *San Pedro* throughout the region during the last week of **Jun** .

Shopping For local sweaters, hats, gloves and wall hangings at good value, Pasaje Mcal Cáceres, off Luzuriaga, in the stalls off Luzuriaga between Morales and Sucre, Bolívar cuadra 6, and elsewhere. *Andean Expressions*, Jr J Arguedas 1246, near La Soledad church, T722951, olaza@qnet.com.pe Open 0800-2200, run by Lucho, Mauro and Beto Olaza, recommended for hand-printed clothing and gifts. Two well-stocked supermarkets are *Ortíz*, Luzuriaga 401 corner Raymondi (good selection) and *Militos*, Sucre 775. The central market offers a wide variety of canned and dry goods, as well as fresh fruit and vegetables.

Sport & activities **Climbing and trekking**: the Cordillera Blanca is the main climbing and hiking centre of Peru. See below. **Horseriding**: contact *Sr Robinson Ayala Gride*, T723813, well in advance for half-day trips (enquire at El Cortijo restaurant, Km 6.5 on raod to Caraz). He is a master paso rider. *Posada de Yungar*, at Yungar (about 20 km on the Carhuaz road), T721267, Swiss run. Ask for José Flores or Gustavo Soto. US$4.50 per hr on nice horses; good 4-hr trip in the Cordillera Negra with fabulous views **Mountain biking**: contact Julio Olaza at *Mountain Bike Adventures*, Lúcar y Torre 530, T724259, www.chakinaniperu.com Also rents good quality bikes, highly recommended, Julio speaks excellent English, US$20 for 5 hrs, various routes. *La Casa de Zarela (se*e Sleeping, above), rents good quality mountain bikes (no guides). See also Tour operators below. **River rafting and canoeing**: contact Carlos Ames, *River Runners*, via *Monttrek*, Av Luzuriaga 646, see Tour operators below.

Tour operators All agencies run conventional tours to Llanganuco, Pastoruri (both US$8.50 pp) and Chavín (US$10 pp), entry tickets not included. Many hire equipment (see Trekking and climbing in the Cordillera Blanca) and also offer rafting on Río Santa (US$15 for half a day), climbing and trekking tours and ski instruction. Most agencies provide transport, food, mules and guides. **NB** Agencies shouldn't recommend Pastoruri as a first trip. It's best to go to Llanganuco first to acclimatize. The following are recommended: *Andean Kingdom*, Luzuriaga 522. Most helpful, free videos, English and some Hebrew spoken, information on treks, equipment rental, climbing courses and other excursions organized. *Anden Sport Tours*, Luzuriaga 571, T721612. Have a basic practice wall behind the office. They also organize mountain bike tours, ski instruction and river rafting. *Baloo Tours*, Bolívar 471, T723928. Organizes tours and rents gear. *Explorandes*, Av Centenario 489, T721960, F722850, postmast@exploran.com.pe *Chavín Tours*, Luzuriaga 502, T721578, F724801 (Willy Gordillo can also be found at *Hostal Casablanca*, address above, T722602). *Cordillera Blanca Adventures*, owned and run by the Mejía Romero family, T724352. Experienced for trekking and climbing, good guides and equipment. *Hirishanka Sport*, Sucre 802, T722562. Climbing, trekking, horse riding, 4WD hire, they also rent rooms, **E** pp, with bath, hot water, breakfast. *Kallpa*, Luzuriaga 479, T727868, kallpaperu@terra.com.pe Organizes treks, rents gear, arranges *arrieros* and mules, very helpful. *Monttrek*, Luzuriaga 646, upstairs, T721124, F726976. Trekking and climbing information, advice and maps, run ice and rock climbing courses (at Monterrey), tours to Lago Churup and the 'spectacular' *Luna Llena* tour; they also hire out mountain bikes, run ski instruction and trips, and river rafting. Next door in the Pizzería is a climbing wall, maps, videos and slide shows. For new routes and maps contact Porfirio Cacha Macedo, 'Pocho', at *Monttrek* or at Jr Corongo 307, T723930. *Pablo Tours*, Luzuriaga 501, T721142/721145. For all local tours.

Taxi: standard fare in town is about US$0.60, US$0.70 at night; radio taxis T721482 or 722512.   **Transport**

Buses to/from Lima: 7 hrs, US$5.75-10. There is a large selection of ordinary service and luxury coaches throughout the day. Many of the companies have their offices along Av Raymondi and on Jr Lúcar y Torre. Some recommended companies are: *Cruz del Sur*, Raymondi 242, T728726; *Transportes Rodríguez*, Tarapacá 622, T721353; *Civa Cial*, Morales opposite Lúcar y Torre;*Empresa 14*, Fitzcarrald 216, T721282, terminal at Bolívar 407.

Other long distance buses   To **Casma** via the Callán pass and Pariacoto (150 km) 6-7 hrs, US$4.25, the lower section of the road is very poor, landslides and closures are common (sit on the left for best views): *Transportes Huandoy*, Fitzcarrald 261, T727250 (terminal at Caraz 838), daily at 0800, 1000 and 1300. *Yungay Express*, same office and terminal, 3 a day. They continue to Chimbote, 185 km. To Chimbote via Caraz and the Cañon del Pato (sit on the right for the most exciting views) *Yungay Express*, daily, US$7, 10 hrs. Other companies go to **Chimbote** via Pativilca; US$6, 7 hrs (to **Pativilca**, 160 km, 4 hrs, US$3.50). Most continue to **Trujillo**, all buses go at night, 8-9 hrs, US$7.15-8.65: *Chinchaysuyo* (Lúcar y Torre 487, T726417), *Línea* (Simón Bolívar 450, T726666) and *Empresa 14*, addresses above.

Within the Cordillera Blanca area   Several buses and frequent minivans run daily, 0500-2000, between Huaraz and **Caraz**, 1½ hrs, US$1, from the parking area under the bridge on Fitzcarrald and from the open space beside the bridge on the other side of the river (beware of thieves here). To **Chavín**, 110 km, 4 hrs (sit on left side for best views), US$3: *Chavín Express*, Mcal Cáceres 338, T724652, daily at 0730, 0830, 1100 and 1400, Sun 1500; *Trans Sandóval*, 27 de Noviembre 582, T726930, 0800 and 1300; *Trans Río Mosne*, Cáceres 275, T726632, 0700 and 1300. All 3 companies have buses that go on to Huari, 6 hrs, US$5. *Renzo*, Raymondi 821, T724915, runs to Chacas and San Luis (1300 Mon-Sat, 1500 Sun), Yanama, Piscobamba and Pomabamba (0630, best service). *Los Andes*, 13 de Diciembre 201, T727362, goes daily at 0700 to Yungay, US$0.75, Lagunas de Llanganuco, US$3.45, Yanama, US$3.45, Piscobamba, US$5.20 and Pomabamba, US$6 (8 hrs). Also to **Pomabamba** via Yungay, Lakes Llanganuco and Yanama, *Transvir* and *La Perla de Altamayo*, 0630, 8 hrs, US$6. To **Sihuas**, *Chavín Express*, twice a week, and *Perú Andino*, once a week, 8 hrs, US$7. Colectivos to **Recuay**, US$0.45, and **Catac**, US$0.55, leave daily at 0500-2100, from Gridilla, just off Tarapacá (Terminal de Transportistas Zona Sur). To **Chiquián** for the Cordillera Huayhuash (see below). To **Huallanca** (Huánuco), via Pachacoto (see below), US$3.50. A fantastic journey which offers the option of travelling south, through the Sierra towards Cusco avoiding Lima. The route follows the Pastoruri valley passing through the Puyo Raimondi forest then climbs up above the glacier to 5,000 m. There are even more spectacular views of several other snow-capped massifs, including the Cordillera Huayhuash in the distance. In winter this route may be blocked by snow. The road then descends to the Vizcarra valley and between Huallanca and La Unión follows the river in the beautiful Vizcarra gorge. *Trans El Rápido*, Mcal Cáceres 312, T726437 (next to *Chavín Express*), 4½ hrs, US$3.50, at 0630 and 1300. Some *El Rápido* buses continue to La Unión, 6 hrs, US$4.50. There are regular colectivos from Huallanca to La Unión from the corner of Comercio y 28 de Julio, 1 hr, US$0.75.

Banks *BCP*, on Plaza de Armas, closed 1300-1630, changes cash, 3.25% commission on TCs into soles,   **Directory** good rates, into cash dollars 5% commission, cash advance on Visa, Visa ATM. *Interbank*, on Plaza de Armas, no commission on TCs into soles, Mastercard ATM. *Banco Wiese*, Sucre 766, changes cash and TCs. **Casa de Cambio** *Oh Na Nay*, opposite *Interbank*, cash only, good rates. Street changers and *casas de cambio* on Luzuriaga (be careful). **Communications** Internet: *Avance SRL*, Luzuriaga 672. 0700-2300 daily, US$3 per hr, US$1.75 for email message, US$1.75 to read or write a diskette, good equipment but expensive. There are several places with internet access in the centre, eg: one next to *Casa de Guías*, another opposite at Plaza Ginebra 630; *Portalnet*, Luzuriaga 999; *The H@ckers*, Luzuriaga y Pasaje Coral Vega; *Net Computer*, Av Fitzcarrald 320, interior, T728088, cgmacedo@latinmail.com, telephone office downstairs; *Fantasynet*, Caraz 601, of 102, fatasynet@lanet.com.pe Average price US$0.75 per hr. **Post office:** *Serpost*, Luzuriaga opposite Plaza de Armas, open 0800-2000 daily. **Telephone:** *Telefónica*, Sucre y Bolívar, Plaza de Armas, national and international phone and fax, open 0700-2300 daily. Many calling centres on Luzuriaga. **Tourist office** Basic tourist information is available from the **Policía de Turismo**, in a small alley between the post office and the Municipalidad, T721341, ext 315. Report all crimes and mistreatment by tour operators, hotels, etc, to them. Mon-Fri 0900-1300, 1600-1900, Sat 0900-1300.

Peru

Parque
Nacional
Huascarán

Established in July 1975, the park includes the entire Cordillera Blanca above 4,000 m, with an area of 3,400 sq km. It is a UNESCO World Biosphere Reserve and part of the World Heritage Trust. The park's objectives are to protect the flora, fauna, geology, archaeological sites and scenic beauty of the Cordillera. Take all your rubbish away with you when camping. The park administration charges visitors US$1.25 for a day visit. For visits of up to seven days (ie for trekking and climbing trips) a permit costing US$20 (65 soles) must be bought (eg at the park office at Llanganuco). If you stay longer than seven days, you will need another permit. The park office is in the Ministry of Agriculture, at the east end of Av Raymondi in Huaraz, open morning only, T722086; limited general information but useful for those planning specific research activities.

Trekking and climbing in the Cordillera Blanca

The season is from May to Sep, although conditions vary from year to year. The rainy season in Huaraz is Dec-Mar

The Cordillera Blanca offers popular backpacking and trekking, with a network of trails used by the local people and some less well-defined mountaineers' routes. Most circuits can be hiked in five days. Although the trails are easily followed, they are rugged with high passes, between 4,000 and nearly 5,000 m, so backpackers wishing to go it alone should be fit and acclimatized to the altitude, and carry all equipment. Essential items are a tent, warm sleeping bag, stove, and protection against wind and rain (the weather is unreliable and you cannot rule out rain and hail storms even in the dry season). Trekking demands less stamina since equipment can be carried by donkeys.

Advice to
climbers

The height of the Cordillera Blanca and the Callejón de Huaylas ranges and their location in the tropics create conditions different from the Alps or even the Himalayas. Fierce sun makes the mountain snow porous and glaciers move more rapidly. The British Embassy advises climbers to take at least six days for acclimatization, to move in groups of four or more, reporting to the Casa de Guías (see below) or the office of the guide before departing, giving the date at which a search should begin, and leaving your embassy's telephone number, with money for the call. In 1999 the **Policía Nacional de Perú** established *Unidad de Salvamento de Alta Montaña*, a 35-member rescue team (two of whom are women) in Yungay, with 24-hour phone service and vhf/uhf radio dispatch. They have two helicopters and trained search-and-rescue dogs. T043-793327/333/327/291, F793292, usam@pnp.gob.pe

Be well prepared before setting out on a climb. Wait or cancel your trip when the weather is bad. Every year climbers are killed through failing to take weather conditions seriously. Climb only when and where you have sufficient experience.

NB A few hikers have been robbed; do not camp near a town or village or leave a campsite unattended; always hike with others when heading into remote districts.

On all treks in this area, respect the locals' property, leave no rubbish behind, do not give sweets or money to children who beg and remember your cooking utensils and tent would be very expensive for a *campesino*, so be sensitive and responsible.

Guides
The Casa de Guías has a full list of all members of the Asociación de Guías de Montaña del Perú (AGMP) throughout the country.

Not necessarily members of AGMP

Casa de Guías, Plaza Ginebra 28-g in Huaraz, T721811, F722306, casa_de_guias@hotmail.com Mon-Sat 0900-1300, 1600-1800, Sun 0900-1300. This is the climbers' and hikers' meeting place. It is useful with information, books, maps, arrangements for guides, *arrieros*, mules, etc. There is a notice board, postcards and posters for sale and language school. They provide rescue facilities (may be very expensive) and you can register here free of charge before heading out on your climb or trek. Be sure to advise of your return or any delay.

Recommended mountain guides: *Ted Alexander*, Skyline Adventures, Jr José de San Martín 637, T722301, skylineadventures@hotmail.com American, Outward Bound instructor, very knowledgeable, lots of information. *Koky Castañeda*, T721694, or through *La Casa de Zarela*. Speaks English and French, AGMP certified. *Aritza Monasterio*, through *Casa de Guías*. Speaks English, Spanish and Euskerra. *Hugo Sifuentes Maguiña* and his brother *César* (speaks English and a little French), at *Trekperu*, Av Centenario 687, T728190, trekperuhuaraz@terra.com.pe, or in the *Casa de Guías*. *Augusto Ortega*, Jr San Martín 1004, T724888, is the only Peruvian to have climbed Everest. *Filiberto Rurush Paucar*, Sucre 1240, T722264, speaks English, Spanish and Quechua.

Recommended trekking guides: *Tjen Verheye*, Jr Carlos Valenzuela 911, T722569, is Belgian and speaks Dutch, French, German, and reasonable English, runs trekking and conventional tours and is knowledgeable about the Chavín culture. *Irma Angeles*, T722205, speaks some English, knows the Huayhuash well. *Christopher Benway,* T721203, cafeandino@hotmail.com American, leads treks in the Huayhuash. *Genaro Yanac Olivera*, T722825, speaks good English and some German, also a climbing guide. *Vladimiro Hinostrosa*, T692395, is a trekking guide with knowledge of the entire region. See also under Tour operators in Huaraz for organized trips.

Several of the agencies, independent guides and **Casa de Guías** run **rock climbing** courses at Monterrey (behind *Hotel Baños Termales Monterrey*), Chancos, Recuay and Huanchac (30 mins' walk from Huaraz).

Prices: The **Dirección de Turismo** issues qualified guides and *arrieros* (muleteers) with a photo ID. Always check for this when making arrangements; note down the name and card number in case you should have any complaints. Prices for specific services are set so enquire before hiring someone. Prices: *arriero*, US$10 per day; donkey or mule, US$5 per day; trekking guides US$30-50 per day; climbing guides US$60-90 per day, depending on the difficulty of the peak. In the low season guides' prices are about 20-30% less. You are required to provide or pay for food and shelter for all *arrieros*, porters, cooks and guides.

Camping gear The following agencies are recommended for hiring gear: *Andean Kingdom, Anden Sport Tours; Monttrek; Kallpa*. See under Tour operators in Huaraz for their addresses. Also *Skyline* (see above) and *Montañero*, Parque Ginebra 30-B, T726386, andeway@terra.com.pe And *MountClimb*, Jr Mcal Cáceres 421, T726060, mountclimb@yahoo.com *Casa de Guías* rents equipment and sells dried food. Also *Lobo*, Luzuriaga 557, T724646. On the 2nd floor of the *Hotel Residencial Cataluña*, Av Raymondi 622, T722761, *José Valle Espinosa*, 'Pepe', hires out equipment, organizes treks and pack animals, sells dried food, and is generally helpful and informative.

Check all camping and climbing equipment very carefully before taking it. Gear is usually of poor quality and mostly second hand, left behind by others. Also note that some items may not be available, so it's best to bring your own. All prices are standard, but not cheap, throughout town. All require payment in advance, passport or air ticket as deposit and will only give 50% of your money back if you return gear early. Several shops of the trekking agencies sell camping gaz cartridges. White gas is available from *ferreterías* on Raymondi below Luzuriaga and by Parque Ginebra. Campers have complained that campsites are dirty, toilet pits foul and guides and locals do not take their rubbish away with them

Some guides speak English and are friendly but lack technical expertise; others have expertise but lack communicative ability. You may have to choose between the former and the latter For maps and books see Books, Background

Peru

A Circuit of the Callejón de Huaylas

South of Huaraz is **Olleros** (*Altitude*: 3,450 m). The spectacular and relatively easy three-day hike to Chavín, along a pre-Columbian trail, starts from Olleros. Some basic meals and food supplies available. **C** *Altas Montañas*, at edge of village, T722569, altasmont@yahoo.es Small 3-star lodge, Belgian-run, with hot showers, good breakfast included, dinner available, bar, birdwatching, guided treks, information, laundry, recommended for start or end of trek, phone 24 hours in advance, preferably at 2000, to arrange free pick-up from Huaraz. ■ *You can get off at the main road and walk the 2 km to Olleros, or catch a truck or minibus from Tarapacá y Jr Cáceres to the village, 29 km, US$0.40.*

Huaraz to Chavín

At 38 km via the main road from Huaraz is **Catac** (two basic hotels and a restaurant), where a road branches east for Chavín (first 10 km paved, then 20 km good gravel, then 40 km fair gravel, but major roadworks in 2002-03). 7 km south of Catac on the main road is **Pachacoto** from where a road goes to **Huallanca** (Huánuco) on the other side of the Cordillera Blanca (133 km, 4½ hrs).

A good place to see the impressive Puya Raimondi plants is the Pumapampa valley. 14 km gravel road from Pachacoto to park entrance (4,200 m), then 2 km to plants. Daily tours from Huaraz run to the **Pastoruri** valley, which is now a reserve with basic tourist facilities, to see the Puya Raimondi plants, lakes and the Pastoruri glacier (which is receding rapidly), a steep one-hour walk up from the car park,

US$7 per person, 0900-1800. Take extra clothing. You can hike up the trail from Pachacoto to the park entrance – 2½ hours – where there is a park office. You can spend the night here. Walking up the road from this point, you will see the gigantic plants, whose flower spike, which can reach 12 m in height, takes 100 years to develop. The final flowering (usually in May) is a spectacular sight. Another good spot, and less visited, is the **Queshque Gorge**. Follow the Río Queshque from Catac (see above); it's easy to find.

From Catac to Chavín is a magnificent journey, if frightening at times. The road passes Lago Querococha, has good views of the Yanamarey peaks and, at the top of the route, is cut through a huge rock face, entering the Cauish tunnel at 4,550 m. On the other side it descends the Tambillo valley, then the Río Mosna gorge before Chavín.

Chavín de Huantar

Chavín de Huantar, a fortress temple, was built about 800 BC. It is the only large structure remaining of the Chavín culture which, in its heyday, is thought to have held influence in a region between Cajamarca and Chiclayo in the north to Ayacucho and Ica in the south. In December 1985, UNESCO designated Chavín a World Heritage Trust Site. The site is in good condition despite the effects of time and nature. The main attractions are the marvellous carved stone heads and designs in relief of symbolic figures and the many tunnels and culverts which form an extensive labyrinth throughout the interior of the structures. The carvings are in excellent condition, though many of the best sculptures are in Huaraz and Lima. The famous Lanzón dagger-shaped stone monolith of 800 BC is found inside one of the temple tunnels. In order to protect the site some areas are closed to visitors. All the galleries open to the public have electric lights. The guard is also a guide and gives excellent explanations of the ruins. There is a small museum at the entrance, with carvings and some Chavín pottery. ■ *Daily 0800-1700 (check if open Sun), US$3, students US$1.50. Camping is possible with permission from the guard. Go early to avoid the crowds between 1200-1700.*

Colour map 3, grid B2
Altitude: 3,140 m

The town of Chavín, just north of the ruins has a pleasant plaza with palm and pine trees. There is nowhere to change money in town. Local *fiesta* July 13-20. Post office and telephone, 17 de Enero 365N; open 0630-2200. Internet at *Restaurante Chavín Turístico*. There are hot sulphur baths (Baños Termales de Chavín) about 2 km south of Chavín at Km 68 in the village of Quercos. Camping is possible here. ■ *US$0.30; tip the boy who cleans the bath for you (he doesn't get paid).*

Day tours from Huaraz last an exhausting 10-12 hrs, so it is definitely worth staying the night. That way you avoid the midday crowds, too

Sleeping and eating **E** *La Casona*, Wiracocha 130, Plaza de Armas, T754020. In a renovated house with attractive courtyard, **F** without bath, warm water, no double beds, motorcycle parking. Recommended. **E** *Hotel Chavín*, Tello y Inca Roca, T754009, F754055. Modern, hot water, all rooms with bath and TV. Recommended. **E** *Inca*, Wiracocha 160. In a renovated house, **F** without bath, good beds, hot water on request, nice garden. **E** *Ri'kay*, on 17 de Enero 172N, T754068, F754027. Set around 2 patios, modern, best in town, TV, hot water, restaurant serving Italian food in the evening. Recommended. **F** pp *Montecarlo*, 17 de Enero 101S, T754014. Shared bath, cold water, cold at night, member of the Peruvian Youth Hostel Association. **F** *Hostal Chavín*, Jr San Martín 141-151, half a block from the plaza, T/F754055. Pleasant courtyard, hot water, will provide breakfast for groups, best of the more basic hotels. **Camping** inside park gates for vehicles. Restaurants from north to south along the main street, 17 de Enero, are: *La Ramada*, regional dishes, also trout and set lunch. *Chavín Turístico*, the best in town, good *menú* and à la carte, delicious apple pie, nice courtyard, has internet. *Los Portales*, in an old house with tables set around a pleasant garden. Recommended.

Transport Buses from **Huaraz**, see under Huaraz. Only *Chavín Express* has buses direct from Chavín to Huaraz, at 1730 and 2130, often full, book the day before. *Transportes Sandoval*, *Río Mosna* and *Chavín Express* itself have buses coming from destinations further east, such as Huari, which pass through Chavín at 2200-2300. This makes visiting Chavín in a day by public transport very difficult. Buses also pass through between 2100-2400 heading for Lima which can drop you in Catac, 3 hrs, US$2.50, from where there are frequent combis to Huaraz, 1 hr, US$0.50. Avoid *Huari Express* (old buses, bad drivers). Huaraz travel agencies on tours to the ruins sometimes sell spare seats when they return at 1500-1700, US$5, 4 hrs. To **Lima**: 438 km, 12 hrs, US$9, with **Trans El Solitario** and **Perú Andino** daily. Most locals prefer to travel first to Huaraz and then take one of the better companies from there.

To other destinations in the Callejón de Conchucos, either use buses coming from Huaraz or Lima, or hop on and off combis which run between each town. To **San Marcos**, 8 km, and **Huari**, 38 km, take one of the combis which leave regularly from the main plaza in Chavín, 20 mins and 30 mins respectively. There are buses during the day from Lima and Huaraz which go on to Huari, with some going on to **San Luis**, a further 61 km, 3 hrs; **Piscobamba**, a further 62 km, 3 hrs; and **Pomabamba**, a further 22 km, 1 hr; such *as El Solitario* which passes through Chavín at 1800. Gasoline is available at north end of Chavín.

From Chavín one circuit by road back to Huaraz is via Huari, San Luis, Yanama and Yungay (see page 1101) but the bus service is infrequent. The road north from Chavín descends into the Mosna river canyon. The scenery is quite different from the other side of the Cordillera Blanca, very dry and hot. After 8 km it reaches **San Marcos**, a small, friendly town with a nice plaza and a few basic restaurants and *hostales*. Further on 32 km is **Huari**, perched on a hillside at 3,150 m, with various basic hotels (**F**) and restaurants. The post office is at Luzuriaga 324 by Parque Vigil. Telephone at Libertad 940, open 0700-2200 daily. *Fiesta of Nuestra Señora del Rosario* first two weeks of October. ■ *Bus companies have their offices around Parque Vigil. Getting there: To Huaraz, 5-6 hrs, US$3.75, departures through the day. Services also to San Luis and Lima.*

Chavín to Pomabamba *225 km in total, gravel road, parts rough*

There is a spectacular 2-3 days' walk from Huari to Chacas via Laguna Purhuay. Alberto Cafferata of Caraz writes: "The Purhuay area is beautiful. It has splendid campsites, trout, exotic birds and, at its north end, a 'quenoal' forest. This is a microclimate at 3,500 m, where the animals, insects and flowers are more like a tropical jungle, fantastic for ecologists and photographers." A day walk to Laguna Purhuay is recommended for those who don't want the longer walk to Chacas.

In **Chacas**, 10 km south of San Luis, off the main road, is a fine church. The local *fiesta patronal* is in mid-August, with bullfights, a famous *carrera de cintas* and fireworks. Seek out the Taller Don Bosco, a woodcarving workshop run by an Italian priest. There are a few basic shops, restaurants, a small market and two or three basic hostels.

It is a two-day hike from Chacas to Marcará via the Quebradas Juytush and Honda (lots of condors to be seen). The Quebrada Honda is known as the Paraíso de las Cascadas because it contains at least seven waterfalls. From Huari the road climbs to the Huachacocha pass at 4,350 m and descends to **San Luis** at 3,130 m, 60 km from Huari (one basic hotel, **G**, a few basic restaurants, shops and a market).

Some 20 km north of San Luis, a road branches left to **Yanama**, 45 km from San Luis, at 3,400 m. It has one marked hotel outside and one unmarked hotel, **G**, on the plaza; ask at the pharmacy. Food is available, but no electricity in the village, which is beautifully surrounded by snow-capped peaks. A day's hike to the ruins above the town affords superb views. ■ *Daily bus between Yungay and Yanama over the 4,767 m Portachuelo de Llanganuco, continuing to Pomabamba. Trucks also go along this route.*

A longer circuit to Huaraz can be made by continuing from San Luis 62 km to **Piscobamba**. There is a basic, but clean and friendly hotel, and one other, both **G**; also a few shops and small restaurants.

Beyond Piscobamba by 22 km, is **Pomabamba**, worth a visit for some very hot natural springs (the furthest are the hottest). There are various hotels (**F-G**) near the plaza and restaurants. ■ *To Piscobamba, combis depart regularly when full, 1 hr, US$0.75. Change combi there for San Luis. Buses to Lima via San Luis and Huari run at night. See under Huaraz for bus services.*

Several good walks into the Cordillera Blanca start from near Pomabamba, some day walks, others of several days, eg: via Palo Seco or Laurel to the Lagunas Safuna.

Places like San Luis, Piscobamba, Pomabamba and Sihuas were on the royal Inca Road, that ran from Cusco to Quito

Peru

From there you can go on to Nevado Alpamayo, dubbed 'the most beautiful mountain in the world'. The glacier of Alpamayo is an incredible sight. From there, continue down to Santa Cruz and Caraz.

From Pomabamba a dusty road runs up the wooded valley crossing the puna at Palo Seco, 23 km. The road then descends steeply into the desert-like Sihuas valley, passing through the village of Sicsibamba. The valley is crossed half an hour below the small town of **Sihuas**, a major connection point between the Callejón de Conchucos, Callejón de Huaylas, the upper Marañón and the coast. It has a few **F** hotels and places to eat. From Sihuas it is now possible to travel, via Huancaspata, Tayabamba, Retamas and Chahual to Huamachuco along a road which is very poor in places and involves crossing the Río Marañón twice. The building of a new bridge over the river means that it is now possible to travel from Cusco to Quito through the Andes entirely by public transport. This journey is best undertaken in this direction though the road may be almost impassable in the wet season. ■ *To Pomabamba, combis at 0600 and 1600, 3 hrs, US$3. To Huaraz, Trans Chavín Express, via Huallanca, Wed and Sat, and Perú Andino on Tue, 1100, 8 hrs, US$7. To Chimbote, Trans La Perla de Altamayo on Tue, Thu and Sun, 10 hrs, US$9. To Tayabamba, Trans Garrincha on Mon and Thu passing through from Chimbote at 0800-0900, and La Perla de Altamayo on Mon, Wed and Sat, passes through at 1300-1400, 8 hrs, US$7. From Tayabamba combis run to Retamas and thence to Huamachuco.*

Cañón del Pato to Huaraz

The route from Chimbote via the Santa Valley: just north of Chimbote, a road branches northeast off the Pan-American Highway and goes up the Santa valley following the route of the old Santa Corporation Railway which used to run as far as **Huallanca** (Ancash -not to be confused with the town southeast of Huaraz), 140 km up the valley. At Chuquicara, three hours from Chimbote, is *Restaurante Rosales*, a good place to stop for a meal (US$1-1.30 – you can sleep here, too, but it's very rough). At Huallanca are *Hotel Huascarán*, good; *Koki's Hostal* and *Fantasy's Pollería*. Fuel is available. At the top of the valley by the hydroelectric centre, the road goes through the very narrow and spectacular **Cañon del Pato**. You pass under tremendous walls of bare rock and through 36 tunnels, but the flow of the river has been greatly reduced by the hydroelectric scheme. After this point the road is paved for all but a few km before the Callejón de Huaylas and the road south to Caraz and Huaraz.

An alternative road for cyclists (and vehicles with a permit) is the 50-km private road known as the 'Brasileños', used by the Brazilian company Odebrecht which has built a water channel for the Chavimochic irrigation scheme from the Río Santa to the coast. The turn-off is 35 km north of the Santa turning, 15 km south of the bridge in Chao, on the Pan-American Highway. It is a good all-weather road via Tanguche.

Caraz

Altitude: 2,250 m
Colour map 3, grid B2

This pleasant town is a good centre for walking, parasailing and the access point for many excellent treks and climbs. Tourist facilities are expanding as a more tranquil alternative to Huaraz, and there are great views of Huandoy and Huascarán as well as the northern Cordilleras in July and August. In other months, the mountains are often shrouded in cloud. Caraz has a milder climate than Huaraz and is more suited to day trips. **Museo del Traje Típico y Arte Religioso** explains the significance of traditional clothing. It is part of the Colegio Dos de Mayo. ■ *Av Noé Bazán, continuation of Sucre, US$0.30.* The ruins of **Tunshukaiko** are in the suburb of Cruz Viva, to the north about 400 m past the bridge over the Río Llullán on the left. There are seven platforms from the Huaraz culture, dating from around BC 500. On 20 January is the fiesta *Virgen de Chiquinquirá*. In the last week of July is *Semana Turística*.

Sleeping

C *O'Pal Inn*, Pativilca/Caraz Km 265.5, T043-791015. Scenic. Recommended. **D** *La Alameda*, Av Noé Bazán Peralta 262, T791177 (Lima 461 0541), jtorres@viabcp.com.pe Comfortable rooms, hot water, breakfast, parking, gardens. Recommended. **D** *Caraz Dulzura*, Sáenz Peña

212, about 10 blocks from the city centre, follow San Martín uphill north from the plaza to 3rd block, at the statue at Av N Bazán Peralta turn left and take the right fork on to Sáenz Peña, T791523, carloshuaman@hotrmail.com Modern building in an old street, hot water, cheaper without bath and TV, comfortable, great service, airy rooms, breakfast extra. Recommended. **D** *La Perla de los Andes*, Plaza de Armas 179, T/F792007. Comfortable rooms, hot water, TV, helpful, good restaurant, has a large new annex 1 block up San Martín. Recommended. **E** *Chavín*, San Martín 1135 just off the plaza, T791171, hostalchavin@latinmail.com Warm water, good service but a bit grubby, breakfast extra, guiding service, tourist information. **E** *Hostal La Casona*, Raymondi 319, 1 block east from the plaza, T791334. **F** without bath, hot water, lovely little patio. **E** *Regina*, Los Olivos s/n y Gálvez, at the south end of town, 1 block west of road to Yungay, T791520. Modern, hot water, good value. **F** *Restaurant Oasis*, Raymondi 425. Small, hot water, welcoming, good value, optional TV. **F** Alojamiento Caraz, Sucre 1305, T791084. Basic, cold water, some rooms with bigger beds, good cheap option. **F** *Alojamiento Retama*, Sucre 712, T/F791932/715. 4 rooms, **G** in low season (Nov-Mar), hot water, patio, laundry facilities, safe for bicycles, breakfast extra. **G** pp *Alojamiento Caballero*, D Villar 485, T791637, or ask at *Pony's Expeditions* on the plaza. Shared bath, hot water, laundry facilities, stores luggage, basic, family run. **G** *Familia Aguilar*, San Martín 1143, next to *Chavín*, T791161. Basic, shared bath, owner is Prof Bernardino Aguilar Prieto, who has information on bee-keeping and trekking in the Cordillera Negra.

Youth Hostel From **G** pp *Los Pinos*, Parque San Martín 103, 5 blocks from plaza, T791130, lospinos@terra.com.pe All rooms shared, except one, all with bath except one (which is cheaper), hot water, a member of the Peruvian Youth Hostel Assoc, discount for HI members, camping US$2 pp, use of internet US$2.75 per hr, kitchen, safe, book exchange, information, adventure tours (ask for owner Luis Rojas Lara), www.apuaventura.com

Eating
Many restaurants give pensión to engineers working at the Cañon del Pato hydroelectric scheme, so may be full at times

Caraz Dulzura, D Villar on the plaza. Excellent home made ice cream, good value meals and set lunches (US$1), pastries. *Esmeralda*, Av Alfonso Ugarte 404. Good set meal, breakfast. Recommended. *Jeny*, Daniel Villar on the plaza. Good food at reasonable prices. *El Mirador*, Sucre 1202 on the plaza. Nice view from terrace, good set lunch and BBQ chicken at night, popular. Recommended. *La Olla de Barro*, Sucre 1004. Good set meal. *La Punta Grande*, D Villar 595, 10 mins' walk from centre. Cheap local dishes, good, closes at 1900. *Café de Rat*, Sucre 1266, above *Pony's Expeditions*. Serves breakfast, vegetarian dishes, pizzas, drinks and snacks, darts, travel books, nice atmosphere. Recommended. *La Terraza*, Sucre 1106. Good quiches and pies, nice patio, cheap. *El Turista*, San Martín 1117. Small, popular for breakfast, ham omelettes and ham sandwiches are specialities.

Bars & clubs Bar Kuchy, adjoining *Cevichería Oasis*. Small intimate bar and disco. *Taberna Disco Huandy*, Mcal Cáceres 119, good atmosphere.

Shopping Shop for camping supplies, such as fresh food, in the market. Some dried camping food is available from *Pony's Expeditions*, who also sell camping gaz canisters and white gas.

Tour operators *Pony's Expeditions*, Sucre 1266, near the Plaza de Armas, T/F791642, T968 2848 (Mob), www.ponyexpeditions.com Open daily 0900-1300 and 1600-2100, English, French and Quechua spoken, reliable information about the area. Owners Alberto and Haydée Cafferata are knowledgeable about treks and climbs. Local tours and trekking with guides are arranged, maps and books for sale, also equipment for hire, mountain bike rental (from US$5 for 1 hr up to US$25 for a full day), use of internet US$2.30 per hr. Highly recommended. *Summit Peru*, Sucre 1106, T791958, www.summitperu.50megs.com Climbing, biking, hiking, rsponsible, professional and enthusiastic. Recommended. A trekking guide is Mariano Araya, who is also keen on photography and archaeology. Ask at the municipality. See also *Los Pinos* above.

Transport **Buses** From Caraz to **Lima**, 470 km, 5 companies on D Villar and Jr Córdova, daily, US$5.20 (*El Huaralino*) to US$5.75 (*Expreso Ancash*, T791509, *Rodríguez*, T791184), 10-11 hrs. All go via Huaraz and Pativilca. To **Chimbote**, *Yungay Express* (D Villar 318), via Huaraz and

Peru

Pariacoto, 3 a day, US$5.50, 8-10 hrs; *Yungay Express* also goes via Huallanca and Cañon del Pato 0900 every day, US$5.50, 8 hrs. Sit on right for best views. To **Trujillo**, via Huaraz and Pativilca, **Chinchaysuyo** (D Villar 230, T791930), 1830 daily, US$8, 11-12 hrs, stops in Casma (US$5.20) and Chimbote (US$5.75). To **Huaraz**, combis leave 0400-1900, 1½ hrs, US$1, from all along Jr José Gálvez. To **Yungay**, 12 km, 15 mins, US$0.30. To the village of **Parón** (for trekking in Laguna Parón area) pickups from Santa Cruz y Grau by the market, Mon to Sat 0500 and 1300, Sun 0300 and 1300, 1 hr. They return from Parón at 0600 and 1400. To **Cashapampa** (Quebrada Santa Cruz) buses from Bolognesi, near the market, hourly from 0830 to 1530, 2 hrs, US$1.30. To **Huallanca** (for the Cañon del Pato), several buses daily from Manco Cápac y Grau, near the market (cars leave from the same place when full, US$3).

Directory **Banks** *BCP*, D Villar 217, cash and TCs at good rates, no commission. *Pony's Expeditions* (see above) cash only. *Importaciones América*, Sucre 721, T791479 (Esteban), good rates and service, open weekends and evenings. **Communications** **Internet:** See *Los Pinos* and *Pony's Expeditions*, above. Also at Av 1 de Mayo 1088, 0900-2300, and Av 1 de Mayo 189, T791819. **Post Office:** at San Martín 909. **Telephone:** national and international phone and fax at Raymondi y Sucre. Also several others, eg at Sucre y Santa Cruz, and on Plaza de Armas next to *Jeny*. No collect calls can be made except from private lines. Very few of the coin boxes take phone cards. **Tourist office** At Plaza de Armas, in the municipality, T791029. Limited information.

Treks from Caraz A good day hike with good views of the Cordillera Blanca is to **Pueblo Libre** (about four hours round trip, or you can take a colectivo back to Caraz). A longer day walk about seven hours in total with excellent views of Huandoy and Huascarán follows the foothills of the Cordillera Blanca, from Caraz south (head for Punyan, from where transport goes back to Caraz).

Laguna Parón From Caraz a narrow, rough road goes east 32 km to Laguna Parón, in a cirque surrounded by several, massive snow-capped peaks, including Huandoy, Pirámide Garcilazo and Caraz. The water level has been lowered to protect Caraz, and the water from the lake is used for the Cañon del Pato hydroelectric scheme. The gorge leading to it is spectacular. It is about a two-day trek (25 km) up to the lake at 4,150 m, or a 3-4 hour walk from the village of Parón (you need to be acclimatized). If there is room, you can stay at the refuge run by Egenor (kitchen, bathroom); there is usually a charge for use of the facilities. ■ *From Caraz, colectivos go to the lake if there are enough passengers and only in the dry season, US$3-4 pp. Taxi from Caraz US$20 for 4, with 4 hrs wait.* Pony's Expeditions *in Caraz organize day-trips to the lake, Jun-Oct, for US$7 pp (minimum 6 people).*

Santa Cruz Valley The famous Llanganuco-Santa Cruz hike can be started at Cashapampa in the Santa Cruz valley (see transport above). It takes about four days, up the Santa Cruz Valley, over the pass of Punta Unión, to Colcabamba or Vaquería (see Llanganuco to Santa Cruz trek, page 1101). Many recommend this 'anticlockwise' route as the climb is gentler, giving more time to acclimatize, and the pass is easier to find. You can hire an *arriero* and mule, prices given in Trekking and Climbing, above. 3 km north of Cashapampa, 1-2 hours hike, are the hot baths of Huancarhuas. It is almost impossible to hitch from the end of the trail back to Yungay. ■ *Transport: Yanama to Yungay buses can be caught at Vaquería between 0800-0900, US$4, three hours. Also frequent combis Vaquería-Yungay US$2.25. Travellers describe this journey down to Yungay as exhilarating. Prices for staying in the park are given under Huascarán National Park.*

Check that the plants are in flower before going, usually May or Oct A large stand of **Puya Raimondi** can be seen in the Cordillera Negra west of Caraz. Beyond Pueblo Libre the road which continues via Pamparomas and Moro is being upgraded to join the coastal highway between Casma and Chimbote. After 45 km (two hours) are the Puya Raymondi plants at a place called Wuinchus, with views of 120 km of the Cordillera Blanca and to the Pacific. The plants are usually in flower May or October. To get there, hire a combi in Caraz for US$42.50 for eight people, plus US$7.20 for a guide. Alternatively take a combi for Pamparomas from Grau y Ugarte between 0800 and 0900 and get out at the Yuashtacruz pass at 4,300 m (also known as La Punta), US$2, 2½ hours. From the pass it is a short walk to the plants. There is usually transport five days a week, ask beforehand. There are buses returning to Caraz only on some days. If there is no bus, you can walk back to Pueblo Libre in four hours, to Caraz in 6-8 hours, but it is easy to get lost and there are not many people to ask directions along the way. Take warm clothing, food and water. You can also camp near the puyas and return the following day.

Yungay

The main road goes on 12 km south of Caraz to Yungay which was completely bur- *Colour map 3, grid B2* ied during the 1970 earthquake by a massive mudslide; a hideous tragedy in which 20,000 people lost their lives. The earthquake and its aftermath are remembered by many residents of the Callejón de Huaylas. The original site of Yungay, known as Yungay Viejo, desolate and haunting, has been consecrated as a *Campo Santo* (cemetery). The new settlement is on a hillside just north of the old town, and is growing gradually. It has a pleasant plaza and a concrete market, good on Wednesday and Sunday. October 17 is the *Virgen del Rosario* fiesta and October 28 is the anniversary of the founding of the town. The tourist office is on the corner of the Plaza de Armas.

E pp *Complejo Turístico Yungay* (COMTURY), Prolongación 2 de Mayo 1019, 2.5 km south of **Sleeping** the new town, 700 m east of main road in Aura, the only neighbourhood of old Yungay that **& eating** survived, T691698/722578. Nice bungalows, pleasant country setting, hot water, fireplace, restaurant with regional specialities, camping possible. **E** *Hostal Gledel*, Av Arias Graziani, north past plaza, T793048. A few cheaper rooms available (**G**), owned by Sra Gamboa, who is hospitable and a good cook, shared bath, hot water, no towels or soap, excellent meals prepared on request, nice courtyard. Highly recommended. **E** *Hostal Las Rosas*, T793673. New, hot water, good. **E** *Hostal Yungay*, Jr Santo Domingo on plaza, T793053. Basic, shared bath. **F** *Hostal Blanco*, follow the hospital street at north end of plaza and continue up hill, there are signs, T793115. Shared bath, basic, nice views. **F** *Hostal Mery*, T793252. Hot water, rooms at front noisy. There are several small *comedores* in and around market and by the plaza (eg *El Sabroso*, but better is *El Rosario*). *Alpamayo*, Av Arias Graziani s/n, at north entrance to town, good. *Café Pilar*, on the main plaza. Good for juices, cakes and snacks.

Buses, colectivos and trucks run the whole day to **Caraz**, 12 km, US$0.30, and **Huaraz**, 54 km, **Transport** 1½ hrs, US$1. To lakes **Llanganuco**, combis leave when full, especially 0700-0900, from Av 28 de Julio 1 block from the plaza, 1 hr, US$1.25. To **Yanama**, via the Portachuelo de Llanganuco Pass, 4,767m, 58 km, 3 hrs, US$3; stopping at María Huayta, after 2 hrs, US$2. To **Pomabamba**, via Piscobamba, *Trans Los Andes*, daily at 0800, the only company with a ticket office in Yungay; Transvir and La Perla de Altamayo buses coming from Huaraz, 0730, stop if they have room, 6-7 hrs, US$6. After passing the Llanganuco lakes and crossing the Portachuelo the buses descend to Puente Llacma, where it is possible to pick up buses and combis heading south to San Luis, Chacas and Huari.

One of the finest treks is the 4-5 days route over the path by Huascarán and the lakes **Llanganuco** at **Llanganuco** (Orconcocha and Chinancocha) from Yungay to Piscobamba. The **to Santa Cruz** park office is situated below the lakes at 3,200 m, 19 km from Yungay. Accommoda- **Trek** tion is provided for trekkers who want to start from here, US$2 per person.

Although you can start hiking up the Llanganuco valley from the park office, most hikers continue by bus or truck to María Huayta (Km 66), 3 km from Vaquería, where the Llanganuco-Santa Cruz trail starts. From the park office to the lakes takes about five hours (a steep climb). For the last 1½ hours, take the Sendero María Josefa nature trail (sign on the road) to the western end of Chinancocha where there is a control post, descriptive trail and boat trips on the lake (a popular area for day-trippers). There is a campsite beyond Laguna Orconcocha, at Yurac Corral. From the lakes to the pass will take a further 2-3 hours, with perfect views of the surrounding peaks.

Peru

From the Portachuelo de Llanganuco down to **Vaquería** at 3,700 m, about 9 km, takes 2½ hours. The trail makes a short cut to **Colcabamba**, 4 km, three hours. Eugenio Dextre Sanches and Ricadenia Cruz Vidal let people sleep in their barn and provide food (**E**), first house on left after crossing the river to Vaquería and Colcabamba. There is basic lodging in Colcabamba; *Familia Calonge* recommended, friendly, good meals. You can arrange an *arriero* and mule for about US$15 per day.

From Colcabamba, the trail goes on to Huaripampa, Punta Pucaraju, then up the steep climb to the highest point, Punta Unión, 4,750 m. From here it is downhill through the Santa Cruz valley to Cashapampa (basic *hospedaje* **G**, 2 meals US$2; bus to Caraz, US$1.25, two hours, last one at 1400, also trucks) and the village of Santa Cruz, five hours' walk from Caraz.

Carhuaz
Colour map 3, grid B2

After Yungay, the main road goes to **Mancos** (8 km south, 30 minutes) at the foot of Huascarán. There is one *hostal*, some basic shops and restaurants. From Mancos it is 14 km to Carhuaz, a friendly, quiet mountain town with a pleasant plaza. There is very good walking in the neighbourhood (eg to thermal baths; up the Ulta valley). Market days are Wednesday and Sunday (the latter is much larger). The local fiesta of *Virgen de las Mercedes*, September 14 to 24, is rated as among the best in the region.

Sleeping and eating **C** pp *Casa de Pocha*, 1 km out of town towards Hualcán, at foot of Nevado Hualcán, ask directions in town, T9613058 (Mob). Including breakfast and dinner, country setting, entirely solar and wind energy powered, hot water, sauna and pool, home-produced food (vegetarian available), horses for hire, camping possible, many languages spoken. Recommended. **D** pp *El Abuelo*, Jr 9 de Diciembre y Tumbes, T794149. Modern, comfortable, cafe, parking, ask at *Heladería El Abuelo* on main plaza. **E** *Hostal Residencial Carhuaz*, Av Progreso 586, T794312, just off plaza. Cheaper without bath, varying standards of rooms (check first), basic but pleasant, hot water, nice courtyard and garden. **F** *Hostal La Merced*, Ucayali 724, T794241/327 (Lima 442 3201). Hot water (usually), "like going back to the 1950s", luggage store. *El Palmero*, Av Progreso 490, good value. Several other restaurants on the plaza. *Café Heladería El Abuelo*, Plaza de Armas, D'Onofrio and local ice-cream, sweets, also sells regional maps and guides.

Transport All transport leaves from the main Plaza. There are trucks (only 1 or 2 a day) and one minivan (0800) going up the Ulta valley to **Chacas** (see page 1097), 87 km, 4-5 hrs, US$4.50. The road works its way up the Ulta valley to the pass at Punta Olímpica from where there are excellent views. The dirt road is not in a very good condition owing to landslides every year (in the wet season it can be closed). The trucks continue to **San Luis** (see page 1097), a further 10 km, 1½ hrs. Each Thu, a bus (*Transportes Huandoy*) does the trip from Carhuaz to Chacas and returns, US$6 one way, 5 hrs. To **Huaraz**, colectivos and buses, 0500-2000, US$0.65, 40 mins; to **Caraz**, 0500-2000, US$0.75, 1 hr.

Cordillera Huayhuash

Perhaps the most spectacular cordillera for its massive ice faces that seem to rise sheer out of the Puna's contrasting green

The Cordillera Huayhuash, lying south of the Cordillera Blanca, has azure trout-filled lakes interwoven with deep quebradas and high pastures around the hem of the range. You may see tropical parrakeets in the bottom of the gorges and condors circling the peaks. The complete circuit is very tough; allow 12 days. The trail head is at **Cuartel Huain**, between Matacancha and the **Punta Cacanan** pass (the continental divide at 4,700 m). There are up to eight passes over 4,600 m, depending on the route. A half-circuit is also possible, but there are many other options. Both ranges are approached from Chiquián in the north, **Oyón**, with links to Cerro de Pasco to the southeast, **Churín** in the south or Cajatambo to the southwest. The area offers fantastic scenery and insights into rural life.

Chiquián is a town of narrow streets and overhanging eaves. *Semana Turística*: first week of July. E *Gran Hotel Huayhuash*, Figueredo y 28 de Julio, T747049/747183. Private bathroom, hot water, TV, restaurant, laundry, parking, modern, great views. E *Hostal San Miguel*, Jr Comercio 233, T747001. Nice courtyard and garden, clean, many rooms, popular, much improved. G pp *Los Nogales de Chiquián*, Jr Comercio 1301, T747121 (in Lima T460 8037), hotel_nogales_chiquian@yahoo.com.pe Cheaper without bath, hot water, new, cable TV, cafeteria, parking. Recommended. *Yerupajá*, Jr Tarapacá 351, and *El Refugio de Bolognesi*, Tarapacá 471, offer basic set meals. There are several others. *Panificadora Santa Rosa*, Comercio 900, on the plaza, for good bread and sweets, has coin-operated phones and fax.

Buy all your food and supplies in Huaraz as there are only basic supplies in Chiquián and almost nothing in the hamlets along the route

Transport Coming from Huaraz, the road is paved from Conococha to within 23 km of Chiquián. More paving around Chiquián is in progress. Four bus companies run from **Huaraz** to Chiquián, 120 km, 2 hrs: *El Rápido*, at Cáceres 312, T726437, at 0600 (very crowded), 1330, 1900; *Virgen del Carmen*, around the corner from Huascarán on Raymondi; *Chiquián Tours*, on Tarapacá behind the market; and *El Amigo del Milenio*, opposite the Frigorífico de Huaraz on Bolognesi. From Chiquián to Huaraz: all buses leave the plaza at 0500 daily, and *El Rápido*, Jr Figueredo 216, T747049, at 0500 and 1500. US$1.75 (except *El Rápido*, US$2). There is also a connection from Chiquián to **Huallanca** (Huánuco) with buses coming up from Lima in the early morning and combis during the day, which leave when full, 3 hrs, US$2.50. From Huallanca there are regular combis on to **La Unión**, 1 hr, US$0.75, and from there transport to Huánuco. **Mule hire** It may take a day to bring the mules to your starting point from Llamac or Pocpa where they are kept. (Very basic supplies only can be bought in either village.) Ask for mules (US$5 per day) or horses (US$7 per day) at the hotels or restaurants in Chiquián. A guide for the Huayhuash is *Sr Delao Callupe*, ask for him in Chiquián.

Cajatambo is the southern approach to the Cordillera Huayhuash, a small market town. Electricity supply 1800-2200. There are various hotels (**F-G**) and some good restaurants around the plaza. ■ *Buses to Lima at 0600, US$8.80, daily with* Empresa Andia *(office on plaza next to Hostal Cajatambo)*, Tour Bello *and* Turismo Cajatambo, *Jr Grau 120 (in Lima, Av Carlos Zavala 124 corner of Miguel Aljovin 449, T426 7238)*.

Northern Peru

Peru
Lima

The north of Peru has been described as the Egypt of South America, as it is home to many ruined pre-Inca treasures. Many tourists pass through without stopping on their way to or from Ecuador, missing out on one of the most fascinating parts of the country. Along a seemingly endless stretch of desert coast lie many of the country's most important pre-Inca sites: Chan-Chán, the Moche pyramids, Túcume, Sipán, Batán Grande and El Brujo. The main city is Trujillo, while Chiclayo is more down-to-earth, with one of the country's largest witchdoctors' market. The coast is also famous for its deep-sea fishing, surfing, and the unique reed fishing boats at Huanchaco and Pimentel. Inland lies colonial Cajamarca, scene of Atahualpa's last stand. Further east, where the Andes meet the jungle, countless unexplored ancient ruins await the more adventurous traveller.

Trujillo

The capital of La Libertad Department disputes the title of second city of Peru with Arequipa. The compact colonial centre, though, has a small-town feel. The greenness surrounding the city is a delight against the backcloth of brown Andean foothills and peaks. Founded by Diego de Almagro in 1534 as an express assignment ordered by Francisco Pizarro, it was named after the latter's native town in Spain.

Phone code: 044
Colour map 3, grid B2
Population: 850,000
548 km to Lima

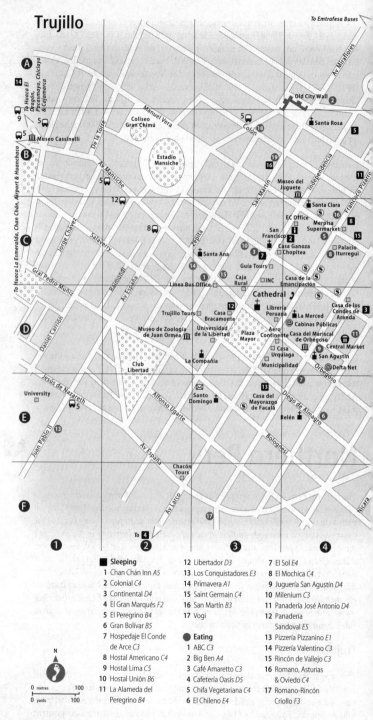

Trujillo

To Emtrafesa Buses

Sleeping
1 Chan Chán Inn *A5*
2 Colonial *C4*
3 Continental *D4*
4 El Gran Marqués *F2*
5 El Peregrino *B4*
6 Gran Bolívar *B5*
7 Hospedaje El Conde de Arce *C3*
8 Hostal Americano *C4*
9 Hostal Lima *C5*
10 Hostal Unión *B6*
11 La Alameda del Peregrino *B4*

12 Libertador *D3*
13 Los Conquistadores *E3*
14 Primavera *A1*
15 Saint Germain *C4*
16 San Martín *B3*
17 Vogi

Eating
1 ABC *C3*
2 Big Ben *A4*
3 Café Amaretto *C3*
4 Cafetería Oasis *D5*
5 Chifa Vegetariana *C4*
6 El Chileno *E4*

7 El Sol *E4*
8 El Mochica *C4*
9 Juguería San Agustín *D4*
10 Milenium *C3*
11 Panadería José Antonio *D4*
12 Panadería Sandoval *E5*
13 Pizzería Pizzanino *E1*
14 Pizzería Valentino *C3*
15 Rincón de Vallejo *C3*
16 Romano, Asturias & Oviedo *C4*
17 Romano-Rincón Criollo *F3*

Peru

Getting there The **airport** is to the northwest of town; the entry to town is along Av Mansiche. There is no central bus terminal. **Bus stations** are spread out on three sides the city beyond the inner ring road, Av España. Companies are moving to new premises north and south along the Panamericana. There is little accommodation around them, but plenty of taxis and colectivos to take you to your hotel (insist on being taken to the hotel of your choice).

Getting around Trujillo is best explored on foot. Taxis around town charge US$0.60; always use official taxis, which are mainly yellow. The major sites outside the city, Chan Chán, the Moche pyramids and Huanchaco beach are easily reached by public transport, but care is needed when walking around. A number of recommended guides run expert tours to these and other places.

Tourist offices *i perú*, Plaza Mayor, T294561, Mon-Sat 0800-1900, Sun 0800-1400. Useful websites: www.xanga.com/TrujilloPeru Michael White and Clara Bravo's site, with loads of links and information (click on 'reviews'). www.laindustria.com/industria local newspaper in Spanish (click on 'ecoturismo'). www.bcrp.com/Espanol/Sucursales/trujillo *Banco Central de Reserva* site with information on colonial houses, folklore and economy in Spanish. Maps available from **Touring and Automobile Club**, Argentina 278, Urb El Recreo, T242101; also from *Librería Ayacucho*, Ayacucho 570. **Tourist Police** have an office at Independencia 630, Casa Ganoza Chopitea, T291705. Open 365 days a year. They provide useful information. The *Indecopi* tourist complaints office is at Junín 454, T242422, ldiaz@indecopi.gob.pe

Ins & outs

For more detailed information, see Transport, page 1108 The city is generally safe but be especially careful at bus stations when arriving or leaving. Also take care beyond the inner ring road, Av España, and in the Sánchez Carrión district at night

The focal point is the pleasant and spacious **Plaza Mayor**. The prominent sculpture represents agriculture, commerce, education, art, slavery, action and liberation, crowned by a young man holding a torch depicting liberty. Fronting it is the **Cathedral**, dating from 1666, with its museum of religious paintings and sculptures next door ■ *Museum closed in 2003*. Also on the Plaza are the *Hotel Libertador*, the colonial style Sociedad de Beneficencia Pública de Trujillo and the Municipalidad. The **Universidad de La Libertad**, second only to that of San

Sights

For the archaeological sites near Trujillo, see page 1110

---

18 Sol y Pimienta *B3*

● **Bars & clubs**
19 Canana *B3*
20 Taverna
   Chelsea *B5*

🚌 **Transport**
1 Agreda *B6*
2 América Express,
   El Sol *F5*
3 Buses to
   Huaca del Sol y
   de la Luna *D6*

4 Buses to Huanchaco,
   Chan Chán, Huaca
   Arco Iris & Huaca La
   Esmeralda *D6*
5 Chinchaysuyo *B2*
6 Civa *A5*
7 Cruz del Sur *A5*
8 ITTSA
9 Turismo Díaz *B1*
10 Olano & Flores *A5*
11 Ormeño *A5*
12 Línea North
   Terminal *C2*

Peru

Marcos at Lima, was founded in 1824. Two beautiful colonial mansions on the plaza have been taken over. The Banco Central de Reserva is in the Colonial-style **Casa Urquiaga (or Calonge)**, Pizarro 446, which contains valuable pre-Columbian ceramics. ■ *Mon-Fri 0900-1500, Sat-Sun 1000-1330, free 30-min guided tour, take passport.* The other is **Casa Bracamonte (or Lizarzaburu)**, at Independencia 441, with occasional exhibits. Opposite the Cathedral on Independencia, is the **Caja Rural** (officially known as Casa Garci Olguín), recently restored but boasting the oldest façade in the city and Moorish-style murals. The buildings that surround the Plaza, and many others in the vicinity, are painted in bright pastel colours. Near the Plaza de Armas, at Jr Pizarro 688, is the spacious 18th-century **Palacio Iturregui**, now occupied by the **Club Central**, an exclusive and social centre of Trujillo. It houses a private collection of ceramics. ■ *Mon-Sat 1100-1800. To enter the patio is free, but to see more of the palace and the ceramics collection costs US$1.45.*

Other mansions, still in private hands, include **Casa del Mayorazgo de Facalá**, Pizarro 314, now Banco Wiese. **Casa de la Emancipación**, Jr Pizarro 610 (Banco Continental), is where independence from Spain was planned and was the first seat of government and congress in Peru. ■ *Daily 0900-1300, 1700-2000.* The **Casa del Mariscal de Orbegoso**, Orbegoso 553, is the Museo de la República owned by *BCP* bank. ■ *Banking hours, free.* **Casa Ganoza Chopitea**, Independencia 630, architecturally the most representative house in the city.

One of the best churches is the 17th-century **La Merced** at Pizarro 550, with picturesque moulded figures below the dome. ■ *US$2.* **El Carmen** church and monastery at Colón y Bolívar has been described as the 'most valuable jewel of colonial art in Trujillo'. Next door is the Pinacoteca Carmelita. ■ *Mon-Sat 0900-1300, US$0.85. Church is open of rmass Sun 0700-0730.* **La Compañía**, near Plaza de Armas, is now an auditorium for cultural events. Other churches include: **San Francisco** on the 6th block of Almagro; **Santa Clara** on the fourth block of Junín; **San Agustín**, Bolívar at the sixth block of Mcal Orbegoso; **Santa Ana** on the second block of the same street; and **Santo Domingo** on Bolognesi.

Museo de Arqueología in Casa Risco, Junín 662 y Ayacucho, houses a large and interesting collection of thematic exhibits. ■ *0830-1600, US$1.45. www.unitru.edu.pe/arq/indice.html for good information.* The basement of the **Cassinelli** garage on the fork of the Pan-American and Huanchaco roads contains a superb private collection of Mochica and Chimú pottery, recommended. Demonstrations of the whistling *huacos* are given. ■ *0830-1600, US$1.50.* **Museo del Juguete**, Independencia 705 y Junín, www.angelmira.com The toy museum contains examples from prehistoric times to 1950, collected by painter Gerardo Chávez. Downstairs is the Espacio Cultural Angelmira with a café bar; in a restored *casona*, worth a visit. ■ *Tue-Sat 1000-1800, Sun 1000-1300, 1500-1800, US$0.85, children US$0.30, café open 0800-2100.* **Museo de Zoología de Juan Ormea**, Jr San Martín 368, has interesting displays of Peruvian animals. ■ *Mon-Fri 0700-1900, US$0.60.*

Puerto Malabrigo (Chicama), is known by surfers as the best surf beach in Peru, claiming that it has the longest left-hand point-break in the world. It is 70 km north of Trujillo. There are several basic places to stay and eat. ■ *Combis and colectivos from the Santa Cruz terminal at Av Santa Cruz y Av América Sur.*

Sleeping

■ *on map*
Trujillo has confusing double street names: the smaller printed name is that generally shown on maps, in guide books and in general use

L *Libertador*, Independencia 485 on Plaza de Armas, T232741, www.libertador.com.pe Including tax, pool (can be used by non-guests if they buy a drink), cafetería and restaurant, continental breakfast US$5, excellent buffet lunch on Sun. Recommended. **AL** *El Gran Marqués*, Díaz de Cienfuegos 145-147, Urb La Merced, T/F249366, www.elgran marques.com Price includes tax and breakfast, modern, free internet connection in rooms, pool, sauna, jacuzzi, restaurant. Recommended. **A** *Los Conquistadores*, Diego de Almagro 586, T203350, losconquistadores@viabcp.com Includes tax and American breakfast, bar, restaurant, very comfortable. **A-B** *Gran Bolívar*, Bolívar 957, T222090, www.granbolivar hotel.com Includes tax, breakfast, airport transfer and welcome drink, in converted 18th century house, internet, café, bar, parking. **B** *La Alameda del Peregrino*, Jr Pizarro 879, T470512,

Peru

www.perunorte.com/alamedaperegrino Includes breakfast, cable TV, internet service, restaurant, bar, café, safe, money exchange. Recommended. Also *El Peregrino*, Independencia 978, T203990, www.elperegrinohotel.com which is convenient for the Lima buses. **B** *Haus Frankfurt*, Los Cocoteros 253, G3, El Golf, T/F289015, www.hausfrankfurt.com European-style family guesthouse, hot water, breakfast buffet, shuttle to main plaza, internet, meals available, use of kitchen, language classes. **B** *Saint Germain*, Junín 585, T208102, www.perunorte.com/saintgermain Twice voted best in town, price includes breakfast, hot water, TV, internet, laundry, safe, parking. **C** *Continental*, Gamarra 663, T241607, F249881. Opposite the market, includes tax and breakfast, good, safe. Restaurant recommended. **C** *Vogi*, Ayacucho 663, T243574. Includes tax, TV, safe, quiet. Recommended. **D** *Colonial*, Independencia 618, T258261, F223410. Attractive, rooms are a bit small, good restaurant. Recommended. **D** *San Martín*, San Martín 749, T/F252311. Good value, TV, small restaurant, good for breakfast, noisy from neighbouring establishments. Recommended. **D-E** *Primavera*, Av N de Piérola 872, Urb Primavera, T231915, F257399. With hot water, restaurant, bar, pool. **E** *Hostal Americano*, Pizarro 764, T241361. A vast, rambling old building, rooms without bathrooms are noisy and very basic, most rooms don't have window (Nos 134 and 137, and those either side of 303, have windows, balconies and good views), safe, a good meeting place as all backpackers seem to end up here, but mixed reports. **E** *Hostal Unión*, La Unión 122. Well-located for buses, fairly basic. **F** pp *Chan Chán Inn*, Av Ejército 307, T/F294281, mocheperu@hotmail.com Close to several bus terminals, price includes breakfast (cheaper without), popular with backpackers, luggage store, café, laundry, internet, money exchange and information. **F** pp *Hospedaje El Conde de Arce*, Independencia 577, T943236. Hot water, central, pleasant. Recommended. **F** pp *Clara Bravo and Michael White*, Cahuide 495, T243347, T9662710 (Mob), T/F299997, microbewhite@yahoo.com Groups can be accommodated, meals on request, very helpful, loads of information available, many languages spoken (see Guides, below). Recommended. There are several cheap hotels on Ayacucho, all of which are decaying and very basic, eg **G** *Hostal Lima*, Ayacucho 718, T244751, popular but dirty, baths terrible. **Youth hostels:** *Residencia Vanini*, Av Larco 237, T200878, www.kikevanini9m.com HI registered.

Eating
● on map
It's difficult to find a meal before 0800 Many places, also shops, close 1330-1630

Mid-range: *Big Ben*, Av España 1317 near Ejército and Miraflores. Good seafood, open 1000-1630. *El Mochica*, Bolívar 462. Good typical food and occasional live music. *Romano*, Pizarro 725. International food, good *menú*, breakfasts, coffee and cakes, slow service. *Romano-Rincón Criollo*, Estados Unidos 162, Urb El Recreo, 10-min walk from centre. Northern Peruvian cuisine, good value *menú* for US$2, smart. *Pizzería Pizzanino*, Av Juan Pablo II 183, Urb San Andrés, opposite University. Recommended for pizzas, evening only. *Pizzería Valentino*, Orbegoso 224. Very good. **Cheap:** *ABC*, Orbegoso 290 y San Martín. Good for chicken. *Asturias*, Pizarro 741. Nice café with excellent meals, good juices and snacks. *PASE*, Gamarra 353, T/F234715. Hotel and restaurant school, very good *menú* US$1.45, buffet for US$2.85 on Fri, opens 1300, closed weekends. Recommended. *Café Oviedo*, Pizarro 737. With vegetarian options, good salads and cakes, helpful. *Rincón de Vallejo*, Orbegoso 303. Good *menú*, typical dishes, very crowded at peak times. *Juguería San Agustín*, Bolívar 526. Good juices, good *menú*, popular, excellent value. *Sol y Pimienta*, Colón 201. Very popular for lunch, US$1, close to buses for Huanchaco and Chan Chán. **Vegetarian** (not exclusively): *El Sol*, Pizarro 660. The original and best, cheap set meals, also serves other dishes. *Milenium*, Gamarra 316. *Chifa Vegetariana*, Pizarro 687. Also vegetarian, with yoghurts and fruits. **Cafés:** *Café Amaretto*, Gamarra 368. Smart, good selection of coffees, sweets, snacks and drinks. *El Chileno*, Ayacucho 408. Café and ice cream parlour, popular. *Cafetería Oasis*, Gamarra y Grau. Good for breakfasts.

There are five cheap seafood restaurants at Plazuela El Recreo, at the end of Pizarro. For really cheap meals try the central market at Grau y Ayacucho. Good selection of breads at *Fitopán*, Bolívar 406, *Panadería Sandoval*, Orbegoso 822, and *Panadería José Antonio*, Ayacucho 561-65, in the Mercado Central. Also on Orbegoso are shops selling dairy products, yoghurts, fruits, etc, *Productos Lácteos Rodriguito* at No 716, and *Lácteos Daisy* at No 719.

Bars & clubs Canana, San Martín 791. Bars and restaurant, disco, live music at weekends (US$1.50-3 depending on the show), video screens (also has travel agency). Recommended, but take care on leaving. *Taverna Chelsea*, Estete 675, T257032. Bar, restaurant, live Salsa at weekends (US$4 entry), exclusive and lively. Highly recommended. *Las Tinajas*, Pizarro y Almagro, on Plaza Mayor. A pub-disco with live rock music and *peña* on Sat.

Festivals The 2 most important festivals are the *National Marinera Contest* (end of Jan) and the *Festival Internacional de La Primavera* (last week of Sep), with cultural events, parades, beauty pageants and Trujillo's famous *Caballos de Paso*.

Shopping **Bookshops** *Librería Peruana*, Pizarro 505, just off the Plaza. Has the best selection in town, ask for Sra Inés Guerra de Guijón. **Markets** *Mercado Central* on Gamarra, Ayacucho and Pasaje San Agustín. *Mercado Mayorista* between Sinchi Roca and Av Los Incas (not a safe zone). The best **supermarket** is *Merpisa*, Pizarro y Junín. **Pharmacies** Several pharmacy chains in the centre (on Pizarro and Gamarra) and others on either side of Belén hospital on Bolognesi.

Sport & activities **Swimming** *Academia Berendson*, Bolognesi 231, heated pool. There's an outdoor **swimming pool** next to Mansiche stadium, where buses leave for Chan Chán and Huanchaco. It's open 0900-1300 and 1600-1800, entry US$0.50.

Tour operators
Prices vary and competition is fierce so shop around for the best deal Few agencies run tours on Sun and often only at fixed times on other days

Chacón Tours, Av España 106-112, T255212. Open Sat afternoon and Sun morning. Recommended. *Guía Tours*, Independencia 527, T234856, guitour@amauta.rcp.net.pe Also Western Union agent. Recommended. *Trujillo Tours*, San Martín y Almagro 301, T233091, F257518, ttours@pol.com.pe Works with *Lima Tours*. To **Chan Chán**, **El Dragón** and **Huanchaco**, 3 hrs for US$15 pp. To **Huacas del Sol** and **de la Luna**, 2 hrs for US$13 pp. To **El Brujo**, US$20-25 pp. **City tours** cost US$6.50 pp (min of 2 people; discounts for 4 or more).

Guides: many hotels work on a commission basis with taxi drivers and travel agencies. If you decide on a guide, make your own direct approach. *Clara Bravo*, Cahuide 495, T243347, T9662710 (Mob), T/F299997, www.xanga.com/TrujilloPeru An experienced tourist guide with her own transport, she speaks Spanish, German and understands Italian. She takes tourists on extended circuits of the region and is good for information (archaeological tour US$16 for 6 hrs, city tour US$7 pp, US$53 per car to El Brujo, with extension to Sipán, Brüning Museum and Túcume possible). Clara works with English chartered accountant *Michael White* (same address, microbewhite@yahoo.com, speaks German, French and Italian), who provides transport. He is very knowledgeable about tourist sites. They run tours any day of the week; 24-hr attention.

Zaby Miranda Acosta, Camelias 315, Huanchaco, T461246, T9601102 (Mob), Zaby_miranda@hotmail.com Works at the tourist office, speaks German, Italian, US$10 per day. *Jannet Rojas Sánchez*, T401184, T9602855 (Mob), jannarojas@hotmail.com Speaks English, enthusiastic, works independently and for *Guía Tours*. *José Soto Ríos*, Atahualpa 514, dpto 3, T251489. He speaks English and French. Other experienced guides are *Oscar and Gustavo Prada Marga*, Miguel Grau 169, Villa del Mar, or at Chan Chán. *Pedro Puerta* T9609603 (Mob), works with *Guía Tours* and independently. *Celio Eduardo Roldán*, celioroldan@hotmail.com Helpful and informative taxi driver. The Tourist Police (see Directory) has a list of guides; average cost is US$7 per hr.

Transport **Local Bus and colectivos**: on all routes, US$0.15-0.30; colectivos are safer as there are fewer people and fewer pick-pockets. **Taxi**: town trip, US$0.60. Chan Chán US$3 per car, to airport US$4; Huanchaco, US$4-5. Beware of overcharging, check fares with locals. Taxi from in front of *Hotel Libertador*, US$7 per hr, about the same rate as a tour with an independent guide or travel agent for 1-2 people.

Check flight times as they change frequently

Long distance Air to Lima, 1 hr, daily flights with *Lan Perú* and *Aero Continente* (also to Tumbes); *Aero Cóndor* daily to **Cajamarca** and **Lima**. Taxi to airport, US$4; or take bus or colectivo to Huanchaco and get out at airport turn-off (US$0.25) and walk 2 km.

Buses To and from **Lima**, 561 km, 8 hrs in the better class buses, average fare US$14.30-18.50, 10 hrs in the cheaper buses, US$7.15—11.50. There are many bus companies

Peru (side tab)

doing this route, among those recommended are: *Ormeño*, Av Ejército 233, T259782, 3 levels of service, 5 daily; *Cruz del Sur*, Amazonas 437 near Av Ejército, T261801; *Turismo Díaz*, Nicolás de Piérola 1079 on Panamericana Norte, T201237, leaves at 2230; *Línea*, Av América Sur 2855, T297000, ticket office at San Martín y Orbegoso, T245181, 3 levels of service, also to Chimbote and Chiclayo, Huaraz 2100, 9 hrs, US$8.65, Cajamarca 4 a day, US$5.75-8.60, and Chiclayo, US$2.85 (from Carrión by Av Mansiche, T235847, on the hour), and Piura, 2300, US$5.75. Also *Flores* (Av Ejército 346, T208250), *Ittsa* (Av Mansiche 145, T251415; No 431 for northern destinations, T 222541), *Móvil*, Av América Sur 3959, T286538. *Trans Olano* (Oltursa), Av Ejército 342, T263055, offer a *bus cama* service to Lima, with full reclining seats, a/c, heating, meals and drinks, depart at 2200, with connection at Lima for Arequipa.

Small *Pakatnamú* buses leave when full, 0400-2100, from Av Mansiche 1092, T206564, to **Pacasmayo**, 102 km, 1¼ hrs, US$2. To **Chiclayo**, another 118 km, 3 hrs from Trujillo, US$2.85, several companies. Among the best are *Emtrafesa*, Av Túpac Amaru 285, T471521, on the half-hour every hour; to **Piura**, 278 km beyond Chiclayo, 6 hrs, US$5.75; and **Tumbes**, a further 282 km, US$7.15, 8 hrs. Other companies include: *Transportes Dorado*, Av América Norte 2400, T291778, leave at 1245, 2220 to Piura and Sullana, US$4.30/5.75; and *Olano, Civa, Ormeño*, US$8.60; *Ormeño* also has US$14.35 (2215) and US$8.65 (1915) services to Tumbes.

Direct buses to **Huaraz**, 319 km, via Chimbote and Casma (169 km), with *Línea*, 8 hrs, US$8.60 special. Also *Chinchaysuyo*, Av Mansiche 391, at 2030; US$7.15, 10 hrs. There are several buses and colectivos to **Chimbote**, with *América Express* from Lloque 162, 135 km, 2 hrs, US$1.50, departures every 30 mins from 0530 (ticket sales from 0500); then change at Chimbote (see above - leave Trujillo before 0600 to make a connection from 0800). *Turismo Huaraz/Expreso Yungay* depart at 0830 for Huaraz via the Cañon del Pato on Sun, Tue, Thu, sometimes daily, US$7, 8 hrs. Ask Clara Bravo and Michael White (see Guides, above) about transport to Caraz avoiding Chimbote (a very worthwhile trip via the Brasileños road and Cañon del Pato).

To **Cajamarca**, 300 km, 7-8 hrs, US$5.75-8.60: with *Línea*; *Emtrafesa*, see above, at 2230, and *Tur Díaz* 6 a day. To **Huamachuco**, 170 km, 8 hrs, *Trans Agreda*, La Unión 149, 0800, and *Trans Gran Turismo*, Prol Vallejo 1368, T425391, 0830.

To **Tarapoto**, via Moyobamba, Turismo Tarapoto, Av N de Piérola 1221, T221493, at 2230, US$14.30, also to Yurimaguas at 2330, US$20, and *Ejetur* Av N de Piérola 1238, T222228, at 0030, US$15.70, and to Jaén at 1600, US$7.15.

Airline offices *Aero Continente*, Pizarro 470, Plaza de Armas, T244042. *Aero Cóndor*, T255212. *Lan Perú*, Pizarro 340-42. **Banks** *BCP*, Gamarra 562. No commission on cash into soles, but US$12 fee on TCs or changing into dollars, cash advance on Visa card, ATM (Visa). *Interbank*, Pizarro y Gamarra. Good rates for cash, no commission on Amex TCs into soles, reasonable rate, Visa cash advance, quick service, also has MasterCard ATM (doesn't close for lunch). *Banco Wiese Sudameris*, Pizarro 314, *Casa de Mayorazgo de Facalá*. Good rates for Amex TCs, 2% commission into soles or dollars, ATM for Visa/Plus. *BBV Continental*, Pizarro 620. Amex TCs and Visa card accepted, US$10 commission up to US$500. *BSCH*, Junín 479. Visa ATM. Note that banks close 1300-1615. There is little difference between the rates for cash dollars given by banks and street changers, *casas de cambio* and travel agencies. There are many *casas de cambio* and street changers on the plazoleta opposite the Casa de Condes de Aranda and all along the 600 block of Bolívar. *Western Union*, Almagro 581, España y Huayna Cápac, see also *Guía Tours*, above. **Communications Internet:** there are internet offices all over the centre, mostly on Pizarro. Many others on Ayacucho, most slow or "stationary". Standard fee US$0.75 per hr. **Post Office:** Independencia 286 y Bolognesi. 0800-2000, stamps only on special request. *DHL*, Almagro 579. **Telephone:** *Telefónica*, headquarters at Almagro 744. Private call centres at Pizarro 561, on 5th block of Bolívar for national and international phone calls and faxes and Av España 1530. **Cultural centres** Alianza Francesa, San Martín 858-62, T204504/231232. **Instituto de Cultura Peruano Norteamericano**, Av Venezuela 125, Urb El Recreo, T261944, F261922. **Consulates** European Community, Independencia 630, behind *Caretur* office. *UK*, Honorary Consul, Mr Winston Barber, Jesús de Nazareth 312, T235548, F245935, winstonbarber@terra.com.pe Mon-Fri 0900-1700. **Medical services** Hospital: Hospital Belén, Bolívar 3rd block. Clínica Peruano Americana, Av Mansiche 702, T231261, English spoken, good. **Useful addresses Immigration:** Av Larco 1220, Urb Los Pinos. Entrance is at the back of the building on Los Torcazos, open Mon-Fri 0815-1230, 1500-1630. Gives 30-day visa extensions, US$20 (proof of funds and onward ticket required), plus US$1 for *formulario* in Banco de la Nación (fixers on the street will charge more).

Directory

Peru

Archaeological sites near Trujillo

Chan Chán
5 km from Trujillo
You need at least an
hour to gain a full
explanation of Chan
Chán and Huaca La
Luna; many tours only
allow 20 mins each

These vast, unusually decorated crumbling ruins of the imperial city of the Chimú domains are the largest adobe city in the world. The ruins consist of nine great compounds built by Chimú kings. The 9-m high perimeter walls surrounded sacred enclosures with usually only one narrow entrance. Inside, rows of storerooms contained the agricultural wealth of the kingdom, which stretched 1,000 km along the coast from near Guayaquil to the Carabayllo Valley, north of Lima.

Most of the compounds contain a huge walk-in well which tapped the ground water, raised to a high level by irrigation further up the valley. Each compound also included a platform mound which was the burial place of the king, with his women and his treasure, presumably maintained as a memorial. The Incas almost certainly copied this system and transported it to Cusco where the last Incas continued building huge enclosures. The Chimú surrendered to the Incas around 1471 after 11 years of siege and threats to cut the irrigation canals.

The dilapidated city walls enclose an area of 28 sq km containing the remains of palaces, temples, workshops, streets, houses, gardens and a canal. What is left of the adobe walls bears well-preserved moulded decorations of fish and other animals, and painted designs have been found on pottery unearthed from the debris of a city ravaged by floods, earthquakes, and *huaqueros* (grave looters) over the centuries. Owing to the damage, many of the interesting mouldings are closed to visitors. The **Ciudadela of Tschudi** has been restored (15 minutes walk from the road).

■ *0830-1700, but entry not permitted after 1600 (but it may be covered up if rain is expected). The site museum (0830-1600) on the main road, 100 m before the turn-off, has a son-et-lumière display of the growth of Chan Chán as well as objects found in the area. A ticket which covers the entrance fees for Chan Chán, the site museum, Huaca El Dragón and Huaca La Esmeralda (for 2 days) costs US$2.85 (discount with ISIC card). A guide costs US$7 per hr; map and leaflet in English US$0.75.*

Getting there: For Chan Chán buses and combis leave from corner of Zela and Los Incas (114A – safer to catch bus at north corner of Huayna Cápac y Av Los Incas) or corner of España and Manuel Vera (114B) in Trujillo; US$0.35, 20 mins to the turn-off to the ruins. It is relatively safe to walk on the dirt track from turn-off to site, but go in a group, 20 mins. A taxi is US$5 from Trujillo, US$0.85 from museum to ruins, US$2.85 to Huanchaco from ruins. On no account walk the 4 km to, or on Buenos Aires beach near Chan Chán as there is serious danger of robbery, and of being attacked by dogs.

The partly-restored temple, **Huaca El Dragón**, dating from Huari to Chimú times (AD1000-1470), is also known as **Huaca Arco Iris** (rainbow), after the shape of friezes which decorate it. ■ *0830-1700 (in theory). It is on the west side of the Pan-American Highway in the district of La Esperanza; combis from Av España y Manuel Vera marked 'Arco Iris/La Esperanza', taxi costs US$2.*

The poorly preserved **Huaca La Esmeralda** is at Mansiche, between Trujillo and Chan Chán, behind the church (not a safe area). Buses to Chan Chán and Huanchaco pass the church at Mansiche.

A few kilometres south of Trujillo are the huge and fascinating Moche pyramids, the **Huaca del Sol** and the **Huaca de la Luna**. ■ *0830-1600, US$3 with a professional guide, some of whom speak European languages (students half price, children US$0.30). Good visitors centre.* Until the Spaniards destroyed half of it in a vain search for treasure, Huaca del Sol was the largest man-made structure in the western hemisphere, at 45 m high (it is closed to the public). Huaca de la Luna, 500 m away, received scant attention until extensive polychrome moulded decorations were found throughout the 1990s. The colours on these remarkable geometric patterns and feline deities have faded little and can be easily viewed.

■ *Getting there: Taxi about US$2.50; plenty at the site for the return. Combis (yellow and blue in colour) about half hourly from Suárez y Los Incas to the visitors centre, every 30 mins, US$0.30. It's safer to catch the bus from Huayna Cápac, southeast of Av Los Incas.*

Peru

A complex considered one of the most important archaeological sites on the north **El Brujo**
coast is 60 km north of Trujillo. Covering 2 sq km, this complex is collectively known
as El Brujo and was a ceremonial centre for perhaps 10 cultures, including the
Moche. Huaca Cortada (or El Brujo) has a wall decorated with high relief stylized
figures. Huaca Prieta is, in effect, a giant rubbish tip dating back 5,000 years, which
once housed the very first settlers to this area. Huaca Cao Viejo has extensive friezes,
polychrome reliefs up to 90 m long, 4 m high and on five different levels. In front of
Cao Viejo are the remains of one of the oldest Spanish churches in the region. It was
common practice for the Spaniards to build their churches near these ancient sites in
order to counteract their religious importance.

■ *Excavations at the site will last many years. As the nearest public transport stops 5
km away at Magdalena de Cao and access is unsigned and difficult, and as individuals
especially, but also tour groups, may not be allowed in without specific permission, it is
best to go with a local tour guide. Permission should be sought from The Wiese Foundation, The Regional Institute of Culture, INC (on Independencia block 5, Trujillo), or the
University of Trujillo. An exhibition is due to open at the Chan Chán site museum but is
not yet on display. There are other exhibitions at Banco Wiese and Museo de la Nación
in Lima, or visit a number of websites, including www.unitru.edu.pe/arq/index.html and
www.research.ibm.com/peru/brujo.htm*

Huanchaco

An alternative to Trujillo is this fishing and surfing village, full of hotels, guest *The beaches south of*
houses and restaurants and famous for its narrow pointed fishing rafts, known as *the pier are quite dirty,*
caballitos (little horses) *de totora*, made of totora reeds and depicted on Mochica, *but are much*
Chimú and other cultures' pottery. Unlike those used on Lake Titicaca, they are flat, *cleaner northwards*
around the bay
not hollow, and ride the breakers rather like surfboards (fishermen offer trips on
their *caballitos* for US$1.50, be prepared to get wet; groups should contact Luis
Gordillo, El Mambo, T461092). You can see fishermen returning in their reed rafts
at about 0800 and 1400 when they stack the boats upright to dry in the fierce sun.
Overlooking Huanchaco is a huge church from the belfry of which are extensive
views. Post Office at Manco Capac 306, open 1100-1800 in theory.

C *Caballito de Totora*, Av La Rivera 219, T/F651828, totora@terra.com.pe Includes taxes, **D** in **Sleeping**
low season, surfers' room **F**, pool, English spoken, nice garden, restaurant with good food and
coffee, off site parking, good value, noisy. Recommended. **C** *Hostal Bracamonte*, Los Olivos
503, T461162, www.hostalbracamonte.com Comfortable, good, chalets with bath **B**, you can
camp, pool, own water supply, emergency generator, rents bicycles, secure, good restaurant,
English spoken. Highly recommended. **C** *Hostal Huanchaco*, Larco 287 on Plaza, T461272,
huanchaco_hostal@terra.com.pe With breakfast, TV, hot water, pool, good but expensive
cafetería, video, pool table. Recommended. **D** *Huanchaco Internacional*, Autopista a
Huanchaco Km 13.5 (Playa Azul), T461754, huanchacoint@pmail.net Some distance from
town, **B** in bungalows, also has bunk rooms, comfortable, hot water, internet, pool, restaurant,
airport pick-up, tours arranged. Recommended. **D** *Hostal Los Esteros*, Av Larco 618, T461300,
los esteros@trujillobusiness.com Hot water, restaurant, safe motorcycle parking, can arrange
surfing and *caballitos de totora* trips. **D** *Las Brisas*, Raymondi 146, T461186,
lasbrisas@hotmail.com Hot water, cafeteria, cable TV, comfortable. **E** *Naylamp*, Prolongación
Víctor Larco 3, northern end of seafront in El Boquerón, T461022,
naylamp@terra.com.pe Peruvian-Swiss owned, rooms set around a courtyard, also dormitories **G** pp, hammocks, nice garden, good beds, hot water, camping US$1.70 with own tent,
US$2.30 to hire tent, laundry facilities, safe, kitchen at campsite, English, German, French and
Italian spoken, Italian food, good breakfasts. Highly recommended. **F** *Casa Hospedaje Los
Ficus*, Los Ficus 516, T461719, www.huanchaco.net/losficus Cheaper with shared bath, family
run, hot water, use of kitchen, breakfast, laundry. Recommended. **F** pp *Golden Club*, Av La
Rivera 217, T461306. Gym, pool, restaurant, use of kitchen, popular with surfers, laid back,
excellent value, rooms on 1st floor cheaper. Recommended.**F** pp *Huanchacos Garden*, Av

Peru

Circunvalación Mz 'U', lote 3, T461194, huanchacosgarden@huanchaco.znn.com Bunga-lows around a small pool, also rooms, 1 block from beach, TV, use of kitchen, hot water, many good reports. **F** *Mantram*, Ricardo Palma 491 y Larco, T461909. Cheaper without bath, camp-ing, TV, kitchen and laundry facilities, beachwear rental, book exchange, massage, vegetarian restaurant. Recommended. **F** *Hostal Solange*, Los Ficus 484, 1 block from the beach, T461410, hsolange@yahoo.es Good food, laundry facilities, use of kitchen, popular meeting point. **G** pp *La Casa Suiza*, Los Pinos 451, T461285, www.huanchaco.net/casasuiza 3 blocks from the beach, run by Heidi and Oscar Stacher, speak German and English, cheaper with shared bath, hot water, nice roof balcony, excellent breakfast for US$1.50, family home (no drugs), surf boards to rent, book exchange, internet access. Highly recommended.

Accommodation with families is easy to find for around US$2-3 a day, including meals. For example: *Casa Gaviotas*, Los Pinos 535, T461858; *Sra Mabel Díaz de Aguilar*, Túpac Amaru 248, T461232, mabel_minerva@hotmail.com near the football ground. *Sra Nelly Neyra de Facundo*, Las Palmeras 425, recommended. Also *Hospedaje Okey*, Sra Fanny Valente, Atahualpa 147.

Eating

Try picarones, the local speciality. Nowhere open for vegetarians on Mon lunchtime

Expensive: *Big Ben*, Víctor Larco 836, near A Sánchez, T461869. Seafood and international, very good. *Club Colonial*, Grau 272 on the plaza. Reputedly the best, run by Belgians, fish, chicken or meat, atmosphere of a traditional colonial dining club, but with private zoo. **Mid-range**: *El Tramboyo*, on the little plaza opposite the pier, good, helpful. Next door is *La Esquina*, C Unión 299, T461081, recommended (also has accommodation **G** pp). *Estrella Marina*, on the seafront. Great value. Next door is *El Anzuelo*. Good ceviche, offers 'taster' dishes at lower prices. Many other places for good fish. *Mamma Mia*, on the seafront. Good value Italian food and delicious home-made pasta and ice-cream, English spoken by owner Fernando, closed Mon lunchtime, good lodging (**F**, shared showers) next door. *El Tribu,* Pasaje M Seoane 140, Plaza de Armas. Atmospheric bar in an old house, live musice on Fri, opens 1900. *Sabes?*, V Larco 920, T461555, ysabes@yahoo.com Pub with food, internet café, popular, American run. *Wachake*, southern end of seafront road. Owned by Edgar who speaks English, good food, also has sleeping space for backpackers. **Cheap**: *Casa Tere*, Víctor Larco 280, Plaza de Armas. For best pizzas in town, also pastas, burgers and breakfasts. *Chelita*, Los Abetos 198. Good value *menú*, fish dishes are best. *Dulcería El Carmen*, Av La Rivera 269. Open 0800-2100 for breakfasts and sandwiches. *Piccolo*, Los Abetos 142. Friendly, live folk music weekend evenings, excellent, also has a surf and art shop. Good sea-food, including ceviche, at *El Suco*, at the north end of the beach, cheaper than those in the centre. *Sunset*, Av La Rivera 600. Also has *hospedaje*, good food, popular with young crowd.

Festivals

In the first week of **May** is the *Festival del Mar*, a celebration of the disembarkation of Taycanamo, the leader of the Chimú period. A procession is made in Totora boats. **30 Jun**, *San Pedro*, patron saint of fishermen: his statue is taken out to sea on a huge totora-reed boat. Also the annual *Olímpiadas Playeral* and *El Festival Internacional de la Primavera* (see Trujillo above). There are also surf competitions. Carnival and New Year are also popular celebrations.

Transport

Combis between Trujillo and Huanchaco are routes A, B and C, 0500-2100 every 5-10 mins. A and B do an anti-clockwise circuit of Huanchaco and enter Trujillo by the roundabout on Av Mansiche, 3 blocks northwest of Av España in front of the Cassinelli museum, then A goes round the west side of Trujillo onto Av 28 de Julio, while B goes round the east side on Av Manuel Vera, España as far as Bolívar. At night they go only to España y Grau. US$0.30, 20-min journey. Slower 'micros', B and H, follow similar routes to América; leaving Trujillo B goes north of the centre on España, H goes south (convenient stops are shown on the Trujillo map), in daylight only. Colectivos and taxis charge minimum US$2, more likely US$4-5.

Trujillo to Cajamarca

To the northeast of Trujillo is Cajamarca, which can be reached by paved road via Pacasmayo, or by the old road via Huamachuco and Cajabamba. This latter road is terrible and (for cyclists especially) lonely, taking three days because buses do not interconnect (as opposed to 7-8 hours via Pacasmayo, see below), but it is more interesting, passing over the bare *puna* before dropping to the Huamachuco valley.

This colonial town formerly on the royal Inca Road has the largest main plaza in Peru and a controversial modern cathedral. There is a colourful Sunday market and the Founding of Huamachuco festival, second week in August, with spectacular fireworks and the amazing, aggressive male dancers, called *turcos*. **Museo Municipal Wamachuko**, Libertad 100, displays artefacts found at nearby Cerro Amauta (a hill-top system of wells and water worship) and Marca Huamachuco. ■ *Free*. A three-hour walk (take the track which goes off to the right just after crossing the bridge on the road to Trujillo) takes you to the extensive ruins of hilltop pre-Inca fortifications, **Marca Huamachuco** (Alexis Rebaza, T441082, offers trips for up to 4 people, US$5 per hour). The Convento complex has been partially restored and the Castillo complex contains a remarkable circular construction. Nearby, beyond the local radio station, one hour's walk, are the pre-Inca ruins of **Wiracochapampa**, where the Waman Raymi festival is held on the first weekend in August. Inca legends are retold by people in costume. **Sleeping**: There are various hotels (**E-F**), including *Noche Buena*, on the plaza adjoining the cathedral, with TV, *Hostal Huamachuco*, Castilla 354, T441393, and *Hostal Viracocha*, C Carmen La Troya, behind the market, safe, water problems. Among the restaurants, *Bar Michi Wasi*, San Román 461 on the plaza, open 1900-2400, is a good place to get information on ruins in the area.

Huamachuco
Colour map 3, grid B2
Altitude: 3,180 m
181 km from Trujillo

Internet access at S Carrión 740

   Transport Air from Trujillo, *Air Líder*, T204470 (Trujillo) T441248 (Huamachuco), daily. **Buses** from Trujillo, 170 km, poor road, dusty in places, 8 hrs: *Agreda* (Unión 149, Trujillo; Balta 865, Huamachuco) at 0800 each way, also 1800, and *Gran Turismo* 0830 from Trujillo (Prol Vallejo 1368, T425391), 1245 from Huamachuco (Balta 798), the only buses in daylight. To Cajabamba, *Trans Anita*, Psje Hospital off Av.10 de Julio, have combis at 0500 and 1230, 3 hrs, US$3.

Cajabamba is a small market town and stop-over point between Cajamarca and Huamachuco. **F** *Hostal Flores*, on the plaza, T851086, **G** without bath, hot water mornings only, pleasant courtyard; and other basic places. Restaurants include *El Cajabambino II*, Martínez 1193, next to market, trout and chicken dishes, and *Grau*, Grau 133, fresh fruit salads and *alfajores*. Bus to Cajamarca US$2.85, six hours, several companies.

Pacasmayo, port for the next oasis north is the main road connection from the coast to Cajamarca. The paved 180 km road branches off the Pan-American Highway soon after it crosses the Río Jequetepeque (bus Pacasmayo-Cajamarca US$4.30, five hours; to Chiclayo US$1.70, two hours). The river valley has terraced rice fields and mimosas may often be seen in bloom, brightening the otherwise dusty landscape.

Pacasmayo
Colour map 3, grid A2
Population: 12,300
102 km N of Trujillo

   A few kilometres northwest on the other side of Río Jequetepeque are the ruins of **Pacatnamú** comparable in size to Chan Chán pyramids, cemetery and living quarters of nobles and fishermen, possibly built in the Chavín or Moche periods. Taxi bus to Guadalupe, 10 km from ruins, then another taxi, US$20 to the site. Micros run in summer. Where the Pan-American Highway crosses the Jequetepeque are the well-signed ruins of **Farfán** (separate from those of Pacatnamú, but probably of the same period; no explanations at the site). **F** *Panamericano*, Leoncio Prado 18, T522521. With private cold shower, basic, small, safe, reasonable restaurant downstairs. **F** *San Francisco*, at No 21, opposite the *Panamericano*, T522021, is cleaner. Basic, OK. There are other places to stay, from 3-star down, and several cheap restaurants on the main street.

   Some 103 km east of Pacasmayo is the mining town of Chilete, 21 km north of which on the road to San Pablo is **Kuntur Wasi**. The site was devoted to a feline cult and consists of a pyramid and stone monoliths. Extensive excavations are under way and significant new discoveries are being made. There is basic accommodation in San Pablo and two basic *hostales* in Chilete.

Peru

Cajamarca

Phone code: 076
Colour map 3, grid B2
Population: 117,500
Altitude: 2,750 m

This pleasant and attractive colonial town is surrounded by lovely countryside and is the commercial centre of the northern mountain area. Here Pizarro ambushed and captured Atahualpa, the Inca emperor. This was the first showdown between the Spanish and the Incas and, despite their huge numerical inferiority, the Spanish emerged victorious, executing Atahualpa in the process.

The nearby Yanacocha gold mine (www.yanacocha.com.pe) has brought new wealth to the town (and some ecological concerns and social problems) and Cajamarca is the hub of a tourism development project for the whole of the northwest: *Cenfotur*, José Gálvez 767, T829714, cenfocaj@cenfoturcajamarca.org.pe is the organization overseeing the *Circuito Turístico Nororiental.*

All museums are closed on Tue but open at weekends

The **Complejo Belén** comprises the tourist office and Institute of Culture, a beautifully ornate church, considered the city's finest. See the inside of the dome, where eight giant cherubs support an intricate flowering centrepiece. In the same courtyard is the **Museo Médico Belén**, which has a collection of medical instruments. Across the street is a maternity hospital from the colonial era, now the **Archaeological and Ethnological Museum** (Junín y Belén). It has a range of ceramics from all regions and civilizations of Peru. ■ *0900-1300, 1500-1730, 0900-1230 Sat-Sun. US$0.85, valid for more than one day. A ticket is also valid for the Cuarto de Rescate. A guide for all the sites costs US$2.85 (US$5.75-8.50 for guides in other languages).* The **Cuarto de Rescate** is not the actual ransom chamber but in fact the room where Atahualpa was held prisoner. A red line on the wall is said to indicate where Atahualpa reached up and drew a mark, agreeing to have his subjects fill the room to the line with treasure. The chamber is roped off but can be viewed from the outside. Pollution and weather have had a detrimental effect on the stone. ■ *The entrance is at Amalia Puga 750.*

The plaza where Atahualpa was ambushed and the stone altar set high on **Santa Apollonia hill** where he is said to have reviewed his subjects can also be visited. There is a road to the top, or you can walk up from Calle 2 de Mayo, using the steep stairway. ■ *Entry US$0.30. Take bus marked Santa Apolonia/Fonavi. Only walk up in a group; robberies occur.*

The **Plaza de Armas**, where Atahualpa was executed, has a 350-year-old fountain, topiary and gardens. The **Cathedral**, opened in 1776, is still missing its belfry, but the façade has beautiful baroque carving in stone. On the opposite side of the plaza is the 17th century **San Francisco Church**, older than the Cathedral and with more interior stone carving and elaborate altars. The attached **Museo de Arte Colonial** is filled with colonial paintings and icons. The guided tour of the museum includes entry to the church's spooky catacombs. ■ *Mon-Sat 1430-1800. US$0.85, entrance is unmarked on far left corner of church.*

Cajamarca

Sleeping
1 Casa Blanca
2 Continental
3 Hospedaje Los Jazmines
4 Hostal Cajamarca
5 Hostal Los Balcones de La Recoleta
6 Hostal Plaza

Eating
1 Cascanuez Café Bar
2 El Cajamarqués
3 El Zarco
4 Salas
5 Up & Down

0 metres 100
0 yards 100

Other churches worth seeing are **La Recoleta**, at Maestro y Av Los Héroes, and **San Pedro**, at Gálvez y Junín. The city has many old colonial houses with garden patios, and 104 elaborately carved doorways: see the **Bishop's Palace**, across the street from the Cathedral; the **palace of the Condes de Uceda**, at Jr Apurímac 719 (now occupied by BCP bank); and the **Casa Silva Santiesteban** (Junín y 2 de Mayo).

The **Education Faculty of the University** has a museum at Del Batán 283 with objects of the pre-Inca Cajamarca culture, not seen in Lima. The attendant knows much about Cajamarca and the surrounding area. ■ *Mon-Sat 0900-1200, 1430-1700. US$0.20 (guided tour.*

Excursions

Six kilometres away are the sulphurous thermal springs of **Los Baños del Inca**, whose water temperature is 78ºC. Atahualpa tried the effect of these waters on a festering war wound and his bath is still there. The entire complex was renewed in 2002, with gardens and various levels of accommodation: **B** bungalows with thermal water, TV, fridge; **C** in less luxurious bungalows; **G** pp *Albergue Juvenil*, bunk rooms. ■ *Open 0500 (best water then)-1930 daily. In the thermal baths section, baths cost US$0.85-US$1.45, US$2.85 for sauna (with designated times for men and women), US$0.55 for hot shower or large swimming pool (closed Mon and Fri, take your own towel; soaps sold outside). The Isla complex has showers and thermal swimming pool, US$0.85 (open 0500-0800, 0830-1100, 1200-1500, 1530-1830). Only spend 20-30 mins maximum in the water. Combis leave every few mins from Amazonas y Del Batán, 2 de Mayo, or Cinco Esquinas, US$0.30, 15 mins. Taxis US$1.50.*

Other excursions include **Llacanora**, a typical Andean village in beautiful scenery (13 km southeast; nice walk downhill from Baños del Inca, two hours). **Ventanillas de Otusco**, part of an old pre-Inca cemetery, has a gallery of secondary burial niches. ■ *US$0.85. Good day-long walks in this area; local sketch maps available.*

A road goes to **Ventanillas de Combayo**, some 20 km past the burial niches of Otusco. These are more numerous and spectacular, being located in an isolated, mountainous area, and distributed over the face of a steep 200 m high hillside. ■ *Occasional combis on weekdays; more transport on Sun when a market is held nearby, 1 hr.*

Cumbe Mayo, a *pampa* on a mountain range, is 20 km southwest of Cajamarca. It is famous for its extraordinary, well-engineered pre-Inca channels, running for 9 km across the mountain tops. It is said to be the oldest man-made construction in South America. The sheer scale of the scene is impressive and the huge rock formations of Los Frailones ('big monks') and others with fanciful names are strange indeed. On the way to Cumbe Mayo is the Layzón ceremonial centre. ■ *There is no bus service; guided tours run from 0900-1300 (recommended in order to see all the pre-Inca sites); taxi US$15. A milk truck goes daily to Cumbe Mayo leaving at 0400 from C Revilla 170. Ask Sr Segundo Malca, Jr Pisagua 482; small charge, dress warmly. To walk up takes 3-4 hrs (take a guide, or a tour, best weather May-Sep). The trail starts from the hill of Santa Apolonia (Silla del Inca), and goes to Cumbe Mayo straight through the village and up the hill; at the top of the mountain, leave the trail and take the road to the right to the canal. The walk is not difficult and you do not need hiking boots. Take a good torch. The locals use the trail to bring their goods to market.*

The **Porcón** rural cooperative, with its evangelical faith expressed on billboards, is a popular excursion (morning or afternoon), 30 km northwest of Cajamarca. It is tightly organized, with carpentry, bakery, cheese and yoghurt-making, zoo and vicuñas. A good guide helps to explain everything. If not taking a tour, contact Cooperativa Agraria Atahualpa Jerusalén, Chanchamayo 1355, Fonavi 1, T/F825631, granjaporcon@yahoo.com

Sleeping

In the outskirts: **L** *Posada del Puruay*, 5 km north of the city, T827928, postmast@ p-puruay.com.pe A 17th-century *hacienda* converted into a 'hotel museum', high standards and beautiful colonial furnishings. Recommended. **A** *El Ingenio*, Av Vía de Evitamiento 1611-1709, T/F827121. With solar-powered hot water, spacious, very relaxed, helpful. Highly recommended. **A-B** *Hostal Hacienda San Vicente*, 2 km beyond Santa Apollonia,

■ *on map*
Many good mid-range hotels cater for the staff of the Yanacocha mine

Peru

T/F822644, www.cajamarca.net In an old hacienda, totally remodelled in the style of Gaudí, hot water, TV, gardens, bar, restaurant and laundry. At **Baños del Inca: L-AL** *Laguna Seca*, Av Manco Cápac 1098, T894600, www.lagunaseca.com.pe In pleasant surroundings with thermal streams (atmospheric misty mornings), private hot thermal baths in rooms, swimming pool with thermal water, good restaurant, bar, health spa with a variety of treatments (US$10-48), disco, horses for hire. Recommended. **B** *Hostal Fundo Campero San Antonio*, 2 km off the Baños road (turn off at Km 5), T/F838237, http://hsanantonio.cjb.net An old *hacienda*, wonderfully restored, with open fireplaces and gardens, 15 mins walk along the river to Baños del Inca, includes breakfast, riding on *caballos de paso*, own dairy produce, fruit and vegetables, catch your own trout for supper; try the *licor de sauco*. Recommended. For accommodation at the municipal baths, see Excursions.

In town: B *El Portal de Marqués*, Del Comercio 644, T/F828464, portalmarques@ terra.com.pe Attractive converted colonial house, TV, laundry, safe, parking, restaurant *El Mesón Colonial*. Recommended. **C** *Hostal Cajamarca*, colonial house at Dos de Mayo 311, T822532, F821432. Sizeable rooms, hot water, food excellent in *Los Faroles* restaurant (T825113) which also has good local music and disco/pub. Recommended. **C** *Casa Blanca*, Dos de Mayo 446 on Plaza de Armas, T/F822141. Safe, nice old building with garden, good restaurant. **C** *El Cabildo*, Junín 1062, T/F827025, cabildoh@latinmail.com Includes breakfast, in historic monument with patio and modern fountain, full of character, elegant local decorations, comfortable, breakfast served, gym. Recommended. **C** *El Cumbe Inn*, Pasaje Atahualpa 345, T826858, elcumbeinn@terra.com Includes breakfast and tax, comfortable, bright rooms, hot water, small gym, will arrange taxis. Recommended. **C** *Los Balcones de la Recoleta*, Amalia Puga 1050, T/F823003, luchi92000@yahoo.com Beautifully restored 19th-century house, central courtyard full of flowers, some rooms with period furniture, breakfast extra. **C** *Hostal Los Pinos*, Jr La Mar 521, T/F825992, pinoshostal@ yahoo.com Includes breakfast, lovely colonial house with a new extension, decorated in old style, comfortable, other meals on request, very nice. **C** *Portada del Sol*, Pisagua 731, T823395, PortadadelSol@terra.com.pe Good rooms, tastefully decorated, hot water, comfortable beds. Also has *Portada del Sol Hacienda* at Km 6 on road to Cumbe Mayo (**B**). Recommended.

D *Hostal Los Jazmines*, Amazonas 775, T821812, assado@hotmail.com In converted colonial house with courtyard and café, 3 rooms with bath, 2 without, all funds go to handicapped children, some staff are handicapped, guests can visit the project's school and help. Recommended. **D** *Hostal Plaza*, Plaza de Armas 669, T922058. An old building with handmade wood furnishings, mainly large rooms with many beds, **E** with shared bath, hot water but poor water supply, quiet, recommended (especially rooms 4 and 12). **E** *Hostal Atahualpa*, Pasaje Atahualpa 686, T827840. Hot water 0700-0900, 1900-2100, good value, meals extra, restaurant open 0800-2200. **E** pp *Hostal Becerra*, Del Batán 195 (unsigned), T827867. With hot water and TV, **F** pp without shared hot shower, modern, will store luggage until late buses depart. **E** *Hostal San Carlos*, Av Atahualpa 324, T822600, and **E** *Hostal Pepe*, opposite at No 343, T821887, are the most convenient for buses on Atahualpa. Both cheaper without bath, hot water, no breakfast, noisy from all-night traffic. **F** pp *Colonial Inn*, Av Los Héroes 350, T825300, F827249. Hot water, cheaper with shared bath, English spoken, meals extra, convenient for buses. **F** *Hostal Dos de Mayo*, Dos de Mayo 585, T822527. Shared bath, hot water, simple, quite dark, good value *menú* in the restaurant. Recommended. **F** pp *Casa pensión Karimbó*, Dos de Mayo 700, T829888. Full board, shared rooms, some with bath. **F** *Hostal La Merced*, Chanchamayo 140, T822171. Small, hot water on request, laundry facilities, good value, but not a safe area.

Eating:
● *on map*
Cheap eating places on Del Comercio and 2 de Mayo y Sabogal

Expensive: *El Cajamarqués*, Amazonas 770, T922128. Excellent, also has good value *menú*, elegant colonial building with garden full of exotic birds. *El Batán Gran Bufet de Arte*, Del Batán 369, T826025. Great food, international dishes, good wine list and wide choice of drinks, local dishes on non-tourist menu, some of the staff speak English, live music at the weekend, art gallery on the 2nd floor, closed Mon. Recommended. *Querubino*, Amalia Puga 589. Mediterranean-style decoration with American and French influence in the cooking, specializes in fish, breakfasts, cocktails, coffees, expensive wines. **Mid-range**: *Amadeus*, 2 de Mayo 930. Peruvian and international, salads, pizzas, pastas, daily specials, recommended for cocktails. *Om-Gri*, San Martín 360, near the Plaza de Armas. Good Italian dishes, small, friendly, French spoken, opens 1300 (1830 Sun). *El Pez Loco*, San Martín 333. Recommended for fish. *Pizzería El Marengo*, Junín 1201. Good pizzas and warm atmosphere, T828045 for delivery. *Salas*, Amalia Puga 637, on the main plaza. Fast service, good local food (try their *cuy frito*), best *tamales* in town; also has a branch in Baños del Inca (1100-1600, Fri-Sun and holidays). *El Zarco*, Jr Del Batán 170, T823421. Very popular, also has short *chifa* menu, good vegetarian dishes, excellent fish, popular for breakfast; also *El Zarco Campestre*, off road to airport, closed Sat, use own produce, recommended for pork. **Cheap**: *La Florida*, 2 de Mayo next to *Hostal Dos de Mayo*. Popular, serves good *ceviche*. *Pizzería Vaca Loca*, San Martín 330. Popular. For early breakfasts go to the market.

Cafés *Casa Luna*, 2 de Mayo 334. Lots of activities here, *Akaesh* café with couches, grill at night in the evening (bring your own meat Sat-Sun), art gallery, craft shop, book exchange, no TV, no internet. *Cascanuez*, Amalia Puga 554. Great cakes, extensive menu including *humitas*, breakfasts, ice creams and coffees. *Heladería Holanda*, Amalia Puga 657 on the Plaza de Armas, T830113. Dutch-owned, easily the best ice-creams in Cajamarca, 50 flavours (but not all on at the same time), try *poro poro*, *lúcuma* or *sauco*, also serves coffee. *Sanguchón.com*, Junín 1137. Best burgers in town, sandwiches, also popular bar. *Panificadora La Ecológica*, Cinco Esquinas 741. Good selection of breads, including *integral*, especially in afternoon. The area is renowned for its cheese, *manjar blanco*, butter, honey, etc: try *El Tambo*, Dos de Mayo 576, *La Collpa*, Romero 124, or *Porcón's* shop (see Excursions) on Chanchamayo (hard to find).

Festivals The *pre-Lent Carnival* is very spectacular and regarded as one of the best in the country; it is also one of the most raucous. In Porcón, 16 km to the northwest, **Palm Sunday** processions are worth seeing. On **24 Jun**: is *San Juan* in Cajamarca, Chota, Llacanora, San Juan and Cutervo. An agricultural fair is held in **Jul** at Baños del Inca; on the first Sun in **Oct** is the *Festival Folklórico* in Cajamarca.

Shopping
Supermarket next to El Cajamarqués sells almost everything

Handicrafts are cheap, but bargain hard. Specialities including cotton and wool saddlebags (*alforjas*). Items can be made to order. The market on Amazonas is good for *artesanía*; also daily handicraft market on block 7 of Belén. There are several shops on 300 block of Dos de Mayo.

Tour operators

Agencies around the Plaza de Armas offer trips to local sites and further (eg Kuntur Wasi, Kuelap), trekking on Inca trails, riding *caballos de paso* and handicraft tours. Average prices: Cumbe Mayo, US$5.75, Ventanillas de Otusco US$3.30, Porcón US$5.75. Recommended: *Cajamarca Tours*, Dos de Mayo 323, T/F822813 (also DHL, Western Union and flight reconfirmations). *Clarín Tours*, Del Batán 161, T/F826829, clarintours@yahoo.com *Cajamarca Travel*, 2 de Mayo 570, T/F828642, cajamarcatravel@si.computextos.net *Cumbemayo Tours*, Amalia Puga 635 on plaza, T/F821828. Guides in English and French. *Inca Baths Tours*, Amalia Puga 655, T/F821828. *Sierra Verde*, 2 de Mayo 448, on Plaza, T830905, sierraverde_ 2000@yahoo.es *Variservice*, Silva Santisteban 134, T822228. An office where flights can be reconfirmed.

Transport
The airport was extended in 2002

Local Buses in town charge US$0.20. Taxis US$0.60 within city limits. Mototaxis US$0.30.

Air *Aero Continente*, daily, and *Aero Cóndor* (Dos de Mayo 323, T825674) and *LC Busre* 5 days a week, fly to/from **Lima**. *Star Up* 3 days a week from **Lima** and **Trujillo**. Airport 3 km from town; taxi US$1.50, mototaxi US$0.75.

Buses To **Lima**, 856 km, 12-14 hrs, *económico* US$10-11.45, to US$14.30-20 on *Cial's* double-deckers, to US$20-26 for *Cruz del Sur's* luxury service (includes taxi to your lodging in Lima), several buses daily. The road is paved. To **Pacasmayo**, 189 km, 5-6 hrs, US$7, several buses and hourly colectivos. To **Trujillo**, 296 km, 6½ hrs, US$4.30-8.55, regular buses daily 0945-2230 most continue to Lima. To **Chiclayo**, 260 km, 4½ hrs, US$4.85-7.15, several buses daily; you have to change buses to go on to Piura and Tumbes. To **Celendín**, 112 km, 4 hrs, US$2.85, at 0700 and 1300 (*Atahualpa*), 0800 and 1200 (*Palacios*, poor minibuses). The route follows a fairly good dirt road through beautiful countryside. To **Cajabamba**, 75 km, US$2.85, 6 hrs, several daily.

Peru

Among the bus companies are: *Atahualpa*, Atahualpa 299, T823060 (Lima, Celendín, Cajabamba); *El Cumbe*, Independencia 236, T823088 (to Chiclayo and Jaén); *Trans Días*, San Martín y Av Atahualpa, T831283 (Lima, Trujillo, Chimbote, Cajabamba); *Turismo Días*, Sucre y Atahualpa, T828289 (to Lima, Chimbote, Trujillo, Chiclayo); *Emtrafesa*, Atahualpa 315, T829663 (to Trujillo); *Línea*, Atahualpa 318, T823956 (Lima, Trujillo, Chiclayo). *Trans Mendoza*, Atahualpa 179, T828233 (to Chiclayo); *Ormeño*, Vía Evitamiento 474, T829885; *Trans Palacios*, Atahualpa 339, T825855 (Lima, Trujillo, Celendín, Bambamarca); *Rojas*, Atahualpa 409, T823006 (to Cajabamba, buses not coming from Lima). Companies which serve only *Lima* include: *Cial*, Av Atahualpa 300, T828701; *Civa*, Ayacucho 753, T821460; *Cruz del Sur*, Atahualpa 600, T822488.

Directory **Banks** *BCP*, Apurímac 719. Changes Amex TCs, cash advance on Visa, US$11.50 commission, Visa ATM. *Banco Wiese*, Amazonas 750. Accepts Amex and Mastercard TCs, US$3 commission, cash advance on Visa, Mastercard and Diners Club, no ATM for foreign cards. *Interbank*, 2 de Mayo 546, on Plaza. US$5 commission on dollar TCs, Mastercard and Visa ATM. *Telebanco 24 Horas* ATM (Visa) at the gas station next to *Cial* buses on Av Atahualpa. Dollars can be changed in most banks and travel agencies on east side of Plaza. *Casa de cambio* in musical and electrical store at Amazonas 137. Good rates, cash only. **Street changers** on Jr Del Batán by the Plaza de Armas and at Del Batán y Amazonas. **Communications** Internet: *@tajo*, Comercio 716. Open Mon-Sat 0830-0100 daily, US$0.85 per hr, good machines, also for phone calls. *CyberNet*, Comercio 924 on Plaza de Armas. US$0.70 per hr. On 2 de Mayo, *Efe@net*, No 568, and *Maniacos Net*, No 693, US$0.85 per hr. **Post Office:** *Serpost*, Amazonas 443. Open 0800-2045. **Telecommunications:** *Telefónica* offices at Amalia Puga 1022, and Amazonas 518, for national and international calls. On Plaza, by *Casa Blanca*, is a phone office for national and international calls, phone cards on sale. **Tourist offices** *Dirección Regional de Turismo* and Instituto Nacional de Cultura, in the Conjunto Monumental de Belén, Belén 631, T822997, cajamarca@mitinci.gob.pe Helpful, open Mon-Fri 0730-1300, 1415-1900. *Cámara Regional de Turismo (Caretur)* , José Gálvez 771, T831579, careturcajamarca@regionalcaj.zzn.com The University tourist school has an office at Del Batán 289, T821546, offering free advice and leaflets, open 0700-1345 daily. The *Indecopi* office is at 2 de Mayo 359, T823315, caraujo@indecopi.gob.pe

The Chachapoyas Region

Cajamarca is a convenient starting point for the trip east to the province of Amazonas, which contains the archaeological riches of the Chachapoyans, also known as Sachupoyans. Here lie the great pre-Inca cities of Vilaya (not yet developed for tourism), Cerro Olán and the immense fortress of Kuelap, among many others.

Celendín
Phone code: 076
Colour map 3, grid B2

East from Cajamarca, this is the first town of note, with a pleasant plaza and cathedral. Festival 16 July (Virgen del Carmen). There is also an interesting local market on Sunday where you can buy cheap sandals and saddlebags.

Sleeping and eating **E-F** *Hostal Celendín*, Jr Unión 305, on Plaza, T855041, F855239. Colonial, best value, limited hot water, good restaurant. **E** *Loyer's*, José Gálvez 410, T855210. Cheaper without bath, patio, nice. **F** *Amazonas*, J Gálvez, four blocks from plaza. OK, helpful. **F** *Hostal Maxmar*, Jr 2 de Mayo 349, T855414. Cheaper without bath, hot water, parking, good value, refurbished 2002, owner Francisco is very helpful. Eating places: *Bella Aurora*, Gran y José Gálvez, good. *Jalisco*, Jr Unión, on the Plaza. Good value breakfasts and other meals, but beware overcharging. *La Reserve*, José Gálvez 313, good quality and value. *Santa Isabel*, Jr José Gálvez 512. Clean, OK. There are several others.

It is common for buses to leave later than the set time, to break down and to suffer long delays (up to several days) in the wet season

Transport **Buses** To **Cajamarca**, 107 km, 4-5 hrs: with *Atahualpa*, 2 de Mayo 707, Plaza de Armas, T855256, at 0700 and 1300 daily, US$2.85; *Palacios*, Jr Unión 333, Plaza de Armas, at 0645 and 1300 daily, poor minibuses, US$3. To **Chachapoyas** via Balsas and Leymebamba, 12-14 hrs (may be much longer in the rainy season, take warm clothing, food and water): *Virgen del Carmen*, Cáceres 117, on Sun and Thu at 1100, US$7.20. Other local transport leaves from the market area.

The road is in terrible condition to Chachapoyas, and barely passable in the rainy season because of landslides. It follows a winding course through the north Andes, crossing the wide and deep canyon of the Río Marañón at Balsas. The road climbs steeply with superb views of the mountains and the valleys below. The fauna and flora are spectacular as the journey alternates between high mountains and low rainforest.

Half of the bus journey is done at night

There are plenty of ruins around this pleasant town, many of them covered in vegetation. The *Comité Turístico* on the plaza is the place to go for all information on how to reach sites, including Laguna de los Cóndores (see below), for guides and horse hire. There are several basic hotels (**E-F**, eg *Laguna de los Cóndores*, Jr Amazonas, half a block from plaza, cheaper without bath, warm water) and restaurants (eg *Cely Pizza's* on the plaza, great for breakfast and evening meal – no pizzas though). ■ *Buses from Chachapoyas to Celendín pass Leymebamba about 4 hrs after departure; no guarantee of a seat. There are also combis, minibuses and trucks.*

Leymebamba

La Congona, a Chachapoyan site, is well worth the effort, with stupendous views. It consists of three hills: on the easterly, conical hill, the ruins are clustered in a small area, impossible to see until you are right above them. The other hills have been levelled. La Congona is the best preserved of three sites, with 30 round stone houses (some with evidence of three storeys) and a watch tower. The two other sites, El Molinete and Pumahuanyuna, are nearby. ■ *It is a brisk three hours' walk from Leymebamba along a clearly marked trail which starts at the end of the street with the hotels. All three sites can be visited in a day but a guide is advisable; ask in the* Comité Turístico.

At **Laguna de los Cóndores** in 1996, a spectacular site consisting of six burial *chullpas*, containing 219 mummies and vast quantities of ceramics, textiles, woodwork, *quipus* and everyday utensils from the late Inca period, was discovered near a beautiful lake in a jungle setting. All the material was moved to a new museum at San Miguel (3 km south of Leymebamba – 30-40 minutes' walk, take the footpath and ask directions constantly, the road is much longer, taxi US$1.40). It is beautifully laid-out, very informative and, in one a/c room, has over 200 mummies. ■ *Museum open Mon-Sat 0900-1200, 1400-1700, entry US$4.35. The trip to Laguna de los Cóndores takes 10-12 hrs on foot and horseback from Leymebamba, nine hrs return.*

The road to Chachapoyas crosses the Utcubamba River, passes through **Palmira** and heads north. Before Puente Santo Tomás there is a turn-off which heads east beyond **Duraznopampa** to the small town of **Montevideo**. Another Chachapoyan site is **Cerro Olán**, reached by colectivo to San Pedro de Utac, a small village beyond Montevideo, then a 30 minute walk. From the Plaza a clear trail rises directly into the hills east of town to the ruins, which can be seen from the village. Here are the remains of towers which some archaeologists claim had roofs like mediaeval European castles.

Further north are the towns of **Yerbabuena** and **Puente Santo Tomás**, which is at the turn-off for the burial *Chullpas* of **Revash**, of the Revash culture (AD 1250).

The attractive town of **Jalca Grande** (or La Jalca as it is known locally), at 2,600 m, lies between Montevideo and Tingo, up on the east side of the main valley. In the town itself, one block west of the Plaza de Armas, is the interesting and well-preserved Chachapoyan habitation of **Choza Redonda**, which was inhabited until 1964. There is one very basic *hostal*, otherwise ask the mayor. Take a torch. ■ *Combis from Chachapoyas at about 1300 daily (except Sat); 3½ hrs, US$1.85; return from La Jalca at 0500 daily. Or take transport to Ubilón, on the main road north to Tingo, from where it's a strenuous 3 hr walk uphill.*

Situated in the Utcubamba valley, much of this village was washed away in the floods of 1993. About 3½ km above Tingo in the hills is Tingo Nuevo. **E** pp *Valle Kuelap*, hot water, comfortable, restaurant (contact at Grau 623, Chachapoyas). **F** pp *Albergue León*, Jr Saenz Peña s/n, no sign, walk 50 m from police checkpoint to corner and turn left, it's the third house on left (righthand door), T999390. Basic, run by Lucho León, who is very knowledgeable. *Restaurant Kuelap*, at the junction of the main road with the road on the south bank of the Río Tingo. Two other eating

Tingo

Phone code: 041
Colour map 3, grid B2
Altitude: 1,800 m
25 km from Leymebamba
37 km S of Chachapoyas

Peru

places. ■ *For transport from Chachapoyas to Tingo, see Chachapoyas, Transport. Several combis (from 0500) daily to Chachapoyas. Tingo to Leymebamba takes 2 hrs, US$1.75.*

Kuelap
Altitude: 3,000 m

Kuelap is a spectacular pre-Inca walled city which was re-discovered in 1843. It was built over a period of 200 years, from AD 900 to 1100 and contained three times more stone than the Great Pyramid at Giza in Egypt. The site lies along the summit of a mountain crest, more than 1 km in length. The massive stone walls, 585 m long by 110 m wide at their widest, are as formidable as those of any pre-Columbian city. Some reconstruction has taken place, mostly of small houses and walls, but the majority of the main walls on both levels are original, as is the inverted, cone-shaped dungeon. The structures have been left in their cloud forest setting, the trees covered in bromeliads and moss, the flowers visited by hummingbirds. Guides are available; pay them what you think appropriate. ■ *0800-1700, US$3 (50% discount for students with identification). The ruins are locked; the guardian, Gabriel Portocarrero, has the keys and accompanies visitors. He is very informative.*

Sleeping Walking up from Tingo, the last house to the right of the track (*El Bebedero*) offers very basic accommodation (bed, breakfast and evening meal from US$6, good meals, friendly, helpful). The *Instituto Nacional de Cultura* (INC) hostel is 100 m below the ruins, with a dormitory for 12, US$1.75 pp, no running water, lovely setting, simple meals available from caretaker. Free camping. **At Choctámal:** *Los Tambos Chachapoyanos* (**F** pp with sheets and towels, **G** pp with sleeping bag). Cold at night. Check if it is open by asking in Choctámal for whoever has the key, or contact the address under Chachapoyas, Tour operators.

Transport There are 4 options: 1) Take a tour from Chachapoyas. 2) Hire a vehicle with driver in Chachapoyas, for example Sr Victor Torres, T777688, or ask at Salamanca y Grau. 3) Take a combi from Chachapoyas to María or Quizanga, US$2.85, or to Choctámal, the mid-point on the 36 km tortuous road from Tingo to Kuelap, which has been improved (see under Chachapoyas for details). You can stay in Choctámal with a family or at the Tambos Chachapoyanos lodge (see below), then walk 19 km (4-5 hrs) along the road to the site. 4) Take a combi from Chachapoyas to Tingo, spend the night, then take the 3½-4 hrs' strenuous walk uphill from Tingo; take waterproof, food and drink, and start early as it gets very hot. Only the fit should try to ascend and descend in one day on foot. In the rainy season it is advisable to wear boots; at other times it is hot and dry (take all your water with you as there is nothing on the way up). There are taxis between Tingo and Kuelap, US$10-20.

Chachapoyas

Phone code: 041
Colour map 3, grid B2
Population: 25,000
Altitude: 2,234 m

The capital of the Department of Amazonas, founded in 1538, was an important crossroads between coast and jungle until the 1940s. Archaeological and ecological tourism in the 1990s is slowly bringing in new economic benefits. The modern cathedral stands on the spacious Plaza de Armas.

Huancas, which produces rustic pottery, can be reached by a two-hour walk on the airport road. Colectivos leave from Jr Ortiz Arrieta y Salamanca; 20 minutes, US$0.45. Walk uphill from Huancas for a magnificent view into the deep canyon of the Río Sonche.

Sleeping
■ *on map*

C *Gran Vilaya*, Ayacucho 755, T777664, vilaya@wayna.rcp.net.pe The best in town, comfortable rooms with firm beds, parking, English spoken, all services. **D** *Casa Vieja*, Chincha Alta 569, T777353, casavieja@terra.com.pe In a converted old house, very nicely decorated, family atmosphere, hot water, cable TV, *comedor*, continental breakfast, internet and library. Recommended. **D** *El Tejado*, Grau 534, Plaza de Armas. On first floor, same entrance as restaurant, good, laundry. **D** *Revash*, Grau 517, Plaza de Armas, T777391, revash@tsi.com.pe Excellent hot showers, patio, helpful, laundry, sells local items, good local information. Recommended. **E** *Belén*, Jr Ortiz Arrieta, on Plaza next to the bank. Hot water, nicely furnished, new in 2002. **E** *El Dorado*, Ayacucho 1062, T777047. Hot water, helpful. **E** *Hostal Kuelap*, Amazonas 1057,

T777136. Hot water, cheaper without TV, cheaper still with shared bath and cold water, parking. Recommended. **F** *Hostal Amazonas*, Grau 565, Plaza de Armas, T777199. Cheaper with shared bath, large rooms, nice patio, no breakfast, basic. **F** *Hostal El Danubio*, Tres Esquinas 193 y Junín 584, Plazuela Belén, some distance from centre, T777337. Hot water, cheaper with shared bath and cold water, meals can be ordered in advance. **F** *Hostal Johumaji*, Ayacucho 711, T777279, olvacha@ddm.com.pe Hot water, cheaper without TV, meals extra. **G** *Laguna de los Cóndores*, Salamanca 941, T777492. Very basic, shared bath, cold water.

Eating
● *on map*

El Tejado, upstairs at Grau 534, Plaza de Armas. Good quality, nice view and atmosphere. Recommended. *Chacha*, Grau 541, Plaza de Armas. Popular with locals, good, huge portions. Recommended. *Matalache*, Ayacucho 616. Also good and very popular. *La Estancia*, Amazonas 861. Grill and video pub. *Kuelap*, Ayacucho 832. Good for meat. Recommended. *Las Rocas*, Ayacucho 932 on Plaza. Popular, local dishes, open Sun evening. *Chifa El Turista*, Amazonas 575. Reasonable, helpful. *El Edén*, Amazonas 828, p 2. Vegetarian, good, large helpings, open by 0830, closed Sat afternoon/evening. *Mass Burguer*, Ortiz Arrieta, Plaza de Armas. Excellent juices, cakes, fruit salads. *Café de Guías*, in *Hotel Gran Vilaya*, serves snacks, meals and organic coffee, also has lots of local information, good. It is run by Tom Gierasimczuk, a Canadian archaeologist. The *panadería* at Ayacucho 816 does good breakfasts, open Sun evening when many other places are shut.

Tour operators

Vilaya Tours, c/o *Gran Hotel Vilaya*, Jr Grau 624, T777506, www.vilayatours.com Or internationally T(1-416) 535-1163. Robert Dover, all-inclusive area treks throughout northern Peru catering to international clientele. Excellent guides (eg Luis, speaks good English). They have a regular newsletter and also work in conjunction with commuity projects. Recommended.

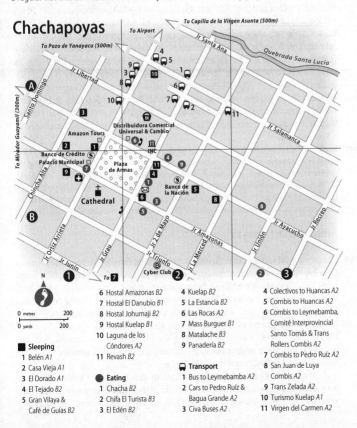

Peru

Chachapoyas

Sleeping
1 Belén *A1*
2 Casa Vieja *A1*
3 El Dorado *A1*
4 El Tejado *B2*
5 Gran Vilaya & Café de Guías *B2*
6 Hostal Amazonas *B2*
7 Hostal El Danubio *B1*
8 Hostal Johumaji *B2*
9 Hostal Kuelap *B1*
10 Laguna de los Cóndores *A2*
11 Revash *B2*

Eating
1 Chacha *B2*
2 Chifa El Turista *B3*
3 El Edén *B2*
4 Kuelap *B2*
5 La Estancia *B2*
6 Las Rocas *A2*
7 Mass Burguer *B1*
8 Matalache *B3*
9 Panadería *B2*

Transport
1 Bus to Leymebamba *A2*
2 Cars to Pedro Ruíz & Bagua Grande *A2*
3 Civa Buses *A2*
4 Colectivos to Huancas *A2*
5 Combis to Huancas *A2*
6 Combis to Leymebamba, Comité Interprovincial Santo Tomás & Trans Rollers Combis *A2*
7 Combis to Pedro Ruíz *A2*
8 San Juan de Luya Combis *A2*
9 Trans Zelada *A2*
10 Turismo Kuelap *A1*
11 Virgen del Carmen *A2*

0 metres 200
0 yards 200

Most hotels will organize tours to Kuelap and other archaeological sites. Those offered by *Gran Vilaya* and *Revash*, US$11.50 pp for full day including lunch are recommended. The German ethnologist, *Dr Peter Lerche* (T/F778438) is an expert on culture and trekking; he sometimes guides groups. *Los Tambos Chachapoyanos* is a private project setting up hostels near the archaeological sites, for instance at Choctámal and Levanto; the director is Charles Motley, 1805 Swann Avenue, Orlando Fl 32809, USA, in Chachapoyas, *Chachapoyas Tours SAC*, Grau 534, Plaza de Armas, p 2, T778078 www.kuelapperu.com In the USA T(1-800)743-0945/(407)851-2289.

Transport **Air** *Tans* from Lima, 0700 Mon, Thu, via Chiclayo, also *LC Busre* Tue and Sat. **Buses** To **Chiclayo** with *Civa* (Ortiz Arrieta 368), at 1600 daily, 10 hrs (may be longer in the rainy season), US$5.75 (US$4.35 to Chamaya junction for Jaén); to **Lima**, 0800, 22 hrs, US$30; *Móvil*, Libertad 1084, T778545; *Turismo Kuelap* (Ortiz Arrieta 412, T778128), at 1500 daily, except Mon and Fri at 1700, US$7; *Transcarh* (La Libertad between La Merced and La Unión), also has buses to Chiclayo and Lima, 20 hrs, US$30. Also *Móvil* to Lima daily via Chiclayo and Trujillo, US$10. To **Celendín**, *Virgen del Carmen* (Av Salamanca y 2 de Mayo, in *El Aguila*), on Tue and Fri at 0700, 12-14 hrs, US$7.20. To **Pedro Ruíz**, for connections to Chiclayo or Tarapoto, combis (US$1.75, 0600-2000) and cars (US$2.60, US$5.20 to Bagua Grande) leave from either side of the corner of Grau and the small street between Salamanca and Libertad, 3 hrs. To **Mendoza** (86 km), *Trans Zelada* from Ortiz Arrieta 310 (also to Chiclayo, Trujillo and Lima); combis (1000 and 1400, 4½ hrs, US$3.45) and cars (leave when full, 3 hrs, US$5.20) leave from Comité Interprovincial Santo Tomás, Grau, by the cul-de-sac between Salamanca and Libertad. For **Kuelap**: if intending to walk up to the fortress, combis leave daily to **Tingo** between 0900 and 1600, Comité Interprovincial Santo Tomás, 2 hrs, US$1.45; alternatively, *Transportes Rollers*, Grau 300 y Salamanca, has combis to **Choctámal** at 0300 ('dirección Yumal') and 0400 ('dirección María') daily, 3½ hrs, US$2, and to **Lónguita** and **María** at 0400, US$2.85, ask the María combi if it will take you to Quizango, the last village before the Kuelap car park. To **Leymebamba**, bus from Grau y Salamanca (vehicle parks on west side, if no one around knock on door opposite), at 1200 daily, 0300 Sun, 4 hrs, US$2. Cars for Leymebamba next to *Rollers* 1300 daily, except Sun, 2½ hrs, 3½ hrs in the wet. To **Jalca Grande**, Comité Interprovincial Santo Tomás, departures about 1300 onwards (few if any on Sat), US$1.75 (return in morning). To **Lamud**, from Comité Interprovincial Santo Tomás between 0600 and 1600, 1 hr, US$1.15, or from *San Juan de Luya*, Ortiz Arrieta 364, also to Luya, throughout the day till 1800, US$1.45. Taxis may be hired from the Plaza for any local destination, eg US$35 per vehicle to Kuelap, US$14.50 to Levanto, return.

Directory **Banks** *BCP*, on plaza, gives cash on Visa card, changes cash and TCs, Visa ATM. No Mastercard ATM or agent. *Hostal Revash*, *Distribuidora Comercial Universal*, Ayacucho 940, Plaza de Armas, and the *Librería* at Amazonas 864, change cash. **Communications** Internet: *Cyber Club*, Triunfo 761, T778419. 2 terminals, closed Sun. *Lili@n's Explorer*, Jr 2 de Mayo 445, T778420, US$0.85 per hr. Also at Ortiz Arrieta 520, Plaza de Armas, formerly Amazon Tours (they can still organize tours). **Post Office:** Grau on Plaza de Armas. **Telephone:** Ayacucho 926, Plaza de Armas, and Grau 608.

Around Chachapoyas

Levanto The Spaniards built this, their first capital of the area, directly on top of the previous Chachapoyan structures. Although the capital was moved to Chachapoyas a few years later, Levanto still retained its importance, at least for a while, as it had been one of the seven great cities of the Chachapoyans as described by Cieza de León and Garcilaso de la Vega. Nowadays Levanto is a small, unspoilt, beautiful colonial village set on flat ground overlooking the massive canyon of the Utcubamba River. Kuelap can, on a clear day, be seen on the other side of the rift. Levanto is a good centre for exploring the many ruins around, being the centre of a network of ancient ruins, fortified redoubts and residential areas.

A 30 minute walk from Levanto are the partly cleared ruins of **Yalape**. The local people will guide you to the ruins. Its scale, like that of Kuelap, can only be described as titanic, with many typical examples of Chachapoyan architecture and masonry.

Los Tambos Chachapoyanos hostel accommodates 12 people; hot shower, lounge with fireplace and kitchen. Small groups of travellers are welcome and beds and bedding are provided in the mayor's office and village meeting hall. There are two small bar-bodegas in the village.

■ *Levanto is 2 hrs by truck or 6 hrs walk from Chachapoyas by a very poor road. Trucks leave from the market in Chachapoyas most days at 0600, US$0.90; trucks and combis from outside Bodega El Amigo on Jr Hermosura at 1400. The nicest way to get there is by the Inca Road, 4-5 hrs. Take the heavy transit road out of Chachapoyas for 40 mins, then take the stone path on the left. It is in pretty good shape, with one 15-m long stone stairway in excellent condition. Ask in Chachapoyas market if anyone returning to Levanto will guide you for a small fee. A taxi from Chachapoyas to Levanto and back, including driver waiting while you look around, is US$14.50.*

On the road to Mendoza via Pipus and Cheto are the pre-Inca ruins of **Monte Peruvia** (known slocally as Purunllacta), hundreds of white stone houses with staircases, temples and palaces. The ruins have been cleared by local farmers and some houses have been destroyed. A guide is useful as there are few locals of whom to ask directions. The area is currently undergoing initial excavation by archaeologist Jorge Ruiz (ask for him in the *Café de Guías* in Chachapoyas). He believes that the entire structure is one of the largest in the Chachapoyas realm. If you get stuck in Pipus, ask to sleep at restaurant *Huaracina* or the police station next door. There are no hotels in Cheto but a house high up on the hill above the town with a balcony has cheap bed and board. The same family also has a house on the Plaza. The ruins are two-hour walk from Cheto. ■ *There is no direct transport from Chachapoyas. Take a combi at 0930 and 1500 from Jr Salamanca, 4th block down from market, to Pipus, at the turn-off to Cheto; 1½ hrs, US$1.35. A camioneta leaves Pipus for Cheto early morning, US$0.90; or a 2 hr walk on a rough road.*

East of Chachapoyas
40 km from Chachapoyas

The road east from Chachapoyas continues on to **Mendoza**, the starting point of an ethnologically interesting area in the Guayabamba Valley, where there is a high incidence of fair-skinned people. See *The Peru Handbook* for more information.

On a turn-off on the road 37 km from Chachapoyas to Pedro Ruíz, is **Lamud**, which is a convenient base for several interesting sites, such as San Antonio and Pueblo de los Muertos. There is **D** Hostal Kuelap, Garcilaso de la Vega 452, on the plaza, and, a few doors down, *Restaurant María*, cheap, excellent value, popular, the owner's son is a good local guide and charges around US$10 per day. About 20 minutes' drive south of Lamud, on the same road, is the village of **Luya**, with *Hostal Jucusbamba*, under US$3. From here, more sites can be reached: Chipuric and Karajía, where remarkable, 2½-m high sarcophagi set into an impressive cliff face overlook the valley. Ask for directions in Luya. Best to take a local guide (US$3.50-5 a day). ■ *Buses and combis to Lamud and Luya are listed under Chachapoyas, Transport. The road is unpaved but in reasonable condition.*

Northwest of Chachapoyas

Peru

From Chachapoyas the road heads north through the beautiful river canyon for 2-3 hours to a small crossroads, **Pedro Ruíz** (three hotels; basic restaurants), where you return to the coast or continue to Yurimaguas, making the spectacular descent from high Andes to high jungle. ■ *Many buses to and from Chiclayo, Tarapoto (9-10 hrs) and Chachapoyas all pass through town, mostly at night from 2000-2400. There is no way to reserve a seat and buses are usually full. Combis (US$1.75) and cars (US$2.30) to Bagua Grande, 1½ hrs; to Moyobamba US$5.75, 4 hrs. Combis (US$1.75) and cars (US$2.60) also go to Chachapoyas, 3 hrs.*

Chachapoyas to the Amazon

Pedro Ruíz to **Rioja** (with basic hotels) is 198 km, on a paved road. In the rainy season, this and the continuation to Moyobamba and Tarapoto (which is being upgraded) can be subject to landslides. ■ *Pedro Ruíz to Nuevo Cajamarca, US$3.45 (combi), 4½ hrs, then a further 45 mins, US$1.15 to Rioja. There are regular combis to Moyobamba (21 km, US$0.85, 45 mins).*

Moyobamba

Phone code: 042
Colour map 3, grid B2
Population: 14,000
Altitude: 915 m

Moyobamba, capital of San Martín department, is a pleasant town, in an attractive valley. Mosquito nets can be bought cheaply. This area has to cope with lots of rain in the wet season; in some years the whole area is flooded. **Puerto Tahuiso** is the town's harbour, where locals sell their produce at weekends. From **Morro de Calzada**, there is a good view of the area; take a truck to Calzada, 30 minutes, then walk up, 20 minutes. There are Baños Termales at San Mateo, 5 km from Moyobamba, which are worth a visit, and sulphur baths at Oromina, 6 km from town.

Sleeping and eating **A** *Puerto Mirador*, Jr Sucre, 1 km from the centre, T/F562050 (in Lima T442 3090, F442 4180, Av R Rivera Navarrete 889, of 208, San Isidro). Includes breakfast, nice location, pool, good restaurant. **C** *Marcoantonio*, Jr Pedro Canga 488, T/F562045/319. Smartest in town centre, hot water, TV, restaurant. **E** *Hostal Atlanta*, Alonso De Alvarado 865, T562063. Hot water, TV, fan, good but noisy, no breakfast. **E** *Hostal Country Club*, Manuel del Aguila 667, T562110. Hot water, comfortable, garden. Recommended. **E** *Hostal Royal*, Alonso de Alvarado 784, T562662, F562564. Hot water, TV (cheaper without), laundry, cafeteria. **G** pp *Hostal Cobos*, Jr Pedro Canga 404, T562153. With bath, cold water, simple but good. *La Olla de Barro*, Pedro Canga y S Filomeno. Typical food, the most expensive but still good value. *Rocky's*, Pedro Canga 402. Typical food, good. Both open for breakfast. Also on Pedro Canga, No 451, is *Chifa Kikeku*. *Edén*, 3rd block of Callao. Vegetarian.

Transport **Buses**: Terminal Terrestre, about a dozen blocks from the centre on Av Grau, which leads out of town (mototaxi to the centre US$0.30). To **Tarapoto** (many companies including *Turismo Tarapoto*, T563307), US$2.85, 3¼ hrs. Buses en route from Tarapoto to Pedro Ruíz and Chiclayo arrive at about 1400, except *Mejía*, which has a departure at 1100. **Combis** *Transportes y Turismo Selva*, Jr Callao entre Benavides y Varacadillo: to **Tarapoto** US$2.85, **Yurimaguas** US$6.35, **Rioja** US$0.85; departures 0530-1900. **Cars** to **Tarapoto** (3 hrs, US$6) and **Rioja** (30 mins, US$1.30) from Jr Pedro Canga.

Directory **Banks**: *BCP*, Alonso de Alvarado 903 y San Martín. ATM for Visa/Plus. *BBV Continental*, San Martín 494. **Tourist office** Dirección Regional de Turismo, Jr San Martín 301, on the plaza, T562043, dritinci-ctarsm@ddm.com.pe Helpful, some leaflets and a map. Information on excursions and hikes is available from the **Instituto Nacional de Cultura**, Jr Benavides 352, which also has a small departmental museum, entry US$0.35.

Tarapoto

Phone code: 094
Colour map 3, grid B2

Tarapoto is a very friendly place, eager to embrace tourism and agricultural development with a good local market 1½ blocks from Plaza de Armas on Av Raimondi. The 109 km from Moyobamba to Tarapoto has been greatly improved and is almost entirely paved. It is heavily used by trucks, with fuel and meals available. At 35 km from Tarapoto towards Moyobamba a road leads off to **Lamas** where there is a small museum, with exhibits on local Indian community (Lamistas). ■ *US$0.60, custodian will show you round*. In the town, *Rolly's*, San Martín 925, just off the plaza, serves good food, Rolly is friendly. ■ *Getting there: Colectivo from Tarapoto, 30 mins, US$0.85, from Paradero Lamas on road to Moyobamba (take mototaxi from centre, US$0.45).*

About 14 km from Tarapoto on the spectacular road to Yurimaguas are the 50 m falls of **Ahuashiyacu**, which can be visited by tour from Tarapoto (US$4.50 by mototaxi). Entry is US$0.30 (toilets US$0.15). This is a popular place at lunchtimes and weekends. The entire falls can be seen from the *recreo turístico El Paraíso Verde*, with a restaurant serving typical food, drinks, toilets, swimming pool (US$0.60), also popular. There are many other waterfalls in the area.

Sleeping **A** *Nilas*, Jr Moyobamba 173, T527331, nilas-tpto@terra.com.pe Modern, hot water, a/c, TV, fridge, internet access, pool, jacuzzi, gym, airport transfer, very well appointed. **A** *Río Shilcayo*, Pasaje Las Flores 224, 1 km east of town in La Banda de Shilcayo, T522225, F524236 (in Lima T447 9359). Excellent meals, non-residents can use the swimming pool for a fee. **B** *Lily*, Jiménez Pimentel 405-407, T523154, F522394. Hot water, a/c, TV, includes breakfast and tax, laundry, sauna, restaurant. **C** *La Posada Inn*, San Martín 146, T522234, laposada@terra.com.pe Central, comfortable, hot water, fridge, TV, some rooms with a/c, nice atmosphere, breakfast and lunch. **D** *El Mirador*, Jr San Pablo de la Cruz 517, T522177. 5 blocks uphill from the plaza, cold water, fan, TV, very welcoming, laundry facilities, breakfast (US$2) and hammocks on roof terrace with good views, also offers tours. Recommended. **E** *Edinson*, Av Raimondi y Maynas, 10 m from Plaza Mayor, T523997, T/F524010. Cheaper without bath and a/c, cold water, breakfast, comfortable, karaoke bars and disco. **E** *July*, Jr Alegría Arias de Morey 205, T522087. Cold water, TV, fridge, no breakfast. **E** *Alojamiento Tarapoto*, Jr Grau 236, T522150, alojatarapoto@mixmail.com Cold water, TV, fan, no breakfast. **F** *Hostal San Antonio*, Jr Jiménez Pimentel 126, T522226. With TV, fan, courtyard, no breakfast. Noisy but recommended. **F** *Los Angeles*, Jr Moyobamba, near the Plaza, T525797. Good value, **G** without bath, laundry facilities, restaurant. **G** pp *Alojamiento Santa Juanita*, Av Salaverry 602, Morales (20 mins from centre). New, good beds, fan, family run, owner speaks English, safe.

Eating The best are *Real* and *El Camarón*, in the same building on Moyobamba on the Plaza, expensive. *Las Terrazas*, Ramírez Hurtado, also on the Plaza, typical food, recommended. *Chifa Lug Ming*, San Pablo de la Cruz, Chinese. *Pizza Selecta*, J Vargas 185, for pizza, lasagne and chicken. Regional specialities: *cecina* (dried pork), *chorizo* (sausage – good and tasty), both usually served with *tocacho*, *juanes*, *inchicapi* and *ensalada de chonta* (see under Iquitos, Eating). Interesting juices are *cocona*, made with cloves and cinnamon, and *aguajina*, from the *aguaje* fruit (deep purple skin, orange inside, sold on street corners).

Transport Air: US$1.75 per taxi airport to town, US$1.45 mototaxi (no bus service, but no problem to walk). To **Lima**, 1 hr, with *Aviandina* (Moyobamba y San Pablo de la Cruz, T524332), and *Tans,* Plaza Mayor 491 (T525339), daily, who also fly to **Iquitos** and to **Chiclayo** twice a week. *Saosa*, M de Compagñón 468, has flights in small planes to **Pucallpa** and other places. **Buses** Buses to the west leave from Av Salaverry, Morales, 10 mins by mototaxi from the Plaza, except *Turismo Ejecutivo/Ejetur*, Cabo A Leveau in the centre. Many companies to **Moyobamba**, 116 km, US$2.85, 3¼ hrs, **Pedro Ruíz**, US$7.20 (US$8.65 *Turismo Tarapoto*, T523259, and *Paredes Estrella*, T523681), 9 hrs, **Chiclayo**, 690 km, 22 hrs, US$11.50, **Trujillo**, 25 hrs, and **Lima**, US$20. Combis to Moyobamba leave from *Turismo La Selva*, Av Salaverry. Cars to Moyobamba, US$5.75. Buses to **Yurimaguas** leave from the eastern side of Tarapoto, US$3.45, 5-6 hrs, several companies (same price by combi); pick-ups, daily, US$5.75 in front, US$2.85 in the back; cars US$7.20. Truck/pick-up leaves for Yurimaguas (usually 0800-0900, and in the afternoon) from Jorge Chávez 175, down Av Raimondi 2 blocks, then left along Av Pedro de Urzua.

Directory Banks: *BCP*, Maynas 134. Efficient, changes TCs, ATM for Plus/Visa. *BBV Continental*, Ramírez Hurtado, Plaza Mayor, with Visa/Plus ATM. *Interbank*, Grau 119, near the Plaza, for MasterCard. Charges no commission on changing TCs for soles. There are many street changers near the corner of Maynas and Jiménez Pimentel, on the Plaza Mayor. **Communications: Internet:** Four places close to each other: at San Martín y Arias de Morey, Arias de Morey 109 and 136, and San Martín 129. **Tourist offices:** Some tourist information can be found at the **Casa del Turista**, Moyobamba on the Plaza Mayor, which is mostly a handicrafts shop, and at the **Cámara de Comercio**, Moyobamba y Manco Cápac.

Chachapoyas to the Coast

The road from Pedro Ruiz (see page 1123) goes west to Bagua Grande and then follows the Río Chamaya. It climbs to the Abra de Porculla (2,150 m) before descending to join the old Pan-American Highway at Olmos (see page 1132). The section Pedro Ruíz-Olmos is paved. From Olmos you can go southwest to Chiclayo, or northwest to Piura. **Bagua Grande** is the first town of note heading west and a busy, dusty place with many hotels and restaurants on the main street. Cars (US$2.30) and combis (US$1.75) depart from Av Chachapoyas when full to Pedro Ruíz, 1½ hours.

Some 50 km west of Bagua Grande, a road branches northwest at Chamaya to **Jaén**, a convenient stopover en route to the jungle. It is a modern city and a rice-growing centre. Festival, *Nuestro Señor de Huamantanga*, 14 September.

Jaén
Phone code: 076
Colour map 3, grid B2
Population: 25,000

Sleeping and eating **C** *El Bosque*, Mesones Muro 632, T/F731184. With fridge, pool, parking, gardens, best in town. **C** *Prim's*, Diego Palomino 1353, T731039, hotel prims@terra.com.pe Good service, comfortable, hot water, internet and computer service, small pool. Recommended. **D** *Hostal Cancún*, Diego Palomino 1413, T733511. Pleasant, hot water, fan, restaurant, pool. Recommended. **D** *Hostal Diana Gris*, Urreta 1136, T732127. Family run, TV, fan, laundry service, café. **E** *Hostal César*, Mesones Muro 168, T731277, F731491. Fan, phone, TV (cheaper without), parking, restaurant, nice. **E** *Hostal Bolívar*, Bolívar 1310, Plaza de Armas, T/F734077. With fan, TV, no breakfast. **E** *Santa Elena*, San Martín 1528, T732713. Basic. **F** *San Martín*, San Martín 1642. Basic, hot water, negligent staff. *La Cueva*, Pardo Miguel 304. Recommended restaurant. There are many others around the plaza.

Transport **Bus** to **Chiclayo** with *Civa*, Mariscal Ureta 1300 y V Pinillos (terminal at Bolívar 936), at 1030 and 2130 daily, 8 hrs, US$3.75. To **Lima** (US$17) on Mon, Wed and Fri, 1500, US$13-14.50. Many others to Chiclayo including *Ejetur*, Mesones Muro 410, at 2030, US$4.35, continuing to **Trujillo**, US$7.20; several from a terminal in the middle of the 4th block of Mesones Muro, and *Línea*, Mesones Muro 475, T733746, 1300 and 2300, US$4.35. To **Moyobamba** via Pedro Ruíz (the crossroads for Chachapoyas, 4 hrs) and Rioja: *Turismo Jaén*, R Castilla 421, T731615, US$7.20. Continuing to **Tarapoto**: *Ejetur*, US$10. Cars (US$2) run in the early morning and when full from *San Agustín*, Av Mesones Muro y Los Laureles to **Bagua Grande** (1 hr), where connections can be made for Pedro Ruíz. Combis do the same route (US$1.30) from Servicentro San Martín de Porras, Mesones Muro, 4th block.

To Ecuador A road runs north to **San Ignacio** (107 km, **F** pp *La Posada*, OK), near the border with Ecuador (*fiesta* 31 Aug). Combis run from the *paradero* at the northern exit of Jaén, 3½-hrs, good, unmade road (US$3, from 0330 till the afternoon). From San Ignacio colectivo taxis run to Namballe, US$2.30, 3 hrs, 15 mins before the border (hotel, **G** pp) and on to the border at La Balsa, 2 hours, US$3. This new, official border post has a vehicle bridge under construction, but until it's ready you cross the river on a raft made from oil drums, US$0.25. To leave Peru, go first to the PNP police office, then knock loudly on the door of the new immigration building to summon the officer. It may be possible to change money in the immigration posts. Once through Ecuadorean immigration, you can take a *chiva* to Zumba, 1230 and 1730, 1½ hrs on a bad road, US$1.50, and then a bus to Vilcabamba and Loja.

Directory **Banks** *BCP*, Bolívar y V Pinillos. Cash only; ATM (Visa/Plus). *Banco Continental*, Ramón Castilla y San Martín. Cash, US$5 commission for TCs. *Cambios Coronel*, V Pinillos 360 (*Coronel 2* across the street at 339). Cash only, good rates. Others on plaza, next to public phones. Cash only. **Communications** Internet: *Fotocenter Erick*, Pardo Miguel 425. US$1.15 per hr.

Chiclayo

Phone code: 074
Colour map 3, grid B1
Population: 280,000

Since it was founded in 1560 by Spanish priests, Chiclayo has grown to become a major commercial hub. The city has an atmosphere all of its won and a distinctive musical tradition featuring Afro-indian rhythms, but is best known for the spectacular cache of archaeological treasures that lie at its doorstep.

In the city itself, on the Plaza de Armas, is the 19th-century neoclassical **Cathedral**, designed by the English architect Andrew Townsend. The **Palacio Municipal** is at the junction of Av Balta, the main street and the Plaza. The private **Club de la Unión** is on the Plaza at the corner of Calle San José. Continue five blocks north on Balta to the **Mercado Modelo**, one of northern Peru's liveliest and largest daily markets. Don't miss the handicrafts stalls (see *Monsefú*) and the well-organized section (off C Arica on the south side) of ritual paraphernalia used by traditional curers and diviners (*curanderos*). Chiclayo's *mercado de brujos* (witch doctors' market) is said to be one of the most comprehensive in South America, filled with herbal medicines, folk charms, curing potions, and exotic objects including dried llama foetuses to cure all manner of real and imagined illnesses. At *Paseo de Artesanías*, 18 de Abril near Balta, stalls sell handicrafts in a quiet, custom-built open-air arcade.

L-A *Gran Hotel Chiclayo*, Villareal 115, T234911, granhotel1@terra.com.pe Including taxes and breakfast, a/c, pool, safe car park, changes dollars, jacuzzi, entertainments, restaurant. Recommended. **L-A** *Garza*, Bolognesi 756, T228172, garzahot@ chiclayo.net A/c, excellent bar and restaurant, pool, car park, tourist office in lobby provides maps, information in English, vehicle hire, jacuzzi. Recommended. **B** *Inca*, Av L González 622, T235931, incahotel@cpi.udep.edu.pe A/c, restaurant, garage, comfortable, helpful. **C** *América*, Av L González 946, T229305, americahotel@ latinmail.com Comfortable, restaurant, good value but laundry and breakfast expensive. Recommended. **C** *Aristi*, Franciso Cabrera 102, T228673. TV, fan, comfortable, parking extra. **C** *Santa Rosa*, L González 927, T224411, F236242. Hot water, fan, laundry service, international phone service, good breakfast downstairs in snack bar. Recommended. **D** *El Sol*, Elías Aguirre 119, T232120, hotelvicus@hotmail.com Including tax, hot water, restaurant, pool, TV lounge, comfortable, free parking, good value. 3 hotels in a row, near the Mercado Modelo: **D** *Kalu*, Pedro Ruíz 1038, T/F228767, HOTELKALU@terra.com.pe Comfortable, TV, laundry, safe, good. **D** *Paracas*, Pedro Ruíz 1046, T221611, F234853. With TV, good value. Recommended. **D** *Paraíso*, Pedro Ruíz 1064, T/F222070, hotelparaiso@terra.com.pe Also comfortable and well-appointed, but can be noisy.

Sleeping
■ *on map*
It is difficult to find decent cheap accommodation in Chiclayo

Chiclayo

Peru

Sleeping
1 Adriático *B3*
2 América *B2*
3 Aristi *C1*
4 El Sol *B1*
5 Europa *B2*
6 Garza *C3*
7 Gran Chiclayo *B1*
8 Hostal San José *A2*
9 Hostal Santa Victoria *C2*
10 Hostal Sicán *C2*
11 Inca *B2*
12 Kalu *A3*
13 Mochicas *C2*
14 Paracas *A3*
15 Paraíso *A3*
16 Royal *B3*
17 Santa Rosa *B2*
18 Sol Radiante *C2*
19 Tumi de Oro *B3*

● **Eating**
1 Boulevar *B2*
2 Café Astória *C2*
3 D'Onofrio *C3*
4 El Huaralino *C1*
5 El Rancho *B3*
6 Fiesta *B1*
7 Govinda *B3*
8 Hebrón *C3*
9 Kaprichos *A3*
10 La Panadería *B2*
11 La Parra *C3*
12 La Plazuela *B1*
13 Las Américas *B3*
14 Mi Tía *B2*
15 Roma *C3*
16 Romana *C3*
    Lambayeque *B1*

🚍 **Transport**
1 Brüning Express to
  Lambayeque *B1*
2 Civa *C3*
3 Colectivos to Lambayeque *A2*
4 Colectivos to Monsefú *A3*
5 Colectivos to Puerto Etén *A3*
6 Combis to Pimental *A2, B1*
7 Cruz del Sur *C3*
8 Emtrafesa *C3*
9 Flores/Cial *C3*
10 Línea *C2*
11 Olano Oltursa *B1*
12 Tepsa *C2*
13 Transportes Chiclayo *B1*

Recommended. **D** *Europa*, Elías Aguirre 466, T237919, F222066. Hot water, **F** without bath (single rooms small), restaurant, good value. **D** *Mochicas*, Torres Paz 429, T237217, mochcas1@ hotmail.com Fan, TV, helpful, good service. **D** *Hostal Santa Victoria*, La Florida 586, Urb Santa Victoria, T/F225074. Hot water, restaurant, free parking, cash dollars exchanged, quiet, 15-20 mins' walk from the centre. **D** *Hostal Sicán*, MM Izaga 356, T237618, F233417. TV, comfortable, welcoming. Recommended. **E** *Royal*, San José 787, on the Plaza, T233421. A bit seedy and rundown, the rooms on the street have a balcony but are noisy. **E** *Sol Radiante*, Izaga 392, T237858, robertoiza@mixmail.com Hot water, comfortable. **E** *Tumi de Oro*, L Prado 1145, T227108. Cheaper without bath, cold water, noisy but generally OK, good restaurant. **F-G** *Hostal San José*, Juan Cuglievan 1370, 1 block from the Mercado Modelo. Basic, acceptable, cold water. There are many other cheap hotels near the Mercado Modelo. **G** pp *Adriático*, Av Balta 1009. Fairly clean but basic, cold water.

Eating
● *on map*
For delicious, cheap ceviche, go to the Nativo stall in the Mercado Central, a local favourite

Expensive: *Fiesta*, Av Salaverry 1820 in 3 de Octubre suburb, T201970. Local specialities, first class. *El Huaralino*, La Libertad 155, Santa Victoria. Wide variety, international and creole. **Mid-range**: *Las Américas*, Aguirre 824. Open 0700-0200, good service. Recommended. For more upmarket than average chicken, but also local food and *parrilla*, are *Hebrón*, Balta 605, and *El Rancho*, Balta 1115 at Lora y Cordero. *Bar/Restaurante Roma*, Izaga 706. Wide choice. *Romana*, Balta 512, T223598. First-class food, usually good breakfast, popular with locals. *Kaprichos*, Pedro Ruíz 1059, T232721. Chinese, delicious, huge portions. *La Parra*, Izaga 746. Chinese and creole, *parrillada*, very good, large portions. **Cheap**: *Café Astoria*, Bolognesi 627. Breakfast, good value *menú*. *Boulevar* Colón entre Izaga y Aguirre. Good, friendly, *menú* and à la carte. *La Plazuela*, San José 299, Plaza Elías Aguirre. Good food, seats outside. *Mi Tía*, Aguirre 650, just off the plaza. Large portions, very popular at lunchtime. In same block is *Greycy*, for good breakfasts, sandwiches and yoghurts. *Govinda*, Balta 1029. Good vegetarian, open daily 0800-2000. *Lo Más Natural*, Luis González y Arica, near market. Sells natural yoghurt, dried fruits, granola. *La Panadería*, Lapoint 847. Good choice of breads, including *integral*, also snacks and soft drinks. *Snack Bar 775*, Ugarte 775. Good breakfast, US$0.85. For great ice cream try *D'Onofrio*, Balta y Torres Paz.

Festivals

6 Jan: *Reyes Magos* in **Mórrope**, **Illimo** and other towns, a recreation of a medieval pageant in which pre-Columbian deities become the Wise Men. On **4 Feb:** *Túcume* devil dances (see below). **Holy Week**, traditional Easter celebrations and processions in many villages. **2-7 Jun:** *Divine Child of the Miracle*, Villa de Etén. **27-31 Jul:** *Fexticum* in Monsefú, traditional foods, drink, handicrafts, music and dance. **5 Aug:** pilgrimage from the mountain shrine of **Chalpón** to **Motupe**, 90 km north of Chiclayo; the cross is brought down from a cave and carried in procession through the village. At **Christmas** and **New Year**, processions and children dancers (*pastorcitos* and *seranitas*) can be seen in many villages, eg **Ferreñafe**, **Mochumi**, **Mórrope**.

Tour operators

The Brüning Museum, Sipán and Túcume (see Around Chiclayo) can easily be visited by public transport. Expect to pay US$18-25 pp for a 3-hr tour to Sipán; US$25-35 pp for Túcume and Brüning Museum (5 hrs); Batán Grande is US$45-55 pp for a full-day tour including

Ferreñafe and Pomac; to Zaña and coastal towns, US$35-55 pp. These prices are based on 2 people; discount for larger groups. *Indiana Tours*, Colón 556, T222991, F225751, indianatours@terra.com.pe Daily tours to nearby archaeological sites and museums and a variety of other daily and extended excursions with 4WD vehicles; English and Italian spoken, Handbook users welcome, reservations for national flights and hotels.

Taxis Mototaxis are a cheap way to get around; US$0.50 anywhere in city, but they are not allowed in the very centre.

Transport

Air José Abelardo Quiñones González airport 1 km from town, T233192; taxi from centre US$1. Daily flights to/from **Lima**, with *Aero Continente/Aviandina* (who also fly to Piura) and *Lan Perú*, who also fly to **Trujillo**. To **Cajamarca** with *LC Busre* Sat and Sun,

Buses No terminal terrestre; most buses stop outside their offices on Bolognesi. To **Lima**, 770 km, US$11.50 and US$17.15 for *bus cama*: *Civa*, Av Bolognesi 714, T223434; *Cruz del Sur*, Bolognesi 888, T225508; *Ormeño*, Bolognesi 954A; *Las Dunas*, Bolognesi block 1, luxury service with a/c, toilet, meals, leaves at 2000; *Línea*, Bolognesi 638, T233497, *especial* and *bus cama* service; *Olano Oltursa*, ticket office at Balta e Izaga, T237789, terminal at Vicente de la Vega 101, T225611; *Móvil*, Av Bolognesi 195, T271940; *Transportes Chiclayo*, Av L Ortiz 010, T237984. Most companies leave from 1900 onwards. To **Trujillo**, 209 km, with *Emtrafesa*, Av Balta 110, T234291, almost hourly from 0530-2015, US$2.85, and *Línea*, as above. To **Piura**, US$2.85, *Línea* leaves all day; also *Emtrafesa* and *Flores*, Bolognesi 751, T239579. To **Sullana**, US$4.35. To **Tumbes**, US$5.75, 9-10 hrs; with *Cial*, or *Transportes Chiclayo*; *Oltursa* overnight service at 2015, arrives 0530 (good for crossing to Ecuador the next day), seats can be reserved, unlike other companies which tend to arrive full from Lima late at night. Many buses go on to the **Ecuadorean border** at **Aguas Verdes**. Go to the *Salida* on Elías Aguirre, mototaxi drivers know where it is, be there by 1900. All buses stop here after leaving their terminals to try and fill empty seats, so discounts may be possible.

The cheapest buses may not be the most secure

To **Cajamarca**, 260 km; *Línea*, normal 2200, US$4.85, *bus cama* 2245 US$7.15; many others from Tepsa terminal, Bolognesi y Colón, eg *El Cumbe*, T231454, 3 a day, US$4.30, *Días*, T224448. To **Chachapoyas**, 230 km: *Civa* 1630 daily, 10-11 hrs, US$5.75; *Turismo Kuelap*, in Tepsa station, 1830 daily, US$7. To **Jaén**, US$4.35-5.15: *Línea* at 1300, 2300, 8 hrs; *Señor de Huamantanga*, in Tepsa station, T274869, 1145, 2230 daily; *Turismo Jaén*, in Tepsa station, 7 a day. To **Tarapoto**, 18 hrs, US$11.50, with *Ejetur*, Bolognesi 536, T209829, also *Turismo Tarapoto*, Bolognesi 751, T636231.

Airline offices *Aero Continente* and *Aviandina*, Elías Aguirre 712, T209916. *LC Busre*, Elias Aguirre 830, T275340. **Banks** *BCP*, Balta 630, no commission on TCs for US$100 or more (US$12 commission if less), cash on Visa, Visa ATM. *Banco Wiese Sudameris*, Balta 625, changes Amex TCs, cash advance on Visa card, ATM for Visa/Plus. *Banco Santander*, Izaga y Balta, changes Amex Tcs, takes Mastercard. *Interbank*, on Plaza de Armas, no commission on TCs, OK rate, good rates for cash, MasterCard ATM. All open Sat morning. **Communications Internet:** Lots of places, particularly on San José and Elías Aguirre, average price US$0.60 per hr. *Africa Café*, San José 473, T229431, with café downstairs. *Internet 20*, San José y Luis González. *Ciber Café Internet*, MM Izaga 716. **Post Office:** on 1 block of Aguirre, 6 blocks from Plaza. **Telephone:** *Telefónica*, headquarters at Aguirre 919; bank of phone booths on 7th block of 7 de Enero behind Cathedral for international and collect calls. Phone card sellers hang around here. **Cultural centres** Instituto Peruano Británico, Av 7 de Enero 254, T227521. **Instituto Nacional de la Cultura**, Av L González 375, T237261, occasional poetry readings, information on local archaeological sites, lectures, etc. **Instituto de Cultura Peruano-Norteamericana**, Av Izaga 807, T231241. **Alianza Francesa**, Cuglievan 644, T236013. **Medical services** Ambulance: *Max Salud*, 7 de Enero 185, T234032, F226501, maxsalud@telematic.edu.com **Tourist offices** Centro de Información Turística, CIT, Sáenz Peña 838, T238112. **Indecopi**, Av Balta 506, T209021, F238081, ctejada@indecopi.gob.pe Mon-Fri 0800-1300, 1630-1930, for complaints and tourist protection. The **tourist police**, Av Sáenz Peña 830, T236700 ext 311, 24 hrs a day, are very helpful and may store luggage and take you to the sites themselves. There are tourist kiosks on the Plaza and outside *El Rancho* restaurant on Balta. For local news and occasional tourist information on specific places in Spanish, www.laindustria.com (website of the local newspaper). Another site to try is www.bcm.notrix.net/lambayeque

Directory

Beware of counterfeit bills, especially among street changers on 6th block of Balta, on Plaza de Armas and 7th block of MM Izaga

Peru

Around Chiclayo

Lambayeque

A multisite entrance ticket is available for US$4.35 covering most of the sites mentioned below. It can be bought at the INC in Chiclayo or any of the sites themselves

About 12 km northwest from Chiclayo is Lambayeque, its narrow streets lined by colonial and republican houses, many retaining their distinctive wooden balconies and wrought iron grill-work over the windows. For example, on 8 de Octubre are **Casona Iturregui Aguilarte**, No 410, and, at No 328, **Casona Cúneo** with the only decorated façade in the town; opposite is **Casona Descalzi**, perhaps the best preserved. On Calle 2 de Mayo see especially **Casa de la Logia o Montjoy/Munyeo**, whose 64 m long balcony is said to be the longest in the colonial Americas. Also of interest is the 16th-century **Complejo Religioso Monumental de San Pedro** and the baroque church of the same name which stands on the **Plaza de Armas 27 de Diciembre**.

The reason most people visit is to see the town's two museums, both highly recommended. The **Brüning Archaeological Museum**, in an impressive modern building, specializes in Mochica, Lambayeque/Sicán and Chimú cultures, and has a fine collection of Lambayeque gold. ■ *Daily 0900-1700, US$2, guided tour in Spanish extra US$2.85, most exhibits labelled in English.* Three blocks east is the new **Museo de las Tumbas Reales de Sipán**, shaped like a pyramid. The magnificent treasure from the tomb of 'The Old Lord of Sipán' (see below), and a replica of the Lord of Sipán's tomb are displayed here . A ramp from the main entrance takes visitors to the third floor, from where you descend, mirroring the sequence of the archaeologists' discoveries. ■ *Tue-Sun 0900-1700, US$2.*

Hotels include *Jopami*, Grau 143, T282367, *Karla*, Huamachuco 758, T282930, *Lambayeque*, Tarapacá 261, T283474, all **E**, and **F** pp *La Posada Norteña*, Panamericana Norte Km 780, T282602, quiet, safe, cold water; several good restaurants, few open at night. ■ *Colectivos from Chiclayo US$0.50, 20 mins, leave from Pedro Ruíz at the junction with Av Ugarte. Also Brüning Express combis from Vicente de la Vega entre Angamos y Av L Ortiz, every 15 mins, US$0.20.*

Sipán

At this imposing complex a short distance east of Chiclayo, excavations since 1987 in one of three crumbling pyramids have brought to light a cache of funerary objects considered to rank among the finest examples of pre-Columbian art. Peruvian archaeologist Walter Alva, leader of the dig, continues to probe the immense mound that has revealed no less than 12 royal tombs filled with 1,800-year-old offerings worked in precious metals, stone, pottery and textiles of the Moche culture (circa AD 1-750). In the most extravagant Moche tomb discovered, El Señor de Sipán, a priest was found clad in gold (ear ornaments, breast plate, etc), with turquoise and other valuables. A site museum features photos and maps of excavations, technical displays and replicas of some finds.

In another tomb were found the remnants of what is thought to have been a priest, sacrificed llama and a dog, together with copper decorations. In 1989 another richly appointed, unlooted tomb contained even older metal and ceramic artefacts associated with what was probably a high-ranking shaman or spiritual leader, called 'The Old Lord of Sipán'. Three tombs are on display, containing replicas of the original finds. You can wander around the previously excavated areas to get an idea of the construction of the burial mound and adjacent pyramids. For a good view, climb the large pyramid across from the Sipán excavation.

■ *The site is open daily 0800-1600 and the museum is open 0800-1700, entrance for tombs and museum is US$2. Getting there: Buses to Sipán leave from Terminal Este Sur-Nor Este on C Nicolás de Piérola, east of the city (take a taxi there, US$1; it can be a dangerous area), US$0.40, 1 hr; guide at site US$2.85 (may not speak English). To visit the site takes about 3-4 hrs.*

Túcume

About 35 km north of Chiclayo, beside the old Panamericana to Piura, lie the ruins of this vast city built over 1,000 years ago. A short climb to the two *miradores* on **Cerro La Raya** (or **El Purgatorio**) offers the visitor an unparalleled panoramic vista of 26 major pyramids, platform mounds, walled citadels and residential compounds flanking a ceremonial centre and ancient cemeteries. One of the pyramids, Huaca Larga, where excavations were undertaken from 1987-92, is the longest adobe structure in the world, measuring 700 m long, 280 m wide and over 30 m high. There is no evidence of occupation of Túcume previous to the Lambayeque people who developed the site between AD 1000 and 1375 until the Chimú conquered the region, establishing a short reign until the arrival of the Incas around 1470. The Incas built on top of the existing structure of **Huaca Larga** using stone from Cerro La Raya. Among the other pyramids which make up this huge complex are: **Huaca El Mirador** (90 m by 65 m, 30 m high), **Huaca Las Estacas**, **Huaca Pintada** and **Huaca de las Balsas** which is thought to have housed people of elevated status such as priests. (Do not climb on the fragile adobe structures.)

Excavations at the site, which were once led by the late Norwegian explorer-archaeologist Thor Heyerdahl of *Kon-Tiki* fame, challenged many conventional views of ancient Peruvian culture. Some suspect that it will prove to be a civilization centre greater than Chan Chán. **A site museum** (same entrance as site), contains architectural reconstructions, photographs and drawings. ■ *Daily 0800-1600 (the site stays open till 1700), US$2; guides at the site charge, US$2.85. There is a good, new hostel, E, built of traditional materials, next to the huacas.*

The town of Túcume is a 10-15 minute walk from the site. On the plaza is the interesting **San Pedro Church**. The surrounding countryside is pleasant for walks and swimming in the river. *Fiesta de la Purísima Concepción*, the festival of the town's patron saint, is eight days prior to Carnival in February, and also in September. ■ *Combis go from Chiclayo, Angamos y Manuel Pardo, US$1.50, 45 mins; a combi from Túcume to the village of Come passes the ruins, hourly. Combi Túcume-Lambayeque, US$0.35, 25 mins.*

Batán Grande, 50 km from Chiclayo, has revealed several sumptuous tombs dating to the middle Sicán period, AD 900-1100. The ruins comprise some 50 adobe pyramids, where some of the best examples of pre-Columbian gold artefacts, notably the 915-g Tumi (ceremonial knife), were found. The site, in 300 ha of desert-thorn forest of mezquite (*Prosopis pallida*), is now a national sanctuary and is protected by police. ■ *Colectivos, US$1.20, leave from 7 de Enero block 15 and J Fanning to the main square of the sugar cane co-operative (in which the ruins are set). You must get permission to visit the site from the co-operative (need to speak Spanish and to pay), and go with site archaeologist; Mon-Fri only; private car (taxi) from co-operative to site, US$7-9. Need full day to visit; impossible in wet season, Jan-Mar. Seek sound advice before you go or go with a tour company.*

The colonial town of **Ferreñafe**, northeast of Chiclayo, is worth a visit, especially for its new **Museo Nacional Sicán**, designed to house objects of the Sicán (Lambayeque) culture from Batán Grande (excellent exhibits, knowledgeable staff, but little English spoken). ■ *From the colectivo terminal ask driver to take you to the museum. Open Tue-Sun 0900-1700, US$2.* The traditional town of **Monsefú**, southwest, is known for handicrafts; good market, four blocks from the plaza. ■ *Handicraft stalls open when potential customers arrive (see also Festivals above).* **Mórrope**, on the Pan-American Highway north of Chiclayo still produces pottery using prehispanic techniques. The beautifully restored 16th-century **Capilla de la Ramada Las Animas** is on the plaza. The ruined Spanish town of **Zaña**, 51 km south of Chiclayo, was destroyed by floods in 1726, and sacked by English pirates on more than one occasion. There are ruins of five colonial churches and the convents of San Agustín, La Merced and San Francisco.

West of Chiclayo are three ports serving the Chiclayo area. The most southerly is **Puerto Etén**, a quaint port 24 km by road from Chiclayo. Its old railway station has been declared a national heritage. In the adjacent roadstead, Villa de Etén, panama hats are the local industry. **Pimentel**, north of Etén, is a beach resort which gets very crowded on Sunday. You can walk along the decaying pier for US$0.25. There are three hotels (**F**) and several seafood restaurants. The surfing between Pimentel and the Bayovar Peninsula is excellent, reached from Chiclayo (14½ km) by road

Peru

branching off from the Pan-American Highway. Sea-going reed boats (*caballitos de totora*) are used by fishermen and may be seen returning in the late afternoon. Nearby **Santa Rosa** has little to recommend it and it is not safe to walk there from Pimentel. ■ *The ports may be visited on a half-day trip. Combis leave from Vicente de la Vega entre Angamos y Av L Ortiz, Chiclayo, to Pimentel; others leave from González y L Prado, 20 mins, US$0.25. Colectivos to Etén leave from 7 de Enero y Arica.*

North of Chiclayo

On the old Pan-American Highway 885 km from Lima, **Olmos** is a tranquil place (several hotels and *Festival de Limón* last week in June). A paved road runs east from Olmos over the Porculla Pass, branching north to Jaén and east to Bagua Grande (see page 1125). The old Pan-American Highway continues from Olmos to Cruz de Caña and Piura. At Lambayeque the new Pan-American Highway, which is in good condition, branches off the old road and drives 190 km straight across the Sechura Desert to Piura. There is also a coast road, narrow and scenic, between Lambayeque and Sechura via Bayovar.

Solo cyclists should not cross the desert as muggings have occurred. Take the safer, inland route. In the desert, there is no water, no fuel and no accommodation. Do not attempt this alone

The Sechura Desert is a large area of shifting sands separating the oases of Chiclayo and Piura. Water for irrigation comes from the Chira and Piura rivers, and from the Olmos and Tinajones irrigation projects which bring water from the Amazon watershed by means of tunnels (one over 16 km long) through the Andes to the Pacific coast. The northern river, the Chira, usually has a superabundance of water: along its irrigated banks large crops of Tangüis cotton are grown. A dam has been built at Poechos on the Chira to divert water to the Piura valley. In its upper course the Piura, whose flow is far less dependable, is mostly used to grow subsistence food crops, but around Piura, when there is enough water, the hardy long-staple Pima cotton is planted.

Piura

Phone code: 073
Colour map 3, grid A1
Population: 324,500
264 km from Chiclayo

A proud and historic city, Piura was founded in 1532, three years before Lima, by the *conquistadores* left behind by Pizarro. There are two well-kept parks, Cortés and Pizarro (with a statue of the *conquistador*, also called Plaza de las Tres Culturas), and public gardens. Old buildings are kept in repair and new buildings blend with the Spanish style of the old city. Three bridges cross the Río Piura to Castilla, the oldest from C Huancavelica, for pedestrians (Puente San Miguel), another from C Sánchez Cerro, and the newest from Av Panamericana Norte, at west end of town. The winter climate, May-September, is very pleasant although nights can be cold and the wind piercing; December to March is very hot.

Sights

Standing on the **Plaza de Armas** is the **cathedral**, with gold covered altar and paintings by Ignacio Merino. A few blocks away is **San Francisco**, where the city's independence from Spain was declared on 4 January 1821, nearly eight months before Lima. The church was being completely rebuilt in 2003. **María Auxiliadora** stands on a small plaza on Libertad, near Av Sánchez Cerro. Across the plaza is the **Museo de Arte Religioso**. The birthplace of Admiral Miguel Grau, hero of the War of the Pacific with Chile, is **Casa Museo Grau**, on Jr Tacna 662, opposite the Centro Cívico. It is a museum and contains a model of the *Huáscar*, the largest Peruvian warship in the War of the Pacific, which was built in Britain. It also contains interesting old photographs. ■ *0800-1300, 1600-1900, free.* Interesting local craftwork is sold at the **Mercado Modelo**. The small but interesting **Museo Municipal Vicús**, with archaeological and art sections, is on Sullana, near Huánuco. **Catacaos**, 12 km to the southwest of Piura, is famous for its *chicha* (quality not always reliable), *picanterías* (local restaurants, some with music, *La Chayo*, San Francisco 493, recommended), tooled leather, gold and silver filigree jewellery, wooden articles, straw hats (expensive) and splendid celebrations in Holy Week. 2 km south of Catacaos is the **Narihualá** archaeological site. ■ *Combis to Catacaos leave when full from bus terminal at block 12 of Av Sánchez Cerro, US$0.25, 20 mins.*

Peru

AL *Los Portales*, Libertad 875, Plaza de Armas, T323072, www.acceso.peru.com/countryclub Includes breakfast, tax and welcome cocktail, in the *Country Club* group, attractively refurbished, the city's social centre, elegant, a/c, hot water, pleasant terrace and patio, nice pool. **C** *Esmeralda*, Loreto 235, T/F327109, www.hotelesmeralda.com.pe Hot water, fan (**B** with a/c), comfortable, good, restaurant. **C** *San Miguel*, Lima 1007, Plaza Pizarro, T305122. Modern, comfortable, TV, café. **D** *El Almirante*, Ica 860, T/F335239. With fan, modern, owner is knowledgeable about the Ayabaca area. **D** *El Sol*, Sánchez Cerro 411, T324461, F326307. Hot water, small pool, snack bar, parking, accepts dollars cash or TCs but won't change them. Recommended. **D** *Perú*, Arequipa 476, T333421, F331530. With fan, safe, laundry service, cold water, modern small rooms, all meals in restaurant extra. **E** *La Capullana*, Junín 925, T321239. Some cheap single rooms, welcoming. **E** *Continental*, Jr Junín 924, T334531. Some rooms with bath, comfortable, no breakfast. **E** *Hostal Moon Night*, Junín 899, T336174. Comfortable, modern, spacious, **F** without bath or TV, good value. **E** *San Jorge*, Jr Loreto 960, T327514. With fan,

Sleeping
■ *on map*
Extremely difficult to find a room in late Jul due to Independence festivities

Piura

Sleeping
1 Algarrobo Inn
2 California
3 Continental
4 El Almirante
5 El Sol
6 Esmeralda
7 Hospedaje Aruba
8 Hostal Los Jardines
9 Hostal Moon Night
10 La Capullana
11 Los Portales
12 Oriental
13 Perú
14 San Jorge
15 San Miguel

● **Eating**
1 Alex Chopp's
2 Brosti Chopp
3 Carburmer & Picantería Los Santitos
4 Chalán de la Avenida
5 Chalán-del Norte
6 Chef R
7 D'Pauli
8 Frutilandia
9 Ganímedes
10 Grand Prix
11 Italia
12 Las Tradiciones Peruanas & Piura Tours
13 Romano & La Cabaña

Peru

cheaper without cable TV, hot water. **F** *Hospedaje Aruba*, Junín 851, T303067. Small rooms but comfortable, shared bath, fan on request. Recommended. **F** pp *California*, Jr Junín 835, upstairs, T328789. Shared bath, own water-tank, mosquito netting on windows, roof terrace, brightly decorated. Recommended (some short stay, though). **F** *Oriental*, Callao 446, T304011. Cheaper without bath and fan, good value but very noisy, TV in reception.

Convenient for buses: **B** *Algarrobo Inn*, Av Los Cocos 389, T307450, algarrobo@compunet.com.pe Hot water, TV, safe, everything works OK but it needs doing up, good breakfast, overpriced. **E** *Hostal Los Jardines*, Av Los Cocos 436, T326590. Hot water, TV, laundry, parking, good value.

Eating
● *on map*

Expensive: *Carburmer*, Libertad 1014. Very good lunches and dinners, also pizza. In the same precinct is *Picantería Los Santitos*, lunch only, wide range of traditional dishes in a renovated colonial house. *La Cabaña*, Ayacucho 598 y Cusco. Pizzas and other good Italian food. **Mid-range**: *Alex Chopp's*, Huancavelica 538. A la carte dishes, seafood, fish, chicken and meats, beer, popular at lunchtime. *Brosti Chopp*, Arequipa 780. Similar, but with lunch *menú* for US$1.45. *Grand Prix*, Loreto 395. Good food, reasonable prices. *La Carreta*, Huancavelica 726. Popular for roast chicken. *Chef R*, Sánchez Cerro 210, near the bridge. Seafood. *Romano*, Ayacucho 580. Popular with locals, extensive menu, excellent set meal for US$1.55. Highly recommended. *Las Tradiciones Peruanas*, Ayacucho 579. Regional specialities, nice atmosphere, also an art gallery. **Cheap**: *Chalán del Norte* several branches for sweets, cakes and ice cream, Tacna 520 on Plaza de Armas, Grau 173 and 450 (*Chalán de la Avenida*). *D'Pauli*, Lima 541. Also for sweets, cakes and ice-cream, good. *Frutilandia*, Jr Tacna 376. Good *menú*, good for breakfast, juices, ices and desserts. *Italia*, Grau 172. For breakfasts, snacks, desserts and juices. *Ganímedes*, Lima 440. A good vegetarian restaurant, very popular set lunch, à la carte is slow but well worth it, try the excellent yoghurt and fruit.

Local specialities: *Majado de Yuca*, manioc root with pork; *Seco de Chavelo*, beef and plantain stew; and *Carne Seca*, sun-dried meat. Its best-known sweet is the delicious *natilla*, made mostly of goats' milk and molasses. Try *pipa fría*, chilled coconut juice drunk from the nut with a straw.

Tour operators

Piura Tours, C Ayacucho 585, T328873, F334379, piuratours@mail.udep.edu.pe The manager Mario speaks very good English.

Transport

Air There are daily flights to and from **Lima** with *Aero Continente/Aviandina* and *Tans*. Also daily flights to and from **Chiclayo** with *Aero Continente*.

Bus Most companies are on Av Sánchez Cerro, blocks 11, 12 and 13. To **Lima**, 1,038 km, 14-16 hrs, from US$7 (eg *Tepsa*), on the Panamericana Norte. Most buses stop at the major cities on route; *Flores*, Av Loreto 1210, T306664; *Ittsa*, Sánchez Cerro 1142, T333982 (US$17.15 on top floor, US$21.50 on lower floor); *Línea*, Sánchez Cerro 1215, T327821; *Tepsa*, Loreto 1198, T323721. To **Chiclayo**, 190 km, 3 hrs, US$2.85, several buses daily. Also several daily buses to **Trujillo**, 7 hrs, 487 km, US$5.75, to travel by day change in Chiclayo. To **Tumbes**, 282 km, 4 1/2 hrs, US$4.80, several buses daily, eg *Cruz del Sur* (La Libertad 1176, T337094, also to Lima), *Cial* (Bolognesi 817, T304250) and *Emtrafesa* (Los Naranjos 235, T337093, also to Chiclayo and Trujillo); also colectivos, US$5.75. To **Talara**, US$2, 2 hrs, with *Eppo*, T331160. To **Paita**, *Trans Dora*, Sánchez Cerro 1391, every 20 mins, 1 hr, US$0.75; also from Paita terminal on Av Gullman, just off Sánchez Cerro. To **Máncora**, US$3.15, 3 hrs, with *Eppo*.

Crossing to Ecuador: go to Tumbes and travel on from there for the Aguas Verdes crossing. There are frequent buses to **Sullana**, 38 km, 30 mins (US$0.45), *Eppo*, *Sullana Express* and *Turismo del Norte*, all on 1100 block of Sánchez Cerro; also colectivos (US$1). To **La Tina** on the Ecuadorean frontier, is a further 128 km, 1 3/4 hrs, US$2.85. It's best to take an early bus to Sullana (start at 0430, leave when full), then a colectivo (see under Sullana). *Coop Loja*, Av Prol Sánchez Cerro 228-58, 1-B, T309407 (mototaxi US$0.70 from centre), direct buses to Loja, 3 a day, 9 hrs, US$10. The route is Sullana-La Tina-Macará (US$3.40)-Loja. There is a connecting colectivo to Vilcabamba from Loja. *Coop Loja* also have a direct bus to Machala via Aguas Verdes at 2230, US$7.20.

Airline offices *Aero Continente*, Libertad 951, T325635. *Tans*, Libertad 442, T302432. **Banks** *BCP*, **Directory**
Grau y Tacna. Cash and Visa and Amex TCs (US$12 commission), cheques changed in the mornings
only, has ATM. *Banco Continental*, Plaza de Armas. Changes Amex TCs with US$10 commission.
Interbank, Grau 170, changes Visa TCs, ATM for Visa, Mastercard and AmEx. *Casas de cambio* are at
Arequipa 722, and Ica 429 and 460. Street changers can be found on Grau outside *BCP*.
Communications Internet: At Arequipa 728 and others in the centre. 10 machines inthe Biblioteca
Municipal, Urb Grau, US$0.60 per hr. **Post Office:** Libertad y Ayacucho on Plaza de Armas. **Telephone:**
Loreto 259, national and international phone and fax. Also at Ovalo Grau 483.
Consulates *Honorary British Consul*, c/o American Airlines, Hancavelica 223, T305990, F333300.
Honorary German Consul, Jutta Moritz de Irazola, Las Amapolas K6, Urb Miraflores, Casilla 76, T332920,
F320310. **Tourist offices** Information at the tourist office on the Plaza de Armas, next to Municipio,
open Mon-Fri 0900-1300, 1600-2000, Sat 0900-1300. **Dirección Regional de Turismo**, Av Fortunato
Chirichigno, Urb San Eduardo, T327351, at the north end of town, helpful when there are problems,
open 0900-1300, 1600-1800. *Indecopi* is also here, T304045. *Touring y Automóvil Club del Perú*,
Sánchez Cerro 1237, T325641, has little information

The port for the area, 50 km from Piura, Paita exports cotton, cotton seed, wool and   **Paita**
flax. Built on a small beach, flanked on three sides by a towering, sandy bluff, it is   *Phone code: 073*
connected with Piura and Sullana by paved highways. It is a fishing port with a long   *Colour map 3, grid A1*
Population: 51,500
history. Several colonial buildings survive, but in poor condition. Bolívar's mistress,   *For buses, see under*
Manuela Sáenz, lived the last 24 years of her life in Paita, after being exiled from   *Piura, Transport*
Quito. She supported herself until her death in 1856 by weaving, embroidering and
making candy, after refusing the fortune left her by her husband. Her house is on the
road into town, adjoining a petrol station. On a bluff looming over Paita is a small
colonial fortress built to repel pirates. Paita was a port of call for Spanish shipping en
route from Lima to Panama and Mexico. It was a frequent target for attack, from
Drake (1579) to Anson (1741).

Sleeping and eating E *El Faro*, Junín 322, T611076. Small and clean. **E** *Hotel Las Brisas*,
Aurora 201, T611023. On sea front, best, modern. *Chifa Hong Kong*, Jr Junín 358, renowned
locally for authentic Chinese food. The restaurant on 2nd floor of Club Liberal building, Jorge
Chávez 161, serves good fish, seafood and crêpes, good value.

Sullana

Built on a bluff over the fertile Chira valley, this is a busy, modern place. San Martín   *Phone code: 073*
is the main commercial street. There are lookouts over the Chira at Plaza Bolognesi   *Colour map 3, grid A1*
and by the arches near the Plaza de Armas. The local fiesta and agricultural fair is   *Population: 154,800*
Reyes, held on 5-29 January.   *38 km N of Piura*

A *Hostal La Siesta*, Av Panamericana 400, T/F502264. At entrance to town, hot water, fan,   **Sleeping &**
B with cold water, pool, restaurant, laundry. **D** *El Churre*, Tarapacá 501, T/F507006. TV, laun-   **eating**
dry, café. Recommended. **E** *Hostal Lion's Palace*, Grau 1030, T502587. With fan, patio, pleas-   *Take care by the*
ant, quiet, no breakfast. **E** *Hospedaje San Miguel*, C J Farfán 204, T502789. **F** without bath,   *market. Do not arrive*
basic, helpful, good showers, staff will spray rooms against mosquitoes, cafetería.   *in town at night*

   Café Café, Tarapacá 484. Sandwiches, tamales, lunch menú US$1, juices and drinks. *Chifa*
Kam Loy, San Martín 925. Most authentic of several *chifas*. *Due Torri*, E Palacios 122. Italian
and regional, popular with locals. On 400 block of Sucre are *La Carreta*, No 419, for chicken,
Cebichería Rincón de Alejo, No 423, *D-licia*, No 434, snacks, and *Chifa Nuevo Dorado*, No
438, Chinese.

Pesa Tours, Espinar 301 y Tarapacá, T/F502237, for airline tickets (flights from Piura) and infor-   **Tour operators**
mation, helpful and friendly. *Pola Tours* on the main plaza. Aero Continente and Tans agency.

Local Taxis: *Radio Taxis*, T502210/504354. **Buses** Most bus companies are on Av José de   **Transport**
Lama. To **Tumbes**, 244 km, 4-5 hrs US$5, several buses daily. **Piura**, 30 mins, US$0.45, frequent buses, colectivos, US$1, taxi US$2. *Eppo, Transportes del Norte* and *Cial* buses are at

Peru

Terminal Turismo del Norte, Callao y Av José de Lama. **Chiclayo** and **Trujillo** see under Piura. To **Lima**, 1,076 km, 14-16 hrs, US$9-18, several buses daily, most coming from Tumbes or Talara, luxury overnight via Trujillo with *Ittsa*, (Av José de Lama 481, T501710) US$18; *Cruz del Sur*, Av José de Lama 100 block; *Continental* (*Ormeño*), Tarapacá 1007. To **Talara**, *Eppo*, Callao y Piérola, 1 block from Av Lama block 3, 1 hr, US$1.25, faster service than *Emtrafesa*, Comercio, 1 block from Lama block 3, US$1, hourly. To **Máncora**, *Eppo*, 5 a day, 3 hrs, US$3.

Directory **Banks** *BCP*, San Martín 685, will change cash and TCs. *Casas de cambio* and street changers on San Martín by Tarapacá. **Communications** Internet: at San Martín 798 and 847 (World Net, US$0.60 per hr), and at Av José de Lama 125 and corner with Tarapacá. **Post Office:** at Farfán 326. **Telephone:** telephone and fax at Miró Quesada 213. **Useful addresses** Immigration: Grau 939.

North to Ecuador

At Sullana the Pan-American Highway forks. To the east it crosses the Peru-Ecuador border at La Tina and continues via Macará to Loja and Cuenca. The excellent paved road is very scenic. The more frequently used route to the border is the coastal road which goes from Sullana northwest towards the Talara oilfields, and then follows the coastline to Máncora and Tumbes.

Border at La Tina-Macará The border crossing is problem-free; **Peruvian immigration** is open 24 hrs and officials are helpful. Go to Peruvian immigration at the end of the bridge, get a stamp, walk across and then go to Ecuadorean immigration. There are no customs searches (vehicles, including colectivos, are subject to full searches, though). There are banks at each side for changing cash only, Mon-Fri; rates are a little better in Macará. There is one *hospedaje* and several eating places on the road down to the bridge.

Transport Combis leave from Sullana to the international bridge from Terminal Terrestre La Capullana, off Av Buenos Aires, several blocks beyond the canal. They leave when full, US$2.85 per person, 2 hrs. It's best to take a taxi or mototaxi to and from the terminal. From the border to Macará is 4 km: walk over the bridge and take one of the pick-ups which run from the border (10 mins, US$0.30, or US$1.25 for whole car). Frequent buses leave the Ecuadorean side for Loja, so if you are not taking the through bus (see under Piura), you can go from Sullana to Loja in a day. From the border to Sullana, cars may leave before they are full, but won't charge extra.

New border crossing at Ayabaca A new crossing to Ecuador goes east from Piura or Sullana to Ayabaca (225 km northeast of Piura; several *hostales*; bus 6 hrs, US$7), home of El Señor Cautivo de Ayabaca whose shrine is the most famous in northern Peru. From Ayabaca it's 2 hrs to Samanguilla, or 2½ to the frontier bridge near the village of Espíndola (US$3 by public transport). Over the bridge it's 4 km to the Ecuadorean village of Jimbura, from where you can get a pick-up to Amaluza (45 mins).

To the border at Tumbes Talara, 112 km north of Piura, is the main centre of the coastal oil area. It has a State-owned, 60,000 barrel-a-day oil refinery and a fertilizer plant. Set in a desert oasis 5 km west of the Panamericana, the city is a triumph over formidable natural difficulties, with water piped 40 km from the Río Chira. La Peña beach, 2 km away, is unspoilt. There is a range of hotels and many cheap restaurants on the main plaza.
■ *Buses to Tumbes, 171 km, 3 hrs, US$3.50, most coming from Piura and stopping at major towns going north; several daily. To Piura, 2 hrs, US$1.75.*

Máncora Máncora, a small, attractive resort stretching along 3 km of the Highway is a popular stop-off for travellers, especially surfers, on the Peru-Ecuador route, with safe bathing on a long, sandy beach and excellent beaches being developed to the south (eg Las Pocitas). Surfing on this coast is best November-March and boards and suits can be hired from *Gondwanaland Café*, US$1.50 each per hour. It is 32 km north of the port of Cabo Blanco.

Sleeping and eating The better hotels are at the southern end of town. **B-C** *El Mar* and *Las Olas*, both on the beach, offer smart, cabin-style rooms with bath, hammocks and gardens, half and full-board rates available. **D** *Punta Ballenas*, south of Cabo Blanco bridge at the south entrance to town, T447 0437 (Lima), **B** in high season. Lovely setting on beach, garden with small pool, expensive restaurant, recommended. **D** *Kimbas*, by Cabo Blanco bridge, follow the dry river bed away from the beach. Good, gardens, parking. Next door is **D** *La Posada*, **C** in high season, nice garden, hammocks, rooms for larger groups, meals on request, parking, camping possible. **D** *Sausalito*, Piura block 4, T858058. Comfortable, quieter rooms at back, breakfast included. **E** *Sol y Mar*, Piura cuadra 2, T858106 (ask for Coqui Quiroga). On beach, basic, restaurant, popular with surfers, shop, internet café (slow), noisy disco next door. **E-E** *Hospedaje Crillon*, Paita 168, 1 block back from Panamericana in centre, T858001. Basic rooms with many beds, shared bath, plenty of water. Recommended. *Stephanies*, adjoining *Sol y Mar* overlooking beach, serves *fuentes*, huge plates big enough for two. *Café La Bajadita*, is the best place in the evening to hang out, eat chocolate cake or *manjarblanco* and listen to rock and reggae. Also good are the two *La Espada* restaurants and *Cebichería Costa Azul* on the highway. Several internet cafés on the highway.

Prices can increase by up to 100% in high season (Dec-Mar)

Transport Talara to El Alto (Cabo Blanco), 32 km, 30 mins, US$0.75, continuing to Máncora, 28 km, 30 mins, US$0.75. To **Talara/Sullana/Piura** with *Eppo*, 5 a day, US$3, 3 hrs; to **Tumbes** (and points in between), combis leave when full, US$1.50, 2 hrs.

At 22 km further north of Máncora, at Km 1187, is the turn-off for **Punta Sal Grande**, 2 km, at the south end of beautiful Playa Punta Sal, a 3 km long sandy beach. The town is very posh, but quiet in the low season. Mototaxis go there from Cancas on the Panamericana, US$3. **Zorritos**, 27 km south of Tumbes, is an important fishing centre with a good beach (the water is not oily). The first South American oil well was sunk here in 1863. This is the only part of the Peruvian coast where the sea is warm all year. There is a good beach at **Caleta La Cruz**, 16 km southwest of Tumbes, where Pizarro landed in 1532. Regular colectivos, US$0.80 each way.

 Sleeping in **Punta Sal**: **B** *Caballito del Mar*, at southern end of the bay, T800814 (Lima 446 3122), caballito@amauta.rcp.net.pe Very good, pool, restaurant. **D** pp *Sunset Punta Sal*, T540041 (Lima 475 2739), puntasunset@hotmail.com **C** with full board (low season price), small pool with jacuzzi, fishing trips, wonderful place. **D** *Hostal Hua*, T608365 (Lima 461 2031), huapuntasal@yahoo.com On the beach, rustic, camping possible, restaurant. Between Bocapán and Los Pinos, 30 km from Tumbes, is **E** pp *Casa Grillo Centro Ecoturistico Naturista*, Los Pinos 563, Youth Hostel, take colectivo from Tumbes market to Los Pinos, or get off bus on Pan-American Highway at Km 1236.5, T/F074-525207, T/F446 2233 (Lima). Excellent restaurant including vegetarian, great place to relax, 6 rooms for up to 4, made of local materials, shared bath, hot water, laundry, surfing, scuba diving, fishing, cycling, trekking, horse riding, camping available US$3 per tent, highly recommended.

Tumbes

The most northerly of Peruvian towns has a long promenade, the Malecón Benavides, beside the banks of the Río Tumbes. It is decorated with arches and a monstrous statue called El Beso (the Kiss). There are some old houses in **Calle Grau**, and a colonial public library in the **Plaza de Armas** with a small museum. The **cathedral**, dating in its present incarnation from 1903, was restored in 1985. There are two pedestrian malls, Paseo de Los Libertadores on Bolívar and Paseo de la Concordia on San Martín, both leading north from the Plaza de Armas. Tumbes is a garrison town: do not photograph the military or their installations – they will destroy your film and probably detain you.

*Phone code: 072
Colour map 3, grid A1
Population: 34,000
141 km N of Talara
265 km N of Piura
The water
supply is poor*

Peru

Sleeping

■ on map
Av Tumbes is still
sometimes referred
to by its old name of
Teniente Vásquez.
At holiday times it can
be very difficult to find
a vacant room

A *Costa del Sol*, San Martín 275, Plazuela Bolognesi, T523991, F525862. Best in town (but avoid noisy front rooms), hot water, minibar, fan, restaurant, good food and service, parking extra, nice garden with pool, helpful manager. **D** *Lourdes*, Mayor Bodero 118, 1 block from main plaza, T522966, F522758. Fan, roof restaurant, slow service. Recommended. **D** *Roma*, Bolognesi 425 Plaza de Armas, T524137. With fan, pleasant, convenient **E** *Amazonas*, Av Tumbes 317, T520629. With fan, noisy, water unreliable morning. **E** *Elica*, Tacna 319, T523870. With fan, quiet, good. **E** *Estoril*, Huáscar 317, 2 blocks from main plaza, T524906. With cold water, OK. **E** *Hostal Tumbes*, Grau 614, T522203. With cold water, fan, good value. Recommended. **E** *Toloa 1*, Av Tumbes 430, T523771. With fan, safe, helpful. **E** *Toloa 2*, Bolívar 458, T524135. With fan, OK. **F** *Sudamericano*, San Martín 130, Paseo de la Concordia. Shared bath, basic but good value. Many other cheap hotels by the market. **Camping** is possible near Rica Playa, by the waterfall on Río Tumbes. Ask at the tourist office.

Eating

● on map

Mid-range: *Classic*, Tumbes 185. Popular and recommended. *Latino*, Bolívar 163, on Plaza de Armas. Good set meals (à la carte expensive), *peña* most evenings. *Los Gustitos*, same address, next door-but-one. Excellent menús and à la carte. *Chifa Wakay*, Huáscar 417. Smart, good. Recommended. **Cheap**: There are inexpensive restaurants on the Plaza de Armas, Paseo de la Concordia and near the markets. Eg *Sí Señor*, Bolívar 119 on the plaza. Good for snacks. *Heladería La Suprema*, Paseo Libertadores 298. Great soya milk ice cream; next door at 296 is *Bam Bam*, for breakfast and snacks. Try *bolas de plátano*, soup with banana balls, meat, olives and raisins, and *sudado*, a local stew.

Tour operators

Most companies offer day tours of the local area for US$20 pp, minimum 2, and US$35-50 pp to the hinterland. *Flamenco Travel*, Av Tumbes 819, T522771. *Preferencial Tours*, Grau 427. Knowledgeable and friendly. *Rosillo Tours*, Tumbes 293, T/F523892. Information, tickets, Western Union agents.

Transport

Air Daily flights to and from Lima and Trujillo with *Aero Continente*. **Buses** Daily to and from **Lima**, 1,320 km, 18-20 hrs, depending on stopovers, US$12 (normal service), US$25 (*Cruz del Sur*), US$34 (*Cruz del Sur VIP* service), excellent paved road. Several buses daily, all on

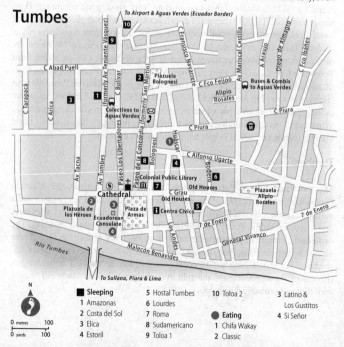

Tumbes

Sleeping ■
1 Amazonas
2 Costa del Sol
3 Elica
4 Estoril
5 Hostal Tumbes
6 Lourdes
7 Roma
8 Sudamericano
9 Toloa 1
10 Toloa 2

Eating ●
1 Chifa Wakay
2 Classic
3 Latino & Los Gustitos
4 Si Señor

Peru

Av Tumbes: *Civa*, N 586, T525120; *Ormeño*, No 314, T522228; *Cruz del Sur*, No 519, T522627; *Trans Chiclayo*, No 466, T525260. Cheaper buses usually leave 1600-2100, more expensive ones 1200-1400. Except for luxury service, most buses to Lima stop at major cities en route. Tickets to anywhere between Tumbes and Lima sell quickly, so if arriving from Ecuador you may have to stay overnight. Piura is a good place for connections in the daytime. To **Sullana**, 244 km, 3-4 hrs, US$4.50, several buses daily. To **Piura**, 4-5 hrs, 282 km, US$4.50 with *Trans Chiclayo*, *Cruz del Sur*, *El Dorado* (Piura 459, T523480) 6 a day; *Comité Tumbes/Piura* (Tumbes N 308, T525977), US$7 pp, fat cars, leave when full, 3½ hrs. To **Chiclayo**, 552 km, 6 hrs, US$5.75, several each day with *Cruz del Sur*, *El Dorado*, and others. To **Trujillo**, 769 km, 10-11 hrs, US$7.15-14.35, *Ormeño*, *Cruz del Sur*, *El Dorado*, *Emtrafesa*. Transport to the Border with Ecuador, see below.

Banks *Banco Continental*, Bolívar 121, cash and Amex TCs only, US$5 commission. *Banco Regional*, 7 de Enero, Plaza de Armas, ATM, TCs exchanged. All banks close for lunch. Bad rates at the airport. *Cambios Internacionales*, Av Tumbes 245, cash only, good rates. Money changers on the street (on Bolívar, left of the Cathedral), some of whom are unscrupulous, give a much better rate than banks or *cambios*, but don't accept the first offer you are given. None changes TCs. **Communications** Internet: Widely available in many cheap cafés and major hotels. **Post Office:** San Martín 208. **Telephone:** San Martín 210. **Consulates** Ecuadorean Consulate, Bolívar 155, Plaza de Armas, T523022, 0900-1300 and 1400-1630, Mon-Fri. **Tourist offices** Centro Cívico, Bolognesi 194, 1st floor, on the plaza. Open 0800-1300, 1400-1800. Helpful, provides map and leaflets. *Pronaturaleza*, Av Tarapacá 4-16, Urb Fonavi, T523412.

Directory

The Río Tumbes is navigable by small boat to the mouth of the river, an interesting two hour trip with fantastic birdlife and mangrove swamps. The **Santuario Nacional los Manglares de Tumbes** protects 3,000 ha of Peru's remaining 4,750 ha of mangrove forest. It contains examples of all five species of mangroves as well as being home to over 200 bird species, especially pelicans. It is best visited via the CECODEM centre near Zarumilla, but arrange with *Pronaturaleza* in Tumbes the day before. ■ *Getting there: Combis run from Tumbes market to Zarumilla, 20 mins, US$0.50. In Zarumilla hire a mototaxi for the 7 km run (20 mins, US$1.50) to the Centre. A 2½-hr guided visit costs US$12, for up to six people.*

Excursions from Tumbes
Mosquito repellent is a must for Tumbes area

The **Parque Nacional Cerros de Amotape** protects 90,700 ha of varied habitat, but principally the best preserved area of dry forest on the west coast of South America. Species that may be sighted include the black parrot, white-backed squirrels, foxes, deer, tigrillos, pumas and white-winged turkeys. *Inrena* permission is needed to enter the area (which *Pronaturaleza* in Tumbes ca arrange). All water needs must be carried which is why most visitors choose to visit by tour. ■ *Access is via the road which goes southeast from the Pan-American Highway at Bocapán (Km 1,233) to Casitas and Huásimo, it takes about 2 hrs by car from Tumbes, and is best done in the dry season (Jul-Nov). Also access via Quebrada Fernández from Máncora and via Querecotilo and Los Encuentros from Sullana.*

The **Zona Reservada de Tumbes** (75,000 ha) lies northeast of Tumbes between the Ecuadorean border and Cerros de Amotape National Park. It protects dry equatorial forest and tropical rainforest. Wildlife includes monkeys, otters, wild boars, small cats and crocodiles. ■ *Access from Tumbes is via Cabuyal, Pampas de Hospital and El Caucho to the Quebrada Faical research station or via Zarumilla and Matapalo. The best accessible forest is around El Narango, which lies beyond the research station.* The Río Tumbes crocodile, which is a UN Red-data species, is found at the river's mouth, where there is a small breeding programme (near Puerto Pizarro), and in its upper reaches. The Reserve is threatened by shrimp farming and intensive gold mining.

Immigration for those leaving Peru is at Zarumilla, at an office 4 km before the border; for those entering Peru, immigration is at the end of the international bridge, west side, at Aguas Verdes. PNP is on the east side. The border is open 24 hours a day and passports can be stamped on either side of the border at any time.

Border with Ecuador

Peru

There are virtually no customs formalities at the border for passengers crossing on foot, but spot-checks sometimes take place

Peruvian immigration formalities are reported as relatively trouble-free, but if you are asked for a bribe by police officers on the Peruvian side of the international bridge, be courteous but firm. You should ask for 90 days. Porters on either side of the border charge too much; don't be bullied and check price beforehand.

Exchange Changing money on either side of the border is a risky business. Rates are poor and cheating is common. Beware forged notes, especially soles. Change only enough money to get to a town with a reputable bank or cambio.

Sleeping If stuck overnight in the border area there is a hotel in **Aguas Verdes**: **E** *Hostal Francis*, Av República de Perú 220, T561177, OK. Aguas Verdes also has phone booths and airline ticket offices. There are 4 hotels in **Zarumilla**, at Km 1290 on the Pan-American Highway, 5 km south of Aguas Verdes.

Lots of kids help with border crossing

Transport Between Tumbes and the border: colectivos leave from block 3 of Av Tumbes, US$1 pp or US$6 to hire car, and wait at the immigration office before continuing to the border, 30-40 mins. Colectivos can cross the bridge, taxis cannot (so don't hire a Peruvian taxi to take you into Ecuador). **Make sure the driver takes you all the way to the border and not just as far as the complex 4 km south of the bridge**. Returning from the border, some colectivos leave from near the bridge, but charge more than others which leave 2 blocks down along main street by a small plaza opposite the church. Combis leave from the market area along Mcal Castilla across from Calle Alipio Rosales, US$0.75, luggage on roof. They leave passengers at the immigration office. Old, slow city buses ply the same route as combis, US$0.40. Combis and buses return to Tumbes from an esplanade 3 blocks east of the colectivo stop, but don't wait at immigration. All vehicles only leave when full. From the border to Zarumilla by mototaxi costs US$0.50 pp. Taxi to Tumbes, including wait at immigration, US$6.

Entering Peru

Transport Bus: It is easier to take a colectivo to Tumbes and then a bus south, rather than trying to get on a bus from the border to a southern destination. **Car**: when driving into Peru, vehicle fumigation is not required, but there is one outfit who will attempt to fumigate your vehicle with water and charge US$10. Beware of officials claiming that you need a *carnet* to obtain your 90-day transit permit; this is not so, cite Decreto Supremo 015-87-ICTI/TUR. Frequent road tolls between Tumbes and Lima, approximately US$1 each.

The South Coast

The Nazca lines, the Paracas bird reserve and Peru's main wine and pisco-producing area around Ica feature among the attractions along the desert coast south of the capital. The Pan-American Highway runs down to Chile, after heading inland towards Arequipa.

South from Lima

Most beaches have very strong currents and can be dangerous for swimming; if unsure, ask locals

The first 60 km from Lima are dotted with a series of seaside resort towns and clubs: El Silencio (Km 30), Punta Hermosa (Km 35), and Punta Negra (Km 40). At **San Bartolo** (43 km) accommodation is available at **C-D** *Casa Resort Peñascal*, Av Las Palmeras 258, T430 7436, www.surfpenascal.com Relaxing, surf specials, with breakfast, hot water, laundry, right on the sea. At Km 60 is the charming fishing village of **Pucusana**, with **D-E** *Centro Turístico Bevedere*, T430 9228, on hill overlooking town, comfortable, good restaurant.

At the prosperous market centre of **San Vicente de Cañete**, 150 km south of Lima on the Río Cañete, a paved road runs inland, mostly beside the Río Cañete to the Quebrada de Lunahuaná. After the town of **Lunahuaná** (40 km), the road continues unpaved to Huancayo up in the sierra (see page 1216).

Lunahuaná is 8 km beyond the Inca ruins of **Incawasi**, which dominated the valley. You can taste the wines of the *bodegas* (wine cellars) in the valley. *Fiesta de la Vendimia*, grape harvest, first weekend in March. At the end of September/beginning October is the *Fiesta del Níspero* (medlar festival).Several places offer rafting and kayaking: from November-April rafting is at levels 4-5. May-October is low water, levels 1-2 only. Excellent kayaking is 2½ hours upriver. A festival of adventure sports is held every February. There are several hotels, ranging from **A** to **E**, and restaurants in Lunahuaná and surrounding districts.

Chincha is a fast-growing town where the negro/criollo culture is still alive. The famous festival, *Verano Negro*, is at the end of February while, in November, the *Festival de las Danzas Negras* is held in the black community of El Carmen, 10 km south. Chincha is a good place to sample locally produced wine and pisco and local *bodegas* have guided tours.

Chincha Alta
Colour map 3, grid C3
35 km N of Pisco

Sleeping **AL** *Hacienda San José*, 17th-century ranch-house, 9 km south of town in El Carmen district, T056-221458, www.peru-hotels.com/chinsanj.htm   Full board (cheaper Mon-Thu), beautiful buildings, but overpriced, pool, garden, small church, colonial crafts, the tunnels believed to link up with other ranches and the catacombs, where many slaves were interred, can be visited, US$3 pp, very busy at weekends. Several other hotels and restaurants in Chincha itself.

Pisco

The largest port between Callao and Matarani is a short distance to the west of the Pan-American Highway. The two parts of town, Pisco Pueblo with its colonial-style homes, and Pisco Puerto, which, apart from fisheries, has been replaced as a port by the deep-water Puerto General San Martín, have expanded into one.

Phone code: 056
Colour map 3, grid C3
Population: 82,250
237 km S of Lima

In Pisco Pueblo, half a block west of the quiet Plaza de Armas, with its equestrian statue of San Martín, is the **Club Social Pisco**, Av San Martín 132, the headquarters of San Martín after he had landed at Paracas Bay. There is an old Jesuit church on San Francisco, one block from the plaza, separated from the Municipalidad by a narrow park. The newer **Cathedral** is on the main plaza. Avenida San Martín runs from the Plaza de Armas to the sea.

B *Regidor*, Arequipa 201, T/F535220/219, regidor@mail.cosapidata.com.pe With TV, fan, jacuzzi, café and restaurant, sauna, very good, price negotiable at quiet times. **D** *Posada Hispana Hostal*, Bolognesi 236, T536363, www.posadahispana.com Rooms with loft and bath, also rooms with shared bath (**G** pp), hot water, can accommodate groups, comfortable, breakfast extra, information service, English, French, Italian and Catalan spoken. Recommended. **D** *Hostal San Jorge*, Jr Juan Osores 267-69. Hot showers, good service, breakfast in flower-filed patio. **E** *Hostal Belén*, Arequipa 128, Plazuela Belén, T533046. Comfortable, hot water. Recommended. **E** *El Condado*, Arequipa 136, Plazuela Belén, T533623. Hot water, cable TV, laundry, breakfast available, tours to Ballestas arranged. **E** *Pisco*, on Plaza de Armas, T532018, vonlignau@LatinMail.com **F** without bath, lower prices Nov-Mar, hot water, breakfast US$1.75, bar, agency arranges recommended tours to Ballestas and Paracas, parking for motorcycles. **E** *Hostal La Portada*, Alipio Ponce 250, T532098. Free coffee, hot water. Recommended. **E** *Hostal San Isidro*, San Clemente 103, T/F536471, hostalsanisidro@lettera.net Cheaper without bath, hot water 24 hrs, safe, laundry facilities, use of kitchen, English spoken, parking. **F** pp *Hostal Pisco Playa* (Youth Hostel), Jr José Balta 639, Pisco Playa, T532492. Kitchen and washing facilities, quite nice, breakfast US$1.50.

Sleeping

As de Oro, San Martín 472. Good, reasonable prices, closed Mon. *El Dorado*, main plaza opposite Cathedral. Good value local dishes. *Don Manuel*, Comercio 179, US$2-4 for main dish. There are seafood restaurants along the shore between Pisco and San Andrés and in San Andrés itself.

Eating

Peru

Transport **Taxis** on Plaza de Armas. Combis from Repartición (see below), stop at Comercio by Plaza Belén. **Buses** If arriving by bus, make sure it is going into town and will not leave you at the Repartición which is a 5-km, 10 min combi, US$0.50, or taxi ride, US$1, from the centre. To **Lima**, 242 km, 3½ hrs, US$3, buses and colectivos every hour. Company offices in Pisco are: *Ormeño*, San Francisco, 1 block from plaza, and *San Martín* at San Martín 199. To **Ayacucho**, 317 km, 8-10 hrs, US$7-10, several buses daily (*Expresos Molina* recommended), leave from San Clemente 10 km north on Panamericana Sur, take a colectivo (20 mins), book in advance to ensure seat and take warm clothing as it gets cold at night. To **Huancavelica**, 269 km, 12-14 hrs, US$7, with *Oropesa*, coming from Ica; also a few trucks. To **Ica** US$2 by colectivo, US$0.70 by bus, 45 mins, 70 km, 11 daily, with *Ormeño*, also *Saky* (Pedemonte y Arequipa). To **Nasca**, 210 km, by bus, US$5, 3 hrs, via Ica, at 0830 with *Oropesa*, and 3 daily with *Ormeño*. To **Arequipa**, US$12, 10-12 hrs, 3 daily.

Directory **Banks** ATMs at banks on Plaza, mostly Visa. *BCP* on Plaza de Armas gives good rates, for Amex and cash; also on Plaza, *Interbank* for Mastercard. **Communications** Internet: *Bill Gates Computer School*, San Francisco, next to church. **Telephone:** telephone and fax office on Plaza de Armas between Av San Martín y Callao.

Paracas National Reserve

One of the best marine reserves, with the highest concentration of marine birds in the world

Down the coast 15 km from Pisco Puerto is the bay of **Paracas**, sheltered by the Paracas peninsula. (The name means 'sandstorm' – they can last for three days, especially in August; the wind gets up every afternoon, peaking at around 1500.) Paracas can be reached by the coast road from San Andrés, passing the fishing port and a large proportion of Peru's fishmeal industry. Alternatively, go down the Pan-American Highway to 14.5 km past the Pisco turning and take the road to Paracas across the desert. After 11 km turn left along the coast road and one km further on fork right to Paracas village. The peninsula, a large area of coast to the south and the Ballestas Islands are a National Reserve. ■ *Entrance US$1.70 pp.*

It's advisable to see the peninsula as part of a tour it is not safe to walk alone and it is easy to get lost

Return to the main road for the entrance to the Reserve (ask for a map here). There's an archaeological museum. ■ *Daily 0900-1700, US$1, a shop (guide books, film, drinks), a visitors' centre and a natural history museum.* You can walk down to the shore from the museum to see flamingoes feeding in Paracas bay (boat trips do not go to see flamingoes; in January-March the flamingoes go to the Sierra). The tiny fishing village of Lagunilla is 5 km from the museum across the neck of the peninsula; its beaches are free from sting rays but not very clean. The eating places tend to be overpriced, but *Rancho de la Tía Fela* is recommended. A network of firm dirt roads, reasonably well signed, crosses the peninsula (details from Park Office or ask for 'Hoja 28-K' map at Instituto Geográfico Militar in Lima). Other sights on the peninsula include Mirador de los Lobos at Punta El Arquillo, 6 km from Lagunilla, with view of sea lions; and a rock formation in the cliffs called La Catedral, 6 km from Lagunilla in the opposite direction.

About 14 km from the museum is the pre-Columbian Candelabra (**Candelabro** in Spanish) traced in the hillside, at least 50 m long, best seen from the sea. Condors may be seen (February/March) from the (bad) road between Paracas and Laguna Grande.

Sleeping & eating

Ask for permission to camp in the reserve, but note that there is no water. Do not camp alone as robberies occur

A *Paracas*, bungalows on beach (T Pisco 545100, hparacas@terra.com.pe). Good food, not cheap, good buffet lunch on Sun US$25, fine grounds facing the bay, it is a good centre for excursions to the Peninsula and flights over Nasca, tennis courts, open-air pool (US$2 for non-residents), also houses the Masson ceramics collection which is worth seeing. 2-hr dune-buggy trips can be arranged for US$25 pp. **C** *El Mirador*, at the turn-off to El Chaco. Hot water, no phone, good service, boat trips arranged, meals available, sometimes full board only, reservations in Lima, T445 8496, ask for Sra Rosa. Camping is possible on the beach near the *Hotel Paracas* at a spot called La Muelle, no facilities, sea polluted. Excellent fried fish at open-sided restaurants at El Chaco (see below), eg *Jhonny y Jennifer*, friendly. *El Chorito*, close to *Hotel Paracas*.

Peru

Taxi from Pisco to Paracas about US$3-4; combis to/from El Chaco beach (marked 'Chaco-Paracas-Museo') when full, US$0.50, 25 mins; some of them continue to the museum. The last one returns at about 2200.

Transport
No public transport on the peninsula

Trips to the **Islas Ballestas** leave from the jetty at El Chaco, the beach and fishing port by Paracas village. The islands are spectacular, eroded into numerous arches and caves (*ballesta* means bow, as in archery), which provide shelter for thousands of seabirds, some of which are very rare, and hundreds of sea lions. The book *Las Aves del Departamento de Lima* by Maria Koepcke is useful.

Ballestas Islands

Tours For trips to Islas Ballestas: *Blue Sea Tours*, Chosica 320, San Andrés, Pisco, also at El Chaco, guides Jorge Espejo and Hubert Van Lomoen (speaks Dutch) are frequently recommended, no time limit on tours. On C San Francisco, Pisco: *Paseo Turístico Islas Ballestas*, No 109, multi-lingual guide, recommended. *Ballestas Travel Service*, No 251, T535564, recommended. *Paracas Tours*, No 257. *Paracas Islas Tours*, Comercio 128, T665872, recommended. *The Zarcillo Connection*, San Francisco 111, T262795, www.zarcilloconnections.com, also good for Paracas National Reserve. The main hotels in Pisco and Paracas will also arrange tours (eg *Hotel Paracas*, US$18 in their own speedboat, 0900-1700). Full day tour of islands and peninsula US$20 pp ½-day boat tour to islands US$9-10 pp, usually starting at 0730, returning 1100 to avoid rougher seas in the afternoon; out of season tours are a lot cheaper. Few tours include Isla San Gallán, where there are thousands of sea lions. You will see, close up, thousands of inquisitive sea lions, guano birds, pelicans, penguins and, if you're lucky, dolphins swimming in the bay. All boats are speedboats with life jackets, some are very crowded; wear warm clothing and protect against the sun. The boats pass Puerto San Martín and the Candelabra en route to the islands.

Beware scams, only book tours in company offices not in hotels, nor on the street

A 317 km road goes to Ayacucho in the sierra, with a branch to Huancavelica. It is fully paved. At Castrovirreyna it reaches 4,600 m. The scenery on this journey is superb.

Inland from Pisco

    Tambo Colorado, one of the best-preserved Inca ruins in coastal Peru, is 48 km from Pisco, up the Pisco valley. It includes buildings where the Inca and his retinue would have stayed. Many of the walls retain their original colours. On the other side of the road is the public plaza and the garrison and messengers' quarters. The caretaker will act as a guide, he has a small collection of items found on the site. ■ *US$1.50. Getting there: Buses from near the plaza in Pisco, 0800, US$1.60, 3 hrs; also colectivos, US$1.20 pp. Alight 20 mins after the stop at Humay; the road passes right through the site. Return by bus to Pisco in the afternoon. For transport back to Pisco wait at the caretaker's house. Taxi from Pisco US$25. Tours from Pisco agencies US$10 with guide, minimum 2 people.*

Ica

Ica is Peru's chief wine centre and is famous for its *tejas*, a local sweet of *manjarblanco*. The **Museo Regional** has mummies, ceramics, textiles and trepanned skulls from the Paracas, Nasca and Inca cultures; a good, well-displayed collection of Inca counting strings (*quipus*) and clothes made of feathers. Behind the building is a scale model of the Nasca lines with an observation tower; a useful orientation before visiting the lines. The kiosk outside sells copies of motifs from ceramics and textiles (US$2) and good maps of Nasca for US$1.65. ■ *Mon-Sat 0800-1900, Sun 0900-1800, US$1.15. Getting there: take bus 17 from the Plaza de Armas (US$0.50). Some tourist information is available at travel agencies. Also try Touring y Automóvil Club del Perú, Calle Fermín Tangüis 102, Urb San Miguel, T219393, ica@touringperu.com.pe*

Phone code: 056
Colour map 3, grid C3
Population: 152,300
70 km SE of Pisco
Beware of thieves when changing buses and around the Plaza de Armas

    Wine bodegas that you can visit are: **El Carmen**, on the right-hand side when arriving from Lima (has an ancient grape press made from a huge tree trunk). **El Catador**, José Carrasco González, 10 km outside Ica, in the district of Subtanjalla, has a shop selling home-made wines and pisco, and traditional handicrafts

Peru

associated with winemaking. In the evening it is a restaurant-bar with dancing and music, best visited during harvest, late February to early April, wine and pisco tasting usually possible. ■ *1000-1800. Getting there: combi from the 2nd block of Moquegua, every 20 mins, US$0.40. Taxi takes 10 mins, US$1.50.* Near El Catador is **Bodega Alvarez**, whose owner, Umberto Alvarez, is very hospitable and won the gold medal for the best pisco in Peru in 1995. Ask about *pisco de mosto verde* and the rarer, more expensive *pisco de limón*.

About 5 km from Ica, round a palm-fringed lake and amid amazing sand dunes, is the popular oasis and summer resort of **Huacachina**, a great place to relax. Its green sulphur waters are said to be curative and thousands of visitors come to swim here. In late 2001 the water and shore were reported to be dirty and polluted. **Sandboarding** on the dunes is a major pastime here; board hire US$1 per hour, from Manuel's restaurant, where you can also pitch a tent. **NB** For the inexperienced, sandboarding can be dangerous on the big dunes. ■ *Take a taxi from Ica for under US$1.*

Sleeping
Hotels are fully booked during the harvest festival and prices rise greatly

AL *Las Dunas*, Av La Angostura 400, T231031, F231007, plus 18% tax and service, about 20% cheaper on weekdays. Highly recommended, in a complete resort with restaurant, swimming pool, horse riding and other activities, it has its own airstrip for flights over Nasca, 50 mins. Lima offices: Ricardo Rivera Navarrete 889, Oficina 208, San Isidro, Casilla 4410, Lima 100, T/F442 4180. **C** *Sol de Ica*, Lima 265, T236168, 1 block from Plaza de Armas, soldeica_hotel@peru.com Quite comfortable, breakfast extra, swimming pool, tour agency. **C-D** *Hostal Siesta I*, Independencia 160, T233249. Hot water, hospitable owner, noisy. *Siesta II*, T234633, similar. **E** *Princess*, Urb Santa María D-103, T/F215421, princesshotelos@yahoo.com A taxi ride from the main plaza, with hot water, TV, pool, tourist information, helpful, peaceful, very good. **E** *Konfort*, La Mar 251, 4 blocks from plaza, T233672. Possible to park motorcycle. **E** *Hostal El Aleph*, Independencia 152. Good. **F** *Hostal Cristian*, Ayacucho 352, T218048. Large, clean ,friendly. **F** *Hostal Palacios*,Tacna 177. Modern, clean, good value. **F** *Hostal Paraíso*, Bolívar 418, T215457. Clean, quiet, basic. **F** *Salaverry*, Salaverry 146, T214019. Basic but clean, shared bathroom, cold water.

At Huacachina A *Mossone* is at the east end of the lake, T213630, otorres@derramajae.org.pe Full board available, lovely patio, pool, bicycles and sandboards for guests' use. Recommended. **C** *Hostería Suiza*, Malecón 264, T238762, hostessuiza@yahoo.com Overlooking lake, quiet, includes breakfast. **F** *Casita de Arena*, T215439. Basic rooms, **G** without bath, bar, small pool, laundry facilities, board hire, popular with backpackers, check your change carefully. **F** *Hostal Rocha*, T222256. Hot water, family run, kitchen and laundry facilities, board hire, small pool, popular with backpackers, but generally run-down and dirty. **G** *Hostal Titanic*, T229003. Small rooms, pool and café, clothes washing, board hire, good value. There are lots of eating places around the lake.

Eating
La Bruja de Cachiche, Cajamarca 118. Serves local dishes. *Chifa Karaoke Central*, Urb Los Viñedos de Santa María E-25, T221294. Excellent Chinese food. *Café Mogambo*, Tacna 125. A good place for breakfast. *El Otro Peñoncito*, Bolívar 255. Lunch US$6, friendly. *Pastelería Velazco*, on Plaza de Armas. Good service. *Pizzería Venecia*, Lima 252. Best pizzas in town. *Viña Mejía*, Callao 179. A rustic bar where local wines can be tried. The best *tejas* are sold at *Tejas Helena,* Cajamarca 137. *Tejas Ruthy*, Cajamarca 122, are also good and a bit cheaper.

Festivals
Wine harvest festival in early **Mar**. The image of El Señor de Luren, in a fine church in Parque Luren, draws pilgrims from all Peru to the twice-yearly festivals in **Mar** and **Oct** (15-21), when there are all-night processions.

Transport
Buses To **Pisco**, 70 km, several daily; *Saky* buses from opposite *Ormeño*, 45 mins to centre of Pisco, US$0.70. To **Lima**, 302 km, 4 hrs, US$5, several daily including *Soyuz* (Av Manzanilla 130 - every 8 mins 0600-2200), *Flores* and *Ormeño* (at Lambayeque 180). See also Lima, Transport. All bus offices are on Lambayeque blocks 1 and 2 and Salaverry block 3. To **Nasca**, 140 km, 2 hrs, US$2, several buses and colectivos daily, including *Ormeño* (recommended) 2100 and *Trans Sr de Luren*, hourly on the hour 0600-2200. To **Arequipa** the route goes via Nasca, see

Peru

under Nasca. To **Huancavelica**, *Oropesa*, one per day, US$8. **Taxis** For trips in and around Ica, *Luis Andrade*, T222057, BETOSOUL812@hotmail.com   US$4 per hr in an old Chevrolet.

Banks Avoid changing TCs if possible as commission is high. If necessary, use *BCP*. **Directory**
Communications Post Office: at Callao y Moquegua. **Telephone:** at Av San Martín y Huánuco.

Nasca

Set in a green valley amid a perimeter of mountains, Nasca's altitude puts it just *Phone code: 056* above any fog which may drift in from the sea. The sun blazes the year round by day *Colour map 3, grid C3* and the nights are crisp. Nearby are the mysterious, world-famous Nasca Lines, *Population: 50,000* which are described on page 1148. Overlooking the town is Cerro Blanco (2,078 m), *Altitude: 619 m* the highest sand dune in the world, which is popular for sandboarding and *140 km S of Ica via* parapenting. The large **Museo Antonini**, Av de la Cultura 600, at the eastern end of *Pan-American* Jr Lima, houses the discoveries of Professor Orefici and his team from the huge *Highway* pre-Inca city at Cahuachi (see below), which, Orefici believes, holds the key to the *444 km from Lima* Nasca Lines. Many tombs survived the *huaqueros* and there are displays of ceramics, textiles, amazing *antaras* (panpipes) and photos of the excavations and the Lines. ■ *0900-1900, ring the bell to get in. US$3, including a local guide. A video is shown in the Conference Room. T523444. It is a 10-mins' walk from the plaza, or a short taxi ride. Recommended.* The **Maria Reiche Planetarium**, at the *Hotel Nasca Lines*, was opened in May 2000 in honour of Maria Reiche (see below). It is run by Edgardo Azabache, who speaks English, Italian and French, and Enrique Levano, who speaks English and Italian. Both give lectures every night about the Nasca Lines, based on Reiche's theories, which cover archaeology and astronomy. The show lasts about 45 minutes, after which visitors are able to look at the moon, planets and stars through sophisticated telescopes. ■ *Shows are usually at 1845 and 2045 nightly; US$6 (half price for students), T522293. Very good.* There is a small market at Lima y Grau and the Mercado Central at Arica y Tacna. Between 29 August-10 September is the *Virgen de la Guadalupe* festival.

The Nasca area is dotted with over 100 cemeteries and the dry, humidity-free climate **Excursions** has perfectly preserved invaluable tapestries, cloth and mummies. At **Chauchilla** (30 km south of Nasca, last 12 km a sandy track), grave robbing *huaqueros* ransacked the tombs and left bones, skulls, mummies and pottery shards littering the desert. ■ *A tour takes about 2 hrs and should cost about US$7 pp with a minimum of 3 people.* Gold mining is one of the main local industries and a tour usually includes a visit to a small family processing shop where the techniques used are still very old-fashioned. Some tours also include a visit to a local potter's studio. That of Sr Andrés Calle Benavides, who makes Nasca reproductions, is particularly recommended.

To the Paredones ruins and aqueduct: the ruins, also called Cacsamarca, are Inca on a pre-Inca base. They are not well preserved. The underground aqueducts, built 300 BC-AD 700, are still in working order and worth seeing. By taxi it is about US$10 round trip, or go with a tour.

Cantalloc is a 30 minutes to one hour walk through Buena Fe, to see markings in the valley floor. These consist of a triangle pointing to a hill and a *tela* (cloth) with a spiral depicting the threads. Climb the mountain to see better examples.

Cahuachi, to the west of the Nasca Lines, comprises several pyramids and a site called **El Estaquería**. The latter is thought to have been a series of astronomical sighting posts, but more recent research suggests the wooden pillars were used to dry dead bodies and therefore it may have been a place of mummification. ■ *To visit the ruins of Cahuachi costs US$8, minimum 3 people. See also the Museo Antonini, above.*

Two hours out of Nasca is the **Reserva Nacional Pampas Galeras** at 4,100 m, which has a vicuña reserve. There is an interesting Museo del Sitio, also a military base and park guard here. It's best to go early as entry is free. At Km 155 is **Puquio** (F *Hostal Central*, Av Castilla 625, shared bath, hot water, restaurant, motorcycle parking). It's then another 185 km to **Chalhuanca** (F *Hostal Victoria*, Jr Arequipa 305, T321301, shared bath, clean and comfortable; one other on the main road between the plaza and the Wari bus stop, cheaper, very basic, dirty, has parking). There are wonderful views on this stretch, with lots of small villages, valleys and alpacas. Fuel is available in Puquio and Chalhuanca.

Sleeping

■ *on map*
Those arriving by bus should beware being told that the hotel of their choice is closed, or full, and no longer runs tours. This applies particularly to Alegría. If you phone or email the hotel they will pick you up at the bus station free of charge day or night

L-A *Maison Suisse*, opposite the airport, T/F522434. Comfortable, safe car park, expensive restaurant, pool, rooms with jacuzzi (dirty), accepts Amex, good giftshop, shows video of Nasca Lines. Also has camping facilities. **A** *Nasca Lines*, Jr Bolognesi, T522293, F522293. With a/c, comfortable, rooms with private patio, hot water, peaceful, restaurant, good but expensive meals, safe car park, pool (US$2.50 for non-guests, or free if having lunch), they can arrange package tours which include 2-3 nights at the hotel plus a flight over the lines and a desert trip for around US$250. Recommended. **A** *De La Borda*, an old hacienda at Majoro about 5 km from town past the airstrip, T522750. Lovely gardens, pool, excellent restaurant, quiet, helpful, English-speaking manageress. **C** *Las Casuarinas*, C Sucre, s/n, T522803, F522664, www.casuarinasnasca.com New in 2003, very pleasant and quiet, en suite rooms, 2 pools, café, bar, gardens, enquire about their eco-lodge near the Nasca Lines, also travel agency. **C** *Nido del Cóndor*, opposite the airport, Panamericana Sur Km 447, T522424, acnasca@terra.com.pe Large rooms, hot water, good restaurant, bar, shop, videos, swimming pool, camping US$3, parking, English, Italian German spoken, free pick-up from town, reservation advised. **C-D** *Hostal Las Líneas*, Jr Arica 299, T522488. Spacious, restaurant. Recommended. **D** *Estrella del Sur*, Callao 568, T522764. Welcoming, small rooms, includes breakfast. Recommended. **D** *Internacional*, Av Maria Reiche, T522166. Hot water, garage, café, newer bungalows. **D** *Mirador*, Tacna 436, T523121, F523714. On main plaza, comfortable, cheaper with shared bath, TV, new, modern. **E** pp *Hotel Alegría*, Jr Lima 168, T/F522444, www.nazcaperu.com Has rooms with bath, carpet and a/c, continental breakfast and tax included, bungalows with hot shower, and rooms with shared bath (**G** pp), hot water, café, garden, manager (Efraín Alegría) speaks English and Hebrew, laundry facilities, safe luggage deposit (including for bus passengers not needing a hotel), book exchange, email facilities for US$2 per hr, netphone also US$2, free video on the Lines at 2100, very popular. Recommended. Efraín also runs a tour agency and guests are encouraged to buy tours (see Tour operators), flights and bus tickets arranged. *Alegría* gives 1 hr free internet use to those who email in advance. **E** pp *Ex-Lima* (also calls itself *Hostal Alegría*, but is no relation),

Nasca

	5 Hostal Las Líneas	14 Rancho Park
	6 Hostal Nuevo Milenio	15 Sol de Nasca
	7 Internacional	16 Via Morburg
	8 Maison Suisse	
■ **Sleeping**	9 Mirador	● **Eating**
1 Alegría	10 Nasca	1 Chifa Guang Zhou
2 De La Borda	11 Nasca Lines	2 Chifa Nam Kug
3 Estrella del Sur	12 Nido de Condor	3 Concordia
4 Ex-Lima (Hostal Alegría)	13 Posada Guadalupe	4 El Puquio

5 Fuente de Soda Jumbory
6 Kañada
7 La Púa
8 La Taberna
9 Los Angeles
10 Rico Pollo
11 Sudamérica

0 metres 200
0 yards 200

N

To Ica

To Museo Antonini

To Airport, Puquio & Cusco

Av Los Incas 117, opposite *Ormeño* bus terminal, T522497. Basic, convenient for buses, cheaper without bath, hot water. **E** *Rancho Park*, on Panamericana 1 km from town towards the airport, T521153. On farmland, 2 swimming pools (one for children), entry to pools US$1, popular at weekends, good restaurant. **E** *Sol de Nasca*, Callao 586, T522730. Rooms with and without hot showers, TV, also has a restaurant, pleasant, don't leave valuables in luggage store. **E** *Hostal Restaurant Via Morburg*, JM Mejía 108, 3 blocks from Plaza de Armas, T/F522566 (in Lima T479 1467, F462 0932). With fan, hot water, small swimming pool, TV room, free pisco sour on arrival, excellent and cheap restaurant on top floor. Recommended.

F *Posada Guadalupe*, San Martín 225, T522249. Family run, lovely courtyard and garden, **G** without bath, hot water, good breakfast, relaxing (touts who try to sell tours are nothing to do with hotel). **F** *Nasca*, C Lima 438, T/F522085. Hot water, noisy, clothes washing facilities, luggage store, hard sell on tours and flights, mixed reports, safe motorcycle parking. **G** *Hostal Nuevo Milenio*, Arica 582. Hot water, use of kitchen, owner can book flights, tours and buses.

Concordia, Lima 594. Good, also rents bikes at US$1 an hour. *Farita*, Bolognesi 388, 1 block from plaza. Typical Nasca breakfast (*tamales*, *chicharrones*, etc). *Chifa Guang Zhou*, Bolognesi 297, T522036. Very good. *Kañada*, Lima 160, nazcanada@yahoo.com Cheap, good *menú*, excellent pisco sours, nice wines, popular, display of local artists' work, email service, English spoken, owner Juan Carlos Fraola is very helpful. Recommended. *Los Angeles*, Bolognesi 266. Good, cheap, try *sopa criolla*, and chocolate cake. *Chifa Nam Kug*, on Bolognesi near the plaza. Recommended. *La Púa*, Jr Lima, next to *Hotel Alegría*. Good. *El Puquio*, Bolognesi 50 m from plaza. Good food, especially pastas, pleasant atmsophere, good for drinks, popular. *Rico Pollo* opposite *Hostal Alegría*. Good local restaurant, cheap. *Sudamérica*, Lima 668. Good local food, especially meat. *La Taberna*, Jr Lima 321, T521411. Excellent food, live music, popular with gringos, it's worth a look just for the graffiti on the walls. *Fuente de Soda Jumbory*, near the cinema. Good *almuerzo*. *Panadería*, Bolognesi 387, opposite *Farita*.

Eating
● *on map*

All guides must be approved by the Ministry of Tourism and should have an official identity card. As more and more touts (*jaladores*) operate at popular hotels and the bus terminals, they are using false ID cards and fake hotel and tour brochures. They are all rip-off merchants who overcharge and mislead those who arrive by bus. Only conduct business with agencies at their office, or phone or email the company you want to deal with in advance. Some hotels are not above pressurising guests to purchase tours at inflated prices.

Algería Tours, run by Efraín Alegría at *Hotel Alegría* , Lima 186, T523775, www.alegriatoursperu.com Offers inclusive tours which have been repeatedly recommended. Guides with radio contact and maps can be provided for hikes to nearby sites. They have guides who speak English, German, French and Italian. Tours go as far as Ica, Paracas and the Ballestas Islands. *Alegría* run a bus from Nasca to Pisco every day at 1000 (returns at 1000 from Pisco's Plaza de Armas), via Ica, Huacachina and *bodegas*. The *Fernández family*, who run the *Hotel Nasca*, also run local tours. Ask for the hotel owners and speak to them direct. Also ask Efraín Alegría or the Fernández family to arrange a taxi for you to one of the sites outside Nasca (eg US$50 to Sacaco, 30 mins at site). *Jesús Erazo Buitrón*, Juan Matta 1110, T523005, 9699607 (Mob). Very knowledgeable, he speaks a little English but his Spanish is easy to follow. **C** *Las Casuarinas* (see Sleeping), organizes local tours and flights over the lines. Juan Tohalino Vera of *Nasca Trails*, Bolognesi 550, T522858, nascatrails@terra.com.pe He speaks English, French, German and Italian. Recommended. *Nanasca Tours*, Jr Lima 160, T/F522917, T9622054 (Mob), nanascatours@ yahoo.com Juan Carlos Iraola is very helpful. *Tour Perú*, Arica 285, Plaza de Armas. Efficient. *Viajes Nasca*, Jr Lima 185, T521027, Good, guide Susi is recommended.

Tour operators
Do not take just any taxi on the plaza for a tour as they are unreliable and can lead to robbery. It is not dangerous to visit the sites if you go with a trustworthy person. Taxi drivers usually act as guides, but most speak only Spanish

Buses To **Lima**, 446 km, 6 hrs, several buses and colectivos daily. *Ormeño*, *Royal Class* at 1330 US$25, normal service, 4 a day, US$5; *Civa*, normal service at 2300, US$8. Ormeño's *Royal Class* arrives in Santa Catalina, a much safer area of Lima.

Ormeño to **Ica**, 2 hrs, US$2, 3 a day, and to **Pisco** (210 km), 3 hrs, US$5, also 3 a day. *Royal Class* to **Paracas**, 2¾ hrs, and Pisco, both at 1330, US$15. Note that buses to Pisco stop 5 km outside town (see under Pisco, Transport). To **Arequipa**, 623 km, 9 hrs: *Ormeño* 1530, 2000,

Transport
It is worth paying the extra for a good bus Reports of robbery on the cheaper services. Over-booking is common

Peru

2300, US$7.25, with *Royal* Class at 2130, US$30, 8 hrs. *Civa*, 1100, 1500, 2300, US$10, 9 hrs, with *Imperial* service at 1200, 9 hrs, US$20. Delays are possible out of Nasca because of drifting sand across the road or because of mudslides in the rainy season. Travel in daylight if possible. Book your ticket on previous day.

Buses to **Cusco**, 659 km, 14 hrs, via **Chalhuanca** and **Abancay**. For a description of the road, see below. On the **Lima-Nasca-Abancay-Cusco** route *Expreso Wari* have normal services at 1600, 1800, and 2200, US$17, and *Imperial* service at 1200, US$20. Their offices are at the exit from Nasca on the road to Puquío. Also buses to Cusco with *Ormeño*, US$27, *Cruz del Sur*, 1630, 2400, US$20, and *Molina*. The highway from Nasca to Cusco is paved and is safe for bus travellers, drivers of private vehicles and motorcyclists.

Directory **Banks** *BCP*, Lima y Grau, changes cash and Visa TCs, cash advance on Visa, decent rates, Visa ATM. *Interbank*, on the Plaza de Armas, changes cash. No Mastercard agency. Some street changers will change TCs for 8% commission. **Communications Internet:** Many places on Jr Bolognesi. *Lucy@com*, Bolognesi 298. US$0.75 per hr. *Migsu Net*, Arica 295, p 2. Open daily 0800-2400, good, fast machines, US$1 per hr. Facilities at *Hotel Alegría* and *Nasca Trails*. **Post Office:** at Fermín de Castillo 379, T522016. **Telephone:** *Telefónica* for international calls with coins on Plaza Bolognesi; also on Plaza de Armas and at Lima 359 where you can send or receive fax messages and make international collect calls. **Useful addresses Police:** at Av Los Incas.

Nasca Lines

Cut into the stony desert about 22 km north of Nasca, above the Ingenio valley on the Pampa de San José, along the Pan-American Highway, are the famous Nasca Lines. Large numbers of lines, not only parallels and geometrical figures, but also designs such as a dog, an enormous monkey, birds (one with a wing span of over 100 m), a spider and a tree. The lines, best seen from the air, are thought to have been etched on the Pampa Colorada sands by three different groups – the Paracas people 900-200 BC, the Nascas 200 BC-AD 600 and the Huari settlers from Ayacucho at about AD 630.

The Nascas had a highly developed civilization which reached its peak about AD 600. Their polychrome ceramics, wood carvings and adornments of gold are on display in many of Lima's museums. The Paracas was an early phase of the Nasca culture, renowned for the superb technical quality and stylistic variety in its weaving and pottery. The Huari empire, in conjunction with the Tiahuanaco culture, dominated much of Peru from AD 600-1000.

Origins of the lines The German expert, Dr Maria Reiche, who studied the lines for over 40 years, mostly from a step ladder, died in June 1998, aged 95. She maintained that they represent some sort of vast astronomical pre-Inca calendar. In 1976 Maria Reiche paid for a platform, the mirador, from which three of the huge designs can be seen – the hands, the Lizard and the Tree. Her book, *Mystery on the Desert*, is on sale for US$10 (proceeds to conservation work) in Nasca. In January 1994 Maria Reiche opened a small museum.
■ *US$1. 5 km from town at the Km 416 marker, take micro from in front of* Ormeño *terminal, US$0.70, frequent. Victoria Nikitzhi, a friend of Maria Reiche, gives lectures about the Nasca Lines, with a scale model, at 1900 at Jr San Martín 221; donations of US$2.85 requested. See the Planetarium, above. See also www.magicperu.com/ MariaReiche Another good book is* Pathways to the Gods: the mystery of the Nasca Lines, *by Tony Morrison (Michael Russell, 1978), available in Lima.*

Other theories abound: Georg A von Breunig (1980) claims that the lines are the tracks of running contests, and a similar theory was proposed by the English astronomer Alan Sawyer; yet another is that they represent weaving patterns and yarns (Henri Stirlin) and that the plain is a map demonstrating the Tiahuanaco Empire (Zsoltan Zelko). *The Nazca Lines – a new perspective on their origin and meaning* (Editorial Los Pinos, Lima 18), by Dr Johan Reinhard, brings together ethnographic, historical and archaeological data, including current use of straight lines in Chile and Bolivia, to suggest that the Lines conform to fertility practices throughout the Andes.

Peru

Another theory is that the ancient Nascas flew in hot-air balloons, based on the idea that the lines are best seen from the air, and that there are pieces of ancient pottery and tapestry showing balloonists, and local legends of flying men (see *Nasca, The flight of Condor 1*, by Jim Woodman, Murray, 1980, Pocket Books, NY 1977). This in part accords with research carried out by the BBC series 'Ancient Voices'. Clues to the function of the lines were found in the pottery and textiles of the ancient Nascans, some of which show a flying creature emitting discharge from its nose and mouth. This is believed to portray the flight of the shaman who consumes certain psycho-active drugs that convince him he can fly and so enter the real world of spirits in order to rid sick people of evil spirits. In this way, the lines were not designed to be seen physically from above, but from the mind's eye of the flying shaman. This also explains the presence of creatures such as a monkey or killer whale which possess qualities needed by the shaman in his spirit journeys.

After six years' work at La Muña and Los Molinos, Palpa (43 km north of Nasca), and using photogrammetry (mapping from aerial photographs), Peruvian archaeologist Johny Isla and Markus Reindel of the Swiss-Liechtenstein Foundation deduced that the lines on both the Palpa and Nasca plains are offerings dedicated to the worship of water and fertility. These two elements were paramount to the coastal people in this arid environment and they expressed their adoration not only in the desert, but also on their ceramics and on the engraved stones of the Paracas culture. Isla and Reindel believe that the Palpa lines predate those at Nasca and that the lines and drawings themselves are scaled up versions of the Paracas drawings. In addition, objects in the shape of drops of water, whales and chilis, found in the grave of El Señor de Palpa, are repeated in the desert. This new research proposes that the Nasca culture succumbed not to drought, but to heavy rainfall, probably during an El Niño event

Tours

On land Taxi-guides to the mirador, 0800-1200, cost US$4.35 pp, or you can hitch, but there is not always much traffic. Travellers suggest the view from the hill 500 m back to Nasca is better. *Ormeño* bus leaves for the lines at 0900 (US$1.75); hitch back, but have patience. Go by an early bus as the site gets very hot. Or take a taxi and arrive at 0745 before the buses.

By air Small planes take 3-5 passengers to see the Nasca Lines. Flights last 30-35 mins and are controlled by air traffic personnel at the airport to avoid congestion. Reservations should be made at the airport for flights with *Aerocóndor*, Panamericana Sur Km 447, T522424, or their office opposite *Hotel Las Dunas* in Ica, T256230 - see below for Lima), www.aerocondor.com.pe Flights can also be booked at *Hotel Alegría* with **Alas Peruanas** T523400/523431 (24 hours), www.nazcalinesperu.net, experienced pilots fluent in English, *Hotel Nasca*, *AeroParacas*, T667231, F522688, or **Aero Ica** in Jr Lima and at the airport. These companies are recommended; there are others. The price for a flight is US$45 pp. You also have to pay US$1.50 airport tax. It is best to organize a flight with the airlines themselves at the airport. Flights are bumpy with many tight turns – many people are airsick so it's wise not to eat or drink just before a flight. Best times to fly are 0800-1000 and 1500-1630 when there is less turbulence and better light. *Alas Peruanas* also offer 1-hr flights over the Palpa and Llipata areas, where you can see more designs and other rare patterns (US$60 pp, minimum 3). They can also organize flights from Pisco (US$130) and Ica (US$120). All *Alas Peruanas* flights include the BBC film of Nasca. *Aerocóndor* in Lima (T442 5215) and **Aero Ica** (T445 0839) both offer flights over the lines from Lima in a 1-day tour (lunch in Nasca) for US$260 pp; or flights from Ica for US$130 pp. *Aero Ica* also offers a night in *Maison Suisse* plus flight for US$65, but book 48 hrs in advance. Taxi to airport, US$1.35, bus, US$0.10. Make sure you clarify everything before getting on the plane and ask for a receipt. Also let them know in advance if you have any special requests.

South of Nasca

Chala (Phone code: 054), 173 km from Nasca, is a fishing village with beaches. **Sleeping:** C *Turistas*, T551111, cheaper without bath, hot water, restaurant. F *Hostal Grau*, T551009, rooms facing ocean, G without bath, poor beds, use of kitchen, cheap meals on request; next door is *Hostal Evertyth*, T551095, similar, both good. All hotels are 10 minutes walk south from where the buses stop (colectivo from Nasca, US$3.50). There are dozens of restaurants. Lima-Arequipa buses pass Chala about 0600.

Peru

About 10 km north of Chala are the large pre-Columbian ruins of **Puerto Inca** on the coast. This was the port for Cusco. The site is in excellent condition: the drying and store houses can be seen as holes in the ground (be careful where you walk). On the right side of the bay is a cemetery, on the hill a temple of reincarnation, and the Inca road from the coast to Cusco is clearly visible. The road was 240 km long, with a staging post every 7 km so that, with a change of runner at every post, messages could be sent in 24 hours. **Sleeping C** *Puerto Inka*, Km 603 Panamericana Sur (for reservations T Chala 551055, T/F054-272663, Arequipa). Bungalows on the beautiful beach, hammocks outside, great place to relax, boat hire, diving equipment rental, safe camping for US$2, discount for longer stay, very busy in summer. Recommended. The restaurant has not received the same consistently favourable reports as the hotel. ■ *Taxi from Chala US$5, or take Yauca colectivo, US$0.50, to Km 603 and walk down, 3 km, or walk from Chala, 2 hrs. 1-day tour from Nasca, US$10 pp.*

The Southern Cordilleras

Set in the southern cordilleras of the Peruvian Andes is the proud and fiercely independent city of Arequipa, surrounded by smoking volcanoes, deep canyons, bleak altiplano and terraced valleys, and the deep blue, serene waters of Lake Titicaca, one of the country's major tourist draws and legendary birthplace of the Inca civilisation.

Arequipa

Phone code: 054
Colour map 6, grid A1
Population: 1 million
Altitude: 2,380 m
1,011 km from
Limaby road

The city of Arequipa stands in a beautiful valley at the foot of El Misti volcano, a snow-capped, perfect cone, 5,822 m high, guarded on either side by the mountains Chachani (6,075 m), and Pichu-Pichu (5,669 m). The city has fine Spanish buildings and many old and interesting churches built of sillar, a pearly white volcanic material almost exclusively used in the construction of Arequipa. The city was re-founded on 15 August 1540 by an emissary of Pizarro, but it had previously been occupied by Aymara Indians and the Incas. It is the main commercial centre for the south, and its people resent the general tendency to believe that everything is run from Lima. It has been declared a World Cultural Heritage site by UNESCO.

Ins & outs
For more detailed information, see Transport, page 1157

Getting there Transport to and from the **airport** (7 km west) is described below under Transport. It takes about half an hour to town. The main **bus terminal** is south of the centre, 15 mins from the centre by colectivo, 10 mins by taxi.

Getting around The main places of interest and the hotels are within walking distance of the Plaza de Armas. If you are going to the suburbs, take a bus or taxi. A cheap tour of the city can be made in a *Vallecito* bus, 1½ hrs for US$0.30. It is a circular tour which goes down Calles Jerusalén and San Juan de Dios.

Climate The climate is delightful, with a mean temperature before sundown of 23°C, and after sundown of 14½°C. The sun shines on 360 days of the year. Annual rainfall is less than 150 mm.

Tourist office *i-perú*is in the Municipalidad on the south side of the Plaza de Armas, T221228. Open 0830-1930. They are very helpful and friendly and give free street plans. *i perú* also has an office in the airport, 2nd floor, T444564, open 0630-1830 daily. *Indecopi*, the tourist protection burreau, has two offices: Moral 316, T212054, mcornejo@indecopi.gob.pe and Quezada 104, Yanahuara, T270181, rneyra@indecopi.gob.pe Or T0800-42579, 24 hrs, toll-free. **Tourist Police**, Jerusalén 315, T251270/239888, very helpful with complaints or giving directions. **Ministry of Tourism**, La Merced 117, T213116, will handle complaints. **Touring y Automóvil Club del Perú**, Av Goyeneche 313, T289868, mechanical assistance T215640, arequipa@touringperu.com.pe

The elegant **Plaza de Armas** is faced on three sides by arcaded buildings with many restaurants, and on the fourth by the massive **Cathedral**, founded in 1612 and largely rebuilt in the 19th century. It is remarkable for having its façade along the whole length of the church (entrance on Santa Catalina and San Francisco). Inside is the fine Belgian organ and elaborately carved wooden pulpit. In the June 2001 earth-quake which devastated much of southern Peru, one of the cathedral's twin towers famously collapsed. It had been rebuilt by 2003. Behind the Cathedral there is an attractive alley with handicraft shops and places to eat.

    Santa Catalina Convent is by far the most remarkable sight, opened in 1970 after four centuries of mystery. The convent has been beautifully refurbished, with period furniture, pictures of the Arequipa and Cusco schools and fully equipped kitchens. It is a complete miniature walled colonial town of over 2 ha in the middle of the city at Santa Catalina 301, where about 450 nuns lived in total seclusion, except for their women servants. The few remaining nuns have retreated to one section of the convent, allowing visitors to see a maze of cobbled streets and plazas bright with geraniums and other flowers, cloisters and buttressed houses. These have been painted in traditional white, orange, deep red and blue. ■ *0900-1600, US$7.25, T229798. The tour they offer you at the entrance is worthwhile; 1½ hrs, no set price, many of the guides speak English or German (a tip of US$2.85 is expected). There is a good café, which sells cakes made by the nuns and a special blend of tea.* Opposite the convent, at Santa Catalina 210, corner of Ugarte, the **Museo Santuarios Andinos**, which contains the frozen Inca mummies found on Mount Ampato by climber Miguel Zarate and archaeologist Johan Reihard; the mummy known as 'Juanita' is fascinating as it is so well preserved. ■ *Mon-Sat 0900-1745, Sun 0900-1500, US$4.30 entry fee includes a 20-min video of the discovery in English followed by a guided tour in English, French, German, Italian or Spanish (tip the guide), discount with student card; www.ucsm.edu.pe/santury, T200345.*

    Arequipa is said to have the best preserved colonial architecture in Peru, apart from Cusco. As well as the many fine churches, there are several fine seignorial houses with large carved tympanums over the entrances. Built as single-storey structures, they have mostly withstood earthquakes. They have small patios with no galleries, flat roofs and small windows, disguised by superimposed lintels or heavy grilles. Good examples are the 18th-century **Casa Tristán del Pozo**, or **Gibbs-Ricketts house**, with its fine portal and puma-head waterspouts (now *Banco Continental*), San Francisco 108. ■ *0915-1245, 1600-1830, Sat 0930-1230.* **Casa del Moral**, or Williams house, with museum, *Banco Industrial.* ■ *Mon-Sat 0900-1700, Sun 0900-1300, US$1.40, US$0.90 for students, Moral 318 y Bolívar.* **Casa Goyeneche**, La Merced 201 y Palacio Viejo (now an office of the *Banco Central de la Reserva*, ask the guards to let you view the courtyard and fine period rooms).The oldest district is **San Lázaro**, a collection of tiny climbing streets and houses quite close to the *Hotel Libertador*, where you can find the ancient **Capilla de San Lázaro**.

    Among the many fine churches is **La Compañía**, General Morán and Ejercicios, the main façade (1698) and side portal (1654) are striking examples of the florid Andean *mestizo* style. To the left of the sanctuary is the **Capilla Real** (Royal Chapel); its San Ignacio chapel has a beautiful polychrome cupola. ■ *Mon-Sat 0900-1240, 1500-1945, Sun 1700-1945, US$0.50.* Also well worth seeing are the churches of **San Francisco** (Zela 103), **San Agustín** (corner of San Agustín y Sucre), the early 17th-century **La Merced** (La Merced 303), and **Santo Domingo** (Santo Domingo y Piérola). Opposite the San Francisco church is the interesting **Museo Histórico Municipal** with much

Sights
Theft can be a problem in the market area, especially after dark, in the park at Selva Alegre and on Calles Ejercicios and Alvarez Thomas
Churches are usually open 0700-0900 and 1800-2000

Peru

66 99 *The South American Handbook 1924*

On Arequipa *Arequipa, as viewed from the train in the evening in the winter months, is a panorama of glittering electric lights, giving a very cheerful and pleasing impression. On alighting from the train and passing through the station, which is one of the most modern in Peru, one is astonished at the line-up of waiting automobiles and the clanging of tramcar bells.*

war memorabilia. ■ *Mon-Fri 0800-1800, US$0.50. Plaza San Francisco 407.* **La Recoleta**, a Franciscan monastery built in 1647, stands on the other side of the river, on Recoleta. It contains several cloisters, a religious art museum, a pre-Columbian museum, an Amazon museum and a library with many rarities. ■ *US$2.85.*

The central **San Camilo market**, between Perú, San Camilo, Piérola and Alto de la Luna, is worth visiting, as is the Siglo XX market, to the east of the rail station. **Museo de Arte Contemporaneo**, in the old railway station, Tacna y Arica 201, is a new museum dedicated to painting and photography from 1900 onwards. The building is surrounded by gardens and a Sunday market is due to open in late 2003. ■ *Tue-Fri 1000-1700, Sat-Sun 1000-1400, US$0.85, T221068.* The **archaeological museum** at the Universidad de San Agustín, Av Independencia entre La Salle y Santa Rosa, has a collection of ceramics and mummies. ■ *Mon-Fri 0800-1400, US$1. Apply to Dr E Linares, the Director, T229719.*

Excursions **Climbing El Misti** At 5,822 m, **El Misti** volcano offers a relatively straightforward opportunity to scale a high peak. Start from the hydroelectric plant, after first registering with the police there, then you need one day to the Monte Blanco shelter, at 4,800 m. Start early for the 4-6 hours to the top, to get there by 1100 before the mists obscure the view. If you start back at 1200 you will reach the hydroelectric plant by 1800. Alternatively, take a jeep at 3,300 m to the end of the rough road, then 4-5 hours' hike to the campground at 4,600 m. Only space for three tents. Be sure to take plenty of food, water and protection against the weather; it takes two days to reach the crater. Remember that the summit is at a very high altitude and that this, combined with climbing on scree, makes it hard going for the untrained. Recent, unconfirmed reports of hold-ups of climbers make it inadvisable for you to go alone. Join a group or take a guide. Further information is available from travel agencies and Miguel and Carlos Zárate (address above, Climbing).

At **Yanahuara**, 2 km northwest, is a 1750 *mestizo*-style church, with a magnificent churrigueresque façade, all in *sillar*. ■ *1500. To get there cross the Puente Grau and turn right up Av Bolognesi.* On the same plaza is a *mirador*, through whose arches there is a fine view of El Misti with the city at its feet, a popular spot in the late afternoon.

In the hillside suburb of **Cayma** is the delightful 18th-century church (■ *open until 1700*), and many old buildings associated with Bolívar and Garcilaso de la Vega. Many local buses go to Cayma.

Tingo, which has a very small lake and three swimming pools, should be visited on Sunday for local food; bus 7, US$0.20. 3 km past Tingo, beside the Río Sabandía on the Huasacanche road, is **La Mansión del Fundador**. Originally owned by the founder of Arequipa, Don Garcí Manuel de Carbajal, it has been restored as a museum with original furnishings and paintings. ■ *US$2.50, with cafetería and bar.*

About 8 km southeast of Arequipa is the **Molino de Sabandía**, the first stone mill in the area, built in 1621. It has been fully restored and the guardian diverts water to run the grinding stones when visitors arrive. The well-kept grounds have old willow trees and the surrounding countryside is pleasant. ■ *US$1.50; round trip by taxi US$4.* Adjoining Sabandía is **Yumina**, with many Inca terraces which are still in use and between Sabandía and Arequipa is Paucarpata, with an old church and views of terraces, El Misti and Chachani.

Sleeping **LL-L** *Libertador*, Plaza Simón Bolívar, Selva Alegre, T215110, www.libertador.com.pe Safe,
■ *on map* large comfortable rooms, good service, swimming pool (cold), gardens, good meals, pub-style
When arriving by bus, bar, cocktail lounge, squash court. **AL** *Los Balcones de Moral y Santa Catalina*, Moral 217,
do not believe taxi T201291, F222555, losbalcones@ hotmail.com Convenient, 1 block from Plaza de Armas and
drivers who say the close to Santa Catalina, large rooms, comfortable beds, hot water, laundry, café, tourist infor-
hotel of your choice is mation. **AL** *Maison d'Elise*, Av Bolognesi 104, T256185, F271935. Attractive Mediterra-
closed or full. This nean-style village with pool, large rooms, also suites and apartments, helpful staff, pricey
applies to El Indio restaurant. **A** *Hostal Casa Grande*, Luna Pizarro 202, Vallecito, T214000, F214021. Includes
Dormido, La Reyna taxes, small, cosy, well-furnished, quiet, good services, restaurant. **A** *El Conquistador*,
and Tambo Viejor. Mercaderes 409, T212916, F218987. Safe, lovely colonial atmosphere, owner speaks English,
Ring the door bell and
check for yourself

thin walls. **B** *Casa de Melgar*, Melgar 108, T/F222459. Excellent rooms, 18th-century building, with bath, hot water (solar panel), safe, nice courtyard, good breakfast in café open in the morning and 1730-2100. **B** *Casa de Mi Abuela*, Jerusalén 606, T241206, casadmiabuela@ LaRed.net.pe Safe, hot water, laundry, cable TV, internet, swimming pool, rooms at the back are quieter and overlook the garden, **D** without bath, self-catering if desired, English spoken, parking, internet access US$3 per hr, tours and transport organized in own agency (*Giardino*, T221345, F as above, giardinotours@chasqui.LaRed.net.pe), which has good information (expensive), small library of European books, breakfast or evening snacks on patio or in beautiful garden. **B** *De La Fuente*, Urb La Campiña Paisajista D-14A, San Lázaro, T203996,

Arequipa

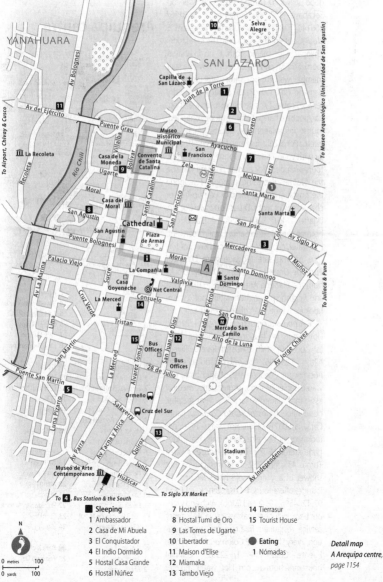

■ Sleeping	7 Hostal Rivero	14 Tierrasur
1 Ambassador	8 Hostal Tumi de Oro	15 Tourist House
2 Casa de Mi Abuela	9 Las Torres de Ugarte	
3 El Conquistador	10 Libertador	**● Eating**
4 El Indio Dormido	11 Maison d'Elise	1 Nómadas
5 Hostal Casa Grande	12 Miamaka	
6 Hostal Núñez	13 Tambo Viejo	

Detail map
A Arequipa centre,
page 1154

0 metres 100
0 yards 100

Peru

delafuente_hostal@hotmail.com With breakfast, family-style, welcoming, cable TV, free internet, safe. **B** *Hostal Solar*, Ayacucho 108, T/F241793, solar@rh.com.pe Nice colonial building, TV, bath, hot water, includes good breakfast served in nice patio, sun lunge on roof, very secure, quiet. **B** *Tierrasur*, Consuelo 210, T227132, www.tierrasur.com Modern 3-star, convenient for centre, comfortable, safe, very helpful staff, English spoken, gym.

C *Miamaka*, San Juan de Dios 402, T241496, F227906. Excellent service, helpful, cable TV, English spoken. **D** *Hospedaje El Caminante Class*, Santa Catalina 207-A, 2nd floor, T203444. Cheaper without bath, hot water, comfortable, laundry service and facilities, sun terrace, very helpful owners. Recommended. **D** *Hostal Le Foyer*, Ugarte 114 y San Francisco, T286473. Comfortable, hot water, laundry, luggage store, safe, helpful. **D** *Lluvia de Oro*, Jerusalén 308, T214252, F235730. Cheaper without bath, English-speaking, breakfast US$2, laundry service, good views. **D** *Tambo Viejo*, Av Malecón Socabaya 107, IV Centenario, T288195/ 206140, F284747, www.tambo viejo.com 5 blocks south of the plaza near the rail station. Cheaper with shared bath, **F** pp in shared room. English and Dutch spoken by one staff member, walled garden, hot water (as long as demand isn't too great), expensive laundry service, cable TV, safe deposit, coffee shop, bar, book exchange (2 for 1), money changed, tourist information for guests, phone for international calls, internet, bike rental, popular with young travellers, luggage store extra, tours arranged. For a small fee, you can use the facilities if passing through. Telephone the hostal and they will pick you up free of charge, day or night. **D** *Las Torres de Ugarte*, Ugarte 401, T/F283532, hlastorres@ hotmail.com Next to Santa Catalina convent, hot water, cable TV, laundry service, roof terrace, parking, safe, luggage store. **D** *Hostal Tumi de Oro*, San Agustín 311A, 2½ blocks from the Plaza de Armas, T/F281319. French and English spoken, hot water, roof terrace, book exchange, tea/coffee facilities, safe.

E *Ambassador*, Jerusalén 619, T281048. Hot water, TV, laundry, café, helpful, English-speaking staff. **E** *Hostal Rivero*, Rivero 420, T229266, www.ciudadblanca.net/ hostalrivero Cheaper with shared bath, hot water, cable TV extra, sunny patio, medical assistance, laundry facilities, very helpful, good value. **E** *Hostal Santa Catalina*, Santa Catalina 500, T233705. Hot water, TV, upper rooms quiet but elsewhere noisy, safe, luggage stored. **E** *The Tourist House*, Alvarez Tomás 435, T211752. In an unsafe area, hot shower at any time, safe hotel, kitchen, TV lounge, offers tours. **F** *Casa Itzhak*, Av Parra 97, T204596, T9946643 (Mob). With and without bath, includes breakfast, cable TV, laundry, restaurant, free transport to bus station, very helpful. **F** *Colonial House Inn*, Puente Grau 114, T/F223533, colonial houseinn@hotmail.com Hot water, quieter

Arequipa centre

0 metres 50
0 yards 50

■ **Sleeping**
1 Casa de Melgar
2 Colonial House Inn
3 Hospedaje El Caminante Class
4 Hostal La Portada del Mirador
5 Hostal La Reyna
6 Hostal Le Foyer
7 Hostal Regis
8 Hostal Santa Catalina
9 Hostal Solar
10 La Fiorentina
11 Lluvia de Oro
12 Los Balcones de Moral y Santa Catalina

● **Eating**
1 Anushka
2 Ary Quepay
3 Bonanza
4 Bóveda San Agustín
5 Café Capriccio
6 Café El Buho
7 Café Manolo
8 Casa Vegetariana
9 Challwa
10 El Café
11 El Fogón
12 El Rincón Norteño
13 El Turko
14 Gianni
15 Govinda
16 La Canasta
17 La Casita de José Antonio
18 La Rueda
19 Lakshmivan
20 Mandala
21 Pizzería Los Leños
22 Pizzería San Antonio
23 Pushkin
24 Zig Zag

● **Bars & clubs**
25 Forum & Dejá Vu

Peru

rooms at the back, laundry facilities and service, kitchen facilities, roof terrace, good choice of breakfasts, owners speak English. **F** pp *El Indio Dormido*, Av Andrés Avelino Cáceres B-9, T427401, the_sleeping_indian@yahoo.com Close to bus terminal, free transport to centre, some rooms with bath, TV, very helpful. **F** *La Fiorentina*, Puente Grau 110, T202571. **G** without bath, hot water, comfortable, family atmosphere, tours arranged, laundry facilities, use of kitchen extra. **F** *Hostal Núñez*, Jerusalén 528, T233268. Hot water, TV, laundry, safe, good place to meet other travellers, small rooms, breakfast on roof terrace overlooking the city. **F** *Hostal La Portada del Mirador*, Portal de Flores 102, Plaza de Armas, T201229. Basic, shared bath, hot water, safe, will store luggage, great views from the roof. **F** *Hostal Regis*, Ugarte 202, T226111. Colonial house, French-style interior, hot water all day, cooking and laundry facilities, sun terrace with good views, safe deposit, luggage store, video rental, tours arranged. **F** *Hostal La Reyna*, Zela 209, T286578. With or without bath, two more expensive rooms at the top of the house, hot water, the daughter speaks English, laundry, breakfast for US$1.15, pizza available at any hour, rooftop seating, will store luggage, ask about rips to the Colca Canyon and volcanoes.

Youth hostel D *Premier*, Av Quiroz 100, T/F241091, www.hostalpremier.com **F** pp in dormitory, HI-affiliated, cultural and other trips offered. **F** Youth Hostel Arequipa, Zela 313, T669253. Dormitory accommodation, kitchen, cosy lounge, cable TV, laundry facilities, very helpful, luggage stored.

Camping Overnight vehicle parking at *Hostal Las Mercedes*, Av La Marina 1001, T/F213601. US$6 for 2 including use of toilet and shower.

Expensive *Anushka*, Santa Catalina 204. Open 1700-2100, or later if busy, occasional live music, German specialities, handicrafts for sale. *Ary Quepay*, Jerusalén 502. Excellent local meat and vegetarian dishes, open 1000-2400, slow service. *Picantería La Cantarilla*, Tahuaycani 106-108, Sachaca, T251515, southwest of the centre. Good Arequipeña and Peruvian dishes, including ostrich. *La Rueda*, Mercaderes 206. Excellent *parrilladas*. *Tradición Arequipeña*, Av Dolores 111, Paucarpata, T246467. Restaurant serving excellent food, popular with tourists and locals alike, also dance hall. There are many other restaurants and discos on this avenue.

Mid-range *Café-Restaurante Bóveda San Agustín*, Portal San Agustín 127-129. Attractive, good value breakfasts and lunches, evening specials, opens at 0700. *La Casita de José Antonio*, Plaza San Francisco 401 y Zela. *Cevichería*, fish and seafood. *Challwa*, Moral 113. Peruvian dishes, including *ceviche*, burgers, pasta, seafood, owner speaks English, tourist information. *El Fogón*, Santa Marta 112. Serves large steaks and chops, good. *Gianni*, San Francisco 304. Good value for pasta and pizza. *Nómadas*, Melgar 306. Swiss and South American owned, breakfasts, wide menu including vegetarian, sandwiches. *Pizzería Los Leños*, Jerusalén 407. Excellent, good atmosphere, evenings only, popular, especially with tourists. *Pizzería San Antonio*, Jerusalén y Santa Marta. Popular. *El Rincón Norteño*, San Francisco 300 B. Also for seafood *Zig Zag*, Zela 210, zigzagfood@mailcity.com In a colonial house, European (including Swiss) and local dishes, meats include ostrich and alpaca, delicious.

Cheap *Bonanza*, Jerusalén 114. Western-style food. *Café El Buho*, in Casona Chávez de la Rosa (UNSA), San Agustín. Evenings only. Recommended. *El Turko*, San Francisco 216. Kebabs, coffee, breakfasts recommended, good sandwiches, open 0700-2200.

Vegetarian *Casa Vegetariana*, Moral 205. Asian, typical local food and western dishes. *Govinda*, Santa Catalina 120, T285540. Set meal for US$1.25, themed each day, eg, Hindu, Italian, Arequipeño (mixed reports), good yoghurt and muesli, open Mon-Sat 0700-2100. *Lakshmivan*, Jerusalén 402. Set lunch for US$1.25 (small portions), pleasant courtyard. *Mandala*, Jerusalén 207. Good value, breakfast, 3 set menus for lunch, buffet, dinner, friendly staff. Recommended.

Cafés *El Café*, San Francisco 125. Popular meeting place. *La Canasta*, Jerusalén 115. Bakes excellent baguettes twice daily, also serves breakfast and delicious apple and brazil nut pastries. *Café Capriccio*, Mercaderes 121. Not that cheap, but excellent coffee, cakes, stuffed baked potatoes, pastas, sandwiches and juices. *Colibrí*, San Francisco 225. Good breakfasts and *menú del día*, vegetarian options. *Café Manolo*, Mercaderes 107 and 113. Great cakes and coffee, also cheap lunches. *Pushkin*, Ugarte 121B. Good for set breakfasts, crêpes, burgers, very friendly and pleasant.

Eating
● *on map*
Several restaurants overlook the Plaza de Armas on its west side; their staff may pounce on you good-naturedly as you walk by

Peru

Typical Arequipeño food is available at the San Camilo market. A good local speciality is Mejía cheese. You should also try the *queso helado*, which is frozen fresh milk mixed with sugar and a sprinkling of cinnamon. The local chocolate is excellent: *La Ibérica*, Jerusalén y Moral, is top quality, but expensive. The toffee and the fruit drinks called *papayada* and *tumbada* are also local specialities in the market and restaurants.

Bars & clubs

Watch out for the local folk-music group Chachani, said to be one of Peru's best There are many good discos on Av Ejército in Yanahuara

Le Café Art Montreal, Santa Catalina 300B-1. Canadian-run jazz/blues restaurant/bar with live music Wed and Sat, good atmosphere. *La Casa de Klaus*, Zela 207. German bar and restaurant, foreign beers, expensive but popular. *Farren's Irish Bar*, Pasaje Catedral (as in Chivay). Good meeting place, pool table, great music. *Forum*, San Francisco 317. Rock café, live music Thu-Sat 1800-0400, disco, pool tables, US$5 cover if band is playing, includes 1 drink, drinks US$1.50, popular. *Déjà Vu*, San Francisco 319-B. Café/restaurant and bar, good food, DJ evenings, shows movies, popular, 2000-2400. *Cactus*, Moral 223. Good music, concerts, excellent drinks and coffee. *Branighans*, Jerusalén 522-A. Blues-bar, live music Sat, nice atmosphere other nights.

Festivals

A full list of the department's many festivals is available locally

10 Jan: *Sor Ana de Los Angeles y Monteagudo*, festival for the patron saint of Santa Catalina monastery. **Mar-Apr:** *Semana Santa* celebrations involve huge processions every night, culminating in the burning of an effigy of Judas on Easter Sunday in the main plazas of Cayma and Yanahuara, and the reading of his will, containing criticisms of the city authorities. **27 Apr:** the celebration of the apostle Santiago. **May** is known as the *Mes de Las Cruces*, with ceremonies on hilltops throughout the city. **3 Aug:** a procession through the city bearing the images of Santo Domingo and San Francisco. **6-31 Aug:** *Fiesta Artesanal del Fundo El Fierro* is a sale and exhibition of *artesanía* from all parts of Peru, taking place near Plaza San Francisco. **6-17 Aug:** celebration of the city's anniversary (the 15th, many events including a mass ascent of El Misti). **2 Nov:** Day of the Dead celebrations in cemeteries.

Shopping

Alpaca 111, Zela 212, T223238, recommended for high-quality alpaca and wool products, also in Claustros del Compañía, local 18. *Alpaca 21*, Jerusalén 115, of 125, T213425. Also recommended. *Colca Trading Company*, Santa Catalina 300B, T283737, pakucho@terra.com.pe Sells a wide variety of naturally coloured cotton and alpaca clothing for adults and children. The large *Fundo del Fierro* handicraft market behind the old prison on Plaza San Francisco is also worth a visit. Shop 14 sells alpaca-wool handicrafts from Callalli in the Colca canyon. The covered market opposite the Teatro Municipal in C Mercaderes is recommended for knitted goods, bags, etc. Also on Mercaderes, *Patio del Ekeko*, No 141, a commercial centre with upmarket handicrafts, *Alpaca 111*, jewellery, café, internet, cinema and *Museo de Arte Textil* upstairs.

Bookshops For international magazines, look along C San Francisco, between Mercaderes and San José. *Librería El Lector*, San Francisco 221. Wide selection, including of Peruvian authors, book exchange in various languages. *Librerías San Francisco* has branches at Portal de Flores 138, San Francisco 102-106 and 133-135. Books on Arequipa and Peru, some in English. *Special Book Services*, Rivero 115-A, Cercado, T205317. Stocks Footprint Handbooks.

Tour operators The following have been recommended as helpful and reliable. Most run tours to the Colca Canyon, some to Cotahuasi. *Castle Travel*, Santo Domingo 302, castle@castletravel.com.pe Good for local tours. *Conresa Tours*, Jerusalén 409, Casilla 563, T285420, conresatours@rch.com.pe Trips to the Colca Canyon, Toro Muerto petroglyphs, Las Salinas and Mejía lakes, and city tours. *Cusipata*, Jerusalén 408A. Specializes in rafting and kayaking in Cotahuasi. *Holley's Unusual Excursions*, T/F258459 (home) any day 1700-0700, or all day Sat and Sun, or Mon-Fri 0800-1600 T222525 and leave a message, angocho@terra.com.pe Expat Englishman Anthony Holley runs trips in his Land Rover to El Misti, Toro Muerto, the desert and coast. See www.askitsdone.co.uk/~angocho for Sr Holley's Paraíso 2000 development project. *Ideal Travels SAC*, Urb San Isidro F-2, Vallecito, T244439, idealperu@terra.com.pe Open Mon-Fri 0800-1900, Sat 0830-1300, tours to Colca Canyon, Cotahuasi Canyon, Andagua Volcanic valley, Majes River, Cotahuasi River, Toro Muerto, jeep and microbus rentals, excellent bilingual guides, international ticket reservations, accepts credit cards. *Illary Tours*, Santa Catalina 205, T220844. English-speaking guides, open daily 0800-1300, 1500-1930. *Naturaleza Activa*, Santa Catalina 211, T204182, naturactiva@ yahoo.com Experienced guides, knowledgeable, climbing and trekking. *Santa Catalina Tours*, Santa Catalina 219-223, T216994. Offer unique tours of Collagua communities in the Colca Canyon, open daily 0800-1900. *Servicios Aéreos AQP SA*, head office in Lima, Los Castaños 347, San Isidro, T01-222 3312, F01-222 5910, tours@saaqp.com.pe Offers tours to Arequipa, Colca and to all parts of the country. *Transcontinential Arequipa*, Puente Bolognesi 132, of 5, T213843, F218608, transcontinental-aqp@terra.com.pe Cultural and wildlife tours in the Colca Canyon. *Volcanyon Travel*, C Villalba 414, T205078, mario-ortiz@terra.com.pe Trekking and some mountain bike tours in the Colca Canyon, also volcano climbing. Guide Jorg Krosel, T997971, joergkrosel@hotmail.com or contact through *Wasi Tours*, Santa Catalina 207. German guide who also speaks English, enthusiastic, efficient, trekking, oxygen carried on high-altitude trips, including Colca. **Climbing**: *Zárate Expeditions*, Santa Catalina 204, of 3, T202461/263100. Run by brothers Carlos and Miguel Zárate of the Mountaineering Club of Peru. They are mountaineers and explorers, who have information and advice and rent some equipment. A recommended guide for climbing, trekking, mountain biking and river rafting in the Colca Canyon is Vlado Soto, Jerusalén 401 B, T600170, F206217, colcatrek@hotmail.com He is knowledgeable and helpful and also rents equipment. Another climbing guide recommended as experienced and "full of energy" is *Julver Castro*, who has an agency called *Mountrekk*, T601833, julver_mountrekk@ hotmail.com

Many agencies on Jerusalén, Santa Catalina and around Plaza de Armas sell air, train and bus tickets and offer tours of Colca, Cotahuasi, Toro Muerto, Campiña and city. Prices vary greatly so shop around. As a general rule, you get what you pay for, so check carefully what is included in the cheapest of tours. Always settle the details before starting the tour and check that there are enough people for the tour to run. Travel agents frequently work together to fill buses (even the more expensive agencies may not have their own transport) and there are lots of touts. Many tourists prefer to contract tours through their hotel. If a travel agency puts you in touch with a guide, make sure he/she is official.

Transport

Local Bicycle repairs and equipment: *Andes Bike*, Villalba 414, T205078 (see *Volcanyon Travel*, above). **Taxi**: US$4-5 airport to city (can be shared). US$0.70-0.85 around town, including to bus terminal. *Nova Taxi*, T252511; *Taxi 21*, T212121; *Telemóvil*, T221515; *Taxitur*, T422323.

Long distance Air: Rodríguez Ballón airport is 7 km from town, T443464. To and from Lima, 1 hr 10 mins, several daily with *Aero Continente/Aviandina* and *Lan Perú*. They serve Juliaca, 30 mins, and Cusco, 40 mins.

A reliable means of transport to and from the airport to the hotel of your choice is with *King Tours*, T243357/283037, US$1.30 pp; give 24 hrs notice for return pick-up from your hotel; journey takes 30-40 mins depending on traffic. Transport to the airport may be arranged when buying a ticket at a travel agency, US$1 pp, but not always reliable. Local buses go to about ½ km from the airport.

Buses There are two terminals at Av Andrés A Cáceres s/n, Parque Industrial, opposite *Inca Tops* factory, south of the centre; 15 mins from the centre by colectivo US$0.20, or taxi US$0.85 (fares posted outside). The older terminal is Terminal Terrestre, which contains a tourist office, shops and places to eat. The newer terminal is Terrapuerto, the other side of the carpark, also with a tourist office (which makes hotel reservations) and its own hostal (**E** without breakfast), T421375. Terminal tax US$0.30. Buses may not depart from the terminal where you bought your ticket ("¿Por dónde me embarco, Terminal o Terrapuerto?") All the bus companies have their offices in Terminal Terrestre and several also have offices in Terrapuerto. Some companies also have offices around C San Juan de Dios (5-6 blocks from the Plaza de Armas), where tickets can be bought in advance. Addresses are given below.

Peru

To **Lima**, 1,011 km, 16-18 hrs, 'normal' service US$8.70, 'imperial' US$17.40 (video, toilet, meals, comfortable seats, blankets), 'crucero' US$23-29 several daily; *Enlaces* (T430333, office only in Terrapuerto), Flores (T238741, *Gran Dorado* recommended), *Ormeño* (T423975, or San Juan de Dios 657, T218885) and *Cruz del Sur* (T216625, or Av Salaverry 121, T213905) are recommended (prices quoted are of Cruz del Sur). The road is paved but drifting sand and breakdowns may prolong the trip.

To **Nasca**, 566 km, 9 hrs, US$7.25, several buses daily, mostly at night and most buses continue to Lima. Also US$7.25 to **Chala**, 8 hrs. Some bus companies charge the same fare to Nasca as to Lima. To **Moquegua**, 213 km, 3 hrs, US$3-5.85, several buses and colectivos daily. To **Tacna**, 320 km, 6-7 hrs, US$3.85-4.40, several buses daily, most with *Flores*.

To **Cusco**, 521 km, 12 hrs direct via Imata on the new Arequipa-Juliaca road, eg with Carhuamayo at 0700, 1700 and 1800, US$7.25. Otherwise go via Juliaca. The paved road to **Juliaca**, via Yura and Santa Lucía, has cut the Arequipa-Juliaca journey time to 5 hrs, US$4.25-5.80 (normal), US$7.15-8.55 *bus cama*, and **Puno**, 6 hrs. Most buses and colectivos continue to Puno. Another paved route runs Arequipa-Moquegua- Desaguadero-Puno-Juliaca: 12 hrs to **Puno** and 13 hrs to **Juliaca**.

Trains: The railway system goes from Arequipa to Juliaca, where it divides, one line going north to Cusco, the other south to Puno. With the opening of the new Arequipa-Juliaca highway, passenger services no longer run to Juliaca. The service Puno-Juliaca-Cusco is running as usual.

Directory **Airline offices** *Aero Continente* and *Aviandina*, Portal San Agustín 113, T207294. *LanPerú*, Santa Catalina 118-C, T 201100. *Tans*, Portal San Agustín 143A, T205231. Most tour agencies sell air tickets. **Banks** *Interbank*, Mercaderes 217. Mastercard representative and ATM. *BCP*, San Juan de Dios 125, accepts Visa Card and gives good rates, no commission, Visa ATM. *Banco Continental*, San Francisco 108. Visa ATM. *BSCH*, C Jerusalén, close to Post Office, will change TCs, low rates, Visa ATM. *Banco Wiese*, Mercaderes 410. Also *cambios* on Jerusalén and San Juan de Dios, and several travel agencies. *Sergio A del Carpio D*, Jerusalén 126, T242987, good rates for dollars. *Via Tours*, Santo Domingo 114, good rates. *Casa de Cambio*, San Juan de Dios 109, T282528, good rates. It is almost impossible to change TCs on Sat afternoon or Sun; try to find a sympathetic street changer. Better rates for cash dollars in banks and *casas de cambio*. **Communications** Internet: *C@tedr@l*, Pasaje Catedral 101, T220622, internetcatedral@hotmail.com Open 0800-2400, fast machines, international phone calls. *Chips Internet*, San Francisco 202-A, chips@chips.com.pe *La Red Café Internet*, Jerusalén 306, café@LaRed.net.pe Good service, open 0830-2200, US$0.45 per hr, good for netphone. Also on Jerusalén: *Tienes un Email* at No 306B, and *Tr@vel Net*, No 218, US$0.75 per hr and international phone calls. *Lider Tours*, Portal San Agustín 105, Plaza de Armas, www.lider.lared.net.pe, US$0.75 per hr. *Net Central*, Alvarez Thomas 219, netcentral@netcentral. lared.net.pe Open 0900-2300, fast machines. *Cybercafé.com*, Santa Catalina 115-B, at *Easy Market*. US$0.75 per hr. Another at Puente Bolognesi 108, open 0700-2300. The central **Post Office** is at Moral 118, opposite *Hotel Crismar*. Letters can only be posted at the Post Office during opening hours: Mon-Sat, 0800-2000, Sun 0800-1600. **Telephone:** telephone and fax at Alvarez Thomas y Palacio Viejo. *DHL*, T234288/250045 for sending documents and money, also Western Union rep. *World Courier*, T241925, F218139. **Cultural centres** Instituto Cultural Peruano-Norte Americano, Casa de los Mendiburo, Melgar 109, T243201, has an **English Library**. Instituto Cultural Peruano Alemán, Ugarte 207, T228130. **Instituto Regional de Cultura**, Gen Morán 118 (altos), T213171. **Instituto Nacional de Cultura**, Alameda San Lázaro 120, T213171. **Alianza Francesa**, Santa Catalina 208, T215579, F286777, aptdo 2724, www.ambafrancia.com.pe **Consulates** Bolivia, Mercaderes 212, of 405, T205703, Mon-Fri 0900-1400, 24 hrs for visa (except those needing clearance from La Paz), go early. Chile, Mercaderes 212, p 4, Of 401-402, Galerías Gameza, T/F233556/933556, entrance to lift 30 m down passageway down Mercaderes on left, open Mon-Fri 0900-1300, present passport 0900-1100 if you need a visa. France, Estadio Oeste 201-A, IV Centenario, T232119 (Sun T224915), Mon-Fri 1530-1900. Germany, in Colegio Max Uhle, Av Fernandini s/n, Sachaca, Mon-Fri 0900-1300, Casilla 743, T232921. Italy, La Salle D-5, T221444, open 1130-1300, in the afternoon T254686 (home). Netherlands, Mercaderes 410 (Banco Wiese), Sr Herbert Ricketts, T219567, F215437, Casilla 1, open Mon-Fri 0900-1300, 1630-1830. Spain, Ugarte 218, p 2, T214977 (home T224915), open Mon-Fri 1100-1300, Sat 0900-1300. Sweden, Av Villa Hermosa 803, Cerro Colorado, T259847/252868, open Mon-Fri 0830-1300, 1500-1730. Switzerland, Av Miguel Forga 348, Parque Industrial, T232723/229998. UK, Mr Roberts, Tacna y Arica 156, T241340, gerencia@roberts.rh.com.pe Mon-Fri 0830-1230, 1500-1830, reported as very friendly and helpful. **Language courses** Silvana Cornejo, 7 de Junio 118, Cerrito Los Alvarez, Cerro Colorado, T254985, US$6 per hr, negotiable for group, recommended, she speaks German fluently; her sister Roxanna charges US$3 per hr. Fidelia and Charo Sánchez, T224238, highly recommended, Fidelia speaks French, Charo English. *Centro de Intercambio Cultural Arequipa (CEICA)*, Urb Universitaria G-9, T/F231759. Classes at US$5 per hr, accommodation with families arranged, with or without board, also excursions. Also at Instituto Peruano-Norte Americano and Instituto Cultural Peruano Alemán. **Medical services** Hospitals: **Regional Honorio Delgado**, Av A Carrión s/n, T238465/231818 (inoculations). **General Base Goyeneche**, Av Goyeneche s/n, T211313. **Nacional del Sur**, Filtro y Peral s/n, T214430 in emergency. **Clinics: Clínica Arequipa SA**, esq Puente Grau y Av Bolognesi, T253424, fast and efficient with English-speaking doctors and all hospital facilities, consultation costs US$18, plus US$4 for sample analysis and around US$7 for a course of antibiotics. Paz Holandesa, Av Jorge Chávez 527, T/F206720, www.pazholandesa.com Dutch foundation dedicated to helping the impoverished, which also has a travel clinic for tourists. Dutch and English spoken, 24-hour service. Highly recommended (see their website if you are interested in volunteering). **San Juan de Dios**, Av Ejército 1020, Cayma, T252256/255544. **Monte Carmelo**, Gómez de la Torre 119, T231444, T/F287048. **Emergencies:** Ambulance T289800. **Pharmacy:** *Farmacia Libertad*, Piérola 108, owner speaks English.

Colca Canyon

The Colca Canyon is twice as deep as the Grand Canyon. The Río Colca descends from 3,500 m above sea level at Chivay to 2,200 m at Cabanaconde. The roads on either side of the canyon are at around 4,000 m. In the background looms the grey, smoking mass of Sabancaya, one of the most active volcanoes in the Americas, and its more docile neighbour, Ampato (6,288 m). Unspoiled Andean villages lie on both sides of the canyon, inhabited by the Cabana and Collagua peoples, and some of the extensive pre-Columbian terraced fields are still in use. High on anyone's list for visiting the canyon is an early-morning trip to the Cruz del Cóndor, to see these majestic birds at close quarters. From January to April is the rainy season, but this makes the area green, with lots of flowers. This is not the best time to see condors. May to December is the dry, cold season when there is more chance of seeing the birds.

Tours Travel agencies in Arequipa arrange a 'one-day' tour to the Mirador for US$18-20: depart Arequipa at 0400, arrive at the Cruz del Cóndor at 0800-0900, expensive lunch stop at Chivay and back to Arequipa by 2100; for many, especially for those with altitude problems, this is too much to fit into one day (the only advantage is that you don't have to sleep at high altitude). Two-day tours start at US$20-30 pp with an overnight stop in Chivay; more expensive tours range from US$45 to US$75 with accommodation at the top of the range. Allow at least 2-3 days to appreciate the Colca Canyon fully, more if planning to do some trekking.

Local festivals Many in the Colca region: **2-3 Feb**: *Virgen de la Candelaria*, Chivay, Cabanaconde, Maca, Tapay. **Feb**: *Carnaval*, Chivay. *Semana Santa*. **3 May**: *Cruz de la Piedra*, Tuti. **13 Jun**: *San Antonio*, Yanque, Maca. **14 Jun**: *San Juan*, Sibayo, Ichupampa. **21 Jun**: anniversary of Chivay. **29 Jun**: *San Pedro y San Pablo*, Sibayo, Yanque. **14-17 Jul**: *La Virgen del Carmen*, Cabanaconde. **25 Jul**: *Santiago Apóstol*, Coporaque. **26 Jul-2 Aug**: *Virgen Santa Ana*, Maca. **15 Aug**: *Virgen de la Asunta*, Chivay. **8 Dec**: *Immaculada Concepción*, Yanque, Chivay. **25 Dec**: *Sagrada Familia*, Yanque. Many of these festivals last several days and involve traditional dances and customs.

Trekking There are many hiking possibilities in the area. Make sure to take enough water as it gets very hot and there is not a lot of water available. Moreover, sun protection is a must. Some treks are impossible if it rains heavily in the wet season, but this is very rare. Check beforehand. Ask locals for directions as there are hundreds of confusing paths going into the canyon. Buy food for longer hikes in Arequipa. Topographical maps are available at the *Instituto Geográfico Militar* in Lima, and good information from *South American Explorers*. From Chivay you can hike to Coporaque and Ichupampa, cross the river by the footbridge and climb up to Yanque, a 1-day hike. It is a 2-hr walk from the Mirador to Cabanaconde (or the other way round – horses can be

Peru

hired) by a short cut, following the canyon instead of the road, which takes 3 hrs. It takes 2 days to walk from Chivay to Cabanconde (70 km), you can camp along the route.

Two hours below Cabanconde is Sangalle, an 'oasis' of palm trees, swimming areas and 2 campsites with toilets, US$1.50-3 (3-4½ hrs back up, ask for the best route in both directions, horses can be hired to carry your bag up, US$5.85), recommended. A popular hike involves walking east on the Chivay road to the Mirador de Tapay (before Cruz del Cóndor), then descending to the river on a steep track (4 hrs, take care). At the village of San Juan you can stay and eat at **G** *Hostal Roy*, recommended. From there you go to the oasis, spend the night and return to Cabanconde on the third day.

Chivay to A poor dirt road runs north from Arequipa, over the altiplano, to **Chivay** (3,600 m),
Cabanaconde the first village on the edge of the Canyon. About an hour out of Arequipa is the **Aguada Blanca National Vicuña Reserve**. If you're lucky, you can see herds of these rare animals near the road. This route affords fine views of the volcanoes Misti, Chachani, Ampato and Sabancaya. ■ *US$2 entrance fee to the canyon (not included in agency prices). Cyclists should use the new road via Yura; better condition and less of a climb at the start. The PerúRail train service from Arequipa to Juliaca and Puno stops at Sumbay, from where road transport continues to Chivay.*

Chivay is the linking point between the two sides of the canyon, as it has the only bridge over the river. The road continues northeast to **Tuti**, where there is a small handicrafts shop, and **Sibayo**, with a *pensión* and grocery store. A long circuit back to Arequipa heads south from Sibayo, passing through **Puente Callalli**, **Chullo** and **Sumbay**. This is a little-travelled road, but the views of fine landscapes with vicuña, llamas, alpacas and Andean duck are superb.

Crossing the river at Chivay going west to follow the canyon on the far side, you pass the villages of **Coporaque**, **Ichupampa** (where a footbridge crosses the river between the two villages and another connects with Achoma), **Lari**, **Madrigal** (footbridge to Maca) and **Tapay** (connected to Cabanaconde by a footbridge).

Chivay (3,600 m) is the gateway to the canyon. The hot springs of **La Calera** are 4-5 km away, regular colectivos (US$0.25) or a one hour walk from town, highly recommended after a hard day's trekking. ■ *US$1.25.*

From Chivay, the main road goes west along the Colca Canyon. The first village encountered is **Yanque** (8 km, excellent views), with an interesting church and a bridge to the villages on the other side of the canyon. A large thermal swimming pool is 20 minutes walk from the plaza, beside the renovated Inca bridge on the Yanque-Ichupampa road, US$0.75.

The road continues to **Achoma** and **Maca**, which barely survived an earthquake in November 1991. New housing has been built. The Mirador, or **Cruz del Cóndor**, is at the deepest point of the canyon. The view is wonderful and condors can be seen rising on the morning thermals (0900, arrive by 0800 to get a good spot) and sometimes in the late afternoon (1600-1800). (Reports in 2003 said that road construction from Chivay to Madrigal was disturbing the birds and fewer were being seen.) Camping here is officially forbidden, but if you ask the tourist police in Chivay they may help. The 0500 bus from Chivay to Cabanaconde will stop here briefly at 0700 (if not, ask), US$0.75. Take the return bus from Cabanaconde (0730) and ask to be dropped off at the Mirador.

From the Mirador it is a 20-minute ride (or three-hour walk) to **Cabanaconde** (3,287 m), a friendly, typical village, very basic (electricity 2000-2300, take a torch/flashlight). It is the last village in the Colca Canyon; it suffered badly in an earthquake in April 1998. The views are superb and condors can be seen from the hill just west of the village, a 15-minute walk from the plaza. A path winds down into the canyon and up to the village of Tapay.

Chivay C *Rumi Llacta*, 3 blocks from the plaza off the Arequipa road, T521098. Attractive cabins, hot showers, cosy bar/dining area. Recommended. C *Wasi Kolping*, 10 blocks south of town opposite Plaza de Toros, T521076. Comfortable cabins with hot shower, quiet, good views. D *El Posada del Inca*, Salaverry 330, T521032. Modern, with hot showers, carpeted rooms, safe. E *Hostal Anita*, north side of plaza. Small garden. Recommended. E *Inca*, Salavery, spacious rooms, good restaurant, vehicle parking. F *Hospedaje Jessy*, Zarumilla 218, 1 block from market. Simple, clean, excellent showers, G without bath, helpful, parking. F *Hospedaje Restaurant Los Portales*, Sucre, T521101. Good accommodation, breakfast US$0.75, same price for dinner in restaurant. F *La Casa de Lucila*, M Grau 131, T054-607086. Comfortable, coffee, guides available. F pp *Los Leños*, on Bolognesi. Safe, good breakfast and tomato soup. Recommended. F pp *Rumi Wasi*, Sucre 714, 6 blocks from plaza (3 mins' walk). Good rooms, breakfast included, hot water, helpful, mountain bike rental (in poor condition). *Casa Blanca*, on main plaza, good, main dishes US$2.50-7.50. *Fonda del Cazador*, north side of plaza, *Ricardito and Posada del Cóndor*, both on Salavery, are good places to eat. Local food can be found at *Don Angel*, near the health centre, and *La Pascana*, near the Plaza de Armas, both cheap. *Farren's*, bar owned by an Irishman, handmade Guinness sign outside, also bikes for hire. For bike hire and rafting tours, *Colca Adventures*, 22 de Agosto 101, T531137, rcordova@ terra.com.pe Good machines and equipment, very helpful.

Between Chivay and Yanque AL *Parador del Colca*, paradorcolca@chasqui.lared. net.pe Built of local materials, comfortable suites, hot water, gardens, plenty of excursions, all meals available, price includes taxes. Recommended. **Yanque** itself has **A** *Tradición Colca*, on main road. Contact Carelia and Emmanuel Derouet, Jerusalén 300C, T205336, www.tradicioncolca.8m.com Price includes breakfast, with gardens, restaurant, bar, games room, new; they also have a travel agency. F *Posada de Yanque*, run by Remi and Vitaliana Suyco. Nice rooms, traditional meals, guiding to local sites. Recommended. One other *Hostal*. **Coporaque** *Casa del Turista Mayta Capac*, on the plaza (Sr Mejía). Ask to see his collection of old pictures; he also knows some good excursions. **Between Coporaque and Ichupampa C** *Libertador Colca Lodge* (www.libertador.com.pe In Arequipa Jerusalén 212, T202587). Very pleasant and relaxing, with beautiful hot springs beside the river, spend at least a day to make the most of the activities on offer. Recommended. **Ichupampa** *Casa del Turista Inca*, family lodging where Lourdes can act as a guide; in the morning, watch the bread being made and then taste it.

Cabanaconde E *Posada del Conde*, C San Pedro, T440197, F441197, T9936809 (Mob). **G** in low season, new, with hot shower, excellent value, very good restaurant. **G** *Hostal San Pedro*, 2 blocks from plaza. Bright rooms, no shower. **G** *Hostal Valle del Fuego*, 1 and 2 blocks from the plaza, T280367 (Arequipa 203737). Good but basic, has two places, both with restaurants serving good meals for around US$3. The owner and his son, both Pablo Junco, are a wealth of information. There are several basic restaurants around the plaza, including *Rancho del Colca*, which is mainly vegetarian.

From Arequipa there are two routes to Chivay: the old route, via Cayma, called 'Cabreritas'; the new route, through Yura, following the railway, longer but quicker. *Cristo Rey*, *La Reyna* and *Andalucia* (recommended) have 7 departures daily from Arequipa to **Chivay**, continuing to **Cabanaconde** ; a further 75 km, 2 hrs, US$1. *La Reyna* has the quickest service, about 6 hrs, US$3.50, others US$3. It is a rough route and cold in the morning, reaching 4,825 m in the Pata Pampa pass, but the views are worth it. Buses return to Arequipa from the market. **Chivay-Cabanaconde** Combis run infrequently in each direction, none on Sun. Buses leave Cabanaconde for Arequipa from 0730 to 2300. It is difficult to go to Cusco from Chivay: you have to go to the police checkpoint on the Arequipa-Juliaca road and change to a *Carhuamayo* bus there. Best to go back to Arequipa and get a Juliaca bus.

West of Arequipa, a dirt road branches off the Pan-American to Corire, Aplao and the Río Majes valley. The **world's largest field of petroglyphs** at Toro Muerto is near Corire, where there are several hotels and restaurants near the plaza. For Toro Muerto, turn-off on the right heading back out of Corire; one hour walk; ask directions. The higher you go, the more interesting the petroglyphs, though many have

---

Sleeping & eating

Families in the Colca Canyon offer meals for about US$1 and lodging at US$2 Banco de la Nación on plaza will change dollars

Transport

Toro Muerto

Peru

been ruined by graffiti. The designs range from simple llamas to elaborate human figures and animals. The sheer scale of the site is awe-inspiring and the view is wonderful (UNESCO World Heritage Site). Take plenty of water, sunglasses and protection against the sun. Dinosaur tracks have been found at Querulpa, nearby. ■ *US$2; entrance 10 mins' drive from the petroglyphs. Buses to Corire leave from Arequipa main terminal hourly from 0500, 3 hrs, US$3. Ask to be let out at the beginning of the track to Toro Muerto, or from the plaza in Corire take a taxi, US$6-10 including 2-hr wait. If walking note that it takes 2 hrs to walk around the site, a lot in the heat.*

Cotahuasi Canyon

See www.lared.net. pe/cotahuasi

Beyond Aplao the road heads north through **Chuquibamba** (festivals 20 January; 2-3 February; 15 May) traversing the western slopes of Nevado Coropuna (6,425 m), before winding down into **Cotahuasi** (*Population*: 4,000. *Altitude*: 2,683 m). The peaceful colonial town nestles in a sheltered hanging valley beneath Cerro Huinao. Its streets are narrow, the houses whitewashed. Local festival is 4 May.

Several kilometres away a canyon has been cut by the Río Cotahuasi, which flows into the Pacific as the Río Ocuña. At its deepest, at Ninochaca (just below the village of Quechualla), the canyon is 3,354 m deep, 163 m deeper than the Colca Canyon and the deepest in the world. From this point the only way down the canyon is by kayak and it is through kayakers' reports since 1994 that the area has come to the notice of tourists (it was declared a Zona de Reserva Turística in 1988). There is little agriculture apart from some citrus groves, but in Inca times the road linking Puerto Inca and Cusco ran along much of the canyon's course.

One of the main treks in the region follows the Inca trade road from Cotahuasi to Quechualla. From the football pitch the path goes through Piro, the gateway to the canyon, and Sipia (three hours, two suspension bridges to cross), near which are the powerful, 150 m high Cataratas de Sipia (take care near the falls if it is windy). The next three-hour stretch to Chaupo is not for vertigo sufferers as the path is barely etched into the canyon wall, 400 m above the river in places. At Chaupo ask permission to camp in the citrus groves; do not pick the fruit (it's a cash crop); water is available. Next is Velinga, then the dilapidated but extensive ruin of Huña, then **Quechualla**, a charming village and administrative capital of the district. Ask Sr Carmelo Velásquez Gálvez for permission to sleep in the schoolhouse. On the opposite side of the river are the ruined terraces of Maucullacta. If it rains, Quechualla can be cut off for days as sections where the river has to be waded become too deep and treacherous (eg just past Velinga). It is possible to raft or kayak from a point on the Upper Cotahuasi, just past the town, almost to the Pacific (boats are usually taken out of the water at the village of Iquipi), a descent of 2,300 m. Season May-August; rapids class 3-5; some portaging unavoidable.

Sleeping & eating **F** *Alojamiento Chávez*, Jr Cabildo 125, T210222. Rooms around pleasant courtyard, friendly. Recommended, Sr José Chávez is helpful on places to visit, if a little vague on timings. And others. *Restaurant Ucho*, Jr Centenario, clean, good *menú*, also bar and hostal. 3 small restaurants/bars on Jr Arequipa offer basic fare. There are many well-stocked *tiendas*, particularly with fruit and vegetables.

Transport **Buses** 3 companies daily from Arequipa bus terminal, 12 hrs, US$8.60: *Alex* at 1500; *Cromotex*, at 1730; *Reyna* at 1700; all return from the plaza in Cotahuasi in the afternoon. On arrival in Cotahuasi you may sleep on the bus till dawn. All companies stop for refreshments in Chuquibamba, about halfway.

Directory **Useful services** No money exchange. *PNP*, on plaza; advisable to register with them on arrival and before leaving. **Maps:** some survey maps in Municipalidad and PNP; they may let you make photocopies (shop on the corner of the plaza and Arequipa). Sr Chávez has photocopies of the sheets covering Cotahuasi and surroundings.

South to Chile

This town 213 km from Arequipa in the narrow valley of the Moquegua River enjoys a sub-tropical climate. The town was severely damaged by the earthquake of June 2001, but by the end of the year all services were operating. The old centre, a few blocks above the Pan-American Highway, has winding, cobbled streets and 19th-century buildings. The Plaza de Armas, with its mix of ruined and well-maintained churches, colonial and republican façades and fine trees, is one of the most interesting small-town plazas in the country. **Museo Contisuyo** on the Plaza de Armas, within the ruins of the Iglesia Matriz, covers the cultures which thrived in the Moquegua and Ilo valleys, including the Huari, Tiahuanaco, Chiribaya and Estuquiña, who were conquered by the Incas. Artefacts are well-displayed explained in Spanish and English. ■ *Mon-Sun 1000-1300, 1500-1730, except Tue 1000-1200, 1630-2000, US$0.45, T761844, www.members.aol.com/contisuyo/Museo C.html* Día de Santa Catalina, 25 November, is the anniversary of the founding of the colonial city. There are several email offices on or near the Plaza de Armas. **Tourist offices** Jr Callao 121, in the Prefectura, is more administrative than service oriented, open 0830-1600.

A highly recommended excursion is to **Cerro Baúl**, 2,590 m, a tabletop mountain with marvellous views and many legends, which can be combined with the pleasant town of Torata, 24 km northeast (30 minutes by colectivo, US$0.60).

Moquegua
Phone code: 054
Colour map 6, grid A1
Population: 110,000
Altitude: 1,412 m

Sleeping and eating **D** *Limoneros*, Jr Lima 441, T761649. Hot water, **E** without bath, help-ful, car park, old house with basic rooms, nice garden (earthquake damage in 2001). **D** *Los Angeles*, Jr Torata 100-A, T762629. Cheaper without, hot water, TV, large comfortable rooms, market right outside, close to buses. Recommended. **D** *Hostal Adrianella*, Miguel Grau 239, T/F763469. Modern, hot water, TV, safe, helpful, tourist information, close to market and buses. Recommended. **E** *Hostal Carrera*, Jr Lima 320, T762113. Hot water (**F** shared bath, cold water), laundry facilities on roof. Recommended. **F** pp *Hospedaje Cornejo*, Tarapacá 281-A, T761034. Shared bath, hot water. The best place for meals is *Moraly*, Lima y Libertad. Breakfast, good lunches, *menú* US$1.75. Several other places, including *chifas*, in town.

Hotels do not serve breakfast

Transport **Buses**: All bus companies are on Av Ejército, 2 blocks north of the market at Jr Grau, except *Ormeño*, Av La Paz casi Balta. From **Lima**, US$23.50-11.75, 5 companies with executive and regular services. To **Tacna**, 159 km, 2 hrs, US$2, several buses and colectivos daily. To **Arequipa**, 3 hrs, US$3-5.85, several buses daily. To **Desaguadero**, 4 hrs, US$6 (11.75 *Ormeño*), and **Puno**, 5-6 hrs, US$7.35, several companies on the new road (see below). *Mily Tours*, Ev Ejército, T764000, run colectivos to Desaguadero, 3½ hrs, US$10. *Ormeño* continues to **La Paz**, US$30, and to **Cusco**, US$23.50, as does *Cruz del Sur*, US$17.65.

The Carretera Binacional, from the port of Ilo to La Paz, has a breathtaking stretch from Moquegua to Desaguadero at the southeastern end of Lake Titicaca. It skirts Cerro Baúl and climbs through zones of ancient terraces to its highest point at 4,755 m. On the altiplano there are herds of llamas and alpacas, lakes with waterfowl, strange mountain formations and snow-covered peaks. At Mazo Cruz there is a PNP checkpoint where all documents and bags are checked. Approaching Desaguadero the Cordillera Real of Bolivia comes into view. The road is fully paved and should be taken in daylight.

Moquegua to Desaguadero

Tacna

Only 36 km from the Chilean border and 56 km from the international port of Arica, Tacna is fighting to gain free-trade status from the government. It is an important commercial centre and Chileans come for cheap medical and dental treatment. Around the city the desert is gradually being irrigated. The local economy includes olive groves, vineyards and fishing. Tacna was in Chilean hands from 1880 to 1929, when its people voted by plebiscite to return to Peru. Above the city (8 km away, just off the Panamericana Norte), on the heights, is the **Campo de la Alianza**, scene of a

Phone code: 052
Colour map 6, grid A1
Population: 150,200
Altitude: 550 m
156 km S of Moquegua via the Pan-American Highway 1,292 km from Lima

battle between Peru and Chile in 1880. The cathedral, designed by Eiffel, faces the Plaza de Armas, which contains huge bronze statues of Admiral Grau and Colonel Bolognesi. They stand at either end of the Arca de los Héroes, the triumphal arch which is the symbol of the city. The bronze fountain in the Plaza is said to be a duplicate of the one in the Place de la Concorde (Paris) and was also designed by Eiffel. The **Parque de la Locomotora**, near the city centre, has a British-built locomotive, which was used in the War of the Pacific. There is a very good railway museum at the station. ■ *Daily 0700-1700, US$0.30; knock at the gate under the clock tower on Jr 2 de Mayo for entry.* The house of Francisco Zela, who gave the Cry of Independence on 20 July 1811, is a museum. ■ *Mon-Sat 0830-1230, 1530-1900, Zela 542.*

Sleeping & eating
Beware of pickpockets in the market area

A *Gran Hotel Tacna*, Av Bolognesi 300, T724193, F722015. Gardens, 2 swimming pools, safe car park, good breakfast for US$3-4, *menú* US$6, English spoken. **C** *Gran Hotel Central*, San Martín 561, T712281, F726031. With breakfast, central, secure, English spoken. Recommended. **C** *El Mesón*, Unánue 175, T725841, F721832, mesonhotel@terra.com.pe With breakfast, TV, central, modern, comfortable, safe, internet service. Recommended. **D-E** *Lima*, San Martín 442, T711912, on Plaza de Armas, american_tours@hotmail.com With breakfast, TV, hot water, bar, good restaurant, stores luggage. **E** *Alameda*, Bolognesi 780, T744978. **F** without bath or TV, good food. Recommended. **E** *Hostal Bon Ami*, 2 de Mayo 445, T711873. **F** without bath, hot water, secure. **E** *Hostal HC*, Zela 734, T742042. Hot water, TV, discounts available, cafetería next door, laundry service, videos. Recommended. **E** *Lido*, San Martín 876-A, near Plaza de Armas, T741598. With hot showers, no breakfast. Recommended. One recommended eating place is *Sur Perú*, Bolívar 380. Popular for lunch are *Shaffie's House*, Ayacucho 84-B, *El Sabor Criollo*, No 86-C, and *Le Petit*, No 88-A, US$2 *menú*. *Delfín Azul*, Zela 375. Good. *Margarita's Café*, Unánue 145, T711481. Excellent French pastry and desserts, nice inviting ambience, cheap, open 1600-2130. Recommended. Vegetarian: at

Tacna

To Bus Station, Panamericana Norte & Alto de la Alianza

To Panamericana Norte & Stadium

□ Chilean Consulate

Presbítero Andía

Zarumilla

Julio Mac Lean

Museo Ferroviario

Cnl Albarracín

2 de Mayo

Touring y Automóvil Club

Hipólito Unanue

Cnl Inclán

28 de Julio

Gral Deústua

Arias Aragüez

□ Teatro Municipal

de la Barca

P Meléndez

Modesto Basadre

Museo Francisco Zela

4

Centro Cultural Miculla

Fco de Zela

2 1

3

8

S

San Martín

S

Junín

@ **7**

Gral Blondel

Fco Lazo

Cathedral

Plaza de Armas

Casa de la Cultura

Aero Continente

5

2

Municipalidad

Callao

Arequipa

Moliendo

Ugarte

Simón Bolívar

1

Av Bolognesi

Pallardelli

M

Parque de la Locomotora

6

Ayacucho

Av Restauración

To Panamericana Sur, Airport & Arica (Chile)

N

0 metres 400
0 yards 400

■ **Sleeping**	7 Lido	3 Margarita's Café
1 Alameda	8 Lima & Phone Office	4 Sociedad de
2 El Mesón		Alimentación
3 Hostal Bon Ami	● **Eating**	Vegetaria
4 Hostal HC	1 Delfín Azul	5 Sur Perú
5 Gran Central	2 El Sabor Criollo, Le	6 Vida y Salud
6 Gran Tacna	Petit & Shaffie's House	

Peru

Vida y Salud, Bolívar 335. Swiss-Peruvian owned and run, German, French and English spoken, yoghurts and juices, natural products for sale, also serves meat, good, open 0730-2030. *Sociedad de Alimentación Vegetariana*, Zela 495, T711037. Open Mon-Fri and Sun with reservation. *La Espiga*, San Martín 431. Good bakery and pastry shop.

Air To **Lima**, 1½ hrs; daily flights with *Aero Continente* (Apurímac casi San Martín, T747300). Taxi to town and bus terminal US$3. It is possible to take a taxi from the airport to Arica, US$30 (can be shared), but the cheapest way is to take a taxi to the bus station, then take a colectivo.

    Bus Two bus stations on Hipólito Unánue, 1 km from the plaza (colectivo US$0.25, taxi US$0.60 minimum). One terminal is for international services, the other for domestic, both are well-organized, local tax US$0.30, baggage store, easy to make connections to the border, Arequipa or Lima. To **Moquegua**, 159 km, 2 hrs, US$2, several buses and colectivos daily (colectivos also leave from the town exit, uphill from the terminal, eg *El Buen Samaritano*, 5 passengers, US$3, less than 2 hrs). To **Arequipa**, 6 hrs, US$3.85-4.40, several buses daily, most with *Flores*, T725376. To **Nasca**, 793 km, 12 hrs, US$9, several buses daily, en route for Lima. Several companies daily to **Lima**, 1,239 km, 21-26 hrs, US$9-27, eg *Flores, Cruz del Sur* and *Ormeño*, recommended. To **Puno**, 395 km, go to Moquegua or Arequipa and change there.

    At Tomasiri, 35 km north of Tacna, passengers' passports and luggage are checked, whether you have been out of the country or not. There is also a police control 10 km after the Camiara bridge (being rebuilt, near a military base), just before the Tacna/Moquegua departmental border (also called Camiara, 59 km from Tacna, 61 km from Moquegua).

    To **La Paz**, the best route is via Moquegua and Desaguadero. The most direct service is *Ormeño's Royal* service, 1930, US$35, but you have to change buses in Moquegua. *Samericano* colectivos go direct to Desaguadero, otherwise take transport from Moquegua (see above). To **Santiago**, *Pullman Bus Internacional*, 6 a day, 28 hrs, US$25, *semi cama* with meals, to **Antofagasta**, 14 hrs, US$15. *Tramaca* also runs to **Santiago**.

Banks *BCP*, San Martín 574, no commission for TCs (Amex, Citicorp) into soles. Similarly at *Banco Wiese*, San Martín 476. *Banco Santander*, Apurímac, with exchange and ATM for Visa/Plus, MasterCard/Cirrus. *Interbank*, San Martín 646, has ATM for Visa/Plus, MasterCard/Cirrus and Amex. *Cambios Tacna* and *MoneyGram*, San Martín 612, T743607. Street changers stand outside the Municipalidad. **Communications** Internet:, many on San Martín, several open 24 hrs. Others around the centre. *F@stnet.com*, 2 de Mayo 380, open 0800-2400, also international phone calls, cheaper than others. *Tacna Net*, Av H Unánue at Plaza de Armas. Average price US$0.45 per hr, US$0.60 overnight. Post office: Av Bolognesi y Ayacucho. Open Mon-Sat 0800-2000. Telephone: public *locutorio* on Plaza de Armas, in same building as *Hostal Lima*. **Consulates** Chile, Presbítero Andía block 1, T 723063. Open Mon-Fri 0800-1300, closed holidays. **Tourist offices** Dirección Regional de Indistria y Turismo, Gral Blondell 50, by the Centro Cultural Miculla, corner of Francisco Lazo, T722784. Touring y Automóvil Club del Perú, Av 2 de Mayo 55.

There is a checkpoint before the border, which is open 0900-2200. Peruvian immigration is closed on public holidays. You need to obtain a Peruvian exit stamp and a Chilean entrance stamp; formalities are straightforward (see below). If you need a Chilean visa, you have to get it in Tacna (address above).

    Crossing by private vehicle For those leaving Peru by car buy *relaciones de pasajeros* (official forms, US$0.45) from the kiosk at the border or from a bookshop; you will need four copies. Next, return your tourist card, visit the PNP office, return the vehicle permit and finally depart through the checkpoints.

    Exchange Money changers are given under Banks, above. They can also be found at counters in the international bus terminal; rates are much the same as in town.

Road 56 km, 1-2 hrs, depending on waiting time at the border. Buses to Arica charge US$1.50 and colectivo taxis US$3 pp. All leave from the international terminal in Tacna throughout the day. Colectivos (old Fords and Chevrolets which carry 5 passengers) only leave when full. As you approach the terminal you will be grabbed by a driver or his agent and told that the car is "just about to leave". This is hard to verify as you may not see the colectivo until you have filled in the paperwork. Once you have chosen a driver/agent, you will be rushed to his company's

Transport

Tickets can be purchased several days before departure and buses fill up quickly

Do not carry anything on the bus for a Peruvian, just your own belongings

Directory

Border with Chile
Peruvian time is 1 hr earlier than Chilean time Mar-Oct; 2 hrs earlier Sep/Oct to Feb/Mar (varies annually) No fruit or vegetables are allowed into Chile or Tacna

Transport

Peru

office where your passport will be taken from you and the details filled out on a Chilean entry form. You can change your remaining soles at the bus terminal while this is being done. It is 30 mins to the Peruvian border post at Santa Rosa, where all exit formalities are carried out. The driver will hustle you through all the procedures. A short distance beyond is the Chilean post at Chacalluta, where again the driver will show you what to do. All formalities take about 30 mins. It's a further 15 mins to Arica's bus terminal. A Chilean driver is more likely to take you to any address in Arica. **Train** At 0900 and 1600, US$1, Tacna-Arica; frequently cancelled.

The Titicaca region Newly paved roads climb from the coastal deserts and oases to the high plateau in which sits mystical Lake Titicaca, a huge inland sea which is the highest navigable lake in the world (Arequipa-Yura-Santa Lucía-Juliaca-Puno; Moquegua-Desaguadero-Puno). The steep ascents lead to wide open views of pampas with agricultural communities, desolate mountains, small lakes and salt flats. It is a rapid change of altitude, so be prepared for some discomfort and breathlessness.

Juliaca

Phone code: 051
Colour map 6, grid A2
Population: 134,700
Altitude: 3,825 m
289 km NE of Arequipa

Freezing cold at night, Juliaca is not particularly attractive. As the commercial focus of an area bounded by Puno, Arequipa and the jungle, it has grown very fast into a chaotic place with a large impermanent population, lots of contraband and counterfeiting and more *tricitaxis* than cars. Monday, market day, is the most disorganized of all. On the huge Plaza Melgar, several blocks from the main part of the town, is an interesting colonial church. At the large market in the plaza on Monday you can buy wool and alpaca goods. The handicrafts gallery, *Las Calceteras*, is on Plaza Bolognesi. Túpac Amaru market, on Moquegua seven blocks east of railway line, is a cheap market. There are several internet places in the centre.

The unspoiled little colonial town of **Lampa**, 31 km northwest of Juliaca is known as the 'Pink City'. It has a splendid church, La Inmaculada, containing a copy of Michelangelo's 'Pietà'. Also of interest is the Museo Kampac, Ugarte 462, a museum with sculptures and ceramics from the Lampa and Juli areas; the owner lives next door. It also has a good Sunday market. There is a basic *hostal*, **G** pp. Buses and trucks daily, one hour, US$0.65, from Plaza de Armas in Juliaca.

Sleeping & eating
There are water problems in town, especially in the dry season

AL-A *Suites Don Carlos*, Jr M Prado 335, on the outskirts of town, T321571, doncarlosjuliaca@terra.com.pe Prices include taxes, good facilities, continental breakfast US$6.50, lunch or dinner US$13. **B** *Hostal Don Carlos*, Jr 9 de Diciembre 114, Plaza Bolognesi, T323600, F322120. In same group, comfortable, modern facilities, hot water, TV, heater, good service, breakfast included, restaurant and room service. Recommended. **B** *Royal Inn*, San Román 158, T321561, Hotel_royal_inn@latinmail.com Decent accommodation with hot water, TV, safe, laundry, good restaurant *La Fonda del Royal* with *menú* US$1.50. Recommended. **D** *Karlo's Hostal*, Unión 317, T321817, lanzap@hotmail.com Comfortable, firm beds, hot water, TV, laundry, restaurant *Che Karlín* attached. **D** *Hostal Luquini*, San Román 409, Plaza Bolognesi, T321510. **E** without bath, breakfast included, comfortable, hot water, restaurant for all meals, *menú* US$1.50. Recommended. **E** *Yarur*, Jr M Núñez 414, T 321501. **F** without bath, hot water, safe, no breakfast. **F-G** *Hostal Ferrocarril*, San Martín 249. Shared and private rooms, shared bath, basic. For eating, try *Trujillo*, San Román 163. Extensive menu, daily specials, US$3-5.50 for main dishes, US$7.50 for fish. *Trujillo 2*, at No 175, serves chicken, sandwiches and snacks. Next door is *Ricos Pan*, bakery with café.

Transport

Air Airport is small but well organized. To/from **Lima**, 2¼ hrs via **Arequipa** (30 mins), daily with *Aero Continente* (T328440), *Aviandina* and *LanPerú* (T322228; also to Cusco). Minibuses 1-B, 6 and 14 to airport from 2 de Mayo at either Núñez or San Román, US$0.15; from airport to town they take you to your hotel. Taxi from Plaza Bolognesi, US$1.75. **Tourist buses** run direct from Puno to the airport and vice versa; US$1.50 pp, 1 hr. Also taxis, US$11.75. If taking a public colectivo from Puno to Juliaca for a flight, allow plenty of time as they drive around Puno looking for passengers to fill the vehicle first.

Peru

Buses New Terminal Terrestre is at Jr Mantaro y San Agustín: go down San Martín 10 blocks and cross Av Circunvalación. Lots of companies serve Desaguadero, Moquegua, Arequipa (US$4.25-8.55), Lima (US$10-17.65) and Cusco (US$4.40). To **Cusco**, 344 km, 5-6 hrs, with *Imexso* (in Terminal, T326389) and *Tour Perú* (tourperu@mixmail.com), day and night buses, prices as from Puno. *First Class* (www.firstclassperu.com) and *Inka Express* (inkaex@ yahoo.com) have pullman tourist buses which stop for sightseeing and lunch, with guide, see under Puno. The road is paved and in good condition. To **Puno**, 44 km, 1 hr, US$0.45; small buses leave from Piérola y 18 de Noviembre, 2 companies. Combis to Puno leave from Terminal Terrestre on Plaza Bolognesi, also US$0.45. To **Huancané** (on the north side of Lake Titicaca), 51 km, and Moho, a further 40 km, *Santa Cruz* and *Joyas del Sur* companies, Moquegua 1019, at the corner with Ballón near the Túpac Amaru market, US$1.75, 3 hrs to Moho. It is paved to Huancané, then poor, but the views are wonderful. See below on how to get to the Bolivian border.

Trains See information under Puno or Cusco. The station at Juliaca is the junction for services between Arequipa (no passenger services), Puno and Cusco. Prices to Cusco are the same as from Puno. The ticket office, entrance on Plaza Bolognesi, opens 0700-1100, 1400-1800, except Tue 1400-1800, Thu 0600-1000, 1400-1800, Sat 0700-1100, Sun 0600-1000.

Puno

On the northwest shore of Lake Titicaca, **Puno** is capital of its department and Peru's folklore centre with a vast array of handicrafts, festivals and costumes and a rich tradition of music and dance. The **Cathedral**, completed in 1657, has an impressive baroque exterior, but an austere interior. Beside the Cathedral is the **Balcony of the Conde de Lemos**, Deústua esquina Conde de Lemos, where Peru's Viceroy stayed when he first arrived in the city. A short walk up Independencia leads to the **Arco Deústua**, a monument honouring those killed in the battles of Junín and Ayacucho. Nearby, is a mirador giving fine views over the town, the port and the lake beyond. The walk from Jr Cornejo following the Stations of the Cross up a nearby hill, with fine views of Lake Titicaca, has been recommended, but be careful and don't go alone (the same applies to any of the hills around Puno, eg Huajsapata). The **Museo Municipal Dreyer** has been combined with the private collection of Sr Carlos Dreyer, Conde de Lemos 289. ■ *Mon-Fri 0730-1330, US$1.*

The *Yavari*, the **oldest ship on Lake Titicaca**, is berthed near the entrance to the *Sonesta Posada del Inca* hotel and is now open as a museum (0800-1700) and bar (1700-2300). The ship was built in England in 1862 and was shipped in kit form to Arica, then by rail to Tacna and by mule to Lake Titicaca. The journey took six years. The *Yavari* was launched on Christmas Day 1870. Visitors are very welcome on board. ■ *Free but donations welcome to help with maintenance costs. Project addresses: England: 61 Mexfield Road, London, SW15 2RG, T/F44-20-8874 0583, yavari.larken@virgin.net Peru/Lima: Giselle Guldentops, c/o Lima Times, T0051-1-998 5071, Yavari.gulden@dwp.net In Puno: Asociación Yavari, c/o Capitán Carlos Saavedra, T0051-54-369329, F0051-54-352701, yavaricondor@viaexpresa.com.pe For general information, volunteering, donations, etc, visit www.yavari.org* Also in the harbour is Hull (UK)-built MS *Ollanta*, which sailed the lake from 1926 to the 1970s. *PerúRail* has restored the vessel with a view to starting cruises.

Phone code: 051
Colour map 6, grid A2
Population: 100,170
Altitude: 3,855 m
Puno gets bitterly cold at night: in June-August the temperature at night can fall to -25°C, but generally not below -5°C

Peru

Excursions Anybody interested in religious architecture should visit the villages along the western shore of Lake Titicaca. An Inca sundial can be seen near the village of **Chucuíto** (19 km), which has an interesting church, La Asunción, and houses with carved stone doorways. Visits to Chucuíto usually include the Templo de la Fertilidad, **Inca Uyo**, which boasts many phalli and other fertility symbols. The authenticity and original location of these objects is the subject of debate. (C *Hostal Chucuíto*, 1 km north of town, includes breakfast, nice rooms, courtyard can be used for parking bicycles, hot water, negotiable in low season, T051-352108, leave message for Alfredo Sánchez. E *Albergue Juvenil Las Cabañas*, great little cottages, meals, highly recommended, T051-351276, will collect you from Puno bus station.)

Juli, 80 km, has some fine examples of religious architecture. **San Pedro** on the plaza, designated as the Cathedral, has been extensively restored. It contains a series of paintings of saints, with the Via Crucis scenes in the same frame, and gilt side altars above which some of the arches have baroque designs. No opening hours are displayed. **San Juan Letrán** has two sets of 17th-century paintings of the lives of St John the Baptist and of St Teresa, contained in sumptuous gilded frames. San Juan is a museum. ■ *Open mornings only; US$1.15*. It also has intricate *mestizo* carving in pink stone. **Santa Cruz** is partly roofless, with scaffolding and a shelter protecting what remains of the tower. It is completely closed to visitors, but there is a view of the lake from the plaza in front. The fourth church, **La Asunción**, is also a museum. The nave is empty, but its walls are lined with colonial paintings with no labels. The original painting on the walls of the transept is fading. Its fine bell tower was damaged by earthquake or lightning. Outside is an archway and atrium which date from the early 17th century. ■ *US$0.85*. Needlework, other weavings, handicrafts and antiques are offered for sale in town. Near Juli is a small colony of flamingoes. Many other birds can be seen from the road. Colectivo Puno-Juli US$0.75; return from Juli outside market at Ilave 349.

A further 20 km along the lake is **Pomata** (US$0.30 from Juli), whose church of Santiago Apóstol is built of red sandstone. It has a beautiful interior, with superb carving and paintings. ■ *Daily 0700-1200, 1330-1600, free, but give a donation*. At **Zepita**, near Desaguadero, the 18th-century Dominican church is also worth a visit.

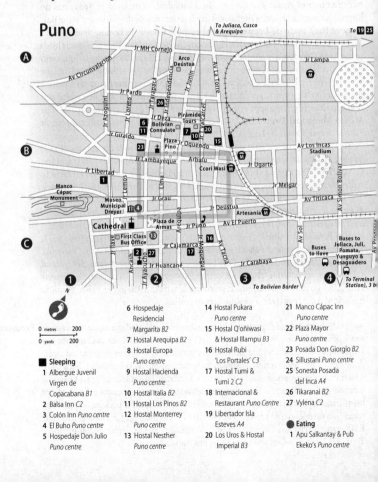

Puno

Peru

Sleeping

1 Albergue Juvenil
   Virgen de
   Copacabana *B1*
2 Balsa Inn *C2*
3 Colón Inn *Puno centre*
4 El Buho *Puno centre*
5 Hospedaje Don Julio
   Puno centre
6 Hospedaje
   Residencial
   Margarita *B2*
7 Hostal Arequipa *B2*
8 Hostal Europa
   Puno centre
9 Hostal Hacienda
   Puno centre
10 Hostal Italia *B2*
11 Hostal Los Pinos *B2*
12 Hostal Monterrey
   Puno centre
13 Hostal Nesther
   Puno centre
14 Hostal Pukara
   Puno centre
15 Hostal Q'oñiwasi
   & Hostal Illampu *B3*
16 Hostal Rubi
   'Los Portales' *C3*
17 Hostal Tumi &
   Tumi 2 *C2*
18 Internacional &
   Restaurant *Puno Centre*
19 Libertador Isla
   Esteves *A4*
20 Los Uros & Hostal
   Imperial *B3*
21 Manco Cápac Inn
   Puno centre
22 Plaza Mayor
   Puno centre
23 Posada Don Giorgio *B2*
24 Sillustani *Puno centre*
25 Sonesta Posada
   del Inca *A4*
26 Tikaranai *B2*
27 Vylena *C2*

Eating

1 Apu Salkantay & Pub
   Ekeko's *Puno centre*

Near Puno are the *chullpas* (pre-Columbian funeral towers) of **Sillustani** in a beautiful setting on a peninsula in Lake Umayo, 32 km from Puno on an excellent road. John Hemming writes: "Most of the towers date from the period of Inca occupation in the 15th century, but they are burial towers of the Aymara-speaking Colla tribe. The engineering involved in their construction is more complex than anything the Incas built – it is defeating archaeologists' attempts to rebuild the tallest 'lizard' *chullpa*. Two are unfinished: one with a ramp still in place to raise blocks; the other with cut stones ready to go onto a very ambitious corbelled false dome." There is a museum and handicraft sellers wait at the exit. Photography is best in the afternoon light, though this is when the wind is strongest. The scenery is barren, but impressive. There is a small community at the foot of the promontory. ■ *US$2.25. Take an organized tour; about 3-4 hrs, leave 1430, about US$5; check that the entry fee is included in the price. Tours usually stop at a Colla house on the way, to see local products. Camping possible outside the museum (tip the guardian).*

L *Libertador Isla Esteves*, on an island linked by a causeway 5 km northeast of Puno (taxi US$3), T367780, www.libertador.com.pe Built on a Tiahuanaco-period site, spacious, good views, phone, bar, good restaurant, disco, good service, electricity and hot water all day, parking. **L** *Sonesta Posada del Inca*, Av Sesqui Centenario 610, Huaje, 5 km from Puno on the lakeshore, T364111, F363672, www.sonesta.com/peru_puno/ 62 rooms with heating, facilities for the disabled, welcoming, local textile decorations, good views, *Inkafé* restaurant has an

Sleeping
■ *on map*
Clean public showers near the football stadium. Puno sometimes has power and water shortages Check if breakfast is included in the price

Puno centre

Andean menu, folklore shows. **AL** *Plaza Mayor*, Deústua 342, T/F366089, reservas@plazamayorhostal.com New, comfortable, well-appointed and decorated, good big beds, buffet breakfast included, hot water, TV, laundry. Recommended. **A** *Colón Inn*, Tacna 290, T351432, www.titicaca-peru.com Colonial style, good rooms with hot shower, price includes tax and buffet breakfast, good service, safe, restaurant *Sol Naciente* and pizzería *Europa*, the Belgian manager Christian Nonis is well known, especially for his work on behalf of the people on Taquile island. Recommended. **A** *Hostal Hacienda*, Jr Deústua 297, T/F356109, hacienda@latinmail.com Refurbished colonial house, hot water, TV, includes breakfast, café, comfortable. Recommended. **A** *Sillustani*, Jr Lambayeque 195, T351881, sillustani@punonet.com Price includes breakfast and taxes, hot water, cable TV, safety deposit, heaters, internet, very good. **B** *Balsa Inn*, Cajamarca 555, T363144, www.balsainn.punored.com With breakfast, hot water, TV, comfortable, safe, heating, very helpful. **B** *Hostal Pukara*, Jr Libertad 328, T/F368448, pukara@terra.com.pe Excellent, English spoken, central, quiet, free coca tea in evening, breakfast included. Under same ownership is **B** *Tikarani*, Independencia 143, T365501, also recommended. **B-C** *Hostal Italia*, Teodoro Valcarcel 122, T352521, hitalia@peru-perured.net 2 blocks from the station. With breakfast, cheaper in low season, good, safe, hot water, good food, small rooms, staff helpful. **B-C** *El Buho*,

Lake Titicaca

To Los Uros, Taquile & Amantani ▶

☐ *Yavari*

errestre (Bus **5**
ocks, turn left   **6**

2 Café Delisse *Puno Centre*
3 Cafetería Mercedes *Puno centre*
4 Casa del Corregidor *C2*
5 Chifa Fon Seng *Puno centre*
6 Don Piero *Puno centre*
7 El Dorado *Puno centre*
8 El Milagro *Puno centre*
9 Fontana *Puno centre*
10 IncAbar *Puno centre*
11 Keros *Puno centre*

12 La Casona *Puno centre*
13 La Plaza *C2*
14 Panq'arani *Puno centre*
15 Pizzería El Buho *Puno centre*
16 Ricos Pan *Puno centre*
17 Sol Interior *Puno centre*
18 Vida Natural *Puno centre*

● **Bars & cliubs**
19 Positive Vibrations *Puno centre*

Peru

Lambayeque 142, T/F354214, hotel_elbuho@yahoo.com Hot water, nice rooms with heaters, TV, restaurant, safe, special discount to Footprint Handbook owners, travel agency for excursions and flight reconfirmations. Recommended. **C** *Posada Don Giorgio*, Tarapacá 238, T363648, dongiorgio@titicacalake.com New, with breakfast, hot water, large rooms, nicely decorated, TV, comfortable. **C** *Hostal Imperial*, Teodoro Valcarcel 145, T352386. **D-E** in low season, hot water, helpful, stores luggage, comfortable, safe. **C-D** *Hostal Rubi 'Los Portales'*, Jr Cajamarca 152-154, T/F353384, hostalrubi@punonet.com Safe, breakfast US$2, hot water, safe, TV, good, tours arranged. **D** *Internacional*, Libertad 161, T352109, h_internacional@latinmail.com **E** without shower, hot water, TV, safe. **D** *Hostal Monterrey*, Lima 441, T351691, www.hostalmonterrey.com **E** without bath, better rooms with good showers, hot water, breakfast extra, secure for luggage, motorcycle parking US$0.50. **D** *Vylena*, Jr Ayacucho 505, T/F351292, hostalvylena@hotmail.com Breakfast extra, hot water, quiet, safe, cheaper in low season. **D-E** *Hostal Arequipa*, Arequipa 153, T352071. Hot water, will change TCs at good rates, stores luggage, secure, arranges tours to the islands, OK. **D-E** *Manco Cápac Inn*, Av Tacna 227, T352985, mancocapacinn@punonet.com With hot water, luggage store, safe, average breakfast. **D-E** *Hostal Nesther*, Deústua 268, T351631. Also has triples, hot water. Recommended. **D-E** *Hostal Q'oñiwasi*, Av La Torre 135, opposite the rail station, T365784, qoniwasi@ mundomail.net **E** without bath and in low season, heating extra, hot water, laundry facilities and service, luggage store, breakfast extra, lunch available, safe, helpful.

E *Hospedaje Don Julio*, Av Tacna 336, T363358. Hot water, with communal breakfast, homely, very nice. **E** *Hostal Europa*, Alfonso Ugarte 112, near the train station, T353023. Very popular, cheaper without bath, luggage may be stored, but don't leave your valuables in the room, hot water sometimes, garage space for motorcycles. **E** *Hostal Illampu*, Av La Torre 137-interior, T353284. Warm water, breakfast and TV extra, café, laundry, safe box, exchange money, arranges excursions (ask for Santiago). **E** *Los Uros*, Teodoro Valcarcel 135, T352141. Cheaper without bath, hot water, plenty of blankets, breakfast available, quiet at back, good value, small charge to leave luggage, laundry, often full, changes TCs a reasonable rate. Recommended. **E-F** *Hostal Los Pinos*, Tarapacá 182, T/F367398, hostalpinos@hotmail.com Family run, hot showers, cheaper without bath, good breakfast, safe, luggage store, laundry facilities, helpful, cheap tours organized. Recommended. **E-F** *Hostal Tumi*, Cajamarca 237, T353270, with *Tumi 2* next door. Both hotels are secure, with hot water, breakfast available, some rooms are a bit dark and gloomy but most are big and comfortable, tours sold. **F** pp *Hospedaje Residencial Margarita*, Jr Tarapacá 130, T352820. Large building, family atmosphere, hot water most of the day, stores luggage, tours can be arranged. Recommended.

Youth Hostel: F-G pp *Albergue Juvenil Virgen de Copacabana*, Ilave 228, T354129 (no sign). Huge rooms, well-furnished, hot water, "awesome bathroom", good location, quiet, helpful owners, will wash your clothes for a reasonable fee, full breakfast for US$1.30, a real bargain. The passageway leading to the hostel is very dark and robbery has occurred; take great care at night (the hostel is as helpful as it can be).

Eating
● on map
Very cheap places in Jr Deústua for lunch or dinner
Many places on Lima, too many to list here, catering for the tourist market

On or near Jr Lima (all up to US$5 for main dish): *Fontana*, No 339. Pizzería and trattoria, good food. *Pizzería El Buho*, No 349 and at Jr Libertad 386. Excellent pizza, lively atmosphere, open 1800 onwards, pizzas US$2.35-3. *IncAbar*, No 356-A. Open for breakfast, lunch and dinner, interesting dishes in creative sauces, fish, pastas, curries, café and couch bar. *Apu Salkantay*, No 357 and in 400 block. Wide menu of meats, fish (more expensive), pastas, sandwiches, pizza, coffee, popular. *Don Piero*, No 360. Huge meals, live music, try their 'pollo coca-cola' (chicken in a sweet and sour sauce), slow service, popular, tax extra. *El Dorado*, No 371. Good for local fish, large portions. *La Casona*, No 521. Good for typical food, also Italian and pizzas. *Panq'arani*, Grau casi Lima. Closed Sat and some evenings, excellent typical dishes, breakfasts US$1.50-2, main dishes US$3.50-4. *Keros*, Lambayeque 131. Bar/restaurant with very good food, mostly Peruvian, good service, pleasant surroundings, good drinks. **Others: Mid-range:** *La Plaza*, Puno 425, Plaza de Armas. Good food, including fish. *Internacional*, Moquegua 201. Very popular, excellent trout, good pizzas, service variable. **Cheap:** *Chifa Fon Seng*, Arequipa 552. Good food, service and value, Chinese, popular. **Vegetarian:** *Sabor y Vigor*, Arequipa 508. Delicious meals. *Sol Interior*, Libertad 466, and *Vida Natural*, Libertad 449 (open for breakfast, salads, fruits, yoghurts). *El Milagro*, Arequipa

336. Natural food shop. **Cafés** *Casa del Corregidor*, Deústua 576, aptdo 2, T355694. In restored 17th-century building, sandwiches, good snacks, coffee, good music, nice surroundings with patio (exhibition space, library, handicrafts, internet to open in 2002). *Café Delisse*, Moquegua 200 corner with Libertad. Open from 0600 (closed Sat), espresso coffee, good vegetarian food, excellent set lunch US$1.50. *Cafetería Mercedes*, Jr Arequipa 351. Good *menú* US$1.50, also breads, cakes, snacks, juices and tea. *Ricos Pan*, Jr Lima 424. Café and bakery, great cakes, excellent coffees, juices and pastries, good breakfasts and other dishes, reasonable prices, great place to relax, open 0600-2300, closed Sun. Branches of their *panadería* at Av Titicaca 155 and Moquegua 330. *Panadería Una*, Lima 317 and Arequipa 144. For croissants, fresh bread and cakes. **Bars and nightclubs** *Dómino*, Libertad 443. "Megadisco", happy hour 2000-2130 Mon-Thu, good. *Peña Hostería*, Lima 501. Good music, also restaurant. Recommended. *Positive Vibrations*, Lima 445 y Grau. Good late night place (opens early evening) which serves food. Recommended. *Pub Ekeko's*, Jr Lima 355, p 2. Live music every night, happy hour 2000-2200.

Festivals **Feb:** at the *Fiesta de la Virgen de la Candelaria*, first 2 weeks in **Feb**, bands and dancers from all the local towns compete in a *Diablada*, or Devil Dance. The festivities are better at night on the streets than the official functions in the stadium. Check the dates in advance as Candelaria may be moved if pre-Lentern carnival coincides with it. A candlelight procession through darkened streets takes place on **Good Friday**. **3 May:** *Invención de la Cruz*, an exhibition of local art. **29 Jun:** colourful festival of **San Pedro**, with a procession at Zepita (see page 1168); also 20 Jul. **4-5 Nov:** pageant dedicated to the founding of Puno and the emergence of Manco Cápac and Mama Ocllo from the waters of Lake Titicaca.

Shopping
Beware pickpockets in the market You will be hassled on the street and outside restaurants to buy woollen goods, so take care.

In the covered part of the market mostly foodstuffs are sold (good cheeses), but there are also model reed boats, attractive carved stone amulets and Ekekos (household goods). This central market covers a large area and on Saturday it expands down to the stadium (mostly fruit and vegetables) and along Av Bolívar (potatoes and grains). The **Markets** between Av Los Incas and Arbulu (*Ccori Wasi*) and on the railway between Av Titicaca and Av El Puerto are two of the best places in Peru (or Bolivia) for llama and alpaca wool articles, but bargain hard, especially in the afternoon. A new cooperative worth checking out is *Ichuña*, Libertad 113, www.ichunia.org Sells weavings from a village 90 km from Puno.

Tour operators

Watch out for unofficial tour sellers, *jalagringos*, who offer hotels and tours at different rates, depending on how wealthy you look. They are everywhere: train station, bus offices, airport and hotels. Ask to see their guide's ID card. Only use agencies with named premises, compare prices and only hand over money at the office, never on the street or in a hotel.

Agencies organize trips to the Uros floating islands (see page 1173) and the islands of Taquile and Amantaní, as well as to Sillustani, and other places. Make sure that you settle all details before embarking on the tour. We have received good reports on the following: *Allways Travel*, Tacna 234, T/F355552, www.titicacaperu.com Very helpful, kind and reliable, speak German, French, English and Italian. They offer a unique cultural tour to the islands of Anapia and Yuspique in Lake Wiñaymarka, beyond the straits of Tiquina, "The Treasure of Wiñaymarka". *Arcobaleno*, Jr Lambayeque 175, T/F351052, arcobaleno@titicacalake.com Local tours, Western Union representative. *Edgar Adventures*, Jr Lima 328, T/F353444 (office)/354811 (home), edgaradventures@terra.com.pe Run by Edgar Apaza F and Norka Flórez L who speak English, German and French, very helpful. *Ecoturismo Aventura*, Jr Lima 458, T355785. Very helpful. *Käfer Turismo*, Arequipa 179, T354742, F352701, kafer@inkanet.com.pe For local tours. *Kolla Tour*, Jr Moquegua 679, T352961, F354762. Sell airline tickets and have their own boat for tours on the lake. *Pirámide Tours*, Jr Deza 129 (at side of *Hotel Ferrocarril*), T/F367302, www.titikakalake.com Out of the ordinary and classic tours, flexible, personalized service, modern fast launches, very helpful. *Turpuno*, Lima 208, stand 8-II, upstairs in Gallery, T352001, F351431, http://turpuno.com Very good service for local tours, transfers and ticketing, DHL and Western Union agent.

Peru

Transport

3-wheel 'Trici-Taxis', which costs about US$0.20 per km, are the best way to get around

Buses All long-distance buses, except some Cusco services and buses to La Paz (see below), leave from the new Terminal Terrestre, which is between Av Simón Bolívar and the lake, southeast of the centre. It has a tourist office, snack bars and toilets. Platform tax US$0.30. Small buses and colectivos for Juliaca, Ilave and towns on the lake shore between Puno and Desaguadero, including Yunguyo, leave from Av Bolívar between Jrs Carabaya and Palma. Daily buses to **Arequipa**, 6 hrs via Juliaca, 297 km, most buses are taking this route now, US$6. Or 11 hrs via Desaguadero and Moquegua, US$6-10 (*Cruz del Sur* – office also at Lima 442, *Best Way*, *Destinos*, *Julsa* – office also at Melgar 232, T369447, *Señor de Milagros*, or *Sur Oriente*, T368133, most have a morning and evening bus – better quality buses go at night). To **Moquegua**, US$4.50, and **Tacna**, US$5.30, *San Martín, Latino, Sagitario, Roel*. To **Lima**, 1,011 km, US$18, all buses go through Arequipa, sometimes a change of bus. See under Arequipa. To **Juliaca**, 44 km, 45 mins, US$0.45.

If you wish to travel by bus and cannot get on a direct bus, it is no problem to take separate buses to Juliaca, then to Sicuani, then to Cusco

www.perurail.com

To **Cusco**, 388 km, 5-6 hrs, *Imexso*, Jr Libertad 115, T363909, 0800, 1930 (good buses), *Tour Perú*, at Terminal and Tacna 282, T352991, tourperu@mixmail.com, 0830, 2000, both US$8.75 (less in low season); *Libertad*, at Terminal, T363694, 4 a day, *Cisnes*, at Terminal, T368674, 2 a day, *Pony Express* and others, US$4.40. **First Class** (Jr Puno 675, T365192, www.firstclassperu.com) and **Inka Express** (pick up at hotel, T/F365654, inkaex@yahoo.com), 0830 arriving 1800, US$25, daily, recommended. This service, while higher in price than the *turismo* train, leaves a little later and is comfortable, with a good lunch stop and visits to Pukará, La Raya, Raqchi and Andahuaylillas en route.

Trains The railway runs from Puno to Juliaca (44 km), where it divides, to Cusco (381 km) and Arequipa (279 km; no passenger service). To **Cusco** on Mon, Wed and Sat at 0800, arriving in Juliaca at 0915 and in Cusco at about 1800 (try to sit on the right hand side for the views). The train stops at La Raya. In the high season (Jun especially), tickets sell well in advance. In the wet season services may be cancelled for short periods. Always check. **Fares**: Puno-Cusco, *turismo*, US$14.15; 1st Class class, US$82.60 including meal. The ticket office is open from 0630-1030, 1600-1900 Mon-Sat, and on Sun in the afternoons only. Tickets can be bought in advance, or 1 hr before departure if there are any left. The station is well guarded by police and sealed off to those without tickets.

Boats on Lake Titicaca Boats to the islands leave from the rebuilt terminal in the harbour (see map); *trici-taxi* from centre, US$1.

Directory **Airline offices** *Aero Continente*, Tacna y Libertad, T354870. *LanPerú*, also Tacna y Libertad. **Banks** *BCP*, Lima y Grau. Changes TCs before 1300 without commission, cash advance on Visa and Visa ATM. *Banco Continental*, *Interbank*, Lima y Libertador, changes TCs morning and afternoon, 0.5% commission, and *BSCH* have branches in town, but only *Continental*, Lima y Libertad, has an ATM (Visa). No bank in Puno accepts MasterCard. For cash go to the *cambios*, the travel agencies or the better hotels. Best rates with money changers on Jr Lima, many on 400 block, and on Tacna near the market, eg Arbulu y Tacna. Check your Peruvian soles carefully. Exchange rates from soles to bolivianos and vice versa are sometimes better in Puno than in Yunguyo; check with other travellers. **Communications** Internet: there are offices everywhere in the centre, upstairs and down. Many raise their prices from US$0.50 per hr in the morning to US$0.75 in the afternoon; many have overnights. Good ones include *CompuRed*, Jr Moquegua 189, 24 hrs; above *Fontana* restaurant, Lima 339; at *Pizzería Café Giorgio*, Lima 430; *Impacto's@net*, next to *Hostal Qoñiwasi*, on Av La Torre (another one in the same block). **Post Office**: Jr Moquegua 267. **Telephone**: *Telefónica* at Puno y Moquegua for local and international calls. Another phone office at Lima 489. **Consulates** Bolivia, Jr Arequipa 120, T351251, consular visa on the spot, US$10, open 0830-1330 Mon to Fri. **Tourist offices** I perú, Jr Lima y Deústua, near Plaza de Armas, T365088. They are friendly and helpful with general information, they sell a city guide and map for US$1.20. Indecopi, the tourist protection bureau, has an office at Lima y Fermín Arbulú, p 2, T/F366138, sobregon@indecopi.gob.pe www.punored.com is a portal for the Puno area. www.punonet.com, has some information, with links to a number of establishments. Visit also www.titicacaalmundo.com, which has good information on Puno, sponsored by several local businesses (they also distribute a free CD-Rom). **Useful addresses** Immigration: Ayacucho 240, T352801, for renewing entry stamps, etc. The process is very slow and you must fill in 2 application forms at a bank, but there's nothing else to pay.

Lake Titicaca

The Uros or the 'floating islands' have intermarried with the Aymara and no pure **The Uros**
Uros exist. The present Puno Bay people fish, hunt birds and live off the lake plants,
most important of which are the reeds they use for their boats, houses and the very
foundations of their islands. Tourism has opened their lives to the scrutiny of cameras and camcorders, contributing to the erosion of their culture. Of the 42 islands
on which the Uros live, just under half receive tourists. It is a very intensive tourism,
but the islanders depend upon it now. The tourist islands are effectively floating souvenir stalls and some visitors find the 'peep show' nature of this type of tourism
unsettling. There is no drinking water on the islands. The influx of tourists to all the
islands unfortunately prompts persistent requests for sweets, photographs and
money, which irritates many travellers. Above all, stay good-humoured. Gifts of
fruit, torches (there is no electricity), moisturizer or sun block (the children suffer
sore cheeks), pens, pencils or notebooks are appreciated. Buy their handicrafts
instead of handing out sweets indiscriminately.

Transport Motorboats from the dock charge about US$4 pp for a 2-hr excursion. Boats go
about every 30 mins from about 0630 till 1000, or whenever there are 10 or more people to
fill the boat. The earlier you go the better, to beat the crowds of tourists. Almost any agency
going to the other islands in the lake will stop first at Los Uros.

Isla Taquile, on which there are numerous pre-Inca and Inca ruins, and Inca terrac- **Taquile**
ing, is only about 1 km wide, but 6-7 km long. Ask for the (unmarked) museum of *45 km from Puno*
traditional costumes, which is on the plaza, and also where you can see and photograph local weaving. There is a co-operative shop on the plaza that sells exceptional
woollen goods, which are not cheap, but of very fine quality. Easter, from 2 to 7 June,
the *Fiesta de Santiago* over two weeks in mid-July, and 1 and 2 August are the principal festival days, with many dances in between.

Sleeping and eating There are two main entry points. The Puerto Principal at the south end *Plentiful*
has a very steep climb; the northern entry is longer but more gradual (remember you are at *accommodation*
3,800 m). On arrival you are greeted by a *jefe de alojamiento*, who oversees where you are going *in private houses*
to stay. The system of assigning accommodation to visitors has fallen into disuse: you can *but it is best to take*
either say where you are going, if you (or your guide) know where you want to stay, or the *jefe* *warm clothes, a*
can find you a room. Average rate for a bed is **G**, plus US$1.50 for breakfast. Other meals cost *sleeping bag and*
extra. Several families now have sizeable *alojamientos* (eg Pedro Huille, on the track up from *hot water bottle*
the north entry, with showers under construction, proper loos). There are many small restaurants around the plaza and on the track to the Puerto Principal (eg Gerardo Hualta's *La Flor de
Cantuta*, on the steps; *El Inca* on the main plaza). Meals are generally fish (the island has a trout
farm), rice and chips, tortilla and *fiambre* – a local stew. Meat is rarely available and drinks often
run out. Breakfast consists of pancakes and bread. Shops on the plaza sell film, postcards, water
and dry goods. You are advised to take some food, particularly fruit, bread and vegetables,
water, plenty of small-value notes, candles and a torch. Take precautions against sunburn.

Transport Boats leave Puno daily at 0700-0800; 3 hrs, return 1400/1430, US$5.80 one way.
This doesn't leave enough time to appreciate the island fully. Organized tours can be
arranged for about US$10-16 pp, but only give you about 2 hrs on the island. Tour boats usu-
ally call at Uros on the outward or return journey.

Another island worth visiting, is Amantaní, very beautiful and peaceful. There are **Amantaní**
six villages and ruins on both of the island's peaks, Pacha Tata and Pacha Mama,
from which there are excellent views. There are also temples and on the shore there is
a throne carved out of stone, the Inkatiana. On both hills, a fiesta is celebrated on 15
January (or thereabouts). The festivities are very colourful, musical and
hard-drinking. There is also a festival the first Sunday in March with brass bands and

Peru

colourful dancers. The residents make beautiful textiles and sell them quite cheaply at the Artesanía Cooperativa. They also make basketwork and stoneware. The people are Quechua speakers, but understand Spanish. There are no hotels, you stay with local families. Ask your boat owner where you can stay. Accommodation, including three meals, is in our **F** range (a great deal for visitors, but artificially low). Some families have mainland addresses for booking, eg, j.manani.cari@eudoramail.com or Familia Victoriano Calsin Quispe, Casilla 312, Isla Amantaní, T051-360220 or 363320. There is one restaurant, *Samariy*. Islanders arrange dances for tour groups (independent travellers can join in), visitors dress up in local clothes and join the dances. Small shops sell water and snacks, but more expensive than Puno.

Transport Boats leave from the harbour in Puno at 0700-0800 daily, return 0800, stopping at Taquile at 1430, US$5.80 one way. The journey takes 3½ hrs, take water and seasickness pills. A 1-day trip is not possible as the boats do not always return on the same day. Several tour operators in Puno offer 2-day excursions to Amantaní, Taquile and a visit to the floating islands, starting at US$12 pp (price depends on the season and size of group); including meals, 1 night on Amantaní and 3-4 hrs on Taquile. Despite what touts may tell you, it is possible to visit the islands independently and at your own pace. In this way the islands reap most of the reward from visitors; the majority of tour companies are owned in Puno. To visit both Taquile and Amantaní, it is better to go to Amantaní first; from there a boat goes to Taquile around 0800 when full, US$2.50 pp.

Llachón At the eastern end of the Península de Capachica, which encloses the northern side of the Bahía de Puno, is **Llachón**, a farming village (population: 1,300) which is introducing community-based tourism. It has electricity and one phone. The scenery is very pretty, with sandy beaches, pre-Inca terracing, trees and flowers. The view of the sunset from the Auki Carus hill is reckoned to be better even than from Taquile. Visitors share in local activities and 70% of all produce served is from the residents' farms. The peninsula is good for hiking and mountain-biking and sailing boats can be hired. Neither Taquile not Amantaní are far away. Twelve families offer accommodation on a rotational basis (**G** per bed). Most meals are served in the house of Valentín Quispe, the organizer of tourism in Llachón: breakfast US$1.20, other meals US$2. There is a campsite towards the end of the peninsula. To contact Don Valentín, T360226/7, T9680796 (Mob), llachon@yahoo.com or visit www.titicaca-peru.com/capachicae.htm

Transport Public boats leave Puno for Llachón on Fri, Sat and Sun only. Road transport runs on Wed and Sun; the unpaved road to the peninsula branches east from the main road half way between Puno and Juliaca. Tour operators in Puno arrange visits, about US$25 pp staying overnight, in groups of 10-15.

In the Peruvian part of the Lago Menor are the islands of **Anapia**, a friendly, Aymara-speaking community, and **Yuspique**, on which are ruins and vicuñas. The community has organized committees for tourism, motor boats, sailing boats and accommodation with families (*All Ways Travel*, see above, arranges tours which involve staying with families on Anapia, some community work and communal entertainment, highly worthwhile). To visit Anapia independently, take a colectivo from Yunguyo to Tinicachi and alight at Punta Hermosa, just after Unacachi. Boats to Anapia leave Punta Hermosa on Sunday and Thursday at 1300 (they leave Anapia for Yunguyo market on the same days at 0630). It's two hours each way by boat. On the island ask for José Flores, who is very knowledgeable about Anapia's history, flora and fauna. He sometimes acts as a guide.

Border with Bolivia

There are four different routes across the border. **NB** Peruvian time is one hour behind Bolivian time.

Puno-La Paz via Yunguyo & Copacabana

Peruvian immigration is five minutes' drive from **Yunguyo** and 100 m from the Bolivian post; open 24 hours a day (but Bolivian immigration is only open 0830-1930). Ninety days is normally given when entering Peru. Be aware of corruption at customs and look out for official or unofficial people trying to charge you a fee, on either side of the border (say that you know it is illegal and ask why only gringos are approached to pay the 'embarkation tax').

Bolivian consulate is at Jr Grua 339, T856032, near the main plaza in Yunguyo, open Monday-Friday 0830-1500, for those who need a visa; some nationalities have to pay. For Bolivian immigration, see page 278. Good exchange rates are available for those entering Peru in the main plaza in Yunguyo, cash only. Travellers' cheques can be exchanged in the *cambio* here, poor rates. See also Puno, Banks.

Sleeping In **Yunguyo** G *Hostal Isabel*, San Francisco 110, near Plaza de Armas, T856019, shared bath, hot water, modern, good value, will change money and arrange transport. A couple of others in **G** range .

Transport The road is paved from Puno to Yunguyo and the scenery is interesting. In Puno 3 companies sell bus tickets for the direct route from Puno to La Paz, taking 6-8 hrs (fare does not include the Tiquina ferry crossing, US$0.25): *Colectur*, Tacna 221, T352302, 0730, US$6.50, combines with *Galería* in Bolivia; *Panamericano*, Tacna 245, T354001, 0700, US$7.35, combines with *Diana Tours*; *Tour Perú* (address under Puno Transport), 0800, US$8.75, combines with *Combi Tour* (fares rise at holiday times) They stop at the borders and 1 hr for lunch in Copacabana, arriving in La Paz at about 1700. You only need to change money into Bolivianos for lunch on this route. Bus fare Puno-Copacabana US$4.40-5.80. There are local buses and colectivos all day between Puno and Yunguyo, 3 hrs, US$1.20; they leave from Av Bolívar in Puno. From Yunguyo to the border (Kasani), colectivos charge US$0.25 pp. From the border it is a 20-min drive to Copacabana; colectivos and minibuses leave from just outside Bolivian immigration, US$0.50 pp. Taxi from Yunguyo to Copacabana costs about US$1.50 pp.

Don't take a taxi Yunguyo-Puno without checking its reliability first, driver may pick up an accomplice to rob passengers

Puno-Desaguadero

Desaguadero is an unscrupulous place, with poor restaurants and dubious accommodation. There is no need to stopover in Desaguadero as all roads to it are paved and if you leave La Paz, Moquegua or Puno early enough you should be at your destination before nightfall. Colectivos and buses run Puno-Desaguadero, 2¼ hours, US$1.50 by bus, every 30 minutes, last one around 1600. Border offices are open 0830-1230 and 1400-2000. Buses run to Puno until 1930. It is easy to change money on the Peruvian side. This particular border crossing allows you to stop at Tiahuanaco en route.

Peru

To La Paz by Hydrofoil or Catamaran There are luxury services from Puno/Juli to La Paz by *Crillon Tours* hydrofoil, with connections to tours, from La Paz, to Cusco and Machu Picchu. In Puno their office is at *Arcobaleno Tours* (see Tour operators), or contact head office in La Paz, see page 264 for details. The itinerary is: Puno-Copacabana by bus; Copacabana-Isla del Sol-Huatajata (Bolivia) by hydrofoil; Huatajata-La Paz by bus; 13 hrs. Similar services, by catamaran, are run by *Transturin*, whose dock is at Chúa, Bolivia; bookings through *Transturin*: offices in Puno at Libertad 176, T352771, leontours@terra.com.pe Or in La Paz.

Along the east side of Lake Titicaca This is the most remote route, via **Huancané** (**F** *Hostal El Conquistador*, Puno y Castilla) and **Moho** (several *hostales*, **F-G**). Some walking may be involved as there is little traffic between Moho and **Puerto Acosta**, Bolivia. Make sure you get an exit stamp in Puno, post-dated by a couple of days. From Juliaca there are buses to Huancané and Moho (see Transport, above). From Moho, hitchhike to **Tilali**, the last village in Peru (3 hours, basic accommodation). The road is bad, but the views are stunning. Night buses to Tilali from Juliaca (6 hours, only for certain on Mon, Tue, Fri and Sun) miss the scenery. From Tilali it is 15 minutes' walk to the Peruvian immigration post, the border a further 30 mins and Puerto Acosta is a further 10 km. From there take a bus for 2½ hours to Chaguaya, where there is a control post and immigration next door. Leave the bus to get a Bolivian entry stamp; the officials will help you get transport to continue. The road is good, several buses daily to La Paz.

Sleeping The only tourist project on the north shore is **AL** *Albergue Rural Isla de Suasi*, T051-622709, or Puno T351417 (office, albergue@islasuasi.com), or Lima 01-973 1404, www.islasuasi.com The hotel is the only house on this tiny, tranquil island. There are beautiful terraced gardens, best Jan-Mar. The non-native eucalyptus trees are being replaced by native varieties. You can take a rowing boat around the island to see birds and the island has four vicuñas, a small herd of alpacas and one vizcacha. The sunsets from the highest point are beautiful. Facilities are spacious, comfortable and solar-powered, rooms with bath, hot water, hot water bottles. Price includes breakfast but other meals are extra, US$10-15; good food, lots of vegetables. Private boats from Puno are expensive and take 4-6 hrs (2½ hrs by fast boat, US$450 up to 15 passengers), but you can call at the islands or Llachón en route. A car for 4 people will cost US$75. Otherwise take public transport from Juliaca to Moho and on to Cambría, near Conima, walk down to the shore and take a rowing boat to Suasi, 10 mins, US$1.50 pp.

Puno to Cusco

On the way from Puno to Cusco there is much to see from the train, which runs at an average altitude of 3,500 m. At the stations on the way, people sell food and local specialities, eg pottery bulls at Pucará (rooms available at the station); for Sicuani, see below; knitted alpaca ponchos and pullovers and miniature llamas at Santa Rosa (rooms available). There are three hotels in **Ayaviri**.

The railway crosses the altiplano, climbing to **La Raya**, the highest pass on the line; 210 km from Puno, at 4,321 m. Up on the heights breathing may be a little difficult, but the descent along the Río Vilcanota is rapid. To the right of **Aguas Calientes**, the next station, 10 km from La Raya, are steaming pools of hot water in the middle of the green grass; a startling sight. The temperature of the springs is 40° C, and they show beautiful deposits of red ferro-oxide. Communal bathing pools and a block of changing rooms have been opened. ■ *Entrance US$0.15.* At **Maranganí**, the river is wider and the fields greener, with groves of eucalyptus trees.

You can travel to Cusco from Puno by road which is paved all the way and consequently bus services are an acceptable alternative to the train.

At 38 km beyond La Raya pass is **Sicuani** (Altitude: 3,690 m), an important agricultural centre. Excellent items of llama and alpaca wool and skins are sold on the railway station and at the Sunday morning market. Around Plaza Libertad there are several hat shops. (For more information about places between Sicuani and Cusco, see page 1199.) Bus to Cusco, 137 km, US$1.25.

Sleeping and eating The bus terminal is in the newer part of town, which is separated from the older part and the Plaza by a pedestrian walkway and bridge. At the 'new' end of the bridge, but also close to the centre of town, are several *hostales* advertising hot water and private bathrooms. **E** *Royal Inti*, Av Centenario 116, T352730. West side of old pedestrian bridge, modern, good. Next door is **E** *Samariy*, No 138, T352518. Good value. **E** *Obada*, Tacna 104, T351214. Large, hot showers, has seen better days (basic dormitory at **G** *Hostal Obada*, on 2 de Mayo, nearby). **G** *José's*, Av Arequipa 143, T351254. With bath, good. There are several eating places and nightspots. *Pizzería Ban Vino*, 2 de Mayo 129, p 2, good Italian, and *Viracocha*, west side of plaza, OK. *Pollerías* on C Zevallos.

Cusco and the Sacred Valley

Phone code: 084
Colour map 3, grid C4
Altitude: 3,310 m

The ancient Inca capital is said to have been founded around AD1100, and since then has developed into a major commercial and tourism centre of 275,000 inhabitants, most of whom are Quechua. The city council has designated Qosqo (Cusco in Quechua) as the official spelling.

Today, colonial churches, monasteries and convents and extensive pre-Columbian ruins are interspersed with countless hotels, bars and restaurants that cater for the hundreds of thousands of visitors. Almost every central street has remains of Inca walls, arches and doorways; the perfect Inca stonework now serves as the foundations for more modern dwellings. This stonework is tapered upwards (battered); every wall has a perfect line of inclination towards the centre, from bottom to top. The curved stonework of the Temple of the Sun, for example, is probably unequalled in the world.

Getting there The **airport** is to the southeast of the city and the road into the centre goes close to Wanchac station, at which **trains** from Juliaca and Puno arrive. The **bus terminal** is near the Pachacútec statue in Ttio district. Transport to your hotel is not a problem from any of these places by taxi or in transport arranged by hotel representatives.

Ins & outs
For more detailed information, see Transport, page 1195

Getting around The centre of Cusco is quite small and possible to explore on foot. Taxis in Cusco are cheap and recommended when arriving by air, train or bus and especially when returning to your hotel at night.

Cusco is only slightly lower than Puno, so respect the altitude: 2 or 3 hrs rest after arriving makes a great difference; avoid meat and smoking, eat lots of carbohydrates and drink plenty of clear, non-alcoholic liquid; remember to walk slowly. To see Cusco and the surrounding area properly – including Pisac, Ollantaytambo, Chinchero and Machu Picchu – you need five days to a week, allowing for slowing down because of altitude.

Tourist offices Official tourist information is at Portal Mantas 117-A, next to La Merced church, T263176, open 0800-2000. There is also an *i perú* tourist information desk at the airport,

Peru

▶ Inca society

Cusco was the capital of the Inca empire – one of the greatest planned societies the world has known – from its rise during the 11th century to its death in the early 16th century. (See John Hemming's Conquest of the Incas and B C Brundage's Lords of Cuzco and Empire of the Inca.) It was solidly based on other Peruvian civilizations which had attained great skill in textiles, building, ceramics and working in metal. Immemorially, the political structure of the Andean Indian had been the ayllu, the village community; it had its divine ancestor, worshipped household gods, was closely knit by ties of blood to the family and by economic necessity to the land, which was held in common. Submission to the ayllu was absolute, because it was only by such discipline that food could be obtained in an unsympathetic environment. All the domestic animals, the llama and alpaca and the dog, had long been tamed, and the great staple crops, maize and potatoes, established. What the Incas did – and it was a magnificent feat – was to conquer enormous territories and impose upon the variety of ayllus, through an unchallengeable central government, a willing spiritual and economic submission to the State. The common religion, already developed by the classical Tiwanaku culture, was worship of the Sun, whose vice-regent on earth was the absolute Sapa Inca. Around him, in the capital, was a religious and secular elite which never froze into a caste because it was open to talent. The elite was often recruited from chieftains defeated by the Incas; an effective way of reconciling local opposition. The mass of the people were subjected to rigorous planning. They were allotted land to work, for their group and for the State; set various tasks (the making of textiles, pottery, weapons, ropes, etc) from primary materials supplied by the functionaries, or used in enlarging the area of cultivation by building terraces on the hill-sides. Their political organization was simple but effective. The family, and not the individual, was the unit. Families were grouped in units of 10, 100, 500, 1,000, 10,000 and 40,000, each group with a leader responsible to the next largest group. The Sapa Inca crowned the political edifice; his four immediate counsellors were those to whom he allotted responsibility for the northern, southern, eastern and western regions (suyos) of the empire.

Equilibrium between production and consumption, in the absence of a free price mechanism and good transport facilities, must depend heavily upon statistical information. This the Incas raised to a high degree of efficiency by means of their quipus: a decimal system of recording numbers by knots in cords. Seasonal variations were guarded against by creating a system of state barns in which provender could be stored during years of plenty, to be used in years of scarcity. Statistical efficiency alone required that no one should be permitted to leave his home or his work. The loss of personal liberty was the price paid by the masses for economic security. In order to obtain information and to transmit orders quickly, the Incas built fine paved pathways along which couriers sped on foot. The whole system of rigorous control was completed by the greatest of all their monarchs, Pachacuti, who also imposed a common language, Quechua, as a further cementing force.

T237364, open daily 0600-1300, and another at Portal de Carrizos 250, Plaza de Armas, T252974/234498, open daily 0830-1930. They also have an office at Wanchac train station. Other information sources include **South American Explorers**, Choquechaca 188, apto 4 (2 blocks behind the Cathedral), T245484, Aptdo postal 500, cuscoclub@saexplorers.org Open Mon-Fri 0930-1700, Sun 0930-1300, Sat 0930-1300. As with SAE's other clubhouses, this the place to go for specialized information, member-written trip reports and maps. For full details on *South American Explorers*, see page 26. **Automóvil Club del Perú**, Av Sol 349, nivel 2, T/F224561, has some maps. Motorists beware; many streets end in flights of steps. There are very few good maps of Cusco available. **Maps and guidebooks**: maps of the city, the Inca Trail and the Urubamba Valley are available at tour companies. There are information booklets on Machu Picchu and the other ruins at the bookshops. See Books, page 1482.

Visitors' tickets A combined entry ticket to most of the sites of main historical-cultural interest in and around the city, called *Boleto Turístico Unificado* (BTU), costs US$10 and is valid for 5-10 days. It permits entrance to: the Cathedral, San Blas, Santa Catalina Convent and Art Museum, Qoricancha or Temple of the Sun Museum (but not Santo Domingo/Qoricancha itself), Museo de Arte Religioso del Arzobispado, Museo Histórico Regional (Casa Inca Garcilazo de la Vega), Museo Palacio Municipal de Arte Contemporáneo; the archaeological sites of Sacsayhuaman, Qenqo, Puka Pukara, Tambo Machay, Pisac, Ollantaytambo, Chinchero, Tipón and Piquillacta. There is also a US$6, one-day ticket. They can be bought at the OFEC office (Casa Garcilazo), Plaza Regocijo, esquina Calle Garcilazo, T226919, Mon-Fri 0745-1830, Sat 0830-1600, Sun 0800-1230, or Av Sol 103, T227037, Mon-Fri 0800-1800, Sat 0830-1300, or at any of the sites included in the ticket. There is a 50% discount for students for the US$10 card, which is only available at the OFEC office (Casa Garcilazo) upon presentation of the ISIC card. Take your ISIC card when visiting the sites, as some may ask to see it. Photography is not allowed in the Cathedral, churches, and museums.

Entrance tickets for Santo Domingo/Qoricancha, the Inka Museum (El Palacio del Almirante), and La Merced are sold separately. Machu Picchu ruins and Inca trail entrance tickets are sold at the Instituto Nacional de Cultura (INC), San Bernardo s/n entre Mantas y Almagro, T236061, Mon-Fri 0900-1300, 1600-1800, Sat 0900-1100.

Security More police patrol the streets, trains and stations than in the past, which has led to an improvement in security, but one should still be vigilant. On no account walk back to your hotel after dark from a bar or club, strangle muggings and rape are frequent. For safety's sake, pay the US$0.85 taxi fare, but not just any taxi. Ask the club's doorman to get a taxi for you and make sure the taxi is licensed. The Santa Ana market (otherwise recommended); the San Cristóbal area and at out-of-the-way ruins. Also take special care during Inti Raymi.

The **Tourist Police** are at Calle Saphi 511, T249654. If you need a *denuncia* (a report for insurance purposes), which is available from the Banco de la Nación, they will type it out. Always go to the police when robbed, even though it will cost you a bit of time. The Tourist Protection Bureau (**Indecopi**) is at the tourist office at Portal Carrizos, Plaza de Armas (see above). Toll free 0800-42579 (24-hr hotline, not available from payphones). Head office is at Av de la Cultura 732-A. P 1, T/F252987, mmarroquin@indecopi.gob.pe

Sights

The heart of the city in Inca days was *Huacaypata* (the place of tears) and *Cusipata* (the place of happiness), divided by a channel of the Saphi River. Today, Cusipata is Plaza Regocijo and Huacaypata is the Plaza de Armas, around which are colonial arcades and four churches. To the northeast is the early 17th-century baroque **Cathedral**, built on the site of the Palace of Inca Wiracocha (*Kiswarcancha*). The high altar is solid silver and the original altar *retablo* behind it is a masterpiece of Andean wood carving. The earliest surviving painting of the city can be seen, depicting Cusco during the 1650 earthquake. In the far right hand end of the church is an

Many churches close to visitors on Sun; 'official' opening times are unreliable

No photographs allowed in any museums

Peru

interesting local painting of the Last Supper replete with *cuy*, *chicha*, etc. In the sacristy are paintings of all the bishops of Cusco. The choir stalls, by a 17th-century Spanish priest, are a magnificent example of colonial baroque art. The elaborate pulpit and the sacristy are also notable. Much venerated is the crucifix of El Señor de los Temblores, the object of many pilgrimages and viewed all over Peru as a guardian against earthquakes. ■ *The Cathedral is open until 1000 for genuine worshippers – Quechua mass is held 0500-0600. Tourists may visit Mon, Tue, Wed, Fri, Sat 1000-1130, and Mon-Sun 1400-1730.* The tourist entrance to the Cathedral is through the church of **Jesús María** (1733), which stands to its left as you face it. Its gilt main altar has been renovated. **El Triunfo** (1536), on its right of the Cathedral, is the first Christian church in Cusco, built on the site of the Inca Roundhouse (the *Suntur Huasi*). It has a statue of the Virgin of the Descent, reputed to have helped the Spaniards repel Manco Inca when he besieged the city in 1536.

On the southeast side of the plaza is the beautiful **La Compañía de Jesús**, built on the site of the Palace of the Serpents (*Amarucancha*, residence of Inca Huayna Capac) in the late 17th century. Its twin-towered exterior is extremely graceful, and the interior rich in fine murals, paintings and carved altars. Nearby is **Santa Catalina** church, convent and museum, on Arequipa at Santa Catalina Angosta. ■ *Daily 0900-1730, except Fri 0900-1500. There are guided tours by English-speaking students; tip expected.*

Much **Inca stonework** can be seen in the streets and most particularly in the Callejón Loreto, running southeast past La Compañía de Jesús from the main plaza. The walls of the *Acllahuasi* (House of the Chosen Women) are on one side, and of the *Amarucancha* on the other. There are also Inca remains in Calle San Agustín, to the east of the plaza. The stone of 12 angles is in Calle Hatun Rumiyoc halfway along its second block, on the right-hand side going away from the Plaza. The **Palacio Arzobispal** stands on Hatun Rumiyoc y Herrajes, two blocks northeast of Plaza de Armas. It was built on the site of the palace occupied in 1400. It contains the **Museo de Arte Religioso**, a collection of colonial paintings and furniture. The collection includes the paintings by the indigenous master, Diego Quispe Tito, of a 17th-century Corpus Christi procession that used to hang in the church of Santa Ana. ■ *Mon-Sat, 0830-1130, 1500-1730.*

La Merced, on Calle Márquez, was first built 1534 and rebuilt in the late 17th century. Attached is a very fine monastery with an exquisite cloister. Inside the church are buried Gonzalo Pizarro, half-brother of Francisco, and the two Almagros, father and son. The church is most famous for its jewelled monstrance, on view in the monastery's museum during visiting hours. ■ *The church is open 0830-1200, 1530-1730, except Sun; the monastery and museum are open 1430-1700. US$0.85.*

The **Palacio del Almirante**, just north of the Plaza de Armas on Ataud, is impressive. It houses the **Museo Inka**, run by the Universidad San Antonio de Abad, which exhibits the development of culture in the region from pre-Inca, through Inca times to the present day: textiles, ceramics, metalwork, jewellery, architecture, technology. See the colleciton of miniature turquoise figures and other offerings to the gods. Weaving demonstrations are given in the courtyard. ■ *Mon-Fri 0800-1700, Sat 0900-1600, US$1.40.* On the northwest side of the Plaza de las Nazarenas is **Museo de Arte Precolombino**, housed in the **Casa Cabrera**. This beautiful museum, set around a spacious courtyard, opened in June 2003, in association with the Museo Larco in Lima and BBVA Bank. Within the expertly lit and well-organized galleries are 600 superb examples of pottery, metalwork (largely in gold and silver), wood carvings and shells from the Moche, Chimú, Nasca, Inca, Huari and Chancay cultures. There are some vividly-rendered animistic designs, giving an insight into the way Peru's ancient people's viewed their world and the creatures that inhabited it. Every exhibit carries explanations in English and Spanish and there are some illuminating quotes on the influence of pre-Columbian art in Europe and beyond, for example in the work of Pablo Picasso and his contemporaries. Highly recommended. ■ *Open daily 0900-2300. US$ 4.50, US$2.25 with student card. Shops,* Inka Grill *restaurant (see Eating, below).* The **Convento de las Nazarenas**, also on Plaza de las Nazarenas, is now an annex of Orient Express' *Monasterio* hotel. You can see the Inca-colonial doorway with a mermaid motif, but ask permission to view the lovely 18th-century frescos inside. The smaller and less well-known church of **San Blas**, on Carmen Bajo, has a beautiful carved *mestizo* cedar pulpit, which is well worth seeing. ■ *Mon-Sat 1000-1130 (except Thu), Sun 1400-1730.* See Shopping Local crafts, below.

Santo Domingo, southeast of the main Plaza, was built in the 17th century on the walls of the **Qoricancha**, **Temple of the Sun**, and from its stones. Excavation has revealed more of the five chambers of the Temple of the Sun, which shows the best Inca stonework to be seen in Cusco. The Temple of the Sun was awarded to Juan Pizarro, the younger brother of Francisco, who willed it to the Dominicans after he had been fatally wounded in the Sacsayhuaman siege. The baroque cloister has been gutted to reveal four of the original chambers of the great Inca temple – two on the west have been partly reconstructed in a good imitation of Inca masonry. The finest stonework is in the celebrated curved wall beneath the west end of Santo Domingo. This was rebuilt after the 1950 earthquake, at which time a niche that once contained a shrine was found at the inner top of the wall. Below the curved wall was a garden of gold and silver replicas of animals, maize and other plants. Excavations have revealed Inca baths below here, and more Inca retaining walls. The other superb stretch of late Inca stonework is in C Ahuacpinta outside the temple, to the east or left as you enter. ■ *Mon-Sat 0800-1700, Sun 1400-1600 (closed holidays). Santo Domingo US$1.15; English-speaking guides, tip of US$2-3 expected.*

Museo de Sitio Qorikancha (formerly Museo Arqueológico) on Av Sol, is under the garden below Santo Domingo. It contains a pre-Columbian collection, Spanish paintings of imitation Inca royalty dating from the 18th century, and photos of the excavation of Qoricancha. ■ *Mon-Fri 0800-1700, Sat 0900-1700.* Between the centre and the airport on Alameda Pachacútec, the continuation of Av Sol, 20 minutes walk from the Plaza de Armas, there is a statue of the Inca Pachacútec placed on top of a lookout tower, from which there are excellent views of Cusco. ■ *1000-2000, free; small galleries and coffee shop.* The palace called **Casa de los Cuatro Bustos**, whose colonial doorway is at San Agustín 400, is now the *Hotel Libertador*. The general public can enter the Hotel from Plazoleta Santo Domingo, opposite the Temple of the Sun/Qoricancha.

Museo de Historia Regional, in the Casa Garcilaso, Jr Garcilaso y Heladeros, tries to show the evolution of the Cuzqueño school of painting. It also contains Inca agricultural implements, colonial furniture and paintings. ■ *0730-1700.* **San Francisco**, on Plaza San Francisco, three blocks southwest of the Plaza de Armas, is an austere church reflecting many indigenous influences. Its monastery is being rebuilt and may be closed. ■ *The church is open 0600-0800, 1800-2000.* **San Pedro**, in front of the Santa Ana market, was built in 1688. Its two towers were made from stones brought from an Inca ruin. ■ *Mon-Sat 1000-1200, 1400-1700.*

Above Cusco, on the road up to Sacsayhuamán, is **San Cristóbal**, built to his patron saint by Cristóbal Paullu Inca. The church's atrium has been restored and there is a sidewalk access to the Sacsayhuamán Archaeological Park. North of San Cristóbal, you can see the 11 doorway-sized niches of the great Inca wall of the Palacio de Colcampata, which was the residence of Manco Inca before he rebelled against the Spanish and fled to Vilcabamba.

Sacsayhuaman

Archaeologists are investigating the possibility of a tunnel between Qoricancha and Sacsayhuman, supporting the belief that the lost treasures of the Inca empire are buried beneath Cusco

There are some magnificent Inca walls in this ruined ceremonial centre, on a hill in the northern outskirts. The Incaic stones are hugely impressive. The massive rocks weighing up to 130 tons are fitted together with absolute perfection. Three walls run parallel for over 360 m and there are 21 bastions. Sacsayhuaman was thought for centuries to be a fortress, but the layout and architecture suggest a great sanctuary and temple to the Sun, which rises exactly opposite the place previously believed to be the Inca's throne – which was probably an altar, carved out of the solid rock. Broad steps lead to the altar from either side. The hieratic, rather than the military, hypothesis was supported by the discovery in 1982 of the graves of priests, who would have been unlikely to be buried in a fortress. The precise functions of the site, however, will probably continue to be a matter of dispute as very few clues remain, owing to its steady destruction. The site is about a 30-minute walk up Pumacurco from Plaza de las Nazarenas. ■ *Daily 0700-1730; free student guides, give them a tip.*

It is safest to visit the ruins in a group, especially if you wish to see them under a full moon. Take as few belongings as possible, and hide your camera

Along the road from Sacsayhuaman to Pisac, past a radio station, is the temple and amphitheatre of **Qenqo** with some of the finest examples of Inca stone carving *in situ*, especially inside the large hollowed-out stone that houses an altar. On the same road are **Puka Pukara** (Red Fort, but more likely to have been a *tambo*, or post-house), wonderful views; and the spring shrine of **Tambo Machay**, which is in excellent condition. Water still flows by a hidden channel out of the masonry

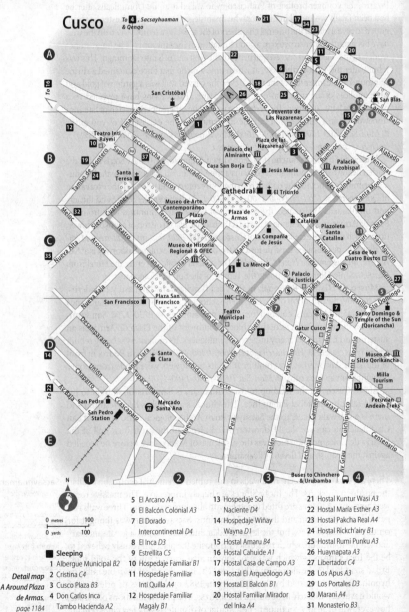

Peru

wall, straight into a little rock pool traditionally known as the Inca's bath. Take a guide to the sites and visit in the morning for the best photographs. Carry your multi-site ticket, there are roving ticket inspectors. You can visit the sites on foot, a pleasant walk of at least half a day through the countryside; take water, sun protection, and watch out for dogs.

Alternatively, take the Pisac bus up to Tambo Machay (US$0.35) and walk back, or arrange a horseback tour with an agency.

Essentials

Book more expensive hotels well in advance, particularly for the week or so around Inti Raymi, when prices are greatly increased. Prices given are for the high season in Jun-Aug. When there are fewer tourists hotels may drop their prices by as much as half. Always check for discounts. Train passengers are approached by unlicensed hotel agents for medium-priced hotels who are often misleading about details; their local nickname is *jalagringos* (gringo pullers), or *piratas*. Taxis and tourist minibuses meet the train and (should) take you to the hotel of your choice for US$0.50, but be insistent. Since it is cold here and many hotels have no heating, ask for an *estufa*, a space heater which some places will provide for an extra charge. The best are **LL** *Libertador*, Plazoleta Santo Domingo 259 (see above), T231961, www.libertador.com.pe 5-star, price includes 28% tax and service and buffet breakfast, good, especially the service, warm and bright, *Inti Raymi* restaurant, excellent with folk music in the evening. **LL** *Monasterio*, Palacios 136, T241777, info@peruorientexpress.com.pe 5-star, beautifully restored Seminary of San Antonio Abad (a Peruvian National Historical Landmark), including the Baroque chapel, spacious comfortable rooms with all facilities (some rooms offer an oxygen-enriched atmosphere to help clients acclimatize, US$25 extra), very helpful staff, price includes buffet breakfast (US$15 to non-residents, will fill you up for the rest of the day), good restaurants, lunch and dinner à la carte, business centre with email for guests (US$3 per hr) open 0930-1300, 1730-2130. **LL** *Novotel*, San Agustín 239, T228282, reservations@novotelcusco.com.pe 4-star, cheaper (still **LL**) in modern section, includes breakfast, converted from the colonial house of Miguel Sánchez Ponce who accompanied Pizarro, beautiful courtyard roofed in glass, spacious rooms with cable TV, central

Sleeping
■ *on maps*
*The hotels in the list
are recommended
In Jun and other busy
times, double-booking
occurs so double-check
reservations*

Peru

32 Niños *C1*
33 Novotel *C4*
34 Pensión Alemana *A3*
35 Qorichaska *C1*
36 Savoy Internacional *E5*
37 Suecia II *B2*

● **Eating**
1 A Mi Manera *B3*
2 Café Manu & Manu
  Nature Tours *E6*

3 Granja Heidi *B4*
4 Greens *A4*
5 Inkanato *C4*
6 La Bodega *A4*
7 Los Toldos *D3*
8 Macondo *A4*
9 Pacha-Papa *B4*
10 Panadería El
  Buen Pastor *A4*
11 Parrilla Andina *C4*

heating, 2 restaurants. **L** *Picoaga*, Santa Teresa 344, T227691, www.picoagahotel.com Very pleasant, comfortable, price includes buffet breakfast, courtyard, good location. **L** *Ruinas*, Ruinas 472, T260644, www.hotelruinas.com Convenient, good facilities, comfortable beds, a little overpriced but helpful, includes buffet breakfast.

Around Plaza de Armas

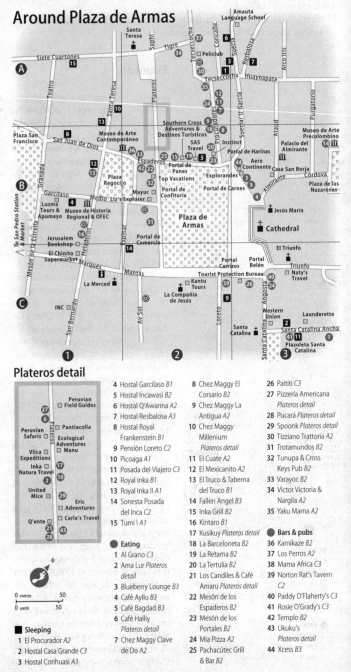

Plateros detail

Sleeping
1 El Procurador *A2*
2 Hostal Casa Grande *C3*
3 Hostal Corihuasi *A3*
4 Hostal Garcilaso *B1*
5 Hostal Incawasi *B2*
6 Hostal Q'Awarina *A2*
7 Hostal Resbalosa *A3*
8 Hostal Royal Frankenstein *B1*
9 Pensión Loreto *C2*
10 Picoaga *A1*
11 Posada del Viajero *C3*
12 Royal Inka *B1*
13 Royal Inka II *A1*
14 Sonesta Posada del Inca *C2*
15 Tumi I *A1*

Eating
1 Al Grano *C3*
2 Ama Lur *Plateros detail*
3 Blueberry Lounge *B3*
4 Café Ayllu *B3*
5 Café Bagdad *B3*
6 Café Halliy *Plateros detail*
7 Chez Maggy Clave de Do *A2*
8 Chez Maggy El Corsario *B2*
9 Chez Maggy La Antigua *A2*
10 Chez Maggy Millenium *Plateros detail*
11 El Cuate *A2*
12 El Mexicanito *A2*
13 El Truco & Taberna del Truco *B1*
14 Fallen Angel *B3*
15 Inka Grill *B2*
16 Kintaro *B1*
17 Kusikuy *Plateros detail*
18 La Barceloneta *B2*
19 La Retama *B2*
20 La Tertulia *B2*
21 Los Candiles & Café Amaru *Plateros detail*
22 Mesón de los Espaderos *B2*
23 Mesón de los Portales *B2*
24 Mia Pizza *A2*
25 Pachacútec Grill & Bar *B2*
26 Paititi *C3*
27 Pizzería Americana *Plateros detail*
28 Pucará *Plateros detail*
29 Spoonk *Plateros detail*
30 Tizziano Trattoria *A2*
31 Trotamundos *B2*
32 Tunupa & Cross Keys Pub *B2*
33 Varayoc *B2*
34 Victor Victoria & Nargila *A2*
35 Yaku Mama *A2*

Bars & pubs
36 Kamikaze *B2*
37 Los Perros *A2*
38 Mama Africa *C3*
39 Norton Rat's Tavern *C2*
40 Paddy O'Flaherty's *C3*
41 Rosie O'Grady's *C3*
42 Templo *B2*
43 Ukuku's *Plateros detail*
44 Xcess *B3*

AL *Cusco Plaza 2*, Saphiy 486, T263000, F262001. Same management as **A** *Cusco Plaza* (Plaza Nazarenas 181, T246161, F263842). New, nicely-decorated rooms set around 3 charming covered patios, includes American breakfast, cable TV and heating. **AL** *Don Carlos IncaTambo Hacienda*, at Km 2, close to Sacsayhuaman, T221918, www.tci.net.pe/doncarlos Built on the site of Pizarro's original house, TV, heating, full services but a bit pricey for the facilities on offer, horse riding in 60 ha of hotel grounds. **AL** *El Dorado Intercontinental*, Av Sol 395, T231135, doratour@telser.com.pe 4-star, full range of facilities, price includes breakfast, convenient location, excellent service, good restaurant (*Sky Room*), cafeteria open to the public, elevator, due for refurbishment 2003. **AL** *Los Apus*, Atocsaycuchi 515, corner with Choquechaca, San Blas, T264243, F264211, www.losapushotel.com Includes breakfast and airport transfer, 20 en suite rooms, central heating, good views, disabled facilities. **AL** *Royal Inka I*, Plaza Regocijo 299, T231067, royalin@terra.com.pe (also *Royal Inka II* on Santa Teresa, same price). Price includes taxes and breakfast, bar, dining room, good service. These hotels run a bus to Pisac at 1000 daily, returns 1800, free for guests. **AL** *Savoy Internacional*, Av Sol 954, T224322, www.hotelsavoyplaza.com One of the earliest modern hotels in the city, spacious rooms, with bath, heating, full range of services, good view from Sky Room, bar, coffee shop, good food, many languages spoken, popular with groups. **AL** *Sonesta Posada del Inca*, Portal Espinar 142, T201107, www.sonesta.com Full range of services, excellent service, elevator, popular with tour groups, internet facilities for guests, best to book in advance. **A** *Hostal El Balcón*, Tambo de Montero 222, T236738, balcon1@terra.com.pe With breakfast, homely atmosphere, very welcoming, quiet, laundry, sauna, bar, meals on request, English spoken, wonderful views, beautiful garden. **A** *Hostal Garcilaso*, Garcilaso de la Vega 233, T233031, hotelgarcilaso@hotmail.com Refurbished historic charm, safe for luggage, discount if booked through agents, helpful. **A-B** *Pensión Alemana*, Tandapata 260, San Blas, T/F226861, pensioalemana@terra.Com.pe Swiss owned, welcoming, comfortable, price includes American breakfast, discount in low season.

B *Hostal Cahuide*, Saphi 845, T222771, F248262. Discount for long stay, hot water, good rooms, quiet, good laundry service, storage facilities, helpful, good value breakfasts. **B** *Hostal Casa de Campo*, Tandapata 296 (at the end of the street), T/F244404, www.hotel casadecampo.com (or contact via *La Tertulia* café). Some of the highest rooms have a *lot* of steps up to them, hot water, includes Continental breakfast and airport/rail transfer with reservations, discount for longer stays and for students at the *Amauta* language school (see below), 10% discount for SAE members and Handbook owners, safe deposit box, sun terrace, quiet and relaxing, all rooms have great views, Dutch and English spoken, new wing built in 2003, take a taxi there after dark. **B** *Hostal Corihuasi*, Suecia 561, T/F232233, www.corihuasi.com With breakfast, colonial house, laundry arranged, hot water, quiet, electric heaters, good views, popular with tour groups. **B** *Cristina*, Av Sol 341, T227233, hcristina@terra.com.pe Comfortable, hot water, breakfast available, reliable. **B** *Hostal El Arqueólogo*, Pumacurco 408, T232569, www.hotelarqueologo.com Includes breakfast, hot water, heating extra, helpful, French and English spoken, will store luggage, garden, cafeteria and kitchen. **B** *Hostal Monarca*, Pumapaccha 290, T/F226145, www.hostalesmonarca.com Breakfast included, comfortable, cordial staff. **B** *Hostal Rumi Punku*, Choquechaca 339, T221102, www.rumipunku.com A genuine Inca doorway leads to a sunny courtyard, comfortable rooms, helpful staff, safe. Highly recommended. **B** *Hostal San Isidro Labrador*, Saphi 440, T226241, labrador@qnet.com.pe Pleasant, elegant but simple décor, colonial arches lead to breakfast area (continental breakfast included) and 2 lovely patios, hot water, heating. **B** *Los Portales*, Matará 322, T223500, reservas@portalescusco.com Includes airport pickup, modern facilities but plenty of character, very helpful, English spoken, safe deposit, luggage store. **B** *Pensión Loreto*, Pasaje Loreto 115, Plaza de Armas, T/F226352, hloreto@ terra.com.pe Rooms with Inca walls and electric heaters, a bit dark, cheap laundry service, comfortable and secure, taxis and other travel can be arranged, Lucio here is a good guide, safe luggage deposit.

C *Hostal Amaru*, Cuesta San Blas 541, T/F225933, www.cusco.net/amaru Cheaper without bath, hot water, laundry, nice views, rooms in first courtyard are best. **C** *El Inca*, Quera 251, T/F221110, oscaralianza@yahoo.com **E** in the low season, heating, hot water variable, luggage store, restaurant, includes breakfast, Wilbur speaks English, and is helpful, noisy disco in basement till 0100. Otherwise recommended. **C** *Huaynapata*, Huaynapata 369, T228034. Small rooms, quieter rooms at the back, family-run, hot water, stores luggage. **C** *Hostal Incawasi*, Portal de Panes 147, Plaza de Armas, T223992/228130, incawasi@telser.com.pe Hot water 0800-0900, 2000-2200, good beds, bargain for long stays, secure, helpful, good value but in ned of refurbishment (*Andes Grill* restaurant above). **C** *Marani,* Carmen Alto 194, San Blas, T/F249462, marani@terra.com.pe Full of character, set around a courtyard, breakfast available, Dutch-owned hostel associated with the Hope Foundation (www.stichtinghope.org), which builds schools, helps teachers and hospitals, good value, great cause. **C** *Hostal María Esther*, Pumacurco 516, T224382. Very comfortable, helpful, includes breakfast, garden. **C** *Niños Hotel*, Meloc 442, T/F231424, www.ninoshotel.com Hot water, shared bath, restaurant, laundry service, luggage store, fax

service, Dutch, English, German and French spoken, run as part of the Dutch foundation *Niños Unidos Peruanos* and all profits are invested in projects to help street children. Recently opened *Niños 2*, on C Fierro, with all the same features. **C** *Hostal Q'Awarina*, Suecia 757, T228130. Includes breakfast, group rates available, great views, great value.

D *El Arcano*, Carmen Alto 288, T232703, F806429. Cheaper in low season and with shared bath, hot water, safe to leave luggage, laundry, good beds, cheap breakfast. **D** *Hospedaje Familiar*, Saphi 661, T239353. **E** without bath, hot water, good beds, popular. **D** *Hostal Kuntur Wasi*, Tandapata 352-A, San Blas, T227570. Great views, **E** without bath, laundry service US$0.85 per kg, owner speaks a bit of English and is very helpful and welcoming, water not very warm, but excellent value. **D** *Hostal Pakcha Real*, Tandapata 300, San Blas, T237484, pakcharealhostal@hotmail.com Family run, hot water, cooking and laundry facilities, TV and video lounge, luggage stored, owner Edwin will arrange tours. **D-E** *Hostal Royal Frankenstein*, San Juan de Dios 260, 200 m from the Plaza de Armas, T236999, ludwig_roth@hotmail.com Eccentric, memorably-decorated, hot water, safe, cooking and laundry facilities, German-owned, German and English spoken.

E *Casa Elena*, Choquechaca 162, T/F241202, www.geocities.com/casa_elena French/Peruvian hostel, very comfortable, breakfast included, a good choice. **E** *Hostal Casa Grande*, Santa Catalina Ancha 353, T224907, F243784. Wonderful location, hot water, **G** without bath, laundry service, café, good value.**E** pp *El Balcón Colonial*, Choquechaca 350, T238129, balconcolonial@hotmail.com Accommodation for 16 people in 6 rooms, hot showers, breakfast extra, comfortable, safe, generous hosts. **E** *Hostal Familiar Mirador del Inka*, Tandapata 160, off Plaza San Blas, T261384, miradordelinka@latinmail.com Rebuilding in 2003, cheaper without bath, hot water, good beds, laundry, helpful family, son Edwin rents trekking equipment. **E** *Qorichaska*, Nueva Alta 458, some distance from centre, T228974, F227094. Hot water, will store luggage, cafeteria open till 2100, safe, great value. **E** pp *Hospedaje Recoleta*, Jr Pumacahua 160, Tahuantinsuyo, T231323, hosperecoleta@usa.net Includes breakfast, hot water, comfortable, good service, airport pick-up, frequent good

Peru

reports. **E-F** *Hostal Resbalosa*, Resbalosa 494, T224839. Cheaper without bath, hot water in the mornings and evenings, ask for a room with a view, luggage stored, laundry facilities, full breakfast for US$1.45. **E** *Hostal Rickch'airy*, Tambo de Montero 219, T236606. **F** with shared bath, hot water in the morning, laundry service, free luggage store, breakfast available, nice garden with good views, will collect guests from train station, tourist information, new rooms under construction, owned by Leo who is helpful. **E** *Suecia II*, Tecseccocha 465, T239757. **F** without bath, good security, breakfast US$1.40 from 0500, beautiful building, good meeting place, water not always hot or bathrooms clean, best to book in advance (but if full they will find alternative accommodation, which may not be as good). **E** *Hostal Tahuantinsuyo*, Jr Tupac Yupanqui 204, Urb Tahuantinsuyo (15-min walk from the Plaza de Armas), T/F261410, suya@chaski.unsaac.edu.pe   Cheaper without bath, includes breakfast, also drinks and snacks available, hot water, lovely atmosphere, very helpful, laundry service and facilities, secure parking for bikes and motorbikes, English, French and Italian spoken, can arrange tours. **E** *Posada del Viajero*, Santa Catalina Ancha 366, T261643, down lane next to *Rosie O'Grady's*. Variety of rooms, run by students, use of the kitchen US$0.60, very good.

F *Hospedaje El Artesano de San Blas*, Suytucato 790, San Blas, T263968, manosandinas@yahoo.com Newly refurbished, with many bright and airy rooms, you need to walk up from San Blas. **F** *Hostal Luzerna*, Av Baja 205, near San Pedro train station (take a taxi at night), T232762/ 237591/227768. Hot water, safe to leave luggage, good beds, nice family, with breakfast, use of kitchen (Israeli hang-out). **F** *Hospedaje Sol Naciente*, Av Pardo 510, T228602. Hot water, comfortable, laundry facilities, luggage stored for a small fee, family-run. **F** *Tumi 1*, Siete Cuartones 245, 2 blocks from Plaza de Armas, T24413. Nice courtyard, hot water, good. **F** *Hospedaje Wiñay Wayna*, C Vitoque 628, just off Nueva Baja, miriamojeda@yahoo.com   Family-run and homely.

G *Estrellita*, Av Tullumayo 445, parte Alta, T234134, guesthouseestrellita@hotmail.com Includes breakfast, basic kitchen for guests, most rooms with shared bath, 2 with private bath, basic but excellent value, safe parking for bikes. **G** *Hospedaje Familiar Inti Quilla*, Atocsaycuchi 281, T252659. Shared rooms around a pleasant little courtyard, hot water 24 hrs. **G** *Hospedaje Familiar Magaly*, Saphi 739-2, T239099. Kind family, good beds.

Youth hostel: **E-F** *Maison de la Jeunesse* (affiliated to HI), Av Sol, Cuadra 5, Pasaje Grace, Edif San Jorge (down a small side street opposite Koricancha) T235617, elia25@msn.com French/Peruvian run, dormitories and private rooms, TV and video room, cooking facilities and very hot water, includes breakfast. **F** *Albergue Municipal*, Quiscapata 240, San Cristóbal, T252506. Dormitories, helpful staff, luggage store, great views, bar, cafeteria, laundry, safe deposit, discount for members. **F** *El Procurador*, Coricalle 440, Prolongación Procuradores, T243559, hostal-procurador-cusco@hotmail.com **G** without bath, includes breakfast, hot water, laundry, motorcycle parking.

Camping is not safe anywhere in the Cusco area **Camping** For renting equipment, there are several places around the Plaza area. Check the equipment carefully as it is common for parts to be missing. An example of prices per day: tent US$3-5, sleeping bag US$2 (down), US$1.50 (synthetic), stove US$1. A deposit of US$100 is asked, plus credit card, passport or plane ticket. *Soqllaq'asa Camping Service*, owned by English-speaking Sra Luzmila Bellota Miranda, at Plateros 365 No 2F, T252560, is recommended for equipment hire, also buy and sell camping gear and make alpaca jackets, open Mon-Sat 0900-1300, 1600-2030, Sun 1800-2030. White gas (*bencina*), US$1.50 per litre, can be bought at hardware stores, but check the purity. Stove spirit (*alcoól para quemar*) is available at pharmacies; blue gas canisters, costing US$5, can be found at some hardware stores and at shops which rent gear. You can also rent equipment through travel agencies.

Eating
• *on maps*
Expensive: *Fallen Angel*, Plazoleta Nazarenas, T258184. International and Novo Andino gourmet cuisine, décor juxtaposes the modern and the kitsch with colonial surroundings, special events throughout the year, at 2200 restaurant turns into a disco bar, Sun open 1500-2400. *Inka Grill*, Portal de Panes 115, Plaza de Armas, T262992. According to many the best food in town, specializing in Novo Andino cuisine (the use of native ingredients and 'rescued' recipes), also homemade pastas, live music, breakfast from 0800 with excellent coffee

and homemade pastries 'to go', very smart decor. **Mesón de los Espaderos**, Espaderos y Plaza de Armas, 2nd floor. Good *parrilladas* and other typical local dishes. **Mesón de los Portales**, Portal de Panes 163, Plaza de Armas, international and Peruvian cuisine. **Paititi**, Portal Carrizos 270, Plaza de Armas. Live music, good atmosphere, Inca masonry, excellent pizzas. **Parrilla Andina**, Maruri 355. Good value meat-fest. Mixed grill will feed two for around US$15. **La Retama**, Portal de Panes 123, 2nd floor. Good food and service, live music and dance, art exhibitions. **Pachacútec Grill and Bar**, Portal de Panes 105, Plaza de Armas. International cuisine, including seafood and Italian specialities, folk music nightly. **Spoonk**, Plateros 334. Meat, pastas and wide selection of vegetarian choices, nothing heavy, served in colonial surroundings with modern decorations. **El Truco**, Plaza Regocijo 261. Excellent local and international dishes, buffet lunch 1200-1500, nightly folk music at 2045, next door is **Taberna del Truco**, open 0900-0100. **Tunupa**, Portal Confiturias 233, p 2, Plaza de Armas (same entrance as *Cross Keys*). Large restaurant, small balcony overlooking Plaza, international, Peruvian and Novo Andino cuisine, good buffet for US$15, nicely decorated, cocktail lounge, live music and dance at 2030.

Mid-range: *Al Grano*, Santa Catalina Ancha 398, T228032. Authentic Asian dishes, menu changes daily, excellent food, best coffee in town, vegetarian choices, open 1000-2100, closed on Sun. *A Mi Manera*, Triunfo 393. Good food, service and balcony. **Blueberry Lounge**, Portal de Carnes 236, Plaza de Armas, T221397. In a beautifully restored colonial house, open fires in the evening, cosy place to read, listen to music, watch TV or videos, menu specializes in Asian dishes, with touches of the Novo Andino, good for breakfast, vegetarian options. **Greens**, Tandapata 700, behind the church on Plaza San Blas, T243820. International food with some vegetarian, curries, Sunday roasts, relaxing atmosphere, games, book exchange, reservation required. **Inkanato**, Plazoleta Santo Domingo 279, interior 2A, T222926. Good food, staff dressed in Inca and Amazonian outfits. **Jack's Café**, Choquechaca y San Blas. Excellent varied menu, generous portions, relaxed atmosphere, can get very busy at lunchtime. **Kintaro**, Heladeros 149. Japanese and vegetarian, homemade and low fat food, good for high altitude, Japanese owner, closed Sun. **Kusikuy**, Plateros 348, T262870. Open 0800-2300 Mon-Sat, local, national and international dishes, good service, set lunch unbeatable value at only US$2. **Macondo**, Cuesta San Blas 571, T229415. Interesting restaurant with an imaginative menu, good food, well-furnished, gay friendly. **Pacha-Papa**, Plazoleta San Blas 120, opposite church of San Blas, T241318. Good typical Peruvian dishes, also international cuisine, beautiful setting with patio, Andean harp music. **Pizzería Americana**, Plateros 369, also does a good set meal for US$1.50. **Pucará**, Plateros 309. Peruvian and international food, open 1230-2200, closed Sun, nice atmosphere. **Tizziano Trattoria**, Tecseccocha 418. Good Italian food, homemade pasta, excellent value *menú* Tue-Sat 1200-1500 and daily 1800-2300, also vegetarian dishes. **Los Toldos**, Almagro 171 and San Andrés 219. Grilled chicken, fries and salad bar, also *trattoria* with homemade pasta and pizza, delivery T229829. **Varayoc**, Espaderos 142, T232404. Swiss restaurant, including Peruvian ingredients (cheese fondue US$10-13); also has a variety of pastas, good desserts, literary atmosphere.

Cheap: *Ama Lur*, Plateros 325. Very good *menú* for US$2. **La Barceloneta**, Procuradores 347. Spanish, Italian and Peruvian dishes, good value lunches, Spanish music Thu. **La Bodega**, Carmen Alto, San Blas. Snug Dutch and Peruvian-owned café/restaurant, good food, salads, drinks. **Chez Maggy**, 4 branches: **La Antigua** (the original) at Procuradores 365, **El Corsario** No 344 and **Clave de Do** No 374 (open at 0700 for buffet breakfast), plus **Millenium**, Plateros 348 (opens 0700, buffet breakfast), all have good atmosphere, popular, freshly baked pizzas, pastas, Mexican food, soups, hotel delivery T234861 or 246316. **El Cuate**, Procuradores 386. Mexican food, great value, big portions, simple salads. **Fistuk**, Saphy 644, T251736. Good Israeli and Middle Eastern food, also travel agency. **El Mexicanito**, Procuradores 392. Menus from US$2-3, good food. **Mia Pizza**, Procuradores 379. Good range of economical menus, including one with a resonable curry. **Víctor Victoria**, Tigre 130. Israeli and local dishes, first-class breakfasts, good value. Next door is **Nargila**, also good and popular with Israelis. Many good, cheap restaurants on Procuradores, Plateros (eg **Los Candiles**, No 323) and Tecseccocha.

Cafés: *Amaru*, Plateros 325, 2nd floor. Limitless coffee, tea, great bread and juices, even on 'non-buffet' breakfasts (US$1.15 for simple), colonial balcony. Also has bar. **Café Ayllu**, Portal de Carnes 208. Classical/folk music, good atmosphere, superb range of milk products,

The cheapest food can be found around the Mercado Santa Ana and San Pedro station

Peru

wonderful apple pastries, good selection for breakfast, great juices, quick service. Next door upstairs is *Café Bagdad*. Good views of the plaza, cheap set lunch, good atmosphere, happy hour 1930-2130, German owner Florian Thurman speaks good English, service variable. CentroPi, Atoqsayk'uchi 599, San Blas, centropi@samerica.com Wonderful pies and a very chilled spot, with internet connections, meeting room, art exhibits, great selection of classic movies (not just Hollywood!), photographic dark room and a volunteer programme database. *Café Halliy*, Plateros 363. Popular meeting place, especially for breakfast, good for comments on guides, has good snacks and 'copa Halliy' – fruit, muesli, yoghurt, honey and chocolate cake, also good vegetarian *menú* and set lunch. *Café Manu*, Av Pardo 1046. Good coffee and good food too. *Granja Heidi*, Cuesta San Blas 525. German owner Carlos serves up yoghurt, granola, ricotta cheese and honey and other great breakfast options, good vegetarian dishes. *Moni*, San Agustín 311. Peruvian/English owned, good fresh food and breakfast, British music, magazines, bright and clean. The Muse, Tandapata 682, Plazoleta San Blas. Funky little café with fresh local coffee, good food, including vegetarian lasagne and carrot cake, often has live music, helpful English owner. Will refill water bottles for a small charge in an attempt to minimise plastic waste. Planet Cusco, Carmen Alto 162. Buffet breakfast for only US$ 1.40, stylish atmosphere, plus 10 minutes free internet. *La Tertulia*, Procuradores 50, 2nd floor. Excellent breakfast buffet for around US$3, vegetarian buffet 1800-2200 daily, set dinner and salad bar for US$3.50, also fondue and gourmet meals, book exchange, newspapers, classical music, open till 2300. *Trotamundos*, Portal Comercio 177, 2nd floor. Balcony overlooking the plaza, nice atmosphere, especially at night with open fire, good coffees and cakes, safe salads, internet service, open Mon-Sat 0800-2400. *Yaku Mama*, Procuradores 397. Good for breakfast, unlimited fruit and coffee. **Panaderías**: *Panadería El Buen Pastor*, Cuesta San Blas 579. Very good bread and pastries, proceeds go to a charity for orphans and street children. *Picarones*, Ruinas y Tullumayo. Good for doughnuts typical Peruvian sweet stuff.

Vegetarian *Café Cultural Ritual*, Choquechaca 140 and also Plazoleta San Blas 614. Good value and tasty, including some Indian dishes, US$ 2.20. *El Encuentro*, Santa Catalina Ancha 384. One of the best value eateries in Cusco, 3 courses of good healthy food and a drink for US$1. *Paccha*, Portal de Panes 167. Good for breakfast, bookstore, posters for sale, English and French spoken.

Bars & clubs
• *on maps*

Bars *Cross Keys Pub*, Plaza de Armas, Portal Confiturías 233 (upstairs). Open 1100-0130, run by Barry Walker of *Manu Expeditions*, a Mancunian and ornithologist, darts, cable sports, pool, bar meals, plus daily half price specials Sun-Wed, great pisco sours, very popular, great atmosphere. *Norton Rat's Tavern*, Loreto 115, p 2, same entrance as *Hostal Loreto*, T246204, nortonrats@yahoo.com Also serves meals, cable TV with BBC and CNN, popular, English spoken, fine balcony, pool, darts, motorcycle theme with information for motorcyclists from owner, Jeffrey Powers. *Paddy O'Flaherty's*, Triunfo 124 on the corner of the plaza. Irish theme pub, serves cans of Guinness (US$3.40 each!), open 1300-0100, popular, good atmosphere and view. *Los Perros Bar*, Tecseccocha 436. Great place to chill out on comfy couches, excellent music, owner Tammy is English-speaking and very welcoming, good coffee, tasty meals available, book exchange, English and other magazines, board games, open 1100-0100. *Rosie O'Grady's*, Santa Catalina Ancha 360, T247935. Good music, tasty food, English and Russian spoken, good value, open 1100 till late (food served till midnight).

Nightclubs *El Garabato Video Music Club*, Espaderos 132, p 3. Open daily 1600-0300, dance area, lounge for chilling, bar, live shows 2300-0030 (all sorts of styles) and large screen showing music videos. *Kamikaze*, Plaza Regocijo 274, T233865. *Peña* at 2200, good old traditional rock music, candle-lit cavern atmosphere, entry US$2.50. *Mama Africa*, Portal Belén 115, 2nd floor. Live music at weekends, popular, free entry with a pass which you can get on the plaza, free movies daily at 1630-1700, cybercafé (slow machines). *Templo*, Espaderos 135, 2nd floor. Wide range of music including Latin. Entrance is free all night, has a happy hour which covers all drinks except beer. *Ukuku's*, Plateros 316. US$1.35 entry, very popular, good atmosphere, good mix of music including live shows nightly, shows free movies around 1600-1700, also has a restaurant at Procuradores 398 (top end). *White Vinyl*, Espaderos 135, p 2. Disco and lounge bar, fantastic selection of music, good drinks with original appetizers. *Xcess*, Suecia 319. Cheap, good quality drinks and excellent music, stays open for dancing till 0600.

Folklore Regular nightly folklore show at *Centro Qosqo de Arte nativo*, Av Sol 604, T227901. **Entertainment**
Show from 1900 to 2030, entrance fee US$3.50. *Teatro Inti Raymi*, Saphi 605, nightly at 1845,
US$4.50, well worth it. There's a *peña* at *Inka's Restaurant Peña*, Portal de Panes 105, Plaza de
Armas. Good menú at lunchtime for US$3. *Teatro Municipal*, C Mesón de la Estrella 149
(T227321 for information 0900-1300 and 1500-1900). Plays, dancing and shows, mostly
Thu-Sun. They also run classes in music and dancing from Jan to Mar which are great value.

Carnival in Cusco is a messy affair with flour, water, cacti, bad fruit and animal manure thrown **Festivals**
about in the streets (Carnival is lively along the length of the Sacred Valley). **Easter Monday**:
procession of *El Señor de los Temblores* (Lord of the Earthquakes), starting at 1600 outside the
Cathedral. A large crucifix is paraded through the streets, returning to the Plaza de Armas
around 2000 to bless the tens of thousands of people who have assembled there. **2-3 May**:
Vigil of the Cross takes place at all mountaintops with crosses on them, a boisterous affair. **Jun**:
Q'Olloriti, the Snow Star Festival, is held at a 4,700 m glacier north of Ocongate (Ausangate)
150 km southeast of Cusco. Several agencies offer tours. (The date is moveable.) On *Corpus
Christi* day, the Thu after Trinity Sunday, all the statues of the Virgin and of saints from Cusco's
churches are paraded through the streets to the Cathedral. The Plaza de Armas is surrounded
by tables with women selling *cuy* (guinea pig) and a mixed grill called *chiriuchu* (*cuy*, chicken,
tortillas, fish eggs, water-weeds, maize, cheese and sausage) and lots of Cusqueña beer. **24
Jun:** the pageant of *Inti Raymi*, the Inca festival of the winter solstice, is enacted in Quechua at
1000 at the Qoricancha, moving on to Sacsayhuaman at 1300. Tickets for the stands can be
bought a week in advance from the Emufec office, Santa Catalina Ancha 325, US$35. Standing
places on the ruins are free but get there at about 1030 to defend your space. Travel agents can
arrange the whole day for you, with meeting points, transport, reserved seats and packed
lunch. Those who try to persuade you to buy a ticket for the right to film or take photos are
being dishonest. On the night before Inti Raymi, the Plaza de Armas is crowded with processions and food stalls. Try to arrive in Cusco 15 days before Inti Raymi for the Cusqueña beer festival (US$6 entry) and other festivals, parades etc. **28 Jul:** Peruvian Independence Day. Prices
shoot up during these celebrations. **Aug:** on the last Sun is the *Huarachicoy* festival at
Sacsayhuaman, a spectacular re-enactment of the Inca manhood rite, performed in dazzling
costumes by boys of a local school. **8 Sep:** *Day of the Virgin* is a colourful procession of masked
dancers from the church of Almudena, at the southwest edge of Cusco, near Belén, to the Plaza
de San Francisco. There is also a splendid fair at Almudena, and a free bull fight on the following
day. **1 Nov:** *All Saints Day*, celebrated everywhere with bread dolls and traditional cooking. **8
Dec:** Cusco day, when churches and museums close at 1200. **24 Dec:** *Santuranticuy*, 'the buying of saints', with a big crafts market in the plaza, very noisy until early hours of the 25th.

Arts and crafts In the Plaza San Blas and the surrounding area, authentic Cusco crafts still **Shopping**
survive. A market is held on Sat. Many leading artisans welcome visitors. Among fine objects
made are Biblical figures from plaster, wheatflour and potatoes, reproductions of
pre-Columbian ceramics and colonial sculptures, pious paintings, earthenware figurines,
festive dolls and wood carvings.

Mercado Artesanal, Av Sol, block 4, is good for cheap crafts. *Feria Artesanal Tesores del*   *Cusco is the weaving
Inka*, Plateros 334B, open daily 0900-2300. *La Mamita*, Portal de Carnes 244, Plaza de Armas,   *centre of Peru,*
sells the ceramics of Pablo Seminario (see under Urubamba), plus cotton, basketry, jewellery,   *and excellent textiles
etc. *Pedazo de Arte*, Plateros 334. A tasteful collection of Andean handicrafts, many   *can be found
designed by Japanese owner Miki Suzuki. *La Pérez*, Urb Mateo Pumacahua 598, Huanchac,   *at good value.
T232186, is a big co-operative with a good selection; they will arrange a free pick-up from   *Be very careful of
your hotel. For alpaca clothing and fabrics: *El Almacén – The Warehouse*, Av Ramón   *buying gold and silver
Zavaleta 110, Huanchac, T256565, almacensb@terra.co.pe Factory outlet for genuine   *objects and jewellery in
camelid-fibre products, no commissions to guides, etc, at least 20% cheaper than tourist   *and around Cusco
shops. *Alpaca 111*, Plaza Regocijo 202, T243233, *Alpaca 3*, Ruinas 472, and *Cuzmar II*, Portal
Mantas 118T (English spoken). *Josefina Olivera*, Portal Comercio 169, Plaza de Armas, sells
old textiles and weavings, expensive but worth it to save pieces being cut up to make other
items, open daily 1100-2100. *Joyerías Peruanas*, Calle del Medio 130, gold, silver and other
items in pre-Columbian, Inca and contemporary designs. *H Ormachea*, Plateros 372,

Peru

T237061. Handmade gold and silver. *Spondylus*, Cuesta San Blas 505, T246964. A tiny shop with a good selection of silver jewellery and fashion tops with Inca and pre-Inca designs. *Ima Sumac*, Triunfo 338, T244722. Traditional Andean musical instruments.

Bookshops *Jerusalem*, Heladeros 143, T235408, English books, guidebooks, music, postcards, book exchange. *Centro de Estudios Regionales Andinos Bartolomé de las Casas*, Heladeros 129A, good books on Peruvian history, archaeology, etc, Mon-Sat 1100-1400, 1600-1900. *Special Book Services*, Av El Sol 781-A, Wanchac, T248106. Stocks Footprint Handbooks.

General *Huanchac*, Av Garcilaso (southeast of centre) and *Santa Ana Market*, opposite Estación San Pedro, sell a variety of goods.

Supermarkets: *D'Dinos Market*, Av La Cultura 2003, T252656 for home delivery. Open 24-hrs, well-supplied, takes credit cards. *Dimart*, Ayacucho 248 and Av La Cultura 742. Open daily 0700-2200, credit cards accepted. *Gato's Market*, Portal Belén 115. *Shop Market*, Plateros 352, open daily 1000-0300. *El Pepino*, Plaza San Francisco, Mon-Sat 0900-2000, closed lunchtime, wide variety of imported goods, delicatessen, etc.

Tour operators
For a list of recommended Tour operators for Manu, see page 1241

There are many travel agencies in Cusco. The sheer number and variety of tours on offer is bewildering and prices for the same tour can vary dramatically. Always remember that you get what you pay for and that, in a crowded market, organization can sometimes be a weak point. In general you should only deal directly with the agencies themselves. You can do this when in town, or you can raise whatever questions you may have in advance (or even in Cusco) by email. That way you will get many points answered in writing. Other sources of advice are visitors returning from trips, who can give the latest information, and the trip reports for members of the South America Explorers. Do not deal with guides who claim to be employed by agencies listed below without verifying their credentials. Beware agencies quoting prices in dollars then converting to soles at an unfavourable rate when paying and also of tours which stop for long lunches at expensive hotels. Check what the cancellation fee will be. Students will normally receive a discount on production of an ISIC card.

See below, under The Inca Trail, for new regulations concerning tour agencies

General tours Well-established Expensive-mid range: Most of these agencies have their main offices away from the centre, but have a local contact, cellular phone or hotel contact downtown. Andes Nature Tours, Garcilaso 210, Casa del Abuelo, oficina 217, T245961, ant@terra.com.pe Owner Aurelio speaks excellent English and has 25 years' experience in Cusco and will tailor treks "anywhere". Specializes in natural history and trekking, botany and birdwatching. *APU Expediciones*, Av Sol 344, oficina 10, PO Box 24, T272442, www.geocities.com/apuexpeditions Office open 0900-1300, 1500-2000. Deals mostly through email (apuexped@yahoo.co.uk, watay71@yahoo.com, becimar@yahoo.com) and internet. Cultural, adventure, educational/academic programmes, nature tours and jungle packages to Manu and Tambopata, bilingual personnel, very knowledgeable, Andean textiles a speciality, run by Mariella Bernasconi Cilloniz. *Cóndor*, C Saphi 848-A, T225961, www.condortravel.com.pe Conventional tours all over Peru, also some trekking (good, but

ECOLOGICAL ADVENTURES

MANU

JUNGLE SPECIALIST

Come with us for a nature experience that you will never forget...with our many years of experience operating the Manu National Park and leaders in the market, we can offer you a program that will exceed your expectations

Plateros st. 356 - Cusco - Perú   manuadventures@terra.com.pe
Phone-Fax +51-84-261640   www.manuadventures.com

expensive), representative for most international airlines with ticket sales, connections, etc. *Dasatariq*, Pardo 589, T223341, www.dasatour.com.pe Run from a small office, offers traditional tours in the City and Sacred Valley. *Explorandes*, Av Garcilaso 316-A, T/F244308, www.explorandes.com.pe In the Cusco office can book only Inca trails. Through the website you can book a wide range of trekking, rafting and cultural tours in and around Cusco and throughout Peru. Also arranges tours across Peru for lovers of orchids, ceramics or textiles. *Gatur Cusco*, Puluchapata 140 (a small street off Av Sol 3rd block), T223496, gatur@terra.com.pe Esoteric, ecotourism, and general tours, owner Dr José (Pepe) Altamirano, knowledgeable in Andean folk traditions, excellent conventional tours, bilingual guides and transportation. *Kantu Perú*, Portal Carrizos 258, T246372, kantuperu@wayna.rcp.net.pe Good horse treks, adventure tours, river rafting, motorcycle excursions (also rental), enthusiastic and thorough. *Kinjyo Travel Service*, Av Sol 761, T231121, tes3@latiunmail.com Includes treks to weaving villages. *Peruvian Andean Treks*, Av Pardo 705, T225701, www.andeantreks.com Manager Tom Hendrikson, adventure tour specialists. *Servicios Aéreos AQP SA*, Av Sol 675, www.saaqp.com.pe Offers a wide variety of tours within the country, agents for American, Continental, LAB and other airlines; head office in Lima, Los Castaños 347, San Isidro, T222 3312, F222 5910.

General tours More recently established All price ranges: *Andean Life*, C Plateros 341, T224227, www.andeanlife.com Tours and treks for small groups. *Another Planet*, Triunfo 120, T/F229379, www.anotherplanetperu.net Run by Lesley Myburgh (who also has *Casa de La Gringa* hostal, **D**, 5 mins by taxi from Plaza de Armas), operates adventure tours, conventional tours in and around Cusco, but specializes in jungle trips anywhere in Peru. Lesley is an expert in San Pedro cactus preparation and conducts trips. *Destinos Turísticos*, Portal de Panes 123, oficina 101-102, Plaza de Armas, T/F228168, www.destinosturisticosperu.com.pe Owner speaks several languages. *Peru Treks & Adventure*, C Garcilaso 265, 2nd floor, Of 14, www.peru treks.com Inca Trail, Ausangate, Choquequirao and other treks, plus stays with local families, 50% of profits go to community projects. *SAS Travel*, Portal de Panes 143, T/F237292, www.sastravel.com Discount for SAE members and students, English speaking guides, good equipment. *Top Vacations*, Portal de Panes 109, of 6, T263278, www.hikingperu.com Trekking on the Inca Trail, Choquequirao, Ausangate, Salkantay, Vilcabamba and elsewhere, good guides and arrangements. *Trekperu*, Pumacahua C-10, Wanchac, T252899, www.trek peru.com Experienced trek operator as well as other adventure sports and mountain biking.

General tours Economical: *Carla's Travel*, Plateros 320, T/F253018, carlastravel@ telser.com.pe All tours. *Liz's Explorer*, Medio 114-B, T/F246619, www.geocities.com/ lizexplorer/ Good tours and information; ask in advance if you need a guide who speaks a language other than English. *Naty's Travel*, Triunfo 338, p 2, T/F239437, natystravel@terra.com.pe All tours. *Q'ente*, Garcilaso 210, p 2, of 210B, T222535, www.qente.com Adventure trips and equipment rental, very good, especially with children. *Sky Travel*, Santa Catalina Ancha 366, interior 3-C, T240141, www.skyperu.com General tours, good service (also have a branch in Arequipa). *United Mice*, Plateros 348, T221139, F238050. Discount with student card, good English-speaking guides, food and equipment.

Peru

Adventure tours *Amazonas Explorer*, PO Box 722, Cusco, T/F227137, www.amazonas-explorer.com In UK T01874-658125. Experienced, most bookings taken from overseas, also mountain biking and other adventure trips. *Apumayo*, C Garcilaso 265 interior 3, T246018 (Lima: T/F444 2320), www.apumayo.com Rafting and hiking tours including in the Cotahuasi canyon. *Eco Trek*, Choquechaka 229, T253653, www.ecotrekperu.com Specializes in Cusco, Vilcabamba, Pongo de Mainique (with own *Esperanza Lodge*) and the Amazon, hiking, trekking and mountian biking. *Eric Adventures*, Plateros 324, T/F228475. www.ericadventures.com Mostly good reports on equipment and guides. *Globos de los Andes*, T201143, T9693812 (Mob), www.globosperu.com Hot-air ballooning and 4WD expeditions. *Instinct*, Procuradores 50, T233451, www.instinct-travel.com Also at Plaza de Armas, Ollantaytambo, T204045, Juan and Benjamín Muñiz speak good English. Rafting is their strong point, mountain bike trips and rental. *Loreto Tours*, C del Medio 111, T228264, loretortours@planet.com.pe Adventure travel, strong on mountain biking and river rafting on the Urubamba, Apurímac and Tambopata (good equipment). *Mayuc Expediciones*, Portal Confiturías 211, Plaza de Armas, T/F232666, www.mayuc.com Good equipment, one of the major river rafting adventure agencies, specializing in 3-day river rafting on the Río Apurímac and Tambopata/Candamo jungle rafting. Also run ecological Inca Trail tours. *PerúFly*, El Comercio H11, Residencial Huancaro, T229439 (in Lima: Jr Jorge Chávez 658, Miraflores, T444-5004), www.perufly.com Bungee jumping, US$59 to see Peru upside down, jumping from a hot-air balloon! *Pony's Expeditions*, Santa Catalina Ancha 353, 1 block from Plaza de Armas, at *Hotel Casa Grande*, T234887, www.ponyexpeditions.com Branch of trekking and tour company from Caraz, open Mon-Sat 0900-1300, 1600-2000, good quality camping gear for hire or sale, day tours, mountain bike tours, organizes and provides information for trekking in Salkantay, Ausangate and Inca Trail areas. *Richard Pethigal*, T9937333, cloudwalker@another.com From May-Sep he runs half-day tandem paraglider flights, licensed, US$60. *Southern Rivers Expeditions*, Urb La Florida, Los Cactus B-15, T222782, www.southernrivers.net Professional, experienced, good food. *Viento Sur*, San Juan de Dios 278, T201620, viento-sur@terra.com.pe Paragliding tandem flights minimum 2 people US$50, initiation course US$120, and complete course US$400.

Cultural *K'uichy Light International*, Av Sol 814, of 219, T264107, rubenpal@yupi.mail.com Ruben E Palomino specializes in tours in Peru, Bolivia and Ecuador, good value. *Milla Tourism*, Av Pardo 689, T231710, millaturismo@ amauta.rcp.net.pe Tours of the artists' quarter in San Blas, also contact for details of the Centre for Andean Studies, which offers courses in Spanish, Quechua and Andean culture. *Mystic Inca Trail*, Unidad Vecinal Santiago, bloque 9, dpto 301, T/F221358, ivanndp@ terra.com.pe Tours of sacred Inca sites and study of Andean spirituality. *Personal Travel Service*, Portal de Panes 123, oficina 109, T225518, F244036, ititoss@terra.com.pe Cultural tours in the Urubamba valley.

Local Taxis: in Cusco are inexpensive and recommended when arriving by air, train or bus. They have fixed prices: in the centre US$0.60 (after 2200 US$0.85); to the suburbs US$0.85. In town it is safest to take taxis which are registered; these have a sign with the company's name on the roof, not just a sticker in the window. Taxis on call are reliable but more expensive, in the centre US$1.25: *Ocarina* T247080, *Aló Cusco* T222222. Trips to Sacsayhuaman US$10; to the ruins of Tambo Machay US$15-20 (3-4 people); for a whole day trip US$40-70.

Transport
Touts will always quote much higher fares for taxis

Recommended taxi drivers: *Manuel Calanche*, T227368, T9695402 (Mob). *Carlos Hirojosa*, T251160. *Angel Marcavillaca Palomino*, Av Regional 877, T251822, amarcavillaca@yahoo.com Helpful, patient, reasonable prices. *Movilidad Inmediata*, Juan Carlos Herrera Johnson, T9623821 (Mob), local tours with English-speaking guide. *Ferdinand Pinares Cuadros*, Yuracpunco 155, Tahuantinsuyo, T225914, T9681519 (Mob), English, French and German spoken, reasonable prices. *Angel Salazar*, Marcavalle 1-4 Huanchac, T224679 to leave messages, English speaking, helpful, arranges good tours. *Milton Velásquez*, T222638, T9680730 (Mob), an anthropologist and tour guide who speaks English.

Tramway: *El Tranvía de Cusco*, actually a motor coach, runs on the route of the original Cusco tramway system, which operated from 1910-40. The route starts in the Plaza de Armas (except on Sun morning when the weekly flag ceremony takes place) and ends at the Sacsayhuaman Archeological Park. There is a 10-min stop at the mirador by the Cristo Blanco before descending to the Plaza de Armas. Departures 1000, 1150 and 1500, 1 hr 20 mins, with explanations of the city's history, architecture, customs, etc; US$2, US$1.40 for students with ID.

Long distance Air: the airport is at Quispiquilla, near the bus terminal, 1.6 km from centre. **NB** Sit on right side of the aircraft for the best view of the mountains when flying Cusco-Lima; check in 2 hrs before flight. Reconfirm 48 hrs before your flight departure. To **Lima**, 55 mins, daily flights with *Aero Continente, Tans, Taca, Lan Perú* and *Aviandina*. Flights are heavily booked on this route in the school holidays (May, Jul, Oct and Dec-Mar) and national holidays. To **Arequipa**, 30 mins daily with *Aero Continente* and *Lan Perú*. To **Puerto Maldonado**, 30 mins, daily with *Aviandina* and *Tans*, 3 a week with *Lan Perú*. To/from **La Paz**, *LAB* flies three times a week.

Cusco-Lima, flights may be delayed or cancelled during the wet season. Planes may leave early if the weather is bad

Taxi to and from the airport costs US$2-3 (US$3.50 by radio taxi). Colectivos cost US$0.20 from Plaza San Francisco or outside the airport car park. Many representatives of hotels and travel agencies operate at the airport, with transport to the hotel with which they are associated. Take your time to choose your hotel, at the price you can afford.

Airport information T222611/222601

Bus Terminal on Av Vallejo Santoni, block 2 (Prolongación Pachacútec), colectivo from centre US$0.15, taxi US$0.60. Platform tax US$0.30. To **Juliaca**, 344 km, 5-6 hrs, US$8.75, *Imexso* (Av Sol 818, T240801, terminal T229126), 0830, 2030. Also *Cisnes, Civa, Julsa, Libertad*, US$4.40, *Sur Oriente*, US$5.85-7.35, and *Ormeño* Royal class, US$14.70. All Juliaca buses continue to Puno. The road is fully paved, but after heavy rain buses may not run. To **Puno**, 44 km from Juliaca, *First Class* (Garcilaso 210, of 106, T240408, www.firstclassperu.com) and *Inka Express* (pick up at hotel, T/F247887, inkaex@yahoo.com), daily, 0700 or 0800, 9½ hrs, interesting stops *en route*, US$25; *Tour Perú* morning and evening service, brief stop at La Raya, US$8.75, 6½-8 hrs. See under Puno for routes to La Paz. For services between Peru and Bolivia, call *Litoral*, T248989, which runs buses between the two countries, leaving Cusco at 2200, arriving La Paz 1200, US$30, including breakfast on bus and a/c. Travel agencies also sell this ticket.

To **Arequipa**, 521 km, 10-12 hrs direct, US$6-7.50 (eg *Carhuamayo*, 3 a day; *Cruz del Sur*, US$8.75). Buses join the new Juliaca-Arequipa paved road at Imata. For Chivay and the Colca Canyon, alight at the police control where the Chivay road branches off the new road, US$5.80, 9 hrs

Peru

from Cusco. Direct buses to Lima (20 hrs) go via **Abancay**, 195 km, 5hrs (longer in the rainy season) and **Nasca** (14 hrs). If prone to carsickness, be prepared on the road to Abancay, there are many curves, but the scenery is magnificent. The entire road is paved; a safe journey with some stunning scenery. At Abancay, the road forks, the other branch going to **Andahuaylas**, a further 138 km, 10-11 hrs from Cusco, and **Ayacucho**, another 261 km, 20 hrs from Cusco. On both routes at night, take a blanket or sleeping bag. All buses leave daily from the Terminal Terrestre. *Molina*, who have an office on Av Pachacútec, just past the railway station, and *Expreso Wari* have buses on the Abancay, Nasca, Lima route: *Molina* twice a day, *Wari* 3 day. *Cruz del Sur* and *Ormeño* also run to Nasca and Lima. *San Jerónimo* has buses to Abancay and Andahuaylas at 1800. *Turismo Ampay*, *Turismo Abancay* and *Expreso Huamanga* go to Abancay. *Los Chankas* run Abancay, Andahuaylas and Ayacucho once a day. Fares: Abancay US$4.30, Andahuaylas US$5.75-7.20, Ayacucho US$14.40, Nasca US$20, US$27 (*Imperial*), Lima US$21.60. After 2½ hrs buses pass a checkpoint at the Cusco/Apurímac departmental border. All foreigners must get out and show their passport. In Cusco you may be told that there are no buses in the day from Abancay to Andahuaylas; this is not so as *Señor de Huanca* does so. If you leave Cusco before 0800, with luck you'll make the onward connection at 1300.

Buses to the Sacred Valley: To **Pisac**, 32 km, 1 hr, US$0.85, from Calle Puputi on the outskirts of the city, near the Clorindo Matto de Turner school and Av de la Cultura. Colectivos, minibuses and buses leave whenever they are full, between 0600 and 1600; also trucks and pick-ups. Buses returning from Pisac are often full. The last one back leaves around 2000. An organized tour can be fixed up with a travel agent for US$5 per person. Taxis charge about US$20 for the round trip. To Pisac, **Calca** (18 km beyond Pisac) and **Urubamba** a further 22 km,, buses leave from Av Tullumayo 800 block, Wanchac, US$1. Combis and colectivos leave from 300 block of Av Grau, 1 block before crossing the bridge, and for **Chinchero**, 23 km, 45 mins, US$0.45; and for **Urubamba** a further 25 km, 45 mins, US$0.45 (or US$0.85 Cusco-Urubamba direct, US$1.15 for a seat in a colectivo taxi). To **Ollantaytambo**, 0745, 1945, US$1.50, or catch a bus to Urubamba. Tours can be arranged to Chinchero, Urubamba and Ollantaytambo with a Cusco travel agency. To Chinchero, US$6 pp; a taxi costs US$25 for the round trip. Usually only day tours are organized for visits to the valley; see under Tour Operators. Using public transport and staying overnight in Urubamba, Ollantaytambo or Pisac will allow more time to see the ruins and markets.

Train There are 2 stations in Cusco. To Juliaca and Puno, *Perú Rail* trains leave from the Av Sol station, Estación Wanchac, T238722/221992, F221114. When arriving in Cusco, a tourist bus meets the train to take visitors to hotels whose touts offer rooms. Machu Picchu trains leave from Estación San Pedro, opposite the Santa Ana market.

The train to **Juliaca/Puno** leaves at 0800, Mon, Wed and Sat, arriving at Juliaca about 1635 (arrives Puno 1800), sit on the left for views. The train makes a stop to view the scenery at La Raya. Always check on whether the train is running, especially in the rainy season, when services may be cancelled. Fares are given under Puno, Transport. Ticket office is open Mon-Fri 0800-1700, Sat 0900-1200. You can buy tickets through the web (www.perurail.com) or through a travel agent. Meals are served on the train. To **Ollantaytambo** and **Machu Picchu**, see pages 1204 and 1210.

Directory **Airline offices** *Aero Continente*, Portal de Carnes 254, Plaza de Armas, T235666, airport 235696 (toll free 0800-42420). *LAB*, Santa Catalina Angosta 160, T222990, airport 229220. *Lan Perú*, Av Sol 627-B, T255552. *Taca*, Av Sol 226, T249921, airport 246858 (toll free 0800-48222). *Tans*, San Agustín 315-17, T251000.

Banks Most of the banks are on Av Sol, and all have ATMs from which you can withdraw dollars or soles. *BCP*, Av Sol 189, cash advances on Visa, changes TCs to soles with commission, 3% to dollars; Visa ATM. *Interbank*, Av Sol y Puluchapata, no commission on TCs, MasterCard. Next door *Banco Continental*, Visa ATM, US$5 commission on TCs. *BSCH*, Av Sol 459, Amex TCs, reasonable Rates, ATM for Visa. *Banco Wiese*, Maruri entre Pampa del Castillo y Pomeritos, gives cash advances on MasterCard in dollars. Many travel agencies and *casas de cambio* (eg on Portal de Comercio, Plaza de Armas, and Av Sol) change dollars; some of them change TCs as well, but charge 4-5% commission. *LAC Dollar* of Lima has opened an office at Av Sol 150, T257969, Mon-Sat 0900-2000, with delivery service to central hotels, cash and TCs. The street changers hang around Av Sol, blocks 2-3, every day; they will also change TCs. In banks and on the street check the notes. Dollars are accepted at many restaurants and at the airport. *Western Union*, Santa Catalina Ancha 165, T233727, money transfers in 10 mins; also ar *DHL*, see below.

Communications Internet: Lots of places in the area around the Plaza de Armas. *@Internet*, Portal de Panes 123, Plaza de Armas at C Procuradores, oficina 105. Fast machines, fair prices. *Internet Perú*, Portal de Comercio 141, Plaza de Armas. 10 computers, fast connection, helpful, spacious. *Internet Cusco*, at Galerías UNSAAC, Av Sol s/n beside BCP, T238173. Open daily 0800-2400, 20 machines, no problem if you want more than an hour. *Inti Net*, Choquechaca 115c, T/F222037. Good machines and fast connection. *Mundo Net*, Santa Teresa 344, T/F260285. Good machines with fast connection, good coffee and snacks. *Telser*, at Telefónica del Perú, C del Medio 117, T242424, F242222. 15 machines, popular, difficult to get more than an hour, they have a café if you have to wait; also at Plazoleta Limacpampa, at Av Tullumayo and Arcopunco, T245505. *Worldnet*, Santa Catalina Ancha 315. Open 0800-2200, café, bar, music, net to phone, games, etc. Many more south of Plaza de Armas, rates universally US$0.70 per hr. **Post Office:** Av Sol, block 5, Mon-Sat 0730-2000; 0800-1400 Sun and holidays. Stamps and postcards available. *Poste restante* is free and helpful. *DHL*, Av Sol 627, T244167. **Telephone:** *Telefónica*, Av Sol 386, for telephone and fax, open Mon-Sat 0700-2300, 0700-1800 Sun and holidays. International calls by pay phone or go through the operator (long wait possible), deposit required.

Consulates Belgium, Av Sol 959, T221098, F221100. **France**, Jorge Escobar, C Michaela Bastidas 101, p4, T233610. **Germany**, Sra Maria-Sophia Júrgens de Hermoza, San Agustín 307, T235459, Casilla Postal 1128, Correo Central, open Mon-Fri, 1000-1200, appointments may be made by phone, also book exchange. **Ireland**, Charlie Donovan, Santa Catalina Ancha 360 (Rosie O'Grady's), T243514. **Italy**, Sr Fedos Rubatto, Av Garcilaso 700, T224398. Mon-Fri 0900-1200, 1500-1700. **Netherlands**, Sra Marcela Alarco Zegarra, Av Pardo 854, T264103. **Spain**, Sra Juana María Lambarri, M 650106. **UK**, Barry Walker, Av Pardo 895, T239974, F236706, manuexpe+@amauta.rcp.net.pe **US Agent**, Dra Olga Villagarcía, Apdo 949, Cusco, T222183, F233541 or at the Binational Center (ICPNA), Av Tullumayo 125, Wanchac.

Language schools *Academia Latinoamericana de Español*, Av Sol 580, T243364, www.latino schools.com Groups or individual tuition, all levels catered for, tours, dance classes and a volunteer programme, family lodging. Recommended. *Amauta*, Suecia 480, p 2, T/F241422, www.amauta spanish.com Classes in Spanish and Quechua, US$9.50 per hr one-to-one, US$88 for 20 hrs. They have pleasant accommodation on site, as well as a free internet café for students, and can arrange excursions and can help find voluntary work. They also have a school in Urubamba and can arrange courses in the Manu rainforest, in conjunction with *Pantiacolla Tours*. *Amerispan*, reservations: Albert Aguilera 26, 2 p -28015, Madrid, T0034 91 5912393, www.casadelenguas.com *Amigos Spanish School*, Zaguán del Cielo B-23, T242292. Proceeds go to a programme for poor youth, *Nuevo Día del Cusco*. Family stays arranged, flexible schedules and a volunteer programme available. *Cusco al Mundo*, Siete Diablitos 222, San Blas, T237918, pukllas@terra.com.pe Conversational and written Spanish classes, associated with a social project called *Pukllasunchis*. *Cusco Spanish School*, Garcilaso 265, oficina 6, T226928, www.cuscospanishschool.com School offers homestays, optional activities including dance and music classes, cookery courses, ceramics, Quechua, hiking and volunteer programmes. They also offer courses on a hacienda at Urubamba. Excellent. *Excel*, Cruz Verde 336, T235298, www.excel-spanishlanguageprograms-peru.org Professional, US$3.50-7 per hr depending on group size, can arrange accommodation with local families. *Inca's Language School*, Saphi 652, www.cuscospanish.com Reliable and professional, can arrange lodging with families, salsa classes and other extras. *Spanish School*,

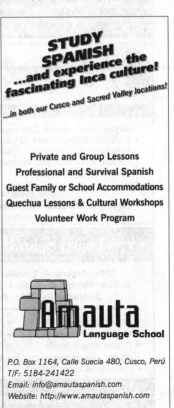
Peru

Purgatorio 395 esq Huaynapata, T235830. US$5 per hr for one-to-one classes. Recommended. Spanish classes are run by the *Acupari*, the German-Peruvian Cultural Association, San Agustín 307, T242970, acupari@terra.com.pe.

Medical services Clinics: *Hospital Regional*, Av de la Cultura, T227661, emergencies 223691. Clínica Pardo, Av de la Cultura 710, T240387, T9930063 (Mob), www.clinicapardocusco.com 24 hrs daily, trained bilingual personnel, complete medical assistance coverage with international insurance companies, highly regarded. **Clínica Paredes**, Lechugal 405, T225265. Director: Dr Milagros Paredes, whose speciality is gynaecology.

Useful addresses Migraciones Av Sol s/n, block 6 close to post office, T222740, Mon-Fri 0800-1300, 1600-1800 (for extending stay in Peru.) ISIC-Intej office, Portal Comercio 141, p 2, T251208. Issues international student cards.

The Sacred Valley

Cusco is at the west end of the gently sloping Cusco valley, which stretches 32 km east as far as Huambutío. This valley and the partly isolated basin of Anta, northwest of Cusco, are densely populated. Also densely populated is the Urubamba valley, stretching from Sicuani (on the railway to Puno) to the gorge of Torontoi, 600 m lower, to the northwest of Cusco. The region is full of archaeological sites, from Raqchi in the east, through the strategic fortresses of Pisac and Ollantaytambo, to the lost cities of Machu Picchu, Vilcabamba and Choquequirao in the west. There are vast stretches of Inca terracing, quaint colonial churches (Andahuaylillas, Huaro, Chinchero) and markets (Pisac, Chinchero), all in a landscape of sacred mountians and dramatic gorges. The best time to visit is April-May or October-November. The high season is June-September, but the rainy season, from December to March, is cheaper and pleasant enough.

There are many interesting villages and ruins on this road. **Tipón** ruins, between the villages of Saylla and Oropesa, are extensive and include baths, terraces, irrigation systems, possibly an agricultural laboratory and a temple complex, accessible from a path leading from just above the last terrace (5 km climb from village; take a combi from Cusco to Oropesa, then a taxi, or taxi from Cusco US$6). **Oropesa** church contains a fine ornately carved pulpit.

Southeast from Cusco

At **Huambutío**, north of the village of Huacarpay, the road divides; northwest to Pisac and north to **Paucartambo**, on the eastern slope of Andes. This remote town, 80 km east of Cusco, has become a popular tourist destination. The *Fiesta de la Virgen del Carmen* is a major attraction, with masked dancers enacting rituals and folk tales: 15-17 July. (**G** *Quinta Rosa Marina*, near the bridge, and **G** *Albergue Municipal Carmen de la Virgen*, both basic.) From Paucartambo, in the dry season, you can go 44 km to **Tres Cruces**, along the Pilcopata road, turning left after 25 km. Tres Cruces gives a wonderful view of the sunrise in June and July: peculiar climactic conditions make it appear that three suns are rising. Tour agencies in Cusco can arrange transport and lodging. ■ *Getting there: Private car hire for a round trip Cusco-Paucartambo on 15-17 July, US$30; travel agencies in Cusco arrange this. A minibus leaves for Paucartambo from Av Huáscar in Cusco, every other day, US$4.50, 3-4 hrs; alternate days Paucartambo-Cusco. Trucks and a private bus leave from the Coliseo, behind Hospital Segura in Cusco, 5 hrs, US$2.50.*

Further on from Huacarpay are the Huari (pre-Inca) adobe wall ruins of **Piquillacta**, a large site, with some reconstruction in progress. Buses to Urcos from Av Huáscar in Cusco will drop you at the entrance on the north side of the complex, though this is not the official entry. ■ *Daily 0700-1730.* The Piquillacta Archaeological Park also contains the Laguna de Huacarpay (known as Muyna in ancient times) and the ruins that surround it: Kañarakay, Urpicancha and the huge gateway of Rumicolca. It's good to hike or cycle and birdwatch around the lake.

Andahuaylillas is a village 32 km southeast from Cusco, with a fine early 17th-century church (the 'Andean Sistine Chapel'), with beautiful frescoes, a splendid doorway and a gilded main altar. Taxis go there, as does the *Oropesa* bus (from Av Huáscar in Cusco) via Tipón, Piquillacta and Rumicolca. The next village, **Huaro**, also has a church whose interior is entirely covered with colourful frescoes.

Beyond Andahuaylillas is **Urcos**. There is accommodation in three very basic hostales. A spectacular road from Urcos crosses the Eastern Cordillera to Puerto Maldonado in the jungle (see page 1243). 47 km after passing the snow line Hualla-Hualla pass, at 4,820 m, the super-hot thermal baths of Marcapata, 173 km from Urcos, provide a relaxing break. ■ *US$0.10.*

Some 82 km from Urcos, at the base of **Nevado Ausangate** (6,384 m), is the town of **Ocongate**, which has two hotels on the Plaza de Armas. Beyond Ocongate is **Tinqui**, the starting point for hikes around Ausangate and in the Cordillera Vilcanota. On

Peru

the flanks of the Nevado Ausangate is Q'Olloriti, where a church has been built close to the snout of a glacier. This place has become a place of pilgrimage (see Cusco, Local festivals, page 1191).

Hiking around Ausangate *Arrieros* and mules can be hired in Tinqui for US$7 per day for an *arriero*, US$6 for a mule, but more for a saddle horse. *Arrieros* also expect food. Make sure you sign a contract with full details. The hike around the mountain of Ausangate takes about 5-6 days: spectacular, but quite hard, with 3 passes over 5,000 m, so you need to be acclimatized. Temperatures in high season (Apr-Oct) can drop well below zero at night. It is recommended to take a guide or *arriero*. Buy all food supplies in Cusco. Maps are available at the **IGM** in Lima or **South American Explorers**, who also have latest information. Some tour companies in Cusco have hike details.

Sleeping and transport G *Hostal Tinqui Guide*, on the right-hand side as you enter the village, meals available, the owner can arrange guides and horses; **G** *Ausangate*, very basic, but warm, friendly atmosphere. Sr Crispin (or Cayetano), the owner, is knowledgeable and can arrange guides, mules, etc. He and his brothers can be contacted in Cusco on F227768. All have been recommended as reliable sources of trekking and climbing information, for arranging trips and for being very safety-conscious. From Cusco, buses to **Tinqui** leave Mon-Sat 1000 from C Tomasatito Condemayta, near the Coliseo Cerrado; 172 km, 6-7 hrs, US$3.50.

From Urcos to Sicuani (see page 1176), the road passes **Cusipata** (with an Inca gate and wall), **Checacupe** (with a lovely church) and **Tinta**, 23 km from Sicuani (church with brilliant gilded interior and an interesting choir vault). There are frequent buses and trucks to Cusco, or take the train from Cusco.

Colour map 3, grid C5

Continuing to Sicuani, **Raqchi** is the scene of the region's great folklore festival starting on 24 June, *Wiracocha*, when dancers come from all over Peru. Raqchi is also the site of the Viracocha Temple. John Hemming wrote: "What remains is the central wall, which is adobe above and Inca masonry below. This was probably the largest roofed building ever built by the Incas. On either side of the high wall, great sloping roofs were supported by rows of unusual round pillars, also of masonry

The Sacred Valley

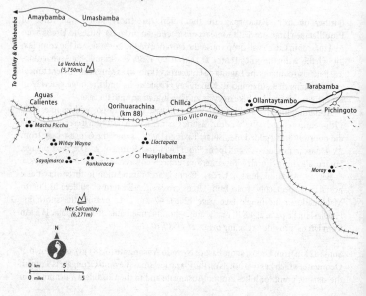

topped by adobe. Nearby is a complex of barracks-like buildings and round store-houses. This was the most holy shrine to the creator god Viracocha, being the site of a miracle in which he set fire to the land – hence the lava flow nearby. There are also small Inca baths in the corner of a field beyond the temple and a straight row of ruined houses by a square. The landscape is extraordinary, blighted by huge piles of black volcanic rocks." ■ *Entrance to the site US$1.75. To reach Raqchi, take a bus or truck from Cusco towards Sicuani, US$1.50.*

Chinchero (3,762 m), is on a direct road to Urubamba. It has an attractive church built on an Inca temple. The church has been restored to reveal in all their glory the interior paintings. The ceiling, beams and walls are covered in beautiful floral and religious designs. The church is open on Sunday for mass and at festivals; ask in the tourist office in Cusco for other times. Recent excavations there have revealed many Inca walls and terraces. ■ *The site is open daily 0700-1730, on the combined entrance ticket (see page 1179).* The food market and the handicraft market are separate. The former is held every day, on your left as you come into town. The latter, on Sunday only, is up by the church, small, but attractive. On any day but Sunday there are few tourists. Fiesta, day of the Virgin, on 8 September (**F** *Hotel Restaurant Antabaraj*, just beyond ticket control, T/F306002 (Patricia Cagigao), antabaraj@hotmail.com Basic rooms, take sleeping bag, kitchen facilities, good views, food at reasonable prices).

Northwest from Cusco

At **Moray**, there are three 'colosseums', used by the Incas, according to some theories, as a sort of open-air crop nursery, known locally as the laboratory of the Incas. The great depressions contain no ruined buildings, but are lined with fine terracing. Each level is said to have its own microclimate. It is a very atmospheric place which, many claim, has mystical power. The scenery is absolutely stunning. ■ *Getting there: there is a paved road from the main road between Chinchero and Urubamba to the village of Maras and from there an unmade road in good condition leads to Moray, 9 km. Ask in Maras for the best route to walk, other than on the main road. There is public transport from Chinchero to Maras; it stops running between 1700 and 1800; US$0.60. The most interesting way to get to Moray is from Urubamba via the Pichingoto bridge over the Río Urubamba. The climb up from the bridge is fairly steep*

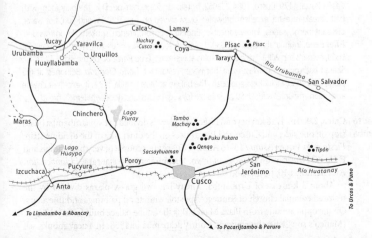

Peru

*but easy. The path passes by the spectacular **salt pans**, still in production after thousands of years. Moray is about 1½ hrs further on. The Hotel Incaland in Urubamba can arrange horses and guide and a pick-up truck for the return; US$30-40 pp (see page 1204). There are no hotels at all in the area, so take care not to be stranded.*

Pisac

Colour map 3, grid C4

High above the town on the mountainside, 30 km north of Cusco, is a superb Inca fortress. Pisac has a traditional Sunday morning market, at which local people sell their produce in exchange for essential goods. It is also a major draw for tourists who arrive after 0800 until 1700. Pisac has other, somewhat less crowded but more commercial markets on Tuesday and Thursday morning. Each Sunday at 1100 there is a Quechua mass. On the plaza are the church and a small interesting Museo Folklórico. There are many souvenir shops on Bolognesi. Local fiesta: 15 July.

The walk up to the ruins begins from the plaza (but see below), past the Centro de Salud and a new control post. The path goes through working terraces, giving the ruins a context. The first group of buildings is Pisaqa, with a fine curving wall. Climb then to the central part of the ruins, the Intihuatana group of temples and rock outcrops in the most magnificent Inca masonry. Here are the Reloj Solar ('Hitching Post of the Sun') – now closed because thieves stole a piece from it, palaces of the moon and stars, solstice markers, baths and water channels. From Intihuatana, a path leads around the hillside through a tunnel to Q'Allaqasa, the military area. Across the valley at this point, a large area of Inca tombs in holes in the hillside can be seen. The end of the site is Kanchiracay, where the agricultural workers were housed. Road transport approaches from this end. The descent takes 30 minutes. At dusk you will hear, if not see, the *pisaca* (partridges), after which the place is named. ■ *0700-1730. Guides charge about US$5. If you do not show your multi-site ticket on the way up, you will be asked to do so by the warden. Even if going by car, do not rush as there is a lot to see and a lot of walking to do. Road transport approaches from the Kanchiracay end. The drive up from town takes about 20 mins. Walking up, although tiring, is recommended for the views and location. It's at least 1 hr uphill all the way. The descent takes 30 mins on foot. Horses are available for US$3 pp. Combis charge US$0.60 pp and taxis US$3 one way up to the ruins from near the bridge. Then you can walk back down (if you want the taxi to take you back down negotiate a fare). Overnight parking allowed in the parking lot.*

Sleeping & eating

AL *Royal Inka Pisac*, Carretera Ruinas Km 1.5, T084-203064, F203067, royalin@terra.com.pe Including taxes and breakfast, converted hacienda with pool, sauna, very pleasant, provides guides. **E** pp *Pisaq*, at the corner of Pardo, on the Plaza in front of the church and marketplace, Casilla Postal 1179, Cusco, T084-203062, hotelpisaq@terra.com.pe **D** in the only room with bath, breakfast extra, excellent brownies, pizza served on Tue, Thu, Sat and Sun, hot water, pleasant decor, sauna, knowledgeable, English, German, French spoken. Recommended. **F** *Res Beho*, Intihuatana 642, T/F203001. Ask for room in main building, good breakfast for US$1, owner's son will act as guide to ruins at weekend. **G** pp *Parador*, on the Plaza, T203061. Shared bathrooms, breakfast extra, hot water, restaurant. *Doña Clorinda*, Bolognesi at the plaza, tasty food, including vegetarian. The bakery at Mcal Castilla 372 sells excellent cheese and onion *empanadas* for US$0.25, suitable for vegetarians, and good wholemeal bread.

Pisac to Urubamba

Calca, 2,900 m, is 18 km beyond Pisac. The plaza is divided in two: Urubamba buses stop on one side; and Cusco and Pisac buses on the other side of the dividing strip. *Fiesta de la Vírgen Asunta* 15-16 August. There are a couple of very basic hotels and **E** *Hostal Pitusiray*, on the edge of town. Recommended restaurant, *El Emperador*, Av Vilcanota 810, trout, good service.

About 3 km east of Urubamba, **Yucay** has two grassy plazas divided by the restored colonial church of Santiago Apóstol, with its oil paintings and fine altars. On the opposite side from Plaza Manco II is the adobe palace built for Sayri Túpac (Manco's son) when he emerged from Vilcabamba in 1558. In Yucay monks sell fresh milk, ham, eggs and other dairy produce from their farm on the hillside. **Sleeping** On the same plaza as the adobe palace is the **L-AL** *Sonesta Posada del Inca*, Plaza Manco II de Yucay 123, T084-201107, F201345, www.sonesta.com A converted 300-year-old monastery, it is like a little village with plazas, chapel, 69 comfortable, heated rooms, restaurant, conference facilities, price includes tax and buffet breakfast. Recommended. **AL** *Sonesta Posada del Inca Yucay II*, on same plaza, T201455, F201608. In the house where Simón Bolívar stayed in 1825, including tax and breakfast; balloon flights can be arranged here. **B** *Hostal Y'Llary*, on Plaza Manco II, T201112. Including breakfast, hot water, parking.

Urubamba

Like many places along the valley, Urubamba is in a fine setting with snow-capped peaks in view. Calle Berriózabal, on the west edge of town, is lined with pisonay trees. The large market square is one block west of the main plaza. The main road skirts the town and the bridge for the road to Chinchero is just to the east of town. *Banco de la Nación* is on M Castilla at the start of the 2nd block; *Serpost* is on the Plaza de Armas. Visit **Seminario-Bejar Ceramic Studio** in the beautiful grounds of the former Urpihuasi hostal. They investigate and use pre-Columbian techniques and designs, highly recommended, Berriózabal 111, T201002, kupa@terra.com.pe Internet at Palacio y Sucre (after 1700). For local festivals, May and June are the harvest months, with many processions following ancient schedules. Urubamba's main festival, *El Señor de Torrechayoc*, occupies the first week of June.

Altitude: 2,863 m

About 6 km west of Urubamba is **Tarabamba** (*Tunupa* restaurant of Cusco has a restuarant/bar/exhibition space here), where a bridge crosses the Río Urubamba. Turn right after the bridge to **Pichingoto**, a tumbled-down village built under an overhanging cliff. Also, just over the bridge and before the town to the left of a small, walled cemetery is a salt stream. Follow the footpath beside the stream to Salinas, a

Peru

small village below which are a mass of terraced Inca salt pans which are still in operation; there are over 5,000. The walk to the salt pans takes about 30 minutes. Take water as this side of the valley can be very hot and dry.

Sleeping Out of town: **LL-AL** *Sol y Luna*, west of town, T201620, www.hotelsolyluna.com Nice bungalows set off the main road, pool, excellent buffet in restaurant. Has *Viento Sur* adventure travel agency, for horse riding, mountain biking, trekking and paragliding, www.aventurasviento sur.com **AL** *Incaland Hotel and Conference Center*, Av Ferrocarril s/n, 5 mins' walk from the centre, T/F201126, www.incalandperu.com Special rates are available, comfortable, spacious bungalows set in extensive gardens, English-owned, good restaurant serving buffet meals, bar, disco, 2 pools, also horse riding (eg to Moray), mountain biking, kayaking and rafting.

B *Perol Chico*, Km 77 on the road to Ollantaytambo, Casilla postal 59, Correo Central, T201694, www.perolchico.com Dutch/Peruvian owned, private bungalows with fireplace and kitchen on a ranch, specializes in horse riding, 1 to 12-day trips out of Urubamba, good horses. Recommended. **D** pp *Las Chullpas*, 3 km from town, T9685713, www.laschullpas.com Very peaceful, includes excellent breakfast, vegetarian meals, English and German spoken, Spanish classes, natural medicine, treks, riding, mountain biking, camping US$3 with hot shower. Mototaxi from town US$0.85, taxi (ask for Querocancha) US$2.

In the town of Urubamba: **C** *Las Tres Marías*, Zavala 307, T201004 (Cusco 225252). New, hot water, welcoming, beautiful gardens. Recommended. **D** *Macha Wasi*, Jr Nicolás Barre, T201612, www.unsaac.edu.pe/machawasi Canadian owned, safe, lovely garden, comfortable rooms and dormitories, delicious breakfast extra, laundry, Spanish courses, treks. Recommended. **F** pp *Capulí*, Grau 222. With hot water and TV, or **G** per bed with shared bath. **F** *Hostal Urubamba*, Bolognesi 605. Basic, pleasant, cold water, **G** without bath.

Eating *La Casa de la Abuela*, Bolívar 272. Fine restaurant around a courtyard, helpful, trout a speciality. Recommended. *Chez Mary*, Comercio y Grau, corner of main Plaza, T201003/201190. Excellent food, very cosy and comfortable, smart decor, good music, bar at night bar with live music. Mary Cuba, the owner, is a local Urubambina, very pleasant and helpful, she speaks good English. *El Fogón*, Parque Pintacha, T201534. Peruvian food. Recommended. *Pintacha*, Bolognesi 523. Pub/café serving sandwiches, burgers, coffees, teas and drinks, games, book exchange, cosy, open till late. *Pizzonay*, Av Mcal Castilla 2nd block. Pizzas, excellent lasagne. On the main road, before the bridge, is *El Maizal*, T201454. Country-style restaurant, buffet service with a variety of Novo Andino and international choices, beautiful gardens, open daytime only. Recommended.

Transport **Bus terminal**, west of town almost opposite *Incaland*, about 3 km from centre. From Urubamba to **Calca**, **Pisac** (US$0.80, 1 hr) and **Cusco**, about 2 hrs, US$1, with Caminos del Inca, from 0530; also buses to Cusco via Chinchero. *El Señor de Huanca* combis run to Calca when full between 0700 and 1900; combis run to **Ollantaytambo**, 45 mins, US$0.30. Hotels such as the *Incaland* and *Posadas del Inca* (Yucay) run a twice-daily shuttle between Cusco airport and Urubamba for US$10. **Train** See under Machu Picchu for the Sacred Valley Railway from Urubamba to Aguas Calientes, page 1210.

Ollantaytambo

Colour map 3, grid C4
Altitude: 2,800 m

The Inca town, or Llacta, on which the present-day town is based is clearly seen in the fine example of Inca *canchas* (blocks), which are almost entirely intact and still occupied behind the main plaza. Entering Ollantaytambo from Pisac, the road is built along the long wall of 100 niches. Note the inclination of the wall: it leans towards the road. Since it was the Inca's practice to build with the walls leaning towards the interiors of the buildings, it has been deduced that the road, much narrower then, was built inside a succession of buildings. The road out of the plaza leads across a bridge, down to the colonial church with its enclosed *recinto*. Beyond is a plaza (and car park) with entrances to the archaeological site. ■ *0700-1730.*

Peru

The real Pacaritambo?

Recently a 'pyramid' has been identified on the west side of the main ruins of Ollantaytambo. Its discoverers, Fernando and Edgar Elorietta, claim it is the real Pacaritambo, from where the four original Inca brothers emerged to found their empire (an alternative creation legend). Whether this is the case or not, it is still a first-class piece of engineering with great terraced

fields and a fine 750 m wall aligned with the rays of the winter solstice, on 21 June. The mysterious 'pyramid', which covers 50-60 ha, can be seen properly from the other side of the river. This is a pleasant, easy one-hour walk, west from the Puente Inca, just outside the town. There are great views of the Sacred Valley, the river and the snowy peaks of the Verónica massif as a backdrop.

The so-called **Baño de la Ñusta** (bath of the princess) is of grey granite, and is in a small area between the town and the temple fortress. Some 200 m behind the Baño de la Ñusta along the face of the mountain are some small ruins known as Inca Misanca, believed to have been a small temple or observatory. A series of steps, seats and niches have been carved out of the cliff. There is a complete irrigation system, including a canal at shoulder level, some 6 ins deep, cut out of the sheer rock face (under renovation). The flights of terraces leading up above the town are superb, and so are the curving terraces following the contours of the rocks overlooking the Urubamba. These terraces were successfully defended by Manco Incas warriors against Hernando Pizarro in 1536. Manco Inca built the wall above the site and another wall closing the Yucay valley against attack from Cusco. These are visible on either side of the valley.

The temple itself was started by Pachacuti, using Colla Indians from Lake Titicaca – hence the similarities of the monoliths facing the central platform with the Tiahuanaco remains. The massive, highly finished granite blocks at the top are worth the climb to see. The Colla are said to have deserted half-way through the work, which explains the many unfinished blocks lying about the site. ■ *If possible arrive very early, 0700, before the tourists. Admission is by combined entrance ticket, which can be bought at the site.*

El Museo Catcco, one block from plaza in the Casa Horno, has good displays of textiles, findings from local ruins, ethnographic and archaeological information. ■ *Tue-Sun 1000-1300, 1500-1800, US$1.75, T084-204034. Internet access US$2.85 per hr. Tourist information and details of heritage trails are available in the museum. Information on the museum and other aspects of Ollantaytambo can be found in Spanish on www.cbc.org.pe/rao*

On the west side of the main ruins, a two-dimensional 'pyramid' has been identified in the layout of the fields and walls of the valley. A fine 750 m wall aligns with the rays of the winter solstice on 21 June. It can be appreciated from a high point about 3.5 km from Ollantaytambo.

AL *Pakaritampu*, C Ferrocarril s/n, T204104, www.pakaritampu.com Modern, stylish, lovely surroundings, breakfast included, restaurant and bar, internet for guests, laundry, safe, adventure sports can be arranged. Excellent quality and service. **C** *Albergue Kapuly*, at the end of the station road, T204017. Quiet, spacious rooms with and without bath, cheaper in low season, garden. Recommended. Also on the road to the station is **C** *Hostal Munay Tika*, T204111, tika@latinmail.com Breakfast included, dinner by arrangement, sauna US$3 with prior notice, nice garden, good. **D** pp *El Albergue*, next to, and access via, the railway station, T/F204014 (or in Cusco at *Manu Expeditions*, T226671, Casilla 784, Cusco). Owned by North American Wendy Weeks, 6 rooms with shared bathrooms, "wonderful showers", charming, very relaxing, homely, with sauna, meals available on request, US$3 breakfast, US$10 lunch/dinner, convenient for Machu Picchu train, good place for information. Recommended. **E** pp *Las Orquídeas*, near the start of the road to the station, T204032. Good accommodation, meals available. **E** *Hostal La Ñusta*, up side street on right on way from Plaza de Armas towards ruins, T204035. Shared hot showers, proprietor

Sleeping & eating

Ollantaytambo is a good place to start out for Machu Picchu

Rubén Ponce loves to share his knowledge of the ruins with guests, good view from terrace and some rooms, parking US$1.50 per day for those going to Machu Picchu. . **F** *Hostal Chuza*, just below the main plaza in town, T204038. Good but very basic, safe motorcycle parking. Recommended. **F** *Hostal Miranda*, between the main plaza and the ruins. With shower, basic, good cheap restaurant.

For lodging even closer to the start of the Inca Trail: **A** *Ñustayoc Lodge*, 8 km west of Ollantaytambo, near Chillca station, T (Lima)275 0706, raggia@ec-red.com Hot water, meals extra, treks, horse riding, rafting.

Mid range: *Café Sol del Oriente*, esquina Plaza de Ruinas. Soups, salads, vegetables, fish and meat, "from Peruvian to pizza", open for breakfast, lunch and dinner. *Fortaleza Pizzería*, north corner of Plaza de Armas. Good pizza, pasta dishes and traditional food. *Kusi Coyllor*, Plaza Ruinas, T246977 for delivery. Nice atmosphere, good food, café and bar. *Mayupata*, Jr Convención s/n, across bridge on way to ruins. International and Peruvian dishes, desserts, sandwiches, coffee, bar with fireplace, opens at 0600 for breakfast, also lunch and dinner, river view, relaxing. **Cheaper** places: *Alcázar Café*, C del Medio. Good tourist menu, reasonable prices, English spoken. On the Plaza de Armas, *Ollantaytambo*, next to police station. Has *menú*, à la carte and public phone. Also *La Ñusta*, good. *La Puzunga*, C del Medio. Good little bar serving homemade herbal tonics.

Festivals On the Sun following Inti Raymi, there is a colourful festival, the *Ollanta-Raymi*. On **6 Jan** there is the *Bajada de Reyes Magos* (the Magi), with dancing, a bull fight, local food and a fair. **End-May/early-Jun**: 50 days after Easter, Fiesta del Señor de Choquekillca, patron saint of Ollantaytambo, with several days of dancing, weddings, processions, masses, feasting and drinking. **29 Oct** there is the town's anniversary with lots of dancing in traditional costume and many local delicacies for sale.

Transport Direct bus Ollantaytambo to Cusco at 0715 and 1945, US$1.50. The station is 10-15 mins walk from the plaza. There are colectivos at the plaza for the station when trains are due. Check in advance the time trains pass through here (see also under trains to and from Machu Picchu, page 1210). You won't be allowed on the station unless you have previously bought a ticket (and it is best to buy tickets in Cusco).

The Inca Trail to Machu Picchu

The spectacular 3-5 day hike runs from Km 88, Qorihuayrachina (2,299 m), a point immediately after the first tunnel 22 km beyond Ollantaytambo station. A sturdy suspension bridge has now been built over the Río Urubamba. Guided tours often start at Km 82, Piscacucho, reached by road. New rules for hiking the trail are detailed below.

Equipment The trail is rugged and steep (beware of landslides), but the magnificent views compensate for any weariness which may be felt. It is cold at night, however, and weather conditions change rapidly, so it is important to take not only strong footwear, rain gear and warm clothing but also food, water, water purification for when you fill bottles from streams, insect repellent, a supply of plastic bags, coverings, a good sleeping bag, a torch/flashlight and a stove for preparing hot food and drink to ward off the cold at night. A stove using paraffin (kerosene) is preferable, as fuel can be bought in small quantities in markets. A tent is essential, but if you're hiring one in Cusco, check carefully for leaks. Walkers who have not taken adequate equipment have died of exposure. Caves marked on some maps are little better than overhangs, and are not sufficient shelter to sleep in.

All the necessary equipment can be rented; see page 1188 under Camping and page 1192 under Tour operators. Good maps of the Trail and area can be bought from *South American Explorers* in Lima or Cusco. If you have any doubts about carrying your own pack, reasonably priced porters/guides are available. Carry a day-pack for your water, snacks etc in case you walk faster than the porters and you have to wait for them to catch you up.

Tours Travel Agencies in Cusco arrange transport to the start, equipment, food, etc, for an all-in price, generally around US$250-290 pp for a good quality, 4 day/3 night trek. All are subject to strict rules introduced in 2001 and must be licensed. Tour operators taking clients on any of the Inca Trails leading to the Machu Picchu Historical Sanctuary have to pay an annual fee. Groups of up to 10 independent travellers who do not wish to use a tour operator will be allowed to hike the trails if they contact an independent, licensed guide to accompany them, as long as they do not contact any other persons such as porters or cooks. There is a maximum of 500 visitors per day allowed on the trail. Operators pay US$15 for each porter and other trail staff; porters are not be permitted to carry more than 20 kg. Littering is banned, as is carrying plastic water bottles (canteens only may be carried). Pets and pack animals are prohibited, but llamas are allowed as far as the first pass. Groups have to use approved campsites only. **Prices**: on all hiking trails adults must pay US$50 (students and children under 15 US$25), except Km 104 to Wiñay Wayna and Machu Picchu, where the fee is US$25 per adult (US$15 students and children), and Salkantay to Huayllabamba and Km 82, US$15. All tickets must be bought at the INC office on Calle San Bernardo in Cusco; none is sold without evidence that you are going with a licensed tour operator. None is sold at the entrance to any of the routes. It is necessary to book at least two days in advance. Because there is a quota for agencies and groups to use the Trail, the earlier you can book (eg by email), the better chance you have of getting a trip on your preferred dates. Cheaper agencies tend to pool their clients together, so shop around for the cheapest there is (but remember that you get what you pay for – the cheapest tend not to pay the environment the respect the new rules were designed to instil). You can save a bit of money by arranging your own transport back to Ollantaytambo in advance, either for the last day of your tour, or by staying an extra night in Aguas Calientes and taking the early morning train, then take a bus back to Cusco. If you take your own tent and sleeping gear, some agencies give a discount. Make sure your return train ticket to Cusco has your name on it for the tourist train, otherwise you have to pay for any changes.

Timing & climate Four days would make a comfortable trip (though much depends on the weather) and you would not find yourself too tired to enjoy what you see. Allow a further day to see Machu Picchu when you have recovered from the hike. **NB** You are not allowed to walk back along the trail, though you can pay US$4.50 at Intipunku to be allowed to walk back as far as Wiñay-Wayna. You cannot take backpacks into Machu Picchu; leave them at ticket office, US$0.50.

NB The first 2 days of the Trail involve the stiffest climbing, so do not attempt it if you're feeling unwell. Leave all your valuables in Cusco and keep everything inside your tent, even your shoes. Security has, however, improved in recent years. Avoid the Jul-Aug high season and check the conditions in the rainy season from Nov to Apr (note that this can vary). In the wet it is cloudy and the paths are very muddy and difficult. Also watch out for coral snakes in this area (black, red, yellow bands). The Trail is closed each February for cleaning and repair.

Those concerned about the working conditions of the porters on the trail should contact *Porteadores Inka Ñan*, c/o South American Explorers Club, Choquechaca 188, Cusco, T246829, associated with the International Porter Protection Group, coordinator Alison Crowther, www.peruweb.org/porters Office hours Monday-Friday 0930-1730.

The trail The trek to the sacred site begins either at Km 82, **Piscacucho**, or at Km 88, **Qorihuayrachina**, at 2,600 m. In order to reach Km 82 hikers are transported by their tour operator in a minibus on the road that goes to Quillabamba. From Piri onward the road follows the riverbank and ends at Km 82, where there is a bridge. You can depart as early as you like and arrive at Km 82 faster than going by train. The Inca Trail equipment, food, fuel and field personnel reach Km 82 (depending on the tour operator's logistics) for the Inrena staff to weigh each bundle before the group arrives. When several groups are leaving on the same day, it is more convenient to arrive early. Km 88 can only be reached by train, subject to schedule and baggage limitations. The train goes slower than a bus, but you start your walk nearer to Llaqtapata and Huayllabamba. Note that the route from Km 82 goes via **Cusichaca**, rather than Llaqtapata. (See below for details of variations in starting points for the Inca Trail.)

Peru

The walk to **Huayllabamba**, following the Cusichaca River, needs about 3 hrs and isn't too arduous. Beyond Huayllabamba, a popular camping spot for tour groups, there is a camping place about an hour ahead, at **Llulluchayoc** (3,200 m). A punishing 1½ hr climb further is **Llulluchapampa**, an ideal meadow for camping. If you have the energy to reach this point, it will make the second day easier because the next stage, the ascent to the first pass, **Warmiwañuska** (Dead Woman's Pass) at 4,200 m, is utterly exhausting, 2½ hrs.

Afterwards take the steep path downhill to the Pacamayo valley. Beware of slipping on the Inca steps after rain. You could camp by a stream at the bottom (1½ hrs from the first pass). It is no longer permitted to camp at **Runkuracay**, on the way up to the second pass (a much easier climb, 3,850 m). Magnificent views near the summit in clear weather. A good overnight place is about 30 mins past the Inca ruins at **Sayacmarca** (3,500 m), about an hour on after the top of the second pass.

A gentle 2-hr climb on a fine stone highway leads through an Inca tunnel to the third pass. Near the top there's a spectacular view of the entire Vilcabamba range. You descend to Inca ruins at **Phuyopatamarca** (3,650 m), well worth a long visit, even camping overnight. There is a 'tourist bathroom' here where water can be collected (but purify it before drinking).

From there steps go downhill to the impressive ruins of **Wiñay-Wayna** (2,700 m), with views of the recently cleared terraces of Intipata. Access is possible, but the trail is not easily visible. There is a basic hostel with bunk beds, **F** pp, showers and a small restaurant. There is a small campsite in front of the hostel. After Wiñay-Wayna there is no water and no camping till Machu Picchu.

The path from this point goes more or less level through jungle until the steep staircase up to the **Intipunku** (2 hrs), where there's a magnificent view of Machu Picchu, especially at dawn, with the sun alternately in and out, clouds sometimes obscuring the ruins, sometimes leaving them clear.

Get to Machu Picchu as early as possible, preferably before 0830 for best views but in any case before the tourist train arrives at 1030. **NB** Camping is not allowed at Intipunku; guards may confiscate your tent. You may only camp in the field by the river below Puente Ruinas station.

Alternative Inca routes The **Camino Real de los Inkas** starts at Km 104, where a footbridge gives access to the ruins of Chachabamba and the trail which ascends through the ruins of Choquesuysuy to connect with the main trail at Wiñay-Wayna. This first part is a steady, continuous ascent of three hours (take water) and the trail is narrow and exposed in parts. Many people recommend this short Inca Trail. Good hiking trails from Aguas Calientes (see page 1210) have been opened along the left bank of the Urubamba, for day hikes crossing the bridge of the hydroelectric plant to Choquesuysuy. A three-night trek goes from Km 82 to Km 88, then along the Río Urubamba to Pacaymayo Bajo and Km 104, from where you take the Camino Real de los Inkas.

Various treks involve routes from **Salkantay**: one joins the Inca Trail at Huayllabamba, then proceeds as before on the main Trail through Wiñay Wayna to Machu Picchu. To get to Salkantay, you have to start the trek in Mollepata, northwest of Cusco in the Apurímac valley. *Ampay* buses run from Arcopata on the Chinchero road, or you can take private transport to Mollepata (three hours from Cusco). Salkantay to Machu Picchu takes three nights. A four-night trek goes from **Paucarcancha**, an important camping site on the trek from Salkantay, to Huayllabamba, then on the traditional Trail to Machu Picchu. Paucarcancha is an abandoned set of ruins on the descent from Pampacahuana, before the village of Huayllabamba on the main Inca Trail. Nearby there are some hot springs.

There are other routes which approach the Inca Trails to Machu Picchu, such as Km 77, Chillca, up the Sillque ravine in the Qente valley, which is commonly called the Lago Ancascocha route. Then there is another access through the Millpo Valley in the Salkantay area. From the Vilcabamba mountain range, one can reach Machu Picchu by hiking down from Huancacalle to Chaulla by road, getting to Santa Teresa and walking to the hydroelectric (Aobamba) train station. Then it's an hour's train ride on the local train to Aguas Calientes (tourists are allowed to ride the local train for this short section). Tour operators which specialize in trekking can advise on these routes.

Machu Picchu

Machu Picchu is a complete Inca city. For centuries it was buried in jungle, until Hiram Bingham stumbled upon it in 1911. It was then explored by an archaeological expedition sent by Yale University. The ruins – staircases, terraces, temples, palaces, towers, fountains and the famous Intihuatana (the so-called 'Hitching Post of the Sun') – require at least a day. Take time to appreciate not only the masonry, but also the selection of large rocks for foundations, the use of water in the channels below the Temple of the Sun and the surrounding mountains.

Colour map 3, grid C4
Altitude: 2,380 m
42 km from
Ollantaytambo by rail

The site is open from 0700 to 1730. Entrance fee is US$20, half price with ISIC card. If paying in dollars, only clean, undamaged notes will be accepted. You can deposit your luggage at the entrance for US$0.50. Guides are available at the site, they are often very knowledgeable and worthwhile, US$30 for 2 hrs (but may take groups of up to 15). Site wardens are also informative, in Spanish only. Permission to enter the ruins before 0600 to watch the sunrise over the Andes, which is a spectacular experience, can be obtained from the **Instituto Nacional de Cultura** in Cusco, but it is often possible if you talk to the guards at the gate. After 1530 the ruins are quieter, but note that the last bus down from the ruins leaves at 1730. Mon and Fri are bad days because there is usually a crowd of people on guided tours who are going or have been to Pisac market on Sun. The hotel is located next to the entrance, with a self-service restaurant. Take your own food and drink if you don't want to pay hotel prices, and take plenty of drinking water. Note that food and drink are not officially allowed into the site. In the dry season sandflies can be a problem, so take insect repellent and wear long clothes.

Ins & outs

Huayna Picchu, the mountain overlooking the site (on which there are also ruins), has steps to the top for a superlative view of the whole site, but it is not for those who are afraid of heights and you shouldn't leave the path. The climb takes up to 90 minutes but the steps are dangerous after bad weather. The path is open 0700-1300, with the latest return time being 1500; and you must register at a hut at the beginning of the trail. The other trail to Huayna Picchu, down near the Urubamba, is via the Temple of the Moon, in two caves, one above the other, with superb Inca niches inside. For the trail to the Temple of the Moon: from the path to Huayna Picchu, take the marked trail to the left. It is in good shape, although it descends further than you think it should. After the Temple you may proceed to Huayna Picchu, but this path is overgrown, slippery in the wet and has a crooked ladder on an exposed part about 10 minutes before reaching the top (not for the faint-hearted). It is safer to return to the main trail to Huayna Picchu, although this adds about 30 minutes to the climb. The round trip takes about four hours. Before doing any trekking around Machu Picchu, check with an official which paths may be used, or which are one-way.

Around the site

Peru

The famous Inca bridge is about 45 minutes along a well-marked trail south of the Royal Sector. The bridge (on which you cannot walk) is spectacularly sited, carved into a vertiginous cliff-face. East of the Royal Sector is the path leading up to **Intipunku** on the Inca Trail (45 minutes, fine views).

LL *Machu Picchu Sanctuary Lodge*, reservations as for the *Monasterio Hotel* in Cusco, which is under the same management (Peru Orient Express Hotels), www.monasterio.orient-express.com Comfortable, good service, helpful staff, food well-cooked and presented. Electricity and water 24 hrs a day, will accept American Express traveller's cheques at the official rate, restaurant for residents only in the evening, but the buffet lunch is open to all. The hotel is usually fully booked well in advance, try Sun night as other tourists find Pisac market a greater attraction.

Sleeping

Transport

Train schedules may be affected by mudslides in the rainy season. Delays occur

Trains *PerúRail* trains to Machu Picchu run from San Pedro station in Cusco. They pass through Poroy and Ollantaytambo to Aguas Calientes (the official name of this station is 'Machu Picchu'). The station for the tourist trains at Aguas Calientes is on the outskirts of town, 200 m from the *Pueblo Hotel* and 50 m from where buses leave for Machu Picchu ruins. The ticket office is open 0630-1730; there is a guard on the gate. There is a paved road in poor condition between Aguas Calientes and the start of the road up to the ruins.

There are 2 classes of tourist train: *Vistadome* and *Backpacker*. The *Vistadome* costs US$88 return and the *Backpacker* costs US$53.10 return. These trains depart from Cusco. The Sacred Valley Railway *Vistadome* service runs from Urubamba to Machu Picchu and costs US$68.45 return, while there are further *Vistadomes* and *Backpackers* from Ollantaytambo to Machu Picchu, at US$68.45 and US$41.30 return, respectively. The *Vistadome* leaves Cusco daily at 0600, stopping at Ollantaytambo at 0805 and Machu Picchu at 0940. It returns from Machu Picchu at 1530, passing Ollantaytambo at 1700, reaching Cusco at 1920. The *Backpacker* leaves Cusco at 0615, passing Ollantaytambo at 0840 and Machu Picchu at 1010. It returns at 1555, passing Ollantaytambo at 1740, getting to Cusco at 2020. The Sacred Valley Railway *Vistadome* leaves Urubamba at 0610, reaching Machu Picchu at 0820, returning at 1645, reaching Urubamba at 1810. The Ollantaytambo *Vistadomes* leave at 1030 and 1455, arriving at 1145 and 1615, returning from Machu Picchu at 0835 and 1320, reaching Ollantaytambo at 1005 and 1440. The Ollantaytambo *Backpacker* leaves at 0925, arriving at 1100, returning from Machu Picchu at 1700, reaching Ollantaytambo at 1840. Seats can be reserved even if you're not returning the same day. The *Vistadome* tickets include food in the price. These trains have toilets, video, snacks and drinks for sale. Tickets for all trains should be bought at Wanchac station in Cusco, on Av Pachacútec. The Sacred Valley Railway Cusco office is at Av El Sol 803, T249076, or Casa Estación, Av Ferrocarril s/n, Urubamba, T/F201126/27, www.sacredvalleyrailway.com Several Urubamba and Yucay hotels offer free transport to and from the Urubamba station. Tickets can be bought through *PerúRail*'s website, www.perurail.com

There is a cheaper option from Ollantaytambo, but services other than those listed above are entirely at the discretion of PerúRail. A tourist/local train leaves Ollantaytambo at 1945, arriving at Machu Picchu at 2145, returning 0530, so you have to stay 2 nights in Aguas Calientes (unless you take a more expensive train). The fare is US$12 one way; tickets go on sale 2 hrs before departure (expect queues).

Tourist tickets: many people go to and return from Ollantaytambo by bus, leaving the trains emptier for the return trip to Cusco. Those trains that arrive in Cusco at night give a magical view of the city lights. Tour agencies in Cusco sell various tourist tickets which include train fare, round trip by bus up to the ruins, entrance fee and guide, but day trips (except those commencing in Urubamba) are too rushed. They will pick you up from your hotel in Cusco and take you to the train station.

The *Tren Local* or *Servicio Social* from Cusco and the *Cerrojo Social* from Ollantaytambo are only for people who live along the route of the railway, Peruvian students and retired Peruvians. Tourists cannot buy tickets for these trains. If they do, and are found on board, they will be sent back at their own expense. These trains are run by *PerúRail* as a public service, to support the local communities, and tourists purchasing seats will be depriving local people of their only means of transport.

Buses leave Aguas Calientes for Machu Picchu every 30 mins from 0630 until 1300, 25 mins; they return 1200-1730. US$9 return, valid 48 hrs. The walk up from Aguas Calientes takes about 2½ hrs, following the Inca path.

Aguas Calientes

Those with more time should spend the night here and visit the ruins early in the morning, when no one's around. Most hotels and restaurants are near the railway station, on the plaza, or on Av Pachacútec, which leads from the plaza to the thermal baths (a communal pool, smelling of sulphur), 10 minutes walk from the town. They are open 0500-2030, US$1.50; good bar for cocktails in the pool. You can rent towels and bathing costumes (US$0.65) at several places on the road to the baths; basic toilets and changing facilities and showers for washing *before* entering the baths; take soap and shampoo, and keep an eye on valuables.

Sleeping LL *Pueblo Hotel*, formerly *Machu Picchu Pueblo Hotel*, Km 110, 5 mins walk along the railway from the town. For reservations: Jr Andalucia 174, San Isidro, Lima, T01-610 0404, F422 4701; in Cusco at Plaza las Nazarenas 211, T245314, www.inkaterra.com Beautiful colonial-style bungalows in village compound surrounded by cloud forest, lovely gardens, pool, expensive restaurant, also campsite with hot showers at good rates, offer tours to Machu Picchu, several guided walks on and off the property, great buffet breakfasts for US$12. Also has the *Café Inkaterra* by the railway line. Recommended, but there are a lot of steps between the public areas and rooms. The hotel is involved in a project to rehabilitate Spectacled Bears, and re-release them into the wild. **AL-A** *Machu Picchu Inn*, Av Pachacútec 101, T211057, mapiinn@peruhotel.com.pe Includes breakfast, comfortable, but functional. **A** *Presidente*, at the old station, T211034 (Cusco T/F244598), presidente@terra.com.pe Adjoining *Hostal Machu Picchu*, see below, more upmarket but little difference, rooms without river view cheaper, price includes breakfast and taxes. **B** *Gringo Bill's* (*Hostal Q'oñi Unu*), Colla Raymi 104, T/F211046, gringobills@yahoo.com With breakfast, relaxed, hot water, laundry, money exchange, good but expensive meals in *Villa Margarita* restaurant, breakfast from 0530, US$4 packed lunch, luggage stored, good beds. **B** *La Cabaña*, Av Pachacútec M20-3, T/F211048. With breakfast, hot water, café, laundry service, helpful staff, popular with groups. **C** *Hostal Machu Picchu*, at the old station, T211212. Functional, quiet, Wilber, the owner's son, has travel information, hot water, nice balcony over the Urubamba, grocery store, price includes breakfast and taxes. Recommended. **C** *Rupa Wasi*, Huanacaure 180, T211101, www.rupawasi.org Charming 'eco-lodge' up a small alley off Collasuyo, laid back, comfortable, great views from the balconies, purified water available, organic garden and rainwater collector in the pipeline, good breakfasts US$3, can arrange ayahuasca ceremonies. **C-D** *Jardín Real*, Wiracocha 7, T/F211234, jardinrealhotel@hotmail.com Modern, hot water, good value, price negotiable (same owner as the *Pizzería Los Jardines* on Pachacútec). **D** *Las Orquídeas*, Urb Las Orquideas A-8, T211171. From Av Pachacútec, cross the bridge over the river to the football pitch, find a small dirt path on the right. With bath, hot water, quiet, pleasant. **D** *Hostal Pachakúteq*, up the hill beyond *Hostal La Cabaña*, T/F211061. Hot water, good breakfast, quiet, family-run. Recommended. **D** *Hospedaje Quilla*, Av Pachacútec between Wiracocha and Tupac Inka Yupanki, T/F211009. Price includes breakfast, hot water, rents bathing gear for the hot springs. **D** *Hostal Wiracocha Inn*, C Wiracocha, T211088. Hot water, breakfast included, small garden, helpful, popular with groups. **D-E** *Hospedaje Inca Tambo*, Huanacaure s/n, T211135, hostalinkatambo@latinmail.com Basic but clean, just below *Rupa Wasi* (see above); negotiate for a good price. **D-E** pp *Las Bromelias*, Colla Raymi T211145, just off Plaza before *Gringo Bill's*. Cheaper without bath, small, hot water. **E** *Hostal Samana Wasi*, C Tupac Inka Yupanki, T211170, quillavane@hotmail.com Hot water 24 hrs, cheaper without bath, pleasant place.

  Camping: the only official campsite is in a field by the river, just below Puente Ruinas station. Do not leave your tent and belongings unattended.

Peru

Eating Pizza seems to be the most common dish in town, but many of the pizzerías serve other types of food as well. The old station and Av Pachútec are lined with eating places. At the station are, among others: *Aiko*, recommended; *La Chosa Pizzería*, good value, mixed reports; *Las Quenas*, café and baggage store (US$0.30 per locker); and two branches of *Pizza Samana Wasi. Toto's House*, Av Imperio de los Incas. Good value and quality *menú*. *Clave de Sol*, Av Pachacútec 156. Same owner as *Chez Maggy* in Cusco, Italian food for under US$4, changes money, has vegetarian menu, open 1200-1500, 1800-whenever, poor service. Also on this street: *Govinda*, by corner with Tupac Inka Yupanki. Vegetarian, cheap set lunch. *Machu Picchu*. Good, friendly. *Inca Wasi*, very good; *Inka Machu Picchu*, No 122, including vegetarian. *Inka's Pizza Pub*, on the plaza. Changes money, accepts traveller's cheques. Next door is *Illary*. On Lloque Yupanqui are *Waisicha Pub*, good music and atmosphere, and *Indio Feliz*, T/F211090, great French cuisine, excellent value and service, set 3-course meal for US$10.

Directory No banks. Those businesses that change money do not give favourable rates. *Qosqo Service*, at the corner of Av Pachacútec and Mayta Capac, has postal service, *cambio* and guiding service. The travel agency, *Rikuni Tours*, is at the old station, Av Imperio de los Incas 123, T/F211036, rikuni@chaski.unsaac.edu.pe Nydia is very helpful. They change money, have a postal service and sell postcards, maps and books (expensive). Email at *Yanantin Masintin* (US$3 per hr), which is part of the *Rikuni* group, as is *Tea House*, which is opposite, Av Imperio de los Incas 119. Both serve coffees, teas, snacks etc. *Serpost* (Post Office) agencies: just off the plaza, between the Centro Cultural Machu Picchu and *Galería de Arte Tunupa*. The telephone office is on Calle Collasuyo and there are plenty of phone booths around town. The town has electricity 24 hrs a day.

Vitcos and Vilcabamba

The Incas' last stronghold is reached from **Chaullay**, a village on the road and railway between Ollantaytambo and Quillabamba. No trains run beyond Machu Picchu, so you must take the road which passes through Peña, a place of great beauty with snowy peaks on either side of the valley. Once out of Peña, the climb to the pass begins in earnest – on the right is a huge glacier. Soon on the left, Verónica begins to appear in all its huge and snowy majesty. After endless zig-zags and breathtaking views, you reach the Abra Málaga pass. The descent to the valley shows hillsides covered in lichen and Spanish moss. At Chaullay, the road crosses the river on the historic Choquechaca bridge. Another bridge at Maranura, 30 minutes downstream, also takes traffic over the river. ■ *Buses leave Cusco's new bus terminal for Quillabamba, taking 10 hrs for the 233 km:* Ampay *have a bus morning and evening,* Carhuamayo *in the evening only.*

From Chaullay you can drive, or take a daily bus or truck (4-7 hours) to the village of **Huancacalle**, the best base for exploring the nearby Inca ruins of **Vitcos**, with the palace of the last four Inca rulers from 1536 to 1572, and Chuquipalta (or Yurac Rumi), the impressive sacred white stone of the Incas. There are a few restaurants, shops and basic places to stay at Huancacalle. There is a hostal, **G**, *Sixpac Manco* (opened by Vincent R Lee - see below). Alternatively villagers will let you stay on their floor, or you can camp near the river below the cemetery. Allow time for hiking to, and visiting Vitcos. It takes one hour to walk from Huancacalle to Vitcos, 45 minutes Vitcos-Chuquipalta, 45 minutes Chuquipalta-Huancacalle. Horses can be hired if you wish.

The road from Chaullay continues to **Vilcabamba La Nueva**. You can also hike from Huancacalle; a three-hour walk through beautiful countryside with Inca ruins dotted around. There is a missionary building run by Italians, with electricity and running water, where you may be able to spend the night.

Vilcabamba Vieja Travellers with ample time can hike from Huancacalle to **Espíritu Pampa**, the site of the **Vilcabamba Vieja** ruins, a vast pre-Inca ruin with a neo-Inca overlay set in deep jungle at 1,000 m. The site is reached on foot or horseback from Pampaconas. From Chaullay, take a truck to Yupanca, Lucma or Pucyura: there rent horses or mules and travel through breathtaking countryside to Espíritu Pampa.

■ *From Huancacalle a trip will take 5-8 days on foot. It is advisable to take local guides and mules. Maps are available from the South American Explorers in Cusco and Lima. Before leaving don't forget to register with the tourist representative in Huancacalle. Ask around in Huancacalle for guides. The Sixpac Manco hostal has various guides and other people in the village will offer their services. Distances are considerable – it is at least 100 km from Chaullay to Espíritu Pampa – the going is difficult and maps appear to be very poor. Essential reading, Sixpac Manco, by Vincent R Lee (available in Cusco), has accurate maps of all archaeological sites in this area, and describes two expeditions into the region by the author and his party, following in the footsteps of Gene Savoy, who first identified the site in the 1960s. His book, Antisuyo, which describes this and other expeditions, is also recommended reading.*

The best time of year is May to November, possibly December. Outside this period it is very dangerous as the trails are very narrow and can be thick with mud and very slippery. Insect repellent is essential, also pain-killers and other basic medicines.

West from Cusco

Beyond Anta on the Abancay road, 2 km before Limatambo at the ruins of **Tarahuasi**, a few hundred metres from the road, is a very well-preserved **Inca temple platform**, with 28 tall niches, and a long stretch of fine polygonal masonry. The ruins are impressive, enhanced by the orange lichen which give the walls a honey colour.

Along the Abancay road 100 km from Cusco, is the exciting descent into the Apurímac canyon, near the former Inca suspension bridge that inspired Thornton Wilders' *The Bridge of San Luis Rey*. Also, 153 km along the road to Abancay from Cusco, near Curahuasi, is the stone of **Saihuite**, carved with animals, houses, etc, which appears to be a relief map of an Indian village. Unfortunately, 'treasure hunters' have defaced the stone. There are other interesting carvings in the area around the Saihuite stone. (In Curahuasi **G** *Hostal San Cristóbal*, pleasant, shared bath, cold shower. Ask the police for permission to camp.)

Choquequirao

Choquequirao is another 'lost city of the Incas', built on a ridge spur almost 1,800 m above the Apurímac. Although only 30% has been uncovered, it is reckoned to be a larger site than Machu Picchu, but with fewer buildings. "Its utterly spectacular location... reminds one of Machu Picchu itself. The buildings around its central plaza represent extremely fine ceremonial and high-status residential architecture. There is a chain of ritual baths, an enormous, curving bank of fine terraces, numerous intriguing outlier groups of buildings... and a vast area of irrigated terracing on a nearby mountain slope, evidently designed to feed the local population." (Peter Frost, *Exploring Cusco*)

There are three ways in to Choquequirao. None is a gentle stroll. The shortest way is from **Cachora**, a village on the south side of the Apurímac, reached by a side road from the Cusco-Abancay highway, shortly after Saihuite. It is four hours by bus from Cusco to the turn-off, then a three-hour descent from the road to Cachora (from 3,695 m to 2,875 m). Buses run from Abancay to Cachora, but there is none arriving after 1100. Accommodation (eg *Hospedaje Judith Catherine*, T084-320202, **G** per bed), guides (Celestino Peña is the official guide) and mules are available in Cachora. From the village you need a day to descend to the Río Apurímac then seven hours to climb up to Choquequirao. Allow 1-2 days at the site then return the way you came. The second and third routes take a minimum of eight days and require thorough preparation. You can start either at Huancacalle, or at Santa Teresa, between Machu Picchu and Chaullay. Both routes involve an incredible number of strenuous ascents and descents. You should be acclimatised for altitudes ranging from 2,400 m to between 4,600 and 5,000 m and be prepared for extremes of temperature. In each case you end the trail at Cachora. It is possible to start either of these long hikes at Cachora, continuing even from Choquequirao to Espíritu Pampa. Cusco tour companies are now offering this adventure.

Peru

The Central Highlands

The Central Andes are remote mountain areas with small, typical villages. The vegetation is low, but most valleys are cultivated. Roads, all dirt, are in poor condition, sometimes impassable in the rainy season; the countryside is beautiful with spectacular views and the people are friendly. The road into the central Andes has been improved and is paved throughout, offering fine views. Huancayo lies in a valley which produces many crafts; the festivals are very popular and not to be missed.

Lima to Huancayo

Much of the central highlands is reopening to tourism after the disruption by terrorism in the 1980-90s. Knowledge of Spanish is essential

The Central Highway more or less parallels the course of the railway between Lima and Huanacayo (335 km). With the paving of roads from Pisco to Ayacucho and Nasca to Abancay, there are now more options for getting to the Sierra and the views on whichever ascent you choose are beyond compare. You can also reach the Central Highlands from Cusco (via Abancay and Andahuaylas) and from Huaraz (via La Unión and Huánuco), so Lima is not the sole point of access overland.

Chosica (*Population: 31,200. Altitude: 860 m*) is the real starting place for the mountains, 40 km from Lima. It's warm and friendly and a great place to escape Lima's grey cloud. Beyond the town looms a precipitous range of hills almost overhanging the streets. There are four basic *hostales*, all with water problems. Recommended is **F** *Hospedaje Chosica*, Av 28 de Julio 134, T361 0841, rooms with and without bath. **F** *La Posada*, Jr Trujillo y Salaverry, just off main road, comfortable, hot water. ■ *Colectivos for Chosica leave from Av Grau, Lima, when full, between 0600 and 2100, US$1. Most buses on the Lima-La Oroya route are full; colectivo taxi to La Oroya US$3.60, 3 hrs, very scenic, passing the highest railway in the world (see below).*

Marcahuasi

Up the Santa Eulalia valley 40 km beyond Chosica, is **Marcahuasi**, a table mountain about 3 km by 3 km at 4,200 m, near the village of **San Pedro de Casta**. The *meseta* was investigated by the late Daniel Ruzo. There are three lakes, a 40 m high 'monumento a la humanidad', and other mysterious lines, gigantic figures, sculptures, astrological signs and megaliths which display non-American symbolism. Ruzo describes this pre-Incaic culture in his book, *La Culture Masma*, Extrait de l'Ethnographie, Paris, 1956. Others say that the formations are not man-made, but the result of wind erosion.

The trail starts behind the village of San Pedro, and bends to the left. It's three hours to the *meseta*; guides cost about US$3 a day and are advisable in misty weather. Mules for carrying bags cost US$4 to hire, horses US$4.45. The best hotel in San Pedro is **E** *Marcahuasi*, just off the plaza (**F** pp without bath), which has a restaurant. There are two other restaurants. Locals in town will put you up for US$0.60 pp; ask at tourist information at the municipality on the plaza, T01-571 2087; buy a map of the plateau here for US$1.50. Take all necessary camping equipment. At a shop on the plaza in San Pedro you can buy everything for the trip, including bottled water. Tours can be arranged with travel agencies in Lima. ■ *Entry to the meseta US$3. Buses to San Pedro de Casta leave Chosica from Parque Echerique, opposite the market, 0900 and 1500, 4 hrs, US$2; return 0700 and 1400.*

For a while, beyond Chosica, each successive valley looks greener and lusher, with a greater variety of trees and flowers. Between Río Blanco and **Chicla** (Km 127, 3,733 m), Inca contour-terraces can be seen quite clearly. After climbing up from **Casapalca** (Km 139, 4,154 m), there are glorious views of the highest peaks, and more mines, at the foot of a deep gorge. The road ascends to the Ticlio Pass, before the descent to **Morococha** and **La Oroya**. A large metal flag of Peru can be seen at the top of Mount Meiggs, not by any means the highest in the area, but through it runs Galera Tunnel, 1,175 m long, in which the Central Railway reaches its greatest altitude, 4,782 m.

Peru

The main smelting centre for the region's mining industry is full of vitality. It stands at the fork of the Yauli and Mantaro rivers. Asthmatics beware, the pollution from the heavy industry can cause severe problems. (For places to the east and north of La Oroya, see pages 1226 and 1228 respectively.)

La Oroya
Phone code: 064
Colour map 3, grid C3
Altitude: 3,755m

Sleeping G pp *Hostal Regional*, Lima 112, T391017. Basic, hot water in morning. **F** *Hostal Inti*, Arequipa 117, T391098. Shared bath, warm water, basic. **F** *Hostal Chavín*, Tarma 281. Shared bath, cheap restaurant. *La Caracocha*, Lima 168. Cheap good *menú*. *Punta Arenas*, Zeballos 323. Good seafood, *chifa*. *El Tambo*, 2 km outside town on the road to Lima. Good trout and frogs, recommended as the best restaurant. There are lots of *pollerías* in front of the train station in C Lima.

Transport Buses To **Lima**, 4½ hrs, US$5.20. To **Jauja**, 80 km, 1½ hrs, US$1; and on to **Huancayo**, a further 44 km (paved), 1 hr, US$1. To **Tarma**, 1½ hrs, US$1.35. To **Cerro de Pasco**, 131 km, 3 hrs, US$2.20. To **Huánuco**, 236 km, 6 hr, US$4.35; on to **Tingo María**, 118 km, 3-4 hrs, US$1.75, and on to **Pucallpa**, 284 km, 7-9 hrs, US$7.85. Buses leave from Zeballos, adjacent to the train station. Colectivos also run on all routes (see under Lima).

The old town of Jauja was Pizarro's provisional capital until the founding of Lima. It has a very colourful Wednesday and Sunday market. There is an **archaeological museum**, which is recommended for the Huari culture. A modernized church retains three fine 17th-century altars. The **Cristo Pobre** church is claimed to have been modelled after Notre Dame and is something of a curiosity. On a hill above Jauja there is a fine line of Inca storehouses, and on hills nearby the ruins of hundreds of circular stone buildings from the Huanca culture (John Hemming). There are also ruins near the **Paca lake**, 3½ km away. The western shore is lined with restaurants, many of which offer boat trips at weekends, US$0.75 (combi from Av Pizarro US$0.30).

Jauja
Phone code: 064
Colour map 3, grid C3
Population: 105,000
Altitude: 3,330 m
80 km SE of La Oroya

On the road to Huancayo 18 km to the south, is **Concepción** (*Altitude:* 3,251 m), with a market on Sunday. From Concepción a branch road (6 km) leads to the **Convent of Santa Rosa de Ocopa**, a Franciscan monastery set in beautiful surroundings. It was established in 1725 for training missionaries for the jungle. It contains a fine library with over 20,000 volumes, a biological museum and a large collection of paintings. ■ *0900-1200 and 1500-1800, closed Tue. 45-mins tours start on the hour, US$1.15. Colectivos from the market in Concepción, 15 mins, US$0.25.*

Sleeping and eating E pp *Hostal Manco Cápac*, Jr Manco Cápac 575, T361620. Central, good rooms, good breakfast and coffee, German run. **E** *Hostal Francisco Pizarro*, Bolognesi 334, opposite the market, T362082. Shared bath, hot water, run down. **E** *Santa Rosa*, on main plaza. Modern, big rooms, restaurant. **F** *Ganso de Oro*, R Palma 249, T362165. **G** without bath, hot water, basic, good restaurant. **F** *Hostal Los Algarrobes*, Huancayo 264, T362633. Shared bath, hot water in the morning, good value. Eating places include *Marychris*, Jr Bolívar 1166, T362386. Lunch only, excellent. *La Rotunda*, Tarapacá 415. Good lunch *menú* and pizzas in the evening. *Centro Naturista*, Huarancayo 138. Fruit salad, yoghurt, granola, etc.

Transport Buses To **Lima**: with *Mcal Cáceres*, daily 0800, 2300, *Etucsa* 0815, 1345, US$6, 6 hrs. Also *Sudamericano*. Most companies have their offices on the Plaza de Armas, but their buses leave from Av Pizarro. *Cruz del Sur*, Pizarro 220, direct to Lima, 5 hrs, US$8. To **Huancayo**, 44 km, takes 1 hr and costs US$1. To **Cerro de Pasco**, *Oriental* leave from 28 de Julio 156, and *Turismo Central* from 28 de Julio 150, 5 hrs, US$3.55. *Oriental* and *Turismo Central* also go to **Huánuco**, 7 hrs, US$5.35. To **Tarma**, US$2.25, hourly with *Canary Tours* and *ET San Juan* from Jr Tarma; the latter continues to **Chanchamayo**, US$4.50.

Directory Banks *Dollar Exchange Huarancayo*, on Jr Huarancayo, gives a much better rate than BCP (no TCs). **Communications** Internet: *CSI*, Bolognesi 512. US$0.75 per hr. **Post office:** Jr Bolívar. **Telephone:** at Bolognesi 546, T064-362020, T/F361111; also at Ricardo Palma, opposite *Hotel Ganso de Oro*, T/F362395, better service and prices.

Peru

Huancayo

Phone code: 064
Colour map 3, grid C3
Population: over
500,000
Altitude: 3,271 m

The city is in the beautiful Mantaro Valley. It is the capital of Junín Department and the main commercial centre for inland Peru. All the villages in the valley produce their own original crafts and celebrate festivals all year round. At the important festivals in Huancayo, people flock in from far and wide with an incredible range of food, crafts, dancing and music. The Sunday market gives a little taste of this every week (it gets going after 0900), but it is better to go to the villages for local handicrafts. Jr Huancavelica, 3 km long and four stalls wide, still sells clothes, fruit, vegetables, hardware, handicrafts and traditional medicines and goods for witchcraft. There is also an impressive daily market behind the railway station and a large handicrafts market between Ancash and Real, block 7, offering a wide selection.

The museum at the Salesian school has over 5,000 pieces, including a large collection of jungle birds, animals and butterflies, insects, reptiles and fossils. ■ *Tue, Thu, Fri and Sun 0815-1100, 1415-1700, Wed 0815-1100, Sat 1415-1600, US$0.60. Recommended*. The **Parque de Identidad Wanka**, on Jr San Jorge in the Barrio San Carlos northeast of the city, is a fascinating mixture of surrealistic construction interwoven with indigenous plants and trees and the cultural history of the Mantaro Valley. ■ *Entry is free, but contributions are appreciated.*

Excursions

Keep an eye out
for bagsnatchers
and pickpockets.
Beware of
overcharging by taxi
drivers, shopkeepers
and the post office

The whole Mantaro valley is rich in culture. On the outskirts of town is **Torre-Torre**, impressive, eroded sandstone towers on the hillside. Take a bus to Cerrito de la Libertad and walk up. The ruins of **Warivilca** (15 km) are near **Huari**, with the remains of a pre-Inca temple of the Huanca tribe. Museum in the plaza, with deformed skulls, and modelled and painted pottery of successive Huanca and Inca occupations of the shrine. ■ *Ruins open 1000-1200, 1500-1700 (museum mornings only), US$0.15. Take a micro for Chilca from C Real*. Between Pilcomayo and Huayo (15 km) is the **Geophysical Institute of Huayo**, on the 'Magnetic Equator' 12½° south of the geographical equator (best to visit in the morning, or when the sun is shining). ■ *Take bus from Jr Giráldez to Chupaca, but get out by bridge before Chupaca, where the road splits, then take a colectivo.*

East of the Mantaro River The villages of **Cochas Chico** and **Cochas Grande**, 11 km away, are where the famous *mate burilado*, or gourd carving, is done. You can buy them cheaply direct from the manufacturers, but ask around. Beautiful views of the Valle de Mantaro and Huancayo. *Micros* leave from esq Amazonas y Giráldez, US$0.25.

Hualahoyo (11 km) has a little chapel with 21 colonial canvases. **San Agustín de Cajas** (8 km) makes fine hats, and **San Pedro** (10 km) makes wooden chairs; **Hualhuas** (12 km) fine alpaca weavings which you can watch being made. The weavers take special orders; small items can be finished in a day. Negotiate a price.

The town of **San Jerónimo** is renowned for the making of silver filigree jewellery; Wednesday market. Fiesta on the third Saturday in August. There are ruins 2-3 hours' walk above San Jerónimo, but seek advice before hiking to them.

Sleeping

■ *on map*
Prices may be raised
in Holy Week.
Note that the Plaza
de Armas is called
Plaza Constitución

B *Turismo*, Ancash 729, T231072, hotelhyo@correo.dnet.com.pe Old building, some rooms small, quiet, good meals for US$3.50. **B** *Presidente*, C Real 1138, T231736, F231275, same email as *Turismo*. Helpful, safe, serves breakfast. Recommended. **C** *Santa Felicita*, Giráldez 145, Plaza Constitución, T235285. Hot water, good. **D** *El Dorado*, Piura 452, T223947. Hot water, some rooms with TV in **C** category. **D** *El Marqués*, Puno 294, T219026, F219202. Good value. **E** pp *Casa Alojamiento de Aldo y Soledad Bonilla*, Huánuco 332, half block from Mcal Cáceres bus station, T232103 (Lima 463 1141). **D** pp full board, colonial house, owners speak English, laundry, secure, relaxing, nice courtyard, can arrange tours, best to book ahead. **E** *La Casa de La Abuela*, Av Giráldez 693. Hot shower, price includes breakfast, drink in *La Cabaña* and 30-mins' free internet voucher, some rooms with antique beds, dormitory **F**, laundry facilities, meals available, mixed reports. **E** pp *Hospedaje César Ada*, Pasaje Santa Teresa 294, El Tambo-3 Esquinas, 5 km from centre, T235615 for pick-up, wadaycesar@latinmail.com Quiet, shared bath, garden, meals available, use of kitchen, breakfast included. **E** *Confort*, Ancash 231, 1 block from the main Plaza, T233601. Rooms with hot water are nicer, but more expensive than those with cold water, all rooms good value, safe for bicycles, car parking US$1. **E** *Hostal Huaracaya*, Amazonas 323. Hot water and TV, good value. **E** *Pussy Cat*, Giráldez 359, T231565. **F** without bath, hot water, safe, luggage stored, comfortable beds. **F** pp *Peru Andino Lodging & Excursions*, Pasaje San Antonio 113-115, on Av Centenario go 3 blocks from 2 de Mayo to San José, then 3 blocks left (north), 10-15 mins walk from the centre (if taking a taxi, stress that it's *Pasaje* San Antonio), T223956, www.geocities.com/peruandino_1 Including breakfast, hot showers, several

Huancayo

0 metres 100
0 yards 100

■ **Sleeping**
1 Casa Alojamiento de
  Aldo y Soledad Bonilla *C2*
2 Casa Hospedaje *B2*
3 Confort *A2*
4 El Dorado *C2*
5 El Marqués *A2*
6 Hostal Baldeón *B3*
7 Hostal Huaracaya *A3*
8 Hostal Santo
  Domingo *B1*
9 La Casa de La Abuela *B3*
10 Peru Andino Lodging
  & Excursions *A3*
11 Presidente *C2*
12 Pussy Cat *B3*
13 Santa Felicita *B2*
14 Turismo *B2*

● **Eating**
1 Berisso *B2*
2 Café El Parque *B2*
3 Chez Viena *B3*
4 Chifa El Centro *B2*
5 Chifa Rápido *B1*
6 El Inca *B2*
7 El Lucero *C2*
8 El Pino *B2*
9 La Cabaña *B3*
10 Mama Shanto *C2*
11 Panadería Koky *B2*
12 Pizzería
  Antojitos *B2*
13 Pizzería La Colina *B2*

Peru

rooms with bath, safe area, cosy atmosphere, run by Sra Juana, daughter speaks some English, owner Luis runs trekking and mountain bike tours, cooking and laundry facilities, Spanish classes. Highly recommended. **F** *Hostal Santo Domingo*, Ica 655, T235461. Set around two pleasant patios, basic, good value. **G** pp *Hostal Baldeón*, Amazonas 543, T231634. Kitchen and laundry facilities, nice patio, hot shower on request, basic rooms, safe, good value. **G** pp *Casa hospedaje*, Huamanmarca 125, T219980. Central, small, comfortable, hot water, shared showers, family run, nice atmosphere.

Eating

● *on map*
Breakfast is served in Mercado Modelo from 0700.
Better class, more expensive restaurants, serving typical dishes for about US$4-5, plus 18% tax, drinks can be expensive

Mid-range: *El Inca*, Puno 530. Good value for salads and meals. *La Cabaña*, Av Giráldez 652. Pizzas, ice-cream, *calentitos*, and other dishes, folk music at weekends. *Pizzería Antojitos*, Puno 599. Attractive, atmospheric pizzeria with live music some nights. *Pizzería La Colina*, Lima 151. Good quality. **Cheap**: *Chifa El Centro*, Giráldez 238. Chinese food, good service. *Chifa Rápido*, Arequipa 511. Authentic, good value and quality. *Mama Shanto*, Coliseo Cerrado 140 (Real block 8). Typical dishes such as *papa a la huancaína* and *ají de gallina*, beautifully decorated. *El Pino*, Real 539. Typical dishes for about US$2-3 and fixed price *menú*. Lots of cheap restaurants along Av Giráldez serving set *menú*. **Cafés** *Berisso*, Giráldez 258. Good for cakes and quiche, friendly. *Gustitos*, Real at corner of Plaza Constitución. Good service, huge burgers, real coffee. *Panadería Koky*, Ancash y Puno. Good for breakfasts and pastries during the day. Smart places to take coffee and cake: *Café El Parque*, Giráldez y Ancash, on the main plaza; and *Chez Viena*, Puno 125. Good, small, unnamed café at Puno 209, serves breakfast. **Vegetarian**: *El Lucero*, Arequipa 929. Good food, value and service. **Bars** *Café Billar*, Paseo de Breña 133. Open 0900-2400, serves beer and snacks, pool tables. *La Cereza*, Puno just below Plaza, near *Fuente de Soda El Inca*, good for late-night drinks, sandwiches, music videos, popular.

Entertainment

Discos *A1A*, Bolognesi 299. Most discos open around 2000 and close at 0200. Some charge an entrance fee of US$3-4. **Peñas** All the *peñas* have folklore shows with dancing, open normally Fri, Sat and Sun from 1300 to 2200. Entrance fee is about US$2 pp. *Taki Wasi*, Huancavelica y 13 de Noviembre. *Ollantaytambo*, Puno, block 2.

Festivals

There are so many festivals in the Mantaro Valley that it is impossible to list all. Nearly every day of the year there is some sort of celebration in one of the villages. This is a selection

Jan: 1-6, New Year celebrations; 20, *San Sebastián y San Fabián* (recommended in Jauja). **Feb:** there are carnival celebrations for the whole month, with highlights on 2, *Virgen de la Candelaria*, and 17-19 *Concurso de Carnaval*. **Mar-Apr:** *Semana Santa*, with impressive Good Friday processions. **May:** *Fiesta de las Cruces* throughout the whole month. **Jun:** 15 *Virgen de las Mercedes*; 24, *San Juan Bautista*; 29, *Fiesta Patronal*. **Jul:** 16, *Virgen del Carmen*; 24-25, *Santiago*. **Aug:** 4, *San Juan de Dios*; 16, *San Roque*; 30, *Santa Rosa de Lima*. **Sep:** 8, *Virgen de Cocharcas*; 15, *Virgen de la Natividad*; 23-24, *Virgen de las Mercedes*; 29, *San Miguel Arcángel*. **Oct:** 4, *San Francisco de Asís*; 18, *San Lucas*; 28-30 culmination of month-long celebrations for *El Señor de los Milagros*. **November:** 1, *Día de Todos los Santos*. **Dec:** 3-13, *Virgen de Guadalupe*; 8, *Inmaculada Concepción*; 25, *Navidad* (Christmas).

Shopping

Thieves in the market hand out rolled up paper and pick your pocket while you unravel them

Crafts All crafts are made outside Huancayo in the many villages of the Mantaro Valley, or in Huancavelica. The villages are worth a visit to learn how the items are made. *Casa de Artesano*, on the corner of Real and Paseo La Breña, at Plaza Constitución, has a wide selection of good quality crafts.

Tour operators

Turismo Huancayo, C Real 517 oficina 6, T233351. Organizes local tours and is recommended. Incas del Perú, next to *La Cabaña* restaurant (Av Giráldez 652) offers artesan and archaeological day tours, walking tours and mountain biking trips, US$35, which can include visits to Huamancaca prison, US$10, on Fri. Incas del Perú also have maps and a book exchange, bicycle hire (US$15 per day), www.incasdelperu.com *Wanka Tours*, Real 550, T231743, and *Peruvian Tours*, Puno 488, on the main plaza, T213069, are both reputable organizers of tours to a variety of places in the Mantaro Valley.

Transport

Bus There are regular buses to **Lima**, 6-7 hrs on a good paved road, US$10. Travelling by day is recommended for the fantastic views and, of course, for safety. If you must travel by night, take warm clothing. Recommended companies: *Mcal Cáceres*, Real 1247, T216633; *Cruz del Sur*, Ayacucho 281, T235650, 4 a day; *Transportes Rogger*, Lima 561, T212687, *cama* and *semi-cama* at 1300 and 2330, comercial at 2230. Many other companies are cheaper, but less comfortable and less safe. Small buses for Lima congregate 15 blocks north of Plaza Constitución on C Real; there is much competition for passengers.

To **Ayacucho**, 319 km, 11 hrs, US$5.70. *Empresa Molina*, C Angaráes 334, T224501, 4 a day, recommended. Also *Turismo Central*, Ayacucho 274, T223128, at 2030, and *Transportes Ticllos*, Ancash y Angaráes, at 1830. The road is in poor condition and is very difficult in the wet. Take warm clothing. After Izcuchaca, on the railway to Huancavelica, there is a good road to the Quichuas hydroelectric scheme, but thereafter it is narrow with hair-raising bends and spectacular bridges. The scenery is staggering.

If driving to Ayacucho and beyond, roads are "amazingly rough". Don't go alone Count kilometres diligently to keep a record of where you are: road signs are poor

To **Huancavelica**, 147 km, 5 hrs, US$2.85. Many buses daily, including *Transportes Yuri*, Ancash 1220, 3 a day, *Transportes Ticllos*, Ancash y Angaráes, 10 a day, and 5 other companies. The road is in poor condition and takes much longer in the wet. The scenery is spectacular.

To **Cerro de Pasco**, 255 km, 5 hrs, US$4. *Turismo Central*, at 1400. Alternatively, take a bus to La Oroya, Gonzales, Calixto y Amazonas, at 1630, US$1.45, or buses leave when full, about every 20 mins, from Av Real about 10 blocks north of the main plaza. From La Oroya there are regular buses and colectivos to Cerro. The road to La Oroya and on to Cerro is in good condition. To Huánuco, 7 hrs, *Turismo Central* at 2115, US$6, good service.

To **Chanchamayo**: *Empresa San Juan*, Ferrocarril 161 and Plaza Amazonas, and *Canary Tours* each have an hourly service via Jauja to Tarma, 3 hrs, US$2.50, some of which continue on to La Merced, 5 hrs, US$4.

Some trucks and a few buses travel to **Cañete**, 289 km, 10 hrs, US$4. It is a poor road, with beautiful mountain landscapes before dropping to the valley of Cañete.

To **Jauja**, 44 km, 1 hr. Colectivos and combis leave every few mins from Huamanmarca y Amazonas, and Plaza Amazonas, US$1.50. Ones via San Jerónimo and Concepción have 'Izquierda' on the front. Most buses to the Mantaro Valley leave from several places around the market area. Buses to **Hualhuas** and **Cajas** leave from block 3 of Pachitea. Buses to **Cochas** leave from Amazonas y Giráldez.

Trains There are 2 unconnected railway stations. The Central station serves **Lima**, via La Oroya: Service on this railway recommenced in 2002, once a month, usually coinciding with public holidays. The fare is US$25 one way, US$50 return (the train returns a day or two later)is no longer running and it does not look as though regular passenger service will ever be resumed. Information on forthcoming departures can be obtained from *Incas del Perú*, see above. From the small station in Chilca suburb (15 mins by taxi, US$1), trains run to **Huancavelica**, 142 km, narrow gauge 3 ft. There are 2 trains: the *autovagón* (*expreso*) at 1300 daily, US$3.70, has 1st class and Buffet carriages. The journey takes 4 hrs and has fine views, passing through typical mountain villages where vendors sell food and crafts. There are 38 tunnels and the line reaches 3,676 m. The local train leaves at 0630 daily and takes 5 hrs. There are 1st, US$2.55, 2nd, US$2.20, and Buffet, US$3.70, classes. Services are often suspended, especially in the rainy season.

Ask the driver if he'll let you ride in the engine

Peru

Banks *BCP*, Real 1039, changes TCs with no commission, cash advance on Visa. *Banco Wiese*, Real casi Ica. ATM does not accept international cards, poor rates for TCs. *Interbank* and *Banco Continental* are on block 6 of Real. *Western Union*, Ancash 440, T224816, open Mon-Fri 0900-1300 and 1600-2000; Sat 0900-1300. There are several *casas de cambio* on Ancash; street changers hang out in front of *Hotel Kiya*. **Communications Internet:** Numerous places round Plaza Constitución on Giráldez (eg *Alph@net*, No288), Paseo La Breña (eg *Cyberwanka*, No 173, very good) and Real; average price under US$1 per hr. **Language classes** *Incas del Perú* (see Tour operators, above) organizes Spanish courses for beginners for US$100 per week, including accommodation at *La Casa de La Abuela*, also homestays and weaving, playing traditional music, Peruvian cooking and lots of other things. *Katia Cerna* is a recommended teacher, T225332, katiacerna@hotmail.com She can arrange home stays; her sister works in adventure tourism. **Tourist offices** Ministry of Tourism, C Real 481, junin@mitinci.gob.pe It has information about the area and is helpful; open 0900-1400, 1600-2000 Mon-Fri. There is a less informative office by the post office between Calles Real and Ancash (no English spoken here). *Touring y Automóvil Club del Perú*, Jr Lima 355, T231204, huancayo@touringperu.com.pe

Directory

Between Huancayo and Huancavelica, **Izcuchaca** is the site of a bridge over the Río Mantaro. On the edge of town is a fascinating pottery workshop whose machinery is driven by a water turbine (plus a small shop). A nice hike is to the chapel on a hill overlooking the valley; about 1-1½ hours each way. Hotels: one is on the plaza, no bathroom, you have to use the public bath by the river; the other is just off the plaza, a yellow three-storey house, **G**, no shower, toilet suitable for men only, chamber pot supplied, only blankets on bed, cold. *Restaurant El Parque* on plaza, opens 0700, delicious food. ■ *Trains from Huancavelica arrive at 0800 and 1400-1430, then continue to Huancayo; US$1.70. Trains from Huancayo pass at around 0900 and 1600. They tend to be very crowded. Daily colectivo to Ayacucho at 1000-1100, 8 hrs.*

Huancavelica

Phone code: 064
Colour map 3, grid C3
Population: 37,500
Altitude: 3,680 m

Huancavelica is a friendly and attractive town, surrounded by huge, rocky mountains. It was founded in the 16th century by the Spanish to exploit rich deposits of mercury and silver. It is predominantly an indigenous town, and people still wear traditional costume. There are beautiful mountain walks in the neighbourhood. The Cathedral, located on the Plaza de Armas, has an altar considered to be one of the finest examples of colonial art in Peru. Also very impressive are the five other churches in town. The church of San Francisco, for example, has no less than 11 altars. Sadly, though, most of the churches are closed to visitors.

Bisecting the town is the Río Huancavelica. South of the river is the main commercial centre. North of the river, on the hillside, are the thermal baths. ■ *US$0.15 for private rooms, water not very hot, US$0.10 for the hot public pool, also hot showers, take a lock for the doors, open 0600-1500.* The handicraft sellers congregate in front of the Municipalidad on M Muñoz and the Biblioteco on the Plaza de Armas (V Toledo). Most handicrafts are transported directly to Lima, but you can still visit craftsmen in neighbouring villages. The Potaqchiz hill, just outside the town, gives a fine view, about one hour walk up from San Cristóbal. *Instituto Nacional de la Cultura*, Plaza San Juan de Dios. Director Alfonso Zuasnabar, is a good source of information on festivals, archaeological sites, history, etc. Gives courses on music and dancing, and lectures some evenings. There is also an interesting but small Museo Regional. ■ *Mon-Sat 1000-1300, 1500-1900.*

Sleeping & eating

C *Presidente*, Plaza de Armas, T952760. Cheaper without bath, lovely colonial building, overpriced. **E** *San José*, Jr Huancayo, at top of Barranca (past Santo Domingo), T752958. Hot water 1700-1900, **G** without bath, comfortable beds, helpful. **F** *Camacho*, Jr Carabaya 481. Best of the cheap hotels, **G** without bath, hot shower morning only, good value. **F** *Santo Domingo*, Av Barranca 366, T953086; and **F** *Savoy*, Av Muñoz 294 (no sign), both very basic, shared bath, cold water. There are lots of cheap, basic restaurants on C Muñoz and Jr Virrey Toledo. All serve typical food, mostly with set *menú*, US$1.50. Better are: *Mochica Sachún*, Av Virrey Toledo 303, great *menú* US$1.50, otherwise expensive, popular. *Pollería Joy*, Toledo at Plaza, good for chicken; *La Casona*, Jr Virrey Toledo 230, cheap and good *menú*, also a *peña. Chifas* on Virrey Toledo: *Centro*, No 275, is better than *Imperio*.

Festivals

The whole area is rich in culture. Fiesta de los Reyes Magos y los Pastores, **4-8 Jan**. *Fiesta del Niño Perdido* is held on **2nd Sun in Jan**. *Pukllaylay Carnavales*, celebration of the first fruits from the ground (harvest), **20 Jan-mid Mar**. *Semana Santa*, Holy Week. *Toro Pukllay* festival **last week of May, first week of Jun**. *Fiesta de Santiago* is held in **May and Aug** in all communities. *Los Laygas* or *Galas* (scissors dance), **22-28 Dec**.

Transport

Road All bus companies have their offices on and leave from the east end of town on Muñoz and O'Donovan. To **Huancayo**, 147 km, 5 hrs, US$2.85, rough road, *Transportes Yuri* and *Transportes Ticllas* (O'Donovan 500). To **Lima** via Huancayo, 445 km, 13 hrs minimum, US$5.70. Most buses to Huancayo go on to Lima, there are several a day. To **Pisco**, 269 km, 12 hrs, US$7 and **Ica**, US$8, 1730 daily, with *Oropesa*, O'Donovon 599. Arrives in Pisco 0230-0300

Peru

and Ica 0530-0600. Buy your ticket 1 day in advance. The road is poor until it joins the Ayacucho-Pisco road, where it improves. Most of the journey is done at night. Be prepared for sub-zero temperatures in the early morning as the bus passes snowfields, then for temperatures of 25-30°C as the bus descends to the coast. **Trains** See under Huancayo; the *autovagón* leaves for Huancayo daily at 0630, the local train at 1230, daily.

Banks *BCP*, Virrey Toledo 300 block. There is a *Multired* ATM on M Muñoz in front of the Municipalidad. **Communications** Internet:Despite what they say, internet places open around 0900 till 2100-2200. There are places on V Toledo and M Muñoz. *Librería Municipal*, Plaza de Armas, US$0.60 per hr. **Post Office:** Ferrua Jos, at block 8 of M Muñoz. **Telephone:** Carabaya y Virrey Toledo. **Tourist offices** Ministerio de Industria y Comercio, Turismo y Artesanías, Arica 202, T672509, earhvca@terra.com.pe Very helpful.

Directory

Huancavelica to Ayacucho

The direct route from Huancavelica to Ayacucho (247 km) goes via **Santa Inés** (4,650 m), 78 km. Out of Huancavelica the road climbs steeply with switchbacks between herds of llamas and alpacas grazing on rocky perches. Around Pucapampa (Km 43) is one of the highest habitable *altiplanos* (4,500 m), where the rare and highly prized ash-grey alpaca can be seen. Snow-covered mountains are passed as the road climbs to 4,853 m at the Abra Chonta pass, 23 km before Santa Inés. By taking the turnoff to Huachocolpa at Abra Chonta and continuing for 3 km you'll reach the highest drivable pass in the world, at 5,059 m.In Santa Inés are *Alojamiento Andino*, a very friendly restaurant, *El Favorito*, where you can sleep, and several others. Nearby are two lakes (Laguna Choclacocha) which can be visited in 2½ hours. 52 km beyond Santa Inés at the Abra de Apacheta (4,750 m), 98 km from Ayacucho, the rocks are all the colours of the rainbow, and running through this fabulous scenery is a violet river.

Transport Daily direct transport from Huancavelica to Ayacucho was not running in late 2002, but both *Ticllas* (address above), and *Expreso Turismo Nacional*, Cáceres 237 (not recommended), have run on this road, which is good. The journey is a cold one but spectacular as it is the highest continuous road in the world, rarely dropping below 4,000 m for 150 km. The best alternative is to take a colectivo Huancavelica-Lircay, a small village with *Hostal El Paraíso*, **F** with bath, **G** without (*Transportes 5 de Mayo*, Av Sebastián Barranca y Cercado, US$3, 2 hrs, leave when full). The same company runs from Lircay Terminal Terrestre hourly from 0430 to Julcamarca (colonial church, *Hostal Villa Julcamarca* near plaza, no tap water, really basic), 2½ hrs, then take a minibus from Julcamarca plaza to Ayacucho, US$2, 2 hrs; beautiful scenery all the way. Another option is to take the train to Izcuchaca, stay the night and take the colectivo (see above).

There is another route to Ayacucho from Huancayo, little used by buses, but which involves not so much climbing for cyclists. Cross the pass into the Mantaro valley on the road to **Quichuas** (**G** *Hostal Recreo Sol y Sombra*, charming, small courtyard, helpful, basic). Then to **Anco** (**G** *Hostal Gabi*, appalling, but better than anything else) and **Mayocc** (lodging). From here the road crosses a bridge after 10 km and in another 20 km reaches **Huanta** (see Ayacucho, Excursions). Then it's a paved road to Ayacucho.

Peru

Ayacucho

Ayacucho was founded on 9 January 1539. On the Pampa de Quinua, on 9 December 1824, the decisive Battle of Ayacucho was fought, bringing Spanish rule in Peru to an end. In the middle of the festivities, the Liberator Simón Bolívar decreed that the city be named Ayacucho, 'City of Blood', instead of its original name, Huamanga.

Phone code: 066
Colour map 3, grid C3
Population: 105,918
Altitude: 2,740 m

The city is built round Parque Sucre, the main plaza, with the Cathedral, Municipalidad and Palacio de Gobierno facing on to it. It is famous for its Semana Santa celebrations, its splendid market and its 33 churches. The climate is lovely, with warm, sunny days and pleasant balmy evenings.

Following the violence of Shining Path's most active period in the 1980s and early 1990s, peace has returned to this beautiful city, which is now eager to promote tourism.

Sights For a fascinating insight into Quechua art and culture, a visit to **Barrio Santa Ana** is a must. The district is full of *artesanía* shops, galleries and workshops (eg *Galería Latina*, Plazuela de Santa Ana 605, and *Wari Art Gallery*, Jr Mcal Cáceres 302).

The **Mirador Turístico**, on Cerro Acuchimay, offers fine views over the city. Take a *micro* or bus from the corner of Jr 2 de Mayo and Jr C F Vivanco all the way there.

The **Cathedral**, built in 1612 has superb gold leaf altars. ■ *Daily 1730-1845.* See also San Cristóbal, the first church to be founded in the city; **La Merced**, whose high choir is a good example of the simplicity of the churches of the early period of the Vice-royalty; **San Francisco de Asís** ■ *daily 0900-1100* and **Santa Teresa** (1683), both with magnificent gold-leafed altars heavily brocaded and carved in the churrigueresque style. ■ *Daily 1730-1900.* **Santa Clara** is renowned for its beautifully delicate coffered ceiling. ■ *Open only for the sale of sweets made by the nuns.* One of the city's most notable churches is **Santo Domingo** (1548). Its fine façade has triple Roman arches and Byzantine towers. ■ *Daily 0700-0800.*

To the north of Parque Sucre, on the corner of Portal de la Unión and Asamblea, are the **Casonas de los Marqueses de Mozobamba y del Pozo**, also called Velarde-Alvarez. **Casa Jaúregui** is situated opposite the church of La Merced. On the 5th block of Jr Grau is the house where Simón Bolívar and José Antonio de Sucre stayed. On the 5th block of 28 de Julio is **Casona Vivanco**, which now houses the **Museo Andrés A Cáceres**, displaying prehispanic, colonial, republican and contemporary art, as well exhibits on Mariscal Cáceres' battles in the War of the Pacific. ■ *Mon-Sat 0900-1230, 1400-1700, US$0.45.*

Museo Arqueológico Hipólito Unanue is opposite the University Residences, on Av Independencia, at the north end of town. It has Huari artefacts and a museum of printing and art. ■ *Mon-Fri 0800-1300, 1500-1700, Sat 0900-1300, US$0.75.*

Excursions The Inca ruins of **Vilcashuamán** are to the south, beyond Cangallo. John Hemming writes: "There is a five-tiered, stepped *usnu* platform faced in fine Inca masonry and topped by a monolithic two-seat throne. The parish church is built in part of the Inca sun temple and rests on stretches of Inca terracing. Vilcashuamán was an important provincial capital, the crossroads where the road from Cusco to the Pacific met the empire's north-south highway." Tours can be arranged with Travel Agencies in Ayacucho, US$13 per person, full day tour (0500-1800), including **Intihuatana** (Inca baths about one hour uphill from the village of Vischongo, one hour from Vilcashuamán, five from Ayacucho, also Puya Raimondi plants); alternatively stay overnight (three hotels, **G**, basic but clean). Market day is Wednesday. ■ *Buses and colectivos run from Av M Castilla, daily at 0400, 4 hrs, US$2.50.*

La Quinua village, 37 km northeast of Ayacucho, has a charming cobbled main plaza and many of the buildings have been restored. There is a small market on Sunday. Nearby, on the Pampa de Quinua, a 44 m-high obelisk commemorates the battle of Ayacucho. There is also a small, poorly displayed museum; US$1.40. The village's handicrafts are recommended, especially ceramics. Most of the houses have miniature ceramic churches on the roof. San Pedro Ceramics, at the foot of the hill leading to the monument, and Mamerto Sánchez, Jr Sucre, should be visited. *Fiesta de la Virgen de Cocharcas*, around 8 September. It is a beautiful 18 km walk downhill from La Quinua to Huari, where trucks leave for Ayacucho until about 1700.

A good road going north from Ayacucho leads to **Huari**, dating from the 'Middle Horizon', when the Huari culture spread across most of Peru. This was the first urban walled centre in the Andes. The huge irregular stone walls are up to 12 m high and rectangular houses and streets can be made out. The most important activity here was artistic: ceramics, gold, silver, metal and alloys such as bronze, which was used for weapons and for decorative objects. The ruins now lie in an extensive *tuna* cactus forest. There is a museum at the site. ■ *Buses leave from Ovalo in Barrio Magdalena when full, from 0700 onwards. Buses go on to La Quinua, US$1, and Huanta, US$1.35 (see below). Trips can be arranged to Huari, La Quinua village and the battlefield; US$16-17 pp for 2 people (see Tour operators below).*

The Huanta valley is a picturesque region, 48 km northeast of Ayacucho. The town of Huanta is one hour from Ayacucho, on the road to Huancayo. From Huanta, several lakes can be visited (difficult in rainy season), also the valley of Luricocha, 5 km away, with its warm climate. Huanta celebrates the *Fiesta de las Cruces* during the first week of May. Its Sunday market is large and interesting. **E** *La Posada del Marqués*, Sáenz Peña 160, T831022, colonial, quiet, helpful, welcomes cyclists; **F** *Hospedaje Huanta*, Santillana 437, T832908, warm water, OK; good food at *Central* and *El Patio*, on Plaza de Armas.

On the road to Huanta 24 km from Ayacucho, is the site of perhaps the oldest known culture in South America, 20,000 years old, evidence of which was found in the cave of **Pikimachay**. The remains are now in Lima's museums.

AL *Ayacucho*, 9 de Diciembre 184, T812202. Beautiful colonial building but the rooms don't match up to the palatial splendour of the reception, comfortable, TV, some rooms overlook the plaza. **B** *Ciudadela Warpa Picchu*, Km 5 Carretera a Cusco, T819462, www.warpapicchu.com<~>10 mins from the city, Belgian-owned hotel, rooms with jacuzzi **A**, includes breakfast, tax, transfers, use of pool, gym and other facilities, comfortable, restaurant, bar. Owner Sr Verbist is a knowledgeable guide (Portal Independencia 66, T815191, verbist@terra.com.pe). Recommended. **C** *Hostelería Santa Rosa*, Jr Lima 166, T814614. Lovely colonial courtyard, roof terrace (ask for room 40 at the top), hot water, car park, restaurant. Recommended. **D** *Colmena*, Jr Cusco 140, T811318. **E** without bath (poorer rooms), hot water 0700-0900, small rooms, secure, pleasant courtyard. **D** *Florida*, Jr Cusco 310, T812565, F816029. Small, pleasant, quiet, patio with flowers, TV, hot water in morning and on request. **D** *Hostal 3 Máscaras*, Jr 3 Máscaras 194, T812921. New rooms with bath better than the old ones without, nice colonial building with patio, hot water 0600-1100, car park. **D** *Samary*, Jr Callao 335, T/F812442. Discount for longer stay, safe, hot water in mornings, parking. Recommended. **D** *San Francisco*, Jr Callao 290, T814501. Includes breakfast, hot water, comfortable, nice patio. Recommended. **D** *Valdelirios*, Bolognesi 520, T813908. Lovely colonial-style mansion, beautifully-furnished, pick-up from the airport for US$1.30, bar, reserve at least 24 hrs in advance. Recommended. **E** *Hospedaje Central*, Av Cáceres 1048. Rooms without bath and TV are **F**, large rooms, hot water, good value. **E** *Residencial La Crillonesa*, Nazareno 165, T812350. **F** with shared bath, hot water, laundry facilities, discount for longer stay, great views from roof terrace. **E** *La Posada de Santa Inés*, Jr Chorro 139, T811670. Hot water, TV, terrace with small swimming pool (ask in advance for it to be cleaned), good value. **E** *Hostal San Blas*, Jr Chorro 167, T812712. Hot water, laundry facilities, nice rooms, cheap meals available, discount for longer stay, Carlos will act as a local tour guide and knows everyone. Recommended. **E** *Hostal Wari*, Mcal Cáceres 836, T813065. **F** with shared bath, hot water in the morning, basic, large rooms. **F** *Hostal El Sol*, Av Mcal Castilla 132, T813069. Hot water 0800-1000, 2000-2200, **G** in rooms with cold water, well-furnished large rooms. Recommended. **F** pp *Grau*, Jr San Juan de Dios 192, T812695. Rooms on 2nd floor are new, with bath (**G** without), hot water in evening, laundry facilities, good value, safe but noisy. Recommended. **F** *Guzmán*, Cusco 239, T816262. Small rooms, hot water, good restaurant, helpful owner.

Mid-range: *La Casona*, Jr Bellido 463. Regional specialities. Recommended. *Lalo's Café*, Jr Lima 164. Open 0900-1300, 1600-2230 for coffee, teas, cakes, sandwiches and pizza.*Portales*, on plaza, Portal Unión. Popular. *Tradición*, San Martín 406. Popular, good cheap *menú*. **Cheap**: *Cameycar*, Jr Asamblea 261. Popular, good set menu. *Café Dorado*, Jr Asamblea 310. Excellent value set menu in a pleasant setting. *Kutimuy*, Jr 28 de Julio 356, opposite police station. Looks like a copy shop, but serves good big breakfasts. *Mia Pizza*, San Martín, near *Tradición*. Good Italian meals. *Pollería Nino*, Jr 9 de Diciembre 205, opposite Santo Domingo church. Recommended for chicken. *Comedor Nueva Era*, Asamblea 204, 4th floor. Vegetarian, Mon-Sat 0700-2100, good. Try *mondongo*, a soup made from meat, maize and mint, at the market near Santa Clara on Jr Carlos Vivanco. Sra Gallardo has been recommended. **Bars** *La Rumana Pizza Video Pub*, Cáceres 1045. Pizzas, drinks and music videos, if there aren't many customers the owner may let you rent a video to watch on the big screen, good sound.

Sleeping
■ *on map*
Ayacucho suffers from water shortages. There is usually no water between 0900 and 1500. Many hotels have their own water tanks

Peru

Eating
● *on map*
Those wishing to try cuy should do so in Ayacucho as it's a lot cheaper than Cusco

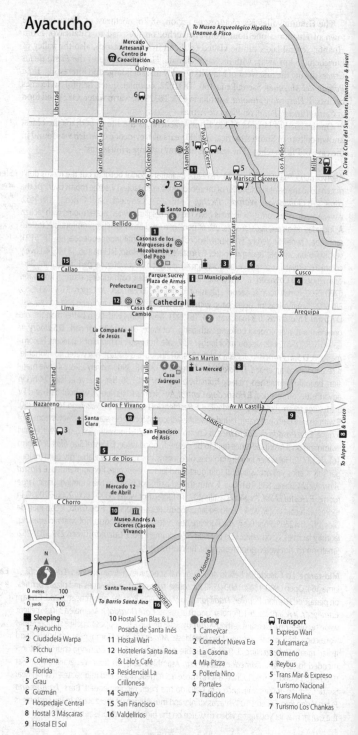

Ayacucho

Sleeping

1 Ayacucho
2 Ciudadela Warpa Picchu
3 Colmena
4 Florida
5 Grau
6 Guzmán
7 Hospedaje Central
8 Hostal 3 Máscaras
9 Hostal El Sol
10 Hostal San Blas & La Posada de Santa Inés
11 Hostal Wari
12 Hostelería Santa Rosa & Lalo's Café
13 Residencial La Crillonesa
14 Samary
15 San Francisco
16 Valdelirios

Eating

1 Cameycar
2 Comedor Nueva Era
3 La Casona
4 Mia Pizza
5 Pollería Nino
6 Portales
7 Tradición

Transport

1 Expreso Wari
2 Julcamarca
3 Ormeño
4 Reybus
5 Trans Mar & Expreso Turismo Nacional
6 Trans Molina
7 Turismo Los Chankas

The area is well-known for its festivals throughout the year. Almost every day there is a cele- **Festivals**
bration in one of the surrounding villages. Check with the tourist office. *Carnival* in **Feb** is
reported as a wild affair. *Semana Santa* begins on the Fri before Holy Week. There follows
one of the world's finest Holy Week celebrations, with candle-lit nightly processions, floral
'paintings' on the streets, daily fairs (the biggest on Easter Saturday), horse races and contests among peoples from all central Peru. All accommodation is fully booked for months in
advance. Many people offer beds in their homes during the week. Look out for notices on the
doors, especially on Jr Libertad. **25 Apr:** anniversary of the founding of Huamanga province.

Handicrafts Ayacucho is a good place to buy local crafts including filigree silver, which often uses **Shopping**
mudéjar patterns. Also look out for little painted altars which show the manger scene, carvings in
local alabaster, harps, or the pre-Inca tradition of carving dried gourds. The most famous goods are
carpets and *retablos*. In both weaving and *retablos*, scenes of recent political strife have been added
to more traditional motifs. For carpets, go to Barrio Santa Ana, see under Sights above. In Barrio
Belén, *Familia Pizarro*, Jr San Cristóbal 215, works in textiles and *piedra huamanga* (local alabaster),
good quality. A large new Mercado Artesanal y Centro de Capacitación has opened on Jr Quinua.
Mercado 12 de Abril, Chorro y San Juan de Dios, is for fruit and vegetables

Local tours with *Wari Tours*, Portal Independencia 70, T813115. Also handles Ormeño bus **Tour operators**
tickets and Western Union. Also *Urpillay Tours*, Portal Independencia 62. Hnadles *Tans* flight
tickets. *Willy Tours*, Jr 9 de Diciembre 107, T812568, F814075. Handles *LC Busre* flight tickets.

Air From **Lima** with *Aero Continente* and *Aero Cóndor* (9 de Diciembre 123), both 4 times **Transport**
a week; the latter continues to **Andahuaylas**, US$25 (from where you can take a bus to
Abancay and then on to Cusco). *LC Busre* also flies to Lima, US$70. **Buses** To **Lima**, 9-10 hrs
on a good new paved road, via Ica (7 hrs). For **Pisco**, 332 km, 6 hrs, take a Ica/Lima bus and
get out at San Clemente, 10 mins from Pisco, and take a bus or combi (same fare to San
Clemente as for Ica). Companies include: *Wari*, Pasaje Cáceres (opposite ReyBus), US$5.15 at
1800; *TransMar*, Av Mcal Cáceres 896 and *Reybus*, Pasaje Cáceres 166, US$5.80. More
expensive are *Expreso Turismo Nacional*, Av Mcal Cáceres 886, *Libertadores*, Av Manco
Cápac 295, *Trans Molina*, Jr 9 de Diciembre 458, 8 a day US$5.80-10; *Ormeño*, Jr Libertad
257, US$7.15 and US$10; *Civa*, Av Mcal Cáceres 1242, US$10, and Cruz del Sur, Av Mcal
Cáceres 1264, US$11.45.

To **Huancayo**, 319 km, 8-10 hrs, US$5.70. Daily with *Trans Molina*, 3 a day, and *Central*
and *Ticllos* , 1 each at night. The road is paved as far as Huanta, thereafter it is rough, especially in the wet season, but the views are breathtaking.

For **Huancavelica**, if no direct buses are running, take colectivos through Julcamarca and
Lircay (see page 1221).

To **Andahuaylas**, 261 km, takes 10 hrs (more in the rainy season). *Molina* passes through
from Lima en route to Cusco at 2200, check if there is a seat; *Turismo Los Chankas*, Pasaje
Cáceres 144, at 0630 and 1900, US$5.70. Only *Turismo Los Chankas*' 1900 service is direct to
Cusco, overnighting in Andahuaylas. To get to **Abancay**, a further 138 km, 6 hrs, you must
change buses and then go on to **Cusco**, a further 195 km, 5 hrs. It takes 24 hrs to Cusco. Road
conditions are terrible, and landslides a common occurrence in the wet season. The scenery,
though, is stunning and makes up for it.

Banks *BCP*, Portal Unión 28. No commission on TCs, cash advance on Visa, Visa ATM. *Interbank*, **Directory**
opposite *Hotel Ayacucho*, Jr 9 de Diciembre 183. ATM for Visa, also Mastercard/Cirrus. Opening hours
0915-1315, 1630-1830, Sat 0930-1230. Many street changers and *casas de cambio* at Portal
Constitución on Plaza, good rate for cash. **Communications** **Internet:** At Jr Lima 114, another next
door. Others on Asamblea. Connections and machines are good, average price is US$0.60 per hr, some
charge US$0.90 at night. All open 0800-2300 daily. **Post Office and Telephone:** Asamblea 293.
Tourist offices *i perú*, Portal Municipal 48, on the Plaza, T818305. Open daily 0830-1930. **Dirección
Regional de Industria y Turismo** (DRITINCI), Asamblea 481, T812548. Open Mon-Fri 0800-1300,
friendly and helpful. **Tourist Police**, Dos de Mayo y Arequipa.

<table>
<tr><td>Ayacucho
to Cusco</td><td>The road towards Cusco goes through **Chincheros**, 158 km from Ayacucho and three hours from Andahuaylas. It's a picturesque town and a nice place to break the Andahuaylas-Ayacucho trip. Ask for the bakery with its outdoor oven. About 15 minutes from Chincheros, on the road from Andahuaylas, is Uripa with a good Sunday market. *Micros* regularly run between the two towns. There are a few hotels (**F**); also **G** *Hostal Zárate* in Uripa. ■ *A bus leaves for Ayacucho at 0400 and 1300. You may be able to hitch a lift with one of the trucks, if you're up before daybreak.*

Andahuaylas is 94 km further on, in a fertile valley. It offers few exotic crafts, poor transport, but beautiful scenery, great hospitality and a good market on Sunday. A large part of the town centre has electricity. The **tourist police** have an office on Av Perú. **Sleeping and eating** **D** *El Encanto de Oro*, Av Pedro Casafranca 424, T723066, F722555. Breakfast included, TV, hot water, laundry service, restaurant, organizes trips on request. **D** *Sol de Oro*, Jr Juan A Trelles 164, T721152/722815. Includes breakfast, hot water, TV, laundry service, restaurant. **D** *Turístico Andahuaylas*, Av Lázaro Carrillo 620, T721229. Hot water. **F** pp *Encanto de Apurímac*, Jr Ramos 401 (near Los Chancas buses), T723527. With bath, clean, TV. **F** *Wari*, Ramos 427. Cold showers but clean. **G** *Hostal Waliman*, Av Andahuaylas 266, near where the buses leave for Cusco. Basic, cold water.

■ *Getting there: Aero Cóndor flights to Lima via Ayacucho 4 days a week. Daily buses to Ayacucho, a minimum of 10 very rough hours, US$5.70, Turismo Los Chankas at 0630 and 1900. Molina has a night bus to Lima via Ayacucho, US$14.40. To Abancay, Señor de Huanca at 1030, 1300 daily, 6 hrs, US$4.30. To Cusco, San Jerónimo, via Abancay, 0630, US$7.20. On all night buses, take a blanket.*</td></tr>
</table>

Nestled between mountains in the upper reaches of a glacial valley, the friendly town of **Abancay** (Phone code: 084) is first glimpsed when you are 62 km away. There is a petrol station. **B** *Hotel de Turismo Abancay*, Av Díaz Barcenas 500, T321017 (Cusco, 223339), old-fashioned house, overpriced, run down, poor hot water supply, but it does have internet, camping permitted US$3. There are various other hotels: **D-F** *Imperial*, Díaz Barcenas 517, T321578, great beds and hot water, spotless, helpful, parking. **F** *El Dorado*, Av Arenas 131-C, T322005, is good. *Elena*, on the same street as the bus companies, is a good place to eat. At Av Arena 170 is the restaurant of José (Pepe) Molero Ruiz, T684397, pepe_19g@yahoo.com He is knowledgeable about the area and encouraging all forms of tourism to sites near and farther afield.

■ *Several bus companies leave for Cusco (departing from Av Arenas near the market), Andahuaylas, Ayacucho, and Nasca on the Panamericana Sur, 464 km, via Chalhuanca and Puquío, continuing to Lima. All buses on the Lima-Nasca-Cusco route pass through Abancay at about midnight. Similarly, buses on the Ayacucho-Cusco route pass through Abancay 15 hrs after leaving Ayacucho, 10 hrs after Andahuaylas. Señor de Huanca runs between Abancay and Andahuaylas, leaving Abancay twice a day. The journey Abancay-Cusco takes 5 hrs, US$4.30. The scenery is dramatic, especially as it descends into the Apurímac valley and climbs out again. There is a checkpoint at the Apurímac border. Coming from Cusco, after the pass it takes an hour to zig-zag down to Abancay. See page 1213 for sites of interest between Abancay and Cusco.*

East of La Oroya

<table>
<tr><td>**Tarma**
Phone code: 064
Colour map 3, grid C3
Population: 105,200
Altitude: 3,050 m
60 km from La Oroya</td><td>Founded in 1538, Tarma is now growing, with garish modern buildings, but still has a lot of charm. The Semana Santa celebrations are spectacular, with a very colourful Easter Sunday morning procession in the main plaza. Accommodation is hard to find at this time, but you can apply to the Municipalidad for rooms with local families. The town is also notable for its locally made fine flower-carpets. Good, friendly market around C Amazonas and Ucayali. The surrounding countryside is beautiful.</td></tr>
</table>

Excursions 8 km from Tarma, the small town of **Acobamba** has *tapices* made in San Pedro de Cajas which depict the Crucifixion. **E** *Hotel Sumaq*, Chanchamayo 650,

Peru

T341109, hot water, TV. There are festivities during May. 2 km up beyond the town is the **Santuario de Muruhuay**, with a venerated picture painted on the rock behind the altar. **C** *Hostal Campestre Auberge Normandie*, beside the Sanctuary, T341028, or Lima 349 5440, hostalnormandie@yahoo.com 16 cabins with hot water, TV, bar, restaurant. ■ *Colectivos and yellow Canary buses from Tarma to Acobamba and up to Muruhuay every 10-20 mins, US$0.25.*

Sleeping and eating **AL** *Los Portales*, Av Castilla 512, T321411, F321410 (in Lima T421 7220). Out of town, hot water, heating, quiet, includes breakfast, good restaurant. **A** *La Florida*, 6 km from Tarma, T341041, F341358, kreida@yahoo.com (for reservations T Lima 344 1358). 18th-century, working hacienda, with hot water, includes breakfast, owned by German-Peruvian couple Inge and Pepe who arrange excursions. Highly recommended. Also camping for US$3. **D** *Hostal Internacional*, Dos de Mayo 307, T321830. With hot water in afternoon. **E** *Albania*, Amazonas 435. Small rooms, hot water. **E** *Hostal Central*, Huánuco 614, T321198. Shared bath, hot water, laundry facilities, a bit rundown but popular, has an observatory which opens Fri at 2000. **E** *La Colmena*, Jauja 618, T321157. Old building, convenient for Huancayo buses. **F** *Hostal Bolívar*, Huaraz 389, T321060. Old building, shared showers, hot water. Recommended. **F** *Hostal El Dorado*, Huánuco 488, T321598. Hot water, **G** without bath, rooms set round a patio, first floor rooms better, reasonable. *La Grima*, on Plaza de Armas. Recommended for trout. *La Cabaña de Bryan*, Paucartambo 450. Good for meat dishes. *Lo Mejorcito de Tarma*, Huánuco 190, T320685. Good set menú US$1.50, local specialities, also has tourist information. Recommended. *El Sabor Criollo*, Huaraz y Callao. Local restaurant, cheap. *Señorial/Pollería Braserita*, Huánuco 138. Good *menú*. There are also several places on Lima, including a vegetarian. The *manjarblanco* of Tarma is famous, as well as *pachamanca*, *mondongo* and *picante de cuyes*. A good place to buy local produce is *El Tarmenito*, Lima 149.

Transport Buses to Lima, 231 km (paved), 6 hrs, US$4. *Transportes Chanchamayo*, Callao 1002, T321882, recommended, 3 a day, en route from Chanchamayo; *Turismo Imperial*, Callao 960, 4 a day, also coming from Chanchamayo. *Canary Tours* (0930 and 2130), *Transportes Sr de Muruhuay* (several daily) start in Tarma. To **Jauja** and **Huancayo**, *Transportes San Juan*, from the stadium hourly on the half hour, buses coming from Chanchamayo; *Canary Tours* leave when full, 0500-2200, to Jauja 2 hrs, US$2. All buses continue to Huancayo, 3 hrs, US$2.50. Colectivos depart when full from Callao y Jauja, 2 hrs, US$4, and 3 hrs, US$6, respectively. To **Cerro de Pasco**, *Empresa Junín*, Amazonas 450, 4 a day, 3 hrs, US$2.50. also colectivos when full, 2 hrs, US$4. Buses to **La Oroya** leave from opposite the petrol station on Av Castilla block 5, 1 hr, US$1.25, while colectivos leave from the petrol station itself, 45 mins, US$2. To **Chanchamayo**, *Transportes San Juan* from the stadium every hour on the half hour, 1½ hrs, US$1.50 to San Ramón, and 2 hrs, US$2 to La Merced. Also, colectivos, 1-1¼ hrs, US$3 and US$3.50 respectively.

Directory Banks **BCP**, Lima 407, changes Amex TCs. **Communications** **Internet:** Internet offices at Perené 292 and Paucartambo 632. **Telephone:** on the Plaza de Armas. **Tourist office** 2 de Mayo 775 on the Plaza, T321010, very helpful. Open Mon-Fri 0800-1300, 1600-1800.

Beyond Tarma the road is steep and crooked but there are few places where cars cannot pass one another. In the 80 km between Tarma and La Merced the road, passing by great overhanging cliffs, drops 2,450 m and the vegetation changes dramatically from temperate to tropical. This is a really beautiful run.

The towns of San Ramón and La Merced are collectively known as **Chanchamayo** (*Population*: 7,000). **San Ramón** is 11 km before La Merced and has several hotels (**B-F**) and restaurants. Regular colectivos between the two towns, 15 minutes, US$0.25. ■ *Transport Air: flights leave from San Ramón. There is an 'air-colectivo' service to Puerto Bermúdez, 10 kg baggage allowance, US$5 per kg of excess luggage. The service continues to Atalaya, Satipo, Puerto Inca and Pucallpa. Air-colectivos go to Lima and to most places in the jungle region where there is an airstrip. Flights are cheap but irregular, and depend on technical factors, weather and goodwill.*

Peru

La Merced (*Population*: 15,000), lies in the fertile Chanchamayo valley. Campa Indians can usually be found around the central plaza selling bows, arrows, necklaces and trinkets. There is a festival in the last week of September. There are several hotels (**C-F**) and restaurants. ■ *Many buses go here from Lima:* Transportes Chanchamayo *is the best, also* La Merced, Expreso Satipo; *7½-9 hrs, US$5.20-7.15. Also many buses from Tarma, US$2, 2½ hrs. To Puerto Bermúdez, 8 hrs, US$10, at 0330, 0430 with* Transdife *bus/truck, also* Fisel *buses, 0400.*

About 22 km north from La Merced is **San Luis de Shuaro**, from where the road has been extended over an intervening mountain range. A turn-off east leads to **Puerto Bermúdez** (**F** *Albergue Humboldt,* by the Río Pachitea at La Rampa, good, electricity 1800-2330, rooms, hammocks or tents, library, laundry, gardens, meals US$5 extra, Spanish cooking, T Lima 427 9196/428 5546, Humboldt49@ hotmail.com **F** *Hostal Tania,* opposite dock where motorized canoes tie up, clean; eating house opposite the airstrip). This is a great base for exploring further into the San Matías/San Carlos national reserve in the Selva Central Peruana, with trips upriver to the Asháninca communities. Tours arranged by *Albergue Humboldt* cost US$18-28 a day, depending on group size. Boat passages possible from passing traders. ■ *Getting there: to get to Pucallpa, there is transport via Puerto Palcazu, US$10.*

North of La Oroya

A paved road runs 130 km north from La Oroya to Cerro de Pasco. It runs up the Mantaro valley through canyons to the wet and mournful Junín pampa at over 4,250 m, one of the world's largest high-altitude plains. An obelisk marks the battlefield where the Peruvians under Bolívar defeated the Spaniards in 1824. Blue peaks line the pampa in a distant wall. This windswept sheet of yellow grass is bitterly cold and the only signs of life are the youthful herders with their sheep and llamas. The road follows the east shores of the Lago de Junín. The town of **Junín** lies some distance south of the lake and has the somewhat desolate feel of a high puna town, bisected by the railway.

The **Lago Junín National Reserve** protects one of the best bird-watching sites in the central Andes where the giant coot and even flamingos may be spotted. It is easiest to visit from the village of Huayre, 5 km south of Carhuamayo, from which it is a 20-minute walk down to the lake. Fishermen are usually around to take visitors out on the lake. Carhuamayo is the best place to stay: *Gianmarco,* Maravillas 454, and *Patricia,* Tarapacá 862, are the best of several basic *hostales.* There are numerous restaurants along the main road.

Cerro de Pasco
Phone code: 063
Population: 29,810
Altitude: 4,330 m
130 km from La Oroya

This long-established mining centre is not attractive, but is nevertheless very friendly. Copper, zinc, lead, gold and silver are mined here, and coal comes from the deep canyon of Goyllarisquisga, the 'place where a star fell', the highest coal mine in the world, 42 km north of Cerro de Pasco. The town is sited between Lago Patarcocha and the huge abyss of the mine above which its buildings and streets cling precariously. Nights are bitterly cold. *BCP* is on Jr Bolognesi. Money changers can be found on Jr Bolognesi between the market and the Cathedral.

Southwest of Cerro de Pasco by 40 km is **Huayllay**, near which is the **Santuario Bosque de Piedras**, unique weathered limestone formations in the shape of a tortoise, elephant, alpaca, etc. At the Sanctuary (4,100-4,600 m), four tourist circuits through the spectacular rock formations have been laid out. ■ *Entrance fee US$1, payable only if the guides, Ernesto and Christian, are there. Camping is permitted within the Sanctuary. Minibuses to Huallay from Cerro de Pasco's terminal leave throughout the day, about 1 hr 20 mins, US$1.50. They return until 1800-1900. The village of Huallay is 30 mins beyond the sanctuary entrance.*

Sleeping and eating D *Wong,* Carrión 99, T721918. Modern, hot water 24 hrs, TV, comfortable, attractive decorations. Recommended. **E** *Hostal Arenales,* Jr Arenales 162, near the bus station, T723088. Modern, TV, hot water in the morning. **E** *Welcome,* opposite the entrance to the bus station. Some rooms without window, hot water 24 hrs. **F** *El Viajero*, on the west side of the plaza, T722172. Hot water morning only. **F** *Santa Rosa*, on the north side of the plaza, T722120. Old building, large, hot water all day, basic. *Los Angeles*, Jr Libertad, near the market. Excellent *menú* for US$1.50. Recommended. *San Fernando* bakery in the plaza. Opens at 0700 for first-rate hot chocolate, bread and pastries.

Transport Buses: There is a large bus station. To **Lima** several companies including *Paraíso Tours*, 0730, 2100, *Carhuamayo* and *Transportes Apóstol San Pedro*, hourly 0800-1200, plus 4 departures 2030-2130, 8 hrs, US$4-5. If there are no convenient daytime buses, you could change buses in La Oroya. To **Carhuamayo, Junín** and **La Oroya**: buses leave when full, about every 20-30 mines, to Carhuamayo 1 hr, US$1; to Junín 1½ hrs, US$1; to La Oroya, 2½ hrs, US$2. Colectivos also depart with a similar frequency, 1½ hrs, US$2.50, to La Oroya. To **Tarma**, *Empresa Junín*, 0600, 1500, 3 hrs, $2.50. Colectivos also depart hourly, 1½ hrs, US$4. To **Huancayo**, *Transportes Javier*, 4 a day, 5 hrs, US$3.50; also *Trans Central* and *Salazar*, one each, US$4. To **Huánuco**, buses and cars leave when full, about half hourly, 2½ hrs and 1½ hrs, US$2 and US$4 respectively.

The Central Highway from Cerro de Pasco continues northeast another 528 km to Pucallpa, the limit of navigation for large Amazon river boats. The western part of this road (Cerro de Pasco-Huánuco) has been rebuilt into an all-weather highway.

The sharp descent along the nascent **Río Huallaga** is a tonic to travellers suffering from *soroche*. The road drops 2,436 m in the 100 km from Cerro de Pasco to Huánuco, and most of it is in the first 32 km. From the bleak high ranges the road plunges below the tree line offering great views. The only town of any size before Huánuco is **Ambo**.

Huánuco

This is an attractive Andean town on the Upper Huallaga with an interesting market. The two churches of **San Cristóbal** and **San Francisco** have both been much restored. The latter has some 16th-century paintings. The natural history museum, which claims to have 10,000 exhibits, is at Gen Prado 495, **Museo de Ciencias**. ■ *Mon-Fri 0900-1200, 1500-1800, Sat-Sun 1000-1200, US$0.50.*

Phone code: 062
Colour map 3, grid B3
Population: 118,814
Altitude: 1,894 m

Peru

About 5 km away on the road west to La Unión is **Kotosh** (*altitude:* 1,812 m), the Temple of Crossed Hands, the earliest evidence of a complex society and of pottery in Peru, dating from 2000 BC. ■ *US$0.75, including a guide (in Spanish) around a marked circuit which also passes through a small botanical garden of desert plants. Beware of the vicious black flies. Taxi US$5 from the centre, with 30 mins' wait.*

B *Gran Hotel Huánuco*, Jr D Beraun 775, T514222, F512410. Restaurant, pool, sauna, gym, parking. Recommended. **D** *Hostal Caribe*, Huánuco 546, T513645, F513753, and adjoining it **D** *Hostal Mariño*, large modern hotels with big rooms, TV, as is **D** *Hostal Quintito*, 2 de Mayo 987. **D** *Cusco*, Huánuco 616, 2 blocks from the Plaza de Armas, T 513578, F514825. TV, cafetería, OK. **E** *Las Vegas*, 28 de Julio 936, on Plaza de Armas, T/F512315. Hot water, TV. Recommended. **E** *Hostal Miraflores*, Valdizan 564. Hot water, TV, quiet. **F** *El Roble*, Constitución 629, T512515. Slightly cheaper without bath, good value. **F** *Imperial*, Huánuco 581, T513203. With cold shower (intermittent water), quiet. *La Casona de Gladys*, Gen Prado 908, good, cheap local food. *La Casona*, Ayacucho 750, overlooking Plaza Santo Domingo. Specialises in anticuchos and steaks. Recommended. *Pizzería Don Sancho*, Prado 645. Best pizzas in town. There are vegetarian restaurants and cafés at Abtao 897, 2 de Mayo 751, Prado 840 and Govinda, 2 de Mayo 1044, reckoned to be the best. Good *chifas* on Beraun block 6. *Café Perú*, on the south side of the main plaza, is a café serving good coffee, *humitas* and *tamales*. Highly recommended for breakfast.

Sleeping & eating

20-25 Jan: is *Carnaval Huanuqueño*. **3 May**: *La Cruz de Mayo*. **16 Jul**: *Fiesta de la Virgen del Carmen*. **12-18 Aug**: Tourist Week in Huánuco. **28-29 Oct**: *Fiesta del Rey y del Señor de Burgos*, the patron of Huánuco. **25 Dec**: *Fiesta de los Negritos*.

Festivals

Transport   **Air**   From **Lima**, *Aerocóndor* (2 de Mayo 1253, T517090), Tue, Thu, Sat, 50 mins, US$70. There are connecting flights to Tingo María, Tocache, Juanjui, Pucallpa, Saposoa and other jungle towns. Check all flight details in advance. Flights may be cancelled in the rains or if not full.

Buses   To **Lima**, US$10, 8 hrs. *León de Huánuco*, Malecón Alomía Robles 821. Also *Etposa*, Valdizan block 7, *Transportes El Rey*, 28 de Julio 1215 (28 de Julio 1192, La Victoria, Lima), and *Trans G & M*, Tarapacá y 28 de Julio. The majority of buses of all companies leave 2030-2200, most also offer a bus at 0900-1000. A colectivo to Lima, costing US$20, leaves at 0400, arriving at 1400; book the night before at Gen Prado 607, 1 block from the plaza. Recommended. To **Cerro de Pasco**, 3 hrs, US$2, colectivos under 2 hrs, US$4. All leave when full from the Ovalo Carhuayna on the north side of the city, 3 km from the centre. To **Huancayo**, 6 hrs, US$5: *Turismo Central*, Tarapacá 530, at 2100. Colectivos run to **Tingo María**, from block 1 of Prado close to Puente Calicanto, 2½ hrs, US$3.50. Also *Etnasa*, 3-4 hrs, US2. For **Pucallpa**, take a colectivo to Tingo María, then a bus from there. This route has many checkpoints and robberies can occur. Travel by day and check on the current situation regarding safety. To **La Unión**, *Transportes El Niño*, Aguilar 530, colectivos, depart when full, 5 hrs, US$7.15. This is a rough road operated by old buses of which *Transportes Vitor*, Tarapacá 448, and *Transportes Rosario*, Tarapacá 330, 0730, 6 hrs, US$4, are the more reliable.

Directory   **Banks**   *BCP*, at Dos de Mayo 1005, Visa ATM. **Communications**   **Internet:** next to the Cathedral on the Plaza. **Post office,** 2 de Mayo on the Plaza. Open 0800-2000 Mon-Sat, 0800-1400 Sun. **Telephone:** at 28 de Julio 1170. **Tourist offices**   Gen Prado 716, on the Plaza de Armas. A website giving local information is www.webhuanuco.com

From Huánuco, a spectacular but very poor dirt road leads to **La Unión**, capital of Dos de Mayo district. It's a friendly, fast developing town with a couple of hotels (**F**) and restaurants, but electricity can be a problem and it gets very cold at night. On the pampa above La Unión are the Inca ruins of **Huánuco Viejo**, a 2½ hour walk from the town, a great temple-fortress with residential quarters.

Transport   To Huánuco: *El Niño* colectivos, Jr Comercio 12, T062-515952, 5 hrs, US$7.15; bus companies leave at 0630, 5-6 hrs, US$4. To the Callejón de Huaylas, direct La Unión-Huaraz bus with *El Rápido*, 6 hrs, US$4.50. Alternatively go to **Huallanca (Huánuco)**(see Sleeping below): combis leave from the market, about half hourly, when full and follow the attractive Vizcarra valley, 1 hr, US$0.75. Then take a *Yungay Express* or *El Rápido* bus to Huaraz. Alternatively, take a bus on the La Unión-Chiquián-Lima route and change at Chiquián or at the Conococha crossroads, but check times to avoid being stranded in the dark. Huallanca is an attractive town, with mining projects nearby; **D** *Hotel Milán*, 28 de Julio 107, modern, TV and hot water in all rooms, best in town, good restaurant. **F** *Hostal Yesica*, L Prado 507, hot water, shared bathroom, the best of the basic ones. Check local political conditions before taking this route.

Peru

Amazon Basin

Cooled by winds sweeping down from the Andes but warmed by its jungle blanket, this region contains important tropical flora and fauna. In the north of the region, Iquitos, on the Amazon itself, is the centre of jungle exploration. In southeastern Peru, the Manu Biosphere Reserve is reached by a short flight or a long road trip from Cusco, while the frontier town, Puerto Maldonado, only a 30-minute flight from Cusco, is the starting point for expeditions to one of the national parks at Tambopata or Heath.

It is a very varied landscape, with grasslands and tablelands of scrub-like vegetation, inaccessible swamps, and forests up to 2,000 m above sea level. The principal means of communication in the jungle is by its many rivers, the most important being the Amazon, which rises high up in the Andes as the Marañón, then joins the Ucayali to become the longest river in the world.

Situated on the middle Huallaga, in the Ceja de Montaña, on the edge (literally 'eyebrow') of the mountains, Tingo María is isolated for days in the rainy season. The altitude prevents the climate from being oppressive. The Cordillera Azul, the front range of the Andes, covered with jungle-like vegetation to its top, separates it from the jungle lowlands to the east. The mountain which can be seen from all over the town is called La Bella Durmiente, the Sleeping Beauty. The meeting here of highlands and jungle makes the landscape extremely striking. Bananas, sugar cane, cocoa, rubber, tea and coffee are grown. The main crop of the area, though, is coca, grown on the *chacras* (smallholdings) in the countryside, and sold legitimately and otherwise in Tingo María. A small university outside the town, beyond the *Hotel Madera Verde*, has a little museum-cum-zoo; it also maintains botanical gardens in the town. ■ *Free but a small tip would help to keep things in order.* About 6½ km from Tingo, on a rough road, is a fascinating cave, the **Cueva de las Lechuzas**. There are many oilbirds in the cave and many small parakeets near the entrance. ■ *US$1.50 for the cave. Take a torch, and do not wear open shoes. Getting there: take a motorcycle-taxi from town, US$1.75; cross the Río Monzón by new bridge.*

Tingo María
Phone code: 062
Colour map 3, grid B2
Population: 20,560
Altitude: 655 m
Annual rainfall: 2,642 mm
This is a main narco-trafficking centre and although the town is generally safe, it is not safe to leave it at night. Always keep to the main routes

Sleeping and eating B *Madera Verde*, Av Universitaria s/n, out of town on the road to Huánuco, near the University, T/F561800 (in Lima T445 4024, F445 9005), maverde@terra.com.pe Chalets in beautiful surroundings, with and without bath, restaurant, swimming pool. **E** *Hostal Marco Antonio*, Jr Monzón 364, T562201. Quiet, restaurant of the same name next door. **E** *Nueva York*, Av Alameda Perú 553, T562406. Cheaper without bath and TV, laundry, good value, restaurant. **F** *Hostal Central*, Av Tito Jaime 440. OK. **F** *La Cabaña*, Raimondi 600 block. Fairly clean, good restaurant. **F** *Viena*, Jr Lamas. Good value. *El Antojito 2*, Jr Chiclayo 458, good local food. *Girasol*, Av Raimondi 253, T562065. Chicken, burgers, cakes and fruit juices.

Hotels are often fully booked

Tour operators *Tingo María Travel Tours*, Av Raimondi 460, T562501. For local excursions.

Transport Buses: To **Huánuco**, 119 km, 3-4 hrs, US$2 with *Etnasa* (not recommended - theft and drug-trafficking); take a micro, US$2, or colectivo, US$3.50, 2 hrs, several daily. Direct buses continue to Lima, 12 hrs, with *Trans Rey*, US$15 *bus cama*, **León de Huánuco** and *Transmar*, US$11. To **Pucallpa**, 255 km, 12 hrs, US$4.30-8.50. *Ucayali Express* colectivos leave from Raimondi y Callao. There are other colectivos and taxis, which all leave in the early morning in convoy. The journey to Tingo María from Huánuco, 135 km, is very dusty but gives a good view of the jungle. Some 25 km beyond Huánuco the road begins a sharp climb to the heights of Carpish (3,023 m). A descent of 58 km brings it to the Huallaga River again; it then continues along the river to Tingo María. The road is paved from Huánuco to Tingo María, including a tunnel through the Carpish hills. Landslides along this section are frequent and construction work causes delays. Although this route is reported to be relatively free from terrorism, robberies do occur and it is advisable to travel only by day.

Directory Communications: Internet: several places on Raimondi and near the Plaza de Armas, fast and cheap but they keep strange hours. **Tourist offices** On the northwest side of the Plaza de Armas, in the municipal building, friendly, loads of free information, T-shirts with pictures of local views sell for US$3.45.

The Río Huallaga winds northwards for 930 km. The Upper Huallaga is a torrent, dropping 15.8 m per km between its source and Tingo María. The Lower Huallaga moves through an enervation of flatness, with its main port, Yurimaguas, below the last rapids and only 150 m above the Atlantic Ocean, yet distant from that ocean by over a month's voyage. Between the Upper and Lower lies the Middle Huallaga: the third of the river which is downstream from Tingo María and upstream from Yurimaguas.

North to Yurimaguas

Peru

Yurimaguas
Phone code: 065
Colour map 3, grid A2
Population: 25,700

Down-river of Tingo María, beyond Bellavista, the orientation is towards **Yurimaguas**, which is connected by road with the Pacific coast, via Tarapoto and Moyobamba (see page 1124). The town has a fine church of the Passionist Fathers, based on the Cathedral of Burgos, in Spain. A colourful market is held from 0600-0800, full of fruit and animals. Excursions in the area include the gorge of Shanusi and the lakes of Mushuyacu and Sanango. To organize tours, ask for Jorge or Samuel (who speaks English) at the Municipalidad, or go to *Nilotour*, Tte César López 717, niloelguia@hotmail.com Two-day tours US$240 not including food, recommended. Tours go to villages in the region, getting to know the way of life. Mopeds can be hired for US$2.35 per hour, including fuel. There is an *Interbank* or travel agents which charge poor rates and an internet cafe on Plaza de Armas, US$1.70 per hour. Tourist information is available from the Consejo Regional building on the main plaza.

Sleeping E *Hostal Residencial El Naranjo*, Arica 318, T351560, lillianarteaga@olva.com.pe or lillianartega@hotmail.com Best in town, excellent value, with good restaurant. **E** *Leo's Palace*, Plaza de Armas 104-6, good, reasonabe lvalue, restaurant.

Transport To/from **Tarapoto** (a beautiful journey), several bus companies, 5-6 hrs, US$3.45, same price by combi; in a camioneta it costs US$5.75 up front, US$2.90 in the back. Cars charge US$7.20. **By ferry to Iquitos** takes two days and two nights. See General hints for river travel, page 1239. There are police inspections at each end of the trip. Fares usually include meals, US$17 for one bunk in a cabin. *Eduardo* company is best. To buy a hammock costs US$5.75-8.50 in Yurimaguas, on C Jáuregui.

Yurimaguas to Iquitos

The river journey to Iquitos can be broken at **Lagunas**, 12 hours from Yurimaguas. You can ask the local people to take you on a canoe trip into the jungle where you will see at very close range alligators, monkeys and a variety of birds, but only on trips of four days or so. Register with police on arrival. **Sleeping** F *Hostal La Sombra*, Jr Vásquez 1121, shared bath, basic, good food.

■ *Getting there: The* Constante *plies Yurimaguas to Lagunas 2-3 times a week (US$4.50); from there connections are difficult to Iquitos; you should confirm departures the day before by radio. Ask for details at police station on the plaza. The boats pass by the villages of Castilla and Nauta, where the Huallaga joins the Ucayali and becomes the Amazon.*

There are good jungle trips from Lagunas to the **Pacaya-Samiria Reserve**. A permit from INRENA in Lima or Iquitos is essential before going to Pacaya-Samiria. The main part of the reserve is off limits to tourists, who may only be taken to forest surrounding the reserve. Some guides penetrate Pacaya-Samiria illegally: if caught, the tourist may face stiff penalties for trespass. Do not join a tour that involves living off the land. ■ *Park entry costs US$20. Before entering the Reserve you pass through a village where you must pay US$4.50.* Trips are mostly on the river, sleeping in hammocks, and include fishing. At least 5 days is recommended to make the most of the park. Take water purifier and mosquito repellent.

Luiz and *Edinson* are recommended guides; ask for them at the *Hostal La Sombra* in Lagunas. Guides charge US$15 per day. Juan Huaycama, at Jáuregui 689, is highly recommended. Trips to Pacaya-Samiria can also be arranged in Iquitos with *Muyuna* (whose lodge is only 80 km from the reserve) and *Paseos Amazónicos*. Expeditions must be booked in advance, all equipment and food is provided.

Tingo María to Pucallpa

From Tingo María to the end of the road at Pucallpa is 255 km, with a climb over the watershed – the Cordillera Azul – between the Huallaga and Ucayali rivers. The road is in poor shape for most of the journey, but paving is in progress (2003). Travel by day: it is safer the views are tremendous as you go from the high jungle to the Amazon Basin. Sit on the righthand side of the bus. When the road was being surveyed it was thought that the lowest pass over the Cordillera Azul was over 3,650 m high, but an old document stating that a Father Abad had found a pass through these mountains in 1757 was rediscovered, and the road now goes through the pass of Father Abad, a gigantic gap 4 km long and 2,000 m deep. At the top of the pass is a Peruvian Customs house; the jungle land to the east is a free zone. Coming down from the pass the road bed is along the floor of a magnificent canyon, the Boquerón Abad. It is a beautiful trip through luxuriant jungle, ferns and sheer walls of bare rock, punctuated by occasional waterfalls plunging into the roaring torrent below. East of the foot of the pass the all-weather road goes over the flat pampa, with few bends, to the village of **Aguaytía** (narcotics police outpost gasoline, accommodation in the **F** *Hostal San Antonio*, clean, and two restaurants). From Aguaytía the road continues for 160 km to Pucallpa – five hours by bus. There is a service station 3 hours before Pucallpa.

Pucallpa

Pucallpa is a rapidly expanding jungle town on the Río Ucayali, navigable by vessels of 3,000 tons from Iquitos, 533 nautical miles away. The town's newer sections have paved streets, sewers and lights, but much of the frontier atmosphere still exists. The floating ports of La Hoyada and Puerto Italia are about 5 km away and worth a visit to see the canoe traffic and open-air markets. (When river levels are low, boats leave from a different port, Pucallpillo.) The economy of the area includes sawmills, plywood factories, a paper mill, oil refinery, fishing and boat building. Large discoveries of oil and gas are being explored, and gold mining is underway nearby. Local festivals are *Carnival* in February, *San Juan* on 24 June, and the Ucayali regional fair in October. The town is hot and dusty between June and November and muddy from December to May. **NB** There is narcotics activity in the area. The city itself is safe enough to visit, but don't travel at night. **Museo Regional**, at Jr Inmaculada 999, has some good examples of Shibipo ceramics, as well as some delightful pickled snakes and other reptiles. ■ *0800-1200, 1600-1800, US$0.90.*

Phone code: 061
Colour map 3, grid B3
Population: 400, 000

The Hospital Amazónico Albert Schweitzer, which serves the local Indians, is on picturesque Lake **Yarinacocha**, the main tourist attraction near Pucallpa. River dolphins can be seen in the lake. A good place to swim is at **San José**. Take the road out behind the power station round the lake. ■ *Yarinacocha is 20 mins by colectivo or bus from the market in Pucallpa, US$0.30, or 15 mins by taxi, US$2.*

Excursions

    San Francisco and **Santa Clara** can be visited at the far end of the lake on its western arm. Both are Shibipo villages still practising traditional ceramic and textile crafts. In San Francisco a nice place to spend the night is in the house of Alberto Sánchez Ríos, *Casa Artesanal Shibipo*, which is very friendly and warmly recommended. ■ *To reach these villages take one of the motorized canoes, peke-pekes, which leave from Puerto Callao when full, US$0.90.*

    The beautifully located reserve, **Jardín Botánico Chullachaqui**, can be reached by boat from Puerto Callao, the port on Lake Yarinacocha, to Pueblo Nueva Luz de Fátima, 45 minutes, then one hour's walk to the garden. ■ *Free.* For information about traditional medicine contact Mateo Arevalomayna, San Francisco de Yarinacocha (president of the group Ametra; T573152, or ask at Moroti-Shobo).

    Sleeping and eating in Yarinacocha: **B** *La Cabaña Lodge*, T616679, F579242. Full board, including transport to and from Yarinacocha harbour, run by Ruth and Leroy from USA, great food, jungle trips US$50 per day including boat, guide and food; next door is **B-C** pp *La Perla*, including all meals, German-Peruvian owned, English and German spoken, no electricity after 2100, good, jungle tours organized. **D-E** *Los Delfines*, T571129. With bath, fan, fridge, some with TV. **F** *El Pescador*, in Puerto Callao, cheapest in town, restaurant. There are many restaurants and bars on the waterfront and near the Plaza.

Peru

Sleeping **AL** *Sol del Oriente*, Av San Martín 552, T/F575510, www.dhperu.net/eng/pucallpa.html Price includes breakfast and taxes, pool, minizoo, good restaurant. **D** *Arequipa*, Jr Progreso 573, T571348. Good. **D** *Mercedes*, Raimondi 601, T575120. Good, but noisy with good bar and restaurant attached, swimming pool. **E** *Barbtur*, Raimondi 670, T572532. **F** without bath, central, good beds. **E** *Komby*, Ucayali 360, T57118. Comfortable, swimming pool, excellent value. **E** *Sun*, Ucayali 380. Cheaper without bath, good value, next to *Komby*.

Eating *El Alamo*, Carretera Yarinacocha 2650. Good typical food. *Jugos Don José*, Jr Ucayali 661. One of the oldest in town. *Cafetería Antonio*, Cnel Portillo 307, 2 blocks from the *Museo Regional*, good coffee. *Billy's Place, on* Arica, on the street east of Jr Mcal Cáceres. A decent bar run by an American called Rick (Billy is his pet jaguar). He only sells beer, has TV and pinball. All the locals know it; the area is very dark late at night.

   Typical dishes *Patarashca* is barbecued fish wrapped in *bijao* leaves; *zarapatera*, a spicy soup made with turtle meat served in its shell, but consider the ecological implications of this dish; *chonta salad*, made with palm shoots; *juanes*, rice with chicken or fish served during the San Juan festival; *tacutacu* is banana and sauces. The local beer 'San Juan' has been recommended.

Shopping *Artesanías La Selva*, Jr Tarapacá 868, has a reasonable selection of indigenous craftwork. For local wood carvings visit the workshop of sculptor, **Agustín Rivas**, at Jr Tarapacá 861, above a small restaurant whose entrance is at No 863 (ask for it). His work is made from huge tree roots. Many Shibipo women carry and sell their products around Pucallpa and Yarinacocha.

Tour operators *Laser Viajes y Turismo*, Raimondi 470, T571120, T/F573776. Helpful, recommended for planning a jungle trip. If organizing a group tour with the boatmen on the waterfront, expect to pay around US$30 per day pp. Only use accredited guides.

Transport **Air** To **Lima**, 1 hr, daily flights with *Aero Continente/Aviandina* (Jr 7 de Junio 861, T575643), and *Tans*. Aviandina and *Tans*' flights continue to/proceed from **Iquitos**. Airport to town, bus US$0.25; *motos* US$1; taxi US$2-3.

   Buses There are regular bus services to **Lima**, 812 km, 18-20 hrs (longer in the rainy season, Nov-Mar), US$11. To **Tingo María**, 255 km, 7-9 hrs, US$4.30-8.50, combis leave at 0600, 0700 and 0800 with *Ucayali Express*, 7 de Junio y San Martín. All buses have police guard and go in convoy. Take blankets as the crossing of the Cordillera at night is bitterly cold.

   River To **Iquitos** The trip takes 3-4 days, and costs US$17.50 pp for hammock space, or US$20 for a bed in a cabin.

   You must ask around for the large boats to Iquitos; they can be docked at Puerto La Hoyada, Puerto Italia or Pucallpillo. A mototaxi to any of the ports costs US$0.75 from the Plaza de Armas, taxis charge US$3.. The Capitanía on the waterfront may give you information about sailings, but this is seldom reliable. Departure times are marked on chalk boards on the deck. Schedules seem to change almost hourly. Do not pay for your trip before you board the vessel, and only pay the captain. Some boat captains may allow you to live on board a couple of days before sailing. Bottled drinking water can be bought in Pucallpa, but not cheaply.

   NB Travellers to Iquitos may need confirmation from the PNP that their documents are in order, this must then be signed by the Capitanía otherwise no passenger can be accepted on a trip leaving Pucallpa. No such clearance is necessary when returning to Pucallpa. See General hints for river travel, page 1239.

Directory **Banks** It is easy to change dollars cash at the banks, travel agencies, the better hotels and bigger stores. There are also lots of street changers (watch them carefully). *BCP* is the only place to change TCs. Cash on Visa at *BCP*, Raimondi y Tarapacá, and *Interbank*. **Communications** Internet: *Gibernet*, Jr Tarapacá 726. Another at 7 de Junio y 9 de Diciembre. Many others, all with cheap, fast service. **Cultural centres** Art school: *Usko Ayar Amazonian School of Painting*, in the house of artist Pablo Amaringo, a former *vegetalista* (healer), Jr LM Sánchez, Cerro 465-467, www.egallery.com/pablo.html The school provides art classes for local people, and is dependent upon selling their art. The internationally renowned school welcomes overseas visitors for short or long stays to study painting and learn Spanish and/or teach English with Peruvian students. **Tourist**

offices Dirección Regional de Turismo, Jr 2 de Mayo 111, T571303, ucayali@mincetur.gob.pe
Open Mon-Fri 0730-1300, 1330-1515. Information also at **CTAR-Ucayali**, Raimondi block 220,
T575018, oppto-ucayali@pres.gob.pe Policia Nacional, Jr Independencia 3rd block, T575211

Iquitos

Iquitos stands on the west bank of the Amazon and is a chief town of Peru's jungle
region. Some 800 km downstream from Pucallpa and 3,646 km from the mouth of the
Amazon, the city is completely isolated except by air and river. Its first wealth came from
the rubber boom (late 19th century to second decade of 20th century). It is now the centre for oil exploration in Peruvian Amazonia, and the main starting point for tourists
wishing to explore Peru's northern jungle. See Excursions below and Tour operators.

Phone code: 065
Colour map 3, grid A4
Population: 600,000

The incongruous **Iron House/Casa de Fierro** stands on the Plaza de Armas, designed
by Eiffel for the Paris exhibition of 1889. It is said that the house was transported from
Paris by a local rubber baron and is constructed entirely of iron trusses and sheets,
bolted together and painted silver. It now houses a restaurant and snack bar.

Sights

    Belén, the picturesque, lively waterfront district, is worth visiting, but is not safe
at night. Most of its huts are built on rafts to cope with the river's 10 m change of level
during floods (January-July); now they're built on stilts. On Pasaje Paquito are bars
serving local sugar cane rum. The main plaza has a bandstand made by Eiffel. In the
high season canoes can be hired on the waterfront for a tour of Belén, US$3 per hour.
The market at the end of the Malecón is well worth visiting, though you should get
there before 0900 to see it in full swing.

    Of special interest are the older buildings, faced with *azulejos* (glazed tiles). They
date from the rubber boom of 1890 to 1912, when the rubber barons imported the
tiles from Portugal and Italy and ironwork from England to embellish their homes.
Werner Herzog's film *Fitzcarraldo* is a *cause célèbre* in the town and Fitzcarrald's
house, the **Casa de Barro**, still stands on the Plaza de Armas. **Museo Amazónico**, in
the renovated Prefectura, Malecón Tarapacá 386, has displays of native art. Next
door to the tourist office on the Plaza is a **City Museum**, with items from the jungle
in a lovely room with chandeliers, where rubber barons used to meet. ■ *Free.*

Jungle tours from Iquitos All agencies (see Tour operators) are under the control of
the local office of the Ministry of Tourism. They arrange one day or longer trips to places
of interest with guides speaking some English. The tourist office advises: it is always
more expensive to buy a package at a lodge in your home country, over the internet or in
Lima; negotiate all deals locally. Some agencies are reported as too easy going about their
responsibilities on an organized trip, but many are conscientious. Take your time before
making a decision and don't be bullied by the hustlers at the airport (they get paid a hefty
commission). The Tourist Office in Iquitos has all the brochures and a list of illegal operators (see Directory); they give good advice. Shop around and deal direct with the lodge
operators themselves at their own office, not any other address you may have been told
about. In case of complaint contact *Indecopi*, or seek help at the tourist office, who can
lead you through all the relevant procedures. Make sure your guide has a proper licence.
Find out all the details of the trip and food arrangements before paying (a minimum of
US$40-50 per day). **General information and advice** It is advisable to take a water-
proof coat and shoes or light boots on such trips, and a good torch, as well as *espirales* to
ward off the mosquitoes at night – they can be bought from drugstores in Iquitos. *Premier* is the most effective local insect repellent. The dry season is from Jul to Sep; Sep is
the best month to see flowers and butterflies.

Excursions

Peru

    There is a beautiful white, sandy beach at **Bellavista**, which is safe for swimming
and very popular at weekends in summer. Boats can be hired from here to see the
meeting of the Nanay and Amazon rivers, and to visit villages en route. There are lots
of food stalls selling typical local dishes. Take a bus from Jr Próspero to 'Bellavista
Nanay', 15 minutes, US$0.40.

The beautiful **Lake Quistococha** in lush jungle is 13½ km south of the city, with a fish hatchery at the lakeside. There's a good two-hour walk through the surrounding jungle on a clearly marked trail. See particularly the *paiche*, a huge Amazonian fish whose steaks (*paiche a la loretana*) you can eat in Iquitos' restaurants. There are also bars and restaurants on the lakeside and a small beach. Boats are for hire on the lake and swimming is safe but the sandflies are vicious, so take insect repellent. US$1.30. Daily 0900-1700. ■ *Combis leave every hour until 1500 from Plaza 28 de Julio; the last one back leaves at 1700. Alternatively take a motocarro there and back with a 1 hr wait, which costs US$13. Perhaps the best option is to hire a motorbike and spend the day there. The road can be difficult after rain.*

Sleeping
■ *on map*
Hotels are generally more expensive than the rest of the country, but discounts of 20% or more can be negotiated in the low season (Jan-Apr). Around Peruvian Independence Day (27 and 28 Jul) and Easter, Iquitos can get crowded and prices rise at this time

L *El Dorado Plaza*, Napo 258 on main plaza, T222555, www.eldoradoplazahotel.com 5 star, very good accommodation and restaurant (*Mitos*), excellent service, bar, internet access, prices inlcude service, breakfast, welcome drink and transfer to/from airport. Recommended. **AL** *El Dorado*, Napo 362, T231742, F221985, dorado@tvs.com.pe Same ownership, pool (open to restaurant users), cable TV, bar and restaurant, prices include tax and service and airport transfer. Recommended. **A** *Victoria Regia*, Ricardo Palma 252, T231983, F232499. A/c, fridge, cable TV, free map of city, safe deposit boxes in rooms, good restaurant and pool. Recommended.

B *Amazonas*, Plaza de Armas, Arica 108, T242431. Modern, a/c, phone, fridge bar, TV. **B** *Hostal Ambassador*, Pevas 260, T233110. Includes tax, a/c, cheaper with fan, transport to and from airport, member of Peruvian Youth Hostel Association, cafeteria, owns *Sinchicuy Lodge* (see below). Recommended. **B** *Europa*, Brasil 222, T231123, F235483. A/c, cable TV, phone and fridge in every room, pleasant café/bar, good views from 5th floor. **B** *Jhuliana*, Putumayo 521, T/F233154. Includes tax and breakfast, nice pool, restaurant. Recommended. **C** *Internacional*, Próspero 835, T/F234684. A/c, TV, fridge, phone, secure, medium-priced restaurant, good value. Recommended. **D** *Hostal Bon Bini*, Arica 817, T221058. With fridge, good value. Recommended. **D** *Hostal La Pascana*, Pevas 133, T231418. With cold shower, basic, fan, breakfast available, luggage store, TV lounge, luxuriant garden, book exchange, ask for Coby, a Dutch lady who will take tours on her houseboat, the *Miron Lenta*. Highly recommended.

E *El Sitio*, Ricardo Palma 541, T239878. Fan, cafeteria. Highly recommended. **E** *Hostal Rolando's Amazon River*, Fitzcarrald y Nauta 307, T233979. With an, restaurant. **F** *Fortaleza*, Próspero 311, T234191. Basic, fan. **F** *Isabel*, Brasil 156, T234901. Good, but plug the holes in the walls, secure, often full.

Eating
● *on map*
Many private homes offer set lunch, look for the board outside

Expensive: *Fitzcarrald*, Malecón Maldonado 103 y Napo. Smart, best pizza in town, also good pastas and salads. *La Gran Maloca*, Sargento Lores 170, opposite Banco Continental. A/c, high class. **Mid-range**: *Monte Carlo*, Napo 140-50, above casino. Excellent. *El Nuevo Mesón*, Malecón Maldonado 153. Local specialities include wild boar, alligator, turtle, tapir and other endangered species, has lots of regular dishes, too. *La Pascana*, Ramírez Hurtado 735. Good fish and *ceviche*, popular, try the *vientequatro raices*, 20% discount for *Handbook* users, open at lunchtimes only. *The Regal*, in the *Casa de Hierro*, Plaza de Armas, Próspero y Putumayo, 2nd floor. Nice location, good set lunch US$2.30. On the first floor is *El Copoasu*, a cafeteria which serves malt beer with egg and fresh milk, a good pick-me-up. *Ari's Burger*, Plaza de Armas, Próspero 127. Medium-priced fast food, good breakfasts, popular with tourists. Next door is *Pollón*, chicken and chips, open in the daytime. *Chifa Wai Ming*, San Martín at Plaza 28 de Julio. Good Chinese if a little expensive. **Cheap**: *Paulina*, Tacna 591. Set lunch US$1.75, other dishes US$4.30-5.75, good food, popular. *Heladería La Favorita*, Próspero 415. Good ice-cream (try local flavour *aguaje*). *Juguería Paladar*, Próspero 245. Excellent juices.

Bars *Teatro Café Amauta*, Nauta 248. Live music, open 2200-2400, good atmosphere, popular, small exhibition hall. *Snack Bar Arandú*, Malecón Maldonado, good views of the Amazon river. *Papa Dan's Gringo Bar*, Napo y Fitzcarrald, Plaza de Armas. Good set menu, US$2.85, has book exchange. *La Ribereña*, Raymondi 453. With terraced seats on a newly-built plaza. *Tuspa*, Raymondi block 2. Light rock, livley, good place to listen to music.

Local specialities Try the local drink *chuchuhuasi*, made from the bark of a tree, which is supposed to have aphrodisiac properties (for sale at Arica 1046), and *jugo de cocona*, and the alcoholic *cola de mono* and *siete raices* (aguardiente mixed with the bark of 7 trees and wild honey), sold at *Exquisita Amazónica*, Abtao 590. You can eat cheaply, especially fish and *ceviche*, at the 3 markets. Palm heart salad (*chonta*), or *a la Loretana* dish on menus is excellent. Also try *inchicapi* (chicken, corn and peanut soup), *cecina* (fried dried pork), *tacacho* (fried green banana and pork, mashed into balls and eaten for breakfast or tea), *juanes* (chicken, rice, olive and egg, seasoned and wrapped in bijao leaves and sold in restaurants) and the *camu-camu*, an acquired taste, said to have one of the highest vitamin C concentrations in the world.

5 Jan: founding of Iquitos. **Feb-Mar:** *Carnival*. **Third week in Jun:** tourist week. **24 Jun:** **Festivals**
San Juan. **28-30 Aug:** Santa Rosa de Lima. **8 Dec:** Immaculate Conception, celebrated in Punchana, near the docks.

Amazon Arts & Crafts, Napo block 1. *Mercado Artesanal de Productores*, 4 km from the **Shopping**
centre in the San Juan district, on the road to the airport, take a colectivo. Cheapest in town with more choice than elsewhere. *Artesanías de la Selva*, R Palma 190. Hammocks in Iquitos cost about US$10. *Mad Mick's Trading Post*, next to the Iron House, hires out rubber boots for those going to the jungle. There are pharmacies at Tacna 156 and at Próspero 361-3. Locals sell necklaces made with red and black rosary peas (*Abrus pecatorius*), which are extremely poisonous. They are illegal in Canada, but not in the USA.

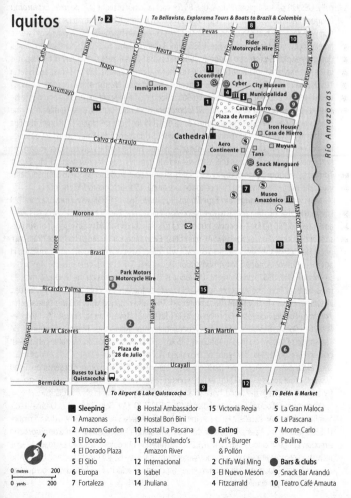

Iquitos

Peru

Sleeping ■
1 Amazonas
2 Amazon Garden
3 El Dorado
4 El Dorado Plaza
5 El Sitio
6 Europa
7 Fortaleza
8 Hostal Ambassador
9 Hostal Bon Bini
10 Hostal La Pascana
11 Hostal Rolando's Amazon River
12 Internacional
13 Isabel
14 Jhuliana
15 Victoria Regia

Eating ●
1 Ari's Burger & Pollón
2 Chifa Wai Ming
3 El Nuevo Mesón
4 Fitzcarrald
5 La Gran Maloca
6 La Pascana
7 Monte Carlo
8 Paulina

Bars & clubs ●
9 Snack Bar Arandú
10 Teatro Café Amauta

0 metres 200
0 yards 200

Tour operators & jungle lodges

All prices are negotiable, except Muyuna, who do not take commissions

Amazon Lodge & Safaris, Av La Marina 592A, T/F251078, amazonlodge@mixmail.com (attention Jorge and Elvira Lache); in Lima Av Alvarez Calderón 155, suite 304, San Isidro, T221 3341, F221 0974 (attention Gabriel Flores). 48 km down-river from Iquitos. Recommended as friendly and comfortable; 3 days/2 nights, US$200 pp for 2-4 people, US$50 pp for each additional night. *Amazon Tours and Cruises*, Requena 336, T231611/233931, F231265, amazontours.net In USA, 275 Fontainebleau Blvd, suite 173, Miami, FL 33172, T305 227 2266, toll free 800 423 2791, F305-227 1880, American-owned company. Various cruises available on the M/V *Arca* Iquitos-Leticia-Iquitos, US$595 pp, also MV *Marcelita*; and nature cruises on the M/V *Delfín*. Also organize expeditions to various jungle *tambos* (thatched shelters). Recommended. Also have **B** *Amazon Garden* in town, Pantoja 417 y Yavari, T236140, F231265, amazon@amazongardenhotel.com.pe Pleasant, 12 blocks out of town.

Explorama Tours are highly recommended as the most efficient and, with over 35 years in existence, certainly the biggest and most established. Offices are at Av La Marina 340, PO Box 446, T252526/252530, F252533; in USA, SACA, Toll Free, T800-707 5275, 781-581 0844, www.explorama.com They have 5 sites: *Explorama Inn*, 40 km (1½ hrs) from Iquitos, comfortable bungalows with cold water in a jungle setting. In the same reserve is *Ceiba Tops*, which provides "an adventure in luxury", 40 a/c rooms with electricity, hot showers, swimming pool with hydromassage and beautiful gardens. The food is good and, as in all Explorama's properties, is served communally. US$225 pp for 1 night/2 days, US$ 85 for each additional night (1-2 people). *Explorama Lodge* at Yanamono, 80 km from Iquitos, 2½ hrs from Iquitos, has palm-thatched accommodation with separate bathroom and shower facilities connected by covered walkways, cold water, no electricity, good food and service. US$325 for 3 days/2 nights and US$85 for each additional day (1-2 people). *Explornapo Lodge* at Llachapa on the Sucusai creek (a tributary of the Napo), is in the same style as Explorama Lodge, but is further away from Iquitos, 160 km (4 hrs), and is set in 105,000 ha of primary rainforest, so is better for seeing fauna. Nearby is the impressive canopy walkway 35 m above the forest floor and 500 m long, "a magnificent experience and not to be missed". It is associated with the *ACEER laboratory*, a scientific station, only 10 mins from the canopy walkway; the basic programme costs US$1,135 for 5 days/4 nights (2 people), the first and last nights are spent at Explorama Lodge. A US$25 donation to the Foundation for Conservation of Peruvian Amazon Biosphere (Conapac) is included if visiting the walkway. Each extra night to the basic programme costs US$98. Prices include transfers, advance reservations, etc. *Explor Tambos*, 2 hrs from *Explornapo*, more primitive accommodation, 8 shelters for 16 campers, bathing in the river, offers the best chance to see rare fauna. 15% discount to SAE members.

Muyuna Amazon Lodge and Expeditions, Putumayo 163, T242858, www.muyuna.com 120 km from Iquitos, on the Yanayacu river, before San Juan village. Packages from 1 to 4 nights available, US$140-250 pp for 2-3 people, but users of this Handbook should make reservations in person for discounted price (similarly SAE members). Everything is included in the price (transport, good food, guides, excursions), radio contact, will collect passengers from airport if requested in advance. *Paseos Amazónicos Ambassador*, Pevas 246, T/F231618, operates the *Amazonas Sinchicuy Lodge*, US$70 pp per night. The lodge is 1½ hrs from Iquitos on the Sinchicuy river, 25 mins by boat from the Amazon river. Cabins with bathroom, no electricity, plenty activities, including visits to local villages. Recommended. They also organize visits to Lake Quistacocha. *Tahuayo Lodge*, *Amazonia Expeditions*, 10305 Riverburn Drive, Tampa, FL 33647, T toll free 800-262 9669, 813-907 8475, www.perujungle.com Near the Reserva Comunal de Tamshiyacu-Tahuayo on the Río Tahuayo, 145 km upriver from Iquitos, comfortable cabins with cold shower, buffet, laundry, range of excursions. A 7-day programme costs US$1,295, all inclusive, extra days US$100. The lodge is associated with the Rainforest Conservation Fund (www.rainforestconservation.org), which works in Tamshiyacu-Tahuayo, one of the richest areas for primate species in the world, but also amphibians, birds, other animals and plants.

Yacumama Lodge, Sargento Lores 149, T/F235510 (Av Benavides 212, Oficina 1203, Miraflores, Lima). An excellent lodge on the Río Yarapa, 4 days/3 nights, US$389, 6 days/5 nights, US$559 (minimum 2 people), part of the fee is invested in local conservation. *Zungarococha Amazon Lodge*, Ricardo Palma 242, T/F231959. Lakeside bungalows reached by road (12 km), recreation centre with swimming pool, watersports, full day US$40, 1 night/2 days US$70. Also owns *Heliconia Lodge*, which is recommended (hot water, electricity for 3 hrs a day, good guiding and staff, rustic yet comfortable).

Guides *Pedro Alava Tuesta*, Av Grau 1770, T264224, pedroalava@hotmail.com Very experienced and reliable, all types of trip arranged. Recommended. *Percy Icomena*, Diego de Almagro 555, Puchana, bekeypp@operamail.com Freelance guide who can arrange any type of tour, including jungle survival, speaks English. Recommended. His brother, Louis, is also a guide, speaks English, French, Italian, German, Japanese, contact through Percy.

Motorcycle hire: *Rider*, Pevas 219; *Park Motors*, Tacna 579, T/F231688. 2 others, addresses   **Transport** from tourist office, see Directory.

Air Francisco Secada Vigneta airport handles national and international flights, T260147. Taxi to the airport costs US$2.85; *motocarro* (motorcycle with 2 seats), US$2. A bus from the airport, US$0.20, goes as far as the market area, about 12 blocks from the Plaza de Armas, a taxi from there is US$1.30. To **Lima**, daily; *Aero Continente*, *Aviandina* and *Tans*. *Aviandina* flies via **Pucallpa**, *Tans* via either Pucallpa or Tarapoto. *Grupo 42* flies Mon, Wed, Sat to **Santa Rosa** for exit to Brazil (see below), returns to Iquitos Mon, Wed, Sat, 1½ hrs. At US$65 not much more than the fast boat and you won't be missing much wildlife as you see none from the boat. Flights are cancelled if the weather is bad. Iquitos flights are frequently delayed; be sure to reconfirm your flight in Iquitos, as they are often overbooked, especially over Christmas; check times in advance as itineraries frequently change.

Shipping   General hints for river travel on slow boats: a hammock is essential. A double,   *From Jan to Jul the* of material (not string), provides one person with a blanket. Board the boat many hours in   *river rises and the port* advance to guarantee hammock space. If going on the top deck, try to be first down the front;   *in Iquitos moves* take rope for hanging your hammock, plus string and sarongs for privacy. On all boats, hang your hammock away from lightbulbs (they aren't switched off at night and attract all sorts of strange insects) and away from the engines, which usually emit noxious fumes. Guard your belongings from the moment you board. It's safer to club together and pay for a cabin in which to lock your belongings, even if you sleep outside in a hammock. There is very little privacy; women travellers can expect a lot of attention. Stock up on drinking water, fruit and tinned food. Vegetarians must take their own supplies. Adequate washing and toilet facilities, but the food is rice, meat and beans (and whatever can be picked up en route) cooked in river water. There is a good cheap bar on most boats. Take plenty of prophylactic enteritis tablets; many contract dysentery on the trip. Also take insect repellent and a mosquito net.

Upstream: river boats to **Pucallpa**, leave every second day, usually at 1700, 5-6 days when river is high, 3-4 days when low; price depends on demand, eg US$17 pp in hammock, US$20 pp with bed and cabin. To **Yurimaguas**, 3-4 days, longer if cargo is being carried, which is usually the case, US$11 for hammock space, US$17 per bunk, more or less daily. Information on boats and tickets at Bellavista, Malecón Tarapacá 596; or Puerto Masusa district of Puchana, Av La Marina y Masusa, bus from centre, 10 mins.

Downstream: boats to the border leave from one of two docks, Puerto de Servicio Masusa, or Embarcadero Turístico. There are no boats direct to Manaus, except a monthly luxury 54-passenger boat, *Río Amazonas*, operated by Amazon Tours and Cruises (see Jungle tours above), US$595 pp, return journey to Iquitos, Wed; also M/V *Arca*, US$595 pp, return journey Wed-Sat, and launch services. Fast boats, *rápidos*, leave from either port, but mostly Turístico. They leave most days at 0600; be at the port at 0445. *Expreso Turístico Loreto*, Próspero 441/Raimondi 384, T234084, US$50 (pay in dollars) to Tabatinga. Other operators are *Transtur* and *Transportes Pluma*, all charge the same and include a small breakfast, a reasonable lunch and mineral water (luggage limit 15 kg). Most travel agencies sell tickets. The trip takes 11 hrs (despite what you may be told). Hotels have details of sailings; ask around which boats are reliable. In dry season, going downstream can be as slow as going up if the river is very low. Regular boats, *lanchas*, leave almost every day to **Santa Rosa**, opposite Tabatinga (Brazil). The journey takes 2-3 days and costs US$25-30 pp with a cabin and meals (US$15-17.50 with a hammock). Passengers disembark at Santa Rosa, where immigration formalities take place (no exchange facilities), then take another US$1 boat to **Marco**, the port for **Tabatinga**. Most boats for **Manaus** depart from Marco.

Peru

Directory

Don't change money on the streets. The tourist office has the names of reliable money changers

Airline offices *Aero Continente*, Próspero 231, T233162, F233990; *Aviandina* in same office. *Grupo 42*, Sgto Lores 127, T234632. *Tans*, Próspero 215, open 0830-1300, 1530-1900, Sun 0830-1300. **Banks** *BCP*, Plaza de Armas. For Visa, also cash and TCs at good rates, Visa ATM around the corner on Próspero. *BBV Continental*, Sgto Lores 171. For Visa, 1% commission on TCs. *Banco de la Nación*, Condamine 478. Good rates, changes Deutschmarks. *Banco Wiese Sudameris*, Próspero 282. *Western Union*, Napo 359, T235182. **Communications** Internet: There are lots of internet places around the Plaza de Armas, eg: *Cocon@net*, Fitzcarrald 131, T232538, with snackbar. *El Cyber*, Fitzcarrald 120, T223608. *Manguaré*, Próspero 249, T242148. All average US$1.15 per hr. **Post Office:** on the corner of C Arica with Morona, near Plaza de Armas, daily 0700-1700. **Telephone:** Arica 276. **Consulates** Consulates: Colombia, Nauta y Callao, T231461. UK, Casa de Hierro (Iron House), Putumayo 182A, T222732, F223607, Mon-Fri 1100-1200. **NB** There is no Brazilian consulate. If you need a visa, you must get it in Lima. **Medical services** Clínica Loreto, Morona 471, T233752, 24-hr attention, recommended, but only Spanish spoken. **Hospital Iquitos**, Cornejo Portugal 1770, T264710. **Clínica Anna Stahl**, Av La Marina 285, T252535; **Hospital Regional de Loreto**, 28 de Julio, emergency T252743. **Tourist offices** Napo 226, on the Plaza de Armas, in the Municipal building, T235621, turismo.mpm@tvs.com.pe They have information on all operators offering tours to the jungle. They also have a list of contacts along the river should you need help in an emergency. They supply maps and general tourist literature; book exchange. Open Mon-Fri 0800-2000, Sat-Sun 0900-1300. 5 languages spoken; luggage store, water. *i perú* office at the airport, 0830-2030, T260251. If arriving by air, go first to this desk for advice about hotels and touts and a map. *Indecopi*, the tourism protection service, is at Huallaga 325, T243490, ameza@indecopi.gob.pe **Useful addresses** Immigration: Mcal Cáceres 18th block, T235371. **Tourist police:** Sargento Lores 834, T242081, helpful with complaints. In emergency T241000 or 241001.

Border with Brazil

Details on exit and entry formalities seem to change frequently, so when leaving Peru, check in Iquitos first at Immigration (see above) or with the Capitanía at the port. Boats stop in Santa Rosa for Peruvian exit formalities. All details are given in the Brazil chapter.

The Southeastern Jungle

*The southern selva is in **Madre de Dios** department, which contains the **Manu National Park** (1,881,000 ha), the **Tambopata National Reserve** (254,358 ha) and the **Bahauja-Sonene National Park** (1,091,416 ha). The forest of this lowland region (Altitude: 260 m) is technically called Sub-tropical Moist Forest, which means that it receives less rainfall than tropical forest and is dominated by the floodplains of its meandering rivers. The most striking features are the former river channels that have become isolated as **ox-bow lakes**. These are home to **black caiman** and **giant otter**. Other rare species living in the forest are **jaguar**, **puma**, **ocelot** and **tapir**. There are also **howler monkeys, macaws, guans, currasows** and the **giant harpy eagle**. As well as containing some of the most important flora and fauna on Earth, the region also harbours gold-diggers, loggers, hunters, drug smugglers and oil-men, whose activities have endangered the unique rainforest. Various conservation groups are working to protect it.*

Climate

The climate is warm and humid, with a rainy season from Nov to Mar and a dry season from Apr to Oct. Cold fronts from the South Atlantic, called *friajes*, are characteristic of the dry season, when temperatures drop to 15-16° C during the day, and 13° at night. Always bring a sweater at this time. The best time to visit is during the dry season when there are fewer mosquitoes and the rivers are low, exposing the beaches. This is also a good time to see nesting and to view animals at close range, as they stay close to the rivers and are easily seen. Note that this is also the hottest time. A pair of binoculars is essential and insect repellent is a must.

Manu Biosphere Reserve

No other reserve can compare with Manu for the diversity of life forms; it holds over 1,000 species of birds and covers an altitudinal range from 200 to 4,100 m above sea-level. Giant otters, jaguars, ocelots and 13 species of primates abound in this pristine tropical wilderness, and uncontacted indigenous tribes are present in the more remote areas, as are indigenous groups with limited access.

The reserve is is one of the largest conservation units on Earth, encompassing the complete drainage of the Manu River. It is divided into the **Manu National Park** (1,789,000 ha), where only government sponsored biologists and anthropologists may visit with permits from the Ministry of Agriculture in Lima; the **Reserved Zone** within the Manu National Park, set aside for applied scientific research and ecotourism; and the **Multiple Use Zone** (92,000 ha), which contains acculturated native groups and colonists, where the locals still employ their traditional way of life. Among the ethnic groups in the Multiple Use Zone are the Harakmbut, Machiguenga and Yine in the Amarakaeri Reserved Zone, on the east bank of the Alto Madre de Dios. They have set up their own ecotourism activities. Associated with Manu are other areas protected by conservation groups, or local people (for example the Blanquillo reserved zone) and some cloud forest parcels along the road. The **Nahua-Kugapakori Reserved Zone**, set aside for these two nomadic native groups, is the area between the headwaters of the Río Manu and headwaters of the Río Urubamba, to the north of the alto Madre de Dios.

Access The multiple use zone is accessible to anyone and several lodges exist in the area (see Lodges in Manu below). The reserved zone of the Manu Biosphere Reserve is accessible by permit only. Entry is strictly controlled and visitors must visit the area under the auspices of an authorized operator with an authorized guide. Permits are limited and reservations should be made well in advance. In the reserved zone of the Manu Biosphere Reserve the only accommodation is in the comfortable Manu Lodge or in the comfortable but rustic Casa Machiguenga in the Cocha Salvador area. Several companies have tented safari camp infrastructures, some with shower and dining facilities, but all visitors sleep in tents. The entrance fee to the Reserved Zone is 150 soles pp (US$42 at the time of writing) and is included in package tour prices.

Ins & outs

In Lima Asociación Peruana para la Conservación de la Naturaleza (APECO), Parque José Acosta 187, p 2, Magdalena del Mar. **Pronaturaleza** (FPCN), Av de los Rosales 255, San Isidro.
  In Cusco Asociación para la Conservación de la Selva Sur (ACSS), Ricardo Palma J-1, Santa Mónica (same office as *Peru Verde*), T243408, acss@telser.com.pe This is a local NGO that can help with information and has free video shows about Manu National Park and Tambopata National Reserve. They are friendly and helpful and also have information on programmes and research in the jungle area of Madre de Dios. Further information can be obtained from the **Manu National Park Office**, Av Micaela Bastidas 310, Cusco, T240898, pqnmanu@cosapidata.mail.com.pe, Casilla Postal 591, open 0800-1400. They issue a permit for the Reserved Zone which costs US$42.

Useful addresses

Warning Beware of pirate operators on the streets of Cusco who offer trips to the Reserved Zone of Manu and end up halfway through the trip changing the route "due to emergencies", which, in reality means they have no permits to operate in the area. The following companies organize trips into the Multiple Use and Reserved Zones. Contact them for more

Tour operators

Peru

details. **Manu Nature Tours**, Av Pardo 1046, Cusco, T252721, www.manuperu.com, owned by Boris Gómez Luna, run lodge-based trips, owners of *Manu Lodge* and part owners of *Manu Cloudforest Lodge*; *Manu* is the only lodge in the Reserved Zone, open all year, situated on an ox-bow lake, providing access to the forest, US$130 per night including meals, guides available; activities include river-rafting and canopy-climbing, highly recommended for experiencing the jungle in comfort.

Amazon Trails Peru, Pucro 10, Sacsayhuaman, T741735, www.amazontrailsperu./com (owner Abraham Huamán). **Expediciones Vilca**, Plateros 363, T/F381002, www.cbc.org.pe/manuvilca/ All offer tours at economical prices (Amazon Trails to camps in the Manu Cultural Zone). **Manu Ecological Adventures**, Plateros 356, T261640, www.manuadventures.com **Manu Expeditions**, Av Pardo 895, Cusco, T226671, www.ManuExpeditions.com, owned by ornithologist, Barry Walker, owners of *Manu Wildlife Centre* along with ACSS (see above), run 4-9 day trips in Safari camps and lodges and specialize in birdwatching trips, also trekking/horse riding trips off the beaten track. **InkaNatura**, in Cusco: C Plateros 361, T251173, in Lima: Manuel Bañón 461, San Isidro, T440 2022, www.inkanatura.com, tours to *Manu Wildlife Centre* and *Sandoval Lake Lodge* (see below) and a unique tour into Machiguenga territory. **Pantiacolla Tours**, Plateros 360, Cusco, T238323, www.pantiacolla.com Run by Marianne Von Vlaardingen and Gustavo Moscoso. They have tours to the *Pantiacolla Lodge* (see below) and also 8-day camping trips. Pantiacolla has started a community-based ecotourism project, called the Yine Project, with the people of Diamante in the Multiple Use Zone.

Lodges in Manu   **Amazonia Lodge**, on the Río Alto Madre de Dios just across the river from Atalaya, an old tea hacienda run by the Yabar family, famous for its bird diversity and fine hospitality, a great place to relax, contact Santiago in advance and he'll arrange a pick-up. In Cusco at Matará 334, T/F231370, amazonia1@correo.dnet.com.pe **Cock of the Rock Lodge**, on the same road at 1,500 m, next to a Cock of the Rock *lek*, 8 double rooms and some private cabins, run by the ACSS group (see below). **Manu Cloud Forest Lodge**, at Unión, at 1,800 m on the road from Paucartambo to Atalaya, owned by *Manu Nature Tours*, 6 rooms with 4 beds. **Manu Lodge**, situated on the Manu river, 3 hrs upriver from Boca Manu towards Cocha Salvador, run by *Manu Nature Tours* and only bookable as part of a full package deal with transport. **Manu Wildlife Centre**, 2 hrs down the Río Madre de Dios from Boca Manu, near the Blanquillo macaw lick and also counts on a Tapir lick and walk-up canopy tower. Book through Manu Expeditions or InkaNatura. 22 double cabins, all with private bathroom and hot water. Also canopy towers for birdwatching. *Erika Lodge*, on the Alto Madre de Dios, 25 mins from Atalaya, offers basic accommodation and is cheaper than the other, more luxurious lodges. Contact *Manu Ecological Adventures* (see above). *Casa Machiguenga* near Cocha Salvador, upriver from *Manu Lodge*. Machiguenga-style cabins run by local communities with NGO help. Contact Manu Expeditions or Apeco NGO, T225595. *Pantiacolla Lodge*, 30 mins down-river from Shintuya. Owned by the Moscoso family. Book through *Pantiacolla Tours* (see above).

Jungle routes to Puerto Maldonado and the Tambopata reserve

In the dry season a bus runs three times a week between Cusco and Puerto Maldonado. It takes 18 hours and costs US$15. Otherwise, from Cusco take a bus to Urcos; one hour, US$2.25. Trucks leave from here for **Mazuko** around 1500-1600, arriving around 2400 the next day, US$6.65. Catch a truck early in the morning from here for Puerto Maldonado, US$4.50, 13-14 hours. It's a painfully slow journey on an appalling road; trucks frequently get stuck or break down. **Quincemil**, 240 km from Urcos on the road to Mazuko, is a centre for alluvial gold-mining with many banks. Accommodation is available in **F** *Hotel Toni*, friendly, clean, cold shower, good meals. Quincemil marks the half-way point and the start of the all-weather road. Gasoline is scarce in Quincemil because most road vehicles continue on 70 km to Mazuko, which is another mining centre, where they fill up with the cheaper gasoline of the jungle region. *(margin: Cusco-Puerto Maldonado via Mazuko)*

The changing scenery is magnificent and worth the hardship and discomfort. The trucks only stop four times each day, for meals and a short sleeping period for the driver. You should take a mosquito net, repellent, sunglasses, sunscreen, a plastic sheet, a blanket, food and water.

The arduous 255 km trip over the Andes from Cusco to Pilcopata takes about 16-18 hours by local truck (20-40 hours in the wet season). On this route, too, the scenery is magnificent. From Cusco you climb up to the pass before Paucartambo (very cold at night), before dropping down to this mountain village at the border between the departments of Cusco and Madre de Dios. The road then ascends to the second pass (also cold at night), after which it goes down to the cloud forest and then the rainforest, reaching **Pilcopata** at 650 m. At Pilcopata you can stay at **F pp** *Gallito de las Rocas*, opposite the police checkpoint, or **F** *Albergue Eco Turístico Villa Carmen*. *(margin: To Puerto Maldonado via Pilcopata & Shintuya)*

Transport Trucks leave every Mon, Wed and Fri from the Coliseo Cerrado in Cusco at about 1000 (be there by 0800) to **Pilcopata** and **Shintuya** (passing Atalaya); US$7 to Shintuya. The journey takes at least 48 hrs and is rough and uncomfortable. They return the following day, but there is no service on Sun. There is also a bus service which leaves from the same place to **Pilcopata** on Mon and Fri, returns Tue and Sat. The journey takes 12 hrs in the dry season and costs US$8-10. Only basic supplies are available after leaving Cusco, so take all your camping and food essentials, including insect repellent. Transport can be disrupted in the wet season because the road is in poor condition (tour companies have latest details). Tour companies usually use their own vehicles for the overland trip from Cusco to Manu.

Pilcopata to Shintuya After Pilcopata, the route is hair-raising and breathtaking, passing through **Atalaya**, the first village on the Alto Madre de Dios River (basic accommodation). The route continues to Salvación, where the Park Office and the Park Entrance are situated. If you did not get a permit in Cusco, this is your last chance. There are basic hostals and restaurants. From Pilcopata, truck traffic is infrequent to Atalaya (one hour, US$8) and Shintuya (4-6 hours, US$10). Trucks leave in the morning between 0600 and 0900. Make sure you go with a recommended truck driver. Basic restaurants can be found in Pilcopata and Atalaya.

The end of the road is **Shintuya**, at 485 m, the starting point for river transport. The inhabitants are Masheos Indians. It is a commercial and social centre, as wood from the jungle is transported from here to Cusco. There are a few basic restaurants

(margin, vertical: Peru)

and you can camp (beware of thieves). The priest will let you stay in the dormitory rooms at the mission. Supplies are expensive.

Shintuya to Puerto Maldonado Cargo boats leave for the gold mining centre of Boca Colorado on the Río Madre de Dios, via Boca Manu, but only when the boat is fully laden; about 6-8 a week, nine hours, US$15. Very basic accommodation can be found here, but it is not recommended for lone women travellers. To Boca Manu is 3-4 hours, US$12. From Colorado you can catch a boat to Laberinto, 6-7 hours, US$20, from where regular combis run to Puerto Maldonado, 1½ hours. **NB** It is not possible to arrange trips to the Reserved Zone of the National Park from Shintuya, owing to park regulations. All arrangements must be made in Cusco.

Boca Manu is the connecting point between the rivers Alto Madre de Dios, Manu and Madre de Dios. It has a few houses, an air strip and some food supplies. There is a basic municipal lodge here and, downriver on the way to the airstrip, is the *Madre de Dios Lodge* run by Sr Juan de Dios, very friendly and convenient if waiting for a plane or boat. It is also the entrance to the Manu Reserve and to go further you must be part of an organized group. ■ *The Park ranger station is located in Limonal. You need to show your permit here. Camping is allowed here if you have a permit. There are no regular flights from Cusco to Boca Manu. These are arranged the day before, if there are enough passengers. Check at Cusco airport; or with the tour operators in Cusco.*

To the Reserved Zone Upstream on the Río Manu you pass the *Manu Lodge* (see Manu Nature Tours), on the Cocha Juárez, 3-4 hours by boat. You can continue to Cocha Otorongo, 2½ hours and Cocha Salvador, 30 minutes, the biggest lake with plenty of wildlife. From here it is 2-3 hours to Pakitza, the entrance to the National Park Zone. This is only for biologists with a special permit.

Between Boca Manu and Colorado is **Blanquillo**, a private reserve (10,000 ha). Bring a good tent with you and all food if you want to camp and do it yourself, or alternatively accommodation is available at the *Tambo Blanquillo* (full board or accommodation only). Wildlife is abundant, especially macaws and parrots at the macaw lick near *Manu Wildlife Centre*. There are occasional boats to Blanquillo from Shintuya; US$10, 6-8 hours.

Puerto Maldonado

Phone code: 082
Colour map 3, grid C5
Population: 40,000
Altitude: 250 m

Puerto Maldonado is the dusty end of the line before stepping into the south eastern jungles of the Tambopata Reserve or departing for Bolivia. It overlooks the confluence of the rivers Tambopata and Madre de Dios and its isolation makes it a relatively expensive town and because of the gold mining and timber industries, the immediate surrounding jungle is now cultivated.

The beautiful and tranquil **Lago Sandoval** is a one-hour boat ride along the Río Madre de Dios, and then a 5-km walk into the jungle (parts of the first 3 km are a raised wooden walkway; boots are advisable). Entry to the lake coasts US$5. You must go with a guide; this can be arranged by the boat driver. Boats can be hired at the Madre de Dios port for about US$20 a day, minimum 2 people (plus petrol) to go to Lago Sandoval (don't pay the full cost in advance).

Sleeping **A-B** *Wasai*, Billinghurst opposite the Capitanía, T/F571355 (or Cusco 084-221826), www.wasai.com In a beautiful location overlooking the Madre de Dios River, with forest surrounding cabin-style rooms, a/c, TV, shower, small pool with waterfall, good restaurant (local fish a speciality). Recommended. They can organize local tours and also have a lodge on the Río Tambopata, 4 hrs upstream, 3-day trips US$110. **B** *Don Carlos*, Avda León Velarde 1271, T571029, T/F571323. Nice view over the Río Tambopata, a/c, restaurant (slow service), TV, phone, good. **C-D** *Cabañaquinta*, Cusco 535, T571045, F573336. Fan, good restaurant, lovely garden, very comfortable, airport transfer. Recommended. **D** *Amarumayo*, Libertad 433, 10 mins from the centre, T573860. Comfortable, with pool and garden, good restaurant.

Recommended. **D** *Royal Inn*, 2 de Mayo 333, T571048. Modern and clean, very good. **E** Hostal El Español, González Prada 644, T572381. Comfortable, set back from the road, in a quiet part of town. **E** pp *Hostal Iñapari*, 4 km from centre, 5 mins from the airport, T572575, F572155, joaquin@lullitec.com.pe Run by a Spanish couple Isabel and Javier, including breakfast and dinner, excellent food, very relaxing. They also have a rustic camping facility on the remote Río Pariamanu, upriver from Puerto Maldonado. **E** Hospedaje La Bahía, 2 de Mayo 710, T572127. Cheaper without bath or TV, new, large rooms, a good choice. **E** *Rey Port*, Av León Velarde 457, T571177. With bath, fan, front rooms noisy, good value. **F** *Hostal Moderno*, Billinghurst 357, T571063. Bright, quiet, welcoming, little privacy. **G** pp Hospedaje Manuripe, 2 de Mayo 287, T573561. Basic, shared bath, has a travel agency for day tours to Lago Sandoval and longer tours to the Tambopata region.

Outside town: *El Brombus*, 4 km, halfway to the airport, T573230. A small rustic lodge with good resturant, overlooking the Madre de Dios. Owned by Fernando Rozemberg, who speaks English and runs good tours.

El Califa, Piura 266, some regional specialities, recommended. *El Hornito/Chez Maggy*, on the **Eating** plaza, cosy atmosphere, good pizzas, very popular at weekends. *El Tablón*, 2 de Mayo 253. Chicken, Argentine-style barbecue (huge portions) and karaoke. *El Tigre*, Tacna 456. Good *cevichería*. *La Estrella*, Velarde 474, the smartest and best of the *pollos a la brasa* places. *Café Tu Dulce Espera*, Velarde 469, and *La Casa Nostra*, Velarde 515, sell huge glasses of fruit juice for US$0.50, as well as *tamales, papas rellenas* and enormous fancy cakes. **Nightlife**: *Bar Oasis*, on the south side of the plaza, next to Chez Maggy. *Discoteca Anaconda*, on the east side of the plaza. *Witite* club, Velarde 153, open Fri, Sat 2300 onwards, US$1.50, wide range of Latin music.

Artesanía Shabuya, Arequipa 279, south side of the plaza, 0900-1300, 1700-2200 Mon-Sat, **Shopping** sells a wide range of local handicrafts ranging from woven baskets to arrows to hammocks, plus jungle sound tapes and T-shirts.

Transtours, G Prada 341, T572606. The *Guides Association* can be contacted through associa- **Tour operators** tion secretary and guide *Joselín Vizcarra Yatto*, Av 26 de Diciembre 472, junglejosi@hotmail.com/joselinvy@yahoo.es Guides within the association charge US$25 per day, excluding expenses (boat hire, fuel, food etc). A recommended guide is *Javier Huayaban Troncoso*, javierhuay@hotmail.com Reputable guides are *Hernán Llave Cortez*, *Celso Centeno*, the *Mejía* brothers and the *Valarezo* brothers, all of whom can be contacted on arrival at the airport, if available. Also *Javier Salazar* of *Hostal Iñapari*. All guides should have a Ministry of Tourism carnet for Lake Sandoval, which also verifies them as suit-able guides for trips to other places and confirms their identity. Ask to see the carnet. Many independent expeditions now focus on the Río Las Piedras, an area that despite lack of offi-cial protection, and the activities of selective logging operations, still maintains large popula-tions of Amazonian fauna. Boat hire can be arranged through the Capitán del Puerto (Río Madre de Dios), T573003.

Motorcycle hire: scooters and mopeds can de hired from *San Francisco* and others, on the **Transport** corner of Puno and G Prado for US$1 per hr or US$10 per day. This is the standard rate in town. Passport and driver's licence must be shown. **Air** To **Lima**, daily with *Tans* and *Aviandina* via Cusco. *Lan Perú* fly this route 3 times a week. A moto-taxi from town to the airport is US$1.75, combi US$0.60, 8 km. **Road and River** A standard journey by moto-taxi in town costs US$0.75, a ride on a motorbike US$0.30. Routes from Cusco are given above. Trucks for Cusco leave Puerto Maldonado usually between 1600 and 1900 from the market at León Velarde y Jr Troncoso. Most boats leave from **Laberinto**, 1½ hrs from Puerto Maldonado for Colorado, 8 hrs, US$12; from there you continue to Boca Manu and Shintuya, 9-10 hrs, US$15.

Airline offices *Aero Continente/Aviandina*, Velarde 584, T572004, F571971. *Lan Perú*, Av León Velarde **Directory** y 2 de Mayo, T573677. *Tans*, Av León Velarde 160, T571429. **Banks** Open 0900-1300, 1700-1900. *BCP*, cash advances with Visa, ATM, no commission on TCs. *Banco de la Nación*, cash on MasterCard, quite good rates for TCs. The best rates for cash are at the *casas de cambio* on Puno 6th block, eg *Cárdenas Hnos*,

Peru

Puno 605. **Communications** Internet: 3 on Velarde 7th blosck, *La Económica*, 2 de Mayo y E Rivero. Another on the north side of the Plaza. All charge between US$1.15 and US$1.40 per hr. **Serpost:** at Velarde 6th block, 0800-2000, 0800-1500 Sun. **Telephone**: *Telefónica*, on Puno, 7th block. A phone office on the Plaza, next to *El Hornito*, sells all phone cards for national and international calls **Consulates** Bolivian Consulate, on the north side of the plaza. **Language schools** *Tambopata Language Centre,* T572610, tinasmith@terra.com.pe It is now possible to learn Spanish while living close to the rainforest and this is a cheaper option than studying in Cusco.**Useful addresses** Peruvian **immigration**, is at 26 de Diciembre 356, 1 block from the plaza, get your exit stamp here.

Jungle tours from Puerto Maldonado

Trips can be made to **Lago Valencia**, 60 km away near the Bolivian border, four hours there, eight hours back. It is an ox-bow lake with lots of wildlife. Many excellent beaches and islands are located within an hour's boat ride. Mosquitoes are voracious. If camping, take food and water.

It is quite easy to arrange a boat and guide from Puerto Maldonado (see Tour operators above) to the **Tambopata National Reserve**, between the rivers Madre de Dios, Tambopata and Heath. Some superb ox-bow lakes can be visited and the birdwatching is wonderful. All visitors must pay *Inrena* (the protected areas institute) US$8 to enter the Zone if staying at a lodge, US$25 if camping. This is included in lodge packages.

Some of the lodges along the Tambopata river offer guiding and research placements to biology and environmental science graduates. For more details send an SAE to TReeS: UK – J Forrest, PO Box 33153, London, NW3 4DR. USA – W Widdowson, PO Box 5668, Eureka, CA95502, www.geocities.com/treesperu

The **Bahuaja-Sonene National Park** was declared in 1996 and stretches from the Heath River across the Tambopata, incorporating the Río Heath National Sanctuary. It is closed to visitors.

Jungle Lodges

Lodges on the Río Madre de Dios: *Cuzco Tambo Lodge*, bungalows 15 km out on the Madre de Dios. Jungle programmes from US$90 pp in low season, tours visit Lago Sandoval. Book through *Cusco-Maldonado Tour*, Pasaje de Harinas 177, T/F244054, Cusco, tamblod@terra.com.pe *Eco Amazonia Lodge*, on the Madre de Dios, 1 hr down-river from Puerto Maldonado. Basic bungalows and dormitories, good for birdwatching, has its own Monkey Island with animals taken from the forest, US$150 for 3 days/2 nights. In Cusco: Portal de Panes 109, oficina 6, T236159, ecolodge@qenqo-unsaac.edu.pe *El Corto Maltés*, Billinghurst 229, Puerto Maldonado, T/F573831, cortomaltes@terra.com.pe On the Madre de Dios, halfway to Sandoval which is the focus of most visits. Hot water, huge dining-room, well run. **C** *Casa de Hospedaje Mejía,* attractive rustic lodge on Lago Sandoval, full board can be arranged, canoes are available (to book T571428, visit *Mejía Tours*, L Velarde 333, or just turn up). *Reserva Amazónica Lodge*, 45 mins by boat down the Madre de Dios. Tastefully redecorated hotel in the jungle with suites and bungalows, solar power, good food in huge dining room supported by a big tree. Jungle tours in its own 10,000 ha but most tours

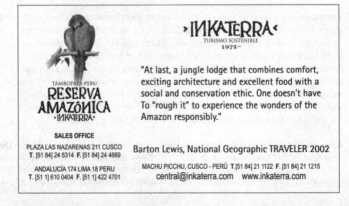

are to Lago Sandoval, US$160 pp for 2 days/1 night package, up to US$370 for 5 days/4 nights, negotiable out of season. The lodge has Isla Rolín for the recovery of primates, which are readapted to their natural environment. To book: *Inkaterra*, Andalucía 174, Lima 18, T01-610 0404, Cusco T084-245314, Puerto Maldonado T082-572283, www.inkaterra.com *Sandoval Lake Lodge*, 1 km beyond *Mejía* on Lago Sandoval, usual access by canoe after a 3-km walk or rickshaw ride, huge bar and dining area, electricity, hot water. From US$140 pp for 2 days/1 night, to US$250 for 4 days/3 nights. Book through *InkaNatura*, address under Manu, Tour operators.

Lodges on the Tambopata: *Explorers Inn*, book through Peruvian Safaris, Alcanfores 459, Miraflores, Lima, T447 8888, or Plateros 365, T235342 Cusco, safaris@amauta.rcp.net.pe In Puerto Maldonado at Fitzcarrald 136, T/F572078. Adjoining the TNR, in the part where most research work has been done, 58 km from Puerto Maldonado. 2½ hrs up the Río Tambopata (1½ hrs return, in the early morning, so take warm clothes and rain gear), one of the best places in Peru for seeing jungle birds (580 plus species have been recorded), butterflies (1,230 plus species), also giant river otters, but you probably need more than a 2-day tour to benefit fully from the location. Offers tours through the adjoining community of La Torre to meet local people and find out about their farms (*chacras*) and handicrafts. The guides are biologists and naturalists undertaking research in the reserve. They provide interesting wildlife-treks, including to the macaw lick (*collpa*). US$180 for 3 days/2 nights, US$165 in the low season. *Picaflor Research Centre*, Casilla 105, Puerto Maldonado, T/F572589, www.picaflor.org A small lodge located just before *Tambopata Jungle Lodge*, guiding in English, visits are made to Lago Condenado. US$190 for 3 days, 2 nights with discounts for longer stays; they also offer bird-watching and researcher programmes at US$20 per night and a volunteer programme, minimum of 10 nights, US$10 per day, in return for 3 hours assistance each day marking trails, etc. *Posada Amazonas Lodge*, on the Tambopata river, 2 hrs upriver from Puerto Maldonado. A unique collaboration between a tour agency and the local native community of Infierno. Large attractive rooms with bathroom, cold showers, visits to Lake Tres Chimbadas, with good birdwatching opportunities including the Tambopata *Collpa*. Offers trips to a nearby indigenous primary health care project where a native healer gives guided tours of the medicinal plant garden. Service and guiding is very good. Recommended. From US$190 for a 3 day/2 night package, or US$522 for 5 days/4 nights including the **Tambopata Research Centre**, the company's older, more intimate, but comfortable lodge. Small rooms, shared showers, cold water. The lodge is next to the famous Tambopata macaw clay lick. Tapir are often seen here on the bank opposite the collpa. Book through *Rainforest Expeditions*, Aramburú 166, of 4B, Miraflores, Lima 18, T421 8347, or Portal de Carnes 236, Cusco, T246243, or Arequipa 401, Puerto Maldonado, T571056, www.perunature.com *Sachavaca Inn*, 2 bungalows for up to 20 people, between *Explorer's Inn* and *Tambopata Jungle Lodge*. Visits are made to Lago Sachavacayoc. To book, T571045, Puerto Maldonado, www.webcusco.com/ sachavacasinn *Tambopata Jungle Lodge*, on the Río Tambopata, make reservations at Av Pardo 705, Cusco, T225701, postmast@ patcusco.com.pe Lake trips and to the *Collpa de Chuncho*, usual package US$160 pp for 3 days/2 nights (US$145 in the low season). *Wasai Lodge*, on the Río Tambopata, 80 km

Lodges on the Tambopata are reached by vehicle to Bahuaja port, 15 km up river from Puerto Maldonado by the community of Infierno, then by boat

Peru

(3½ hrs) upriver from Puerto Maldonado, 1½ hrs return, same owners as *Hotel Wasai* in town. Small lodge with 3 bungalows for 30 people, 15 km of trails around the lodge, guides in English and Spanish. The *Collpa de Chuncho*, one of the biggest macaw licks in the world, is only 1 hr up river; 3 day trips US$160, 7 days US$500.

Fundo Buenaventura is part of the tourist intiative by long-term colonists living along the Tambopata river, 50-75 km upriver from Puerto Maldonado, 5-6 hrs by *peque-peque*. Accommodation for up to 10 in basic, rustic facilities, provides an insight into local lifestyles, minimum of 2 nights, from US$20-35 pp, includes transport to/from Tambopata dock, all food, mosquito net and Spanish-speaking guide, check if the package includes a trip to a *collpa*, in which case you'll also need a tent. Contact in advance, T571646, or via buenaventura50@hotmail.com There is usually a representative to meet incoming flights at Puerto Maldonado airport. Similar in style and intention are: *Albergue Inatowa*, on the Tambopata, just downstream from *Explorer's Inn*, visits to Lago Tres Chimbadas. *Casa de hospedaje Las Piedras*, T84-600109, *Casa de Hospedaje El Gato* and *Casa de Hospedaje Baltimore*, just upriver from *Tambopata Jungle Lodge*, visits to Lago Condenado. The *Casas* may advertise with agencies in Cusco, otherwise try to meet their representatives on arrival in Puerto Maldonado.

To the Bolivian border Take the boat to Puerto Heath, but get a tourist visa at the Bolivian immigration office in Puerto Maldonado. It can take several days to find a boat going all the way to the Bolivan border. Motorized dugout canoes go to Puerto Pardo on the Peruvian side (5 hours, US$4.50 per person, no hotels or shops). Wait here for a canoe to Puerto heath. It is fairly hard to get a boat from the border to Riberalta; a wait of up to 3 days is not uncommon. The journey takes 3 days and costs US$15-20. Alternatively, go to the naval base at América, then fly.

To Iberia and Iñapari

Daily public transport runs on the improved dirt road which begins across the Río Madre de Dios and runs to **Iberia** and **Iñapari** on the border with Brazil. In the wet season the road may only be passable with difficulty, especially between Iberia and Iñapari. In the dry, though, it is a fast road and dangerous for motorcyclists because of passing traffic. Along the road there remains no primary forest, only secondary growth and small farms (*chacras*). There are also picturesque *caseríos* (settlements) that serve as collecting and processing centres for the brazil nut. Approximately 70% of the inhabitants in the Madre de Dios are involved in the collection of this prized nut.

Iberia, Km 168, has two hotels, the best is F *Hostal Aquino*, basic, cold shower, rooms serviced daily. Just outside the town the local rubber tappers association has set up an interesting Reserve and Information Centre.

Iñapari, at the end of the road, Km 235, has two basic hotels and a restaurant, but **Assis Brasil** across the border is much more attractive and has a much nicer basic hotel (**F**) on the main plaza. In the dry season it is possible to walk across the Rio Acre to Assis, otherwise take the ferry.

There is a road from Assis Brasil into Brazil and connections to Cobija in Bolivia from Brasileía. It can be cold travelling this road, so take a blanket or sleeping bag. There are no exchange facilities en route and poor exchange rates for Brazilian currency at Iñapari. Crossing between Peru and Bolivia on this route is not easy.

Crossing to Brazil Take one of the car colectivos that leave for Iberia from the dock on the opposite side of the Madre de Dios from Puerto Maldonado between 0700-0800, 3 hours, US$5.50-9 (prices higher Iberia-Puerto Maldonado). From Iberia to Iñapari there are further colectivos, 1½ hours, US$2.50-3. Exit stamps can be obtained at immigration in Iñapari, open 0800-1830. Walk across the bridge over the Rio Acre to Assis Brasil, where there is no Policía Federal office. You have to travel on to Brasiléia to obtain your Brazil entry stamp at Policía Federal in the Rodoviária (bus station).

Uruguay

Uruguay

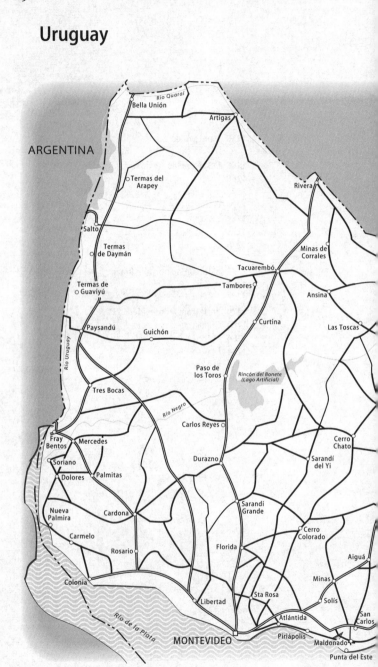

BRAZIL

N

0 km 50
0 miles 50

Aceguá

Melo

Quebrada de
los Cuervos

Treinta y Tres

José R Varela

Pirajá

Lascano

Velásquez

Castillo

La Paloma

Atlantic Ocean

Uruguay is a land of rolling hills, best explored on horseback, or by staying at the many estancias that have opened their doors to visitors. Each summer, millions of holidaymakers flock to Punta del Este, one of the most famous resorts on the continent, but to avoid the crowds, go out of season. Alternatively, venture up the Atlantic coast towards Brazil for empty beaches and fishing villages, sea lions, penguins and the occasional old fortress. West of Montevideo is Colonia del Sacramento, a former smuggling town turned gambling centre, and a colonial gem where race horses take their exercise in the sea. Up the Río Uruguay there are pleasant towns, some with bridges to Argentina, thermal springs and Fray Bentos, a town that lent its name to corned beef for generations, which is now an industrial museum.

Uruguay

Essentials

Planning your trip

Where to go Montevideo, the capital, is the business heart of the country and has an interesting Ciudad Vieja (old city), which is being refurbished. The highlight here is Mercado del Puerto, the former dockside market, which has become an emporium for traditional food and drink. Within the city's limits are a number of beaches and, heading east up the coast, these continue along the north shore of the Río de la Plata and on to the Atlantic seaboard. The most famous resort is **Punta del Este** which, in season (Dec-Feb), is packed with Argentines, Brazilians and locals taking their summer break. Beyond Punta del Este, there are quieter beaches with less infrastructure, but with sand dunes and other natural features. A number of national parks have been set up to protect the environment on, and just inland from, the coast.

West of the capital is **Colonia del Sacramento**, a unique remnant of colonial building in this part of the continent. It is well preserved, standing on a small peninsula, and has one of the principal ferry ports for passenger traffic from Buenos Aires. Consequently it is a popular place, but well worth a visit. Continuing west you come to the confluence of the Río Uruguay with the Plata estuary. Up river are the last vestiges of the meat canning industry at **Fray Bentos**, which has a museum commemorating what used to be one of Uruguay's main businesses. Up river are towns such as Paysandú and Salto, from which you can cross to Argentina, and the hot springs which have been developed into resorts.

The centre of the country is principally agricultural land, where livestock and a variety of crops are grown. Many *estancias* (farms) throughout the country accept visitors, some just for the day, others for longer stays. Daytrips out of Montevideo, Punta del Este, or Colonia, for instance, to an *estancia*, usually involve a meal, shopping for handicrafts, dairy produce, etc, and quite often an educational element. Those ranches which offer lodging let you take part in the daily work (as these are working farms) and the lifestyle of the countryside; you can do as much, or as little as you like. Horse riding is the main activity and there are usually horses to suit every level of ability.

When to go The climate is temperate, if somewhat damp and windy, and summer heat is tempered by Atlantic breezes, but there are occasional large variations. In winter (Jun-Sep), when the average temperature is 10° to 16°C, the temperature can fall now and then to well below freezing. It is generally humid and hardly ever snows. Summer (Dec-Mar), with an average temperature of 21° to 27°C, has irregular dry periods. There is always some wind and for the most part the nights are relatively cool. The rainfall, with prolonged wet periods in Jul and Aug, averages about 1,200 mm at Montevideo and some 250 more in the north, but the amount varies yearly.

Most tourists visit during the summer, which is also high season, when prices are higher and hotels and transport should be booked in advance. Seasonal variations for Montevideo and Punta del Este are given on pages 1261 and 1270. In the low season on the coast many establishments close. Business visits can be made throughout the year, but it is best to avoid the tourist months.

Finding out more The **Comisión Nacional de Turismo** information office, see under Montevideo Tourist offices, issues tourist literature. The **Ministry of Tourism** is at Avenida Libertador 1409, p 2, T900 4148. On the Internet, visit www.turismo.gub.uy A good Uruguayan portal worth investigating is www.eltimon.com A tourism portal is www.turismodeluruguay.com in English, Spanish and Portuguese.

Before you travel

Visas & immigration A passport is necessary for entry except for nationals of most Latin American countries and citizens of the USA, who can get in with national identity documents for stays of up to 90 days. Visas are not required for a stay of less than 3 months by nationals of Argentina, Australia, Austria, Bahamas, Barbados, Belgium, Belize, Bolivia, Brazil, Canada, Colombia, Costa Rica, Chile, Croatia, Cyprus, Czech Republic, Denmark, Dominican Republic, Ecuador, El

Uruguayan embassies and consulates

Australia, Suite 2, Level 4, Commerce House, 24 Brisbane Avenue, Barton ACT 2600, Canberra, T616-62739100, F616-6273-9099, urucan@austarmetro.com.au

Canada, 130 Albert Street, Suite 1905 Ottawa, Ontario K1P 5G4, Canada, T1613-234-2727, F1613-234-2937, uruott@iosphere.net; 300 Sheppard Avenue W, Suite 302, Toronto, Ontario M2N 1N5, T1416-730 1289, F1416-730 0192; 2nd floor, 827 West Pender Street, Vancouver BC V6C 3G8, T1604-6811377, F1604-7316775.

Finland, Lönnrotinkatu 7, 00120 Helsinki, T3580-61106, F3580-644836.

France, 15 Le Sueur – 1ra étage 75.116, Paris, 1-45008137, F1-45012517.

Germany, Budapesterstrasse 39, 10787 Berlin, T4930-263 9016, F4930-263 9017, urubrande@t-online.de

Israel, Nordau 73 Herzlta 'B', 46582 Tel Aviv, T9729-9569611, emrou@netvision.net.il

Italy, Via Vittorio Veneto 183, 5 floor, 00187 Roma, T3906-4821776, F3906-4823695, uruguay@tuttopmi.it

Japan, 38 Kowa International Building, room 908, 4-12-24 Nishi Azabu, Minato-Ku, Tokyo 106, T813-34861750, F813-34869872, urujap@luck.ocn.ne.jp

Netherlands, Mauritskade 33, 2de etage 2514 HD, The Hague, T3170-3609815, F3170-3562826, uruholan@wxs.nl

New Zealand, Davis Ogilvie & Partners Ltd, PO Box 549, 4th floor BNZ Building, 137 Armagh Street, Christchurch, T643-366 1653, F643-379 2348, emma@dop.co.nz

Norway, Kongens gt 16, 0153, T47-93404293, F47-22335301, ferrm@online.no

Spain, Pase del Pintor Rosales, No 32, p 1, D Madrid 28008, T91-758 0475, urumatri@urumatri.com

Sweden (also for Denmark), Kommendoersgatan 114.58, Stockholm, Sweden, T6603196, F6653166, urustoc@uruemb.se

UK, 140 Brompton Road, 2nd Floor, London SW3 1HY, T020-7589 8735

USA, 1913 I Street NW, Washington DC 20006, T1202-331 1313, F1202-331 8142, uruwashi@uruwashi.org; 1077 Ponce de León Boulevard, Suite B Coral Gables, FL 33134, Miami, T1305-4439764, F1305-4437802, urumia@directvinternet.com; 564 Market Street, Suite 221, San Francisco CA 94104, T1415-9865222, F1415-9894502.

Salvador, Finland, France, Germany, Greece, Guatemala, Honduras, Hungary, Italy, Israel, Iceland, Jamaica, Republic of Ireland, Japan, Luxembourg, Liechtenstein, Malaysia, Malta, Mexico, Netherlands, New Zealand, Nicaragua, Norway, Panama, Paraguay, Peru, Poland, Portugal, Slovenia, South Africa, Spain, Sweden, Switzerland, Seychelles, Trinidad and Tobago, Turkey, UK, USA, Venezuela. Visas cost £27 (or equivalent), and you need a passport photograph and to show a ticket out of Uruguay. Tourist cards (obligatory for all tourists, obtainable on entry) are valid for three months, extendable for a similar period. For extensions (small fee) go to Migraciones office, Calle Misiones 1513, T916 0471/916 1094.

Customs

Duty-free allowance: duties are not usually charged on a reasonable quantity of goods brought in obviously for the traveller's own use. 400 cigarettes or 50 cigars or 250 g of tobacco are admitted duty-free; so are two litres of alcoholic drink, three small bottles of perfume and gifts up to the value of US$5.

Money

Currency The currency is the peso uruguayo. Bank notes issued are for 5, 10, 20, 50, 100, 200 (do not confuse with old peso 2,000 notes - pre-1993, which are now worth 2 pesos), 500 (don't confuse with 50), and 1,000 pesos uruguayos. Coins: one and two pesos. Any amount of currency can be taken in or out. Rates change often because of the floating exchange rate and inflation differentials against the US dollar; peso exchange rate with US$ in March 2003: 28.70.

Exchange No restriction on foreign exchange transactions (ie an excellent place to stock up with US$ bills, though American Express and some banks refuse to do this for credit cards; most places charge 3% commission for such transactions). Those banks which give US$ cash against a credit card are given in the text. Dollars cash can be purchased when leaving the country. Changing Argentine pesos into Uruguayan pesos is usually a marginally worse rate than for dollars. Brazilian reais get a much worse rate. US$ notes are widely accepted.

Uruguay

▶ *Touching down*

Business hours *Department stores generally 0900 to 1200 (or 1230), 1400 (or 1430) to 1900, but 0900 to 1230 on Saturday.* **Businesses**: *0830 to 1200, 1430 to 1830 or 1900, according to whether they open on Sat.* **Banks**: *1300 to 1700 in Montevideo; there are special summer hours (1 December-15 March) in Montevideo (1330-1730), in the interior (0800-1200) and in Punta del Este,*

Maldonado and other resorts (1600-2000); banks are closed on Saturday. **Government offices**: *mid-Mar-Nov, 1300 to 1830 Mon-Fri ; rest of the year, 0700 to 1230 (not Sat).* **IDD 598** *Long equal tones with long equal pauses means it is ringing; short equal tones with short pauses indicates engaged.* **Voltage** *220 volts 50 cycles AC.* **Weights and measures** *Metric*

Credit cards There is a 10% charge on the use of credit cards. Visa and MasterCard ATMs can be found at branches of Redbanc and ABN Amro. Many other banks have Visa ATMs, including Bancos de Crédito, Francés, Santander and Sudameris, BankBoston and Citibank. Many shopkeepers are unaware of this but a phone call will confirm it. MasterCard emergency line call collect to USA, T1-636-722 7111. Visa emergency line, T00-0411-940 7915. Most hotels outside Montevideo do not accept credit cards.

Cost of travelling Uruguay is expensive, but not as expensive as Argentina. Prices vary considerably between summer and winter, Punta del Este being the most expensive summer resort in Latin America. Some Argentines find that generally prices and quality of clothing, for instance, are better in Montevideo than Buenos Aires. Someone staying in a cheap hotel, eating the *menú del día* and travelling by bus, should allow US$15-25 per day.

Getting there

Air **From Europe** Direct flights by Pluna (Madrid, twice a week via Rio de Janeiro). From the UK, connecting flights via São Paulo daily. Flying by other carriers, a change must be made at Rio, São Paulo or Buenos Aires.

From North America United Airlines daily from Chicago and American daily from Dallas, both via Miami and Buenos Aires.

From Argentina Ferry and hydrofoil services (Montevideo and Colonia to Buenos Aires) and launch services (Carmelo to Tigre) are given in the text. *Aerolíneas Argentinas*, ARG (ex-Lapa), *Pluna* and other carriers have several flights a day between Aeroparque in Buenos Aires and Carrasco Airport, flights can be very full, especially in high season. Service intensified during holiday period. Also flights to Punta del Este from Buenos Aires. There are bus/plane services via Colonia to Buenos Aires. Buses run across the Paysandú and Fray Bentos bridges. Bus between Buenos Aires and Montevideo via Fray Bentos takes about 10 hours. Ferries cross the Río Uruguay between Salto and Concordia. **From Bolivia** *TAM/Mercosur* 3 times a week from Santa Cruz via Asunción and Buenos Aires. **From Brazil** Regular daily flights from Rio de Janeiro and São Paulo with *Pluna* and *Varig* (joint operation). *Pluna/Varig* includes a stopover at Porto Alegre on two of their daily Rio-Montevideo flights. By road: the Pan-American Highway runs 2,880 km from Rio de Janeiro to Montevideo and on to Colonia. Poorly surfaced in parts. Several bus services. See under Brazil, How to get to Brazil: By Air, for the Mercosur airpass. **From Chile** Pluna (5 a week) and *LanChile* (daily) from Santiago. **From Paraguay** Daily with either *TAM/Mercosur* or *Pluna*. Also buses between Asunción and Montevideo.

Touching down

Airport **Airport tax** US$6 on all air travellers leaving Uruguay for Buenos Aires, Aeroparque (but **information** US$12 to Ezeiza); US$12 for all other countries (payable in US dollars or local currency), US$0.50 on internal flights, and a tax of 3% on all tickets issued and paid for in Uruguay.

Tipping Normally all hotel and restaurant bills include a percentage service charge plus 23% value-added tax, but an additional small tip is expected. In other cases give 10% of the total

Uruguay

bill. Porters at the airport expect about US$1 per piece of luggage. Taxi drivers are tipped 10% of the fare. Tips at cafés are about 10%. Cinema ushers get a small tip, as do cloakroom attendants and hairdressers (10-15%).

Personal security offers few problems in most of Uruguay to travellers who are reasonably **Safety** prudent. Gang robbery may occur in Montevideo, so you should not show any signs of obvious wealth there. The Policía Turística patrol the streets of the capital.

Where to stay

There are lots of sites. Most towns have municipal sites (quality varies). Many sites along the **Camping** Ruta Interbalnearia, but most of these close off season. The Tourist Office in Montevideo issues a good guide to campsites and youth hostels; see references in main text. The annual *Guía de Verano* is good for sites and prices, particularly at the beach resorts. Methylated spirits, called *alcohol de quemar,* is sold in *Dispensas.*

Asociación de Alberguistas del Uruguay, Calle Pablo de María 1583, Montevideo. Open **Youth hostels** Mon-Fri 1130-1900, T4004245, F4001326 (www.internet.com.uy/aau) operates hostels (HI members only) at 16 locations around the country. Many of the hostels are poorly equipped. A 10% rebate is available with HI membership on *Lapa* plane tickets between Colonia and Buenos Aires, and rebates have also been reported (10-20%) for bus fares and hotel prices.

Getting around

Internal flights are very cheap with Pluna and Aviasur (addresses under Montevideo). **Air** Provincial airports are given in the text. **Road** There are 52,000 km of roads, 23 of them paved and a further 60 (approximately) all-weather. Roads are generally in good condition. Motorists should drive with their headlights on, especially on major roads, even in daylight. The *Comisión Nacional de Turismo* will help to plan itineraries by car. **NB Hitchhiking** is not easy. **Bus** Bus services are given in the text.

Drivers in Montevideo are generally courteous towards pedestrians, but if driving yourself, **Motoring** take care. Outside Montevideo there is little traffic and few filling stations (many close at *Care is needed at night* weekends). There are many ancient cars (1920s and 1930s models are called *cachilas* and *since vehicle lights do* skilled mechanics keep them on the road). Insurance is not required by law. Gasoline prices *not always work.* are US$1.03 per litre *eco supra,* US$0.97 per litre *super,* US$0.84 per litre *común;* diesel is *Vehicles do not stop,* US$0.45 per litre. Automóvil Club del Uruguay has a fuel and service station for its members *nor is there a right of* only at Yí y Colonia, Montevideo, T902 1691 (head office is Avenida Libertador General *way, at uncontrolled* Lavalleja 1532, T902 4792, F902 1406, acu@netgate.com.uy). Reciprocity with foreign *intersections* automobile clubs is available all year round, members do not have to pay for affiliation. To bring a private car into Uruguay, 90-day temporary admission is usually given without any problems, as long as the customs officer is satisfied with your genuine tourist intentions. A new sedan may arouse suspicions of illegal import. Entry is easier and faster with a *carnet de passages,* but it is not essential. Without it you will be given a temporary import paper which must be surrendered on leaving the country. Car spares are expensive. The area around Galicia and Yí in Montevideo is recommended for new parts.

Train The only passenger services in operation are Tacuarembó-Rivera and commuter services Montevideo – 25 de Agosto (in Florida department). There are plans to resume services to Minas and Río Branco (on the Brazilian border).

Maps **Automóvil Club del Uruguay**(address above), publishes road maps of the city and country, and so do *Esso* and *Ancap* at about US$2 each. *ITM* of Vancouver also publish a map of Uruguay (1:800,000). Official maps are issued by **Instituto Geográfico Militar**, Abreu y 8 de Octubre, open 0800-1230, T801 6868.

Keeping in touch

Internet The use of email is becoming more common, but cybercafés are not plentiful.

Post Postal services are very unreliable; all items should be registered and sent by air mail to avoid delay (probably better to go direct to airport, avoiding chaos of the sorting office). Rates to USA and Europe, up to 20 g US$1, up to 100 g US$3; to South Africa and Asia up to 20 g US$1.40, up to 100 g US$3.70. Courier services are used increasingly: to Europe US$30-40, USA US$25, South Africa US$35, Middle East US$45, Buenos Aires US$12.

Telephone Provided by *Antel* (see under Montevideo). Direct dialling to any country abroad is straightforward – public phones cannot receive incoming calls. Collect calls available to most countries (collect calls are the cheapest way of phoning USA and Canada). US$1 per min to Mercosur countries, US$0.75 reduced rate. For the rest of the world, US$2.85 for the 1st min, US$1.10 for each subsequent min, US$2.15 and 0.85 respectively, reduced rate. Reduced rate operates 2100 to 0900 and all weekend. Fax from *Antel*, first sheet costs US$1 more than a minute's phone call to USA, Europe and Australia (US$0.50 more to Argentina and Brazil). There are *Antel* phonecards for 20, 25, 50, 100, 200, 300 and 500 pesos.

Media **Newspapers** Montevideo newspapers: *El País*, www3.diarioelpais.com/edicion/ *La República*, www.diariolarepublica.com *El Observador*, www.observa.com.uy and *Ultimas Noticias* which come out in the evening. *Búsqueda* and *Ambito Financiero* are published weekly. The town of Paysandú has *El Telégrafo*, www.paysandu.com At about 1000 the main Buenos Aires papers, including the *Buenos Aires Herald*, can be bought in Montevideo.

Radio and television There are 35 radio stations (8 private FM) in Montevideo and 65 in the rest of the country. Of the 20 colour-TV stations, 4 transmit from Montevideo (channel 12 is the most popular). Also satellite and cable TV.

Food and drink

Food Beef is eaten at almost all meals. The majority of restaurants are *parrilladas* (grills) where the staple is beef. *Asado* (barbecued beef) is popular; the main cuts are *asado de tira* (ribs); *pulpa* (no bones), *lomo* (fillet steak) and entrecote. To get a lean piece of *asado*, ask for *asado flaco*. *Costilla* (chop) and *milanesa* (veal cutlet) are also popular; usually eaten with mixed salad or chips. *Chivitos* are Uruguayan steak burgers; *chivitos canadienses* are sandwiches filled with slices of meat, lettuce, tomato, egg, etc (normally over US$2 – very filling). Two other good local dishes are *puchero* (beef with vegetables, bacon, beans and sausages) and the local varieties of pizza. Other specialities are barbecued pork, grilled chicken in wine, *cazuela* (or stew) usually with *mondongo* (tripe) or sea foods (for example squid, shark – *cazón*, mussels – *mejillones*). The sausages are very good and spicy (*chorizos*, *morcillas*, *salchichas*). *Morcilla dulce*, a sweet black sausage, made from blood, orange peel and walnuts, has been highly praised; so has the *morcilla salada*, which is savoury. For snacks, *media lunas mixtas* are a type of croissant filled with ham and cheese, either hot or cold; toasted sandwiches are readily available; *panchos* are hot dogs, *húngaros* are spicy sausage hot dogs. *Preparación* is a selection of crisps, nuts, vol-au-vent, etc. An excellent dessert is *chajá*, from Paysandú, a type of sponge-cake ball with cream and jam inside, also with peaches – very sweet; others are *massini* (a cream sponge), *Martín Fierro* (*dulce de membrillo* with cheese) and the common lemon pie. Pastries are very good indeed, and crystallized egg-yolks, known as *yemas*, are popular sweets. Ice cream is excellent everywhere. A *confitería* is an informal place which serves meals at any time, as opposed to a *restaurante*, which serves meals at set times. Many serve *preparación*, a collection of hors d'oeuvres.

Dinner in 'top class restaurants' is served from 2000 to 0100. In less formal restaurants service starts at 1930. Restaurants usually charge cubierto (bread), ranging from US$0.30 to US$1 in Punta del Este.

Drink The beers are good. Imported drinks are freely available in Montevideo, for example whisky, and Chilean wines. Local wines are very varied, not only from bodega to bodega, but also from vintage to vintage. 'Del museo' indicates the bodega's vintage reserve. *Mate* is a favourite drink between meal hours. The local spirits are *caña* and *grappa*; some find the locally-made whisky and gin acceptable. In the Mercado del Puerto, Montevideo, a *medio*

medio is half still white wine, half sparkling white (a must! Elsewhere a *medio medio* is half *caña* and half whisky). *Espillinar* is a cross between whisky and rum. Try the *clérico*, a tasty mixture of wine, fruit juices and fruits. Coffee is good: a *cortado* is strong, white coffee, *café con leche* is milk with a little coffee. Milk is available, in plastic sacs.

Holidays and festivals

Holidays

1 January, 6 January; Carnival (see below); Easter week; 19 April; 1, 19 June; 18 July; 25 August; 12 October; 2 November; 25 December. (8 December is a religious holiday which also marks the official start of the summer holiday.) *Carnival* week is officially the Monday and Tuesday immediately preceding Ash Wednesday, but a great many firms close for the whole week.

Business comes to a standstill also during **Holy Week**, which coincides with *La Semana Criolla* (horse-breaking, stunt riding by cowboys, dances and song, many Argentine visitors). Department stores close only from Good Friday. Banks and offices close Thursday-Sunday. Easter Monday is not a holiday.

Sport and activities

Football is popular. **Rugby** is also played, and there is an annual championship. There are two good 18-hole **golf** links, Cerro and Punta Carretas. There are several **tennis** clubs, and two for **polo**. **Horse racing** at Las Piedras, 4 days a week. Uruguay has 3 important **yacht clubs**, the Uruguayo, the Nautilus and the Punta del Este.

There are 3 main elements to tourism in Uruguay: the beaches (the beach itself is more popular than the water); thermal resorts; and rural and ecological tourism. It is in the last of these that special interest holidays fall, with the emphasis being on areas which are relatively undisturbed. In Uruguay, though, nature tourism seldom means being in the wilderness as the majority of the land is farmed and nature reserves are small. Most important is **estancia tourism**. Information on estancias can be found at **Lares**, Wilson Ferreira 1341, T901 9120, www.lares.com.uy An organization that represents 30-odd *estancias* and *posadas*. Or at the tourist offices in Montevideo, general travel agencies and those that specialize in this field: **Estancias Gauchas**, Cecilia Regules Viajes, Bacacay 1334, Montevideo, T/F916 3011, T09-968 3608 (mob), regulesv@adinet.com.uy or uy21333@antel.com.uy (agent for an organization of 80 estancias offering lunch and/or lodging, English, French and Portuguese spoken). There is a full list of estancias at www.turismo.gub.uy/estancias/operadores_s.html

Fishing is a popular sport, freshwater and sea angling. The best rivers are the Uruguay and the Negro. There is also hunting, but it is controlled by the Ministerio de Ganadería, Agricultura y Pesca. Uruguay is an ideal country for **cycle** touring. Adventure **tourism** The Ríos Uruguay and Negro, again, are the best for **canoeing**, while other outdoor activities include guided and non-guided trekking, horse riding and hang gliding. **Nature tourism** Birdwatching is best in the east of the country, where a number of national parks have been set up in a variety of habitats. These include coastal zones, such as the sand dunes at Cabo Polonio, lakes, marshes and forest reserves on the Atlantic, Santa Teresa (which also contains important historical sites), and offshore islands.

Health

Milk and tap water can be drunk and fresh salads eaten fairly freely throughout the country. Medical services are reported to be expensive. See also Health, Essentials.

Uruguay

---

66 99 *The South American Handbook 1924*

On clothes and climate *A good and comfortable saddle is particularly necessary, and care should be exercised in adjusting the straps, which are often subject to severe strains. One or two umbrellas of a quality to withstand heavy rain and hard usage can profitably be included.*

Montevideo

Montevideo

Phone code: 02
Colour map 8, grid B6
Population: 1,311,976

Montevideo is many cities rolled into one. It is an international port at its western end and, in the east, a seaside resort with sandy streets and pine forests. In between are the faded Old City, the country's financial heart and the posh residential areas along the coast. Everything blends together: a multitude of architectural styles; café society and tango music; pizza, parrillada and wines; outdoor markets and indoor malls; agricultural fairs; football and traffic. This is where all the elements of Uruguay meet on the shores of the Río de la Plata.

Montevideo, the capital, was founded in 1726. The original site is on a promontory between the Río de la Plata and an inner bay, though the fortifications have been destroyed. In addition to some colonial Spanish and Italian architecture, French and Art Deco styles can be seen. Many buildings in the centre exhibit fine stone and ironwork. The city not only dominates the country's commerce and culture: it accounts for 70% of industrial production and handles almost 90% of imports and exports. It is also a summer resort and the point of departure for a string of seaside resorts to the east.

Ins & outs

Some streets have changed name recently but this may not be marked on all maps: Michelini was Cuareim; Hector Gutiérrez Ruiz was Ibicuy; Convención was Latorre; Wilson Ferreira Aldunate was Río Branco

For more detailed information see Transport, page 1265

Getting there Carrasco international **airport** is east of the centre, to which connections by bus or taxi are easy. It takes about 50 mins by bus, 30 mins by taxi, but there is a longer route, by the coast, which may have fewer delays, but is more expensive (ask for the quick route if you want). Many arrive in Montevideo by boat from Buenos Aires. The **ferry terminal** is in the heart of the city, at the docks not far from the Mercado del Puerto. The **bus terminal**, Tres Cruces, is 10-15 mins by city bus from the centre. It has good facilities and is used by bus companies.

Getting around The Ciudad Vieja can be explored on foot as it is not large. From there it is not far to Plazas de la Independencia, Fabini and Cagancha, but buses are plentiful along Avenida 18 de Julio, connecting all these places. To get to other parts of the city and the beach districts there are many buses, some running on express routes. There are two types of taxis, the ordinary ones, which are not expensive, but which charge more on Sun and holidays, and *remises*, which operate out of offices and from the airport, and are more expensive. Full details are given in Local Transport, below.

Tourist offices Tourist information is at the Tres Cruces bus terminal (T409 7399); at the Ministry of Tourism, Colonia 1021, north side of Plaza Fabini (Mon-Fri 0900-1830), for whole country, separate desk for Punta del Este; and in the plaza outside Palacio Municipal, 18 de Julio y Ejido , mainly for Montevideo all helpful. Also at Carrasco international airport, T601 1757. The *Guía del Ocio*, a weekly guide with Fri edition of *El País*, has information on museums, cultural events and entertainment. Recommended. See also www.eltimon.com for entertainment details. The website of the municipality is www.montevideo.gub.uy **Maps**: best street maps of Montevideo are at the beginning of the *Guía Telefónica* (both white and yellow page volumes). **Eureka Guía De Montevideo** is recommended for streets, sector by sector, with index and bus routes (US$4.75 from bookshops). Kiosks sell the *Atlas* bus guide.

Sights

In the centre

The Ciudad Vieja is deserted at night and therefore not very safe

In the **Ciudad Vieja** is the oldest square in Montevideo: the **Plaza de la Constitución**, also known as the Plaza Matriz. Here on one side is the **Catedral** (1790-1804), with the historic **Cabildo** (1808) opposite at Gómez y Sarandí (**Museo Histórico Nacional**. ■ *Tue-Sun 1430-1900, T915 9685*. On the south side is the **Club Uruguay** (built 1888, now crumbling), which is worth a look inside. See also the unusual fountain, dating from 1881, made by Italians who misspelt the Spanish inscription at the base.

Still further west along Calle Rincón is the small **Plaza Zabala**, with a monument to Zabala, founder of the city. North of this Plaza are: the **Banco de la República** (Cerrito y Zabala), the **Aduana** (Rambla 25 de Agosto). Several historic houses belong to the Museo Histórico Nacional: **Casa de Montero**, **Museo Romántico**, 25

Uruguay

de Mayo 428, first built in 1728, rebuilt by Antonio Montero in 1831, contains late 19th, early 20th century furniture, furnishings and portraits. ■ *Tue-Fri 1200-100, Sat 1100-1600 T915 5361.* **Museo Casa Rivera**, Rincón 437, is a 19th-century mansion. Its rooms are dedicated to various stages of Uruguayan history. ■ *Mon-Fri 0900-1700, Sat 1100-1600, T915 1051.* The other houses belonging to the Museo Histórico Nacional in the Ciudad Vieja, **Museo Casa Lavalleja**, Zabala 1469, with historical mementoes and furniture, ■ *Mon-Fri 1200-1700, Sat 1100-1600*, **Casa de Giró**, Cerrito 584-6, and **Casa del Gral José Garibaldi**, 25 de Mayo 314. The last two have been closed by municipal directive. Also in the Ciudad Vieja is the **Palacio Taranco, Museo de Artes Decorativos**, 25 de Mayo y 1 de Mayo, garden overlooking Plaza Zabala, a palatial mansion in turn-of-the-century French style, sumptuously-decorated ground floor rooms, museum of Islamic and Classical pottery and glass in the basement. It was first built as a theatre in 1793; in 1908 it was bought by the Ortiz de Taranco family. ■ *Mon-Sat 1215-1800, Sun 1400-1800, T915 1101, free.*

Three blocks north of Plaza Zabala are the docks, while three blocks south is the Río de la Plata. The seafront road, the Rambla, has been opened round the point to the port. In the port (which one can visit on Saturday from 1300 till sunset and on Sunday from 0800 till sunset), the ship's bell of HMS *Ajax* has been set up to commemorate the scuttling of the *Graf Spee*; it is in an open-air museum on the opposite side of the road from the Port Administration, 50 m to the right next to a large military building (you may have to persuade the sailors to let you see it). The anchor of the *Graf Spee* was erected inside the port area in 1964 to commemorate the 25th anniversary of the battle. The old railway station (by the port, at end of Río Negro) is a romantic old building with an old train on display. In the Ciudad Vieja, many of the street names have descriptive plaques, but a number of the old buildings are in a poor state of repair.

Between the Ciudad Vieja and the new city is the largest of Montevideo's squares, **Plaza de la Independencia**, a short distance east of Plaza de la Constitución along the pedestrianized Calle Sarandí. In the middle is the marble mausoleum of Artigas. Just west of the plaza is **Museo Torres García**, Sarandí 683, has an exhibition of the paintings of Joaquín Torres García (1874-1949), one of Uruguay's foremost contributors to the modern art movements of the 20th century. ■ *Mon-Fri 1000-1900, Sat 1000-1600, bookshop, T916 2663.* At the eastern end is the **Palacio Salvo**, a major landmark. On the southern side is the **Casa de Gobierno Histórico** (Palacio Estévez). The modern block to the west of the Casa de Gobierno is the new Palacio de Justicia. The Casa de Gobierno itself, is now used for ceremonial purposes only as the executive offices have been moved. ■*Mon-Fri 1000-1700.* Just off the plaza to the west is the splendid **Teatro Solís** (1856), T916 0908.

The Avenida 18 de Julio runs east from Plaza de la Independencia. The **Museo de Arte Contemporaneo**, 18 de Julio 965, holds temporary exhibitions. ■ *Daily 1400-2000 except Thu 1400-1830, T900 6662.* The**Museo del Gaucho y de la Moneda** is at Avenida 18 de Julio 998, Edificio Banco de la República. Museo de la Moneda has a survey of Uruguayan currency and a collection of Roman coins; Museo del Gaucho is a fascinating history of the Uruguayan gaucho, highly recommended. ■ *Mon-Fri 0900-1700, free (renovated in early 2003). T900 8764.* Between Julio Herrera and Río Negro is the **Plaza Fabini**, or **del Entrevero**, with a statue of a group of *gauchos* engaged in battle, the last big piece of work by sculptor José Belloni. Beneath the plaza is the **Salón Municipal de Exposiciones**, temporary exhibitions of contemporary art, photography, etc. ■ *Daily 1700-2100, free.* In the **Plaza Cagancha** (or Plaza Libertad) is a statue of Liberty. The **Palacio Municipal** (La Intendencia) is on the south side of Avenida 18 de Julio, just before it bends north, at the statue of **El Gaucho**. The best view of the city is from the top of the Palacio Municipal; external glass elevators take you up to a *mirador* (glass-fronted terrace) on the 22nd floor. ■ *Closed to the public in 2003. The road which forks south from the Gaucho is Constituyente, and leads to the beach at Pocitos.* **Museo de Historia de Arte**, at Palacio Municipal (18 de Julio 1360). ■ *Tue-Sun 1430-2000, T908 0456.* **Centro de Exposiciones**, Palacio Municipal (Soriano entrance). ■ *Tue-Sun 1600-2000.* Temporary modern art exhibitions.

Uruguay

The immense **Palacio Legislativo** was built between 1908 and 1925 from local marble: there are 55 colours of Uruguayan marble in the Salón de los Pasos Perdidos, 12 types of wood in the library. Other rooms are beautiful. ■ *Mon-Fri 0830-1830, free.* The Palacio is reached from Plaza Fabini along Avenida del Libertador Brig Gen Juan Lavalleja (normally known as Avenida Libertador), five blocks east of Plaza de la Independencia (buses 150, 173, 175 from Calle Mercedes). Some 6-7 blocks northeast of here is the **Barrio Reus**, with pastel-painted houses.

Outside the centre **Museo Nacional de Antropología**, Avenue de las Instrucciones 948, ex-Quinta de Mendilaharsu, a modest but well-presented anthropological collection in the hall of a superb, late 19th century mansion (see, among other things, the Music Room with its huge Chinese silk tapestry). ■ *Mon-Fri 1300-1800, Sat, Sun and holidays 1000-1800, T359 3353. Getting there: bus 149 from Ejido.* **Museo Municipal de Bellas Artes Juan Manuel Blanes**, Millán 4014 esq Arroyo, ex-Quinta Raffo (late 19th century mansion) dedicated to the work of the artist Blanes (1830-1901), plus a room of the works of Pedro Figari (1861-1938), a lawyer who painted strange, naive pictures of peasant life and negro ceremonies, also work by other Uruguayan artists; has a room with paintings by Courbet, Vlaminck, Utrillo, Dufy, etchings by Orozco and engravings by Goya; temporary exhibitions. ■ *Tue-Sun 1300-1900, T336 2248, free. Getting there: buses 146, 148, 149, 150 from Mercedes.* **Museo Zoológico**, Rambla República de Chile 4215, Buceo, is well-displayed and arranged, recommended, great for children too. ■ *Tue-Sun 1300-1700, T622 0258, free. Getting there: bus 104 from 18 de Julio.*

The **Panteón Nacional**, Av Gonzalo Ramírez y Aquiles Lanza (in the Cementerio Central), houses the burial monuments of local families, many with sculptured façades and inscriptions.

Museo Naval, Rambla Costanera y Luis A de Herrera, small display of naval history from War of Independence onwards, documentation on Battle of the River Plate and sinking of the *Graf Spee*, and on the sailing ship *Capitán Miranda*, which circumnavigated the globe in 1937-8 and is now in the port (can be visited Saturday and Sunday), bus 104 from 18 de Julio. ■ *Mon-Fri 0800-1200, 1400-1800, T622 1084, free.* **Museo Aeronáutico**, Plaza de la Aviación, Larrañaga 4045, has a collection of vintage planes. ■ *Sat, Sun and holidays, 1430-1700, T215 2039, US$0.15. Getting there: bus 71, 79 from Mercedes.*

In **Parque Batlle y Ordóñez** (reached eastwards of Avenida 18 de Julio), are several statues: the most interesting group is the very well-known **La Carreta** monument, by José Belloni, showing three yoke of oxen drawing a wagon. In the grounds is the **Estadio Centenario**, the national football stadium with a seating capacity of 70,000 and a football museum, an athletics field and a bicycle race-track (bus 107). The **Planetarium** (next to the Jardín Zoológico) is southeast of this park at Avenida Gral Rivera 3254 (buses 141, 142 or 144 from San José). ■ *The planetarium (free) gives good, 40-min shows on Thu at 1730, Sat and Sun at 1630 and 1730.*

From the Palacio Legislativo, Avenida Agraciada runs northwest to **Parque Prado**, the oldest of the city's many parks, situated about 5 km from Avenida 18 de Julio (bus 125 and others). Among fine lawns, trees and lakes is a rose garden planted with 850 varieties, the monument of **La Diligencia** (the stage coach), the Círculo de Tenís and the Sociedad Rural premises. Part of the park is the adjacent **Jardín Botánico**. ■ *Mon-Fri 0800-1830, guided tours, T336 4005. It is reached via Avenida 19 de Abril (bus 522 from Ejido next to Palacio Municipal), or via Avenida Dr LA de Herrera (bus 147 from Paysandú).* The largest and most popular park is **Parque Rodó**, on Rambla Presidente Wilson. Here are an open-air theatre, an amusement park, and a boating lake studded with islands. At the eastern end is the **Museo Nacional de Artes Visuales**, Tomás Garibaldi 2283, a collection of contemporary plastic arts, plus a room devoted to Blanes. Recommended. ■ *Wed-Sun 1500-1900. T711 6124, free.*

Among the main seaside residential areas are **Pocitos** and **Carrasco**, a delightful semi-rural place behind the beach of the same name at the end of the Rambla Sur, backed by the forest of the **Parque Nacional Roosevelt**, a green belt stretching north to the marshes of Carrasco (which are being drained). The city itself is expanding beyond Roosevelt. The international airport is nearby. The express bus DI runs every 30 minutes along Avenida 18 de Julio; by using this service, which costs slightly more (US$1.20) about 30 minutes quicker to Carrasco.

At the western end of the bay is the **Cerro**, or hill, 139 m high (from which Montevideo gets its name), with the Fortaleza General Artigas, an old fort, on the top. It is now the **Museo Militar**, historical momentos, documentation of War of Independence. ■ *Tue-Sun 1100-1730, T487 3121, free. Getting there: bus 125 from Mercedes goes near.* The Cerro is surmounted by the oldest lighthouse in the country (1804). Bus from centre to Cerro: 125 'Cerro' from Mercedes, and others, or boat Saturday and Sunday 1500-1900, US$5, T601 8601/2.

Nine sandy bathing **beaches** stretch along almost the whole of the metropolitan water front, from Playa Ramírez in the west to Playa Carrasco in the east. Along the whole waterfront runs the Rambla Naciones Unidas, named along its several stretches in honour of various nations. Bus 104 from Aduana, which goes along Avenida 18 de Julio, gives a pleasant ride (further inland in winter) past Pocitos, Punta Gorda and all the beaches to Playa Miramar, beyond Carrasco, total journey time from Pocitos to Carrasco, 35 minutes. The seawater, despite its muddy colour (sediment stirred up by the Río de la Plata), is safe to bathe in and the beaches are clean. Lifeguards are on duty during the summer months.

Essentials

During the tourist season, 15 Dec-15 Mar, hotels should be booked in advance. At the beaches many hotels offer full board only during the season. After 1 Apr prices are greatly reduced and some hotel dining rooms shut down. For Carnival week, on the other hand, prices are raised by 20%. The city is visited by many Argentines at weekends: many hotels increase prices. In midweek, though, many hotel prices are lower than those posted. Always ask in advance. When not included, breakfast (*café completo*) costs US$2 or more in a hotel. Almost all hotels **D** and above have cable TV and a mini bar or fridge.

The tourist office has information only on more expensive hotels. For more information and reservations for more expensive hotels, contact **Asociación de Hoteles y Restaurantes del Uruguay**, Gutiérrez Ruiz 1213, T900 0346, F908 0141.

In the centre **A** *Nh Columbia*, Reconquista 470, T916 0001, F916 0192. 1st class, breakfast, IDD phone in every room, minibar, TV, restaurant, sauna, music show. **C-D** *Solís*, Bartolomé Mitre 1314, T915 0279, hotelsolis@hotmail.com A variety of rooms, some with bath, a/c, others without, safe, bike rental, excursions, internet, bar. **D** *Palacio*, Bartolomé Mitre 1364, T916 3612, fpelaez@internet.com.uy<~> Well kept old hotel, with bath, safe, balconies, laundry service, stores luggage. Highly recommended. **E** *City House*, Buenos Aires 462 (opposite Correos), T915 6427. With bath, bar, remodelled, good value (prices rise at weekend). **E** *Príncipe*, Juncal 1434, T908 5310, F902 6167. A/c, fridge, café, parking, prices rise on Fri and Sat.

Centre, east of Ciudad Vieja There are many hotels in this area. **L** *Radisson Victoria Plaza*, Plaza Independencia 759, T908 1048, F902 1628. A/c, excellent restaurant (rooftop, fine views), less formal restaurant in lobby, luxurious casino in basement, new 5-star wing fully open, business centre (for guests only). **A** *Oxford*, Paraguay 1286, T902 0046, F902 3792. Good breakfast. Recommended. **B** *Balfer*, Z Michelini 1328, T902 1418, F902 4228. Good, TV, safe deposit, excellent breakfast. **B** *Facal*, Paseo Yí y 18 de Julio 1363, T902 8833, F902 8828. A/c, safe, TV, convenient, pleasant, terrace restaurant. **B** *Lancaster*, Plaza Cagancha 1334, T902 1054, F902 1117. A/c, with breakfast and fridge/bar, good service. **B** *London Palace*, Río Negro 1278, T902 0024, F902 1633. With breakfast, parking. **B-C** *Hispano*, Convención 1317, T/F900 3816. A/c, with breakfast, comfortable, laundry, parking.

C *Aramaya*, Av 18 de Julio 1103, T902 1058, F902 9039. Old, comfortable. **C** *Mediterráneo*, Paraguay 1486, T900 5090. With breakfast, TV, comfortable. **C** *Montevideo*, Aquiles Lanza 1309, T902 4634. Recommended. Small garage. **C** *Royal*, Soriano 1120, T908 3115. Without breakfast, dark rooms. Recommended.

Sleeping
■ *on map*
Hotels add a 14% charge to bills, on top of which there is 23% VAT

Uruguay

D *Arapey*, Av Uruguay 925, near Convención, T900 7032, mfer@adinet.com.uy   Good location, on route to airport, with bath, no breakfast. **D** *Ecology Europa*, Colonia 1341, T902 1222. Good. **D** *Iberia*, Maldonado 1097, T901 3633. Modern, parking, US$1 for breakfast.**D** *Ideal*, Colonia 914, T901 6389. Hot water, no breakfast, quiet, basic, higher rates on Sat. **D** *Itá Residencial*, San José 1160, T901 3363. Quiet, 10% discount if you stay more than a week.**D** *Nueva Pensión Ideal*, Soriano 1073. Laundry facilities, no breakfast. **D** *The Place*, Maldonado 1080, T900 6047, F908 2198. A/c, large rooms, airy, old-style feel for a new hotel.

E*Cervantes*, Soriano 868, T/F900 7991. Faded, once-famous large 1920's hotel.**E** *Hospedaje del Centro*, Soriano 1126, T900 1419. Shared bath, no fan, scruffy, cooking facilities. Recommended. **E** *Hospedaje Libertad*, Gutiérrez Ruiz 1223, T901 4548. Simple, TV, and, same owner, **E** *La Libertad II*, Maldonado 980, T901 7665. **F** with shared bath, darker, but rooms at front OK.

Near Tres Cruces bus terminal A *Days Inn*, Acevedo Díaz 1821-23, T400 4840, www. daysinn.com.uy A/c, with breakfast, safe, coffee shop and health club. **B** *Royal Palace*, Acevedo Díaz 1697, T401 7227. 3-star, with TV, phone, 24-hr bar. **B** *Tres Cruces*, Miguelete 2356 esq Acevedo Díaz, T402 3474, www.hoteltrescruces.com A/c, TV, safe, coffee shop.

East of centre LL*Belmont House*, Av Rivera 6512, Carrasco, T600 0430, www.belmonthouse.com.uy 5-star, small, beautifully furnished, top quality, excellent restaurant and service, pub/bar *Memories*, pool, 4 blocks from beach. Recommended. **LL** *Sheraton*, Victor Saliño 349, T710 2121, www.sheraton.com Beside Shopping Punta Carretas, all facilities, good views, access to Golf Club. **L-AL** *Pedro Figari*, Rambla Rep de México 6535, Carrasco, T600 8824, www.hotelpedrofigari.com A/c, buffet breakfast, cable TV, good for business visitors, convenient for airport, very pleasant. **AL** *Oceania*, Mar Artico 1227, Playa Los Ingleses, T600 0444, F600 2273. Pleasant view, good restaurant and night club. Highly recommended.

Youth hostel The headquarters of the Association are at Pablo de María 1583, apartment 008, T400 4245/400 0581, F400 1326, www.internet.com.uy/aau Open 1130-1900

Montevideo

Sleeping
1 Aramaya *B5*
2 Arapey *A4*
3 Balfer *B6*
4 Cervantes *B4*
5 City House *B3*
6 Ecology Europa *A6*
7 Facal *B6*
8 Hispano *B4*
9 Hospedaje del Centro *B5*
10 Hospedaje Libertad *B5*
11 Iberia *B5*
12 Ideal *B4*
13 Itá Residencial *B5*
14 La Libertad II *C4*
15 Lancaster *B5*
16 London Palace *B5*
17 Mediterráneo *A5*
18 Montevideo *B6*
19 Nh Columbia *B3*

Uruguay

Mon-Fri. Hostel (members only) is at Canelones 935, T908 1324/400 4245. Open all year. US$7 pp (with seasonal variations, breakfast included, sheets US$1 extra), doors locked at 2400 (but security lax), friendly, clean, dormitory style, cooking facilities, plenty of hot water, shortage of bathrooms, closed Sat and Sun 1000-1700.

Camping Parque Roosevelt, near Carrasco, US$3 pp, free, hot showers, safe, no electricity, 15 km from centre, open all year. For vans and caravans only at Punta Ramírez on Rambla República Argentina, free for stays under 48 hrs, central, basic facilities, 24 hr security.

In the centre Expensive restaurants at the centre are *La Silenciosa*, Ituzaingó 1426, T915 9409. In a converted Jesuit convent (18th-century), later a prestigious fashion house (19th-century), now an historical monument, excellent food, international and French, open Mon-Fri for lunch and Thu-Sat for dinner. Highly recommended. **Mid-range**: On C Bacacay, between pedestrianized part of Sarandí and Teatro Solís, are small cafés and restaurants serving anything from a coffee to a full meal; recommended are *Café Bacacay*, Bacacay 1310 y Buenos Aires, good music and atmosphere, food served, try the specials, and *Roma Amor*, Bacacay 1331. Closed Sun, excellent antipasti lunchtime buffet, US$3. On Bartolomé Mitre: *@Café* (not a cybercafé), no 1322, and *La Crepería*.

In Plaza Cagancha Mid-range: *Anticuario*, Maldonado 1602. Atmospheric, fish and *parrilla. Las Brasas*, San José 909. Good typical food. *El Fogón*, San José 1080. Good value, very friendly, always full (also Ellauri 350, Shopping Punta Carretas). *Viejo Sancho*, San José 1229. Excellent, popular, complimentary sherry or vermouth to early arrivals, tearoom by day. **Cheap**: Chinese: *Gran China*, San José 1077. Friendly, good. *Cantón Chino*, at Tres Cruces bus terminal, also at Roque Graseras 740, Pocitos, and Shopping Punta Carretas. Good. A reasonable place for lunch is restaurant on 6th floor of YMCA building, Colonia 1870, good views, ask for the Asociación Cristiana de Jóvenes. *Vegetariana*, Av Brasil 3086, Pocitos, and other locations (eg Yí 1334, 18 de Jhulio y Carlos Roxio and 25 de Mayo 462). Closed every day 1500-1900, 2000 on Sat, Sun open 1200-1500. Excellent, self-service buffet.

At Playa Ramírez (near Parque Rodó): *'W' Lounge*, Rambla Wilson y Requena García. Fashionable place for young people with a range of foods and prices.

In and around Pocitos Expensive: *Doña Flor*, Artigas 1034. Classy French restaurant, limited menu but good, moves to Punta del Este in summer. *Spaghetería 23*, Scosería 2584. Tue-Sun, very good Italian. **Mid-range**: *El Entrevero*, 21 de Septiembre 2774. Excellent value, beef, take bus 522 from the centre. *El Puesto de Joaquín*, Williman 637. Popular, good atmosphere, varied menu.

In Carrasco Expensive: *Bungalow Suizo*, Camino a Carrasco 16.500, T601 1073. Very good. **Mid-range**: *La Casa Violeta*, P Murillo 6566 (and other branches in the city, eg Rambla Armenia 3676, Pocitos Nuevo). Help yourself, fixed price. *Dackel*, Dr Gabriel Otero 6438, T6006211. German/Swiss/ Austrian food, good prices.

There are a great many **Confiterías**; the following is a selection: on Av 18 de Julio, *Lusitano*, esq Paraguay; *Lion d'Or*, No 1981; *Soko's*, No 1250, popular, good if expensive food, good coffee, open till 0100, 0400 on Sat; *Sorocabana*, No 1008, open 1400-2330. *Cake's*, José Ellauri 1067, Pocitos. Expensive.

Eating
● *on map*
There is a 23% added tax on restaurant bills, plus 14% service. In Montevideo, expensive = over US$12, mid-range = US$7-12, cheap = under US$7

Uruguay

Recommended. *Conaprole*, Solano Antuña 2996. *Café Iberia,* Uruguay esq Florida. Locals' bar/café. *Oro del Rhin*, Convención 1403. Open 0830-2100, good cakes. *La Pausa*, Sarandí 493. Books and magazines on Uruguayan art and literature. *Universal Bar*, Piedras y Gómez. Last of the real dock bars, worth a visit.

Don't miss eating at the *Mercado del Puerto*, the 19th-century market building, opposite the Aduana, on Calle Piedras, between Maciel and Pérez Castellano (take 'Aduana' bus), closed Sun, delicious grills cooked on huge charcoal grates (menus are limited to meat). It is best to go at lunchtime, especially Sat; the atmosphere is great, including buskers outside. *La Estancia del Puerto* (No 34, 36), *Río Alegre* (No 33), *La Proa* (touristy), *Don Tiburón*, *Cabaña Verónica* (No 38), *La Pradera* and *Las Tablitas* (No 46, also at Costa Rica 2105, Carrasco) have been recommended. *Roldós*, specializes in sandwiches and is where most people start with a *medio medio* (half still, half sparkling white wine).

Heladerías Try *La Cigale*, R Graseras 845 (Pocitos), Ejido 1368 and several other locations. *Las Delicias*, Schroeder 6454, Carrasco. *Batuk*, 26 de Marzo y Pérez, Pocitos, and at 18 de Julio y Yí. Both open daily 1000-0200. *Papitos*, 18 de Julio 1060. Excellent but pricey.

Bars & clubs
There are many nightclubs in the city

Boliches (Café-Concerts/Peñas/Folk-Pubs, offering the most typical local night-life) *Amarcor*, Julio Herrera y Obes 1321. Thu-Sat 2100 onwards, traditional pop music. *Clyde's*, Costa Rica y Rivera. Live music. *Flannagans Pub*, Luis B Cavia 3082, Pocitos. Lively but small, pop, rock and salsa. *Fun-Fun*, Ciudadela 1229. Local music. *Lobizón*, Michelini 1329. Good food, good price. *Pizza Sing*, Schroeder 6411, Carrasco. Good, karaoke. *Subterráneo Magallanes*, Gonzalo Ramírez 1701, T419 1075. Daily 0800-2400, Fri and Sat 2230-0315, book in advance. *Taj Mahal*, Andes 1255. Sangria, food. **Boites** are the more expensive discos which provide live music for dancing; prices, US$15-30. See www.eltimon.com and entertainments magazines for recommendations. Every Sat, from midnight to Sun morning, thousands crowd into the *Palacio Sud América*, Yatay 1429, near Palacio Legislativo, 3 dance salons, Caribbean music on 1st floor, Tango on 2nd, tickets half price before 2400.

Entertainment

Cinema Very popular. Price is almost the same in all cinemas, at US$7 (US$4 on Tue and Wed). During the week no cinemas open before 1730. Classic and serious films at Cinemateca film club (3 separate cinemas – at L Carnelli 1311, Soriano 1227 and A Chucarro 1036), monthly membership US$6, and Cine Universitario (2 halls, Lumière and Chaplin, Canelones 1280). Films are released quite soon after the UK and USA, and often before they get to Buenos Aires. Details in *Guía del Ocio* and monthly *Cinemateca Uruguaya* (free). At least half of Montevideo's cinemas show blue films – marked *sexo explícito*.

Tanguerías *La Vieja Cumparsita*, C Gardel 1811. Nightly 2330-0500, no singles admitted, also has *candombe* shows, book ahead. Besides tango and *candombe*, other popular music forms in Montevideo are Música Campestre-Folklórica (of gaucho origin), Música del Caribe by Uruguayan orchestras dedicated to dance music from Puerto Rico, and "the best New Orleans Dixieland Jazz Bands" in Latin America writes John Raspey.

Theatres *Teatro Millington-Drake* at the Anglo (see Cultural centres) puts on occasional productions, as do the theatres of the Alianza Uruguay-Estados Unidos and the Alianza Francesa (addresses below). Many theatres close during Jan and Feb.

Shopping
The main shopping area is Av 18 de Julio. Many international newspapers can be bought on the east side of Plaza Independencia

Bookshops The following have English and American books: *Plaza Libros*, Av 18 de Julio 892, has a wide range of international books, travel guides, and gay literature. Also at 1185 on the same avenue. *Librería Barreiro y Ramos*, 25 de Mayo y JC Gómez, 18 de Julio 937, 21 de Septiembre (Pocitos) and Av Arocena 1599 (Carrasco). *Ibana*, International Book and News Agency, Convención 1479, specializes in foreign publications. *Librería Británica*, Sarandí 580, specializes in language and children's books. Others include *Librería Mosca Hermanos*, Av 18 de Julio 1578 and Av Arocena 1576 (Carrasco). *Linardi y Risso*, Juan Carlos Gómez 1435, lyrbooks@linardiyrisso.com *Roberto Cataldo*, Juan Carlos Gómez 1327, elgaleon@netgate.com.uy *Feria del Libro*, Av 18 de Julio 1310. *Palacio del Libro*, 25 de Mayo 577, and *Fundación de Cultura Universitaria* at No 568, in the Ciudad Vieja. For books on Uruguay in Spanish and Uruguayan music, *Mercado de Todo la Cultura Uruguaya* Plaza Fabini. *Librería Oriente Occidente*, Cerrito 477 and *Librería El Aleph*, Bartolomé Mitre 1358, both sell used and rare books (former has English books, also exchange of books in perfect condition). The only shop with exclusively English stock is *Bookshop SRL*, JE Rodó 1671 (at Minas y Constituyente), T400 9954, Cristina Mosca, very friendly staff, also at Montevideo Shopping Center; specializes in travel. The Sun market on Paysandú is good for second-hand books.

Handicrafts   Suede and leather are good buys. Try *Casa Mario*, Piedras 641 (expensive). Several shops and workshops around Plaza Independencia *Montevideo Leather Factory*, No 832. Recommended. For leather and woollen goods, *Exculsividades Artesanales*, Av 18 de Julio 1197, Río Negro 1320 L 2, T908 3118, good prices. Amethysts, topazes, agate and quartz are mined and polished in Uruguay and are also good buys. Recommended is *Benito Sityá*, Sarandí 650 (Ciudad Vieja) and *Mundo Mineral*, Sarandí 672. For good, cheaper crafts there is a marquee on Plaza Cagancha, and at Mercado de la Abundancia, San José 1312, T901 0550, auda@minetuy.com

Markets   On Sun, 0800-1400, there is a large, crowded street market on Tristán Narvaja (good for silver and copper, and all sorts of collectibles) opposite Facultad de Derecho on 18 de Julio. A small Sat morning market and a Sun antique fair are held in Plaza de la Constitución; there is also a big market, Villa Biarritz, on Vásquez Ledesma near Parque Rodó, Pocitos, selling fruit, vegetables, clothes and shoes (Tue and Sat 0900-1500, and on Sun in Parque Rodó, 0800-1400).

Shopping Malls   The Montevideo Shopping Center on the east edge of Pocitos (Herrera 1290 y Galanza, 1 block south of Rivera): it is open daily 1000-2100 and has a self-service restaurant, a cinema and *confiterías*. It also has wide range of shops selling leather goods, *Foto Martín*, *Bookshop*, supermarkets and more (bus 141 or 142 from San José). *Punta Carretas Shopping*, Ellauri 306, close to Playa Pocitos in the former prison, open 0900-2200, is large, modern, with all types of shop, also cinema complex and good food patio, popular. Take bus 117 or 121 from Calle San José. Other shopping centres at Portones in Carrasco, the Tres Cruces bus station and Plaza Arozena Shopping Mall.

Tour operators

Cecilia Regules Viajes, see under **Sport and activities** in **Essentials**, very good, knowledgeable about Montevideo, as well as specialist in *estancia*, tango and railway tourism in Uruguay, and skiing in Argentina. *JP Santos*, Colonia 951, T902 0300, and *Jetmar*, Plaza de la Independencia 725-7, T902 0793. Both helpful. *Jorge Martínez*, Río Branco y Colonia 949, T902 1844. *Mundo Turismo Natural*, Colonia 926, T/F902 0862. Adventure and nature tourism specialists, mainly to Maldonado and Rocha departments. *Orientur*, Río Negro 1358, Plaza Fabini, T908 3369. *Rumbos*, Galería del Libertador, Rio Branco 1377, p 7, T900 2407, rumbouno@ adinet.com.uy Also at World Trade Center, Luis A de Herrera 1248, T628 5555, rumbodos@ adinet.com.uy Caters specifically for independent travellers, very helpful. *Turisport Ltda*, San José 930, T902 0829, turispor@netgate.com.uy American Express for travel and mail services, good; sells Amex dollar TCs on Amex card and personal cheque at 1 commission. 1-day tours of Punta del Este are organized by many travel agents and run from several hotels, US$40-100 including meals. Bilingual guide: Marian Whitaker, T700 6842, F701 5411, for tours of Montevideo and Uruguay, riding, hiking, camping, fishing, also visits to Santa Sofia *estancia* in Río Negro. The Palacio Municipal organizes city tours, Sat-Sun, US$5, T903 0648/9, Mon-Fri 1000-1800. A new project run by the tourist office is *Caminando Montevideo*, a historical walking tour of the city lasting 1 ¾ -2 hrs, departing from the fountain in Plaza Fabini, Tue-Fri 1330 in Spanish, 1545 in English, Sat 1300 in Spanish, 1505 in English. Tickets cost US$6 from Andes 1387 casi Colonia, T900 0586.

Transport

Local Bus: US$0.40 (pay the conductor on board); express buses D2 US$0.40, D3, 5, 8, 10, 11 US$0.50, D1 (see Sights Carrasco, above) US$1. There are many buses to all parts from 18 de Julio; from other parts to the centre or old city, look for those marked 'Aduana'. For Pocitos from city centre take bus No 121 from Calle San José. **Car hire**: without chauffeur, from US$36 to US$85 per 24 hrs (insurance included), plus extra per km if only hiring for the day; guarantee of US$500 required. Hire for 3-day weekend start at US$118 (rates are much lower out of season and vary according to size of vehicle). Cheaper weekly rates available. Best to make reservations before arrival. Collision damage waiver (amounting to US$1,000), US$15 per day. *Punta Car*, Cerro Largo 1383, T900 2772, also at Aeropuerto Carrasco. *Snappy*, Andes 1363, T900 7728 or 099-660660. *Sudancar*, Piedras 533, T915 8150; many others. See

Uruguay

Essentials, page 52 for international agencies. **Remises**: US$8 per hr; **Remises Montevideo**, Joaquín Requena 1303, F401 1149; **Libertad**, Plaza Cagancha 1126, T902 4393; **Juan Mastroianni**, T099-639865 (mob), good, safe, reasonably-priced; **Guillermo Muñoz**, Bartolito Mitre 2636, T707 3928. Recommended.

Beware of taxi drivers telling you that long-distance buses are full and offering to take you instead; this is unlikely to be true

Taxis: US$0.50 for first 600 m, and US$0.15 for each 140 m afterwards; on holidays and Sun, US$0.15 more; charge per hr US$8. Average fare Pocitos to old city US$2. Fares are shown on the meter by a number which determines the cost according to a table; make sure the meter starts at zero, even in radio taxis. There is a small charge for each piece of luggage, but tipping is not expected.

If making an advance hotel reservation, ask them to send a taxi to meet you; it's cheaper than taking an airport taxi

Long distance Air: the main airport, is at Carrasco, 21 km outside the city, T601 1757; with coffee shop and children's play area in departure lounge; left luggage about US$1 per day per item; good rates at the exchange facilities, but if closed, buses will accept dollars for fares to town. To Montevideo 30 mins by taxi or *remise* (US$12-20, depending on destination in the city – may be able to charge it to hotel bill if without cash); about 50 mins by bus. Buses, Nos 700, 701, 704, 710 and 711, from Terminal Brun, Río Branco y Galicia, go to the airport US$1 (crowded before and after school hours); dark brown 'Copsa' bus terminates at the airport. **COT** buses connect airport and Punta del Este, US$5. **Pluna** has a bus service from *Hotel Victoria Plaza*, Plaza Independencia to airport at 30 mins past the hour (only for **Pluna** and **Varig** passengers). *IBAT* bus service T601 0209/0943 2373. *Concorde Travel* (Robert Mountford), Germán Barbato 1358, apto 1302, T902 6346/8, has a service from hotel to plane (almost) US$10-25.

Air services to Argentina: for the Puente Aéreo to Buenos Aires, check in at Montevideo airport, pay departure tax and go to immigration to fill in an Argentine entry form before going through Uruguayan immigration. Get your stamp out of Uruguay, surrender the tourist card you received on entry and get your stamp into Argentina. There are no immigration checks on arrival at Aeroparque, Buenos Aires. For flights via Colonia see page 1283.

During the summer holiday season buses are booked heavily; it is recommended to book in advance (also for Fri and weekend travel all year round).

Road Buses within Uruguay: excellent terminal, Tres Cruces, Bulevar Artigas y Av Italia, T401 8998 (10-15 mins by bus from the centre, Nos 21, 64, 180, 187, 188 - in Ciudad Vieja from in front of Teatro Solís); it has a shopping mall, tourist office, internet café, restaurants, left luggage (free for 2 hrs at a time, if you have a ticket for that day, then US$0.70 up to 4 hrs, 24 hrs US$1.75), post and phone offices, toilets, good medical centre, *Banco de Montevideo* and *Indumex* cambio (accepts MasterCard). For nearby hotels, see Sleeping, above. All buses leave from here and bus company offices are here, too. Fares and journey times from the capital are given under destinations.

You need a passport when buying international tickets.

To Argentina: Ferries and buses Direct to Buenos Aires: *Buquebus*, at the docks, in old customs hall, T130, Río Negro 1400, T902 0526 and Terminal Las Cruces, Local B29, T408 8120, 2-3 daily, depending on season, 2 hrs 5 mins or 2½ hrs, US$39 tourist class, US$47.50 1st class (bus service from *Hotel Carrasco* 1½ hrs before sailings). At Montevideo dock, go to Preembarque 30 mins before departure, present ticket and pay exit tax; then go to Migración for Uruguayan exit and Argentine entry formalities. The terminal has been redesigned like an airport. On board there is duty-free shopping, video and expensive food and drinks. **Services via Colonia**: bus/ferry services by *Buquebus*: 3-4 crossings daily 45 mins or 2½ hrs, US$20 tourist, US$25 1st class on the fast ship, US$12 tourist, US$17 1st class on the slow ship, bus Montevideo-Colonia from Tres Cruces 3½ hrs earlier, US$4.30 extra. *Buquebus* on either route carries cars, US$42 Montevideo, US$18-29 (depending on size of vehicle and boat) Colonia. Schedules and fares can be checked on www.buquebus.com Fares increase in high season, Dec-Jan, when there are more sailings. *Ferryturismo*, Río Branco 1368, T900 0045, and at Tres Cruces local 27, T409 8198, *Sea Cat* 4 hrs Montevideo-Buenos Aires via Colonia: 4 a day, 3 on Sat-Sun, bus leaves Montevideo 3 hrs before catamaran sails, US$25, 30 from Colonia (also carries cars). Break of journey in Colonia on all services is allowed; cheaper, if you do this, to buy bus ticket only in Montevideo, and then ferry ticket in Colonia. Services **via Carmelo and Tigre** (interesting trip): bus/motor launch service by Cacciola, 0100, 1200, 1300 on Sun, Tres Cruces T401 9350, Plaza Cagancha 1326, T901 0755, US$20. Bus service **via**

Fray Bentos, *Bus de la Carrera* (Terminal Tres Cruces 25/26, T402 1313), 1000, 2200, 2230 (*dormibus*) and 2300 daily, US$19, 8 hrs, slow journey. Bus services to Paraná, Santa Fe, Rosario, Córdoba and Mendoza are operated by *EGA* (see above). Advanced booking is advisable on all services at busy periods. On through buses to Brazil and Argentina, you can expect full luggage checks both by day and night.

To Paraguay, Brazil, Chile To **Asunción**, Paraguay, US$67, 18 hrs: twice a week (Wed and Sat, plus Mon in summer) by *COIT*, Río Branco 1389, T908 6469, or *Tres Cruces*, T401 5628, and 2 a week by *Brújula*, T901 5143, both services recommended, meals served. Alternatively take bus to **Santa Fe**, Argentina (US$36), via Paysandú bridge, for easy access to Asunción. The through bus route is via Paysandú, Salto, Bella Unión, Uruguaiana, Paso de los Libros, Posadas, Encarnación, to Asunción (there are no passport or customs formalities except passport checks at Bella Unión and at Encarnación). There are very comfortable buses to **Porto Alegre** (US$44, 10 hrs, daily) and **São Paulo** (US$96, 32 hrs via Florianópolis, US$65, Camboriú, US$68, a good place to stop over, and Curitiba, US$79, Wed, Fri, Sun at 1600) with *EGA* (recommended), *Tres Cruces*, T4025164, or *Río Branco* 1409, T902 5335, egakeg@andinet.com.uy *TTL* (*Tres Cruces* or *Río Branco* 1375, T901 7142/401 1410) also serves São Paulo, Florianópolis and Porto Alegre. A cheaper alternative route (which also avoids the risk of being stranded at the border by through-bus drivers) is to Chuy, eg *COIT*, T409 4949, or *Plaza Cagancha* 1124, T902 4004 (US$13, 4½ hrs), then catch an onward bus to Porto Alegre (7½ hrs, US$13 if paid in reais), either direct or via Pelotas.

If intending to travel through Uruguay to Brazil, do not forget to have Uruguayan entry stamped in your passport when crossing from Argentina. Without it you will not be able to cross the Brazilian border

Train: the station is at the north end of Calle Río Negro (with Cerro Largo). Commuter trains run north to 25 de Agosto (Florida), Mon-Fri depart 25 de Agosto 4 times between 0440 and 0655, returning from Montevideo 4 times 1728-1930, 1 hr 50 mins, US$1.90. On Sat, depart 25 de Agosto 0440, 0530, return 1320, 1420. You can take the train to Santa Lucía, the stop before 25 de Agosto, and return by bus (2 hrs); the train goes via Canelones also. *Ferrotransporte* (T924 1387) arrange return trips to Florida, with lunch and tours, US$15.80 for the train ride.

Airline offices *Aerolíneas Argentinas*, Convención 1343, p 3, T901 9466. *American Airlines*, Sarandí 699 bis y Plaza Independencia, T916 3979. *ASATEJ Uruguay*, Student Flight Centre, Río Negro 1354, p 2, of 1/2, T908 0509. *Aviasur*, at airport, T601 4618. *Iberia*, Colonia 673/75, T908 1032, F902 3284. *KLM*, Andes 1217, T902 5057. *LAPA*, Plaza Cagancha, T900 8765. *Pluna* (www.pluna.com.uy) and *Varig*, office on south side of Plaza Independencia, Fast Track check-in and bus at *Victoria Plaza* hotel, Plaza Independencia, near the driveway off Florida, T902 1414/600 0750. *United*, Plaza Independencia 831, p 5, T902 4630. For information on all flight arrivals and departures, T601 1991.

Directory
Information: 141
Emergency medical assistance: T105
Fire service: T104
Police patrol: T999-109

Banks Don't trust black market money changers offering temptingly good rates. Many are experienced confidence tricksters. *Casas de cambio* on Plaza Cagancha open daily until 2200, including Sun, but banks open only from 1230 to 1730. Many banks give cash advances against Visa and MasterCard. Airport bank open every day 0700-2200. *Lloyds TSB Bank*, Calle Zabala 1500, and 11 city agencies. *Citibank*, Colonia 1329 and 26 de Marzo 3509, no commission on own cheques, Visa ATM. *ABN Amro*, 25 de Mayo 501 and 18 de Julio 1300 (MasterCard and Visa ATM); 22 other branches. 2 branches of *Redbanc* for Visa and MasterCard ATMs: Colonia 758, *Victoria Plaza*, and Galicia 963 y Río Branco. Branches of *Banco de Crédito* take Visa, with ATM, eg Río Branco 1450 y Mercedes. *American Express Bank*, Rincón 473, T916 0092/916 1162, does not change cash or TCs (see Turisport under Tour operators). *Western Union*, Río Negro y 18 de Julio, opposite *McDonalds*. The MasterCard office is in Edif Torre Libertad, Plaza Cagancha 1335, p 3. There are exchange houses, especially along 18 de Julio, eg *Almar* at 1077, *Bacacay*, near Plaza Independencia, *La Favorita* (Amex agents) at 1459, *Suizo* at 1190, *Zito* at 1841, but shop around for best rates (rates for cash are better than for TCs, but both are often better than in banks, and quicker service). *Brimar*, Misiones 1476; *Durazno*, 25 de Mayo 481, and *Delta*, Río Negro 1341, have been recommended.

Communications Internet:at Santiago de Chile 1286. *Cyber Enter*, San José 1334, near Municipalidad, Mon-Sun 1000-0400, US$0.75 per hr. *Millennium Café*, Paraguay 1325, local 53, in mall, US$1 per hr. *Cyber Café Nacho*, Av del Libertador 1607 y Cerro Largo, T903 9070. Open till 2200. *Cyber Café Uruguay*, Colonia 1955. Also pub and dancing. **Post**

Uruguay

Office: Misiones 1328 y Buenos Aires; 0800-1800 Mon-Fri, 0800-1300 Sat and holidays; phila-telic bureau on 1st floor sells back issues. *Poste restante* at main post office will keep mail for 1 month, 2 if authorized in advance by administrator. Next to Pluna office on Av Libertador, next to Montevideo Shopping Center, 0800-1300, and under Intendencia at corner of Av 18 de Julio and Ejido, Mon-Fri 1000-2000, Sat 1700-2200. **Telephone**: *Antel*, Fernández Crespo 1534 (headquarters) and at San José 1102 (Plaza), Arocena 1666 (Carrasco), Ariel 4914 (Sayago), Cádiz 3280 (Mercado Modelo), Garzón 1806 (Colón), José Belloni 4445 (Piedras Blancas); for international phone calls (including USA Direct Express), telex, fax, cables, etc, open 0800-2000 daily. Long distance operator 120; for Latin America 0007, other countries 0008; special service 124.

Cultural centres Alianza Cultural Uruguay-Estados Unidos, Paraguay 1217, T901 5234, library open Mon-Fri, 1400-2000, US publications and books (excellent selection), theatre, art gallery. **Instituto Cultural Anglo-Uruguayo** (known as the 'Anglo'), San José 1426, T900 8468 (theatre, recommended, library open Mon-Fri 0930-1200, 1430-1930); café at No 1227. **Alliance Française**, Soriano 1180, T901 1979 (theatre, concerts, exhibitions in French and Spanish, library, excellent bookshop). **Goethe Institut**, Canelones 1524, T400 5813/409 3499, F404432 (open Mon, Tue, Thu, Fri 1000-1300, 1600-1930). **Casa Cultural Uruguay-Suecia**, Ejido 1444, T900 0067. **Instituto Italiano de Cultura**, Paraguay 1177, T900 3354.

Embassies and consulates Argentine Consulate, Michelini 1470, T902 8166, www.emb- uruguay.mrecic.gov.ar/index1.htm Open 1400-1900, visa US$15, 1 day wait, English spoken. **Austrian Consulate-General**, Misiones 1372, T916 0152/916 0718, F915 1283. **Belgium**, Leyenda Patria 2880, Apt 202, T710 1265. **Brazilian Consulate**, Bulevar Artigas 1328, T707 2115, F707 2086, www.brasmont.org.uy Consulate: Convención 1343, piso 6, T900 6282, F900 0348, Open 0930-1230, 1430-1730 (service for visas takes 24 hrs and the procedure is more complicated than Buenos Aires – need photo, onward ticket, entry ticket, proof of finances). **Canada**, Plaza Independencia 749, of 102, T902 2030, F902 2029, www.dfait-maeci.gc.ca/montevideo **Chile**, Andes 1365, T902 6316. Open 0900-1400, visa US$5, same day. **France**, Uruguay 853, T902 0077, www.amb-montevideo.fr/ **Germany**, La Cumparsita 1417-35, T902 5222, F902 3422, www.emb-alemania.com Open 0930-1230. **Israel**, Blvd Gral Artigas 1585, T400 4164. **Italy**, JB Lamas 2857, T708 4916, F708 4148, www.ambitalia.com.uy **Netherlands**, Leyenda Patria 2880, Apt 202, T700 1631. **New Zealand Consulate**, Bulevar Artigas 1074, T785925, F780509. **Paraguayan Consulate**, Blvd Artigas 1191, T408 5810. Open 0900-1200 summer, 1400-1730 winter. **Portugal**, Av Dr F Soca 1128. **Spanish Consulate**, Libertad 2750, T708 0048. **Sweden**, Av Brasil 3079, piso 6, Pocitos, T708 0088. **Switzerland**, Ing Federico Abadie 2934-40, T710 4315. **UK**, Marco Bruto 1073, T622 3630, F622 7815, bemonte@internet.com.uy **US Embassy** and **Consulate**, Lauro Muller 1776, T408 777, F418 8611, www.embeeuu.gub.uy

Medical services Hospital Británico, Av Italia 2420, T400 9011. Recommended.

Montevideo

East from Montevideo

This beautiful coast consists of an endless succession of small bays, beaches and prom-ontories, set among hills and woods. Punta del Este, 139 km from Montevideo, is a major international resort. From Punta del Este to the Brazilian frontier is much less developed. The bird watching in the coastal lagoons is good. The beach season is from December to the end of February.

Piriápolis

Phone code: 043
Colour map 8, grid B6
Population: 6,000
101 km from
Montevideo

This resort set among hills is laid out with an abundance of shady trees, and the dis-trict is rich in pine, eucalyptus and acacia woods. It has a good beach, a yacht har-bour, a country club, a motor-racing track (street circuit) and is particularly popular with Argentines. It was, in fact, founded in the 1890s as a bathing resort for residents

Uruguay

of Buenos Aires. North of the centre, at Punta de Playa Colorada, is a marine rescue centre that looks after injured sea creatures before releasing them to the wild, ■ *T22960, sos-faunamarina@adinet.com.uy* The tourist office, *Asociación de Turismo,* is at Rambla de los Argentinos 1348, 0900-2100 in summer, 1000-1800 in winter, T22560. Good-value excursions can be arranged at *Inmobiliaria Piriápolis,* Edificio Piria, Rambla de los Argentinos, T22596. Also info at *Inmobiliaria William* and the *Casa de La Cultura,* Plaza Artigas, T 23374. *Banco de Uruguay* on Rambla Argentinos changes TCs; *Casa de Cambio Monex,* Argentinos s/n, T25295. The post office is at Avenida Piria y Tucumán.

About 6 km north on the R37 is Cerro Pan de Azúcar (Sugar Loaf Hill), crowned by a tall cross with a circular stairway inside, fine coastal views; there is only a steep path, marked by red arrows, up to the cross. Just north of Piriápolis R 37 passes the La Cascada Municipal park (open all year) which contains the Museo Castillo de Piria, the house of Francisco Piria, the founder of the resort, open daily in summer, weekends in winter, 1200-2000. ■ *Take bus 'Cerro Pan de Azúcar' and get off after 6 km.* About 4 km beyond Cerro Pan de Azúcar is the village of Pan de Azúcar, which has a Museo al Aire Libre de Pintura where the walls of the buildings have been decorated by Uruguayan and Argentine painters, designers and writers with humorous and tango themes (direct bus every hour from Piriápolis).

A *Argentino,* Rambla de los Argentinos y Armenia, T22791. A fine hotel designed by Piria with casino, 2 restaurants and medicinal springs, ice rink and pool open to public for US$2.50 (but not6 in high season), also sauna. **C** *Centro,* Sanabria 935, T/F22516. With breakfast, cafeteria, helpful about local sites. **C** *Danae,* Rambla 1270 y Freire, T22594. **E** out of season, bath, breakfast, heating. **C** *Rivadavia,* Rambla 1208, T22543. Open all year (**E** in winter), hot water. **D** *Luján,* Sanabria 939, T22216. Simple rooms, family run, some rooms have balconies, homeopathist on top floor. Many others in our price ranges **D** and up. The Centro de Hoteles y Anexos de Piriápolis runs a reservation office at Edificio Piria on Rambla de los Argentinos. **Youth hostel** *Albergue de Piriápolis,* behind *Hotel Argentino,* Simón del Pino 1106/1136, T20394. US$7 pp (open all year), 322 beds, hot showers, cooking facilities, student cards accepted. **Camping** International YMCA camp on the slope of Cerro del Toro, double rooms in bungalows, and tents. Site at Misiones y Niza, just behind bus station. Poor showers, smelly toilets, US$4. Many small restaurants near the harbour, for example *Don Anselmo,* between Puntas Fría and Colorada. Shellfish, excellent, overlooking sea.*Trattoria de Piero,* Rambla de Los Ingleses, Punta Fría. *La Langosta,* Rambla de Los Argentinos 1214, in the centre. *Pizzería La Milenia,* Sanabria 980. *Taberna Barlovento,* T22837. Good for *paella,* US$12 for two. *Yoyo,* Sanabria y Tucumán. Dancing at weekends in summer.

Sleeping & eating
Many hotels situated along the sea front. Most close end-Feb until mid-Dec. Reservation advisable in high season

Road Piriápolis may be reached either by following the very beautiful R10 from the end of the Interbalnearia, or by taking the original access road (R37) from Pan de Azúcar, which crosses the R93. The shortest route from Piriápolis to Punta del Este is by the Camino de las Bases which runs parallel to the R37 and joins the R93 some 4 km east of the R37 junction. **Bus:** terminal on Misiones, 2 blocks from *Hotel Argentino.* To/from **Montevideo,** US$2.50, 1½ hrs. To **Punta del Este,** US$1.50, 50 mins. To **Maldonado,** US$1.20. For **Rocha, La Paloma** and **Chuy,** take bus to Pan de Azúcar and change.

Transport

To Buenos Aires: *Buquebus* has a ferry service Buenos Aires-Piriápolis in summer once a day (Sun only in winter), US$45 tourist class, US$56 1st class, cars US$41-63, 3 hr crossing.

Bus to Punta del Este US$4 extra

R93 runs between the coast and the Laguna del Sauce to Portezuelo, which has good beaches. The **Arboreto Lussich** (T78077, open 1030-1630) on the west slope of the Sierra de la Ballena (north of R93) contains a unique set of native and exotic trees. There are footpaths, or you can drive through; two *miradores*; worth a visit. From Portezuelo drive north towards the R9 by way of the R12 which then continues, unpaved, to Minas. Just off R12 is *El Sosiego,* T042-20000, F20303, a dairy farm open to the public, selling goats' cheese, *dulce de leche* and other products.

Portezuelo & Punta Ballena

Uruguay

At Punta Ballena there is a wide crescent beach, calm water and very clean sand. The place is a residential resort but is still quiet. At the top of Punta Ballena there is a panoramic road 2½ km long with remarkable views of the coast. **Casa Pueblo**, the house and gallery of Uruguayan artist Carlos Páez Villaro, is built in a Spanish-Moroccan style on a cliff over the sea; the gallery can be visited (US$5), there are paintings, collages and ceramics on display, and for sale; season: 1 November to 1 April. Walk downhill towards the sea for a good view of the house.

Sleeping **LL** *Casa Pueblo*, T579386, F578818. Highly recommended hotel, also time-share apartments, restaurant and, lower down the hill, a *parrillada*. **LL** *Hotel-Art Las Cumbres*, Ruta 12 Km 3.9, 4 km inland on a wooded hill, T578689, www.cumbres.com.uy Some rooms **L** out of season, themed as an artist's house-studio, pool with great views over Laguna del Sauce and the coast, restaurant and tea room (very expensive but popular). **LL** *Solana del Mar*, Km 126.5, T578888, F578045. Modern, restaurant on the beach, full board. **Campsite** near Arboreto Lussich, turn off at Km 128 on Interbalnearia, T427 8902/24181, or Montevideo 480 1662. US$5.60 for 2 with tent, many facilities, very clean.

Maldonado

Phone code: 042
Colour map 8, grid B6
Population: 33,000
140 km E of
Montevideo

The capital of Maldonado Department is a peaceful town, sacked by the British in 1806, now a dormitory suburb of Punta del Este, but it has many colonial remains. Worth seeing is the El Vigia watch tower, Gorriti y Pérez del Puerto; the Cathedral (started 1801, completed 1895), on Plaza San Fernando; the windmill; the Cuartel de Dragones exhibition centre (Pérez del Puerto y 18 de Julio, by Plaza San Fernando) and the Cachimba del Rey (an old well on the continuation of 3 de Febrero, almost Artigas – legend claims that those who drink from the well will never leave Maldonado). **Museo Mazzoni**, Ituzaingó 787, has regional items, indigenous, Spanish, Portuguese and English. ■ *Daily 1300-1830, Sun 1600-2200, T21107.* **Museo de Arte Americano**, José Dodera 648 y Treinta y Tres, private museum of national and international art, interesting. ■ *Summer only 1800-2200, T22276.*

Sleeping
& eating
Hotel accommodation
is scarce in summer

D *Celta*, Ituzaingó 839, T/F230139. Helpful, Irish owner, No 7 bus stop outside. **E** *Hospedaje Isla de Gorriti*, Michelini 884, T225223. Nice courtyard. Recommended. **Camping** In Parque El Placer, T270034, free. **Restaurants** *Piano-Bar JR Pizzetas*, Rincón y Gutiérrez Ruiz, pizzas and pasta, under US$12 pp. *Lo de Rubén*, Santa Teresa 846, T223059. *Parrillada*, best restaurant in town. *Al Paso*, 18 de Julio 898, T222881. *Parrillada*, moderate prices. *Taberna Patxi*, Florida 828. Basque specialities, reasonable prices, open all year. Best ice cream at *Popy's*.

Transport Buses to/from **Montevideo**, US$3.50; to **Minas**, 2 hrs, 5 a day, US$2.35. To **San Carlos** take a local bus 3 blocks from the main bus station, US$0.50.

Directory **Banks** *Banco Pan de Azúcar*, accepts MasterCard. *Cambio Bacacay*, Florida 803, good rates, Tcs. **Tourist information** Tourist information at bus station, T225701. For information on concerts and exhibitions in summer T222276.

Punta del Este

Phone code: 042
Colour map 8, grid B6
139 km from
Montevideo

About 7 km from Maldonado and 139 km from Montevideo (a little less by dual carriageway), facing the bay on one side and the open waters of the Atlantic on the other, lies the largest and best known of the resorts, **Punta del Este**, which is particularly popular among Argentines. The narrow peninsula of Punta del Este has been entirely built over. On the land side, the city is flanked by large planted forests of eucalyptus, pine and mimosa. Two blocks from the sea, at the tip of the peninsula, is the historic monument of El Faro (lighthouse); in this part of the city no building may exceed its height. On the ocean side of the peninsula, at the end of Calle 25 (Arrecifes), is a shrine to the first mass said by the Conquistadores on this coast, 2 February 1515.

Uruguay

Three blocks from the shrine is Plaza General Artigas, which has a *feria artesanal* (handicraft market); along its side runs Avenida Gorlero, the main street. There are a golf course, two casinos and many beautiful holiday houses. **Museo Ralli** of Contemporary Latin American Art, Barrio Beverly Hills, Curupay y Los Arachanes. ■ *Tue-Sun 1700-2100 in Jan-Feb, Sat-Sun 1400- 1800 rest of year, free, T483476. Worth a visit but a car is needed to get there.*

Punta del Este has excellent bathing beaches, the calm *playa mansa* on the bay side, the rough *playa brava* on the ocean side. There are some small beaches hemmed in by rocks on this side of the peninsula, but most people go to where the extensive *playa brava* starts, opposite the *Hotel Playa*. Papa Charlie beach on the Atlantic (Parada 13) is preferred by families with small children as it is safe.

There is an excellent yacht marina, yacht and fishing clubs. There is good fishing both at sea and in three nearby lakes and the Río Maldonado. The *Muriel*, a late-19th-century yacht, makes three sailings daily, lasting three hours, US$35.

Isla de Gorriti, visited by explorers including Solís, Magellan and Drake, was heavily fortified by the Spanish in the 1760's to keep the Portuguese out. The island, densely wooded and with superb beaches, is an ideal spot for campers (boats from 0800-1700, return 0915-1715, US$4.50, T441716; *Don Quico*, also does fishing trips, T443963). On **Isla de Lobos**, which is a government reserve within sight of the town, there is a huge sea-lion colony; excursions, US$30. Ticket should be booked in advance (T441716). See also **Tour operators**, below.

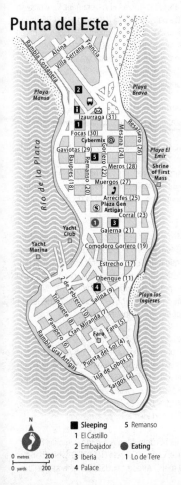

Punta del Este

Sleeping

■ *on map
Streets on the peninsula have names and numbers; lowest numbers at the tip*

Very many, but expensive: we list only those with positive confirmations. Rates in those few hotels that are open after the end of Mar are as much as halved. In the high season, for which prices below apply, it is better to find a hotel in Maldonado and commute, or look for a hotel that is rebuilding, so that you can negotiate on prices. Visitors without a car are forced to take a hotel on the peninsula, unless they want to spend a fortune on taxis.

On the peninsula L *Embajador*, C Risso, parada 1, by bus terminal, T481008, F486750. Good, closed in winter.**L** *Palace*, Av Gorlero esq 11, T441919, F444695 (**AL** in Mar, closed in winter). Breakfast only (expensive restaurant, *La Stampa*, in the hotel), well kept. **L** *Remanso*, C 20 y 28, T447412, www.hotelremanso.com.uy **A** low season, comfortable, businesslike, pool, safe, open all year. **AL** *Iberia*, C 24, No 685, T440405, F445422. About centre-peninsula, **A** out of season, breakfast included, open all year, garage opposite.

Bed and breakfast at **B** pp *Alicia Lorenzo*, Parada 5, T480781. Room with bath, barbecue. **Youth hostel** *El Castillo*, C 31 entre 20y 18, T09-440 9799 (mob), 100 m from bus station, across the road from Information Centre (ask for details).US$7 pp off season, US$5 for members, **B** in double room, close to beaches.

Uruguay

Eating

● on map
Expensive = over US$20 pp, mid-range = US$12-20, cheap = under US$12

Eating out is relatively expensive; price categories here differ from the rest of the book. **Expensive** (usually very): *La Bourgogne*, Av del Mar y Pedragosa Sierra in La Loma, 3 km off the peninsula. French, excellent restaurant and afternoon tea in stylish surroundings, the most expensive and chic. *Bungalow Suizo*, Av Roosevelt y Parada 8. Excellent Swiss, must book. *Lo de Charlie*, 12 y La Salina. For fish. *Lo de Tere*, 20 y 21, T440492, www.lodetere.com Good local food, open all year but closed Wed in winter, 20% discount if eating lunch before 1300 or dinner before 2100. *La Lutèce*, Los Sauces casi Pedragosa Sierra. French cuisine, superb. *Mariskonea*, Calle 26, No 650. One of the oldest establishments, fish and seafood, very good quality and service. *Rosario*, Av Francia esq Lensina. Excellent but expensive coffee shop, pastries, sandwiches. *Yatch Club Uruguayo*, Gral Artigas y 8. Very good, fish, seafood, continental, views over the port, the exclusive Yacht Club. **Mid-range**: *Alejandria*, C 21, Mansa side. Good seafood. *Blue Cheese*, Rambla y 23. For steaks and unlimited salads, good value. *La Casa Violeta*, C 31 y Rambla. *Tenedor Libre*, good meat dishes. *Los Caracoles*, Calle 20 y 28. Excellent food (international, *parrilla*, seafood) at good prices. *El Ciclista*, Calle 20 y 27. One of the oldest restaurants, international, Italian, *parrilla* and seafood. *La Estación*, C El Pinar esq San Francisco y California. *Parrilla* and salad bar, good, popular. *Gure-etxe* (also in La Coronilla), Calle 9 y 12. Seafood and Basque. *El Mejillón*, Rambla Portuaria y 11. *Confitería*, snack bar, popular. *El Pobre Marino*, C 11 y 12, T443306. Seafood and rotisserie. *La Tuttie*, C 9, No 607, T447044. Restaurant and fishmonger, expect the freshest fish, popular with locals. *Viejo Marino*, Calle 11 entre 14 y 15, Las Palmeras. Fish restaurant, very busy so go early. **Cheap**: *Avenida Rotisería*, Calle 21 (La Galerna). Good. *Il Barreto*, C 18 y 28. Italian vegetarian, good value, live music some evenings. *La Fragata*, Gorlero y 27. Open 24 hrs all year, a good meeting place for pastas, meat and *confitería*. *Las Delicias*, Remanso y Las Gaviotas. For coffee and cakes. *El Metejón*, Gorlero 578 y 19. International, *parrilla* and seafood, good value. *Tutto Sapori*, Parada 2 y Francia. Italian specialities, terrace, accordion music in evening. Many enticing ice cream parlours on Gorlero.

Entertainment

Clubs often don't begin till 0200. Entry US$25-50 for a couple, including 2 drinks. The UK club, *Cream* owns a beachfront bar in Punta del Este, www.cream.co.uk

Sport & activities

Diving: *Punta Divers*, C 32, No 632, T484516 (in summer), 484463/64 (year round), www.ssila.com US$290 for 8 dives to caves at Punta Ballena and Gorriti, and to wrecks (eg HMS *Agamemon*, Nelson's favourite ship), courses offered. Trips include refreshments. Also offer dive in a gold mine near Minas. To see right whales at end-Aug to Nov, US$18. **Riding**: *Nueva Escuela de Equitación* at *Cantegril Country Club*, Av Saravia, T423211, classes, guided rides for all levels and ages.

Tour operators

El Maragato, Local 7 at bus station, T/F221673 for group transport and regional tours. *Marina Charters*, Rambla y C 21, T443600 or T446152 for group bookings Trips to islands all year round US$30 including snorkelling gear, minimum 2 people, diving, fishing, sunset dinner cruises US$45 (food prepared by *Lo de Tere* restaurant, see above). Skipper of boat Jorge Fuster has a lot of experience in these waters. *Turisport*, Gorlero y 21, T445500, labraham@turisport.com.uy AmEx representative, also banking services here. *Tuttie*, local 1 de Servicio de Tráfico de Lanchas, T442594, for trips to islands and fishing.

Transport

Traffic is directed by a one-way system; town bus services start from C 5 (El Faro), near the lighthouse

Local Car hire: *Punta Car*, Continuación Gorlero s/n, *Hotel Playa*, T482112, puntacar@ puntacar.com.uy *Uno*, Gorlero y 21, T445018, unonobat@movinet. com.uy And others. See *Madrid Viajes* above and Essentials, for international agencies. **Scooter hire**: US$10 per hr, US$25 per day, with drivers licence (US$50 fine if caught without it) and ID documents, one place opposite bus terminal, others on same street as *Taller Los Angeles*, Parada 2 casi Blvr Artigas, T486732. *Los Angeles* rents scooters and bicycles (US$1.50- US$2.20 per hr, US$5.15-US$6 per day depending on number of gears, padlock and chain included, leave ID as deposit).

Long distance **Air** Direct daily Boeing 737 flights from Buenos Aires to Punta del Este airport during the high season. *Laguna del Sauce*, Capitán Curbelo (T559777), which handles flights to Buenos Aires (*Pluna* and *Lapa*, 40 mins). Airport tax US$15. Exchange facilities, tax-free shopping. Regular bus service to airport from Punta del Este bus station, US$4, 90 mins before departure, also connects with arriving flights. Taxi US$25; *remise* US$18-US$38 depending on destination (T441269 or Punta del Este 443221). El Jagüel airport is used by private planes. **Buses** Terminal at Av Gorlero, Blvd Artigas and C 32, T489467 (served by local bus No 7); has toilets, newsagent, café and *Casa de Cambio Nelson*, T484744. To/from **Montevideo** via Carrasco airport, *COT* (T486810) or *Copsa* (T489205), US$6.50, just over 2 hrs, many in the summer; 19 a day in winter. To **Piriápolis**, US$1.50. To **San Carlos** (US$1.45) for connections to Porto Alegre, Rocha, La Paloma, Chuy. Direct to **Chuy**, 4 hrs, US$4.75. Local bus fare about US$0.50. For transport Montevideo-Buenos Aires, *Buquebus* T484995/488380, at bus terminal, and *Ferryturismo* (same office, stores luggage - not just for passengers), weekend buses to connect with ferries at Montevideo, US$6.30.

Directory

Airline offices *Aerolíneas Argentinas*, Galería Santos Dumont locales 2 y 3, T441976, Laguna del Sauce, T559782; *LAPA*, Laguna del Sauce T559003; *Pluna-Varig*, Av Roosevelt y Parada 9, T441922. **Banks** Best rates of exchange from *Banco de la República Oriental de Uruguay*, which opens earlier and closes later than the other banks and accepts MasterCard, but no TCs. Many ATMs at banks on the peninsula and at Punta Shopping (Roosevelt). Also *casas de cambio*, eg *Indumex*, Av Gorlero y 28, *Brimar*, C 31 No 610. **Communications** Internet: *Cybermix Café*, Gorlero y 30, T447158, US$5 per hr. *Spot*, Gorlero y 30, T447290, open 0900-0200, US$6 per hr. **Post Office:** Av Gorlero entre 31 y 32, 0900-1400, 1600-1900, daily (shorter hours out of season). **Telephone:** telephone and fax on Calle 24 at Calle 25, by the square. *Telefónica* phones at Ancap station, Gorlero y C 30, T/F446018. **Tourist offices** Tourist information at *Liga de Fomento*, Parada 1, T/F441914/440514, open 0800-2000; in bus station T494042; at Parada 24, Playa Las Delicias (Mansa side), T230050; and at airports. See the websites www.puntaweb.com, www.puntadeleste.com and www.vivapunta.com *Qué hacemos hoy* weekly magazine lists restaurants, entertainments, etc.

Beaches east of Punta del Este

Between the Peninsula and the mouth of the Río Maldonado, a road runs along the coast, passing luxurious houses, dunes and pines. At **Playa San Rafael**, there is an 18-hole golf course. The river is crossed by a unique undulating bridge, like a shallow M, to **La Barra**, a fashionable place, especially for summer nightlife, with beaches, art galleries, bars and restaurants (taxi from Punta del Este US$15). The new **Museo del Mar** has an excellent collection on the subject of the sea, its life and history and on the first beach resorts. It's 1 km off the coast road, watch for signs. ■ *In summer open daily 1000-2030; winter Sat, Sun and holidays 1030-1800, but will open other times for minimum 3 people if you call in advance, T771817, entry US$2.20, www.vivapunta.com/museomar* The coast road climbs a headland here before descending to the beaches further north, Montoya and **Manantiales** (reached by Condesa bus; taxi US$23). Some 30 km from Punta del Este is the fishing village of **Faro José Ignacio**, with a lighthouse, a beach club and other new developments, now the road is paved. ■ *Fri-Sun 1700-1900.* Coastal R10 runs some way east of José Ignacio, but there is no through connection to La Paloma as a new bridge across the mouth of the Lago Garzón is not operational. A car ferry sometimes runs; rowing boats will take pedestrians and cyclists across.

Sleeping & eating

At San Rafael (Parada 12) L-AL *San Marcos*, Av Mar del Plata 191, T482251, www.hotelsanmarcos.com Pool (covered in winter), half price in low season, very pleasant. Just behind it is **L-AL** *La Capilla*, Viña del Mar y Blvd Artigas, T484059, www.lacapilla.com.uy Half price in low season, kitchenette in some rooms, gardens, pool , good. *Camping San Rafael*, T486715. Good facilities, US$7, bus 5 from Maldonado. *La Plage*, good beach restaurant (open Christmas to end-Feb). **At La Barra L** *La Posta del Cangrejo* hotel and restaurant, Ruta 10 Km 160, T770021, F770173. Nice location, smart, if a bit old. Recommended. **L-AL** *La Ballenera Bed and Breakfast*, Km 162, just off coast road ½ km east of the hilly promontory, behind Playa Montoya, T771079, T09-444 7935 (mob). Half price in low season, big old wooden mansion, lovely breakfast terrace, kitchen and internet. There are 2 campsites after the bridge, the second is cheaper, US$9.75, good showers and toilets. **B-D** *Backpacker de La Barra*, C 9, No 2306, ½ km off main road, T/F772272, www.vivapunta.com/backpacker/ Closed in low season, youth hostel style, price depends

Uruguay

on what's included, café and restaurant, internet, laundry. **Restaurants** *Lo de Miguel*, Ruta 10 y C 7. Excellent, small, booking essential (US$30 pp). *Pizza Bruja*, Ruta 10, just across the bridge. Crêpes, pizzas and pasta, closed in low season. *Bistro de Mar*, Ruta 10, Km 162, ½ km over the promontory, T771356. Old-style, Italian and French as well as local dishes, good wine selection. *Yenny's*, Ruta 10, good seafood. Other *pizzerías* and restaurants up the hill. **At Manantiales LL-L** *Las Dunas*, Ruta 10 Km 163, T771211, F771210. Good rooms with kitchen, but no breakfast, meals US$25-US$30, relaxed bar, gym, indoor and outdoor pools, games rooms, opulent. *Nueva Puebla Youth Hostel*, US$5, kitchen and washing facilities, small. **At Faro José Ignacio   AL** *Parador Renner*, T0486-2056. With breakfast, good dining room. *Parador Santa Teresita*, T0486-2004, very popular, US$25 pp. Many other small restaurants, eg *Los Negros Franceses*, *La Gamba*, T0486-2055. Very good, popular, expensive.

La Paloma

Phone code: 0473
Colour map 8, grid B6
Population: 5,000
28 km from Rocha

Protected by an island and a sandspit, this is a good port for yachts. The surrounding scenery is attractive, with extensive wetlands nearby. You can walk for miles along the beach. The freshwater and sea fishing are good and the pace is more relaxed than Punta del Este. ■ *Frequent buses run to and from* Rocha, *US$0.60, and to and from the capital (5 hrs, US$5). 4 buses daily to Chuy, US$3, 3½ hrs, 2 a day to San Carlos, Pan de Azúcar and Aguas Dulces, all with* Rutas del Sol *company.*

Sleeping & eating   In nearby La Aguada, *Palma de Mallorca*, on Playa La Aguada, luxury hotel, T0479-6739, right on the ocean. Family discounts and 7-day packages offered, heated pool. **B** *Bungalows de Piemonte*, Costanera, T6096. **D** *Bahía*, Av del Navio, between Solari and Del Sol, T/F0479-6029. With breakfast, clean and simple. **D** *Embeleco*, De La Virgen, just off Solari, T0479-6108. With breakfast, half price in winter, welcoming. **Youth hostel** At Parque Andresito, T6396, 40 beds, US$10 pp, clean, friendly, good meals available, kitchen facilities, open 1 Dec to 15 Apr. **Camping** In Parque Andresito, T6107, US$11.75. Overpriced, thatched *cabañas* for rent, US$22-38 per day with maid and kitchen facilities, sleep 4-6. *Grill del Camping* for *parrillas*, La Aguada, T6239, 2 km east of town, US$5. Good, each site with own barbecue, tap, sink, water and electricity. *La Marea*, near tourist office. Very popular, has outstanding seafood. *Arrecife*, on main street, first class. *Da Carlos*, Av Solari, moderate prices, pizzas plus Uruguayan food. Excellent bread at *Confitería La Farola*.

Directory   **Internet**: *Arrecife*, Solari, US$1.50 per hr, open 0900-1200, 1600 until late. **Tourist office** on Av Solari at entrance to town, very helpful, T6088. **Useful services** Bike rental opposite the casino, US$3.50 a day; horses can be hired. One bank which changes TCs; also a supermarket and post office.

Northeast of La Paloma   Coastal R10 runs to Aguas Dulces (regular bus services along this route). About 10 km from La Paloma is **La Pedrera**, a beautiful village with sandy beaches. Beyond La Pedrera the road runs near pleasant fishing villages which are rapidly being developed with holiday homes, for example **Barra de Valizas**, 50 minutes north. At **Cabo Polonio**, visits to the islands of Castillos and Wolf can be arranged to see sea lions and penguins. It has a great beach ('old hippy' atmosphere), interesting rock formations with crashing waves, souvenir stands and haphazard development. All-terrain vehicles run across the dunes from a number of stops on the main road (several companies, US$5). Ask locally in Valizas about walking there, either 8 km over the dunes (very interesting, but hot, unless you go early), or along a dirt road off the main road (at Km 257), through woods, then 2-3 km across the dunes. From **Aguas Dulces** the road runs inland to the town of **Castillos** (easy bus connections to Chuy), where it rejoins R9. There is a tourist office at the Aguas Dulces/Castillos crossroads on R9 with details on accommodation. At Km 298 there is a turning for **Punta del Diablo**, a fishing village in dramatic surroundings, again with fine beaches.

From Castillos it is 16 km to the **Bosque de Ombúes**, woods containing *ombú* trees (Phytolacca dioica – the national tree), *coronilla* (Scutia buxifolia) and *canelón* (Rapanea laetevirens). The woods are reached by turning off at Castillos along R16 to Aguas Dulces, just before which you turn onto R10 to the bridge. Take a boat from here, 30 minutes along the river, US$5 including guided tour (*Monte Grande* recommended as they visit both sides of the river).

At La Pedrera A *Hotel La Pedrera*, T0479-2001, www.mayoral.com.uy/hpedrera .htm Swimming pool, tennis, comfortable rooms. Recommended. **Campsite** *La Palomita*, 8 blocks from the sea. Wooded, electricity, US$5, summer only. **At Barra de Valizas** A *Posada Eirete*. Small, tasteful, good breakfasts, owned by painter María Beloso. Recommended. Ask around for cottage rental at US$25 per day, sleeps 4, fully equipped. **Youth Hoste**l, T094-414561, US$10 pp, open 1 Dec-14 Apr, reserve in Montevideo first. Free campsite, no facilities; fresh fish available if you ask. No electricity. **At Cabo Polonio** A few basic restaurants, eg *Estación Central* for local seafood, two *hosterías* **A** *La Perla*, T0470-5125, T099-872360 (mob), www.mayoral.com.uy/ laperla.htm Meals US$8-11. Houses or rooms to rent; informal camping at your own risk. No electricity, cooking gas, or phone. **B** *Mariemar*, nice owners, own electricity generator, only hotel open off-season. Recommended. **At Aguas Dulces** *Hotel Gainford*, with restaurant, and others, **D-E** including breakfast. Lots of cheap cabins for rent. *Restaurant La Terraza*. *Chivito Veloz*, good, large portions for US$5. Camping fairly organized. About 2 km from Aguas Dulces is the private *Reserva Ecológica La Laguna*, T099-602410/0475-2118, on a 25 ha lake, with cabins for 4-6 (**B**), youth hostel (**D-E**) meals extra, HI affiliated, open all year, English, German, French, Italian, Spanish spoken, pick-up from bus stop in jeep or horse-drawn carriage, tours arranged, activities. (Rutas del Sol bus from Montevideo, US$10). At Km 280.5, 17 km north of Castillos is *Camping Esmeralda*. **At Castillos** Several hotels including **D** *Hotel A Mi Gente*, Acosta 1235. Several restaurants including *La Strada* on 19 de Abril. **At Punta del Diablo** A *Hostería del Pescador*, T0472-1611 LD17. Private houses for rent US$50 per day for 4. Several restaurants, for example *La Posada*, excellent food. Highly recommended.

Sleeping & eating (margin)

Parque Nacional Santa Teresa

This park has curving, palm-lined avenues and plantations of many exotic trees. It also contains botanical gardens, fresh-water pools for bathing and beaches which stretch for many kilometres (the surf is too rough for swimming). It is the site of the impressive colonial fortress of Santa Teresa, begun by the Portuguese in 1762 and seized by the Spanish in 1793. The fortress houses a museum of artefacts from the wars of independence. ■ *1000-1700 except Mon (winter hours shorter). US$0.30. Tickets from restaurant* La Posada del Viajero, *opposite. Recommended.* On the inland side of Route 9, the strange and gloomy Laguna Negra and the marshes of the Bañado de Santa Teresa support large numbers of wild birds.

100 km from Rocha 308 km from Montevideo (margin)

Park entry is US$1.20 (check opening times, maybe 1300 on weekdays). There are countless campsites (open all year), and a few cottages to let in the summer (which are usually snapped up quickly). At the *capatacia*, or administrative headquarters, campers pay US$2 pp for 3 nights (tickets are collected for each night stayed). Here there are also a small supermarket, greengrocer, butcher, bakery, medical clinic, petrol station, auto mechanic, post and telephone offices, and the *Club Santa Teresa*, where drinks and meals are available, but expensive. Practically every amenity is closed off-season. Tour by taxi (US$12, daily) can be made to Santa Teresa fortress, Laguna Negra, and the collection of native and exotic plants from the bathing resort of **La Coronilla** (10 km north of Santa Teresa, 20 south of Chuy; several hotels and restaurants most closed in winter). Montevideo-Chuy buses stop at La Coronilla.

Park services (margin)

Chuy

At Chuy the Brazilian frontier runs along the main street, Avenida Internacional, which is called Avenida Brasil in Uruguay and Avenida Uruguaí in Brasil. There are duty-free shops in Chuy and tourists from Uruguay may buy limited amounts of manufactured goods on the Brazilian side without formalities. There is also a casino.

Phone code: 0474 Colour map 7, inset Population: 9,000 340 km from Montevideo (margin)

For details on the Brazilian town of **Chuí**, see Brazil chapter. ■ *Buses to Montevideo (COT, Cynsa, Rutas del Sol, Turismar) US$8, 5 hrs, may have to change buses in San Carlos; to Maldonado US$5. To Treinta y Tres,* Transportes Puentes.

On the Uruguayan side, on a promontory overlooking Laguna Merín and the gaúcho landscape of southern Brazil, stands the restored fortress of **San Miguel**, dating from 1734 and surrounded by a moat. It is set above a 1500-ha wetland park, which is good for birdwatching and is 7km north of Chuy along Route 19 which is the border. There is a small museum of *criollo* and *indígena* culture, displaying, among other artefacts, old carriages and presses. Not always open in low season. A fine walk from here is 2 km to the Cerro Picudo. The path starts behind the museum, very apparent. ■ *Bus from Chuy US$0.45, Rutas del Sol buses from Montevideo go here after passing through Chuy. Entry to fort US$0.40, closed Mon.* The colonial-style hotel nearby, **AL** *Parador Fortín de San Miguel,* Paraje 18 de Julio, T/F2207, www.elfortin.com is excellent. Beautiful rooms, gym, pool, difficult 9-hole golf course, fine food and service. Highly recommended. Tours (US$9 from Chuy) end for the season after 31 March.

Sleeping & eating
All hotels are open the year round

B *Nuevo Hotel Plaza*, Artigas y Arachanes, T/F2309. On plaza, bath, breakfast, TV, very helpful, good, restaurant *El Mesón del Plaza*. **C** *Alerces*, Laguna de Castillos 578, T/F2260, 4 blocks from border. Bath, TV, breakfast, heater, nice. **F** *Vittoria*, Numancia 143, T2280. Price includes breakfast, simple and clean, parking. **Camping** From Chuy buses run every 2 hrs to the Barra del Chuy campsite, Ruta 9 Km 331, turn right 13 km, T2425. Good bathing, many birds. *Cabañas* for up to 4 persons cost US$20 daily or less, depending on amenities. **Restaurants** *Restaurant Jesús*, Av Brasil y L Olivera. Good value and quality. *Parrillada/Pizzería Javier*, Arachanes on plaza. Quite good. Also *Parrillada/Pizzería Los Leños*, Artigas entre Brasil y Arachanes. Casino open till 0400.

Directory

Banks Several *cambios* on Av Brasil, eg *Gales*, Artigas y Brasil, open Mon-Fri 0830-1200, 1330-1800, Sat 0830-1200, and in World Trade Center, open 1000-2200; on either side of *Gales* are *Aces* and *Val*. All give similar rates, charging US$1 plus 1% commission on TCs, dollars, pesos and reais exchanged. On Sun, try the casino, or look for someone on the street outside the *cambios*. *Banco de la República Oriental Uruguay*, Gen Artigas, changes TCs. **Communications** Internet: *Nemar Informática*, Numancia 139, T2980. US$3.50 per hr, open 0900-1200, 1500-2100, Fri closes at 2000, Sat at 1300. **Post Office:** On Gen Artigas. **Telephone:** *Antel*, S Priliac almost Artigas, open 0700-2300. A **tourist kiosk** at the Uruguayan border post (see below) is not always open.

Border with Brazil
The bus companies that run from Chuy into Brazil ask for passports- make sure you get yours back before boarding the bus

Uruguayan passport control is 2½ km before the border on Ruta 9 into Chuy, US$2 by taxi, 20 minutes' walk, or take a town bus; officials friendly and cooperative. Ministry of Tourism kiosk here is helpful, especially for motorists. If travelling by bus, make sure the driver knows you want to stop at Uruguayan immigration, as passengers are not expected to disembark, although sometimes everybody must get off for customs check. All formalities must be carried out at passport control immediately prior to leaving Uruguay, so if you stay in town you must go back to immigration. Tourists may freely cross the border in either direction as long as they do not go beyond either country's border post. Taking a car into Brazil is no problem, especially if the car is not registered in Brazil or Uruguay. From the border post, Ruta 9 bypasses the town, becoming BR-471 on the Brazilian side, leading to Brazilian immigration, also outside town. The Brazilian consulate is at Tito Fernández esq Laguna Merín, T2040, F2910, Chuy. ■ *For buses to Brazilian destinations, go to the rodoviária in Chuí (details in the Brazil chapter. **NB** From Oct to Feb, Uruguay is 1 hr behind Brazil.*

Entering Uruguay To enter Uruguay, you must have a Brazilian exit stamp and a Uruguayan entry stamp, otherwise you will not be permitted to proceed (for example at the customs post between Chuy and San Miguel fortress, on Route 19 toward Treinta y Tres). Those requiring a visa must have a medical examination before a visa can be issued in Chuí, cost about US$20 and US$10 respectively.

Montevideo north to Brazil

Montevideo

Two roads run towards Melo, heart of cattle-ranching country: Route 8 and Route 7, the latter running for most of its length through the Cuchilla Grande, a range of hills with fine views. Route 8 via Minas and Treinta y Tres, is the more important of these two roads to the border and it is completely paved.

Minas

This picturesque small town is set in wooded hills. Juan Lavalleja, the leader of the Thirty-Three who brought independence to the country, was born here, and there is an equestrian statue to Artigas, said to be the largest such in the world, on the Cerro Artigas just out of town. The church's portico and towers, some caves in the neighbourhood, and the countryside around are worth seeing. In March and April you can buy *butea* palm fruit, which is grape size, orange and tastes bitter-sweet. Good confectionery is made in Minas; the largest firm, opposite *Hotel Verdun*, shows tourists round its premises. *Lloyds TSB Bank* and national banks are open 1300-1700 Monday-Friday. There is a tourist office at the bus station. ■ *Buses to Montevideo, US$3.75 (Núñez, Rutas del Plata), US$3 (Minuano, CUT), 2½ hrs. To Maldonado, US$2.45, 5 a day, 2 hrs.*

Phone code: 0442
Colour map 8, grid B6
Population: 34,000
120 km N of Montevideo

The Parque Salus, on the slopes of Sierras de las Animas, is 8 km to the south and very attractive; take the town bus marked 'Cervecería Salus' from plaza to the Salus brewery, then walk two km to the mineral spring and bottling plant (**C** pp *Parador Salus*, half board, good). It is a lovely three-hour walk back to Minas from the springs. The Cascada de Agua del Penitente waterfall, 11 km east off Route 8, is interesting and you may see wild rheas nearby. Hard to get to in the off-season.

Excursions

D *Ramos*, 18 de Julio near bus station. Basic (discount for HI members). **D-E** *Las Sierras*, 18 de Julio 486, T3631. Including breakfast, very good value. **Youth hostel** *Chalet Las Chafas*, Route 8, Km 145, in small village of Villa Serrana, US$5 pp a night (open all year), 28 km beyond Minas on road to Treinta y Tres. Basic, poor facilities, take plenty of food and drink as there is no shop. Direct bus from Montevideo or Minas, ask driver to set you down and walk 3 km to Villa Serrana; essential to book through Montevideo office. **Camping** *Arequita*, T161170, beautiful surroundings, US$6. Recommended eating places are *San Francisco*, 25 de Mayo 586, and *El Portal*, Aníbal del Campo 743, for *parrillada*. The best pastry shop is *Irisarri*, Calle Treinta y Tres 618, known for *yemas* (egg candy) and *damasquitos* (apricot sweets).

Sleeping & eating

Route 8 continues north via **Treinta y Tres** (*Population*: 28,000) to Melo, near Aceguá close to the border. At Km 307.5, Ruta 8 is **D** pp *Cañada del Brujo*, Sierra del Yerbal, 34 km north of Treinta y Tres, T0452-2837, T099-297448 (mob), cdelbrujo@latinmail.com An isolated hostel without electricity, basic but "fantastic", dormitory accommodation, local food, owner Pablo Rado drives you there, canoeing, trekking on foot or horseback, trips to Quebrada de los Cuervos. In **Melo** (*Population*: 42,000. *Phone code*: 0462), there is **AL** *Gran Hotel Virrey*, J Muñiz 727, T2411, better rooms in new part, TV, minibar, good café. Exchange rates are usually better in Melo than at the frontier. **NB** *Melo is also reached direct from the capital by Route 7, running for most of its length through the hills of the Cuchilla Grande. Bus from Montevideo US$10 (Núñez). Several buses daily to Río Branco.*

At 12 km southeast of Melo is the Posta del Chuy (2 km off Route 26). This house, bridge and toll gate (built 1851 by two Frenchmen) was once the only safe crossing place on the main road between Uruguay and Brazil. Nowadays it houses a display of gaucho paintings and artefacts relating to its history.

To the Brazilian Border

Uruguay

Río Branco was founded in 1914, on the Río Yaguarón. The 1 km-long Mauá bridge across the river leads to Jaguarão in Brazil. **D** *Italiano*, with bath. *Oasis* has good *pollo a la brasa*. The Brazilian consulate is at 10 de Junio 379, T2003, F2816. For road traffic, the frontier at Chuy is better than Río Branco or Aceguá.

There is a toll 68 km north of Montevideo

An alternative route to Brazil is via Route 5, the 509-km road from Montevideo to the border town of Rivera, which runs almost due north, bypassing Canelones and Florida before passing through Durazno. After crossing the Río Negro, it goes to Tacuarembó. South of the Río Negro is gently rolling cattle country, vineyards, orchards, orange, lemon and olive groves. North is hilly countryside with steep river valleys and cattle ranching. The road is dual carriageway as far as Canelones.

East of Florida, Route 56 traverses the countryside eastwards to **Cerro Colorado**, also known as Alejandro Gallinal, which has an unusual clock tower. Nearby are two famous old *estancia* hotels. **L** *San Pedro del Timoteo*, 14 km west, T/F0598-310 8086. Colonial-style, like a village with its own church, landscaped park, 3 pools, cinema, gym, horseriding, good restaurant, still a working ranch. **AL** *Arteaga*, 7 km off Route 7 north of Cerro Colorado. Typical European *estancia*, beautiful interior, pool.

Durazno

Phone code: 0362
Colour map 8, grid B6
Population: 28,000
182 km from Montevideo

Situated on the Río Yí, Durazno is a friendly provincial town with tree-lined avenues and an airport. There is a good view of the river from the western bridge. There are a few hotels (**C-E**) and a youth hostel at Sarabia y Dr Penza, T2835. Camping is at 33 Orientales, in park of same name by river, T2806, nice beach, hot showers, toilets, laundry sinks. **Tourism Farm** *Estancia Albergue El Silencio*, Ruta 14 Km 166, 10 km west of Durazno, T2014 (or T0360-2270, member of IH), silencio@ adinet.com.uy About 15 minutes walk east of bridge over Río Yí where bus will stop: clean rooms, very friendly, riding, swimming, bird watching. Recommended. ■ *Buses from Montevideo US$4.75*, Núñez, *US$4.10*, Turismar, Nossar.

Dams on the Río Negro have created an extensive network of lakes near **Paso de los Toros** (Population: 13,000; 66 km north of Durazno, bus from Montevideo US$6.50), with camping and sports facilities. Some 43 km north of Paso de los Toros a 55-km road turns east to **San Gregorio de Polanco**, at the eastern end of Lago Rincón del Bonete. The beach by the lake is excellent, with opportunities for boat trips, horse riding and other sports. **Sleeping A** *Los Médanos*, T0369-4013, with breakfast, nicely furnished, swimming pool, jacuzzi, good value, its restaurant is across the road. North of Paso de Los Toros and then off a branch road to the west is **A-B** *Las Cañadas*, a typical small ranch. Comfortable and homely, offering an insight into the way the majority of *estancias* used to look. Recommended. Arrange through *Estancias Gauchas*, see under **Estancia tourism** in **Essentials**).

Tacuarembó

Phone code: 0632
Colour map 8, grid B6
Population: 40,000
390 km N of Montevideo

This is an agro-industrial town and major route centre. **B** *Tacuarembó*, 18 de Julio 133, T2104, breakfast, central. **D** *Plaza*, 25 de Agosto 247, T27988, a/c, TV, small rooms. **E** *Hospedaje 25*, 25 de Mayo 358, basic, garden. There are campsites 1 km out of town in the Parque Laguna de las Lavanderas, T4761, and 7 km north on R26 at Balneario Iporá. *Restaurante Parrilla La Rueda*, W Beltrán 251, good. ■ *Buses from Montevideo, US$10* (Turil, Núñez). *Train service to Rivera at 0600 (see below)*. The nearby Valle Edén has good walking possibilities. **Excursion**: 23 km west of Tacuarembó, along Route 26, is the **Carlos Gardel Museum**, a shrine to the great tango singer who was killed in an air crash in Medellín (Colombia). Uruguay, Argentina and France all claim him as a national son. The argument for his birth near here is convincing. ■ *US$0.40*.

Rivera (*Population*: 55,400. *Phone code*: 0622) is divided by a street from the Brazilian town of Santa Ana do Livramento. Points of interest are the park, the Plaza Internacional, and the dam of Cañapirú. Uruguayan immigration is in the Complejo Turístico at Sarandí y Viera, 14 blocks, 2 km, from the border (take bus along Agraciada). There is also a tourist office here, T5899. Luggage is inspected when boarding buses out of Rivera; there are also 3 checkpoints on the road out of town. The Brazilian consulate is at Ceballos 1159, T3278, F4470 and the Argentine one is at Ituzaingó 524, T3257.

The Brazilian Border
Remember that you must have a Uruguayan exit stamp to enter Brazil and a Brazilian exit stamp to enter Uruguay

Sleeping A *Casablanca*, Sarandí 484, T3221. Shower, breakfast, a/c, comfortable, pleasant. **B-C** *Comercio*, Artigas 115. Comfortable, **C** without bath. **B-C** *Sarandí*, Sarandí 777, T3521. Fan, good, **C** without bath. **C** *Uruguay-Brasil*, Sarandí 440, T3068. A/c, breakfast. **Youth hostel** *Hotel Nuevo*, Ituzaingó 411, T0622-3039. Open all year, family rooms, canteen, no cooking facilities. **Camping** In Municipal site near AFE station, T3803, and in the Parque Gran Bretaña 7 km south along Route 27.

Transport **Air** *Aviasur* from Montevideo; *Pluna*, Paysandú 1079, T3404. **Bus** Terminal at Uruguay y Viera (1½ km from the terminal in Santa Ana). To/from **Montevideo**, US$13 (*Turil, Núñez*). To **Paysandú**, *Copay*, T23733, at 0400, 1600, US$10. To **Tacuarembó**, US$2.85 (*Núñez, Turil*), no connections for Paysandú. To **Salto**, Mon and Fri 1630, 6 hrs, US$11. For **Artigas**, take bus from Livramento to Quaraí, then cross bridge.

    Train Passenger service to Tacuarembó leaves Rivera 1700, Mon-Sat, 3½ hrs; depart Tacuarembó 0600, US$3. The train goes through countryside abundant with animal life.

West from Montevideo

Montevideo

Route 1, part of the Pan-American Highway, runs west from Montevideo, lined with ribbon development for the first 50 km. Roads lead off to several beaches, notably Pascual, Kiyú and Boca del Cufre.

At Km 121 from Montevideo the road passes Colonia Valdense, a colony of Waldensians who still cling to some of the old customs of the Piedmontese Alps. Tourist information T055-88412. A road branches off north here to Colonia Suiza, a town of Swiss settlement also known as **Nueva Helvecia** (*Population*: 9,000. *Phone code*: 0552). The Swiss national day is celebrated with great enthusiasm.

Colonias Valdense & Suiza

Sleeping and eating **L** *Nirvana*, Av Batlle y Ordóñez, T44081, F44175, www.ciu.com.uy/ nirvana/index.html Restaurant (Swiss and traditional cuisine), sports facilities, gardens. Recommended. **A** *Granja Hotel Suizo*, T4002. Fine restaurant. Recommended. **C** *Del Prado* – Youth Hostel – open all year, huge buffet breakfast, T45812, F44169. Campsite in a park at the turnoff for Col Suiza, on main road, free, toilets (locked after 2100), no showers. Snack Bar/Restaurant *Don Juan*, main plaza, excellent food, pastries and bread. **Tourism Farms** *El Terruño*, Ruta 1, Km 140, 35 km before Colonia, T/F0550-6004, full day tours US$20, including rural safari, lunch. *Estancia Los Macachines*, Km 93.5, Ruta 1, T0340-9074 (or Montevideo 600 1950, Nariño 1604, CP 11500), overnight stay **AL** pp, typical meals, horse riding, sports, *estancia* tours, attended by the owners, day rate US$45. Recommended. **A** pp *Estancia Don Miguel*, Ruta 1 Km 121 y Ruta 52, T0550-2041, esmiguel@ adinet.com.uy Book through *Cecilia Regules Viajes*, Rustic, working farm, full board, transport extra, good activities, little English spoken.

The area is famous for its cheeses and other dairy produce

Transport **Buses** **Montevideo-Colonia Suiza**, frequent, with *COT*, 2½ hrs, US$5; *Turil*, goes to Colonia Suiza and Valdense; to **Colonia del Sacramento**, frequent, 1 hr, US$1.85. Local services between Colonia Valdense and Nueva Helvecia connect with Montevideo/Colonia del Sacramento buses.

Uruguay

Colonia del Sacramento

Phone code: 052,
from Bs As: 022
Colour map 8, grid B5
Population: 22,000

Founded by Portuguese settlers from Brazil in 1680, Colonia del Sacramento was an important centre for smuggling British goods across the Río de la Plata into the Spanish colonies throughout the 17th century. The small historic section juts into the Río de la Plata, while the modern town extends around a bay. It is a charming, lively place with streets lined with plane trees, a pleasant Plaza 25 de Agosto and a grand Intendencia Municipal (Méndez y Avenida Gen Flores – the main street). The whole town is kept very trim. The best beach is Playa Ferrando, 2 km to the east (buses from Gen Flores every two hours). There are regular sea and air connections with Buenos Aires and a free port. In the old city, visit the *Mercado Artesanal*, del Comercio y de la Playa and the *Rincón del Turista*, Santa Rita. In the third week of January, festivities are held marking the founding of Colonia.

The **Barrio Histórico**, with its narrow streets (see Calle de los Suspiros), colonial buildings and reconstructed city walls, is interesting because there are few such examples in this part of the continent. It has been declared Patrimonio Cultural de la Humanidad by UNESCO. The **Plaza Mayor** is especially picturesque and has parrokeets in the palm trees. Grouped around it are the **Museo Municipal** in the former house of Almirante Brown (with indigenous archaeology, historical items, paleontology, natural history), the **Casa Nacarello** next door, the **Casa del Virrey**, the **Museo Portugués** and the ruins of the Convento de San Francisco, to which is attached the **Faro** (lighthouse, entry US$1). At the eastern end is the **Puerta del Campo**, the restored city gate and drawbridge. Just north of the Plaza Mayor is the **Archivo Regional**. The **Iglesia Matriz**, on Calle Vasconcellos (beside the Plaza de Armas/Manuel Lobo), is the oldest church in Uruguay. At the end of Calle Misiones de los Tapes, the Casa Portuguesa is now the tiny **Museo del Azulejo**. The house of Gen Mitre, Calles de San José y España, now houses the **Museo Español**. At the north edge, the fortifications of the **Bastión del Carmen** can be seen; nearby is the Teatro Bastión del Carmen, Rivadavia 223. ■ *All museums open 1115-1645, entry by combined ticket bought from Museo Municipal, US$0.40; not all may be open on the same day. All closed Wed.*

Around the bay (5 km, take blue bus from Avenida Gen Flores y A Méndez, 30 minutes, US$0.40), is **Real de San Carlos**, an unusual, once grand but now sad tourist complex, built by Nicolás Mihanovic between 1903-12. The elegant bull-ring, in use for a mere two years, is falling apart (it is closed to visitors but a local guide will take you through a gap in the fence - bullfighting is banned in Uruguay). The casino, the nearest to Buenos Aires (where gambling was prohibited), failed when a special tax was imposed on Mihanovic's excursions; it and its hotel are now occupied by the University of Valencia, as is the huge, now disused Frontón court. Only the racecourse (Hipódromo) is still operational (US$1 for men, women free) and you can see the horses exercising and swimming in the sea.

Sleeping
■ *on map*
Choice is good
including several
recently renovated
19th-century posada
hotels.

In Barrio Histórico L-AL *Plaza Mayor*, Del Comercio 111, T25316, www.hotelplazamayor.com.uy Lovely, English spoken. **AL** *Posada del Gobernador*, 18 de Julio 205, T22918, www.colonianet.com/governador/index.htm With breakfast, charming. Recommended. **AL-A** *Casa Real*, Real 170, T20753, www.casareal-hotel.com Prices lower Sun-Thu, historical building with 3 rooms, a/c, jacuzzi, patio, *Parrilla del Barrio* restaurant at no 166; also has 4-room section on Ruta 21, Km 180.9, a/c, restaurant, beauty suite.

In the centre L *Barceló*, Washington Barbot 283, T30460, F30464. **AL** Sun-Thu, great location overlooking the bay, sauna, gym, two pools, one indoors, outdoor jacuzzis. **AL** *Beltrán*, Gral Flores 311, T22955, www.guiacolonia.com.uy/Beltran With bath, comfortable. **AL** *Esperanza*, Gral Flores 237, T/F22922 (**B** weekdays). Charming. **A** *Posada Manuel de Lobo*, Ituzaingó 160, T22463. Built in 1850. Large rooms, huge baths parking, smaller rooms **B**, nice breakfast area inside and out. **B** *Italiano*, Lobo 341, T22103. **C** without bath, good restaurant, hot water but no heating. Recommended. **B** *Leoncia*, Rivera 214, T22369, F22049, www.guiacolonia.com.uy/Leoncia/index.htm A/c, modern, good. **B** *Posada del*

Wreckers, Revolutionaries and Gauchos

Uruguay's passion for rural life began with Hernando Arias and the first shipment of cattle and horses to the Banda Oriental in 1603.

Today, a visitor's typical day on an estancia begins at the hearth, perhaps with a maté, warming oneself for the horseride ahead. The fireplace may be decorated with signs of present and past ownership, each brand burnt into the fireplace representing a personal history, but one element unites them all: the myth of the gaucho.

You might be forgiven for imagining yourself a latter-day gaucho as you put your foot in the copa (a cupped stirrup common to the region) and mount a sturdy Uruguayan horse, perhaps of the same breed as the one that Napoleon had shipped back to carry him around a wintry Europe. However, your thick poncho might well be the only piece of gaucho gear that you are wearing. Gauchos sometimes used ponchos as shields in knife fights, but on the ride you probably won't be needing a facón (a large dagger), nor a pair of bombachas (baggy trousers gathered at the ankle) or culero (an apron of soft leather tied around the waist, open on the left side) to avoid lacerations from a lasso during branding and gelding. Horses on tourism estancias are generally quite used to novice riders, and rebenques (short whips) are best kept unused by your side. You'll find the Uruguayan horse a compliant

platform for launching your boleadoras. Boleadoras, basically three stones, covered with hide, on ropes tied at the middle, are used for entangling the legs of cattle. At this point you may learn whether your horse is a pingo, the word for a gaucho's favourite horse, or flete, an ordinary cargo beast. Either way you should still be on board.

In reality, you won't be allowed anywhere near such potentially lethal (to yourself) weapons, but riding along extensive cuchillas (ridges) and crossing rivers should put you in mind not just of the nomadic gaucho lifestyle, but also of the revolutionary guerrilla bands in the countryside, manned largely by gauchos. A montonera was a band of gauchos that organized itself in such a way to drive the Brazilians and Argentinians out of Uruguay, though rarely both at once. Patriot leader Artigas was a gaucho-caudillo (boss).

Uruguayan life is built from livestock, sometimes quite literally. Houses were occasionally made from cattle hide. And cattle were put to other uses: coastal ranchers in Maldonado Department in the 19th century placed lights on the horns of their cows to lure ships onto the rocks for plunder.

There are horse riding opportunities on beaches such as in Parque Nacional Santa Teresa, but if you really want to don the mantle of the gaucho head inland to an estancia.

Virrey, España 217, T/F22223, www.hotelposadadel virrey.com Large rooms, some with view over bay (**C** with smaller bathroom and no balcony), with breakfast. Recommended. **C** *La Casa de Las Naranjas*, 18 de Julio y Ituzaingó. In an old house, a/c, small pool, family rooms US$5 more, comfortable, reasonable size rooms. **C** *Los Angeles*, Roosevelt 213, T22335. Small rooms, no restaurant, English spoken. **C** *Posada del Angel*, Washington Barbot 59, T/F24602, posadadelangel@starmedia.com Early twentieth century house, with breakfast, gym, sauna, small pool. **C** *Royal*, General Flores 340, T22169, www.guiacolonia.com.uy/royal/index.htm With breakfast, comfortable, good restaurant, pool, noisy a/c but recommended. **D** *Romi*, Rivera 236, T/F30456. With breakfast, old posada-style downstairs (19th century), airy modernist upstairs with large glass roof. Recommended. **D** *Posada del Río*, Washington Barbot 258, T/F23002, hdelrio@adinet.com.uy A/c, small breakfast included, terrace overlooking bay, good value. **E** pp *Blanca y Juan Carlos*, Lobo 430, T24304. Small, simple, homely, welcoming, lovely wild garden, owner is an ornithologist and will take people to local bird habitats. Recommended. **E** pp *Hospedaje Colonial*, Flores 436, T/F30347. HI affiliated, hot showers, kitchen, restaurant below (ice cream parlour next door), free internet access and bicycle use (all ancient machines). Recommended. **D-E** pp *La Casa de Charo*, Alberto Méndez 163, T23373. Without bath, with breakfast, TV, antique furnuiture, full of character. Recommended. **F** pp *Español*, Lobo 377, www.guiacolonia.com.uy/espanol/ espanol.htm Good value, breakfast US$1, meals US$5. Recommended. Family *hospedajes* are good value, eg **E** *Domingo Baque 571*, T26354, ter@adinet.com.uy Includes breakfast, bath and cable TV, comfortable, nice family.

Uruguay

E pp *18 de Julio 481*, T25813. With breakfast, bath, cable TV. The municipal sports complex has 2 dormitories with 80 beds, which are sometimes available – ask at the tourist office.

Camping Municipal site at Real de San Carlos, T24444, US$3.50 pp, **D** in mini-cabañas, electric hook-ups, 100 m from beach, hot showers, open all year, safe, excellent. Recommended.

Eating
● *on map*

Almacén del Túnel, Flores 227, T24666. Good meat dishes. *Arcoiris*, Av Gral Flores. Very good ice cream. *El Asador*, Ituzaingó 168. Good *parrillada* and pasta, nice atmosphere, value for money. *Club Colonia*, Gen Flores 382, T22189. Good value. *El Drugstore*, Vasconcellos 179 y Portugal, on Plaza Menor. Popular. *Mercosur*, Flores esq Ituzaingó, T24200. Popular with locals, varied dishes, moderate prices. *Pulpería Los Faroles*, Misiones de los Tapes 101, just off Plaza Mayor, old town, T25399. *La Ventana de Marcelo M*, C Real 147 y de la Playa, Plaza Mayor. Historic house, good food, 1 internet terminal. Recommended, friendly. *Yacht Club* (at Puerto de Yates) and *Esperanza* (at hotel) are good.

Colonia del Sacramento

	Sleeping ■	7 Hospedaje Colonial	13 Posada del Angel
	1 Barceló	8 Italiano	14 Posada del
	2 Beltrán	9 La Casa de las	Gobernador
	3 Blanca y Juan Carlos	Naranjas	15 Posada del Río
	4 Casa Real	10 Leoncia	16 Posada del Virrey
	5 Español	11 Los Angeles	17 Posada Manuel
	6 Esperanza	12 Plaza Mayor	de Lobo

Uruguay

Car hire: *Budget*, Flores 91, budget@colonianet.com; *Punta*, Paseo de la Estación L3, on Méndez near Flores; also car hire at airport. *Thrifty*, Flores 172 and at airport. Motorcycle and bicycle hire at Flores y Rivera and outside ferry dock, US$5 per hr, US$15 per day, recommended as a good way of seeing the town, traffic is slow. Scooter hire: Cevallos just off Flores.
Air Flights to Aeroparque, Buenos Aires, most days, fare includes connecting bus services to/from Montevideo, generally quicker than hydrofoil. The airport is 17 km out of town along Route 1; for taxi to Colonia, buy ticket in building next to arrivals, US$2.

Road From Colonia to Punta del Este bypassing Montevideo: take Ruta 11 at Ecilda Paullier, passing through San José de Mayo, Santa Lucía and Canelones, joining the Ruta Interbalnearia at Km 46. **Bus**: All leave from a new bus terminal between the ferry port and the petrol station (free luggage lockers). to **Montevideo**, 2½ hrs, *COT*, T23121, (slower, several stops en route), 11 per day 0530-2200, and *Turil*, half-hourly service between the two, US$4; *Chadre* US$6. *Turil* to Col Valdense, US$2. To **Carmelo**, 1½ hrs, *Tauriño*, 4 a day (not Sun), US$2. *Chadre/Agencia Central* to Carmelo, **Salto**, 8 hrs, US$12 and on to **Bella Unión** en route from the capital, 0555 and 1430. *Turil* to **Tacuarembó**, US$10, **Rivera**, US$13, and **Artigas**, US$15.

Sea To Buenos Aires: up to 10 crossings daily, 45 mins with *Buquebus* (T052-22975/23364), cars carried, and *Ferryturismo*, fares and schedules given under Montevideo.

Transport
Book in advance for all sailings and flights in summer, especially at weekends

Budget
Intendencia
☐ **Municipal**

Plaza de Deportes

18
10

To Real de San Carlos
☐ **Punta Rent a Car**

Av General Flores

18 de Julio

PUERTO

To Buenos Aires

Directory

Banks Banks open in afternoon only. *Banco Acac*, Flores y Barbot. *Banco Comerical*, on plaza, gives cash against Visa. *Cambio Dromer*, Flores 350, T22070. *Cambio Viaggio*, outside the ferry dock (with car hire), Mon-Sat 0900-1200, 1300-1800, Sun 1000-1300 . *Cambio Colonia* and *Banco de la República Oriental del Uruguay* at the ferry port (dollars and South American currencies). Exchange rates at the ferry port are far worse than in town. Many establishements accept Argentine pesos. **Communications** Internet: *Compuservice*, Flores 547, T30728, US$1.20 per hr. **Post Office**: on main plaza. **Telephone:** *Antel*, Rivadavia 420, open till 2300, does not accept foreign money. **Consulates** Argentine Consulate, Flores 215, T22093, open weekdays 1200- 1700.**Tourist offices** Flores y Rivera, T26141/23700, good maps of the Barrio Histórico. It has current hotel prices for all towns in Colonia Department. Mon-Fri 0800-1830, Sat and Sun 0900-2200. Also beside Plaza Mayor, Paseo de San Antonio, T/F21118. Open 1000-1600, but Mon and Tue often closed in afternoon and Wed and Thu in morning, Sun 1100-1500. Also at passenger terminal at the dock, T24897. www.colonia net.com, and www.guiacolonia.com.uy

The Rio Uruguay marks the frontier with Argentina (crossings at Fray Bentos, Paysandú and Salto). On the Uruguayan side are rolling hills crossed by a network of rivers. There are beaches and campsites at all the major towns on the Uruguay and thermal springs at Guaviyú, Daymán and Arapey.

18 Romi
19 Royal

● **Eating**
1 Almacén del Túnel
2 Club Colonia
3 El Asador

4 La Ventana de Marcelo M
5 Mercosur
6 Pulpería Los Faroles
7 Yacht Club

Uruguay

Carmelo From Colonia, Route 21 heads north then northwest to reach **Carmelo** (phone code: 0542, population: 18,000), 74 km from Colonia del Sacramento on the banks of Arroyo Las Vacas. A fine avenue of trees leads to the river, crossed by the first swing bridge built in Uruguay. Across the bridge is the Rambla de los Constituyentes, with terraces and the Fuente de las Tentaciones. The town is pleasant, with the church, museum and archive of El Carmen on Plaza Artigas (named after the founder of the city). In the Casa de Cultura, 19 de Abril 246, is a tourist office and museum. Banks will only exchange bills and not travellers' cheques. The Argentine consulate is at FD Roosevelt 318.

Sleeping There is a luxurious **LL** Four Seasons resort, T Buenos Aires 4321 1690, carmelo@fourseasons.com **D** *San Fernando*, 19 de Abril 161, T2503. Full of character, temperamental showers. Recommended. **Camping** At Playa Seré, hot showers.

Transport Buses To Montevideo, US$5.75, *Intertur*, US$6.50, *Chadre*. To Fray Bentos, **Salto**, from main plaza 0710, 1540. To **Colonia**, *Tauriño*, 4 a day, 1½ hrs, US$2. **To Argentina**: via Tigre, across the Paraná delta, an interesting bus/boat ride past innumerable islands: *Cacciola* 3 a day; office in Carmelo, Constituyente 263, T0542-8062, see under Montevideo page 1266.

Mercedes

Phone code: 0532
Colour map 8, grid B5
Population: 37,000

This livestock centre is best reached by Route 2 from the main Colonia-Montevideo highway. Founded in 1788, it is pleasant town on the Río Negro, a yachting and fishing centre during the season. Its charm (it is known as 'the city of flowers') derives from its Spanish-colonial appearance, though it is not as old as the older parts of Colonia. There is a attractive *costanera* (riverside drive). Some 4 km west of town is the Parque Mauá, dating from 1757. It has a mansion which contains the Museum of Palaeontology on the ground floor. ■ *Daily 1100-1800. Free.* The building is worth wandering around to see the exterior, upper apartments and stable block. Camping is possible in season. It takes 45 minutes to walk to the park, a pleasant route passing Calera Real on the river bank, dating back to 1722, the oldest industrial ruins in the country (lime kilns hewn out of the sandstone).

Sleeping & eating **D** *Club de Remeros*, Youth Hostel, on riverside, T2534. Kitchen and laundry. **F** *Hospedaje y Cafetería Mercedes*, F Sánchez 611, T23804, opposite hospital. Shared bath, without breakfast, very helpful. Good food at *La Brasa*, Artigas 426, and at *Círculo Policial*, C 25 de Mayo. *El Emporio de los Panchos*, Roosevelt 711. Good range of dishes. **Camping** Site at Mercedes, on an island in mid-river, reached by a small road, toilets, showers, US$2.20. **Tourism Farm** *Estancia La Sirena Marinas del Río Negro*, Ruta 14, Km 4, T0530-2017, *estancia* dating from 1830, picturesque, on the river, birdwatching, fishing, waterskiing, accommodation, meals, friendly owners Rodney, Lucia and Patricia Bruce: all information from Calle Pittaluga 6396, Montevideo 11500, T02-600 7029/401 4446. www.lasirena.com.uy

Tranport **Bus** To Paysandú, with *Sabelín*, Sánchez 782, T3937, 2½ hrs, US$3.85; also *Chadre* on the Montevideo-Bella Unión route US$7.50. Bus to **Argentina** and **Montevideo**, *CUT*, Artigas (on plaza).

Directory **Banks** *Cambio Fagalde*, Giménez 709. *Banco Comercial* on Colón (just off plaza) and *Banco de la República*, on plaza. **Tourist office** At Colón, on the plaza, maps and hotel lists available.

Fray Bentos

Colour map 8, grid B5
Population: 22,000
193 km from Buenos Aires

Route 2 continues westwards (34 km) to Fray Bentos, the main port on the east bank of Río Uruguay. Here in 1865 the Liebig company built its first factory producing meat extract. The original plant, much extended and known as **El Anglo**, has been restored as the Museo de La Revolución Industrial and a business park (there is a restaurant,

Uruguay

Wolves, and a disco, *Fuel Oil*). ■ *Daily except Mon, entry by guided tour only, US$1, 1000, 1430 (1000, 1130 and 1700 in summer), tour 1½ hrs in Spanish, may provide leaflet in English, T3607.* The office block in the factory has been preserved complete with its original fittings. Many machines can be seen. Within the complex is the Barrio Inglés, where workers were housed, and La Casa Grande, where the director lived. For exchange, there is *Cambio Fagalde*, Plaza Constitución, open Mon-Fri 0800-1900, Sat 0800-1230. The tourist office is at Puente General San Martín, T2369.

There are beaches to the northeast and southwest and also at *Las Cañas*, 8 km south, where there is a tourist complex. Entry US$1; pleasant, but crowded in summer. **B** in motel rooms with kitchenette and bath, cheaper without kitchen, all with a/c, TV, fridge. Camping US$8.50 per day minimum, T2224.

B *Plaza*, 18 de Julio y 25, T2363. Comfortable. **E** *Colonial*, 25 de Mayo 3293, T2260. Attractive old building with patio. **Camping** At the *Club Remeros*, near the river and at Colegio Laureles, 1 km from centre, T2236. *Olla*, 18 de Julio near Plaza Constitución. Seafood and pasta, good value. Several other cafés and pizzerias on 18 de Julio near Plaza Constitución.

Sleeping & eating

Terminal at 18 de Julio y Blanes, buses call here, but do not alight as buses also call at company offices around Plaza Constitución. To/from **Montevideo**, *CUT*, 4½ hrs, 6 a day, US$7.50, also Chadre, US$8.25. To **Mercedes**, *ETA*, US$0.65, frequent, 30 mins. To **Paysandú**, US$3.

Transport

About 9 km upriver from Fray Bentos is the San Martín International Bridge, the most popular overland route with Argentina, toll US$4 per car (tourist office). Bicycles are not allowed to cross, but officials will give you a lift if there is no other traffic. Formalities are separate, at opposite ends of the bridge. The Argentine consulate is at Sarandí 3195, Fray Bentos. ■ *Buses to Gualeguaychú (Argentina), ETA, 2 a day, 1 hr, US$3.15, passports inspected on bus. To Buenos Aires, 3½ hrs, US$12.*

Crossing to Argentina

Paysandú

North of Fray Bentos 130 km is this undulating, historic city on the east bank of the Río Uruguay, along Route 24. Temperatures in summer can rise as high as 42°C. There is a golf club (T24524) and a rowing club (T25646), which holds regattas. The football stadium occasionally hosts international matches The cathedral is 19th-century. ■ *Mon-Fri 1100-1300, closed Tue; Sat-Sun 0800-1300.* **Museo Histórico Municipal**, Zorilla y Leandro Gómez, good collection of guns and furniture from the time of the Brazilian siege of 1864-65, well-documented. ■ *Mon-Fri 0800-1645, Sat 0900-0230.* **Museo de la Tradición**, north of town at the Balneario Municipal, gaucho articles, is also worth a visit. ■ *0900-1800 daily, reached by bus to Zona Industrial.* **Museo Salesiano**, Florida 1278, attached to Cathedral, interesting. ■ *Mon-Fri 0830-1130.*

*Phone code: 072
Colour map 8, grid A5
Population: 100,000
480 km from
Montevideo*

To the **Río Quequay waterfalls**, 25 km to the north; the **Termas del Guaviyú** thermal springs 50 km north (1½ hours by bus, US$2, four a day) with four pools, restaurant, motel (**B-D**) and excellent cheap camping facilities, entrance to springs US$0.50. Along Route 90, 80 km east, are the **Termas de Almirón**, two pools, with camping and motels. The **Meseta de Artigas**, 90 km north of Paysandú, is 13 km off the highway to Salto. The Meseta, 45 m above the Río Uruguay, which here narrows and forms whirlpools at the rapids of El Hervidero, was used as a base by General Artigas during the struggle for independence. A terrace with a fine view, but the rapids are not visible from the Meseta. The statue, with Artigas' head topping a tall shaft, is very original.

Excursions

L *Gran Hotel Paysandú*, 18 de Julio y 19 de Abril, T23400. A/c, with breakfast, comfortable. **AL** *Casa Grande*, Florida 1221 at Plaza Constitución, T24994. A/c, welcoming, parking, very good. **A** *Lobato*, Gómez 1415, T22241. With breakfast, a/c, modern, good. **B-C** *Rafaela*, 18 de Julio 1181, T24216. With breakfast, large rooms, modern. **C** *Plaza*, Leandro Gómez 1211, T22022, F33545. Recently renovated, a/c, balcony, with breakfast, parking. **D** *París*, Leandro

Sleeping
Book hotels in advance during Holy Week

Uruguay

Gómez 1008, T23774. Reasonable, locals' bar/café attached. **D** *Sarandí*, Sarandí 931, T23465. Good, comfortable. **E** *Equinar*, Sarandí 1190, T28188. Nice communal area with open fire, parking, breakfast US$2. **E** pp *Victoria*, 18 de Julio 979, T24320. Cheaper without bath, very helpful. Highly recommended. **F** *Hospedaje Sosa*, Sarandí y Montevideo. Basic, family run. **Youth hostel** **C-D** *Hotel La Posada*, José Pedro Varela 566, T/F27879. Some rooms a/c, heating, nice garden, family rooms available, no cooking facilities. **Camping** Balneario Municipal, 2 km north of centre, by the river, no facilities. *Camping Club de Pescadores* on the Rambla Costanera Norte, T26220, US$2 per day, showers. Also at the Parque Municipal.

Eating *Artemio*, 18 de Julio 1248. Has "best food in town". *Los Tres Pinos*, 19 Av España 1474. *Parrillada*, very good.

Transport **Air** *Aviasur* flights to **Montevideo** (US$80 return; *Pluna*, Florida 1249, T23071). **Bus** Terminal at *It can be difficult* Zorilla y Artigas, T23225. To/from **Montevideo**, US$9 (*Núñez, Copay*, T22094, 3 a day), 5-6 hrs, also *o get a seat on* *Chadre/Agencia Central*, US$10, many buses. To **Salto** US$3.15, 6 a day. To **Rivera**, US$9.35, *long-distance buses* *Copay*, 0400 daily and Sun-Fri,1700 (Sat only as far as Tacuarembó). To **Fray Bentos**, 4 a day, 1½ hrs *going north* direct, 4 hrs via Young, US$3.15. To **Paso de los Toros** 1430 (return 0430), US$4, or by *Alonso* bus to **Guichón** at 0600, 1100, 1430 and change. To **Colonia** by *Chadre*, 1700, 6 hrs, US$4.75.

Directory **Banks** Several *casas de cambio* on 18 de Julio, including *Cambio Fagalde*, No 1004; *Cambio Bacacay*, No 1008; both change TCs, open Sat 0830-1230. Also *Banco de la República*, 18 de Julio y 19 de Abril, and others on 18 de Julio. **Communications** Internet: *'paysandu.com'*, 18 de Julio 1250, on plaza, T/F28526. US$2 per hr, open Mon-Fri 0900-1300, 1430-2030, Sat 0900-1300, 1600-2100. **Post Office:** 18 de Julio y Montevideo. **Telephone:** *Antel*, Montevideo 875, T22100. **Embassies and consulates** Argentina, Gómez 1034, T22253, Mon-Fri 0800-1300. **Tourist office** on Plaza de Constitución, 18 de Julio 1226, T26221 (Mon-Fri 0800-1900, Sat-Sun 0800-1800), and at the Puente Gen Artigas. Local website: www.paysandu.com **Tour operators** *Viñar Turismo*, Artigas 1163.

Paysandú

Sleeping	4 Gran	6 La Posada	10 Rafaela	**Eating**
1 Casa Grande	Paysandú	7 Lobato	11 Sarandí	1 Artemio
2 Concordia	5 Hospedaje	8 París	12 Victoria	2 Los Tres Pinos
3 Equinar	Sosa	9 Plaza		

Uruguay

Tourism Farm L *La Calera*, near Guichón, 89 km east of Paysandú (T Montevideo 916 3011, or 0740-2292, Mara Morán, Colonia 881, piso 10, www.lacalera.com.uy). Cheaper Mon-Thu, 20 luxurious suites with fireplace, full board, dining room with home made food, swimming pool, riding, rodeo, conference facilities. Highly recommended.

The José Artigas international bridge connects with Colón, Argentina (toll US$4 per **Crossing to** car), about 8 km away. Immigration for both countries is on the Uruguayan side in the **Argentina** same office. Migración officials board the bus, but non-Argentine/Uruguayans should get off bus for stamp. ■ *Buses to* Colón *and* Concepción del Uruguay, *3 a day(Copay 0815, 1645, Paccot 1445), 2 on Sun (Copay 1645), US$1.50 to Colón, US$2.50 to Concepción.*

Salto

A centre for cultivating and processing oranges and other citrus fruit, Salto is a beauti- *Phone code: 073* fully-kept town 120 km by paved road north of Paysandú. The town's commercial *Colour map 8, grid A5* area is on Calle Uruguay, between Plazas Artigas and Treinta y Tres. Next to the Club *Population: 80,000* Uruguay, Calle Uruguay, is the *Farmacia Fénix*, "la más antigua de Salto", over 100 *There is a Shrove* years old. See the beautiful but run down **Parque Solari** (on Ruta Gral Artigas, north- *Tuesday carnival* east of the centre) and the **Parque Harriague** (south of the centre) with an open air theatre. The **Museo de Bellas Artes y Artes Decorativas** in the French style mansion of a rich *estanciero* (Palacio Gallino), Uruguay 1067, opens at 1400, well worth a visit.

The most popular tourist site in the area is the large **Salto Grande** dam and hydroelectric plant 20 km from Salto, built jointly by Argentina and Uruguay;taxi to bam US$5.50. A tour can be arranged with the tourist office in high season, US$2, minimum five people, every 30 minutes, 0700-1400. A road runs along the top of the dam to Argentina. By launch to the **Salto Chico** beach, fishing, camping. Nearby is the resort **AL** *Hotel Horacio Quiroga*, T34411, hquiroga@adinet.com.uy Sports facilities, staffed by nearby catering school, special packages offered in season.

B *Gran Hotel Salto*, 25 de Agosto 5, T34333, F33251, www.saltoweb.com.uy/ **Sleeping** granhotelsalto/ With breakfast, a/c, good restaurant, reasonably priced. Recommended. **C** *Argentina*, Uruguay 892, T29931. With breakfast, a/c, cafetería, comfortable. **D** *Concordia*, Uruguay 749, T/F32735. Oldest hotel in Uruguay, founded 1860, Carlos Gardel stayed here, fine courtyard, pleasant breakfast room. **D** pp *Plaza*, Plaza Treinta y Tres, T33744. Includes breakfast, fans, good location, simple, old-fashioned. Recommended. **D** *Tía*, Brasil 566, T26574. With break- fast, courtyard. **E** *Hostal del Jardín*, Colón 47, T33009. Clean, simple but spacious garden. **Youth hostel** *Club Remeros de Salto*, Rambla Gutiérrez y Belén (by the river) T33418. Open all year, no cooking facilities, pool (US$4 per day), US$4, US$5.50 without HI card, poor value.

La Caldera, Uruguay 221, T24648. Good *parillada*, also seafood, closed Mon lunchtime. **Eating** *Pizzería La Farola*, Brasil 895 esq Soca. *Don Diego*, Chiazzaro 20. Pasta. *Club de Uruguay*, Uru- guay 754. Breakfast and good value meals. *Café Arabache*, Uruguay 702. Daytime hangout.

Air *Aviasur* flights to/from the capital. *Pluna*, Uruguay 657, T2724. Bus to airport, US$2. **Transport** **Buses** Terminal 15 blocks east of centre at Batlle y Blandengues , café/restaurant, shopping centre in same building with *casa de cambio*. Take taxi to centre. To/from **Montevideo**, 6 hrs, US$12 (*Bus del Norte*, *Núñez* and *Chadre*, 4 a day). To **Termas del Arapey**, 2 hrs, daily, US$3. **Paysandú** US$3.15, 2 hrs, 6 a day. To **Rivera**, US$10. To **Bella Unión**, 2 hrs, US$3.75, 6 a day. To **Colonia** by *Chadre*, 0555, 1555, 8 hrs, US$12; to **Fray Bentos**, same times, US$6.50.

Banks *Banco Pan de Azúcar* does cash advances on Visa and MasterCard. *Banco de Crédito*. Both on **Directory** Uruguay, several exchange houses on Uruguay. **Communications** Internet: *Café Arabache*, Uruguay 702 esq Sarandí, T32337. **Post Office:** Treinta y Tres y Artigas. **Tourist offices** at Uruguay 1052, T34096, open 0800-2000, Sun 0800-1200, free map, and at the international bridge, T28933. **Scooter hire**: Agraciada 2019, T29967.

Uruguay

Crossing to Argentina North of the town, at the Salto Grande dam, there is an international bridge to Concordia, Argentina. **Immigration** is carried out on the bus. The Argentine consul is at Artigas 1162, T32931, open Monday-Friday 1300-1700.

Transport Buses To Concordia, *Chadre* (0800,1400, return 1200,1800) and *Flecha Bus*, 2 a day each, not Sun, US$3. To **Buenos Aires**, US$29, *Flecha Bus*. To **Posadas** night buses only, to **Puerto Iguazú**, 12 hrs, US$44. **Ferry** To Concordia, *Sanchristobal/Río Lago* joint service, Mon-Sat (0845,1200,1430,1800), 2 on Sun, US$2, depart port on C Brasil, 20 mins.

Hot springs Medicinal springs at Fuente Salto, 6 km north of the city. About 10 km south of Salto, reached by bus No 4 every 30 minutes from Calle Artigas, or from Avenida Sauzal at port then along Brasil (US$0.15) are **Termas del Daymán**, beautifully laid out with 14 swimming pools (entrance US$2.50; it is cheaper to buy combined bus/entrance ticket in Salto).

Sleeping **B** *Hotel Termas Daymán*, T69250, F69870, in front of the public spa; next door is *El Tritón*, T073-52250, open 0700 for breakfast. Highly recommended. **D** *Bungalows El Puente*, near the bridge over the Río Dayman, T69271, includes entry to thermal baths. **D** *La Posta del Daymán*, Ruta 3, Km 487, T/F69801, a/c, half-board, thermal swimming pool, good restaurant, discounts for long stay. Recommended. This hotel also has a hydrothermal complex. **D** *Youth hostel La Canela* on Route 3, Km 488.3, T073-32121 (open all year), good value. *Complejo San Francisco*, clean, cheap accommodation on the main road.

Three km east of the bridge at Daymán is **C** *Estancia La Casona del Daymán*, T32735, a well-preserved, but non-operational farm, horseriding. Campsite at *Estancia San Niconor*, T/F0730-2209, 12 km from Termas de Daymán at the **Termas de San Nicanor**, Km 485, Route 3, good facilities; and *Cascadas*, US$3pp, T35245, Km 487, Route 3, closer to Daymán.

The road to **Termas del Arapey** branches off the partially paved Route 3 to Bella Unión, at 61 km north of Salto, and then runs 35 km east and then south. Pampa birds, rheas and metre-long lizards in evidence. Termas del Arapey is on the Arapey river south of Isla Cabellos (Baltazar Brum). The waters at these famous thermal baths (five pools) contain bicarbonated salts, calcium and magnesium. There is a hotel with pool, **L** *Barceló Arapey Thermal Spa & Casino*, T0768-2008, www.barcelo.com Good restaurant. Camping US$1 per person, good facilities

To the Brazilian border Artigas From near Bella Unión Route 30 runs east to Artigas, (phone code: 0642, colour map 8, grid A6, population: 40,000) a frontier town in a cattle raising and agricultural area (excellent swimming upstream from the bridge). The town is known for its good quality amethysts. There is a bridge across the Río Cuaraim to the Brazilian town of Quaraí. The Brazilian consul is at Lecueder 432, T5414, F5404.

Sleeping and eating **Youth hostel** *Club Deportivo Artigas*, Pte Berreta and LA de Herrera, 4 km from city, T0772-3860/2532. Open all year, communal room, camping, restaurant, no cooking facilities, closes early. **Camping** At Paseo 7 de Septiembre (by river), T2261, and at Club Zorrilla, T4341. *Donatello*, Lecueder. Good bar, pizza. *Deportivo*, Herrera. Good value.

Transport Air Airport at Bella Unión (*Tamu* to Montevideo US$30); **Pluna**, Garzón y Baldomir, T2545. **Buses** To **Salto**, 225 km, Oribe 279, US$4.25. *Turil* and others from **Montevideo** via Durazno, Paso de los Toros and Tacuarembó, US$15.

1289

Venezuela

Venezuela

Venezuela is where the Andes meet the Caribbean. The Orinoco river separates great plains from the table-top mountains of the Gran Sabana, where waterfalls tumble in sheer drops into the forest and lost worlds are easy to imagine. More recent innovations - cablecars up to the high peaks, hang gliders for jumping off them - are now part of the scene at Mérida, capital of Venezuela's Andes. Lying at the heart of the country - geographically and spiritually - are the Llanos (plains), a vast area of flat savannah the size of Italy and home to an immense variety of birds, exotic mammals and reptiles, such as caiman (alligators), giant anacondas, anteaters, pumas, jaguars and giant otters, to name but a few.

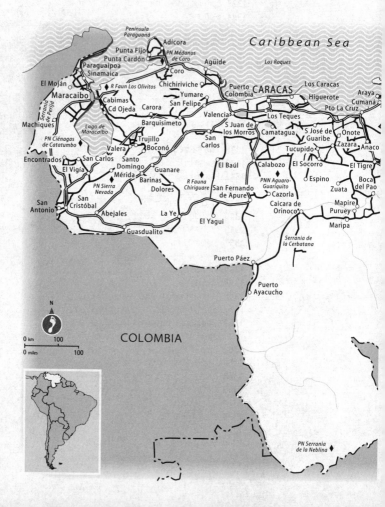

These plains flood seasonally, but when the waters retreat, the birds and animals share their territory with cattle and the llanero cowboys, renowned for their hospitality towards visitors who can stay at one of the many luxurious hatos - cattle ranches - or rough it on a budget tour from Mérida. If the sea is more to your taste, head for the country's seductive coastline - the longest in the Caribbean at over 2,500 kilometres. Venezuela's waters play host to some of the best (and least known) diving in the region with three marine national parks. Pick of the bunch are Islas Los Roques, an archipelago of emerald and turquoise lagoons and dazzling white beaches. At the other end of the country, the Amazon is home to humid rainforests and rare plants and animals as well as over twenty different ethnic groups. This part of Venezuela is very much frontier territory and remains wild and untamed, much as it was when the country received its first foreign visitor back in 1498. So overwhelmed was Columbus by what he saw that he described it as 'Paradise on Earth'.

Essentials

Planning your trip

Where to go Venezuela falls into four distinct zones: the Caribbean coast; the northeastern arm of the Andean mountain chain; the low-lying *llanos* east of the mountains and north of the Río Orinoco; the region south of the Orinoco with both the Gran Sabana, savannas dotted with table-top mountains (*tepuis*), and Amazon-type rainforest. To experience all four requires time, but any combination of zones makes for a rewarding visit.

The country's main gateway for flights is Caracas, although there are other international airports, such as Maracaibo in the west and Porlamar on Isla de Margarita (chiefly for holiday-makers to this Caribbean island). Venezuela is the starting point for the long trek south through the continent (or the end for those going north) and there is a well trodden route through Santa Elena de Uairén to Brazil, leading by road to Manaus on the Amazon. The main overland routes to Colombia are through San Antonio/Cúcuta in the Andes, which is less problematic than the Maicao crossing in the far northwest.

The Caribbean coast Venezuela has the longest coastline in the Caribbean with numerous palm-fringed beaches of white sand. **Caracas** is just a short drive (in kilometre terms, if not in time), from the sea. The capital is hidden from the Caribbean by Monte Avila, one of Venezuela's national parks. The central coast, nearest to Caracas, was devastated by flash floods and landslides in 1999, but you don't have to go too far east or west to find good beaches. Only a few hours west of the capital are some lovely little beaches, ideal if you have a few spare days before flying out, or on arrival. Further west is the Parque Nacional Morrocoy, with many islands close to the shore. North of Morrocoy is the historic town of Coro, surrounded by sand dunes, and the Paranaguá Peninsula. There are some excellent beaches in the Parque Nacional Mochima, east of Caracas, which also has a multitude of islets for exploring on or beneath the water. Further east are unrivalled beaches on the Paria Peninsula, but they are harder to reach. Besides those islands already mentioned, there is Isla de Margarita, one of the country's principal destinations for local and foreign tourists. The Islas Los Roques, 166 km due north of the central coast, is a beautiful archipelago, still unspoilt despite the growth in tourist interest.

The Andes Venezuela's Andes have some gorgeous scenery, with snow-capped peaks and remote villages. The main centre for visitors is Mérida, in the middle of the Sierra Nevada of the same name. It is well provided with accommodation, other services and tour companies which can help with arranging treks, climbing and other excursions. Two of its claims to fame are the highest cable car in the world, ascending the 4,776-m Pico Espejo, and the shop selling the largest number of ice cream flavours in the world.

The Llanos Life in the *llanos* revolves around the cycle of wet and dry seasons; the movement of cattle, the mainstay of the region's economy, depends on it. In the flat grasslands are slow running rivers which flood in the rainy season, creating a huge inland sea. When the rains cease, the whole area dries out completely. South of the cattle lands are forests and the tributaries of the Río Orinoco. Just after the May-November wet season, this is a paradise for nature lovers, with a spectacular variety of birds, monkeys, big cats, anaconda, river dolphins, caiman and capybara. Tours to the *llanos* are run from Mérida and there are ecotourism ranches which offer you the chance to get to know the lifestyle of the plains.

Guayana and the Orinoco This huge area comprises the Gran Sabana, the delta of the Orinoco itself and the Amazon region. Above the grasslands of the savanna rise *tepuis*, flat-topped mountains from which spring magnificent waterfalls and rivers. The Angel Falls, the highest in the world, are one such wonder, usually seen from a plane, but also reachable by a 2-3 day trip upriver. There are many other falls in the Gran Sabana and a few places to stay, the most popular being Canaima camp on a lagoon on the Río Carrao. Where Venezuela meets Brazil and Guyana is Mount Roraima, one of the candidates for Arthur Conan-Doyle's 'Lost World' and one of the most adventurous excursions to be made in the country. The Orinoco delta is a remote part of the country, but trips can be made into it from the small town of Tucupita. Amazonas too, is well off the beaten track, but here again trips can be made, from Puerto Ayacucho. Much of the rainforest is protected and permission from the authorities is required to visit areas beyond the reach of a tour company.

The climate is tropical, with changes between the seasons being a matter of wet and dry, rather than hot and cold. Temperature is determined by altitude. The dry season in Caracas is Dec to Apr, with Jan and Feb the coolest months (there is a great difference between day and night temperatures at this time). The hottest months are Jul and Aug. The Caribbean coast is generally dry and rain is particularly infrequent in the states of Sucre, in the east, and Falcón, in the northwest. The lowlands of Maracaibo are very hot all year round; the least hot months are Jul to Sep. South of the Orinoco, in the Gran Sabana and Parque Nacional Canaima, the dry season is Nov to May. The same months are dry in the *llanos*, but the best time to visit is just after the rains, when the rivers and channels are still full of water and the humidity is not too high. In the Andes, the dry season is Oct to May, and this is the best time for climbing or hiking. The days are clear, but the nights are freezing cold. The rains usually begin in Jun, but in the mountains there is no guarantee that the weather will not change from day to day. Also remember when planning a visit that at holiday times, hotels and transport are heavily booked. Details of festivals are given in the text. **When to go**

Tourist information is handled by the Venezuelan Tourist Board, **Inatur**, p 37, Torre Oeste, Parque Central, Apartado 50.200, Caracas, T0212-576 9032/8194, 0800-462 8871, www.inatur.gov.ve Outside Venezuela, tourist information can be obtained from Venezuelan embassies and consulates (for addresses, see box). **Finding out more**

National Parks Venezuela has 35 national parks and 15 smaller national monuments, some of which are mentioned in the text. A full list is published by the **Instituto Nacional de Parques** (Inparques), Av Rómulo Gallegos con 2da Av de Santa Eduvigis, beside Parque del Este Metro, T285 4859/4106, (Caracas), pnacionales@inparques.gov.ve, www.inparques.gov.ve Each park has a regional director and its own guards (*guardaparques*). Permits (free) are required to stay in the parks (up to five), although this is not usually necessary for those parks visited frequently. For further information on the national parks system, visit the **Ministerio del Ambiente y de los Recursos Naturales Renovables** (MARNR), Centro Simón Bolívar, Torre Sul, p 19, Caracas 1010, T483 3164/1071, www.marnr.gov.ve Ecotourism portal: **www.ecoportal.venezuela.com**, for ecotourism, sports, national parks and places to stay, lots of links and information in English. Another website with relevant material is **www.webmediaven.com/fundanatura/** (in Spanish, which concentrates on nature and tourism).

The official government site is **www.gobiernoenlinea.ve**; Asociación Venezolana de Agencias de Viajes: **www.viajes-venezuela.com/avavit**; websites with useful information and links are **www.auyantepuy.com** and **www.terra.com.ve** **Websites**

Before you travel

Entry is by passport and visa, or by passport and tourist card. Tourist cards (*tarjetas de ingreso*) are issued by most airlines to visitors from: Andorra, Antigua and Barbuda, Argentina, Australia, Austria, Barbados, Belgium, Brazil, Canada, Chile, Costa Rica, Dominica, Denmark, Finland, France, Germany, Ireland, Italy, Iceland, Japan, Liechtenstein, Luxembourg, Lithuania, Malaysia, Mexico, Monaco, Norway, Netherlands, Netherlands Antilles, New Zealand, Paraguay, Portugal, St Kitts/Nevis, St Lucia, San Marino, St Vincent, South Africa, Spain, Sweden, Switzerland, Taiwan, Trinidad and Tobago, UK, Uruguay, and USA. Valid for 90 days, tourist cards cannot be extended. Overstaying your 90 days can lead to arrest and a fine when you try to depart. **Visas & immigration**

To enter the country overland or by sea, you must obtain a 90-day, multiple-entry tourist visa in advance. Apply to a Venezuela consulate prior to arrival. For a Tourist Visa, you need two passport photos, passport valid for six months, references from bank and employer, onward or return ticket, completed and signed application form. The fee is US$30 (costs vary from country to country). For extensions go to **DIEX**, Avenida Baralt on Plaza Miranda in Caracas, T483 1577, take passport, tourist visa, photographs and return ticket; opens 0800, passport with extension returned at end of day. DIEX offices in many cities do not offer extensions. Transit visas, valid for 72 hours are also available, mostly the same requirements and cost (inward and onward tickets needed). DIEX in Caracas will not exchange a transit for a

Venezuela

▶ *Venezuelan Embassies and consulates*

Australia *7 Culgoa Circuit O'Malley, ACT 2606, Canberra, T61-2-6290 2967, F6290 2911, www.venezuela-emb.org.au*
Canada *32 Range Road, Ottawa, ON-K1N8J4, T1-613-235 5151, F235 3205, www.misionvenezuela.org*
Denmark *Holbergsgade 14, 3th, 1057 Copenhagen K, T3393 6311, F3315 6911, www.home7.inet.tele.dk/emvendk/*
France *11 rue Copernic, 75116 Paris, T33-1-4553 2998, F4755 6456, www.embavenez-paris.com*
Germany *Schillstrasse 9-10, Berlin 10785, T49-331-832-240-0, F832-240-20.*
Italy *Via Nicolò Tartaglia 11, 00197 Roma, T39-6-807 9797, F808 4410, www.users.iol.it/embaveit*
Japan *38 Kowa Building, Room 703, 12-24, Nishi Azabu, 4 Chome, Minato-Ku, Tokyo-106, T81-3-3409 1501, F3409 1505, www.sunsite.sut.ac.jp/venemb/embvenez.html*

Netherlands *Nassaulaan 2, 2514 JS The Hague, T31-70-365 1256, F365 6954, embvene@xs4a11.nl*
Spain *C Capitán Haya 1, 13, Torrre EuroCentro, 28020 Madrid, T34-91-598 1200, F597 1583, www.univernet.net/embavenz/index.htm*
Sweden *Engelbrektsgaten 35B, S-114, 31 Stockholm, T46-8-411 0996, F213100, Venezuela.embassy@mbox300.swipnet.se*
Switzerland *Schlosshaldenstrasse 1, 3006 Bern, T41-31-350 5757, F350 5758, embavenez@span.ch*
UK *Venezuelan consulate, 56 Grafton Way, London W1T 5DL, T44-020-7387 6727, F020-7383 3253, www.venezlon.demon.co.uk*
USA *1099 30th Street, NW, Washington DC 20007, T1-202-3422214, F3426820, www.embavenez-us.org Consulate in San Francisco, 311 California St, Suite 620, T415-955 1982, www.consuladovenezuelasfo.org*

---

tourist visa. To apply for an overland visa in Colombia or Brazil you need: passport, one photo and an onward ticket. In Manaus you also need a yellow fever inoculation certificate. Consuls may give a one-year visa if a valid reason can be given. To change a tourist visa to a business visa, to obtain or to extend the latter, costs US$60.

Business visitors on short visits are strongly advised to enter the country as tourists, otherwise they will have to obtain a tax clearance certificate (solvencia) before they can leave. Do not lose the carbon copy of your visa as this has to be surrendered when leaving the country

Visas to work in Venezuela also cost US$60 and require authorization from the **Dirección General Sectorial de Identificación y Control de Extranjeros** in Caracas. Student visas require a letter of acceptance from the Venezuelan institution, rferences from bank and university, completed and signed application form, two passport photos, onward or return ticket, passport valid for six months and US$60. It generally takes two days to issue any visa.

Nationals of countries not listed must get a consular visa in advance. All travellers to Venezuela are advised to check with the consulate before leaving home as regulations can change.

NB Carry your passport with you all the time you are in Venezuela as the police do frequent spot checks and anyone found without identification is immediately detained (carrying a certified copy for greater safety is permissible, though not always accepted by officials). There are many military checkpoints, especially in border areas, at which all transport is stopped. Have your documents ready and make sure you know what entry permits you need; the soldiers may be unfamiliar with regulations for foreigners. Border searches are very thorough.

Customs **Duty free allowance** You may bring into Venezuela, free of duty, 25 cigars and 200 cigarettes, two litres of alcoholic drinks, four small bottles of perfume, and gifts at the inspector's discretion. New items to the value of US$1,000 may be brought in.

Vaccinations Inoculation against typhoid and yellow fever, and protection against malaria, is recommended for Amazonas, the Orinoco and other swampy or forest regions.

What to take Clothing is generally informal, but exclusive clubs and restaurants expect smart dress (jackets and ties). For business, tropical weight in normal city colours is best. In Maracaibo and hot, humid coastal and low-lying areas, regular washable tropical clothing is best. The climate in the Andes is cooler, especially at night, so you'll need warmer clothing.

Money

Currency The unit of currency is the bolívar. There are coins for 10, 20, 50, 100 and 500 bolívares, and notes for 10, 20, 50, 100, 500, 1,000, 2,000, 5,000, 10,000 and 20,000 bolívares. 5 bolívar coins are still in circulation, but are no longer legal tender; don't accept them in change. Have small coins and notes to hand, since many shops and bars round up prices if you don't have the exact change. Similarly, on public transport, drivers may not be able to change big notes.

bolívar exchange rate in June 2003 with US$: 1,600

  Exchange Dollars cash and TCs can be changed in banks and *casas de cambio*. To convert unused bolívares back into dollars upon leaving, you must present the original exchange receipt (up to 30% of original amount changed); only banks and authorized *casas de cambio* can legally sell bolívares. Some banks are reluctant to change either cash or TCs. *Casas de cambio* are a better bet, but their rates for TCs may be poor and they always insist on photocopying your passport, may ask for proof of purchase of TCs and may even photograph you. Beware of forged Amex TCs and US$ notes. Rates of exchange in hotels are generally poor.

  Credit cards Visitors are strongly advised to use Visa or MasterCard for obtaining bolívares. There are cash machines for Visa, MasterCard and Amex at Simón Bolívar airport although these may give a receipt but no cash. You should be wary of using cash machines throughout the country as Visa and MasterCard transactions inside banks offer good rates and, although slower, are much safer (machines are often old or tampered with and queues at ATM machines attract thieves). Corp Banca is affiliated with American Express, no commission, some branches cash personal cheques from abroad on an Amex card; *American Express* travel services are handled by *Italcambio* and *Quo Vadis* agencies around the country. Unibanca, Banco de Venezuela, Banco Mercantil and Banco Provincial (though not all branches) handle Visa, including cash advances, and Banco de Venezuela has Visa ATMs. Banco Mercantil handles MasterCard. MasterCard assistance T800-1-2902. Visa assistance T0800-1-002167.

  Cost of travelling On the cheapest possible budget you can get by on around US$25 pp per day, depending on which part of the country you visit. A less basic budget would be about US$50 per day, rising to US$100 and upwards for first class travel. VAT/IVA is 14.5%.

Getting there

From Europe There are regular flights from London, Paris, Amsterdam, Frankfurt, Madrid, Milan and Lisbon.

Air

  From North America New York, Miami, Atlanta, Washington and Houston have direct flights to Caracas.

  From Latin America and the Caribbean South American cities from which there are direct flights to Caracas are Bogotá, Buenos Aires, Santa Cruz (Bolivia), Rio de Janeiro, São Paulo, Manaus, Santiago de Chile, Lima, Quito and Guayaquil. From Central America there are flights from Mexico City, San José and Panama City (*Lacsa*). Caribbean cities with flights to Venezuela are Santo Domingo (Dominican Republic), Curaçao, Aruba, Port of Spain, Fort-de-France (Martinique – *Air France* twice a week), and Havana.

See Shipping, Essentials, for agencies that can arrange cruises to Venezuela on cargo vessels. Ferries from/to Aruba can be found in the text under Coro, and from/to Trinidad under Güiria.

Boat

  Yacht Do not try and clear Customs and Immigration without an agent in a commercial port. Well worth the fee. Get your tourist card at a Venezuelan embassy before arriving, although if you arrive during a major storm officials may make an exception. During the busy hurricane season, **security** problems increase; thieves arrive by night in boats with bolt cutters and fast engines and steal dinghies, motors and other items left on deck. Best security is in marinas. Porlamar even has trouble with swimmers during the day. Fewer problems in the outer islands of La Blanquilla, La Tortuga, Los Roques, Los Aves and Los Testigos, but trouble reported in coastal anchorages, eg Cumaná, Mochima, Morrocoy, Puerto La Cruz. Take all precautions possible.

Venezuela

▶ ## Touching down

Hours of business Banks 0830 to 1530 Monday to Friday only. **Government offices** 0800-1200 are usual morning hours, although they vary. Officials have fixed hours, usually 0900-1000 or 1500-1600, for receiving visitors. **Businesses** 0800 to 1800 with a midday break. **Shops** 0900-1300, 1500-1900, Monday-Saturday. Generally speaking, Venezuelans start work early, and by 0700 in the morning everything is in full swing. Most firms and offices close on Saturday.

IDD 58. Long equal tones with equal long pauses mean it is ringing. Short equal tones with equal pauses mean it is engaged.

Official time Four hours behind GMT, one hour ahead of EST.

Voltage 110 volts, 60 cycles, throughout the country.

Weights and measures Weights and measures are metric.

Touching down

Airport information

Passengers leaving Caracas on international flights must reconfirm their reservations not less than 72 hours in advance; it is safer to do so in person than by telephone; not less than 24 hours for national flights: if you fail to do this, you lose all rights to free accommodation, food, transport, etc if your flight is cancelled and may lose your seat if the plane is fully booked. Beware of counterfeit tickets; buy only from agencies. If told by an agent that a flight is fully booked, try at the airport anyway. International passengers must check in two hours before departure or they may lose their seat to someone on a waiting list. Handling charge for your luggage US$0.50. See Caracas, Travel, Long Distance Air, for information and advice on taxis.

Airport & other taxes

All passengers on international flights pay a combined airport and exit tax of approximately US$36 (Bs38,800 airport tax, BS19,400 exit tax; payable in bolívares, cash only). Minors under 15 years of age do not pay the exit tax. There is a 1% tax on the cost of all domestic flights, plus an airport tax which varies according to the airport. Exit stamps for overland travellers, US$2 (exept US$5 Maracaibo-Maicao and US$15 San Antonia-Cúcuta, Colombia). Correct taxes are not advertised and travellers have experienced overcharging.

Tipping

Taxi drivers are tipped if the taxi has a meter (hardly anywhere), but not if you have agreed the fare in advance. Usherettes are not tipped. Hotel porters, US$0.50; airport porters US$0.50 per piece of baggage. Restaurants, between 5% and 10% of bill.

Safety

The majority of Venezuelans are honest and friendly and will make you feel welcome. The threat of crime is, however, present in major cities, especially Caracas, which suffers from chronic urban deprivation, and in some poorer rural areas. Reports of assaults on tourists have also been received from Mérida. You should be on the lookout from the moment you arrive in the country: there are many pirate taxis and rip-off merchants operating at the international airport. There was considerable political tension in Caracas in 2003, but this did not affect foreigners directly. Carry handbags, cameras etc on the side away from the street as motor-cycle purse-snatchers are notorious, especially in Caracas. Outside the capital, the atmosphere is much more relaxed, but as in any country you should take care to protect your belongings in the cities and, in tourist areas, be cautious at night. The other area to avoid is the border zone with Colombia.

Where to stay

Sleeping

See inside front cover of the book for our hotel grade price guide

There are hotels to suit every budget and in Caracas there are some very high class establishments. Away from the main towns and tourists sites, you may have to sacrifice some creature comforts, but not necessarily standards of hygiene. Value for money is generally not very high, with one or two exceptions, but mainly foreign-run, no-frills places catering for backpackers are opening up. The major cities, Isla Margarita, Los Roques, Guayana and Amazonas tend to have higher room rates (eg US$15 in Caracas for a decent room). Add 10-15% for air-conditioning. In the Andean region prices are lower at around US$8 per person.

Camping in Venezuela is a popular recreation, for spending a weekend at the beach, on the islands, in the *llanos* and in the mountains. Camping, with or without a vehicle, is not possible at the roadside. If camping on the beach, for the sake of security, pitch your tent close to others, even though they play their radios loud. Equipment is available at sports-goods shops in Caracas. It is illegal to refill portable gas cylinders. Even the higher octane fuels will cause blockages of fuel jets in gasoline stoves.

Camping

Getting around

Most places of importance are served by *Aeropostal*, *Aereotuy* (www.tuy.com), *Aserca*, *Avior* (www.avioairlines.com), *Láser* (www.laser.com.ve) and *Santa Bárbara* (www.santabarbaraairlines.com), which fly to a variety of destinations. Apart from *Aserca*, which has been recommended, none is perfect. Lost luggage is a frequent problem. Internal airlines offer special family discounts and student discount but practice is variable, photocopies of ISIC card are useful as it allows officials to staple one to the ticket. Beware of overbooking during holiday time, especially at Caracas airport; it is recommended that you check in two hours before departure, particularly at Easter.

Air

There are numerous services between the major cities and many services bypass Caracas, so you don't have to change buses in the capital. Buses stop frequently, but there may not always be a toilet at the stop. For night journeys in a/c buses take a sleeping bag or similar because the temperature is set to freezing. Also take earplugs against the loud stereo systems. The colectivo taxis and minibuses, known as *por puesto*, seem to monopolize transport to and from smaller towns and villages. For longer journeys they are normally twice as expensive as buses, but faster. They may be reluctant to take luggage and the ill-kempt. If first on board, wait for other passengers to arrive, do not take a *por puesto* on your own unless you want to pay for the whole vehicle. Outside Caracas, town taxis are relatively expensive. At peak periods *revendedores* (touts) will try to sell tickets at 2-3 times face value.

Bus & taxi
Buses are relatively cheap, but the quality of long-distance travel varies a lot

A tourist can bring in a car without paying duty. A *carnet de passages* is required (it may be possible to enter from Brazil without one, but it's at the discretion of the customs officer). An entry permit for a car costs US$10 and requires one photograph (takes 24 hours); ask for a permit for six months, or unspecified time. Entry from Colombia is not easy. In the border area with Colombia, police checks are frequent; make sure you have all your papers.

Car

The *Touring y Automóvil Club de Venezuela* (addresses under Caracas, Useful addresses, and San Cristóbal, Tourist offices – the Maracaibo office only deals through Caracas) issues the *Libreta de Pasos por Aduana* for taking foreign-registered cars into other South American countries. Takes 24 hours and your vehicle must be presented to the club. Before shipping your vehicle to Venezuela, go to a Venezuelan consul to obtain all necessary documentation, including visa, to allow you to enter the country prior to getting the *libreta*. You must also go to a Venezuelan consul in the country in which you land your car if other than Venezuela.

All visitors to Venezuela can drive if they are over 18 and have a valid driving licence from their own country; an international driving licence is preferred. It is a good idea to hire a car; many of the best places are off the beaten track. Some companies such as National have a wide network of offices in towns and airports allowing fly-drive, using a number of different vehicles. You have to have a credit card to rent a vehicle. Car hire with insurance varies from company to company: basic rates for a car are from US$2-50 per day depending on make; government tax of 17% is also added. Rates tend to be the same in all cities, except on Margarita, which is more expensive. If you book and prepay outside the country, most major companies give unlimited mileage. Car and personal insurance (US$10-17.50 per day) is strongly recommended as you will be lucky to survive two or three days as a newcomer, especially in Caracas traffic, without a dent or a scrape. All cars should be checked carefully as most have some defect or other, and insist on a short test drive. If you have an accident and someone is injured, you will be detained as a matter of routine, even if you are not at fault. Do not drive at night if you can help it (if you do have to, don't drive fast). Carry insect spray if you do; if you stop and get out, the car will fill with biting insects.

Venezuela

The roads in Venezuela are generally poor, except for the four-lane *autopistas*. Motoring restrictions in Caracas include a ban on parking in front of a bank; motorcycles may not be driven at night; pillion passengers may not be carried on motorcycles if of the same sex as the driver. You are more likely to be penalized for infringing these rules than for driving through a red light; they are designed to improve security for banks and pedestrians. In addition, motorcyclists are obliged to wear a crash helmet but it must not be of a type which obscures the face. Use private car-parks whenever possible as break-ins on streets are common in Caracas and all large cities.

There are three grades of **gasoline**: 87, 91 and 95 octane (average cost US$0.10-0.16 a litre). Diesel (US$0.10 a litre) is used by most goods vehicles, available from many filling stations in Caracas. Oil costs US$0.60 a litre. Service stations are open 0500-2100, Monday-Saturday, except those on highways which are open longer hours. Only those designated to handle emergencies are open on Sunday. In the event of breakdown, Venezuelans are usually very helpful. There are many garages, even in rural areas; service charges are not high, nor are tyres, oil or accessories expensive, but being able to speak Spanish will greatly assist in sorting out problems. Carry spare battery water, fan belts, the obligatory breakdown triangle, a jack and spanners. **Warning** There is an automatic US$20 fine for running out of fuel.

Hitchhiking Hitchhiking (*Cola*) is not very easy and not very safe in coastal regions, but elsewhere the Venezuelans are usually friendly and helpful if you know some Spanish. The best places to try are Guardia Nacional posts outside cities (may get free bus rides from them). It is illegal on toll roads and, theoretically, for non-family members in the back of pick up trucks. Some drivers may ask for money for the lift, especially if on a bus route, common in the Gran Sabana.

Maps Guía Vial de Venezuela 2000, edited by **Miro Popic** (Caracas 1999), US$25, is a motoring guide with road maps and tourist information. The best road map is published by *Lagoven* and a similar version by *Corpoven* but at twice the scale and with a very good street plan of Caracas on the back, available from most service stations (not just Lagoven's), latest edition 1995, US$2. The best country map is the late Kevin Healey's, published by *International Travel Maps*, Vancouver, BC, Canada; available at good travel agents (for example, in Mérida).

Keeping in touch

Internet Email is becoming more common and public access to the internet is fairly widespread with cybercafés in both large and small towns. The best places for cybercafés are Caracas and Mérida.

Post *Ipostel*, the national postal service, offers an international express mail service (EMS), which guarantees delivery in 2-3 days, depending on the country of destination. It costs from US$20 for up to 1 kg. Normal airmail letters cost US$0.90 for up to 10 g and usually take 2-3 days to the USA. *Ipostel* also offer EEE, which is a domestic express mail service, guaranteeing next day delivery to all major cities. An alternative to DHL or other courier companies is offered by *Grupo Zoom*, who sell A5 or A4 envelopes for international postage, guaranteed delivery arriving in 3-4 days. The envelopes are meant for correspondence, but small gifts or photographs may also be sent; cost US$10-15.

Telephone All international and long distance calls are operated by CANTV (www.cantv.net) and can be dialled direct. Major cities are linked by direct dialling (*Discado Directo*), with a three-figure prefix for each town in Venezuela. There are CANTV offices for long-distance and international calls. Collect calls are possible to some countries, at least from Caracas, though staff in offices may not be sure of this. Most public phones operate on prepaid CANTV cards (*tarjetas*) in denominations of 3,000 and 5,000 bolívares. Buy them from CANTV or numerous small shops bearing the CANTV logo, or a scrap of card reading '¡Si! ¡hay *tarjetas*!' They are also sold by street vendors. Make sure they are still in their clear plastic wrapper with an unbroken red seal. Many small shops impose a 25% handling charge and *tarjetas* may be out of stock particularly outside Caracas or larger towns. When making international calls from a public booth, ensure that it has a globe symbol on the side. International calls can be made with a *tarjeta*, minimum needed Bs 5,000, but you get little more than one minute to Europe. To make an international call, dial 00 plus country code etc. Canada direct: 800-11100. For UK, BT Direct, 800-11440 (BT chargecard works from any phone). For collect calls to Germany, T800-11490. International calls are charged by a series of bands, ranging from about US$1.50 per minute to USA and Canada, to US$2.50 to UK. There are various reduced and economy rates according to band. Fax rates are as for phones.

Mobile phones `Pay as you go' phones are available. System dialling codes are usually 014 or 016. The systems available are AMPS analog and CDMA or GSM digital.

Newspapers Caracas: *El Universal*, www.el-universal.com, *El Nacional*, www.el-nacional.com, *El Diario de Caracas*, *El Mundo*, www.elmundo.com.ve, *La Razón*, www.razon.com, *2001*, www.2001.com.ve, *Tal Cual*, www.talcualdigital.com, *Ultimas Noticias*, www.ultimasnoticias.com.ve The *Daily Journal* (English - has a good *Weekend* section). Maracaibo: *Panorama*, www.panodi.com Magazines include the monthly *Poder*, dealing mostly with politics, *Veneconomy*, an economics bulletin in English, and the VenAmCham's *Business Venezuela*. **Media**

Food and drink

There is excellent local fish (for example *pargo* or red snapper), crayfish, small oysters and prawns. Sometimes there is turtle, though it is a protected species. Turtle may appear on menus in the Península de Paraguaná as *ropa especial*. Of true Venezuelan food there is *sancocho* (a stew of vegetables, especially yuca, with meat, chicken or fish); *arepas*, a kind of white maize bread, very bland in flavour; toasted *arepas* served with a wide selection of relishes, fillings or the local somewhat salty white cheese are cheap, filling and nutritious; *cachapas*, a maize pancake wrapped around white cheese; *pabellón*, made of shredded meat, beans, rice and fried plantains (vegetarian versions available); and *empanadas*, maize-flour pies containing cheese, meat or fish. At Christmas only there are *hallacas*, maize pancakes stuffed with chicken, pork, olives, etc boiled in a plantain leaf (but don't eat the leaf). A *muchacho* (boy) on the menu is a cut of beef. *Ganso* is also not goose but beef. *Solomo* and *lomito* are other cuts of beef. *Hervido* is chicken or beef with vegetables. *Contorno* with a meat or fish dish is a choice of fried chips, boiled potatoes, rice or yuca. *Caraotas* are beans; *cachitos* are filled *croissants*. *Pasticho* is what the Venezuelans call Italian *lasagne*. The main fruits are bananas, oranges, grapefruit, mangoes, pineapple and pawpaws. **NB** Some Venezuelan variants of names for fruit: *lechosa* is papaya, *patilla* water melon, *parchita* passion fruit, and *cambur* a small banana. Excellent strawberries are grown at Colonia Tovar, 90 minutes from Caracas. Delicious sweets are *huevos chimbos* – egg yolk boiled and bottled in sugar syrup, and *quesillo* – made with milk, egg and caramel. The Caracas *Daily Journal* (in English) lists many reliable restaurants in Caracas and Maracaibo. **Food** / *Venezuelans dine late*

Venezuelan rum is very good; recommended brands are *Cacique*, *Pampero* and *Santa Teresa*. There are five good beers: *Polar* (the most popular), *Regional* (with a strong flavour of hops), *Cardenal* and *Nacional* (a *lisa* is a glass of keg beer; for a bottle of beer ask for a *tercio*); Brazilian *Brahma* beer (lighter than *Polar*) is now brewed in Venezuela. There are also mineral waters and gin. There is a good, local wine in Venezuela. The *Polar* brewery joined with Martell (France) to build a winery in Carora. Wines produced are 'Viña Altagracia' and 'Bodegas Pomar'. 'Bodegas Pomar' also produces a sparkling wine in the traditional champagne style. Liqueurs are cheap, try the local *ponche crema*. The coffee is excellent and very cheap (*café con leche* has a lot of milk, *café marrón* much less, *café negro* for black coffee, which, though obvious, is not common in the rest of Latin America); visitors should also try a *merengada*, a delicious drink made from fruit pulp, ice, milk and sugar; a *batido* is the same but with water and a little milk; *jugo* is the same but with water. A *plus-café* is an after-dinner liqueur. Water is free in all restaurants even if no food is bought. Bottled water in *cervecerías* is often from the tap; no deception is intended, bottles are simply used as convenient jugs. Insist on seeing the bottle opened if you want mineral water. *Chicha de arroz* is a sweet drink made of milk, rice starch, sugar and vanilla; fruit juices are very good. **Drink**

Venezuela

Holidays and festivals

Holidays applying to all businesses include: 1 January, Carnival on the Monday and Tuesday before Ash Wednesday (everything shuts down Saturday-Tuesday; make sure accommodation is booked in advance), Thursday-Saturday of Holy Week, 19 April, 1 May, 24 June (the feast day of San Juan Bautista, a particularly popular festival celebrated along the central coast where there were once large concentrations of plantation slaves who considered San Juan their special Saint; some of the best-known events are in villages between Puerto Cabello, and Chuspa, to the east, such as Chuao, Cata and Ocumare de la Costa), 5 and 24 July, 24 September, 12 October, 25 December. From 24 December-1 January, most restaurants are closed and there is no long-distance public transport. On New Year's Eve, everything closes and does not open for a least a day. Queues for tickets, and traffic jams, are long. Business travellers should not visit during Holy Week or Carnival. Holidays for banks and insurance companies only include all the above and also: 19 March and the nearest Monday to 6 January, Ascension Day, 29 June, 15 August, 1 November and 8 December. There are also holidays applying to certain occupations such as Doctor's Day or Traffic Policeman's Day.

Sport and activities

Climbing Although there are some opportunities for climbing in the Gran Sabana, these are mostly hard to get to and are technically very challenging. The heart of Venezuelan **mountaineering** and **trekking** is the Andes, with Mérida as the base. A number of important peaks can be scaled and there are some superb hikes in the highlands. Bear in mind that high altitudes will be reached and acclimatization is essential. Similarly, suitable equipment is necessary and you may wish to consider bringing your own. Also in the Sierra Nevada you can find the following sports: **mountain biking, white water rafting, hang-gliding, paragliding** and **horse riding.**

Watersports Diving Venezuela's waters are not as famous as those off neighbouring Bonaire, but they have excellent opportunities for seeing underwater flora, fauna and shipwrecks. The main areas are the national parks of Morrocoy, Mochima and Islas Los Roques (best for experienced divers), a number of sites to the east and west of Caracas, and in the waters off Isla de Margarita. **Deep sea fishing** mainly for white and blue marlin, is exceptional in the Venezuelan Caribbean, but there is also good fishing closer to shore. Here again, Los Roques is a good destination, while Macuto and Río Chico on the mainland are popular. Freshwater fishing is possible in the lakes in the Andes and in the rivers in the *llanos*. **Sailing** Venezuela is a frequent destination for yachts sailing in the southern Caribbean. **Windsurfing** is popular with a number of centres around Margarita and on the central coast. **Nature tourism** The *llanos* are a prime wildlife destination, and if you intend to go there, you should plan the timing carefully to make the most of your trip. Amazonas and the Orinoco delta also offer wildlife possibilities, but in the latter case tours can be expensive and poorly organized, so choose with caution. The Gran Sabana does not have quite the extent of wildlife that you will find in the *llanos*, but for lovers of open landscapes the area is unmatched. In the Andes, too, the scenery is the key, and throughout the *páramo* (open grasslands with small pockets of cloud forest above 2,500-3,000 m), the unusual *frailejón* plant (felt-leaved and with a yellow bloom) is a common sight. You may also be lucky enough to see the condor. Another significant birdwatching site is the Parque Nacional Henri Pittier in the coastal mountains between Maracay and the Caribbean. For marine birdlife, the Cuare Wildlife Sanctuary, north of Morrocoy, is an important nesting area. Finally, a much visited attraction is the Cueva del Guácharo, a cave near Caripe in the east.

Health

Water in all main towns is heavily chlorinated, so is safe to drink, although most people drink bottled water. Medical attention is good and state health care is free (the *Clínica Metropolitana* in Caracas has been recommended). A doctor's consultation costs about US$10. Some rivers are infected with bilharzia and in some areas there are warning signs; check before bathing. Protect against mosquito bites as dengue fever has been present since 1995. Malaria tablets may be obtained in Caracas from Hospital Padre Machado (left-hand building as you face it), no charge; or **Ministerio de Sanidad y Asistencia Social** (MSAS), Torre del Silencio (southwest corner of Plaza Caracas), División de Malariología, free, English spoken, yellow fever vaccinations also given, free (also at MSAS, 'La Pastora', Avenida Baralt 36, Caracas); also at **Instituto de Malariología**, C El Degredo y Avenida Roosevelt, open 0900-1200, 1330-1600, metro to Maternidad and taxi, US$4, not easy to find. On the coast from Cumaná eastwards precautions against vampire bat bite are warranted since they can be rabies-carriers. Lights over hatches and windows are used by local fishermen to deter bats from entering boats and shore cabins. If bitten seek medical advice. When travelling to the mountainous areas, beware of altitude sickness. It is a good idea to acclimatize for a few days before embarking on mountain treks. If you need a hospital, ask for a *clínica*, which is private; a *hospital* is government-run and often will be short of basic medication, and hygiene standards can be low; a taxi is usually faster than an ambulance.

Caracas

Caracas is not the gentlest of introductions to South America. Founded in 1567, it lies in a rift in thickly forested mountains which rise abruptly from a lush green coast to heights of 2,000-3,000 m. The small basin in which the capital lies runs some 24 km east and west. By way of escape, there are several nearby excursions to mountain towns, the Parque Nacional Monte Avila, beaches and Los Roques, a beautiful Caribbean atoll.

Getting there The **airport** is 28 km from Caracas, near the port of La Guaira: Maiquetía and Aeropuerto Auxiliar for national flights and Simón Bolívar for international flights. There are 3 main **bus terminals** in different parts of the city; where you arrive depends upon where you travelled from.

Getting around The metro is a/c, clean, well-patrolled, safe and more comfortable and quicker than any other form of city transport. Buses are overcrowded in rush hour and charge an additional fare after 2100. On longer runs these buses are probably more comfortable for those with luggage than a *por puesto* minibus. Minibuses are known as *busetas, carmelitas* or *carritos. Por puestos* run on regular routes; fares depend on the distance travelled within the city and rise for journeys outside. Many *por puesto* services start in El Silencio. For full details see Transport, page 1309. In the centre each street corner has a name. Addresses are generally given as, for example, 'Santa Capilla a Mijares', rather than the official 'Calle Norte 2, No 26'.

Orientation Caracas' growth since the Second World War has been greater than that of any other Latin American capital. Colonial buildings have given way to modern multi-storeyed edifices and many visitors find the metropolis lacking in character. A broad strip some 10 km from west to east, fragmented by traffic-laden arteries, contains several centres, for example Plaza Bolívar, Plaza Venezuela, Sabana Grande, Chacaíto, Altamira, La Floresta, Boleíta.

Tourist offices *Inatur*, p 37, Torre Oeste, Parque Central (metro Bellas Artes is closest), T576 9032/8194, 0800-462 8871; open Tue-Fri 0830-1200, 1400-1630, helpful but not much information or maps. There is a smaller office at the airport (see below). A website covering Caracas is www.une.edu.ve/caracas/

Security It is advisable not to arrive in Caracas at night and not to walk down narrow streets or in parks after dark. Avoid certain areas such as all western suburbs from the El Silencio monument to Propatria, the areas around the Nuevo Circo and La Bandera bus stations, the area around the *teleférico*, Chapellín near the Country Club, and Petare. Street crime is on the increase, even armed robbery in daylight. Even in a crowded place like Sabana Grande, bag slashing and mugging are not uncommon. Take care at all times and never carry valuables. Car theft is common. Police searches are frequent and thorough, especially around Av Las Acacias after dark and in airports; always carry ID. If you have entered overland from Colombia, you can expect thorough investigation.

Ins & outs
Phone code: 0212
Colour map 1, grid A6
Population:
nearly 5 million
(city 1,825,000)
Altitude: 960 m

Climate:
maximum 32°C
Jul-Aug,
minimum 9°C Jan-Feb

Venezuela

Sights

The shady **Plaza Bolívar**, with its fine equestrian statue of the Liberator and pleasant colonial cathedral, is still the official centre of the city, though no longer geographically so. In the **Capitolio Nacional** the Elliptical Salon has some impressive paintings by the Venezuelan artist Martín Tovar y Tovar and a bronze urn containing the 1811 Declaration of Independence. ■ *Tue-Sun, 0900-1200, 1400-1700.* The present **Cathedral** dating from 1674 has a beautiful façade, gilded altar, the Bolívar family chapel and paintings by Michelena, Murillo and an alleged Rubens 'Resurrection'.

The Consejo Municipal (City Hall) on Plaza Bolívar contains three museums: a collection of the paintings of Emilio Boggio, a Venezuelan painter; the Raúl Santana Museum of the Creole Way of Life, a collection of miniature figures in costumes, all handmade by Raúl Santana; and the Sala de Arqueología Gaspar Marcano, exhibiting ceramics, mostly discovered on the coast. ■ *All 3 open Tue-Fri 0930-1200, 1500-1800; Sat and Sun 0930-1800. Informative guides are available.*

Casa Natal del Libertador: a reconstruction of the house where Bolívar was born (on 24 July 1783) on Sur 1 y Este 2, Jacinto a Traposos. It contains interesting pictures and furniture. The first house, of adobe, was destroyed by an earthquake. The second became a stable, and was later pulled down. ■ *Tue-Fri 0900-1200, 1430-1700, Sun and holidays 1000-1700.* **The Museo Bolivariano** is alongside the Casa Natal and contains the Liberator's war relics. **Cuadra Bolívar**, Bárcenas y Las Piedras, eight blocks south of Plaza Bolívar; 'El Palmar', the Bolívar family's summer home, a beautifully preserved colonial country estate. ■ *Tue-Sat 0900-1300, 1430-1700; Sun and holidays 0900-1700.*

San Francisco, Avenida Universidad y San Francisco (one block southwest of Plaza Bolívar), should be seen for its colonial altars and Murillo's 'San Agustín' (oldest church in Caracas, rebuilt 1641). **Santa Teresa**, between La Palma and Santa Teresa, just southeast of the Centro Simón Bolívar, has good interior chapels and a supposedly miraculous portrait of Nazareno de San Pablo (popular and solemn devotions on Good Friday).

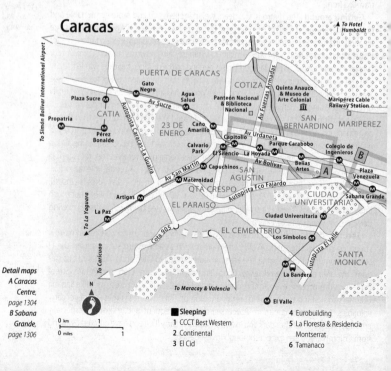

Caracas

Detail maps
A *Caracas Centre*, page 1304
B *Sabana Grande*, page 1306

Sleeping
1 CCCT Best Western
2 Continental
3 El Cid
4 Eurobuilding
5 La Floresta & Residencia Montserrat
6 Tamanaco

Panteón Nacional The remains of Simón Bolívar, the Liberator, lie here in the Plaza Panteón, Avenida Norte y Avenida Panteón. The tomb of Francisco Miranda (the Precursor of Independence), who died in a Spanish prison, has been left open to await the return of his body, likewise the tomb of Antonio José de Sucre, who was assassinated in Colombia. Every 25 years the President opens Bolívar's casket to verify that the remains are still there. Daniel O'Leary, Bolívar's Irish aide-de camp, is buried alongside. The changing of the guard takes place at 1430 daily. ■ *Tue-Sun 0900-1200,1430-1700.*

Museo Histórico Fundación John Boulton, Torre El Chorro, 11th floor, Avenida Universidad y Sur 3, entre El Chorro y Dr Díaz, previously in La Guaira, contains many unique historical items and a library of 19th-century research material and commercial records of the Casa Boulton (easy access, free). ■ *Mon-Fri 0800-1200, 1300-1700, 2 tours a day by knowledgeable guides; underground parking on presentation of ID.*

Museo de Arte Colonial, Quinta Anauco, Avenida Panteón, in the beautiful suburb of San Bernardino. A delightful house built in 1720, the residence of the Marqués del Toro. ■ *Tue-Sat 0900-1200, 1400-1700, Sun 1000-1730. T551 8190, www.quintadeanauco.org.ve Guided tour in Spanish available. Chamber concerts most Sat at 1800. Take por puesto from Bellas Artes metro (at the same stop as the metro bus), those bound for San Bernardino go past Quinta Anauco.*

In the **Parque Central**, between Avenida Lecuna (east end) and the elevated section of Avenida Bolívar there are four museums in a complex which includes two octagonal towers (56 floors each – ask the security guard to let you go up to the roof, leave passport and they will guide you, not Monday) and four large apartment buildings with shopping below: **Museo de Arte Contemporáneo**, Parque Central, Cuadra Bolívar, entrance beside *Anauco Hilton*, very good, European and Venezuelan painters, a room devoted to Picasso pen and ink drawings, and interesting modern sculptures. ■ *Tue-Sun 1000-1800, free.* **Museo de los Niños**, Parque Central, next to east Tower, a highly sophisticated modern science museum, extremely popular.

East of the centre

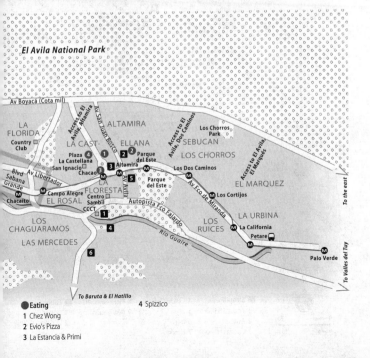

Venezuela

● **Eating**
1 Chez Wong
2 Evio's Pizza
3 La Estancia & Primi

4 Spízzico

■ *Wed-Sun and holidays, 0900-1200, 1400-1700, US$1.25 (adults)*. Also in the Parque Central complex, **Museo Audiovisual**, ■ *Tue-Fri 0900-1700, US$1.50*, and **Museo del Teclado** (keyboard instruments).

Parque Los Caobos is peaceful and has a cafeteria in the middle. By the entrance in Avenida México is the cultural centre, **Ateneo de Caracas**, with a theatre, art gallery, concert room, bookshop and the imposing Teresa Carreño theatre complex. **Museo de Bellas Artes**, Plaza Morelos in Parque Los Caobos, the oldest museum in Caracas, designed by Carlos Raúl Villanueva. ■ *Free. Tue-Fri 0900-170, Sat-Sun 1000-1700*. Paintings include an El Greco among works by mainly Venezuelan artists. Adjacent is the Galería de Arte Nacional, T571 0176, same opening hours, which also houses the **Cinemateca Nacional**. ■ *Tue-Sun 1830 and 2130, Sun 1100 for children's films*. **Museo de Ciencias Naturales**, Plaza Morelos: archaeological, particularly precolumbian, zoological and botanical exhibits, interesting temporary shows. ■ *Tue-Fri 0900-1200, 1500-1730, weekend 1000-1700*.

Jardín Botánico, near Plaza Venezuela, entrance by Ciudad Universitaria, is worth a visit. There are extensive plant collections and a small area of 'natural forest'. Here you can see the world's largest palm tree (*Corypha Sp*) and the Elephant Apple with its huge edible fruit. ■ *Tue-Sun 0800-1630, US$0.50, guide US$1 in English. You need permission to take photographs.*

Parque Nacional del Este is a popular place to relax, especially at weekends. ■ *Closed Mon, opens 0530 for joggers, 0800 for others, till 1730 (reached from Parque del Este metro station). US$0.25*. There is a boating lake, a replica of Columbus' Santa María (being renovated since 1991), the Humboldt Planetarium (weekend shows, US$0.50, T234 9188), a number of different sunken lakes featuring caiman and turtles, monkeys,

Caracas centre

Sleeping	4 Center Park	8 Plaza Catedral	● **Eating**
1 Anauco Hilton	5 Edén	9 Renovación	1 El Paso
2 Avila	6 Inter		2 La Cocina Criolla
3 Caracas Hilton	7 Limón		de Francy

a caged jaguar and a Harpy Eagle in an upsettingly small cage, many types of water birds, a terrarium (open Sat-Sun, US$0.25). **Museo de Transporte**, Parque Nacional del Este (to which it is connected by a pedestrian overpass), includes a large collection of locomotives and old cars. ■ *Sat- Sun 0900-1600, US$0.25.*

The heavily wooded **Parque Caricuao** is at the southwest end of the Metro line, and forms part of the Parque Nacional Macuro. Recommended for a pleasant day out. ■ *Tue-Sun 0900-1700, US$0.20. Take metro to Caricuao Zoológico, then 5 min walk up Av Principal La Hacienda.* The **Parque Los Chorros** at the foot of the Avila mountain has impressive waterfalls, also recommended. ■ *US$0.25. Take bus from Los Dos Caminos station to Lomas de Los Chorros.* **El Calvario**, west of El Silencio, with the Arch of Confederation at the entrance, has a good view of Centro Simón Bolívar, but muggings have been reported. It has a small Museo Ornitológico, botanical gardens and a picturesque chapel.

Other parks

Essentials

Cheap pensiones are usually full of long-stay residents and have few rooms available for travellers. In the centre all cheap hotels take only short stay customers on Fri afternoon. The cheapest hotels are in the downtown area, but this is not a safe part of town at night, or even in the day with a backpack. It is better to spend a little more and stay in Sabana Grande. Hotels in the following list are recommended, apart from any minor points mentioned. Hotel prices below do not include 17% tax. **Hotel reservations** The airport tourist office is very helpful and will book hotel rooms. If you book from abroad, make sure you receive confirmation before beginning your journey. For apartment rental, consult *El Universal* daily paper, small ads columns.

Sleeping
■ *on maps,*
pages 1304 and 1306
Price codes:
see inside front cover

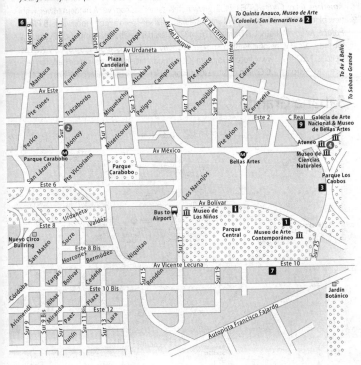

3 Plaza Mayor

● **Bars & clubs**
4 Café Rajatabla

Venezuela

Business/commercial district SE of centre, not on metro

Chuao/Las Mercedes L *Tamanaco Inter-Continental*, Av Principal Las Mercedes, PO Box 467, Caracas 1060A, T909 7111, caracas@interconti.com The best hotel in Caracas, superb pool, luxury business hotel, difficult to get rooms as it is normally fully booked (includes service, tax 15%, rooms are priced in dollars), courteous staff, good facilities, changes TCs for guests only. **L** *Eurobuilding*, Centro Ciudad Comercial Tamanaco (CCCT), Chuao, T902 1111, reservasradison@telcel.net.ve 5-star, modern, has all-suite wing, well-furnished, a/c, includes breakfast, efficient service, large pool, gym, restaurants, many services, weekend rates available; **AL** *CCCT Best Western*, CCCT, T959 2730, reservas@bwhotelcct.com Smart business hotel with a pool terrace, approached through shopping mall, not that easy to find.

Respectable area, east of centre

Near Altamira metro station AL *Continental*, Av San Juan Bosco, T261 0644, www.hotel-continental.org Smart, with breakfast, gardens front and rear and a good, private swimming pool. **A** *El Cid*, Av San Felipe, between 1a and 2a, T263 2611, cumarucidhotel@cantv.net Spanish style interior, large suites with living area, breakfast rooms, kitchenette ensuite, a/c, good value. **B** *La Floresta*, Av Avila, T263 1955, hotellafloresta@cantv.net A/c, hot water, cable TV, restaurant, bar, parking. **C** *Residencia Montserrat*, Av Avila, T263 3533, F261 1394. A/c, hot water, TV, parking.

Many restaurants and shops, convenient for metro and safest area for cheap hotels

Many hotels in the Av Las Acacias/Av Casanova area, but the majority are short-stay

Sabana Grande/ Chacaíto LL *Gran Meliá*, Av Casanova y El Recreo, T762 8111, gran.melia.caracas@solmelia.com Top-ranking hotel with all facilities, business centre, restaurants (including Japanese and pizzería), gym, piano bar. **A** *Coliseo*, Av Casanova y Coromoto, T762 7916, www.hotelcoliseo.com.ve A/c, good breakfast, 100 m from Sabana Grande metro station. **A** *Cumberland*, 2da Av de las Delicias, T762 9961, www.hotelescumberland.com Very good, nice restaurant, taxi service to airport. **A** *Las Américas*, C Los Cerritos, T951 7133, www.hotellasamericas.com.ve A modern tower, with new block attached, tiny roof pool and restaurant, taxi service to airport, good value. **B** *Plaza Palace*, Av Los Mangos, Las Delicias, T762 4821, plazapalace@hotmail.com Good value if a bit tatty, a/c, TV, helpful, English spoken. **B** *Savoy*, Av Francisco Solano López y Av Las Delicias, T762 1971, www.hotelsavoy.com Good food, efficient, secure vehicle park, taxi service to airport. **C** *Crillón*, Av Libertador, esq Av Las Acacias, T761 4411,

Sabana Grande

Sleeping ■
1 Coliseo
2 Crillón
3 Cristal
4 Cumberland
5 Gran Meliá
6 Las Américas
7 Nuestro
8 Plaza Palace
9 Savoy

Eating ●
1 Delicatesses Indú
2 Sabas Nieves

hotelcrillon@cantv.net Highrise block, good service, comfortable, good bar. **C** *El Cóndor*, Av Las Delicias, T762 9911. Comfortable but plain, outstanding restaurant in Spanish bodega style. **D** *Cristal*, Pasaje Asunción, just off Av Abraham Lincoln, near Sabana Grande metro, T761 9131. A/c, comfortable, safe, good value, disco at weekends, restaurant. **E** *Nuestro*, C Colegio and Av Casanova. With fan, secure, basic but good value. Used by short stay couples but rents rooms to backpackers as well.

San Bernardino A *Avila*, Av Jorge Washington T555 3000, havila@cantv.net Set in tranquil, park-like gardens some distance from the centre, very pleasant, good service, most of staff speak English and German, fans, mosquito screens, pool, Metrobus nearby, very good restaurant and poolside bar, helpful travel agency, phones which accept Visa/MasterCard.

Residential area 2 km N of Bellas Artes metro

Central area LL *Caracas Hilton*, Av Sur 25 with Av Mexico, T503 5000, www.hiltoncaracas.com.ve Ageing luxury hotel, excellent business centre, spectacular city views, especially at night, noisy (traffic and a/c), useful long-term luggage deposit and good breakfast, nice pool, fax service open to non-residents, very helpful, good sushi bar. Nearby is the *Anauco Hilton*, Av Lecuna, Torre Este, Parque Central (an area of tower blocks, concrete walkways and underpasses, near metro Bellas Artes), T573 4111, F573 7724, an annex to the main hotel with rooms for longer stays. **A** *Plaza Catedral*, Blvd Plaza Bolívar, next to Cathedral, T564 2111, plazacatedral@cantv.net Beautiful location in the colonial part of town, Amex accepted, a/c, some English spoken, good restaurant. Recommended. **D** *Renovación*, Av Este 2 No 154, near Los Caobos and Bellas Artes Metro, T571 0133, www.usuarios.lycos.es/ hotelrenovacion With a/c, modern, lots of restaurants nearby. **E** *Inter*, Animas a Calero, on corner of Av Urdaneta, near Nuevo Circo, T564 0251. Helpful, English spoken, very popular, poor restaurant, accepts credit cards. **E** *Limón*, C Este 10, No 228, near metro Bellas Artes. Safe, parking, often recommended. **F** *Center Park*, Av Lecuna, Velásquez a Miseri, near Nuevo Circo, T542 4110. With fan (one room with a/c), TV, helpful. **F** *Edén*, Av Baralt, Muñoz a Piñango, T481 7716. A/c, TV, OK.

Cheapest hotels around the Nuevo Circo bus terminal (not a safe area)

Midday is the most economical time to eat the main meal of the day and about the only opportunity to find fresh vegetables. Particularly good value is the 3-course 'menú ejecutivo' or 'cubierto'. Minimum price for a meal is US$3-5, plus US$1 for drinks. Breakfast in your hotel is likely to be poor. It is better and cheaper in a *fuente de soda* and cheaper still in a *pastelería* or *arepería*.

Eating
● *on map, pages 1304 and 1306*

There is a wide selection of good restaurants around Av Urdaneta and in the districts of **La Castellana** and **Los Palos Grandes**, both in Altamira, **Las Mercedes** and **Sabana Grande** (see below).

La Castellana *La Estancia*, Av Principal La Castellana, esq Urdaneta, near Altamira metro, very good beef in traditional style and popular; next door is *Primi*, Italian/Creole cuisine, quite chic and friendly, plenty of vegetarian dishes). *Spizzico*, on same avenue. Excellent Italian with fine service. *Chez Wong*, on La Castellana roundabout. Reputed to be the best Chinese in town. East of Plaza Francia, Altamira, is quieter Los Palos Grandes, with more upmarket places to eat. *Evio's Pizza*, Av 4 between Transversales 2 y 3. Very good, livemusic from 2100.

Venezuela

● Bars & clubs
3 El Maní Es Así

Central area There are plenty of eating places around Plaza Bolívar: *Plaza Mayor*, Torre a Veroes, northeast corner of Plaza Bolívar, very good. *El Paso*, Hospital a Glorieta, Ed Atlántico, Plaza La Concordia, Chinese, cheap, good. Seafood at *Las Vegas* near *Hotel Plaza Catedral*. *La Cocina Criolla de Francy*, Av Este 2 y Sur 11. Good Spanish-Venezuelan food. Recommended. *Almuerzo*, Hoyo a Sta Rosalía, good, cheap vegetarian. The restaurant in the **Museo de Arte Contemporáneo** serves great food at affordable prices.

Full of cafés, bars (tascas) and restaurants to suit all tastes and budgets. Open-air tables on Av Abraham Lincoln, but it's expensive and waiters overcharge, check prices first

Sabana Grande Among the recommended restaurants *Tivoli*, El Colegio between Lincoln and Casanova, good pasta dishes from US$2.50. *El Caserío*, on Fco Solano, and *Urrutia*, Fco Solano y Los Mangos, both very good for national dishes. *Víctor's Pollo*, Av F Solano y El Bosque (Chacaíto end), has 20 different chicken dishes. *Shorthorn*, Av Libertador y El Bosque, very good. There is a good selection of Arabic, Chinese and Hindu restaurants on C Villa Flor and all Arabic restaurants have vegetarian options. For example *El Arabito* and *Delicatesses Indú*, specializing in southern Indian dishes, good quality, small portions, C Villaflor, just off Av Abraham Lincoln between metro stations Sabana Grande and Plaza Venezuela. Also *Comida Arabe*, Colegio, near *Hotel Kursaal*, excellent. Another good vegetarian place is *Sabas Nieves*, Pascual Navarro 12, Sabana Grande, open 1130-1500.

Fast foods There are many burger and pizza places. *Arturo's*, is a chain of clean, modern, chicken-and-chips style restaurants in various locations. *El Arepazo*, 1 block south of Chacaíto metro station, has every kind of arepa filling you could wish for. *El Coco*, in the Centro Comercial Chacaíto, has very good Venezuelan food at far lower prices than the sidewalk cafés on Sabana Grande. Sushi is the latest fast-food craze, but it's not that cheap.

Entertainment
Check www.rumba caracas.com to find out what's going on

Bars Caracas is a lively city by night. Caraqueños dine at home around 2000, and in restaurants from 2100 to 2300, so nightclubs don't usually come to life until after 2300, and then go on to all hours of the morning. *Café Rajatabla*, in the Ateneo cultural complex, young crowd and often has live music. In La Castellana, opposite *Chez Wong* is *El León*, very popular. Nearby is *La Naturista*, just as popular. **Nightclubs**: *El Maní es Así*, C El Cristo, 1 block up from Av Fco Solano, good for live salsa and dancing, US$5 after 2300. *Asunción* and *O'Gran Sol*, both on C Villa Flor, Sabana Grande, are very lively at weekends. *La Belle Epoque*, Av Leonardo da Vinci, Bello Monte. Live music, Djs, very hip. **Discos**: Most permit entry to couples only. One that admits singles is *Palladium*, in CCCT shopping centre, popular, big. Also popular, *U-Bar*, C Mucuchíes, Las Mercedes, and *Extreme*, Av Principal Las Mercedes. *Centro Comercial San Ignacio*, see Shopping, has *the* fashionable bars and nightclubs.

There are frequent Sun morning concerts in the *Teatro Municipal*, 1100. Concerts, ballet, theatre and film festivals at the *Ateneo de Caracas*, Paseo Colón, Plaza Morelos; and similar events, including foreign artists, at the *Complejo Cultural Teresa Carreño*, see Sights, above. For details of cinemas and other events, see the newspapers, *El Universal* (the cinema page on www.el-universal.com has full listings), *El Nacional* and *Daily Journal*.

Festivals
3 May, *Velorio de la Cruz de Mayo* still celebrated with dances and parties in some districts. 18-25 Dec, Yuletide masses at different churches leading up to Christmas. Traditional creole dishes served at breakfasts.

Shopping
For gems and fine jewellery, try *Labady*, Sabana Grande 98, beautifully made gold jewellery, English spoken. *Pro-Venezuela Exposición y Venta de Arte Popular*, on Gran Avenida, Plaza Venezuela (opposite Torre La Previsora), sells Venezuelan crafts, very crowded, no prices, bargain hard. Good quality Sun craft market between Museo de Bellas Artes and Museo de Historia Natural (metro Bellas Artes). Indian market on southwest corner of Plaza Chacaíto has selection of Venezuelan, Peruvian and Ecuadorean crafts. **Malls**: *Centro Sambil*, Av Libertador, 1 block south of Chacao Metro. One of the largest in South America, with every type of shop. *San Ignacio*, several blocks north of Chacao Metro. Very exclusive. The *CCCT shopping centre* is worth a visit, as is the *Centro Comercial Plaza Las Américas*, mostly for fashion stores and beachwear.

Bookshops *American Bookshop*, Av San Juan Bosco, Edif Belveder, T263 5455/267 4134, near Altamira metro, Mon-Fri 0900-1730, Sat 0900-1400, good selection of second-hand English books; also available in bookstalls in the street. *Librería del Este*, Av Francisco de Miranda 52, Edif Galipán, and *Librería Unica*, Centro Capriles, ground floor local 13N, Plaza Venezuela, have foreign language books. *Librería Washington*, La Torre a Veroes No 25, good service. *Librería Ecológica*, Plaza Caracas, between Torres Norte and Sur, Centro Simón Bolívar, near CANTV office, for environmental books, also has some maps. A French bookshop is *Librería La France*, Centro Comercial Chacaíto. Italian bookshop, *El Libro Italiano*, Pasaje La Concordia (between Sabana Grande pedestrian street and Av Fco Solano López). For German books, *Librería Alemana* (Oscar Todtmann), Centro El Bosque, Av Libertador, T763 0881, open Tue-Sat, 0900-1230, 1500-1800.

Baseball: season is Oct-Jan. **Clubs**: The Social Centre of the **British Commonwealth Association**, Quinta Alborada, Av 7 with Transversal 9, Altamira, T261 3060, bar and swimming pool, British and Commonwealth visitors only, entry fee according to length of stay. The sports club run by the *Tamanaco Hotel* is open to non-guests and suitable for people staying a short time.

Sport & activities

Alpitour, Torrre Centro, Centro Parque Boyacá, of 11, Av Sucre, Los dos Camihnos, T285 9529, www.alpi-group.com Tours throughout Venezuela, English spoken. *Cacao Travel*, C Andromeda, Qta Orquidea, El Peñón, Caracas, T977 1234, F977 0110, www.cacaotravel.com Tours and lodges throughout Venezuela, particularly the Orinoco Delta, the Llanos and Los Roques. Recommended. *Candes Turismo*, office in lobby of *Hilton* and Edif Celeste, Av Abraham Lincoln, T953 4710, www.candesturismo.com.ve Helpful, English, Italian, German spoken. *Cóndor Verde*, Av Caura, Torre Humboldt, Prados del Este, Caracas, T975 4306, www.condor-verde.com Operate throughout the country, well-established, German run. *Delfino Tours*, Aptdo Postal 61.800, Chacao, 1060 Caracas, T267 5175, www.delfinotours.com Contact Elizabeth Klar, specialize in tours to Los Roques archipelago. Recommended. *KuMeKa Tours*, Torre Altocentro, C Negrín, p 1, T762 8356, F761 8538, kumekatours@cantv.net Tours throughout Venezuela, helpful. *Lost World Adventures*, Edif 3-H, p 6, Oficina 62, Av Abraham Lincoln, Caracas 1050, T761 1108, F761 7538, lwaccs@cantv.net Tours to Roraima and Canaima. *Orinoco Tours*, Edif Galerías Bolívar, p 7, Av Abraham Lincoln, Caracas 1050-A, PO Box 51505, T761 7662, www.orinocotours.com Flights and tours, very helpful, German owned. *Selma Viajes*, Av Blandín, Centro San Ignacio, Torre Este, p 3, La Castellana, T266 6489, www.selma.com.ve Run recommended excursions to Canaima. *VenezuelaX*, T234 44106/ 0414-551 1591, www.VenezuelaX.com As company specializing in adventure of all types, on land, water and in the air, for all levels, good food. For tours to the **Llanos**: *Campamento La Llanada*, Av La Estancia, CCCT Level C-2, Chuao, T959 1819, www.llanada.com *Tur-V*, Torre B, p 11, Av Fco Miranda, Chacao, T264 6466, turvtour@c-com.net.ve

Tour operators

Local Buses: See Getting around, page 1301

Transport

Driving: Self-drive cars (*Hertz, Avis, Volkswagen, Budget, Dollar, ACO*) are available at the airport (offices open 0700-2100, *Avis* till 2300, good service) and in town. They are cheaper than guided excursions for less than full loads. Rates are given on page 1297.

Taxis are required by law to install and use taxi-meters, but they either never use them or remove them. Fares must be negotiated in advance. Most city trips are US$2.50 absolute minimum during the day (most fares US$5). Taxi drivers are authorized to charge an extra 20% on night trips after 1800, on Sun and all holidays, and US$1 for answering telephone calls. After 1800 drivers are selective about where they want to go. Beware of taxi drivers trying to renegotiate fixed rates because your destination is in 'a difficult area'. The sign on the roof of a taxi reads 'Libre'. See NB under Air about pirate taxis. *Never* tell a taxi driver it is your first visit to Caracas. See yellow pages for radio taxis.

Motorcycles may not be ridden in Caracas between 2300 and 0500

Metro Operates 0530-2300, no smoking, luggage allowed only at off-peak times. There are 3 lines: Line 1 (west-east) from Propatria to Palo Verde; Line 2 (north-south), from Capitolio to Las Adjuntas, with connection to Caricuao Zoológico; Line 3, south from Plaza Venezuela via La Bandera to El Valle, plus metrobus El Valle-Los Teques. Tickets cost US$0.25 per journey; 10-journey tickets (Multi Abono) are available at US$2 (US$3 including Metrobus). Student discounts are available with ISIC card; apply at Parque del Este station. Metrobuses connect with the Metro system: get transfer tickets (*boleto integrado*, US$0.30)

Venezuela

for services to southern districts, route maps displayed at stations – retain ticket after exit turnstile. Good selection of maps at shops in Altamira and La California stations. Line 4 is due open in 2004, running from Capuchinos on Line 2 to Parque del Este, via Parque Central, Bello Monte, Las Mercedes and Chuao.

Long distance Air: The airport has 2 terminals, Maiquetía (national) and Simón Bolívar (international), which are 5 mins' walk apart; taxis take a circular route, fare US$2.50; airport authorities run shuttle buses every 10 mins from 0700. The Tourist Office at the international airport has good maps, helpful; some English spoken, open 0700-2400; will book hotels, reconfirm flights, English spoken, better service than Inatur head office. The tourist office in the national terminal is open 0700-2100. Many facilities close 1 Jan, including duty free and money exchanges. Duty free shops close 2230. At Simón Bolívar: several *casas de cambio* open 24 hrs (good rates at *Italcambio*, outside duty-free area, but count notes carefully); also *Banco Industrial* branch in international terminal and another, less crowded, in baggage reclaim area. If changing TCs you may be asked for your receipt of purchase; commission 2.5%. There are cash machines for Visa, Amex and MasterCard. Pharmacy, bookshops, basement café (good value meals and snacks, open 0600-2400, hard to find); cafés and bars on 1st floor viewing terrace also good value. No official left luggage; so look after your belongings in both terminals. Direct dial phone calls to USA from AT&T booth in international departure lounge. CANTV at Gates 15 and 24, open 0700-2100, long-distance, international and fax services, including receipt of faxes.

Always allow plenty of time when going to the airport, whatever means of transport you are using: the route can be very congested (2 hrs in daytime, but only 30 mins at 0430). Allow at least 2 hrs checking-in time before your flight.

Taxis: Freelance taxi drivers crowd the terminal and it is hard to verify their trustworthiness. Some are licensed, but some are pirates. **Warning** On no account go with an unlicensed driver. We have received reports of travellers being robbed at gunpoint in these cabs which may have a sign but no yellow number plates. To be safe, especially if a first-time visitor on your own, take an official taxi. These vehicles are all black, with an oval, yellow logo, which is also displayed at the counter in the arrivals hall. Buy a ticket for the journey into town and you will be accompanied to the taxi by a member of staff. Prices are listed by the sliding doors, outside which the taxis wait. US$15 to Caracas city centre, US$30 if late at night. Another option is to call a radio taxi. *Teletaxi*, T753 4155 have been recommended; they have an office inside the airport. Also *Aerotaxi*, T 461 8586. If you think the licensed taxi driver is overcharging you, make a complaint to *Inatur*, or tell him you will report him to the Departamento de Protección del Consumidor. Drivers may only surcharge you for luggage (US$0.50 per large bag). From the city centre to the airport is around US$10-12. Airport police, T355 1226 for reporting crimes.

The airport shuttle bus (blue and white with 'Aeropuerto Internacional' on the side) leaves from east end of terminal, left out of exit. To airport catch it under the flyover at Bolívar and Av Sur 17, 250 m from Bellas Artes metro (poorly lit at night, not recommended to wait here in the dark); regular service from 0700 to 2300, bus leaves when there are enough passengers, 1 hr, US$3.50. If heading for a hotel in Sabana Grande on arrival, ask to be dropped off at Gato Negro metro station (same fare) and take metro from there to Plaza Venezuela or Sabana Grande. The shuttle bus or *por puesto* to airport can also be caught at Gato Negro metro station.

Buses: The **Terminal Oriente** at Guarenas for **eastern destinations** is clean, modern and relatively safe. City buses leave Nuevo Circo bullring every 30 mins, US$0.50, 45 mins, 1 hr in rush hour; or take *por puesto* from Petare metro station, an easier option but take care at night. Taxi to terminal US$7.50. Bus from terminal to centre: turn left outside main entrance towards main parking area where buses wait; get off at Bellas Artes or El Silencio, US$0.50.

The new La Bandera terminal for all **western** destinations is a 500 m, unsafe walk from La Bandera metro station on Line 3. City buses that pass are prominently marked 'La Bandera'. Give yourself plenty of time to find the bus you need although there are bus agents who will assist in finding a ticket for your destination. Tickets are sold in advance except for nearby destinations such as **Maracay** and **Valencia**, which leave as soon as full from a separate section (turn right on entering the terminal). For long distance buses use the stairs just inside the terminal entrance. Those first on get the best seats so it is advisable to arrive an hour before departure. Buses may also leave early. There is a left luggage office, telephone office, cash machines and a restaurant and many food and drink kiosks.

Buses for places close to Caracas leave from across the road from the old Nuevo Circo bus station, via the underpass (eg **Los Teques, Higuerote, Catia La Mar, La Guaira**). From La Hoyada metro, do not go under the bridge, but walk straight down the road for 300 m.

On public holidays buses are usually fully booked leaving Caracas and drivers often make long journeys without stopping. Sat and Sun morning are also bad for travel into/out of Caracas, no problem on journeys of 4 hrs or less. Always take identification when booking a long-distance journey. Times and fares of buses are given under destinations. Buses going west on the Panamericana route are not recommended because the old road suffers from many accidents. Autoexpresos Ejecutivos, terminal at Av Principal de Bello Campo, Quinta Marluz (between Chacao and Altamira metro stops), T266 2321, F266 9011, www.aeroexpresos.com.ve, to **Maracay, Valencia, Barquisimeto, Maracaibo, Maturín** and **Puerto La Cruz**, reserve 2 days in advance, except for buses leaving on Fri (no left luggage). Fares are 3-4 times higher than other companies, but worth it.

International buses *Ormeño* (T/F471 7205) has buses to **Bogotá** (US$75), **Cali** (US$90), **Quito** (US$110), **Guayaquil** (US$140), **Lima** (US$180), **Santiago** (US$270), **Mendoza** (US$320) and **Buenos Aires** (US$340); safe, comfortable, a/c, video, toilet; terminal at Final Av San Martín, Sector Oeste, C Sucre con C Nueva, near Metro La Paz.

Airline offices *Domestic: Aeropostal*, Edif Bacno de Lara, p 2, Av Principal La Castellanaa, T800 28466, F794 0024. *Aereotuy*, Edif Gran Sabana, p 5, Av Lincoln y Blvd Sabana Grande, T761 6231, F762 5254. *Aserca*, Edif Taeca, C Guaicaipuro, El Rosal, T953 2729, F953 7828. *Avensa*, Edif Atlántida, Av Universidad (Metro La Hoyada), T561 3366 (domestic airport T355 1609, international airport T355 1889). *Avior*, T202 5811. *Láser*, Torre Bazar Bolívar, p 8, Ac Fco de Miranda, El Marqués, T235 8577, airport T031-532750. *International: Aerolíneas Argentinas*, Centro Altamira, p 4, Av San Juan Bosco, Altamira, T267 8065. *Air France*, Parque Cristal, Torre Este, p 2, Los Palos Grandes, T283 5855. *Alitalia*, Edif Atlantic, p 5, Av Andrés Bello, Los Palos Grandes, T285 6108. *American*, Torre ING Bank, p 7, Centro Letonia, T209 8111. *Avianca*, Av F de Miranda, Edif Roraima, T953 7254. *British Airways*, Torre Copérnico (oeste), p 3, oficina 03-03, La Castellana, T266 0122. *BWIA*, Edif Exa, p 8, oficinas 803-804, Av Libertador y C Alameda, T953 6424. *Cubana*, Edif Atlantic, p 4, oficina 5, Av Andrés Bello y 1ra Tranversal, T286 8639. *Iberia*, Centro Altamira, p 4, Av San Juan Bosco, Altamira, T267 8666. *KLM*, Torre KLM, Av R Gallegos, T285 3333. *Lufthansa*, Centro Torre Conaisa, p 1, Av San Felipe, La Castellana, T285 2113. *United*, Edif Parque Canaima, p 8, Av F de Miranda, Los Palos Grandes, T278 4545. *Varig*, Centro Emp Los Ruices, p 3, oficinas 316-317, Av Principal de Los Ruices, T237 7311.

Banks *Citibank* will exchange Citicorp cheques. *Unibanca* branches for *Visa* transactions. For Visa ATMs, branches of *Banco de Venezuela*. For cash advances on *MasterCard*, and ATM go to branches of *Banco Mercantil*. To change *American Express* TCs, try *Corp Banca*, Av Principal de La Castellana entre Blandón y Los Chaguaramas, Torre Corp Banca, La Castellana, T206 2677, mornings and afternoons. They usually ask for ID and proof of purchase. For **exchange** and Amex travel services go to *Italcambio*. They also change Visa TCs, require proof of TC purchase, commission 0.50%, open Mon-Fri till 1630, Sat till 1200. You can also buy TCs with bolívares. Offices at: Veroes y Av Urdaneta (or *Visesta CA* opposite, highly recommended, accepts Eurocheques, also for travel arrangements, Walter Kleebinder speaks several languages and is very helpful, T562 4698/5333); Av Casanova entre 1 y 2 C Bello Monte (Sabana Grande), T761 8244; Edif Belmont, Av L Roche (Altamira Sur), T267 3389; Las Mercedes, Simón Bolívar Airport (may limit transaction to US$100, open public holidays), T288 7877, www.italviajes.com   Amex services also at *Quo Vadis*, Av Principal La Castellana, Banco Lara p 8, T261 7782, mmassimo@quovadis.com.ve *La Moneda*, Centro Financiero Latino, Urdaneta, p 8, and Av Fco Solano, 1 block from Plaza Venezuela metro, opposite El Molino Rosso restaurant and next to Banco Profesional, open Mon-Fri only. *Confinanzas*, Centro Comercial Paseo Las Mercedes, Local PA-CI, open 0800-1200, 1400-1700, 1% commission usually charged on TCs. *MVS Cambios*, Av Francisco Solano López, between C El Cristo and Los Manguitos, Edif Torre Oasis, Sabana Grande, less waiting, good rates. *Viajes Febres Parra*, Av Fco de Miranda, basement of Centro Lido (not well signed). Good rates for US$ and TCs, no queues.

Communications *Internet*: In *CANTV Centros de comunicaciones* and independent outlets. Average price US$1-2 per hr. *Cyber Café 2000*, Galerías Bolívar, Blvd Sabana Grande, 0900-1900. *Cybercafé Madrid*, Acuario floor, Centro Sambil, Chacao. *Torre Capriles*, ground floor, Plaza Venezuela, Mon-Fri 0900-1800. In food hall, *Torre Centrum*, opposite *McDonalds* near Sabana Grande metro. *Cyber Office*

Directory

See also Currency, page 1295

Venezuela

2020, Av Casanova near *El Arabito*, Sabana Grande. **Post Office** Central at Urdaneta y Norte 4, near Plaza Bolívar. Efficient overseas package service; packages should be ready to send. *Lista de correos* costs US$0.50, Mon-Fri 0700-1945, Sat 0800-1700, Sun 0800-1200. *Ipostel* office in Centro Comercial Cedíaz, on Av Casanova between C Villaflor and San Jerónimo, open Mon-Fri office hrs, Sat till 1200; also at airport. **Telephone:** *CANTV*, on 1st floor of Centro Plaza on Francisco Miranda in the east (corner of Andrés Bello between metros Parque del Este and Altamira), open Mon-Sat 0800-1945, T284 7932, phone cards sold. Also public phones in the Metro stations and along Blvd Sabana Grande (Abraham Lincoln). Phone and fax at *Cables Internacionales*, Santa Capilla a Mijares, Edif San Mauricio, planta baja, Mon-Sat 0700-1900, near Capitolio Metro, 1 block east of main Post Office then ½ block north.

Cultural centres **British Council**, Torre Credicard, p 3, Av Principal del Bosque, Chacaíto, T952 9965, F952 9651, www.britcoun.org/venezuela **El Centro Venezolano-Americano**, Av Principal, Las Mercedes, T993 7911. Good free library of books in English, and free concerts. Also Spanish courses, 8 different levels, each lasts 17 days and costs US$60, highly recommended. **Asociación Cultural Humboldt (Goethe Institut)**, Av Juan Germán Roscio, San Bernardino, T552 7634. Library, lectures, films, concerts, Spanish courses.

Embassies and consulates **Australia**, Av Fco de Miranda con Av Sur, Altamira, p 1, T263 4033, F261 3448, www.venezuela.embassy.gov.au Open Mon-Thu 0800-1645, Fri 0800-1245. **Austria**, Edif Plaza C PH, Londres entre Caroní y Nueva York, Las Mercedes, T993 9844. **Brazil**, Edif 'Centro Gerencial Mohedano', p 6, between C Los Chaguaramas and Av Mohedano, La Castellano, T261 5505, F261 9601, Mon-Fri 0830-1230. Visa (valid for 3 months maximum) costs US$15, you need a photo, and it takes 24 hrs. **Canada**, Av Francisco de Miranda con Altamira Sur, Altamira, T264 0833, www.dfait-maeci.gc.ca/caracas/ **Colombia**, Torre Credival, p 11, 2nd Av Campo Alegre with Av Fco de Miranda, T261 5584, F261 1358. Mon-Fri 0800-1400 for visas, you need a photo and US$12.50, the process can take anything from 10 mins to 1 day. **Denmark**, Av Venezuela, esquina C Mohedano, Edif Centuria, p 7, El Rosal, near Chacaíto Metro station, T951 4618, F951 5278, www.dinamarca.com Mon-Thu 0800-1600, Fri 0800-1300. **Finland**, Torre C, p 14, Centro Plaza, Av Fco de Miranda, T284 5013. **France**, C Madrid and Av Trinidad, Las Mercedes, T993 6666. **Germany**, Edif Panavén, p 2, Av San Juan Bosco, Altamira, T265 2827, open Mon-Fri 0900-1300. **Guyana**, Quinta Roraima, Av El Paseo, Prados del Este, T977 1158. Open for visa Mon, Wed and Fri, 0830-1200, issued on the same day if you're early, need passport, airline ticket, yellow fever certificate and 2 photos. **Israel**, Av Fco de Miranda, Centro Empresario Miranda, p 4, T239 4511, F239 4320. **Japan**, Av San Juan Bosco, between 8th and 9th Transversal, Altamira, T261 8333. **Netherlands**, Edif San Juan, p 9, San Juan Bosco and Av Transversal 2, Altamira, T263 3622 (Apdo Postal 62286, Caracas 1060a). **New Zealand consulate**, c/o New Zealand Milk Products Venezuela, Torre La Noria, p 10, of 10-B4, Paseo Henrique Eraso, San Ramón, T292 4332, F292 3571. **Spain**, Edif Bancaracas, p 7, Plaza La Castellana, T266 0222. **Sweden**, Centro Coinasa, p 2, Av San Felipe, La Castellana, T266 2968. **Switzerland**, Centro Letonia, Torre ING-Bank, p 15, La Castellana (Apdo 62.555, 1060-A Caracas), T267 9585, F267 7745, swissemcar@compuserve.com Open 0900-1200. **Suriname**, 4a Av ES, Quinta 41, Altamira, T263 8094. **Trinidad**, beside the Suriname Embassy, Quinta Serrana, 4a Av, between 7a and 8a Transversal, Altamira, T261 5796. Visa costs US$20, you need 2 photos, it can take up to 1 week. **UK**, Torre La Castellana, p 11, Av Principal La Castellana, T263 8411, F267 1275, emergency phone T0416-626 2971, www.britain.org.ve Mon-Thu 0800-1630, Fro 0800-1315, consulate Mon-Fri 0800-1230, plus Wed only 1330-1600. **USA**, C S with C Suapure, Colinas de Valle Arriba, take metro to Chacaíto then taxi, US$5, T977 2011, F977 0843, PO Box 62291, www.embajadausa.org.ve

Medical services Hospital de Clínicas, Av Panteón y Av Alameda, San Bernardino, T574 2011.

Don't believe anyone who tells you visa extensions are not available

Useful addresses DIEX for visa renewal, Av Baralt, El Silencio, T483 1577/481 3464. **Touring y Automóvil Club de Venezuela**, Torre Phelps, p 15, of A y C, Plaza Venezuela, T781 9743, tacvzla@cantv.net

Around Caracas

Monte Avila
Colour map 1, grid A6

The 85,192 ha **Parque Nacional El Avila** forms the northern boundary of Caracas. The green slopes rise steeply from both the city and from the central Caribbean coast. Despite being so close to the capital, the fauna is said to include red howler monkeys, jaguar and puma. There are also several species of poisonous snake. Access to the park is from Caracas where there are several marked entrances along Cota Mil (Avenida Boyacá), which are designed for hikers. Access from the old Caracas-La Guaira road which crosses the park from north to south on the western side was damaged by the heavy rains of December 1999. The Caribbean side of the national park was worst affected, but all parts of the park are open.

Venezuela

The cable railway (*teleférico*) up Monte Avila from Avenida Perimetral de Maripérez, uses a modern, eight-passenger cabin and runs 1000-01930 daily. US$9.35, US$5 for over 65s, free for children under 3. The *Humboldt Hotel* on the summit has been refurbished, but not reopened (a casino and nightclub may be built). Camping is possible with permission. A dirt road runs from La Puerta section of San Bernardino to the summit, 45 minutes by 4WD. A recommended trip is to ride up in a vehicle and hike back down (note that it is cold at the summit, average temperature 13° C).

Listed below are three good places to start a hike in the park. Hikers should go in groups of at least three, from the point of view of both mountain and personal safety (Monte Avila is not a dangerous place, but the occasional thief lurks there). You need a park permit from *Inparques* in Caracas. Always take water and something for the cold at altitude. The unfit should not attempt any of the hikes. Full descriptions of the hiking routes are given in the *Venezuela Handbook*.

Pico Naiguatá This is a very strenuous hike. Take the metro to La California, *2,765 m* then a bus going up Avenida Sanz, ask for the Centro Comercial El Marqués. From there walk up Avenida Sanz towards Cota Mil (Avenida Boyacá), about four blocks. At the end of Avenida Sanz, underneath the bridge, is the entrance to the Naiguatá trail. In about 40 minutes you reach La Julia *guardaparques* station, where you have to state your destination and pay US$0.50 entrance.

Pico Oriental From the Altamira metro station take a bus to 'La entrada de *2,600 m* Sabas Nieves', where the *Tarzilandia* restaurant is. From here a dirt road leads up to the Sabas Nieves *guardaparques* station (about 40 minutes). The path to Pico Oriental starts at the back of Sabas Nieves and is extremely easy to follow.

Hotel Humboldt This is a relatively easy route of three hours. Take the metro *2,150 m* bus from Bellas Artes station to El Avila stop, US$0.50; opposite is a grocery. Turn the corner and walk two blocks up towards the mountain. At the top of the street turn left; almost immediately on your right is the park entrance. **NB** This area is not safe before 0800 or after dark. Plenty of people take this route, starting 0830-0900, giving enough time to get up and down safely and in comfort.

Agencies The hiking club, **Centro Excursionista de Caracas**, Parcela Zona Verde, C Chivacao con Yare, San Ramón, Aptdo postal 50766, Sabana Grande 1050, T235 3155 (Sr Contreras, President), or Sr Barcón (T573 8515), meets Sat 1430, arranges day and weekend hikes, very welcoming; some English and German spoken.

This mountain town was founded in 1843 by German immigrants from **Colonia Tovar** Kaiserstuhl in the Black Forest; a small museum tells the history of the founding *Phone code: 0244* pioneers. ■ *1000-1800, Sat and Sun, and holidays.* They retained their customs *Population: 10,000* and isolation until a paved road reached the settlement in 1963. It is now very *Altitude: 1,890 m* touristy, but the blond hair, blue eyes and Schwartzwald-accented German of the inhabitants are still much in evidence. *Tovarenses* make great bread, blackberry jam and bratwurst, and grow strawberries, coffee, garlic, rhubarb and flowers for the Caracas market. Colonia Tovar offers delightful landscapes, mild climate, old architecture and dignified hospitality.

Sleeping and eating There are many hotels, all of which are normally full at weekends. Rates, which are not below our **B** category, include good, German-style food. Half-board prices are usually **AL**. Credit cards are widely accepted. Restaurants: *El Molino*, on C Molino next to the historic old mill (worth a visit), great *jugo de fresas*, wide selection of German dishes, open 0900-1000, 1200-1600, 1800-1900, Mon 0900-1400, highly recommended. Other recommended restaurants: *El Codazzi*, in centre on C Codazzi, traditional German and Hungarian dishes, strudel and biscuits, open 1100-1600, closed Mon and Tue. *Café Munstall*, opposite the church, interesting location in oldest house in Colonia Tovar, pastry and coffee at weekends. Local fruit, vegetables and flowers sold at *Frutería Bergman*, next to Lagoven station at east entrance to town; across the street is *Panadería Tovar* for delicious bread; many food stalls on weekends along Av Codazzi.

Venezuela

Transport Road The 1½ hrs' drive up from Caracas on Ruta 4, through Antímano and El Junquito, is easy during the week, but murder on weekends – long traffic jams, difficult to find picnic spots or accommodation, definitely not recommended. It is generally easy to get a lift if there are no buses. Taxi fare for the round trip from Caracas to Colonia Tovar (driver will wait) is about US$30. **Buses:** from Av Sur 9 y El Rosario, next to Nuevo Circo, or, easier, from La Yaguara metro station, to El Junquito (1 hr, US$0.75), then change for Colonia Tovar (1 hr, US$1). *Por puesto* from Plaza Catia or O'Leary (more frequently), Caracas, 1 hr, US$1.75. Alternatively, take a *por puesto* from Plaza Capuchino to El Junquito, then one from there to Colonia Tovar, US$1.75. If changing *por puesto*, make sure the driver stops at the right place. Last bus to Caracas 1800.

From Colonia Tovar, Ruta 4 continues (well-paved but hair-raising) south down the slopes for 34 km to La Victoria on the Caracas – Valencia Highway (see below); bus US$2; glorious scenery.

In **San Francisco de Yare** (*Phone code:* 0239; 90 km from Caracas), a celebration is held at Corpus Christi in early June. Some 80 male 'Diablos' of all ages, dressed all in red and wearing horned masks, dance to the sound of their own drums and rattles. From Santa Teresa make a detour to the beautiful and little frequented **Parque Nacional Guatopo** on the road to Altagracia de Orituco (bus from Nuevo Circo marked 'El Popular', US$2.50). You must return to Santa Teresa to continue your journey to Yare. At the Parque Guatopo are various convenient places to picnic on the route through the forest and a number of good nature trails. Take insect repellent. Free camping at Hacienda La Elvira; take jeep from Altagracia de Orituco (US$1) and ask to be let off at the turn-off to the Hacienda. A permit must be obtained at the Inparques office, which has some accommodation, or baggage can be stored temporarily while walking in the park.

The Coast –
Central Litoral
The Central Litoral is the name given to the stretch of Caribbean Coast directly north of Caracas. A paved road runs east from Catia La Mar, past the airport and then through the towns of Maiquetía, La Guaira and Macuto. This became the state of Vargas in January 1999 and in December that year was the focus of Venezuela's worst natural disaster of the 20th century. Prolonged heavy rains on deforested hillsides caused flash floods and landslides, killing and causing to disappear an estimated 30,000 people and leaving 400,000 homeless. The zone's famous beach tourism has been lost as the beaches remain effectively closed. A few hotels are open, but nothing on the pre-1999 scale. It is planned to turn the whole area into a national park.

Colour map 1,
grid A6
La Guaira Venezuela's main port dates back to 1567. It achieved its greatest importance in the 18th century when the Basque Guipuzcoana Company held the royal trading monopoly. Much of the city was severely damaged in the 1999 floods.

Macuto About 5 km east of La Guaira and founded in 1740, Macuto used to be a pleasant alternative to Caracas when arriving or before flying out before the disaster.

West from Caracas

The Central Highlands run through this varied region. North of the highlands is the Caribbean, with secluded coves, popular resorts and two coastal national parks: Morrocoy, which lies offshore, and Los Médanos, around the old city of Coro. Straddling the mountains is the birders' paradise of Parque Nacional Henri Pittier. The great basin in which lies the Lago de Valencia and the industrial towns of Maracay and Valencia is 100 km west of Caracas. The basin, which is only 450 m above sea-level, receives plenty of rain and is one of the most important agricultural areas in the country.

Founded in 1703 and capital of Miranda state, this city is a mixture of skyscrapers and colonial buildings around Plaza Guaicaipuro (statue of the Carib chief who fought the Spaniards here) and Plaza Bolívar, with several attractive parks. Parque El Encanto in the mountains nearby, is reached by a 20-minute ride aboard an 1891 German locomotive and antique carriages from the old Los Teques station, 2 km south of the town beside the highway (it is also the terminus for buses from Caracas); ■ *3 trips on weekdays, 9 at weekends, first 0900, last return 1800, adults US$2.50, children US$1.25 return.*

Los Teques
Phone code: 0212
Colour map 1, grid A6
Population: 200,000
Altitude: 1,180 m
25 km from Caracas

At 24 km beyond Los Teques on the way down into the fertile valleys of Aragua, you can either join the Caracas-Valencia tollway or take the older road through several attractive towns such as La Victoria. Venezuela's oldest bullring is here. Despite the surrounding industrial zones the city retains much of its 18th-century charm; visit the beautiful Nuestra Señora de la Victoria church.

La Victoria
Phone code: 0244
Population: 110,000

The Ingenio Bolívar is at **San Mateo**, between La Victoria and Maracay. The Liberator spent much of his youth here and the museum is a must for anyone interested in Simón Bolívar. ■ *0800-1200, 1400-1700 except Mon.* The rich San Mateo church is also worth a visit. Soon after San Mateo, Highway 11 leads off south (45 km) to **San Juan de Los Morros**.

Maracay

This is a hot, humid, thriving industrial city. It is the centre of an important agricultural area, and the school and experimental stations of the Ministry of Agriculture are worth visiting. San José festival is on 16-25 March.

Phone code: 0243
Colour map 1, grid A6
Population: 600,000
Altitude: 445 m

In its heyday it was the favourite city of Gen Juan Vicente Gómez (dictator, 1909-35) and some of his most fantastic whims are still there. **Jardín Las Delicias** (on Avenida Las Delicias, en route to Choroní; take an Ocumare bus from terminal) with its beautiful zoological garden (closed Monday), park and fountain, built for his revels. The **Gómez mausoleum** (C Mariño), built in his honour, has a huge triumphal arch. The heart of the city is **Plaza Girardot**, on which is the attractive, white **Cathedral**, dating back almost to the city's foundation in 1701. There is an interesting collection of prehispanic artefacts in the museum of the **Instituto de Antropología e Historia** on the south side of the plaza. ■ *Tue-Fri 0800-1530, Sat and Sun 0900-1200, free.* The opposite end of the same building has rooms dedicated to Gómez and Bolívar. At the rear end of the building is the **Biblioteca de Historia** whose walls are lined with portraits of Bolívar. **Plaza Bolívar**, said to be the largest such-named plaza in Latin America, is 500 m east. On one side is the **Palacio del Gobierno**, originally the *Hotel Jardín*, built by Gómez in 1924. Also here are the **Palacio Legislativo** and the modern **opera house** (1973).

AL *Italo*, Av Las Delicias, Urb La Soledad, T232 1576, www.hotelitalo.com.ve A/c, 4-star, on bus route, very pleasant, small rooftop pool, good Italian restaurant, *El Fornaio*. Recommended. **B** *Posada El Limón*, Calle de Pinal 64, El Limón suburb, near Parque Nacional Henri Pittier, T283 4925, T0414-444 1915 (mob), caribbean@telcel.net.ve Dutch owned, relaxed, family atmosphere, a/c, laundry, pool, restaurant, internet, excursions. **C** *Caroní*, Ayacucho Norte 197, Bolívar, T554 4465. A/c, hot showers, comfortable. Recommended. **C** *Princesa Plaza*, Av Miranda Este entre Fuerzas Aéreas y Av Bermúdez, T232 2052, www.hotelprincesaplaza.com Commercial hotel, 1 block east of Plaza Bolívar, convenient, inexpensive restaurant. **D** *Central*, Av Santos Michelena 6, T245 2834. Safe and central. **D** *San Luis*, Carabobo Sur 13, off the main shopping street. Well-kept, welcoming.

Sleeping & eating
Budget hotels are located in the streets around Plaza Girardot

Many excellent restaurants in the Av Las Delicias area; many are American style drive-up, fast-food outlets. *Biergarten Park*, on east side of Plaza Bolívar, a pleasant, covered terrace with bar and restaurant, some German and Italian specialities, cheap and good. *El Indio Maecho*, Av 10 de Diciembre 114. Good cheap food, entertaining owner. Recommended. Many reliable Chinese restaurants and *loncherías, tascas* and inexpensive restaurants in the streets around Plaza Girardot.

Venezuela

Transport
Bus station is 2 km SE of centre, taxi US$3

Buses *Por puesto* marked 'Terminal' for the bus station and 'Centro' for the town centre (Plaza Girardot). To **Maracaibo**, *Expresos los Llanos*, US$14. **Valencia**, US$0.75, 1 hr. **Caracas**, US$1.50, 1½ hrs, *por puesto* US$5. **Barinas**, US$5.50, 7 hrs, *Expresos Los Llanos*. **Mérida** at 0800 and 2000, 12 hrs; **Ciudad Bolívar**, US$15, 10 hrs. To **Coro**, US$9, 7¾ hrs. Oriente destinations including **Margarita** served by *Expresos Ayacucho*, T234 9765, daily departure to Margarita, 1400, US$25 (including first class ferry crossing). Many buses to every part of the country, most leave 0600-0900 and 1800-2300.

Directory

Banks *Italcambio* (American Express), Av Aragua con C Bermúdez, C C Maracay Plaza, loc 10K, T235 6867. *Cambio* in *Air Mar* travel agency, ground floor of CADA Centro Comercial, Av 19 de Abril, Local 20, 2 blocks north of Plaza Girardot. 2.5 commission. **Communications** Internet On Av 19 de Abril, opposite bullring and *Casa de Cultura* (art and cultural exhibitions, 2 blocks northwest of Plaza Bolívar). For **touris information**, T242 2284, codet@telcel.net.ve

Parque Nacional Henri Pittier

A land of steep rugged hills and tumbling mountain streams, the 107,800 ha park rises from sea-level in the north to 2,430 m at Pico Cenizo, descending to 450 m towards the Lago de Valencia. Established in 1937, this park is the oldest in the country. It extends from the north of Maracay to the Caribbean, excluding the coastal towns of Ocumare, Cata and Choroní, and south to the valleys of Aragua and the villages of Vigírima, Mariara and Turmero.The dry season runs from December-March and the rainy season (although still agreeable) is from April-November. The variation in altitude gives great variety of vegetation, including lower and upper cloud forests. For further information refer to *Parque Nacional de Henri Pittier – Lista de Aves*, by Miguel Lentino and Mary Lou Goodwin, 1993. ■ *Park entrance fee US$1 pp.*

578 bird species
7 different eagles and 8 kites
43% of all species in Venezuela
5.4 different species for every sq km.
One of the highest densities recorded in the world

Two paved roads cut through the Park. The Ocumare road climbs to the 1,128 m high Portachuelo pass, guarded by twin peaks (38 km from Maracay). At the pass is Rancho Grande, the uncompleted palace/hotel Gómez was building when he died (in a state of disrepair). It is close to the migratory routes, September and October are the best months. There are many trails in the vicinity. ■ *Permits to visit the park and walk the trails near the Rancho Grande biological research station are available here. There are plenty of beds for those wishing to stay at the station, US$7.50 pp per night, use of kitchen facilities, take warm sleeping bag, candles and food; nearest supplies at El Limón, 20 km before Rancho Grande. Another option is* El Cocuy Mountain Refuge, *F for accommodation only,* **A** *full board. T0416-747 3833, F0243-991 1106, www.geocities.com/elcocuytours/index Sleeping in hammocks, tours arranged with bi-lingual Spanish/ English guides.*

■ *Getting there: A taxi can be hired at Maracay for a day's outing in the park for about US$40 (bargain hard). Buses depart from Maracay Terminal; pay full fare to Ocumare or hitch from El Limón Alcabala.*

The Aragua Coast

To Cata & Cuyagua

The road to the coast from Rancho Grande goes through **Ocumare de la Costa** (*Population*: 6,140, 48 km from Maracay), to La Boca de Ocumare and **El Playón** (hotels and restaurants at both places); bus from Maracay, 2-2½ hours, US$2.50. The road is very busy at weekends. 20 minutes west by boat is **La Ciénaga**, a pretty place, but little shade. A few kilometres east is **Bahía de Cata**, now overdeveloped, particularly at the west end, while the smaller beach at **Catita** is reached by fishing boat ferries (10 minutes, US$1). In Cata town (5 km inland, *population* of town and beach 3,120) is the small colonial church of San Francisco; devil dancers here fulfil an ancient vow by dancing non-stop through the morning of 27 July each year. **Sleeping AL** *De La Costa Eco-Lodge*, California 23, Ocumare de la Costa, T/F993 1986, dlcecolodge@hotmail.com With bath, outdoor bar serving food, excursions, tours included in price, equipment hire, specialist bilingual guides. ■ *Por puesto to Cata from Ocumare US$1; from El Playón US$0.35 from plaza.* Cuyagua beach, unspoilt, is 23 km further on at the end of the road. Good surfing, dangerous rips for swimmers. Devil dancers here too, on movable date in July or August.

The second road through the Parque Nacional Henri Pittier is spectacular and goes over a more easterly pass (1,830 m), to Santa Clara de Choroní, a beautiful colonial town. The Fiesta de San Juan on 31 May is worth seeing.

To Choroní

Choroní is a good base for walking in the park. There are numerous opportunities for exploring the unmarked trails, many of them originate in picturesque spots such as the river pools, 'pozos', of El Lajao (beware of the dangerous whirlpool), and Los Colores, 6 km above Choroní. Other recommended 'pozos' are La Virgen, 10 km from Choroní, and La Nevera, 11 km away. **Sleeping AL** *Hacienda El Portete*, C El Cementerio, T991 1255, www.elportete.com Colonial-style building in large grounds, a/c, hot water, restaurant, pool, many facilities for children, excursions. **A** *Hacienda La Aljorra*, T0212-237 7462 (Caracas), panzades@cantv.net Breakfast and dinner included, hot water, 200-year old cacao hacienda in 62 ha of wooded hillside. **C** *La Gran Posada*, 5 km north of Choroní on a steep hillside above Maracay road, T0243-991 1207. Neat, pleasant bar and restaurant. ■ *Maracay-Choroní, beautiful journey, every 2 hrs from 0630-1700, more at the weekend, US$2.50, 2½ hrs.*

Puerto Colombia

Just beyond Choroní is the fishing village of Puerto Colombia, with the dazzling white beach of Playa Grande, five minutes' walk across the river. Bus journeys start and end here. At weekends drummers drum and dancers gyrate, and the beach can get crowded and littered. At other times it's peaceful and attractive, with brightly painted fishing boats in the river and frigate birds wheeling overhead. If swimming, beware the strong undertow. Many fishing boats are for hire in the harbour, US$55 for a day trip to one of the several nearby beaches. Launches to Cepe, 30 minutes east, US$10-15 per person depending on numbers, boats usually take 6-10 people. Beautiful unspoiled beach and accommodation at **A** *Posada Puerto Escondido*, T241 4645. Includes three meals, drinks and boat from Puerto Colombia, spacious rooms, with bath, hot water and fan, peaceful and homely atmosphere. Fishing and scuba diving trips with guide and equipment are available to explore the only bit of coral on this stretch of the Venezuelan coast.

Phone code: 0243
Colour map 1, grid A6
Population: 7,000

Recommended hotels are: **A** *Posada Pittier*, on road to Choroní, T/F991 1028, www.posdadpittier.com Small but immaculate rooms, a/c, good meals, helpful, garden. **C** *Lemon Tree 2*, Jos'e Maitin 3, T991 1123, posadalemont@cantv.net Cheaper without a/c, cosy, nice atmosphere, internet, German spoken. **C** *La Montañita*, Murillo 6, T991 1132, malecon@telcel.net.ve Popular, nice courtyard, charming owners, packages available (**B** including all meals). **C** *Posada La Parchita*, Trino Rangel, T991 1259. Including breakfast, rooms set around a lovely patio, very nice. **D** *Posada Alfonso*, near checkpoint, T991 1037. German owner, quiet, hammocks, laundry facilities. **D** *Hostal Colonial*, opposite the bus stop, T991 1087, or 0212-963 2155, hcolonial@hotmail.com With fan, laundry facilities, German owner, good value. **D** *Costa Brava*, Murillo 9, near Malecón, T991 1059, F991 1057. Cheaper without bath, basic, ceiling fans, laundry facilities, good food, English spoken, family-run. **E** pp *La Abuela*, near bridge to Playa Grande, T991 1073. Basic, fan. Camping possible on the beach; beware of theft.

Sleeping & eating

For eating, *El Abuelo*, just before bridge to Playa Grande. Very good food, prices OK. *Café con Ron*, pizzas, coffee and cocktails. *Mango*, Trino Rangel. Delicious catch of the day, good *caipirinhas*. Recommended. *Terraza*, near bridge to Playa Grande. Tasty dishes, fresh fish, good cocktails.

Buses from Maracay bus terminal leave from platform 5. Taxi from Maracay US$20 for 4. Buses for **Maracay** depart from the park near the police checkpoint every hour or so from 0500, last one at 1700, US$4.

Transport

Venezuela

Directory **Banks** The nearest banks are in Maracay. Some *posadas* and restaurants change cash and TCs at poor rates, or give cash against credit cards (passport required). *Licorería San Sebastián*, beside the bridge, changes cash and TCs and sells phone cards.

Valencia

Phone code: 0241
Colour map 1, grid A5
Population: 1,350,000
Altitude: 480 m

Founded in 1555, the capital of Carabobo State is Venezuela's third largest city, the centre of its most developed agricultural region, and the most industrialized.It is 50 km to the west of Maracay, via a road through low hills thickly planted with citrus, coffee and sugar. The valley is hot and humid; annual rainfall, 914 mm.

Sights
Most of the interesting sights are closed on Mon

The **Cathedral**, built in 1580, is on the east side of **Plaza Bolívar**. The statue of the Virgen del Socorro (1550) in the left transept is the most valued treasure; on the second Sunday in November (during the Valencia Fair) it is paraded with a richly jewelled crown. ■ *Daily 0630-1130, 1500-1830, Sun 0630-1200, 1500-1900*. See also **El Capitolio** (Páez, between Díaz Moreno y Montes de Oca), the **Teatro Municipal** (Colombia y Avenida Carabobo), the old **Carabobo University** building and the handsome **Plaza de Toros** (south end of Avenida Constitución beyond the ring road) which is the second largest in Latin America after Mexico City. At Páez y Boyacá is the magnificent former **residence of General Páez** (hero of the Carabobo battle), now a museum. ■ *Mon-Fri, free*. Equally attractive is the **Casa de Célis** (1766), which houses the Museo de Arte e Historia, C 98 y Avenida 104, with precolumbian exhibits. ■ *Tue-Sat 0800-1400*. Like its Spanish namesake, Valencia is famous for its oranges.

Excursions

Near Valencia are several groups of petroglyphs: most important is **Parque Nacional Piedras Pintadas** where lines of prehispanic stone slabs, many bearing swirling glyphs, march up the ridges of Cerro Pintado. The new Museo Parque Arqueológico Piedra Pintada, at the foot of Cerro Las Rosas, contains 165 examples of rock art and menhirs (guided tours, parking, café). Piedra_pintada@hotmail.com for information, Herodoto78@hotmail.com for guide Williams Hernández. ■ *Navy-blue buses run to Vigírima 20 km northeast of Valencia at regular intervals (US$1), ask to get off at the 'Cerro Pintado' turnoff. Driving from Vigírima, turn left at a small blue 'Cadafe Tronconero' sign, then a further 3 km.*

Other extensive ancient petroglyphs have been discovered at **La Taimata** near Güigüe, 34 km east of Valencia on the lake's southern shore. There are more sites along the west shore, and on the rocks by the Río Chirgua, reached by a 10-km paved road from Highway 11 (turn north at La Mona Maraven gas station), 50 km west of Valencia. About 5 km past Chirgua, at the Hacienda Cariaprima, is the country's only geoglyph, a remarkable 35 m-tall humanoid figure carved into a steep mountain slope at the head of the valley.

At 30 km southwest of Valencia on the highway to San Carlos is the site of the **Carabobo** battlefield, an impressive historical monument surrounded by splendid gardens. The view over the field from the *mirador* where the Liberator directed the battle in 1814 is impressive. Historical explanations Wednesday, weekends and holidays. ■ *Buses to Carabobo leave from bottom of Av Bolívar Sur y C 75, or from Plaza 5 de Julio, US$0.50, ask for Parque Carabobo (1¼ hrs).*

Population: 1,350
2nd hottest sulphur springs in the world (98°C)

Some 18 km from Valencia, the road passes the decaying spa of **Las Trincheras**, which has three baths (hot, hotter, very hot), a mud bath and a Turkish bath; delightful setting. ■ *Facilities open 0800-1800 daily, US$2. Frequent buses from Valencia.*

Puerto Cabello, 55 km from Valencia, is Venezuela's second most important port (*Phone code*: 0242, *Population*: 185,000). The **Museo de Historia** is in one of the few remaining colonial houses (1790) on C Los Lanceros (No 43), in the tangle of small streets between the Plaza Bolívar and the seafront. ■ *Mon-Fri 0800-1200, 1500-1800, Sat-Sun 0800-1200*. To the east is **Bahía de Patanemo**, a beautiful horseshoe-shaped beach shaded by palms.

AL pp *Hacienda Guataparo*, 20 mins from centre. Owned by Vestey family, 9,000 ha peaceful farm, all meals, riding and mountain bikes, good birding, must be booked in advance through *Last Frontiers*, UK (see Tour operators in Essentials page 44.) There are many hotels across the price range on Av Bolívar, but it is a long avenue, so don't attempt to walk it. **B** *Marconi*, Av Bolívar 141-65, T823 4843. A/c, helpful, safe, laundry, recommended (next to a petrol station), take bus or colectivo from bus station to stop after 'El Elevado' bridge. **C** *Carabobo*, C Libertad 100-37, esq Plaza Bolívar, T858 8860. OK, with large a/c lobby. **E** *Caracas*, Plaza Bolívar. Tatty but spacious, with bath, ice water. For eating, try *Fego*, Av Bolívar 102-75, recommended. *La Rinconada*, Plaza Bolívar, recommended, open Sun. *Caballo Blanco*, Av 97 Farriar, cheap and good food, clean, well-lit, Italian run.

Sleeping & eating

Air The airport is 6 km southeast of centre. *Aeropostal* flights daily to **Barcelona, Maracaibo, Miami** (daily) and **Porlamar**. *Santa Bárbara* flies to Barcelona, Barquisimeto, Mérida and San Antonio. *Avior* also serves Valencia. *Dutch Caribbean Airlines* to Curaçao. **Buses** Terminal is 4 km east of centre, part of shopping mall *Big-Low* (24-hr restaurants). Entry to platforms by *ficha* (token), US$0.05. Left luggage store. Minibus to centre, frequent and cheap, but slow and confusing route at peak times; taxi from bus station to centre, US$4 (official drivers wear identity badges). To **Caracas**, US$3, *por puesto* US$6, *Autoexpresos Ejecutivos* (T0414-940 5010 (mob)), US$10, 8-9 a day. **Mérida**, 10-12 hrs, US$15; to **San Cristóbal**, 10 hrs, US$17.50. **Barquisimeto**, US$3.80, 3 hrs. **Maracay**, 1 hr, US$0.75. **Puerto Cabello**, US$1.25, 1 hr. **Tucacas**, US$2.50, or US$5 by frequent *por puesto* service. To **Coro** US$7.25, 4½ hrs. To **Ciudad Bolívar**, US$15, 10 hrs.

Transport

Banks *Corp Banca*, C 100 y Moreno. Amex TCs changed. *Italcambio*, Av Bolívar Norte, Edif Talia, loc 2, T824 9043. Amex travel services, Visa TCs, a long way from centre in Urbanización Los Sauces, get off bus at junction with C 132; also at airport. **Communications** Internet: *Web Universe*, Edif Reda, Las 4 Avenidas de Prebo, Zona Norte. **Telephone:** *CANTV*, Plaza Bolívar, for international calls. **Consulates** British Honorary Consul, Agropecuaria Flora, C143 No 100-227, Urb La Ceiba, T823 8401, agrflora@viptel.com **Tourist information**, T825 7064, sedec@reacciun.ve

Directory

Parque Nacional Morrocoy

The largest, cleanest and most popular of the islands within the park is **Cayo Sombrero**. It is very busy at weekends but has some deserted beaches, with trees to sling a hammock. **Playuela** is beautiful and better for snorkelling (beware of mosquitoes in the mangrove swamps), while **Playa del Sol** has no good beach and no palm trees. **Bocaseca** is more exposed to the open sea than other islands and thus has fewer mosquitoes. **Cayo Borracho** is one of the nicest islands. With appropriate footwear it is possible to walk between some of the islands. Calm waters here are ideal for water-skiing and snorkelling while scuba diving is best suited to beginners. As much of the coral was destroyed in 1996, advanced divers will find little of interest.

Colour map 1, grid A5 Hundreds of coral reefs, palm-studded islets, secluded beaches

Adjoining the park to the north is a vast nesting area for scarlet ibis, flamingoes and herons, the **Cuare Wildlife Sanctuary**. Most of the flamingoes are in and around the estuary next to Chichiriviche, which is too shallow for boats but you can walk there or take a taxi. Birds are best watched early morning or late afternoon.

Playa Sur and other areas are not safe; muggings reported

You may camp on the islands but must first make a reservation with **Inparques** (National Parks), T800 8487, Mon-Sun 0800-2000; reserve at least 8 working days in advance giving all details; US$2.50 pp per night, 7 nights maximum, pay in full in advance (very complicated procedure). Very few facilities and no fresh water; Cayo Sombrero and Paiclas have restaurants, Boca Seca has a small café (closed Mon); Sombrero, Playa Azul and Paiclas have ecological toilets. At weekends and holidays it is very crowded and litter-strewn (beware rats).

Sleeping

From Tucacas: prices per boat range from US$20 return to Paiclas to US$40 return to Cayo Sombrero (maximum 7 per boat). Ticket office is to the left of the car entrance to the Park. Recommended boatmen are Orlando and Pepe. **From Chichiriviche**: prices per boat vary

Transport *See below for description of Tucacas and Chichiriviche*

Venezuela

according to distance; eg, US$15 to Cayo Muerto, US$50 to Cayo Sombrero. A 3-4 hr trip is US$50 per boat; 5-6 hr trip US$70 (maximum 8 per boat); bargaining essential. There are 2 ports; one close to the centre and Playa Sur. The latter has a ticket system which is supposed to guarantee that you will not be cheated and that you will be picked up on time for return trip.

Tucacas
Phone code: 0259
Colour map 1, grid A5

This is a hot, busy, dirty and expensive town, where bananas and other fruit are loaded for Curaçao and Aruba. **Sleeping** The only accommodation **within the park** is **AL** pp *Villa Mangrovia* on the Lizardo Spit between Tucacas and Chichiriviche, 3 rooms, excellent food and service, charming owner, book through *Last Frontiers*, UK (01296-653000) or *Journey Latin America*, UK (T020-8747 8315/0161-832 1441). **B** *Manaure*, Av Silva, T812 1011. A/c, hot water, pool, good restaurant. **D** *La Suerte* on main street, T812 1332. A/c, **E** with fan, small shop. Next door is **E** *Las Palmas*. With shower, basic, fan, kitchen and laundry facilities, helpful, cheap boat trips to islands. Recommended. Cheap accommodation is difficult to find, especially in high season and at weekends. **Camping** Gas available in Tucacas or Puerto Cabello.

Diving: equipment can be hired from near the harbour. *Submatur*, C Ayacucho 6, T812 0082. Owner Mike Osborn, 4-day PADI course US$330, 1 day trip 2 dives US$65 (US$45 with own equipment); also rents rooms, **E**, fan and cooking facilities. **Bicycles**: can be hired in town. There's *Unibanca*, which gives cash advance on credit cards only. Hotels and travel agents will change money but at very low rates, if they have enough cash. ■ *Frequent por puesto from Valencia, US$5, bus US$2.50; Coro, US$5.*

Chichiriviche
Phone code: 0259
Population: 7,000

A few kilometres beyond Tucacas, towards Coro, is this popular and expensive beach resort, which gets very crowded at holidays and weekends. Chichiriviche is gaining a reputation for rip-offs and robberies. **Sleeping** Recommended hotels: **A** *La Garza*, Av Principal, T818 6711. Attractive, pool, restaurant, with breakfast, comfortable, popular, post box in lobby, daily collection, changes cash. **C** *Capri*, C Zamora, T818 6026. Near docks, shower, fan or a/c, pleasant, Italian owner, good restaurant and supermarket. **D** *Posada La Perrera*, C Riera, near centre, 150 m from bus stop. Quiet, fan, laundry facilities, patio, hammocks, luggage stored, Italian owner, tours arranged, very good. **D** *Res Delia*, C Mariño 30, 1 block from *Gregoria*, T818 6089. Including breakfast, shared bath, organizes tours. **E** *Posada Villa Gregoria*, C Mariño, 1 block north of the bus stop behind the large water tank. Spanish-run, very helpful, good value, fan, laundry facilities, parking. **E** *Posada Alemania*, Cementos Coro, T815 0912, posadaalemania@cantv.net German-run, runs tours, rents snorkel gear, 200 m from Playa Sur, nice garden. **E** *Morena's Place*, Sector Playa Norte, 10 mins walk from the bus stop, T/F815 0936, posadamorenas@hotmail.com Beautifully decorated house, fan, hammocks, hepful hosts, English spoken. Recommended. **Eating** *Taverna de Pablo*, opposite Banco Industrial. Good pizzas, seafood etc. *Veracruz*, at top of main street overlooking beach. Good fish.

Diving: *Centro de Buceo Caribe*, Playa Sur. Runs PADI courses for US$360, 1 day diving trip US$65, rents equipment, rooms for rent, **D**, with cooking facilities.

■ *Getting there: To Puerto Cabello, frequent por puestos, 2 hrs, US$3.50; to Barquisimeto, 3 hrs; to Valera, 9 hrs. Direct buses from Valencia or take bus from Morón to Coro and get out at turnoff, 1½ hrs, US$1.75.*

Coro

Phone code: 0268
Colour map 1, grid A5
Population: 158,760
Mean temperature: 28°C
177 km from Tucacas

Founded in 1527, Coro is clean and well kept and the colonial part is lovely with many beautiful buildings and shaded plazas. The **Cathedral**, a national monument, was begun in 1583. **San Clemente** church has a wooden cross in the plaza in front, said to mark the site of the first mass said in Venezuela; it is believed to be the country's oldest such monument. It is undergoing reconstruction. There are several intseresting colonial houses: **Los Arcaya**, Zamora y Federación, one of the best

Venezuela

examples of 18th-century architecture, houses the **Museo de Cerámica**, small but interesting, beautiful garden. ■ *Tue-Sat 0900-1200,1500-1800, Sun 0900-1300, US$0.25.*; **Los Senior**, Talavera y Hernández, where Bolívar stayed in 1827; **Las Ventanas de Hierro**, Zamora y Colón, built in 1764/65, now a museum of period furniture. ■ *Tue-Sat 0900-1200 and 1500-1800, Sun 0900-1300, US$0.20.* Opposite is the **Casa del Tesoro**, an art gallery showing local artists' work. ■ *Free.* The **Jewish cemetery**, on C 23 de Enero esq C Zamora, is the oldest on the continent.

The **Museo de Coro 'Lucas Guillermo Castillo'**, C Zamora opposite Plaza San Clemente, is in an old monastery, and has a good collection of church relics, recommended. ■ *Tue-Sat 0900-1200,1500-1800, Sun 0900-1400, US$0.25.*

Coro is surrounded by sand dunes, **Los Médanos de Coro**, which form a **national park**. The place is guarded by police and generally safe to visit but stay close to the entrance and on no account wander off across the dunes. Kiosk at entrance sells drinks and snacks; open till 2400. ■ *Getting there: Take bus marked 'Carabobo' from C35 Falcón y Av Miranda, or up Av Los Médanos and get off at the end, just after Plaza Concordia. From there walk 500 m to entrance, or take a taxi.*

On the road to the town's port, **La Vela de Coro**, near the turnoff, is the **Jardín Botánico Xerofito Dr León Croizat** (UNESCO backed), which has plants from Africa, Australia, etc. ■ *Very interesting, guided tours in Spanish. Open Mon-Fri 0800-1200, 1300-1600, Sat-Sun 0900-1700, free. Take Vela bus from corner of C Falcón, opposite Banco Coro, and ask to be let off at Pasarela del Jardín Botánico – the bridge over the road.*

Coro

Sleeping
1 Colonial
2 El Gallo
3 Intercaribe
4 Miranda Cumberland
5 Taima Taima

Eating
1 Barra del Jacal
2 Dulzura y algo más
3 El Portón de Arturo
4 Makokas Café
5 Mersi
6 Posada Don Luis

0 metres 100
0 yards 100

N

Sleeping & eating

AL-A *Miranda Cumberland*, Av Josefa Camejo, opposite old airport, T252 3322, www.hotelescumberland.com Beautiful hotel, good value, restaurant, swimming pool. **C** *Intercaribe*, Av Manaure entre Zamora y Urdaneta, T251 1844. Expensive food, good, pool, a/c, small rooms. **D** *Taima Taima*, C 35 Falcón, T252 1215, hospedajetaimataima@ hotmail.com Small rooms, a/c, TV, some hot water, parking. **D** *Villa Antigua*, C 58 Comercio 46, T251 6479/0414-683 7433. A/c, TV, fountain in courtyard, restaurant, public phones. Recommended. **D** *Zamora*, C 33 Zamora, entre C 48a y 50 Colina, T251 6005. With cold water but no shortages, a/c, TV, huge rooms with table and chairs, also dorms, modern. **E** pp *Colonial*, Paseo Talavera, T252 4179. Beside the cathedral, basic, with a/c. **E** *El Gallo*, Federación 26, T252 9481. French/Venezuelan owned, relaxed atmosphere, courtyard with hammocks, use of kitchen, English spoken, see Eric for tours. Recommended. **Camping** About 30 km east of Coro at *La Cumara*, nice, good beach and dunes, US$2 per person.

Restaurants Mid-range: *Barra del Jacal*, Av Manaure y C 29 Unión. Outdoors, pizza and other dishes. *Mersi*, C 56 Toledo y Zamora. Good pizzas, *empanadas*. *El Portón de Arturo*, C 56 Toledo, towards Plaza Falcón. All kinds of regional meat. *Posada Don Luis*, opposite airport. Serves local speciality, *chivo*,

Venezuela

goat. **Cheap**: *Chupulún*, Av Manaure esq C Monzón. Recommended for lunch, homemade *chicha*. *Makokas Café*, Paseo Talavera. Recommended for breakfast. *Dulzura y algo más*, on corner of Paseo Alameda. Good ice cream and typical sweets. *Panadería Costa Nova*, Av Manaure, opposite *Hotel Intercaribe*. Good bread and pastries, poor coffee.

Festivals 26 Jul, Coro Week. **9-12 Oct**, state fair. **24-25 Dec**, *Tambor Coriano* and *Parranda de San Benito* (Coro, La Vela and Puerto Cumarebo). Aug Regatta, Curaçao to La Vela, competitors from USA, Holland, Caribbean take part, ask at Capitanía (Port Captain's office).

Tour operators *Kuriana Travel*, CC Punta del Sol, Av Manaure y C 35 Falcón, T/F251 3055. Local tours with English-speaking guide; ask for Mercedes Medina, who has an excellent campsite nearby (*Llano Largo*, Vía Siburna, T0416-868 1374), highly recommended, specializing in ecotourism. *Aeromar*, C Ciencias, CC Miranda, local 4, T251 3187, tremont1@cantv.net

Transport **Air** Airport is 10 mins walk from centre; good restaurant on 1st floor, no money changing facilities. Flights to **Caracas** with *Avior* (T253 1689) and to **Barquisimeto** with *Santa Bárbara*. Ask at airport for details of private flights to Curaçao (see also Las Piedras, below). **Buses** Terminal is on Av Los Médanos, entre Maparari y Libertad, buses go up C 35 Falcón, US$0.25, taxi US$2. To/from **Caracas** US$12-15, 10 hrs; **Maracaibo**, US$8, 4 hrs, *por puesto* US$12; **Tucacas**, US$5, 3 hrs; **Punto Fijo**, *por puesto* US$2.

Directory **Banks** *Banco Mercantil*, C 35 Falcón y C 50 Colina, ATM and cash on Visa or Mastercard. *Banco Venezuela*, Paseo Talavera. ATM and cash on Visa. Try hotels and travel agents for cash and TCs. **Communications** Internet: *Internet Coro* CC Punta del Sol, C 35 Falcon y Av Manaure. Also at *CANTV* Centro de Comunicaciones on Av Los Médanos, opposite bus terminal, also international calls. **Tourist offices** On Paseo Alameda, T251 0720, secturfal@hotmail.com English spoken, helpful. Office at airport will help to find a hotel.

Paraguaná Peninsula

Around Punto Fijo
Phone code: 0269
Colour map 1, grid A5
Population: 125,000

This area is a must for windsurfers and is a great place for walking and fla-mingo-spotting. The western side of the peninsula is industrialized, with oil refiner-ies at Cardón and Amuay connected by pipeline to the Lago de Maracaibo oilfields. The main town is **Punto Fijo**, a busy, unappealing place. 5 km away is the residential area of **Judibana**, a much nicer place to stay, with shopping centre, cinema and res-taurants. Beaches around Los Taques are at least 30 minutes north of Punto Fijo, many are accessible by car, few visitors, good camping but no shade or facilities.

Sleeping and eating **Punto Fijo**: **D** *Caribe*, Comercio 21-112 near Expresos Occidente terminal, T245 0421. With a/c, TV, restaurant, accepts Mastercard. **E** *Miami*, C Falcón entre Av México y Bolivia, T245 8532. Recommended. A recommended and cheap restaurant for lunch only is *Colonial*, C Libertad entre Colombia y Ecuador. Good *panadería* opposite bus terminal. **Judibana**: **C** *Jardín*, on Av Mariscal y C Falcón, near airport, T246 1727. A/c, pool, restaurant, accepts credit cards, changes US$ cash. **C** *Luigi*, C 10 next to Banco de Venezuela, T246 0970. A/c, pleasant, good restaurant, changes US$ cash, accepts credit cards.

Don't believe taxi drivers who say there are no por puestos from airport to town

Transport **Air**: Airport is at **Las Piedras**: *por puestos* from C Garcés y Av Bolívar; taxi from Punto Fijo US$5, from bus terminal US$3. 4 flights a day to **Aruba**, *Avia* and *Santa Bárbara*, 2 a day to **Curaçao**, Dutch Caribbean Express. Domestic flights to **Caracas** and **Maracaibo** with *Santa Bárbara*. **Buses** Terminal on C Peninsular entre Colombia y Ecuador; *por puestos* to **Pueblo Nuevo**, **Adícora**, **Coro**, **Valencia** and **Maracaibo**. To **Maracay**, **Barquisimeto**, **Maracaibo** and **Caracas**: *Expresos Occidente*, on C Comercio entre Ecuador y Bolivia; to **Mérida**, **Barinas** and **Caracas**, *Expresos San Cristóbal*, C Carnevali just behind *Hotel América*; *Expresos Alianza*, on Av Colombia between Carnevali and Democracia, to may destinations.

Directory **Banks**: Many banks on Av Bolívar y Comercio accept Visa, MasterCard and other cards, eg *Banco de Venezuela*, *Banesco*. *Banco Mercantil*, Av Bolívar y C Girardot. Changes Citicorp TCs. *Casa*

Fukayama, Av Bolívar entre C Altagracia y Girardot. Changes US$ cash. **Communications** *CANTV* at C Falcón y Av México. *Ipostel* at C Páez y Av Panamá, collection every 10 days. **Consulates** Dutch Consul in Judibana at Urb La Laguna, C Mucubaji 38, Roque Hernández, T246 0430, open weekdays 1600-1700.

This is a quiet little resort on the east side. The beaches are very windswept and not great but Adícora is a good base for exploring the peninsula. There are three wind-surfing schools in town.

Adícora
A must for windsurfers

Cerro Santa Ana (830 m) is the only hill on the peninsula and commands spectacular views. ■ *Entrance is at El Moruy; take bus to Pueblo Nuevo (0730-0800), then take one to Punto Fijo and ask to be dropped off at the entrance to Santa Ana. From the plaza walk back to the signpost for Pueblo Nuevo and take the dirt road going past a white building; 20 m to the left is Restaurant La Hija. Walk 1 km through scrubby vegetation (watch out for dogs) to the Inparques office (closed Mon-Fri but busy at weekends). Register here before attempting the steep 3-hr climb. It's safer to go at weekends.*

Laguna Boca de Caño (also known as Laguna Tiraya) is a nature reserve north of Adícora, inland from Supi, along a dirt track normally fit for all vehicles. Bird life here is abundant, particularly flamingoes. It is the only mangrove zone on the east side of the peninsula. Sleeping in Adícora **C** *Posada Kritzburger*, on Malecón. Fan, German owners, no single rooms, good restaurant. Recommended. **D** *Posada La Caratoña*, C Comercio, 1 block from beach. Clean, full of mosquitos, owner organizes local trips. ■ *There are several buses daily to and from Coro, from 0630-1830, US$1.25, 50 mins; to and from Pueblo Nuevo and Punto Fijo, several daily from 0600-1730.*

South of Coro, on the road to Barquisimeto, the Sierra includes the **Parque Nacional Juan C Falcón**. The picturesque village of **Curimagua** is best for visiting the park; jeeps leave from Coro terminal, US$2. The lovely colonial town of **Cabure** is the capital of the Sierra. Jeeps leave from Coro terminal, US$3. A few kilometres up the road is a huge series of waterfalls, Cataratas de Hueque. **The Spanish Road** is a fantastic three-hour walk through orange groves and tropical forest from Curimagua to Cabure. Take water. Ask at any of the hotels listed below.

Sierra de San Luis
Colour map 1, grid A5
A paradise for nature lovers and hikers, with tropical forest, caves and waterfalls

Sleeping Curimagua: **E-F** *Finca El Monte*, 5 km from the village. Run by a Swiss couple on an ecological basis, hot water, meals, Ernesto takes tours round the park. Highly recommended. Also *Falconese* and *Apolo* (both **C**, restaurant, run tours in park) and *El Trapichito* (**D**, 2 km outside Curimagua, good). **Cabure**: 20 mins uphill from village is **D** *Hotel El Duende*. A beautiful old posada, restaurant. Recommended. In town are **D** *Camino Viejo*, and **E** *La Montaña*. Also restaurants, bars, bakery, supermarket, pharmacy.

Barquisimeto and around

Venezuela's fourth largest city was largely destroyed by an earthquake in 1812, but is a nice enough place to spend a few days when visiting the area. Many fascinating corners have been preserved and a law prohibiting demolition of older buildings means that more are being restored. The **Museo de Barquisimeto**, at Avenida 15 between C 25 and 26, displays the town's history, also contemporary art. ■ *Tue-Fri 0900-1700, Sat-Sun 1000-1700, free.* More old buildings are a block away around **Plaza Jacinto Lara**. The **San Francisco church** faces the plaza. On the opposite side is the small **Anteneo gallery**, Carrera 17 y C 23, which has temporary exhibitions in an 18th-century house. ■ *Mon-Fri 0830-1200, 1500-1830, Sat 0900-1200, free. Also restaurant, occasional evening concerts.* The **Cathedral**, C 30 y Carrera 26 (Venezuela), is a modern structure of reinforced concrete and glass. At the heart of the old city is **Plaza Bolívar**, with a heroic statue of the Liberator and the white-painted **Iglesia Concepción** on the south side. Also on the plaza, the **Palacio Municipal**, Carrera 17 y C 25, is an attractive modern building. On Carrera 15 (Avenida Francisco de Miranda) between C 41-43 there is **Parque Ayacucho**, with lush vegetation, paths, fountains and a bronze statue of Mcal Sucre.

Phone code: 0251
Colour map 1, grid A5
Population: 900,000
Altitude: 565 m
Mean temperature:25°C

Venezuela

About 24 km southwest of Barquisimeto is the busy agricultural centre of **Quíbor** (*Phone code*: 0253. *Population*: 53,525). Festivals on 18 January (NS de Altagracia) and 12 June (San Antonio de Padua). The Centro Antropológico de Quíbor exhibits work of the Indians who used to live in the region. South of Quíbor and 40 minutes from Barquisimeto is **Sanaré** (1,360 m), on the edge of the **Parque Nacional Yacambu**, where you can hike through tropical forest up the Fumerola, a sleeping volcano. **E-D** *Posada Turística El Cerrito*, Sanaré, T0253-49016, manager speaks English, small restaurant and bar, tours to local sights and Yacambu, highly recommended. About 60 km east of Barquisimeto is **Chivacoa** (*Population*: 40,400). South of the town is the sacred mountain of the María-Lionza cult, practised throughout Venezuela. Celebrations are held there at weekends with 12 October (Día de la Raza) being the most important day. There is a Catholic festival, La Inmaculada Concepción, from 8-14 December.

Sleeping & eating **B** *Príncipe*, Av 18 entre C 22 y C 23, T231 2344. Pool, restaurant. **C** *Hevelin*, Av Vargas entre 20 y 21. Hot water, a/c. **D** *La Casona*, Av 17 con C 27 near Plaza Bolívar, T231 5311. A/c, hot water, restaurant. **D** *Lido*, Av 15 entre C26 y 27. Hot water, a/c or fan. *Barquipán*, C 26 entre Cras 17 y 18. Good breakfasts, snacks. *Sabor Vegetariano*, on C 24 entre Av 20 y 21, next to *El Rincón Griego* restaurant. Snacks. *Majestic*, Av 19 con C 31. Breakfast and vegetarian meals.

Festivals On **28 Dec** (morning) is the fiesta of *La Zaragoza*, when colourfully clad participants and children pass through the streets accompanied by music and dancing. Huge crowds are attracted to the procession of *La Divina Pastora* in early **Jan**, when an image of the Virgin Mary is carried from the shrine at Santa Rosa village into the city.

Transport **Air** Jacinto Lara international airport is 8 km southwest of the centre, 10 mins, US$5 by taxi. Local buses outside, US$0.25. Flights to **Caracas, Maracaibo, Mérida, San Antonio** and **Valencia**.
Buses Terminal is on the edge of the city at Carrera 25 y C 44: to **Mérida**, 3-4 a day, at 1020 and several between 2000 and 0200, 8 hrs via Agua Viva and El Vigía, US$8.50; to **Acarigua** (see page 1359), 1 hr, US$3. To **Valera** *por puesto*, 3½ hrs, US$8.75. To **Tucacas** every 2 hrs; to **Coro** at 1200 and by night, 7 hrs, US$8.75. To **Caracas**, US$8.75, 6 hrs. For **renting cars** (Volkswagen best), Av Pedro León Torres y C 56, also at airport.

Directory **Banks** *Banco Provincial*, Av 20 entre C 31 y 32 and C 23 entre Avs 18 y 19, for Visa and MasterCard. *Banco de Venezuela*, Av 20 y C 31, No 31-08 (and other branches), Visa ATMs. *Capital Express*, Av Los Leones, Centro Comercial Paseo, next to C 90. Changes US$ cash at low rates. *Italcambio*, Av Los Leones, C C París, loc 1-40, T254 9790, and at airport for Amex. **Communications** Post Office: Av 17 con C 25. **Telephone**: C 30 entre Avs 24 y 25. **Tourist office** División de Turismo y Recreación, Av Libertador, Edif Fundalara p 2, T255 9321/6580, dirtur@cantv.net (take a No 12 bus).

Maracaibo

Phone code: 0261
Colour map 1, grid A4
Population: 1,800,000
The hottest months are
Jul, Aug and Sep, but
there is usually a sea
breeze from 1500 until
morning

For most Venezuelans, this part of their country can be summed up in three letters – oil. For others, it can be summed up in four letters – heat. Both are certainly true. Venezuela's second largest city, and capital of the State of Zulia, is the country's oil capital, with 70% of the nation's output coming from the Lago de Maracaibo area. Maracaibo is a modern commercial city with wide, clean streets and, apart from the intense heat, is pleasant to walk around, especially around Plaza Bolívar. Not many tourists find their way here. Those that do are usually on their way to Colombia via the border crossing on the Guajira Peninsula to the north. If you've got the time, though, and can handle the heat, the state of Zulia is worth a detour. Maracaibo is the only town or city in Venezuela where you'll see indigenous people in traditional dress going about their business. Just north of the regional capital is a lagoon where you can see the same houses built on stilts that inspired the first Spanish invaders to christen it "Little Venice". In the southwest is the Catatumbo delta, a huge swamp brimming with wildlife and one of the most fascinating trips in the whole country (best reached by tour from Mérida).

Venezuela

The **airport**, La Chinita, is 25 km southwest of city centre. Taxis charge between US$8-10, there are no *por puestos*. The **bus station** is 15 mins walk from centre, 1 km south of the old town. Ask for buses into town, local services are confusing. For more detailed information see Transport, page 1326. For **tourist information**, *Corzotur*, T783 4928, zuliaturistica@cantv.net ▸ **Ins & outs**

The traditional city centre is **Plaza Bolívar**, on which stand the **Cathedral** (at east end), the **Casa de Gobierno**, the **Asamblea Legislativa** and the **Casa de la Capitulación** (or Casa Morales), a colonial building and national monument, tour free. The Casa has an extensive library dedicated to the Liberator. ■ *Mon-Fri, 0800-1600.* Next door is the 19th-century **Teatro Baralt**. Running west of Plaza ▸ **Sights**

Bolívar is the **Paseo de las Ciencias**, a 1970s development which levelled all the old buildings in the area. Only the **Iglesia de Santa Bárbara** stands in the Paseo. **Calle Carabobo** (one block north of the Paseo de las Ciencias) is a very good example of a colonial Maracaibo street. One block south of the Paseo is **Plaza Baralt** on Avenida 6, stretching to C 100 and the old waterfront market (**Mercado de Pulgas**). The **Centro de Arte de Maracaibo Lía Bermúdez** is housed in the 19th-century Mercado de Pulgas building, where the work of national artists is displayed (it is a/c, a good place to escape the midday heat and makes a good starting place for a walking tour of the city centre). The new part of the city round **Bella Vista** and towards the University is in vivid contrast with the **old town** near the docks. The latter, with narrow streets and brightly-painted, colonial style adobe houses, has hardly changed from the last century, although many buildings are in an advanced state of decay. The buildings facing **Parque Urdaneta** (three blocks north of Paseo de las Ciencias) have been well-restored. Also well-preserved are the church of **Santa Lucía** and the streets around. This old residential area is a short ride (or long walk) north from the old centre. **Parque La Marina**, on the shores of the lake, contains sculptures by the Venezuelan artist, Jesús Soto. More of his work can be seen in the **Galería de Arte Brindhaven** (free), near Santa Lucía, where he is often in residence.

Paseo de Maracaibo, or del Lago, is a lakeside park built in the late 1970s, near the *Hotel del Lago*. It offers walks along the shores of the Lake at its narrowest point, spectacular views of the Rafael Urdaneta bridge and of oil tankers sailing to the Caribbean. The park attracts a wide variety of birds. ■ *Getting there: Take a Milagro por puesto or a Norte bus northbound and ask the driver to let you off at the entrance, which is well-marked. Opposite is the Mercado de los Indios Guajiros (see Shopping).*

AL *Kristoff*, Av 8 Santa Rita entre C 68 y 69, T797 2911, www.hotelkristoff.com A/c, nice pool open to non-residents US$6, disco, laundry service, restaurant, changes US$ cash at terrible rates. **A** *Gran Hotel Delicias*, Av 15 esq C 70, T797 6111, F797 3037. A/c, recommended restaurant, good value, pool, disco, accepts credit cards, changes dollars. **C** *Doral*, C 75 y Av 14A, T797 8385. A/c, helpful. Recommended. **C** *Paraíso*, Av 93, No 82-70, sector Veritas, T797 6149. With small sitting room, a/c, cable TV. **D** *Novedades*, C 78 (also known as Dr Portillo) No 9-43, Bella Vista, T797 5766. A/c, shower, safe, small rooms, safe parking, basic. **D** *San Martín*, Av 3Y (San Martín) con C 80, T791 5097. A/c, restaurant next door, accepts credit cards. **E** *Victoria*, Plaza Baralt. With bath, no hot water, a/c. ▸ **Sleeping** *It is difficult to obtain rooms without making reservations well in advance*

Pizzería Napoletana, C 77 near Av 4. Excellent food but poor service, closed Tue. *Mi Vaquita*, Av 3H con C 76. Texan steak house, popular with locals, good atmosphere, recommended. *El Carite*, C 78, No 8-35, T71878. Excellent selection of fish and seafood, delicious and moderately-priced. *La Habana*, Av Bella Vista (Av 4) near C 76. Good salads and ▸ **Eating** *Most restaurants are closed on Sun*

Venezuela

66 99 *The South American Handbook 1924*

On Maracaibo *The capital of State of Zulia, has a population of over 46,000 and stands on the western side of the lake. One of the most important and progressive cities of the country, it exports large amounts of coffee.*

milkshakes, open 24 hrs. *La Friulana*, C 95 con Av 3. Good cheap meal, closes 1900. Repeatedly recommended. *Larga Vida*, Av 13A entre C 75 y C 76. Health food store. *Bambi*, Av 4, 78-70. Italian run with good capuccino, pastries, recommended, cheap. 1 block away, near C 76, is *Panadería Bella Vista*, recommended for *quesillo* and *tiramisu*. On C Carabobo (see above) *Zaguán* serves traditional regional cooking, expensive and difficult to find at night. There are good restaurants around the Plaza de la República (C77/5 de Julio and Av 31, Bella Vista), such as *Chips*, Av 31 opposite Centro Comercial Salto Angel, regional fast food, *tequeños* and *patacones*. Recommended. Also many restaurants on *palafitos* (stilts) in Santa Rosa de Agua district, good for fish (*por puesto* US$0.35 to get there).

Festivals *Virgen del Rosario*, 5 Oct; 24 Oct; 18 Nov, *NS de Chiquimquira* (La Chinita), processions, bullfights – the main regional religious festival.

Shopping The outdoor market, *Las Pulgas*, is enormous, mostly clothes, shoes, and general household goods, south side of C 100 entre Av 10 y 14. *El Mercado de los Indios Guajiros*, open market at C 96 y Av 2 (El Milagro), a few crafts, some pottery, hammocks, etc. Most of the shops on C Carabobo sell regional crafts, eg *La Salita*. *Foto Bella Vista*, Av Bella Vista, C 78, recommended service. **Bookshops** *Librería Universal*, Av 5 de Julio y Av 4. Maps, stationery, Caracas newspapers but poor selection of books. *Librería Cultural*, Av 5 de Julio. Best Spanish language bookstore in town. *Librería Italiana*, Av 5 de Julio, Ed Centro América. Postcards and foreign publications (including US). Staff at the public library, Av 2, are helpful to tourists.

Transport **Local** *Por puestos* go up and down Av 4 from the old centre to Bella Vista. Ruta 6 goes up and down C 67 (Cecilia Acosta). The San Jacinto bus goes along Av 15 (Las Delicias). Buses from Las Delicias also go to the centre and terminal. From C 76 to the centre *por puestos* marked 'Las Veritas' and buses marked 'Ziruma'. Look for the name of the route on the roof, or on the front window, passenger's side. A ride from downtown to Av 5 de Julio in a 'Bella Vista' *por puesto* costs US$0.35. **Taxis**: US$2.50-3.50.

Long distance **Air**:Airport terminal has international and national lounges. Good bookshop in arrivals sells city map; *casa de cambio* open 0600-1800 daily, no commission; car hire offices outside. There are frequent flights with *Aserca*, *Aeropostal*, *Avior*, *Láser* and *Santa Bárbara* to **Caracas, Valencia, Barquisimeto, Mérida, San Antonio** (be early to guarantee seat), **Barcelona, Las Piedras** and **Porlamar**. International flights to **Curaçao** (*Dutch Caribbean Express*) and **Aruba** (*Santa Bárbara*), **Miami** (*American, Aeropostal*) and **Barranquilla** (*Santa Bárbara*). **Buses**: There are several fast and comfortable buses daily to **Valencia**, US$13.50 by *Expresos del Lago*. **San Cristóbal**, US$11.50, 6-8 hrs, *por puesto*, US$23. **Barquisimeto**, 5½ hrs, US$8.75. **Coro** US$8, 4 hrs. **Caracas**, US$20, 10-13 hrs, *por puesto* US$40. **Mérida**, 2300, US$8, 5-7 hrs, or *por puesto*, US$12, 6½ hrs.

Directory **Banks** *Banco Mercantil*, on corner of Plaza de la República. Cash advance on Visa and MasterCard. Branches of *Banco de Venezuela*, including at airport, for Visa ATMs. Best for dollars and TCs is *Casa de Cambio de Maracaibo*, C 78 con Av 9B. *Italcambio*, C C Montielco, loc PA 1-1, entre Av 20 y C 72, T7832682, Amex rep. *Citibank*, Av 15 (Las Delicias) con C 77 (5 de Julio) for Citicorp TCs. All banks shut at 1630, exchange morning only. *Cambio* at bus terminal will change Colombian pesos into bolívares at a poor rate. **Communications** Internet *Cyber Estudio*, Av 10 No 66-110, 1100-2300, US$3 per hr. **Post Office:** Av Libertador y Av 3. **Telephone:** *CANTV*, C 76 near Av 3E, Bella Vista, open 0700-2330, Mon-Fri. *Servicio de Telecomunicaciones de Venezuela*, C 99, esq Av 3. Payphones for local calls only. If offices are closed, phone cards are available at the desk of the nearby *Hotel Astor*, south side of Plaza de la República. **Consulates** France, Av 3F y C70, T791 2921. Germany, C77 No 3C-24, Edif Los Cerros p 9, T791 2406, F791 2506. Italy, Av 3H No 69-79, T791 9903. Netherlands, Av 3C y C67, La Lago, Unicentro Virginia, office 6, p 2, T/F792 2885. Norway, Km 1 Carretera a Perijá, Sector Plaza Las Banderas-Los Haticos. Spain, Av Sabaneta y C El Prado No 9B-55. Sweden, Av 15 Las Delicias No 88-78. Switzerland, Av 9B No 75-95. UK, Av 2G No 67-49, Sector El Lago, Urbanización Virginia, T791 5589, F791 3487, georgep@inspecciones.com open 0800-1230. **Medical services** Doctors: Dr García, Hospital Coromoto, Av 3C and C 72, T912222, speaks English, as does Dr Carlos Febres, a dentist, Av 8, No 84-129, Mon-Fri 0900-1200, 1500-1800, T221504.

About one hour north is the Río Limón. Take a bus (US$0.70, from terminal or Avenida 15 entre C 76 y 77) to **El Moján**, riding with the Guajira Indians as they return to their homes on the peninsula. From El Moján, *por puestos* go to **Sinamaica** (US$1.40; taxi US$5). Beyond Sinamaica, a paved road passes the Sinamaica Lagoon and leads to the border with Colombia. Along the way you see Guajira Indians, the men with bare legs, on horseback; the women with long, black, tent-shaped dresses and painted faces, wearing the sandals with big wool pom-poms which they make and sell, more cheaply than in the tourist shops. The men do nothing: women do all the work, tending sheep and goats, selling slippers and raising very little on the dry, hot, scrubby Guajira Peninsula.

Maracaibo to Colombia
Because of the proximity of the border, across which drug trafficking occurs, it is best not to stay in this area after 1600

The border opens at 0800. Ask for 90 days on entering Colombia. **Buses** Maracaibo-Maicao by colectivo taxi from Maracaibo bus terminal (5 passengers), US$6 per person, plus US$1.50 road toll. Lots of police checks en route, but no luggage checks; a straightforward crossing.

Border with Colombia
Colombia is 1 hr behind Venezuela

To enter Venezuela by land a visa may be asked for, even for those who don't officially require one. Only 72-hour transit visas are issued at this border; *tarjetas de turismo* must be obtained from *DIEX* in Maracaibo – not an easy task. Get a visa in advance. You can expect searches at the border and en route to Maracaibo.

The Andes

Caracas

Venezuela's high Andes offer hiking and mountaineering, and fishing in lakes and rivers. The main tourist centre is Mérida, but there are many interesting rural villages. The Transandean Highway runs through the Sierra to the border with Colombia, while the Pan-American Highway runs along the foot of the Andes through El Vigía and La Fría to join the Transandean at San Cristóbal.

*The **Sierra Nevada de Mérida**, running from south of Maracaibo to the Colombian frontier, is the only range in Venezuela where snow lies permanently on the higher peaks. Several basins lying between the mountains are actively cultivated; the inhabitants are concentrated mainly in valleys and basins at between 800 m and 1,300 m above sea level. The three towns of Mérida, Valera and San Cristóbal are in this zone.*

This is the most important town in the State of Trujillo. Here, you can choose between two roads over the Sierra, either via Timotes and Mucuchíes to Mérida, or via Boconó and down to the Llanos at Guanare. Agricultural and industrial fair in August. There is *Corp Banca*, Avenida Bolívar con Calle 5, changes Amex TCs, no commission and *Banco de Venezuela*, Calle 7 con Avenida 10, cash on Visa and MasterCard, very efficient and helpful. There are several upmarket business hotels, few decent budget ones, and lots of good Italian restaurants on the main street.

Valera
Phone code: 0271
Colour map 1, grid A5
Population: 130,000

Transport The bus terminal on the edge of town. To **Boconó**, US$4 3 hrs; to **Trujillo**, *por puestos*, 30 mins, US$0.75; to **Caracas**, 9 hrs, US$12 (direct at 2230 with *Expresos Mérida*); to **Mérida**, 4 daily with *Empresa Barinas* (0800, 1000, 1300, 1500), US$2.60, 4½ hrs; *por puestos* to **Mérida**, 3 hrs, US$6, leave when full; to **Maracaibo**, *micros* every 30 mins until 1730, 4 hrs, US$6.50.

From Valera a road runs via the restored colonial village of **La Plazuela** to the state capital, Trujillo. This beautiful historic town consists basically of two streets running uphill from the Plaza Bolívar. It's a friendly place with a warm, sub-tropical climate. The **Centro de Historia de Trujillo**, on Avenida Independencia, is a restored colonial house, now a museum. Bolívar lived there and signed the 'proclamation of war to the death' in the house. A monument to the **Virgen de la Paz** (47 m high, with elevator) was built in 1983; it stands at 1,608 m, 2½ hours walk from town. ■ *Jeeps leave when*

Trujillo
Phone code: 0272
Colour map 1, grid A5
Population: 44,460
Altitude: 805 m
Tourist information
T236 1455,
ctt@cttutismo.org

Venezuela

full from opposite Hotel Trujillo, *20 mins, US$1.40 pp; open 0900-1700, US$1 entry, good views to Lake Maracaibo but go early. Banco Provincial*, on main plaza, cash on Visa and MasterCard. *Banco de Venezuela*, one block down from cathedral, has ATM. Several places to stay, including **D** *Los Gallegos*, Avenida Independencia 5-65, T/F236 3193. With hot water, a/c or fan, with or without TV.

Boconó & Niquitao

From Trujillo there is a high, winding, spectacular paved road to the town built on steep mountain sides and famed for its crafts. The Centro de Acopio Artesanal Tiscachic is highly recommended for *artesanía* (turn left just before bridge at entrance to town and walk 300-400 m). It has three basic hotels and **C** *Estancia de Mosquey*, at Mosquey, 10 km from Boconó towards Biscucuy, family run, great views, good beds, good restaurant, pool, recommended. Niquitao, a small town one hour southwest of Boconó, is still relatively unspoilt. As well as three basic hotels with food available, there is **D** *Posada Turística de Niquitao* (T0271-885 2042/0414-723 3425) and **D** *Na Delia* (T0271-885 2113), on a hill 500 m out of town, both have restaurants. *La Estancia*, Plaza Bolívar, owner Golfredo Pérez, helpful, kind, knows area well, excellent pizzas.

Excursions can be made to the Teta de Niquitao (4,007 m), two hours by jeep, the waterfalls and pools known as Las Pailas, and a nearby lake. Southwest of Niquitao, by partly-paved road is **Las Mesitas**; continue up towards **Tuñame**, turn left on a good gravel road (no signs), cross pass and descend to **Pueblo Llano** (one basic hotel and restaurant), from where you can climb to the Parque Nacional Sierra Nevada at 3,600 m, passing Santo Domingo. Good hiking in the area; Johnny Olivio at the video shop on Plaza Bolívar is a knowledgeable guide.

Valera to Mérida
4,007 m
best seen early morning, frequently in the clouds

After Timotes (two good hotels: **C** *Las Truchas*, T0271-828 9158, **D** *Carambay*, Avenida Bolívar 41, T0271-828 9261) the road climbs through increasingly wild, barren and rugged country and through the windy pass of **Pico El Aguila**. This is the way Bolívar went when crossing the Andes to liberate Colombia, and on the peak is the statue of a condor. At the pass is the tourist restaurant *Páramo Aguila*, reasonably priced with open fire; also food stalls, souvenir sellers and horses for hire. Across from the monument is a small chapel with fine views. A paved road leads from here 2 km to a *CANTV* microwave tower (4,118 m), continuing north as a lonely track to the **Piñango lakes** (45 km) and the traditional village of **Piñango** (2,480 m). Great views for miles around. The Aranjo family provides food and lodging and hires horses.

Phone code 0274
Population: 6,000
Altitude: 2,178 m

Santo Domingo, with good handicraft shops and fishing, is on the spectacular road up from Barinas to Mérida, before the Parque Nacional Sierra Nevada. Festival: 30 September, San Gerónimo. The tourist office is on the right leaving town, 10 minutes from the centre. **Sleeping AL** *La Trucha Azul*, east end of town, T898 8140, F898 8067. Rooms with open fireplace, expensive for what it offers. **C** *Hotel Tasca Halcón de Oro*, T898 8044. Cheap rooms for rent next door, opposite *Panadería Santo Domingo*. **B** *Hotel Moruco*, T898 8155, F898 8225, out of town. Beautiful, good value, food very good, bar expensive. ■ *Buses or busetas pass through in either direction at approximately 2 hr intervals through the day. Mérida 2 hrs, US$4 por puesto; Barinas 1½ hrs, US$4.25.*

Between Santo Domingo and Laguna Mucubají is the beautiful former monastery, **A** *Los Frailes*, at 3,700 m, international menus, expensive wines. Book through *Hoturvensa*, T0212-907 8130, F907 8140, hoturvensa@cantv.net, but pay at hotel. On the other side of the river is **B** *Paso Real*, almost as good.

Parque Nacional Sierra Nevada (North)

The Transandean highway snakes its way through the rugged mountain landscape, past neat, little towns of red-tiled roofs, steep fields and terraces of maize and potatoes. The snow-tipped peaks of the high sierras watch over this bucolic scene, with Pico Bolívar, at 5,000 m, lording it over them all.

A few kilometres before the road from Barinas meets the road from Valera is the entrance to the **Parque Nacional Sierra Nevada** (*Trans Barinas* bus, two hours, or *por puesto* from Mérida US$3.50, two hours, 60 km). At the turn-off to the park is a motel, restaurant (good coffee and *arepas*) and shop. Near the entrance is **Laguna Mucubají**, at 3,600 m, with free but insecure campsite (visitors' centre, bookshop, good maps, interesting museum). A 1½-hour walk takes you to Laguna Negra. A permit is required from *Inparques* office at the entrance. A further 1½-hour walk from Laguna Negra is the very beautiful Laguna Los Patos. Horses can be hired (US$7.50 per person including guide). Guides (not absolutely necessary) can be found at Laguna Mucubají or at the hotels in Santo Domingo. (See Parque Nacional Sierra Nevada (South)). Throughout the park you will see a plant with felt-like leaves of pale grey-green, the *frailejón* (or great friar), which blooms from September to December.

Be prepared for near-freezing temperatures if camping out

The road then dips rapidly through Apartaderos (12½ km), a unappealing tourist trap at the junction of Route 7 and the road over the Sierra Nevada to Barinas. **B** *Hotel y Restaurante Mifafi*, T888 0131, good food, beautiful, no heating. **B** *Parque Turístico*, T888 0094, attractive modern chalet-style building, heating, very hot showers, helpful owner, expensive restaurant. Recommended. **E** *Posada Viejo Apartaderos*, T872 0658, posadaviejoapartaderos@cantv.net Good value, good restaurant with reasonable prices. **E** *Posada San Rafael del Páramo*, just outside Apartaderos on road to San Rafael, T872 0934, www.andes.net/posadasanrafaeldelparamo Cosy converted farmhouse, hot water, breakfast, restaurant in high season. Recommended. Buses to Mérida from turn-off to Barinas; bus to Barinas on the road over the Sierra Nevada is unreliable, best to catch it in Mérida.

Apartaderos
Phone code: 0274
Altitude: 3,342 m

About 3 km above Apartaderos, a narrow paved road (signposted) turns west off the highway at 'Escuela Estatal 121' and winds its way to **Llano del Hato** (at 3,510 m, the highest place in Venezuela served by road) and on to the three-domed Centro de Investigaciones de Astronomía at 3,600 m. At least two viewing points on the way in give great views of the Lake Mucubají plateau. ■ *CIDA's 4 telescopes and modern facilities are open to visitors daily 1000-2230 during school holidays, Easter Week, and in Aug and Dec; otherwise open Sat 1000-2230, Sun 1000-1630, US$2, www.cida.ve* A good paved road descends 7 km from Llano del Hato to the Mérida highway at La Toma, just above Mucuchíes. Many prehispanic terraces and irrigation systems, adobe houses and ox-ploughed fields (*poyos*) are visible from the road.

From Apartaderos the road to Mérida (two hours), follows the Río Chama valley and drops 1,850 m. This is the heart of the cultivated highlands and the fields extend up to the edge of the *páramo*, clinging to the steepest slopes. The road leads up to **San Rafael de Mucuchíes** (*Altitude*: 3,140 m), said to be the highest village in Venezuela. You should visit the remarkable church, pieced together from thousands of stones, by the late Juan Félix Sánchez and Epifania Gil. **D** *El Rosal*, T872 0331, hot water, good.

A few kilometres beyond San Rafael is Mucuchíes, (altitude: 2,980 m) where there is a trout farm. Beside the Liberator on the statue in Plaza Bolívar is a representation of the Indian boy, Tinajaca, and the Mucuchíes dog, Snowy, given to Bolívar in 1813 and, according to legend, devoted to him until their death on the same day at the Battle of Boyacá. The patron saint of Mucuchíes is San Benito; his festival on 29 December is celebrated by participants wearing flower-decorated hats and firing blunderbusses continuously. Tourist office on C 9 as you enter from Mérida; internet at C 9 Independencia. **C** *Los Conquistadores*, Avenida Carabobo 14, T/F872 0350, good hotel with lots of facilities including pool and bicycle hire, ATM. **D** *Los Andes*, T872 0458, F872 0151, old house above plaza, cosy rooms, hot water, shared bathrooms, excellent restaurant (closes 2030), highly recommended.

Mucuchíes
Phone code: 0274
Population: 9,175

Before Mérida is **Los Aleros**, a reconstruction of a 1930s town; entry US$5. Staff wear appropriate rustic costume (the drunks are not acting; they're paid by the government). Restaurant *El Caney*, colonial style, in front of bus stop, cheap, highly recommended, busy at weekends.

Venezuela

Tabay
10 km from Mérida

From Plaza Bolívar in Tabay a jeep can be taken to the cloud forest at **La Mucuy** and to Aguas Calientes (or Termales), two warm pools in a stream (US$1.50 entry). On the Mérida road 1½ km from the plaza is **D** *La Casona de Tabay*, T0274-283 0089,, posadalacasona@cantv.net A beautiful colonial-style hotel, surrounded by mountains, comfortable, home cooking, family-run, highly recommended, take *por puesto*, two signposts. **F** pp *Posada de la Mano Poderosa*, dormitory rooms, lovely, quiet, hot showers, good food, great value, get off at La Plazuela then walk 15 minutes towards Vivero Tutti Flor. For eating, try *El Morichal*, 50 m from plaza, good, cheap. ■ *Regular por puesto service, buses from Mérida C 19 entre Avs 3 y 4. Gasoline in Tabay.*

Mérida

Phone code: 0274
Colour map 1, grid A4
Population: 300,000
Altitude: 1,640 m
674 km from Caracas

The road continues its descent through increasingly lush, tropical vegetation until the city of Mérida becomes visible. It stands on an alluvial terrace - a kind of giant shelf - 15 km long, 2½ km wide, surrounded by cliffs and plantations and within sight of Pico Bolívar, the highest in Venezuela, crowned with a bust of Bolívar. Mérida (founded 1558), the capital of Mérida State, retains some colonial buildings. From here the Parque Nacional Sierra Nevada can be visited.

Ins & outs
For more detailed information see Transport, page 1334

Mérida may seem a safe place, but theft and robbery does occur. Avoid the Pueblo Nuevo area by the river at the foot of the stairs leading down from Av 2, as well as Av 2 itself and Viaducto Miranda. The **airport** is on the main highway, 5 km from the centre. *Por puesto* into town US$0.20, taxi US$4. The **bus terminal** is about 3 km from the centre of town on the west side of the valley, connected by a frequent minibus service to Calle 25 entre Avenidas 2 y 3. Taxi from bus station to town centre US$2.

Tourist offices **Corporación Merideña de Turismo**, Av Urdaneta y C 45, next to the airport, T263 4701/2782, www.merida.com.ve Low season 0800-1200, 1400-1800, high season 0800-1800, closed Sun. They supply a useful map of the state and town (US$0.30). Also at the airport in the waiting lounge, very informative, same low season hours, 0730-1330 in high season; in the bus terminal, same hours, have a map of the city (US$0.30). At Jardín Acuario, Av Andrés Bello, low season 0800-1200, 1400-1800, high season 0830-1830. A good website for information on Mérida is www.andes.net/index.html **Inparques** (National Parks) office on street parallel to Av Las Américas, opposite IVSS, T262 2554, drmerida@inparques.gov.ve Map of Parque Nacional Sierra Nevada (mediocre) US$1; also at Teleférico for permits.

Sights

Mérida is known for its 33 parks and many statues. **Parque de las Cinco Repúblicas** (C 13, between Avs 4 and 5), beside the barracks, had the first monument in the world to Bolívar (1842, replaced in 1988) and contains soil from each of the five countries he liberated (photography strictly prohibited). Three of the peaks known as the Five White Eagles (Bolívar, 5,007 m, Toro, 4,755 m, and León 4,740 m) can be clearly seen from here. The **Parque La Isla** contains orchids, basketball and tennis courts, an amphitheatre and fountains. In the **Plaza Beethoven**, a different melody from Beethoven's works is chimed every hour; *por puestos/busetas*, run along Avenida 5, marked 'Santa María' or 'Chorro de Milla', US$0.25. **Jardín Acuario**, beside the aquarium, is an exhibition centre, mainly devoted to the way of life and the crafts of the Andean *campesinos*, ■ *High season daily 0800-1800, low season closed Mon, US$0.25; (busetas leave from Av 4 y C 25, US$0.25, passing airport).*

Museo de Arte Colonial. ■ *Daily in high season 0900-1600, low season Tue-Fri 0800-1200, 1400-1800, US$0.50, Av 4, Casa 20-8, T252 7860.* More interesting is the small **Museo Arqueológico** with pre-Columbian exhibits from the Andean region. ■ *Mon-Fri 0800-1100, Sat-Sun 1000-1900, Av 3, Edif del Rectorado de la Universidad de los Andes, just off Plaza Bolívar, T240 1111.* **Museo de Arte Moderno**, Centro Cultural Don Tulio Febres Cordero, between Avenidas 2 and 3, diagonally opposite Plaza Bolívar (check here for cultural events).■ *Tue-Sun*

Venezuela

0900-1700, free. Roger Manrique has an impressive butterfly collection (over 10,000), also knowledgeable about Andean wildlife, contact through *Arassari Trek*, see Tour operators.

AL *El Tisure*, Av 4 entre C 17 y 18, T252 6072, www.andes.net/tisure/ Modern colonial-style building, very pleasant, disco. **A** *Pedregosa*, off Av Los Próceres, T266 3181, www.andes.net/pedregosa/ On the edge of town, laid out like an Andean village with guests' cottages, pool, restaurant, good for families with children, safe, armed guards, National car hire office, horse riding, rowing boats and bicycle rental nearby. **B** *Mintoy*, C 25 (Ayacucho), No 8-130, T252 0340, www.anes.net/mintoy/ 10% discount for cash, comfortably furnished, breakfast, good value, parking, suites with separate sitting area (sleeps 5). **C** *Apart Hotel Central*, Av 3 entre C 16 y 17, T252 7629. Good apartments for 4 or 8 with TV and kitchen. **C** *Casa y Posada Alemana-Suiza*, El Encanto, Av 2 No 38-120, T263 6503, info@casa-alemana.com Very nice, laundry service, airport pick-up, parking, discount for long stays, English and German spoken. **C** *Posada Casa Sol*, Av 4 entre C15 y C16, T252 4164, www.posadacasasol.com Renovated colonial-era house, hot water, garden, food available, English, German and Italian spoken. **C** *Posada Luz Caraballo*, Av 2 No 13-80, opposite La Plaza de Milla, T252 5441, www.andes.net/luzcaraballo Excellent cheap restaurant, good bar, hot water, colonial style old building. **C** *Montecarlo*, Av 7 entre C 24 y C 25, T252 5981, F252 5910. Safe, parking, hot water, restaurant, ask for a back room with mountain view. **C** *Posada Mucumbari*, Av 3 entre C 14 y 15, T252 6015, carnaval@telcel.net.ve German, English and French spoken, shared bath, hot water, often full, laundry, breakfast and snack bar, travel agency. **C** *Posada Doña Pumpa*, Av 5 y C 14, T/F271 4631, www.megadata web.com/donapumpa Good showers, spacious rooms, cable TV, quiet, very comfortable, English-speaking owner.

D *Posada Alemania*, Av 2 entre C 17 y 18, No 17-76, T252 4067, posada_alemania@ hotmail.com **E** without bath, quiet, family atmosphere, nice patio, busy, breakfast, laundry, kitchen, book exchange, tourist information, English and German spoken, German owner, tours and activities. **D** *La Montaña*, C 24 No 6-4 entre Av 6 y 7, T252 5977, posadalamontana@hotmail.com With laundry, English spoken, excellent restaurant. **D** *Los Bucares*, Av 4 No 15-5, T/F252 2841. Quiet, hot showers, TV, family rooms **B**, nice patio with occasional live music, garage, safe. **D** *Luxemburgo*, C 24, between Avs 6-7, T252 6865. Cold water, annex guesthouse used when hotel is full, safe. **D** *Encanto Andino*, C 24 No 6-53, entre Avs 6 y 7, T252 6929, F252 3580. Cheaper without bath, easy-going, fully-equipped kitchen, bicycle hire. **D** *Posada La Mara*, C 24 No 8-215, T252 5507. Pleasant, hot water, luggage store. **E** *Italia*, C 19 entre Av 2 y 3, T252 5737. Hot water, **F** in smaller rooms without bath, kitchen and laundry facilities, post box, travel agency, speak English, German and French, changes dollars. **E** *Panamá*, Av 3 entre 18 y 19, T252 9156. Hot water, popular with students and backpackers, TV, changes dollars and TCs. On Plaza las Heroínas: **E** *Planeta Mérida*, C 24 y Av 8, T252 6844. Hot water, shared bath, opposite *Guamanchi Tours*, luggage store, laundry, good. **F** *La Floridita*, C 25, No 8-44, T251 0452. Cheaper in shared room, hot water, helpful, kitchen, well-kept, Cuban run.

Houses for rent *Finca La Trinitaria*, a beautiful farm with a 3-bedroom colonial house, 10 mins from the town centre towards the Hechicera. Sleeps 6 in comfort, self-catering, well-furnished and equipped, US$50 per night, contact Ian and Mary Woodward, T244 0760, IanWdwrd@netscape.net

La Abadía, Av 3 entre C 17 y 18. Excellent, varied menu, 30 mins free internet time with each meal. *Café Atico*, C 25 near Plaza Las Heroínas. Excellent lunch for US$4. Recommended. *Cheo's Pizzería*, 3 separate restaurants on Plaza Las Heroínas serving good pizzas. *Chino*, Av Los Chorros de Milla, a few hundred metres before Parque Chorros de Milla, 15 mins by bus. Excellent Chinese. *Chipen*, Av 5, C 24/C 23. Good meat. *La Esquina de Pajarito*, C 25 esquina Av 6. Simple but good Venezuelan food, cheap set lunch. *Fortune*, C 21 entre Av 4 y 5. Good Chinese food, English and German spoken. *La Mamma*, Av 3 and C 19. Good pizza, pasta and set lunches, excellent salad bar, popular in the evening, live music at weekends, very cheap local wine. *La Montaña*, C 24 between Av 6 and 7 (next to

Sleeping
■ *on map, page 1332*
Book ahead during school holidays and the Feria del Sol. Most hotels have a link on www.andes.net

Eating
● *on map, page 1332*
Many places offer student set lunches for US$1-1.50

Venezuela

posada). Good, cheap food, pleasant setting. *El Museo*, Av 3, C12-13. Nice patio, nostalgic decorations, lots of graffiti, good food, pleasant place for a drink. *El Sabor de los Quesos*, on Plaza de Milla. Very good and cheap pizzería. *Zanzibar, Av 4 entre C 19 y 20. Very good value lunches under US$2, German chef.* The *Heladería La Coromoto*, Av 3 y C 29, T523525, open 1400-2200, closed Mon, offers 750 flavours of ice cream, at least 60 choices each day, eg, trout, avocado, garlic, spaghetti! Diagonally opposite is *T-Café*, for homemade food, juices, coffee and cakes. *Lonchería Joseph*, C 23 entre Av 4 y 5. Good *batidos*, cheap set meal, friendly Lebanese owner speaks French. *Reina de los Andes, Av 5 entre C 21 y 22. For arepas*, juices and coffee.

Vegetarian restaurants El Sano Glotón, Av 4 y C 18. Recommended.. Next door but one is a great snack bar with excellent *empanadas*. *Federico's*, Av 3, C27-28. Vegetarian lunches, pizza. *Fonda Vegetariana*, C 29/Av 4. Recommended.

Bars & clubs *Alfredo's*, C 19 y Av 4. Bar, very popular, also has vegetarian café (lunch US$1) and internet access 0900-2300. Across the road is *El Hoyo del Queque*, which is packed and a good meeting place. Opposite is *Gradas*, a US-style sports bar *Birosca Carioca*, Av 2 y C 24. Popular,

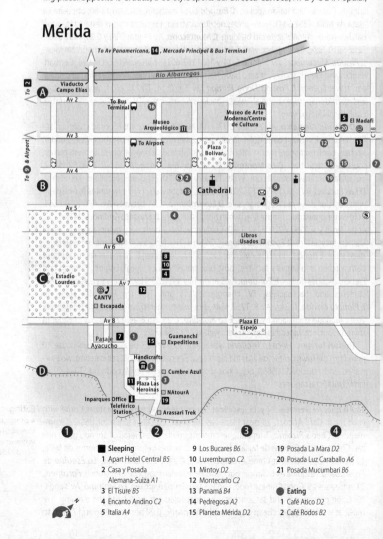

Mérida

To Av Panamericana, **14**, Mercado Principal & Bus Terminal

Río Albarregas

Av 1

To 2

Viaducto
Campo Elias

Av 2

To Bus
Terminal

Museo
Arqueológico

Museo de Arte
Moderno/Centro
de Cultura

5 El Madafi

Av 3

To Airport

Plaza
Bolívar

To 9 & Airport

Av 4

Cathedral

Av 5

Libros
Usados

Av 6

Estadio
Lourdes

Av 7

CANTV

Escapada

Av 8

Plaza El
Espejo

Pasaje
Ayacucho

Guamanchi
Expeditions

Handicrafts

Cumbre Azul

Plaza Las
Heroínas

NAtourA

Inparques Office
Teleférico
Station

Arassari Trek

Venezuela

■ **Sleeping**
1 Apart Hotel Central *B5*
2 Casa y Posada
  Alemana-Suiza *A1*
3 El Tisure *B5*
4 Encanto Andino *C2*
5 Italia *A4*

9 Los Bucares *B6*
10 Luxemburgo *C2*
11 Mintoy *D2*
12 Montecarlo *C2*
13 Panamá *B4*
14 Pedregosa *A2*
15 Planeta Mérida *D2*

19 Posada La Mara *D2*
20 Posada Luz Caraballo *A6*
21 Posada Mucumbari *B6*

● **Eating**
1 Café Atico *D2*
2 Café Rodos *B2*

with live music, take care outside. *The Clubber*, Av 4 entre C 14 y 15. Irish bar with live music at weekends. *Kontiki*, Av 3 y C 19. Mérida's oldest club. There is no cover charge for nightclubs but always take your passport or a copy.

Festivals For 2 weeks leading up to Christmas there are daily song contests between local students on Plaza Bolívar, 1700-2200. *Feria del Sol*, held on the week preceding Ash Wednesday. This is also the peak bullfighting season. 1-2 Jan, *Paradura del Niño*; 15 May, *San Isidro*.

Shopping Handicraft market on La Plaza de Las Heroínas, opposite *teleférico*, good café. Market on C 26 near Av T Febres Cordero has expensive but beautiful and unusual jewellery. *Mercado Principal* on Av las Américas (buses for bus station pass by), has many small shops, top floor restaurant has regional *comida típica*, bargaining possible. Good record shop *Discoteca Internacional*, Av 3, Edif Trujillo.

Bookshops *Libros Usados*, J Santos, Av 6, 21-45, very good prices, including some second-hand English, German and French books. *Librería Universidad*, Av 3, C 29/30, superb.

Camping shops *Cumbre Azul*, C 24 opposite Plaza Las Heroínas, T416 3231. Rents mountaineering equipment (also sells fishing tackle). *5007*, Av 5 entre C 19 y 20, T252 6806. *Escapada*, CC El Ramiral, C 26 entre Av 7 y 8, T251 0523. Many tour operators rent equipment.

Tour operators Several agencies offer paragliding courses. Beginners must recognize that this is a dangerous sport and conditions in Mérida (lots of wind and thermals) are much better suited to those with experience. Accidents are not uncommon. A recommended instructor is Raul Penso (contact through Arassari Trek). *Arassari Trek*, C 24 No 8-301 (beside the teleférico), T/F252 5879, www.arassari.com Run by Tom and Raquel Evenou, English, French and German spoken, good tours with great guides at fair prices, very helpful and hospitable, highly recommended for trekking and climbing in the Sierra Nevada, horse riding, mountain biking, canyoning, caving, parapenting, rafting and canoeing. They also have a book exchange and cybercafé with excellent food. Angel Barreto can arrange domestic flights. Their Llanos tour (US$130-140 for 4 days) is excellent with many different activities, have their own, superb purpose-built camp. English-speaking guide Alan Highton is highly recommended for the tours of the Llanos and the Río Catatumbo. *Gravity Tours*, C 24 entre Av 7 y 8. Bilingual guides, some extreme tours including rock climbing, Llanos trips, good value. *Guamanchi Tours* (owned by John and Joëlle Peña), C 24, No 8-39, T/F252 2080, www.guamanchi.com German, French, Italian and English spoken, recommended for hiking, paragliding, horse riding, biking,

Av 1 Rodríguez Picón
Av 2 Lora
C17
C16
C15
C14
Plaza
de Milla
To Barinas
& Valera
Av 3 Independencia
Av 4 Bolívar
DIEX
Museo de
Arte Colonial
Av 5 Zerpa
Av 6 Rodríguez Xuárez
Av 7 Maldonado
Plaza
Belén
Av 8 Paredes
Parque Rincón
de los Poetas
16
20
10
1
21
17
17
3
6
9
18
5
6

6 El Sabor de los
   Quesos *A6*
7 El Sano Glotón *B4*
8 Fortune *A3*
9 Heladería Coromoto *A1*
10 La Abadía *A5*
11 La Esquina de

14 Romana *B4*

● **Bars & clubs**
15 Alfredo's *B4*
16 Birosco Carioca *A2*
17 Clubber *B6*
18 El Hoyo del

Venezuela

birdwatching, equipment hire, exchange, information, mountain climbing, also tours to Llanos, Amazonia and Angel Falls, email service, free to customers. *NAtourA*, C 24 No 8-237 beside the teleférico, T252 4216, www.natoura.com Open Mon-Sun 0830-1900, friendly company organizing tours throughout Venezuela, run by José Luis Troconis and Renate Reiners, English, French, German and Italian spoken, climbing, trekking, rafting, horse riding, mountain biking, birdwatching and equipment hire. Repeatedly recommended. For **paragliding**, Raúl Penso of *Andes Fly Center*, T0414-746 5833, www.andesflycenter.com or through *Arassari Trek*. Very experienced and recommended. Another experienced pilot is Oswaldo, T0414-717 5953. Ponciano Dugarte Sánchez, T266 5096/252 8416, recommended for jeep hire, English, German and Italian spoken. Also Lucio (T252 8416) and Nicolás Savedra (T271 2618) and Juan Medina, *Yagrumo*, C 24, mostalla@hotmail.com.

Transport **Local Car hire**: several companies at the airport, including *Alquil Auto*, T263 1440, or *Dávila Tours*, Av Los Próceres opposite Urb la Trinidad, T266 0711, or airport T263 4510. **Taxis**: in town about US$2. *Línea Tibisay*, outside *Park Hotel*, T263 7930, recommended.

You can save a lot of time by checking in the day before flight

Long distance Air: Daily flights to **Caracas** (1 hr direct), with *Santa Bárbara* (T263 2723); also to **Maracaibo, Barquisimeto, San Antonio** and **Valencia**. Also Avior, T244 2563. In the rainy season, especially on afternoon flights, planes may be diverted to San Antonio (3-5 hrs by road), or El Vigía (2½ hrs away). Airport tax US$1. *Casa de cambio* (see Banks below). **Buses**: To call a taxi ring bell on left just outside entrance as you leave. A small exit tax of US$0.25 is charged at the information desk, make sure you pay, officials check buses before departure. On interstate buses, it is essential to book in advance; for buses within the state you pay on board. **Bus companies**: *Expresos Occidente*, daily direct to **Caracas** at 0830, US$16, 12 hrs; via Valencia and Maracay at 0800; to **Coro/Punto Fijo** at 0700, US$12, 12-14 hrs. *Expresos San Cristóbal* (T263 1881), daily direct to Caracas at 1930, 12 hrs, via Valencia and Maracay at 1700, 2030; to **Maracaibo**, at 1930, 8 hrs, US$8. *Expresos Mérida* (T263 3430/263 9918), to Caracas hourly from 1800, some direct others via Valencia and Maracay (10-11 hrs); also to **Barquisimeto** (US$8.50, 8 hrs), Maracaibo and Punto Fijo. *Transportes Barinas* (T263 4651), 4 daily to **Barinas** via Santo Domingo, US$3.50, 5 hrs; 3 to **Valera**, US$2.60, 5 hrs. *Táchira Mérida* , to **San Cristóbal** and **San Antonio** (US$8, 6 hrs). *Expresos Los Llanos* (T265 5927), to Caracas at 1900; to **San Fernando de Apure**, via Valencia and San Juan, at 2045, 18 hrs, US$30. Also *por puestos* leave from upper level of terminal to: Jaji, Chiguará, Apartaderos (US$3), Barinas (US$4, 4 hrs), Maracaibo (US$12), Barquisimeto, Caracas, El Vigía, San Cristóbal (US$9), Valera (US$6).

Directory **Banks** *Banco Mercantil*, Av 5 y C 15. ATM takes Cirrus (commission lower than Visa). *Banco Provincial*, Av 4 y C 25, and *Banco de Venezuela*, Av 4 entre C 23 y 24, both ATM and cash advance on Visa and Mastercard. *Italcambio* at airport; this is often the easiest place to change cash and TCs. **Communications** Internet: Places all over town, many have broadband, US$0.40-0.80 per hr. See *La Abadía* and *Arassari Trek* above. *El Madafi*, Av 3 entre C 18 y 19, open till midnight. *CANTV Centro de Comunicaciones*, Av 7 entre C 25 y 26. Also opposite *Ipostel*. Post Office and telephone: *Ipostel*, C 21 entre Avs 4 y 5, 0800-1900 daily. *CANTV*, C 21 y Av 5, Mon-Sat 0800-1930. Post office also in bus terminal, 0800-1200, 1400-1700, weekdays only. **Consulates** Colombia, Av Las Américas, CC Mamayeya, p 5, T244 8607, open 0800-1400. Visas take 10 min. **UK**, Professor Robert Kirby, honorary vice-Consul, Edif Don Chabelo, Apto PH-4, in front of Urb Humboldt, T266 2022, F266 3369. **Medical services** Doctor: *Dra María Yuraima C de Kirby* at *Clínica Médica*, C 22 (opposite Cultural Centre), T521859. Speaks English. Recommended. **Language schools** *Iowa Institute*, Av 4 y C 18, T252 6404, www.ing.ula.ve/~iowainst/ Run by Cathy Jensen de Sánchez, competitive prices, fully qualified teachers, homestays arranged. Recommended. *Latinoamericano de Idiomas*, CC Mamayeya, p 4, of C-5-38, T/F244 7808. Contact Marinés Asprino, Conjunto Residencial Andrés Bello, Torre C, p 5, Apt 6-1, T271 1209 for private lessons and cheap accommodation. Recommended. *María Eugenia Olivar* (also Renjifo and Nora), Av 2 con C 19, Edif Chiquinquirá No 19-11 Apt 3, T252 0845. Recommended. Many tutors place ads in *posadas* and bars. **Useful addresses** Immigration Office: DIEX, Av 4 y C 16. Tourist police: The **Cuerpo Técnico de Policia Judicial** (PTJ), will provide a *constancia* reporting the crime and listing the losses. Their office is on Av Las Américas, just below the Mercado Principal. Open daily but won't issue a *constancia* on Sun. To get there, take any bus marked 'Terminal Sur' or 'Mercado' leaving from C 25. You can also get a *constancia* from the *Prefectura Civil del Municipio Libertador*, but it

Most banks won't change cash dollars. Some shops advertise that they change dollars, or try travel agencies. Cash is less welcome than TCs and rates are poor

Venezuela

can take all day and is only valid for a limited period of time; at Av 4 No 21-69, just off Plaza Bolívar; opening hours variable. The Tourist Offices are probably a better bet than the police if you need to register a theft report for insurance purposes.

Parque Nacional Sierra Nevada (South)

Close to Mérida is the popular hiking area around Los Nevados, with the added attraction of the highest cable car in the world (if it's running). The further you go from Mérida, the greater the off-the-beaten-track possibilities for hiking and exploration that arise.

Since this is a national park, you need a permit to hike and camp overnight. It must be obtained from the *Inparques* (National Parks) office in Mérida (see Ins & outs). Permits are not given to single hikers (except to Los Nevados): a minimum of two people is required. It costs US$0.20 per person. Have your passport available. Return permit after your hike. If camping, remember that the area is between 3,500 and 4,200 m so acclimatization is necessary, as is warm clothing for night-time. (See Altitude, Health, Essentials, at the beginning of the book.) Some treks are very difficult so be sure to check with the tourist office before leaving. Water purification is also recommended. See also Mérida Tour operators and Parque Nacional Sierra Nevada (North) page 1328.

Pico Espejo

The world's highest and longest aerial cableway (built by the French in 1958) runs to Pico Espejo (4,776 m) in four stages. When operating, its final station is at Pico Espejo, with a change of car at Loma Redonda, the penultimate station, at 4,045 m. It operates haphazardly, but according to its website (www.telefericodemerida.com/reservaciones/index.html) it was running in June 2003. ■ *Tickets, US$14 return, must be bought in advance to avoid queues. T252 5080/1997 ext 113 and 114, F252 9174. Hours: 0700-1200 in high season, 0730-1200 low season, when there is no service Mon and Tue.*

Los Nevados
Altitude: 2,711 m

An alternative to the cableway is to take a jeep as far as the little hamlet of Los Nevados. Recommended *posadas* are **E** pp *Posada Bella Vista*, behind church Sánchez family, hot water, hammocks, great views, restaurant. **E** pp *Posada Guamanchi*, owned by travel agency of same name in Mérida, solar power, great views, cheaper with shared bath. *El Buen Jesús* **F** pp, T252 5696, hot water, meals available. All *posadas* will arrange food and mules for climbing to El Alto de la Cruz or to Loma Redonda. ■ *Jeep Los Nevados-Mérida, late afternoon (depart 0700 from Plaza Las Heroínas in Mérida), 5-6 hrs, US$10 pp, US$50 per jeep, very rough and narrow but spectacular.*

From Los Nevados, it is a very testing two-day trek to **Pico Espejo**; strong possibility of altitude sickness as the ascent is more than 1,600 m. It is best done early in the morning (before 0830 ideally), before the clouds spoil the view, and from November to June. In summer the summit, with its statue to Nuestra Señora de las Nieves, is clouded and covered with snow and there is no view. It is a one-day return to Mérida. **It is not recommended to attempt Pico Espejo alone; better to go with a guide as it is easy to get lost**. Reputable trekking companies provide suitable clothing, temperatures can be as low as 0° C. August is the coldest month on the peaks. The glacier on Pico Bolívar can be seen clearly; so can Picos Humboldt and Bompland (4,883 m), forming the Corona, and to the east, on a clear day, the blue haze of the llanos.

From Los Nevados to **Loma Redonda** takes 5-7 hours (14 km). The hike is not too difficult; breathtaking views; be prepared for cold rain in the afternoon, start very early. Mules do the journey daily, four hours; US$8 per mule.

You can walk down from Loma Redonda to **La Aguada** station (3,452 m) on a rough path, two hours; wear boots, walk slowly, not for children or the elderly, take water. From La Aguada you can walk to the main road to Mérida (3-5 hours) and

Venezuela

catch a *por puesto* to town. It is a 30-minute walk from La Aguada to Los Calderones' farm (accommodation and horses for hire). From La Aguada to the next station down, **La Montaña** (2,442 m), it's a tough 2½ hours walk (wet and overgrown). From La Montaña it's a 2½-3½ hour walk to Mérida.

47 km to Mérida; jeeps do the trip daily

The walk from Los Nevados to the village of **El Morro** (24 km) takes 7-9 hours (very steep in parts). Sr Oviller Ruiz provides information on the history of the church and Indian cemetery. E *Posada* run by Doña Chepa, as you enter from Los Nevados, warm, highly recommended. F pp *Posada El Orégano*, including meals, basic, good food, recommended.

A recommended hike from Pico Espejo, is to the cloud forest at La Mucuy (see page 1330), 2-3 days walking at over 4,000 m altitude, passing spectacular snow peaks and several lakes. A tent and a warm sleeping bag are essential, as is a good map (local guides may lend theirs to photocopy).

Southwest of Mérida
Phone code: 0274
43 km from Mérida

Jají is famous for its colonial architecture, including an attractive main plaza. The plaza and adjoining streets are mainly given over to *artesanías* from all over the continent. There are a few basic hotels and good walking in the hills. *Buseta* from Terminal Sur, Mérida, hourly, 50 minutes, US$1. Off the road to Jají, 20 minutes from Mérida, is *Venezuela de Anteayer*, where regional culture is recreated in a series of displays, includes typical music and food, US$8. *Por puesto* from C 26, Mérida.

Continuing for 62 km – narrow, but mostly paved – beyond Jají, the Panamericana is reached 37 km east of El Vigía (several gas stations on the way). Transandean Route 7 leaves Mérida and passes through the Chama valley, heading for Lagunillas and Bailadores.

Phone code: 0275)
96 km from Mérida

Tovar is a nice little town with pleasant excursions, from where you can rejoin the Panamericana via Zea, itself a pleasant village, or tackle the wild and beautiful old mountain road over the Páramo de La Negra to San Cristóbal. D *Hostería Sabaneta*, Cra 3, T873 0611, with bath. F *Pensión Ideal*, basic, laundry facilities. *Restaurant Kek Duna*, Hungarian owner speaks six languages and serves interesting food. ■ *From Mérida to Tovar, bus US$2.50.* From Tovar the road continues to **Bailadores** (fiesta from Christmas to Candlemas, bus US$1.25), and **La Grita**, a pleasant town (Sunday market, fiesta 6 August).

San Cristóbal

Phone code: 0276
Colour map 1, grid B4
Population: 290,900
Altitude: 830 m
Mean temp: 22°C

The capital of Táchira State was founded in 1561 and has been restored in the colonial style. A good road runs over the mountains to San Antonio (see below) towards the Colombian border, which is 55 km from San Cristóbal. Fiesta de San Sebastián, 7-30 January.

Sleeping & eating

A *Círculo Militar De Ferias El Tamá*, Av 19 de Abril, overlooking the town, T356 1870, F356 9090. Safe, spacious, good pool and gymnasium. Recommended. B *Del Rey*, Av Ferrero Tamayo, T343 0561, F346 3704. Good showers, fridge, quiet. Recommended. C *Korinu*, Cra 6, C 5, T344 9866. Laundry, restaurant, parking. Recommended. D *Posada Turística Don Manuel*, Cra 10 No 1-104, Urb La Concordia, T347 8082. Hot water, family run, TV, fridge, kitcehn facilities. E *Ejecutivo*, C 6, No 3-45, T344 6298. Old and basic but clean and central. E *Río*, outside bus station. Big rooms, hot shower. And others nera terminal. There are several cheap hotels on Av 6A, just off the central plaza, and around Avs 5-7, C 4-8; E-F category. *Fuente de Soda La Bohème*, Av García de Hevia y 7 Av, Centro Cívico. Expensive, breakfasts all day. *El Rancho de Esteban*, 500 m from *Hotel Del Rey*. Open-air with fine view over city, special barbecue dishes. Highly recommended.

Venezuela

Air Airport at Santo Domingo, 40 km away. Taxi to San Cristóbal US$15, or walk 30 mins to highway and catch bus, 1 hr, US$0.50. Daily flights to/from Caracas with *Aeropostal, Láser* and *Aserca*. **Buses** To **Maracaibo**, 6-8 hrs, US$11.50, *por puesto*, US$23. To **Mérida**, US$8, 6 hrs, US$9 by *por puesto*. To/from **Bailadores** US$2.50. To **Caracas**, US$20, 15 hrs (*Expresos Occidente*), executive service US$23.50; **Valencia**, US$17.50. To **San Antonio**, 2½ hrs by bus, US$2, or *por puesto*, US$4, which continues to **Cúcuta**, stopping at Immigration in both countries, runs every 20 mins. By taxi to Cúcuta: US$19 to San Antonio, US$8 to wait at border, then US$12 to Cúcuta. To **Guasdualito**, US$10, 0650 bus connects with 1200 from Guasdualito to San Fernando de Apure.

Transport
The bus station is
well-equipped
the information booth
has little useful
information

Banks *Corp Banca* (American Express), 5a Av, Edif Torre east. **Communications** Post Office: Palacio Municipal, next to Cathedral. *CANTV*, on Carrera 23, C 10 y Pasaje Acueducto. **Consulates** German, Edif Torovega, Carrera 8, La Concordia, T347 1644, F347 0544, aveco@telcel.net.ve UK, Aveco, Britannia House, Av Rotaria esq Parque Exposición, La Concordia, T347 1644, F347 0544, aveco@telcel.net.ve **Tourist offices** Cotatur, Pabellones de Exposición, Av España, Pueblo Nuevo, T357 9655, cotatur@ funtha.gov.ve Helpful, José Gregorio speaks English. **Inparques**, Parque Metropolitano, Av 19 de Abril, T547 8347. **Touring y Automóvil Club,** Av Libertador C y Av Principal Las Lomas, Edif Olga.

Directory

The border town of San Antonio is connected by international bridge with Cúcuta on the Colombian side (about 16 km); continue by road or air to Bogotá. San Antonio has a colonial cathedral and some parks, but is not tourist-oriented. San Antonio festival is on 13-20 May. There is Amex at *Corp Banca*, on main plaza. TCs are difficult to change. *Casas de cambio* near the international bridge will not all change cheques and some will only change Colombian pesos, not even US$ cash. The exchange rate for bolívares to pesos is the same in San Antonio as in Cúcuta. **Sleeping and eating** **C** *Neveri*, C 3, No 3-11, esq Carrera 3, T771 5702. A/c, TV, safe, parking nearby, by border. **D** *Terepaima*, Carrera 8, No 1-37, T771 1763. Safe, good meals. Recommended. **E** *Frontera*, C 2 y Carrera 9, No 8-70. Pleasant, good value. Many hotels near town centre. Eating places include *Refugio de Julio*, Carrera 10. good value pizzas. *La Giralda de Sevilla*, next door to *Hotel Neveri*. Only place open on Sun evenings.

   ■ *Getting there: The airport has exchange facilities (mainly for Colombian pesos). Taxis run to DIEX (immigration) in town, and on to Cúcuta airport, US$15. Por puesto to airport, US$0.35. Internal flights: to Caracas,* Aeropostal, Aserca; *Láser and Santa Bárbara to Barquisimeto, Maracaibo, Mérida and Valencia. Buses Caracas-San Antonio US$23.50, a/c, to Caracas at 1600 and 1800, 12 hrs; to Mérida at 1200, 1700, US$8. Terminal tax US$0.10*

San Antonio
Phone code: 0276
Colour map 1, grid B4
Population: 42,630

Get a Venezuelan exit stamp at *DIEX*, Carrera 9 y Avenida 1 de Mayo, San Antonio. The Colombian consulate is at 10 Centro Cívico San Antonio, p 2, open 0800-1400; better to go to Mérida for visas.

   Entering Venezuela, go to *DIEX* before buying a bus ticket to San Cristóbal. Taxi from DIEX to bus station US$1.50. If Venezuelan customs is closed at weekends, it is not possible to cross from Cúcuta. There is a customs post 5 km after San Antonio; be prepared for strip searches and for searches between San Cristóbal and Mérida.

   If crossing by private vehicle, car documents are checked at *DIEX*. You must have a visa and a *carnet de passages* (but see page 1297). See Cúcuta in **Colombia**, for details on exit formalities. Once in Venezuela, you may find that police are ignorant of requirements for foreign cars.

Border with Colombia
*Venezuelan time
is 1 hr ahead
of Colombian*

Transport **Air**: It is cheaper, but slower, to fly Caracas-San Antonio, take a taxi to Cúcuta, then take an internal Colombian flight, than to fly direct Caracas-Colombia. The airport transfer at San Antonio is well-organized and taxi drivers make the 25-min trip with all stops. Air tickets out of Cúcuta can be reserved in a Venezuelan travel agency. **Buses**: San Antonio to border bridge US$1.75, in bolívares or pesos. Taxi to Cúcuta, US$12. On any transport that crosses the border, make sure the driver knows you need to stop to obtain stamps. *Por puesto* drivers may refuse to wait. Taxi drivers will stop at all the offices. Just to visit Cúcuta, no documents are needed.

Venezuela

Caracas

The East Coast

Beautiful beaches, islands, forested slopes and a strong colonial influence all help to make this one of the most visited parts of the country. The eastern part, with mountain summits rising to 2,000 m, has abundant rainfall in its tropical forest. The western part, which is comparatively dry, has most of the inhabitants and the two main cities, Cumaná and Barcelona.

Higuerote
Phone code: 0234
Population: 13,700

It is five hours from Caracas to Barcelona by road through Caucagua, from which there is a 58 km road northeast to Higuerote. The partly-paved coastal road from Los Caracas also goes to Higuerote; beautiful views, many beaches. Surrounded by sandy beaches and currently the focus of large-scale tourist projects, Higuerote is expensive, especially during the festival of the Tambores de San Juan (23-26 June). There is a good fruit and vegetable market as well as banks with ATMs.

Parque Nacional Laguna de Tacarigua

At 14 km before Higuerote on the road from Caucagua is Tacarigua de Mamporal, where you can turn off to the **Parque Nacional Laguna de Tacarigua**. The 18,400 ha national park enclosing the lagoon is an important ecological reserve, with mangroves, good fishing and many water birds, including flamingoes (usually involving a day-long boat trip to see them, best time to see them 1700-1930; permit required from *Inparques* at the *muelle*, US$0.75). Boats leave from *Muelle Ciudad Tablita*; also from Inparques *muelle* (but overcharging is common here). Agencies have offices in Sector Belén in the fishing village of **Tacarigua de la Laguna**; fixed price of US$30 for two. Boats can be hired to anywhere in the Park and to *Club Miami* beach resort, **B**, includes two meals, on the Caribbean side of the eastern sandspit. The beaches beyond here are unspoilt and relaxing, but mosquitoes are a problem after sunset. **Sleeping and eating** D *Casa de Ivan Pastuch*, 200 m from the Inparques *muelle*. Quiet, fan, use of cooker and fridge, German spoken. Recommended. About 3 km before the village on the road is **B** *Villa del Río*, apart-hotel. Price for 1-7 persons, bath, kitchen facilities, fan, connected with *Remigios Tours*, transfer to and from Tacarigua for US$20. Good fish at *Bar-Restaurant Poleo Lebranche Asado*.

Barcelona

Phone code: 0281
Colour map 2, grid A1
Population: 266,750
Mean temp: 27°C

Barcelona, founded in 1671, straddles the Río Neveri, 5 km from the sea. Its colonial streets and old buildings are pleasant if a little run down, and a more peaceful alternative to neighbouring Puerto La Cruz, 12 km away by 4-lane highway (Avenida Intercomunal), which has surpassed it touristically and commercially. Between the two towns is the residential resort of **Lechería**, which is the place for clubbing. ■ *Take a por puesto to the beach, from Barcelona or Puerto La Cruz, or a taxi from either town.*

On **Plaza Boyacá** are the Palacio de Gobierno and San Cristóbal **Cathedral** (started 1748, rebuilt 1773), which contains the embalmed remains of the Italian martyr, San Celestino. ■ *0600-1200, 1500-1930.* Several blocks north on Avenida 5 de Julio are the twin **plazas of Bolívar** (with statue) and **Miranda**. Facing Plaza Bolívar are the ruins of the **Casa Fuerte**, a national monument, where 1600 of Bolívar's followers were massacred in 1817. Details of this and other historic epics can be found next door in the **public library**, weekdays only. **Museo de la Tradición**, C Juncal, in a 1671 building once the centre of the slave trade, houses a wide collection of indigenous and Spanish religious art. ■ *Mon-Fri 0800-1200, 1400-1700, weekends 0900-1500.* Next to the *por puesto* station on Avenida San Carlos, over 1 km south of Plaza Boyacá, is the **Mercado Libre**, for food and just about anything else.

Sleeping & eating

C *Barcelona*, Av 5 de Julio, 1 block from Cathedral, T277 1065, F277 1076. TV, parking, 6th floor restaurant (good fish). **C** *Neveri*, Av Fuerzas Armadas, T277 2376. Similar, good

Venezuela

restaurant *Castillo del Oriente*. **D** *Madrid*, just behind cathedral, T277 4043. With restaurant.
D *Plaza*, C Juncal opposite Cathedral, T277 2843. In a colonial building. Recommended.
D *Toledo*, Juncal y Av 5 de Julio. Basic, good value. There is a wide variety of restaurants in
town, including *Bueno Pollo*, Av Miranda y C 5 Maturín. Good grilled chicken, pleasant atmosphere. *Lucky*, Av Miranda No 4-26, north of Plaza Bolívar. Chinese.

Air The airport is 3 km south; also serves Puerto La Cruz. Many flights daily to Caracas, 40   **Transport**
mins, and daily flights to Porlamar, 30 mins, Maracaibo and Valencia (eg *Avior*, T274 9545).
Oficambio exchange facilities (no TCs), *artesanía* shops, small museum, car rental agencies,
Inatur booth (stays open late for some incoming flights, few handouts, friendly, cannot book
hotels, a city map can be scrounged from *National Car Rental*). Taxi to airport from bus station
US$3.50; taxi to Puerto La Cruz US$7-10.

    Buses The Terminal de Pasajeros next to the Mercado Libre is used mostly by *por*   *Take care around*
puestos, with regular departures to Anaco, El Tigre, Maturín, Cumaná and other nearby desti-   *bus terminals*
nations. Buses go to **Caracas** (5 hrs, 3 daily, US$8.75); **San Félix** (Ciudad Guayana); **Ciudad**
Bolívar (6 daily); **Maturín** (2 daily). Buses for **Puerto La Cruz** (40 mins) run every few mins
from another Terminal de Pasajeros, along Av 5 de Julio, past Plaza Bolívar.

Tourist office *Coranztur*, Palacio de Gobierno, Las Flores y Av 5 de Julio, T275 0474,   **Directory**
www.fondoturismoanz.com

Puerto La Cruz and around

Originally a fishing village, Puerto La Cruz is now a major oil refining town and busy,   *Phone code: 0281*
modern holiday resort. The seafront avenue, Paseo Colón, extends to the eastern   *Colour map 2, grid A1*
extremity of a broad bay. To the west the bay ends at the prominent El Morro head-   *Population: 220,000*
land. Most hotels, restaurants, bars and clubs are along Paseo Colón, from where you
get excellent views of the Bahía de Pozuelas and the islands of the Parque Nacional   *Tourist facilities are*
Mochima (see below). Vendors of paintings, jewellery, leather and hammocks are on   *above average,*
Paseo Colón in the evening, cheaper than the souvenir shops. The *Santa Cruz* festival   *if expensive*
is on 3 May, while 8 September is the *Virgen del Valle*, when boats cruise the harbour   *and unhelpful*
clad in palms and balloons; afternoon party a El Faro, Chimana, lots of salsa and beer.   *The sea is polluted.*
The main attractions of Puerto La Cruz lie offshore on the many islands of the beauti-
ful **Parque Nacional Mochima** and in the surrounding waters.

The following are recommended. **L** *Hesperia*, on Paseo Colón, at the eastern edge of the   **Sleeping**
centre, T265 3611, banquetes@telcel.net.ve Best in this part of town, luxury hotel with all   ■ *on map, page 1340*
services and facilities. **A** *Rasil*, Paseo Colón y Rodriguez, T267 2535, F267 3121. Rooms, suites   *Newer, up-market*
and bungalows, 3 restaurants, bar, pool, gym, money exchange, car rental and other facili-   *hotels are at Lechería*
ties, convenient for ferries and buses. **A** *Cristal Park*, Buenos Aires entre Libertad y Honduras,   *(see above) and El*
T267 0744, F265 3105. A/c, laundry service, changes money at a better rate than *casas de*   *Morro; cheaper hotels*
cambio. **A** *Senador*, Miranda y Bolívar, T267 3522. A/c, back rooms quieter, phone, restau-   *are concentrated in*
rant with good view, parking. **B** *Caribbean Inn*, Freites, T267 4292, h-caribbean@conver-   *the centre, though it's*
gence.com.ve Big rooms, very well kept with quiet a/c, small pool, very good service.   *not easy to find*
B *Gaeta*, Paseo Colón y Maneiro, T265 0411, www.enoriente.com/gaeta Very modern, a/c,   *a cheap hotel*
good location but very small rooms, restaurant, scooter rentals, *casa de cambio* (good rates).
B *La Marina*, Andrés Eloy Blanco, at the new ferry terminal. A/c, good views, expensive
waterside restaurant, parking for those using the Margarita ferry. **B** *Riviera*, Paseo Colón
between Maneiro y Freites, T267 2111, hotel-riviera@eldish.net Seafront hotel, noisy a/c,
some rooms have balcony, phone, bar, watersports, very good location, poor breakfast.
C *Comercio*, Maneiro, 1 block from Paseo Colón, T262 3465. Phones, cold water only, a/c,
safe. **C** *Neptuno*, Paseo Colón y Juncal, T265 3261, F265 5790. A/c, hot water, TV, excellent
restaurant, parking. Recommended. Next door is **D** Margelina, Paseo Colón 109, T268 7545.
Large rooms, a bit tatty, a/c, TV. **E** *Pippo*, Freites y Municipal, T268 8810. Cold water, some
rooms with TV, very noisy.

Venezuela

Eating

● on map, page1340

Many on **Paseo Colón** , eg *El Parador*, 2nd floor, excellent food and service. *Tío Pepe* and *Big Garden*, delicious sea food. *O Sole Mio*, cheap, excellent, wide variety. *El Guatacarauzo*, near Pizza Hut, live music, salsa, good atmosphere and good value. *Heladería Tropic*, Galería Colón. Good ice cream. *Sourdough Bakery and Grill*, indoor and outdoor seating, some vegetarian options, excellent. *La Taberna del Guácharo*, C Carabobo, east end of Paseo Colón. Excellent cheap Venezuelan cuisine, good service. Highly recommended. *Maroco*, Av 5 de Julio 103. Good seafood. *El Teide*, Av 5 de Julio No 153, near Plaza Bolívar. Good and cheap local food, closes at 2000. *El Farao*, east corner of main bus station. Excellent, authentic, spicy Arabic food.

Vegetarian *Celeri*, on Av Municipal, 1 block from Guamaché. Open weekdays 1130-1530. Recommended. Also try *La Colmena*, next to *Hotel Riviera*; and *La Granela*, at Miranda y Honduras. *Casa Latina* Av 5 de Julio. Good 1970s-style salsa. Most nightspots have moved to El Morro and Lechería.

Sport & activities

Several companies run diving courses mostly on Paseo Colón. They're a bit more expensive than Santa Fe and Mochima

Diving: We have received favourable reports on the following: *Explosub*, Hotel Hesperia, T265 3611, www.puntonet.com.ve/explosub Efficient, helpful, will dive with 1 person, US$75 for 2 dives, good 4-island tour. *Lolo's Diving Center*, at Guanta, T268 3052 (or contact Eddy Revelant T0414-980 1543 (mob)). Very experienced, English spoken, collect you from hotel and provide lunch, US$60 for 2 dives, 2-3 person minimum, 4-day PADI course US$300, rents snorkelling equipment. Hotels and travel agents also organize trips. The nearest recompression chamber is on Isla Margarita. **Kayaking**: *Jakera*, CC Tropical Shopping Center, loc 8, p 1, C Bolívar, T267 3112, www.jakera.com Sea kayaks for rent at Playa Colorada, trips to whole country arranged, Chris and Joanna helpful, English spoken. **General tours**: *Ma-Ci-Te*, CC Pasaje Colón, Paseo Colón, T268 8529, www.maciteturismo.com Well-organized, helpful, local and national tours, also diving, English and Italian spoken.

Puerto La Cruz

To Cumaná & Parque Nacional Mochima

Paseo Colón

Flores

Av Alberto Ravel

Guaraguao

Carabobo

Av Municipal

Marina

Plaza Colón

Arismendi

Miranda

Freites

Ma-Ci-Te

C Maneiro

Honduras

Av 5 de Julio

Girardot

Democracia

C Buenos Aires

Caribbean Sea

Libertad

Bolívar

C Sucre

C Sucre

Plaza Bolívar

C Juncal

Esperanza

C Providencia

Boyacá

Por Puesto Terminal

Anzoátegui

Por Puestos to Conferry Terminal

C S Rodríguez

Ricaurte

Venezuela

Monagas

C Los Cocos

C Cementerio

To Car Ferry Terminal &

To Caracas & Barcelona

■ Sleeping
1 Caribbean Inn
2 Comercio
3 Cristal Park
4 Gaeta
5 Hesperia
6 La Marina
7 Neptuno & Margelina
8 Pippo
9 Rasil
10 Riviera & La Colmena Restaurant
11 Senador

● Eating
1 El Guatacarauzo
2 El Parador
3 El Teide
4 Heladería Tropic & Galería Colón
5 O Sole Mio
6 Tío Pepe

N

0 metres 200
0 yards 200

Venezuela

Buses Bus terminal to the east of town; *por puesto* terminal at Av Juncal y Democracia. To **Transport**
Caracas, 5 hrs, US$8-14, at least 15 through the night, *Expresos Los Llanos* (T267 1373, recommended, a/c, movies), *Sol de Margarita* (recommended), *por puesto*, depart 1550, 4 hrs, US$30; *Autoexpresos Ejecutivos* to/from Caracas 4 a day, US$22 (T267 8855, next to ferry terminal), highly recommended (also to Maracay, Valencia, Barquisimeto and Maturín). To **Mérida**, US$30, 16 hrs. To **Ciudad Bolívar** US$8; to **Ciudad Guayana** US$13.50. To **Cumaná**, bus US$3.50, *por puesto* US$7, 1½ hrs. To **Barcelona**, US$1.75, 40 mins. To **Carúpano**, US$7, 5 hrs. *Por puesto* to Playa Colorado US$2 and to Santa Fe about US$3. There are also services to San Félix, Maracay, Valencia, Barinas, San Cristóbal, Güiria. Along Av 5 de Julio runs a bus marked 'Intercomunal'. It links Puerto La Cruz with Barcelona and intervening points. Another Barcelona bus is marked 'Ruta Alternativa' and uses the inland highway via the Puerto La Cruz Golf and Country Club and Universidad de Oriente, US$0.20. For details of **Ferries** to **Isla Margarita**, see page 1354.

Banks *Corpbanca* (American Express TCs), Av 5 de Julio, Local No 43. *Italcambio*, C C Paseo Mar, loc 6, **Directory**
C Sucre y Paseo Colón, T267 3623. Amex representative. *Oficambio*, Maneiro y Libertad, no *Do not buy tours from*
commission on TCs, best rates, open 0800-1200, 1400-1730 Mon-Fri, or on the sea front between *wandering salesmen*
Buenos Aires and Sucre, Mon-Fri 0800-2100. **Communications** Internet: In Galería Colón, Paseo *not affiliated with a*
Colón, *American Net* and *CANTV Centro de Comunicaciones*. *North American Connection*, CC Paseo *registered tour*
Plaza, C Carabobo, ½ block south of *Hotel Puerto La Cruz*. Fax and scanning facility as well as internet. *company*
Puerto Internet, C Maneiro. *CANTV and Ipostel*, Freites y Bolívar, 1 block from Paseo Colón. Telephone
office accepts Visa for calls, will hold faxes, F651266. **Consulates** UK, *Hotel Maremares*, Av Américo
Vespucio y Av R17, T811011, F814494. **Tourist offices** Coranztur, C Bolívar, Ed Araya, local 3 PB, T267
1632, fondoturismoanz@cantv.net French, English, Italian and Dutch spoken, very helpful and
friendly, open Mon-Fri 0800-2100. Useful website: www.enoriente.com

Parque Nacional Mochima

The park is one of the country's most beautiful regions, with hundreds of tiny Caribbean islands, a seemingly endless series of beaches backed by some of Venezuela's most beautiful scenery and tiny coves tucked into bays, all offering excellent snorkelling, fishing and swimming.

Getting there from Puerto La Cruz Three companies offer trips to the islands: **Ins & outs**
Transtupuerto, on Paseo Colón, between Buenos Aires y Sucre, T266 7138, trips to closest *Bring your own food as*
islands (Islas Chimanas and Las Borrachas) for US$8, day tour around several islands with *the island restaurants*
stops US$30-40, includes snorkelling equipment and soft drinks; *Transporte Turístico* *are expensive*
Virgen del Valle, offers similar deals (food extra); *Transtupaco*, next to *Hotel Hesperia*, no
tours, they act as a taxi to the islands. Alternatively, you can reach the islands with the
Embarcadero de Peñeros, on Paseo Colón, behind the *Tejas Restaurant*. Departures from
0900-1000, return at 1600-1630; US$6 per person. Tourist office in Puerto La Cruz provides
tour operators for day trips to various islands for swimming or snorkelling; six-hour trip to
four islands costs US$25 per person, including drinks. The islands to the east (Isla de Plata,
Monos, Picuda Grande and Chica and the beaches of Conoma and Conomita) are best
reached from the port at **Guanta** (taxi from town, or *por puesto* from C Freites between
Avenida 5 de Julio and C Democracia, and ask to be dropped off at the Urb Pamatacualito).
NB Boat trips to the islands are cheaper from **Santa Fe** or **Mochima** (see below).

Best time to visit At Christmas, Carnival and Easter this part of the coast becomes
extremely congested so patience is needed as long queues of traffic can develop. Accommodation is very hard to find. It can also become littered and polluted, especially on the islands.
Robbery may be a problem, but if you take care and use common sense the risk is minimal.
Camping on the islands in Parque Nacional Mochima is not advisable.

Starting east from Puerto La Cruz is the Costa Azul, with the islands of the Parque **Around**
Nacional Mochima offshore. Highway 9 follows the shore for much of the 85 km to **the park**
Cumaná. The road is spectacular but if driving take great care between Playa Colorada

Venezuela

and Cumaná. It passes the 'paradise-like' beaches of **Conoma** and **Conomita** (see Excursions under Puerto La Cruz). Further along is **Playa Arapito** (*posada*, **D**, restaurant, parking extra). Here boats can be hired to **La Piscina**, a beautiful coral reef near some small islands, for good snorkelling (lots of dolphins); US$15 per boat.

Playa Colorada is a popular beach (Km 32) with beautiful red sands and palm trees (*por puesto* from corner of terminal in Puerto La Cruz, US$2, or hitch). Nearby are **Playa Vallecito** (camping free, security guard, car US$1, bar with good food and bottled water on sale, plenty of palm trees for hammock-slinging) and **Playa Santa Cruz**. At **Playa Los Hicacos** is a lovely coral reef.

In Sucre State 40 km from Puerto La Cruz is **Santa Fe** (*phone code:* 0293), larger and noisier than Mochima, but a good place to relax. The attractive beach is cleaned daily. It has a market on Saturday. Jeep, boat or diving tours available. Fishermen offer trips but their prices are usually high. Boat trips to Playas Colorada or Blanca cost US$15 per person; better to hire your own boat for half the price, or hitch down the road to Colorada. ■ *Getting there: from Cumaná, take* por puesto *1 block down from the Redonda del Indio, along Av Perimetral, US$1.75. It may be difficult to get a bus from Puerto La Cruz to stop at Santa Fe, take a* por puesto *(depart from terminal, US$2, 1 hr), or taxi, US$23 including wait.*

The little village of **Mochima** beyond Santa Fe, is 4 km off the main road (hitching difficult). It's busy at weekends but almost deserted through the week. The sea is dirty near the town. Boats take tourists to nearby beaches, such as Playa Marita and Playa Blanca (excellent snorkelling, take own equipment). Both have restaurants, but bring food and water to be safe. Boats to the islands cost US$12-15 (up to six people), depending on distance. Arrange with the boatman what time he will collect you. The tourist office arranges six hour, four-island trips with snorkelling and swimming, US$15. Canoeing trips are available and walks on local trails and to caves (ask for information, eg from Carlos Hernández, or Rodolfo Plaza – see Diving, below).

Sleeping & eating

Playa Colorada **B** *Villas Turísticas Playa Colorada*, Av Principal, T0416-681 6365 (mob). Clean pool, comfortable rooms, a/c, TV, also trailers for 4 (**B**), good restaurant, no credit cards, in Caracas T0212-992 7850. **D** *Posada Lemus*, Carretera Nacional, 200 m from entrance to town. Very clean, laundry, excellent food. Highly recommended. **E** *Quinta Jaly*, Quinta Jali, C Marchán, T0416-681 8113 (mob). Run by Jack Allard, some a/c, shared bathroom, hot water, very quiet, also small bungalows, family atmosphere, English and French spoken, laundry facilities, good breakfast (US$2), multilingual library. Recommended. Opposite *Jali* is **E** *Villa Nirvana*, run by Sra Rita who is Swiss, T0414-803 0101. Rooms with fan, also mini-apartments with kitchen for 2-4 people, hot water, kitchen facilities, English, French and German spoken, book exchange, breakfast US$2.50. *Daniel's Barraca*, at east end of the beach, is good for cheap food. **D** *Carmita*, Apdo 46/7, on road from beach to village. Excellent breakfast included, very helpful German-speaking local owner. Highly recommended.

Santa Fe **B** *Playa Santa Fe Resort and Dive Center*, T0414-773 3777, Santafe@ telcel.net.ve Renovated *posada* with various rooms and suites, laundry service, restaurant, owner Jerry Canaday speaks English, diving trips US$65, transport to beaches, mountain bike rental. **D** *Bahía del Mar*, T231 0073/0416-887 4307. Pleasant rooms with fan, upstairs rooms have a cool breeze, French and English spoken. **D** *Café del Mar*. 1st hotel on beach, T231 0009. Fan, good restaurant, tours to islands US$5-10 per person, also to Gran Sabana, Orinoco Delta, owner Matthias Sauter, German spoken. **D** *Las Palmeras*, T231 0008/0414-773 6152. Behind *Cochaima*, fan, room for 5 with fridge and cooker, French spoken. **D** *Posada Los Angeles*, T0414-775 5445. With fan, room for 4 with fridge and cooker, Italian restaurant. **D** *La Sierra Inn*, near *Café del Mar*, T231 0042/0414-993 3116. Rooms with fans, self-contained garden suite with fridge and cooker, run by Sr José Vivas, English spoken, helpful, tours to islands, recommended. **D** *Siete Delfines*, on beach, T431 4166, dolphins@cantv.net Cheaper without breakfast, safe, fan, laundry service, bar, good meals in restaurant, excursions, owner speaks German, English and Italian spoken. **E** *Cochaima*, on beach, T0414-840 1615. Run by Margot, noisy, popular, fan, next to restaurant of same name (slow service), safe. Recommended. **E** *El Portugués, Sr Julio César*, last *posada* on beach. Cooking facilities, very helpful. Recommended.Other places to eat: *Club Naútico*, fish and Venezuelan dishes, open for lunch and dinner. *Los Molinos (Julios)*, open all day from 0800, beach bar serves sandwiches, hamburgers, beer and cocktails.

Mochima **B** *Posada Gaby*, at end of road with its own pier next to sea, T0414-773 1104. A/c or fan, breakfast available, lovely place, take guests to islands (included in the room price). **D** *Posada Mochimero*, on main street in front of *Restaurant Mochimero*, T0414-773 8782. A/c or fan. **D** *Villa Vicenta*, Av Principal, T416 0916/0414-993 5877. Basic rooms with cold water, owner Otilio is helpful. Sr César Bareto rents rooms for 2 and house for 4 or more, **D**. A highly recommended restaurant is *El Mochimero*, on waterfront 5 mins from jetty, lunch and dinner.

Mochima Diving: *Rodolfo Plaza* runs a diving school (*La Posada de los Buzos*, T432 3416/0414-777 1949, mochimarafting@hotmail.com) and hires equipment, also walking and canoeing trips around Mochima; contact him in Caracas (Los Palos Grandes, Av Andrés Bello entre 3a y 4a transversal, T0212-961 2531). *Francisco García*, also runs a diving school and shop (*Aquatics Diving Center*, T416 0009/0414-777 4894, www.aquaticsdc.com), C La Marina at Plaza Apolinar. Equipment hire, courses, trips. **Sport & activities**

From **Cumaná to Mochima** take bus from centre going to Redoma del Indio and walk back along Av Arismendi (via centro) 1 block to small green plaza; jeeps to Mochima depart from here, daily until around 1800 (until 1500-1600 on Sun), US$1.50, luggage extra. No buses between Santa Fe and Mochima, take a *por puesto*, bargain hard on the price, US$15-21 is reasonable. Bus to Cumaná, 1400, US$1.40. **Transport**

Cumaná

Cumaná is possibly the oldest Hispanic city on the South American mainland, founded in 1521 to exploit the nearby pearl fisheries. It straddles both banks of the Río Manzanares. Because of a succession of devastating earthquakes (the last in 1997), only a few historic sites remain. Cumaná is a charming place with its mixture of old and new, but the port area (1½ km from the centre) is not safe at night. Main festivals are 22 January, Santa Inés, a pre-Lenten carnival throughout the state of Sucre and 2 November, the Santos y Fideles Difuntos festival at El Tacal.

Phone code: 0293
Colour map 2, grid A1
Population: 280,000
Average
temperature: 27° C

A long public beach, **San Luis**, is a short bus ride from the centre of town; take the 'San Luis/Los Chaimas' bus. The least spoilt part is the end by the *Hotel Los Bordones*.

The **Castillo de San Antonio de la Eminencia** (1686) has 16 mounted cannons, a drawbridge and dungeons from which there are said to be underground tunnels leading to the Santa Inés church. Restored in 1975, it is flood-lit at night (but don't go there after dark, it's not safe). The **Castillo de Santa María de la Cabeza** (1669) is a rectangular fortress with a panoramic view of San Antonio and the elegant homes below. **Convento de San Francisco**, the original Capuchin mission of 1514, was the first school on the continent; its remains are on the Plaza Badaracco Bermúdez facing the beach. The **Church of Santa Inés** (1637) was the base of the Franciscan missionaries; earthquakes have caused it to be rebuilt five times. A tiny 400-year-old statue of the Virgen de Candelaria is in the garden. The **home of Andrés Eloy Blanco** (1896-1955), one of Venezuela's greatest poets and politicians, on Plaza Bolívar, has been nicely restored to its turn-of-the-century elegance. ■ *Mon-Fri 0800-1200, 1600-2000, Sat and Sun 0900-1200, 1600-2000, free*. On the opposite side of the plaza is **La Gobernación** around a courtyard lined by cannon from Santa María de la Cabeza; note the gargoyles and other colonial features. There are markets selling handicrafts and food on both sides of the river. **Sights**

Venezuela

The **Museo Gran Mariscal de Ayacucho** in the Consejo Municipal in Parque Ayacucho commemorates the 150th anniversary of the battle of Ayacucho: mainly portraits, relics and letters of Bolívar and José Antonio Sucre (Bolívar's first lieutenant). ■ *Tue-Fri 0845-1130, 1545-1830; free guided tours.* **Museo del Mar**, has exhibits of tropical marine life, at the old airport, Avenida Universidad with Avenida Industrial. ■ *Tue-Sun 0830-1130, 1500-1800, US$0.75. Take San Luis minibus outside the cathedral.*

Sleeping
● on map

A *Barceló Nuevo Toledo*, end of Av Universidad, close to San Luis beach, T451 8118. A/c, hot water, TV, pool, beach bar, good value all-inclusive deals. **A** *Los Bordones*, at end of Av Universidad on the beach, T451 1898. A/c, pool, excellent restaurant. **B** *Bubulina's*, Callejón Santa Inés, half a block west of Santa Inés church, T431 4025/0414-393 8000. In the historic centre, beautifully restored colonial building, a/c, TV, hot water, good service, good restaurant with Venezuelan food. **B** *Gran Hotel*, on Av Universidad near San Luis beach, T451 0671, F451 2677. A/c, pool, restaurant. **C** *Mariño*, Mariño y Junín, T432 0751. Central, a/c, hot water, reasonable restaurant. **D** *Posada San Francisco*, C Sucre, near Santa Inés, T431 3926, F433 3917. Renovated colonial house, courtyard, spacious rooms, hot water, a/c (cheaper with fan), very helpful, bar, restaurant. Recommended. **D** *Regina*, Arismendi y Av Bermúdez, T431 1073. Hot water, a/c, restaurant, very helpful, safe for valuables. **E-F** *Astoria*, Sucre, T433 2708. A/c, shower, basic, bar and restaurant with good food cooked to order.

Eating
● on map
All central restaurants close Sun lunchtime

El Colmao on Plaza Pichincha, C Sucre. Very good fish, charming service, not expensive. *Ali Baba*, Av Bermúdez near corner with C Castellón. Excellent, cheap, middle eastern food. Recommended. *Jardín de Sport*, Plaza Bolívar. Outdoor café, good food, good but noisy atmosphere. Recommended. For excellent cheap lunches, fish and seafood, try *El Mercadito*

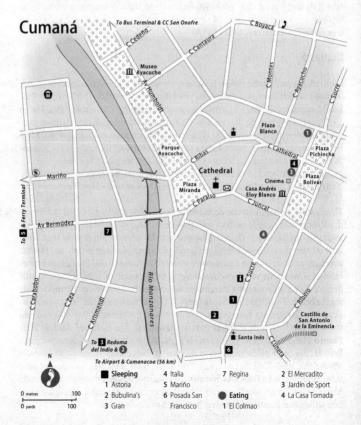

Cumaná

To Bus Terminal & CC San Onofre

C Cantaura
C Cedeño
C Boyacá
C Montes
C Ayacucho
C Sucre
Museo Ayacucho
Av Humboldt
Plaza Blanco
C Catedral
Plaza Pichincha
Parque Ayacucho
Ribas
Cathedral
Mariño
Plaza Miranda
C Paraíso
Cinema
Plaza Bolívar
Casa Andrés Eloy Blanco
C Juncal
Av Bermúdez
C Carabobo
C Zea
C Arismendi
Río Manzanares
C Sucre
C Ribero
Castillo de San Antonio de la Eminencia
To Redoma del Indio & 2
Santa Inés
C Cumaná
To Airport & Cumanacoa (56 km)
To 5 & Ferry Terminal

N

0 metres 100
0 yards 100

Sleeping
1 Astoria
2 Bubulina's
3 Gran
4 Italia
5 Mariño
6 Posada San Francisco
7 Regina

Eating
1 El Colmao
2 El Mercadito
3 Jardín de Sport
4 La Casa Tomada

Venezuela

at Redoma del Indio. There is a vegetarian restaurant on the 2nd floor of the Centro Comercial Ciudad Cumaná on Av Mariño. A good *tasca* is *La Casa Tomada*, just off Plaza Bolívar on Sucre. Good atmosphere, reasonable prices.

Tour operators

Ya-Wei, in *Hotel Barceló* (see above), T451 9595, yawei@telcel.net.ve Organizes launcehs to Araya Peninsula and beaches, diving, tours to Amazonas and Gran Sabana. *Piel Rojo*, Sr Nelson Castro, T432 5416/0414-840 7694, or in *Posada San Francisco*. Local tours, sailing, diving, many languages spoken.

Transport

Air Airport 10 km east of centre (taxi fare US$2.50). Daily flights to **Caracas** and **Porlamar**. **Buses** Terminal 3 km northwest of the centre on Av Las Palomas, just before the junction with the peripheral road. Local bus into centre US$0.25, taxi US$2.50. *Por puesto* to **Puerto La Cruz**, US$7, bus US$3.50, 1½ hrs. To **Güiria**, US$8, *Expresos Los Llanos* once a day, *por puesto* US$15 (6-7 hrs), beware of overcharging, often stop in Irapa. To **Carúpano**, US$3, 2-3 hrs. To **Caripe**, once a day, US$5, 4 hrs (arrive early). To **Caracas**, US$10-12 upwards depending on company (7-8 hrs), frequent service; many daily to **Ciudad Guayana** and **Ciudad Bolívar**, US$12.50 and 10 respectively. *Caribe* runs all the way to **Boa Vista** in Brazil. Other destinations include Maturín and Barcelona. **Sea** For Ferries to **Araya Peninsula** and **Isla Margarita**, see below and page 1354.

Directory

Banks For cash advance on Visa and MasterCard *Banco Mercantil*, Av Bermúdez, 2 blocks up from *Hotel Guaiqueri*. ATM and cash advance on Visa and Mastercard. Also *Banco Venezuela*, at Mariño y Rojas. *Corp Banca*, Av Bermúdez. Amex TCs changed at good rates, no commission. *Oficambio*, Mariño y Carabobo, Edif Funcal, 1 block from Plaza Estudiante. Cash and TCs at official rate (take passport and proof of purchase, may limit exchange to US$200), open weekdays 0800-1130 and 1415-1730, Sat 0830-1130. **Communications** Internet: *Centro de Comunicaciones CANTV*, CC San Onofre at the end of Av Humboldt. *Comiti*, Edif Arismendi p2, Av Arismendi. **Post and telephone:** *Ipostel*, next to Cathedral on C Paraíso. *CANTV*, on C Montés con Boyacá, 2 blocks from Plaza Blanco. **Tourist offices** Dirección de Turismo, C Sucre 49, T431 6051, fonmitur@venezuela.com.ve Very helpful, English spoken, information not always accurate, only open in morning. Fondoturismo de Sucre, Edif Cámara de Comercio, Av Universidad, T451 2856, procatur_sucre@cantv.net

Araya Peninsula
An area of desert landscapes and pink salt lakes

The main settlement is Araya which has an airport and a ferry dock. The major sight is the Fortaleza de Santiago de León, built by Spain to protect the salt mines, but of which very little now remains. Construction began in 1622 and it took 47 years to complete. Entry is free, but the only facilities are a refreshment stand and a picnic area. Today the mines are exploited by a Government-owned corporation, ENSAL. Windsurfing here is excellent, but only for experienced windsurfers.

Sleeping and eating **C** *Araya*, difficult to get to without a car. A/c, hot water, with bath, good restaurant, offers tours to the Salinas and around Araya. **D** *Araya's Wind*, beside the Fortaleza in front of beach, T0414-777 3682. Fan, some rooms with bath, cold water, good restaurant in high season. Next door is **D-E** *Posada Helen*, behind *Araya's Wind*, T0414-775 4043. A/c, cheaper with fan, cold water. In front of *Posada Helen* is **Parador Turístico** *Eugenía* for good value meals. *La Monaguense*, 2 blocks from dock. Good value Venezuelan food. *El Delfín*, at the dock. Good food and service. Hamburger stalls around the dock and 2 *panaderías*. Eat early as most places close before 2000.

Transport Cumaná-Araya ferry *la palita* shuttles back and forth from 0600 till 1700, US$0.75, takes cars. At weekends it usually makes only 1 trip each way. Also *Naviarca* car ferry, 3 a day, T0800-227 2600/431 5577 or ferry terminal 433 3605. To get to ferry terminal take Conferry bus from *parador del centro*, just up from *CANTV*, in Cumaná (avoid walking; it can be dangerous). Alternatively, take a *tapadito* (passeger ferry in a converted fishing boat, leave when full, crowded, stuffy) to Manicuare and *camioneta* from there to Araya (15 mins). Return ferries from Araya depart from main wharf at end of Avenida Bermúdez. Ferries to Isla de Margarita, *tapaditos* depart from **Chacopata** (1 hr, US$10 one way). To get to Chacopata from Carúpano (see below), take a *por puesto* at the stop diagonal to the market entrance (where the fish is unloaded), US$5, 1½ hrs.

Venezuela

Carúpano

Phone code: 0294
Colour map 2, grid A1
Population: 120,000

This is a colonial town dating back to 1647, from which 70% of Venezuela's cocoa is shipped. The area around Plaza Santa Rosa has been declared a national and international heritage site by UNESCO. Buildings include the **Museo Histórico**, containing a comprehensive data base on the city, and the **Iglesia Santa Rosa**. The **Casa del Cable**, location of the first telecommunications link with Europe, is the HQ of the Fundación Thomas Merle, run by Wilfried Merle, who has been instrumental in setting up ecotourism and economic development projects in the Paria Peninsula. ■ *T331 3847/0414-780 0060, merle@telcel.net.ve* Carúpano is famous throughout Venezuela as the last place still celebrating a traditional pre-Lenten Carnival: days of dancing, rum drinking, with completely masked women in black (*negritas*). Book accommodation ahead at this time (February). Other local festivals are 3 May, Velorios de la Cruz (street dances); 15 August, Asunción de la Virgen.

On the outskirts of Carúpano at **Playa Copey** (ask the *por puesto*/bus to drop you at Playa Copey if arriving from Cumaná or other westerly points, or take a taxi from town, US$5): **C** *Posada Nena*, 1 block from the beach, T331 7624, F331 7297. Fan, hot water, games room, good restaurant, public phone, good service, German spoken, owner Volker Alsen offers day trips to Cueva del Guácharo, Mochima, Medina and Pui Puy, US$25 pp. Recommended. **C-D** *Posada Casa Blanca*, 5 mins from *Posada Nena.*, T331 6896. Fan, hot water, safe, good family atmosphere, private stretch of beach illuminated at night, Spanish restaurant, German spoken, discounts for long stays. Recommended.

In **Carúpano**: **B** *Posada El Colibrí*, at the 1st roundabout on entering town, follow the bypass to the right, then left into Av Sur, T332 3583. Cabins beside a pool, in tropical gardens, hot water, fan, TV, fully-equipped kitchen, various personal touches, restaurant service by arrangement, English, German and Dutch spoken, owners Polly and Gunter Hoffman. Recommended. **B** *Posada La Colina*, on hill behind *Hotel Victoria*, F332 0527. A/c, TV, hot water, includes breakfast, pool, restaurant and bar, beautiful view. Recommended. **C** *Hotel Lilma*, T331 1361, Av Independencia, 3 blocks from Plaza Colón, T331 1341. A/c, hot water in some rooms, TV, restaurant, *tasca*, cinema. **D** *Bologna*, Av Independencia, 1 block from Plaza Santa Rosa, T331 1241. Basic but clean, a/c, **E** with fan, cheap restaurant. **D** *Centro*, Carabobo, close to Iglesia Santa Catalina, T331 3673. A/c or fan, TV. **D** *San Francisco*, Av Juncal y Las Margaritas, T331 1074. A/c, no hot water, TV, parking, restaurant, *tasca*. **D** *Posada Zahuco*, . A/c, TV, hot water, use of kitchen and lounge. Nextdoor is *Victoria*, Av Perimetral, T331 1170, also **D**, safe but basic, some a/c.

Eating *La Madriguera*, Av Independencia close to Plaza Santa Rosa. Good Italian food, some vegetarian dishes, Italian and English spoken. *El Fogón de La Petaca*, Av Perimetral on the seafront. Traditional Venezuelan dishes, including fish. *Bam Bam*, kiosk at the end of Plaza Miranda, close to seafront. Tasty hotdogs and hamburgers. *La Flor de Oriente*, Av Libertad, 4 blocks from Plaza Colón. Open from 0800, arepas, fruit juice and main meals, good, large portions, good, food, reasonable prices, very busy at lunchtime. *El Oasis*, Juncal in front of Plaza Bolívar. Open from 1800, best Arabic food in Carúpano. Other options include the food stalls in the market, especially the one next to the carpark, and the *empanadas* in the Plaza Santa Rosa.

Tour operators *Corpomedina*, T331 5241, F331 3021, at the airport, associated with Fundación Thomas Merle (see above), reservations for cabins at Medina or Pui Puy beach: at Medina US$143 for 2, US$250 for 4, including meals, but not alcoholic beverages or transport; at Pui Puy US$51 for 2, US$80 for 4, including breakfast. Transport from the airport to Medina and return for 2 people US$95, to Pui Puy US$110. *Mar y Luna*, , T/F332 2668, louisa@cantv.net Offer day trips to Medina, Pui Puy, Caripe, El Pilar, Los Pozos, specialist surfing and diving packages, walking and hiking in the Paria Peninsula, reconfirmation of international flights, reservations for national flights, reservations for *posadas*, reception of fax and email, general information and advice, English, French, Portuguese and a little Italian spoken, very helpful.

Air The airport is 15 mins' walk from the centre, US$5 by taxi. *Avior* (T331 2867)flies daily to Caracas and Porlamar, and less frequently to Barcelona, Güiria and Tucupita.

Transport

Bus To **Caracas**, US$15, 8 hrs, *Rodovías* directly into central Caracas close to Metro Colegio de Ingenieros. Most other buses only go as far as Terminal de Oriente. To **Maracay, Valencia**, US$20, 10 hrs. For other destinations such as **Cumaná**, US$3, 2 hrs, **Puerto La Cruz**, US$7, 4 hrs (Mochima/Santa Fé), **Güiria**, US$5, 3 hrs *por puestos* are a better option. They run more frequently and make fewer stops. Buses do not go from Carúpano to Caripe, but can be taken from Cumaná or Maturín. **Ferry** See Chacopata, above, for boat to **Margarita**.

Banks It is not easy to change foreign currency in Carúpano. American Express TCs can be changed until 1400 at *CorpBanca*, next to Plaza Colón. Cash advance on Visa or MasterCard at *Banco Caribe*, Av Independencia, 4 blocks from Plaza Santa Rosa. ATMs are unreliable for European cards. It may be possible to change dollars in *Hotels Lilma, San Francisco* or *Victoria*, but rates are not good. **Communications Internet:** Centro de Comunicaciones CANTV, C Juncal, open 0800-2000. Cybercafé, C Las Margaritas entre Juncal y Carabobo, same hours. Ebenezer, CC Sahara, C San Félix. Both *Ipostel* and *CANTV* are at the end of Carabobo, 1 block up from Plaza Santa Rosa.

Directory

Paria Peninsula

A finger of land stretches out to the most easterly point on Venezuela's Caribbean coast; a place of peaceful, coastal towns, beaches and forest.

This lovely fishing village used to be a major cacao-exporting port. It is a good jumping-off point for the beautiful beaches of Playa Medina (in an old coconut plantation, 25 km east) and Pui Puy, both famous for their crystal-clear water and golden sands. To get to Playa Medina, take a taxi with *Línea San Miguel* (Rivero y Mariño, T61107), departing in morning till 1000, returning around 1500, US$30-35 return trip per car, US$35-40 to Pui Puy. Also *camioneta* departs from opposite petrol station at exit to village (US$0.70, one hour), drops you at entrance to beaches, but it's 2 hours walk from there (further to Pui Puy). Further east is the delightful village of **San Juan de las Galdonas** and some great beaches.

Río Caribe
Phone code: 0294
Population: 25,100
20 km E of Carúpano

Sleeping Río Caribe: B *Posada Caribana*, Av Bermúdez 25, T646 1242. Beautifully restored colonial house, tastefully decorated, some a/c, otherwise fans, with breakfast, restaurant, bar, excursions. C *La Posada de Arlet*, 24 de Julio 22, T/F646 1290. Including breakfast, a/c, laundry service, English and German spoken, bar, offers day trips to local beaches and rents mountain bikes. Recommended. C *Mar Caribe*, corner of boulevard next to pier, T646 1494. A/c, hot water, pool, restaurant. E *Posada Vanexa*, on right as you enter village, T646 1670. Basic but clean, use of cooker. F *Pensión Papagayo*, 14 de Febrero, 1 block from police station, opposite *liceo*, T646 18868. Charming house and garden, fan, shared bath with hot water (single sex), use of kitchen, German spoken, nice atmosphere, owner Cristina Castillo leads tours in the area. There are other *posadas* and private, unmarked pensions; ask around.

San Juan de las Galdonas: B *Las Pioneras*, T0416 694 0113/964 0843 . 4 star overlooking the main beach, fan or a/c, hot water, bar/restaurant, swimming pool, jacuzzi, parking. C *Posada Las Tres Carabelas*, T0416-894 0914 (mob), carabelas3@hotmail.com Fans and mosquito nets, restaurant, bar, wonderful view, owner Javier is knowledgeable about the local area. Ask about their new *posada* at Guariquen, as yet untouched by tourism (due open in Nov 2003). C pp *Habitat Paria*, T0414-779 7955, www.habitatparia.vzla.org With breakfast and supper, huge, splendid, zodiac theme, fan, hot water in some rooms, bar/restaurant, terraces, gardenl The *posada* is right behind Barlovento beach on the right hand side of San Juan. Also run day trips by boat US$30 pp, min 5 passengers, packed lunch included.

Transport Buses direct from Caracas (Terminal del Oriente) to Río Caribe with *Cruceros Oriente Sur*, 10 hrs, and from Maturín with *Expresos Maturín*. Buses depart Río Caribe from

Venezuela

the other Plaza Bolívar, 7 blocks up from pier. There are no exchange facilities in Río Caribe. Jeep Carúpano-San Juan de las Galdonas 1100, 1½ hrs; *camioneta* from Río Caribe from stop near petrol station, 0600 till 1300.

Güiria
Phone code: 0294
Colour map 2, grid A2
Population: 30,000

At Bohordal, the paved road from Río Caribe across the mountains meets Route 9, which continues to the pleasant town of Irapa (*Population*: 11,500; hotels, bus connections). The paved highway continues 42 km to Güiria, a friendly, peaceful town and a badly littered beach. Feria de la Pesca, 14 July. Gasoline is available.

Sleeping and eating D *La Posada de Chuchu*, C Bideau, 2 blocks from plaza, T982 1266. A/c, hot water, TV, fridge, good *creole* restaurant. Recommended. **C** *Playa Paraíso*, 10 mins from town on road to Las Salinas, T982 0350, F982 0451. A/c, hot water, pool, restaurant, OK (but has caged toucan), boat trips to Macuro and Trinidad. **D** *Miramar*, Turiparin, close to Banco República, T982 0732. A/c, cheaper with fan. **E** *Plaza*, esq Plaza Bolívar, T982 0022. Basic, restaurant, luggage store. Restaurants include *El Limón*, C Piar, good value. *El Milagro*, corner of Plaza Bolívar. OK. *Rincón Güireño*, corner of Plaza Sucre. Recommended for breakfast (also rents rooms, **D-E**). Everywhere closed Sun, except for kiosks on Plaza Bolívar.

Transport Buses: Depart Plaza Sucre, at top end of C Bolívar: *Expresos Maturín* to Maturín (US$6, 6 hrs), Caripito, San Félix, Cumaná, Puerto La Cruz and Caracas; also *Expresos Los Llanos* (recommended). **Boats** To Macuro: depart daily 1100-1200 from the Playita, US$3-5, return 0500, 2 hrs. **Travel to Trinidad** A ferry leaves every Wed at 1500 for Chaguaramas, Trinidad (leaves Trinidad at 0900, Wed), 3½ hrs, US$47.50 one way (US$95 return). There is a US$23 exit tax from Venezuela (US$12.35 from Trinidad). Talk to Siciliano Bottini at the *Agencia Naviera* for other ships to Trinidad. Fishing boats and trading vessels can often be persuaded to take passengers.

Directory Banks: *Corp Banca* for American Express TCs, good rates, no commission. *La Librería* changes cash at poor rates. **Useful services Immigration:** visas can't be arranged in Güiria, should you need one; maximum length of stay 14 days (but check). For more than 14 days, get visa in Caracas. Remember to get exit stamp before leaving Venezuela. Officially, to enter Trinidad and Tobago you need a ticket to your home country, but a return to Venezuela is usually enough.

Macuro
Population: 1,500

A quiet town on the tip of the Peninsula, Macuro is accessible by boat (two hours from Güiria) and by a new road from Güiria (20 km paved by May 2003, the remainder passable by 4WD). It was around here Columbus made the first recorded European landing on the continent on 5 August 1498. Locals like to believe the landing took place at Macuro, and the town's official new name is Puerto Colón. A big party is held here every year on 12 October to mark the official 'discovery' of America. The beach is unattractive but the coast on the north side of the peninsula is truly wonderful; crystal-clear water and dazzling sands backed by dense jungle. A highly recommended trip for the adventurous is the hike to **Uquire** and **Don Pedro** on the north coast; 4-6 hours walk, places to hang a hammock or pitch a tent. In Uquire ask for Nestor Mata, the Inparques guard, very helpful. **NB** This part of the peninsula is a national park; you need a permit from Inparques in Caracas. A highly recommended guide is Eduardo Rothe, who put together, and lives at, the Museo de Macuro on Calle Bolívar, one block from *Posada Beatriz*. He'll take you on walking tours to the north coast, US$10-15 per person per day, or boat trips (US$60 per boat), or fishing trips (US$30 per person per day, including mangroves).

Sleeping and eating E *Posada Beatriz*, C Mariño y Carabobo. Basic, clean, with bath, fan. **F** *Posada Marlo*, C Mariño. Shared bath, fan. Restaurants only open weekends. Good food at Sra Mercedes, on C Carabobo, round corner from *Posada Beatriz* (blue house). Also a few basic shops and pharmacy. Boat to Güiria at 0500, arrive early, US$3-5 per person.

Maturín

The capital of Monagas State is a thriving and fast-growing petrol town, with relatively expensive accommodation and facilities.

Phone code: 0291
Colour map 2, grid A1

C *Chaima Inn*, Final Av Raúl Leoni, T641 6062. Pool, satellite TV, good restaurant with buffet lunch. Recommended. **C** *París*, Av Bolívar 183, T641 4028. A/c, hot water, safe, central. Recommended. **D** *Sur Oriente*, C 28 No 28. A/c, TV, cheaper with fan, good, safe, family hotel. For eating, try *Yarúa*, behind the Cathedral. Most expensive, seafood and grilled meat. *Pizzería Mamma Mia*, opposite *Hotel Sur Oriente*. Good.

Sleeping & eating

Air Flights to Caracas with Aeropostal. Good restaurant upstairs in airport. **Buses** Main terminal at end of Av Bolívar. Travelling between the airport and town: por puesto Nos 1, 5, 6 (US$0.50), or bus from main road outside airport (US$0.30). Buses leave 3 times a day for **Caracas** (US$11, 8 hrs, *por puesto* US$22); buses for **Ciudad Guayana, San Félix** (0815, 3 hrs, US$7, including ferry) and **El Dorado** leave from terminal near the airport. To **Puerto La Cruz** or **Barcelona**, take a *por puesto* to Cumaná and change, 2 hrs, US$7.25. Bus only to **Ciudad Bolívar**, US$7.50, change in Ciudad Guyana-San Félix (no *por puesto*). Bus to **Carúpano**, at 1000, US$5, 3 hrs. To **Caripe**, 2½ hrs, US$2, *por puesto*, 2 hrs, US$4.50. Bus to **Río Caribe**, US$5, 4 hrs, at 1100 with *Expresos Maturín*, ticket does not guarantee a seat or even transport. Bus to **Tucupita** at 1100, US$5 with *Expresos Guayanesa*, 3-4 hrs. Bus to **Güiria**, US$6, 6 hrs, *Expresos Maturín*; to **Irapa** 1230, 4½ hrs, US$7.

Transport
Taxis from the Responsable de Venezuela office will try to charge much more

Banks *Italcambio* (American Express), C C Portofino, Av Bolívar con Cra 8, T291 642 2901. *Banco Mercantil*, C Monagas and opposite central market, most likely to accept TCs. *Banco Unión*, Cra 7 y Juncal, and *Banco de Venezuela*, Bolívar y Casualidad, Visa ATMs. **Communications** Internet: *Gelatos y Algo Más*, Av Principal de la Floresta, between C4 and 5. **Tourist information**, Cormotur, T643 0798, www.run.to/cormotur

Directory

Caripe

At San Francisco, on the Maturín-Cumaná road (212 km, all paved but twisty; beautiful tropical mountain scenery), is a branch road running 22½ km northeast to Caripe, an attractive town set in gorgeous mountain scenery. A good place to escape from the beaches and especially good for walking and biking. There is also a paved road between Carúpano and Caripe via Santa Cruz and Santa María, 2 hours. *Feria de las Flores* is on 2-12 August and *NS del Pilar* is 10-12 October.

Phone code: 0292
Population: 23,880

C *Finca Agroturística Campo Claro*, at Teresén, T555 1013/0416-491 7654. Cabins with cooking facilities and bath, also rooms (**D**), restaurant for residents, horseriding. **D** *Samán*, Enrique Chaumer 29, T/F545 1183, oscargh@cantv.net Cold water, reported to have cut back all services. **E** *Venezia*, Av Enrique Chaumer 118, 5 mins from centre, T545 10325, F545 1875. No sheets, poor water and electricity supply, restaurant, owner speaks English. **E** *Plaza Centro*, opposite church on Plaza Bolívar, T545 1018. Hot water, not very clean. *Tasca Restaurante Río Colorado*, G Blanco 77, T545 1243, good, cheap, local food.

Sleeping

Bus terminal 1 block south of main plaza. Bus from Caripe to **Caracas** at 1800 stops in Cumaná, pick up at San Remo Sur office, next to *Plaza Centro*. Caracas direct leaves at 2000. Bus to **Maturín** direct, 0600, 2½ hrs, US$2. *Por puesto* to Ciudad Bolívar 1500, 1½ hrs, US$3.50. Bus between **Cumaná** and Caripe twice a day, US$5, 5 hrs.

Transport

This remarkable cave was discovered by Humboldt and has since been penetrated 10½ km along a small, crystal-clear stream. First come the caves in which live about 18,000 *guácharos* (oil birds) with an in-built radar system for sightless flight. Their presence supports a variety of wildlife in the cave: blind mice, fish and crabs in the stream, yellow-green plants, crickets, ants, etc. For two hours at dusk (about 1900) the

Cueva del Guácharo
12 km from Caripe

Venezuela

birds pour out of the cave's mouth. Through a very narrow entrance is the *Cueva del Silencio* (Cave of Silence). About 2 km in is the *Pozo del Viento* (Well of the Wind).

Wear old clothes, stout shoes and be prepared to get wet. In the wet season it can be a bit slippery; tours into the cave may be shortened or even closed in August-September because of rising water level. There is a caving museum with a leaflet in English, US$0.80; good cafeteria. Opposite the road is a paved path to **Salto Paila**, a 25 m waterfall, about 30 minutes' walk, guides available. A beautiful path, built by Inparqes, starts at the caving museum, with some nice shelters for picnics. Camping is allowed by the cave for US$5, or you can sleep without a tent under the roof by the café for free. ■ *The cave is open 0800-1700, US$1.50 entry with compulsory guide in Spanish, US$4 with English speaking guide. Last tour at 1600. Tour maybe shortened at busy times. Leave backpacks at the ticket office. Tape recorders and cameras are allowed, the guides inform you when you can use a flash. To go further than 1½ km into the caves, permits from Inparques in Caracas and special equipment are needed.*

Transport There are frequent buses from Caripe to the caves. If staying in Caripe, take a *por puesto* (a jeep marked Santa María – Muelle), at 0800, US$5, see the caves and waterfall and catch the Cumaná bus which goes past the caves between 1200 and 1230. Taxis from Caripe (US$8.75), hitching difficult. Bus from Cumaná direct to the Cueva del Guácharo leaves at 0715, US$3.50 and stops right in front of the caves. *Por puesto* from Cumaná US$12.50, 2 hrs. Private tours can be organized from Cumaná for about US$15 per person, with guide.

Isla de Margarita

Margarita is the country's main Caribbean holiday destination. Some parts are crowded but there are undeveloped beaches and colonial villages. Despite the property boom and frenetic building on much of the coast and in Porlamar, much of the island has been given over to natural parks. Of these the most striking is the Laguna La Restinga. Isla de Margarita is in fact one island whose two sections are linked by the 18 km sandspit which separates the sea from the Restinga lagoon. At its largest, Margarita is about 32 km from north to south and 67 km from east to west. Isla de Margarita and two close neighbours, Coche and Cubagua, form the state of Nueva Esparta. Most of its people live in the developed eastern part, which has some wooded areas and fertile valleys.

*The western part, the Península de Macanao, is hotter and more barren, with scrub, sand dunes and marshes. Wild deer, goats and hares roam the interior, but 4WDs are needed to penetrate it. The entrance to the Península de Macanao is a pair of hills known as **Las Tetas de María Guevara**, a national monument covering 1,670 ha. There are mangroves in the **Laguna de las Marites** natural monument, west of Porlamar. Other parks are **Cerro El Copey**, 7,130 ha, and **Cerro Matasiete y Guayamurí**, 1,672 ha (both reached from La Asunción). The climate is exceptionally good; very little rain. The roads are good, and a bridge connects the two parts. Nueva Esparta's population is over 250,000, of whom 85,000 live in the main city, Porlamar. The capital is La Asunción.*

Ins & outs
See also transport, page 1353
Women should avoid walking alone at night on the island

Getting there and around There are many flights from Caracas and other Venezuelan cities, as well as international scheduled services. There also ferries from Puerto La Cruz and Cumaná in Venezuela. Car hire is a cheap way of getting around. The roads are generally good and most are paved. A bridge connects the 2 parts. Sign posts are often non-existent or poorly-positioned. It is best not to drive outside Porlamar after dark. Beware of robbery of hired vehicles. Public transport is available if you don't want to drive.

Information The private **Cámara de Turismo** (T263 9024) is located at the seaward end of Av Santiago Mariño in Porlamar. They have free maps and are very helpful. A tourist information booth on Av 4 de Mayo, opposite the *Dugout* sports bar, has a good map, coupon booklet and *La Vista* tourist magazine. The state tourism department can be contacted on T262 2322/3638, corpoturmargarita@cantv.net Travel agencies can also provide a tourist guide to Margarita. *MultiGuía de Margarita* (US$4) is published yearly and is a useful directory of tourist information and can be found in kiosks, *panaderías*, cafés, and bookshops. A good English-language newspaper, *Mira*, is published on the island, the editor/publisher acts also as an inexpensive tour guide; Av Santiago Mariño, Ed Carcaleo Suites, Apartamento 2-A, Porlamar (T261 3351). The best map is available from *Corpoven*. Websites: www.islamargarita.com and www.margaritaonline.com

Festivals Many religious festivals on the island, including **19 Mar** at Paraguachí (*Feria de San José*, 10 days); **26 Jul** at Punta de Piedras; **31 Jul** (Batalla de Matasiete) and **15 Aug** (Asunción de la Virgen) at La Asunción; **1-8 Sep** at El Valle; **4-11 Nov** at Boca del Río, **4-30 Nov** at Boca del Pozo; **5-6 Dec** at Porlamar; **27 Dec-3 Jan** at Juan Griego. See map for locations.

Porlamar

Most of the hotels are at Porlamar. If you're seeking sun and sand, then head for the north coast towns. Porlamar's beaches are nothing special, but it makes up for what it lacks in this department with its shops. The trendy Avenida Santiago Mariño and surroundings are the place for designer labels, but decent copies can be found on Blvds Guevara and Gómez and around Plaza Bolívar in the centre. For bargains on denims, t-shirts, shorts, swimming gear, bikinis, towels, and underwear, take a bus to the *Conejeros* market. At Igualdad y Díaz is the Museo de Arte Francisco Narváez, displaying the work of this contemporary local sculptor. At night everything closes by 2300.

*Phone code: 0295
20 km from airport
28 km from Punta
de Piedra, where
ferries dock*

Excursions Ferries go to the **Isla de Coche** (11 km by 6), which has 4,500 inhabitants and one of the richest salt mines in the country (see Transport). They also go, on hire only, to **Isla de Cubagua**, which is totally deserted, but you can visit the ruins of Nueva Cádiz (which have been excavated). Large private yachts and catamarans take tourists on day trips to Coche.

Most hotels and tour operators work on a high season/low season price system. High season prices (Christmas, Easter and Jun-Aug) can be as much as 25% higher. Flights and hotels are usually fully booked at this time. In low season, bargaining is possible.

    The following are all recommended. **AL** *Bella Vista*, Av Santiago Mariño, T261 7222, www.hbellavista.com Luxury hotel with all expected services, also beach, car hire, French restaurant, and restaurant serving *comida criolla*. **AL** *Hilton*, Los Uveros, Costa Azul, T2621132, res-margarita@hilton.com Luxury services plus beach, parasailing, car hire, casino. **A** *Margarita Princess*, Av 4 de Mayo, T261 8732, www.margaritaprincess.com Large, comfortable rooms, balcony, restaurant, small pool, *Highberg Tours* (see below). **A** *For You*, Av Santiago Mariño, T263 8635, F261 8708. Large rooms, breakfast (and welcome cocktail) included, excellent service and roof restaurant, bar. **A** *Colibrí*, Av Santiago Mariño, T261 6346, www.hotel colibri.com.ve Good rooms, breakfast included, *cambio*, car hire, travel agency. **C** *Imperial*, Prolongación de Marcano y Campos, T261 6420, F261 5056. Best rooms in front have sea view, safe, a/c, hot water, parking, English spoken. **C** *Posada Lutecia*, Campos Cedeño a Marcano, T/F263 8526. Lovely rooms with personal touch, a/c, hot water, TV, French-owned, café with outdoor seating. **C** *Tamaca*, Prolongación de Marcano y Campos, near the sea, T261 1602. Popular, a/c, OK, **D** with fan, good atmosphere, German-run *tasca*. **D** *Brasilia*, San Nicolás. Quiet, new rooms at back. **D** *Malecón*, Marina y Arismendi, T263 5723. Sea view from front rooms, helpful, dangerous area at night, best to take a taxi. **G** *Puerto Viejo*, La Marina y Fajardo, T263 8480. Simple hostel in colonial building, basic, not overly friendly, take care at night. Many others around Plaza Bolívar, but none is particularly salubrious or good value.

Sleeping
Almost all of the luxury hotels are grouped in the Costa Azul suburb to the east of Porlamar

Plenty of eating places on Campos and 4 de Mayo, including Mediterráneo Café, Italian, and *Flaco's Ribs*, Tex-Mex. On 4 de Mayo: *El Picadilly*, good, cheap lunch; *Dragón Chino*, great Chinese food. *Doña Martha*, Velázquez near Hernández. Colombian food, good, inexpensive. *El Punto Criollo*, Igualdad near *Hotel Porlamar*. Excellent value *comida margariteña*. *Rancho Grande*, C Guevara, near Playa El Agua bus stop. Colombian, good value. *El Pollo de Carlitos*,

Eating
Upmarket dining such as Japanese food in Urb Costa Azul on Av Bolívar

Venezuela

Marcano y Martínez. Nice location, live music most nights, good food and value. *Bahía* bar-restaurant, Av Raúl Leoni y Vía El Morro. Excellent value, live music. *Los 3 Delfines*, Cedeño 26-9. Good seafood. *La Isla*, Mariño y Cedeño. 8 fast food counters ranging from hamburgers to sausages from around the world. *Dino's Grill*, Igualdad y Martínez. Open 0700-1400, buffet lunch, indoor/outdoor seating, grill, home-made sausages, wood-fired pizza oven, cheap, good service.

Entertainment   *Mosquito Coast Club*, behind *Bella Vista Hotel*. Good merengue and rock music, bar outside, also does excellent Mexican meals (beware of overcharging on simple items like water). *Village Club*, Av Santiago Mariño. Recommended disco, expensive drinks, cover charge. *Doce 34*, Av 4 de Mayo. 2 dance floors. Highly recommended. Also *Woody's Bar*, Av 4 de Mayo. A spit and sawdust venue that's good for a drink and a dance. In the Centro Comercial Costal Azul on Av Bolívar there are 3 bar/clubs, including the popular *Señor Frogs*. *Cheers*, Av Santiago Mariño y Tubores and *Dugout*, Av 4 de Mayo, are popular sports bars. Many of the hotels in Urb Costa Azul have relatively inexpensive casinos; the best are the *Casino del Sol* at the *Hotel Marina Bay*, and *Gran Casino Hilton*. Porlamar has many illegal casinos, too.

Shopping   Margarita's status as a duty-free zone attracts Venezuelan shoppers, who go in droves for clothing, electronic goods and other consumer items. Gold and gems are good value, but many things are not. Its popularity means that various packages are on offer, sometimes at good value. Besides all the duty-free shops, *Del Bellorín*, Cedeño, near Av Santiago Mariño, is good for handicrafts. Street sellers lay out their handicrafts on Av Santiago Mariño in the afternoon. Good selection of jewellery at *Sonia Gems*, on Cedeño. When purchasing jewellery, bargain, don't pay by credit card (surcharges are imposed), get a detailed guarantee of the item.

Sport &   *Esparta Tours*, Final de Av Santiago Mariño, near *Hotel Bella Vista*, T261 5524. **Jeep tours**
activities   around Margarita from: *Highberg Tours*, *Hotel Margarita Princess*, Av 4 de Mayo, T/F263
Most tours can be   1170, jeepsafari@telcel.net US$50 pp, guides in English, German, and Polish; *CC Tours*, El
arranged through   Colegio, T264 2003, taking in Cerro El Copey and La Restinga national parks, off-roading in
travel agents

Isla de Margarita

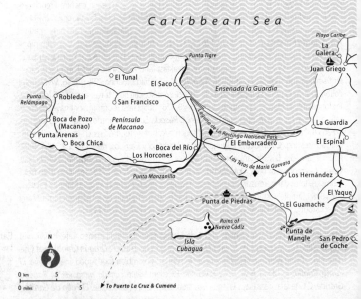

Macanao Peninsula, and a couple of beaches, including food and drinks. Porlamar is a good place to book **scuba diving** and **snorkelling** trips: most go to Los Frailes, a small group of islands to the north of Playa Agua, and reputedly the best diving and snorkelling in Margarita, but it's also possible to dive at Parque Nacional La Restinga and Isla Cubagua. *Enomis' Divers*, at *Hotel Margarita Dynasty*, Los Uveros, and Caribbean Center Mall, Av Bolívar, T/F262 2977 enomisdivers@hotmail.com Recommended. *Octopus*, at *Hotel Hilton*, Los Uveros, and Av Bolívar 13, T264 6272, octopus@cantv.net *Margarita Divers*, at the Marina Concorde, T264 2350. Offer ½ and 1-day dives and PADI courses. Prices from US$85 pp for an all-inclusive full day (2 dives), but bargaining is possible if you have a group of 4 or more. Snorkelling is always about half the price of scuba diving. The private yachts *Viola Festival* and *Moon Dancer*, and the catamarans *Yemaya* and *Catatumbo* all can be hired for mini cruises to the island of Coche or Isla Cubagua. Contact *Viola Turismo*, Caribbean Center Mall, Av Bolívar, T267 0552, *Enomis' Divers* (see above), or *Octopus* (see above). Expect to pay US$35-40 pp. They can also arrange fishing trips. *Moony Shuttle Service*, T263 5418, runs **treks** in Cerro El Copey. **Bicycles** can be hired for US$6 per day from *Bicimania*, Caribbean Center Mall, Av Bolívar T/F262 9116, bicimania@cantv.net

Transport

Local Car hire: a cheap way of getting around the island; several offices at the airport and larger hotels, average US$35 per day. *Ramcar II*, at airport and *Hotel Bella Vista*, recommended as cheap and reliable, non-deductible insurance (others on Av Santiago Mariño). In all cases, check the brakes and bodywork and check conditions and terms of hire thoroughly. Scooters can also be hired. *Maruba Motor Rentals*, La Mariña. English spoken, good maps, US$16 bikes for 2, US$13 bikes for one. Highly recommended. Motor cycles may not be ridden between 2000 and 0500. **NB** Make sure to fill up before leaving Porlamar as service stations become scarce the further away you get.

Driving on Isla Margarita: the roads are generally good and most are paved. Signposts are often non-existent, confusing, or poorly-positioned. Although the free maps of the island are sometimes just as confusing, it is a good idea to have one with you before you start driving. It is best not to drive outside Porlamar after dark. Also beware of robbery of hired vehicles.

Public: *Por Puestos* serve most of the island: to Punta de Piedras, from Maneiro, Mariño a Arismendi, US$0.75; Airport, from Centro Comercial AB, Av Bolívar (0530 and 2000 every day), US$1; La Asunción, from Fajardo, Igualdad a Marcano, US$0.35; Pampatar, from Fajardo y La Marina, US$0.25; La Restinga, from Mariño, La Marina a Maneiro, US$1; Playa El Agua, from Guevara, Marcano a Cedeño; Juan Griego, from Av Miranda, Igualdad a Marcano, US$0.65; El Valle, from Av Miranda, Igualdad a Marcano; Playa Guacuco, from Fraternidad, La Marina a Mérito (mornings), from Fajardo a Velásquez (afternoons); El Conejeros, Fraternidad, Igualidad a Velásquez.

Taxi: fares published by *Mira* but not uniformly applied by drivers. To hire a taxi for a day costs US$10-15 per hour. Always fix fare in advance; 30% surcharge after 2100.

Long distance Air: Gen Santiago Mariño Airport, between Porlamar and Punta de Piedras, has the international and national terminals at either end. Taxi from Porlamar US$10. There are scheduled flights to Miami,

There are too many flight options to list here: check with local offices for details

Dusseldorf and Frankfurt, Port of Spain, Grenada and St Lucia, and internal flights to almost all Venezuela's airports. All national airlines have routes to Margarita. Many daily flights to/from **Caracas**, with *Aeropostal, Avior, Láser,* and *Aserca,* 45 mins flight; tickets are much cheaper if purchased in Venezuela in local currency. Reservations made from outside Venezuela are not always honoured. To **Canaima** and to **Los Roques** with *Aereotuy* and *Rutaca.*

Ferries: From **Puerto La Cruz** to Margarita (**Punta de Piedras**): *Conferry*, Los Cocos terminal, Puerto La Cruz, T0281-267 7847/267 7129, F0281-267 7090 www.conferry.com Ferries to Margarita, depart 3 times a day (check times, extras when busy), 5 hrs, passengers US$8 one-way , children under 3 free (proof of age required), cars US$15. Fast ferries, *Margarita Express* and *Cacique Express*, take 2 hrs. Also from Terminal Marítimo, La Guaira, near Caracas, T/F331 2433 (in Caracas T781 9711). Fares are twice the price. Ferries not always punctual. Don't believe taxi drivers at bus terminal who may tell you there's a ferry about to leave. To get to terminal in Puerto La Cruz, take 'Bello Monte' *por puesto* from Libertad y Anzoátegui, 2 blocks from Plaza Bolívar. From **Cumaná**, Conferry Terminal, Puerto Sucre, T/F0293-431 1462, twice a day (may wait until full of cars), US$10 one way for passengers. *Conferry* freefone number for reservations 0800-337 7900. In Porlamar T261 6780; in Punta de Piedras T239 8340. *Gran Cacique II* is a passenger-only hydrofoil service that also runs from Puerto La Cruz, T0800-227 2600 (2 daily, US$19, 2 hrs), and Cumaná, T0293-432 0011 (2 daily, US$16, 2 hrs). A ferry operated by *Conferry* from Punta de Piedras to Coche sails once a day, US$1.50, 1 hr.

Road: Several bus companies in Caracas sell through tickets from Caracas to Porlamar, arriving about midday. Buses return to Caracas from La Paralela bus station in Porlamar.

Directory

Airline offices *Aeropostal*, Hotel Hilton, Los Uveros, T264 5877, T0800-284 6637. *Aereotuy*, Edif Vista Bella, Av Santiago Mariño, T263 2211. *Aserca*, CC Margarita Plaza, Av Santiago Mariño, near *Hotel Bella Vista*, T261 6186, T0800-648 8356. *Avior*, Av 4 de Mayo, Edif Ofega, T416 8810. *Láser*, Edif Bahía de Guaraguao, Av Santiago Mariño, T269 1216, T0800-527 3700. *Rutaca*, Galería La Rosa, Cedeño, T269 9236. **Banks** National banks on Avs Santiago Mariño and 4 de Mayo. **Casas de cambio**: Cambio Cussco at Velásquez y Av Santiago Mariño. *Italcambio*, CC Jumbo, Av 4 de Mayo, Nivel Ciudad. **Communications** Internet: *Cyber Café Jumbo Margarita*, CC Jumbo, Av 4 de Mayo, Nivel Fiesta. *Neon's Chat & Play*, Marcano, A Hernández a C Narváez. *News Café*, 4 de Mayo, open 0800-midnight. **Post Office**: on Maneiro. **Telephone**: *CANTV*, Av Bolívar, Fajardo a Fraternidad. **Consulates** Canada, Final Av Santiago Mariño, next to *Aserca*, T261 3475, **Denmark**, Prolongación Av 4 de Mayo, T262 4002, josemendoza@enlared.net **France**, Autopista El Valle, T287 0660, max@aguanuestra.com **Spain**, Av 4 de Mayo, T264 1771. **UK**, Douglas Weller, Av Aldonza Manrique, Playa el Angel, Pampatar, T/F262 4665, dw@enlared.net

La Asunción

The capital is a few kilometres inland from Porlamar. It has several colonial buildings, a cathedral, and the fort of Santa Rosa, with a famous bottle dungeon. ■ *Mon 0800-1500, other days 0800-1800.* There is a museum in the Casa Capitular, and a local market, good for handicrafts. Nearby is the Cerro Matasiete historical site, where the defeat of the Spanish on 31 July 1817 led to their evacuation of the island. **Sleeping B** *Ciudad Colonial*, C La Margarita, T242 3086. Upmarket, pleasant. **D** *Hotel Asunción*, C Unión, 2 blocks from Plaza Bolívar, T242 0902. With a/c, fridge, room prices vary. Frequent *por puesto* service stops in front of hotel.

Beaches on Margarita

There are wild, isolated beaches, long white stretches of sand bordered by palms, developed beaches with restaurants and sunshades for hire, and beaches where you can surf or snorkel. Sunscreen is essential. The beaches of Porlamar suffer from their popularity at weekends. The *Bella Vista* beach, although crowded, is kept clean; lots of restaurants. Playa Concorde is small, sheltered and tucked away to the side of the marina. Playa Morena is a long, barren strip of sand serving the Costa Azul hotel zone to the east of the city. La Caracola is a very popular beach for the younger crowd.

The beaches on the east coast are divided into ocean and calm beaches, according to their location in relation to the open sea. The former tend to be rougher (good surfing and windsurfing) and colder. Water is clear and unpolluted. Restaurants, *churuatas* (bars built like native huts), sunshades and deckchairs are widespread. Hire charges are about US$5.

For a more Venezuelan atmosphere go northeast to **Pampatar**, which is set around a bay favoured by yachtsmen as a summer anchorage. Pampatar has the island's largest fort, San Carlos de Borromeo, built in 1662 after the Dutch destroyed the original. Visit also the church of Cristo del Buen Viaje, the Library/Museum and the customs house. There is an amusement park to the southwest of Pampatar, called Isla Aventura. ■ *Fri-Sat 1800-2400, Sun 1700-2400, more frequently in peak holiday season. US$5 adults, US$3.35 children, all rides included (low season US$0.50 and each ride US$0.30-0.60. Jet skis can be hired on the clean and pretty beach. A scale model of Columbus' Santa María is used for taking tourists on trips. A fishing boat can be hired for US$20 for 2½ hrs, 4-6 passengers; shop around for best price, good fun and fishing.*

Pampatar
Population: 25,000

Sleeping and eating **AL** pp *Flamingo Beach*, T262 4822, F262 0271. 5-star, all-inclusive, food, drinks, entertainment, service, taxes, casino, good value. Beach restaurant *Antonio's*, recommended; also *Trimar*, good value. *El Farallón*, beside the Castillo. Excellent seafood. There is a language school: *Centro de Linguística Aplicada*, Corocoro Qta, CELA Urb. Playa El Angel. T262 8198, http://cela-ve.com

Reached from La Asunción by a road through the Guayamurí reserve, this is a popular local beach with a lot of surf, fairly shallow, palm trees, restaurants and parking lot; excellent horseriding here or up into the hills, US$30 for two hours, contact Harry Padrón at the ranch in Agua de Vaca, or phone travel agent on 261 1311. Playa Parguito further up the east coast is best for surfing (strong waves; full public services).

Playa Guacuco

Sleeping (High season prices) **A** *Guacuco Resort*, Sabana de Guacuco, T242 3040, www.guacucoresort.com Apartments for up to 4 people (prices quoted for 2), 1 km from the beach and 300 m off the road, a/c, self-catering facilities, tranquil, beautiful gardens, pool and bar. **D** pp *Posada Isla Dorada*, near *Hotel Guacuco Resort*, well signposted, T416 3132. Simple rooms with a/c, meals extra.

Here there are 4 km of stone-free white sand with many *kioskos*, which have palm-leaf shade areas. The sea is very rough for children, but fairly shallow (beware the strong cross current when you are about waist deep). This beach gets overcrowded at Venezuelan holiday times. The fashionable part is at the south end. Horseriding can be arranged with *Altos de Cimarrón*. It's possible to see the island by Ultralight from here at weekends. Contact Omar Contreras, T261 7632 or José-Antonio Fernández 262 3519, English spoken.

Playa El Agua
45 mins by bus from Porlamar (US$0.45) Many restaurants stay open till 2200. Best to stay off the beach after the restaurants close

Sleeping and eating **A** *Coco Paraíso*, Av Principal, T249 0117, www.cocopara iso.cjb.net Very pleasant, large rooms, a/c, pool, 3 mins from beach, German spoken. **A** *Costa Linda*, Miragua, T/F249 1229, www.hotelcostalinda.com Very nice rooms in colonial-style house with a/c, TV, safe, pool, restaurant and bar, includes breakfast, accepts credit cards, changes TCs and US$, English and German spoken. **A** *Trudel's Garden Vacation Homes*, Miragua, www.islamargarita.com/trudel.htm 6 large 2-bedroom houses set in a beautiful garden, 200 m from beach, fully equipped kitchens. **A** *Chalets de Belén*, Miragua 3, next to *El Agua*, T249 1707. 2 chalets for 4 and 6, kitchen facilities, good value, no towels provided, parking, laundry service, also 2 double rooms, **C** (discounts in low season). **B** *Res Miramar*, Av 31 de Julio-Carretera Manzanillo, esq Miragua. 3 mins from beach, 1 min from supermarket (expensive), family-run, self-catering apartments, comfortable, barbecue. Recommended. **C** *Res Vacacional El Agua*, T249 1975, T0414-797 3221 (mob). Fully equipped, self-catering bungalows for 4, 6 and 8 with fan, run down, but good value, 1 double room, **E**. **D** *Hostería El Agua*, Av 31 de Julio vía Manzanillo, T249 1297, hosteriaelagua@hotmail.com Simple, a/c, hot water, safe, laundry facilities, restaurant/bar, 4 mins' walk from beach, English and Italian spoken. For eating, try *El Paradiso*, south end. Rents out cabins, small but comfortable. *Kiosko El Agua*. Helpful, English spoken. *Posada Shangri-Lá*. Recommended. *Casa Vieja*. Seafood. *La Dorada*. French owned by Gérard and Hilda, with good beach view. Recommended as good value. *Mini Golf Café*,

Venezuela

from the corner of *Miramar* turn left after 300 m. Run by Matthias, ask for special dishes cooked by Yvonne, internet access (good rates). Every Fri there is dancing at **Marlin Bar & Restaurant** on Blvd Playa El Agua.

Manzanillo
Population: 2,000

This is a picturesque bay between the mountains on the northeast point of the island. Hotels and apartments in our **A** and **B** ranges, beach houses and places to eat. Playa Escondida is at the far end. **Puerto Fermín**/El Tirano is where Lope de Aguirre, the infamous conquistador, landed in 1561 on his flight from Peru; **El Caserío** handicrafts museum is nearby. **A-B** *Hostería Marymonte*, T234 8066, www.marymonte.compucen.com Beachfront, 8 cottages with hot water, mosquito net, fan or a/c, bar, pool, English spoken, price depends on season.

The coast road is interesting, with glimpses of the sea and beaches to one side. There are a number of clifftop look-out points. The road improves radically beyond Manzanillo, winding from one beach to the next. Playa Puerto la Cruz (wide and windy) adjoins **Pedro González** (*Population*: 3,700), with a broad sweeping beach, running from a promontory (easy to climb) to scrub and brush that reach down almost to the water's edge. **Playa Caribe** is a fantastic curve of white sand with moderate surf. Chairs and umbrellas can be hired from the many beach bars. **L-AL** pp *Casa Chiara*, contact through *Delfino Tours*, T Caracas 267 5175, or www.web.tiscalinet.it/casa_chiara Eight private villas built with adobe and hardwood with small gardens that back on to a large pool, a huge *churuata* houses bar, restaurant and seating area, Italian owners, Paolo and Chiara, are great hosts, exceptional food, highly recommended.

Juan Griego
Population: 8,300

Further west is Juan Griego, a small, sleepy town whose picturesque bay is full of fishing boats. It's a good place for cheap shopping (quieter and safer than Porlamar). The little fort of La Galera is on a promontory at the northern side, beyond which is a bay of the same name with a narrow strip of beach and many seafront restaurants. Cash can be changed in most shops. Banco del Orinoco is the only bank for Tcs.

Many restaurants close out of season

Sleeping and eating B *El Yare*, El Fuerte, T253 0835, 1 block from beach. Some suites with kitchen, owner speaks English. Recommended. D *Hotel Nuevo Juan Griego*, next to beach. English spoken, fan, book echange, very popular. Recommended. D *Aparthotel y Res El Apurano*, La Marina y El Fuerte, T253 0901. English-speaking manager, 2-bedroom apartments, hot water, a/c, but no utensils or towels (because of theft). D *Patrick's*, El Fuerte, next to *Hotel Fortín*, T/F253 4089. French-run, a/c rooms with fine sunset views, excellent restaurant and bar. Recommended. E *Res Carmencita*, Guevara 20, T253 5561. A/c. Recommended. E *Fortín*, opposite beach. A/c, cold water, most rooms have good views, good restaurant and tables on the beach. E *La Posada de Clary*, Los Mártires, T253 0037. Restaurant, also apartments for 4, **D**, a/c, kitchen, parking. Recommended. *Restaurant Mi Isla* is recommended. *Viña del Mar*, opposite *Hotel Fortín*. A/c, attractive, excellent food. *Juan Griego Steak House*, same building as *Hotel El Yare*. Good value. Recommended, as is *El Buho*, a French-owned pub open till 0600. Also *Viejo Muelle*, good restaurant, live music, outside beach bar.

The winds are perfect from mid-Jun to mid-Oct and the water is shallow enough to stand when you fall off

Playa El Yaque on the south coast, near the airport, is a Mecca for windsurfers. Most come on package deals and therefore accommodation is expensive, but cheaper places can be found. There is no public transport; a taxi from Porlamar costs US$8. Sailboards, kite surf and kayaks can be hired on the beach from at least five well-equipped companies, who also offer lessons. Half day costs US$30, full day US$35-40 for sailboard; US$25 per hour for kite surf. English, German, French and Portuguese spoken. *Cholymar* travel agency will change money and there is *casa de cambio* in the *Hotel California*. Passages to Coche island cost US$14 from *Hotel Yaque Paradise*. Mary Luz offers Spanish lessons, T0416-474 9172 (mob), maryluz2008@hotmail.com

Sleeping and eating **AL** *Hotel Yaque Paradise*, T263 9810, yaque@grupoparadise.com Upmarket, good rooms, English and German spoken, includes breakfast. **C** *El Yaque Motion*, T263 9742, www.elyaquemotion.com Next to *La Casa de Migelina*, 400 m from beach. Fan, kitchen, laundry, cheaper with shared bath, English and German spoken. **D** *La Casa de Migelina*, orange house behind the police checkpoint at entrance to town. A/c, also very handsome, self-catering apartments, for maximum 5, **A**, fully equipped kitchen, a/c, sitting room, TV, discounts for long stay. **D** *Sail Fast Shop*, T/F263 7486, sailfastshop@hotmail.com Basic rooms 300 m from the beach, ask for Herbert Novak at the Sail Fast Shop opposite *Hotel Yaque Paradise*. Several other hotels, all with restaurants. For eating, try *Fuerza 6* and *Gabi's Grill*, main meals US$6. Several beach bars; best bar is *Los Surf Piratas*, drinks and dancing from 2130.

La Restinga is a 22-km sandbar of broken seashells that joins the eastern and western parts of Margarita. Behind the *restinga* is the eponymous national park, designated a wetland of international importance. Over 100 species of birds live here, including the blue-crowned parakeet, which is endemic to Margarita. There are also marine turtles and other reptiles, dolphins, deer, ocelots, seahorses and oysters. *Lanchas* can be taken into the fascinating lagoon and mangrove swamps to the beach from landing stages at the eastern end (US$10 per person for an hour trip, plus US$0.35 entrance fee to park). Bus from Porlamar US$1. On La Restinga beach you can look for shellfish in the shallows (protection against the sun essential), the delicious oysters can be bought for around US$1 a dozen.

The **Peninsula de Macanao**, over the road bridge from La Restinga is mountainous, arid, barely populated and a peaceful place to get away from the holidaymakers on the main part of Margarita. It also has some good beaches that are often deserted. Punta Arenas, a pleasant beach with calm water is the most popular and has some restaurants, chairs and sunshades. Further on is the wilder Playa Manzanillo. It's best visited in a hire car.

Sleeping There is no accommodation at these beaches, but in nearby Robledal is **B** *Auberge L'Oasis*, T291 5339 charles@enlared.net A/c or fan, hot water, TV, sea view, garden, restaurant. Playa La Pared is an impressive beach bounded by steep cliff walls. There is a *parador turístico* at the top of the cliff and lodging at the eccentric **A** *Makatao*, T/F263 6647, www.makatao.iespana.es Run by Dr Alexis Vásquez, price includes transfer, food, natural drinks and lodging in the singular rooms. The doctor runs health, 'eco-relax' and therapy programs, and there are mud baths at the *campamento*. You can go horseriding on the peninsula at *Hato San Francisco*, *Cabatucan Ranch* (T0416-681 9348 (mob), cabatucan@telcel.net.ve) and at El Saco with *Rancho Negro* (T242 3197, T0414-995 1103 (mob)). Prices US$35-US$45 pp. At *Cabatucan Ranch*, 2 km from Guayacancito on the road to Punta Arenas, is the charming **A** *Posada Río Grande*, T416 8111, www.posadariogrande.com Attractive rooms with a/c, hot water, full board available, will also arrange all-inclusive scuba diving (US$57) and snorkelling trips (US$27) to Isla Cubagua. Boca del Río, near the road bridge has a museum featuring collections of marine life, organized by ecosystem, and a small aquarium. T291 3231, www.fpolar.org.ve/museomarino *US$2 adults, US$1 children 0900-1630 every day.*

Islas Los Roques

These islands lie 150 km due north of Caracas; the atoll, of about 340 islets and reefs, constitutes one of Venezuela's loveliest national parks (225,153 ha). There are many bird nesting sites (eg the huge gull colonies on Francisqui and the pelicans, boobies and frigates on Selenqui); May is nesting time at the gull colonies. For more information write to La Fundación Científica Los Roques, Apdo No 1, Avenida Carmelitas, Caracas 1010. This is one of the least visited diving spots in the Caribbean; best visited midweek as Venezuelans swarm here on long weekends and at school holidays. (Low season is Easter to July.) Snorkelling is best at the southern part of the archipelago. There are at least seven main dive sites offering caves, cliffs, coral and, at Nordesqui, shipwrecks. There area many fish to be see, including

Phone code: 0212. Colour map 1, grid A6 Long stretches of white beaches and over 20 km of coral reef with crystal-clear water ideal for snorkelling

Venezuela

sharks at the caves of Olapa de Bavusqui. Prices are higher than the mainland and infrastructure is limited but the islands are beautiful and unspoiled. Camping is free, but campers need a permit from Inparques, T234 7331, F234 4238, or the office in Gran Roque. Average temp 29° C with coolish nights. You will need strong sunblock as there is no shade. ■ *Park entry US$12.*

Population: 900 **Gran Roque** is the main and only permanently inhabited island. The airport is here, as is the national guard, three grocery stores and a good craft shop, public phones, medical facilities, a few restaurants and accommodation. There is nowhere to change travellers' cheques. Park Headquarters are in the scattered fishing village. Tourist information is available free of charge from the very helpful *Angel & Oscar Shop*, directly in front as you leave the airstrip.

You can negotiate with local fishermen for transport to other islands: you will need to take your own tent, food and (especially) water. Gran Roque's main beach was washed away in a hurricane in late 1999; the offshore coral was unaffected, though. **Madrisqui** has nine summer houses. **Francisqui** is three islands joined by sandspits, with calm lagoon waters to the south and rolling surf to the north (there is one *posada*, T793 0694, F793 9579. **A-B**, full board including drinks, good food, friendly staff, nice beach, snorkelling gear, water and light 24 hours, fan, bargaining possible if you stay for several days; also hammock sites and camping).

Sleeping **On Gran Roque** L pp *Piano y Papaya*, near Plaza Bolívar towards seafront, T0414-281 0104
In most places, (mob). Very tasteful, run by Italian artist, with fan, **AL** pp for bed and breakfast, credit cards
breakfast and dinner and TCs accepted, Italian and English spoken. L pp *Posada Caracol*, on seafront near airstrip,
are included in T0414-313 0101 (mob), or Caracas T0212-267 5175, info@posadacaracol.com Delightful,
the price half-board and bed and breakfast options available, **AL** pp, credit cards and TCs accepted, Italian and English spoken, good boats. **C** pp *El Botuto*, on seafront near *Supermercado W Salazar*, T0414-373 0002 (mob). Nice airy rooms with fan, meals extra. **C** pp *Posada Doña Magalys*, Plaza Bolívar, T0414-373 1993 (mob). Simple, with fan, cheaper with shared bath. **C** pp *Roquelusa*, behind *Supermercado W Salazar*, T0414-369 6401 (mob). Probably the cheapest option on Gran Roque, basic, with fan, some with a/c. There are over 60 *posadas* on Gran Roque (some bookable through *Aereotuy*), ranging from **B** to **LL**. Bargaining is advisable (especially in low season) if you intend to stay more than 2 nights. **Yachts** Fully equipped yachts can be chartered for US$120 per day, all inclusive, highly recommended as a worthwhile way of getting some shade on the treeless beaches. Ask at *Angel & Oscar Shop*, or *Posada Pez Ratón*.

Sport & **Scuba diving**: *Ecobuzos*, 3 blocks from the airstrip, T221 1235, T0416-895 8082 (mob),
activities fobtours1@cantv.net, and *Sesto Continente*, past Inparques at the far end of town,
For health reasons T/F9241853, scdrgerencia@telcel.net.ve Both offer 2 dives for US$85. PADI courses and
you must allow beginner dives also available. **Snorkelling**: Cayo de Agua and Francisqui recommended for
12 hrs to elapse snorkelling. Boats can be arranged through your posada, *Angel & Oscar Shop*, or independent
between diving and fishermen. **Windsurfing**: *Happy Surf*, Francisqui, US$35.50 half day; US$50 full day, ask for
flying back to Elías. **Ultralight flights**: Hernando Arnal, at the airport and Plaza Bolívar, US$40 for 12 mins,
he mainland US$60 for 25 mins, speaks English, incredible views.

Transport Flights from Maiquetía or Porlamar. *Aereotuy*, Avior, *Aeroejecutivos*, *Chapi Air* and *Sol De Américas* all fly from Maiquetía (Aeropuerto Auxiliar) once a day, 40 mins, US$110. *Aereotuy* offer 1, 2 and 3-day packages (return flight, accommodation, meals, drinks, catamaran excursion with snorkelling and diving equipment), from US$300 pp (1-day from Margarita US$200), recommended.

Directory **Banks** *Banesco*, Plaza Bolívar, Mon-Fri 0830-1230, 1430-1700. Cash advances on Visa up to US$500 per day. **Communications** **Public telephone**: Plaza Bolívar and Guardia National on seafront.

The Llanos

Caracas

A spectacular route descends from the Sierra Nevada to the flat llanos, one of the best places in the world to see birds and animals. This vast, sparsely populated wilderness of 300,000 sq km – one third of the country's area – lies between the Andes to the west and the Orinoco to the south and east.

The *llanos* are veined by numerous slow running rivers, forested along their banks. **Background** The flat plain is only varied here and there by *mesas*, or slight upthrusts of the land. About five million of the country's 6.4 million cattle are in the *llanos*, but only around 10% of the human population. When the whole plain is periodically under water, the *llaneros* drive their cattle into the hills or through the flood from one *mesa* to another. When the plain is parched by the sun and the savanna grasses become inedible they herd the cattle down to the damper region of the Apure and Orinoco. Finally they drive them into the valley of Valencia to be fattened.

Around October/November, when the vast plains are still partially flooded, wildlife abounds. Among the animals that can be seen are capybara, caiman, monkeys, anacondas, river dolphins, pumas and many varieties of birds. Though it's possible to explore this region independently, towns are few and far between and distances involved are great. It's better to visit the *llanos* as part of a tour from Mérida (see Tour operators, page 1333), or stay at one of the ecotourism *hatos*, or ranches (see below).

An excellent road goes to the western *llanos* of Barinas from Valencia. It goes through **Guanare** San Carlos, Acarigua (an agricultural centre and the largest city in Portuguesa state) *Phone code: 0257* and Guanare, which is a national place of pilgrimage with an old parish church con- *Colour map 1, grid B5* taining the much venerated relic of the Virgin of Coromoto. Pilgrimages to Coromoto *Population: 32,500* are on 2 January and 8 September and Candlemas is 1 February. **C** *Italia*, Carrera 5, No 19-60, a/c, bar and restaurant, offstreet parking. **D** *Colina*, near the river at bottom of town, motel-style, comfortable, restaurant. *Restaurante Turístico La Casa Vieja*, good food and value. *El Paisano*, popular restaurant.Barinas

The road continues to Barinas, the hot, sticky capital of the cattle-raising and *Phone code: 0273* oil-rich State of Barinas. The shady Parque Universitario has a botanical garden *Colour map 1, grid A5* open Monday to Friday. *Banco Mercantil*, Av Marqués del Pumar y Bolívar, and *Population: 240,000* *Banco Provincial*, y Carvajal, for MasterCard or Visa cash withdrawals. The **tourist office** is at Av Marqués del Pumar 5-42, just southwest of Plaza Bolívar, T552 7091, corbatur@telcel.net.ve Helpful, local maps available, no English spoken; kiosks at ariport and bus station.

On Av 23 de Enero, both recommended, near the airport: **B** *Varyná*, T553 3984. A/c, **Sleeping** rerstaurant, parking. **D** *La Media Avenida*, T552 2278, cold showers, bar, restaurant, parking. **& eating** **D** *Internacional*, C Arzobispo Méndez on Plaza Zamora, T552 2343. A/c, safe, good restaurant. **Opposite bus terminal D** *Palacio*, a/c, good value; **E** pp *Lisboa*, basic, fan.

Don Enrique, opposite *Hotel Palacio*. Good, cheap. *Yoanna*, Av 7, 16-47, corner of Márques del Pumar. Arab owner, excellent. *El Estribo*, C Apure entre Av Garguera y Andrés Varela. Roast and barbecued local meat, good, open 1100-2400.

Air Aeropuerto Nacional, Av 23 de Enero. Flights to **Caracas**. **Buses** To **Mérida**, 6 a day with **Transport** *Transportes Barinas*, US$3.25, spectacular ride through the mountains, 5-7 hrs (sit on right for best views); *por puesto*, US$4; also to **Valera** at 0730, US$5, 7 hrs. To **Caracas**, US$12.50, 8 hrs, several companies go direct or via **Maracay** and **Valencia**, regularly 0730-2300. To **San Cristóbal**, several daily, US$8.50, 5 hrs; to **San Fernando de Apure**, US$10, 9 hrs with *Expresos Los Llanos* at 0900, 2300; the same company also goes to **Maracaibo** (at 2000 and 2200, US$10, 8 hrs), **San Antonio** (at 2330) and **Puerto La Cruz** (3 a day, US$25, 16 hrs).

Venezuela

From Barinas there is a beautifully scenic road to Apartaderos, in the Sierra Nevada de Mérida (see page 1329). Motorists travelling east to Ciudad Bolívar can either go across the *llanos* or via San Carlos, Tinaco, El Sombrero, Chaguaramas, Valle de la Pascua (see below) and El Tigre. The latter route requires no ferry crossings and has more places with accommodation.

Staying at a tourist ranch An alternative to travelling independently or arranging a tour from Mérida is to stay at one of the tourist ranches. Most of these are in Apure state and can be reached from Barinas or San Fernando de Apure.

LL-L pp *Hato Piñero*, is a safari-type lodge at a working ranch near El Baúl (turn off Tinaco-El Sombrero road at El Cantón). Fully inclusive price, per day, packages can include return overland or air transport from Caracas. Free drinks, good room, bi-lingual nature guide for excellent bird- and animal-watching trips. Highly recommended. Contact number in Caracas: T0212-991 8935, F991 6668, www.hatopinero.com No public transport to ranch but ask police in El Baúl for ride with Hato Piñero workers. From Caracas the direct route is six hours; from Ciudad Bolívar nine hours.

On the road to El Baúl at Km 93 (next to Hato Piñero turn off) is the *Reserva Privada de Flora y Fauna Mataclara*, lodging with full board, horse riding, fishing and animal watching trips costs US$50 per person a day. Address: Prof Antonio González-Fernández, Universidad de Los Llanos 'Unellez', Mesa de Caracas, Guanare 3323, Estado de Portuguesa, T0241-867 7254/0414-408 3514.

About 30 minutes by bus from Mantecal (see below) is **LL** *Hato El Cedral*, a 53,000-ha ranch where hunting is banned. Fully inclusive price, a/c, hot water, land and river safaris, pool. Special offers at certain times of year. Address: Avenida La Salle, edif Pancho p 5, of 33, Los Caobos, Caracas, T0212-781 8995, F793 6082, www.hatocedral.com Also in this area: *Doña Bárbara*, ranch, book through *Doña Bárbara* travel agency, Paseo Libertador, Edif Hotel La Torraca, PB y Mezzanina, Apdo 55, San Fernando de Apure, T0247-341 3463, F341 2235, barbara@sfapure.c-com.net Also *Hato El Frío*, office in Achaguas, T0414-743 5329, F0247-882 1223, www.elfrioeb.com Both also **LL** per person per night including three meals, two tours per day, bath, a/c or fan, clean, comfortable, or US$45 for a daytime visit. **B** pp *Río Caiman Camp* is reached from Bruzual (see below), by road or by boat in the wet season (US$5). Fully inclusive, except horse riding and river rafting, accommodation in hammocks or tents, lots of excursions, multilingual guides (mostly English and German). Contact Alexis Léon Rojas, Sector La Plazuela, San Rafael de Tabay, Mérida, T0414-974 5099, leontours@hotmail.com

San Fernando de Apure

Phone code: 0247
Colour map 1, grid A6
Population: 135,000

At Lagua, 16 km east of Maracay, a good road leads south to San Fernando de Apure. It passes through San Juan de los Morros, which has natural hot springs; Ortiz, near the crossroads with the San Carlos-El Tigre road; the Guárico lake and Calabozo. 132 km south of Calabozo, San Fernando is the hot and sticky capital of the state of Apure and a fast-growing trade and transport hub for the region. There is *Corp Banca* for American Express, Avenida Miranda, and *Bancos Mercantil* (Paseo Libertador) and *Provincial* (Plaza Páez) with Visa and MasterCard ATM and cash advance. From San Fernando you can travel east to Ciudad Bolívar (see below), or south to Puerto Ayacucho (see page 1380).

Sleeping & eating **B** *Gran Hotel Plaza*, C Bolívar, T342 1746, 2 blocks from the bus terminal. A/c, good. **C** pp *El Río*, Av María Nieves, near the bus terminal, T341 1928. With a/c, good value. **C-D** *La Fuente*, Miranda y Libertador, T342 3233. A/c, TV, phone, safe. **D** *Trinacria*, Av Miranda, near bus terminal, T342 3578. Huge rooms, a/c. **D** *La Torraca*, Av Boulevard y Paseo Libertador by Plaza Bolívar, T342 2777. Excellent rooms, a/c, balcony overlooking centre of town. Recommended. Most hotels are within 1 block of the intersection of Paseo

Libertador and Av Miranda. Eating places include *Punto Criollo*, Av Miranda. Good value. *Gran Imperio Romano*, on Av Boulevard. Small, popular, good and cheap. *Comedor* in building beside CANTV. Has good *menú*, Mon-Fri, 1100-1200.

Air Aeropuerto Las Flecheras, Av 1 de Mayo, T342 3356. Flights to **Caracas**. **Transport**

Buses Terminal is modern and clean, not far from centre; US$2 taxi ride. To **Caracas**, US$11, 7 hrs; to **Barinas**, *Expresos Zamora*, 5 daily, 7 hrs (take food and drink), rough ride, day and night bus, US$10; to **Maracay**, US$7; to **Puerto Ayacucho**, US$15, 8 hrs; to **Calabozo**, 1½ hrs, US$3.

From San Fernando a road heads to head west to Barinas (468 km). It's a beautiful   **San Fernando** journey, but the road is in terrible condition between Mantecal, La Ye junction and   **to Barinas** Bruzual, a town just south of the Puente Nutrias on the Río Apure. In the early morning, many animals and birds can be seen, and in the wet season caiman (alligators) cross the road. **Mantecal** is a friendly cattle-ranching town with hotels and restaurants. *Fiesta*, 23-26 February. ■ *San Fernando de Apure-Mantecal 3½ hrs, US$4.50; Mantecal-Barinas, 4 hrs, US$6.*

Guayana, Orinoco Delta and Amazonas

The historic Ciudad Bolívar on the Río Orinoco is a good starting place for the superb landscapes further south, notably the table-top mountains and waterfalls in Parque Nacional Canaima. Here, you'll find the spectacular Angel Falls, the highest in the world, and the mysterious "Lost World" of Roraima. Further east the Orinoco Delta is opening up to tourism, and in the southwest, on the banks of the Orinoco, Puerto Ayacucho is the gateway to the jungles of Venezuela.

Guayana, south of the Orinoco River, constitutes half of Venezuela, comprising   **Background** rounded forested hills and narrow valleys, rising to flat-topped tablelands on the borders of Brazil. These savannahs interspersed with semi-deciduous forest are very sparsely populated. So far, communications have been the main difficulty, but a road that leads to Manaus has now been opened to Santa Elena de Uairén on the Brazilian frontier (see page 1374). The area is Venezuela's largest gold and diamond source, but its immense reserves of iron ore, manganese and bauxite are of far greater economic importance.

Ciudad Bolívar can be reached easily by roads south from Caracas and Puerto La   **To Ciudad** Cruz. The Caracas route, via Valle de la Pascua, and the Puerto La Cruz route, via   **Bolívar from** Anaco, meet at El Tigre (*population*: 105,000), which has good hotels and services.   **the coast &** From the *llanos*, from **Chaguaramas** turn south through Las Mercedes (hotel **D**) to   **the Llanos** **Cabruta** (*Population*: 4,300), 179 km, road in extremely bad shape, daily bus to Caracas, US$11, basic hotel. Then take a ferry from opposite the airport to **Caicara** (ferry for cars 1½ hours, *lanchas* for pedestrians 25 minutes). Alternatively, from San Fernando de Apure take a bus to Calabozo and *por puesto* from there to El Sombrero (US$2), where you can catch the Ciudad Bolívar bus at 1700.

Venezuela

Ciudad Bolívar

Phone code: 0285
Colour map 2, grid A1
Population: 300,000
640 km to Caracas
Mean temperature: 29°C

*Unless otherwise
stated museums open
Tue-Sat 0930-1200,
1430-1700,
Sun 0930-1200*

Ciudad Bolívar is on the narrows of the Orinoco, some 300 m wide, which gave the town its old name of Angostura. It is 400 km from the Orinoco delta. It was here that Bolívar came after defeat to reorganize his forces, and the British Legionnaires joined him. At Angostura he was declared President of the Gran Colombia he had yet to build, and which was to fragment before his death.

At the Congress of Angostura, 15 February 1819, the representatives of the present day Venezuela, Colombia and Ecuador met to proclaim Gran Colombia. The building, on **Plaza Bolívar**, built 1766-76 by Manuel Centurión, the provincial governor, houses a museum, the **Casa del Congreso de Angostura**, with an ethnographic museum in the basement. ■ *Guides in Spanish only.* Also on this plaza is the **Cathedral** (completed 1840), the **Casa de Los Gobernadores de la Colonia** (also built by Centurión in 1766), the **Real Intendencia**, and the **Casa de la Cultura**. Also on the north side of the plaza, at Bolívar 33, is the house where Gen Manuel Piar, the Liberator of Guayana from the Spanish, was held prisoner before being executed by Bolívar on 16 October 1817, for refusing to put himself under Bolívar's command. The restored **Plaza Miranda**, up C Carabobo, has an art centre. The present legislative assembly and **Consejo Municipal** are between Plaza Bolívar and Plaza Miranda. In 1824, when the town was still known as Angostura a Prussian physician to Bolívar's troops invented the bitters; the factory moved to Port of Spain in 1875.

Museum at **Casa del Correo del Orinoco**, Paseo Orinoco y Carabobo, modern art and some exhibits of history of the city. ■ *Mon-Fri 0930-1200, 1430-1700.* **Museo Casa San Isidro**, a mansion where Simón Bolívar stayed. ■ *Av Táchira.* The **Museo Soto**, Avenida Germania, some distance from the centre in pleasant gardens, has works by Venezuela's Jesús Rafael Soto and other modern artists. Recommended. ■ *Tue-Sun 0930-1730, free, guide in Spanish only.*

Launches take passengers across the river (US$0.25), but there are no other passenger boat services. The Paseo Orinoco leading west out of town goes to the **Angostura Bridge**, which can be seen from town. This is the only bridge across the Orinoco, 1,668 m long (over a mile), opened in 1967 (toll US$0.80; cyclists and walkers are not allowed to cross, you must flag down a car or truck). The **Zamuro hill fort** (1902), on another hill in the centre, dominates the city. ■ *Closed 1200-1400. Entrance on Paseo Heres.*

West of the centre is **El Zanjón**, an area of vegetation typical of the region. East is **Parque El Porvenir**, with botanical gardens. Outside the airport is the *Río Caroní* aeroplane, which Jimmy Angel landed on top of Auyán Tepuy (see page 1367).

Sleeping
■ *on map*
*Recommended hotels,
unless stated
otherwise*

Near airport B *Laja Real*, Av Andrés Bello y Jesús Soto, opposite airport, T632 7911, F632 8778, lajareal@telcel.net.ve Comfortable rooms, a/c, hot water, TV, fridge, pool open to non-residents for US$5 per day, excellent restaurant, sauna, gym, disco, parking. C *Valentina*, Av Maracay 55, T632 2145, F632 9311. Quiet, a/c, hot water, TV, comfortable, very good restaurant. D *Da Gino*, Av Jesús Soto, opposite airport, T632 0313, F632 5454. A/c, hot water, TV, good service and restaurant, changes US$ cash. D *Laja City*, Av Táchira y Av Bolívar, T/F632 9910. Quiet, a/c, hot water, TV, restaurant. **In the centre** C *Posada Angostura*, C Boyacá 8, T0414-851 2295 (mob). Handsome rooms in old colonial house, a/c, fan, hot water, restaurant, and travel agency. D *Colonial*, Paseo Orinoco, T632 4402, F632 3649. Has seen better days but good value, a/c, *Neckar* travel agency, nice restaurant on balcony overlooking river. E-F *Caracas*, Paseo Orinoco y Roscio, T/F632 8512. Fan, no hot water, dirty, pool table, table football, gift shop, poor restaurant on the balcony overlooking river, changes TCs and US$ cash, luggage store, English, German, Italian spoken, *Expediciones Dearunes* (see below) based here. Many people stay here; in 2002-03 most reports were uncomplimentary. F *Amor Patria*, Amor Patria 30, T632 8819, plazabolivar@hotmail.com Renovated colonial house, fan, shared bathrooms, kitchen, hammocks for hire, G. German and English spoken, *Soana Travel* (see below) based here. Recommended. **Near the bus terminal** D *Universo*, Av República, 2 blocks left out of terminal, T654 3732. A/c, hot water, TV, restaurant, accepts credit cards. **Outside of town E**

Posada La Casita, Av Ligia Pulido, Urb 24 de Julio, PO Box 118, T617 0832, T0414-850 0989 (mob), F632 6883. Very nice rooms, with cold water, fan, hammock with mosquito net can be rented, **G**, space for tents, **G**. Beautiful gardens, pool, laundry service, good food and drinks available, German and English spoken. Free pick up from airport or bus terminal (ring in advance). Free shuttle service into town. The owner runs *Gekko Tours* (see below).

América, Paseo Orinoco esq Roscio. Good food, dishes US$3-5, open late. *Arabe-Venezolano*, on Cumaná near Bolívar. Clean, a/c, good Arabic food, not cheap. *Charly's*, Venezuela. Good *fuente de soda*, cheap, fast service. *Restaurant Vegetariano La Gran Fraternidad* Amor Patria y Dalla Costa. Lunch only. Good breakfast at *Lonchería Ché*, next to *Hotel Colonial*. *Lonchería Urica*, Urica, next to *Hotel Unión*. Good lunch for US$1.25, get there early. *Mi Casa*, C Venezuela. Open-air, good value. *Mirador* Paseo Orinoco. *Comida criolla* with views over the river. *Pizzería La Casita* Venezuela, opposite *La Casa de las Doce Ventanas*. Good value pizza and ice cream, views over Puente Angostura. *La Playa*, C Urica entre Venezuela y Zea. Good for fish, reasonable prices. *Savoy*, Venezuela y Dalla Costa. Good value breakfast. *La Carioca* market, at the end of Paseo Orinoco, has a series of small, cheap restaurants.

Eating
● *on map*

Aug, *Fiesta del Orinoco*, 5-8 Sep, fair and exhibition.

Festivals

Handicrafts Arts and crafts from Bolívar state, including basketry from the Orinoco Delta can be found in *La Carioca* market, at the end of Paseo Orinoco and *Tienda Artesanía Guayanesa* at the airport. **Camping equipment** White gas (stove fuel) is available at *Lubriven*, Av República 16, near the bus terminal. **Jewellery** There are many jewellers on Pasaje Guayana, which runs off Paseo Orinoco and near *Hotel Colonial*. Supermarket close to the Museo Soto on Av Germania, large and well-stocked.

Shopping

Ciudad Bolívar

■ **Sleeping**	6 Laja Real	● **Eating**	6 Lonchería Ché
1 Amor Patrio	7 Posada	1 América	7 Lonchería Urica
2 Caracas	Angostura	2 Arabe-Venezolana	8 Pizzería La Casita
3 Colonial	8 Unión	3 Charly's	9 Savoy
4 Da Gino	9 Universo	4 La Gran Fraternidad	
5 Laja City	10 Valentina	5 La Playa	

Venezuela

Tour operators Competition is stiff in Ciudad Bolívar, and among the genuine companies roam phoney salesmen. You are more than likely to have someone attempt to sell you a tour at the bus station. Do not pay any money to anyone in the bus station or on the street. Always ask to be taken to the office. Always ask for a receipt (and make sure that it comes on paper bearing the company logo). Be suspicious of people offering tours that start in another town or city. If you are unfortunate enough to fall prey to a con artist, be sure to make a *denuncio* at the police station and inform genuine travel agents where you can.

Ciudad Bolívar is the best place to book a tour to Canaima, but you may pick up cheaper deals for trips to Roraima and the Gran Sabana from Santa Elena. There are 2 main tours operators in Canaima who offer tours at backpacker prices – *Bernal Tours* and *Tiuna Tours*. Most agents in Ciudad Bolívar sell one of these two options, but sometimes add commission. Always ask who will be running the actual tour – it may be cheaper to book from the tour operator directly. Service seems to change with the seasons. For 3 days/2 nights tours to Canaima expect to pay around US$190-230 pp; 4 days/3 nights to Gran Sabana US$250. 5 days/4 nights; Río Caura US$250-300.

Cunaguaro Tours, T632 7810, Carlos at *Hotel Italia* entrance (Paseo Orinoco y Urica). Primarily Río Caura tours, but also Gran Sabana and Salto Angel, driver Lenin Linares is very good, friendly. Recommended. *Miguel Gasca* is recommended for tours to Roraima, Gran Sabana and Canaima, T0414-923 5210/0166-629 4600 (mob), or look for him at *Hotel Italia*. *Expediciones Dearuna*, Javier Cubillos at *Hotel Caracas*, T/F632 8512, T0414-854 6807 (mob), expediciones_dearuna@yahoo.com All the usual tours at competitive prices, mixed reports. *Gekko Tours*, run by Pieter Rothfuss at airport (also *Posada La Casita*), T632 3223, T0414-985 1683 (mob), www.gekkotours-venezuela.de Gran Sabana, Canaima, Roraima, Orinoco Delta, rafting and river trips. *Sapito Tours (Bernal Tours)*, at airport, T0414-854 8234 (mob), bernaltours@terra.com.ve Canaima tours slightly more expensive (and not always up-to-scratch), Indian guides. Also offer tours to Roraima, Gran Sabana, Orinoco Delta, Kavác and Río Caura. *Soana Travel*, run by Martin Haars at *Hospedaje Amor Patria*, T632 8819, T0414 852 0373 (mob), soanatravel@gmx.de Tours to Río Caura, Canaima and Gran Sabana, English and German spoken. *Tiuna Tours*, at airport, T632 8697, www.mitrompo.com/tiunatours Cheapest option for Canaima, have a camp that takes 180 people. Guides speak English, German and Italian. *Turi Express*, at airport, T652 9764, T0414-893 9078 (mob), turiexpress@cantv.net Usual range of tours plus Guri dam and fishing tours, good English.

Transport **Local Taxis**: US$1.50 to virtually anywhere in town. US$2 from bus station to town centre.
Long distance Air: Minibuses and buses (Ruta 2) marked Terminal to town centre. Taxi to Paseo Orinoco US$2.25. To Caracas daily, 1½ hrs, Avior, T467 2340. *Rutaca* and *Comeravia* fly daily to Canaima and Santa Elena, US$55. Airport tax US$0.50. There are international phones at the airport, a good restaurant and car hire (Budget). Check where tours start from as some fly from Ciudad Guayana (*Turi Tours*), and charge passengers for taxi transfers. **Buses**: Terminal at junction of Av República and Av Sucre. To get there take bus marked Terminal going west along Paseo Orinoco (US$0.25). 10 daily to **Caracas** US$15 (student discount available, night bus $17.50), 8-9 hrs, with *Expresos Los Llanos*, *Rodovias*, and *Rápidos de Guayanesa*, *por puesto* US$40. 10 daily to **Puerto La Cruz**, US$8 (student discount available), 5 hrs, with *Caribe* and *Expresos San Cristobal*, *por puesto*, US$17.50. 1 daily to **Cumaná**, US$10, 7 hrs with *Caribe*. Several daily to **Maracay**, US$15, and **Valencia**, via Maracay, US$15, 8-9 hrs, with *Expresos Los Llanos* and *Rodovias*. **Tumeremo** US$9; Tumeremo bus through to El Dorado US$9.50, 3 daily. To **Santa Elena de Uairén** direct with *Caribe* US$21 (3 daily), *Expresos San Cristobal*, US$15 (2 daily), stopping en route with *Línea Orinoco, Transportes Mundial* (5 daily), spectacular views of Gran Sabana, 12-13 hrs. 1 daily to **Boa Vista** with *Caribe*, US$33, 20 hrs. To **Ciudad Guayana** hourly from 0700, US$2, 1½ hrs, *por puesto*, US$5.50, 1½ hrs. To **Ciudad Piar**, US$4, 3 hrs, and **La Paragua**, US$8, 4 hrs, with *Coop Gran Mcal Sucre*. 2 daily to **Caicara**, US$6.50 (including 2 ferry crossings), 7-8 hrs, with **Coop Gran Mcal Sucre**. To **Maturín** with **Unión Maturín**. 2 daily to **Puerto Ayacucho**, US$12, 10-12 hrs with **Coop Gran Mcal Sucre** (*por puesto* US$20), take food.

Venezuela

Banks *Corp Banca*, Paseo Meneses, Edif Johanna, C Bolívar. Amex TCs. *Banco de Venezuela*, near *Hotel Colonial*. Cash on Visa, ATM. *Banco Mercantil*, east end of Paseo Orinoco. Changes TCs, has ATM. *Banco Provincial*,west end of Av Jesús Soto, opposite Mobil petrol station. Cash on Visa, ATM. **Communications** Internet: *Galaxia.com*, C C Abboud Centre, Paseo Orinoco. *Galaxy Computer*, Av República y Jesús Soto, behind Mobil petrol station. **Post Office:** Av Táchira, 15 mins walk from centre. **Telephone**: *CANTV*, Av 5 de Julio, 100 m from Av Táchira (closed Sun). **Consulates** Denmark, Av Táchira, Quinta Maninata 50, of 319, T632 3490, 0800-1200, 1500-1700. **Italy**, Av 17 de Diciembre, Edif Terepaima, Local 1, T/F654 4335. **Tourist office** Dirección de Turismo, Av Bolívar, Quinta Yeita, T632 2362, F632 4525, diturbo@hotmail.com Helpful, English spoken. Open weekdays 0800-1200, 1400-1730. *Inparques*, Edif CVG Edelca, p 1, Av Germana con C 5 de Julio, T632 9908, drbolivar@inparques.gov.ve Mon-Fri 0800-1200, 1400-1730, for camping permits and permission to climb Roraima.

Directory

TCs difficult to change ATMs open only in banking hours

Parque Nacional Canaima

The Angel Falls, the highest fall in the world (979 m – its longest single drop is 807 m) and **Canaima**, 70 km down-river, are best reached from Caracas, Ciudad Bolívar or Ciudad Guayana, by air. At Canaima camp, the Río Carrao tumbles spectacularly over six waterfalls into the lagoon below, which has beautiful tannin-stained water with soft beige beaches. There are several tourist lodges at Canaima and many package tours now visit on day trips. ■ *Park entry US$6 pp paid to* Inparques *on arrival.* Do not forget swimming costumes, insect repellent and sun cream; waterproof clothing may be advisable. There are dangerous undercurrents in the lagoon; people have drowned while swimming near the falls. Do not walk barefoot as there are chiggers, or *niguas*, in the lagoon's sand beaches.

Colour map 2, grid B1 One of the 6 largest parks in the world

You can do walking expeditions into the jungle to Indian villages with a guide, but bargain hard on the price. Other excursions are to the Mayupa Falls, including a canoe ride on the Río Carrao (US$50, half day), to Yuri Falls by jeep and boat (US$35, half day); to Isla Orquídea (US$75, full day, good boat ride, beach barbecue); to Saltos de Sapo and Sapito (3 hrs, US$25).

Tours

Parque Nacional Canaima

Venezuela

Sleeping **LL** *Campamiento Canaima*, T0212-907 8130/31/34, F907 8140. Comfortable cabins, with shower and toilet. Meals are poor value, but drinks are at regular prices. Tours are well organized. 1 night, US$355 (high season price, 1 Dec-30 Apr), pp in double room, including transfers, meals, boat trip and flight over the Angel Falls, weather permitting. The airfare is not included. Although the quickest and most convenient way to visit Canaima is on a package tour, it is much cheaper to travel independently. **LL** *Campamiento Ucaima*, T0286-962 2359, www.ucaima.com Run by the daughters of the late 'Jungle' Rudy Truffino, full board available, 2 hrs walk from Canaima above Hacha Falls. **L** *Parakaupa Lodge*, 5 mins from airport, T0286-961 4963, parakaupa@etheron.net Attractive rooms with bath, hammocks outside rooms, views over the lagoon and falls, restaurant, full board. **L** *Camp Wey Tüpü*, in the village, T0414-884 0993 (mob). Ring direct to the camp if you wish to reserve lodgings only, *Roymar* in Caracas handle reservations of all-inclusive packages run from the camp, T/F0212-576 5655, roymar@cantv.net Fan, shower, bar, price includes meals and flight over Falls. **B** *Kusary* is close to *Parakaupa Lodge*, near the airport, T0286-962 0443. Basic but clean, with bath, fan, food available, ask for Claudio at *Tienda Canaima*. Next to *Kusary* is *Kaikusé*, T0414-884 9031. Basic, clean with bath, hammocks **E** pp. Some families in the village rent hammocks for US$5-10 per person. Travel agencies also rent hammocks for US$3-5 per person a night; ask at the airport. There may be space free to rent a hammock at *Campamento Tomas Bernal* (*Bernal Tours*) on Anatoly Island, T0414-854 8562 (mob), or at *Campamento Tiuna* (*Tiuna Tours*). **Camping** Camp for free, but only around the *fuente de soda*; fires are not permitted. Ask *Inparques* at the airport. No tents available for hire.

Eating Food is expensive at the *Campamiento Canaima* restaurant. A cheaper option is **Simon's** restaurant in the village which is used by many of the agencies, US$4-5 pp, breakfast US$3. It is advisable to take food, though the village near Canaima has a small store, *Tienda Canaima*, selling mainly canned foods. A *fuente de soda* overlooks the lagoon. There is an expensive snack bar at the airport; also souvenir shop.

Guides in Canaima *Bernal Tours*, with its own camp on Isla Anatoly in the lagoon, beds and hammocks, popular with travellers, contact in Canaima or in Ciudad Bolívar (see above). *Kamaracoto Tours* and *Tiuna Tours* for trips to Salto Sapo, Kavác, Salto Angel; they will also help with finding accommodation. There is fierce competition at the airport but agencies pretty much offer the same thing at the same price.

Some package tours to Canaima are listed under Caracas and Ciudad Bolívar Tour operators. Agents may tell you that guides speak English: some do, but many don't.

Transport The full airfare from Caracas is US$220. *Avior* flies daily from Caracas, 1 hr 40 mins direct. Do not rely on being able to change the return date on your flight and be even more wary of getting an open return. The airlines are quite happy to change your ticket, but the next available seat could be in 5 days time and Canaima is a very expensive place to kill time. Arrangements are best made through travel agencies. *Aereotuy* runs 1 day excursions by 19-seat Dornier aircraft out of Ciudad Bolívar, landing at Canaima. There is a connecting *Aereotuy* flight from Isla Margarita (0900, returning 1500) and direct excursions from Margarita (0730 departure returning 1800). They have a new camp near the foot of Nonon Tepuy, bookable only through *Aereotuy*, recommended (T0212-761 6231, F762 5254, www.tuy.com). Various companies offer day excursions in 5-seater Cessnas to Canaima from Ciudad Bolívar, book early, 0630-0700 at airport, US$180 pp, including flight over Angel Falls, boat across lagoon, lunch and trip to Salto Sapo; flight only, US$55 one way with *Rutaca, Comeravia* and *Ciaca*, 2 hrs. Reductions are available for parties. Note that you may not even see the falls from the air in the rainy season – the additional cost of a trip to the Angel Falls may well bring the cost of your journey up to that of a package. Flight to **Santa Elena** from Canaima costs US$55, one way. Tours can also be made to **Kavác** (see Kavác section).

Venezuela

The Falls are named after Jimmy Angel, the US airman who first reported their existence in 1935. Two years later he returned and crash-landed his plane, the *Río Caroní*, on top of Auyán Tepuy. The site is now marked with a plaque. The sheer rock face was climbed in 1971 by three Americans and an Englishman, David Nott, who recounted the 10-day adventure in his book *Angels Four* (Prentice-Hall).

Trips by boat upriver to the Angel Falls operate May-January, depending on the level of the water in the rivers. All trips make an overnight stop on one of the islands, continuing to the Falls the next day. 12-hour day trips cost around US$150. More relaxing, but showing nothing different, are 44-hour, 'three day' trips, US$260. If you have a *permiso de excursionistas* from *Inparques*, you may be able to go on one tour and come back with another, giving yourself more time at the Falls, but you may have to pay extra to do this, up to US$50 (take all food and gear). Trips can be arranged with agencies in Ciudad Bolívar (see above) or at Canaima airport. All *curiaras* (dugouts) must carry first aid, life jackets, etc. Take wet weather gear, swimwear, mosquito net for hammock and insect repellent, lots of film and a plastic bag to protect your camera.

The cheapest way to fly over the falls is on scheduled flights from Ciudad Bolívar with Rutaca or Ciaca (see above). From Canaima a 45-minute flight costs US$45 per person and does some circuits over and alongside the falls.

Angel Falls
Colour map 2, grid B1
NB The Falls face east so only receive sun in the morning

Kamarata

The largest of the tepuis, **Auyán Tepuy** (700 sq km) is also one of the more accessible. **Kamarata** is a friendly Indian settlement with a Capuchin mission on the plain at the east foot of the tepuy. It has a well-stocked shop but no real hotels; basic rooms can be found for about US$6 per person, camping also possible at the mission (mosquito nets necessary and anti-malarial pills advised). Take food, although there is one place to eat, and locals may sell you dinner. *Aereotuy, Rutaca* and *Comeravia* fly from Ciudad Bolívar (US$80 one way, 2 hrs), and *Rutaca* and *Comeravia* fly from Santa Elena de Uairén (US$140 one way).

Pemón families in Kamarata have formed co-operatives and can arrange *curiaras*, tents and porters for various excursions: *Macunaima Tours* (Tito Abati), *Excursiones Pemón* (Marino Sandoval), and Jorge and Antonio Calcaño. The whole area is within the Parque Nacional Canaima. For details on climbing Auyán Tepuy, contact *Kamadac* in Santa Elena, run by Andreas Hauer (T0289-995 1583, T0414-850 9604 (mob), andreashauer@cantv.net or *Alechiven*, run by Edith Rogge, which has a base and radio at Kamarata, T0414-211828. *Alechiven* and Pemón co-operatives run six-day river trips from Kamarata to Angel Falls (May-December), descending the **Río Akanán** to the Carrao by motorized dugout then turning south up the 'Devil's Canyon' to the Falls; the tours continue downriver to Canaima. It costs about US$450 for the *curiara* (minimum 4 persons), not including flights to Kamarata or food – supply your own food. River trips in this region are easier in the rainy season. Guides for Auyán Tepuy can be hired here for about US$25 per day, if you have your own equipment. Contact Andreas Hauer at *Kamadac*.

Kaváč

About a two-hour walk northwest of Kamarata, this a new indigenous-run resort consisting of a dozen thatched huts (*churuatas*) for guests, a small shop, and an excitingly short airstrip serviced by Cessnas from Ciudad Bolívar, Santa Elena, and Isla Margarita; flights from the north provide excellent views of Angel Falls and Auyán Tepuy. There is a vehicle connection with Kamarata but it is expensive because all fuel has to be flown in. The prime local excursion is to **Kaváč Canyon** and its waterfall known as La Cueva, which can be reached by joining a group or by setting out early west up the Río Kaváč. A natural jacuzzi is encountered after a 30-minute wade/scramble along the sparkling stream, after which the gorge narrows dramatically until the falls are reached. Go in the morning to avoid groups of day-trippers from Porlamar. The sun's rays illuminate the vertical walls of the canyon only for a short time around 1100. Be prepared to get wet; bathing suits and shoes with good grip, plus a dry change of clothing are recommended; also insect repellent, since there is a mosquito invasion around dusk. Late afternoon winds off the savannah can make

Venezuela

conditions chilly. It costs US$16 per person to stay at the camp (cheaper in hammocks). The price includes the tour to the canyon. Take food with you.

A day excursion by light plane to Kavác from Canaima (45 minutes' flight) can be made with any of the tour operators at the airport, and costs around US$130-140 per person depending on number of passengers. Flight only from Ciudad Bolívar to Kavác or Kamarata costs US$80 per person one way. Trips from Ciudad Bolívar can be arranged with tour agencies in town or at airport; around US$250 per person including flight via Angel Falls, meals, and one night's accommodation.

Ciudad Guayana

Phone code: 0286
Colour map 2, grid A2
Population: 700,000
105 km downriver
from Ciudad Bolívar

In an area rich in natural resources an entirely new metropolis, known as Ciudad Guayana, is still being built. It is on the south bank of the Orinoco and both sides of the Caroní River before it spills into the Orinoco. Four separate centres, San Félix, Palúa, Puerto Ordaz and Matanzas, are being forged into one. East of the Caroní are the commercial port of **San Félix** (work in progress to make a riverside walk and park) and the Palúa iron-ore terminal of the railway from El Pao. Across the Caroní by the 470 m concrete bridge is **Puerto Ordaz** (airport), the iron-ore loading port connected by rail with the famous Cerro Bolívar open-cast iron mine. The iron-tinted waterfall in the pretty Parque Cachamay (20 minutes' walk from centre; closes 1700) is worth a visit.

Excursions Just up the Caroní is the Macagua hydroelectric plant; there are some truly beautiful cataracts called **Salto Llovizna** as you enter the grounds (known as **Parque La Llovizna**, take a taxi, US$5). There is grand facility on the dam itself housing an archaeological museum and exhibits on the construction of the dam (free entry), as well as a coffee shop. ■ *0900-2100 daily, except Mon.* Higher up the river is the massive **Guri dam**, the world's second-largest artificial reservoir. The trip to Guri takes 90 minutes by taxi; the plant is open daily 0900-1030, 1415-1515, take your passport; the area gets very full during holidays, Easter or carnival. You can also visit the rest of the complex including the hotel (**C**, a/c, comfortable). *Por puesto* from Ciudad Bolívar, Route 70, US$20 one way; for return, ask at Alcabala Río Claro (gatehouse) if they can get you a free lift.

Los Castillos, said to be where Sir Walter Raleigh's son was killed in the search for El Dorado, are two old forts down the Orinoco from San Félix (one hour by *por puesto*, US$2.50, or take a tour).

Sleeping & eating

In Puerto Ordaz B *Dos Ríos*, México esq Ecuador, T924 0679, F923 3092. New rooms have a/c, hot water, TV, pool, restaurant, *lonchería*, hairdresser, helpful. **C** *Residencias Tore*, C San Cristóbal y Cra Los Andes, T923 0679, tore@cantv.net Good rooms with a/c, hot water, TV, meals available. **E** in the house of Rolf and Rosa Kampen, C Surinam 03-07, Villa Antillana, 3 km from central Pto Ordaz, T/F923 0516. Room for 6 people, free pick up (best to contact by fax), breakfast US$4, dinner can be arranged. Rolf speaks English, German and Dutch. Recommended. **E** with Wolfgang Löffler of *Lobo Tours*, C Zambia 2, Africana Manzana 39, T961 6286, F961 7708. Room for 8 people, free transfer from airport. 'El Lobo' speaks English and German. Recommended. There are plenty of restaurants and cafés on Cras Tumeremo and Upata, off Av Las Américas. There is a very good *churrascaría* on Av Las Américas 15 mins walk from *Hotel Intercontinental Guyana* towards the airport, in an old hacienda building on the left, next to a *cervecería*, recommended. Fast food and upmarket eateries in Ciudad Comercial Altavista and surrounding streets.

Shopping

The massive *Ciudad Comercial Altavista*, in Altavista, has all the high-street shops you might hope for. *Librería Orinoco*, Centro Cívico, C El Tocuyo y Carrera Upata, stocks international magazines and paperbacks in English. *Barro Lindo*, Macro Centro, Altavista, sells pottery and artesanía.

Anaconda Tours, PB, loc 2, CC Anto, Av Las Américas, T923 7966, T/F922 6572, anaconda2@cantv.net Trips to Castillos de Guayana (US$25 pp) and Guri dam (US$70 pp). Also organize tours to Orinoco Delta, Gran Sabana, Canaima, and Los Roques. *Bagheera Tours*, p 2, of 86, C C Gran Sabana, Paseo Caroní, near airport, T952 9481, F952 8767, bagheera@telcel.net.ve Tours to Gran Sabana, Angel Falls, Caura River and Orinoco Delta. *Lobo Tours*, C Zambia No 2, Villa Africana Manzana 39, T961 6286, F961 7708. Wolfgang Löffler will tailor his tours to fit your demands. Trips generally organized to the Gran Sabana and Orinoco Delta, but will put together other excursions. Very helpful. US$70 pp per day all-inclusive, excellent cooking. English and German spoken. Recommended. *Piranha Tours*, at *Hotel Intercontinental*, T920 1111, F923 6487. River trips on the Caroní, to see the Cachamay Falls, and the confluence of the Caroní and Orinoco rivers, US$20-25 pp. *Sacoroco Tours*, T961 5526, T0414-895 3948 (mob), sacoroco@cantv.net Roger Ruffenach organizes tours into the less-frequented southern parts of the Orinoco Delta (very basic facilities), leaving from Piacoa, approximate cost US$250 pp. German spoken. Recommended guide: *Richard Brandt*, T/F922 4370 (or in Santa Elena de Uairén at *Cabañas Friedenau*), has his own car, speaks English and tailors trips to your requirements, including Roraima.

Tour operators

Local Car hire: Many different operators at the airport, *Margarita Rentals* cars recommended, expect to pay US$50-60 per day; *Hertz*, Puerto Ordaz, rents 4WD vehicles. A car is very useful in this area, especially for visiting the Cerro Bolívar mine and Guri dam, or taking a road trip through the Gran Sabana to Brazil. **Taxis**: San Félix-Puerto Ordaz US$2.50, Puerto Ordaz-airport US$3.25, airport-bus terminal US$12, San Félix bus terminal-Puerto Ordaz bus terminal US$5, bus terminal-town centre US$3, town centre-San Félix bus terminal US$3.50.

Transport

    Long distance Air: Daily flights from Puerto Ordaz to Caracas and Porlamar. Walk 600 m to gas station on main road for buses to San Félix or Puerto Ordaz. **Buses**: Terminals at San Félix and close to Puerto Ordaz airport; long distance buses pass through both. Minibuses are fast, frequent and cheap; San Félix-Puerto Ordaz, US$0.85; buses run until about 2100. Several buses daily to **Santa Elena de Uairén** (via El Callao), US$18, 10 hrs, with *Caribe* (T951 8385, recommended) and *Turgar* (or overnight bus, which misses the fine scenery, 9 hrs). **El Callao** (US$6.50), **Tumeremo** (US$8), El Dorado (US$9.50) and Km 88 with *Turgar*. **Ciudad Bolívar** US$3 (*por puesto* US$5.50), 1 hr. Bus to **Maturín** US$7, 2½ hrs. 8 daily to **Caracas**, US$15 (night bus US$17.50), 10 hrs, with *Rodovias* (T951 4630) and *Expresos Occidente*, (T953 0624). 8 daily to **Barcelona** and **Puerto La Cruz**, US$13.50, 6 hrs, with *Caribe*. 2 daily to **Cumaná**, US$12.50, 8 hrs, with *Caribe*. 5 daily to **Valencia**, US$16.50, 10 hrs, with *Rodovias* and *Expresos Occidente*. To **Tucupita**, US$6, 3 hrs, leaving from San Félix bus terminal with *Expresos Guayanesa*, booking office opens 1 hr before departure, be there early, passport check just before Tucupita. San Felix bus terminal is not a safe place, especially at night. **International buses**: 1 bus daily to **Brazil**, US$33,14 hrs including 3 refreshment stops, departs 2130, arrives Boa Vista 1130, with *Caribe* recommended, buses have a/c (take warm clothes), toilets and reclining seats.

Airport under reconstruction in 2003

Banks *Corp Banca* (American Express), C Urbana, Edif Don Andrés. *Banco de Venezuela*, Av Las Américas y Av Monseñor Zabaleta. Banks will not exchange Brazilian currency. **Communication** Internet: *Planet Web Café*, Carrera Tumeremo, *Cyberarepa*, an unanticipated fusion of global and Venezuelan culture, CC Altavista. **Consulates** Brazil, Av Las Américas, near CANTV, T923 5243, F923 7105, 0900-1700. Friendly, helpful, visa issued in 1 hr, no onward ticket requested (some nationalities have to pay, eg Australians US$45), good information. Norway, Calle El Callao, Residencias Cachamay, Local 1, T922 9364, F922 5619. Spain UD-33-21, Parcela 6-7, Zona Industrial Matanza, Core 8, T/F994 1118. **Medical Services** Clinic Chilemex, Av Las Américas.

Directory

Venezuela

Orinoco Delta

A worthwhile side trip along asphalted roads can be made to Tucupita, on the Orinoco delta. Though capital of Delta Amacuro state and the main commercial centre of the delta, there's a one-horse feel about it. There is a tourist office at C Dalla Costa beside Sonido Color 2000. Tourists should go here first for information on tours. **NB** Banks won't change travellers' cheques.

Tucupita
Phone code: 0287
Colour map 2, grid A2
Population: 81,820
Climate: very humid

Sleeping and eating **C** *Saxxi*, on main road into Tucupita, 10 mins from centre, T721 2112. Comfortable, hot water, a/c, bar/restaurant, disco Thu-Sat, pool. Also has camp *Mis Palafitos*, **L**, T721 1733/0414-765 263, www.deltaorinocomispalafitos.com All inclusive. **D** *Gran Hotel Amacuro*, Bolívar 23, T721 0404. A/c, big rooms, dubious, **E** with fan. **D** *Sans Souci*, Centuríon 30, T721 0132, F721 6221. Safe, a/c, OK, **E** with fan. French spoken. **E** *Residencias San Cristobal*, San Cristobal 50, T721 4529. Fan, parking. **F** *Pequeño*, La Paz, T721 0523. Basic but clean, fan, good value, safe, stores luggage, orchid garden, Israelis stay free of charge, closes at 2200. *Mi Tasca*, C Dalla Costa. Popular, varied menu, large portions. Recommended. On Paseo Manamo *Refrequería La Cascada*, English spoken; and *Capri*, very good.

Transport *Por puesto* from **Maturín** about US$10, 2-3 hrs; bus to Maturín, US$4, 3-4 hrs, with *Expresos Guayanesa*, US$6 with *Expresos Los Llanos* recommended. 2 daily to **San Félix**, US$6, 3 hrs, with *Expresos La Guayanesa*. 2 daily to **Caracas**, US$15, 12-13 hrs, with *Expresos Los Llanos* recommended. **Puerto La Cruz**, US$10, 7-8 hrs.

Delta Trips For a 3-4 day trip to see the delta, its fauna and the indigenous *Warao*, either arrange boats through the tourist office. Boats are not easy to come by and are expensive except for large groups. Bargain hard and never pay up front.

Excursions often only travel on the main river, not in the *caños* where wildlife is most often be seen. To avoid disappointment, be sure to determine where your guide intends to take you before you leave. If the river level rises after a downpour, arrangements may be cancelled. On all trips agree in advance exactly what is included, especially that there is enough food and water for you and your guide. Hammocks and mosquito repellents are essential.

Tour operators The following (and *Mis Palafitos* - see *Hotel Saxxi*) are registered with the tourist board and have insurance (this does not necessarily guarantee a good tour). *Aventura Turística*, C Centurión 62, T/F721 0835, and at bus station, a_t_d_1973@hotmail.com Nicolás and Vidalig Montabric have 2 camps in the northern part of the delta, all-inclusive tours, English and French spoken. *Delta Sur*, C Mariño and C Pativilca, T/F721 2666, oldest-established company, US$200-250 pp for 3 day tour, English spoken. *Tucupita Expeditions*, opposite hospital, T721 0801, www.orinocodelta.com US$255 pp for 3-day tour. Some boat owners visit hotels in the evenings looking for clients and may negotiate a price. Ask Pieter Rothfuss at *Gekko Tours/Posada La Casita* in Ciudad Bolívar and Roger Ruffenbach of *Sacoroco Tours* in Cioudad Guyana about a trip through the southern part of the delta and into the Sierra Imataca highlands.

Directory **Banks** *Unibanca* C Petíon, Delta a La Paz, cash advances against Visa. *Banco de Venezuela*, Paseo Manamo, Delta a La Paz, ATM and cash advances. **Communication** Internet: *Compucenter.com*, in the same Centro Comercial on Plaza Bolívar. *Delta Microsystems*, C Pativilca.

Barrancas
Colour map 2, grid A2
Population: 13,000

An interesting and friendly village is Barrancas. Founded in 1530, it is one of the oldest villages in the Americas, but its precolonial past dates back to 1000 BC. Situated on the Orinoco, it can be reached by road from Tucupita (63 km, US$1.50, buses return at 0945 and 1700) or from Maturín. It has two basic hotels (**D**. The village has a large community of Guyanese people who speak English. It is possible to take a boat to the *Warao* villages of **Curiapo** and **Amacuro** (near Guyana border), check at harbour.

Warning Avoid boats that are carrying suspicious goods, those that do not have adequate shelter from the rain and those that do not stop in Curiapo, as this is the only place to get an exit stamp out of Venezuela. If thinking of taking this route, visit the Guyanese Embassy in Caracas first.

South to Brazil

Travelling South from Ciudad Guayana to the Brazilian border is becoming an increasingly popular excursion for Venezuelan tourists, as well as for overland travellers heading into Brazil via Boa Vista. The road to the border at Santa Elena de Uairén passes over the beautiful Gran Sabana and is completely paved, with all bridges in place.

Getting around A 4WD is only necessary if you wander off the main road, particularly in the rainy season. It is highly recommended to take spare tanks of gasoline (spare tanks are available at Km 88, but better and cheaper to get one earlier). All petrol pumps have fuel, but not all octane levels. It is also advisable to carry extra water and plenty of food. Small eating places may close out of season. There are Guardia Nacional checks at the Río Cuyuní (Km 8), at Km 126, and at San Ignacio de Yuruaní (Km 259), and a military checkpoint at Luepa (Km 143); all driving permits, car registration papers, and identification must be shown.

Advice Camping is possible but a tent with good waterproofing is essential. Some places require a permit from *Inparques*, others do not, but a small fee is payable (see also above, under Parque Nacional Canaima). Insect repellent and long-sleeved/trousered clothes are needed against *puri-puri* (small, black, vicious biting insects) and mosquitoes (especially in El Dorado, at Km 88 and at Icabarú); or use baby oil mixed with vitamin B12. 5-day/4-night tours of the Gran Sabana can be arranged in Caracas, or in Ciudad Bolívar, which is cheaper and easier.

(margin) **Ins & outs**

South from Ciudad Guayana Highway 10 is a four-lane *autopista* as far as **Upata** (*Phone code:* 0288; *Population*: 51,500). There's a good place to buy provisions opposite the petrol station. **C** *Andrea*, Plaza Miranda, T221 3618, F221 3736. Decent rooms, a/c, hot water, TV, fridge in some rooms. Credit cards accepted, Chinese restaurant, safe parking, good. **E** *Comercio*, C Ayacucho, excellent, as is its restaurant. **NB** Water is rationed in Upata and hot water in hotels is rare south of Ciudad Guayana.

From Upata to Km 88 the road is partly resurfaced and has some broad hard shoulders. At 18 km beyond **Guasipati** (**C** *Hotel La Reina*, Avenida Orinoco, a/c, good; also **D** *Hotel Venezuela*, Plaza Bolívar, opposite is a café serving excellent coffee; **E** *Residencias El Agua*, southern end of town, basic, a/c, OK) is **El Callao** on the south bank of the Río Yuruari, off the highway, a small, clean, bright town (*Population*: 12,000) whose pre-Lenten carnival has a touch of calypso from British Caribbean immigrants who came to mine gold. The gold mine, 8 km away in El Perú, has a museum of geology and carnival (T762 0336). Sr Rafael, whoi lives opposite will show you the mine (T762 0662, evenings only). The town has many jewellery shops and several restaurants. You may be able to change US$ cash in *Banco de Venezuela* on main plaza, but not travellers' cheques. **D** *New Millenium*, Plaza Bolívar, T762 0995. New, nice rooms, a/c, TV, laundry, parking, cheaper without hot water. Recommended. **D** *Arte Dorado*, C Roscio 51, 5 minutes from Plaza Bolívar, T762 0535. A/c, TV, parking, cheaper without hot water, good. **E** *Isidora*, on the road to El Perú but in town, T762 0290. A/c. **E** *Callao*, C Bolívar, 2 blocks from the plaza. Shared bath, laundry facilities, very welcoming owners, recommended. **F** *Italia City*, C Ricuarte off Plaza Bolívar, T762 0770. Basic, a/c. **F** *Ritz*, C Ricuarte, T762 0730. Basic, serves cold beer. There is a chronic water shortage, check when it is available in your hotel. All prices rise for the carnival in February.

(margin) **Ciudad Guayan to El Callao**

On another 41 km is Tumeremo, recommended as the best place to buy provisions. There is *Unibanca* (Visa), *Banco de Orinoco* (Amex, after 1500, US$5 commission), and gasoline (all grades) at a normal price (better than El Dorado). About 5 km from Tumeremo towards the Fuerte Tarabay is the beautiful artificial lake of San Pedro with free campsite.

(margin) **Tumeremo**
Colour map 2, grid A2
Population: 25,000

(margin vertical) Venezuela

Sleeping and eating D*Sinfonies*, C El Dorado, 1 block down from *Leocar*. Good value, good beds, a/c, TV, bath, nice. **E** *Francia*, C Bolívar, T711 1477. Clean, a/c, cheaper with fan, TV. Recommended. **E** *Tumeremo City*, on Zea, T771 0281, F771 0323. A/c, TV, OK, parking. **F** *Central*, Piar y Miranda, T710 2064. Fan, OK, bakery and snackbar. **G** *Leocar*, Dorado y Paez, next to the bus stop. Poor value, noisy, with fan or a/c, very basic. *Restaurante Turístico*. Expensive but OK. *Restaurante Las Cuevas*, near plaza. Popular, average food and prices, service slow, check your bill.

Transport Buses: To **Santa Elena**, US$15, 8-10 hrs, with *Líneas Orinoco*, 2 blocks from plaza near *Leocar*); **El Dorado**, US$2, 1½ hrs. Bus to **Ciudad Bolívar**, US$9.25, 6 a day, 6½ hrs or *por puesto* (via San Félix and Puerto Ordaz). Bus to **San Félix** (Ciudad Guayana), US$3.60, *por puesto* US$8.75. To **Caracas**, US$20, direct service at 1600, 14 hrs.

The road between Tumeremo and El Dorado is in poor repair, but is passable with care.

El Dorado

Phone code: 0288
Colour map 2, grid B2
Population: 4,000
278 km from Ciudad Guayana

This hot, dirty and very noisy miners' supply centre in dense forest is 76 km from Tumeremo, 7 km off the road on the Río Cuyuní. On an island in the river stands the regional prison made famous by Henri Charrière/Papillon's stay there in 1945, in use again after renovation. It is possible to get police permission to cross the river (free) and land on the island. The local gold seams have been largely exhausted but mining still continues and the town's nightlife is entirely for the miners, violence is in the air after nightfall. El Dorado's other economic mainstay is its gas station (open 0800-1900, daily). There is a *Banco de Venezuela*, which accepts Visa and MasterCard; exchange is possible with the gold buyer on the main street, cash only, poor rates. Yesenia at *Agua Selva* and Bruno and Vanessa at *El Encanto Cuyuní* can organize boat trips and trips into the jungle. Dugout canoes (*curiaras*) are generally rented at around US$150 (maximum 9 persons).

All hotels have problems with running water and there is no lack of accommodation for short-stay clients

Sleeping and eating E *Universo*, C Cuyuní, running parallel to the river, T991 1151. Clean, safe, a/c, geared towards tourists, some rooms have TV, safe parking. Recommended. **F** *Agua Selva*, on right when entering town, T991 1093. Rustic camp, with shared bathrooms, fan, includes breakfast, dinner available at extra cost. Hammocks also available for rent, **G** including breakfast. Welcoming owner, tours organized. Recommended. Another camp is **F** *El Encanto Cuyuní*, 3 km down the road at the Puente Río Cuyuní, T0289-808 1024. Bruno and Vanessa will pick you up from El Dorado, or buses will drop you at the bridge. Hammock space, camping, cabins under construction, guests can prepare food. *El Caney*, on right just down from *Agua Selva*, good food. Recommended. *Archiven*, Plaza Bolívar, good, helpful owner. Restaurant beside church serves delicious *criolla* food.

Transport All buses stop on main plaza. **Buses**: From **Caracas**, *Expresos del Oriente*, at 1830 daily, US$20, 14½ hrs, return at 1400 (925 km). The Orinoco bus line connects with **Ciudad Bolívar** (6 hrs) and Santa Elena, as does *Transmundial* (better buses, leaving 1100, US$9.50 to **Santa Elena**, US$5.50 to San Félix, 4 hrs).

El Dorado to Santa Elena de Uairén

The turn-off to El Dorado is marked Km 0; distances are measured from here by green signs 1 km apart. About 3 km south of the turnoff to El Dorado, is the Río Cuyuní crossed by a bridge.

At Km 88 (also called **San Isidro**), there is gasoline (the last before Santa Elena – rarely 92 octane), a garage, the last telephone before Santa Elena and Banco Guayana. Everything is expensive; better food shops at Km 85.

Sleeping and eating At Km 84.5 is **AL** pp *La Barquilla de Fresa* run by Henry Cleve, English and German spoken. Book through Alba Betancourt in Caracas T0212-256 4162, T0416-709 7205 (mob), barquilladefresa@cantv.net It specializes in bird watching tours and the inventory of bird species for the jungle here has reached more than 300 species. Full board lodging, reservations and deposit required. **Las Claritas**, a gold-miners' town at Km 85: **B** *Campamento Turístico Anaconda*, T0286-923 7996, anaconda@cantv.net Cabins with bath, fan, well-furnished, bar, including breakfast and dinner, reserved for tour groups (**C** in low season). **D** *Landolfi*, left turn in the centre of town towards the indigenous village of San Lucia de Inaway. A/c, **E** with fan, parking. Also restaurant, big market for food and gold, safe parking at Las Hermanitas de las Pobres (Convent), which can be better reached by the track from Km 88. **Km 88: D** *El Parador del Viajero*, restaurant, OK. **F** *La Pilonera*, opposite Vargas store, with fan, safe parking, some rooms with bath, restaurant with good fruit drinks; good food next door at the *El Tercer Mundo*.

Transport Bus Km 88-Caracas, US$20; to Ciudad Bolívar wait at gas station for buses from Las Claritas (depart 0900, 1100, 1500, 1800). Frequent *por puestos* from El Dorado to Km 88, 1 hr, US$3.50. Most of the non-luxury buses stop at the petrol station to refuel. The alternative is to get a ride with passing jeeps and trucks (very little passes after 1030).

The wall of the Gran Sabana looms above Km 88 and the highway climbs steeply in sharp curves for 40 km before reaching the top. The road is in very good condition and presents no problem for conventional cars. 4WDs may be better in the wet season (May-October). At Km 100 the huge **Piedra de la Virgen** (sandy coloured with black streaks) is passed before the steepest climb (La Escalera) enters the beautiful **Parque Nacional Canaima** (see page 1365).

The landscape is essentially savannah, with clusters of trees, moriche palms and bromeliads. Characteristic of this area are the large abrupt *tepuis* (flat-topped mountains or mesas), hundreds of waterfalls, and the silence of one of the oldest plateaus on earth. At Km 119 (sign can only be seen going north) a short trail leads to the 40 m **Danto** ('Tapir') **Falls**, a powerful fall wreathed in mosses and mist. If you are paying for your ride, try to persuade the driver to make a short stop; the falls are close to the road (about five minutes slippery walk down on the left-hand side), but not visible from it. (Buses cannot be flagged down here because of dangerous bends.) The **Monumento al Soldado Pionero** (Km 137) commemorates the army engineers who built the road up from the lowlands, finally opened in 1973; barbecues, toilets, shelters. Some 4 km beyond is **Luepa**; all travellers must stop at the *ciudadela* (military checkpoint) a little way south. There is a popular camping place at Luepa, on the right going south which belongs to a tour company. An informative guide on duty will rent you a tent or you can hang a hammock in an open-sided shelter (very cold at night, no water or facilities, possible to buy a meal from a tour group, but expensive). There is a breakfast place, US$4. The Inparques station at Luepa has some guestrooms which are intended for visitors of Inparques, but they may let you stay for a small fee. There is a kitchen at the station and a cafetería for employees of Inparques and Edelca.

Some 8 km beyond Luepa, a poor, graded gravel road leads 70 km west to **Kavanayén** (little traffic, best to have your own vehicle with high clearance, especially during the wet season, take snacks; the road can be cycled but is slow, lots of soft, sandy places). Accommodation is at the Capuchin mission, **F**, very friendly, also in private homes; cash travellers' cheques at a better rate than in Santa Elena. One of the two grocery stores will prepare food, or the restaurant opposite serves cheap breakfasts and dinners, order in advance. Medical post in front of the mission.

The settlement is surrounded by *tepuis*. Bargain with pilots at the airstrip to fly you over the Gran Sabana: a tour of Auyán Tepuy, Angel Falls, Canaima and back to Kavanayén; US$200 for five passengers. Off the road to Kavanayén are the falls of **Torón Merú** and **Chinak-Merú** (also called Aponwao), 110 m high and very impressive. Neither is a straightforward detour, so get full instructions before setting out. Chinak-Merú is reached via the very friendly Pemón village of **Iboribó** (there is a small bakery near the junction to Iboribó).

For the remaining 180 km to Santa Elena de Uairén few people and only a handful of Pemón Indian villages are to be seen. Kampirán, **Rápidos de Kamoirán** (Km 172,

Venezuela

D *Campamento Rápidos de Kamoirán*, T0289-805 1505, clean, with fan, well-kept, cold water, camping US$$2, also restaurant, gasoline, and picnic spot by the rapids) and Oriwarai are passed. The 5-m Kawí falls at the **Kama** River are at Km 195, while at Km 201.5 are the impressive 55 m high **Kama Merú** falls can be seen (nominal US$0.60 to walk to the bottom of the falls). Also a small lake, local handicrafts for sale, a small shop for supplies, canoe trips US$1.50 per hour per person. Cabins and *churuatas* can be rented for about US$3 pp, camping at US$2 per tent. *Puri-puri* flies descend at dusk. Buses can be flagged down going south or north three times a day; check times in advance.

At Km 237 the Río Arapán cascades over the charming **Quebrada Pacheco** ; pools nearby where you can swim. Tour groups often stop here. A path up the opposite side of the main falls leads to an isolated natural swimming pool 20 minutes walk away, in the middle of the savannah. Nearby are more falls with waterslides and pools. **Warning**Do not go beyond the red line at Pacheco: there is a hidden fall which has claimed lives. A new camp is being built between Kama Merú and Quebrada Pacheco. There are plans for lodging, a restaurant, an indigenous cultural centre, and to offer excursions in the savannah. Contact Oscar Romero on T0414-886 2034 (mob). Next is **Balneario Soruapé** (Km 244), a good place for swimming and picnics, natural whirlpool, restaurant, 10 minutes downriver is a natural waterslide. Then, at Km 250, comes the Pemón village of San Francisco de Yuruaní (see page 1378), whose falls can be seen from the road bridge, followed, 9 km of bends later, by the smaller village of **San Ignacio de Yuruaní** (strict military checkpoint; excellent regional food).

A trail at Km 275 leads to the **Quebrada de Jaspe** where a river cuts through striated cliffs and pieces of jasper glitter on the banks. Visit at midday when the sun shines best on the jasper, or at 1500 when the colour changes from red to orange, dazzlingly beautiful. Campsite beside the river, no facilities, bad drainage and exposed, not recommended.

Santa Elena de Uairén

Phone code: 0289
Colour map 2, grid B2
Population: 15,000

This booming, pleasant frontier town was established by Capuchin Monks in 1931. Thanks to its relaxed atmosphere and plentiful supply of hotels, Santa Elena is an agreeable place in which to spend time. Gold is a better buy here than in Ciudad Bolívar. The local festival is on 9-19 August, featuring music, dance and handicrafts.

Sleeping
■ *on map*

A *Gran Sabana*, outside town, 10 km from border, T995 1810, www.hotelgransabana.com Most luxurious in town, good service. Recommended. **B** *Ya-Koo Ecological Camp*, 2 km on unpaved road to Sampai Indian community, up the mountain behind Santa Elena, T995 1742, www.ya-koo.com *Cabañas* with all facilities in beautiful 10-ha site, full board, spacious rooms, hot water, natural swimming pool. **C** in low season. Recommended if you have a car. **C** *Villa Fairmont*, Urb Akurimá, T995 1022, at north edge of town, a few mins' drive from bus station, large, comfortable rooms, a/c, hot water, TV, restaurant, small craft shop. Nearby is **D** *Cabañas Roraima*, up road behind bus terminal, T996 1164. A/c, hot water, fridge, also has cabins for up to 8, near supermarket. **C** *Temiche Camp*, % mins from town on airport road, T962 2693/0414-886 2323, www.venezuela.com/temichecamp Nice rooms,hot water, meals and use of kitchen extra. **D** pp *Cabañas Friedenau*, Av Ppal de Cielo Azul, off Av Perimetral, T995 1353, friedenau@cantv.net Self-contained chalets, price includes breakfast, pleasant grounds, caters for groups, vegetarian food, parking, transfer to Puerto Ordaz, bicycles and horseback trips, also run trips to Roraima (see below), English and German spoken. Recommended. **D** *Los Castaños*, C Mcal Sucre, near old bus terminal, T995 1450. A/c, TV, **F** with fan only. **D** pp *Kiamantí*, outside town near new bus terminal, T995 1952, kiamanti77@hotmail.com Full board, fan, hot water, comfortable, parking, pool. **D** *Lucrecia*, Av Perimetral, T/F995 1105, near old terminal. A/c or fan, TV, restaurant, pool, parking, helpful, good. **D** *Tavarúa*, near *Ya-Koo*, T04143-886 3899, robtavarua1@yahoo.com Lovely rooms, hot water, meals available, pick-up from town, Roberto Campano is a guide. **D** *Tres Naciones*,

Venezuela

on C Zea, T995 1190. Basic, with a/c, hot water, restaurant, parking. **E** *Jaspe*, on C Mcal Sucre, T995 1379, 150 m from bus terminal on opposite side. Hot water, fan, TV, free coffee. **E** *Villa Apoipó*, on the road to the airport, turn left at the *Hotel Gran Sabana*, T0414-886 2049 (mob). Very nice rooms, hot water, fan. Set up to receive groups but will take independent travellers if you ring ahead. Use of kitchen or full board option. Bunk beds or hammocks available in large *churuata*, **G**. **E** *La Posada Aventura*, above *Adventure Tours* on Av Perimetral, T995 1574. Hot water, fan. Good. **F** *Casa de Gladys*, Urdaneta 187, T995 1171. The irrepressible Gladys' haphazard family house, fan, cooking and washing facilities, continuous coffee, internet, tourist information, day trips, luggage stored for a fee, **G** in a dormitory or hammock. **F** *Las 5 Jotas*, near *Cabañas Roraima*, T0414-886 1524. Comfortable, good value. **F** *Luz*, C Peña, 2 mins' walk from Plaza Bolívar. Basic, dark, no hot water, fan, good meeting point, mixed reports about security. If hotel's full, owner will help to find a room in a private home. **G** *Michelle*, C Urdaneta, next to *Café Goldfieber*, T995 1415, hotelmichelle@cantv.net Spotless, hot water, fan, helpful, laundry, good value. Credit cards accepted, cash advances on Visa if you are desperate.

La Bohemia, behind bus station. European style, coffee, sandwiches, etc. *Café Goldfieber*, C Urdaneta, next to *Tommy Town* Chinese restaurant. Makes good breakfasts, also dinners, and internet. Good place to form tour groups with other travellers. *El Rincón Cubano*, Av Perimetral. Excellent breakfasts and superb Cuban dinners at good prices. Fantastic cocktails made by the owner, once 'second-best cocktail mixer in Cuba'. Highly recommended. *Venezuela Primero*, Av Perimetral, chicken, meat, and seafood. *Panadería Gran Café*, C Icabarú. Good breakfasts and coffee. There are several restaurants on Mcal Sucre, one of these *El Ranchón Criollo* serves good *criolla* fare.

Eating
● *on map*

Santa Elena de Uairén

Venezuela

N

0 metres 50
0 yards 50

To Airport

To Airport, 4 14 16 & El Pauji

Sleeping	3 Casa de Gladys	11 Luz
1 Cabañas Friedenau	4 Gran Sabana	12 Michelle, Café
2 Cabañas Roraima	5 Jaspe	Goldfieber
	6 Kiamantí	& Tommy Town
	7 La Posada Aventura	13 Tavarúa
	& Adventure Tours	14 Temiche Camp
	8 Las 5 Jotas	15 Tres Naciones
	9 Los Castaños	16 Villa Apoipó
	10 Lucrecia	17 Villa Fairmont

18 Ya-Koo Ecological	
Camp	
● **Eating**	
1 El Ranchón Criollo	
2 El Rincón Cubana	
3 La Bohemia	
4 Panadería Gran Café	
5 Venezuela Primero	

Tour operators

Santa Elena is becoming the most economical place to book tours of the Gran Sabana, Roraima, and other tepuis

The tours industry in Santa Elena is burgeoning, with more and more operators popping up every day, and freelance guides in the street. Bargains are to be had if you shop around, form larger groups, and haggle. Many tour operators will tailor their tours to fit your needs, contact by e-mail to discuss plans before arriving. *Adventure Tours*, Av Perimetral at the end of C Urdaneta, T/F995 1861 adventure3tours@hotmail.com Tours of Gran Sabana or El Paují, US$25 per person per day guide and transport only, or US$50 per person per day all included, group discounts, 6 days to Roraima US$236 per person all included (minimum 4 persons). Sleeping bags and camping mats available for hire . *Backpacker Tours*, Urb Akurimá, T995 1524, T0414-886 4022 (mob), www.venezuela-tours.de 1-5 day, all-inclusive jeep tours through the Gran Sabana, visiting little-known falls in the Kavanayen area, US$60 pp. Trekking to the nearby Churikayen Tepuy, 3-4 days and to Roraima, US$50 pp per day (minimum 4 persons). German and English spoken. Recommended. *Kamadac*, C Urdaneta, opposite *Café Goldfieber*, T995 1583, T0414-850 9604 (mob), www.abenteuer-venezuela.de Run by Andreas Hauer, tours of Gran Sabana, US$100 per day for jeep (maximum 4 persons), El Paují area (includes gold-washing), US$120, 2 days, all-inclusive (minimum 4 persons), and Pemón-style fishing trips. 6-day, all-inclusive tour to Roraima, US$250 pp (for 4-6 persons), sleeping bag and camping mat US$25 extra, and also more adventurous tours to; Auyán Tepuy from which Angel Falls cascades (7-8 days, approximately US$70 pp per day for 5-6 people), difficult; Acopan Tepuy, virgin territory in the Chimantá massif (5-6 days, approximately US$400 pp, groups of 3-4, or 7-8); Kamarata Falls, from Kavác by *curiara* (4 days, $400 pp for 4 persons). Recommended. *New Frontiers Adventure*, also on C Urdaneta next to *Tommy Town*, T995 1584, T0414-927 7140 (mob), www.newfrontiersadventures.com Affiliated to the International Ecotourism Society, ecotours and tours for small groups. They offer all the usual tours at standard prices, and 4-day, all-inclusive walking tours at US$40 pp per day, taking in the different ecosystems of the Gran Sabana, and staying in Pemón villages. English, French, and German spoken. Recommended. *Radical Tours*, C Urdaneta y Icabarú, T414 5294, T0414-854 8094 (mob), radicaltours@ cantv.net The newest tour operator in town with swanky new jeeps. Offers usual tours at standard prices. *Tayukasen Tours*, C Urdaneta, opposite *Expediciones Dearuna*, T995 1505, www.lagransabana.com/tayukansen 1-5 day tours of Gran Sabana, US$25 per day (minimum 4 persons), 6 day treks to Roraima US$230 pp all included, also trips to El Paují and the gold mines, Canaima, Angel Falls and Kavác. English and Portuguese spoken. Recommended guides: *Rawllins* and his brother, Terry, *Guyanese* who speak English, excellent cooks, T0414-886 2669 (mob), rawllins@yahoo.com and akawaio@hotmail.com

Transport

Air Airport, 8 km from the centre. *Rutaca* is the only company currently serving the airstrip in Santa Elena. Their 5-seater Cessnas leave once or twice a day for destinations that include Ciudad Bolívar, Canaima, Kavác, Kamarata, and Kavanayen (US$70 one way), Wonken (US$40 one way), and El Paují and Icabarú (US$25 one way). To calculate the price of chartering an airplane from Santa Elena to any destination, take the cost per passenger and multiply by 5.

New bus terminal under construction on road to Ciudad Bolívar

Road PDV gas station on C Mcal Sucre (road out of town), open 0800-1900. **Jeeps** To El Paují (US$10), **Canta Rana** (US$15), and **Icabarú** (US$20) leave early (about 0700) from Plaza Bolívar. They can also be caught at the *Panadería Gran Café* on C Icabarú. **Buses** Terminal on C Mcal Sucre y Av Perimetral. From **Caracas** it is best to go to Ciudad Bolívar and take a bus direct to Boa Vista, or Santa Elena. 10 buses daily from Santa Elena to **Ciudad Bolívar**, US$15, with *Expresos Los Llanos* (recommended), *San Cristobal*, and *Línea Orinoco*, 10-12 hrs. 10 daily to **Ciudad Guayana** and **San Félix**, US$18, 10-11 hrs, with *Caribe* (recommended), *Turgar*, and *Línea Orinoco*. 10 daily to **Puerto La Cruz**, US$21, 14 hrs, with *Caribe* (recommended), *Turgar*, and *Línea Orinoco*. *Expresos Maturín* goes to Maturín daily. *Expresos Los Llanos* go to **Maracay** and **Valencia** 3 times a day, US$22, 18-20 hrs. 1 bus daily to **Boa Vista**, US$15, 4 hrs, with *Caribe*. Take warm clothing for buses with a/c (the driver may even insist that the shades be closed throughout the journey, so as not to affect the a/c).

Hitchhiking North from Santa Elena is said to be easy. Stand at the roadside at the garage just opposite the terminal. Expect a small charge, up to US$5.

Venezuela

Banks *Banco Industrial* C Bolívar. Cash advances on Visa. Try the shops in the centre for dollars cash, **Directory**
reais or TCs, eg *Casa de Los Cóchamos*, the gold shop south of main plaza, which changes TCs at lower
rate than bank. *Inversiones Fortaleza*, C Urdaneta on plaza, cash dollars, TCs or Brazilian currency.
La Boutique Zapatería also changes TCs and cash at reasonable rates. Also grocery store *El Gordito*, C
Urdaneta, for Brazilian currency (English and French spoken). Try at border with Brazilians entering
Venezuela. Generally the rates are poor; check with travellers going in opposite direction what rates
should be. For better rates you must wait until Ciudad Guayana, or Boa Vista if going to Brazil (change
some money into Brazilian currency before the bus leaves). **Communications** Internet: *Global de
Communicaciones*, C Icabarú y Urdaneta. *Café Goldfieber*, C Urdaneta. **Telephone:** *Global de
Communicaciones*, *CANTV* at old bus terminal for international calls and faxes.

The 16 km road to the border is paved. The entire road links Caracas with Manaus in **Border**
four days with hard driving; see Northern Brazil for a description of the road from **with Brazil**
the border and Brazilian immigration formalities. DIEX immigration office is at the
frontier; opens at 0730-1230 and 1400-1800. All passports and car documents must
be stamped here on entry or exit. DIEX also has an office behind the prefectura in
town. Staff at the Ministry of Justice uphill behind the bus terminal, and the Guardia
Nacional headquarters have been recommended as helpful with entry/exit difficulties. The Brazilian consulate is near the bus terminal opposite PDV gas station; open
0800-1200 and 1400-1800. You can get a visa here.

For entry to Venezuela, most nationalities who cross the border from Boa Vista,
Brazil must have a visa, which costs US$75 (not required by western Europeans –
passport must be valid for one year). Venezuelan consulates are given in the Brazil
chapter. Ask well in advance what health requirements are in force (yellow fever vaccination certificate is required, malaria test certificate and medical check-up may
also be necessary). Entering by car, make sure to keep photocopies of your license,
the Brazilian permission to leave and Venezuelan entry stamp. Allow two hours to
undertake all formalities when crossing by private vehicle and don't cross during the
lunch hour. Border officials may insist upon US$20 per day for your stay. Fresh fruit
and vegetables may not be brought into Venezuela. There are frequent road checks.

A road leaves the highway 8 km south of Santa Elena and after passing through a tun- **El Paují**
nel of jungle vegetation emerges onto rolling savannah dotted with *tepuis*. The
unpaved road has been considerably improved since the era when it took three
hours to arrive. Now, it is passable in a normal car, although with care. Take advice
before setting out, as rain can rapidly degrade the quality of the road. At Km 58 is a
Guardia Nacional checkpoint at Paraitepuí, waterfall nearby.

El Paují, 17 km further on, is an agricultural settlement with a growing number of
foreign residents. It is in a lovely area, with good walking. Excellent sights: **Chirica
Tepuy**, huge, beautiful, jet black, surrounded by rolling savannah; **Río Surucún**,
where the largest diamond in Venezuela was found; **Salto Catedral** (61 km off the
road), beautiful small hollow, lovely falls, bright red water below because of the tree
roots, excellent for swimming (camping, small food store, meals available); **Salto La
Gruta**, very impressive falls, but very slippery; and **Pozo Esmeralda**, just outside El
Paují, fine rapids, waterfall you can stand under and pools for swimming. It is 20
minutes to Los Saltos de Paují, good for a bath. A good walk is to the small hill, 2 km
from El Paují beyond the airfield; views from the crest over **El Abismo**, the plunging
wall of rock that marks the end of the Gran Sabana highlands and the beginning of
the Amazon rain forest. The thick green carpet of the jungle stretches as far as the eye
can see. It takes about an hour to reach the top, and the walk is highly recommended.
Guides, though not strictly necessary, can be found in the village. A recommended
guide is German-speaking Marco. Small campsite (lovely in the early morning) .

Apiculture is the primary activity of El Paují and there is an International Honey
Festival every summer. The honey made in this region is divine and ought to be sam-
pled. It can be purchased from the shop in El Paují or at Salto Catedral, en route.

Venezuela

Sleeping and eating A pp *Campamento Amaribá*, 3½ km outside El Paují on road from Santa Elena, transport usually available from air strip, T0414-932 2169, reservations in Caracas T0212-753 9314, amariba@cantv.net Comfortable cabins with mosquito nets, separate bathrooms with good facilities, full board, kitchen, tours arranged, very hospitable. **C** pp *Chimanta* and *Manoa*, T995 1431. Cosy rooms, restaurant serving vegan food, run by Louise Scott. **C** *Campamento El Paují*, 3½ km outside El Paují on road from Santa Elena, transport usually available from airstrip, T995 1431. Beautiful cabins with spectacular views over the Gran Sabana, food available, camping US$6 per tent. Recommended. **D** *Maripak*, near the airstrip and small store, T/F995 1562, or reserve in Caracas T0212-234 3661. Run by Mariela Gil, cabins for 2/3 with bathroom, US$10 per meal, good food, organizes tours, camping US$6 per tent. **F** *El Caminante* tourist camp, just after the bridge coming from Santa Elena. Run by Danielle, trips arranged, camping US$2 per tent. 25 km from the town is the **E** *Canta Rana* tourist camp with basic accommodation, breakfast and dinner included in the price, owners, Alfonso and Barbara Borrero, speak German, English and Spanish, waterfall and lovely surroundings. The store has few supplies and prices are double elsewhere.

Transport Air: El Paují to Santa Elena (see above). **Road** To get further than El Paují – to Canta Rana and Icabarú – a 4WD vehicle is necessary. From Santa Elena, US$8-10 by jeep if full, more if not, daily at around 0600-0700 and 1500-1600 from Plaza Bolívar. Taxi US$10. Hitching from the airport is possible, but normally ends in tears of frustration. You may get lucky. Jeep hire in El Paují, US$50 per day.

Mount Roraima

Altitude: 2,810 m An exciting trek is to the summit of Mt Roraima, believed to be the '**Lost World**' made famous by Arthur Conan Doyle's novel. Roraima is a word in the Pemón Indian language meaning 'The great, ever fruitful mother of streams'. Owing to the tough terrain and extreme weather conditions, this hike is only suitable for the fit. Supplies for a week or more should be bought in Santa Elena. If your food is being supplied by a tour company, check what food you will be eating; often vegetarians go hungry.

San Francisco de Yuruaní
60 km N of Santa Elena

The starting point is this Pemón village, 9 km north of the San Ignacio military checkpoint (at which you are required to register). **E** *El Caney de Yuruaní*, T995 1307. Clean, basic rooms, fan, retaurant. **F** *Posada*, run by *Roraima Tours* (see below), dormitories, usually full. **G** *Arapena Posada*, T0141-890 3314 (mob). Run by Arepena Tours (see below), small, basic rooms. Sr Casilda Rodriguez has a *churuata* where you can sling a hammock. Camping is permitted just about anywhere, free. Plenty of mosquitos at night. There are three small shops selling basic goods but not enough for Roraima hike. Meals are available and tents can be hired, US$3 each per day, quality of tents and stoves is poor, try to get hold of good equipment. ■ *Buses from Santa Elena will let you off here and pick up passengers en route northwards. A jeep to Paraitepuí is around US$100. Cheapest is Oscar Mejías Hernández, ask for him in village.*

Paraitepuí The badly eroded track to Paraitepuí (signposted), the nearest village to the mountain, leaves the highway 1 km south of San Francisco. Very little traffic; difficult to hitch. In the rain many vehicles get stuck on the last stretch and the authorities are tired of pulling them out; the full 25 km can be walked in seven hours. You can sleep free in the village if hiring a guide; camping is permitted. Few supplies available; one small shop sells soft drinks and biscuits. The villagers speak Tauripán, the local dialect, but now most of them also speak Spanish.

Climbing Roraima The foot trail winds back and forth on a more direct line than the little-used jeep track; it is comparatively straightforward and adequately marked descending from the heights just past Paraitepuí across rolling hills and numerous clear streams. The goal, Roraima, is the mountain on the right, the other massive outcrop on the left is

Mata Hui (known as Kukenán after the river which rises within it). If leaving the village early enough in the day, you may reach the Río Cuquenán crossing by early afternoon (good camping here). Three hours' walk brings you to a lovely bird-filled meadow below the foothills of the massif, another perfect camping spot known as *campamento base* (10 hours to base camp from Paraitepuí). The footpath now climbs steadily upwards through the cloud forest at the mountain's base and becomes an arduous scramble over tree trunks and damp rocks until the cliff is reached. From here it is possible to ascend to the plateau along the 'easy' rock ledge which is the only route to the top. Walkers in good health should take about four hours from the meadow to the top. The summit is an eerie world of stone and water, difficult to move around easily. There are not many good spots to camp; best is *El Hotel* – a sandy patch under an overhanging ledge – to which red painted arrows lead the way to the right after reaching the summit. From *El Hotel* a marked track leads to the survey pillar near the east cliff where Guyana, Brazil and Venezuela meet; allow a day as the track is very rough.

The whole trip can take anywhere between five days and two weeks. The dry season for trekking is November-May (with annual variations); June-August Roraima is usually enveloped in cloud. Do not remove crystals from the mountain; on the spot fines up to US$100 may be charged. Thorough searches are now made on your return.

Guides & tours

The National Guard requires all visitors to have a guide beyond Paraitepuí, otherwise you will be fined. It is not recommended to go alone; best to go with a guide from Santa Elena or from a tour company in San Francisco (those hired on the street or in Paraitepuí have no accident insurance cover). A guide can be of great assistance for the hike's final stages (it is very easy to get lost) and for knowing best places to camp. **In San Francisco de Yuruaní** *Roraima Tours*, T808 1037, T0414-886 3405 (mob), recommended, Ana Fernández is very helpful, all-inclusive tour (group rates can be arranged), or US$45 per day for guide only. Guides in San Francisco charge about US$35-40 a day, more if they carry your supplies; you must pay for guide's food. *Arapena Tours*, T0414-890 3314 (mob), arapenatours@ latinmail.com Ovelio Rodriguez runs tours to Roraima and Kavurin, US$40 per day for guide. **In Paraitepuí** guides available here from US$12 a day and carriers for US$15, Spanish speaking guides available. The *Ayuso* brothers are the best-known guides. Ask for El Capitán, he is in charge of guides.

Camping

Full camping equipment including stove is essential (an igloo-type tent with a plastic sheet for the floor is best for the summit, where it can rain a lot), wear thick socks and boots to protect legs from snakes, also essential are warm clothes for the summit (much mist, rain squalls and lightning at night: beware) and effective insect repellent – biting *plaga (blackflies)* infest the grasslands. The water on the summit and around the foot of Roraima is very pure, but as more tourists do the trek, the waters are becoming dirtied. Bring bottled water or a purifier for the savannah. Fires must not be lit on top of Roraima, only gas or liquid fuel stoves. Litter is beginning to appear along the trail; please take care of the environment.

Venezuela

Amazonas

San Fernando to Puerto Ayacucho

Due south of San Fernando de Apure is **Puerto Páez** (*Population*: 2,600; *Phone code*: 0247) at the confluence of the Meta and Orinoco rivers; here there are crossings to Puerto Carreño in Colombia (see below), and to El Burro west of the Caicara-Puerto Ayacucho road. A road is being built from San Fernando to Puerto Páez; for 134 km it is paved, then from the Río Capanaparo it is dirt (two buses a day San Fernando-Puerto Páez, dry season, four ferry crossings). Between the Capanaparo and Cinaruco rivers is the **Parque Nacional Cinaruco-Capanaparo** (also called **Santos Luzardo**), reached only from this road. If this road is closed, to get to Puerto Ayacucho from San Fernando involves a 15-hour (minimum) detour via the Caicara ferry.

From Caicara a new paved road runs 370 km southwest to Puerto Ayacucho. The turn off to **El Burro**, where the boat crosses the Orinoco to Puerto Páez (ferry US$1, also to Puerto Carreño, Colombia), is 88 km north of Puerto Ayacucho (*taxi* El Burro-Puerto Ayacucho, two hours US$8).

On arrival in the Amazonas territory, it is necessary to register at a Guardia Nacional checkpoint about 20 km before Puerto Ayacucho. Around this area the national guard can be very strict and travellers are likely to be searched.

Puerto Ayacucho

Phone code: 0248
Colour map 1, grid B6
Population: 73,660
800 km via Orinoco
from Ciudad Bolívar

This is the capital of the State of Amazonas, which has an area of 175,000 sq km and a population of 80,000. At the end of the dry season (April), it is very hot and sticky. It is deep in the wild, but no direct boats do the five day journey up river. **Museo Etnológico**, Monseñor Enzo Ceccarelli, opposite church, has a library and collection of regional exhibits, recommended. ■ *Tue-Sat, Sun morning. US$1*. In front of the museum is a market, open every day, where Indians sell handicrafts. One block away is the cathedral. The Salesian Mission House and boys' school on Plaza Bolívar may also be visited. Prices in Puerto Ayacucho are generally higher than north of the Orinoco. **NB** Malaria is prevalent in this area; take precautions.

Excursions

Locals recommend October to December as the best time for trips, when the rivers are high but the worst of the rains has passed. In the low season, May-June, it may be difficult to organize tours for only a few days.

You can walk up **Cerro Perico** for good views of the town, or go to the Mirador, about 1 km from centre, which offers good views of the Ature rapids. A recommended trip is to the small village of Pintado (12 km south), where petroglyphs described by Humboldt can be seen on the huge rock called **Cerro Pintado**. This the most easily accessible petroglyph site of the hundreds scattered throughout Amazonas.

Some 35 km south on the road to Samariapo is the **Parque Tobogán de la Selva**, a pleasant picnic area with tables and refreshments based around a steeply inclined, smooth rock over which the Río Maripures cascades. This water-slide is great fun in the wet season; crowded on Sunday, take swimsuit, bathing shoes and food and drink (stick to the right to avoid crashing into the barrier, there are some painful rocks to the left near the bottom; few locals slide right from the top; also beware of broken glass). A small trail leads up from the slide to a natural jacuzzi after about 20 minutes. Taxi to Cerro Pintado and Parque Tobogán, US$15-20 return (be sure to organize your return with the driver, otherwise you may face a lengthy hike). Agencies in town arrange tours; easier but more expensive.

The well-paved road from Puerto Ayacucho to Samariapo (63 km) was built to bypass the rapids which here interrupt the Orinoco, dividing it into 'Upper' and 'Lower'; the powerful Maripures Rapids are very impressive.

Sleeping

A *Oriniquia Lodge*, on the Río Orinoco, 20 mins from airport, book through Cacao Travel, cacaotravel@cantv.net Nice setting, comfortable rooms. **C** *City Center*, Av 23 de Enero, on roundabout at entrance to town, T521 0639. Pleasant, safe parking, takes credit cards. **D** *Apure*, Av Orinoco 28, T521 0516, less than 1 km from centre. A/c, good restaurant. Recommended. **D** *Guacharo's Amazonas Resort Hotel*, at end of Av Evelio Roa, 2 blocks from Av Río Negro, T521 0155. A/c, restaurant, attractive sitting room. **E** *Tobogán*, Av Orinoco con Av Evelio Roa. With a/c, TV lounge, laundry facilities, helpful staff, English spoken, popular. **E** *Res Internacional*, Av Aguerrevere 18, T521 0242. A/c (cheaper without), comfortable, shower, locked parking, safe but basic, not very clean, good place to find tour information and meet other travellers, if no room available you can sling up your hammock, bus drivers stay here and will drive you to the terminal for early morning journeys.

Eating

Las Palmeras, Av 23 de Enero, 2 blocks from the Redoma. Pizzas and fast food. *El Padrino*, in Urb Andrés Eloy Blanco on Av Belisio Pérez off Av 23 de Enero. Good Italian. *El Espagetazo*,

Av Aguerrevere. Mainly pasta, most dishes cost US$3, popular with locals. *Cherazad*, Aguerrevere y Av Orinoco. Arabic food, expensive. *Capi Fuente de Soda*, on Av Evelio Roa behind *gobernación*. Vegetarian and other dishes.

Shopping Good *artesanía* in the Plaza del Indio; also in *Artes Amazonas* on Av Evelio Roa, next to *Wayumi*, and in *Topocho* just up from Plaza del Indio. Many tourist souvenirs are on offer and Vicente Barletta, of *Típico El Casique*, Av Principal 583, Urb Andrés Eloy Blanco, has a good collection of masks (free); he also works as a guide, recommended, take own food and equipment.

Transport **Air** Airport 7 km southeast along Av Orinoco. *Santa Bárbara* daily to Caracas, 1½ hrs.
Road **Vehicle hire**: *Servicio Amazonas de Alquiler*, Av Aguerrevere. **Buses**: *Expresos del Valle* to Cuidad Bolívar (US$12, 10 hrs; take something to eat, bus stops once for early lunch), Caicara, Puerto Ordaz and San Félix; *Cooperativa Cacique* to San Fernando de Apure, US$15, 8 hrs; both companies in bus terminal. *Expresos La Prosperidad* to Caracas and Maracay from Urb Alto Parima. Bus from Caracas, 2030, 2230 daily, US$21, 12 hrs (but much longer in wet season). *Por puesto* to Ciudad Bolívar, 3 daily, US$20, 10-12 hrs (Caicara Amazonas).
River Ferry across the Orinoco, US$0.30. Boat to Caicara, 1½ days, US$18.75 including food, but bargain; repellent and hammock required.

Directory **Banks** *Unibanca*, Av Orinoco No 37, has Visa ATM. Changing dollars is difficult; try *Hotel Tobogán*. **Communications** **Internet**: *El Navegante*, CC Maniglia, Av Orinoco, or on top floor of Biblioteca Pública Central, Av Río Negro. **Post office**: *Ipostel* on Av Aguerrevere 3 blocks up from Av Orinoco. **Telephone**: international calls from *CANTV*, on Av Orinoco next to *Hotel Apure*; also from *Las Churuatas* on Av Aguerrevere y C Amazonas, 1 block from Plaza del Indio.

Border with Colombia Some 88 km north of Puerto Ayacucho a paved branch road leads west to El Burro, from where a ferry-barge crosses to Puerto Páez. On the south bank of the Meta opposite is Puerto Carreño in Colombia. Do not cross this border without first finding out what the security situation is on either side of the border. It is not recommended to enter the Llanos of Colombia at this time.

Tours in Amazonas

Much of Amazonas is stunningly beautiful and untouched, but access is only by river. For starting out, the best base is Puerto Ayacucho. Do not travel alone. By ascending the Autana or Sipapo rivers, for example, you can see **Autana-tepuy**, a 1,200 m-high soaring mass of rock which no-one has yet climbed from the base. There are other *tepuis* in the region, including the great mass of the Sierra de la Neblina on the Brazilian border.

San Juan de Manapiare (*Population*: 3,700) is the regional centre for the middle Ventuari. A beautiful track winds around the Cerro Guanay to get there. The road starts at Caicara and goes through Guaniamo and Sabana de Cardona.

Sleeping There are a number of private river camps on the upper Orinoco but they do not welcome casual guests; the most welcoming is *Yutajé Camp*, located on a tributary of the Río Manapiare due east of Puerto Ayacucho. The camp accommodates 30, with restaurant and bar, full board (in theory), fishing, canoes, horses, airboats, excursions to Indian villages, expensive but professional. Reached by plane from Puerto Ayacucho or boat up the Ríos Manapiare and Corocoro (take something soft to sit on). Also in the area is the *Campamento Camani*, in a forest clearing on the banks of the Río Alto Ventuari, 2 hrs by launch from San Juan de Manapiare, T521 4553. From Puerto Ayacucho the daily aerotaxi takes 50 mins. Maximum 26 guests at any one time, mosquito nets provided, all amenities, excursions available. Both are in the **LL** bracket, but for 3 day/2 night packages. Near Puerto Ayacucho, in mixed jungle and dry forest setting, is *Jungle Camp Calypso*, run by *Calypso Tours*, T Caracas 0212-545 6009, F541 3036, **LL** pp for 2 days including food, basic cabin accommodation, highly recommended, excursions in canoes.

Venezuela

B *Canturama Amazonas Resort*, T521 0266, or Caracas 0212-941 8813, F943 5160, 20 mins by vehicle south of town, on the banks of the Orinoco, 40 km from nearest jungle, highly recommended accommodation and food but beware biting insects by the river, full day tours US$10.
B *Dantos Adventure*, very basic jungle refuge, accommodation and canoe tours, probably cheapest option available, also space for camping, run by English-speaking guide Reni Barrio, recommended, ask at *Aguas Bravas* (see below).

Tour operators It is strongly recommended to go on tours organized by tour agents or guides registered in the **Asocación de Guías**, in the Cámara de Turismo, Casa de la Piedra, on the Arteria Vial de la Av Orinoco with Av Principal (the house on top of the large rock). Some independent guides may not have permission to visit Amazonas. Tours generally cost US$50-120 pp per day. Those listed below will arrange permits and insurance but shop around: *Tobogán Tours*, Av 23 de Enero 24, near *Instituto del Menor*, T521 4865. *Autana Aventura*, Av Aguerrevere, 1 block from Av Orinoco. Owned by Julián Jaramillo. *Coyote Expediciones*, Av Aguirrevere 75. Helpful, professional, English spoken, organizes trips staying in Indian villages. *Guaharibo CA*, C Evelio Roa 39, in same building as *Wayumi*, T Caracas 952 6996, F953 0092, manager Levis Olivo. *Yutajé Tours*, in Urb Monte Bello, 1 block from Av Orinoco, past the Mercadito going out of town, T521 0664, turismoamazonas@cantv.net Good value for money but organization erratic. *Expediciones Aguas Bravas Venezuela*, Av Río Negro, No 32-2, in front of Plaza Rómulo Betancourt, T521 4458. Whitewater rafting, 2 daily from 0900-1200 and 1500-1800, 3-13 people per boat, reservations required at peak times, take insect repellent, sun protector, light shoes and swimsuit, US$35 pp.

Guianas

The Guianas

Guyana's coastal region is dominated by a mixture of Calypso music, Dutch drainage systems, Hindu temples, rice and Demerara sugar. Leaving the sea behind, travelling by riverboat or by plane, it is a land of rainforests, which gives way to wildlife-rich savannahs and isolated ranches. Waterfalls tumble over jasper rocks, or, at Kaieteur, into a chasm almost five times the height of Niagara. Suriname, too, has the intriguing combination of Dutch, Asian and African, which influences the culture, food and street life. And, like its neighbour, when you head inland, you enter a different world of bronze-tinted rivers, jungles and

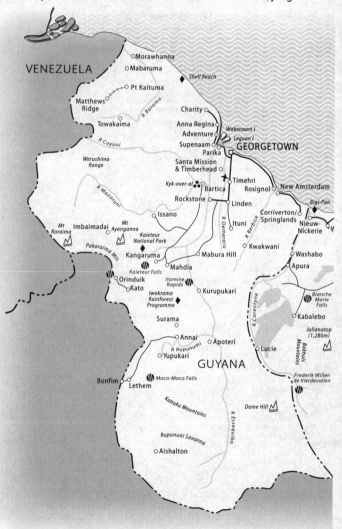

Amerindian villages. Despite having geographical features shared by other South American countries, Suriname and Guyana are classed as Caribbean states. Guyane, on the other hand, is an overseas department of France. It has a famous penal colony – now closed – circled by sharks, a European space programme whose launches can be witnessed and jungle adventure in the undeveloped interior. All this within the context of a corner of South America where coffee and croissants are served and the prices are more than Parisian.

Guyana

Essentials

Planning your trip

Where to go   Despite being located on the Atlantic, Georgetown, capital of **Guyana**, is known as the 'Garden City of the Caribbean'. This gives some idea of the country's orientation, in trade and cultural terms. The coast, where most of the population live, is a mix of coconut palms and calypso music, Dutch place names and techniques for draining the land, Hindu temples and Islamic mosques, all of which reflect the chequered history of the country. The thinly populated interior is different again, with life revolving around the rivers in the tropical forest, or, further south, the scattered ranches of the Rupununi Savanna. The main tourist potential is in the largely untouched interior, where places of interest are so spread out that they are best reached by river boat or plane. Highlights include the Kaieteur Falls, among the highest in the world, the Orinduik Falls on the border with Brazil and the Iwokrama Rain Forest Programme. Travelling on any of the rivers, many with excellent beaches, is the most interesting way to get around. On the coast there are no beaches for bathing, but in the far northwest is Shell Beach, a protected area for marine turtles and birdlife.

Like its neighbours, **Suriname** has been influenced by a variety of cultures, African, Asian, European and Amerindian. Markets, customs, festivals and food all reflect this. In Paramaribo, the capital, there is some fine wooden architecture, dating from the Dutch colony, and important Jewish monuments. Colonial buildings can be seen elsewhere. Probably the main attraction is the tropical flora and fauna in this very sparsely populated country. Much of the interior is untouched, and infrastructure is limited. Nature reserves, such as the Central Suriname Nature Reserve, formed by the Raleigh Falls, Eilerts de Haan and Tafelberg reserves, Brownsberg, Wia-Wia and Galibi are given in the text below. You can also take trips on the rivers of the interior and visit Amerindian and Maroon (descendants of slaves) villages. See below for agencies specializing in such tours. There are no beaches to speak of; the sea and rivers around the coast are muddy, and mosquitoes can be a problem.

Guyane is an Overseas Department of France, upon which it is heavily dependent. The capital, Cayenne, is on an island at the mouth of the river of the same name. Like its neighbours, Guyane has a populated coastal strip and much of the country remains sparsely populated and underdeveloped despite French aid. The department is known internationally for its space station at Kourou, home to the European Ariane space programme, where economic activity and investment is concentrated. The site has been used to launch over half the world's commercial satellites and over 20,000 foreigners are employed there. Tourism is slowly being developed, but the lack of good beaches and the proximity of the Amazon which muddies the water has deterred many. About 10,000 tourists visit annually, mainly for adventure trips into the forests, but their numbers are dwarfed by the 60,000 other visitors, businessmen and those who work in the space programme. An unusual attraction is the remains of the former penal colony, notably the Iles du Salut.

When to go   Although hot, the climate is not unhealthy. Mean shade temperature throughout the year is 27° C; the mean maximum is about 31° C and the mean minimum 24° C. The heat is greatly tempered by cooling breezes from the sea and is most felt from August to October. There are two wet seasons in the north of the country, from May to June, and from December to the end of January, although they may extend into the months either side. The south and the Rupununi receive one wet season, May to July. Rainfall averages 2,300 mm a year in Georgetown. Note that the Republic Day celebrations (23 Feb) last about a week: during this time hotels in Georgetown are very full. Hotels are also very full during international cricket.

Finding   The **Ministry of Trade, Tourism and Industry** has a Tourism Department which can provide
out more   information through its office at 229 South Road near Camp St, Georgetown, T226 2505/226

3182, F225 4370, www.sdnp.org.gy/mtti The Ministry has a booth (often closed) at Timehri Airport. The **Guyana Tourism Authority**, National Exhibition Center, Sophia, Georgetown, T223 6351, F223 6352, visitguyana@networksgy.com promotes the development of the tourism industry (set up in 2002). The private sector **Tourism and Hospitality Association of Guyana** (THAG – office and information desk at 157 Waterloo St, T225 0807, F225 0817, www.exploreguyana.com 24-hour emergency hotline, T225 6699), covers all areas of tourism. The THAG produces a 46-page, full-colour magazine called *Explore Guyana*, which may be obtained from the Association at PO Box 101147, Georgetown, or phone the above number. Online tourist guide **www.turq.com/guyana** A website with news and information and lots of useful links is **www.guyana.org** The government information agency is at **www.sdnp.org.gy/mininfo/**

Before you travel

The following countries do not need a visa to visit Guyana: Australia, Belgium, Canada, Denmark, Finland, France, Germany, Greece, Ireland, Italy, Japan, Korea, Luxembourg, the Netherlands, New Zealand, Norway, Portugal, Spain, Sweden, Switzerland, UK, USA, and the Commonwealth countries. Visitors are advised to check with the nearest embassy, consulate or travel agent for further changes. All visitors require a passport with six months' validity and all nationalities, apart from those above, require visas. To obtain a visa, three photos, evidence of sufficient funds, a travel itinerary and, if coming from a country with yellow fever, a yellow fever certificate are required. Tourist visas cost US$30, one-entry business visas US$40, multiple entry business visas US$50. Visitors from those countries where they are required arriving without visas are refused entry, unless a tour operator has obtained permission for the visitor to get a visa on arrival. To fly in to Guyana, an exit ticket is required, at land borders an onward ticket is usually not asked for. **Documents**

  Guyana's representation overseas: High Commission to the UK, 3 Palace Court, Bayswater, London W2 4LP, T020-7229 7684, F020-7727 9809, ghc.1@ic24.net **Embassy in USA**: 2490 Tracy Place, NW, Washington DC 20008, T265 6900, F232 1297, GuyanaEmbassy@hotmail.com **New York Consulate General**, 866 United Nations Plaza, 3rd floor, T212-527 3215-6, F212-527 3229. **High Commission to Canada**, Burnside Building, 151 Slater St, suite 309, Ottawa, Ontario, K1P 5H3, T613-235 7249, F613-235 1447, guyanahcott@travel-net.com **Honorary Envoy to Greece and the Middle East**, 206 Syngrou Avenue, 2nd floor, Athens, T301-813 7320, F301-813 7322, trader@hol.gr

Baggage examination can be very thorough. Duties are high on goods imported in commercial quantities. **Customs**

A good torch/flashlight and batteries (for the interior, but also in case of electricity cuts) is essential. Items such as batteries, good quality toiletries, etc, are readily available in Georgetown, but if travelling in the interior and staying in places other than resorts, you should take your own. Protection against sun, rain and insects are essential. **What to take**

Guianas

▶ *Touching down*

Business hours Banks 0800-1430 Mon-Thu
Fri 0800-1430, 1500-1700. **Shops** 0830-1600,
Mon-Thu, 0830-1700 Fri, 0830-1200 Sat.
Markets 0800-1600, Mon-Sat, except Wed
0900-1200, Sun 0800-1000.
Departure tax This is G$2,500, payable in
Guyanese dollars, or US dollars at US$17. It can
be paid when reconfirming your ticket at least
three days before departure, in Georgetown, or
at the airport after check-in. There is also a 15%
tax on international airline tickets for all flights

leaving Guyana even if bought abroad.
IDD 592. A double ring, repeated regularly,
means it is ringing. Equal tones, separated by
equal pauses, mean it is engaged.
Official time Four hours behind GMT; one
hour ahead of EST.
Voltage 100 volts in Georgetown; 220 volts in
most other places, including some Georgetown
suburbs.
Weights and measures Guyana went metric
in 1982, but imperial is widely used.

Money **Currency**: the unit is the Guyanese dollar. There are notes for 20, 100, 500 and 1,000 dollars.
Coins are for 1, 5 and 10 dollars.

Exchange: the official exchange rate is adjusted weekly in line with the rate offered by
licensed exchange houses (*cambios*). In June 2003, this was G$179 = US$1. No *cambio* changes
travellers' cheques. They only buy US or Canadian dollars and pounds sterling. Most *cambios*
accept drafts (subject to verification) and telegraphic transfers, but not credit cards. Rates vary
slightly between *cambios* and from day to day and some *cambios* offer better rates for
changing over US$100. Rates for changing travellers' cheques are good on the black market.
Banks in Georgetown which accept travellers' cheques are *Demerara Bank* (South Road and
Camp Street), *Guyana Bank of Trade and Industry* (GBTI, 47 Water Street) and *National Bank of
Industry and Commerce* (NBIC, 38-40 Water Street). All charge commission. Banks which accept
euros are *Demerara Bank* and *NBIC*. Note that to sell Guyanese dollars on leaving the country,
you will need to produce your *cambio* receipt. The black market on America St ('Wall Street') in
Georgetown still operates, but the rates offered are not significantly better than the *cambio* rate.
To avoid being robbed or cheated on the black market, or if you need to change money when
cambios are closed, go by taxi and ask someone (preferably a friend) to negotiate for you. The
black market also operates in Molson Creek/Springlands, the entry point from Suriname.

Cost of travelling: the devaluation means that, for foreigners, prices for food and drink are
low at present. Even imported goods may be cheaper than elsewhere and locally produced
goods such as fruit are very cheap. Hotels, tours and services in the interior are subject to
electricity and fuel surcharges, which make them less cheap.

Getting there **Air** There are no direct flights to Guyana from Europe, but *BWIA*'s flights from London to
Barbados and Port of Spain have daily direct connections. From North America *BWIA* flies
daily from New York, Miami and Toronto. Most *BWIA* flights involve a change of plane in Port
of Spain (check baggage allowance carefully because it is different on each leg and many
bags are lost in Trinidad). See www.bwee.com *North American Airlines* fly two days a week to
New York (more in high season). *Universal Airlines* (65 Main Street, Georgetown, T226 9292,
www.universal-airlines.com) fly from New York five days a week, twice via Trinidad. *BWIA* flies
to Guyana from Trinidad twice a day, more when demand is high. *LIAT* and *BWIA* fly daily from
Barbados; *Caribbean Star* (Robb Street, Georgetown, T227 6770, www.flycaribbeanstar.com)
fly daily from Antigua, Barbados, St Lucia and Trinidad. *Surinam Airways* (176 Middle Street, at
Wilderness Explorers – see below) fly Mon, Thu and Friday to Suriname with connections on to
Guiane and Belém (Brazil). Also connects with KLM in Suriname and Air France in Guiane for
connections to Europe. Bookings can be made by emailing surinamairways
@wilderness-explorers.com Arrangements can be made for tickets to be available for
pickup in any country SLM flies to. *BWIA* have flights from Caracas, Venezuela, to Georgetown
via Port of Spain daily. *Meta* (Alexander and Charlotte Streets - take taxi, T227 8943,
metageorgetown@hotmail.com) flies from Manaus and Boa Vista (Brazil) to Guyana and
Suriname, 2-3 days a week, schedules change frequently, but cheaper than other airlines.

Flights are often booked weeks in advance, especially at Christmas and in August when overseas Guyanese return to visit relatives. Flights are frequently overbooked, so it is essential to reconfirm your outward flight within 72 hours of arrival, which can take some time, and difficult to change your travel plans at the last minute. A number of travel agents are now computerized, making reservations and reconfirmations easier. Foreigners must pay for airline tickets in US$ (most airlines do not accept US$100 bills), or other specified currencies. Luggage should be securely locked as theft from checked-in baggage is common.

Touching down

Cheddi Jagan International Airport is at Timehri, 40 km south of Georgetown. Check in three hours before most flights and you should contact the airline the day before your flight to hear if it has been delayed, or even brought forward. There are three duty-free shops. Some spirits are more expensive than downtown. There is also an exchange house, open usual banking hours; if closed, plenty of parallel traders outside (signboard in the exchange house says what the rate is). It is difficult to pay for flight tickets at the airport with credit cards or travellers' cheques. The exchange desk will change travellers' cheques for flight ticket purchases. **Airport information**

The largest hotels in Georgetown have their own emergency electricity generators and water pumps to deal with any interruptions in supply. Other hotels usually provide a bucket of water in your room, fill this up when water is available. When booking an a/c room, ensure it also has natural ventilation. A 10% tax applies to hotels with more than 16 rooms. **Where to stay** *See inside front cover of the book for our hotel grade price guide*

Air For scheduled flights between Georgetown and Lethem, and services to Kaieteur and Rupununi, see below. Scheduled services to many parts of Guyana are offered by *Trans Guyana Airways, TGA* (Ogle Airstrip, T227 3010), *Roraima Airways, RAL* (T225 9648), *Air Services Ltd, ASL* (Wights Lane, Kingstown, T222 4357, asl@solutions2000.net), from Ogle airstrip, just outside Georgetown. Domestic airlines are very strict on baggage allowance on internal flights: 20 pounds pp (TGA and ASL) and 25 pounds (Roraima). **Getting around**

    Road Most coastal towns are linked by a good 296-km road from Springlands in the east to Charity in the west; the Berbice and Essequibo rivers are crossed by ferries, the Demerara by a toll bridge, which, besides closing at high tide for ships to pass through (2-3 hours) is subject to frequent closures (when an alternative ferry service runs). Apart from a good road connecting Timehri and Linden, continuing as good dirt to Mabura Hill, and the new Georgetown-Lethem road, most other roads in the interior are very poor. **Car hire** is available from several firms, see under Georgetown. **Motoring**: there are shortages of car spares. Gasoline costs US$4.89-5.03 a gallon. Traffic drives on the left. Minibuses and collective taxis, an H on their number plate, run between Georgetown and the entire coast from Charity to Corriverton; also to Linden. All taxis also have an H on the number plate. No *carnet de passages* is required for driving a private vehicle in Guayana.

    River There are over 960 km of navigable river, which provide an important means of communication. Ferries and river boats are referred to in this chapter, but contact the Transport and Harbours Department, Water St, Georgetown for details. Six-seater river boats are called *ballahoos*, 3-4 seaters *corials*; they provide the transport in the forest. The ferry across the Corentyne to Suriname carries vehicles.

    Maps Maps of country and Georgetown (US$6) from **Department of Lands and Surveys**, Homestreet Ave, Durban Backland (take a taxi). T226 0524/9 in advance, poor stock. *Kojac Marketing* has a tour map and business guide of Georgetown, US$3. Rivers and islands change frequently according to water levels, so maps can only give you a general direction. A local guide can be more reliable. City and country maps are sold at *Pegasus* and *Tower* hotels. City maps also from *Guyana Store*, Water St, next to the ice house (take a taxi). Georgetown and Guyana maps in *Explore Guyana*. Guyana ITMB map is recommended.

Keeping in touch

Internet There are a few cyber cafés in Georgetown and some hotels have business suites for guests to use.

Post Overseas postal rates are cheap: a postcard to anywhere in the world costs G$20 (US$0.11). Parcels sent abroad have to be weighed and checked by customs before sealing. Take all materials and passport; choose between ordinary and registered service.

Telephone In 2001 the telephone system was changed. City codes have been eliminated and all numbers in the country are seven-digit. It is possible to dial direct to any country in the world. Blue public telephones in Georgetown only allow collect calls overseas; phone booths have overseas, three-digit codes printed inside. Yellow phones are for calls to local areas, G$3 per call. Some businesses and hotels may allow you to use their phone for local calls if you are buying something – usual charge about US$0.05. Overseas calls can be made from the *Guyana Telephone and Telegraph Company* office behind the *Bank of Guyana* building; open daily till 2000 (arrive early and be prepared for a long wait). To Canada US$0.80 per minute; USA US$1 per minute; to UK US$1.15 per minute. Calls are subject to 10 tax. Travel agencies may allow you to make overseas collect calls when buying tickets. Hotels add high extra charges to phone bills. Canada Direct, dial 0161; UK direct 169. Fax rates are in line with phone rates. Most hotels have faxes.

Media Newspapers: *The Chronicle* (www.guyanachronicle.com), daily. *The Mirror*, weekly PPP-run (www.mirrornewsonline.com). *The Stabroek News*, daily, independent, www.stabroeknews.com *The Catholic Standard*, weekly, well-respected and widely read. **Radio** State-run GBC Radio; Hot FM, 98.1. **Television** The 14 TV channels mainly broadcast programmes from US satellite television. Local content is increasing.

Food & drink | **Local food** The blend of different national influences – Indian, African, Chinese, Creole, English, Portuguese, Amerindian, North American – gives a distinctive flavour to Guyanese cuisine. One well-known dish, traditional at Christmas, is pepper-pot, meat cooked in bitter cassava (casareep) juice with peppers and herbs. Seafood is plentiful and varied, as is the wide variety of tropical fruits and vegetables. The staple food is rice. In the interior wild meat is often available – try wild cow, or else *labba* (a small rodent).

Drink Rum is the most popular drink. There is a wide variety of brands, all cheap, including the best which are very good and cost US$3 a bottle. Demerara Distillers' produces two prize-winning brands, the 12-year-old King of Diamonds premium rum, and the 15-year-old El Dorado (voted the best rum in the world in 1999, 2000, 2001 and 2002, US$30 in Georgetown, US$20 at duty free in the airport). High wine is a strong local rum. There is also local brandy and whisky (Diamond Club), which are worth trying. The local beer, Banks, made partly from rice is good and cheap. There is a wide variety of fruit juices. D'Aguiar's Cream Liqueur, produced and bottled by Banks DIH Ltd, is excellent (and strong).

Holidays & festivals | **Public holidays** 1 January, New Years' Day; 23 February, Republic Day and Mashramani festival; Good Friday, Easter Monday; Labour Day, 1 May; Independence Day, 26 May (instigated in 1996); Caricom Day, first Monday in July; Freedom Day, first Monday in August; Christmas Day, 25 December, and Boxing Day, 26 December. Hindu and Muslim festivals follow a lunar calendar, and dates should be checked as required: Phagwah, usually March; Eid el Fitr, end of Ramadan; Eid el Azah; Youm un Nabi; Deepavali, usually November.

Sport & activities | The national indoor sport is dominoes. In Georgetown, there are clubs for cricket, tennis, football, rugby, hockey, riding, swimming, cycling, athletics, badminton, volley ball, netball, snooker, pool, golf, boxing, ballroom dancing and rifle shooting. At Easter there are kite flying competitions. The Guyanese enjoy songbird (finch) contests, called 'rackling', or 'racing'.

Health
See also Health in Essentials at the beginning of the book

Health/disease risks There is a high risk of both types of malaria in some parts of the interior, especially in the wet season. Seek expert advice on suitable prophylaxis. There are reports of chloroquine-resistant malaria. If travelling to the interior for long periods carry drugs for treatment as these may not be available. Sleep under a mosquito net. Although there are plenty of mosquitoes on the coast, they are not malarial.

There is some risk of typhoid and water-borne diseases (eg cholera) owing to low water pressure. Purification is a good idea. Tap water is usually brown and contains sediment. Bottled water (many brands) must be bought for drinking. In the interior, use purification. The Georgetown Hospital has a new outpatient block. It remains understaffed even though facilities have improved. Well-equipped private hospitals include **St Joseph's** on Parade St, Kingston; **Prashad's** on Thomas Street, doctor on call at weekends, 24-hour malaria clinic, T226 7214/9 (US$2 to US$8 per day; medical consultations cost US$2 to US$4). If admitted to hospital you are expected to provide sheets and food (St Joseph's provides these). Recommended doctor, **Dr Clarence Charles**, 254 Thomas Street, surgery 1200-1400 hours.

In the interior, travellers should examine shower pipes, bedding, shoes and clothing for snakes and spiders. In most towns there is neither a hospital nor police. If travelling independently, you are on your own. Take iodine to treat wounds and prevent infection (can also be used for water purification), a hammock with rope for securing it, and a machete, especially if in the jungle. Remember to drink plenty of water.

Georgetown

Guyana's capital, and chief town and port, is on the east bank of the mouth of the Demerara river. The climate is tropical, with a mean temperature of 27° C, but the trade winds provide welcome relief. The city is built on a grid plan, with wide tree-lined streets and drainage canals following the layout of the old sugar estates. Parts of the city are very attractive, with white-painted wooden 19th century houses raised on stilts and a profusion of flowering trees. In the evening the sea wall is crowded with strollers and at Easter it is a mass of colourful kites.

Colour map 2, grid B3
Population: 200,000

Getting there From the airport, take minibus No 42 to Georgetown US$0.75 (from Georgetown leaves from next to Parliament building); for a small charge they will take you to your hotel (similarly for groups going to the airport). A taxi costs US$15-20 (use approved airport taxis). Internal flights go from Ogle airstrip, 8 km from Georgetown; minibus from Market to Ogle US$0.20.

Ins & outs
For more detailed information, see Transport, page 1396

Getting around Minibuses run regularly to most parts of the city, mostly from Stabroek market or Ave of the Republic, standard fare G$40 (US$0.20) very crowded. It is difficult to get a seat during rush hours. Taxis: charge US$1.20 for short journeys, US$2.20 for longer runs, with higher rates at night (a safe option) and outside the city limits. Collective taxis ply set routes at a fixed fare; they stop at any point on request. Certain hand signals are used on some routes to indicate the final destination (ask). Special taxis at hotels and airports, marked 'special' on the windscreen, charge US$1.25 around town, stops and waiting time extra, or you can negotiate a 'by the hour' deal, usually US$6.

Security This is a beautiful city, but since 2002 there has been an increase in drug-gang related crime. Tourists have not been targeted, but more care than normal is needed. Check with your hotel, tour operator, the police or government authorities about unsafe areas. Don't walk the streets at night, only go by taxi. Avoid Albouystown (south of the centre) and the Tiger Bay area, 1 block west of Main St. Leave your valuables in your hotel. These problems are restricted to Georgetown and nearby villages; the interior remains as safe as ever.

Although part of the old city centre was destroyed by fire in 1945, there are some fine 19th century buildings, particularly on or near High Street and the Avenue of the Republic. **St George's Anglican Cathedral**, which dates from 1889 (consecrated 1894), is 44 m high and is reputed to be the tallest wooden building in the world (it was designed by Sir Arthur Blomfield). Above the altar is a chandelier given by Queen Victoria. The Gothic-style **City Hall** dates from 1888; its interior has been recently restored and may be viewed. Other fine buildings on High Street are the City Engineer's Office, the Victoria Law Courts (1887) and the Magistrates' Court. The **Public Buildings**, on Brickdam, which house Parliament, are an impressive neo-classical structure built in 1839. Opposite, is **St Andrew's Presbytery** (18th century). **State House** on Main St is the residence of the president. Much of the city centre is dominated by the imposing tower above **Stabroek market** (1880). At the head of Brickdam is an aluminium arch commemorating independence. Nearby is a monument to the 1763 slave rebellion, surmounted by an impressive statue of Cuffy, its best-known leader. Near *Le Meridien Pegasus Hotel*

Sights

Guianas

on Seawall Rd is the **Umana Yana**, a conical thatched structure built by a group of Wai Wai Amerindians using traditional techniques for the 1972 conference of the Non-Aligned Movement.

The **National Museum**, opposite the post office, houses a collection of exhibits from Guyana and elsewhere, including a model of Georgetown before the 1945 fire and a good natural history section. ■ *Mon-Fri 0900-1700, Sat 0900-1200, free.* The

Georgetown

Sleeping ■	4 Friends	9 Tower
1 Ariantze	5 Grand Coastal Inn	10 Woodbine
2 Cara Lodge	6 Le Meridien Pegasus	
3 Cara Suites, Surinam Airways	7 Main St Plaza	Eating ●
& Wilderness Explorers	8 Rima Guesthouse	1 Palm Court

Guianas

Walter Roth Museum of Anthropology, on Main Street, has Amerindian artefacts. ■ *Open Mon-Fri 0800-1300, 1400-1640, www.sdnp.org.gy/wrma/waiwai.htm*

The **Botanical Gardens** (20 minutes' walk from Anglican Cathedral, entry free), covering 50 ha, have Victorian bridges and pavilions, palms and lily-ponds (undergoing continual improvements). The gardens are safe in daylight hours, but keep to the marked paths. Do not go to the gardens after dark. Near the southwest corner is the former residence of the president, Castellani House, which now houses the **National Art Collection** (open after extensive renovation), and there is also a large mausoleum containing the remains of the former president, Forbes Burnham, which is decorated with reliefs depicting scenes from his political career. Look out for the rare cannonball tree (*Couroupita Guianensis*), named after the appearance of its poisonous fruit. The **zoo** (poor condition but being upgraded) has a collection of local animals including manatees. The zoo also boasts a breeding centre for endangered birds which are released into the wild. ■ *0800-1800, US$0.55 for adults, half-price for children; to use personal video US$11*. There are also beautiful tropical plants in the **Promenade Gardens** (frequently locked) on Middle Street and in the **National Park** on Carifesta Avenue, which has a good public running track.

The **Georgetown Cricket Club** at Bourda has one of the finest cricket grounds in the tropics. Near the southeast corner of the Botanic Gardens is a well-equipped **National Sports Centre**. Nearby is the **Cultural Centre**, an impressive air-conditioned theatre with a large stage. Performances are also given at the **Playhouse Theatre** in Parade Street.

LL-L *Cara Suites*, 176 Middle St, T226 1612/5, F226 1541. Luxurious, secure, self-contained rooms with kitchen, Irish Bar serving Guinness and Irish and Scotch whiskies, grocery, shoeshine, laundry, business centre, internet access, no restaurant, airport pick-up. **LL-L** *Le Méridien Pegasus*, Seawall Rd, PO Box 101147, T225 2856, F225 3703, www.lemeridien-pegasus.com Completely renovated, very safe, a/c, comfortable, fridge, cable TV, lovely swimming pool, gym, tennis, business centre, 24-hr back up electricity, organizes tours to *Timberhead*, see Resorts near Georgetown, below. **LL-AL** *Cara Lodge*, 294 Quamina St, T225 5301, F225 5310, www.carahotels.com A Heritage House hotel, 150-year-old converted mansion, 14 rooms, good service, superb, restaurant, bar, taxi service, laundry, business centre with internet access, pool and conference room. **LL-AL** *Cara Inn*, Pere St, Kitty, T225 0811, F225 0808. Lovely surroundings on Seawall just over 3 km from city centre, self-contained apartments and bedrooms with bath, laundry, restaurant (see below), pool, tennis court, also has dormitory with shared bath at **C** pp plus 10% tax. **L-AL** *Tower*, 74-75 Main St, T227 2015, F225 6021, hoteltower@solutions2000.net A/c, lively bar, *Main Street Café*, swimming pool (membership for non-residents), gym, business centre, 24-hr electricity back up. **L-A** *Grand Coastal Inn*, 2 Area M Le Ressouvenir, 5 km out of city, T220 1091, www.grandcoastal.cjb.net New, 3 standards of room, with breakfast and drinking water, dining room, laundry, business centre with internet, car rental, tours, good. **L-A** *Brandsville's Apartments*, 89 Pike St, Campbellville, T226 1133, bransvil@guyana.net.gy New apartments, good standard. **AL-A** *Ariantze*, 176 Middle St, T226 5363/227 0115, Hughes@caribsurf.com Fans, or a/c in deluxe rooms and suites, including small breakfast, see Eating, below, very good but can be noisy from music and nightclub next door. **AL-A** *Main Street Plaza*, 45 Main St, T225 7775, F225 7666, www.mainstplaza.com Self-contained suites with kitchen, café, *Shutters* restaurant, small pool, welcoming, business facilities, safe. **A-C** *Friends*, 82 Robb St, T227 2383, F227 0762. Renovated with bath, a/c, TV, kitchenette, hot water, safe, cheaper without kitchen or a/c, mosquito net, bar, restaurant with Creole dishes, travel agency (domestic and international). **A-B** *Woodbine*, 41-42 New Market St, T225 9404, F225 8406, just off Main St. A/c or fan, bar, breakfast extra, restaurant, health club, overpriced. **B-D** *Hotel Glow*, 23 Queen St, Kitty, T227 0863. Clean, a/c or fan, with and without TV, 24-hour restaurant, breakfast extra, taxi or minibus to centre. **B** *Campala*, Camp St, T225 2951, 226 1920/225 1620. Modern, a/c, TV, cheaper without fridge, near prison (breakfast extra, lunch US$4, dinner US$6). **B** *Waterchris*, Waterloo St, between Murray and Church Sts, T227 1980. A/c, TV, hot water, phone (**C** with fan), good restaurant, breakfast extra.

Sleeping
■ *on map*

Guianas

There are also many smaller, cheaper hotels. Recommended are: **B-C** *Day Star*, 314 Sheriff St, Campbellville, T225 4425, F226 2665. Various rooms, bath, fan, mosquito net, no restaurant but several nearby, breakfast available, laundry, 15-20 mins from centre. **C** *Demico*, near Stabroek Market, T225 6372. A/c, TV, fridge, small rooms cheaper, no breakfast, lunch US$5. **C-D** *Rima Guest House*, 92 Middle St, T225 7401. Good area, modernized, well-run, popular with backpackers, communal bath and toilets, no a/c, good value, central, safe, mosquito nets, restaurant (breakfast US$5, lunch and dinner US$6). Highly recommended. **D-E** *Florentene's*, 3 North Rd, Lacytown, T226 2283. **E-F** *Tropicana*, Waterloo and Middle Sts. Very basic, some rooms self-contained. Many small hotels and guesthouses are full of long-stay residents, while some are rented by the hour. Try to book in advance. If in doubt, go to a larger hotel for first night and look around next day in daylight.

Resorts near Georgetown L pp *Timberhead*, operated by *Le Meridien Pegasus Hotel* in the Santa Amerindian Reserve (founded 1858), situated on a sandy hill overlooking Savannah and the Pokerero Creek, 3 beautiful native lodges with bath and kitchen facilities, well-run, good food, lovely trip up the Kamuni River to get there, much wildlife to be seen, 212 species of bird have been recorded, activities include swimming, fishing, jungle trails, visit to Santa Mission Arawak village, volleyball, US$60 pp for a day trip (minimum 2 people), US$116 pp per night (including all transport, meals, bar, guide, accommodation). Recommended. **AL** *Emerald Tower Rainforest Lodge*, Madewini on Demerara River, T227 2011, F225 6021, minibus from Georgetown, day tour US$16, children US$12 (US$6 without meals, children US$5), overnight stays US$100 double (includes lodging, 3 meals, soft drinks, higher prices at weekends), cabins for day rental US$27 (weekends), meals cost US$10, breakfast US$6, activities include swimming, bicycle and nature trails, birdwatching, archery.

Eating
● *on map*
10% service may be added to the bill. Many restaurants are closed on public holidays Restaurants are categorized according to their most expensive dishes. All have much cheaper options on menus

Expensive: *Arawak Steak House*, in roof garden above *Demico Hotel*. Casual atmosphere, busy in evening, good value, closes 2200. *Bottle Bar and Restaurant* at *Cara Lodge*. Very good, pleasant surroundings, must book, also open for breakfast. *Browne's Old Café*, full English breakfast, lunch and dinner. *Coalpot* in New Town. Good lunches starting at US$1.80, up to US$13.15 (no shorts allowed, cheaper cafeteria). At *Le Meridien*: *El Dorado*, good atmosphere, Caribbean, Continental and Guyanese. *Golden Coast*, Main and Middle Sts. New Chinese, good food. *New Thriving*, Camp and Brickdam Sts. Very good Chinese. *Palm Court*, Main St. Mixed menu, good food and service. *Pepperpot*, at *Cara Inn*. International, Caribbean and Guyanese dishes, wide variety, open from breakfast to dinner, relaxing atmosphere, book in advance. *Poolside* BBQ and pizza with live bands. *Sidewalk Café and Jazz Club* in *Ariantze Hotel*, Middle St. Buffet lunches Mon-Sat.

Mid-range: *Brazil Churrascaria*, 208 Alexander St, Lacytown. All you can eat for US$5.40, great place. *Hack's Hallal*, 5 Commerce St, T225 6798. Specializing in West Indian food, with some vegetarian and sweet dishes. Recommended for Chinese is *Kamboat*, 51 Sheriff Street, Campbellville. *Main Street Café*, at *Tower Hotel*. Good breakfast and other meals. *Royal Castle*, Hadfield and Lombard Sts, opposite Stabroek. Good chicken, fish, etc. *Yue Yuan*, Robb St. Good Chinese.

Cheap: *The Original Dairy Bar*, 42 Croal and United Nations Place, Stabroek. Dairy products and fast food, popular and safe. *Upscale*, 32 Regent and Hing Street, T225 4721. Very popular, safe, poetry night Tue, comedy night Fri. Very good breakfast at *Waterchris*, also lunch and dinner. Fresh daily **baking** at *Jerries*, 228 Camp St. **Ice cream** at *Igloo*, Camp and Middle Sts. *Brown Betty's*, near Stabroek. Excellent fruit **juices** at *Organic Juices*, Croal St, Bourda. *Juice Power*, Middle St, past the hospital, also sells drinking water.

Bars & clubs
Surprisingly lively at night, mainly with gold miners, traders and overseas Guyanese throwing US$ around. Take care walking home at night

Club Nite Life, Camp St, disco and beer garden, entry US$1.85-5.25, lively. Also on Camp St *Rumours Bar*, no cover charge. *Dubliner Pub* at *Cara Suites*, 176 Middle St, T226 8907. Recreation of Irish pub with good beer, conversation and wide selection of Scotch and Irish whiskies. Spnsors Cheshire Home for mentally disabled children. *Latino Bar*, at *Le Meridien Pegasus*. Fri and Sat night, Cuban theme, very popular, lively, no cover charge. *Palm Court*, Main St, popular bar/café (French style), very lively Fri evening (entry US$3.15) and holidays, no entrance fee on other days. *Sidewalk Café and Jazz Club* in *Ariantze Hotel*, Middle St, US$2.10 on Thu, major international artists US$4.20-10.50. *Trump Card*, Church St, near St George's, sometimes has a live band. Near the Kitty Market are *Jazzy Jacks*, Alexander St (open till 0400 at weekends), and *Wee Place*, Lamaha St, both US$3 entry, but this area is unsafe unless you go with locals. Sheriff St is some way from the centre but is 'the street that never sleeps' full of late night Chinese restaurants and has some good bars including *Tennessee Lounge* (no cover charge), *Burns Beat* (US$5.50 for night club section), *Buddy's Pool Hall and Nightclub* (No 137), and *Sheriff* (no cover charge unless they have a show, live band, go-go dancers, US$3). Most nightclubs sell imported, as well as local Banks beer; many sell drinks by the bottle rather than shot, this works out cheaper.

You can visit the **steel pan yards** and watch practice sessions.There are 2 theatres. **Cinemas** *Astor*, Waterloo and Church Sts, US$1.05-2.65; *Strand*, Charlotte St, US$1.60-2.65; 1 on Main St (protect against mosquitoes).   **Entertainment**

The 2 main department stores are *Guyana Stores* in Church St, and *Fogarty's*, both of which stock a wide range of goods. Most Guyanese do their regular shopping at the 4 big markets: Stabroek (don't take valuables), Bourda, La Penitence and Kitty. Craft items are a good buy: Amerindian basketwork, hammocks, wood carvings, pottery, and small figures made out of Balata, a rubbery substance tapped from trees in the interior. Many other craft shops including *Creations Craft*, Water St, *Amerindian Hostel*, Princess St, *Hibiscus Craft Plaza*, outside General Post Office. Others are advertised in the papers. Good T-shirts are sold at *Guyana Stores* and in the markets. Gold is sold widely, often at good prices but make sure you know what you are buying. Do not buy it on the street. Films over ASA400 are normally not available; bring your own stock.   **Shopping**

The main shopping area is Regent St

    Bookshops Try *GNTC* on Water St, *Argosy* and *Kharg* both on Regent St, *Dimension* on Cummings St, as well as *Guyana Stores* and *Fogarty's*. *The Bookseller*, Church St, wide selection. *Universal Bookstore* on Water St, near *Fogarty's*. Good selection and cards.

Try Mr Mendoza at *Frandec Travel Service*, Main St, repeatedly recommended (no tours to the interior). *H and R Ramdehol*, 215 South Rd, Lacytown. *Connections Travel* 6 Ave of the Republic. The tourism sector is promoting ecotourism in the form of environmentally friendly resorts and camps on Guyana's rivers and in the rainforest (see below). There is much tropical wildlife to be seen. *Earth Tours Ltd*, 106 Lamaha St, North Cummingsburg, T223 7847, www.etl-gy.com Tours to Iwokrama, Kaieteur Falls and fishing trips to the east coast, Demerara River, Canal no 1 and Canal no 2. *Evergreen Adventures*, 159 Charlotte St, T226 0605, www.evergreen-adventures.com Tours on the Essequibo River to Baganara Island. *Greenheart Tours*, 36 Craig St, Campbellville, T/F225 8219, jpgon_7nov@yahoo.com Itineraries for any group size, tours. *Hinterland Tours*, 76 First Avenue, Subryanville, T226 4025, hinterlander.tours@networksgy.com *Nature Tours*, 238 bb Eccles, East bank Demerara, T223 2454, naturetour60@hotmail.com Contact Joanie Bastian, offers tours to Kaieteur, Orinduik, Santa Mission and the Essequibo River. *Outdoor Expeditions*, 307 'I' Stone Av, Campbellville, T/F225 2315, outdoor_expeditionsguyana@yahoo.com Contact Paul Waldron and Zenise Hartley; camping and trekking trips, guiding and custom-designed itineraries. *Rainforest Tours*, Hotel Tower, Main St, T227 2011, rainforesttours@solutions2000.com Frank Singh, day and overland trips to Kaieteur, Santa Mission, Essequibo/Mazaruni; also Pakaraima Mountain hike, Kukubara to Orinduik, 5 days from one Amerindian village to another. *Roraima Airways*, 101 Cummings St, Bourda, T225 9648, F225 9646. Day trips to Kaieteur and Orinduik Falls. *Shanklands Rainforest Tour*, at *Cara Suites*, see page 1399 Custom-made itineraries, links to resorts, many options including birdwatching, river trips, safaris, hikes. *Shell Beach Adventures*, office at *Le Meridien Pegasus*, T225 4483/4, F226 0532 (after hours T227 4732), www.sbadventures.com Trips to Shell Beach in northwest Guyana, 2-day trip US$450 pp using light aircraft and camping on beach (minimum 2 people, cheaper rates for larger groups, ask about volunteering), day and overland trips to Kaieteur, trips to inland resorts and other locations. *Swimtours*, c/o GEB, East Bank Demerara, T225 5573, geb@solutions 2000.net *Torong Guyana*, 56 Coralita Av, Bel Air Park, T225 0876/226 5298, F225 0749, toronggy@networksgy.com Air, land and river advice and logistical support to any and all destinations in Guyana, for small and large groups. *Whitewater Adventure Tours*, Lot no 3 Sandy Babb St, Kitty, T226 6614, F226 5225. Daytrips to Baracara Island on the Mazaruni River from US$60; trips to Marshall Falls (rapids) available, uses two jetboats for tours. *Wilderness*   **Tour operators**

Guianas

Explorers, Cara Suites, 176 Middle St, T227 7698, T/F226 2085, www.wilderness-explorers.com Offer ready-made or custom-designed itineraries for any group size. Tours available to all of Guyana's interior resorts, day and overland tours to Kaieteur Falls, horse trekking, hiking and general tours in the Rupununi (agents for *Ranches of the Rupununi*) and rainforest (trips to Iwokrama Rain Forest Programme, see page 1402). Tours also in Suriname, Guyane, Brazil, Venezuela, Barbados, St Lucia and Trinidad and Tobago. Specialists in nature, adventure and birdwatching tours. Free tourism information, booklet and advice available. Wilderness Explorers are general sales agents for Surinam Airways, Air Services Ltd and Trans Guyana Airways. Recommended. *Wonderland Tours*, 158 Waterloo St, T225 3122, T/F225 9795 (24 hrs), day trips to Kaieteur and Orinduik Falls, Santa Mission, Essequibo and Mazaruni rivers, city tours; special arrangements for overnight stays available, recommended.

Transport **Bus** There are regular services by minibuses and collective taxis to most coastal towns from the Stabroek Market. To **Moleson Creek** for the crossing to Suriname, No 65 from opposite the City Hall, Ave of the Republic between Regent and Charlotte Sts, leaves when full, US$7.90. If, by mistake, you get on a bus going only as far as **Springlands**, US$5.25, 15 mins before Moleson Creek, the driver will probably take you for a little extra money (check with the driver in Georgetown where his bus is going); to **Rossignol**, US$2.75; to **Parika**, No 32, US$1.10; to **Linden**, No 43, US$2.75. Ask other passengers what the fare should be. **Car hire**: available through numerous companies (page 18 of Guyana Telephone Book gives details). *Budget* at *Ocean View Hotel*, US$105, plus US$250 deposit for minimum of 3 days. Shivraj, 98 Hadfield St, Werk-en-Rust, T226 0550/225 4785, F226 0531, carl@solution.com US$54.65 plus US$220 deposit. A permit is needed from local police; rental agencies can advise.

NB For visiting many parts of the interior, particularly Amerindian districts, permits are required in advance from the *Ministry of Home Affairs* and the *Minister of Amerindian Affairs* in the office of the president, New Garden St in Georgetown. If venturing out of Georgetown on your own, check beforehand whether you need a permit for where you intend to visit. Permits can be difficult to obtain and may require some time. Apply before arrival in Guyana. *Wilderness Explorers* offer a service for obtaining permits.

Directory **Airline offices** See **Getting there** in Essentials. **Banks** *National Bank of Industry and Commerce, Guyana Bank of Trade and Industry, Bank of Baroda, Bank of Nova Scotia* (2 branches) will give cash advance on Visa card. **Exchange houses:** (*cambios*) in shops may be open longer. A good, safe *cambio* is *Kayman Sankar*, Lamaha St. There is a *cambio* next to *Rima Guest House*, Middle St. Roving *cambios* at entrance to Stabroek Market, take care. To buy Suriname guilders, go to *Swiss House*, a *cambio* in the unsafe market area around Water Street and America Street, known locally as 'Wall Street'. **Communications** Internet: *Byte 'N' Surf*, 288 Middle Street, South Cummingsburg, T225 6481, US$2.15 per hr. *Internet World*, 16 'B' Duncan St, Newton Kitty, T227 1051, US$1.90 per hr. *Solutions 2000*, 167 Waterloo St, South Cummingsburg, T225 2653/1436, US$2.15 per hr. **Post Office:** main 1 on North St. **Embassies and consulates** Brazilian Embassy, 308 Church St, Queenstown, T225 7970, bragetown@ solutions2000.net Visa issued next day, 90 days, 1 photo, US$12.75. **Canadian High Commission**, High and Young Sts, T227 2081-5, F225 8380, www.dfait-maeci.gc.ca /guyana **Honorary French Consul** , 7 Sherriff St, T226 5238. **Suriname Embassy**, 171 Peter Rose and Crown St, Queenstown, T226 7844/225 3467, F225 0759. Consular section open Mon, Wed, Fri morning only, but visa application can be handed in at any time. **UK High Commission**, 44 Main St, T592-226 5881/4, www.britain-in-guyana.org **US Embassy**, 99-100 Young and Duke Sts, Kingston, T225 4902, F225 8497, www.usembguyana.com **Venezuelan Embassy**, 296 Thomas St, South Cummingsburg, T226 6749/227 2162, F226 0841. **Medical services** See page 1448.

Southeast to Suriname

Linden
Colour map 2, grid B3
Population: 60,000
112 km S of
Georgetown

The second-largest town in Guyana, is a bauxite mining town on both banks of the Demerara River. The two towns are connected by a good road (slow for the first part to Timehri); the police checks are to stop drug and gun running. Linden is a company mining town. The opencast mine is 60-90 m deep and is said to have the world's longest boom walking dragline. The town is dominated by a disused alumina plant and scarred by old bauxite pits. In town, there is the lovely colonial guesthouse on the Demerara River, run by the mining company. **B-C** *Hotel Star Bonnett*, 671 Industrial Area, 1¾ km out of town on Georgetown Rd, T444 6505, F444 6829. Various standards of room, all with a/c and TV, clean, breakfast US$2.65, good lunches (US$2.65-3.15). Nearby**E** *Summit Hotel*, 6 Industrial Area, McKenzie, T444 6500. Cheaper shared rooms available, breakfast extra.

From Linden rough roads suitable for four-wheel drive vehicles run south to the bauxite mining towns of **Ituni** and **Kwakwani**. The road south to the logging centre at Mabura Hill is in excellent condition; from here a good road runs west to Mahdia, with a pontoon crossing of the Essequibo, and another road continues south from Mabura Hill to Kurupukari, but four-wheel drive is needed on this stretch. A good road goes west from Linden to Rockstone ferry on the Essequibo River. From Rockstone roads run north to Bartica (bad) and southwest to Issano (being improved).

On the east bank of the Berbice River, near its mouth, is the picturesque New Amsterdam. From Georgetown, take a minibus (44, or express No 50) or collective taxi to Rosignol on the west bank of the Berbice, US$1.10, then cross the river by the ferry, 15 mins crossing, but add another 45 mins for loading/unloading (US$0.30; also takes vehicles). A *Church View Guest House*, 3 Main and King Sts, T333 2880. Including breakfast and 1 hr in gym, a/c (**C** without), phone, TV, clean. Recommended. A *Little Rock*, 65 Vrymans Erven, T333 3758. **C** without a/c, self-contained, hot water, a/c, TV, phone, fridge, breakfast US$2.65, lunch/dinner US$3.70-4.75. **B** *Parkway*, 4 Main St, T333 6439, F333 2028. Clean, a/c, safe, with bath, breakfast US$1.85-3.70, lunch/dinner US$3.45-4.75. Recommended. **C** *Astor*, 7 Strand. All rooms self-contained, breakfast US$2.45.

New Amsterdam
Colour map 2, grid B4
Population: 25,000
104 km SE of Georgetown

Berbice resorts A pp *Dubalay Ranch*, a working ranch on the Berbice River, 147 km from the river mouth, has forest, savanna and swamp habitats, with some 300 bird species, deer, large cats, water buffalo and Dutch colonial remains (eg graves, bottles). Activities include boat trips (US$25 with guide), riding (US$15 for first hr, then US$10 per hr), birdwatching (US$15), jeep tours (US$30), nighttime wildlife trips (US$50), custom-made packages, or just relaxing. Price is **C** for scientists or students, includes 3 meals and soft drinks/juices, but not transport to the ranch (US$230 return from/to Georgetown) or activities. Small parties preferred; advance booking essential. Contact *Shell Beach Adventures* or *Wilderness Explorers*, see Tour operators, Georgetown. *Lu-lu's Wilderness Resort*, on the Berbice savannas, T226 6208.

The road continues east from New Amsterdam (minibus, No 50, US$1.75-2.50), to **Springlands** and **Skeldon** at the mouth of the Corentyne River. In Skeldon there is A *Par Park*, with bath and a/c, hot water, TV, no meals available. **B** *Mahogony*, with bath, TV, fridge, hot water, clean, lunch/dinner US$2.60-3.25. Recommended. Good Indian food at *Mansoor*. The two towns are officially known as **Corriverton** (Corentyne River Town). Springlands is 2 km long, so you need to know where you want to get off the bus. **E** pp *Swiss Guest House*, T339 2329. Pakistani run, with bath and fan, no meals, helpful, simple accommodation. Several good Chinese restaurants within a few blocks of Springlands town centre. There are the *National Bank of Industry and Commerce* and the *Guyana National Commercial Bank*. Suriname guilders can officially be changed into Guyanese dollars.

Corriverton
Colour map 2, grid B4
Population: 31,000

Ferry to Suriname: a ferry from Moleson, or Crabwood Creek, 13 km south of Springlands, to South Drain (40 km south of Nieuw-Nickerie) runs daily at 1100, check-in 0930, US$8 single (US$15 return for 21 days), bicycles free, motorbikes US$5, cars US$15, pick-ups US$20, 30 min crossing. Immigration forms are handed out on board. At the ferry point is a hut/bar where you can buy Suriname guilders. There are direct buses Georgetown-Moleson Creek. Check visa requirements for Suriname before travelling.

Transport

Guianas

West from Georgetown

Travelling west from Georgetown, the road crosses the 2 km long floating Demerara bridge (opens often for shipping, US$0.25 toll, pedestrians free). Speedboats cross the Demerara from Stabroek market, US$0.30 every 30 minutes. The road continues 42 km, past rice paddies, *kokers* and through villages to **Parika**, a growing town on the east bank of the Essequibo River (minibus US$1). It has a Sunday market, 0600-1100, and three banks. From here ferries cross the river to **Adventure** on the west bank at 1700 daily and 0830 Wednesday and Friday, returning at 0300 daily and 1330 Wednesday and Friday; or speedboat US$2.40.

The northwest coastal area is mainly accessible by boat only. Speedboats cross from Parika to Supenaam, US$5.50 (very wet). From Supenaam minibuses or taxis (US$5.50 per person) go to Charity. From Adventure a road runs north through Anna Regina. Nearby there is a resort at **Lake Mainstay**. You can visit a hot and cold lake, which varies in temperature from one place to another, and the Wayaka Mainstay Amerindian Community, 13 km from Anna Regina. Mainstay is 2½ hours by road and ferry from Georgetown (depending on tides), 17 minutes by plane from Ogle (US$35). The road goes on to **Charity**, a pleasant little town with two small hotels and a lively market on Monday (quiet at other times). **AL** *Lake Mainstay Resort*, T226 2975, F226 2755. Completely refurbished, 40 cabins with a/c, cheaper without lake view, also single rooms, beachfront on the lake, restaurant, bars, swimming, boating, other sports, birdwatching and nature trails; special events and entertainment. Breakfast US$3.85, lunch and dinner US$7.20. Day trips can be arranged for US$51 per person (1-7 passengers), US$31 (eight and over) including entrance fees, road and boat transport, breakfast and lunch, but no drinks. Transport only is US$27.75 Georgetown-Parika return, US$83 return Parika-Supenaam in a regular speed boat, up to 10 people, US$33 return Supenaam-Lake Mainstay for up to four passengers.

Border with Venezuela Near the border with Venezuela are the small ports of **Morawhanna** (Morajuana to the Venezuelans) and **Mabaruma**. Mabaruma has replaced Morawhanna as capital of the region since it is less at risk from flooding. There is a Government Guest House, two rooms with bath, others with shared bath, clean, book in advance. **D** *Kumaka Tourist Resort*, Maburama, contact *Somwaru Travel Agency*, Georgetown, T225 9276, meals, bath, run down; offers trips to Hosororo Falls, Babarima Amerindian settlement, rainforest, early examples of Amerindian art. ■ *TGA flies from Georgetown Mon, Wed, Fri, Sat, US$66 one way, US$128 return. A ferry runs every other Tue from Georgetown at 1500 (US$8.35) to Mabaruma. The journey is surprisingly rough and 'you will have to fight for hammock space and watch your possessions like a hawk'. For assistance with transport contact Mr Prince through the Government Guest House.*

Shell Beach Part of a protected area of Atlantic coastline, Shell Beach is some 145 km long, from the Pomeroon River to the Venezuelan border. It safeguards the nesting grounds of leatherback, green, hawksbill and olive Ridley turtles. Nesting activity begins in late March and continues, with hatching, until mid-August. Former turtle hunters have been retrained to patrol and identify nest sites, which are logged using global positioning satellite equipment. The project receives support from WWF. The coast consists of areas of mangrove swamps with beaches formed entirely of eroded shell particles. There are large flocks of scarlet ibis. Other birds include Amazon parrots, macaws, toucans, woodpeckers, crab hawks and others. Iguanas are usually seen in the mangroves, with sightings of rare river dolphin on the narrower stretches of river.

The camp consists of a thatched dining area and huts for the staff and igloo-type tents for guests, with fly-sheets and mosquito netting (vital in the rainy season, when there are "blizzards" of mosquitos). Showers and toilets are very simple. Food is very good (Venezuelan fishermen exchange fresh fish for ice). An Arawak family runs the camp and offers daily activities of fishing and birdwatching. They are excellent guides and speak English. Turtle watching is available in season.

Transport Fly Georgetown-Mabaruma, then take a motorized canoe to Shell Beach, 1 hr (good trip in the early morning for birdwatching); the last 20 mins is from the mouth of the Waini River along coast to Shell Beach camp, which can be a jolting ride. Or from Georgetown by canoe along some very interesting waterways. Allow 3-4 days. For information, contact *Shell Beach Adventures* or *Wilderness Explorers*, see Tours and tour operators, Georgetown.

Southwest from Georgetown: to Brazil

From Parika there's a vehicle ferry up the Essequibo River to Bartica on Monday, Thursday and Saturday, returning next day, US$1.60 one way. The 58 km journey takes six hours, stopping at **Fort Island**; boats come out from riverside settlements to load up with fruit. On Fort Island is a Dutch fort (built 1743, restored by Raleigh International in 1991) and the Dutch Court of Policy, built at the same time. There is also a small village; the rest of the island is dairy farms. Speedboats do the journey any time, US$5.25 per person, 1-2 hours, depending on horsepower.

Fort Island & Bartica
Colour map 2, grid B3

    Bartica, at the junction of the Essequibo and Mazaruni rivers, is the 'take-off' town for the gold and diamond fields and the interior generally. Opposite Bartica, at the mouth of the Mazaruni, is Kaow Island, with a lumber mill. The *stelling* (wharf) and market in Bartica are very colourful. Bars flank the main street; *Crystal Crest* has a huge sound system and will play requests. Easter regatta, mostly power boats. A good boatman and guide is B Balkarran, 2 Triangle Street, T455 2544. *Essequibo Adventure Tours*, 52 First Avenue, Bartica, T455 2441/455 2253, F455 2956, sbell@ guyananet.gy Jet boat and tours on the Essequibo/Mazaruni and Cuyuni Rivers.

B *Marin Hotel*, 19 Second Ave, T455 2243. **A** with a/c, with bath, TV, phone, fridge, meals available (breakfast US$2.45, lunch and dinner US$6.40). **E** *Modern*, 9 First Ave, T455 2301, near ferry. 2 luxury rooms **C**, others basic, with bath and fan. Recommended. Good food, book ahead if possible. Also on First Ave, **E** *Hi-Lo*, self-contained suites, also very basic rooms under US$3, crowded, no bath, claustrophobic. Mrs Payne's daughter, Third Ave next to Hospital, rooms basic, clean. *Riverview Beach Bar*, at Goshan near Bartica (Camp Silo bible study centre), popular hotel and bar, disco, videos, nice beach, safe swimming.

Sleeping & eating

    Resorts near Bartica **LL** *Shanklands*, booking office in *Cara Suites*, 176 Middle St, T226 8907, F225 1586, www.shanklands.com **L** in low season, dormitory accommodation available. Located on a cliff overlooking the Essequibo, 5 colonial style cottages. Activities include swimming, birdwatching, croquet, fishing, watersports, first class, US$50 pp for day trip (minimum 4 people), good food. *Shanklands* can be reached by boat from Parika or Bartica; the Baganara Island airstrip nearby; private transport by road can be arranged from *Timberhead* (see above). **AL** pp *Baracara Resort*, on an island opposite the confluence of the Cuyuni and Mazaruni rivers, 10 mins by boat from Bartika, T/F226 5225, whitewateradv@solutions 2000.net Trips using jet boat US$60 (minimum 10) pp, 9 rooms with bath, mosquito net; popular on Sun and in Jun-Aug. Buffet meals, swimming, boat ride to nature trail and waterfall. Contact *Whitewater Adventure Tours*. **LL-AL** *Baganara Island Resort*, beautiful house on Baganara Island in Essequibo River a few miles south of Bartica, everg@ solutions2000.net Price depends on season and standard of room, full board, private beach, watersports, airstrip; day trips US$60 pp (minimum 10), with meals, bar and activities. Transport to resort US$25 pp return.

The Essequibo is navigable to large boats for some miles upstream Bartica. The Cuyuni flows into the Mazaruni three miles above Bartica, and above this confluence the Mazaruni is impeded for 190 km by thousands of islands, rapids and waterfalls. To avoid this stretch of treacherous river a road has been built from Bartica to Issano, where boats can be taken up the more tranquil upper Mazaruni. At the confluence of the Mazaruni and Cuyuni rivers are the ruins of the Dutch stronghold **Kyk-over-al**, once the seat of government for the Dutch county of Essequibo. Nearby are the **Marshall Falls** (30-60 minutes by boat from Bartica, US$50 per boat, return), which are beautiful, but too dangerous for swimming. You can swim in the nearby bay, part of the Rainbow River Marshall Falls property.

South of Bartica

Guianas

Sleeping **A** *Rainbow River Safari*, a 16,800 acre, independent conservation site on the Mazaruni River at Marshall Falls, accommodation is very simple (softwood cabins, basic bedding, pit latrines, washing in river), cooking over woodfire. Trails in unspoilt forest, waterfalls, wildlife watching, gold and diamond panning, swimming and other activities. Day trippers have to pay G$1,000. For prices, other tours and development plans contact *Mr E Sabat*, tedsabat@aol.com or tedsabat@yahoo.com, www.hometown.aol.com/ tedsabat/rainbow rivermarshallfallsguyana.html

Kaieteur National Park

Kaieteur Falls rank with the Niagara, Victoria, and Iguazú Falls in majesty and beauty, but have the added attraction of being surrounded by unspoilt forest

The Kaieteur Falls, on the Potaro River, nearly five times the height of Niagara, with a sheer drop of 228 m, are almost 100 m wide. They are unspoilt because of their isolation. The Kaieteur Falls lie within the **Kaieteur National Park**, where there is a variety of wildlife: tapirs, ocelots, monkeys, armadillos, anteaters, and jungle and river birds. At the Falls themselves, one can see the magnificent silver fox, often near the rest house, the cock-of-the-rock and the Kaieteur swift, which lives behind the falls. At dusk the swifts swoop in and out of the gorge before passing through the deluge to roost behind the water. Tiny golden frogs live in the tank bromeliads. Permission to enter park must be obtained from the National Parks Commission in Georgetown, T225 9142 (arranged by tour operators). In the dry months, April and October, the flow of the falls is reduced; in January and June/July the flow is fullest, but in June, the height of the wet season, the overland route is impassable.

A trip to the Kaieteur Falls costs US$195-210 with most operators, minimum five people. The trip includes two hours at Kaieteur Falls, two hours at Orinduik Falls, lunch, drinks, park entrance fee and guide; sit on left for best views, take swimming gear. Trips depend on the charter plane being filled; there is normally at least one flight per week. Cancellations only occur in bad weather or if there are insufficient passengers. Operators offering this service are *Wilderness Explorers*, *Wonderland Tours* (Richard Ousman), *Torang Guyana*, *Shell Beach Adventures*, *Rainforest Tours*, and *Nature Tours*. Another option is Kaieteur Falls with *Baganara Island Resort* for US$165. To charter a plane privately costs US$1,200 to Kaieteur and Orinduik. *Air Services Ltd* offer a Kaieteur only flight on Sat and Sun for US$110 (includes national park registration); flight must be full, last minute cancellations not uncommon. *Wilderness Explorers* and *Rainforest Tours* in Georgetown offer overland trips to Kaieteur for US$750 for minimum of three people; rate includes all transport, meals, camping gear, guides and flight back to Georgetown. Minibuses run daily from Georgetown as far as Mahdia, via Mabura Hill.

The Pakaraima Mountains stretch from Kaieteur westwards to include the highest peak in Guyana, **Mount Roraima**, the possible inspiration for Conan Doyle's *Lost World*. Roraima is very difficult to climb from the Guyanese side, but *Wilderness Explorers* offer trips via Brazil and Venezuela.

Sleeping **E** The rest house at the top of the Falls is open for guests, but is basic; enquire and pay first at the National Parks Commission, Georgetown, T225 9142 (if planning to stay overnight, you must be self-sufficient, whether the guest-house is open or not; take your own food and a hammock, it can be cold and damp at night; the warden is not allowed to collect money).

Orinduik Falls

Orinduik Falls are on the Ireng River, which forms the border with Brazil; the river pours over steps and terraces of jasper, with a backdrop of the grass-covered Pakaraima Mountains. There is good swimming at the falls which are a 25-minute flight from Kaieteur. Vincent and Rose Cheong run a tourist shelter and are full of information about the area. *Wilderness Explorers* offer four trips per year from Orinduik north on the Ireng in dugout canoes with Amerindian guides.

Rupununi Savanna

This is an extensive area of dry grassland in the far southwest of Guyana, with scattered trees, termite mounds and wooded hills. The rivers, creeks and ponds, lined with Ite palms and other trees, are good for seeing wildlife. Among a wide variety of birds, look out for macaws, toucan, parrots, parakeets, osprey, hawks and jabiru storks (take binoculars). Many of the animals are nocturnal and seldom seen. The region is scattered with occasional Amerindian villages and a few large cattle ranches which date from the late 19th century: the descendants of some of the Scots settlers still live here. Links with Brazil are much closer than with the Guyanese coast; many people speak Portuguese and most trade is with Brazil.

Avoid the Rupununi in the wet season (mid-May to August); much of the Savanna floods and malaria mosquitoes and *kabura*/sandflies are widespread. The best time is October to April. River bathing is good, but beware of dangerous sting-rays and black caiman. Note that a permit from the Home Affairs Ministry is usually required to visit Rupununi, unless you go with a tour operator. Check in advance if your passport is sufficient. A separate permit to visit Amerindian villages is needed from the Minister of Amerindian Affairs, the President's office in Georgetown.

A small but scattered town on the Brazilian border (see below), this is the service centre for the Rupununi and for trade with Brazil. There are many small stores, a small hospital (T772 2006), a police station (T772 2011) and government offices. A big event at Easter is the rodeo, visited by cowboys from all over the Rupununi. Prices are about twice as high as in Georgetown. About 2½ km south of town at St Ignatius there is a Jesuit mission dating from 1911. In the nearby mountains there is good birdwatching and there are waterfalls to visit.

Lethem
*Colour map 2,
grid B3*

A number of places take guests, full board, organize tours and transport. **B-C** *Savannah Inn*, attached to General Store, T772 2035 (Georgetown 227 6203), or book through *Wilderness Explorers*. Including breakfast, a/c cabins with bath (cheaper with fan), phone, TV, fridge, clean, bar, breakfast US$3.25, lunch or dinner US$4.30, changes reais into Guyanese dollars, tours arranged, will take you to airport. **C-E** *Takutu Guest House*, T772 2034. Cheapest with just bed and fan, **D** with bed, bath and fan, **C** with bath, a/c, fridge, clean, breakfast US$2.10-3.15. Lunch/dinner US$2.65-4.20 (has information on trucks to Georgetown). **D** *Cacique Guest House*, T772 2083. With bath, fan, clean, breakfast US$2.10-3.15, lunch/dinner US$3.15-4.20. At the *Airport Shop*, T772 2085, the *Penthouse* is for backpackers, bathroom outside, safe, can tie up hammock, basic; Don and Shirley Melville provide the most comprehensive information and assistance service in the Rupununi. The *Manari Ranch Hotel*, 11 km north of Lethem on a creek (good swimming). US$60 per day, can accommodate about 20 people. *Foo Foods*, T772 2010. Highly recommended for snacks. The *Airport Shop*, good snacks, bar.

Resorts L pp *Dadanawa Ranch*, Duane and Sandy de Freitas, 96 km south of Lethem, 1 of the world's largest ranches, each bedroom has verandah (being upgraded). They can organize recommended trekking and horse riding trips, also camping with *vaqueros*. **L** pp *Karanambu Ranch*, Dianne McTurk, 96 km northeast of Lethem, on the Rupununi River, unique old home, cottages with bath, mosquito net, toiletries, good meals, fishing, excellent birdwatching and boat rides with guides. 24 km from Yupukari Amerindian village, trips possible. Dianne McTurk rears and rehabilitates orphaned giant river otters. For both ranches contact *Wilderness Explorers*. All transport is arranged.

**Sleeping
& eating**

Local: The Airport Shop can arrange horse hire for US$8 per hour, and Land Rovers and trucks at US$3 per mile. *Savannah Inn* has good 4WD vehicles for hire with driver. For birdwatching trips and transport contact Loris Franklin through the Airport Shop. Best time to ask about vehicle hire (with driver), or horse is when plane arrives, the only time when lots of people are around. Car hire is expensive.

Transport around the Rupununi is difficult; there are a few 4WD vehicles, but ox-carts and bicycles are more common on the rough roads. From Lethem transport can be hired for day-trips to the Moco-Moco Falls and the Kumu Falls and to the Kanuku Mountains (4WD and driver to Moco-Moco US$72.50, long, rough ride and walk, but worth it). Trucks may also be hired to visit Annai, 130 km northeast (see below) along a poor road, 4 hrs journey, US$200. All trucks leaving town must check with the police.

Long distance: The road from Georgetown to Lethem via Mabura Hill and Kurupukari is good in the dry season (more difficult in the wet). It provides a through route from

Transport

Guianas

Georgetown to Boa Vista (Brazil). After Linden, the 100 km to Mabura Hill is good. The next 50 km, to Frenchman's Creek, is a hard, rocky rollercoaster (4WD needed), then, to the Essequibo, it is "a mixture of white sand and badly-rutted, metre-deep puddles edged with razor grass". This stretch is very hard for cyclists and motorcyclists, best to hitch a ride with a truck, and motorists should tag along with a lorry too (Jason Uribe, Hindhead, UK). After the river and Iwokrama (see below) the road goes through jungle to Annai. Trucks often make a pit stop on the way at Annai, where food, washing facilities and accommodation are available at *Rock View* (see below). Then it is hard earth and gravel across the Rupununi (largely flooded after the rains). Truck Georgetown-Lethem: contact **Ministry of Regional Development**, Georgetown; Eddie Singh, 137 Herstelling, near Providence police station, 5 miles south of Georgetown, T226 2672; *Ng-a-fook*, on Church St, between Camp St and Waterloo St. Trip takes 18-24 hrs, can take longer, US$28 pp 1 way, no seat but share truck with load, take food, lots of water and hammock. (Care is needed on this route, but it is exciting, through savanna and rainforest.). **Air**: *TGA* flies Georgetown-Lethem-Georgetown daily, *RAL*, Tue, Wed, Fri and Sun, and *ASL* Mon and Thu from Ogle airstrip. Stops are available at Annai and Karanambu Ranch. The *TGA* fare is US$109 one way, US$211 return Georgetown to Lethem, Karanambu or Annai. *RAL* fares are US$100 one way, US$195 return to Lethem, US$111 one way, US$222 return to Karanambu and Annai; *ASL* US$97.50 Ogle-Lethem, US$176.50 return.

Annai

Annai is a remote Amerindian village in the northern savannas, south of the Iwokrama Rainforest Programme. It is possible to trek over the plains to the Rupununi River, or through dense jungle to the mountains. About 1-2 hours on foot are the villages of Kwatamang and Wowetta where Raleigh International built a Health and Community Resource Centre in 1995. Some 25 km north of Annai is the Amerindian village of **Surama** which organizes its own ecotourism activities through the village council and can accommodate guests in the new guest house (**E** pp, meals extra). Birdwatching (US$6), night trekking (US$9), boating (US$30-60) and Land Rover trips (US$30) arranged; every visitor pays a village fee of US$3. In Georgetown all bookings are made through *Wilderness Explorers*, who have formed a partnership with Surama community to develop tourism, www.wilderness-explorers.com; 10 packages on offer.

Resorts L *The Rock View Lodge*, Annai, Colin Edwards and family, guesthouse with 8 self-contained rooms, bars, zoo, natural rock swimming pool; in the Pakaraima foothills, where the savanna meets the Iwokrama Rainforest Programme (see below); www.rockviewlodge.com T226 5412, F225 5310 to book, or through *Wilderness Explorers*. Pony treks to nearby foothills, nature tours for painting, photography and fishing, regional Amerindian and other local cooking, full board. Recommended. TGA agent in Annai is Colin Edwards and the Lodge is beside the airstrip. Rock View-Georgetown by Land Rover US$70 return. From *Karanambu* to *Rock View* by boat and jeep costs US$195 for up to 4 people, a fascinating trip.

Iwokrama Rainforest Programme

Exceptionally good wildlife, including macaws, toucans, black curacow, peccary, and howler monkeys. One of the best places to see jaguar in the wild

This is a 360,000 ha project, set up by Guyana and the Commonwealth to conserve various habitats, primarily tropical forest. In addition to conservation, the Programme will involve studies on the sustainable use of the rainforest and ecotourism. It is hoped that the results will provide a database for application worldwide. The Field Station is at Kurukupari, near the Arawak village of Fairview, on the northern boundary of the reserve. You can meet research teams, take boat trips and stay at satellite camps deep in the forest (Clearwater on the Burro-burro, Kabocalli and Turtle Mountain on the Essequibo). There is a 33-m high canopy walkway. Fishing is good, especially for peacock bass. Well-trained rangers escort visitors through the forest on many trails. One goes to Turtle Mountain (45 minutes by boat, then 1½ hours walk), go early for great views of the forest canopy. Another trek is to the top of Mount Iwokrama, a difficult 20 km round trip; for the less fit there is a 10 km trail to the foot of the mountain to a pleasant stream and Amerindian petroglyphs. There are set rates for boat and Land Rover use and for field assistants to accompany you. Tourists stay in wood-and-thatch cabins at the Field Station, paying a fee for the bed and a user fee. The cabins are comfortable, with bath and veranda. Meals served in huge thatched dining research area with fine views of the river. For charges, which change frequently, contact The Administrator, Iwokrama International Centre for Rainforest Conservation and Development, 67 Bel Air, Georgetown, PO Box 10630, T225 1504, F225 9199, cmcdermott@iwokrama.org, www.iwokrama.org All meals cost US$5 (take your own alcoholic drinks). ■ *Iwokrama is 3 hrs by road from Annai, 2 hrs from Surama. Coming from Georgetown, you have to cross the Essequibo at Kurupukari; ferry runs 0800-1700, hoot for service, US$9 for a pick-up, US$18 for truck. Wilderness Explorers can arrange standard and custom-designed packages to Iwokrama.*

Maparri Wilderness Camp is on the Maparri River, in the Kanuku Mountains, recognized by Conservation International as one of the few remaining pristine Amazonian areas, rich in flora and fauna. It is easy to watch macaws, herons, toucans, kingfisherm, maybe harpy eagles. With luck, you can see tayra, labba, ocelot, agouti, monkeys, tapir, even jaguar. Various treks are arranged. It can only be reached by a combination of air and river. *Maparri Camp* is built of wood, with open sides, and has hammocks with mosquito nets. The site overlooks a waterfall; the river water is crystal clear (unlike most rivers in Guyana) and the fall and surrounding pools are safe for swimming. The camp is merely a framework. Simple, nutritional meals, supplemented by fish from the river, are prepared over an open fire. Contact *Wilderness Explorers* for rates and bookings. **Camps**

The Takutu River separates Lethem from Bonfim in Brazil. The crossing is about 1.6 km north of Lethem (taxis, or pickups, US$2) and 2½ km from Bonfim. Small boats ferry foot passengers (US$0.25); vehicles cross by pontoon on demand, US$4 return. A bridge is under construction. Formalities are generally lax on both sides of the border, but it is important to observe them as people not having the correct papers and stamps will have problems further into either country. All procedures for exit and entry are carried out by immigration at Lethem airport (not at the police station). If arriving from Brazil, buy some Guyanese dollars in Boa Vista as there are not exchange facilities in Lethem. ■ *Buses from Bonfim to Boa Vista (Brazil) about 6 a day, 2½ hrs, US$6; colectivos charge US$18.* **Border with Brazil**

Suriname

Essentials

Planning your trip

The climate is tropical and moist, but not very hot, since the northeast trade wind makes itself felt during the whole year. In the coastal area the temperature varies on an average from 23° to 31° C, during the day; the annual mean is 27° C, and the monthly mean ranges from 26° to 28° C. The mean annual rainfall is about 2,340 mm for Paramaribo and 1,930 mm for the western division. The seasons are: minor rainy season, Nov-Feb; minor dry season, Feb-Apr; main rainy season, Apr-Aug; main dry season, Aug-Nov. None of these seasons is, however, usually either very dry or very wet. The degree of cloudiness is fairly high and the average humidity is 82. The climate of the interior is similar but with higher rainfall. **When to go** *The high seasons, when everything is more expensive, are 15 Mar-15 May, Jul-Sep and 15 Dec-15 Jan*

For information about Suriname, contact Suriname representatives abroad (see box), **Suriname Tourism Foundation**, Dr J F Nassylaan 2, T422933, stsmktg@sr.net, www.sr.net/users/stsur or *Stinasu* or *NV Mets*, address of both in Paramaribo, **Tour operators**. The *Suriname Planatlas* is out of print, but can be consulted at the National Planning office on Dr Sophie Redmondstraat; maps with natural environment and economic development topics, each with commentary in Dutch and English. **Finding out more**

Guianas

▶ *Suriname embassies and consulates*

Belgium, *Avenue Louise 379, 1050 Brussels, T6401172, F6463962, Sur.amb.bru@online.be*

Brazil, *SHIS-Q19, Conjunto 8, casa 24, CEP 70457, 900 Lago Sul, Brasília, T248 3595, F248 3791.*

Guyana, *171 Peter Rose & Crown Street, Queens Town, Georgetown, PO Box 334, T02-67844, F02-50759, surnemb@gol.net.gy*

Guyane, *3 Ave Léopold Heder, 97300 Cayenne, T282160, F317645, cg.sme.cay@ wanadoo.fr*

Netherlands: *Embassy, Alexander Gogelweg 2, 2517 JH Den Haag, T3650844, F3617445; Consulate, De Cuserstraat 11, 1081 CK*

Amsterdam (for visas), T206-426137, F206-465311.

Trinidad, *11 Maraval Road, 5th floor, Tatil Building, Port of Spain, T868-6280704, F868-6280086, AmbSurPDE@opus.co.tt*

USA: *Embassy, Van Ness Center, 4301 Connecticut, NW Suite 460, Washington DC, 20008, T202-244 7488, F202-244 5878; Consulate, 7235 NW 19th Street, Suite A, Miami, FLA 33126, T305-593 2163, F305-599 1034, cgsurmia@bellsouth.net*

Venezuela, *4 Av ES, Qta 41, Altamira, Caracas 1060A, Apartado Postal 61140 Chacao, T263 8094, F261 2724, embsur1@cantv.net*

Useful websites A good starting point with lots of links is the University of Texas site **http://lanic.utexas.edu/la/sa/suriname/** Practical information will be found on the Suriname embassy in Washington, DC, site, **www.surinameembassy.org** Two official sites in Dutch: **www.mintct.sr** (Ministry of Transport, Communication and Tourism) and **www.dna.sr** (De Nationale Assemblee). For news, information, forums, etc **www.surinam.net** in English (not fully updated) and **www.sr.net** in Dutch (Suriname in general). For travel and other information try: **www.surinfo.org** (in English and Dutch, dated 2001), **www.surinametourism.com** (in English), **www.suriname.ch** (in German). Two portals are **www.surinameindex.com**, for general information on Suriname, and **www.surilinks.com/sr**, both in Dutch and English. Most portals are in Dutch, **www.sraga.com www.sranan.com www.suriname -network.com www.parbo.com** (English and Dutch) is Paramaribo-based **www.nickerie.com** is Marlon Romeo's webpage on the district of Nickerie, in English **www.moengo.com** is the webpage of the district of Moengo, in Dutch **www.ci-suriname.org** (Conservation International) has information on Suriname, with **www.ci-suriname.org/csnr/eng/about_csnr.htm** on the Central Suriname Nature Reserve.

Language The official language is Dutch. The native language, called Sranan Tongo, originally the speech of the Creoles, is now a *lingua franca* understood by all groups, and English is widely used. The Asians, Maroons and Amerindians still speak their own languages among themselves.

Before you travel

Getting in **Documents**: Visitors must have a valid passport and a visa. Nationalities which do not need a visa are: Brazil, Chile, Costa Rica, Gambia, Israel, Japan, Malaysia, Philippines, Switzerland and the Caricom countries. To obtain a visa in advance, apply to a Surinamese Embassy or Consulate (see box). You need to fill an application and present passport, a passport photo and an onward ticket (or confirmation). Procedures at consulates vary. Visas issued at the consulate in Cayenne normally take one day; two passport photos are required. In Georgetown, visa applications can be given in at any time, but only collected when the consular section is open on Monday, Wednesday and Friday morning. If applying when the consulate is open, visas are usually processed on the same day. A visa costs US$30-50, costs vary per nationality and where visa is bought. On entry to Suriname (by land or air) your passport will be stamped by the military police indicating a brief period (usually 7-10 days) for which you can remain in the country, regardless of the length of stay authorized by your visa. If you are considering a longer visit, or want a multiple entry visa (US$60-175), you should go as soon as possible to the Immigration Office (Vreemdelingendienst) in Paramaribo to get a second stamp in your passport: address, van 't Hogerhuysstraat, Nieuwe Haven, Paramaribo, T597-403101/609, Mon -Fri, 0700-1430. Allow 1½ hours for this procedure. You must also return here for any further extensions and for an exit authorization stamp (called 'stamp out') two days before you leave the country. The final

Touching down

Business hours *Shops and businesses:*
Mon-Fri 0900-1630, Sat 0900-1300.
Government offices: *Mon-Thu 0700-1500, Fri*
0700-1430. **Banks:** *Mon-Fri 0900-1400 (airport*
bank is open when flights operate).
Official time *Three hours behind GMT.*
Voltage *110/127 volts AC, 60 cycles. Plug*
fittings: usually 2-pin round (European
continental type). Lamp fittings: screw type.

Weights and measures *Metric.*
IDD *597. Equal tones separated by long*
pauses mean it is ringing. Equal tones with
equal pauses mean it is engaged.
Useful telephone numbers *Police*
emergency: T115. Other police numbers.
T471111/7777/3101. **First Aid centre:**
Academic Hospital, T442222. **Fire Brigade:**
T473333/491111/451111.

---

exit stamp is again given by the military police at the airport or land border. These procedures are not usually explained to visitors on arrival. **NB** Brazilians need a certificate of vaccination against yellow fever to be allowed entry.

Duty-free imports include 400 cigarettes or 100 cigars or ½ a kg of tobacco, two litres of spirits and four litres of wine, 50 g of perfume and one litre of toilet water, eight rolls of still film and 60 m of cinefilm, 100 m of recording tape, and other goods up to a value of Sf40. Personal baggage is free of duty. Customs examination of baggage can be very thorough. **Customs**

Lightweight tropical clothing is best, shorts and T-shirts. An umbrella is very useful. Take protection against the sun, including sunglasses. For health advice if going to the interior, see below. **What to take**

Currency: the unit of currency is the Suriname guilder (Sf) divided into 100 cents. There are notes for 5, 10, 25, 100, 500, 1,000, 2,000, 5,000, 10,000 and 25,000 guilders. Coins are for 1 and 2.50 guilders and 1, 5, 10 and 25 cents (the 25-cent coin is usually known as a *kwartje*, 10-cent *dubbeltje*, 5-cent *stuiver* and Sf2.50 *doller*). **Money**

    Exchange: in June 2003 the rate was Sf2,500-3,000 = US\$1 and Sf2,800-3,500 = 1 euro (rates fluctuate greatly). Euros are readily exchanged in banks and with licensed money changers. On arrival, change a little money at the bank in the Johan Adolf Pengel Airport (where rates are poorer than in the city), then go to the main banks, or one of the many *cambios* (exchange houses) in Paramaribo for further exchange. Officially visitors must declare their foreign currency on arrival. When arriving by land, visitors' funds are rarely checked, but you should be prepared for it. If entering Suriname from Guyana, you can change money at one of several banks in Nieuw-Nickerie. If arriving via Albina, the nearest bank, *Surinaamsche Bank*, is in Moengo, otherwise *Hakrinbank* (www.hakrinbank.com) at Tamanredjo (Commewijne), or *Multitrack Money Exchange* not far from the Jules Albert Wijdenbosch bridge in Meerzorg Commewijne. On departure, make sure you have no Suriname guilders left, they are not accepted anywhere else.

    To check exchange rates visit the Central Bank site, www.cbvs.sr/index.html Click on "Minimum en maximum koersen voor de valutamarkt" (Minimum and maximum exchange rates for foreign currencies) Then "Geldig op *date* en tot nader order" (valid on *date* and until further notice). "Geldsoort" (currency); "minimum koersen" (mimimum exchange rates); "maximum koersen"(maximum exchange rates); "aankoop SRG" (purchase rate in Surinamese guilders); "verkoop SRG" (selling rate in Surinamese guilders).

Air *Surinam Airways* (T433111, www.slm.firm.sr) flies five times a week from Amsterdam (joint operation with *KLM*), Miami (twice a week, with *Dutch Caribbean Express*), Belém (twice a week), Port of Spain (twice), Curaçao (twice, and *Dutch Caribbean Express* four), Aruba (once a week), Cayenne (twice), and Georgetown (twice a week). *Universal Airlines* flies once a week from New York via Fort Lauderdale and Georgetown. *BWIA* flies three times a wekk from Port of Spain, but schedules change frequently. Check www.bwee.com Reservations and information:T597-422511/422522; ticket office: *Paramaribo Express NV*, Wagenwegstraat 36, PO Box 753, Paramaribo. *Meta* has flights from Brazil via Georgetown, but schedules vary all the time: Zwartenhovenbrugstraat, Paramaribo, T597-520385/883 4485, metageorge **Getting there**

Guianas

town@hotmail.com Many people go to Cayenne to take advantage of cheap *Air France* tickets to Europe as well as increased seat availability. Internal services are run by *SLM* and *Gum Air* (T498888, F497670), two small air charter firms. *Heli Jets* is a helicopter charter company at Zorg en Hoop airport.

Airport information

Airport tax: There is an exit tax of US$10, plus a terminal fee from the Departure Hall of US$5 (ie US$15 in total).

Safety

Street crime in Paramaribo is rising: take the usual precautions with cameras, watches, etc. Avoid downtown and market areas at night unless accompanied by a local. Do not photograph military installations. If in doubt, ask first. Those travelling to the interior should ask in the capital about the safety situation in the areas they plan to visit.

Where to stay
See inside front cover for hotel grade guide

Hotels and restaurants are rare outside the capital, and you usually have to supply your own hammock and mosquito net, and food. A tent is less useful in this climate. Travelling is cheap if you change cash dollars on the black market; taking hammock and food will reduce costs.

Getting around

Air There are no scheduled flights, only charters, with *Surinam Airways, Gum Air* and *Heli Jets* helicopters. Bush flights are operated by *Surinam Airways* and *Gum Air* to several Amerindian and Maroon villages. Most settlements have an airstrip, but internal air services are limited. These flights are on demand.

Car There are 2,500 km of main roads, of which 850 km are paved. East-west roads: From Albina to Paramaribo to Nieuw-Nickerie is open; buses and taxis are available (details in the text below). North-south: the road Paramaribo-Paranam-Afobaka-Pokigron is open. The road to the western interior, Zanderij-Apura, crosses the Coppename River; thereafter small bridges are in poor shape (take planks to bridge gaps). On the unpaved Moengo-Blakawatra road (eastern Suriname), the bridge across the Commewijne River is closed to traffic. **Self-Drive Cars** *Avis*, Fred O'Kirkstraat, T450447/807090, F456392; *Hertz* at *Real Car*, Van 't Hogerhuysstraat 19, T402833, ckcmotor@sr.net, *Spac Total*, Verlengde Gemenelandsweg 139a, Paramaribo, T490877, 880 2346 (mob), www.spac.cq-link.sr From US$30 per day. *U-Drive*, T490803, *Wheelz*, HD Benjaminstraat 20, T442929, 887 9366 (mob) or 8802361 after 1600 and at weekends, killit@sr.net Mastercard accepted, US$35-110 daily (tax not included). And other agencies such as *City Taxi, Purperhart, Kariem, Intercar*. All driving licences accepted, but you need a stamp from the local police and a deposit. There is a 24 hour emergency service for motorists: *Wegenwacht*, Sr Winston Churchillweg 123, T484691/487540. Gasoline/petrol is sold as diesel, 'regular', unleaded, or super unleaded (more expensive). **Driving is on the left, but many vehicles have left-hand drive. To drive a foreign registered vehicle requires no** *carnet* or other papers. People wishing to travel from Suriname to either Guyana of Guiane by car need special vehicle insurance, available from *Assuria Insurance Company*, Gravenstraat 5-7, Paramaribo. T473400, www.assuria.sr **NB** Although an international driver's license is accepted in both Suriname and Guyana, a special permit is required to drive a vehicle in the two countries for longer than one month. **Hitchhiking** is not common, but it is possible.

Cycling Bicycles can be bought from *A Seymonson*, Rijwielhersteller, Rust en Vredestraat. Recommended rides from Paramaribo include to Nieuw-Amsterdam, Marienburg, Alkmaar and back via Tamanredjo in the Javanese Commewijne district or from Rust en Werk to Spieringshoek to Reijnsdorp (3½ hours) and return to Leonsberg via ferry, whence it is a 30 minutes to Paramaribo.

Ferry The *Suriname Navigation Co* (SMS) has a daily service, leaving 0700, on the Commewijne River (a nice four hour trip; one can get off at *De Nieuwe Grond*, a plantation owned by an English couple, and stay overnight). The *SMS* ferry to Alliance/Reynsdorp leaves on Wednesday, Friday, Saturday or Sunday at 0700. SMS now runs tours; see Paramaribo, **Tour operators**.

NB It is advisable to check the weather conditions and probabilities of returning on schedule before you set out on a trip to the interior. Heavy rains can make it impossible for planes to land in some jungle areas; little or no provision is made for such delays and it can be a long and hungry wait for better conditions.

Guianas

Keeping in touch

All *Telesur Dienstencentrum* offices offer email, fax (send and receive), local and international **Internet**
phones and computer services. Eg: Paramaribo-West, Zonnebloemstraat 50, T494555;
Paramaribo-Noord, Hoek Jozel Israelstraat/Kristalstraat, T5550168/550086; Paramaribo-Zuid
(LATOUR), Latoruweg 57, T480093/484500/481849. Lelydorp: Indira Gandhiweg 474, District
Wanica, T0-367800/0-366200. Commewijne: Pandit Tilakdharieweg, Tamanredjo, T0-356329/
0-356330/0-356341. Nickerie: Oostkanaalstraat 3, Nieuw-Nickerie, T0-231391. *Sonto Hoso*, in
Marienburg, Welbedacht, Nieuw-Amsterdam, Meerzorg, Tamanredjo, all in the district of
Commewijne. *The Browser Internet Café*, Hoek Wilhelmina/HJ De Vriesstraat (opposite *Pizza
Hut*), Paramaribo, T422977, www.chsnv.com Another important supplier of internet services is
Carib, with branches in the synagogue at the Heerenstraat, the Hermitage Mall, Kwattaweg,
Lelydorp and in Commewijne.

Post is quick and reliable. *Surpost*, www.surpost.sr or havenpost@sr.net Letters must be **Post**
franked at the post office and posted the same day (no stamps sold at the post office, but
hotels sell them with a small surcharge). Both postal and telecommunications charges are
very low (US$0.40 for a postcard to Europe). *DHL,* Van 't Hogerhuysstraat 55, Paramaribo,
T474007/473990, dhl@sr.net *Federal Express,* Hermitage Mall, Lalla Rookweg at Uitvlugt,
Paramaribo, T474436, F474696.

Telephone cards for international, local and cellular calls can be bought at the local phone **Telephone**
company, *Telesur*, Heiligenweg 1, Paramaribo (near the fountain, downtown) and its
branches, or in supermarkets nationwide, T474242, www.sr.net For information, open
0700-1500, Monday-Friday. Public phones in the interior taking *Telesur* phone cards can be
found at Djumu and Asindonhopo (both Pikin Rio), and Drietabbetje (Marowijne River).
AT&T's USA Direct is available for collect calls from any phone; dial 156, 24 hour service. For
Dutch *PTT Holland Direct*, dial 157, 24 hours. Send or receive faxes through *Telesur*, T151 for
information, 0700-2400 daily. Cellular phones with *Telesur*-ready connection can be
purchased via *Telesur*, Nieuwe Haven, and its outlets in Paramaribo, such as *Cell Star*
(Saramaccastraat) and *Boembox* (opposite *Hotel Krasnapolsky*). Public telephone booths are
widely available in Paramaribo. They do not accept coins, but phone cards for cellular, local
and international calls. *GSM* cellular phones with *Telesur*-ready connection asre available via
Telesur and its sales outlets. Phonecards for *GSM* cell phones are also available.

Newspapers: These are in Dutch, *De Ware Tijd* (morning, articles in English on www.dwt.net), **Media**
De West *DeWest* (evening, www.dewestonline.com) and *Dagblad Suriname*, new daily,
napasur@hotmail.com **Radio**: Radio Zon (107.5 FM) has news bulletins in English at 1800.
Radio Paramaribo (89.7 FM) broadcasts Voice of America after 0100 daily. Zon and Paramaribo
broadcast 24 hours, as do Apintie (www.apintie.sr), ABC (www.abcsuriname.com), Trishul
(www.trishul.sr), Radio SRS, Radio Garuda (broadcasts in Javanese), Radio Kankantrie, B104
(popular music), Radio Sangeet Mala (broadcasts in *sarnami*, the local Hindu language), and
Radio 10. **Television**: There are 12 stations, ABC (www.abcsuriname.com), ATV (24 hours,
www.atv.sr), STVS (1500-2400, www.stvs.info.sr), SCCN, Apintie (1800-2400) and Sky TV (local
and international), broadcasting in Dutch and English; RBN, Radhika, Trishul (24 hours
www.trishul.sr), Ramasha Media Group (RMG) and Sangeet Mala broadcasting in *sarnami*; and
Garuda TV broadcasting in Javanese. In Nickerie the TV station is RTV. All are in colour. ATV, ABC
and STVS have good coverage of international sports, especially football; ATV, ABC, Apintie and
Trishul carry CNN in English and Trishul carries BBC World. ABC, Apintie and RBN also carry
newscasts in Dutch from Radio Netherlands Television. Cable TV available. ATV, ABC, Trishul,
Apintie offer live stream broadcasts via internet through their respective web pages.

Surinamese cuisine is as rich and varied as the country's ethnic makeup. Rice is the main staple **Food & drink**
and of very high quality. Cassava, sweet potatoes, plantain, and hot red peppers are widely used.
Pom is a puree of the tayer root (a relative of cassava) tastily spiced and served with *kip*
(chicken). *Moksie Alesie* is rice mixed with meat, chicken, white beans, tomatoes, peppers and

Guianas

spices. *Pindasoep* (peanut soup with plantain dumplings, also with plantain noodles) and *okersoep met tayerblad* (gumbo and cassava soup) are both worth a try. *Petjil* are vegetables cooked in peanut sauce. Well known Indonesian dishes include *bami* (fried noodles) and *nassie goreng* (fried rice), both spicy with a slightly sweet taste. Among the Hindustani dishes are *roti* (a crêpe wrapped around curried potatoes, vegetables and chicken), *somosa* (fried pastry filled with spicy potatoes and vegetables), and *phulawri* (fried chick-pea balls). Among the many tropical fruits of Suriname, palm nuts such as the orange coloured awarra and the cone shaped brown maripa are most popular.

| Holidays & festivals | **Public holidays** 1 January, *New Year*; Holi Phagwa (Hindu spring festival, date varies each year, generally in March, very interesting but watch out for throwing of water, paint, talc and coloured powder); Good Friday; Easter (two days); 1 May (*Labour Day*); 1 July (*Emancipation Day*); Diwali (Hindu Festival of Light in October); 25 November (*Independence Day*); Christmas (two days). For Moslem holidays see note under Guyana. **Festivals** Avond Vierdaagse starts on the first Wednesday after Easter, a carnival parade of the young and old dressed in traditional costume or simple clothes; it is organized by Bedrijven Vereniging Sport en Spel (BVVS), Johannes Mungrastraat 48, Paramaribo, T461020. Surifesta (www.surifesta.com) is a year-end festival, from mid-December to the first week of January, with shows, street parties, flower markets, culminating in *Het Vat* (www.vat.cq-link.sr) on 31 December. The Suriname Jazz Festival, www.surinamejazzfestival.com Held annually in Paramaribo in October. Contact: Ms Anne-Marie Hermelijn, project manager, an.hermelijn@ surinamejazzfestival.com Nationale Kunstbeurs/National Art Fair/National Art Exhibition, held in Vormingscentrum Ons Erf, Prins Hendrikstraat, Paramaribo, www.suriname-fvas.org/activities.html |

Health
See also Health in Essentials at the beginning of the book

Boil or purify water, even in the capital, as water-borne diseases are present. Otherwise, no special precautions necessary except for a trip to the malarial interior; for free malaria prophylaxis contact the Public Health Department (BOG, 15 Rode Kruislaan), but better to take your own. *METS, Stinasu* and *Suriname Safari Tours* provide malaria prophylaxis on their package tours. Chloroquine-resistant malaria occurs in the interior. Mosquito nets should be used at night over beds in rooms not air-conditioned or screened. In some coastal districts there is a risk of bilharzia (schistosomiasis). Ask before bathing in lakes and rivers. Vaccinations: yellow fever and tetanus advisable, typhoid only for trips into the interior. Swim only in running water because of poisonous fish. There is good swimming on the Marowijne and Coppename Rivers. There are four hospitals in Paramaribo, best is **St Vincentius**, Koninginnestraat 4, T471212, F473148.

Paramaribo

Colour map 2, grid B5
Population: 257,000

The capital and chief port, lies on the Suriname River, 12 km from the sea. There are many attractive colonial buildings. The **Governor's Mansion** (now the Presidential Palace) is on Onafhankelijkheidsplein (also called Eenheidsplein and, originally, Oranjeplein). Many beautiful 18th and 19th century buildings in Dutch (neo-Normanic) style are in the same area. A few have been restored but much of the old city is sadly decaying.

Ins & outs

Getting there The airport is 47 km south. Minibuses charge Sf2,000 and taxis Sf10,000 to the city. There is no central bus station; for more detailed information see Transport, page 1412

Getting around There are very few regular **buses**; the few services that are left leave from Heiligenweg. There are privately run 'wild buses', also known as 'numbered buses' which run on fixed routes around the city; they are minivans and are severely overcrowded. **Taxis** generally have no meters. The price should be agreed on beforehand to avoid trouble. If hiring a taxi for touring, beware of overcharging. If you're a hotel guest, let the hotel make arrangements.

There is a **tourist information centre** next to the Cabinet office of the President on Zeelaniaweg by the entrance of the Fort Zeelandia complex. It has information on the country, tour operators and advice on tours. Another **tourist information centre**, operated by the Suriname Tourism Foundation, is near Fort Zeelandia, T479200.

Fort Zeelandia houses the Suriname Museum, restored to this purpose after being **Sights**
repossessed by the military. The whole complex has been opened to the public again
and its historic buildings can be visited. The fort itself now belongs to the Stichting
(foundation) Surinaams Museum, and is generally in good condition. The old
wooden officers' houses in the same complex have been restored with Dutch finance.
Very few exhibits remain in the old museum in the residential suburb of Zorg en
Hoop, Commewijnestraat. ■ *Tue-Fri 0900-1400, Sun 1000-1400, US$0.75, T425871.*
Look for Mr F H R Lim A Postraat if you wish to see what Paramaribo looked like only
a comparatively short time ago. The 19th century **Roman Catholic St Peter and Paul
Cathedral** (1885), built entirely of wood, is said to be the largest wooden building in
the Americas, but it has been closed indefinitely for repairs since 1993. Much of the old
town, dating from the 19th century, and the churches have been restored. Other things
to see are the colourful **market** and the waterfront, **Hindu temples** in Koningstraat
and Wanicastraat (finally completed after years of construction), one of the Caribbean's largest **mosques** at Keizerstraat (magnificent photos of it can be taken at sunset). There are two **synagogues**: one next to the mosque at Keizerstraat 88, the other
(1854) on the corner of Klipstenstraat and Heerenstraat (closed, now houses an
internet café and IT business unit). The new **Numismatich Museum**, displaying the
history of Suriname's money, is operated by the Central Bank, Mr FHR Lim A Postraat
7. ■ *Daily 0800 - 1400, T520016, www.cbvs.sr* A new harbour has been constructed
about 1½ km upstream. Two pleasant parks are the **Palmentuin**, with a stage for concerts, and the **Cultuurtuin** (with poorly-kept zoo owing to lack of funds, US$1.20,
busy on Sunday), the latter is a 20 minute walk from the centre. National dress is normally only worn by the Asians on national holidays and at wedding parties, but some
Javanese women still go about in sarong and klambi. A university (Anton de Kom
Universiteit van Suriname) was opened in 1968. There is one public swimming pool at
Weidestraat, US$0.60 per person. There is an exotic Asian flavour the market area.

An interesting custom practised throughout Suriname is the birdsong competitions, held in parks and plazas on Sunday and holidays. People carrying their song-
bird (usually a small black tua-tua) in a cage are frequently seen; on their way to and
from work, to a 'training session', or simply taking their pet for a stroll!

L-AL *Torarica*, Mr Rietbergplein, T471500, PO Box 1514, www.torarica.com Best in town, very **Sleeping**
pleasant, book ahead, swimming pool and other sports facilities, sauna, casino, nightclub, trop- ■ *on map, page 1410*
ical gardens, a/c, central, 3 expensive restaurants (*Plantation Room*, European; *Saramacca Bar*, *Service charge at*
with live entertainment; good poolside buffet on Fri evening), superb breakfast, business cen- *hotels is 5-10%*
tre with internet and conference facilities. Has subsidiary *Tangelo Bar and Terrace*, at Mr *Beware: many*
Rietbergplein 1 **L-AL** *Krasnapolsky*, Domineestraat 39, T475050, www.krasnapolsky.sr A/c, *cheap hotels not*
central, travel agency, shopping centre, exhibition hall in the lobby, good breakfast and buffet, *listed are 'hot pillow'*
Atrium restaurant for local and international cuisine (mid-range), *Rumours Grand Café* (with jazz *establishments*
jam sessions on Tue and Fri), poolside bar, business centre with internet and conference facilities, takes Amex, swimming pool. **AL** *Eco-Resort Inn*, Cornelis Jongbawstraat 16, PO Box 2998,
T425522, www.ecores.com Use of *Torarica* facilities, good atmosphere and value, restaurant
(mid-range), bar, Ms Maureen Libanon is very helpful, business centre, with internet and fax.
A-B *Ambassador*, Dr Sophie Redmondstraat 66-68, T477555, F477688. A/c, including breakfast, good 24 hr restaurant (mid-range), casino. **A** *De Luifel*, Gondastraat 13 (about 15 mins
from centre), T439933, F439930. A/c, warm water, cable TV, mid-priced European restaurant,
special `business-to-business' deal: 1 night with breakfast, laundry, airport transfer, car hire and
taxes included, US$99, Amex accepted. **A** *Shereday*, Cornelis Prinsstraat 87, T434564, F463844,
5 km from centre. Exercise floor, swimming pool, restaurant/bar (mid-range). **A** *Residence Inn*,
Anton Dragtenweg 7, T472387, www.metsresorts.com TV, minibar, laundry, including breakfast, credit cards accepted, in a residential area, pool, tennis court, a/c bar and *Atlantis* restaurant, European and Surinamese food (mid-range). Also **A** *Hotel Savoie Residence Inn*,
Johannes Mungrastraat 25, T432495, www.cq-link.sr/bedrijven/hotel-savoie Breakfast extra.

B *Guesthouse Amice*, Gravenberchstraat 5 (10 mins from centre), T434289, www.guest-
house-amice.sr (in Netherlands, Robijndrift 47, 3436 BR Nieuwegein, T030-294 5229,

Guianas

amice@worldonline.nl). Room with balcony more expensive, quiet neighbourhood, a/c, comfortable, email/internet facilities, breakfast, airport transfer and tours available. **B** *Guesthouse Centre*, Sommelsdijckstraat 4 (near *Hotel Torarica*), T426310. A/c, TV, new.

C *Doble R*, Kleine Waterstraat opposite *Torarica*, T473592. A/c, good value, but noisy bar downstairs, cheap restaurant, often full. The Suriname Museum in Zorg-en-Hoop now has a good guest house; book in advance. **C** *Glans Apartments*, Gravenberchstraat 20 (near Ismay van Wilgen Sporthal). T495834/434433. Rooms include cable TV, hot water, refrigerator. **C** *Guest House Alberto Alberga*, Lim A Postraat 13b, T/F520050, 888 6659 (mob), Sabina_floridia@yahoo.com Central, above a doctor's clinic, good reports. **C** *Guesthouse Sabana*, Kleine Waterstraat 7, T424158, F310022, opposite *Torarica*. A/c, safe, helpful.

D *Belle Fleure*, Heerenstraat 28, T424370/453318. Very clean. For budget travellers, best is **D** *YWCA Guesthouse* at Heerenstraat 14-16, T476981. Cheaper weekly rates, full of permanent residents, essential to book in advance (office open 0800-1400), safe, cheap local snackbar. Otherwise, try **E** *Fanna*, Prinsessestraat 31, T476789. From a/c with bath to basic, breakfast extra, safe, family run, English spoken. **E** *Mivimost*, Anamoestraat 23, 3 km from centre, T451002. A/c, cheaper with fan, toilet, safe. Recommended. **F** *Nobre*, Dr Sophie Redmondstraat 24, T420277, F424147. Central, with fan, cheap self-service restaurant (food sold by weight), bar, good.

Eating

● *on map, page 1410*
Unless otherwise stated, restaurants listed are mid-range, US$5-12
Meat and noodles from stalls in the market are very cheap

There are some good restaurants, mainly Indonesian and Chinese dishes. Blauwgrond is the area for typical Indonesian food, served in *warungs* (the Indonesian name for restaurants, cheap). Try a *rijsttafel* in an **Indonesian** restaurant, eg *Sarinah* (open-air dining), Verlengde Gemenelandsweg 187. *Bali*, Ma Retraiteweg 3, T422325. Very good food, service and atmosphere, check bill. *Jawa*, Kasabaholoweg 7. Famous Indonesian restaurant. *De Smaak*, Sommelsdijckstraat 38 (cheap). Javanese foodstalls on Waterkant are excellent and varied, lit at night by candles. Try *bami* (spicy noodles) and *petjil* (vegetables), recommended on Sun when the area is busiest. In restaurants a dish to try is *gadogado*, an Indonesian vegetable

Paramaribo

To Cultuurtuin *To 5*

To US Embassy

Touché Disco
To Nieuw Nickerie
To Nieuwhaven & Immigration Office

Guyanese Embassy

American Express & Kerstan Travel
Box & Vaco

Old Synagogue
Roman Catholic Cathedral

Venezuelan & Japanese Embassies
Palmentuin

Local Buses

Waterkant

Onafhankelijkheidsplein & Presidential Palace

Ferry Dock
Fort Zeelandia

Suriname River

N
Not to scale

■ Sleeping		
1 Ambassador	4 Eco-Resort Inn	7 Krasnapolsky
2 Belle Fleure	5 Fanna	8 Nobre
3 Doble R	6 Guesthouse Sabana & Mambo Restaurant	9 Torarica
		10 YWCA Guest House

Guianas

and peanut concoction. **Chinese** *Golden Dragon*, Anamoestraat 22. *Fa Tai*, Maagdenstraat 64. A/c. *Oriental Foods*, Gravenstraat 118. *Dumpling #1*, Dr JF Nassylaan 12. Popular. *Chi Min*, Cornelis Jongbawstraat 83. For well-prepared Chinese food. Recommended. **Others**: opposite *Torarica*: *La Bastille*, Kleine Waterstraat, T473991, *'T VAT'*, *Café De Punt*, Kleine Waterstraat 17 (local and international cuisine, live entertainment at weekends), and *Mambo* (next to Sabana Guesthouse, also local and international cuisine). *El Cafecito*, Hermitage Mall, Lalla Rookhweg. "Distinguished Coffee Room", coffee, pastries, fresh juices and sandwiches. *Tori Oso* (literally 'Chat House'), Rust en Vredestraat 76. Popular venue for good conversation. *Natura*, Rust en Vredestraat between Keizerstraat and Weidestraat. Whole-grain bread and natural foods. *Pannekoek en Poffertjes Café*, Sommelsdijckstraat 11. Speciality pancakes. *'T Lekkerbekje*, Sommelsdijckstraat (opposite Guesthouse Centre). Specialises in fish. **Cheap**: *Grand Café Vaillant* and *Un Patu* in *Un Mall*, opposite *Telesur* in Vaillantsplein. *Roja's*, corner of Mahonielaan and Grote Combéweg. Good places for lunch include *Cartousj Terras*, Domineestraat. For breakfast, try *Klein Maar Fijn*, Watermolenstraat.iver. *Power Smoothie*, Zwartenhovenbrugstraat and Wilhelminastraat, specializing in healthy fast food. *Royal Castle*, Jodenbreestraat. Trinidadian fast food. *Naskip*, Gravenstraat near 's Lands Hopsitaal. For local fast food. *Uncle Ray* at Waterkant by the Javanese *warungs*, opposite Central Bank of Suriname. Local Creole food.

Popular spots with live entertainment: *Grand Bodeco* (Waaggebouw-Waterkant), Waterkant 5, T474 514. Open Mon-Tue 1000-1700, Wed-Sat 1000-0300. *Café Bu-Da Buddha*, Verlengde Hoogestraat 1, T421189. Open Wed-Sun 2000-0200. *Don Julio Muziek Eetcafe*, Wilheliminastraat 8 (not far from Torarica). Open Sun-Thu 1600-0100, Fri-Sat 1600-0300. **Discos**: *Touché*, Waaldijk/Dr Sophie Redmondstraat 60. Fri and Sat only 2300, small restaurant and the best disco. Other discos are *Millennium*, H J de Vriesstraat, near *Pizza Hut*, popular with `mature' clientele, has *The Grill Eatery*, mid-priced fast food. *Club One*, next to *Pizza Hut*, `mature' clientele, and *Energy*, Hermitageweg, Paramaribo-Zuid, younger crowd. There are many Brazilian girls seeking European husbands and several nightclubs cater for this trade. There are many **casinos** in the city, including at major hotels. **Cinema** In *Un Mall*, opposite *Telesur* in Vaillantsplein. Also *Tower* (Heerenstraat), showing productions.

Entertainment

Crafts of Amerindian and Maroon origin. *Arts & Crafts*, Neumanpad 13a. Amerindian goods, batik prints, carvings, basket work, drums. *Cultuurwinkel*, Anton de Komstraat. Bosneger carvings, also available at *Hotel Torarica*. Carvings are better value at the workshops on Nieuwe Domineestraat and the Neumanpad. Many jewellers' shops in the centre sell at reasonable prices. Local ceramics are sold on the road between the airport and Paranam, but they are rather brittle. The following sell international and local music on CD (the latter is heavily influenced by Caribbean styles): *Disco Amigo*, Wagenwegstraat, opposite Theater Star, *Boom Box*, Domineestraat, opposite *Krasnapolsky Hotel* and *Beat Street* in Steenbakkerijstraat, near same hotel. Old Dutch bottles are sold.

Shopping

Bookshops: the 2 main bookshops are *Vaco* (opposite *Krasnapolsky*) and *Kersten*, both on Domineestraat, and both sell English-language books. Also *Hoeksteen*

● **Eating**
1 La Bastille & Café de Punt
2 'T VAT
3 Uncle Ray & Warungs

Guianas

(Gravenstraat 17) and the kiosk in *Krasnapolsky Hotel*. *Boekhandel Univers NV*, Gravenstraat 61, is recommended for nature, linguistic and scholarly books on Suriname. Second-hand books, English and Dutch, are bought and sold in the market. Maps are hard to find, but try *Vaco*. Cheap film at *Photo Max*, 37 Domineestraat, next to *Krasnapolsky Hotel*.

Tour operators *NV Mets* (Movement for Eco-Tourism in Suriname), PO Box 9080, Dr JF Nassylaan 2, Paramaribo, T477088, F422322, mets@sr.net, www.metsresorts.com Also in Cayenne, 15 rue Louis Blanc, T317298, F305786; in Georgetown contact *Wilderness Explorers* (see page 1396). Trips to the interior, reasonable rates. Tours offered are City Tour, Rivercruise, Santigron (all day trips); 4/5 day trips to Tukunari Island; 4/5-day trips to Palumeu (see below) staying in lodges; 8-day trip to Mount Kasikasima in remote southern Suriname (all transport, food and guides – good – included, US$625). **Stinasu** is the Foundation for Nature Preservation in Suriname, Cornelis Jongbawstraat 14, T476597/421683/427102, F422555, PO Box 12252, Paramaribo, fnps@sr.net, www.stinasu.sr It offers reasonably priced accommodation and provides tour guides on the extensive nature reserves throughout the country. One can see 'true wilderness and wildlife' with them. Recommended.

Amar's Tours, Estabrielstraat 16, T400372. History and cultural tours to Jodensavanne, Brownsberg, Braamspunt, Raleighvallen, Blanche Marievallen Falls. *Arinze Tours*, Prinsessestraat 2c, T425960, arinze@sr.net, www.arinzetours.com Tours to Maroon villages of Santigron, manager George Lazo. *Cardy Adventures*, Cornelis Jongbawstraat 31, T422518, www.cardytours.com Bicycle rental (bikerental@cardytours.com) and tours to Commewijne district, and tours to Brownsberg, Raleigh Falls, Matapica and jungle survival trips, English spoken, very helpful and efficient, excellent food. *Danpaati Eco Lodges*, Winchestraat 6, T/F401412, www.danpaatireizen.com Lodges in the Upper Suriname (Boven Suriname) on the island of Danpaati. *Libase Tours*, van Idsingastraat 101, T480180, libase@sr.net (Bernard Abia). Specializes in tours to the interior (villages such as Jaw Jaw, Gunsi). *Ma-Ye-Du*, Matoeliestraat 22, T/F410348, mayedu@sr.net For tours to Maroon villages in the Marowijne River. *Mena-Eng*, Gravenstraat 73, T/F422654, www.mena-suriname.com Ecotours, tour guides and art, ask for Mr Boyke Tojo, very helpful. *Paradise*, Keizerstraat 15, T424122. Eco tours, trips to Albina Amerindian communities. *Ram's Tours & Travel Service*, Neumanpad 30, T476011, F472411. Tours in Suriname and abroad. *Saramaccan Jungle Safaris* (John Ligeon), PO Box 676, Zwartenhovenbrugstraat 19. For visits by canoe to Saramaccan Maroon villages and wildlife tours. *Sun and Forest Tours*, Gravenstraat 155, T478383, www.surinamesunforest.com Specializes in tours to the interior (office in the Netherlands, 1020 Mk Amsterdam, PO Box 36401, T206 373103, F204 923601). *Suriname Safari Tours*, Dr S S Kaffiludistraat 27, T400925, F455768, Eersteling_sst@yahoo.com Has excursions to the interior. *Waldo's Travel Service*, Heerenstraat 8, T422530, F424844, www.waldostravel.sr For all tours within Suriname. *Suriname Sailing Services* (SMS), Surpost, Kerkplein 1, T477524/477218. For river cruises on the Suriname River, using the ferry that used to cross the Suriname River from Meerzorg to Paramaribo. Also river tours in small boats on the Commewijne River to Alliance. The *SMS* pier is next to the *Waaggebouw* souvenir and craft shops. *Wild Coast Expeditions*, Prinsessestraat 37, T454522, wildexp@sr.net Boat tours to Jodensavanne, Galibi, New Amsterdam, Matapica and Braamspunt. At the same address is *Access Suriname Travel*, T/F424522, www.surinametravel.com, which sells all major tours in Suriname and can supply general travel information on the country, manager Syrano Zalman is helpful.

NB If intending to take a tour to the jungle and either Amerindian or Maroon villages, check how much time is spent in the jungle itself and on the conditions in the villages. One such trip is to Palumeu, an Amerindian village (Trio, Wajana and Akurio peoples) due south of Paramaribo, not far from the Brazilian border. Four-day, three-night packages include flights, food, accommodation, jungle hikes and boat trips.

Transport **Local Bicycle** rental: *Fietsen in Suriname*, FIS, Mijnhooplaan 21, T852 0021, info@fietsen-in-suriname.nl **Long distance Air**: The Johan Pengel International Airport is 47 km south of Paramaribo. Minibus to town costs Sf2,000 (eg *De Paarl*, T403610); taxi costs Sf10,000/US$14 (*Ashruf*, T454451), but negotiate. *Hotel Torarica*, *Eco Resort Inn* and *Residence Inn* offer free transfers to and from the international airport for guests with room reservation.

Surinam Airways, Dr Sophie Redmondstraat 219, T432700, F434723. (At Pengel Airport T03-25181, F03-25292.) There is a guest house near the airport. Internal flights leave from Zorg en Hoop airfield in a suburb of Paramaribo (take minibus 8 or 9 from Steenbakkerijstraat).

Buses: To **Nickerie** from Dr Sophie Redmondstraat, near *Hotel Ambassador*, minibuses leave when full between 0500 and 1000. There are also buses after 1200, but the price then depends on the driver, 4-5 hrs, extra for large bag. Taxis from the same area are slightly faster. Buses to **Albina** from Paramaribo cross the new bridge; bus station located near ferry service in Paramaribo (take an APB or PBA bus, which has a plainclothes policeman on board). Taxis are available, but dishonest (usually). There are irregular bus services to other towns. For full details ask drivers or enquire at the tourist office. There is much jostling in the queues and pure mayhem when boarding vehicles. They are all minivans and have no luggage space. Try to put bags under your seat or you will have to hold it in your lap.

Verify all fares in advance and beware of overcharging

Banks *Finabank*, Dr Sophie Redmondstraat 61, opposite *Ambassador Casino*. *Hakrinbank*, Dr Sophie Redmondstraat 11-13, 0700-1400. *Royal Bank of Trinidad and Tobago, RBTT*, Kerkplein 1, www.rbtt.com Cash on Visa *Surinaamsche Bank*, Gravenstraat 26-30, www.dsbbank.sr Cash on Visa. *Surinaamse Postspaar Bank*, Heiligenweg near bus station. *Volks Crediet Bank*, Waterkant 104. All banks except *Finabank* are closed on Sat. Amex agent is C Kersten and Co, NV, in Kersten Travel building opposite *Hotel Krasnapolsky*, T477148. *Cambios* for exchange, open evenings and on Sat: *De Vries*, Waterkant 92-94; *Dallex*, Keizerstraat 8; *Surichange*, Dr Sophie Redmondstraat 71, *Yokohama Drive Through*, Saramaccastraat (open Sun); *Surora Drive Through*, Gravenstraat opposite 's Lands Hospitaal. There is also a *cambio* opposite *Hotel Torarica* (open Sun). **Embassies and consulates** Brazil, Maratakkastraat 2, T400200, F400205, brasaemb1@sr.net **British Honorary Consul**, c/o VSH United Buildings, PO Box 1300, Van't Hogerhuysstraat 9-11, T402870, F403515, united@sr.net **Canadian Honarary Consul**, Waterkant 90-94, T481222, F475718. **France**, Gravenstraat 5-7, T476455, F471208. **German Honorary Consul**, Maagdenstraat 46, T474380. **Guyana**, Gravenstraat 82, T477895, F472679, guyembassy@ sr.net **Israeli Honorary Consul**, Klipstenestraat 2-10, T411998, F471154. **Netherlands**, Roseveltkade 5, T477211, F477792, nlgovprm@ sr.net **USA**, Dr Sophie Redmondstraat 129, PO Box 1821, T472900, F420800, consul T425788, embsur@erols.com **Venezuela**, Gravenstraat 23-25, T475401, F475602, resvensu@sr.net

Directory

Accaribo resort, about one hour by car from the capital on the Suriname River, near the villages of La Vigilantia and Accaribo: seven rooms with bath, visit Amerindian settlement, pottery making, swimming in the river, Creole and Javanese cultures. **Powaka**, about 90 minutes outside the capital, is a primitive village of thatched huts but with electric light and a small church. In the surrounding forest one can pick mangoes and other exotic fruit. An interesting half, or full day excursion is to take minibus 4, or taxi, to **Leonsberg** on the Suriname River (*Stardust Hotel*, www-hotelstardust.com with mid-priced restaurant, coffee shop, swimming pool, games; restaurant *Rust Pelikan* on waterfront; at *Leonsberg* restaurant try *saoto* soup and other Javanese specialities, overlooking the river), then ferry to **Nieuw-Amsterdam**, the capital of the predominantly Javanese district of Commewijne. There is an open-air museum inside the old fortress which guarded the confluence of the Suriname and Commewijne rivers (badly rundown, open only in mornings except Friday, 1700-1900). There are some interesting old plantation mansions left in the Commewijne district. **Braamspunt**, a peninsula with nice beaches at the mouth of the Suriname River, is 10 km from Paramaribo. Boats from the Leonsberg scaffold go down river.

You can go by private car to **Jodensavanne** (Jews' Savanna, established 1639), south of Paramaribo on the opposite bank of the Suriname River, where a cemetery and the foundations of one of the oldest synagogues in the Western Hemisphere have been restored. There is no public transport and taxis won't go because of the bad road. It is still only 1½ hours with a suitable vehicle (see above for tours). There is a bridge across the Suriname River to Jodensavanne. **Blakawatra** is said to be one of the most beautiful spots in all Suriname (shame about the amount of rubbish strewn around). This was the scene of much fighting in the civil war. A full day trip to Jodensavanne and Blakawatra, returning to Paramaribo via Moengo, has been recommended if you can

Excursions

Guianas

arrange the transport. Bus to Blakawatra at 0800, three hours, Sf500. Some 5 km from the International Airport there is a resort called **Colakreek**, so named for the colour of the water, but good for swimming (busy at weekends), lifeguards, water bicycles, children's village, restaurant, bar, tents or huts for overnight stay, entry Sf500. The village Bersaba, 40 km from Paramaribo close to the road to the airport, is popular area for the Coropinakreek. Many people go there and the neighbouring village of Republiek at weekends and on holidays. At Bersaba are the fully-furnished **AL-B** *Hendrison Bungalows*, contact address Andresietsstraat 4, Paramaribo T/F457391 (Rodenryselaan 403, 3037 XG Rotterdam, T104-66414, F104-664132), www.hendrison.com

Approximately 30 km southwest of Paramaribo, via **Lelydorp** (*Hotel De Lely*, Sastrodisomoweg 41; *The Lely Hills* casino), is the Bush Negro village of **Santigron**, on the east bank of the Saramacca River. Minibuses leave Paramaribo at 0530 and 1500, two hours, Sf200. They return as soon as they drop off passengers in the village, so make sure you will have a bus to return on; there is no accommodation in Santigron. Nearby is the Amerindian village of **Pikin Poika**. The two make a good independent day trip. Tour agencies also visit the area about twice a month, including canoe rides on the Saramacca River and a Bush Negro dance performance.

By bus or car to **Afobakka**, where there is a large hydroelectric dam on the Suriname River. There is a government guest house (price includes three meals a day) in nearby **Brokopondo**. Victoria is an oil-palm plantation in the same area.

The hills of **Brownsberg National Park**, an hour by car from Brokopondo, overlook the Professor Dr Ir van Blommensteinmeer reservoir. It features good walking and three impressive waterfalls. ■ *US$1.20.* Stinasu run all-inclusive tours from Paramaribo (one and three-day tours, price includes transport, accommodation, food, and guide). Independent visits are possible. Buses for Brownsweg leave Paramaribo daily at 0800, two hours, rate not fixed. Go to Stinasu at least 24 hours in advance and pay for accommodation in their guest houses (US$35, or US$5 to camp) or to arrange for a vehicle to pick you up in Brownsweg (US$30). Take your own food.

Tukunari Island, in van Blommesteinmeer lake, is about three hours drive from Paramaribo to Brokopondo then a two hours canoe ride. The island is near the village of Lebi Doti, where Aucaner Maroons live. Tours with NV Mets include fishing, visits to villages, jungle treks and visits to rapids.

Raleighvallen/Voltzberg Nature Reserve (78,170 ha) is a rainforest park, southwest of Paramaribo, on the Coppename River. It includes Foengoe Island in the river and Voltzberg peak; climbing the mountain at sunrise is unforgettable. The reserve can be reached by air, or by road (180 km) followed by a 3-4 hour boat ride. This reserve has been joined with Tafelberg and Eilerts de Haan reserves to create the **Central Suriname Nature Reserve** (1.592 million ha – 9.7% of Suriname's total land area). The Reserve is now part of the Unesco's World Heritage List (www.unesco.org). New tourist facilities have been opened. Stinasu does a US$10 tour, or can arrange all-inclusive tours with accommodation, transport, food and guides. **Stoelmanseiland**, on the Lawa River in the interior, and the Maroon villages and rapids in the area can be visited on an organized tour. Price US$170 per person for three days (five persons, minimum). They are, however, more easily reached by river from St-Laurent du Maroni and Maripasoula in Guyane.

West of Paramaribo

A narrow but paved road leads through the citrus and vegetable growing areas of **Wanica** and **Saramaca**, linked by a bridge over the Saramaca River. At **Boskamp** (90 km from Paramaribo) is the Coppename River. The Coppename bridge crosses to **Jenny** on the west bank. The **Coppename Estuary** is a national park, protecting many bird colonies.

A further 50 km is **Totness**, where there was once a Scottish settlement. It is the largest village in the Coronie district, along the coast between Paramaribo and Nieuw-Nickerie on the Guyanese border. There is a good government guesthouse.

The road (bad, liable to flooding) leads through an extensive forest of coconut palms. Bus to Paramaribo at 0600. 40 km further west, 5 km south of the main road is **Wageningen**, a modern little town, the centre of the Suriname rice-growing area. The road from Nickerie has been renewed. One of the largest fully mechanized rice farms in the world is found here (*Hotel de Wereld*, T0251544). The **Bigi-Pan** area of mangroves is a birdwatchers' paradise; boats may be hired from local fishermen.

Situated on the south bank of the Nickerie River 5 km from its mouth, opposite Guyana, is the main town and port of the Nickerie district and is distinguished for its ricefields. It is a clean and ordered town, but there are a lot of mosquitoes. There are five banks on the park, R P Bharosstraat with Landingstraat, and at the corner of Gouverneurstraat and Oost-Kanaalstraat. *Finabank* is in the *Residence Inn Nickerie* building. Post and Telephone offices are on Oost-Kanaalstraat, between Gouverneurstraat and R P Bharosstraat. Business hours are 0700-1500, shops 0800-1300, 1600-1900. **NB** If phoning within town, omit 0 from prefix. ■ *For bus services, see under Paramaribo. The bus station is next to the market on G G Maynardstraat.*

Nieuw-Nickerie
Colour map 2, grid B4
Population: over 8,000
(district 45,000, mostly East Indian)
237 km from Paramaribo

A-B *Residence Inn*, R P Bharosstraat 84, PO Box 4330, T0210950/1, F0210954, www.metsresorts.com Best in town, prices higher at weekend, central, a/c, bath, hot water, TV, business centre with email (US$5 per hr), internet access (US$7 per hr), fax (US$0.35 national only), laundry, good restaurants (*De Palm* and *Café de Tropen*, both mid-range), bar. **C** *Ameerali*, Maynardstraat 32-36, T0231212, F31066. A/c, good, mid-priced restaurant/bar. **C** *De Vesting*, Balatastraat 6, T0231265. **E** *De President*, Gouverneurstraat. Cheaper without bath, a/c, good value. **F** *Tropical*, Gouverneurstraat 114, T231796. Noisy bar downstairs.

Sleeping & eating

Manoetje Tours, Crownstraat 11, Nieuw-Nickerie, T231991 (Hans Overeem). Boat tours to, among other places, Apura, Orealla, Corantijn.

Tour operators

Ferry to Moleson Creek (for Springlands) From South Drain (Suriname, 40 km from Nieuw-Nickerie) to Moleson/Crabwood Creek (Guyana). The 30-minute crossing is at 1000 only, US$8, cars US$15, pick ups US$20. T472447 to check if ferry is running on holidays. (Immigration forms are handed out on the boat.) Bus Paramaribo-South Drain: *Le Grand Baldew*, Tourtonnelaan 59, Paramaribo, T474713, F421164, www.baldew.com (can organize trips through to Georgetown, four hours, US$6-8, higher price at night, and Cayenne), Master Card accepted. Also *Lambada Bus Service*, Keizerstraat 162. T411073, for bus services to South Drain and Georgetown. *Bobby*, T491277/498583 (in Guyana: 222 9253/226 2189/222 6927). *Bin Laden*, T0-210944/0-8809271 (mob), (in Guyana: 264 2993/ 624 2411 mob). The illegal 'Back Track' speedboat runs from a point 10 minutes from town, by a café on the beach. Seek local advice before using this route.

  Apura on the Corantijn can be reached by sea-going vessels (**C** with three meals, advance booking from Paramaribo advisable, good). **Blanche Marie Falls**, 320 km from Paramaribo on the Apura road, is a popular destination. There is a guesthouse, **B** *Dubois*, contact Eldoradolaan 22, Paramaribo T476904/2. **Washabo** near Apura, which has an airstrip, is an Amerindian village. ■ *No public transport from Paramaribo to the Apura-Bakhuis area, but frequent charter flights to the Washabo airstrip. Irregular small boats from Apura to Nieuw-Nickerie and to Springlands (Guyana).*

Border with Guyana
Suriname is 1 hr ahead of Guyana

East of Paramaribo to Guyane

Eastern Suriname was the area most severely damaged during the civil war. A paved road connects Meerzorg (bridge across the river) with Albina, passing through the districts of Commewijne and Marowijne. There is little population or agriculture left here. **Moengo**, 160 km up the Cottica River from Paramaribo, was a bauxite mining and loading centre for Suralco. It can be reached by medium draught ships and by cars. The new bauxite mining centre is at Coermotibo, not far from Moengo.

Guianas

Two **nature reserves** are located on the northeast coast of Suriname. Known primarily as a major nesting site for sea turtles (five species including the huge leatherback turtle come ashore to lay their eggs), **Wia-Wia Nature Reserve** (36,000 ha) also has nesting grounds for some magnificent birds. The nesting activity of sea turtles is best observed April-July (July is a good month to visit as you can see adults coming ashore to lay eggs and hatchlings rushing to the sea at high tide). Since the beaches and consequently the turtles have shifted westwards out of the reserve, accommodation is now at **Matapica** beach, not in the reserve itself. (After a visit to the reserves send any comments to Stinasu. Your support is needed to keep the reserves functioning.)The SMS riverboat from Paramaribo stops at Alliance on its journey up the Commewijne River. You then transfer to a Stinasu motorboat for a one hour ride to Matapica. The motorboat costs US$50 for four people, round trip; a guide is the same price. Suitable waterproof clothing should be worn. Fishermen make the crossing for US$3-4. Book accommodation and boat through Stinasu or other agencies; keep your receipts or you will be refused entry. Early booking is essential. Stinasu has a lodge at Matapica. It can accommodate 8 people, facilities are basic and it costs US$53.

The **Galibi Nature Reserve**, where there are more turtle-nesting places, is near the mouth of the Marowijne River. There are Carib Indian villages. From Albina it is a 3 hour (including 30 minutes on the open sea) boat trip to Galibi. There is new tourist lodge here: it has cooking facilities, a refrigerator, rooms with shower and toilet, powered mostly by solar energy. Make arrangements through Stinasu who run all-inclusive, 4-day, 3-night tours (you can save money by taking your own food and public transport to the river to meet the motorboat). Galibi can be seen on the net at www.biotopic.demon.nl/suriname/suriname.htm

East of Moengo, the scars of war are most obvious. **Albina** is on the Marowijne River, the frontier with Guyane. Once a thriving, pleasant town and then a bombed-out wreck, it is now showing signs of recovery with new buildings, shops, a market and several restaurants. *The Creek Hotel* (eight rooms) is on the northern outskirts of town; the owner speaks English.

Border with Guyane Customs and immigration on both sides close at 1900, but in Albina staff usually leave by 1700. If you cross the river by *pirogue*, your documents won't be processed. This may lead to problems later. Be wary of local information on exchange rates and transport (both the ferry and buses to Paramaribo). Changing money on the Suriname side of the border is illegal; see **Currency**, page 1405. Suriname guilders are not recognized in Guyane; when crossing to Suriname, pay for the ferry in euros, or get the minivan driver to pay and he will stop at a cambio before reaching Paramaribo so you can change money and pay him. ■ *A passenger and vehicle ferry leaves Albina for St-Laurent du Maroni Mon, Thu, 0800, 1000, 1500, 1700, Tue, Wed, Sat, 0800, 1000, Sun 1630, 1700, 30 min voyage; the fare is US$4/ 3.50 pp, which is the same charged by pirogues, US$20 for cars. T475222 to check if ferry is running on holidays.If you daon't want to take a crowded minivan, or an expensive taxi (US$50) from Paramaribo, ask to join a Stinasu tour to Galibi to get to Albina.suriname: background*

Guyane

Essentials

Planning your trip

When to go
Best months to visit are between Aug-Nov
The climate is tropical with heavy rainfall. Average temperature at sea-level is 27° C, and fairly constant. Night and day temperatures vary more in the highlands. The rainy season is from Nov to Jul, with (sometimes) a dry interruption in Feb and Mar. The great rains begin in May.

Touching down

Business hours *Hours vary widely between different offices, shops and even between different branches of the same bank or supermarket. There seem to be different business hours for every day of the week, but they are usually posted. Most shops and offices*

close for a few hours around midday.
IDD *594. Equal tones separated by long pauses mean it's ringing. Equal tones with equal pauses mean it's engaged.*
Official time *Three hours behind GMT.*
Voltage *220 volts.*

The French Government tourist offices generally have leaflets on Guyane; also **Comité du Tourisme de la Guyane**, 1 rue Clapeyron, 75008 Paris, T33-1-4294 1516, F4294 1465, guyanaparis@wanadoo.fr In Guyane: **Comité du Tourisme de la Guyane**, 12 rue Lallouette, BP 801, 97338 Cayenne, T05-94-296500, F05-94-296501, ctginfo@tourisme-guyane.gf www.tourisme-guyane.gf **NB** The Amerindian villages in the Haut-Maroni and Haut-Oyapock areas may only be visited with permission from the Préfecture in Cayenne *before* arrival in Guyane. **Finding out more**

Tour operators A specialist travel agent in Paris is *Fleuves de Monde*, 17 rue de la Bûcherie, 75005 Paris, T44321285, www.fleuves-du-monde.com Other operators in France run tours.

Before you travel

Documents: Passports are not required by nationals of France and most French-speaking African countries carrying identity cards. For EU visitors, documents are the same as for Metropolitan France (that is no visa, no exit ticket required – check with a consulate in advance). No visa required for most nationalities (except for those of Brazil, Guyana, Suriname, some Eastern European countries, and Asian – not Japan – and other African countries) for a stay of up to three months, but an exit ticket out of the country is essential (a ticket out of one of the other Guianas is not sufficient); a deposit is required otherwise. If you stay more than three months, income tax clearance is required before leaving the country. A visa costs £15-22, or equivalent (US$22-30). **Getting in**

Vaccinations Inoculation against yellow-fever is obligatory for all and you may not be allowed to board your flight without a valid certificate. Protection against hepatitis B is advised. Tropical diseases, dysentery, malaria, etc, occur, but the country is fairly healthy. Malaria prophylaxis recommended.

Money The currency is the Euro. Take Euros with you; many banks do not offer exchange facilities and most places demand cash. A better rate can be obtained by using Visa or MasterCard (less common) to withdraw cash from any bank in Cayenne, Kourou and St-Laurent du Maroni. American Express, Eurocard and Carte Bleue cards are also accepted.

Air *Air France* flies daily direct to Cayenne from Paris Charles de Gaulle. It also flies from Pointe-à-Pitre (Guadeloupe), Fort-de-France (Martinique), Port-au-Prince (Haiti), Miami and Port of Spain (twice a week). *Surinam Airways* flies from Belém and Paramaribo twice a week. **Getting there**

Boat *Compagnie Général Maritime* runs a monthly passenger service to France via Martinique and a freight service every three months. To Brazil from St-Georges to Oiapoque, see text below.

Airport information Cayenne-Rochambeau (T353882/89) is 16 km from Cayenne, 20 minutes by taxi, and 67 km from Kourou (US$60-80). There is a cambio changing US dollars and Brazilian reais as well as Cirrus and Visa Plus cashpoints for withdrawing Euros. No public transport; only taxis (US$25 daytime, US$30 night, but you can probably bargain or share). The cheapest route to town is taxi to Matoury US$10, then bus to centre US$2. Cheapest method of return to airport is by collective taxi from corner of Avenue de la Liberté and rue Malouet to Matoury (10 km) for US$2.40, then hitch or walk. On departure at the airport, once through the gate, there are no facilities (no duty free, exchange or restaurant). **Touching down**

Guianas

Where to stay
For our hotel grade price guide, see inside front cover

Details of hotels are given in the text. The **Comité du Tourisme de la Guyane** (see Finding out more above) has addresses of furnished apartments for rent (*Locations Clévacances*) and *Gîtes*, which are categorized as *Gîtes d'Amazonie*, with accommodation in hammocks or *carbets* (imitation Amerindian huts), *Carbets d'Hôtes*, which include breakfast, and *Gîtes Panda Tropiques Label*, which are approved by the WWF.

Getting around

Air Internal air services are by *Air Guyane*. These flights are always heavily booked, so be prepared to wait, or write or telephone *Air Guyane*, address under Airline offices, Cayenne. There are daily connections to Maripasoula, at 0930 and 1430, Saül at 1200 and St-Georges at 0745 and 1430. Baggage allowance 10 kg. There are also helicopter companies providing domestic services.

Bus There is a lack of public transport.

Car/car hire Car hire can be a great convenience (there are 14 agencies in Cayenne; those at the airport open only for flight arrivals). *Avis, Budget* and *Hertz* have offices (see page 52 for websites). A local agency is *Jasmin*, T308490, www.jasminrent-a-car.gf All types of car available, from economy to luxury to pick-ups and jeeps. Cheapest rates are about US$25 a day, km extra, US$290 per week including km, insurance extra. Check insurance details carefully; the excess is very high. **Motorcycle hire** at Av Pasteur and Dr Gippet, from US$30-US$35 per day, also a good way to get around. Gasoline/petrol costs about US$0.85 a litre; diesel US$0.55 a litre. **Motoring**: There are no railways, and about 1,000 km of road. The main road, narrow, but now paved, runs for 130 km from Pointe Macouris, on the roadstead of Cayenne, to Iracoubo. Another 117 km takes it to Mana and St-Laurent. It also runs to Régina and Cacao, but the last stretch has rough patches. There are no formalities for bringing a private car across the Guyane-Suriname border. **Hitchhiking** Hitching is reported to be easy and widespread.

Ferry 1-3 ton boats which can be hauled over the rapids are used by the gold-seekers, the forest workers, and the rosewood establishments. Ferries are free. Trips by motor-canoe (*pirogue*) up-river from Cayenne into the jungle can be arranged.

Keeping in touch

The official language is French, with officials not usually speaking anything else. Créole is more commonly spoken

Internet There are cybercafés in Cayenne and many businesses have email. **Telephone services** International calls can be made direct to any country from any phone: dial 00 + country code. Public telephones are widely installed and used. They take phonecards of 50 or 120 units (about US$5.35 or US$12), which can be bought at tobacconists, bookshops or supermarkets. How to use the phone is displayed in each phone booth in French, English, Italian and Spanish. To call the USA, one unit buys 3.6 seconds, to EU 2.5 seconds; discounts at weekends and between 1700 and 0700. The system is totally interconnected with the French system. Communication radios, satellite and mobile phones (GSM) can be bought or hired from *Compu'Phone*, 38 Av Léopold Héder, T256200, F252001 or their branch at the airport. **Media Newspapers**: *La Presse de la Guyane* is the daily paper (circulation 1,500). *France-Guyane-Antilles* is a weekly newspaper with a good information page for the tourist.

Shopping

The best buys are handicrafts in wood in the Saramaca village (Kourou) and along the road in the west of the country, and in St-Laurent du Maroni; also white rum. Hmong embroidery is sold at Sunday markets in Cacao and Jahourey.

Holidays & festivals

Public holidays These are the same as in Metropolitan France, with the addition of *Slavery Day*, **10 June**. Carnaval (February or March). Although not as famous as those of its neighbours in Brazil or the Caribbean, Guyane's Carnaval is joyous and interesting. It is principally a Créole event, but there is some participation by all the different cultural groups in the department (best known are the contributions of the Brazilian and Haitian communities). Celebrations begin in January, with festivities every weekend, and culminate in colourful parades, music, and dance during the four days preceding Ash Wednesday. Each day has its own motif and the costumes are very elaborate. On Saturday night, a dance called 'Chez Nana – Au Soleil Levant' is held, for which the women disguise themselves beyond recognition as 'Touloulous', and ask the men to dance. They are not allowed to refuse. On Sunday there are parades in downtown Cayenne. Lundi Gras (Fat Monday) is the day to ridicule the institution of marriage, with mock wedding parties featuring men dressed as brides and women as grooms. 'Vaval', the devil and soul of Carnaval, appears on Mardi Gras (Fat Tuesday) with dancers sporting red costumes, horns, tails, pitch-forks, et cetera. He is burnt that night (in the form of a straw doll) on a large bonfire in the Place des Palmistes. Ash Wednesday is a time of sorrow, with participants in the final parades dressed in black and white.

Recommended specialist in tropical diseases, *Dr P Chesneau*, Place Europe, T321105, Kourou. **Health** Dentists: *R Fournier*, 115 Lot Moucayou, Matoury, T356499; J-P Brugerie, Impasse France Equinociale, Kourou, T321258. See also Health, in Essentials at the beginning of the book.

Cayenne

The capital and the chief port is on the island of Cayenne at the mouth of the Cayenne River. There is an interesting museum, the **Musée Départemental Franconie**, 1 rue de Rémire, near the Place de Palmistes, which contains quite a mixture of exhibits, from pickled snakes to the trunk of the 'late beloved twin-trunked palm' of the Place de Palmistes. There is a good entomological collection and excellent paintings of convict life. ■ *Mon and Wed 0800-1300, Tue and Fri 1500-1800, Thu 1030-1330, Sat 0830-1200, US$2.25, T295913*. Next door is the municipal library. **L'Orstom** (scientific research institute), Route de Montabo, has a research library and permanent exhibits on ecosystems and archaeological finds in Guyane. ■ *Mon and Fri 0700-1330, 1500-1800, Tue-Thu 0700-1300*. Also worth a visit are **La Crique**, the colourful but dangerous area around the Canal Laussat (built by Malouet in 1777); the Jesuit-built residence (circa 1890) of the Prefect (**L'Hôtel-de-Ville**) in the Place de Grenoble; the **Place des Amandiers** (also known as the **Place Auguste-Horth**) by the sea; the Place des Palmistes, with assorted palms; a swimming pool and five cinemas. The **fruit and vegetable market** on Monday, Wednesday, Friday and Saturday mornings has a Caribbean flavour, but it is expensive. There are bathing beaches (water rather muddy) around the island, the best is Montjoly, but watch out for sharks. Minibuses run from the terminal to

Population: 52,000-60,000 (est) 645 km from Georgetown (Guyana) 420 km from Paramaribo (Suriname) by sea Colour map 2, grid B6

Cayenne

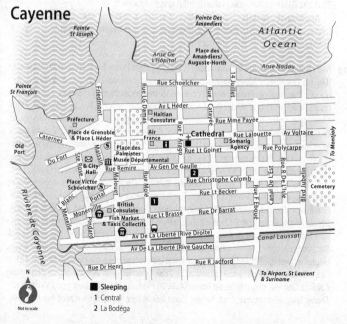

Sleeping
1 Central
2 La Bodéga

Not to scale

Rémire-Montjoly for beaches. They leave when full – check when the last one returns. There is a walking trail called '**Rorota**' which follows the coastline and can be reached from Montjoly or the Gosselin beaches. Another trail, '**Habitation Vidal**' in Rémire, passes through former sugar cane plantations and ends at the remains of 19th century sugar mills.

Some 43 km southwest of Cayenne is Montsinéry, with a zoo featuring Amazonian flora and fauna (open daily 1000-1900), an orchid and a walking trail, 'Bagne des Annamites', through remains of a camp where prisoners from Indochina were interned in the 1930s.

Ins & outs For detailed travel information see Transport, page 1421. **Tourist offices** Comité du Tourisme de la Guyane, 12 rue Lallouette, BP 801, 97300 Cayenne, T296500, F296501, ctginfo@tourisme-guyane.gf Open 0800-1200, 1500-1800.

Sleeping Most hotels do not add tax and service to their bill, but stick to prices posted outside or at the
■ *on map* desk. Bed and breakfast accommodation (gîte) is available for about US$60 a night (breakfast
Hotel rooms are included) – contact the tourist office for details. **AL** *Hotel des Amandiers*, Place
expensive – it is hard Auguste-Horth, T302600, F307484. A/c, excellent restaurant. **AL** *Best Western Amazonia*,
to find a room under 28 Av Gen de Gaulle,T310000, www.amazonia-hotel.com A/c, luggage stored, pool, central
US$40 a night double. location, good buffet breakfast extra. **A** *Central Hotel*, corner rue Molé and rue Becker,
Amex cards are T256565, centralhotel@wanadoo.fr Downtown, a/c, good value. **A-B** *La Bodéga*, 42 Av
often not accepted Gen de Gaulle, T302513, www.labodega.fr A/c or cheaper with fan and without bath, ham-
but Visa is OK mock space, noisy, central, snack bar. **B** *Ajoupa*, Route de Cabassou (Camp de Tigre), 2 km
from town, T303308, hotel.ajoupa@wanadoo.fr Helpful. **B** *Ket-Tai*, Av de la Liberté corner
Blvd Jubelin, T301100, F309976. Modern, a/c, reasonable, Chinese restaurant.

About 10 km from Cayenne in Rémire-Montjoly are: **A** *Beauregard*, Km 9.2 Route de Rémire, T354100, criccrac@nplus.gf Recommended for business visitors, pool, tennis, squash, sauna, *Cric-Crac* restaurant (see below) and nightclub. **A** *Motel du Lac*, T380800, F381034, Chemin Poupon, Route de Montjoly. Pool, bar, restaurant, good business hotel.

Near Matoury and the airport are: **A** *La Chaumiere*, Chemin de la Chaumière (off the road to Kourou), 97351 Matoury, T255701, lachaumiere@wanadoo.fr Set in gardens with thatched huts, restaurant, pool. **B** *Le Grillardin*, Km 6 Route de Matoury, 4 km from airport, T356390, F358605. A/c, good value, helpful, good restaurant.

Apartment rentals include: *Mme Castor*, 4 rue du Dr Gippet, T309180, Raymonde.CASTOR@wanadoo.fr A/c, from US$225 per week. *M Benoit*, 117 rue Ch Colomb, T314281. From US$185 per week.

Eating Main **hotels**: *Hostellerie 'Les Amandiers'*, Place Auguste-Horth. Excellent, French, expensive (US$38). *Cric-Crac* at *Motel Beauregard*, Créole cooking, lovely atmosphere. *Le Grillardin*, very good Créole cooking. **French and Créole**: *Au Vieux Genois*, 89 rue Christophe Colomb. Very good, French with local products, fish specialities, good business lunches. *La Caravelle*, 21 rue Christophe Colomb. French and Créole food *Le Vesuvio*, route Montabo. Very good. *Le Patriarche*, rues Voltaire and Samuel Lubin. Considered the best for French and regional food. Recommended. *Tournesol*, rue Lt Goinet. Real French food, fine wines, expensive. Highly recommended. *Paris-Cayenne*, 59 rue de Lalouette. French, very good, nice décor. **Others**: *Porta Verde*, 58 rue Lt Goinet. Brazilian buffet, US$12 per kg. Recommended. *La Baie des Iles*, Km 10 Route des Plages, Rémire-Montjoly, T386020. On the beach, good value seafood, 1000-midnight, closed Mon evening and Tue. Recommended. *Mille Pâtes*, 16 rue Felix Eboué. Good value. *Bar des Palmistes*, Place des Palmistes. Good daily menu, US$17, breakfast US$4. Central and spacious. *Fish & Chips*, 8 rue de Rémire. Good value and service, set meals at lunchtime (no fish and chips!). *Le Traiteur de la Fôret*, Blvd Jubelin. Friendly, good. *Marveen Snack Bar*, rue Christophe Colomb, near Canal de L'Est. Food and staff pleasant, the patrons are very helpful regarding air travel and excursions (the elder of the 2 is a pilot for the Guyane Flying Club). **Oriental**: *Ko Fei*, 18 rue Lalouette, T312888. Good Chinese. *Apsara*, 95 rue Christophe Colomb. Chinese, good value. *La Rose d'Asie*, 20 rue Samuel Lubin. Very good Vietnamese. *Thang-Long Vietnamese*, 1 rue Mentel. Good Vietnamese food. *Hindu-Creol*, rue J Catayée.

Guianas

Indian, good. Along the Canal Laussant there are Javanese snack bars; try *bami* (spicy noodles) or *saté* (barbecued meat in a spicy peanut sauce). Also along the canal are small, cheap Créole restaurants, not very clean. **Snacks etc**: Vans around Place des Palmistes in evenings sell cheap, filling sandwiches. *Delifrance*, Av de Gaulle at rue Catayée. Hot chocolate and croissants. *Le Snack Créole*, 17 rue Eboué. *Epi D'or*, Av Jubelin. Good sweets and cakes. Recommended. Food is about 38% more expensive than Metropolitan France: it is hard to find a meal for under US$7.50 (small Chinese restaurants charge US$7.50-12 for a full meal).

Pacha Club, 45 Av Gen de Gaulle (above Maracana Sport). Bar from 1700, disco from 2300 (US$15 entry) is particularly good for Zouk. *Acropolys*, Route de Cabassou, 3 km from town. Nightclub with international music, US$15 entry. *Harry's Bar*, 20 rue Rouget de l'Isle. Jazz, blues, Latin music and large selection of whiskies. **Bars & clubs**

Bookshops: *Librairie AJC*, 31 Blvd Jubelin, has an excellent stock of books and maps on Guyane (in French). There is a branch in *Drugstore des Palmistes*, Place des Palmistes. **Shopping**

JAL Voyages, 26 Av Gen de Gaulle, BP 1102-97344, T316820, F301101, www.jal-voyages.com For a wide range of tours on the Mahury, Mana, Approuague rivers, on a houseboat on the Kaw marshes (US$85, very good accommodation, food and birdwatching) and to Devil's Island. Recommended. *Agence Sainte-Claire*, 8 rue de Rémire, T300038, F300682, for travel outside Guyane (including charters to Caracas and Cuba). *Somarig*, 32 rue Lalouette, T302980, F305766, is good for South American and European airline tickets. It also sells boat tickets to Ile Royale as well as meal tickets for the Auberge, which are recommended. *Takari Tour*, 8 rue du Capitaine Bernard, BP 051397332, T311960, F315470, www.takaritour.gf Recommended for inland tours. Look under Tours Opérateurs on www.tourisme-guyane.gf for listings of French and local tour operators. **Tour operators**

Buses Bus terminal at corner of rue Molé and Av de la Liberté. Regular urban services run by *SMTC*, Place du Marché, T302100, Mon-Fri 0800-1200, 1500-1700. The only westbound bus is run by *Ruffinel & Cie*, 8 Av Galmot, T312666, as far as Kourou (US$12) leaves 0530 (not Sun). Minibuses to St-Laurent du Maroni leave when full from the terminal, 0400-1200, 3 hrs, US$27. Service to **Mana** Mon and Thu only. To Kaw, Wed. Otherwise transport is by shared taxis (collectifs), which leave from the *gare routière* by the Canal Laussat early in the morning (Kourou US$12, St Laurent US$30-38). Other taxis can be found at the stand on Place des Palmistes, at the corner of Av Gen de Gaulle and Molé. **Transport**

Airline offices *Air France*, 17-19 rue Lalouette, BP 33, Cayenne, T298787, F298790. *Air Guyane*, 2 rue Lalouette, 97300 Cayenne, T293630, F293631. *Surinam Airways*, 15 rue Louis Blanc, T293001, F305786. **Banks** *Banque Nationale de Paris-Guyane (BNPG)*, 2 Place Schoelcher; no exchange facilities on Sat. *Banque Française Commerciale (BFC)*, 2 Place des Palmistes (best bank exchange rates). *Crédit Populaire Guyanais*, 93 rue Lalouette. Most banks have ATMs for cash withdrawals on Visa, sometimes MasterCard, never Amex. *Banque Populaire*, 5 Av Gen de Gaulle, Cirrus/MasterCard ATM. *Crédit Mutuel*, 13 rue Léon Damas, Visa/Plus and Cirrus/MasterCard ATM. *Cambio Caraïbe*, Av Gen de Gaulle near Catayée (best rates for US$). *Guyane Change*, Av Gen de Gaulle near rue F Eboué. The Post Office exchanges cash and TCs at good rates, but complicated and time-consuming. There is an exchange facility at the airport (see Airport information, above). Central drugstore may help when banks are closed. Almost impossible to change dollars outside Cayenne or Kourou. **Communications** Internet: *Cybercafé des Palmistes*, 1 Av Gen de Gaulle, US$15 per hr. **Post Office**: Route de Baduel, 2 km out from town (US$2.25 by taxi or 20 mins on foot), crowded. Poste Restante letters are only kept for 2 weeks maximum. Also Poste Cayenne Cépéron, Place L Héder. **Embassies and consulates** British (Honorary), Mr Nouh-Chaia, 16 Ave Monnerville (BP 664, Cayenne 97300), T311034, F304094. Brazilian, 444 chemin St Antoine, T296010, www.nplus.gf/~cbrascay Dutch (Honorary), Batiment Sogudem, Port de Dégrad des Cannes, BP139, Cayenne 97323, T354931, F354671. Haitian, 12 rue L Héder, at corner of Place des Palmistes, T311858, F312065, closed Sat. Suriname, 3 Ave L Héder, T282160, F317645, Mon-Fri 0900-1200. For USA and Canada, apply to embassies/consulates in Paramaribo, Suriname. **Directory**

Guianas

West to Suriname

Kourou
Population: 20,000
56 km W of Cayenne
Colour map 2, grid B6

This is where the main French space centre (Centre Spatial Guyanais), used for the European Space Agency's Ariane programme, is located. It is referred to by the Guyanais as 'white city' because of the number of metropolitan French families living there. Tourist attractions include bathing, fishing, sporting and aero club, and a variety of organized excursions. The tourist office is *Syndicat d'Initiative de Kourou*, T324884.

Websites: Centre
National d'Études
Spatiales, www.cnes.fr
Agence Spatiale
Européenne,
www.esa.int/
education
Ariane,
www.arianespace.com

The space centre occupies an area of about 4 km deep along some 30 km of coast, bisected by the Kourou River. Public guided tours are given Monday-Thursday at 0745 and 1300 (Friday 0745 only). Tours are free and last 3½ hours; children younger than eight are not admitted. Advance reservations must be made several days beforehand, T326123, F321745, Monday-Friday 0800-1200. No tours during a launch or on the days before or after. The Musée de l'Espace, T335384, can be visited without reservation, open Monday-Friday 0800-1800, Saturday 1400-1800, US$7.15. No public transport, take a taxi or hitch. To watch a launch you must write to CNES – Centre Spatial Guyanais, Relations Publiques, BP 726, 97387 Kourou Cedex, T334200, F334719, saying you want to attend; phone or fax to find out when launches take place, or visit Centre Spatial Guyanais website, www.csg.spatial.tm.fr Supply full names and ID; ask for your invitation from Centre d'acceuil du CSG, or Syndicat d'Initiative de Cayenne, 7 Avenue G Monnerville, 97300 Cayenne (T324884). Invitations must be collected 2-3 days before the launch; if you hear nothing, it's probably full, but you can try wait-listing (arrive early). There are five viewing sites: Toucan (for VIPs, but wait-listing, or enquiries, possible), Kikiwi, Colibri (both good), Agami (OK) and Ibis (not recommended). Alternatively, you can watch the launch for free, from 10 km, at Montagne Carapa at Pariacabo.

Sleeping
All hotels are
overbooked and
raise their prices when
there is an Ariane
rocket launch (about
once a month)

L *Mercure Ariatel*, Av de St-Exupéry, Lac Bois Diable, T328900, h1592@accor-hotels.com Good restaurant and pool with snack bar. **AL** *Hôtel des Roches*, Pointe des Roches, T320066, F320328. Fair, a/c, includes breakfast, pool with bar, beach, restaurant, cybercafé. **AL** *Mercure Inn Atlantis*, near Lac Bois Diable, T321300, h1538@accor-hotels.com A/c, modern, pool, good restaurant, best value for business visitors. **A** *Les Jardins D'Hermes*, 56 rue Duchesne, T324206, F325208, in heart of old Kourou. A/c, modern, good, restaurant. **B** *Ballahou*, 2-3 rue Amet Martial, T220022. A/c, TV, nice, modern, good restaurant. At Km 17.5 south of Kourou on the Saramaca road is *Les Maripas*, tourist camp, T325548, F323660. River and overland excursions, **D** for tent, book at Guyane Excursion, 7 quartier Simarouba, near *Restaurant Saramaca*.

Eating

Many, especially on Av Gen de Gaulle, offer US$10 menu (Créole or Chinese) including *Le Catouri, Cachiri Combo* (No 3, T324464, also has basic rooms, **C**). *La Grillade*, Av Berlioz. *L'Enfer Vert*, Av G Monnerville. *Le Paradisier* in *Hotel des Roches* (see above). *L'Hydromel*, rue Raymond Cresson. Good pancakes. *Le Provence*, 11 passage G Monnerville. Best French, expensive. *Ballahou* (see Hotels), best for fish and seafood (try *Guyabaisse*). Pizza at *Le Valentino*, 4 place Galilé. Pizzas, seafood Fri. *Le Saramaca*, place du Marché. *La Pirogue*, Quartier de l'Europe, 20 m from post office. At US$10 good value. In same area, *Le Citron Vert, Le Moaï, Le Roc, Le Gourbi, Viet Nam, Le Colibri* (good chicken) and *Bar des Sports* (beside Post Office, US$7.50). Many cheap Chinese (also takeaway): *Le Chinatown*, rue Duchesne. Recommended. *Kong Loong*, rue du Levant. Many vans sell sandwiches filled with Créole food, good. *Le Glacier des 2 Lacs*, 68 ave des 2 Lacs. Ice cream, cakes, teas, very good.

Bar & clubs

Bars *La Nouvelle Dimension* (Créole and European style). *American Bar* in *Hotel des Roches* (see Hotels). *Le Forban*, rue Dreyfus, district 205, worth seeing the murals (also for the lonely, many young Brazilian women). **Clubs** *3ème Dimension* (Créole style), *Le Vieux Montmartre*, both on de Gaulle. *Clibertown*, quartier de l'Anse, very good.

Tour operators

Espace Amazonie, 7 Centre Commercial Simarouba, T323430, www.espace-amazonie.com *Guyanespace Voyages*, A Hector Berlioz, T223101, www.guyanespace.com

Guianas

Transport

Taxi US$10, Lopez T320560, Gilles TT320307, Kourou T321444. To **Cayenne**, bus leaves Shell service station, corner Av de France, Av Vermont Polycarpe. *Taxis collectifs*, 0600, 0630, 0700, 1330, US$12 to Cayenne. Taxi to Cayenne or airport, US$60 (US$85 at night). To St-Laurent du Maroni US$27 by *taxi collectif* (irregular) or by minibus from Shell station.

Directory Several **banks** in town, including*Banque National de Paris Guyane*, near the Mairie. **Communications** Post Office: Ave des Frères Kennedy.

Iles du Salut

The **Iles du Salut** (many visitors at weekends), opposite Kourou, include the Ile Royale, the Ile Saint-Joseph, and the Ile du Diable. They were the scene of the notorious convict settlement built in 1852; the last prisoners left in 1953.One of their most famous residents was Henri Charrière, who eventually made a miraculous escape to Venezuela. He later recounted the horrors of the penal colony and his hair-raising escape attempts in his book *Papillon*. There is a museum in the Commander's House on Ile Royale; brochures for sale. The Ile du Diable ('Devil's Island'), a rocky palm-covered islet almost inaccessible from the sea, was where political prisoners, including Alfred Dreyfus, were held. There is a 60-bed hotel on Ile Royale, **A** *Auberge Iles du Salut* (postal address BP 324, 97378 Kourou, T321100, F324223), **AL** full board, also hammock space US$20 per person; former guard's bungalow, main meals (excellent), minimum US$36, breakfast US$6; gift shop with high prices (especially when a cruise ship is in), good English guide book for sale. Camping is possible, but suitable sites are limited (try the northeastern end of Ile Royale), the strong-hearted may try the old prison barracks; take food and water (you can also sling a hammock in the open, take a plastic sheet to protect yourself from morning mist); bread and water (check bottle is sealed) can be bought from the hotel stall. You can see monkeys, agoutis, turtles, hummingbirds and macaws, and there are many coconut palms. Take a torch for visiting the ruins. Paintings of prison life are on show in the tiny church. Visit the children's graveyard, hospital, mental asylum and death cells. These, and the church, are not always open. Little is being done to stop the deterioration of the buildings. Guided tours, in French, are given three times a week.

Transport

Boat from Kourou's port at the end of Av Gen de Gaulle, 4 km from the old centre US$53 return (children under 12 half price), leaves 0800 daily, returns from island at 1700 (book in advance, T320995/321100), additional sailing Sat and in high season, 1½-2 hr each way. Advance bookings are imperative in Jul and Aug. Tickets may be obtained from *Somarig Voyages*, address under Cayenne **Tour operators**; *Air Guyane Voyages*, 2 rue Lalouette, T317200; in Kourou from au Carbet des Roches, cash only. Getting back to Cayenne late in the afternoon after the boat docks may be a problem if you don't have your own transport: ask other tourists for a lift. There are no regular boats from Ile Royale to Ile Saint-Joseph, which is wilder and more beautiful, with a small beach (this island had solitary-confinement cells and the warders' graveyard). It may be possible to hire a private boat at the ferry dock, or ask for James on the Kourou-Ile Royale ferry. There are no sailings between Ile Royale and Ile du Diable by law.

Sinnamary & St-Laurent du Maroni

Between Kourou and Iracoubo, on the road west to St-Laurent, is **Sinnamary** (116 km from Cayenne), a pleasant town where Galibi Indians at a mission make artificial flowers from feathers, for sale to tourists. Scarlet ibis can be seen in numbers on the Sinnamary estuary at Iracoubo. (Tours at 1500, T345310, Amoida Georges, US$16.50.) Also at Iracoubo is a pretty church with paintings by a convict. *Chez Floria*, 14 rue Ronda Silva, T346385, F326378, furnished rooms.

St-Laurent du Maroni (*population* 25,000), formerly a penal transportation camp, is now a quiet colonial town 250 km from Cayenne on the river Maroni, bordering Suriname. It can be visited as a day tour from Cayenne if you hire a car. The old Camp de Transportation (the original penal centre) can be wandered round at will, but a guide is needed to enter the cells (an absolute must if visiting the country). Guided tours of Les Bagnes (prison camps) Monday-Saturday 0800, 0930, 1100, 1500, 1630, Sunday and holidays 0930-1100, chilling, buy tickets from tourist office here, US$4.65.

Guianas

Sleeping **Sinnamary**: **AL** *Hôtel du Fleuve*, 11 rue Léon Mine, T345400, www.hoteldufleuve.com Gardens, restaurant, internet access, pool, expensive. *Restaurant Madras*, good Créole; ask for *Gaya Baru*, Indonesian restaurant in an Indonesian village. Wood carvings and jewellery are on sale here and the workshops can be visited. There are 3-5 day excursions up the Sinnamarie River. **St-Laurent**: **AL** *Le Relais des 3 Lacs*, 19-23 Domaine du Lac Bleu, T340505, 23lacs@nplus.gf A/c, cheaper with fan, shuttle to town centre, restaurant, gardens, pool. **A** *La Tentiaire*, 12 Av Franklin Roosevelt, T342600, rioual.robert@wanadoo.fr A/c, the best, breakfast extra, phone, pool, secure parking. **B** *Chez Julienne*, rue Gaston Monnerville, T341153. A/c, TV, shower, good. **B** *Star Hotel*, 109 rue Thiers, T341084. A/c, pool, cheaper rooms poor value, run down, cheap restaurant. In the countryside not far from St-Laurent is **B** *Auberge Bois Diable*, PK8 Acarouany, T/F341935. 1 bedroom, hammock space US$7, meals US$16, breakfast US$4, good food, hospitable, tours arranged, a good place to stay for walking, or for trips to see turtles at Les Hattes (see below).

Eating **St-Laurent**: *Restaurants Vietnam* and *La Goelette*, T342897, are recommended. The latter is French/Brazilian, closed Sun evening, Mon, also has kayak and canoe tours. *Loe*, near hospital, Créole, excellent. Many cheap Chinese. **Bars** *Jean Solis*, opposite Catholic church.

Tour operators *Ouest Guyane*, 10 rue Féliz Eboué, T344444, F344446, ouestguyane@ wanadoo.fr

Transport Minibuses to Cayenne meet the ferry from Suriname, leaving when full from rue du Port, 3 hrs (maybe not until 1830 or 1900), US$27. Ask the minibus at rue du Port to pick up your luggage from your hotel. *Taxis collectifs* to and from Cayenne, 8 people, US$27 a head, 3½ hr trip. Freight *pirogues* sometimes take passengers inland along the Maroni River; alternatively a group can hire a *pirogue* at about US$200 a day.

Directory **Banks** *BFC*, 11 Av Félix Eboué, open Tue-Fri, Sat morning. *Cambio COP*, 19 rue Montravel, near BNP, T343823, changes Euros and Suriname guilders, dollars. **Tourist office** *Office du Tourisme*, 1 esplanade Laurent Baudin, 97393 St-Laurent du Maroni, T342398, F342883, www.97320.com Mon-Fri 0730-1800, Sat 0800-1300, 1500-1800, Sun 0900-1300.

Border with Suriname

Make sure you obtain proper entry stamps from immigration, not the police, to avoid problems when leaving. Customs and immigration close at 1900. There are many aggressive exchange touts on the St-Laurent and Albina piers. It is best to change money in the Village Chinois in St-Laurent (dangerous area); although rates are lower than in Paramaribo, it is illegal to change money in Albina. Beware theft at St-Laurent's black market. ■ *Ferry for vehicles and passengers to Albina Mon, Thu, 0700, 0900, 1400, 1600, Tue, Wed, Sat 0700, 0900, Sun, 1530, 1600, 30 mins. Passengers US$4/ 3.50 one-way, car US$20 one-way. Speedboats US$3.50-US$4.75. Minibuses and taxis for Paramaribo meet the Albina ferry.*

About 3 km from St-Laurent, along the Paul Isnard road, is Saint-Maurice, where the rum distillery of the same name can be visited, Monday-Friday 0730-1130. At Km 70 on the same dirt road is access to **Voltaire Falls**, 1½ hours walk from the road (**A** pp *Auberge des Chutes Voltaires*, T00-874-762-945-774 satellite 1300-1600, 1900-2200; also hammock space US$11, meals extra). 7 km south of St-Laurent on the road to St-Jean du Maroni is the Amerindian village of **Terre Rouge**; canoes can be hired for day trips up the Maroni River (see Maripasoula below). These can be arranged with *Youkaliba (Maroni) Expeditions*, 3 rue Simon, T341645/312398. For example one-night trip to Apatou, US$140; to Saut Anana on Mana River, 10 days, US$655.

Some 40 km north of St-Laurent du Maroni is **Mana**, a delightful town with rustic architecture near the coast (nuns next to the church rent beds and hammocks, US$8, clean and simple, T348270, F348415, Communauté des Soeurs de St-Joseph de Cluny, 1 rue Bourguignon; **C** *Le Bougainvillier*, 3 rue des Frères, T348062, F348295, a/c, **D** with shared bath; *Gîte Angoulême*, Mme Maryse Buira, PK 206/207 RN1 Saut Sabbat, T346496, F348688, beside the river Mana, hammock space US$7.15, gîte **L** for weekend, breakfast US$5). 20 km west of Mana following the river along a single track access road is **Les Hattes**, or Yalimapo, an Amerindian village (three *gîtes*, all **C**: *Chez Jeanne*, T342982, F342071; *Chez Judith et Denis*, T342438; *Pointe les Hattes, chez Joseph*, T343806; restaurant *Au Paradis des Acajous*; Indian restaurant near beach). About 4 km further on is Les Hattes beach where leatherback turtles lay their eggs at night; season April-August with May-June peak. No public transport to Les Hattes and its beach, but hitching possible at weekends; take food and water and mosquito repellent. Despite the dryish climate Mana is a malaria region. The freshwater of the Maroni and Mana rivers makes sea bathing pleasant. It is very quiet during the week.

Aouara, or Awala, an Amerindian village with hammock places, is 16 km west of Les Hattes. It also has a beach where leatherback turtles lay their eggs; they take about three hours over it. Take mosquito nets, hammock and insect repellent.

Transport There are daily flights from Cayenne to **Maripasoula**; details in Air transport, page 1418, local office T372141 (**C** *Chez Dedè*, Av Leonard, T/F372074, US$4.50 for breakfast; **AL** *Campement Touristique de Saut Sonnelle*, 48 rue Madame Payé, T314945, full board). It is up the Maroni from St-Laurent (2-4 day journey up river in *pirogue*). There may be freight canoes which take passengers (US$40) or private boats (US$150) which leave from St-Laurent; 5-6 day tours and other options with *Takari Tour* or other tour operators in Cayenne. Maripasoula has 5,000 inhabitants in town and its surroundings. Many bush negros live here.

Saül This remote gold-mining settlement in the 'massif central' is the geographical centre of Guyane. The main attractions are for the nature-loving tourist. Beautiful undisturbed tropical forests are accessible by a very well-maintained system of 90 km of marked trails, including several circular routes. The place has running water, a radio-telephone, and electricity. Ten-day expeditions are run by Christian Ball, '*Vie Sauvage*', 97314 Saül, US$86 (30% in advance) per day with meals, maps of local trails provided, own hammock and bedding useful but not essential. It can be cold at night. Another fascinating overland route goes from Roura (see below) up the Comte River to Belizon, followed by a 14-16-day trek through the jungle to Saül, visiting many villages en route, guide recommended. **E** per person *Larozaly*, a tourist camp in Saül, has running water, solar electricity, cooking facilities, and is a good place to stay. Meals are arranged by the *mairée* at *Restaurant Pinot*. Two markets sell food. 7 km north of Saül on foot is *Les Eaux Claires – Horizons Secrets*, tourist camp, T415379, **AL** full board, **C** in hammock including breakfast and dinner (drinks extra).

Transport Air service with *Air Guyane* from Cayenne or via Maripasoula (see Air transport, above; local office T309111). Try at airport even if flight said to be full. By *pirogue* from Mana up Mana River, 9-12 days, then 1 day's walk to Saül, or from St-Laurent via Maripasoula along Moroni and Inini rivers, 15 days and 1 day's walk to Saül, both routes expensive.

Southeast to Brazil

About 28 km southeast of Cayenne is the small town of **Roura**, which has an interesting church. An excursion may be made to the Fourgassier Falls several kilometres away (*L'Auberge des Cascades*, excellent restaurant). From Cayenne the road crosses a new bridge over the Comte River. Excursions can be arranged along the Comte River. For information about the area contact the *Syndicat D'Initiative de Roura*, T311104. Nearby is Dacca, a Laotian village, which has *La Crique Gabrielle*, T/F280104, a restaurant which also has rooms.

From Roura a paved road, RD06, runs southeast towards the village of Kaw. 29 km from Roura is **C** *Auberge du Camp Caïman* (tourist camp, **F** to hang hammock), T376034, tours arranged to watch caiman in the swamps. At Km 36 from Cayenne is the **C** *Hotel Relais de Patawa* (T280395), or sling your hammock for US$4, cheaper rates for longer stays, highly recommended. The owners, M and Mme Baloup, who are entomologists, will show you their collection, take you on guided tours of local sights and introduce you to their pet anaconda and boa constrictors. **Kaw** is on an island amid swamps which are home to much rare wildlife including caimans. The village is reached from where the Roura road ends at the river at Approuague. Basic accommodation available; *Jacana Tour*, T380795, excursions by day or night on the river; take insect repellent.

At Km 53 on another road southeast to Régina is the turn-off to **Cacao** (a further 13 km), a small, quiet village, where Hmong refugees from Laos are settled; they are farmers and produce fine traditional handicrafts. The main attraction is the Sunday morning market with local produce, Laotian food, embroidery. **C** *Restaurant La Lan*, one room, good value, good food; M Levessier, T305122, has hammocks, **E**. Best restaurant is *Chez By et David*, Laotian food; also good is *Degrad Cacao*. Canoe and kayak rental behind the *Degrad Cacao*, US$2.50 per hour, US$8.50 per day, good wildlife trips upriver. Minibus from Cayenne, Monday 1200; Friday 1800, return Monday 0730, Friday 1400. Halfway along the side road is the *Belle Vue* restaurant, which lives up to its name, because of the superb view over the tropical forest; the restaurant is open at weekends. Consult the Comité du Tourisme de la Guyane for *gîtes* in the area.

Southwest of Kaw on the river Approuague is **Régina**, linked with Cayenne by a paved road. A good trip is on the river to Athanase with G Frétique, T304551. An unmade road, built by the French army, runs from Régina to St-Georges de l'Oyapock (difficult during the rainy season).

Border with Brazil   **St-Georges de l'Oyapock**, with its small detachment of the French Foreign Legion who parade on Bastille Day, is 15 minutes down river from Oiapoque in Brazil, US$4 per person by motorized canoe, bargain for a return fare. The tourist office is in the library to the left of the town hall. Thierry Beltran, Rue Henri Sulny, T370259, offers guided river and forest tours. A pleasant day trip is to the **Saut Maripa** rapids (not very impressive with high water), located about 30 minutes upstream along the Oiapock River, past the Brazilian towns of Oiapoque and Clevelândia do Norte. Hire a motorized *pirogue* (canoe) to take you to a landing downstream from the rapids. Then walk along the trolley track (used to move heavy goods around the rapids) for 20 minutes to the rundown huts by the rapids (popular and noisy at weekends). There are more rapids further upstream on the way to Camopi.

Immigration (*gendarmerie*) for entry/exit stamps at eastern end of town, follow signs, open daily 0700-1200, 1500-1800 (often not open after early morning on Sunday, in which case try the police at the airport); French and Portuguese spoken. One of the Livre Service supermarkets and *Hotel Chez Modestine* will sometimes change dollars cash into euros at poor rates; if entering the country here, change money before arriving in St-Georges. Brazilian currency is accepted in shops at poor rates.

Sleeping   **B** *Caz Cale*, rue E Elfort, 1 street back from the riverfront, just east of the main square, T/F370054. A/c, cheaper with fan. **B** *Chez Modestine*, on the main square, T370013, F370214. A/c or fan, restaurant. **C** *Le Tamarin*, rue Joseph Léandre, on the riverfront near the main square, T370884. With bath, fan, bar and restaurant. There are also bars, restaurants, supermarkets with French specialities, post office and public telephones which take phonecards

Transport   There are no passenger services by boat from St-Georges to Cayenne. Other than driving on the unmade road from Regina, flying is the only option. For *Air Guyane* flights to Cayenne see Air transport in Essentials. *Air Guyane* office at airport open 0700-0730, 1400-1430 for check in, open 0800-1100 for reservations, T/F370360. Flights are fully booked several days in advance; you must check in at stated times. Extra flights are sometimes added. The police check that those boarding flights who have arrived from Brazil have obtained their entry stamp; also thorough baggage search.

Falkland Islands/Islas Malvinas

Essentials

Where to go
In accordance with the practice suggested by the UN, we are calling the islands by both their English and Spanish names

These remote South Atlantic outposts, where there are more penguins than people, are the only part of South America where UK sterling is the currency, and the British monarch's head appears on the stamps. Windswept they may be, but the islands are a haven for wildlife and a paradise for those who wish to see it: albatross nest in the tussac grass, sea lions breed on the beaches and Orca whales cruise off the coast. About 640 km (400 miles) east of the South American mainland, the Falklands Islands/Islas Malvinas are made up of two large islands, surrounded by hundreds of smaller ones. For anyone interested in marine mammals and birdlife, this is the place to go. The islands' remoteness adds to the charm of being able to see elephant seals, dolphins, whales, albatross and, above all, penguins at close range. There are said to be 494,500 breeding pairs of five types of penguin here (that's about 415 birds per human inhabitant). The capital, Stanley, is a small, modern town, with reminders of its seafaring past in the hulks of sailing ships in the bay. To visit the camp, as the land outside Stanley is known, four-wheel-drive vehicles make tours, or you can fly to farming outposts for warm hospitality, huge skies and unparalleled nature watching.

When to go
Best months to visit are Oct-Mar. Wind-protective clothing is recommended. Sunblock is essential. Lipsalve recommended

Although the *Sunday Express* once referred to a mutton freezer in the Falklands as a Colonial Development project near the South Pole (8 March 1953), the Islands are in the same latitude south as London is north. The climate is cool and oceanic, dominated by persistent westerly winds which average 16 knots. Long periods of calm are rare except in winter. Though not always inclement, weather is very changeable but temperatures vary relatively little. At Stanley, the capital, the mean temperature in summer (Jan/Feb) is 10° C and in winter (Jun/Jul) 3° C. Stanley's annual rainfall of about 600 mm is slightly higher than London's. In the drier camp, outside Stanley, summer drought sometimes threatens local water supplies. Snowfall is rare although a dusting may occur at any time of the year. Spring, autumn and winter clothing, as used in the UK, is suitable.

Before you travel

Getting in All travellers must have full passports to visit the Falkland Islands/Islas Malvinas. Citizens of the European Union, the Commonwealth, USA, Argentina and other Mercosur countries, Andorra, Cyprus, Finland, Iceland, Israel, Japan, Republic of Korea, Liechtenstein, Norway, San Marino, Sweden, Switzerland and the Vatican are permitted to visit the islands without a visa, as are holders of UN and International Committee of the Red Cross passports. Other nationals should apply for a visa from *Falkland House* in London (see Getting there, below), the Immigration Department in Stanley (see Stanley, Useful addresses), or a British Embassy or Consulate. All visitors require a one-month visitor permit, normally provided on arrival upon presentation of a return ticket. Visitors are also asked to have pre-booked accommodation and sufficient funds to cover their stay. Work permits are not available. Do not stay beyond the valid period of your visa without applying to the Immigration Office for an extension.

Money Currency: The local pound (£) is on a par with sterling. Local notes and coins. UK notes and coins are also legal tender. Currency from Ascension Island, where the RAF Tri-Star stops for refuelling, or Santa Helena, is not accepted, nor are Falklands notes or coins legal in the UK. Foreign currency, including euros, may be changed at *Standard Chartered Bank*, Ross Road, Stanley, but while some establishments accept US dollars non-British visitors are advised to bring only pounds sterling cash or travellers' cheques as exchange rates are poor (UK cheques can be cashed here up to the value of guarantee card, £2 commission). Visa and MasterCard credit cards are widely accepted in Stanley. American Express and Diners Club are accepted in very few places. There are no ATMs on the islands.

Cost of living About the same as in Britain. Freight adds to the price of imported groceries. Since the construction of a hydroponic market garden near Stanley, fresh produce such as lettuce, tomatoes and aubergines are available year-round. There is no value added tax; only tobacco, wine, spirits and beer pay import duty. Small luxury goods on which freight is correspondingly low are sometimes cheaper than in the UK.

Falkland Islands

Getting there **Air** Flights from Santiago, via Puerto Montt and Punta Arenas with *LanChile* go every Saturday and, once a month, stop at Río Gallegos in Argentina on both the outward and return flight. 2003 fares: return from Santiago US$760, Puerto Montt US$700, Punta Arenas US$580. Package tours from the UK via Santiago are available for £922 via Madrid and Santiago.

The RAF usually operates six-seven Tri-Star flights a month from Brize Norton, Oxfordshire, to Mount Pleasant airport. The fare is £2,552 return, but there are also cheaper APEX (£1,568) and group rates (£1,322 for six or more). Falkland Islands residents receive a discount (£1,100). All flights are subject to £20 tax (cash only). Confirm your seat 12 hours before departure to avoid disappointment from overbooking or lost reservations. Flight time is 18 hours, but diversions to Montevideo owing to bad weather are not uncommon. Enquiries about passages can be addressed to Travel Co-ordinator, **Falkland Islands Government London Office**, Falkland House, 14 Broadway, Westminster, London SW1H 0BH. T020-7222 2542, F7222 2375, travel@horizon.co.fk or visit www.falklands.gov.fk The **Falkland Islands Tourist Board** (same address and phone number) answers enquiries about the islands themselves and gives information on organized tours; www.tourism.org.fk

Boat Cruise ships from Europe and the USA visit the islands; a full list is given on www.tourism.org.fk

Touching down **Airport information** Mount Pleasant, 35 miles from Stanley, is built to international specifications. *Falkland Islands Tours and Travel*, 6 Pioneer Row, Stanley, T/F21775, astewart@horizon.co.fk transports passengers and luggage to and from the capital for £13 single. Departing passengers should make reservations. Also, *Lowes Taxi*, T21381, for transport between Stanley and the airport (£50), and within Stanley (£2), and *Stanley Cabs* T22600.

Business hours Office hours, including all government departments, are Mon-Fri 0800-1200, 1300-1630. Banking hours are 0830-1500. **Duty free allowance** is as for the UK, for those arriving from outside the EU. **Electricity supply** is 220/240 volts at 50 cycles. **Official time**: four hours behind GMT in winter, three in summer.

Keeping in touch **Internet** Internet is widely used and there is an internet café with high-speed, permanent connections. **Post** Since the opening of Mount Pleasant, there is direct and dependable air mail service from the United Kingdom. Heavy parcels come by sea from the UK every month. There is also a weekly in and out-bound DHL service operated through the Falkland Islands Chamber of Commerce, T22264, F22265, commerce@horizon.co.fk Inter-island mail service is carried out by FIGAS and by the vessel *Tamar* (see above). **Telephone** IDD code is 500. There is no mobile phone service. The local satellite service is incompatible with US and UK handsets.

Stanley

Population: 1,989 The capital, Stanley, on East Falkland, is the major population centre. Its residents live mostly in brightly-painted houses, many of which have corrugated iron roofs. Surrounded by rolling moorland, Stanley resembles parts of the Hebrides. The outer harbour of Port William is larger but less protected. East Cove, 30 miles southeast of the capital, is the principal port for the new military installations at Mount Pleasant.

The Museum at Britannia House, Ross Road West, merits a visit. ■ *Tue-Fri, 1000-1200, 1400-1600, Sat-Sun, 1400-1600, £2.50.* Mr John Smith, the curator, is knowledgeable on the islands' maritime history. Government House, the Anglican Cathedral (most southerly in the world, built in 1892), and monuments commemorating the naval battle of 1914 and the 1982 liberation are also worth seeing. At the public jetty, the **Jetty Visitors Centre** has permanent and temporary exhibitions, an information service, toilets and public phones. The public library has a good selection of books on travel and on flora and fauna; in the same building is a public swimming pool and some good gym machines, for public use. During the December holidays, the annual sports meeting at the race course attracts visitors from all over the Islands. The equally popular West and East Falkland sports, at the end of the shearing season in February or March, rotate among various settlements.

Tourist offices **Falkland Islands Tourist Board** (FITB), Old Philomel Store, Philomel Street, Stanley, representative, John Fowler, Stanley, T010-500-27019, F27020, www.tourism.org.fk Or Jo Morrison, T22215, jettycentre@horizon.co.fk Will provide all information on holidays on the islands. See also the Falkland Islands portal: www.falklandislands.com and www.falklandnews.com of the Falkland Islands News Network. Bookings for lodgings and for fishing, riding, vehicle hire, tours, inter-island travel are handled by **Stanley Services Ltd**, Airport Rd, Stanley, T22622, F22623, office@stanley-services.co.fk See above, under Getting there, for the Falklands Islands Tourist Board's London Office. **Falklands Conservation**, PO Box 571, Stanley, T22247, F22288, www.falklandsconservation.com Publishes *A Visitors Guide to the Falklands* (November 2001).

Ins & outs
For more detailed information see Transport, page 1432

Stanley

Source www.falklandislands.com

L pp *Malvina House*, 3 Ross Rd, T21355, malvina@horizon.co.fk Very good, full board, power showers, hot drinks, central heating, TV, nice restaurant, bar, spa, laundry. **L** *Upland Goose Hotel*, 20-22 Ross Rd, T21455, fic@horizon.co.fk Some cheaper rooms, full board, lounge bar and restaurant. **B** *Dolphins Guest House and Tea Rooms*, 46 John Street, T/F 22950, commersons@horizon.co.fk Central location, bed and breakfast, lunches and evening meals are also available. **C** pp *Kay MacCallum's*, bed and breakfast, 14 Drury St, T/F21071, F21148. Dinner £5, lunch £2-3, excellent value, good food. Highly recommended (will permit camping in her grounds). *Isabel Short*, 2 Brisbane Road, T25155, pwshort@horizon.co.fk Very central but quiet position, bed and breakfast. *Scotia House*, 12 St Mary's Walk, T21191, F22434. Central, home baking, shared bath, campers welcome. Also have *Bennett House*, on Allardyce Street. *The Waterfront*, 36 Ross Road, T22331, thewaterfront:@horizon.co.fk Paul and Shula Phillips, new, very helpful, with restaurant, evening meals available. Recommended. All Stanley B&Bs, of which there are others, are priced at around £25 pp or under. Fish and chips and pizza at *Woodbine Café*, 29 Fitzroy Rd, T21102. Closed Sun and Mon. *Deanos* bistro, bar snacks on John St, including vegetarian menu. *Shortys Diner*, Snake Hill. 1100-2100, closed Wed (has motel next door, T22861, F22854). *Falklands Brasserie*, Philomel St, centrally located 1 min from the Public Jetty, T21159, brasserie@horizon.co.fk Offers innovative cooking using local produce, opens 1100 and serves lunch, afternoon tea, and evening meal. *Lighthouse Seamans Centre*, over the bridge next to FIPASS. Serves tea, coffee, snacks, home cooking and lunches, open all day, all are welcome. *Stanley Bakery*, T22692. Mon-Fri, 0830-1530, Sat

Sleeping & eating
In all cases, advance reservation of room is essential

5 Scotia House
6 Upland Goose

0 metres 100
0 yards 100

● **Eating**
1 Deano's
2 Falklands Brasserie
3 Shortys Diner & Motel
4 Woodbine Café

■ **Sleeping**
1 Dolphins Guest House & Tea Rooms
2 Isabel Short
3 Kay MacCallum's
4 Malvina House

● **Bars & pubs**
5 Globe
6 Victory

Falkland Islands

0900-1230. **Bars** The few pubs, the *Globe* near the public jetty, the *Victory* on Philomel Hill, and *Deanos* on Dean St, are popular meeting places (open all day, except Sun only from 1200 to 1400, and 1900-2200).

Shopping There are some well-stocked stores, open daily. *Falkland Printz* photo shop at Mt Pleasant Airport, £6.55 (24 hrs for 36 exposures, plus £1.50 1 hr, sells slide film), films can be deposited at *Pastimes* in town for no extra charge (only available for the overnight service).

Tour operators *International Tours and Travel*, Beauchene Shopping Centre, Stanley, T22041, F22042, www.tourism.org.fk/pages/int-tours-travel.htm Handle inbound tourist bookings, book FIGAS flights, arrange tours etc and are the Falkland Island agents for *LanChile*. Recommended. *Stanley Services Ltd Travel Division*, see Tourist offices, above. Offer inbound tourist services, FIGAS flights, excursions etc. Carol and Dave Eynon, *South Atlantic Marine Services*, PO Box 140, Stanley, T21145, F22674, sams@horizon.co.fk Offer adventure tourism, overland tours, boat trips, safaris and have a dive centre with deck recompression chamber (PADI courses). *Falkland Images* (SAMS) produce videos and still photographs for sale, plus the book *Beneath Falkland Waters*. Tony Smith of *Discovery Falklands* (T21027, F22304, www.discoveryfalklands.@com), and Sharon Halford of *Tenacres Tours* (T21155, F21950, tenacres@horizon.co.fk) all offer overland four-wheel drive excursions from Stanley to various sights. Neil Rowlands of *Hebe Tours*, T/F22041, jf.itt@horizon.co.fk Offers overland and boat tours, and can act as a fishing guide. Patrick Watts of *Adventure Falklands*, PO Box 223, T21383, pwatts@horizon.co.fk Offers tours of battlefield and other historical sights, ornithological trips and more.

Transport **Rentals**: *Stanley Vehicle Hire*, Geoff and Tracy Porter, T/F21574, tporter@horizon.co.fk Rents 4WD vehicles (Suzuki and Subaru), £45 per day, £225 per week, plus £200 deposit.

Directory **Communications** Internet: *Hard Disk*, Fitzroy Rd, £10 per hour. **Post Office:** *Philatelic Bureau* (they sell stamps from South Georgia and the Antarctic Territories). **Telephones:** Cable and Wireless, Ross Rd, operate overseas telephone, fax, telegraph and telex services. The islands' telephone system has direct dialling worldwide. **Medical services** **Hospitals:** Stanley has an excellent hospital. Dental services are also available. **Useful addresses** **Immigration:** Customs and Immigration Department, West Hilside, Stanley, T27340, F27342, customs.fig@ horizon.co.fk Library and some other government services are in Town Hall, Ross Rd. Other government offices are in the nearby Secretariat.

Outside Stanley

For wildlife enthusiasts, especially ornithologists, the Islands are an exceptional destination

On arrival, visitors are given a guide to respecting the Falklands wildlife and its habitat, with a checklist of breeding birds and mammals. Available from *Falklands Conservation*, see above, is a checklist of breeding birds and mammals together with a guide to behaviour near wildlife. Make allowance for unpredictable weather. Always wear or carry waterproof clothing; wear good boots and a peaked hat to protect the eyes from rain or hail. Outside Stanley, there is a major road to the airport at Mount Pleasant, but great care should nevertheless be taken on it. Roads connect Stanley with San Carlos (70 miles), Port San Carlos (75 miles) and Goose Green (64 miles). On West Falkland a new road connects most of the settlements. Elsewhere, tracks require four-wheel drive or motorbikes. Remember to phone farms in the camp for permission to drive across private land. Off-road driving in the boggy terrain is a skill not easily learned by short-term visitors. Near Stanley and a few farm settlements there are still some clearly-marked and fenced minefields from the 1982 war. Visitors should *never* enter these areas and should report suspicious objects to the police or military authorities in Stanley. Free minefield maps are available from the Bomb Disposal Office, Ross Road, Stanley. Ordnance Survey maps of the Islands are available from the Secretariat, £2.50 each for the 1:50,000 sheets; there is also a two-sheet, 1:250,000 map suitable for most purposes.

Travel outside the vicinity of Stanley and the road to Goose Green is mainly by air. The Falkland Islands Government Air Service (FIGAS, T27219, figas.fig@horizon.co.fk) operates three Islander aircraft to farm settlements and settled outer islands according to bookings, seat availability, and weather. To book a seat, visitors should telephone FIGAS no later than the morning of the day before travelling; flight schedules are announced that evening on local radio (airfares are about £1 per minute for non-islanders, luggage limit 14 kg/30 pounds, high excess charge). FIGAS tickets are also available from *Stanley Services Travel*, address under Tourist officås. Also from *International Tours and Travel Ltd*, see Tour operators, above. Regular service operates seven days a week. Flights leave from Stanley Airport, three miles east of town on the Cape Pembroke peninsula. Passengers arriving on LanChile can fly with FIGAS directly to Port Howard or Pebble Island with prior arrangement.

MV Tamar FI, of Byron Marine Ltd, Stanley, T22245, byron@horizon.co.kf sails according to need, carrying inter-island cargo. It has two cabins, which are very much in demand. Make reservations well in advance.

Sparrow Cove, Kidney Cove, and adjacent areas, only a short distance across Stanley Harbour by boat and out into Port William, are good areas to see penguins and other wildlife; dolphins often follow in the wake of your boat near The Narrows. Gypsy Cove, walking distance from Stanley, features a colony of burrowing Magellanic penguins and other shorebirds. Leopard seals, elephant seals and the occasional killer whale visit the area. Observe minefield fences which prevent close inspection of the penguins (they are not unduly inhibiting, though). At Cape Pembroke, around the town airport and the renovated lighthouse one can see Gentoo penguins and ground-nesting birds such as dotterels, snipe, and Upland geese.

Sights
Battlefield visits, to some of the sites associated with the 1982 conflict, can be arranged

Of particular interest are the hulks of old sailing ships at Stanley and Darwin. Examples at Stanley are the *Jhelum* (built in 1839 for the East India Company) near Government House, the *Charles Cooper* (the last US sailing packet to sail out of New York Harbour; in the Islands since 1866), and the iron-built *Lady Elizabeth* at the far end of the harbour (228 ft long, with three masts still standing). A Maritime History Trail has been set up around Port Stanley (self-guided with interpretive panels at key points, and guide book available at FITB; a book describing the Stanley wrecks is sold by the museum). At Darwin are the *Vicar of Bray* (last survivor of the California Gold Rush fleet), and another old iron ship, the *Garland*. Some of these hulks are still used for storage. There are interesting old French buildings and ruins at Port Louis (the road between Stanley and Port Louis is a boulder-strewn clay track, very tricky when wet).

From the Beaver hanger opposite Strathcarron, Ross Road west, walk past the various ships and monuments, along the harbour, up to the Falkland Islands Company offices. Here it is possible to walk onto the jetty and visit the after section of a 19th-century sailing vessel that is still being used as a warehouse. Also below the jetty you will see a couple of 19th-century Welsh colliers. From here go east until you

Falkland Islands

reach B slip, used by the British Forces during the 1982 conflict. Carry on east, past the floating harbour and around the head of the bay to the iron barque *Lady Elizabeth*. At low tide it is possible to walk out to her. Follow the bay round and eventually you will come to various penguin rookeries and Gypsy Cove.

Volunteer Point, north of Stanley, is a wildlife sanctuary. It contains the only substantial nesting colony of King penguins outside of South Georgia. Gentoo penguins, Magellanic penguins, geese, ducks, and elephant seals are very tame and easily photographed. The sanctuary is open at the discretion of the landowner.

Sea-trout fishing is excellent on the islands. The season runs from 1 Sep to 30 Apr. A licence costs £10 per year

Sea Lion Island in the southeast is a delightful place to explore and relax. Throughout the austral summer the lodge, run by Jenny Luxton, accommodates a maximum of 15 visitors. Many Southern Sea Lions breed on the beaches; Southern Elephant Seals also breed here. A pod of Orca whales is seen almost daily cruising the kelp beds in search of an unsuspecting meal. The island also has magnificent bird life: Gentoo, Magellanic and Rockhopper Penguins, Giant Petrels (known locally as stinkers), King Cormorants, the incredible flightless Steamer Duck, Black-crowned Night Herons, the friendly Tussock Bird, Oystercatcher (Magellanic and Black) and the rare Striated Caracara. Also on the island is the HMS *Sheffield* memorial.

The smaller islands off West Falkland, such as Carcass and New Island, are the most spectacular and attractive for wildlife and scenery. New Island is divided into two distinct properties, both of which are run as nature reserves. The New Island South, on the extreme west of the archipelago, is run as a nature reserve by Ian and Maria Strange. The northern half, owned by Tony Chater, has a small sheep farm. The island has a grass airstrip and is served by FIGAS on flights limited to three passengers (owing to the length of the strip). Carcass can be visited more easily and has two self-catering cottages (see below). Cruise ships stop here *en route* to Antarctica, but only for a few hours. **Saunders Island**, besides a representative sample of wildlife, contains the ruins of the 18th century British outpost at Port Egmont. It is run by Susan and David Pole-Evans (T41298, F41296, davidpe@horizon.co.fk). There is a small group of King Penguins at the Neck, about three-hour walk, 45 minutes by jeep from the settlement. Gentoo, Magellanic, Rock Hoppers and albatross can also be seen here (**B** pp in a self-catering Portakabin at the Neck, including transport, basic). A further 1½-2 hours walk goes to the point where sea elephants can be seen. Another good place is the bay just north of the settlement with many Gentoo and Magellanic penguins and other wildlife. At the settlement is a self-catering cottage, **D** per person per night.

Sleeping The comfortable tourist lodges at Sea Lion Island, the most southerly inhabited island of the group (35 mins flight from Stanley), and Pebble Island (40 mins flight) are good bases to view wildlife. Each lodge has a long wheelbase Land Rover for transport to the airstrip and points of interest nearby. **On Sea Lion Island**: **L-AL** pp *Sea Lion Lodge*, T32004, F32003, www.sealionisland.com Price depends on season, full board, some rooms shared bath, modern, central heating, all rooms with phone and internet. **At Port Howard**: **AL** pp *Port Howard Lodge*, T/F42187, www.port-howard.com Price depends on season, all rooms ensuite, central heating, excursions extra, rod hire, Land Rover hire. This scenic lodge, on West Falkland, offers excellent trout fishing, a small but interesting war museum, and an opportunity to see the operations of a traditional large sheep station. **On Pebble Island**: **AL** *Pebble Island Hotel*, T/F 41093, pebblehotel@horizon.co.fk or 21 St Mary's Walk, Stanley, T21439, vsteen@horizon.co.fk Ensuite rooms, central heating, full board. **On Carcass Island**: **B** *Carcass Island Cottages*, Mr and Mrs McGill, Ross Rd East, T41106, F41107, on West Falkland. Price per cottage, on one of the wild-life jewels of the Falklands, open summer only. Also on West Falkland, West Lagoons, full-board accommodation on a sheep farm, Shelley and Peter Nightingale, www.westlagoons.com Contact through *International Tours and Travel*, see Tour operators. **On Weddell Island**: **AL** pp *Mountain View House*, Karen Taylor, T42398, F42399. **A** pp *Weddell House* and **B** pp *Hamilton Cottages*, full board available; **D** camping, for all see www.weddellisland.com

Falkland Islands

Also **D** pp *Salvador* (Gibraltar Station, East Falkland, T31199/31193, F31194), children half price, also has camping.*Darwin House*, T32255, darwin.h@horizon.co.fk Close to Goose Green, the British and Argentine cemeteries and only 35 mins' drive from Mount Pleasant Airport, an excellent base for the start of a holiday. Offers fully-catered accommodation in the lodge and has 2 cottages available for self-catering.

Camping: is not encouraged on outer islands because of the very real risk of fire and disturbance to wildlife. However the some locations do welcome campers, subject to farm work: check with the tourist board.

South Georgia

South Georgia, in latitude 54½° south and longitude 36° to 38° west, has an area of about 3,755 sq km, and a small transient population of soldiers and British Antarctic Survey scientists. During the summer months, tourists may sometimes book a passage on a Royal Fleet Auxiliary vessel at Stanley for £520 return, but weather conditions sometimes prevent landings. Intending visitors must submit a request through the Commissioner in Stanley. The Island was briefly occupied by Argentina in April 1982 (21 days).

South Georgia is a mass of high, snow-covered mountains and glaciers. Between 1951 and 1980 at King Edward Point, at sea level, snow fell an average of nearly 200 days per annum, but the coastal area is free from snow and partially covered by vegetation in summer. Wildlife consists of most of the same species found in the Falkland Islands/Islas Malvinas, but in much larger numbers. Reindeer, introduced by Norwegian whalers in 1909, have flourished. Other points of interest are seven abandoned whaling stations, the little white church, and many wrecks. A South Georgia Whaling Museum has been established at Grytviken. If it is unmanned access may be obtained from the Magistrate (Garrison Commander) at King Edward Point, 1 km away. The museum has a display of artefacts, photographs and other items about the old Antarctic whaling and sealing industry. Local administration of South Georgia is by the magistrate, who also runs the island's post office with its distinctive stamps.

Antarctica

Antarctica, the fifth largest continent, is 99.8% covered with perpetual ice. Although very inaccessible, the number of tourists has reached 17,000 (2002-03) and it is well known for extraordinary scenery, wildlife, scientific stations, and historic sites. The weather may also be spectacularly severe, thus visits are confined to the brief summer. Presently 17 countries operate 43 scientific stations with wintering personnel there, and about 18 stations are open for summer only. A wintering population of about 1,000 lives in a continent larger than Europe. The governmental stations are expensive to maintain thus, with only minor exceptions, they make no provision for visitors not connected with their work. The Antarctic Heritage Trust and some other organizations maintain several historical huts of great interest where organized groups are admitted and many current research stations allow visitors for a tour of a couple of hours. Of the historic huts, the one at Port Lockroy, established in 1944 and now a museum, has recently become the most visited site.

There is a vast amount of specialist and general books about Antarctica, but the current best single source of information is Antarctica: great stories from the frozen continent by Reader's Digest (first published Sydney 1985, with several later editions)

Governance of Antarctica is principally through the Antarctic Treaty (1959) signed by all countries operating there (45 countries were parties to the Treaty in 2002, these represent over 75% of the Earth's population). Most visitors will be affected by several provisions of the Treaty, in particular those of the Environmental Protocol of 1991. Seven countries have territorial claims over parts of Antarctica and three of these overlap (Antártida Argentina, British Antarctic Territory, and Territorio Chileno Antártico); the Treaty has neutralized these with provision of free access to citizens of contracting states. Some display of sovereignty is legitimate; many stations operate a Post Office where philatelic items and various souvenirs are sold.

www.spri.cam.ac.uk
*General information
including links to
other sites found
at the Scott Polar
Research Institute site*

The region south of South America is the most accessible part of the Antarctic, therefore over half the scientific stations are there and on adjacent islands. Coincidentally it is one of the most spectacular areas with many mountains, glaciers and fjords closely approachable by sea. Two ice-breaker, several other large ships, as many as 16 private yachts, and an air company carry passengers there every austral summer. Three ports are used: Stanley (Falkland Islands/Islas Malvinas), Punta Arenas (Chile), and Ushuaia (Argentina), the last is the major base for yachts. Vessels sailing from one may return to another or go farther to South Africa, New Zealand, or Australia. Most are fully booked well in advance by luxury class passengers but sometimes late opportunistic vacancies can be secured by local agencies (on the basis that any vacant cabin is a loss). During the 2002-2003 austral summer 17,000 visitors arrived in Antarctica on passenger vessels (compared with 5,000 in the early 1990s). Ships carrying between 50 to 120 tourists land passengers at several sites during a fortnight's voyage. Some much larger vessels also visit; these generally do not land passengers but merely cruise around the coasts.

Voyages from South America and the Falkland Islands/Islas Malvinas involve at least two days each way, crossing the Drake Passage where sea conditions may be very uncomfortable. No guarantee of landings, views or wildlife is possible and delays due to storms are not exceptional. Conversely, on a brilliant day, some of the most spectacular sights and wildlife anywhere can be seen. All visitors should be well prepared for adverse conditions with warm clothing, windproofs and waterproofs, and good boots for wet landings. Weather and state of the sea can change quickly without warning.

In 1991 the **International Association of Antarctica Tour Operators** was formed (PO Box 2178, Basalt, Colorado, US, 81621; T+1-970-7041047, F+1-970-7049660, www.iaato.org) which represents the majority of companies and can provide details of most Antarctic voyages planned during an austral summer (there is much annual variation). Many vessels have a principal contractor and a number of other companies bring smaller groups, thus it is advantageous to contact the principal. *Adventure Network International* (4800 North Federal Highway, Suite 307 D, Boca Raton, FL 33431, USA; T+1-561-237 2359, F+1-561-347 7523, www.adventure-network.com), provides flights to Antarctica which depart from Punta Arenas where there is a local office (935 Arauco, Punta Arenas, Chile; T+56-61-247735, F226167). Wheeled aircraft fly as far as a camp at Patriot Hills (80° 19S, 81° 20W) whence ski-aircraft proceed to the South Pole, vicinity of Vinson Massif (4,897 m, Antarctica's highest peak), and elsewhere. Tickets start at about US$12,000; services may become overloaded and delayed, thus no guarantee of reaching one's destination is practicable. This company also flies occasionally from Cape Town to Dronning Maud Land. One day overflights are operated by *Qantas* from Sydney, Melbourne and Perth in Australia.

More opportunistic travel is possible aboard some private yachts which carry passengers (including mountaineers and other adventurers). These voyages are not co-ordinated but enquiries on the waterside at Ushuaia, or the other ports listed may secure a passage. Similarly opportunities to travel with the Argentine, Chilean or Russian supply ships occur but are virtually impossible to arrange other than at the departure ports. Comfort and prices are usually much less than for the cruise ships. Many tourist ships and some yachts also visit South Georgia; there are other possibilities for reaching this Antarctic island described above.

Background

History

Pre-independence history

Earliest settlement It is generally accepted that the earliest settlers in South America were related to people who had crossed the Bering Straits from Asia and drifted through the Americas from about 50,000 BC. Alternative theories of early migrations from across the Pacific and Atlantic have been rife since Thor Heyerdahl's raft expeditions in 1947 and 1969-70. The earliest evidence of human presence has been found at various sites: in the Central Andes (with a radiocarbon date between 12000 and 9000 BC), northern Venezuela (11000 BC), southeast Brazil, south-central Chile and Argentine Patagonia (from at least 10000 BC). After the Pleistocene Ice Age, 8000-7000 BC, rising sea levels and climatic changes introduced new conditions as many mammal species became extinct and coastlands were drowned. A wide range of crops was brought into cultivation and camelids and guinea pigs were domesticated. It seems that people lived nomadically in small groups, mainly hunting and gathering but also cultivating some plants seasonally, until villages with effective agriculture began to appear between 2500-1500 BC. The earliest ceramic-making in the western hemisphere was thought to have come from what is now Colombia and Ecuador, around 4000 BC, but fragments of painted pottery were found near Santarém, Brazil, in 1991 with dates of 6000-5000 BC.

The coast of central Peru was where settled life began to develop most rapidly. The abundant wealth of marine life produced by the Humboldt Current, especially north of today's Lima, boosted population growth and settlement in this area. Around 2000 BC climatic change dried up the *lomas* ('fog meadows'), and drove sea shoals into deeper water. People turned more to farming and began to spread inland along river valleys. As sophisticated irrigation and canal systems were developed, farming productivity increased and communities had more time to devote to building and producing ceramics and textiles. The development of pottery also led to trade and cultural links with other communities.

The earliest buildings constructed by organized group labour were *huacas*, adobe platform mounds, centres of some cult or sacred power dating from the second millennium BC onwards. During this period, however, much more advanced architecture was being built at Kotosh, in the central Andes near Huánuco, now in Peru. Japanese archaeological excavations there in the 1960s revealed a temple with ornamental niches and friezes. Some of the earliest pottery was also found here, showing signs of influence from southern Ecuador and the tropical lowlands, adding weight to theories of Andean culture originating in the Amazon. Radiocarbon dates of some Kotosh remains are as early as 1850 BC.

Andean & Pacific coastal civilizations **Chavín and Sechín** For the next 1,000 years or so up to c900 BC, communities grew and spread inland from the north coast and south along the north highlands. Farmers still lived in simple adobe or rough stone houses but built increasingly large and complex ceremonial centres. As farming became more productive and pottery more advanced, commerce grew and states began to develop throughout central and north-central Peru, with the associated signs of social structure and hierarchies.

Around 900 BC a new era was marked by the rise of two important centres; Chavín de Huántar in the central Andes and Sechín Alto, inland from Casma on the north coast, both now in Peru. The chief importance of Chavín de Huántar was not so much in its highly advanced architecture as in the influence of its cult, coupled with the artistic style of its ceramics and other artefacts. The founders of Chavín may have originated in the tropical lowlands, as some of its carved monoliths show representations of monkeys and felines.

The Chavín cult This was paralleled by the great advances made in this period in textile production and in some of the earliest examples of metallurgy. The origins of metallurgy have been attributed to some gold, silver and copper ornaments found in graves in Chongoyape, near Chiclayo, which show Chavín-style features. But earlier evidence has been discovered at Kuntur Wasi (some 120 km east of the coast at Pacasmayo) where 4,000-year old gold has been found, and in the Andahuaylas region, dating from 1800-900 BC. The religious symbolism of gold and other precious metals and stones is thought to have been an inspiration behind some of the beautiful artefacts found in the central Andean area.

The cultural brilliance of Chavín de Huántar was complemented by its contemporary, Sechín which may have combined forces, with Sechín as the military power that spread the cultural word of Chavín. Their influence did not reach far to the south where the Paracas and Tiwanaku cultures held sway. The Chavín hegemony broke up around 500 BC, soon after which the Nasca culture began to bloom in southern Peru. This period, up to about AD 500, was a time of great social and cultural development. Sizable towns of 5-10,000 inhabitants grew on the south coast, populated by artisans, merchants, government administrators and religious officials.

Paracas-Nasca Nasca origins are traced back to about the second century BC, to the Paracas Cavernas and Necropolis, on the coast in the national park near Pisco in Peru. The extreme dryness of the desert here has preserved remarkably the textiles and ceramics in the mummies' tombs excavated. The technical quality and stylistic variety in weaving and pottery rank them among the world's best, and many of the finest examples can be seen in the museums of Lima. The famous Nasca Lines are a feature of the region. Straight lines, abstract designs and outlines of animals are scratched in the dark desert surface forming a lighter contrast that can be seen clearly from the air. There are many theories of how and why the lines were made but no definitive explanation has yet been able to establish their place in South American history. There are similarities between the style of some of the line patterns and that of the pottery and textiles of the same period. In contrast to the quantity and quality of the Nasca artefacts found, relatively few major buildings belonging to this period have been uncovered in the southern desert. Alpaca hair found in Nasca textiles, however, indicates that there must have been strong trade links with highland people.

Moche culture Nasca's contemporaries on the north coast were the militaristic Moche who, from about AD 100-800, built up an empire whose traces stretch from Piura in the north to Huarmey, in the south. The Moche built their capital outside present day Trujillo. The huge pyramid temples of the Huaca del Sol and Huaca de la Luna mark the remains of this city. Moche roads and system of way stations are thought to have been an early inspiration for the Inca network. The Moche increased the coastal population with intensive irrigation projects. Skilful engineering works were carried out, such as the La Cumbre canal, still in use today, and the Ascope aqueduct, both on the Chicama River. The Moche's greatest achievement, however, was its artistic genius. Exquisite ornaments in gold, silver and precious stones were made by its craftsmen. Moche pottery progressed through five stylistic periods, most notable for the stunningly lifelike portrait vases. A wide variety of everyday scenes were created in naturalistic ceramics, telling us more about Moche life than is known about other earlier cultures, and perhaps used by them as 'visual aids' to compensate for the lack of a written language. A spectacular discovery of a Moche royal tomb at Sipán, made in February 1987 by Walter Alva, director of the Brüning Archaeological Museum, Lambayeque, included semi-precious stones brought from Chile and Argentina, and seashells from Ecuador. The Moche were great navigators.

The cause of the collapse of the Moche Empire around AD 600-700 is unknown, but it may have been started by a 30-year drought at the end of the sixth century, followed by one of the periodic El Niño flash floods (identified by meteorologists from ice thickness in the Andes) and finished by the encroaching forces of the Huari Empire. The decline of the Moche signalled a general tipping of the balance of power in Peru from the north coast to the south sierra.

Huari-Tiwanaku The ascendant Huari-Tiwanaku movement, from AD 600-1000, combined the religious cult of the Tiwanaku site in the Titicaca basin, with the military dynamism of the Huari, based in the central highlands. The two cultures developed independently but they are generally thought to have merged compatibly. Up until their own demise around AD 1440, the Huari-Tiwanaku had spread their empire and influence across much of south Peru, north Bolivia and Argentina. They made considerable gains in art and technology, building roads, terraces and irrigation canals across the country. The Huari-Tiwanaku ran their empire with efficient labour and administrative systems that were later adopted and refined by the Incas. Labour tribute for state projects practised by the Moche were further developed. But the empire could not contain regional kingdoms who began to fight for land and power. As control broke down, rivalry and coalitions emerged, and the system collapsed. With the country once again fragmented, the scene was set for the rise of the Incas.

Chachapoyas and Chimú cultures   After the decline of the Huari Empire, the unity that had been imposed on the Andes was broken. A new stage of autonomous regional or local political organizations began. Among the cultures corresponding to this period were the Chachapoyas in northern highlands and the Chimú. The Chachapoyas people were not so much an empire as a loose-knit 'confederation of ethnic groups with no recognized capital' (Morgan Davis 'Chachapoyas: The Cloud People', Ontario, 1988). But the culture did develop into an advanced society with great skill in road and monument building. Their fortress at Kuelap was known as the most impregnable in the Peruvian Andes. The Chimú culture had two centres. To the north was Lambayeque, near Chiclayo, while to the south, in the Moche valley near present-day Trujillo, was the great adobe walled city of Chan Chán. Covering 20 sq km, this was the largest pre-Hispanic Peruvian city. Chimú has been classified as a despotic state that based its power on wars of conquest. Rigid social stratification existed and power rested in the hands of the great lord *Siquic* and the lord *Alaec*. These lords were followed in social scale by a group of urban couriers who enjoyed a certain degree of economic power. At the bottom were the peasants and slaves. In 1450, the Chimú kingdom was conquered by the Inca Túpac Yupanqui, the son and heir of the Inca ruler Pachacuti Inca Yupanqui.

Cultures of the northern Andes   What is today Ecuador was a densely populated region with a variety of peoples. One of the most important of these was the **Valdivia culture** (3500-1500 BC) on the coast, from which remains of buildings and earthenware figures have been found. A rich mosaic of cultures developed in the period 500 BC to AD 500, after which integration of groups occurred. In the mid-15th century, the relentless expansion of the Inca empire reached Ecuador. The **Cañaris** resisted until 1470 and the Quitu/Caras were defeated in 1492. Further north, most of the peoples who occupied Colombia were primitive hunters or nomad agriculturists, but one part of the country, the high basins of the Eastern Cordillera, was densely occupied by **Chibcha Indians** who had become sedentary farmers. Their staple foods were maize and the potato, and they had no domestic animal save the dog; the use they could make of the land was therefore limited. Other cultures present in Colombia in the precolumbian era were the **Tayrona, Quimbaya, Sinú** and **Calima**. Exhibits of theirs and the Chibcha (Muisca) Indians' gold-work can be seen at the Gold Museum in Bogotá and other cities.

The southern Andes   Although there was some influence in southern Bolivia, northern Chile and northern Argentina from cultures such as Tiwanaku, most of the southern Andes was an area of autonomous peoples, probably living in fortified settlements by the time the Incas arrived in the mid-15th century. The conquerors from Peru moved south to the Río Maule in Chile where they encountered the fierce **Mapuches** (Araucanians) who halted their advance. Archaeological evidence from the Amazon basin and Brazil is more scanty than from the Andes or Pacific because the materials used for house building, clothing and decoration were perishable and did not survive the warm, humid conditions of the jungle. Ceramics have been found on Marajó island at the mouth of the Amazon while on the coast much evidence comes from huge shell mounds, called *sambaquis*. Although structured societies developed and population was large, no political groupings of the scale of those of the Andes formed. The Incas made few inroads into the Amazon so it was the arrival of the Portuguese in 1500 which initiated the greatest change on the Atlantic side of the continent.

The Inca Dynasty   The origins of the Inca Dynasty are shrouded in mythology and shaky evidence. The best known story reported by the Spanish chroniclers talks about Manco Cápac and his sister rising out of Lake Titicaca, created by the sun as divine founders of a chosen race. This was in approximately AD 1200. Over the next 300 years the small tribe grew to supremacy as leaders of the largest empire ever known in the Americas, the four territories of Tawantinsuyo, united by Cusco as the umbilicus of the Universe (the four quarters of Tawantinsuyo, all radiating out from Cusco, were Chinchaysuyo, north and northwest; Cuntisuyo, south and west; Collasuyo, south and east; Antisuyo, east).

At its peak, just before the Spanish Conquest, the Inca Empire stretched from the Río Maule in central Chile, north to the present Ecuador-Colombia border, contained most of Ecuador, Peru, west Bolivia, north Chile and northwest Argentina. The area was roughly equivalent to France, Belgium, Holland, Luxembourg, Italy and Switzerland combined, 980,000 sq km. For a brief description of **Inca Society**, see under Cusco. The first Inca ruler, Manco Cápac, moved to the fertile Cusco region, and established Cusco as his capital. Successive generations of rulers were fully occupied with local conquests of rivals, such as the Colla and Lupaca to the south, and the Chanca to the northwest. At the end of Inca Viracocha's reign the hated Chanca were finally defeated, largely thanks to the heroism of one of his sons, Pachacuti Inca Yupanqui, who was subsequently crowned as the new ruler.

From the start of Pachacuti's own reign in 1438, imperial expansion grew in earnest. With the help of his son and heir, Topa Inca, territory was conquered from the Titicaca basin south into Chile, and all the north and central coast down to the Lurin Valley. In 1460-71, the Incas also laid siege to the Chimú. Typical of the Inca method of government, some of the Chimú skills were assimilated into their own political and administrative system, and some Chimú nobles were even given positions in Cusco.

Perhaps the pivotal event in Inca history came in 1527 with the death of the ruler, Huayna Cápac. Civil war broke out in the confusion over his rightful successor. One of his legitimate sons, Huáscar, ruled the southern part of the empire from Cusco. Atahualpa, Huáscar's half-brother, governed Quito, the capital of Chinchaysuyo. In 1532, soon after Atahualpa had won the civil war, Francisco Pizarro arrived in Tumbes with 179 *conquistadores*, many on horseback. Atahualpa's army was marching south, probably for the first time, when he clashed with Pizarro at Cajamarca. **Francisco Pizarro**'s only chance against the formidable imperial army he encountered at Cajamarca was a bold stroke. He drew Atahualpa into an ambush, slaughtered his guards, promised him liberty if a certain room were filled with treasure, and finally killed him on the pretext that an Inca army was on its way to free him. Pushing on to Cusco, he was at first hailed as the executioner of a traitor: Atahualpa had ordered the death of Huáscar in 1533, while himself captive of Pizarro, and his victorious generals were bringing the defeated Huáscar to see his half-brother. Panic followed when the *conquistadores* set about sacking the city, and they fought off with difficulty an attempt by Manco Inca to recapture Cusco in 1536.

Pizarro's arrival in Peru had been preceded by Columbus' landfall on the Paria Peninsula (Venezuela) on 5 August 1498 and Spanish reconaissance of the Pacific coast in 1522. Permanent Spanish settlement was established at Santa Marta (Colombia) in 1525 and Cartagena was founded in 1533. Gonzalo Jiménez de Quesada conquered the Chibcha kingdom and founded Bogotá in 1538. Pizarro's lieutenant, Sebastián de Belalcázar, was sent north through Ecuador; he captured Quito with Diego de Almagro in 1534. Gonzalo Pizarro, Francisco's brother, took over control of Quito in 1538 and, during his exploration of the Amazon lowlands, he sent Francisco de Orellana to prospect downriver. Orellana did not return, but drifted down the Amazon, finally reaching the river's mouth in 1542, the first European to cross the continent in this way. Belalcázar pushed north, founding Pasto, Cali and Popayán (Colombia) in 1536, arriving in Bogotá in 1538. Meanwhile, wishing to secure his communications with Spain, Pizarro founded Lima, near the ocean, as his capital in 1535. The same year Diego de Almagro set out to conquer Chile. Unsuccessful, he returned to Peru, quarrelled with Pizarro, and in 1538 fought a pitched battle with Pizarro's men at the Salt Pits, near Cusco. He was defeated and put to death. Pizarro, who had not been at the battle, was assassinated in his palace in Lima by Almagro's son three years later. In 1541, Pedro de Valdivia founded Santiago de Chile after a renewed attempt to conquer Chile. Like the Incas before them, the Spaniards were unable to master the Mapuches; Valdivia was killed in 1553 and a defensive barrier along the Río Biobío had to be built to protect the colony.

Since 1516 European seafarers had visited the Río de la Plata, first Juan de Solís, then Sebastian Cabot and his rival Diego García in 1527. An expedition led by Pedro de Mendoza founded Buenos Aires in 1536, but it was abandoned in 1541. Mendoza sent Juan de Ayolas up the Río Paraná to reach Peru from the east. It is not known for certain what happened to

The Spanish conquest

▶ *The Jesuits*

Between 1609, when they built their first reducción or mission in the region of Guaíra in present day Brazil, and 1767, when they were expelled from Spanish America, the Jesuits founded about 50 missions around the upper reaches of the Ríos Paraná, Paraguay and Uruguay. In 1627, the northern missions around Guaíra were attacked by slave-hunting Bandeirantes from São Paulo, forcing them to flee southwards. Some 10,000 converts, led by their priests, floated 700 rafts down the Río Parapanema into the Paraná, only to find their route blocked by the Guaíra Falls. Pushing on for eight days through dense forest, they built new boats below the Falls and continued their journey to reestablish their missions 725 km from their original homes.

Efficiently organized and strictly laid out, the missions prospered, growing indigenous and

European crops and herding cattle. Their success and economic power attracted many enemies, from the Spanish crown to local landowners. When, in 1750, Spain and Portugal settled their South American border dispute, seven missions were placed under Portuguese control. This the Jesuits resisted with arms, fuelling further the suspicion of the order's excessive power. Under highest secrecy, King Carlos III sent instructions to South America in 1767 to expel the Jesuits. 2,000 were shipped to Italy, their property was auctioned and their schools and colleges were taken over by the Franciscans and Dominicans. By the early 19th century, many of the missions had fallen into disrepair.

Only four missions show signs of their former splendour: San Ignacio Miní in Argentina; Jesús and Trinidad in Paraguay; and São Miguel in Brazil.

Ayolas, but his lieutenant Domingo Martínez de Irala founded Asunción on the Paraguay in 1537. This was the base from which the Spaniards relaunched their conquest of the Río de la Plata and Buenos Aires was refounded in 1580.

Treasure hunt As Spanish colonization built itself around new cities, the *conquistadores* set about finding the wealth which had lured them to South America in the first place. The great prize came in 1545 when the hill of silver at Potosí (Bolivia) was discovered. Other mining centres grew up and the trade routes to supply them and carry out the riches were established. The Spanish crown soon imposed political and administrative jurisdiction over its new empire, replacing the power of the *conquistadores* with that of governors and bureaucrats. The Viceroyalty of Peru became the major outlet for the wealth of the Americas, but each succeeding representative of the Kingdom of Spain was faced with the twofold threat of subduing the Inca successor state of Vilcabamba, north of Cusco, and unifying the fierce Spanish factions. Francisco de Toledo (appointed 1568) solved both problems during his 14 years in office: Vilcabamba was crushed in 1572 and the last reigning Inca, Túpac Amaru, put to death. For the next 200 years the Viceroys closely followed Toledo's system, if not his methods. The Major Government – the Viceroy, the *Audiencia* (High Court), and *corregidores* (administrators) – ruled through the Minor Government – Indian chiefs put in charge of large groups of natives: a rough approximation to the original Inca system.

Towards independence The Indians of Peru rose in 1780, under the leadership of an Inca noble who called himself Túpac Amaru II. He and many of his lieutenants were captured and put to death under torture at Cusco. Another Indian leader in revolt suffered the same fate in 1814, but this last flare-up had the sympathy of many of the locally born Spanish, who resented their status: inferior to the Spaniards born in Spain, the refusal to give them any but the lowest offices, the high taxation imposed by the home government, and the severe restrictions upon trade with any country but Spain. This was a complaint common to all parts of the Spanish empire and it fostered a twin-pronged independence movement. Given impetus by Napoleon's invasion of Spain in 1808, Simón Bolívar, El Libertador, led a revolution in the north and José de San Martín, with his Army of the Andes, led an uprising through Argentina and Chile. Both converged on Peru.

Bolívar, born in Venezuela in 1783, was involved in the early struggle to free the region from Spanish rule. In 1811 Venezuela declared itself an independent republic, only to be defeated by Spain in 1812. Bolívar led a new revolt in 1813, which was crushed in 1815. He went into exile in

Jamaica and Haiti, to return in 1816 with a new army which, in a bold move, he led over the Andes from Venezuela to liberate Nueva Granada (as Colombia was called) at the Battle of Boyacá in 1819. He proclaimed a new republic, Gran Colombia, taking in Colombia, Venezuela and Ecuador. Venezuela was freed at the Battle of Carabobo in 1821.

San Martín's Argentine troops, convoyed from Chile under the protection of the English admiral, Lord Cochrane, landed in southern Peru on 7 September 1820. San Martín proclaimed Peruvian independence at Lima on 28 July 1821, though most of the country was still in the hands of the Viceroy, José de La Serna. Bolívar sent Antonio José de Sucre to Ecuador where, on 24 May 1822, he gained a victory over La Serna at Pichincha. San Martín, after a meeting with Bolívar at Guayaquil, left for Argentina and a self-imposed exile in France, while Bolívar and Sucre completed the conquest of Peru by defeating La Serna at the battle of Junín (6 August 1824) and the decisive battle of Ayacucho (9 December 1824). For over a year there was a last stand in the Real Felipe fortress at Callao by the Spanish troops under General Rodil before they capitulated on 22 January 1826. Bolívar was invited to stay in Peru, but in 1826 he left for Colombia where he tried to hold Gran Colombia together as a single state. He failed as internal divisions and political ambitions pulled the three new republics apart. While heading for exile, Bolívar died in 1830.

The Portuguese, Pedro Álvares Cabral, landed in Brazil on 22 April, 1500. He left after a week, shortly followed by Amérigo Vespucci who had been sent to explore further. The first system of government adopted by the Portuguese was a Capitania, a kind of feudal principality – there were 13 of them, but these were replaced in 1572 by a Viceroyalty. In the same year it was decided to divide the colony into two, north and south, with capitals at Salvador and Rio; it was not until 1763 that Rio became the sole capital. **Brazil: from colony to independence**

Three centuries under the paternal eye of Portugal had ill-prepared the colonists for independent existence, except for the experience of Dutch invasion (1624 in Salvador, and 1630-54 in Recife). The colonists ejected the Dutch from Brazil with little help from Portugal, and Brazilians date the birth of their national sentiment from these events. Resentment against Portuguese government and trade intervention led to the **Inconfidência**, the first revolution, masterminded by **Tiradentes** with 11 other citizens of Minas Gerais. They were unsuccessful (Tiradentes was executed), but when France invaded Portugal in 1807, King João VI was shipped to safety in Brazil, escorted by the British navy. Rio was temporarily declared the capital of the Portuguese Empire. The British, as a price for their assistance in the Portuguese war, forced the opening of Brazil's ports to non-Portuguese trade. King João VI returned to the mother country in 1821, leaving his son, the young Pedro, as Regent. Pedro refused to return control of Brazil to the Portuguese Côrtes (parliament), and on 13 May 1822, by popular request, he agreed to stay and assumed the title of 'Perpetual Defender and Protector of Brazil'. On 7 September he declared Brazil's independence with the cry 'Independence or Death' by the Rio Ipiranga; on 12 October he was proclaimed constitutional emperor of Brazil, and on 1 December he was crowned in Rio.

Post-independence history

Argentina

In 1778, Spain finally permitted Buenos Aires to conduct overseas trade. Before that it was controlled by the Viceroy in Lima and was merely a military outpost for Spain to confront the Portuguese settlement at Colonia, across the estuary. Its population then was only 24,203 and its main activity was smuggling. Following Spain's alliance with Napoleon, Britain attacked Buenos Aires in 1806 and again in 1807. The defeat of these attacks, known as the Reconquista, greatly increased the confidence of the *porteños* (the name given to those born in Buenos Aires) to deal with all comers, including the mother-country. On 25 May 1810, the *cabildo* of Buenos Aires deposed the viceroy and announced that it was now governing on behalf of King Ferdinand VII, then a captive of Napoleon. Six years later, in July 1816, when Buenos Aires was threatened by invasion from Peru and blockaded by a Spanish fleet in the Río de la Plata, a national congress held at Tucumán declared independence. The declaration was given reality by José de San Martín, who marched an Argentine army across the Andes to free Chile and **Independence from Spain**

Background

embarked his forces for Peru, where he captured Lima, the first step in the liberation of Peru.

The formation of the republic When San Martín returned home, it was to find the country rent by conflict between the central government and the provinces. On the one hand stood the Unitarist party, bent on central control; on the other the Federalist party, insisting on local autonomy. The latter had for members the great *caudillos* (the large landowners backed by the *gauchos*) suspicious of the cities. One of their leaders, Juan Manuel de Rosas, took control in 1829. During his second term as Governor of Buenos Aires he asked for and was given extraordinary powers. The result was a 17-year reign of terror which became an international scandal. When he began a blockade of Asunción in 1845, Britain and France promptly countered with a three-year blockade of Buenos Aires. In 1851 Justo José de Urquiza, Governor of Entre Ríos, one of his old henchmen, organized a triple alliance of Brazil, Uruguay, and the Argentine opposition to overthrow him. He was defeated in 1852 at Caseros, a few kilometres from Buenos Aires, and fled to England. Rosas had started his career as a Federalist; once in power he was a Unitarist. His downfall meant the triumph of federalism. In 1853 a federal system was finally incorporated in the constitution, but Buenos Aires refused to join the new federation until the city, led by Bartolomé Mitre, was finally defeated by the federal forces in 1880. Buenos Aires was consequently made into a special federal territory. The conquest at about the same time of all the Indian tribes of the pampas and the south by a young colonel, Julio A Roca, was to make possible the final supremacy of Buenos Aires over all rivals.

20th century From 1916 to 1930 the Unión Cívica Radical (founded in 1890) held power, under the leadership of Hipólito Yrigoyen and Marcelo T de Alvear, but lost it to the military uprising of 1930. Though seriously affected by the world depression of the 1930s, Argentina's rich soil and educated population had made it one of the 10 wealthiest countries in the world, but this wealth was unevenly distributed, and the political methods followed by the conservatives and their military associates in the 1930s denied the middle and working classes any effective share in their own country's wealth and government.

Peronism & its legacy A series of military coups in 1943-44 led to the rise of Col Juan Domingo Perón, basing his power on an alliance between the army and labour; his contacts with labour were greatly assisted by his charismatic wife Eva (since commemorated in the rock-opera and film *Evita*). In 1946 Perón was elected President. His government is chiefly remembered by many Argentines for improving the living conditions of the workers. Especially in its early years the government was strongly nationalistic, but also intolerant of opposition parties and independent newspapers. Although Perón was re-elected in 1951, his government soon ran into trouble: economic problems led to the introduction of a wage freeze, upsetting the labour unions, which were the heart of Peronist support; the death of Evita in 1952 was another blow. In September 1955 a military coup unseated Perón, who went into exile. Perón's legacy dominated the period 1955-1973: society was bitterly divided between Peronists and anti-Peronists; the economy struggled; the armed forces, constantly involved in politics, were also divided. In a climate of tension and guerrilla-inspired violence, the military bowed out in 1973. Elections were won by the Peronist candidate, Hector Campora. Perón returned from exile in Madrid to resume as President in October 1973, but died on 1 July 1974, leaving the Presidency to his widow, Vice-President María Estela Martínez de Perón (his third wife). The subsequent chaotic political situation, including guerrilla warfare, led to her deposition by a military junta, led by Gen Jorge Videla in March 1976.

The Dirty War and after Under the military, guerrilla warfare and the other features of dissidence were repressed with great brutality: about 9,000 people (according to official statistics; human rights organizations believe the total is at least double this) disappeared without trace during the so-called 'dirty war'. Confidence in the military ebbed when their economic policies began to go sour in 1980. In 1982-83 pressure for a democratic restoration grew particularly after the Falklands (Islas Malvinas) War with Great Britain in 1982, when Argentina invaded the South Atlantic islands run by the British, in an attempt to reclaim them.

General elections on 30 October 1983 were won by the Unión Cívica Radical (UCR), with

Dr Raúl Alfonsín as president. During 1985 Generals Videla, Viola and Galtieri were sentenced to long terms of imprisonment for their parts in the 'dirty war'.

When Alfonsín was defeated by Dr Carlos Saúl Menem of the Partido Justicialista (Peronists) in May 1989, Alfonsín stepped down early because of economic instability. Strained relations between the Peronist Government and the military led to several rebellions, which President Menem attempted to appease by pardoning the imprisoned Generals. His popularity among civilians declined, but in 1991-92 the Economy Minister Domingo Cavallo succeeded in restoring confidence in the economy and the Government as a whole. The key was a Convertibility Law, passed in 1991, fixing the peso at par with the US dollar, and permitting the Central Bank to print local currency only when fully backed by gold or hard currency. This achieved price stability; the annual average growth of consumer prices fell from 3,080% in 1989 to 3.9% in 1994 and remained in single figures until 2001. Having succeeded in changing the constitution to permit the re-election of the president for a second term of four years, Menem was returned to office in 1995 by an electorate favouring stability. But his renewed popularity was short-lived: joblessness remained high, corruption unrestrained and new labour legislation was regarded as in contravention of some of Peronism's founding tenets. Menem failed to force another change to the constitution to allow him to stand for a third term, but his rivalry with the Peronists' eventual candidate, Eduardo Duhalde, was one of the factors behind the victory of Fernando de la Rúa of the Alliance for Work, Justice and Education (Alianza).

> **Menem & his legacy**

De la Rúa pledged to reduce joblessness, provide better healthcare and end corruption, but within a year was facing scandals and a series of economic crises. The peso became increasingly overvalued, but the government refused to modify the Convertibility Law. By the end of 2001, the country was in deep recession, unemployment was 20% and the government had practically run out of money to service its US$132 bn debt. As faith in the banking system and the government plummeted, Argentines started to take back their savings from banks; on 30 November 2001 alone, US$2 bn were withdrawn. The government imposed a US$250 weekly limit on cash withdrawals, leading to rioting, looting and 27 deaths which eventually forced de la Rúa out of office. Three subsequent presidents resigned. On 2 January 2002, Eduardo Duhalde was sworn in as Argentina's fifth president in two weeks. The mammoth task of dragging the economy out of recession and restoring confidence could not be achieved before elections in April 2003, although positive steps were taken. The devaluation of the peso in 2002, which saw the value of Argentines' savings plummet, did return the trade balance to surplus. Gdp was expected to grow by 5-7% in 2003, compared with decline of over 10% in 2002. Agriculture and tourism saw dramatic improvements and there was a slight fall in joblessness. Nevertheless, over half the population was living in poverty, desperate for work and food, many surviving thanks to barter clubs. Instead of a display of unity in the crisis, however, the Peronist party pulled itself apart prior to the elections, with the governor of Santa Cruz, Néstor Kirchner, running against ex-president Menem. In the first round, both polled more votes than liberal economist Ricardo López Murphy, but Menem, facing heavy defeat in the run-off, pulled out of the race at the last moment. This gave Kirchner the presidency but with the electoral support of just 22% of the vote from the first round (compared with 24% for Menem). Not only had Kirchner to keep the economy on track, he also had to mend the Peronists' wounds and prove to the people that he was capable of governing at the national level.

Bolivia

Bolivian politics have been the most turbulent in Latin America. Although in the 19th century the army was very small, officers were key figures in power-struggles, often backing different factions of the landowning elite. Between 1840 and 1849 there were 65 attempted *coups d'état*. The longest lasting government of the 19th century was that of Andrés Santa Cruz (1829-39), but when he tried to unite Bolivia with Peru in 1836, Chile and Argentina intervened to overthrow him. After the War of the Pacific (1879-83) there was greater stability, but opposition to the political dominance of the city of Sucre culminated in a revolt in 1899 led by business groups from La Paz and the tin-mining areas, as a result of which La Paz became the centre of government.

> **Coups, mines and wars**

Although silver had been of paramount importance in the colonial period, the Bolivian economy depended for much of the 20th century on exports of tin. The construction of railways and the demand for tin in Europe and the USA (particularly in wartime) led to a mining boom after 1900. By the 1920s the industry was dominated by three entrepreneurs, Simón Patiño, Mauricio Hochschild and the Aramayo family, who exercised great influence over national politics. The importance of mining and the harsh conditions in the isolated mining camps of the Altiplano led to the rise of a militant miners movement.

Since independence Bolivia has suffered continual losses of territory, partly because of communications difficulties and the central government's inability to control distant provinces. The dispute between Chile and Peru over the nitrate-rich Atacama desert in 1879 soon dragged in Bolivia, which had signed a secret alliance with Peru in 1873. Following its rapid defeat in the War of the Pacific Bolivia lost her coastal provinces. As compensation Chile later agreed to build the railway between Arica and La Paz. When Brazil annexed the rich Acre Territory in 1903, Bolivia was compensated by another railway, but this Madeira-Mamoré line never reached its destination, Riberalta, and proved of little use; it was closed in 1972. There was not even an unbuilt railway to compensate Bolivia for its next loss. A long-running dispute with Paraguay over the Chaco erupted into war in 1932. Defeat in the so-called Chaco War (1932-35) resulted in the loss of three quarters of the Chaco (see Paraguay chapter, page 1454).

Modern Bolivia The Chaco War was a turning point in Bolivian history, increasing the political influence of the army which in 1936 seized power for the first time since the War of the Pacific. Defeat bred nationalist resentment among junior army officers who had served in the Chaco and also led to the creation of a nationalist party, the Movimiento Nacionalista Revolucionario (MNR) led by Víctor Paz Estenssoro. Their anger was directed against the mine owners and the leaders who had controlled Bolivian politics. Between 1936 and 1946 a series of unstable military governments followed. This decade witnessed the apparent suicide in 1939 of one president (Germán Busch) and the public hanging in 1946 of another (Gualberto Villarroel). After a period of civilian government, the 1951 elections were won by the MNR but a coup prevented the party from taking office.

The 1952 revolution In April 1952 the military government was overthrown by a popular revolution in which armed miners and peasants played a major role. Paz Estenssoro became president and his MNR government nationalized the mines, introduced universal suffrage and began the break-up and redistribution of large estates. The economy, however, deteriorated, partly because of the hostility of the US government. Paz's successor, Hernán Siles Zuazo (president 1956-64), a hero of the 1952 revolution, was forced to take unpopular measures to stabilize the economy. Paz was re-elected president in 1960 and 1964, but shortly afterwards in November 1964 he was overthrown by his vice president, Gral René Barrientos, who relied on the support of the army and the peasants to defeat the miners.

Military rule in the 1970s The death of Barrientos in an air crash in 1969 was followed by three brief military governments. The third, led by Gral Torres, pursued left-wing policies which alarmed many army officers and business leaders. In August 1971 Torres was overthrown by Hugo Banzer, a right-wing colonel who outlawed political parties and trade unions. After Banzer was forced to call elections in 1978, a series of short-lived military governments overruled elections in 1978 and 1979 giving victories to Siles Zuazo. One of these, led by Gral García Meza (1980-81) was notable for its brutal treatment of opponents and its links to the cocaine trade, which led to its isolation by the international community.

Return to democracy In August 1982 the military returned to barracks and Dr Siles Zuazo assumed the Presidency in a leftist coalition government with support from the communists and trade unions. Under this regime inflation spiralled out of control. The elections of 1985 were won again by Víctor Paz Estenssoro, who imposed a rigorous programme to stabilize the economy. In the elections of 1989, Gonzalo Sánchez de Lozada of the MNR (chief architect of the stabilization programme) failed to win enough votes to prevent Congress choosing Jaime Paz Zamora of the Movimiento de la Izquierda Revolucionaria (MIR), who came third in the elections, as president in August 1989. Paz had made an unlikely alliance with the former military dictator, Hugo Banzer (Acción Democrática Nacionalista).

Although Gonzalo Sánchez de Lozada just failed to gain the required 51% majority to win the presidency in the 1993 elections, the other candidates recognized his victory. The main element in his policies was the capitalization of state assets, in which investors agreed to inject fresh capital into a chosen state-owned company in return for a 50% controlling stake. The other 50% of the shares were distributed to all Bolivians over 18 via a private pension fund scheme, an ambitious proposal in a country where only 5% of the population had bank accounts and savings were negligible. As the programme gained pace, so did opposition to it. In the elections of 1 June 1997, Banzer and the ADN secured 22% of the vote and ADN became the dominant party in a new coalition with MIR, Unidad Cívica de Solidaridad (UCS) and Conciencia de Patria (Condepa), giving the government a large majority in the Senate and lower house of Congress. In his first two years in office, Banzer pursued economic austerity and the US-backed policy of eradicating coca production. In 2000, however, economic hardship in rural areas, which had not benefited from the previous decade's reforms, together with unemployment and anger at both the coca eradication and a plan to raise water rates led to violent protests and road blocks in many parts of the country. Through 2001 and 2002, the situation had hardly improved and demonstrations large and small against social conditions were held throughout the country. In early 2001 the Ministry of the Economy highlighted the acute hardship in a report that stated that five out of eight Bolivians live in poverty with inadequate basic food supplies, high illiteracy, and no access to transportation, irrigation or means of financial betterment.

With the country's economic and social problems still severe, President Banzer was forced to resign in August 2001 because of cancer. His replacement, Vice-President Jorge Quiroga, had just a year left of Banzer's term to serve before new elections were held, in which a coalition led by former president Sánchez de Lozada won an extremely narrow victory. The runner-up was Evo Morales, leader of the coca growers, who campaigned for a restoration of traditional coca production and an end to free market reforms. From the outset, Sánchez de Lozada faced economic crisis, with continuing protests and road blocks. In February 2003, mass demonstrations, including 7,000 striking police officers, turned into riots over tax increases and the president was forced to flee the presidential palace in an ambulance. A week later, the cabinet resigned, the tax hikes were cancelled, police were awarded a pay rise and Sánchez de Lozada vowed to forego his salary. The government also planned to let more farmers grow coca after a study of the scale of domestic consumption of the leaf.

Brazil

Imperial Brazil

Dom Pedro the First had the misfortune to be faced by a secession movement in the north, to lose the Banda Oriental (today Uruguay) and to get too involved in his complicated love life. Finally, he abdicated as the result of a military revolt in 1831, leaving his five-year-old son, Dom Pedro the Second, in the hands of a regent, as ruler. On 23 July 1840, the lad, though only 15, was proclaimed of age. Dom Pedro the Second, a strong liberal at heart, promoted education, increased communications, developed agriculture, stamped on corruption and encouraged immigration from Europe. Under his rule the war with the dictator López of Paraguay ended in Brazilian victory. Finally, he declared that he would rather lose his crown than allow slavery to continue, and on 13 May 1888, it was finally abolished by his daughter, Princess Isabel, who was acting as Regent during his temporary absence.

There is little doubt that it was this measure that cost him his throne. Many plantation owners, who had been given no compensation, turned against the Emperor; they were supported by elements in the army and navy, who felt that the Emperor had not given due heed to their interests since the Paraguayan War. On 15 November 1889, the Republic was proclaimed and the Emperor sailed for Europe. Two years later he died in a second-rate hotel in Paris, after steadfastly refusing a pension from the conscience-stricken revolutionaries. At the time of the first centenary of independence in 1922 the imperial family was allowed to return to Brazil, and the body of Dom Pedro was brought back and buried in the cathedral at Petrópolis.

From Republic to dictatorship

The history of the 'Old Republic' (1889-1930), apart from the first 10 years which saw several monarchist rebellions, was comparatively uneventful, a time of expansion and increasing

▶ *The Bandeirantes*

Reviled in some quarters for their appalling treatment of Indians, revered in others for their determination and willingness to withstand extreme hardship in the pursuit of their goals, the bandeirantes are an indispensible element in the formation of Brazil.

The Portuguese knew that South America held great riches; their Spanish rivals were shipping vast quantities back to Europe from Peru. Legends proliferated of mountains of precious stones, golden lakes and other marvels, also of terrifying places, all in the mysterious interior. Regardless of the number of expeditions sent into the sertão which returned empty-handed, or failed to return at all, there was always the promise of silver, emeralds or other jewels to lure the adventurous beyond the coast.

The one thing that Brazil had in abundance was Indians. Throughout the colony there was a demand for slaves to work the plantations and farms, especially in the early 17th century when Portugal temporarily lost its African possession of Angola.

The men who settled in São Paulo proved themselves expert at enslaving Indians. Without official sanction, and certainly not blessed by the Jesuits, these adventurers formed themselves into expeditions which would set out often for years at a time, to

capture slaves for the internal market. The Guaraní Indians who had been organized into reducciones by the Jesuits around the Río Paraguay were the top prize and there developed an intense rivalry between the bandeirantes and the Jesuits. The priests regarded the Paulistas as murderous and inhumane; the slavers felt they had some justification in attacking the missions because they were in Spanish territory and, in the 17th century, the entire western boundary of Brazil was in dispute.

This was one side of the coin. The other was that the bandeirantes were incredibly resourceful, trekking for thousands of kilometres, withstanding great hardships, travelling light, inspired not just by the desire to get rich, but also by a fierce patriotism. To uncover the sertão's riches, they demystified it, trekking into Minas Gerais, Goiás and Mato Grosso looking for precious metals. Through their efforts, the Minas Gerais gold rush began. In the bandeirantes' footsteps came settlers and cattle herders who took over the lands that had been emptied of their Indian population. Although Indians were exploited as labour and became a source of income for the Paulistas, they also intermarried with the Europeans, hastening the miscegenation process which became so evident throughout Brazil.

prosperity. Brazil declared war on Germany during both wars and Brazilian troops fought in the Italian campaign in 1944-45. In 1930 a revolution headed by Getúlio Vargas, Governor of Rio Grande do Sul, who was to become known as 'the Father of the Poor' for the social measures he introduced, deposed President Wáshington Luís. Vargas assumed executive power first as provisional president and then as dictator. He was forced to resign in October 1945. In 1946 a liberal republic was restored and the following 18 years saw considerable economic development and social advance.

An increase in government instability and corruption prompted the military to intervene in civil affairs. From March 1964 until March 1985, the military governed Brazil using political repression and torture, yet achieving great economic success (up to 1980). Between 1964-74 average growth was 10% a year, but the divide between rich and poor widened. Labour leaders were oppressed, dissenters were jailed and *favelas* mushroomed. Political reform did not occur until 1980 and free elections were not held until 1989.

Return to democracy In January 1985 a civilian, Tancredo Neves, representing a broad opposition to the military régime, was elected President by the electoral college introduced under the military's 1967 constitution. He was unable, because of illness, to take office: the vice-president elect, Sr José Sarney, was sworn in as acting President in March 1985, and in April became President on Sr Neves' death. After complete revision by a Constituent Assembly in 1987-88, Brazil's new constitution of 1988 permitted direct presidential elections in November 1989. These were won by Fernando Collor de Melo, of the small Partido da Reconstrução Nacional, who narrowly defeated Luis Inácio da Silva (Lula), of the Workers Party (PT). Just over half-way through his five-year term, Collor was suspended from office after a landslide congressional vote to impeach him over his involvement in corruption. He avoided impeachment by resigning on 29 December 1992. Vice-president Itamar Franco took over, but had scant success in tackling poverty and inflation until the introduction of an anti-inflation package which introduced the real as the new currency.

The success of the **real** plan was the principal reason for its architect, finance minister Fernando Henrique Cardoso, defeating Lula in the presidential elections of October 1994. Throughout 1997 and 1998, the financial crisis in Asia threatened Brazil's currency and economic stability. Cardoso was therefore obliged to introduce policies which, at the cost of slowing down economic growth, would prevent an upsurge in inflation and a devaluation of the currency. At the same time, the President was still faced with the social imbalances which his government had failed to redress: rising unemployment, unequal income distribution, crime, the low level of police pay, lamentable prison conditions, poor services in the state-run health and education services, land reform and the violence associated with landlessness. These issues notwithstanding, Cardoso again defeated Lula in presidential elections in October 1998. As the new administration battled to enforce greater budgetary discipline, the economy finally succumbed to internal and external pressures in early 1999. Brazil's decision in mid-January to devalue the real by 9% sent shockwaves through world financial markets as it implied that an IMF rescue package of November 1998 had failed. As capital continued to leave the country, the Government was soon forced to let the real float freely. In March 1999 the IMF resumed lending to Brazil, with support from the USA, and as early as May 1999 the economy showed signs of having confounded all the worst expectations. Despite further external shocks in 2001, such as 11 September and the economic crisis in Argentina, the economy remained stable thanks largely to the external sector.

The recession had lowered Cardoso's popularity and thus his influence over his coalition partners. At last the door was open for Lula, who in 2002, at the fourth attempt, won the presidency in the run-off vote against José Serra. Contrary to forecasts that he would lead Brazil down a left-wing path unacceptable to many outside agencies and governments, his first months in power met with approval at home and abroad. Although passionately committed to social reform, demonstrated in the `Zero Hunger' project to feed the millions of Brazilians who have to survive on less than US$1 a day, Lula did not abandon orthodox economic policies. By June 2003, the real was stengthening against the dollar, the country had avoided defaulting on its foreign debt and Lula's popularity was soaring.

Chile

In 1810 a group of Chilean patriots, including Bernardo O'Higgins – the illegitimate son of a Sligo-born Viceroy of Peru, Ambrosio O'Higgins, and a Chilean mother – revolted against Spain. This revolt led to seven years of war against the occupying troops of Spain – Lord Cochrane was in charge of the insurrectionist navy – and in 1817 Gen José de San Martín crossed the Andes with an army from Argentina and helped to gain a decisive victory. O'Higgins became the first head of state, but his liberal policies offended the dominant landed aristocracy, leading to his downfall in 1823. A period of anarchy followed, but in 1830 conservative forces led by Diego Portales restored order and introduced the authoritarian constitution of 1833. Under this charter, for almost a century, the country was ruled by a small oligarchy of landowners.

During the 1870s disputes arose with Boliva and Peru over the northern deserts, which were rich in nitrates. Although most of the nitrates lay in Bolivia and Peru, much of the mining was carried out by Anglo-Chilean companies. In the ensuing War of the Pacific (1879-83), Chile defeated its neighbours, gaining the Bolivian coastal region as well as the Peruvian provinces of Tarapacá and Arica. For the next 40 years it drew great wealth from the nitrate fields. In the south settlers began pushing across the Río Biobío in the 1860s, encouraged by government settlement schemes and helped by technological developments including repeating rifles, telegraph, railways and barbed wire. At the end of the War of the Pacific the large Chilean army was sent to subdue the Mapuches who were confined to ever-diminishing tribal lands. The territory was then settled by immigrants – particularly Germans – and by former peasants who had fought in the north.

The 20th century

The rule of the Right was challenged by the liberal regime of President Arturo Alessandri in 1920. Acute economic distress in 1924, linked to the replacement of Chilean nitrates with artificial fertilizers produced more cheaply in Europe, led to army intervention and some reforms were achieved. The inequalities in Chilean society grew ever sharper, despite the maintenance of political democracy, and gave rise to powerful socialist and communist parties. President Eduardo Frei's policy of 'revolution in freedom' (1964-70) was the first concerted attempt at overall radical reform, but it raised hopes it could not satisfy. In 1970 a marxist coalition assumed office under Dr Salvador Allende; the frantic pace of change under his regime polarized the country into Left- and Right-wing camps. Increasing social and economic chaos formed the background for Allende's deposition by the army; he died on 11 September 1973. Chile was then ruled by a military president, Gen Augusto Pinochet Ugarte, and a four-man junta with absolute powers. In its early years particularly, the regime suppressed internal opposition by methods which were widely condemned. Despite economic prosperity and efforts to make the regime more popular, Pinochet's bid for a further eight years as president after 1989 was rejected by the electorate in a plebiscite in 1988.

Post-Pinochet

As a result, presidential and congressional elections were held in 1989. A Christian Democrat, Patricio Aylwin Azócar was elected President and took office in March 1990 in a peaceful transfer of power. While Aylwin's coalition held the Chamber of Deputies, the Senate majority was controlled by eight Pinochet appointees, who could block constitutional reform. Gen Pinochet remained as Army Commander although other armed forces chiefs were replaced. The new Congress set about revising many of the military's laws on civil liberties and the economy. In 1991 the National Commission for Truth and Reconciliation published a report with details of those who were killed under the military regime, but opposition by the armed forces prevented mass human rights trials. In December 1993 presidential elections were won by the Christian Democrat Eduardo Frei, son of the earlier president, but in Congress his party failed to achieve the required two-thirds majority to replace heads of the armed forces and end the system of designated senators. Oblivious to public sentiment, the military's position in the senate was strengthened when General Pinochet, who retired as army commander-in-chief in March 1998, took up a senate seat, as a former president who had held office for more than six years. Although ex-officio, Pinochet's presence, and therefore parliamentary immunity from prosecution for alleged crimes during his dictatorship, was offensive to parliamentarians who had suffered during his regime.

In October 1998, Pinochet's position came under threat from an unforeseen quarter when a Spanish magistrate filed for his extradition from London, where he was on a private visit, to face charges of torture against Spanish and Chilean citizens between 1973 and 1990. He was detained while the British judiciary deliberated and in March 1999 the Law Lords concluded that Pinochet should stand trial for criminal acts committed after 1988, the year Britain signed the international torture convention. In April, Home Secretary Jack Straw authorized the extradition, but throughout 1999 the process was subject to continuous legal disputes culminating in a health report which claimed that Pinochet was too ill to stand trial. On this evidence the Home Secretary was "minded" to allow Pinochet to return to Chile, which he did in January 2000. After arriving in Santiago apparently fully fit, Pinochet's health did decline, as did his seemingly untouchable status. Implications of his involvement in the torture and killings of the 1970s and 1980s began to surface and in June 2000 an appeals court stripped Pinochet of his immunity from trial.

Partly as a result of the Pinochet affair, but also because of economic recession, President Frei's standing suffered a sharp decline in 1999. The Concertación elected socialist Ricardo Lagos to be its December 1999 presidential candidate. His main opponent, Joaquín Lavín, a former economic advisor to Pinochet, gained such support that there had to be a second election in January 2000. Lagos, who won by the slimmest of majorities, thus became Chile's first socialist president since Salvador Allende. An upturn in the economy in 2000 helped to lower unemployment and reduce some other pressures, but the main focus remained the legacy of Pinochet. While the former dictator enjoyed support from the military, the erosion of his position and image continued. Most damaging were admissions by former military personnel that, under orders from above, they had committed human rights abuses in the 1970s and 1980s. The process culminated in December 2000 when Judge Juan Guzmán indicted Pinochet himself on charges of kidnapping, murder, torture and other crimes. After a series of appeals and finally submitting to health tests, he appeared in court in January 2001. In March the charges were reduced by the court from responsibility for, to covering up 75 murders by the 'Caravan of Death' army unit. A series of protests followed a subsequent appeals court decision that Pinochet's dementia was too advanced for him to stand trial.

Colombia

After the collapse of Simón Bolívar's Republic of Gran Colombia in 1829/30, what is now known as Colombia was called Nueva Granada until 1863. Almost from its inception the new country became the scene of strife between the centralizing pro-clerical Conservatives and the federalizing anti-clerical Liberals. From 1849 the Liberals were dominant during the next 30 years of insurrections and civil wars. In 1885 the Conservatives imposed a highly centralized constitution which was not modified for over 100 years. A Liberal revolt in 1899 turned into a civil war, 'the War of the Thousand Days'. The Liberals were finally defeated in 1902 after 100,000 people had died. It was in 1903 that Panama declared its independence from Colombia, following US pressure.

Colombia's divided society

After 40 years of comparative peace, the strife between Conservatives and Liberals was reignited in a little-publicized but dreadfully bloody civil war known as *La Violencia* from 1948 to 1957 (some 300,000 people were killed). This was ended by a unique political truce, decided by plebiscite in 1957 under which the two political parties supported a single presidential candidate, divided all political offices equally between them, and thus maintained political stability for 16 years. The agreement was ended in 1978. Belisario Betancur, the Conservative president from 1982-86, offered a general amnesty to guerrilla movements in an attempt to end violence in the country. Following an initial general acceptance of the offer, only one of the four main guerrilla groups, the FARC, upheld the truce in 1985-87. In May 1986, when the Liberal candidate, Sr Virgilio Barco, won the presidential elections, FARC's newly-formed political party, the Unión Patriótica (UP), won 10 seats in congress; the Liberal party took the majority. Right-wing groups refused to accept the UP and by the beginning of 1990, 1,040 party members had been killed in five years. During the campaign for the 1990 presidential both the Liberal Party and the UP presidential candidates, Luis Carlos Galán and Bernardo Jaramillo, were assassinated.

In Medellín and Cali, two cartels transformed Colombia's drugs industry into a major force in worldwide business and crime. Their methods were very different: Medellín being ostentatious and violent, Cali much more low-key. In 1986, President Barco instigated an international effort to bring them to justice, but opposition to extradition of suspects to the USA stymied progress. Pablo Escobar, the alleged leader of the Medellín drugs cartel, who had surrendered under secret terms in 1991, escaped from custody in July 1992. Despite a multi-million dollar reward offered for his recapture and renewed conditional offers of surrender, he remained at large until he was killed in December 1993.

The narcotics trade

Having won the presidential elections held on 27 May, 1990, César Gaviria Trujillo (Liberal), who took up the candidacy of the murdered Luis Carlos Galán, appointed a coalition government made up of Liberals from rival factions, Conservatives and the M-19 (Movimiento 19 de Abril).

Modern Colombia

The Gaviria government was unable to stem violence, whether perpetrated by drug traffickers, guerrillas or common criminals. Not surprisingly, this was one of the issues in the 1994 election campaign, in which Ernesto Samper (Liberal) defeated Andrés Pastrana (Conservative). The main thrust of Samper's programme was that Colombia's current economic strength should provide resources to tackle the social deprivation which causes drug use and insurgency. Most impetus was lost during 1995-97, however, in the wake of revelations that Samper's election campaign had received about US$6 mn from the Cali cartel. The debate over Samper's awareness of the funding lasted until June 1996, almost overshadowing the capture or surrender of most of the leading Cali drug lords. The USA, having decided in March 1996 to decertify (remove) Colombia from its list of countries making progress against drugs trafficking, denied Samper the right to a US visa and again decertified the country in March 1997, not least because the Cali cartel bosses were continuing their business from prison. Whatever progress was being made to eradicate drugs plantations and stocks, the denial of US aid through decertification permitted little scope for the establishment of alternative crops. Many rural communities were therefore left without means of support.

In 1998, congressional and presidential elections were relatively peaceful and a welcome boost to confidence was given when the US withdrew the 'decertification' restrictions. The new president, Andrés Pastrana, immediately devoted his efforts to bringing the guerrillas to the negotiating table. A stop-go process began with FARC in late 1998 and the insurgents were conceded a large demilitarized zone, based on San Vicente de Caguán in Caquetá. Not everyone was in favour of Pastrana's approach, especially since FARC violence and extortion did not cease. ELN, meanwhile, angry at being excluded from talks, stepped up its campaign, demanding similar treatment. Paramilitary groups, too, showed no signs of ending their activities. Pastrana also sought international aid for his Plan Colombia, aimed at combatting the drugs trade. The US$1.6 bn package, approved by the US Congress in May 2000, was to cover mainly military and anti-narcotics equipment, with the remainder destined for crop substitution and other sustainable agriculture projects. It has become clear that the policy of spraying drug crops has not achieved the desired result. Not only has the net area under cultivation increased, but the concentration on eradicating coca has permitted a dramatic expansion in the production of opium poppies. Negotiatons with the guerrilla groups continued throughout 2001 but by early 2002, continued terror campaigns by the FARC and ELN increased the government's frustration and, with an eye on the approaching May 2002 elections, Pastrana abandoned his peace initative and sent in the Army. Strategic points in the demilitarized zone were quickly taken but the guerrillas melted away into the countryside and the disruption and kidnapping continued.

The frontrunners for the 2002 presidential elections were both Liberals: Horacio Serpa was the official party candidate, while Alvaro Uribe Vélez left the Liberals to run under his own movement, Colombia First. The main thrust of Uribe's campaigning was that the time had come to stop pandering to the left-wing guerrillas and to use a firm hand to restore order and security. This struck a chord with many Colombians, not just those who supported Pastrana's later hard line, but also the illegal, right-wing paramilitary groups who are waging their own war against FARC and ELN. Consequently, Uribe won with over 50% of the vote in the first round. He was thus the first Colombian president in modern Colombian history to achieve the post without the backing of either of the dominant political parties. Despite (or maybe because of) Uribe's anti-guerrilla policies, and despite a decline in support for insurgents following numerous atrocities, violence showed no signs of abating in 2003.

The lack of movement on the political/guerrilla front has had a negative effect on the economy and the quality of life. The economy was eventually showing signs of pulling out of a recession, which started in 1996, in late 2002. Hopes did rest on the new government making progress on the public order front and introducing economic policies to counter a stubbornly high public sector deficit. Unemployment at record levels also needed to be addressed. One consequence of the increase in hardship for many Colombians is that street crime has grown. The factors determining economic improvement, both internal and external, were finely balanced, eg the restoration domestic confidence, the easing of the global financial crisis and finding alternatives to declining coffee and petroleum exports.

Ecuador

After independence Ecuador decided on complete independence from the Gran Colombia confederation in August 1830, under the presidency of Juan Flores. The country's 19th century history was a continuous struggle between pro-Church conservatives and anti-Church (but nonetheless devoutly Catholic) liberals. There were also long periods of military rule from 1895, when the liberal Gen Eloy Alfaro took power. During the late 1940s and the 1950s there was a prolonged period of prosperity (through bananas, largely) and constitutional rule, but the more typical pattern of alternating civilian and military governments was resumed in the 1960s and 1970s. Apart from the liberal-conservative struggles, there has been long-lasting rivalry between Quito and the Sierra on one hand and Guayaquil and the Costa on the other.

Following seven years of military rule, the first presidential elections under a new constitution were held in 1979. The ensuing decades of democracy saw an oscillation of power between parties of the centre-right and centre-left. Governments of both political tendencies towed the international economic line and attempted to introduce neoliberal reforms. These measures were opposed by the country's labour organizations and, more recently, by the indigenous movement, which gained considerable political power. Against a backdrop of this tug-of-war, disenchantment with the political process grew apace with bureaucratic corruption and the nation's economic woes. In 1996 the frustrated electorate swept a flamboyant populist named Abdalá Bucaram to power. His erratic administration lasted less than 6 months.

Following an interim government and the drafting of the country's 18th constitution, Ecuador elected Jamil Mahuad, a former mayor of Quito, to the presidency in 1998. Mahuad began his term by signing a peace treaty to end the decades-old and very emotional border dispute with Peru. This early success was his last, as a series of fraudulent bank failures sent the country into an economic and political tailspin. A freeze on bank accounts failed to stop landslide devaluation of the Sucre (Ecuador's currency since 1883) and Mahuad decreed the adoption of the US Dollar in a desperate bid for stability.

Less than a month later, on 21 January 2000, he was forced out of office by Ecuador's indigenous people and disgruntled members of the armed forces. This was the first overt military coup in South America in over two decades, but it lasted barely three hours before power was handed to vice-president Gustavo Noboa. Significantly, all of the foregoing years of social unrest were never accompanied by serious bloodshed.

Noboa, a political outsider and academic, stepped into Mahuad's shoes with remarkable aplomb. With assistance from the USA and the International Monetary Fund, his government managed to flesh out and implement the dollarization scheme, thus achieving a measure of economic stability at the cost of deepening poverty. Social unrest diminished, and Ecuadoreans instead attempted to bring about change through the ballot box. In November 2002, Colonel Lucio Gutiérrez, who had staged the January 2000 *coup*, was elected president by a comfortable majority. Although he had run on a platform of sweeping reforms, the first months of the Gutiérrez administration were surprisingly cautious.

Following the end of conflict with Peru, attention has shifted to Ecuador's northern border with Colombia. Escalating armed confrontation in that neighbouring country, and increased US involvement, threaten to produce a regional escalation of the conflict.

Paraguay

The disturbances in Buenos Aires in 1810-16, which led to independence from Spain, **Independence** enabled creole leaders in Asunción to throw off the rule of Buenos Aires as well as Madrid. The **& dictatorship** new republic was, however, subject to pressure from both Argentina, which blocked Paraguayan trade on the Río de la Plata, and Brazil. Following independence Paraguay was ruled by a series of dictators, the first of whom, Dr Gaspar Rodríguez de Francia (1814-40) known as 'El Supremo', imposed a policy of isolation and self-sufficiency. The opening of the Río de la Plata after the fall of the Argentine dictator Rosas enabled de Francia's successor, Carlos Antonio López (1840-62) to import modern technology: in 1856 a railway line between Asunción and Villarrica was begun; an iron foundry and telegraph system were also developed. Carlos López was succeeded by his son, Francisco Solano López (López II), who saw himself as the Napoleon of South America. Believing Paraguay to be threatened by Brazil and Argentina, Solano López declared war on Brazil in 1865. When Argentina refused permission to send troops through Misiones to attack Brazil, López declared war on Argentina. With Uruguay supporting Brazil and Argentina, the ensuing **War of the Triple Alliance** was disastrous for the Paraguayan forces who held on against overwhelming odds until the death of López at the Battle of Cerro Corá on 1 March 1870. Of a pre-war population of 400,000, only 220,000 survived the war, 28,000 of them males, mostly either very young or very old. In the peace settlement Paraguay lost territory to Brazil and Argentina, although rivalry between these neighbours prevented a worse fate.

After the war, Paraguay experienced political instability as civilian factions competed for power, often appealing to army officers for support. Although there were few policy differences between the two political parties (the National Republican Association, known as Colorados from its red banner, and the Liberal party who adopted the colour blue), rivalry was intense. Elections were held regularly, but whichever party was in government invariably intervened to fix the result and the opposition rarely participated.

The Chaco War While Paraguayan leaders were absorbed with domestic disputes, Bolivia began occupying disputed parts of the Chaco in an attempt to gain access to the sea via the Río Paraguay. Although Bolivian moves started in the late 19th century, the dispute was given new intensity by the discovery of oil in the 1920s. In the five-year Chaco War (1932-37) 56,000 Bolivians and 36,000 Paraguayans were killed. Despite general expectations Paraguayan troops under Mariscal Estigarribia pushed the Bolivian army out of most of the Chaco.

Victory in war only increased dissatisfaction in the army with the policies of pre-war governments. In February 1936 nationalist officers seized power and appointed the war hero, Colonel Rafael Franco as President. Although Franco was overthrown in a counter-coup in 1937, the so-called 'February Revolution' began major changes in Paraguay including the first serious attempt at land reform and legal recognition of the small labour movement. Between 1939 and 1954 Paraguayan politics were even more turbulent, as rival civilian factions and army officers vied for power. In 1946 civil war shook the country as army units based in Concepción fought to overthrow President Morínigo.

The Stroessner Years A military coup in May 1954 led to General Alfredo Stroessner becoming President. Stroessner retained power for 34 years, the most durable dictator in Paraguayan history. His rule was based on control over the army and the Colorado party, both of which were purged of opponents. While a network of spies informed on dissidents, party membership was made compulsory for most official posts including teachers and doctors. In fraudulent elections Stroessner was re-elected eight times. Paraguay became a centre for smuggling, gambling and drug-running, much of it controlled by Stroessner's supporters. Meanwhile the government spent large amounts of money on transportation and infrastructure projects, including the giant hydroelectric dam at Itaipú. Although these projects brought employment, the completion of Itaipú in 1982 coincided with recession in Brazil and Argentina on whose economies Paraguay was heavily dependent. Meanwhile rivalry intensified within the regime over the succession, with Stroessner favouring his son, Gustavo. Opposition focussed around Gen Andrés Rodríguez, who was married to Stroessner's daughter. When Stroessner tried to force Rodríguez to retire, troops loyal to Rodríguez overthrew the 75-year old Stroessner, who left to live in Brazil.

Liberalization Rodríguez, who became provisional president, easily won multi-party elections in May 1989. The commitment to greater democracy permitted opponents, who had previously boycotted, or been banned from elections, to gain an unprecedented number of seats in the legislative elections of the same date. Despite considerable scepticism over General Rodríguez's intentions, political liberalization became a reality. The presidential and congressional elections that he promised were held on 9 May 1993. The presidency was won by Juan Carlos Wasmosy of the Colorado Party and Domingo Laíno of the Authentic Radical Liberal Party came second.

The government's commitment to market reforms, privatization and to economic integration with Argentina and Brazil within Mercosur inspired protests from all quarters. 1994 saw the first general strike for 35 years. There were also demands for land reform. A worsening of relations between the military and the legislature in 1995 led to a critical few days in April 1996. Army commander General Lino Oviedo was dismissed for threatening a coup; Wasmosy offered him the defence ministry but then withdrew the offer after massive public protest. Oviedo was later arrested on charges of insurrection, but from jail he made many accusations about corruption at the highest level. To the dismay of the Colorado leadership, Oviedo was chosen as the party's candidate for the May 1998 presidential elections. This intensified the feud between Oviedo and Wasmosy who eventually succeeded in having Oviedo jailed by a military tribunal for 10 years for attempting a coup in

1996. A compromise ticket of Raúl Cubas Grau (Oviedo's running mate) and Luis María Argaña (Colorado party president and opponent of Wasmosy) won the election. Within a week of taking office in August 1998, Cubas released Oviedo from prison, provoking a constitutional crisis as the supreme court ruled that Oviedo should serve out his sentence. Matters came to a head when Vice President Argaña was shot in March 1999, just before the Senate was to vote on impeachment of Cubas. Intense diplomatic efforts, led by Paraguay's Mercosur partners, resulted in Cubas' resignation on 29 March. He was replaced by Luis González Macchi, the president of Congress. Cubas went into exile in Brazil, Oviedo in Argentina. In December 1999, Oviedo escaped from the Patagonian *estancia* where he was held and began verbal attacks on the government. Soldiers loyal to Oviedo staged an unsuccessful coup in May 2000. In the following month Oviedo was arrested in Brazil. The González Macchi administration, meanwhile, was facing economic recession, strikes and social discontent. The economic downturn and its repercussions worsened through 2002 as a result of Argentina's financial crisis. Gdp fell by over 4% in 2002, with unemployment standing at about 16% and one third of the population living in poverty (according to the UN). In February 2003, González Macchi himself was discredited by, but avoided impeachment over, allegations of the misuse of state funds, fraud and the torture of leftwing militants. Nevertheless, in subsequent elections in April 2003, in which González Macchi did not stand, Paraguayans continued to back the Colorado Party. The presidential victor was Nicanor Duarte Frutos, with some 38% of the vote; Liberal Julio César Franco came second and Pedro Fadul of the conservative Beloved Fatherland party third.

Peru

Important events following the ejection of the Spaniards were a temporary confederation between Peru and Bolivia in the 1830s; the Peruvian-Spanish War (1866); and the War of the Pacific (1879-83), in which Peru and Bolivia were defeated by Chile and Peru lost its southern territory. The 19th and early 20th centuries were dominated by the traditional elites, with landowners holding great power over their workers. Political parties were slow to develop until the 1920s, when the socialist thinkers Juan Carlos Mariátegui and Víctor Raúl Haya de la Torre began to call for funadmental change. Haya de la Torre formed the Alianza Popular Revolucionaria Americana (APRA), but in the 1930s and 40s he and his party were constantly under threat from the military and the elilte. **After independence**

A reformist military Junta took over control of the country in October 1968. Under its first leader, Gen Juan Velasco Alvarado, the Junta instituted a series of measures to raise the personal status and standard of living of the workers and the rural Indians, by land reform, worker participation in industrial management and ownership, and nationalization of basic industries, exhibiting an ideology perhaps best described as 'military socialism'. In view of his failing health Gen Velasco was replaced in 1975 by Gen Francisco Morales Bermúdez and policy (because of a mounting economic crisis and the consequent need to seek financial aid from abroad) swung to the Right. Presidential and congressional elections were held on 18 May 1980, and Fernando Belaúnde Terry was elected President for the second time. His term was marked by growing economic problems and the appearance of the Maoist guerrilla movement Sendero Luminoso (Shining Path). **To the Shining Path**

Initially conceived in the University of Ayacucho, the movement gained most support for its goal of overthrowing the whole system of Lima-based government from highland Indians and migrants to urban shanty towns. The activities of Sendero Luminoso and another guerrilla group, Túpac Amaru (MRTA), frequently disrupted transport and electricity supplies, although their strategies had to be reconsidered after the arrest of both their leaders in 1992. Víctor Polay of MRTA was arrested in June and Abimael Guzmán of Sendero Luminoso was captured in September; he was sentenced to life imprisonment (although the sentence had to be reviewed in 2003 under legal reforms). Although Sendero did not capitulate, many of its members in 1994-95 took advantage of the Law of Repentance, which guaranteed lighter sentences in return for surrender, and freedom in exchange for valuable information. Meanwhile, Túpac Amaru was thought to have ceased operations (see below).

The
Fujimori years

The April 1985 elections were won by the APRA party leader Alán García Pérez. During his populist, left-wing presidency disastrous economic policies caused increasing poverty and civil instability. In presidential elections held over two rounds in 1990, Alberto Fujimori of the Cambio 90 movement defeated the novelist Mario Vargas Llosa, who belonged to the Fredemo (Democratic Front) coalition. Fujimori, without an established political network behind him, failed to win a majority in either the senate or the lower house. Lack of congressional support was one of the reasons behind the dissolution of congress and the suspension of the constitution on 5 April 1992. With massive popular support, President Fujimori declared that he needed a freer hand to introduce free-market reforms, combat terrorism and drug trafficking, and root out corruption.

Elections to a new, 80-member Democratic Constituent Congress (CCD) in November 1992 and municipal elections in February 1993 showed that voters still had scant regard for mainstream political groups. A new constitution drawn up by the CCD was approved by a narrow majority of the electorate in October 1993. Among the new articles were the immediate re-election of the president (previously prohibited for one presidential term), the establishment of a single-chamber congress, the reduction of the role of the state and the favouring of foreign investment. As expected, Fujimori stood for re-election on 9 April 1995 and beat his independent opponent, former UN General Secretary, Javier Pérez de Cuéllar, by a resounding margin. The coalition that supported him also won a majority in Congress.

The government's success in most economic areas did not accelerate the distribution of foreign funds for social projects. Furthermore, rising unemployment and the austerity imposed by economic policy continued to cause hardship for many. Economic progress also began to falter, casting further doubt on the government's ability to alleviate poverty. Dramatic events on 17 December 1996 thrust several of these issues into sharper focus. 14 Túpac Amaru guerrillas infiltrated a reception at the Japanese Embassy in Lima, taking 490 hostages and demanding the release of their imprisoned colleagues and new measures to raise living standards. Most of the hostages were released and negotiations were pursued during a stalemate that lasted until 22 April 1997. The president took sole responsibility for the successful, but risky assault which freed all the hostages (one died of heart failure) and killed all the terrorists. By not yielding to Túpac Amaru, Fujimori regained much popularity. But this masked the fact that no concrete steps had been taken to ease social problems. It also deflected attention from Fujimori's plans to stand for a third term following his unpopular manipulation of the law to persuade Congress that the new constitution did not apply to his first period in office. Until the last month of campaigning for the 2000 presidential elections, Fujimori had a clear lead over his main rivals. His opponents insisted that Fujimori that should not stand and local and international observers voiced increasing concern over the state domination of the media. Meanwhile, the popularity of Alejandro Toledo, a centrist and former World Bank official of humble origins, surged to such an extent that he and Fujimori were neck-and neck in the first poll. Toledo and his supporters claimed that Fujimori's slim majority was the result of fraud, a view echoed in the pressure put on the president, by the US government among others, to allow a second ballot. The run-off election, on 28 May 2000, was also contentious since foreign observers, including the Organization of American States, said the electoral system was unprepared and flawed, proposing a postponement. The authorities refused to delay. Toledo boycotted the election and Fujimori was returned unopposed, but with minimal approval. Having won, he proposed to "strengthen democracy".

This pledge proved to be worthless following the airing of a secretly-shot video on 14 September 2000 of Fujimori's close aide and head of the National Intelligence Service (SIN), Vladimiro Montesinos, handing US$15,000 to a congressman, Alberto Kouri, to persuade him to switch allegiances to Fujimori's coalition. Fujimori's demise was swift. His initial reaction was to close down SIN and announce new elections, eventually set for 8 April 2001, at which he would not stand. Montesinos, declared a wanted man, fled to Panama, where he was denied asylum. He returned to Peru in October and Fujimori personally led the search parties to find his former ally. Peruvians watched in amazement as this game of cat-and-mouse was played out on their TV screens. While Montesinos himself successfully evaded capture, investigators began to uncover the extent of his empire, which held hundreds of senior figures in its web. His activities encompassed extortion, money-laundering, bribery, intimidation, probably arms and drugs dealing and possibly links with the CIA and death squads. Swiss bank accounts in his name were found to contain about US$70 million, while other millions were discovered in accounts in the Cayman Islands and elsewhere. By early 2001 sightings of him were reported in Costa Rica, then Venezuela and Aruba. Meanwhile, Fujimori, apparently in pursuit of his presidential duties, made various overseas trips, including to Japan. Here, on 20 November, he sent Congress an email announcing his resignation. Congress rejected this, firing him instead on charges of being "morally unfit" to govern. An interim president, Valentín Paniagua, was sworn in, with ex-UN Secretary General Javier Pérez de Cuéllar as Prime Minister, and the government set about uncovering the depth of corruption associated with Montesinos and Fujimori. It also had to prepare for free and fair elections. Further doubt was cast over the entire Fujimori period by suggestions that he may not have been born in Peru, as claimed, but in Japan. His hosts certainly declared that, through his parents, he was a Japanese national and therefore exempt from extradition. If he was indeed Japanese by birth as well as ancestry, he should never have been entitled to stand for the highest office in Peru.

In the run-up to the 2001 elections, the front-runner was Alejandro Toledo, but with far from a clear majority. Ex-President Alan García emerged as Toledo's main opponent, forcing a second ballot on 3 June. This was won by Toledo with 52% of the vote. He pledged to heal the wounds that had opened in Peru since his first electoral battle with the disgraced Fujimori, but his first year in office was marked by slow progress on both the political and economic fronts. With the poverty levels still high, few jobs created and riots in the south over the mishandling of the sale of electricity companies in 2002, Toledo's popularity began to nosedive. Voters regarded his desire to be democratic as indecisive, but he did recoup some approval points by admitting paternity of an illegitimate daughter. A series of damaging strikes by farmers, teachers and government workers forced the president to declare a state of emergency in May 2003 to restore order.

After Fujimori

    In July 2002 Montesinos was convicted of usurping power and sentenced by the Peruvian anti-corruption court to nine years and four months in prison. His trial on other counts continued.

Uruguay

In 1808 Montevideo declared its independence from Buenos Aires. In 1811, the Brazilians attacked from the north, but the local patriot, José Gervasio Artigas, rose in arms against them. In the early stages he had some of the Argentine provinces for allies, but soon declared the independence of Uruguay from both Brazil and Argentina. Buenos Aires invaded again in 1812 and was able to enter Montevideo in June 1814. In January the following year the Orientales (Uruguayans) defeated the Argentines at Guayabos and regained Montevideo. The Portuguese then occupied all territory south of the Río Negro except Montevideo and Colonia. The struggle continued from 1814 to 1820, but Artigas had to flee to Paraguay when Brazil took Montevideo in 1820. In 1825 General Juan Lavalleja, at the head of 33 patriots (the Treinta y Tres Orientales), crossed the river and returned to Uruguay, with Argentine aid, to harass the invaders. After the defeat of the Brazilians at Ituzaingó on 20 February 1827, Britain intervened, both Argentina and Brazil relinquished their claims on the country, and independence was finally achieved in 1828.

Struggle for independence

The early history of the republic was marked by a civil war (known as the Guerra Grande) which began as a conflict between two rival leaders, José Fructuoso Rivera with his Colorados and Manuel Oribe with his Blancos; these are still two of the three main parties today. Oribe was helped by the Argentine dictator, Juan Manuel de Rosas, but was overthrown in 1838. Blanco forces, backed by Rosas, besieged Montevideo between 1843 and 1851. Although Rosas fell from power in 1852, the contest between Colorados and Blancos continued. A Colorado, General Venancio Flores, helped by Argentina, became president and, in 1865, Uruguay was dragged into the war of the Triple Alliance against the Paraguayan dictator, López. Flores was assassinated in 1868 three days after his term as president ended.

19th-century upheavals

Batlle y Ordoñez The country, wracked by civil war, dictatorship and intrigue, only emerged from its long political turmoil in 1903, when another Colorado, a great but controversial man, José Batlle y Ordóñez was elected president. During Batlle y Ordóñez' two terms as president, 1903-07 and 1911-15, Uruguay became within a short space of time the only 'welfare state' in Latin America. Its workers' charter provides free medical service, old age and service pensions and unemployment pay. Education is free and compulsory, capital punishment abolished, and the church disestablished.

Guerrillas & Military rule As the country's former prosperity has ebbed away since the 1960s, the welfare state has become increasingly fictitious. The military promised to reduce bureaucracy and spend more on the poor and development after the turmoil of 1968-73, the period in which the Tupamaros urban guerrilla movement was most active. In practice the military, which effectively wiped out the Tupamaros by 1972, expanded state spending by raising military and security programmes. Real wages fell to less than half their 1968 level and only the very wealthy benefited from the military regime's attempted neo-liberal economic policies. Less than 10% of the unemployed received social security payments. Montevideo began to sprout shanty towns, once unheard of in this corner of the hemisphere. Nevertheless, the country's middle class remains very large, if impoverished, and the return to democracy in 1985 raised hopes that the deterioration in the social structure would be halted. Almost 10% of the population emigrated for economic or political reasons during the 1960s and 1970s: the unemployed continue to leave, but the political and artistic exiles have returned.

Allying himself with the Armed Forces in 1973, the elected president, Juan M Bordaberry, dissolved Congress and stayed on to rule as the military's figurehead until 1976. Scheduled elections were cancelled in that year, and a further wave of political and trade union repression instituted. Unable to convince the population to vote for a new authoritarian constitution in 1980, the military became increasingly anxious to hand back power to conservative politicians.

Return to democracy In August 1984 agreement was reached finally on the legalization of most of the banned leftist parties and elections were held in November. Under the moderate government of Julio María Sanguinetti (of the Colorado party) the process of national reconstruction and political reconciliation began with a widespread political amnesty (endorsed by referendum in April 1989). The moderate conservative Partido Nacional (Blancos) won November 1989 presidential and congressional elections and Luis Alberto Lacalle became president. There was considerable opposition to plans for wage restraint, spending cuts, social reforms and privatization. As a result, his Blanco Party lost the November 1994 elections: Colorado ex-president Sanguinetti was again victorious over the Blancos and the Frente Amplio, a broad left front. Each party won about a third of the seats in Congress. Soon after taking office in March 1995, President Sanguinetti managed to forge an alliance with the Blancos to introduce economic restructuring and steps towards implementing much needed social security reforms. While the coalition worked together to reduce the influence of the public sector, the Frente Amplio gained support for its aim of maintaining the welfare state.

In December 1996 a referendum was held on constitutional reforms, including changes to the presidential selection process which would restrict political parties to a single candidate for each election and the introduction of a second ballot for the presidency. The Blancos and Colorados were in favour of the changes, but the Frente, fearing that the two main parties would maintain their cooperation to keep it from power, was opposed. The electorate voted in favour of the changes. The first elections under the new system were held at the end of 1999 and the Frente Amplio candidate, Tabaré Vásquez, was narrowly defeated in the second ballot by Jorge Batlle of the Colorados. Batlle needed the support of Blanco voters anxious to keep the left from power. In congress, however, the Frente Amplio, in coalition with Encuentro Progresista, was the single party with the largest number of seats.

After his predecessor had implemented essential reforms of the social security system, such as ending the state monopoly in insurance and pensions, incoming president Jorge Batlle planned to bring new impetus to the economy through diversification away from wool and beef and opening new export markets. Unfortunately, the recession that began in 1999 had not been lifted by 2003. Its initial causes were high international interest rates, rising oil prices and economic stagnation in Argentina, plus severe drought affecting domestic agriculture. In consequence, internal demand fell and unemployment rose to almost 15% of the workforce by the end of 2000. Argentina's economic meltdown in 2001 ended any hope of improvement. In 2002 gdp fell by 10.8%, the worst result for 20 years, with the banking sector in crisis. Financial collapse was averted in August 2002 only through an emergency loan of US$1.5 bn from the US. Sectors suffering the most were commerce, construction, hotels and restaurants, but agriculture and livestock did enjoy some improvement , thanks to increased exports.

Venezuela

Despite being at the heart of Simón Bolívar's cherished Gran Colombia (together with Ecuador, Colombia and Panama), Venezuela under General Páez became an independent nation in 1830, before Bolívar's death. Páez was either president, or the power behind the presidency from 1831 to 1848, a time of stability and economic progress. In the second half of the 19th century, though, the rise of the Liberal Party in opposition to the ruling Conservatives led to conflicts and social upheaval. In 1870 a Liberal politician-general, Antonio Guzmán Blanco, came to power. Even though his term was peaceful, it marked the entry of the army into Venezuelan politics, a role which it did not relinquish for almost a century.
After Independence

In the first half of the century presidents of note were Juan Vicente Gómez (1909-35), a brutal but efficient dictator, and Isaías Medina Angarita, who introduced the oil laws. There was much material progress under the six-year dictatorship of Gen Marcos Pérez Jiménez (1952-58), but his Gómez-like methods led to his overthrow in January 1958. A stable democracy has been created since, with presidential elections every five years. Carlos Andrés Pérez of the centre-left Democratic Action party (AD) took office in 1974, presiding over a period of rapid development following the first great oil-price rise, and was succeeded in 1979 by Luis Herrera Campins of the Christian Democratic party, Copei. Jaime Lusinchi of Democratic Action was elected president in 1983, to be followed by Carlos Andrés Pérez, who began his second term in 1989.
20th century

Pérez' second term was marked by protests against economic adjustment and growing levels of poverty. In 1992 there were two unsuccessful coup attempts by military officers, including Colonel Hugo Chávez Frías, who became president by legitimate means in 1999. Among reforms designed to root out corruption, the Supreme Court and Central Bank were given greater independence. Both bodies were instrumental in the decision that Pérez himself be tried on corruption charges in 1993. The president was suspended from office, arrested and, after two years of house arrest, was found guilty in May 1996. An interim president, Senator Ramón José Velázquez, took office until the presidential elections of December 1993, in which Rafael Caldera, standing as an independent, was re-elected to office (as a member of Copei, he was president 1969-74). Many of his aims, such as improvement in social conditions, tax reform and the control of inflation, had to be postponed, even reversed, in favour of solving an economic and financial crisis which began in 1994. This helped him to conclude an agreement with the IMF, but caused public protest at declining salaries and deteriorating public services.
1990s: instability & economic crisis

Presidential elections in December 1998 were won by Hugo Chávez, by an overwhelming majority. On taking office in February 1999, Chávez called for a complete overhaul of Venezuela's political system in order to root out corruption and inefficiency. He obtained special powers from Congress to reduce the budget deficit and diversify the economy away from oil. These were first steps towards his aim of eradicating poverty and restoring real incomes, which had fallen by two thirds in 15 years. He set up a constituent assembly which drew up a new constitution and 70% of the electorate approved it in a plebiscite in December 1999. New elections, scheduled for May 2000 but postponed until end-July as the electoral commission failed to make the necessary preparations, were won comfortably by Chávez. Opposition parties did, however, increase their share of seats in Congress as the middle and upper classes supported Chávez' main challenger, Francisco Arias Calderón, while the president held on to his heartland in the poverty-stricken slums. The goals of the 'Chávez revolution' remained unchanged, but a referendum in late 2000 to reform labour unions and remove their supposedly corrupt leaders, while winning a majority, had very low voter turnout and was bitterly attacked at home and abroad.

The 2002 coup Through 2001 and into 2002 Chávez succeeded in annoying many sections of society. Dissident military officers repeatedly called for his resignation, calling the president "tyrannical". His policies and pronouncements frequently antagonized the business sector, the Roman Catholic Church and the press. The middle classes, office workers and trades unionists blamed him for mismanaging the economy. Pro- and anti-Chávez street demonstrations became a regular event in Caracas. The final straw was the reform of PDVSA, the state oil company, which Chávez believed should be contributing more to the overall economy. When he replaced PDVSA executives with his own allies, the value of the bolívar slumped against the dollar and oil workers went on strike. This led to a 48-hour general strike in early April and, during the protests, 16 people were killed. On 12 April it was announced that Chávez had been replaced as president after being arrested by the military high command. His successor was businessman Pedro Carmona, who dissolved Congress and cancelled the constitution, only to resign a day later in the face of pro-Chávez demonstrations equally as strong as those that had ousted the president. On 14 April, Chávez was restored to office, but society remained deeply polarised. The opposition coalition, made up of the business sector, the main trades union and the private media, kept up its pressure on Chávez. Calls for early elections were backed by the US, but the government insisted that the first poll to be held would the a mid-term referendum in August 2003, as required by the constitution.

By end-2002, the political situation had deteriorated to such a degree that a general strike call was met with massive support. It lasted two months and cost Venezuela some US$6 billion as the oil industry was paralized, the banking sector shut down and the bolívar plummeted to record lows against the dollar. Chávez stood firm and by March 2003 the oppostion had started to fracture. Strike leaders were arrested or forced to seek asylum and the president seemed more determined than ever to see through his Bolivarian revolution.

Guyana

The country was first partially settled between 1616 and 1621 by the Dutch West India Company, who erected a fort and depot at Fort Kyk-over-al (County of Essequibo). The first English attempt at settlement was made by Captain Leigh on the Oiapoque River (now French Guyane) in 1604, but he failed to establish a permanent settlement. Lord Willoughby, founded a settlement in 1663 at Suriname, which was captured by the Dutch in 1667 and ceded to them at the Peace of Breda in exchange for New York. The Dutch held the three colonies till 1796 when they were captured by a British fleet. The territory was restored to the Dutch in 1802, but in the following year was retaken by Great Britain, which finally gained it in 1814, when the counties of Essequibo, Berbice and Demerara were merged to form British Guiana.

During the 17th century the Dutch and English settlers established posts upriver, in the hills, mostly as trading points with the Amerindian natives. Plantations were laid out and worked by African slaves. Poor soil defeated this venture, and the settlers retreated with their slaves to the coastal area in mid-18th century: the old plantation sites can still be detected from the air. Coffee and cotton were the main crops until the late 18th century, but sugar had become the dominant crop by 1820. In 1834 slavery was abolished. Many slaves scattered as small landholders, and settlers had to find another source of labour: indentured workers from India, a few Chinese, and some Portuguese labourers. At the end of their indentures many settled in Guyana.

The end of the colonial period was politically turbulent, with rioting between the mainly Indo-Guyanese People's Progressive Party (PPP), led by Dr Cheddi Jagan, and the mainly Afro-Guyanese People's National Congress (PNC), under Mr Forbes Burnham. The PNC, favoured over the PPP by the colonial authorities, formed a government in 1964 and retained office until 1992. Guyana is one of the few countries in the Caribbean where political parties have used race as an election issue. As a result, tension between the main ethnic groups has manifested itself mainly at election time.

On 26 May 1966 Guyana gained independence, and on 23 February 1970 it became a co-operative republic within the Commonwealth, adopting a new constitution. Another new constitution was adopted in 1980; this declared Guyana to be in transition from capitalism to socialism. Many industries, including bauxite and sugar, were nationalized in the 1970s and close relations with the USSR and Eastern Europe were developed. Following the death of President Forbes Burnham in August 1985, Desmond Hoyte became president. Since then, relations with the United States have improved.

Regular elections to the National Assembly and to the presidency since independence were widely criticized as fraudulent. In October 1992 national assembly and presidential elections, declared free and fair by international observers, the PPP/Civic party, led by Dr Jagan, won power after 28 years in opposition. The installation of a government by democratic means was greeted with optimism and prompted foreign investors to study potential opportunities in Guyana. An economic recovery programme, part of an IMF Enhanced Structural Adjustment Facility, stimulated several years of positive gdp growth, but also seriously eroded workers' real income and hit the middle classes very hard.

In March 1997, President Jagan died after a heart attack. In new elections on 15 December 1997, the PPP/Civic alliance was re-elected. Jagan's widow, Janet, was elected as president. The PNC, led by Desmond Hoyte, disputed the results and a brief period of violent demonstrations was ended when a Caricom (Caribbean Common Market) mission agreed to mediate between the two sides. Even though the PPP/Civic was sworn in to office on 24 December 1997, agreeing to review the constitution and hold new elections within three years, Hoyte refused to recognize Jagan as president. In August 1999 President Jagan resigned because of ill health and Minister of Finance, Bharrat Jagdeo, was appointed in her place. Elections were scheduled for January 2001, but were postponed for two months as the elections commission was unprepared. During the delay, a high court judge ruled that the 1997 elections had been invalid, but the opposition's delight was quashed when the PPP/Civic was instructed to govern until the March vote. The PPP/Civic alliance and Jagdeo were subsequently returned to office. After the death of Desmond Hoyte in December 2002, Robert Corbin was elected leader of the opposition PNC/Reform. In May 2003, Jagdeo and Corbin agreed new terms for "constructive engagement", which included an end to the PNC/R's boycott of the National Assembly.

Suriname

Although Amsterdam merchants had been trading with the 'wild coast' of Guiana as early as 1613 (the name Parmurbo-Paramaribo was already known) it was not until 1630 that 60 English settlers came to Suriname under Captain Marshall and planted tobacco. The real founder of the colony was Lord Willoughby of Parham, governor of Barbados, who sent an expedition to Suriname in 1651 under Anthony Rowse to find a suitable place for settlement. Willoughbyland became an agricultural colony with 500 little sugar plantations, 1,000 white inhabitants and 2,000 African slaves. Jews from Holland and Italy joined them, as well as Dutch Jews ejected from Brazil after 1654. On 27 February 1667, Admiral Crynssen conquered the colony for the states of Zeeland and Willoughbyfort became the present Fort Zeelandia. By the Peace of Breda, 31 July 1667, it was agreed that Suriname should remain with the Netherlands, while Nieuw-Amsterdam (New York) should be given to England. The colony was conquered by the British in 1799, only to be restored to the Netherlands with the Treaty of Paris in 1814. Slavery was forbidden in 1818 and formally abolished in 1863. Indentured labour from China and Indonesia (Java) took its place.

On 25 November 1975, the country became an independent republic, which signed a treaty with the Netherlands for an economic aid programme worth US$1.5bn until 1985. A military coup on 25 February 1980 overthrew the elected government. The military leader, Lieutenant-Colonel Desi Bouterse, and his associates came under pressure from the Dutch and the USA as a result of dictatorial tendencies. After the execution of 15 opposition leaders on 8 December 1982, the Netherlands broke off relations and suspended its aid programme, although bridging finance was restored in 1988.

The ban on political parties was lifted in late 1985 and a new constitution was drafted. In 1986 guerrilla rebels (the Jungle Commando), led by a former bodyguard of Lieutenant-Colonel Bouterse, Ronny Brunswijk, mounted a campaign to overthrow the government, disrupting both plans for political change and the economy. Nevertheless, elections for the National Assembly were held in November 1987. A three-party coalition (the Front for Democracy and Development) gained a landslide victory over the military, winning 40 of the 51 seats, but conflicts between Assembly President Ramsewak Shankar and Lieutenant-Colonel Bouterse led to the deposition of the government in a bloodless coup on 24 December 1990 (the 'telephone coup'). A military-backed government under the presidency of Johan Kraag was installed and elections for a new national assembly were held on 25 May 1991. The New Front of three traditional parties and the Surinamese Labour Party (SPA) won 30 Assembly seats. Twelve went to the army-backed National Democratic Party (NDP, led by Lieutenant-Colonel Bouterse) and nine to the Democratic Alternative, which favours closer links with The Netherlands. New Front Ronald Venetiaan was elected president on 6 September 1991. Meetings between Suriname and the Netherlands ministers after the 1991 elections led to the renewal of aid in 1992. In August 1992, a peace treaty was signed between the government and the Jungle Commando.

It was only after the 1990 coup and a 25% fall in the price of alumina in 1991 that pressing economic issues such as unifying the complex system of exchange rates, reducing state involvement in the economy and cutting the huge budget deficit began to be addressed. In 1992 a Structural Adjustment Programme (SAP) was drawn up as a forerunner to a 1994-8 Multi-Year Development Programme. A unified floating rate was introduced in 1994, but apart from that the New Front Government failed to reap any benefit from the SAP. New Front's popularity slumped as its handling of the economy foundered and corruption scandals undermined its claim to introduce 'clean politics'. Because of wide ideological differences, the opposition parties presented no concerted campaign against the New Front until the 23 May 1996 general election. Until then, much greater impetus was given to popular discontent by the economic decline, which reached catastrophic proportions by 1995. Although the New Front won a small majority in the National Assembly, Venetiaan did not hold enough seats to become president. Several parties defected to the NDP with the result that, in September 1996, the United Peoples Assembly elected by secret ballot Jules Wijdenbosch as president. Wijdenbosch, who had been a vice-president during Bouterse's regime, formed a coalition government of his own NDP and five other parties. Bouterse, for whom the special post of Councillor of State had been created in 1997, was dismissed by Wijdenbosch in April 1999 for failing to 'contribute to a healthy political climate'. At the same time Bouterse was tried *in absentia* in the Netherlands on suspicion of drug trafficking; he was convicted in July (Ronnie Brunswijk was convicted *in absentia* on similar charges in April).

Protests and strikes at the government's handling of the economy erupted in 1998-99 and Wijdenbosch's position became precarious following the collapse of his coalition. After losing a vote of confidence in parliament in June 1999, he was forced to bring forward elections from 2001 to 25 May 2000. Wijdenbosch was humiliated by the electorate, gaining a mere 9% of the vote, while the New Front coalition led by ex-president Ronald Venetiaan won 47%. Venetiaan's most urgent priority was to stabilize the economy. Between 1995 and 1998 some improvement in the economy had been noticeable, with positive gdp growth rates, inflation under 20%, increases in earnings, little fluctuation in the exchange rate and no major expansion of debt. By 2000, though, all these trends had been reversed, with Dutch aid terminated and the economy in recession. Gdp fell by more than 8%, real wages fell by about 14% and domestic and external debt mushroomed. In 2001, there were renewed signs of improvement as gdp rose by almost 6%, but the outlook remained grim for over 60% of the population estimated by the United Nations to be living in poverty.

Guyane

Several French and Dutch expeditions attempted to settle along the coast in the early 17th century, but were driven off by the native population. The French finally established a settlement at Sinnamary in the early 1660s but this was destroyed by the Dutch in 1665 and

Background

seized by the British two years later. Under the Treaty of Breda, 1667, Guyane was returned to France. Apart from a brief occupation by the Dutch in 1676, it remained in French hands until 1809 when a combined Anglo-Portuguese naval force captured the colony and handed it over to the Portuguese (Brazilians). Though the land was restored to France by the Treaty of Paris in 1814, the Portuguese remained until 1817. Gold was discovered in 1853, and disputes arose about the frontiers of the colony with Suriname and Brazil. These were settled by arbitration in 1891, 1899, and 1915. By the law of 19 March 1946, the Colony of Cayenne, or Guyane Française, became the Department of Guyane, with the same laws, regulations, and administration as a department in metropolitan France. The seat of the Prefect and of the principal courts is at Cayenne. The colony was used as a prison for French convicts with camps scattered throughout the country; Saint-Laurent was the port of entry. After serving prison terms convicts spent an equal number of years in exile and were usually unable to earn their return passage to France. Majority opinion seems to be in favour of greater autonomy and there has been some civil unrest caused by a minority calling for change in the relationship with Metropolitan France. The French government has shown no inclination to alter the department's status. There is an independence movement, but it does not have a significant following.

Government

The country's official name is La República Argentina, the Argentine Republic. The form of government has traditionally been a representative, republican federal system. Of the two legislative houses, the Senate has 72 seats, and the Chamber of Deputies 257. By the 1853 Constitution (amended most recently in 1994) the country is divided into a Federal Capital (the city of Buenos Aires) and 23 Provinces. Each Province has its own Governor, Senate and Chamber of Deputies. The municipal government of the Federal Capital is exercised by a Mayor who is directly elected. The Constitution grants the city autonomous rule. **Argentina**

The Constitution of 1967 vests executive power in the President, elected by popular vote for a term of five years, who cannot be immediately re-elected. Congress consists of two chambers: the Senate, with 27 seats, and the Chamber of Deputies, with 130 seats. There are nine departments; each is controlled by a Prefecto appointed by the President. **Bolivia** *Sucre is the legal capital, La Paz is the seat of government*

The 1988 constitution provides for an executive president elected by direct popular vote, balanced by a bicameral legislature (81 seats in the Federal Senate, 513 seats in the Chamber of Deputies) and an independent judiciary. The vote has been extended to 16-year-olds and illiterates. Presidential elections are held every five years, with a second round one month after the first if no candidate wins an outright majority. Congressional elections are held every four years, the deputies being chosen by proportional representation. **Brazil**

The pre-1973 constitution was replaced, after a plebiscite, on 11 March 1981. This new constitution provided for an eight year non-renewable term for the President of the Republic (although the first elected president was to serve only four years), a bicameral Congress and an independent judiciary and central bank. In February 1994, the Congress cut the presidential term of office from eight years to six. Congress is composed of a 120-seat Chamber of Deputies and a 47-seat Senate, eight of whose members are nominated, rather than elected. In 1974 the country was divided into 13 regions, replacing the old system of 25 provinces. **Chile**

Senators and Representatives are elected by popular vote. The Senate has 102 members, and the Chamber of Representatives has 163. The President, who appoints his 13 ministers, is elected by direct vote for a term of four years, but cannot succeed himself in the next term. Every citizen over 18 can vote. The 1886 Constitution was reformed by a Constituent Assembly in 1991. Administratively the country is divided into 32 Departments and the Capital District of Bogotá. **Colombia**

There are 22 provinces, including the Galápagos Islands. Provinces are divided into *cantones* which are subdivided into *parroquias* for administration. **Ecuador**

Under the 1998 constitution, all citizens over 18 are both entitled and required to vote. The president and vice-president are elected for a four-year term and may be re-elected. The president appoints cabinet ministers and provincial governors. The parliament (Congreso Nacional) has 123 members who are elected for a four-year term at the same time as the president.

Paraguay A new Constitution was adopted in 1992. The country has 19 departments. Executive power rests with the president, elected for five years. There is a two-chamber Congress (Senate 45 seats, Chamber of Deputies 80). Voting is secret and obligatory for all over 18.

Peru Under a new constitution (approved by plebiscite in October 1993), a single chamber, 80-seat congress replaced the previous, two-house legislature. Men and women over 18 are eligible to vote; registration and voting is compulsory until the age of 60. Those who do not vote are fined. The President, to whom is entrusted the Executive Power, is elected for five years and may, under the constitution which came into force on 1 January 1994, be re-elected for a second term.

Uruguay Uruguay is a republic with a bicameral legislature: a Senate with 31 seats and a Chamber of Representatives with 99 seats. The president, who is head of state and of the government, holds office for five years. The country is divided into 19 provinces.

Venezuela Venezuela is a federal republic of 23 states, a Federal District and federal dependencies of over 70 islands. There is one legislative house, a chamber of deputies with 199 members who are elected every five years. A referendum was held on 15 December 1999 which voted to change the constitution and allow immediate reelection of the president. The constitution came into force on 30 December 1999. The country's name was changed to the Bolivarian Republic of Venezuela.

Guyana A Prime Minister and cabinet are responsible to the National Assembly, which has 65 members elected for a maximum term of five years. The president is Head of State. The country is divided into 10 administrative regions.

Suriname There is one legislative house, the National Assembly, which has 51 members. The President is both head of state and government. Suriname is divided into 10 districts, of which the capital is one.

Guyane The head of state is the president of France; the local heads of government are Le Préfet (the Prefect), for France, and the presidents of the local General and Regional Councils. The General Council and the Regional Council are the two legislative houses. The main parties in the regional council are the Parti Socialiste Guyanais and the Front Democratique Guyanais. Guyane sends a representative to the French Senate and one to the National Assembly in Paris.

Culture

People

Argentina
Forecast population growth 2000-2005: 1.2%
Urban population in 2002: 88%
Infant mortality: 20 per 1,000 live births
Gross national income per capita, 2000, US$12,050

Total population in 2002 was 37.9 million. The average annual growth rate between 1995 and 2000 was 1.3%. In the Federal Capital and Province of Buenos Aires, where about 45% of the population lives, the people are almost exclusively of European origin. In the far northern provinces, colonized from neighbouring countries, at least half the people are *mestizos* though they form about 15% of the population of the whole country. It is estimated that 12.8% are foreign born and generally of European origin, though there are also important communities of Syrians, Lebanese, Armenians, Japanese and Koreans. Not surprisingly, the traditional image of the Argentine is that of the *gaucho*; *gauchismo* has been a powerful influence in literature, sociology and folklore, and is celebrated each year in the week before the 'Day of Tradition', 10 November.

In the highlands of the northwest, in the Chaco, Misiones and in the southwest, there are still some **indigenous groups**. The total of the Indian population is unknown; estimates vary from 300,000 to 500,000. The pampas Indians were virtually exterminated in the 19th century; the Indians of Tierra del Fuego are extinct. Surviving peoples include the Wichi and others in Salta and Jujuy provinces, various Chaco Indians and tribes related to the Mapuche and Tehuelche nations in the southwest.

Of the total population, 8,700,000 in 2002, some two thirds are Indians, the remainder being *mestizos* (people of mixed Spanish and indigenous origin), Europeans and others. The racial composition varies from place to place: Indian around Lake Titicaca; more than half Indian in La Paz; three-quarters *mestizo* or European in the Yungas, Cochabamba, Santa Cruz and Tarija, the most European of all. There are also about 17,000 blacks, descendents of slaves brought from Peru and Buenos Aires in 16th century, who now live in the Yungas. Since the 1980s, regional tensions between the 'collas' (*altiplano* dwellers) and the 'cambas' (lowlanders) have become more marked. About two-thirds of the population lives in adobe huts. Under 40% of children of school age attend school even though it is theoretically compulsory between 7 and 14.

The most obdurate of Bolivian problems has always been that the main mass of population is, from a strictly economic viewpoint, in the wrong place, the poor Altiplano and not the potentially rich Oriente; and that the Indians live largely outside the monetary system on a self-sufficient basis. Since the land reform of 1952 isolated communities continue the old life but in the agricultural area around Lake Titicaca, the valleys of Cochabamba, the Yungas and the irrigated areas of the south, most peasants now own their land, however small the plot may be. Migration to the warmer and more fertile lands of the east region has been officially encouraged. At the same time roads are now integrating the food-producing eastern zones, with the bulk of the population living in the towns of the Altiplano or the west-facing slopes of the Eastern Cordillera.

The **highland Indians** are composed of two groups: those in La Paz and in the north of the Altiplano who speak the guttural Aymara (an estimated one million), and those elsewhere, who speak Quechua, the Inca tongue (three million – this includes the Indians in the northern Apolobamba region). Outside the big cities many of them speak no Spanish, but knowledge of Spanish is increasing. In the lowlands are some 150,000 people in 30 groups, including the Ayoreo, Chiquitano, Chiriguano, Garavo, Chimane and Mojo. The **lowland Indians** are, in the main, Guaraní. About 70% of Bolivians are Aymara, Quechua or Tupi-Guaraní speakers. The first two are regarded as national languages, but were not, until very recently, taught in schools, a source of some resentment.

The Indian women retain their traditional costume, with bright petticoats (*polleras*), and in the highlands around La Paz wear, apparently from birth, a brown or grey bowler (locally called a *bombín*). Indians traditionally chew the coca leaf, which deadens hunger pains and gives a measure of oblivion. Efforts to control the cultivation of coca is one of many sources of friction between the indigenous population and the authorities; others include landlessness, and exploitation of labour. On feast days they drink with considerable application, wear the most sensational masks and dance till they drop.

Bolivia
Forecast population growth 2000-2005: 2.2%
Urban population in 2000: 63%
Infant mortality: 56 per 1,000 live births
GNI per capita in 2000: US$2,360

At first the Portuguese colony grew slowly. From 1580 to 1640 the population was only about 50,000 apart from the million or so indigenous Indians. In 1700 there were some 750,000 non-indigenous people in Brazil. Early in the 19th century Humboldt computed there were about 920,000 whites, 1,960,000 Africans, and 1,120,000 Indians and *mestiços*: after three centuries of occupation a total of only four million, and over twice as many Africans as there were whites.

Modern immigration did not begin effectively until after 1850. Of the 4.6 million immigrants from Europe between 1884 and 1954, 32% were Italians, 30% Portuguese, 14% Spanish, 4% German, and the rest of various nationalities. Since 1954 immigrants have averaged 50,000 a year. There are some one million Japanese-descended Brazilians; they grow a fifth of the coffee, 30% of the cotton, all the tea, and are very active in market gardening. The total population according to the 2000 census was 169,799,170 (all population figures in the text are taken from the 2000 census); UN-estimated total population in 2002 was 174.7 million.

Brazil
Forecast population growth 2000-2005: 1.2%
Urban population in 2000: 82%
Infant mortality: 38 per 1,000 live births
Gross national income per capita, 2000, US$7,300

Today the whites and near-whites are about 54% of the population, people of mixed race about 40%, and Afro Brazilians 5%; the rest are either Indians or Asians. There are large regional variations in the distribution of the races: the whites predominate greatly in the south, which received the largest flood of European immigrants, and decrease more or less progressively towards the north.

Most of the German immigrants settled in the three southern states: Santa Catarina, Rio Grande do Sul, and Paraná. The Germans (and the Italians and Poles and other Slavs who followed them) did not in the main go as wage earners on the big estates, but as cultivators of their own small farms.

The arid wastes of the Sertão remain largely uncultivated. Its inhabitants are people of mixed Portuguese and Indian origin (*mestiço*); most live off the 'slash and burn' method of cultivation, which involves cutting down and burning the brushwood for a small patch of ground which is cultivated for a few years and then allowed to grow back.

Brazilian culture is rich in African influences. Those interested in the development of Afro-Brazilian music, dance, religion, arts and cuisine will find the whole country north of São Paulo fascinating, and especially the cities of Bahia and São Luís which retain the greatest African influences. Though there is no legal discrimination against black people, the economic and educational disparity – by default rather than intent of the Government – is such that successful Afro Brazilians are active almost exclusively in the worlds of sport, entertainment and arts. Black Pride movements are particularly strong in Bahia.

Rural and urban population The population has historically been heavily concentrated along the coastal strip where the original Portuguese settlers exploited the agricultural wealth, and further inland in the states of Minas Gerais and São Paulo where more recent development has followed the original search for gold, precious stones and slaves. Much of the interior of Pará, Amazonas, Goiás and the Mato Grosso has densities of one person per sq km or less. Internal migration has brought to the cities problems of unemployment, housing shortage, and extreme pressure on services; shanty towns – or *favelas, mocambos, alagados*, according to the region – are an integral part of the urban landscape. But while the northeast, because of its poverty, has lost many workers to the industries of the southeast, many rural workers from southern Brazil have moved north, drawn by the rapid development of Amazônia, creating unprecedented pressures on the environment.

Indigenous peoples It is estimated that, when the Portuguese arrived in Brazil, there were between three and five million Indians living in the area. Today there are only about 350,000. Tribal groups number 210; each has a unique dialect, but most languages belong to four main linguistic families, Tupi-Guarani, Ge, Carib and Arawak. A few tribes remain uncontacted, others are exclusively nomadic, others are semi-nomadic hunter-gatherers and farmers, while some are settled groups in close contact with non-Indian society. The struggle of groups such as the Yanomami to have their land demarcated in order to secure title is well-documented. The goal of the Statute of the Indian (Law 6.001/73), for demarcation of all Indian land by 1978, is largely unmet. It was feared that a new law introduced in January 1996 would slow the process even more. Funai, the National Foundation for the Support of the Indian, a part of the Interior Ministry, is charged with representing the Indians' interests, but lacks resources and support. There is no nationwide, representative body for indigenous people. Most of Brazil's indigenous people live in the Amazon region; they are affected by deforestation, encroachment from colonizers, small- and large-scale mining, and the construction of hydroelectric dams. Besides the Yanomami, other groups include the Xavante, Tukano, Kreen-Akrore, Kaiapó, Arawete and Arara.

Chile

Forecast population growth 2000-2005: 1.2%
Urban population in 2000: 86%
Infant mortality: 12 per 1,000 live births
Gross national income per capita in 2000, US$9,100

The total population of Chile in 2002 was 15.6 million. There is less racial diversity in Chile than in most Latin American countries. Over 90% of the population is *mestizo*. There has been much less immigration than in Argentina and Brazil. The German, French, Spanish, Italian and Swiss immigrants came mostly after 1846 as small farmers in the forest zone south of the Biobío. Between 1880 and 1900 gold-seeking Serbs and Croats settled in the far south, and the British took up sheep farming and commerce in the same region. The influence throughout Chile of the immigrants is out of proportion to their numbers: their signature on the land is seen, for instance, in the German appearance of Valdivia, Puerto Montt, Puerto Varas, Frutillar and Osorno.

The population is far from evenly distributed: Middle Chile (from Copiapó to Concepción), 18% of the country's area, contains 77% of the total population. The Metropolitan Region of Santiago contains, about 39% of the whole population. The rate of population growth per annum, at 1.5% (1993-98), is slightly under the average for Latin America. Many Chileans live in slum areas called *callampas* (mushrooms), or *tomas* on the outskirts of Santiago and around the factories. It is estimated that 22% of the population lives in acute poverty. Unemployment in 2002 was 8.8%.

There is disagreement over the number of **indigenous people** in Chile. The Mapuche nation, 95% of whom live in forest land around Temuco, between the Biobío and Toltén rivers, is put at one million by Survival International, but much less by others, including official, statistics. There are also 15,000-20,000 Aymara in the northern Chilean Andes and 2,000 Rapa Nui on Easter Island. A political party, the Party for Land and Identity, unites many Indian groupings, and legislation is proposed to restore indigenous people's rights.

Colombia's total population in 2002 was 43.5 million. The regions vary in their racial make-up: Antioquia and Caldas are largely of European descent, Pasto is Indian, the Cauca Valley and the rural area near the Caribbean are African or *mulato*. However, continual population migrations are evening out the differences. The birth and death rates vary greatly from one area to the other, but in general infant mortality is high. Hospitals and clinics are few in relation to the population. About 66% of the doctors are in the departmental capitals, which contain about half of the population, though all doctors have to spend a year in the country before they can get their final diploma. Education is free, and since 1927 theoretically compulsory, but many children, especially in rural areas, do not attend. There are high standards of secondary and university education, when it is available.

An estimated 400,000 **tribal peoples**, from 60 ethnic groups, live in Colombia. Groups include the Wayuú (in the Guajira), the Kogi and Arhauco (Sierra Nevada de Santa Marta), Amazonian indians such as the Witoto, the nomadic Nukak and the Ticuna, Andean indians and groups of the Llanos and in the Pacific Coast rain forest. The diversity and importance of indigenous peoples was recognized in the 1991 constitutional reforms when indians were granted the right to two senate seats; the National Colombian Indian Organization (ONIC) won a third seat in the October 1991 ballot. State recognition and the right to bilingual education has not, however, solved major problems of land rights, training and education, and justice.

Colombia

Forecast population growth 2000-2005: 1.6%
Urban population, percentage of total: 76%
Infant mortality: 26 per 1,000 live births
Gross national income per capita 2000: US$6,060

The 2001 census counted 12.2 million Ecuadoreans, an 18% increase since 1990. Roughly 50% of Ecuador's people live in the coastal region west of the Andes, 45% in the Andean Sierra and 5% in Oriente. Migration is occurring from the rural zones of both the coast and the highlands to the towns and cities, particularly Guayaquil and Quito, and agricultural colonization from other parts of the country is taking place in the Oriente. There has also been an important flux of mostly illegal migrants out of Ecuador, seeking opportunities in the USA and Spain; 380,000 people (3% of the population) left between 1995 and 2001. Ecuador's national average population density is the highest in South America. Average *per capita* income rose rapidly in the 1970s and 80s, like other oil-exporting countries, but the distribution has become increasingly skewed. A few Ecuadoreans are spectacularly wealthy, while more than 70% of the population lives in poverty. Dollarization, at turn of the millennium, accentuated this imbalance.

There are 2-3 million Quichua-speaking **highland Indians** and about 70,000 **lowland Indians**. The following indigenous groups maintain their distinct cultural identity: in the Oriente, Siona, Secoya, Cofán, Huaorani, Zápara, Quichua, Shiwiar, Achuar and Shuar; in the Sierra, Otavalo, Salasaca, Puruhá, Cañari and Saraguro; on the coast, Chachi (Cayapa), Tsáchila (Colorado), Awa (Cuaiquer) and Epera. Many Amazonian Indian communities are fighting for land rights in the face of oil exploration and colonization.

Ecuador

Forecast population growth 2000-2005: 1.7%
Urban population, percentage of total: 61%
Infant mortality: 30 per 1,000 live births
Gross national income per capita, 2000, US$2,910

Background

Paraguay

Forecast population growth 2000-2005: 2.5% Urban population in 2002: 57% Infant mortality: 37 per 1,000 live births Gross national income per capita, 2000, US$4,450

The total population in 2003 was 6,036,900, growing at an average rate of 2.6 (1995-2003). Since Spanish influence was less than in many other parts of South America, most people are bilingual, speaking both Spanish and Guaraní. Outside Asunción, most people speak Guaraní by preference. There is a Guaraní theatre, it is taught in private schools, and books and periodicals are published in that tongue, which has official status as the second national language. According to official figures, the **indigenous population** is about 39,000; non-government sources put it as high as 99,000 (see *Return of the Indian* by Phillip Wearne, London 1996, page 212). Two-thirds of them are in the Chaco, and one-third in the rest of the country. There are 17 distinct ethnic groups with five different languages, among which Guaraní predominates. The 1981 Law of Native Communities in theory guarantees Indian rights to ownership of their traditional lands and the maintenance of their culture. Contact Tierra Viva, Casilla de Correo 789, Asunción, T/F595-2185209.

Peru

Forecast population growth 2000-2005: 1.6% Urban population in 2000: 73% of the total Infant mortality: 37 per thousand live births Gross national income per capita, 2000, US$4,660

Total population in 2002 was 26.5 million, with an annual average growth rate of 1.7 (1995-2000). Peruvian society is a mixture of native Andean peoples, Afro-Peruvians, Spanish, immigrant Chinese, Japanese, Italians, Germans and, to a lesser extent, indigenous Amazon tribes. The first immigrants were the Spaniards who followed Pizarro's expeditionary force. Their effect, demographically, politically and culturally, has been enormous. Peru's black community is based on the coast, mainly in Chincha, south of Lima, and also in some working-class districts of the capital. Their forefathers were originally imported into Peru in the 16th century as slaves to work on the sugar and cotton plantations on the coast. Large numbers of poor Chinese labourers were brought to Peru in the mid-19th century to work in virtual slavery on the guano reserves on the Pacific coast and to build the railroads in the central Andes. The Japanese community, now numbering some 100,000, established itself in the first half of the 20th century. Like most of Latin America, Peru received many emigrés from Europe seeking land and opportunities in the late 19th century. The country's wealth and political power remains concentrated in the hands of this small and exclusive class of whites, which also consists of the descendants of the first Spanish families.

The **indigenous population** is put at about three million Quechua and Aymara Indians in the Andean region and 200,000-250,000 Amazonian Indians from 40-50 ethnic groups. In the Andes, there are 5,000 Indian communities but few densely populated settlements. Their literacy rate is the lowest of any comparable group in South America and their diet is 50% below acceptable levels. About two million Indians speak no Spanish, their main tongue being Quechua, the language of the Incas; they are largely outside the money economy. The conflict between Sendero Luminoso guerrillas and the security forces caused the death of thousands of highland Indians. Many Indian groups are under threat from colonization, development and road-building projects. Some have been dispossessed and exploited for their labour.

Uruguay

Forecast population growth 2000-2005: 0.7% Urban population in 2001: 92% of the total Infant mortality rate: 13 per 1,000 live births Gross national income per capita 2000 US$8,800 pp

Total population in 2002 was 3.4 million. Population growth 1995-2000 was 0.7%. Uruguayans are virtually all European, mostly of Spanish and Italian stock. A small percentage in parts of Montevideo and near the Brazilian border are of mixed African and European descent. Less than 10% are mestizos. There was little Spanish settlement in the early years and, for a long time, the area was inhabited mainly by groups of nomadic *gauchos* who trailed after the herds of cattle killing them for food and selling their hides only. Organized commerce began with the arrival of cattle buyers from Buenos Aires who found it profitable to hire herdsmen to look after cattle in defined areas around their headquarters. By about 1800 most of the land had been parcelled out into large *estancias*. The only commercial farming was around Montevideo, where small *chacras* grew vegetables, wheat and maize for the near-by town. Only after 1828 did immigration begin on any scale. Montevideo was then a small town of 20,000 inhabitants. Between 1836 and 1926 about 648,000 immigrants arrived in Uruguay, mostly from Italy and Spain, some into the towns, some to grow crops and vegetables round Montevideo. The native Uruguayans remained pastoralists, leaving commercial farming to the immigrants. More recent immigrants, however, Jewish, Armenian, Lebanese and others have chosen to enter the retail trades, textiles and leather production rather than farming.

In 2002 the total population was 25.1 million. A large number are of mixed Spanish and Indian origin. There are some pure Africans and a strong element of African descent along the coast, particularly at the ports. The arrival of 800,000 European immigrants, mostly in the 1950s, has greatly modified the racial make-up in Venezuela. One in six of all Venezuelans is foreign born. Venezuela, despite its wealth, still faces serious social problems. Many rural dwellers have drifted to the cities; one result of this exodus is that Venezuelan farmers do not provide all the food the nation needs and imports of foodstuffs are necessary, even for items such as beans and rice. A very small proportion of the population (150,000) is **Indian**. Among the best-known are the Yanomami, who live in Amazonas, and the Bari in the Sierra de Perijá (on the northwest border with Colombia). An Indian Reserve gives the Bari effective control of their own land, but this has not prevented infringement from mining, plantation or settlers. Other groups do not have title to their territory. These groups include the Wayuu (in the Guajira), the Panare and the Piaroa.

Until the 1920s there was little natural increase in population, but the eradication of malaria and other diseases has since led to rapid expansion, particularly among the East Indians (Asian), who, according to most estimates comprise about 50% of the population. Infant mortality is put at 52 per thousand live births. The 1992 census showed the following ethnic distribution: East Indian 48.3%; black 32.7%; mixed 12.2%; Amerindian 6.3%; white 0.3%; Chinese 0.2%; other 0.02%. Descendants of the original **Amerindian inhabitants** are divided into nine ethnic groups, including the Akawaio, Makuxi and Pemon. Some have lost their isolation and moved to the urban areas, others keenly maintain aspects of their traditional culture and identity.

The estimated composition of the population is: Indo-Pakistanis (known locally as Hindustanis), 37%; Creoles (European-African and other descent), 31%; Javanese, 15%; Bush Negroes, called locally 'Maroons' (retribalized descendants of slaves who escaped in the 17th century, living on the upper Saramacca, Suriname and Marowijne rivers), 10%; Europeans, Chinese and others, 3%; **Amerindians**, 3% (some sources say only 1%). About 90% of the existing population live in or around Paramaribo or in the coastal towns; the remainder, mostly Carib and Arawak Indians and Maroons, are widely scattered. The Asian people originally entered the country as contracted estate labourers, and settled in agriculture or commerce after completion of their term. They dominate the countryside, whereas Paramaribo is racially very mixed. Although some degree of racial tension exists between all the different groups, Creole-Hindustani rivalry is not as fundamental an issue as in Guyana, for example. Many Surinamese, of all backgrounds, pride themselves on their ability to get along with one another in such a heterogeneous country.

There are widely divergent estimates for the ethnic composition of the population. Calculations vary according to the number included of illegal immigrants, attracted by social benefits and the high living standards. By some measures, over 40% of the population are Créoles, with correspondingly low figures for Europeans, Asians and Brazilians (around 17% in total). Other estimates put the Créole proportion at 36%, with Haitians 26%, Europeans 10% (of whom about 95% are from France), Brazilians 8%, Asians 4.7% (3.2% from Hong Kong, 1.5% from Laos), about 4% from Suriname and 2.5% from Guyana. The **Amerindian population** is put at 3.6% (over 4% by some estimates). The main groups are Galibis (1,700), Arawak (400), Wayanas (600), Palikours (500), Wayampis-Oyampis (600) and Emerillons (300). There are also bush negroes (Bonis, Saramacas, Djukas), who live mostly in the Maroni area, and others (Dominicans, St Lucians, etc) at 0.7%.

Music and dance

Buenos Aires contains almost half of the country's population and its music is the Tango. Although also sung and played, the Tango was born as a dance just before the turn of the 20th century. The exact moment of the birth was not recorded by any contemporary observer and continues to be a matter of debate, though the roots can be traced. The name 'Tango' predates the dance and was

Venezuela
Forecast population growth 2000-2005: 1.8%
Urban population in 2000: 87% of total
Infant mortality: 19 per 1,000 live births
Gross national income per capita, 2000, US$5,740

Guyana
Population 2003: 779,417
population growth 1993-1998: 0.3%
Urban population: 38%
Infant mortality per 1,000 live births: 52

Suriname
Population 2001: 420,000
population growth 1995-2001: 0.4%
Urban population: 75%
Infant mortality per 1,000 live births: 27
Gross national income per capita (2001) US$1,720

Guyane
Population 2001: 177,560
population growth 1993-1998: 4%

Argentina

Background

given to the carnivals (and dances) of the black inhabitants of the Río de la Plata in the early 19th century. Elements of the black tradition were taken over by whites, as the black population declined into insignificance. However, the name 'Tango Americano' was also given to the Habanera (a Cuban descendant of the English Country Dance) which became the rage in Spain and bounced back into the Río de la Plata in the middle of the 19th century, not only as a fashionable dance, together with the polka, mazurka, waltz and cuadrille, but also as a song form in the very popular 'Zarzuelas', or Spanish operettas. However, the Habanera led not a double, but a triple life, by also infiltrating the lowest levels of society directly from Cuba via sailors who arrived in the ports of Montevideo and Buenos Aires. Here it encountered the Milonga, originally a Gaucho song style, but by 1880 a dance, especially popular with the so-called 'Compadritos' and 'Orilleros', who frequented the port area and its brothels, whence the Argentine Tango emerged around the turn of the century to dazzle the populace with its brilliant, personalized footwork, which could not be accomplished without the partners staying glued together. As a dance it became the rage and, as the infant recording industry grew by leaps and bounds, it also became popular as a song and an instrumental genre, with the original violins and flutes being eclipsed by the bandoneón button accordion, then being imported from Germany. In 1911 the new dance took Paris by storm and returned triumphant to Buenos Aires. It achieved both respectability and notoriety, becoming a global phenomenon after the First World War. The golden voice of the renowned Carlos Gardel soon gave a wholly new dimension to the music of the Tango until his death in 1935. After losing some popularity in Argentina, it came to the forefront again in the 1940s (1920-50 is considered the real golden age). Its resurgence was assisted by Perón's decree that 50% of all music played on the radio must be Argentine, only to suffer a second, much more serious decline in the face of rock music over the past two decades. Fortunately, it has experienced another revival in recent years and the Tango and Milonga can once again be seen being danced in Buenos Aires. Apart from Carlos Gardel, other great names connected with the Tango are Francisco Canaro (Uruguayan), Osvaldo Pugliese and Astor Piazzolla, who has modernized it by fusion with jazz styles (nuevo tango).

If the Tango represents the soul of Buenos Aires, this is not the case in the rest of the country. The provinces have a very rich and attractive heritage of folk dances, mainly for couples, with arms held out and fingers clicked or handkerchiefs waved, with the 'Paso Valseado' as the basic step. Descended from the Zamacueca, and therefore a cousin of the Chilean Cueca and Peruvian Marinera, is the slow and stately Zamba, where the handkerchief is used to greatest effect. Equally popular throughout most of the country are the faster Gato, Chacarera and Escondido. These were the dances of the Gaucho and their rhythm evokes that of a cantering horse. Guitar and the bombo drum provide the accompaniment. Particularly spectacular is the Malambo, where the Gaucho shows off his dextrous footwork, the spurs of his boots adding a steely note to the rhythm.

Different regions of the country have their own specialities. The music of Cuyo in the west is sentimental and very similar to that of neighbouring Chile, with its Cuecas for dance and Tonadas for song. The northwest on the other hand is Andean, with its musical culture closer to that of Bolivia, particularly on the Puna, where the Indians play the quena and charango and sound mournful notes on the great long erke. Here the dances are Bailecitos and Carnavalitos, while the songs are Vidalitas and the extraordinary high pitched Baguialas, the very essence of primeval pain. In the northeast provinces of Corrientes and Misiones, the music shares cultural similarities with Paraguay. The Polca and Galopa are danced and the local Chamamé is sung, to the accordion or the harp, the style being sentimental. Santiago del Estero is the heartland of the Chacarera and the lyrics are often part Spanish and part Quichua, a local dialect of the Andean Quechua language. Down in the Province of Buenos Aires you are more likely to hear the Gauchos singing their Milongas, Estilos and Cifras and challenging each other to a Payada or rhymed duel. Argentina experienced a great folk revival in the 50's and 60's and some of the most celebrated groups are still drawing enthusiastic audiences today. These groups include Los Chalchaleros and Los Fronterizos, the perennial virtuoso singer and guitarist, Eduardo Falú and, more recently, León Gieco from Santa Fe.

Bolivia The heart of Bolivia is the Altiplano and it is the music of the Quechua and Aymara-speaking Indians of this area that provides the most distinctive Bolivian musical sound. Although there is much that is of Spanish colonial origin in the Indians' dances, the music itself has more Amerindian style and content than that of any other country in South America. It is rare to find an Indian who cannot play an instrument and it is these instruments, both wind and percussion, that are quintessentially Bolivian. The clear sounds of the quena and pinkullo, the deeper, breathier notes of the tarka, pututo and sicuri accompanied by huankaré, pululu and caja drums can be heard all over the Altiplano, the charango (a small, G-stringed guitar) being virtually the only instrument of European origin. The Indian dances are mainly collective and take place at religious fiestas. The dancers wear colourful costumes with elaborate, plumed headdresses and some of them still parody their ex-Spanish colonial masters.

The principal popular dances that can be regarded as 'national' in their countrywide appeal are the Cueca and Huayño. The Bolivian Cueca is a close relative of the Chilean national dance of the same name and they share a mutual origin in the Zamacueca, itself derived from the Spanish Fandango. The Huayño is of Indian origin and involves numerous couples, who whirl around or advance down the street, arm-in-arm, in a 'Pandilla'. Justly celebrated is the great carnival Diablada of Oruro, with its hordes of grotesquely masked devils, a spectacle comparable to those of Rio in Brazil and Barranquilla in Colombia. The region of Tarija near the Argentine border has a distinctive musical tradition of its own, based on religious processions that culminate with that of San Roque on the first Sunday in September. There are many professional folk groups on record, the best known being *Grupo Aymara, Los Runas, Los Laris, Los Masis, Kolla Marka* and *Bolivia Manta,* some of which have now established themselves in Europe and North America.

Perhaps because of its sheer size, Brazil has a greater musical inventory than any other Latin **Brazil** American country, not only reflected in the immense regional spread of folk music but also in its successive waves of urban popular music. The Brazilian expresses themselves through music and dance to an extraordinary degree and the music covers the whole spectrum from the utmost rural simplicity to the ultimate state-of-the-art commercial sophistication.

The South In Paraná, Santa Catarina and Rio Grande do Sul, the music is strictly European in origin, rhythm and instrumentation. Rio Grande do Sul shares Gaucho dances such as the Pericom and song styles such as the Milonga, Trova and Pajada with neighbouring Uruguay and Argentina. The Chula is a competitive dance for men to show off (comparable to the Argentine Malambo), while the Pexinho is for men and women. The guitar and the accordion are favourite instruments, also true for Santa Catarina and Paraná, where the names of the dances denote their European origins: Mazurkas, Valsas, Chotes, Polquinhas and Rancheiras. The Chimarrita is a song style that came straight from the Azores. If you are feeling sentimental, you sing a Toada, if energetic, you stamp your feet to a Fandango. Except for the Batuque de Rio Grande do Sul in Porto Alegre, closely related to the Candombe of nearby Montevideo, there is no African influence in the music of this region and none of that classic Brazilian syncopation.

São Paulo, Rio de Janeiro, Minas Gerais Moving north into São Paulo, we enter an area rich in traditional folk dances and music, with the African admixture beginning to show up. At many religious festivals will be found the Congadas (European 'Moors and Christians', but danced by blacks) and Moçambique (a stick dance for men), while the Samba de Lenço, Fandango and Batuque are recreational dances for one or more couples. The instrumental accompaniment branches out into shakers (the ganzá), drums (caixas and tambores) and above all the guitar (viola). Try the great pilgrimage church at Aparecida do Norte on a Sunday. You might well see a group of religious dances. In the hinterland of Rio de Janeiro the Folias de Reis are out on the street from Christmas to Epiphany, singing from house to house, accompanying themselves on the caixa and adufe drums and the guitar, while in the old coastal towns of Paraty and Angra dos Reis are to be found the Dança de Velhos (the old men), performed to the accordion. The Jongo is a dance of African origin for men and women, naturally with a drum accompaniment. And there is hardly need to mention Rio at carnival and its Samba Schools. Further north again, we come to the states of Espíritu Santo, Minas Gerais and Goiás. In colonial Ouro Preto, in Minas, you can hear the old Modinha sung to the Portuguese guitar as a serenade and be transported into the past. Espíritu Santo is home to the Ticumbi, a kind of Congada, danced to the guitar and shakers (chocalhos). Goiás shares with Minas Gerais a very rich heritage of Portuguese derived religious folk song and dance, centred on Folias, Modas and Calangos.

Bahia Bahia is the heart of African Brazil and a very musical heart it is, born of the Yoruba religion that came with the slaves from what is now Nigeria. The resulting syncretic religion is known as Candomblé in Bahia and the gods or 'Orixás' are worshipped through song, dance and possession in the 'Terreiros', directed by the priests (Pais-de-Santo) and priestesses (Mães-de-Santo). The mainly female adepts, dressed entirely in white, circle gracefully to the background chant of 'Pontos' and the thunderous pounding of the atabaques, the tall drums. The two most revered priestesses are Mãe Olga de Alakéto and Mãe Menininha de Gantois. Similar syncretic African religions are found elsewhere in Brazil. Another vital African element in Bahian folk music is the spectacular dance-cum-martial arts form of Capoeira. Bodies whirl and cartwheel around each other to the sound of the berimbau (a one-stringed bow with resonator) and the accompanying chant. Related to the Capoeira is the stick dance Maculelê. Two of the best berimbau groups on record are *Camaféu de Oxóssi* and the *Cordão de Ouro*. Bahia has a carnival almost as celebrated as that of Rio and here you can see the Afoxé, a serious religious dance, performed to drums alone.

The North East North of Bahia is the Nordeste, with music that runs the whole gamut from black African to mediaeval Portuguese. In colonial times the church directed the peoples' musical energies into religious plays, songs and dances and a large number of these are still performed. The Bumba-Meu-Boi is a folk drama in the course of which a bull is killed and then brought back to life. Particularly popular in Piauí and Maranhão, its variants are found as far afield as Amazônia, where it is called the Boi-Bumbá, and Paraná in the far south, where it is known as Boi-Mamão. Also popular along the coast from Ceará to Paraíba is a nautical drama of Portuguese origin called Marujada or Nau Catarineta, a version of Moors and Christians, accompanied by Portuguese guitar (violão), drums and the ganzá scraper. In Alagoas, Sergipe and Pernambuco we find the sword dance called Reisado, danced after Christmas, the Caboclinhos, who are dressed like Indians and dance with bows and arrows, and the Guerreiros Alagoanos, a mixture of both. The last named are accompanied by the classical northeastern musical group called Terno de Pífanos, with the pífano vertical flute, accompanied by maracas and ganzá. The Banda de Pífanos of Caruaru in Pernambuco can be found on record. Recreational dance music in the Nordeste goes under the generic name of 'Forró', said to be derived from the expression 'For All', because the English companies operating at the turn of the century organized weekend dances for their workmen to which all comers were invited. Four very popular recreational folk dances of this region are the Ciranda (a round dance), the Coco, the Bate-Coxa (where the dancers bump bellies) and the Bambelô. Carnival in Recife, the largest city, is when and where to see the energetic and gymnastic Frevo, danced by young men with an umbrella in their hands, and the very stately and superbly costumed Maracatu dancers, with their queen and king. The Nordeste is equally rich in song styles, notably the Desafios, Emboladas, Cocos and Aboios. The Desafios are performed by so-called Repentistas or Violeiros, who accompany themselves on the Portuguese guitar and whose repertoire includes a large inventory of verse styles. They will sing about individual spectators, who then pay willingly for the compliment. The Emboladas and Cocos are similar, but faster and accompanied solely by tambourines, while the Aboios are songs related to cattle and cattlemen. Repentistas and Emboladores can be found at work in markets throughout the region. The premier Repentista is Otacílio Batista do Pajeú, who sang to the Pope during the latter's visit to Brazil. The music of the Nordeste has also been well propagated by more sophisticated groups that have based themselves on folk roots, such as the Quinteto Violado, Ariano Suassuna's Orchestra Armorial and Cussy de Almeida's Quinteto Armorial, not forgetting the veteran accordionist Luiz Gonzaga and Alceu Valença. As a result of the huge migration of nordestinos to the urban south, moreover, it is just as easy to hear this regional music in São Paulo as it is in Recife.

Pará and the Amazon Finally to Pará and the Amazon in the far north, where the music has been heavily influenced from the Caribbean. The most popular musical genre here is the Carimbó, danced to a Merengue-type rhythm and played on drums, wind or brass (usually the clarinet) and strings, particularly the banjo. Notable performers are Pinduca ('O Rei do Carimbó'), Veriquete and Vieira. It is the latter who thought up the term 'Lambada' for his particular version of the Carimbó, and the spectacular, thigh-entwining dance form introduced to the world in Paris by Karakos and Lorsac in 1988 had already been popular among young people at 'Forrós' throughout the region for some years. The very traditional island of Marajó in the mouth of the Amazon has preserved versions of 18th century dances, such as the Lundú and Chula.

Urban popular music The vast range of Brazilian regional folk music is only equalled by the chronological depth of its urban popular music, which surges like endless waves on a beach. For the origins we have to go back to Jesuit missions and Portuguese folk music, influenced and blended by African slaves, from which emerged the 19th century Lundús, Polcas and Maxixes that in turn gave way to the romantic and sentimental Choro song genre (from chorar, to weep), accompanied by guitar, flute and cavaquinho (small guitar), which became all the rage and indeed still has its adepts in Brazil today. A key figure in urban music was Ernesto Nazaré, composer and pianist, who occupied a special niche somewhere between popular and light classical, composing between 1880 and 1930 a vast number of Tangos Brasileiros (not to be confused with the Argentine variety), Mazurkas, Polcas, Waltzes and other popular songs.

Around the turn of the century the instrumentation turned to brass and Rio's urban Samba was born, a birth that was announced by the recording in 1917 of Donga's 'Pelo Telefone'. Names from this early period are Pixinguinha, Sinhô, Heitor dos Prazeres, Ary Barroso, Noel Rosa and of course Carmen Miranda, who took the Samba to Hollywood and the rest of the world. It also became intimately connected with the carnival in the form of Marcha Ranchos and Sambas de Enredo as the first samba schools were formed, of which Salgueiro, Mangueira, Partido Alto, Portela, Mocidade Independente and Beija-Flor are some of the most famous. With the Escolas de Samba came the Batucada or percussion groups playing the pandeiro (tambourine), atabaque and tamborim (drum), agogô (cowbell), reco-reco, chocalho, afoxê and cuíca. This is the real engine room of Samba. Listen to Lúcio Perrone or Mocidade Independente de Padre Miguel. A new phase was ushered in with an invasion from Bahia and the Nordeste in the early 1950s. From Bahia came Dorival Caymmi, who dropped his fishermen's songs in favour of the Samba, and Luiz Gonzaga, who brought his accordion, zabumba drum and triangulo, with which to play his Baiãos (his 'Asa Branca' is a classic) and almost put the Samba itself into eclipse for several years. Almost, but not quite, for out of the ashes there soon arose Bossa Nova – white, middle class and silky smooth. Vinícius de Moraes and Tom Jobim were its heroes; 1958 to 1964 the years; Copacabana, Ipanema and Leblon the scene; 'Samba de uma Nota Só', 'A Garota de Ipanema' and 'Desafinado' the songs and Nara Leão, Baden Powell, Toquinho, João Gilberto, Luis Bonfá and Astrud Gilberto the main performers. Stan Getz, the American jazz saxophonist, helped export it to the world. What was now being called MPB (Música Popular Brasileira) then took off in several directions. Chico Buarque, Edu Lobo and Milton Nascimento were protest singers. Out of Bahia emerged 'Tropicalismo' in the persons of Gilberto Gil, Caetano Veloso and his sister Maria Bethânia, Gal Costa, João Gilberto and 'Som Livre'. The words were important, but the rhythm was still there. Brazilian rock also now appeared, with such stars as Roberto Carlos, Elis Regina, Rita Lee, and Ney Mattogrosso. Heavy metal is a popular genre that continues to evolve as exemplified by the band *Sepultura*. Recently, in turning towards international black consciousness, the Bahianos have mixed Reggae and Samba to produce 'axê'. Still, Samba has survived, although now called 'Pagode' and amazingly, 40% of all Brazilian records sold are of Música Sertaneja, a highly commercialized pseudo-folk genre which is closer to American Country and Western than to most other Brazilian music. Listen to the 'Duplas' of Tonico and Tinoco, Jacó e Jacozinho, Vieira and Vieirinha, or Leonardo and Leandro (who died in 1998) and you'll see. In the meantime a series of brilliant Brazilian instrumentalists have become international names and often live abroad – Sérgio Mendes, the guitarist Sebastião Tapajós, flautist Hermêto Paschoal, saxophonist Paulo Moura, accordionist Sivuca, percussionists Airto Moreira and Nana Vasconcelos, singer Flora Purim and all-rounder Egberto Gismonti are but a few. On the top of a huge recording industry, we're now a long way from the grassroots and the haunting flute music of the forest Indians.

At the very heart of Chilean music is the Cueca, a courting dance for couples, both of whom **Chile** make great play with a handkerchief waved aloft in the right hand. The man's knees are slightly bent and his body arches back. It is lively and vigorous, seen to best advantage when performed by a Huaso wearing spurs. Guitar and harp are the accompanying instruments, while handclapping and shouts of encouragement add to the atmosphere. The dance has a common origin with the Argentine Zamba and Peruvian Marinera via the early 19th century Zamacueca, in turn descended from the Spanish Fandango. For singing only is the Tonada, with its variants the Glosa, Parabienes, Romance, Villancico (Christmas carol) and Esquinazo (serenade) and the Canto a lo Poeta, which can be in the form of a Contrapunto or Controversia, a musical duel.

Among the most celebrated groups are Los Huasos Quincheros, Silvia Infante with Los Condores and the Conjunto Millaray. Famous folk singers in this genre are the Parra Family from Chillán, Hector Pávez and Margot Loyola. In the north of the country the music is Amerindian and closely related to that of Bolivia. Groups called 'Bailes' dance the Huayño, Taquirari, Cachimbo or Rueda at carnival and other festivities and precolumbian rites like the Cauzulor and Talatur. Instruments are largely wind and percussion, including zampoñas (pan pipes), lichiguayos, pututos (conch shells) and clarines. There are some notable religious festivals that attract large crowds of pilgrims and include numerous groups of costumed dancers. The most outstanding of these festivals are those of the Virgen de La Tirana near Iquique, San Pedro de Atacama, the Virgen de la Candelaria of Copiapó and the Virgen de Andacollo. In the south the Mapuche nation, the once greatly feared and admired 'Araucanos', who kept the Spaniards and Republicans at bay for 400 years, have their own songs, dance-songs and magic and collective dances, accompanied by wind instruments like the great long trutruca horn, the shorter pifilka and the kultrun drum. Further south still, the island of Chiloé, which remained in the hands of pro-Spanish loyalists after the rest of the country had become independent, has its own unique musical expression. Wakes and other religious social occasions include collective singing, while the recreational dances, all of Spanish origin, such as the Vals, Pavo, Pericona and Nave have a heavier and less syncopated beat than in central Chile. Accompanying instruments here are the rabel (fiddle), guitar and accordion.

Colombia   No South American country has a greater variety of music than Colombia, strategically placed where the Andes meet the Caribbean. The four major musical areas are (a) the mountain heartland (b) the Pacific coast (c) the Caribbean coast and (d) the Llanos or eastern plains. The mountain heartland covers the Andean highlands and intervening valleys of the Cauca and Magdalena and includes the country's three largest cities, Bogotá, Cali and Medellín. It is relatively gentle and sentimental music, accompanied largely by string instruments, with an occasional flute and a chucho or carángano shaker to lay down the rhythm. The preferred instrument of the highlands and by extension Colombia's national instrument, is the tiple, a small 12-stringed guitar, most of which are manufactured at Chiquinquirá in Boyacá. The national dance is the Bambuco, whose lilting sounds are said to have inspired Colombian troops at the Battle of Ayacucho in 1824. It is to be found throughout the countrys heartland for dancing, singing and instrumentalizing and has long transcended its folk origins. The choreography is complex, including many figures, such as la Invitación, Los Ochos, Los Codos, Los Coqueteos, La Perseguida and La Arrodilla. Other related dances are the Torbellino, where the woman whirls like a top, the more stately Guabina, the Pasillo, Bunde, Sanjuanero and the picaresque Rajaleña. Particularly celebrated melodies are the 'Guabina Chiquinquireña' and the 'Bunde Tolimense'. The following fiestas, among others, provide a good opportunity of seeing the music and dance: La Fiesta del Campesino, ubiquitous on the first Sunday in June, the Fiesta del Bambuco in Neiva and Festival Folklórico Colombiano in Ibagué later in the month, the Fiesta Nacional de la Guabina y el Tiple, held in Vélez in early August, the Desfile de Silleteros in Medellín in the same month and Las Fiestas de Pubenza in Popayán just after the New Year, where the Conjuntos de Chirimía process through the streets.

On Colombia's tropical Pacific coast (and extending down into Esmeraldas, Ecuador) is to be found some of the most African sounding black music in all South America. The Currulao and its variants, the Berejú and Patacoré, are extremely energetic recreational dances and the vocals are typically African-style call- and-response. This is the home of the marimba and the music is very percussion driven, including the upright cununo drum plus bombos and redoblantes. Wakes are important in this region and at these the Bundes, Arrullos and Alabaos are sung. Best known is the 'Bunde de San Antonio'. The Jota Chocoana is a fine example of a Spanish dance taken by black people and turned into a satirical weapon against their masters. The regional fiestas are the Festival Folklórico del Litoral at Buenaventura in July and San Francisco de Asís at Quibdó on 4 August. Quibdó also features a Fiesta de los Indios at Easter.

The music of Colombia's Caribbean coast became popular for dancing throughout Latin America more than 30 years ago under the name of 'Música Tropical' and has much more recently become an integral part of the Salsa repertory. It can be very roughly divided into 'Cumbia' and 'Vallenato'. The Cumbia is a heavily black influenced dance form for several couples, the men forming an outer circle and the women an inner one. The men hold aloft a bottle of rum and the women a bundle of slim candles called 'espermas'. The dance probably originated in what is now Panama, moved east into Cartagena, where it is now centred and quite recently further east to Barranquilla and Santa Marta. The most celebrated Cumbias are those of Ciénaga, Mompós, Sampués, San Jacinto and Sincelejo. The instrumental accompaniment consists of gaitas or flautas de caña de millo, backed by drums. The gaitas ('male' and 'female') are vertical cactus flutes with beeswax heads, while the cañas de millo are smaller transverse flutes. The most famous conjuntos are the Gaiteros de San Jacinto, the Cumbia Soledeña and the Indios Selectos. Variants of the Cumbia are the Porro, Gaita, Puya, Bullerengue and Mapalé, these last two being much faster and more energetic. Lately Cumbia has also become very much part of the Vallenato repertoire and is therefore often played on the accordion. Vallenato music comes from Valledupar in the Department of César and is of relatively recent origin. It is built around one instrument, the accordion, albeit backed by guacharaca rasps and caja drums. The most popular rhythms are the Paseo and the Merengue, the latter having arrived from the Dominican Republic, where it is the national dance. Perhaps the first virtuoso accordionist was the legendary 'Francisco El Hombre', playing around the turn of the century. Today's best known names are those of Rafael Escalona, Alejandro Durán and Calixto Ochoa. In April the Festival de la Leyenda Vallenata is held in Valledupar and attended by thousands. Barranquilla is the scene of South America's second most celebrated Carnival, after that of Rio de Janeiro, with innumerable traditional masked groups, such as the Congos, Toros, Diablos and Caimanes. The Garabato is a dance in which death is defeated. Barranquilla's carnival is less commercialized and more traditional than that of Rio and should be a must for anyone with the opportunity to attend. Other important festivals in the region are the Corralejas de Sincelejo with its bullfights in January, La Candelaria in Cartagena on 2 February, the Festival de la Cumbia in El Banco in June, Fiesta del Caiman in Ciénaga in January and Festival del Porro in San Pelayo (Córdoba). To complete the music of the Caribbean region, the Colombian islands of San Andrés and Providencia, off the coast of Nicaragua, have a fascinating mix of mainland Colombian and Jamaican island music, with the Calypso naturally a prominent feature.

The fourth musical region is that of the great eastern plains, the so-called Llanos Orientales between the Ríos Arauca and Guaviare, a region where there is really no musical frontier between the two republics of Colombia and Venezuela. Here the Joropo reigns supreme as a dance, with its close relatives the Galerón, the slower and more romantic Pasaje and the breathlessly fast Corrido and Zumba que Zumba. These are dances for couples, with a lot of heel tapping, the arms hanging down loosely to the sides. Arnulfo Briceño and Pentagrama Llanera are the big names and the harp is the only instrument that matters, although normally backed by cuatro, guitar, tiple and maracas. The place to see and hear it all is at the Festival Nacional del Joropo at Villavicencio in December.

Ecuador

Culturally, ethnically and geographically, Ecuador is very much two countries – the Andean highlands with their centre at Quito and the Pacific lowlands behind Guayaquil. In spite of this, the music is relatively homogeneous and it is the Andean music that would be regarded as 'typically Ecuadorean'. The principal highland rhythms are the Sanjuanito, Cachullapi, Albaza, Yumbo and Danzante, danced by Indian and mestizo alike. These may be played by brass bands, guitar trios or groups of wind instruments, but it is the rondador, a small panpipe, that provides the classic Ecuadorean sound, although of late the Peruvian quena has been making heavy inroads via pan-Andean groups and has become a threat to the local instrument. The coastal region has its own song form, the Amorfino, but the most genuinely 'national' song and dance genres, both of European origin, are the Pasillo (shared with Colombia) in waltz time and the Pasacalle, similar to the Spanish Pasodoble. Of Ecuador's three best loved songs, 'El Chulla Quiteño', 'Romántico Quito' and 'Vasija de Barro', the first two are both Pasacalles. Even the Ecuadorean mestizo music has a melancholy quality not found in Peruvian 'Música Criolla', perhaps due to Quito being in the mountains, while Lima is on the coast. Music of the highland Indian communities is, as elsewhere in the region, related to religious feasts and ceremonies and geared to wind instruments such as the rondador, the pinqullo and pífano flutes and the great long guarumo horn with its mournful note. The guitar is also usually present and brass bands with well worn instruments can be found in even the smallest villages. Among the most outstanding traditional fiestas are Inti Raymi in Cayambe and Ingapirca, the Pase del Niño in

Cuenca and other cities, the Mama Negra of Latacunga, carnival in Guaranda, the Yamor in Otavalo, the Fiesta de las Frutas y las Flores in Ambato, plus Corpus Cristi and the Feast of Saint John all over the highlands. Among the best known musical groups who have recorded are Los Embajadores (whose 'Tormentos' is superb) and the Duo Benítez-Valencia for guitar. There is one totally different cultural area, that of the black inhabitants of the Province of Esmeraldas and the highland valley of the Río Chota in Imbabura. The former is a southern extension of the Colombian Pacific coast negro culture, centred round the marimba xylophone. The musical genres are also shared with black Colombians, including the Bunde, Bambuco, Caderona, Torbellino and Currulao dances and this music is some of the most African sounding in the whole of South America. The Chota Valley is an inverted oasis of desert in the Andes and here the black people dance the Bomba. It is also home to the unique Bandas Mochas, whose primitive instruments include leaves that are doubled over and blown through.

Paraguay The music of Paraguay is a curiosity. Although this is the only South American country, the majority of whose population still speak the original native tongue, the music is totally European in origin. The 17th and 18th century Jesuits found the Guaraní people to be highly musical and when their missions were established, the natives were immediately and totally indoctrinated into European music, of which they became fine performers, albeit not composers or innovators. A good example is Cristóbal Pirioby (1764-94), who changed his name to José Antonio Ortiz and moved to Buenos Aires to perform. At his death he left a large collection of musical instruments and sheet music of works by Haydn, Boccherini, etc. After the disastrous War of the Triple Alliance there was an abandonment of things national and even the national anthem was composed by a Uruguayan. Although black slaves were introduced to the country, they became quickly absorbed and there is no trace of black influence in the music. Neither is there any Guaraní element, nor infusion from Brazil or Argentina. Virtually the only popular instruments are the guitar and harp and it is the latter in particular that has come to be the hallmark of all that is musically Paraguayan, with the assistance of such brilliant performers as Félix Pérez Cardoso and Digno García. Paraguayan songs are notably languid and extremely sentimental and the present repertoire is not 'traditional', but of 20th century origin and by known composers. Of the three principal musical genres, two are slow and for singing, while one is lively and purely for dancing. The two singing genres are the Canción Paraguaya (or Purajhéi) and the Guarania, the former being a slow polka, of which the earliest and most famous example is 'Campamento Cerro León' about the War of the Triple Alliance. The Guarania was developed by José Asunción Flores as recently as the 1920s and includes most of the country's best loved and oft-repeated songs, such as 'India', 'Mi Dicha Lejana' and 'Recuerdos de Ypacaraí'. Equally celebrated and far more vigorous is that favourite of harp virtuosos, the wordless but onomatopeic 'Pájaro Campana'.

For dancing there are the lively Polca Paraguaya and Polca Galopada, first mentioned in print in 1858. They have similarities with the Argentine 'Gato' for instance and are not a true polka nor a gallop, the names of these popular European dances having been attached to an existing Paraguayan dance of unknown name. The Polca is a dance for couples, whilst the even livelier Galopa is usually danced by groups of women, the so-called 'Galoperas', who swing round barefoot, balancing a bottle or jar on their heads. This in turn has developed into the 'Danza de la Botella' or bottle dance, a more recent variant for virtuoso individual performance. Other less well known dances are the Valseadas (a local variant of the waltz), the Chopi or Santa Fé (for three couples), the Taguato, Golondrina, Palomita and Solito, the last named a kind of 'musical chairs'. Paraguayan music first came to global attention soon after the second world war and a number of artists such as Luis Alberto del Paraná and Los Paraguayos have achieved world fame. At the other end of the spectrum the four barefoot old men of the Banda Peteke Peteke from Guajayvity near Yaguarón play their own traditional music on two mimby flutes and two little drums, a small idiosyncratic island in an ocean of harp music.

Peru Peru is the Andean heartland. Its musicians, together with those of Bolivia, have appeared on the streets of cities all over Europe and North America. However, the costumes they wear, the instruments they play, notably the quena and charango, are not typical of Peru as a whole, only of the Cusco region. Peruvian music divides at a very basic level into that of the highlands ('Andina') and that of the coast ('Criolla'). The highlands are immensely rich in terms of music and dance, with over 200 dances recorded. Every village has its fiestas and each fiesta has its communal and religious dances. Those of Paucartambo and Coylloriti (Q'olloriti) in the Cusco region moreover attract innumerable groups of dancers from far and wide. The highlands themselves can be very roughly subdivided into some half dozen major musical regions, of which perhaps the most characteristic are Ancash and the north, the Mantaro Valley, Cusco, Puno and the Altiplano, Ayacucho and Parinacochas.

There is one recreational dance and musical genre, the Huayno, that is found throughout the whole of the Sierra, and has become ever more popular and commercialized to the point where it is in danger of swamping and indeed replacing the other more regional dances. Nevertheless, still very popular among Indians and/or Mestizos are the Marinera, Carnaval, Pasacalle, Chuscada (from Ancash), Huaylas, Santiago and Chonguinada (all from the Mantaro) and Huayllacha (from Parinacochas). For singing only are the mestizo Muliza, popular in the Central Region, and the soulful lament of the Yaravi, originally Indian, but taken up and developed early in the 19th century by the poet and hero of independence Mariano Melgar, from Arequipa.

The Peruvian Altiplano shares a common musical culture with that of Bolivia and dances such as the Auqui-Auqui and Sicuris, or Diabladas, can be found on either side of the border. The highland instrumentation varies from region to region, although the harp and violin are ubiquitous. In the Mantaro area the harp is backed by brass and wind instruments, notably the clarinet, in Cusco it is the charango and quena and on the Altiplano the sicu panpipes. Two of the most spectacular dances to be seen are the Baile de las Tijeras ('scissor dance') from the Ayacucho/Huancavelica area, for men only and the pounding, stamping Huaylas for both sexes. Huaylas competitions are held annually in Lima and should not be missed. Indeed, owing to the overwhelming migration of peasants into the barrios of Lima, most types of Andean music and dance can be seen in the capital, notably on Sunday at the so-called 'Coliseos', which exist for that purpose. Were a Hall of Fame to be established, it would have to include the Ancashino singers La Pastorcita Huaracina and El Jilguero del Huascarán, the charango player Jaime Guardia, the guitar virtuoso Raul García from Ayacucho and the Lira Paucina trio from Parinacochas.

The flood of migration to the cities has meant that the distinct styles of regional and ethnic groups have become blurred. One example is Chicha, a hybrid of Huayno music and the Colombian Cumbia rhythm which comes from the pueblos jóvenes. More recent is Tecno-cumbia, which originated in the jungle region with groups such as Rossy War, from Puerto Maldonado, and Euforia, from Iquitos. It is a vibrant dance music which has gained much greater popularity across Peruvian society than chicha music ever managed.

The 'Música Criolla' from the coast could not be more different from that of the Sierra. Here the roots are Spanish and African. The popular Valsesito is a syncopated waltz that would certainly be looked at askance in Vienna; the Polca has also suffered an attractive sea change, but reigning over all is the Marinera, Peru's national dance, a rhythmic and graceful courting encounter, a close cousin of Chile's and Bolivia's Cueca and the Argentine Zamba, all of them descended from the Zamacueca. The Marinera has its 'Limeña' and 'Norteña' versions and a more syncopated relative, the Tondero, found in the north coastal regions, is said to have been influenced by slaves brought from Madagascar. All these dances are accompanied by guitars and frequently the *cajón*, a resonant wooden box on which the player sits, pounding it with his hands. Some of the great names of 'Música Criolla' are the singer/composers Chabuca Granda and Alicia Maguiña, the female singer Jesús Vásquez and the groups Los Morochucos and Hermanos Zañartu.

Also on the coast is to be found the music of the small black community, the 'Música Negroide' or 'Afro-Peruano', which had virtually died out when it was resuscitated in the 50s, but has since gone from strength to strength. It has all the qualities to be found in black music from the Caribbean - a powerful, charismatic beat, rhythmic and lively dancing, and strong percussion provided by the *cajón* and the *quijada de burro*, a donkey's jaw with the teeth loosened. Some of the classic dances in the black repertoire are the Festejo, Son del Diablo, Toro Mata, Landó and Alcatraz. In the Alcatraz one of the partners dances behind the other with a candle, trying to set light to a piece of paper tucked into the rear of the other partner's waist. Nicomedes and Victoria Santa Cruz have been largely responsible for popularizing this black music, and Peru Negro is another excellent professional group. Finally, in the Peruvian Amazon region around Iquitos, local variants of the Huayno and Marinera are danced, as well as the Changanacui, accompanied by flute and drum.

Uruguay

Most musical influences came with the European immigrants who arrived after the disappearance of the Amerindian population. The folk songs and dances are very closely related to those of the Argentine pampas, except in the north, where they are shared with the neighbouring Brazilian state of Rio Grande do Sul. The major song genres are the Estilo, Cifra, Milonga and Vidalita, whilst the 'national' dance is the stately Pericón for six or more couples. The Milonga is also danced, as are the Tango, Cielito, Media Caña and Ranchera. The guitar is the instrument that accompanies most country music and as in Argentina, the gauchos like to engage in Payadas de Contrapunto, where two singers vie with each other, alternating improvised verses. 19th century Europe introduced other popular dances into Uruguay, such as the polca, waltz, chotis and mazurca, all of which were given a local touch. In the northern departments a number of dances are shared with Brazil, such as the Chimarrita, Carangueijo and Tirana, which are also sung, either in Spanish or Portuguese or a mixture of both. There were many black slaves in the Río de la Plata during colonial times and the African ritual of the Candombe was practised in Montevideo until late in the 19th century. Less than 3% of the population is black and the only musical remains of African origin are to be found in the presence during carnival of the Morenada groups of up to 50 Candomberos, who take part in the procession, playing their tamboril drums, while smaller groups take part in these so-called 'Llamadas' from December through to Holy Week. There are four sizes of drums – chico, repique, piano and bajo – and the complex polyrhythms produced by the mass of drummers advancing down the street is both unexpected and impressive.

Venezuela

Venezuelan music is more homogenous than that of some of the other republics. Its highly distinctive sound is based on an instrumental combination of harp, cuatro (a small, four stringed guitar) and maracas. Many of the rhythms have a very fast, almost headlong pace to them, stimulating both to the senses and to the feet, music here being almost inseparable from dance. The recipe for Venezuelan music is a classic European/African/Amerindian mix. The country's national dance is the Joropo, a name deriving from the Arab 'Xarop', meaning syrup and which originally meant a country dance. This is a dance for couples with several sequences, such as the Valseao, Zapatiao, Escobillao and Toriao. Closely related to the Joropo are the Corrido, with a ballad content, Galerón (slow for singing or fast for dancing), Pasaje (lyrical, very popular in the Llanos) and Golpe, from the State of Lara, to all of which styles the Joropo may be danced in different parts of the country. Note that the little cuatro is normally referred to as 'guitarra' while the Spanish guitar is called the 'guitarra grande'. Some of the dance rhythms have been imported from abroad or are shared with neighbouring countries, such as the urban Merengue (introduced into Caracas in the 1920s), the Jota and Malagueña of Anzoátegui State, the Pasillo (shared with Colombia and Ecuador), the Polo of the Oriente and Isla Margarita and the Bambuco, found in Lara and Táchira states near the border with Colombia.

There is a wealth of dances and musical forms found in particular towns or states at religious festivities. Outstanding among these is the Tamunangue of Lara State, danced in the second fortnight of June to the accompaniment of drums and small guitars and made up of seven individual dances, varying from the 'Batalla', where men battle with sticks, to the 'Bella', a flirtatious dance for couples. Corpus Cristi is the time to visit San Francisco de Yare in Miranda State, 90 km from Caracas, and see the 80 or so male 'Diablos' of all ages, dressed entirely in red and wearing large horned masks, who dance in the streets to the sound of their own drums and rattles. The Bailes de Tambor take place among the largely black people of the Barlovento coast during the feasts of San Juan and San Pedro and at Christmas. This is brilliant polyrhythm on huge drums (cumacos, minas and curvetas) held between the legs. Also in Barlovento, but in May, can be heard the Fulias, chant-and-response songs addressed to a venerated saint or cross, to the accompaniment of cuatro, tambora drum and maracas. Christmas is a great period for music from the Gaitas of Zulia to the ubiquitous Aguinaldos, both in Merengue rhythm, with solo verses responded to by a chorus and varied instrumental accompaniment. Notable in the eastern states are the folk theatre dances of the Pájaro Guarandol (a hunter shoots a large bird that is brought back to life), Carite (from Margarita, using a large model fish), Chiriguare (a monster that is duly despatched) and Burriquita (a hobby horse). More surprising is to find the Calipso, played on steel bands by the black inhabitants of El Callao in the Orinoco region, whose ancestors came from Trinidad and who also perform the Limbo.

Venezuelans enjoy Salsa as much as other Hispanic peoples around the Caribbean, but they are also very keen on their own music, whether rustic 'folk' or urban 'popular'. The virtuoso harpist Juan Vicente Torrealba has performed with his group Los Torrealberos for more than three decades, usually with Mario Suárez as vocal soloist. Another famous singer is Simón Díaz. Outstanding among the folk groups who strive for authenticity are Un Solo Pueblo, Grupo Vera and Grupo Convenezuela. Choral and contrapuntal singing of native music in a more sophisticated style has also been perfected by Quinteto Contrapunto and Serenata Guayanesa.

Books

Reference Federico B Kirbus, *Guía de Aventuras y Turismo de la Argentina* (with **Argentina** comprehensive English index – 1989), *La Argentina, país de maravillas*, Manrique Zago ediciones (1993), a beautiful book of photographs with text in Spanish and English, *Patagonia* (with **Jorge Schulte**) and *Ruta Cuarenta*, both fine photographic records with text (both Capuz Varela). *Pirelli Guide*, edited by **Diego Bigongiari**, including map for cultural, historical and nature information, highly recommended. *Uttermost Part of the Earth*, by **E Lucas Bridges**, about the early colonization of Tierra del Fuego. *Far Away and Long Ago* and *Idle Days in Patagonia* by **W H Hudson** deal with with this Engllish writer's early life in the countryside.

Literature In 1872, **José Hernández** (1834-86) published *El gaucho Martín Fierro*, an epic poem about the disruption of local communities by the march of progress; the eponymous hero and dispossessed outlaw came to symbolize Argentine nationhood. A second great gaucho work, *Don Segundo Sombra*, written by **Ricardo Güiraldes** (1886-1927), further cemented the figure of the gaucho as national hero. In the 20th century, traditional symbols were rejected in favour of urban and experimental themes. Argentina's most famous writer, **Jorge Luis Borges** (1899-1986) was at the forefront of the avant-garde. He is best known for his teasing, revolutionary and poetic short stories, best seen in *Ficciones* (*Fictions*, 1944) and *El Aleph* (1949). **Julio Cortázar** (1914-84) was the leading Argentine representative of the 1960s 'boom'. His novel *Rayuela* (*Hopscotch*, 1963) typifies the experimentation, philosophy and freedom of the period. Also important at this time was **Ernesto Sábato** (1911-), whose most famous novel is *Sobre héroes y tumbas* (*On Heroes and Tombs*, 1961) and who also wrote the preface to *Nunca más* (*Never again*, 1984), the report of the commission into the disappearances in the 1970s 'dirty war'. **Manuel Puig** (1932-90) was fascinated by mass culture, gender roles and the banal as art and expressed these ideas in novels such as *El beso de la Mujer Araña* (*The Kiss of the Spider Woman*, 1976 – made into a renowned film). Many writers dealt with dictatorship and the 'dirty war', such as **Osvaldo Soriano** (1943-98) in *No habrá más penas ni olvido* (*A Funny, Dirty Little War*, 1982), **Alicia Portnoy**, *The Little School*, and Luisa Valenzuela (1938 -) in *Cola de lagartija* (*The Lizard's Tail*, 1983). **Tomás Eloy Martínez** (1934 -) has written novels on two of Argentina's enduring 20th-century figures, *Santa Evita* (1995) and *La novela de Perón* (*The Perón Novel*, 1985), both highly acclaimed.

Reference *An Insider's Guide to Bolivia*, by **Peter McFarren** (Fundación Cultural Quipus, Casilla **Bolivia** 1696, La Paz, 3rd edition, 1992). *Digging up Butch and Sundance*, by **Anne Meadows** (Bison Books, 1996), an account of the last days of Butch Cassidy and The Sundance Kid and the attempts to find their graves. Trekking For more detail on treks and climbs see the *Bolivia Handbook* (Footprint); *Trekking in Bolivia* by **Yossi Brain**, **Andrew North** and **Isobel Stoddart** (The Mountaineers, Seattle, 1997) and *Bolivia – a climbing guide* also by **Yossi Brain** (The Mountaineers, Seattle, 1999).

20th-century fiction and poetry A selection: the works of the modernist poet **Adela Zamudio** (1854-1928); *El las tierras de Potosí* (1911) by **Jamie Mendoza** and *Raza de Bronce* (1919) by **Alcides Arguedas** both examine the life of the campesino in a society dominated by whites; *Sangre de mestizos* (1936) by **Augusto Céspedes** is a collection of short stories about the Chaco War; *Los fundadores del alba* (1969) by **Renato Prado de Oropeza** was inspired by Che Guevara's campaigns in the 1960s; *Antología del terror político* (1979) deals with Bolivia under dictatorship.

Reference Lt-Col P H Fawcett, *Exploration Fawcett*, arranged from his records by Brian **Brazil** Fawcett (Hutchinson, 1953). **Charles Waterton**, *Wanderings in South America*.

Introduction by David Bellamy (Century, 1983). **Modern travellers**: Richard Gott, *Land without Evil. Utopian Journeys across the South American Watershed* (Verso, 1993). Mark J Plotkin, *Tales of a Shaman's Apprentice* (1993). Alma Guillermoprieto, *Samba* (Bloomsbury, 1991). **The Amazon**: Alain Gheerbrant, *The Amazon, Past and Present* (Thames & Hudson, 1992). Michael Goulding, Nigel J H Smith, Dennis J Mahar, *Floods of Fortune. Ecology & Economy of the Amazon* (Columbia University Press, 1996). John Hemming, *Amazon Frontier. The Defeat of the Brazilian Indians* and *Red Gold. The Conquest of the Brazilian Indians* (Papermac 1987/1995 and 1995).

Brazilian Literature: Joaquim Maria Machado de Assis (1839-1908) was the classical satirical novelist of the Brazilian 19th century, one of the most original writers to have emerged from Latin America. Euclides da Cunha (1866-1909) *Os sertões* (1902): *Rebellion in the Backlands* (University of Chicago Press, 1944, often reprinted, including Picador, 1995): the 'epic' story of the military campaign to crush the rebellion centred in Canudos in the interior of the State of Bahia. One of the great books about the Brazilian national make-up. Manuel Bandeira (1886-1968) was a member of the Modernist movement and one of Brazil's greatest poets, master of the short, intense lyric. For a collection in English, see *This Earth, that Sky: Poems by Manuel Bandeira* (University of California Press, 1988). Graciliano Ramos (1892-1953) was the greatest of the novelists of the 1930s and 1940s: a harsh realist. Carlos Drummond de Andrade (1902-87), perhaps Brazil's greatest poet, with a varied, lyrical, somewhat downbeat style. See, in English, *Travelling in the Family: Selected Poems* (Random House, 1986). Over a long career Jorge Amado (1912-2002) published many best-sellers: he is sometimes criticized for producing an overly optimistic, sexily tropical view of the country. Clarice Lispector (1920-77), Brazil's greatest woman writer, now has a considerable following outside Brazil. Many of her stories and novels have been translated into English. Ivan Ângelo (1936-) has written much the best novel about the political, social and economic crisis at the end of the 1960s, the worst period of the military regime: *A festa* (1976): *The Celebration* (Avon Books, 1992). Caio Fernando Abreu (1948-96) was one of the writers most effective in dealing with life in the Latin American megalopolis.

Chile **Reference** Toby Green, *Saddled with Darwin* (Phoenix, 2000). Brian Keenan and John McCarthy, *Between Extremes* (Transworld, 1999). Rosie Swale, *Back to Cape Horn* (Fontana, 1988) desribes her epic horse ride through Chile. Sara Wheeler, *Travels in a Thin Country* (Little, Brown and Co, 1994).

Literature Chile has produced some exeptional poets in the 20th century: Gabriela Mistral (1889-1957; Nobel Prize 1945: *Desolación* 1923, *Tala* 1938, *Lagar* 1954), Vicente Huidobro (1893-1948: among many books, see *Altazor*, 1931), Nicanor Parra, brother of the famous singer and artist Violeta Parra (born 1914: *Poemas y antipoemas*, 1954) and, above all, Pablo Neruda (1904-1973; Nobel Prize 1971). Of Neruda's many collections, see *Veinte poemas de amor y una canción deseperada* (1924), *Tercer residencia* (1947), *Canto general* (1950) and his memoirs *Confieso que he vivido* (1974). 20th-century male prose writers include José Donoso (1924-96, eg *El obsceno pájaro de la noche*), Ariel Dorfman (born 1942: eg *La muerte y la doncella/ Death and the Maiden; La última canción de Manuel Sendero/The Last Song of Manuel Sendero*) and Antonio Skármeta (born 1940; best known for *Ardiente paciencia*, retitled *El cartero de Neruda* and filmed as *Il Postino/The Postman*). Roberto Bolaño, *By Night in Chile* (Harvill, 2002). Women novelists are represented by Isabel Allende (born 1942), whose novels such as *The House of the Spirits, Of Love and Shadows* and *Eva Luna* are world-famous. Also worth reading are Marta Brunet (1901-67: *Montaña adentro* 1923, *María Nadie* 1957), María Luisa Bombal (1910-80: *La última niebla* 1935) and Damiela Eltit (born 1949: *Vaca sagrada* 1991; *El cuarto mundo* 1988).

Colombia **Reference** John Hemming, *The Search for Eldorado*; Alexander von Humboldt, whose *Travels* were written after five years in South America (1799-1804). For an account of travelling in modern Colombia (specifically his adventures in the cocaine trade), Charles Nicholl's *The Fruit Palace* is recommended. Also, Stephen Smith, *Cocaine Train* (1999).

Literature The novels and short stories of Gabriel García Márquez have a reputation way beyond that of any other Colombian writer. *Cien años de soledad* (A Hundred Years of

Ten of the best reads

Jorge Amado, *Gabriela, Clove and Cinnamon* (1958). One of the Brazilian master storyteller's most popular books, set in Bahia.

Gabriel García Márquez, *One Hundred Years of Solitude* (1967). The Colombian novel which opened the world's eyes to South American magic realism.

John Hemming, *The Conquest of the Incas* (1970). A masterly account of the events that changed South America for ever.

Bruce Chatwin, *In Patagonia* (1977). A delightful, and not uncontroversial, mix of fact and fantasy.

Mario Vargas Llosa, *The War of the End of World* (1981). The Peruvian master's novel depicting the Canudos rebellion in Brazil.

Isabel Allende, *The House of the Spirits* (1982). A brilliant dynastic tale of 20th-century Chile, leading up to the events of 1973.

Matthew Parris, *Inca Kola: A Traveller's Tale of Peru* (1993). A chronicle of Parris and three friends' bizarre adventures in Peru.

Colin Thubron, *To the Last City* (2002). A novel about the trek to Vilcabamba, how the trekkers react to each other, the landscape and its history, and their own demons.

Anne Enright, *The Pleasure of Eliza Lynch* (2002). A novel of the affair between Eliza Lynch and Francisco López, dictator of Paraguay, its excesses of passion and war.

Ann Patchett, *Bel Canto*, (2001). The award-winning story of a kidnapping in an unnamed Latin American country.

Solitude – 1967) was the novel that brought him to prominence in Latin America and worldwide. Previously he had published many short stories and novels, for instance *La hojarasca* (*Leafstorm*, 1955) and *El coronel no tiene quien le escriba* (No-one Writes to the Colonel – 1958), but it was *Cien años de soledad* which led to his recognition as one of the major exponents of the magic realism which characterized Latin American fiction from the 1960s onwards. Later novels have included *El otoño del patriaca* (The Autumn of the Patriarch, 1975), *Crónica de una muerte anunciada* (Chronicle of a Death Foretold, 1981), *El amor en los tiempos de cólera* (Love in the Time of Cholera, 1985) and *Del amor y otros demonios* (Of Love and Other Demons, 1994). He has also continued to publish short stories and journalism and was awarded the Nobel Prize for Literature in 1982. An informative website on García Márquez is Macondo, www.themodernworld.com/gabo

Reference *The Ecotourist's Guide to the Ecuadorean Amazon* (1995). *Trekking in Ecuador,* by Robert and Daisy Kunstaetter (The Mountaineers, 2002). Moritz Thomsen wrote *Living Poor* (Eland) and several other books on Peace Corps liffe and after. Tom Miller, *The Panama Hat Trail* (Abacus, 1986). Kurt Vonnegut, *Galapagos* (1986). William Burroughs, *Queer* (1985).   **Ecuador**

Fiction: Foremost 20th-century fiction includes: Jorge Icaza, *Huasipungo* (1934; London, 1962), a harrowing tale of the hardships of Sierra Indians. The compilation *Los que se van*, by three of the writers of the **Grupo de Guayaquil** (first half of the 20th century), who focused on the people of the coast. **Jorge Enrique Adoum**'s ambitious *Entre Marx y una mujer desnuda* (1976) and **Alfonso Barrera Valverde**, *El País de Manuelito* (Editorial El Conejo, Quito, 1991), the country seen through the eyes of an orphaned child.

Reference Recent books on Elisa Lynch: *The Empress of South America* by Nigel Cawthorne (Heinemann, 2002), and *The Shadows of Elisa Lynch* by Siân Rees (Review, 2002). *Land Without Evil*, by Richard Gott (Verso 1993) on Jesuit history. *Forgotten Fatherland* by Ben MacIntyre, about New Germany (Nueva Germania) in Paraguay. For an amusing account of Paraguayan history and culture, *At the Tomb of the Inflatable Pig* by John Gimlette (Hutchinson, 2003). Graham Greene's *Travels With My Aunt* includes a voyage to Paraguay by a retired bank manager and his eccentric aunt. Paraguay's most renowned **contemporary novelist** is Augusto Roa Bastos: *Yo, el Supremo* and *Hijo de hombre*.   **Paraguay**

Reference *Ecotraveller's Wildlife Guide: Peru*, by David L Person and Les Beletsky (London: Academic Press, 2001). **Trekking in the Cordillera Blanca** *South American Explorers* publishes a good map with additional notes on the popular Llanganuco to Santa   **Peru**

Background

Cruz loop. A climbing guide is *Climbs of the Cordillera Blanca of Peru*, by David Sharman (1995). *Parque Nacional Huascarán*, by Jim Bartle, is a beautiful soft-cover photo collection. **The Chachapoyas Region** Gene Savoy, *Antisuyo*; *The Cloud People, an Anthropological Survey* by Morgan Davis, and Keith Muscutt's *Warriors of the Clouds: A Lost Civilization in the Upper Amazon of Peru* (New Mexico Press, 1998; www.chachapoyas.com).

Cusco and Machu Picchu See Footprint's *Cusco and the Inca Trail Handbook*. Also *Exploring Cusco*, by Peter Frost, which is available in Cusco bookshops. *Lost City of the Incas* by Hiram Bingham (available in Lima and Cusco, new illustrated edition, with an introduction by Hugh Thomson, Weidenfeld & Nicolson, London, 2002). *The White Rock*, by Hugh Thomson (Phoenix, 2002), describes Thomson's own travels in the Inca heartland, as well as the journeys of earlier explorers and the history of the region. A recommended book with photographs and text is Max Milligan's *In the Realm of the Incas* (Harper Collins, 2001).

The southeastern jungle *Manu National Park*, by Kim MacQuarrie and André and Cornelia Bartschi, is a large, expensive and excellent book, with beautiful photographs. *Birds of Tambopata – a checklist, Mammals, Amphibians and Reptiles of Tambopata, Ecology of Tropical Rainforesets: a layman's guide* and *Tambopata map guide*, all by TReeS, who also produce tapes of *Jungle Sounds* and *Bird Sounds of southeast Peru*.

A selection of books on history and culture: For the whole period of the Conquest John Hemming's *The Conquest of the Incas* is invaluable; Ann Kendall *Everyday Life of the Incas*, Batsford, London, 1978. *The Incas and their Ancestors: The Archaeology of Peru*, Michael E Mosely; *Pyramids of Túcume*, Thor Heyerdahl, Daniel H Sandweiss & Alfredo Narváez (Thames & Hudson, 1995).

Travellers: Dervla Murphy, *Eight Feet in the Andes* (1983); Matthew Parris, *Inca-Kola* (1990); Tahir Shah, *Trail of Feathers* (2001); Ronald Wright, *Cut Stones and Crossroads: a Journey in Peru* (1984). **Fiction**: Thornton Wilder, *The Bridge of San Luis Rey* (1927); Peter Mathiessen, *At Play in the Fields of the Lord* (1965).

Peruvian writers: Clorinda Matto de Turner (1854-1909) was the first writer of 'indigenist' fiction in Peru (see *Aves sin nido*) and others followed in attempting to use fiction to address the issues of the ethnic majority: eg Ciro Alegría (1909-67), *El mundo es ancho y ajeno/Broad and Alien is the World* (1941) and José María Arguedas (1911-69), *Los ríos profundos/Deep Rivers* (1958). Peru's best known novelist is Mario Vargas Llosa (1936-), who has written many internationally acclaimed books, eg *La ciudad y los perros/The Time of the Hero* (1962), *La casa verde/The Green House* (1965), *La guerra del fin del mundo/The War of the End of World* (1981) and, most recently, *La fiesta del chivo* (2000). César Vallejo (1892-1938) is Peru's outstanding 20th-century poet: his avant-garde collection *Trilce* (1922) is unlike anything before it in the Spanish language, but his work also has strong political commitment, as in *Poemas humanos* and *España, aparte de mí este cáliz*, both published posthumously.

Uruguay **Reference** *Pirelli* of Argentina publishes a good guide to Uruguay (1996), written by Diego Bigongiari. Uruguay has a strong tradition of critical writing, for example José Enrique Rodó (*Ariel*, 1900), Angel Rama and Eduardo Galeano (*Venas abiertas de América Latina, Memoria del fuego, Días y noches de amor y de guerra*, etc). Juan Zorilla de San Martín has been called Uruguay's greatest poet and his book *Tabare* the country's 'national book'. For gaucho stories look up Elías Regules. Two novelists who have gained international fame are Juan Carlos Onetti and Mario Benedetti (also a poet and critic).

Venezuela **Reference** *Venezuela Handbook* by Alan Murphy & Dan Green (Footprint Handbooks, £13.99). Alexander von Humboldt, *Travels* (see Colombia, above). Among non-Venezuelan writers whose works are worth consulting are Sir Arthur Conan Doyle's *The Lost World* (1912) is reputed to be set on Mount Roraima and the Costaguana of Joseph Conrad's *Nostromo* (1904) is said to be modelled on Venezuela; see also Lisa St Aubin de Teran's *The Keepers of the House* (1982) and *The Tiger* (1985) and Isabel Allende's *Eva Luna* (1987). For an entertaining and sometimes alarming account of travelling in Venezuela, read Redmond O'Hanlon's *In Trouble Again. A Journey between the Orinoco and the Amazon* (1988).

The best known of all **Venezuelan writers** is Rómulo Gallegos (1884-1969), who was president briefly in 1947. Among his novels are *Doña Bárbara* (1929) and *Canaima* (1935).

Another early 20th-century writer is **Teresa de la Parra** (1890-1936). Other novelists worth looking out for are **Arturo Uslar Pietri** (eg *Las lanzas coloradas*, 1931), **Miguel Otero Silva**, **Julián Padrón** and **Adriano González León**. In the 1970s a new literary form known as *Testimonios* developed, incorporating genuine recorded material (usually dramatic social and political issues) into a semi-fictional account of a real event, eg *Soy un delincuente*, by **Ramón Antonio Brizuela**, or *Aquí no pasa nada* by **Angela Zayo**.

Guyana *Jungle Cowboy* by **Stanley E Brock** (1972). *Guyana Fragile Frontier* by Marcus Colchester (Latin American Bureau, World Rainforest Movement and Ian Randle, 1997). *Three singles to Adventure* by **Gerald Durrell**. *The Ventriloquist's Tale* by **Pauline Melville** (1997) and works by novelists such as **Wilson Harris**, **Roy Heath** and **Fred D'Aguiar**.

Guyane *Rhum*, by the French Guyanese writer Blaise Cendrars, is worth reading for its descriptions of the country's distinctive customs and traditions.

General Birdwatching: *A Guide to the Birds of South America*, by R Meyer de Schauensee. *South American Birds*, by J Dunning. *Guía para la identificación de las aves de Argentina y Uruguay* by **T Narosky** and **D Yzurieta**, with drawings and colour illustrations. *A Guide to the Birds of Colombia* by **S Hilty and W Brown** (Princeton University), an excellent field guide. *Birds of Ecuador*, by **R Ridgely** and **P Greenfield**, a definitive guide. *A Field Guide to the Birds of Peru*, by **J F Clements** and **Noam Shany** (Ibis, 2001); *Birds of the High Andes* (University of Copenhagen, 1990) by **N Krabbe** and **J Fjeldsa** on birds that live above 3,000 m.

Andes to Amazon, A Guide to Wild South America, but **Michael Bright** (London: BBC, 2002). Good coverage of the subcontinent's wildlife, with a useful gazeteer. *The Andes*, by **John Biggar** (Castle Douglas: Andes, 1999), is a climbing guide for the entire Andean chain.

Cinema

The cinema in South America has been largely dominated by Hollywood, in the films that are on offer to the public and what cinema-goers choose to see. The cinema also has to compete with television and the huge popularity of *telenovelas* (soap operas). Despite enthusiasm for film-making since the beginnings of moving pictures, the industry in South America has been underfunded and has frequently had to confront repression and censorship. Individual countries can all claim a film industry at certain times and with certain motivations (eg in opposition to repression in Bolivia, Chilean cinema in exile after 1973), but Argentina and Brazil, together with Mexico, have been the leaders of film-making.

The earliest Argentine films were mostly silent documentaries, graduating into tango-led talkies in the 1930s. In the 1930s and 40s in Brazil, musicals were also the main box office draw. By the 1950s directors began to reject the old formulae and embraced 'new cinema' with its political and artistic messages. The chief exponents of this style in Argentina were Leopoldo Torre Nilsson (eg *La casa de ángel* – The House of the Angel – 1957) and Fernando Birri. One of the prominent directors in Brazil at this time was the neorrealist Nelson Perreira dos Santos (*Rio 40 Graus* – Rio 40°, 1955; *Vidas Secas* – Barren Lives, based on Graciliano Ramos' novel). *Cinema Novo* in Brazil reached its most fruitful period in the 1960s, especially in the work of Glauber Rocha (*O Cangaçeiro* – The Bandit, 1953, and *Deus e o Diabo no Terra do Sol* – God and the Devil in the Land of the Sun, 1963, both set in the Northeast; *O Barravento*). Before the descent into military dictatorship and censorship, 1966-68 saw production of the revolutionary four-hour documentary about Argentina, *La hora de los hornos* (The Hour of the Furnaces), directed by a group led by Fernando Solanas. This highly influential, politically-charged film confronted both Hollywood and the ideas of new cinema, but in the 1970s Solanas was forced into exile in France. The Radical government which took power after the demise of the Argentine generals in 1983 rejuvenated the National Film Institute, with the result that cinema flourished. Major films of this period were María Luisa Bemberg's *Camila* (1984), Luis Puenzo's *La historia oficial* (The Official Version, 1986 – the first Argentine film to win an Oscar) and Solanas' *Tangos, el exilio de Gardel* (Tangos the Exile of Gardel, 1985) and *Sur* (South, 1988). These and other films dealt, directly or by analogy, with the themes of the Dirty War, exile and the return to democracy. The latest success from Argentina is Fabián Bielinsky's *Nueve Reinas* (Nine Queens, 2002), an award-winning tale of two small-time swindlers and their involvement in a once-in-a-lifetime scam.

In 1981, Hector Babenco's *Pixote, a Lei do Mais Fraco* was released (Pixote), a harrowing tale of Brazil's homeless children, marking a resurgence in Brazilian cinema. International recognition came in the 1990s with works such as Fábio Barreto's *O Quatrilho* (The Quadrille) and Bruno Barreto's *O Que é Isso, Companheiro* (from Fernando Gabiera's book about the kidnapping of the US ambassador in 1969). This success as followed by Walter Salles' *Central do Brasil* (Central Station – 1998) and *Behind the Sun* (2001) and, most recently, Fernando Meirelles' compelling, violent drama of the Rio *favelas*, *Cidade de Deus* (City of God, 2003). Films

The following list includes some films with a South American theme:

1959 *Orfeu Negro* (Black Orpheus) (**Marcel Camus**). The Orpheus and Eurydice legend retold during Rio Carnaval; music by Antônio Carlos Jobim and Luiz Bonfa.

1972 *Aguirre Wrath of God* (**Werner Herzog**). About Lope de Aguirre, the murderous conquistador and his journey down the Amazon; Klaus Kinski stars.

1982 *Missing* (**Constantin Costa Gavras**). An American activist goes missing in an unspecified South American country. His wife, Sissy Spacek, and father, Jack Lemmon, set out to find him, despite the country's dictator and the US consul's opposition.

1982 *Fitzcarraldo* (**Werner Herzog**). The epic story of one man's obsession (Klaus Kinski again) to build an opera house in the Peruvian jungle; includes the remarkable attempt to haul a 300-ton ship over a mountain. See also *Burden of Dreams* (1982, Les Blank), which documents Herzog's obsession in making of *Fitzcarraldo*.

1985 *Kiss of the Spider Woman* (O Beijo da Mulher Aranha) (**Hector Babenco**). Based on the novel by Manuel Puig, a two-hander between a homosexual and a terrorist in a prison cell.

1986 *The Mission* (**Roland Joffé**). Robert de Niro and Jeremy Irons as Jesuit priests in the Missions in Argentina and Paraguay at the time of the expulsion of the order from South America accompanied by a beautiful Ennio Morricone score.

1994 *Death and the Maiden* (**Roman Polanski**). Taken from Ariel Dorfman's play of the same name, this is a grim story of a woman (Sigourney Weaver) taking revenge on the man (Ben Kingsley) who, she believes, was her torturer several years earlier (country unnamed) .

1994 *The Postman* (Il Postino) (**Michael Radford**) Taken from Antonio Skármeta's novel, *El cartero de Neruda* (originally called *Ardiente paciencia*); it weaves the story of a Chilean postman's love for a barmaid with the death of Pablo Neruda and the fall of Salvador Allende.

Land and environment

The dominant feature of South America's geography is the Andes mountain range which defines the western, Pacific, side of the continent from 12°N to 56°S, with tablelands and older mountains stretching east to the Atlantic Ocean. The highest peaks of the Andes have no rivals outside the Himalaya. Dominant to the east are the vast river basins of the Orinoco, the Paraná and above all the Amazon. At least part of every country (except Uruguay) is in the tropics, though the southernmost tips of Chile and Argentina are close to Antarctica. No wonder the variety of scenery, climate and vegetation is immense.

The Andean countries

Colombia
Almost all Colombians live in the western 50% of the country
Land area: 1,242,568 sq km

Four ranges of the Andes (*cordilleras*) run from north to south. Between the ranges run deep longitudinal valleys. Roughly half of Colombia consists of these deep north-south valleys of the Andes and the coastal fringes along the Pacific and Caribbean shorelines. The remaining 620,000 sq km east of the Andes consists of the hot plains (*llanos*) to the north, running down to the Orinoco River, and the Amazon forests to the south. Near the foot of the Andes, the *llanos* are used for cattle ranching, but beyond is jungle. Except for the northwest corner where oil has been found, islands of settlement are connected with the rest of the country only by air and river; the few roads are impassable most of the year.

The Cordilleras, the main Andes ranges, run northwards for 800 km from the borders of Ecuador to the Caribbean lowlands. A few peaks in the Western Cordillera are over 4,000 m but none reaches the snowline. The Central Cordillera, 50-65 km wide, is much higher; several of its peaks, snow clad, rise above 5,000 m and its highest, the volcano cone of Huila, is 5,750 m. The Eastern Cordillera extends north across the border into Venezuela (see below), and includes the spectacular Cucuy ranges. Apart from the peaks (a few are active volcanoes), there are large areas of high undulating plateaux, cold, treeless and inhospitable, dissected by deep river gorges. They have interesting flora and fauna and many of these regions are protected as national parks. In a high basin of the Eastern Cordillera, 160 km east of the Río Magdalena, the Spaniards in 1538 founded the city of Bogotá at 2,560 m, now the national capital. The great rural activity here is the growing of food: cattle, wheat, barley, maize and potatoes. **The Valleys** between the Cordilleras are deep and dominated by the Magdalena and Cauca Rivers. The upper sections are filled with volcanic ash and are very fertile. With the tropical range of temperature and rainfall, this is very productive land. Coffee dominates but almost every known tropical fruit and vegetable grows here. In the upper parts of the valleys, the climate is more temperate, with another wide range of crops. There is cattle production everywhere; sugar, cotton, rice and tobacco are common.

The Caribbean Lowlands include three centres of population, Cartagena, Barranquilla and Santa Marta, behind which lies a great lowland, the floodplain of the Magdalena, Cauca and their tributaries. During the dry season from October to March great herds of cattle are grazed there, but for the rest of the year much of it is a network of swamps and lagoons with very little land that can be cultivated except for a few ranges of low hills near the coast. **The Northeast** includes one more mountain group in Colombia, the Sierra Nevada de Santa Marta, standing isolated from the other ranges on the shores of the Caribbean. This is the highest range of all: its snow-capped peaks rise to 5,800 m within 50 km of the coast. Further northeast, is La Guajira, a strange region of semi-desert, salt-pans, flamingos and unusual micro-climates. **The Pacific Coast** stretches for 1,300 km. Along the coast north of Buenaventura runs the Serranía de Baudó, the shortest of the Cordilleras, thickly forested. East of it is a low trough before the land rises to the slopes of the Western Cordillera. The trough is drained southwards into the Pacific by the Río San Juan, and northwards into the Caribbean by the Río Atrato, both are partly navigable. The climate is hot and torrential rain falls daily. The inhabitants are mostly black. The 320 km south of the port of Buenaventura to the border with Ecuador is a wide, marshy, and sparsely inhabited coastal lowland.

Ecuador

Land area: 272,045 sq km

The Andes, running from north to south, form a mountainous backbone to the country. There are two main ranges, the Central Cordillera and the Western Cordillera, separated by a 400-km long Central Valley, whose rims are about 50 km apart. The rims are joined together, like the two sides of a ladder, by hilly rungs, and between each pair of rungs lies an intermont basin with a dense cluster of population. These basins are drained by rivers which cut through the rims to run either west to the Pacific or east to join the Amazon. Both rims of the Central Valley are lined with the cones of more than 50 volcanoes. Several of them have long been extinct, for example, Chimborazo, the highest (6,310 m). At least eight, however, are still active including Cotopaxi (5,897 m), which had several violent eruptions in the 19th century; Pichincha (4,794 m), which re-entered activity in 1998 and expelled a spectacular mushroom cloud in October 1999; and Sangay (5,230 m), one of the world's most active volcanoes, continuously emitting fumes and ash.

The Sierra, as the central trough of the Andes in known, is home to about 47% of the people of Ecuador, the majority of whom are indigenous. Some of the land is still held in large private estates worked by the Indians, but a growing proportion is now made up of small family farms or is held by native communities, run as cooperatives. Some communities live at subsistence level, others have developed good markets for products using traditional skills in embroidery, pottery, jewellery, knitting, weaving, and carving. **The Costa** is mostly lowland at an altitude of less than 300 m, apart from a belt of hilly land which runs northwest from

Ecuador's active volcanoes, fumeroles and hot springs are evidence of unstable geological conditions. Earthquakes too are common

Guayaquil to the coast, where it turns north and runs parallel to the shore to Esmeraldas. In the extreme north there is a typical tropical rain forest, severely endangered by uncontrolled logging. The forests thin out in the more southern lowlands and give way to tropical dry forest. The main agricultural exports come from the lowlands to the southeast and north of Guayaquil. The heavy rains, high temperature and humidity suit the growth of tropical crops. Bananas and mango are grown here while rice is farmed on the natural levees of this flood plain. The main crop comes from the alluvial fans at the foot of the mountains rising out of the plain. Coffee is grown on the higher ground. Shrimp farming was typical of the coast until this was damaged by disease in 1999. The Guayas lowland is also a great cattle-fattening area in the dry season. South of Guayaquil the rainfall is progressively less, mangroves disappear and by the border with Peru, it is semi-arid.

The Oriente is east of the Central Cordillera where the forest-clad mountains fall sharply to a chain of foothills (the Eastern Cordillera) and then the jungle through which meander the tributaries of the Amazon. This east lowland region makes up 36% of Ecuador's total territory, but is only sparsely populated by indigenous and agricultural colonists from the highlands. In total, the region has only 5% of the national population, but colonization is now proceeding rapidly owing to population pressure and in the wake of an oil boom in the northern Oriente. There is gold and other minerals in the south. **The Galápagos** are about 1,000 km west of Ecuador, on the Equator, and are not structurally connected to the mainland. They mark the junction between two tectonic plates on the Pacific floor where basalt has escaped to form massive volcanoes, only the tips of which are above sea level. Several of the islands have volcanic activity today. Their isolation from any other land has led to their unique flora and fauna.

Peru
Land area:
1,285,216 sq km

The whole of Peru's west seaboard with the Pacific is desert on which rain seldom falls. From this coastal shelf the Andes rise to a high Sierra which is studded with groups of soaring mountains and gouged with deep canyons. The highland slopes more gradually east and is deeply forested and ravined. Eastward from these mountains lie the vast jungle lands of the Amazon basin.

The Highlands (or Sierra), at an average altitude of 3,000 m, cover 26% of the country and contain about 50% of the people, mostly Indian, an excessive density on such poor land. Here, high-level land of gentle slopes is surrounded by towering ranges of high peaks including the most spectacular range of the continent, the Cordillera Blanca. This has several ice peaks over 6,000 m; the highest, Huascarán, is 6,768 m and is a mecca for mountaineers. There are many volcanoes in the south. The north and east highlands are heavily forested up to a limit of 3,350 m: the grasslands are between the forest line and the snowline, which rises from 5,000 m in the latitude of Lima to 5,800 m in the south. Most of the Sierra is covered with grasses and shrubs, with Puna vegetation (bunch grass mixed with low, hairy-leaved plants) from north of Huaraz to the south. Here the indigenous graze llamas, alpacas and sheep providing meat, clothing, transport and even fuel from the animals' dung. Some potatoes and cereals (*quinua*, *kiwicha* and *kañiwa*) are grown at altitude, but the valley basins contain the best land for arable farming. Most of the rivers which rise in these mountains flow east to the Amazon and cut through the plateau in canyons, sometimes 1,500 m deep, in which the climate is tropical. A few go west to the Pacific including the Colca and Cotahuasi in the south, which have created canyons over 3,000 m deep.

The Coast, a narrow ribbon of desert 2,250 km long, takes up 11% of the country and holds about 45% of the population. It is the economic heart of Peru, consuming most of the imports and supplying half of the exports. When irrigated, the river valleys are extremely fertile, creating oases which grow cotton throughout the country, sugar-cane, rice and export crops such as asparagus in the north, grapes, fruit and olives in the south. At the same time, the coastal current teems with fish and Peru has in the past had the largest catch in the world. **The Jungle** covers the forested eastern half of the Andes and the tropical forest beyond, altogether 62% of the country's area, but with only about 5% of the population who are crowded on the river banks in the cultivable land – a tiny part of the area. The few roads have to cope with dense forest, deep valleys, and sharp eastern slopes ranging from 2,150 m in the north to 5,800 m east of Lake Titicaca. Rivers are the main highways, though navigation is hazardous. The economic potential of the area includes reserves of timber, excellent land for rubber, jute, rice, tropical fruits and coffee and the breeding of cattle. The vast majority of Peru's oil and gas reserves are also east of the Andes.

Bolivia is the only South American country with no coastline or even navigable river to the sea. It is dominated by the Andes and has five distinct geographical areas. **The Andes** are at their widest in Bolivia, a maximum of 650 km. The Western Cordillera, which separates Bolivia from Chile, has high peaks of between 5,800 m and 6,500 m and a number of active volcanoes along its crest. The Eastern Cordillera also rises to giant massifs, with several peaks over 6,000 m in the Cordillera Real section to the north. The far sides of the Cordillera Real fall away very sharply to the northeast, towards the Amazon basin.

Bolivia
Land area:
1,098,581 sq km

The **Altiplano** lies between the Cordilleras, a bleak, treeless, windswept plateau, much of it 4,000 m above sea-level. Its surface is by no means flat, and the Western Cordillera sends spurs dividing it into basins. The more fertile northern part has more inhabitants; the southern part is parched desert and almost unoccupied, save for a mining town here and there. Nearly 70% of the population lives on it; over half of the people in towns. **Lake Titicaca**, at the northern end of the Altiplano, is an inland sea of 8,965 sq km at 3,810 m, the highest navigable water in the world. Its depth, up to 280 m in some places, keeps the lake at an even all-year-round temperature of 10° C. This modifies the extremes of winter and night temperatures on the surrounding land, which supports a large Aymara indigenous population, tilling the fields and the hill terraces, growing potatoes and cereals, tending their sheep, alpaca and llamas, and using the resources of the lake. **The Yungas and the Puna** are to the east of the Altiplano. The heavily forested northeastern slopes of the Cordillera Real are deeply indented by the fertile valleys of the Yungas, drained into the Amazon lowlands by the Río Beni and its tributaries, where cacao, coffee, sugar, coca and tropical fruits are grown. Further south, from a point just north of Cochabamba, the Eastern Cordillera rises abruptly in sharp escarpments from the Altiplano and then flattens out to an easy slope east to the plains: an area known as the Puna. The streams which flow across the Puna cut increasingly deep incisions as they gather volume until the Puna is eroded to little more than a high remnant between the river valleys. In these valleys a variety of grain crops and fruits is grown.

A harsh, strange land, a dreary grey solitude except for the bursts of green after rain. The air is unbelievably clear – the whole landscape is a bowl of luminous light

The Tropical Lowlands stretch from the foothills of the Eastern Cordillera to the borders with Brazil, Paraguay and Argentina. They take up 70% of the total area of Bolivia, but contain only about 20% of its population. In the north and east the Oriente has dense tropical forest. Open plains covered with rough pasture, swamp and scrub occupy the centre. Before the expulsion of the Jesuits in 1767 this was a populous land of plenty; for 150 years Jesuit missionaries had controlled the area and guided it into a prosperous security. Decline followed but in recent years better times have returned. Meat is now shipped from Trinidad, capital of Beni Department, and from airstrips in the area, to the urban centres of La Paz, Oruro, and Cochabamba. Further south, the forests and plains beyond the Eastern Cordillera sweep down towards the Río Pilcomayo, which drains into the Río de la Plata, getting progressively less rain and merging into a comparatively dry land of scrub forest and arid savanna. The main city of this area is Santa Cruz de la Sierra, founded in the 16th century, now the second city of Bolivia and a large agricultural centre.

The Southern Cone

Chile is a ribbon of land lying between the Andes and the Pacific. The Andes and a coastal range of highland take up from a third to a half of its width. There are wide variations of soil and vast differences of climate; these profoundly affect the density of population. Down virtually the whole length, between the Andes and the coastal ranges, is a longitudinal depression. For 1,050 km south of the capital Santiago this is a great valley stretching as far as Puerto Montt. South of Puerto Montt the sea has broken through the coastal range and drowned the valley, and there is a bewildering assortment of archipelagos and channels. The Andes, with many snow-capped peaks over 6,000 m, culminate near Santiago with several of almost 7,000 m. They diminish in height from Santiago southwards, but throughout the range are spectacular volcanoes right down to the southern seas, where the Strait of Magellan gives access to the Atlantic. Associated with the mountains are geological faults and earthquakes are common.

Chile
Land area:
756,626 sq km

From north to south the country falls into five contrasted zones: The first 1,250 km from the Peruvian frontier to Copiapó is a rainless desert of hills and plains devoid of vegetation. Here lie nitrate deposits and several copper mines. There is almost no rain, just occasional mists. From Copiapó to Illapel (600 km) is semi-desert; there is a slight winter rainfall, but great tracts of land are without vegetation most of the year. Valley bottoms are cultivated under irrigation. From

Background

Illapel to Concepción is Chile's heartland, where the vast majority of its people live. Here there is abundant rainfall in the winter, but the summers are perfectly dry. Great farms and vineyards cover the country, which is exceptionally beautiful. The fourth zone, between Concepción and Puerto Montt, is a country of lakes and rivers, with heavy rainfall through much of the year. Cleared and cultivated land alternates with mountains and primeval forests. The fifth zone, from Puerto Montt to Cape Horn, stretches for 1,600 km. This is archipelagic Chile, a sparsely populated region of wild forests and mountains, glaciers, islands and channels. Rainfall is torrential, and the climate cold. South of Puerto Montt, the Camino Austral provides almost unbroken road access for more than 1,000 km. Chilean Patagonia is in the extreme south of this zone. A subdivision of the fifth zone is Atlantic Chile – that part which lies along the Magellan Strait to the east of the Andes, including the Chilean part of Tierra del Fuego island. There is a cluster of population here raising sheep and mining coal. Large offshore oilfields have been discovered in the far south.

Argentina
Land area: 2,780,092 sq km

Argentina occupies most of the southern cone of the continent. There are four main physical areas: the Andes, the north and Mesopotamia, the Pampas, and Patagonia. Much of the country is comparatively flat which made modern communications easy. **The Andes** run the full length of Argentina, low and deeply glaciated in the Patagonian south, high and dry in the prolongation in northwest Argentina adjoining the Bolivian Altiplano. Though of modest height, Cerro Fitzroy and other peaks on the fringes of the Patagonia icecap are amongst the most dramatic on the continent, while many peaks in the north are over 6,000 m, including Aconcagua, the highest outside the Himalayas. To the east, in the shadow of the Andes, it is dry. Oases strung along the eastern foot of the Andes from Jujuy to San Rafael, including Tucumán and Mendoza, were the first places to be colonized by the Spaniards. Further south is the beautiful Lake District, with Bariloche at its heart. The mountain ridges and the many lakes created by the glaciers are now withdrawing under the impact of global warming. **The North and Mesopotamia** contains the vast plains of the Chaco and the floodplain lying between the rivers Paraná and Uruguay. Rice growing and ranching are widespread. The Province of Misiones in the northeast lies on the great Paraná plateau while the northwest Chaco has some of the highest temperatures in the continent.

The Pampas make up the heart of the country. These vast, rich plains lie south of the Chaco, and east of the Andes down to the Río Colorado. Buenos Aires lies on the northeast corner of the Pampas and is the only part of the country which has a dense population – about 40% of Argentines live in and around the capital. The Pampas stretch for hundreds of kilometres in almost unrelieved flatness, but get progressively wetter going east. Cattle and cereal growing dominate. **Patagonia** lies south of the Río Colorado – a land of arid, wind-swept plateaux cut across by ravines. In the deep south the wind is wilder and more continuous. There is no real summer, but the winters are rarely severe.

Uruguay
Uruguay is the smallest Hispanic country in South America; land area: 406,752 sq km

Unlike all other South American countries, Uruguay is compact, accessible and homogeneous. **The coast** along the Atlantic consists of bays, beaches and off-shore islands, lagoons and bars, the sand brought by currents north from the River Plate. Behind is a narrow plain which fringes most of the coast (but not near Montevideo). Behind is a line of mainly wooded hills (called *cuchillas*), the whole area extensively farmed with grain and cattle *estancias*. **Central Uruguay** up to the Brazilian border is pleasant, rolling country dissected by the Río Negro which rises in Brazil and on which a number of dams have been built. North of the river is agricultural and pasture country dominated by sheep. Near Minas there are stone quarries and other mining activity. **Western Uruguay** is dominated by the River Plate from Montevideo round to Colonia, then north up the Río Uruguay which provides the frontier with Argentina. It consists of an alluvial flood plain stretching north to Fray Bentos where the first road crossing can be made. Thereafter, the general character of the land is undulating, with little forest except on the banks of its rivers and streams. The long grass slopes rise gently to far-off hills, but none of these is higher than 600 m. Five rivers flow westwards across the country to drain into the Río Uruguay, including the Río Negro. Cattle and wheat are the main traditional products.

Paraguay
Land area: 406,752 sq km

Paraguay is landlocked and is divided into two by the Río Paraguay. The Río Paraná forms part of the eastern and southern boundaries of the country but the rivers are so difficult to navigate that communication with Buenos Aires, 1,450 km from Asunción, has been mainly on land.

Eastern Paraguay is the 40% of the country east of the Río Paraguay, a rich land of rolling hills in which most of the population live. An escarpment runs north from the Río Alto Paraná, west of Encarnación, to the Brazilian border. East of this escarpment the Paraná Plateau extends across neighbouring parts of Argentina and Brazil. The Plateau, which is crossed by the Río Paraná, ranges from 300-600 m in height, was originally forest and enjoys relatively high levels of rainfall. West and south of the escarpment and stretching to the Río Paraguay lies a fertile plain with wooded hills, drained by several tributaries of the Río Paraná. Most of the population of Paraguay lives in these hilly lands, stretching southeast from the capital, to Encarnación. The area produces timber, cotton, hides and semi-tropical products. Closer to the rivers, much of the plain is flooded once a year; it is wet savanna, treeless, but covered with coarse grasses. **The Chaco**, about 60% of the country's area, is a flat, infertile plain stretching north along the west bank of the Río Paraguay. The marshy, unnavigable Río Pilcomayo, which flows southeast across the Chaco to join the Río Paraguay near Asunción, forms the frontier with Argentina. The landscape is dominated by the alluvial material brought down in the past by the rivers from the Andes. As the rainfall diminishes westwards, the land can naturally support little more than scrub and cacti. The arrival of the Mennonites has led to some intense production of fruit and other crops.

Brazil and the north

Brazil is one of the largest countries of the world. It stretches over 4,300 km across the continent but is one of the few in South America that does not reach the Andes. The two great river basins, the Amazon and the River Plate, account for about three-fifths of Brazil's area.

The Amazon Basin, in northern and western Brazil, takes up more than a third of the whole country. The basin borders the Andes and funnels narrowly to the Atlantic, recalling the geological period, before the uplift of the Andes, when the Amazon flowed into the Pacific Ocean. Most of the drained area has an elevation of less than 250 m. The rainfall is heavy: some few places receive from 3,750 to 5,000 mm a year, though over most of the area it is no more than from 1,500 to 2,500 mm. Much of the basin suffers from annual floods. The region was covered by tropical forest, with little undergrowth except along the watercourses; it is now being rapidly cut down. The climate is hot and the humidity high throughout the year. **The Brazilian Highlands** lying southeast of the Amazon and northeast of the River Plate Basin form a tableland of from 300 to 900 m high, but here and there, mostly in southeast Brazil, mountain ranges rise from it. The highest temperature recorded was 42°C, in the dry northeastern states. The highest peak in southern Brazil, the Pico da Bandeira, northeast of Rio, is 2,898 m. **The Great Escarpment** is where the Brazilian Highlands cascade sharply down to the Atlantic, leaving a narrow coastal strip which is the economic heartland of the country. It runs from south of Salvador as far as Porto Alegre and in only a few places is this Escarpment breached by deeply cut river beds, for example those of the Rio Doce and the Rio Paraíba. Along most of its course, the Great Escarpment falls to the sea in parallel steps, each step separated by the trough of a valley. The few rivers rising on the Escarpment, which flow direct into the Atlantic are not navigable. Most of the rivers flow west, deep into the interior. Those in southern Brazil rise almost within sight of the sea, but run westward through the vast interior to join the Paraná, often with falls as they leave the Escarpment, including the spectacular Iguaçú. In the central area the Escarpment rivers run away from the sea to join the São Francisco River, which flows northwards parallel to the coast for 2,900 km, to tumble over the Paulo Afonso Falls on its eastward course to the Atlantic.

The River Plate Basin, in the southern part of Brazil, has a more varied surface and is less heavily forested than the Amazon Basin. The land is higher and the climate a little cooler. **The Guiana Highlands**, north of the Amazon, are ancient rock structures, some of the oldest in the world. The area is partly forested, partly hot stony desert. Slopes that face the northeast trade winds get heavy rainfall, but the southern areas are drier. The highest peak in all Brazil, the Pico da Neblina, 3,014 m, is on the Venezuelan border.

Guyane has its eastern frontier with Brazil formed partly by the river Oiapoque (Oyapock in French) and its southern, also with Brazil, formed by the Tumuc-Humac mountains (the only range of importance). The western frontier with Suriname is along the river Maroni-Litani. To the north is the Atlantic coastline of 320 km. The land rises gradually from a coastal strip some 15-40

Sidebar

Background

Brazil
*Land area:
8,547,404 sq km*

The heavy Amazon rain comes from the daily cycle of intense evaporation plus the saturated air brought by winds from the northeast and southeast, losing their moisture as they approach the Andes

Guyane
*Land area: 83,900-86,
504 sq km (estimate)*

km wide to the higher slopes and plains or savannahs, about 80 km inland. Forests cover the hills and valleys of the interior, and the territory is well watered, for over 20 rivers run to the Atlantic.

Suriname
Land area:
163,820 sq km
A large area in the
southwest is in dispute
with Guyana. A less
serious border dispute
with Guyane is in
he southeast

Like its neighbours, Suriname has a coastline on the Atlantic to the north. The principal rivers are the Marowijne in the east, the Corantijn in the west, and the Suriname, Commewijne (with its tributary, the Cottica), Coppename, Saramacca and Nickerie. The country is divided into topographically quite diverse natural regions: the northern lowlands, 25 km wide in the east and 80 km wide in the west, have clay soil covered with swamps. There follows a region, 5-6 km wide, of a loamy and very white sandy soil, then an undulating region, about 30 km wide. It is mainly savanna, mostly covered with quartz sand, and overgrown with grass and shrubs. South of this lies the interior highland, almost entirely overgrown with dense tropical forest, intersected by streams. At the southern boundary with Brazil there are savannas.

Guyana
Land area:
215,083 sq km

The area west of the
Essequibo River, about
70% of the national
territory, is claimed
by Venezuela

Guyana has an area of 215,083 sq km, nearly the size of Britain, but only about 2.5% is cultivated. About 90% of the population lives on the narrow coastal plain, either in Georgetown, the capital, or in villages along the main road running from Charity in the west to the Suriname border. The rivers give some access to the interior beyond which are the jungles and highlands towards the border with Brazil.

The Coastal Plain is mostly below sea level. Large wooden houses stand on stilts above ground level. A sea wall keeps out the Atlantic and the fertile clay soil is drained by a system of dykes; sluice gates, *kokers* are opened to let out water at low tide. Separate channels irrigate fields in dry weather. Most of the western third of the coastal plain is undrained and uninhabited. Four **Major Rivers** cross the coastal plain, from west to east they are the Essequibo, the Demerara, the Berbice, and the Corentyne. Only the Demerara is crossed by bridges. Elsewhere ferries must be used. At the mouth of the Essequibo River, 34 km wide, are islands the size of Barbados. The lower reaches of these rivers are navigable; but waterfalls and rapids prevent them being used by large boats to reach the interior. **The Jungles and the Highlands** inland from the coastal plain, are thick rain forest, although in the east there is a large area of grassland. Towards Venezuela the rain forest rises in a series of steep escarpments, with spectacular waterfalls, the highest and best known of which are the Kaieteur Falls on the Potaro River. In the southwest is the Rupununi Savanna, an area of grassland more easily reached from Brazil than from Georgetown.

Venezuela
Land area:
912, 050 sq km

Venezuela has 2,800 km of coastline on the Caribbean Sea and many islands. The Andes run up north-eastwards from Colombia, along the coast eastwards past Caracas, ending up as the north coast of the Caribbean island of Trinidad. In the northwest corner is the Maracaibo basin. South of the Andean spine is the vast plain of the Orinoco which reaches the sea near the Guyana border and to the southeast of that are the ancient rocks known as the Guayana Highlands.

The Andes are highest near the Colombian border where they are known as the Sierra Nevada de Mérida. Beyond they broaden out into the Segovia Highlands north of Barquisimeto, and then turn east in parallel ridges along the coast to form the Central Highlands, dipping into the Caribbean Sea only to rise again into the North Eastern Highlands of the peninsulas of Araya and Paria. This region has an agreeable climate and is well populated with most of the main towns. **The Maracaibo Lowlands** are around the fresh water lake of Maracaibo, the largest lake in South America, is 12,800 sq km. Considerable rainfall feeds the lake and many rivers flow through thick forest to create swamps on its southern shore. The area is dominated by the oil producing fields on both sides of the lake and beneath its surface. To the west, the Sierra de Perijá forms the boundary with Colombia and outside the lake to the east is the most northerly point of the country the peninsular of Paraguaná, virtually desert.

The Llanos, as the Orinoco plains are called, cover about one third of the country. They are almost flat and are a vast cattle range. The Orinoco river itself is part of Latin America's third largest river system. Many significant rivers flow from the Andes and Guayana Highlands to join the Orinoco, whose delta is made up of innumerable channels and thousands of forest-covered islands. **The Guayana Highlands**, which take up almost half the country, are south of the Orinoco. This is an area of ancient crystalline rocks that extend along the top of the continent towards the mouth of the Amazon and form the northern part of Brazil. In Venezuela they are noted for huge, precipitous granite blocks known as *tepuys*, many of which have their own unique flora, and create many high waterfalls including the Angel Falls, the world's highest.

Footnotes

Useful words and phrases

Footnotes

Greetings & courtesies	Spanish	Portuguese
hello/good morning	hola/buenos días	oi/bom dia
good afternoon/evening/night	buenas tardes/noches	boa tarde/boa noite
goodbye	adiós/chao	adeus/tchau
see you later	hasta luego	até logo
how are you?	¿cómo está/cómo estás?	como vai você?/tudo bem? tudo bom?
I'm fine	estoy bien	tudo bem /tudo bom
pleased to meet you	mucho gusto/encantado	um prazer
please	por favor	por favor/faz favor
thank you (very much)	(muchas) gracias	(muito) obrigado (man speaking) /obrigada (woman speaking)
yes/no	sí/no	sim/não
excuse me/I beg your pardon	permiso	com licença
I don't understand	no entiendo	não entendo
please speak slowly	hable despacio por favor	fale devagar por favor
what's your name?/ I'm called_	¿cómo se llama?/me llamo_	Qual é seu nome?/ O meu nome é_
Go away!	¡Váyase!	Vai embora!

Basic questions		
where is_?	¿dónde está_?	onde está/onde fica?
how much does it cost?	¿cuánto cuesta?	quanto custa?
when?	¿cuándo?	quando?
when does the bus leave/ arrive?	¿a qué hora sale/llega el autobus?	qa que hora sai/chega o ônibus?
why?	¿por qué?	por que?
how do I get to_?	¿cómo llegar a_?	para chegar a_?

Basics		
police (policeman)	la policía (el policía)	a polícia (o polícia)
hotel	el hotel (la pensión, el residencial, el alojamiento)	o hotel (a pensão, a hospedaria)
room	el cuarto/la habitación	o quarto
single/double	sencillo/doble	(quarto de) solteiro
with two beds	con dos camas	com duas camas
bathroom/toilet	el baño	o banheiro
hot/cold water	agua caliente/fría	água quente/fria
toilet paper	el papel higiénico	o papel higiênico
restaurant	el restaurante	o restaurante (o lanchonete)
post office/telephone office	el correo/el centro de llamadas	o correio/o centro telefônico
supermarket/market	el supermercado/el mercado	o supermercado/o mercado
bank/exchange house	el banco/la casa de cambio	o banco/a casa de câmbio
exchange rate	la tasa de cambio	a taxa de câmbio
travellers' cheques	los travelers/los cheques de viajero	os travelers/os cheques de viagem
cash	el efectivo	o dinheiro
breakfast/lunch	el desayuno/el almuerzo	o café de manhã/o almoço
dinner/supper	la cena	o jantar
meal/drink	la comida/la bebida	a refeição/a bebida
mineral water	el agua mineral	a água mineral
beer	la cerveza	a cerveja
without sugar/without meat	sin azúcar/sin carne	sem açúcar/sem carne

Getting around

on the left/right	*a la izquierda/derecha*	*á esquerda/á direita*
straight on	*derecho*	*direito*
bus station	*la terminal (terrestre)*	*a rodoviária*
bus stop	*la parada*	*a parada*
bus	*el bus/el autobus/la flota/ el colectivo/el micro*	*o ônibus*
train/train station	*el tren/la estación (de tren/ferrocarril)*	*o trem*
airport/aeroplane	*el aeropuerto/el avión*	*o aeroporto/o avião*
ticket/ticket office	*el boleto/la taquilla*	*o bilhete/a bilheteria*

Time

What time is it?	*¿Qué hora es?*	*Que horas são?*
at half past two/two thirty	*a las dos y media*	*as dois e meia*
it's one o'clock/ it's seven o'clock	*es la una/son las siete*	*é uma/são as sete*
ten minutes/five hours	*diez minutos/cinco horas*	*dez minutos/cinco horas*

Numbers

1	*uno/una*	*um/uma*
2	*dos*	*dois/duas*
3	*tres*	*três*
4	*cuatro*	*quatro*
5	*cinco*	*cinco*
6	*seis*	*seis*
7	*siete*	*sete*
8	*ocho*	*oito*
9	*nueve*	*nove*
10	*diez*	*dez*
11	*once*	*onze*
12	*doce*	*doze*
13	*trece*	*treze*
14	*catorce*	*catorze*
15	*quince*	*quinze*
16	*dieciseis*	*dezesseis*
17	*diecisiete*	*dezessete*
18	*dieciocho*	*dezoito*
19	*diecinueve*	*dezenove*
20	*veinte*	*vinte*
21	*veintiuno*	*vinte e um*
30	*treinte*	*trinta*
40	*cuarenta*	*quarenta*
50	*cincuenta*	*cinqüenta*
60	*sesenta*	*sessenta*
70	*setenta*	*setenta*
80	*ochenta*	*oitenta*
90	*noventa*	*noventa*
100	*cien, ciento*	*cem, cento*
1000	*mil*	*mil*

See also Language in Essentials, page 48.

Footnotes

Index

Footnotes

Footnotes

Footnotes

Map index

Footnotes

Shorts' index

Advertisers' index

Footnotes

Footnotes

Acknowledgements

A great many people have helped in the preparation of this book. Thanks are due in particular to Sara Smith and Wendy Baldwin, who prepared the update files from the many hundreds of travellers' letters, and all at Footprint, especially Alan Murphy, Sarah Sorensen, Davina Rungasamy and Jo Morgan.

Argentina: Christabelle Dilks (author of Footprint's Argentina Handbook), who would like to thank Tommy, and the Galtier family, for all their kindness and support; Alicia and Patricio Dennehy, Dolores Palavecino and Guillermo Schlichter. Thanks to Federico Wyss for introducing me to the finest estancias. For their warm hospitality, thanks to the Goodalls at Viamonte, Sara at Dos Talas, María Laura at Palantelén, Asunti at Ave María, Sara at Los Los, Horacio Foster at Siempre Verde.
For showing me their Buenos Aires, thanks to Clarisa and Guillermo Escolar, Mariano Vázquez, and John Lewis; and Adrien Bouquet of Hotel Colón. For generous hospitality: Alejandro of Jungle Explorer at Iguazú, Danny Feldman at El Glaciar in El Calafate, Juan and Tere at Malka in Tilcara, Sebastián de la Cruz in Hostería Pampa Linda, Alejandro in Los Antiguos and Mariana y Toni López at Villa Gesell. And in Chile, thanks to Gedra Guzmán and Alfonso of Path@gone. Ben Box and Christabelle thank Nicolás Kugler for his detailed research, and support in Buenos Aires. Nicolás himself would like to thank Marlú and Federico Kirbus, María José Solís, Julio Giustozzi, Román Gueijman, Lautaro Lafleur, Ramiro Espiño and Cacho García Poultier. Thanks also to André Vltchek (Hanoi), Herbert Levi (Buenos Aires).

Bolivia: Geoffrey Groesbeck (USA), who checked the chapter, and all the other contributors to Footprint's Bolivia Handbook.

Brazil: James Sturcke (UK, who updated Rio Grande do Sul). Fábio Sombra (Rio de Janeiro). Michael Smyth (Paraty).

Chile: Janak Jani (Valparaíso, researcher for Footprint's Chile Handbook). Christabelle Dilks (see above).

Colombia: Peter Pollard (UK, writer of Footprint's Colombia Handbook) for updating the chapter; in Bogotá, Nadia Diamond, Enrique Larotta, Mark Duffy and Germán Escobar; in the UK, David Broom.

Ecuador: Robert and Daisy Kunstaetter (writers of Footprint's Ecuador Handbook), who would like to thank Guido and Jeaneth Abad, Jean Brown, Lou Jost, Beatrice and Xavier Malo, Grace Naranjo, Popkje van der Ploeg, Michael Resch, William Reyes, Delia María Torres and the Ministerio de Turismo del Ecuador.

Paraguay: Amanda George (Granada) updated the chapter. She wishes to thank Heindrich Gossen of Ecoturismo Boquerón, Raúl Montiel, Jorge Díaz and Raúl Florentin, Dr Humberto Sánchez, Rob Clay of Guyra, Rubén Pretzle, Marian Pino, Ana de Silvero, Emma Kunzle, Christine and Summers Hollway, Doris Duarte, and the Riquelme family.

Footnotes

Peru: Cecilia Kamiche (Lima), Víctor Melgar (Lima), Walter Eberhart (Trujillo), Stephen Frankham (UK), Mariella Bernasconi (Cusco), Alberto Cafferata (Caraz), Paul Heggarty (UK) and all those who helped with the preparation of the 4th edition of Footprint's Peru Handbook.
Uruguay: Simon Harvey (UK) updated the chapter.

Venezuela: Dan Green and Alan Murphy (writers of Footprint's Venezuela Handbook).

Guyana: Tony Thorne (Georgetown)

Suriname: Jerry A-Kum (Paramaribo and Georgetown).

Falklands/Islas Malvinas: RK Headland, Scott Polar Research Institute, Cambridge, UK.

Specialist contributors: Peter Pollard for Land and environment; Nigel Gallop for Music and dance; Katie Moore for Adventure Highs in South America; Stephen Frankham for Off the beaten track; John Lewis for business travel; Ashley Rawlings for motorcycling; Hallam Murray for cycling; Hilary Bradt for hiking and trekking; Richard Robinson for world wide radio information; Mark Eckstein for responsible travel.

The health section was written by Dr Charlie Easmon MBBS MRCP MPH DTM&H DOCCMed In addition to his time as a hospital physician, Dr Easmon's aid and development work has included: Raleigh International (Medical Officer in Botswana), MERLIN (in Rwanda his team set up a refugee camp for 12,000 people), Save the Children (as a consultant in Rwanda), ECHO (The European Community Humanitarian Office review of Red Cross work in Armenia, Georgia and Azerbaijan), board member of International Care and Relief and previously International Health Exchange. He has worked as a medical adviser to the Foreign and Commonwealth Office and as a locum consultant at the Hospital for Tropical Diseases Travel Clinic as well as being a Specialist registrar in Public Health. He now also runs Travel Screening Services (www.travelscreening.co.uk) based at 1 Harley Street.

Travellers who have written are acknowledged on page 1510.

Footnotes

Credits

Footprint credits

Text editor: Alan Murphy
Map editor: Sarah Sorensen

Publishers: James Dawson
and Patrick Dawson
Editorial Director: Rachel Fielding
Editorial and production: Sophie Blacksell,
Sarah Thorowgood, Claire Boobbyer,
Caroline Lascom, Felicity Laughton,
Davina Rungasamy, Laura Dixon,
Jo Morgan, Mark Thomas
Proof-reading: Stephanie Egerton
Cartography: Robert Lunn,
Claire Benison, Kevin Feeney
Design: Mytton Williams
Marketing and publicity:
Rosemary Dawson, La-Ree Miners
Advertising: Debbie Wylde,
Lorraine Horler
Finance and administration:
Sharon Hughes, Elizabeth Taylor, Leona Bailey

Photography credits

Front cover: ImageState (Lake Titicaca)
Back cover: 1924 Handbook
Inside colour section: Jamie Marshall
(Huata, Quito, Lauca Nat Park, Silvia,
Religious icons); Karen Ward (Iguaçu Falls,
Kuelap, La Boca, Arbol de Piedra, Salar de Uyuni,
Salvador, La Serena, Amazon); Fabienne Fossez
(La Diablada, Perito Moreno);
Robert Harding (Tabay).

Print

Manufactured in Italy by LegoPrint
Pulp from sustainable forests

Footprint feedback

We try as hard as we can to make each
Footprint guide as up to date as possible but,
of course, things always change. If you want to
let us know about your experiences – good,
bad or ugly – then don't delay, go to
www.footprintbooks.com and send
in your comments.

Publishing information

South American Handbook
80th edition
© Footprint Handbooks Ltd
September 2003

ISBN 1 903471 70 2
CIP DATA: A catalogue record for this book is
available from the British Library

® Footprint Handbooks and the Footprint
mark are a registered trademark of
Footprint Handbooks Ltd

Published by Footprint

6 Riverside Court
Lower Bristol Road
Bath BA2 3DZ, UK
T +44 (0)1225 469141
F +44 (0)1225 469461
discover@footprintbooks.com
www.footprintbooks.com

Distributed in the USA by

Publishers Group West

Every effort has been made to ensure
that the facts in this guidebook are accurate.
However, travellers should still obtain advice
from consulates, airlines etc about travel
and visa requirements before travelling.
The authors and publishers cannot accept
responsibility for any loss, injury or
inconvenience however caused.

Travellers' letters

Adriana Abreu, (Per); Caroline Alberti, (Arg,Bol,Chi,Ecu,Per,Ven); Alexander & Jennifer, Switzerland (Ecu); Marc Allaire, USA (Bol); Klaus Altman, Germany (Bol); Alf Amund Gulsvik, (Bol,Chi,Per); Amy, (Bol); Simeon Anderson, UK (Col,Ven); Keith Anderson, UK (Bol); Birte Andersson, Germany (Col); David Andrews, (Per); Thomas Andrieu & CelineGiret, France (Bra,Chi); Andy, Germany (Per); Roger Arbat, UK (Arg); Frances Archer, (Bol,Chi,Per); Toni Arias, Finland (Bol); Ignacio Aris, Spain (Chi,Col); Jürgen Arnold, Germany (Guy); Jeremy Askew, UK (Arg,Bra,Uru); Jeremy Askew, UK (Ven); Jeremy Askew and Lian Scholes, (Per); John Atkins, UK (Bol); Steve Bain, Scotland (Arg,Chi,Uru); Lorenza Balmelli, Switzerland (Per); Eran Barlev, Israel (Chi); Eran Barlev, Israel (Arg,Bra); Eran Barlev, Israel (Bol,Chi); Lorna & Steve Barnes, UK (Chi); Mirjam Barrueto, Switzerland (Par,Per); Simon Bartlett, (Per); Vardit & Uri Baruch, (Per); Mike Bates, UK (Arg,Chi); Tamir Bazaz, Israel (Per); Jan Beardall, UK (Bol); Johannes Beck, Germany (Per); Stefan Beck, Germany (Bol,Col,Ecu,Per); Drews Beckmann, (Arg); Ole Begemann, Germany (Ecu); Andrea Bell, USA (Ecu); Ben, Israel (Col); Omer Ben Artzi, Israel (Arg,Bol,Bra,Chi); Ariel Ben Hur, Israel (Arg,Per); Inbar Benbenishty, (Bol); Inbar Benbenishty, Israel (Arg,Chi); Martin Benedicto, UK (Ven); Keith H Berry, UK (Per); Asaf Biber, Israel (Per); Manuel Bichsel, (Arg,Bol,Ecu,Per); Ted Biggs, (Arg,Bra,Per,Uru); Rachel Blair, UK (Bol,Per); Lenette & Joergen Boejgaard, (Per); Jenefer Bonczyk, UK (Ecu); Dr & Mrs C B Boothby, UK (Ecu); Christine Bosa, (Ecu); Simone Bösch, Switzerland (Ven); Miles Bowen, UK (Chi); Robert J Bowker, UK (Bol); Edith Bowman, UK (Per); Jean-Yves Boyer, Canada (Per); Mike Brady, UK (Chi); David Brandenberger, Switzerland (Arg,Bol,Chi,Par,Uru); Yael Bresler, Israel (Bra,Chi); Margaret Brindley, Ireland (Per); Inna Brockhoff, (Per); Ian Brodrick, UK (Arg,Chi,Ecu); Alice Brotherton, UK (Bo,Chi,Ecu,Per); Robert & Franca Brower, USA (Chi); Peggy Browett, (Chi); Hans Brown, USA (Bra); Tanya Brown, (Chi); Daniel Buck, USA (Bol); Simon Bullock, (Ecu); Doris Burkhardt & Matthias Eugster, Switzerland (Ven); Guy Burton, New Zealand (Arg,Chi,Per); Nic Bye, Australia (Bol); Katherine Calder, (Bra); Paul Anthony Campbell, Tiffany Swinton and Per Gustav Hugander , UK, Australia, Sweden (Col); Saul Candib, USA (Per); Luis Carbo, USA (Ecu); Lucas Cardholm, Sweden (Bra); Paul Cardoen, Belgium (Chi); Jenny Carswell, (Ecu); Roz Carter, (Arg); Henrietta Centeno, (Chi); Véronique K Chaignat, Switzerland (Bra); Steve Cheetham, UK (Bra); Andrew Chenoweth, Australia (Bol); Melvyn Clark, UK (Arg); Catherine Clark, UK (Bra); Liz Coghill and Martin Gough, (Bol,Chi,Per); Shahar Cohen, Israel (Per); Colette Colfer, Ireland (Per); Bill Conn, (Per); Hans Conzett, Switzerland (Ecu); Rossie Corrales, (Arg,Chi); Martin Couell, Australia (Ecu); Christian Coutures & Rossie Corrales Cosmelli, (Arg,Chi); Martin Cowell, (Per); Michael Crack, Australia (Bra); Juan Cruz Gómez, Argentina (Arg); Richard Cuff, (Ecu); Benoit Cunningham, Canada (Ecu); Tam D, (); Irene Daniel and Leif Jensen, Denmark (Bol); Cristine D'Arthuys, Germany (Per); Sitapati Das, Peru (Per); Julie Davison, UK (Per); Marcelle Dawson, (Per); Koen De Boeck, (Per); Carla de Borst, Netherlands (Arg,Bra); André de Haan, Netherlands (Arg,Bol,Bra,Chi,Par,Per,Uru); Gert De Smedt &Harlinde Keymolen, Belgium (Bol,Bra,Ecu,Par,Per); Charles Debakey, (Per); Aramis Défort, (Arg,Chi); Yvonne Degen & Felipe Dorantes, (Arg,Bol,Chi); Robert M DeKeyser, (Bol); María del Soto, Spain (Bol); Charles Demaleville, (Ecu); Esther den Hertog, Netherlands (Chi); Thea Devers, (Per); Martin Dillig, Germany (Per); Paul, Robin Dodingh-Dice & Others, (Bol); Dan Domnin, Israel (Bra); Doro and Tom, Germany (Ecu); Gavin Dorsett, (Bra); Lior Dotan, Israel (Arg,Bol,Bra,Chi); Stephan DuCharme, UK (Col); France-Éliàne Dumais, Canada (Per); Peter Eckardt, Germany (Ecu); Christian Eckstein, Germany (Per); Eduardo, (Ven); Alexander Eimers, Netherlands (Ecu); Patrick Ekerot, UK (Arg,Bra); Alex Eliot Lockhart, UK (Bol); Elke,

USA (Bra); John Embow, USA (Arg,Bra,Chi,Ecu,Per); Eugen and Nicole, Switzerland (Chi); Evelyn & Peter, (Chi).

Christian Faesecke, Germany (Arg,Chi,Per); Heinz Falter and Ernst Schmidt, Germany (Bol,Per); Yoav Farkash, (Bol); Jacqueline Feetz, (Bol,Per); Matthias Fehrenbach, Germany (Per,Bol); Joerg Feldmann, Switzerland (Bol,Chi); Jörg Feldmann, Switzerland (Chi,Fal); George Feldmann, Switzerland (Chi,Per); Felfi, (Arg); Lionel Ferrer, UK (Col,Ecu,Per); Knut A Fiddan, Norway (Bra); Louise Fiege, Denmark (Ecu); Mida Figueiredo & Remko Koning, Netherlands & Portugal (Bol); Jürgen Fischer, (Bra); Carolynn Fischer, (Per); Samantha Foster, (Arg); Alistair Fox, UK (Arg,Bol,Bra,Chi,Ecu,Per); Hywel Franklin, UK (Arg,Bol,Chi,Ecu,Per); Shai Freund, Israel (Bol); Henriette Fuhrer, Switzerland (Chi); Georgina Fullerlove, (Bol); Polycarp Furrer, Switzerland (Bra); Tim Gage, (Chi); Linda & Michael Gainsbury, UK (Chi); Madelon Galjaard & Jeroen Hes, Netherlands (Bol,Chi,Ecu,Per); Yair Galler, Israel (Chi); Suzanne Gammon, USA (Chi); Ralf Gamper, Chi (Chi); Rebecca Garbett, USA (Per); Alvaro García, Uruguay (Bra,Ven); Alvaro García, Uruguay (Ven); Jorge Garzon, USA (Per); Dan Gazit, (Chi,Per); Georgine Geerts, (Per); Matthias Gehri, Switzerland (Arg,Bol,Bra,Chi); Betsey Geller, (Bra); Annigaert Georgee, France (Bol); Francisco Gil Ruiz, Spain (Chi); Benjamin Gilgen, Switzerland (Bra); Kylo Ginsberg, (Chi); Mario Giorgetta, Switzerland (Arg,Bol,Chi); Olivier Girard, Canada (Ecu); Gerri Gleeson, (Bra); Daniel Goepfter, Switzerland (Chi); Vicki Gohl, USA (Per); Juliano Golden, Argentina (Per); Sandra Gomez, Switzerland (Arg,Bol,Chi,Ecu,Per); Diane B Goodpasture, (Ecu,Per); Elliott Gotkine, Lima (Per); Rick Goulet, USA (Ecu); Dagmar Graefe, Germany (Bol,Ecu,Per); Julie Green, (Per); Sonáli Greiner, (Bra); Dorothea Grimme, Germany (Chi); Chris Grimwood, Kate Fitzpatrick, Danny Fitzpatrick, Annabelle Cook, Anthony Turner , UK (per); Patrick Groux, Switzerland (Per); Sibille Guedemann, (Bra); Mónica Guerra, Ecuador (Ecu); Claudia & Thomas Gutjahr-Löser, Germany (Arg); Ursula Haase, Switzerland (Chi,Per); Einar Hagvaag, (Bra); Edith Hall, Australia (Bra); Alvit & Assaf Halperin, Israel (Arg,Chi); Sjaak Hamelink and Bonny Visser, Netherlands (Bol,Ecu,Per); Helen Hanatin, Ireland (Per); Anne Hanekop, Germany (Bol,Chi,Per); Hankins family, UK (Bra); Maggie Hanlon, UK (Per); Christen Hansjerg, Switzerland (Chi); Ute Harbusch, Germany (Bra); Dave Hardy & Saar, Netherlands (Bol); John B Harmon & Christiane J Candella, (Bol); Wilbert Harmsen, Netherlands (Per); Wilbert Harmsen, Netherlands (Bol,Chi,Per); Eugenie Harper, (Bra); Katharine Harrison, (Ecu,Per); Ms Michael Hart, USA (Bol); Simon Harvey, UK (Arg,Bra,Chi,Uru); Åsa Hasselblad, Sweden (Per); Or Hasson, Israel (Arg); Markus Hauch, Germany (Bra); Steven Hedges, (Ecu,Per); Lin Helliesen & Torbjoern Froeystein, Norway (Bra,Per); Berkhard Helmedag, (Chi); Ian Henderson, UK (Arg,Chi); Carsten Hendricks, (Ecu); Carston Hendricks, Germany (Ecu); Gemma Herbertson, UK (Bol,Chi); Carla Heyworth, (Bra); Carla Heyworth, (Bra); Pierre & Marina Hildbrand, Switzerland (Bra); Claire Hillery, Ireland (Per); Werner Hinz, Germany (Chi); Maximilian Hirn, Bolivia (Bol); Lora Hish, USA (Per); Anne Hjollund, Denmark (Ven); Yoenna Ho, (Chi); Britta Hoffmann, E (Bol); Cristian Hofmann, Switzerland (Ecu); Rick Hoogenboom, E (Ven); Hester Hoogenboom & Natasja Scholz, (Chi); Carol Höpfner, Germany (Chi); Caroline Hopkins, Ireland (Bol); Katharine Houreld, UK (Bol,Ecu,Per); Kim Hunter, UK (Bra); Eddy Hus, Netherlands (Ecu); David Issokson, USA (Bra); Alison Jaap, (Arg,Bol,Bra); Philippe Jacques, Belgium (Ven); Edward James, (Bol); Ariane Janer, E (Bra); Lauren Jarvis, UK (Bol); Daniel and Leif Jensen, Denmark (Bol); Mogens Jensenius, Norway (Per); Tanja Jernss, Germany (Bra); Fabio Joffe, Brazil (Arg,Chi); Anthony Johnson, USA (Ven); Andrew Johnson, UK (Per); Richard Jones, (Per); Kathrin Joos, Germany (Bra); Jacqueline Judah, USA (Arg); Stephan Jurt, Switzerland (Chi); Patricia Kainar, Germany (Chi); Ellen Kaptijn, Netherlands (Arg,Bra); Ayelet & Benny Katz, Israel (Chi); Dave Katz, (Per); Yael Katzin, Israel (Arg,Chi,Per); Philippe Kauffmann, E (Col); Ute Keck, Germany (Per); Jason Keller, France (Chi); Lucille Kemp, USA (Bol); David Brad Kenedy, Bolivia (Bol); Paul Kim, USA (Arg); Konrad Klatt, Germany (Chi); Georg Kleinebrinker, Germany (Col,Per); Georg Kleinebrinker, Germany (Col); Roland Kliesow, Germany (Per); Hans & Beate Klugmann, Switzerland (Bol); Neil Kochane, UK

(Bol,Chi); Neil Kochane, UK (Chi); Kirstin Koller, (Ecu); Tom Konnert, USA (Per); Johanna Koskinen, Finland (Bol,Par); Gary Kowalski, (Arg,Bra,Chi,Ecu,Per); Marc Kratzschmar, USA (Per); Kris Kristinsson, Netherlands (Per); Annemiek Krooneg, Chile (Chi); Dietmar Kuhrt, Germany (Ven); Eppo Kuipers & Suzanne, Netherlands (Per); Frank R Kull, (Chi); Susannah & George Kurian, Canada (Ecu); Kurt, (Ven); Ralf Kurzbein, Switzerland (Ecu).

James Lakey & Rachel Smith, UK (Bol,Chi); Mike Lamb, UK (Bol,Per,Ven); Brian Lambert, E (Arg); Lucille Lane, (Ecu); Tony Lang, UK (Arg,Bol,Chi,Ecu,Per); Mats Larsson, Sweden (Chi); William Lavelle, USA (Bol,Per); J-F Le Cornec, E (Bra); Olivier Le Fur & François Leib, France (Per); Chris and Simon Leary, (Ecu); Bill Lee, (Per); Jane Lees, UK (Chi); Leen Lesage, (Arg,Bol,Chi,Ecu,Per); Veronique Lescaut, France (Arg,Bol); Kristi Leunig, (Bra); Herbert S Levi, Argentina (Uru); Sandra Lewandowski, (Arg,Bol); Sanda Lewandowski & Alex van Erkel, Germany & Netherlands (Ecu,Per); John Lewis, UK (Bol,Bra,Chi,Ecu,Per); Hilary Lewison, Bolivia (Bol); Adi Lifshitz, Israel (Arg); Louise Limoge, (Ecu); Alfred Little, USA (Chi); Geoffrey Locke, E (Per); Ruth Loevstad & Brita Winjum, Norway (Chi); Nandi Logan, UK (Arg,Bol,Bra,Chi,Col,Per); Carola Lotz, (Ecu); Don Lukacik, Canada (Ecu); Kim Lukehurst, Australia (Per); Stein Morten Lund, Norway (Per); Michael Lustenberger, Switzerland (Ecu); Daniel Mack, Germany (Arg,Bol,Bra,Ecu,Par,Per,Uru); Catherine MacNicol, UK (Bol); Daan Mager, (Per); Robert E Manley, USA (Bra); Tuomo Manninen, Finland (Bra); Axel Manthey, (Per); Douglas Maraun, Germany (Per); Douglas Maraun and Ulf Geyer, Germany (Arg,Bol,Chi,Ecu,Per); Tristan Marjolin, France (Chi); Yair Markovits, Israel (Bol,Bra); Claire Marks, UK (Ecu); Sylvia Marquart, Germany (Arg); Sandra Marquez, (Arg,Bol,Col,Ecu,Per,Ven); Luca Marsi, Italy (Ecu); John Martin, (Bol); Marc Martin, Canada (Bra); Martin, Switzerland (Per); Trajan Martin, (Per); Lucía Martínez Sánchez, Spain (Ecu); Christophe Mauron, (Per); Jonathan May, (Per); Michelangelo Mazzeo, Italy (Col,Per,Uru); Catherine McCready, UK (Per); Jim McDonnell, (Per); Kit McPhee, (Bra); David Meidal Muskal, Israel (Per); Uriel Melamed, Israel (Arg); Zahi Mena, Israel (Chi); Louise Mestrov, Australia (Bol); Claire Metherell, UK (Per); Pavel Mikhlin, E (Per); Keith Miller, (Per); Liz & Keith Miller, UK (Arg,Chi); Anouk Minnaar, Netherlands (Chi); Susana Miranda, (Chi); Bruce E Mock, USA (Per); Patrice Dominique Morin, E (Bra); Dan Morris, (Bra); Marcel Moulderings, Germany (Arg); Andrew MsCarron, (Ecu); Christian Müenchow, Germany (Per); Miriam Muff, Switzerland (Par); Kathleen Muir, (Per); Carmen Muller, (Bra); Carol Müller, Chile (Chi); Martin Murillo, USA (Chi); Kevin Murphy, E (Ven); Peter Mynors, UK (Chi); Kristin Myskja, Norway (Ven); Brianne Nelson, USA (Bol); Katja Nettesheim, Germany (Bol,Chi,Ecu,Per); Catherine Newman, UK (Bol); Nicole & Carole, Switzerland (Ecu); Bernhard Niesner, Austria (Bra); Yair Nir, Israel (Arg); Eitan Nirenberg, Israel (Per); John Nolan, (Chi); Erik Norgaard, Denmark (Ecu); Christopher Nygaard, Norway (Per); Doc O'Connor, Ireland (Bra); Deirdre O'Donnell, USA (Ecu); Noemi Ojeda, (Chi); Deirdre O'Kelly, UK (Bra); Robert Oliver, UK (Arg); Ady Orbach, Israel (Bol); Sebastian Osenstetter, Germany (Per); Alex Owen, UK (Bol); Linda Page, Australia (Ecu); Jenny Page, UK (Chi); W Pagner, Austria (Arg); Leonardo Pavese, E (Per); Florian Pawlizki, Germany (Ecu); John Perry, (Ecu,Per); Pierre Peyron, France (Bol); Dieter Pfeifer, Austria (Per); Merima & Michael Platt, UK (Arg); Andrea Plötz, Germany (Ecu); Hans Polane, Netherlands (Per); Enrico Ponzone, (Chi); Andrew Por and Heather Sarkissian, Canada and USA (Arg,Ecu,Per); Jeremy Pounder, UK (Per); Chris Praeger, (Bra); Chris Preager, (Bol,Per); Uwe Püchner, Germany (Arg); David Pyle, UK (Chi); Jonathan Rabber, UK (Arg); Stephanie Ray, E (Bra); Joanna Reason, UK (Bra,Chi); André L Remy, Brazil (Bol); Kurt Renold, Belgium (Per); Jakobien Renting, Netherlands (Per); Melissa Ressel, Australia (Bra); Myrna Rhoades, (Bol); David Rich & Mary Alexon, (Chi); Nick Richards, (Arg,Chi); Rob & Mascha Rijnders, Netherlands (Ecu); Jack & Kathryn Riott, USA (Chi); Denys Robitaille, Canada (Bol,Chi,Ecu,Par,Per); Marion Rogelstad, USA (Bra); Heather Rogers and Richard Openshaw, New Zealand (Bol); Gilad Rosenberg & Maya Goldstein, Israel (Ecu,Per); Eyal Rosenfeld, Israel (Arg,Bol,Bra,Per); Erik Rossness & Else Riise, (Bol); Roger Rost, (Per); Jens Roth, Germany (Arg,Chi); Ori Rub,

(Per); Hansuedi Ruchti, Switzerland (Arg,Bol,Chi,Per); Robert Runyard, USA (Chi); Michael Russell, Australia (Per); William Russell, UK (Bra); Iris Rusz & Pieter van Hoeken, Netherlands (Ecu); Andreas Rutschi, Switzerland (Ven); Gertie Rutten, Netherlands (Per); Eduardo Saavedra, (Per); Jeremy Sabel, UK (Arg); Eran Salant, (Per); Mikale Sandberg, Switzerland (Chi); Ulrich Scheer, (Ecu); Federico Schere, Argentina (Arg); Bianca Schmid, (Chi); Judith Schmid, Switzerland (Bol); Adrian Schuler, Switzerland (Ecu); Lukas Schultheiss, Switzerland (Ecu); Ingo Schultz, (Chi,Per); Julie Scott, UK (Chi); Austin Sellyn, (Ecu); Carine Seror, France (Bol); Hilde Severijns, (Ecu); Eric Sevrin, Norway (Per); Neil Shah, USA (Arg); Rotem Shamir, Israel (Bra); Amir Shani, Israel (Bol); Anjum Shariff, USA (Chi); Max Shenker, E (Per); Maayan Shmuel, Israel (Per); Peter Siderman, (Arg); Matias Sierra, Argentina (Chi); Matthew Slater, UK (Ven); John and Alexandre Smith, Belgium (Bol); Dawn & Doug Smith, USA (Bra); Jason Smith and Kate Beckinsale Smith, UK (Chi,Ecu,Per); Jasper Smitt, (Ecu); Bridgit Smyth, New Zealand (Arg); Anne Sobotta, Brazil (Bra); Montserrat son Clemente, Spain (Arg); Marianne Spalinger, Switzerland (Per); James Spencer, Ecuador (Ecu); Kevin Spencer, UK (Ecu,Per); Yvonne Spiczynski, (Per,Ecu); Fabio Spreafico, Italy (Per); Edith Spreitzer, Germany (Chi); Verena Stammbach & Christoph Bigler, (Ecu,Per); Kim Stanford, USA (Arg,Bol,Bra,Ecu,Per,Uru); Wolf Staub, Switzerland (Chi); Tina Steeger, Germany (Per); Andreas Stehli, Switzerland (Bol); Beate Steinbach, Germany (Chi); Hal Stephens, (Arg,Chi); Sharon Stern, (Chi); Henry Stevenson, UK (Arg,Bol,Chi,Per); Josef Stirnimann, (Arg,Bo,Chi); Edwina Strachan, UK (Chi); Lisa Strickland-Clark, (Per); John Stroobant, UK (Bra); Stu and Jules, (Bol); James Sturcke, UK (Bra,Per); Karl Stürzinger, Switzerland (Ven); Daniel Suter, Switzerland (Per); Sabine Suter, (Ecu).

Hezi Talmor, Israel (Bol); Ariola Tamay, (Arg); Jeroen Tamsma, Netherlands (Per); Michel Tanguay, E (Arg); Alan & Margaret Tappin, (Ecu); William Taygan, USA (Bol); Gail Taylor, USA (Per); Jamie Taylor, UK (Arg); Craig Taylor, UK (Chi); Harry Teacher, UK (Chi); Michel & Gabrielle Therin-Weise, Belgium (Ven); Stian Thilert, Norway (Bra); Marie Thompson, (Chi); Graham Thrower and Clare Tyrrell, (Arg,Bol,Chi,Ecu,Par); Denise Tibbey, UK (Arg); Jahir Torres, E (Chi); Nii Toshihiko, Japan (Chi); Gilles Tournois, France (Bol); Gilles Tournois, France (Ecu); Juliane Trieschmann, Germany (Per); Tim Tucker, UK (Arg,Bol,Chi,Col,Ecu,Per,Ven); Melissa Turley, USA (Chi); Heike Uphoff, Germany (Chi); Martina Valaer, Switzerland (Bra); María Eugenia Valenzuela, USA (Chi); Iris van den Ham, Argentina (Arg); Kris van der Starren, Canada (Bol); Jean Marie Van Haverbeke, Belgium (Chi); Sr y Sra Van Ibory, Belgium (Per); Sarah van Krunkeisven, Belgium (Chi); Andre van Leeuwen, Netherlands (Bol); Anne van Leeuwen, Netherlands (Per); Jan-Eidse van Melle, Netherlands (Ecu); Judy van Veen & Thomas van der Lijke, Netherlands (Ecu,Per); Juan Carlos Vargas, Chile (Bra); George Vaughen, E (Per); Dineke Veerman, (Per); Karla Verhagen, Aruba (Per); Christian Vidal, France (Chi,Per); Stefan Vogel, Germany (Bol); Tanja and Marc-André Völl, Switzerland (Ecu,Per); Kelly & Gerald von Stroh, USA (Chi,Ecu); Kelly von Stroh, (Bol); Sheetal Vyas, (Per); Simon Walsh, UK (Arg); Helene T Walton, USA (Ecu); Nigel & Edyth Watt, UK (Bol); Tiffany Weagle, Canada (Chi); Hansruedi Weber, Switzerland (Per); Thomas & Manuela Weber, Switzerland (Per); Ran Weiss, Israel (Per); Markus Werren and Regula, (Arg,Bra,Per); Philip West, UK (Chi); Family Westra, Netherlands (Bol,Ecu,Per); Robert Wheeler, UK (Bra); Tom Wigley, UK (Per); Ruud Wijtvliet, (Ecu,Per); David Wilamowski, USA (Ecu); Herbert B Wilcox, USA (Chi); Daniel Willcox, UK (Ven); Romeu Willecke, Brazil (Arg); Marianne Willen, (Arg,Par); Nate Williams, (Ecu); Joanne Wimble, UK (Per); Joanna Witkowska, France (Chi); Gaby Wohlwend, Switzerland (Arg,Bra,Par); Roger C Wolf, USA (Bol,Bra,Par); Sophie and Nick Wood, UK (Arg); Angela Wood, UK (Bol,Per); Nigel & Anna Woodcock, UK (Chi); Tomas Woxen, Norway (Bra); Matthias Wrase, Germany (Arg,Bol,Bra,Ecu,Per); Slaney Wright, (Ecu); Linda Wright, UK (Per); Gil Yaaran, Israel (Bol); Chad Yarborough, USA (Per); Refaely Yaron and Revital, Israel (Bol); Katarina Zak, Norway (Per); Jeremy Zin, New Zealand (Arg); Hans Zubler, Switzerland (Per); Marianne and Ueli Zumkehr, Switzerland (Arg,Chi); Manuel Zurfluh & Karin Scheidegger, Switzerland (Ecu).

The South American Handbook: 1924-2004

It was 1921
Ireland had just been partitioned, the British miners were striking for more pay and the federation of British industry had an idea. Exports were booming in South America – how about a Handbook for businessmen trading in that far away continent? The *Anglo-South American Handbook* was born that year, written by W Koebel, the most prolific writer on Latin America of his day.

1924
Two editions later the book was 'privatized' and in 1924, in the hands of Royal Mail, the steamship company for South America, became *The South American Handbook*, subtitled 'South America in a nutshell'. This annual publication became the 'bible' for generations of travellers to South America and remains so to this day. In the early days travel was by sea and the Handbook gave all the details needed for the long voyage from Europe. What to wear for dinner; how to arrange a cricket match with the Cable & Wireless staff on the Cape Verde Islands and a full account of the journey from Liverpool up the Amazon to Manaus: 5898 miles without changing cabin!

1939
As the continent opened up, *The South American Handbook* reported the new Pan Am flying boat services, and the fortnightly airship service from Rio to Europe on the Graf Zeppelin. For reasons still unclear but with extraordinary determination, the annual editions continued through the Second World War.

1970s
From the 1970s, jet aircraft transformed travel. Many more people discovered South America and the backpacking trail started to develop. All the while the Handbook was gathering fans, including literary vagabonds such as Paul Theroux and Graham Greene (who once sent some updates addressed to **"The publishers of the best travel guide in the world, Bath, England"**.)

1990s
During the 1990s Patrick and James Dawson, the publishers of the *South American Handbook* set about developing a new travel guide series using this legendary title as the flagship. By 1997 there were over a dozen guides in the series and the Footprint imprint was launched.

2003
There are now over 70 Footprint travel guides covering more than 145 destinations in Latin America and the Caribbean, Africa, the Indian sub-continent, Southeast Asia, the Middle East, Australasia and Europe. In addition Footprint are launching a new series of pocket format guides focusing on European short-break cities.

The future
There are many more Handbooks and pocket Handbooks in the pipeline. To keep up-to-date with the latest releases check out the Footprint website for all the latest news and information, **www.footprintbooks.com**

Check out...

WWW...

Footnotes

What the papers say...

"I carried the South American Handbook from Cape Horn to Cartagena and consulted it every night for two and a half months. I wouldn't do that for anything else except my hip flask."
Michael Palin, BBC Full Circle

"My favourite series is the Handbook series published by Footprint and I especially recommend the Mexico, Central and South America Handbooks."
Boston Globe

"If 'the essence of real travel' is what you have been secretly yearning for all these years, then Footprint are the guides for you."
Under 26 magazine

"Who should pack Footprint—readers who want to escape the crowd."
The Observer

"Footprint can be depended on for accurate travel information and for imparting a deep sense of respect for the lands and people they cover."
World News

"The guides for intelligent, independently-minded souls of any age or budget."
Indie Traveller

Mail order

Available worldwide in bookshops and on-line. Footprint travel guides can also be ordered directly from us in Bath, via our website www.footprintbooks.com or from the address on the imprint page of this book.

Complete title listing

Footprint publishes travel guides to over 150 destinations worldwide. Each guide is packed with practical, concise and colourful information for everybody from first-time travellers to travel aficionados. The list is growing fast and current titles are noted below.

Available from all good bookshops and online

www.footprintbooks.com

(P) denotes pocket guide

Latin America & Caribbean

Argentina
Barbados (P)
Bolivia
Brazil
Caribbean Islands
Central America & Mexico
Chile
Colombia
Costa Rica
Cuba
Cusco & the Inca Trail
Dominican Republic
Ecuador & Galápagos
Guatemala
Havana (P)
Mexico
Nicaragua
Peru
Rio de Janeiro
South American Handbook
Venezuela

North America

Western Canada
Vancouver (P)
New York (P)

Africa

Cape Town (P)
East Africa
Libya
Marrakech & the High Atlas
Marrakech (P)
Morocco
Namibia
South Africa
Tunisia
Uganda

Middle East

Egypt
Israel
Jordan
Syria & Lebanon

Australasia
Australia
East Coast Australia
New Zealand
Sydney (P)
West Coast Australia

Asia
Bali
Bangkok & the Beaches
Cambodia
Goa
India
Indian Himalaya
Indonesia
Hong Kong (P)
Laos
Malaysia
Myanmar (Burma)
Nepal
Pakistan
Rajasthan & Gujarat
Singapore
South India
Sri Lanka
Sumatra
Thailand
Tibet
Vietnam

Europe
Andalucía
Athens (P)
Barcelona
Barcelona (P)
Berlin (P)
Bilbao (P)

Bologna (P)
Britain
Copenhagen (P)
Croatia
Dublin
Dublin (P)
Edinburgh
Edinburgh (P)
England
Glasgow
Glasgow (P)
Ireland
Lisbon (P)
London
London (P)
Lyon (P)
Madrid (P)
Marseille (P)
Naples (P)
Northern Spain
Paris (P)
Reykjavík (P)
Seville (P)
Scotland
Scotland Highlands & Islands
South Italy
Spain
Tallinn (P)
Turin (P)
Turkey
Valencia (P)
Verona (P)

Also available
Traveller's Handbook (WEXAS)
Traveller's Healthbook (WEXAS)
Traveller's Internet Guide (WEXAS)

HOTEL
MONASTERIO

*TheLeading
SmallHotels
of the World*

*We'll do whatever
it takes to make
you comfortable!*

**Cusco 3,300 metres above sea level.
Relief from High Altitude sickness...**

The Hotel Monasterio, with world experts from the Scottish Pulmonary Vascular Institute and Respiratory Medicine, have counteracted the problem of high altitude by using oxygen concentrators to enrich the atmosphere in the rooms, effectively oxygenating the rooms down to an atmospheric pressure low enough to prevent altitude sickness. After sleeping in an oxygen-enriched room, the increased level of oxygen in the body declines only gradually over a period of 14 - 15 hours the following day.

ORIENT-EXPRESS HOTELS
PERU

www.orient-express.com   reservas@peruorientexpress.com.pe

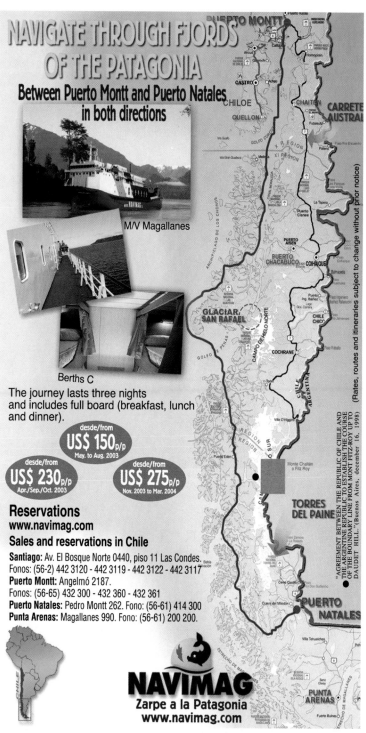

South America

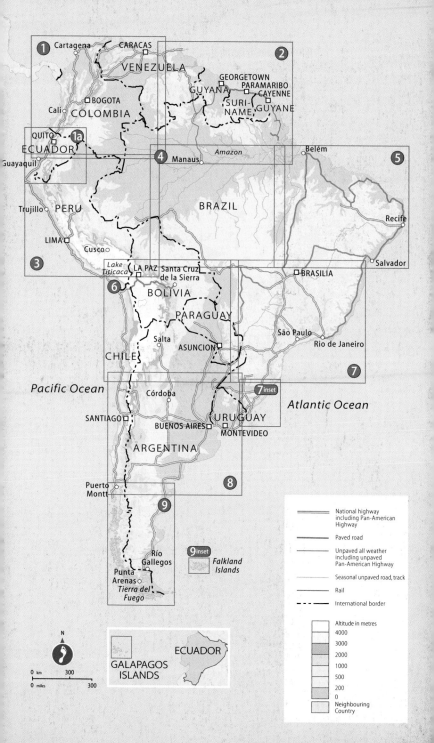

① Cartagena
CARACAS
VENEZUELA
Cali
☐ BOGOTA
COLOMBIA
QUITO
ECUADOR ①a
Guayaquil

② GEORGETOWN
GUYANA PARAMARIBO CAYENNE
SURI- GUYANE
NAME

④ Manaus *Amazon*
⑤ Belém
BRAZIL
Recife
Salvador

Trujillo
PERU
LIMA
Cuscoo
③
Lake Titicaca LA PAZ Santa Cruz de la Sierra
⑥
BOLIVIA
☐ BRASILIA
PARAGUAY
Salta
ASUNCION
São Paulo
Rio de Janeiro
⑦

CHILE
Córdoba
⑦inset
Pacific Ocean
Atlantic Ocean
SANTIAGO
BUENOS AIRES URUGUAY
MONTEVIDEO
ARGENTINA

Puerto Montt
⑧
⑨

⑨inset *Falkland Islands*

Río Gallegos
Punta Arenas
Tierra del Fuego

Legend

━━━	National highway including Pan-American Highway
━━━	Paved road
───	Unpaved all weather including unpaved Pan-American Highway
───	Seasonal unpaved road, track
───	Rail
─·─·─	International border

Altitude in metres
4000
3000
2000
1000
500
200
0
Neighbouring Country

N

0 km 300
0 miles 300

ECUADOR
GALAPAGOS ISLANDS

Map 1

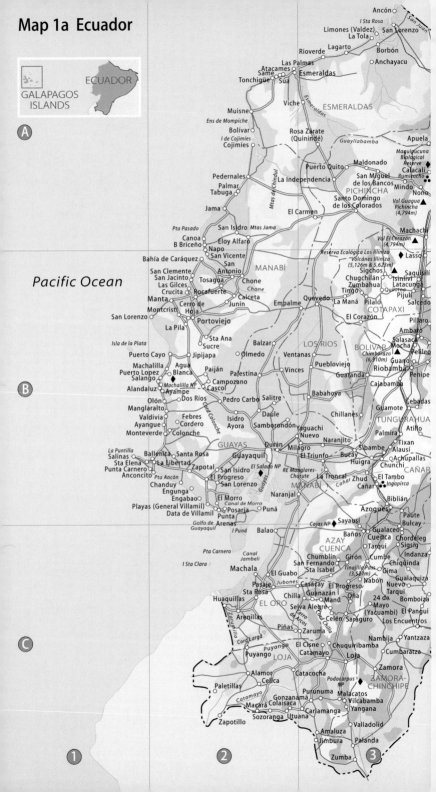

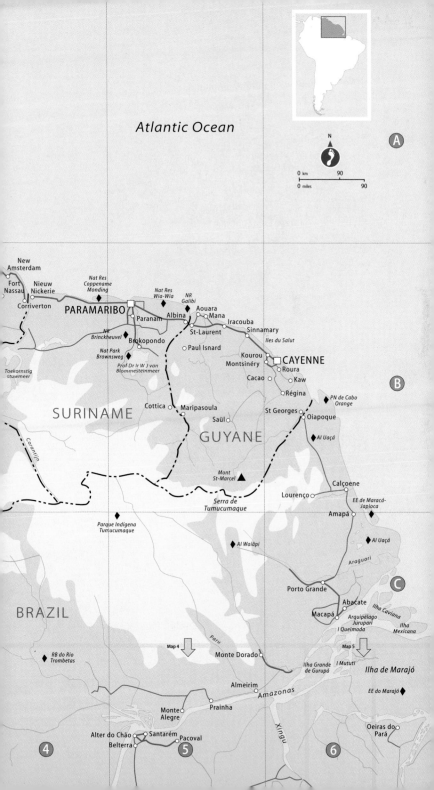

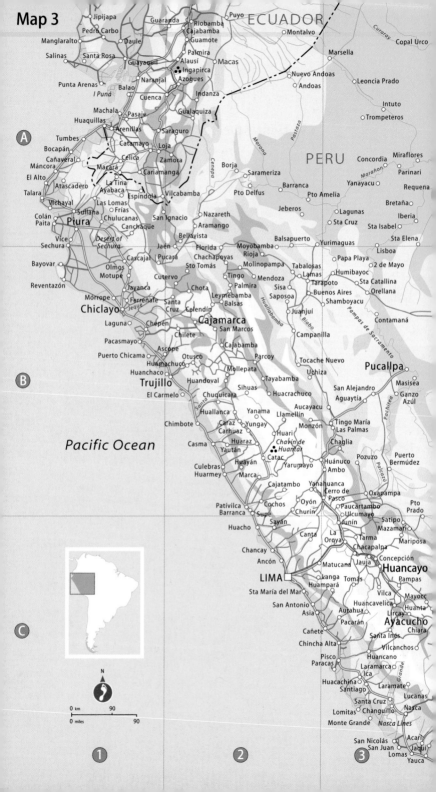

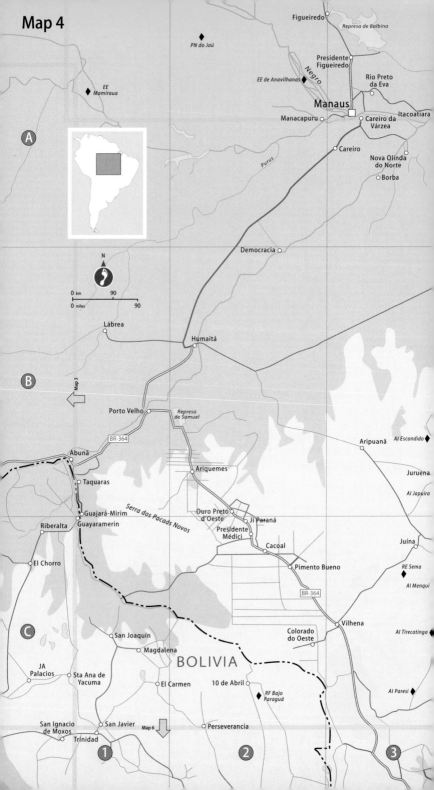

Map 4

Figueiredo

Represa de Balbina

♦ *PN do Jaú*

Presidente
Figueiredo

Negro

♦ *EE de Anavilhanas*

Rio Preto
da Eva

Manaus

♦ *EE Mamirauá*

Manacapuru ○

○ Careiro da
Várzea

Itacoatiara

Ⓐ

○ Careiro

Nova Olinda
do Norte

○ Borba

Purus

○ Democracia

N

0 km   90
0 miles   90

○ Lábrea

○ Humaitá

Ⓑ

← Map 3

Map 3

Porto Velho ○

*Represa
de Samuel*

○ Aripuanã   AI Escondido ♦

BR-364

Juruena

○ Abunã

AI Japira

■ Taquaras

○ Ariquemes

Riberalta ○

Guajará-Mirim
Guayaramerin

Serra dos Pacaás Novos

Ouro Preto
d'Oeste ○

○ Ji-Paraná

Presidente
Médici ○

○ Cacoal

Juína ○

○ El Chorro

RE Sema

♦ *AI Menqui*

○ Pimento Bueno

Ⓒ

San Joaquín ○

Colorado
do Oeste ○

○ Vilhena

♦ *AI Tirecatinga*

○ Magdalena

BOLIVIA

JA
Palacios

Sta Ana
de Yacuma

○ El Carmen

10 de Abril ○

♦ *RF Bajo
Paraguá*

♦ *AI Paresi*

San Ignacio
de Moxos ○

San Javier ○

Map 6 ↓

○ Perseverancia

Trinidad

①

②

③

Map 5

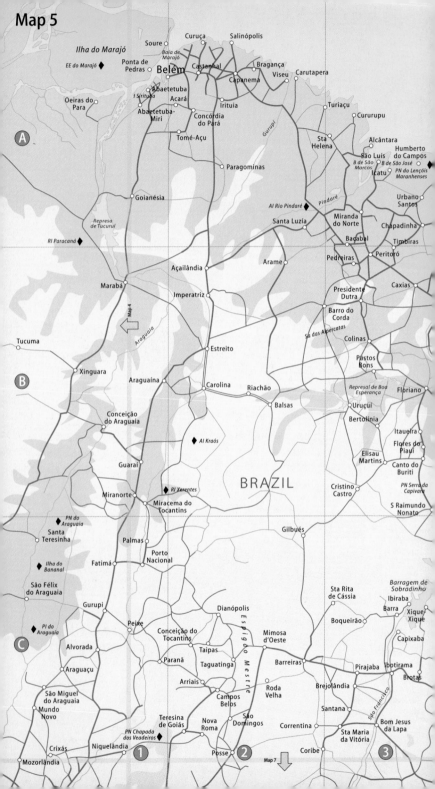

Ilha do Marajó
Baía de Marajó

EE do Marajó

Ponta de Pedras
Soure
Curuça
Salinópolis

Belém
Castanhal
Bragança
Viseu
Carutapera

Abaetetuba
I Sirituba
Acará
Capanema

Oeiras do Para
Abaetetuba-Miri
Concórdia do Pará
Irituia

Tomé-Açu
Turiaçu
Cururupu

Paragominas
Sta Helena
Alcântara

Gurupi
São Luís
Humberto do Campos

B de São Marcos
B de São José
PN do Lençóis Maranhenses

Icatu
Urbano Santos

Goianésia
Al Rio Pindaré
Pindaré
Miranda do Norte
Chapadinha

Represa de Tucuruí
Santa Luzia
Bacabal
Timbiras

RI Paracaná
Pedreiras
Peritoró

Arame
Caxias

Açailândia
Presidente Dutra

Marabá
Barro do Corda

Imperatriz
Sa das Alpercatas
Colinas

Map 4
Estreito
Pastos Bons

Araguaia
Floriano

Tucuma
Carolina
Riachão
Represal de Boa Esperança

Xinguara
Araguaína
Uruçuí
Bertolínia
Itaueíra

Conceição do Araguaia
Balsas
Flores do Piauí

Al Kraós
Elisau Martins
Canto do Buriti

Guaraí
PN Serra da Capivara

BRAZIL
Cristino Castro

Miranorte
RI Xerentes
S Raimundo Nonato

PN do Araguaia
Miracema do Tocantins

Santa Teresinha
Palmas
Gilbués

Ilha do Bananal
Porto Nacional

Fatimá
Sta Rita de Cássia
Barragem de Sobradinho

São Félix do Araguaia
Ibiraba

Gurupi
Dianópolis
Boqueirão
Barra
Xique-Xique

PI do Araguaia
Peixe
Conceição do Tocantins
Mimosa d'Oeste
Capixaba

Alvorada
Taipas
Barreiras
Pirajaba
Ibotirama

Araguaçu
Paranã
Brotas

Arraiais
Brejolândia

São Miguel do Araguaia
Campos Belps
Roda Velha

Mundo Novo
Taguatinga
Santana
Bom Jesus da Lapa

São Domingos

Crixás
Teresina de Goiás
Nova Roma
Correntina
Sta Maria da Vitória

Niquelândia
PN Chapada dos Veadeiros
Coribe

Mozorlândia
Posse
Map 7

Espigão do Mestre

São Francisco

1
2
3
A
B
C

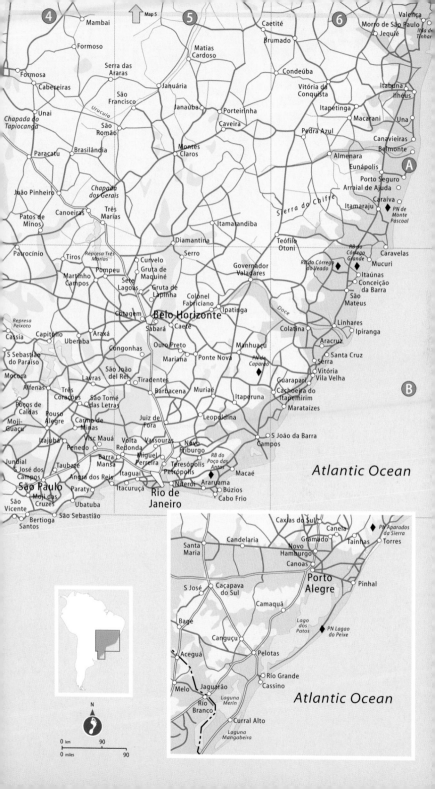

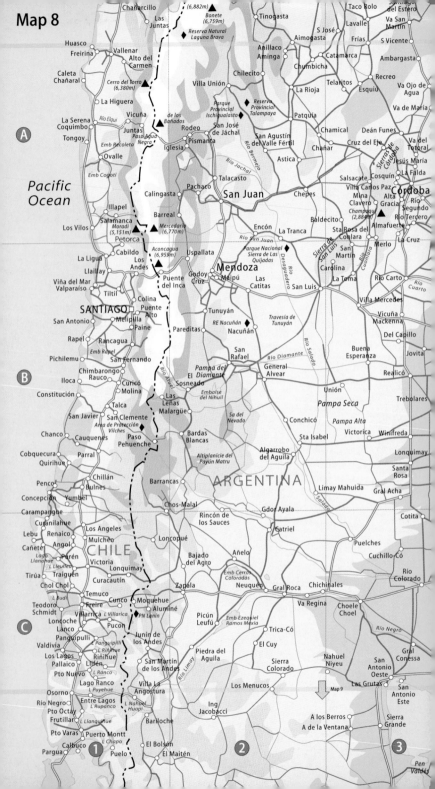

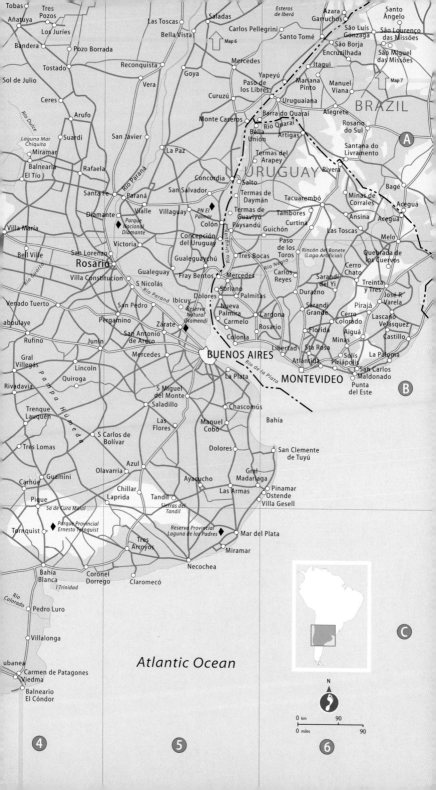

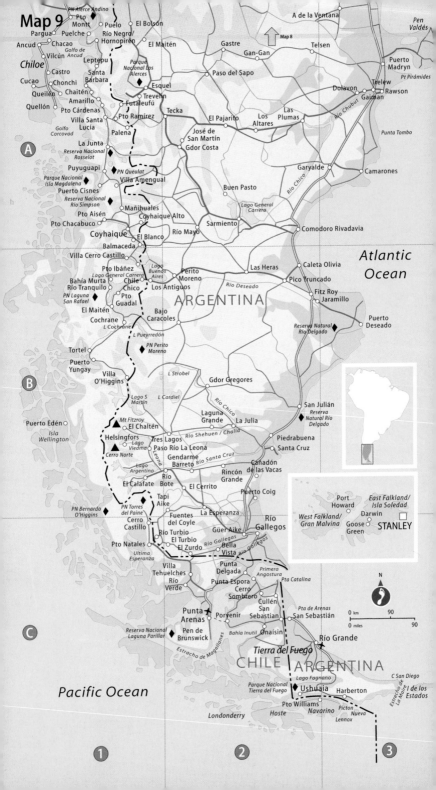

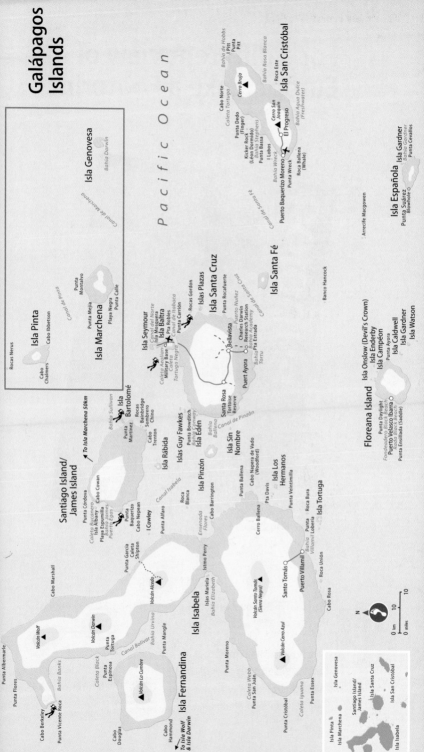

Galápagos Islands

Pacific Ocean

For a different view of Europe, take a Footprint

"Superstylish travel guides – perfect for short break addicts."
Harvey Nichols magazine

Discover so much more...
Listings driven, forward looking and up to date. Focuses on what's
going on right now. Contemporary, stylish, and innovative
approach, providing quality travel information.